LANGENSCHEIDT
STANDARD DICTIONARIES

First Part: French-English .... 1—584

Second Part: English-French .... 585—1216

LANGENSCHEIDT'S
STANDARD DICTIONARY
OF THE FRENCH AND ENGLISH LANGUAGES

First Part

French-English

by

KENNETH URWIN

Docteur de l'Université de Paris
Docteur de l'Université de Caen

LANGENSCHEIDT

BERLIN · MUNICH · ZURICH

Contents
Table des matières

	Page
Directions for the use of this dictionary — *Indications pour l'emploi de ce dictionnaire*	7
Key to the symbols and abbreviations — *Explication des symboles et des abréviations*	9
The phonetic symbols of the International Phonetic Association — *Signes phonétiques de l'Association Phonétique Internationale*	12
French-English Dictionary — *Dictionnaire Français-Anglais*	15
Proper names with pronunciation and explanation — *Noms propres avec leur prononciation et notes explicatives*	529
Common French abbreviations — *Abréviations françaises usuelles*	545
Numerals — *Nombres*	553
French weights and measures — *Mesures françaises*	555
Conjugations of French verbs — *Conjugaisons des verbes français*	556

© *1968 Langenscheidt KG, Berlin and Munich*

Printed in Great Britain

Preface

Like every living language, French is subject to constant change: new terms and new compounds come into being, antiquated words are replaced by new ones, regional and popular words and technical terms pass into ordinary speech.

The present dictionary has taken proper account of this. The words selected are taken primarily from the common language. Others have been taken from the language of commerce, economics, technology, sport, politics, etc. Moreover, a large number of neologisms have been included, e.g. *antirides, bibliobus, bienpensant, compte à rebours, greffe du cœur, jusqu'auboutisme, module lunaire, satellisation, télé-enseignement, train-auto.*

A series of appendices to the dictionary proper gives a list of some common proper names, of common abbreviations, tables of numerals and weights and measures, and a list of model verbs to which the user is referred by the reference number with each verb in the vocabulary. Irregular forms of verbs have been given as separate entries.

The instructions on how to use this dictionary (pages 7—13) should be read carefully: they are intended to increase its practical value.

The phonetic transcription has been given in square brackets after each catchword, using the system of the International Phonetic Association.

The editor wishes to express his deep gratitude to the staff of the English Section of Langenscheidt who corrected the entire proofs, checked the translations and suggested the addition of many neologisms. Their work was extremely valuable.

It is hoped that this new dictionary will be an instrument for better understanding between peoples.

K.U.

Préface

La langue française, comme toute langue vivante, est sujette à un changement incessant: nombre de termes nouveaux et de composés prennent naissance, les mots désuets sont remplacés par d'autres, des termes de patois et d'argot, ainsi que des termes techniques, passent dans le langage courant.

Le présent dictionnaire tient entièrement compte de cette évolution. Les mots que nous avons choisis sont tirés en premier lieu de la langue usuelle. D'autres termes sont empruntés au langage du commerce, de l'économie politique, de la technologie, du sport, de la politique, etc. En outre de nombreux néologismes ont été introduits, telles les expressions: *antirides, bibliobus, bienpensant, compte à rebours, greffe du cœur, jusqu'auboutisme, module lunaire, satellisation, télé-enseignement, train-auto*.

En complément du dictionnaire proprement dit nous donnons une liste de noms propres, une autre des abréviations les plus courantes, ainsi que des tables d'adjectifs numéraux et de poids et de mesures et une table synoptique des conjugaisons à laquelle renvoie le numéro après chaque verbe. Les formes irrégulières des verbes se trouveront dans le vocabulaire sous forme de mots-souches indépendants.

Nous recommandons aux utilisateurs de lire attentivement les indications pour l'emploi de ce dictionnaire (pages 7—13), ce qui en révélera la valeur pratique.

La prononciation figurée, placée entre crochets à la suite du mot-souche, est indiquée selon la méthode de l'Association Phonétique Internationale.

L'éditeur tient à exprimer sa très vive reconnaissance au personnel de la Section anglaise de Langenscheidt qui a revu toutes les épreuves du dictionnaire, vérifié les versions données et suggéré l'addition d'un grand nombre de néologismes. Leurs efforts ont été de la plus grande valeur.

Puisse ce dictionnaire contribuer à une meilleure compréhension entre les peuples.

K.U.

Directions for the use of this dictionary

Indications pour l'emploi de ce dictionnaire

1. **Arrangement.** The alphabetic order of the catchwords has been observed throughout. Hence you will find, in their proper alphabetic order:
a) the irregular forms of nouns, adjectives, comparatives, adverbs, and those forms of irregular verbs from which the various tenses can be derived. Reflexive or pronominal verbs, however, will be found under the simple infinitive;
b) the various forms of the pronouns;
c) compound words.

2. **Homonyms** of different etymologies have been subdivided by exponents;

e.g. *mousse*¹ ship's boy ...
*mousse*² moss ...
*mousse*³ blunt ...

3. **Differences in meaning.** The different senses of French words can be distinguished by:
a) explanatory additions given in italics after a translation;

e.g. *tombant* drooping (*moustache, shoulders*); sagging (*branch*); flowing (*hair*);

b) symbols and abbreviations before the particular meaning (see list on pages 10—11). If, however, the symbol or abbreviation applies to all translations alike, it is placed between the catchword and its phonetic transcription.

A semicolon is used to separate one meaning from another which is essentially different.

1. **Classement.** L'ordre alphabétique des mots-souches a été rigoureusement observé. Ainsi on trouvera dans leur ordre alphabétique:
a) les formes irrégulières des noms, des adjectifs, des comparatifs, des adverbes et, des verbes irréguliers, les formes dont on peut dériver les divers temps; toutefois les verbes réfléchis ou pronominaux se trouveront après l'infinitif simple;
b) les formes diverses des pronoms;
c) les mots composés.

2. Les **Homonymes** d'étymologie différente font l'objet d'articles différents distingués par un chiffre placé en haut derrière le mot en question;

p.ex. *mousse*¹ ship's boy ...
*mousse*² moss ...
*mousse*³ blunt ...

3. **Distinction de sens.** Les différents sens des mots français se reconnaissent grâce à:
a) des additions explicatives, en italique, placées à la suite des versions proposées;

p.ex. *tombant* drooping (*moustache, shoulders*); sagging (*branch*); flowing (*hair*);

b) des symboles ou des définitions en abrégé qui les précèdent (voir liste, pages 10—11). Si, cependant, les symboles ou les abréviations se rapportent à l'ensemble des traductions, ils sont intercalés entre le mot-souche et la transcription phonétique.

Le point-virgule sépare une acception donnée d'une autre essentiellement différente.

4. **The gender** of French nouns is always given. In the case of adjectives the gender is not given unless there is a danger of misunderstanding.

5. **Letters in brackets** within a catchword indicate that the word may be spelt with or without the letter bracketed;

e.g. *immu(t)abilité* immutability.

6. **Conjugations of verbs.** The number given in round brackets after each French infinitive refers to the table of conjugations at the end of this volume (pages 556—584).

4. **Le genre grammatical** des noms français est toujours indiqué. Pour les adjectifs le genre est indiqué exceptionnellement pour éviter des malentendus.

5. **Les lettres entre parenthèses** dans les mots-souches indiquent qu'il est permis d'écrire le même mot de deux manières différentes;

p.ex. *immu(t)abilité* immutability.

6. **Conjugaisons des verbes.** Les chiffres donnés entre parenthèses à la suite de chaque verbe français renvoient à la table synoptique des conjugaisons à la fin de ce dictionnaire (pages 556—584).

Key to the symbols and abbreviations
Explication des symboles et des abréviations

1. Symbols

The tilde (~, ~) serves as a mark of repetition. To save space, compound catchwords are often given with a tilde replacing one part.

The tilde in bold type (~) replaces the catchword at the beginning of the entry;

e.g. **wagon** ...; **~-poste** = wagon-poste.

The simple tilde (~) replaces:

a) The catchword immediately preceding (which may itself contain a tilde in bold type), or in an illustrative example containing a feminine adjective, that part of the feminine adjective suppressed in the catchword;

e.g. **abattre** ...; s'~ = s'abattre; **aéro**...; **~statique** ...; *ballon m* ~ = ballon aérostatique; **aphteux, -euse** *adj.*: *fièvre f ~euse* = fièvre aphteuse;

b) within the phonetic transcription, the whole of the pronunciation of the preceding catchword, or of some part of it which remains unchanged;

e.g. **vénérable** [vene'rabl] ...; **vénération** [~ra'sjɔ̃] = [venera-'sjɔ̃] ...; **vénérer** [~'re] = [vene're].

The tilde with circle (⚬, ⚭). When the first letter changes from capital to small or vice-versa, the usual tilde is replaced by a tilde with circle (⚬, ⚭);

e.g. **saint, sainte** ...; ⚭-**Esprit** = Saint-Esprit; **croix** ...; ⚭-*Rouge* = Croix-Rouge.

The other symbols used in this dictionary are:

1. Symboles

Le tilde (~, ~) est le signe de la répétition. Afin de gagner de la place, souvent le mot-souche ou un de ses éléments a été remplacé par le tilde.

Le tilde en caractère gras (~) remplace le mot-souche qui se trouve au début de l'article;

p.ex. **wagon** ...; **~-poste** = wagon-poste.

Le tilde simple (~) remplace:

a) le mot-souche qui précède (qui d'ailleurs peut également être formé à l'aide du tilde en caractère gras); ou dans une expression avec adjectif féminin l'élément de l'adjectif féminin supprimé dans le mot-souche;

p.ex. **abattre** ...; s'~ = s'abattre; **aéro**...; **~statique** ...; *ballon m* ~ = ballon aérostatique; **aphteux, -euse** *adj.*: *fièvre f ~euse* = fièvre aphteuse;

b) dans la transcription phonétique, la prononciation entière du mot-souche qui précède ou la partie qui demeure inchangée;

p.ex. **vénérable** [vene'rabl] ...; **vénération** [~ra'sjɔ̃] = [venera-'sjɔ̃] ...; **vénérer** [~'re] = [vene're].

Le tilde avec cercle (⚬, ⚭). Quand la première lettre se transforme de majuscule en minuscule, ou vice versa, le tilde normal est remplacé par le tilde avec cercle (⚬, ⚭);

p.ex. **saint, sainte** ...; ⚭-**Esprit** = Saint-Esprit; **croix** ...; ⚭-*Rouge* = Croix-Rouge.

Les autres symboles employés dans ce dictionnaire sont:

F	*colloquial*, familier.	🚂	*railway*, *Am. railroad*, chemin de fer.
V	*vulgar*, vulgaire.		
†	*obsolete*, vieilli.	✈	*aviation*, aviation.
⚘	*botany*, botanique.	♪	*music*, musique.
⊕	*technology*, technologie; *mechanics*, mécanique.	△	*architecture*, architecture.
		⚡	*electricity*, électricité.
⚒	*mining*, mines.	⚖	*law*, droit.
⚔	*military*, militaire.	А̀	*mathematics*, mathématique.
⚓	*nautical*, nautique; *navy*, marine.	⚘	*agriculture*, agriculture.
		🜍	*chemistry*, chimie.
✝	*commercial*, commerce; *finance*, finances.	℞	*medicine*, médecine.
		⌘	*heraldry*, blason.

2. Abbreviations — Abréviations

a.	*also*, aussi.	*fut.*	*future*, futur.
abbr.	*abbreviation*, abréviation.	*geog.*	*geography*, géographie.
adj.	*adjective*, adjectif.	*geol.*	*geology*, géologie.
admin.	*administration*, administration.	*ger.*	*gerund*, gérondif.
		gramm.	*grammar*, grammaire.
adv.	*adverb*, adverbe; *adverbial phrase*, locution adverbiale.	*hist.*	*history*, histoire.
		hunt.	*hunting*, chasse.
Am.	*Americanism*, américanisme.	*icht.*	*ichthyology*, ichtyologie.
anat.	*anatomy*, anatomie.	*imper.*	*imperative*, impératif.
approx.	*approximately*, approximativement.	*impers.*	*impersonal*, impersonnel.
		impf.	*imparfait*, imperfect.
archeol.	*archeology*, archéologie.	*ind.*	*indicative*, indicatif.
art.	*article*, article.	*indef.*	*indefinite*, indéfini.
astr.	*astronomy*, astronomie.	*inf.*	*infinitive*, infinitif.
attr.	*attributively*, attribut.	*int.*	*interjection*, interjection.
bibl.	*biblical*, biblique.	*interr.*	*interrogative*, interrogatif.
biol.	*biology*, biologie.	*inv.*	*invariable*, invariable.
box.	*boxing*, boxe.	*Ir.*	*Irish*, irlandais.
Br.	*British*, britannique.	*iro.*	*ironically*, ironiquement.
ch.sp.	*childish speech*, langage enfantin.	*irr.*	*irregular*, irrégulier.
		journ.	*journalism*, journalisme.
cin.	*cinema*, cinéma.	*ling.*	*linguistics*, linguistique.
cj.	*conjunction*, conjonction.	*m*	*masculine*, masculin.
co.	*comical*, comique.	*metall.*	*metallurgy*, métallurgie.
coll.	*collective*, collectif.	*meteor.*	*meteorology*, météorologie.
comp.	*comparative*, comparatif.	*min.*	*mineralogy*, minéralogie.
cond.	*conditional*, conditionnel.	*mot.*	*motoring*, automobilisme.
cost.	*costume*, costume.	*mount.*	*mountaineering*, alpinisme.
cuis.	*cuisine*, culinary art.	*myth.*	*mythology*, mythologie.
def.	*definite*, défini.	*n*	*neuter*, neutre.
dem.	*demonstrative*, démonstratif.	*neg.*	*negative*, négatif.
dial.	*dialectal*, dialectal.	*npr.*	*nom propre*, proper name.
dimin.	*diminutive*, diminutif.	*num.*	*numeral*, numéral.
eccl.	*ecclesiastical*, ecclésiastique.	*oft.*	*often*, souvent.
e.g.	*exempli gratia*, *for example*, par exemple.	*opt.*	*optics*, optique.
		orn.	*ornithology*, ornithologie.
esp.	*especially*, surtout.	*o.s., o.s.*	*oneself*, soi-même.
etc.	*and so on*, et cætera.	*p.*	*person*, personne.
f	*feminine*, féminin.	*paint.*	*painting*, peinture.
fig.	*figuratively*, sens figuré.	*parl.*	*parliament*, parlement.
foot.	*football*, football.	*pej.*	*pejoratively*, sens péjoratif.
Fr.	*French*, français.	*pers.*	*personal*, personnel.

phls.	philosophy, philosophie.	*s.th., s.th.*	something, quelque chose.
phot.	photography, photographie.	*su.*	(= *f* + *m*) substantif, noun.
phys.	physics, physique.	*su./f*	substantif féminin, feminine noun.
physiol.	physiology, physiologie.	*su./m*	substantif masculin, masculine noun.'
pl.	plural, pluriel.	*sup.*	superlative, superlatif.
poet.	poetic, poétique.	*surv.*	surveying, arpentage.
pol.	politics, politique.	*tel.*	telegraphy, télégraphie.
poss.	possessive, possessif.	*teleph.*	telephony, téléphonie.
p.p.	participe passé, past participle.	*telev.*	television, télévision.
p.pr.	participe présent, present participle.	*tex.*	textiles, industries textiles.
pred.	predicative, prédicatif.	*thea.*	theatre, théâtre.
pref.	prefix, préfixe.	*typ.*	typography, typographie.
pres.	present, présent.	*univ.*	university, université.
pron.	pronoun, pronom.	*USA*	United States of America, États-Unis.
prp.	preposition, préposition; prepositional phrase, locution prépositive.	*usu.*	usually, d'ordinaire.
p.s.	passé simple, past tense.	*v/aux.*	verbe auxiliaire, auxiliary verb.
psych.	psychology, psychologie.	*vet.*	veterinary, vétérinaire.
q.	quelqu'un, someone.	*v/i.*	verbe intransitif, intransitive verb.
qch.	quelque chose, something.	*v/impers.*	verbe impersonnel, impersonal verb.
recip.	reciprocal, réciproque.	*v/t.*	verbe transitif, transitive verb.
rel.	relative, relatif.	*vt/i.*	verbe transitif et intransitif, transitive and intransitive verb.
rfl.	reflexive, réfléchi.	*zo.*	zoology, zoologie.
sbj.	subjunctive, subjonctif.		
sc.	scilicet, namely, c'est-à-dire.		
Sc.	Scottish, écossais.		
sg.	singular, singulier.		
sl.	slang, argot.		
s.o., s.o.	someone, quelqu'un.		
sp.	sports, sport.		

The phonetic symbols of the International Phonetic Association

Signes phonétiques de l'Association Phonétique Internationale

A. Vowels

Note: In French the vowels are "pure", i.e. there is no slackening off or diphthongization at the end of the sound. Thus, the [e] of *né* [ne] has no tail as in English *nay* [nei].

[ɑ] back vowel, mouth well open, tongue lowered, as in English *father*: long in *pâte* [pɑːt], short in *cas* [kɑ].

[ɑ̃] [ɑ]-sound, but with some of the breath passing through the nose: long in *prendre* [prɑ̃ːdr], short in *banc* [bɑ̃].

[a] clear front vowel, tongue further forward than for [ɑ] and corners of the mouth drawn further back: long in *page* [paːʒ], short in *rat* [ra].

[e] closed vowel, tongue raised and well forward, corners of the mouth drawn back, though not as far as for [i]; purer than the vowel in English *nay*, *clay*, etc.: *été* [eˈte].

[ɛ] open vowel, tongue less raised and further back than for [e], corners of the mouth drawn back but slightly less than for [e]; purer than the sound in English *bed*: long in *mère* [mɛːr], short in *après* [aˈprɛ].

[ɛ̃] [ɛ]-sound, but with some of the breath passing through the nose: long in *plaindre* [plɛ̃ːdr], short in *fin* [fɛ̃].

[ə] rounded sound, something like the **a** in English *about*: *je* [ʒə], *lever* [ləˈve].

[i] closed vowel, tongue very high, corners of the mouth well back, rather more closed than [i] in English *sea*: long in *dire* [diːr], short in *vie* [vi].

[o] closed vowel, tongue drawn back, lips rounded; no tailing off into [u] or [w] as in English *below*: long in *fosse* [foːs], short in *peau* [po].

[ɔ] open **o** but closer than in English *cot*, with tongue lower, lips more rounded, mouth more open: long in *fort* [fɔːr], short in *cotte* [kɔt].

[ɔ̃] [ɔ]-sound, but with some of the breath passing through the nose: long in *nombre* [nɔ̃ːbr], short in *mon* [mɔ̃].

[ø] a rounded [e], pronounced rather like the **ir** of English *birth* but closer and with lips well rounded and forward: long in *chanteuse* [ʃɑ̃ˈtøːz], short in *peu* [pø].

[œ] a rounded open **e** [ɛ], a little like the **ur** of English *turn* but with the tongue higher and the lips well rounded: long in *fleur* [flœːr], short in *œuf* [œf].

[œ̃] the same sound as [œ] but with some of the breath passing through the nose: long in *humble* [œ̃:bl], short in *parfum* [par'fœ̃].

[u] closed vowel with back of the tongue raised close to the soft palate and the front drawn back and down, and lips far forward and rounded; rather like the oo of English *root* but tighter and without the tailing off into the [w] sound: long in *tour* [tu:r], short in *route* [rut].

[y] an [i] pronounced with the lips well forward and rounded: long in *mur* [my:r], short in *vue* [vy].

B. Consonants

Note: the consonant sounds not listed below are similar to those of English, except that they are much more dry: thus the [p] is not a breathed sound and [t] and [d] are best pronounced with the tip of the tongue against the back of the top teeth, with no breath accompanying the sound.

[j] a rapidly pronounced sound like the **y** in English *yes*: *diable* [dja:bl], *dieu* [djø], *fille* [fi:j].

[l] usually more voiced than in English and does not have its 'hollow sound': *aller* [a'le].

[ɲ] the "n mouillé", an [n] followed by a rapid [j]: *cogner* [kɔ'ɲe].

[ŋ] not a true French sound; occurs in a few borrowed foreign words: *meeting* [mi'tiŋ].

[r] in some parts of France the [r] may be sounded like a slightly rolled English [r], but the uvular sound is more generally accepted. It has been described as sounding like a short and light gargle: *ronger* [rɔ̃'ʒe].

[ʃ] rather like the **sh** of English *shall*, never like the **ch** of English *cheat*: *chanter* [ʃɑ̃'te].

[ɥ] like a rapid [y], never a separate syllable: *muet* [mɥɛ].

[w] not as fully a consonant as the English [w]. It is half-way between the consonant [w] and the vowel [u]: *oui* [wi].

[ʒ] a voiced [ʃ]; it is like the second part of the sound of **di** in the English *soldier*, i.e. it does not have the [d] element: *j'ai* [ʒe]; *rouge* [ru:ʒ].

C. Use of the sign ' to mark stress

The stressed syllable is indicated by the use of ' before it. This is to some extent theoretical. Such stress as there is is not very marked and the presence of the ' may be considered a reminder that the word should not normally be stressed in any other syllable, especially if the word resembles an English one which *is* stressed elsewhere. Though a stress-mark is shown for each word, all the words in one breath group will not in fact carry the stress indicated: thus, though *mauvais* may be transcribed [mɔ'vɛ], in *mauvais ami* there is only one main stress, on the *-mi*.

In words of one syllable only, the stress mark is not given.

D. Use of the sign : to mark length

When the sign [:] appears after a vowel it indicates that the duration of the vowel sound is rather longer than for a vowel which appears without it. Thus the [œ] of *feuille* [fœ:j] is longer than the [œ] of *feuillet* [fœ'jɛ]. In unstressed syllables one frequently finds a semi-long vowel but this fine shade of duration has not been marked in the transcription.

The inclusion of any word in this dictionary is not an expression of the publisher's opinion on whether or not such word is a registered trademark or subject to proprietary rights. It should be understood that no definition in this dictionary or the fact of the inclusion of any word herein is to be regarded as affecting the validity of any trademark.

Comme dans toutes les encyclopédies, la nomenclature des produits commerciaux figure dans le présent ouvrage sans indication des brevets, marques, modèles ou noms déposés. L'absence d'une précision de ce genre ne doit pas incliner à penser que tel produit commercial, ou le nom qui le désigne, soit dans le domaine public.

A

A, a [a] *m* A, a.
a [a] *3rd p. sg. pres. of avoir* 1.
à [~] *prp. place*: at (*table, Hastings*), in (*Edinburgh*), on (*the wall*); *direction*: to, into; *distance*: at a distance of (*10 miles*); *origin*: from, of; *time*: at (*7 o'clock, this moment, his words*); in (*spring*); *sequence*: by (*twos*); for; *agent, instrument, etc.*: on (*horseback*); with; by (means of); *manner*: in; on (*condition, the occasion*); *price*: for (*two dollars*); at, by; *dative, possession*: donner qch. *à q.* give s.th. to s.o., give s.o. s.th.; *grâce à Dieu!* thank God!; *c'est à moi* this is mine; *c'est à moi de* (*inf.*) it is for me to (*inf.*); *un ami à moi* a friend of mine; *à terre* on *or* to the ground; *de la tête aux pieds* from head to foot; *prêt à* ready *or* willing to; *au secours!* help!; *à vingt pas d'ici* twenty steps *or* paces from here; *emprunter* (*arracher*) *à* borrow (tear) from; *c'est bien aimable à vous* that's very kind of you; *à l'aube* at dawn; *à la longue* at length; *au moment de* (*inf.*) on (*ger.*); *à le voir* seeing him; *à tout moment* constantly; *à demain* till tomorrow; *int.* see you tomorrow!; *à jamais* for ever; *à partir de ...* from ... (on); *mot à mot* word for word, literal(ly *adv.*); *quatre à quatre* four at a time; *peu à peu* little by little; *bateau m à vapeur* steamer, steamboat; *maison f à deux étages* two-storied house; ♪ *à quatre mains* for four hands; *verre m à vin* wineglass; *fait à la main* handmade; *à voix basse* in a low voice; *à la nage* swimming; *peinture f à l'huile* painting in oil; *aux yeux bleus* blue-eyed; *à dessein* on purpose; *à regret* reluctantly; *à merveille* excellently; *à prix bas* at a low price; *à mes frais* at my expenses; *à louer* to let; *à vendre* for sale; *à la bonne heure* well done!; fine!

abaissement [abɛsˈmã] *m* lowering, sinking; *prices, temperature, etc.*: fall; falling; dropping; *water etc.*: abatement; *ground*: dip; *fig.* abasement; **abaisser** [abɛˈse] (1b) *v/t.* lower (*a drawbridge, one's eyes, one's voice, etc.*); roll out thin (*the dough*); reduce (*the birth-rate, costs, a price*); humble, bring low; & bring down (*a figure*), drop (*a perpendicular*), depress (*an equation*); *s'~* fall (away); subside (*ground, wind*); die down (*wind*); *fig.* humble o.s., lower o.s.

abajoue [abaˈʒu] *f zo.* cheek-pouch; F flabby cheek.

abandon [abãˈdõ] *m* abandonment, forsaking; desertion; neglect; destitution; *rights*: surrender; lack of restraint, absence of reserve; *sp.* withdrawal; *à l'~* completely neglected; at random; *laisser tout à l'~* leave everything in confusion; **abandonner** [~dɔˈne] (1a) *v/t.* forsake, abandon; leave; ⚖ surrender; renounce (*a claim, a right*); *s'~* lose heart; neglect o.s.; give way *or* vent (to, *à*); give o.s. up (to, *à*), indulge (in, *à*).

abasourdir [abazurˈdiːr] (2a) *v/t.* stun; *fig.* dumbfound.

abat [aˈba] *m: pluie f d'~* downpour; *~s pl.* offal *sg.*

abâtardir [abɑtarˈdiːr] (2a) *v/t.* impair; debase; *s'~* deteriorate, degenerate; **abâtardissement** [~disˈmã] *m* deterioration, degeneration.

abat-jour [abaˈʒuːr] *m/inv.* lampshade; sun-blind; △ skylight.

abattage [abaˈtaːʒ] *m* knocking down, throwing down; *tree*: felling; clearing; *animals*: slaughter; ⚒ cutting; *fig.* F wigging, carpeting; *~ urgent* forced slaughter; **abattant** [~ˈtã] *m counter, table*: flap; trapdoor; *~ de W.-C.* lavatory seat; **abattement** [abatˈmã] *m* prostration; dejection; *~ à la base* personal allowance, *Am.* exemption; *mot. ~ des feux headlights*: dimming; **abatteur** [abaˈtœːr] *m* feller, cutter;

abattis

slaughterer; *fig.* ~ de quilles braggart; **abattis** [~'ti] *m* felling, clearing; ⚔ abatis; *cuis.* giblets *pl.*; slaughter; *sl.* ~ *pl.* limbs; *sl.* numéroter ses ~ take stock of o.s.; **abattoir** [~'twa:r] *m* slaughter-house; **abattre** [a'batr] (4a) *v/t.* knock down; fell; slaughter, destroy; 🗡 bring *or* shoot down; *fig.* dishearten, depress; ~ de la besogne get through a lot of work; s'~ crash; fall; pounce (upon, sur); subside (*fever, wind*); *fig.* grow depressed; **abattu,e** *fig.* [aba'ty] depressed.

abat-vent [aba'vã] *m/inv.* chimney-cowl; ✗ wind-break, cloche.

abbatial, e, *m/pl.* -**aux** [aba'sjal, ~'sjo] abbatial; **abbaye** [abe'ji] *f* abbey; *monks:* monastery; *nuns:* convent; **abbé** [a'be] *m* abbot; priest; *hist.* abbé; **abbesse** [a'bɛs] *f* abbess.

ABC [abe'se] *m* primer; spelling-book; *fig.* rudiments *pl.*

abcès 💉 [ap'sɛ] *m* abscess.

abdication [abdika'sjõ] *f* abdication; renunciation.

abdiquer [abdi'ke] (1m) *v/i.* abdicate; *v/t.* renounce (*s.th.*).

abdomen [abdɔ'mɛn] *m* abdomen.

abécédaire [abese'dɛ:r] *m* spelling-book; primer; *fig.* elements *pl.*

abeille [a'bɛ:j] *f* bee; ~ mâle drone; ~ mère, reine *f* des ~s queen (bee); ~ ouvrière worker (bee).

aberration [abɛra'sjõ] *f* aberration.

abêtir [abe'ti:r] (2a) *v/t.* make stupid, stupefy; s'~ grow stupid.

abhorrer [abɔ're] (1a) *v/t.* loathe, detest.

abîme [a'bi:m] *m* abyss, chasm; **abîmer** [abi'me] (1a) *v/t.* spoil, damage; s'~ be swallowed up; be spoilt; be plunged (in, *dans*).

abject, e [ab'ʒɛkt] contemptible, mean; abject; **abjection** [~ʒɛk'sjõ] *f* baseness, abjection, meanness.

abjurer [abʒy're] (1a) *v/t.* abjure, retract, recant.

ablation 💉 [abla'sjõ] *f* removal, excision.

able *icht.* [abl] *m*, **ablette** *icht.* [a'blɛt] *f* bleak.

ablution [ably'sjõ] *f* ablution (*a. eccl.*).

abnégation [abnega'sjõ] *f* abnegation, self-denial, self-sacrifice.

abois [a'bwa] *m/pl.:* aux ~ at bay

16

(*a. fig.*), hard pressed; **aboiement** [abwa'mã] *m* bark(ing), bay(ing).

abolir [abɔ'li:r] (2a) *v/t.* abolish, suppress; annul; repeal; **abolition** [~li'sjõ] *f* abolition, suppression; ✝ *debt:* cancelling; annulment.

abominable [abɔmi'nabl] abominable; heinous (*crime*); **abomination** [~na'sjõ] *f* abomination; **abominer** [~'ne] (1a) *v/t.* abominate, loathe.

abondamment [abõda'mã] *adv.* of *abondant;* **abondance** [~'dã:s] *f* abundance; en ~ plentiful(ly *adv.*); parler d'~ extemporize; **abondant, e** [~'dã, ~'dã:t] plentiful, copious, abundant; abounding (in, en); **abonder** [~'de] (1a) *v/i.* be plentiful; abound (in, en).

abonné *m*, **e** *f* [abɔ'ne] *magazine, paper, telephone:* subscriber; *electricity, gas:* consumer; 🚃 *etc.* season-ticket holder, *Am.* commuter; **abonnement** [abɔn'mã] *m* subscription; carte *f* d'~ season-ticket, *Am.* commutation ticket; **abonner** [abɔ'ne] (1a) *v/t.:* ~ q. à qch. take out a subscription to s.th. for s.o.; s'~ à subscribe to; take (out) a season-ticket for.

abord [a'bɔ:r] *m* approach, access (to, de); manner, address; ~s *pl.* approaches, outskirts; d'~ (at) first; de prime ~ at first sight; dès l'~ from the outset; d'un ~ facile easy to approach; tout d'~ first of all; **abordable** [abɔr'dabl] accessible; ✝ reasonable (*price*); **abordage** ⚓ [~'da:ʒ] *m* boarding, grappling; coming alongside; collision; **aborder** [~'de] (1a) *v/i.* ⚓ land, berth; *v/t.* ⚓ grapple; run down (*a ship*); *fig.* approach, tackle (*a problem*); *fig.* accost (*s.o.*); s'~ meet.

aborigène [abɔri'ʒɛn] 1. *adj.* aboriginal; native; 2. *su./m* aboriginal; ~s *pl.* aborigines.

aborner [abɔr'ne] (1a) *v/t.* mark out; demarcate.

abortif, -ve [abɔr'tif, ~'ti:v] 1. *adj.* abortive; 💉 abortifacient; 2. *su./m* 💉 abortifacient.

abouchement [abuʃ'mã] *m* ✝ interview; ⊕ butt-joining; **aboucher** [abu'ʃe] (1a) *v/t.* join together; ⊕, *a.* 💉 connect; ⊕ join end to end; s'~ confer.

aboulie *psych.* [abu'li] *f* aboulia, loss

abusif

of will-power; **aboulique** *psych.* [~'lik] irresolute.

about ⊕ [a'bu] *m wood*: butt-end; **abouter** ⊕ [abu'te] (1a) *v/t.* join end to end; **aboutir** [~'tir] (2a) *v/i.* lead ([in]to, *à*), end (in, *à*); abut (on, *à*); ⚕ come to a head, burst (*abscess*); *fig.* succeed; **aboutissant, e** [~ti'sã, ~'sã:t] bordering, abutting; **aboutissement** [~tis'mã] *m* issue, outcome; *plan*: materialization; ⚕ *abscess*: bursting, coming to a head.

aboyer [abwa'je] (1h) *v/i.* bark, bay; **aboyeur** [~'jœ:r] *m* yelping dog; *fig.* carping critic; *tout*; dun.

abrasif, -ve ⊕ [abra'zif, ~'zi:v] *adj., a. su./m* abrasive; **abrasion** ⚕ [~'zjõ] *f* abrasion, scraping.

abrégé [abre'ʒe] *m* summary, précis; **abréger** [~] (1g) *v/t.* shorten, abbreviate.

abreuver [abrœ've] (1a) *v/t.* water; soak; s'~ drink (*animal*); quench one's thirst (*person*); **abreuvoir** [~'vwa:r] *m* horse-pond, trough, watering place (*in a river*).

abréviation [abrevja'sjõ] *f* abbreviation; *a.* 🕮 *sentence*: shortening.

abri [a'bri] *m* shelter, cover; ⚔ dugout; air-raid shelter; ⚔ ~ *atomique* atomic shelter; ⚔ ~ *bétonné* blockhouse, *sl.* pill-box; 🚗 ~ *de mécanicien* cab; *à l'*~ *de* sheltered from; screened from; *mettre à l'*~ shelter, screen (from, *de*).

abricot [abri'ko] *m* apricot; **abricotier** [~ko'tje] *m* apricot-tree.

abriter [abri'te] (1a) *v/t.* shelter, screen, protect, shield (from *de*, *contre*); s'~ take shelter *or* refuge.

abrivent [abri'vã] *m* ⚔ sentry-box, shelter; ✈ screen, matting.

abroger [abrɔ'ʒe] (1e) *v/t.* abrogate, repeal, rescind.

abrupt, e [a'brypt] abrupt; steep, sheer; *fig.* rugged (*style*); blunt (*words*).

abruti m, e f *sl.* [abry'ti] fool, idiot; **abrutir** [~'ti:r] (2a) *v/t.* stupefy, brutalize; s'~ become sottish; **abrutissement** [~tis'mã] *m* brutishness; degradation.

abscisse ⚯ [ap'sis] *f* abscissa.

absence [ap'sã:s] *f* absence; lack; ~ *d'esprit* absent-mindedness; **absent, e** [~'sã, ~'sã:t] absent; *fig.* absent-minded; **absentéisme** [~sã-te'ism] *m* absenteeism; **absenter** [~sã'te] (1a) *v/t.*: s'~ absent o.s., stay away; go away from home.

abside △ [ap'sid] *f* apse.

absinthe [ap'sɛ̃:t] *f* absinth; ♃ wormwood.

absolu, e [apsɔ'ly] absolute; peremptory (*voice*); 🕮 pure (*alcohol*); *phys.* zéro *m* ~ absolute zero (—459.4° F.); **absolument** [apsɔly-'mã] *adv.* absolutely, completely; **absolution** [~'sjõ] *f* absolution (from, *de*); **absolutisme** [~'tism] *m* absolutism; **absolutoire** [~'twa:r] absolving.

absorber [apsɔr'be] (1a) *v/t.* absorb, soak up; imbibe; consume; *fig.* engross; s'~ be absorbed (in, *dans*); **absorption** [~sɔrp'sjõ] *f* absorption (*a. fig.*).

absoudre [ap'sudr] (4bb) *v/t. eccl., a. fig.* absolve; exonerate; **absous, -te** [~'su, ~'sut] *p.p. of absoudre.*

abstenir [apstə'ni:r] (2h) *v/t.*: s'~ refrain (from, *de*); **abstention** [~tã'sjõ] *f* abstention (from, *de*); renunciation.

abstinence [apsti'nã:s] *f* abstinence; abstention (from, *de*); *faire* ~ *de* abstain from (*s.th.*); **abstinent, e** [~'nã, ~'nã:t] **1.** *adj.* abstemious, sober; **2.** *su.* total abstainer, teetotaller.

abstraction [apstrak'sjõ] *f* abstraction; ~s *pl.* vagueness *sg.*; ~ *faite de cela* leaving that aside; apart from that; *faire* ~ *de qch.* leave s.th. out of account, disregard s.th.; *se perdre dans des* ~s be lost in thought.

abstraire [aps'trɛ:r] (4ff) *v/t.* abstract, isolate; s'~ become engrossed (in *dans*, *en*); **abstrait, e** [~'trɛ, ~'trɛt] abstracted; abstract (*idea*); abstruse (*problem*, *subject*).

abstrus, e [aps'try, ~'try:z] abstruse; obscure; recondite.

absurde [ap'syrd] **1.** *adj.* absurd; **2.** *su./m*: *tomber dans l'*~ become ridiculous; **absurdité** [~syrdi'te] *f* absurdity, nonsense.

abus [a'by] *m* abuse, misuse (of, *de*), error; ~ *de confiance* breach of trust; **abuser** [aby'ze] (1a) *v/t.* mislead; deceive; s'~ be mistaken; *v/i.*: ~ *de* misuse; take unfair advantage of; impose upon; delude; **abusif, -ve** [~'zif, ~'zi:v] excessive; *gramm.* contrary to usage, improper.

abyssal

abyssal, e, *m/pl.* **-aux** [abi'sal, ~'so] deep-sea...; **abysse** [a'bis] *m* deep sea.
acabit F [aka'bi] *m* quality, nature; *du même ~* tarred with the same brush.
acacia ⚘ [aka'sja] *m* acacia.
académicien [akademi'sjɛ̃] *m* academician; **académie** [~'mi] *f* academy; learned society; school (*of art etc.*); *paint.* nude; *in France:* educational district; **académique** [~'mik] academic; pretentious (*style*).
acagnarder [akaɲar'de] (1a) *v/t.*: *s'~* idle, laze.
acajou [aka'ʒu] *m* mahogany.
acanthe ⚘ [a'kɑ̃:t] *f* acanthus (*a.* ⚜), brank-ursine.
acariâtre [aka'rjɑ:tr] quarrelsome; peevish; shrewish; nagging.
accablant, e [aka'blɑ̃, ~'blɑ̃:t] overwhelming (*proof, emotions*); crushing, oppressive (*heat*); **accablement** [~blə'mɑ̃] *m* dejection; ⚔ prostration; ✝ pressure; **accabler** [~'ble] (1a) *v/t.* overwhelm (with, de); overpower, crush.
accalmie [akal'mi] *f* ⚓, ⚔, *a. fig.* lull; ✝ slack period.
accaparer [akapa're] (1a) *v/t.* corner, hoard; *fig.* F monopolize (*the conversation*); *fig.* seize; **accapareur** *m*, **-euse** *f* [~'rœ:r, ~'rø:z] *supplies:* buyer-up; monopolist; *fig.* F (food-)hoarder; grabber.
accéder [akse'de] (1f) *v/i.*: *~ à* have access to; accede to (*a request*).
accélérateur, -trice [aksele'ratœ:r, ~'tris] **1.** *adj.* accelerating; **2.** *su./m* accelerator; *~ de particules* particle accelerator; **accélération** [~ra'sjɔ̃] *f* acceleration; *work-rhythm:* speeding up; *mot. pédale f d'~* accelerator; **accélérer** [~'re] (1f) *v/i.* accelerate (*a. mot.*); *mot. sl.* step on the gas; *v/t. fig.* expedite, quicken; *s'~* become faster.
accent [ak'sɑ̃] *m* accent; stress; emphasis; pronunciation; **accentuation** [aksɑ̃tɥa'sjɔ̃] *f* stress(ing); accentuation; **accentuer** [~'tɥe] (1n) *v/t.* stress; accentuate; emphasize; *fig.* strengthen.
acceptable [aksɛp'tabl] acceptable; satisfactory; **acceptation** [~ta'sjɔ̃] *f* acceptance (*a.* ✝); **accepter** [~'te] (1a) *v/t.* accept; agree to; **accep-**

18

teur ✝ [~'tœ:r] *m* drawee, acceptor; **acception** [~'sjɔ̃] *f* respect, regard; *gramm.* meaning, sense; *sans ~ de personne* without respect of persons.
accès [ak'sɛ] *m* access, approach; *anger, fever:* attack, fit; *par ~* by fits and starts; **accessible** [aksɛ'sibl] accessible; approachable (*person*); **accession** [~'sjɔ̃] *f* accession; adherence; *~ du travail* rehabilitation; **accessoire** [~'swa:r] **1.** *adj.* accessory; *occupation f ~* subsidiary occupation, side-line; **2.** *su./m* accessory; subsidiary topic *or* matter; *thea. ~s pl.* properties, *sl.* props.
accident [aksi'dɑ̃] *m* accident (*a. phls.*); ♪ accidental; *~ de (la) circulation* road accident; *~ de personne* casualty; *~ de terrain* unevenness, undulation; *par ~* accidentally; **accidenté, e** [aksidɑ̃'te] **1.** *adj.* uneven, irregular (*ground*); chequered (*life*); **2.** *su.* injured person, casualty; **accidentel, -elle** [~'tɛl] accidental, unintentional; casual; **accidenter** [~'te] (1a) *v/t.* vary (*one's style*); make picturesque, give variety to (*a landscape*).
acclamation [aklama'sjɔ̃] *f* acclamation, applause; **acclamer** [~'me] (1a) *v/t.* acclaim, applaud, cheer.
acclimatation [aklimata'sjɔ̃] *f* acclimatization; *jardin m d'~* Zoo; Botanical Gardens *sg.*; **acclimater** [~'te] (1a) *v/t.* acclimatize (to, à); *s'~* become acclimatized.
accointance [akwɛ̃'tɑ̃:s] *f oft. pej.* intimacy, intercourse; *avoir des ~s avec* have dealings with; **accointer** [~'te] (1a) *v/t.*: *s'~* de (*or avec*) q. enter into relations with s.o.
accolade [akɔ'lad] *f* embrace; accolade; F hug; *typ. a.* bracket, brace (—); **accolage** ⚘ [~'la:ʒ] *m* fastening to an espalier; **accoler** [~'le] (1a) *v/t.* couple; brace, bracket; tie up (*a plant*).
accommodage [akɔmɔ'da:ʒ] *m food:* preparation, dressing; **accommodant, e** [~'dɑ̃, ~'dɑ̃:t] accommodating, easy to deal with, good-natured; **accommodation** [~da'sjɔ̃] *f* adaptation; **accommodement** [akɔmɔd'mɑ̃] *m* compromise, arrangement; ✝ agreement; **accommoder** [~mɔ'de] (1a) *v/t.* make comfortable; fit, adapt (to, à);

accroire

prepare, dress (*food*); suit (*s.o.*); s'~ à adapt o.s. to; s'~ de make the best of.

accompagnateur *m*, **-trice** *f* [akɔ̃paɲa'tœːr, ~'tris] ♪ accompanist; escort (of a tour); **accompagnement** [~paɲ'mɑ̃] *m* attendance; accompaniment (*a.* ♪); **accompagner** [~pa'ɲe] (1a) *v/t.* accompany; escort.

accomplir [akɔ̃'pliːr] (2a) *v/t.* accomplish, achieve; complete; **accomplissement** [~plis'mɑ̃] *m* accomplishment, achievement; completion.

accord [a'kɔːr] *m* agreement; harmony; ♪ chord; pitch; *gramm.* concordance, agreement (*a. pol.*); *pol.* treaty; ~ *commercial* trade agreement; **d'**~ agreed!; ♪ in tune; **tomber d'**~ agree, reach an agreement; **accordable** [akɔr'dabl] reconcilable; grantable; ♪ tunable; **accordage** ♪ [~'daːʒ] *m* tuning; **accordailles** [~'dɑːj] *f/pl.* † betrothal *sg.*; **accordéon** ♪ [~de'ɔ̃] *m* accordion; concertina; *fig.* **en** ~ pleated; **accordéoniste** [~deɔ'nist] *m* accordion player; **accorder** [~'de] (1a) *v/t.* reconcile; grant, award; ♪, *a. radio:* tune; ✝ ~ **de la confiance à** *q.* favour s.o. (with orders); **s'**~ agree (*a. gramm.*); get on (with s.o., *avec q.*); correspond; ♪ tune up; ♪ be in tune; ♪ harmonize (with, *avec*); **accordeur** *m*, **-euse** *f* ♪ [~'dœːr, ~'døːz] tuner.

accort, e [a'kɔːr, ~'kɔrt] affable, compliant; gracious.

accostable [akɔs'tabl] approachable; **accostage** ⚓ [~'taːʒ] *m* boarding; drawing alongside (of, *de*); **accoster** [~'te] (1a) *v/t.* ⚓ berth; board; ~ *q.* accost s.o., F go up to s.o.; greet s.o.

accotement [akɔt'mɑ̃] *m* road: shoulder; side-path; **accoter** [akɔ'te] (1a) *v/t.* prop; **s'**~ lean (against, *contre*); **accotoir** [~'twaːr] *m* armrest.

accouchée [aku'ʃe] *f* woman in childbed; **accouchement** [akuʃ'mɑ̃] *m* confinement; ~ *laborieux* difficult confinement; ~ *sans douleur* painless delivery; **accoucher** [aku'ʃe] (1a) *v/i.* be delivered (of, *de*), give birth (to, *de*); *fig.* ~ **de** *qch.* bring s.th. forth; *v/t.* deliver (*a woman*); **accoucheur** [~'ʃœːr] *m* obstetrician; **accoucheuse** [~'ʃøːz] *f* midwife.

accouder [aku'de] (1a) *v/t.*: **s'**~ lean (on one's elbows); **accoudoir** [~'dwaːr] *m* arm-rest, elbow-rest; balustrade, rail.

accouple [a'kupl] *f* leash; **accouplement** [akuplə'mɑ̃] *m* coupling (*a. radio*); pairing; ⚡ connecting; ⚕ copulation; ⊕ ~ *articulé* joint coupling; ⚡ ~ **en série** series connection; **accoupler** [~'ple] (1a) *v/t.* couple (up) (*a.* 🚗); ⚡ connect, group; *fig.* join; **s'**~ mate.

accourcir [akur'siːr] (2a) *v/t.* curtail; shorten; **accourcissement** [~sis'mɑ̃] *m* shortening.

accourir [aku'riːr] (2i) *v/i.* hasten (up), run up.

accoutrement [akutrə'mɑ̃] *m* dress; F get-up; **accoutrer** [~'tre] (1a) *v/t.* equip; rig (*s.o.*) out (in, *de*).

accoutumance [akuty'mɑ̃ːs] *f* habit, use, usage; **accoutumé, e** [~'me] **1.** *adj.* accustomed (to, *à*); **à l'**~ usually; **2.** *su.* regular visitor; **accoutumer** [~'me] (1a) *v/t.* accustom (*s.o.*) (to, *à*).

accouvage [aku'vaːʒ] *m* artificial incubation.

accréditer [akredi'te] (1a) *v/t.* accredit (*an ambassador*); confirm (*a story*); credit; authorize; **s'**~ gain credence; **accréditeur** [~'tœːr] *m* guarantor; surety; **accréditif** [~'tif] *m* ✝ (letter of) credit; credential.

accroc [a'kro] *m* clothes: rent, tear; *fig.* hitch; *fig.* impediment; **sans** ~**s** smooth(ly *adv.*).

accrochage [akrɔ'ʃaːʒ] *m* hooking; *picture:* hanging; accumulation; *box.* clinch; *radio:* picking-up; ✕ engagement; clash (*with the police*); F squabble; **accroche-cœur** [akrɔʃ'kœːr] *m* kiss-curl; **accrochement** [~'mɑ̃] *m* hooking; *fig.* difficulty; 🚗 coupling; **accrocher** [akrɔ'ʃe] (1a) *v/t.* hang (up) (on, from *à*); collide with (*a vehicle*); hook; catch; ⚓ grapple; ✕ engage; *radio:* pick up; *sl.* pawn (*a watch*); F buttonhole (*s.o.*); **s'**~ cling (to, *à*); get caught (on, *à*); *box.* clinch; ⚓ follow closely; F have a set-to.

accroire [a'krwaːr] (4n) *v/t.*: (**en**) **faire** ~ **qch. à q.** delude s.o. into

accroissement

believing s.th.; *s'en faire ~* overestimate o.s.

accroissement [akrwas'mã] *m* growth; increase; ⚕ *function*: increment.

accroître [a'krwa:tr] (4o) *v/t.* increase; *v/i. a. s'~* grow.

accroupir [akru'pi:r] (2a) *v/t.*: *s'~* crouch (down); squat (down).

accru, e [a'kry] 1. *p.p.* of *accroître*; 2. *su./f* accretion, extension.

accu F [a'ky] *m* ⚡ accumulator; battery; (re)*charger* (*or régénérer*) *l'~* charge the accumulator.

accueil [a'kœ:j] *m* reception, greeting; † *faire* (*bon*) *~ à une traite* hono(u)r a bill; *faire bon~à* welcome (*s.o.*); **accueillant, e** [akœ'jã, ~'jã:t] affable; **accueillir** [~'ji:r] (2c) *v/t.* welcome, greet, receive; † hono(u)r (*a bill*).

acculer [aky'le] (1a) *v/t.* drive into a corner *or* to the wall; *s'~* set one's back (against *à*, *contre*).

accumulateur, -trice [akymyla-'tœ:r, ~'tris] *su.* hoarder; *fig.* miser; *su./m* ⚡ accumulator; **accumuler** [~'le] (1a) *v/t.* accumulate.

accusateur, -trice [akyza'tœ:r, ~'tris] 1. *adj.* incriminating; accusing; 2. *su.* accuser; *su./m* ⚡ *hist. ~ public* Public Prosecutor; **accusation** [~za'sjɔ̃] *f* accusation; charge; **accusé, e** [~'ze] 1. *adj.* accused; prominent (*feature*); 2. *su.* accused; *su./m*: † *~ de réception* acknowledgement (of receipt); **accuser** [~'ze] (1a) *v/t.* accuse; *fig.* admit to; show; † *~ réception* acknowledge receipt (of, *de*); *~ son jeu cards*: disclose one's hand; *s'~* stand out; accuse o.s.

acéphale *zo.* [ase'fal] acephalous, headless.

acerbe [a'sɛrb] tart; *fig.* sharp; **acerbité** [asɛrbi'te] *f* acerbity; tartness; sharpness.

acéré, e [ase're] sharp, keen; *fig.* mordant (*criticism*); **acérer** [~] (1f) *v/t.* steel; *fig.* sharpen, give edge to.

acétate ⚗ [asɛ'tat] *m* acetate; *~ d'alumine* acetate of alumina; *~ de cuivre* verdigris; **acéteux, -euse** [~'tø, ~'tø:z] acetous; **acétique** [~'tik] acetic; **acétone** [~'tɔn] *f* acetone; **acétylène** [~ti'lɛn] *m* acetylene.

achalandage [aʃalɑ̃'da:ʒ] *m* cus-

tom(ers *pl.*); **achalandé, e** [~'de]: *bien ~* with a large custom (*shop*); **achalander** [~'de] (1a) *v/t.* provide with custom.

acharné, e [aʃar'ne] keen; fierce; bitter; strenuous; relentless; **acharnement** [~nə'mɑ̃] *m* tenacity; relentlessness; fury; stubbornness; **acharner** [~'ne] (1a) *v/t. hunt.* set on, excite; *fig.* embitter; *s'~ à* be intent on; slave at; *Am.* go for; *s'~ sur* (*or contre*) be implacable towards.

achat [a'ʃa] *m* purchase; purchasing; † *pouvoir m d'~* purchasing power.

acheminement [aʃmin'mɑ̃] *m* progress, course (towards, *vers*); † *etc.* routing; **acheminer** [~mi'ne] (1a) *v/t.* put on the way; train (*a horse*); † *etc.* route, forward (to *sur*, *vers*); *s'~* make one's way (towards *vers*, *sur*).

acheter [aʃ'te] (1d) *v/t.* buy, purchase; *fig.* bribe; *~ cher* (*bon marché*) buy at a high price (cheap); **acheteur** *m*, **-euse** *f* [~'tœ:r, ~'tø:z] purchaser, buyer.

achèvement [aʃɛv'mɑ̃] *m* completion, conclusion; **achever** [aʃ've] (1d) *v/t.* finish, complete; F do for; *s'~* draw to a close; *v/i.*: *~ de* (*inf.*) finish (*ger.*).

achillée ♀ [aki'le] *f* milfoil, yarrow.

achoppement [aʃɔp'mɑ̃] *m* stumble; knock; *pierre f d'~* stumbling-block; **achopper** [aʃɔ'pe] (1a) *v/i. a. s'~* stumble (against, *à*); *fig.* come to grief.

achromatique *opt.* [akrɔma'tik] achromatic.

acide ⚗ [a'sid] 1. *adj.* sharp, tart, acid; 2. *su./m* acid; *~ chlorhydrique* hydrochloric acid; *~ sulfurique* sulphuric acid; **acidification** [asidifika'sjɔ̃] *f* acidification; **acidimètre** [~'mɛtr] *m* acidimeter; **acidité** [~'te] *f* acidity, sourness; **acidulé** [asidy'le] acidulated; *bonbons m/pl. ~s* acid drops; **aciduler** [~] (1a) *v/t.* turn sour; acidulate.

acier [a'sje] *m* steel; *fig.* sword; *~ au tungstène* tungsten steel; *~ coulé* (*or fondu*) cast steel; *~ doux* mild steel; *~ laminé* rolled steel; *~ spécial* high-grade steel; *d'~* steel(y), of steel; **aciérage** ⊕ [asje'ra:ʒ] *m* steeling; *bain m d'~* steel bath;

aciérer [~'re] (1f) *v/t.* steel, acierate; **aciérie** ⊕ [~'ri] *f* steelworks *usu. sg.*
acolyte [akɔ'lit] *m eccl.* acolyte; *fig.* associate, confederate.
acompte [a'kɔ̃:t] *m* instalment; *par* ~ by instalments.
aconit ♀ [akɔ'nit] *m* aconite, monk's-hood.
acoquiner [akɔki'ne] (1a) *v/t.* captivate, allure; *oft. pej.* s'~ *à* be(come) very fond of *or* attached to; be very much in love with (*a woman*).
à-côté [akɔ'te] *m remark*: aside; side-issue; ~s *pl.* purlieus.
à-coup [a'ku] *m* jolt, jerk, sudden stop; *par* ~s by fits and starts; *sans* ~s smooth(ly *adv.*).
acoustique [akus'tik] **1.** *adj.* acoustic; *appareil m* ~ hearing-aid; **2.** *su./f* acoustics *pl.*
acquéreur [ake'rœ:r] *m* purchaser, buyer; acquirer; **acquérir** [~'ri:r] (21) *v/t.* acquire, obtain; win (*esteem, friends*); *fig.* ~ *droit de cité* become naturalized; *v/i.* improve;
acquerrai [aker're] *1st p. sg. fut. of acquérir.*
acquêt ₮₮ [a'kɛ] *m* acquisition; ~s *pl.* common property *sg.* (*in marriage*).
acquièrent [a'kjɛ:r] *3rd p. pl. pres. of acquérir;* **acquiers** [~] *1st p. sg. pres. of acquérir.*
acquiescement [akjɛs'mɑ̃] *m* acquiescence (in, *à*); consent; **acquiescer** [akjɛ'se] (1k) *v/i.* acquiesce (in, *à*), agree (to, *à*).
acquis¹ [a'ki] *1st p. sg. p.s. of acquérir.*
acquis², e [a'ki, ~'ki:z] **1.** *p.p.* of *acquérir;* **2.** *adj.* acquired, gained; established (*fact*); **3.** *su./m* attainments *pl.*, experience; **acquisition** [akizi'sjɔ̃] *f* acquisition, acquiring; purchase; *fig.* ~s *pl.* attainments.
acquit [a'ki] *m* discharge, release; ₮ receipt (for, *de*); ~ *de transit Customs:* transire; *par* ~ *de conscience* for conscience sake; for form's sake; F *par manière d'*~ as a matter of form; ₮ *pour* ~ paid, received with thanks; ~-à-caution, *pl.* ~s-à-caution [akiakɔ'sjɔ̃] *m Customs:* permit; **acquittement** [akit'mɑ̃] *m debt:* discharge; ₮₮ acquittal; **acquitter** [aki'te] (1a) *v/t.* unburden (*one's conscience*); ₮₮ acquit; ₮ discharge (*a debt*); ₮ receipt (*a bill, a note*); fulfil (*an obligation*); ~ *q. de qch.* release s.o. from s.th.; s'~ *de* discharge (*a debt*); perform, fulfil (*a duty*).
acre ✓ [akr] *m* acre.
âcre [ɑ:kr] tart, sharp; *fig.* caustic (*remark*); **âcreté** [ɑkrə'te] *f* bitterness, acidity.
acrimonie [akrimɔ'ni] *f* acrimony; bitterness; **acrimonieux, -euse** [~'njø, ~'njø:z] acrimonious, bitter.
acrobate [akrɔ'bat] *su.* acrobat, tumbler; **acrobatie** [~ba'si] *f* acrobatics *pl.;* ~ (*aérienne*) aerobatics *pl.*
acte [akt] *m* act (*a. thea.*); deed (*a.* ₮₮); title; bill (*of sale*); ₮₮ writ; ~s *pl. learned society:* transactions; records; *bibl.* ♀s *pl. des Apôtres* Acts of the Apostles; ₮₮ ~ *civil* civil marriage; ~ *de décès* death-certificate; ~ *notarié* notarial deed; *faire* ~ *de présence* put in an appearance; *prendre* ~ *de* take note of;
acteur [ak'tœ:r] *m* actor.
actif, -ve [ak'tif, ~'ti:v] **1.** *adj.* active; busy; alert; **2.** *su./m* ₮ assets *pl.*, credit (side); *gramm.* active voice. [actinotherapy.]
actinothérapie ₰ [aktinɔtera'pi] *f*)
action [ak'sjɔ̃] *f* action, act; exploit; *water:* effect; *machine:* working; *thea.* gesture; ₮₮ action, lawsuit; ⚔ engagement; ₮ share(-certificate), *Am.* stock; *eccl.* ~ *de grâces* thanksgiving; ₮ ~ *de mine* mining-share; *champ m d'*~ sphere of action; **actionnaire** [aksjɔ'nɛ:r] *su.* shareholder, *Am.* stockholder; **actionner** [~'ne] (1a) *v/t.* ₮₮ sue; ⊕ set in motion; operate (*a machine*); urge on; s'~ bestir o.s.
activer [akti've] (1a) *v/t.* stir up, push on; expedite; s'~ busy o.s. (with, *à*); **activité** [~vi'te] *f* activity; briskness.
actrice [ak'tris] *f* actress.
actualité [aktɥali'te] *f* actuality, reality; topical question; ~s *pl. cin.* news-reel *sg.*, F news *sg.; radio:* current events; *d'*~ topical.
actuel, -elle [ak'tɥɛl] current, present.
acuité [akɥi'te] *f* acuteness, (*a.* ₰), sharpness, keenness.
acutangle ⚹ [akɥ'tɑ̃:gl] acute-angled.

adage

adage [a'da:ʒ] *m* adage, saying, saw.
adamantin, e [adamã'tɛ̃, ~'tin] adamantine.
adaptable [adap'tabl] adaptable; **adaptateur** *phot., telev.* [~ta'tœ:r] *m* adapter; **adaptation** [~ta'sjɔ̃] *f* adaptation; adjustment; **adapter** [~'te] (1a) *v/t.* adapt, adjust (s.th. to s.th., *qch. à qch.*); s'~ à *qch.* adapt o.s. to s.th.; fit s.th.
addition [adi'sjɔ̃] *f* addition; accretion; *restaurant:* bill, *Am. or* F check; **additionnel, -elle** [adisjɔ-'nɛl] additional; *impôt m* ~ surtax; **additionner** [~'ne] (1a) *v/t.* add up, tot up; dilute (with, *de*); **additionneuse** [~'nø:z] *f* adding-machine.
adénite ✱ [ade'nit] *f* adenitis.
adéno... [adenɔ] glandular, adeno...
adent ⊕ [a'dã] *m* dovetail, tenon.
adepte [a'dɛpt] *su.* adept; initiate.
adéquat, e [ade'kwa, ~'kwat] adequate.
adhérence [ade'rã:s] *f* adherence; adhesion (*a.* ✱, *phys.*); **adhérent, e** [~'rã, ~'rã:t] **1.** *adj.* adhesive; adherent (to, *à*); **2.** *su.* adherent, supporter; **adhérer** [~'re] (1f) *v/i.:* ~ à adhere *or* cling to; hold (*an opinion*); join, support (*a party*); *mot.* grip (*the road*).
adhésif, -ve [ade'zif, ~'zi:v] adhesive, sticky; *emplâtre m* ~ adhesive plaster; **adhésion** [~'zjɔ̃] *f* adhesion (*a. fig.*). [fern.\
adiante ♀ [a'djã:t] *m* maidenhair\
adieu [a'djø] **1.** *int.* farewell!; goodbye!; **2.** *su./m:* ~x *pl.* farewell *sg.*, leave-taking *sg.*; *faire ses* ~x (à) say good-bye (to); take one's leave (of).
adipeux, -euse [adi'pø, ~'pø:z] adipose, fatty; **adiposité** [~pozi'te] *f* adiposity, fatness.
adirer ✝ [adi're] (1a) *v/t.* lose, mislay (*documents*).
adjacent, e [adʒa'sã, ~'sã:t] adjacent, contiguous (to, *à*); *être* ~ à border on, adjoin; *rue f* ~e sidestreet.
adjectif [adʒɛk'tif] *m* adjective.
adjoindre [ad'ʒwɛ̃:dr] (4m) *v/t.* unite, associate; appoint as assistant; enrol(l); *s'* ~ à join with (*s.o.*); **adjoint, e** [~'ʒwɛ̃, ~'ʒwɛ̃:t] **1.** *adj.* assistant-...; **2.** *su./m* assistant; ~ *au* (*or du*) *maire* deputy-mayor.

adjonction [adʒɔ̃k'sjɔ̃] *f* adjunction; ⚠ annexe; *gramm.* zeugma.
adjudant [adʒy'dã] *m* ✖ company sergeant-major; ⚓ warrant-officer; ✖ ~-*chef* regimental sergeant-major; ⚓ ~ *de pavillon* flag-lieutenant.
adjudicataire [adʒydika'tɛ:r] *m* highest-bidder; *auction:* purchaser; contractor; **adjudication** [~'sjɔ̃] *f* adjudication, award; *contract:* allocation; *auction:* knocking-down; *mettre en* ~ invite tenders for; put up for auction.
adjuger [adʒy'ʒe] (1l) *v/t.* award; *auction:* knock down.
adjuration [adʒyra'sjɔ̃] *f* adjuration; imprecation; **adjurer** [~'re] (1a) *v/t.* adjure, beseech; exorcise (*a spirit*).
adjuvant, e ✱ [adʒy'vã, ~'vã:t] *adj., a. su./m* adjuvant.
admettre [ad'mɛtr] (4v) *v/t.* admit; let in; permit.
administrateur [administra'tœ:r] *m* administrator, manager; *bank:* director; **administratif, -ve** [~'tif, ~'ti:v] administrative; **administration** [~'sjɔ̃] *f* administration (*a. eccl.*); management; governing body; civil service; **administratrice** [~'tris] *f* administratrix; **administré** *m,* **e** *f* [adminis'tre] person under one's administration *or* jurisdiction; **administrer** [~] (1a) *v/t.* administer (*a. eccl.*), conduct, manage, govern; ⚖ ~ *des preuves* furnish proof.
admirable [admi'rabl] admirable, wonderful; **admirateur, -trice** [admira'tœ:r, ~'tris] **1.** *adj.* admiring; **2.** *su.* admirer; **admiratif, -ve** [~'tif, ~'ti:v] admiring; **admiration** [~'sjɔ̃] *f* admiration, wonder; **admirer** [admi're] (1a) *v/t.* admire.
admis, e [ad'mi, ~'mi:z] **1.** *p.p. of admettre;* **2.** *adj.* admitted; accepted; conventional; **admissible** [admi'sibl] admissible; eligible (to, *à*); **admission** [~'sjɔ̃] *f* admission; ⊕ inlet; ⊕ *période f d'*~ induction stroke.
admonestation [admɔnɛsta'sjɔ̃] *f,* **admonition** [~ni'sjɔ̃] *f* admonition, reprimand; **admonester** [~nɛs'te] (1a) *v/t.* admonish, reprimand, censure.
adolescence [adɔlɛ'sã:s] *f* adolescence, youth; **adolescent, e** [~'sã,

affaiblir

~'sã:t] 1. *adj.* adolescent; 2. *su.* adolescent; F teen-ager; *su./m* youth.
adonner [adɔ'ne] (1a) *v/t.:* s'~ *à* devote o.s. to.
adopter [adɔp'te] (1a) *v/t.* adopt (*a child, a name, an opinion*); assume (*a name*); *parl.* pass (*a bill*); **adoptif, -ve** [~'tif, ~'ti:v] adopted; adoptive (*parent*); **adoption** [~'sjɔ̃] *f* adoption; *bill:* passage; carrying; *fils m par* ~ adopted son.
adorable [adɔ'rabl] adorable; charming; **adorateur, -trice** [~ra'tœ:r, ~'tris] 1. *su.* adorer, worshipper; F great admirer; 2. *adj.* adoring; **adoration** [~ra'sjɔ̃] *f* adoration, worship; **adorer** [~'re] (1a) *v/t.* adore (*a. fig.*); worship (*God*); F dote on.
adossement [ados'mã] *m* leaning (against *à, contre*); position back to back; **adosser** [ado'se] (1a) *v/t.* lean; place back to back; s'~ *à* (*or contre*) lean one's back against.
adouber [adu'be] (1a) *v/t. chess:* adjust (*a piece*); *hist.* dub (*s.o.*) ([a] knight).
adoucir [adu'si:r] (1a) *v/t.* sweeten; tone down (*a colour*); mitigate; allay (*a pain*); pacify; ⊕ polish (*metal*), rough-polish (*glass*); s'~ soften; grow softer (*voice*); grow milder (*weather*); grow less (*pain, grief*); **adoucissement** [~sis'mã] *m* softening; alleviation; relief; sweetening.
adresse [a'drɛs] *f* address, destination; memorial; dexterity; shrewdness; **adresser** [adrɛ'se] (1a) *v/t.* address, direct; refer (to, *à*); ✝ ~ *des commandes à* place orders with; s'~ *à* apply to; speak to; appeal to.
adroit, e [a'drwa, ~'drwat] dexterous; shrewd.
adulateur, -trice [adyla'tœ:r, ~'tris] 1. *adj.* flattering, fawning; 2. *su.* sycophant; **adulation** [~la'sjɔ̃] *f* adulation, sycophancy; **aduler** [~'le] (1a) *v/t.* fawn upon, flatter (*s.o.*).
adulte [a'dylt] *adj., a. su.* adult, grown-up.
adultération [adyltera'sjɔ̃] *f* adulteration; **adultère** [adyl'tɛ:r] 1. *adj.* adulterous; 2. *su./m* adulterer; adultery; *su./f* adulteress; **adultérer** [~te're] (1f) *v/t.* adulterate; **adultérin, e** [~te'rɛ̃, ~'rin] adulterine; ⚥ hybrid.
advenir [advə'ni:r] (2h) *v/i., a. impers.* happen, occur, turn out; *advienne que pourra* come what may.
adventice [advã'tis] adventitious, casual (*a.* ⚥); **adventif, -ve** [~'tif, ~'ti:v] ⚥ growing wild, chance...; accrued (*property*).
adverbe [ad'vɛrb] *m* adverb.
adversaire [advɛr'sɛ:r] *m* adversary, opponent; **adverse** [~'vɛrs] adverse, unfavo(u)rable; ♘ opposing, other (*party*); *fortune f* ~ adversity; **adversité** [~vɛrsi'te] *f* adversity, bad luck.
aérage [ae'ra:ʒ] *m* aeration, airing; ventilation (*a.* ⚒); *puits m d'*~ air-shaft; **aération** [~ra'sjɔ̃] airing, ventilation; **aéré, e** [~'re] airy; **aérer** [~'re] (1f) *v/t.* air, aerate; ventilate; **aérien, -enne** [~'rjɛ̃, ~'rjɛn] aerial; air-...; *chemin m de fer* ~ elevated railway; *défense f* ~*enne* aerial defence; *voyage m* ~ journey by air; **aérifère** [aeri'fɛ:r] air-...; **aérifier** [~'fje] (1o) *v/t.* gasify; **aériforme** [~'fɔrm] gaseous.
aéro... [aerɔ] flying-..., air-...; ~**bus** [~'bys] *m* F air liner; ~**drome** [~dro:m] *m* aerodrome, *Am.* airdrome; ~**dynamique** [~dina'mik] 1. *adj.* aerodynamic; streamlined; 2. *su./f* aerodynamics *sg.*; ~**gare** [~'ga:r] *f* air terminal; ~**moteur** [~mɔ'tœ:r] *m* aero-engine; windengine; ~**naute** [~'no:t] *m* aeronaut, balloonist; ~**nautique** [~no'tik] 1. *adj.* aeronautical; 2. *su./f* aeronautics *sg.*; ~**plane** [~'plan] *m* aeroplane, aircraft; ~**port** [~'pɔ:r] *m* airport; ~**porté, e** [~pɔr'te]: *troupes f/pl.* ~ airborne troops; ~**postal, e,** *m/pl.* **-aux** [~pɔs'tal, ~'to] air-mail...; ~**stat** [~s'ta] *m* airship, balloon; ~**station** [~sta'sjɔ̃] *f* aeronautics *sg.*; ~**statique** [~sta'tik] 1. *adj.:* *ballon m* ~ balloon; 2. *su./f* aerostatics *sg.*; ~**transporté, e** [~trãspɔr'te] *see* aéroporté.
affabilité [afabili'te] *f* affability, graciousness (to *avec,* envers*); **affable** [a'fabl] affable, gracious.
affadir [afa'di:r] (2a) *v/t.* render tasteless *or* uninteresting; *fig.* disgust; **affadissement** [~dis'mã] *m* loss of flavo(u)r; growing insipid.
affaiblir [afɛ'bli:r] (2a) *v/t.* weaken;

affaiblissement

phot. reduce (the contrasts of); **s'~** grow weaker; **affaiblissement** [~bli'mã] *m* diminution; weakening; reducing; **affaiblisseur** *phot.* [~bli'sœːr] *m* reducing agent *or* bath.

affaire [a'fɛːr] *f* business, affair; question, matter; transaction; belongings *pl.*; ⚖ case; ~s *pl.* étrangères foreign affairs; *avoir ~ à (or avec)* have dealings with; *cela fait l'~* that will do; *ce n'est pas petite ~* it is no trifling matter; *faire son ~* make one's fortune; *parler d'~s* talk business; *son ~ est faite* he is done for; *voilà l'~* that's it!; **affairé, e** [afɛ're] busy; **affairement** [afɛr'mã] *m* hurry, bustle; **affairer** [afɛ're] (1a) *v/t.*: **s'~** busy oneself, be busy.

affaissement [afɛs'mã] *m* sinking; *ground:* subsidence; *strength:* breaking up; ✵ prostration; *fig.* depression; **affaisser** [afɛ'se] (1b) *v/t.* cause to sink; weigh down; *fig.* **s'~** sink; collapse (*a.* ✵).

affaler [afa'le] (1a) *v/t.* ⚓ haul down; lower; **s'~** ⚓ be driven ashore; F drop.

affamé, e [afa'me] hungry, ravenous (for, *de*); **affamer** [~] (1a) *v/t.* starve.

affectation [afɛkta'sjõ] *f* affectation; pretence; † appropriation; † predilection; ✕ *etc.* posting, *Am.* assignment; assignment (*to a post*); ✕ *~ spéciale* reserved occupation; **affecter** [~'te] (1a) *v/t.* assign; set apart; pretend; assume (*a shape*); move (*s.o.*); affect; have a predilection for; ⚖ burden (*the land*); ✵ affect, attack; ✕ *etc.* post, *Am.* assign; **s'~** be moved (*feelings*); **affectif, -ve** [~'tif, ~'tiːv] affective; **affection** [~'sjõ] *f* affection (*a.* ✵); fondness, liking; ✵ disease, complaint; **affectionner** [~sjɔ'ne] (1a) *v/t.* be fond of, have a liking for; † **s'~ à** *q.* become fond of s.o.; **s'~** *q.* gain s.o.'s affections; **affectueux, -euse** [~'tɥø, ~'tɥøːz] affectionate, fond, loving.

afférent, e [afɛ'rã, ~'rãːt] relating, relative (to, *à*); accruing.

affermer [afɛr'me] (1a) *v/t.* let; rent (*land*).

affermir [afɛr'miːr] (2a) *v/t.* consolidate, make firm; *fig.* strengthen.

affété, e [afe'te] affected, mincing;

afféterie [~'tri] *f* affectation, mincing.

affichage [afi'ʃaːʒ] *m* bill-posting; *fig.* F show; *panneau m d'~* noticeboard; **affiche** [a'fiʃ] *f* poster; **afficher** [afi'ʃe] (1a) *v/t.* post up, placard; *fig.* parade, flaunt; **s'~** *pour* set up for; **afficheur** [~'ʃœːr] *m* bill-sticker.

affidé, e [afi'de] **1.** *adj.* † trusty; **2.** *su. pej.* accomplice; secret agent.

affilage ⊕ [afi'laːʒ] *m* whetting, sharpening; **affiler** [~'le] (1a) *v/t.* sharpen, whet; ⊕ set (*a saw*); draw (*gold*).

affiliation [afilja'sjõ] *f* affiliation; **affilier** [afi'lje] (1o) *v/t.* affiliate (with, to *à*); **s'~ à** join (*a society etc.*).

affiloir [afi'lwaːr] *m* hone; *razor:* strop; *knife:* steel; whetstone.

affinage ⊕ [afi'naːʒ] *m* refining; *fig.* improvement; *cloth:* cropping; *hemp:* hackling; *plank:* fining down; *~ de surface* surface refinement; **affiner** [~'ne] (1a) *v/t.* refine, improve; point (*needles*); fine (*metals*); fine down (*a plane*); hackle (*hemp*); crop, shear (*cloth*); mature (*wine, cheese*).

affinité [afini'te] *f* affinity (*a.* ⚗); relationship; *fig.* resemblance.

affirmatif, -ve [afirma'tif, ~'tiːv] **1.** *adj.* affirmative; **2.** *su./f* affirmative; *dans l'~ve* in the affirmative; *if so;* **affirmation** [~ma'sjõ] *f* assertion; **affirmer** [~'me] (1a) *v/t.* affirm, assert (*a. one's authority*); aver.

affleurer [aflœ're] (1a) *v/t.* level; make flush; be level *or* flush with; *v/i.* be level or flush.

afflictif, -ve ⚖ [aflik'tif, ~'tiːv] corporal, bodily; *peine f ~ve* corporal punishment; penal servitude; **affliction** [~'sjõ] *f* affliction, sorrow, distress; **affliger** [afli'ʒe] (1l) *v/t.* afflict (with, *de*); distress, grieve; **s'~** grieve, be distressed (at, *de*).

affluence [afly'ãːs] *f* flow(ing); flood; ✵ abundance; crowd; *heures f/pl. d'~* peak hours, rush hours; **affluent, e** [~'ã, ~'ãːt] **1.** *adj.* † affluent; **2.** *su./m* tributary; **affluer** [~'e] (1n) *v/i.* flow (*a.* ✵); abound; *fig.* crowd, flock; **afflux** [a'fly] *m* afflux, rush.

affolement [afɔl'mã] *m* distraction; panic; *engine:* racing; **affoler**

[afɔ'le] (1a) *v/t.* infatuate; drive crazy; madden; *aiguille f affolée compass*: mad *or* spinning needle; *être affolé* become infatuated; be distracted; spin (*compass*).

affouragement [afuraʒ'mã] *m* fodder(ing); **affourager** [~ra'ʒe] (1l) *v/t.* fodder (*cattle*).

affourcher [afur'ʃe] (1a) *v/t.* ⚓ moor across; ⊕ join by tongue and groove; *v/i. a.* s'~ † put out (one's anchors); be astride.

affranchi, e [afrã'ʃi] **1.** *adj.* freed; free (from, of de); **2.** *su./m* freedman; *su./f* freedwoman; **affranchir** [~'ʃiːr] (2a) *v/t.* free, emancipate; exempt; *post*: frank, prepay, stamp; s'~ de get rid of; **affranchissement** [~ʃis'mã] *m* emancipation; release, exemption; *post*: franking, prepayment; postage.

affres [afr] *f/pl.* pangs, terrors, throes.

affrètement ⚓ [afrɛt'mã] *m* freighting; charter(ing); **affréter** ⚓ [afre'te] (1f) *v/t.* freight; charter.

affreux, -euse [a'frø, ~'frøːz] frightful, dreadful; ghastly; hideous.

affriander [afriã'de] (1a) *v/t.* entice, allure; make attractive.

affront [a'frɔ̃] *m* affront, insult; *faire un* ~ *à* insult; **affronter** [afrɔ̃'te] (1a) *v/t.* confront, face; *fig.* brave; ⊕ join face to face.

affublement *pej.* [afyblə'mã] *m* getup, rig-out; **affubler** *pej.* [~'ble] (1a) *v/t.* rig out (in, de).

affût [a'fy] *m* hiding-place; gun-carriage; *chasser à l'~* stalk; *être à l'~* lie in wait; be on the look-out (for, de); **affûter** ⊕ [afy'te] (1a) *v/t.* sharpen (*a.* F *fig.*); set (*a saw*); stock with tools; **affûteuse** ⊕ [~'tøːz] *f* grinding-machine.

afin [a'fɛ̃] **1.** *prp.*: ~ *de* (*inf.*) (in order) to (*inf.*); **2.** *cj.*: ~ *que* (*sbj.*) in order that, so that.

africain, e [afri'kɛ̃, ~'kɛn] *adj., a. su.* ♀ African.

Afrikander [afrikã'dɛːr] *m* Afrikander.

agaçant, e [aga'sã, ~'sãːt] irritating; provocative; **agacer** [~'se] (1k) *v/t.* irritate, annoy; s'~ get annoyed; **agacerie** F [agas'ri] *f* provocation.

agape *eccl.* [a'gap] *f* love-feast, agape.

agate [a'gat] *f* agate.

âge [ɑːʒ] *m* age; period; generation; *d'~ à, en ~ de* of an age to; *enfant mf d'~ scolaire* child of school age; *entre deux ~s* middle-aged; *quel ~ avez-vous?, quel est votre ~?* how old are you?; *retour m d'~* change of life; **âgé, e** [ɑ'ʒe] old, aged; elderly; ~ *de deux ans* 2 years old, aged 2.

agence [a'ʒãːs] *f* agency; ~ *de publicité* advertising agency; ~ *de voyages* travel agency; ~ *générale* general agency; **agencement** [aʒãs'mã] *m* arrangement, order; ~*s pl.* fixtures; **agencer** [aʒã'se] (1k) *v/t.* arrange; order; fit up.

agenda [aʒɛ̃'da] *m* note-book, memorandum-book; diary.

agenouiller [aʒnu'je] (1a) *v/t.*: s'~ kneel (down).

agent [a'ʒã] *m* agent; middleman; medium, agency; ~ *de brevet* patent agent; ~ *de change* stock-broker, exchange-broker; ~ *de liaison* liaison officer; ~ *de location* house agent; ~ *fiduciaire* trustee; ~ *provocateur* agent provocateur.

agglomération [aglɔmera'sjɔ̃] *f* agglomeration; mass; built-up area; ~*s pl. urbaines* centres of population, urban districts *or* centres; **aggloméré** [~'re] *m* patent fuel, briquette; *geol.* conglomerate; **agglomérer** [~'re] (1f) *v/t.* agglomerate; bring together; s'~ cohere; cake.

agglutinant, e [aglyti'nã, ~'nãːt] **1.** *adj.* adhesive; agglutinative; binding; **2.** *su./m* bond; **agglutinatif, -ve** [~na'tif, ~'tiːv] **1.** *adj. see agglutinant* **1**; **2.** *su./m* agglutinant; **agglutiner** [~'ne] (1a) *v/t.* agglutinate; bind; s'~ cake, agglutinate.

aggravant, e [agra'vã, ~'vãːt] aggravating; **aggravation** [~va'sjɔ̃] *f* worsening; *penalty*: increase; 🕱, ⚕ aggravation; **aggraver** [~'ve] (1a) *v/t.* aggravate; worsen; increase; s'~ worsen.

agile [a'ʒil] agile, nimble; active; **agilité** [aʒili'te] *f* agility, nimbleness.

agio [a'ʒjo] *m* † agio; F jobbery; **agiotage** † [aʒjɔ'taːʒ] *m* (stock-)jobbing; **agioter** † [~'te] (1a) *v/i.* gamble, speculate; **agioteur** [~'tœːr] *m* gambler, speculator.

agir

agir [aˈʒiːr] (2a) *v/i.* act; do; operate, work; behave; ~ *bien* (*mal*) *envers* (*or avec*) behave well (badly) towards; ⚖ ~ *contre* prosecute; sue; *il s'agit de savoir si* the question is whether; *s'*~ *de* be a question of (*s.th.*); **agissant, e** [aʒiˈsɑ̃, ~ˈsɑ̃ːt] active; bustling; **agissements** [aʒisˈmɑ̃] *m/pl.* doings; machinations; goings-on.

agitateur, -trice [aʒitaˈtœːr, ~ˈtris] *su.* agitator; ⊕ mixer; *su./m* ⚗ stirring-rod; **agitation** [~taˈsjɔ̃] *f* agitation (*a. fig.*); stir(ring); shaking, tossing; disturbance; restlessness, excitement; **agiter** [~ˈte] (1a) *v/t.* agitate; wave; shake, toss; stir; disturb; debate (*a question*).

agneau [aˈɲo] *m* lamb; **agneler** [aɲəˈle] (1d) *v/i.* lamb; **agnelet** † [~ˈlɛ] *m* lambkin; **agnelin** [~ˈlɛ̃] *m fur:* lambskin.

agonie [aɡɔˈni] *f* death agony; *être à l'*~ be at the point of death; **agonir** [~ˈniːr] (2a) *v/t.:* ~ *q. d'injures* heap abuse on s.o.; **agoniser** [~niˈze] (1a) *v/i.* be at the point of death, be dying.

agrafe [aˈɡraf] *f* hook; clasp; clamp; clip; ⊕ dowel; ⊕ joint; **agrafer** [aɡraˈfe] (1a) *v/t.* hook; clasp; fasten; clip (*papers*); ⊕ dowel; *sl.* nab (= *capture*); **agrafeuse** [~ˈføːz] *f* stapler.

agraire [aˈɡrɛːr] agrarian; *réforme f* ~ agrarian reform.

agrandir [aɡrɑ̃ˈdiːr] (2a) *v/t.* increase; enlarge; exalt; exaggerate; *s'*~ grow larger; **agrandissement** [~disˈmɑ̃] *m* enlargement; increase; rise (in power *etc.*); **agrandisseur** *phot.* [~diˈsœːr] *m* enlarger.

agrarien, -enne [aɡraˈrjɛ̃, ~ˈrjɛn] *adj., a. su./m* agrarian.

agréable [aɡreˈabl] agreeable, pleasant; pleasing.

agréé [aɡreˈe] *m commercial court:* counsel, attorney.

agréer [~] (1a) *v/t.* accept; approve; allow; *veuillez* ~ *l'expression de mes sentiments distingués* Yours sincerely; *s'*~ *à* enjoy; *v/i.* be agreeable (to, *à*).

agrégat ⊕ [aɡreˈɡa] *m* aggregate; **agrégation** [~ɡaˈsjɔ̃] *f* ⊕ binding; ⊕ aggregate; admission (*to a society*); *in France:* competitive State examination for appointment as teacher in a *lycée*; **agrégé, e** [~ˈʒe] 1. *adj.* aggregate; *geol.* clastic (*rock*); 2. *su./m* one who has passed the *agrégation*; **agréger** [~ˈʒe] (1g) *v/t.* † admit, incorporate; admit to the title of *agrégé*.

agrément [aɡreˈmɑ̃] *m* consent; approval; pleasure, amusement; charm; ~*s pl.* ornaments; trimmings; *voyage m d'*~ pleasure-trip; **agrémenter** [~mɑ̃ˈte] (1a) *v/t.* adorn.

agrès [aˈɡrɛ] *m/pl.* ⚓ tackle *sg.*, gear *sg.*; *sp.* apparatus *sg.*, fittings.

agresseur [aɡrɛˈsœːr] *m* aggressor; assailant; **agressif, -ve** [~ˈsif, ~ˈsiːv] aggressive; **agression** [~ˈsjɔ̃] *f* aggression; attack; assault. [couth.)

agreste [aˈɡrɛst] rural; rustic; un-)

agricole [aɡriˈkɔl] agricultural (*labourer, products*); **agriculteur** [~kylˈtœːr] *m* agriculturist; husbandman; farmer; **agriculture** [~kylˈtyːr] *f* agriculture; husbandry.

agriffer [aɡriˈfe] (1a) *v/t.* F claw; *s'*~ *à* claw at; clutch at.

agripper [aɡriˈpe] (1a) *v/t.* F clutch (at); grab.

agronomie [aɡrɔnɔˈmi] *f* husbandry, agronomy.

agrumes [aˈɡrym] *m/pl.* citrus fruit.

aguerrir [aɡɛˈriːr] (2a) *v/t.* harden, season; *s'*~ grow seasoned; *s'*~ *à* (*or contre*) become hardened to.

aguets [aˈɡɛ] *m/pl.:* *aux* ~ on the watch *or* look-out.

aguicher *sl.* [aɡiˈʃe] (1a) *v/t.* lead (*s.o.*) on; carry on with (*s.o.*); make (*s.o.*) curious.

ah! [ɑ] *int.* oh!; ah!

ahaner [aaˈne] (1a) *v/i.* pant; work hard, toil; hum and haw.

ahurir F [ayˈriːr] (2a) *v/t.* bewilder.

ai [e] *1st p. sg. pres. of avoir* 1.

aide [ɛːd] *su.* assistant; *su./f* help, assistance; *pol.* ~ *économique* economic aid; *à l'*~ *de* to *or* with the help of; *su./m:* ~ *de camp* ⚔ aide-de-camp; ⚓ flag-lieutenant; ~-**comptable**, *pl.* ~**s-comptables** [ɛdkɔ̃ˈtabl] *su.* assistant-accountant; ~-**maçon**, *pl.* ~**s-maçons** [~maˈsɔ̃] *m* hodman; ~-**mémoire** [~meˈmwaːr] *m/inv.* pocket-book; manual; *pol.* aide-mémoire; memorandum; **aider** [ɛˈde] (1b) *v/t.* help, assist, aid; *s'*~ *de* make use of; *v/i.* contribute (to, *à*).

aie [ɛ] *1st p. sg. pres. sbj. of* avoir 1.
aïeul [a'jœl] *m* grandfather; **aïeule** [~] *f* grandmother; **aïeuls** [~] *m/pl.* grandparents; grandfathers; **aïeux** [a'jø] *m/pl.* ancestors, forefathers.
aigle [ɛgl] *su./m* eagle; *fig.* genius; elephant paper; lectern; *su./f* 📖 eagle; ✕ standard.
aiglefin *icht.* [ɛglə'fɛ̃] *m* haddock.
aiglon [ɛ'glɔ̃] *m* eaglet.
aigre [ɛ:gr] **1.** *adj.* sour, tart; bitter (*wind, tone*); shrill, sharp (*voice, sound*); crude (*colour*); crabbed (*person*); brittle (*iron*); **2.** *su./m* sharpness; **aigre-doux, -douce** [ɛgrə'du, ~'dus] bitter-sweet; *fig.* subacid; **aigrefin** [~'fɛ̃] *m icht.* haddock; *fig.* sharper, swindler; **aigrelet, -ette** [~'lɛ, ~'lɛt] sourish, tart; **aigrette** [ɛ'grɛt] *f orn.* aigrette (*a. cost.,* ⚙), egret (*a.* ⚙); tuft; ⚙ *a.* brush; **aigreur** [ɛ'grœ:r] *f* sourness (*a. fig.*); *fig.* ranco(u)r; ⊕ *iron:* brittleness; ✱ ~*s pl.* acidity *sg.* (of the stomach); heartburn *sg.*; **aigrir** [ɛ'gri:r] (2a) *vt./i.* turn sour; *v/t. fig.* embitter.
aigu, -guë [ɛ'gy] sharp, pointed; ✱, ♪, *gramm.* acute; *fig.* intense; bitter; piercing (*sound*).
aigue-marine, *pl.* **aigues-marines** [ɛgma'rin] *su./f, a. adj./inv.* aquamarine.
aiguière [ɛ'gjɛ:r] *f* ewer.
aiguillage 🚂 [egɥi'ja:ʒ] *m* switching of points; shunting; points *pl.*, *Am.* switches *pl.*; **aiguille** [ɛ'gɥij] *f* needle (*a. pine, compass*); *clock:* hand; △ king-post; *mountain:* point; *churchtower:* spire; 🚂 point(s *pl.*), *Am.* switch; **aiguillée** [egɥi'je] *f* needleful; **aiguiller** [~'je] (1a) *v/t.* shunt, switch; **aiguillette** [~'jɛt] *f* aiguillette, aglet; ✕, ⚓ shoulder-knot; **aiguilleur** 🚂 [~'jœ:r] *m* pointsman, *Am.* switchman; **aiguillier** [~'je] *m* needle-maker; needlebook; **aiguillon** [~'jɔ̃] *m* goad; *wasp:* sting; *fig.* spur, stimulus; **aiguillonner** [~jɔ'ne] (1a) *v/t.* goad; *fig.* spur on; rouse.
aiguiser [eg(ɥ)i'ze] (1a) *v/t.* whet (*a. fig.*), sharpen; set (*a razor, a saw*); *fig.* excite, quicken.
ail, *pl.* ♀ **ails,** *cuis.* **aulx** [a:j, o] *m* ♀ allium; *cuis.* garlic.
aile [ɛl] *f* wing (*a.* ✕, *sp.*); *windmill:* sail; blade; *eccl.* aisle; F fin, arm; *mot.* wing, *Am.* fender; ✈ ~ *en delta* delta wing; ✈ ~ *en flèche* swept-back wing; **ailé, e** [ɛ'le] winged; **aileron** [ɛl'rɔ̃] *m* pinion; small wing; *shark:* fin; ✈ aileron; *water-wheel:* float(-board); △ scroll; **ailette** [ɛ'lɛt] *f* △ small wing; ⊕ lug; *radiator*: gill, fin; *ventilator:* vane; *turbine*: blade; **ailier** *sp.* [ɛ'lje] *m* wing(er).
aillade *cuis.* [a'jad] *f* garlic sauce.
aille [aj] *1st p. sg. pres. sbj. of* aller 1.
ailleurs [a'jœ:r] *adv.* elsewhere; *d'~* from somewhere else; moreover, besides; *nulle part ~* nowhere else.
aimable [ɛ'mabl] agreeable, pleasant; amiable, kind; nice.
aimant¹, e [ɛ̃'mɑ̃, ~'mɑ̃:t] loving, affectionate.
aimant² [ɛ'mɑ̃] *m* magnet (*a. fig.*); *~ long* bar magnet; *~ naturel* magnetic iron ore; **aimantation** [ɛmɑ̃ta'sjɔ̃] *f* magnetization; **aimanter** [~'te] (1a) *v/t.* magnetize; *aiguille f aimantée* magnetic needle.
aimer [ɛ'me] (1b) *v/t.* love; like; be fond of; be in love with; *v/i.* love; *~ à* (*inf.*) like (*ger.*) *or* to (*inf.*); *j'aimerais* I would like; *j'aimerais mieux* I would prefer *or* rather *or* sooner.
aine *anat.* [ɛn] *f* groin.
aîné, e [ɛ'ne] *adj., a. su.* elder; eldest; first-born; senior; *il est mon ~ de trois mois* he is 3 months older than I; he is my senior by 3 months; **aînesse** [ɛ'nɛs] *f* primogeniture; seniority; *droit m d'~* law of primogeniture; birthright.
ainsi [ɛ̃'si] **1.** *adv.* thus; so; in this way; *~ soit-il!* so be it!; *eccl., a. co.* amen; *pour ~ dire* so to speak; **2.** *cj.* so; *~ que* as well as; like.
air¹ [ɛ:r] *m* air; wind; atmosphere (*a. fig.*); *metall. ~ chaud* hot blast; ⊕ *~ comprimé* compressed air; *~ conditionné* air-conditioned; *~ frais* fresh air; *courant m d'~* draught, *Am.* draft; *en plein ~* in the open air; *il y a qch. dans l'~* there is s.th. in the wind; *menaces f/pl. en l'~* empty threats; *mettre à l'~* place in the open; *fig. mettre en l'~* throw into confusion; *fig. paroles f/pl. en l'~* idle talk; *fig. projets m/pl. en l'~* castles in the air.
air² [~] *m* air, look, appearance; way, manner; *~ de famille* family like-

air 28

ness; *avoir l'~ de* look like; *avoir l'~ de* (*inf.*) seem to (*inf.*), look as if (*ind.*); *prendre* (*or se donner*) *des ~s* give o.s. airs.

air³ ♪ [~] *m* air, tune, melody; aria; *~ à boire* drinking song.

aire [~] *f* surface; (threshing-)floor; △, ⚔ area; *eagle*: eyrie; *meteor.* *~ de haute* (*basse*) *pression* high (low) pressure (area); *~ du vent* wind direction; point of the compass.

airelle ♀ [ɛˈrɛl] *f* bilberry, whortleberry, *Am.* huckleberry.

airer [ɛˈre] (1a) *v/i.* build an eyrie or a nest.

ais ⊕ [ɛ] *m* board, plank.

aisance [ɛˈzɑ̃ːs] *f* ease; comfort; competency; *cabinet m d'~s* public convenience, water-closet; **aise** [ɛːz] **1.** *adj.*: *être bien ~* be very glad; **2.** *su./f* ease, comfort; † pleasure; *à l'~, à son ~* comfortable; well-off; *adv.* comfortably; *en prendre à son ~* take it easy; *mal à l'~* ill at ease; **aisé, e** [ɛˈze] easy; well-to-do.

aisseau [ɛˈso] *m* △ shingle; ⊕ adze.

aisselle [ɛˈsɛl] *f anat.* armpit; △ haunch; ♀ axilla.

ajonc ♀ [aˈʒɔ̃] *m* gorse, furze.

ajour [aˈʒuːr] *m* △ opening; ⊕ perforation; **ajouré, e** [aʒuˈre] perforated; open-work.

ajournement [aʒurnəˈmɑ̃] *m* postponement; adjournment; ⚖ summons; subpoena; *univ.* referring; ⚔ deferment; **ajourner** [~ˈne] (1a) *v/t.* postpone; adjourn; ⚖ subpoena; *univ.* refer (*a candidate*); ⚔ defer; *pol.* table (*a bill*).

ajouter [aʒuˈte] (1a) *v/t.* add; *~ foi à* believe (*s.th.*).

ajustage ⊕ [aʒysˈtaːʒ] *m* fitting, assembly; fit; *~ lâche* (*serré*) loose (tight) fit; **ajustement** [~təˈmɑ̃] *m* adjusting, adjustment; *quarrel*: settlement; † attire; **ajuster** [~ˈte] (1a) *v/t.* adjust, fit; adapt, settle, arrange; tune up; aim (*a shot, a gun*); *~ une montre* put a watch right; *s'~* fit; agree; adapt o.s.; suit o.s.; tidy o.s. up; **ajusteur** [~ˈtœːr] *m* fitter.

ajutage [aʒyˈtaːʒ] *m* nozzle; jet; *water-works*: a(d)jutage.

alabandine ⚚ [alabɑ̃ˈdin] *f* alabandite.

alacrité [alakriˈte] *f* alacrity; eagerness.

alaire [aˈlɛːr] alar, of the wings.

alambic [alɑ̃ˈbik] *m* still; alembic; *passer* (*or tirer*) *par* (*or à*) *l'~* distil; *fig.* examine carefully; **alambiqué, e** *fig.* [~biˈke] oversubtle, strained.

alanguir [alɑ̃ˈgiːr] (2a) *v/t.* make languid; *s'~* languish, flag; grow languid; **alanguissement** [~gisˈmɑ̃] *m* languor; weakness.

alarme [aˈlarm] *f* alarm; *donner l'~* sound the alarm; **alarmer** [alarˈme] (1a) *v/t.* alarm, startle; give the alarm to; **alarmiste** [~ˈmist] *su., a. adj.* alarmist.

albâtre [alˈbɑːtr] *m* alabaster.

albatros *orn.*, ⚓ [albaˈtros] *m* albatross.

albinos [albiˈnoːs] *su., a. adj./inv.* albino.

Albion [alˈbjɔ̃] *f* Britain; *poet.* Albion.

album [alˈbɔm] *m* album; *paint.* sketch-book; picture-book.

albumine ♫ [albyˈmin] *f* albumin.

alcali [alkaˈli] *m* alkali; *~ minéral* soda-ash; *~ végétal* potash; *~ volatil* ammonia; **alcalin, e** [~ˈlɛ̃, ~ˈlin] alkaline.

alchimie [alʃiˈmi] *f* alchemy.

alcool [alˈkɔl] *m* alcohol; F spirit(s *pl.*); *~ dénaturé* methylated spirits *pl.*; *~ méthylique* methyl alcohol; **alcoolique** [alkɔˈlik] **1.** *adj.* alcoholic; **2.** *su.* alcoholic; drunkard; **alcooliser** [~liˈze] (1a) *v/t.* alcoholize; fortify (*wine*); **alcoolisme** [~ˈlism] *m* alcoholism; **alcoomètre** [~ˈmɛtr] *m* alcoholometer.

alcôve [alˈkoːv] *f* alcove; (bed-)recess.

alcyon *orn.* [alˈsjɔ̃] *m* kingfisher, halcyon.

aléa [aleˈa] *m* risk, hazard; **aléatoire** [~aˈtwaːr] aleatory; risky; problematic(al).

alêne ⊕ [aˈlɛn] *f* awl.

alentour [alɑ̃ˈtuːr] **1.** *adv.* around; **2.** *su./m*: *~s pl.* neighbourhood *sg.*, surroundings.

alerte [aˈlɛrt] **1.** *adj.* alert, quick; watchful; **2.** *int.* to arms!; look out!; **3.** *su./f* alarm; warning; *fausse ~* false alarm; **alerter** [alɛrˈte] (1a) *v/t.* warn; give alarm to.

alésage ⊕ [aleˈzaːʒ] *m* boring;

aller

broaching; *rifle*: bore; **aléser** ⊕ [⸗'ze] (1f) *v/t.* bore; broach; **alésoir** ⊕ [⸗'zwaːr] *m* borer; broach; reamer-bit; boring machine.
alevin [al'vɛ̃] *m* fry; **alevinier** [⸗vi'nje] *m* breeding-pond.
alexandrin, e [alɛksɑ̃'drɛ̃, ⸗'drin] **1.** *adj.* Alexandrian; Alexandrine; **2.** *su./m prosody*: alexandrine; *su.* ♀ Alexandrian.
alezan [al'zɑ̃] *su./m, a. adj.* chestnut.
alfa ♀ [al'fa] *m* alfa(-grass), esparto (-grass).
algarade [alga'rad] *f* scene, quarrel; dressing-down; escapade; sally; ✕ † raid.
algèbre [al'ʒɛːbr] *f* algebra; **algébrique** [⸗ʒe'brik] algebraic.
algérien, -enne [alʒe'rjɛ̃, ⸗'rjɛn] *adj., a. su.* ♀ Algerian.
algue ♀ [alg] *f* alga; sea-weed.
alibi [ali'bi] *m* alibi; ~ *de fer* cast-iron alibi.
aliboron [alibɔ'rɔ̃] *m*: *maître m* ~ conceited ass; jackass.
aliénable ⚖ [alje'nabl] alienable; **aliénation** [⸗na'sjɔ̃] *f* alienation (*a.* ⚖); ♂ mental derangement; insanity; **aliéné, e** [⸗'ne] *su., a. adj.* lunatic; **aliéner** [⸗'ne] (1f) *v/t.* ⚖ alienate; unhinge (*s.o.'s mind*).
alignement [aliɲ'mɑ̃] *m* alignment; building-line; ✕ dressing (*of line*); **aligner** [ali'ɲe] (1a) *v/t.* △ align; lay out in a line; mark out; ✕ dress, draw up in a line; *s'*~ fall into line; ✕ dress.
aliment [ali'mɑ̃] *m* food, nutriment; ⚖ ~*s pl.* alimony *sg.*; **alimentaire** [alimɑ̃'tɛːr] alimentary; for food; **alimentation** [⸗ta'sjɔ̃] *f* feeding, alimentation; food, diet; nutrition; ⊕ feed; ~ *défectueuse* malnutrition; ~ *d'essence* fuelling; *magasin m d'*~ food shop, *Am.* store; *rayon m d'*~ food department; **alimenter** [⸗'te] (1a) *v/t.* feed (*a.* ⊕); nourish (*a. fig.*); supply with food; *fig.* keep alive (*hatred, a quarrel, etc.*).
alinéa [aline'a] *m* paragraph; *typ.* en ~ indented.
alité, e [ali'te] confined to bed; **alitement** [alit'mɑ̃] *m* confinement to bed; **aliter** [ali'te] (1a) *v/t.* confine to bed; *s'*~ take to one's bed.
alizé [ali'ze] *m* trade wind.
allaiter [alɛ'te] (1b) *v/t.* suckle.
allant [a'lɑ̃] *m* initiative; energy; F dash; *avoir de l'*~ have plenty of go.
allécher [ale'ʃe] (1f) *v/t.* entice, tempt, allure.
allé, e [a'le] **1.** *p.p. of aller* 1; **2.** *su./f* going; avenue; (tree-lined) walk; path; passage; drive; ~*es pl. et venues f/pl.* coming *sg.* and going *sg.*
allégation [alega'sjɔ̃] *f* allegation.
allège [al'lɛːʒ] *f* ⚓ lighter; ⚓ barge; △ breast-wall; △ balustrade.
allégement [allɛʒ'mɑ̃] *m* alleviation (of, *de*), relief (from, *de*); lightening; **alléger** [⸗le'ʒe] (1g) *v/t.* alleviate, relieve; ⊕ plane down; lighten (*a.* ⚓).
allégorie [allego'ri] *f* allegory.
allègre [al'lɛːgr] lively, brisk; cheerful; **allégrement** [⸗legrə'mɑ̃] *adv.* of *allègre*; **allégresse** [⸗le'grɛs] *f* joy, cheerfulness; liveliness.
alléguer [alle'ge] (1s) *v/t.* allege; state; urge; adduce (*evidence etc.*); quote; cite; ~ *l'ignorance* plead ignorance.
alléluia [alelɥi'ja] *m* hallelujah, alleluia(h).
allemand, e [al'mɑ̃, ⸗'mɑ̃ːd] **1.** *adj.* German; **2.** *su./m ling.* German; *su.* ♀ German.
aller [a'le] **1.** (1q) *v/i.* go; depart; ~ (*inf.*) be going to (*inf.*), go and ...; *a.* = *fut. tense*; ~ *à bicyclette* go by bicycle; ~ *à cheval* ride (a horse); ~ *bien* (*mal*) be or be going well (badly); ~ *chercher* (go and) look for; fetch; ~ *diminuant* grow steadily less; ~ *en chemin de fer* go by train *or* rail; ~ *en voiture* drive, ride (in a car), go by car; ~ *se coucher* go to bed; ~ *sur la cinquantaine* be going *or* getting on for fifty; ~ *voir q.* call on s.o.; go and see s.o.; *allons!* let's go!; come!; nonsense!; come along!; *ce chapeau lui va bien* (*mal*) that hat suits (does not suit) him; *cela me va* that suits me; *comment allez-vous?* how are you?; *il va sans dire* it goes without saying, it is obvious; *il y va de ...* it is a matter of ...; *... is at* stake; *la clef va à la serrure* the key fits the lock; *n'allez pas croire ...!* don't believe ...!; *don't think ...!*; F *on y va!* coming!; *s'en* ~ go away, leave, depart; *va!* agreed!; believe me ...!; **2.** *su./m* ⚓ out-

allergie 30

ward journey; 🚂 single ticket; ~ et retour journey there and back; *ticket*: return; *à l'*~ on the outward journey; *au pis* ~ if the worst comes to the worst; *le pis* ~ the last resort.
allergie [alɛr'ʒi] *f* 🦟, *a.* F *fig.* allergy.
alliable [a'ljabl] miscible; *fig.* compatible; **alliage** [a'lja:ʒ] *m* alloy; ⚗ alligation; **alliance** [a'ljɑ̃:s] *f* alliance; marriage; union; wedding ring; **allié, e** [a'lje] **1.** *adj.* allied; **2.** *su.* ally; relation by marriage;
allier [~] (1o) *v/t.* ally, unite; ⊕ alloy (*metals*); blend (*colours*); *s'*~ marry, be married.
allitération [alitera'sjɔ̃] *f* alliteration.
allô! [a'lo] *int.* hullo!, hello!
allocation [alɔka'sjɔ̃] *f* allocation; allowance; grant; ~*s pl. familiales* family allowances; ~ *d'assistance* subsidy; ~ *de chômage* unemployment benefit; ~ *vieillesse* old age relief.
allocution [alɔky'sjɔ̃] *f* address, speech.
allonge [a'lɔ̃:ʒ] *f* extension; ekingpiece; *table*: leaf; meat-hook; *box.* reach; ⚓ rider; **allongement** [alɔ̃ʒ'mɑ̃] *m* lengthening; ⊕ elongation; **allonger** [alɔ̃'ʒe] (11) *v/t.* lengthen; delay; prolong; *sl.* aim (*a blow*) (at, à); *sl.* fork out (*money*); *s'*~ stretch (out), grow longer.
allopathie 🦟 [alɔpa'ti] *f* allopathy.
allouable [a'lwa:bl] grantable; **allouer** [a'lwe] (1p) *v/t.* grant; allocate.
allumage [aly'ma:ʒ] *m* lighting; ⊕ ignition; *mot.* ~ *prématuré* backfire; pinking; ~ *raté* misfire; *couper l'*~ switch off the ignition, *retarder l'*~ retard the spark; **allumé, e** *sl.* [~'me] worked-up; **allume-feu** [alym'fø] *m/inv.* fire-lighter; **allume-gaz** [~'ga:z] *m/inv.* gaslighter; **allumer** [aly'me] (1a) *v/t.* light, kindle, inflame; *v/i.* switch on (the light); *allume!* step on it!; hurry up!; **allumette** [~'mɛt] *f* match; ~ *de sûreté* safety match; **allumettier** [~mɛ'tje] *m* match manufacturer; match-seller; **allumeur** *m*, **-euse** *f* [~'mœ:r, ~'mø:z] *person*: lighter; **allumoir** [~'mwa:r] *m apparatus*: lighter.
allure [a'ly:r] *f* walk, gait; bearing; manner; demeanour; speed; pace; appearance; ⚓ mode of sailing, sailing-trim; ✝ *business*: trend; *à toute* ~ at full speed; *filer (marcher) à une* ~ *normale* travel (walk, go) at a normal speed; *forcer l'*~ increase speed; *fig. prendre une bonne* ~ take a promising turn; *régler l'*~ set the pace.
alluvial, e, *m/pl.* **-aux** *geol.* [ally'vjal, ~'vjo] alluvial; **alluvion** [~'vjɔ̃] *f* alluvium; alluvial (deposit).
almanach [alma'na] *m* almanac; calendar; ~ *du commerce* commercial directory; *faiseur m d'*~*s* weather-prophet.
aloi [a'lwa] *m* standard, quality (*a. fig.*); *fig. de bon* ~ genuine; sterling; *fig. de mauvais* ~ base, worthless; *monnaie f d'*~ sterling money.
alors [a'lɔ:r] *adv.* then; at or by that time; in that case; ~ *même que* even when *or* though; ~ *que* at a time when; whereas; *d'*~ of that time; *jusqu'*~ until then.
alouette *orn.* [a'lwɛt] *f* lark.
alourdir [alur'di:r] (2a) *v/t.* make heavy *or* dull; weigh down; *s'*~ become heavy; **alourdissement** [~dis'mɑ̃] *m* heaviness.
aloyau [alwa'jo] *m* sirloin (of beef).
alpaga *zo.* [alpa'ga] *m* alpaca.
alpage [al'pa:ʒ] *m* pasture on the upper slopes; **alpe** [alp] *f* Alp; height; *geogr. les* ⚯*s pl.* the Alps; **alpestre** [al'pɛstr] alpine.
alphabet [alfa'bɛ] *m* alphabet; spelling-book; primer; **alphabétique** [~be'tik] alphabetical.
alpin, e [al'pɛ̃, ~'pin] alpine; ⚔ *chasseur m* ~ mountain infantryman; **alpinisme** [alpi'nism] *m* mountaineering; **alpiniste** [~'nist] *su.* mountaineer, F climber.
alsacien, -enne [alza'sjɛ̃, ~'sjɛn] **1.** *adj.* Alsatian, of Alsace; **2.** *su.* ⚯ Alsatian, man (woman) of Alsace.
altérable [alte'rabl] liable to deterioration; ~ *à l'air* which deteriorates on exposure to the air; **altérant, e** [~'rɑ̃, ~'rɑ̃:t] thirst-making; **altération** [~ra'sjɔ̃] *f* deterioration; weakening; *coinage*: debasing; *colour*: fading; *voice*: faltering; *fig.* misrepresentation.
altercation [altɛrka'sjɔ̃] *f* altercation; dispute.

altéré¹, e [alte're] thirsty (*fig.* for, *de*).
altéré², e [~] haggard (*face*); faded (*colour*); broken, faltering (*voice*).
altérer¹ [~] (1f) *v/t.* change for the worse; corrupt; debase (*the currency*); taint; spoil; adulterate, tamper with; inflect (*a note*); s'~ change for the worse; deteriorate; break (*voice*); weather (*rock*).
altérer² [~] (1f) *v/t.* make thirsty; s'~ grow thirsty.
alternance [altɛr'nɑ̃:s] *f* alternation (*a.* ⚡); ✗ ~ *des cultures* crop rotation; **alternateur** ⚡ [~na'tœ:r] *m* alternator; **alternatif, -ve** [~na'tif, ~'ti:v] alternate; alternative; ⊕ reciprocating; ⚡ *courant m* ~ alternating current; **alternative** [~na-'ti:v] *f* alternation; alternative; ~s *pl. saisonnières* seasonal alternation *sg.*; **alterne** [al'tɛrn] alternate (*angle*); **alterner** [~tɛr'ne] (1a) *v/i.* alternate, take turns; *v/t.* rotate (*the crops*); ⊕ break (*a joint*).
Altesse [al'tɛs] *f title*: Highness.
altier, -ère [al'tje, ~'tjɛ:r] haughty, proud, lofty; **altimètre** [alti'mɛtr] *m* altimeter; **altitude** [~'tyd] *f* altitude; ✈ ~ *d'utilisation* cruising altitude; ✈ *prendre de l'*~ climb.
alto ♪ [al'to] *m voice*: alto; viola; tenor saxophone.
altruisme [altry'ism] *m* altruism.
alumine [aly'min] *f* alumina; **aluminium** [~mi'njɔm] *m* aluminium, *Am.* aluminum.
alun [a'lœ̃] *m* alum; **aluner** [aly'ne] (1a) *v/t.* alum; *phot.* harden (*the negative*).
alvéole [alve'ɔl] *m* alveolus; *tooth*: socket; cavity.
amabilité [amabili'te] *f* amiability; kindness; ~s *pl.* civilities.
amadou [ama'du] *m* tinder, touchwood, *Am.* punk; **amadouer** [~-'dwe] (1p) *v/t.* coax, wheedle; draw, attract (*customers*).
amaigrir [amɛ'gri:r] (2a) *v/t.* make thin; reduce; s'~ lose weight, grow thin; **amaigrissement** [~gris'mɑ̃] *m* growing thin; slimming, emaciation; *soil*: impoverishment.
amalgamation [amalgama'sjɔ̃] *f* amalgamation; ✝ merger; **amalgame** [~'gam] *m* amalgam; F mixture; **amalgamer** [~ga'me] (1a) *v/t.* amalgamate.

amande [a'mɑ̃:d] *f* almond; kernel; **amandier** [~'dje] *m* almond-tree.
amant, e [a'mɑ̃, ~'mɑ̃:t] *su.* lover; *su./f* mistress.
amarante ♀ [ama'rɑ̃:t] *su./f, a. adj./inv.* amaranth.
amarre ⚓ [a'ma:r] *f* mooring rope; hawser; ~s *pl.* moorings; **amarrer** [ama're] (1a) *v/t.* moor; make fast; secure; lash (*a hawser*); s'~ moor, make fast.
amas [a'mɑ] *m* heap; store; crowd; ~ *de neige* snow-drift; **amasser** [ama'se] (1a) *v/t.* heap up; amass; accumulate.
amateur [ama'tœ:r] *m* lover (*of music, sports, etc.*); admirer; amateur.
amatir [ama'ti:r] (2a) *v/t.* mat; dull; deaden.
amazone [ama'zo:n] *f* amazon; horsewoman; (lady's) riding-habit.
ambages [ɑ̃m'ba:ʒ] *f/pl.* circumlocution; *sans* ~ forthrightly.
ambassade [ɑ̃mba'sad] *f* embassy; ambassador's staff; *fig.* errand; **ambassadeur** [~sa'dœ:r] *m* ambassador; *fig.* messenger; **ambassadrice** [~sa'dris] *f* ambassadress, *a.* ambassador's wife.
ambiance [ɑ̃'bjɑ̃:s] *f* surroundings *pl.*, environment; atmosphere; **ambiant, e** [ɑ̃'bjɑ̃, ~'bjɑ̃:t] surrounding; *conditions f/pl.* ~es circumstances; environment *sg.*
ambidextre [ɑ̃bi'dɛkstr] 1. *adj.* ambidextrous; 2. *su.* ambidexter.
ambigu, -guë [ɑ̃mbi'gy] 1. *adj.* ambiguous; equivocal; 2. *su./m* mixture, medley; cold collation; **ambiguïté** [~gɥi'te] *f* ambiguity.
ambitieux, -euse [ɑ̃bi'sjø, ~'sjø:z] 1. *adj.* ambitious; *style m* ~ affected style; 2. *su.* ambitious person; **ambition** [~'sjɔ̃] *f* ambition; **ambitionner** [~sjɔ'ne] (1a) *v/t.* covet; be eager for; *pol.* ~ *le pouvoir* aspire to power; strive for power.
amble [ɑ̃:bl] *m* amble, pace; *Am.* single-foot.
ambre [ɑ̃:br] *m* amber; ~ *gris* ambergris; **ambrer** [ɑ̃'bre] (1a) *v/t.* scent with amber.
ambroisie [ɑ̃brwa'zi] *f* ambrosia; ♀ wormseed.
ambulance [ɑ̃by'lɑ̃:s] *f* ambulance (*a. mot.*); ⚕ field hospital; **ambulancier** [~lɑ̃'sje] *m* hospital orderly;

ambulancière

ambulancière [͜lɑ̃'sjɛːr] *f* nurse; **ambulant, e** [͜'lɑ̃, ͜'lɑ̃ːt] **1.** *adj.* itinerant, travelling; ambulant; strolling (*player*); **2.** *su./m* post: travelling sorter; **ambulatoire**[͜la-'twaːr] ambulatory.

âme [ɑːm] *f* soul (*a. fig.*); *fig.* feeling; ⊕ *cable etc.*: core; *girder*: web; ⚔ *gun*: bore; *fig.* ~s *pl.* souls, inhabitants; *fig.* ~ *damnée* tool, F stooge; ~ *en peine* soul in Purgatory; *rendre l'*~ breathe one's last.

amélioration [ameljɔra'sjɔ̃] *f* improvement; **améliorer** [͜'re] (1a) *v/t.* improve, ameliorate.

amen [a'mɛn] *int.*, *a. su./m/inv.* amen.

aménagement [amenaʒ'mɑ̃] *m* arranging; arrangement; ⚘ parcelling out; equipment; fittings *pl.*; ~ *des villes* development; ~ *intérieur* interior decoration; **aménager** [͜na'ʒe] (11) *v/t.* arrange; ⚘ parcel out; equip, fit out; plan (*a town*).

amendable [amɑ̃'dabl] improvable; **amende** [a'mɑ̃ːd] *f* fine; forfeit; apology; ~ *honorable* amende honorable; *sous peine d'*~ on pain of a fine; **amendement** [amɑ̃d-'mɑ̃] *m* improvement (*a.* ⚘); ⚘ manure; *parl.* amendment; **amender** [amɑ̃'de] (1a) *v/t.* amend; *v/i.* grow better; ⚘ become more fertile.

amenée [am'ne] *f* bringing; ⊕ ~ *d'air* air-intake, air-inlet; **amener** [͜] (1d) *v/t.* lead (to, *à*); pull; bring (in, up, down, out); produce; cause; throw (*a number*); ⚓ *pavillon* strike one's flag!; ~ *une crise* force an issue; *sl.* amène-toi! come along!; ⚖ *mandat m d'*~ order to appear.

aménité [ameni'te] *f* amenity; charm; *usu. iro.* ~s *pl.* compliments.

amenuiser [amnɥi'ze] (1a) *v/t.* thin down; pare down.

amer, -ère [a'mɛːr] bitter (*a. fig.*).

américain, e [ameri'kɛ̃, ͜'kɛn] **1.** *adj.* American; **2.** *su.* ⓧ American; **américaniser** [͜kani'ze] (1a) *v/t.* Americanize; *s'*~ become Americanized; **américaniste** [͜ka'nist] *su.* Americanist.

amerrir ⚒ [ame'riːr] (2a) *v/i.* land, alight (*on sea*); **amerrissage** [͜ri-'saːʒ] *m* alighting, landing (*on sea*).

amertume [amɛr'tym] *f* bitterness (*a. fig.*).

améthyste [ame'tist] *f* amethyst.

ameublement [amœblə'mɑ̃] *m* furnishing; (suite of) furniture; *tissu m d'*~ furnishing fabric; **ameublir** [͜'bliːr] (2a) *v/t.* ⚖ convert into personalty; bring (*realty*) into the communal estate; ⚘ break up (*the soil*); **ameublissement** [͜blis'mɑ̃] *m* conversion into personalty; *realty*: inclusion in the communal estate; ⚘ *soil*: breaking-up.

ameuter [amø'te] (1a) *v/t.* form (*hounds*) into a pack; assemble; stir up, incite (*the mob*) (against, *contre*); *s'*~ collect (into a mob); riot.

ami, e [a'mi] **1.** *su.* friend; *société f des* ~s Quakers *pl.*; **2.** *adj.* friendly; *fig.* kindly; **amiable** [a'mjabl] amicable; friendly; *à l'*~ amicably; *adj.* private; *vendre à l'*~ sell privately.

amiante *min.* [a'mjɑ̃ːt] *m* asbestos.

amical, e, m/pl. -aux [ami'kal, ͜'ko] friendly; amicable.

amidon [ami'dɔ̃] *m* starch; **amidonner** [͜dɔ'ne] (1a) *v/t.* starch.

amincir [amɛ̃'siːr] (2a) *v/t.* make thinner; make (*s.o.*) look slender; *Am.* slenderize; *s'*~ grow thinner; **amincissant, e** [͜si'sɑ̃, ͜'sɑ̃ːt] slimming, *Am.* slenderizing.

amiral [ami'ral] *m* admiral; *vaisseau m* ~ flagship; **amirauté** [͜ro-'te] *f* admiralship; admiralty; *l'*~ the Admiralty.

amitié [ami'tje] *f* friendship; affection; friendliness; ~s *pl.* compliments (= greetings); *faites-lui mes* ~s give him my compliments *or* regards; remember me to him; *faites-moi l'*~ *de* (*inf.*) do me the favo(u)r of (*ger.*).

ammoniac, -que [amɔ'njak] *adj.*: *gaz m* ~ ammonia; *sel m* ~ sal ammoniac; **ammonisation** *biol.* [͜niza'sjɔ̃] *f* ammonification.

amnésie [amne'zi] *f* amnesia, loss of memory.

amnistie [amnis'ti] *f* amnesty; **amnistier** [͜'tje] (1o) *v/t.* pardon, grant an amnesty to.

amocher *sl.* [amɔ'ʃe] (1a) *v/t.* knock about; hit in the face.

amoindrir [amwɛ̃'driːr] (2a) *v/t.* lessen, reduce, decrease; *s'*~ diminish, grow less; **amoindrisse-**

ment [˷dris'mã] *m* lessening, reduction, decrease.
amollir [amɔ'li:r] (2a) *v/t.* soften; *fig.* weaken; **amollissement** [˷lis'mã] *m* softening (*a. fig.*); *fig.* weakening.
amonceler [amɔ̃s'le] (1c) *v/t.* pile up; accumulate; **amoncellement** [˷sɛl'mã] *m* heap(ing); piling; accumulation; pile.
amont [a'mɔ̃] *m*: en ˷ up-stream; en ˷ de above; *voyage m* en ˷ up journey.
amorçage [amɔr'sa:ʒ] *m* pump: priming; *shell*: capping; starting; *fish*: baiting; **amorce** [a'mɔrs] *f* bait; priming; *pump, gun*: primer; *shell*: percussion cap; ⚡ fuse; *fig.* beginning; **amorcer** [amɔr'se] (1k) *v/t.* bait; prime (*a pump*); cap (*a shell*); *fig.* begin; ⊕ s'˷ start (*pump etc.*); ⚡ build up (*magnetic field*); **amorçoir** ⊕ [˷'swa:r] *m* auger, boring-bit; centre punch.
amorphe [a'mɔrf] amorphous; *fig.* spineless.
amortir [amɔr'ti:r] (2a) *v/t.* deaden; allay (*a pain*); absorb (*a shock*); tone down (*a colour*); † amortize; † write off (*equipment*); ⚠ slake (*lime*); *phys.* damp down; **amortissable** † [˷ti'sabl] redeemable; **amortissement** [˷tis'mã] *m* deadening; † depreciation; † redemption; *oscillations*: damping; *shock*: absorption; **amortisseur** ⊕ [˷ti'sœ:r] *m* damping device; damper; (*a.* ˷ *de choc*) shock-absorber.
amour [a'mu:r] *m* love; passion; affection; ♀ Cupid, Love; ˷s *f/pl.* love *sg.*, delight *sg.*; amours; l'˷ du prochain love of one's neighbour; *iro.* pour l'˷ de Dieu for heaven's sake; **amouracher** [amura'ʃe] (1a) *v/t.* enamour; s'˷ de fall in love with, become enamoured of; **amourette** [˷'rɛt] *f* love affair; F crush; ♣ quakinggrass; ♣ London pride; **amoureux, -euse** [˷'rø, ˷'rø:z] 1. *adj.* loving; amorous (*look etc.*); ˷ de in love with; enamoured of; 2. *su.* sweetheart; **amour-propre**, *pl.* **amours-propres** [amur'prɔpr] *m* self-respect; *pej.* conceit.
amovible [amɔ'vibl] removable; interchangeable (*parts of machine*); *mot. siège m* ˷ sliding seat.

ampérage ⚡ [ãpe'ra:ʒ] *m* amperage; **ampère** ⚡ [ã'pɛ:r] *m* ampere.
amphibie [ãfi'bi] 1. *adj.* amphibious; ⚔ *etc.* combined (*operation*); 2. *su./m* amphibian.
amphigouri [ãfigu'ri] *m* amphigory; rigmarole.
amphithéâtre [ãfite'a:tr] *m* amphitheatre, *Am.* amphitheater; *univ.* lecture-room, theatre, *Am.* theater.
amphitryon [ãfitri'jɔ̃] *npr./m* Amphitryon; *fig.* host, entertainer.
ample [ã:pl] ample; spacious, roomy; full, complete; **ampleur** [ã'plœ:r] *f* fullness; *meal*: copiousness; *style*: breadth; *appeal*: generality; ˷ du son volume of sound; **ampliation** [ãplia'sjɔ̃] *f* certified copy; **amplificateur** [˷fika'tœ:r] *m* sound: intensifier; *radio*: amplifier; *phot.* enlarger; ˷ à lampes *radio*: valve amplifier; **amplification** [˷fika'sjɔ̃] *f* amplification (*a. radio*); development; *phot.* enlargement; *opt.* magnification; *fig.* exaggeration; **amplifier** [˷'fje] (1o) *v/t.* amplify (*a.* ⚡), develop; *opt.* magnify; *fig.* exaggerate; **amplitude** [˷'tyd] *f* amplitude (*a. phys., astr.*); vastness.
ampoule [ã'pul] *f* 🝉 flask; ⚡ bulb (*a. thermometer*); vacuum flask: container; 🞴 blister; 🞴 ampoule; **ampoulé, e** [ãpu'le] blistered; *fig.* bombastic.
amputation [ãpyta'sjɔ̃] *f limb*: amputation, cutting off; *book*: curtailment; **amputé** *m*, **e** *f* [˷'te] person who has lost a limb; **amputer** [˷'te] (1a) *v/t.* 🞴 amputate; *fig.* cut down.
amulette [amy'lɛt] *f* amulet, charm.
amusant, e [amy'zã, ˷'zã:t] amusing, entertaining; funny; **amusement** [amyz'mã] *m* entertainment; amusement; pastime; **amuser** [amy'ze] (1a) *v/t.* amuse, entertain; put off, fool (*creditors*); *amusez-vous bien!* enjoy yourself!; have a good time!; s'˷ de make fun of, laugh at; **amusette** [˷'zɛt] *f* plaything, toy; F child's play.
amygdale *anat.* [amig'dal] *f* tonsil; **amygdalite** [˷da'lit] *f* tonsillitis.
an [ã] *m* year; *avoir dix* ˷s be ten (years old); *bon* ˷, *mal* ˷ taking one year with another; *jour m de l'*˷ New Year's day; *par* ˷ a year, per

anabaptiste

annum; *tous les trois* ~s every three years.
anabaptiste [anaba'tist] *m* anabaptist.
anachorète [anakɔ'rɛt] *m* anchorite, recluse.
anachronisme [anakrɔ'nism] *m* anachronism.
anal, e, *m/pl.* **-aux** *anat.* [a'nal, ~'no] anal.
analectes [ana'lɛkt] *m/pl.* analecta, gleanings.
analgésique [analʒe'zik] *adj., a. su./m* analgesic.
analogie [analɔ'ʒi] *f* analogy; **analogue** [~'lɔg] **1.** *adj.* analogous (to, with *à*), similar (to, *à*); **2.** *su./m* analogue; parallel.
analphabète [analfa'bɛt] *adj., a. su.* illiterate; **analphabétisme** [~be'tism] *m* illiteracy.
analyse [ana'li:z] *f* analysis (*a.* ⚖, ⚕, *etc.*); précis, abstract; ✝ ~ *du marché* market analysis; ⚕ ~ *du sang* bloodtest; ~ *du travail* time and motion study; **analyser** [~li'ze] (1a) *v/t.* analyse (*a.* ⚖, ⚕ *fig.*); make a précis of; **analytique** [~li-'tik] analytic(al).
ananas [ana'na] *m* pineapple, ananas.
anarchie [anar'ʃi] *f* anarchy; *fig.* state of confusion; **anarchiste** [~'ʃist] *adj., a. su.* anarchist.
anathème [ana'tɛm] *m* anathema; curse.
anatomie [anatɔ'mi] *f* anatomy; **anatomique** [~'mik] anatomical; **anatomiste** [~'mist] *m* anatomist; **anatomiser** [~mi'ze] (1a) *v/t.* anatomize.
ancêtre [ã'sɛtr] *m* ancestor, forefather.
anche ♪ [ã:ʃ] *f* reed, tongue.
anchois [ã'ʃwa] *m* anchovy.
ancien, -enne [ã'sjɛ̃, ~'sjɛn] **1.** *adj.* ancient, old; bygone, past; former, late; senior; ~(*ne*) *élève mf* old boy (girl); *univ. Am.* alumnus (alumna); ~ *combattant* ex-serviceman, *Am.* veteran; **2.** *su./m eccl.* elder; *les* ~s *pl.* the Ancients (*Greeks and Romans*); **anciennement** [ãsjɛn'mã] *adv.* in days of old, formerly; **ancienneté** [~'te] *f* oldness, antiquity; length of service; *avancer à l'*~ be promoted by seniority.
ancrage [ã'kra:ʒ] *m* anchoring, anchorage; *droit m d'*~ anchorage due; **ancre** [ã:kr] *f* ⚓ anchor; ⚙ brace; *être à l'*~ ride at anchor; **ancrer** [ã'kre] (1a) *v/t.* anchor; *fig.* fix firmly.
andalou, -ouse [ãda'lu, ~'lu:z] *adj., a. su.* ♀ Andalusian.
andouille [ã'du:j] *f* chitterlings *pl.*; *sl.* duffer, mug; **andouiller** *hunt.* [ãdu'je] *m* tine; **andouillette** [~'jɛt] *f* small chitterling sausage.
andrinople ✝ [ãdri'nɔpl] *f* Turkey-red cotton.
androgyne [ãdrɔ'ʒin] androgynous; **androphobe** [~'fɔb] **1.** *adj.* man-hating; **2.** *su.* man-hater.
âne [ɑ:n] *m* ass; donkey (*a. fig.*); ⊕ bench-vice; *pont m aux* ~s child's play.
anéantir [aneã'ti:r] (2a) *v/t.* annihilate; destroy; reduce to nothing; *fig.* overwhelm; **anéantissement** [~tis'mã] *m* annihilation, destruction; prostration; self-abasement.
anecdote [anɛk'dɔt] *f* anecdote; **anecdotique** [~dɔ'tik] anecdotal.
anémie ⚕ [ane'mi] *f* an(a)emia; **anémier** [~'mje] (1a) *v/t.* render an(a)emic; F weaken; *s'*~ become an(a)emic; **anémique** [~'mik] an(a)emic.
anémomètre [anemɔ'mɛtr] *m* anemometer, wind-ga(u)ge.
anémone ♀ [ane'mɔn] *f* anemone.
ânerie [ɑn'ri] *f* gross blunder; stupidity; F ignorance.
anéroïde [anerɔ'id] aneroid (*barometer*).
ânesse [ɑ'nɛs] *f* she-ass.
anesthésie ⚕ [anɛste'zi] *f* an(a)esthesia; **anesthésier** [~'zje] (1a) *v/t.* an(a)esthetize; **anesthésique** [~'zik] *adj., a. su./m* an(a)esthetic.
anfractuosité [ãfraktɥozi'te] *f* irregularity; ~s *pl.* winding(s *pl.*) *sg.*
ange [ã:ʒ] *m* angel; ~ *gardien* guardian angel; *fig. être aux* ~s be in the seventh heaven, be overjoyed; *faiseuse f d'*~s baby-farmer; **angélique** [ãʒe'lik] **1.** *adj.* angelic; **2.** *su./f* ♀, *cuis.* angelica; ♀ ~ *sauvage* cow-parsnip; **angélus** [~'lys] *m* angelus (*a. bell*).
angine ⚕ [ã'ʒin] *f* angina; tonsillitis; ~ *de poitrine* angina pectoris; **angineux, -euse** [ãʒi'nø, ~'nø:z] anginal, anginous.
anglais, e [ã'glɛ, ~'glɛ:z] **1.** *adj.*

English; 2. *su./m ling.* English; ♀ Englishman; *les* ♀ *m/pl.* the English; *su./f* ♀ Englishwoman.
angle [ã:gl] *m* angle; ⊕ edge; ⚔ ~ *aigu (droit, obtus)* acute (right, obtuse) angle; ~ *visuel* angle of vision.
anglican, e [ãgli'kã, ~'kan] **1.** *adj.* Anglican; *l'Église f* ~*e* the Church of England; **2.** *su.* Anglican.
angliciser [ãglisi'ze] (1a) *v/t.* anglicize; *s'*~ become English; imitate the English; **anglicisme** [~'sism] *m* Anglicism; English idiom; **angliciste** [~'sist] *su.*, **anglicisant** *m,* **e** *f* [~si'zã, ~'zã:t] student of *or* authority on English language and literature.
anglo... [ãglɔ] Anglo...; ~**manie** [~ma'ni] *f* anglomania; ~**normand, e** [~nɔr'mã, ~'mã:d] *adj., a. su.* ♀ Anglo-Norman; ~**phile** [~'fil] *adj., a. su.* Anglophil(e); ~**phobe** [~'fɔb] **1.** *su.* Anglophobe; **2.** *adj.* Anglophobic; ~**saxon, -onne** [~sak'sɔ̃, ~'sɔn] *adj., a. su.* ♀ Anglo-Saxon.
angoisse [ã'gwas] *f* anguish, agony; ⚕ *a.* spasm; *poire f d'*~ choke-pear;
angoisser [ãgwa'se] (1a) *v/t.* cause anguish to, distress.
anguille *icht.* [ã'gi:j] *f* eel; ~ *de mer* conger-eel; *il y a* ~ *sous roche* there's more in it than meets the eye; **anguillière** [ãgi'jɛ:r] *f* eelpond; eel-pot; **anguillule** *zo.* [~'jyl] *f* eel-worm.
angulaire [ãgy'lɛ:r] angular; angle-...; *pierre f* ~ corner-stone;
anguleux, -euse [~'lø, ~'lø:z] angular; rugged.
anhélation [anela'sjɔ̃] *f* shortness of breath; **anhéler** [~'le] (1f) *v/i.* gasp, pant.
anhydre ⚗ [a'nidr] anhydrous.
anicroche [ani'krɔʃ] *f* hitch, difficulty; F snag.
ânier *m,* **-ère** *f* [a'nje, ~'njɛ:r] donkey-driver, ass-driver.
aniline ⚗ [ani'lin] *f* aniline; *colorant m d'*~ aniline dye.
animadversion [animadver'sjɔ̃] *f* animadversion, reproof.
animal, e, *m/pl.* **-aux** [ani'mal, 'mo] **1.** *su./m* animal; *fig.* dolt; **2.** *adj.* animal, brutish; *règne m* ~ animal kingdom; **animalcule** [~mal'kyl] *m* animalcule; **animalier** [~ma'lje]
m painter *etc.* of animals; **animaliser** [animali'ze] (1a) *v/t.* animalize; *s'*~ become animalized; **animalité** [~'te] *f* animality; animal kingdom.
animateur, -trice [anima'tœ:r, ~'tris] **1.** *adj.* animating; **2.** *su.* animator; **animation** [~'sjɔ̃] *f* animation; coming *or* bringing to life; **animé, e** [ani'me] spirited, lively; ✝ brisk *(market)*; *cin.* dessins *m/pl.* ~*s* animated cartoons; **animer** [~] (1a) *v/t.* animate; quicken; enliven; actuate; light up *(the features).*
animosité [animozi'te] *f* animosity, ranco(u)r, spite.
anis ♀ [a'ni] anise; aniseed; **aniser** [ani'ze] (1a) *v/t.* flavo(u)r with aniseed.
ankylose ⚕ [ãki'lo:z] *f* anchylosis.
annal, e [an'nal] **1.** *adj.* yearly, lasting for one year; **2.** *su./f:* ~*es pl.* annals, records.
anneau [a'no] *m* ring *(a.* ⊕, *sp.);* ⊕ chain: link; *hair:* ringlet; ~ *brisé* split ring.
année [a'ne] *f* year; ~ *bissextile* leap year; ~ *civile* natural year; ~ *scolaire* school year, academic year, session.
anneler [an'le] (1c) *v/t.* curl *(the hair);* ring *(a pig).*
annexe [an'nɛks] **1.** *su./f* annex(e), outbuilding; *document:* schedule, supplement; appendix; *letter:* enclosure; *state:* dependency; **2.** *adj.* annexed; *école f* ~ demonstration school; *lettre f* ~ covering letter;
annexer [annɛk'se] (1a) *v/t.* annex; **annexion** [~'sjɔ̃] *f* annexation.
annihiler [annii'le] (1a) *v/t.* annihilate, destroy; ⚖ annul.
anniversaire [aniver'sɛ:r] **1.** *adj.* anniversary; **2.** *su./m* birthday, anniversary.
annonce [a'nɔ̃:s] *f* announcement, notice; advertisement; *cards:* call; *fig.* presage; ~*s pl.* encartées inset (advertisements) *sg.;* **annoncer** [anɔ̃'se] (1k) *v/t.* announce; foretell; advertize; *fig.* indicate; *s'*~ augur, promise *(well, ill, etc.);* **annonceur** [~'sœ:r] *m* advertizer; **annonciateur** *m,* **-trice** *f* [~sja'tœ:r, -'tris] *su.* announcer; forerunner; *su./m* indicator(-board); **Annonciation** [~sja'sjɔ̃] *f: l'*~ the Annunciation; *fête f de l'*~ Lady Day; **annoncier** [~'sje] *m* advertizing agent.

annotateur

annotateur *m*, **-trice** *f* [anɔta'tœːr, ~'tris] annotator, commentator; **annotation** [~ta'sjɔ̃] *f* annotating; note, annotation; ✝ inventory of goods attached; **annoter** [~'te] (1a) *v/t.* annotate.
annuaire [a'nɥɛːr] *m* year-book, annual; almanac; *teleph.* directory; ⚥ *militaire* Army List; **annuel, -elle** [a'nɥɛl] annual, yearly; ♀ *plante f ~elle* annual; **annuité** [anɥi'te] *f* annual instalment; (terminable) annuity.
annulable ⚖ [any'labl] voidable; defeasible.
annulaire [any'lɛːr] **1.** *adj.* ring-like, annular; **2.** *su./m* (*a. doigt m ~*) ring-finger.
annulation [anyla'sjɔ̃] *f* annulment; ⚖ *judgment*: setting aside; *sentence*: quashing; **annuler** [~'le] (1a) *v/t.* annul; cancel (*a cheque, a contract*); set aside (*a judgment, a will*); quash (*a sentence*).
anoblir [anɔ'bliːr] (2a) *v/t.* ennoble; raise to the peerage.
anode ⚡ [a'nɔd] *f* anode.
anodin, e [anɔ'dɛ̃, ~'din] **1.** *adj.* anodyne; *fig.* harmless, mild; **2.** *su./m* analgesic, anodyne.
anomalie [anɔma'li] *f* anomaly.
ânon *zo.* [ɑ'nɔ̃] *m* young ass, ass's foal; F ass; **ânonner** [ɑnɔ'ne] (1a) *v/t.* stumble through; mumble through; drone through.
anonymat [anɔni'ma] *m* anonymity; **anonyme** [~'nim] **1.** *adj.* anonymous; unnamed; *société f ~* limited (-liability) company, *abbr.* Ltd., *Am.* Inc. Ltd.; **2.** *su./m* anonymous writer; anonymity.
anorak [anɔ'rak] *m* anorak.
anormal, e, *m/pl.* **-aux** [anɔr'mal, ~'mo] abnormal, irregular.
anse [ɑ̃ːs] *f cup etc.*: handle; ear; *rope*: loop; *geog.* cove, small bay.
antagonisme [ɑ̃tagɔ'nism] *m* antagonism; **antagoniste** [~'nist] **1.** *su./m* antagonist, opponent; **2.** *adj.* antagonistic, opposed.
antalgique [ɑ̃tal'ʒik] *adj., a. su./m* antalgic; anodyne.
antan [ɑ̃'tɑ̃] *adv.*: *d'~* of yester year.
anté... [ɑ̃te] pre..., ante...
antébois ⚠ [ɑ̃te'bwa] *m* chair-rail.
antécédent, e [ɑ̃tese'dɑ̃, ~'dɑ̃ːt] **1.** *adj.* antecedent, preceding; **2.** *su./m* ♈, ♪, *gramm.* antecedent; *~s pl.* (past) records, antecedents; *sans ~s judiciaires* with a clean record, not known to the police.
antéchrist [ɑ̃te'krist] *m* Antichrist.
antédiluvien, -enne [ɑ̃tedily'vjɛ̃, ~'vjɛn] antediluvian (*a. fig.*).
antenne [ɑ̃'tɛn] *f zo.* antenna, F feeler; ⚓ lateen yard; *radio*: aerial; *~ à cadre* frame aerial; *~ dirigée* directional aerial; *~ extérieure* outdoor aerial.
antérieur, e [ɑ̃te'rjœːr] anterior, prior, previous (to, *à*).
anthère ♀ [ɑ̃'tɛːr] *f* anther.
anthologie [ɑ̃tɔlɔ'ʒi] *f* anthology.
anthracite [ɑ̃tra'sit] *m* anthracite.
anthrax ✱ [ɑ̃'traks] *m* anthrax.
anthropo... [ɑ̃trɔpɔ] anthropo...; **~ide** [~'id] *adj., a. su./m* anthropoid; **~logie** [~lɔ'ʒi] *f* anthropology; **~logue** [~'lɔg] *m* anthropologist; **~morphe** [~'mɔrf] **1.** *adj.* anthropomorphous; **2.** *su./m zo.* anthropoid (ape); **~phage** [~'faːʒ] **1.** *su./m* cannibal; **2.** *adj.* cannibalistic.
anti... [ɑ̃ti] anti..., ante...; **~aérien, -enne** [~ae'rjɛ̃, ~'rjɛn] *adj.* anti-aircraft (*defence etc.*); **~biotique** ✱ [~bjɔ-'tik] *m* antibiotic; **~brouillard** *mot.* [~bru'jaːr] *adj., a. su./m/inv.* demister; **~chambre** [~'ʃɑ̃ːbr] *f* anteroom, waiting-room; *faire ~ chez* wait on, dance attendance on; **~char** [~'ʃaːr] *adj.* anti-tank (*missile*); **~chrétien, -enne** [~kre'tjɛ̃, ~'tjɛn] anti-christian.
anticipation [ɑ̃tisipa'sjɔ̃] *f* anticipation; encroachment (*on rights*); *par ~* in advance; **anticiper** [~'pe] (1a) *v/t.* anticipate; forestall; *v/i.*: *~ sur qch.* encroach on s.th.; anticipate s.th. (= *do s.th. in advance*).
anti...: ~clérical, e, *m/pl.* **-aux** [ɑ̃tikleri'kal, ~'ko] *adj.* anticlerical; **~conceptionnel, -elle** [~kɔ̃sɛpsjɔ-'nɛl] contraceptive; **~corps** [~'kɔːr] *m* anti-body; **~dater** [~'da'te] (1a) *v/t.* antedate; **~dérapant, e** *mot.* [~dera'pɑ̃, ~'pɑ̃ːt] **1.** *adj.* non-skid; **2.** *su./m* non-skid tyre; **~détonant, e** *mot.* [~detɔ'nɑ̃, ~'nɑ̃ːt] antiknock; **~dote** ✱ [~'dɔt] *m* antidote (to, for, against *à*, *de*).
antienne [ɑ̃'tjɛn] *f* antiphon; anthem; *fig. chanter toujours la même ~* be always harping on the same string.

anti...: ~**fading** [ăti fa'diŋ] *m radio*: (*a. dispositif m* ~) automatic volume control; ~**gel** ⊕ [~'ʒɛl] *m* antifreeze; ~**halo** *phot.* [~a'lo] **1.** *adj./inv.* non-halation..., backing; **2.** *su./m* backing.

antilope *zo.* [ăti'lɔp] *f* antelope.

anti...: ~**parasite** [~para'zit] *m radio*: suppressor; ~**pathie** [~pa'ti] *f* antipathy (against, to *contre*), aversion (to, *contre*); ~**pathique** [~pa'tik] antipathetic (to, *à*); distasteful; ~**pode** [~'pɔd] *m* antipode; *fig.* the very opposite; ~**pyrine** ✶ [~pi'rin] *f* antipyrin.

antiquaille [ăti'kɑ:j] *f* lumber; fog(e)y; F old stuff, chunk; **antiquaire** [~'kɛ:r] *m* antiquary, antique dealer; second-hand bookseller; **antique** [ă'tik] **1.** *adj.* ancient; antique; old-fashioned (*a. pej.*); **2.** *su./f* antique; **antiquité** [ătiki'te] *f* antiquity; ~*s pl.* antiques.

anti...: ~**rides** [ăti'rid] **1.** *adj.* antiwrinkle; **2.** *su./m* anti-wrinkle cream or lotion; ~**rouille** ⊕ [~'ru:j] *m* anti-rust (composition); ~**sémite** [~se'mit] *su.* anti-Semite; ~**septique** ✶ [~sɛp'tik] *adj., a. su./m* antiseptic; ~**social, e,** *m/pl.* **-aux** [~sɔ'sjal, ~'sjo] antisocial; ~**spasmodique** ✶ [~spasmɔ'dik] antispasmodic; ~**tétanique** [~teta'nik] antitetanic; ~**thèse** [~'tɛ:z] *f* antithesis; direct contrary; ~**tuberculeux, -euse** ✶ [~tybɛrky'lø, ~'lø:z] antitubercular.

antonyme [ătɔ'nim] **1.** *adj.* antonymous; **2.** *su./m* antonym.

antre [ă:tr] *m* cave; den, lair.

anurie ✶ [any'ri] *f* anuresis.

anus *anat.* [a'nys] *m* anus.

anxiété [ăksje'te] *f* anxiety, concern; **anxieux, -euse** [~'sjø, ~'sjø:z] anxious, uneasy; eager (to, *de*).

aorte *anat.* [a'ɔrt] *f* aorta.

août [u] *m* August; **aoûté, e** [u'te] ripe.

apache [a'paʃ] *m* (*usu. in Paris*) hooligan, *Am.* tough, hoodlum.

apaisement [apɛz'mɑ̃] *m* appeasement; quieting, calming; **apaiser** [apɛ'ze] (1b) *v/t.* appease, calm, pacify; satisfy (*one's hunger*); quench (*one's thirst*); lull (*a storm*); put down (*a revolt*).

apanage [apa'na:ʒ] *m* ap(p)anage; prerogative; **apanager** [~na'ʒe] (1l) *v/t.* endow with an ap(p)anage; **apanagiste** [~na'ʒist] **1.** *adj.* having an ap(p)anage; **2.** *su.* ap(p)anagist.

aparté [apar'te] *m thea.* aside; F private conversation; *en* ~ aside, in a stage-whisper.

apathie [apa'ti] *f* apathy, listlessness; **apathique** [~'tik] apathetic, listless.

apatride [apa'trid] **1.** *su.* stateless person; **2.** *adj.* stateless.

apepsie ✶ [apɛp'si] *f* dyspepsia, indigestion.

apercevable [apɛrsə'vabl] perceivable, perceptible; **apercevoir** [~sə-'vwa:r] (3a) *v/t.* perceive, see; *s'*~ *de* notice, realize; become aware of; **aperçu** [~'sy] *m* glimpse; general idea; † rough estimate; *par* ~ at a rough guess.

apéritif, -ve [aperi'tif, ~'ti:v] **1.** *adj.* appetizing; **2.** *su./m* appetizer; aperitif; *l'heure f de l'*~ cocktail time. [tion.)

à-peu-près [apø'prɛ] *m* approxima-)

apeuré, e [apœ're] frightened.

aphasie ✶ [afa'zi] *f* aphasia.

aphone ✶ [a'fɔn] voiceless.

aphorisme ✶ [afɔ'rism] *m* aphorism.

aphte ✶ [aft] *m* aphtha; **aphteux, -euse** *vet.*, ✶ [af'tø, ~'tø:z] *adj.*: *fièvre f* ~*euse* foot-and-mouth disease.

apical, e, *m/pl.* **-aux** ♫, ᖷ, *gramm.* [api'kal, ~'ko] apical.

apicole [api'kɔl] apiarian; **apiculteur** [apikyl'tœ:r] *m* bee-keeper, apiarist; **apiculture** [~'ty:r] *f* beekeeping.

apitoyer [apitwa'je] (1h) *v/t.* move (to pity); *s'*~ *sur* feel pity for (*s.o.*); bewail, lament (*s.th.*).

aplanir [apla'ni:r] (2a) *v/t.* flatten; level; smooth; plane; *fig.* remove, smooth (away); **aplanissement** [~nis'mɑ̃] *m* flattening *etc.*

aplatir [apla'ti:r] (2a) *v/t.* make flat, flatten; blunt; ⊕ clench (*a rivet*); *fig.* F humble; knock down.

aplomb [a'plɔ̃] *m* perpendicularity; *fig.* balance, equilibrium; steadiness; coolness; self-possession; *pej.* cheek; *d'*~ vertical(ly *adv.*), upright, plumb; steady (steadily *adv.*); F well, in good shape; ⚠ *prendre l'*~ take the plumb.

apo...

apo... [apɔ] **apo...**; **~calypse** [~ka-'lips] f apocalypse; l'~ the Book of Revelation; **~calyptique** [~kalip-'tik] apocalyptic; fig. obscure (style); **~cryphe** [~'krif] **1.** adj. apocryphal; **2.** su./m: **~s** pl. the Apocrypha. [footless; **2.** su./m apod.\
apode zo. [a'pɔd] **1.** adj. apodal,/
apo...: **~dictique** [apɔdik'tik] apodictic, indisputable; **~gée** [~'ʒe] m astr. apogee; fig. height, zenith, culminating point; **~logie** [~lɔ'ʒi] f apologia; vindication; **~logiste** [~lɔ'ʒist] m apologist; **~plexie** [~plɛk'si] f apoplexy; **~stasie** [~sta'zi] f apostasy; pol. F ratting; **~stasier** [~sta'zje] (1o) v/t. apostatize from; v/i. apostatize; renounce one's faith or principles or party; **~stat, e** [~s'ta, ~s'tat] adj., a. su. apostate, F turncoat.

aposter [apɔs'te] (1a) v/t. post, station.

apostille [apɔs'tij] f marginal recommendation; ⚓ entry (in log); † apostil, foot-note, side-note.

apostolat [apɔstɔ'la] m apostolate, apostleship; **apostolique** [~'lik] apostolic.

apostrophe [apɔs'trɔf] f rhetoric, a. gramm. apostrophe; reprimand; insult, attack; **apostropher** [~trɔ'fe] (1a) v/t. apostrophize; reproach, scold, upbraid; address (s.o.).

apothéose [apɔte'oːz] f apotheosis; thea. grand finale.

apothicaire [apɔti'kɛːr] m: compte m d'~ exorbitant bill.

apôtre [a'poːtr] m apostle (a. fig.); F bon ~ hypocrite.

apparaître [apa'rɛːtr] (4k) v/i. appear; come into sight; become evident.

apparat [apa'ra] m pomp, show.

appareil [apa'rɛːj] m apparatus (a. fig., ⚔, 🜊); ⚔ wound: dressing; △ bond; △ stones: height; phot. camera; ⊕ machinery; ⊕ device; teleph. etc. instrument; radio: set; pomp, display; anat. ~ digestif digestive system; phot. ~ de petit format miniature camera; ~ de projection projector; teleph. qui est à l'~? who is speaking?; **appareillage** [~rɛ'jaːʒ] m ⚓ getting under way; installation; △ bonding; △ stones: drafting; ✂ etc. equipment; ⊕ fixture; ⊕ plant.

appareillement [aparɛj'mã] m matching; pairing.

appareiller¹ [aparɛ'je] (1a) v/t. match; pair.

appareiller² [aparɛ'je] (1a) v/t. install; △ bond; △ draft; ⚓ trim (a sail); v/i. ⚓ get under way; **appareilleur** [~'jœːr] m fitter, trimmer; △ house carpenter; △ foreman mason.

apparemment [apara'mã] adv. of apparent; **apparence** [~'rãːs] f appearance, semblance; en ~ outwardly; sauver les ~s save one's face; **apparent, e** [~'rã, ~'rãːt] apparent; conspicuous.

apparenter [aparã'te] (1a) v/t.: s'~ à marry into (the nobility etc.).

apparier [apa'rje] (1o) v/t. pair (off); mate.

appariteur [apari'tœːr] m ⚖ apparitor, usher; univ. laboratory assistant.

apparition [apari'sjɔ̃] f appearance; spectre; vision.

apparoir ⚖ [apa'rwaːr] (3b) v/impers. appear (from, de; that, que).

appartement [apart'mã] m flat, Am. apartment.

appartenances ⚖ [apartə'nãːs] f/pl. appurtenances; **appartenant, e** [~'nã, ~'nãːt] belonging (to, à); appurtenant; **appartenir** [~'niːr] (2h) v/i. belong (to, à); il appartient à it behoves; it rests with; v/t.: s'~ be one's own master.

appas [a'pɑ] m/pl. charms.

appât [a'pɑ] m bait; lure; poultry: soft food; mordre à l'~ take the bait; **appâter** [apa'te] (1a) v/t. bait; cram (poultry).

appauvrir [apo'vriːr] (2a) v/t. impoverish; s'~ become impoverished; grow poorer; **appauvrissement** [~vris'mã] m impoverishment; deterioration; ~ du sang impoverished blood.

appeau [a'po] m decoy(-bird); bird-call.

appel [a'pɛl] m appéal (a. ⚖); call; ⚔ roll-call, call-over, muster; ⊕ ~ d'air indraught, intake of air; teleph. ~ local (interurbain) local call (trunk-call); ⚖ cour f d'~ Court of Appeal; faire ~ à have recourse to; ⚔ ordre m d'~ induction order; **appeler** [ap'le] (1c) v/t. call (to), send for; invoke; call on; name; ⚖

appropriation

summon; ⚖ call; arouse; ~ *l'attention de q. sur qch.* call s.o.'s attention to s.th.; *s'*~ be called; *v/i.*: ~ *d'un jugement* appeal against a sentence; *en* ~ *à* appeal to; **appellation** [apɛla'sjɔ̃] *f* appellation; ✝ ~ *d'origine* indication of origin.
appendice [apɛ̃'dis] *m* appendix (*a.* ♀, *anat.*); ⚠ annex(e); ⚚ tail; **appendicite** ⚚ [~di'sit] *f* appendicitis.
appentis [apɑ̃'ti] *m* lean-to (roof); penthouse; outhouse.
appert [a'pɛːr] *3rd p. sg. pres. of apparoir*.
appesantir [apəzɑ̃'tiːr] (2a) *v/t.* make heavy; weigh down; dull; *s'*~ become heavy; *s'*~ *de* stress, dwell upon; **appesantissement** [~tis'mɑ̃] *m* increase in heaviness *or* dullness.
appétence [apɛ'tɑ̃ːs] *f* appetency, craving (for, of, after *pour*).
appétissant, e [apɛti'sɑ̃, ~'sɑ̃ːt] appetizing, tempting (*a. fig.*); **appétit** [~'ti] *m* appetite; desire; craving; *ouvrir l'*~ give an edge to the appetite.
applaudir [aplo'diːr] (2a) *v/i.* approve (s.th., *à qch.*); *v/t.* applaud; clap; *s'*~ *de* congratulate o.s. on; **applaudissements** [~dis'mɑ̃] *m/pl.* applause *sg.*; commendation *sg.*
applicable [apli'kabl] applicable (to, *à*); that can be applied; **application** [~ka'sjɔ̃] *f* application; *fig.* diligence; *broderie f* ~ *appliqué* work; **applique** [a'plik] *f* inlaid work, inlaying; application; applied ornament; (wall-)bracket; **appliqué, e** [apli'ke] diligent; ⚛ *etc.* applied; **appliquer** [~] (1m) *v/t.* apply; F ~ *une gifle à q.* fetch s.o. one; *fig. s'*~ *à* work hard at; be bent on.
appoint [a'pwɛ̃] *m* contribution; added portion; ✝ balance; (*a. monnaie f d'*~) odd money, (right) change; **appointements** [apwɛ̃t'mɑ̃] *m/pl.* emoluments, salary *sg.*
appointer[1] [apwɛ̃'te] (1a) *v/t.* put on a salary (basis).
appointer[2] ⊕ [~] (1a) *v/t.* sharpen.
appontement ⚓ [apɔ̃t'mɑ̃] *m* gangplank; wharf; landing-stage; **apponter** [apɔ̃'te] (1a) *v/i.* land on an aircraft carrier.
apport [a'pɔːr] *m* ⚖ contributed property; ✝ contribution; ✝ initial share; ⚒ bringing up; ✝ *capital m d'*~ initial capital; **apporter** [apɔr'te] (1a) *v/t.* bring; exercise (*care*); supply, provide; produce; ~ *du retard à* be slow in; ~ *du zèle* show zeal in.
apposer [apo'ze] (1a) *v/t.* affix (to, *à*); put; set (*a seal*); **apposition** [~zi'sjɔ̃] *f* affixing; *gramm.* apposition.
appréciable [apre'sjabl] appreciable; **appréciation** [~sja'sjɔ̃] *f* valuation; estimate; appreciation; **apprécier** [~'sje] (1a) *v/t.* value; estimate; appreciate.
appréhender [apreɑ̃'de] (1a) *v/t.* apprehend; dread; seize; **appréhension** [~'sjɔ̃] *f* apprehension; ⚖ arrest.
apprendre [a'prɑ̃ːdr] (4aa) *v/t.* learn; teach (s.o. s.th., *qch. à q.*); ~ *à q. à faire qch.* teach s.o. (how) to do s.th.; ~ *par cœur* learn by heart.
apprenti *m*, **e** *f* [aprɑ̃'ti] apprentice; ⚖ *etc.* articled clerk; **apprentissage** [~ti'saːʒ] *m* apprenticeship; ⚖ *etc.* articles *pl.*
apprêt [a'prɛ] *m* preparation; ⊕ finishing; *cuis.* dressing, seasoning; *paint.* priming, size; *fig.* affectation; **apprêtage** [apre'taːʒ] *m* finishing; sizing; **apprêté, e** [~'te] affected; **apprêter** [~'te] (1a) *v/t.* prepare; ⊕ finish; size, prime; starch; *s'*~ get ready; be imminent; dress; **apprêteur** *m*, **-euse** *f* [~'tœːr, ~'tøːz] finisher, dresser.
apprivoiser [aprivwa'ze] (1a) *v/t.* tame (*a. fig.*); *fig.* make sociable.
approbateur, -trice [aprɔba'tœːr, ~'tris] **1.** *adj.* approving; **2.** *su.* approver; **approbation** [~'sjɔ̃] *f* approbation, approval; ✝ certifying.
approchant, e [aprɔ'ʃɑ̃, ~'ʃɑ̃ːt] **1.** *adj.*: ~ *de* approximating to; **2.** *approchant adv.*, *a. prp.* nearly; **approche** [a'prɔʃ] *f* approach; ⚔ ~*s pl.* approaches; **approcher** [aprɔ'ʃe] (1a) *v/t.* bring (s.th.) near; *s'*~ *de* draw *or* come near (to); *v/i.* approach; draw *or* come near.
approfondir [aprɔfɔ̃'diːr] (2a) *v/t.* deepen; *fig.* investigate thoroughly; **approfondissement** [~dis'mɑ̃] *m* deepening; *fig.* investigation.
appropriation [aprɔpria'sjɔ̃] *f* ap-

approprier 40

propriation; adaptation (to, *à*); embezzlement; allocation; **approprier** [~pri'e] (1o) *v/t.* appropriate; adapt (to, *à*); *s'~ à* adapt o.s. to; fall in with.

approuver [apru've] (1a) *v/t.* approve (of); consent to; agree to; confirm (*an appointment*); authorize.

approvisionnement [aprɔvizjɔn-'mã] *m* provisioning, supply(ing); stock(ing); **approvisionner** [~zjɔ-'ne] (1a) *v/t.* supply (with, en); provision, victual; *s'~* lay in stores.

approximatif, -ve [aprɔksima'tif, ~'ti:v] approximate; **approximation** [~'sjɔ̃] *f* approximation.

appui [a'pɥi] *m* support, prop, stay; rest; sill; rail; *à l'~ de* in support of; **~(e)-livres**, *pl.* **~s-livres**, **~e-livres** [apɥi'li:vr] *m* book-rest; **appuyer** [apɥi'je] (1h) *v/t.* support; press; lean, rest (against, *contre*); *v/i.*: *~ sur a.* dwell on; bear on, rest on; ⚡ *~ sur le bouton* press the button, ring the bell; *s'~ sur* lean, rest on *or* against; *fig.* rely on.

âpre [ɑ:pr] rough, harsh; biting; keen; *~ à* eager for; ruthless at; *~ au gain* grasping.

après [a'prɛ] 1. *prp.* space, time: after; behind; *idea of attack:* at, on to; *~ vous, Madame* after you, Madam; *~ quoi* after which; thereupon; *~ tout* after all; *~ Jésus-Christ* after Christ; *être toujours ~ q.* be always nagging at s.o.; *~ avoir lu ce livre* after reading this book; *d'~* according to; *~ que* after, when; 2. *adv.* after(wards), later; next; *la semaine d'~* the following week; *une semaine ~* one week later; **~-demain** [aprɛdə'mɛ̃] *adv.* the day after tomorrow; **~-guerre** [~'gɛ:r] *m or f* post-war period; **~-midi** [~mi'di] *m/inv.* afternoon.

âpreté [aprə'te] *f* roughness; harshness; sharpness; bitterness; keenness.

à-propos [aprɔ'po] *m* aptness, suitability; opportuneness.

apte [apt] fit(ted) (to, for *à*); apt; **aptitude** [apti'tyd] *f* aptitude; fitness; ⚖ capacity, qualification; ⚔ *~s pl. physiques* physique *sg.*; *mot. ~ à conduire* fitness to drive.

apurement ♰ [apyr'mã] *m* audit (-ing); **apurer** [apy're] (1a) *v/t.* audit, pass; discharge (*a liability*).

aquafortiste [akwafɔr'tist] *su.* etcher; **aquaplane** [~'plan] *m* surfboard; **aquarelle** [~'rɛl] *f* aquarelle, water-colo(u)r; **aquarelliste** [~rɛ'list] *su.* aquarellist, water-colo(u)rist; **aquatique** [~'tik] aquatic; marshy (*land*).

aqueduc [ak'dyk] *m* aqueduct (*a. anat.*); culvert; **aqueux, -euse** [a'kø, ~'kø:z] watery.

aquilin, e [aki'lɛ̃, ~'lin] aquiline; *nez m ~* Roman nose.

aquilon [aki'lɔ̃] *m* north wind.

arabe [a'rab] 1. *adj.* Arabian; Arab; Arabic; *chiffre m ~* Arabic numeral; 2. *su.* ♀ Arab; *su./m ling.* Arabic; *horse:* Arab; *fig.* Shylock, usurer.

arabesque [ara'bɛsk] *adj., a. su./f* arabesque.

arabique [ara'bik] Arabic; Arabian; *gomme f ~* gum arabic; *geog. le golfe ♀ ~* the Arabian gulf.

arable [a'rabl] arable (*land*).

arachide ♀ [ara'ʃid] *f* peanut, ground-nut.

araignée [arɛ'ɲe] *f zo.* spider; ⊕ grapnel; ⚓ clew; *vehicle:* buggy; *sl. avoir une ~ au plafond* have bats in the belfry; *fig. pattes f/pl. d'~* long thin fingers; scrawl *sg.*; ⊕ grease-channels; *toile f d'~* cobweb; spider's web.

aratoire [ara'twa:r] farming, agricultural.

arbalète [arba'lɛt] *f* cross-bow; **arbalétrier** [~letri'e] *m* cross-bowman; △ principal rafter.

arbitrage [arbi'tra:ʒ] *m* arbitration; ♰ arbitrage; *conseil m d'~* conciliation board; **arbitraire** [~'trɛ:r] arbitrary; **arbitre** [ar'bitr] *m* ♰ arbitrator; referee (*a. sp.*); *phls. libre ~* free will; **arbitrer** [~bi'tre] (1a) *v/t.* arbitrate; *sp.* referee.

arborer [arbɔ're] (1a) *v/t.* raise, erect, set up; ⚓ hoist (*a flag*); ⚓ step (*a mast*); F sport (*a garment*); **arborescence** ♀ [~rɛ'sã:s] *f* arborescence; **arborescent, e** ♀ [~rɛ'sã, ~'sã:t] arborescent; **arboriculteur** ⚘ [~rikyl'tœ:r] *m* arboriculturist, nurseryman; **arboriculture** ⚘ [~rikyl'ty:r] *f* arboriculture.

arbre [arbr] *m* tree; ⊕ spindle, shaft, axle; ⚓ mast; arbor; ⊕ *~ à cames* cam-shaft; ⊕ *~ de transmis-*

argutie

sion propeller shaft; ~ *généalogique* genealogical tree; ~ *manivelle* crankshaft; ⊕ ~ *primaire* driving shaft; **arbrisseau** [~bri'so] *m* sapling; shrub.
arbuste ♀ [ar'byst] *m* bush, shrub.
arc [ark] *m* bow; △ arch; ♐, ⊕ arc; ~ *en ogive* ogival arch; ~ *plein cintre* semi-circular arch; ⚓ *avoir de l'*~ sag; ⚡ *lam*p*e f à* ~ arc-lamp.
arcade [ar'kad] *f* archway; ⊕ arch; *spectacles*: bridge; ~*s pl.* arcade *sg.*
arcanes [ar'kan] *m/pl.* arcana, mysteries.
arc-boutant, *pl.* **arcs-boutant** [arkbu'tɑ̃] *m* △ flying buttress; △, ⊕ stay (*a. fig.*), strut; **arc-bouter** [~'te] (1a) *v/t.* buttress; shore up.
arceau [ar'so] *m* hoop; arch.
arc-en-ciel, *pl.* **arcs-en-ciel** [arkɑ̃'sjɛl] *m* rainbow.
archaïque [arka'ik] archaic; **archaïsme** [~'ism] *m* archaism.
archange [ar'kɑ̃:ʒ] *m* archangel.
arche¹ [arʃ] *f* arch; hoop.
arche² *bibl.* [~] *f* Ark; ~ *d'alliance* Ark of the Covenant.
archéologie [arkeɔlɔ'ʒi] *f* archaeology; **archéologue** [~'lɔg] *m* archaeologist.
archer [ar'ʃe] *m* archer; **archet** ♪, ⊕ [~'ʃɛ] *m* bow.
archétype [arke'tip] **1.** *adj.* archetypal; **2.** *su./m* archetype, prototype.
archevêché [arʃəvɛ'ʃe] *m* archbishopric, archdiocese; archbishop's palace; **archevêque** [~'vɛk] *m* archbishop.
archi... [arʃi] arch...; extremely; to the hilt; **~comble** [~'kɔ̃:bl] packed (full); **~diacre** [~'djakr] *m* archdeacon; **~duc** [~'dyk] *m* archdu*k*c; **~millionnaire** [~miljɔ'nɛ:r] *adj., a. su.* multimillionaire.
archipel *geog.* [arʃi'pɛl] *m* archipelago.
architecte [arʃi'tɛkt] *m* architect; ~ *paysagiste* landscape gardener; **architecture** [~tɛk'ty:r] *f* architecture.
archives [ar'ʃi:v] *f/pl.* archives, records; **archiviste** [~ʃi'vist] *su.* archivist; ✝ filing clerk.
arçon [ar'sɔ̃] *m* saddle-bow; *vider les* ~*s* be unhorsed; *fig.* become embarrassed.
arctique [ark'tik] Arctic.

ardemment [arda'mɑ̃] *adv. of ardent;* **ardent, e** [~'dɑ̃, ~'dɑ̃:t] hot, burning (*a.* 🌶), scorching; *fig.* ardent, fervent, eager; *fig. être sur des charbons* ~*s* be on tenterhooks; **ardeur** [~'dœ:r] *f* heat; *fig.* ardo(u)r; eagerness; *horse:* mettle; 🌶 ~ *d'estomac* heartburn.
ardillon [ardi'jɔ̃] *m buckle:* tongue, catch; *typ.* pin.
ardoise [ar'dwa:z] *f* slate; **ardoisé, e** [ardwa'ze] slate-colo(u)red; **ardoisière** [~'zjɛ:r] *f* slate-quarry.
ardu, e [ar'dy] steep, abrupt; arduous; difficult.
are [a:r] *m* are.
arène [a'rɛn] *f* arena; *poet.* sand.
aréole [are'ɔl] *f* ♀, 🌶, *anat.* areola; *meteor.* nimbus, halo.
arête [a'rɛt] *f icht.* (fish-)bone; ⊕, *mount., etc.* edge; *mount.* crest, ridge; △, ⊕, *etc.* chamfer; beading; ♀ awn, beard; *à* ~*s vives* sharp-edged.
argent [ar'ʒɑ̃] *m* silver; money; ✠ argent; ~ *comptant* cash; ~ *de poche* pocket-money; ~ *en caisse* cash in hand; ~ *liquide* ready money; *en avoir pour son* ~ have one's money's worth; *être à court d'*~ be short of money; **argentan** [arʒɑ̃'tɑ̃] *m* nickel *or* German silver; **argenté, e** [~'te] silver(ed); silvery; silver-plated; **argenter** [~'te] (1a) *v/t.* silver; **argenterie** [~'tri] *f* (silver-)plate.
argentin¹, e [arʒɑ̃'tɛ̃, ~'tin] silvery.
argentin², e [~] *adj., a. su.* ♀ Argentine.
argenture [arʒɑ̃'ty:r] *f mirror:* silvering; silver-plating.
argile [ar'ʒil] *f* clay; ~ *réfractaire* fire-clay; **argileux, -euse** [arʒi'lø, ~'lø:z] clayey; argillaceous.
argon 🧪 [ar'gɔ̃] *m* argon.
argot [ar'go] *m* slang; **argotique** [~gɔ'tik] slangy.
arguer [ar'gɥe] (1e) *v/t.* infer, deduce (from, *de*); assert; ⚖ ~ *un acte de faux* assert that a document is spurious; *v/i.* argue; **argument** [argy'mɑ̃] *m* argument (*a.* ♐, *a. of a book*); plot, summary; ♐ variable; **argumentation** [~mɑ̃ta'sjɔ̃] *f* argumentation; **argumenter** [~mɑ̃-'te] (1a) *v/t.* argue with; *v/i.* argue (about, *à propos de*; against, *contre*); **argutie** [~'si] *f* quibble.

aride

aride [a'rid] arid, dry; sterile; barren; **aridité** [aridi'te] f aridity, dryness; barrenness.
arien, -enne [a'rjɛ̃, ~'rjɛn] adj., a. su. Arian.
ariette ♪ [a'riɛt] f arietta.
aristo sl. [aris'to] m swell, toff; **aristocrate** [~tɔ'krat] su. aristocrat; **aristocratie** [~tɔkra'si] f aristocracy.
arithméticien m, **-enne** f [aritmeti'sjɛ̃, ~'sjɛn] arithmetician; **arithmétique** [~'tik] **1.** adj. arithmetical; **2.** su./f arithmetic.
arlequin [arlə'kɛ̃] m Harlequin; food: scraps pl.; fig. weathercock.
armateur ⚓ [arma'tœ:r] m shipowner; **armature** [~'ty:r] f frame; brace; brassière: boning; ♪ armature; ♪ key-signature; fig. structure.
arme [arm] f arm; weapon; ✕ branch of the service; ✕ ~s pl. blanches side-arms; ~ à tir rapide automatic weapon; ~ automatique light machine-gun; ~ de choc striking weapon; sp. faire des ~s fence; ✕ place d'~s parade ground; portez ~s! shoulder arms!; **armé, e** [ar'me] adj.: béton m ~ reinforced concrete, ferro-concrete; poutre f ~e trussed beam; verre m ~ wired glass; **armée** [ar'me] f army; forces pl.; ~ de l'air air-force; ~ de métier regular army; ~ de terre land forces pl.; ♀ du Salut Salvation Army; ~ métropolitaine home forces pl.; **armement** [armə'mɑ̃] m armament, arming, equipment; ⊕ mounting, fitting; ⚓ commissioning; ⚓ manning.
arménien, -enne [arme'njɛ̃, ~'njɛn] adj., a. su. ♀ Armenian.
armer [ar'me] (1a) v/t. arm (with, de); equip; ⚓ commission; ⚓ man; cock (a pistol); ⊕ mount (a machine); ♪ wind (a dynamo); ⊕ sheath (a cable); set (an apparatus); † ~ q. chevalier dub s.o. knight; s'~ de arm o.s. with, fig. call upon (one's courage, patience, etc.); v/i. ✕ arm; ⚓ be commissioned; ⚓ serve (on, sur).
armistice [armis'tis] m armistice.
armoire [ar'mwa:r] f cupboard; wardrobe; locker; ~ à pharmacie medicine-chest; ~ au (or à) linge linen-closet.

armoiries ⌘ [armwa'ri] f/pl. (coat sg. of) arms; armorial bearings.
armoise ♣ [ar'mwa:z] f Artemisia.
armorial, e, m/pl. **-aux** ⌘ [armɔ'rjal, ~'rjo] **1.** adj. armorial; **2.** su./m armorial, book of heraldry; **armorier** ⌘ [~'rje] (1o) v/t. emblazon.
armure [ar'my:r] f armo(u)r; ⊕ weave; phys. magnet: armature; ♪ dynamo: pole-piece; **armurerie** [armyr'ri] f manufacture of arms; arms factory; gunsmith's shop; ✕ armo(u)ry; **armurier** ✕, ♪ [~'rje] m armo(u)rer; gunsmith.
arnica ♣ [arni'ka] f arnica.
aromate [arɔ'mat] m spice, aromatic; **aromatique** [arɔma'tik] aromatic; **aromatiser** [~ti'ze] (1a) v/t. give aroma or flavo(u)r to; cuis. flavo(u)r; **arome** [a'ro:m] m aroma; cuis. flavo(u)ring.
aronde ⊕ [a'rɔ̃:d] f: queue f d'~ dovetail.
arpège ♪ [ar'pɛ:ʒ] m arpeggio.
arpent [ar'pɑ̃] m (approx.) acre; **arpentage** [arpɑ̃'ta:ʒ] m (land-)surveying; survey; **arpenter** [~'te] (1a) v/t. survey, measure (the land); fig. stride along; **arpenteur** [~'tœ:r] m (land-)surveyor; orn. great plover.
arquebuse [arkə'by:z] f (h)arquebus.
arquer [ar'ke] (1m) v/t. bend; arch; camber.
arrache-clou ⊕ [araʃ'klu] m nail-claw, nail-wrench; **arrache-pied** [~'pje] adv.: d'~ at a stretch; uninterruptedly; **arracher** [ara'ʃe] (1a) v/t. tear out or away (from, à); pull out; extract; draw (a tooth); strip (paper); extort (a confession, money); **arracheur, -euse** [~'ʃœːr, ~'ʃøːz] su. puller; su./f ✿ potato-lifter.
arraisonnement ⚓ [arɛzɔn'mɑ̃] m boarding; examination (of a bill of health); **arraisonner** ⚓ [~zɔ'ne] (1a) v/t. hail; board; stop and examine.
arrangement [arɑ̃ʒ'mɑ̃] m arrangement (a. ♪); settlement, agreement; ✝ composition (with creditors); **arranger** [arɑ̃'ʒe] (1l) v/t. arrange (a. ♪); put in order; tidy, straighten; sort (cards); organize; settle (a dispute, a quarrel); suit (s.o.); cela m'arrange that suits me; F cela

42

s'arrangera it'll turn out all right; **s'~** manage (with, *de*); come to an agreement, ⚔ compound (with, *avec*); dress; **s'~** *de tout* be very adaptable; **arrangeur** *m*, **-euse** *f* ♪ [~'ʒœːr, ~'ʒøːz] arranger.

arrérager ⚔ [arera'ʒe] (1l) *v/i.* get in arrears; **arrérages** ⚔ [~'raːʒ] *m/pl.* arrears; back-interest *sg.*

arrestation [arɛsta'sjɔ̃] *f* arrest; apprehension; ⚖ ~ *préventive* protective custody.

arrêt [a'rɛ] *m* stop (*a.* ⊕); ⊕ stoppage; stopping; halt; interruption; ⚖ judgment; ⚖ award; *admin.* decree; ⚖ seizure; ♆ detention; ⚖ arrest; *foot.* tackle; ⊕ *lock*: tumbler; *bus, tram, train*: stop(ping-place); ⚔ ~s *pl.* arrest *sg.*; ⚖ ~ *de mort* death sentence; *chien m d'*~ pointer; *cran m d'*~ safety-catch; *dispositif m d'*~ arresting device; ⚖ *rendre un* ~ deliver judgment; ⊕ *robinet m d'*~ stop-cock; *temps m d'*~ pause, halt; **arrêté** [arɛ'te] *m* order; decree; ordinance; by(e)-law; ⚔ ~ *de compte*(*s*) settlement; **arrêter** [~] (1a) *v/t.* stop; arrest; check; fix, fasten; draw up; decide; ⚔ make up, close (*an account*); fasten off (*a stitch*); ~ *les mailles knitting*: cast off; **s'~** stop; halt, pause; cease (*noise*); *un plan arrêté* a preconcerted plan; *v/i.* stop; *hunt.* point (*dog*).

arrhes [aːr] *f/pl.* deposit *sg.*; earnest (money) *sg.*

arrière [a'rjɛːr] **1.** *adv.* (*a. en* ~) behind; backward(s); in arrears; **2.** *su./m* back (part), rear; ♆ stern; *sp.* back; **3.** *adj./inv.* back; *mot. feu m* (*or lanterne f*) ~ rear-light; *roue f* ~ back-wheel, rear-wheel; *vent m* ~ leading wind; **arriéré, e** [arje're] **1.** *adj.* late; in arrears; backward (*child, country*); **2.** *su./m* arrears; ⚔ *faire rentrer des* ~s recover debts.

arrière...: **~-ban** *hist.* [arjɛr'bɑ̃] *m* (whole body of) vassals *pl.*; **~-bouche** [~'buʃ] *f* back of the mouth; **~-boutique** [~bu'tik] *f* back-shop; **~-cour** [~'kuːr] *f* back-yard; **~-garde** ⚔ [~'gard] *f* rear-guard; **~-grand'père** [~grɑ̃'pɛːr] *m* great-grandfather; **~-main** [~'mɛ̃] *f* back of the hand; *horse*: hindquarters *pl.*; back-hand stroke; **~-neveu** [~nə-]

'vø] *m* grand-nephew; **~-pensée** [~pɑ̃'se] *f* ulterior motive; **~-petits-fils**, *pl.* **~-petits-fils** [~pəti'fis] *m* great-grandson; **~-plan** [~'plɑ̃] *m* background; **~-point** [~'pwɛ̃] *m* back-stitch.

arriérer [arje're] (1f) *v/t.* postpone; **s'~** fall behind (*person*); get into arrears.

arrière...: **~-saison** [arjɛrsɛ'zɔ̃] *f* late season *or* autumn, *Am.* late fall; **~-train** [~'trɛ̃] *m* waggon-body; trailer; *animal*: hindquarter.

arrimer ♆ [ari'me] (1a) *v/t.* stow; trim (*a ship*); pack (*for transit*).

arrivant *m*, **e** *f* [ari'vɑ̃, ~'vɑ̃ːt] arrival, comer; **arrivée** [~'ve] *f* arrival, coming; ⊕ inlet, intake; *sp.* finish; **arriver** [~'ve] (1a) *v/i.* arrive (at, *à*), come; happen; succeed, be successful; ♆ bear away; ~ *à* (*inf.*) succeed in (*ger.*), manage to (*inf.*); **arriviste** [~'vist] *su.* thruster, (social) climber; careerist.

arrogance [arɔ'gɑ̃ːs] *f* arrogance; haughtiness; **arrogant, e** [~'gɑ̃, ~'gɑ̃ːt] arrogant; haughty.

arroger [arɔ'ʒe] (1l) *v/t.*: **s'~** arrogate (*s.th.*) to o.s.

arrondir [arɔ̃'diːr] (2a) *v/t.* (make) round; round off (*a. fig. a sum*); round, double; **s'~** fill out; become round; **arrondissement** [~dis'mɑ̃] *m* rounding off; roundness; *admin.* district; *admin. town*: ward.

arrosage [aro'zaːʒ] *m* watering, wetting; sprinkling; *cuis.* basting; *wine*: dilution; *rain*: soaking; **arroser** [~'ze] (1a) *v/t.* water, wet (*a. fig.*); sprinkle; moisten; *cuis.* baste; dilute (*wine*); ⚔ F wash down (*the food*); ⚔ F compound with (*creditors*); F *ça s'arrose* that calls for a drink; **arroseur** [~'zœːr] *m* water-cart attendant; **arroseuse** [~'zøːz] *f* water-cart; **~-balayeuse** combined street-watering and sweeping lorry *or* truck; **arrosoir** [~'zwaːr] *m* watering-can; sprinkler.

arsenal [arsə'nal] *m* arsenal (*a. fig.*); armo(u)ry; ♆ dockyard.

arsenic ⚗ [arsə'nik] *m* arsenic.

art [aːr] *m* art; skill; talent; artificiality; artfulness; ~s *pl. d'agrément* accomplishments; ~s *pl. et métiers m/pl.* arts and crafts.

artère [ar'tɛːr] *f* artery (*a. fig.*); thoroughfare; ⚡ feeder; **artériel,**

artériosclérose

-elle [arte'rjɛl] arterial; **artériosclérose** ☾ [⌞rjɔskle'roːz] f arteriosclerosis.

artésien, -enne [arte'zjɛ̃, ⌞'zjɛn] artesian; of Artois; *puits m* ⌞ artesian well.

arthrite ☾ [ar'trit] f arthritis; gout.

artichaut [arti'ʃo] m *cuis.* artichoke; ✗ spiked barrier.

article [ar'tikl] m article (*a.* ✞, †, *eccl., gramm.*); thing; ʹtreaty: clause; item; subject, topic; † ⌞s *pl.* goods; ⌞s *pl. de Paris* fancy goods; *journ.* ⌞ *de fond* leader, leading article; ⌞ *de luxe* luxury article; ⌞ *documentaire* documentary report; *à l'*⌞ *de la mort* at the point of death; *faire l'*⌞ puff one's goods; **articlier** *journ.* [⌞ti'klje] m copy-writer, columnist.

articulaire ☾ [artiky'lɛːr] articular, of the joints; **articulation** [⌞la'sjɔ̃] f *anat., speech*: articulation; joint; ⊕ connection; ✢ node; utterance; **articuler** [⌞'le] (1a) *v/t.* articulate; link; pronounce distinctly; state clearly.

artifice [arti'fis] m artifice; guile; stratagem; expedient; ✗ ⌞s *pl.* flares; *feu m d'*⌞ fireworks *pl.*; *fig.* flash of wit; **artificiel, -elle** [artifi'sjɛl] artificial; **artificier** [⌞'sje] m pyrotechnist; ✗ artificer; **artificieux, -euse** [⌞'sjø, ⌞'sjøːz] artful, crafty, cunning.

artillerie ✗ [artij'ri] f artillery, ordnance; gunnery; ⌞ *antiaérienne* (or *contre avions*) anti-aircraft artillery; ⌞ *d'assaut* assault artillery; ⌞ *lourde* (or *à pied*) heavy artillery; *pièce f d'*⌞ piece of ordnance; **artilleur** [⌞ti'jœːr] m artilleryman, gunner.

artimon ♆ [arti'mɔ̃] m mizzenmast.

artisan [arti'zɑ̃] m artisan; craftsman; working-man; *fig.* creator, agent; **artisanat** [⌞za'na] m handicraft; craftsmen *pl.*

artiste [ar'tist] *su.* artist; ♪, *thea.* performer; *vaudeville*: artiste; **artistique** [⌞tis'tik] artistic.

aryen, -enne [a'rjɛ̃, ⌞'rjɛn] *adj., a. su.* ♀ Aryan, Indo-European.

as¹ [a] *2nd p. sg. pres. of avoir* 1.

as² [ɑːs] m ace (*a. fig.*); *sp.* crack (player *etc.*); *sl. être plein aux* ⌞ have stacks of money.

asbeste [as'bɛst] m asbestos.

ascaride ☾ [aska'rid] m ascaris, thread-worm.

ascendance [asɑ̃'dɑ̃ːs] f ancestry; *astr.* ascent; **ascendant, e** [⌞'dɑ̃, ⌞'dɑ̃ːt] 1. *adj.* upward (*motion etc.*); 2. *su./m* ascendant; ascendency; *fig.* influence; ⌞s *pl.* ancestry *sg.*

ascenseur [asɑ̃'sœːr] m lift, *Am.* elevator; **ascension** [⌞'sjɔ̃] f ascent; climb; rising; ⊕ *piston*: up-stroke; *eccl. l'*♀ Ascension-day; **ascensionniste** [⌞sjɔ'nist] *su.* climber, mountaineer; balloonist.

ascète [a'sɛːt] *su.* ascetic; **ascétique** [ase'tik] ascetic; **ascétisme** [⌞'tism] m asceticism.

asepsie ☾ [asɛp'si] f asepsis; **aseptique** ☾ [⌞'tik] aseptic; **aseptiser** ☾ [⌞ti'ze] (1a) *v/t.* asepticize.

asiatique [azja'tik] *adj., a. su.* ♀ Asiatic; Asian.

asile [a'zil] m asylum; retreat; shelter; † sanctuary; ⌞ *d'aliénés* mental hospital.

aspect [as'pɛ] m aspect (*a. gramm.*); sight; appearance, look; *fig.* viewpoint.

asperge ♀ [as'pɛrʒ] f asparagus.

asperger [aspɛr'ʒe] (1l) *v/t.* sprinkle; spray (with, *de*).

aspérité [asperi'te] f asperity, roughness, harshness; unevenness.

aspersion [aspɛr'sjɔ̃] f aspersion, sprinkling; spraying; **aspersoir** [⌞'swaːr] m ✢ *watering-can*: rose; *eccl.* aspergillum.

asphaltage [asfal'taːʒ] m asphalting; **asphalte** [⌞'falt] m asphalt.

asphyxie [asfik'si] f asphyxia(tion), suffocation; gassing; **asphyxier** [⌞'sje] (1o) *v/t.* asphyxiate.

aspic [as'pik] m *zo.* asp; *cuis.* aspic; ♀ aspic, French lavender; *fig. langue f d'*⌞ venomous tongue.

aspirant, e [aspi'rɑ̃, ⌞'rɑ̃ːt] 1. *adj.* sucking; ⊕ *suction-...*; 2. *su.* aspirant, candidate; *su./m* ✗ officer candidate; ♆ midshipman; ✗ acting pilot-officer; **aspirateur, -trice** [⌞ra'tœːr, ⌞'tris] 1. *adj.* suction-...; 2. *su./m* ⊕ suction-conveyor; ⊕ exhaust-fan; aspirator; vacuum cleaner; **aspiration** [⌞ra'sjɔ̃] f aspiration (*a. gramm.*); *fig.* longing (after, *à*); ⊕ suction; ⊕ inspiration, inhaling; ⊕ intake; **aspirer** [⌞'re] (1a) *v/t.* breathe in; suck in *or* up;

45   **assis**

gramm. aspirate; ⚚ inhale; *v/i.:* ~ *à (inf.)* aspire to *(inf.);* ~ *à qch.* aspire to s.th.; long for s.th.

aspirine ⚚ [aspi'rin] *f* aspirin; *prendre un comprimé d'*~ take an aspirin.

assagir [asa'ʒi:r] (2a) *v/t.* make wiser; steady, sober (down).

assaillant [asa'jɑ̃] *m* assailant; **assaillir** [~'ji:r] (2s) *v/t.* assail, attack; *fig.* beset (with, *de*).

assainir [asɛ'ni:r] (2a) *v/t.* make healthier; cleanse, purify; reorganize *(the finances etc.);* **assainissement** [~nis'mɑ̃] *m* cleansing, purifying; ⚚ sanitation; *finances:* reorganization.

assaisonnement [asɛzɔn'mɑ̃] *m* seasoning; flavo(u)ring; *salad:* dressing; **assaisonner** [~zɔ'ne] (1a) *v/t.* season (with, *de*); flavo(u)r (with, *de*); dress *(salads).*

assassin, e [asa'sɛ̃, ~'sin] **1.** *su./m* assassin; murderer; *à l'*~! murder!; *su./f* murderess; **2.** *adj.* murderous; *fig.* provocative; *fig.* deadly; **assassinat** [~si'na] *m* murder; assassination; **assassiner** [~si'ne] (1a) *v/t.* murder *(a. fig.);* assassinate; F pester.

assaut [a'so] *m* assault, attack; *sp.* bout, match; *faire* ~ *de* bandy *(words, wit).*

assèchement [asɛʃ'mɑ̃] *m* drying, draining, drainage; **assécher** [ase-'ʃe] (1f) *v/t.* dry; drain.

assemblage [asɑ̃'bla:ʒ] *m* gathering, collection; ⊕ assembly; ⊕ joint; ⚡ connection, coupling; **assemblée** [~'ble] *f* assembly, meeting; congregation; gathering; ~ *générale* general meeting; ~ *plénière* plenary assembly; **assembler** [~'ble] (1a) *v/t.* assemble (a. ⊕); gather, call together; convene *(a committee);* ⚔ muster; ⚡ couple, connect; join(t); *s'*~ assemble, meet.

assener [asə'ne] (1d) *v/t.* strike, land *(a blow).*

assentiment [asɑ̃ti'mɑ̃] *m* agreement, assent, consent; *signe m d'*~ nod.

asseoir [a'swa:r] (3c) *v/t.* seat, place; pitch *(a tent);* lay *(a stone);* establish *(a tax);* base *(an opinion); on le fit* ~ he was asked to take a seat; *s'*~ sit down; settle; 🥞 pancake.

assermenter [asɛrmɑ̃'te] (1a) *v/t.* swear in; administer the oath to.

assertion [asɛr'sjɔ̃] *f* assertion.

asservir [asɛr'vi:r] (2a) *v/t.* enslave (to, *à*) *(a. fig.);* subdue; subject; ⊕ synchronize; **asservissement** [~vis'mɑ̃] *m* slavery, subjection; bondage; ⊕ control.

assesseur ⚖ [asɛ'sœ:r] *m* assessor; assistant judge.   [*asseoir.*]

asseyons [asɛ'jɔ̃] *1st p. pl. pres. of*

assez [a'se] *adv.* enough; rather; sufficiently; fairly; ~! that's enough!; that will do!; *j'en ai* ~! I've had enough of it, F I'm fed up with it.

assidu, e [asi'dy] diligent; assiduous; regular; constant; attentive (to, *auprès de*); **assiduité** [~dɥi'te] *f* diligence, assiduity; ~s *pl.* constant attentions *or* care *sg.;* **assidûment** [~dy'mɑ̃] *adv. of assidu.*

assieds [a'sje] *1st p. sg. pres. of asseoir.*

assiégeant, e [asje'ʒɑ̃, ~'ʒɑ̃:t] **1.** *adj.* besieging; **2.** *su./m* besieger; **assiéger** [~'ʒe] (1g) *v/t.* besiege *(a. fig.);* surround; beset; *fig.* mob; *fig.* dun.

assiérai [asje're] *1st p. sg. fut. of asseoir.*

assiette [a'sjɛt] *f* plate; ⚓ trim; *horse:* seat; ⊕ *etc.* basis; *machine:* support; *tax:* establishment; F *il n'est pas dans son* ~ he's out of sorts, he's not up to the mark; **assiettée** [asjɛ'te] *f* plate(ful).

assignation [asiɲa'sjɔ̃] *f* ⚖ assignation; ⚖ summons, subpoena; † rendezvous; **assigner** [~'ɲe] (1a) *v/t.* assign, allot; appoint, fix *(a time);* allocate; ✝ earmark *(a sum);* ⚖ summon, subpoena; ⚖ sue (for, *en*).

assimilable [asimi'labl] ⚚ assimilable; comparable (to, *à*); **assimilation** [~la'sjɔ̃] *f* assimilation; ⚚, ⚕ correlation, equivalence; **assimiler** [~'le] (1a) *v/t.* assimilate; compare; give equal status to.

assis[1] [a'si] *1st p. sg. p.s. of asseoir.*

assis[2], **e** [a'si, ~'si:z] **1.** *p.p. of asseoir;* **2.** *adj.* seated, sitting; *être* ~ be seated *or* sitting; 🚂 *etc. place f* ~*e* seat; **3.** *su./f* △ foundation; △ *bricks:* course; *cement:* layer; *rider:* seat; ~*es pl.* meetings, sessions; ⚖ assizes; ⚖ *cour f d'*~*es* Assize Court.

assistance [asis'tã:s] *f* assistance, help; audience, spectators *pl.*; *eccl.* congregation; ⚕, *eccl.* attendance, presence; ~ *judiciaire* (free) legal aid; ~ *maritime* salvage; ~ *publique* public assistance, public relief; ~ *sociale* (social) welfare work; **assistant, e** [~'tã, ~'tã:t] *su.* assistant; *usu.* ~s *pl.* spectators, onlookers; audience *sg.*; *su./f:* ~*e sociale* social worker; **assister** [~'te] (1a) *v/i.*: ~ *à* attend, be present at; *v/t.* assist, help, aid (*s.o.*).

association [asɔsja'sjɔ̃] *f* association; ✝ partnership; society; union; ⚙ coupling, connection; ~ *de bienfaisance* charitable organization; ✝ ~ *en nom collectif* (ordinary) partnership; **associé m, e f** [asɔ'sje] partner; *learned society:* associate; ✝ ~ *commanditaire* sleeping partner; **associer** [~] (1o) *v/t.* associate, unite; join up; ⚙ connect, couple; *s'*~ (*à or avec*) associate o.s. (with); join (in *s.th.*); keep company with; ✝ enter into partnership with.

assoiffé, e [aswa'fe] thirsty; *fig.* eager (for, *de*).

assoirai F [aswa're] *1st p. sg. fut. of* asseoir; **assois** F [a'swa] *1st p. sg. pres. of* asseoir.

assolement ✍ [asɔl'mã] *m* (crop-)rotation; **assoler** ✍ [asɔ'le] (1a) *v/t.* rotate the crops on.

assombrir [asɔ̃'bri:r] (2a) *v/t.* darken; make gloomy (*a. fig.*); cloud (*a. fig.*); *s'*~ darken; become cloudy (*sky*); *fig.* become gloomy.

assommant, e [asɔ'mã, ~'mã:t] F boring; tiresome; **assommer** [~'me] (1a) *v/t.* fell; stun; knock on the head; *fig.* bore; *fig.* overcome; **assommoir** [~'mwa:r] bludgeon; loaded cane, life-preserver, *Am.* black-jack; F bore; F low pub, *Am.* dram shop.

assomption [asɔ̃p'sjɔ̃] *f* assumption; *eccl.* l'♀ the Assumption.

assonance [asɔ'nã:s] *f* assonance; **assonant, e** [~'nã, ~'nã:t] assonant.

assortiment [asɔrti'mã] *m* assortment (*a.* ✝), range, variety; matching; suitability; ⊕ set; *typ.* sorts *pl.*; **assortir** [~'ti:r] (2a) *v/t.* suit; *s'*~ stock varied goods (*a.* ✝); *v/i.* match, go well together.

assoupir [asu'pi:r] (2a) *v/t.* make sleepy *or* drowsy; soothe, deaden, lull (*a pain etc.*); *s'*~ doze off; wear off (*pain*); **assoupissement** [~pis'mã] *m* drowsiness; nap, doze; *fig.* sloth; ♟ torpor.

assouplir [asu'pli:r] (2a) *v/t.* make supple; break in (*a horse*); *fig. s'*~ become more tractable.

assourdir [asur'di:r] (2a) *v/t.* deafen (*a. fig.*); *fig.* deaden, damp, muffle (*a sound*); tone down (*a light etc.*); *gramm.* unvoice (*a consonant*).

assouvir [asu'vi:r] (2a) *v/t.* satiate, appease (*one's hunger*); quench (*one's thirst*); ✝ glut (*the market*); *s'*~ gorge; become sated (with, *de*).

assoyons F [aswa'jɔ̃] *1st p. pl. pres. of* asseoir.

assujetti, e [asyʒɛ'ti] subject, liable (to, *à*); ~ *à l'assurance* subject to compulsory insurance; ~ *aux droits de douane* liable to duty, dutiable; **assujettir** [~'ti:r] (2a) *v/t.* subjugate, subdue; fix, fasten; secure; make liable (to, *à*); compel (to *inf.*, *à inf.*); **assujettissement** [~tis'mã] *m* subjugation; securing.

assumer [asy'me] (1a) *v/t.* assume, take (*a responsibility*) upon o.s.; take up (*duties*).

assurance [asy'rã:s] *f* assurance (*a.* ✝), self-confidence; certainty; security, pledge; safety; ✝ insurance; ~*s pl.* sociales social security *sg.*; ~ *contre l'incendie* fire-insurance; ~ *maladie* health-insurance; ~ *maritime* marine insurance; ~ *sur la vie* life-assurance; ~*-vieillesse* old-age insurance; *passer un contrat d'*~ take out an insurance policy; **assuré, e** [~'re] **1.** *adj.* sure; confident; **2.** *su.* ✝ the insured; policyholder; **assurément** [~re'mã] *adv.* surely, certainly; **assurer** [~'re] (1a) *v/t.* assure; secure, fasten; make secure; make steady; affirm; ensure (*a result*); ✝ insure; *s'*~ *de* ascertain, make sure of; lay hold on; **assureur** ✝ [~'rœ:r] *m* insurer; ~ *maritime* underwriter.

aster ♣, *biol.* [as'tɛ:r] *m* aster; **astérisque** *typ.* [~te'risk] *m* asterisk (*).

asthénie ⚕ [aste'ni] *f* debility.

asthmatique ⚕ [asma'tik] *adj.*, *su.* asthmatic; **asthme** ⚕ [asm] *m* asthma.

asticot [asti'ko] *m* maggot; F *un drôle d'*~ a queer cove *or* chap;

asticoter F [ˌkɔ'te] (1a) *v/t.* plague, worry.
astigmate ⚕ [astig'mat] astigmatic.
astiquer [asti'ke] (1m) *v/t.* polish; smarten. [⚘, *anat.* astragalus.\
astragale [astra'gal] *m* ⚠ astragal;/
astral, e, *m/pl.* **-aux** [as'tral, ~'tro] astral; **astre** [astr] *m* star (*a. fig.*).
astreindre [as'trɛ̃:dr] (4m) subject; force, compel (to, *à*); bind; *s'~ à* force o.s. to, keep to.
astringent, e ⚕ [astrɛ̃'ʒɑ̃, ~'ʒɑ̃:t] *adj., a. su./m* astringent.
astro... [astrɔ] astro...; **~logie** [ˌlɔ-'ʒi] *f* astrology; **~logue** [~'lɔg] *m* astrologer; **~naute** [~'no:t] *m* astronaut, space traveller; **~nautique** [~no'tik] *f* astronautics *sg.,* space travel; **~nef** [~'nɛf] *m* space-ship; **~nome** [~'nɔm] *m* astronomer; **~nomie** [~nɔ'mi] *f* astronomy; **~nomique** [~nɔ'mik] astronomical (*year, a.* F *price*); **~physique** [~fi'zik] 1. *adj.* astrophysical; 2. *su./f* astrophysics *sg.*
astuce [as'tys] *f* guile, craftiness; wile, trick; **astucieux, -euse** [~ty'sjø, ~'sjø:z] crafty, astute, artful.
asymétrique [asime'trik] asymmetrical, unsymmetrical.
asymptote ⚭ [asɛ̃p'tɔt] 1. *adj.* asymptotic; 2. *su./f* asymptote.
atavique [ata'vik] atavistic; *biol.* retour *m* ~ throw-back; **atavisme** [~'vism] *m* atavism.
ataxie ⚕ [atak'si] *f* ataxy, ataxia.
atelier [atə'lje] *m* workshop; studio; (shop *or* workroom) staff; ⚔ working party; *pol.* work-group; ⊕ ~ de constructions mécaniques engine works; ~ de réparations repair-shop.
atermoiement [atɛrmwa'mɑ̃] *m* ⚖, ✝ renewal (*of a bill*); deferment of payment; F ~s *pl.* shilly-shallying *sg.;* **atermoyer** [~'je] (1h) *v/t.* put off, defer; F procrastinate; *s'~* arrange for an extension of time (*with creditors*).
athée [a'te] 1. *adj.* atheistic; 2. *su.* atheist; **athéisme** [ate'ism] *m* atheism.
athlète [at'lɛt] *m* athlete; **athlétique** [atle'tik] athletic; **athlétisme** [~'tism] *m* athletics *pl.*
atlantique [atlɑ̃'tik] 1. *adj.* Atlantic; 2. *su./m* ♀ Atlantic (Ocean).
atlas [at'lɑ:s] *m* atlas; *geog., myth.* ♀ Atlas.

atmosphère [atmɔs'fɛ:r] *f* atmosphere (*a. fig.*); **atmosphérique** [~fe'rik] atmospheric.
atoll *geog.* [a'tɔl] *m* atoll, coral island.
atome [a'to:m] *m* atom (*a. fig.*); *fig.* speck; **atomique** [atɔ'mik] atomic; bombe *f* ~ atom(ic) bomb; *énergie f* ~ atomic energy; ère *f* ~ atomic age; *pile f* ~ atomic pile; *poids m* ~ atomic weight.
atone [a'tɔn] *gramm.* atonic, unstressed; *fig.* dull, vacant; **atonie** ⚕ [atɔ'ni] *f* atony, sluggishness.
atours [a'tu:r] *m/pl.* †, *a. co.* finery *sg.*
atout [a'tu] *m* trump; *fig.* blow, knock; *jouer* ~ play trumps.
atrabilaire [atrabi'lɛ:r] atrabilious; *fig.* melancholy.
âtre [ɑ:tr] *m* hearth.
atroce [a'trɔs] atrocious, dreadful; grim; **atrocité** [atrɔsi'te] *f* atrocity; atrociousness
atrophie ⚕ [atrɔ'fi] *f* atrophy; emaciation; **atrophier** [~'fje] (1o) *v/i., a. s'~* atrophy.
attabler [ata'ble] (1a) *v/t.: s'~* sit down to table; *fig.* F own up, *usu. Am.* come clean.
attache [a'taʃ] *f* bond, tie, link; cord, strap; ⊕ brace, joint; paper clip; *chien m d'~* house-dog; ✝ *pat m d'~* home pat; **attaché** [ata'ʃe] *m pol.* attaché; **attachement** [ataʃ'mɑ̃] *m* attachment (*a. fig.*); **attacher** [ata'ʃe] (1a) *v/t.* attach; fasten (*a. fig.*); tie; *fig.* attract; *s'~ à* attach o.s. to; cling to; apply *or* devote o.s. to; ⚔ *s'~ au sol* hold on to the ground; *s'~ aux pas de q.* dog s.o.'s footsteps.
attaque [a'tak] *f* attack (*a.* ⚕, ⚔); assault; ⊕, *mot.* drive; *être d'~* feel fit; **attaquer** [ata'ke] (1m) *v/t.* attack; assail; assault; ⚖ contest (*a will*), sue (*s.o.*); ⊕ operate; F begin; *s'~ à* fall upon, attack; *fig.* tackle; *v/i.* attack.
attardé, e [atar'de] 1. *adj.* belated; backward; old-fashioned; 2. *su.* late-comer; **attarder** [~] (1a) *v/t.* make late; *s'~* delay, linger (over, *sur*); *s'~ à* (*inf.*) stay (up) late (*ger.*).
atteindre [a'tɛ̃dr] (4m) *v/t.* reach, attain; overtake; hit (*a target*); strike (*a. fig.*); *fig.* affect; *v/i.:* ~ *à* attain (to), achieve; **atteint, e** [a'tɛ̃,

attelage

~'tɛ:t] **1.** *p.p.* of **atteindre**; **2.** *su./f* reach; attack (*a.* ✠), blow, stroke; touch; harm, injury; *hors d'~e* out of reach.

attelage [at'la:ʒ] *m* harnessing; yoke, team; ⊕ attachment; ⛟ coupling; **atteler** [~'le] (1c) *v/t.* harness; yoke; connect; ⛟ couple; *s'~ à* settle *or* F get down to (*a task*); **attelle** [a'tɛl] *f* ✠ splint; ~s *pl.* hames.

attenant, e [at'nɑ̃, ~'nɑ̃:t] neighbo(u)ring, adjacent (to, *à*).

attendant [atɑ̃'dɑ̃]: *en* ~ *adv.* meanwhile; *prp.* pending; *en* ~ *que* (*sbj.*) until, till (*ind.*); **attendre** [a'tɑ̃dr] (4a) *v/t.* wait for, await; look forward to; expect; *attendez voir!* wait and see!; *faire* ~ *q.* keep s.o. waiting; *s'~ à* expect (*s.th.*).

attendrir [atɑ̃'dri:r] (2a) *v/t.* soften, make tender; *fig.* touch, move; *s'~ sur* gush over; *se laisser* ~ be moved *or* affected; **attendrissement** [~dris'mɑ̃] *m* meat: hanging; *fig.* pity.

attendu, e [atɑ̃'dy] **1.** *p.p.* of **attendre**; **2.** *attendu prp.* considering; on account of; ~ *que* seeing that ...; ᵼᵼ whereas; **3.** *su./m:* ~s *pl.* ᵼᵼ reasons adduced.

attentat [atɑ̃'ta] *m* criminal attempt; outrage; ᵼᵼ ~ *à la pudeur* indecent assault; ᵼᵼ ~ *aux mœurs* indecent behavio(u)r, *Am.* offense against public morals.

attente [a'tɑ̃:t] *f* wait(ing); expectation; *contre toute* ~ contrary to expectations; ⛟ *salle f d'~* waiting-room.

attenter [atɑ̃'te] (1a) *v/i.* make an attempt (on, *à*).

attentif, -ve [atɑ̃'tif, ~'ti:v] (*à*) attentive (to); heedful (of); careful; mindful; **attention** [~'sjɔ̃] *f* attention, care; ~*!* look out!

atténuant, e [ate'nɥɑ̃, ~'nɥɑ̃:t] **1.** *adj.* ᵼᵼ extenuating (*circumstances*); ✠, ⚕ attenuant; **2.** *su./m* ✠, ⚕ attenuant; **atténuation** [~nɥa-'sjɔ̃] *f* ᵼᵼ extenuation, mitigation; ✠, ⚕ attenuation; *fig.* reducing; *fig.* emaciation; **atténuer** [~'nɥe] (1n) *v/t.* extenuate (*a.* ᵼᵼ); ᵼᵼ mitigate; attenuate (*a.* ✠); *fig.*, *a. phot.* reduce; tone down (*a colour*).

atterrer [atɛ're] (1a) *v/t.* overwhelm, astound, stun.

atterrir [atɛ'ri:r] (2a) *v/i.* ⚓ make a landfall; ✈ land; **atterrissage** [~ri'sa:ʒ] *m* ⚓ landfall; ✈ landing; ✈ ~ *forcé* forced landing; ✈ ~ *sans visibilité* instrument landing; ✈ *train m d'~* undercarriage.

atterrissement [atɛris'mɑ̃] *m* alluvium.

atterrisseur ✈ [atɛri'sœ:r] *m* undercarriage; ~ *escamotable* retractable undercarriage.

attestation [atɛsta'sjɔ̃] *f* attestation; testimonial; certificate; ᵼᵼ ~ *sous serment* affidavit; **attester** [~'te] (1a) *v/t.* testify, certify.

attiédir [atje'di:r] (2a) *v/t.* cool (*a. fig.*); take the chill off; *s'~* (grow) cool (*a. fig.*).

attifer [ati'fe] (1a) *v/t. usu. pej.* dress (*s.o.*) up; *s'~* get o.s. up, rig o.s. out.

attique [a'tik] **1.** *adj.* Attic; **2.** *su./m* △ attic; *su./f:* l'A Attica.

attirail [ati'ra:j] *m* outfit; gear; F pomp; *pej.* paraphernalia *pl.*

attirance [ati'rɑ̃:s] *f* attraction; **attirant, e** [~'rɑ̃, ~'rɑ̃:t] attractive; engaging; **attirer** [~'re] (1a) *v/t.* attract; draw; (al)lure; *s'~* win (*s.th.*).

attiser [ati'ze] (1a) *v/t.* stir up (*a. fig.*); ⊕ stoke; *fig.* fan, feed; **attisoir** [~'zwa:r] *m* poker; ⊕ pricker, fire-rake.

attitré, e [ati'tre] appointed, regular; customary.

attitude [ati'tyd] *f* attitude (towards, *envers*).

attouchement [atuʃ'mɑ̃] *m* contact (*a.* ⚡), touch(ing).

attractif, -ve [atrak'tif, ~'ti:v] attractive; gravitational (*force*); **attraction** [~'sjɔ̃] *f* attraction (*a. fig.*), pull; ~s *pl.* variety show *sg.*; cabaret *sg.*, *Am.* floor show *sg.*; *phys.* ~ *universelle* gravitation.

attrait [a'trɛ] *m* attractiveness, charm; inclination (for, *pour*).

attrapade F [atra'pad] *f*, **attrapage** F [~'pa:ʒ] *m* tiff, quarrel; blowing-up, reprimand.

attrape [a'trap] *f* trap, snare; *fig.* hoax, trick; ⚓ lifeline; **attrape-mouches** [atrap'muʃ] *m/inv.* flypaper; ♀ catch-fly; *orn.* fly-catcher; **attrape-nigaud** [~ni'go] *m* booby trap; **attraper** [atra'pe] (1a) *v/t.* catch (*a.* ✠); trap; *fig.* trick; F scold; *se faire* ~ be taken in, get

hauled over the coals (for *ger.*, *pour inf.*).
attrayant, e [atrɛ'jã, ~'jã:t] attractive; engaging.
attribuer [atri'bɥe] (1n) *v/t.* attribute (to, *à*); assign; allot; *s'*~ appropriate; **attribut** [~'by] *m* attribute; *gramm.* predicate; emblem; ⚔ badge; **attribution** [~by'sjɔ̃] *f* attribution; allocation; conferment; ~**s** *pl.* competence *sg.*, powers, duties.
attrister [atris'te] (1a) *v/t.* sadden; *s'*~ become sad; cloud over (*sky*).
attrition [atri'sjɔ̃] *f* abrasion; *eccl.* attrition (*a.* ⚔).
attroupement [atrup'mã] *m* ⚖ unlawful assembly; *fig.* mob; **attrouper** [atru'pe] (1a) *v/t.* gather together; *s'*~ flock together; assemble, crowd. [calling.\
aubade [o'bad] *f* ♪ aubade; F cat-⌋
aubaine [o'bɛn] *f* ⚖ right of escheat; *fig.* godsend, windfall.
aube[1] [o:b] *f* dawn; *eccl.* alb.
aube[2] [~] *f* paddle, float; blade.
aubépine ♀ [obe'pin] *f* hawthorn; whitethorn.
auberge [o'bɛrʒ] *f* inn, tavern; ~ *de la jeunesse* youth hostel.
aubergine ♀ [obɛr'ʒin] *f* egg-plant.
aubergiste [obɛr'ʒist] *su.* innkeeper; *su./m* landlord; *su./f* landlady.
aucun, e [o'kœ̃, ~'kyn] **1.** *adj.* any; **2.** *pron.* any(one); *with* ne *or* on *its own:* none; *d'*~**s** some (people);
aucunement [okyn'mã] *adv.* not at all, by no means.
audace [o'das] *f* audacity (*a. fig.*); daring; boldness; F *face the music*; **audacieux, -euse** [oda'sjø, ~'sjø:z] audacious, bold, daring; impertinent.
au-deçà † [odə'sa] *adv.* on this side;
au-dedans [~'dã] *adv.* inside, within; ~ *de* within; **au-dehors** [~'ɔ:r] *adv.* (on the) outside; ~ *de* outside, beyond; **au-delà** [~'la] **1.** *adv.* beyond; ~ *de* beyond, on the other side of; **2.** *su./m* beyond; *l'*~ the next world; **au-dessous** [~'su] *adv.* below; ~ *de* below, under; beneath; **au-dessus** [~'sy] *adv.* above; ~ *de* above; *fig.* beyond; **au-devant** [~'vã] *adv.* forward, ahead; *aller* ~ *de* go to meet; anticipate; forestall; *aller* ~ *d'un danger* court danger.

audible [o'di:bl] audible; **audience** [o'djã:s] *f* sitting, session; hearing; audience; *radio etc.:* public; **audiencier** [odjã'sje] *m* ⚖ usher; F haunter of law-courts; **audio-visuel, -elle** [odjɔvi'zɥɛl] audio-visual; **auditeur, -trice** [odi'tœ:r, ~'tris] *su.* hearer, listener; *univ.* student who attends lectures only; *su./m* ⚔, ⚖ public prosecutor; *admin.* commissioner of audits; ~**s** *m/pl.* audience; **auditif, -ve** [~'tif, ~'ti:v] *anat.* auditory; *appareil m* ~ hearing aid; **audition** [~'sjɔ̃] *f* hearing; recital; audition; ~**s** *pl. du jour radio:* today's program(me) *sg.*; **auditoire** [~'twa:r] *m* auditorium; audience; *eccl.* congregation; ⚖ court.
auge [o:ʒ] *f* trough (*a.* ⊕); manger; ⊕ *water-wheel:* bucket; *geol.* ~ *glaciaire* glacial valley; **auget** [o'ʒɛ] *m* small trough; ⊕ *water-wheel:* bucket.
augmentation [ogmãta'sjɔ̃] *f* increase (*a.* ✝, ♀); *prices, wages:* rise; augmentation (*a.* ✝, ♪); *faire une* ~ *knitting:* make a stitch; **augmenter** [~'te] (1a) *v/t.* increase, augment; raise (*a price, the wages*); *s'*~ increase; *v/i.* increase, rise; grow.
augure [o'gy:r] *m* augury, omen; augur; **augurer** [ogy're] (1a) *v/t.* augur; forecast.
auguste [o'gyst] **1.** *adj.* august, majestic; **2.** *su./m circus:* the funny man.
aujourd'hui [oʒur'dɥi] today; *d'*~ *en huit* (*quinze*) today week (fortnight).
aumône [o'mo:n] *f* alms; charity; **aumônier** [omo'nje] *m* almoner; chaplain (*a.* ⚔).
aunaie [o'nɛ] *f* plantation of alders.
aune[1] ♀ [o:n] *m* alder.
aune[2] [~] *f* † ell; F *une figure longue d'une* ~ a face as long as a fiddle; **auner** [o'ne] (1a) *v/t.* measure by the ell.
auparavant [opara'vã] *adv.* before(hand); *d'*~ preceding.
auprès [o'prɛ] *adv.* near; close by; ~ *de* near, beside; *admin.* attached to.
aurai [ɔ're] 1st *p. sg. fut. of* avoir 1.
auréole [ɔre'ɔl] *f* aureole, halo; *phot.* halation.

auriculaire

auriculaire [ɔriky'lɛːr] **1.** *adj.* auricular; ear-...; *doigt m* ~ = **2.** *su./m* little finger.

aurifère [ɔri'fɛːr] auriferous, gold-bearing; **aurification** [~fika'sjɔ̃] *f tooth:* filling *or Am.* stopping with gold; **aurifier** [~'fje] (1o) *v/t.* fill *or* stop with gold.

auriste ⚕ [ɔ'rist] *m* ear-specialist, aurist.

aurore [ɔ'rɔːr] **1.** *su./f* dawn (*a. fig.*), daybreak; *myth.* ♀ Aurora; ~ *boréale* northern lights *pl.*; **2.** *adj.* golden yellow.

auscultation ⚕ [ɔskylta'sjɔ̃] *f* auscultation, sounding (of chest); **ausculter** ⚕ [~'te] (1a) *v/t.* auscultate, sound.

auspice [ɔs'pis] *m* auspice, omen; ~*s pl.* protection *sg.*; auspices.

aussi [o'si] **1.** *adv.* also; too; as well; so; ~ ... *que* as ... as; *moi* ~ so am (do, can) I, F me too; **2.** *cj.* therefore; and so; ~ *bien* besides, moreover; **aussitôt** [osi'to] **1.** *adv.* immediately, at once; ~ *que* as soon as; **2.** *prp.* immediately on.

austère [ɔs'tɛːr] austere, stern, severe; **austérité** [~teri'te] *f* austerity, sternness; severity.

austral, e, *m/pl.* **-als** *or* **-aux** [ɔs'tral, ~'tro] southern; **australien, -enne** [~tra'ljɛ̃, ~'ljɛn] *adj., a. su.* ♀ Australian.

austro... [ɔstrɔ] Austro-...

autan [o'tɑ̃] *m* strong south wind.

autant [~] *adv.* as much, as many; so much, so many; ~ *dire* practically, to all intents and purposes; (*pour*) ~ *que* as far as; *d'*~ (*plus*) *que* especially as, all the more as; *en faire* ~ do the same.

autel [o'tɛl] *m* altar; ⊕ fire-bridge.

auteur [o'tœːr] *m* author (*a. fig.*); *crime:* perpetrator; writer; ♪ composer; ♂♀ principal; *droit m d'*~ copyright; *droits m/pl. d'*~ royalties; *femme f* ~ authoress.

authenticité [otɑ̃tisi'te] *f* authenticity, genuineness; **authentique** [~'tik] authentic, genuine.

auto F [o'to] *f* (motor-)car.

auto... [ɔtɔ] auto-...; self-...; motor-...; ~**bus** [~'bys] *m* (motor) bus; ~**car** [~'kaːr] *m* motor coach; ~**chenille** [~ʃə'niːj] *f* caterpillar tractor; half-track vehicle.

autochtone [otɔk'tɔn] **1.** *adj.* autochthonous; aboriginal; **2.** *su.* autochthon.

auto...: ~**clave** [otɔ'klaːv] *m* sterilizer; *cuis.* pressure-cooker; ~**crate** [~'krat] *m* autocrat; ~**cratie** [~kra'si] *f* autocracy; ~**cratique** [~kra'tik] autocratic; ~**didacte** [~di'dakt] **1.** *adj.* self-taught; **2.** *su.* self-taught person; ~**drome** [~'droːm] *m* motor-racing track; ~**école** [~e'kɔl] *f* school of motoring; driving school; ~**gène** [~'ʒɛn] autogenous; ⊕ *soudure f* ~ autogenous *or* oxy-acetylene welding; ~**gire** ✈ [~'ʒiːr] *m* autogiro; ~**graphe** [~'graf] *adj., a. su./m* autograph; ~**mate** [~'mat] *m* automaton; ~**mation** [~ma'sjɔ̃] *f* automation; ~**matique** [~ma'tik] automatic, self-acting; ~**matisation** ⊕ [~matisa'sjɔ̃] *f* automation; ~**mitrailleuse** [~mitra'jøːz] *f* ✗ light armo(u)red car, *Am.* combat car.

automnal, e, *m/pl.* **-aux** [otɔm'nal, ~'no] autumnal; **automne** [o'tɔn] *m* autumn, *Am.* fall.

auto...: ~**mobile** [otɔmɔ'bil] **1.** *su./f* (motor-)car, *Am.* automobile; **2.** *adj.* self-propelling; *canot m* ~ motor boat; ~**mobilisme** [~mɔbi'lism] *m* motoring; ~**mobiliste** [~mɔbi'list] *su.* motorist; ~**motrice** 🚋 [~mɔ'tris] *f* rail-motor, *Am.* rail-car; ~**nome** [~'nɔm] autonomous; independent; ~**nomie** [~nɔ'mi] *f* autonomy; independence; ~**propulsé, e** [~prɔpyl'se] self-propelled.

autopsie [otɔp'si] *f* autopsy.

autorail 🚋 [otɔ'raːj] *m* rail-motor, *Am.* rail-car.

autorisation [otɔriza'sjɔ̃] *f* authorization; permission; leave; licence; ~ *exceptionnelle* special permission *or* permit; **autorisé, e** [~'ze] authorized; authoritative (*source*); **autoriser** [~'ze] (1a) *v/t.* authorize, empower; permit; *s'*~ *de* quote as one's authority; **autoritaire** [~'tɛːr] **1.** *adj.* authoritative; dictatorial; **2.** *su./m* authoritarian; **autorité** [~'te] *f* authority; (legal) power; control; *faire* ~ be an authority (on, *en matière de*).

auto...: ~**route** [otɔ'rut] *f* motor-way, *Am.* speedway; ~**stop** [otɔs'tɔp] *m* hitch-hiking; *faire de l'*~ hitch-hike, thumb a lift; ~**strade**

[~s'trad] *f* autostrada, motorway, *Am.* speedway.
autour[1] *orn.* [o'tu:r] goshawk.
autour[2] [~] *adv.* round, about; ~ de round, about (*s.th.*).
autre [o:tr] **1.** *adj.* other; different; further; ~ *chose* something else; *d'*~ *part* on the other hand; *l'*~ *jour* the other day; *nous* ~*s Français* we Frenchmen; *tout* ~ *chose* quite a different matter; *un* ~ *moi-même* my other self; **2.** *pron./indef.* (an-)other; ~*s pl.* others; *à d'*~*s!* nonsense!, tell that to the marines!; *de temps à* ~ now and then; *l'un l'*~ one another, each other; *ni l'un ni l'*~ neither; *tout* ~ anybody else;
autrefois [otrə'fwa] *adv.* formerly;
autrement [~'mɑ̃] *adv.* otherwise; (or) else.
autrichien, -enne [otri'ʃjɛ̃, ~'ʃjɛn] *adj., a. su.* ♀ Austrian.
autruche *orn.* [o'tryʃ] *f* ostrich; *pratiquer la politique de l'*~ stick one's head in the sand.
autrui [o'trɥi] *pron., no pl., usu.* after *prp.* others, other people.
auvent [o'vɑ̃] *m* penthouse; porchroof; △ weather-board; ⊕, 🏠 hood; *mot.* dash; ~*s pl.* louvres.
auxiliaire [oksi'ljɛ:r] **1.** *adj.* auxiliary; *bureau m* ~ sub-office; **2.** *su./m* auxiliary (*a. gramm.*).
avachir [ava'ʃi:r] (2a) *v/t.* soften; *s'*~ lose shape, F become sloppy.
aval[1], *pl.* -s ✝ [a'val] *m* endorsement.
aval[2] [~] *m* lower course of stream; *en* ~ downstream; 🚂 down the line; *en* ~ *de* below; **avalage** [ava'la:ʒ] *m* going downstream; *wine:* cellaring.
avalanche [ava'lɑ̃:ʃ] *f* avalanche; *fig.* shower.
avaler [ava'le] (1a) *v/t.* swallow, gulp down; inhale (*the cigarette smoke*); *fig.* swallow, pocket;
avaleur *m*, **-euse** *f* [~'lœ:r, ~'lø:z] swallower; F guzzler.
avaliser ✝ [avali'ze] (1a) *v/t.* endorse, back (*a bill*); **avaliste** ✝ [~'list] *m* endorser.
avance [a'vɑ̃:s] *f* advance; progress; lead; ⊕ *tool:* feed movement, travel; ✝ loan, advance; *mot.* ~ *à l'allumage* advance of the spark; *d'*~ in advance, beforehand; *être en* ~ be fast; *faire des* ~*s à* make up to (*s.o.*); *prendre de l'*~ take the lead;

avancée ⚔ [avɑ̃'se] *f* advanced post; **avancement** [avɑ̃s'mɑ̃] *m* advancement; progress; putting forward; promotion; △ projection; ⊕ *screw:* pitch; **avancer** [avɑ̃'se] (1k) *v/t.* advance (*a.* ✝); hasten (*s.th.*); put on (*a watch*); promote; *s'*~ advance; progress; project; *v/i.* advance (*a.* ⚔); be fast (*watch*); be ahead; △ project; ~ *en âge* be getting on (in years).
avanie [ava'ni] *f* affront, snub.
avant [a'vɑ̃] **1.** *prp.* before (*Easter, the end, his arrival*); in front of (*the church*); within, in less than (*three days*); ~ *peu* before long; ~ *Jésus-Christ* before Christ, *abbr.* B.C.; ~ *tout* above all; first of all; ~ *de* (*inf.*) before (*ger.*); ~ *que* (*sbj.*) before; **2.** *adv.* beforehand; previously; forward; far; *d'*~ before, previous; *peu de temps* ~ shortly before; *plus* ~ further, more deeply; *bien* ~ *dans* (*la nuit, la forêt*) far into (the night, the wood); **3.** *cj.:* ~ *que* (*sbj.*) before (*ind.*); ~ *de* (*inf.*) before (*ger.*); **4.** *adj./inv.* front ...; *roue f* ~ front wheel; **5.** *int.:* *en* ~*!* forward!; advance!; *mettre en* ~ advance (*an argument etc.*); **6.** *su./m* front; ⚓ bow; *sp.* forward.
avant-... [avɑ̃] fore...
avantage [avɑ̃'ta:ʒ] *m* advantage; privilege; profit, gain; benefit; *tennis:* vantage; *à l'*~ *de* to the benefit of; **avantager** [~ta'ʒe] (11) *v/t.* favo(u)r; **avantageux, -euse** [~ta-'ʒø, ~'ʒø:z] **1.** *adj.* advantageous, favo(u)rable; **2.** *su./m* coxcomb.
avant...: ~**bec** [avɑ̃'bɛk] *m* △ *bridge:* pier-head; ⚓ forepeak; ~**bras** [~'bra] *m/inv.* forearm; ~**centre** *sp.* [~'sɑ̃:tr] *m* centre forward; ~**coureur** [~ku'rœ:r] **1.** *su./m* forerunner; **2.** *adj.* precursory; *signe m* ~ premonitory sign; ~**dernier, -ère** [~dɛr'nje, ~'njɛ:r] *adj. a. su.* last but one; ~**garde** [~'gard] *f* ⚔ advance(d) guard; vanguard (*a. fig.*); ~**guerre** [~'gɛ:r] *m* or *f* pre-war period; *d'*~ pre-war; ~**hier** [~'tjɛ:r] the day before yesterday; ~**port** [~'pɔ:r] *m* outer harbo(u)r; ~**poste** ⚔ [~'pɔst] *m* outpost; ~**projet** [~prɔ'ʒɛ] *m* (rough) draft; ~**propos** [~prɔ'po] *m/inv.* preface, foreword; ~**scène** *thea.* [~'sɛn] *f* proscenium; stage-box; ~**train** [~'trɛ̃] *m* fore-

avant-veille

carriage; ⚙ limber; ~-**veille** [~'vɛ:j] f two days before.

avare [a'va:r] **1.** *adj.* miserly; stingy; **2.** *su.* miserly person;

avarice [ava'ris] f avarice; stinginess; **avaricieux, -euse** [~ri'sjø, ~'sjø:z] avaricious; stingy.

avarie [ava'ri] f ⚓ average; damage; ⊕ breakdown; deterioration; F syphilis; **avarié, e** [~'rje] damaged; injured; F syphilitic; **avarier** [~'rje] (1o) v/t. a. s'~ spoil.

avatar [ava'ta:r] m avatar; ~s pl. ups and downs; vicissitudes.

avec [a'vɛk] **1.** *prp.* with; for, in spite of (*all his riches*); ~ *patience* (*véhémence etc.*) patiently (vehemently *etc.*); ~ *l'âge* with age; ~ *ça* into the bargain; *et* ~ *ça, Madame?* anything else, Madam?; ~ *ce temps-là* in this weather; *divorcer d'*~ *sa femme* divorce one's wife; *distinguer l'ami d'*~ *le flatteur* distinguish a friend from a flatterer; *dire la bonne* ~ tell fortunes; **2.** *adv.* F with it or them, F him, her, them.

avenant¹, e [av'nã, ~'nã:t] comely; *à l'*~ in keeping; ... to match; appropriate.

avenant² ⚖ [av'nã] m codicil, rider.

avènement [avɛn'mã] m arrival, coming; *king:* accession; **avenir** [av'ni:r] m future; *à l'*~ in (the) future; **avent** *eccl.* [a'vã] m Advent.

aventure [avã'ty:r] f adventure, chance, luck; love affair; *à l'*~ at random; *dire la bonne* ~ tell fortunes; **aventurer** [avãty're] (1a) v/t. venture, risk; s'~ venture, take a risk; **aventureux, -euse** [~'rø, ~'rø:z] adventurous; hazardous; bold (*theory*); **aventurier, -ère** [~'rje, ~'rjɛ:r] **1.** *adj.* adventurous; **2.** *su./m* adventurer; *su./f* adventuress.

avenue [av'ny] f avenue; drive.

avérer [ave're] (1f) v/t. establish; ⚖ aver; s'~ prove to be true.

avers [a'vɛ:r] m *coin:* obverse.

averse [a'vɛrs] f shower, downpour.

aversion [avɛr'sjɔ̃] f aversion (to, *pour*), dislike (of, for *pour*).

avertir [avɛr'ti:r] (2a) v/t. warn (of, *de*); notify; **avertissement** [~tis-'mã] m warning; notification; foreword; ✝ demand note; **avertisseur** [~ti'sœ:r] m warner; warning signal; *thea.* call-boy; 🚗 signal;

mot. horn; ~ *d'incendie* fire-alarm.

aveu [a'vø] m consent; ⚖ admission; confession; *homme m sans* ~ disreputable character.

aveugle [a'vœgl] **1.** *adj.* blind; ~ *d'un œil* blind in one eye; **2.** *su.* blind person; *en* ~ blindfold; *les* ~s *pl.* the blind; **aveuglément** [avœgle'mã] *adv.* of aveugle; **aveuglement** [~glə'mã] m blindness; **aveugle-né, e** [~glə'ne] **1.** *adj.* blind from birth; **2.** *su.* person blind from birth; **aveugler** [~'gle] (1a) v/t. blind; dazzle; ⊕ stop (*a leak*); **aveuglette** [~'glɛt] *adv.*: *à l'*~ blindly; ✈ *voler à l'*~ fly blind.

aveulir [avœ'li:r] (2a) v/t. make indifferent; deaden.

avez [a've] *2nd p. pl. pres. of* avoir 1.

aviateur m, **-trice** f [avja'tœ:r, ~'tris] aviator; **aviation** [~'sjɔ̃] f aviation; flying; air force; aircraft; ~ *civile* civil aviation; ~ *de ligne* air traffic.

aviculteur [avikyl'tœ:r] m birdfancier; poultry farmer.

avide [a'vid] greedy, eager (for, *de*); **avidité** [avidi'te] f greediness; eagerness.

avilir [avi'li:r] (2a) v/t. degrade, debase; lower; s'~ lower o.s., demean o.s.; lose value, fall (*in price etc.*); **avilissement** [~lis'mã] m debasement, degradation, depreciation, fall (*in price etc.*).

aviné, e [avi'ne] intoxicated, drunk; F tipsy; **aviner** [~'ne] (1a) v/t. season (*a cask*); s'~ get drunk.

avion [a'vjɔ̃] m aeroplane, *Am.* airplane; F plane; ~ *à réaction* jet (plane); ~ *bimoteur (polymoteur)* two- (multi-)engined aircraft; ~ *de bombardement* bomber; ~ *de chasse* fighter; ~ *de combat* battle plane; ~ *d'entraînement* training plane; ~ *de ligne* air-liner; ~ *de reconnaissance* scouting or reconnaissance plane; ~ *de transport* transport plane; ~-*fusée* rocket-plane; ~-*taxi* charter-plane; ~ *transbordeur* air-ferry; *par* ~ by air-mail; **avionette** [avjɔ'nɛt] f light aeroplane, *Am.* airplane.

aviron [avi'rɔ̃] m oar; rowing.

avis [a'vi] m opinion; notice, notification; advice; warning; *à mon* ~ in my opinion; *jusqu'à nouvel* ~ until further notice; *note f d'*~ advice note; *sans ~ préalable* without notice; ✝ *suivant ~* as per advice; *un ~* a piece of advice; **avisé, e** [avi'se] shrewd; prudent; sagacious; *bien ~* well-advised; **aviser** [~] (1a) *v/t.* catch sight of; notify; inform; advise; *s'~ de* think about (*s.th.*); take it into one's head to (*inf.*); *v/i.* consider; *~ à* see about (*s.th.*).

aviso ⚓ [avi'zo] *m* dispatch-boat; sloop.

avitaminose ✚ [avitami'no:z] *f* avitaminosis, vitamin deficiency.

aviver [avi've] (1a) *v/t.* revive, brighten; touch up (*a colour*); ⊕ put a keen edge on, sharpen; ⊕ burnish (*metal*); ✚ *~ les bords de* refresh (*a wound*).

avocat ⚖ [avo'ka] *m* barrister, counsel; *Am.* counsellor; *Sc.* advocate (*a. fig.*); *~ général* (*approx.*) King's or Queen's Counsel.

avoine [a'vwan] *f* oat(s *pl.*).

avoir [a'vwa:r] (1) **1.** *v/t.* have; obtain; hold; *~ en horreur* abhor, detest; *~ faim* (*soif*) be hungry (thirsty); *~ froid* (*chaud*) be cold (hot); *~ honte* be ashamed; *~ lieu* happen, take place; *en ~ assez* be fed up; *en ~ contre* have a grudge against; *j'ai vingt ans* I am 20 (years old); *qu'avez vous?* what's the matter with you?; *v/impers.*: *il y a* there is, there are; *il y a un an* a year ago; **2.** *su./m* property; possession; ✝ credit; *~ à l'étranger* deposits *pl.* abroad; *~ en banque* credit balance; *doit et ~* debit and credit.

avoisiner [avwazi'ne] (1a) *v/t.* adjoin; border on; be near to; *être bien avoisiné* live in a good bo(u)rhood; have good neighbo(u)rs.

avons [a'vɔ̃] *1st p. pl. pres. of avoir* **1**.

avortement [avɔrtə'mɑ̃] *m* ✚ miscarriage (*a. fig.*); abortion; ♀ nonformation; **avorter** [~'te] (1a) *v/i.* miscarry (*a. fig.*); abort; ♀ develop imperfectly; *faire ~* procure an abortion; **avorton** [~'tɔ̃] *m* abortion; F shrimp, *sl.* little squirt.

avouable [a'vwabl] avowable; **avoué** [a'vwe] *m* solicitor; attorney; **avouer** [~] (1p) *v/t.* admit, acknowledge, confess; *s'~ coupable* plead guilty.

avril [a'vril] *m* April; *poisson m d'~* April fool.

axe [aks] *m* axis (*a. pol.*); ⊕ axle; ✈ *~ balisé* (localizer) beam; ⊕ *~ de pompe* pump spindle; *opt. ~ optique* axis of vision.

axiome ⚗, *phls.*, *fig.* [ak'sjo:m] *m* axiom.

axonge [ak'sɔ̃:ʒ] *f* lard; ⚔ rifle grease.

ayant [ɛ'jɑ̃] *p.pr. of avoir* **1**; *~ cause*, *pl.* *~s cause* ⚖ *su./m* assign; executor; trustee; *~ droit*, *pl.* *~s droit* ⚖ *su./m* rightful claimant; beneficiary; **ayons** [ɛ'jɔ̃] *1st p. pl. pres. sbj. of avoir* **1**.

azalée ♀ [aza'le] *f* azalea.

azimut [azi'myt] *m* azimuth.

azotate ⚗ [azɔ'tat] *m* nitrate; **azote** ⚗ [a'zɔt] *m* nitrogen; **azoté, e** [azɔ'te] nitrogenous; *engrais m/pl.* *~s* nitrate fertilizers; **azotite** ⚗ [~'tit] *m* nitrite.

aztèque [az'tɛk] **1.** *adj.* Aztec; **2.** *su.* ♀ Aztec; *su./m sl.* little shrimp of a fellow.

azur [a'zy:r] *m* azure, blue; *pierre f d'~* lapis lazuli; blue-spar; **azuré, e** [azy're] azure, (sky-)blue.

azyme [a'zim] **1.** *adj.* unleavened; **2.** *su./m* unleavened bread.

B

B, b [be] *m* B, b.

baba[1] [ba'ba] *m* baba (*sponge-cake soaked in rum syrup*).

baba[2] F [~] *adj./inv.* flabbergasted.

babeurre [ba'bœ:r] *m* buttermilk.

babil [ba'bil] *m child:* prattle; *birds:* twittering; *brook:* babble; **babillage** [babi'ja:ʒ] *m child, brook:* babbling; *birds:* twittering; **babillard, e** [~'ja:r, ~'jard] **1.** *adj.* talkative, garrulous; babbling (*brook*); **2.** *su.* chatterer; *su./f sl.* newspaper; *sl.* letter; **babiller** [~'je] (1a) *v/i.* prattle; babble.

babine [ba'bin] *f zo.* pendulous lip; chop; F *~s pl.* lips, chops.

babiole [ba'bjɔl] *f* knick-knack, curio; toy, bauble.

bâbord

bâbord ⚓ [ba'bɔ:r] *m* port (side).
babouche [ba'buʃ] *f* Turkish slipper.
babouin [ba'bwɛ̃] *m* zo. baboon; F *imp* (= *naughty child*).
bac[1] [bak] *m* ferry(-boat); ⊕ tank, vat; ⚡ accumulator: container; *passer q. en* ~ ferry s.o. over.
bac[2] F [bak] *m see baccalauréat*;
baccalauréat [bakalɔrea'a] *m* school-leaving certificate.
bacchanale F [baka'nal] *f* orgy; drinking song; **bacchante** [~'kã:t] *f* bacchante; *fig.* lewd woman.
bâche [bɑ:ʃ] *f* ⊕ tank, cistern; ⊕ casing; ✗ forcing frame; sheet, cover; ~ *goudronnée* tarpaulin.
bachelier *m*, **-ère** *f* [baʃə'lje, ~'ljɛ:r] holder of the school-leaving certificate.
bâcher [bɑ'ʃe] (1a) *v/t.* cover (*with a sheet*); ⊕ case (*a turbine*)
bachique [ba'ʃik] Bacchic; bacchanalian (*scene*); drinking (*song*).
bachot[1] [ba'ʃo] *m* ⚓ wherry, dinghy; ⊕ sieve.
bachot[2] F [ba'ʃo] *m see baccalauréat*; *boîte f à* ~ cramming-shop, crammer's; **bachotage** [~ʃɔ'ta:ʒ] *m* cramming (*for an exam*).
bacille [ba'sil] *m* bacillus; *porteur m de* ~s germ-carrier.
bâcle [bɑ:kl] *m* bar; **bâcler** [bɑ'kle] (1a) *v/t.* bar (*a door*); ⚓ block (*a port*); F hurry over (*one's toilet*); F scamp (*a piece of work*).
bactérie [bakte'ri] *f biol.* bacterium; *zo.* bacteria.
badaud *m*, **e** *f* [ba'do, ~'do:d] stroller; gaper; *Am.* F rubber-neck.
baderne ⚓ [ba'dɛrn] *f* fender; F *vieille* ~ old fog(e)y; ✗ old dug-out.
badigeon [badi'ʒõ] *m* whitewash; distemper; **badigeonnage** [~ʒɔ'na:ʒ] *m* whitewashing; distempering; ✤ painting (*with iodine*); **badigeonner** [~ʒɔ'ne] (1a) *v/t.* whitewash; distemper; daub; ✤ paint.
badin[1], **e** [ba'dɛ̃, ~'din] **1.** *adj.* playful; **2.** *su.* joker, banterer.
badin[2] ✈ [ba'dɛ̃] *m* air-speed indicator.
badinage [badi'na:ʒ] *m* banter.
badine [ba'din] *f* cane, switch.
badiner [badi'ne] (1a) *v/i.* jest; toy (with, *avec*).
bafouer [ba'fwe] (1p) *v/t.* ridicule, scoff at; **bafouillage** [bafu'ja:ʒ] *m*

stammering; **bafouiller** [~'je] (1a) *v/i.* stammer; *sl.* talk nonsense; *mot.* splutter.
bâfrer *sl.* [bɑ'fre] (1a) *vt/i.* guzzle.
bagage [ba'ga:ʒ] *m* luggage, *Am.* baggage; ✗ kit; *fig.* stock of knowledge; ~s *pl. non accompagnés* luggage *sg.* in advance; *plier* ~ pack up and leave; *sl.* decamp; *sl.* die.
bagarre [ba'ga:r] *f* scuffle; brawl; **bagarrer** [~ga're] (1a) *v/t.*: *se* ~ quarrel, fight.
bagatelle [baga'tɛl] *f* trifle, bagatelle; ~! nonsense!; F *pour une* ~ for a song.
bagne ⚖ [baɲ] *m* convict prison; penal servitude.
bagnole [ba'ɲɔl] *f* ramshackle car; F motor car.
bagou(t) F [ba'gu] *m* glibness; *avoir du* ~ have the gift of the gab.
bague [bag] *f* ring; *cigar:* band; ⊕ strap; ⊕ ~ *d'arrêt* set collar; **baguenauder** F [~no'de] (1a) *v/i.* loaf; waste time; **baguette** [ba'gɛt] *f* stick, wand, rod; stick of bread; ♪ baton; ⚠ beading; *writing paper:* black border; *stockings:* clock; ♀ ~ *d'or* wall-flower; *passer par les* ~s run the gauntlet; **baguier** [ba'gje] *m* ringcase; ring size ga(u)ge.
bahut [ba'y] *m* † trunk, chest; low sideboard; *sl.* school.
bai, e [bɛ] *adj., a. su./m.* bay.
baie[1] ♀ [~] *f* berry.
baie[2] *geog.* [~] *f* bay, bight.
baie[3] ⚠ [~] *f* bay, opening.
baignade [bɛ'ɲad] *f* bathe, dip; **baigner** [~'ɲe] (1b) *v/t.* bathe; bath; *se* ~ bathe; take a bath; *v/i.* steep; *fig. baigné de larmes* suffused with tears (*eyes*); **baigneur**, **-euse** [~'ɲœ:r, ~'ɲø:z] *su.* bather; bathing attendant; *su./f* bathing-wrap, *Am.* bathrobe; **baignoire** [~'ɲwa:r] *f* bath(-tub); *thea.* ground-floor box.
bail, *pl.* **baux** [ba:j, bo] *m* lease; *à ferme* farming lease; *prendre à* ~ take a lease of, lease.
bâillement [bɑj'mã] *m* yawn(ing); gaping; **bâiller** [bɑ'je] (1a) *v/i.* yawn; gape; stand ajar (*door*).
bailleur *m*, **-eresse** *f* [bɑ'jœ:r, baj'rɛs] ⚖ lessor; ✞ *de fonds* sleeping *or* silent partner.
bâilleur *m*, **-euse** *f* [bɑ'jœ:r, ~'jø:z] yawner.

bailli † [ba'ji] *m* bailiff, magistrate; **bailliage** [‿'ja:ʒ] *m* bailiwick; bailiff's court.
bâillon [baˈjɔ̃] *m* gag; *horse*: muzzle; **bâillonner** [‿jɔˈne] (1a) *v/t.* gag (*a. fig.*).
bain [bɛ̃] *m* bath; bathing; *sl.* être dans le ~ have got one's hand in; sortie *f* de ~ bath-wrap, *Am.* bathrobe; ~-douche, *pl.* ~s-douches [‿ˈduʃ] *m* shower(-bath); ~-marie, *pl.* ~s-marie [‿maˈri] *m* 🜛 waterbath; *cuis.* double saucepan, *Am.* double boiler.
baïonnette ⚔ [bajɔˈnɛt] *f* bayonet.
baisemain [bɛzˈmɛ̃] *m* hand-kissing; **baiser** [bɛˈze] 1. *su./m* kiss; 2. (1b) *v/t.*: ~ q. à la joue kiss s.o.'s cheek; ~ q. should not be used for kiss s.o.; **baisoter** F [‿zɔˈte] (1c) *v/t.* peck at.
baisse [bɛs] *f* fall (*a. prices*), going down; subsidence; *sight, prices*: decline; *tide*: ebb; en ~ falling (*stocks*); **baisser** [bɛˈse] (1b) *v/t. usu.* lower; turn down (*the light*); drop (*a curtain*); se ~ bend down; *v/i.* decline; fall; abate (*flood*); ebb (*tide*); burn low (*lamp*).
bajoue [baˈʒu] *f*: ~s *pl.* cheeks, chaps, chops.
bakélite [bakeˈlit] *f* bakelite.
bal, *pl.* **bals** [bal] *m* ball; dance; **balade** F [baˈlad] *f* stroll; ramble; faire une ~ = **balader** F [balaˈde] (1a) *v/t.*: se ~ (take a) stroll; **baladeur, -euse** [‿ˈdœːr, ‿ˈdøːz] 1. *adj.* F wandering; 2. *su.* wanderer, saunterer; *su./m mot.* selector rod; *su./f* trailer (*of car, of tram*); streetbarrow; hand-cart; ⚡ inspectionlamp.
baladin *m*, e *f* [balaˈdɛ̃, ‿ˈdin] mountebank; F clown.
balafre [baˈlafr] *f* gash, slash; scar; **balafrer** [‿laˈfre] (1a) *v/t.* gash, slash; scar.
balai [baˈlɛ] *m* broom; brush; *mot. windscreen-wiper*: blade; ⊕, ⚡ ~ de charbon carbon-brush; ~ mécanique carpet-sweeper; *mot.* ~ rotatif distributor arm, rotor arm; rôtir le ~ lead a fast life.
balance [baˈlɑ̃:s] *f* balance (*a.* ⚕); scales *pl.*, weighing machine; † balance; † hesitation; ⚕ ~ de(s) paiements balance of payments; ~ romaine steelyard; ⚕ faire la ~

strike the (*fig.* a) balance; faire pencher la ~ turn the scales; *astr.* la ♎ Libra, the Balance; **balancer** [balɑ̃ˈse] (1k) *v/t.* balance (*a.* ⚕, *a. fig.*); swing, sway; *sl.* swindle (*s.o.*); *sl.* throw (*s.o.*) out; fire (*s.o.*); *sl.* throw (*s.th.*); se ~ seesaw, *Am.* teeter; *v/i. a.* se ~ swing; **balancier** [‿ˈsje] *m* balancing pole; *mot. crank-shaft*: balancer; *watch*: balance-wheel; *clock*: pendulum; *pump*: handle; ⊕ beam-engine; beam; ⊕ fly(-press); **balançoire** [‿ˈswaːr] *f* seesaw; swing; *fig.* nonsense, humbug; *sl.* hoax.
balayer [balɛˈje] (1i) *v/t.* sweep out or up; *fig.* clear out; scour (*the sea*); *telev.* scan; **balayette** [‿ˈjɛt] *f* whisk; small brush; **balayeur, -euse** [‿ˈjœːr, ‿ˈjøːz] *su. person*: sweeper; *su./f machine*: sweeper; **balayures** [‿ˈjyːr] *f/pl.* sweepings.
balbutiement [balbysiˈmɑ̃] *m* stuttering, stammering; **balbutier** [‿ˈsje] (1o) *v/i.* mumble; stammer; *v/t.* stutter out, stammer out.
balcon [balˈkɔ̃] *m* ⚕ balcony, *Am.* gallery; *thea.* dress circle; **balconnet** [‿kɔˈnɛ] *m* strapless brassière.
baldaquin [baldaˈkɛ̃] *m* canopy, baldachin.
baleine [baˈlɛn] *f* whale(bone); **baleinier** [balɛˈnje] *m* whaler (*ship, a. man*); whaling; **baleinière** [‿ˈnjɛːr] *f* whale-boat; ~ de sauvetage lifeboat.
balisage [baliˈzaʒ] *m* ⚓ beaconing; ✈ ground-lighting; signalling; beaconage.
balise[1] ♣ [baˈliːz] *f* canna seed;
balise[2] [baˈliːz] *f* ⚓ beacon; ✈ ground-light; ~ flottante buoy; **baliser** [‿liˈze] (1a) *v/t.* ⚓ beacon; ⚓ buoy; ✈ provide with groundlights.
balistique [balisˈtik] 1. *adj.* ballistic; 2. *su./f* ballistics *sg.*
baliverne F [baliˈvɛrn] *f* idle story; ~s *pl.* nonsense *sg.*
ballade [baˈlad] *f* ballad.
ballant, e [baˈlɑ̃, ‿ˈlɑ̃:t] 1. *adj.* dangling; swinging; slack (*rope*); 2. *su./m* swing.
ballast [baˈlast] *m* ⊕ ballast; ⚓ ballast-tank; **ballastière** [‿lasˈtjɛːr] *f* gravel-pit.
balle[1] [bal] *f* ball; bullet, shot; † *cotton*: bale; *pedlar*: pack; *sl.* head;

balle

sl. franc; ~ *de service tennis:* service-ball.
balle² [~] *f* husk, chaff; ♀ glume.
ballerine [bal'rin] *f* ballet-dancer, ballerina; **ballet** [ba'lɛ] *m* ballet.
ballon [ba'lõ] *m* balloon (*a.* ⚗); (foot)ball; ⚗ flask; ⊕ carboy; ⚓ ball-signal; *sl.* prison; *fig.* ~ d'essai feeler; ~-sonde test *or* sounding balloon; **ballonnement** [~lɔn'mã] *m* swelling; ⚕ distension; ⚕ flatulence; **ballonner** [~lɔ'ne] (1a) *vt/i.* swell; bulge.
ballot [ba'lo] *m* pack, bundle; F idiot, chump; **ballottage** [balɔ-'ta:ʒ] *m* tossing; shaking; *pol.* second ballot; **ballotter** [~'te] (1a) *v/t.* toss; *pol.* subject (*s.o.*) to a second ballot; *sl.* deceive; *v/i.* shake; toss; rattle (*door*).
bal(l)uchon F [baly'ʃõ] *m* bundle.
balnéaire [balne'ɛːr] bath...; watering-...; *station f* ~ watering-place; seaside resort.
balourd, e [ba'luːr, ~'lurd] **1.** *adj.* awkward; **2.** *su.* awkward person; yokel; *su./m* ⊕ unbalance; unbalanced weight; **balourdise** [~lur-'diːz] *f* awkwardness; F bloomer, stupid mistake.
baltique [bal'tik] **1.** *adj.* Baltic; **2.** *su./f: la* (*mer*) ♀ the Baltic (Sea).
balustrade [balys'trad] *f* balustrade; banister; (hand-)rail; **balustre** [~'lystr] *m* baluster; banister.
bambin *m*, **e** *f* F [bã'bɛ̃, ~'bin] little child; kid; youngster.
bamboche [bã'bɔʃ] *f* puppet; F spree; *faire* ~ go on the spree; *il est* ~ he's a bit merry; **bambocher** F [bãbɔ'ʃe] (1a) *v/i.* go on the spree; **bambocheur** *m*, **-euse** *f* F [~'ʃœːr, ~'ʃøːz] reveller.
bambou [bã'bu] *m* bamboo(-cane).
ban [bã] *m* proclamation; drum roll; F applause; *mettre au* ~ banish; F send to Coventry; *publier les* ~*s* put up *or* publish the bans.
banal, e [ba'nal] *m/pl.* **-als** *fig.* commonplace, banal; vulgar; **banaliser** [~nali'ze] (1a) *v/t.* popularize; vulgarize.
banane [ba'nan] *f* ♀ banana; *sl.* decoration, medal; **bananier** [~na-'nje] *m* banana-tree.
banc [bã] *m* bench (*a.* ⊕); form, seat; *eccl.* pew; *lathe, oysters, stone:*

bed; *sand, mud:* bank; *sand, coral:* shoal; (witness-)box; *fish:* school, shoal; ⊕ ~ *d'épreuve* testing stand, bench.
bancal, e *m/pl.* **-als** [bã'kal] **1.** *adj.* bandy(-legged); unsteady, rickety; **2.** *su.* bandy-legged person; *su./m* F light cavalry sword.
bandage [bã'daːʒ] *m* ⚕ bandaging; bandage; *mot.* tyre, *Am.* tire; ⊕ *spring:* winding up; ⚕ ~ *herniaire* truss.
bande¹ [bã:d] *f* band, strip; stripe; stretch (*of land*); ⚕ bandage; strap; ⊕ *spring:* compression; *cin.* reel; *post:* wrapper; ⚓ list; ~ *magnétique* recording tape; ~ *molletière* puttee; ⊕ ~ *transporteuse* conveyor belt; ⚓ *donner de la* ~ have *or* take a list; *sous* ~ *post:* by post.
bande² [~] *f* band, gang; party; flock; pack.
bandeau [bã'do] *m* headband; diadem; bandage; **bandelette** [bãd-'lɛt] *f* strip; **bander** [bã'de] (1a) *v/t.* bandage, bind up; wind up, tighten; ⚔ key in; *fig.* ~ *les yeux de* blindfold (*s.o.*); *v/i.* be tight; **banderole** [~'drɔl] *f* streamer; pennant; ⚔ *rifle:* sling; *cartoon:* balloon.
bandit [bã'di] *m* bandit, brigand; F ruffian.
bandoulière [bãdu'ljɛːr] *f* shoulder-strap; *en* ~ slung over the shoulder.
banjo ♪ [bã'ʒo] *m* banjo.
banlieue [bã'ljø] *f* suburbs *pl.*, outskirts *pl.*; *de* ~ suburban; **banlieusard** *m*, **e** *f* F [~ljø'zaːr, ~'zard] suburbanite.
banne [ban] *f* hamper; coal cart; awning; tarpaulin; ⚒ tub, skip; ⚓ *dredger:* bucket; **bannette** [ba-'nɛt] *f* small hamper.
banni, e [ba'ni] **1.** *adj.* banished; **2.** *su.* outcast; outlaw; exile.
bannière [ba'njɛːr] *f* banner; F *être en* ~ be in shirt-tails.
bannir [ba'niːr] (2a) *v/t.* outlaw; exile (from, *de*).
banque [bã:k] *f* bank; banking; ~ *du sang* blood bank; ~ *par actions* joint-stock bank; *faire sauter la* ~ break the bank; **banqueroute** † [bãk'rut] *f* bankruptcy; failure; *faire* ~ go bankrupt.
banquet [bã'kɛ] *m* banquet, feast.
banquette [bã'kɛt] *f* bench, seat; *earth:* bank; *golf:* bunker.

banquier m, **-ère** f [bɑ̃'kje, ~'kjɛːr] banker. [ice.\
banquise [bɑ̃'kiːz] f ice-floe; pack-∫
baptême [ba'tɛːm] m baptism, christening; *nom* m *de* ~ Christian name, *Am.* given name; **baptiser** [bati'ze] (1a) v/t. baptize, christen; F *fig.* water (down) (*the wine*); **baptismal, e,** m/pl. **-aux** [batis'mal, ~'mo], **baptistaire** [~'tɛːr] baptismal; *extrait* m *baptistaire* certificate of baptism.
baquet [ba'kɛ] m tub, bucket; *mot.* bucket-seat; ✈ cockpit.
bar[1] [baːr] m (public) bar; *au* ~ *in the pub.*
bar[2] *icht.* [~] m bass; perch.
bar[3] *phys.* [~] m bar.
baragouin F [bara'gwɛ̃] m gibberish; lingo; **baragouiner** F [~gwi'ne] (1a) vt/i. jabber, gibber.
baraque [ba'rak] f hut, shed; F hovel; **baraquement** [~rak'mɑ̃] m: ✕ ~s pl. hutments; **baraquer** ✕ [~ra'ke] (1m) vt/i. hut.
baraterie ⚓ [bara'tri] f barratry.
barattage [bara'taːʒ] m churning; **baratte** [~'rat] f churn; **baratter** [~ra'te] (1a) v/t. churn.
barbacane [barba'kan] f ⊕ draining channel; weep-hole; ⚔ barbican; ⚔ loop-hole.
barbare [bar'baːr] **1.** *adj.* barbaric; barbarous; uncivilized; **2.** *su./m* barbarian.
barbaresque [barba'rɛsk] *adj., a. su./m* Berber.
barbarie [barba'ri] f barbarism; barbarity, cruelty; **barbarisme** *gramm.* [~'rism] m barbarism.
barbe[1] [barb] f beard (*a.* ♀); whiskers *pl.*; mould, mildew; ⊕ burr; F bore, nuisance; *se faire faire la* ~ get o.s. shaved; *(se) faire la* ~ shave.
barbe[2] [~] m barb, Barbary horse.
barbeau [bar'bo] m *icht.* barbel; ♀ cornflower; *icht.* ~ *de mer* red mullet; *bleu* ~ cornflower blue; **barbelé, e** [~bə'le] **1.** *adj.* barbed; *fil* m *de fer* ~ barbed wire; **2.** *su./m*: ~s *pl.* barbed wire entanglement *sg.*
barber *sl.* [bar'be] (1a) v/t. bore.
barbet, -ette [bar'bɛ, ~'bɛt] *su.* water-spaniel; *su./m icht.* barbel.
barbiche [bar'biʃ] f goatee; short beard.

barbier [bar'bje] m barber; **barbifier** F [~bi'fje] (1o) v/t. shave; **barbon** [~'bɔ̃] m greybeard.
barbotage [barbɔ'taːʒ] m paddling, splashing; ⊕ splash; *gas:* bubbling; mess, mud; bran mash; *sl.* filching; *sl.* mumbling; **barboter** [~'te] (1a) v/i. paddle, splash (about); bubble (*gas*); v/t. mumble; *sl.* filch; *sl.* scrounge; **barboteur, -euse** [~'tœːr, ~'tøːz] *su.* paddler; *su./m* ⊕ bubbler; ⊕ stirrer; *su./f* rompers *pl.*; washing machine.
barbouillage [barbu'jaːʒ] m daubing; scrawl(ing), scribble; **barbouiller** [~'je] (1a) v/t. daub; smear (with, *de*); sully; scribble, scrawl; *fig.* botch; *se* ~ dirty one's face; **barbouilleur,** m, **-euse** f F [~'jœːr, ~'jøːz] dauber; hack.
barbu, e [bar'by] bearded (*a.* ♀); mouldy.
barbue *icht.* [~] f brill.
barcasse ⚓ [bar'kas] f launch; F old tub.
barda ✕ *sl.* [bar'da] m pack, kit.
bardane ♀ [bar'dan] f burdock.
barde[1] [bard] m bard.
barde[2] [~] f pack-saddle; *cuis.* slice of bacon, bard.
bardeau[1] [bar'do] m ⚔ shingle (-board), *Am.* clapboard; lath; small raft.
bardeau[2] [~] m hinny.
barder[1] [bar'de] (1a) v/t. carry away (on a hand-barrow); v/i. rage (*storm etc.*); *sl.* work hard; *sl. ça va* ~ it's hard *or* tough going.
barder[2] [~] (1a) v/t. ✕ † arm with bards; *cuis.* bard (*with bacon*).
bardot [bar'do] m hinny; packmule.
barème [ba'rɛm] m ready reckoner; scale; *taxes, prices:* schedule; graph.
barguigner F [bargi'ɲe] (1a) v/i. hum and haw.
baril [ba'ri] m cask(ful); **barillet** [~ri'jɛ] m keg; *revolver:* cylinder; ⊕ barrel; *anat.* middle-ear.
bariolage [barjɔ'laːʒ] m motley; gaudy colo(u)r scheme; **barioler** [~'le] (1a) v/t. variegate; paint in gaudy colo(u)rs.
barman, *pl. a.* **-men** [bar'man, ~'mɛn] m barman.
baromètre [barɔ'mɛtr] m barometer; F (weather-)glass.

baron

baron [ba'rɔ̃] *m* baron; **baronne** [~'rɔn] *f* baroness.
baroque [ba'rɔk] **1.** *adj.* quaint; odd; baroque; **2.** *su./m* ⚠ *etc.* baroque.
barque ⚓ [bark] *f* barge, boat.
barrage [ba'ra:ʒ] *m* barring, closing; dam(ming) *fig.* obstruction; ⊕ barrage (*a.* ⚔); weir; ⚓ *harbour:* boom; ✝ *cheque:* crossing; ⚔ *tir m* de ~ curtain-fire.
barre [ba:r] *f* bar (*a.* ♫); ⊕ rod; *gold:* ingot; ⚓ helm; stroke (*of the pen*); *tex.* stripe; ♪ bar(-line); (tidal) bore; *sp.* ~s *pl. parallèles* parallel bars; *sp.* ~ *fixe* horizontal bar; *mot.* ~ *de connexion* tie-rod; ⚖ ~ *des témoins* witness-box; ⚒ ~ *omnibus* (*collectrice*) omnibus-bar.
barreau [ba'ro] *m* bar (*a.* ⚖); rail; *ladder:* rung; fire-bar; *être reçu au* ~ be called to the bar, *Am.* pass the bar.
barrer [ba're] (1a) *v/t.* bar; secure with a bar; block (up); dam (*a stream*); close (*a road*); cross out (*a word*); ⚓ steer; ✝ cross (*a cheque*); *route f barrée* no thoroughfare; *sl. se* ~ skedaddle, make off.
barrette¹ *eccl.* [ba'rɛt] *f* biretta; cardinal's cap.
barrette² [~] *f* small bar; ⚡ connecting strip; hair-slide.
barreur ⚓ [ba'rœ:r] *m* helmsman, cox.
barricader [barika'de] (1a) *v/t.* barricade; **barrière** [~'rjɛ:r] *f* barrier (*a.* ⚔, *a. fig.*); obstacle; *castle,* ⚒ *level-crossing, town:* gate; turnpike; *sp.* starting-post.
barrique [ba'rik] *f* hogshead, cask, butt.
barrir [ba'ri:r] (2a) *v/i.* trumpet (*elephant*).
bartavelle *orn.* [barta'vɛl] *f* rock partridge.
bas, basse [bɑ, bɑ:s] **1.** *adj. usu.* low (*a. fig.*); mean; lower; *basse fréquence radio:* low frequency; *au* ~ *mot* at the lowest estimate; *à voix basse* in a low voice; *chapeau* ~ hat in hand; *chapeaux* ~! hats off!; *en* ~ *âge* of tender years; *les classes f/pl.* ~*es* the lower classes; *prix m* ~ low price(s *pl.*); **2.** *su./m* lower part; bottom; stocking; *fig.* low state; **3.** *bas adv.* low (down); *ici-*~ here below; *là-*~

down there; over there; *à* ~ ...! down with ...!; *en* ~ (down) below.
basalte *geol.* [ba'zalt] *m* basalt.
basane [ba'zan] *f* sheepskin, basil; **basaner** F [~za'ne] (1a) *v/t. a. se* ~ tan.
basculant, e [basky'lɑ̃, ~'lɑ̃:t] rocking, tilting; *pont m* ~ drawbridge; *siège m* ~ tip-up seat; **bascule** [~'kyl] *f* weighing machine; seesaw; *cheval m à* ~ rocking-horse; weigh-bridge; *wagon m à* ~ tip-waggon, *Am.* dump-cart; **basculer** [~ky'le] (1a) *vt/i.* rock; seesaw, *Am.* teeter; tip (up); *fig.* fluctuate; *v/t. mot.* dip (*the head-lights*); F topple over; **basculeur** [~ky'lœ:r] *m* rocker; ⊕ rocking-lever; *mot.* dipper.
base [bɑ:z] *f* base (*a.* ♟, ⚔); *surv.* base(-line); bottom; ⊕ bedplate; *fig.* basis, foundation; ~ *aérienne* air-base; ~ *de lancement* rocket launching site; ~ *d'entente* working basis; *sans* ~ unfounded; **baser** [bɑ'ze] (1a) *v/t.* base, found (on, *sur*); *se* ~ *sur* be grounded on.
bas-fond [bɑ'fɔ̃] *m* low ground; *fig.* underworld; ⚓ shallows *pl.*
basilic [bazi'lik] *m* ♀ basil; *myth., a. zo.* basilisk.
basique ♟ [ba'zik] basic.
basket(-ball) *sp.* [baskɛt('bɔ:l)] *m* basket-ball.
basque¹ [bask] *f* skirt (*of a garment*).
Basque² [~] *su.: tambour m de* ~ tambourine.
basse [bɑ:s] *f* ♪ *part, singer, voice:* bass; ⚓ sandbank, shoal; ⚓ reef; ~**-contre**, *pl.* ~**s-contre** ♪ [bas'kɔ̃:tr] *f* deep bass; ~**-cour**, *pl.* ~**-cours** [~'ku:r] *f* farm-yard; ~**-courier, -ère** [~ku'rje, ~'rjɛ:r] *su. farm.-boy; su./m* poultry-boy; *su./f* poultry-maid; ~**-fosse**, *pl.* ~**s-fosses** [~'fo:s] *f* dungeon; **bassement** [~'mɑ̃] *adv.* basely, meanly; **bassesse** [ba'sɛs] *f* baseness, lowness; low deed, mean action.
basset *zo.* [ba'sɛ] *m* basset hound.
basse-taille, *pl.* **basses-tailles** [bas'ta:j] *f voice:* bass-baritone.
bassin [ba'sɛ̃] *m* basin (*a. geog.*); artificial lake; ⊕ tank; ⚓ dock; *anat.* pelvis; *sl.* bore; ⚓ ~ *de carénage* careening basin; ~ *de radoub* dry dock; ~ *de retenue* reservoir; ⚓ *faire entrer au* ~ dock; **bassine**

battre

[~'sin] f pan; ~ à confitures preserving pan; **bassiner** [basi'ne] (1a) v/t. bathe (a wound); ✗ spray; warm (a bed); sl. bore; sl. annoy; **bassinoire** [~'nwa:r] f warming-pan; sl. bore; sl. large watch.
basson ♪ [ba'sɔ̃] m bassoon; person: bassoonist.
baste! [bast] int. enough of that!; nonsense!; ⚓ hold hard!
bastille ⚔ [bas'ti:j] f small fortress.
bastingage ⚓ [bastɛ̃'ga:ʒ] m bulwarks pl.; rails pl.
bastion ⚔, fig. [bas'tjɔ̃] m bastion; stronghold; bulwark.
bastonnade [bastɔ'nad] f bastinado; † flogging.
bastringue sl. [bas'trɛ̃:g] m low dancing-hall; shindy; paraphernalia.
bas-ventre [bɑ'vã:tr] m lower part of the abdomen.
bât [bɑ] m pack-saddle; cheval m de ~ pack-horse.
bataille [ba'ta:j] f battle (a. fig.); ordre m de ~ battle formation or order; **batailler** [bata'je] (1a) v/i. (contre) struggle (with), fight (against); **batailleur, -euse** [~'jœ:r, ~'jø:z] 1. adj. quarrelsome; 2. su. fighter; **bataillon** ⚔, a. fig. [bata'jɔ̃] m battalion; chef m de ~ major.
bâtard, e [bɑ'ta:r, ~'tard] 1. adj. bastard; fig. degenerate; 2. su. bastard; animal: mongrel.
batardeau [batar'do] m ⚠ batardeau; ⊕ coffer-dam.
bateau ⚓ [ba'to] m boat, ship; sl. ~x pl. beetle-crushers; ~ à vapeur steamer; ~ de' sauvetage lifeboat; F monter un ~ à q. pull s.o.'s leg; **~-citerne,** pl. **~x-citernes** ⚓ [batosi'tɛrn] m tanker; **~-feu,** pl. **~x-feux** ⚓ [~'fø] m lightship; **~-mouche,** pl. **~x-mouches** ⚓ [~'muʃ] m small passenger steamer; **~-phare,** pl. **~x-phares** ⚓ [~'fa:r] m lightship; **~-pilote,** pl. **~x-pilotes** ⚓ [~pi'lɔt] m pilot boat; **~-pompe,** pl. **~x-pompes** ⚓ [~'pɔ̃:p] m fire-boat.
batelage ⚓ [ba'tla:ʒ] m lighterage.
bateleur, -euse f [ba'tlœ:r, ~'tlø:z] knock-about comedian; juggler.
batelier [batə'lje] m boatman; ferry-man; ~ de chaland bargee; **batelière** [~'ljɛ:r] f boatwoman; ferry-woman; **batellerie** [batel'ri] f

lighterage; inland water transport; ~ fluviale river fleet.
bâter [bɑ'te] (1a) v/t. saddle (a pack-horse etc.); F ç'est un âne bâté he is a complete fool.
bath sl. [bat] adj./inv. super, posh, fab.
bâti [bɑ'ti] m ⚠ frame(-work); mot. body; typ. press: bed.
batifoler F [batifɔ'le] (1a) v/i. frolic; cuddle (s.o., avec q.).
bâtiment [bɑti'mã] m building, edifice; ⚓ vessel.
bâtir[1] [bɑ'ti:r] (2a) v/t. build, erect; ~ un terrain build on a site; terrain m à ~ building site.
bâtir[2] [~] (2a) v/t. baste, tack.
bâtisse [bɑ'tis] f masonry; F house, building.
batiste tex. [ba'tist] f cambric.
bâton [bɑ'tɔ̃] m stick; staff; truncheon; wand of office; ~ de rouge à lèvres lipstick; ♀ ~ d'or wallflower; ~ ferré alpenstock; à ~s rompus by fits and starts; **bâtonner** [bɑtɔ'ne] (1a) v/t. beat; **bâtonnier** ⚖ hist. [~'nje] m president of the corporation of barristers attached to a French court.
bats [ba] 1st p. sg. pres. of battre.
battage [ba'ta:ʒ] m beating; butter: churning; corn: threshing; ⚔ field of fire; ⊕ ramming; sl. boosting; **battant, e** [~'tã, ~'tã:t] 1. adj. banging; pelting (rain); porte f ~e swing-door; folding-door; tambour ~ with drums beating; F tout ~ neuf brand-new; 2. su./m door: leaf; bell: clapper; **batte** [bat] f beater; beating; beetle, rammer; cricket: bat; **battement** [~'mã] m beating; clapping; palpitation; pulsation, up and down movement; **batterie** [ba'tri] f ⚡, ⚔ battery; drum: beat, roll; ♪ percussion; scuffle; ⊕ ~ de chaudières battery of boilers; ~ de cuisine kitchen utensils pl.; **batteur** [~'tœ:r] m beater; sp. crikcet: batsman, baseball: catcher; F ~ de pavé loafer; ~ de pieux pile driver; **batteuse** ✗, ⊕ [~'tø:z] f thresher; **battoir** [~'twa:r] m (linen) beetle; bat (a. sp.).
battre [batr] (4a) v/t. beat, strike; thrash; thresh; mint (money); defeat; scour (the countryside); shuffle (cards); ~ q. en brèche disparage

battu

s.o., run s.o. down; se ~ fight; v/i. throb; clap; bang; **battu, e** [ba'ty] 1. *p.p.* of *battre*; 2. *su./f* beat; *admin.* round-up; ⚓ ~ *en mer* scouting cruise.

baudet [bo'dɛ] *m* donkey; ass (*a. fig.*).

bauge [boːʒ] *f* lair (*of wild boar*); *fig.* pigsty; *tex.* coarse drugget; △ clay and straw mortar.

baume [boːm] *m* balsam; balm (*a. fig.*).

bauxite ⚒ [bok'sit] *f* bauxite.

bavard, e [ba'vaːr, ~'vard] 1. *adj.* garrulous, talkative; 2. *su.* chatterbox; *fig.* bore; **bavardage** [bavar'daːʒ] *m* gossip; chatter; **bavarder** [~'de] (1a) *v/i.* gossip; chatter; tell tales.

bave [baːv] *f* dribble; slobber; froth, foam; *fig.* venom; **baver** [ba've] (1a) *v/i.* dribble, slobber; run (*pen*); 🜨 ooze; F talk drivel; F ~ *sur* cast a slur on.

bavette [ba'vɛt] *f* bib; *tailler une* ~ *avec* (have a) gossip with; **baveux, -euse** [~'vø, ~'vøːz] slobbery (*mouth*); runny, wet; *typ.* blurred.

bavure [ba'vyːr] *f* ⊕ burr; ⊕ seam; *writing:* smudge.

bazar [ba'zaːr] *m* bazaar; bargain stores; *sl. tout le* ~ the lot, the whole caboodle; **bazarder** *sl.* [~zar'de] (1a) *v/t.* sell off; get rid of.

béant, e [be'ã, ~'ãːt] gaping, yawning, wide open.

béat, e [be'a, ~'at] 1. *adj.* smug, complacent; 2. *su.* smug or complacent person; **béatifier** *eccl.* [beati'fje] (1o) *v/t.* beatify; **béatitude** [~'tyd] *f* bliss, beatitude; complacency.

beatnik F [bit'nik] *m* beatnik.

beau (*adj. before vowel or h mute* **bel**) *m*, **belle** *f*, *m/pl.* **beaux** [bo, bɛl, bo] 1. *adj.* beautiful; handsome; fair; smart, fashionable; elegant; noble; good, fine (*weather*); *au* ~ *milieu de* right in the middle of; *avoir* ~ (*inf.*) (*inf.*) in vain; *il fait* ~ (*temps*) it is fine; *le* ~ *sexe* the fair sex; 2. *su./m hist.* beau; fine (*weather*); *le* ~ the beautiful; *faire le* ~ swagger; beg (*dog*); *su./f* beauty; *sp.* deciding game; *cards:* rubber game; *la Belle au bois dormant* (the) Sleeping Beauty.

beaucoup [bo'ku] *adv.* much, a great deal; many; F *à* ~ *près* by a long chalk; *de* ~ by far.

beau-fils, *pl.* **beaux-fils** [bo'fis] *m* stepson; son-in-law; **beau-frère**, *pl.* **beaux-frères** [~'frɛːr] *m* brother-in-law; **beau-père**, *pl.* **beaux-pères** [~'pɛːr] *m* father-in-law; stepfather.

beaupré ⚓ [bo'pre] *m* bowsprit.

beauté [bo'te] *f* beauty; *fig.* belle, beauty.

beaux-arts [bo'zaːr] *m/pl.* fine arts; **beaux-parents** [~pa'rã] *m/pl.* parents-in-law.

bébé [be'be] *m* baby; doll.

bec [bɛk] *m bird:* beak, bill; ⊕ *tool:* nose; ⊕ nozzle; spout; ♪ mouthpiece; *pen:* nib; F mouth, nose; ~ *d'âne* mortise-chisel; ~ *de gaz* gas burner, F lamp-post.

bécane F [be'kan] *f* bike, bicycle.

bécarre ♪ [be'kaːr] *m* natural (sign).

bécasse *orn.* [be'kas] *f* woodcock.

bec-de-cane, *pl.* **becs-de-cane** [bɛkdə'kan] *m* spring lock; slidebolt; lever handle; ⊕ flat-nosed pliers *pl.*; **bec-de-lièvre**, *pl.* **becs-de-lièvre** [~'ljɛːvr] *m* harelip.

bêchage [bɛ'ʃaːʒ] *m* digging; F disparagement.

béchamel *cuis.* [beʃa'mɛl] *f* bechamel.

bêche [bɛʃ] *f* spade.

bêche-de-mer, *pl.* **bêches-de-mer** [bɛʃdə'mɛːr] *m* bêche-de-mer; *gramm.* beach-la-mar.

bêcher [bɛ'ʃe] (1a) *v/t.* dig; F disparage; **bêchoir** ⚒ [~'ʃwaːr] *m* broad hoe.

bécot [be'ko] *m orn.* small snipe; peck (= *little kiss*); **bécoter** F [bekɔ'te] (1a) *v/t.* give (*s.o.*) a peck.

becqueter [bɛk'te] (1c) *v/t.* peck at; pick up; *sl.* eat; F kiss.

bedaine F [bə'dɛn] *f* belly; paunch.

bedeau *eccl.* [bə'do] *m* verger, beadle.

bedon [bə'dɔ̃] *m* paunch; **bedonner** F [~dɔ'ne] (1a) *v/i.* grow paunchy, acquire a corporation.

bée [be] *adj./f: bouche f* ~ gaping, open-mouthed.

beffroi [bɛ'frwa] *m* belfry; ⊕ dredge; gantry.

bégayer [begɛ'je] (1i) *v/i.* stammer; *v/t.* stammer out.

bègue [bɛg] 1. *adj.* stuttering, stammering; 2. *su.* stutterer, stammerer.

bégueter [beg'te] (1d) *v/i.* bleat (*goat*).
béguin [be'gɛ̃] *m* hood; baby's bonnet; F infatuation; *person*: love; **béguine** [~'gin] *f eccl.* beguine; F very devout woman.
beige [bɛ:ʒ] 1. *adj.* beige; 2. *su./f* unbleached serge.
beigne *sl.* [bɛɲ] *f* blow; bruise.
beignet *cuis.* [be'ɲɛ] *m* fritter; doughnut.
béjaune [be'ʒo:n] *m orn.* nestling; *univ.* freshman; F greenhorn, novice.
bel [bɛl] *see* beau; ~ esprit *m person*: wit; ~ et bien well and truly, genuinely; le ~ âge youth; un ~ âge a ripe old age.
bêlement [bɛl'mɑ̃] *m* bleating; **bêler** [bɛ'le] (1a) *v/i.* bleat (*sheep*).
belette *zo.* [bə'lɛt] weasel.
belge [bɛlʒ] *adj., a. su.* ♀ Belgian; **Belgique** [bɛl'ʒik] *f*: *sl.* filer en ~ bolt (*financier*).
bélier [be'lje] *m zo.* ram (*a.* ⊕), *Am.* buck; ⚔ *hist.* battering ram; *astr.* le ♀ Aries, the Ram.
belinogramme [bəlino'gram] *m* telephotograph.
bélitre † [be'litr] *m* cad, knave.
bellâtre [bɛ'lɑ:tr] 1. *adj.* foppish; 2. *su./m* fop.
belle [bɛl] *see* beau 1; à la ~ étoile in the open; *de plus* ~ more than ever; *iro.* en faire de ~s be up to s. th. pretty; *l'échapper* ~ have a narrow escape; ~-dame, *pl.* ~s-dames [~'dam] *f* ♀ deadly nightshade; *zo.* painted lady; ~-fille, *pl.* ~s-filles [~'fi:j] *f* stepdaughter; daughter-in-law; ~-mère, *pl.* ~s-mères [~'mɛ:r] stepmother; mother-in-law; ~s-lettres [~'lɛtr] *f/pl.* belles-lettres, humanities; ~-sœur, *pl.* ~s-sœurs [~'sœ:r] *f* sister-in-law.
bellicisme [bɛlli'sism] *m* warmongering; **belligérant, e** [~ʒe'rɑ̃, ~'rɑ̃:t] *adj., a. su./m* belligerent; **belliqueux, -euse** [~'kø, ~'kø:z] bellicose, warlike.
bellot, -otte F [bɛ'lo, ~'lɔt] dandified; pretty(-pretty).
belote [(bə'lɔt] *f cards*: sort of pinocle.
belvédère [bɛlve'dɛ:r] *m* belvedere; summer-house; vantage-point.
bémol ♩ [be'mɔl] *m* flat.
bénédicité [benedisi'te] *m* grace (before a meal); **bénédiction** [~dik-'sjɔ̃] *f* blessing.
bénéfice [bene'fis] *m* ✝ profit, gain; benefit; *eccl.* living; **bénéficiaire** [~fi'sjɛ:r] *m* ✝ payee; ⚖, *eccl., etc.* beneficiary; **bénéficier** [~fi'sje] (1o) *v/i.* profit, benefit (by, de); make a profit (on, sur).
benêt [bə'nɛ] 1. *adj./m* stupid, silly; 2. *su./m* simpleton.
bénévole [bene'vɔl] benevolent; gratuitous, unpaid; voluntary.
bénignité [beniɲi'te] *f* kindness; mildness (*a.* 🞼); **bénin, -igne** [be-'nɛ̃, ~'niɲ] kind, benign; mild (*a.* 🞼).
bénir [be'ni:r] (2a) *v/t.* bless; *eccl. a.* consecrate; **bénit, e** [~'ni, ~'nit] blessed; consecrated; *eccl.* eau *f* ~e holy water; **bénitier** *eccl.* [~ni'tje] *m* holy-water basin.
benne [bɛn] *f* hamper; dredger: bucket; ⚒ tub, skip; ⚒ cage; *telpherway*: bucket seat; ⊕ ~ preneuse (mechanical) grab; clam-shell bucket; (*camion m* à) ~ basculante tipping waggon.
benzine [bɛ̃'zin] *f* benzine; **benzol** 🝮 [~'zɔl] *m* benzol.
béquille [be'ki:j] *f* crutch; *bicycle*: stand; ⚓ shore, prop; ✈ tail-skid; **béquiller** [~ki'je] (1a) *v/i.* walk on crutches; *v/t.* ⚓ shore up.
bercail [bɛr'ka:j] *m/sg.* sheepfold; *eccl.* fold.
berceau [bɛr'so] *m* cradle (*a. fig., a.* ⚠); ⊕ bed; ✿ bower, arbo(u)r; **bercer** [~'se] (1k) *v/t.* rock; lull; soothe; delude (with promises, *de promesses*); **berceuse** [~'sø:z] *f* cradle; rocking-chair; ♩ lullaby.
béret [be'rɛ] *m* (*a.* ~ de Basque) beret; ~ écossais tam-o'-shanter.
berge [bɛrʒ] *f river, ditch*: bank; *mountain*: flank; ⚔ rampart.
berger [bɛr'ʒe] *m* shepherd (*a. fig.*); **bergère** [~'ʒɛ:r] *f* shepherdess; easy chair; *orn.* wagtail; **bergerie** [~ʒə'ri] *f* sheep-pen; *paint., prosody*: pastoral; **bergeronnette** *orn.* [~ʒərɔ'nɛt] *f* wagtail.
berline [bɛr'lin] *f coach*: Berlin; *mot.* limousine; ⚒ truck, tram.
berlue [bɛr'ly] *f* 🞼 false vision; *fig.* avoir la ~ get things all wrong.
berne ⚓ [bɛrn] *f*: en ~ at half-mast.
berner [bɛr'ne] (1a) *v/t.* laugh at, chaff; hoax.   [doing!]
bernique¹! *sl.* [bɛr'nik] *int.* nothing

bernique

bernique² *orn.* [~] *f* limpet.
besace [bə'zas] *f* † double sack; *fig.* être réduit à la ~ be reduced to beggary.
bésef *sl.* [be'zɛf] *see* bezef.
besicles *iro.* [bə'zikl] *f/pl.* glasses, spectacles.
besogne [bə'zɔɲ] *f* work, task, job; *aimer* ~ *faite* be work-shy; **besogneux, -euse** [~zɔ'nø, ~'nøːz] needy, F hard-up.
besoin [bə'zwɛ̃] *m* need, want; poverty; *au* ~ in case of need; when required; *avoir* ~ *de* need; *est-il* ~? is it necessary?; *faire ses* ~s relieve nature.
bestial, e, *m/pl.* **-aux** [bɛs'tjal, ~'tjo] bestial, brutish; **bestialité** [~tjali'te] *f* brutishness; bestiality; **bestiaux** [~'tjo] *m/pl.* livestock *sg.*, cattle *sg.*
best-seller [bɛstsɛ'lœːr] *m* best seller.
bêta, -asse [bɛ'ta, ~'tas] 1. *adj.* stupid; 2. *su.* blockhead, ass.
bétail [be'taːj] *m/sg.* livestock, cattle.
bête [bɛːt] 1. *su./f* animal; beast; fool; ~s *pl. féroces* wild beasts; ~ à *cornes* horned beast; ~ *de somme* beast of burden; ~ *de trait* draught-animal; ~ *fauve* deer; ~ *noire* wild boar; *fig. ma* ~ *noire* my pet aversion; 2. *adj.* stupid, silly; **bêtifier** [beti'fje] (1o) *v/i.* play the fool; talk stupidly; **bêtise** [~'tiːz] *f* stupidity; blunder; nonsense; mere trifle.
béton ⚠ [be'tɔ̃] *m* concrete; **bétonnière** [~tɔ'njɛːr] *f* concrete-mixer.
bette ♀ [bɛt] *f* beet; **betterave** ♀ [bɛ'traːv] *f* beet(root); (*a.* ~ *sucrière*) sugar-beet.
beuglant *sl.* [bø'glɑ̃] *m* cheap café-concert; **beuglement** [~glə'mɑ̃] *m* lowing, mooing; **beugler** [~'gle] (1a) *v/i.* low; moo.
beurre [bœːr] *m* butter; *au* ~ *noir* with browned butter sauce; *sl. c'est un* ~ it is child's play; *faire son* ~ feather one's nest; F *un œil au* ~ *noir* a black eye; **beurré** [bœ're] *m* butter-pear; **beurrée** [~'re] *f* slice of bread and butter; **beurrer** [~'re] (1a) *v/t.* butter; **beurrier, -ère** [~'rje, ~'rjɛːr] 1. *su./m* butter-dish; 2. *adj.* butter-producing.
beuverie [bø'vri] *f* drinking bout.

bévue [be'vy] *f* blunder, slip; *commettre une* ~ drop a brick.
bezef *sl.* [be'zɛf] *adv.*: *pas* ~ not much.
bi... [bi] bi..., di...
biais, e [bjɛ, bjɛːz] 1. *adj.* skew, oblique; 2. *su./m* ⚠ etc. skew; slant; slanting; *fig.* expedient; *de* (*or en*) ~ on the cross, on the slant; *regarder de* ~ look askance at; **biaiser** [bjɛ'ze] (1b) *v/i.* (be on the) slant; skew; *fig.* use evasions.
bibelot [bi'blo] *m* knick-knack, trinket.
biberon [bi'brɔ̃] *m baby:* feeding-bottle; *invalid:* feeding-cup; F tippler; **biberonner** F [~brɔ'ne] (1a) *v/i.* tipple.
bibi *sl.* [bi'bi] *m* I, me, myself; F (woman's) hat.
Bible [bibl] *f* Bible.
biblio... [biblio] biblio...; ~**bus** [~'bys] *m* bookmobile; ~**graphie** [~gra'fi] *f* bibliography; ~**manie** [~ma'ni] *f* bibliomania; book collecting; ~**phile** [~'fil] *m* bibliophile, book-lover; ~**thécaire** [~te'kɛːr] *m* librarian; ~**thèque** [~'tɛk] *f* library; bookcase; ~ *de prêt* lending library; *fig.* ~ *vivante* walking encyclop(a)edia.
biblique [bi'blik] Biblical.
biblorhapte † [biblɔ'rapt] *m* office-binder, loose-leaf binder.
bicarbonate 🜞 [bikarbɔ'nat] *m* bicarbonate; ~ *de soude* bicarbonate of soda.
biceps *anat.* [bi'sɛps] *m, a. adj.*
biche *zo.* [biʃ] *f* hind, doe; *ma* ~ my darling.
bicher *sl.* [bi'ʃe] (1a) *v/i.*: *ça biche?* how goes it?
bichette *zo.* [bi'ʃɛt] *f* young hind.
bichon *m,* **-onne** *f* [bi'ʃɔ̃, ~'ʃɔn] lap-dog; **bichonner** [~ʃɔ'ne] (1a) *v/t.* frizz (*the hair*); smarten (*s.o.*) up; titivate.
bichromie [bikrɔ'mi] *f* two-colo(u)r printing.
bicolore [bikɔ'lɔːr] two-colo(u)r; of two colo(u)rs.
bicoque [bi'kɔk] *f* shanty; F dump.
bicorne [bi'kɔrn] 1. *adj.* two-pointed; 2. *su./m* cocked hat.
bicyclette [bisi'klɛt] *f* (bi)cycle.
bidet [bi'dɛ] *m* nag; ⊕ trestle; *hygiene:* bidet.
bidoche *sl.* [bi'dɔʃ] *f* meat.

bidon [bi'dɔ̃] *m* tin, can, drum; ⚔ canteen, water-bottle.
bidonner *sl.* [bidɔ'ne] (1a) *vt/i.* swig; *v/t.*: se ~ split one's sides.
bidonville [bidɔ̃'vil] *m* shanty-town.
bief [bjɛf] *m* canal reach; mill-race.
bielle [bjɛl] *f* tie-rod; crank-arm; ⚠ strut; ~ *motrice* connecting-rod.
bien [bjɛ̃] **1.** *adv. usu.* well; right(ly), proper(ly); quite, rather; really, indeed; *adjectivally*: comfortable; presentable; ~ *de la peine* much trouble; ~ *des gens* many people; ~ *que (sbj.)* (al)though; *aller* ~ be well; *eh* ~*!* well!; *être* ~ be beautiful; be comfortable; be on good terms (with s.o., *avec q.*); *se porter* ~ be in good health; *tant* ~ *que mal* so so; **2.** *su./m* good; welfare; possession, property, wealth, estate; goods *pl.*; ~ *public* public *or* common weal; ~**-aimé, e** [~nɛ'me] beloved; ~**-dire** [~'di:r] *m* fine words *pl.*, eloquence; ~**-être** [~'nɛ:tr] *m* well-being, comfort; ~**faisance** [~fɛ-'zã:s] *f* beneficence, charity; ~**faisant, e** [~fɛ'zã, ~'zã:t] beneficent, charitable; salutary, beneficial; ~**fait** [~'fɛ] *m* benefit; service; *fig.* blessing; ~**faiteur, -trice** [~fɛ'tœ:r, ~'tris] **1.** *su./m* benefactor; *su./f* benefactress; **2.** *adj.* beneficent; ~**fondé** [~fɔ̃'de] *m* merits *pl.* (*of claim etc.*); ~**fonds**, *pl.* ~**s-fonds** [~'fɔ̃] *m* real estate; landed property; ~**heureux, -euse** [~nœ'rø, ~'rø:z] blissful, happy; blessed; ~**jugé** [~ʒy'ʒe] *m* proper decision.
biennal, e, *m/pl.* **-aux** [bie'nal, ~'no] biennial.
bien-pensant, e [bjɛ̃pã'sã, ~'sã:t] *adj., a. su.* traditionalist, *sl.* square.
bienséance [bjɛ̃se'ã:s] *f* propriety, decorum; **bienséant, e** [~'ã, ~'ã:t] seemly, decent.
bientôt [bjɛ̃'to] *adv.* soon, before long; *à* ~*!* so long!
bienveillance [bjɛ̃vɛ'jã:s] *f* kindness; goodwill; benevolence; **bienveillant, e** [~'jã, ~'jã:t] kind(ly), benevolent.
bienvenu, e [bjɛ̃və'ny] **1.** *adj.* welcome (to, à); **2.** *su.* welcome person; *soyez le* ~*!* welcome!; *su./f* welcome; *souhaiter la* ~*e à q.* welcome s.o.
bière[1] [bjɛ:r] *f* beer; ~ *blonde* pale *or* light ale; ~ *brune* brown ale.

bière[2] [~] *f* coffin.
biffer [bi'fe] (1a) *v/t.* cross out (*a word*); ⚖ strike out; ~ *les indications inutiles* strike out what does not apply.
biffin ⚔ *sl.* [bi'fɛ̃] *m* foot-slogger.
bifteck [bif'tɛk] *m* beefsteak; ~ *de porc* pork steak.
bifurcation [bifyrka'sjɔ̃] *f* road *etc.*: fork; 🚂 junction; **bifurquer** [~'ke] (1m) *v/i. a.* se ~ fork, divide; 🚂 branch off; ⚡ shunt (*current*).
bigame [bi'gam] **1.** *adj.* bigamous; **2.** *su.* bigamist; **bigamie** [~ga'mi] *f* bigamy.
bigarré, e [biga're] variegated; **bigarrer** [~'re] (1a) *v/t.* variegate, mottle; **bigarrure** [~'ry:r] *f* motley, variegation.
bigle [bigl] **1.** *adj.* squint-eyed; **2.** *su.* squint-eyed person.
bigorne [bi'gɔrn] *f* two-beaked anvil; *anvil*: beak; **bigorner** *sl.* [~gɔr'ne] (1a) *v/t.*: se ~ fight.
bigot[1] ⚔ [bi'go] *m* mattock.
bigot[2], **e** [bi'go, ~'gɔt] **1.** *adj.* bigoted; sanctimonious; **2.** *su.* bigot; **bigoterie** [~gɔ'tri] *f* (religious) bigotry.
bigoudi [bigu'di] *m* curling-pin.
bigre! *sl.* [bigr] *int.* by Jove!, gosh!; **bigrement** *sl.* [~ə'mã] *adv.* jolly (well), darn (well).
bijou, -x [bi'ʒu] *m* jewel, gem; **bijouterie** [biʒu'tri] *f* jewellery, *Am.* jewelry; jeweller's shop; **bijoutier** *m*, **-ère** *f* [~'tje, ~'tjɛ:r] jeweller.
bikini [biki'ni] *m* bikini.
bilan ✝ [bi'lã] *m* balance(-sheet); schedule; ✝ *déposer son* ~ file a petition in bankruptcy.
bilatéral, e, *m/pl.* **-aux** [bilate'ral, ~'ro] bilateral, two-sided.
bilboquet [bilbɔ'kɛ] *m* toy: cup-and-ball; *toy*: tumbler; *typ.* job-work.
bile [bil] *f* bile, gall; **biler** *sl.* [bi'le] (1a) *v/t.*: *ne te bile pas!* don't worry!; take it easy!; *se* ~ get worked up; **bilieux, -euse** [~'ljø, ~'ljø:z] bilious; *fig.* testy; morose.
bilingue [bi'lɛ̃:g] bilingual.
billard [bi'ja:r] *m* (game of) billards *pl.*; billiard-table; billiard-room; F operating-table; **bille** [bi:j] *f* billiard-ball; marble; taw; ⊕ ball-bearing; *sl.* nut, head; *sl.* dial, face;

billet

timber: billet; 🚂 sleeper; *stylo m à* ~ ball-point pen.

billet [bi'jɛ] *m* note, letter; notice; circular; ticket (*a.* 🚂, *thea.*); ✝ bill; ~ *à ordre* ✝ promissory note; ⚓ single bill; ~ *blanc lottery*: blank; ~ *circulaire tourist* ticket; ✝ circular note; ~ *de banque* bank-note, *Am. a.* bill; ~ *de faire part* intimation, notice (*of death, wedding, etc.*); ~ *de faveur* complimentary ticket; ~ *doux* love-letter.

billevesée [bilvə'ze] *f* crazy notion.

billion [bi'ljɔ̃] *m* one million millions, billion; *Am.* one thousand billions, trillion.

billon [bi'jɔ̃] *m* alloy; copper *or* nickel coinage; base coinage; ✶ ridge of earth; **billot** ✶ [bi'jo] *m* block; *tethering*: clog; wheel drag.

bimbeloterie [bɛ̃blɔ'tri] *f* toys *pl.*, knick-knacks *pl.*; (cheap) toy trade.

bimensuel, -elle [bimɑ̃'sɥɛl] fortnightly.

bimoteur [bimɔ'tœ:r] *adj./m* twin-engined.

binard [bi'na:r] *m* (stone-)lorry, dray.

biner [bi'ne] (1a) *v/t.* ✶ hoe; dig etc. for a second time; *v/i. eccl.* celebrate two masses in one day; **binette** ✶ [~'nɛt] *f* hoe; *sl.* face, dial, mug.

biniou [bi'nju] *m* Breton pipes *pl.*

binocle [bi'nɔkl] *m* eye-glasses *pl.*; pince-nez; lorgnette.

binôme ⚛ [bi'no:m] *adj., a. su./m* binomial.

biochimie ⚗ [biɔʃi'mi] *f* biochemistry.

biographe [biɔ'graf] *m* biographer; **biographie** [~gra'fi] *f* biography.

biophysique [biɔfi'zik] *f* biophysics *sg.*

bipartisme *pol.* [bipar'tism] *m* coalition government.

biplace [bi'plas] *adj., a. su.* two-seater.

biplan ✈ [bi'plɑ̃] *m* biplane.

bipolaire ⚡ [bipɔ'lɛ:r] bipolar.

bique [bik] *f* F nanny-goat; *sl.* old hag; *sl.* nag; **biquet** *m*, **-ette** *f* F [bi'kɛ, ~'kɛt] kid.

biréacteur ✈ [bireak'tœ:r] **1.** *adj./m* twin-jet; **2.** *su./m* twin-jet plane.

bis¹, bise [bi, bi:z] greyish-brown; *à* ~ *ou à blanc* anyhow; *pain m* ~ brown bread.

bis² [bis] **1.** *adv.* twice; again; encore!; *no.* 9 ~ 9A (*house etc.*); **2.** *su./m* encore.

bisaïeul [biza'jœl] *m* great-grandfather; **bisaïeule** [~] *f* great-grandmother.

bisannuel, -elle [biza'nɥɛl] biennial.

bisbille F [bis'bi:j] *f* bickering; *en* ~ at loggerheads (with, *avec*).

biscornu, e F [biskɔr'ny] mis-shapen; distorted; illogical; queer (*idea*).

biscotin [biskɔ'tɛ̃] *m* crisp biscuit; ship's biscuit; **biscotte** [~'kɔt] *f* rusk; **biscuit** [~'kɥi] *m* biscuit, *Am. a.* zwieback; plain cake; ✝ *ceramics*: biscuit, bisque; ~ *à la cuiller* sponge-finger, *Am.* lady-finger; ~ *de mer* ship's biscuit.

bise¹ [bi:z] *f* north wind; *poet.* winter.

bise² F [~] *f* kiss.

biseau ⊕ [bi'zo] *m* chamfer, bevel; *en* ~ chamfered, bevelled; **biseauter** [~zo'te] (1a) *v/t.* ⊕ chamfer, bevel; bezel (*gems*); *fig.* mark (*cards*).

biser¹ [bi'ze] (1a) *v/t.* re-dye.

biser² ✶ [~] (1a) *v/i.* darken.

biser³ F [~] (1a) *v/t.* kiss.

bismuth ⚕ [bis'myt] *m* bismuth.

bison *zo.* [bi'zɔ̃] *m* bison.

bisque [bisk] *f cuis.* shell-fish soup; F bad temper; **bisquer** F [bis'ke] (1m) *v/i.* be riled.

bissac [bi'sak] *m* double wallet.

bissecteur, -trice ⚛ [bisɛk'tœ:r, ~'tris] bisecting; **bissection** ⚛ [~'sjɔ̃] *f* bisection.

bisser [bi'se] (1a) *v/t.* encore (*a singer, a song*); repeat; **bissextile** [bisɛks'til] *adj./f*: *année f* ~ leap year; **bissexuel, -elle** ⚥ [~sɛk'sɥɛl] bisexual.

bistourner [bistur'ne] (1a) *v/t.* wrench.

bistre [bistr] **1.** *su./m* bistre; **2.** *adj./inv.* blackish-brown, swarthy.

bistrot *sl.* [bis'tro] *m* pub(lic house); cheap café; *sl.* dive.

bitume [bi'tym] *m* bitumen; **bitumer** [~ty'me] (1a) *v/t.* tar; asphalt.

biture *sl.* [bi'ty:r] *f*: *prendre une* ~ get drunk.

bivouac ⚔ [bi'vwak] *m* bivouac.

bizarre [bi'za:r] odd, curious, strange, peculiar; **bizarrerie** [~zar'ri] *f* oddness, peculiarity; whimsicality.

bla-bla F [blaˈbla] *m/inv.* bunkum, *Am.* blah.
blackbouler [blakbuˈle] (1a) *v/t.* blackball; turn down.
blafard, e [blaˈfaːr, ~ˈfard] wan, pale.
blague [blag] *f* tobacco-pouch; F bunkum, nonsense; ~ *à part* joking apart; F *sans* ~? you don't say!; really?; **blaguer** F [blaˈge] (1m) *v/i.* joke; *tu blagues!* impossible!; *v/t.* chaff.
blair *sl.* [blɛːr] *m* nose.
blaireau [blɛˈro] *m zo.* badger; shaving-brush; *paint.* brush.
blairer *sl.* [blɛˈre] (1a) *v/t.* sniff at; *fig.* stand (*s.o.*).
blâmable [blɑˈmabl] blameworthy; **blâme** [blɑːm] *m* blame; *admin.* reprimand; **blâmer** [blɑˈme] (1a) *v/t.* blame; censure; reprimand.
blanc, blanche [blɑ̃, blɑ̃ːʃ] **1.** *adj.* white; clean, pure; blank (*paper, cartridge*); pale (*ale*), *armes f/pl. blanches* side-arms; F *carte f blanche* free hand; *nuit f blanche* sleepless night; *se battre à l'arme blanche* fight with cold steel; **2.** *su.* white; white person; *su./m* blank; *vente f de* ~ white sale; ~-**bec**, *pl.* ~**s-becs** F [blɑ̃ˈbɛk] *m* callow youth, *Am.* sucker, greenhorn; **blanchâtre** [blɑ̃ˈʃɑːtr] whitish; **blanche** ♩ [blɑ̃ːʃ] *f* minim; **blancheur** [blɑ̃ˈʃœːr] *f* whiteness; paleness; purity; **blanchir** [~ˈʃiːr] (2a) *v/t.* whiten; bleach; clean; wash, launder; *v/i.* turn white; blanch; fade; **blanchissage** [~ʃiˈsaːʒ] *m* washing; laundering; whitewashing; **blanchisserie** [~ʃisˈri] *f* laundering; laundry; **blanchisseur** [~ʃiˈsœːr] *m* laundry-man; ~ bleacher; **blanchisseuse** [~ʃiˈsøːz] *f* laundress; washerwoman; **blanc-seing**, *pl.* **blancs-seings** [blɑ̃ˈsɛ̃] *m* blank signature; *fig.* full power(s *pl.*).
blaser [blɑˈze] (1a) *v/t.* blunt (*the palate*); surfeit; *se* ~ become indifferent (to *de, sur*).
blason [blɑˈzõ] *m* coat-of-arms, blazon; heraldry; **blasonner** [~zɔˈne] (1a) *v/t.* blazon.
blasphémateur, -trice [blasfemaˈtœːr, ~ˈtris] **1.** *su.* blasphemer; **2.** *adj.* blasphemous; **blasphème** [~ˈfɛm] *m* blasphemy; **blasphémer** [~feˈme] (1f) *vt/i.* blaspheme.
blatte [blat] *f* cockroach, black-beetle.
blé [ble] *m* corn; wheat; ~ *de Turquie* maize, *Am.* (Indian) corn; ~ *noir* buckwheat.
blême [blɛːm] wan, pale; ghastly, livid; **blêmir** [blɛˈmiːr] (2a) *v/i.* blanch; grow pale.
blennorragie ✧ [blɛnɔraˈʒi] *f* gonorrh(o)ea.
blèse [blɛːz] lisping; *être* ~ = **bléser** [bleˈze] (1f) *v/i.* lisp.
blessant, e [blɛˈsɑ̃, ~ˈsɑ̃ːt] offensive (*remark*); **blesser** [~ˈse] (1a) *v/t.* wound; hurt; offend; *se* ~ *a.* take offence; **blessure** [~ˈsyːr] *f* wound, injury.
blet, blette [blɛ, blɛt] over-ripe.
bleu, bleue, *m/pl.* **bleus** [blø] **1.** *adj.* blue; F flabbergasted; *une colère f bleue* a towering rage; *une peur f bleue* a blue funk; *zone f bleue* zone of parking restrictions in the centre of a town; **2.** *su./m* blue; ⊕ blue print; ✧ bruise; F greenhorn; ✕ F recruit; ~*s pl.* overalls; ~ *de Prusse* Prussian blue; ~ *d'outremer* ultramarine; *passer du linge au* ~ blue linen; **bleuâtre** [~ˈɑːtr] bluish; **bleuir** [~ˈiːr] (2a) *v/t.* blue; make blue; *v/i.* become blue.
blindage [blɛ̃ˈdaːʒ] *m* ✕, ⚓ armo(u)r-plating; ✕ timbering; ⚡ screening; **blindé, e** [~ˈde] **1.** *adj.* armo(u)red; *sl.* drunk; **2.** *su./m* armo(u)red car; **blinder** [~ˈde] (1a) *v/t.* ✕, ⚓ armo(u)r-plate; ✕ timber.
bloc [blɔk] *m* block; (memo) pad; mass; *pol.* bloc; ⊕ unit; *sl.* prison, clink; *à* ~ tight, right home; *en* ~ in one piece; in the lump; wholesale; **blocage** [blɔˈkaːʒ] *m* blocking (*a.* ♩); ⚒ rubble; ⚒ cement-block foundation; ⊕ jamming, stopping; ~ *des prix* freezing *or* pegging of prices; **bloc-cylindres**, *pl.* **blocs-cylindres** *mot.* [blɔksiˈlɛ̃ːdr] *m* cylinder-block.
blockhaus [blɔˈkoːs] *m/inv.* ✕ block-house; ⚓ conning-tower.
bloc-notes, *pl.* **blocs-notes** [blɔkˈnɔt] *m* (memo) pad, writing pad.
blocus [blɔˈkys] *m* blockade; *hist.* ~ *continental* continental system; *faire le* ~ *de* blockade; *forcer le* ~ run the blockade.

blond 66

blond, blonde [blõ, blõːd] **1.** *adj.* blond, fair; pale (*ale*); **2.** *su./m* blond; *su./f* blonde.
blondin¹, e [blõˈdɛ̃, ˌˈdin] **1.** *adj.* fair-haired; **2.** *su.* fair-haired person.
blondin² [blõˈdɛ̃] *m* cableway.
bloquer [blɔˈke] (1m) *v/t.* block (up); besiege; blockade; ✞ stop (*a cheque*); ⊕ lock; ⊕ jam on (*the brake*); 🚂 close (*a section*); ✞ freeze (*wages, prices*); F lock up; se ~ get jammed.
blottir [blɔˈtiːr] (2a) *v/t.*: se ~ crouch, squat; nestle.
blouse [bluːz] *f* blouse; smock; overall; *billiards:* pocket; **blouser** [bluˈze] (1a) *v/t.* pocket (*the ball at billiards*); F deceive; **blouson** [ˌˈzõ] *m* lumber-jacket; windbreaker.
bluet ♀ [blyˈɛ] *m* cornflower.
bluette [blyˈɛt] *f* trivial story.
bluff [blœf] *m* bluff; **bluffer** F [blœˈfe] (1a) *v/t.* bluff (*s.o.*); *v/i.* pull a fast one, try it on.
blutage [blyˈtaːʒ] *m* bolting, sifting; **bluter** [ˌˈte] (1a) *v/t.* bolt, sift (*flour etc.*); **blutoir** [ˌˈtwaːr] *m* bolting-machine; sieve.
boa [bɔˈa] *m* boa.
bobard *sl.* [bɔˈbaːr] *m* tall story.
bobèche [bɔˈbɛʃ] *f* candlestick: sconce; *sl.* nut, head.
bobinage ⚡, ⊕ [bɔbiˈnaːʒ] *m* winding; **bobine** [ˌˈbin] *f* bobbin, reel, spool; roll; ⚡ coil; ⊕ drum; *sl.* dial, face; ⚡ ~ de réaction (*or réactance*) choking-coil, choke; **bobiner** [bɔbiˈne] (1a) *v/t.* wind, spool; **bobineuse** [ˌˈnøːz] *f woman:* winder; winding-machine; **bobinoir** [ˌˈnwaːr] *m tex.* bobbin-frame; *cin.* winding-bench.
bobo F [bɔˈbo] *m* hurt; sore; *ch.sp.* bump.
bocage [bɔˈkaːʒ] *m* grove, copse.
bocal [bɔˈkal] *m* jar, bottle (*with wide mouth and short neck*); globe, fish-bowl; *chemist:* show-bottle.
bocard *metall.* [bɔˈkaːr] *m* ore-crusher; **bocarder** [ˌkarˈde] (1a) *v/t.* crush (*ore*).
bock [bɔk] *m* glass of beer.
bœuf [bœf, *pl.* bø] **1.** *su./m* ox; beef; boiled beef; ~ à la mode stewed beef; ~ conservé corned beef; **2.** *adj. sl.* colossal, fine, *Am.* bully.
boggie 🚂 [bɔˈʒi] *m* bogie, *Am.* truck.

bohème [bɔˈɛm] *adj., a. su.* Bohemian; **bohémien, -enne** *geog.* [ˌeˈmjɛ̃, ˌˈmjɛn] *adj., a. su.* ⚥ Bohemian; gypsy.
boire [bwaːr] (4b) **1.** *v/t.* drink; soak up, imbibe; *fig.* pocket (*an insult*); *fig.* drink in (*s.o.'s words*); ~ un coup have a drink; ~ une goutte take a sip; have a nip; *v/i.* drink; be a drunkard; ~ comme un trou drink like a fish; **2.** *su./m* drink(ing).
bois [bwa] *m* wood; timber; forest; *rifle:* stock; ~ *pl.* stag: horns, antlers; ~ contre-plaqué plywood; ~ de construction (*or* d'œuvre) timber; ~ de lit bedstead; ♪ les ~ *pl.* the woodwind *sg.*; touchez du ~ touch wood!; **boisage** ⚠ *etc.* [bwaˈzaːʒ] *m* timbering; frame(work); saplings *pl.*; **boisé, e** [ˌˈze] (well-)wooded; wainscoted (*room*); **boisement** [bwazˈmɑ̃] *m* afforestation; **boiser** [bwaˈze] (1a) *v/t.* panel; afforest; ⚒ timber, prop; **boiserie** [bwazˈri] *f* ⚠ panelling; wainscoting; woodwork.
boisseau [bwaˈso] *m measure:* 13 litres (*approx. 1 peck*); ⊕ faucet-pipe; ⚠ drain-tile; **boisselier** [ˌsəˈlje] *m* bushel-maker; cooper.
boisson [bwaˈsõ] *m* drink; pris de ~ drunk, intoxicated.
boîte [bwat] *f* box (*a.* ⊕); tin, *Am.* can; ⊕ case; *sl.* poky room; F place of work; ~ à outils tool-box; ~ aux lettres letter-box, *Am.* mail-box; ~ de conserves tin, *Am.* can; *sl.* ~ de nuit night-club; *mot.* ~ de vitesses gear-box, *Am.* transmission; ~ postale post-office box; ~ en tinned, *Am.* canned; mettre q. en ~ take s.o. off.
boiter [bwaˈte] (1a) *v/i.* limp; **boiteux, -euse** [ˌˈtø, ˌˈtøːz] lame; rickety (*table etc.*).
boîtier [bwaˈtje] *m* box-maker; watch-case maker; *torch, watch, etc.:* case. [boire 1.)
boivent [bwaːv] *3rd p. pl. pres. of*
bol¹ [bɔl] *m* ⚒ bole; ⚕ bolus.
bol² [ˌ] *m* bowl, basin; finger-bowl.
bolchevisme [bɔlʃəˈvism] *m* Bolshevism; **bolcheviste** [ˌˈvist] *adj., a. su.* Bolshevist.
bolide [bɔˈlid] *m* bolide; *mot.* racing-car.
bombance F [bõˈbɑ̃ːs] *f* feast(ing); junket(ing); carouse.

bombardement [bɔ̃bardəˈmɑ̃] *m* shelling; bombing; bombardment (*a. phys.*); **bombarder** [ˌˈde] (1a) *v/t.* shell; bombard; pelt (with, *de*) (*stones, a. fig. questions*); F on *l'a bombardé ministre* he has been pitchforked into a Ministry; **bombardier** [ˌˈdje] *m* bomber.

bombe [bɔ̃:b] *f* ✵ bomb(-shell); F feast; ~ *à hydrogène* H-bomb; ~ *à retardement* time-bomb; ~ *incendiaire* incendiary bomb; ~ *nucléaire* nuclear bomb; *en* ~ like a rocket; *faire la* ~ go on the spree; **bomber** [bɔ̃ˈbe] (1a) *v/t.* cause to bulge; curve, arch; camber (*a road*); *v/i. a. se* ~ bulge; swell out.

bon, bonne [bɔ̃, bɔn] **1.** *adj. usu.* good; nice, kind; proper, right; fit (for, *à*), apt; benevolent, charitable; dutiful (*son*); ✝ sound (*firm*); witty; *typ.* stet; ~ *à manger* eatable; ~ *marché* cheap(ly); ~ *mot* witticism; *à quoi* ~? what's the use?; *à son* ~ *plaisir* at his own convenience; at his discretion; *de bonne famille* of good family; *de bonne foi* truthful, honest; *de bonne heure* early; *prendre qch. en bonne part* take s.th. in good part; *tenir* ~ stand firm; *tout de* ~ in earnest; really; for good; **2.** *bon adv.* nice; fast; **3.** *su./m* voucher, ticket, coupon; ✝ bond, draft; I.O.U., note of hand; ~ *de caisse* cash voucher; ~ *de poste post:* postal order; ~ *du Trésor* Treasury bond.

bonace [bɔˈnas] *f* lull (*before storm*).
bonasse [ˌˈ] good-hearted; simpleminded.
bonbon [bɔ̃ˈbɔ̃] *m* sweet, *Am.* candy.
bonbonne [bɔ̃ˈbɔn] *f* carboy.
bonbonnière [bɔ̃bɔˈnjɛːr] *f* sweet (-meat) box; *fig.* snug little dwelling.
bond [bɔ̃] *m* jump; bound; leap; ✵ rush; *fig. faire faux* ~ *à* leave in the lurch, let down.
bonde [bɔ̃:d] *f* ⊕ plug; *barrel:* bung; bung-hole; sluice-gate; **bonder** [bɔ̃ˈde] (1a) *v/t.* pack, cram.
bondir [bɔ̃ˈdiːr] (2a) *v/i.* bound, jump, bounce; caper; **bondissement** [ˌdisˈmɑ̃] *m* bounding, leaping; frisking.
bondon ⊕ [bɔ̃ˈdɔ̃] *m* bung, plug.
bonheur [bɔˈnœːr] *m* happiness; good luck; success; *par* ~ luckily; *porter* ~ bring good luck.

bonhomie [bɔnɔˈmi] *f* simple goodheartedness; simplicity; *avec* ~ good-naturedly; **bonhomme,** *pl.* **bonshommes** [bɔˈnɔm, bɔ̃ˈzɔm] *m* fellow, chap; simpleminded man; ⊕ bolt; ~ *de neige* snowman.
boni ✝ [bɔˈni] *m* surplus; profit; **bonifier** [bɔniˈfje] (1o) *v/t.* improve; ✝ make good; ✝ allow a discount to; ✝ credit (*s.th.*); **boniment** [ˌˈmɑ̃] *m advertizing:* puff; *pej.* claptrap.
bonjour [bɔ̃ˈʒuːr] *m* good morning; good day.
bonne [bɔn] *f* maid; servant; waitress; ~ *à tout faire* maid of all work, F general; ~ *d'enfants* nursery-maid; ~**-maman,** *pl.* ~**s-mamans** *ch.sp.* [bɔnmaˈmɑ̃] *f* grandma, granny.
bonnement [bɔnˈmɑ̃] *adv.: tout* ~ simply, plainly.
bonnet [bɔˈne] *m* cap; *brassière:* cup; F *avoir la tête près du* ~ be quick-tempered or hot-headed; F *gros* ~ bigwig, *Am.* big shot; **bonneterie** [bɔnˈtri] *f* hosiery; **bonnetier** *m*, **-ère** *f* [ˌˈtje, ˌˈtjɛːr] hosier; **bonnette** [bɔˈnet] *f* child's bonnet; *phot.* supplementary lens.
bon-papa, *pl.* **bons-papas** *ch.sp.* [bɔ̃paˈpa] *m* gran(d)dad, grandpa.
bonsoir [bɔ̃ˈswaːr] *m* good evening; good night.
bonté [bɔ̃ˈte] *f* goodness, kindness; *ayez la* ~ *de* (*inf.*) be so kind as to (*inf.*).
bonze [bɔ̃:z] *m* bonze (*Buddhist priest*); *fig.* dotard.
borax 🜨 [bɔˈraks] *m* borax.
bord [bɔːr] *m* edge, border; side; seaside, shore; *river:* bank; tack; *hat:* brim; ✈ ~ *d'attaque* leading edge; ✈ ~ *de fuite* trailing edge; ⚓ *on board;* **bordage** [bɔrˈdaːʒ] *m* hem(ming), border(ing); ⊕ flanging; ⚓ planking, sheathing; **bordé** [ˌˈde] *m* edging, border; ⚓ planking, ⚓ plating; **bordée** ⚓ [ˌˈde] *f* broadside; tack; watch; *courir une* ~ make a tack, *fig.* go on the spree.
bordel [bɔrˈdɛl] *m* brothel. [spree.)
bordelais, e [bɔrdəˈlɛ, ˌˈlɛːz] of Bordeaux.
border [bɔrˈde] (1a) *v/t.* hem, border (*a dress*); ⊕ flange; ⚓ plank; ⚓ ~ *la côte* keep close to the shore, hug the shore; ~ *un lit* tuck in the bed-clothes.

bordereau 68

bordereau ✝ [bɔrdə'ro] *m* memorandum; statement; invoice; dispatch note; note; list.
bordure [bɔr'dyːr] *f* border(ing); frame; edge; rim; kerb, *Am.* curb.
bore 🝆 [bɔːr] *m* boron.
boréal, e, *m/pl.* -als *or* -aux [bɔre'al, ⸺'o] north(ern).
borgne [bɔrɲ] 1. *adj.* one-eyed, blind in one eye; *fig.* suspicious; *fig.* disreputable, shady; *rue f* ~ blind alley; 2. *su.* one-eyed person.
borique 🝆 [bɔ'rik] boric, F boracic; **boriqué, e** 🝆 [⸺ri'ke] containing boric acid.
borne [bɔrn] *f* boundary, limit; boundary-stone; landmark; ⚓ bollard; ⚡ terminal; ~ *kilométrique* (*approx.*) milestone; **borné, e** [bɔr'ne] limited; narrow, restricted; **borner** [⸺'ne] (1a) *v/t.* set limits to; limit; mark the boundary of; *se* ~ *à* content o.s. with, restrict o.s. to; **bornoyer** [⸺nwa'je] (1h) *v/t.* squint along (*an edge*); *surv.* stake off.
boscot, -otte F [bɔs'ko, ⸺'kɔt] 1. *adj.* hunchbacked; 2. *su.* hunchback.
bosquet [bɔs'ke] *m* grove, thicket.
bosse [bɔs] *f* hump; bump; knob; dent; *fig.* avoir la ~ de have a gift for; *en* ~ in relief; **bosseler** [⸺'le] (1c) *v/t.* ⊕ emboss; *fig.* batter; **bosser** *sl.* [bɔ'se] (1a) *v/i.* work hard, *sl.* peg away; **bossoir** ⚓ [⸺'swaːr] *m* bow; davit; **bossu, e** [⸺'sy] 1. *adj.* hunchbacked; 2. *su.* hunchback; **bossuer** [⸺'sɥe] (1n) *v/t.* dent, batter.
bot, bote [bo, bɔt] *adj.*: *pied m* ~ club-foot.
botanique [bɔta'nik] 1. *adj.* botanical; 2. *su./f* botany.
botte¹ [bɔt] *f* high boot; *fig.* heel; ~*s pl. à l'écuyère* riding boots; ~*s pl.* imperméables waders; *fig. à propos de* ~*s* without rhyme or reason.
botte² [bɔt] *f* bunch; bundle, bale; *wire:* coil; **bottelage** [bɔ'tla:ʒ] *m* trussing; **botteler** [⸺'tle] (1c) *v/t.* bundle; bunch; tie up.
botter [bɔ'te] (1a) *v/t.* supply (*s.o.*) with boots *or* shoes; *sp.*, *a.* F kick; *fig.* suit; *le Chat botté* Puss-in-Boots; *se* ~ put on boots *or* shoes.
bottine [bɔ'tin] *f* (half-)boot; Wellington boot.
bouc [buk] *m* he-goat; *beard:* goatee; ~ *émissaire* scapegoat, *Am.* fall guy.
boucan F [bu'kã] *m* shindy, hullabaloo.
boucaner [buka'ne] (1a) *v/t.* cure (*by smoke*); F sun-burn; *v/i.* hunt wild animals; be cured *or* smoke-dried; *sl.* kick up a row; **boucanier** F [⸺'nje] *m* buccaneer.
bouche [buʃ] *f* mouth; opening; ⊕ nozzle; ⚔ *canon:* muzzle; ⚔ ~ *d'eau* hydrant; 🚂 water-crane; ~ *de chaleur* hot-air vent; ~ *d'incendie* fire-hydrant, *Am.* fire-plug; ~ *de métro* underground entrance; *sl.* ta ~*!* shut up!; **bouché, e** [bu'ʃe] blocked; choked; F stupid, dense; **bouchée** [⸺] *f* mouthful; *cuis.* patty.
boucher¹ [bu'ʃe] (1a) *v/t.* stop (up); shut up; cork (*a bottle*).
boucher² [bu'ʃe] *m* butcher; **bouchère** [⸺'ʃɛːr] *f* butcher's wife; **boucherie** [buʃ'ri] *f* butcher's shop; butcher's trade; slaughter (*a. fig.*).
bouche-trou [buʃ'tru] *m* stop-gap, substitute; **bouchon** [bu'ʃõ] *m* cork, stopper, plug (*a.* ⚡); *cask:* bung; *fishing:* float; *wool:* hank; ⚔ holding force; F pub; *mot.* ~ *de circulation* bottle-neck; ~ *de paille* wisp of straw; **bouchonner** [buʃɔ'ne] (1a) *v/t.* roll up (*linen*) into bundles; wring out (*linen*); rub down (*a horse*); **bouchonnier** [⸺'nje] *m* cork maker; dealer in corks.
boucle [bukl] *f* buckle; ring; loop; circuit; ear-ring; *hair:* curl, lock; **boucler** [bu'kle] (1a) *v/t.* buckle; loop; curl (*one's hair*); F lock up; *v/i.* curl (*hair*).
bouclier [bu'klje] *m* buckler, shield (*a. fig.*).
bouder [bu'de] (1a) *v/i.* sulk; shirk; pass (*at dominoes*); *v/t.* be sulky with; be cool towards; **bouderie** [⸺'dri] *f* sulkiness; **boudeur, -euse** [⸺'dœːr, ⸺'døːz] 1. *adj.* sulky; 2. *su.* sulky person.
boudin [bu'dɛ̃] *m* black pudding, *Am.* blood-sausage; *tobacco:* twist; ⊕ *wheel:* flange; ~ *blanc* white pudding; ⊕ *ressort m à* ~ spiral spring.
boudoir [bu'dwaːr] *m* boudoir, lady's private room.

boue [bu] *f* mud; dirt; slush; sediment.
bouée ⚓ [bu'e] *f* buoy.
boueur [bu'œːr] *m* scavenger; dustman, *Am.* garbage-collector; street cleaner; **boueux, -euse** [bu'ø, ~'øːz] muddy; dirty.
bouffant, e [bu'fɑ̃, ~'fɑ̃ːt] **1.** *adj.* puffed (*sleeve*); full (*skirt*); ample; **2.** *su./m* puff; **bouffarde** F [~'fard] *f* pipe.
bouffe [buf] comic.
bouffée [bu'fe] *f* puff, whiff; ⚕ attack; ⚕ ~ *de chaleur* hot flush; **bouffer** [~] (1a) *vt/i.* puff out; *vt.* F eat (greedily); blue (*money*).
bouffi, e [bu'fi] puffed (with, *de*), puffy, swollen; turgid (*style*); **bouffir** [~'fiːr] (2a) *vt/i.* swell; **bouffissure** [~fi'syːr] *f* swelling; *fig.* bombast.
bouffon, -onne [bu'fɔ̃, ~'fɔn] **1.** *adj.* farcial; fond of buffoonery; **2.** *su./m* buffoon, clown, fool; **bouffonnerie** [~fɔn'ri] *f* buffoonery.
bouge [buːʒ] *m* den, hovel, slum; ⊕ *cask*: bilge; *wall*: bulge; ⚓ camber.
bougeoir [bu'ʒwaːr] *m* candlestick.
bouger [bu'ʒe] (1l) *vi.* move, stir; *vt.* F move.
bougie [bu'ʒi] *f* candle; taper; *phys.* candle-power; *mot.* (*a.* ~ *d'allumage*) sparking-plug, *Am.* spark plug.
bougon, -onne F [bu'gɔ̃, ~'gɔn] **1.** *adj.* grumpy; **2.** *su.* grumbler.
bougran *tex.* [bu'grɑ̃] *m* buckram.
bougre *sl.* [bugr] **1.** *su./m* fellow, chap; ~ *d'idiot!* you blooming idiot!; **2.** *int.* gosh!; **bougrement** *sl.* [bugrə'mɑ̃] *adv.* devilishly; very; **bougresse** *sl.* [~'grɛs] *f* jade.
boui-boui, *pl.* **bouis-bouis** F [bwi-'bwi] *m* low theatre *or* music-hall; low haunt, *Am.* dive.
bouif *sl.* [bwif] *m* cobbler.
bouillabaisse [buja'bɛs] *f* (*Provençal*) fish-soup.
bouillant, e [bu'jɑ̃, ~'jɑ̃ːt] boiling (*a. fig.* with, *de*); hot; *fig.* hot-headed.
bouille *sl.* [buːj] *f* face.
bouilli, e [bu'ji] **1.** *p.p.* of *bouillir*; **2.** *su./m* boiled beef; *su./f* gruel; pulp; **bouillir** [~'jiːr] (2e) *vi/i.* boil; *faire* ~ *l'eau* boil the water; **bouilloire** [buj'waːr] *f* kettle, *Am.* tea-kettle; **bouillon** [bu'jɔ̃] *m* bubble; broth (*a. biol.*); soup; restaurant; ✝ unsold copies *pl.*; ~ *d'onze heures* poison(ed drink); *fig. boire un* ~ suffer a loss; **bouillonner** [~jɔ'ne] (1a) *v/i.* bubble; seethe (*a. fig.* with, *de*); *v/t.*: ~ *une robe* gauge a dress; **bouillotte** [~'jɔt] *f* foot-warmer; hot-water bottle; *cards:* bouillotte; *sl.* head; kettle, *Am.* tea-kettle; **bouillotter** [~jɔ'te] (1a) *v/i.* simmer.
boulaie [bu'lɛ] *f* birch plantation.
boulanger [bulɑ̃'ʒe] **1.** *su./m* baker; **2.** (1l) *v/t.* make (*bread*), bake (*bread*); **boulangère** [~'ʒɛːr] *f* bakeress; baker's wife; farmer's market van; **boulangerie** [bulɑ̃ʒ-'ri] *f* bakery; baker's shop; baking.
boule [bul] *f* ball, bowl; *sl.* head; ~ *de neige* snowball.
bouleau ♣ [bu'lo] *m* birch; birchwood.
bouledogue [bul'dɔg] *m* bulldog.
bouler F [bu'le] (1a) *v/t.* send rolling; *v/i.* roll; *envoyer* ~ send (*s.o.*) packing; **boulet** [~'lɛ] *m* bullet; shot; ✝ cannon-ball; ✝ *coal*: ovoids *pl.*; *horse*: pastern-joint; **boulette** [~'lɛt] *f* small ball; *cuis.* meat ball; *sl.* blunder.
boulevard [bul'vaːr] *m* boulevard.
bouleversement [bulvɛrsə'mɑ̃] *m* overthrow; confusion; **bouleverser** [~'se] (1a) *v/t.* upset (*a. fig.*); throw into confusion.
boulier [bu'lje] *m billiards:* scoring board; (*a.* ~ *compteur*) abacus.
boulimie ⚕ [buli'mi] *f* abnormal hunger.
boulin [bu'lɛ̃] *m* pigeon-hole; △ putlog(-hole).
bouline ⚓ [bu'lin] *f* bowline; **bouliner** ⚓ [~li'ne] (1a) *v/i.* sail close to the wind; *v/t.* haul (*a sail*) to windward.
boulingrin [bulɛ̃'grɛ̃] *m* lawn, grass-plot.
boulon ⊕ [bu'lɔ̃] *m* bolt, pin; **boulonner** [~lɔ'ne] (1a) *v/t.* bolt (down); *v/i. sl.* swot.
boulot, -otte [bu'lo, ~'lɔt] **1.** *adj.* dumpy; **2.** *su.* dumpy person; *su./m sl.* work; **boulotter** F [~lɔ'te] (1a) *v/t.* eat; get through (*money*); *v/i.* jog along; *ça boulotte!* things are fine!
bouquet [bu'kɛ] *m* bunch of flowers, nosegay; aroma; *wine:* bouquet;

bouquetière

c'est le ~! that takes the cake!;
bouquetière [buk'tjɛːr] f flower-girl.
bouquetin zo. [buk'tɛ̃] m ibex.
bouquin[1] [bu'kɛ̃] m old he-goat, F roué.
bouquin[2] [bu'kɛ̃] m old book; F book; **bouquiner** [buki'ne] (1a) v/i. collect old books; pore over old books; F read; **bouquineur** [~'nœːr] m lover or collector of old books; **bouquiniste** [~'nist] m second-hand bookseller.
bourbe [burb] f mud; mire; slime; **bourbeux, -euse** [bur'bø, ~'bøːz] muddy; zo. mud-...; **bourbier** [~'bje] m mire; fig. mess.
bourdaine ♀ [bur'dɛn] f black alder.
bourdalou [burda'lu] m hat-band; † bed-pan.
bourde F [burd] f fib; blunder.
bourdon[1] [bur'dɔ̃] m pilgrim's staff.
bourdon[2] ♪ [bur'dɔ̃] m drone (bass); tenor or great bell; zo. bumblebee; typ. out; zo. faux ~ drone; **bourdonner** [~dɔ'ne] (1a) v/i. hum, buzz; fig. murmur; v/t. hum (a tune); **bourdonneur, -euse** [~dɔ-'nœːr, ~'nøːz] 1. adj. humming; 2. su./m F hummingbird.
bourg [buːr] m small market-town; borough; **bourgade** [bur'gad] f large village; **bourgeois, e** [~'ʒwa, ~'ʒwaːz] 1. adj. middle-class; homely; pej. narrow-minded; bourgeois; 2. su. citizen; middle-class person; F Philistine; en ~ in plain clothes; **bourgeoisie** [~ʒwa'zi] f citizens pl.; freemen pl.; middle-class; petite ~ lower middle-class, small shopkeepers pl., tradespeople pl.
bourgeon [bur'ʒɔ̃] m ♀ bud; ✱ pimple; **bourgeonner** [~ʒɔ'ne] (1a) v/i. ♀ bud, shoot; ✱ break out into pimples.
bourgeron [burʒə'rɔ̃] m overall; ⚒ fatigue jacket; ⚓ jumper.
bourgmestre [burg'mɛstr] m burgomaster.
bourgogne [bur'gɔɲ] m wine: burgundy; **bourguignon, -onne** [~gi'ɲɔ̃, ~'ɲɔn] adj., a. su. ♀ Burgundian.
bourlinguer [burlɛ̃'ge] (1m) v/i. ⚓ strain, make heavy weather; fig. knock about (the world).

bourrache ♀ [bu'raʃ] f borage.
bourrade [bu'rad] f blow; thrust; unkind word; gun: kick; **bourrage** ⊕ [~'raːʒ] m packing; charging; F ~ de crâne bluff, eyewash.
bourrasque [bu'rask] f squall; gust of wind; fig. gust, attack.
bourre [buːr] f flock; waste; padding; stuffing; fire-arms: plug; ⊕ ~ de soie floss-silk.
bourreau [bu'ro] m executioner; fig. tormenter. [wood.)
bourrée[1] [bu're] f bundle of fire-)
bourrée[2] ♪ [~] f a dance.
bourreler [bur'le] (1c) v/t. torture (a. fig.); ⊕ fit draught-excluders to (a door); **bourrelet** [~'lɛ] m pad; wad; draught-excluder; bulge; ⊕ flange; ⚓ fender; **bourrelier** [~ə-'lje] m saddler; **bourrer** [bu're] (1a) v/t. stuff; cram; pad; ram in; fig. trounce.
bourriche [bu'riʃ] f hamper(ful).
bourricot [buri'ko] m donkey; sl. kif-kif ~ much of a muchness; **bourrin** sl. [~'rɛ̃] m horse, nag; **bourrique** [~'rik] f she-ass; fig. blockhead; **bourriquet** [~ri'kɛ] m ass' colt; ⊕ winch.
bourru, e [bu'ry] 1. adj. surly, churlish; 2. su./m curmudgeon; ~ bienfaisant rough diamond.
bourse [burs] f purse (a. fig.); bag; zo. pouch; univ. etc. scholarship; ✝ ♀ Stock Exchange; ♀ du Travail Labo(u)r Exchange; **boursicot** F [bursi'ko] m savings pl., F nest-egg; † purse; **boursier, -ère** [~'sje, ~'sjɛːr] su. univ. etc. scholarship-holder; exhibitioner; su./m ✝ speculator; paymaster, purse-holder.
boursoufler [bursu'fle] (1a) v/t. puff up; bloat; **boursouflure** [~-'flyːr] f swelling; paint: blister; fig. style: turgidity.
bous [bu] 1st p. sg. pres. of bouillir.
bousculade [busky'lad] f hustle; scrimmage; **bousculer** [~'le] (1a) v/t. knock (s.th.) over; jostle (s.o.).
bouse [buːz] f cow-dung; **bousiller** [buzi'je] (1a) v/t. F botch, bungle (a piece of work); ✈ crash (a plane); △ build or cover with cob.
boussole [bu'sɔl] f compass; ⚡ galvanometer; sl. perdre la ~ be off one's head; be all at sea.
boustifaille F [busti'faːj] f food, grub.

bout [bu] *m usu.* end (*a. fig.*); extremity; *cigarette:* tip, butt; *pen:* nib; bit, piece; *ground:* patch; *à ~ (d'efforts)* worn out; *à ~ de forces* at the end of one's tether; *à ~ portant* point-blank; *au ~ de* after *or* in (*a year*); *au ~ du compte* after all, in the end; *de ~ en ~* from beginning to end; ♒ from stem to stern; *fig.* joindre les deux ~s make both ends meet; *pousser à ~* try to breaking point; *venir à ~ de* manage; stamp out.

boutade [bu'tad] *f* whim; sally; outburst.

boute-en-train [butã'trɛ̃] *m/inv.* exhilarating fellow, good company; life and soul (*of a party*).

bouteille [bu'tɛ:j] *f* bottle; ⊕ *~ à gaz* gas cylinder; *~ isolante* (*or thermos*) Thermos flask; *prendre de la ~* age.

bouter † [bu'te] (1a) *v/t.* push.

bouteroue ⚠ [bu'tru] *f* guardstone; *bridge:* guard-rail.

boute-selle ⚔ [but'sɛl] *m/inv.* trumpet call: boot-and-saddle.

boutique [bu'tik] *f* shop; booth; ⊕ set of tools; *parler ~* talk shop; **boutiquier** *m*, **-ère** *f* [~ti'kje, ~'kjɛ:r] shopkeeper.

boutoir *zo.* [bu'twa:r] *m* snout (*of boar*); *fig. coup m de ~* cutting remark; hard blow.

bouton [bu'tõ] *m* button; ⚘ bud; ✱ pimple; *cost.* stud, link; *door, radio:* knob; *~ de puissance radio:* volume control; *appuyer sur le ~* press the bell; *tourner le ~* switch on *or* off; **~-d'or** *pl.* **~s-d'or** ⚘ [~tõ'dɔ:r] *m* butter-cup; **boutonner** [~tɔ'ne] (1a) *v/t.* button (up); *v/i.* ⚘ bud; ✱ come out in pimples; **boutonnerie** [~tɔn'ri] *f* button trade *or* factory; **boutonnière** [~tɔ'njɛ:r] *f* button-hole; ✱ incision; **bouton-pression**, *pl.* **boutons-pression** [~tõprɛ'sjõ] *m* press-stud.

bouture ⚘ [bu'ty:r] *f* cutting.

bouverie [bu'vri] *f* cowshed.

bouvet ⊕ [bu'vɛ] *m* grooving-plane; tonguing-plane.

bouvier, -ère [bu'vje, ~'vjɛ:r] *su.* cowherd; drover; F boor; *su./f* cowgirl.

bouvreuil *orn.* [bu'vrœ:j] *m* bullfinch.

bovin, e [bɔ'vɛ̃, ~'vin] bovine; *bêtes f/pl.* ~es horned cattle.

box, *pl.* **boxes** [bɔks] *m* horse-box; *mot.* lock-up (garage); *dormitory:* cubicle; ⚖ *~ des accusés* dock.

boxe *sp.* [~] *f* boxing.

boxer[1] [bɔk'se] (1a) *v/t.* box.

boxer[2] [bɔk'sœ:r] *m dog:* boxer.

boxeur [bɔk'sœ:r] *m* boxer, prize-fighter.

boyau [bwa'jo] *m* hose-pipe; bowel, gut; ⚔ communication trench; *fig.* narrow passage.

boycottage [bɔjkɔ'ta:ʒ] *m* boycotting; **boycotter** [~'te] (1a) *v/t.* boycott.

bracelet [bras'lɛ] *m* bracelet; bangle; armlet; ⚘ node; *~ de montre* watch-strap; **~-montre**, *pl.* **~s-montres** [~lɛ'mõ:tr] *m* wristwatch.

brachial, e, *m/pl.* **-aux** *anat.* [bra'kjal, ~'kjo] brachial.

braconnage [brakɔ'na:ʒ] *m* poaching; **braconner** [~'ne] (1a) *v/i.* poach; **braconnier** [~'nje] *m* poacher.

bractée ⚘ [brak'te] *f* bract.

brader [bra'de] (1a) *v/t.* sell off cheap(ly), undersell.

braguette [bra'gɛt] *f trousers:* fly, flies *pl.*

brai [brɛ] *m* tar, pitch.

braillard, e [bra'ja:r, ~'jard] **1.** *adj.* brawling, shouting, obstreperous; **2.** *su.* bawler; brawler; **brailler** [~'je] (1a) *v/t.* bawl; **brailleur, -euse** [~'jœ:r, ~'jø:z] **1.** *adj.* brawling; shouting; **2.** *su.* bawler; brawler.

braire [brɛ:r] (4c) *v/i.* bray (*ass*); F cry; *sl.* squeal.

braise [brɛ:z] *f* glowing embers *pl.*; live charcoal; cinders *pl.*; *sl.* cash; **braiser** [brɛ'ze] (1b) *v/t. cuis.* braise; *v/i. sl.* pay; **braisière** *cuis.* [~'zjɛ:r] *f* braising-pan.

brait [brɛ] *p.p. of* braire.

bramer [bra'me] (1o) *v/i.* bell (*stag*).

brancard [brã'ka:r] *m* stretcher; hand-barrow; ⊕ *carriage:* shaft; **brancardier** [~kar'dje] *m* stretcher-bearer.

branchage [brã'ʃa:ʒ] *m coll.* branches *pl.*; **branche** [brã:ʃ] *f* branch (*a. fig.*, ⚘, ⚘); bough; *spectacles:* side; *propeller:* blade;

branchement 72

compass: leg; *sl. vieille* ~ old pal;
branchement [brãʃ'mã] *m*
branching; ⚡ lead, branch-circuit;
⚡ tapping (*of main*); 🚂 ~ (*de voie*)
junction; **brancher** [brã'ʃe] (1a)
v/i. a. se ~ roost, perch; *v/t.*
branch; ⚡ plug in; tap; hang (*s.o.*).
branchies *zo.* [brã'ʃi] *f/pl.* gills.
branchu, e [brã'ʃy] branchy.
brande ♀ [brãːd] *f* heather; heath.
brandebourg *cost.* [brãd'buːr] *m*
frogs *pl.* and loops *pl.*
brandiller [brãdi'je] (1a) *vt/i.*
dangle. [dish, wave.⎤
brandir [brã'diːr] (2a) *v/t.* bran-⎦
brandon [brã'dõ] *m* (fire-)brand;
fig. ~ *de discorde* troublemaker.
branlant, e [brã'lã, ~'lãːt] totter-
ing; shaky; loose (*tooth*); **branle**
[brãːl] *m* swing; shaking; impulse,
start; *en* ~ in action, going; **branle-
bas** [brãl'ba] *m/inv.* ⚓ clearing the
decks, pipe to quarters; *fig.* com-
motion; **branler** [brã'le] (1a) *vt/i.*
shake, move; swing; *v/i. a.* rock,
be unsteady; be loose (*tooth, tool,
etc.*).
braquage [bra'kaːʒ] *m car etc.*:
steering; *gun*: aiming, pointing.
braque [brak] 1. *su./m* pointer; F
mad-cap; 2. *adj.* F silly, *sl.* daft.
braquer [bra'ke] (1m) *v/t.* aim,
point (*a gun etc.*); change
the direction of.
bras [bra] *m* arm; ⊕ handle; ⊕ leg;
⊕ *crane*: jib; ⊕ ~ *pl.* workmen,
hands; ~ (*de pick-up*) *gramophone*:
tone-arm; ~ *dessus,* ~ *dessous* arm-
in-arm; *à* ~ *tendus* at arm's length;
à tour de ~ with might and main;
avoir le ~ *long* be very influential;
couper ~ *et jambes à q.* dishearten
s.o.; *en* ~ *de chemise* in shirt-sleeves.
braser ⊕ [bra'ze] (1a) *v/t.* hard-
solder.
brasero [braze'ro] *m* brazier; glow-
ing fire; *fig.* blaze; **brasier** [~'zje]
m brazier; glowing fire; *fig.* blaze;
brasiller [~zi'je] (1a) *v/i.* sparkle
(*sea*); splutter (*meat etc. in pan*);
v/t. grill.
brassage [bra'saːʒ] *m* brewing.
brassard [bra'saːr] *m* arm-band;
armlet.
brasse [bras] *f* ⚓ fathom; *swim-
ming*: stroke; ~ *sur le dos (ventre)*
back-(breast-)stroke; **brassée** [bra-
'se] *f* armful; *swimming*: stroke.

brasser[1] [bra'se] (1a) *v/t.* ⚓ brace;
✈ swing (*the propeller*).
brasser[2] [bra'se] (1a) *v/t.* brew (*a.
fig.*); stir up; *metall.* puddle; F
handle (*an affair*); **brasserie**
[bras'ri] *f* brewery; beer-saloon;
brewing; restaurant.
brassière [bra'sjɛːr] *f* shoulder-
strap; (child's) bodice; ~ *de sauve-
tage* life-jacket.
brassin [bra'sɛ̃] *m* brew; mash-tub.
brasure [bra'zyːr] *f* brazed seam;
hard solder(ing).
bravache [bra'vaʃ] 1. *su./m* bully,
swaggerer; 2. *adj.* blustering, swag-
gering; **bravade** [~'vad] *f* bravado,
bluster; F *faux* ~ *see bravache* 1; **bra-
ve** [braːv] brave; good,
honest; F smart; *un* ~ *homme* a
worthy man; *un homme* ~ a brave
man; F *faux* ~ *see bravache* 1; **bra-
ver** [bra've] (1a) *v/t.* defy; brave;
bravo [~'vo] 1. *su./m* cheers *pl.*;
2. *int.* ~! bravo!; well done!; hear,
hear!; **bravoure** [~'vuːr] *f* bravery.
brayer [brɛ'je] 1. *su./m* ✞ truss;
2. (1i) *v/t.* ⚓ tar; ⚓ sling.
brebis [brə'bi] *f* ewe; sheep; *fig.* ~
galeuse black sheep.
brèche [brɛʃ] *f* breach; gap; ⚓
hole; *blade*: notch; *fig. battre en* ~
disparage; ~-**dent** [~'dã] 1. *adj.*
gap-toothed; 2. *su.* gap-toothed
person.
bredouille [brə'duːj] unsuccessful;
empty-handed; *se coucher* ~ go
supperless to bed; **bredouiller**
[~du'je] (1a) *vt/i.* mumble.
bref, brève [brɛf, brɛːv] 1. *adj.*
brief, short; 2. *su./m eccl.* (papal)
brief; 3. *bref adv.* in short, briefly.
bréhaigne [bre'ɛɲ] barren (*mare
etc.*).
brelan [brə'lã] *m cards*: brelan;
cards: pair royal; gambling den.
breloque [brə'lɔk] *f* (watch-)charm;
✕ dismiss; ⚓ disperse.
brème [brɛm] *f icht.* bream; *sl.*
playing card.
brésilien, -enne [brezi'ljɛ̃, ~'ljɛn]
adj., a. su. ♀ Brazilian.
bretailler F [brətɑ'je] (1a) *v/i.* fight
on the slightest provocation; fence.
bretelle [brə'tɛl] *f* ✕ sling;
(shoulder-)strap; ~*s pl.* braces, *Am.*
suspenders.
breton, -onne [brə'tõ, ~'tɔn] 1. *adj.*
Breton; 2. *su./m ling.* Breton; *su.* ♀
Breton.

bretteur [brɛ'tœːr] *m* swashbuckler.
breuvage [brœ'vaːʒ] *m* beverage, drink; ⚓ draught.
brève [brɛːv] *f gramm.* short syllable; ♪ breve; *tel.* dot; *orn.* short tail.
brevet [brə'vɛ] *m* patent; † warrant; certificate, diploma; ✕ commission; ~ *de capacité school*: lower certificate; ⚓ ~ *de capitaine* master's certificate; ✈ ~ *de pilote* pilot's licence; *prendre un* ~ take out a patent; **breveté, e** [brəv'te] certificated (*teacher etc.*), commissioned (*officer*); **breveter** [~] (1c) *v/t.* patent; grant a patent to; *fig.* license.
bréviaire *eccl.* [bre'vjɛːr] *m* breviary.
bribes [brib] *f/pl.* scraps; fragments.
bric-à-brac [brika'brak] *m/inv.* odds *pl.* and ends *pl.*; curios *pl.*; curiosity shop.
brick ⚓ [brik] *m* brig.
bricole [bri'kɔl] *f* strap; breast-harness; rebound; *f ~s pl.* odds and ends, odd jobs; **bricoler** [~kɔ'le] (1a) *v/i.* do odd jobs; *v/t.* arrange; **bricoleur** [~kɔ'lœːr] *m* handy man, *Am.* putterer; potterer.
bride [brid] *f* bridle; rein (*a. fig.*); ⊕ tie, strap; ⊕ flange; ⊕ ~ *de serrage* clamp(ing) piece; *à* ~ *abattue*, *à toute* ~ at full speed; *lâcher la* ~ *à l'émotion* give free rein to one's feelings; *fig. laisser à q. la* ~ *sur le cou* give s.o. his head; *fig. tenir la* ~ *haute à* keep a tight rein on; be high-handed with; **brider** [bri'de] (1a) *v/t.* bridle; curb; tie (up); ⊕ flange; *cuis.* truss (*fowl*); *cost.* bind (*a buttonhole*).
bridger [brid'ʒe] (1l) *v/i.* play bridge.
bridon [bri'dɔ̃] *m* snaffle.
brie [bri] *m* Brie.
brièvement [briev'mɑ̃] *adv.* briefly, succinctly; **brièveté** [~'te] *f* brevity; concision.
briffer *sl.* [bri'fe] (1a) *vt/i.* eat, gobble; *v/t. a.* crumple.
brigade [bri'gad] *f* ✕ brigade; *workers*: gang; *workers*: shift; *police*: squad; **brigadier** [~ga'dje] *m* ✕ corporal; ⊕ foreman; *police*: sergeant.

brigand [bri'gɑ̃] *m* brigand; robber; F ruffian; **brigandage** [~gɑ̃'daːʒ] *m* highway robbery; plunder.
brigue [brig] *f* intrigue; cabal; **briguer** [bri'ge] (1m) *v/t.* solicit (*s.th.*); court (*favour*); canvass for (*votes*).
brillant, e [bri'jɑ̃, ~'jɑ̃ːt] **1.** *adj.* shining, brilliant, bright; **2.** *su./m* brilliance, brightness; gloss; shine; *diamond*: brilliant; **briller** [~'je] (1a) *v/i.* shine, glisten, sparkle; F ~ *par son absence* be conspicuous for one's absence.
brimade [bri'mad] *f* rag(ging), *Am.* hazing.
brimbaler [brɛ̃ba'le] (1a) *v/i.* dangle; wobble; *v/t.* F carry about.
brimborion [brɛ̃bɔ'rjɔ̃] *m* bauble.
brimer [bri'me] (1a) *v/t.* rag, *Am.* haze; bully.
brin [brɛ̃] *m grass*: blade; *tree*: shoot; ⚓, *rope*: strand; *fig.* bit; touch; **brindille** [~'diːj] *f* twig.
bringue F [brɛ̃ːg] *f* bit, piece; spree.
brioche [bri'ɔʃ] *f* brioche; bun; F blunder.
brique [brik] *f* 🏠 brick; ♈ soap: bar; ~ *de parement* facing brick; ~ *hollandaise* clinker; ~ *tubulaire* hollow brick; *sl. bouffer des* ~*s* not to have a bite; **briquet** [bri'kɛ] *m* cigarette-lighter; tinder-box; *battre le* ~ strike a light; **briqueter** [brik'te] (1c) *v/t.* brick; face with bricks *or* with imitation brickwork; **briqueterie** [~'tri] *f* brick-yard; **briquetier** [~'tje] *m* brick-maker; **briquette** [bri'kɛt] *f* briquette.
bris [bri] *m* breaking (*a.* ⚖); ⚓ wreckage; **brisant** [bri'zɑ̃] *m* reef; breaker.
brise ⚓ [briːz] *f* breeze.
brise-bise [briz'biːz] *m/inv.* draught-excluder.
brisées [bri'ze] *f/pl.* tracks; *hunt.* broken boughs; *fig. aller sur les* ~ *de q.* trespass s.o.'s preserves.
brise...: ~**glace** [briz'glas] *m/inv.* ice-breaker; ice-fender; ~**jet** ⊕ [~'ʒe] *m/inv.* anti-splash nozzle; ~**lames** ⚓ [~'lam] *m/inv.* breakwater; groyne.
briser [bri'ze] (1a) *v/t.* break; shatter; *fig. a.* crush; *v/i.* break (with, *avec*); *brisons là!* let's leave it at that!; **brise-tout** F [briz'tu] *su./*

brisoir inv. esp. destructive child; **brisoir** tex. [bri'zwa:r] m brake.

brisque ✕ [brisk] f long-service stripe; F *vieille* ~ old soldier.

brisure [bri'zy:r] f break; *shutter*: folding-joint; ⌀ brisure.

britannique [brita'nik] 1. *adj.* British; Britannic (*majesty*); 2. *su.*: *les* ~s *m/pl.* the British.

broc [bro] m jug, pitcher.

brocanter [brɔkã'te] (1a) *v/i.* deal in second-hand goods; *v/t.* sell (to a second-hand dealer); barter; **brocanteur** m, **-euse** f [~'tœ:r, ~'tø:z] second-hand dealer; broker.

brocard[1] [brɔ'ka:r] m lampoon.

brocard[2] *hunt.* [~] m yearling roe-deer.

brocart † [~] m brocade.

broche [brɔʃ] f spit; skewer; ⊕ spindle; ⊕ pin; tent-peg; brooch; F knitting-needle; *zo.* boar: tusk; **brocher** [brɔ'ʃe] (1a) *v/t.* stitch; brocade; emboss; *livre broché* paper-bound book.

brochet *icht.* [brɔ'ʃɛ] m pike.

brochette [brɔ'ʃɛt] f skewer; ⊕ pin.

brocheur, -euse [brɔ'ʃœ:r, ~'ʃø:z] *su.* stitcher, sewer (*of books*); *su./f* stitching-machine; stapling-machine; **brochure** [~'ʃy:r] f booklet, brochure; pamphlet; sewing (*of books*); *tex.* inwoven pattern.

brodequin [brɔd'kɛ̃] m half-boot; ✕ ammunition-boot; F *thea. chausser le* ~ take to comedy.

broder [brɔ'de] (1a) *v/t.* embroider (*a. fig.*); **broderie** [~'dri] f embroidery (*a. fig.*); *fig.* embellishment; **brodeur** m, **-euse** f [~'dœ:r, ~'dø:z] embroiderer.

broie [brwa] f *tex.* brake; ⚙ brake-harrow; **broiement** [~'mã] m crushing, pulverizing; *tex.* braking.

brome 🜛 [brom] m bromine; **bromique** 🜛 [brɔ'mik] bromic; **bromure** 🜛 [~'my:r] m bromide.

bronche *anat.* [brɔ̃:ʃ] f wind-pipe; bronchus; ~s *pl.* bronchi(a).

broncher [brɔ̃'ʃe] (1a) *v/i.* stumble; trip; move; *fig.* falter, flinch; *sans* ~ without flinching.

bronchite 🞅 [brɔ̃'ʃit] f bronchitis.

bronze [brɔ̃:z] m bronze; *fig. cœur m de* ~ heart of steel; **bronzer** [brɔ̃'ze] (1a) *v/t.* bronze; tan; *fig.* harden.

brosse [brɔs] f brush; paint-brush; ~s *pl.* brushwood *sg.*; *cheveux m/pl.* en ~ crew-cut *sg.*; *fig. passer la* ~ *sur* efface; **brosser** [brɔ'se] (1a) *v/t.* brush; scrub; F thrash; F *se* ~ (*le ventre*) go without; *sl.* have an empty belly; **brosserie** [brɔs'ri] f brush-ware; brush-trade; brush-factory; **brossier** [brɔ'sje] m brush-maker; dealer in brushes.

brou [bru] m husk; ~ *de noix* walnut stain; walnut liqueur.

brouet [bru'ɛ] m (thin) gruel, F skilly; ~ *noir* black broth.

brouette [bru'ɛt] f wheelbarrow; **brouetter** [~e'te] (1a) *v/t.* convey in a (wheel)barrow.

brouhaha [brua'a] m hubbub; hullabaloo; uproar.

brouillage [bru'ja:ʒ] m *radio*: jamming; interference.

brouillamini F [brujami'ni] m muddle.

brouillard [bru'ja:r] 1. *su./m* fog; smog; † waste-book; 2. *adj./m papier m* ~ blotting-paper; **brouillasser** [~ja'se] (1a) *v/impers.* drizzle.

brouille F [bru:j] f disagreement; quarrel; *être en* ~ *avec* be at loggerheads with; **brouiller** [bru'je] (1a) *v/t.* mix up; confuse; *radio*: jam; *radio*: interfere with (*a broadcast*); shuffle (*cards*); scramble (*eggs*); *fig.* create dissension between; set at variance; ~ *du papier* scribble over paper; **brouillerie** [bruj'ri] f disagreement; **brouilleur** [~'jœ:r] m *radio*: jammer.

brouillon[1], **-onne** [bru'jɔ̃, ~'jɔn] 1. *adj.* unmethodical; muddle-headed (*person*); 2. *su./m* muddler.

brouillon[2] [bru'jɔ̃] m draft, rough copy; scribbling paper; **brouillonner** [~jɔ'ne] (1a) *v/t.* botch (*an essay etc.*); draft, make a rough copy of.

brouir ⚘ [bru'i:r] (2a) *v/t. sun*: blight (*plants*); **brouissure** [~i'sy:r] f blight, frost-nip.

broussailles [bru'sa:j] f/pl. brushwood *sg.*, scrub *sg.*, bush *sg.*; *en* ~ shaggy, unkempt (*hair*); **brousse** [brus] f *the* bush (*in Australia etc.*).

brout [bru] m tender shoots *pl.*; browse(-wood); **brouter** [bru'te] (1a) *v/t.* browse (on), graze; *v/i.* ⊕ jump (*tool*); **broutille** [~'ti:j] f twig; F trifle.

broyage [brwa'ja:ʒ] *m* pounding, crushing; grinding; *tex.* braking; **broyer** [‿'je] (1h) *v/t.* pound, crush; grind; *tex.* brake; **broyeur** *m*, **-euse** *f* [‿'jœ:r, ‿'jø:z] pounder; grinder; *tex.* hemp-braker.

brrr! [brrr] *int.* ugh!

bru [bry] *f* daughter-in-law.

bruine [bryin] *f* drizzle, Scotch mist; **bruinement** [‿'mã] *m* drizzling; **bruiner** [bryi'ne] (1a) *v/impers.* drizzle; **bruineux, -euse** [‿'nø, ‿'nø:z] drizzly.

bruire [bryi:r] (4d) *v/i.* rustle; hum (*machine*); murmur (*brook etc.*); **bruissement** [bryis'mã] *m* rumbling; rustling; humming; murmuring; **bruit** [bryi] *m* noise; clatter, din; rumble; *metal*: clang; *gun*: report; ⚔ murmur; *fig.* rumo(u)r, report; ~s *pl.* parasites *radio*: interference *sg.*; ~ de fond *radio etc.*: background noise; ~ sourd thud; *le* ~ *court que* ... it is rumo(u)red that ...; **bruitage** *thea., cin.* [bryi'ta:ʒ] *m* sound-effects *pl.*

brûlé [bry'le] *m* smell of burning; **brûle-gueule** F [bryl'gœl] *m/inv.* nosewarmer; **brûle-pourpoint** [‿pur'pwẽ] *adv.*: *à* ~ point-blank; **brûler** [bry'le] (1a) *v/t.* burn (*a. fig.*); scorch; ⚔ cauterize; overrun (*a signal*); ⚔ nip; 🚂 not to stop at; *sl.* unmask, detect; *fig.* ~ *ses vaisseaux* burn one's boats; *se* ~ *la cervelle* blow one's brains out; *v/i.* burn (*a. fig.*), be on fire; catch (*milk*); *fig.* be consumed; F be hot, be roasting; ~ *de* (*inf.*) be eager to (*inf.*); **brûleur, -euse** [‿'lœ:r, ‿'lø:z] *su. person*: burner; *coffee*: roaster; brandy distiller; *su./m gas etc.*: burner; **brûloir** [‿'lwa:r] *m machine*: coffee roaster; blowlamp; **brûlot** [‿'lo] *m* ⚓ flare; F *pol.* firebrand; **brûlure** [‿'ly:r] *f* burn; scald; ⚔ frost-nip; ⚔ ~s *pl. d'estomac* heartburn *sg.*

brume [brym] *f* thick fog; (sea-) mist; **brumeux, -euse** [bry'mø, ‿'mø:z] foggy; *fig.* hazy.

brun, brune [brœ̃, bryn] 1. *adj.* brown; dark (*complexion*); dark-haired; 2. *su./m* brown; *su./f* brunette; nightfall; **brunâtre** [bry'na:tr] brownish; **brunir** [‿'ni:r] (2a) *vt/i.* brown; tan; *v/t.* ⊕ burnish, polish; **brunissage** [‿ni'sa:ʒ] *m* burnishing; polishing; (sun)tan.

brusque [brysk] blunt, brusque, abrupt; sudden; rough; sharp; **brusquer** [brys'ke] (1m) *v/t.* be blunt with (*s.o.*); hurry; hustle; precipitate (*s.th.*); **brusquerie** [‿kə'ri] *f* abruptness, brusqueness.

brut, brute [bryt] raw; crude (*oil*); unrefined (*sugar*); uncut (*diamond*); undressed (*stone*); ✝ *poids m* ~ gross weight; **brutal, e**, *m/pl.* **-aux** [bry'tal, ‿'to] brutal; savage, fierce; harsh (*colour*); brute (*force*); unfeeling; plain, unvarnished (*truth*); **brutaliser** [‿tali'ze] (1a) *v/t.* illtreat; bully; **brute** [bryt] *f* brute (*a. fig.*); ruffian.

bruyant, e [bryi'jã, ‿'jã:t] noisy, loud; boisterous; *fig.* resounding (*success*).

bruyère [bryi'jɛ:r] *f* heather; heath; briar; *orn. coq m de* ~ grouse.

bu, e [by] *p.p. of boire* 1.

buanderie [bųã'dri] *f* wash-house.

bubonique ⚔ [bybɔ'nik] bubonic; *peste f* ~ bubonic plague.

buccal, e, *m/pl.* **-aux** [byk'kal, ‿'ko] buccal, of the mouth.

bûche [byʃ] *f* log; block; *cuis.* Swiss roll; F blockhead; *ramasser une* ~ have a fall, come a cropper.

bûcher[1] [by'ʃe] *m* wood-shed; pile of firewood, wood-stack; pyre.

bûcher[2] [‿] (1a) *v/t.* ⊕ rough-hew; *sl.* thrash; F swot at, work hard at or for, *Am.* grind; *v/i.* F work hard; swot, *Am.* grind.

bûcheron [byʃ'rõ] *m* woodcutter, *Am.* lumberjack; **bûcheronne** [‿'rɔn] *f* woodcutter's wife.

bûchette [by'ʃɛt] *f* stick.

bûcheur, -euse F [by'ʃœ:r, ‿'ʃø:z] plodder; swotter, *Am.* grind.

budget [byd'ʒɛ] *m* budget; *admin.* estimates *pl.*; F *boucler son* ~ make ends meet; **budgétaire** [‿ʒe'tɛ:r] budgetary; financial (*year etc.*); **budgétisation** [‿ʒetiza'sjõ] *f* budgeting.

buée [bųe] *f* steam, vapo(u)r.

buffet [by'fɛ] *m* sideboard; dresser; cupboard; buffet; 🚂 refreshment room; F *danser devant le* ~ have a bare cupboard; **buffetier** [byf'tje] *m* refreshment-room manager; **buffetière** [‿'tjɛ:r] *f* refreshment-room manageress.

buffle 76

buffle [byfl] *m zo.* buffalo; buffalo-hide; ⊕ buff-stick; **buffleterie** [~ə'tri] *f* leather equipment.
bugle[1] ♪ [bygl] *m* saxhorn.
bugle[2] ♀ [~] *f* bugle.
buis ♀ [bui̯] *m* box-tree; box-wood;
buisson [bui̯'sɔ̃] *m* bush; spinney, thicket; **buissoneux, -euse** [bui̯-sɔ'nø, ~'nø:z] bushy; **buissonnier, ère** [~'nje, ~'njɛ:r] *adj.*: faire l'école ~ère play truant, *Am.* play hooky.
bulbe ♀ [bylb] *m* bulb; **bulbeux, -euse** [byl'bø, ~'bø:z] bulbous; ♀ bulbed.
bulldozer [buldɔ'zœ:r] *m* bulldozer.
bulle [byl] *f* bubble; blister; seal; *eccl.* papal bull.
bulletin [byl'tɛ̃] *m* bulletin; form; voting-paper; report; 🚂 ~ *de bagages* luggage-ticket, *Am.* baggage-check; ✈ ~ *de commande* order-form; ~ *d'expédition* way-bill; ~ *de santé* health report.
bulleux, -euse [by'lø, ~'lø:z] bubbly; ♀ bullate; 🪨, *geol.* vesicular.
bungalow [bœ̃ga'lo] *m* bungalow.
buraliste [byra'list] *su.* tax collector; tobacconist; clerk.
bure[1] *tex.* [by:r] *f* rough homespun.
bure[2] ⚒ [~] shaft (*of a mine*).
bureau [by'ro] *m* writing-table, desk; bureau; office; *admin.* department; board of directors, governing body; *thea.* ~x *pl. fermés* sold out; 🚂 ~ *ambulant* travelling post office; ~ *central* head post office, G.P.O.; *teleph.* exchange; ~ *de bienfaisance* relief committee; ~ *de douane* custom-house; *thea.* ~ *de location* box-office; ~ *de placement labo(u)r exchange; (private) employment bureau; ~ de poste* post office; ~ *de renseignements* information bureau; ~ *de tabac* tobacconist's (shop); ~ *ministre* knee-hole desk; ⚔ *deuxième* ~ Intelligence (Department); ⚓ *Naval Intelligence Division;* **bureaucrate** [byro'krat] *m* bureaucrat; F black-coated worker; **bureaucratie** [~kra'si] *f* bureaucracy, F red tape.

burette [by'rɛt] *f* cruet (*a. eccl.*); ⊕ oil-can, oiler; ⚗ burette.
burin ⊕ [by'rɛ̃] *m* burin, etching-needle, graver; cold chisel; engraving; **buriner** [~ri'ne] (1a) *v/t.* engrave; chisel; *v/i.* F swot.
burlesque [byr'lɛsk] burlesque; comical, ridiculous.
bus [by] *1st p. sg. p.s.* of *boire* 1.
busc [bysk] *m cost. corset:* busk; *rifle-butt:* shoulder.
buse[1] [by:z] *f orn.* buzzard; F blockhead, fool.
buse[2] [~] *f* ⊕ pipe; nozzle; ⚒ air-shaft; *mot.* choke(-tube).
busquer [bys'ke] (1m) *v/t.* busk (*a corset*); curve.
buste [byst] *m* bust; *en* ~ half-length.
but [by(t)] *m* target; aim; goal (*a. sp.*); purpose; *avoir pour* ~ aim at, intend; *de* ~ *en blanc* bluntly; *droit au* ~ (straight) to the point; *marquer un* ~ score a goal; **buter** [by'te] (1a) *v/i.* knock, stumble (against, *contre*); ⊕ abut; *v/t.* prop up; 🏛 buttress; *fig. se* ~ *à* come up against (*s.th.*).
butin [by'tɛ̃] *m* booty, spoils *pl.*;
butiner [~ti'ne] (1a) *vt/i.* ⚔ plunder; *v/i.* gather honey (*bee*); *v/t.* gather honey from (*a flower*).
butoir [by'twa:r] *m* ⊕ stop; catch; 🚂 terminal buffer.
butor [by'tɔ:r] *m orn.* bittern; F lout, clod.
butte [byt] *f* mound, hillock; bank; ⚔ butts *pl.*; *fig. en* ~ *à* exposed to; **butter** 🌱 [by'te] (1a) *v/t.* earth up; **buttoir** 🌱 [~'twa:r] *m* ridging-plough, *Am.* ridging-plow.
buvable [by'vabl] drinkable; *sl.* acceptable; **buvard** [~'va:r] *m* blotting-paper; **buvette** [~'vɛt] *f* refreshment bar; *spa:* pump-room; **buveur** *m*, **-euse** *f* [~'vœ:r, ~'vø:z] drinker; toper; ~ *d'eau* teetotaller; **buvons** [~'vɔ̃] *1st p. pl. pres.* of *boire* 1; **buvoter** F [~vɔ'te] (1a) *v/t.* sip '(*wine*); *v/i.* tipple.
byzantin, e [bizɑ̃'tɛ̃, ~'tin] Byzantine.

C

C, c [se] *m* C, c.
ça [sa] F *abbr. of* cela; *c'est* ~! that's right!
çà [~] **1.** *adv.* here; hither; ~ *et là* here and there; **2.** *int.* (*ah*) ~! now then!
cabale [ka'bal] *f* cabal; intrigue; clique, faction; **cabaler** [kaba'le] (1a) *v/i.* intrigue; **cabaleur, -euse** [~'lœːr, ~'løːz] **1.** *adj.* intriguing; **2.** *su.* intriguer.
caban [ka'bɑ̃] *m* oilskins *pl.*; dufflecoat.
cabane [ka'ban] *f* hut, shed; cabin; *rabbit*: hutch; *dog*: kennel; **cabanon** [~ba'nɔ̃] *m* small hut; *prison*: cell; *lunatic*: padded cell.
cabaret [kaba'rɛ] *m* pub(lic house), tavern, restaurant; liqueur-stand; service (*for tea, coffee, etc.*); **cabaretier** *m*, **-ère** *f* [~barə'tje, ~'tjɛːr] innkeeper; publican.
cabas [ka'bɑ] *m* basket.
cabestan ⊕, ♎ [kabɛs'tɑ̃] *m* capstan, winch.
cabillau(d) *icht.* [kabi'jo] *m* fresh cod.
cabine [ka'bin] *f* ♎ cabin; telephone-box, telephone-booth; 🚂 (*a.* ~ *d'aiguillage*) signal-box; *cin.* ~ *de projection* projection room; **cabinet** [~bi'nɛ] *m* small room; office; ministry; government; collection; ~(*s pl.*) (*d'aisances*) watercloset, lavatory; ~ *de toilette* dressing-room; ~ (*de travail*) study; *phot.* ~ *noir* dark room.
câble [kɑːbl] *m* cable (*a.* F = *cablegram*); ♎ ~ *de remorque* hawser; ~ *métallique* wire rope; stranded wire; **câbler** [kɑ'ble] (1a) *v/t.* cable (*a message*); ✍ wire up; **câblogramme** [~blɔ'gram] *m* cablegram.
caboche F [ka'bɔʃ] *f* (hob)nail; ⊕ clout-nail; F head, pate.
cabosse F [ka'bɔs] *f* ♀ cacao-pod; ✍ bump, bruise; **cabosser** F [~bɔ'se] (1a) *v/t.* ✍ bump, bruise; dent.
cabotage ♎ [kabɔ'taːʒ] *m* coastingtrade; **caboter** [~'te] (1a) *v/i.* coast; **cabotin** F [~'tɛ̃] *m* third-rate actor, *sl.* ham-actor; **cabotine** F [~'tin] *f* third-rate actress.
cabrer [kɑ'bre] (1a) *v/t.* 🐴 elevate; *se* ~ rear (*horse*); 🐴 rear, buck; *fig.* *se* ~ *contre* jib at, rebel against.
cabri *zo.* [ka'bri] *m* kid; **cabriole** [kabri'ɔl] *f* caper, leap; **cabrioler** [~ɔ'le] (1a) *v/i.* caper; **cabriolet** [~'lɛ] *m mot.* cab(riolet).
cabus [ka'by] *adj./m*: *chou m* ~ headed cabbage.
cacahouète ♀ [kaka'wɛt] *f*, **cacahuète** ♀ [~'ɥɛt] *f* peanut.
cacao [kaka'o] *m* ♀ cacao, ✝ cocoa; **cacaotier** [~ɔ'tje] *m*, **cacaoyer** [~ɔ'je] *m* cacao-tree.
cacarder [kakar'de] (1a) *v/i.* cackle (*goose*).
cacatoès *orn.* [kakatɔ'ɛs] *m* cockatoo; **cacatois** ♎ [~'twa] *m* royal (-sail).
cachalot *zo.* [kaʃa'lo] *m* spermwhale, cachalot.
cache [kaʃ] *su./f* hiding-place; *su./m phot.* mask; ⊕ panel, plate; **~-cache** [~'kaʃ] *m children's game*: hideand-seek; **~-col** [~'kɔl] *m/inv.* scarf; **~-nez** [~'ne] *m/inv.* muffler; **~-poussière** [~pu'sjɛːr] *m/inv.* dustcoat.
cacher [ka'ʃe] (1a) *v/t.* hide, conceal; ~ *sa vie* live in retirement; *esprit m caché* reserved person; sly person; *se* ~ hide; **cachet** [ka'ʃɛ] *m* seal; stamp; ✝ trade-mark; mark; F fee; ✍ cachet; *courir le* ~ give private lessons; **cacheter** [kaʃ'te] (1c) *v/t.* seal; **cachette** [ka'ʃɛt] *f* hiding-place; *en* ~ secretly, by stealth; under the counter (*sale*); **cachot** [~'ʃo] *m* dungeon; ♎ cell; F prison; **cachotter** F [kaʃɔ'te] (1a) *vt/i.* act on the sly; **cachotterie** [~'tri] *f* mysterious ways *pl.*; **cachottier, -ère** F [~'tje, ~'tjɛːr] **1.** *adj.* secretive; **2.** *su.* sly person.
caco... [kakɔ] *caco...*; **~phonique** [~fɔ'nik] cacophonous, discordant.
cactus ♀ [kak'tys] *m*, **cactier** ♀ [~'tje] *m* cactus.
cadastre [ka'dastr] *m* cadastral survey; (public) register of lands; survey.
cadavéreux, -euse [kadave'rø, ~'røːz] cadaverous, deathlike; deathly pale; **cadavérique** *anat.* [~'rik] cadaveric; *rigidité f* ~ rigor mortis; **cadavre** [ka'dɑːvr] *m* corpse, *Am.*

cadeau 78

a. cadaver; *animal*: carcase; *sl.* dead man (= *empty winebottle*).
cadeau [ka'do] *m* present, gift.
cadenas [kad'nɑ] *m* padlock; clasp; ~ à chiffres combination-lock.
cadence [ka'dɑ̃:s] *f* cadence (*a.* ♪), rhythm; step; *march*: time; à la ~ de at the rate of, *fig.* to the tune of.
cadet, -ette [ka'dɛ, ~'dɛt] **1.** *adj.* younger; **2.** *su.* (the) younger, junior; il est mon ~ he is my junior (by 3 years, de 3 ans), he is younger than I; *su./m* ⚔ cadet; *golf*: caddie.
cadran [ka'drɑ̃] *m* dial; *clock*: face; ~ solaire sun-dial; **cadre** [kɑ:dr] *m usu.* frame; *scene*: setting; *fig.* limits *pl.*, bounds *pl.*; trained personnel; ⚔, ⚓ cadre, staff; ⚓ berth, cot; ~ (de réception) *radio*: frame aerial; ~ orienté *radio*: directional aerial; **cadrer** [ka'dre] (1a) *v/i.* tally, agree; fit in.
caduc, -que [ka'dyk] decrepit, decaying, feeble (*voice*); ⚖ null, lapsed; ⚖ time-barred; ♀ deciduous; ✞ mal m ~ epilepsy; **caducité** [~dysi'te] *f* dilapidated state; decrepitude; ⚖ nullity; ⚖ lapsing; ♀ caducity.
cafard¹ [ka'fa:r] *m zo.* cockroach; F hump; F avoir le ~ be bored stiff; be fed up.
cafard², e [ka'fa:r, ~'fard] **1.** *adj.* sanctimonious; **2.** *su. school*: sneak; *su./m* ⚔ *sl.* spy; **cafarder** [~far-'de] (1a) *v/i. school*: sneak.
café [ka'fe] **1.** *su./m* coffee; café; ~ complet continental breakfast; ~ crème white coffee; ~ nature (or noir) black coffee; **2.** *adj./inv.* coffee-colo(u)red; ~-concert, *pl.* ~s-concerts [~fekɔ̃'sɛ:r] *m*, F **caf'conc'** [kaf'kɔ̃:s] *m* café with a cabaret show.
cafetier, -ère [kaf'tje, ~'tjɛ:r] *su.* café-owner; *su./f* coffee-pot; *sl.* head.
cafre [kafr] *adj., a. su.* ♀ Kaffir.
cage [ka:ʒ] *f bird*: cage; hen-coop; △ frame; cover, casing; F prison; ~ de l'escalier stair-well; *anat.* ~ thoracique chest.
cagne *sl.* [kaɲ] *f school*: class preparing to compete for entrance to the École normale supérieure.
cagneux, -euse [ka'ɲø, ~'ɲøːz] knock-kneed; **cagnotte** [~'ɲɔt] *f* pool, kitty.

cagot, e [ka'go, ~'gɔt] **1.** *adj.* sanctimonious; **2.** *su.* bigot; hypocrite; **cagoterie** [kagɔ'tri] *f* cant; **cagotisme** [~'tism] *m* false piety.
cahier [ka'je] *m* paper-book; exercise-book; ⚔ defaulters' book; ✝ ~ des charges specifications *pl.*
cahin-caha F [kaɛ̃ka'a] *adv.* so-so; middling.
cahot [ka'o] *m vehicle*: jolt, jog; **cahoter** [kaɔ'te] (1a) *vt/i.* jolt along; toss; vie *f* cahotée life of ups and downs; **cahoteux, -euse** [~'tø, ~'tø:z] bumpy (*road*).
cahute [ka'yt] *f* hut; cabin; hovel.
caïeu ♀ [ka'jø] *m* off-set bulb.
caille *orn.* [kɑ:j] *f* quail.
caillé [kɑ'je] *m* curds *pl.*, curdled milk.
caillebotis [kajbɔ'ti] *m* ⚔ duck-board(s *pl.*); ⚓ grating.
caillebotte [kaj'bɔt] *f* curds *pl.*; **cailler** [kɑ'je] *vt/i.* curdle, clot; congeal (*blood*); **cailleter** F [kaj'te] (1c) *v/i.* gossip; flirt.
caillette¹ [ka'jɛt] *f zo.* ruminants: fourth stomach; *cuis.* rennet.
caillette² F [~] *f* flirt; tart.
caillot [ka'jo] *m* clot.
caillou, *pl.* **-x** [ka'ju] *m* pebble; cobble; **cailloutage** [kaju'ta:ʒ] *m* △ rough-cast, pebble-dash; ⚒ gravel; road-metal; pebble paving; **caillouter** [~'te] (1a) *v/t.* ballast, metal (*a road, a railway-track*); pave with pebbles; **caillouteux, -euse** [~'tø, ~'tø:z] stony; pebbly, shingly (*beach*); **cailloutis** [~'ti] *m* gravel; road-metal; pebbled surface; cobbled pavement; rubble.
caisse [kɛs] *f* case, box; ✝ cash-box; ✝ till; (pay-)desk; *thea.* pay-box; ✝ fund; ♪, *anat.* drum; ⊕ body; ⚔ *sl.* prison, cells *pl.*; ~ à eau water-tank; ✝ ~ d'amortissement sinking-fund; depreciation; ~ d'épargne savings-bank; ~ de prêts loan bank; ~ enregistreuse cash-register; ⚡ ~ nationale de l'énergie national grid; argent *m* en ~ cash in hand; *fig.* battre la grosse ~ advertize; boost a product; faire la ~ balance the cash; grosse ~ *instrument*: bass or big drum; *person*: bass drummer; tenir la ~ be in charge of the cash; **caissier** *m*, **-ère** *f* [kɛ'sje, ~'sjɛ:r] cashier; treasurer; **caisson** [~'sɔ̃] *m* box; ⊕ caisson; ⚔ ammunition-

waggon; locker; *mot.* **boot;** ⚔
bunker.
cajoler [kaʒo'le] (1a) *v/t.* coax,
wheedle; **cajolerie** [~ʒɔl'ri] *f* coaxing, wheedling; **cajoleur, -euse**
[~ʒɔ'lœːr, ~'løːz] **1.** *adj.* wheedling;
2. *su.* wheedler.
cal, *pl.* **cals** [kal] *m* callosity; ♀, ⚕
callus.
calamité [kalami'te] *f* calamity,
disaster; **calamiteux, -euse** [~'tø,
~'tøːz] calamitous.
calandre [ka'lãːdr] *f* mangle; *tex.*
calender, roller (*a. for paper*); *mot.*
shell; *mot.* radiator grill; **calandrer**
[~lã'dre] (1a) *v/t.* mangle; *tex. etc.*
calender; surface.
calcaire [kal'kɛːr] **1.** *adj.* calcareous;
chalky (*soil*); hard (*water*); **2.** *su./m*
limestone; **calcification** ⚕ [~sifika'sjɔ̃] *f* calcification; **calcination**
[~sina'sjɔ̃] *f* calcination; *metall.*
oxidation; *ores:* roasting.
calcul [kal'kyl] *m* reckoning, calculation; estimate; ⚕ calculus; ⚕ arithmetic; ⚕ calculus, stone; ~ biliaire
gall-stone; ~ *mental* mental arithmetic; **calculateur, -trice** [kalkyla'tœːr, ~'tris] **1.** *adj.* scheming;
2. *su.* person: calculator, reckoner;
su./m machine: reckoner; **calculer**
[~'le] (1a) *v/t.* reckon, calculate;
~ *de tête* work (*s.th.*) out in one's
head; **calculeux, -euse** ⚕ [~'lø,
~'løːz] **1.** *adj.* calculous; **2.** *su.* sufferer from stone.
cale[1] ⚓ [kal] *f* hold; *quay:* slope,
slip; ~ *sèche* drydock.
cale[2] [kal] *f* ⊕ wedge; ⊕, ⚓ chock;
⊕ prop, strut; ⊕ tightening-key;
calé, e [ka'le] ⊕ jammed; F well-informed; F *fig.* well-to-do; full up
(in, en); F difficult (*person*).
calebasse [kal'baːs] *f* ♀ calabash,
gourd; *metall.* small ladle; *sl.* head.
calèche [ka'lɛʃ] *f* barouche, calash.
caleçon [kal'sɔ̃] *m* drawers *pl.*, pants
pl., Am. a. sp. shorts *pl.*; ~ *de bain*
bathing-trunks *pl.*
calembour [kalã'buːr] *m* pun.
calembredaine F [kalãbrə'dɛn] *f*
nonsense; quibble.
calendrier [kalã'drje] *m* calendar;
almanac; ~ *à effeuiller* tear-off calendar.
cale-pied *cycl.* [kal'pje] *m* toe-clip.
calepin [kal'pɛ̃] *m* notebook.
caler[1] [ka'le] (1a) *v/t.* ⚓ strike (*the*

calorifuge

sail); ⚓ house (*a mast*); *v/i.* ⚓
draw water; F climb down.
caler[2] [~] (1a) *v/t.* prop up (*a. fig.*);
wedge (up), chock (up); ⊕ jam;
mot. stall (*an engine*); ⊕, ⚙ adjust;
F se ~ *les joues, se les* ~ have a good
feed; *v/i. mot.* stall; F idle.
calfat ⚓ [kal'fa] *m* caulker; **calfater**
[~fa'te] (1a) *v/t.* caulk.
calfeutrer [kalfø'tre] (1a) *v/t.* stop
up the chinks of (*a window etc.*);
F se ~ shut o.s. up.
calibrage [kali'braːʒ] *m tube:* calibrating; ⊕ ga(u)ging; *phot.* trimming; **calibre** [~'libr] *m* ⚔ calibre
(*a. fig.*); bore; size; ⊕ *tool:* ga(u)ge;
template; ⊕ ~ *pour filetages* thread
ga(u)ge; *compas m de* ~ callipers
pl.; **calibrer** [~li'bre] (1a) *v/t.* ⊕
ga(u)ge; calibrate; *phot.* trim; *typ.*
cast off. [cup; ♀ calyx; *anat.* calix.\
calice [ka'lis] *m eccl.* chalice; *fig.*/
calicot [kali'ko] *m tex.* calico; *sl.*
counter-jumper, sales assistant,
Am. sales-clerk.
califourchon [kalifur'ʃɔ̃] *adv.:* à ~
astride.
câlin, e [kɑ'lɛ̃, ~'lin] **1.** *adj.* cajoling;
coaxing; caressing, winning (*ways*);
2. *su.* wheedler; **câliner** [~li'ne]
(1a) *v/t.* wheedle; caress.
calleux, -euse [ka'lø, ~'løːz] horny,
callous.
calligraphie [kaligra'fi] *f* calligraphy, penmanship.
callosité [kalozi'te] *f* callosity.
calmant, e [kal'mã, ~'mãːt] **1.** *adj.*
calming; soothing (*a.* ⚕); **2.** *su./m*
⚕ sedative.
calme[1] [kalm] *m* calm(ness); stillness; *fig.* composure.
calme[2] [kalm] calm, still, quiet;
calmer [kal'me] (1a) *v/t.* calm, still,
quiet; *fig.* soothe; se ~ calm down.
calomniateur, -trice [kalɔmnja-
'tœːr, ~'tris] **1.** *adj.* slanderous, libellous; **2.** *su.* slanderer, calumniator;
calomnie [~'ni] *f* calumny, slander,
libel; **calomnier** [~'nje] (1o) *v/t.*
slander, libel.
calorie *phys.* [kalɔ'ri] *f* calory, *Am.*
calorie; **calorifère** [kalɔri'fɛːr]
1. *adj.* heat-conveying; **2.** *su./m*
heating-apparatus; central heating
installation; F slow-combustion
stove; **calorifique** *phys.* [~'fik]
calorific, heating; **calorifuge**
[~'fyːʒ] **1.** *adj.* non-conducting; in-

calorifugeage 80

sulating; fireproof; 2. *su./m* heat-insulator; ⊕ non-conduction; **calorifugeage** ⊕ [~fyˈʒaːʒ] *m* heat-insulation; **calorifuger** ⊕ [~fyˈʒe] (1l) *v/t.* insulate.

calot [kaˈlo] *m* ✕ forage-cap; ⊕ small wedge; ⊕ *quarry*: block of stone; *sl.* eye; *ribouler des* ~*s* be flabbergasted; **calotin** *sl.* [~lɔˈtɛ̃] *m* ardent church-goer; sky-pilot (= *priest*); **calotte** [~ˈlɔt] *f* skull-cap (*a. eccl.*); ✕ undress cap; watch-case; F box on the ears; *sl.* clergy; **calotter** [~lɔˈte] (1a) *v/t.* F cuff (*s.o.*); *golf*: top (*the ball*).

calque [kalk] *m* tracing; F copy; **calquer** [kalˈke] (1m) *v/t.* trace (from, *sur*); *needlework*: transfer (*a pattern*); copy; *papier m à* ~ tracing-paper; *se* ~ *sur q.* copy s.o., model o.s. on s.o.

calumet [kalyˈme] *m* ♣ reed; pipe (*of a Red Indian*); *le* ~ *de paix* the pipe of peace, the calumet.

calvaire [kalˈvɛːr] *m eccl.* stations *pl.* of the Cross; *eccl.* calvary; *fig.* martyrdom; *le* ♀ (Mount) Calvary.

calvinisme *eccl.* [kalviˈnism] *m* Calvinism.

calvitie [kalviˈsi] *f* baldness.

camail *cost.* [kaˈmaːj] *m* cape (*a. eccl.*, *a. orn.*), cloak.

camarade [kamaˈrad] *su.* comrade, fellow, mate, F chum; **camaraderie** [~raˈdri] *f* comradeship, friendship; clique.

camard, e [kaˈmaːr, ~ˈmard] 1. *adj.* snub-nosed; 2. *su./f*: *la* ~*e* Death.

cambouis [kɑ̃ˈbwi] *m* dirty oil; cart-grease.

cambré, e [kɑ̃ˈbre] bent; cambered, arched; bow-legged; **cambrement** [~brəˈmɑ̃] *m* bending, cambering; **cambrer** [~ˈbre] (1a) *v/t.* bend; camber; arch; *se* ~ throw out one's chest; warp (*wood*).

cambriolage [kɑ̃briɔˈlaːʒ] *m* house-breaking; burglary; **cambrioler** [~ˈle] (1a) *v/t.* break into (*a house*), burgle; **cambrioleur** [~ˈlœːr] *m* housebreaker; burglar.

cambrure [kɑ̃ˈbryːr] *f* curve, camber; *foot*: arch.

cambuse [kɑ̃ˈbyːz] *f* ♣ store-room; canteen; *sl.* hovel; low pub(lic house); glory-hole; **cambusier** ♣ [~byˈzje] *m* store-keeper; steward's mate.

came ⊕ [kam] *f* cam; *arbre m à* ~*s* cam-shaft.

caméléon *zo.* [kameleˈɔ̃] *m* chameleon.

camélia ♀ [kameˈlja] *m* camelia.

camelot [kamˈlo] *m* street hawker; newsvendor; ~ *du roi* young royalist; **camelote** [~ˈlɔt] *f* cheap goods *pl.*; junk, trash; *de* ~ gimcrack.

caméra [kameˈra] *f* cine-camera.

camérier *eccl.* [kameˈrje] *m* chamberlain.

camériste [kameˈrist] *f* lady's maid; chamber-maid.

camion [kaˈmjɔ̃] *m* waggon, lorry, Am. truck; (*a.* ~ *automobile*) motor lorry; ~-*citerne*, *pl.* ~*s-citernes* [~mjɔsiˈtɛrn] *m lorry*: tanker; **camionnage** [kamjɔˈnaːʒ] *m* cartage, carting, Am. trucking; **camionner** ✝ [~ˈne] (1a) *v/t.* cart, carry; truck; **camionette** [~ˈnet] *f* small lorry, Am. light truck; **camionneur** [~ˈnœːr] *m* lorry-driver, Am. truck driver.

camisole [kamiˈsɔl] *f* sleeved vest; *woman*: dressing jacket; ~ *de force* strait jacket.

camomille ♀ [kamɔˈmiːj] *f* camomile.

camouflage [kamuˈflaːʒ] *m* disguising; ✕, ♣ camouflage; **camoufler** [~ˈfle] (1a) *v/t.* disguise; ✕, ♣ camouflage; **camouflet** F [~ˈfle] *m* insult; snub.

camp [kɑ̃] *m* camp (*a. fig.*); party; *fig.* side; ~ *de réfugiés* refugee camp; ~ *de vacances* holiday camp; ~ *volant* temporary shelter; F *ficher* (or *sl. fouter*) *le* ~ clear out; **campagnard, e** [kɑ̃paˈɲaːr, ~ˈɲard] 1. *adj.* country; rustic; 2. *su.* rustic; *su./m* countryman; *su./f* countrywoman; **campagne** [~ˈpaɲ] *f* open country; countryside; ✕, ♣ campaign; ✕ field; ♣ cruise; *à la* ~ in the country; *en pleine* ~ in the open; **campagnol** *zo.* [~paˈɲɔl] *m* vole.

campanile △ [kɑ̃paˈnil] *m* bell-tower; **campanule** ♀ [~ˈnyl] *f* campanula.

campement ✕ [kɑ̃pˈmɑ̃] *m* camping; encampment, camp; camp party; **camper** [kɑ̃ˈpe] (1a) *vt/i.* encamp; *v/t.* F place; *fig.* arrange; ~ *là q.* leave s.o. in the lurch; **camping** [~ˈpiŋ] *m* camping; (holiday) camp; *faire du* ~ go camping.

campos F [kã'po] *m* holiday.
camus, e [ka'my, ~'myːz] snub-nosed; pug-nosed.
canadien, -enne [kana'djɛ̃, ~'djɛn] 1. *adj.* Canadian; 2. *su.* ♀ Canadian; *su./f* sheepskin jacket.
canaille F [ka'nɑːj] 1. *adj.* low (*action*); coarse (*song*); 2. *su./f* rabble; blackguard.
canal [ka'nal] *m* canal (*a.* ♀, *a. anat.*); channel; ⚓ passage; ⊕ pipe, conduit; ⊕ culvert; △ fluting; *anat.* duct; ⊕ ~-*tunnel* underground canal; **canalisation** [~naliza'sjɔ̃] *f river*: canalization; ⊕ pipeline; ⊕ mains *pl.*
canapé [kana'pe] *m* couch, sofa; ~-**lit**, *pl.* ~s-**lits** [~pe'li] *m* bedsettee.
canard [ka'naːr] *m* duck; drake; F hoax; F false news; sensationalist newspaper, rag; F brandy- *or* coffee-soaked lump of sugar; ♪ wrong note; **canardeau** [kanar'do] *m* duckling; **canarder** [~'de] (1a) *v/i.* ⚓ pitch; ♪ play *or* sing a wrong note; *v/t.* F snipe at; **canardière** [~'djɛːr] *f* duck-pond; *duck-shooting*: screen; duck-gun; ✕ loop-hole.
canari *orn.* [kana'ri] *m* canary.
cancan¹ [kɑ̃'kɑ̃] *m dance*: cancan.
cancan² [kɑ̃'kɑ̃] *m* piece of gossip; ~**s** *pl.* tittle-tattle *sg.*; **cancaner** [kɑ̃ka'ne] (1a) *v/i.* gossip; talk scandal; **cancanier, -ère** [~'nje, ~'njɛːr] 1. *adj.* tale-bearing; 2. *su. person*: gossip.
cancer [kɑ̃'sɛːr] *m* ✱ cancer; malignant growth; *astr.* le ♀ Cancer (*a. geog.*), the Crab; **cancéreux, -euse** ✱ [kɑ̃se'rø, ~'røːz] 1. *adj.* cancerous; 2. *su.* cancer patient; **cancérigène** ✱ [~ri'ʒɛn] carcinogenic, carcinogenous; **cancérologie** ✱ [~rɔlɔ'ʒi] *f* cancer research;
cancre [kɑ̃ːkr] *m* crab; F dunce, dud.
candeur [kɑ̃'dœːr] *f* artlessness.
candi [kɑ̃'di] 1. *adj./m* candied; 2. *su./m*: ~**s** *pl.* crystallized fruit.
candidat, e *m, e f* [kɑ̃di'da, ~'dat] candidate; **candidature** [~da'tyːr] *f* candidature; *poser sa* ~ *à* apply for (*a position*).
candide [kɑ̃'did] artless, ingenuous.
cane [kan] *f* (female) duck; **caner** sl. [ka'ne] (1a) *v/i.* funk it; **caneton** [kan'tɔ̃] *m* duckling.

canette¹ [ka'nɛt] *f orn.* duckling; teal.
canette² [~] *f* ⊕ faucet; can; bottle; *tex.* spool.
canevas [kan'vɑ] *m* canvas; outline.
caniche *zo.* [ka'niʃ] *m* poodle.
caniculaire [kaniky'lɛːr] sultry; *jours m/pl.* ~**s** dog-days; **canicule** [~'kyl] *f* dog-days *pl.*; *astr.* dog-star. [knife.]
canif [ka'nif] *m* penknife, pocket-
canin, e [ka'nɛ̃, ~'nin] 1. *adj.* canine; *exposition f* ~**e** dog-show; *avoir une faim* ~**e** be as hungry as a wolf; *dent f* ~**e** = 2. *su./f* canine (tooth).
canitie [kani'si] *f hair*: hoariness.
caniveau [kani'vo] ⊕ gutter; ⚡ *cables*: conduit; ⊕ main.
canne [kan] *f* ♀ cane, reed; walking-stick; ~ *à pêche* fishing rod; ~ *à sucre* sugar-cane; *sucre m de* ~ cane-sugar; **canneler** [~'le] (1c) *v/t.* groove; △ flute; corrugate.
cannelle¹ [ka'nɛl] *f* ♀ cinnamon; *fig.* small pieces *pl.*
cannelle² [~] *f* faucet.
cannelure [kan'lyːr] *f* groove, channel; △ fluting; corrugation; **canner** [ka'ne] (1a) *v/t.* cane-bottom; **cannette** [~'nɛt] *f see cannelle¹; canette².*
canon¹ [ka'nɔ̃] *m* ✕, ⚓ gun, cannon; *coll.* artillery; *key, rifle, watch, etc.*: barrel; measuring-glass; *sl.* glass of wine.
canon² [ka'nɔ̃] *m* ♪, *eccl.* canon; **canonial, e,** *m/pl.* -**aux** [kanɔ'njal, ~'njo] canonical; of a canon; **canonique** [~'nik] canonical (*book, age*); F respectable, proper; **canoniser** *eccl.* [~ni'ze] (1a) *v/t.* canonize.
canonnade ✕ [kanɔ'nad] *f* gun-fire; cannonade; **canonner** [~'ne] (1a) *v/t.* cannonade; batter (*a fortress*); **canonnier** ✕ [~'nje] *m* gunner; **canonnière** [~'njɛːr] *f* ⚓ gunboat; △ drain-hole; *toy*: pop-gun.
canot [ka'no] *m* boat; dinghy; ⚓ ~ *de l'amiral* admiral's barge; ~ *de sauvetage* lifeboat; ~ *glisseur* speed-boat; ~ *pliable* folding boat; **canotage** [kanɔ'taːʒ] *m* rowing, boating, canoeing; *faire du* ~ row; **canoter** [~'te] (1a) *v/i.* row; go in for boating; **canotier** [~'tje] *m* boatman; oarsman; *cost.* straw-hat, boater.
cantatrice [kɑ̃ta'tris] *f* (professional) singer, vocalist.

cantharide 82

cantharide zo. [kɑ̃ta'rid] f Spanish fly; *poudre* f *de* ~s *cantharides* pl.

cantine [kɑ̃'tin] f ✕ restaurant: canteen; soup-kitchen; equipment-case; **cantinier, -ère** [~ti'nje, ~-'njɛːr] su. canteen-attendant; su./m canteen-manager; su./f canteen-manageress.

cantique eccl. [kɑ̃'tik] m canticle; hymn; sacred song; *bibl. le ♀ des ♀s* the Song of Songs.

canton [kɑ̃'tɔ̃] m admin. canton, district; 🚂, road: section.

cantonade thea. [kɑ̃tɔ'nad] f wings pl.; *parler à la* ~ speak behind the scenes.

cantonnement [kɑ̃tɔn'mɑ̃] m ✕ quarters pl.; ✕ billeting; **cantonner** [kɑ̃tɔ'ne] (1a) v/t. ✕ billet, quarter; v/i. ✕ be billeted; **cantonnier** [~'nje] m district road-surveyor; roadman; 🚂 permanent-way man.

canule [ka'nyl] f 🩺 nozzle; cannula; *sl.* bore.

caoutchouc [kau'tʃu] m india-rubber; mackintosh, raincoat; *mot. etc. tyre*; ~s pl. galoshes, Am. rubber overshoes; ~ *durci* vulcanite; ~ *mousse* foam rubber; *gant* m *de* ~ rubber-glove.

cap [kap] m geog. cape, headland; ⚓, 🎓 head; *de pied en* ~ from head to foot; *mettre le* ~ *sur* head for; ⚓, 🎓 *suivre le* ~ *fixé* be on one's course.

capable [ka'pabl] capable, able; **capacité** [~pasi'te] f capacity (a. 🏛); ability; ⚖ legal competence.

cape [kap] f cape, cloak; hood; *cigar*: outer leaf; ⚓ *être à la* ~ be hove to; *rire sous* ~ laugh up one's sleeve.

capeline [kap'lin] f sun-bonnet; hooded cape.

capillaire [kapil'lɛːr] 1. adj. capillary; *artiste* m ~ tonsorial artist; 2. su./m ♣ maidenhair fern; **capillarité** phys. [~lari'te] f capillary attraction, capillarity.

capilotade cuis. [kapilɔ'tad] f hash; *fig. en* ~ bruised; F *mettre q. en* ~ beat s.o. to a pulp.

capitaine [kapi'tɛn] m captain (a. *fig.*); ⚓ a. master; ✕, *gang, team*: leader.

capital, e, m/pl. **-aux** [kapi'tal, ~'to] 1. adj. capital; fundamental, essential; deadly (*sin*); *peine* f ~e capital punishment, death penalty; 2. su./m ✝ capital, assets pl.; ~ *d'apport* initial capital; ~ *d'exploitation* working capital; ✝ ~ *et intérêt* principal and interest; su./f geog. capital; *typ.* capital (letter); **capitaliser** [~tali'ze] (1a) v/t. ✝ capitalize; v/i. save; **capitalisme** [~ta'lism] m capitalism.

capitation [kapita'sjɔ̃] f poll-tax.

capiteux, -euse [kapi'tø, ~'tøːz] heady (*wine*); sensuous, F sexy.

capiton ✝ [kapi'tɔ̃] m silk waste; **capitonner** [~tɔ'ne] (1a) v/t. upholster; *cost.* quilt.

capitulaire [kapity'lɛːr] capitular(y); **capitulation** [~la'sjɔ̃] f capitulation, surrender; **capituler** [~'le] (1a) v/i. ✕ surrender; capitulate; *fig.* yield; *fig.* compromise (with, *avec*) (*one's conscience*).

capoc ✝ [ka'pɔk] m kapok.

capon, -onne [ka'pɔ̃, ~'pɔn] 1. adj. cowardly, afraid; 2. su. coward; *school:* sneak.

caporal [kapɔ'ral] m ✕ corporal; ✝ *tobacco:* shag; ✕ ~ *chef* lance-sergeant; **caporalisme** [~ra'lism] m narrow militarism.

capot [ka'po] 1. su./m ✕, ⚓ hooded great-coat; cloak; *mot.* bonnet, Am. hood; 🎓 cowling; *cards:* capot; ⚓ companion(-hatch); ⚓ *submarine:* conning tower; *faire* ~ turn turtle; *cards:* take all the tricks; 2. adj./inv. *fig.* nonplussed; deceived, taken in; **capotage** [~pɔ'taːʒ] m *mot.* hooding; 🎓, *mot.* overturning; 🎓 nose-over; **capote** [~'pɔt] f ✕ greatcoat; bonnet; *mot.* hood, Am. convertible top; *chimney:* cowl; *sl.* ~ *anglaise* French letter (= *contraceptive*); **capoter** [~pɔ'te] (1a) v/i. 🎓, *mot.* overturn; 🎓 nose over; ⚓ turn turtle.

câpre ♣ [kɑːpr] f caper.

capricant, e 🩺 [kapri'kɑ̃, ~'kɑ̃ːt] bounding; caprisant (*pulse*).

caprice [ka'pris] m caprice, whim; impulse; *geol.* offshoot; ♪ caprice, capriccio; **capricieux, -euse** [~pri'sjø, ~'sjøːz] capricious; whimsical; wayward (*child*).

capricorne [kapri'kɔrn] m capricorn beetle; *astr. le ♀* Capricorn, the Goat.

capsule [kap'syl] f capsule; *bottle:*

cap, crown-cork; ✗ percussion-cap; ⚡ à ~ dished (*electrode*); **capsuler** [~sy'le] (1a) *v/t.* seal, cap (*a bottle*).

captage [kap'ta:ʒ] *m* water-catchment; collecting (*of waters*); ⚡ picking up; ⊕ recovery (*of by-products*); **captateur** *m*, **-trice** *f* ⚖ [~ta'tœ:r, ~'tris] inveigler; **captation** [~ta'sjɔ̃] *f* ⚖ inveiglement; ⚡ collecting; collection; *tel., teleph.* tapping; **capter** [~'te] (1a) *v/t.* ⚡ collect; catch (*waters*); ⊕ recover (*waste*); *radio:* pick up (*a station*); *tel., teleph.* tap, intercept; captivate (*s.o.*); win by insidious means; **capteur** [~'tœ:r] *m* ⚓ captor; ⊕ collector; **captieux, -euse** [~'sjø, ~'sjø:z] fallacious, specious.

captif, -ve [kap'tif, ~'ti:v] **1.** *adj.* captive; **2.** *su.* prisoner; **captiver** [~ti've] (1a) *v/t.* captivate, charm; master (*one's feelings*); **captivité** [~tivi'te] *f* captivity.

capture [kap'ty:r] *f* capture; seizure; ⚓ *a.* prize; **capturer** [~ty're] (1a) *v/t.* capture; ⚓ seize; arrest.

capuchon [kapy'ʃɔ̃] *m* cost. hood; *eccl.* cowl; *lamp, pen, etc.:* cap.

capucin [kapy'sɛ̃] *m* Capuchin friar; **capucinade** F [~si'nad] *f* dull sermon *or* address; **capucine** [~'sin] *f* Capuchin nun; ♣ nasturtium; △ drip-stone; *vehicle:* hood; *rifle:* band.

caque [kak] *f* keg; herring-barrel; **caquer** [ka'ke] (1m) *v/t.* cure and barrel (*herrings*).

caquet [ka'kɛ] *m*, **caquetage** [kak'ta:ʒ] *m hens:* cackling; F gossip, chatter; *rabattre le caquet de q.* show s.o. up; make s.o. sing small; **caqueter** [~'te] (1c) *v/i.* cackle (*hen*); F gossip, chatter; gabble; **caqueteur** *m*, **-euse** *f* [~'tœ:r, ~'tø:z] *person:* gossip.

car¹ [ka:r] *m* 🚋, *tram:* car; *police:* van; motor-coach.

car² [~] *cj.* for, because.

carabe *zo.* [ka'rab] *m* carabid (*beetle*).

carabine ✗ [kara'bin] *f* rifle; carbine; **carabiné, e** [~bi'ne] sharp, violent; ⚓ strong; **carabinier** [~bi'nje] *m* † carabineer; *Italy:* soldier of the police militia, constable; *Spain:* customs officer.

caracole [kara'kɔl] *f horsemanship:* caracole, half-turn; *fig.* caper; **caracoler** [~kɔ'le] (1a) *v/i. horsemanship:* caracole; *fig.* caper, gambol.

caractère [karak'tɛ:r] *m* character; nature; temperament; feature, characteristic; letter; *typ.* type; *mauvais* ~ bad temper; **caractériser** [~teri'ze] (1a) *v/t.* characterize; *se* ~ *par* be distinguished by; **caractéristique** [~teris'tik] **1.** *adj.* characteristic (of, de), distinctive; typical (of, de); **2.** *su./f* characteristic.

carafe [ka'raf] *f* decanter; water-bottle; carafe; ✈ *avoir la* ~ make a forced landing; *rester en* ~ be left in the lurch; **carafon** [~ra'fɔ̃] *m* small decanter *or* carafe; *wine:* icepail.

carambolage [karãbɔ'la:ʒ] *m billiards:* cannon, *Am.* carom; **caramboler** [~bɔ'le] (1a) *v/i.* cannon, *Am.* carom; *v/t.* F jostle; **carambouilleur** [~buj'jœ:r] *m* swindler (*who buys things on credit and sells or pawns them at once*).

caramel [kara'mɛl] *m* caramel, burnt sugar; gravy-browning; **caraméliser** [~meli'ze] (1a) *v/t.* caramel(ize) (*sugar*); mix caramel with.

carapater *sl.* [karapa'te] (1a) *v/t.:* *se* ~ decamp, scram.

carat [ka'ra] *m* carat.

caravane [kara'van] *f* caravan (*a. mot.*); F conducted party; **caravanier** [~va'nje] *m* caravaneer; **caravansérail** [~vãse'ra:j] *m* caravanserai.

carbonate 🜕 [karbɔ'nat] *m* carbonate; *sl.* washing soda; **carbonater** 🜕 [~bɔna'te] (1a) *v/t.* carbonate; **carbone** [~'bɔn] *m* 🜕 carbon; *papier* ~ carbon paper; **carbonique** 🜕 [~bɔ'nik] carbonic; **carboniser** [~bɔni'ze] (1a) *v/t.* carbonize, char; *fig.* burn to death.

carburant [karby'rã] *m* motor fuel; **carburateur** *mot.* [~byra'tœ:r] *m* carburettor; **carbure** 🜕 [~'by:r] *m* carbide; **carburé, e** [~by're] carburetted; vaporized (*fuel*).

carcan [kar'kã] *m hist.* iron collar; *sl.* gawky *or* shrewish woman; *sl. horse:* jade.

carcasse [kar'kas] *f* carcass; frame (-work); △ shell, skeleton.

carcinome ⚕ [karsi'nɔm] *m* carcinoma.

cardage 84

cardage *tex.* [kar'da:ʒ] *m wool*: carding; *cloth*: teaseling, raising.
cardamine ♀ [karda'min] *f* cardamine; ~ *des prés* mayflower.
cardan ⊕ [kar'dɑ̃] *m* universal joint; *arbre m à* ⚥ Cardan shaft.
carde [kard] *f* ♀ bur, teasel; ♀ chard; *tex.* carding-brush; ⊕ ~ *métallique* wire-brush; **carder** *tex.* [kar'de] (1a) *v/t.* card, comb (*wool*); teasel (*cloth*); **cardeuse** *tex.* [~'dø:z] *f* carding-machine.
cardiaque ✱ [kar'djak] 1. *adj.* cardiac; *crise f* ~ heart attack; 2. *su.* sufferer from heart trouble, F heart-case.
cardinal, e, *m/pl.* **-aux** [kardi'nal, ~'no] *adj., a. su./m* cardinal.
carême [ka'rɛm] *m* Lent; fast; *comme mars en* ~ without fail; ~-**prenant**, *pl.* ~**s-prenants** [~rɛmprə'nɑ̃] *m* Shrovetide; *person*: Shrovetide reveller; F regular guy.
carénage [kare'na:ʒ] *m* ⚓ careening; careening-place; docking; ✈, *mot.* stream-lining.
carence [ka'rɑ̃:s] *f* 𝑡𝑡, ✝ insolvency; 𝑡𝑡 defaulting; 𝑡𝑡 deficiency (of, in *de*); *maladie f par* ~ deficiency disease.
carène [ka'rɛn] *f* ⚓ hull; ✈, *mot.* stream-lined body; *pompe f de* ~ bilge-pump; **caréner** [~re'ne] (1f) *v/t.* ⚓ careen; ✈, *mot.* stream-line.
caresse [ka'rɛs] *f* caress; endearment; **caresser** [~rɛ'se] (1a) *v/t.* caress, fondle; *fig.* cherish (*hopes*).
cargaison ⚓ [kargɛ'zɔ̃] *f* cargo; shipping (*of cargo*); **cargo** [~'go] *m* cargo-boat, tramp; **carguer** ⚓ [~'ge] (1m) *v/t.* take in (*sail*).
caricature [karika'ty:r] *f* cartoon; *fig.* travesty.
carie [ka'ri] *f* ✱ caries; *trees*: blight; ✒ *corn*: stinking smut; **carier** [~'rje] (1o) *v/t. a. se* ~ rot, decay.
carillon [kari'jɔ̃] *m* carillon, chime(s *pl.*); peal; ♪ tubular bells *pl.*; F row;
carillonner [~jɔ'ne] (1a) *vt/i.* chime; sound; *fête f carillonnée* High Festival; **carillonneur** [~jɔ'nœ:r] *m* carillon player; bell-ringer; change-ringer.
carlin, e [kar'lɛ̃, ~'lin] *adj., a. su.* pug.
carlingue [kar'lɛ̃:g] *f* ⚓ keelson; ✈ fuselage; F cockpit.
carme [karm] *m* Carmelite, White Friar; ~ *déchaussé* discalced Carmelite; **carmélite** [karme'lit] *f nun*: Carmelite.
carmin [kar'mɛ̃] *su./m, a. adj./inv.* carmine.
carminatif, -ve ✱ [karmina'tif, ~'ti:v] *adj., a. su./m* carminative.
carnage [kar'na:ʒ] *m* slaughter; raw meat (*for animals*); **carnassier, -ère** [karna'sje, ~'sjɛ:r] 1. *adj.* carnivorous; 2. *su./f* (*a. dent f* ~*ère*) carnassial (*tooth*); game-bag; *su./m* carnivore; **carnation** *paint.* [~'sjɔ̃] *f* flesh tint(s *pl.*).
carnaval, *pl.* **-als** [karna'val] *m* carnival; King Carnival.
carne *sl.* [karn] *f* tough meat; old horse; bad-tempered person; wastrel; slut.
carnet [kar'nɛ] *m* note-book; *dance*: card; *mot.* ~ *de route* log-book; ~ *multicopiste* duplicating-book; ~-*répertoire* address-book.
carnier [kar'nje] *m* game-bag.
carnivore [karni'vɔ:r] 1. *dj.* carnivorous; 2. *su./m*: ~*s pl.* carnivora.
carotte [ka'rɔt] 1. *su./f* ♀, ✒ carrot; *tobacco*: plug; *sl.* trick, swindle; 2. *adj./inv.* carroty, ginger; **carotter** [~rɔ'te] (1a) *v/i. sl.* play for trifling stakes; *v/t.* cheat; ~ *qch. à q.* do s.o. out of s.th.; ⚔ ~ *le service* malinger.
caroube ♀ [ka'rub] *f* carob; **caroubier** ♀ [~ru'bje] *m* carob-tree.
carpe¹ *anat.* [karp] *m* wrist.
carpe² *icht.* [karp] *f* carp; **carpeau** *icht.* [kar'po] *m* young carp.
carpette¹ [kar'pɛt] *f* rug.
carpette² *icht.* [~] *f* young carp.
carquois [kar'kwa] *m* quiver.
carre [ka:r] *f plank*: thickness; *hat*: crown; *boot*: square toe; **carré, e** [ka're] 1. *adj.* square, squared (*stone*); *fig.* plain, blunt; 2. *su./m* square; ✒ patch; *staircase*: landing; *anat.* quadrate muscle; *cuis. loin*; ⚓ ~ *des officiers* ward-room; mess-room; *su./f sl.* room, digs *pl.*;
carreau [~'ro] *m* small square; *flooring*: tile, flag; floor; (window-)pane; *cards*: diamonds *sg.*; ⚒ *mine*: head; (tailor's) goose; ✝ bolt; *à* ~*x* checked (*material*); F *se garder* (*or tenir*) *à* ~ take every precaution;
carrefour [kar'fu:r] *m* crossroads *pl.*; intersection; square (*in town*).
carrelage [kar'la:ʒ] *m* tiling; **car-**

reler [~'le] (1c) v/t. tile, pave with tiles; square (*paper*); checker; **carrelet** [~'lɛ] m square dipping-net; ⊕ large needle; sewing-needle (*of boatmen*); **carreleur** [~'lœːr] m tile-layer.

carrément [kɑre'mɑ̃] adv. square (-ly); *fig.* bluntly; straightforwardly; **carrer** [kɑ're] (1a) v/t. square; se ~ swagger; loll (*in a chair*).

carrier [kɑ'rje] m quarryman.

carrière[1] [kɑ'rjɛːr] f quarry.

carrière[2] [~] f course; career; donner ~ à give free rein to.

carriole [kɑ'rjɔl] f light cart.

carrossable [kɑrɔ'sabl] carriageable, passable (*for vehicles*); **carrosse** [~'rɔs] m † coach; *fig.* rouler ~ live in style; **carrosserie** [~rɔs'ri] f coach-building; *mot.* body.

carrousel [karu'sɛl] m merry-go-round; ⚔ tattoo.

carrure [kɑ'ryːr] f breadth of shoulders.

cartable [kar'tabl] m satchel; writing-pad; cardboard portfolio.

carte [kart] f card; *restaurant*: menu; map, ♣ chart; ticket; ~ blanche full powers *pl.*; *fig.* free hand; ✈ ~ d'accès au bord boarding pass; ~ de lecteur reader's ticket; ~ d'identité identity card; *mot.* ~ grise car licence; ~ perforée punch(ed) card; ~ postale postcard; *mot.* ~ rose driving licence; battre les ~s shuffle (the cards); faire les ~s deal (the cards); jouer ~s sur table be above-board.

cartel [kar'tɛl] m ♣ ring, cartel, combine; *pol.* coalition.

carte-lettre, *pl.* **cartes-lettres** [kartə'lɛtr] f letter-card.

cartellisation ⊕ [kartɛliza'sjɔ̃] f cartelization.

carter [kar'tɛːr] m *mot.* crank-case; *bicycle*: gear-case.

cartilage [karti'laːʒ] m *anat.* cartilage, F gristle; **cartilagineux, -euse** [~laʒi'nø, ~'nøːz] *anat.* cartilaginous, F gristly; ♥ hard.

cartographe [kartɔ'graf] m mapmaker, chart-maker; cartographer; **cartographie** [~gra'fi] f cartography; mapping; map collection; **cartomancie** [~mɑ̃'si] f cartomancy, fortune-telling (by cards).

carton [kar'tɔ̃] m cardboard; pasteboard; cardboard box; cardboard portfolio; *art*: cartoon; *phot.* mount; *typ.* cancel; *geog.* inset map; ~ à chapeaux hat-box; ~ bitumé roofing felt; ~ ondulé corrugated cardboard; *fig.* ~ homme m de ~ man of straw; **cartonner** [~tɔ'ne] (1a) v/t. bind in boards, case; **cartonnerie** [~tɔn'ri] f cardboard manufactory; cardboard trade; **cartonnier** [~tɔ'nje] m (cardboard) file; **carton-pâte**, *pl.* **cartons-pâtes** [~tɔ̃'pɑːt] m papier mâché.

cartothèque ✝ [kartɔ'tɛk] f card-index.

cartouche[1] [kar'tuʃ] m △ scroll; tablet; F highwayman.

cartouche[2] [kar'tuʃ] f ⚔ cartridge; refill (*of ball-pen*); **cartouchière** [~tu'ʃjɛːr] f ⚔ cartridge-pouch; ~ d'infirmier first-aid case.

carvi ♀ [kar'vi] m caraway.

cas [kɑ] m case (a. ⚕ = *disease, patient*; a. *gramm.*); instance, circumstance; affair; ~ limite borderline case; au (or dans le) ~ où (cond.) in case *or* in the event of (*ger.*); au ~ où (*cond.*), en ~ que (*sbj.*) in case ... should (*inf.*); dans tous les ~, en tout ~ in any case; en aucun ~ in no circumstances; en ce ~ if so; faire grand ~ de think highly of (*s.th.*); faire peu de ~ de set little value on; le ~ échéant if needed; selon le ~ as the case may be.

casanier, -ère [kaza'nje, ~'njɛːr] *adj.*, *a. su.* stay-at-home.

casaque [ka'zak] f coat, jacket; jumper (*of woman*); F tourner ~ turn one's coat; **casaquin** [~za'kɛ̃] m dressing-jacket; jumper.

cascade [kas'kad] f waterfall, falls *pl.*, cascade; F gay time; F piece of reckless folly; **cascader** [~ka'de] (1a) v/i. cascade; F go the pace.

case [kɑːz] f hut, small house; compartment; pigeon-hole; chessboard: square; ~ postale Post Office box, P.O. box.

caséeux, -euse [kaze'ø, ~'øːz] cheesy, caseous.

casemate ⚔ [kaz'mat] f casemate.

caser [kɑ'ze] (1a) v/t. put away; file (*papers*); marry off; F accommodate; se ~ settle down; find a home (with, *chez*).

caserne ⚔ [ka'zɛrn] f barracks *pl.*; **caserner** ⚔ [~zɛr'ne] (1a) v/t. quarter, billet; v/i. live in barracks.

casier [kɑ'zje] *m* pigeon-hole; filing-cabinet; rack, bin; ⚖ ~ *judiciaire* police record.

casino [kazi'no] *m* casino.

casque [kask] *m* helmet; ~*s pl. d'écoute* ear-phones; ~ *blindé* crash-helmet; **casqué**, **e** [kas'ke] helmeted; **casquer** F [~'ke] (1m) *v/i.* foot the bill; *v/t.* fork out (*a sum*); **casquette** [~'kɛt] *f* (peaked) cap.

cassable [kɑ'sabl] breakable; **cassant**, **e** [~'sɑ̃, ~'sɑ̃:t] brittle (*china etc.*); crisp (*biscuit*); curt, short (*manner*, *voice*); F knife-edge (*crease*); *metall.* short; **cassation** [~sa'sjɔ̃] *f* ⚖ reversing, quashing, setting aside; ⚔ reduction to the ranks; ⚖ *cour f de* ~ Supreme Court of Appeal.

casse[1] [kɑ:s] *f* breakage, damage; *fig.* break; F row.

casse[2] [~] *f typ.* case; ⊕ ladle; *metall.* crucible; *typ. haut* (*bas*) *de* ~ upper (lower) case.

casse[3] [~] *f* ♀ cassia; senna.

casse...: **~-cou** [kɑs'ku] *m/inv.* dangerous spot; **~-croûte** [~'krut] *m/inv.* snack; snack-bar; **~-noisettes** [~nwa'zɛt] *m/inv.*, **~-noix** [~'nwa] *m/inv.* nutcrackers *pl.*

casser [kɑ'se] (1a) *v/t.* break, smash; crack; F punch (*s.o.'s nose*, *le nez à q.*); ⚔ reduce to the ranks; ⚖ set aside, quash, reverse; F ~ *sa pipe* kick the bucket (= *die*); *v/i. a. se* ~ break, give way; wear out (*person*). [stewpan.]

casserole [kɑs'rɔl] *f* saucepan,)

casse-tête [kɑs'tɛt] *m/inv.* life-preserver (= *loaded stick*); club, truncheon; *fig.* puzzle, head-ache; *fig.* din, uproar.

cassette [kɑ'sɛt] *f* (jewel-)casket; case; money-box.

casseur, **-euse** [kɑ'sœ:r, ~'sø:z] 1. *adj.* destructive, aggressive (*look etc.*); 2. *su.* breaker; . ~ *d'assiettes* truculent person.

cassis[1] ♀ [kɑ'sis] *m* black currant; black-currant brandy.

cassis[2] ⊕ [kɑ'si] *m* cross-drain.

cassonade [kɑsɔ'nad] *f* brown sugar.

cassure [kɑ'sy:r] *f* break; fragment.

caste [kast] *f* caste; *esprit m de* ~ class consciousness.

castel † [kas'tɛl] *m* castle.

castillan, **e** [kasti'jɑ̃, ~'jan] *adj.*, *a. su.* ♀ Castilian.

castor *zo.*, † [kas'tɔ:r] *m* beaver.

casuel, **-elle** [ka'zɥɛl] 1. *adj.* accidental, fortuitous, casual; *gramm.* case-...; ⚖ contingent; 2. *su./m* perquisites *pl.*

casuistique [kazɥis'tik] *f* casuistry (*a. fig.*).

cataclysme [kata'klism] *m* cataclysm, disaster; **catalepsie** ✱ [~lɛp'si] *f* catalepsy; **catalogue** [~'lɔg] *m* catalogue, list; *faire le* ~ *de* run over the list of; **cataloguer** [~lɔ'ge] (1m) *v/t.* catalogue, list; **catalyseur** 🧪 [~li'zœ:r] *m* catalyst; **cataphote** *mot.* [~'fɔt] *m* road: cat's eye, *Am.* reflector; **cataplasme** ✱ [~'plasm] *m* poultice; **cataracte** [~'rakt] *f* cataract (*a.* ✱).

catarrhe ✱ [ka'ta:r] *m* catarrh; F ~ *nasal* cold in the head; **catarrheux**, **-euse** [~ta'rø, ~'rø:z] catarrhous.

catastrophe [katas'trɔf] *f* catastrophe; disaster; **catastrophique** [~trɔ'fik] catastrophic.

catch *sp.* [katʃ] *m* catch-as-catch-can.

catéchiser [kateʃi'ze] (1a) *v/t. eccl.* catechize; *fig.* coach; lecture; reason with (*s.o.*).

catégorie [katego'ri] *f* category, class; **catégoriser** [~ri'ze] (1a) *v/t.* classify.

caténaire ⚡ [kate'nɛ:r] 1. *adj.* catenary; 2. *su./f* trolley-wire.

cathédrale [kate'dral] *f* cathedral.

cathode ⚡ [ka'tɔd] *f* cathode; **cathodique** ⚡ [~tɔ'dik] cathodic; *tube m à rayons* ~*s* cathode-ray tube.

catholique [katɔ'lik] 1. *adj.* (Roman) Catholic; † universal; F orthodox, regular; 2. *su.* (Roman) Catholic.

catimini F [katimi'ni] *adv.*: *en* ~ stealthily; on the sly.

catin F [ka'tɛ̃] *f* prostitute.

catir *tex.* [ka'ti:r] (2a) *v/t.* press, gloss.

cauchemar [koʃ'ma:r] *m* nightmare; *fig.* pet aversion.

causal, **e** [ko'zal] causal, causative.

cause [ko:z] *f* cause, motive; reason; ⚖ case, trial; *à* ~ *de* on account of; *fig. en* ~ at stake; involved; *mettre en* ~ question (*s.th.*); *pour* ~ for a good reason; ⚖ *sans* ~ briefless (*barrister*).

causer[1] [ko'ze] (1a) *v/t.* cause.

causer[2] [ko'ze] (1a) *v/i.* talk (*a. fig.* = blab), chat; **causerie** [koz'ri] *f* talk, chat; **causette** F [ko'zɛt] *f* little chat; **causeur, -euse** [~'zœːr, ~-'zøːz] **1.** *adj.* talkative, chatty; **2.** *su.* talker; *su./f* settee for two.

causticité [kostisi'te] *f* 🜍 causticity; *fig.* caustic humo(u)r; biting quality (*of a remark etc.*); **caustique** [~'tik] **1.** *adj.* 🜍, *a. fig.* caustic; **2.** *su./m* 🜍 caustic; *su./f opt.* caustic.

cautèle [ko'tɛl] *f* † wariness; *eccl.* à ~ conditional (*absolution*); **cauteleux, -euse** [kot'lø, ~'løːz] cunning, crafty; wary.

cautère ✲ [ko'tɛːr] *m* cautery; **cautériser** ✲ [~teri'ze] (1a) *v/t.* cauterize.

caution [ko'sjɔ̃] *f* security, guarantee; ⚖ bail; ✝ deposit; être (*or* se porter) ~ go bail; ✝ stand surety; fournir ~ produce bail; sujet à ~ unreliable, unconfirmed; **cautionnement** [~sjɔn'mɑ̃] *m* surety; **cautionner** [~sjɔ'ne] (1a) *v/t.* stand surety for (*s.o.*); ⚖ go bail for; answer for (*s.th.*).

cavalcade [kaval'kad] *f* cavalcade; procession; **cavale** *poet.* [~'val] *f* mare; **cavaler** *sl.* [~va'le] (1a) *v/i.* run; *v/t.* pester (*s.o.*); se ~ do a bunk (= *run away*); **cavalerie** [~val'ri] *f* cavalry; **cavalier, -ère** [~va'lje, ~'ljɛːr] **1.** *su.* rider; *su./m* horseman; *dancing*: partner; *chess*: knight; ⚔ trooper; *su./f* horsewoman; **2.** *adj.* haughty; off-hand; jaunty; ⚙ *perspective f* ~ère isometric projection.

cave [kaːv] **1.** *su./f* cellar (*a. fig.*); vault; ⊕ *coke-oven*: wharf; *cards*: stake(s *pl.*); **2.** *adj.* hollow; *anat.* veine *f* ~ vena cava; **caveau** [ka'vo] *m* cellar, vault; burial vault; **caver** [~'ve] (1a) *v/t.* hollow (out), undermine; put up (*money at cards*); *v/i.* put up a sum of money; **caverne** [~'vɛrn] *f* cave, cavern; (thieves') den; ✲ cavity; **caverneux, -euse** [~vɛr'nø, ~'nøːz] cavernous; *fig.* hollow, sepulchral (*voice*); **caviste** [~'vist] *m* cellarman; **cavité** [~vi'te] *f* cavity, hollow.

ce[1] [s(ə)] *dem./pron./n* it; this, that; these, those; *ce qui* (*or* que) what, which; *c'est pourquoi* therefore; *c'est que* the truth is that; *c'est moi* it is I, F it's me.

ce[2] (*before vowel or h mute* **cet**) *m*, **cette** *f*, **ces** *pl.* [sə, sɛt, se] *dem./adj.* this, that, *pl.* these, those; *ce ...-ci* this; *ce ...-là* that.

céans [se'ɑ̃] *adv.* F here(in); *maître m de* ~ master of the house.

ceci [sə'si] *dem./pron./n* this; ~ étant being the case *or* so.

cécité [sesi'te] *f* blindness.

cédant, e ✝, ⚖ [se'dɑ̃, ~'dɑ̃ːt] **1.** *su.* assignor, grantor, transferor; **2.** *adj.* assigning, granting, transferring; **céder** [~'de] (1f) *vt/i.* give up, yield; surrender; *v/t.* 🜍 give off; transfer; sell (*a lease*); ~ *le pas à* give way to; ~ *le passage* give way; *le* ~ *à q.* be inferior *or* second to s.o. (in, *en*).

cédille *gramm.* [se'diːj] *f* cedilla.

cèdre [sɛːdr] *m tree or wood*: cedar.

cédule [se'dyl] *f* script, note; *admin. taxes*: schedule; summons *sg.*

cégétiste [seʒe'tist] *m* trade-unionist (= *member of the C.G.T.*).

ceindre [sɛ̃ːdr] (4m) *v/t.* (de, with) gird; bind; surround; wreathe.

ceinture [sɛ̃'tyːr] *f* belt (*a. fig.* of *fortifications, hills, etc.*); girdle; waist; waistband; enclosure, circle; ~ *de sauvetage* lifebelt; *mot.* ~ *de sécurité* seat belt; ~ *verte* green belt; 🚇 *ligne f de* ~ circle line; **ceinturer** [sɛ̃ty're] (1a) *v/t.* surround; *foot.* collar (*s.o.*) low; **ceinturier** [~'rje] *m* belt-maker; **ceinturon** [~'rɔ̃] *m* waist-belt, sword-belt.

cela [s(ə)la] **1.** *dem./pron./n* that; *à* ~ *près* with that exception; ~ *fait* thereupon; *c'est* ~ that's right, that's it; *comment* ~? how?; *et ... avec tout* ~? and what about ...?; **2.** *su./m psych.* id.

céladon [sela'dɔ̃] *su./m, a. adj./inv.* celadon, parrot-green.

célébration [selebra'sjɔ̃] *f* celebration; **célèbre** [~'lɛbr] famous, celebrated; **célébrer** [sele'bre] (1f) *v/t.* celebrate; extol; **célébrité** [~bri'te] *f* celebrity.

celer [sə'le] (1d) *v/t.* conceal.

céleri ♧ [sel'ri] *m* celery; *pied m de* ~ head of celery.

célérité [seleri'te] *f* speed, rapidity, swiftness.

céleste [se'lɛst] heavenly, celestial; *bleu* ~ sky-blue; ♪ *voix f* ~ *organ*: vox angelica.

célibat [s(e)li'ba] *m* celibacy; **céliba-**

célibataire 88

taire [ˌba'tɛːr] **1.** *adj.* single; celibate; **2.** *su./m* bachelor; *su./f* spinster.
celle [sɛl] *f see celui.*
cellier [sɛ'lje] *m* store-room, store-cupboard.
cellulaire [sɛly'lɛːr] cellular; *régime m* ~ solitary confinement; *voiture f* ~ police-van, F Black Maria; **cellule** [ˌ'lyl] *f* cell; F den; ⚡ ~ *au sélénium* selenium cell; 🔑 ~ *d'avion* air-frame; *telev.* ~ *photo-électrique* electric eye; **celluleux, -euse** [ˌ'lø, ˌ'løːz] cell(at)ed; **celluloïd(e)** ⊕ [ˌlɔ'id] *m* celluloid; **cellulose** 🔑, 🕀 [ˌ'loːz] *f* cellulose.
celte [sɛlt] **1.** *adj.* Celtic; **2.** *su.* ⚥ Celt; **celtique** [sɛl'tik] **1.** *adj.* Celtic; **2.** *su./m ling.* Celtic.
celui *m*, **celle** *f*, **ceux** *m/pl.*, **celles** *f/pl.* (sə'lɥi, sɛl, sø, sɛl] *dem./pron.* he (*acc.* him); she (*acc.* her); the one, that; *pl.* they (*acc.* them); those; ~-**ci** *etc.* [səlɥi'si *etc.*] the latter; this one; ~-**là** *etc.* [səlɥi'la *etc.*] the former; that one.

cément *metall.* [se'mã] *m* cement (*a.* 🛡), powdered carbon; **cémenter** [ˌmã'te] (1a) *v/t. metall.* case-harden (*steel*); cement (*an armour-plate*).
cendre [sãːdr] *f* cinders *pl.*, ash; *mercredi m des* ⚥s Ash Wednesday; **cendré, e** [sã'dre] **1.** *adj.* ash-grey, ashy; **2.** *su./f sp.* cinders *pl.*; 🔑 lead ashes *pl.*; **cendreux, -euse** [ˌ'drø, ˌ'drøːz] ash-grey, ashy; gritty; *metall.* brittle (*steel*); **cendrier** [ˌdri'e] *m* ash-pan; 🚂 ash-box; ash-tray.
Cendrillon [sãdri'jɔ̃] *f* Cinderella (*a. fig.*); *fig.* stay-at-home; F drudge.
Cène [sɛn] *f the* Last Supper; *protestant service: the* Lord's Supper; *the* Holy Communion.
censé, e [sã'se] supposed, reputed; **censément** [ˌse'mã] *adv.* supposedly; ostensibly; to all intents and purposes; **censeur** [ˌ'sœːr] *m* censor; critic; 🕀 auditor; *lycée:* vice-principal; *univ.* proctor; **censurable** [ˌsy'rabl] open to censure; **censure** [ˌ'syːr] *f* censure, blame; *cin., journ., etc.* censorship; 🕀 audit; **censurer** [ˌsy're] (1a) *v/t.* censure, blame; criticize; *cin. etc.* censor.
cent [sã] **1.** *adj./num.* (a *or* one) hundred; **2.** *su./m* (*inv.* when followed by another number) hundred; *cinq pour* ~ five per cent; *je vous le donne en* ~ I give you a hundred guesses; *trois* ~ *dix* three hundred and ten; *trois* ~s *ans* three hundred years; **centaine** [sã'tɛn] *f* (about) a hundred.
centaure *myth.* [sã'tɔːr] *m* centaur.
centenaire [sãt'nɛːr] **1.** *adj.* a hundred years old; *fig.* ancient, venerable; **2.** *su./m* centenary; *su. person:* centenarian; **centésimal, e,** *m/pl.* **-aux** [sãtezi'mal, ˌ'mo] centesimal; *thermomètre m* ~ centigrade thermometer.
centi... [sãti] centi...; **centiare** [sã'tjaːr] *m measure:* one square metre (*approx.* 1¹/₅ *square yards*); **centième** [ˌ'tjɛm] **1.** *adj./num.*, *a. su.*, *a. su./m fraction:* hundredth; **2.** *su./f thea.* hundredth performance; **centigrade** [ˌti'grad] centigrade; **centime** [ˌ'tim] *m* ¹/₁₀₀ *of a franc;* **centimètre** [ˌti'mɛtr] *m measure:* (*approx.*) ²/₅ inch; tape-measure.
central, e, *m/pl.* **-aux** [sã'tral, ˌ'tro] **1.** *adj.* central; **2.** *su./m* telephone-exchange; call-station; *su./f* ⚡ power-house; power-station; ⚡ ~ *hydro-électrique* hydro-electric generating station; ~ *e nucléaire* (*or atomique*) nuclear power-station; **centraliser** [ˌtrali'ze] (1a) *v/t. a. se* ~ centralize; **centre** [sãːtr] *m* centre, *Am.* center; middle; *foot.* ~s *pl.* insides; *meteor.* ~ *de dépression* storm centre; *phys.* ~ *de gravitation* (*or d'attraction*) centre of attraction; **centrer** [sã'tre](1a) *v/t.* centre, *Am.* center; adjust; **centrifuge** [sãtri'fyːʒ] centrifugal; *essoreuse f* ~ rotary dryer; **centripète** [ˌ'pɛt] centripetal; **centriste** *pol.* [sã'trist] *adj., a. su.* centrist.
centuple [sã'typl] *su./m*, *a. adj.* hundredfold; **centupler** [ˌty'ple] (1a) *vt/i.* increase a hundredfold.
cep ⚘ [sɛp] *m* vine-stock; vine-plant.
cèpe ⚘ [ˌ] *m* flap mushroom.
cependant [səpã'dã] **1.** *adv.* meanwhile; **2.** *cj.* however, nevertheless, yet.
céramique [sera'mik] **1.** *adj.* ceramic; **2.** *su./f* ceramics *pl.*, pottery; **céramiste** [ˌ'mist] *su.* potter.
cérat 🛡 [se'ra] *m* cerate, ointment.

Cerbère [sɛr'bɛːr] m myth., a. fig. Cerberus.

cerceau [sɛr'so] m hoop; ✱ cradle (over bed); **cercle** [sɛrkl] m circle (a. fig.), ring (a. ⊕); barrel: hoop; dial; fig. company, group; fig. sphere, range; geog. ~ polaire polar circle; en ~s in the wood (wine); ⚔ quart m de ~ quadrant; **cercler** [sɛr'kle] (1a) v/t. encircle, ring; hoop; put a tyre on (a wheel).

cercueil [sɛr'kœːj] m coffin; ~ en plomb (leaden) shell.

céréale ♀ [sere'al] su./f, a. adj. cereal.

cérébral, e, m/pl. **-aux** [sere'bral, ~'bro] cerebral, brain...; fatigue f ~e brain-fag.

cérémonial, pl. **-als** [seremɔ'njal] m ceremonial; **cérémonie** [~'ni] f ceremony (a. fig.), pomp; formality; sans ~ informal(ly adv.); **cérémonieux, -euse** [~'njø, ~'njøːz] ceremonious, formal.

cerf [sɛːr] zo. stag, hart; cuis. venison.

cerfeuil ♀ [sɛr'fœːj] m chervil.

cerf-volant, pl. **cerfs-volants** [sɛrvɔ'lɑ̃] m zo. stag-beetle; (paper) kite.

cerise [sə'riːz] 1. su./f ♀ cherry; sl. bad luck; 2. adj./inv. cherry-red; **cerisette** [səri'zɛt] f dried cherry; ♀ winter-cherry; **cerisier** [~'zje] m cherry-tree; cherry-wood.

cerne [sɛrn] m tree: (age-)ring; ring, circle (round eyes, wound, etc.); **cerneau** [sɛr'no] m green walnut; **cerner** [~'ne] (1a) v/t. encircle, surround; hem in; ring (s.o.'s eyes); shell (nuts); avoir les yeux cernés have rings under one's eyes.

certain, e [sɛr'tɛ̃, ~'tɛn] 1. adj. certain, sure; positive, definite; (before noun) one; some; 2. pron. some, certain; **certes** [sɛrt] adv. indeed; **certificat** [sɛrtifi'ka] m certificate (a. ✱); testimonial; ~ de bonne vie et mœurs certificate of good character; ~ d'origine dog etc.: pedigree; **certification** [~fika'sjɔ̃] f certification; signature: witnessing; **certifier** [~'fje] (1o) v/t. certify, attest, assure; witness (a signature); **certitude** [~'tyd] f certainty.

cérumen [sery'mɛn] m ear-wax.

céruse ♀ [se'ryːz] f white lead; **cérusite** ♀ [~ry'zit] f cerusite.

cerveau [sɛr'vo] m brain; fig. mind; ~ brûlé hothead; rhume m de ~ cold in the head.

cervelas cuis. [sɛrvə'la] m saveloy.

cervelet anat. [sɛrvə'lɛ] m cerebellum; **cervelle** anat., cuis. [~'vɛl] f brains pl.; brûler la ~ à q. blow s.o.'s brains out; se creuser la ~ rack one's brains; fig. une ~ de lièvre a memory like a sieve.

ces [se] pl. of ce².

césarienne ✱ [seza'rjɛn] adj./f: opération f ~ Caesarean (operation).

cessation [sɛsa'sjɔ̃] f cessation, stoppage, suspension; breach (of relations); **cesse** [sɛs] f cease, ceasing; sans ~ unceasingly, without ceasing; constantly; **cesser** [sɛ'se] (1a) vt/i. cease, leave off; v/i.: faire ~ put a stop to; **cessez-le-feu** [~sela'fø] m/inv. cease-fire; **cessible** ⚖ [~'sibl] transferable; assignable; **cession** [~'sjɔ̃] f ⚖ transfer, assignment; ⊕ supply (of power); ✝ shares: delivery; **cessionnaire** ✝ [~sjɔ'nɛːr] m transferee, assignee; bill: holder; cheque: endorser.

c'est-à-dire [seta'diːr] cj. that is to say, i.e.; in other words; F ~ que well, actually.

cet m, **cette** f [sɛt] see ce².

cétacé, e zo. [seta'se] 1. adj. cetaceous; cetacean; 2. su./m cetacean.

ceux [sø] m/pl. see celui.

chabler [ʃa'ble] (1a) v/t. ⊕ hoist (a load); ⚓ tow (a boat); ♪ beat (a walnut-tree).

chablis [ʃa'bli] m Chablis (= white Burgundy).

chabot icht. [ʃa'bo] m bullhead, miller's thumb; chub.

chacal, pl. **-als** zo. [ʃa'kal] m jackal.

chacun, e [ʃa'kœ̃, ~'kyn] pron./indef. each (one); everybody.

chafouin, e [ʃa'fwɛ̃, ~'fwin] 1. adj. sly-looking (person); 2. su. sly-looking person.

chagrin¹, e [ʃa'grɛ̃, ~'grin] 1. su./m grief, sorrow; trouble; annoyance; 2. adj. sorry; sad; troubled (at, de); distressed (at, de); peevish.

chagrin² [ʃa'grɛ̃] m (a. peau f de ~) leather: shagreen.

chagriner¹ [ʃagri'ne] (1a) v/t. grieve, distress; annoy; se ~ fret.

chagriner² [~] (1a) v/t. grain (leather).

chahut

chahut F [ʃa'y] *m* uproar, row; rag; **chahuter** F [~y'te] (1a) *v/i.* kick up a row; *sl.* boo; *v/t.* rag (*s.o.*); give (*s.o.*) the bird; boo (*s.o.*).

chai [ʃɛ] *m* wine and spirit store.

chaîne [ʃɛn] *f* chain; link(s *pl.*); fetter; necklace; *fig.* sequence, train (*of ideas*); *tex.* warp; ⚓ chain-boom; *geog. mountains*: range; *mot.* ~s *pl. antidérapantes* anti-skid chains; ⊕ *travail m à la* ~ assembly line work, work on the conveyor belt; **chaîner** [ʃe'ne] (1b) *v/t.* △, *surv.* chain; △ tie; **chaînette** [~'nɛt] *f* small chain; ⚓ catenary; *point m de* ~ chain-stitch; **chaînon** [~'nɔ̃] *m* chain: link; *geog. mountains*: secondary range.

chair [ʃɛːr] *f* flesh; meat; *fruit*: pulp; *fig.* ~ *de poule* goose-flesh.

chaire [~] *f eccl., a. univ.* chair; *eccl.* throne; *eccl.* pulpit; rostrum; tribune.

chaise [ʃɛːz] *f* chair, seat; *hist.* (*a.* ~ *à porteurs*) sedan-chair; ~ *de poste* post-chaise; ~ *longue* couch, chaise longue.

chaland[1] [ʃa'lɑ̃] *m* lighter, barge.

chaland[2] *m, e f* † [ʃa'lɑ̃, ~'lɑ̃:d] customer (*a. fig.*), purchaser.

chalcographie [kalkɔgra'fi] *f* engraving on metal; engraving studio.

châle [ʃɑːl] *m* shawl.

chalet [ʃa'lɛ] *m* chalet; country cottage; ~ *de nécessité* public convenience.

chaleur [ʃa'lœːr] *f* heat (*a. of animals*), warmth; ardo(u)r, zeal; ⊕ ~ *blanche* white heat; **chaleureux, -euse** [~lœ'rø, ~'røːz] warm; *fig.* ardent; cordial, hearty (*welcome etc.*); glowing (*colour, terms*).

châlit [ʃɑ'li] *m* bedstead.

challenge *sp.* [ʃa'lɑ̃:ʒ] *m* challenge.

chaloupe ⚓ [ʃa'lup] *f* launch, longboat.

chalumeau [ʃaly'mo] *m* drinking-straw; ♪, ⊕ pipe; ⊕ blow-lamp.

chalut [ʃa'ly] *m* trawl; drag-net; **chalutier** ⚓ [~ly'tje] *m person, boat*: trawler.

chamailler F [ʃamɑ'je] (1a) *v/t.* squabble with; *se* ~ squabble (with, *avec*); be at loggerheads, bicker (with, *avec*); **chamaillerie** [~mɑj-'ri] *f* squabble, brawl, scuffle.

chamarrer [ʃama're] (1a) *v/t.* bedeck; *fig.* embroider, dress up (*a story*); **chamarrure** [~'ryːr] *f* tawdry decoration.

chambard F [ʃɑ̃'bar] *m*, **chambardement** F [~bardə'mɑ̃] *m* upheaval, upset; **chambarder** F [~bar'de] (1a) *v/t.* rifle (*a room*); smash up, upset (*a. fig.*).

chambellan [ʃɑ̃bɛl'lɑ̃] *m* chamberlain.

chambranle △ [ʃɑ̃'brɑ̃:l] *m* frame; ~ *de cheminée* mantelpiece.

chambre [ʃɑ̃:br] *f* room; chamber (*a. pol.*, ✝, ⊕); ⚖ division; ⚓ cabin; *mot.* ~ *à air* inner tube; ~ *à un lit* (*deux lits*) single (double) room; ~ *d'ami* spare room; ✝ ~ *de commerce* chamber of commerce; *pol.* ♀ *des députés* House of Commons, *Am.* House of Representatives, *France*: Chamber of Deputies; ⚓ ~ *des machines* engine-room; *phot.* ~ *noire* dark room; ~ *sur la cour* (*rue*) back (front) room; *garder la* ~ be confined to one's room; ♪ *musique f de* ~ chamber music; ⊕ *ouvrier m en* ~ home-worker; garret-craftsman; *fig. stratégiste m en* ~ armchair strategist; **chambrée** [ʃɑ̃'bre] *f* roomful; ⚔ barrack-room; *thea.* house; *thea.* takings *pl.*; **chambrer** [~'bre] (1a) *v/t.* lock up in a room; bring (*wine*) to room temperature; **chambrière** [~'brjɛːr] *f* † chambermaid; long whip; *truck etc.*: drag; ⊕ safety-dog.

chameau [ʃa'mo] *m zo.* camel; 🚂 shunting engine; *sl.* dirty dog *m*, bitch *f*; **chamelier** [~mə'lje] *m* camel-driver; **chamelle** *zo.* [~'mɛl] *f* she-camel.

chamois *zo.* [ʃa'mwa] *m* chamois; chamois *or* shammy leather; *gants m/pl. de* ~ wash-leather gloves; **chamoiser** [~mwa'ze] (1a) *v/t.* chamois, dress (*leather*).

champ [ʃɑ̃] *m* field (*a. fig.*); open country; ground; space; *fig.* range; ⊕ side, edge; ~ *d'activité* scope *or* field of activity; *sp.* ~ *de courses* racecourse, race-track; ~ *de repos* churchyard; ~ *visuel* field of vision; *à tout bout de* ~ the whole time, at every end and turn; *à travers* ~s across country; ⊕ *de* ~ on edge, edgewise.

champagne [ʃɑ̃'paɲ] *su./m* champagne; *su./f*: *fine* ~ liqueur brandy.

champart ⚯ [ʃɑ̃'paːr] *m* wheat and rye sown together.
champenois, e [ʃɑ̃pə'nwa, ~'nwaːz] of Champagne.
champêtre [ʃɑ̃'pɛːtr] rural, rustic.
champignon [ʃɑ̃pi'ɲɔ̃] *m* ♀ mushroom; 🚲 *rail*: head; F *mot.* accelerator pedal; F *mot. appuyer sur le* ~ step on the gas; **champignonnière** [~ɲɔ'njɛːr] *f* mushroom-bed.
champion *m*, **-onne** *f* [ʃɑ̃'pjɔ̃, ~'pjɔn] *sp., fig.* champion; *fig.* supporter; **championnat** [~pjɔ'na] *m* championship.
chançard, e [ʃɑ̃'saːr, ~'sard] **1.** *adj.* lucky; **2.** *su.* lucky person; **chance** [ʃɑ̃ːs] *f* luck, fortune; *bonne* ~*!* good luck; *par* ~ by good fortune.
chanceler [ʃɑ̃s'le] (1c) *v/i.* reel, stagger, totter; falter.
chancelier [ʃɑ̃sə'lje] *m* chancellor; *pol. embassy*: secretary; **chancelière** [~sə'ljɛːr] *f* chancellor's wife; foot-muff; **chancellerie** [~sɛl'ri] *f* chancellery.
chanceux, -euse [ʃɑ̃'sø, ~'søːz] risky; lucky.
chancir [ʃɑ̃'siːr] (2a) *v/i. a. se* ~ go mo(u)ldy; **chancissure** [~si'syːr] *f* mo(u)ld, mildew.
chancre [ʃɑ̃ːkr] *m* 🞰 ulcer; 🞰 F, *a.* ♀ canker; **chancreux, -euse** [ʃɑ̃'krø, ~'krøːz] 🞰 ulcerous; cankerous (*growth*); cankered (*organ*).
chandail [ʃɑ̃'daːj] *m* sweater.
Chandeleur *eccl.* [ʃɑ̃d'lœːr] *f*: *la* ~ Candlemas; **chandelier** [ʃɑ̃də'lje] *m* candlestick; *person*: chandler; ⊕ *boiler*: pedestal; **chandelle** [~'dɛl] *f* candle; *cricket, tennis*: skyer, lob; △ stay, prop; *à la* ~ by candle-light; *fig. en voir trente-six* ~*s* see stars; **chandellerie** [~dɛl'ri] *f* candleworks *usu. sg.*
chanfrein[1] [ʃɑ̃'frɛ̃] *m* blaze (*on a horse's forehead*); *horse etc.*: forehead.
chanfrein[2] [ʃɑ̃'frɛ̃] *m* bevelled edge; **chanfreiner** ⊕ [~frɛ'ne] (1a) *v/t.* bevel, chamfer.
change [ʃɑ̃ːʒ] *m* ✝ exchange; *hunt.* wrong scent; F false scent; *fig. donner le* ~ *à q.* put s.o. off, side-track s.o.; **changeable** [ʃɑ̃'ʒabl] changeable; exchangeable; **changeant, e** [~'ʒɑ̃, ~'ʒɑ̃ːt] changing; changeable, variable; unsettled (*weather*); **changement** [ʃɑ̃ʒ'mɑ̃] *m* change, alteration; *mot.* ~ *de vitesse* gear-change, *Am.* gearshift; 🚲 ~ *de voie* points *pl.*; **changer** [ʃɑ̃'ʒe] (1l) *v/t.* change; exchange (for, *contre*); alter; *v/i.* change, alter (s.th., *de qch.*); **changeur** [~'ʒœːr] *m* money-changer.
chanoine *eccl.* [ʃa'nwan] *m* canon; **chanoinesse** *eccl.* [~nwa'nɛs] *f* canoness.
chanson [ʃɑ̃'sɔ̃] *f* song; ~*s pl.* non-sense; **chansonner** [ʃɑ̃sɔ'ne] (1a) *v/t.* write satirical songs about (*s.o.*); **chansonnette** [~'nɛt] *f* comic song; **chansonnier, -ère** [~'nje, ~'njɛːr] *su.* song-writer; *su./m* song-book; small revue theatre.
chant[1] [ʃɑ̃] *m* ♪ singing; song; *eccl.* chant; canto; melody; *au* ~ *du coq* at cock-crow; ~ *de Noël* Christmas carol.
chant[2] ⊕ [~] *m* edge, side.
chantage [ʃɑ̃'taːʒ] *m* blackmail.
chantepleure [ʃɑ̃tə'plœːr] *f* wine funnel; colander; watering-can with a long spout; *cask*: tap; △ *gutter*: spout; **chanter** [ʃɑ̃'te] (1a) *v/t.* sing; celebrate; ~ *victoire sur* crow over; *iro. que me chantez-vous là?* that's a fine story!; *v/i.* sing; creak (*door*); sizzle (*butter*); crow (*cock*); *faire* ~ *q.* blackmail s.o.; F *si ça vous chante* if it suits you.
chanterelle[1] [ʃɑ̃'trɛl] *f* ♪ violin: E-string; decoy-bird; bird-call.
chanterelle[2] ♀ [~] *f* mushroom: cantharellus.
chanteur *m*, **-euse** *f* [ʃɑ̃'tœːr, ~'tøːz] singer; *maître m* ~ *hist.* master-singer; F blackmailer.
chantier [ʃɑ̃'tje] *m* (timber- etc.) yard; work-yard, site; ⊕ *foundry*: floor; gantry; ⚓ boat chock; agricultural camp; F mess; *traffic sign*: men at work; *sur le* ~ in hand.
chantonner [ʃɑ̃tɔ'ne] (1a) *vt/i.* hum.
chantourner ⊕ [ʃɑ̃tur'ne] (1a) *v/t.*: *scie f à* ~ bow saw, jig-saw.
chantre [ʃɑ̃ːtr] *m eccl.* cantor; *poet.* singer, poet.
chanvre ♀, ⊕ [ʃɑ̃ːvr] *m* hemp; **chanvrier, -ère** [ʃɑ̃vri'e, ~'ɛːr] **1.** *su.* hemp-grower; **2.** *adj.* hemp-...
chaos [ka'o] *m* chaos, confusion.
chaparder F [ʃapar'de] (1a) *v/t.* scrounge, filch, lift.

chape

chape [ʃap] f eccl. cope; covering, layer; cuis. dish cover; ⊕ D-joint; mot. tyre: tread; mot. patch (on tyre); ⚠ bridge: coping; ⊕ roller: flange; pulley-block: strap; pulley: shell; **chapeau** [ʃa'po] m hat; ⚠ chimney: cowl; ⊕, a. pen: cap; ♪ ~ chinois Chinese bells cl.; ~ haut de forme top hat; ~ melon bowler; F travailler du ~ talk through one's hat.

chapelain [ʃa'plɛ̃] m chaplain.

chapelet [ʃa'plɛ] m rosary; ✝ beads, onions: string; ⊕ series; ⚔ bombs: stick; **chapelier, -ère** [~pə'lje, ~'ljɛːr] 1. adj. hat-...; 2. su. hatter, Am. milliner; su./f Saratoga trunk.

chapelle [ʃa'pɛl] f chapel; ⊕ case; F clique.

chapellerie [ʃapɛl'ri] f hat-trade; hat-shop; **chapelure** cuis. [~'plyːr] f bread crumbs pl.

chaperon [ʃa'prɔ̃] m hood; ⚠ wall: coping; roof: cap-stone; chaperon; le petit ♀ rouge Little Red Riding Hood; **chaperonner** [~prɔ'ne] (1a) v/t. hood (a falcon); chaperon (s.o.); ⚠ put a coping on (a wall).

chapiteau [ʃapi'to] m ✝ capital; windmill etc.: cap; circus: big top.

chapitre [ʃa'pitr] m chapter (a. eccl.); heading, subject; **chapitrer** F [~pi'tre] (1a) v/t. read (s.o.) a lecture, reprimand.

chapon [ʃa'pɔ̃] m capon; **chaponner** [~pɔ'ne] (1a) v/t. caponize.

chaque [ʃak] adj. each, every.

char [ʃar] m waggon; ~ à bancs char-a-banc(s pl.); ⚔ ~ blindé armo(u)red car; ⚔ ~ d'assaut tank; ⚔ ~ de combat light-armo(u)red car; ♀ de l'État Ship of State; ~ de triomphe triumphal car; ~ funèbre hearse.

charabia [ʃara'bja] m gibberish.

charade [ʃa'rad] f charade.

charançon zo. [ʃarɑ̃'sɔ̃] m weevil.

charbon [ʃar'bɔ̃] m coal; (a. ~ de bois) charcoal; ⚕ carbon; ✔ blight; anthrax; ✱ carbuncle; **charbonnage** ⚒ [~bɔ'naːʒ] m coal mining; colliery; bunkering; **charbonner** [~bɔ'ne] (1a) v/t. char, carbonize; cuis. burn; sketch or blacken with charcoal; v/i. ⚓ coal ship; **charbonnerie** [~bɔn'ri] f coal depot; **charbonnier, -ère** [~bɔ'nje, ~'njɛːr] 1. adj. coal-...; charcoal-...; 2. su./m coal-man; coal-merchant; coal-hole; ⚓ collier; ~ est maître chez lui a(n English)man's home is his castle; su./f coal-scuttle; charcoal kiln; orn. great tit; ⚓ coal lighter.

charcuter [ʃarky'te] (1a) v/t. cut (meat) into small pieces; F mangle; ✱ F carve, operate clumsily upon (a patient); **charcuterie** [~'tri] f pork-butcher's shop or trade or meat; delicatessen; **charcutier** m, -ère f [~'tje, ~'tjɛːr] pork-butcher; F sawbones sg. (= surgeon).

chardon [ʃar'dɔ̃] m thistle; **chardonneret** orn. [~dɔn'rɛ] m goldfinch.

charge [ʃarʒ] f load, burden; ⚓ loading; ⊕, ⚡, ⚔, ⚔ arms: charge; cost; post, office; responsibility; exaggeration, caricature, thea. overacting; ⊕ ~ payante pay load; ⊕ ~ utile useful load; à ~ de [revanche on condition of reciprocity; être à la ~ de be dependent on or depending upon; femme f de ~ housekeeper; pas m de ~ marching: double time; **chargé** [ʃar'ʒe] m: pol. ~ d'affaires chargé d'affaires, ambassador's deputy; univ. ~ de cours reader, senior lecturer; **chargement** [~ʒə'mɑ̃] m load; ⚓ lading; ⚓ cargo; ⚡ charging; **charger** [~'ʒe] (1l) v/t. (de, with) load, burden (a. fig.); charge (a. ⚔, ⚡, ⚡); entrust; post: register; thea. overact; ✝ inflate (an account); ~ q. de coups drub s.o., belabo(u)r s.o.; se ~ become overcast (sky); become coated (tongue); se ~ de (inf.) undertake to (inf.), take it upon o.s. to (inf.); **chargeur** [~'ʒœːr] m loader, ⚓ shipper; stoker; ⚡ charger.

chariot [ʃa'rjo] m waggon; ⊕ truck, trolley; ⚓ cradle; ⊕ crane: crab; typewriter: carriage; camera: baseboard; astr. le grand ♀ Charles's Wain.

charitable [ʃari'tabl] charitable (to, towards envers); **charité** [~'te] f charity, love; alms(-giving) sg.

charivari [ʃariva'ri] m tin-kettle music; fig. din.

charlatan m, e f [ʃarla'tɑ̃, ~'tan] charlatan, quack; **charlatanisme** [~ta'nism] charlatanism.

charlotte cuis. [ʃar'lɔt] f apple charlotte; trifle.

charmant, e [ʃar'mɑ̃, ~'mɑ̃:t] charming, delightful.
charme¹ ♧ [ʃarm] *m* hornbeam.
charme² [ʃarm] *m* charm (*a. fig.*); spell; **charmer** [ʃar'me] (1a) *v/t.* charm (*a. fig.*); delight; **charmeur, -euse** [~'mœːr, ~'møːz] **1.** *adj.* charming; **2.** *su.* charmer.
charmille [ʃar'miːj] *f* hedge; arbo(u)r.
charnel, -elle [ʃar'nɛl] carnal; sensual; **charnier** [~'nje] *m* charnelhouse (*a. fig.*).
charnière [ʃar'njɛːr] *f* hinge; ⊕ ~ *universelle* univeral joint.
charnu, e [ʃar'ny] fleshy.
charogne [ʃa'rɔɲ] *f* carrion; *sl. woman:* slut; *man:* scoundrel.
charpente [ʃar'pɑ̃ːt] *f* framework (*a. fig.*); timber-work, steel-work; *house, ship, etc.:* skeleton; **charpenter** [ʃarpɑ̃'te] (1a) *v/t.* frame (*a. fig.*); **charpenterie** [~'tri] *f* carpentry; carpenter's (shop); timber-yard; **charpentier** [~'tje] *m* carpenter; ~ *de navires* shipwright.
charpie ✂ [ʃar'pi] *f* lint. [wright.)
charretée [ʃar'te] *f* cart-load; **charretier** [~'tje] *m* carter; **charette** [ʃa'rɛt] *f* cart; **charriage** [~'rjaːʒ] *m* carriage; *sl.* swindling; exaggeration; chaffing; **charrier** [~'rje] (1o) *v/t.* cart, carry; *sl.* swindle; make fun of; *v/i.* exaggerate; *sans* ~ joking apart; **charroi** [~'rwa] *m* carriage, cartage; ⚔ † ~*s pl.* transport *sg.*; **charron** [~'rɔ̃] *m* wheelwright; cartwright; **charroyeur** [~rwa'jœːr] *m* carter, carrier.
charrue [ʃa'ry] *f* plough, *Am.* plow; *fig. mettre la* ~ *devant les bœufs* put the cart before the horse.
charte [ʃart] *f* charter; deed; *hist. la Grande* ♀ *Magna C(h)arta; École f des* ~*s* School of Pal(a)eography; ~*-partie, pl.* ~*s-parties* [ʃartəpar'ti] *f* charterparty.
chartreux, -euse [ʃar'trø, ~'trøːz] **1.** *adj.* Carthusian; **2.** *su.* Carthusian; *su./f* Carthusian monastery; *liqueur:* Chartreuse.
chartrier [ʃar'trje] *m* custodian *or* collection of charters; charterroom.
chas [ʃa] *m needle:* eye.
chasse [ʃas] *f* hunt(ing); (*a.* ~ *au tir*) shooting; game, bag; shootingseason; hunting-ground; ⊕ *wheels:* play; ⊕ flush; ~ *à courre* (stag-) hunting; ~ *d'eau W.C.:* flush, lavatory chain.
châsse [ʃɑːs] *f eccl.* reliquary, shrine; *spectacles:* frame; *sl.* ~*s pl.* eyes.
chasse...: ~*-marée* [ʃasma're] *m/inv.* fish-cart; coasting lugger; ~*-mouches* [~'muʃ] *m/inv.* fly-swatter; *horse:* fly-net; ~*-neige* [~'nɛːʒ] *m/inv.* snow-plough, *Am.* snowplow; *sp. ski:* stem; *virage m en* ~ stem-turn; ~*-pierres* 🛲 [~'pjɛːr] *m/inv.* cow-catcher.
chasser [ʃa'se] (1a) *v/t.* hunt, pursue; drive away *or* out; expel; drive (*a nail*); *v/i.* (*usu.* ~ *à courre*) hunt, go hunting (s.th., *a* qch.); drive; *mot.* skid; ⚓ drag; **chasseresse** *poet.* [ʃas'rɛs] *f* huntress.
chasseur [ʃa'sœːr] *m* hunter; *hotel:* page-boy, *Am.* bell-hop; ⚔ rifleman; ⚓ chaser; ✈ fighter; ✈ jet fighter; **chasseuse** [~'søːz] *f* huntress.
chassieux, -euse [ʃa'sjø, ~'sjøːz] bleary-eyed.
châssis [ʃa'si] *m* frame (*a. mot.*, 🌱); *mot.* chassis; window-sash; *paint.* stretcher; *trunk:* tray; ⚒ slide; ✈ under-carriage; ♂ forcing frame; *typ.* chase; *thea. scenery:* flat; *phot.* plate-holder; ✈ ~ *d'atterrissage* landing gear; ~*-presse* *phot.* [~si'prɛs] *m* printing-frame.
chaste [ʃast] chaste, pure; **chasteté** [~ə'te] *f* chastity, purity.
chasuble *eccl.* [ʃa'zybl] *f* chasuble.
chat *zo.* [ʃa] *m* (tom-)cat; *le* ♀ *botté* Puss in Boots.
châtaigne [ʃɑ'tɛɲ] *f* ♧ chestnut (*a. horse*); **châtaigneraie** [ʃɑtɛnə're] *f* chestnut grove; **châtaignier** [~'ɲje] *m* chestnut(-tree, -wood); **châtain, e** [ʃɑ'tɛ̃, ~'tɛn] *adj., a. su./m* chestnut, brown.
château [ʃɑ'to] *m* castle; manor, hall; palace; ~ *d'eau* water-tower, 🛲 tank; ~*x pl. en Espagne* castles in the air.
chateaubriand, châteaubriant *cuis.* [ʃɑtobri'ɑ̃] *m* grilled steak, *Am.* porter-house steak.
châtelain [ʃɑt'lɛ̃] *m* castellan; lord (*of the manor*); **châtelaine** [~'lɛn] *f* chatelaine (*a. cost.*); lady (*of the manor*).
chat-huant, *pl.* **chats-huants** *orn.* [ʃa'ɥɑ̃] *m* tawny *or* brown owl.

châtier

châtier [ʃa'tje] (1o) *v/t.* punish, chastise; *fig.* improve (*one's style*); ~ *l'insolence de q.* punish s.o. for his impudence.
chatière [ʃa'tjɛːr] *f* cat-hole (*in a door*); cat-trap; ventilation hole; *fig.* secret entrance.
châtiment [ʃati'mɑ̃] *m* punishment.
chatoiement [ʃatwa'mɑ̃] *m* sheen; sparkle; glistening.
chaton¹ [ʃa'tɔ̃] *m* jewel: setting; jewel (*in setting*).
chaton² [~] *m zo.* kitten; ♀ catkin.
chatouillement [ʃatuj'mɑ̃] *m* tickle, tickling; **chatouiller** [ʃatu'je] (1a) *v/t.* tickle (*a. fig.*); F thrash; **chatouilleux, -euse** [~'jø, ~'jøːz] ticklish; sensitive, touchy, sore (*point*); delicate (*question*).
chatoyer [ʃatwa'je] (1h) *v/i.* shimmer; glisten; *soie f chatoyée* shot silk.
châtrer [ʃa'tre] (1a) *v/t.* castrate, geld; ✔ prune.
chatte [ʃat] *f* (she-)cat; tabby; **chattemite** F [~'mit] *f* toady, sycophant; **chatterie** [ʃa'tri] *f* wheedling; ~s *pl.* dainties, goodies.
chatterton ⚡ [ʃatɛr'tɔn] *m* insulating *or* adhesive tape.
chaud, e [ʃo, ʃoːd] **1.** *adj.* warm; hot; animated; bitter (*tears*); *avoir* ~ be hot; *il fait* ~ it is warm *or* hot; *la donner* ~*e à* fill (*s.o.*) with dismay; *servir* ~ serve up (*a dish*) hot; *tenir* ~ keep warm; **2.** *chaud adv.* warm *etc.*; **3.** *su./m* heat, warmth; **chaudeau** *cuis.* [ʃo'do] *m* caudle, eggnog; **chaud-froid,** *pl.* **chauds-froids** *cuis.* [ʃo'frwa] *m* chaud-froid; ~ *de*... cold jellied...; **chaudière** ⊕ [ʃo'djɛːr] *f* boiler; ~ *auxiliaire* donkey boiler; ~ *à vide* vacuum pan; **chaudron** [~'drɔ̃] *m* ca(u)ldron; F old and tinny piano; **chaudronnier** [~drɔ'nje] *m* brazier; coppersmith; ironmonger.
chauffage [ʃo'faːʒ] *m* heating, warming; ~ *à distance* long-distance heating; ~ *au pétrole* oil heating; ~ *central* central heating; *bois m de* ~ firewood; **chauffard** F [~'faːr] *m* road hog; **chauffe** [ʃo'f] *f* heating; stoking, firing; *metall.* firechamber...; ⊕ *activer la* ~ fire up.
chauffe...: ~-**bain** [ʃof'bɛ̃] *m* geyser; ~-**eau** [ʃo'fo] *m/inv.* water-heater; ~-**pieds** [ʃof'pje] *m/inv.* foot-warmer; ~-**plats** [~'pla] *m/inv.* dish-warmer, chafing-dish.
chauffer [ʃo'fe] (1a) *v/t.* warm, heat; ⊕ stoke up (*a furnace*); *fig.* boost; *fig.* cram (*s.o. for an examination*); *sl.* pinch, steal; *v/i.* get warm *or* hot; ⊕ overheat (*bearings etc.*); ⊕ get up steam (*engine*); ~ *au pétrole* burn oil; *sl. se faire* ~ get pinched (= *arrested*); **chaufferette** [~'frɛt] *f* foot-warmer; dish-warmer; *mot.* heater; **chaufferie** [~'fri] *f metall.* reheating furnace; forge; ⚓ stokehold; **chauffeur, -euse** [~'fœːr, ~'føːz] *su. mot.* driver; *su./m mot.* chauffeur; ⚓ stoker; *sl.* crammer, coach (*for examination*); *su./f mot.* chauffeuse; fireside chair.
chauffoir [~'fwaːr] *m* warm-room.
chaufour [ʃo'fuːr] *m* lime-kiln; **chaufournier** [~fur'nje] *m* lime-burner.
chauler ✔ [ʃo'le] (1a) *v/t.* lime (*the soil*); lime-wash.
chaume [ʃoːm] *m* haulm; *roof:* thatch; stubble; **chaumer** [ʃo'me] (1a) *v/t.* stubble; **chaumière** [~'mjɛːr] *f* thatched cottage; **chaumine** *poet.* [~'min] *f* cot.
chausse [ʃoːs] *f* wine-strainer; † ~s *pl.* breeches; **chaussée** [ʃo'se] *f* roadway; road; causeway; *geog.* reef; **chausse-pied** [ʃos'pje] *m* shoe-horn; **chausser** [ʃo'se] (1a) *v/t.* put on (*shoes etc.*); put shoes on (*s.o.*); supply (*s.o.*) with footwear; *fig.* fit, suit; ~ *du 40* take size 40 (in shoes); *se* ~ put on (one's) shoes; **chausse-trape** [ʃos'trap] *f hunt.* trap (*a. fig.*); *fig.* trick; ♀ starthistle; **chaussette** [ʃo'sɛt] *f* sock; ✝ half-hose; **chausson** [~'sɔ̃] *m* slipper; ballet-shoe; boxing-shoe; fencing-shoe; gym shoe; *box. method:* savate; *cuis.* ~ *aux pommes* apple turnover; **chaussure** [~'syːr] *f* footwear; ~s *pl.* shoes, boots.
chauve [ʃoːv] **1.** *adj.* bald; **2.** *su.* bald person; ~-**souris,** *pl.* ~s-**souris** *zo.* [ʃovsu'ri] *f* bat.
chauvin, e [ʃo'vɛ̃, ~'vin] **1.** *adj.* jingoistic, chauvinist(ic); **2.** *su.* chauvinist warmonger; **chauvinisme** [~vi'nism] *m* jingoism, chauvinism, F flag-waving.
chaux [ʃo] *f* lime; ~ *éteinte* slaked lime; ~ *vive* quicklime; *blanchir à la* ~ whitewash, limewash.

chavirer [ʃavi're] (1a) *vt/i*. capsize; upset.

chef [ʃɛf] *m* head, principal; chief, chieftain; master; leader; *cuis*. (*a*. ~ *de cuisine*) chef (= *male head cook*); ♪ conductor; *fig*. heading; ⚖ count; *fig*. authority; ⊕ ~ *d'atelier* shop foreman; ~ *de bande* ringleader; ⚔ ~ *de bataillon* major; ~ *de bureau* (*comptabilité*) chief *or* head clerk (accountant); *sp*. ~ *d'équipe* team leader, captain; ~ *d'État* chief of State; 🚂 ~ *de gare* station master; ✝ ~ *de service* departmental manager *or* head; 🚂 ~ *de train* guard, *Am*. conductor; *au premier* ~ in the highest degree; in the first place; *de mon* ~ for myself; on my own authority; ... *en* ~ ... in chief; ~**-d'œuvre**, *pl*. ~**s-d'œuvre** [ʃɛ-'dœːvr] *m* masterpiece; ~**-lieu**, *pl*. ~**s-lieux** [ʃɛf'ljø] *m* chief town; county town, *Am*. county seat.

cheftaine [ʃɛf'tɛn] *f* scout-mistress.

chemin [ʃə'mɛ̃] *m* way; road; path; *eccl*. ~ *de croix* Way of the Cross; ~ *de fer* railway, *Am*. railroad; ~ *de table* (table)runner; ~ *faisant* on the way; *faire son* ~ make one's way; *fig*. get on well; **chemineau** [ʃəmi-'no] *m* tramp, *Am*. hobo; **cheminée** [~'ne] *f* chimney; ♣ funnel; smoke-stack; ⊕ stack; fireplace; mantelpiece; **cheminer** [~'ne] (1a) *v/i*. tramp, plod on; **cheminot** 🚂 [~'no] *m* railwayman; platelayer.

chemise [ʃə'miːz] *f* shirt (*of men*); chemise (*of women*); *book*: wrapper; folder (*for papers*); ⊕ *boiler etc*.: jacket; ⊕ ~ *d'eau* water jacket. **chemiserie** [~miz'ri] *f* shirt-making; shirt shop; shirt factory; haberdashery; **chemisette** *cost*. [ʃəmi'zɛt] *f* jumper; chemisette (*of women*); **chemisier, -ère** [~'zje, ~'zjɛːr] *su*. shirt-maker; shirt-seller; haberdasher; *su./m* shirt-blouse; jumper.

chênaie [ʃɛ'nɛ] *f* oak-grove.

chenal [ʃə'nal] *m* channel, fairway; ⊕ mill-race.

chenapan [ʃəna'pɑ̃] *m* scoundrel.

chêne ♣ [ʃɛːn] *m* oak.

chéneau [ʃe'no] *m* △ *eaves*: gutter; *mot*. drip-mo(u)lding.

chêne-liège, *pl*. **chênes-lièges** [ʃɛn-'ljɛːʒ] *m* cork-tree, cork-oak.

chènevière [ʃɛn'vjɛːr] *f* hemp-field; **chènevis** [~'vi] *m* hemp-seed.

chenil [ʃə'ni] *m* dog-kennel (*a. fig.*).

chenille [ʃə'niːj] *f* caterpillar; *caterpillar tractor*: track; *tex*. chenille.

chenu, e [ʃə'ny] hoary (*hair*); snowy (*mountain*).

cheptel [ʃɛp'tɛl] *m* (live-)stock; ~ *mort* implements *pl*. and buildings *pl*.

chèque ✝ [ʃɛk] *m* cheque, *Am*. check; ~ *barré* crossed cheque; ~ *de voyage* traveller's cheque; ~ *sans provision* cheque without cover; *formulaire m de* ~ blank cheque; **chéquier** [ʃe'kje] *m* cheque-book.

cher, chère [ʃɛːr] 1. *adj*. dear, beloved; expensive; *la vie f chère* high prices *pl*.; *moins* ~ cheaper; *peu* ~ cheap; 2. *su./m*: *mon* ~ my dear friend; *su./f*: *ma chère* my dear; 3. *cher adv*. dear(ly); *acheter* ~ buy at a high price; *coûter* ~ be expensive; *payer* ~ pay a high price for (*s.th.*); *fig*. smart *or* pay for; *vendre* ~ sell dear.

chercher [ʃɛr'ʃe] (1a) *v/t*. look for, seek; search; try; *aller* ~ fetch, get; *envoyer* ~ send for; *venir* ~ call for, fetch; **chercheur, -euse** [~'ʃœːr, ~'ʃøːz] 1. *adj*. enquiring; 2. *su*. seeker; investigator; researcher; *su./m* finder; detector; *radio*: cat's-whisker.

chère [ʃɛːr] *f* fare, living, cheer; *aimer la bonne* ~ be fond of good living.

chéri, e [ʃe'ri] 1. *adj*. dear, cherished; 2. *su*. darling, dear(est); **chérir** [~'riːr] (2a) *v/t*. cherish, love dearly; **cherté** [ʃɛr'te] *f* dearness; high price.

chérubin [ʃery'bɛ̃] *m* cherub.

chétif, -ve [ʃe'tif, ~'tiːv] puny, weak; paltry (*reason*); wretched, pitiful, miserable.

cheval [ʃə'val] *m* horse; *mot*. horsepower; *sp*. ~ *de bois* vaulting horse; ~ *de course* race-horse; ⚔ ~ *de frise* cheval de frise; ~ *entier* stallion; *chevaux pl. de bois* merry-go-round *sg*.; *aller à* ~ ride, go on horseback; *être à* ~ *sur* straddle (*s.th.*); *F* be well up in; F be a stickler for (*etiquette*); **chevalement** [~val'mɑ̃] *m* ⚒ pit-head frame; △ *walls*: shoring; **chevaler** [~va'le] (1a) *v/t*. △ shore up; ⊕

chevaleresque 96

put (*s.th.*) on a trestle; **chevaleresque** [ʃəval'rɛsk] chivalrous; knightly; **chevalerie** [~'ri] *f* chivalry; knighthood; chivalrousness; **chevalet** [ʃəva'lɛ] *m* trestle; ♪ violin etc.: bridge; ⊕, *a.* billiards: rest; paint. easel; ⊕ saw-horse; **chevalier** [~'lje] *m* knight; *fig.* ~ d'industrie sharper, swindler; *faire q.* ~ knight s.o.; **chevalière** [~'ljɛ:r] *f* signet-ring; **chevalin, e** [~'lɛ̃, ~'lin] equine; **cheval-vapeur,** *pl.* **chevaux-vapeur** ⊕ [ʃəvalva'pœ:r, ~vova'pœ:r] *m* horse-power; **chevaucher** [~vo'ʃe] (1a) *v/i.* ride on horseback; sit astride; overlap; *v/t.* ride on); sit astride; *bridge:* span (*a river*).

chevelu, e [ʃə'vly] long-haired; *cuir m* ~ scalp; **chevelure** [~'vly:r] *f* (head of) hair; *comet:* tail.

chevet [ʃə'vɛ] *m* bed-head; bolster; △ *church:* chevet, apse; *fig.* bedside (*of a sick person*); *lampe f de* ~ bedside lamp; *livre m de* ~ bedside book, *fig.* favo(u)rite reading.

chevêtre [ʃə'vɛːtr] *m* 🐎 (jaw-)bandage; △ trimmer beam.

cheveu [ʃə'vø] *m* (single) hair; ~x *pl.* hair *sg.*; ~x *pl. à la Jeanne d'Arc* bobbed hair (with fringe); *sl.* avoir mal aux ~x have a hang-over; *fig.* couper les ~x en quatre split hairs; *de l'épaisseur d'un* ~ by a hair's breadth; F *se prendre aux* ~x have a real set-to; *tiré par les* ~x farfetched; *voilà le* ~! that's the snag!

cheville [ʃə'viːj] *f* peg (*a.* violin), pin (*a.* ⊕); ⊕ bolt; *fig.* padding; *anat.* ankle; ~ *ouvrière* king-pin, *fig.* main-spring; **cheviller** [~vi'je] (1a) *v/t.* pin, peg, bolt; plug; *fig.* pad.

cheviotte *tex.* [ʃə'vjɔt] *f* wool, cloth:} [cheviot.}

chèvre [ʃɛːvr] *f zo.* (she-)goat; ⊕, △ derrick; ⊕ trestle; **chevreau** *zo.* [ʃə'vro] *m* kid; *de* (*or en*) ~ kid-...; **chèvrefeuille** ♣ [ʃɛvrə'fœːj] *m* honeysuckle; **chevrette** [ʃə'vrɛt] *f zo.* kid; roe-doe; ⊕ trivet; F shrimp, prawn; **chevreuil** [~'vrœːj] *m* roebuck, roe-deer; *cuis.* venison; **chevrier** [~'vrje] *m* goatherd; **chevrière** [~'vrjɛːr] *f* goat-girl; **chevron** [~'vrɔ̃] *m* △ rafter; ✕ chevron, stripe; **chevronnage** △ [ʃəvrɔ'naːʒ] *m* rafters *pl.*; raftering; **chevronner** △ [~'ne]

(1a) *v/t.* rafter (*a roof*), put in the rafters of; **chevrotement** [ʃəvrɔt'mɑ̃] *m* quavering; **chevroter** [ʃə'vrɔ'te] (1a) *v/i.* quaver, quiver, tremble (*voice*); bleat (*goat*); kid (*goat*); **chevrotin** *zo.* [~'tɛ̃] *m* muskdeer; **chevrotine** [~'tin] *f* buckshot.

chez [ʃe] *prp. direction:* to; *place:* at (*s.o.'s house or shop*); with (*my aunt*); in (*a. fig.*); *post:* care of, *abbr.* c/o; *fig.* among (*the English*); ~ *nous* in our country; ~ *Zola* in (the works of) Zola; *être* (*aller*) ~ *soi* be at (go) home; *être* (*aller*) ~ *le docteur* be at (go to) the doctor's; *faire comme* ~ *soi* make o.s. at home; *de* ~ *q.* from s.o.'s (house); *de* ~ *soi* from home; ~-**moi** (*etc.*) [~'mwa] *m/inv.:* mon ~ my home.

chialer *sl.* [ʃja'le] (1a) *v/i.* snivel.

chiasse [ʃjas] *f fly etc.:* dirt; *molten metal:* scum; V diarrhoea.

chic [ʃik] 1. *su./m* chic, smartness, style; *fig.* knack; 2. *adj.* smart, F first-rate; F decent (*fellow*); *des robes f/pl.* chics smart robes.

chicane [ʃi'kan] *f* quibbling; chicanery; ⊕ baffle(-plate); ✕ zigzag trench; **chicaner** [ʃika'ne] (1a) *v/i.* quibble, cavil; *v/t.* wrangle with (*s.o.*); haggle over (*s.th.*); **chicaneur, -euse** [~'nœːr, ~'nøːz] 1. *adj.* argumentative; quibbling; 2. *su.* quibbler, haggler; litigious person; **chicanier, -ère** [~'nje, ~'njɛːr] 1. *adj.* litigious; quibbling; haggling; 2. *su.* litigious person; ⚖ barrator.

chiche [ʃiʃ] 1. *adj.* scanty; niggardly, mean (*person*); 2. *su./m* ♣ (*a. pois m* ~) chick-pea.

chichis F [ʃi'ʃi] *m/pl.* frills (*a. fig.*); *fig.* affected manners; *faire des* ~ put on airs; make a fuss; create difficulties.

chicorée ♣ [ʃikɔ're] *f* chicory; endive (*a. salad etc.*).

chicot [ʃi'ko] *m tooth, tree:* stump.

chicotin [ʃikɔ'tɛ̃] *m* aloes *pl.*; *amer comme* ~ as bitter as gall.

chien [ʃjɛ̃] *m* dog; *gun:* hammer, cock; ~ *de chasse* hound; *entre* ~ *et loup* in the twilight; **chiendent** ♣ [~'dɑ̃] *m* couch-grass; **chien-loup,** *pl.* **chiens-loups** *zo.* [~'lu] *m* Alsatian, wolf-hound; **chienne** [ʃjɛn] *f* (female) dog; bitch.

chier V [ʃje] (1o) *v/i.* shit.
chiffe [ʃif] *f* rag; *fig.* weakling;
chiffon [ʃi'fɔ̃] *m* rag; frippery;
scrap; *tex.* chiffon; F *parler ~s* talk
dress; **chiffonner** [ʃifɔ'ne] (1a) *v/t.*
ruffle, crumple; *fig.* sully; *fig.* irritate, provoke; *v/i.* pick rags; rake
through *or* comb dustbins; do
some dressmaking; **chiffonnier,
-ère** [~'nje, ~'njɛ:r] *su.* rag-picker;
dustbin-raker; *su./m* bureau, chest
of drawers.
chiffre [ʃifr] *m* figure, number,
numeral; cipher, code; amount,
total; mark; monogram; *~ d'affaires* turnover; *~ repère* reference
number; **chiffrer** [ʃi'fre] (1a) *v/i.*
calculate; *v/t.* number; work out,
express in figures; ♪ figure; write
in cipher *or* code; **chiffreur** [~-
'frœ:r] *m* reckoner; cipherer.
chignole [ʃi'ɲɔl] *f* ⊕ hand-drill;
sl. bus (= *old vehicle*).
chignon [ʃi'ɲɔ̃] *m* chignon, coil of
hair.
chilien, -enne [ʃi'ljɛ̃, ~'ljɛn] *adj., a.
su.* ♀ Chilean.
chimère [ʃi'mɛ:r] *f* chimera; **chimérique** [~me'rik] visionary.
chimie [ʃi'mi] *f* chemistry; **chimique** [~'mik] chemical; **chimiste**
[~'mist] *su.* chemist (*not pharmacist*).
chimpanzé *zo.* [ʃɛ̃pɑ̃'ze] *m* chimpanzee.
chiner¹ *tex.* [ʃi'ne] (1a) *v/t.* shadow
(*a fabric*).
chiner² F [~] (1a) *v/t.* run (*s.o.*)
down; make fun of; beg, cadge.
chinois, e [ʃi'nwa, ~'nwa:z] **1.** *adj.*
Chinese; **2.** *su./m ling.* Chinese;
♀ Chinaman; *les* ♀ *m/pl.* the Chinese; *su./f* ♀e Chinese woman; **chinoiserie** [~nwaz'ri] *f* Chinese curio;
F trick; *~s pl.* administratives red
tape *sg.*
chiper *sl.* [ʃi'pe] (1a) *v/t.* pinch;
swipe; *tennis:* poach (*a ball*).
chipie F [ʃi'pi] *f* sour woman;
shrew.
chipoter F [ʃipɔ'te] (1a) *v/i.* nibble
at one's food; haggle, quibble;
waste time.
chique [ʃik] *f zo.* chigger, jigger;
tobacco: quid.
chiqué *sl.* [ʃi'ke] *m* fake, pretence.
chiquenaude [ʃik'no:d] *f* snap of
the fingers.

chiquer [ʃi'ke] (1m) *v/t.* chew
(*tobacco*); *v/i.* chew (tobacco).
chiragre ⚕ [ki'ragr] *f* gout in the
hand; **chiromancie** [kirɔmɑ̃'si] *f*
palmistry; **chiromancien** *m*, **-enne** *f* [~'sjɛ̃, ~'sjɛn] palmist.
chirurgical, e *m/pl.* **-aux** [ʃiryrʒi-
'kal, ~'ko] surgical; **chirurgie** [~'ʒi]
f surgery; **chirurgien** [~'ʒjɛ̃] *m*
surgeon.
chlorate ⚗ [klɔ'rat] *m* chlorate;
chlore [klɔ:r] *m* ⚗ chlorine; *sl.*
calcium chloride; **chlorhydrique**
[klɔri'drik] ⚗ *adj.: acide m ~*
hydrochloric acid, F spirits *pl.* of salt;
chloroforme ⚗, ⚕ [~rɔ'fɔrm] *m*
chloroform; **chlorose** [~'ro:z] *f* ⚕,
♀ chlorosis; ♀ *a.* etiolation; **chlorotique** ⚕ [~rɔ'tik] chlorotic;
chlorure ⚗ [~'ry:r] *m* chloride; *~
d'ammonium* sal-ammoniac; *~ de
chaux* bleaching powder.
choc [ʃɔk] *m* shock; collision, crash;
impact; *de ~* shock-...
chocolat [ʃɔkɔ'la] **1.** *su./m* chocolate;
2. *adj./inv.* chocolate; *sl.* être *~* be
done brown; **chocolatier, -ère**
[~la'tje, ~'tjɛ:r] **1.** *adj.* chocolate; **2.**
su. chocolate-maker, chocolate-seller; *su./f* chocolate-pot.
chœur [kœ:r] *m* ⚕, *eccl.* choir, ⚕
a. chancel; ♪, *thea., etc.* chorus.
choir [ʃwa:r] (3d) *v/i.* fall.
choisi, e [ʃwa'zi] choice, select(ed);
chosen, appointed (*party leader
etc.*); **choisir** [~'zi:r] (2a) *v/t.*
choose, pick (from entre, parmi);
sp. toss for (*sides*); **choix** [ʃwa] *m*
choice, option; selection; ✝ *au ~*
all one price; *de ~* choice, *fig.*
picked (*man*); ✝ *de première ~* best
quality..., prime (*meat*).
chômage [ʃo'ma:ʒ] *m* unemployment; stoppage; ⊕ shut-down; ⚡
(power) cut; F dole; *en ~* out of
work; *en ~ partiel* on part-time, on
short work; **chômer** [~'me] (1a)
v/i. take a day off; be idle; be unemployed; *jour m chômé* day off;
chômeur *m*, **-euse** *f* [~'mœ:r, ~-
'mø:z] unemployed worker; *les ~s
m/pl.* the unemployed.
chope [ʃɔp] *f* tankard.
choper [ʃɔ'pe] (1a) *v/t.* pinch (=
steal, a. = *arrest*); *tennis:* chop.
chopine [ʃɔ'pin] *f* half-litre mug;
⊕ *pump:* plunger; **chopiner** F
[~pi'ne] (1a) *v/i.* booze.

chopper

chopper [ʃɔ'pe] (1a) v/i. trip, stumble.
choquant, e [ʃɔ'kã, ~'kã:t] shocking, offensive; gross; **choquer** [~'ke] (1m) v/t. shock; offend; bump against; clink (*glasses*); se ~ come into collision (with, *contre*); be shocked; take offence (at, *de*).
choral, e, m/pl. **-als, -aux** [kɔ'ral, ~'ro] 1. adj. choral; 2. su./m chorale; su./f choral society.
chorégraphie [kɔregra'fi] f choreography.
choriste [kɔ'rist] m eccl. chorister; *opera*: chorus-singer; **chorus** [~'rys] m chorus; faire ~ chorus, echo; repeat in chorus.
chose [ʃo:z] 1. su./f thing; matter, affair; property; ~ en question case in point; ⚖ ~ jugée res judicata; ~ publique State; autre ~ something else; grand-~ much; peu de ~ not much, very little; quelque ~ something; quelque ~ de bon (nouveau) something good (new); su./m what's-its (his, her)-name, thingumajig; monsieur ♀ Mr. What's-his-name; 2. adj./inv. F: tout ~ queer, out-of-sorts.
chou, -x [ʃu] m cabbage; fig. cabbage-bow; rosette; ~x pl. de Bruxelles Brussels sprouts; ~ à la crème cream puff; ~ frisé kale; être bête comme ~ be idiotic; be simplicity itself; *pej.* feuille f de ~ rag, gutter paper (= *newspaper of no standing*); mon ~! (my) dear!; darling!
choucas *orn.* [ʃu'ka] m jackdaw.
choucroute *cuis.* [ʃu'krut] f sauerkraut.
chouette [ʃwɛt] 1. su./f *orn.* owl; 2. F adj., a. int. fine, splendid; *Am.* swell.
chou...: ~**fleur**, pl. ~**x-fleurs** [ʃu'flœ:r] m cauliflower; ~**navet**, pl. ~**x-navets** [~na've] m swede; ~**palmiste**, pl. ~**x-palmistes** [~pal'mist] m palm-cabbage; ~**rave**, pl. ~**x-raves** [~'ra:v] m kohlrabi.
choyer [ʃwa'je] (1h) v/t. fondle, pet; *fig.* cherish.
chrétien, -enne [kre'tjɛ̃, ~'tjɛn] 1. adj. Christian; 2. su. Christian; su./m fig. good citizen; **chrétienté** [~tjɛ̃'te] f Christendom.
Christ [krist] m (Jesus) Christ; ♀ crucifix; **christianiser** [kristjani-'ze] (1a) v/t. christianize; **christianisme** [~'nism] m Christianity.
chrome [kro:m] m ? chromium; ♱ chrome; **chromo** F [krɔ'mo] m colo(u)r-print.
chromo... [krɔmo] chromo..., colo(u)r-...
chronique [krɔ'nik] 1. adj. ⚕ chronic; 2. su./f chronicle; *journ.* report, news sg.; **chroniqueur** m, **-euse** f [~ni'kœ:r, ~'kø:z] chronicler; *journ.* reporter, par-writer, paragrapher.
chrono... [krɔnɔ] chrono...; ~**graphe** [~'graf] m stop-watch; *phys.* chronograph; ~**logie** [~lɔ'ʒi] f chronology; ~**logique** [~lɔ'ʒik] chronological; ~**mètre** [~'mɛtr] m chronometer; *sp.* ~ à déclic stop-watch; ~**métrer** *sp.* [~me'tre] (1f) v/t. time; ~**métreur** [~me'trœ:r] m *sp.*, a. ⊕ time-keeper; ~**métrie** [~me'tri] f chronometry, time-measurement.
chrysalide *zo.* [kriza'lid] f chrysalis, pupa; **chrysanthème** ♀ [~zã'tɛ:m] m chrysanthemum.
chuchoter [ʃyʃɔ'te] (1a) vt/i. whisper; **chuchoterie** [~'tri] f whispering.
chut! [ʃyt] int. ssh!; hush!
chute [~] f fall; spill; *fig.* downfall, overthrow, ruin; ⊕, ⚒ shoot; *geog.* falls pl.; ~ d'eau waterfall; ♱ ~ des prix drop in prices; *anat.* ~ des reins small of the back; ~ du jour nightfall; faire une ~ (have a) fall.
chuter[1] [ʃy'te] (1a) v/t. hush; *thea.* hiss; v/i. say hush.
chuter[2] [~] (1a) v/i. fall; *thea.* fail; ~ de deux levées *cards*: be two tricks down.
ci [si] 1. adv. here; cet homme-~ this man; 2. dem./pron. see ceci; comme ~ comme ça so so; ~**après** [~a'prɛ] adv. below.
cibiche *sl.* [si'biʃ] f fag (= *cigarette*).
cible [sibl] f target; *fig.* butt.
ciboire *eccl.* [si'bwa:r] m ciborium.
ciboule ♀ [si'bul] f Welsh onion; **ciboulette** ♀ [sibu'lɛt] f chive; **ciboulot** *sl.* [~'lo] m nut (= *head*).
cicatrice [sika'tris] f scar; **cicatriser** [~tri'ze] (1a) v/t. a. se ~ heal; scar.
ci...: ~**contre** [si'kɔ̃:tr] adv. opposite; ~**dessous** [~'dsu] adv. below,

circonstance

hereunder; ʒ⅞ hereinafter; ∼**dessus** [∼'dsy] *adv.* above(-mentioned); hereinbefore; ∼**devant** [∼'dvɑ̃] 1. *adv.* formerly, previously; 2. *su./inv.* aristocrat; F old fogey.
cidre [sidr] *m* cider.
ciel [sjɛl] 1. *su./m* (*pl.* **cieux**) [sjø]) sky, heaven; (*pl.* **ciels** [sjɛl]) (bed-) tester; ⊕, ⚒ roof; (*pl.* **ciels** *or* **cieux**) climate, sky; 2. *int.* good heavens!
cierge *eccl.* [sjɛrʒ] *m* (wax) candle, taper.
cigale *zo.* [si'gal] *f* cicada.
cigare [si'gaːr] *m* cigar; **cigarette** [∼ga'rɛt] *f* cigarette; **cigarière** [∼ga'rjɛːr] *f* cigar-maker.
cigogne [si'gɔɲ] *f orn.* stork; ⊕ crank(-lever).
ciguë ⚘, ⚕ [si'gy] *f* hemlock.
ci-inclus, e [siɛ̃'kly, ∼'klyːz], **ci-joint, e** [∼'ʒwɛ̃, ∼'ʒwɛ̃ːt] 1. *adj.* enclosed, sub-joined (*letter, copy*); 2. ci-inclus, ci-joint *adv.* herewith; ∼ *la lettre* herewith the letter.
cil [sil] *m* (eye)lash.
cilice [si'lis] *m* hair-shirt.
cilié, e ⚘ [si'lje] ciliate; **ciller** [∼'je] (1a) *v/t.* blink (one's eyes, *les yeux*).
cime [sim] *f* top, summit; *mountain:* peak.
ciment [si'mɑ̃] *m* cement; ∼ *armé* reinforced concrete; **cimenter** [simɑ̃'te] (1a) *v/t.* cement (*a. fig.*); **cimenterie** [∼'tri] *f* cement works *usu. sg.*; **cimentier** [∼'tje] *m* cement-maker; cement-worker.
cimeterre [sim'tɛːr] *m* scimitar.
cimetière [sim'tjɛːr] *m* cemetery, graveyard.
cimier [si'mje] *m* helmet, *a.* ▣: crest; *venison:* haunch.
cinabre [si'nɑːbr] *m* cinnabar; *paint.* vermilion.
ciné F [si'ne] *m* cinema, F films *pl.*, Am. movies *pl.*; **cinéaste** [∼'ast] *m* cinematographer; film-producer; scenario-writer; **ciné-caméra** [∼kame'ra] *f* cine-camera; **ciné-club** [∼'klœb] *m* filmclub; **ciné-journal** [∼ʒur'nal] *m* news-reel; **cinéma** [∼'ma] *m* cinema; F films *pl.*, pictures *pl.*, Am. movies *pl.*; ∼ *parlant* F talkie; **cinémathèque** [sinema-'tɛk] *f* film-library; **cinématique** *phys.* [∼'tik] 1. *adj.* kinematic; 2. *su./f* kinematics *pl.*; **cinématographe** [∼tɔ'graf] *m* cinematograph, F cinema; **cinématographier** [∼tɔgra'fje] (1o) *v/t.* film; **cinématographique** [∼tɔgra'fik] cinematographic; film-...
cinéraire [sine'rɛːr] 1. *adj.* cinerary; 2. *su./f* ⚘ cineraria.
ciné-roman [sinerɔ'mɑ̃] *m* film story.
cinétique *phys.* [sine'tik] 1. *adj.* kinetic; 2. *su./f* kinetics *pl.*
cingalais, e [sɛ̃ga'lɛ, ∼'lɛːz] *adj., a. su.* ♀ Cingalese.
cinglant, e [sɛ̃'glɑ̃, ∼'glɑ̃ːt] lashing (*rain*); bitter, biting (*cold, wind, etc.*); *fig.* scathing; **cinglé, e** F [∼'gle] not all there, nuts (= *mad*); **cingler** [∼'gle] (1a) *v/t.* lash; ⚓ *v/i.* sail; scud along; steer a course.
cinq [sɛ̃ːk; *before consonant* sɛ̃] *adj./num., a. su./m/inv.* five; *date, title:* fifth; **cinquantaine** [sɛ̃kɑ̃'tɛn] *f* (about) fifty; *la* ∼ the age of fifty, the fifties *pl.*; **cinquante** [∼'kɑ̃ːt] *adj./num., a. su./m/inv.* fifty; **cinquantième** [∼kɑ̃'tjɛm] *adj./num., a. su.* fiftieth; **cinquième** [∼'kjɛm], 1. *adj./num.* fifth; 2. *su.* fifth; *su./m fraction:* fifth; fifth, Am. sixth floor; *su./f secondary school:* (*approx.*) second form.
cintre [sɛ̃ːtr] *m* △ arch, curve, bend; coat-hanger; *thea.* ∼s *pl.* flies; **cintrer** ⊕ [sɛ̃'tre] (1a) *v/t.* bend, curve; arch.
cirage [si'raːʒ] *m* waxing, polishing; *boot, shoe, floor, etc.:* polish.
circon... [sirkɔ̃] circum...; ∼**cire** [∼'siːr] (4e) *v/t.* circumcise; ring (*a tree*); ∼**cis, e** [∼'si, ∼'siːz] *p.p.* of circoncire; ∼**cision** [∼si'zjɔ̃] *f* circumcision; *tree:* ringing; ∼**férence** [∼fe'rɑ̃ːs] *f* circumference; perimeter; *tree:* girth; ∼**flexe** *gramm.* [∼'flɛks] circumflex; *accent* m ∼ circumflex (accent); ∼**locution** [∼lɔky'sjɔ̃] *f* circumlocution; ∼**scription** [∼skrip'sjɔ̃] *f* ⚖ circumscribing; *admin.* division, district; ∼ *électorale* electoral district *or* ward; constituency; ∼**scrire** [∼s'kriːr] (4e) *v/t.* ⚖ circumscribe (*a. fig.*); *fig.* limit; ⚔ locate (*a fault*); ∼**spect, e** [∼-'pɛ, ∼s'pɛkt] guarded, circumspect; ∼**spection** [∼spɛk'sjɔ̃] *f* caution, circumspection; ∼**stance** [∼s'tɑ̃ːs] *f* circumstance; event; ∼s *pl.* atténuantes attenuating circumstances; ʒ⅞ ∼s *pl. et dépendances f/pl.* appur-

circonstancié 100

tenances; de ~ occasional; temporary; special; ~stancié, e [~stã'sje] detailed; ~stanciel, -elle [~stã'sjɛl] due to circumstances; *gramm.* adverbial (*complement*); ~venir [~v'niːr] (2h) *v/t.* circumvent; outwit (*s.o.*); † impose on (*s.o.*); ~vention † [~vã'sjõ] *f* imposture, fraud; ~volution ⚠, *anat.* [~vɔly'sjõ] *f* convolution.

circuit [sir'kųi] *m* circuit; circuitous route, roundabout way; circumference; ⚡ *mettre en* ~ connect up; ⚡ *mettre en court* ~ short-circuit; *ouvrir* (*fermer*) *le* ~ switch on (off).

circulaire [sirky'lɛːr] *adj., a. su./f* circular; circulation [~la'sjõ] *f air, bank-notes, blood, information, etc.*: circulation; ⚡, *bank-notes etc.*: currency; traffic; 🚲 running; ~ *interdite* no thoroughfare; circuler [~'le] (1a) *v/i.* circulate, flow; ⚡ turn over; 🚲 run (*train*); *circulez!* move along!; pass along!

circumnavigation [sirkɔmnaviga'sjõ] *f* circumnavigation.

cire [siːr] *f* wax; *eccl.* taper; ~ *à cacheter*, ~ *d'Espagne* sealing-wax; ~ *à parquet* floor-polish; ~ *d'abeilles* beeswax; ciré, e [si're] 1. *adj.* waxed, polished; *toile f* ~e oilcloth, American cloth; 2. *su./m* oilskins *pl.*; cirer [~'re] (1a) *v/t.* wax; polish; cireur, -euse [~'rœːr, ~'røːz] *su.* polisher; shoeblack; *su./f machine*: waxer, polisher; cirier, -ère [~'rje, ~'rjɛːr] 1. *adj.* wax...; 2. *su./m* wax-chandler; 🌳 candleberry-tree, *Am.* bayberry.

ciron *zo.* [si'rõ] *m* mite.

cirque [sirk] *m* circus; amphitheatre; cirque (*of mountains*).

cirrus *meteor.* [sir'rys] *m* cirrus.

cisaille [si'zaːj] *f metal*: clippings *pl.*; ⊕ shearing machine; ⊕ guillotine; ~*s pl.* shears; wire-cutter *sg.*; ~*s pl. à haies* hedge-shears, hedge-clippers; cisailler [~za'je] (1a) *v/t.* shear (*metal*); clip (*a coin*); gof(f)er (*linen*); ciseau [~'zo] *m* chisel; ~*x pl.* scissors; ✂ shears; ciseler [siz'le] (1d) *v/t.* chisel; cut; chase (*silver*); tool (*leather*); shear (*velvet*); *cuis.* slit; ciselet ⊕ [~'lɛ] *m* small chisel; chasing-tool; ciseleur [~'lœːr] *m* chiseler; engraver; chaser; tooler; ciselure [~'lyːr] *f* chiseling; chasing; tooling; cisoires [si'zwaːr] *f/pl.* bench-shears.

citadelle ⚔ [sita'dɛl] *f* citadel, stronghold; citadin, e [~'dɛ̃, ~'din] *su.* citizen; *su./m* townsman; *su./f* townswoman.

citation [sita'sjõ] *f* quotation; ⚔ mention in dispatches; ⚖ summons *sg.*; ⚖ subpoena (*of a witness*).

cité [si'te] *f* city; (large) town; housing estate; *la* ♀ *London*: the City; *Paris*: the Cité; ~ *du Vatican* Vatican City; ~ *lacustre* lake-dwelling; ~ *universitaire* students' residential blocks *pl.*; *droit m de* ~ freedom of the city; ~-jardin, *pl.* ~s-jardins [~teʒar'dɛ̃] *f* garden-city.

citer [si'te] (1a) *v/t.* quote, cite; ⚔ mention in dispatches; ⚖ summon; ⚖ subpoena (*a witness*).

citerne [si'tɛrn] *f* cistern, tank; 🚲 tank-car.

cithare ♪ [si'taːr] *f* zither; cithariste ♪ [~ta'rist] *su.* zither-player.

citoyen *m*, -enne *f* [sitwa'jɛ̃, ~'jɛn] citizen.

citrin, e [si'trɛ̃, ~'trin] lemon-yellow; citrique 🝎 [~'trik] citric; citron [~'trõ] 1. *su./m* 🍋 lemon, citron, lime; F nut (= *head*); ~ *pressé* lemon squash; 2. *adj./inv.* lemon(-colo[u]red); citronnade [sitrɔ'nad] *f* lemonade; citronnier [~'nje] *m* 🌳 lemon-tree; *wood*: lemon-wood.

citrouille 🌿 [si'truːj] *f* pumpkin.

civet *cuis.* [si'vɛ] *m* stew; ~ *de lièvre* jugged hare.

civette¹ *zo.* [si'vɛt] *f* civet-cat; 🌸 *perfume*: civet.

civette² 🌿 [~] *f* chive.

civière [si'vjɛːr] *f* hand-barrow; stretcher; *coffin*: bier.

civil, e [si'vil] 1. *su./m* ⚔ civilian; *eccl.* layman; civil status *or* dress; *dans le* ~ in civil life; *en* ~ in mufti, in plain clothes; 2. *adj.* civil; ⚔ civilian; *eccl.* lay; civic; polite (*to*, *towards à, envers*); *année f* ~ calendar year; ⚖ *droit m* ~ common law; *état m* ~ civil status; register office; *mariage m* ~ civil marriage; *mort f* ~e civil death; civilisateur, -trice [siviliza'tœːr, ~'tris] 1. *adj.* civilizing; 2. *su.* civilizer; civilisation [~za'sjõ] *f* civilization; **civiliser** [ˌ'ze] (1a) v/t. civilize; se ~ become civilized; **civilité** [ˌ'te] f civility, courtesy; fig. ~s pl. compliments, kind regards; faire des ~s à be civil to.

civique [si'vik] civic; civil (rights); patriotic (song); droits m/pl. ~s civic rights, Am. citizen rights; instruction f ~ civics sg.; **civisme** [ˌ'vism] m good citizenship.

clabaud [kla'bo] m hunt. (long-eared) hound; F scandal-monger; **clabaudage** [ˌbo'daːʒ] m hunt. babbling; F spiteful gossip; **clabauder** [ˌbo'de] (1a) v/i. hunt. babble; F talk scandal (about, sur).

claie [klɛ] f ⚔ hurdle; fence; ⊕ screen; ⊕ grid.

clair, e [klɛːr] 1. adj. clear; bright; obvious; thin (silk, soup, wood); 2. clair adv. clearly, plainly, thinly; 3. su./m light; garment: thin place; tirer au ~ decant (wine); fig. clarify, bring to light; **clairet, -ette** [klɛ'rɛ, ˌ'rɛt] 1. adj. pale, light; thin (voice); 2. su./m local light red wine; **claire-voie**, pl. **claires-voies** [klɛr'vwa] f openwork; △ skylight; ⚓ decklight; eccl. clerestory; ⚔ à ~ thinly; **clairière** [klɛ'rjɛːr] f clearing; glade; linen: thin place; **clair-obscur**, pl. **clairs-obscurs** paint. [klɛrɔps'kyːr] m chiaroscuro.

clairon ♪ [klɛ'rõ] m bugle; clarinet: upper register; person: bugler; **claironner** [ˌrɔ'ne] (1a) v/i. sound the bugle; trumpet; v/t. fig. trumpet abroad.

clairsemé, e [klɛrsə'me] thinly-sown; scattered, sparse; thin (hair, beard).

clairvoyance [klɛrvwa'jɑ̃ːs] f acumen, perspicacity; second sight, clairvoyance; **clairvoyant, e** [ˌ'jɑ̃, ˌ'jɑ̃ːt] shrewd, penetrating; clairvoyant.

clameau [kla'mo] m ⊕ cramp-iron; △ clamp.

clamer [kla'me] (1a) v/t. protest (one's innocence etc.); F cry (s.th.) out; **clameur** [ˌ'mœːr] f clamo(u)r, outcry; sea, tempest: roar(ing).

clampin F [klɑ̃'pɛ̃] m slow-coach; ⚔ straggler.

clan [klɑ̃] m clan; fig. clique.

clandestin, e [klɑ̃dɛs'tɛ̃, ˌ'tin] clandestine, secret; ⚔ underground (forces); illicit; fig. underhand; stealthy; ⚓ passager m ~ stowaway; **clandestinité** [ˌtini'te] f secrecy; clandestineness; stealth.

clapet [kla'pɛ] m ⊕ valve; ⚡ rectifier.

clapier [kla'pje] m rabbit warren, burrow; rabbit hutch; (a. lapin m de ~) tame rabbit; **clapir** [ˌ'piːr] (2a) v/i. squeal; se ~ hide in its burrow (rabbit).

clapotement [klapɔt'mɑ̃] m, **clapotis** [klapɔ'ti] m waves: lapping, plashing; **clapoter** [ˌ'te] (1a) v/i. lap, plash; **clapoteux, -euse** [ˌ'tø, ˌ'tøːz] choppy (sea); plashing (noise).

clapper [kla'pe] (1a) v/i. click (with one's tongue).

claque [klak] su./f smack, slap; thea. claque, hired applause; sl. death; golosh, Am. overshoe; fig. prendre ses cliques et ses ~s depart quickly, F clear off; su./m opera-hat, crush-hat; cocked hat; sl. disorderly house; **claquedent** F [ˌ'dɑ̃] m starveling; **claquement** [ˌ'mɑ̃] m bullet, whip: smack; door: slam; hands: clapping; teeth: chattering; machine: rattle.

claquemurer [klakmy're] (1a) v/t. immure; se ~ shut o.s. up.

claquer [kla'ke] (1m) v/i. clap; crack (whip); bang, slam (door); burn out (lamp); F kick the bucket (= die); ✝ sl. go to pieces; ~ des doigts snap one's fingers; ~ des mains clap; il claquait des dents his teeth were chattering; 2. v/t. slap, smack; slam, bang; fig. burst; thea. applaud; F squander; F se ~ tire o.s. out; **claquet** [ˌ'kɛ] m (mill-)clapper; **claqueter** [klak'te] (1c) v/i. cluck, cackle (hen); clapper (stork); **claquette** [kla'kɛt] f eccl. clapper; F chatterbox; (danse f à) ~s pl. tap-dance sg.; **claqueur** thea. [ˌ'kœːr] m hired clapper.

clarifier [klari'fje] (1o) v/t. clarify. **clarine** [kla'rin] f cattle-bell; **clarinette** ♪ [ˌri'nɛt] f clarinet; person: clarinettist.

clarté [klar'te] f light, clearness; brightness; sun: gleam; glass: transparency; fig. lucidity.

classe [klɑːs] f class (a. sociology; a. 🚂 etc.); category; rank; kind; ⚔ annual contingent; primary school:

classement

standard; *secondary school*: form, *Am.* grade; class-room; lessons *pl.*; ~ *moyenne (ouvrière)* middle (working) class(es *pl.*); *aller en* ~ go to school; *de première* ~ 🚂 *etc.* first-class *(ticket, compartment)*; *fig.* first-rate; *faire la* ~ teach; **classement** [klɑs'mã] *m* classification; ✞ *etc.* filing; ⚒ *etc.* grading; **classer** [klɑ'se] (1a) *v/t.* classify; ✞ *etc.* file; catalogue, *Am.* catalog; ⚒ *etc.* grade; **classeur** ✞ [~'sœːr] *m* file; filing-cabinet; ⊕ sorter; sizer.

classicisme [klasi'sism] *m* classicism.

classification [klasifika'sjɔ̃] *f* classification; **classifier** [~'fje] (1o) *v/t.* classify.

classique [klɑ'sik] **1.** *adj.* classical *(author, music, period)*; classic; standard; *fig.* orthodox; **2.** *su./m* classic; classicist *(as opposed to romantic); les* ~*s pl.* the *(ancient, French)* classics.

clause ⚖ [kloːz] *f* clause; ~ *additionnelle* rider; additional clause.

claustral, e, *m/pl.* **-aux** [klos'tral, ~'tro] monastic.

claveau [kla'vo] *m* △ arch-stone; *vet.* sheep-pox.

clavecin ♪ [klav'sɛ̃] *m* harpsichord.

clavette ⊕ [kla'vɛt] *f* pin, key, peg, cotter.

clavicule *anat.* [klavi'kyl] *f* clavicle, collar-bone.

clavier ♪ *etc.* [kla'vje] *m piano, typewriter*: keyboard; *organ*: manual; *wind-instrument*: range; † key-ring, key-chain.

clayon [klɛ'jɔ̃] *m* wicker-tray *(for cheese)*; wattle enclosure; **clayonnage** [~jɔ'naːʒ] *m* wicker-work; wattle fencing; ⊕ mat; **clayonner** [~jɔ'ne] (1a) *v/t.* protect with wattle fencing; mat.

clé, clef [kle] *f* key *(a. fig.)*; △ keystone; ♪ *beam*: reinforcing piece; ⊕ spanner, wrench; ⚡ switch-key; ♪ clef; ♪ key-signature; *sp. wrestling*: lock; ~ *à douilles* box-spanner; ~ *à molette* adjustable spanner; ~ *anglaise* monkey-wrench; ~ *crocodile* crocodile spanner; *mot.* ~ *pour roues* wheel-brace; *fausse* ~ skeleton key; *mettre sous* ~ lock up; *sous* ~ under lock and key.

clématite ♣ [klema'tit] *f* clematis.

clémence [kle'mãːs] *f* clemency *(a.*

102

of weather), leniency; mercy; **clément, e** [~'mã, ~'mãːt] clement, lenient; merciful; mild *(disease etc.)*; *ciel m* ~ mild climate.

clenche [klãːʃ] *f* (door-)latch.

clerc [klɛːr] *m eccl.* cleric, clergyman; ⚖ clerk; *faire un pas de* ~ blunder; **clergé** [klɛr'ʒe] *m* clergy *pl.*; **clérical, e**, *m/pl.* **-aux** *eccl., a. pol.* [kleri'kal, ~'ko] *adj., a. su./m* clerical.

clic! [klik] *int.* click!

clichage [kli'ʃaːʒ] *m typ.* stereotyping; electro-typing; ⚒ caging; **cliché** [~'ʃe] *m typ. type*: plate; *illustration*: block; *phot.* negative; *fig.* cliché, stock phrase; **clicher** [~'ʃe] (1a) *v/t. typ.* stereotype; take electrotypes of; ⚒ cage; **clicherie** *typ., journ.* [kliʃ'ri] stereotype room; stereotyping shop.

client, e *m, e f* [kli'ã, ~'ãːt] client; ✞ customer; ✚ patient; *hotel*: guest; **clientèle** [~ã'tɛl] *f* ✞ custom, customers *pl.*; ✞ goodwill; ✞ connection; ✚, ⚖ practice; ~ *d'habitués* regular clients *pl.* or customers *pl.*; *donner sa* ~ *à* patronize.

cligner [kli'ɲe] *vt/i.* wink; blink; *v/t.* screw up *(one's eyes)*; **clignotant** *mot.* [kliɲɔ'tã] *m*, **clignoteur** *mot.* [~'tœːr] *m* trafficator; blinker; **clignoter** [~'te] (1a) *v/i.* blink; flicker *(eyelids, light)*; twinkle *(star)*.

climat [kli'ma] *m* climate; region; *fig.* atmosphere; **climatérique** [klimate'rik] **1.** *su./f* climactéric; **2.** *adj.* climacteric; *a.* = **climatique** [~'tik] climatic *(conditions)*; *station f* ~ health-resort; **climatiser** [~ti'ze] (1a) *v/t.* air-condition; **climatologie** [~tɔlɔ'ʒi] *f* climatology; **climatologique** [~tɔlɔ'ʒik] climatological.

clin [klɛ̃] *m*: ~ *d'œil* wink; *en un* ~ *d'œil* in the twinkling of an eye.

clinicien [klini'sjɛ̃] *su./m, a. adj./m* clinician; **clinique** ✚ [~'nik] **1.** *adj.* clinical; **2.** *su./f* clinic; nursing-home; F surgery *(of a doctor)*; teaching hospital.

clinquant, e [klɛ̃'kã, ~'kãːt] **1.** *adj.* showy, gaudy, flashy; **2.** *su./m* tinsel; ⊕ foil; *fig.* showiness.

clip [klip] *m pen etc.*: clip.

clipper ⚓, ✈ [kli'pœːr] *m* clipper.

clique F [klik] *f* set, clique; gang; ⚔ drum and bugle band; **cliquet** ⊕

103 **cochon**

etc. [kli'kɛ] *m* catch; ratchet; **cliqueter** [klik'te] (1c) *v/i.* rattle; clink (*glass*); jingle (*keys etc.*); *mot.* pink; **cliquetis** [~'ti] *m metall.* clang, rattle; clatter; *glasses*: clinking; *keys etc.*: jingling; *mot.* pinking.

clisse [klis] *f bottle*: wicker covering; *cheese*: drainer; ✵ splint; **clisser** [kli'se] (1a) *v/t.* wicker (*a bottle*); ✵ put in splints; *bouteille f* clissée demijohn.

cliver [kli've] (1a) *v/t. a.* se ~ split, cleave.

cloaque [klɔ'ak] *m* cesspool (*a. fig.*); *fig.* sink (*of iniquity*).

clochard F [klɔ'ʃaːr] *m* tramp, *Am.* hobo.

cloche [klɔʃ] *f* bell; ⚗ bell-jar; ✐ cloche; ✵ cup (*for blistering*); dish-cover; cloche(-hat); *sl.* idiot; **~-pied** [~'pje] *adv.*: *sauter à* ~ hop.

clocher[1] [klɔ'ʃe] *m* belfry, bell-tower; steeple; *course f au* ~ point-to-point race; steeplechase.

clocher[2] [~] (1a) *v/i.* limp, hobble; be amiss *or* wrong.

clocheton [klɔʃ'tɔ̃] *m* bell-turret; **clochette** [klɔ'ʃɛt] *f* handbell; ♃ bell-flower; ~ *d'hiver* snowdrop.

cloison [klwa'zɔ̃] *f* ⚓ partition; ⚓ bulkhead; *mot.* baffle-plate; **cloisonnage** [~zɔ'naːʒ] *m* partition(-ing); **cloisonner** [~zɔ'ne] (1a) *v/t.* partition.

cloître *eccl.* [klwɑːtr] *m* cloister(s *pl.*); monastery; convent; **cloîtrer** [klwa'tre] (1a) *v/t.* cloister; *nonne f* cloîtrée enclosed nun.

clopin-clopant F [klɔpɛ̃klɔ'pɑ̃] *adv.* hobbling (along); **clopiner** [~pi'ne] (1a) *v/i.* hobble, limp.

cloporte *zo.* [klɔ'pɔrt] *m* wood-louse, *Am.* sow-bug.

cloque [klɔk] *f* ✵ lump, swelling; ✐ *corn*: rust; *tree*: blight.

clore [klɔːr] (4f) *vt/i.* close; *v/t.* enclose (*land*), **clos, close** [klo, kloːz] **1.** *p.p.* of *clore*; **2.** *adj.* closed; shut in; finished; **3.** *su./m* enclosure, close; vineyard; **closerie** [kloz'ri] *f* small estate; small holding; croft; pleasure garden; **clôt** [klo] *3rd p. sg. pres.* of *clore*; **clôture** [~'tyːr] *f* fence, enclosure; closure; closing; end; ✝ *account*: winding up; ✝ *books*: balancing; **clôturer** [~ty're] (1a) *v/t.* enclose (*land*); ✝ close down (*a factory*); *pol.* apply the closure to (*a debate*); ✝ wind up, close.

clou [klu] *m* nail; *fig.* star-turn, hit; ✵ boil, carbuncle; *pedestrian crossing*: stud; *sl.* pawn-shop, *Am.* hock shop; *sl.* clink, jail; *cuis.* ~ *de girofle* clove; **clouer** [klu'e] (1a) *v/t.* nail; pin down; rivet; *fig.* tie; *tapis m* cloué fitted carpet; **clouter** [~'te] (1a) *v/t.* stud; **clouterie** [~'tri] *f* nail-making; nail-works *usu. sg.*; **cloutier** [~'tje] *m* nail-dealer; nailsmith.

clown [klun] *m* clown; buffoon; **clownerie** [~'ri] *f* clownish trick; clownishness; *coll.* clowns *pl.*

cloyère [klwa'jɛːr] *f* oyster-basket.

club [klœb] *m* club.

cluse *geol.* [klyːz] *f* transverse valley.

coadjuteur *eccl.* [koadʒy'tœːr] *m* coadjutor; **coadjutrice** *eccl.* [~'tris] *f* coadjutrix.

coagulation [koagyla'sjɔ̃] *f* coagulation, congealing; **coaguler** [~'le] (1a) *v/t. a.* se ~ coagulate, clot; curdle.

coaliser *pol.* [koali'ze] (1a) *v/t. a.* se ~ unite; **coalition** [~'sjɔ̃] *f* coalition; *fig.* combine; *ministère m de* ~ coalition ministry.

coasser [koa'se] (1a) *v/i.* croak.

coassocié *m,* e *f* [koasɔ'sje] co-partner.

cobaye *zo., fig.* [kɔ'baːj] *m* guinea-pig.

cocagne [kɔ'kaɲ] *f*: *mât m de* ~ greasy pole; *pays m de* ~ land of plenty.

cocaïne [kɔka'in] *f* cocaine.

cocasse F [kɔ'kas] comical, droll.

coccinelle *zo.* [kɔksi'nɛl] *f* lady-bird.

coccyx *anat.* [kɔk'sis] *m* coccyx.

coche[1] [kɔʃ] *m* † stage-coach; *faire la mouche du* ~ buzz around; be a busy-body; F *manquer le* ~ miss the boat (= *lose an opportunity*).

coche[2] [~] *f* nick, notch.

coche[3] *zo.* [~] *f* sow.

cocher[1] [kɔ'ʃe] (1a) *v/t.* nick, notch.

cocher[2] [kɔ'ʃe] *m* coachman, F cabby; **cochère** [~'ʃɛːr] *adj./f*: *porte f* ~ carriage-entrance; main gate.

cochon, -onne [kɔ'ʃɔ̃, ~'ʃɔn] **1.** *su./m* pig, hog, porker; *fig.* filthy swine; ~ *de lait* sucking-pig;

cochonner

~ d'*Inde* guinea-pig; **2.** *adj. sl.* indecent; filthy; **cochonner** [~ʃɔ'ne] (1a) *v/i.* farrow; *v/t.* F botch (*a piece of work*); **cochonnerie** [~ʃɔn-'ri] *f* filth; rubbish; foul trick; hogwash (= *bad food*); **cochonnet** [~ʃɔ'nɛ] *m* young pig; *bowls*: jack; *tex.* cylinder.

cockpit ✈ [kɔk'pit] *m* cockpit.

cocktail [kɔk'tɛl] *m* cocktail; cocktail party.

coco [kɔ'ko] *su./m* (*a. noix f de* ~) coco(a)nut; F liquorice water; *sl.* head; F guy; F darling; F stomach; ✈ *sl.* petrol; *ch.sp.* hen, egg; *su./f* F snow (= *cocaine*).

cocon [kɔ'kɔ̃] *m* cocoon.

cocorico [kɔkɔri'ko] *m* cock-a-doodle-doo.

cocotier ♀ [kɔkɔ'tje] *m* coconut palm.

cocotte[1] [kɔ'kɔt] *f* chuck-chuck (= *hen*); F darling, ducky; *pej.* loose woman, tart.

cocotte[2] *cuis.* [~] *f* stew-pan.

coction [kɔk'sjɔ̃] *f* ⚕ boiling, coction; ⚕ digestion.

cocu F [kɔ'ky] *m* cuckold, deceived husband; **cocufier** F [~ky'fje] (1o) *v/t.* cuckold.

code [kɔd] *m* code (*a.* ⚖, *a. tel.*); ⚖ ~ *civil* (*pénal, de la route*) civil (penal, highway) code; **coder** [kɔ-'de] (1a) *v/t.* code.

codétenu *m,* **e** *f* ⚖ [kodet'ny] fellow-prisoner.

codifier [kɔdi'fje] (1o) *v/t.* ⚖ codify; *tel. etc.* code.

coéducation [koedyka'sjɔ̃] *f* coeducation.

coefficient [koefi'sjɑ̃] *m* coefficient; factor.

coéquation *admin.* [koekwa'sjɔ̃] *f* proportional assessment.

coercitif, -ve ⚖, *phys.* [kɔɛrsi'tif, ~'ti:v] coercive.

cœur [kœ:r] *m* heart (*a. fig.*); courage; feelings *pl.*; centre; *cards*: heart(s *pl.*); ⚕ ~*poumon m artificiel* heart-lung machine; *à* ~ *joie* to one's heart's content; *avoir mal au* ~ feel sick; *homme m de* ~ brave man; *par* ~ by heart.

coexistence [kɔɛgzis'tɑ̃:s] *f* coexistence (*a. pol.*).

coffrage [kɔ'fra:ʒ] *m* ⚒ coffering, lining; shuttering (*for concrete work*); **coffre** [kɔfr] *m* chest, box; coffer; ⚓ moorings *pl.*; ⚓ (mooring-)buoy; case; 🚂 ballast-bed; *mot.* boot; ⚠ form, box (*for concrete work*); ⚓ *navire m à* ~ well-decker; **coffre-fort,** *pl.* **coffres-forts** [~ɔ-'fɔ:r] *m* safe; strong-box; **coffrer** [kɔ'fre] (1a) *v/t.* F imprison; ⚒ coffer, line; **coffret** [~'frɛ] *m* casket; (*tool-, work-, etc.*)box.

cogérance [kɔʒe'rɑ̃:s] *f* co-administration.

cognac [kɔ'ɲak] *m* cognac, F brandy.

cognassier ♀ [kɔɲa'sje] *m* quince-tree.

cognée [kɔ'ɲe] *f* axe, hatchet;
cogner [~] (1a) *v/t.* hammer in; drive in (*a nail*); knock, hit; bump against; *v/i.* knock (*a. mot.*); bump.

cohabiter [koabi'te] (1a) *v/i.* live together, cohabit.

cohérence [kɔe'rɑ̃:s] *f* coherence; *avec* ~ coherently; **cohérent, e** [~'rɑ̃, ~'rɑ̃:t] coherent; **cohésion** [~'zjɔ̃] *f* cohesion; *phys. force f de* ~ cohesive force.

cohue [kɔ'y] *f* crowd, throng, crush; mob.

coi, coite [kwa, kwat] quiet; *se tenir* ~ keep quiet; F lie doggo.

coiffe [kwaf] *f* head-dress; cap; *hat*: lining; ⚓ cap-cover; **coiffé, e** [kwa'fe] *adj.*: *être* ~ be wearing a hat; have done one's hair; *fig.* be infatuated (with, *de*); *être bien* ~ have one's hair well dressed; *né* ~ born lucky; **coiffer** [~'fe] (1a) *v/t.* cover (*one's head*); *hat*: suit; put on (*a hat*); do (*one's hair*); *fig.* be unfaithful to (*one's husband*); 🎯 take (*the objective*); *de combien coiffez-vous?* what size in hats do you take?; ~ *sainte Catherine* reach the age of 25 without being married (*woman*); **coiffeur, -euse** [~'fœ:r, ~'fø:z] *su.* hairdresser; *su./f* dressing-table; **coiffure** [~'fy:r] *f* head-dress; hairstyle; hairdressing; ~ *à la Jeanne d'Arc* bobbed hair (with fringe).

coin [kwɛ̃] *m* corner; nook, spot; *ground*: patch; *coins*: die; ⚒ wedge, chock; *fig.* hallmark, stamp; ~ *du feu* fireside; *dans tous les* ~*s et re-coins* in every corner, everywhere; **coincement** ⊕ [kwɛ̃s'mɑ̃] *m* jamming; **coincer** ⊕ [kwɛ̃'se] (1k) *v/t.* wedge; *fig. sl.* corner; arrest; *v/i. a. se* ~ jam, stick.

coincidence [kɔɛ̃si'dɑ̃:s] *f* coinci-

collodion

dence; ⚡ ~ *d'oscillations* surging; **coincider** [~'de] (1a) *v/i.* coincide.
coing ♀ [kwɛ̃] *m* quince.
coït [kɔ'it] *m* coitus.
coke [kɔk] *m* coke; *petit* ~ breeze; **cokerie** [kɔ'kri] *f* coking plant.
col [kɔl] *m* neck (*a. fig.*); *cost.* collar; *geog.* pass, col; ~ *cassé* (*droit, rabattu*) wing (stand-up, turn-down) collar; *à* ~ *Danton* open-necked (*shirt*); *faux* ~ detachable *or* separate collar.
colchique ♀ [kɔl'ʃik] *m* colchicum.
coléoptère *zo.* [kɔleɔp'tɛːr] *m* beetle; ~*s pl.* coleoptera.
colère [kɔ'lɛːr] **1.** *su./f* anger; *en* ~ angry; *se mettre en* ~ become angry; **2.** *adj.* angry; irascible (*person*); **coléreux, -euse** [kɔle'rø, ~'røːz] hot-tempered, irascible; **colérique** [~'rik] choleric.
colifichet [kɔlifi'ʃɛ] *m* trinket; ~*s pl.* rubbish *sg.*; ✞ *rayon m des* ~*s* fancy goods department.
colimaçon *zo.* [kɔlima'sɔ̃] *m* snail; *en* ~ spiral (*staircase*).
colin *icht.* [kɔ'lɛ̃] *m* hake.
colin-maillard [kɔlɛ̃ma'jaːr] *m game*: blind-man's buff.
colique ✠ [kɔ'lik] *f* colic; F stomach-ache; *sl. avoir la* ~ have the wind up.
colis [kɔ'li] *m* packet, parcel; luggage; *par* ~ *postal* by parcel post.
collaborateur *m*, **-trice** *f* [kɔllabɔra'tœːr, ~'tris] collaborator (*a. pol.*); associate; *review*: contributor; **collaboration** [~ra'sjɔ̃] *f* collaboration (*a. pol.*); co-operation; *book*: joint authorship; **collaborer** [~'re] (1a) *v/i.* collaborate, co-operate; contribute (*to a journal etc.*).
collage [kɔ'laːʒ] *m* pasting; gluing; *paper*: sizing; F (*unmarried*) cohabitation, liaison; *paint.* collage;
collant, e [~'lɑ̃, ~'lɑ̃ːt] **1.** *adj.* sticky, adhesive; *cost.* tight, close-fitting; clinging; **2.** *su./m*: ~*s pl.* tights.
collatéral, e, *m/pl.* **-aux** [kɔllate'ral, ~'ro] **1.** *adj.* collateral; *eccl.* side-(*aisle*); **2.** *su.* relative, collateral; *su./m eccl.* side-aisle.
collateur *eccl.* † [kɔlla'tœːr] *m* patron (*of a living*); **collation** [~'sjɔ̃] *f* ⚖ *etc.* granting, conferment; *eccl.* advowson; *typ.* checking, proof-reading; *documents*: collation; light meal; **collationner** [~sjɔ'ne] (1a) *v/t.* collate, compare; check; *v/i.* have a light meal.
colle [kɔl] *f* paste, glue; gum; *paper etc.*: size; *fig.* poser, difficult question; *school*: detention; ~ *forte* glue.
collecte [kɔl'lɛkt] *f eccl.* collection; collecting; *eccl. prayer*: collect; *faire une* ~ make a collection; **collecteur** [kɔllɛk'tœːr] *m* ⚡ collector; ⚡ commutator; ⊕ sewer; **collectif, -ve** [~'tif, ~'tiːv] collective; **collection** [~'sjɔ̃] *f* collection; gathering; **collectionner** [~sjɔ'ne] (1a) *v/t.* collect; **collectivité** [~tivi'te] *f* community; common ownership.
collège [kɔ'lɛːʒ] *m* college; school; secondary grammar school; ~ *électoral* constituency; electoral body, *Am.* electoral college; *sacré* ~ College of Cardinals.
collégial, e, *m/pl.* **-aux** [kɔle'ʒjal, ~'ʒjo] **1.** *adj.* collegiate; **2.** *su./f* collegiate church; **collégien, -enne** [~'ʒjɛ̃, ~'ʒjɛn] *su.* college-student; *su./m* schoolboy; *su./f* schoolgirl.
collègue [kɔl'lɛg] *su.* colleague.
coller [kɔ'le] (1a) *v/t.* stick; paste; glue; size (*paper*); clarify (*wine*); put, stick (*s.th. in a place*); F plough (*a candidate*); se ~ stick; *sl.* cohabit, live (with, *avec*); *v/i.* stick; cling; *sl. ça colle!* all right!; *sl. cela ne colle pas* it is not going properly.
collerette [kɔl'rɛt] *f cost.* collarette; ⊕ *joint, pipe*: flange.
collet [kɔ'lɛ] *m* ♀, ⊕, *cost.* collar; *cost.* cape; *cuis.* neck, scrag; *tooth, violin,* ⊕ *screw, chisel*: neck; ⊕ *pipe, etc.*: flange; snare (*for rabbits etc.*); *fig.* ~ *monté* strait-laced person; strait-laced; **colleter** [kɔl'te] (1c) *v/t.* (seize by the) collar; grapple with; *fig.* hug; se ~ come to grips; *v/i.* set snares (*for rabbits etc.*).
colleur *m*, **-euse** *f* [kɔ'lœːr, ~'løːz] paster; (*bill-*)sticker; *paper*: sizer; *sl. school*: stiff examiner; *sl.* liar.
collier [kɔ'lje] *m* necklace; collar (*a.* ⊕, ⚓, *zo., order*); *coup m de* ~ *fig.* big effort; ⚓ sudden overload; *fig. reprendre le* ~ be back in harness.
colline [kɔ'lin] *f* hill.
collision [kɔlli'zjɔ̃] *f* collision; *phys.* ~ *de neutrons* knock-on.
collocation ⚖ [kɔllɔka'sjɔ̃] *f* order of priority of creditors.
collodion ⚕ [kɔllɔ'djɔ̃] *m* collodion.

colloque

colloque [kɔl'lɔk] *m* conversation; parley.
collusion ⚖ [kɔlly'zjõ] *f* collusion; **collusoire** ⚖ [~'zwa:r] collusive.
collutoire [kɔlly'twa:r] *m* mouthwash.
collyre [kɔl'li:r] *m* eyewash.
colmater [kɔlma'te] (1a) *v/t.* clog, choke (*a pipe, a sieve, etc.*); fill in (*pot-holes*); ⚓ warp (*the son*); ⚒ consolidate.
colocataire [kɔlɔka'tɛ:r] *su.* joint tenant; co-tenant.
colombe *orn.* [kɔ'lõ:b] *f* pigeon, dove; **colombier** [kɔlõ'bje] *m* dovecot(e); pigeon-house; **colombin, e** [~'bɛ̃, ~'bin] **1.** *adj.* dove-like; dove-colo(u)red; **2.** *su./m orn.* stock-dove; ⚒ lead ore; *su./f* ⚓ pigeon-dung.
colon [kɔ'lõ] *m* small holder; settler, colonist.
côlon *anat.* [ko'lõ] *m* colon.
colonel ⚔ [kɔlɔ'nɛl] *m* colonel; **colonelle** F [~] *f* colonel's wife.
colonial, e, *m/pl.* **-aux** [kɔlɔ'njal, ~'njo] **1.** *adj.* colonial; *denrées f/pl.* ~*es* colonial produce *sg.*; **2.** *su./m* colonial; *su./f* ⚔ colonial troops *pl.*; **colonialisme** *pol.* [~nja'lism] *m* colonialism; **colonie** [~'ni] *f* colony, settlement; ~ *de vacances* holiday camp; **colonisateur, -trice** [kɔlɔniza'tœ:r, ~'tris] **1.** *adj.* colonizing; **2.** *su.* colonizer; **colonisation** [~za'sjõ] *f* colonization, settling; **coloniser** [~'ze] (1a) *v/t.* colonize, settle.
colonne [kɔ'lɔn] *f* ⚓, ⚒, *anat.* column; ⚓ pillar; ⚔ *en* ~ line ahead; ⚔ *en* ~ *par quatre!* form fours!
colophane [kɔlɔ'fan] *f* rosin.
colorant, e [kɔlɔ'rɑ̃, ~'rɑ̃:t] **1.** *adj.* colo(u)ring; **2.** *su./m* dye; colo(u)ring (matter); **colorer** [~'re] (1a) *v/t.* colo(u)r, stain; dye; **colorier** [~'rje] (1o) *v/t.* colo(u)r; **coloris** [~'ri] *m* colo(u)r(ing); *fig.* hue.
colossal, e, *m/pl.* **-aux** [kɔlɔ'sal, ~'so] colossal, gigantic; **colosse** [~'lɔs] *m* colossus; F giant.
colportage [kɔlpɔr'ta:ʒ] *m* hawking, peddling; **colporter** [~'te] (1a) *v/t.* hawk, peddle; *fig.* spread (*news*); **colporteur** *m*, **-euse** *f* [~'tœr, ~'tø:z] hawker, pedlar, *Am.* peddler; *fig.* newsmonger.
coltiner [kɔlti'ne] (1a) *v/t.* carry (*loads*) on one's back; **coltineur**

[~'nœ:r] *m* heavy porter; ~ *de charbon* coal-heaver.
colza ♣ [kɔl'za] *m* rape, colza; rapeseed.
coma ✱ [kɔ'ma] *m* coma; **comateux, -euse** ✱ [~ma'tø, ~'tø:z] comatose.
combat [kõ'ba] *m* ⚔ combat, battle, engagement; struggle (*a. fig.*); *fig.* contest; *hors de* ~ disabled; out of action; **combatif, -ve** [kõba'tif, ~'ti:v] pugnacious; **combattant** [~'tɑ̃] *m* combatant, fighting man; fighter; *zo.* game-cock; *ancien* ~ ex-service man; **combattre** [kõ'batr] (4a) *vt/i.* fight.
combe [kõ:b] *f* coomb, dale, dell.
combien [kõ'bjɛ̃] *adv.* how (many or much); ~ *de temps* how long; ~ *de ... qui* (*ou que*) (*sbj.*) however much ... (*inf.*); F *le* ~ *sommes-nous?* what day of the month is it?
combinaison [kõbinɛ'zõ] *f* combination, arrangement, plan; *cost.* overalls *pl.*, boiler-suit; *cost.* combinations *pl.*; ✈ flying suit; *woman:* slip; **combinateur** ⚡ [~na'tœ:r] *m:* ~ *de couplage* controller; **combine** F [kõ'bin] *f* plan, scheme; **combiner** [~bi'ne] (1a) *v/t.* combine; devise, concoct; *se* ~ combine.
comble [kõ:bl] **1.** *su./m* heaped measure; overmeasure; summit; height (*a. fig.*); ⚓ roof(ing); *de fond en* ~ from top to bottom; *mettre le* ~ *à* crown, add the finishing touch to; **2.** *adj.* heaped up, packed (*house, room*); **comblement** [kõblə'mɑ̃] *m* filling in; **combler** [~'ble] (1a) *v/t.* fill (in); ⚒, ⚓ make good (*a deficit, casualties*); *fig.* ~ *q. de qch.* shower s.th. on s.o.
combustibilité [kõbystibili'te] *f* inflammability; **combustible** [~'tibl] **1.** *adj.* inflammable; combustible; **2.** *su./m* fuel; **combustion** [~'tjõ] *f* combustion, burning; ~ *continue* slow combustion.
comédie [kɔme'di] *f* comedy; † *a. fig.* play; **comédien, -enne** [~'djɛ̃, ~'djɛn] **1.** *su.* comedian; *su./m* actor; *su./f* actress; **2.** *adj.* theatrical.
comestible [kɔmɛs'tibl] **1.** *adj.* edible, eatable; **2.** *su./m* article of food; ~*s pl.* provisions, victuals.
comète *astr.* [kɔ'mɛt] *f* comet.
comice [kɔ'mis] *m* show; gathering;

hist. ~s *pl.* electoral meeting *sg.*; ~ *agricole* agricultural show, cattle-show.
comique [kɔ'mik] **1.** *adj.* comic (*actor, author*); comical, funny; **2.** *su./ m* comedian, humorist; comic actor; comedy-writer; comedy.
comité [kɔmi'te] *m* committee, board; ~ *d'arbitrage* arbitration board; ~ *de surveillance* vigilance committee; *petit* ~ little *or* informal meeting.
comma ♪ [kɔ'ma] *m* comma.
commandant [kɔmã'dã] *m* ✗, ⚓ commanding officer, commander; ✈ squadron-leader; ✗ ~ *de bataillon*, ~ *d'escadron* major; ~ *en chef* commander-in-chief; **commande** [~'mã:d] *f* ✝ order; ⊕, ✈ control; ⊕ lever; *mot.* drive; ✝ *bulletin m de* ~ order-form; *de* ~ feigned; *eccl.* of obligation; F essential; *sur* ~ to order; **commandement** [~mãd'mã] *m* ✗, *a. fig.* command; instruction; ⚖ summons *sg.*; *eccl.* commandment; **commander** [~mã'de] (1a) *vt.* command (*a. fig.*), order (s.th. from s.o., *qch. à q.*); control; dominate; ~ *à* control o.s.; *se* ~ control o.s.; lead into each other *or* one another (*rooms*); *cela ne se commande pas* it does not depend upon our will; *v/i.* give orders; **commandeur** [~'dœ:r] *m order of knighthood*: commander.
commanditaire ✝ [kɔmãdi'tɛ:r] *m* sleeping *or* Am. silent partner; **commandité** [~'te] *m* active partner; **commanditer** ✝ [~'te] (1a) *v/t.* finance (*an enterprise*); become a sleeping partner in.
comme [kɔm] **1.** *adv.* as, like; how; in the way of; F ~ *ci* ~ *ça* so so; F *c'est tout* ~ it comes to the same thing; ~ *il faut* proper(ly *adv.*); **2.** *cj.* as, seeing that; *temporal*: just as.
commémoratif, -ve [kɔmemɔra-'tif, ~'ti:v] commemorative (of, *de*) memorial (*service*); *fête f* ~ve festival of remembrance; **commémoration** [~ra'sjɔ̃] *f* commemoration; **commémorer** [~'re] (1a) *v/t.* commemorate.
commençant, e [kɔmã'sã, ~'sã:t] **1.** *adj.* beginning, early; **2.** *su.* beginner; **commencement** [~mãs-'mã] *m* beginning, start, outset;

commencer [~mã'se] (1k) *vt./i.* begin; start.
commendataire *eccl.* [kɔmãda'tɛ:r] *m* commendator.
commensal *m*, **e** *f* [kɔmã'sal] fellow-boarder; messmate, table-companion; regular guest.
commensurable ⚕ [kɔmãsy-'rabl] commensurable (with, to *avec*).
comment [kɔ'mã] **1.** *adv.* how; what: **2.** *int.* what!; why!; F *et* ~! and how; **3.** *su./m/inv.* why; *les* ~ *et les pourquoi* the whys and the wherefores.
commentaire [kɔmã'tɛ:r] *m* commentary; *fig.* comment; **commentateur** *m*, **-trice** *f* [~ta'tœ:r, ~'tris] commentator; **commenter** [~'te] (1a) *v/t.* comment upon (*a. fig. = criticise*).
commérage [kɔme'ra:ʒ] *m* gossip.
commerçant, e [kɔmɛr'sã, ~'sã:t] **1.** *adj.* commercial; business...; mercantile; *très* ~ very busy (*street*); **2.** *su./m* tradesman, merchant; *les* ~s *pl.* tradespeople; **commerce** [~-'mɛrs] *m* trade, commerce; commercial world; dealings *pl.*, intercourse; (sexual) intercourse; ~ *de détail* retail trade; ~ *d'outre-mer* overseas trade; *registre m du* ~ Commercial Register; **commercer** [kɔmɛr'se] (1k) *v/i.* (with, *avec*) trade, deal; *fig.* have dealings;
commercial, e, *m/pl.* **-aux** [~'sjal, ~'sjo] commercial, trading, business.
commère [kɔ'mɛ:r] *f eccl.* godmother; F gossip; crony.
commettant [kɔme'tã] *m* ⚖, ✝ principal; *pol.* ~s *pl.* constituents; **commettre** [~'mɛtr] (4v) *v/t.* commit.
comminatoire [kɔmina'twa:r] comminatory; *fig.* threatening.
commis, e [kɔ'mi, ~'mi:z] **1.** *p.p.* of *commettre*; **2.** *su./m* clerk; agent; (shop-)assistant; ~ *voyageur* commercial traveller, *Am.* travelling salesman.
commisération [kɔmizera'sjɔ̃] *f* pity; commiseration.
commissaire [kɔmi'sɛ:r] *m* commissioner; *police*: superintendent; ⚓ purser; *sp.* steward; ✝ ~ *aux comptes* auditor; **~-priseur,** *pl.* **~s- priseurs** [~sɛrpri'zœ:r] *m* auction-

commissariat 108

eer; official valuer; **commissariat** [~sa'rja] *m* commissioner's office; central police station.

commission [kɔmi'sjɔ̃] *f* commission; *admin. a.* committee, board; message, errand; **commissionnaire** [~sjɔ'nɛːr] *m* ✝ commission-agent; messenger; ~ *de transport* forwarding agent; ~ *en gros* factor; **commissionner** [~sjɔ'ne] (1a) *v/t.* commission; ✝ order.

commissure [kɔmi'syːr] *f* commissure.

commode [kɔ'mɔd] **1.** *adj.* convenient; comfortable; handy; easy-going (*person*); good-natured; **2.** *su./f* chest of drawers; **commodément** [kɔmɔde'mɑ̃] *adv. of commode* 1; **commodité** [~di'te] *f* convenience; comfort; ~*s pl.* public convenience *sg.*

commotion [kɔmɔ'sjɔ̃] *f* commotion, disturbance; ⚡, 💥 shock; 💥 concussion.

commuer ⚖ [kɔ'mɥe] (1p) *v/t.* commute (to, *en*).

commun, e [kɔ'mœ̃, ~'myn] **1.** *adj.* common; usual; joint; vulgar; ✝ average, mean (*tare*); *chose f* ~*e* common cause; *faire bourse* ~*e* pool resources; *sens m* ~ common sense; **2.** *su./m* generality, common run; common funds *pl.*; ✝ servants *pl.*; ~*s pl.* outbuildings; conveniences; *en* ~ in common; *su./f admin.* commune, (*approx.*) parish; *hist.* ⚜e Commune (*1789, a. 1871*); *parl. Chambre f des* ~*es* House of Commons, *the* Commons *pl.*; **communal, e,** *m/pl.* **-aux** [kɔmy'nal, ~'no] common; communal; parish ...; **communard** *hist.* [~'naːr] *m* communard (*supporter of the 1871 Paris Commune*); **communauté** [~no'te] *f eccl., admin., a. fig.* community; ⚖ joint estate; *pol.* ⚜ French Community; ~ *de travail school:* group activity; **communément** [~ne'mɑ̃] *adv. of commun* 1.

communiant *m*, **e** *f eccl.* [kɔmy'njɑ̃, ~'njɑ̃ːt] communicant; **communicable** [kɔmyni'kabl] communicable; ⚖ transferable; communicating (*rooms*); F approachable (*person*); **communicatif, -ve** [~ka'tif, ~'tiːv] communicative; infectious (*laughter*); **communication** [~ka'sjɔ̃] *f* communication, message; ⚡ connection; *teleph.* ~ *locale (interurbaine)* local (long-distance) call; *teleph. donner la* ~ put a call through; *teleph. mauvaise* ~ wrong number; **communier** *eccl.* [kɔmy'nje] (1o) *v/i.* communicate; *v/t.* administer Holy Communion to (*s.o.*); **communion** [~'njɔ̃] *f* communion (*a. eccl.*); **communiqué** [kɔmyni'ke] *m* official statement, communiqué; *radio:* news *sg.*; bulletin; **communiquer** [~] (1m) *vt/i.* communicate; *v/i.* be in communication *or* connection; (*a.* ~ *avec*) lead into; (*faire*) ~ connect; *v/t.:* ⚡ ~ be expansive; talk too much; spread (to, *à*).

communisant, e [kɔmyni'zɑ̃, ~'zɑ̃ːt] **1.** *adj.* communistic; **2.** *su. pol.* fellow-traveller, communist sympathizer; **communisme** [~'nism] *m* communism; **communiste** [~'nist] *su., a. adj.* communist.

commutateur [kɔmyta'tœːr] *m* commutator; *light:* switch; **commutation** [~'sjɔ̃] *f* commutation (*a.* ⚖); ⚡ changing over; *de* ~ switch-...; **commutatrice** ⚡ [~'tris] *f* rotary transformer; **commuter** ⚡ [kɔmy'te] (1a) *v/t.* change over.

compacité [kɔ̃pasi'te] *f* compactness; *metal:* density; **compact, e** [~'pakt] compact; dense.

compagne [kɔ̃'paɲ] *f* companion; wife; *animals:* mate; **compagnie** [kɔ̃pa'ɲi] *f* company (*a.* ✝, ⚔, *a. person*); ⚜ division; society; party; fellowship; ⚔ ~ *de discipline* disciplinary company; *de ou en* ~ together; **compagnon** [~'ɲɔ̃] *m* companion, comrade; mate (*a.* ⊕), partner; ⊕ journeyman; ~ *de route* fellow-traveller (*esp. pol.*); **compagnonnage** ✝ [~ɲɔ'naːʒ] *m* trade-guild; time of service as journeyman.

comparable [kɔ̃pa'rabl] comparable; **comparaison** [~rɛ'zɔ̃] *f* comparison; simile.

comparaître ⚖ [kɔ̃pa'rɛːtr] (4k) *v/i.* appear; *faire* ~ *devant* bring before.

comparatif, -ve [kɔ̃para'tif, ~'tiːv] *adj., a. gramm. su./m* comparative; **comparé, e** [~'re] comparative (*grammar, history, etc.*); **comparer** [~'re] (1a) *v/t.* compare (to, with *à, avec*).

comparse [kɔ̃'pars] *m thea*. supernumerary; F super; *fig*. confederate.
compartiment [kɔ̃parti'mɑ̃] *m* 🚂, *ship, ceiling, etc*.: compartment; partition; division; *draughts, chess, etc*.: square.
comparution ⚖ [kɔ̃pary'sjɔ̃] *f* appearance.
compas [kɔ̃'pa] *m* compasses *pl*.; ⚓ *etc*. compass; *mot. hood*: arms *pl*.; standard, scale; *surv*. ~ de relèvement azimuth compass; ⚓ ~ gyroscopique gyro-compass; **compassé, e** [kɔ̃pa'se] formal, stiff; regular; **compasser** [~] (1a) *v/t*. measure with compasses; *fig*. consider, weigh, study; ⚓ ~ *la carte* prick the chart.
compassion [kɔ̃pa'sjɔ̃] *f* compassion, pity.
compatible [kɔ̃pa'tibl] compatible.
compatir [kɔ̃pa'ti:r] (2a) *v/i*.: ~ à sympathize with; bear with; **compatissant, e** [~ti'sɑ̃, ~'sɑ̃:t] (*pour, to*[*wards*]) compassionate, tender; sympathetic; indulgent.
compatriote [kɔ̃patri'ɔt] *su*. compatriot; *su./m* fellow-countryman; *su./f* fellow-countrywoman.
compensateur, -trice [kɔ̃pɑ̃sa'tœ:r, ~'tris] **1.** *adj*. compensating; ⚡ equalizing (*current*); *phot*. compensating (*filter, screen*); *phys*. pendule *m* ~ compensation pendulum; **2.** *su./m* compensator; ⚒ trimmer; **compensation** [~sa'sjɔ̃] *f* compensation; ⊕, ⚡ balancing; *sp*. handicapping; ✝ *accord m de* ~ barter agreement; ✝ *caisse f de* ~ equalization fund; ✝ *chambre f de* ~ clearing-house; **compenser** [~'se] (1a) *v/t*. compensate, make up for; ⊕ balance; ⚓ adjust (*a compass*); *sp*. handicap.
compère [kɔ̃'pɛ:r] *m eccl*. godfather; *thea*. compère; *fig*. accomplice; F comrade, pal; *bon* ~ good fellow; **~-loriot**, *pl*. **~s-loriots** 🐦 [~pɛrlɔ'rjo] *m* sty.
compétence [kɔ̃pe'tɑ̃:s] *f* competence (*a*. ⚖); skill, ability; **compétent, e** [~'tɑ̃, ~'tɑ̃:t] competent (*a*. ⚖); **compéter** [~'te] (1f) *v/i*. ⚖ be within the jurisdiction (of, *à*); belong by right (to, *à*).
compétiteur *m*, **-trice** *f* [kɔ̃peti'tœ:r, ~'tris] competitor, candidate, rival (for, *à*); **compétitif, -ve**

[~'tif, ~'ti:v] competitive (*prices*); rival; **compétition** [~'sjɔ̃] *f* competition, rivalry.
compiler [kɔ̃pi'le] (1a) *v/t*. compile.
complainte [kɔ̃'plɛ̃:t] *f* lament; ⚖ complaint; plaintive ballad *or* song.
complaire [kɔ̃'plɛ:r] (4z) *v/i*. be pleasing; ~ *à* please, humo(u)r (*s.o.*); *v/t*.: *se* ~ take pleasure (in *ger*., *à inf*.; in s.th., *dans or* en *qch*.); **complaisance** [kɔ̃plɛ'zɑ̃:s] *f* obligingness, kindness; self-satisfaction, complacency; ✝ *effet m de* ~ accomodation bill; **complaisant, e** [~'zɑ̃, ~'zɑ̃:t] obliging; self-satisfied, complacent.
complément [kɔ̃ple'mɑ̃] *m* complement (*a*. ⚔, *a. gramm*.); *gramm*. object; **complémentaire** [~mɑ̃'tɛ:r] complementary (*a*. ⚕); supplementary; further (*information*).
complet, -ète [kɔ̃'plɛ, ~'plɛt] **1.** *adj*. complete; full (*theatre etc*.); ~! full up; *café m* ~ continental breakfast; **2.** *su./m* suit; *au* ~ complete, full; *au grand* ~ F in full force; ⚔ at full strength; **complètement** [~plɛt'mɑ̃] **1.** *su./m* completion; ⚔ bringing up to strength; **2.** *adv*. completely, thoroughly, utterly; **compléter** [~ple'te] (1f) *v/t*. complete, fill up; ⚔ bring up to strength; replenish (*stores*).
complexe [kɔ̃'plɛks] **1.** *adj*. complex; complicated; *gramm*., *a*. ⚕ compound; **2.** *su./m* complex; **complexé, e** [~plɛk'se] **1.** *adj*. suffering from a complex; **2.** *su*. person suffering from a complex.
complexion [kɔ̃plɛk'sjɔ̃] *f* constitution; temperament.
complexité [kɔ̃plɛksi'te] *f* complexity.
complication [kɔ̃plika'sjɔ̃] *f* complication (*a*. ⚕); complexity.
complice [kɔ̃'plis] *adj*., *a. su*. accessory (to, de); accomplice (of, de); **complicité** [~plisi'te] *f* complicity; ⚖ aiding and abetting, abetment.
compliment [kɔ̃pli'mɑ̃] *m* compliment; congratulation; flattery; ~*s pl*. kind regards; **complimenter** [~mɑ̃'te] (1a) *v/t*. compliment, congratulate (on *de, sur*).
compliqué, e [kɔ̃pli'ke] complicated, elaborate, intricate; ⚕ compound (*fracture*); **compliquer** [~] (1m) *v/t*. complicate; ⚕ *la maladie*

complot

s'est *compliqu*ée complications set in.
complot [kɔ̃'plo] *m* plot, conspiracy; *former un* ~ hatch a plot; **comploter** [~plɔ'te] (1a) *v/t.* plot, scheme (to *inf.*, *de inf.*); *v/i.* conspire.
componction [kɔ̃pɔ̃k'sjɔ̃] *f* compunction; F *avec* ~ solemnly.
comporter [kɔ̃pɔr'te] (1a) *v/t.* admit of; comprise, include; *fig.* involve; require; *se* ~ behave, act.
composant, e [kɔ̃po'zɑ̃, ~'zɑ̃:t] *adj., a. su.* component; **composé, e** [~'ze] **1.** *adj.* compound (*a.* ⚕, *a. gramm.*); ⚕ composite; *fig.* composed; impassive; **2.** *su./m* compound; **composer** [~'ze] (1a) *v/t.* compose; arrange; *typ.* set; ⚕ find the resultant of; ~ *son visage* compose one's countenance; *se* ~ *de* consist of; *v/i.* compose music *etc.*; write a composition; come to terms (with, *avec*); **compositeur, -trice** [~zi'tœ:r, ~'tris] *su.* ♪ composer; *typ.* compositor, type-setter; *su./m typ.* type-setting machine; **composition** [~zi'sjɔ̃] *f* composition (*a.* ♪, ✝ *with one's creditors*); composing (*a. typ.*); *typ.* type-setting; *school*: essay; examination (paper); ⚕ compensation; ✝ arrangement.
compost ✍ [kɔ̃'pɔst] *m* compost; **composter** [kɔ̃pɔs'te] (1a) *v/t.* ✍ treat with compost; date (*a ticket*); **composteur** [~'tœ:r] *m typ.* composing-stick; dating stamp; dating and numbering machine.
compote [kɔ̃'pɔt] *f* stewed fruit; *en* ~ stewed; *fig.* to *or* in a pulp; **compotier** [~pɔ'tje] *m* compote-dish; fruit-dish.
compréhensible [kɔ̃preã'sibl] comprehensible, understandable; **compréhension** [~'sjɔ̃] *f* understanding; **comprendre** [kɔ̃'prɑ̃:dr] (4aa) *v/t.* understand, comprehend; include; F *je comprends!* I see!
compresse ⚕ [kɔ̃'prɛs] *f* compress; **compresser** F [kɔ̃prɛ'se] (1a) *v/t.* pack; **compresseur** [~'sœ:r] *m* compressor; *mot.* supercharger; road-roller; **compressible** [~'sibl] compressible; **compression** [~'sjɔ̃] *f* compression; ⊕ crushing, repression; ✝ retrenchment, restriction.
comprimé ⚕ [kɔ̃pri'me] *m* tablet; **comprimer** [~] (1a) *v/t.* compress; *fig.* repress; hold in check.

compris, e [kɔ̃'pri, ~'pri:z] **1.** *p.p.* of comprendre; **2.** *adj.* (*inv. before su.*): *non* ~ exclusive of; *service m* ~ service included; *tout* ~ all in; *y* ~ including.
compromettre [kɔ̃prɔ'mɛtr] (4v) *v/t.* compromise; endanger, jeopardize; *fig.* implicate; **compromis** [~'mi] *m* compromise (*a.* ⚖), arrangement (*a.* ✝).
comptabilité ✝ [kɔ̃tabili'te] *f* book-keeping, accountancy; counting-house; accountancy department; ~ *en partie double (simple)* double (single) entry book-keeping; **comptable** [~'tabl] **1.** *adj.* accountable, responsible; **2.** *su.* book-keeper, accountant; **comptant** [~'tɑ̃] **1.** *adj./m* ready (*cash*); **2.** *su./m* cash, ready money; *au* ~ (for) cash; **3.** *adv.* in cash, F on the nail; **compte** [kɔ̃:t] *m* account; count; reckoning; number; *fig.* profit, advantage; ~ *à rebours* rocket: countdown; ~ *bloqué* (*courant, ouvert*) blocked (current, open) account; ~ *de chèques postaux* postal cheque account; ~ *d'épargne* savings account; ~ *de virement* clearing-account; ~ *rendu* account, report; *book etc.*: review; *à* ~ on account; *fig. à bon* ~ cheap; *à ce* ~ in that case; *en fin de* ~ after all; *mettre qch. sur le* ~ *de* ascribe s.th. to; *régler un* ~ settle an account; *se rendre* ~ *de* realize; *tenir* ~ *de qch.* take s.th. into account; **compte-gouttes** [kɔ̃t'gut] *m/inv.* dropper; ⊕ drip-feed lubricator. **compter** [kɔ̃'te] (1a) *v/t.* reckon, count (up); value; ✝ charge; expect; *v/i.* count, rely (on, *sur*); reckon; **compteur** [~'tœ:r] *m* meter; register; *person*: counter; ~ *à gaz* gas-meter; ⚡ ~ *de courant* electricity meter; ~ *de Geiger* Geiger counter; *mot.* ~ *de stationnement* parking meter; *mot.* ~ *de vitesse* speedometer; **comptoir** [~'twa:r] *m* ✝ counter; *public house*: bar; ✝ bank; ✝ ~ *d'escompte* discount bank.
compulser [kɔ̃pyl'se] (1a) *v/t.* examine, check (*documents*).
computer [kɔ̃py'te] (1a) *v/t.* compute.
comte [kɔ̃:t] *m* earl; (non-English) count; **comté** [kɔ̃'te] *m* county; shire; **comtesse** [~'tɛs] *f* countess.

concurrent

concasser ⊕ [kɔ̃kɑ'se] (1a) *v/t.* crush, grind, break up; **concasseur** [~'sœ:r] *m* breaker, crushing-mill.
concave [kɔ̃'ka:v] concave. [grant.\
concéder [kɔ̃se'de] (1f) *v/t.* concede,/
concentration [kɔ̃sɑ̃tra'sjɔ̃] *f* concentration; condensation; *camp m de ~* concentration camp; **concentré, e** [~'tre] **1.** *adj. fig.* reserved; abstracted (*look*); **2.** *su./m* extract; concentrate; **concentrer** [~'tre] (1a) *v/t.* concentrate (*a.* ⚗); intensify; focus (*light*); *fig.* restrain (*one's feelings*); *se ~ sur* be centred upon; **concentrique** ⚸ *etc.* [~'trik] concentric.
concept [kɔ̃'sɛpt] *m* concept; **conceptible** [kɔ̃sɛp'tibl] conceivable; **conceptif, -ve** [~'tif, ~'ti:v] conceptive; **conception** [~'sjɔ̃] *f* conception (*a. fig.*); idea; *~ du monde* philosophy of life.
concernant [kɔ̃sɛr'nɑ̃] *prp.* concerning, regarding; **concerner** [~'ne] (1a) *v/t.* concern, regard.
concert [kɔ̃'sɛ:r] *m* concert; *fig.* agreement; *fig. de ~ avec* in concert with; **concerter** [kɔ̃sɛr'te] (1a) *v/t.* concert; plan; *se ~* concert *or* work together; **concerto** ♪ [~'to] *m* concerto.
concession [kɔ̃sɛ'sjɔ̃] *f* concession, grant; *~ à perpétuité grave:* grant in perpetuity; **concessionnaire** [~sjɔ'nɛ:r] **1.** *adj.* concessionary; **2.** *su./m* grantee (*of land*); ✝ licence-holder, concession-holder.
concevable [kɔ̃s'vabl] conceivable; **concevoir** [~'vwa:r] (3a) *v/t.* conceive (*a. physiol., a. fig.*); understand; imagine; word (*a message*).
conchoïde ⚸ [kɔ̃kɔ'id] *f* conchoid.
concierge [kɔ̃'sjɛrʒ] *su.* door-keeper; caretaker; *su./m* porter; *su./f* portress; **conciergerie** [~sjɛrʒə'ri] *f* caretaker's lodge; post of caretaker; *a. hist.* ♀ *a prison in Paris.*
conciliable [kɔ̃si'ljabl] reconcilable; **conciliabule** [~lja'byl] *m* secret meeting; *eccl.* conventicle F confabulation; **conciliant, e** [~'ljɑ̃, ~'ljɑ̃:t] conciliatory; **conciliateur** *m,* **-trice** *f* [~lja'tœ:r, ~'tris] peacemaker; **conciliation** [~lja'sjɔ̃] *f* conciliation; **concilier** [~'lje] (1o) *v/t.* reconcile, conciliate; *se ~* gain, win (*s.o.'s esteem etc.*); *fig.* win (*s.o.*) (over); *se ~ avec* agree with.

concis, e [kɔ̃'si, ~'si:z] concise, terse; **concision** [~si'sjɔ̃] *f* concision, terseness, brevity.
concitoyen *m,* **-enne** *f* [kɔ̃sitwa'jɛ̃, ~'jɛn] fellow-citizen.
concluant, e [kɔ̃kly'ɑ̃, ~'ɑ̃:t] conclusive; **conclure** [~'kly:r] (4g) *v/t.* conclude (*a. a treaty, a. fig.*), finish; *fig.* infer (from, *de*); *~ à* conclude in favo(u)r of; **conclusion** [~kly'zjɔ̃] *f* conclusion; end; inference; ⚖ finding; ⚖ *~s pl.* pleas; case *sg.*; ⚖ *déposer des ~s* deliver a statement.
concombre ♀ [kɔ̃'kɔ̃:br] *m* cucumber.
concomitant, e [kɔ̃kɔmi'tɑ̃, ~'tɑ̃:t] concomitant.
concordance [kɔ̃kɔr'dɑ̃:s] *f* concordance (*a. bibl.*); *gramm.* agreement; **concordant, e** [~'dɑ̃, ~'dɑ̃:t] harmonious; **concordat** [~'da] *m eccl.* concordat; ✝ bankrupt's certificate.
concorde [kɔ̃'kɔrd] *f* harmony, concord; **concorder** [~kɔr'de] (1a) *v/i.* concur, agree; ✝ compound with one's creditors.
concourir [kɔ̃ku'ri:r] (2i) *v/i.* converge; combine, co(-)operate (in, *à*); compete (for, *pour*); **concours** [~'ku:r] *m* concourse, gathering; assistance; competition; competitive examination; show (*of agricultural products, cattle, horses, etc.*); ⚸ convergence; *~ hippique* horse show.
concret, -ète [kɔ̃'krɛ, ~'krɛt] concrete; **concréter** [kɔ̃kre'te] (1f) *v/t. a. se ~* solidify, congeal; **concrétion** [~'sjɔ̃] *f* coagulation; concretion (*a.* ⚕).
concubinage [kɔ̃kybi'na:ʒ] *m* concubinage.
concupiscence [kɔ̃kypi'sɑ̃:s] *f* concupiscence, lust; **concupiscent, e** [~'sɑ̃, ~'sɑ̃:t] concupiscent.
concurremment [kɔ̃kyra'mɑ̃] *adv.* jointly; ✝ in competition; ⚖ *venir ~ rank* equally; **concurrence** [~-'rɑ̃:s] *f* coincidence; competition; rivalry; *~ déloyale* unfair competition; ✝ *faire ~ à* compete with; ✝ *jusqu'à ~ de* to the amount of; *sans ~* unrivalled; **concurrent, e** [~'rɑ̃, ~'rɑ̃:t] **1.** *adj.* co(-)operating; rival, competing; **2.** *su.* competitor; candidate (*for a post*).

concussion

concussion [kɔ̃ky'sjɔ̃] *f* misappropriation of funds; extortion; **concussionnaire** [~sjɔ'nɛːr] **1.** *adj.* guilty of misappropriation *or* extortion; **2.** *su.* official guilty of misappropriation *or* extortion.

condamnable [kɔ̃dɑ'nabl] blameworthy, criminal; guilty; **condamnation** [~na'sjɔ̃] *f* condemnation; ⚖ sentence; ⚖ conviction; *fig.* blame, censure; **condamner** [~'ne] (1a) *v/t.* condemn; ⚖ sentence; ⚖ convict; *fig.* blame, censure; △ block up; board up (*a window*).

condensateur ⚡ *etc.* [kɔ̃dɑ̃sɑ'tœːr] *m* condenser; ~ *à plaques* plate condenser; **condenser** [~'se] (1a) *v/t.* condense; **condenseur** ⊕ [~'sœːr] *m* condenser.

condescendance [kɔ̃dɛsɑ̃'dɑ̃ːs] *f* condescension; *avec* ~ condescending(ly *adv.*); **condescendre** [~'sɑ̃ːdr] (4a) *v/i.* condescend (to *inf.*, *à inf.*); comply (with, *à*).

condiment [kɔ̃di'mɑ̃] *m* condiment; seasoning.

condisciple [kɔ̃di'sipl] *m* schoolfellow; fellow-student.

condition [kɔ̃di'sjɔ̃] *f* condition, circumstances *pl.*; rank; ~*s pl.* terms; ~*s pl. de travail* working conditions; ~ *préalable* condition precedent; *à* ~ on condition, ✝ on approval; **conditionné, e** [kɔ̃disjɔ'ne] in ... condition; ⚡, *phls.* conditioned; **conditionnel, -elle** [~'nɛl] *adj., a. gramm. su./m* conditional; **conditionner** [~'ne] (1a) *v/t.* condition (*the air, wool, etc., a. fig.*); season (*wood*).

condoléance [kɔ̃dɔle'ɑ̃ːs] *f* condolence; *sincères* ~*s pl.* deepest sympathy *sg.*

conductance ⚡ [kɔ̃dyk'tɑ̃ːs] *f* conductivity; **conducteur, -trice** [~'tœːr, ~'tris] **1.** *adj.* ⚡ conducting; ⊕ driving; **2.** *su.* leader; *mot. etc.* driver; 🚂 guard, *Am.* conductor; *su./m* ⚡, *phys.* conductor; ⚡ main; **conductibilité** ⚡, *phys.* [~tibili'te] *f* conductivity; **conductible** [~'tibl] conductive; **conduction** [~'sjɔ̃] *f* conduction; **conduire** [kɔ̃'dɥiːr] (4h) *v/t.* conduct (*a.* ♪, ⊕), guide, lead; *mot.* steer (*a.* ⚓), drive; ✝ manage, run; *mot. permis m de* ~ driving-licence; *se* ~ behave; **conduisis** [~dɥi'zi] *1st p. sg. p.s. of conduire*; **conduisons** [~dɥi'zɔ̃] *1st p. pl. pres. of conduire*; **conduit, e** [~'dɥi, ~'dɥit] **1.** *p.p. of conduire*; **2.** *su./m* conduit, pipe, passage; *anat.* duct; ~ *principal* main; ~ *souterrain* culvert; drain; *su./f* guidance; *vehicle*: driving; command, management; ⊕ pipe; *fig.* behavio(u)r; *mot.* ~ *à gauche* left-hand drive; ~ *d'eau* water-main; channel; ~ *de gaz* gas-piping; ~ *d'huile* oilduct.

cône [koːn] *m* cone; ⊕ *a.* bell; ⚓ ~ *de charge torpedo*: war-head; *en* ~ tapering.

confection [kɔ̃fɛk'sjɔ̃] *f* making; manufacture; ✝ ready-made clothes *pl.*; 🞡 confection; **confectionner** [~sjɔ'ne] (1a) *v/t.* make (up) (*a.* ✝ *a balance-sheet*); manufacture; **confectionneur** *m*, -**euse** *f* [~sjɔ'nœːr, ~'nøːz] manufacturer; ✝ ready-made clothier.

confédération [kɔ̃federa'sjɔ̃] *f* (con-)federation; **confédéré, e** [~'re] **1.** *adj.* confederate; **2.** *su.* confederate; *su./m: hist. Am. les* ♀*s pl.* the Confederates; **confédérer** [~'re] (1f) *v/t. a. se* ~ confederate, unite.

conférence [kɔ̃fe'rɑ̃ːs] *f* conference; *univ.* lecture; ~ *avec projections* lantern lecture; ~ *de presse* press conference; *univ.* ~*s pl. pratiques* seminar *sg.*; *univ. maître m de* ~*s* lecturer; **conférencier** *m*, -**ère** *f* [~rɑ̃'sje, ~'sjɛːr] member of a conference; lecturer, speaker; **conférer** [~'re] (1f) *v/t.* compare (*texts*); confer (*a degree*); *typ.* check (*proofs*); *v/i.* confer (with, *avec*); ~ *de* talk about (*s.th.*); talk (*s.th.*) over.

confesse *eccl.* [kɔ̃'fɛs] *f* confession; **confesser** [kɔ̃fɛ'se] (1a) *v/t.* confess (*a. eccl.*); admit; *c'est le diable à* ~ this is the dickens of a job; *eccl. se* ~ confess, go to confession; **confesseur** *eccl., a. hist.* [~'sœːr] *m* confessor; **confession** [~'sjɔ̃] *f* confession (*a. eccl.*); admission; **confessionnal** *eccl.* [~sjɔ'nal] *m* confessional(-box); **confessionnel, -elle** [~sjɔ'nɛl] confessional, denominational.

confiance [kɔ̃'fjɑ̃ːs] *f* confidence, trust, reliance; ~ *en soi* self-confidence; *de* ~ confidently; *homme m*

de ~ reliable man; confidential agent; **confiant, e** [~'fjɑ̃, ~'fjɑ̃:t] confident, trusting; **confidence** [~'dɑ̃:s] *f* confidence, secret; **confident** [~'dɑ̃] *m* confidant; **confidente** [~'dɑ̃:t] *f* confidante; **confidentiel, -elle** [~dɑ̃'sjɛl] confidential; **confier** [kɔ̃'fje] (1o) *v/t.* entrust; *fig.* confide; se ~ à put faith in; rely on; se ~ en q. put one's trust in s.o.; confide in s.o. **configuration** [kɔ̃figyra'sjɔ̃] *f* configuration (*a. astr.*); lie (*of the land*).
confiner [kɔ̃fi'ne] (1a) *v/i.* border (on, *à*); *v/t.* shut (*s.o.*) up (in, *dans*) (*a. fig.*); se ~ seclude o.s.; **confins** [~'fɛ̃] *m/pl.* confines (*a. fig.*), limits.
confire [kɔ̃'fi:r] (4i) *v/t.* preserve (*fruit*); candy (*peels*); pickle (*in salt or vinegar*); steep (*skins*).
confirmatif, -ve [kɔ̃firma'tif, ~'ti:v] corroborative; confirmative; **confirmation** [~ma'sjɔ̃] *f* confirmation (*a. ⚛, eccl., etc.*); **confirmer** [~'me] (1a) *v/t.* confirm (*a. eccl.*); bear out, corroborate.
confis [kɔ̃'fi] *1st p. sg. pres. and p.s. of confire.*
confiscable [kɔ̃fis'kabl] liable to seizure *or* confiscation; **confiscation** [~ka'sjɔ̃] *f* confiscation; seizure, forfeiture.
confiserie [kɔ̃fiz'ri] *f* confectionery; confectioner's (shop); **confiseur** *m*, **-euse** *f* [~fi'zœ:r, ~'zø:z] confectioner; **confisons** [~fi'zɔ̃] *1st p. pl. pres. of confire.*
confisquer [kɔ̃fis'ke] (1m) *v/t.* confiscate, seize.
confit, e [kɔ̃'fi, ~'fit] 1. *p.p. of confire*; 2. *adj. cuis.* preserved; candied; *fig.* ~ *dans* (*or en*) steeped in, full of; **confiture** [~fi'ty:r] *f* jam, preserve; F soft soap.
conflagration [kɔ̃flagra'sjɔ̃] *f* conflagration, blaze.
conflit [kɔ̃'fli] *m* conflict (*a. ⚛*), clash.
confluent, e [kɔ̃fly'ɑ̃, ~'ɑ̃:t] 1. *adj.* ⚛, ⚕ confluent; 2. *su./m* confluence, meeting.
confondre [kɔ̃'fɔ̃:dr] (4a) *v/t.* confound (*a. fig.*); (inter)mingle; *fig.* confuse; *fig.* disconcert; se ~ blend; be lost; be confused.
conformation [kɔ̃fɔrma'sjɔ̃] *f* conformation, structure; **conforme** [~'fɔrm] conformable; true; consonant (with, *à*); identical (with, *à*); ⚖ *pour copie* ~ certified true copy; **conformément** [kɔ̃fɔrme'mɑ̃] *adv.* in accordance (with, *à*); **conformer** [~'me] (1a) *v/t.* shape, form; *fig.* conform (to, *à*); ✝ ~ *les écritures* agree the books; se ~ à conform to, comply with; **conformité** [~mi'te] *f* conformity (with, *avec*; to, *à*); agreement, accordance (with, *avec*).
confort [kɔ̃'fɔ:r] *m* comfort; *mot. pneu m* ~ balloon tyre; **confortable** [~fɔr'tabl] comfortable.
confraternité [kɔ̃fraterni'te] *f* confraternity; (good) fellowship; **confrère** [~'frɛ:r] *m* colleague; fellow (-teacher, -doctor, *etc.*); **confrérie** *eccl.* [~fre'ri] *f* confraternity.
confrontation [kɔ̃frɔ̃ta'sjɔ̃] *f* ⚖ confrontation; ⚖ identification; *texts*: comparison; **confronter** [~'te] (1a) *v/t.* ⚖ confront; compare (*texts*).
confus, e [kɔ̃'fy, ~'fy:z] confused (*a. fig.*); indistinct (*noise, sight*); obscure (*style*); *fig.* ashamed; **confusément** [kɔ̃fyze'mɑ̃] *adv.* confusedly; indistinctly; F in a jumble; **confusion** [~'zjɔ̃] *f* confusion, disorder; *fig.* embarrassment; *dates, names, etc.*: mistake; ⚕ (*mental*) aberration.
congé [kɔ̃'ʒe] *m* leave (*a.* ✂); holiday; dismissal, notice (to quit, of dismissal, *etc.*); ✂, ⚓ discharge; *admin.* permit; ⚠ *congé*; ~ *payé* holidays *pl.* with pay; *deux jours m/pl. de* ~ two days off, two days' holiday; *donner* (*son*) ~ *à q.* give s.o. notice; *prendre* ~ *de* take leave of; **congédiable** [kɔ̃ʒe'djabl] due for *or* liable to dismissal; **congédier** [~'dje] (1o) *v/t.* dismiss; ✂, ⚓ discharge; ⚓ pay off; ✂ disband (*troops*).
congelable [kɔ̃ʒ'labl] freezable; **congélation** [kɔ̃ʒela'sjɔ̃] *f* freezing; setting; ⚕, ⚘ frost-bite; **congelé, e** [kɔ̃ʒ'le] frozen; chilled (*meat*); **congeler** [~] (1d) *v/t. a.* se ~ freeze (*a.* ✝ *credits*); congeal; F solidify.
congénère [kɔ̃ʒe'nɛ:r] 1. *adj. biol.* congeneric; *anat.* congenerous; 2. *su./m biol.* congener.
congénital, e, *m/pl.* **-aux** [kɔ̃ʒeni'tal, ~'to] congenital.

congestion

congestion ♔ [kɔ̃ʒɛs'tjɔ̃] *f* congestion; ~ *pulmonaire* pneumonia; **congestionner** [~tjɔ'ne] (1a) *v/t.* ♔ congest; *fig.* flush (*s.o.'s face*).
conglomérat [kɔ̃glɔmeˈra] *m geol.* pudding-stone; △ cemented gravel; **conglomération** [~raˈsjɔ̃] *f* conglomeration; **conglomérer** [~ˈre] (1f) *v/t. a.* se ~ conglomerate.
conglutiner ♔ [kɔ̃glytiˈne] (1a) *v/t. a.* se ~ conglutinate.
congratuler [kɔ̃gratyˈle] (1a) *v/t.* congratulate.
congréganiste *eccl. hist.* [kɔ̃gregaˈnist] *su.* member of the Congregation; **congrégation** *eccl.* [~ˈsjɔ̃] *f* community; *protestantism*: congregation; brotherhood; *College of Cardinals*: committee; *hist.* the Congregation.
congrès [kɔ̃ˈgrɛ] *m* congress; **congressiste** [~grɛˈsist] *su.* member of a congress; *su./m Am.* Congressman.
congru, e [kɔ̃ˈgry] adequate; suitable; *eccl.* congruous; *fig. portion f* ~e short allowance; bare living; **congruent, e** [~gryˈɑ̃, ~ˈɑ̃ːt] congruent (with, à).
conicité [kɔnisiˈte] *f* conical shape; *bullet*: taper; **conifère** ♀ [~ˈfɛːr] **1.** *adj.* coniferous; **2.** *su./m:* ~s *pl.* conifers; **conique** [kɔˈnik] **1.** *adj.* conical; conic; ⊕ coned, tapering; ⊕ bevel (*gearing, pinion*); **2.** *su./f* Å (*a. section f* ~) conic section.
conjecture [kɔ̃ʒɛkˈtyːr] *f* surmise, guess; **conjecturer** [~tyˈre] (1a) *v/t.* surmise, guess.
conjoint, e [kɔ̃ˈʒwɛ̃, ~ˈʒwɛ̃ːt] **1.** *adj.* united, joint; ♊ married; Å *règle f* ~e chain-rule; **2.** *su./m* spouse; ~s *pl.* husband and wife.
conjonctif, -ve [kɔ̃ʒɔ̃kˈtif, ~ˈtiːv] conjunctive (*a. gramm.*); *anat.* connective; **conjonction** [~ˈsjɔ̃] *f* conjunction (*a. gramm., astr.*); union; **conjonctive** *anat.* [~ˈtiːv] *f* conjunctiva; **conjonctivite** ♔ [~tiˈvit] *f* conjunctivitis; **conjoncture** [~ˈtyːr] *f* conjuncture; set of circumstances.
conjugaison [kɔ̃ʒygɛˈzɔ̃] *f gramm., biol., etc.* conjugation; pairing (*of guns etc.*). [~ˈgo] conjugal.\
conjugal, e, *m/pl.* **-aux** [kɔ̃ʒyˈgal,⌡
conjuguer [kɔ̃ʒyˈge] (1m) *v/t. gramm.* conjugate; pair (*guns etc.*).

conjungo F [kɔ̃ʒɔ̃ˈgo] *m* marriage (formula).
conjurateur [kɔ̃ʒyraˈtœːr] *m* magician; **conjuration** [~ˈsjɔ̃] *f* conspiracy, plot; exorcism; F ~s *pl.* entreaties; **conjuré** *m,* **e** *f* [kɔ̃ʒyˈre] conspirator; **conjurer** [~] (1a) *v/t.* conspire, plot; exorcise (*spirits*); entreat (s.o. to *inf.*, *q.* de *inf.*); se ~ conspire (together).
connais [kɔˈnɛ] *1st p. sg. pres. of* connaître; **connaissable** [kɔnɛˈsabl] recognizable (by, à); *phls.* cognizable; **connaissance** [~ˈsɑ̃ːs] *f* knowledge, learning; acquaintance (*a. person*); ♊ cognizance; ♔ consciousness; en ~ *de cause* on good grounds, advisedly; **connaissement** ⚓ [kɔnɛsˈmɑ̃] *m* bill of lading; ~ *direct* through bill of lading; **connaisseur, -euse** [~nɛˈsœːr, ~ˈsøːz] **1.** *adj.* (of an) expert; **2.** *su.* connoisseur; expert; **connaissons** [~nɛˈsɔ̃] *1st p. pl. pres. of* connaître; **connaître** [~ˈnɛːtr] (4k) *v/t.* know (*a. bibl.*); be aware of; understand; experience; se ~ *en qch.* know all about s.th., be an expert in s.th.; *v/i.*: ♊ ~ *de* take cognizance of; deal with; *faire* ~ *q. à* introduce s.o. to.
connecter ⚡ [kɔnɛkˈte] (1a) *v/t.* connect (to, with *avec*); **connectif, -ve** [~ˈtif, ~ˈtiːv] **1.** *adj. anat.* connective; **2.** *su./m* ⚡ connective.
connexe [kɔˈnɛks] connected; **connexion** [kɔnɛkˈsjɔ̃] *f* connection (*a.* ⚡); ⚡ lead; Å connex; ⊕ ~ *directe* positive drive; **connexité** [~siˈte] *f* connexity, relationship.
connivence [kɔniˈvɑ̃ːs] *f* complicity, connivance.
conoïde Å [kɔnɔˈid] *adj., a. su./m* conoid.
connu, e [kɔˈny] *p.p. of* connaître; **connus** [~] *1st p. sg. p.s. of* connaître.
conque [kɔ̃ːk] (21) *f* conch; *anat.* external ear; △ apse; ⊕ delivery space.
conquérant, e [kɔ̃keˈrɑ̃, ~ˈrɑ̃ːt] **1.** *adj.* conquering; *fig.* swaggering; **2.** *su.* conqueror, victor; **conquérir** [~ˈriːr] (21) *v/t.* conquer; *fig.* win; **conquête** [kɔ̃ˈkɛːt] *f* conquest; **conquis, e** [~ˈki, ~ˈkiːz] *p.p. of* conquérir.
consacrer [kɔ̃saˈkre] (1a) *v/t.* consecrate (*a. fig.*); devote (*energies*);

consoler

hallow (*the memory etc.*); *expression f consacrée* stock phrase, cliché.
consanguin, e [kõsã'gɛ̃, ~'gin] consanguineous; half-(*brother etc.*); inbred (*horse etc.*); **consanguinité** [~gini'te] *f* ⚕ consanguinity; inbreeding.
conscience [kõ'sjã:s] *f* consciousness; conscience; ⊕ breast-plate;
consciencieux, -euse [~sjã'sjø, ~'sjø:z] conscientious; **conscient, e** [~'sjã, ~'sjã:t] conscious, aware (of, *de*).
conscription ✕ [kõskrip'sjõ] *f* conscription, *Am.* draft; **conscrit** [~'kri] *m* ✕ conscript, *Am.* draftee; *fig.* novice.
consécration [kõsekra'sjõ] *f* consecration.
consécutif, -ve [kõseky'tif, ~'ti:v] consecutive; ~ *à* following upon.
conseil [kõ'sɛ:j] *m* advice; committee, board; ⚕ counsel; ✝ ~ *d'administration* board of directors; ✕, ⚓ ~ *de guerre* council of war; courtmartial; ~ *d'employés* works committee; ~ *d'entreprise* works council; *pol.* ~ *de sécurité* Security Council; *pol.* ~ *des ministres* Cabinet; ✝ ~ *de surveillance* board of trustees; *admin.* ~ *général* county council; ⚕ ~ *judiciaire* guardian; *ingénieur*-~ *m* consulting engineer; *président m du* ♀ Premier, Prime Minister; **conseiller** [~sɛ'je] **1.** (1a) *v/t.* advise; recommend; **2.** *su./m* adviser; *admin.* ~ *d'orientation professionnelle* careers adviser, vocational guidance counsellor; ~ *économique* economic adviser; ~ *général* county councillor, ~ *municipal* town *or* city councillor.
consentement [kõsãt'mã] *m* consent, assent; ⊕ beam: yielding; **consentir** [~sã'ti:r] (2b) *v/i.* consent (to, *à*), agree (with, *à*); ⊕ yield (*beam*); *v/t.* authorize; grant; accept (*an opinion*).
conséquence [kõse'kã:s] *f* consequence, result; importance; *de* ~ of importance, important; *en* ~ consequently; *en* ~ *de* in consequence of; **conséquent, e** [~'kã, ~'kã:t] **1.** *adj.* consistent; following; **2.** *su./m* ⚕, *gramm., phls.* consequent; *par* ~ consequently.
conservable [kõsɛr'vabl] that will keep (*food*); **conservateur, -trice**

[~va'tœ:r, ~'tris] **1.** *adj.* preservative; *pol.* Conservative; **2.** *su.* keeper, curator, guardian; *pol.* Conservative; **conservation** [~va'sjõ] *f* preservation; **conservatoire** [~va-'twa:r] **1.** *adj.* preservative, of conservation; **2.** *su./m* school, academy (*of music etc.*); conservatoire, *Am.* conservatory.
conserve¹ ⚓ [kõ'sɛrv] *f* convoy; *naviguer de* ~ sail in company.
conserve² [kõ'sɛrv] *f* preserve; tinned food; **conserver** [~sɛr've] (1a) *v/t.* preserve, keep; *fig.* maintain; *se* ~ keep (*food*).
considérable [kõside'rabl] considerable; extensive; *fig.* important;
considération [~ra'sjõ] *f* consideration; attention; motive; esteem;
considérer [~'re] (1f) *v/t.* consider; contemplate; regard; ponder.
consignataire [kõsiɲa'tɛ:r] *m* ✝ consignee; ⚕ trustee; depositary;
consignateur *m*, **-trice** *f* ✝ [~-'tœ:r, ~'tris] consignor; shipper;
consignation [~'sjõ] *f* consignment; deposit; ⚕ *Caisse f des dépôts et* ~*s* Deposit and Consignment Office; *stock in* ~ en ~ goods *pl.* on consignment; **consigne** [kõ-'siɲ] *f* order, instructions *pl.*; ✕, ⚓ order-board; ✕, password; ✕, ⚓ confinement; ✕ *school*: detention; ✕ guardroom; 🚂 cloak-room, *Am.* baggage room, checkroom; **consigner** [~si'ɲe] (1a) *v/t.* deposit; ✝ consign; ✕ confine to barracks; *school*: detain (*a pupil*); close, put out of bounds; ✕ have (*troops*) stand by; 🚂 put in the cloak-room, *Am.* check (*baggage*); ~ (*par écrit*) set down, record, register; ~ *sa porte à q.* not to be at home to s.o.
consistance [kõsis'tã:s] *f* consistency; firmness; *fig.* standing, credit;
consister [~'te] (1a) *v/i.* consist (of *en, dans*).
consolant, e [kõsɔ'lã, ~'lã:t] *see* **consolateur 1**; **consolateur, -trice** [~la'tœ:r, ~'tris] **1.** *adj.* consoling, comforting; **2.** *su.* consoler, comforter; **consolation** [~la'sjõ] *f* consolation, comfort.
console [kõ'sɔl] *f* ♪, 🔺, *a. table*: console.
consoler [kõsɔ'le] (1a) *v/t.* console, comfort.

consolider

consolider [kɔ̃sɔli'de] (1a) *v/t.* consolidate (*a.* ✝); △ brace (*a wall*); fund (*a debt*); ⚭ unite, heal (*a fracture etc.*); se ~ grow firm; ⚭ unite, heal.

consommateur *m*, **-trice** *f* [kɔ̃sɔma'tœːr, ~'tris] consumer; *café etc.*: customer; **consommation** [~ma'sjɔ̃] *f* consumption; ⚭, ⚭ expenditure; consummation (*a.* of marriage); *café*: drink; ✝ biens *m/pl.* de ~ consumer goods; *mot.* concours *m* de ~ economy run; impôt *m* sur la ~, taxe *f* de ~ purchase tax; ✝ société *f* coopérative de ~ co(-)operative stores *pl.*; **consommé, e** [~'me] 1. *adj.* consummate (*skill*); 2. *su./m cuis.* stock; clear soup, broth; **consommer** [~'me] (1a) *v/t.* consummate (*a.* marriage); accomplish; consume, use up.

consomption [kɔ̃sɔ̃p'sjɔ̃] *f* consumption; destruction (*by fire*); ⚭ decline.

consonance ♪, *gramm.* [kɔ̃sɔ'nɑ̃ːs] *f* consonance; **consonant, e** ♪, *gramm.* [~'nɑ̃, ~'nɑ̃ːt] consonant; **consonne** *gramm.* [kɔ̃'sɔn] *f* consonant.

consort [kɔ̃'sɔːr] *m* consort; ~s *pl.* associates, confederates; *prince m* ~ prince consort; **consortium** ✝ [~sɔr'sjɔm] *m* syndicate.

conspirateur, -trice [kɔ̃spira'tœːr, ~'tris] 1. *adj.* conspiring; 2. *su.* conspirator; **conspiration** [~ra'sjɔ̃] *f* conspiracy, plot; **conspirer** [~'re] (1a) *v/i.* conspire (*a. fig.*), plot; *fig.* tend.

conspuer [kɔ̃s'pɥe] (1n) *v/t.* decry; *thea. etc.* boo; *sp.* barrack.

constamment [kɔ̃sta'mɑ̃] *adv.* steadfastly; continually, constantly; **constance** [~'tɑ̃ːs] *f* constancy; steadiness; perseverance; **constant, e** [~'tɑ̃, ~'tɑ̃ːt] 1. *adj.* constant; invariable (*a.* ⚭); steadfast; patent (*fact*); 2. *su./f* ♪, *phys.* constant.

constat [kɔ̃s'ta] *m* established fact; ⚖ ~ d'huissier affidavit made by process-server; **constatation** [kɔ̃stata'sjɔ̃] *f* establishment, finding (*of facts*); certified statement; proof (*of identity*); **constater** [~'te] (1a) *v/t.* establish, ascertain; record, state; certify (*s.o.'s death*); note.

constellation [kɔ̃stɛlla'sjɔ̃] *f* constellation; **constellé, e** [~'le] spangled; studded; **consteller** [~'le] (1a) *v/t.* constellate; stud (*with jewels*).

consternation [kɔ̃stɛrna'sjɔ̃] *f* consternation, dismay; **consterner** [~'ne] (1a) *v/t.* (fill with) dismay.

constipation ⚭ [kɔ̃stipa'sjɔ̃] *f* constipation; **constiper** ⚭ [~'pe] (1a) *v/t.* constipate.

constituant, e [kɔ̃sti'tɥɑ̃, ~'tɥɑ̃ːt] 1. *adj.* constituent (*a. pol.*); component; 2. *su.* ⚖ constituent; ⚖ dowry, annuity: grantor; *pol.* elector; *su./m* constituent part; *pol.* member of the Constituent Assembly (*1789*); *su./f* ♀e the Constituent Assembly (*1789*); **constituer** [~'tɥe] (1n) *v/t.* constitute; establish; appoint; settle; ⚖ empanel (*the jury*); set up, institute (*a committee*); **constitutif, -ve** [~ty'tif, ~'tiːv] constituent; ⚖ constitutive; **constitution** [~ty'sjɔ̃] *f* ⚭, *pol.* constitution; establishing; formation; composition (*a.* ⚕); ⚖ briefing (*of a lawyer*).

constricteur *physiol., a. zo.* [kɔ̃strik'tœːr] *adj., a. su./m* constrictor; **constrictif, -ve** [~'tif, ~'tiːv] constrictive.

constringent, e ⚭ [kɔ̃strɛ̃'ʒɑ̃, ~'ʒɑ̃ːt]

constructeur [kɔ̃stryk'tœːr] *m* builder, constructor; engineer; ~ de maisons (master-)builder; ~ mécanicien manufacturing engineer; **construction** [~'sjɔ̃] *f* construction (*a.* △, ⚭, *gramm.*); building; structure; de ~ française French-built; en ~ on the stocks (*boat*); société *f* de ~ building society; **construire** [kɔ̃s'trɥiːr] (4h) *v/t.* construct (*a.* △, ⚭, *gramm., a. fig.*); build; **construisis** [~trɥi'zi] *1st p. sg. p.s.* of *construire*; **construisons** [~trɥi'zɔ̃] *1st p. pl. pres.* of *construire*; **construit, e** [~'trɥi, ~'trɥit] *p.p.* of *construire*.

consul [kɔ̃'syl] *m* consul; **consulaire** [kɔ̃sy'lɛːr] consular; **consulat** [~'la] *m* consulate.

consultant, e [kɔ̃syl'tɑ̃, ~'tɑ̃ːt] 1. *adj.* consulting, consultant; avocat *m* ~ chamber counsel; 2. *su.* consulter; ⚭ consultant; **consultatif, -ve** [~ta'tif, ~'tiːv] advisory, consulting; **consultation** [~ta'sjɔ̃] *f* consultation, conference; ⚖ opinion; **consulter** [~'te] (1a) *v/t.*

consult; se ~ consider; v/i.: ⚖︎ ~ avec hold a consultation with.
consumer [kɔ̃sy'me] (1a) v/t. consume; fig. se ~ waste away.
contact [kɔ̃'takt] m contact (a. ⚡ etc.); ⚡ ~ à fiche plug; ⚡ F ~ de terre earth; mot. clef f de ~ ignition key; entrer en ~ avec get in touch with; **contacteur** ⚡ [~tak'tœ:r] m circuit-maker; contact-maker.
contage ⚚ [kɔ̃'ta:ʒ] m contagium; **contagieux, -euse** [kɔ̃ta'ʒjø, ~'ʒjø:z] ⚚ contagious; infectious; catching; **contagion** ⚚ [~'ʒjɔ̃] f contagion; infection.
contaminer [kɔ̃tami'ne] (1a) v/t. ⚚ infect; contaminate.
conte [kɔ̃:t] m story, tale.
contemplatif, -ve [kɔ̃tɑ̃pla'tif, ~'ti:v] 1. adj. contemplative; 2. su. dreamer; **contempler** [~'ple] (1a) v/t. contemplate; fig. meditate upon; v/i. meditate.
contemporain, e [kɔ̃tɑ̃pɔ'rɛ̃, ~'rɛn] adj., a. su. contemporary.
contenance [kɔ̃t'nɑ̃:s] f capacity; content(s pl.); fig. bearing, countenance; **contenir** [~'ni:r] (2h) v/t. contain, hold (a. ⚔︎); fig. control, restrain; se ~ control o.s., keep one's temper.
content, e [kɔ̃'tɑ̃, ~'tɑ̃:t] 1. adj. content(ed); pleased, happy; 2. su./m F sufficiency; tout son ~ to one's heart's content; **contentement** [~tɑ̃t'mɑ̃] m contentment, satisfaction; **contenter** [~tɑ̃'te] (1a) v/t. content, satisfy; se ~ make do, be content (with, de).
contentieux, -euse [kɔ̃tɑ̃'sjø, ~'sjø:z] 1. adj. contentious; 2. su./m ⚖︎ matters pl. in dispute; ✝, admin. legal department; **contention** [~'sjɔ̃] f application; ⚚ holding; † dispute.
contenu [kɔ̃t'ny] m content(s pl.).
conter [kɔ̃'te] (1a) v/t. tell, relate; en ~ à q. pull s.o.'s leg; en ~ de belles tell tall stories (about, sur).
contestable [kɔ̃tɛs'tabl] debatable, questionable; **contestation** [~tɑ̃s-'sjɔ̃] f dispute; **contester** [~'te] (1a) v/t./i. dispute.
conteur m, -euse f [kɔ̃'tœ:r, ~'tø:z] narrator; story-teller; fig. romancer, F bit of a liar.
contexte [kɔ̃'tɛkst] m context; ⚖︎ text (of a deed etc.).

contigu, -guë [kɔ̃ti'gy] adjoining; adjacent (a. ⚖︎); **contiguïté** [~gɥi-'te] f contiguity, adjacency.
continence [kɔ̃ti'nɑ̃:s] f continence, continency; **continent, e** [~'nɑ̃, ~'nɑ̃:t] 1. adj. continent, chaste; ⚚ unintermitting (fever); 2. su./m geog. continent; mainland; **continental, e, m/pl. -aux** [~nɑ̃'tal, ~'to] continental.
contingent, e [kɔ̃tɛ̃'ʒɑ̃, ~'ʒɑ̃:t] 1. adj. contingent; 2. su./m quota; ration, allowance; **contingentement** [~ʒɑ̃t'mɑ̃] m quota system; **contingenter** [~ʒɑ̃'te] (1a) v/t. fix quotas for.
continu, e [kɔ̃ti'ny] 1. adj. continuous (a. ⚖︎ function), continual; uninterrupted, unbroken; ⚡ direct (current); ⚖︎ continued (fraction); 2. su./m phys. continuum; **continuation** [~nɥa'sjɔ̃] f continuation; weather: long spell; war etc.: carrying on; **continuel, -elle** [~'nɥɛl] continual, unceasing; **continuer** [~'nɥe] (1n) v/t./i. continue; carry on; extend; v/i.: ~ à (inf.) continue (ger.), continue to (inf.); v/t. prolong; **continuité** [~nɥi'te] f continuity, uninterrupted connection; **continûment** [~ny'mɑ̃] adv. continuously, without a break.
contorsion [kɔ̃tɔr'sjɔ̃] f contortion; ⚡ distortion; faire des ~s pull a wry face.
contour [kɔ̃'tu:r] m contour, outline; town: circuit; **contourner** [~tur'ne] (1a) v/t. outline; go round; by-pass (a town); distort (one's face); F get round (the law).
contractant, e [kɔ̃trak'tɑ̃, ~'tɑ̃:t] 1. adj. contracting; 2. su. contracting party; **contracter** [~'te] (1a) v/t. contract (debt, habit, illness, marriage, etc.); incur (debts); catch (cold); **contractile** physiol. [~'til] contractile; **contraction** [~'sjɔ̃] f contraction; road: narrowing.
contractuel, -elle [kɔ̃trak'tɥɛl] contractual.
contradicteur [kɔ̃tradik'tœ:r] m contradictor; opponent; **contradiction** [~'sjɔ̃] f contradiction; opposition; **contradictoire** [~'twa:r] contradictory; inconsistent; conflicting (with, à); jugement m ~ judgment given after a full hearing.
contraindre [kɔ̃'trɛ̃:dr] (4m) v/t.

contraint

compel, force; coerce; *fig.* restrain (*one's feelings etc.*); se ~ restrain o.s.; **contraint, e** [~'trɛ̃, ~'trɛ̃:t] **1.** *adj.* cramped (*position, style*); forced (*smile*); stiff (*manner*); **2.** *su./f* compulsion, constraint; embarrassment; *par* ~e under duress; *sans* ~e freely.

contraire [kɔ̃'trɛ:r] **1.** *adj.* contrary, opposite (to, *à*); averse; *en sens* ~ in the opposite direction; **2.** *su./m* contrary, opposite; *au* ~ on the contrary; **contrariant, e** [kɔ̃tra-'rjɑ̃, ~'rjɑ̃:t] provoking; tiresome; vexatious; **contrarier** [~'rje] (1o) *v/t.* thwart, oppose; annoy, vex; contrast; **contrariété** [~rie'te] *f* difficulty; annoyance, vexation; clash (*of colours, interests, etc.*).

contraste [kɔ̃'trast] *m* contrast; **contraster** [~tras'te] (1a) *vt/i.* contrast.

contrat [kɔ̃'tra] *m* contract; *marriage:* settlement; *passer un* ~ enter into an agreement.

contravention [kɔ̃travɑ̃'sjɔ̃] *f* infringement; *mot. Am.* F ticket.

contre [kɔ̃:tr] **1.** *prp.* against; contrary to; (in exchange) for; ✠, *sp.* versus; ~ *son gré* against his will; *dix* ~ *un* ten to one; **2.** *adv.* against; near; *tout* ~ close by; **3.** *su./m* box. counter; *cards:* double; *le pour et le* ~ the pros *pl.* and the cons *pl.*; *règlement m par* ~ settlement par contra.

contre-... [kɔ̃tr(ə)] counter...; anti...; contra...; back...; ~**accusation** ✠ [kɔ̃trakyza'sjɔ̃] *f* counter-charge; ~**allée** [~a'le] *f* side-walk, side-lane; ~**amiral** ⚓ [~ami'ral] *m* rear-admiral; ~**assurance** [~asy'rɑ̃:s] *f* reinsurance; ~**attaque** ⚔ [~a'tak] *f* counter-attack; ~**balancer** [~trəbalɑ̃'se] (1k) *v/t.* counterbalance; ~**bande** [~'bɑ̃:d] *f* contraband, smuggling; smuggled goods *pl.*; *faire la* ~ smuggle; ~**bandier** [~bɑ̃-'dje] *m* smuggler; ~**bas** [~'ba] *adv.*: *en* ~ lower down (than, de); downwards; ~**basse** ♪ [~'bɑ:s] *f* doublebass; ~**bouter** [~bu'te], ~**buter** [~by'te] (1a) *v/t.* buttress; ~**carrer** [~ka're] (1a) *v/t.* thwart; counteract; ~**cœur** [~'kœ:r] *adv.*: *à* ~ reluctantly; ~**coup** [~'ku] *m* rebound; recoil; repercussion; *fig.* side-effects *pl.*; *par* ~ as a result (*indirect*); ~**dire** [~'di:r] (4p) *v/t.* contradict; se ~ contradict o.s. or each other; ~**dit** [~'di] *adv.*: *sans* ~ unquestionably.

contrée [kɔ̃'tre] *f* region.

contre...: ~**écrou** ⊕ [kɔ̃tre'kru] *m* counter-nut; ~**épreuve** [~e-'prœ:v] *f* second proof; ⊕ repetition test; ~**espionnage** [~ɛspjɔ-'na:ʒ] *m* counter-espionage; ~**expertise** [~ɛkspɛr'ti:z] *f* countervaluation; ~**façon** [~trəfa'sɔ̃] *f* forgery, counterfeit; counterfeiting; infringement of copyright; ~**facteur** [~fak'tœ:r] *m* forger, counterfeiter; ~**faction** [~fak'sjɔ̃] *f* forgery; counterfeiting; ~**faire** [~'fɛ:r] (4r) *v/t.* imitate; feign (*death etc.*); forge; counterfeit (*money*); *fig.* deform; ~**fenêtre** [~fə'nɛ:tr] *f* double window; ~**fiche** ⚠, ⊕ [~'fiʃ] *f* brace, strut; ~**fil** ⊕ [~'fil] *m*: *à* ~ against the grain; ~**fort** [~'fɔ:r] *m* ⚠ buttress; *geog.* spur; *boot:* stiffening; ~**s** *pl.* foot-hills; ~**haut** [~'o] *adv.*: *en* ~ higher up; on a higher level; ~**jour** [~'ʒu:r] *m* backlighting; *à* ~ against the light; ~**lettre** ✠ [~'lɛtr] *f* counter-deed; defeasance; ~**maître** [~'mɛ:tr] *m* foreman; ⚓ petty officer; first mate; ~**mesure** [~mə'zy:r] *f* countermeasure; ~**partie** [~par'ti] *f* counterpart; ✠ other party; *fig.* compensation; ~**pied** *fig.* [~'pje] *m* opposite view; ~**plaqué** [~pla-'ke] *m* plywood; ~**poids** [~'pwa] *m* counterweight; *clock:* balance-weight; counterpoise; ~**poil** [~-'pwal] *adv.*: *à* ~ the wrong way; ~**point** ♪ [~'pwɛ̃] *m* counterpoint; ~**pointe** ⊕ [~'pwɛ̃:t] *f* tail-stock; ~**poison** [~pwa'zɔ̃] *m* antidote (to, de); ~**porte** [~'pɔrt] *f* ⚠ inner door, *Am.* storm-door; ⊕ *furnace:* shield.

contrer [kɔ̃'tre] (1a) *v/t.* box. counter; *cards:* double; *fig.* cross, thwart (*s.o.*).

contre...: ~**rail** 🚂 [kɔ̃trə'ra:j] *m* safety-rail; ~**sceller** [~sɛ'le] (1a) *v/t.* counter-seal; ~**seing** [~'sɛ̃] *m* counter-signature; ~**sens** [~'sɑ̃:s] *m* misinterpretation; nonsense; *à* ~ in the wrong way; ~**signataire** [~siɲa-'tɛ:r] *m* one who countersigns; ~**temps** [~'tɑ̃] *m* mishap; inconvenience; disappointment; ♪ syn-

copation; à ~ at the wrong moment; ♪ out of time; ♪ contra tempo; **~-terroriste** [~tɛrɔ'rist] adj., a. su. anti-terrorist; **~-torpilleur** ⚓ [~tɔrpi'jœːr] m destroyer; light cruiser; **~-valeur** ✝ [~va'lœːr] f exchange value; **~-vapeur** ⊕ [~va'pœːr] f/inv. reversed steam; **~venant** m, e f ⚖ [~və'nɑ̃, ~'nɑ̃ːt] contravener; offender; **~venir** [~və'niːr] (2h) v/i.: ~ à contravene; **~vent** [~'vɑ̃] m outside shutter; ⊕ wind-brace; back-draught; **~ventement** ⊕ [~vɑ̃t'mɑ̃] m wind-bracing; **~vérité** [~veri'te] f ironical statement; untruth; **~-visite** ⚙ [~vi'zit] f check inspection; **~-voie** 🚂 [~'vwa] f wrong side of the train.

contribuable [kɔ̃tri'bɥabl] **1.** su. taxpayer; ratepayer; **2.** adj. taxpaying; ratepaying; **contribuer** [~'bɥe] (1n) v/i. contribute; **contribution** [~by'sjɔ̃] f contribution; admin. tax; rate; ✝ mettre à ~ draw up (reserves etc.).

contrit, e [kɔ̃'tri, ~'trit] penitent, contrite; **contrition** [~tri'sjɔ̃] f penitence, contrition.

contrôle [kɔ̃'troːl] m control; check (-ing), inspection; supervision; ⚙ roll; thea. box-office; ✝ auditing; gold, silver: hallmark(ing); gold, silver: assaying; assay office; ~ des changes exchange control; ⚘ ~ des naissances birth-control; coupon m de ~ ticket: stub; **contrôler** [kɔ̃tro-'le] (1a) v/t. check; verify; examine (a passport etc.); stamp (gold, silver); control (s.o.); **contrôleur** m, **-euse** f [~'lœːr, ~'løːz] inspector; supervisor; ticket-collector; controller; métro etc.: driver.

contrordre [kɔ̃'trɔrdr] m countermand; sauf ~ unless countermanded.

controuvé, e [kɔ̃tru've] forged, spurious.

controverse [kɔ̃trɔ'vɛrs] f controversy; **controverser** [~vɛr'se] (1a) v/t. debate (a topic); controvert (an opinion); v/i. hold a discussion.

contumace ⚖ [kɔ̃ty'mas] su./f contumacy; contempt of court; default; par ~ by default; su. = **contumax** ⚖ [~'maks] su. absconder.

contus, e ⚕ [kɔ̃'ty, ~'tyːz] contused, bruised; **contusion** [kɔ̃ty'zjɔ̃] f contusion, bruise; **contusionner** [~zjɔ'ne] (1a) v/t. contuse, bruise.

convaincant, e [kɔ̃vɛ̃'kɑ̃, ~'kɑ̃ːt] convincing; **convaincre** [~'vɛ̃ːkr] (4gg) v/t. convince; fig. prove (s.o.) guilty (of, de).

convalescence [kɔ̃valɛ'sɑ̃ːs] f convalescence; être en ~ convalesce; **convalescent, e** [~'sɑ̃, ~'sɑ̃ːt] adj., a. su. convalescent.

convenable [kɔ̃v'nabl] suitable; decent, seemly; **convenance** [~'nɑ̃ːs] f fitness; propriety; decency; convenience; expediency; mariage m de ~ marriage of convenience; par ~ for the sake of decency; **convenir** [~'niːr] (2h) v/i.: ~ à suit, fit; ~ de agree about, reach agreement about; acknowledge (s.th.); c'est convenu! agreed!

convention [kɔ̃vɑ̃'sjɔ̃] f convention; agreement; pol. assembly; ~s pl. clauses; ~ collective collective bargaining; **conventionnel, -elle** [~sjɔ'nɛl] **1.** adj. conventional; **2.** su./m hist. member of the National Convention.

conventuel, -elle [kɔ̃vɑ̃'tɥɛl] conventual.

convergence [kɔ̃vɛr'ʒɑ̃ːs] f convergence; ⚡, a. fig. concentration; **convergent, e** [~'ʒɑ̃, ~'ʒɑ̃ːt] converging; ⚡ concentrated; **converger** [~'ʒe] (1l) v/i. converge.

convers, e [kɔ̃'vɛːr, ~'vɛrs] lay...

conversation [kɔ̃vɛrsa'sjɔ̃] f conversation, talk; teleph. call; **converser** [~'se] (1a) v/i. converse, talk.

conversion [kɔ̃vɛr'sjɔ̃] f conversion (a. ✝); ⚙ wheel(ing), change of front; **converti** m, e f [~'ti] convert; **convertible** [~'tibl] convertible (into, en); **convertir** [~'tiːr] (2a) v/t. ✝, eccl., phls., fig. convert; **convertisseur** [~ti'sœːr] m ⊕ converter; ⚡ transformer.

convexe [kɔ̃'vɛks] convex.

conviction [kɔ̃vik'sjɔ̃] f conviction.

convier [kɔ̃'vje] (1o) v/t. invite; urge.

convive [kɔ̃'viːv] su. guest; table companion.

convocation [kɔ̃vɔka'sjɔ̃] f convocation, summons sg.; notice of a meeting or an appointment; ⚙ calling-up papers pl.

convoi [kɔ̃'vwa] m convoy; 🚂 train; (a. ~ funèbre) funeral procession; ~ automobile motor transport column.

convoiter

convoiter [kɔ̃vwa'te] (1a) *v/t.* covet, desire; **convoitise** [~'ti:z] *f* covetousness; lust.
convoler *iro.* [kɔ̃vɔ'le] (1a) *v/i.* (re)marry.
convoquer [kɔ̃vɔ'ke] (1m) *v/t.* summon; ⚔ call up; *admin.* summon to an interview.
convoyer ⚔, ⚓ [kɔ̃vwa'je] (1h) *v/t.* convoy; **convoyeur** [~'jœ:r] *m* ⚓ convoy(-ship); ⚔ convoying officer; ⚔ officer in charge of a convoy; ⊕ conveyor, endless belt.
convulser [kɔ̃vyl'se] (1a) *v/t. physiol.* convulse; F frighten into fits; **convulsif, -ve** [~'sif, ~'si:v] convulsive; **convulsion** [~'sjɔ̃] *f* convulsion; spasm.
coopérateur *m*, **-trice** *f* [koopera'tœ:r, ~'tris] co(-)operator; **coopératif, -ve** [~'tif, ~'ti:v] **1.** *adj.* co(-)operative; **2.** *su./f* co(-)operative stores *pl.*; ~ve immobilière building society; **coopération** [~'sjɔ̃] *f* co(-)operation; **coopératisme** [~'tism] *m* co(-)operative system; **coopérer** [koope're] (1f) *v/i.* co(-)operate.
cooptation [koopta'sjɔ̃] *f* co-optation; **coopter** [~'te] (1a) *v/t.* co-opt.
coordination [koordina'sjɔ̃] *f* co-ordination.
coordonnées ⚔ [koordɔ'ne] *f/pl.* co-ordinates; **coordonner** [~] *v/t.* coordinate (with, *à*); arrange.
copain F [kɔ'pɛ̃] *m* pal, chum, *Am.* buddy.
copeau [kɔ'po] *m* wood shaving; ⊕ ~x *pl.* turnings.
copiage [kɔ'pja:ʒ] *m school:* copying; **copie** [~'pi] *f* (carbon) copy, transcript; *fig.* imitation; *phot.* print; *school:* exercise, paper; ~ *au net* fair copy; **copier** [~'pje] (1o) *v/t.* copy; *fig.* imitate; *school:* crib (from, *sur*).
copieux, -euse [kɔ'pjø, ~'pjø:z] copious, abundant.
copilote ⚓ [kopi'lɔt] *m* second pilot, *Am.* co-pilot.
copine F [kɔ'pin] *f girl:* pal, chum.
copiste [kɔ'pist] *su.* copier, copyist; *fig.* imitator.
copra(h) [kɔ'pra] *m* copra.
copreneur ⚖ [kɔprə'nœ:r] *m* co-tenant, co-lessee.
copule *gramm.* [kɔ'pyl] *f* copula.

coq¹ ⚓ [kɔk] *m* ship's cook.
coq² *orn.* [kɔk] *m* cock, *Am.* rooster; *box.* (*a. poids m* ~) bantam weight; ~ *de bruyère* (great) grouse; ~ *d'Inde* see dindon; *être comme un* ~ *en pâte* live like a fighting cock, be in clover; *être le* ~ *du village* be cock of the walk; ~-*à-l'âne* [kɔka'lɑ:n] *m/inv.* cock-and-bull story, nonsense.
coque [kɔk] *f egg:* shell; ⚓ hull, bottom; ⊕ *boiler:* body; *œuf m à la* ~ boiled egg.
coquebin F [kɔk'bɛ̃] *m* greenhorn.
coquelicot ♀ [kɔkli'ko] *m* red poppy.
coqueluche [kɔ'klyʃ] *f* 𝔰 whooping-cough; *fig.* darling, favo(u)rite.
coqueriquer [kɔkri'ke] (1m) *v/i.* crow.
coquet, -ette [kɔ'kɛ, ~'kɛt] **1.** *adj.* coquettish; smart, stylish (*hat etc.*); trim (*garden*); F tidy (*sum*); **2.** *su./f* flirt; **coqueter** [kɔk'te] (1c) *v/i.* coquette; flirt (with, *avec*); *fig.* toy (with, *avec*).
coquetier [kɔk'tje] *m* egg-cup; egg-merchant.
coquetterie [kɔkɛ'tri] *f* coquetry; affectation; smartness, daintiness.
coquillage [kɔki'ja:ʒ] *m* shell-fish; shell; **coquille** [~'ki:j] *f egg, nut, oyster, snail, a. fig.:* shell; *typ.* misprint, printer's error; *metall.* chill-mould; bank paper; *size:* small post; *fig. sortir de sa* ~ come out of one's shell.
coquin, e [kɔ'kɛ̃, ~'kin] **1.** *adj.* roguish; **2.** *su.* rogue; rascal (*a. co.*); *su./f* hussy; **coquinerie** [~kin'ri] *f* roguery; rascality.
cor¹ [kɔ:r] *m hunt.* tine; ♪, *a. hunt.* horn; ♪ horn-player ♪ ~ *d'harmonie* French horn; *fig. à* ~ *et à cri* with might and main; *sonner* (*or donner*) *du* ~ sound the horn.
cor² 𝔰 [~] *m* corn.
corail, *pl.* **-aux** [kɔ'ra:j, ~'ro] *m* coral; **corailleur** [kɔra'jœ:r] *m* coral fisher; coral worker; coral-fishing boat; **corallin, e** [~'lɛ̃, ~'lin] coral-red.
corbeau [kɔr'bo] *m orn.* crow; raven; △ corbel; F person of ill omen.
corbeille [kɔr'bɛ:j] *f* basket; *thea.* dress-circle; ⊕ *valve:* cage; ⚘ (round) flower-bed; **corbeillée** [~bɛ'je] *f* basketful.
corbillard [kɔrbi'ja:r] *m* hearse.

corbleu! [kɔr'blø] *int.* by Jove!; by Heavens!
cordage [kɔr'da:ʒ] *m* rope; *racket:* stringing; cord of wood; ⚓ ~s *pl.* gear *sg.*; **corde** [kɔrd] *f* rope, cord, line; ♪ string; ♫ chord; ✞ lift wire; hangman's rope, *fig.* gallows *sg.*; *anat.* ~s *pl.* vocales vocal c(h)ords.
cordé, e ♀ *etc.* [kɔr'de] cordate, heart-shaped.
cordeau [kɔr'do] *m* chalk-line, string; (measuring) tape; (⚓ tow-) rope; *tex.* selvedge; ⚔, ⚒ fuse; **cordée** [~'de] *f mount.* rope (*of climbers*); ✞ cord (*of wood*); *racket:* stringing; **cordeler** [kɔrdə'le] (1c) *v/t.* twist (*hemp etc.*) into rope; **cordelette** [~'lɛt] *f* small cord *or* string; en ~s in small plaits; **cordelier** [~'lje] *m* Franciscan friar; **cordelière** [~'ljɛ:r] *f* † Franciscan nun; girdle; *typ.* ornamental border; **corder** [kɔr'de] (1a) *v/t.* twist (*hemp etc.*) into rope; ⚒ measure (*wood*) by the cord; string (*a racket*); twist (*tobacco*); cord (*a trunk etc.*); **corderie** [~'dri] *f* rope-making; rope-trade.
cordial, e, *m/pl.* **-aux** [kɔr'djal, ~'djo] **1.** *adj.* cordial; ⚕ stimulating; **2.** *su./m* cordial; **cordialité** [~djali'te] *f* cordiality.
cordier [kɔr'dje] *m* rope-maker; dealer in ropes; ♪ *violin:* tail-piece; **cordon** [~'dɔ̃] *m* strand, twist (*of cable, rope*); cord, string, tape; (shoe-)lace; door-pull, bell-pull; line (*of trees etc.*); *admin.* cordon, edge; ~, s'il vous plaît! (open the) door, please!; **cordon-bleu,** *pl.* **cordons-bleus** F *fig.* [~dɔ̃'blø] *m* first-rate cook; **cordonner** [~dɔ'ne] (1a) *v/t.* twist, cord (*hemp etc.*); edge-roll (*coins*).
cordonnerie [kɔrdɔn'ri] *f* shoe-making; shoemaker's shop.
cordonnet [kɔrdɔ'nɛ] *m* braid, cord.
cordonnier [kɔrdɔ'nje] *m* shoemaker, F cobbler.
coréen, -enne [kɔre'ɛ̃, ~'ɛn] *adj., a. su.* ♀ Korean.
coriace [kɔ'rjas] tough; F hard (*person*).
coricide ⚕ [kɔri'sid] *m* corn cure.
corindon *min.* [kɔrɛ̃'dɔ̃] *m* corundum.
corinthien, -enne [kɔrɛ̃'tjɛ̃, ~'tjɛn] **1.** *adj.* Corinthian; **2.** *su.* ♀ Corinthian; *su./m* ⚛ Corinthian.
cormier ♀ [kɔr'mje] *m* service (-tree, -wood).
cormoran *orn.* [kɔrmɔ'rɑ̃] *m* cormorant.
cornac [kɔr'nak] *m* mahout.
corne [kɔrn] *f* horn (*a. fig.*); dog's-ear (*in a book*); ~ à chaussures shoe-horn, shoe-lift; de ~ horn...; bêtes *f/pl.* à ~s horned cattle; **corné, e** [kɔr'ne] **1.** *adj.* horny; horn...; **2.** *su./f anat.* cornea; **cornéen, -enne** [~ne'ɛ̃, ~'ɛn] *adj.*: *opt.* lentilles *f/pl.* ~ennes contact lenses.
corneille *orn.* [kɔr'nɛ:j] *f* crow, rook.
cornemuse ♪ [kɔrnə'my:z] *f* bagpipe(s *pl.*); **cornemuseur** [~my'zœ:r] *m* piper.
corner[1] *foot.* [kɔr'nɛ:r] *m* corner.
corner[2] [kɔr'ne] (1a) *v/i.* hoot; ring (*ears*); *v/t. fig.* trumpet (*news etc.*); turn down the corner of (*a page etc.*); **cornet** [~'nɛ] *m* cornet; trumpet; *mot.* hooter, horn; *teleph.* receiver; *radio:* mouthpiece (*of a microphone*); *pastry:* horn; *ice-cream:* cone; ♀ F wake-robin; paper bag, screw of paper; F se mettre qch. dans le ~ have s.th. to eat; **cornette** [~'nɛt] *su./f nun:* coif; mob-cap; ⚔ † standard; *su./m* † *cavalry:* cornet, ensign; **corneur** [~'nœ:r] *m* wheezy horse.
corniche [kɔr'niʃ] *f rock:* ledge; coast road; ⚛ cornice.
cornichon [kɔrni'ʃɔ̃] *m* gherkin; F noodle, *Am.* dope.
cornière [kɔr'njɛ:r] *f* ⊕ angle(-iron, -bar).
cornouille ♀ [kɔr'nu:j] *f* cornelberry; **cornouiller** [~nu'je] *m* cornel(-tree); ✞ dogwood.
cornu, e [kɔr'ny] horned; spurred (*wheat*); *fig.* absurd.
cornue [~] *f* ⚗ *etc.* retort; *metall.* steel converter.
corollaire [kɔrɔl'lɛ:r] *m* ⚛ corollary; ♀ corollary tendril; **corolle** ♀ [~'rɔl] *f* corolla.
coron [kɔ'rɔ̃] *m* miners' quarters *pl.*
coronaire ⚕, *anat.* [kɔrɔ'nɛ:r] coronary; **coronal, e,** *m/pl.* **-aux** [~'nal, ~'no] coronal.
corporal *eccl.* [kɔrpɔ'ral] *m* corporal.
corporatif, -ve [kɔrpɔra'tif, ~'ti:v]

corporation 122

corporat(iv)e; **corporation** [˷'sjɔ̃] f corporation; ✝ hist. (trade-)guild.
corporel, -elle [kɔrpɔ'rɛl] corporeal; corporal (punishment); bodily.
corps [kɔːr] m body (a. ⚕); flesh; matter; ✕ (army) corps; ⚓ (battle) fleet; F person, figure; fig. profession; ⚖ corpus (of law); ˷ à ˷ hand to hand; ˷ de bâtiment main building; ˷ de logis housing unit; ˷ de métier g(u)ild; trade association; ⚓ ˷ mort (fixed) moorings pl.; à ˷ perdu desperately; en ˷ in a body; faire ˷ avec be an integral part of; levée f du ˷ start of the funeral; ⚓ perdu ˷ et biens lost with all hands.
corpulence [kɔrpy'lɑ̃ːs] f stoutness, corpulence; **corpulent, e** [˷'lɑ̃, ˷'lɑ̃ːt] stout, corpulent; portly.
corpuscule [kɔrpys'kyl] m corpuscle; particle.
correct, e [kɔ'rɛkt] correct, proper; accurate; **correcteur** m, **-trice** f [kɔrɛk'tœːr, ˷'tris] corrector, proofreader; **correctif, -ve** [˷'tif, ˷'tiːv] adj., a. su./m corrective; **correction** [˷'sjɔ̃] f punishment; correction; maison f de ˷ reformatory; sauf ˷ subject to correction; **correctionnel, -elle** [˷sjɔ'nɛl] **1.** adj. correctional; délit m ˷ minor offence; tribunal m ˷ = **2.** su./f court of petty sessions, Am. police court.
corrélation [kɔrrela'sjɔ̃] f correlation.
correspondance [kɔrɛspɔ̃'dɑ̃ːs] f correspondence; dealings pl. (with, avec); 🚉 etc. connection, Am. transfer point; 🚉 railway-omnibus, transfer coach; cours m par ˷ correspondence course; par ˷ by letter, by post; **correspondancier** m, **-ère** f [˷dɑ̃'sje, ˷'sjɛːr] correspondence clerk; **correspondant, e** [˷'dɑ̃, ˷'dɑ̃ːt] **1.** adj. corresponding; 📞 connecting; **2.** su. 📞 correspondent; pen-friend; school: parents' representative; **correspondre** [kɔrɛs'pɔ̃ːdr] (4a) v/i.: ˷ à correspond with, suit; tally with; communicate with (another room etc.); ˷ avec q. be in correspondence with s.o.
corridor [kɔri'dɔːr] m corridor, passage.
corrigé [kɔri'ʒe] m fair copy; key, crib; **corriger** [˷'ʒe] (1l) v/t. cor-

rect; read (proofs); punish; rectify; cure; **corrigible** [˷'ʒibl] corrigible.
corroborer [kɔrrɔbɔ're] (1a) v/t. corroborate, confirm.
corroder [kɔrrɔ'de] (1a) v/t. corrode, eat away.
corroi [kɔ'rwa] m leather: currying; **corroierie** [˷rwa'ri] f currying; curriery.
corrompre [kɔ'rɔ̃ːpr] (4a) v/t. corrupt; spoil (the taste); taint (meat); ⚖ suborn; se ˷ become corrupt(ed) or tainted.
corrosif, -ve [kɔrrɔ'zif, ˷'ziːv] adj., a. su./m corrosive; **corrosion** [˷'zjɔ̃] f corrosion; soil: erosion; ⊕ pitting.
corroyer [kɔrwa'je] (1h) v/t. curry (leather); rough-plane (wood); weld (iron, steel); puddle (clay); **corroyeur** [˷'jœːr] m currier; metall. blacksmith.
corrupteur, -trice [kɔryp'tœːr, ˷-'tris] **1.** adj. corrupting; **2.** su. corrupter; briber; ⚖ suborner; **corruptible** [˷'tibl] corruptible; open to bribery; **corruption** [˷'sjɔ̃] f corruption; bribery; Am. graft; ⚖ subornation; food: tainting; air, water: pollution.
corsage cost. [kɔr'saːʒ] m bodice; blouse.
corsaire [kɔr'sɛːr] m corsair, privateer.
corse [kɔrs] adj., a. su. ♀ Corsican.
corsé, e [kɔr'se] strong; full-bodied (wine); spicy (story); F substantial.
corselet zo., a. hist. [kɔrsə'lɛ] m cors(e)let.
corser [kɔr'se] (1a) v/t. give body or flavo(u)r to; strengthen; se ˷ take a turn for the worse.
corset [kɔr'sɛ] m corset; **corsetière** [˷sə'tjɛːr] f corsetmaker.
cortège [kɔr'tɛːʒ] m procession; retinue, train; ˷ funèbre funeral procession.
cortisone ⚕ [kɔrti'zɔn] f cortisone.
corvéable ✕ [kɔrve'abl] liable to fatigue duty; **corvée** [˷'ve] f ✕ fatigue; ⚓ duty; ✕ fatigue party; fig. drudgery, hard work; thankless job.
corvette ⚓ hist. [kɔr'vɛt] f corvette.
coryphée [kɔri'fe] m leader of the ballet, principal dancer; fig. party leader, chief.
coryza ⚕ [kɔri'za] m cold in the head.

cosmétique [kɔsme'tik] *adj., a. su./ m* cosmetic.
cosmique [kɔs'mik] cosmic.
cosmo... [kɔsmɔ] cosmo...; **~drome** [~'droːm] *m* cosmodrome; **~graphie** [~gra'fi] *f* cosmography; **~naute** [~'noːt] *su.* cosmonaut; **~polite** [~pɔ'lit] *adj., a. su.* cosmopolitan.
cosse [kɔs] *f* pod, husk; shell; ⚡ eye *or* spade terminal; *sl.* laziness; **cossu, e** F [kɔ'sy] rich (*a. fig.*); well-to-do.
costal, e, *m/pl.* **-aux** *anat.* [kɔs'tal, ~'to] costal; **costaud, e** *sl.* [~'to, ~'toːd] **1.** *adj.* strapping, strong; **2.** *su./m* strapping person.
costume [kɔs'tym] *m* costume, dress; suit; **~ de bain** bathing-costume; **~ de golf** plus-fours *pl.*; **~ tailleur** tailor-made suit (*for women*); coat and skirt; **costumer** [~ty'me] (1a) *v/t.* dress up; **bal** *m* **costumé** fancy-dress ball; **costumier** [~ty'mje] *m* costumier; ⛨, *univ.* outfitter; *thea.* wardrobe-keeper.
cotation ♰ [kɔta'sjɔ̃] *f* quotation, quoting; **cote** [kɔt] *f* quota; *admin.* assessment; ⛨, ♰, *etc.* document: identification *or* classification mark; *sp.* odds *pl.*; ⚓ classification; ♰ prices *etc.*: quotation; *school:* mark (*for an essay etc.*); F esteem; **avoir une bonne ~** be highly thought of.
côte [koːt] *f* △, *anat., cuis.* rib; ♀ midrib; slope; hill; coast, shore; **~ à ~** side by side.
côté [ko'te] *m* side; direction; **à ~ de** beside; **de ~** sideways; **de mon ~** for my part; **du ~ de** in the direction of; **d'un ~** on one side; **d'un ~..., de l'autre ~** on the one hand..., on the other hand; **la maison d'à ~** next door. [hillock.]
coteau [kɔ'to] *m* slope, hillside;)
côtelé, e *tex.* [kot'le] ribbed; **côtelette** [~'lɛt] *f* mutton, *veal:* cutlet; *pork:* chop; F **~s** *pl.* whiskers: mutton-chops.
coter [kɔ'te] (1a) *v/t.* classify, number, letter (*a document*); ⚓ class (*a ship*); quote (*prices*); *admin.* assess.
coterie [kɔ'tri] *f* set, circle, clique.
côtier, -ère [ko'tje, ~'tjɛːr] coast(-ing); coastal; inshore (*fishing*).
cotillon [kɔti'jɔ̃] *m* † petticoat; *dance:* cotill(i)on.

cotisation [kɔtiza'sjɔ̃] *f* subscription; contribution; fee; *admin.* assessment; quota; **cotiser** [~'ze] (1a) *v/t. admin.* assess; **se ~** subscribe; get up a subscription.
coton [kɔ'tɔ̃] *m* cotton(-wool); ♀ down; *sl.* trouble; **élever dans le ~** coddle (*a baby*); **cotonnade** [kɔtɔ'nad] *f* cotton fabric; **~s** *pl.* cotton goods; **cotonner** [~'ne] (1a) *v/t.* cover with cotton; wad, pad with cotton-wool; **se ~** become covered with down; become woolly (*fruit*); become fluffy (*cloth*); **cotonnerie** [kɔtɔn'ri] *f* cotton growing; cotton-plantation; cotton-mill; **cotonneux, -euse** [~tɔ'nø, ~'nøːz] cottony; woolly (*fruit, style*); sleepy (*pear*); fleecy (*cloud*); **cotonnier, -ère** [~tɔ'nje, ~'njɛːr] **1.** *adj.* cotton-...; **2.** *su./m* cotton-worker; ♀ cotton-plant; **coton-poudre**, *pl.* **cotons-poudre** [~tɔ̃'puːdr] *m* guncotton.
côtoyer [kotwa'je] (1h) *v/t.* hug (*the shore*); keep close to; skirt (*the forest*); border on (*a. fig.*).
cotte [kɔt] *f* workman's overalls *pl.*; petticoat; **~ de mailles** coat of mail.
cou [ku] *m* neck.
couac ♪ [kwak] *m* squawk.
couard, e [kwaːr, kward] **1.** *adj.* coward(ly); **2.** *su.* coward; **couardise** [kwar'diːz] *f* cowardice
couchage [ku'ʃaːʒ] *m* night's lodging; lying in bed; *clothes:* bedding; ✧ layering; **sac m de ~** sleeping-bag; **couchant, e** [~'ʃɑ̃, ~'ʃɑ̃ːt] **1.** *su./m* sunset, setting of the sun; west; **2.** *adj.*: **chien m ~** setter; *fig.* crawler, fawner; **soleil m ~** setting sun; **couche** [kuʃ] *f* bed, couch; napkin, diaper (*for baby*); *geol.* stratum, layer; *clouds:* bank; (*social*) class, stratum; *paint etc.:* coat; ⚒ seam; ✧ hotbed; *tree:* ring; **~s** *pl.* childbirth *sg.*; **~ d'arrêt** barrier layer; ⊕ **~ de roulement** running surface; **fausse ~** miscarriage; F **il en a une ~!** what a fathead!; F **se donner une belle ~** drink o.s. blind; **coucher** [ku'ʃe] **1.** (1a) *v/t.* put to bed; lay down; spread (*paint*); beat down; put *or* write (*s.th.*) down (on, **sur**); mention (*s.o.*) (in one's will, **sur son testament**); **~ qch. en joue** aim s.th.; **se ~** go to bed; lie down; set

couchette

(*sun*); *v/i.* sleep; **2.** *su./m* night's lodging; *sun*: setting; *fig.* decline, wane; **couchette** [~'ʃɛt] *f* cot; 🚢, ⚓ berth; **coucheur, -euse** [~'ʃœ:r, ~'ʃø:z] *su.* bedfellow; *su./m*: *ne fais pas le mauvais ~!* don't be so difficult!

couci-couça [kusiku'sa], **couci-couci** [~'si] *adv.* so-so.

coucou [ku'ku] *m* cuckoo(-clock); ♀ F cowslip.

coude [kud] *m* elbow (*a. river, road*); ⊕ *shaft*: crank; *coup m de ~* nudge; *jouer des ~s* elbow one's way; **coudée** [ku'de] *f* cubit; F *avoir ses ~s franches* have elbow-room; *fig.* have a free hand.

cou-de-pied, *pl.* **cous-de-pied** [kud'pje] *m* instep.

couder ⊕ [ku'de] (1a) *v/t.* crank (*a shaft*); bend (*a pipe*) into an elbow; **coudoyer** [~dwa'je] (1h) *v/t.* elbow, jostle; rub shoulders with.

coudre[1] [kudr] (4l) *v/t.* sew, stitch; *machine f à ~* sewing-machine; *rester bouche cousue* remain silent.

coudre[2] ♀ [kudr] *m*, **coudrier** ♀ [ku'drje] *m* hazel-tree.

couenne [kwan] *f* bacon-rind; *roast pork*: crackling; ✳ mole; **couenneux, -euse** ✳ [kwa'nø, ~'nø:z] buffy (*blood*); *angine f ~euse* diphtheria.

couffe [kuf] *f*, **couffin** [ku'fɛ̃] *m* basket.

couillon V [ku'jɔ̃] *m* fool; *~!* bloody fool!

coulage [kula:ʒ] *m* pouring (*a. metall.*); *metall.* casting; *liquid*: leaking; ⚓ scuttling; *fig.* leakage; **coulant, e** [~'lɑ̃, ~'lɑ̃:t] **1.** *adj.* running; flowing (*a. style*); *fig.* easy; **2.** *su./m* sliding ring (*a.* ⊕); ♀ runner; ✂ case-slide.

coule[1] *sl.* [kul] *f* waste; pilferings *pl.*

coule[2] [~] *adv.*: *être à la ~* be wise, know the ropes, know all the tricks of the trade.

coulé [ku'le] *m* *dancing*: slide; ♪ slur; *billiards*: follow-through; ⊕ cast(ing); **coulée** [~] *f* *writing*: running-hand; *lava, liquid*: flow; ⊕ casting; ⊕ tapping; *fig.* streak; **couler** [~] (1a) *v/t.* pour; ⚓ sink (*a ship*); ♪ slur; *fig.* slip; F ruin; *se ~* slide, slip; *v/i.* flow, run; ⚓ founder, sink; ⊕ run; slip; leak (*pen, vat, etc.*); *fig.* slip by (*time*); *fig.* pass over (*facts*).

couleur [ku'lœ:r] *f* colo(u)r (*a. fig.*); complexion; *cards*: suit; *cin.* en *~(s pl.)* technicolor-…; ✳ *pâles ~s pl.* chlorosis *sg.*, green-sickness *sg.*; *sous ~ de* under the pretence of.

couleuvre [ku'lœ:vr] *f* snake; F *avaler des ~s* pocket an insult.

coulis [ku'li] **1.** *adj./m*: *vent m ~* insidious draught; **2.** *su./m* △ (liquid) filling; *cuis.* sauce; (meat) jelly.

coulisse [ku'lis] *f* ⊕ groove, slot; ⊕ slide; △ wooden shoot; *thea.* wing; backstage; *fig.* background; ♜ outside market; *porte f à ~* sliding door; *fig. regard m en ~* side-glance; **coulisser** [kuli'se] (1a) *v/t.* fit with slides; *v/i.* slide; **coulissier** ♜ [~'sje] *m* outside broker.

couloir [ku'lwa:r] *m* corridor (*a.* 🚂, *geog.*), passage; *parl.* lobby; ⊕ shoot; *cin. film*: track; *water, mountain*: gully; *tennis*: tram-lines *pl.*; ✈ *~ aérien* air corridor.

coup [ku] *m* blow, knock; hit; thrust; *knife*: stab; wound; ⊕, *sp.* stroke; sound; beat; *gun etc.*: shot; *wind*: gust; turn; (evil) deed; *sl.* drink, glass (*of wine*); *fig.* influence; ✳ *~ de chaleur* heat-stroke; F *~ de fil* (telephone) call, ring; *~ de filet* haul; *~ de grâce* finishing stroke, quietus; ⚔ *~ de grisou* firedamp explosion; ⚔ *~ de Jarnac* treacherous attack; F *low trick*; ⚔ *~ de main* surprise attack, raid; *~ de maître* master stroke; *foot. ~ d'envoi* kick-off; *place-kick*; *~ de pied* kick; *~ de poing* blow (with the fist); ✳ *~ de sang* apoplectic fit, F stroke; ✳ *~ de soleil* sunburn; *~ d'essai* trial shot; *~ d'État* coup d'état; *~ de téléphone* (telephone) call; *~ de tête* butt; *fig.* impulsive act; *fig. ~ de théâtre* dramatic turn; *~ d'œil* glance; view; *~ franc* *foot.* free kick; *hockey*: free hit; *à ~ sûr* certainly; *après ~* after the event; as an afterthought; *sp. donner le ~ d'envoi* kick off; *donner un ~ de brosse* give a brush (down); *donner un ~ de main à* help; give a helping hand to; *d'un (seul) ~* at one go; *du premier ~* at the first attempt; *entrer en ~ de vent* burst in, rush in; *être aux cent ~s* be desperate;

courbure

F *être dans le ~* be with it; F *monter le ~ à q.* deceive s.o.; *pour le ~* this time; for the moment; *saluer d'un ~ de chapeau* raise one's hat to; *tenir le ~* take it; keep a stiff upper lip; *tout à ~* suddenly, all of a sudden; *tout d'un ~* (all) at once; *traduire qch. à ~s de dictionnaire* translate s.th., looking up each word in the dictionary.

coupable [ku'pabl] **1.** *adj.* guilty; **2.** *su.* culprit; ⚖ delinquent.

coupage [ku'paːʒ] *m* cutting; *wine:* blending; diluting (*of wine with water*); **coupant** [~'pɑ̃] *m* (cutting) edge.

coup-de-poing, *pl.* **coups-de-poing** [kud'pwɛ̃] *m* pocket revolver; knuckleduster.

coupe[1] [kup] *f* cutting; *trees:* felling; ⊕ wood: cut; ⚔ shift; *swimming:* stroke; (cross-)section; *~ des cheveux* hair-cut.

coupe[2] [~] *f* (drinking) cup; *sp.* cup; *sl.* dial, mug.

coupé [ku'pe] *m* brougham; 🚗 coupé (*a. mot.*), half-compartment; **coupée** ⚓ [~] *f* gangway.

coupe...: **~-cigares** [kupsi'gaːr] *m/inv.* cigar-cutter; **~-circuit** ⚡ [~sir'kɥi] *m/inv.* circuit-breaker; **~-gorge** [~'gɔrʒ] *m/inv.* death-trap; thieves' alley; **~-jarret** [~ʒa'rɛ] *m* cut-throat; assassin; **~-légumes** [~le'gym] *m/inv.* vegetable-cutter; **~-papier** [~pa'pje] *m/inv.* paper-knife; letter-opener.

couper [ku'pe] (1a) *v/t.* cut (*a. tennis*); cut off (*a.* ⚔); cut down (*trees*), chop (*wood*); intercept; intersect; interrupt; water down (*wine*); ⚡ switch off; *cards:* trump; *teleph. ~ la communication* ring off; *mot. ~ l'allumage* switch off the ignition; *se ~* intersect; crack (*skin*); contradict o.s.; *v/i.: sl. ~ à* dodge (*s.th.*); F *dans le vif* resort to extreme measures; *teleph. ne coupez pas!* hold the line!

couperet [ku'prɛ] *m* chopper; *guillotine:* blade.

couperose [ku'proːz] *f* 🌿 blotchiness; ⚡ **~ verte** (*bleue*) green (blue) vitriol; **couperosé, e** [~pro'ze] blotchy (*skin*).

coupeur, -euse [ku'pœːr, ~'pøːz] *su. person:* cutter; *su./f* cutting machine; ⚔ header.

couplage [ku'plaːʒ] *m* ⚡ *etc.* coupling, connection; **couple** [kupl] *su./f* two, couple; (dog-)leash; *pheasants:* brace; ⚓ *à ~* alongside; *su./m* pair, couple; ⊕ torque, turning moment; ⚡ *battery:* cell; **coupler** [ku'ple] (1a) *v/t.* couple; ⚡ connect; **couplet** [~'plɛ] *m* verse; ⊕ hinge.

coupoir [ku'pwaːr] *m instrument:* cutter.

coupole [ku'pɔl] *f* cupola, dome; ⚔ revolving gun-turret.

coupon [ku'pɔ̃] *m* bread, dividend, *etc.:* coupon; 🚂, *thea.* ticket; *material:* remnant; ⊕ test-bar; **~-réponse postal** *post:* international reply coupon; **coupure** [~'pyːr] *f* cut, gash; (newspaper-)cutting, clipping; ⚡, *thea.* cut; paper money; *geol.* fault.

cour [kuːr] *f* court (*a.* ⚖); (court-)yard; ⚔ square; *Northern France: lavatory; thea.* côté *~* O.P.; ♀ *internationale de justice* International Court of Justice (*at the Hague*); *faire la ~ à* court, woo.

courage [ku'raːʒ] *m* courage, F pluck; valo(u)r; **courageux, -euse** [~ra'ʒø, ~'ʒøːz] brave, courageous, F plucky; zealous.

couramment [kura'mɑ̃] *adv.* fluently; in general use, usually; **courant, e** [~'rɑ̃, ~'rɑ̃ːt] **1.** *adj.* running; current; 💰 floating (*debt*); 💰 standard (*make*); *chien m ~* hound; **2.** *su./m* ⚡, *water:* current; stream; *metall.* blast; present month, 💰 instant, *abbr.* inst.; *fig.* course; ⚡ *~ alternatif* (*continu*) alternating (direct) current; *~ d'air* draught, *Am.* draft; ⚡ *~ triphasé* three-phase current; *au ~ (de)* conversant (with); well informed (of); *fin ~* at the end of this month; ⚡ *... pour tous ~s* A.C./D.C. ...

courbatu, e [kurba'ty] stiff, aching; **courbature** [~'tyːr] *f* stiffness, muscle soreness.

courbe [kurb] **1.** *adj.* curved; **2.** *su./f* curve; sweep; graph; **courber** [kur'be] (1a) *vt/i.* bend, curve; *v/t.: se ~* bend, stoop; **courbette** [~'bɛt] *f: fig. faire des ~s à* kowtow to; **courbure** [~'byːr] *f* curve; *road:* camber; *earth, space:* curvature; ⊕ *beam:* sagging; ⊕ *double ~ pipe:* S-bend.

coureur, -euse [ku'rœːr, ˷'røːz] *su.* runner (*a. sp.*); *fig.* frequenter (*of cafés etc.*); *fig.* hunter (*of prizes etc.*); *su./m: sp.* ˷ de fond stayer; ˷ de jupons skirt-chaser; *su./f* street-walker.

courge ⚵ [kurʒ] *f* gourd; pumpkin.

courir [ku'riːr] (2i) *v/i.* run; race; flow (*blood, river, etc.*); *fig.* be current; ⚓ sail; *v/t.* run after; pursue; hunt; overrun; *sp.* run (*a race*); frequent, haunt; F ˷ le cachet give private lessons; ˷ le monde travel widely; être fort couru be much sought after.

courlis *orn.* [kur'li] *m* curlew.

couronne [ku'rɔn] *f* crown; coronet; *flowers, laurel:* wreath; ⊕ *wheel:* rim; **couronnement** [˷rɔn'mɑ̃] *m* crowning; coronation; **couronner** [˷rɔ'ne] (1a) *v/t.* crown (*a. fig.*); *fig.* reward.

courrai [kur're] *1st p. sg. fut. of courir.*

courre [kuːr] *v/t.*: chasse *f* à ˷ hunt(ing); **courrier** [ku'rje] *m* courier; post, mail; letters *pl.*; *journ.* (news, theatrical, *etc.*) column; faire son ˷ deal with one's mail; **courriériste** *journ.* [˷rje'rist] *su.* columnist.

courroie [ku'rwa] *f* strap; ⊕ belt.

courroucer [kuru'se] (1k) *v/t.* anger; se ˷ get angry; **courroux** *poet.* [˷'ru] *m* anger.

cours [kuːr] *m* course; stream; *time:* lapse; ⚠ *bricks:* course, layer; *money:* circulation; ✝ quotation; *univ.* course (of lectures); ˷ d'eau stream, river; ✝ ˷ des changes rate of exchange; ✝ ˷ du marché mondial price on the world market; au ˷ de during, in the course of.

course [kurs] *f* run(ning); race; excursion, trip; ⚓ cruise; ⊕ stroke; errand; ˷ à pied (foot-)race; *pol.* ˷ aux armements armaments race; ˷ de chevaux horse-race; ˷ de côte hill climb; faire des ˷s go shopping, run errands.

coursier [kur'sje] *m* mill-race; *poet.* charger; steed.

court[1] [kuːr] *m* (tennis-)court.

court[2], **courte** [kuːr, kurt] 1. *adj.* short, brief; à ˷ (de) short (of); *sl.* avoir la peau ˷e be lazy; 2. **court** *adv.* short; couper ˷ cut short; tout ˷ simply, only.

courtage ✝ [kur'taːʒ] *m* brokerage.

courtaud, e [kur'to, ˷'toːd] 1. *adj.* squat, dumpy; 2. *su.* stocky person; **courtauder** [˷to'de] (1a) *v/t.* dock the tail of; crop the ears of.

court...: ˷-bouillon, *pl.* ˷s-bouillons *cuis.* [kurbu'jɔ̃] *m* wine-sauce in which fish or meat is cooked; ˷-circuit, *pl.* ˷s-circuits ⚡ [˷sir'kɥi] *m* short-circuit. [terpane.)

courtepointe [kurtə'pwɛ̃ːt] *f* coun-)

courtier, -ère ✝ [kur'tje, ˷'tjɛːr] *su.* broker; (electoral) agent; *su./m:* ˷ marron ✝ outside broker; F bucket shop swindler.

courtine [kur'tin] *f* ⚔ *or* † curtain; ⚔ line of trenches; △ façade.

courtisan [kurti'zɑ̃] *m* courtier; **courtisane** [˷'zan] *f* courtesan; **courtiser** [˷'ze] (1a) *v/t.* pay court to; woo; *fig.* toady to, F suck up to.

courtois, e [kur'twa, ˷'twaːz] courteous, polite (to[wards], envers); **courtoisie** [˷twa'zi] *f* courtesy.

couru, e [ku'ry] 1. *p.p. of* courir; 2. *adj.* sought after; popular; ✝ accrued (*interest*); **courus** [˷] *1st p. sg. p.s. of* courir.

couseuse [ku'zøːz] *f* seamstress; stitcher (*of books*); stitching machine; **cousis** [˷'zi] *1st p. sg. p.s. of* coudre[1]; **cousons** [˷'zɔ̃] *1st p. pl. pres. of* coudre[1].

cousin[1] [ku'zɛ̃] *m* midge, gnat.

cousin[2] *m,* **e** *f* [ku'zɛ̃, ˷'zin] cousin; **cousinage** F [˷zi'naːʒ] *m* cousinship; cousinry; (poor) relations *pl.*

coussin [ku'sɛ̃] *m* cushion; pad; bolster; pillow (*of lacemaker*); **coussinet** [˷si'nɛ] *m* small cushion; ⊕ bearing; F bilberry, huckleberry; ⊕ ˷ à billes ball-bearings *pl.*; 🚂 ˷ de rail (rail-)chair.

cousu, e [ku'zy] 1. *p.p. of* coudre[1]; 2. *adj.* sewn; *fig.* ˷ d'or rolling in money; ˷-main hand-sewn.

coût [ku] *m* cost; ˷s *pl.* expenses; ˷ de la vie cost of living; **coûtant, e** [ku'tɑ̃, ˷'tɑ̃ːt] *adj.*: prix *m* ˷ cost price.

couteau [ku'to] *m* knife; ⚔ blade; être à ˷x tirés be at daggers drawn; **coutelas** [kut'la] *m* ⚔ cutlass; *cuis.* broad-bladed knife; *icht.* sword-fish; **coutelier** [kutə'lje] *m* cutler; **coutellerie** [˷tɛl'ri] *f* cutlery; cutlery works *usu. sg.*; cutler's shop.

coûter [ku'te] (1a) *vt/i.* cost; *v/i.:* ~ cher (peu) be (in)expensive; *coûte que coûte* at all costs; **coûteux, -euse** [~'tø, ~'tø:z] expensive, costly.
coutil *tex.* [ku'ti] *m* twill.
coutre [kutr] *m* ⚒ plough-share; (wood-)chopper.
coutume [ku'tym] *f* custom, habit; *avoir* ~ *de* be accustomed to; *comme de* ~ as usual; **coutumier, -ère** [~ty'mje, ~'mjɛ:r] customary; ⚖ unwritten (*law*).
couture [ku'ty:r] *f* sewing; dressmaking; seam (*a.* ⊕); F *fig.* angle, aspect; *battre q. à plate* ~ beat s.o. hollow; *haute* ~ high-class dressmaking; *maison f de haute* ~ fashion house; **couturier, -ère** [~ty'rje, ~'rjɛ:r] *su.* dressmaker; *su./f: thea. répétition f des* ~*ères* dress rehearsal.
couvain [ku'vɛ̃] *m* nest of insect eggs; brood-comb (*for bees*); **couvaison** [~vɛ'zɔ̃] *f* brooding time; incubation; **couvée** [~'ve] *f* eggs: clutch; *chicks:* brood.
couvent [ku'vɑ̃] *m* nuns: convent; *monks:* monastery.
couver [ku've] (1a) *v/t.* sit on (*eggs*); hatch (out) (*eggs*); ⚘ be sickening for; *fig.* hatch (*a plot*); *fig.* ~ *des yeux* not to take one's eyes off (*s.o., s.th.*); gloat over (*one's victim*); *v/i.* smoulder (*fire, a. fig.*); *fig.* brew (*storm*); *fig., a.* ⚘ develop, be developing.
couvercle [ku'vɛrkl] *m* lid, cover; ⊕ *a.* cap.
couvert, e [ku'vɛːr, ~'vɛrt] **1.** *p.p.* of *couvrir;* **2.** *adj.* covered; hidden; obscure; wooded (*country*); wearing one's hat; *rester* ~ keep one's hat on; **3.** *su./m* table things *pl.*; *restaurant:* cover-charge; shelter, cover(ing); *être à* ~ be sheltered, *fig.* be safe; *le vivre et le* ~ board and lodging; *mettre* (*ôter*) *le* ~ lay (clear) the table; *sous le* ~ *de* under the cover or pretext of; *su./f pottery:* glaze; **couverture** [~ver'ty:r] *f* covering; cover (*a.* ⚔, ✝); ⚒ roofing; rug, blanket; ✝ security; *fig. sous* ~ *de* under cover or cloak of.
couveuse [ku'vø:z] *f* sitting hen; incubator.
couvi [ku'vi] *adj./m* addled (*egg*).

couvre [ku:vr] *1st p. sg. pres. of couvrir;* ~**chef** [kuvrə'ʃɛf] *m* headgear, hat; ~**feu** [~'fø] *m* curfew; ~**joint** ⊕ [~'ʒwɛ̃] *m* wood: covering bead; *metall.* flat coverplate; *butt-joint:* welt; ~**lit** [~'li] *m* bedspread; ~**pied**(s), *pl.* ~**pieds** [~'pje] *m* coverlet; bedspread.
couvreur [ku'vrœ:r] *m* ⚒ roofer; *freemason:* tiler; **couvrir** [~'vri:r] (2f) *v/t.* cover (*a.* ⚔, ✝); ⚒ roof; *post:* refund; se ~ cover o.s. (*a. with honour etc.;* (put one's hat on); clothe o.s.); become overcast (*sky*) [*etc.*).)
crabe [krɑ:b] *m* crab.
crac! [krak] *int.* crack!
crachat [kra'ʃa] *m* spit; ⚘ sputum; F *star (of an Order),* **craché, e** F [~'ʃe] *adj.:* ce garçon est son père tout ~ this boy is the dead spit of his father; **cracher** [~'ʃe] (1a) *vt/i.* spit; *v/t.* F cough up, fork out (*money*); *v/i.* splutter (*pen*); **cracheur** *m,* **-euse** *f* [~'ʃœ:r, ~'ʃø:z] spitter; **crachoir** [~'ʃwa:r] *m* spittoon; F *tenir le* ~ do all the talking, hold the floor; **crachoter** [~ʃɔ'te] (1a) *v/i.* sputter.
crack *sp.* [krak] *m* crack (horse); champion; ace.
craie [krɛ] *f* chalk; (*a. bâton m de* ~) stick of chalk.
craindre [krɛ̃:dr] (4m) *v/t.* fear, be afraid of; ~ *de* (*inf.*) be afraid of (*ger.*); ✝ *craint l'humidité inscription:* keep dry or in a dry place; *je crains qu'il* (*ne*) *vienne* I am afraid he is coming or will come; *je crains qu'il ne vienne pas* I am afraid he will not come; **craignis** [krɛ'ɲi] *1st p. sg. p.s. of craindre;* **craignons** [~'ɲɔ̃] *1st p. pl. pres. of craindre;* **crains** [krɛ̃] *1st p. sg. pres. of craindre;* **craint, e** [krɛ̃, krɛ̃:t] **1.** *p.p.* of *craindre;* **2.** *su./f* fear, dread; *de* ~ *que* ... (*ne*) (*sbj.*) lest; **craintif, -ve** [krɛ̃'tif, ~'ti:v] timid, fearful.
cramoisi, e [kramwa'zi] *adj., a. su./m* crimson.
crampe ⚘ [krɑ̃:p] *f* cramp; **crampon** [krɑ̃'pɔ̃] *m* ⚒ cramp(-iron), staple; *boot sole:* stud; *horseshoe:* calk; ♀ crampon; ♀ tendril; F (clinging) bore; **cramponner** [~pɔ'ne] (1a) *v/t.* ⚒ clamp; calk (*a horseshoe*); F pester; buttonhole (*s.o.*); *se* ~ *à* cling to.

cran ⊕ [krã] *m* notch; *ratchet, rifle, etc.:* catch; *wheel:* cog; *geol., metall.* fault; F pluck, spirit; ⚔ *sl. C.B.* (= *confinement to barracks*); ~ d'arrêt stop.

crâne¹ [krɑ:n] *m* cranium, skull.

crâne² F [krɑ:n] plucky; jaunty; **crânement** F [krɑn'mã] *adv.* pluckily; jauntily; F jolly; **crânerie** [~'ri] *f* pluck, jauntiness, swagger.

crapaud [kra'po] *m* toad (*a. fig. pej.*); *zo.* grease; *tub* easy-chair; *piano:* baby-grand; F *fig.* brat, urchin; **crapaudière** [~po'djɛ:r] *f* toad-hole; swampy place; **crapaudine** [~po'din] *f* toadstone; ♀ ironwort; ⊕ grating; *bath:* waste hole; *cuis.* à la ~ boned and broiled, spatch-cocked.

crapule [kra'pyl] *f* debauchery; dissolute person; blackguard; *coll.* dissolute crowd; **crapuleux, -euse** [~py'lø, ~'lø:z] dissolute; filthy, lewd, foul.

craque F [krak] *f* tall story; fib.

craquelé, e [kra'kle] crackled (*china, glass*).

craquelin [kra'klɛ̃] *m* biscuit: cracknel; *stocking:* wrinkle; *fig.* shrimp of a man.

craquelure [kra'kly:r] *f* crack; fine cracks *pl.*

craquement [krak'mã] *m* crackling; creaking; *fingers:* crack; *snow:* crunching; **craquer** [kra'ke] (1m) *v/i.* crack, crackle; crunch (*snow*); squeak (*shoes etc.*); come apart at the seams (*clothes, a. fig.*); *fig.* give way; *v/t.* strike (*a match*); **craqueter** [krak'te] (1c) *v/i.* crackle; chirp (*cricket*); clatter (*stork*); **craqueur** *m*, **-euse** F [kra'kœ:r, ~'kø:z] teller of tall stories, fibber.

crash ⚔ [kraʃ] *m* crash-landing.

crasse [kras] 1. *adj./f* crass (*ignorance*); 2. *su./f* filth, dirt; *metall.* dross; meanness; F dirty trick; **crasseux, -euse** [kra'sø, ~'sø:z] dirty, filthy, F mean; **crassier** [~'sje] *m* slag-heap, tip.

cratère [kra'tɛ:r] *m* crater; ⚔ shell-hole.

cravache [kra'vaʃ] *f* hunting-crop, riding-whip.

cravate [kra'vat] *f* (neck)tie; ⚓ sling; ⊕ collar; *orn.* ruff; **cravater** [~va'te] (1a) *v/t.* put a tie on; ⊕ wind round; se ~ put one's tie on.

crawl *sp.* [kro:l] *m* crawl(-stroke).

crayeux, -euse [krɛ'jø, ~'jø:z] chalky; *geol.* cretaceous; **crayon** [~'jɔ̃] *m* pencil; pencil sketch; ✍ carbon-pencil; ~ à cils eyebrow pencil; ~ d'ardoise slate pencil; ~ (de rouge) à lèvres lipstick; ~-lèvres lip-pencil; **crayonnage** [~jɔ'na:ʒ] *m* pencil sketch; **crayonner** [~jɔ'ne] (1a) *v/t.* sketch; make a pencil note of, jot down.

créance [kre'ã:s] *f* belief, credence; confidence; † credit; *pol.* lettres *f/pl.* de ~ credentials; **créancier** *m*, **-ère** *f* [~ã'sje, ~'sjɛ:r] creditor.

créateur, -trice [krea'tœ:r, ~'tris] 1. *adj.* creative; 2. *su.* creator; inventor; † issuer; **création** [~'sjɔ̃] *f* creation (*a. bibl., cost., thea., a. fig.*); establishment; **créature** [~'ty:r] *f* creature; *fig.* tool; F person.

crécelle [kre'sɛl] *f* rattle; *fig.* chatterbox.

crèche [krɛʃ] *f* manger; crib (*a. eccl.*); crèche, day-nursery.

crédence [kre'dã:s] *f* sideboard; *eccl.* credence-table.

crédibilité [kredibili'te] *f* credibility.

crédit [kre'di] *m* credit (*a.* †, *a. fig.*); *parl.* sum (voted); prestige; *admin.* ~ municipal pawn-office; à ~ on credit; on trust; gratuitously; faire ~ à give credit to; **créditer** [~di'te] (1a) *v/t.:* ~ q. de credit s.o.'s account with (*a sum*); give s.o. credit for; **créditeur, -trice** [~di'tœ:r, ~'tris] 1. *su.* creditor; 2. *adj.* credit-...

credo [kre'do] *m/inv.* creed (*a. fig.*).

crédule [kre'dyl] credulous; **crédulité** [~dyli'te] *f* credulity.

créer [kre'e] (1a) *v/t.* create (*a. fig.*); † make out (*a cheque*), issue (*a bill*); *admin. etc.* appoint, make (*s.o. magistrate etc.*).

crémaillère [krema'jɛ:r] *f* pot-hook; ⊕ rack; ⚙ cog-rail; ⚙ (*a. chemin m de fer* à ~) rack-railway; F pendre la ~ give a house-warming (party).

crémation [krema'sjɔ̃] *f* cremation; **crématoire** [~'twa:r] crematory; four *m* ~ crematorium.

crème [krɛm] *f* cream (*a. fig.*); *cuis. a.* custard; *fig. the* best; ~ fouettée whipped cream; ~ glacée ice-cream; **crémer** [kre'me] (1f) *v/i.* cream; **crémerie** [krɛm'ri] *f* creamery,

dairy; small restaurant; crémeux, -euse [krɛˈmø, ˌˈmøːz] creamy; **crémier, -ère** [ˌˈmje, ˌˈmjɛːr] *su.* keeper of a small restaurant; *su./m* dairyman; *su./f* dairymaid; cream-jug.

crémone △ [kreˈmɔn] *f* casement bolt.

créneau [kreˈno] *m* △ loop-hole; look-out slit; **créneler** [krɛnˈle] (1c) *v/t.* △ crenel(l)ate (*a wall*); cut loop-holes in (*a wall*); ⊕ tooth, notch; mill (*a coin*); **crénelure** [ˌˈlyːr] *f* indentation; notches *pl.*; ⚜ crenel(l)ing.

créner *typ.* [kreˈne] (1f) *v/t.* kern; nick the shank of (*a type*).

créosotage △ *etc.* [kreɔzɔˈtaːʒ] *m* creosoting.

crêpage [krɛˈpaːʒ] *m* crimping.

crêpe¹ [krɛp] *m tex.* crape; crêpe (-rubber).

crêpe² *cuis.* [ˌ] *f* pancake.

crêper [krɛˈpe] (1a) *v/t.* frizz, crimp; F se ˌ le chignon tear each other's hair, fight (*women*).

crépi △ [kreˈpi] *m* rough-cast.

crépine [kreˈpin] *f* fringe; ⊕ *pump*: rose, strainer; **crépins** [ˌˈpɛ̃] *m/pl. shoemaker*: grindery *sg.*; **crépir** [ˌˈpiːr] (2a) *v/t.* crimp; △ rough-cast; pebble (*leather*); **crépissure** △ [ˌpiˈsyːr] *f* rough-cast.

crépitation [krepitaˈsjɔ̃] *f* crackle; ⚕ crepitation; **crépiter** [ˌˈte] (1a) *v/i.* crackle; sputter (*butter, etc.*); ⚕ crepitate.

crépon [kreˈpɔ̃] *m tex.* crépon; hairpad; **crépu, e** [ˌˈpy] fuzzy (*hair*); crinkled; **crépure** [krɛˈpyːr] *f hair*: frizzing, crimping.

crépuscule [krepysˈkyl] *m* twilight, dusk.

cresson [krɛˈsɔ̃] *m* (water)cress; *sl.* ne pas avoir de ˌ sur la fontaine have lost one's thatch (= *hair*).

crétacé, e *geol.* [kretaˈse] chalky, cretaceous.

crête [krɛːt] *f* △, *geog., zo., anat., helmet, wave*: crest; *mountain*: ridge, summit; *cock*: comb; *fig.* head; **crêté, e** *zo.* [krɛˈte] tufted, crested.

crétin *m,* **e** *f* [kreˈtɛ̃, ˌˈtin] ⚕ cretin; F fool; **crétinisme** ⚕ [ˌtiˈnism] *m* cretinism.

cretonne *tex.* [krɛˈtɔn] *f* cretonne.

creuser [krøˈze] (1a) *v/t.* hollow out; excavate; dig; sink (*a well*); plough, *Am.* plow (*a furrow*); *fig.* wrinkle; *fig.* hollow; se ˌ la tête (*or* la cervelle*) rack one's brains.

creuset ⊕ [krøˈzɛ] *m* crucible; *a. fig.* test, trial.

creux, creuse [krø, krøːz] **1.** *adj.* hollow, empty; sunken (*cheeks*); ⊕, ⚓ slack (*period*); *fig.* futile; assiette *f* creuse soup-plate; heures *f/pl.* creuses off-peak hours; **2.** *su./m* hollow; *stomach*: pit; *wave, graph*: trough; F bass voice; ˌ de la main hollow of the hand.

crevaison [krəvɛˈzɔ̃] *f* bursting (*a.* ⊕*, mot.*); *mot.* puncture; *sl.* death.

crevant, e F [krəˈvɑ̃, ˌˈvɑ̃ːt] boring; killing (*work*); very funny (*story*).

crevasse [krəˈvas] *f* crack; *wall*: crevice; *glacier*: crevace; *skin*: chap; *metal etc.*: flaw; **crevasser** [ˌvaˈse] (1a) *v/t.* crack; chap (*the skin*); se ˌ crack; chap (*skin*).

crève F [krɛːv] *f* death; **ˌ-cœur** [krɛvˈkœːr] *m/inv.* heart-ache, grief.

crever [krəˈve] (1d) *vt/i.* burst, split; *v/i.* F die (*animal*); F ˌ de faim starve; F ˌ de rire split one's sides with laughter; *v/t.* work *or* ride (*a horse*) to death; ˌ le cœur à q. break s.o.'s heart; F ˌ les yeux à q. be staring s.o. in the face, be obvious; se ˌ de travail work o.s. to death.

crevette *zo.* [krəˈvɛt] *f* shrimp; prawn.

cri [kri] *m* cry; shriek (*of horror, pain, etc.*); F fashion, style; *hinge, spring*: creak; *bird*: chirp; *mouse*: squeak; ˌ de guerre war-cry; F *pol. etc.* slogan; à ˌ *public* by public proclamation; ... dernier ˌ the latest thing in ...; pousser un ˌ (*or* des ˌs) scream; **criailler** [ˌaˈje] (1a) *v/i.* bawl; whine, F grouse; ˌ contre scold, rail at; **criaillerie** [ˌajˈri] *f* bawling; whining; scolding; **criant, e** [ˌˈɑ̃, ˌˈɑ̃ːt] glaring, crying; **criard, e** [ˌˈaːr, ˌˈard] **1.** *adj.* crying; shrill (*voice*); pressing (*debt*); loud (*colour*); **2.** *su.* bawler; *su./f* shrew.

crible [kribl] *m* sieve; ⊕, ⚒ screen; **cribler** [kriˈble] (1a) *v/t.* riddle; *fig.* overwhelm, cover (with, de); être criblé de dettes be over head and ears in debt; **cribleur** *m,* **-euse** *f* [ˌˈblœːr, ˌˈbløːz] riddler; ⊕, ⚒ screener; ⊕ screening machine;

criblure [ˌ'bly:r] *f* ✂ screenings *pl.*; siftings *pl.*
cric¹ ⊕ [krik] *m* jack.
cric²! [ˌ] *int.* crack!
cricri F [kri'kri] *m* cricket; chirping.
criée [kri'e] *f* auction; *vente f à la ~* sale by auction; **crier** [ˌ'e] (1a) *v/i.* cry, call out; scream; squeak (*door, hinge, mouse, shoes*); *v/t.* cry, proclaim; hawk (*wares*); shout (*abuses, orders*); **crieur, -euse** [ˌ'œːr, ˌ'øːz] *su.* shouter; hawker; *su./m thea.* call-boy.
crime [krim] *m* crime; ⚖ felony; *~ d'État* treason; *~ d'incendie* arson; **criminaliser** [kriminali'ze] (1a) *v/t.* refer (*a case*) to a criminal court; **criminaliste** [ˌ'list] *su.* criminologist; **criminalité** [ˌli'te] *f* criminal nature (*of an act*); *~ juvénile* juvenile delinquency; **criminel, -elle** [krimi'nɛl] 1. *adj.* criminal (*law, action*); guilty (*person*); 2. *su.* criminal, felon; *su./m* criminal action.
crin [krɛ̃] *m* horsehair; coarse hair; *~ végétal* vegetable horsehair; *fig. ... à tout ~* (*or tous ~s*) out and out ...; F *être comme un ~* be very touchy.
crincrin F [krɛ̃'krɛ̃] *m* fiddle; fiddler.
crinière [kri'njɛːr] *f* mane; *helmet:* (horse-)tail; F crop of hair.
crinoline [krinɔ'lin] *f* crinoline.
crique [krik] *f* creek, cove, small bay; ⊕ *metal:* flaw.
criquet [kri'kɛ] *m zo.* locust; *zo.* F cricket; F small pony; *sl. person:* shrimp.
crise ⚕, *pol., fig.* [kriːz] *f* crisis; ⚕ attack; shortage; *~ du logement* housing shortage; *~ économique* (*mondiale*) (world-wide) slump; *une ~ se prépare* things are coming to a head.
crispation [krispa'sjɔ̃] *f* puckering; ⚕ twitching; *pain:* wince; **crisper** [ˌ'pe] (1a) *v/t.* contract, clench; jar (*s.o.'s nerves*); contort (*one's face*); *se ~ a.* pucker up (*face*).
crisser [kri'se] (1a) *v/i.* grate, rasp; squeak (*brakes*); *~ des dents* grind one's teeth.
cristal [kris'tal] *m* crystal; crystal-glass; **cristallin, e** [ˌta'lɛ̃, ˌ'lin] 1. *adj.* crystalline; clear as crystal;

2. *su./m anat.* crystalline lens; **cristalliser** [ˌtali'ze] (1a) *vt/i.* crystallize.
critère [kri'tɛːr] *m* criterion, test; **critérium** *sp.* [ˌte'rjɔm] *m* selection match *or* race.
critique [kri'tik] 1. *adj.* critical; 2. *su./m* critic; *su./f* criticism; **critiquer** [ˌti'ke] (1m) *v/t.* criticize, find fault with; review (*a book*); censure; **critiqueur** *m*, **-euse** *f* [ˌti'kœːr, ˌ'køːz] fault-finder.
croasser [krɔa'se] (1a) *v/i.* croak (*raven, a. fig.*); caw (*crow, rook*).
croc [kro] *m* hook; ⊕ pawl; *zo.* fang.
croc-en-jambe, *pl.* **crocs-en-jambe** [krɔkɑ̃'ʒɑ̃:b] *m* trip (up); *donner* (*or faire*) *un ~ à q.* trip s.o. up.
croche [krɔʃ] *f* ♪ quaver; ⊕ *~s pl.* crook-bit tongs.
crochet [krɔ'ʃɛ] *m* hook; crochet-hook; skeleton key; *typ.* square bracket; *zo.* fang; *faire un ~* swerve; **crocheter** [krɔʃ'te] (1d) *v/t.* crochet; pick (*a lock*); *v/i. sp.* swerve; **crocheteur** [ˌ'tœːr] *m* thief: picklock; porter; **crochu, e** [krɔ'ʃy] hooked; crooked (*ideas*); *fig. avoir les mains ~es* be light-fingered (*thief*); be close-fisted.
crocodile [krɔkɔ'dil] *m zo.* crocodile; 🚂 audible warning system.
croire [krwaːr] (4n) *v/i.* believe (in, *à*; in God, *en Dieu*); *v/t.* believe; think; *~ q. intelligent* believe s.o. to be intelligent; *à l'en ~* according to him (her); *faire ~ qch. à q.* lead s.o. to believe s.th.; *s'en ~* be conceited.
crois [krwa] 1st p. sg. pres. of *croire*.
croîs [ˌ] 1st p. sg. pres. of *croître*.
croisade [krwa'zad] *f* crusade; **croisé, e** [ˌ'ze] 1. *adj.* crossed; folded (*arms*), double-breasted (*coat*); *tex.* twilled; *mots m/pl. ~s* crossword puzzle; 2. *su./m* crusader; *tex.* twill; *su./f* crossing; casement window; ⛪ *church:* transept; **croisement** [krwaz'mɑ̃] *m* crossing; intersection; *animals:* interbreeding; cross(-breed); **croiser** [krwa'ze] (1a) *v/t.* cross (*a.* ⚕, *biol.*); fold (*one's arms*); cross (*s.th.*) out; *tex.* twill; *v/i.* fold over; ⚓ cruise; **croiseur** [ˌ'zœːr] *m* cruiser; **croisière** ⚓ [ˌ'zjɛːr] *f* cruise; cruising fleet; *fig.* journey; 🚦 intersection; **croisillon** [ˌzi'jɔ̃] *m* cross-piece; ⊕ star-handle.

croissance [krwa'sã:s] *f* growth; **croissant, e** [~'sã, ~'sã:t] **1.** *adj.* waxing (*moon*); **2.** *su./m moon*: crescent; *cuis.* croissant; ⚔ *lune;* **croissons** [~'sɔ̃] *1st p. pl. pres. of croître.*

croisure [krwa'zy:r] *f tex.* twill weave; *cost.* cross-over.

croître [krwa:tr] (4o) *v/i.* grow; increase; wax (*moon*); lengthen (*days, shadows*).

croix [krwa] *f* cross (*a. decoration; fig.* = *trial, affliction*); *typ.* dagger, obelisk; ~ *de Lorraine* cross of Lorraine; ✠ ♀-*Rouge* Red Cross; *en* ~ crosswise; *fig. avec la* ~ *et la bannière* with great ceremony.

croquant¹, e [krɔ'kã, ~'kã:t] **1.** *adj.* crisp; **2.** *su./m cuis.* gristle.

croquant² [krɔ'kã] *m* F clodhopper; unimportant person.

croque au sel [krɔkoˈsɛl] *adv.*: *manger à la* ~ eat (*s.th.*) with salt only.

croque...: ~-mitaine F [krɔkmi'tɛn] *m* bog(e)y man; **~-monsieur** *cuis.* [~mə'sjø] *m/inv.* toasted ham and cheese sandwich; **~-mort** F [~'mɔ:r] *m* undertaker's mute; **~-note** F *pej.* [~'nɔt] *m* third-rate musician.

croquer [krɔ'ke] (1m) *vt/i.* crunch; *v/t.* munch; sketch; *fig.* gobble up; ♪ leave out (*notes*); ⚓ hook; F ~ *le marmot* cool one's heels; F *joli à* ~ pretty enough to eat.

croquet¹ *sp.* [krɔ'ke] *m* croquet.

croquet² [krɔ'ke] *m* crisp almond-covered biscuit; F snappy person; **croquette** *cuis.* [~'kɛt] *f* croquette, rissole.

croquis [krɔ'ki] *m* sketch.

cross-country *sp.* [krɔskœn'tri] *m* cross-country running.

crosse [krɔs] *f* crook (*a. eccl.*); *eccl.* crozier; *gun:* butt; ⊕ *piston:* crosshead; *sp. golf:* club; *hockey:* stick.

crotale [krɔ'tal] *m antiquity:* crotalum; *zo.* rattlesnake, *Am.* rattler.

crotte [krɔt] *f* mud, dirt; *animal:* dung; *une* ~ *de chocolat* a chocolate; **crotter** [krɔ'te] (1a) *v/t.* dirty; **crottin** [~'tɛ̃] *m* horse-dung; droppings *pl.*

croulant, e [kru'lã, ~'lã:t] **1.** *adj.* tumble-down; ramshackle; **2.** *su./m: vieux* ~ old fossil; ~s *pl.* old people;

crouler [~'le] (1a) *v/i.* totter, crumble; collapse.

croup ✠ [krup] *m* croup.

croupade [kru'pad] *f horsemanship:* croupade; **croupe** [krup] *f animal:* croup, rump; *hill:* crest, brow; ⚠ hip; *en* ~ behind (the rider); ⚠ hipped; **croupetons** [~'tɔ̃] *adv.: à* ~ crouching, squatting; **croupi, e** [kru'pi] stagnant (*water*); *fig.* sunk (in, *dans*); **croupier** ✝ [~'pje] *m* broker's backer; *casino:* croupier; **croupière** [~'pje:r] *f* crupper; ⚓ *en* ~ by the stern; *fig. tailler des* ~s *à* make things difficult for; follow (*the enemy*) in close pursuit; **croupion** [~'pjɔ̃] *m bird:* rump; F *chicken etc.*: parson's nose; *mammifers:* tail-base; *person:* coccyx; **croupir** [~'pi:r] (2a) *v/i.* stagnate (*water*); grow stale (*air*); *fig.* wallow, be sunk (*person*).

croustade *cuis.* [krus'tad] *f* pie, pasty; **croustillant, e** [krusti'jã, ~'jã:t] crisp; short (*pastry*); crusty (*bread etc.*); *fig.* spicy (*story*); attractive (*woman*); **croustiller** [~'je] (1a) *v/i.* nibble crusts (*with wine*); crunch (*food*); **croûte** [krut] *f* crust (*a.* ✠); *cheese:* rind; ✠ scab; F daub (= *poor picture*); *fig. pej.* old fossil; *pej.* dunce; F *casser la* ~ have a snack; **croûter** F [kru'te] (1a) *v/i.* eat, feed; **croûteux, -euse** ✠ [~'tø, ~'tø:z] covered with scabs; **croûton** [~'tɔ̃] *m* piece of crust; *sl.* dauber (= *poor painter*); *fig. pej.* old fossil.

croyable [krwa'jabl] believable; trustworthy (*person*); **croyance** [~'jã:s] *f* belief; faith; **croyant, e** [~'jã, ~'jã:t] **1.** *adj.* believing; **2.** *su.* believer; *les* ~s *m/pl.* the faithful; **croyons** [~'jɔ̃] *1st p. pl. pres. of croire.*

cru¹, crue [kry] raw; uncooked; *fig.* broad; ~ *à l'estomac* indigestible.

cru² [~] *m* wine-region; 🌱 vineyard; *fig.* soil; F locality; *de mon* ~ of my own (invention).

cru³, crue [~] *p.p. of croire.*

crû, crue, *m/pl.* **crus** [~] *p.p. of croître.*

cruauté [kryo'te] *f* cruelty (to, *envers*).

cruche [kryʃ] *f* jug, pitcher; *sl.* dolt, duffer; **cruchon** [kry'ʃɔ̃] *m* small jug; *beer:* mug; *sl.* dolt, duffer.

crucial 132

crucial, e, *m/pl.* **-aux** [kry'sjal, ~'sjo] crucial (*a. fig.*), cross-shaped; **crucifiement** [krysifi'mɑ̃] *m* crucifixion; **crucifier** [~'fje] (1o) *v/t.* crucify; **crucifix** [~'fi] *m* crucifix; **crucifixion** [~fik'sjɔ̃] *f* crucifixion; **cruciforme** [~'fɔrm] cruciform, cross-shaped.

crudité [krydi'te] *f* crudity; coarseness (*of an expression*); indigestibility (*of food*); ~s *pl.* offensive or gross passages *or* words; *cuis.* raw vegetables.

crue [kry] *f water*: swelling, rise; flood; **en ~** in spate, in flood (*river*).

cruel, -elle [kry'ɛl] cruel (to, envers).

crûment [kry'mɑ̃] *adv.* of cru¹.

crus [kry] *1st p. sg. p.s.* of croire.

crûs [~] *1st p. sg. p.s.* of croître.

crusse¹ [krys] *1st p. sg. impf. sbj.* of croire.

crusse² [~] *1st p. sg. impf. sbj.* of croître.

crustacé *zo.* [krysta'se] *m* crustacean, F shellfish.

crypte 🏛, ⚕, *anat.* [kript] *f* crypt.

crypto... [kriptɔ] crypto...

cubage [ky'baːʒ] *m* cubic content.

cubain, e [ky'bɛ̃, ~'bɛn] *adj., a. su.* ♀ Cuban.

cube [kyb] **1.** *su./m* ♀ cube; cubic space; ~s *pl. toy*: building blocks, bricks; **2.** *adj.* cubic; **cuber** ♀ [ky'be] (1a) *v/t.* cube; find the cubic contents of; have a cubic content of.

cubilot *metall.* [kybi'lo] *m* smelting cupola.

cubique [ky'bik] **1.** *adj.* cubic; ♀ *racine f ~* cube root; **2.** *su./f* ♀ cubic (curve); **cubisme** *paint.* [~'bism] *m* cubism; **cubiste** *paint.* [~'bist] *su., a. adj.* cubist.

cubitus *anat.* [kybi'tys] *m* cubitus, ulna.

cueillaison [kœje'zɔ̃] *f* picking, gathering; **cueille** [kœːj] *1st p. sg. pres.* of cueillir; **cueillerai** [kœj're] *1st p. sg. fut.* of cueillir; **cueillette** [kœ'jɛt] *f* picking, gathering; **cueillir** [~'jiːr] (2c) *v/t.* gather, pick; *fig.* win; *fig.* snatch, steal (*a kiss*); *sl.* nab; **cueilloir** [kœj'waːr] *m* fruit-basket; *tool*: fruit-picker.

cuiller, cuillère [kɥi'jɛːr] *f* spoon; ⊕ *tool*: spoon-drill; ⊕ scoop; *sl.* fin (= *hand*); **~ à bouche** tablespoon; **~ à café** coffee-spoon; **~ à dos d'âne** heaped spoon; **~ à pot** ladle; **cuillerée** [kɥij're] *f* spoonful.

cuir [kɥiːr] *m* leather; *razor*: strop; *animal*: hide; F faulty liaison (*in speech*); **~ chevelu** scalp; **~ de Russie** Russia (leather); F *faire un ~* drop a brick (= *make an incorrect liaison*); **cuirasse** [kɥi'ras] *f* breast-plate, cuirass; ⚓, *zo.* armo(u)r; **cuirassé, e** [kɥira'se] **1.** *adj.* armo(u)red, armo(u)r-plated; **2.** *su./m* battleship; **cuirasser** [~'se] (1a) *v/t.* put a cuirass on (*s.o.*); ⚓ armo(u)r; ⊕ protect; *fig.* harden; **cuirassier** ⚔ [~'sje] *m* cuirassier.

cuire [kɥiːr] (4h) *v/t.* cook; bake (*bread*); fire (*bricks, pottery*); boil (*sugar*); **~ à l'eau** boil; **~ au four** bake, roast; *v/i.* cook; smart (*eyes etc.*); be stifling (*room*); *il lui en cuira* he'll be sorry for it; *faire ~* cook (*s.th.*); **cuisant, e** [kɥi'zɑ̃, ~'zɑ̃ːt] smarting; *fig.* bitter (*cold, disappointment*); burning (*desire*); **cuiseur** [~'zœːr] *m* burner.

cuisine [kɥi'zin] *f* kitchen; ⚔ cookhouse; ⚓ galley; cookery; cooking; ⚔ *roulante* field-kitchen; *faire la ~* do the cooking; **cuisiner** [~zi'ne] (1a) *vt/i.* cook; *v/t. fig.* F grill (*s.o.*); F cook (*accounts etc.*); **cuisinier, -ère** [~zi'nje, ~'njɛːr] *su.* cook; *su./f* (gas, electric) cooker.

cuisis [kɥi'zi] *1st p. sg. p.s.* of cuire; **cuisons** [~'zɔ̃] *1st p. pl. pres.* of cuire.

cuissard [kɥi'saːr] *m armour*: cuisse; ⊕ (water-)leg; **cuisse** [kɥis] *f* thigh; *cuis. chicken*: leg; **cuisseau** *cuis.* [kɥi'so] *m veal*: fillet of leg.

cuisson [kɥi'sɔ̃] *f* cooking; baking; *sugar*: boiling; *bricks etc., a. fig.*: burning.

cuissot [kɥi'so] *m venison*: haunch.

cuistre [kɥistr] *m* † vulgar pedant; F cad.

cuit, e [kɥi, kɥit] **1.** *p.p.* of cuire; **2.** *su./f* ⊕ *bricks etc.*: baking, firing; *sugar*: boiling; batch (*of baked things*); F *prendre une ~* get tight (= *drunk*); **cuiter** *sl.* [kɥi'te] (1a) *v/t.*: *se ~* get drunk.

cuivre [kɥiːvr] *m* copper; **~ jaune** brass; ♩ **~s** *pl.* brass *sg.*; **cuivré, e** [kɥi'vre] copper-colo(u)red; bronzed (*complexion*); *fig.* metallic (*voice*);

brassy, blaring; **cuivrer** [ˌ‿'vre]
(1a) *v/t.* copper; bronze; ♪ blare;
cuivreux, -euse [ˌ‿'vrø, ˌ‿'vrø:z]
coppery; ⊕ cupreous (*ore*); ⚕
cuprous; *fig.* blaring.
cul V [ky] *m* backside, V arse;
animal: haunches *pl.*; F bottom
(*of an object*); *cart*: tail; **culasse**
[ky'lɑs] *f* ⚔ breech; ⚙ yoke, heel-
piece; *mot.* detachable cylinder-
head.
culbute [kyl'byt] *f* somersault;
tumble, F purler; *sl.* failure; F *faire
la* ~ ✝ fail; *pol.* fall; F make a scoop;
culbuter [ˌ‿by'te] (1a) *v/i.* turn a
somersault; topple over; tumble;
F ✝ fail; F *pol.* fall; *v/t.* throw over;
overthrow (*a. pol.*); upset; knock
head over heels; tip; **culbuteur**
[ˌ‿by'tœ:r] *m* tipping device; *mot.*
rocker-arm, valve-rocker; ⚙ tum-
bler.
cul...: ~**-de-jatte**, *pl.* ~**s-de-jatte**
[kyd'ʒat] *m* legless cripple; ~**-de-
lampe**, *pl.* ~**s-de-lampe** [ˌ‿'lɑ̃:p]
m △ pendant; △ bracket, corbel;
typ. tail-piece; ~**-de-sac**, *pl.* ~**s-
de-sac** [ˌ‿'sak] *m* blind alley (*a fig.*).
culée [ky'le] *f* △ abutment; ⚓
stern-way; **culer** [ˌ‿'le] (1a) *v/i.* go
backwards, back; ⚓ veer astern
(*wind*); ⚓ make stern-way; **culière**
[ˌ‿'ljɛ:r] *f* crupper.
culinaire [kyli'nɛ:r] culinary.
culminant, e [kylmi'nɑ̃, ˌ‿'nɑ̃:t]
astr. culminant; *point m* ~ highest
point; *glory, power*: height; *power*:
zenith; **culmination** *astr.* [ˌ‿na-
'sjɔ̃] *f* culmination; **culminer** [ˌ‿'ne]
(1a) *v/i.* culminate, reach the high-
est point (*a. fig.*).
culot [ky'lo] *m metall.* slag, residue;
⊕ *furnace*: baffle-plate; *cartridge*:
base; *animal*: last born; last hatched
chick; F baby of the family; F
cheek, nerve, impudence; *tobacco-
pipe*: dottle; F *avoir du* ~ have a
lot of cheek; **culotte** [ˌ‿'lɔt] *f*
breeches *pl.*; trousers *pl.*, *Am.*
pants *pl.*; knickers *pl.* (*for women*);
beef: rump; ⊕ breeches pipe, Y
pipe; ⚔ F ~ *de peau* old officer who
has risen from the ranks; F *porter
la* ~ wear the breeches; F *prendre
une* ~ *cards etc.*: lose heavily; *sl.* get
tight (= *drunk*); **culotter** [kylɔ'te]
(1a) *v/t.* breech (*s.o.*); season (*a
pipe*); *sl.* swot at (*s.th.*); *se* ~ put
one's trousers on; season, mellow
(*pipe*); *sl.* get tight (= *drunk*); **cu-
lottier** [ˌ‿'tje] *m* breeches-maker.
culpabilité [kylpabili'te] *f* guilt.
culte [kylt] *m* worship; creed, cult;
fig. fetish; **cultivable** [kylti'vabl]
arable; **cultivateur, -trice** [ˌ‿va-
'tœ:r, ˌ‿'tris] **1.** *su.* cultivator; farm-
er; *su./m* cultivator, light plough;
2. *adj.* farming; **cultivé, e** [ˌ‿'ve] ✓
cultivated; *fig.* cultured; **cultiver**
✓ [ˌ‿'ve] (1a) *v/t.* cultivate (*a. fig.*);
farm, till.
culture [kyl'ty:r] *f* ✓ cultivation
(*a. fig.*), farming, tilling; *fish etc.*:
breeding; *fig.* culture (*a. of bacteria*);
✓ ~**s** *pl.* crops, cultivated land *sg.*;
~ *physique* physical culture; **cul-
turel, -elle** [ˌ‿ty'rɛl] cultural.
cumin ♣ [ky'mɛ̃] *m* cum(m)in.
cumul [ky'myl] *m* plurality (*of
offices*); ⚖ consecutiveness (*of sen-
tences*); **cumulard** *pej.* [kymy'la:r]
m pluralist; **cumuler** [ˌ‿'le] (1a) *v/t.*
hold a plurality of (*offices*); cumu-
late (*proofs*); *v/i.* pluralize, hold a
plurality of offices.
cupide [ky'pid] greedy, covetous;
cupidité [ˌ‿pidi'te] *f* greed, cupid-
ity.
cuprifère [kypri'fɛ:r] copper-bear-
ing.
curable [ky'rabl] curable; **curage**
[ˌ‿'ra:ʒ] *m teeth*: picking; *drain etc.*:
clearing (out); ~**s** *pl.* dirt *sg.*; **cura-
telle** ⚖ [kyra'tɛl] *f* trusteeship,
guardianship; **curateur, -trice**
[ˌ‿'tœ:r, ˌ‿'tris] *su.* ⚖ trustee; guard-
ian (*of a minor*); committee (*of a
lunatic*); *su./m* administrator; *su./f*
administratrix; **curatif, -ve** [ˌ‿'tif,
ˌ‿'ti:v] *adj., a. su./m* curative; **cure**
[ky:r] *f* care; ⚕, *eccl.* cure; *eccl.*
living; ~ *de rajeunissement* rejuvena-
tion; ~ *de repos* rest cure.
curé [ky're] *m* parish priest; (An-
glican) vicar, rector.
cure-dent [kyr'dɑ̃] *m* toothpick.
curée [ky're] *f hunt.* deer's entrails
pl. given to the hounds; *fig.* ~ *des
places* scramble for office.
cure...: ~**-ongles** [kyr'rɔ̃:gl] *m/inv.*
nail-cleaner; ~**-oreille** [kyrɔ'rɛ:j]
m ear-pick; ~**-pipe** [kyr'pip]
m pipe-cleaner.
curer [ky're] (1a) *v/t.* clean (out);
pick (*one's teeth etc.*); dredge (*a
river*); **curetage** [kyrta:ʒ] *m* scrap-

cureur

ing; ✂ curetting; **cureur** [ky'rœːr] *m* cleaner.

curial, e, *m*/*pl.* **-aux** *eccl.* [ky'rjal, ~'rjo] of the parish priest, curé's ...;
curie *eccl.* [~'ri] *f* curia.

curieux, -euse [ky'rjø, ~'rjøːz] **1.** *adj.* curious; interested; inquisitive; odd; **2.** *su.* sight-seer; interested person; *su.*/*m* the odd thing (about, de); **curiosité** [~rjozi'te] *f* curiosity; ~s *pl.* sights (*of a town*).

curiste [ky'rist] *su.* patient taking a cure.

curseur ⊕ [kyr'sœːr] *m* slide; runner (*a.* ✒).

cursif, -ve [kyr'sif, ~'siːv] **1.** *adj.* cursive; cursory; **2.** *su.*/*f* writing: cursive, running hand; *typ.* script.

cuscute ♀ [kys'kyt] *f* dodder.

cuspide ♀ [kys'pid] *f* cusp; **cuspidé, e** ♀ [~pi'de] cuspidate.

custode [kys'tɔd] *f eccl.* altar-curtain; pyx-cloth; custodial (*for host*); *mot.* ~ arrière rear-window.

cutané, e [kyta'ne] cutaneous; (*disease*) of the skin.

cuvage [ky'vaːʒ] *m*, **cuvaison** [~vɛ-'zɔ̃] *f* fermenting in vats; vat room; **cuve** [kyːv] *f* vat; ⊕ tank; cistern; *mot.* float-chamber; **cuveau** [ky'vo] *m* small vat; small tank; **cuvée** [~'ve] *f* vatful; *wine*: growth.

cuveler [ky'vle] (1c) *v*/*t.* line (*a shaft etc.*).

cuver [ky've] (1a) *vt*/*i.* ferment, work; **cuvette** [~'vɛt] *f* wash-basin; bowl; *geol., geog.* basin; *phot.* dish; *W.C.*: pan, bowl; *barometer*: cup; *thermometer*: bulb; *watch*: cap; ⊕ *ball-bearing*: race; ball-socket; **cuvier** [~'vje] *m* wash-tub.

cyanose [sja'noːz] *f* ✂ cyanosis; *min.* cyanose; **cyanuration** [~nyra'sjɔ̃] *f* cyanidization; **cyanure** ♑ [~'nyːr] *m* cyanide.

cyclable [si'klabl] for cyclists; *piste f* ~ cycle-path.

cyclamen ♀ [sikla'mɛn] *m* cyclamen.

cycle [sikl] *m* cycle (*a. fig.*); **cyclique** [si'klik] cyclic(al); **cyclisme** *sp.* [~'klism] *m* cycling; **cycliste** [~'klist] **1.** *su.* cyclist; **2.** *adj.* cycling.

cyclo... [siklɔ] cyclo...; **cycloïde** ♊ [~'id] *f* cycloid; **cyclomoteur** [~mɔ'tœːr] *m* moped, auto-cycle; **cyclomotoriste** [~mɔtɔ'rist] *su.* moped-rider.

cyclone *meteor.* [si'klɔn] *m* cyclone.

cyclotourisme [siklɔtu'rism] *m* cycle-touring, touring on (bi)cycles.

cyclotron *phys.* [siklɔ'trɔ̃] *m* cyclotron.

cygne *orn.* [siɲ] *m* swan.

cylindrage [silɛ̃'draːʒ] *m* rolling (*a.* ⊕); *tex.* calendering; **cylindre** ⊕ [~'lɛ̃ːdr] *m* cylinder; roller; **cylindrée** *mot.* [silɛ̃'dre] *f* cylinder charge; **cylindrer** [~'dre] (1a) *v*/*t.* roll; *tex.* calender; **cylindrique** [~'drik] cylindrical.

cymbale ♪ [sɛ̃'bal] *f* cymbal; **cymbalier** [~ba'lje] *m* cymbalist.

cynique [si'nik] **1.** *adj.* cynical; *phls.* cynic; *fig.* shameless; **2.** *su.*/*m phls.* cynic; *fig.* shameless person; **cynisme** [~'nism] *m phls.* cynicism; *fig.* effrontery.

cynocéphale *zo.* [sinɔse'fal] *m* cynocephalus, dog-faced baboon.

cyprès ♀ [si'prɛ] *m* cypress; **cyprière** [~pri'ɛːr] *f* cypress-grove.

cyprin *icht.* [si'prɛ̃] *m* carp.

cystite ✂ [sis'tit] *f* cystitis.

D

D, d [de] *m* D, d.

da [da]: *oui-da!* yes indeed!

dactylo F [dakti'lo] *su. person*: typist; *su.*/*f* typing; **~graphe** [daktilɔ-'graf] *su.* typist; **~graphie** [~gra'fi] *f* typing, typewriting; **~graphier** [~gra'fje] (1o) *v*/*t.* type.

dada F [da'da] *m ch.sp.* gee-gee; *fig.* hobby(-horse).

dadais F [da'dɛ] *m* simpleton.

dague [dag] *f* dagger; ⚓ dirk; ⊕ scraping-knife; *zo. deer*: first antler; *wild boar*: tusk.

daguet *hunt.* [da'gɛ] *m* brocket.

daigner [de'ɲe] (1b) *v*/*t.* deign (to *inf.*), condescend (to *inf.*).

daim [dɛ̃] *m zo.* deer; buck; ✝ buckskin; en ~ suède (*gloves*).

daine *zo.* [dɛn] *f* doe.

dais [dɛ] *m* canopy.

dallage [da'laːʒ] *m* paving; flagging; tiled floor; **dalle** [dal] *f* paving-

datte

stone; flagstone; floor tile; *sl.* throat; **daller** [da'le] (1a) *v/t.* pave; tile (*the floor*).
daltonien, -enne ⚕ [daltɔ'njɛ̃, ~'njɛn] **1.** *adj.* colo(u)r-blind; **2.** *su.* colo(u)r-blind person; **daltonisme** ⚕ [~'nism] *m* colo(u)r-blindness.
dam †, *a. co.* [dɑ̃] *m* hurt, prejudice.
damas [da'mɑ] *m* Damascus blade; *tex.* damask; ♀ damson; **damasquiner** [~maski'ne] (1a) *v/t.* damascene; **damasser** [~mɑ'se] (1a) *v/t.* damask; *acier m damassé* Damascus steel.
dame[1] [dam] *f* ⊕ *canal*: dam; *metall.* dam-stone.
dame[2] [dam] **1.** *su./f* lady (*a. chess*); *cards, chess*: queen; *draughts*: king; ⊕ (paving) beetle; rammer; ~ *de charité* lady visitor; ♀s *pl.* Ladies (= *toilet*); *jeu m de* ~s *draughts, Am.* checkers; **2.** *int.* indeed!; of course!; **~-jeanne,** *pl.* **~s-jeannes** [~'ʒan] *f* demijohn; **damer** [da'me] (1a) *v/t.* crown (*a piece at draughts*); ⊕ ram (*the earth etc.*); *fig.* ~ *le pion à* outdo *or* outwit (*s.o.*).
damier [da'mje] *m* draught-board, *Am.* checker-board; *tex. à* ~ chequered, checked.
damnable [dɑ'nabl] *fig.* detestable, damnable; *eccl.* deserving damnation; **damnation** [~na'sjɔ̃] *f* damnation; **damner** [dɑ'ne] (1a) *v/t.* damn; F *faire* ~ *q.* drive *s.o.* crazy.
damoiseau [damwa'zo] *m* † squire; F fop; **damoiselle** † [~'zɛl] *f* damsel.
dancing [dɑ̃'siŋ] *m* public dancehall; supper-club.
dandin F [dɑ̃'dɛ̃] *m* simpleton; **dandiner** [~di'ne] (1a) *v/t.* dandle; *se* ~ waddle; strut.
danger [dɑ̃'ʒe] *m* danger; ~ *de mort!* danger of death!; *en* ~ *de mort* in danger of one's life; **dangereux, -euse** [dɑ̃ʒ'rø, ~'røːz] dangerous (to, *pour*).
danois, e [da'nwɑ, ~'nwɑːz] **1.** *adj.* Danish; **2.** *su./m ling.* Danish; *zo.* great Dane; *su.* ♀ Dane; *les* ♀ *m/pl.* the Danes.
dans [dɑ̃] *prp. usu.* in (*the street, the house, a moment, a month, the morning, the past*); *place*: within (*the limits*); among (*the crowd*); *direction*: into; *time*: within (*an hour*), during; *condition*: in; with; under (*these circumstances, the necessity*); *source, origin*: out of, from; ~ *la ville* (with)in the town; *entrer* ~ *une pièce* enter a room; ~ *Racine* in Racine; *mettre qch.* ~ *un tiroir* put s.th. in(to) a drawer; ~ *le temps* formerly; *périr* ~ *un accident* be killed in an accident; ~ *le commerce* in trade; ~ *l'embarras* embarrassed; ~ *l'intention de* (*inf.*) with the intention of (*ger.*); *faire qch.* ~ *la perfection* do s.th. to perfection; *avoir foi* ~ have confidence in; *consister* ~ consist of; *puiser* (*boire, manger*) ~ draw (drink, eat) from; *prendre* ~ take from *or* out of.
dansant, e [dɑ̃'sɑ̃, ~'sɑ̃ːt] dancing; springy (*step*); lively (*tune*); *thé m* ~ tea-dance, thé dansant; **danse** [dɑ̃ːs] *f* dance; dancing; *fig.* F battle; *sl.* thrashing; ⚕ *de Saint-Guy* St. Vitus' dance; ~ *macabre* Dance of Death; *salle f de* ~ ballroom; **danser** [dɑ̃'se] (1a) *v/t.* dance; dandle (*a baby*); *v/i.* dance; prance (*horse*); *faire* ~ *q.* dance with s.o.; *fig.* F lead s.o. a dance; **danseur, -euse** [~'sœːr, ~'søːz] *su.* dancer; (dance-)partner; balletdancer; ~ *de corde* tight-rope dancer; *su./f* ballerina; **dansotter** F [~sɔ'te] (1a) *v/i.* hop, skip.
danubien, -enne *geog.* [dany'bjɛ̃, ~'bjɛn] Danubian.
dard [daːr] *m* † javelin, dart; *zo.* bee *etc.*: sting (*a. fig.*); *sun*: piercing ray; *flame*: tongue; ♀ pistil; *icht.* dace; **darder** [dar'de] (1a) *v/t.* hurl; shoot forth; *icht.* spear; *fig.* shoot (*a glance*) (at, *sur*).
dare-dare F [dar'daːr] *adv.* posthaste, at top speed.
darne *cuis.* [darn] *f fish*: slice, steak.
darse ⚓ [dars] *f Mediterranean*: inner harbo(u)r, wet dock.
dartre [dartr] *f* ⚕ dartre; scurf; *metall.* scab; **dartreux, -euse** [dar'trø, ~'trøːz] ⚕, *metall.* scabby; ⚕ herpetic.
date [dat] *f* date; *de longue* ~ of long standing; *en* ~ *de...* dated ...; *être le premier en* ~ come first; *faire* ~ mark an epoch; **dater** [da'te] (1a) *v/i.* date (from, de); *à* ~ *de ce jour* from today; from that day; *cela date de loin* it goes a long way back; *v/t.* date (*a letter*).
datte ♀, ✶ [dat] *f* date; *sl. des* ~s!

dattier 136

not on your life!, *Am.* no dice!;
dattier ♀ [da'tje] *m* date-palm.
daube *cuis.* [do:b] *f* stew; *en* ~
stewed, braised.
dauber[1] F [do'be] (1a) *v/t.* beat
(*s.o.*); jeer at (*s.o.*); *v/i.*: ~ *sur q.* pull
s.o. to pieces behind his back.
dauber[2] *cuis.* [do'be] (1a) *v/t.* stew,
braise; **daubière** *cuis.* [~'bjɛ:r] *f*
stew-pan, braising-pan.
dauphin [do'fɛ̃] *m zo.* dolphin; *hist.*
Dauphin (= *eldest son of French
king*); △ gargoyle; **dauphine** *hist.*
[~'fin] *f* Dauphiness, wife of the
Dauphin; **dauphinelle** ♀ [~fi'nɛl]
f delphinium.
davantage [davã'ta:ʒ] *adv.* more
(and more); longer (*space, time*).
davier [da'vje] *m* ⚕ (extraction) forceps; ⊕ cramp; ⚓ davit.
de [də] *prp. usu. of; material:* (made)
of (*wood*), in (*velvet*); *cause:* of
(*hunger*), from (*exhaustion*); with,
for (*pain, joy*); *origin:* from (*France,
the house*), out of; *distance:* of, from;
direction: to (*the station*); *place:* at,
in; *time:* by (*day, night*); in; for
(*ten month*), *agent, instrument:* with
(*a stick*); by (*name*); in (*a low voice*);
on; *manner:* in (*this way*); *measure,
comparison:* by; *price:* for; *partitive
article: du pain* (some) bread; ~ *la
viande* (some) meat; *des légumes*
vegetables; *un litre* ~ *vin* a litre of
wine; *une douzaine* ~ *bouteilles* a
dozen bottles; *la ville* ~ *Paris* (the
city of) Paris; *le mois* ~ *janvier*
January; *assez* ~ enough; *beaucoup*
~ *much* (*money*), many (*things*);
moins ~ less; *pas* ~ no; *peu* ~ few;
plus ~ more; *tant* ~ so much, so
many; *trop* ~ too much, too many;
qch. ~ *rouge* s.th. red; *genitive,
possession: mon père* ~ *of* my father,
my father's; ~ *la table* of the table;
le journal d'hier yesterday's paper;
les œuvres ~ *Molière* Molière's
works; *matériaux* ~ *construction*
building materials; *membre du
Parlement* Member of Parliament;
habitant des villes city-dweller;
le meilleur élève ~ *la classe* the best
pupil in the class; *souvenirs d'enfance* childhood memories; *amour
(crainte)* ~ love (fear) of; *chapeau* ~
paille straw hat; *une robe* ~ *soie
rouge* a dress in red silk; *mourir* ~
cancer (fatigue) die of cancer (from

fatigue); ~ *haut en bas* from top to
bottom; *tirer qch.* ~ *sa poche* take
s.th. out of *or* from one's pocket;
saigner du nez bleed from the nose;
à trois milles ~ distance at a distance
of three miles; ~ ... *à* ... from ... to
...; between ... and ...; *prendre la
route (le train)* ~ Bordeaux take the
Bordeaux road (train); *près* ~ near,
close to; *d'un côté* on one side; ~ *ce
côté* on this side; ~ *nos jours* in our
times; ~ *ma vie* in my lifetime; *du
temps* ~ *Henri IV* in the days of
Henry IV; *à 2 heures* ~ *l'après-midi* at 2 p.m.; *avancer (retarder)*
~ *5 minutes* be 5 minutes fast (slow)
(*watch*); *vêtir (couvrir, orner)* ~
clothe (cover, decorate) with; *se
nourrir (vivre)* ~ feed (live) on; *frapper (toucher)* ~ strike (touch) with;
montrer du doigt point at; *fig.* scorn;
précédé ~ preceded by; *trois mètres*
~ *long (haut)* three metres long
(high); *âgé* ~ *5 ans* 5 years old *or* of
age; *plus âgé* ~ *2 ans* older by 2
years; *plus* ~ *6* more than 6; *d'un
œil curieux* with an inquiring look
or eye; *un chèque* (*des marchandises*) ~ *20 F.* a cheque (goods) for
20 F.; ~ *beaucoup* by far; *content* ~
...-worthy, worthy of; *fier* ~ proud
of; *paralysé d'un bras* paralyzed in
one arm; *un jour* ~ *libre* a free day;
un drôle ~ *bonhomme* an odd chap.
dé[1] [de] *m gaming:* die; *domino:*
piece; *golf:* tee; ~*s pl.* dice; *le* ~ *en
est jeté* the die is cast.
dé[2] [~] *m (a.* ~ *à coudre)* thimble.
déambuler F [deãby'le] (1a) *v/i.*
stroll about, saunter.
débâcle [de'bɑ:kl] *f ice:* breaking up;
fig. disaster; downfall; collapse; F
pol. landslide; † crash; **débâcler**
[~bɑ'kle] (1a) *v/t.* † unfasten (*a
door etc.*); clear (*a harbour*); *v/i.*
break up (*ice*).
déballage [deba'la:ʒ] *m* unpacking;
† clearance sale; F show-down;
déballer [~'le] (1a) *v/t.* unpack; F
give vent to; **déballeur** † [~'lœ:r]
m hawker; *clearance sale:* salesman;
buyer-up of surplus stock(s *pl.*).
débandade [debã'dad] *f* stampede,
flight; rout; *à la* ~ in disorder; **débander** [~'de] (1a) *v/t.* relax;
remove the bandage from (*a wound,
the eyes*); ⚔ disband; *se* ~ relax;

come undone; disband; disperse (*crowd*); ⚔ break into a rout.
débaptiser [debati'ze] (1a) *v/t.* rename.
débarbouiller [debarbu'je] (1a) *v/t.* wash (*s.o.'s*) face; *se ~* wash one's face; *fig.* get out of difficulties as best one can.
débarcadère [debarka'dɛ:r] *m* ⚓ landing-stage, wharf; ⛟ arrival platform.
débardage ⚓ [debar'da:ʒ] *m* unloading; **debarder** [~'de] (1a) *v/t.* remove (*timber*) from the woods *or* (*stone*) from the quarry; ⚓ unload, discharge; **débardeur** ⚓ [~'dœ:r] *m* stevedore, docker.
débarquement [debarkə'mã] *m* ⚓ unloading, discharge; *passengers:* landing; ⛟ F detraining, arrival; **débarquer** [~'ke] (1m) *v/t.* ⚓ unship, unload; land, disembark (*passengers*); *bus etc.:* set down; F dismiss (*s.o.*); *v/i.* ⚓ land, disembark; ⛟ alight, ⚔ detrain.
débarras [deba'rɑ] *m* riddance; lumber-room; **débarrasser** [~ra-'se] (1a) *v/t.* clear; relieve (of, de); *se ~ de* get rid of (*s.o., s.th.*); get clear of (*s.th.*); extricate o.s. from.
débat [de'ba] *m* discussion; debate (*a. pol.*); dispute; ⚖ *~s pl.* proceedings; court hearing *sg.*
debâter [deba'te] (1a) *v/t.* unsaddle.
débâtir [deba'ti:r] (2a) *v/t.* demolish; take the tacking threads out of (*a dress*).
débattre [de'batr] (4a) *v/t.* debate, discuss; *fig. se ~* struggle; flounder about (in the water, *dans l'eau*).
débauchage [deboˈʃa:ʒ] *m* discharging *or* laying off of workmen.
débauche [de'boːʃ] *f* debauch(ery); F fling, spree; **débauché, e** [debo'ʃe] *su./m* rake; libertine; *su./f* wanton; ⊕ knock-off time; **débaucher** [~] (1a) *v/t.* debauch; seduce (*a girl*); lead (*s.o.*) astray; entice away (*a workman*); ⊕ discharge, lay off (*workmen*); F *se ~* go to the dogs; *v/i.* F knock off (work).
débile [de'bil] feeble, weak; **débilitant, e** [debili'tã, ~'tã:t] debilitating, weakening; **débilité** [~'te] *f* weakness, debility; **débiliter** [~'te] (1a) *v/t.* weaken; debilitate; ⚕ undermine (*the health*).
débinage *sl.* [debi'na:ʒ] *m* disparagement, running down; **débine** *sl.* [~'bin] *f* poverty; **débiner** *sl.* [~biˈne] (1a) *v/t.* disparage, run (*s.o.*) down; *se ~* come down in the world; slip quietly away, make o.s. scarce.
débit [de'bi] *m retail:* sale; retail-shop; *logs etc.:* cutting up; ⊕ output; ⊕, *a.* speaker: delivery; ✝ debit; *river:* flow; *~ de boissons* (*de tabac*) pub (tobacconist's [shop]); *avoir un ~ facile* be glib, F have the gift of the gab; *portez ... au ~ de mon compte* debit me with ...; **débitant, e** *m, f* [debi'tã, ~'tã:t] retailer, dealer; **débiter** [~'te] (1a) *v/t.* sell, retail (*a. fig. lies*); cut up (*logs etc.*); ⊕ yield; reel off (*a poem*); *usu. pej.* utter (*threats*); *usu. pej.* deliver (*a speech*); ✝ debit (*s.o.* with s.th. qch. à q., q. de qch.).
débiteur¹, -trice [debi'tœ:r, ~'tris] 1. *su.* debtor; 2. *adj.* debit...
débiteur² *m*, **-euse** *f* [debi'tœ:r, ~'tø:z] retailer; *usu. pej.* utterer, ...monger; *~ de calomnies* scandalmonger.
déblai [de'blɛ] *m* cutting, excavation; excavated material; **déblaiement** [~blɛ'mã] *m* excavating, excavation, digging out; removal (*of excavated material*).
déblatérer [deblate're] (1f) *v/t.* talk, utter; *v/i.* rail (against, contre).
déblayer [deblɛ'je] (1h) *v/t.* clear away, remove; clear (*a. fig.*).
déblocage [deblɔ'ka:ʒ] *m* clearing; ✝ releasing; **débloquer** [~'ke] (1m) *v/t.* clear; ✝ release; ⚔ relieve (*a place*); unclamp (*an instrument*).
déboire [de'bwa:r] *m* nasty after-taste; disappointment.
déboiser [debwa'ze] (1a) *v/t.* clear of trees; ⚒ untimber (*a mine*).
déboîter [debwa'te] (1a) *v/t.* 🦴 dislocate; ⊕ disconnect; *v/i. mot.* filter; haul out of the line.
débonder [debõ'de] (1a) *v/t.* unbung (*a cask*); open the sluice-gates of (*a reservoir*); *fig. ~ son cœur, se ~ pour out one's heart*; *v/i. a. se ~* burst (out).
débonnaire [debɔ'nɛ:r] good-natured, easy-going; **débonnaireté** [~nɛr'te] *f* good nature; good humo(u)r.
débordé, e [debɔr'de] overflowing; *fig.* overwhelmed (with work, de

débordement 138

travail); dissipated (life, man); **débordement** [‿də'mã] m overflowing, flood; fig. outburst (of temper etc.); ⚓, ⚔ outflanking; ‿s dissipation sg., excess(es pl.) sg.; **déborder** [‿'de] (1a) vt/i. overflow, run over; v/t. project beyond, stick out beyond; ⚔ outflank; ⚓ sheer off; ⊕ trim.

débotter [debɔ'te] (1a) v/t. take off (s.o.'s) boots; v/i. a. se ‿ take off one's boots; fig. au débotté immediately on arrival.

débouché [debu'ʃe] m outlet; opening (a. fig., a. ♀); ♀ a. market; ♀ créer de nouveaux ‿s open up new markets; **déboucher** [‿] (1a) v/t. clear; open, uncork (a bottle); fig. arouse; v/i. emerge; ⚔ debouch; open (on[to], sur).

déboucler [debu'kle] (1a) v/t. unbuckle (one's belt); uncurl (one's hair); F release.

débouler [debu'le] (1a) v/i. hunt. bolt; fig. depart; roll down; fall down (wall).

déboulonner [debulɔ'ne] (1a) v/t. unrivet, unbolt; F debunk.

débourber [debur'be] (1a) v/t. clean (out); haul (a carriage) out of the mire; F get (s.o.) out of a mess.

débourrer [debu're] (1a) v/t. remove the stuffing from; break in (a horse); remove the wad from (a gun); clean out (a pipe); fig. smarten (s.o.) up.

débours [de'buːr] m (usu. pl.) disbursement; outlay; expenses pl.; rentrer dans ses ‿ recover or recoup one's expenses; **débourser** [‿bur-'se] (1a) v/t. lay out, spend, disburse; v/i. F shell out, fork out.

debout [də'bu] adv. upright; standing (up); on its hind legs (animal); ‿! get up!; être ‿ be up, be out of bed; fig. ne pas tenir ‿ not to hold water, be fantastic (theory); 4 places ‿ 4 standing; se tenir ‿ stand.

débouter ⚖ [debu'te] (1a) v/t. nonsuit; dismiss.

déboutonner [debutɔ'ne] (1a) v/t. unbutton; manger (rire) à ventre déboutonné eat (laugh) immoderately; fig. se ‿ unburden o.s.; F get s.th. off one's chest.

débraillé, e [debra'je] untidy; slovenly (appearance, voice); free, rather indecent (conversation); loose (morals, life).

débranchement [debrɑ̃ʃ'mɑ̃] m disconnecting; **débrancher** ⚡ [‿brɑ̃-'ʃe] (1a) v/t. disconnect.

débrayage [debrɛ'jaːʒ] m mot. declutching; F strike, Am. walkout; **débrayer** [‿'je] (1i) v/t. ⊕ disconnect; v/i. mot. declutch; F knock off work.

débrider [debri'de] (1a) v/t. unbridle; halt; ⚚ incise; F open (s.o.'s eyes); sans ‿ at a stretch, on end.

débris [de'bri] m/pl. debris sg.; remains; wreckage sg.; fragments; rubble sg.; rubbish sg.; ⊕ metal: scraps.

débrouillard, e F [debruˈjaːr, ‿'jard] 1. adj. resourceful; 2. su. resourceful or smart person; **débrouiller** [‿'je] (1a) v/t. disentangle; fig. clear up; F se ‿ find a way out of difficulties.

débroussailler [debrusa'je] (1a) v/t. clear of undergrowth.

débucher hunt. [deby'ʃe] (1a) v/t. drive (a stag) from cover; v/i. break cover.

débusquer [debys'ke] (1m) v/t. ⚔ drive (an enemy) out of ambush; fig. oust.

début [de'by] m beginning, start; first move etc.; thea. debut, first appearance; faire ses ‿s make a first appearance; **débutant, e** [deby'tã, ‿'tãːt] su. beginner; novice; su./m thea. debutant; su./f debutante, F deb; **débuter** [‿'te] (1a) v/i. begin, start; play first (in a game).

déc(a)... [dek(a)] dec(a)...

deçà [də'sa] adv. on this side; ‿ delà here and there, on all sides; en ‿ de on this side of.

décacheter [dekaʃ'te] (1c) v/t. unseal, open (a letter).

décade [de'kad] f decade; period of ten days or years.

décadence [deka'dɑ̃ːs] f decadence, decline, decay; **décadent, e** [‿'dɑ̃, ‿'dɑ̃ːt] adj., a. su. decadent.

décaèdre ⚭ [deka'ɛːdr] 1. adj. decahedral; 2. su./m decahedron.

décaféiné, e [dekafei'ne] caffeine-free.

décagone ⚭ [deka'gɔn] m decagon.

décaisser [dekɛ'se] (1b) v/t. unpack, unbox; ♀ pay out; ⚘ plant out.

décaler [deka'le] (1a) *v/t.* unwedge; shift, alter (*the timetable*); (re)adjust; ⚖ *être décalé* lag.

décalogue [deka'lɔg] *m the* Decalogue, *the* Ten Commandments *pl.*

décalquage [dekal'ka:ʒ] *m*, **décalque** [~'kalk] *m* transfer(ring); tracing (off); **décalquer** [~kal'ke] (1m) *v/t.* transfer; trace off.

décamper [dekã'pe] (1a) *v/i. fig.* decamp; F clear out, *sl.* vamoose.

décanat [deka'na] *m* deanship.

décanter [dekã'te] (1a) *v/t.* decant, pour off.

décapage [deka'pa:ʒ] *m*, **décapement** [~kap'mã] *m* scouring; *metal*: pickling; *~ au jet de sable* sandblasting; **décaper** [~ka'pe] (1a) *v/t.* scour; cleanse.

décapiter [dekapi'te] (1a) *v/t.* behead, decapitate; cut the head off (*a.* ⚘).

décapotable *mot.* [dekapɔ'tabl] convertible; drop-head (*coupé*).

décapsulateur [dekapsyla'tœ:r] *m* (crown-cork) opener.

décarburer *metall.* [dekarby're] (1a) *v/t.* decarbonize.

décartellisation ✝ [dekartɛliza'sjɔ̃] *f* decartel(l)ization.

décatir [deka'ti:r] (2a) *v/t. tex.* sponge, take the gloss off; F *se ~* lose one's beauty, age.

décavé, e F [deka've] **1.** *adj.* ruined, F broke (*person*); **2.** *su.* ruined person; **décaver** [~] (1a) *v/t.* win all (*s.o.'s*) money (*at cards etc.*), F clean (*s.o.*) out.

décéder *admin., eccl.* [dese'de] (1f) *v/i.* die, decease.

déceler [desə'le] (1d) *v/t.* reveal, disclose.

décembre [de'sã:br] *m* December.

décemment [desa'mã] *adv.* of décent; **décence** [~'sã:s] *f* decency, decorum.

décennal, e, *m/pl.* -aux [desɛ'nal, ~'no] decennial.

décent, e [de'sã, ~'sã:t] decent; modest; seemly; *peu ~* unseemly.

décentraliser *admin.* [desãtrali'ze] (1a) *v/t.* decentralize.

déception [desɛp'sjɔ̃] *f* disappointment. [hoop.⎱

décercler [desɛr'kle] (1a) *v/t.* un-⎰

décerner [desɛr'ne] (1a) *v/t.* award (*a price*) (to, *à*), confer (*an honour*) (on, *à*); ⚖ issue (*a writ etc.*).

décès [de'sɛ] *m admin. etc.* decease, death; ⚖ demise.

décevant, e [desə'vã, ~'vã:t] deceptive; disappointing; **décevoir** [~'vwa:r] (3a) *v/t.* deceive; disappoint.

déchaînement [deʃɛn'mã] *m* unbridling; *fig.* outburst; **déchaîner** [~ʃɛ'ne] (1b) *v/t.* let loose (*a. fig.*); *se ~* break loose; break (*storm*); *se ~ contre* storm at.

déchanter F [deʃã'te] (1a) *v/i.* F change one's tune; F sing small, come down a peg.

décharge [de'ʃarʒ] *f* ⚡, ✕, ⚖, ⊕ discharge; ⚖ output; ✕ volley; ⚖ acquittal; ⚓ discharging, unlading; ⊕ outlet; ✝ receipt (*for delivery*); ✝ credit; *fig.* relief, easing; lumberroom, F glory-hole; reservoir; ⚖ *témoin m à ~* witness for the defence; **déchargeoir** ⊕ [deʃar'ʒwa:r] *m* outfall, outlet; waste-pipe; **décharger** [~'ʒe] (1l) *v/t.* unload (*a cart, a gun*); ⚓ unlade; discharge (*a.* ⚡, ⚓, ⚖, *a gun*) (at *sur, contre*); empty (*a boiler, a reservoir*); *admin.* exempt (from, *de*); ⚖ acquit; *fig.* relieve, ease; *fig.* vent; *se ~* go off (*gun*); ⚖ run down; *fig.* vent itself (*anger*); *se ~ de* get rid of; carry out (*an order*); lay down (*a burden*); **déchargeur** [~'ʒœ:r] *m* docker; stevedore; (*coal-*)heaver; ⚖ arrester.

décharné, e [deʃar'ne] lean, emaciated, fleshless; gaunt.

déchaumer ⚘ [deʃo'me] (1a) *v/t.* plough, *Am.* plow up the stubble of (*a field*); break (*the ground*).

déchausser [deʃo'se] (1a) *v/t.* take off (*s.o.'s*) shoes and stockings; lay bare (*a tooth, tree roots, etc.*).

dèche *sl.* [dɛʃ] *f* poverty, distress; F *dans la ~* hard up, on one's beam ends.

déchéance [deʃe'ã:s] *f* downfall; (moral) decay; *insurance*: expiration; ⚖ forfeiture; lapse (*of a right*).

déchet [de'ʃɛ] *m* loss, decrease; *~s pl.* waste *sg.* (*a. phys.*); refuse *sg.*, scrap *sg.*; ✝ *~ de route* loss in transit.

déchiffrer [deʃi'fre] (1a) *v/t.* decipher; decode (*a message*); ♪ read at sight; **déchiffreur, -euse** [~'frœ:r, ~'frø:z] *su.* decipherer; decoder; ♪ sight-reader; *su./m:* *~ de radar* radar scanner.

déchiqueter

déchiqueter [deʃik'te] (1c) v/t. hack, slash, tear to shreds (a. fig.), tear up.

déchirant, e [deʃi'rɑ̃, ~'rɑ̃:t] heart-rending; agonizing (cry, pain, scene); racking (cough); **déchirement** [~ʃir'mɑ̃] m tearing (a. ⚔); laceration; pang, wrench; ~ de cœur heartbreak; **déchirer** [deʃi're] (1a) v/t. tear (a. fig.); tear up; fig. rend; **déchirure** [~'ry:r] f tear, rent; ⚔ laceration.

déchoir [de'ʃwa:r] (3d) v/i. decay, decline, fall off.

déchristianiser [dekristjani'ze] (1a) v/t. dechristianize.

déchu, e [de'ʃy] 1. p.p. of déchoir; 2. adj. fallen; expired (insurance policy); disqualified.

déci... [desi] deci...

décidé, e [desi'de] decided, determined; resolute, confident (manner, person); **décidément** [~de'mɑ̃] adv. resolutely, firmly; definitely; **décider** [~'de] (1a) v/t. decide (a. ⚖); settle; ~ q. à (inf.) persuade s.o. to (inf.); v/i.: ~ de (inf. or à inf.) make up one's mind to (inf.).

décimal, e, m/pl. -aux [desi'mal, ~'mo] adj., a. su./f decimal; **décimer** [~'me] (1a) v/t. decimate (a. fig.); fig. deplete; **décimo** [~'mo] adv. tenthly.

décisif, -ve [desi'sif, ~'si:v] decisive (battle etc.); conclusive (proof); positive (tones); F cock-sure (person); **décision** [~'sjɔ̃] f decision (a. ⚖); fig. resolution.

déclamateur, -trice [deklama'tœ:r, ~'tris] 1. su./m declaimer; stump orator, F tub-thumper; bombastic writer; 2. adj. see déclamatoire; **déclamation** [~ma'sjɔ̃] f declamation; ranting; **déclamatoire** [~ma-'twa:r] declamatory; ranting (speech); turgid (style); **déclamer** [~'me] (1a) v/t. declaim; recite (a poem); v/i. rant; rail (against, contre).

déclaration [deklara'sjɔ̃] f declaration; announcement, proclamation; ~ de revenu income-tax return; return of income; pol. ~ gouvernementale government declaration; **déclarer** [~'re] (1a) v/t. declare (a. ♰); ⚖ ~ coupable find guilty; rien à ~? have you anything to declare?; se ~ declare (for, pour);

against, contre); speak one's mind; declare one's love; break out (fire, war, epidemic, etc.).

déclasser [deklɑ'se] (1a) v/t. bring (s.o.) down in the world; ⚔ etc. declare obsolete (a weapon etc.); ♱ disrate (a sailor); 🚃 transfer from one class to another; sp. penalize (a runner).

déclencher [deklɑ̃'ʃe] (1a) v/t. launch (an attack); unlatch (a door); ⊕ release (a. phot.), disengage, disconnect (a. ⚡); F start; **déclencheur** [~'ʃœ:r] m release (a. phot.); phot. ~ automatique self-timer.

déclic ⊕ [de'klik] m catch, pawl, trip-dog, trip pin; nippers pl.; montre f à ~ stop-watch.

déclin [de'klɛ̃] m decline, decay; moon, talent: waning; year: fall; au ~ du jour at the close of day; au ~ de sa vie in his declining years, towards the end of his days; **déclinaison** [deklinɛ'zɔ̃] f astr. declination; ⚡ variation; gramm. declension; **décliner** [~'ne] (1a) v/i. deviate; decline; fig. fade, fail, wane; v/t. decline (a. gramm.); refuse; state (one's name). [release.)

décliqueter ⊕ [deklik'te] (1c) v/t.)

déclive [de'kli:v] 1. adj. sloping, 2. su./f slope; **déclivité** [~klivi'te] f slope, gradient, incline.

déclouer [deklu'e] (1a) v/t. unnail; take down (a picture); sl. take out of pawn.

décocher [dekɔ'ʃe] (1a) v/t. shoot, let fly; let off (an epigram); discharge.

décoction [dekɔk'sjɔ̃] f decoction.

décoiffer [dekwa'fe] (1a) v/t. remove (s.o.'s) hat; take (s.o.'s) hair down; ruffle (s.o.'s) hair.

décollage [dekɔ'la:ʒ] m unsticking; ✈ taking-off, take-off; **décoller** [~'le] (1a) v/t. unstick; disengage; loosen; se ~ come loose; v/i. ✈ take off; F budge, depart.

décolleté, e [dekɔl'te] low-necked (dress); **décolleter** [~] (1c) v/t. cut out the neck of (a dress); ⊕ cut (a screw); se ~ wear a low-necked dress.

décolorer [dekɔlɔ're] (1a) v/t. discolo(u)r; fade; bleach; se ~ fade, grow pale (person).

décombres [de'kɔ̃br] m/pl. rubbish sg.; debris sg., buildings: rubble sg.

décommander [dekɔmɑ̃'de] (1a) *v/t.* cancel (*an invitation etc.*); ✝ countermand.

décomposer [dekɔ̃po'ze] (1a) *v/t.* ⚛, ♂, *phys.* decompose; ⚛ analyse; ⚕ split up; distort (*the features*); se ~ decay; become convulsed (*features*); **décomposition** [~zi'sjɔ̃] *f* decomposition; rotting, decay; *features*: distortion; *gramm.* construing.

décompte [de'kɔ̃:t] *m* ✝ deduction; balance due; detailed account; *fig.* éprouver du ~ be disappointed (in, à); **décompter** [~kɔ̃'te] (1a) *v/t.* deduct; calculate (*the interest*); reckon off.

déconcerter [dekɔ̃sɛr'te] (1a) *v/t.* disconcert; upset (*plans*); ✝ ♪ put out of tune; se ~ lose one's assurance.

déconfit, e [dekɔ̃'fi, ~'fit] crestfallen, discomfited; **déconfiture** [~fi'ty:r] *f* ruin, failure; insolvency; ✝ discomfiture, rout.

déconnecter ⚡ [dekɔnɛk'te] (1a) *v/t.* disconnect.

déconseiller [dekɔ̃sɛ'je] (1a) *v/t.* advise (s.o. against s.th., qch. à q.; q. de *inf.* s.o. against *ger.*).

déconsidérer [dekɔ̃side're] (1f) *v/t.* discredit.

décontenancer [dekɔ̃tnɑ̃'se] (1k) *v/t.* put out of countenance, abash; se ~ lose one's self-assurance.

décontracter [dekɔ̃trak'te] (1a) *v/t.* relax.

déconvenue [dekɔ̃v'ny] *f* disappointment; discomfiture; *fig.* blow; set-back.

décor [de'kɔ:r] *m house*: decoration; *thea.* set(ting), scene; *thea.* ~s *pl.* scenery *sg.*; *mot. sl.* rentrer dans le ~ run into a wall *etc.*; **décorateur** *m*, **-trice** *f* [dekɔra'tœ:r, ~'tris] decorator; *thea.* stage-designer; **décoration** [~ra'sjɔ̃] *f* decoration (*a.* = medal, insignia, ribbon of an order); **décorer** [~'re] (1a) *v/t.* decorate; confer a decoration on.

décortiquer [dekɔrti'ke] (1m) *v/t.* husk (*rice*); shell (*nuts*); peel (*fruit*).

décorum [dekɔ'rɔm] *m* decorum, propriety.

découcher [deku'ʃe] (1a) *v/i.* sleep out; stay out all night.

découdre [de'kudr] (4l) *v/t.* unpick (*a garment*); rip open.

découler [deku'le] (1a) *v/i.* trickle; flow; *fig.* ~ de follow *or* result from.

découper [deku'pe] (1a) *v/t.* carve (*a chicken*); cut up; cut out (*a newspaper article, a pattern*); ⊕ stamp out, punch; *fig.* se ~ stand out (against, sur).

découplé, e [deku'ple] well-built, strapping; **découpler** [~] (1a) *v/t.* uncouple (*a.* ♪), unleash; *radio*: decouple.

découpoir ⊕ [deku'pwa:r] *m* cutter; **découpure** [~'py:r] *f* cutting-out; pinking; *newspaper*: cutting; *geog.* indentation.

découragement [dekuraʒ'mɑ̃] *m* discouragement, despondency; **décourager** [~ra'ʒe] (1l) *v/t.* discourage; dissuade (from, de); se ~ lose heart.

décousu, e [deku'zy] 1. *p.p.* of découdre; 2. *adj.* unstitched, unsewn; *fig.* disconnected; disjointed; rambling; 2. *su./m* disconnectedness; **décousure** [~'zy:r] *f* seam that has come unsewn; gash, rip (*from animal's horns etc.*).

découvert, e [deku'vɛ:r, ~'vɛrt] 1. *p.p.* of découvrir; 2. *adj.* uncovered; ⚔ exposed; ✝ overdrawn (*account*); 3. *su./m* ✝ overdraft; ⚔ open ground; *admin.* deficit; à ~ openly; in the open; ✝ unsecure (*credit*), short (*sale*); *su./f* uncovering; discovery (*a. fig.*); aller à la ~e explore, ⚔ reconnoitre; **découvreur** [~'vrœ:r] *m* discoverer; **découvrir** [~'vri:r] (2f) *v/t.* uncover; lay bare, expose; discover; find out, detect; se ~ take off one's hat; come into sight; come to light (*secret, truth*); clear up (*sky*).

décrasser [dekra'se] (1a) *v/t.* clean, scrape; ⊕ scale (*a boiler*); draw (*a furnace*); decarbonize (*an engine*); *fig.* rub the rough edges off (*s.o.*), polish (*s.o.*) up.

décrépir ⚠ [dekre'pi:r] (2a) *v/t.* strip the plaster *or* rough-cast off; **décrépit, e** [~'pi, ~'pit] decrepit, senile; **décrépiter** ⚗ [~pi'te] (1a) *v/i.* decrepitate; **décrépitude** [~pi-'tyd] *f* decrepitude; (senile) decay.

décret [de'krɛ] *m* decree; **décréter** [~kre'te] (1f) *v/t.* decree, enact; ⚖ issue a writ against; **décret-loi**, *pl.* **décrets-lois** [~krɛ'lwa] *m* order in council, *Am.* executive order.

décrire [de'kri:r] (4q) v/t. describe (a. ⚔).

décrocher [dekrɔ'ʃe] (1a) v/t. unhook; *teleph.* lift (*the receiver*); uncouple; F obtain; redeem (*a pledge*); v/i. ⚔ lose touch (*units*); *teleph.* lift the receiver; **décrochez-moi-ça** *sl.* [‿ʃemwa'sa] *m/inv.* reach-me-down; cheap ready-made tailor's shop.

décroissance [dekrwa'sã:s] f, **décroissement** [‿krwas'mã] m decrease; decline; *moon*: wane; **décroître** [de'krwa:tr] (4o) v/i. decrease, diminish; wane (*moon*).

décrotter [dekrɔ'te] (1a) v/t. remove the mud from; clean; scrape; F *fig.* rub the rough edges off (s.o.); **décrotteur** [‿'tœ:r] m shoe-black; *hotel*: boots; **décrottoir** [‿'twa:r] m door-scraper; wire-mat.

décru, e [de'kry] 1. *p.p.* of *décroître*; 2. su./f *water*: fall, subsidence; decrease.

déçu, e [de'sy] *p.p.* of *décevoir*.

déculotter [dekylɔ'te] (1a) v/t. take off (s.o.'s) trousers, unbreech (s.o.).

décuple [de'kypl] 1. *adj.* tenfold; 2. *su./m* tenfold; le ~ de ten times as much as; **décupler** [‿ky'ple] (1a) vt/i. increase tenfold.

décuver [deky've] (1a) v/t. rack off (*wine*).

dédaigner [dedɛ'ɲe] (1b) v/t. scorn, disdain; **dédaigneux, -euse** [‿'ɲø, ‿'ɲø:z] scornful, disdainful; **dédain** [de'dɛ̃] m disdain, scorn (of, de); disregard (of, de; for, pour); contempt (for, de).

dédale [de'dal] m labyrinth (a. fig.).

dedans [dɔ'dã] 1. *adv.* in, inside, within; en ~ inside; en ~ de within; F *mettre q.* ~ take s.o. in; 2. su./m inside, interior.

dédicace [dedi'kas] f dedication (a. fig.); *church*: consecration; **dédier** [‿'dje] (1o) v/t. dedicate (a. fig.); *fig.* inscribe (*a book*).

dédire [de'di:r] (4p) v/t.: se ~ de go back upon, retract, take back; break (*an engagement, a promise*); **dédit** [‿'di] m renunciation; withdrawal; *promise etc.*: breaking; ⚖ forfeit, penalty.

dédommagement [dedɔmaʒ'mã] m indemnity; compensation, damages *pl.*; **dédommager** [‿ma'ʒe] (1l) v/t. compensate (for, de).

dédoubler [dedu'ble] (1a) v/t. divide into two; undouble (*a cloth*); remove the lining of (*a coat etc.*); 🚂 run (*a train*) in two parts.

déduction [dedyk'sjɔ̃] f ✝, *phls.* deduction; ✝ allowance.

déduire [de'dɥi:r] (4h) v/t. *phls.* deduce, infer; ✝ deduct, allow.

déesse [de'ɛs] f goddess.

défaillance [defa'jã:s] f failure, failing; ✚ faint, swoon; ⚖ *witness*: default; **défaillant, e** [‿'jã, ‿'jã:t] 1. *adj.* failing; sinking (*heart*); faltering (*steps*); waning (*light*); ⊕, *fig.* at fault; faint (*person*); defaulting; 2. *su.* ⚖, ✝ defaulter; **défaillir** [‿'ji:r] (2t) v/i. fail, lose strength; falter (*courage*); ✚ sink (*heart*), faint, swoon (*person*); ⚖ fail to appear.

défaire [de'fɛ:r] (4r) v/t. undo; ⚔ defeat; annul (*a treaty*); unpack; *fig.* distort (*the face*); *fig.* upset (s.o.'s *plans*); rid (s.o. of s.th., q. de qch.); se ~ come undone; undo one's coat; get rid (of, de); **défaite** [‿'fɛt] f defeat; *fig.* lame excuse, evasion; *fig.* failure; **défaitisme** [defɛ'tism] m defeatism, pessimism; **défaitiste** [‿'tist] *adj.*, *a. su.* defeatist, pessimist.

défalquer [defal'ke] (1m) v/t. deduct; write off (*a debt*).

défausser [defo'se] (1a) v/t. straighten; se ~ throw away useless cards.

défaut [de'fo] m defect; want, lack; fault, shortcoming; ⊕ flaw; ⚖ default; ✝ ~ de provision no funds; à ~ de for want of, in place of; *hunt.* être en ~ be at fault (a. *fig.*); *faire* ~ be lacking; be missing; be in short supply; *il nous a fait* ~ we have missed him; *sans* ~ faultless, flawless.

défaveur [defa'vœ:r] m disfavo(u)r (with,, *auprès de*), discredit; **défavorable** [‿vɔ'rabl] unfavo(u)rable.

défécation [defeka'sjɔ̃] f 🜋, *physiol.* defecation; clarification.

défectif, -ve [defɛk'tif, ‿'ti:v] *gramm.* defective; ⚕ deficient; **défection** [‿'sjɔ̃] f defection (from, de); *faire* ~ fall away; **défectueux, -euse** [‿'tɥø, ‿'tɥø:z] faulty, defective; **défectuosité** [‿tɥozi'te] f defect, flaw; faultiness.

défendable [defã'dabl] defensible;

tenable; **défendeur** *m*, **-eresse** *f* [⁓'dœːr, ⁓'drɛs] defendant; respondent; **défendre** [de'fãːdr] (4a) *v/t.* defend (*a.* ⚔, *a.* ⚔); protect; support; forbid; *à son corps défendant* in self-defence; *fig.* reluctantly; *fig. se ⁓ de* (*inf.*) refrain from (*ger.*), F help (*ger.*).

défense [de'fãːs] *f* defence, *Am.* defense; protection; prohibition; *elephant*: tusk; ⚔ defence, plea; ⚓ fender; *⁓ de fumer* no smoking; ⚔ *légitime ⁓* self-defence; **défenseur** [defã'sœːr] *m* defender; *fig.* supporter; ⚔ counsel for the defence; **défensif, -ve** [⁓'sif, ⁓'siːv] *adj.*, *a. su./f* defensive.

déférence [defe'rãːs] *f* deference, regard, respect; *par ⁓ pour* in deference to, out of regard for; **déférer** [⁓'re] (1f) *v/t.* ⚔ submit; remove (*to the Court of Appeal*); inform against (*a criminal*); administer (*an oath*); bestow, confer (*an honour*); *v/i.* defer (to, *à*); comply (with, *à*) (*an order*).

déferler [defɛr'le] (1a) *v/t.* unfurl (*a flag*); set (*sails*); *v/i.* break (*waves*); ⚔ F break up (*attack*).

déferrer [defɛ're] (1a) *v/t.* remove the iron from; unshoe (*a horse*); *fig.* disconcert; ⚓ *⁓ un navire* slip anchor.

défeuiller [defœ'je] (1a) *v/t.* strip (*a tree*) of its leaves; *se ⁓* shed its leaves (*tree*).

défi [de'fi] *m* challenge; *lancer un ⁓ à* challenge; *mettre q. au ⁓* dare *or* defy s.o. (to *inf.*, *de inf.*).

défiance [de'fjãːs] *f* suspicion, distrust; *⁓ de soi-même* lack of self-confidence; *pol. vote m de ⁓* vote of no confidence; **défiant, e** [⁓'fjã, ⁓'fjãːt] distrustful, suspicious; cautious.

déficeler [defis'le] (1c) *v/t.* untie (*a parcel etc.*).

déficient, e [defi'sjã, ⁓'sjãːt] *adj.*, *a. su.* deficient.

déficit [defi'si] *m* deficit, shortage; deficiency; **déficitaire** [⁓si'tɛːr] ✝ showing a deficit; ✱ short (*harvest*).

défier [de'fje] (1o) *v/t.* challenge; dare, defy; *fig.* brave, defy; *se ⁓ de* distrust, be on one's guard against; *se ⁓ de soi-même* lack self-confidence.

défigurer [defigy're] (1a) *v/t.* disfigure; *fig.* distort (*the sense, the truth*).

défilade F [defi'lad] *f* procession; **défilé** [⁓'le] *m geog.* pass, gorge; march past; parade; **défiler** [⁓'le] (1a) *v/t.* unthread; ⚔ defilade (*a fortress*); ⚔ conceal (*guns, troops*); *⁓ son chapelet* speak one's mind; *se ⁓* come unstrung; ⚔ take cover; *sl.* clear off, get out; *v/i.* ⚔ file off; march past.

défini, e [defi'ni] definite (*a. gramm.*); defined, fixed; **définir** [⁓'niːr] (2a) *v/t.* define; *fig.* describe; *se ⁓* become clear; **définissable** [defini'sabl] definable; **définitif, -ve** [⁓'tif, ⁓'tiːv] 1. *adj.* definitive, final; *à titre ⁓* permanently; 2. *su./f*: *en ⁓ve* in short; **définition** [⁓'sjɔ̃] *f* definition; *cross-words*: clue; *telev. picture*: resolution.

déflagration [deflagra'sjɔ̃] *f* combustion, deflagration.

déflation [defla'sjɔ̃] *f* deflation.

défleuraison ⚘ [deflœrɛ'zɔ̃] *f* fall(ing) of blossom; **défleurir** [⁓'riːr] (2a) *v/t.* strip (*a plant*) of its bloom; take the bloom off (*a fruit*); *v/i. a. se ⁓* lose its blossom.

déflorer [deflɔ're] (1a) *v/t.* ✱ strip (*a plant*) of its bloom; deflower (*a virgin*); *fig.* F take the freshness off.

défoncer [defɔ̃'se] (1k) *v/t.* stave in; break up (*the ground, a road*); ⚔ cut up (*an army*); *fig.* destroy, F knock the bottom out of (*an argument*); *se ⁓* break up; collapse (*roof*).

déformation [defɔrma'sjɔ̃] *f* deformation (*a. ⚔*); ⊕ *wood*: warping; ⚔, *phot.* distortion; **déformer** [⁓'me] (1a) *v/t.* deform; ⊕, ⚔, *phot.*, *phys.*, *a. fig.* distort; ⊕ buckle, warp; *se ⁓* warp (*wood*); get out of shape.

défourner [defur'ne] (1a) *v/t.* draw from the oven *or* kiln.

défraîchi, e [defrɛ'ʃi] (shop-)soiled, *Am.* shop-worn; **défraîchir** [⁓'ʃiːr] (2a) *v/t.* take away the freshness of.

défrayer [defrɛ'je] (1i) *v/t.* defray (*s.o.'s*) expenses; F entertain (*company*).

défricher [defri'ʃe] (1a) *v/t.* ✱ clear, reclaim (*land*); F *fig.* break new ground in (*a subject*).

défriser [defri'ze] (1a) *v/t.* uncurl; *fig.* disappoint.

defroisser 144

defroisser [defrwa'se] (1a) v/t. smooth out.
défroncer [defrõ'se] (1k) v/t. take out the gathers in (*a cloth*); ~ les sourcils cease to frown.
défroque fig. [de'frɔk] f usu. ~s pl. cast-off clothing sg.; **défroquer** [~frɔ'ke] (1m) v/t. unfrock (*a priest*).
défunt, e [de'fœ̃, ~'fœ̃:t] 1. adj. deceased; late; 2. su. deceased, Am. decedent.
dégagé, e [dega'ʒe] clear (*sky, road*); free, unconstrained; off-hand (*manner, tone*); **dégagement** [~gaʒ'mã] m ⊕, ⚘, mot. release; *mortgage, pledge, promise*: redemption; *lungs, roads, vehicle*: clearing; disengagement; *escalier m de ~* emergency stairs; ⊕ *tuyau m de ~* waste pipe; **dégager** [~ga'ʒe] (1l) v/t. redeem (*a pledge etc.*); disengage; free; release (from a promise, *d'une promesse*); emit (*a smell etc.*); make out (*s.o.'s meaning*); clear (*the lungs, the mind, the roads, a.* ⚘ *a line*); ⚖ *~ l'inconnue* isolate the unknown quantity; v/i.: *dégagez!* ⚘ clear the way!; *bus*: gangway!
dégaine F [de'gɛ:n] f (awkward) gait; **dégainer** [~gɛ'ne] (1b) v/t. unsheathe, draw (*one's sword*); v/i. draw.
déganter [degã'te] (1a) v/t. unglove (*one's hand*); *se ~* remove one's gloves.
dégarnir [degar'ni:r] (2a) v/t. strip; dismantle; unsaddle (*a horse*); ⚓ unrig; ✗ withdraw the troops from; ⚘ thin out (*a tree*); *se ~* be stripped; empty (*room*); become bald (*head*); lose its leaves (*tree*).
dégât [de'gɑ] m *food etc.*: waste; ~s pl. damage sg.; havoc sg.
dégauchir ⊕ [dego'ʃi:r] (2a) v/t. rough-plane (*wood*); dress (*a stone*); straighten, true up (*the machinery*); fig. knock the corners off (*s.o.*).
dégel [de'ʒɛl] m thaw; **dégelée** F [deʒə'le] f shower of blows; **dégeler** [~] (1d) vt/i. thaw; v/t.: F se ~ thaw (*person*).
dégénérer [deʒene're] (1f) v/i. degenerate (from, *de*; into, *en*); **dégénérescence** ⚘ [~re'sã:s] f degeneration.
dégingandé, e [deʒɛ̃gã'de] awkward, ungainly.

dégivrer ⚘, mot. [deʒi'vre] (1a) v/t. de-ice; **dégivreur** ⚘, mot. [~'vrœ:r] m de-icer.
déglacer [degla'se] (1k) v/t. thaw; defrost (*the refrigerator*); unglaze (*paper*).
dégluer [degly'e] (1a) v/t. remove the sticky substance from; remove the bird-lime from (*a bird*).
déglutition physiol. [deglyti'sjõ] f swallowing.
dégobiller sl. [degɔbi'je] (1a) v/t. bring up (*food*); v/i. vomit, F spew, puke.
dégoiser F [degwa'ze] (1a) v/t. reel off, spout (*a speech etc.*).
dégommer [degɔ'me] (1a) v/t. ungum; ⊕ clean off old oil from; F dismiss (*s.o.*); F beat (*s.o.*) (*at a game*); F *se faire ~* get the sack.
dégonflé sl. [degõ'fle] m funk; **dégonfler** [~] (1a) v/t. deflate; ⚘ reduce (*a swelling*); fig. debunk (*s.o.*); fig. *~ son cœur* have one's say, F get it off one's chest; *se ~* mot. go flat (*tyre*); F sing small.
dégorgeoir [degɔr'ʒwa:r] m outlet, outflow; pump; clearing rod; **dégorger** [~'ʒe] (1l) v/t. cleanse; clear, unstop (*a pipe etc.*); disgorge (*a. fig.*); v/i. a. se ~ flow out; overflow; ⚘ discharge (*abscess*); become free (*pipe etc.*).
dégouliner F [deguli'ne] (1a) v/i. roll (down); trickle.
dégourdi, e [degur'di] 1. adj. lively, sharp, smart; 2. su. brisk person, F live wire; **dégourdir** [~'di:r] (2a) v/t. revive; take the stiffness from (*one's legs etc.*); take the chill off (*a liquid*); fig. smarten (*s.o.*) up, F lick (*s.o.*) into shape; *se ~ a.* feel warmer; become more alert; F learn the ropes.
dégoût [de'gu] m disgust, loathing (for, *pour*); dislike, repugnance (for, *pour*); **dégoûtant, e** [degu'tã, ~'tã:t] disgusting, loathsome, repulsive; **dégoûter** [~'te] (1a) v/t. disgust, repel; *se ~ de* take a dislike to, grow sick of.
dégoutter [degu'te] (1a) v/i. drip, trickle (from, with *de*).
dégradation [degrada'sjõ] f degradation (*a. phys.*); *rock*: weathering; *phys. energy*: dissipation; *colours etc.*: shading off; ⚖ *~ civique* loss of civil rights; **dégrader** [~'de]

(1a) *v/t.* degrade; ✗ demote, reduce to the ranks; shade off (*colours*); damage, deface (*a building*); se ~ debase o.s.; F go to the dogs.

dégrafer [degra'fe] (1a) *v/t.* unhook, unfasten.

dégraissage [degrɛ'sa:ʒ] *m cuis.* skimming; (dry-)cleaning; **dégraisser** [~'se] (1a) *v/t.* skim; clean, scour; ⚚ impoverish (*the soil*); **dégraisseur** [~'sœ:r] *m* ⊕ grease-remover; *person:* dry-cleaner.

degré [də'gre] *m* degree (*a.* ♉ *etc., a. of parentage*); stage; step; rank; ~ **centésimal** degree centigrade; ~ **de congélation** freezing point; *par* ~s by degrees, progressively.

dégréer ⌘ [degre'e] (1a) *v/t.* unrig (*a mast, a ship*); dismantle (*a crane*).

dégrèvement [degrɛv'mã] *m* abatement of tax; derating; **dégrever** [~grə've] (1d) *v/t.* reduce (*a duty, a tax*); derate; reduce the assessment on; disencumber (*an estate*).

dégringolade F [degrɛ̃gɔ'lad] *f* tumble, fall; *currency:* collapse; **dégringoler** F [~'le] (1a) *vt/i.* tumble down.

dégriser [degri'ze] (1a) *v/t.* sober (*s.o.*); *fig.* bring (*s.o.*) to his senses; se ~ sober up; *fig.* come to one's senses.

dégrosser ⊕ [degro'se] (1a) *v/t.* draw down (*a wire*).

dégrossir [degro'si:r] (2a) *v/t.* rough-hew (*a stone*); rough-plane (*wood*); rough out (*a plan*); F lick (*s.o.*) into shape.

dégrouiller *sl.* [degru'je] (1a) *v/t.:* se ~ hurry up, F get a move on.

déguenillé, e [degəni'je] **1.** *adj.* ragged, tattered; **2.** *su.* ragamuffin.

déguerpir [deger'pi:r] (2a) *v/t.* ⚖ abandon (*one's property etc.*); *v/i.* move out; clear out, *Am.* beat it; *faire* ~ send (*s.o.*) packing.

déguisement [degiz'mã] *m* disguise; *fig.* concealment; fancy dress; *sans* ~ openly; **déguiser** [~gi'ze] (1a) *v/t.* disguise; conceal; se ~ *a.* put on fancy dress.

dégustateur *m*, **-trice** *f* [degysta-'tœ:r, ~'tris] taster; **dégustation** [~ta'sjɔ̃] *f* tasting; **déguster** [~'te] (1a) *v/t.* taste; F sip; relish, enjoy.

déhanché, e [deã'ʃe] *horse:* hipshot; *fig.* ungainly, slovenly; moving with a loose gait; **déhancher** [~] (1a) *v/t.:* se ~ dislocate its hip (*horse*); *fig.* move with a loose gait; sway one's hips.

déharnacher [dearna'ʃe] (1a) *v/t.* unharness.

dehors [də'ɔ:r] **1.** *adv.* outside, out; *dîner* ~ dine out; *en* ~ outside; outwards; *en* ~ *de* outside; in addition to; *en* ~ *de moi* without my knowledge *or* participation; *mettre q.* ~ turn s.o. out; F sack s.o., *Am.* lay s.o. off; ⌘ *toutes voiles* ~ with every sail set; **2.** *su./m* outside, exterior; ~ *pl.* appearances.

déifier [dei'fje] (1o) *v/t.* deify; *fig.* make a god of; **déité** [~'te] *f* deity.

déjà [de'ʒa] *adv.* already, before.

déjection [deʒɛk'sjɔ̃] *f* ⚕ evacuation; ~s *pl. a.* ejecta (*of a volcano*).

déjeter ⊕ [deʒə'te] (1c) *v/t. a.* se ~ warp (*wood*); buckle (*metal*).

déjeuner [deʒœ'ne] **1.** (1a) *v/i.* breakfast; lunch; **2.** *su./m* lunch; *petit* ~ breakfast.

déjouer [de'ʒwe] (1p) *v/t.* baffle; foil, outwit; *v/i.* play badly; take back a move (*at chess*).

déjucher [deʒy'ʃe] (1a) *v/t.* unroost (*hens*); F *fig.* make (*s.o.*) come off his perch; *v/i.* come off the roost.

déjuger [deʒy'ʒe] (1l) *v/t.:* se ~ reverse one's opinion.

delà [də'la] *adv., a. prp.* beyond.

délabré, e [dela'bre] dilapidated; ramshackle, tumble-down; impaired (*health*); **délabrer** [~] (1a) *v/t.* dilapidate, wreck; ruin (*a. one's health*); se ~ fall into decay (*house*); become impaired (*health*).

délacer [dela'se] (1k) *v/t.* unlace; undo (*one's shoes*).

délai [de'lɛ] *m* delay; respite; reprieve; *à bref* ~ at short notice; *dans un* ~ *de 2 mois* at a two-months' notice; ~**-congé**, *pl.* ~**s-congés** [~lɛkɔ̃'ʒe] *m* term of notice.

délaisser [delɛ'se] (1b) *v/t.* forsake, desert; abandon (*a.* ⚖ *prosecution*); ⚖ relinquish. [(*butter*).\

délaiter [delɛ'te] (1b) *v/t.* work)

délarder [delar'de] (1a) *v/t.* remove the fat from; ⊕ thin down (*wood*); bevel, chamfer (*an edge*).

délassement [delas'mã] *m* rest, relaxation; recreation; **délasser** [~la'se] (1a) *v/t.* rest, refresh; se ~ relax.

délateur

délateur, -trice [dela'tœ:r, ~'tris] *su.* informer, spy; *su./m* ⊕ detector (*of a lock*); **délation** [~'sjɔ̃] *f* informing, denunciation, squealing.

délavé, e [dela've] washed out; wishy-washy; weak.

délayer [dele'je] (1i) *v/t.* dilute; *fig.* spin out (*a speech*).

délectable [delɛk'tabl] delectable; delightful; **délecter** [~'te] (1a) *v/t.*: se ~ à take delight in.

délégataire ⚖ [delega'tɛ:r] *su.* delegatee; **délégateur** *m*, **-trice** *f* ⚖ [~'tœ:r, ~'tris] delegator; **délégation** [~'sjɔ̃] *f* delegation (*a. coll.*); ⚖ assignment; **délégué, e** [dele'ge] 1. *adj.* deputy..., delegated; 2. *su.* delegate; deputy; *su./m*: ⊕ ~ syndical shop steward; ⊕ ~ du personnel union steward; **déléguer** [~] (1s) *v/t.* delegate; ✝ assign; ⚔, ⚓ allot.

délester [delɛs'te] (1a) *v/t.* ⚓ etc. unballast; unload; *fig.* relieve (of, de); ⚡ shed the load.

délétère [dele'tɛ:r] deleterious; noxious (poison(ous) (*gas, a. fig.*); *fig.* pernicious (*doctrine*); offensive (*smell*).

délibératif, -ve [delibera'tif, ~'ti:v] deliberative; *avoir voix* ~ve be entitled to speak and vote; **délibération** [~ra'sjɔ̃] *f* deliberation, debate, discussion (on, sur); reflection; resolution, vote; **délibéré, e** [~'re] 1. *adj.* deliberate; determined; *de propos* ~ deliberately; 2. *su./m* ⚖ private sitting, consultation; **délibérer** [~'re] (1f) *v/i.* deliberate; consult together; ponder, reflect (on de, sur).

délicat, e [deli'ka, ~'kat] delicate; fragile; dainty; nice, difficult, tricky (*situation, question*); fastidious (*eater*); sensitive (*skin*); scrupulous; *peu* ~ unscrupulous, dishonest; *su./m: faire le* ~ be squeamish; **délicatesse** [~ka'tɛs] *f* delicacy; fragility; fastidiousness; tact; difficulty; *avec* ~ tactfully.

délice [de'lis] *su./m* delight; *su./f:* ~*s pl.* delight *sg.*, pleasure *sg.*; *faire les* ~*s de* be the delight of; *faire ses* ~*s de* revel in; **délicieux, -euse** [~li'sjø, ~'sjø:z] delicious; delightful.

délictueux, -euse ⚖ [delik'tɥø, ~'tɥø:z] punishable, unlawful; felonious; *acte m* ~ misdemeano(u)r.

délié, e [de'lje] slim, thin, slender; glib (*tongue*); nimble (*fingers, wit*); **délier** [~] (1o) *v/t.* untie, undo; release; *eccl.* absolve; *sans bourse* ~ without spending a (half)penny.

délimiter [delimi'te] (1a) *v/t.* delimit; fix the boundaries of; define (*powers*).

délinquance ⚖ [delɛ̃'kã:s] *f* delinquency; ~ *juvénile* juvenile delinquency; **délinquant** *m*, *e f* ⚖ [~'kã, ~'kã:t] deliquent, offender; trespasser.

délirant, e [deli'rã, ~'rã:t] frantic, frenzied; rapturous; ⚕ delirious, raving; **délire** [~'li:r] *m* ⚕ delirium; *fig.* frenzy; **délirer** [~li're] (1a) *v/i.* be delirious; rave (*a. fig.*); **delirium tremens** ⚕ [~li'rjɔm tre'mɛ̃:s] *m* delirium tremens, F d.t.'s.

délit ⚖ [de'li] *m* misdemeano(u)r, offence; *en flagrant* ~ in the act, redhanded.

délivrance [deli'vrã:s] *f* deliverance, rescue; ⚕ confinement; delivery; *certificate, ticket, etc.*: issue; **délivrer** [~'vre] (1a) *v/t.* deliver (*a.* ⚖*t*, *a. a certificate*); rescue; release; issue (*a certificate, a ticket*); se ~ de get rid of.

déloger [delɔ'ʒe] (1l) *v/i.* remove, move house; go away; ⚔ march off; *v/t.* oust, drive out; ⚔ dislodge.

déloyal, e, *m/pl.* **-aux** [delwa'jal, ~'jo] disloyal, false; ✝ unfair (*competition*); *sp.* foul; **déloyauté** [~jo'te] *f* disloyalty, treachery.

déluge [de'ly:ʒ] *m* deluge, flood (*a. fig.*), F *rain*: downpour.

déluré, e [dely're] smart, sharpknowing.

délustrer [delys'tre] (1a) *v/t. tex.* take the gloss off (*a cloth*); *fig.* take the shine off; se ~ lose its gloss; grow shabby; *fig.* fade.

démagogue [dema'gɔg] *m* - demagogue.

démailler [demɑ'je] (1a) *v/t.* unshackle (*a chain*); unpick (*a knitted object*); se ~ run, ladder (*stocking*); **démailloter** [~jɔ'te] (1a) *v/t.* unswaddle (*a baby*).

demain [də'mɛ̃] *adv., a. su./m* tomorrow; *à* ~! good-bye till tomorrow!, F see you to-morrow!; ~ *en huit* to-morrow week.

démancher [demã'ʃe] (1a) *v/t.* unhaft, remove the handle of (*a tool*); ⚓ F dislocate; *fig.* upset; *v/i.* ♪ shift.

demande [dəˈmɑ̃ːd] *f* question; enquiry; request (for, de); ✝ demand; ⚖ claim, action; ~ *d'emploi* application for a job; ⚖ ~ *en dommages-intérêts* claim for damages; ~ *en mariage* proposal (of marriage); *à la* ~ as required; *à la* ~ *générale* by general request; *sur* ~ on application *or* request; **demander** [~mɑ̃ˈde] (1a) *v/t.* ask (for); beg, request; wish, want; order; apply for; ~ *q.* ask for s.o.; ~ *qch. à q.* ask s.o. for s.th.; *se* ~ wonder.

demandeur[1] *m*, **-euse** [dəmɑ̃ˈdœːr, ~ˈdøːz] petitioner; applicant (for, de); demander; *cards:* declarer; *teleph.* caller.

demandeur[2] *m*, **-eresse** *f* ⚖ [dəmɑ̃ˈdœːr, ~ˈdrɛs] plaintiff.

démangeaison [demɑ̃ʒɛˈzɔ̃] *f* itching; *fig.* F itch, longing; **démanger** [~ˈʒe] (1l) *v/i.*: ~ *à q.* itch (*arm, leg, etc.*).

démantèlement [demɑ̃tɛlˈmɑ̃] *m* dismantling; **démanteler** [~mɑ̃tˈle] (1d) *v/t.* dismantle; demolish, raze; break up (*a gang*).

démantibuler [demɑ̃tibyˈle] (1a) *v/t.* put out of joint; *fig.* put out of order; *mot.* smash up (*a car*).

démaquillage [demakiˈjaːʒ] *m*: *crème f de* ~ cleansing cream; **démaquillant** [~ˈjɑ̃] *m* make-up remover; **démaquiller** [~ˈje] (1a) *v/t.*: *se* ~ take off one's make-up.

démarcation [demarkaˈsjɔ̃] *f* demarcation, boundary.

démarche [deˈmarʃ] *f* step (*a. fig.*), walk, gait; *faire des* ~s *pour* take steps to.

démarquer [demarˈke] (1m) *v/t.* remove the marks from; ✝ mark down (*prices*); *fig.* plagiarize.

démarrage [demaˈraːʒ] *m mot.*, 🚂, ✈ start; ⚓ unmooring; **démarrer** [~ˈre] (1a) *vt/i.* ⚓ cast off; *mot.*, 🚂, ✈ start; *v/i.*: *faire* ~ *mot.* start; ⊕ set in motion; F *ne démarrez pas (de là)!* don't move (from here)!; **démarreur** ⊕, *mot.* [~ˈrœːr] *m* starter.

démasquer [demasˈke] (1m) *v/t.* unmask (*a.* ⚔); ⚓ show (*a light*); *fig.* ~ *ses batteries* show one's hand.

démêlé [demɛˈle] *m* dispute; contest; **démêler** [~ˈle] (1a) *v/t.* unravel; comb out (*one's hair*); *fig.* make out; clear up; *avoir qch. à* ~ *avec q.* have a bone to pick with s.o.; **démêloir** [~ˈlwaːr] *m* large-toothed comb.

démembrer [demɑ̃ˈbre] (1a) *v/t.* dismember; break up.

déménagement [demenaʒˈmɑ̃] *m* removal, moving (house); *voiture f de* ~ furniture van; **déménager** [~naˈʒe] (1l) *v/t.* (re)move; move the furniture out of (*a house*); *v/i.* move house; *fig.* go out of one's mind; F *sa tête déménage* he has taken leave of his senses; **déménageur** [~naˈʒœːr] *m* furniture remover.

démence [deˈmɑ̃ːs] *f* insanity, madness; ⚕ dementia; ⚖ lunacy.

démener [demˈne] (1d) *v/t.*: *se* ~ struggle; fling o.s. about; *fig.* strive hard.

dément, e [deˈmɑ̃, ~ˈmɑ̃ːt] 1. *adj.* mad; ⚖ lunatic; 2. *su.* mad person, lunatic.

démenti [demɑ̃ˈti] *m* denial, contradiction; *fig.* failure; **démentir** [~ˈtiːr] (2b) *v/t.* contradict; deny (*a fact*); belie; *se* ~ contradict o.s.; fail (to keep one's word).

démérite [demeˈrit] *m* demerit; **démériter** [~ˈrite] (1a) *v/i.* act in a blameworthy manner; ~ *auprès de q.* forfeit s.o.'s esteem; ~ *de* break faith with (*s.o.*); become unworthy of (*s.th.*).

démesuré, e [deməzyˈre] inordinate, beyond measure; excessive; out of all proportion.

démettre [deˈmɛtr] (4v) *v/t.* dislocate; ✝ deprive; ~ *q. de son appel* dismiss s.o.'s appeal.

démeubler [demœˈble] (1a) *v/t.* remove the furniture from.

demeurant, e [dəmœˈrɑ̃, ~ˈrɑ̃ːt] 1. *adj.* ⚖ resident; 2. *su.* ⚖ resident; 3. *demeurant adv.*: *au* ~ after all; **demeure** [~ˈmœːr] *f* dwelling, residence; ✝ delay; *à* ~ fixed; ✝ to your home; *dernière* ~ last resting place; ✝ *en* ~ in arrears; *mettre q. en* ~ *de (inf.)* call upon s.o. to (*inf.*); **demeurer** [~mœˈre] (1a) *v/i.* live, reside; stay, stop; ~ *court* stop short; *en* ~ *là* stop, leave off.

demi, e [dəˈmi] 1. *adj.* (*inv. before su.*) half, demi-..., semi...; *une*

demi-cercle 148

demi-heure half an hour, a half-hour; *une heure et demie* an hour and a half; *dix heures et demie* half past ten; **2.** *su./m* half; *sp.* half-back; **~-cercle** [dəmi'sɛrkl] *m* semicircle; *surv.* demi-circle; **~-fond** *sp.* [~'fɔ̃] *m* medium distance; **~-frère** [~'frɛːr] *m* half-brother, step-brother; **~-gros** ✝ [~'gro] *m* wholesale dealing in small quantities; **~-jour** [~'ʒuːr] *m/inv.* half-light; **~-journée** [~ʒur'ne] *f* part-time work; half-day.

démilitariser [demilitari'ze] (1a) *v/t.* demilitarize.

demi...: **~-monde** [dəmi'mɔ̃ːd] *m* demi-monde; **~-mot** [~'mo] *adv.*: *à* ~ as a hint, by way of hint; **~-pension** [~pɑ̃'sjɔ̃] *f* part board; **~-reliure** [~rə'ljyːr] *f* quarter-binding; **~-saison** [~sɛ'zɔ̃] *f* between-season, mid-season; **~-sec** [~'sɛk] *adj./m* medium dry (*wine*); **~-sœur** [~'sœːr] *f* half-sister, step-sister; **~-solde** [~'sɔld] *f* half pay; **~-sommeil** [~sɔ'mɛːj] *m* somnolence; **~-soupir** ♪ [~su'piːr] *m* quaver rest.

démission [demi'sjɔ̃] *f* resignation; **démissionnaire** [~sjɔ'nɛːr] **1.** *adj.* resigning; **2.** *su.* resigner; **démissionner** [~sjɔ'ne] (1a) *v/i.* resign.

demi...: **~-teinte** *paint.*, *phot.* [dəmi'tɛ̃ːt] *f* half-tone, half-tint; **~-ton** ♪ [~'tɔ̃] *m* semitone; **~-tour** [~'tuːr] *m* half-turn; ✕ about turn; ✕ ~ *à droite!* (right-)about turn!; *faire* ~ turn back; turn about; ✕ about-turn; ⚓ turn a half-circle.

démobiliser ✕ [demɔbili'ze] (1a) *v/t.* demobilize.

démocrate [demɔ'krat] **1.** *adj.* democratic; **2.** *su.* democrat; **démocratie** [~kra'si] *f* democracy.

démodé, e [demɔ'de] old-fashioned, out of date; **démoder** [~] (1a) *v/t.*: *se* ~ go out of fashion.

démographe [demɔ'graf] *m* demographer; **démographie** [~gra'fi] *f* demography.

demoiselle [dəmwa'zɛl] *f* young lady; spinster; ⊕ paving-beetle; *zo.* dragon-fly; ⚓ rowlock; ~ (*de magasin*) shop-girl; ~ *d'honneur* bridesmaid; maid of hono(u)r.

démolir [demɔ'liːr] (2a) *v/t.* demolish (*a. fig. an argument*), pull down; *fig.* overthrow; *fig.* ruin; F give a good thrashing to (*s.o.*); **démolisseur** [~li'sœːr] *m* house-breaker; ⚓ ship-breaker; *fig.* demolisher; **démolition** [~li'sjɔ̃] *f* demolition; ~s *pl.* rubbish *sg.*; rubble *sg.* (*from demolished building*).

démon [de'mɔ̃] *m* demon, devil, fiend; *fig.* imp.

démonétiser [demɔneti'ze] (1a) *v/t.* demonetize (*metal*); *fig.* discredit (*s.o.*).

démoniaque [demɔ'njak] *adj.*, *a. su.* demoniac.

démonstratif, -ve [demɔ̃stra'tif, ~'tiːv] **1.** *adj.* demonstrative (*a. gramm.*); *peu* ~ undemonstrative, dour; **2.** *su./m gramm.* demonstrative; **démonstration** [~'sjɔ̃] *f* demonstration; ✕ show of force.

démontable ⊕ [demɔ̃'tabl] that can be taken to pieces; collapsible (*boat*); **démontage** [~'taːʒ] *m* dismantling; *tyre:* removal; **démonter** [~'te] (1a) *v/t.* unseat (*a rider*); ⊕ dismantle, take down; *fig.* upset, abash.

démontrer [demɔ̃'tre] (1a) *v/t.* demonstrate, show.

démoraliser [demɔrali'ze] (1a) *v/t.* demoralize; *fig.* dishearten; ✕ destroy *or* undermine the morale of (*troops etc.*).

démordre [de'mɔrdr] (4a) *v/i.* let go; *fig.* give in; *fig. ne pas* ~ *de* stick to.

démunir [demy'niːr] (2a) *v/t.* deprive (of, *de*); *se* ~ *de* part with; ✝ run short of.

démuseler [demyz'le] (1c) *v/t.* unmuzzle (*a dog*).

dénatalité [denatali'te] *f* fall in the birth-rate.

dénationaliser [denasjɔnali'ze] (1a) *v/t.* denationalize; *se* ~ lose one's nationality.

dénaturaliser [denatyrali'ze] (1a) *v/t.* denaturalize.

dénaturé, e [denaty're] unnatural; 🜛 *alcool m* ~ methylated spirit; **dénaturer** [~] (1a) *v/t.* adulterate; *fig.* misrepresent, distort; pervert.

dénégation [denega'sjɔ̃] *f* denial; ⚖ traverse.

déni ⚖ [de'ni] denial, refusal.

déniaiser F [denjɛ'ze] (1a) *v/t.* educate (*s.o.*) in the ways of the world; smarten (*s.o.'s*) wits; *fig.* initiate (*s.o.*) sexually.

dénicher [deni'ʃe] (1a) *v/t.* take

départ

from the nest; ✗ dislodge; *fig.* unearth, rout out; discover; *v/i.* fly away; F *fig.* clear out, depart.

denier [dəˈnje] *m* small coin; penny; cent; money; *stockings*: denier; *les* ~s *pl. publics* public funds; *le* ~ *de Saint-Pierre* Peter's pence.

dénier [deˈnje] (1o) *v/t.* deny; disclaim; refuse.

dénigrer [deniˈgre] (1a) *v/t.* disparage, run (*s.o.*) down.

déniveler [denivˈle] (1c) *v/t.* make uneven (*the surface*); *surv.* determine differences in level.

dénombrement [denɔ̃brəˈmɑ̃] *m* counting; *population*: census; **dénombrer** [~ˈbre] (1a) *v/t.* count; take a census of (*the population*).

dénominateur ⚔ [denɔminaˈtœːr] *m* denominator; **dénominatif, -ve** [~ˈtif, ~ˈtiːv] denominative; **dénomination** [~sjɔ̃] *f* name, denomination; **dénommer** [denɔˈme] (1a) *v/t.* denominate, call, designate.

dénoncer [denɔ̃ˈse] (1k) *v/t.* denounce (*a. a treaty*); betray; expose; **dénonciateur, -trice** [~sjaˈtœːr, ~ˈtris] 1. *su.* informer; F stool-pigeon; 2. *adj.* tell-tale, revealing; laying information (*letter*); **dénonciation** [~sjaˈsjɔ̃] *f* denunciation; information (against, *de*); notice of termination (*of treaty etc.*).

dénoter [denɔˈte] (1a) *v/t.* denote, show, mark.

dénouement [denuˈmɑ̃] *m* untying; result, outcome; *difficulty*: solution; *thea. etc.* **dénouer** [~ˈnwe] (1p) *v/t.* untie, unravel, undo; *fig.* clear up; loosen (*limbs, the tongue*); *se* ~ come undone; end (*story*); loosen (*tongue*).

denrée [dɑ̃ˈre] *f usu.* ~s *pl.* commodity *sg.*; produce *sg.*; ~s *pl. alimentaires* food-stuffs; ~s *pl. coloniales* colonial produce *sg.*

dense [dɑ̃ːs] dense (*a. phys.*); thick; *peu* ~ thin; sparse; **densimètre** *phys.* [dɑ̃siˈmetr] *m* densimeter, hydrometer; **densité** [~ˈte] *f* density (*a. phys., a. of population*); *phys.* specific weight.

dent [dɑ̃] *f* tooth (*a.* ⊕); *elephant*: tusk; *geog.* jagged peak; ⊕ cog; *fork*: prong; ~ *de lait* (*de sagesse*) milk tooth (wisdom tooth); ~s *pl. artificielles* denture *sg.*; *sl. avoir la* ~ be hungry; *avoir une* ~ *contre* have a grudge against; *être sur les* ~s be worn out; *mal m aux* ~s toothache; *sans* ~s toothless; **dentaire** *anat.* [dɑ̃ˈtɛːr] dental (*art, pulp*); **dental, e,** *m/pl.* **-aux** [~ˈtal, ~ˈto] 1. *adj.* dental (*nerve, consonant*); 2. *su./f gramm.* dental (consonant); **dent-de-lion,** *pl.* **dents-de-lion** ♀ [dɑ̃dˈljɔ̃] *f* dandelion; **denté, e** [dɑ̃ˈte] toothed; ⊕ *roue f* ~*e* cogwheel; **dentelé, e** [dɑ̃tˈle] jagged, notched, serrated (*a. leaf*); **denteler** [~] (1c) *v/t.* notch; indent (*a. fig.*); **dentelle** [dɑ̃ˈtɛl] *f* lace; wrought ironwork; **dentelure** [dɑ̃tˈlyːr] *f* indentation; *post*: perforation (*of stamps*); **denter** [dɑ̃ˈte] (1a) *v/t.* ⊕ tooth, cog (*a wheel*); **denticulé, e** [~tikyˈle] ♀ denticulate; △ denticular; **dentier** [~ˈtje] *m* denture, F plate; set of false teeth; **dentifrice** [~tiˈfris] 1. *su./m* dentifrice, tooth-paste; 2. *adj.*: *eau f* ~ mouth-wash; **dentine** *anat.* [~ˈtin] *f* dentine; **dentiste** [~ˈtist] *m* dentist; **dentition** [~tiˈsjɔ̃] *f* dentition; *baby*: teething; **denture** [~ˈtyːr] *f* set of (*natural*) teeth; ⊕ teeth *pl.*, cogs *pl.*, gear teeth *pl.*

dénucléarisé, e [denykleariˈze] atom-free (*zone*).

dénuder [denyˈde] (1a) *v/t.* lay bare; strip; **dénuement** [~nyˈmɑ̃] *m* destitution; poverty (*a. fig.*); *room*: bareness; **dénuer** [~ˈnɥe] (1n) *v/t.* strip (of, *de*); *dénué de* devoid of, lacking, ...less.

dépannage *mot.* [depaˈnaːʒ] *m* (*road*) repairs *pl.*; (*a. service m de* ~) breakdown service, *Am.* wrecking gang; **dépanner** *mot.* [~ˈne] (1a) *v/t.* repair; *fig.* help, tide over; **dépanneur** *mot.* [~ˈnœːr] *m* break-down mechanic; **dépanneuse** *mot.* [~ˈnøːz] *f* break-down lorry, *Am.* wrecking truck.

dépaqueter [depakˈte] (1c) *v/t.* unpack.

dépareillé, e [deparɛˈje] odd (= *unpaired*); ✝ *articles m/pl.* ~s job lot *sg.*, oddments.

déparer [depaˈre] (1a) *v/t.* strip (*of ornaments*); divest (*of medals etc.*); *fig.* spoil, mar.

déparier [depaˈrje] (1o) *v/t.* remove one of a pair of; separate (*a pair*); *gant m déparié* odd glove.

départ[1] [deˈpaːr] *m* departure,

départ 150

start; ⚓ sailing; *sp.* ~ *lancé* flying start; *point m de* ~ starting point (*a. fig.*).

départ[2] [~] *m* division, separation.

départager [departa'ʒe] (1l) *v/t.* decide between; ~ *les voix* give the casting vote.

département [depart'mɑ̃] *m* department (*a. pol. Am.*); *pol.* Ministry; *admin.* department; *fig.* province.

départir [depar'tiːr] (2b) *v/t.* divide; distribute, deal out; ⚒, *metall.* separate, part; *se* ~ *de* part with.

dépassement [depɑs'mɑ̃] *m* overstepping, going beyond; *credit etc.*: exceeding; **dépasser** [~pɑ'se] (1a) *v/t.* pass, go beyond; exceed (*a. a speed*); overtake (*a car, a person, etc.*); project beyond; *fig.* outshine; *fig.* be beyond (*s.o.'s means etc.*); F *cela me dépasse* it is beyond my comprehension, F it's beyond me; *sp.* ~ *à la course* outrun.

dépaver [depa've] (1a) *v/t.* take up the pavement of (*a street*).

dépayser [depei'ze] (1a) *v/t.* take (*s.o.*) out of his element; mislead; *fig.* bewilder.

dépecer [depə'se] (1d *a.* 1k) *v/t.* cut up; dismember; break up (*an estate, a ship*).

dépêche [de'pɛʃ] *f* dispatch; telegram, F wire; **dépêcher** [depɛ'ʃe] (1a) *v/t.* hasten; expedite; dispatch; *se* ~ hurry up, make haste (*to inf., de inf.*).

dépeigner [depɛ'ɲe] (1a) *v/t.* ruffle.

dépeindre [de'pɛ̃ːdr] (4m) *v/t.* depict; describe.

dépenaillé, e [depəna'je] tattered, ragged.

dépendance [depɑ̃'dɑ̃ːs] *f* dependence; dependency (*of a country*); *fig.* subjection, domination; ~s *pl.* outbuildings, annexes.

dépendre[1] [de'pɑ̃ːdr] (4a) *v/i.* depend (on, *de*); *cela dépend* that depends; *il dépend de vous de* (*inf.*) it lies with you to (*inf.*).

dépendre[2] [~] (4a) *v/t.* take down, unhang.

dépens [de'pɑ̃] *m/pl.* cost *sg.*, expense *sg.*; ⚖ costs.

dépense [de'pɑ̃ːs] *f* expenditure, outlay, expense; *gas, steam, etc.*: consumption; pantry; **dépenser** [depɑ̃'se] (1a) *v/t.* spend; consume (*coal etc.*); **dépensier, -ère** [~'sje, ~'sjɛːr] **1.** *su.* storekeeper; *hospital*: dispenser; spendthrift; **2.** *adj.* extravagant, spendthrift.

déperdition [depɛrdi'sjɔ̃] *f* waste; loss; *gas*: escape.

dépérir [depe'riːr] (2a) *v/i.* decline, pine (away), dwindle; **dépérissement** [~ris'mɑ̃] *m* declining, pining, dwindling; decay(ing); deterioration.

dépêtrer [depɛ'tre] (1a) *v/t.* extricate, free; *se* ~ *de* get o.s. out of (*s.th.*); F *se* ~ *de q.* shake s.o. off.

dépeupler [depœ'ple] (1a) *v/t.* depopulate; thin (*a forest*).

dépiauter F [depjo'te] (1a) *v/t.* skin; *fig.* dissect (*a book*).

dépilation [depila'sjɔ̃] *f* depilation; removal of hair; **dépilatoire** [~la'twaːr] **1.** *adj.* depilatory; *pâte f* ~ hair-removing cream; **2.** *su./m* depilatory, hair-remover; **dépiler** [~'le] (1a) *v/t.* remove the hair from.

dépister [depis'te] (1a) *v/t. hunt.* run to earth (*a.* F *fig. s.o.*); put off the scent; *fig.* baffle.

dépit [de'pi] *m* spite, resentment, grudge; *en* ~ *de* in spite of; **dépiter** [~pi'te] (1a) *v/t.* annoy; spite; *se* ~ be annoyed *or* vexed (at, *de*).

déplacé, e [depla'se] out of place; displaced; *fig.* misplaced; improper; **déplacement** [~plas'mɑ̃] *m* displacement (*a.* ⚓); removal; travelling; movement (*of ships*); ~ *disciplinaire* disciplinary transfer; *frais m/pl. de* ~ travelling expenses; **déplacer** [~pla'se] (1k) *v/t.* displace, shift, move; dislodge; ⚓ have a displacement of; *fig.* transfer (*s.o.*).

déplaire [de'plɛːr] (4z) *v/i.*: ~ *à* displease; *v/t.*: *se* ~ *à* dislike; **déplaisant, e** [deplɛ'zɑ̃, ~'zɑ̃ːt] unpleasant, disagreeable; **déplaisir** [~'ziːr] *m* displeasure; annoyance.

déplanter ✔ [deplɑ̃'te] (1a) *v/t.* displant; take up (*a plant*); transplant.

dépliant [depli'ɑ̃] *m* folding album; folder; **déplier** [~'e] (1a) *v/t.* unfold.

déplisser [depli'se] (1a) *v/t.* unpleat, take the pleats out of; *se* ~ come out of pleats.

déploiement [deplwa'mɑ̃] *m* unfolding; *goods, courage, etc.*: dis-

depuis

play; ✂, ⚓, *troops, etc.*: deployment.
déplomber [deplɔ̃'be] (1a) *v/t.* unseal; ⚒ unstop, *Am.* remove the filling from (*a tooth*).
déplorable [deplɔ'rabl] deplorable, lamentable; wretched; **déplorer** [∼'re] (1a) *v/t.* deplore; lament, mourn.
déployer [deplwa'je] (1h) *v/t.* unfold; display (*a flag, goods, patience, etc.*); ✂ deploy (*troops*); ⚓ unfurl (*the sail*).
déplumer [deply'me] (1a) *v/t.* pluck; se ∼ moult; F grow bald.
dépolir ⊕ [depɔ'liːr] (2a) *v/t.* remove the polish from; grind, frost (*glass*); se ∼ grow dull; *verre m dépoli* ground *or* frosted glass.
dépopulation [depɔpyla'sjɔ̃] *f* depopulation; falling population.
déport † [de'pɔːr] *m* backwardation.
déportation [depɔrta'sjɔ̃] *f* ⚖ transportation; *pol.* deportation; **déportements** [depɔrtə'mɑ̃] *m/pl.* misconduct *sg.*; dissolute life *sg.*; **déporter** [∼'te] (1a) *v/t.* deport (*s.o.*); carry away; ⊕ off-set (*a part*); *v/i.* ✈ drift.
déposant *m,* e *f* [depo'zɑ̃, ∼'zɑ̃ːt] † depositor; ⚖ bailor; ⚖ deponent, witness; **déposer** [∼'ze] (1a) *v/t.* deposit (*s.th., money, required documents,* 🜍 *a sediment, etc.*); lay down; leave; depose (*a king etc.*); *parl.* introduce, table (*a bill*); ⚖ file (*a petition*), prefer (*a charge*), lodge (*a complaint*); † register (*a trade-mark*); *v/i.* settle (*wine*); ⚖ give evidence (against, *contre*); depose (that, *que*); **dépositaire** [∼zi'tɛːr] *su.* trustee; ⚖ bailee; † agent (for, de); **déposition** [∼zi-'sjɔ̃] *f* ⚖, *a. king*: deposition; ⚖ evidence; ⚖ ∼ *sous serment* affidavit.
déposséder [depɔse'de] (1f) *v/t.* (de) dispossess (from), deprive (of);
dépossession [∼sɛ'sjɔ̃] *f* dispossession.
dépôt [de'po] *m* deposit; ⚖ bailment; *telegram*: handing in; † store; depot (*a.* ✂); † warehouse; *Customs:* bond; sediment (*in liquid*); 🜍 depositing; 🚂 *engine:* shed; police station; ⚒ accumulation of matter; † *trade-mark:* registration;

🧳 ∼ *de bagages* left-luggage office; 🧳 ∼ *de marchandises* goods depot; ∼ *de mendicité* workhouse; ∼ *mortuaire* mortuary; *caisse f de* ∼*s et consignations* Deposit and Consignment Office; *en* ∼ on sale; in stock; on trust.
dépoter [depɔ'te] (1a) *v/t.* ✿ plant out (*seedlings*); unpot (*a plant*); decant (*wine etc.*).
dépouille [de'puːj] *f animal:* skin; *serpent:* slough; ⊕ rake, clearance; *metall.* draw; ∼*s pl.* spoils, booty *sg.*: effects; ∼ *mortelle* mortal remains *pl.*; **dépouillement** [∼puj'mɑ̃] *m* despoiling; scrutiny, examination; *votes:* count; **dépouiller** [∼pu'je] (1a) *v/t.* skin; strip; plunder; rob; examine; open (*letters*); count (*votes*); ⊕ give clearance to; se ∼ shed its leaves (*tree*); cast its skin (*serpent*); divest o.s., get rid (of, de).
dépourvoir [depur'vwaːr] (3m) *v/t.* deprive (of s.th., de *qch.*); **dépourvu, e** [∼'vy] **1.** *adj.:* ∼ *de* lacking, short of, devoid of; **2.** *dépourvu adv.: au* ∼ unawares.
dépoussiérage [depusje'raːʒ] *m* dusting; ⊕ dust extraction; *air:* filtering.
dépravation [deprava'sjɔ̃] *f taste etc.:* depravation; *morals:* depravity; **dépraver** [∼'ve] (1a) *v/t.* deprave, corrupt.
dépréciation [depresja'sjɔ̃] *f* depreciation; wear and tear; **déprécier** [∼'sje] (1o) *v/t.* depreciate (*a.* †), undervalue; belittle, F run down; devalue (*coinage*); se ∼ † depreciate; *fig.* belittle o.s.
déprédateur, -trice [depreda'tœːr, ∼'tris] **1.** *su.* depredator; embezzler; **2.** *adj.* depredatory; **déprédation** [∼'sjɔ̃] *f* depredation, pillaging; peculation.
déprendre [de'prɑ̃ːdr] (4q) *v/t.* separate; dissolve, melt.
dépressif, -ve [depre'sif, ∼'siːv] bearing down; *fig.* depressing; **dépression** [∼'sjɔ̃] *f* depression (*a.* †, *a. meteor., a. fig.*); *fig.* (*in value*); *barometer:* fall in pressure; **déprimer** [depri'me] (1a) *v/t.* depress; *fig.* lower; se ∼ become depressed.
depuis [də'pɥi] **1.** *prp.* since, for; from; ∼ *quand?* since when?; *je suis ici* ∼ *cinq jours* I have been here for five days; ∼ ... *jusqu'à* from ...

dépuratif 152

(down) to; **2.** *adv.* since (then); afterwards; **3.** *cj.*: ~ que since.
dépuratif, -ve [depyra'tif, ~'ti:v] *adj., a. su./m* depurative; **dépurer** [~'re] (1a) *v/t.* depurate, cleanse (*the blood*); purify (*water, metal*).
députation [depyta'sjõ] *f* deputation; membership of Parliament; *se présenter à la* ~ stand for Parliament, *Am.* run for Congress; **député** [~'te] *m* deputy, M.P., *Am.* Congressman; **députer** [~'te] (1a) *v/t.* depute; delegate (to *à, vers*).
déraciner [derasi'ne] (1a) *v/t.* uproot; *fig.* eradicate.
déraidir [dere'di:r] (2a) *v/t.* take the stiffness out of; *fig.* relax.
dérailler [dera'je] (1a) *v/i.* ⛉ etc. go off the rails; be derailed, leave the track; *fig.* go astray; **dérailleur** [~'jœ:r] *m* ⛉ shifting track; *bicycle*: gearshift.
déraison [dere'zõ] *f* unreasonableness; unwisdom; **déraisonnable** [~zɔ'nabl] unreasonable, irrational, unwise; foolish; **déraisonner** [~zɔ-'ne] (1a) *v/i.* talk nonsense; rave (*sick man*).
dérangement [derãʒ'mã] *m* derangement; disturbance; disorder; trouble; upset; ⚡, ⊕ fault; **déranger** [~rã'ʒe] (1l) *v/t.* derange; bother; disturb; upset (*a. fig.*); ⊕ put out of order; *se* ~ move; take trouble (to *inf., pour inf.*); lead a wild life; ⊕ get out of order; get upset.
dérapage [dera'pa:ʒ] *m mot.* skid (-ding); ⚓ dragging; **déraper** [~'pe] (1a) *v/t.* ⚓ trip, weigh (*the anchor*); *v/i.* ⚓ drag; drag its anchor (*ship*); *mot.* skid.
dératé, e F [dera'te] **1.** *adj.* scatterbrained, harum-scarum; **2.** *su./m*: *courir comme un* ~ run like a hare.
derby *sp.* [dɛr'bi] *m* derby, horserace; contest. [more.]
derechef [dərə'ʃɛf] *adv.* again, once]
déréglé [dere'gle] ⊕ out of order; *fig.* immoderate; dissolute (*life*); **dérèglement** [~rɛglə'mã] *m* disorder; *pulse*: irregularity; profligacy; dissolute life; **dérégler** [~re-'gle] (1f) *v/t.* upset, disarrange; unsettle; ⊕ put out of order; *se* ~ get out of order; *fig.* get into evil ways.
dérider [deri'de] (1a) *v/t.* smooth; unwrinkle; *fig.* cheer (*s.o.*) up.

dérision [deri'zjõ] *f* derision, ridicule; *tourner en* ~ hold up to ridicule; **dérisoire** [~'zwa:r] ridiculous, laughable; *prix m* ~ ridiculously low price.
dérivatif, -ve [deriva'tif, ~'ti:v] *adj., a. su./m* derivative; **dérivation** [~'sjõ] *f* ⚡, *gramm.* derivation; *watercourse*: diversion; ⛉ loop(-line); ⚡ shunt(ing); *teleph.* branch-circuit; ⚗ differentiation; ⚓ drift; **dérive** [de'ri:v] *f* ⚓ leeway; *aller à la* ~ drift; **dérivé** ⚗, *gramm.* [deri've] *m* derivative; **dérivée** ⚗ [~] *f* differential coefficient.
dériver¹ [deri've] (1a) *v/i.* drift.
dériver² [~] (1a) *v/t.* deflect; ⚡, ⛉ shunt; ⚓ free from the board; ⚡, ⚗, *gramm.* derive; *v/i.* be diverted or derived (from, *de*); spring (from, *de*).
dériver³ ⊕ [~] (1a) *v/t.* unrivet, unhead (*a rivet*).
dernier, -ère [dɛr'nje, ~'njɛ:r] **1.** *adj.* last, latest; highest, utmost (*importance etc.*); ⚡ closing (*price*); least (*trouble, worry*); vilest (*of men*); *le jugement* ~ judgment-day, the last judgment; *mettre la* ~ère *main à* give the finishing touch to; **2.** *su.* last, latest; **dernièrement** [~njɛr'mã] *adv.* lately, not long ago, recently.
dérobade [derɔ'bad] *f* escape; *horse*: balking; **dérobé, e** [~'be] hidden, concealed; **dérobée** [~'be] *adv.*: *à la* ~ secretly, on the sly; **dérober** [~'be] (1a) *v/t.* steal; hide; *cuis.* skin (*beans*), blanch (*almonds*); *se* ~ steal away; hide; escape (from, *à*).
dérogation [derɔga'sjõ] *f* derogation (of, *à*); *faire* ~ *à* deviate from; **déroger** [~'ʒe] (1l) *v/i.* derogate (from, *à*); deviate (from, *à*); *fig.* lower o.s., stoop (to *inf., jusqu'à inf.*).
dérouiller [deru'je] (1a) *v/t.* remove the rust from; *fig.* polish up.
dérouler [deru'le] (1a) *v/t.* unroll; unreel (*a cable, a wire*); *fig.* unfold (*one's plan*); *se* ~ unroll; come unwound; *fig.* unfold (*scene*); *fig.* occur, develop.
déroute [de'rut] *f* rout; *fig.* ruin; *mettre en* ~ rout; **dérouter** [~ru'te] (1a) *v/t.* † lead astray; *fig.* bewilder, baffle.

derrick [dɛˈrik] *m oil-well*: derrick.
derrière [dɛˈrjɛːr] **1.** *adv.* behind, at the back, in the rear; ⚓ astern; ⚓ aft; *par* ~ from the rear; **2.** *prp.* behind, at the back of, in the rear of, *Am.* back of; ⚓ astern of; ⚓ abaft; *être* ~ *q.* back s.o. up; **3.** *su./m* back, rear; F backside, behind, bottom, rump; ✂ ~*s pl.* rear *sg.*; *de* ~ rear..., hind...
derviche [dɛrˈviʃ] *m*, **dervis** [~ˈvi] *m* dervish.
dès [de] *prp.* from, since; upon (*arrival, entry*); as early as; ~ *demain* from tomorrow; ~ *lors* from then on; ~ *que* as soon as.
désabonner [dezabɔˈne] (1a) *v/t.*: *se* ~ cancel one's subscription (to, à).
désabuser [dezabyˈze] (1a) *v/t.* disabuse, disillusion; *se* ~ have one's eyes opened.
désaccord [dezaˈkɔːr] *m* discord (♪, *a. fig.*); disagreement; discrepancy; *fig. en* ~ at variance; **désaccorder** [~kɔrˈde] (1a) *v/t.* ♪ untune; *radio:* detune; *fig.* set at variance; ♪ *se* ~ get out of tune.
désaccoupler [dezakuˈple] (1a) *v/t.* unpair; unleash (*hounds*).
désaccoutumer [dezakutyˈme] (1a) *v/t.*: ~ *q. de* (*inf.*) break s.o. of the habit of (*ger.*).
désachalander † [dezaʃalɑ̃ˈde] (1a) *v/t.* take away the custom of.
désaffectionner [dezafɛksjɔˈne] (1a) *v/t.* alienate (*s.o.'s*) affections; disaffect (*partisans etc.*).
désagréable [dezagreˈabl] disagreeable, unpleasant, nasty.
désagréger [dezagreˈʒe] (1a) *v/t.* disaggregate, disintegrate; *geol.* weather (*rock*).
désagrément [dezagreˈmɑ̃] *m* unpleasantness; nuisance, inconvenience; discomfort.
désajuster [dezaʒysˈte] (1a) *v/t.* disarrange; ⊕ throw out of adjustment.
désaltérant, e [dezalteˈrɑ̃, ~ˈrɑ̃ːt] thirst-quenching; **désaltérer** [~ˈre] (1f) *v/t.* quench (*s.o.'s*) thirst; refresh, water (*a plant*).
désamarrer ⚓ [dezamaˈre] (1a) *v/t.* unmoor.
désamorcer [dezamɔrˈse] (1k) *v/t.* unprime, uncap; *se* ~ run dry (*pump etc.*).
désappointement [dezapwɛ̃tˈmɑ̃] *m* disappointment; **désappointer** [~pwɛ̃ˈte] (1a) *v/t.* disappoint.
désapprendre [dezaˈprɑ̃ːdr] (4aa) *v/t.* unlearn; forget (*a subject, a skill*).
désapprobateur, -trice [dezaprɔbaˈtœːr, ~ˈtris] **1.** *su.* disapprover; **2.** *adj.* disapproving; **désapprouver** [~pruˈve] (1a) *v/t.* disapprove (of), object to.
désarçonner [dezarsɔˈne] (1a) *v/t.* unseat (*a rider*); *fig.* dumbfound.
désarmement [dezarməˈmɑ̃] *m* disarmament; **désarmer** [~ˈme] (1a) *v/t.* disarm (*a. fig.*); ⚓ lay up (*a ship*); unship (*oars*); ✂ unload (*a gun*); uncock (*a rifle*); *v/i.* disarm; ⚓ be laid up (*ship*).
désarrimer ⚓ [dezariˈme] (1a) *v/t.* unstow (*the cargo*); put (*a ship*) out of trim; *se* ~ shift.
désarroi [dezaˈrwa] *m* confusion, disorder.
désarticuler [dezartikyˈle] (1a) *v/t.* dislocate; ⚚ disarticulate.
désassembler [dezasɑ̃ˈble] (1a) *v/t.* take (*s.th.*) to pieces; disassemble; disconnect (*joints, couplings*).
désastre [deˈzastr] *m* disaster; **désastreux, -euse** [~zasˈtrø, ~ˈtrøːz] disastrous, calamitous.
désavantage [dezavɑ̃ˈtaːʒ] *m* disadvantage; drawback; **désavantager** [~taˈʒe] (1l) *v/t.* (put at a) disadvantage; handicap; **désavantageux, -euse** [~taˈʒø, ~ˈʒøːz] unfavo(u)rable.
désaveu [dezaˈvø] *m* disavowal, denial; repudiation; disclaimer; **désavouer** [~ˈvwe] (1p) *v/t.* disown; disavow; repudiate; disclaim.
désaxé, e [dezakˈse] ⊕ out of true (*wheel*); offset (*cylinder*); eccentric (*cam*); *fig.* F unbalanced.
desceller [desɛˈle] (1a) *v/t.* unseal, break the seal of; ⊕ loosen; force (*a safe*).
descendance [desɑ̃ˈdɑ̃ːs] *f* descent; *coll.* descendants *pl.*; **descendant, e** [~ˈdɑ̃, ~ˈdɑ̃ːt] **1.** *adj.* descending, downward; ⚥ decreasing (*series*); ⚙ up-... (*platform, train*); **2.** *su.* descendant; **descendre** [deˈsɑ̃ːdr] (4a) *v/i.* descend (*a. fig.*), go or come down(stairs); fall (*temperature*); alight; get off (*a bus etc.*); dismount (*from a horse*); put up, stay (*at a hotel*); be descended (*from*

descente 154

a family etc.); ~ *chez q.* stay with s.o.; ⚓ ~ *dans* (or *chez*) raid; ✈ ~ *en piqué* nose-dive; ⚓ ~ *sur les lieux* visit the scene (*of the accident, crime,* etc.); *v/t.* go or come down; bring (*s.th.*) down; take (*s.th.*) down (*from a shelf* etc.); lower (*by rope* etc., *a.* ♪); bring or shoot down; set (*s.o.*) down, F drop (*s.o.*) (*at an address*); **descente** [~'sã:t] *f* descent; slope; *police*: raid; 🚂 alighting from (*a train*); ⚓ landing; ✠ prolapse; lowering (*by rope* etc.); taking down (*from the wall* etc.); ⊕ *piston*: downstroke; ⚡ downpipe; *radio*: down-lead; ✞ run (on a bank); ~ *à pic ski*: straight (downhill) run; *paint.* etc. ~ *de croix* descent from the cross; ~ *de lit* (bed-side) rug; ✈ ~ *piquée* nosedive.

descriptif, -ve [dɛskrip'tif, ~'ti:v] descriptive; **description** [~'sjɔ̃] *f* description.

déséchouer ⚓ [deze'ʃwe] (1p) *v/t.* refloat.

déségrégation *pol.* [desegrega'sjɔ̃] *f* desegregation.

désemparer [dezɑ̃pa're] (1a) *v/i.* leave; ✈ *être désemparé* be out of control; *sans* ~ without stop(ping), on end; *v/t.* ⚓ disable; undo.

désemplir [dezɑ̃'pli:r] (2a) *v/t.* half-empty; *v/i.*: *ne pas* ~ be always full.

désenchaîner [dezɑ̃ʃɛ'ne] (1b) *v/t.* unchain, unfetter.

désenchanter [dezɑ̃ʃɑ̃'te] (1a) *v/t.* disenchant; *fig.* disillusion.

désenfler [dezɑ̃'fle] (1a) *v/t.* reduce the swelling of (*the ankle*); deflate (*a tyre* etc.); *v/i. a. se* ~ go down, become less swollen.

désengager [dezɑ̃ga'ʒe] (1l) *v/t.* free from an engagement; ⊕ disengage, ungear.

désengorger ⊕ [dezɑ̃gɔr'ʒe] (1l) *v/t.* unstop (*a pipe*).

désenivrer [dezɑ̃ni'vre] (1a) *v/t.* sober (*s.o.*) (up).

désennuyer [dezɑ̃nɥi'je] (1h) *v/t.* amuse (*s.o.*); divert (*s.o.*); *se* ~ seek diversion (*in* ger., *à* inf.; *from, de*).

désenrayer [dezɑ̃rɛ'je] (1i) *v/t.* release (*a brake* etc.).

désenvenimer ✠ [dezɑ̃vəni'me] (1a) *v/t.* cleanse (*a wound*).

déséquilibre [dezeki'libr] *m* lack of balance; unbalance; **déséquilibré, e** [dezekili'bre] unbalanced (*a. mind*); out of balance; **déséquilibrer** [~] (1a) *v/t.* throw (*s.th.*) off balance; unbalance.

désert, e [de'zɛ:r, ~'zɛrt] **1.** *adj.* deserted; desert (*island, country*); wild (*country*); lonely (*spot*); **2.** *su./m* desert, wilderness; **déserter** [dezɛr'te] (1a) *v/t.* desert (*a.* ✕), forsake, abandon; *v/i.* ✕ desert; **déserteur** [~'tœ:r] *m* deserter; **désertion** [~'sjɔ̃] *f* desertion.

désespérant, e [dezɛspe'rɑ̃, ~'rɑ̃:t] heart-breaking; disheartening; **désespéré, e** [~'re] desperate (*a.* ✕); hopeless (*a.* 🎲); *être dans un état* ~ be past recovery; **désespérément** [~re'mɑ̃] *adv.* desperately; **désespérer** [~'re] (1f) *v/i.* despair (of, *de*); lose hope; lose heart; *v/t.* drive (*s.o.*) to despair; **désespoir** [dezɛs'pwa:r] *m* despair; desperation; *en* ~ *de cause* as a last resource.

déshabillé [dezabi'je] *m* undress; *en* ~ in dishabille; in undress; **déshabiller** [~] (1a) *v/t.* undress, disrobe; strip (*a.* ⚓).

déshabituer [dezabi'tɥe] (1n) *v/t.*: ~ *q. de* (inf.) break s.o. of the habit of (ger.); *se* ~ grow unused (to, *de*); break o.s. of the habit (of ger., *de* inf.).

déshériter [dezeri'te] (1a) *v/t.* disinherit.

déshonnête [dezɔ'nɛt] improper, immodest; **déshonneur** [~'nœ:r] *m* dishono(u)r, disgrace; **déshonorer** [~nɔ're] (1a) *v/t.* dishono(u)r, disgrace; disfigure (*a picture* etc.).

déshydrater 🝫 [dezidra'te] (1a) *v/t.* dehydrate.

désignation [deziɲa'sjɔ̃] *f* designation; appointment (as, *au poste de*); **désigner** [~'ɲe] (1a) *v/t.* designate, indicate; appoint.

désillusionner [dezillyzjɔ'ne] (1a) *v/t.* disillusion, undeceive.

désinence *gramm.* [dezi'nɑ̃:s] *f* ending.

désinfecter [dezɛ̃fɛk'te] (1a) *v/t.* disinfect; decontaminate.

désintégration [dezɛ̃tegra'sjɔ̃] *f* disintegration; *atom*: splitting; *rock*: weathering.

désintéressé, e [dezɛ̃terɛ'se] unselfish; disinterested, unbiased; **désintéressement** [~rɛs'mɑ̃] *m*

dessin

impartiality; unselfishness; ✝ *partner*: buying out; ✝ *creditor*: paying off; **désintéresser** [~.ʀe'se] (1a) *v/t.* ✝ buy out (*a partner*); ✝ pay off (*a creditor*); reimburse (*s.o.*); se ~ de dissociate o.s. from; take no part in; take no further interest in.

désinvolte [dezɛ̃'vɔlt] free, easy (*bearing*, *gait*); off-hand, airy (*manner*); rakish; F cheeky (*reply*); **désinvolture** [~vɔl'ty:r] *f* ease, freedom (*of bearing*); off-handedness; F cheek.

désir [de'zi:r] *m* desire, wish; **désirable** [dezi'rabl] desirable; *peu* ~ undesirable; **désirer** [~'re] (1a) *v/t.* desire, wish, want; *laisser à* ~ leave much to be desired; **désireux, -euse** [~'rø, ~'rø:z] (de) desirous (of); eager (to).

désister [dezis'te] (1a) *v/t.*: se ~ de withdraw; desist from; renounce.

désobéir [dezɔbe'i:r] (2a) *v/i.*: ~ à disobey; **désobéissance** [~i'sã:s] *f* disobedience (to, *à*); **désobéissant, e** [~i'sã, ~'sã:t] disobedient.

désobligeant, e [dezɔbli'ʒã, ~'ʒã:t] disobliging, unfriendly; **désobliger** [~'ʒe] (1l) *v/t.* disoblige (*s.o.*); offend (*s.o.*).

désobstruer [dezɔpstry'e] (1a) *v/t.* free (*s.th.*) of obstructions; ⊕ clear (*a pipe*).

désodorisant [dezɔdɔri'zã] *m* deodorant.

désœuvré, e [dezœ'vre] **1.** *adj.* idle, unoccupied; at a loose end; **2.** *su.* idler; **désœuvrement** [~vrə'mã] *m* idleness; leisure.

désolant, e [dezɔ'lã, ~'lã:t] sad, distressing; screaming; **désolation** [~la'sjõ] *f* desolation; grief; **désolé, e** [~'le] desolate; very sorry; **désoler** [~'le] (1a) *v/t.* desolate; lay waste; distress, grieve (*s.o.*).

désopilant, e [dezɔpi'lã, ~'lã:t], side-splitting, screaming; **désopiler** *fig.* [~'le] (1a) *v/t.*: se ~ shake with laughter.

désordonné, e [dezɔrdɔ'ne] disorderly; untidy; excessive (*pride*, *appetite*); immoderate (*appetite*); dissolute (*life*, *man*, etc.); **désordre** [~'zɔrdr] *m* disorder (a. 💰), confusion; *fig.* dissoluteness; ~s *pl.* disturbances, riots; *vivre dans le* ~ lead a wild life.

désorganisation [dezɔrganiza'sjõ] *f* disorganization.

désorienter [dezɔrjã'te] (1a) *v/t.* mislead; ⊕ throw out of adjustment; *fig.* bewilder; *fig. tout* désorienté at a loss, all at sea.

désormais [dezɔr'mɛ] *adv.* from now on, henceforth.

désossé, e [dezɔ'se] boned (*fish* etc.); F boneless, flabby (*person*); **désosser** [~] (1a) *v/t. cuis.* bone (*a fish* etc.); *fig.* take to pieces, dissect (*a book* etc.).

despote [dɛs'pɔt] *m* despot; **despotique** [~pɔ'tik] despotic; **despotisme** [~pɔ'tism] *m* despotism.

dessaisir [desɛ'zi:r] (2a) *v/t.* ⚖ dispossess; se ~ de part with, give up.

dessalé, e *fig.* [desa'le] knowing, sharp (*person*); **dessaler** [~] (1a) *v/t. cuis.* soak (*fish*); F sharpen (*s.o.'s*) wits.

dessécher [dese'ʃe] (1f) *v/t.* dry (up); wither (*a plant*, *a limb*); drain (*a swamp*); parch (*one's mouth*); sear (*the heart*); se ~ dry up; wither.

dessein [de'sɛ̃] *m* design; scheme, plan; intention; *à* ~ intentionally, on purpose.

desseller [dese'le] (1a) *v/t.* unsaddle.

desserre F [de'sɛ:r] *f*: *être dur à la* ~ be close-fisted; **desserrer** [~sɛ're] (1a) *v/t.* loosen (*the belt*, *a screw*); unclamp; unscrew (*a nut*); release (*the brake*); unclench (*one's fist*, *one's teeth*).

dessert [de'sɛ:r] *m* dessert; **desserte** [~'sɛrt] *f* dumb-waiter, sideboard; *eccl.* (pastoral) duties *pl.*; **desservant** *eccl.* [~sɛr'vã] *m* priest-in-charge; curate-in-charge.

desservir[1] [desɛr'vi:r] (2b) *v/t.* clear (*the table*); do (*s.o.*) an ill turn; *v/i.* clear away.

desservir[2] [~] (2b) *v/i. eccl.* minister to (*a parish*); 🚌 etc. serve; call at (*a port*, 🚂 *a station*); supply (*with gas*, *electricity*, etc.).

dessiccatif, -ve [desika'tif, ~'ti:v] drying.

dessiller [desi'je] *v/t.*: F ~ *les yeux à* (*or de*) *q.* open s.o.'s eyes (*to the truth*).

dessin [de'sɛ̃] *m* drawing, sketch; 🏛 etc. plan; ⊕ draughtsmanship; pattern, design; ~ *à main levée*

dessinateur 156

free-hand drawing; *cin.* ~ *animé* (animated) cartoon; **dessinateur, -trice** [desina'tœːr, ~'tris] *su.* drawer, sketcher; designer; cartoonist; *su./m* ⊕ draughtsman; *su./f* ⊕ draughtswoman; **dessiner** [~'ne] (1a) *v/t.* draw, sketch; design (*material etc.*); lay out (*a garden*); outline; *se* ~ stand out, be outlined; appear; *fig.* take shape.

dessouder ⊕ [desu'de] (1a) *v/t.* unsolder; reopen (*a welded seam etc.*).

dessouler [desu'le] (1a) *v/t.* sober; *v/i. a. se* ~ sober up.

dessous [də'su] 1. *adv.* under(neath), beneath, below; *de* ~ underneath; *en* ~ underneath; *fig.* in an underhand way; 2. *prp.*: *de* ~ from under; 3. *su./m* underside, lower part; ~ *pl.* (women's) underclothing *sg.*, F undies; *fig.* seamy *or* shady side *sg.*; F *avoir le* ~ be defeated, get the worst of it; ~-**de-bras** *cost.* [dəsudə'bra] *m/inv.* dress-shield.

dessus [də'sy] 1. *adv.* above, over; on (it, them, *etc.*); *en* ~ at the top, above; *sens* ~ *dessous* in confusion, topsy-turvy; ⚓ *avoir le vent* ~ be aback; *fig. mettre le doigt* ~ hit the nail on the head; 2. *prp.* † on, upon; *de* ~ from, (from) off; 3. *su./m* top, upper side; ♪ treble; *thea.* ~ *pl.* flies; *avoir* (*prendre*) *le* ~ have (get) the upper hand, have (get) the best of it; ~ *de cheminée* mantelpiece; F *le* ~ *du panier* the pick of the basket; ~-**de-lit** [dəsyd-'li] *m/inv.* bedspread, coverlet.

destin [dɛs'tɛ̃] *m* fate, destiny; **destinataire** [dɛstina'tɛːr] *su.* addressee; ✝ *money order*: payee; *goods*: consignee; **destination** [~na'sjɔ̃] *f* destination; *à* ~ *de* 🚢 for, to; ⊕ bound for; *post*: addressed to; **destinée** [~'ne] *f* destiny; **destiner** [~'ne] (1a) *v/t.* destine; intend (for, *à*); *se* ~ *à* intend to take up, enter (*a profession*).

destituer [dɛsti'tɥe] (1n) *v/t.* dismiss, discharge; **destitution** [~ty-'sjɔ̃] *f* dismissal; removal.

destrier *poet.* [dɛstri'e] *m* charger, steed.

destroyer ⚓ [dɛstrwa'jœːr] *m* destroyer.

destructeur, -trice [dɛstryk'tœːr, ~'tris] 1. *adj.* destructive; destroying; 2. *su.* destroyer; **destructif, -ve** [~'tif, ~'tiːv] destructive (of, *de*); **destruction** [~'sjɔ̃] *f* destruction; demolition.

désuet, -ète [de'sɥɛ, ~'sɥɛt] obsolete (*a. gramm.*), out-of-date; **désuétude** [~sɥe'tyd] *f* disuse; *tomber en* ~ fall into disuse; ⚖ fall into abeyance (*law*), lapse (*right*).

désunion [dezy'njɔ̃] *f* disunion; *parts*: separation; *fig.* dissension; **désunir** [~'niːr] (2a) *v/t.* disunite, divide; take apart; *fig.* set at variance.

détachement [detaʃ'mɑ̃] *m* loosening; detachment (*a.* ✗); *fig.* indifference (to, *de*), unconcern.

détacher[1] [deta'ʃe] (1a) *v/t.* detach (*a.* ♪); undo, unfasten; separate; ✗ detail (*a company*); 🚃 uncouple; *fig.* estrange; *se* ~ come loose; part; stand out (against, *sur*).

détacher[2] [~] (1a) *v/t.* clean, remove stains from.

détail [de'taːj] *m* detail; particular; *fig.* trifle; ✝ retail; *marchand m en* ~ retailer; *vendre au* ~ retail; **détaillant** *m*, **e** *f* [deta'jɑ̃, ~'jɑ̃ːt] retailer; **détailler** [~'je] (1a) *v/t.* enumerate; itemize (*an account*); relate in detail; cut up; ✝ (sell) retail.

détaler F [deta'le] (1a) *v/i.* decamp, clear out.

détecteur ⚡ [detɛk'tœːr] *m radio*: detector; ⚡ ~ *de fuites* fault-finder.

détective [detɛk'tiːv] *m* detective; *phot.* box-camera.

déteindre [de'tɛ̃ːdr] (4m) *v/t.* remove the colo(u)r from; *v/i. a. se* ~ fade, lose colo(u)r; run, bleed (*colour*).

dételer [det'le] (1c) *v/t.* unharness; 🚃 uncouple.

détendre [de'tɑ̃ːdr] (4a) *v/t.* loosen, slacken; *fig.* relax (*the mind*); steady (*one's nerves*); calm, reduce (*one's anger*); ⊕ expand (*steam*); *se* ~ slacken; relax.

détenir [det'niːr] (2h) *v/t.* hold; detain (*goods, s.o., a.* ⚖).

détente [de'tɑ̃ːt] *f* relaxation; slackening; *gun*: trigger; *pol. détente*; *fig.* improvement (*of relations*); ⊕ *steam*: expansion; *mot.* power stroke; *fig. dur à la* ~ close-fisted; *appuyer sur la* ~ press the trigger.

détenteur *m*, **-trice** *f* [detɑ̃'tœːr,

deuxième

~'tris] holder (*a. sp.*); detainer (*of goods, property*); **détention** [~'sjɔ̃] *f* detention, imprisonment; ✞ holding; possession; withholding; ⚖ ~ préventive holding *or* remand in custody; ⚖ maison *f* de ~ remand home; house of detention; **détenu, e** [det'ny] 1. *p.p.* of détenir; 2. *su.* prisoner.

déterger [detɛr'ʒe] (1l) *v/t.* cleanse.

détériorer [deterjɔ're] (1a) *v/t.* make worse; spoil; impair, damage; se ~ deteriorate; spoil.

déterminant Ą [detɛrmi'nɑ̃] *m* determinant; **détermination** [~na'sjɔ̃] *f* determination; *fig. a.* resolution; **déterminé, e** [~'ne] determined; definite, specific; *fig.* resolute; **déterminer** [~'ne] (1a) *v/t.* determine, settle; ascertain; induce; bring about; ~ q. à lead *or* induce s.o. to; ~ de (*inf.*) resolve to (*inf.*); se ~ make up one's mind (to *inf.*, à *inf.*); resolve (upon s.th., à qch.).

déterrer [detɛ're] (1a) *v/t.* unearth (*a. fig.*); dig up; exhume (*a corpse*).

détersif, -ve [detɛr'sif, ~'si:v] *m* detergent; cleansing product.

détestable [detɛs'tabl] detestable, hateful; **détester** [~'te] (1a) *v/t.* detest, hate.

détonateur [detɔna'tœ:r] *m* ⚔ *etc.* detonator; 🚢 fog-signal; **détonation** [~na'sjɔ̃] *f* detonation; *gun*: report; **détoner** [~'ne] (1a) *v/i.* detonate, explode; faire ~ detonate; mélange *m* détonant detonating mixture.

détonner [detɔ'ne] (1a) *v/i.* ♪ sing *or* play out of tune; *fig.* clash (*colours*).

détordre [de'tɔrdr] (4a) *v/t.* untwist, unravel; unlay (*a rope*); **détors, e** [~'tɔ:r, ~'tɔrs] untwisted; unlaid (*rope*); **détortiller** [~tɔrti'je] (1a) *v/t.* untwist; disentangle.

détour [de'tu:r] *m* detour, roundabout way; ~s *pl.* curves, turns; sans ~ straightforward(ly *adv.*); tours et ~s ins and outs (*a. fig.*), nooks and corners.

détourné, e [detur'ne] roundabout (*way*); out-of-the-way (*spot*); sentier *m* ~ by-path; **détournement** [~nə'mɑ̃] *m* diversion; *money*: embezzlement; *funds*: misappropriation; ⚖ abduction (*of a minor*);

détourner [~'ne] (1a) *v/t.* divert (*a river, the traffic*); avert (*s.o.'s anger, a blow, one's eyes, etc.*); change (*the conversation*); distort (*the meaning*); embezzle (*money*); misappropriate (*funds*); entice (*a wife from her husband, s.o. from his duty*); abduct (*a minor*); untwist; se ~ de turn aside from.

détracteur *m*, **-trice** *f* [detrak'tœ:r, ~'tris] detractor, maligner; slanderer.

détraqué, e [detra'ke] out of order; deranged (*mind*); shattered (*health*); F il est ~ he is out of his mind; **détraquer** [~] (1m) *v/t.* put out of order; throw (*a machine*) out of gear; *fig.* upset; se ~ break down; F go all to pieces (*person*).

détrempe [de'trɑ̃:p] *f* distemper; *metall.* annealing; **détremper** [~trɑ̃'pe] (1a) *v/t.* soak; dilute; *metall.* anneal.

détresse [de'trɛs] *f* distress.

détriment [detri'mɑ̃] *m* detriment, injury; au ~ de to the prejudice of.

détritus [detri'tys] *m* detritus, debris; refuse, rubbish.

détroit *geog.* [de'trwa] *m* strait(s *pl.*).

détromper [detrɔ̃'pe] (1a) *v/t.* undeceive, enlighten; F détrompez-vous! don't you believe it!; se ~ recognize one's error.

détrôner [detro'ne] (1a) *v/t.* dethrone; *fig.* replace, supersede.

détrousser [detru'se] (1a) *v/t.* rob (*s.o.*); **détrousseur** [~'sœ:r] *m* highwayman, footpad.

détruire [de'trɥi:r] (4h) *v/t.* destroy (*a. fig.*); demolish (*buildings, a. arguments*).

dette [dɛt] *f* debt (*a. fig.*); ♀ publique National Debt; ~s *pl.* actives assets; ~s *pl.* passives liabilities.

deuil [dœ:j] *m* mourning (*a. clothes, a. time*); bereavement; funeral procession.

deux [dø] *adj./num., a. su./m/inv.* two; *date, title*: second; ~ fois twice; ~ p double p (*in spelling*); à nous ~ between us; de ~ jours l'un, tous les ~ jours every other day, on alternate days; diviser en ~ halve; en ~ in two (*pieces*); Georges ♀ George the Second; le ~ mai the second of May; nous ~ the two of us; tous (les) ~ both; **deuxième** [dø'zjɛm] 1. *adj./num.* second; 2.

deux-pièces 158

su. second; *su./m* second, *Am.* third floor; *su./f* secondary school: (*approx.*) fifth form.
deux...: **~-pièces** [dø'pjɛs] *m* (woman's) two-piece suit; **~-points** [~'pwɛ̃] *m/inv.* colon.
dévaler [deva'le] (1a) *vt/i.* run or rush down.
dévaliser [devali'ze] (1a) *v/t.* rob; rifle, burgle (*a house*).
dévalorisation [devalɔriza'sjɔ̃] *f currency*: devaluation; depreciation, fall in value; **dévaloriser** ✝ [~'ze] (1a) *v/t.* devaluate (*the currency*).
dévaluation ✝ [devalɥa'sjɔ̃] *f* devaluation; **dévaluer** ✝ [~'lɥe] (1n) *v/t.* devaluate.
devancer [dəvɑ̃'se] (1k) *v/t.* precede; outstrip, leave (*s.o.*) behind; *fig.* forestall; **devancier** *m*, **-ère** *f* [~'sje, ~'sjɛːr] precursor; predecessor; **devant** [də'vɑ̃] **1.** *adv.* in front, ahead, before; **2.** *prp.* in front of, before; ahead of; in the presence of (*s.o.*); *fig.* in the eyes of (*the law*); **3.** *su./m* front, forepart; *gagner les ~s* take the lead; *zo. patte f de ~* foreleg; *prendre les ~s* go on ahead; make the first move; *prendre les ~s sur q.* forestall s.o.; **devanture** [~vɑ̃'tyːr] *f* front; shop-window.
dévaster [devas'te] (1a) *v/t.* devastate, lay waste, ravage, wreck.
déveinard F [devɛ'naːr] *m* a man whose luck is out; **déveine** F [~'vɛn] *f* (run of) ill-luck, bad luck.
développement [devlɔp'mɑ̃] *m* development (*a. phot., a. ♪*); *road*: extent; *tree*: spread; *curve*: evolution; *algebra*: expansion; *mot., bicycle*: gear; **développer** [~lɔ'pe] (1a) *v/t.* develop; *algebra*: expand; spread out; *fig.* amplify, unfold (*a plan*); *fig.* unravel (*a complication*); *se ~* develop, expand; spread out.
devenir [dəv'niːr] (2h) *v/i.* become; grow (*tall, sad, etc.*).
dévergondé, e [devɛrgɔ̃'de] **1.** *adj.* profligate; shameless; F extravagant (*style etc.*); **2.** *su.* profligate.
déverrouiller [devɛru'je] (1a) *v/t.* unbolt.
devers [de'vɛːr] *m* slope, cant; ⊕ *wood*: warp; 🐟 cant, vertical slant.
déversement¹ [devɛrsə'mɑ̃] *m* sloping; ⊕ warp.

déversement² [~] *m* water *etc.*: discharge; *cart*: tilting; *refuse*: dumping.
déverser¹ [devɛr'se] (1a) *v/t.* incline, slant; ⊕ warp (*wood*); *se ~* lean, incline; ⊕ warp (*wood*).
déverser² [devɛr'se] (1a) *v/t.* pour off (*water etc.*); dump (*refuse etc.*); *fig.* discharge, empty; *se ~* pour, empty; **déversoir** [~'swaːr] *m* overflow, overfall, waste-weir; *fig.* outlet.
dévêtir [devɛ'tiːr] (2g) *v/t.* undress; take off (*one's coat etc.*); *metall.* open up (*a mould*); *se ~ de qch.* divest o.s. of s.th.
déviation [devja'sjɔ̃] *f road*: deviation, diversion; *compass*: variation; ⊕ *tool*: deflection; *fig.* divergence.
dévider [devi'de] (1a) *v/t. tex.* unwind; reel; *fig.* reel off; **dévideur** *m*, **-euse** *f tex.* [~'dœːr, ~'døːz] reeler; **dévidoir** [~'dwaːr] *m tex.* winder; ⚡ (cable-)drum.
dévier [de'vje] (1o) *v/i.* deviate, swerve; *faire ~* deflect (*s.th.*); *fig.* divert (*the conversation*); *v/t.* deflect; turn aside (*a blow*); *se ~* become crooked; warp (*wood*).
devin [də'vɛ̃] *m* soothsayer; *zo.* boa constrictor; **deviner** [~vi'ne] (1a) *v/t.* divine; guess; predict (*the future*); **devineresse** [~vin'rɛs] *f* fortune-teller; **devinette** [dəvi'nɛt] *f* riddle, conundrum; **devineur** *m*, **-euse** *f* [~'nœːr, ~'nøːz] guesser.
devis [də'vis] *m* estimate; tender.
dévisager [deviza'ʒe] (1l) *v/t.* stare at (*s.o.*).
devise [də'viːz] *f* motto; 🖌 device; ✝ currency; **deviser** [~vi'ze] (1a) *v/i.* chat.
dévisser ⊕ [devi'se] (1a) *v/t.* unscrew; *sl. ~ son billard* die, *sl.* peg out.
dévoiement [devwa'mɑ̃] *m* ⊕, ⚠ cant(ing); ☤ diarrhoea.
dévoiler [devwa'le] (1a) *v/t.* unveil; reveal (*a. fig.*).
devoir [də'vwaːr] **1.** (3a) *v/t.* owe; *v/aux.* have to, must; should; ought to, be to; *j'aurais dû le faire* I should have done it; *je devrais le faire* I ought to do it; **2.** *su./m* duty; *schoolboy*: home-work; exercise; ✝ debit; *~s pl.* respects; *rendre ses ~s à* pay one's respects to (*s.o.*).

dévolu, e [devɔ'ly] **1.** *adj.* (*à*) devolved (upon); *eccl.* lapsing (to); **2.** *su./m:* jeter son ~ sur have designs on; lay claim to; choose (*s.th.*).
dévorant, e [devɔ'rɑ̃, ~'rɑ̃:t] ravenous (*animal, a. fig. hunger*); consuming (*fire, a. fig. passion*); **dévorer** [~'re] (1a) *v/t.* devour; consume; squander (*a fortune*); F *mot.* ~ l'espace eat up the miles.
dévot, e [de'vo, ~'vɔt] **1.** *adj.* devout, pious; *pej.* sanctimonious; **2.** *su.* devout person; *pej.* sanctimonious person; *faux* ~ hypocrite; **dévotion** [~vo'sjɔ̃] *f* devotion; piety; **dévoué, e** [~'vwe] devoted; *votre tout* ~ yours faithfully *or* sincerely; **dévouement** [~vu'mɑ̃] *m* devotion (to, *à*), self-abnegation; **dévouer** [~'vwe] (1p) *v/t.* devote; dedicate.
dévoyer [devwa'je] (1h) *v/t.* lead (*s.o.*) astray; ⊕ give a cant to; ⚕ give (*s.o.*) diarrhoea; se ~ go astray.
devrai [də'vre] *1st p. sg. fut.* of *devoir 1.*
dextérité [dɛksteri'te] *f* dexterity, ability, skill.
dextrose [dɛks'tro:z] *m* dextrose.
diabète ⚕ [dja'bɛt] *m* diabetes; **diabétique** ⚕ [~be'tik] *adj., a. su.* diabetic.
diable [djɑ:bl] *m* devil; ⊕ (stone-)lorry; trolley; porter's barrow, *Am.* porter's dolly; *comment* (*où, pourquoi*) ~ how (where, why) the devil; *au* ~ *vauvert* at the back of beyond; *bon* ~ not a bad fellow; *tirer le* ~ *par la queue* be hard up; **diablement** F [djablə'mɑ̃] *adv.* devilish; **diablerie** [~'bləri] *f* devilry; F fun; mischievousness; **diablesse** F [~'blɛs] *f* she-devil; virago, shrew; **diablotin** [~blɔ'tɛ̃] *m* imp (*a.* F = *mischievous child*); cracker; **diabolique** [~bɔ'lik] fiendish, diabolic(al), devilish.
diacre *eccl.* [djakr] *m* deacon.
diadème [dja'dɛm] *m* diadem.
diagnose [djag'no:z] *f* ⚕ diagnosis; ⚕ diagnostics *sg.*; **diagnostic** [djagnɔs'tik] *m* diagnosis (*of disease*); *faire le* ~ *de* diagnose; **diagnostique** ⚕ [~'tik] diagnostic; **diagnostiquer** [~ti'ke] (1m) *v/t.* diagnose.
diagonal, e *m/pl.* **-aux** [djagɔ'nal, ~'no] *adj., a.* ♀ *su./f* diagonal.
diagramme [dja'gram] *m* diagram.

dialecte [dja'lɛkt] *m* dialect.
dialectique [djalɛk'tik] *f* dialectics *pl.*
dialogue [dja'lɔg] *m* dialog(ue); **dialoguer** [~lɔ'ge] (1m) *v/i.* converse, talk; *v/t.* write (*s.th.*) in dialog(ue) form.
diamant [dja'mɑ̃] *m* diamond; **diamanter** [~mɑ̃'te] (1a) *v/t.* set with diamonds; ⊕ diamondize; **diamantin, e** [~mɑ̃'tɛ̃, ~'tin] diamond-like.
diamètre ♀ [dja'mɛtr] *m* diameter.
diane [djan] *f* ⚔ reveille; ⚓ morning watch.
diantre! [djɑ̃:tr] *int.* deuce!; *sl.* hell!
diapason ♪ [djapa'zɔ̃] *m* diapason, pitch; tuning-fork; *voice:* range.
diaphane [dja'fan] diaphanous; F transparent.
diaphragme [dja'fragm] *m* ⊕, *anat.* diaphragm; *phot.* diaphragm stop; *gramophone:* sound-box; **diaphragmer** [~frag'me] (1a) *v/t.* provide with a diaphragm; *phot.* stop down (*the lens*).
diapositive *phot.* [djapɔzi'ti:v] *f* transparency.
diapré, e [dja'pre] variegated, mottled.
diarrhée ⚕ [dja're] *f* diarrhoea.
diatomique ⚛ [djatɔ'mik] diatomic.
diatribe [dja'trib] *f* diatribe, harangue.
dictaphone [dikta'fɔn] *m* dictaphone.
dictature [dikta'ty:r] *f* dictatorship;
dictée [~'te] *f* dictation; *sous la* ~ *de* at (*s.o.'s*) dictation; **dicter** [~'te] (1a) *v/t.* dictate (*a. fig.*); **diction** [~'sjɔ̃] *f* diction; delivery; style; **dictionnaire** [~sjɔ'nɛ:r] *m* dictionary; lexicon; ~ *ambulant* walking dictionary; **dicton** [~'tɔ̃] *m* saying; proverb.
dièse ♪ [djɛ:z] *m* sharp.
diesel ⊕ [di'zɛl] *m* diesel engine; *équiper de moteurs* ~s dieselize.
diéser ♪ [dje'ze] (1f) *v/t.* sharp(en) (*a note*).
diète ⚕ [djɛt] *f* diet (*a. pol.*), regimen; ~ *absolue* starvation diet.
dieu [djø] *m* god; ♀ God; ♀ *merci* thank God; F thank heaven; *à* ♀ *ne plaise* God forbid; *grâce à* ♀ thanks be to God; by God's grace; *mon* ♀! good heavens!; dear me!

diffamant, e ɾ̥ [difa'mã, ˷'mãːt] defamatory; libellous; slanderous; **diffamateur** m, **-trice** f ɾ̥ [difama'tœːr, ˷'tris] defamer; libeller; slanderer; **diffamation** ɾ̥ [˷'sjõ] f defamation; ˷ écrite libel; ˷ orale slander; **diffamatoire** [˷'twaːr] defamatory; libellous; slanderous; **diffamer** [difa'me] (1a) v/t. defame; slander; libel.

différemment [difera'mã] adv. of different; **différence** [˷'rãːs] f difference; à la ˷ de unlike; **différencier** [˷rã'sje] (1o) v/t. differentiate (a. ⚥) (from de, d'avec); distinguish (between, entre); **différend** [˷'rã] m dispute; quarrel; difference; **différent, e** [˷'rã, ˷'rãːt] different; distinct (from, de); **différentiel, -elle** [˷rã'sjɛl] adj., a. mot. su./m, a. ⚥ su./f differential; **différer** [˷'re] (1f) v/t. defer, postpone; v/i. differ (from, de); ˷ entre eux differ from one another.

difficile [difi'sil] 1. adj. difficult (a. fig.); fig. hard to please; 2. su./m: faire le ˷ be hard to please; be squeamish; **difficulté** [˷kyl'te] f difficulty; faire des ˷s create obstacles, make difficulties, raise objections; **difficultueux, -euse** [˷kyl'tɥø, ˷'tɥøːz] over-particular, fussy; squeamish; fig. thorny (business, enterprise).

difforme [di'fɔrm] deformed; misshapen; **difformité** [˷fɔrmi'te] f deformity, malformation.

diffracter opt. [difrak'te] (1a) v/t. diffract.

diffus, e [di'fy, ˷'fyːz] diffused (light); fig. diffuse (style etc.); éclairs m/pl. ˷ sheet lightning sg.; **diffuser** [dify'ze] (1a) v/t. diffuse (heat, light); radio, rumour: broadcast; **diffuseur** [˷'zœːr] m ⊕ spray nozzle; radio: broadcaster (person); radio: cone loud-speaker; **diffusion** [˷'zjõ] f heat, light, news, germs: diffusion; news: spreading; radio: broadcasting; disease, germs: spread; fig. style: prolixity, diffuseness.

digérer [diʒe're] (1f) v/t. digest (food, news); fig. swallow (an insult); **digestif, -ve** [diʒɛs'tif, ˷'tiːv] adj., a. su./m digestive; **digestion** [˷'tjõ] f digestion.

digital, e, m/pl. **-aux** [diʒi'tal, ˷'to] 1. adj. digital; empreinte f ˷e fingerprint; 2. su./f ♀ digitalis, foxglove.

digne [diɲ] worthy, deserving; dignified (air); ˷ d'éloges praiseworthy; **dignitaire** [diɲi'tɛːr] m dignitary; **dignité** [˷'te] f dignity.

digression [digrɛ'sjõ] f digression (a. astr.).

digue [dig] f dike, dam, embankment; jetty; sea-wall; breakwater; fig. barrier.

dilapider [dilapi'de] (1a) v/t. squander (a fortune, money); misappropriate (trust funds).

dilatation [dilata'sjõ] f eye: dilation; expansion (a. △, ⚙, ⊕ truck); stomach: distension; **dilater** [˷'te] (1a) v/t. dilate, expand; distend (the stomach); fig. ˷ le cœur gladden the heart; se ˷ dilate, expand; become distended; **dilatoire** ɾ̥ [˷'twaːr] dilatory.

dilection [dilɛk'sjõ] f dilection; loving-kindness.

dilemme [di'lɛm] m dilemma.

dilettante [dilɛt'tãːt] su. dilettante, amateur.

diligence [dili'ʒãːs] f diligence, industry; speed, haste; stage-coach; ɾ̥ à la ˷ de at the suit of; **diligent, e** [˷'ʒã, ˷'ʒãːt] diligent, industrious; speedy.

diluer [di'lɥe] (1n) v/t. dilute (with, de); water down; **dilution** [˷ly'sjõ] f dilution.

diluvien, -enne [dily'vjɛ̃, ˷'vjɛn] diluvial (clay, deposit); diluvian (fossil); fig. torrential (rain).

dimanche [di'mãːʃ] m Sunday.

dîme [dim] f tithe.

dimension [dimã'sjõ] f dimension, size; fig. prendre les ˷s de measure out.

dîmer [di'me] (1a) v/i. levy tithes.

diminuer [dimi'nɥe] (1n) vt/i. lessen, diminish; reduce; v/i. ✝ go down; abate (fever, flood); ⚓ ˷ de toile shorten sail; **diminution** [˷ny'sjõ] f diminution; reduction (a. price); ✝ rebate (on account); dress: shortening; abatement.

dinanderie [dinã'dri] f brass-ware, copper-ware.

dinde [dɛ̃ːd] f turkey-hen; cuis. turkey; fig. stupid woman; **dindon** [dɛ̃'dõ] m turkey-cock; fig. fool; **dindonneau** [dɛ̃dɔ'no] m young

discordant

turkey; **dindonnier** *m*, **-ère** *f* [~'nje, ~'njɛːr] turkey-keeper.
dîner [di'ne] **1.** (1a) *v/i.* dine, have dinner; **2.** *su./m* dinner(-party); **dînette** [~'nɛt] *f* snack (meal); **dîneur, -euse** [~'nœːr, ~'nøːz] *su.* diner; *su./m:* F *un beau* ~ a good trencherman.
dingo [dɛ̃'go] **1.** *su./m zo.* dingo; **2.** *adj. sl.* crazy; *sl.* nuts.
diocèse *eccl.* [djɔ'sɛːz] *m* diocese.
dioptrie *phys., opt.* [diɔp'tri] *f* diopter.
diphtérie ✧ [difte'ri] *f* diphtheria.
diphtongue *gramm.* [dif'tɔ̃ːg] *f* diphthong.
diplomate [diplɔ'mat] *m* diplomat (*a. fig.*); **diplomatie** [~ma'si] *f* diplomacy (*a. fig.*); diplomatic service; **diplomatique** [~ma'tik] **1.** *adj.* diplomatic; **2.** *su./f* diplomatics *pl.*; pal(a)eography.
diplôme [di'ploːm] *m* diploma; certificate; **diplômé, e** [~plɔ'me] **1.** *adj.* certificated; *ingénieur m* ~ qualified engineer; **2.** *su.* (*approx.*) graduate.
dire [diːr] **1.** *v/t.* (4p) say; tell; recite (*a poem*); show, reveal; ~ *à q. de* (*inf.*) tell s.o. to (*inf.*); ~ *du mal de* speak ill of; ~ *que oui* (*non*) say yes (no); F *à qui le dites-vous?* don't I know it!; *sl.* you're telling me!; *à vrai* ~ to tell the truth; *cela ne me dit rien* that conveys nothing to me; it doesn't appeal to me; *cela va sans* ~ it goes without saying; *c'est-à-*~ that is to say, i.e.; in other words; *c'est tout* ~ I need say no more; *dites donc!* I say!; *on dirait que* one (you) would think that; *on le dit riche* he is said to be rich; *on dit* people say; it is said; *pour tout* ~ in a word; *qu'en dites-vous?* what is your opinion?; *sans mot* ~ without a word; *se* ~ claim to be; be used (*word*); *vouloir* ~ mean; *vous l'avez dit* exactly; *Am.* F you said it; **2.** *su./m* statement; ⚖ allegation; *au* ~ *de* according to.
direct, e [di'rɛkt] **1.** *adj.* direct; straight; 🚂 through (*train, ticket*); *émission f en* ~ *radio:* live broadcast; **2.** *su./m:* box. ~ *du droit* straight right.
directeur, -trice [dirɛk'tœːr, ~'tris] **1.** *su./m* director, manager; *school:* headmaster; principal; *prison:* warden; *journ.* editor; *eccl.* ~ *de conscience* confessor; ✝ ~ *gérant* managing director; *su./f* directress; manageress; *school:* headmistress; **2.** *adj.* directing, controlling; guiding (*principle*); ⊕ driving; *mot.* steering (*wheel*); **direction** [~'sjɔ̃] *f* direction; *enterprise, war:* conduct; ✝ management; ✝ manager's office; ✝ board of directors; *school:* headship; ⊕ driving; ⚓, *mot.* steering; course, route; ~s *pl.* instructions, directions; *train m en* ~ *de train for;* **directive** ✕ *etc.* [~'tiːv] *f* directive; **directoire** [~'twaːr] *m eccl.* directory; *hist.* ♀ Directory; **directrice** [~'tris] *f see directeur.*
dirigeable [diri'ʒabl] **1.** *adj.* dirigible; *antenne f* ~ directional aerial; **2.** *su./m* airship; **dirigeant** [~'ʒɑ̃] *m* ruler, leader; **diriger** [~'ʒe] (1l) *v/t.* direct; ✝ *etc.* manage, F run; *mot.* drive; ⚓, *mot.* steer; ⚓ sail; ♪ conduct; aim (*a gun, a. fig. remarks*); *journ.* edit; *se* ~ *vers* make one's way towards, make for; **dirigisme** *pol.* [~'ʒism] *m* planning, planned economy.
dis [di] *1st p. sg. pres. and p.s. of dire 1.*
discernement [disɛrnə'mɑ̃] *m* discernment; discrimination (*between...and, de...et de*); **discerner** [~'ne] (1a) *v/t.* discern, make out; distinguish, discriminate (*between s.th. and s.th., qch. de qch.*).
disciple [di'sipl] *m* disciple, follower; **discipline** [disi'plin] *f* discipline; *eccl.* scourge; ✕ *compagnie f de* ~ disciplinary company; **discipliner** [~pli'ne] (1a) *v/t.* discipline; school; bring under control.
discobole *sp.* [diskɔ'bɔl] *m* discobolus.
discontinu, e [diskɔ̃ti'ny] discontinuous; **discontinuer** [~'nɥe] (1n) *vt/i.* discontinue, stop; *v/i.:* ~ *de* (*inf.*) stop (*ger.*).
disconvenance [diskɔ̃vˈnɑ̃ːs] *f* unsuitability; disparity; **disconvenir** [~'niːr] (2h) *v/i.:* ~ *de* deny; ~ *que* (*sbj.*) deny that (*ind.*).
discophile [diskɔ'fil] *su.* (gramophone) record fan.
discordance [diskɔr'dɑ̃ːs] *f sounds:* discordance; *opinions etc.:* disagreement, conflict; **discordant, e** [~'dɑ̃, ~'dɑ̃ːt] discordant (*sounds*);

discorde

conflicting (*opinions etc.*); ♪ out of tune (*instrument*); *geol.* unconformable; **discorde** [dis'kɔrd] *f* discord, dissension; **discorder** [‿kɔr'de] (1a) *v/i.* ♪ be discordant; clash (*colours*); disagree (*persons*).

discothèque [diskɔ'tɛk] *f* record library.

discoureur *m*, **-euse** *f* [disku'rœːr, ‿'røːz] speechifier; talkative person; **discourir** [‿'riːr] (2i) *v/i.* discourse; **discours** [dis'kuːr] *m* speech (*a. gramm.*); discourse; talk; language; ~ *improvisé* extempore speech; ~ *inaugural* inaugural address, *Am.* inaugural; *faire un* ~ make a speech; *gramm. partie f du* ~ part of speech.

discourtois, e [diskur'twa, ‿'twaːz] discourteous, rude, unmannerly.

discrédit [diskre'di] *m* discredit, disrepute; **discréditer** [‿di'te] (1a) *v/t.* bring into discredit, disparage.

discret, -ète [dis'krɛ, ‿'krɛt] discreet; ⚕, ⚖ discrete; cautious; tactful; quiet (*dress, taste, village, etc.*); modest (*request*); *sous pli* ~ under plain cover; **discrétion** [diskre'sjɔ̃] *f* discretion; prudence; tact; *à* ~ at will; unlimited; ⚔ unconditional (*surrender*); *être à la* ~ *de* be at the disposal of; be at the mercy of; **discrétionnaire** ⚖ [‿sjɔ'nɛːr] discretionary.

discrimination [diskrimina'sjɔ̃] *f* discrimination, differentiation; ~ *raciale* racial discrimination.

disculper [diskyl'pe] (1a) *v/t.* clear (s.o. of s.th., *q. de qch.*).

discussion [disky'sjɔ̃] *f* discussion, debate; argument; **discuter** [‿'te] (1a) *v/t.* discuss, debate; question; ⚖ sell up (*a debtor*).

disert, e [di'zɛːr, ‿'zɛrt] eloquent.

disette [di'zɛt] *f* scarcity, dearth; shortage (of, *de*).

diseur, -euse [di'zœːr, ‿'zøːz] *su.* speaker, reciter; talker; *su./f thea.* diseuse; ~*euse de bonne aventure* fortune-teller.

disgrâce [dis'graːs] *f* disgrace, disfavo(u)r; misfortune; **disgracié, e** [disgra'sje] out of favo(u)r; **disgracier** [‿'sje] (1o) *v/t.* dismiss from favo(u)r; disgrace; **disgracieux, -euse** [‿'sjø, ‿'sjøːz] uncouth, awkward; ungracious (*reply*).

disjoindre [dis'ʒwɛ̃ːdr] (4m) *v/t.* sever, separate; *se* ~ come apart; break up; **disjoncteur** ⚡ [disʒɔ̃k'tœːr] *m* circuit-breaker; switch (-board); **disjonctif, -ve** *gramm.* [‿'tif, ‿'tiːv] disjunctive; **disjonction** [‿'sjɔ̃] *f* sundering, separation; ⚖ severance.

dislocation [dislɔka'sjɔ̃] *f* ⊕ taking down; ⚔ breaking up (*of troops*); ⚖ dislocation; *fig.* dismemberment; *geol.* fault; **disloquer** [‿'ke] (1m) *v/t.* ⚔ break up; ⚖ dislocate; *fig.* dismember; disperse; *geol.* fault.

disons [di'zɔ̃] *1st p. pl. pres. of dire 1.*

disparaître [dispa'rɛːtr] (4k) *v/i.* disappear; vanish.

disparate [dispa'rat] **1.** *adj.* ill-assorted, ill-matched; dissimilar; **2.** *su./f* disparity; *colours:* clash; incongruity; **disparité** [‿ri'te] *f* disparity.

disparition [dispari'sjɔ̃] *f* disappearance.

dispendieux, -euse [dispɑ̃'djø, ‿'djøːz] expensive.

dispensaire ⚕ [dispɑ̃'sɛːr] *m* (*public*) dispensary; *hospital:* surgery; out-patients' department; welfare centre; **dispensateur** *m*, **-trice** *f* [‿pɑ̃sa'tœːr, ‿'tris] distributor; **dispense** [‿'pɑ̃ːs] *f* exemption; certificate of exemption; *eccl.* dispensation; **dispenser** [‿pɑ̃'se] (1a) *v/t.* dispense (*a.* ⚖), exempt, excuse (from, *de*); distribute.

disperser [disper'se] (1a) *v/t.* disperse, scatter; **dispersion** [‿'sjɔ̃] *f* dispersion; breaking up; ⚡ dissipation; ⚔ rout; *phys. light:* scattering.

disponibilité [dispɔnibili'te] *f* availability; disposal; release; ~*s pl.* available funds *or* means *or* time *sg.*; *en* ~ unattached; **disponible** [‿'nibl] ⚖ disposable; available; spare (*time*); ⚔ unattached.

dispos, e [dis'po, ‿'poːz] fit, in good form; all right; alert (*mind*).

disposer [dispɔ'ze] (1a) *v/t.* dispose, arrange, lay out; *se* ~ (*à*) prepare (for *s.th.*; to *inf.*); *v/i.: ~ de* dispose of; have at one's disposal; ~ *pour* apply to; *vous pouvez* ~ you may go; **dispositif** [‿zi'tif] *m parl.* enacting terms *pl.*; ⚖ decision; ⊕ device, appliance; ⚔ disposition; ~ *de protection* safety device; **disposition** [‿zi'sjɔ̃] *f* disposition; arrange-

distingué

ment; disposal (a. ⚖); state (of mind), frame of mind; tendency (to, à); ~s pl. talent sg; à votre entière ~ entirely at your service.
disproportion [disprɔpɔr'sjɔ̃] f disproportion; **disproportionné, e** [~sjɔ'ne] disproportionate.
dispute [dis'pyt] f dispute, quarrel; chercher ~ à pick a quarrel with; **disputer** [~py'te] (1a) vt/i. dispute; contend; v/i. argue, quarrel; v/t.: ~ qch. à q. contend with s.o. for s.th.; **disputeur, -euse** [~py'tœːr, ~'tøːz] 1. adj. contentious, quarrelsome; 2. su. arguer, wrangler.
disquaire [dis'kɛːr] m record dealer or seller.
disqualifier sp. [diskali'fje] (1o) v/t. disqualify.
disque [disk] m disk; sp. discus; 🚂 signal; ⊕ plate; (gramophone) record, Am., a. F disk; ~s pl. des auditeurs radio: listener's requests; teleph. ~ d'appel dial; ~ de longue durée, à microsillon long-playing record, F long-player; changeur m de ~s record changer.
dissection [disek'sjɔ̃] f dissection.
dissemblable [disɑ̃'blabl] adj.: ~ à (or de) dissimilar to (s.th.), unlike (s.th.); **dissemblance** [~'blɑ̃ːs] f dissimilarity.
disséminer [disemi'ne] (1a) v/t. ✍ sow; spread (germs, ideas); fig. disseminate.
dissension [disɑ̃'sjɔ̃] f discord, dissension; **dissentiment** [~ti'mɑ̃] m disagreement, dissent.
disséquer [dise'ke] (1s) v/t. dissect.
dissertation [disɛrta'sjɔ̃] f dissertation; essay; **disserter** [~'te] (1a) v/i. discourse (on, sur), F hold forth.
dissidence eccl. etc. [disi'dɑ̃ːs] f dissidence, dissent; **dissident, e** eccl., pol. [~'dɑ̃, ~'dɑ̃ːt] 1. adj. dissident; dissenting; 2. su. dissentient; eccl. nonconformist, dissenter.
dissimilitude [disimili'tyd] f dissimilarity.
dissimulation [disimyla'sjɔ̃] f dissembling, deceit; ⚖ concealment; **dissimulé, e** [~'le] secretive, double-dealing, dissembling; ♂ latent; **dissimuler** [~'le] (1a) v/t. conceal, hide; cover up; se ~ hide; vt/i. dissemble.
dissipateur, -trice [disipa'tœːr,

~'tris] 1. su. spendthrift; 2. adj. wasteful; **dissipation** [~pa'sjɔ̃] f dissipation (a. fig.); waste; inattention; school: fooling; **dissiper** [~'pe] (1a) v/t. dissipate; waste (money, time); disperse, dispel (clouds, fear, a suspicion); clear up (a misunderstanding); divert; se ~ disappear; amuse o.s.; fig. become dissipated; be inattentive (pupil).
dissocier [disɔ'sje] (1o) v/t. dissociate.
dissolu, e [disɔ'ly] dissolute; **dissoluble** [~'lybl] ⚖ soluble; ⚖ dissolvable; **dissolution** [~ly'sjɔ̃] f ⚖ dissolving; ⚖ solution; ⚖, a. parl. dissolution; disintegration; dissoluteness; **dissolvant, e** [disɔl'vɑ̃, ~'vɑ̃ːt] 1. adj. solvent; 2. su./m solvent; ~ de vernis à ongles nail-varnish remover.
dissonance [disɔ'nɑ̃ːs] f dissonance; ♪ discord; **dissonant, e** [~'nɑ̃, ~'nɑ̃ːt] discordant; jarring.
dissoudre [di'sudr] (4bb) v/t. dissolve; ⚖ annul (a marriage); **dissous, -te** [~'su, ~'sut] p.p. of dissoudre.
dissuader [disɥa'de] (1a) v/t. dissuade (from [doing] s.th., de [faire] qch.); **dissuasion** [~'zjɔ̃] f dissuasion; ✗ arme f de ~ deterrent weapon.
distance [dis'tɑ̃ːs] f distance; time: interval; mot. ~ d'arrêt braking distance; ✗ ~ de tir range; opt. ~ focale focal length; ⊕ commande f à ~ remote control; tenir à ~ keep (s.o.) at arm's length; **distancer** [~tɑ̃'se] (1k) v/t. outrun, outstrip; fig. se laisser ~ lag behind; **distant, e** [~'tɑ̃, ~'tɑ̃ːt] distant; fig. a. aloof.
distendre ✍ [dis'tɑ̃ːdr] (4a) v/t. distend; pull, strain (a muscle); **distension** ✍ [~tɑ̃'sjɔ̃] f distension; muscle: straining.
distiller [disti'le] (1a) v/t. ⚖, ⊕ distil; ⊕ condense (water); fig. exude; **distillerie** [~til'ri] f distillery; trade: distilling.
distinct, e [dis'tɛ̃(ːkt), ~'tɛ̃kt] distinct; separate; clear; **distinctif, -ve** [~tɛ̃k'tif, ~'tiːv] distinctive, characteristic; **distinction** [~tɛ̃k'sjɔ̃] f distinction; difference; discrimination; refinement; polished manner.
distingué, e [distɛ̃'ge] distinguished;

distinguer

eminent; refined; smart (*appearance, dress*); sentiments *m/pl.* ~s yours truly; **distinguer** [~] (1m) *v/t.* distinguish; make out; single out; hono(u)r; se ~ distinguish o.s.; *fig.* stand out.

distique [dis'tik] *m Greek or Latin*: distich; *French verse*: couplet.

distordre [dis'tɔrdr] (4a) *v/t.* distort; twist (*the ankle etc.*); **distors, e** [~'tɔ:r, ~'tɔrs] distorted (*limb*); **distorsion** [~tɔr'sjɔ̃] *f* distortion.

distraction [distrak'sjɔ̃] *f* absent-mindedness; inattention, distraction; amusement, recreation; ✝ appropriation; ⚖ misappropriation (*of funds*).

distraire [dis'trɛːr] (4ff) *v/t.* separate; ✝ set aside, appropriate; ⚖ misappropriate (*funds etc.*); amuse, entertain; distract (*s.o.'s attention*); **distrait, e** [~'trɛ, ~'trɛt] inattentive; absent-minded; piéton *m* ~ jay-walker.

distribuer [distri'bɥe] (1n) *v/t.* distribute; issue; deal out; *post*: deliver (*letters*); deal (*cards*); **distributeur, -trice** [~by'tœːr, ~'tris] *su.* distributor; *su./m* ⊕ distributor; booking-clerk, *Am.* ticket-agent, ticket clerk; ~ automatique slot-machine; ~ d'essence petrol, *Am.* gasoline pump; **distribution** [~by'sjɔ̃] *f* distribution; issue; *post*: delivery; *thea.* cast; ✝ handling.

district [dis'trik(t)] *m* district, region; *fig.* province.

dit, dite [di, dit] 1. *p.p. of* dire 1; 2. *adj.* so-called; *autrement* ~ in other words; **dites** [dit] *2nd p. pl. pres. of* dire 1.

diurétique ⚘ [djyre'tik] *adj., a. su./m* diuretic.

diurne [djyrn] diurnal; day-(*bird*).

divagation [divaga'sjɔ̃] *f* wandering; *fig.* digression; **divaguer** [~'ge] (1m) *v/i.* wander; *fig.* digress; *F* ramble, rave.

divergence [diver'ʒɑ̃:s] *f* divergence (*a.* ⚘, ⚕); *fig.* difference; **diverger** [~'ʒe] (1l) *v/i.* diverge, branch off; *fig.* differ.

divers, e [di'vɛːr, ~'vɛrs] diverse, miscellaneous; various; sundry; **diversifier** [diversi'fje] (1o) *v/t.* diversify, vary; **diversion** [~'sjɔ̃] *f* diversion (*a.* ⚔); change; **diversité** [~si'te] *f* diversity; variety.

divertir [diver'tiːr] (2a) *v/t.* divert; amuse; entertain; ✝ misappropriate (*funds*); **divertissement** [~tis'mɑ̃] *m* entertainment, amusement; pastime; ✝ *funds*: misappropriation; *thea.* divertissement.

divette [di'vɛt] *f light opera, music hall*: star.

dividende ✝, ⚕ [divi'dɑ̃:d] *m* dividend.

divin, e [di'vɛ̃, ~'vin] divine (*a. fig.*); holy; godlike; **divinateur, -trice** [divina'tœːr, ~'tris] 1. *su.* soothsayer; diviner; 2. *adj.* prophetic; **divination** [~'sjɔ̃] *f* divination (*a. fig.*), soothsaying; **divinatoire** [~'twaːr] divining-...; *baguette f* ~ dowsing-rod; **diviniser** [divini'ze] (1a) *v/t.* deify; *fig.* glorify; **divinité** [~'te] *f* divinity; deity.

diviser [divi'ze] (1a) *v/t.* divide (*a.* ⚕); separate (from, *d'avec*); **diviseur** [~'zœːr] *m* ≠ *etc.* divider; ⚕ divisor; ⚕ *commun* ~ common factor; **divisible** [~'zibl] divisible; **division** [~'zjɔ̃] *f* division (*a.* ⚕, ⚔, ⚓, *school*); section; *admin.* department; *fig.* dissension, discord; ♪ double bar; *typ.* hyphen; ~ *du travail* division of labo(u)r.

divorce [di'vɔrs] *m* divorce (*a. fig.*); *fig.* disagreement; ⚖ *former une demande en* ~ seek a divorce; **divorcer** ⚖ [~vɔr'se] (1k) *v/i.* divorce (*s.o., d'avec q.*); *fig.* break (with, [*d'*]*avec*).

divulgation [divylga'sjɔ̃] *f* divulgence, disclosure; **divulguer** [~'ge] (1m) *v/t.* divulge, disclose, reveal.

dix [dis; *before consonant* di; *before vowel and h mute* diz] *adj./num., a. su./m/inv.* ten; *date, title*: tenth; **~-huit** [di'zɥit; *before consonant* ~'zɥi] *adj./num., a. su./m/inv.* eighteen; *date, title*: eighteenth; **dix-huitième** [~zɥi'tjɛm] *adj./num., a. su.* eighteenth; **dixième** [~'zjɛm] 1. *adj./num., a. su., a. su./m fraction*: tenth; **dix-neuf** [diz'nœf; *before vowel and h mute* ~'nœv] *adj./num., a. su./m/inv.* nineteen; *date, title*: nineteenth; **dix-neuvième** [~nœ'vjɛm] *adj./num., a. su.* nineteenth; **dix-sept** [dis'sɛt] *adj./num., a. su./m/inv.* seventeen; *date, title*: seventeenth; **dix-septième** [~sɛ'tjɛm] *adj./num., a. su.* seventeenth.

dizain [di'zɛ̃] *m* ten-line stanza;

rosary: decade; **dizaine** [˷'zɛn] f (about) ten, half a score; *dans la* ˷ within ten days.
do ♪ [do] m/inv. do, *note*: C.
docile [dɔ'sil] docile; amenable; submissive; **docilité** [˷sili'te] f docility; obedience; meekness.
dock [dɔk] m ⚓ dock(yard); ✝ warehouse; **docker** [dɔ'kɛːr] m docker.
docte [dɔkt] learned (*a. iro.*).
docteur [dɔk'tœːr] m doctor; physician; **doctoral, e,** m/pl. **-aux** [dɔktɔ'ral, ˷'ro] doctoral; *fig.* pedantic; **doctorat** [˷'ra] m doctorate, Doctor's degree; **doctoresse** [˷'rɛs] f (lady) doctor.
doctrine [dɔk'trin] f doctrine, tenet.
document [dɔky'mɑ̃] m document; **documentaire** [˷mɑ̃'tɛːr] adj., a. su./m documentary; **documenter** [˷mɑ̃'te] (1a) v/t. document.
dodeliner [dɔdli'ne] (1a) v/t. dandle, coddle (*a child*); wag (*one's head*); ⊕ rock (*a sifting-machine*).
dodo ch.sp. [do'do] m bye-bye; sleep; bed; *faire* ˷ (go to) sleep.
dodu, e [dɔ'dy] plump, chubby.
dogme [dɔgm] m dogma, tenet.
dogue zo. [dɔg] m: ˷ *anglais* mastiff; **doguin** [dɔ'gɛ̃] m zo. pug; ⊕ (lathe-)dog.
doigt [dwa] m finger; zo., anat. digit; ˷ *de pied* toe; *à deux* ˷s *de on* the verge of, within an ace of; *montrer du* ˷ point at; **doigté** [dwa'te] m ♪ fingering; *fig.* skill; *fig.* tact; **doigter** ♪ [˷'te] (1a) v/t. finger (*a piece of music*); **doigtier** [˷'tje] m finger-stall.
dois [dwa] *1st p. sg. pres. of* **devoir** 1; **doit** ✝ [˷] m debit, liability; **doivent** [dwa:v] *3rd p. pl. pres. of* **devoir**.⎫
dol ⚖ [dɔl] m fraud. [voir 1.]⎭
doléances [dɔle'ɑ̃:s] f/pl. complaints; grievances; **dolent, e** [˷'lɑ̃, ˷'lɑ̃:t] painful(*limb*); plaintive, doleful (*person, voice, etc.*).
doler [dɔ'le] (1a) v/t. pare (*wood, skins*); shave (*wood*).
dollar [dɔ'laːr] m *coinage*: dollar.
doloire ⊕ [dɔ'lwaːr] f broad-axe; (cooper's) adze.
dolomie [dɔlɔ'mi] f, **dolomite** [˷'mit] f dolomite.
domaine [dɔ'mɛn] m domain; realm; estate, property; *fig.* sphere, field; ˷ *public* public property.

dôme [do:m] m dome; *fig.* canopy; vault (*of heaven*).
domesticité [dɔmɛstisi'te] f menial condition; domestic service; *animal*: domesticity; *coll.* staff (of servants); **domestique** [˷'tik] **1.** *adj.* domestic; menial; **2.** *su.* servant; domestic; ˷s pl. staff sg. (of servants), household sg.; **domestiquer** [˷ti'ke] (1m) v/t. domesticate; tame; *se* ˷ become domesticated.
domicile [dɔmi'sil] m residence; ⚖ domicile; *travail m à* ˷ home-work; **domiciliaire** [dɔmisi'ljɛːr] domiciliary; **domicilié, e** [˷'lje] domiciled, resident; **domicilier** [˷'lje] (1o) v/t. domicile; *se* ˷ *à* take up residence at.
dominant, e [dɔmi'nɑ̃, ˷'nɑ̃:t] **1.** adj. dominant, ruling; prevailing, predominating; **2.** *su./f* ♪ dominant; **dominateur, -trice** [˷na'tœːr, ˷-'tris] **1.** *adj.* dominant, ruling; domineering (*attitude, person*); **2.** *su.* ruler; **domination** [˷na'sjɔ̃] f domination, rule; **dominer** [˷'ne] (1a) v/t. dominate; master, rule; overlook; v/i. rule; predominate; prevail (*opinion*); ˷ *sur* rule over; domineer.
dominical, e, m/pl. **-aux** [dɔmini'kal, ˷'ko] dominical; Sunday-...; *oraison f* ˷ Lord's Prayer.
domino [dɔmi'no] m *cost., game*: domino.
dommage [dɔ'maːʒ] m damage, injury; ˷s pl. damage sg. (*to property*); ˷s pl. *de guerre* war damage (compensation) sg.; ⚖ ˷s pl. *et intérêts* m/pl. damages; *quel* ˷! what a pity!; **dommageable** [dɔma'ʒabl] ✝ damageable; ⚖ prejudicial; ⚖ *acte m* ˷ tort.
domptable [dõ'tabl] tamable; **dompter** [˷'te] (1a) v/t. tame; break in (*a horse*); *fig.* subdue (*feelings*); *fig.* reduce (*s.o.*) to obedience; **dompteur m, -euse f** [˷'tœːr, ˷-'tøːz] tamer (*of animals*); subduer, vanquisher.
don [dɔ̃] m gift (*a. fig.*) (for, *de*), present; ⚖ donation; *fig.* talent (for, *de*); *faire* ˷ *à q. de qch.* make a present of s.th. to s.o.; **donataire** ⚖ [dɔna'tɛːr] *su.* donee, Sc. donatary; **donateur, -trice** [˷-'tœːr, ˷'tris] *su.* giver; *su./m* ⚖

donation 166

donor; *su./f* ♃ **donatrix**; **donation** [~'sjɔ̃] *f* donation, gift.
donc [dɔ̃k; dɔ̃] **1.** *adv.* then; just ...; *allons ~!* come along!; come, come!, nonsense!; *pourquoi ~?* (but) why?; *viens ~!* come along!; **2.** *cj.* therefore, so, consequently, then; hence.
donjon [dɔ̃'ʒɔ̃] *m castle:* keep.
donnant, e [dɔ'nɑ̃, ~'nɑ̃:t] generous; *~ ~* tit for tat; **donne** [dɔn] *f cards:* deal; *à qui la ~?* whose deal is it?; *fausse ~* misdeal; **donnée** [dɔ'ne] *f* datum; theme; fundamental idea; *~s pl.* admitted facts; **donner** [~'ne] (1a) *v/t.* give (*a.* advice, orders, an example), present, bestow); yield (*a.* a profit, a harvest, *fig.* a result); deal (*cards, a blow*); set (*a problem, a price*); ♃ donate (*blood*); *sl.* give away (*an accomplice*); *~ à* assign to; confer (*a title*) upon; ✝ *~ avis* (*quittance*) give notice (a receipt); *~ de la peine* give trouble; *~ en mariage* give in marriage; *teleph. ~ à q. la communication avec* put s.o. through to; *~ le bonjour à* wish (s.o.) good day; *~ lieu à* give rise to, cause; *~ q. pour perdu* give s.o. up for lost; *elle lui donna un enfant* she bore him a child; *se ~ à abandon* o.s. to; *se ~ de la peine* take pains; *se ~ pour* give o.s. out as; *v/i.* give, sag; ⊕, ✕ engage; *cards:* deal; *~ à entendre* give to understand; *~ contre* run against; *~ dans* run into; *sun:* shine into (a room); *fig.* have a taste for; *~ sur* overlook, look out on; deal to; **donneur** *m*, **-euse** *f* [~'nœːr, ~'nøːz] giver, donor; *cards:* dealer; ✝ seller; *~ de sang* blood donor; ♃ *~ d'ordre principal*.
dont [dɔ̃] *pron.* whose, of whom (which); by *or* from *or* among *or* about whom (which).
donzelle F [dɔ̃'zɛl] *f* wench, hussy.
doper *sp.* [dɔ'pe] (1a) *v/t.* dope; **doping** *sp.* [dɔ'piŋ] *m action:* doping; *drug:* dope.
doré, e [dɔ're] gilt, gilded; browned (*meat*); glazed (*cake*).
dorénavant [dɔrena'vɑ̃] *adv.* henceforth.
dorer [dɔ're] (1a) *v/t.* gild; brown (*meat*); glaze (*a cake*); F *~ la pilule* gild the pill; **doreur** *m*, **-euse** *f* [dɔ'rœːr, ~'røːz] gilder.

dorloter [dɔrlɔ'te] (1a) *v/t.* fondle; pamper; make a fuss of.
dormant, e [dɔr'mɑ̃, ~'mɑ̃:t] **1.** *adj.* sleeping; ✝, ⚕, *geol.* dormant; stagnant (*water*); ⊕ dead (*lock*); **2.** *su./m* sleeper; *~ de croisée* (*de porte*) window- (door-)frame; **dormeur, -euse** [~'mœːr, ~'møːz] *su.* sleeper; *fig.* sluggard; *su./f* lounge chair; (*sort of*) stud ear-ring; **dormir** [~'miːr] (2b) *v/i.* sleep, be asleep; ⚕ close (*flower*); ✝ lie idle; *fig.* be still *or* latent; *~ comme un sabot* (*or un loir*) sleep like a log; *~ sur les deux oreilles* be absolutely confident; *~ trop longtemps* oversleep; *histoire f à ~ debout* incredible story; **dormitif, -ve** ♃ [~mi'tif, ~'tiːv] **1.** *adj.* soporific; **2.** *su./m* sleeping-draught. [dorsal.\
dorsal, e, *m/pl.* **-aux** [dɔr'sal, ~'so])
dortoir [dɔr'twaːr] *m* dormitory; sleeping-quarters *usu. pl.*
dorure [dɔ'ryːr] *f* gilding; gold-braid; *meat:* browning; *cake:* glazing.
doryphore *zo.* [dɔri'fɔːr] *m* Colorado beetle.
dos [do] *m* back (*a.* of chair, page, *etc.*); *nose:* bridge; *geog.* ridge; *en ~ d'âne* ridged, high-crowned (*road*); △ ogee; hump-back (*bridge*); *en avoir plein le ~* be fed up with it; *faire le gros ~* arch its back (*cat*); *voir au ~* turn over!; see overleaf.
dosage [do'zaːʒ] *m* ♃ dosage; ♆ titration, quantity determination; **dose** [doːz] *f* ♃ dose; ♆ amount, proportion; *fig.* share; **doser** [do-'ze] (1a) *v/t.* ♃ determine the dose of; ♆ titrate; *fig.* measure out.
dossier [do'sje] *m chair etc.*: back; ♃ (*prisoner's*) record; ♃ (*barrister's*) brief; file, papers *pl.*, documents *pl.*; ♃ case history.
dot [dɔt] *f* dowry; **dotal, e**, *m/pl.* **-aux** [dɔ'tal, ~'to] dotal; *régime m ~* marriage settlement; **dotation** [~ta'sjɔ̃] *f* endowment; ⊕ *etc.* equipment; **doter** [~'te] (1a) *v/t.* give a dowry to (*a bride*); endow (*a hospital etc., a. fig.*) (with, *de*).
douaire [dwɛːr] *m* (*widow's*) dower; (*wife's*) jointure; **douairière** [dwɛ-'rjɛːr] *su./f, a. adj.* dowager.
douane *admin.* [dwan] *f* customs *pl.*; **douanier, -ère** [dwa'nje, ~'njɛːr]

1. *adj.* customs-...; **2.** *su./m* customs officer.
doublage [du'bla:ʒ] *m cost.* lining; ⊕ plating; *cin.* dubbing; **double** [dubl] **1.** *adj.* double, twofold; *à ~ face* two-faced (*person*); *à ~ sens* ambiguous; ⚭ *en partie ~ by* double-entry; *sp. partie f ~ golf:* foursome; **2.** *su./m* double; duplicate; ⚭ *en ~* in duplicate; *plier en ~* fold in half *or* in two; *~s pl. messieurs tennis:* men's doubles; **doublé** [du'ble] *m billiards:* stroke off the cushion; rolled gold; plated ware; **doubler** [~'ble] (1a) *v/t.* double (*a.* ⚓ *a cape*); fold in half *or* in two; *cost.* line; ⊕ *metal:* plate; *cin.* dub; pass, overtake; *thea.* understudy (*a role*); *mot.* défense de ~ no overtaking!; *mot. ~ à gauche* overtake *or* pass on the left; ~ *une classe* repeat a class; *v/i.* double; **doublet** [~'blɛ] *m* doublet; **doublure** [~'bly:r] *f cost.* lining; *thea.* understudy; *mot.* overtaking.
douce-amère, *pl.* **douces-amères** ♀ [dusa'mɛ:r] *f* bitter-sweet, woody nightshade; **douceâtre** [~'sɑ:tr] sweetish; sickly; **douceureux, -euse** [dus'rø, ~'rø:z] sweetish, sickly, cloying; *fig.* smooth-tongued, sugary; **doucet, -ette** [du'sɛ, ~'sɛt] **1.** *adj.* meek; mild; **2.** *su./f* ♀ lamb's lettuce, corn-salad; **douceur** [~'sœ:r] *f* sweetness; softness; gentleness; *weather:* mildness; *~s pl.* sweets, *Am.* candies; *fig.* sweet nothings.
douche [duʃ] *f* shower(-bath); ⚕ douche; **doucher** [du'ʃe] (1a) *v/t.* give (*s.o.*) a shower-bath; F dowse (*s.o.*); ⚕ douche.
doucir [du'si:r] (2a) *v/t.* grind down (*glass or metal*).
douer [dwe] (1p) *v/t.* endow (with, de) (*a. fig.*); être doué pour have a natural gift for.
douille [du:j] *f* ⊕, ⚡ socket; ⚡ (bulb-)holder; cartridge case; ⊕ *wheel:* sleeve.
douillet, -ette [du'jɛ, ~'jɛt] soft (*cushion etc., a. person*); *pej.* effeminate, over-delicate.
douleur [du'lœ:r] *f* pain; suffering; grief; **douloureux, -euse** [~lu'rø, ~'rø:z] painful; aching; *fig.* sad; *fig.* sorrowful (*look*); *fig.* grievous (*cry, event, loss*).

doute [dut] *m* doubt, misgiving; suspicion; *mettre* (*or révoquer*) *en ~* (call in) question (whether, *que*); *sans ~* no doubt; probably; **douter** [du'te] (1a) *v/i.* (*a. ~ de*) doubt, question; mistrust; *v/t:* se *~ de* suspect, think; **douteur, -euse** [~'tœ:r, ~'tø:z] **1.** *su.* doubter; **2.** *adj.* doubting; **douteux, -euse** [~'tø, ~'tø:z] doubtful, dubious; questionable; uncertain.
douve [du:v] *f* ⚠ moat; ⚔ trench; *sp.* water-jump; *tub:* stave.
doux, douce [du, dus] **1.** *adj.* soft (*a. iron*); *a. gramm. consonant*); sweet; mild (*a. steel*); gentle; smooth; pleasant (*memories, news*); *billet m ~* love-letter; *eau f douce* fresh *or* soft water; *vin m ~* must; **2.** *adv.:* F *filer doux* sing small; submit; *tout doux!* take it easy!; *sl. en douce* on the quiet.
douzaine [du'zɛn] *f* dozen; *à la ~* by the dozen; *une ~ de fleurs* a dozen flowers; **douze** [du:z] *adj./num., a. su./m/inv.* twelve; *date, title:* twelfth; **douzième** [du'zjɛm] *adj./num., a. su.* twelfth.
doyen *m*, **-enne** *f* [dwa'jɛ̃, ~'jɛn] *eccl., univ.* dean; *diplomat:* doyen; *fig.* (*a. ~ d'âge*) senior; **doyenné** [~jɛ'ne] *m* deanery; ⚘ *pear:* doyenne.
draconien, -enne [drakɔ'njɛ̃, ~'njɛn] draconian; F harsh.
dragage ⊕ [dra'ga:ʒ] *m* dredging; dragging (*for body*); (mine-)sweeping.
dragée [dra'ʒe] *f* sugared almond; sweet; ⚕ dragee; ⚔ *sl.* bullet; *fig.* pill; *hunt.* small shot; *tenir la ~ haute à* make (*s.o.*) pay dearly; **drageoir** [~'ʒwa:r] *m watch-glass:* bezel; comfit-box, comfit-dish.
drageon ⚘ [dra'ʒɔ̃] *m* sucker.
dragon [dra'gɔ̃] *m myth.* dragon (*a. fig.*); *zo.* flying lizard; ⚔, *orn.* dragoon; **dragonne** [~'gɔn] *f* sword-knot; *umbrella:* tassel.
drague [drag] *f* ⊕ dredger; grappling-hook; *fishing:* drag-net, dredge; **draguer** [dra'ge] (1m) *v/t.* ⊕ dredge; drag (*a pond*); dredge for (*oysters*); ⚓ sweep for (*mines*); **dragueur** [~'gœ:r] *m* ⊕ dredger-man; *fishing:* dragman; (*a. bateau m ~*) dredger; ⚓ *~ de mines* mine-sweeper.

drain

drain [drɛ̃] *m* drain(ing); drain-pipe; ⚘ drainage tube; ⚔ watercourse; **drainage** ⚘, ⚘ [drɛ'na:ʒ] *m* drainage, draining; ✝ drain; **drainer** ⚘, ⚘ [~'ne] (1a) *v/t.* drain.
dramatique [drama'tik] **1.** *adj.* dramatic (*a. fig.*); *auteur m ~* playwright; **2.** *su./m* drama (*a. fig.*); **dramatiser** [~ti'ze] (1a) *v/t.* dramatize (*a. fig.*); adapt (*a novel*) for the stage; **dramaturge** [~'tyrʒ] *m* playwright; **drame** [dram] *m* drama (*a. fig.*); play.
drap [dra] *m* cloth; ~ (*de lit*) sheet; ~ *mortuaire* pall; F *être dans de beaux ~s* be in a pretty mess; **drapeau** [dra'po] *m* flag; *televi.* irregular synchronism; ⚔ colo(u)rs *pl.*; *sous les ~x* ⚔ in the services; F *fig.* on the side (of, *de*); **draper** [~'pe] (1a) *v/t.* drape; cover with cloth (*buttons etc.*); *se ~* drape o.s. (in, *dans*) (*a. fig.*); **draperie** [~'pri] *f* drapery; curtains *pl.*; ⚔ bunting; **drapier** [~'pje] *m* draper; cloth merchant *or* manufacturer.
drastique ⚘ [dras'tik] *adj., a. su./m* drastic.
drawback ✝ [dro'bak] *m* drawback.
drèche [drɛʃ] *f* draff.
drelin [drə'lɛ̃] *m* tinkle, ting-a-ling.
dressage [drɛ'sa:ʒ] *m* preparation; *monument*: erection; ⚘ *stone, wood*: dressing; ⚘ *facing*; training (*a.* ⚔); *horse*: breaking in; **dressement** [drɛs'mã] *m* preparation, drawing up; **dresser** [drɛ'se] (1a) *v/t.* erect (*a monument etc.*); fix up (*a bed*); raise (*one's head*); prick up (*one's ears*); lay, set (*an ambush, the table, a trap*); draw up (*a contract, an inventory, a list, a report*); pitch (*a tent*); ⚔ lay out (*a camp*); ⚔ establish (*a battery*); ⚖ lodge (*a complaint*); ✝ make out (*a cheque*); dish up (*food*); train (*an animal, a person*); break in (*a horse*); ⚔ drill (*recruits*); ⚘ line up (*an engine, a machine*); trim (*a hedge*); dress (*wood, a stone*); ⚘ straighten out (*a wire*); ~ *un procès-verbal contre* (*or à*) *q.* take down the particulars of a minor offence, F take s.o.'s name and address; *se ~* rise, get to one's feet; stand on end (*hair*); stand (*monument etc.*); rise on its hind legs (*horse*); **dresseur** *m,* **-euse** *f* [~'sœ:r, ~'sø:z] trainer (*of animals*); adjuster; **dressoir** [~-'swa:r] *m* dresser, sideboard.
dribbler *sp.* [dri'ble] (1a) *vt/i.* dribble.
drille[1] [dri:j] *m*: F *bon ~* grand chap; F *pauvre ~* poor devil.
drille[2] ⚘ [~] *f* hand-drill, drill-brace.
drisse ⚓ [dris] *f* halyard, yard-rope.
drogue [drɔg] *f* drug; ✝, ⚘ chemical; *fig.* trash, *sl.* muck; **droguer** [drɔ'ge] (1m) *v/t.* drug, give medicine to; dope (*a horse*); *fig.* doctor (*a drink etc.*); *v/i.* F cool one's heels; **droguerie** [~'gri] *f* drugs *pl.*; **droguiste** [~'gist] *su.* drysalter.
droit, droite [drwa, drwat] **1.** *adj.* straight (*a. line*); right (*angle, hand, side*); upright (*a. fig.*); vertical; stand-up (*collar*); *fig.* honest; *au ~ de* at right angles with; ⚘ *section f ~e* cross-section; **2.** *droit adv.* straight; *fig.* honestly; **3.** *su./m* right; privilege; law; fee, charge; *~s pl. d'auteur* royalties; *~s pl. civiques* civil rights; ✝ *~s pl. de magasinage* storage *sg.* (charges); warehouse dues; *~ de douane* (customs) duty; *~ des gens* law of nations; *~ du plus fort* right of the strongest; *à qui de ~* to the proper person *or* quarter; *de* (*bon*) *~* by right; *être en ~ de* (*inf.*) have a right to (*inf.*), be entitled to (*inf.*); *faire son ~* study law; *su./f* right hand; straight line; *à ~e* on the right; *tenir la ~e* keep to the right; *pol. la ~e* the Right, the Conservatives *pl.*; **droitier, -ère** [drwa'tje, ~'tjɛ:r] **1.** *adj.* right-handed; *pol.* right-wing; **2.** *su.* right-handed person; *pol.* Rightist, Conservative; **droiture** [~'ty:r] *f* uprightness; integrity; honesty.
drolatique [drɔla'tik] comic, humorous; spicy; **drôle** [dro:l] **1.** *adj.* funny; odd, queer; F *la ~ de guerre* the phoney war; *un(e) ~ de* a funny, an odd; **2.** *su./m* rascal, knave; **drôlerie** [drol'ri] *f* jesting, fun; joke, jest, *Am.* gag; **drôlesse** † [dro'lɛs] *f* hussy.
dromadaire *zo.* [drɔma'dɛ:r] *m* dromedary.
drosser ⚓, ⚔ [drɔ'se] (1a) *v/t.* drive *or* carry off course.
dru, drue [dry] **1.** *adj.* thick, strong; dense; vigorous; **2.** *dru adv.*

dytique

thickly; ~ et *menu* in a steady drizzle (*rain*); (*walk*) with quick, short steps; *tomber* ~ fall thick and
druide [drɥid] *m* druid. [fast.
drupe ♃ [dryp] *f* drupe, stone-fruit.
dû, due, *m/pl.* **dus** [dy] 1. *p.p. of devoir* 1; 2. *adj.* due; owing; 3. *su./m* due.
dubitatif, -ve [dybita'tif, ~'tiːv] dubitative.
duc [dyk] *m* duke; *orn.* horned owl; **ducal, e,** *m/pl.* **-aux** [dy'kal, ~'ko] ducal; ... of a *or* the duke.
ducat † [dy'ka] *m* ducat.
duché [dy'ʃe] *m* duchy, dukedom; **duchesse** [~'ʃɛs] *f* duchess; *tex.* duchesse lace *or* satin; ♃ duchess pear.
ductile [dyk'til] ductile, malleable (*a. fig.*); *fig.* pliable; **ductilité** [~tili'te] *f* malleability; *fig.* docility.
duel[1] *gramm.* [dɥɛl] *m* dual.
duel[2] [dɥɛl] *m* duel; **duelliste** [dɥɛ-'list] *m* duellist.
dulcifier [dylsi'fje] (1o) *v/t.* sweeten.
dum-dum [dum'dum] *f* dum-dum (*bullet*).
dûment [dy'mɑ̃] *adv.* duly, in due form, properly.
dumping ✝ [dœm'piŋ] *m* dumping; *faire du* ~ dump.
dune [dyn] *f* dune; ~*s pl.* downs.
dunette ⚓ [dy'nɛt] *f* poop-deck.
duo ♩ [dɥo] *m* duet.
duodénum *anat.* [dɥɔde'nɔm] *m* duodenum.
dupe [dyp] *f* dupe; F gull; *être* ~ *de* be taken in by; *prendre q. pour sa* ~ make a cat's-paw of s.o.; **duper** [dy'pe] (1a) *v/t.* dupe, fool; take (*s.o.*) in; **duperie** [~'pri] *f* deception, trickery; take-in; **dupeur** [~'pœːr] *m* cheat, swindler, *Am.* sharper; hoaxer.
duplex ⊕ [dy'plɛks] *adj., a. su./m* duplex; **duplicata** [dyplika'ta] *m/inv. copy:* duplicate; **duplicateur** [~ka'tœːr] *m* duplicator; ✍ doubler; **duplicatif, -ve** [~ka'tif, ~'tiːv] duplicative; **duplicité** [~si'te] *f* duplicity, double-dealing.
dur, dure [dyːr] 1. *adj.* hard (*a. fig.*); stiff; tough (*meat, wood*); *fig.* harsh; unfeeling; hardened; *avoir le sommeil* ~ be a heavy sleeper; *être* ~ *d'oreille* be hard of hearing; 2. *dur adv.* hard; *entendre* ~ be hard of hearing; *dormir* ~ be a heavy sleeper; 3. *su./m* ⚠ concrete; *su./f: coucher sur la dure* sleep on the bare ground *or* on bare boards.
durabilité [dyrabili'te] *f* durability; **durable** [~'rabl] durable, lasting; solid.
durant [dy'rɑ̃] *prp.* during; ~ *des années* for many years; *sa vie* ~ his whole life long.
durcir [dyr'siːr] (2a) *v/t.* harden; hard-boil (*an egg*); *metall.* chill; *v/i. a. se* ~ harden; set (*concrete*); **durcissement** [~sis'mɑ̃] *m* hardening, toughening; stiffening; *metall.* chilling.
durée [dy're] *f* duration; *machine, building, etc.*: wear, life; *de courte* ~ short-lived; **durer** [~] (1a) *v/i.* last, endure; wear (well) (*goods*); hold out, bear, F stick (it) (*person*); *le temps me dure* time hangs heavily on my hands, I find life dull.
duret, -ette F [dy'rɛ, ~'rɛt] rather hard; rather tough (*meat*); **dureté** [dyr'te] *f* hardness (*a. fig.*); *meat:* toughness; *fig.* harshness; austerity; ~ *d'oreille* hardness of hearing; **durillon** [dyri'jɔ̃] *m* foot: corn; hand: callosity.
durit ⚡, *mot.* [dy'rit] *f* radiator hose.
dus [dy] *1st p. sg. p.s. of devoir* 1.
duvet [dy'vɛ] *m* down; *tex.* fluff, nap; F down quilt; **duveté, e** [dyv'te], *a.* **duveteux, -euse** [~'tø, ~'tøːz] downy, fluffy.
dynamique [dina'mik] 1. *adj.* dynamic; 2. *su./f* dynamics *sg.*; **dynamite** [~'mit] *f* dynamite; **dynamo** ⚡, ⊕ [~'mo] *f* dynamo; ~ *lumière* (*or d'éclairage*) lighting generator; **dynamomètre** ⊕ [~mɔ'mɛtr] *m* dynamometer.
dynastie [dinas'ti] *f* dynasty.
dysenterie ✽ [disɑ̃'tri] *f* dysentery.
dyspepsie ✽ [dispɛp'si] *f* dyspepsia, indigestion; **dyspepsique** [~pɛp-'sik] *adj., a. su.* dyspeptic.
dytique *zo.* [di'tik] *m* water-beetle, dytiscus.

E

E, e [œ] *m* E, e.
eau [o] *f* water; rain; *fruit:* juice; perspiration; *eccl.* ~ bénite holy water; ~ blanche bran mash; ~ de toilette lotion; ⚓ ~ lourde heavy water; 🜰 ~ oxygénée hydrogen peroxide; ~ potable drinking water; ~ vive spring water, running water; *aller aux* ~x go to a watering-place; ⚓ *faire* ~ (spring a) leak; *faire de l'*~ ⚓, 🜰 (take in) water; 🜰 make water; *grandes* ~x *pl.*, *jeux m/pl. d'*~x ornamental fountains; *river:* high water *sg.*; *nager entre deux* ~x swim under water; *prendre les* ~x take the waters (*at a spa*); *ville f d'*~ watering-place, spa; **~-de-vie,** *pl.* **~x-de-vie** [od'vi] *f* brandy; spirits *pl.*; **~-forte,** *pl.* **~x-fortes** ⚓ [o'fɔrt] *f* nitric acid; etching; **~x-vannes** [o'van] *f/pl.* liquid manure *sg.*, sewage *sg.*
ébahir [eba'iːr] (2a) *v/t.* amaze, astound; take (*s.o.'s*) breath away; *s'*~ be astounded, wonder (at, de);
ébahissement [~is'mã] *m* amazement, wonder.
ébarber [ebar'be] (1a) *v/t.* trim (*a.* ⚔); ⚔ clip; ⊕ dress.
ébats [e'ba] *m/pl.* frolics, gambols; *prendre ses* ~ frolic, gambol; **ébattre** [e'batr] (4a): *v/t.*: *s'*~ frolic, gambol, frisk about.
ébaubi, e [ebo'bi] amazed, astounded.
ébauchage [ebo'ʃaːʒ] *m* roughing out (*of s.th.*); **ébauche** [e'boːʃ] *f* outline (*a. fig.*); sketch (*a. fig.*); rough draft; *fig.* ghost (*of a smile*); **ébaucher** [ebo'ʃe] (1a) *v/t.* rough out, sketch; ⊕ rough-turn; roughhew (*a stone etc.*); *fig.* attempt (*a smile*); **ébauchoir** [ebe'ʃwaːr] ⊕ roughing-chisel; boring-bit; *wood:* paring-chisel.
ébène [e'bɛn] *f* ebony; *fig. d'*~ jet-black; **ébénier** 🌿 [ebe'nje] *m* ebony-tree; **ébéniste** [~'nist] *m* cabinet-maker; **ébénisterie** [~nis'tri] *f* cabinet-work; cabinet-making.
éberlué, e [ebɛrly'e] flabbergasted.
éblouir [eblu'iːr] (2a) *v/t.* dazzle (*a. fig.*); **éblouissement** [~is'mã] *m* dazzle; glare; dizziness.

ébonite [ebɔ'nit] *f* ebonite, vulcanite.
éborgner [ebɔr'ɲe] (1a) *v/t.* blind in one eye, put (*s.o.'s*) eye out; 🌿 disbud.
ébouillanter [ebujã'te] (1a) *v/t.* scald.
éboulement [ebul'mã] *m* caving in, collapsing; fall of stone; landslide; **ébouler** [ebu'le] (1a) *v/t.* bring down; *s'*~ cave in, collapse; slip (*cliff, land*); **éboulis** [~'li] *m* ⚠ debris; fallen earth; scree.
ébouriffant, e F [eburi'fã, ~'fãːt] amazing, startling; fantastic (*story*);
ébouriffer [~'fe] (1a) *v/t.* ruffle (*a. fig.*), dishevel (*s.o.'s hair*); *fig.* amaze.
ébrancher 🌿 [ebrã'ʃe] (1a) *v/t.* lop off the branches of (*a tree*); prune, trim; **ébranchoir** 🌿 [~'ʃwaːr] *m* (long-hafted) billhook.
ébranlement [ebrãl'mã] *m* shaking, shock; *fig.* agitation, commotion; *fig.* disturbance (*a. of the mind*);
ébranler [ebrã'le] (1a) *v/t.* shake (*a. fig.*); loosen (*a tooth*); set in motion; disturb; *s'*~ shake; ring (*bells*); start, set off; ⚔ move off.
ébrécher [ebre'ʃe] (1f) *v/t.* notch; chip (*a plate etc.*); jag (*a knife*); *fig.* make a hole in (*one's fortune*); *fig.* damage (*s.o.'s reputation*).
ébriété [ebrie'te] *f* drunkenness, intoxication.
ébrouement [ebru'mã] *m* snort (-ing); **ébrouer** [~'e] (1a) *v/t.*: *s'*~ snort; take a (*dust-*)bath (*bird*).
ébruiter [ebrɥi'te] (1a) *v/t.* noise abroad, make known; divulge (*a secret*); *s'*~ become known.
ébullition [ebyli'sjõ] *f* boiling; effervescence; *fig.* turmoil; *point m d'*~ boiling point.
éburné, e [ebyr'ne] eburnean, like ivory; *anat. substance f* ~e dentine.
écaille [e'kɑːj] *f* 🜰, 🜍, *metall.*, *fig.*, *fish:* scale; *paint:* flake; *wood:* splinter; *tortoise etc.:* shell; ✝ tortoise-shell.
écailler[1] [ekɑ'je] (1a) *v/t.* scale (*fish, a. metall.*); open (*oysters*); *s'*~ scale or flake off, peel off.
écailler[2], **-ère** [ekɑ'je, ~'jɛːr] *su.* oyster-seller; *su./f* oyster-knife.

écailleux, -euse [ekɑ'jø, ~'jøːz] scaly; flaky (*paint*).
écale [e'kal] *f pea*: pod; *nut*: husk;
écaler [eka'le] (1a) *v/t.* shell (*peas*); hull (*walnuts*); shuck (*chestnuts*).
écanguer *tex.* [ekã'ge] (1m) *v/t.* scutch, swingle.
écarlate [ekar'lat] *adj., a. su./f* scarlet.
écarquiller [ekarki'je] (1a) *v/t.* open wide (*one's eyes*).
écart [e'kaːr] *m* gap; divergence; difference; separation; *cards*: discard(ing); ⚔ *range*: error (*a. fig.*); ✝ margin (*of prices*); ⊕ deviation; ⊕ variation; swerve; *fig.* digression; *fig. fancy*: flight; *à l'~* on one side, apart; aloof/ out of the way; *faire un ~* swerve; shy (*horse*); *grand ~* wide range; *gymn.* splits *pl.*; *se tenir à l'~* stand aside *or* aloof; **écarté, e** [ekar'te] remote; isolated.
écarteler ⌀, *a.* ⚔ [ekartə'le] (1d) *v/t.* quarter.
écartement [ekartə'mã] gap, space (between, de); 🚂 *track*: gauge; *mot.* wheelbase; ⊕ deflection;
écarter [~'te] (1a) *v/t.* separate; spread; remove; avert; push aside (*a. proposals*); divert (*suspicion etc.*); *s'~* move aside; diverge; stray, deviate (from, de).
Ecclésiaste [ekle'zjast] *m*: *livre m de l'~* Ecclesiastes; **ecclésiastique** [~zjas'tik] **1.** *adj.* ecclesiastical; clerical (*hat etc.*); **2.** *su./m* clergyman, ecclesiastic; *l'♃* Ecclesiasticus.
écervelé, e [eservə'le] **1.** *adj.* scatterbrained, wild, flighty; **2.** *su.* scatterbrain, harum-scarum, madcap.
échafaud [eʃa'fo] *m* scaffolding; *sp. etc.* stand; ⚔ scaffold, gallows *pl.*; **échafaudage** [~fo'daːʒ] *m* 🔺 scaffolding; *fig.* structure; *fig. fortune*: piling up; **échafauder** [~fo'de] (1a) *v/i.* erect a scaffolding; *v/t.* pile up; *fig.* build up; construct.
échalas [eʃa'la] *m* 🌱 vine-prop; hop-pole; *fig.* spindle-shanks (= *lanky person*); **échalasser** [~la'se] (1a) *v/t.* prop (*the vine etc.*).
échalier [eʃa'lje] *m* fence; stile.
échalote ♣ [eʃa'lɔt] *f* shallot.
échancrer [eʃã'kre] (1a) *v/t.* indent, notch; scallop (*a handkerchief*); cut out (the neck of) (*a dress*); **échancrure** [~'kryːr] *f* indentation; cut; *dress*: neckline; notch.

échange [e'ʃãːʒ] *m* exchange (*a.* ✝); ✝ barter; *libre ~* free trade; *en ~ de* in exchange *or* return for; **échanger** [eʃã'ʒe] (1l) *v/t.* exchange (for *pour, contre*) (*a.* ✝); ✝ barter; **échangiste** ✝ [~'ʒist] *m* exchanger.
échanson [eʃã'sõ] *m* † cup-bearer; butler.
échantillon [eʃãti'jõ] *m* sample (*a. fig.*); specimen; pattern; ⊕ template; *~ représentatif* adequate sample; **échantillonner** ✝ [~jɔ'ne] (1a) *v/t.* prepare samples *or* patterns of; sample (*wine*); verify by the samples; ⊕ gauge (by the template).
échappatoire [eʃapa'twaːr] *f* evasion, way out, loop-hole; **échappé, e** [~'pe] **1.** *adj.* fugitive, runaway; **2.** *su.* fugitive, runaway; *su./f* escape; (free) space; *sp.* spurt; *~ (de vue)* vista; *~ de lumière* burst of light; *par ~s* by fits and starts; **échappement** [eʃap'mã] *m gas etc.*: escape; ⊕, *mot.* exhaust; ⊕ outlet; *clock*: escapement; *mot. tuyau m (pot m) d'~* exhaust-pipe (silencer); **échapper** [eʃa'pe] (1a) *v/i.* escape; avoid, dodge; defy; *laisser ~* let slip; set free; *le mot m'a échappé* the word has slipped my memory; *v/t: fig. l'~ belle* have a narrow escape *or* F a close shave; *s'~* escape (from, de); slip out; disappear.
écharde [e'ʃard] *f* splinter.
écharner ⊕ [eʃar'ne] (1a) *v/t.* flesh (*hides*); **écharnoir** [~'nwaːr] *m* fleshing knife.
écharpe [e'ʃarp] *f* (shoulder) sash; *cost.* stole, scarf; ⚔ *arm*: sling; *en ~* diagonally, slantwise; **écharper** [eʃar'pe] (1a) *v/t.* slash; cut to pieces (*a.* ⚔); *tex.* card (*wool*).
échasse [e'ʃaːs] *f* stilt; *scaffold*: pole; *fig. monté sur des ~s* on one's high horse; **échassier** [eʃa'sje] *m orn.* wader; *fig.* spindle-shanks.
échaudé *cuis.* [eʃo'de] *m* canary-bread; **échauder** [~'de] (1a) *v/t.* scald; *tex.* scour; F fleece (*s.o.*); *fig. se faire ~* burn one's fingers; **échaudoir** [~'dwaːr] *m* scalding-room; scalding-tub; *tex.* scouring-vat; **échaudure** [~'dyːr] *f* scald.
échauffant, e [eʃo'fã, ~'fãːt] 🜚 heating; 🜚 constipating; *fig.* exciting; **échauffement** [eʃof'mã] *m*

échauffer 172

⊕ heating; ⚕ overheating; ⚕ constipation; *fig.* over-excitement; **échauffer** [eʃo'fe] (1a) *v/t.* overheat (⚕, *a. a room*); ⚕ constipate; ⊕ heat; *fig.* warm; *fig.* inflame; s'~ become overheated; warm up; ⊕ get *or* run hot.

échauffourée [eʃofu're] *f* brawl; scuffle; clash; ⚔ skirmish, affray.

échéance ✝ [eʃe'ɑ̃ːs] *f bill*: falling due, term; maturity; date; *tenancy*: expiration; *à longue* ~ long-dated; long-term; **échéant, e** [~'ɑ̃, ~'ɑ̃ːt] ✝ falling due; *le cas* ~ if necessary; should the occasion arise.

échec [e'ʃɛk] *m chess*: check (*a. fig.*); ⊕, *a. fig.* failure; ~s *pl.* chess *sg.*; chessmen; chessboard *sg.*; *voué à l'*~ doomed to failure.

échelette [eʃ'lɛt] *f cart etc.*: rack; **échelle** [e'ʃɛl] *f* ladder (*a. fig.*); ⚓ landing; *colours, drawing, map, prices*: scale; *stocking*: ladder, run; ~ *double* pair of steps; ~ *mobile (des salaires)* sliding scale (of wages); ~ *sociale* social scale; *faire la courte* ~ *à q.* give s.o. a helping hand; *sur une grande* ~ on a large scale; **échelon** [eʃ'lɔ̃] *m ladder*: rung; *admin.* grade; *fig.* step; ⚔ echelon; ♪ degree; *pol. etc. à l'*~ *le plus élevé* at the highest level; ⊕ *en* ~ stepped (*gearing*); **échelonnement** [eʃlɔn'mɑ̃] *m* ⚔ echeloning; ⊕ placing at intervals; ✝ spreading (*over a period*); ✄ brushes, *a. fig.* holidays: staggering; **échelonner** [eʃlɔ'ne] (1a) *v/t.* ⚔ (draw up in) echelon; space out; ⊕ place at intervals; ⊕ step (*gears*); ✝ spread (*payments over a period*); ✄ stagger (*a. fig. holidays*); ⚕ grade.

écheniller ✎ [eʃni'je] (1a) *v/t.* clear of caterpillars; **échenilloir** ✎ [~nij'waːr] *m* tree-pruner; branch-lopper.

écheveau [eʃ'vo] *m* skein, hank; *fig.* maze, jumble; **échevelé, e** [eʃə'vle] dishevelled; tousled; *fig.* wild; **écheveler** [~] (1c) *v/t.* dishevel, rumple (*s.o.'s hair*).

échine *anat.* [e'ʃin] *f* backbone, spine; **échiner** [eʃi'ne] (1a) *v/t.* break (*s.o.'s*) back; *fig.* tire (*s.o.*) out; *fig.* thrash (*s.o.*) within an inch of his life; *sl.* ruin; *fig.* s'~ tire o.s. out.

échiquier [eʃi'kje] *m* chess-board; checker pattern; *pol. Br.* ♀ Exchequer.

écho [e'ko] *m* echo; *faire* ~ echo.

échoir [e'ʃwaːr] (3d) *v/i.* ✝ fall due; expire (*tenancy*); fall (*to s.o.'s lot*); *fig.* befall.

échoppe[1] [e'ʃɔp] *f (covered)* stall, booth.

échoppe[2] ⊕ [~] *f* burin; graver.

échotier *journ.* [eko'tje] *m* gossip-writer, paragraphist; columnist.

échouer [e'ʃwe] (1p) *v/i.* ⚓ run aground; *fig.* come to grief, fail; *v/t.* ⚓ run (*a ship*) aground; beach.

écimer ✎ [esi'me] (1a) *v/t.* pollard, top.

éclabousser [eklabu'se] (1a) *v/t.* splash, bespatter (with, de); **éclaboussure** [~'syːr] *f* splash.

éclair [e'klɛːr] *m* flash of lightning; flash (*a. fig.*); *cuis.* éclair; ~s *pl. de chaleur* heat lightning *sg.*; ⚔ *guerre f* ~ blitzkrieg; **éclairage** [eklɛ'raːʒ] *m* light(ing); ⚔, ⚓ scouting; *par projecteurs* flood-lighting; ¢ *circuit m d'*~ light(ing) circuit; **éclairagiste** [~ra'ʒist] *m* lighting engineer; **éclaircie** [eklɛr'si] *f* fair period; break (*of clouds*); clearing (*in a forest*); *fig.* bright period (*in life*); **éclaircir** [~'siːr] (2a) *v/t.* clear (up), brighten; thin (*a forest*); clarify (*a liquid*); thin out (*a sauce*); *fig.* solve, explain, elucidate; **éclairer** [eklɛ're] (1b) *v/t.* light, illuminate; *fig.* enlighten; ⚔ reconnoitre; ~ *au néon* light by neon; *v/i.* give light, shine; *sl.* fork out, foot the bill; *il éclaire* it is lightening, it is getting brighter; **éclaireur** [~'rœːr] *m* ⚔, ⚓, *etc.* scout; boy scout; *mot.* ~ *de tablier* dashboard light; **éclaireuse** [~'røːz] *f* girl-guide.

éclat [e'kla] *m* splinter, chip; burst (*of laughter, of thunder*); explosion; flash (*of gun, light*); brightness, radiance, brilliance (*a. fig.*); *fig.* splendo(u)r; *fig.* glamo(u)r; ~ *de rire* burst of laughter; *faire* ~ create a stir; *faux* ~ tawdriness; *rire aux* ~*s* roar with laughter; **éclatant, e** [ekla'tɑ̃, ~'tɑ̃ːt] brilliant; sparkling; glittering; magnificent; loud (*noise*); *fig.* obvious; **éclater** [~'te] (1a) *v/i.* burst, explode; shatter; flash (*a. fig.*); clap (*thunder*); break out (*fire, laughter, war*); ~ *de rire* burst out laughing; **éclateur** ⚡ [~'tœːr] *m* spark-gap; spark-arrester; ~ *à boule* discharger.

éclipse [e'klips] *f* eclipse; *fig.* disappearance; **éclipser** [eklip'se] (1a) *v/t.* eclipse (*a. fig.*); obscure (*a beam*); s'~ vanish.

éclisse [e'klis] *f* wedge; ⚚ splint; ⊕ butt-strap; 🎻 fish-plate; **éclisser** [ekli'se] (1a) *v/t.* ⚚ splint; 🎻 fish.

éclopé, e [eklɔ'pe] **1.** *adj.* lame, footsore; **2.** *su.* cripple; lame person.

éclore [e'klɔːr] (4f) *v/i.* hatch (*bird*); ♀ open; ♀ bloom; *fig.* develop, come to light; **éclosion** [eklɔ'zjɔ̃] *f* eggs: hatching; ♀ opening; ♀ blooming; *fig.* birth, dawning.

écluse [e'klyːz] *f* lock; sluice; floodgate; **éclusée** [ekly'ze] *f* lockful; sluicing-water; **écluser** [~'ze] (1a) *v/t.* provide (*a canal*) with locks; pass (*a barge*) through a lock; **éclusier, -ère** [~'zje, ~'zjɛːr] **1.** *su.* lockkeeper; **2.** *adj.* lock-...

écœurer [ekœ're] (1a) *v/t.* disgust, sicken, nauseate; *fig.* dishearten.

école [e'kɔl] *f* school (*a. fig.*); ✕, ⚓ drill; ~ *confessionnelle* denominational school; ~ *de commerce* commercial school; ~ *des arts et métiers* industrial school; engineering college; technical school *or* institute; ~ *des hautes études commerciales* commercial college (*of university standing*); ~ *laïque* undenominational school; ~ *libre* private school; ~ *maternelle* infant school; kindergarten; ~ *mixte* mixed school, *Am.* co-educational school; ~ *moyenne* intermediate school; ~ *primaire supérieure* central school; ~ *professionnelle* training school; ~ *secondaire* secondary school; ~ *supérieure* college, academy; *faire* ~ found a school; F set a fashion; attract followers; *faire l'*~ (*à*) teach; *faire l'*~ *buissonnière* play truant; **écolier, -ère** [ekɔ'lje, ~'ljɛːr] *su.* pupil; *su./m* schoolboy; *su./f* schoolgirl.

éconduire [ekɔ̃'dɥiːr] (4h) *v/t.* show out; get rid of; reject (*a suitor*); être éconduit meet with a polite refusal.

économat [ekɔnɔ'ma] *m* stewardship; *school, univ.*: bursarship; *society*: treasurership; steward's (*etc.*) office; **économe** [~'nɔm] **1.** *adj.* economical, thrifty; sparing; **2.** *su.*

steward, housekeeper; treasurer; bursar; **économie** [ekɔnɔ'mi] *f* economy, saving; thrift; management; ~s *pl.* savings; ~ *dirigée* controlled economy; ~ *domestique* domestic economy; housekeeping; ~ *politique* political economy; economics *sg.*; *faire des* ~s save (up); **économique** [~'mik] (1). *adj.* economic (*doctrine, problem, system*); inexpensive, economical, cheap; **2.** *su./f* economics *sg.*; **économiser** [~mi'ze] (1a) *v/t.* economize, save (on, *sur*); **économiste** [~'mist] *m* (political) economist.

écope [e'kɔp] *f* ladle (*a. cuis.*); ⚓ scoop; **écoper** [ekɔ'pe] (1a) *v/t.* bail out; *v/i. sl.* be hit; cop it; get the blame.

écorce [e'kɔrs] *f tree*: bark; *fruit*: rind, peel; *fig.* outside, crust; **écorcer** [ekɔr'se] (1k) *v/t.* bark; peel (*a fruit*).

écorcher [ekɔr'ʃe] (1a) *v/t.* skin, flay; graze, chafe (*the skin*); scrape, scratch; *fig.* murder (*a language*); *fig.* grate on (*the ear*); *fig.* burn (*one's throat*); *fig.* fleece (*a client*); **écorcheur** [~'ʃœːr] *m* flayer; *fig.* fleecer; **écorchure** ⚚ [~'ʃyːr] *f* abrasion, F graze, scratch.

écorner [ekɔr'ne] (1a) *v/t.* remove *or* break the horns of; dog-ear (*a book*); *fig.* cut, curtail; **écornifler** F [~ni'fle] (1a) *v/t.* scrounge; sponge; **écornifleur** *m*, **-euse** *f* F [~ni'flœːr, ~'fløːz] cadger, scrounger; sponger; **écornure** [~'nyːr] *f* chip (*off wood, stone, etc.*).

écossais, e [ekɔ'sɛ, ~'sɛːz] **1.** *adj.* Scottish; *étoffe* ~ *e* tartan, plaid; **2.** *su./m ling.* Scots; ♀ Scot, Scotsman; *les* ♀ *m/pl.* the Scots; *su./f* ♀ Scot, Scotswoman.

écosser [ekɔ'se] (1a) *v/t.* shell, hull.

écot[1] [e'ko] *m* share, quota; reckoning; *payer chacun son* ~ go Dutch treat, *Am.* go Dutch.

écot[2] [~] *m* lopped tree *or* branch; faggot-wood.

écoulement [ekul'mã] *m* outflow, flow (*a.* ⚡); (*nasal*) discharge; *bath etc.*: waste-pipe; *crowd*: dispersal; ✝ sale, disposal; ✝ ~ *facile* ready sale; **écouler** [eku'le] (1a) *v/t.* ✝ sell off, dispose of; s'~ flow out; pass, elapse (*time*); ✝ sell.

écourter [ekur'te] (1a) *v/t.* shorten,

F cut short; dock (*a horse*); crop (*dog's ears*); *fig.* clip (*words*).

écoute¹ [e'kut] *f* listening-place; ⚓ listening-post; *radio:* reception, listening-in; *aux* ~s eavesdropping; *ne quittez pas l'*~ *radio:* don't switch off; *se mettre à l'*~ listen in; *station f d'*~ monitoring station.

écoute² ⚓ [~] *f* sail: sheet.

écouter [eku'te] (1a) *v/t.* listen to; pay attention to; *v/i.* listen (in); **écouteur, -euse** [~'tœ:r, ~'tø:z] *su. person, a. radio:* listener; *su./m teleph.* receiver; *radio:* head-phone, ear-phone.

écoutille ⚓ [eku'ti:j] *f* hatchway.

écran [e'krã] *m* screen; *phot.* filter; ⊕ baffle-plate; *radio:* baffle; *phot.* ~s *pl.* trichromes three-colo(u)r filters; ~ *de radar* radar screen; *cin.* porter à l'~ film (*a novel, a play*).

écraser [ekra'ze] (1a) *v/t.* crush; *mot.* run over; ✝ F glut (*the market*); *fig.* overwhelm; *fig.* ruin; kill (*a ball at tennis*); s'~ collapse; break; ✈, *mot.* crash (into, *contre*).

écrémer [ekre'me] (1f) *v/t.* cream (*milk, a. fig.*); skim (*milk, molten glass*); *metall.* dross; *lait m non écrémé* whole milk; **écrémeuse** [~'mø:z] *f* separator; creamer; *metall., a.* glass-making: skimmer.

écrémoir [~'mwa:r] *m* skimmer.

écrevisse *zo.* [ekrə'vis] *f* crayfish, *Am.* crawfish.

écrier [ekri'e] (1a) *v/t.:* s'~ cry (out), shout (out); exclaim.

écrin [e'krɛ̃] *m* (jewel-)case.

écrire [e'kri:r] (4q) *v/t.* write (down); spell (*a word*); **écrivis** [ekri'vi] *1st p. sg. p.s. of écrire*; **écrivons** [~'vɔ̃] *1st p. pl. pres. of écrire;* **écrit, e** [e'kri, ~'krit] 1. *p.p.* of *écrire*; 2. *su./m* writing; document; *univ.* etc. written examination; *par* ~ in writing; **écriteau** [ekri'to] *m* bill, poster, placard; notice, notice-board; **écritoire** [~'twa:r] *m* inkstand; *eccl.* scriptorium; **écriture** [~'ty:r] *f* (hand)writing; script; ✝ entry, item; ✝ ~ *en partie double* double entry; ♀ *sainte* Holy Scripture; ✝ ~s *pl.* paper *sg.*, documents; books; **écrivailler** [~va'je] (1a) *v/i.* scribble; be a hack-writer of the poorest kind; **écrivain** [~'vɛ̃] *m* writer, author; *femme f* ~ authoress; woman writer; **écrivassier** F [~va'sje] *m* hack-writer, penny-a-liner.

écrou¹ [e'kru] *m* ⊕ nut, female screw.

écrou² ⚖ [~] *m* entry (*on calendar*) of receipt of prisoner into custody; committal to gaol.

écrouelles ✠ [ekru'ɛl] *f/pl.* scrofula *sg.*

écrouer ⚖ [ekru'e] (1a) *v/t.* imprison; send to prison.

écrouir *metall.* [ekru'i:r] (2a) *v/t.* cold-hammer; cold-draw; cold-harden; cold-roll.

écroulement [ekrul'mã] *m* collapse, falling-in; crumbling; fall (*a. fig.*), *fig.* ruin; **écrouler** [ekru'le] (1a) *v/t.:* s'~ collapse (*a. fig.*); fall (down); crumble; break up; give way; come to nothing.

écroûter [ekru'te] (1a) *v/t.* cut the crust off; ✐ scarify (*land*).

écru, e [e'kry] unbleached, ecru; *soie f* ~e raw silk; *toile f* ~e holland.

écu [e'ky] *m* shield; ⚐ coat of arms; ~s *pl.* plenty *sg.* of money.

écubier ⚓ [eky'bje] *m* hawse-pipe, hawse-hole.

écueil [e'kœ:j] *m* reef; rock (*a. fig.*); shelf; *fig.* danger.

écuelle [e'kɥɛl] *f* bowl, basin; ✴ pan; **écuellée** [ekɥɛ'le] *f* bowlful.

éculer [eky'le] (1a) *v/t.* wear (*one's shoes*) down at the heel.

écume [e'kym] *f* froth; *waves:* foam, jam, metal, *a. fig.*: lather; scum; ~ *de mer* meerschaum; **écumer** [eky'me] (1a) *v/t.* skim; *fig.* scour (the sea[s], *les mers*); *v/i.* foam, froth (*a. metal, a. fig.*); **écumeur** [~'mœ:r] *m:* F ~ *de marmites* sponger, parasite; ~ *de mer* pirate; **écumeux, -euse** [~'mø, ~'mø:z] foamy, frothy; scummy; **écumoire** [~'mwa:r] *f* skimmer.

écurage [eky'ra:ʒ] *m* cleansing; cleaning (out); **écurer** [~'re] (1a) *v/t.* cleanse, scour; clean (out); pick (*one's teeth*).

écureuil *zo.* [eky'rœ:j] *m* squirrel.

écureur *m*, -euse *f* [eky'rœ:r, ~'rø:z] cleanser, cleaner, scourer.

écurie [eky'ri] *f* stable.

écusson [eky'sɔ̃] *m* ⚐ shield, escutcheon; ⊕ key-plate; sheave; *zo.* scutellum; ✂ badge; ✂ tab; ♀ shield-bud; **écussonner** ✐ [~sɔ'ne] (1a) *v/t.* graft a shield-bud on.

écuyer, -ère [ekɥi'je, ~'jɛːr] *su.* rider; *su./m* horseman; riding-master; △ *staircase*: hand-rail; ⚘ *tree*: prop; *hist.* (e)squire; † equerry; *su./f* horsewoman; *bottes f/pl. à l'~ère* riding-boots.

eczéma ✻ [ɛgze'ma] *m* eczema.

édénien, -enne [ede'njɛ̃, ~'njɛn] paradisaic.

édenté, e [edɑ̃'te] toothless; *zo.* edentate; **édenter** [~] (1a) *v/t.* break the teeth of; *s'~* lose one's teeth.

édicter ⚖ *etc.* [edik'te] (1a) *v/t.* decree; enact (*a law*).

édifiant, e [edi'fjɑ̃, ~'fjɑ̃ːt] edifying; **édificateur** [edifika'tœːr] *m* builder; **édification** [~'sjɔ̃] *f* erection, building; (moral) edification; *fig.* F information; **édifice** [edi'fis] *m* building, edifice; structure (*a. fig.*); **édifier** [~'fje] (1o) *v/t.* build, erect; edify (morally); *fig.* F enlighten.

édit [e'di] *m* edict.

éditer [edi'te] (1a) *v/t.* edit; publish (*a book etc.*); **éditeur** [~'tœːr] *m text*: editor; *book etc.*: publisher; **édition** [~'sjɔ̃] *f* edition; publishing (trade); **éditorial, e, *m/pl.*-aux** [~tɔ'rjal, ~'rjo] 1. *adj.* editorial; leading (*article*); 2. *su./m* leader; editorial.

édredon [edrə'dɔ̃] *m* eider-down (pillow).

éducable [edy'kabl] educable; trainable (*animal*); **éducatif, -ve** [~ka'tif, ~'tiːv] educational; educative; **éducation** [~ka'sjɔ̃] *f* education, schooling; rearing; training (*a. animals*); *~ physique* physical training.

édulcorer [edylkɔ're] (1a) *v/t.* sweeten; 🜍 edulcorate.

éduquer [edy'ke] (1m) *v/t.* educate; bring up (*a child*); train (*an animal, a faculty*); *mal éduqué* ill-bred.

éfaufiler [efofi'le] (1a) *v/t.* unravel.

effacer [ɛfa'se] (1k) *v/t.* efface, blot out, erase; *fig.* outshine, throw into the shade; *s'~* wear away; fade away; stand aside; keep in the background, F take a back seat.

effarement [ɛfar'mɑ̃] *m* alarm; dismay; **effarer** [ɛfa're] (1a) *v/t.* frighten, scare; startle; dismay; *s'~* be scared (at, *by de*); take fright (at, *de*).

effaroucher [ɛfaru'ʃe] (1a) *v/t.* startle; scare away; alarm; *fig.* shock (*the modesty*).

effectif, -ve [ɛfɛk'tif, ~'tiːv] 1. *adj.* effective; ✞ active, real; 2. *su./m* manpower; ✕ total strength; ⚓ complement; ⊕ stock; **effectuer** [~'tɥe] (1n) *v/t.* effect, carry out, execute; accomplish; go into (*training*).

efféminer [ɛfemi'ne] (1a) *v/t.* render effeminate; mollycoddle (*a child*).

effervescence [ɛfɛrve'sɑ̃ːs] *f* effervescence; *fig.* agitation, exitement; restiveness; **effervescent, e** [~'sɑ̃, ~'sɑ̃ːt] effervescent (*liquid*); *fig.* in a turmoil.

effet [ɛ'fɛ] *m* effect, result; operation, action; impression; ✞ bill; ✞ commencement (*of policy*); *~s pl.* possessions; effects; ✞ stocks; ✞ bonds; ✞ *~s pl. à payer (à recevoir)* bills payable (receivable); ✞ *~s pl. publics* government stock *sg.* or securities; ✞ *~ à court terme* short-dated bill; *à cet ~* with this end in view, for this purpose; *en ~* indeed; *mettre à l'~* put (*s.th.*) into operation; *prendre ~* become operative; *produire son ~* operate, act; *sans ~* ineffective.

effeuiller [ɛfœ'je] (1a) *v/t.* pluck the petals off (*a flower*); thin out the leaves of (*a fruit-tree*); *fig.* destroy bit by bit; *s'~* lose its petals (*flower*) or leaves (*tree*).

efficace [ɛfi'kas] effective; efficient (*a.* ⊕); **efficacité** [~kasi'te] *f* efficacy; efficiency (*a.* ⊕).

effigie [ɛfi'ʒi] *f* effigy.

effilé, e [ɛfi'le] tapering; slender; *tex.* frayed, fringed; *mot.* streamlined; **effiler** [~'le] (1a) *v/t. tex.* fray, unravel; taper; *cuis.* string (*beans*); **effilocher** *tex.* [~lɔ'ʃe] (1a) *v/t.* ravel out; fray; break (*cotton waste etc.*).

efflanqué, e [ɛflɑ̃'ke] lean, F skinny, lanky; *fig.* inadequate (*style*).

effleurer [ɛflœ're] (1a) *v/t.* graze, touch lightly; brush; skim (*the water*); ⚘ plough lightly; *fig.* touch lightly upon (*a subject*).

efflorescence [ɛflɔre'sɑ̃ːs] *f* ♀ flowering; 🜍 efflorescence; ✻ rash, eruption.

effluent, e [ɛfly'ɑ̃, ~'ɑ̃ːt] *adj., a. su./m* effluent; **effluve** [ɛ'flyːv] *m* effluvium; exhalation; *fig.* breath; ⚡ *~ électrique* glow discharge.

effondrement

effondrement [ɛfɔ̃drə'mã] *m* collapse (*a*. †, *a. fig.*); caving in; † *prices*: slump; ✗ trenching; **effondrer** [~'dre] (1a) *v/t.* break (*s.th.*) open; *cuis.* draw (*a chicken*), gut (*a fish*); ✗ trench; *fig.* plough up; s'~ cave in; collapse; slump(*prices*); **effondrilles** [~'dri:j] *f/pl.* sediment *sg.*

efforcer [ɛfɔr'se] (1k) *v/t.*: s'~ de *or* à (*inf.*) do one's best to (*inf.*); strive to (*inf.*).

effort [ɛ'fɔ:r] *m* effort, exertion; pressure; ⊕ stress; ⊕, ✗ strain; *sp. ball*: spin.

effraction ťż [ɛfrak'sjɔ̃] *f* breaking open; *vol m avec* ~ house-breaking (*by day*), burglary (*by night*).

effraie *orn.* [ɛ'frɛ] *f* screech-owl.

effrayant, e [ɛfrɛ'jã, ~'jã:t] terrifying, dreadful, appalling; *fig.* awful; **effrayer** [~'je] (1i) *v/t.* frighten, scare, terrify; s'~ take fright, be frightened (at, *de*).

effréné, e [ɛfre'ne] unbridled, unrestrained.

effriter [ɛfri'te] (1a) *v/t.* cause to crumble; ✗ exhaust; s'~ crumble; weather (*rock*).

effroi [ɛ'frwa] *m* terror, fear, fright; dread.

effronté, e [ɛfrɔ̃'te] brazen-faced, impudent, saucy (*child*); **effronterie** [~'tri] *f* effrontery, impudence, impertinence.

effroyable [ɛfrwa'jabl] frightful (*a. fig.*).

effusion [ɛfy'zjɔ̃] *f* effusion (*a. fig.*); outpouring; ~ *de sang* bloodshed; ✗ haemorrhage; *avec* ~ effusively.

égailler [ega'je] (1a) *v/t. a.* s'~ scatter (*birds*).

égal, e, *m/pl.* **-aux** [e'gal, ~'go] **1.** *adj.* equal; level; smooth; even (*a. fig.*), regular; steady (*pace*); *cela m'est* ~ it is all the same to me, I don't mind; F *c'est* ~ all the same; **2.** *su.* equal, peer; *su./m*: à l'~ *de* as much as; **égaler** [ega'le] (1a) *v/t.* regard as equal; be equal to, equal; *fig.* compare with, F touch; **égaliser** [egali'ze] (1a) *v/t.* equalize (*a. sp.*); level; make even; ⚖ equate; **égalitaire** [~'tɛ:r] *adj., a. su.* egalitarian; **égalité** [~'te] *f* equality; evenness (*a. fig., a.* ♪); *sp.* à ~ equal on points.

égard [e'ga:r] *m* regard, consideration, respect; ~s *pl.* respect *sg.*; attentions (to, *pour*); *à cet* ~ in this respect; *à l'*~ *de* with respect to; as regards; *à mon* ~ concerning me; *à tous* ~s in every respect; *eu* ~ *à* considering; *manque m d'*~ lack of consideration; slight; *par* ~ *pour* out of respect for; *sans* ~ *pour* without regard for.

égarement [egar'mã] *m* mislaying; error; *fig.* (*mental*) aberration; *feelings*: frenzy; *conduct, expression*: wildness; bewilderment; **égarer** [ega're] (1a) *v/t.* mislay; lead astray; mislead; let (*one's eyes*) wander; bewilder; *fig.* avoir l'air égaré look distraught; s'~ lose one's way; go astray; become unhinged (*mind*).

égayer [egɛ'je] (1i) *v/t.* cheer up; enliven; s'~ amuse o.s.; cheer up; make merry (about, *de*).

églantier ♀ [eglã'tje] *m* wild rose (-bush); ~ *odorant* sweet briar; **églantine** ♀ [~'tin] *f flower*: wild rose; ~ *odorante flower*: sweet briar.

église [e'gli:z] *f* church.

églogue [e'glɔg] *f* eclogue.

égoïne ⊕ [egɔ'in] *f* compass saw.

égoïsme [egɔ'ism] *m* egoism; selfishness; **égoïste** [~'ist] **1.** *su.* egoist; **2.** *adj.* egoistic; selfish.

égorger [egɔr'ʒe] (1l) *v/t.* cut the throat of; F stick (*a pig*); slaughter, massacre (*people*); *fig.* fleece; **égorgeur** *m*, **-euse** *f* [~'ʒœ:r, ~'ʒø:z] cutthroat; (*pig-*)sticker.

égosiller [egozi'je] (1a) *v/t.*: s'~ bawl; shout; make o.s. hoarse.

égout [e'gu] *m* draining; ⊕ sewer; ⊕ drain; ⚠ eaves *pl.*; *fig.* cesspool; **égoutter** [egu'te] (1a) *v/t.* drain (*a.* ✗); strain (*vegetables*); s'~ drain, drip; **égouttoir** [~'twa:r] *m* drainer; *cuis.* plate-rack.

égrapper [egra'pe] (1a) *v/t.* pick off (*grapes etc.*); ✗ clean (*ore*).

égratigner [egrati'ɲe] (1a) *v/t.* scratch (*a.* ✗); *fig.* gibe at, F have a dig at; **égratignure** [~'ɲy:r] *f* scratch; *fig.* gibe, F dig.

égrener [egrə'ne] (1d) *v/t.* pick off (*grapes*); shell (*peas, corn*); gin (*cotton*); ripple (*flax*); *tree*: shed (*the leaves*) one by one; *fig.* deal with one by one; s'~ drop (*away*), scatter.

égrillard, e [egri'ja:r, ~'jard] ribald, lewd, F dirty.

égrisée [egri'ze] *f* diamond-powder;

égriser [~] (1a) *v/t.* grind (*glass etc.*).
égrugeoir [egry'ʒwaːr] *m* mortar; *tex.* ripple, flax-comb; **égruger** [~'ʒe] (1l) *v/t.* pound; grind; bruise (*grain*); seed (*grapes*); ripple (*flax*).
eh! [e] *int.* hey!; hi!; ~ bien! well!; now then!
éhonté, e [eõ'te] shameless.
éjaculer [eʒaky'le] (1a) *v/t.* ejaculate.
éjection [eʒɛk'sjõ] *f* ejection.
élaborer [elabɔ're] (1a) *v/t.* elaborate, work out (*a. fig.*).
élaguer [ela'ge] (1m) *v/t.* ✔ prune; lop off; *fig.* cut out *or* down.
élan[1] [e'lɑ̃] *m* spring, dash, bound; impetus; *fig.* impulse; *fig.* outburst (*of temper etc.*).
élan[2] *zo.* [~] *m* elk, moose.
élancé, e [elɑ̃'se] (tall and) slim, slender; **élancement** [elɑ̃s'mɑ̃] *m* spring; *fig.* yearning (towards, *vers*); ✔ twinge, shooting pain; **élancer** [elɑ̃'se] (1k) *v/i.* twinge, throb; *v/t.*: s'~ shoot; rush; ⚘ shoot up.
élargir [elar'ʒiːr] (2a) *v/t.* enlarge; widen; broaden (*a. fig.*); *fig., a.* ⚖ release; **élargissement** [~ʒis'mɑ̃] *m* enlarging; widening, broadening; *fig., a.* ⚖ release.
élasticité [elastisi'te] *f* elasticity; *fig.* springiness; **élastique** [~'tik] 1. *adj.* elastic; *fig.* flexible; gomme *f* ~ (india-)rubber; 2. *su./m* (india-)rubber; *cost.* elastic; rubber band.
électeur [elɛk'tœːr] *m pol.* elector (*a. hist.*), voter; **électif, -ve** [~'tif, ~'tiːv] elective; **élection** [~'sjõ] *f* election (*a. fig.*); *fig.* choice; ~s *pl.* partielles by-election *sg.*; **électoral, e,** *m/pl.* **-aux** [~tɔ'ral, ~'ro] electoral, election ...; **électorat** [~tɔ'ra] *m coll., a. hist.* electorate; franchise; **électrice** [~'tris] *f pol.* electress (*a. hist.*), voter.
électricien [elɛktri'sjɛ̃] *m* electrician; **électricité** [~si'te] *f* electricity; **électrifier** [~'fje] (1o) *v/t.* electrify; **électrique** [elɛk'trik] electric; electrical (*unit*); **électriser** [~tri'ze] (1a) *v/t.* electrify (*a. fig.*); *fig.* thrill; fil *m* électrisé live wire.
électro- [elɛktrɔ] electro...; **~aimant** [~ɛ'mɑ̃] *m* electro-magnet; **~cardiogramme** ✚ [~kardjɔ'gram] *m* electrocardiogram; **~choc** ✚ [~'ʃɔk] *m treatment:* electric shock; **~cuter** [~ky'te] (1a) *v/t.* electrocute; **~cution** [~ky'sjõ] *f* electrocution; **~magnétique** [~maɲe'tik] electromagnetic; **~ménager** [~mena'ʒe] *adj./m: appareils m/pl.* ~s domestic electrical equipment *sg.*
électron *phys.* [elɛk'trõ] *m* electron; **électronique** [~trɔ'nik] 1. *adj.* electronic; 2. *su./f* electronics *sg.*
électrothérapie ✚ [elɛktrɔtera'pi] *f* electro-therapy.
électuaire [elɛk'tɥɛːr] *m* electuary.
élégamment [elega'mɑ̃] *adv.* elegantly; **élégance** [~'gɑ̃ːs] *f* elegance; **élégant, e** [~'gɑ̃, ~'gɑ̃ːt] 1. *adj.* elegant, stylish; smart; 2. *su./m* man of fashion; *su./f* woman of fashion.
élément [ele'mɑ̃] *m* element; ✚ ingredient; ⚡ cell; ~s *pl.* rudiments, first principles; **élémentaire** [~mɑ̃'tɛːr] elementary; rudimentary; fundamental, basic.
éléphant *zo.* [ele'fɑ̃] *m* elephant; ~ femelle cow-elephant.
élevage [el'vaːʒ] *m* breeding, rearing; ranch; **élévateur, -trice** [eleva'tœːr, ~'tris] 1. *adj.* lifting; *anat.* elevator (*muscle*); 2. *su./m* elevator (*a. anat.*); lift; **élévation** [~'sjõ] *f* elevation (*a.* ⚭, ⚔); lifting, raising; rise, increase; height; altitude (*a. astr.*); **élévatoire** [~'twaːr] hoisting.
élève [e'lɛːv] *su.* pupil; *univ.* student; apprentice; *su./f* young rearing animal; cattle *etc.*: breeding; ✔ seedling.
élevé, e [el've] high; *fig.* lofty; bred, brought-up; mal ~ ill-bred; **élever** [~'ve] (1d) *v/t.* raise (*a.* ⚭, ⚔), lift; △ erect, set up; breed (*cattle etc.*); keep (*bees, hens*); bring up (*a child*); ⚭ au carré (au cube) square (cube); s'~ rise; get up; amount (to, *à*); protest, take a stand (against, *contre*); **éleveur** [~'vœːr] *m* breeder (*of horses, cattle*); ~ de chiens dog-fancier; **élevure** ✚ [~'vyːr] *f* pimple, pustule.
élider *gramm.* [eli'de] (1a) *v/t.* elide.
éligible [eli'ʒibl] eligible.
élimer [eli'me] (1a) *v/t. a.* s'~ wear threadbare.
éliminer [elimi'ne] (1a) *v/t.* eliminate (*a.* ⚭); get rid of; ⚭ s'~ cancel out.

élire [eˈliːr] (4t) v/t. elect, choose; *parl.* return (*a member*).
élision *gramm.* [eliˈzjõ] f elision.
élite [eˈlit] f elite, pick, choice, best; *d'~* picked; crack (*regiment*).
élixir [elikˈsiːr] m elixir.
elle [ɛl] *pron./pers./f subject*: she, it; *~s pl.* they; *object*: her, it; (to) her, (to) it; *~s pl.* them; (to) them; *à ~* to her, to it; hers, its; *à ~s pl.* to them; theirs; c'est *~* it is she, F it's her; ce sont *~s pl.*, F c'est *~s pl.* it is they, F it's them.
ellébore ♀ [ɛlleˈbɔːr] m hellebore; *~ noir* Christmas rose.
elle-même [ɛlˈmɛːm] *pron./rfl.* herself; **elles-mêmes** *pl.* themselves.
ellipse [ɛˈlips] f *gramm.* ellipsis; ⚭ ellipse; **elliptique** [ɛlipˈtik] elliptic(al).
élocution [elɔkyˈsjõ] f elocution.
éloge [eˈlɔːʒ] m praise; eulogy, panegyric.
éloigné, e [elwaˈɲe] remote, distant, far; absent; **éloignement** [elwaɲˈmã] m distance; remoteness, removal; absence; dislike (for, *pour*); antipathy (to[wards], *pour*); **éloigner** [elwaˈɲe] (1a) v/t. remove; move (*s.th.*) away; dismiss (*a thought*); avert (*a suspicion, a danger*); postpone; estrange (*s.o.*), F put (*s.o.*) off; *s'~* retire; go away; differ; digress.
éloquence [elɔˈkãːs] f eloquence; **éloquent, e** [~ˈkã, ~ˈkãːt] eloquent.
élucider [elysiˈde] (1a) v/t. elucidate, clear up.
élucubration [elykybraˈsjõ] f *usu. pej.* lucubration; **élucubrer** F [~ˈbre] (1a) v/i. lucubrate.
éluder [elyˈde] (1a) v/t. *fig.* evade; shirk (*work*).
Élysée [eliˈze] **1.** *su./m myth.* Elysium; *pol.* Élysée (= *Paris residence of the President of the French Republic*); **2.** *adj. myth.* Elysian (*Fields*).
émacier [emaˈsje] (1o) v/t. *s'~* waste away, become emaciated.
émail, *pl.* -**aux** [eˈmaːj, ~ˈmo] m enamel (*a. of teeth*); enamelling material; *phot.* glaze; **émailler** [emaˈje] (1a) v/t. enamel; glaze (*porcelain, a. phot.*); *fig.* sprinkle, spangle (with, *de*).
émanation [emanaˈsjõ] f emanation, efflux.
émancipation [emãsipaˈsjõ] f emancipation; **émancipé, e** *fig.* [~ˈpe] free, forward; **émanciper** [~ˈpe] (1a) v/t. emancipate.
émaner [emaˈne] (1a) v/i. emanate, issue, originate.
émarger [emarˈʒe] (1l) v/t. make marginal notes in, write in the margin of; ✝ initial, receipt; v/i. *admin.* draw a salary (from, *à*).
émasculation [emaskylaˈsjõ] f emasculation (*a. fig.*).
embâcle [ãˈbaːkl] m obstruction; ice-jam (*in water-way*).
emballage [ãbaˈlaːʒ] m packing; *sp.* spurt, burst of speed; F blowing-up; **emballer** [~ˈle] (1a) v/t. pack (up); wrap up; *mot.* race (*the engine*); F thrill; F pack (*s.o.*) off; F tell (*s.o.*) off; *sl.* arrest; *sl.* get (*s.o.*) round; *s'~* bolt (*horse*); race (*engine*); F get excited; F fly into a temper; v/i. *sp.* spurt; **emballeur** m, -**euse** f [~ˈlœːr, ~ˈløːz] packer; *sl.* cajoler.
embarbouiller F [ãbarbuˈje] (1a) v/t. dirty; *fig.* muddle (*s.o.*); *s'~* get muddled.
embarcadère [ãbarkaˈdɛːr] m ⚓ landing-stage; wharf, quay; 🚂 (departure) platform; **embarcation** [~ˈsjõ] f craft; ship's boat.
embardée [ãbarˈde] f ⚓ yaw, lurch; *mot.* swerve, skid.
embargo ⚓, *pol.* [ãbarˈgo] m embargo.
embarquement [ãbarkəˈmã] m ⚓ embarkation; *goods*: shipment; **embarquer** [~ˈke] (1m) v/t. ⚓ embark; ship (*goods*, F *a. water*); take on board; v/i. *a. s'~* embark (*a. fig.* upon, *dans*), go aboard.
embarras [ãbaˈra] m obstruction; impediment (*of speech*); difficulty, trouble; embarrassment; *~ pl. d'argent* money difficulties; *~ de voitures* traffic jam; 🞋 *~ gastrique* upset stomach; F *faire des ~* make a fuss; **embarrasser** [~raˈse] (1a) v/t. embarrass; hinder, encumber, trouble; *fig.* perplex, puzzle; 🞋 clog (*the digestion*); *s'~* get entangled; be at a loss; *s'~ de* burden o.s. with.
embasement 🏛 [ãbazˈmã] m base; ground-table.
embauchage [ãboˈʃaːʒ] m, **embauche** [ãˈboʃ] f taking on (*of workmen*); hiring; **embaucher** [ãboˈʃe] (1a) v/t. take on, hire; ⚔

entice to desert; **embauchoir** [~-
'ʃwa:r] *m* boot-tree.
embaumé, e [ãbo'me] balmy (*air*);
embaumer [~] (1a) *v/t.* embalm
(*a corpse, a. the garden*); scent, perfume; smell of; *v/i.* smell sweet.
embecquer [ãbɛ'ke] (1m) *v/t.* feed
(*a bird*); bait (*the hook*).
embéguiner [ãbegi'ne] (1a) *v/t.*
wrap up (*s.o.'s*) head (in, de); *fig.*
infatuate; s'~ de become infatuated
with (*s.o.*).
embellie [ãbɛ'li] *f* ♆ lull; fair
period; **embellir** [~'li:r] (2a) *v/t.*
embellish (*a. fig.*); beautify; *v/i.*
become better-looking; **embellissement** [~lis'mã] *m* embellishment; improvement in looks.
emberlificoter *sl.* [ãbɛrlifiko'te]
(1a) *v/t.* entangle; get round,
cajole.
embêtant, e F [ãbɛ'tã, ~'tã:t] annoying, irritating, tiresome; **embêtement** F [ãbɛt'mã] *m* nuisance;
worry; annoyance; F bother; **embêter** F [ãbɛ'te] (1a) *v/t.* annoy;
bore; get on (*s.o.'s*) nerves.
emblave ✍ [ã'bla:v] *f* land sown
with corn; *corn:* sown seed; **emblaver** ✍ [ãbla've] (1a) *v/t.* sow
with corn.
emblée [ã'ble] *adv.:* d'~ right away,
then and there, at the first attempt.
emblème [ã'blɛːm] *m* emblem;
symbol; badge.
embob(el)iner F [ãbɔb(l)i'ne] (1a)
v/t. get round, coax.
emboîter [ãbwa'te] (1a) *v/t.* encase,
nest (*boats, boxes, tubes*); pack in
boxes; ⊕ joint; F hiss, hoot; ~ le
pas à q. dog s.o.'s footsteps; ⚔ fall
into step with s.o.; *fig.* model o.s.
on s.o.; **emboîture** [~'ty:r] *f* fit;
⊕ socket; ⊕ joint; ✝ juncture.
embolie ✍ [ãbɔ'li] *f* embolism.
embonpoint [ãbõ'pwɛ̃] *m* stoutness;
plumpness.
emboucher [ãbu'ʃe] (1a) *v/t.* ♪ put
to one's mouth; ♆ enter the mouth
of; s'~ (*dans*) empty (into); **embouchoir** ♪ [~'ʃwa:r] *m* mouthpiece; **embouchure** [~'ʃy:r] *f river:*
mouth; ♪ mouthpiece; opening.
embouquer ♆ [ãbu'ke] (1m) *v/t.*
enter the mouth of.
embourber [ãbur'be] (1a) *v/t.* bog;
fig. implicate; s'~ get stuck in the
mud (*etc.*); *fig.* get tied up.

embourgeoiser [ãburʒwa'ze] (1a)
v/t.: s'~ become conventional.
embout [ã'bu] *m stick, umbrella:*
ferrule.
embouteillage [ãbutɛ'ja:ʒ] *m* bottling; ♆ bottling up; *fig.* traffic jam;
✝ bottleneck; **embouteiller** [~'je]
(1a) *v/t.* bottle; ♆ bottle up, block
up; *fig.* hold up (*the traffic*); block
(*the road*).
embouter [ãbu'te] (1a) *v/t.* tip, put
a ferrule on.
emboutir [ãbu'ti:r] (2a) *v/t.* ⊕
stamp, press (*metal*); emboss; tip,
put a ferrule on; *mot.* s'~ crash
(into, contre).
embranchement [ãbrãʃ'mã] *m* ✍
branching; ⊕, *a. fig.* branch; ⛀
branch-line; ⛀ siding; road-junction; fork (*of a road*); branch-road;
geog. spur; **embrancher** [ãbrã'ʃe]
(1a) *v/t.* join up; s'~ form a junction
(*roads*); branch off (from, sur).
embrasement [ãbraz'mã] *m* conflagration; *fig.* fire; *fig.* burning passion; *pol., fig.* conflagration; **embraser** [ãbra'ze] (1a) *v/t.* set on
fire; *fig.* fire; *fig.* set aglow.
embrassade [ãbra'sad] *f* embrace,
hug; kissing; **embrasser** [~'se]
(1a) *v/t.* embrace (*a. fig.*); hug; *fig.*
take up (*a career, a cause*); *fig.* encircle; kiss; include, take in.
embrasure [ãbra'zy:r] *f* embrasure; window-recess; ♆ gun-port.
embrayage [ãbrɛ'ja:ʒ] *m* ⊕ connecting, coupling; *mot. clutch:* engaging; putting (*the engine*) into
gear; *mot.* clutch; *mot.* ~ à cône cone
clutch; *mot.* ~ à disques multi-disc
clutch; **embrayer** ⊕ [~'je] (1i) *v/t.*
connect, couple; throw into gear;
mot. let in the clutch.
embrigader [ãbriga'de] (1a) *v/t.* ⚔
brigade; *fig.* enrol; F organize.
embrocher [ãbrɔ'ʃe] (1a) *v/t. cuis.*
(put on the) spit; ⚡ wire on to a
circuit; F run (*s.o.*) through.
embrouiller [ãbru'je] (1a) *v/t.*
tangle; embroil; muddle (up); *fig.*
confuse (*an issue*); s'~ get into a
tangle; *fig.* get into a muddle.
embroussaillé, e [ãbrusa'je] covered with bushes; *fig.* tousled; F
complicated.
embruiné, e [ãbrɥi'ne] ✍ blighted
with cold drizzle; lost in a haze of
rain.

embrumer

embrumer [ăbry'me] (1a) *v/t.* shroud with mist *or* haze *or* fog; *fig.* cloud.

embrun ⚓ [ã'brœ̃] *m* spray, spindrift; fog.

embrunir [ăbry'ni:r] (2a) *v/t.* darken.

embryon [ăbri'jõ] *m* embryo (*a. fig.*); F insignificant little man.

embûche [ã'by:ʃ] *f* trap; † ambush.

embuer [ã'bɥe] (1n) *v/t.* steam up; dim (*a. fig.*).

embuscade [ãbys'kad] *f* ambush; **embusqué** [~'ke] *m* man in ambush; man under cover; F shirker, dodger; **embusquer** ⚔ *etc.* [~'ke] (1m) *v/t.* place in ambush *or* in wait; s'~ lie in wait; take cover; F ⚔ shirk.

éméché, e F [eme'ʃe] slightly the worse for drink *or* F for wear.

émeraude [em'ro:d] *su./f*, *a. adj./inv.* emerald.

émerger [emɛr'ʒe] (1l) *v/i.* emerge; come into view, appear.

émeri [em'ri] *m* emery(-powder).

émerillonné, e [emrijɔ'ne] roguish, mischievous; bright.

émérite [eme'rit] emeritus (*professor*); experienced, practised.

émersion [emɛr'sjõ] *f* emergence (*a. opt.*); *astr.* emersion.

émerveiller [emɛrvɛ'je] (1a) *v/t.* amaze, fill with wonder; s'~ marvel, be amazed (at, de).

émétique ⚕ [eme'tik] *adj.*, *a. su./m* emetic.

émetteur, -trice [emɛ'tœ:r, ~'tris] **1.** *adj.* issuing; *radio:* transmitting, broadcasting; **2.** *su./m* † issuer; *radio:* transmitter; ~ à modulation de fréquence V.H.F. transmitter; ~ à ondes courtes short wave transmitter; ~ de télévision television transmitter; ~-récepteur *radio:* transmitter-receiver, F walkie-talkie; **émettre** [e'mɛtr] (4v) *v/t.* emit, send out; † issue; utter (*a sound, a. counterfeit coins*); express (*an opinion*); *radio:* transmit, broadcast; put forward (*a claim*).

émeute [e'mø:t] *f* riot, disturbance; **émeutier** [emø'tje] *m* rioter.

émietter [emje'te] (1a) *v/t.* crumble; *fig.* waste.

émigration [emigra'sjõ] *f* birds, fish, *a.* †: migration; *people:* emigration; **émigrer** [~'gre] (1a) *v/i.* migrate (*birds*); emigrate (*people*); *pol.* fly the country.

émincé *cuis.* [emɛ̃'se] *m* sliced meat; **émincer** [~] (1k) *v/t.* mince, slice (up) (*meat*).

éminemment [emina'mã] *adv.* to a high degree; **éminence** [~'nã:s] *f* eminence (*a. fig.*, *a. title*); **éminent, e** [~'nã, ~'nã:t] eminent, high, elevated; *fig.* distinguished.

émissaire [emi'sɛ:r] **1.** *su./m* emissary (*a.* ⊕), messenger; ⊕ outlet; *anat.* emissary vein; **2.** *adj.:* bouc *m* ~ scapegoat; **émission** [~'sjõ] *f* emission; † issue, issuing; uttering (*of sound, a. of counterfeit coins*); *heat:* radiation; *radio:* transmission, broadcast(ing); ~ de télévision television transmission.

emmagasiner [ãmagazi'ne] (1a) *v/t.* † store, warehouse; ⚡, *phys.*, *a. fig.* store up.

emmailloter [ãmajɔ'te] (1a) *v/t.* swaddle (*a baby*); swathe (*one's leg etc.*).

emmancher [ãmã'ʃe] (1a) *v/t.* fix a handle to, haft; ⊕ joint (*pipes*); *fig.* start (*an affair*).

emmanchure [ãmã'ʃy:r] *f* armhole.

emmêler [ãmɛ'le] (1a) *v/t.* tangle; *fig.* mix up, get in a tangle *or* muddle.

emménager [ãmena'ʒe] (1l) *v/i.* move in; *v/t.* move (*s.o.*, *s.th.*) in, install.

emmener [ãm'ne] (1d) *v/t.* take (*s.o.*) away, lead (*s.o.*) away *or* out.

emmerdant, e V [ãmɛr'dã, ~'dã:t] irritating, annoying.

emmieller [ãmjɛ'le] (1a) *v/t.* sweeten with honey; *fig.* sugar (*one's words*); V irritate.

emmitoufler [ãmitu'fle] (1a) *v/t.* muffle up (in *dans, de*).

émoi [e'mwa] *m* emotion, agitation; excitement; commotion; anxiety.

émollient, e ⚕ [emɔ'ljã, ~'ljã:t] *adj.*, *a. su./m* emollient, counter-irritant.

émoluments [emɔly'mã] *m/pl.* emoluments, pay *sg.*, salary *sg.*

émonder [emõ'de] (1a) *v/t.* 🌿 prune (*a. fig. a book*), trim; *fig.* clean.

émotion [emo'sjõ] *f* emotion; *fig.* agitation, disturbance; ⚕ quickening (*of pulse*); **émotionnable** [~-

sjɔ'nabl] emotional; excitable;
émotionner F [⁓sjɔ'ne] (1a) *v/t.*
affect; thrill.
émotivité [emɔtivi'te] *f* emotivity.
émoucher [emu'ʃe] (1a) *v/t.* drive
the flies from *or* off; **émouchette**
[⁓'ʃɛt] *f* fly-net (*for horses*); **émouchoir** [⁓'ʃwaːr] *m* fly-whisk; fly-net
(*for horses*).
émoudre ⊕ [e'mudr] (4w) *v/t.*
grind, sharpen, whet; **émoulu, e**
[emu'ly] sharp(ened); *fig.* **frais ⁓ de**
fresh from (*school etc.*).
émousser [emu'se] (1a) *v/t.* ⊕
blunt, take the edge off (*a. fig.*); ⚔
remove the moss from; ⊕ **s'⁓** become blunt(ed) (*a. fig.*); lose its
edge *or* point.
émoustiller F [emusti'je] (1a) *v/t.*
exhilarate, F ginger up; put on
one's mettle; **s'⁓** get jolly; cheer up.
émouvant, e [emu'vã, ⁓'vãːt] moving, touching; **émouvoir** [⁓'vwaːr]
(3f) *v/t.* move; affect, touch; stir
up, rouse (*the audience, a crowd*).
empailler [ãpa'je] (1a) *v/t.* pack
(*s.th.*) in straw; stuff (*a dead animal*); ⚔ cover up with straw.
empaler [ãpa'le] (1a) *v/t.* impale.
empan [ã'pã] *m* span.
empaqueter [ãpak'te] (1c) *v/t.* pack
up; wrap up; do up (*a parcel*).
emparer [ãpa're] (1a) *v/t.*: **s'⁓ de**
seize, lay hands on; take possession
of.
empâté, e [ãpa'te] ⚕ coated
(*tongue*); *fig.* thick (*voice*); bloated
(*face*); **empâter** [⁓] (1a) *v/t.* paste
(*a.* ✐); fatten up, cram (*poultry*);
⊕ clog (*a file*); **s'⁓** put on flesh.
empattement [ãpat'mã] *m mot.*
wheel base; ⚠ foundation; ⚠
wall: footing; **empatter** [ãpa'te]
(1a) *v/t.* ⚠ fix on a foundation; ⚠
give footing to (*a wall*); ⊕ joint
(*timbers*).
empaumer [ãpo'me] (1a) *v/t.* catch
in *or* strike with the palm (*a ball*);
fig. catch hold of; dominate (*s.o.*);
sl. take (*s.o.*) in.
empêchement [ãpɛʃ'mã] *m* obstacle, hindrance; prevention; impediment (*of speech*); **sans ⁓** without let
or hindrance; **empêcher** [ãpɛ'ʃe]
(1a) *v/t.* prevent (from *ger.*, **de** *inf.*);
impede, hinder; **s'⁓ de** refrain from.
empeigne [ã'pɛɲ] *f* shoe: vamp.
empennage ✈ [ãpɛ'naːʒ] *m* tail

unit; stabilizer(s *pl.*); *bomb:* fin
assembly.
empereur [ã'prœːr] *m* emperor.
empesé, e F [ãpə'ze] stiff, starchy
(*manner etc.*); **empeser** [⁓] (1d)
v/t. starch (*linen etc.*); stiffen.
empester [ãpɛs'te] (1a) *v/t.* infect;
reek of.
empêtrer [ãpɛ'tre] (1a) *v/t.* hobble
(*an animal*); entangle; *fig.* involve
(in, *dans*); *fig.* embarrass (*s.o.*).
emphase [ã'faːz] *f* bombast, pomposity; *gramm.* emphasis; **emphatique** [ãfa'tik] bombastic, pompous; grandiloquent; *gramm.* emphatic.
empierrer [ãpjɛ're] (1a) *v/t.* metal
(*a road*); pave; 🚂 ballast (*a track*).
empiéter [ãpje'te] (1f) *v/i.* trespass,
encroach (upon, *sur*) (*a. fig.*); *v/t.*
appropriate (from, *sur*).
empiffrer F [ãpi'fre] (1a) *v/t.* cram,
stuff (with, *de*); make (*s.o.*) fat;
s'⁓ de gorge on, stuff o.s. with.
empiler [ãpi'le] (1a) *v/t.* pile (up);
F rob, cheat (out of, *de*); *fig.* F **s'⁓**
dans pile into.
empire [ã'piːr] *m* empire; dominion;
sway; control; influence; **⁓ sur soi-
même** self-control.
empirer [ãpi're] (1a) *v/t.* make
(*s.th.*) worse; *v/i.* become *or* grow
worse.
empirique [ãpi'rik] **1.** *adj.* empirical, rule-of-thumb; **2.** *su./m* empiricist; **empirisme** [⁓'rism] *m*
empiricism; *fig.* guess-work.
emplacement [ãplas'mã] *m* buildings *etc.*: site; place, spot; ⚓ berth
(*of a ship*); ⚔ gun: emplacement;
⚔ (dis)position (*of troops for battle*),
station (*of peace-time troops*).
emplâtre [ã'plɑːtr] *m* ⚕ plaster;
mot. etc. patch.
emplette [ã'plɛt] *f* purchase, shopping.
emplir [ã'pliːr] (2a) *v/t. a.* **s'⁓** fill
(up).
emploi [ã'plwa] *m* employment,
use; post, job, situation; **mode m
d'⁓** directions *pl.* for use; **plein ⁓**
full employment; **employé m, e** *f*
[ãplwa'je] employee; clerk; *shop:*
assistant; **employer** [⁓'je] (1h) *v/t.*
employ, use; spend (*time*); lay out
(*money*); exert (*one's force etc.*); **s'⁓**
occupy o.s. ([in] *ger.*, **à** *inf.*); on
behalf of, *pour*); exert o.s.; **em-**

employeur

ployeur m, **-euse** f [～'jœːr, ～'jøːz] employer.
empocher [ɑ̃pɔ'ʃe] (1a) v/t. pocket (a. fig.); fig. receive, F get.
empoigner [ɑ̃pwa'ɲe] (1a) v/t. grip (a. fig.); grasp, seize; catch, arrest.
empois [ɑ̃'pwa] m starch; tex. dressing.
empoisonnant, e F [ɑ̃pwazɔ'nɑ̃, ～'nɑ̃ːt] irritating, annoying; fig. poisonous; **empoisonner** [～'ne] (1a) v/t. poison; fig. corrupt; fig. bore (s.o.) to death; reek of; **empoisonneur, -euse** [～'nœːr, ～'nøːz] 1. su. poisoner; 2. adj. poisonous.
empoissonner [ɑ̃pwasɔ'ne] (1a) v/t. stock (a lake etc.) with fish.
emporté, e [ɑ̃pɔr'te] 1. adj. hot-headed, hasty; quick-tempered; 2. su. hot-headed or quick-tempered person; **emportement** [～tə'mɑ̃] m transport, outburst; anger; avec ～ angrily; **emporte-pièce** [～tə'pjɛs] m/inv. punch; fig. à l'～ cutting, sarcastic; **emporter** [～'te] (1a) v/t. carry away, take away; remove; ✕ etc. capture; l'～ sur get the better of; fig. surpass, triumph over; s'～ lose one's temper, flare up; bolt (horse).
empoté, e [ɑ̃pɔ'te] 1. adj. awkward, clumsy; 2. su. awkward or clumsy person; **empoter** [～] (1a) v/t. pot (jam etc., a. ✍).
empourprer [ɑ̃pur'pre] (1a) v/t. tinge with crimson or with purple (grapes); s'～ flush (person); turn red.
empreindre [ɑ̃'prɛ̃ːdr] (4m) v/t. imprint, stamp, impress; **empreinte** [ɑ̃'prɛ̃ːt] f impress, (im-)print, stamp, impression; ～ digitale finger-print.
empressé, e [ɑ̃prɛ'se] eager; earnest, fervent; willing; fussy; **empressement** [ɑ̃prɛs'mɑ̃] m eagerness, promptness, readiness; hurry; avec ～ readily; peu d'～ reluctance; **empresser** [ɑ̃prɛ'se] (1a) v/t.: s'～ à (inf.) be eager to (inf.), show zeal in (ger.); s'～ de (inf.) hasten to (inf.).
emprise [ɑ̃'priːz] f hold (on, sur); mastery.
emprisonner [ɑ̃prizɔ'ne] (1a) v/t. imprison; confine (s.o. to his room).
emprunt [ɑ̃'prœ̃] m loan; borrowing; gramm. loanword; nom m d'～ assumed name; ♀ souscrire à un ～ subscribe to a loan; **emprunté, e** [ɑ̃prœ̃'te] assumed; sham; borrowed; derived; stiff, awkward (manner etc.); **emprunter** [～'te] (1a) v/t. borrow (from, of à); assume (a name); take (a road, a track); **emprunteur** m, **-euse** f [～'tœːr, ～'tøːz] borrower; ⚖ bailee.
empuantir [ɑ̃pɥɑ̃'tiːr] (2a) v/t. make (s.th.) stink; infect (the air); s'～ become foul.
ému, e [e'my] p.p. of émouvoir.
émulateur, -trice [emyla'tœːr, ～'tris] emulative, rival; **émulation** [～'sjɔ̃] f emulation, rivalry, competition; **émule** [e'myl] su. emulator, rival, competitor. [emulsive.]
émulsif, -ve & [emyl'sif, ～'siːv]
en[1] [ɑ̃] prp. place: in (France); at; direction: into (town); to (France, town); time: in (summer); (with)in (an hour, two days); state: in (good health, mourning, prayer, English); on (leave, strike, sale); at (war, peace); as, like (some character); change: into (decay, oblivion, English); to (dust, ashes, pieces); material: of; ger.: ～ dansant (while) dancing; ～ attendant in the meantime; partir ～ courant run away; ～ ne pas (ger.) by not (ger.); ～ ville in town, Am. downtown; ～ tête at the head (of, de); aller ～ ville go to town; ～ voiture in a or by car; 🚂 ～ voiture! all aboard!; ～ avion by air; ～ arrière (de) behind; direction: ～ arrière backward; ～ avant in front; direction: forward, on; de ... ～ ... from ... to ...; ～ (l'an) 1789 in 1789; ～ colère in anger, angry; ～ défaut at fault; ～ fait in fact; ～ hâte in a hurry; ～ honnête homme (ami) as or like an honest man (a friend); mettre ～ vente put up for sale; ～ vérité really, actually; ～ vie alive, living; changer des livres ～ francs change pounds into francs; briser ～ morceaux break to pieces or into bits; ... ～ bois (or) wooden (gold) ...; escalier m ～ spirale spiral staircase; fertile (riche) ～ fertile (rich) in; ～ l'honneur de in hono(u)r of; ～ punition de as a punishment for; docteur m ～ droit Doctor of Laws; admirer qch. ～ q. admire s.th. about s.o.; de mal ～ pis from bad to worse; de plus ～ plus more and more.

en² [~] **1.** *adv.* from there; on that account, for it; ~ *être plus riche* be the richer for it; *j'*~ *viens* I have just come from here; **2.** *pron. genitive:* of *or* about *or* by *or* from *or* with him (her, it, them); *quantity or inanimate possessor:* of it *or* them; *partitive use:* some, any, *negative:* not any, none; *sometimes untranslated:* qu'~ *pensez-vous?* what do you think (about it)?, what is your opinion?; qu'~ *dira-t-on?* what will people say (about it)?; *il* ~ *mourut* he died of it; *il s'*~ *soucie* he worries about it; *j'*~ *ai cinq* I have five (of them); *je vous* ~ *offre la moitié* I offer you a half *or* half of it; *j'*~ *connais qui* ... I know some people who ...; *je connais cet auteur et j'*~ *ai lu tous les livres* I know this author and have read all his books; *j'*~ *ai besoin* I need it *or* some; *je n'*~ *ai pas* I have none, I haven't any; *prenez-*~ take some; *c'*~ *est fait* the worst has happened; *c'*~ *est fait de moi* I am done for; *je vous* ~ *félicite!* congratulations!; *s'*~ *aller* go away.

enamourer [ănamu're] (1a) *v/t.:* *s'*~ fall in love (with, *de*).

encablure ⚓ [ăka'bly:r] *f* cable('s-length).

encadrement [ăkadrə'mɑ̃] *m* framing; frame(work); setting; **encadrer** [~'dre] (1a) *v/t.* frame; enclose, surround; ⚔ officer (*a battalion*); enrol (*recruits*); ⚔ straddle (*an objective*).

encager [ăka'ʒe] (1l) *v/t.* put in a cage; 🐾 cage.

encaisse [ă'kɛs] *f* ✝ cash (in hand); *box.* punishment; **encaissé, e** [ăkɛ'se] encased; deep (*valley*); sunken (*road*); **encaisser** [~] (1b) *v/t.* ✝ box, encase; ⚘ plant in tubs; ✝ collect, (en)cash (*a bill, money*); ⊕ embank (*a river*); ballast (*a road*); *fig.* swallow (*an insult*); *fig.* stand, bear; F ~ *une gifle* get one's ears boxed.

encan [ă'kɑ̃] *m* (public) auction; *mettre à l'*~ put (*s.th.*) up for auction.

encanailler [ăkanɑ'je] (1a) *v/t.* degrade; fill (*the house*) with low company; *s'*~ lower o.s.; keep low company; *fig.* have one's fling.

encapuchonner [ăkapyʃɔ'ne] (1a) *v/t.* put a cowl on; ⊕ cover, hood; *s'*~ put a cowl *or* hood on; *fig.* become a monk.

encaquer [ăka'ke] (1m) *v/t.* ✝ barrel; *fig.* pack (*people*) like sardines.

encartage [ăkar'ta:ʒ] *m* insetting; inset; ✝ card(ing) (*of pins*); **encarter** [~'te] (1a) *v/t.* inset; insert (*a loose leaflet*); card (*pins*).

en-cas [ă'ka] *m/inv.* emergency supply; stand-by, thing kept for emergencies; dumpy umbrella.

encastrement ⊕ [ăkastrə'mɑ̃] *m* fixing; embedding; bed, recess; casing, frame; rigid fixing; **encastrer** ⊕ [~'tre] (1a) *v/t.* fix in; embed; recess (*a rivet head*).

encaustique [ăkos'tik] *f* encaustic; *floor, furniture:* wax polish; **encaustiquer** [~ti'ke] (1m) *v/t.* wax, polish.

encaver [ăka've] (1a) *v/t.* cellar.

enceindre [ă'sɛ̃:dr] (4m) *v/t.* surround, gird, enclose.

enceinte¹ [ă'sɛ̃:t] *f* enclosure; precincts *pl.*; *box.* ring; surrounding wall(s *pl.*).

enceinte² [~] *adj./f* pregnant.

encens [ă'sɑ̃] *m* incense; *fig.* flattery; **encenser** [ăsɑ̃'se] (1a) *v/t. eccl.* cense; burn incense to; *fig.* flatter; **encenseur** [~'sœ:r] *m eccl.* thurifer; *fig.* flatterer; **encensoir** [~'swa:r] *m* thurible, censer; *fig.* flattery, fulsome praise.

encéphale ✜ [ăse'fal] *m* encephalon, brain; **encéphalite** [~fa'lit] *f* encephalitis.

encerclement [ăsɛrklə'mɑ̃] *m* encircling; **encercler** [~'kle] (1a) *v/t.* encircle, shut in.

enchaînement [ăʃɛn'mɑ̃] *m* chain, series, linking; *dog etc.:* chaining (up); *fig.* sequence; **enchaîner** [ăʃɛ'ne] (1b) *v/t.* chain (*a dog, a prisoner*); connect, link up (*a. fig. ideas*); *fig.* captivate; *fig.* curb, enchain.

enchanté, e [ăʃă'te] enchanted; delightful (*place*); *fig.* delighted (at, with *de*; to *inf.*, *de inf.*); ~ *de vous voir* pleased to meet you; **enchantement** [ăʃăt'mɑ̃] *m* magic; spell; *fig.* charm; *fig.* delight; **enchanter** [ăʃă'te] (1a) *v/t.* bewitch; delight; **enchanteur, -eresse** [~'tœ:r, ~'trɛs] **1.** *su. fig.* charmer; *su./m*

enchâsser 184

enchanter; *su./f* enchantress; **2.** *adj.* entrancing; enchanting; delightful, charming.
enchâsser [ãʃaˈse] (1a) *v/t.* mount, set (*jewels, a.* ⊕); ⊕, *a. fig.* frame, house; *eccl.* enshrine; **enchâssure** [~ˈsyːr] *f jewel etc.*: setting; ⊕ *axle*: housing.
enchausser ✍ [ãʃoˈse] (1a) *v/t.* earth up.
enchère [ãˈʃɛːr] *f* bidding, bid; *dernière (folle)* ~ highest (irresponsible) bid; *mettre (or vendre) aux* ~*s* put up for auction; *vente f aux* ~*s* auction sale.
enchérir [ãʃeˈriːr] (2a) *v/t.* ✝ raise the price of; *v/i.* ✝ grow dearer, go up (*in price*); make a higher bid, go higher; ~ *sur* outbid (*s.o.*); *fig.* outdo (*s.o.*); *fig.* improve on (*s.th.*); **enchérissement** ✝ [~risˈmã] *m* rise (in price); **enchérisseur** [~riˈsœːr] *m* bidder; *dernier* ~ highest bidder.
enchevêtrer [ãʃveˈtre] (1a) *v/t.* halter (*a horse*); *fig.* entangle, confuse; △ join (*joists*).
enchifrené, e [ãʃifrəˈne] blocked, stuffed-up (*nose*); **enchifrènement** ✍ [~frenˈmã] *m* blocked or stuffed-up nose.
enclave *pol.* [ãˈklaːv] *f* enclave; **enclaver** [ãklaˈve] (1a) *v/t. pol.* enclave (*a territory*); *fig.* hem in, enclose.
enclenche ⊕ [ãˈklãːʃ] *f* gab; **enclencher** [ãklãˈʃe] (1a) ⊕ engage; throw into gear; ⚡ switch on; *fig.* set going.
enclin, e [ãˈklɛ̃, ~ˈklin] inclined, prone (to, *à*).
encliquetage ⊕ [ãklikˈtaːʒ] *m* (pawl-and-)ratchet; *clock*: click-and-ratchet work.
enclore [ãˈklɔːr] (4f) *v/t.* enclose; wall in, fence in; **enclos** [ãˈklo] *m* enclosure; paddock; sheep-fold; (enclosing) wall.
enclouer [ãkluˈe] (1a) *v/t.* prick (*a horse*); spike (*a gun*); *fig. s'*~ get into a fix.
enclume [ãˈklym] *f* anvil (*a. anat.*).
encoche [ãˈkɔʃ] *f* notch, nick; slot; ⊕ *avec* ~*s* thumb-indexed; **encocher** [ãkɔˈʃe] (1a) *v/t.* notch, nick; slot; drive home (*a pin etc.*).
encoffrer [ãkɔˈfre] (1a) *v/t.* lock up (*a. fig.*); *fig.* hoard (*money*).

encoignure [ãkɔˈɲyːr] *f* corner; corner-cupboard.
encoller [ãkɔˈle] (1a) *v/t.* glue; paste, gum (*paper*); size (*cloth*).
encolure [ãkɔˈlyːr] *f* neck (*a. of horse*); size in collars; neck-line.
encombrant, e [ãkɔ̃ˈbrã, ~ˈbrãːt] cumbersome; bulky (*goods, luggage*); **encombre** [ãˈkɔ̃ːbr] *m*: *sans* ~ without difficulty; **encombrement** [ãkɔ̃brəˈmã] *m* obstruction; litter; *traffic*: congestion; ✝ glut; *people*: overcrowding; *article*: bulk (-iness); **encombrer** [~ˈbre] (1a) *v/t.* encumber; obstruct, block up; clutter up; ✝ glut (*the market*); *fig.* saddle with.
encontre [ãˈkɔ̃ːtr] *prp.*: *à l'*~ *de* against; *aller à l'*~ *de* run counter to.
encorbellement [ãkɔrbɛlˈmã] *m* △, ⊕ cantilever; △ corbel-table.
encorder *mount.* [ãkɔrˈde] (1a) *v/t.* rope (*climbers*) together.
encore [ãˈkɔːr] **1.** *adv.* still; yet; too, besides; more; ~ *un* another one; ~ *une fois* once again *or* more; *en voulez-vous* ~? do you want some more?; *non seulement ... mais* ~ not only ... but also; *pas* ~ not yet; *quoi* ~? what else?; **2.** *cj.*: ~ *que* (*sbj. or cond.*) although (*ind.*).
encorner [ãkɔrˈne] (1a) *v/t.* provide with horns; *fig.* cuckold; *bull*: gore, toss.
encourager [ãkuraˈʒe] (1l) *v/t.* encourage; cheer up.
encourir [ãkuˈriːr] (2i) *v/t.* incur; take (*a risk*).
encrasser [ãkraˈse] (1a) *v/t.* dirty, soil, grease; ⊕ clog, choke (*a machine*); *mot.* soot up (*a plug*); foul (*a gun*).
encre [ãːkr] *f* ink; ~ *de Chine* Indian ink; ~ *d'imprimerie* printer's ink; ~ *sympathique* invisible ink; **encrer** *typ.* [ãˈkre] (1a) *v/t.* ink; **encrier** [ãkriˈe] *m* ink-pot, ink-well; *typ.* ink-trough.
encroûter [ãkruˈte] (1a) *v/t.* crust, encrust; cake with mud *etc.*; △ rough-cast; *fig. s'*~ get into a rut.
encuver [ãkyˈve] (1a) *v/t.* vat.
encyclopédie [ãsiklɔpeˈdi] *f* encyclop(a)edia.
endauber *cuis.* [ãdoˈbe] (1a) *v/t.* stew; tin, can.
endémique ✍ [ãdeˈmik] endemic.
endenter [ãdãˈte] (1a) *v/t.* tooth,

cog (*a wheel*); mesh (*wheels*); indent (*timber*).

endetter [ãdɛ'te] (1a) *v/t. a. s'~* get into debt.

endeuiller [ãdœ'je] (1a) *v/t.* plunge into mourning; *fig.* shroud in gloom. [drive mad.)

endêver F [ãde've] (1a) *v/i.*: *faire ~*)

endiablé, e [ãdja'ble] possessed; *fig.* wild; reckless; *fig.* mischievous.

endiguer [ãdi'ge] (1m) *v/t.* dam up (*a river*); dike (*land*); *fig.* stem.

endimanché, e [ãdimã'ʃe] in one's Sunday best.

endive ♀ [ã'diːv] *f* endive.

endoctriner [ãdɔktri'ne] (1a) *v/t.* indoctrinate, instruct; F win over (*to one's cause*).

endolori, e [ãdɔlɔ'ri] sore; tender.

endommager [ãdɔma'ʒe] (1l) *v/t.* damage; injure.

endormeur *m*, **-euse** *f* [ãdɔr'mœːr, ~'møːz] *fig.* humbug, cajoler; swindler; bore; **endormi, e** [~'mi] **1.** *adj.* asleep; sleepy, drowsy; numb (*leg etc.*); dormant (*passion*); **2.** *su.* sleeper; *fig.* sleepyhead; **endormir** [~'miːr] (2b) *v/t.* send to sleep; make (*s.o.*) sleep; numb (*the leg etc.*); deaden (*a pain*); *fig.* bore; allay (*a suspicion*); *fig.* hoodwink (*s.o.*); *s'~* go to sleep (*a. fig.*); fall asleep.

endos ✝ [ã'do] *m*, **endossement** ✝ [ãdos'mã] *m* endorsement; **endossataire** ✝ [ãdosa'tɛːr] *su.* endorsee; **endosser** [~'se] (1a) *v/t.* ✝ endorse; ✝ back; put on (*clothes*); *fig.* assume; *~ qch. à q.* saddle s.o. with s.th.; **endosseur** ✝ [~'sœːr] *m* endorser.

endroit [ã'drwa] *m* place, spot; site; side; *tex.* right side; *à l'~ de* as regards; *par ~s* in places.

enduire [ã'dɥiːr] (4h) *v/t.* ⚠ coat, plaster (with, *de*) (*a. fig.*); smear (with, *de*); **enduit** [ã'dɥi] *m* paint, tar, *etc.*: coat, coating; ⚠ coat of plaster, plastering; *tex.* proofing.

endurance [ãdy'rãːs] *f* endurance; *fig.* patience; **endurant, e** [~'rã, ~'rãːt] patient, long-suffering.

endurcir [ãdyr'siːr] (2a) *v/t.* harden (*a. fig.* *the heart*); *fig.* inure (to, *à*); *s'~* harden (*a. fig.*); become fit *or* tough.

endurer [ãdy're] (1a) *v/t.* endure, bear, tolerate.

enfler

énergétique [enɛrʒe'tik] ⚚ energizing; ⊕ of energy; **énergie** [~'ʒi] *f* energy; ⊕ fuel and power; *~ atomique* (*or nucléaire*) atomic *or* nuclear energy; ⊕ *~ consommée* power consumption; **énergique** [~'ʒik] energetic; drastic (*measures, steps, remedy*); emphatic.

énergumène [enɛrgy'mɛn] *su.* energumen; *fig.* ranter, tub-thumper.

énervement [enɛrvə'mã] *m* exasperation; F state of nerves; **énerver** [~'ve] (1a) *v/t.* enervate (*the body, the will*); irritate, annoy; F get on (*s.o.'s*) nerves.

enfance [ã'fãːs] *f* childhood; *fig.* infancy; childishness; dotage; **enfant** [ã'fã] *su.* child, baby; ⚖ infant; *~ gâté* spoilt child; *fig.* pet; *~ terrible* (little) terror; *~ trouvé* foundling; *d'~* childlike; childish; *mes ~s!* boys (and girls)!; ✕ men!; lads!; *su./m* boy; *su./f* girl; **enfanter** [ãfã'te] (1a) *v/t.* give birth to, bear; *fig.* beget; father (*an idea*); **enfantillage** [~ti'jaːʒ] *m* childishness; *fig. ~s pl.* baby tricks; **enfantin, e** [~'tɛ̃, ~'tin] childish; infantile.

enfariner [ãfari'ne] (1a) *v/t.* *cuis.* flour, cover with flour; *fig.* être enfariné de have a smattering of.

enfer [ã'fɛːr] *m* hell; *~s pl.* the underworld *sg.*; *aller un train d'~* go at top speed.

enfermer [ãfɛr'me] (1a) *v/t.* shut up; lock up; shut in, enclose.

enferrer [ãfɛ're] (1a) *v/t.* pierce; *fig.* F *s'~* be hoist with one's own petard.

enfiévrer [ãfje'vre] (1f) *v/t.* make (*s.o.*) feverish; *fig.* excite, stir up; *s'~* grow feverish; *fig.* get excited.

enfilade [ãfi'lad] *f* series; *rooms*: suite; *houses*: row; ✕ enfilade; *fig.* string; **enfiler** [~'le] (1a) *v/t.* thread (*a needle*); string (*pearls etc.*); run (*s.o.*) through; slip on (*clothes*); ✕ rake; *fig.* swindle, dupe; *sl.* eat, get through.

enfin [ã'fɛ̃] **1.** *adv.* at last, finally; in short, that is to say; **2.** *int.* at last!; still!

enflammer [ãfla'me] (1a) *v/t.* inflame; set on fire; strike (*a match*); *fig.* stir up; *s'~* catch fire; *fig.* flare up; ⚚ inflame.

enfler [ã'fle] (1a) *v/t.* swell (*a. fig.*);

enflure 186

bloat; puff out (*one's cheeks*); *fig.* inflate (*one's style*); *fig.* puff (*s.o.*) up; v/i. a. s'~ swell; **enflure** [ã'fly:r] f ⚥ swelling; *fig. style:* turgidity.

enfoncement [ãfõs'mã] m *door:* breaking open; *nail:* driving in; sinking (a. ⊕ *of a pile*); *ground:* hollow; △ recess; ⚓ bay; **enfoncer** [ãfõ'se] (1k) v/t. break in or open; drive in; thrust; ✕ etc. break through; F get the better of; F down (s.o.); s'~ plunge; sink, go down; subside; go in; v/i. sink; **enfonçure** [~'sy:r] f *ground:* hollow; *rock:* cavity; *cask:* bottom. [hide.)

enfouir [ã'fwi:r] (2a) v/t. bury;

enfourchement [ãfurʃə'mã] m ⊕ fork link; *wood:* open mortise-joint, slit-and-tongue joint; **enfourcher** [~'ʃe] (1a) v/t. sit astride, mount (*a bicycle, a horse*); **enfourchure** [~'ʃy:r] f *tree:* fork.

enfourner [ãfur'ne] (1a) v/t. put in the oven; put in a kiln (*bricks, pottery*); *sl.* gobble (*one's food*).

enfreindre [ã'frɛ̃:dr] (4m) v/t. infringe, break, transgress (*the law*); violate (*a treaty*).

enfuir [ã'fчi:r] (2d) v/t.: s'~ flee, run away; escape (from, de); leak (*liquid*).

enfumer [ãfy'me] (1a) v/t. fill with smoke; blacken with smoke; smoke out (*bees, animals*).

enfutailler [ãfyta'je] (1a) v/t. cask (*wine*).

engagé [ãga'ʒe] **1.** *adj.* ✕ enlisted; *fig.* committed (*literature*); **2.** *su./m* ✕ volunteer; *sp.* entry; **engagement** [ãgaʒ'mã] m engagement; promise; bond; pawning; appointment; ✕ enlistment; ✕ skirmish; *sp.* entry; ~s *pl.* liabilities; ✝ sans ~ without obligation; **engager** [ãga'ʒe] (11) v/t. engage (a. ⊕ *machinery*); employ; ✕ enlist; ⊕ take on (*hands*); pawn (*a watch etc.*); pledge (*one's word*); ⚖ institute (*proceedings*); ⊕ put in gear; *fig.* begin, open; ✕ join (*battle*); ⚓ foul (*the anchor etc.*); jam (*a machine*); s'~ undertake, promise (to *inf.*, à *inf.*); commit o.s. (to *inf.*, à *inf.*); take service (with, chez); ⚓ foul; jam (*machine*); ⊕ get out of control; *fig.* enter; *fig.* begin (*battle, discussion*); ✕ enlist; v/i. ⊕ (come into) gear.

engainer [ãgɛ'ne] (1b) v/t. sheathe; ⚘ ensheathe.

engazonner ⚘ [ãgazɔ'ne] (1a) v/t. turf; sow with grass-seed.

engeance *fig.* [ã'ʒã:s] f brood.

engelure ⚕ [ãʒ'ly:r] f chilblain.

engendrer [ãʒã'dre] (1a) v/t. beget; *fig.* engender; produce; generate (*heat*); *fig.* breed (*a disease, contempt*).

engin [ã'ʒɛ̃] m machine, engine; tool; device; ✕ ballistic missile; ~s *pl. fishing:* tackle *sg.*

englober [ãglɔ'be] (1a) v/t. include, take in; unite, merge.

engloutir [ãglu'ti:r] (2a) v/t. swallow; gulp; *fig.* swallow up; *fig.* sink (*money in s.th.*).

engluer [ãgly'e] (1a) v/t. lime (*a bird, twigs*); *fig.* trap, ensnare (s.o.).

engorger [ãgɔr'ʒe] (11) v/t. block, choke up; ⊕ obstruct; ⚕ congest.

engouement [ãgu'mã] m ⚕ obstruction; *pour*); **engouer** [~'e] (1a) v/t. obstruct; s'~ ⚕ become obstructed; *fig.* become infatuated (with, de).

engouffrer [ãgu'fre] (1a) v/t. engulf; F devour (*food*); *fig.* swallow up; s'~ be swallowed up, rush (*wind*); F dive (into, dans).

engoulevent *orn.* [ãgul'vã] m nightjar, goatsucker.

engourdir [ãgur'di:r] (2a) v/t. (be)numb; *fig.* dull (*the mind*); s'~ grow numb, F go to sleep; *fig.* become sluggish; **engourdissement** [~dis'mã] m numbness; *fig.* dullness; ✝ *market:* slackness.

engrais ⚘ [ã'grɛ] m manure; fattening pasture or food; ~ *pl.* azotés nitrate fertilizers, F nitrates; ~ vert manure crop; **engraisser** [ãgrɛ'se] (1a) v/t. fatten (*animals*), cram (*poultry*); make (s.o.) fat; ⚘ manure, fertilize; v/i. grow fat; thrive (*cattle*); **engraisseur** [~'sœ:r] m fattener; *poultry:* crammer.

engranger ⚘ [ãgrã'ʒe] (11) v/t. garner, get in (*the corn*).

engraver [ãgra've] (1a) v/t. ⚓ strand (*a ship*); cover (*ground*) with sand or gravel; ⚓ s'~ ground; run on to the sand; silt up (*harbour*).

engrenage [ãgrə'na:ʒ] m ⊕ gearing; (toothed) gear; throwing or coming into gear; *fig.* network, mesh; **engrener** [~'ne] (1d) v/t. feed corn

into (*a threshing-machine*); feed (*animals*) on corn; ⊕ (put into) gear, engage (*wheels*); *fig.* start (*s.th.*) off, set (*s.th.*) going; s'~ engage, cog, mesh with one another; *v/i.* be in mesh; **engrenure** ⊕ [~'nyːr] *f* gear ratio; engaging.
engrumeler [ãgrym'le] (1c) *v/t.*: s'~ clot, curdle.
engueuler *sl.* [ãgœ'le] (1a) *v/t.* tell (*s.o.*) off, blow (*s.o.*) up, go for (*s.o.*).
enguirlander [ãgirlã'de] (1a) *v/t.* garland; wreathe (with, *de*); F tell (*s.o.*) off, go for (*s.o.*).
enhardir [ãar'diːr] (2a) *v/t.* embolden; *fig.* encourage (to *inf.*, *à inf.*); s'~ grow bold, take courage; make bold (to, *à*).
enherber ⚔ [ãnɛr'be] (1a) *v/t.* put (*land*) under grass.
énigmatique [enigma'tik] enigmatic; **énigme** [e'nigm] *f* enigma; *parler par* ~s speak in riddles.
enivrement [ãnivrə'mã] *m* intoxication; *fig.* elation; **enivrer** [~'vre] (1a) *v/t.* intoxicate; make (*s.o.*) drunk; *fig.* elate, go to (*s.o.'s*) head; s'~ get drunk.
enjambée [ãʒã'be] *f* stride; **enjambement** [ãʒãb'mã] *m prosody*: run-on line; enjambment; **enjamber** [ãʒã'be] (1a) *v/t.* bestride (*a horse, a. fig.*); stride over (*an object*); *fig.* span; *v/i.* stride; *prosody*: run on (*line*).
enjaveler ⚔ [ãʒav'le] (1c) *v/t.* gather into sheaves.
enjeu [ã'ʒø] *m* gambling, *a. fig.*: stake.
enjoindre [ã'ʒwɛ̃ːdr] (4m) *v/t.* enjoin, order, direct; call upon.
enjôler [ãʒo'le] (1a) *v/t.* wheedle, coax; cajole; **enjôleur, -euse** [~'lœːr, ~'løːz] **1.** *su.* coaxer, wheedler; cajoler; **2.** *adj.* wheedling, coaxing; cajoling.
enjoliver [ãʒɔli've] (1a) *v/t.* beautify, embellish; *fig.* embroider (*a story*); **enjoliveur** *mot.* [~'vœːr] *m* hub cap.
enjoué, e [ã'ʒwe] jaunty, sprightly; playful, lively; **enjouement** [ãʒu'mã] *m* sprightliness; playfulness.
enlacer [ãla'se] (1k) *v/t.* entwine; interlace; embrace, clasp; ⊕ dowel.
enlaidir [ãlɛ'diːr] (2a) *v/t.* disfigure; make (*s.o.*) ugly; *v/i.* grow ugly.
enlevé, e [ãl've] *paint.* dashed off;

♪ (*played*) con brio; **enlèvement** [ãlɛv'mã] *m* removal; carrying off; kidnapping; abduction; ⚔ storming; ✝ snapping up (*of goods*); **enlever** [ãl've] (1d) *v/t.* remove; take away *or* off; lift up; carry off (*a. fig. a prize*); kidnap; abduct; deprive (s.o. of s.th., *qch. à q.*); *fig.* urge on; ⚔ storm; *fig.* do (*s.th.*) brilliantly; ~ *en arrachant* (*grattant*) snatch (rub) away; s'~ take off (*balloon etc.*); peel off (*bark, paint, skin, etc.*); boil over (*milk*); *fig.* flare up (*person*); *se faire* ~ *par* elope with.
enlier △ [ã'lje] (1o) *v/t.* bond.
enliser [ãli'ze] (1a) *v/t.*: s'~ sink (*in a quicksand*); *mot.* get bogged.
enluminer [ãlymi'ne] (1a) *v/t.* illuminate; colo(u)r (*a map etc.*); *fig.* flush, redden; **enluminure** [~'nyːr] *f* illumination; *maps etc.*: colo(u)ring; *fig.* redness, high colo(u)r.
enneigé, e [ãnɛ'ʒe] snow-covered, snow-clad; **enneigement** [ãnɛʒ'mã] *m* condition of the snow; *bulletin m d'*~ snow report.
ennemi, e [ɛn'mi] **1.** *adj.* enemy...; hostile (to, *de*); opposing; **2.** *su.* enemy, ✝ foe; adversary.
ennoblir [ãnɔ'bliːr] (2a) *v/t.* ennoble (*a. fig.*).
ennui [ã'nɥi] *m* nuisance, annoyance; boredom, tediousness; *fig.* bore; trouble; ~s *pl.* worries; **ennuyer** [ãnɥi'je] (1h) *v/t.* bore, weary; worry, annoy; s'~ be bored (with, *de*); long (for, *de*); *fig.* s'~ *mortellement* be bored to death, *sl.* be bored stiff; **ennuyeux, -euse** [~'jø, ~'jøːz] boring, tedious, annoying, vexing.
énoncé [enɔ̃'se] *m* statement; wording; **énoncer** [~'se] (1k) *v/t.* state, set forth; express; **énonciation** [~sja'sjɔ̃] *f* stating, declaring; expressing.
enorgueillir [ãnɔrgœ'jiːr] (2a) *v/t.* make (*s.o.*) proud; s'~ *de* glory in; pride o.s. on.
énorme [e'nɔrm] enormous, tremendous, huge; *pej.* outrageous, shocking; **énormément** [enɔrme'mã] *adv.* enormously; *fig.* extremely, very; ~ *de* a great many; **énormité** [~mi'te] *f* vastness, hugeness; *fig.* enormity; gross blunder; *fig.* shocking thing.
enquérir [ãke'riːr] (2l) *v/t.*: s'~ *de*

enquête 188

inquire *or* ask about; **enquête** [ã'kɛːt] *f* inquiry, investigation (*a.* ⚖); ~ *par sondage* sample survey; **enquêter** [ãkɛ'te] (1a) *v/i.* make an investigation, hold an inquiry.

enracinement [ãrasin'mã] *m* taking root; *fig.* deep-rootedness; **enraciner** [~si'ne] (1a) *v/t.* 🖈 root; 🖈, △ dig in; *fig.* implant; s'~ take root; *fig.* become rooted.

enragé, e [ãra'ʒe] **1.** *adj.* mad; rabid (*dog, a. fig.* opinions); *fig.* keen, enthusiastic; wild (*life*); **2.** *su.* enthusiast; **enrager** [~] (1l) *v/i.* be mad (*a. fig.*); fume; *faire* ~ *q.* tease s.o.; drive s.o. wild.

enrayer[1] [ãrɛ'je] (1i) *v/t.* fit (*a wheel*) with spokes; put the brake on; lock (*a wheel*); ⚔, ✝, *a. fig.* check, stem; ⊕ jam; s'~ ⊕ jam; ✝, *a. fig.* abate.

enrayer[2] 🖈 [~] (1i) *v/t.* ridge.

enrégimenter [ãreʒimã'te] (1a) *v/t.* ⚔ form into regiments; *fig.* enrol (*assistants*).

enregistrement [ãrəʒistrə'mã] *m* registration; record(ing); entry; registry (*a. admin.*); *cin., radio, gramophone:* recording; *admin.* register office; **enregistrer** [~'tre] (1a) *v/t.* register (*a.* 😊); record (*a. cin., radio, music*) *sp.* score (*a goal*); **enregistreur, -euse** [~'trœːr, ~'trøːz] **1.** *adj.* recording; registering; **2.** *su./m* (*tape-* etc.)recorder.

enrhumer [ãry'me] (1a) *v/t.* give (s.o.) a cold; s'~ catch (a) cold.

enrichi, e [ãri'ʃi] *adj., a. su.* newrich, parvenu, upstart; **enrichir** [~'ʃiːr] (2a) *v/t.* enrich (*a. fig.*); make (*s.o.*) wealthy; s'~ grow rich.

enrober [ãrɔ'be] (1a) *v/t.* coat (with, *de*); imbed (in, *de*).

enrôler [ãro'le] (1a) *v/t.* enrol(l), recruit; ⚔ enlist; ls'~ enrol(l) (in, *dans*); ⚔ enlist.

enroué, e [ã'rwe] hoarse, husky; **enrouement** [ãru'mã] *m* hoarseness, huskiness; **enrouer** [ã'rwe] (1p) *v/t.* make hoarse *or* husky; s'~ become hoarse.

enrouiller [ãru'je] (1a) *v/t.* cover with rust.

enroulement [ãrul'mã] *m* rolling up; ⊕, ⚡, ⚔, etc. winding; wrapping up (in, *dans*); **enrouler** [ãru'le] (1a) *v/t.* roll up; ⊕, ⚡, ⚔, *etc.* wind; wrap up (in, *dans*).

enroutiné, e [ãruti'ne] routineminded; stick-in-the-mud.

enrubanner [ãryba'ne] (1a) *v/t.* decorate with ribbons.

ensabler [ãsa'ble] (1a) *v/t.* ⚓ run (*a ship*) aground; strand; cover (*the soil*) with sand; silt up (*a harbour*); s'~ ⚓ settle in the sand; silt up.

ensacher [ãsa'ʃe] (1a) *v/t.* put into sacks; bag.

ensanglanter [ãsãglã'te] (1a) *v/t.* stain *or* cover with blood.

enseigne [ã'sɛɲ] *su./f* sign (*a. fig.*); sign-board; flag, ensign, standard; *su./m* ⚔ † standard-bearer; ⚓ sublieutenant, *Am.* ensign.

enseignement [ãsɛɲ'mã] *m* teaching; tuition; education, instruction; *fig.* lesson; ~ *par correspondance* postal tuition; ~ *primaire* (*secondaire, supérieur*) primary (secondary, higher) education; **enseigner** [ãsɛ'ɲe] (1a) *v/t.* teach; *fig.* point out; ~ *qch. à q.* teach s.o. s.th.

ensemble [ã'sãːbl] **1.** *adv.* together; at the same time; *agir d'*~ act as a body; **2.** *su./m* whole; unity; *cost.* ensemble; ⊕ set (*of tools*); △ assembly unit; △ block (*of buildings*); *dans l'*~ on the whole; *d'*~ comprehensive; ⚔ combined; *vue f d'*~ general view; **ensemblier** [ãsãbli'e] *m* (interior) decorator.

ensemencer 🖈 [ãsmã'se] (1k) *v/t.* sow (with, *en*).

enserrer[1] [ãsɛ're] (1a) *v/t.* enclose, encompass, encircle; embrace; ⚔ hem in; *bear, boa:* crush.

enserrer[2] 🖈 [~] (1a) *v/t.* put (*s.th.*) in a hot-house.

ensevelir [ãsəv'liːr] (2a) *v/t.* bury (*a. fig.*); shroud (*a corpse*).

ensiler 🖈 [ãsi'le] (1a) *v/t.* silo, silage.

ensoleillé, e [ãsɔlɛ'je] sunny, sunlit.

ensommeillé, e [ãsɔmɛ'je] sleepy, drowsy.

ensorceler [ãsɔrsə'le] (1c) *v/t.* put a spell on; bewitch (*a. fig.*); **ensorceleur, -euse** [~sə'lœːr, ~'løːz] **1.** *su. fig.* charmer; *su./m* sorcerer; *su./f* sorceress; **2.** *adj.* bewitching (*a. fig.*); **ensorcellement** [~sɛl'mã] *m* sorcery, witchcraft; spell.

ensoufrer [ãsu'fre] (1a) *v/t.* sulphurate; impregnate with sulphur.

ensuite [ã'sɥit] *adv.* then, after (-wards), next; *et* ~? what then?

ensuivre [ã'sɥiːvr] (4ee) *v/t.*: s'~ follow, ensue, result (from, *de*).
entablement △ [ãtablə'mã] *m* coping; entablature (*a.* ⊕).
entacher [ãta'ʃe] (1a) *v/t.* sully; taint (with, *de*); ⚖ vitiate; *entaché de nullité* void for want of form.
entaille [ãtaːj] *f wood etc.*: notch, nick; groove; *chin etc.*: gash, cut; **entailler** [~ta'je] (1a) *v/t.* notch, nick (*wood*); groove; gash, cut (*s.o.'s chin etc.*).
entame [ã'tam] *f loaf, meat*: outside slice; **entamer** [ãta'me] (1a) *v/t.* cut into (*a loaf*); open (*a bottle, a jar of jam, etc., a. fig.*); *fig.* smear (*s.o.'s reputation*); begin, start (*a discussion, a quarrel, etc.*); broach (*a cask, a. fig. a subject*); ⚖ institute (*proceedings*); ⚔ commence (*operations*).
entasser [ãta'se] (1a) *v/t. a.* s'~ pile up; accumulate; crowd together (*people, animals*).
ente [ãːt] *f* ⚘ graft, scion; ⊕ *paintbrush*: handle.
entendement [ãtãd'mã] *m* understanding; **entendre** [ã'tãːdr] (4a) *v/t.* hear (*a.* ⚖); understand; intend, mean; attend (*a lecture*); ~ *dire que* hear that; ~ *parler de* hear of; ~ *raison* listen to reason; *laisser* ~ hint; s'~ agree; be understood; be heard; s'~ à be an expert at; know all about; **entendu, e** [ãtã'dy] 1. *adj.* capable; efficient; shrewd; 2. *int.* all right; F O.K.; *bien* ~! of course!; **entente** [ã'tãːt] *f* understanding; skill (in, *de*); agreement; meaning; ✝ ~ *industrielle* combine.
enter [ã'te] (1a) *v/t.* ⚘ graft (*a.* ⊕); ⊕ scarf (*timbers*).
entériner ⚖ [ãteri'ne] (1a) *v/t.* ratify, confirm.
entérique *anat.* [ãte'rik] enteric; **entérite** ⚕ [~'rit] *f* enteritis.
enterrement [ãtɛr'mã] *m* burial, interment; funeral; **enterrer** [ãtɛ-'re] (1a) *v/t.* bury, inter; *fig.* outlive; *fig.* shelve (*a question*).
en-tête [ã'tɛːt] *m* heading; ✝ (bill)head; *typ.* headline, *Am.* caption; **entêté, e** [ãtɛ'te] obstinate, stubborn, F pig-headed; **entêtement** [ãtɛt'mã] *m fig.* obstinacy, stubbornness, F pig-headedness; **entêter** [ãtɛ'te] (1a) *v/t. odour*: give (*s.o.*) a headache; make (*s.o.*) giddy; *fig.* go to (*s.o.'s*) head; ⊕ head (*pins*); s'~ be obstinate; s'~ à (*inf.*) persist in (*ger.*).
enthousiasme [ãtu'zjasm] *m* enthusiasm; *avec* (*sans*) ~ (un)enthusiastically; **enthousiasmer** [~zjas'me] (1a) *v/t.* fill with enthusiasm; *fig.* carry (*s.o.*) away; s'~ enthuse (over, *pour*); **enthousiaste** [~'zjast] 1. *adj.* enthusiastic; 2. *su.* enthusiast (for, *de*).
entichement [ãtiʃ'mã] *m* infatuation (for *de*, *pour*); keenness (on, *pour*); **enticher** [ãti'ʃe] (1a) *v/t.*: s'~ *de* become infatuated with.
entier, -ère [ã'tje, ~'tjɛːr] 1. *adj.* whole (*a. number*); entire, complete; total; full (*authority, control, fare, etc.*); *fig.* headstrong; *cheval m* ~ stallion; 2. *su./m* entirety; *en* ~ in full; completely.
entité *phls.* [ãti'te] *f* entity.
entoiler [ãtwa'le] (1a) *v/t.* mount on linen *or* canvas; ⚔ *etc.* cover with canvas.
entôler *sl.* [ãto'le] (1a) *v/t.* rob; fleece.
entomologie [ãtɔmɔlɔ'ʒi] *f* entomology.
entonner[1] [ãtɔ'ne] (1a) *v/t.* barrel (*wine*).
entonner[2] ♪ [~] (1a) *v/t.* begin to sing (*a song*); strike up (*a tune*); *eccl.* intone; *fig.* sing (*s.o.'s praises*).
entonnoir [ãtɔ'nwaːr] *m* funnel; ⚔ crater; *geog.* hollow; *geol.* sink-hole.
entorse ⚕ [ã'tɔrs] *f* sprain, wrench; *se donner une* ~ sprain one's ankle.
entortiller [ãtɔrti'je] (1a) *v/t.* twist, wind; wrap up; entangle; *fig.* wheedle, get (*s.o.*) round; F express (*views etc.*) in an obscure fashion; s'~ twine; *fig.* get entangled.
entourage [ãtu'raːʒ] *m* surroundings *pl.*; setting, frame(work); circle (*of associates, friends, etc.*); attendants *pl.*; ⊕ *machinery*: casing; **entourer** [~'re] (1a) *v/t.* surround (with, *de*); encircle (*a.* ⚔).
entournure *cost.* [ãtur'nyːr] *f* armhole.
entracte [ã'trakt] *m thea., cin.* interval, *Am.* intermission; ♪ interlude.
entraide [ã'trɛːd] *f* mutual aid; **entraider** [ãtrɛ'de] (1b) *v/t.*: s'~ help one another.

entrailles [ã'trɑ:j] f/pl. intestines, entrails, bowels; *fig.* pity *sg.*; compassion *sg.*; ~ *de la terre* bowels of the earth.

entrain [ã'trɛ̃] m liveliness, spirit, go, mettle.

entraînement [ãtrɛn'mã] m carrying away; attraction, allurement; *fig.* temptation; *fig.* impulse; ⊕ *machine*: drive; *sp. etc.* training; **entraîner** [ãtrɛ'ne] (1a) v/t. carry away; drag along; *fig.* lead (*s.o.*), incite (*s.o.*); ⊕ drive; *fig.* involve; *fig.* give rise to, bring about; *sp.* train; *sp.* coach (*a team*); **entraîneur** [~'nœ:r] m *sp.* trainer; *team*: coach; pace-maker; ⊕ driving device; **entraîneuse** [~'nø:z] dance hostess.

entrave [ã'tra:v] f fetter; shackle; *fig.* hindrance, obstacle; **entraver** [ãtra've] (1a) v/t. fetter, shackle; *fig.* impede, hinder.

entre [ã:tr] *prp.* between (*two points in space or time*); in (*s.o.'s hands etc.*); among (*others, other things, my brothers*); out of (*a number*); ~ *eux* one another, each other; between themselves; *soit dit* ~ *nous* between ourselves, between you and me and the lamp-post; ~ *amis* among friends; ~ *quatre yeux* in private; ~ *deux ages* middle-aged (*woman*); ~ *la vie et la mort* between life and death; *moi* ~ *autres* I for one; d'~ (out) of, (from) among; *l'un (ceux) d'~ eux* one (these) of them; *see* **nager**.

entre...: ~**bâiller** [ãtrəba'je] (1a) v/t. half-open; ~**chats** *fig.* [~'ʃa] m/pl. capers; ~**choquer** [~ʃɔ'ke] (1m) v/t. clink (*glasses*); s'~ collide; clash (*a. fig.*); knock against one another (*bottles etc.*); ~**côte** *cuis.* [~'ko:t] f entrecôte, rib of beef; ~**couper** [~ku'pe] (1a) v/t. intersect; *fig.* interrupt; s'~ *la gorge* cut one another's throats; ~**croiser** [~krwa'ze] (1a) v/t. a. s'~ intersect, cross; interlock; ~**deux** [~'dø] m/inv. space between, interspace; △ partition; *basket-ball*: center jump; *cost.* insertion; *waves*: trough; ♣ *ship*: waist; ~**deux-guerres** [~də'gɛ:r] f *or* m/inv. the inter-war years *pl.* (*between World War I and II*).

entrée [ã'tre] f entry; entrance; admission (*a.* ⊕), access; price of entry; import (duty); *cuis.* entrée; ⊕ inlet, intake; *fig.* start, beginning; ✝ receipt; ♣ arrival (*of ship*); *cave, harbour*: mouth; ~ *en vacances school*: breaking up; ~ *gratuite* free admission; ~ *latérale* side-entrance; d'~ from the very first.

entre...: ~**faites** [ãtrə'fɛt] f/pl.: *sur ces* ~ meanwhile, meantime; ~**fer** ⚡ [~'fɛr] m air-gap; ~**filet** [~fi'lɛ] m *newspaper*: paragraph; ~**gent** [~'ʒã] m tact; worldly wisdom; ~**lacer** [~la'se] (1k) v/t. interlace; intertwine; ~**lacs** [~'lɑ] m △ knotwork; △ tracery; *fig.* tangle; ~**lardé, e** [~lar'de] streaky; ~**larder** [~lar'de] (1a) v/t. *cuis.* lard; *fig.* interlard (*a speech*) (with, de); ~**ligne** [~'liɲ] m space between lines; interlineation; ~**mêler** [~me'le] (1a) v/t. intermingle; intersperse; mix; blend; *fig.* intersperse (*a speech*) (with, de); s'~ mingle; *fig.* s'~ *dans* meddle with; ~**mets** *cuis.* [~'mɛ] m sweet; ~**metteur, -euse** [~me'tœ:r, ~'tø:z] *su.* go-between; *su./m* ✝ middleman; procurer; *su./f* procuress; ~**mettre** [~'mɛtr] (4v) v/t.: s'~ intervene; act as go-between; ~**mise** [~'mi:z] f intervention; mediation; ~**pont** ♣ [~'põ] m between-decks; d'~ steerage (*passenger*); ~**poser** ✝ [~po'ze] (1a) v/t. warehouse, store; put in bond (*at the customs*); ~**poseur** ✝ [~po'zœ:r] m warehouseman; *customs*: officer in charge of a bonded store; ~**positaire** ✝ [~pozi'tɛ:r] m warehouseman; *customs*: bonder; ~**pôt** [~'po] m ✝ warehouse, store, repository; *customs*: bonded warehouse; ⚔ ammunition: depot; ~ *frigorifique* cold store; *en* ~ in bond; ~**prenant, e** [~prə'nã, ~'nã:t] enterprising; ~**prendre** [~'prã:dr] (4aa) v/t. undertake, embark (up)on; contract for (*work*); *fig.* worry; F *fig.* besiege (*s.o.*); ~**preneur** [~prə'nœ:r] m contractor; ~ *de pompes funèbres* undertaker, *Am.* mortician; ~**prise** [~'pri:z] f undertaking; concern; ✝ contract; attempt; ~ *de transport* carriers *pl.*

entrer [ã'tre] (1a) v/i. enter, go *or* come in; take part, be concerned; be included; ~ *dans* enter; ~ *dans une famille* marry into a family; ~

en enter upon (*s.th.*) *or* into (*competition*); *fig.* ~ en jeu come into play; ~ *pour beaucoup dans* play an important role *or* part in; *faire* ~ show (*s.o.*) in(to the room); drive (*s.th. into s.th.*); *v/t.* bring in, introduce.

entre...: **~-rail** 🚉 [ătrə'rɑ:j] *m* ga(u)ge; **~sol** ⌂ [~'sɔl] *m floor*: mezzanine; **~temps** [~'tɑ̃] **1.** *m/inv.* interval; *dans l'~* meanwhile; **2.** *adv.* meanwhile; **~teneur** [~tə'nœːr] *m* maintainer; **~tenir** [~tə'niːr] (2h) *v/t.* maintain; keep up; support; talk to (*s.o.*) (about, *de*); entertain (*suspicions*, *doubts*); *s'~* support o.s.; converse, talk (with, *avec*); *sp.* keep o.s. fit; **~tien** [~'tjɛ̃] *m* maintenance; upkeep; conversation; **~toise** ⌂ [~'twɑːz] *f* strut, (cross-)brace, cross-piece, tie; **~toisement** ⌂ [~twɑzˈmɑ̃] *m* (counter)bracing; strutting, staying; **~voir** [~'vwaːr] (3m) *v/t.* catch a glimpse of; *fig.* foresee, have an inkling of; *laisser ~* disclose, give to understand; **~vue** [~'vy] *f* interview.

entrouvrir [ătru'vriːr] (2f) *v/t.* half-open; open (*curtains*) a little; *fig. s'~* yawn (*chasm*).

énumération [enymerɑ'sjɔ̃] *f* enumeration; *votes*: counting; *facts*: recital; **énumérer** [~'re] (1f) *v/t.* enumerate; count (*votes*); recite (*facts*).

envahir [ăvaˈiːr] (2a) *v/t.* overrun; invade; encroach upon; *fig. feeling*: steal *or* come over (*s.o.*); **envahisseur** [~iˈsœːr] *m* invader.

envaser [ăvaˈze] (1a) *v/t.* silt up; choke with mud; ⚓ run on the mud; *s'~* silt up; ⚓ stick in the mud.

enveloppe [ăˈvlɔp] *f post, a.* ⚔: envelope; *parcel*: wrapping; ⊕ casing, jacket, lagging; *mot. tyre*: outer cover, casing; *fig.* exterior; ∮ *cable*: sheathing; ~ *à fenêtre* window envelope; **enveloppement** [ăvlɔpˈmɑ̃] *m* wrapping; ✱ humide wet pack; **envelopper** [ăvlɔˈpe] (1a) *v/t.* envelop, wrap (up); cover; ⊕ encircle (*the enemy*); ⚔ lag; *fig.* involve; *fig.* wrap, shroud (in, *de*).

envenimer [ăvəniˈme] (1a) *v/t.* ✱ poison; aggravate (*a. fig.*); *fig.* embitter (*s.o.*); *s'~* ✱ fester; *fig.* grow bitter.

enverguer ⚓ [ăvɛrˈge] (1m) *v/t.* bend (*the sail*); **envergure** [~ˈgyːr] *f* ⚓ spread of sail; ✈, *orn.*, *etc.* (wing-)span; spread, breadth; *fig.* scope, scale.

enverrai [ăvɛˈre] *1st p. sg. fut. of* envoyer.

envers¹ [ăˈvɛːr] *prp.* to(wards).

envers² [~] *m tex.* reverse (*a. fig.*, *a. of medal*), wrong side, back; *fig.* seamy side; *à l'~* inside out; *fig.* topsy-turvy.

envi [ăˈvi] *adv.*: *à l'~* vying with each other; in emulation.

enviable [ăˈvjabl] enviable; **envie** [ăˈvi] *f* envy; longing, desire, fancy; ✱ agnail, F hangnail; ✱ birthmark; *avoir ~ de* be in the mood for, have a mind to; *faire ~ à q.* make s.o. envious; *porter ~ à q.* envy s.o.; **envier** [ăˈvje] (1o) *v/t.* envy; long for; covet; begrudge (s.o. s.th., *qch. à q.*); **envieux, -euse** [ăˈvjø, ~ˈvjøːz] envious.

environ [ăviˈrɔ̃] *adv.* about, approximately; **environs** [~ˈrɔ̃] *m/pl.* vicinity *sg.*; neighbo(u)rhood *sg.*, surroundings; *aux ~ de* about (*fifty*), towards (*Christmas*); **environnement** [~rɔnˈmɑ̃] *m* surroundings *pl.*; environment; **environner** [~rɔˈne] (1a) *v/t.* surround; encompass (*a. fig.*).

envisager [ăvizaˈʒe] (1l) *v/t.* envisage; consider; look in the face; ~ *de* (*inf.*) think of (*ger.*).

envoi [ăˈvwa] *m* sending, dispatch (*a.* ⚔); consignment; parcel; *post*: delivery; ~ *par bateau* shipment; *foot. coup m d'~* kick-off; ✉ *lettre f d'~* letter of advice.

envol [ăˈvɔl] *m orn.* (taking) flight; ✈ taking off, take-off; **envoler** [ăvɔˈle] (1a) *v/t.*: *s'~* fly away; ✈ take off; *fig.* fly (*time*).

envoûter [ăvuˈte] (1a) *v/t. fig.* put under a spell, bewitch.

envoyé, e [ăvwaˈje] **1.** *p.p. of* envoyer; **2.** *su.* envoy, messenger; *su./m*: *journ.* ~ *spécial* special correspondent; **envoyer** [~] (1r) *v/t.* send, dispatch, forward; ⚓ hoist (*the colours*); shoot, fire; ~ *chercher* send for; ~ *coucher* (*or promener*) pack (*s.o.*) off, send (*s.o.*) about his business; F *ne pas l'~*

éolien

dire tell s.o. to his face; *sl.* s'~ gulp down (*wine*), get outside (*a meal*).
éolien, -enne [eɔ'ljɛ̃, ~'ljɛn] **1.** *adj.* Aeolian (*harp etc.*); **2.** *su./f* windmill (*for pumping*); air-motor.
épagneul *m*, **e** *f* [epa'nœl] spaniel.
épais, e [e'pɛ, ~'pɛːs] thick; dense (*a. fig.* mind); *fig.* dull (*person*); stout (*glass*); **épaisseur** [epɛ'sœːr] *f* thickness; depth; density; *fig.* denseness; **épaissir** [~'siːr] (2a) *v/t.* thicken; *v/i. a.* s'~ thicken, become thick; grow stout (*person*).
épamprer ⚘ [epɑ̃'pre] (1a) *v/t.* thin out the leaves of (*the vine*).
épanchement [epɑ̃ʃ'mɑ̃] *blood*: effusion (*a. fig.*); *liquid*: discharge; *fig.* outpouring; **épancher** [epɑ̃'ʃe] (1a) *v/t.* pour out (*a liquid, a. fig.*); shed (*blood*); s'~ pour out, overflow (*a. fig.*); *fig.* unbosom o.s.
épandage ⚘ [epɑ̃'daːʒ] *m* manuring; *champs m/pl.* d'~ sewage farm *sg.*; **épandre** [e'pɑ̃ːdr] (4a) *v/t.* spread (*manure*); shed (*light*); pour out (*a liquid*); s'~ spread.
épanoui, e [epa'nwi] ⚘ in full bloom; *fig.* beaming, cheerful; **épanouir** [~'nwiːr] (2a) *v/t. a.* s'~ ⚘ open (out); *fig.* light up.
épargne [e'parɲ] *f* economy, thrift, saving; † *caisse f* d'~ savings bank; *la petite* ~ small investors *pl.*; **épargner** [epar'ɲe] (1a) *v/t.* save (up), economize (on); be sparing with; *fig.* spare (*s.o.*).
éparpiller [eparpi'je] (1a) *v/t. a.* s'~ scatter, disperse.
épars, e [e'paːr, ~'pars] scattered; sparse (*population*); dishevelled (*hair*).
épatant, e F [epa'tɑ̃, ~'tɑ̃ːt] stunning, wonderful, marvellous, first-rate, *Am.* swell, great; **épater** [~'te] (1a) *v/t.* break off the foot of (*a wineglass*); F amaze, flabbergast; *nez m épaté* flat *or* squat nose; F ~ *le bourgeois* shock conventional people; **épateur** *m*, **-euse** *f* F [~'tœːr, ~'tøːz] swanker; bluffer.
épaule [e'poːl] *f* anat., *a. cuis.* shoulder; ⚓ *bows*: luff; *un coup* d'~ a shove; *fig.* a leg-up; *par-dessus l'*~ disdainfully; **épaulée** [epo'le] *f* push with the shoulder; *cuis.* target; **épaulement** [epol'mɑ̃] *m* *geog., a.* ⊕ shoulder; △ revetment wall; ⚔ epaulement; ⚓ bows *pl.*;

épauler [epo'le] (1a) *v/t.* splay (*a horse*); ⚔ bring (*a gun*) to the shoulder; ⚔ cover (*troops*); ⊕ shoulder (*a beam*); F help; F back (*s.o.*) up; **épaulette** [~'let] *f* ⚔ epaulette (*a. = commission*); *cost.* shoulder-strap.
épave [e'paːv] *f* ♎ unclaimed object; waif, stray; ⚓ wreck (*a. fig.*), flotsam.
épée [e'pe] *f* sword (*a. tex.*); rapier; swordsman; *coup m* d'~ *dans l'eau* wasted effort.
épeler [e'ple] (1c) *v/t.* spell (*a word*); spell out (*a message*); **épellation** [epella'sjɔ̃] *f* spelling.
éperdu, e [epɛr'dy] distracted; desperate; *éperdument amoureux* head over heels in love.
éperlan *icht.* [epɛr'lɑ̃] *m* smelt.
éperon [e'prɔ̃] *m* spur (*on rider's heel, a. zo.,* ⚘, *geog.*); ⚓ *warship*: ram; *bridge*: cutwater; △ *wall*: buttress; *fig. eyes*: crow's-foot; **éperonné, e** [eprɔ'ne] spurred; ⚘ calcarate, crow-footed (*eyes*); **éperonner** [~] (1a) *v/t.* spur (*a. fig.*); ⚓ ram.
épervier [epɛr'vje] *m orn.* sparrow-hawk; *fishing*: cast-net.
éphémère [efe'mɛːr] **1.** *adj.* ephemeral; *fig.* transitory, fleeting; **2.** *su./m zo.* day-fly.
éphéméride [efeme'rid] *f* tear-off calendar, block-calendar.
épi [e'pi] *m corn, grain*: ear; ⚘ spike; *fig.* cluster; ⊕ wharf; 🚂 marshalling tracks *pl.*
épice [e'pis] *f* spice; *pain m* d'~ gingerbread; *quatre* ~s *pl.* allspice *sg.*; **épicé, e** [epi'se] highly spiced; hot; *fig.* spicy (*story*); **épicer** [~] (1k) *v/t.* spice (*a. fig. a story*); **épicerie** † [epis'ri] *f* groceries *pl.*; *Am.* grocery; **épicier** *m*, **-ère** *f* [epi'sje, ~'sjɛːr] grocer; *fig.* philistine.
épidémie ⚕ [epide'mi] *f* epidemic (*a. fig.*).
épiderme [epi'dɛrm] *m* epidermis.
épier[1] [e'pje] (1o) *v/t.* watch (*s.o.*); spy upon, *Am.* F snoop upon; watch *or* look out for.
épier[2] [~] (1o) *v/i.* ear (*corn*).
épierrer ⚘ [epjɛ're] (1a) *v/t.* clear of stones.
épieu [e'pjø] *m* boar-spear.

épigastre *anat.* [epi'gastr] *m* pit of the stomach, epigastrium.
épiglotte *anat.* [epi'glɔt] *f* epiglottis.
épigraphe [epi'graf] *f* epigraph; motto.
épilation [epila'sjɔ̃] *f* depilation; removal of superfluous hairs; *eyebrows*: plucking; **épilatoire** [~'twa:r] *adj., a. su./m* depilatory.
épilepsie ⚕ [epilɛp'si] *f* epilepsy.
épiler [epi'le] (1a) *v/t.* depilate; remove hairs; pluck (*one's eyebrows*).
épilogue [epi'lɔg] *m* epilogue; **épiloguer** [~lɔ'ge] (1m) (*sur*) carp (at), find fault (with).
épiloir [epi'lwa:r] *m* eyebrow *etc.*: tweezers *pl.*
épinaie [epi'nɛ] *f* thicket.
épinard ♀ [epi'na:r] *m (a. cuis. ~s pl.)* spinach.
épine [e'pin] *f* ♀ thorn (*a. fig.*), prickle; ♀ thorn-bush; *anat.* ~ *dorsale* backbone, spine.
épinette [epi'nɛt] *f* ♪ spinet; ✗ (hen-)coop; ♀ spruce.
épineux, -euse [epi'nø, ~'nø:z] thorny (*a. fig.*); prickly (*a. fig. person*); *fig.* knotty (*problem*).
épingle [e'pɛ̃:gl] *f* pin; † ~s *pl.* pin-money *sg.*; ~ *à chapeau* hatpin; ~ *à cheveux* hairpin; ~ *à linge* clothes-peg; ~ *de cravate* tie-pin, *Am.* stick-pin; ~ *de nourrice* safety-pin; *fig. coup m d'*~ pin-prick; *tiré à quatre* ~s dapper, spruce, spick and span; *mot. virage m en* ~ *à cheveux* hairpin bend; **épinglé** [epɛ̃'gle] *m (a. velours m* ~) uncut velvet; **épingler** [~'gle] (1a) *v/t.* pin; pin up; *metall.* pierce (*a mould etc.*); F pin (*s.o.*) down; **épinglerie** ⊕ [~glə'ri] *f* pin-factory; **épinglette** [~'glɛt] *f* ✗ priming-needle; ⚒ boring-tool; **épinglier** [~gli'e] *m* pin-tray.
épinière [epi'njɛ:r] *adj./f: moelle f* ~ spinal cord.
épinoche *icht.* [epi'nɔʃ] *f* stickleback.
épique [e'pik] epic.
épiscopal, e, *m/pl.* **-aux** [episkɔ'pal, ~'po] episcopal; cathedral (*city*); **épiscopat** [~'pa] *m* episcopate; *coll.* the bishops *pl.*
épisode [epi'zɔd] *m* episode; *cin. film m à* ~s serial film.

épistolaire [epistɔ'lɛ:r] epistolary.
épitaphe [epi'taf] *f* epitaph.
épithalame [epita'lam] *m* epithalamium.
épithète [epi'tɛt] *f* epithet; *gramm.* attributive adjective.
épître [e'pi:tr] *f* epistle; *fig.* (long) letter.
éploré, e [eplɔ're] tearful, in tears.
éployée ⃠ [eplwa'je] *adj./f* spread (*eagle*).
éplucher [eply'ʃe] (1a) *v/t.* pick (*a. tex.* wool, *a.* salad); pare, peel (*a fruit*); prune (*a fruit-tree*); clean (*a. plumage, salad*); preen (*feathers*); ⚘ weed (*a field*); *fig.* pick holes in; **éplucheur m, -euse f** [~'ʃœ:r, ~'ʃø:z] cleaner; (*wool-*) picker; (*potato-*)peeler; ⚘ weeder; F *fig.* faultfinder; **épluchoir** [~'ʃwa:r] *m* paring-knife; *cuis.* potato-knife; **épluchures** [~'ʃy:r] *f/pl.* potatoes *etc.*: peelings; *fig.* refuse *sg.*; waste *sg.*
épointé, e [epwɛ̃'te] blunt (*pencil etc.*); hipshot (*horse*); **épointer** [~] (1a) *v/t.* break the point of; blunt (*s.th.*); *s'*~ lose its point (*pencil etc.*).
éponge [e'pɔ̃:ʒ] *f* sponge; *fig. passer l'*~ *sur* say no more about (*s.th.*); **éponger** [epɔ̃'ʒe] (1l) *v/t.* sponge; mop (*the surface, one's brow*); mop up (*a liquid*); sponge down (*a horse*); dab (*one's eyes*).
épopée [epɔ'pe] *f* epic (poem).
époque [e'pɔk] *f* epoch, age, era; period; time; *la Belle ♀ that up to 1914*; *faire* ~ mark an epoch; *qui fait* ~ epoch-making.
épouiller [epu'je] (1a) *v/t.* delouse.
époumoner [epumɔ'ne] (1a) *v/t.* put (*s.o.*) out of breath; *s'*~ shout o.s. out of breath.
épousailles [epu'za:j] *f/pl.* nuptials, wedding *sg.*; **épouse** [e'pu:z] *f* wife, spouse; **épousée** [epu'ze] *f* bride; **épouser** [~'ze] (1a) *v/t.* marry, wed; *fig.* take up, espouse (*a cause*); *fig.* ~ *la forme de* take the exact form of; **épouseur** [~'zœ:r] *m* suitor, eligible man.
épousseter [epus'te] (1c) *v/t.* dust; beat (*a carpet etc.*); rub down (*a horse*); **époussette** [epu'sɛt] *f* feather-duster; rag (*for rubbing down a horse*).
épouvantable [epuvɑ̃'tabl] horrible, dreadful, terrible; appalling; **épou-**

épouvantail [~vã'ta:j] *m* scarecrow; *fig.* bogy, bugbear; *fig. person:* fright; **épouvante** [~'vã:t] *f* terror, fright; **épouvanter** [~vã'te] (1a) *v/t.* scare; appal.

époux [e'pu] *m* husband; ⚖ *a.* spouse; *les* ~ *pl.* ... the ... couple *sg.*

éprendre [e'prã:dr] (4aa) *v/t.:* s'~ *de* become enamo(u)red of; fall in love with (*s.o.*); take a fancy to (*s.th.*).

épreuve [e'prœ:v] *f* test (*a.* ⊕, *a. school examination*); proof (*a. typ.*); *phot.* print; *fig.* ordeal, trial; *sp.* event; *à l'*~ *de* proof against (*s.th.*); *à toute* ~ never-failing; ⊕ foolproof; *mettre à l'*~ put to the test.

épris, e [e'pri, ~'pri:z] 1. *p.p.* of *éprendre*; 2. *adj.* in love (with, *de*).

éprouver [epru've] (1a) *v/t.* try (*a. fig.*); test; put (*s.o.*) to the test; *fig.* feel (*sympathy etc.*), experience (*pain etc., a. fig. a difficulty*); **éprouvette** [~'vɛt] *f* 🜎 test-tube; probe; *metall.* test-piece.

épucer [epy'se] (1k) *v/t.* clean (*a dog etc.*) of fleas.

épuisé, e [epɥi'ze] exhausted (*a.* ✝, ♪); *typ.* out of print; **épuisement** [epɥiz'mã] *m* exhaustion (⊕, ♒, *a. fig.*); *cistern, a. fig. finances:* draining; *resources:* depletion; **épuiser** [epɥi'ze] (1a) *v/t.* exhaust (*a.* ✝), consume, use up; deplete; drain; *fig.* wear (*s.o.*) out; **épuisette** [~'zɛt] *f* ♒ scoop, bailer; *fisherman:* landing-net.

épuration [epyra'sjõ] *f* purifying; *oil, metal:* refining; *gas:* filtering; *pol.* purge; *morals:* purging; **épuratoire** ⊕ [~'twa:r] purifying.

épure [e'py:r] *f* working drawing; diagram (*a.* ♒).

épurer [epy're] (1a) *v/t.* purify; refine; filter; *pol.* purge; *fig.* expurgate (*a novel*).

équarrir [eka'ri:r] (2a) *v/t.* square; cut up *or* quarter the carcass of (*a horse*); △ *bois m équarri* squared timber; **équarrisseur** [~ri'sœ:r] *m* knacker.

équateur [ekwa'tœ:r] *m* equator.

équation [ekwa'sjõ] ♒, 🜎, *astr., fig.* *f* equation.

équerre [e'kɛ:r] *f* square; △ right angle; ⊕ angle-iron; ~ *à coulisses* sliding callipers *pl.*; ~ *de dessinateur* set square; ~ *en T* T-square; *d'*~ square; *en* ~ square.

équestre [e'kɛstr] equestrian.

équilibre [eki'libr] *m* balance (*a. fig.*); equilibrium; *fig.* poise; *pol.* ~ *politique* balance of power; **équilibrer** [ekili'bre] (1a) *v/t.* balance (*a.* ✝ *the budget*); ⚓ trim; **équilibreur** [~'brœ:r] *m see stabilisateur*; **équilibriste** [~'brist] *su.* equilibrist.

équinoxe [eki'nɔks] *m* equinox.

équipage [eki'pa:ʒ] *m* retinue, suite; ⚓, ⚓ crew; ✈ train, equipment; *cost.* attire, F get-up; *fig.* state, plight; ⊕ gear, outfit; ⊕ *factory:* plant; *hunt.* pack of hounds; carriage and horses; **équipe** [e'kip] *f* ⊕ *workmen:* gang; ⊕ shift; ✈ working party; *sp.* team; ⚓ crew; ~ *de nuit* night shift; *esprit m d'*~ team spirit; 🜎 *homme m d'*~ yardman.

équipée [eki'pe] *f* escapade.

équipement [ekip'mã] *m* ✈, ⚓, *sp.*, *etc.* equipment; gear; outfit (*a.* ⊕); **équiper** [eki'pe] (1a) *v/t.* equip (*a.* ✈); fit out; ⚓ man (*a vessel*).

équitable [eki'tabl] equitable, fair, just.

équitation [ekita'sjõ] *f* horsemanship; *école f d'*~ riding-school.

équité [eki'te] *f* equity (*a.* ⚖), fairness, fair dealing.

équivalent, e [ekiva'lã, ~'lã:t] *adj., a. su./m* equivalent; **équivaloir** [~'lwa:r] (3l) *v/i.* be equivalent *or* tantamount (to, *à*).

équivoque [eki'vɔk] 1. *adj.* equivocal; *fig.* dubious; 2. *su./f* ambiguity; quibble; **équivoquer** [~vɔ'ke] (1m) *v/i.* quibble, equivocate.

érable ♣ [e'rabl] *m* tree, *a. wood:* maple.

érafler [era'fle] (1a) *v/t.* graze, scratch; **éraflure** [~'fly:r] *f* graze, abrasion, scratch.

érailler [era'je] (1a) *v/t. tex.* unravel, fray; fret (*a rope*); roughen (*the voice*); graze, chafe (*the skin*); *s'*~ become unravelled; fray (*cloth*).

ère [ɛ:r] *f* era, epoch.

érection [erɛk'sjõ] *f statue etc.:* erection (*a. biol.*); *position:* establishment.

éreintement F [erɛ̃t'mã] *m* exhaustion; slating (= *harsh criticism*); **éreinter** [erɛ̃'te] (1a) *v/t.* break the

back of (*a horse*); F exhaust; *fig.* slash, cut to pieces.
erg *phys.* [ɛrg] *m* erg.
ergot [ɛr'go] *m* zo. *cock*: spur; 🜊 stub; ⚘, 🌿 ergot; ⊕ catch, lug; *electric bulb*: pin; **ergotage** F [ɛrgɔ'taːʒ] *m* quibbling; **ergoté, e** [ˌ~'te] spurred (*cock, rye*); ergoted (*corn*); **ergoter** F [ˌ~'te] (1a) *v/i.* quibble (about, *sur*); split hairs; **ergoteur, -euse** [ˌ~'tœːr, ˌ~'tøːz] **1.** *adj.* quibbling, pettifogging; **2.** *su.* quibbler, pettifogger.
ériger [eri'ʒe] (1l) *v/t.* erect (*a statue etc.*); establish, found (*an office, a position*); *fig.* exalt, raise (to, en); ~ qch. en principe lay s.th. down as a principle; s'~ en set o.s. up as, pose as.
ermitage [ɛrmi'taːʒ] *m* hermitage; **ermite** [ˌ~'mit] *m* hermit; recluse.
éroder *geol.* [erɔ'de] (1a) *v/t.* erode; wear away; **érosif, -ve** [ˌ~'zif, ˌ~'ziːv] erosive; **érosion** [ˌ~'zjɔ̃] *f* erosion; eating away (*of metal, rock*).
érotique [erɔ'tik] erotic; **érotisme** [ˌ~'tism] *m* eroticism; 🜨 erotism.
errant, e [ɛ'rɑ̃, ˌ~'rɑ̃ːt] rambling, roving, wandering; *chevalier m* ~ knight-errant.
errata *typ.* [ɛra'ta] *m/inv.* errata slip; **erratum,** *pl.* **-ta** [ɛra'tɔm, ˌ~'ta] *m* erratum.
errements [ɛr'mɑ̃] *m/pl.* ways, methods; *pej.* bad habits; *anciens* ~ bad old ways; **errer** [ɛ're] (1b) *v/i.* ramble, roam, wander; stroll (about); *fig.* err, make a mistake; **erreur** [ɛ'rœːr] *f* error; mistake, slip; delusion, fallacy; folly; ~ *de traduction* mistranslation; *revenir de ses* ~s turn over a new leaf.
erroné, e [ɛrɔ'ne] erroneous, mistaken, wrong.
éructation [erykta'sjɔ̃] *f* eructation, F belch(ing).
érudit, e [ery'di, ˌ~'dit] **1.** *adj.* erudite, scholarly, learned; **2.** *su.* scholar; **érudition** [ˌ~di'sjɔ̃] *f* erudition, learning, scholarship.
éruptif, -ve 🜨, *geol.* [eryp'tif, ˌ~'tiːv] eruptive; **éruption** [ˌ~'sjɔ̃] *f* eruption, 🜨 *a.* rash; cutting (*of teeth*).
érysipèle 🜨 [erizi'pɛl] *m* erysipelas.
es [ɛ] *2nd p. sg. pres. of* être **1.**
ès [ɛs] *prp.*: *docteur m* ~ *sciences* doctor of science.
esbroufe *sl.* [ɛs'bruf] *f* swank, showing off; *faire de l'*~ swank; 🜚 *à l'*~ snatch-and-grab (*theft*); **esbroufeur** *m*, **-euse** *f* [ˌ~bru'fœːr, ˌ~'føːz] swanker; hustler; 🜚 snatch-and-grab thief.
escabeau [ɛska'bo] *m* stool; pair of steps, step-ladder; **escabelle** [ˌ~'bɛl] *f* stool.
escadre [ɛs'kadr] *f* ⚓ squadron; ✈ wing; **escadrille** [ɛska'driːj] *f* ⚓ flotilla; ✈ squadron; **escadron** ✈ [ˌ~'drɔ̃] *m* squadron; *chef m d'*~ major.
escalade [ɛska'lad] *f* *cliff, wall*: climbing, scaling; climb; ✈ escalade; 🜚 housebreaking; **escalader** [ˌ~la'de] (1a) *v/t.* scale, climb; ✈ escalade.
escalator [ɛskala'tɔːr] *m* escalator.
escale [ɛs'kal] *f* ⚓ port of call; ✈ stop; call; *faire* ~ *à* call at; ✈ *sans* ~ non-stop (*flight*).
escalier [ɛska'lje] *m* staircase; stairs *pl.*; ~ *roulant* escalator; ~ *tournant* (*or en colimaçon or à vis*) spiral staircase.
escalope *cuis.* [ɛska'lɔp] *f* meat: collop, scallop; *fish*: steak.
escamotable [ɛskamɔ'tabl] disappearing, F pull-down (*arm-rest*); ✈ retractable (*undercarriage*); **escamoter** [ˌ~'te] (1a) *v/t.* conjure away; ✈ retract (*the undercarriage*); *fig.* dodge; *fig.* hush up; sneak, pinch; **escamoteur** [ˌ~'tœːr] *m* conjuror; sharper.
escampette F [ɛska'pɛt] *f*: *prendre la poudre d'*~ skedaddle, vamoose, *Am. sl.* take a powder.
escapade [ɛska'pad] *f* escapade; prank.
escarbille [ɛskar'biːj] *f* cinder; ~s *pl.* clinkers.
escarbot *zo.* [ɛskar'bo] *m* beetle.
escarboucle [ɛskar'bukl] *f* carbuncle.
escargot [ɛskar'go] *m* snail.
escarmouche ✈ [ɛskar'muʃ] *f* skirmish, brush.
escarole ♣ [ɛska'rɔl] *f* endive.
escarpe[1] ✈ [ɛs'karp] *f* scarp.
escarpe[2] F [ˌ~] *m* cut-throat.
escarpé, e [ɛskar'pe] sheer (*rock*), steep; **escarpement** [ˌ~pə'mɑ̃] *m* steepness; ✈, *geol.* escarpment; abrupt descent; *mountain*: slope.
escarpin [ɛskar'pɛ̃] *m* pump, dancing-shoe.

escarpolette [ɛskarpɔ'lɛt] f swing.
escarre ✠ [ɛs'ka:r] f scab; bed-sore; **escarrifier** ✠ [~kari'fje] (1o) v/t. produce a scab on.
escient [ɛ'sjɑ̃] m: à bon ~ wittingly; à son ~ to his knowledge.
esclaffer [ɛskla'fe] (1a) v/t.: s'~ burst out laughing, guffaw.
esclandre [ɛs'klɑ̃:dr] m scandal; scene.
esclavage [ɛskla'va:ʒ] m slavery; fig. drudgery; **esclave** [~'kla:v] su. slave; fig. drudge; être ~ de sa parole stick to one's promise.
escoffier sl. [ɛskɔ'fje] (1o) v/t. kill.
escompte ✝ [ɛs'kɔ̃:t] m discount, rebate; à ~ at a discount; **escompter** [~kɔ̃'te] (1a) v/t. ✝ discount; fig. anticipate; fig. reckon on, bank on.
escorte [ɛs'kɔrt] f ⚔ etc. escort; ⚓ convoy; **escorter** [~kɔr'te] (1a) v/t. escort; ⚓ a. convoy.
escouade ⚔ [ɛs'kwad] f gang, squad.
escourgeon ♃ [ɛskur'ʒɔ̃] m winter barley.
escrime [ɛs'krim] f fencing; faire de l'~ fence; **escrimer** F [ɛskri'me] (1a) v/t.: s'~ fight (with, contre); s'~ à work hard at; try hard to (inf.); **escrimeur** [~'mœ:r] m fencer, swordsman.
escroc [ɛs'kro] m crook; swindler; **escroquer** [~krɔ'ke] (1m) v/t. swindle (s.o.); ~ qch. à q. cheat s.o. out of s.th.; **escroquerie** [~krɔ'kri] f fraud; swindling; false pretences pl.
ésotérique [ezɔte'rik] esoteric.
espace [ɛs'pa:s] m space (a. ♩); space, a. time: interval; room; ⊕ clearance; dans l'~ d'un an within a year; su./f typ. space; **espacement** [~pas'mɑ̃] m objects, typ.: spacing; **espacer** [~pa'se] (1k) v/t. space; leave a space between; typ., a. fig. space out; s'~ become less frequent (space, a. time).
espadon [ɛspa'dɔ̃] m † two-handled sword; icht. sword-fish.
espadrille [ɛspa'dri:j] f rope-soled canvas shoe.
espagnol, e [ɛspa'ɲɔl] 1. adj. Spanish; 2. su./m ling. Spanish; su. ♀ Spaniard; **espagnolette** [~ɲɔ'lɛt] f espagnolette.
espalier ♃ [ɛspa'lje] m espalier.
espèce [ɛs'pɛs] f kind, sort; ⚖ case

(in question); ♀, zo., eccl. species; ~s pl. cash sg., specie sg.; ~ de ...! silly ...!; ~ humaine mankind; en ~s in hard cash; en l'~ in the present case (a. ⚖).
espérance [ɛspe'rɑ̃:s] f hope; expectation; fig. promise; ♣ ~s pl. expectations; **espérer** [~'re] (1f) v/t. hope for; expect; ~ quand même hope against hope; v/i. hope, trust (in, en).
espiègle [ɛs'pjɛgl] 1. adj. mischievous, roguish; 2. su. imp; **espièglerie** [~pjɛglə'ri] f mischief; prank; par ~ out of mischief.
espion, -onne [ɛs'pjɔ̃, ~'pjɔn] su. spy; secret agent; su./m concealed microphone; window-mirror; **espionnage** [ɛspjɔ'na:ʒ] m espionage, spying; **espionner** [~'ne] (1a) v/t. spy (upon).
esplanade [ɛspla'nad] f esplanade, promenade.
espoir [ɛs'pwa:r] m hope; expectation.
esprit [ɛs'pri] m spirit; mind, intellect; sense; wit; disposition; talent; meaning; soul; ~-de-vin spirit(s pl.) of wine; ~ fort free-thinker; le Saint-♀ the Holy Ghost or Spirit; plein d'~ witty; présence f d'~ presence of mind; rendre l'~ give up the ghost; venir à (sortir de) l'~ de q. cross (slip) s.o.'s mind.
esquif ⚓ poet. [ɛs'kif] m small boat, skiff.
esquille ✠ [ɛs'ki:j] f bone: splinter.
esquimau [ɛski'mo] 1. adj. Esquimo; 2. su. ♀ Esquimo; su./m cuis. chocice; cost. child's rompers pl.
esquinter F [ɛskɛ̃'te] (1a) v/t. exhaust; tire (s.o.) out; fig. ruin; run (s.o.) down.
esquisse [ɛs'kis] f sketch; outline, draft; **esquisser** [~ki'se] (1a) v/t. sketch, outline.
esquiver [ɛski've] (1a) v/t. avoid, evade; dodge; fig. s'~ slip or steal away, F make o.s. scarce.
essai [ɛ'sɛ] m ⊕, ⚭ trial, essay; test; sp. try; attempt (to, pour); ~ nucléaire atomic test; mot. ~ sur route trial run; à l'~ on trial; coup m d'~ first attempt; faire l'~ de try (s.th.); ✈ pilote m d'~ test pilot.
essaim [ɛ'sɛ̃] m swarm (a. fig.); **essaimer** [ɛsɛ'me] (1a) v/i. swarm.
essarter ♃ [ɛsar'te] (1a) v/t. clear

(*the ground*); grub up (*roots etc.*); **essarts** ⚔ [ɛ'saːr] *m/pl.* freshly cleared ground *sg*.

essayage [ɛsɛ'jaːʒ] *m* testing; *cost.* trying on, fitting; **essayer** [~'je] (1i) *v/t.* try (to *inf.*, de *inf.*), attempt; 🍴 test; *metall.* assay; *cost.* try on; taste; s'~ à try one's hand at; **essayeur** *m*, **-euse** *f* [~'jœːr, ~'jøːz] ⊕ tester; analyst; *metall.* assayer; *cost.* fitter; **essayiste** [~'jist] *su.* essayist.

esse [ɛs] *f* ⊕ S-hook; S-shaped link or hook *etc.*; ♪ *violin:* sound-hole.

essence [ɛ'sãːs] *f* essence; *trees:* species; 🌲, 🌿, *etc.* oil; petrol, *Am.* gasoline; extract (*of beef etc.*); *fig.* pith; *poste m d'~* filling-station, *Am.* service station; **essentiel, -elle** [ɛsã'sjɛl] **1.** *adj.* essential; **2.** *su./m* main thing.

essieu [ɛ'sjø] *m* axle.

essor [ɛ'sɔːr] *m* flight, soaring; *fig.* scope; *fig.* progress; **essorer** [ɛsɔ-'re] (1a) *v/t.* dry; wring (*linen*); **essoreuse** [~'røːz] *f* ⊕ drainer; *laundry:* wringer, mangle.

essoufflé, e [esu'fle] out of breath; breathless; **essouffler** [~] (1a) *v/t.* wind; make (*s.o.*) breathless; s'~ get out of breath, be winded.

essuie...: **~-glace** *mot.* [ɛsɥi-'glas] *m* windscreen wiper, *Am.* windshield wiper; **~-mains** [~'mɛ̃] *m/inv.* (hand-)towel; **~-pieds** [~'pje] *m/inv.* door-mat; **~-plume** [~'plym] *m* penwiper.

essuyer [esɥi'je] (1h) *v/t.* wipe; dry; mop up; dust; *fig.* suffer (*defeat etc.*); *fig.* meet with (*a refusal*); F ~ les *plâtres* be the first occupant of a new house.

est[1] [ɛst] **1.** *su./m* east; de l'~ east (-ern); d'~ easterly (*wind*); l'♀ the east (*of a country*); vers l'~ eastward(s), to the east; **2.** *adj./inv.* east(ern); easterly (*wind*).

est[2] [ɛ] 3rd *p. sg. pres. of* être 1.

estacade [ɛsta'kad] *f* ⚓ stockade; ⚓ breakwater; pier; ⛏ coalpit.

estafette [ɛsta'fɛt] *f* courier; ⚔ dispatch-rider.

estafilade [ɛstafi'lad] *f* gash; slash.

estagnon [ɛsta'ɲɔ̃] *m* oil-can; (oil-)drum.

estaminet [ɛstami'nɛ] *m* tavern; F pub; bar.

estampe [ɛs'tãːp] *f* print, engraving; ⊕ stamp, punch, die; **estamper** [ɛstã'pe] (1a) *v/t.* stamp, emboss; ⊕ punch; *fig.* fleece (*s.o.*), rook (*s.o.*); **estampille** [~'piːj] *f* stamp; brand; ✝ trade-mark; **estampiller** [~pi'je] (1a) *v/t.* stamp; brand; ✝ mark (*goods*).

ester ⚖ [ɛs'te] *v/i. occurs only in inf.* bring an action.

esthète [ɛs'tɛt] *su.* (a)esthete; **esthéticien, -enne** [ɛsteti'sjɛ̃, ~'sjɛn] **1.** *adj.* (a)esthetician; **2.** *su./f* beauty specialist, *Am.* beautician; **esthétique** [~'tik] **1.** *adj.* (a)esthetic; **2.** *su./f* (a)esthetics *pl*.

estimable [ɛsti'mabl] estimable; worthy; quite good; **estimateur** [ɛstima'tœːr] *m* estimator; ✝ valuer, appraiser; **estimatif, -ve** [~'tif, ~'tiːv] estimated (*cost etc.*); estimative (*faculty*); *devis m* ~ estimate; **estimation** [~'sjɔ̃] *f* estimation; valuation; assessment; ⚓ reckoning; **estime** [ɛs'tim] *f* esteem, respect; estimation, opinion; estimate; ⚓ dead reckoning; *à l'~* by guesswork; *par* ~ by dead reckoning; *tenir q. en haute* (*petite*) ~ hold s.o. in high (low) esteem; **estimer** [~ti'me] (1a) *v/t.* esteem; value, estimate; consider, deem, think; calculate; ⚓ reckon.

estival, e, *m/pl.* **-aux** [ɛsti'val, ~'vo] summer...; ♃ *etc.* estival; **estivant** *m*, **e** *f* [~'vã, ~'vãːt] summer visitor; **estivation** ♃, *zo.* [~va'sjɔ̃] *f* estivation.

estiver[1] [ɛsti've] (1a) *v/i.* summer (*cattle etc.*).

estiver[2] ⚓ [~] (1a) *v/t.* steeve (*a cargo*).

estoc [ɛs'tɔk] *m tree:* trunk, stock; *coup m d'~ fencing:* thrust; *fig. d'~ et de taille* with might and main.

estocade [ɛstɔ'kad] *f fencing:* thrust; *fig.* sudden onset.

estomac [ɛstɔ'ma] *m* stomach; ~ *dérangé* upset stomach; *avoir l'~ dans les talons* be faint with hunger; *mal m d'~* stomach-ache; **estomaquer** F [~ma'ke] (1m) *v/t.* take (*s.o.'s*) breath away, stagger (*s.o.*).

estompe [ɛs'tɔ̃ːp] *f* stump; stump drawing; **estomper** [~tɔ̃'pe] (1a) *v/t.* stump, shade off; *fig.* blur; *fig.* tone down (*crudities*); *fig.* s'~ grow blurred; loom up.

estrade [ɛs'trad] *f* platform, stage.

estragon ♀, *cuis.* [ɛstra'gɔ̃] *m* tarragon.

estrapade ⚖ † [ɛstra'pad] *f* strappado.

estropié, e [ɛstrɔ'pje] **1.** *adj.* crippled; ✗ disabled; lame; **2.** *su.* cripple; **estropier** [～] (1o) *v/t.* cripple, lame, maim; ✗ disable; *fig.* mangle (*a quotation, a word*), murder (*music, a language*).

estuaire [ɛs'tɥɛːr] *m* estuary, *Sc.* firth.

estudiantin, e [ɛstydjɑ̃'tɛ̃, ～'tin] student...

esturgeon *icht.* [ɛstyr'ʒɔ̃] *m* sturgeon.

et [e] and; *et ... et* both ... and.

étable [e'tabl] *f* cattle-shed, cowshed; pigsty (*a. fig.*); **établer** [eta'ble] (1a) *v/t.* stall (*cattle*); stable (*horses*).

établi[1] [eta'bli] *m* work-bench.

établi[2], **e** [eta'bli] established (*fact*); determined (*limit*); **établir** [～'bliːr] (2a) *v/t.* establish (*a.* ⚖); set up (*a business, a statue, sp. a record*); construct, erect; ascertain (*facts*); prove (*a charge*); draw up (*an account, a budget, a plan*); institute (*a rule, a tax, a post*); ⚡ *le contact* make contact; *s'～* become established; establish (o.s.); settle (*in a place*); **établissement** [～blis'mɑ̃] *m* establishment; institution; settlement; ✝ concern, business, firm; ⊕ factory, plant; ✝ *accounts*: drawing up; ✝ *balance*: striking.

étage [e'taːʒ] *m* stor(e)y, floor; *fig.* degree, rank; ⊕, *geol.* stage (*a. of rocket*); *geol.* stratum, layer; ✗ level; *fig. de bas ～* of the lower classes (*people*); low; *deuxième ～* second floor, *Am.* third floor; **étager** [eta'ʒe] (1l) *v/t.* range in tiers; terrace (*the ground*); perform (*an operation*) in stages; **étagère** [～'ʒɛːr] *f* whatnot; shelves *pl.*; shelf.

étai [e'tɛ] *m* ⚓ stay (*a.* ⚓), prop (*a. fig.*), strut; ✗ pit-prop; **étaiement** ⚓, ⊕ [etɛ'mɑ̃] *m see étayage.*

étain [e'tɛ̃] *m* tin; pewter; *papier m d'～* tinfoil; *～ de soudure* plumber's solder.

étal, *pl. a.* **étals** [e'tal] *m* butcher's stall; **étalage** [eta'laːʒ] *m* ✝ display, show; shop-window; *fig.* parade, show; *art m d'～* window-dressing; **étalagiste** ✝ [～la'ʒist] stall-holder; window-dresser; **étaler** [～'le] (1a) *v/t.* ✝ display (*a. fig.*), expose for sale; *fig.* show off; ⚡ weather (*a storm*); stagger (*holidays*); spread (out); *s'～* sprawl; F spread o.s.; stretch o.s. out.

étalon[1] [eta'lɔ̃] *m* stallion.

étalon[2] [eta'lɔ̃] *m* standard; *～-or* gold standard; *poids-～* troy weight; **étalonnage** [～lɔ'naːʒ] *m* standardization; *tubes etc.*: calibration; ga(u)ging; *radio:* logging; *phot.* grading; **étalonner** [～lɔ'ne] (1a) *v/t.* standardize; calibrate; ga(u)ge; *radio:* log (*stations*); *phot.* grade; stamp (*weights*).

étamer ⊕ [eta'me] (1a) *v/t.* tin; galvanize; silver (*a mirror*); **étameur** [～'mœːr] *m* tinsmith; *mirrors:* silverer.

étamine[1] [eta'min] *f* butter-muslin; bolting-cloth; *passer qch. par l'～* sift s.th. (*a. fig.*).

étamine[2] ♀ [～] *f* stamen.

étampe ⊕ [e'tɑ̃ːp] *f* stamp, die; punch; swage. [(-metal).\]

étamure ⊕ [eta'myːr] *f* tinning\]

étanche [e'tɑ̃ːʃ] (*water-, air*)tight; impervious; ⚡ insulated; *～ à l'eau* watertight; **étanchéité** [etɑ̃ʃei'te] *f* watertightness; airtightness; ⚡ *d'～* insulating; **étancher** [～'ʃe] (1a) *v/t.* sta(u)nch (*blood*); stem (*aliquid*); quench (*one's thirst*); stop (*a leak*); make watertight *or* airtight.

étang [e'tɑ̃] *m* pond, pool.

étant [e'tɑ̃] *p. pr. of être* 1.

étape [e'tap] *f* ✗, *a. fig.* stage; halting-place; *fig.* step (towards, *vers*); *par petites ～s* by easy stages.

état [e'ta] *m* state (*a. pol., a. fig.*), condition; *fig.* position; statement, report; *admin.* return; ⚖ status; profession, trade; *hist. ～s pl.* the estates; *～ civil* civil status; *bureau m de l'～* civil register office; ⚖ *en ～ de légitime défense* able to plead self-defence; *～ d'esprit* frame of mind; *en tout ～ de cause* in any case; *～ transitoire* transition stage; *réduit à l'～ de* reduced to; *coup m d'~* coup d'état; F *dans tous ses ～s* all of a dither; *en ～ de vol* in flying condition (*airplane*); *être en ～ de* (*inf.*) be ready to (*inf.*); *faire ～ de qch.* take s.th. into account; rely on s.th.; *homme m d'♀* statesman; *hors d'～* useless; *remettre en ～* put in order; **étatisation** [etatiza'sjɔ̃] f nationalisation (of industries); **étatisme** [~'tism] m state control; **état-major**, pl. **états-majors** [~ma'ʒɔːr] m ⚔ (general) staff; head-quarters pl.; fig. management.

étau ⊕ [e'to] m vice, Am. vise; ~ à main hand-vice; ~-limeur shaping-machine.

étayage ⚒, ⊕ [etɛ'jaːʒ] m shoring, staying, propping (up); buttressing; **étayer** [~'je] (1i) v/t. prop (up), shore, stay; support (a. fig.).

été¹ [e'te] p.p. of **être 1**.

été² [~] m summer; F ~ de la Saint-Martin Indian summer.

éteignoir [etɛ'ɲwaːr] m candle: extinguisher; **éteindre** [e'tɛ̃ːdr] (4m) v/t. extinguish (the light, a race, etc.); put out; ⚡ switch off (the light); quench (one's thirst, a. ⊕ red-hot iron); pay off (a debt); abolish (a right); fig. put an end to (s.o.'s ambition, hope); fig. soften, dim (the colour, the light); deaden (a sound); allay (passions); slake (lime); s'~ die out; go out (light etc.); fade, grow dim; die down (passions); die, pass away (person).

étendage [etɑ̃'daːʒ] m clothes lines pl.; drying-yard; **étendard** [~'daːr] m standard, flag; **étendoir** [~'dwaːr] m clothes line; **étendre** [e'tɑ̃ːdr] (4a) v/t. extend; stretch; spread (out); lay (a tablecloth); expand (the wings); dilute (with, de); lay (s.o.) down; hang (linen) out; cuis. roll out (pastry); fig. widen, enlarge; s'~ a. run (colours); s'~ sur dwell (at length) upon; **étendu, e** [etɑ̃'dy] **1.** adj. extensive; outspread (wings); outstretched (hands); widespread (influence); **2.** su./f extent; expanse; voice, knowledge: range; capacity; speech etc.: length.

éternel, -elle [etɛr'nɛl] eternal; everlasting, unending; **éterniser** [etɛrni'ze] (1a) v/t. perpetuate; eternalize; s'~ last for ever; **éternité** [~'te] f eternity; fig. ages pl.

éternuer [etɛr'nɥe] (1n) v/i. sneeze.

êtes [ɛt] 2nd p. pl. pres. of **être 1**.

éteule 🌾 [e'tœl] f stubble.

éther [e'tɛːr] m ether; **éthéré, e** [ete're] etherial (a. 🛰); **éthériser** ⚗ [~ri'ze] (1a) v/t. etherize.

éthique [e'tik] **1.** adj. ethical; **2.** su./f ethics pl.; moral philosophy.

ethnique [ɛt'nik] ethnic(al).

ethno... [ɛtnɔ] ethno...

éthylène 🛰 [eti'lɛːn] m ethylene.

étiage [e'tjaːʒ] m low water mark; fig. level.

étinceler [etɛ̃s'le] (1c) v/i. sparkle (a. fig. conversation); gleam (anger); twinkle (star); **étincelle** [etɛ̃'sɛl] f spark; mot. ~ d'allumage ignition spark; **étincellement** [~sɛl'mɑ̃] m sparkling; twinkling (of the stars).

étioler [etjɔ'le] (1a) v/t.: s'~ blanch; droop, wilt (plant); waste away.

étique [e'tik] emaciated.

étiqueter [etik'te] (1c) v/t. label; **étiquette** [eti'kɛt] f label, ticket, tag; etiquette, ceremony.

étirer [eti're] (1a) v/t. stretch; pull out, draw out; ⊕ draw (metals).

étoffe [e'tɔf] f stuff (a. fig.), material, cloth; fig. quality; avoir l'~ de have the makings of; **étoffer** [etɔ'fe] (1a) v/t. stuff; fig. fill out; cost. give fulness to.

étoile [e'twal] f star (a. film); typ. asterisk; blaze (on horse); ~ filante shooting or falling star; à la belle ~ out of doors, in the open; **étoiler** [etwa'le] (1a) v/t. stud with stars; star (glass etc.); s'~ star (glass etc.); glow with stars (sky).

étole cost., eccl. [e'tɔl] f stole.

étonnant, e [etɔ'nɑ̃, ~'nɑ̃ːt] astonishing, surprising; **étonnement** [etɔn'mɑ̃] m astonishment, surprise, amazement; **étonner** [etɔ'ne] (1a) v/t. astonish, amaze; s'~ be surprised (at s.th., de qch at ger., de inf.).

étouffant, e [etu'fɑ̃, ~'fɑ̃ːt] stifling; **étouffée** cuis. [~'fe] f: cuire à l'~ braise; **étouffement** [etuf'mɑ̃] m stifling; suffocation; scandal: hushing up; choking sensation; **étouffer** [etu'fe] (1a) v/t/i. a. s'~ suffocate, choke, stifle; v/t. a. damp (a sound); ⚡ quench (a spark); hush up (an affair); **étouffoir** [~'fwaːr] m charcoal extinguisher; ♪ damper; fig. stuffy room.

étoupe [e'tup] f tow; oakum; ⊕ packing; **étouper** [etu'pe] (1a) v/t. stop; ⊕ pack; ⚓ caulk; **étoupille** [~'piːj] f ⚔ friction-tube; ⚔ fuse.

étourderie [eturdə'ri] f inadvertence; blunder, careless mistake; oversight; **étourdi, e** [~'di] **1.** adj. thoughtless, scatter-brained; fool-

étourdir

ish (*reply etc.*); 2. *su.* scatter-brain; **étourdir** [ˌ'diːr] (2a) *v/t.* stun, daze; make dizzy; soothe (*a pain etc.*); appease (*one's hunger*); **étourdissement** [ˌdisˈmã] *m* dizziness, giddiness; *mind*: dazing; *pain etc.*: deadening; *fig.* shock, bewilderment.

étourneau [eturˈno] *m orn.* starling; F feather-brain.

étrange [eˈtrãːʒ] strange, odd, peculiar; **étranger, -ère** [etrãˈʒe, ˌ'ʒɛːr] 1. *adj. pol.* foreign (*a. fig.*); *pej.* alien; strange, unknown; irrelevant (to, *à*); ~ *à* unacquainted with (*an affair*); a stranger in (*a place*); 2. *su.* foreigner; stranger; *su./m* foreign parts *pl.*; *à l'*~ abroad; **étrangeté** [etrãʒˈte] *f* strangeness, oddness.

étranglement [etrãgləˈmã] *m* strangulation (*a.* ⚕ hernia); ⊕ throttling; *pipe, tube*: neck; *fig.* narrow passage; **étrangler** [ˌ'gle] (1a) *v/t.* strangle, choke, throttle (*a.* ⊕), stifle; ⚕ strangulate; *fig.* constrict; ⊕ throttle down (*the engine*); *v/i.*: ~ de colère choke with rage; ~ de soif be parched.

étrave ⚓ [eˈtraːv] *f* stem(-post).

être [ɛːtr] 1. *v/i.* be, exist; belong (to, *à*); lie, stand; F go; *passive voice*: be (*seen*); ~ malade be or feel sick; *si cela est* if so; *ça y est* it is done; *c'est ça* that's it; *c'est moi* it is me; *c'en est assez!* enough (of it)!; *lequel sommes-nous?* what is the date today?; *à qui est cela?* whose is it?; *c'est à lui de* (*inf.*) it is his turn to (*inf.*); it rests with him to (*inf.*); ~ de come or be from (*a town*); ~ assis sit; ~ debout stand; *j'ai été voir ce film* I have seen this film; *elle s'est blessée* she has hurt herself; *elle s'est blessé le doigt* she has hurt her finger; *en* ~ *à* (*inf.*) be reduced to (*ger.*); *en êtes-vous?* will you join us?; *où en sommes-nous?* how far have we got?; *quoi qu'il en soit* however that may be; *en* ~ *pour* have spent (*s.th.*) to no purpose; *y* ~ *pour* have a hand in (*s.th.*); *vous y êtes?* do you follow or F get it?; *il est* it is (*2 o'clock*); there is *or* are; *il était une fois* once upon a time there was; *est-ce qu'il travaille?* does he work?, is he working?; *elle est venue, n'est-ce pas?* she has come, hasn't she?; *n'était* but for; 2. *su./m* being, creature; existence.

étreindre [eˈtrɛ̃ːdr] (4m) *v/t.* clasp; grasp; embrace, hug; *fig.* grip; **étreinte** [eˈtrɛ̃ːt] *f* embrace; grasp; grip.

étrenne [eˈtrɛn] *f*: ~s *pl.* New Year's gift *sg.*; **étrenner** [etreˈne] (1a) *v/t.* ✝ be the first customer of; wear (*a garment*) for the first time; F christen (*an object*); *v/i.* ✝ make the first sale of the day; F get into trouble.

êtres [ɛːtr] *m/pl.* ins and outs of a house.

étrier [etriˈe] *m* stirrup (*a. anat.*); ⊕ stirrup-piece, loop; *tenir l'*~ *à* help (*s.o.*) into the saddle; *fig.* help (*s.o.*).

étrille [eˈtriːj] *f* curry-comb; **étriller** [etriˈje] (1a) *v/t.* curry (*a horse*); F thrash, trounce.

étriper [etriˈpe] (1a) *v/t.* disembowel (*a horse*); draw (*a chicken*); gut (*a fish*).

étriquer [etriˈke] (1m) *v/t.* make too narrow *or* tight; *fig.* curtail (*a speech*); *habit m étriqué* skimped coat.

étrivière [etriˈvjɛːr] *f* stirrup-leather; ~s *pl. a.* leathering *sg.*

étroit, e [eˈtrwa, ˌ'trwat] narrow (*a. fig. mind*); tight; confined; limited; *fig.* strict (*sense of a word*); *à l'*~ cramped for room; (*live*) economically; **étroitesse** [etrwaˈtɛs] *f* narrowness; tightness; ~ d'esprit narrow-mindedness.

étron [eˈtrõ] *m* turd.

étronçonner [etrõsɔˈne] (1a) *v/t.* cut off the lower branches of (*a tree*).

étude [eˈtyd] *f* study (*a.* ♪); office; (*barrister's*) chambers *pl.*; prep-room; research; preparation; (*lawyer's*) practice; ✝ ~ du marché (*de motivation*) marketing (motivation) research; *à l'*~ under consideration; *thea.* under rehearsal; *faire ses* ~s study; **étudiant *m*, e** *f* [etyˈdjã, ˌ'djãːt] student; undergraduate; **étudier** [ˌ'dje] (1o) *v/t.* study; prepare (*a lesson*); investigate; design; *s'*~ *à* (*inf.*) make a point of (*ger.*); be very careful to (*inf.*).

étui [eˈtɥi] *m* case, cover; *book, hat*:

box; ✂ ~ de cartouche cartridge case.
étuve [e'ty:v] f 🏠, ⊕, baths: sweating-room; sterilizer; drying cupboard; F oven; étuvée cuis. [ety've] f: cuire à l'~ steam; étuver [~] (1a) v/t. cuis. stew (meat); steam (vegetables); ⊕ dry; sterilize.
étymologie [etimɔlɔ'ʒi] f etymology.
eu, e [y] p.p. of avoir 1.
eucalyptus ♀, a. ⚕ [økalip'tys] m eucalyptus.
eucharistie eccl. [økaris'ti] f Eucharist; Lord's Supper.
eunuque [ø'nyk] m eunuch.
euphémique [øfe'mik] euphemistic; euphémisme [~'mism] m euphemism.
euphonie [øfɔ'ni] f euphony.
euphorbe ♀ [ø'fɔrb] f euphorbia, spurge.
euphorie [øfɔ'ri] f euphoria.
européen, -enne [ørɔpe'ɛ̃, ~'ɛn] adj., a. su. ⚥ European.
eus [y] 1st p. sg. p.s. of avoir 1.
euthanasie [øtana'zi] f euthanasia, F mercy-killing.
eux [ø] pron./pers. m/pl. subject: they; object: them; à ~ to them; theirs; ce sont ~, F c'est ~ it is they, F it's them; ~-mêmes [~'mɛ:m] pron./rfl. themselves.
évacuation [evakɥa'sjɔ̃] f evacuation (a. ⚕, ✂); water: drainage; évacué m, e f [eva'kɥe] evacuee; évacuer [~] (1n) v/t. ✂, ⚕ evacuate; ⊕ exhaust (steam); drain (water).
évadé, e [eva'de] adj., a. su. fugitive; évader [~] (1a) v/t.: s'~ escape, run away.
évaluation [evalɥa'sjɔ̃] f valuation; estimate; assessment; évaluer [~'lɥe] (1n) v/t. value; estimate; assess.
évangélique [evɑ̃ʒe'lik] evangelical; Évangile [~'ʒil] m Gospel.
évanouir [eva'nwi:r] (2a) v/t.: s'~ ⚕ faint, swoon; fig. vanish, fade away; radio: fade; évanouissement [~nwis'mɑ̃] m ⚕ faint, swoon; fig. disappearance; radio: fading; ⚕ revenir de son ~ come to.
évaporation [evapɔra'sjɔ̃] f evaporation; évaporé, e [~'re] 1. adj. feather-brained; flighty; irresponsible; 2. su. flighty person; évaporer [~'re] (1a) v/t. fig. give vent to (one's spleen); s'~ evaporate; fig. vanish; fig. grow flighty (person).
évasé, e [eva'ze] bell-mouthed; flared (skirt); △ splayed; évaser [~'ze] (1a) v/t. widen the opening of; open out; flare (a skirt); △ splay; s'~ widen at the mouth; flare (skirt); évasif, -ve [~'zif, ~'zi:v] evasive; évasion [~'zjɔ̃] f escape, flight; evasion, quibble; literature: escapism; d'~ escapist (novel etc.); ✝ ~ des capitaux exodus of capital.
évêché [evɛ'ʃe] m bishopric, see; diocese; bishop's palace.
éveil [e've:j] m awakening; alertness; fig. dawn; en ~ on the alert; éveillé, e [evɛ'je] awake; wide-awake; alert, bright; éveiller [~] (1a) v/t. awaken; fig. arouse; s'~ wake up; fig. awaken.
événement [evɛn'mɑ̃] m event; occurrence; incident; emergency.
évent [e'vɑ̃] m open air; ⊕ vent (-hole); zo. whale: blowhole; beverage: flatness; sentir l'~ smell musty; F tête f à l'~ feather-brain.
éventail [evɑ̃'ta:j] m fan; fig. salaries: range; en ~ fan-wise.
éventaire [evɑ̃'tɛ:r] m (hawker's) tray; street stall.
éventé, e [evɑ̃'te] stale, musty; flat (beer etc.); fig. hare-brained; divulged (secret); éventer [~] (1a) v/t. air; fan; hunt. scent, fig. get wind of; fig. divulge; let (beer etc.) grow flat; F fig. ~ la mèche uncover a plot; s'~ go flat or stale; spoil.
éventrer [evɑ̃'tre] (1a) v/t. disembowel; fig. break or rip open; gut (a fish); mot. rip (a tyre).
éventualité [evɑ̃tɥali'te] f possibility, contingency; éventuel, -elle [~'tɥɛl] possible, contingent; eventual.
évêque [e'vɛ:k] m bishop.
évertuer [evɛr'tɥe] (1n) v/t.: s'~ strive, do one's utmost (to inf., à inf.).
évidemment [evida'mɑ̃] adv. obviously, clearly; of course; évidence [~'dɑ̃:s] f obviousness, manifestness; prominence; être de toute ~ be obvious; être en ~ be in evidence; be conspicuous; mettre en ~ place (s.th.) in a prominent position; se mettre en ~ push o.s. forward; évident, e [~'dɑ̃, ~'dɑ̃:t] evident, obvious; conspicuous.

évider

évider [evi'de] (1a) v/t. hollow out; groove; pink (*cloth, leather*); cut away.

évier [e'vje] m scullery: sink.

évincer [evɛ̃'se] (1k) v/t. ✠ evict, eject, dispossess; fig. oust (s.o.), supplant (s.o.).

évitable [evi'tabl] avoidable; **évitement** [evit'mɑ̃] m avoidance, shunning; 🚆 shunting; *route f d'*~ bypass (road); *voie f d'*~ siding; **éviter** [evi'te] (1a) v/t. avoid, shun; fig. spare (*trouble*); v/i. ⚓ ride, swing; ~ *de* (inf.) avoid (ger.).

évocateur, -trice [evɔka'tœːr, ~'tris] evocative (of, *de*); **évocation** [~'sjɔ̃] f evocation (✠, a. *spirits, a. past*); past, spirits: conjuring up.

évoluer [evɔ'lɥe] (1n) v/i. develop, evolve; ✕, ⚓ manœuvre; ⊕ revolve (*wheels etc.*); **évolution** [~ly'sjɔ̃] f ✕, ⚓ manœuvre; biol. etc. evolution; fig. development.

évoquer [evɔ'ke] (1m) v/t. evoke (a. ✠), bring to mind; conjure up (a. *spirits*).

ex... [ɛks] former; ex-...; late; ~*ministre* former minister.

exact, e [ɛg'zakt] exact (a. *science*); correct, right; true; punctual (*time*).

exacteur [ɛgzak'tœːr] m exactor; extortioner; **exaction** [~'sjɔ̃] f extortion; *tax:* exaction.

exactitude [ɛgzakti'tyd] f exactitude, exactness; accuracy; *time:* punctuality.

exagération [ɛgzaʒera'sjɔ̃] f exaggeration; overstatement; **exagérer** [~ʒe're] (1f) v/t. exaggerate; overstate; overestimate; v/i. fig. go too far.

exaltation [ɛgzalta'sjɔ̃] f eccl., a. *emotion:* exaltation; excitement; over-excitement; **exalté, e** [~'te] **1.** adj. heated; excited; overstrung (*person*); **2.** su. hot-head; fanatic; **exalter** [~'te] (1a) v/t. exalt, praise; excite, rouse (*emotions*); *s'*~ grow excited; enthuse.

examen [ɛgza'mɛ̃] m examination; ⊕ test; ⊕ *machine:* overhaul; survey, investigation; ✠ *accounts:* inspection; *à l'*~ under consideration (*question*); ~ *d'entrée* entrance examination; ~ *de passage* end-of-year examination; *mot.* ~ *pour le permis de conduire* driving test; **examinateur** m, **-trice** f [~mina'tœːr, ~'tris] examiner; ⊕ inspector; **examiner** [~mi'ne] (1a) v/t. examine (a. ✠); scrutinize; look into, investigate; ⊕ overhaul (*a machine*); fig. scan; ✝ inspect (*accounts*).

exanthème ✱ [ɛgzɑ̃'tɛm] m rash.

exaspération [ɛgzaspera'sjɔ̃] f disease, pain, a. F fig.: aggravation; fig. exasperation, irritation; **exaspérer** [~'re] (1f) v/t. exasperate, irritate, aggravate.

exaucer [ɛgzo'se] (1k) v/t. grant, fulfill (*a wish*); hear (*a prayer*).

excavateur m, **-trice** f ⊕ [ɛkskava'tœːr, ~'tris] excavator, grub; **excavation** [~'sjɔ̃] f excavation; hole.

excédant, e [ɛkse'dɑ̃, ~'dɑ̃ːt] surplus; excess (*luggage*); F tiresome (*person*); **excédent** [~'dɑ̃] m excess, surplus; ~ *de poids* excess weight; **excéder** [~'de] (1f) v/t. exceed; fig. tire, weary (s.o.); irritate.

excellence [ɛksɛ'lɑ̃ːs] f excellence; ♀ *title:* Excellency; *par* ~ particularly; pre-eminently; **excellent, e** [~'lɑ̃, ~'lɑ̃ːt] excellent, F first-rate, capital; delicious (*meal etc.*); **exceller** [~'le] (1a) v/i. excel (in, *en*); in ger., *à inf.*).

excentrer ⊕ [ɛksɑ̃'tre] (2a) v/t. throw off centre; **excentrique** [~'trik] **1.** adj. ⊕ eccentric (a. *person*); fig. odd (*person*); remote (*quarter of a town*); **2.** su./m ⊕ eccentric; cam; *lathe:* eccentric chuck; su. eccentric, crank.

excepté [ɛksɛp'te] prp. except(ing), save; **excepter** [~'te] (1a) v/t. except, exclude (from, *de*); **exception** [~'sjɔ̃] f exception (a. ✠); ~ *faite de, à l'*~ *de* with the exception of; pol. *état m d'*~ state of emergency; *sauf* ~ with certain exceptions; **exceptionnel, -elle** [~sjɔ'nɛl] exceptional, uncommon; ✝ *prix m* ~ bargain.

excès [ɛk'sɛ] m excess; powers, mot. *speed limit:* exceeding; *à l'*~ overmuch; **excessif, -ve** [~sɛ'sif, ~'siːv] excessive, extreme; unreasonable; exorbitant (*price*).

exciser ✱ [ɛksi'ze] (1a) v/t. excise.

excitable [ɛksi'tabl] excitable; **excitant** ✱ [~'tɑ̃] m stimulant; **excitateur, -trice** [~ta'tœːr, ~'tris] **1.** adj. exciting; provocative (of, *de*); **2.** su. instigator (of, *à*); su./m

203 **exhumer**

∮ discharger, (*static*) exciter; *su./f*
∮ exciting dynamo, exciter; **exciter** [~'te] (1a) *v/t*. excite (*a. fig.*); arouse (*emotions*); incite (*s.o., a rebellion, etc.*); cause; s'~ get worked up.

exclamation [ɛksklama'sjɔ̃] *f* exclamation; *point m d'*~ exclamation mark; **exclamer** [~'me] (1a) *v/t*.: s'~ exclaim; protest; make an outcry.

exclure [ɛks'kly:r] (4g) *v/t*. exclude (from, *de*); *fig.* preclude, prevent; **exclusif, -ve** [ɛkskly'zif, ~'zi:v] exclusive; sole (*agent, right*); **exclusion** [~'zjɔ̃] *f* exclusion; *pupil*: expulsion; *à l'*~ *de* excluding; **exclusivité** [~zivi'te] *f* esclusiveness; sole right (in, *de*); ... *en* ~ exclusive ...

excommunier *eccl.* [ɛkskɔmy'nje] (1o) *v/t*. excommunicate.

excorier [ɛkskɔ'rje] (1o) *v/t. a.* s'~ excoriate; peel off.

excrément [ɛkskre'mɑ̃] *m physiol.* excrement; *fig.* scum; **excréter** *physiol.* [~'te] (1f) *v/t*. excrete.

excroissance [ɛkskrwa'sɑ̃:s] *f* excrescence.

excursion [ɛkskyr'sjɔ̃] *f* excursion (*a.* 🚂 *etc.*), tour, trip; *fig.* digression; ✕ raid; ✕ inroad (on, *dans*); **excursionniste** [~sjɔ'nist] *su.* tourist, tripper.

excuse [ɛks'ky:z] *f* excuse; ~*s pl.* apology *sg.*, apologies; **excuser** [~ky'ze] (1a) *v/t*. excuse, pardon; extenuate; s'~ apologize, excuse o.s.; decline an invitation; s'~ *sur q.* shift the blame on to s.o. else.

exécrable [ɛgze'krabl] abominable; horrible; disgraceful; **exécration** [~kra'sjɔ̃] *f* detestation, execration; *fig.* disgrace; **exécrer** [~'kre] (1f) *v/t*. loathe, detest.

exécutant *m*, **e** *f* ♪ [ɛgzeky'tɑ̃, ~'tɑ̃:t] performer; executant; **exécuter** [~'te] (1a) *v/t*. execute (*a.* ✝, *a.* ⚖ *a murderer, etc.*), perform (*a.* ♪), carry out (*a. a plan, an order, etc.*); ⚖ distrain on (*a debtor*); ✝ hammer (*a defaulter*); *fig.* slash (*s.o.*); s'~ comply; yield; *fig.* pay up; **exécuteur-trice** [~'tœ:r, ~'tris] *su.* promise etc.: performer; ⚖ ~ *testamentaire* executor; *su./m* † executioner; **exécutif, -ve** [~'tif, ~'ti:v] *adj., a. su./m* executive; **exécution** [~'sjɔ̃] *f* execution (*a.* ✝, *a.* ⚖ *of a murderer*), performance (*a.* ♪); *promise*: fulfilment; ~ *forcée* ⚖ *debtor*: distraint; ✝ *defaulter*: hammering; ⚖ *law*: enforcement; *mettre à* ~ carry out.

exemplaire [ɛgzɑ̃'plɛ:r] **1.** *adj.* exemplary; **2.** *su./m* sample, specimen; model, pattern; *book*: copy; *en double* ~ in duplicate; **exemple** [~'zɑ:pl] *m* example; *par* ~ for instance; *par* ~*!* well I never!; *ah ça par* ~*!* well really!; *ah non, par* ~*!* no indeed!

exempt¹, e [ɛg'zɑ̃, ~'zɑ̃:t] *adj.* exempt (from, *de*); free; immune; ✝ ~ *de défauts* perfect; ~ *d'impôts* taxfree.

exempt² † [ɛg'zɑ̃] *m* officer of the watch.

exempter [ɛgzɑ̃'te] (1a) *v/t*. exempt; exonerate; **exemption** [~'sjɔ̃] *f* exemption; *fig.* freedom.

exercer [ɛgzɛr'se] (1k) *v/t*. exercise; ✕ *etc.* train, drill; use, exert (*one's influence, one's power*); practise (*a profession, a trade*); s'~ practise (s.th., *à qch.*); drill; be exerted; *fig.* operate; **exercice** [~'sis] *m* exercise; ✕ drill, training; *influence, power*: use; practice; ✝ ~ *fiscal* financial year; (*month's, year's*) trading; *sp.* ~*s pl. aux agrès* apparatus work; *sp.* ~*s pl. libres* light gymnastics *sg.*

exhalaison [ɛgzalɛ'zɔ̃] *f* exhalation; ~*s pl.* fumes; **exhalation** [~la'sjɔ̃] *f* exhaling, exhalation; **exhaler** [~'le] (1a) *v/t*. exhale, give out, emit; *fig.* give vent to (*one's anger*); *fig.* breathe (*a sigh*).

exhausser [ɛgzo'se] (1a) *v/t*. raise (by, *de*), heighten.

exhausteur *mot.* [ɛgzos'tœ:r] *m* suction-pipe; vacuum-feed tank.

exhérédation ⚖ [ɛgzereda'sjɔ̃] *f* disinheritance; **exhéréder** ⚖ [~'de] (1f) *v/t*. disinherit.

exhiber [ɛgzi'be] (1a) *v/t*. ⚖ produce; show (*animals, the ticket, etc.*); *pej.* flaunt, show off; *pej.* s'~ make an exhibition of o.s.; **exhibition** [~bi'sjɔ̃] *f* ⚖ production; showing, display, exhibition; (*cattle-etc.*) show.

exhorter [ɛgzɔr'te] (1a) *v/t*. exhort, urge, encourage.

exhumer [ɛgzy'me] (1a) *v/t*. ex-

exigeant

hume, disinter; *fig.* unearth, bring to light.
exigeant, e [ɛgzi'ʒã, ~'ʒã:t] exacting, hard to please; **exigence** [~'ʒã:s] *f* exigency; ~*s pl.* excessive demands; *fig.* requirements; **exiger** [~'ʒe] (1l) *v/t.* exact, insist on; demand, require; **exigible** [~'ʒibl] due (*payment*); demandable.
exigu, -guë [ɛgzi'gy] exiguous; scanty; slender (*income, means*); **exiguïté** [~gɥi'te] *f* tininess, smallness; slenderness.
exil [ɛg'zil] *m* exile, banishment; **exilé** *m*, **e** *f* [ɛgzi'le] exile; **exiler** [~]¹ (1a) *v/t.* exile, banish.
existence [ɛgzis'tã:s] *f* existence; life; ✝ ~*s pl.* stock *sg.*; *moyens m/pl.* d'~ means of subsistence; **existentialisme** *phls.* [~tãsja'lism] *m* existentialism; **existentialiste** *phls.* [~tãsja'list] *adj., a. su.* existentialist; **exister** [~'te] (1a) *v/i.* exist, be; be extant.
exode [ɛg'zɔd] *m* exodus (*a. fig.*); *bibl.* ♀ Exodus; ~ *rural sociology*: drift to the towns, urban drift.
exonérer [ɛgzɔne're] (1f) *v/t.* exempt; free; exonerate; remit (*s.o.'s*) fees.
exorbitant, e [ɛgzɔrbi'tã, ~'tã:t] exorbitant, excessive.
exorciser *eccl.* [ɛgzɔrsi'ze] (1a) *v/t.* exorcize; lay (*a ghost*).
exotique [ɛgzɔ'tik] exotic; *fig.* foreign.

expansibilité [ɛkspãsibili'te] *f phys.* expansibility; *fig.* expansiveness; **expansible** *phys.* [~'sibl] expansible; **expansif, -ve** [~'sif, ~'siːv] *phys., a. fig.* expansive; *fig.* effusive; **expansion** [~'sjõ] *f phys., a.* ⊕ expansion; *fig.* expansiveness; *culture*: spread; **expansionnisme** [~sjɔ'nism] *m* expansionism.
expatrié, e [ɛkspatri'e] exile, expatriate; **expatrier** [~] (1a) *v/t.* expatriate; exile, banish; s'~ leave one's own country.
expectant, e [ɛkspɛk'tã, ~'tã:t] expectant; **expectative** [~ta'tiːv] *f* expectancy; *dans l'*~ de waiting for.
expectoration ⚕ *etc.* [ɛkspɛktɔra'sjõ] *f* expectoration; sputum; **expectorer** [~'re] (1a) *v/t.* expectorate.
expédient, e [ɛkspe'djã, ~'djã:t] 1. *adj.* expedient, advisable, proper (to, de); 2. *su./m* expedient, shift; *vivre d'*~*s* live by one's wits.
expédier [ɛkspe'dje] (1o) *v/t.* dispatch; get rid of; dispose of (*s.th.*) quickly, hurry through; send (off), forward (*mail etc.*), clear (*the customs*); ⚖ draw up (*a contract*); ~ qch. par bateau ship s.th.; **expéditeur** *m*, **-trice** *f* [ɛkspedi'tœːr, ~'tris] sender; ✝ consigner, shipper; forwarding agent; **expéditif, -ve** [~'tif, ~'tiːv] expeditious, prompt; **expédition** [~'sjõ] *f* expedition (*a. geog.*), dispatch (*a.* ✝); ✝ sending; ✝ consignment; shipping; copy; **expéditionnaire** [~sjɔ'nɛːr] *m* ✝ sender; ✝ forwarding agent; shipper, consigner; ⚖ copying clerk.
expérience [ɛkspe'rjã:s] *f* experience; 🧪 *etc.* experiment, test; *par* ~ from experience.
expérimenté, e [ɛksperimã'te] experienced; skilled (*workman*); **expérimenter** [~] (1a) *v/t.* test, try; *v/i.* experiment (on, sur).
expert, e [ɛkspɛːr, ~'pɛrt] 1. *adj.* expert, skilled (in en, dans); able; 2. *su./m* expert (in, at en) (*a.* ⚖); ✝ valuer; *fig.* connoisseur; ✝ ~ *comptable* chartered accountant; **expertise** [ɛkspɛr'tiːz] *f* ✝ expert appraisal *or* valuation; ⚓ survey; expert evidence; expert opinion; **expertiser** [~ti'ze] (1a) *v/t.* ✝ value, appraise; ⚓ survey.
expiable [ɛks'pjabl] expiable; **expiation** [~pja'sjõ] *f* expiation; *eccl.* atonement (for, de); **expiatoire** [~pja'twaːr] expiatory; **expier** [~'pje] (1o) *v/t.* expiate, atone for, F pay for.
expiration [ɛkspira'sjõ] *f* expiration, breathing out; termination, expiry; ⊕ *steam*: discharge; **expirer** [~'re] (1a) *v/t.* breathe out; *v/i.* expire (*a.* ⚖), die.
explétif, -ve [ɛksple'tif, ~'tiːv] *adj., a. su./m* expletive.
explicable [ɛkspli'kabl] explicable, explainable; **explicatif, -ve** [~ka'tif, ~'tiːv] explanatory; **explication** [~ka'sjõ] *f* explanation; ~ *de texte* textual commentary.
explicite [ɛkspli'sit] explicit, plain.
expliquer [ɛkspli'ke] (1m) *v/t.* explain; comment upon (*a text*); account for; s'~ explain o.s.; be ex-

externe

plained; s'~ avec have it out with; je m'explique what I mean is this.
exploit [εks'plwa] m exploit, deed, feat; ⚖️ writ, summons sg.; ⚖️ signifier un ~ à serve a writ on; **exploitable** [εksplwa'tabl] workable (quarry); ⛏ gettable (coal); exploitable (person); ⚖️ distrainable; **exploitation** [~ta'sjɔ̃] f exploitation (a. fig.); ✝ management; ⛏, 🌾, quarry: working; farming; trees: felling; fig. swindling; mine, workings pl.; **exploiter** [~'te] (1a) v/t. exploit (a. fig.); ⛏ work; ✎ cultivate; ✝ manage; fig. take advantage of; fig. swindle; v/i. ⚖️ serve a writ.
explorateur, -trice [εksplɔra'tœːr, ~'tris] 1. adj. exploratory; 2. su. explorer; **exploration** [~ra'sjɔ̃] f exploration; ⚔ reconnaissance; telev. scanning; **explorer** [~'re] (1a) v/t. explore; ✱ probe; ⚔ reconnoitre; telev., cin. scan.
exploser [εksplo'ze] (1a) v/i. ⊕, ⚔, a. fig. explode; faire ~ blow up; **explosible** [~'zibl] explosive; detonable; **explosif, -ve** [~'zif, ~'ziːv] adj., a. su./m explosive; **explosion** [~'zjɔ̃] f explosion; ⊕ bursting; moteur m à ~ internal combustion engine.
exportation ✝ [εkspɔrta'sjɔ̃] f exportation; export trade; ~s pl. exports.
exposant, e [εkspo'zã, ~'zãːt] su. ⚖️ petitioner; paint. etc. exhibitor; su./m 𝔄 exponent; index; **exposé** [~'ze] m report; outline; account; statement; **exposer** [~'ze] (1a) v/t. expose; disclose (plans); set forth; state; paint. exhibit; jeopardize; s'~ take risks; **exposition** [~zi'sjɔ̃] f exhibition; eccl. exposition; exposure (to cold, to danger; of a baby; of a house); facts etc.: statement, exposition.
exprès, expresse [εks'prε, ~'prεs] 1. adj. explicit, express, definite; 2. exprès adv. deliberately, on purpose; 3. su./m express messenger; lettre f exprès express letter.
express 🚂 [εks'prεs] m express.
expressément [εksprεse'mã] adv. of exprès.
expressif, -ve [εksprε'sif, ~'siːv] expressive; **expression** [~'sjɔ̃] f squeezing, pressing; ♪, 𝔄, paint., a. fig. expression; 𝔄 réduire à la plus simple ~ reduce to the simplest terms.
exprimer [εkspri'me] (1a) v/t. express; put into words, voice; show (an emotion); squeeze out (juice); si l'on peut s'~ ainsi if one may put it that way.
expropriation ⚖️ [εksprɔpria'sjɔ̃] f expropriation; compulsory purchase; **exproprier** ⚖️ [~'e] (1a) v/t. expropriate.
expulser [εkspyl'se] (1a) v/t. expel (a. an electron, a. a pupil); eject (s.o.); ⚖️ evict (a tenant); univ. send (a student) down; ⊕ discharge.
expurger [εkspyr'ʒe] (1l) v/t. expurgate, bowdlerize (a book).
exquis, e [εks'ki, ~'kiːz] exquisite; **exquisément** [~kize'mã] adv. of exquis.
exsangue [εk'sã:g] an(a)emic, bloodless.
exsuder [εksy'de] (1a) vt/i. exude.
extase [εks'tɑːz] f ecstasy; fig. rapture; ✱ trance; **extasier** [~ta'zje] (1o) v/t.: s'~ go into ecstasies (over, devant).
extenseur [εkstã'sœːr] 1. adj./m anat. extensor; 2. su./m anat. muscle: extensor; sp. chest-expander; trousers: stretcher; ⚙ shock-absorber; **extensible** [~'sibl] extensible; metall. tensile; **extension** [~'sjɔ̃] f extent; extension (a. ✝); spreading; stretching; ⊕ etc. tension; gramm. par ~ in a wider sense.
exténuer [εkste'nɥe] (1n) v/t. extenuate, soften; emaciate (the body); fig. exhaust, tire out.
extérieur, e [εkste'rjœːr] 1. adj. exterior, external, outer; pol. foreign; affaires f/pl. ~es foreign affairs; 2. su./m exterior (a. cin.); outside; fig. appearance; pol. foreign countries pl.
exterminateur, -trice [εkstermina'tœːr, ~'tris] 1. adj. exterminating, destroying; 2. su. exterminator, destroyer; **exterminer** [~'ne] (1a) v/t. exterminate, destroy, wipe out.
externat [εkstεr'na] m day-school; ✱ non-resident studentship; **externe** [~'tεrn] 1. adj. external, outer; ✱ out-(patient); ✱ usage m ~ external application; 2. su. day-pupil; ✱ non-resident medical student.

extincteur

extincteur, -trice [ɛkstɛ̃k'tœːr, ~'tris] **1.** *adj.* extinguishing; **2.** *su./m* fire-extinguisher; ~ *à mousse* foam extinguisher; **extinction** [~'sjɔ̃] *f* extinction; *fire, light*: extinguishing; suppression; termination; *race etc.*: dying out; *voice*: loss; ✂ ~ *des feux* lights out, *Am.* taps.

extirper [ɛkstir'pe] (1a) *v/t.* eradicate (*a. fig.*).

extorquer [ɛkstɔr'ke] (1m) *v/t.* extort (from, out of *à*); **extorsion** [~tɔr'sjɔ̃] *f* extortion; blackmail.

extra [ɛks'tra] **1.** *su./m/inv.* extra; hired waiter; temporary job; **2.** *adj./inv.* extra-special; **3.** *adv.* extra-...

extraction [ɛkstrak'sjɔ̃] *f* extraction (*a.* ⚕, ✠, *a. fig.*); *stone*: quarrying; *gold*: winning; *fig.* origin, descent.

extradition ⚖ [ɛkstradi'sjɔ̃] *f* extradition.

extraire [ɛks'trɛːr] (4ff) *v/t.* extract (*a.* ⚖); pull (*a tooth*); quarry (*stone*); win (*gold*); copy out (*a passage*); *fig.* rescue; **extrait** [~'trɛ] *m* extract; *admin.* (*birth-* etc.) certificate; abstract; ✝ ~ *de compte* statement of account.

extraordinaire [ɛkstraɔrdi'nɛːr] **1.** *adj.* extraordinary; uncommon; special; wonderful; queer; **2.** *su./m* extraordinary thing; *the* unusual.

extravagance [ɛkstrava'gɑ̃ːs] *f* extravagance; absurdity; *fig.* ~s *pl.* nonsense *sg.*; **extravagant, e** [~'gɑ̃, ~'gɑ̃ːt] extravagant; absurd; exorbitant, prohibitive (*price*); **extravaguer** [~'ge] (1m) *v/i.* ✍ rave; *fig.* talk nonsense; act wildly.

extrême [ɛks'trɛːm] **1.** *adj.* extreme; utmost, furthest; drastic (*measures*); intense (*cold, emotions, etc.*); **2.** *su./m* extreme; *à l'*~ in the extreme; **~-onction** *eccl.* [ɛkstrɛmɔ̃k'sjɔ̃] *f* extreme unction; **2-Orient** *geog.* [~mɔ'rjɑ̃] *m the* Far East; **extrémiste** *pol. etc.* [ɛkstre'mist] *adj., a. su.* extremist; **extrémité** [~mi'te] *f* extremity; very end, tip; extreme; need; urgency; last moment; point of death; ~s *pl.* extreme measures; *pousser à des* ~s *pl.* carry to extremes.

extrinsèque [ɛkstrɛ̃'sɛk] extrinsic.

exubérance [ɛgzybe'rɑ̃ːs] *f* exuberance, luxuriance, superabundance; **exubérant, e** [~'rɑ̃, ~'rɑ̃ːt] exuberant, luxuriant, superabundant; immoderate (*laughter*).

exultation [ɛgzylta'sjɔ̃] *f* exultation, rejoicing; *avec* ~ exultantly; **exulter** [~'te] (1a) *v/i.* exult, rejoice.

ex-voto [ɛksvɔ'to] *m/inv.* votive offering; ex-voto.

F

F, f [ɛf] *m* F, f.

fa ♪ [fa] *m/inv.* fa, *note*: F; ~ *dièse* F sharp; *clef f de* ~ F-clef.

fable [fɑːbl] *f* fable; story; *fig.* falsehood; *fig.* talk, laughing-stock (*of the town*); **fabliau** [fabli'o] *m Old French literature*: fabliau; **fablier** [~'e] *m* book of fables.

fabricant [fabri'kɑ̃] *m* manufacturer; mill-owner; maker; **fabrication** [~ka'sjɔ̃] *f* manufacture; production; *document*: forging; *fig.* fabrication; ~ *en série* mass production; **fabrique** [fa'brik] *f* manufactury; factory; works *usu. sg.*; *paper, cloth*: mill; make, do; *eccl.* fabric (*of a church*); *eccl.* church council; **fabriquer** [~bri'ke] (1m) *v/t.* ⊕ manufacture; *fig.* make, do; *fig.* fabricate (*a charge, lies, a document*); coin (*a word*); *sl.* cheat, pinch.

fabuleux, -euse [faby'lø, ~'løːz] fabulous (*a. fig.*).

façade [fa'sad] *f* façade; frontage; street front; F window-dressing.

face [fas] *f* face; countenance; aspect; front; ⚕, *a.* ♪ *record*: side; surface; *de* ~ full-face (*photo*); *d'en* ~ opposite; *en* ~ *de* in front of; in the presence of; opposite; *faire* ~ *à* face; *fig.* meet; cope with; *pile ou* ~ heads or tails; **~-à-main**, *pl.* **~s-à-main** [~a'mɛ̃] *m* lorgnette.

facétie [fase'si] *f* facetious remark; joke; **facétieux, -euse** [~'sjø, ~'sjøːz] facetious, waggish.

facette [fa'sɛt] *f* facet (*a. zo.*).

fâché, e [fɑ'ʃe] sorry; angry; annoyed, cross; offended; **fâcher** [~] (1a) *v/t.* anger, make angry; offend; grieve, pain; *se* ~ get angry; get annoyed (with, *contre*; over, *pour*);

fantôme

divers news items; news in brief; *en ~ de* as regards; *être au ~ de qch.* be informed of s.th., know how s.th. stands; *il est de ~ que* it is a fact that; *mettre q. au ~ de qch.* acquaint s.o. with s.th.; give s.o. full information about s.th.; see *voie*.

faîtage ⚠ [fɛˈtaːʒ] *m* ridge-piece; roof-tree; ridge tiling; roof timbers *pl.*; **faîte** [fɛːt] *m* top, summit; ⚠ ridge; *geog.* crest.

faites [fɛt] *2nd p. pl. pres. of* faire.

faix [fɛ] *m* burden, load.

fakir [faˈkiːr] *m* fakir.

falaise [faˈlɛːz] *f* cliff.

fallacieux, -euse [falaˈsjø, ~ˈsjøːz] fallacious, misleading.

falloir [faˈlwaːr] (3e) *v/impers.* be necessary, be lacking; *il faut que je* (*sbj.*) I must (*inf.*); *il me faut* (*inf.*) I must (*inf.*); *il me faut qch.* I want s.th.; I need s.th.; *comme il faut* proper(ly *adv.*); *il s'en faut de beaucoup* far from it; *peu s'en faut* very nearly; *tant s'en faut* not by a long way; **fallu** [~ˈly] *p.p. of* falloir; **fallut** [~ˈly] *3rd p. sg. p.s. of* falloir.

falot¹ [faˈlo] *m* (hand) lantern; (stable) lamp.

falot², **e** [faˈlo, ~ˈlɔt] odd, curious, quaint; wan (*light*); *fig.* dull.

falourde [faˈlurd] *f* large faggot.

falsificateur *m*, **-trice** *f* [falsifikaˈtœːr, ~ˈtris] forger (*of papers*); adulterater (*of food, milk, etc.*); **falsification** [~ˈsjɔ̃] *f* forgery, forging; adulteration; **falsifier** [falsiˈfje] (1o) *v/t.* falsify; forge; adulterate (*food etc.*).

famé, e [faˈme] *adj.*: *bien (mal) ~ of* good (evil) repute.

famélique [fameˈlik] **1.** *adj.* starving, famished; **2.** *su.* starveling.

fameux, -euse [faˈmø, ~ˈmøːz] famous, renowned, celebrated; F first-class, magnificient, capital, *Am.* swell.

familial, e, m/pl. -aux [famiˈljal, ~ˈljo] family...; domestic; **familiariser** [familjaˈrize] (1a) *v/t.* familiarize; *se ~ avec* make o.s. familiar with; **familiarité** [~ˈte] *f* familiarity; *fig. ~s pl.* liberties; **familier, -ère** [famiˈlje, ~ˈljɛːr] **1.** *adj.* family..., domestic; familiar, well-known; intimate; colloquial; *expression f ~ère* colloquialism; **2.** *su.* intimate; regular visitor;

famille [~ˈmiːj] *f* family; household.

famine [faˈmin] *f* famine, starvation.

fanage 🜚 [faˈnaːʒ] *m hay:* tedding.

fanal [faˈnal] *m* lantern; beacon; ⚓ navigation light; 🚗 headlight.

fanatique [fanaˈtik] **1.** *adj.* fanatical; enthusiastic; **2.** *su.* fanatic; enthusiast; **fanatisme** [~ˈtism] *m* fanaticism.

fanchon [fɑ̃ˈʃɔ̃] *f* kerchief.

fane [fan] *f potatoes:* haulm; *carrots:* top; dead leaves *pl.*; **faner** [faˈne] (1a) *v/t.* ted, toss (*the hay*); *fig.* cause (*colour etc.*) to fade; *se ~* fade (*colour*); wither, droop (*flower*); *v/i.* make hay; **faneur, -euse** [~ˈnœːr, ~ˈnøːz] *su.* haymaker; *su./f* tedder, tedding machine.

fanfare [fɑ̃ˈfaːr] *f trumpets:* flourish; *hunt. etc.* fanfare; brass band; 🎺 bugle band; **fanfaron, -onne** [fɑ̃faˈrɔ̃, ~ˈrɔn] **1.** *adj.* boastful, bragging, swaggering; **2.** *su.* swaggerer, braggart, boaster; *su./m: faire le ~* bluster; brag; **fanfaronnade** [~rɔˈnad] *f* swagger, boasting; bluster.

fanfreluche [fɑ̃frəˈlyʃ] *f* bauble; *cost. ~s pl.* fal-lals.

fange [fɑ̃ːʒ] *f* mud; filth, F muck; **fangeux, -euse** [fɑ̃ˈʒø, ~ˈʒøːz] muddy; dirty, filthy.

fanion 🎖 [faˈnjɔ̃] *m* flag; pennon.

fanon [faˈnɔ̃] *m eccl.* maniple; *ox:* dewlap; *horse:* fetlock; whalebone.

fantaisie [fɑ̃tɛˈzi] *f* imagination; fancy (*a. fig.*); *fig.* whim; ♪ fantasia; *à ma ~* as the fancy takes (took) me; † *articles m/pl. de ~* fancy goods; *de ~* imaginary; *~ fancy-...*; **fantaisiste** [~ˈzist] **1.** *adj.* fantastic, freakish; **2.** *su.* fanciful person.

fantasmagorie [fɑ̃tasmagɔˈri] *f* phantasmagoria; *fig.* weird spectacle.

fantasque [fɑ̃ˈtask] odd; whimsical, queer (*person*).

fantassin [fɑ̃taˈsɛ̃] *m* infantryman, foot-soldier.

fantastique [fɑ̃tasˈtik] fantastic; weird; *fig.* incredible.

fantoche [fɑ̃ˈtɔʃ] *m* puppet (*a. fig.*), marionette.

fantôme [fɑ̃ˈtoːm] *m* phantom,

faon

ghost, spectre; illusion; *le vaisseau* ~ the Flying Dutchman.
faon [fã] *m* fawn; roe calf.
faquin [fa'kɛ̃] *m* cad, scoundrel; low fellow.
faraud, e F [fa'ro, ~'ro:d] 1. *adj.* vain, affected; F dressed to kill; 2. *su.* swanker.
farce [fars] 1. *su./f* practical joke, trick; *thea.* farce; *cuis.* stuffing, forcemeat; 2. *adj. sl.* funny, comical; **farceur** *m*, **-euse** *f* [far'sœːr, ~'søːz] practical joker; wag, humorist.
farcin *vet.* [far'sɛ̃] *m* farcy.
farcir *cuis.*, *a. fig.* [far'siːr] (2a) *v/t.* stuff.
fard [faːr] *m* make-up; rouge; *fig.* artifice, camouflage; *parler sans* ~ speak plainly *or* candidly; *sl. piquer un* ~ blush.
fardeau [far'do] *m* burden (*a.* ⚖); load.
farder[1] [far'de] (1a) *v/t.* make (*s.o.*) up; paint; *fig.* disguise, camouflage; *se* ~ make up.
farder[2] [~] (1a) *v/i.* sink (*wall*); ⚓ set; weigh heavy.
fardier [far'dje] *m* trolley; truck, lorry.
farfadet [farfa'dɛ] *m* goblin; elf.
farfelu F [farfə'ly] *m* whippersnapper.
farfouiller [farfu'je] (1a) *v/i.* rummage (in, among *dans*); *v/t.* explore.
faribole [fari'bɔl] *f* (stuff and) nonsense.
farinacé, e [farina'se] farinaceous; **farine** [fa'rin] *f* flour, meal; *fig.* type, sort; ~ *de riz* ground rice; **fariner** *cuis.* [fari'ne] (1a) *v/t.* dust with flour; **farineux, -euse** [~'nø, ~'nøːz] 1. *adj.* farinaceous; floury; flour-covered; 2. *su./m* farinaceous food.
farouche [fa'ruʃ] wild, fierce; cruel; timid, shy; unsociable, unapproachable.
farrago [fara'go] *m* mixed corn; *fig.* farrago; hodge-podge.
fart [faːr] *m* ski wax; **farter** [far'te] (1a) *v/t.* wax (*one's skis*).
fasce [fas] *f* △ fascia; ⌀ fesse.
fascicule [fasi'kyl] *m encyclopaedia etc.*: part, section; ♀, *zo.* bunch; ♀, *zo.* fascic(u)le.
fascié, e [fa'sje] striped; ♀, *zo.* fasciated; **fascinage** △ [fasi'naːʒ] *m* fascine work; protection with fascines.
fascinateur, -trice [fasina'tœːr, ~'tris] *f* fascinating; **fascination** [~'sjɔ̃] *f* fascination, charm.
fascine △ [fa'sin] *f* fascine.
fasciner[1] [fasi'ne] (1a) *v/t.* fascinate; *fig.* entrance.
fasciner[2] [~] (1a) *v/t.* fascine; *Am.* corduroy (*a road*).
fascisme *pol.* [fa'ʃism] *m* fascism; **fasciste** *pol.* [~'ʃist] *su.*, *a. adj.* fascist.
fasse [fas] *1st p. sg. pres. sbj. of faire.*
faste [fast] *m* pomp, display.
fastes [~] *m/pl. hist.* fasti; F records.
fastidieux, -euse [fasti'djø, ~'djøːz] tedious, dull; irksome, tiresome.
fastueux, -euse [fas'tɥø, ~'tɥøːz] ostentatious, showy; sumptuous.
fat [fat] 1. *adj./m* foppish; conceited; 2. *su./m* fop; conceited idiot.
fatal, e, *m/pl.* **-als** [fa'tal] fatal; *fig.* inevitable; *femme f* ~e vamp; **fatalisme** [fata'lism] *m* fatalism; **fataliste** [~'list] 1. *adj.* fatalistic; 2. *su.* fatalist; **fatalité** [~li'te] *f* fatality.
fatidique [fati'dik] prophetic (*utterance*); fateful.
fatigant, e [fati'gã, ~'gãːt] tiring; tiresome, tedious; **fatigue** [fa'tig] *f* fatigue (*a.* ⊕, *metall.*); tiredness, weariness; hard work; *fig.* wear (and tear); *brisé* (*or mort*) *de* ~ dog-tired; *de* ~ strong (*shoes*); working (*clothes*); F *tomber de* ~ be worn out; **fatigué, e** [fati'ge] tired, weary; **fatiguer** [~] (1m) *v/t.* tire, make (*s.o.*) tired; overwork; overstrain; *cuis.* mix (*salad*) thoroughly; *fig.* bore (*s.o.*); *v/i.* labo(u)r (*person*); ⊕, △ be overloaded.
fatras [fa'trɑ] *m* hotchpotch, jumble; lumber.
fatuité [fatɥi'te] *f* conceit, self-satisfaction.
faubourg [fo'buːr] *m* suburb; outskirts *pl.*; *fig.* ~s *pl.* working classes; **faubourien, -enne** [~bu'rjɛ̃, ~'rjɛn] 1. *adj.* suburban; *fig.* common (*accent*); 2. *su.* suburbanite; *fig.* common person.
fauchage [fo'ʃaːʒ] *m*, **fauchaison** [~ʃɛ'zɔ̃] *f*, **fauche** [foːʃ] *f* mowing, cutting; reaping (time); **fauché, e** [fo'ʃe] 1. *adj.* F broke; 2. *su./f* (one) day's mowing *or* cutting; swath;

faucher [~'ʃe] (1a) *v/t.* mow, cut; reap (*corn*); ⚔ mow down (*troops*); ⚔ sweep by fire; *sl.* pinch, steal; **fauchet** ♂ [~'ʃe] *m* hay-rake; bill-hook; **fauchette** ♂ [~'ʃɛt] *f* bill-hook; **faucheur, -euse** [~'ʃœːr, ~'ʃøːz] *su. person:* reaper; *su./m zo.* harvest-spider, *Am.* daddy-longlegs; *su./f machine:* reaper; **faucheux** *zo.* [~'ʃø] *m* harvest-spider, *Am.* daddy-long-legs.

faucille ♂ [fo'siːj] *f* sickle.

faucon *orn.* [fo'kɔ̃] *m* falcon, hawk.

faudra [fo'dra] *3rd p. sg. fut. of falloir.*

faufil [fo'fil] *m* tacking *or* basting thread; **faufiler** [fofi'le] (1a) *v/t.* tack, baste; slip (*s.th., s.o.*) in; introduce stealthily; *se* ~ creep in, slip in; insinuate (o.s.) (into, *dans*);

faufilure [~'lyːr] *f* tacked seam; tacking, basting.

faune [foːn] *su./m myth.* faun; *su./f zo.* fauna.

faussaire [fo'sɛːr] *m* forger; *fig.* falsifier; **fausser** [~'se] (1a) *v/t.* falsify; distort (*facts, ideas, words*); ⊕ force (*a lock etc.*); ⊕ warp, strain; ⊕ put (*s.th.*) out of true; ♩ put (*s.th.*) out of tune; F ~ compagnie à q. give s.o. the slip; ~ parole à q. break one's promise to s.o.

fausset[1] ♩ [fo'sɛ] *m* falsetto.

fausset[2] ⊕ [~] *m* spigot, vent-plug.

fausseté [fos'te] *f* falseness, falsity; falsehood; *fig.* treachery, duplicity.

faut [fo] *3rd p. sg. pres. of falloir.*

faute [foːt] *f* fault (*a. tennis*); error, mistake; *foot. etc.* foul; want, lack; ~ *de* for want of, lacking; *faire* ~ be lacking; *sans* ~ without fail; **fauter** F [fo'te] (1a) *v/i.* go wrong.

fauteuil [fo'tœːj] *m* arm-chair, easy chair; *meeting:* chair; *thea.* stall; *Académie française:* seat; ~ *à bascule* see rocking-chair; ~ *club* club chair; ⚖ ~ *électrique* electric chair; ~ *roulant* wheel chair; Bath chair.

fauteur *m,* **-trice** *f* [fo'tœːr, ~'tris] instigator; ⚖ abettor.

fautif, -ve [fo'tif, ~'tiːv] faulty, wrong, incorrect; offending.

fauve [foːv] 1. *adj.* tawny; musky (*smell*); lurid (*sky*); 2. *su./m* fawn; *coll.* deer *pl.*, ~*s pl.* wild beasts; deer *pl.*; **fauvette** *orn.* [fo'vɛt] *f* warbler.

faux[1] ♂ [fo] *f* scythe.

faux[2], **fausse** [fo, foːs] 1. *adj.* false; untrue, wrong; imitation...; fraudulent; forged (*document*); ♩ out of tune; ~ *col m* detachable *or* loose collar; ~ *frais m/pl.* incidental expenses; *teleph.* ~ *numéro m* wrong number; *fig.* ~ *pas m* blunder; *fausse clef f* skeleton key; ⚖ *fausse couche f* miscarriage; *fausse monnaie f* counterfeit coin(s *pl.*); *faire fausse route* take the wrong road; 2. *faux adv.* falsely; ♩ out of tune; 3. *su./m* falsehood; *the* untrue; ⚖ forgery; ⚖ *s'inscrire en* ~ *contre* deny (*s.th.*); **~-bourdon** ♩ [fobur'dɔ̃] *m* faux-bourdon; **~-fuyant** *fig.* [~fɥi'jɑ̃] *m* subterfuge, evasion; **~-monnayeur** [~mɔnɛ'jœːr] *m* counterfeiter.

faveur [fa'vœːr] *f* favo(u)r; *à la* ~ *de* by the help of; under cover of (*darkness etc.*); *de* ~ complimentary (*ticket*); preferential, special (*treatment, price*); *en* ~ in favo(u)r (*of, de*); *mois m de* ~ month's grace; **favorable** [favɔ'rabl] favo(u)rable; advantageous (*price etc.*); propitious; **favori, -te** [~'ri, ~'rit] 1. *adj.* favo(u)rite; 2. *su.* favo(u)rite; *su./m:* ~*s pl.* (side-)whiskers; **favoriser** [~ri'ze] (1a) *v/t.* favo(u)r; promote; **favoritisme** [~ri'tism] *m* favo(u)ritism.

fayot *sl.* [fa'jo] *m* ⚘ kidney-bean; ⚔ re-engaged man; *school:* swot.

fébrifuge ♂ [febri'fyːʒ] *adj., a. su./m* febrifuge; **fébrile** [~'bril] feverish (*a. fig.*).

fécal, e, m/pl. -aux ⚘, *physiol.* [fe'kal, ~'ko] f(a)ecal; *matières f/pl.* ~*es* = *fèces* [fɛs] *f/pl. physiol., a.* ⚘ f(a)eces; ⚘ *précipitate sg.*; ⚘ stool *sg.*

fécond, e [fe'kɔ̃, ~'kɔ̃ːd] fruitful, fertile; productive (of, en); prolific; **féconder** [fekɔ̃'de] (1a) *v/t.* fecundate; fertilize; **fécondité** [~di'te] *f* fertility; fecundity; fruitfulness.

fécule [fe'kyl] *f* starch, fecula; **féculent, e** [~ky'lɑ̃, ~'lɑ̃ːt] 1. *adj.* starchy; ⚘ thick; 2. *su./m* starchy food; **féculerie** [~kyl'ri] *f* potato-starch works *usu. sg.*

fédéral, e, m/pl. -aux [fede'ral, ~'ro] *adj., a. su./m* federal; **fédéraliser** [~rali'ze] (1a) *v/t.* federalize;

fédératif 212

fédératif, -ve [˳ra'tif, ˳'tiːv] federative; **fédération** [˳ra'sjɔ̃] f federation; ~ *syndicale ouvrière* trade union; **fédéré, e** [˳'re] *adj.*, *a. su./m* federate; **fédérer** [˳'re] (1f) *v/t. a. se* ~ federate.

fée [fe] f fairy; *conte m de* ~*s* fairy-tale; *pays m des* ~*s* fairyland; F *vieille* ~ old hag; **féerie** [˳'ri] f fairyland; fairy scene; *fig.* enchantment; *thea.* pantomime; fairy-play; **féerique** [˳'rik] fairy, magic; *fig.* enchanting.

feindre [fɛ̃ːdr] (4m) *v/t.* feign, sham, pretend (*to inf.*, *de inf.*); *v/i.* limp slightly (*horse*); **feinte** [fɛ̃ːt] f pretence, sham; make-believe; bluff; *box. etc.* feint; *horse:* slight limp.

fêlé, e [fe'le] cracked (*a. sl. fig.*); **fêler** [˳] (1a) *v/t.* crack (*a glass etc.*); *se* ~ crack (*glass*).

félicitation [felisita'sjɔ̃] f congratulation; *faire les* ~*s à q.* congratulate s.o.; **félicité** [˳'te] f bliss, joy; **féliciter** [˳'te] (1a) *v/t.*: ~ *q. de* congratulate s.o. on; *se* ~ *de* be pleased with; be thankful for.

félin, e [fe'lɛ̃, ˳'lin] **1.** *adj. zo.* feline, cat-...; *fig.* cat-like; **2.** *su./m zo.* feline, cat.

félon, -onne *hist.* [fe'lɔ̃, ˳'lɔn] **1.** *adj.* disloyal, felon; **2.** *su./m* felon, caitiff; **félonie** *hist.* [˳lɔ'ni] f disloyalty; *feudality:* felony.

fêlure [fɛ'lyːr] f crack; split; ✵ *skull:* fracture; F *avoir une* ~ be a bit cracked (= *crazy*).

femelle *zo.* [fə'mɛl] *adj.*, *a. su./f* female.

féminin, e [femi'nɛ̃, ˳'nin] **1.** *adj.* feminine; female (*sex*); woman's ...; womanly; **2.** *su./m gramm.* feminine (*gender*); **féminiser** [˳ni'ze] (1a) *v/t.* make feminine (*a. gramm.*); give a feminine appearance to; **féminisme** [˳'nism] *m* feminism; **féministe** [˳'nist] *su.*, *a. adj.* feminist.

femme [fam] f woman; wife; woman ...; ~ *de chambre* housemaid; ~ *de charge* housekeeper; ~ *de ménage* charwoman, cleaner; housekeeper; **femmelette** F [˳'lɛt] f little or weak woman; *man:* weakling.

fémur *anat.* [fe'myːr] *m* femur, thigh-bone.

fenaison ⚚ [fənɛ'zɔ̃] f haymaking.
fenderie ⊕ [fɑ̃'dri] f metal, wood: splitting into rods; splitting-mill; splitting-machine; cutting shop; **fendeur** [˳'dœːr] *m* splitter; cleaver; F woodcutter; **fendiller** [˳di'je] (1a) *v/t. a. se* ~ crack (*wood*, *a. paint.*); crackle (*china*, *glaze*); craze (*china*, *concrete*, *glaze*); **fendre** [fɑ̃ːdr] (4a) *v/t.* split, cleave; slit; crack; rend (*the air*); break through (*a crowd*); *se* ~ split, crack.

fenêtrage [fənɛ'traːʒ] *m* windows *pl.*; **fenêtre** [˳'nɛːtr] f window; ~ *à bascule* balance or pivoted window; ~ *à coulisse* (or *guillotine*) sash-window; *jeter l'argent par la* ~ throw money down the drain; **fenêtrer** ⚠ [˳nɛ'tre] (1a) *v/t.* put windows in.

fenil [fə'ni] *m* hayloft.
fenouil ⚘ [fə'nuːj] *m* fennel.
fente [fɑ̃ːt] f crack, fissure, split; slit; chink; gap; crevice; opening; ⊕ slot.

féodal, e, *m/pl.* **-aux** [feɔ'dal, ˳'do] feudal; **féodalité** [˳dali'te] f feudality; feudal system.

fer [fɛːr] *m* iron; *fig.* sword; (horse-)shoe; ~*s pl.* fetters, chains; ~ *à repasser* (flat-)iron; ⊕ ~ *à souder* soldering-iron; ~ *à T* T-iron; ~ *électrique* electric iron; *en barres* bar or strip iron; ⚠ *construction f en* ~ ironwork; *de* ~ iron; *donner un coup de* ~ *à* press, iron; *fil m de* ~ wire.

ferai [fə're] *1st p. sg. fut.* of *faire.*
fer-blanc, *pl.* **fers-blancs** [fɛr'blɑ̃] *m* tin(-plate); **ferblanterie** [ferblɑ̃'tri] f tin-plate; tin goods *pl.*, tinware; ⊕ tin-shop; **ferblantier** [˳'tje] *m* tinsmith.

férié [fe'rje] *adj./m*: *jour m* ~ public holiday; *eccl.* holy day.

férir † [fe'riːr] (2u) *v/t.* strike; *sans coup* ~ without striking a blow.

fermage ⚚ [fɛr'maːʒ] *m* (farm-)rent; tenant farming.

ferme¹ [fɛrm] **1.** *adj.* firm, steady (*a.* ✝); rigid; fixed, fast; resolute; *vente f* ~ definite sale; **2.** *adv.* firmly; ~! steady!; *frapper* ~ hit hard; *tenir* ~ stand firm.

ferme² [˳] f farm; farming lease; *à* ~ on lease.

ferme³ ⚠ [˳] f truss(ed girder).
ferment [fɛr'mɑ̃] *m* ferment (*a.*

feu

fig.); *bread*: leaven; **fermentation** [~mɑ̃ta'sjɔ̃] *f* fermentation; *dough*: rising; *fig.* unrest, ferment; **fermenter** [~'te] (1a) *v/i.* ferment; rise (*dough*); *fig.* be in a ferment.

fermer [fɛr'me] (1a) *vt/i.* close, shut; *v/t.* fasten; turn off (*the electricity, the gas, the light*); clench (*one's fist*); block (*a game, a.* ♟); ~ *à clef* lock; ~ *au verrou* bolt; ~ *à vis* screw (*s.th.*) down; *sl.* **ferme ça!, la ferme!** shut up!; *v/i.* close (down) (*firm etc.*); wrap round (*clothes*).

fermeté [fɛrmə'te] *f* firmness; steadiness (*a. of purpose*); constancy; *fig.* strength (*of mind*).

fermeture [fɛrmə'ty:r] *f* shutting, closing; fastening; ~ *éclair* (or *à glissière*) zip fastener, F zip.

fermier, -ère [fɛr'mje, ~'mjɛ:r] *su.* farmer; tenant farmer; *su./f a.* farmer's wife.

fermoir [fɛr'mwa:r] *m* snap; clasp, fastener, catch; ⊕ firmer (= *sort of chisel*).

féroce [fe'rɔs] ferocious (*a. fig.*), fierce, savage, wild; **férocité** [~rɔsi'te] *f* fierceness; ferocity.

ferrage [fɛ'ra:ʒ] *m horse*: shoeing; **ferraille** [~'ra:j] *f* old iron, scrap-iron; scrap-heap; junk; **ferrailler** F [~ra'je] (1a) *v/i.* clash swords; fence clumsily; **ferrailleur** [~ra'jœ:r] *m* scrap-iron dealer; junk-dealer; F swashbuckler; F poor fencer; **ferrant** [~'rã] *adj./m: maréchal-*~ *m* farrier; **ferré, e** [~'re] fitted with iron; iron-tipped; shod (*horse*); studded (*boots, tyres*); F well up (in, en); ~ *à glace* rough-shod (*horse*); **ferret** [~'rɛ] *m* tag, tab; *min. stone*: core; **ferreur** [~'rœ:r] *m* fitter (*of s.th.*) with iron; ~ *de chevaux* shoeing-smith; **ferronnerie** [~rɔn'ri] *f* iron foundry, ironworks *usu. sg.*; ironmongery; **ferronnier** [~rɔ'nje] *m* blacksmith; ironworker; ironmonger; **ferronnière** [~rɔ'njɛ:r] *f* frontlet.

ferroviaire [fɛrɔ'vjɛ:r] railway-...

ferrugineux, -euse ♠ [fɛryʒi'nø, ~'nø:z] ferruginous, iron-...

ferrure [fɛ'ry:r] *f* iron-fitting; iron-work.

ferry-boat [fɛri'bo:t] *m* train ferry.

fertile [fɛr'til] fertile, fruitful, rich (in, en); **fertiliser** [~tili'ze] (1a) *v/t.* fertilize; *se* ~ become fertile; **fertilité** [~'te] *f* fertility; richness; abundance.

féru, e [fe'ry] **1.** *p.p.* of *férir*; **2.** *adj.*: ~ *de* smitten with; set on (*an idea*).

férule [fe'ryl] *f* ♣ giant fennel; *school*: cane; *fig.* rule.

fervent, e [fɛr'vã, ~'vã:t] **1.** *adj.* fervent, earnest, ardent; **2.** *su.* enthusiast; devotee, ... fan; **ferveur** [~'vœ:r] *f* fervo(u)r, earnestness.

fesse [fɛs] *f* buttock; ~*s pl.* buttocks, bottom *sg.*; **fessée** [fɛ'se] *f* spanking; **fesse-mathieu** [fɛsma'tjø] *m* skinflint; **fesser** [fɛ'se] (1a) *v/t.* spank.

festin [fɛs'tɛ̃] *m* feast, banquet; **festiner** [~ti'ne] (1a) *v/i.* feast.

festival, *pl.* **-als** [fɛsti'val] *m* festival; **festivité** [~vi'te] *f* festivity.

feston [fɛs'tɔ̃] *m* festoon; *needlework*: scallop; *point m de* ~ buttonhole stitch; **festonner** [~tɔ'ne] (1a) *v/t.* festoon; scallop (*a hem*); *v/i. sl.* stagger about.

festoyer [fɛstwa'je] (1h) *vt/i.* feast.

fêtard m, e *f* F [fɛ'ta:r, ~'tard] reveller, roisterer; **fête** [fɛ:t] *f* feast, festival; holiday; birthday; festivity; *faire* ~ *à* welcome; **fête-Dieu,** *pl.* **fêtes-Dieu** *eccl.* [fɛt'djø] *f* Corpus Christi; **fêter** [fɛ'te] (1a) *v/t.* keep (*a feast, a holiday*); feast, entertain (*s.o.*); celebrate (*a birthday, an event*).

fétiche [fe'tiʃ] *m* fetish; *mot.* mascot.

fétide [fe'tid] fetid, stinking, rank; **fétidité** [~tidi'te] *f* fetidness, foulness.

fétu [fe'ty] *m* straw; F *fig.* rap.

feu¹ [fø] *m* fire (*a. of a gun or rifle*); flame; fireplace; *fig.* ardo(u)r, heat; *stove*: burner; *mot. etc.* light; *mot.* ~ *arrière* rearlight; ~ *d'artifice* firework(s *pl.*); ~ *de joie* bonfire; ~ *follet* will-o'-the-wisp; *mot.* ~ *vert* (*rouge*) green (red) light (*a. fig.*); ⚔ *aller au* ~ go into action; *à petit* ~ on or over a slow fire; *fig.* by inches; *arme f à* ~ fire-arm; *au* ~! fire!; *au coin du* ~ by the fireside; *coup m de* ~ shot; *donner du* ~ *à q.* give s.o. a light; *fig.* entrer *dans le* ~ *pour q.* go through fire and water for s.o.; *faire* ~ fire (at, sur); *fig. faire long* ~ hang fire; *mettre le* ~ *à qch.* set fire to s.th.; set s.th. on fire; *par le fer et le* ~ by

feu 214

fire and sword; *prendre* ~ catch fire; *fig.* flare up, fly into a temper. **feu², feue** [fø] *adj. (inv. before article and poss. adj.)* late, deceased; *¹a feue reine, feu la reine* the late queen.

feudataire [føda'tɛ:r] *m* feudatory; vassal.

feuillage [fœ'ja:ʒ] *m* leaves *pl.*, foliage; **feuillaison** ⚘ [ˌ.jɛ'zɔ̃] *f* foliation; springtime; **feuillard** [ˌ.'ja:r] *m* hoop-wood; hoop-iron; ⊕ metallic ribbon; **feuille** [fœ:j] *f* ⚘ leaf; *paper:* sheet; *admin.* form; ⚜ chart; ⚖ list; F *journ.* ~ *de chou* rag; ~ *de paie* wage-sheet; ~ *de présence* attendance list; ⊕ timesheet; ~ *de route* ✈ way-bill; ⚔ marching orders *pl.*; ⚔ travel warrant; ~ *volante* fly-sheet; **feuillée** [fœ'je] *f* arbo(u)r; foliage; ⚔ ~s *pl.* latrines; **feuille-morte** [fœj'mɔrt] *adj./inv.* dead-leaf *(colour)*; oak-leaf brown; russet; **feuillet** [fœ'jɛ] *m book:* leaf; *admin.* form; sheet; ⊕ thin sheet, plate; **feuilletage** *cuis.* [fœjˈta:ʒ] *m*, **feuilleté** *cuis.* [ˌ.'te] *m* puff paste; **feuilleter** [ˌ.'te] (1c) *v/t.* skim through, thumb through, turn over the pages of *(a book); cuis.* roll and fold; ⊕ divide into sheets; **feuilleton** [ˌ.'tɔ̃] *m journ.* feuilleton; serial (story).

feuillette [fœ'jɛt] *f (approx.)* half-hogshead.

feuillu, e [fœ'jy] leafy; deciduous *(forest)*.

feutre [fø:tr] *m* felt; felt hat; *saddle:* stuffing; **feutrer** [fø'tre] (1a) *v/t.* felt; stuff, pad (a saddle etc.); *à pas feutrés* noiselessly; **feutrier** [ˌ.tri'e] *m* felt-maker.

fève [fɛ:v] *f* bean; **fèverole** ⚘ [fɛ'vrɔl] *f* field-bean.

février [fevri'e] *m* February.

fi! [fi] *int.* fie!; for shame!; ~ *de* ...! a fig for ...!; *faire* ~ *de* scorn, turn up one's nose at.

fiacre [fjakr] *m* cab, hackney carriage.

fiançailles [fjã'sɑ:j] *f/pl.* engagement *sg.*, betrothal *sg.* (to, *avec*); **fiancé** [ˌ.'se] *m* fiancé; **fiancée** [ˌ.'se] *f* fiancée; **fiancer** [ˌ.'se] (1k) *v/t.* betroth; *se* ~ become engaged (to, *à*).

fibranne *tex.* [fi'bran] *f* staple fibre.

fibre [fibr] *f* fibre; *wood:* grain; *fig.* feeling; ~ *de bois* packing: wood-wool, *Am.* excelsior; ~ *de verre* glass-wool; *(la)* ~ *de la poésie* (a) soul for poetry; *avoir la* ~ *sensible* be impressionable; **fibreux, -euse** [fi'brø, ˌ.'brø:z] fibrous, stringy; **fibrille** *physiol.* [ˌ.'bri:j] *f* fibril.

ficeler [fis'le] (1c) *v/t.* tie up, do up; *sl.* dress *(s.o.)* badly; **ficelle** [fi'sɛl] 1. *su./f* string *(a. fig.)*; twine; *sl.* tricks *pl.*; *sl. connaître toutes les* ~s know the ropes; 2. *adj.* wily, cunning.

fiche [fiʃ] *f iron, wood:* peg, pin; *paper:* form, voucher; label; index card; *games:* counter; ⚡ plug; *fig.* scrap; ⚡ ~ *femelle* jack; *mettre qch. sur* ~s card(-index) *s.th.*; **ficher** [fi'ʃe] (1a) *v/t.* stick in, drive in; ⚠ point *(a wall); sl.* do; *sl.* put; *sl.* give; *sl.* ~ *q. à la porte* throw *s.o.* out; *sl. fichez-moi la paix!* shut up!; *sl. fichez-moi le camp!* clear off!; clear out!; *sl. se* ~ *de* make fun of; not to care (a hang) about; **fichier** ✈ [ˌ.'ʃje] *m* card-index; card-index cabinet.

fichoir [fi'ʃwa:r] *m* clothes-peg.

fichtre! *sl.* [fiʃtr] *int.* my word!; indeed!; hang it!

fichu¹ [fi'ʃy] *m* neck scarf; small shawl.

fichu², e *sl.* [~] 1. *p.p.* of *ficher*; 2. *adj.* lost, done for; rotten; *ce* ~ ... this confounded ...; *mal* ~ wretched; out of sorts.

fictif, -ve [fik'tif, ˌ.'ti:v] fictitious; sham; ✈ *facture f* ~*ve* pro forma invoice; **fiction** [ˌ.'sjɔ̃] *f* fiction, invention, fabrication.

fidèle [fi'dɛl] 1. *adj.* faithful, true, staunch; exact *(copy)*; 2. *su. eccl. les* ~s *pl.* the congregation *sg.*; the faithful; **fidélité** [ˌ.deli'te] *f* fidelity; integrity; *de haute* ~ high fidelity, F hi-fi *(record etc.)*.

fiduciaire [fidy'sjɛ:r] fiduciary; trust ...; *monnaie f* ~ paper money.

fief *hist.* [fjɛf] *m* fief; fee; *Sc.* feu; **fieffé, e** [fjɛ'fe] *hist.* enfeoffed; given in fee *(land); F pej.* out and out, arrant, thorough-paced; **fieffer** *hist.* [~] (1a) *v/t.* enfeoff *(s.o.)*; give *(land)* in feoff.

fiel [fjɛl] *m animal:* gall; *person:* bile; *fig.* spleen; *fig.* bitterness; *sans* ~ without malice.

fiente [fjã:t] *f* dung; *birds:* droppings *pl.*; **fienter** [fjã'te] (1a) *v/i.* dung; mute (*birds*).

fier¹ [fje] (1o) *v/t.*: se ~ à trust (*s.o.*), rely on; *fiez-vous à moi!* leave it to me!; *ne vous y fiez pas!* don't count on it!

fier², fière [fjɛːr] proud; haughty; *fig.* magnificent.

fier-à-bras, *pl.* **fier(s)-à-bras** [fjɛra'bra] *m* swaggerer, bully.

fierté [fjɛr'te] *f* pride; haughtiness; vanity.

fièvre [fjɛːvr] *f* fever; **fiévreux, -euse** [fje'vrø, ~'vrøːz] 1. *adj.* feverish; fever-ridden; *fig.* excited; 2. *su.* fever patient.

fifre [fifr] *m* fife (*a. player*).

figer [fi'ʒe] (1l) *v/t. a.* se ~ congeal, coagulate; se ~ *a.* set (*face*); *fig.* freeze (*smile*).

fignoler F [fiɲɔ'le] (1a) *v/i.* finick, be finicky; *v/t.* fiddle over (*s.th.*) with extreme care; se ~ titivate o.s.

figue [fig] *f* fig; F mi-~, mi-raisin wavering; so-so; middling; **figuier** [fi'gje] *m* fig-tree.

figurant *m*, **e** *f* [figy'rã, ~'rãːt] *thea.* supernumerary, F super; extra; walker-on; **figuratif, -ve** [~ra'tif, ~'tiːv] figurative; **figuration** [~ra'sjõ] *f* figuration, representation; *thea.* extras *pl.*; **figure** [fi'gyːr] *f* ⚹, *person:* figure; shape, form; face; appearance; courtcard; **figuré, e** [figy're] 1. *adj.* figured (*cloth etc.*); *fig.* figurative; 2. *su./m:* au ~ figuratively; **figurer** [~'re] (1a) *v/t.* represent; *thea.* act, play the part of; se ~ imagine, fancy; *v/i.* figure, appear; *thea.* ~ sur la scène walk on; **figurine** [~'rin] *f* statuette; ✝ (wax-)model.

fil [fil] *m* thread (*a. fig.*); wire; ⚡ filament; *blade:* edge; *meat, wood:* grain; *wool:* ply; △ ~ à plomb plumb-line; ~ d'archal brass wire, binding wire; ~ de fer barbelé barbed wire; ~ de la Vierge gossamer; au bout du ~ on the phone; coup *m* de ~ ring, call; donner du ~ à retordre à give a lot of trouble to; ⚡ sans ~ wireless; **filage** [fi'laːʒ] *m* spinning; yarn; *metall.* drawing; **filament** [~la'mã] *m* ⚹, ⚡ filament; *silk:* thread; **filamenteux, -euse** [~lamã'tø, ~'tøːz] fibrous; *fig.* stringy.

filandière † [~lã'djɛːr] *f* spinner; *les sœurs* ~*s pl.* the Fates; **filandre** [~'lãːdr] *f* fibre; ~*s pl. meat etc.:* stringy parts; gossamer *sg.*; **filandreux, -euse** [~lã'drø, ~'drøːz] stringy, tough (*meat*); streaked (*marble etc.*); *fig.* involved, complicated; **filant, e** [~'lã, ~'lãːt] flowing; shooting (*star*); ropy (*wine*); **filasse** [~'las] *f* tow; oakum; *sl.* stringy meat; **filateur** *m*, **-trice** *f* [~la'tœːr, ~'tris] *tex.* spinner; (spinning-)mill owner; informer, shadower; **filature** [~la'tyːr] *f* spinning-mill, cotton-mill; spinning; shadowing.

file ⚹, ⚓ [fil] *f* file; line; à la ~ in file; *fig.* on end, without break; chef *m* de ~ leader; en ~ indienne in single file; ⚓ en ligne de ~ (single) line ahead; **filer** [fi'le] (1a) *v/t. tex.* spin; draw (*metal*); play out (*cards*); ⚓ run out (*a cable*); ⚓ heave (*the lead*); ⚓ slip (*the moorings*); *fig.* prolong; shadow (*s.o.*); *v/i.* flow smoothly; run (*oil*); rope (*wine*); smoke (*lamp*); *fig.* slip by, go by; F travel; F clear out; ~ doux sing small; filez! clear out!; go away!; **filerie** [fil'ri] *f* hempspinning mill; *metall.* wire-drawing.

filet [fi'lɛ] *m* thin *or* small thread (*a.* ⊕ *screw*); ⊕ *screw:* worm; *beef, fish, book, column, screw, a.* ◫: fillet; *water:* trickle; dash (*of lemon*); snare; net; 🚂 *etc.* luggage-rack; ~ à provisions string-bag; ~ de voix thin voice; coup *m* de ~ *fish:* catch, haul; **filetage** [fil'taːʒ] *m* ⊕ *metal, wire:* drawing; screw-cutting; *screw:* thread; *fish:* netting; **fileter** [~'te] (1d) *v/t.* ⊕ draw (*metal, a. wire*); thread, screw (*a bolt*); poach (*fish with nets*); **fileur** *m*, **-euse** *f tex.* [fi'lœːr, ~'løːz] spinner.

filial, e, *m/pl.* **-aux** [fi'ljal, ~'ljo] 1. *adj.* filial; 2. *su./f* ✝ subsidiary company; ✝, *a. association:* branch; **filiation** [~lja'sjõ] *f* filiation; descendants *pl.*; *fig.* relationship; en ~ directe in direct line.

filière [fi'ljɛːr] *f* ⊕ die; ⊕ drawplate; ⚓ man-rope; *fig.* usual channels *pl.*; *fig.* passer par la ~ work one's way up from the bottom; **filiforme** [fili'fɔrm] threadlike.

filigrane [fili'gran] *m* filigree (work); *paper, banknotes:* watermark.

fille [fi:j] *f* daughter; maid; *eccl.* sister, nun; spinster; F prostitute; *with adj.*: girl; ~ *de salle* hotel *etc.*: waitress; *jeune* ~ girl, young woman; *vieille* ~ old maid; **~-mère**, *pl.* **~s-mères** [fij'mɛːr] *f* unmarried mother; **fillette** [fi'jɛt] *f* little girl; F lass; **filleul, e** [~'jœl] *su.* godchild; *su./m* godson; *su./f* goddaughter.

film [film] *m* film (*a. cin.*); *cin.* F picture, *Am.* movie; ~ *documentaire* documentary (film); ~ *en couleurs* colo(u)r film; ~ *muet* silent film; ~ *parlant* talking picture, F talkie; ~ *policier* detective film; ~ *sonore* sound-film; ~ *truqué* trick film; *tourner un* ~ make a film; F act in a film (*person*); **filmer** [fil'me] (1a) *v/t.* film.

filon [fi'lɔ̃] *m* ⚒ vein, seam, lode; *sl.* good fortune; *sl.* cushy job.

filoselle [filɔ'zɛl] *f* floss-silk.

filou [fi'lu] *m* pickpocket, thief; (card-)sharper; F swindler; **filouter** [filu'te] (1a) *v/t.* swindle (s.o. out of s.th., *q. de qch.*); rob (s.o. of s.th., *qch. à q.*); **filouterie** [~'tri] *f* swindle, fraud; picking pockets, stealing; cheating.

fils [fis] *m* son; F lad, boy; ~ *à papa* rich man's son, playboy.

filtrage [fil'tra:ʒ] *m liquid:* filtering; ~ *à interférences radio:* interference elimination; **filtre** [filtr] *m* filter; *coffee:* percolator; *radio:* by-pass, filter; *bout m* ~ *cigarette:* filter-tip; **filtrer** [fil'tre] (1a) *v/i. a. se* ~ filter; *v/t.* filter; by-pass (*a radio-station*).

fin[1] [fɛ̃] *f* end, termination, close, conclusion; aim, object; ~ *d'alerte* all clear; ✝ ~ *de mois* monthly statement; *à la* ~ in the long run; at last; *à toutes* ~s for all purposes; *en* ~ *de compte*, F *à la* ~ *des* ~s when all is said and done; *mettre* ~ *à* put an end to; *prendre* ~ come to an end; *tirer à sa* ~ be drawing to a close.

fin[2], **fine** [fɛ̃, fin] fine; pure; choice; slender (*waist etc.*); artful, sly; small; subtle; keen (*ear*).

final, e, *m/pl.* **-als** [fi'nal] **1.** *adj.* final (*a. gramm.*); last; eventual; **2.** *su./f gramm.* end syllable; ♪ keynote; ♪ *plainsong:* final; *sp.* finals *pl.*

final(e) ♪ [~] *m* finale.

finance [fi'nɑ̃:s] *f* finance; financial world; ready money; ~s *pl.* resources; *ministère m des* ⚖s Exchequer, Treasury (*a. Am.*); **financer** [finɑ̃'se] (1k) *v/t.* finance; **financier, -ère** [~'sje, ~'sjɛːr] **1.** *adj.* financial; stock (*market*); **2.** *su./m* financier.

finasser F [fina'se] (1a) *v/i.* finesse; use subterfuges; **finasserie** [~nas'ri] *f* trickery; (piece of) cunning; ~s *pl.* wiles; **finasseur, -euse** [~fina'sœːr, ~'søːz], **finassier, -ère** [~'sje, ~'sjɛːr] **1.** *adj.* cunning, wily; **2.** *su.* wily person.

finaud, e [fi'no, ~'noːd] **1.** *adj.* cunning, wily; **2.** *su.* wily person.

fine [fin] *f* liqueur brandy.

finesse [fi'nɛs] *f* fineness; *waist:* slenderness; cunning; shrewdness; *opt., radio, telev.:* sharpness; **finette** *tex.* [~'nɛt] *f* flannelette.

fini, e [fi'ni] **1.** *adj.* finished (*a. fig.*), ended, over; ⚭, *gramm., etc.* finite; *fig. pej.* complete; **2.** *su./m* finish; *phls. etc.* finite; **finir** [~'niːr] (2a) *vt/i.* finish, end; *v/i. a.* die; ~ *par* (*inf.*) end by (*ger.*); **finition** ⊕ [~ni'sjɔ̃] *f atelier m de* ~ finishing shop.

finlandais, e [fɛ̃lɑ̃'dɛ, ~'dɛːz] **1.** *adj.* Finnish; **2.** *su.* ♀ Finn, Finlander; **finnois, e** [fi'nwa, ~'nwaːz] **1.** *adj.* Finnish; **2.** *su./m ling.* Finnish; *su.* ♀ Finn.

fiole [fjɔl] *f* small bottle; flask; *sl.* head.

fioritures [fjɔri'tyːr] *f/pl.* handwriting, *style:* flourishes; ♪ gracenotes.

firmament [firma'mɑ̃] *m* firmament, sky, heavens *pl.*

firme ✝ [firm] *f* firm; *book:* imprint.

fis [fi] *1st p. sg. p.s. of faire.*

fisc [fisk] *m* Exchequer, Treasury; Inland Revenue, taxes *pl.*

fissile [fi'sil] fissile; **fission** [~'sjɔ̃] *f* (*esp. phys.* nuclear) fission; **fissure** [~'syːr] *f* fissure (*a.* ⚕), crack, split, crevice; **fissurer** [~sy're] (1a) *v/t. a. se* ~ crack, fissure.

fiston *sl.* [fis'tɔ̃] *m* son, youngster.

fistule ⚕ [fis'tyl] *f* fistula.

fixage [fik'sa:ʒ] *m* fixing; **fixateur** [~sa'tœːr] *m* fixer; **fixation** [~sa'sjɔ̃] *f* fixing; *admin.* assessment;

fléchissement

⚙ fixation; attachment; **fixe** [fiks] **1.** *adj.* fixed; steady; firm, fast; stationary; regular (*price*); *arrêt m* ~ regular stop; *traffic sign:* all buses *etc.* stop here; *étoile f* ~ fixed star; **2.** *su./m* fixed salary; **fixe-chaussettes** [~ʃo'sɛt] *m* suspender, *Am.* sock-suspender, garter; **fixer** [fik'se] (1a) *v/t.* fix (*a. phot.*, ⚙, ✝, *value, time*), fasten; settle, appoint; hold (*s.o.'s attention*); decide, determine; keep one's eye on (*s.th.*), stare at; ⚔ fix, hold; ⚖ assess (*damages*); ~ *les yeux sur* stare at, look hard at; *se* ~ settle (down); **fixité** [~si'te] *f* fixity.

flac! [flak] *int.* slap!; crack!; plop! (*into water*); *faire* ~ plop.

flacon [fla'kɔ̃] *m* bottle; flask.

flageller [flaʒɛl'le] (1a) *v/t.* scourge, lash.

flageoler [flaʒɔ'le] (1o) *v/i.* tremble, shake.

flageolet[1] ♪ [flaʒɔ'lɛ] *m* flageolet.

flageolet[2] *cuis.* [~] *m* (small) kidney bean, flageolet.

flagorner [flaɡɔr'ne] (1a) *v/t.* flatter; toady to; fawn upon; **flagornerie** [~nə'ri] *f* flattery, F soft soap; toadying.

flagrant, e [fla'ɡrɑ̃, ~'ɡrɑ̃:t] flagrant; striking; *en* ~ *délit* red-handed, in the very act.

flair [flɛːr] *m dog:* scent; *fig.* nose; *fig. person:* flair; *avoir du* ~ *pour* have a flair for; **flairer** [flɛ're] (1b) *v/t.* scent (*a. fig.*); smell; *fig.* suspect; *sl.* smell of.

flamand, e [fla'mɑ̃, ~'mɑ̃:d] **1.** *adj.* Flemish; **2.** *su./m ling.* Flemish; *su.* ♀ Fleming.

flamant *orn.* [fla'mɑ̃] *m* flamingo.

flambant, e [flɑ̃'bɑ̃, ~'bɑ̃:t] **1.** *adj.* blazing; *fig.* brilliant; **2.** *flambant adv.:* tout ~ neuf brandnew; **flambeau** [~'bo] *m* torch; candlestick; candelabra; **flambée** [~'be] *f* blaze, blazing fire; **flamber** [~'be] (1a) *v/i.* flame, blaze; burn; ⚙ buckle (*metal rod*); *v/t.* singe; ⚕ sterilize (*a needle in flame*); *fig. sl. être flambé* be done for; **flamboyer** [~bwa'je] (1h) *v/i.* blaze (*fire, a. fig.*).

flamme [flɑːm] *f* flame; *fig.* love, passion; ⚔, ⚓ pennon, pennant.

flammèche [fla'mɛʃ] *f* spark.

flan [flɑ̃] *m cuis.* baked-custard tart; ⊕ *etc.* blank; *sl. à la* ~ happy-go-lucky; *sl. du* ~! nothing doing!

flanc [flɑ̃] *m* flank, side; ~ *de coteau* hillside; F *sur le* ~ laid up; exhausted; *sl. tirer au* ~ malinger, F swing the lead.

flancher *sl.* [flɑ̃'ʃe] (1a) *v/i.* flinch; give in; *mot.* break down.

flandrin F [flɑ̃'drɛ̃] *m* lanky fellow.

flanelle *tex.* [fla'nɛl] *f* flannel.

flâner [flɑ'ne] (1a) *v/i.* stroll; lounge about; loaf; saunter; **flâneur** *m*, **-euse** *f* [~'nœːr, ~'nøːz] stroller; lounger, loafer.

flanquer[1] F [flɑ̃'ke] (1m) *v/t.* throw, chuck; deal, land (*a blow*).

flanquer[2] [flɑ̃'ke] (1m) *v/t.* ⚔, △, *etc.* flank; **flanqueur** ⚔ [~-'kœːr] *m* flanker.

flapi, e F [fla'pi] tired out, fagged out.

flaque [flak] *f* puddle, pool.

flash, *pl.* **flashes** *phot.* [flaʃ] *m* flash-light.

flasque[1] [flask] flabby, limp.

flasque[2] [~] *f* ✝ flask; † powder-horn.

flasque[3] [~] *m* ⊕ *lathe etc.:* cheek; support (*of dynamo*); *mot.* wheel-disk.

flatter [fla'te] (1a) *v/t.* flatter (*s.o. on s.th., q. sur qch.*; *s.o. by or in ger., q. de inf.*); humo(u)r (*s.o.*); caress, stroke; **flatterie** [~'tri] *f* flattery; **flatteur, -euse** [~'tœːr, ~'tøːz] **1.** *adj.* flattering; pleasing; **2.** *su.* flatterer; sycophant.

flatulence ⚕ [flaty'lɑ̃ːs] *f* flatulence, F wind; **flatulent, e** [~ty'lɑ̃, ~'lɑ̃:t] flatulent, caused by flatulence; **flatuosité** ⚕ [~tɥozi'te] *f* flatus, F wind.

fléau [fle'o] *m* flail; *balance:* beam; *fig.* scourge; pest, curse.

flèche[1] [flɛʃ] *f* arrow; *balance etc.:* pointer; *church:* spire; ⚓ pole; ⊕ *crane:* jib; sag; *mot.* ~ *de direction* (semaphore-type) direction-indicator; ✈ *en* ~ swept-back; *faire* ~ sag, dip; *fig. faire* ~ *de tout bois* use all means.

flèche[2] [~] *f bacon:* flitch.

fléchir [fle'ʃiːr] (2a) *v/t.* bend; *fig.* move, touch (*s.o.*); *anat.* flex; *v/i.* bend; give way (*a.* ⚔); sag (*cable, wire, a.* ✝); weaken; *fig.* flag, fall off; ✝ go down (*prices*); **fléchissement** [~ʃis'mɑ̃] *m* bending *etc.*;

fléchisseur

see *fléchir*; **fléchisseur** *anat.* [~ʃi-'sœːr] *adj./m, a. su./m* flexor.

flegme [flɛgm] *m* ❦ phlegm; *fig.* imperturbability, coolness.

flemmard, e *sl.* [flɛ'maːr, ~'mard] **1.** *adj.* lazy; **2.** *su.* slacker; **flemme** *sl.* [flɛm] *f* laziness; *avoir la* ~ not to feel like work, feel lazy; *tirer sa* ~ idle one's time away.

flet *icht.* [flɛ] *m* flounder.

flétrir[1] [fle'triːr] (2a) *v/t.* fade; wilt; wither; *fig.* blight (*s.o.'s hopes*); *se* ~ fade; wilt, wither (*flowers*).

flétrir[2] [~] (2a) *v/t.* brand (*a convict, a. fig.*); *fig.* stain.

flétrissure[1] [fletri'syːr] *f* fading, withering.

flétrissure[2] [~] *f* brand; *fig.* stigma.

fleur [flœːr] *f* flower (*a. fig.*); blossom; bloom (*a. on fruit*); *fig.* prime; ~ *de farine* pure wheaten flour; *à* ~ *de level with*; *à* ~ *de peau* skin-deep; *en* ~ in bloom; **fleuraison** [flœrɛ-'zɔ̃] *f* flowering, blooming.

fleurer [flœ're] (1a) *v/t.* smell of; *v/i.* smell.

fleuret [flœ'rɛ] *m fencing*: foil; *tex.* floss silk; ✶ drill, borer; *tex.* ~ *de ...* first-quality ...; **fleurette** [~'rɛt] *f* small flower; *conter à* ~ *à* say sweet nothings to; **fleurir** [~'riːr] (2o) *v/i.* flower, bloom; *fig.* flourish, thrive; *v/t.* decorate with flowers; *fig.* make florid; **fleuriste** [~'rist] *adj., a. su.* florist; **fleuron** [~'rɔ̃] *m* ♀ floret; rosette; △ finial; *typ.* fleuron; *fig. un* ~ *à sa couronne* a feather in one's cap.

fleuve [flœːv] *m* river.

flexible [flɛk'sibl] **1.** *adj.* flexible; **2.** *su./m* ⚡ flex; **flexion** [~'sjɔ̃] *f* ⊕, *a. sp.* bending; ⊕ flexion, sagging; *gramm.* inflexion; **flexueux, -euse** [~'sɥø, ~'sɥøːz] winding; ♀ flexuose.

flibuster [flibys'te] (1a) *v/i.* buccaneer; *v/t. sl.* steal, pinch.

flic *sl.* [flik] **1.** *m* policeman, copper, *Am.* cop; detective.

flic flac [flik'flak] *int.* crack.

flingot *sl.* [flɛ̃'go] *m* rifle.

flirt [flœrt] *m* flirt(ation); **flirter** [flœr'te] (1a) *v/i.* flirt.

floche [flɔʃ] soft, flabby; floss (*silk*).

flocon [flɔ'kɔ̃] *m snow:* flake; *wool:* flock; **floconneux, -euse** [~kɔ'nø, ~'nøːz] fleecy; ♀ flocculent.

flonflon [flɔ̃'flɔ̃] *m* fol-de-rol, tra-la-la; pom-pom-pom (*of a band with drum*).

floraison [flɔrɛ'zɔ̃] *f* flowering, blooming; **floral, e,** *m/pl.* **-aux** [~'ral, ~'ro] floral.

flore [flɔːr] *f* ♀ flora; *myth.* ♀ Flora.

florès F [flɔ'rɛːs] *m: faire* ~ prosper; be a success.

floriculture [flɔrikyl'tyːr] *f* flower growing; **florilège** [~'lɛːʒ] *m* (verse) anthology.

florin [flɔ'rɛ̃] *m* florin.

florissant, e *fig.* [flɔri'sɑ̃, ~'sɑ̃ːt] flourishing.

flot [flo] *m* wave; stream; crowd; *fig.* flood; *à* ~ afloat; ⚓ *mettre qch. à* ~ (re)float s.th.; launch s.th.; **flottaison** ⚓ [flɔtɛ'zɔ̃] *f* floating; *ligne f de* ~ *ship:* water-line; **flottant, e** [~'tɑ̃, ~'tɑ̃ːt] floating (*a.* ♱); flowing (*hair*); loose (*garment*); *fig.* irresolute; *fig.* elusive (*personality*).

flotte[1] [flɔt] *f* ⚓ fleet; F *the* navy; F water, rain.

flotte[2] [~] *f fishing:* float.

flotter [flɔ'te] (1a) *v/i.* float; flow (*hair*); *fig.* waver (*a.* ⚔), be irresolute; **flotteur** [~'tœːr] *m* raftsman; ⊕, *a. fishing:* float; ⚓ anchor buoy.

flottille ⚓ [flɔ'tiːj] *f* flotilla; ~ *de pêche* fishing fleet.

flou, floue [flu] **1.** *adj.* blurred; soft (*hair*); loose-fitting (*garment*); **2.** *su./m* haziness; *phot.* blurring.

flouer *sl.* [flu'e] (1a) *v/t.* swindle; do (*s.o.*).

fluctuation [flyktɥa'sjɔ̃] *f* fluctuation (*a.* ♱); ⊕ ~ *de charge* variation of load; **fluctuer** [~'tɥe] (1n) *v/i.* fluctuate. [(*voice*), slender.]

fluet, -ette [fly'ɛ, ~'ɛt] thin (*a.*)

fluide [flɥid] **1.** *adj.* fluid; *style m* ~ flowing style; **2.** *su./m* fluid; **fluidifier** [flɥidi'fje] (1o) *v/t.* fluidify; **fluidité** [~'te] *f* fluidity.

flûte [flyːt] *f* ♪ flute; tall champagne (*etc.*) glass; long thin roll (*of bread*); *tex.* shuttle; F ~*s pl.* (long, thin) legs; *sl.* ~! dash it!; bother!; *sl. jouer des* ~*s* take to one's heels; **flûter** [fly'te] (1a) *v/i.* ♪ play the flute; *sl.* drink; F *envoyer* ~ *q.* tell s.o. to go to blazes; *voix f flûtée* melodious voice; piping voice; **flûtiste** ♪ [~'tist] *m* fl(a)utist.

fluvial, e, *m/pl.* **-aux** [fly'vjal, ~'vjo] river...; water...

flux [fly] *m* flow; *cards, face:* flush; ♂, ⚕, 🍎, *metall.* flux; *le* ~ *et le reflux* the ebb and flow; **fluxion** ♂, *a.* † ⚕ [flyk'sjɔ̃] *f* fluxion; ~ *à la joue* gumboil; † ~ *de poitrine* pneumonia.

foc ⚓ [fɔk] *m* jib; *grand (petit)* ~ outer (inner) jib.

focal, e, *m/pl.* **-aux** *phot., opt.*, ⚕ [fɔ'kal, ~'ko] focal; **focalisation** *phot., opt.* [~kaliza'sjɔ̃] *f* focussing.

foëne [fwɛn] *f* pronged harpoon.

foi [fwa] *f* faith; belief; trust, confidence; *ajouter* ~ *à* believe (in); *de bonne (mauvaise)* ~ *adv.* in good (bad) faith; *adj.* honest (dishonest); *digne de* ~ reliable; *faire* ~ be a proof; be authentic (of, *de*); attest (that, *que*); *ma* ~*!* upon my word!; *mauvaise* ~ insincerity; unfairness; *sous la* ~ *du serment* on oath.

foie [~] *m* liver; *sl. avoir les* ~*s* be in a funk.

foin[1] [fwɛ̃] **1.** *su./m* hay; *sl.* row; F *avoir du* ~ *dans ses bottes* have feathered one's nest; *faire du* ~ kick]

foin[2]! [~] *int.* bah! [up a row.]

foire[1] [fwa:r] *f* fair.

foire[2] *sl.* [~] *f* diarrhoea.

fois [fwa] *f* time, occasion; *une* ~ once; *deux* ~ twice; *trois* ~ three times; *à la* ~ at once; at the same time; *encore une* ~ once more; *une* ~ *que* when.

foison [fwa'zɔ̃] *f* abundance, plenty; *à* ~ in abundance; galore; **foisonner** [~zɔ'ne] (1a) *v/i.* abound (in, with, *de*), teem (with, *de*); swell (*earth, lime*); ⚕ buckle (*metal*).

fol [fɔl] *see* fou.

folâtre [fɔ'lɑ:tr] playful, frisky; **folâtrer** [~la'tre] (1a) *v/i.* frolic, frisk; gambol; F act the fool; **folâtrerie** [~lɑtrə'ri] *f* playfulness, sportiveness; frolic; **folichon, -onne** F [~li'ʃɔ̃, ~'ʃɔn] playful, frolicsome; wanton; **folie** [~'li] *f* madness; folly; mania; ~ *des grandeurs* megalomania; *aimer q. à la* ~ love s.o. to distraction.

folié, e ♀ [fɔ'lje] foliate(d); **folio** *typ. etc.* [~'ljo] *m* folio; **folioter** [~ljɔ'te] (1a) *v/t.* folio, paginate.

folklore [fɔl'klɔ:r] *m* folklore.

folle [fɔl] *see* fou; ~ *farine* flourdust; **follet, -ette** [fɔ'lɛ, ~'lɛt] merry, lively; *esprit m* ~ goblin; *poil m* ~ down; *see* feu.

folliculaire F [fɔliky'lɛːr] *m* hack writer; **follicule** ♀, *anat.* [~'kyl] *m* follic(u)le.

fomentateur *m*, **-trice** *f* [fɔmãta-'tœːr, ~'tris] fomenter; **fomentation** ♂, *a. fig.* [~ta'sjɔ̃] *f* fomentation; **fomenter** [~'te] (1a) *v/t.* ♂ foment (*a. fig.*); *fig.* stir up.

fonçage [fɔ̃'sa:ʒ] *m* ⊕ *pile:* driving; ⊕, ⚒ *well shaft:* sinking; **fonçailles** [~'sa:j] *f/pl.* cask: head *sg.*;

foncé, e [~'se] dark, deep (*colour*);

foncer [~'se] (1k) *v/t.* ⊕ sink (*a.* ⚒), drive (in); darken, deepen (*a colour*); bottom (*a cask*); *se* ~ darken, grow darker; *v/i.* strike; F rush, dash (at, *sur*);

foncier, -ère [fɔ̃'sje, ~'sjɛːr] landed, real (*property*); ground (*landlord, rent*); *fig.* thorough, fundamental.

fonction [fɔ̃k'sjɔ̃] *f* function (*a.* ⚕, *a.* ♂); *fig. en* ~ *de* in step with, hand in hand with; *faire* ~ *de* act as; **fonctionnaire** [fɔ̃ksjɔ'nɛːr] *m* official; civil servant; **fonctionnel, -elle** [~'nɛl] functional; **fonctionner** [~'ne] (1a) *v/i.* function (*a.* ♂); ⊕ work (*brake, machine, etc.*).

fond [fɔ̃] *m* bottom; *sea:* bed; △, *a. fig.* foundation, *fig.* basis; *paint.* background; back, far end; *fig.* gist, essence; *à* ~ thoroughly; *à* ~ *de train* at top speed; *article m de* ~ leading article, leader; *au* ~ after all; at bottom; *de* ~ *en comble* from top to bottom; **fondamental, e**, *m/pl.* **-aux** [fɔ̃damã'tal, ~'to] fundamental; radical; essential.

fondant, e [fɔ̃'dã, ~'dã:t] **1.** *adj.* melting; juicy (*fruit*); **2.** *su./m* fondant; *metall.* flux.

fondateur *m*, **-trice** *f* [fɔ̃da'tœːr, ~'tris] founder; **fondation** [~'sjɔ̃] *f* founding; foundation (*a.* △); institution; **fondé, e** [fɔ̃'de] **1.** *adj.* founded, justified; authorized; ~ funded (*debt*); *être* ~ *à* (*inf.*) be entitled to (*inf.*), have reason to (*inf.*); **2.** *su./m:* ~ *de pouvoir* ⚖ proxy, holder of a power of attorney; ✝ managing director; ✝ chief clerk; **fondement** [fɔ̃d'mã] *m* base, foundation; F behind, bottom; *sans* ~ groundless, unfounded; **fonder** [fɔ̃'de] (1a) *v/t.* found (⚕, *a. fig.*); ✝ start (*a firm, a paper*); ✝ fund (*a debt*); *fig.* base, justify.

fonderie

fonderie ⊕, *metall.* [fɔ̃'dri] *f* foundry; smelting works *usu. sg.*; founding; **fondeur** [~'dœːr] *m* founder; smelter; *typ.* ~ **en caractères** type-founder; **fondre** [fɔ̃ːdr] (4a) *v/t. metall.* smelt; *metall.* cast (*a bell, a statue*); melt; dissolve; thaw (*snow*); blend (*colours*); ✞ amalgamate; *v/i.* melt (*a. fig.*); *fig.* grow thinner; dissolve (*fig.* in, en); ⚔ blow (*fuse*); ~ **sur** swoop upon, pounce upon; *fig.* bear down upon (*s.o.*).

fondrière [fɔ̃dri'ɛːr] *f* bog, quagmire; hollow (*in the ground*).

fonds [fɔ̃] *m* land, estate; ✞ stock-in-trade; fund; ~ *pl.* cash *sg.*, capital *sg.*, means; ✞ public funds; ✞ ~ **de commerce** business, goodwill; ✞ ~ **de roulement** working capital *sg.*, cash reserve *sg.*; ~ **perdu** life annuity; F **à** ~ **perdu** without security.

fondue *cuis.* [fɔ̃'dy] *f* fondue, melted cheese.

fongosité ⚕ [fɔ̃gozi'te] *f* fungosity; **fongueux, -euse** ⚕ [~'gø, ~'gøːz] fungous.

font [fɔ̃] 3rd p. pl. pres. of **faire**.

fontaine [fɔ̃'tɛn] *f* fountain; spring; *eau f de* ~ spring water; F *ouvrir la* ~ turn on the waterworks (= start to cry); **fontainier** [~tɛ'nje] *m* fountain-maker; filter-maker; well-sinker; *admin.* turncock.

fonte [fɔ̃ːt] *f* melting; *ore:* smelting; *metal:* casting; *snow:* thawing; *typ.* fount; cast iron.

fonts *eccl.* [fɔ̃] *m/pl.* (*a.* ~ **baptismaux**) font *sg.*

football *sp.* [fut'bɔl] *m* (Association) football, F soccer; **footballeur** [~bɔ'lœːr] *m* footballer.

for [fɔːr] *m:* ~ **intérieur** conscience; *dans* (or **en**) *mon* ~ **intérieur** in my heart of hearts.

forage ⊕, ⚒ [fɔ'raːʒ] *m* boring, drilling; bore-hole.

forain, e [fɔ'rɛ̃, ~'rɛn] **1.** *adj.* † alien, foreign; itinerant; *fête f* ~**e** fun fair; **2.** *su.* strolling player; hawker.

forban [fɔr'bɑ̃] *m* buccaneer, pirate.

forçat [fɔr'sa] *m* convict; † galley-slave.

force [fɔrs] **1.** *su./f* strength; might; force (*a.* ⚔, *a.* ⊕); power (*a.* ⊕); authority; ~ **aérienne** (*tactique*) (tactical) air force; ⚔ ~ **de frappe** nucléaire nuclear striking force; ⚔ ~ **majeure** overpowering circumstances *pl.*; ~ **motrice** ⊕ horsepower; *fig.* motive power; *phys.* ~ **vive** kinetic energy; momentum; *à* ~ **de** by dint of, by means of; *à* **toute** ~ despite opposition, at all costs; *de première* ~ first-class ...; *de vive* ~ by sheer force; *un cas de* ~ **majeure** an act of God; **2.** *adv.* many, plenty of; **forcément** [fɔrse'mɑ̃] *adv.* necessarily, inevitably; under compulsion.

forcené, e [fɔrsə'ne] **1.** *adj.* mad, frantic, frenzied; **2.** *su./m* madman; *su./f* madwoman.

forcer [fɔr'se] (1k) *v/t.* force; compel, oblige; ⚔ take by storm; run (*a blockade*); break open; pick (*a lock*); ⚔, ⊕ strain; ⊕ buckle (*a plate*); increase (*one's pace, speed*); *être forcé de* (*inf.*) be obliged to (*inf.*); **forcerie** ⚘ [~sə'ri] *f* forcing house; forcing bed.

forces ⊕ [fɔrs] *f/pl.* spring shears.

forer ⊕ [fɔ're] (1a) *v/t.* bore, drill.

forestier, -ère [fɔrɛs'tje, ~'tjɛːr] **1.** *adj.* forest-...; forest-clad; forester's ...; **2.** *su./m* forester.

foret ⊕ [fɔ'rɛ] *m* drill; bit; gimlet.

forêt [~] *f* forest (*a. fig.*); *fig. hair:* shock; ~ **vierge** virgin forest.

foreur ⊕ [fɔ'rœːr] *m* borer, driller; **foreuse** [~'røːz] *f* ⊕ *machine:* drill; ⚒ rock-drill.

forfaire [fɔr'fɛːr] (4r) *v/i.* be false (to, *à*); ~ **à** fail in (*one's duty*).

forfait[1] [fɔr'fɛ] *m* heinous crime.

forfait[2] [~] *m* forfeit, fine.

forfait[3] [fɔr'fɛ] *m* contract; *à* ~ by contract; job-(*work*); (*buy, sell*) as a job lot; *travail m à* ~ contract work; **forfaitaire** [~fɛ'tɛːr] outright; lump (*sum*); **forfaiture** [~fɛ'tyːr] *f* abuse (*of authority*); breach (*of duty, honour, etc.*).

forfanterie [fɔrfɑ̃'tri] *f* bragging, boasting.

forge [fɔrʒ] *f* forge, smithy; ~**s** *pl.* ironworks *usu. sg.*; **forgeable** [fɔr'ʒabl] forgeable; **forger** [~'ʒe] (1l) *v/t.* forge; *fig.* invent; **forgeron** [~ʒə'rɔ̃] *m* (black)smith; iron-smith; **forgeur** [~'ʒœːr] *m* forger.

formaliser [fɔrmali'ze] (1a) *v/t.:* **se** ~ take offence (at, de); **formaliste** [~'list] **1.** *adj.* formal, stiff; **2.** *su.* formalist (*a. phls.*); stickler

for formalities; **formalité** [ˌli'te] *f* form(ality); ceremony; *une simple* ~ a pure formality; **format** [fɔr'ma] *m* size (*a. phot.*); *book*: format; **formateur, -trice** [ˌma'tœːr, ˌ'tris] **1.** *adj.* formative; **2.** *su.* former, maker; **formation** [ˌma'sjɔ̃] *f* formation (*a.* ⚔, ⚒); ~ *professionnelle* vocational training; **forme** [fɔrm] *f* form (*a.* 🐎, *sp.*, *fig.*, *typ.*, *a.* = *hare's lair*); shape; pattern; mo(u)ld; formality; ⚓ dock; ~*s pl.* manners; *en* ~ fit, up to the mark *or* to scratch; *par* ~ *d'avertissement* by way of warning; *pour la* ~ for the sake of appearances; *sous* (*la*) ~ *de* in the form of; **formel, -elle** [fɔr'mɛl] formal; strict; categorical; **former** [ˌ'me] (1a) *v/t.* form; fashion, shape; *fig.* constitute; mo(u)ld; *fig.* train (*s.o.*).
formidable [fɔrmi'dabl] formidable, dreadful; F terrific, *sl.* smashing, *Am.* swell.
formique 🜛 [fɔr'mik] formic (*acid etc.*).
formulaire [fɔrmy'lɛːr] *m* formulary; pharmacopoeia; *admin.* form; **formule** [ˌ'myl] *f* 🜛, 🜛, *a. fig.* formula; 🜛 recipe; *admin.*, ⚕, *post*: form; **formuler** [ˌmy'le] (1a) *v/t.* formulate, draw up; lodge (*a complaint*); state precisely; *fig.* put into words; 🜛 ~ *une ordonnance* write out a prescription.
fornication [fɔrnika'sjɔ̃] *f* fornication.
fors † [fɔːr] *prp.* except.
fort, forte [fɔːr, fɔrt] **1.** *adj.* strong; robust; clever (at, en); good (at, en); large (*sum*); *fig.* big; ample (*resources*); thick; stout (*person*); heavy (*beard, rain, sea, soil*); steep (*slope*); high (*fever, wind*); *fig.* difficult; *fig.* severe; *à plus* ~*e raison* all the more; *esprit m* ~ free-thinker; *se faire* ~ *de* undertake to; **2.** *fort adv.* very; strongly; loud(ly); **3.** *su./m* strong part; strong man; *fig.* strong point; *fig.* height (*of debate, fever, season*); ⚔ fort, stronghold; ~ *de la Halle* market porter.
forteresse ⚔ [fɔrtəˈrɛs] *f* fortress; stronghold (*a. fig.*).
fortifiant, e [fɔrti'fjɑ̃, ˌ'fjɑ̃ːt] **1.** *adj.* strengthening; invigorating; **2.** *su./m* tonic; **fortification** [ˌfika'sjɔ̃] *f*

fougueux

fortification; **fortifier** [ˌ'fje] (1o) *v/t.* ⚔, *fig.* fortify; strengthen (*a. fig.*); invigorate; *se* ~ grow stronger.
fortin ⚔ [fɔr'tɛ̃] *m* small fort.
fortuit, e [fɔr'tɥi, ˌ'tɥit] chance..., accidental.
fortune [fɔr'tyn] *f* fortune, luck; chance; wealth; *bonne* (*mauvaise*) ~ good (bad) luck; *dîner à la* ~ *du pot* take pot-luck; ⚓ *mât m de* ~ jury-mast; *sans* ~ poor; *tenter* ~ try one's luck; **fortuné, e** [fɔrty'ne] fortunate; well-off, rich.
forure ⊕ [fɔ'ryːr] *f* bore(-hole).
fosse [foːs] *f* pit, hole; trench; grave; *lions*: den; *mot.* inspection pit; **fossé** [fo'se] *m* ditch, trench; *castle*: moat; **fossette** [ˌ'sɛt] *f* dimple.
fossile [fɔ'sil] **1.** *adj.* fossilized (*a. fig.*); **2.** *su./m* fossil (*a. fig.*).
fossoyer ✒ [foswa'je] (1h) *v/t.* trench, drain; **fossoyeur** [ˌ'jœːr] *m* grave-digger.
fou (*adj. before vowel or h mute* **fol**) *m*, **folle** *f*, *m/pl.* **fous** [fu, fɔl, fu] **1.** *adj.* mad, insane, crazy; *fig.* enormous, tremendous; silly, foolish; *devenir* (*rendre q.*) ~ go (drive s.o.) mad; **2.** *su.* lunatic; *su./m* fool; madman; *chess*: bishop; ~*s pl. du volant* reckless drivers; *su./f* madwoman.
fouace *cuis.* [fwas] *f* (*sort of*) flat cake, *Am.* ash-cake.
fouailler F [fwa'je] (1a) *v/t.* flog; beat.
foudre[1] [fudr] *m* tun.
foudre[2] [fudr] *f* thunderbolt; lightning; *coup m de* ~ thunderbolt (*a. fig.*); *fig.* love at first sight; *fig.* bolt from the blue; *la* ~ *est tombée* lightning struck (at, à); **foudroyer** [fudrwa'je] (1h) *v/t.* strike (by lightning); *fig.* strike down; *fig.* dumbfound, crush.
fouëne [fwɛn] *f see* **foëne**.
fouet [fwɛ] *m* whip; whipcord; birch(-rod); (egg-)whisk; **fouetter** [fwɛ'te] (1a) *v/t.* whip; birch; flog (*a child*); whisk (*eggs*); *rain*: lash against (*a window*); *v/i.* lash (*rain*).
fougasse ⚔ [fu'gas] *f* small mine.
fougère ♣ [fu'ʒɛːr] *f* fern.
fougue [fug] *f* fire, spirit, dash; (*youthful*) enthusiasm; **fougueux, -euse** [fu'gø, ˌ'gøːz] fiery, mettlesome, spirited (*horse*); impetuous.

fouille [fu:j] *f* excavation; *fig.* search; **fouiller** [fu'je] (1a) *v/t.* dig, excavate; search (*s.o.*); *v/i.* search, forage; pry; **fouillis** [~'ji] *m* jumble, mess.

fouinard, e F [fwi'na:r, ~'nard] inquisitive; sneaking.

fouine[1] *zo.* [fwin] *f* stone-marten.

fouine[2] [~] *f* ⚓ long pitchfork; *fishing:* pronged harpoon.

fouir [fwi:r] (2a) *v/t.* dig; **fouisseur, -euse** [fwi'sœ:r, ~'sø:z] 1. *adj.* burrowing (*animal*); 2. *su./m* burrower, burrowing animal.

foulage [fu'la:ʒ] *m* pressing; ⊕ *cloth, leather:* fulling; *metall.* ramming; *typ.* impression.

foulard [fu'la:r] *m* silk neckerchief or handkerchief; *tex.* foulard.

foule [ful] *f* crowd, multitude, throng; mob; heaps *pl.*; *tex., cloth, leather:* fulling; **fouler** [fu'le] (1a) *v/t.* tread; trample down; press, crush; ⚙ strain, wrench; *tex.* full; *metall.* ram; *fig.* ~ aux pieds ride rough-shod over; **foulerie** [ful'ri] *f* fulling-mill; **fouleur** *tex.* [fu'lœ:r] *m* fuller; **fouloir** [~'lwa:r] *m tex.* fulling-stock; fulling-mill; *metall.* rammer; **foulon** *tex.* [~'lɔ̃] *m person:* fuller; *terre f à* ~ fuller's earth; **foulure** ⚙ [~'ly:r] *f* sprain, wrench.

four [fu:r] *m* oven; cooker; ⊕ furnace, kiln; *thea., a.* F failure, F flop; ~ à *chaux* lime-kiln; *faire* ~ be a failure *or* F a flop; *petits* ~s *pl.* small fancy cakes.

fourbe [furb] 1. *adj.* rascally; double-dealing; 2. *su.* cheat; **fourberie** [furbə'ri] *f* swindle; deceit, trickery; *Am.* skulduggery.

fourbi F [fur'bi] *m* equipment, ⚔ kit; thingumajig; **fourbir** [~'bi:r] (2a) *v/t.* furbish, polish up.

fourbu, e [fur'by] *vet.* foundered (*horse*); *fig.* tired out, exhausted; **fourbure** *vet.* [~'by:r] *f* founder.

fourche [furʃ] *f* fork; *en* ~ forked; **fourcher** [fur'ʃe] (1a) *v/i.* fork, branch; *fig. la langue m'a fourché* I made a slip of the tongue; **fourchet** [~'ʃɛ] *m* fork; *vet.* foot-rot; **fourchette** [~'ʃɛt] *f* (table-)fork; wish-bone; *fig.* trencherman (= *big eater*); **fourchon** [~'ʃɔ̃] *m* fork: prong; *bough:* fork; **fourchu, e** [~'ʃy] forked; cloven (*hoof*).

fourgon[1] [fur'gɔ̃] *m* van, waggon; 🚂 luggage van, *Am.* baggage *or* freight car.

fourgon[2] [fur'gɔ̃] *m* poker, firerake; **fourgonner** [~gɔ'ne] (1a) *v/t.* poke (*the fire*); *v/i.* poke (the fire); *fig.* poke about (in, *dans*).

fourgonnette *mot.* [furgɔ'nɛt] *f* light van.

fourmi *zo.* [fur'mi] *f* ant; ~ *blanche* termite; *fig. avoir des* ~s have pins and needles; **fourmilier** *zo.* [furmi'lje] *m* ant-eater; **fourmilière** [~'ljɛ:r] *f* ant-hill, ants' nest; *fig.* swarm, nest; **fourmi(-)lion, fourmis(-)lions** *zo.* [~'ljɔ̃] *m* antlion; **fourmiller** [~'je] (1a) *v/i.* swarm, teem (with, de); *fig.* tingle.

fournaise *poet., a. fig.* [fur'nɛ:z] *f* furnace; **fourneau** [~'no] *m* ⊕ furnace; cooker, stove; ⚔, ⛏ *mine:* chamber; *pipe:* bowl; *sl.* fool, idiot; *metall. haut* ~ blast-furnace; **fournée** [~'ne] *f* ovenful; ⊕, *metall.* charge; ⊕ *bricks:* baking; *loaves, a. fig.:* batch.

fourni, e [fur'ni] supplied; thick; abundant; bushy (*beard*).

fournier [fur'nje] *m* baker; ovenman; **fournil** [~'ni] *m* bakehouse.

fourniment ⚔ [furni'mã] *m* kit, equipment; **fournir** [~'ni:r] (2a) *v/t.* furnish, supply, equip (with, de); provide; ✝ stock (*a shop*); **fournisseur** ✝ [~ni'sœ:r] *m* supplier, caterer; tradesman; **fourniture** [~'ty:r] *f* supplying; ~s *pl.* supplies; equipment *sg.*

fourrage [fu'ra:ʒ] *m* forage, fodder; ⚔ foraging; **fourrager** [fura'ʒe] (1l) *v/i.* forage; *fig.* rummage, search; *v/t. fig.* ravage; **fourragère** ⚔ [~'ʒɛ:r] 1. *su./f* forage waggon; lanyard; shoulder-braid; 2. *adj./f: plante f* ~ fodder plant.

fourré, e [fu're] wooded; thick; fur-lined; furry; lined; filled (with, de); *paix f* ~e sham peace.

fourreau [fu'ro] *m* ⚔ sheath (*a. cost., a. fig.*); case; ⊕ sleeve; ⊕ *cylinder:* liner.

fourrer [fu're] (1a) *v/t.* line with fur; stuff, thrust, cram; F stick, poke; ✝ pack (*a joint*); *se* ~ wrap o.s. up; hide o.s.; thrust o.s.; **fourreur** [~'rœ:r] *m* furrier.

fourrier ⚔ [fu'rje] *m* quartermastersergeant; **fourrière** [~'rjɛ:r] *f* pound.

fourrure [fu'ry:r] *f* fur; skin; lining (*a. mot. brake*); ⊕ joint: packing; ⚠ filler-block.

fourvoyer [furvwa'je] (1h) *v/t.* lead astray, mislead; *se* ~ go astray; be mistaken.

foutaise F [fu'tɛ:z] *f* nonsense, bunkum.

foutre V [futr] **1.** (4a) *v/t.* throw; give; do; ~ *la paix à q.* leave s.o. alone; *shut up;* ~ *le camp* clear out, go; ~ *q. dedans* do *or* cheat s.o.; *je m'en fous* I don't care, I don't give a damn; *se* ~ *de* not to care a hang *or sl.* a damn about; **2.** *int.* gosh!; damn it!; **foutu, e** F [fu'ty] blooming, damned; done for, finished.

fox *zo.* [fɔks] *m* (*a.* fox-terrier) fox-terrier; **~-trot** [~'trɔt] *m/inv.* fox-trot.

foyer [fwa'je] *m* hearth, fire(-place); *fig.* home; ⊕ fire-box, combustion chamber; *boiler:* furnace; ⚗, ⚛, *phot., phys.* focus; *hotel:* lounge; *fig.* seat, centre; *thea.* ~ *des artistes* green-room; ~ *des étudiants* (university) hall of residence; *building:* Students' Union.

frac [frak] *m* dress-coat.

fracas [fra'ka] *m* crash; din, shindy; **fracasser** [~ka'se] (1a) *v/t.* shatter; smash to pieces.

fraction [frak'sjɔ̃] *f* fraction (*a.* ⚗), portion; *pol.* group; ⚗ ~ *continue* continued fraction; **fractionnaire** [fraksjɔ'nɛ:r] fractional; *nombre m* ~ mixed number; improper fraction; **fractionner** [~'ne] (1a) *v/t.* split up; ⊕, 🜚 fractionate; crack (*mineral oils*); ⚗ fractionize.

fracture [frak'ty:r] *f* breaking open; *lock:* forcing; ⚕, *geol.* fracture; **fracturer** [~ty're] (1a) *v/t.* break open; force (*a lock*); ⚕ fracture, break; ⚕ *se* ~ *un bras* fracture *or* break one's arm.

fragile [fra'ʒil] fragile; brittle; *fig.* weak; 🌱 *inscription:* with care; **fragilité** [~ʒili'te] *f* fragility; brittleness; *fig.* weakness, frailty.

fragment [frag'mɑ̃] *m* fragment, bit; snatch (*of a song*); **fragmentaire** [~mɑ̃'tɛ:r] fragmentary; in fragments.

frai[1] [frɛ] *m* spawning (season); spawn; fry.

frai[2] [~] *m coins:* wear.

fraîcheur [frɛ'ʃœːr] *f* freshness (*a.*

fig.); coolness; *fig.* bloom (*a. of flowers*); **fraîchir** [~'ʃiːr] (2a) *v/i.* grow colder; freshen (*wind*).

frais[1], **fraîche** [frɛ, frɛʃ] **1.** *adj.* fresh; cool; recent; new (*bread*); wet (*paint*); new-laid (*egg*); **2.** *adv.*: *frais arrivé* just arrived; *fleur f fraîche cueillie* freshly gathered *or* picked flower; **3.** *su./m* cool; coolness; *au* ~ in a cool place; *de* ~ freshly.

frais[2] [frɛ] *m/pl.* cost *sg.*, expenses; outlay *sg.*; fees; ⚖ costs; ~ *d'entretien* upkeep *sg.*; 🌱 ~ *de port* en plus carriage *sg.* extra; ~ *de transport* freight charges; carriage *sg.*; *aux* ~ *de* at the expense of; *faire les* ~ *de* bear the cost of; *fig.* provide the topic(s) of (*a conversation*); *peu de* ~ small cost *sg.*; ... *pour* ~ *d'envoi* postage and packing ...

fraise[1] [frɛːz] *f* ♀ strawberry; ⚕ strawberry mark, n(a)evus.

fraise[2] [~] *f cuis.* calf, lamb: crow; *turkey:* wattle; *collar:* ruff.

fraise[3] ⊕ [frɛːz] *f* countersink (bit); mill; ⊕ ~ *champignon* (*or conique*) rose bit.

fraiser[1] [frɛ'ze] (1a) *v/t.* frill.

fraiser[2] ⊕ [~] (1a) *v/t.* mill; countersink.

fraiser[3] *cuis.* [~] (1a) *v/t.* knead (*dough*).

fraiseuse ⊕ [frɛ'zøːz] *f* milling machine.

fraisier ♀ [frɛ'zje] *m* strawberry plant.

framboise [frɑ̃'bwaːz] *f* raspberry; **framboiser** [frɑ̃bwa'ze] (1a) *v/t.* flavo(u)r with raspberry; **framboisier** ♀ [~'zje] *m* raspberry-bush.

franc[1], **franche** [frɑ̃, frɑ̃:ʃ] **1.** *adj.* frank; free; open, candid; straightforward; fair (*play*); *fig.* real, pure; ~ *de port* carriage paid; post-free; *foot. coup m* ~ free kick; **2.** *franc adv.* frankly; candidly; *pour parler* ~ to be frank.

franc[2] [frɑ̃] *m coin:* franc; *pour un* ~ *de* a franc's worth of.

franc[3], **franque** [frɑ̃, frɑ̃:k] **1.** *adj.* Frankish; **2.** *su.* ♀ Frank; *in Levant:* European.

français, e [frɑ̃'sɛ, ~'sɛːz] **1.** *adj.* French; **2.** *su./m ling.* French; ♀ Frenchman; *les* ♀ *m/pl.* the French; *su./f* ♀ Frenchwoman.

franchement [frɑ̃ʃ'mɑ̃] *adv.* frankly; openly; F really.

franchir

franchir [frã'ʃiːr] (2a) *v/t.* jump over, clear; cross; pass through; ⚓ weather (*a headland*); *fig.* overcome; **franchise** [~'ʃiːz] *f* frankness, openness; *city*: freedom; *admin.* exemption; en ~ duty-free; **franchissable** [~ʃi'sabl] passable (*river*); negotiable (*hill*).
franciser [frãsi'ze] (1a) *v/t.* gallicize; **franciste** [~'sist] *su.* French scholar *or* specialist.
franc-maçon, *pl.* **francs-maçons** [frãma'sõ] *m* freemason; **franc-maçonnerie** [~sɔn'ri] *f* freemasonry.
franco ✝ [frã'ko] *adv.* free (of charge).
franc-tireur, *pl.* **francs-tireurs** [frãti'rœːr] *m* ⚔ sniper; *fig.* free lance.
frange [frãːʒ] *f* fringe; **franger** [frã'ʒe] (1l) *v/t.* fringe.
frangin *sl.* [frã'ʒɛ̃] *m* brother; **frangine** *sl.* [~'ʒin] *f* sister.
franquette F [frã'kɛt] *adv.*: à la bonne ~ without ceremony.
frappage ⊕ [fra'paːʒ] *m* stamping, striking; *coins*: minting; **frappe** [frap] *f* minting; striking; stamp; **frappé, e** [fra'pe] iced; **frapper** [~'pe] (1a) *v/t.* strike (*a. fig.*), hit; mint (*money*); ice (*a drink*); type (*a letter*); punch (out) (*a design*); F se ~ get alarmed; *v/i.* strike; knock (at the door, à la porte); ~ du pied stamp one's foot; ~ juste strike home; **frappeur** [~'pœːr] **1.** *su./m* ⊕ *etc.* striker; *tel.* tapper; ⊕ stamper; puncher; **2.** *adj./m*: esprit *m* ~ rapping spirit.
frasque [frask] *f* escapade.
fraternel, -elle [fratɛr'nɛl] fraternal, brotherly; **fraterniser** [~ni'ze] (1a) *v/i.* fraternize (with, avec); **fraternité** [~ni'te] *f* fraternity, brotherhood.
fratricide [fratri'sid] **1.** *su.* *person*: fratricide; *su./m* *crime*: fratricide; **2.** *adj.* fratricidal.
fraude [froːd] *f* fraud, deception; ~ fiscale tax-evasion; faire entrer en ~ smuggle in; **frauder** [fro'de] (1a) *v/i.* cheat; *v/t.* defraud, cheat, swindle; **fraudeur, -euse** [~'dœːr, ~'døːz] fraudulent; bogus, *Am.* phony.
frayer [frɛ'je] (1i) *v/t.* rub; clear (*a path, a way*); se ~ un chemin make a way for o.s.; *v/i.* spawn (*fish*); ~ avec associate with.
frayeur [frɛ'jœːr] *f* fright, terror.
fredaine [frə'dɛn] *f* escapade; faire des ~s sow one's wild oats.
fredonner [frədɔ'ne] (1a) *v/t.* hum (*a tune*). [frigate-bird.\
frégate [fre'gat] *f* ⚓ frigate; *orn.*⎦
frein [frɛ̃] *m* bit; bridle (*a. fig.*); *mot. etc.* brake; *fig.* curb, restraint; ~ à air comprimé air-brake; ~ à rétropédalage back-pedalling brake; 🚗 ~ de secours emergency-brake; ~s *pl.* à disque disc brakes; ~ sur jante rim-brake; mettre un ~ à curb, bridle; ronger son ~ champ the bit; **freiner** [frɛ'ne] (1a) *vt/i.* *mot.* brake; *v/i.* *mot.* apply the brakes; *v/t.* *mot.* apply the brakes to; *fig.* restrain, curb.
frelater [frəla'te] (1a) *v/t.* adulterate (*food, wine*).
frêle [frɛl] frail, weak.
frelon *zo.* [frə'lõ] *m* hornet.
freluquet F [frəly'kɛ] *m* whippersnapper.
frémir [fre'miːr] (2a) *v/i.* tremble, shudder; rustle (*leaves*); quiver (*a. fig.* with, de); **frémissement** [~mis'mã] *m* quiver(ing), shudder(ing); *leaves*: rustle; *wind*: sighing.
frêne ♣ [frɛːn] *m* ash(-tree).
frénésie [frene'zi] *f* frenzy, madness; **frénétique** [~'tik] frantic, frenzied (*a. fig.*).
fréquemment [freka'mã] *adv.* of fréquent; **fréquence** [fre'kãːs] *f*, *etc.* frequency; **fréquent, e** [~'kã, ~'kãːt] frequent; ⚕ rapid (*pulse*); **fréquentation** [~kãta'sjõ] *f* frequenting; association (with, de); regular attendance (at, de); **fréquenter** [~kã'te] (1a) *v/t.* frequent; visit; consort with; attend (*s.th.*) frequently.
frère [frɛːr] *m* brother; *eccl.* monk; friar; faux ~ traitor, double-crosser.
frérot F [fre'ro] *m* little brother.
fresque [frɛsk] *f* fresco.
fret ⚓ [frɛ] *m* freight; cargo; prendre à ~ charter; **frètement** ⚓ [frɛt'mã] *m* chartering; **fréter** [frɛ'te] (1f) *v/t.* freight; charter; fit out (*a ship*); F hire (*a car etc.*); **fréteur** [~'tœːr] *m* shipowner; charterer.
frétiller [freti'je] (1a) *v/i.* wriggle; wag (*tail*); *fig.* fidget.

fretin [frə'tɛ̃] *m* fry; *fig.* rubbish, odds *pl.* and ends *pl.*

friable [fri'abl] crumbly.

friand, e [fri'ɑ̃, ~'ɑ̃:d] dainty; ~ de partial to; **friandise** [~ɑ̃'di:z] *f* titbit, delicacy; epicurism.

fric *sl.* [frik] *m* dough (= *money*).

fricandeau *cuis.* [frikɑ̃'do] *m* stewed larded veal; **fricassée** *cuis.* [frika-'se] *f* fricassee, hash; **fricasser** [~'se] (1a) *v/t. cuis.* fricassee; *fig.* squander; **fricasseur** *m*, **-euse** *f* F [~'sœ:r, ~'sø:z] poor cook; *fig.* squanderer; *journ.* ~ *d'articles* pot-boiler. [glary.\

fric-frac *sl.* [frik'frak] *m/inv.* bur-\
friche 🞩 [friʃ] *f* fallow land; waste land; **en** ~ fallow; *fig.* undeveloped.

fricoter F [friko'te] (1a) *vt/i.* stew; cook (*a. fig.*); *v/i. fig.* act on the sly; *fig.* make on the side; ⚔ *sl.* skrimshank; **fricoteur** *m*, **-euse** *f* F [~'tœ:r, ~'tø:z] schemer; pilferer; ⚔ *sl.* skrimshanker; ⚔ marauder.

friction [frik'sjɔ̃] *f* ⊕ friction; *scalp*: massage; 🞲 rubbing; *sp.* rub-down; **frictionner** [~sjɔ'ne] (1a) *v/t.* rub; give (*s.o.*) a rub-down; massage (*s.o.'s scalp*); give (*s.o.*) a dry shampoo.

frigidité 🞲 [friʒidi'te] *f* frigidity.

frigo F [fri'go] *m* frozen meat; refrigerator; **frigorifier** [frigɔri'fje] (1o) *v/t.* refrigerate; *viande f frigorifiée* frozen meat; **frigorifique** [~'fik] refrigerating, chilling.

frileux, -euse [fri'lø, ~'lø:z] chilly.

frimas [fri'mɑ] *m* hoar-frost.

frime F [frim] *f* sham; *pour la* ~ for the sake of appearances.

frimousse F [fri'mus] *f* little face.

fringale F [frɛ̃'gal] *f* keen appetite.

fringant, e [frɛ̃'gɑ̃, ~'gɑ̃:t] frisky, lively; *fig.* dashing (*person*).

fringues F [frɛ̃:g] *f/pl.* togs.

friper [fri'pe] (1a) *v/t.* crease; crumple; **se** ~ get crumpled; **friperie** [~'pri] *f* old clothes *pl.*; second-hand goods *pl.* or business; old-clothes shop *or* business; *fig.* rubbish; **fripier** *m*, **-ère** *f* [~'pje, ~'pjɛ:r] dealer in old clothes; second-hand dealer.

fripon, -onne [fri'põ, ~'pɔn] **1.** *adj.* roguish; **2.** *su.* rogue, rascal; **friponnerie** [~pɔn'ri] *f* (piece of) roguery.

fripouille F [fri'pu:j] *f* bad lot, cad.

friquet F *orn.* [fri'kɛ] *m* tree-sparrow.

frire [fri:r] (4s) *vt/i.* fry; *fig. rien à* ~ nothing to be gained.

frise¹ [fri:z] *f* △ frieze; *thea.* ~*s pl.* borders.

frise² *tex.* [~] *f* frieze; *see cheval.*

friselis [friz'li] *m* rustle.

friser [fri'ze] (1a) *v/t.* curl; wave; crimp (*cloth*); skim, graze; *fig.* verge on, border on; *v/i.* curl (*hair*); **frisoir** [~'zwa:r] *m* (hair-)curler; curling-tongs *pl.*

frison¹ [fri'zɔ̃] *m* curl; floss-silk.

frison², **-onne** [fri'zɔ̃, ~'zɔn] *adj., a. su.* ♀ Frisian.

frisquet, -ette F [fris'kɛ, ~'kɛt] chilly, *sl.* parky.

frisson [fri'sɔ̃] *m* shiver, shudder; *pleasure:* thrill; **frissonner** [~sɔ'ne] (1a) *v/i.* (with, *de*) shiver, shudder; quiver; be thrilled.

frit, e [fri, frit] *p. p. of frire;* **friterie** [fri'tri] *f* fried-fish shop *or* stall; **frites** F [frit] *f/pl.* chipped potatoes, F chips; **frittage** ⊕ [fri'ta:ʒ] *m* sintering; roasting; **fritter** ⊕ [~'te] (1a) *v/t.* roast; sinter; **friture** [~'ty:r] *f* frying; frying fat; fried fish; *radio, teleph.:* crackling.

frivole [fri'vɔl] frivolous; *fig.* trifling; **frivolité** [~vɔli'te] *f* frivolity; *fig.* trifle; *lace:* tatting.

froc *eccl.* [frɔk] *m* cowl; frock; **frocard** *sl.* [frɔ'ka:r] *m* monk.

froid, froide [frwa, frwad] **1.** *adj.* cold (*a. fig. smile, reception*); chilly (*a. fig. manner*); frigid (*style*); *à* ~ in the cold state; when cold (*a. cuis.*); *avoir* ~ be cold (*person*); *battre* ~ *à* cold-shoulder (*s.o.*); *en* ~ *avec* on chilly terms with, cool towards; *faire* ~ be cold (*weather*); *prendre* ~ catch a chill; **2.** *su./m* cold; *fig.* coldness; 🞲 *industrie f du* ~ refrigeration industry; **froideur** [frwa'dœ:r] *f* coldness; chilliness; indifference; *fig.* chill; 🞲 frigidity.

froissement [frwas'mɑ̃] *m* crumpling; rustle; bruising; *fig.* conflict; giving *or* taking offence; **froisser** [frwa'se] (1a) *v/t.* crumple; rustle; bruise; offend, hurt; ruffle (*s.o.*); **se** ~ take offence (at, *de*); **froissure** [~'sy:r] *f* slight bruise; *cloth, paper:* crumple.

frôlement [frol'mɑ̃] *m* light brush-

frôler

ing; light touch; **frôler** [fro'le] (1a) *v/t.* graze; brush against *or* past; *fig.* come near to.

fromage [fro'ma:ʒ] *m* cheese; *fig.* soft job, F cushy job, *Am.* snap; ~ *d'Italie* liver-cheese; **fromager, -ère** [~ma'ʒe, ~'ʒɛ:r] **1.** *adj.* cheese-...; **2.** *su.* cheesemonger; cheesemaker; *su./m* cheese-basket; **fromagerie** [~maʒ'ri] *f* cheesemonger's (shop); cheese-dairy.

froment ✻ [fro'mã] *m* wheat.

fronce [frõ:s] *f* crease; *dress etc.*: gather; **froncement** [frõs'mã] *m* puckering; ~ *des sourcils* frown; **froncer** [frõ'se] (1k) *v/t.* pucker, wrinkle; gather (*one's skirt etc.*); ~ *les sourcils* frown; scowl; **froncis** [~'si] *m* skirt, dress: gathering.

frondaison [frõdɛ'zõ] *f* foliage, leaves *pl.*; foliation.

fronde [frõ:d] *f* sling; (toy) catapult; *hist. la* ♀ the Fronde (*1648 – 1653*); **fronder** [frõ'de] (1a) *v/t.* sling, catapult (*a stone*); hit with a sling; (*a.* ~ *contre*) scoff at; **frondeur** *m*, **-euse** *f* [~'dœ:r, ~'dø:z] **1.** *su.* slinger; *hist.* member of the Fronde; *fig.* scoffer; F grouser; **2.** *adj.* bantering; irreverent.

front [frõ] *m* front (*a.* ⚔); forehead, brow; face; *fig.* impudence, cheek; *pol.* ♀ *populaire* Popular Front; *de* ~ abreast; front-...; head-on (*collision*); *faire* ~ *à* face (*s.th.*); **frontal, e** *m/pl.* **-aux** [frõ'tal, ~'to] **1.** *adj.* frontal, front-...; **2.** *su./m horse*: headband; *anat.* frontal (bone); **fronteau** [~'to] *m horse*: headband; ⚕ frontal; *eccl.* frontlet; **frontière** [~'tjɛ:r] **1.** *su./f* frontier; border; boundary; **2.** *adj./f: ville f* ~ frontier town; **frontispice** [~tis'pis] *m* frontispiece (*a.* ⚠); titlepage. [façade.⎫

fronton [frõ'tõ] *m* ⚠ fronton; F⎭

frottage [fro'ta:ʒ] *m* polishing; rubbing; *flesh*: chafing; *metal*: scouring; **frottée** F [~'te] *f* thrashing; **frottement** [frot'mã] *m* rubbing, chafing; ⊕ friction; **frotter** [fro'te] (1a) *v/t.* rub; chafe (*one's leg*); polish; scour (*metal*); strike (*a match*); F thrash; *paint.* scumble; *fig. se* ~ *à q.* associate with s.o.; come up against s.o.; *v/i.* rub; **frottoir** [~'twa:r] *m* polishing cloth, polisher; ⊕ friction-plate; ≵ brush.

226

frou(-)frou [fru'fru] *m gown*: rustle, swish; F *orn.* humming-bird; F *faire du* ~ put on a display, show off.

froussard, e *sl.* [fru'sa:r, ~'sard] **1.** *adj.* cowardly; **2.** *su.* coward; **frousse** *sl.* [frus] *f* fear, F funk; *avoir la* ~ be scared.

fructifier [frykti'fje] (1o) *v/i.* bear fruit; **fructueux, -euse** [~'tɥø, ~'tɥø:z] fruitful, profitable.

frugal, e, *m/pl.* **-aux** [fry'gal, ~'go] frugal; **frugalité** [~gali'te] *f* frugality.

fruit [frɥi] *m* fruit; *fig.* advantage, profit; *fig.* result; ⚖ profit, revenue; *zo.* ~*s pl. de mer* fish and shellfish, *Am.* sea-food *sg.*; ~ *sec* dried fruit; *fig. person*: failure; **fruité, e** [frɥi'te] fruity (*wine, olives*); **fruiterie** [~'tri] *f* store-room for fruit; fruiterer's (shop); greengrocery; **fruitier, -ère** [~'tje, ~'tjɛ:r] **1.** *adj.* fruit-bearing; fruit(-*tree*); **2.** *su.* fruiterer, greengrocer; *su./m* storeroom for fruit.

fruste [fryst] worn; *fig.* rough.

frustrer [frys'tre] (1a) *v/t.* frustrate; ~ *q. de qch.* deprive s.o. of s.th.; cheat s.o. out of s.th.

fuel(-oil) [fjul, fju'lɔjl] *m* fuel-oil.

fugace [fy'gas] fleeting, passing, transient.

fugitif, -ve [fyʒi'tif, ~'ti:v] **1.** *adj.* fugitive; *fig.* fleeting, passing, transient; **2.** *su.* fugitive. [escapade.⎫

fugue [fyg] *f* ♪ fugue; F flight, F⎭ **fuir** [fɥi:r] (2d) *v/i.* flee, run away; leak (*barrel*); recede (*forehead, landscape*); *v/t.* avoid, shun; **fuis** [fɥi] *1st p. sg. pres. and p.s. of fuir;* **fuite** [fɥit] *f* flight; escape; *gas, liquid, a. fig. secrets*: leak, leakage; shunning; ~ *de cerveaux* brain drain; *mettre en* ~ put to flight; *prendre la* ~ take to flight.

fulgurant, e [fylgy'rã, ~'rã:t] flashing; fulgurating (*pain*); **fulguration** [~ra'sjõ] *f* flashing; ⚡ fulguration; **fulgurer** [~'re] (1a) *v/i.* flash, fulgurate. [smoky, sooty; murky.⎫

fuligineux, -euse [fyliʒi'nø, ~'nø:z]⎭ **fulmicoton** [fylmikɔ'tõ] *m see* coton-poudre; **fulmination** *eccl.*, 🜞, [~na-'sjõ] *f* fulmination; **fulminer** [~'ne] (1a) *vt/i.* fulminate; *v/i.*: *fig.* ~ *contre* fulminate against.

fumage[1] ✻ [fy'ma:ʒ] *m* dunging, dressing; manure.

fumage² [~] *fish, meat*: smoking.
fume-cigare(tte) [fymsi'gaːr, ~ga-'rɛt] *m/inv.* cigar(ette)-holder.
fumée [fy'me] *f* smoke; *soup*: steam; fumes *pl.*; *fig.* vanity.
fumer¹ [~] (1a) *v/t.* smoke (*cigars, fish, meat*); *v/i.* smoke; steam; *fig.* ~ de colère fume.
fumer² ⚹ [~] (1a) *v/t.* manure, dung (*the soil*).
fumerie [fym'ri] *f* † *tobacco etc.*: smoking; *opium*: den; **fumeron** [~'rɔ̃] *m* smoky charcoal; **fumet** [fy'mɛ] *m cooking*: aroma; *wine*: bouquet; *cuis.* concentrate; *hunt.* scent; **fumeur** *m*, **-euse** *f* [~'mœːr, ~'møːz] smoker; *su./m* 🚬 F smoker, smoking compartment; **fumeux, -euse** [~'mø, ~'møːz] smoky; heady (*wine*); *fig.* hazy.
fumier [fy'mje] *m* manure, dung; dunghill; *fig.* mourir sur le ~ die in squalor.
fumiste [fy'mist] *m* stove-setter; F humbug; F practical joker; **fumisterie** [~mis'tri] *f* stove-setting; F practical joke; *sl.* monkey business; **fumivore** ⊕ [~mi'vɔːr] *m* smoke-consumer; **fumoir** [~'mwaːr] *m* smoking-room; smoke-house (*for curing of fish, meat*).
fumure ⚹ [fy'myːr] *f* manuring; manure.
funèbre [fy'nɛbr] funeral; gloomy, funereal; **funérailles** [fyne'raːj] *f/pl.* funeral *sg.*; obsequies; **funéraire** [~'rɛːr] funeral; tomb(*stone*).
funeste [fy'nɛst] fatal, deadly.
funiculaire [fyniky'lɛːr] 1. *adj.* funicular; 2. *su./m* funicular railway.
fur [fyːr] *m*: au ~ et à mesure progressively, gradually; as the work proceeds, as things happen.
furet [fy'rɛ] *m zo.* ferret; *fig.* Nosey Parker, Paul Pry; **fureter** [fyr'te] (1d) *v/i.* ferret (*a. fig.*); *fig.* rummage, nose about; **fureteur, -euse** [~'tœːr, ~'tøːz] 1. *adj.* prying; 2. *su.* ferreter; *fig.* rummager; Nosey Parker.
fureur [fy'rœːr] *f* fury, rage; passion; *aimer avec* (or *à la*) ~ be passionately fond of; *fig.* faire ~ be all the rage; **furibond, e** [~ri'bɔ̃, ~'bɔ̃ːd] 1. *adj.* furious; 2. *su.* furious person; **furie** [~'ri] *f* fury, rage; *fig.* avec ~ frantically, wildly; *entrer en* ~ become furious; **furieux,**

-euse [~'rjø, ~'rjøːz] furious, mad, raging.
furole [fy'rɔl] *f* will-o'-the-wisp.
furoncle 𝒷 [fy'rɔ̃ːkl] *m* furuncle; F boil. [stealthy.)
furtif, -ve [fyr'tif, ~'tiːv] furtive,)
fus [fy] *1st p. sg. p.s.* of être 1.
fusain [fy'zɛ̃] *m* ♀ spindle-tree; (drawing-)charcoal; charcoal sketch; **fuseau** [~'zo] *m tex.* spindle; ⚹ spherical lune; ⊕ roller-chain: link-pin; ⊕ *trundle*: stave; *biol.* nucleus spindle; *cost.* tapering *or* peg-top trousers *pl.*; F *fig.* jambes *f/pl.* en ~ spindle-shanks.
fusée¹ [fy'ze] *f tex.* spindleful; ⊕ spindle.
fusée² [~] *f* ✈ *bomb etc.*: fuse; ✈, *phys.* rocket; ~ éclairante flare; ~ engin booster, carrier vehicle; avion *m* ~ rocket-propelled aircraft; lancer une ~ send up a flare.
fuselage ✈ [fyz'laːʒ] *m* fuselage; **fuselé, e** [~'le] spindle-shaped; tapering; *mot.* stream-lined; **fuseler** [~'le] (1c) *v/t.* taper; *mot.* streamline.
fuser [fy'ze] (1a) *v/i.* run, spread (*colours*); fuse, melt; *fig.* burst out (*laughter*); 🌶 crackle, F fizz; slake (*lime*); burn slowly (*fuse*); **fusible** [~'zibl] 1. *adj.* fusible; 2. *su./m* ⚡ fuse(-wire).
fusil [fy'zi] *m* rifle, gun; *tinder-box*, *a. sharpening*: steel; whetstone; *sl.* belly; ~ de *chasse* shot-gun; ~ mitrailleur Lewis gun; ~ mitrailleur automatique automatic gun; à portée de ~ within gunshot; coup *m* de ~ shot; *fig. sl.* gross overcharging; **fusilier** ✕ [fyzi'lje] *m* fusilier; **fusillade** [~'jad] *f* rifle-fire, fusillade; (execution by) shooting; **fusiller** [~'je] (1a) *v/t.* shoot; sharpen on a steel; *fig. sl.* spoil.
fusion [fy'zjɔ̃] *f* fusion (*a. fig.*), melting; ✝ merger; **fusionner** [~zjɔ'ne] (1a) *vt/i. a.* se ~ amalgamate, merge.
fustiger [fysti'ʒe] (1l) *v/t.* thrash.
fût [fy] *m gun*: stock; *tools etc.*: handle; △ *chimney*, *column, etc.*: shaft; barrel, cask, *box, drum*: body; *beer*: wood; ♀ *tree*: bole.
futaie [fy'tɛ] *f* forest; *arbre m* de haute ~ full-grown tree, timber-tree; **futaille** [~'taːj] *f* cask, tun.
futaine *tex.* [fy'tɛn] *f* fustian.

futé

futé, e F [fy'te] sharp, cunning.
futile [fy'til] futile; trifling, F footling; **futilité** [⁓tili'te] *f* futility; ⁓s *pl.* trifles.
futur, e [fy'ty:r] **1.** *adj.* future; **2.** *su./m* intended (husband); *gramm.* future; *su./f* intended (wife); **futurisme** *paint.* [⁓ty'rism] *m* futurism; **futuriste** *paint.* [⁓ty'rist] *su.* futurist.
fuyant, e [fɥi'jɑ̃, ⁓'jɑ̃:t] fleeing; fleeting (*moment*); shifty (*eyes*); *fig.* receding (*forehead, a. paint. etc. line*); **fuyard, e** [⁓'ja:r, ⁓'jard] **1.** *su.* fugitive; **2.** *adj.* timid; **fuyons** [⁓'jɔ̃] 1st *p. pl. pres. of* fuir.

G

G, g [ʒe] *m* G, g.
gabare ⚓ [ga'ba:r] *f* lighter; transport-vessel; drag-net; **gabarier** [⁓ba'rje] *m* *barge:* skipper; bargee, lighterman.
gabarit [gaba'ri] *m* mo(u)ld; *ships:* model; ⊕ template; ⊕ clearance; 🜨, ⊕ ga(u)ge; △ outline.
gabelle† [ga'bɛl] *f* salt-tax; **gabelou** *pej.* [⁓'blu] *m* customs officer.
gabier ⚓ [ga'bje] *m* topman.
gâche¹ ⊕ [gɑ:ʃ] *f* staple; wall-hook; catch; *pawl:* notch.
gâche² [gɑ:ʃ] *f* ⊕ trowel; *cuis.* spatula; **gâcher** [gɑ'ʃe] (1a) *v/t.* mix (*mortar*); slack, slake (*lime*); *fig.* waste; spoil; bungle (*work*).
gâchette [gɑ'ʃɛt] *f* *lock:* spring-catch; ⊕ pawl; *gun-lock:* tumbler; F *gun:* trigger.
gâcheur, -euse [gɑ'ʃœ:r, ⁓'ʃø:z] *su.* bungler; *su./m* △ builder's labo(u)rer; **gâchis** [⁓'ʃi] *m* △ wet mortar; mud; F *fig.* mess.
gaélique [gae'lik] *adj., a. su./m ling.* Gaelic.
gaffe [gaf] *f* boat-hook; *fishing:* gaff; F *fig.* blunder, bloomer; F *faire une ⁓* put one's foot in it, drop a brick; ✗ *sl. faire la ⁓* be on sentry-go; *sl. avaler sa ⁓* die; **gaffer** [ga'fe] (1a) *v/t.* hook; gaff (*a fish*); *v/i.* F blunder, drop a brick; **gaffeur m, -euse** *f* F [⁓'fœ:r, ⁓'fø:z] *m* blunderer.
gaga *sl.* [ga'ga] **1.** *su./m* dodderer; **2.** *adj.* doddering, senile.
gage [ga:ʒ] *m* ⚵ pledge, pawn; *gambling:* stake; *fig.* token; forfeit; *⁓s pl.* wages, pay *sg.*; *mettre en ⁓* pawn; **gager** [ga'ʒe] (11) *v/t.* pay wages to (*s.o.*); hire (*a servant*); ⚵ place (*furniture etc.*) under distraint; F bet; **gageur m, -euse** *f* [⁓'ʒœ:r, ⁓'ʒø:z] better, wagerer; **gageure** [⁓'ʒy:r] *f* wager, bet;

gagiste [⁓'ʒist] *m actor etc.:* supernumerary; *pej.* wage-earner; ⚵ (*a. créancier m ⁓*) pledgee.
gagnage [ga'ɲa:ʒ] *m* pasturage; browsing land.
gagne-pain [gaɲ'pɛ̃] *m/inv.* livelihood; bread-winner; **gagne-petit** [⁓pə'ti] *m/inv.* (itinerant) knife-grinder; cheap-jack; **gagner** [ga'ɲe] (1a) *v/t.* win (*a. fig.*); gain; earn (*a salary etc.*); reach, arrive at; overtake; *v/i.* gain profit (by, *à*); spread (*disease, fire*); **gagneur m, -euse** *f* [⁓'ɲœ:r, ⁓'ɲø:z] earner; gainer; winner.
gai, gaie [ge] gay, merry, jolly, cheerful; lively, bright; ⊕ easy (*bolt, tenon*); F *un peu ⁓* a bit merry (= *tipsy*); **gaieté** [⁓'te] *f* cheerfulness; mirth; *⁓s pl.* frolics; escapades; broad jokes; *de ⁓ de cœur* out of sheer wantonness.
gaillard, e [ga'ja:r, ⁓'jard] **1.** *adj.* jolly, merry; strong, well (*health etc.*); broad, spicy, risky (*song, story*); **2.** *su./m* fellow, chap; *su./f* wench; bold young woman; **gaillardise** [⁓jar'di:z] *f* jollity; *⁓s pl.* broad jokes; risky stories.
gain [gɛ̃] *m* gain, profit; earning; *cards etc.:* winnings *pl.*
gaine [gɛ:n] *f* ⚘, *anat., a. knife:* sheath; case, casing; corset, girdle; △, ✗ shaft; *geol.* matrix; **gainer** [gɛ'ne] (1b) *v/t.* sheathe.
gala [ga'la] *m* gala, fête; *en grand ⁓* in state; *habits m/pl. de ⁓* full dress *sg.*; *fig.* one's Sunday best.
galactomètre [galaktɔ'mɛtr] *m* lactometer.
galalithe ⊕ [gala'lit] *f* galalith.
galamment [gala'mɑ̃] *adv. of* galant 1; **galant, e** [⁓'lɑ̃, ⁓'lɑ̃:t] **1.** *adj.* elegant, gay; courteous, gallant; *⁓ homme* man of hono(u)r, gentle-

garance

man; *aventure f ~e* (love-)affair; 2. *su./m* ladies' man; lover; **galanterie** [~lɑ̃'tri] *f* politeness, attentiveness; love-affair; pretty speech; *~s pl.* compliments (*to a woman*); **galantin** [~lɑ̃'tɛ̃] *m* dandy.

galaxie *astr.* [galak'si] *f* galaxy; *the* Milky Way.

galbe [galb] *m* curve; contour; line(s *pl.*) (*of a car*); shapeliness; **galber** ⊕ [gal'be] (1a) *v/t.* shape.

gale [gal] *f* ✧ scabies, the itch; *hunt.* mange; *fig.* defect (*in material*); *fig. sl.* woman: shrew.

galène *min.* [ga'lɛn] *f* galena; *~ de fer* wolfram; *poste m à ~ radio:* crystal set.

galère [ga'lɛːr] *f* galley; ⊕ barrow; *qu'allait-il faire dans cette ~?* what was he doing there?; F *vogue la ~!* let's risk it!

galerie [gal'ri] *f* ✕, ✕, *thea., museum:* gallery; ✕ drift, level; arcade; *mot.* roof rack; ✕ *~ de roulage* drawing-road.

galérien [gale'rjɛ̃] *m* † galley-slave; † convict; *fig.* drudge.

galet [ga'lɛ] *m* pebble; ⊕ roller; ⊕ pulley; *~s pl.* shingle *sg.*

galetas [gal'tɑ] *m* garret; hovel.

galette [ga'lɛt] *f* tart; girdle-cake; ⚓ ship's biscuit; hard, thin mattress, *sl.* biscuit; *sl.* money.

galeux, -euse [ga'lø, ~'løːz] mangy (*dog*); ♧ scurfy (*tree*); with the itch (*person*); F *fig. brebis f ~euse* black sheep.

galimatias [galima'tjɑ] *m* farrago; gibberish.

galle ♧ [gal] *f* gall(-nut); *noix f de ~* nut-gall.

gallicanisme *eccl.* [galika'nism] *m* Gallicanism.

gallicisme [gali'sism] *m* gallicism, French turn of phrase.

gallinacé, e *orn.* [galina'se] 1. *adj.* gallinaceous; 2. *su./m: ~s pl.* gallinaceae.

gallois, e [ga'lwa, ~'lwaːz] 1. *adj.* Welsh; 2. *su./m ling.* Welsh; ♀ Welshman; *les* ♀ *m/pl.* the Welsh; *su./f* ♀ Welshwoman.

galoche [ga'lɔʃ] *f* clog, galosh, *Am.* rubber.

galon [ga'lɔ̃] *m* braid; ✕, ⚓ stripe; **galonner** [~lɔ'ne] (1a) *v/t.* trim with braid *or* lace; braid.

galop [ga'lo] *m* gallop; *sl.* scolding;

au grand ~ at full gallop; *au petit ~* at a canter; **galoper** [galɔ'pe] (1a) *v/i.* gallop; **galopin** [~'pɛ̃] *m* errand-boy; urchin; ⊕ loose pulley.

galvaniser [galvani'ze] (1a) *v/t.* ⊕ galvanize; (electro)plate; *fig.* stimulate; **galvanoplastie** ⊕ [~nɔplas'ti] *f* electroplating.

galvauder F [galvo'de] (1a) *v/t.* botch (*a work*); sully; *se ~* sully one's reputation; go to the bad, F go to the dogs.

gambade [gɑ̃'bad] *f* gambol, caper; **gambader** [~ba'de] (1a) *v/i.* gambol, caper; frisk; **gambiller** [~bi'je] (1a) *v/i.* F dance; F fidget.

gamelle [ga'mɛl] *f* bowl, can; ✕ pan; ✕, ⚓ mess-tin, dixie.

gamin, e [ga'mɛ̃, ~'min] *su.* urchin; street-arab; *su./m* little boy; *su./f* little girl; **gaminerie** [~min'ri] *f* child's trick.

gamma *phys.* [ga'ma] *m: rayons m/pl. ~* gamma rays.

gamme [gam] *f* ♪ scale (*a. paint.*), gamut; range; *fig. changer de ~* change one's tune.

gammé, e [ga'me] *adj.: croix f ~e* swastika.

gang [gɑ̃ːg] *m* gang.

ganglion *anat.* [gɑ̃gli'ɔ̃] *m* ganglion.

gangrène [gɑ̃'grɛn] *f* ✧ gangrene; ♧, *a. fig.* canker; *fig.* corruption; **gangrener** [gɑ̃grə'ne] (1d) *v/t.* ✧ gangrene, cause mortification in; *fig.* corrupt; **gangreneux, -euse** [~'nø, ~'nøːz] ✧ gangrenous; † cankerous. [hooligan.]

gangster [gɑ̃gs'tɛːr] *m* gangster,)

ganse [gɑ̃ːs] *f* braid; stripe; loop.

gant [gɑ̃] *m* glove; *~ de boxe* boxing-glove; *~ de toilette* washing-glove; *jeter (relever) le ~* throw down (take up) the gauntlet; **gantelet** [gɑ̃t'lɛ] *m* gauntlet; **ganter** [gɑ̃'te] (1a) *v/t.* glove; *fig.* suit (*s.o.*); *se ~* put one's gloves on; buy gloves; **ganterie** [~'tri] *f* glove-making, glove-trade; glove-shop, glove-counter; glove-factory; † *coll.* gloves *pl.*; **gantier *m*, -ère *f*** [~'tje, ~'tjɛːr] glover.

garage [ga'raːʒ] *m mot.* garage; *mot.* car-park; ⛀ shunting; ⚓ dock (-ing); ⛀ *voie f de ~* siding; **garagiste** *mot.* [~ra'ʒist] *m* garage owner; garage mechanic.

garance [ga'rɑ̃ːs] *f* 1. *su./f* ♧ mad-

garant 230

der(-wort); *dye*: madder; (madder-)red; **2.** *adj./inv.* (madder-)red.
garant, e [gaˈrɑ̃, ˌˈrɑ̃:t] *su.* surety, bail; security; *se porter* ~ vouch (for, de); *su./m* guarantee, authority;
garantie [garɑ̃ˈti] *f* safeguard; guarantee (*a.* ✞); warranty; pledge; **garantir** [ˌˈtiːr] (2a) *v/t.* guarantee (*a.* ✞); ✝ underwrite; vouch for; *fig.* protect.
garce *sl.* [gars] *f* bitch, strumpet.
garçon [garˈsɔ̃] *m* boy, lad; young man; (*a. vieux* ~) bachelor; *café etc.*: waiter; ~ *de bureau* office-messenger; ~ *d'honneur* best man; F *brave* ~ nice fellow; **garçonne** [ˌˈsɔn] *f* bachelor girl; *cheveux m/pl.* (*or coiffure f*) *à la* ~ Eton crop *sg.*; **garçonnet** [ˌsɔˈnɛ] *m* little boy; **garçonnière** [ˌsɔˈnjɛːr] *f* bachelor apartment *or* rooms *pl.*
garde [gard] *su./f* watch, guard; care, protection, custody, keeping; nurse; *book*: fly-leaf; *book*: end-paper; ~ *à vous!* look out!; ~ *attention!*, 'shun!; ⚔ *de* ~ on guard, on duty; *faire la* ~ keep watch; ⚔ *monter la* ~ mount guard; *prendre* ~ beware, be careful; *être sur ses* ~s be on one's guard; *su./m* guardian, watchman; keeper; warden; ~ *champêtre* rural constable; ♀ *des Sceaux* (French) Minister of Justice; ~**-barrière**, *pl.* ~**s-barrière(s)** 🚃 [gardəbaˈrjɛːr] gate-keeper; ~**boue** *mot.* [ˌˈbu] *m/inv.* mud-guard, *Am.* fender; ~**chasse**, *pl.* ~**s-chasse(s)** [ˌˈʃas] *m* gamekeeper; ~**corps** [ˌˈkɔːr] *m/inv.* life-line; ~**côte** [ˌˈkoːt] *m* coastguard vessel; ~**feu** [ˌˈfø] *m/inv.* fender; ~**fou** [ˌˈfu] *m* parapet; railing, handrail; ~**frein**, *pl.* ~**s-frein(s)** 🚃 [ˌˈfrɛ̃] *m* brakesman; ~**malade**, *pl.* ~**s-malades** [ˌmaˈlad] *su./m* male nurse; *su./f* nurse; ~**manger** [ˌmɑ̃ˈʒe] *m/inv.* larder, pantry; meat-safe; ~**nappe**, *pl.* ~**s-nappe(s)** [ˌˈnap] *m* table-mat.
garder [garˈde] (1a) *v/t.* keep; preserve; retain; protect, defend, guard; *se* ~ protect o.s.; refrain (from *ger.*, *de inf.*); take care (not to *inf.*, *de inf.*); beware (of, de); **garderie** [ˌˈdri] *f* day nursery; **garde-robe** [ˌdəˈrɔb] *f* furniture, clothes: wardrobe; toilet, water-closet; **gardeur** *m*, **-euse** *f* [ˌˈdœːr,

ˌˈdøːz] keeper, minder; preserver; **garde-voie**, *pl.* ~**s-voie(s)** 🚃 [ˌdəˈvwa] *m* track-watchman; **garde-vue** [ˌdəˈvy] *m/inv.* eye-shade; **gardien, -enne** [ˌˈdjɛ̃, ˌˈdjɛn] **1.** *su.* guardian; keeper; attendant; *prison*: warder, guard; *foot.* ~ *de but* goalkeeper; ~ *de la paix* policeman; **2.** *adj.*: *ange m* ~ guardian angel.
gare¹ [gaːr] siding (⚔, *a. canal, river, a.* 🚃); 🚃 (railway) station; ✈ ~ *aérienne* airport; 🚃 ~ *de triage* marshalling yard; ⚓ ~ *maritime* harbo(u)r-station; ~ *routière* bus station; 🚃 *chef m de* ~ station-master.
gare²! [~] *int.* look out!; ~ *à vous!* woe betide you!; *sans crier* ~ without warning.
garenne [gaˈrɛn] *su./f* (rabbit-)warren; fishing preserve; *su./m* wild rabbit.
garer [gaˈre] (1a) *v/t.* 🚃 shunt; *mot.* garage; *mot.* park; dock (*a vessel*); gather in (*the harvest*); *se* ~ 🚃 shunt; *mot. etc.* pull to one side; move out of the way; take cover (from, de).
gargariser [gargariˈze] (1a) *v/t.*: *se* ~ gargle; F revel (in, de); **gargarisme** [ˌˈrism] *m* gargle; gargling.
gargote [garˈgɔt] *f* (third-rate) eating house; cook-shop; **gargotier** *m*, **-ère** *f* [ˌgɔˈtje, ˌˈtjɛːr] cook-shop owner.
gargouille ⚠ [garˈguːj] *f* gargoyle; water-spout; culvert; **gargouiller** [ˌguˈje] (1a) *v/i.* gurgle; rumble (*bowels*); F paddle (in the gutter); **gargouillis** [ˌguˈji] *m* gurgling.
garnement F [garnəˈmɑ̃] *m* good-for-nothing, rogue.
garni [garˈni] *m* furnished room(*s pl.*), F digs *pl.*; **garnir** [ˌˈniːr] (2a) *v/t.* furnish, provide, fit up (with, de); ⚔ occupy, garrison, line (with, de); trim; ⊕ lag (*pipes*); ✝ stock (*a shop*); **garnison** ⚔ [ˌniˈzɔ̃] *f* garrison; **garniture** [ˌniˈtyːr] *f* fittings *pl.*; *cost.*, *cuis.* trimming(*s pl.*); ⊕ lagging; ⊕ packing; *mot. brakes, clutch*: lining; buttons, ⊕ pulleys, toilet, *etc.*: set.
garrot [gaˈro] *m* ⊕ tongue (*of saw*); ✚ tourniquet; **garrotter** [ˌrɔˈte] (1a) *v/t.* pinion; bind down; ✝ gar(r)otte.

gars F [gɑ] *m* lad, young fellow, boy.
gascon *m*, **-onne** *f* [gas'kɔ̃, ~'kɔn] 1. *adj.* Gascon; 2. *su./m ling.* Gascon; F *faire le ~* brag, boast; *su.* ♀ Gascony; **gasconnade** [~kɔ'nad] *f* boast(ing), bragging; tall story; **gasconner** [~kɔ'ne] (1a) *v/i.* speak with a Gascon accent; F brag, boast.
gas(-)oil [gɑ'zɔjl] *m* fuel *or* diesel oil.
gaspiller [gaspi'je] (1a) *v/t.* waste, squander; dissipate; *se ~* be wasted.
gastrite ♂ [gas'trit] *f* gastritis.
gastro... [gastro] gastro...; **gastronome** ♂ [~'nɔm] *m* gastronome(r).
gâteau [gɑ'to] *m* cake; (open) tart; pudding (*usu. cold*); *fig.* profit; *~ des Rois* Twelfth-night cake; *fig. partager le ~* go shares, split the profit.
gâter [gɑ'te] (1a) *v/t.* spoil (*a. fig.*); *fig.* pamper (*a child*); damage; taint (*the meat*); *se ~* deteriorate; **gâterie** [~'tri] *f* spoiling (*of a child*); overindulgence; *~s pl.* goodies; **gâteux, -euse** [~'tø, ~'tø:z] 1. *su.* old dotard; 2. *adj.* senile, doddering; **gâtisme** ♂ [~'tism] *m* senile decay.
gauche [go:ʃ] 1. *adj.* left; crooked; awkward, clumsy; *à ~* on *or* to the left; *tourner à ~* turn left; 2. *su./f* left hand; left-hand side; *tenir sa ~* keep to the left; **gaucher, -ère** [go'ʃe, ~'ʃɛ:r] 1. *adj.* left-handed; 2. *su.* left-hander; **gaucherie** [goʃ'ri] *f* awkwardness, clumsiness; **gauchir** [go'ʃi:r] (2a) *v/i. a. se ~* warp (*wood*); buckle (*metal*); *v/t.* give camber to (*s.th.*); ⚔ bank (*the wing*); **gauchisme** *pol.* [~'ʃism] *m* extreme leftism; **gauchissement** [~ʃis'mã] *m* warping (*a.* ⚔ *aileron*); buckling; ⚔ banking; **gauchiste** *pol.* [~'ʃist] of the extreme left.
gaudriole F [godri'ɔl] *f* broad joke(s *pl.*).
gaufre *cuis.* [go:fr] *f* waffle; *~ de miel* honeycomb; **gaufrer** [go'fre] (1a) *v/t.* ⊕ emboss (*leather etc.*); crimp (*linen*); corrugate (*iron, paper*); *tex.* diaper; **gaufrette** *cuis.* [~'frɛt] *f* wafer biscuit; **gaufrier** *cuis.* [~fri'e] *m* waffle-iron.
gaule [go:l] *f* long pole; riding-switch; (one-piece) fishing-rod; **gauler** [go'le] (1a) *v/t.* knock down (*fruit etc. from a tree*).
gaulois, e [go'lwa, ~'lwa:z] 1. *adj.* of Gaul; Gallic; *fig.* spicy, broad; 2. *su./m ling.* Gaulish; *su.* ♀ Gaul; **gauloiserie** [~lwaz'ri] *f* broad joke *or* story.
gausser [go'se] (1a) *v/t.: se ~ de* make fun of.
gave [gɑ:v] *m* mountain-torrent (*in the Pyrenees*).
gaver [gɑ've] (1a) *v/t.* cram (*a. fig. a pupil*); ✶ feed forcibly; *se ~* stuff o.s. (with, *de*); gorge.
gavroche [gɑ'vrɔʃ] *su. Paris:* street arab, ragamuffin.
gaz [gɑ:z] *m* gas; gas works *usu. sg.;* ✶ wind; *~ d'échappement* exhaust gas; *~ d'éclairage* (*or de ville*) illuminating gas; ♎ *~ hilarant* laughing-gas; ♎ *~ pl. rares* rare gases; *mot. couper les ~* throttle back; *mot. ouvrir les ~* open the throttle, F step on the gas; *mot. pédale f de ~* accelerator.
gaze [~] *f* gauze; *fig. sans ~* without reticence.
gazéifier [gɑzei'fje] (1o) *v/t.* gasify; aerate (*mineral waters etc.*); **gazéiforme** ♎ [~'fɔrm] gasiform.
gazer[1] [gɑ'ze] (1a) *v/t.* ✗, *tex.* gas; *v/i. mot. sl.* move, go smoothly; F *ça gaze* it's going strong.
gazer[2] [~] (1a) *v/t.* cover with gauze; *fig.* draw a veil (of reticence) over.
gazetier † [gɑzə'tje] *m* journalist; *fig.* newsmonger; **gazette** [~'zɛt] *f* gazette; *person:* gossip(er).
gazeux, -euse [gɑ'zø, ~'zø:z] gaseous; ✝ aerated, fizzy; **gazier** [~'zje] *m* gas-worker; gas-fitter; **gazogène** [~zɔ'ʒɛn] *m* gas-producer, generator; gasogene; **gazomètre** [~zɔ'mɛtr] *m* gasometer, gas-holder.
gazon [gɑ'zɔ̃] *m* grass; turf; lawn; **gazonner** [~zɔ'ne] (1a) *v/t.* turf; *v/i.* sward.
gazouillement [gɑzuj'mã] *m* warbling, chirping, *birds:* twittering, *brook etc.:* babbling; *fig.* prattle; **gazouiller** [gɑzu'je] (1a) *v/i.* warble, chirp, twitter (*birds*); babble (*brook*); *fig.* prattle; *sl.* stink; **gazouillis** [~'ji] *m see gazouillement.*
geai *orn.* [ʒɛ] *m* jay.
géant, e [ʒe'ã, ~'ã:t] 1. *su./m* giant; *su./f* giantess; 2. *adj.* gigantic.
géhenne [ʒe'ɛn] *f* gehenna, hell (*a. fig.*).
geindre [ʒɛ̃:dr] (4m) *v/i.* whine, moan; whimper; complain.

gel [ʒɛl] *m* frost; freezing; 🞋 gel.
gélatine [ʒela'tin] *f* gelatine; **gélatineux, -euse** [~ti'nø, ~'nø:z] gelatinous.
gelée [ʒə'le] *f* frost; *cuis.* jelly; ~ *blanche* hoar-frost; ground frost; ~ *nocturne* night frost; **geler** [~] (1d) *v/t.* freeze (*a.* ✝ *credits*); ✗, ✍ frostbite; *v/i.* freeze, become frozen; *avoir gelé* be frozen (*river*); *il gèle blanc* there is a white frost; *on gèle ici* it is freezing (in) here.
gelinotte *orn.* [ʒəli'nɔt] *f* hazel-grouse; fat(tened) pullet.
gélivure [ʒeli'vy:r] *f* frost-crack.
Gémeaux *astr.* [ʒe'mo] *m/pl.*: *les* ~ Gemini; the Twins; **géminé, e** [~mi'ne] ⚠, *biol.* twin; *biol.* geminate; mixed, co-educational (*school*).
gémir [ʒe'mi:r] (2a) *v/i.* groan, moan; lament, bewail; **gémissement** [~mis'mã] *m* groan(ing), moan(ing).
gemme [ʒɛm] *f min.* gem; precious stone; ♀ (leaf-)bud; resin; *biol.* gemma; *sel m* ~ rock-salt.
gênant, e [ʒɛ'nã, ~'nã:t] inconvenient, in the way; *fig.* awkward (*silence etc.*).
gencive *anat.* [ʒã'si:v] *f* gum.
gendarme [ʒã'darm] *m* *police militia*: gendarme, constable; F virago; *sl.* red herring; **gendarmer** [ʒãdar'me] (1a) *v/t.*: *se* ~ flare up, be up in arms; **gendarmerie** [~mə'ri] *f* constabulary; barracks *pl.* or headquarters *pl.* of the gendarmes.
gendre [ʒã:dr] *m* son-in-law.
gêne [ʒɛ:n] *f* embarrassment, uneasiness; difficulty, trouble; want, financial straits *pl.*; *mettre q. à la* ~ *torture* s.o. (*a. fig.*); *sans* ~ free and easy; familiar; **gêner** [ʒɛ'ne] (1a) *v/t.* cramp, constrict; *fig.* embarrass; inconvenience; hamper, hinder; trouble; *cela vous gêne-t-il?* is that in your way?; is that troubling you?; *la robe me gêne* the dress is too tight for me; *fig. se* ~ trouble *or* inconvenience o.s. (*to, pour*); *sourire m gêné* embarrassed smile.
général, e, *m/pl.* **-aux** [ʒene'ral, ~'ro] **1.** *adj.* general; *d'une façon* ~*e* broadly speaking; *en* ~ generally; **2.** *su./m* ~ general (*a. eccl.* of an order); ~ *de brigade* ✗ brigadier, *Am.* brigadier general (*a.* ✈); ✈ *Br.* Air Commodore; *su./f* ✗ general's wife; ✗ alarm; *eccl.* general (*of order of nuns*); *thea.* dress-rehearsal; **généraliser** [~rali'ze] (1a) *v/t.* generalize; **généralité** [~rali'te] *f* generality.
générateur, -trice [ʒenera'tœ:r, ~'tris] **1.** *adj.* generating; productive; **2.** *su./f* generator; dynamo; *su./m* ⊕ boiler; ~ *à gaz* gas-producer; **génération** [~'sjõ] *f* generation.
généreux, -euse [ʒene'rø, ~'rø:z] generous (*person, fig.* heart, help, *wine*); liberal; abundant; ✍ fertile (*soil*); **générosité** [~rozi'te] *f* generosity; liberality; *wine*: body.
genèse [ʒə'nɛ:z] *f* genesis, origin; *bibl. la* ♀ Genesis.
genêt ♀ [ʒə'nɛ] *m* broom; ~ *épineux* gorse, furze.
génétique [ʒene'tik] **1.** *adj.* genetic; **2.** *su./f* genetics *pl.*
gêneur *m*, **-euse** *f* [ʒɛ'nœ:r, ~'nø:z] intruder; nuisance; spoil-sport.
genevois, e [ʒən'vwa, ~'vwa:z] *adj., a. su.* ♀ Genevese.
genévrier ♀ [ʒənevri'e] *m* juniper(-tree).
génial, e, *m/pl.* **-aux** [ʒe'njal, ~'njo] inspired, of genius; **génie** [~'ni] *m* spirit, *a. person*: genius; spirit, characteristic; ✗ engineers *pl.*; ~ *civil* civil engineering; *coll.* civil engineers *pl.*; *mauvais* (*bon*) ~ bad (good) genius.
genièvre [ʒə'njɛ:vr] *m* ♀ juniper-berry; juniper(-tree); gin.
génisse [ʒe'nis] *f* heifer.
génital, e, *m/pl.* **-aux** [ʒeni'tal, ~'to] genital; *anat. organes m/pl.* ~*aux* genitals.
génois, e [ʒe'nwa, ~'nwa:z] *adj., a. su.* ♀ Genoese.
genou, *pl.* **-x** [ʒə'nu] *m* knee; ⊕ *pipe:* elbow-joint; ⊕ (*a. joint m à* ~) ball-and-socket joint; *se mettre à* ~*x* kneel down; **genouillère** [~nu'jɛ:r] *f* knee-pad; *armour, a. horse:* knee-cap; ⊕ *articulation f à* ~ ball-and-socket joint.
genre [ʒã:r] *m* genus, family; kind; *gramm.* gender; *art:* style; fashion; taste, form; *se donner du* ~ put on airs; *le* ~ *humain* mankind.
gens [ʒã] *m/pl.* (*an adj. or participle immediately preceding it is made feminine; if, however, both masculine and feminine forms end in a mute e, the*

adj. is made masculine) people, folk *sg.*; servants; nations; *les jeunes ~ the young folks*; *tous les ~ intéressés* all people interested; *petites ~* small fry; *vieilles ~* old folks; *~ de bien* honest folk; *~ d'église* clergy *pl.*; church people; *~ de lettres* men of letters; *~ de mer* sailors; *~ de robe* lawyers; ⚖ *droit m des ~* law of nations.

gent †, *a. co.* [~] *f* race, tribe.

gentiane [ʒɑ̃'sjan] *f* ⚕ gentian; gentian-bitters *pl.*

gentil[1] *hist.* [ʒɑ̃'ti] *m* Gentile.

gentil[2], **-ille** [ʒɑ̃'ti, ~'ti:j] nice; kind; pretty, pleasing; *sois ~!* be good!; **gentilhomme**, *pl.* **gentilshommes** [ʒɑ̃ti'jɔm, ~ti'zɔm] *m* nobleman; gentleman (= *man of gentle birth*); **gentillesse** [~'jɛs] *f* graciousness; politeness; *avoir la ~ de* (*inf.*) be so kind as to (*inf.*); **gentiment** [~'mɑ̃] *adv.* of *gentil*[2].

génuflexion *eccl.* [ʒenyflɛk'sjɔ̃] *f* genuflexion; *faire une ~* genuflect.

géodésie [ʒeɔde'zi] *f* surveying, geodesy; **géodésique** [~'zik] geodetic, geodesic; *surv.* *point m ~* triangulation point.

géographe [ʒeɔ'graf] *m* geographer; **géographie** [~gra'fi] *f* geography; **géographique** [~gra'fik] geographic(al).

geôle [ʒo:l] *f* gaoler's lodge; † gaol, prison; **geôlier** [ʒo'lje] *m* gaoler, jailer.

géologie [ʒeɔlɔ'ʒi] *f* geology.

géométrie ⚔ [ʒeɔme'tri] *f* geometry.

gérance [ʒe'rɑ̃:s] *f* direction, management; managership; board of directors *or* governors; **gérant, e** [~'rɑ̃, ~'rɑ̃:t] *su./m* director; *company:* managing director; manager; *journ.* *rédacteur-~* managing editor; *su./f* manageress.

gerbage [ʒɛr'ba:ʒ] *m sheaves:* binding; *bales etc.:* stacking; **gerbe** [ʒɛrb] *f corn:* sheaf; *flowers, water:* spray; *sparks:* shower; ✗ cone of fire; **gerber** [ʒɛr'be] (1a) *v/t.* bind (*corn-sheaves*); stack, pile; ✗ bombard; **gerbier** [~'bje] *m corn:* stack; barn; **gerbière** [~'bjɛ:r] *f* harvest wain.

gerboise *zo.* [ʒɛr'bwa:z] *f* jerboa.

gercer [ʒɛr'se] (1k) *vt/i. a. se ~* crack (*wood, skin, soil*); chap (*hands*); **gerçure** [~'sy:r] *f* crack, fissure; *hands:* chap; ⊕ flaw (*in wood*), hair-crack (*in metal*).

gérer [ʒe're] (1f) *v/t.* manage, administer; *mal ~* mismanage.

germain[1], **e** [ʒɛr'mɛ̃, ~'mɛn] full, own (*brother, sister*); first (*cousin*).

germain[2], **e** *hist.* [ʒɛr'mɛ̃, ~'mɛn] **1.** *adj.* Germanic, Teutonic; **2.** *su.* ♀ German, Teuton; **germanique** [~ma'nik] *adj., a. su./m ling.* Germanic; **germanisme** [~ma'nism] *m* Germanism; German turn of phrase.

germe [ʒɛrm] *m biol.* germ (*a. fig.*); *potato:* eye; *fig.* seed, origin; **germer** [ʒɛr'me] (1a) *v/i.* germinate; sprout, shoot; *fig.* spring up, dawn (*idea*); **germination** *biol.* [~mina'sjɔ̃] *f* germination; **germoir** [~'mwa:r] *m* ♂ seed-bed, hot-bed; *brewing:* malt-house.

gerondif *gramm.* [ʒerɔ̃'dif] *m* gerund.

gerzeau ♀ [ʒɛr'zo] *m* corn-cockle.

gésier *zo.* [ʒe'zje] *m* gizzard.

gésir [ʒe'zi:r] (2q) *v/i.* lie; *ci-gît* here lies.

gestation *physiol.* [ʒɛsta'sjɔ̃] *f* (period of) gestation, pregnancy.

geste[1] [ʒɛst] *f (a. chanson f de ~)* medieval verse chronicle; *faits m/pl. et ~s pl.* exploits; *fig.* behavio(u)r *sg.*

geste[2] [ʒɛst] *m* gesture, motion, sign; **gesticulation** [ʒɛstikyla'sjɔ̃] *f* gesticulation; **gestion** [ʒɛs'tjɔ̃] *f* administration, management.

gibbeux, -euse [ʒi'bø, ~'bø:z] gibbous; humped; **gibbosité** [~bozi'te] *f* gibbosity; hump.

gibecière [ʒib'sjɛ:r] *f* game-bag; *school:* satchel.

gibelotte *cuis.* [ʒi'blɔt] *f* fricassee of rabbit *or* hare in white wine.

giberne [ʒi'bɛrn] *f* cartridge-pouch.

gibet [ʒi'bɛ] *m* gibbet, gallows *usu.*

gibier [ʒi'bje] *m* game. [*sg.*]

giboulée [ʒibu'le] *f* sudden shower; F *fig.* shower of blows.

giboyer [ʒibwa'je] (1h) *v/i.* go shooting; **giboyeux, -euse** [~'jø, ~'jø:z] abounding in game; *pays m ~* good game country.

gibus [ʒi'bys] *m* opera-hat.

gicler [ʒi'kle] (1a) *v/i.* squirt, spurt; splash; **gicleur** *mot.* [~'klœ:r] *m* jet; (spray) nozzle.

gifle [ʒifl] *f* slap in the face; box on the ear; **gifler** [ʒi'fle] (1a) *v/t.*: ~ *q.* slap s.o.'s face; box s.o.'s ears.

gigantesque [ʒigɑ̃'tɛsk] gigantic; **gigantisme** ⚕ [~'tism] *m* gigantism.

gigogne [ʒi'gɔɲ] **1.** *su./f*: la mère ~ (*approx.*) the Old Woman who lived in a shoe; **2.** *adj.*: table *f* ~ nest of tables; ⚓ vaisseau *m* ~ mother ship.

gigot [ʒi'go] *m cuis.* leg of mutton; *cost.* manches *f/pl.* à ~ leg-of-mutton sleeves; **gigoter** F [~gɔ'te] (1a) *v/i.* kick; jig.

gigue¹ [ʒig] *f* haunch of venison; gawky girl; F ~s *pl.* legs.

gigue² ♪ [~] *f* jig.

gilet [ʒi'lɛ] *m* waistcoat, vest; *knitwear*: cardigan; ~ de sauvetage life-jacket.

gimblette *cuis.* [ʒɛ̃'blɛt] *f* jumbal.

gin [dʒin] *m* gin.

gingembre ♀ [ʒɛ̃'ʒɑ̃:br] *m* ginger.

gingivite ⚕ [ʒɛ̃ʒi'vit] *f* gingivitis.

girafe *zo.* [ʒi'raf] *f* giraffe.

girandole [ʒirɑ̃'dɔl] *f chandelier, jewels*: girandole; *flowers*: cluster.

giratoire [ʒira'twa:r] gyratory (*traffic*); sens *m* ~ roundabout.

girofle ♀ [ʒi'rɔfl] *m* clove; *cuis.* clou *m* de ~ clove; **giroflée** [ʒirɔ'fle] *f* stock; wallflower; **giroflier** ♀ [~fli'e] *m* clove-tree.

girolle ♀ [ʒi'rɔl] *f* mushroom, *usu.* chanterelle.

giron [ʒi'rɔ̃] *m* lap; ⊕ loose handle; △ tread; *fig.* bosom (*of the Church*).

girouette [ʒi'rwɛt] *f* weathercock (*a. fig.*), vane.

gisant [ʒi'zɑ̃] *m arts*: recumbent effigy; **gisement** [ʒiz'mɑ̃] *m geol.* bed, layer, stratum; ⚓ bearing; ⚒ lode, vein; ~s *pl.* houillers coal measures; **gisons** [ʒi'zɔ̃] 1st *p. pl. pres. of* gésir; **gît** [ʒi] 3rd *p. sg. pres. of* gésir.

gitan, **e** *f* [ʒi'tɑ̃, ~'tan] gipsy.

gîte [ʒit] *su./m* resting-place, lodging; *hare*: form; *animal*: lair; *geol.* bed, stratum; ⚒ vein; △ joist; *su./f* ⚓ list; **gîter** [ʒi'te] (1a) *v/i.* lodge; lie; sleep; ⚓ list; ⚓ run aground.

givrage ✈ [ʒi'vra:ʒ] *m* icing; **givre** [ʒi:vr] *m* hoar-frost; **givré**, **e** [ʒi'vre] rimy; frosted; ✈ iced-up; **givrer** [~] (1a) *v/t.* cover with hoarfrost, frost (*s.th.*) over; frost (*a cake*); ✈ ice up.

glabre [glɑ:br] smooth, hairless; *fig.* clean-shaven (*face*).

glaçage [gla'sa:ʒ] *m* glazing; *cuis.* icing, frosting; **glace** [glas] *f* ice; ice-cream; *cuis.* icing; *fig.* chill; mirror; (plate-)glass; *mot. etc.* window; ⊕ flaw; ⚓ pris dans les ~s ice-bound; **glacé**, **e** [gla'se] **1.** *adj.* icy (*a. fig.* stare, politeness), freezing; iced (*drink*); chilled (*wine*); frozen; glazed (*paper etc.*); glacé, kid...; **2.** *su./m* glaze; **glacer** [~] (1k) *v/t.* freeze; glaze; *fig.* chill (*the wine*); surface (*paper etc.*); *cuis.* frost, ice (*a cake*); ✽ polish (*the rice*); se ~ freeze; *fig.* run cold; **glacerie** [glas'ri] *f* ice-cream trade; glass-works *usu sg.*; **glaceur** ⊕ [gla'sœ:r] *m paper, material*: glazer; rolling-machine; glazing-pad; **glaciaire** *geol.* [~'sjɛ:r] glacial; ice-(age)...; **glacial**, **e**, *m/pl.* -als [~'sjal] icy (*temperature, a. fig.*); frosty (*air*); ice-...; frigid (*style, manner, politeness, zone*); **glacier** [~'sje] *m geol.* glacier; ice-cream man; maker of mirrors *or* plate-glass; **glacière** [~'sjɛ:r] *f* ice-house; ice-box; refrigerator; ✽ refrigerator van; **glacis** [~'si] *m* slope; △ ramp; ⚔ *hist.* glacis; *paint.* glaze, scumble; **glaçon** [~'sɔ̃] *m* icicle (*a. fig. person*); ice-floe; block of ice; **glaçure** [~'sy:r] *f pottery etc.*: glaze, glazing.

glaïeul ♀ [gla'jœl] *m* gladiolus.

glaire [glɛ:r] *f* white of egg; mucus, phlegm; flaw (*in precious stone*); **glaireux**, **-euse** [glɛ'rø, ~'rø:z] glaireous; full of phlegm (*throat*).

glaise [glɛ:z] *f* clay, loam; **glaiser** [glɛ'ze] (1b) *v/t.* line with clay; ⚒ coffer; ✎ dress (*the soil*) with clay; ⊕ puddle (*a reservoir*); **glaisière** [~'zjɛ:r] *f* clay-pit.

glaive [glɛ:v] *m* sword.

glanage ✎ [gla'na:ʒ] *m* gleaning.

gland [glɑ̃] *m* ♀ acorn; *curtain*: tassel; **glandage** [glɑ̃'da:ʒ] *m* pannage.

glande ♀, *anat.* [glɑ̃:d] *f* gland.

glandée [glɑ̃'de] *f* mast, pannage; acorn-harvest.

glane [glan] *f* gleaning; *pears*: cluster; *onions*: rope; F ~s *pl.* pickings; **glaner** [gla'ne] (1a) *v/t.* glean (*a. fig.*); **glaneur** *m*, **-euse** *f* [~'nœ:r,

~'nø:z] gleaner; **glanure** [~'ny:r] *f* gleanings *pl.* (*a. fig.*).

glapir [gla'pi:r] (2a) *v/i.* yelp; bark (*fox*); **glapissement** [~pis'mã] *m* yelping, yapping; *fox*: barking.

glas [glɑ] *m* knell; ⚔ *etc.* salvo of guns (*at funeral*).

glauque [glo:k] sea-green; bluish green.

glèbe [glɛb] *f earth*: sod; † land; *hist.* feudal land; *attaché à la ~* bound to the soil.

glissade [gli'sad] *f* slip; sliding; slide (*on snow etc.*); *dancing*: glide; *geol. ~ de terre* landslide; ✈ *~ sur l'aile* side-slip; ✈ *~ sur la queue* tail-dive; *mount. faire une descente en ~* glissade; **glissant, e** [~'sã, ~'sã:t] sliding (*a.* ⊕ *joint*); slippery (*a. fig.*); **glissement** [glis'mã] *m* sliding, slipping; gliding; *geol.* landslide; ⊕ *belt*: creeping; **glisser** [gli'se] (1a) *v/i.* slip; slide (*on ice etc.*); glide; *mot.* skid (*wheel*); ⊕ creep (*belt*); *~ sur qch.* glance off s.th.; *fig.* not to dwell upon; let pass; ✈ *~ sur l'aile* side-slip; *v/t.* slip (*s.th.* into *s.th., a stitch, etc.*); *se ~* creep (*a. fig.*); **glisseur, -euse** [~'sœ:r, ~'sø:z] *su.* slider; *su./m* ✈ glider; ⊕ slide-block; **glissière** [~'sjɛ:r] *f* slide; (*coal-*)shoot; slide-bar; **glissoir** [gli'swa:r] *m* ⊕ slide; chute; **glissoire** [~] *f* slide (*on ice etc.*).

global, e, *m/pl.* **-aux** [glɔ'bal, ~'bo] total, gross, inclusive; **globe** [glɔb] *m* globe (*a.* ✵), sphere; *sun*: orb; *anat.* (*eye-*)ball; *~ terrestre* terrestrial globe; **globulaire** [glɔby-'lɛ:r] 1. *adj.* globular; 2. *su./f* ♀ globularia; **globule** [~'byl] *m* globule (*a.* ✱); *water*: drop; ⊕ *metals*: air-hole; ✱ small pill; **globuleux, -euse** [~by'lø, ~'lø:z] globular.

gloire [glwa:r] *f* glory; fame; pride; halo; *se faire ~ de* glory in; **gloria** [glɔ'rja] *m eccl.* gloria; F coffee with brandy; **gloriette** [~'rjɛt] *f* summer-house, arbo(u)r; **glorieux, -euse** [~'rjø, ~'rjø:z] 1. *adj.* glorious; vain, conceited (about, *de*); *eccl.* glorified; 2. *su./m* braggart; **glorification** [~rifika'sjɔ̃] *f* glorification; **glorifier** [~ri'fje] (1o) *v/t.* glorify; praise; *se ~ boast* (of, *de*); glory (in *ger., de inf.*); **gloriole** [~'rjɔl] *f* vainglory, F swank.

glose [glo:z] *f* gloss, commentary; *fig.* criticism; **gloser** [glo'ze] (1a) *v/t.* gloss; *v/i.*: *~ sur* find fault with; criticize; gossip about.

glossaire [glɔ'sɛ:r] *m* glossary; vocabulary. [tator.\
glossateur [glɔsa'tœ:r] *m* commen-∫
glotte *anat.* [glɔt] *f* glottis.

glouglou [glu'glu] *m* gurgle; *turkey*: gobble; **glouglouter** [~glu'te] (1a) *v/i.* cluck (*hen*); gobble (*turkey*); chuckle (*person*).

glouteron ♀ [glu'trɔ̃] *m* burdock.

glouton, -onne [glu'tɔ̃, ~'tɔn] 1. *adj.* greedy; 2. *su.* glutton; *su./m zo.* wolverine; **gloutonnerie** [~tɔn-'ri] *f* gluttony.

glu [gly] *f* bird-lime; glue; **gluant, e** [~'ã, ~'ã:t] sticky, gluey; *sl. il est ~* he's a sticker; **gluau** [~'o] *m* lime-twig; snare.

glucose ♀ [gly'ko:z] *m* glucose.

gluer [gly'e] (1a) *v/t.* lime (*twigs*); *fig.* make sticky.

glume [glym] *f* chaff; ♀ glume.

glutineux, -euse [glyti'nø, ~'nø:z] glutinous.

glycérine [glise'rin] *f* glycerine.

glycine [gli'sin] *f* ♀ wistaria, wisteria; *phot.* glycin(e).

glyphe △ [glif] *m* glyph, groove.

glyptique [glip'tik] *f* glyptics *sg.*

gnangnan [ɲã'ɲã] 1. *adj./inv.* peevish; 2. *su.* peevish person.

gn(i)ole, gnôle, *a.* **gnaule** *sl.* [ɲɔl] *f* brandy.

gnome [gno:m] *m* gnome.

go F [go] *adv.*: *tout de ~* immediately, straight away.

goal *sp.* [gol] *m* goal; goalkeeper.

gobelet [gɔ'blɛ] *m* goblet; cup; mug; **gobeleterie** [gɔblɛ'tri] *f* hollow-glass factory *or* trade *or* ware; **gobeletier** [~'tje] *m* manufacturer of *or* dealer in glass-ware.

gobe-mouches [gɔb'muʃ] *m/inv. orn.* fly-catcher; ♀ fly-trap; F simpleton.

gober [gɔ'be] (1a) *v/t.* swallow (*a.* F *fig. ~ believe blindly*); F *fig.* like (*s.o.*) very much; F *se ~* be conceited; F fancy o.s.

goberger [gɔbɛr'ʒe] (1l) *v/t.*: *se ~* lounge; feed well, F have a good tuck-in.

gobeur *m*, **-euse** *f* [gɔ'bœ:r, ~'bø:z] swallower; F simpleton, credulous person.

godaille

godaille sl. [gɔ'dɑːj] f feast, guzzle; **godailler** F [ˌda'je] (1a) v/i. feast, guzzle; pub-crawl.
godasses sl. [gɔ'das] f/pl. boots.
godelureau F [gɔdly'ro] m coxcomb.
goder [gɔ'de] (1a) v/i. crease, pucker; bag (trousers); **godet** [ˌ'dɛ] m mug; cup (a. ♀); bowl (a. of pipe); ⊕ dredger: bucket; cost. flare; pucker (in cloth).
godiche F [gɔ'diʃ], **godichon, -onne** [ˌdi'ʃɔ̃, ˌ'ʃɔn] 1. adj. awkward, stupid; 2. su. simpleton; gawk; lout.
godille ⚓ [gɔ'diːj] f stern-oar.
godillot [gɔdi'jo] m (military) shoe; F hobnailed boot.
goéland orn. [gɔe'lɑ̃] m (sea-)gull; **goélette** [ˌ'lɛt] f ⚓ schooner; ⚓ trysail; orn. sea-swallow.
goémon [gɔe'mɔ̃] m seaweed; wrack.
gogo F [gɔ'go] m dupe, sl. mug; fig. à ~ in abundance; galore; (money) to burn.
goguenard, e [gɔg'naːr, ˌ'nard] 1. adj. bantering; 2. su. mocker, chaffer; **goguette** [gɔ'gɛt] f: en ~ on the spree.
goinfre [gwɛ̃ːfr] m glutton, guzzler; **goinfrer** [gwɛ̃'fre] (1a) v/i. gorge, guzzle; **goinfrerie** [ˌfrə'ri] f gluttony.
goitre ✝ [gwaːtr] m goitre; **goitreux, -euse** [gwa'trø, ˌ'trøːz] 1. adj. goitrous; 2. su. goitrous person.
golf sp. [gɔlf] m golf; F golf-links; joueur m de ~ golfer. [sinus.]
golfe geog. [ˌ] m gulf, bay; anat.
gomme [gɔm] f gum; india-rubber; **gommer** [gɔ'me] (1a) v/t. gum; mix with gum; rub (s.th.) out, erase; v/i. ⊕ jam, stick; **gommeux, -euse** [ˌ'mø, ˌ'møːz] 1. adj. gummy, sticky; 2. su./m F toff, swell, Am. dude.
gond [gɔ̃] m (door-)hinge; F sortir de ses ~s fly into a rage or off the handle.
gondole [gɔ̃'dɔl] f gondola; ✈ dirigible balloon: nacelle; ✝ eyebath; **gondoler** [ˌdɔ'le] (1a) v/i. a. se ~ warp (wood); buckle (metal); blister (paint); v/t.: sl. se ~ split one's sides with laughter.
gonfalon † [gɔ̃fa'lɔ̃] m, **gonfanon** † [ˌ'nɔ̃] m gonfalon, banner.

gonflage [gɔ̃'flaːʒ] m inflation; mot. blowing-up; **gonflement** [ˌflə'mɑ̃] m inflation, inflating; swelling; bulging; ✝ distension; **gonfler** [ˌ'fle] (1a) v/t. swell; inflate; blow up; F fill (the tyres); ✝ distend (the stomach); v/i. a. se ~ swell (up); become inflated or ✝ distended; **gonfleur** mot. [ˌ'flœːr] m air-pump.
gonio ⚓, ✈ [gɔ'njo] m direction-finder; **~mètre** [ˌnjɔ'mɛtr] m goniometer.
gordien [gɔr'djɛ̃] adj./m: nœud m ~ Gordian knot.
goret [gɔ'rɛ] m little pig, piglet; F fig. dirty pig.
gorge [gɔrʒ] f throat, neck; woman: breast, bosom; geog., a. hunt. gorge; geog. pass, defile; ⊕ etc. groove; axle: neck; lock: tumbler; à pleine ~ at the top of one's voice; mal m à la ~ sore throat; F fig. rendre ~ make restitution; **gorgée** [gɔr'ʒe] f draught; gulp; petite ~ sip; **gorger** [ˌ'ʒe] (11) v/t. gorge; cram (fowls, a. fig.); **gorgerette** [ˌʒə'rɛt] f orn. blackcap; cost. gorget; **gorget** ⊕ [ˌ'ʒɛ] m mo(u)lding plane.
gorille zo. [gɔ'riːj] m gorilla.
gosier [go'zje] m throat; gullet; à plein ~ loudly; avoir le ~ pavé have a cast-iron throat.
gosse F [gɔs] m kid, youngster.
gothique [gɔ'tik] 1. adj. Gothic; 2. su./m △, ling., art: Gothic; su./f typ. Old English.
goton † [gɔ'tɔ̃] f country wench; sl. trollop.
gouache paint. [gwaʃ] f gouache.
gouailler [gwa'je] (1a) v/t. chaff; **gouaillerie** [gwaj'ri] f banter, chaff; **gouailleur, -euse** [gwa'jœːr, ˌ'jøːz] 1. adj. mocking (tone); waggish (humour); 2. su. banterer.
gouape F [gwap] f blackguard, hooligan.
goudron [gu'drɔ̃] m tar; ⚓ a. pitch; **goudronnage** [ˌdrɔ'naːʒ] m tarring; **goudronner** [ˌdrɔ'ne] (1a) v/t. tar; **goudronnerie** [ˌdrɔn'ri] f tar-works usu. sg.; tar-shed; **goudronneux, -euse** [ˌdrɔ'nø, ˌ'nøːz] tarry; gummy (oil).
gouffre [gufr] m gulf, pit, abyss.
gouge [guːʒ] f ⊕ gouge, hollow chisel; ⊕ barrel plane.
goujat [gu'ʒa] m △ hodman; farmhand; fig. boor, cad.

goujon¹ *icht.* [gu'ʒɔ̃] *m* gudgeon.
goujon² [gu'ʒɔ̃] *m* ⚙ gudgeon (*a.* ⊕ *of a shaft*); ⚙ stud; ⊕ tenon; bolt; ⊕ coak; ⊕ *hinge:* pin(tle); **goujonner** [~ʒɔ'ne] (1a) *v/t.* ⊕ coak, dowel; ⊕ pin, bolt; ⚙ joggle.
goule [gul] *f* ghoul.
goulée [gu'le] *f metall.* channel; F mouthful; **goulet** [~'le] *m* neck; ⚓ narrows *pl.*; ⚙ neck-gutter; **goulot** [~'lo] *m bottle:* neck; spout; *sl.* mouth; **goulotte** [~'lɔt], **goulette** [~'lɛt] *f* shoot; water-channel; **goulu, e** [~'ly] greedy, gluttonous.
goupille [gu'piːj] *f* pin; (*stop-*)bolt; gudgeon; cotter; **goupiller** [~pi'je] (1a) *v/t.* ⊕ pin, key; *sl.* wangle, arrange.
goupillon [gupi'jɔ̃] *m eccl.* aspergillum; *bottle, gun, lamp:* brush.
gourbi [gur'bi] *m* (Arab) hut; shack; F funk-hole.
gourd, gourde [guːr, gurd] benumbed; stiff.
gourde [gurd] *f* ♀ gourd, calabash; water-vessel; (*brandy-*)flask; *sl.* fool.
gourdin [gur'dɛ̃] *m* cudgel, club, bludgeon.
gourgandine [gurgɑ̃'din] *f hist.* low-necked bodice; F whore.
gourmand, e [gur'mɑ̃, ~'mɑ̃ːd] 1. *adj.* greedy, gluttonous; F *fig.* sweet-toothed; 2. *su.* gourmand, glutton; epicure; **gourmander** [~mɑ̃'de] (1a) *v/t.* scold, rebuke; *fig.* treat roughly; **gourmandise** [~mɑ̃'diːz] *f* greediness, gluttony; ~s *pl.* sweetmeats.
gourme [gurm] *f hunt.* strangles *pl.*; ⚕ impetigo; ⚕ teething rash; *jeter sa* ~ run at the nose (*horse*); F *fig.* blow off steam; F sow one's wild oats; **gourmé, e** [gur'me] stiff, formal (*manners*); aloof (*person*).
gourmet [gur'mɛ] *m* gourmet, epicure.
gourmette [gur'mɛt] *f horse:* curb; curb-bracelet; curb watch-chain; ⊕ polishing-chain.
gousse [gus] *f* pod, shell; *garlic:* clove; **gousset** [gu'sɛ] *m cost.*, *⚙* gusset; *cost.* fob, waistcoat pocket; ⊕ bracket; ⊕ stayplate.
goût [gu] *m* taste (*a. fig.*); flavo(u)r; smell; liking; fancy; style, manner; *avoir bon* ~ taste nice; *mauvais* ~ bad taste; **goûter** [gu'te] 1. (1a) *v/t.* taste; *fig.* enjoy, appreciate; *v/i.* take a snack; picnic; ~ *à* try, sample (*s.th.*); ~ *de taste* (*s.th.*) (for the first time); 2. *su./m* snack; *Am.* lunch; *meal:* tea.
goutte¹ ⚗ [gut] *f* gout.
goutte² [gut] *f* drop; speck, *colour:* spot; F sip, drop; *sl.* spot of brandy *etc.*; ~ *à* ~ drop by drop; *ne* ... ~ not ... in the least, not ... at all; **gouttelette** [~'lɛt] *f* droplet; **goutter** [gu'te] (1a) *v/i.* drip.
goutteux, -euse ⚗ [gu'tø, ~'tøːz] 1. *adj.* gouty; 2. *su.* sufferer from gout.
gouttière [gu'tjɛːr] *f* ⚙ gutter(ing); spout; shoot; ⚕ cradle; ⚙ ~s *pl.* eaves.
gouvernail [guver'naːj] *m* ⚓ rudder (*a.* ✈), helm; ✈ ~ *de direction* vertical rudder; ✈ ~ *de profondeur* elevator; **gouvernant, e** [~'nɑ̃, ~'nɑ̃ːt] 1. *adj.* governing, ruling; 2. *su./f* housekeeper; governess; regent; **gouverne** [gu'vɛrn] *f* guidance; ⊕ control; ⚓ steering; ✈ ~s *pl.* control surfaces; rudders and ailerons; *fig. pour ta* ~ for your guidance; **gouvernement** [guvɛrnə'mɑ̃] *m* government; management; governorship; ⚓ steering; **gouvernemental, e, m/pl. -aux** [~nəmɑ̃'tal, ~'to] governmental; Government-...; **gouverner** [~'ne] (1a) *v/t.* govern (*a.* ⊕, *a. gramm.*), rule, control; manage; bring up (*a child*); ⚓ steer; **gouverneur** [~'nœːr] *m* governor; tutor; guardian.
grabat [gra'ba] *m* pallet; wretched bed; *fig. sur un* ~ in abject poverty.
grabuge F [gra'byːʒ] *m* row, ructions *pl.*
grâce [grɑːs] *f* grace (*a. eccl.*, *a.* ✝), gracefulness, charm; favo(u)r; mercy; ⚖ pardon; ~! for pity's sake; ~s *pl.* thanks; ~ *à* thanks to; *action f de* ~s thanksgiving; *coup m de* ~ finishing stroke, quietus; *de mauvaise* ~ unwillingly, ungraciously; *dire ses* ~s say grace after a meal; *faire* ~ *de qch. à q.* spare s.o. s.th.; *rendre* ~(s) give thanks (to s.o. for s.th., *à q. de qch.*); **gracier** [gra'sje] (1o) *v/t.* pardon, reprieve.
gracieuseté [grasjøz'te] *f* graciousness; kindness; affability; gra-

gracieux

cieux, -euse [~'sjø, ~'sjø:z] graceful, pleasing; gracious; courteous; *à titre* ~ free (of charge), complimentary.

gracile [gra'sil] slender, slim; thin (*voice*).

gradation [grada'sjɔ̃] *f* gradual process; *gramm.* ~ *inverse* anti-climax; *par* ~ gradually; **grade** [grad] *m* rank (*a.* ✕), grade (*a.* ⚓); *univ.* degree; ⚓ rating; **gradé** [gra'de] *m* ✕ non-commissioned officer, N.C.O.; ⚓ rated man; **gradin** [~'dɛ̃] *m* step; *en* ~*s* in tiers, tier upon tier; **graduation** *phys.* [~dɥa'sjɔ̃] *f* graduating; scale; **graduel, -elle** [~'dɥɛl] *adj.*, *a. su./m eccl.* gradual; **graduer** [~'dɥe] (1n) *v/t.* graduate; grade; *univ.* confer a degree on.

grailler [grɑ'je] (1a) *v/i.* speak in a husky voice.

graillon [grɑ'jɔ̃] *m* smell of burnt fat; F clot of phlegm; **graillonner** [~jɔ'ne] (1a) *v/i. cuis.* catch/taste of burnt fat; F bring up phlegm, hawk.

grain [grɛ̃] *m* grain (*a. of sand, powder, salt*); seed; *coffee:* bean; berry; *rosary etc.:* bead; texture, grain; particle, speck (*a. fig.*); ⚓ squall; ⊕ lining; ⊕ cam-roller; F bee in the bonnet, quirk; ~ *de beauté* beauty spot; mole; ~ *de raisin* grape; *à gros* ~*s* coarse-grained; F *avoir son* ~ be a bit fuddled (= *drunk*).

graine [grɛn] *f* seed; *silkworm:* eggs *pl.*; *monter en* ~ run to seed; *fig.* grow into an old maid; F *une mauvaise* ~ a bad lot; **graineterie** [~'tri] *f* seed-trade; seed-shop; **grainetier** [~'tje] *m* corn-chandler, seedsman.

graissage [grɛ'sa:ʒ] *m* greasing, lubrication, oiling; **graisse** [grɛs] *f* grease (*a.* ⊕); fat; *wine:* ropiness; *sl.* money; **graisser** [grɛ'se] (1a) *v/t.* grease, lubricate, oil; get grease on (*clothes*); F ~ *la patte à q.* grease s.o.'s palm (= *bribe s.o.*); *v/i.* become ropy (*wine*); **graisseur** [~'sœ:r] *m person:* greaser; ⊕ lubricator, grease-cup; **graisseux, -euse** [~'sø, ~'sø:z] greasy, oily; fatty; ropy (*wine*).

graminées ♀ [grami'ne] *f/pl.* graminaceae.

grammaire [gram'mɛ:r] *f* grammar; **grammairien** *m*, **-enne** *f* [~mɛ'rjɛ̃, ~'rjɛn] grammarian; **grammatical, e,** *m/pl.* **-aux** [~mati'kal, ~'ko] grammatical.

gramme [gram] *m measure:* gram (-me).

gramophone [gramɔ'fɔn] *m* gramophone.

grand, grande [grɑ̃, grɑ̃:d] **1.** *adj.* great, big; large; tall; high (*building, explosives, wind*); wide, extensive; grown-up; noble; high-class (*wines*); chief; main (*road*); ~ *public m* general public; *au* ~ *jour* in broad daylight; *de* ~ *cœur* with a will, heartily, willingly; *de* ~ *matin* early in the morning; *en* ~ on a large scale; *un* ~ *homme* a great man; *un homme* ~ a tall man; **2.** *su./m* (Spanish) grandee; great man; adult, grown-up; *school:* senior pupil.

grand...: ~**-chose** [grɑ̃'ʃo:z] *su./inv.*: *ne pas valoir* ~ not to amount to much; ~**-croix** [~'krwa] *su./f/inv. decoration:* Grand Cross; *su./m, pl.* ~**s-croix** Knight Grand Cross; ~**-duc,** *pl.* ~**s-ducs** [~'dyk] *m* Grand Duke; **grandesse** [grɑ̃'dɛs] *f Spain:* grandeeship; **grandeur** [~'dœ:r] *f* size; height; extent; greatness; nobleness; importance; magnitude; splendo(u)r; *noise:* loudness; ~ *naturelle* life-size; *sa* ♀ *archbishop:* his Grace; *bishop:* his Lordship; **grandir** [~'di:r] (2a) *v/i.* grow tall; grow up (*child*); increase, grow; *v/t.* make greater; magnify (*a. fig.*); enlarge.

grand...: ~**-livre,** *pl.* ~**s-livres** [grɑ̃'li:vr] *m* ledger; ~**-mère,** *pl.* ~**(s)-mères** [~'mɛ:r] *f* grandmother; ~**-messe** *eccl.* [~'mɛs] *f* high mass; ~**-oncle,** *pl.* ~**s-oncles** [~'tɔ̃:kl] *m* great-uncle; ~**-peine** [~'pɛn] *adv.*: *à* ~ with great difficulty *or* much trouble; ~**-père,** *pl.* ~**s-pères** [~'pɛ:r] *m* grandfather; ~**-route** [~'rut] *f* highway, high road; ~**-rue** [~'ry] *f* high *or* main street; ~**s-parents** [~pa'rɑ̃] *m/pl.* grandparents.

grange [grɑ̃:ʒ] *f* barn; *mettre en* ~ garner.

granit [gra'ni] *m* granite; **graniteux, -euse** [~ni'tø, ~'tø:z] granitic.

granivore [grani'vɔ:r] granivorous.

granulaire [grany'lɛ:r] granular; **granulation** [~la'sjɔ̃] *f* granula-

tion (a. ⚔); *gunpowder*: corning; **granule** [gra'nyl] *m*, **granulé** [grany'le] *m* granule; **granuler** [~'le] (1a) *v/t.* granulate; corn (*gunpowder*); stipple (*an engraving*); **granuleux, -euse** [~'lø, ~'løːz] granular.

graphique [gra'fik] **1.** *adj.* graphic; **2.** *su./m* graph; (*a. dessin m ~*) diagram.

grappe [grap] *f fruit*: bunch; cluster; 🌱 *onions*: string; *vet.* ~s *pl.* grapes; **grappiller** [grapi'je] (1a) *v/t.* glean (*vineyards*); F pilfer, scrounge; *v/i.* F make petty profits; **grappilleur** *m*, **-euse** *f* [~'jœːr, ~'jøːz] gleaner; F pilferer, scrounger; **grappillon** [~'jɔ̃] *m* small bunch *or* cluster.

grappin [gra'pɛ̃] *m* ⚓ grapnel, grappling-iron; ⊕ grab; ⚠ anchor-iron; ~s *pl.* climbing-irons; F *mettre le ~ sur* lay hands on, get hold of.

gras, grasse [grɑ, grɑːs] **1.** *adj.* fat(ted) (*animal*); fatty (*acid, tissue*); greasy, oily (*rag, voice*); stout; thick (*beam, mud, speech, weather*); heavy (*soil*); rich (*food, coal*); soft (*outline, stone*); ⚗ aliphatic; *typ.* heavy, bold(-faced); *fig.* broad, smutty; *fromage m ~* cream cheese; *eccl. jour m ~* meat day; **2.** *su./m* fat; ⊕ *beam*: thickness; thick (*of thumb*); *~ de la jambe* calf (of the leg); *faire ~* eat meat; **gras-double** *cuis.* [grɑ'dubl] *m* tripe.

grasseyer [grɑse'je] (1a) *v/i.* speak with a strong guttural r.

grassouillet, -ette F [grasu'jɛ, ~'jɛt] plump, chubby; buxom (*woman*).

gratification [gratifika'sjɔ̃] *f* tip, gratuity; bonus; **gratifier** [~'fje] (1o) *v/t.*: *~ q. de qch.* bestow s.th. upon s.o.; present s.o. with s.th.; *fig.* attribute s.th. to s.o.

gratin [gra'tɛ̃] *m cuis.* burnt part; seasoned bread-crumbs *pl.*; *fig.* élite; F upper crust; *community*: top people; *cuis. au ~ au gratin* (= *with bread-crumbs and grated cheese*); **gratiner** *cuis.* [~ti'ne] (1a) *v/i.* stick to the pan; *v/t.* cook with breadcrumbs and grated cheese; fry with egg and bread-crumbs.

gratis [gra'tis] *adv.* free (of charge), gratis.

gratitude [grati'tyd] *f* gratitude;

gré

gratte [grat] *f* ⊕ scraper; pickings *pl.*, F perks *pl.*, graft; 🌱 fringe benefits *pl.*; *~-ciel* [~'sjɛl] *m/inv.* sky-scraper; *~-cul* [~'ky] *m/inv.* dog-rose: hip; *~-papier* F [~pa'pje] *m/inv.* literary hack; *lawyer's office*: copying-clerk; *~-pieds* [~'pje] *m/inv.* shoe-scraper; **gratter** [gra'te] (1a) *v/t.* scrape, scratch; cross out (*a word*); *tex.* teasel; brush up (*wool*); *fig.* overtake (*a rival*); *sl.* work; *sl.* make (*s.th.*) on the side; *v/i.*: *~ du pied* paw the ground (*horse*); **grattoir** [~'twaːr] *m* scraper; erasing knife; *typ.* slice; **grattures** [~'tyːr] *f/pl. metal*: scrapings.

gratuit, e [gra'tɥi, ~'tɥit] free; gratuitous; unmotivated; unfounded; unprovoked (*abuse, insult*); *à titre ~* free of charge, gratis; **gratuité** [~tɥi'te] *f* gratuitousness.

gravatier [grava'tje] *m* rubbish-carter; **gravats** [~'va] *m/pl.* (plaster) screenings; *buildings*: rubbish *sg.*

grave [graːv] grave, solemn; sober (*face*); serious; important; ♪ deep, low.

graveler [grav'le] (1c) *v/t.* gravel; **graveleux, -euse** [~'lø, ~'løːz] gravelly (*soil*); gritty; ⚕ suffering from gravel; ⚕ showing traces of gravel (*urine*); *fig.* smutty (*song etc.*); **gravelle** ⚕ [gra'vɛl] *f* gravel; **gravelure** [grav'lyːr] *f* smutty story.

graver [gra've] (1a) *v/t.* engrave, carve; *fig. ~ qch. dans sa mémoire* engrave s.th. on one's memory; **graveur** [~'vœːr] *m* engraver; *stone*: carver; *~ sur bois* wood-engraver.

gravier [gra'vje] *m* gravel, grit; ⚕ *~s pl.* gravel *sg.*

gravir [gra'viːr] (2a) *v/t.* climb, ascend; mount.

gravitation [gravita'sjɔ̃] *f* gravitation(al pull); **gravité** [~'te] *f phys., a. fig.* gravity; *fig.* seriousness; ♪ deepness; **graviter** [~'te] (1a) *v/i.* gravitate (towards, *vers*); revolve (round, *autour de*).

gravure [gra'vyːr] *f* engraving; etching; print; *~ en taille-douce, ~ sur cuivre* copper-plate engraving, *~ sur acier* steel engraving.

gré [gre] *m* will, wish, pleasure; liking, taste; consent; *à mon ~* as

grec

I please, to suit myself; *au* ~ *de* at the mercy of (*the winds etc.*); *bon* ~, *mal* ~ willy-nilly; *contre mon* ~ against my will, unwillingly; *de bon* ~ willingly; *de mon plein* ~ of my own accord; *savoir* ~ *à q. de qch.* be grateful to s.o. for s.th.

grec, grecque [grɛk] **1.** adj. Greek; **2.** su./m ling. Greek; su. ♀ Greek; **gréco-latin, e** [grekɔla'tɛ̃, ~'tin] Gr(a)eco-Latin.

gredin m, e f [grə'dɛ̃, ~'din] scoundrel, rogue.

gréement ⚓, ✈ [gre'mã] m rigging; gear; **gréer** ⚓, ✈ [~'e] (1a) v/t. rig.

greffage ✿ [grɛ'faːʒ] m grafting; **greffe** [grɛf] su./m ⚖ office of the clerk of the court; ⚖ registry (a. ✝), record-office; su./f ✿, ✚ graft, grafting; ✚ ~ *du cœur* heart transplant; **greffer** ✿, ✚ [grɛ'fe] (1a) v/t. graft; **greffier** [~'fje] m ⚖ clerk of the court; ⚖, admin. registrar; **greffoir** ✿ [~'fwaːr] m grafting-knife; **greffon** ✿ [~'fõ] m graft, slip, scion.

grégaire [gre'gɛːr] gregarious; **grégarisme** [~ga'rism] m gregariousness.

grège [grɛːʒ] adj./f raw (silk).

grégeois [gre'ʒwa] adj./m: *feu* m ~ Greek fire.

grêle[1] [grɛːl] slender; thin (a. fig. voice); anat. small (intestine).

grêle[2] [grɛːl] f hail; fig. hail, shower; **grêlé, e** ✚ [grɛ'le] pock-marked; **grêler** [~'le] (1a) v/impers. hail; v/t. damage by hail; ✚ pock-mark; **grêlon** [~'lõ] m hail-stone.

grelot [grə'lo] m small bell; sleighbell; F *attacher le* ~ bell the cat; **grelotter** [~lɔ'te] (1a) v/i. shiver, tremble, shake (with, *de*); tinkle.

grenade [grə'nad] f ♀ pomegranate; ⚔ grenade; **grenadier** [grɔna'dje] m ♀ pomegranate(-tree); ⚔ grenadier; ⚔ *bomber*; F *woman*: amazon; **grenadille** [~'diːj] f ♀ granadilla; ✝ red ebony; **grenadin, e** [~'dɛ̃, ~'din] **1.** adj. of Granada; of Grenada; **2.** su./m cuis. fricassee of chicken; ~ *grenadin*; orn. African finch; su./f tex. grenadine.

grenaille [grə'naːj] f small grain; (small) shot; *en* ~ granulated; **grenaison** [~nɛ'zõ] f cereals etc.: corning, seeding.

grenat [grə'na] **1.** su./m garnet; **2.** adj./inv. garnet(-red).

greneler [grən'le] (1c) v/t. grain (*leather etc.*).

grener [grə'ne] (1d) v/i. corn, seed (*cereals etc.*); v/t. corn (*gunpowder*); grain (*salt, a. leather, paper*); stipple (*an engraving*).

grènetis [grɛn'ti] m milled edge (*of a coin*).

grenier [grə'nje] m granary; (*hay-, corn-*)loft; 🏠 attic, garret.

grenouille [grə'nuːj] f frog; sl. kitty, club-money, funds *pl.*, ⚔ mess-funds *pl.*; sl. *manger la* ~ run off with the kitty or funds; **grenouillère** [~nu'jɛːr] f marsh; froggery; **grenouillette** [~nu'jɛt] f ♀ water-crowfoot; ✚ ranula.

grès [grɛ] m sandstone; (a. ~ *cérame*) stoneware; earthenware; **gréseux, -euse** [gre'zø, ~'zøːz] sandy, gritty; geol. sandstone (rocks); **grésière** [~'zjɛːr] f sandstone quarry; **grésil** [~'zi] m sleet; hail.

grésiller[1] [grezi'je] (1a) v/impers. patter (*hail*); v/t. shrivel up.

grésiller[2] [~] (1a) v/i. crackle (*fire*); sizzle; sputter (*candle*).

grève [grɛːv] f sea-shore; (*sandy*) beach; ⊕ strike; ~ *de la faim* hunger-strike; ~ *perlée* go-slow strike, Am. slow-down strike; ~ *sur le tas* sit-down strike; *faire* ~ be on strike; *faire la* ~ *du zèle* work to rule; *faire une* ~ *de sympathie* come out in sympathy.

grever [grə've] (1d) v/t. burden (*an estate*) (with, *de*); ⚖ entail (*an estate*); ⚖ mortgage (*land*); admin. rate (*a building*).

gréviste [gre'vist] su. striker.

gribouiller [gribu'je] (1a) vt./i. daub; scribble.

grief [gri'ɛf] m grievance, ground for complaint; ⚖ grounds *pl.* of appeal.

grièvement [griɛv'mã] adv. of *grave*.

griffade [gri'fad] f scratch (*of claw*); **griffe** [grif] f claw (a. ⊕); hawk, lion, etc.: talon; ♀ vine: tendril; asparagus: root; (*paper-*)clip; ~*s pl.* (*climbing-*)irons; **griffer** [~'fe] (1a) v/t. scratch, claw; fasten with a clamp; stamp (a signature on).

griffon [gri'fõ] m myth. griffin; orn. tawny vulture; *dog*: griffon.

griffonnage [grifɔ'naːʒ] *m* scrawl, scribble; **griffonner** [~'ne] (1a) *v/t.* scrawl, scribble; do a rough sketch of; **griffonneur** *m*, **-euse** *f* [~'nœːr, ~'nøːz] scribbler.

grignoter [griɲɔ'te] (1a) *v/t.* nibble (at); pick at (*one's food*); F *fig.* get pickings from; *fig.* ~ sur encroach on.

grigou F [gri'gu] *m* miser, skinflint.

gril [gril] *m cuis.* grill, gridiron (*a.* 🐟, *a.* ⚓); ⊕ *sluice-gate*: grating; *fig.* être sur le ~ be on tenterhooks.

grillade *cuis.* [gri'jad] *f* grill, grilled steak; grilling.

grillage[1] [gri'jaːʒ] *m cuis.* grilling; roasting (*a. metall.*); ⚡ F *bulb*: burning-out.

grillage[2] [gri'jaːʒ] *m* lattice; ⊕ (*wire-*)netting; ⊕ *furnace, a.* ⚡ *accumulator plate*: grid; **grillager** [~ja'ʒe] (11) *v/t.* fit lattice-work to; ⚠ lay down a grillage for; surround with wire-netting; **grille** [griːj] *f* grate (*a.* ⊕); grating; iron gate, railing; ⚡, *radio*: grid; *mot.* grille; *radio*: lampe *f* à ~-écran screen-grid valve.

griller[1] [gri'je] (1a) *v/t. cuis.* grill; toast (*bread*); roast (*beans, a.* ⊕ *ore*); singe (*cloth*); 🝪 calcine; scorch; *mot.* F race past; *v/i.* F ⚡ burn out (*bulb*); *fig.* be burning (with s.th., de qch.; to *inf.*, de *inf.*).

griller[2] [~] (1a) *v/t.* rail in; bar (*a window*).

grillon *zo.* [gri'jɔ̃] *m* cricket.

grill-room [gril'rum] *m* grill-room.

grimace [gri'mas] *f* grimace, grin, wry face; **grimacer** [~ma'se] (1k) *v/i.* make faces, grimace; simper; *v/t.*: ~ un sourire force a smile; **grimacier, -ère** [~ma'sje, ~'sjɛːr] 1. *adj.* grimacing; grinning; affected; 2. *su.* affected person; hypocrite.

grimaud [gri'mo] *m* scribbler.

grimer *thea.* [gri'me] (1a) *v/t. a. se* ~ make up.

grimoire [gri'mwaːr] *m* book of spells, gibberish; scribble, scrawl.

grimpant, e [grɛ̃'pɑ̃, ~'pɑ̃ːt] climbing; ♀ *a.* creeping, trailing; **grimper** [~'pe] (1a) *vt/i.* climb; *v/i.* climb up; ♀ climb, creep, trail; **grimpereau** *orn.* [~'pro] *m* tree-creeper; **grimpette** [~'pɛt] *f* steep slope *or* climb; **grimpeur, -euse** [~'pœːr, ~'pøːz] 1. *adj.* climbing; 2. *su./m orn.* climber; *cyclism*: good hill-climber.

grincement [grɛ̃s'mɑ̃] *m door, teeth, wheel*: grinding, grating; *door, gate*: creaking; *pen*: scratch; **grincer** [grɛ̃'se] (1a) *v/i.* grate, grind; gnash (*teeth*); creak (*door*); scratch (*pen*); **grincheux, -euse** [grɛ̃'ʃø, ~'ʃøːz] 1. *adj.* grumpy; testy; touchy; crabbed; 2. *su.* grumbler, F grouser.

gringalet F [grɛ̃ga'lɛ] *m* shrimp (= *seedy boy*); whipper-snapper.

griot [gri'o] *m* ⚡ *flour etc.*: seconds *pl.*

griotte [gri'ɔt] *f* ♀ morello cherry; *min.* griotte (= *sort of marble flecked with red and brown*).

grippage ⊕ [gri'paːʒ] *m* rubbing, friction; jamming; abrasion.

grippe [grip] *f* dislike; 🦠 influenza, F 'flu; *prendre q. en* ~ take a dislike to s.o.; **grippé, e** 🦠 [gri'pe] *adj.*: être ~ have influenza, F have the 'flu;
gripper [~] (1a) *v/i. a. se* ~ ⊕ seize up, jam; run hot; become abraded; *tex.* pucker; *v/t.* seize, snatch; **grippe-sou, grippe-sou(s)** F [grip'su] *m* skinflint, miser.

gris, grise [gri, griːz] grey; dull (*weather*); F tipsy, fuddled; *en voir de grises* have a rough time; *faire grise mine à* give a cold welcome to; **grisaille** [gri'zɑːj] *f paint.* grisaille; *tex.* pepper-and-salt; **grisailler** [~zɑ'je] (1a) *v/t.* paint grey; paint (*s.th.*) in grisaille; *v/i.* turn grey (*hair*); **grisâtre** [~'zɑːtr] greyish; **griser** [~'ze] (1a) *v/t.* intoxicate, make drunk; *se* ~ get drunk; **grisette** [~'zɛt] *f* grisette (*a. tex.*).

grisoller [grizɔ'le] (1a) *v/i.* sing (*lark*).

grison[1], **-onne** [gri'zɔ̃, ~'zɔn] 1. *adj.* of the canton of Grisons; 2. *su.* inhabitant of the canton of Grisons.

grison[2], **-onne** [gri'zɔ̃, ~'zɔn] 1. *adj.* grey(-haired), grizzled; 2. *su./m* grey-beard; donkey; **grisonner** [~zɔ'ne] (1a) *v/i.* turn grey (*hair*).

grisou 🝪 [gri'zu] *m* fire-damp; gas; *coup m de* ~ fire-damp explosion.

grive *orn.* [griːv] *f* thrush; **grivelé, e** [griv'le] speckled; **griveler** [~] (1d) *v/t.* obtain (*a meal etc.*) without being able to pay; **grivèlerie** [grivɛl'ri] *f* sponging; graft; pilfering.

grivois, e [gri'vwa, ~'vwaːz] broad, spicy (*joke, story, etc.*); **grivoiserie**

grog

[~vwaz'ri] *f* broad *or* smutty joke *or* story *etc.*; licentious gesture.
grog [grɔg] *m* grog, toddy.
grognard *hist.* [grɔ'naːr] *m* soldier of Napoleon's Old Guard; **grognement** [grɔɲ'mã] *m* grunt; growl; snarl; grumbling; **grogner** [grɔ'ɲe] (1a) *v/i.* grunt; growl; grumble; *v/t.* growl out (*s.th.*); **grogneur, -euse** [~'ɲœːr, ~'ɲøːz] **1.** *adj.* grumbling; **2.** *su./m* grumbler, F grouser; **grognon, -onne** [~'ɲɔ̃, ~'ɲɔn] **1.** *adj.* grumbling; peevish; **2.** *su./m* grumbler; cross-patch; **grognonner** F [~ɲɔ'ne] (1a) *v/i.* grunt; grumble, grouse; be peevish.
groin [grwɛ̃] *m pig:* snout.
grol(l)e *sl.* [grɔl] *f* shoe.
grommeler [grɔm'le] (1c) *vt/i.* mutter; growl; grumble.
grondement [grɔ̃d'mã] *m thunder:* rumble, rumbling; *storm:* roar(ing); *sea:* boom; *dog:* growl; **gronder** [grɔ̃'de] (1a) *v/i.* growl (*dog*); grumble (at, *contre*); rumble (*thunder*); roar (*sea, storm*); *v/t.* scold; **gronderie** [~'dri] *f* scolding; **grondeur, -euse** [~'dœːr, ~'døːz] **1.** *adj.* grumbling, scolding; **2.** *su.* grumbler; *su./f* shrew.
groom [grum] *m* page-boy, Am. bell-hop.
gros, grosse [gro, groːs] **1.** *adj.* big, large; stout, fat; thick; broad (*humour etc.*); foul (*weather, word*); heavy (*rain, sea*); swollen (*river*); ⚥ pregnant; *fig.* teeming (with, de); *fig.* fraught (with, de); ~ *bétail m* cattle; ~ *doigt m du pied* big toe; F *grosses légumes f/pl.* swells; ⚠ ~ *œuvre m* foundations *pl.*; main walls *pl.*; *avoir le cœur* ~ be heavy-hearted; **2.** *gros adv.* much; *gagner* ~ earn a lot, make big money; **3.** *su./m* bulk, main part; ✕ main body (*of an army*); thickest part; essential (part); *winter etc.*: heart; ✝ wholesale (trade); *en* ~ broadly, on the whole; all told, altogether; (*write*) in large letters; ✝ *wholesale-...*; ✝ *marchand m en* ~ wholesaler; *su./f* gross, twelve dozen.
groseille ⚭ [groˈzɛːj] *f* (red) currant; ~ *à maquereau* gooseberry; **groseillier** ⚭ [~zɛ'je] *m* currant-bush.
gros-grain *tex.* [groˈgrɛ̃] *m* grogram.

grossesse ⚥ [groˈsɛs] *f* pregnancy; **grosseur** [~'sœːr] *f* size, bulk; *lips:* thickness; ⚥ swelling; **grossier, -ère** [~'sje, ~'sjɛːr] coarse; gross, crude; rude, unmannerly; rough; boorish; crass (*ignorance, stupidity, etc.*); **grossièreté** [~sjɛr'te] *f* coarseness, roughness, rudeness; grossness; coarse language; *dire des* ~s be offensive; **grossir** [~'siːr] (2a) *v/t.* enlarge, magnify (*a. opt., a. fig.*); swell; *v/i. a. se* ~ grow bigger, increase; **grossissement** [~sisˈmã] *m* magnification; enlargement; increase, swelling; **grossiste** ✝ [~'sist] *m* wholesaler; **grossoyer** [~swa'je] (1h) *v/t.* engross (*a document*).
grotesque [grɔˈtɛsk] **1.** *adj.* grotesque; **2.** *su./m* grotesque person; freak.
grotte [grɔt] *f* grotto; cave.
grouiller [gru'je] (1a) *v/i.* swarm, crawl, teem, be alive (with, de); rumble (*belly*); † stir; *v/t.: sl. se* ~ hurry up, F get a move on.
groupe [grup] *m persons, objects, a.* ♩: group; ✕ unit; *stars:* cluster; ⚡ set (*a.* 🚂 *of points*); ⊕ bank (*of boilers*); *trees:* clump; *biol.* division; ⚥ ~ *sanguin* blood-group; **groupement** [~'mã] *m* grouping; group; ⚡ connection, coupling; **grouper** [gru'pe] (1a) *v/t.* group; ⚡ connect up, couple; ✝ collect for bulk-dispatch; *fig.* concentrate (*efforts*).
gruau[1] [gry'o] *m* flour of wheat; groats *pl.*; *cuis.* gruel.
gruau[2] [~] *m orn.* young crane; ⊕ small crane.
grue [gry] *f orn., a.* ⊕ crane; F street-walker, prostitute; ⊕ ~ *à bras* (*or à flèche*) jib-crane; 🚂 ~ *d'alimentation* water-pillar; F *faire le pied de* ~ cool one's heels, hang about (*ger., à inf.*).
gruger [gry'ʒe] (1l) *v/t.* crunch; F eat; *fig.* sponge on (*s.o.*), fleece (*s.o.*).
grume [grym] *f* log; *bois m de* (*or en*) ~ undressed timber.
grumeau [gry'mo] *m* clot; *salt:* speck; **grumeler** [grym'le] (1c) *v/t.: se* ~ clot, curdle; **grumeleux, -euse** [~'lø, ~'løːz] curdled; gritty (*pear*).
grutier ⊕ [gry'tje] *m* crane-driver.
gruyère [gry'jɛːr] *m* gruyère.

gué [ge] *m* ford; **guéable** [~'abl] fordable; **guéer** [~'e] (1a) *v/t.* ford (*a river, a stream*); water (*a horse*).

guenille [gə'ni:j] *f* rag; F trollop; en ~s in rags.

guenon [gə'nɔ̃] *f zo.* long-tailed monkey; F ugly woman.

guêpe [gɛ:p] *f* wasp; **guêpier** [gɛ'pje] *m* wasps' nest; *orn.* bee-eater.

guère [gɛ:r] *adv.*: ne ... ~ hardly, little, scarcely, not much *or* many.

guéret [ge'rɛ] *m* ploughed land; fallow land.

guéridon [geri'dɔ̃] *m* pedestal table.

guérilla ✕ [geri'ja] *f* guerilla (warfare); **guérillero** ✕ [~je'ro] *m person*: guerilla.

guérir [ge'ri:r] (2a) *v/t.* cure; *v/i.* heal (*wound*), recover, F get better; **guérison** [geri'zɔ̃] *f* cure; *wound*: healing; recovery; **guérissable** [~'sabl] curable; healable; **guérisseur, -euse** [~'sœ:r, ~'sø:z] *su.* healer; quack-doctor; *su./m* medicine-man.

guérite [ge'rit] *f* ✕ sentry-box; look-out turret; (*watchman's*) shelter; 🚂 signal-box.

guerre [gɛ:r] *f* war(fare); *fig.* quarrel; Grande ♀ Great War, World War I; *faire la* ~ make war (on, à); **guerrier, -ère** [gɛ'rje, ~'rjɛ:r] **1.** *adj.* warlike; **2.** *su./m* warrior; **guerroyer** [~rwa'je] (1h) *v/i.* wage war.

guet [gɛ] *m* watch; look-out; patrol; *faire le* ~ be on the look-out; **~-apens**, *pl.* **~s-apens** [gɛta'pɑ̃] *m* ambush, trap.

guêtre [gɛ:tr] *f* gaiter; *mot.* patch, sleeve.

guetter [gɛ'te] (1a) *v/t.* lie in wait for, watch for; *fig.* wait (*one's opportunity*); **guetteur** ✕, ♆ [~'tœ:r] *m person*: look-out.

gueulard, e [gœ'la:r, ~'lard] *su. sl.* bawler; *sl.* glutton; *su./m* ⊕ blast-furnace, sewer: mouth; ♆ *sl.* speaking-trumpet; **gueule** [gœl] *f animal, a. sl. person*: mouth; *gun*: muzzle; opening; *sl. casser la* ~ à q. break s.o.'s jaw, F sock s.o.; *sl. ta* ~! shut up!; **gueule-de-loup**, *pl.* **gueules-de-loup** ♀ [~də'lu] snapdragon, antirrhinum; **gueuler** *sl.* [gœ'le] (1a) *vt/i.* bawl; **gueules** ⌀ [gœl] *m* gules.

gueusaille F [gø'zɑ:j] *f* rabble; **gueusard** [~'za:r] *m* beggar; rascal, rogue.

gueuse *metall.* [gø:z] *f* pig-mo(u)ld; **gueuserie** [gøz'ri] *f* beggary; begging; *fig.* poor show, poor affair.

gueux, gueuse [gø, gø:z] **1.** *adj.* poverty-stricken, poor; **2.** *su.* beggar; tramp, vagabond; *su./f* wench.

gui[1] ♀ [gi] *m* mistletoe.

gui[2] ♆ [~] *m* boom; guy(-rope).

guibolle *sl.* [gi'bɔl] *f* leg.

guichet [gi'ʃɛ] *m* wicket-gate; entrance; turnstile; barrier; *post*: position, counter; cash-desk; 🚂 booking-office (window); *thea.* box-office; *sp. cricket*: wicket; **guichetier** [giʃ'tje] *m prison*: turnkey.

guide[1] [gid] *m* guide (*a.* ✕, *a.* ⊕); guide-book.

guide[2] [~] *f* rein; girl guide.

guide-âne [gi'dɑ:n] *m* standing instructions *pl.*; *writing pad*: black lines *pl.*, ruled guide; **guider** [~'de] (1a) *v/t.* conduct, direct, drive (*a car etc.*); ♆ steer; **guiderope** ✈ [~'drɔp] *m* guide-rope.

guidon [gi'dɔ̃] *m* ♆ pennant; *cycle*: handle-bar; ✕ *gun*: foresight.

guigne [giɲ] *f* heart-cherry; F *fig.* bad luck.

guigner F [gi'ɲe] (1a) *v/t.* steal a glance at; have an eye to; ogle (*s.o.*). [(tree).]

guignier ♀ [gi'ɲje] *m* heart-cherry

guignol [gi'ɲɔl] *m* Punch and Judy show; puppet (show).

guignolet [giɲɔ'lɛ] *m* cherry-brandy.

guignon [gi'ɲɔ̃] *m* bad luck; *avoir du* ~ have a run of bad luck.

guillaume ⊕ [gi'jo:m] *m plane*: rabbet.

guillemets [gij'mɛ] *m/pl.* inverted commas, quotation marks.

guilleret, -ette [gij'rɛ, ~'rɛt] gay; broad (*joke*).

guillocher ⊕ [gijɔ'ʃe] (1a) *v/t.* chequer.

guillotine [gijɔ'tin] *f* guillotine (*a. for cutting paper*); *fenêtre f à* ~ sash-window.

guimauve ♀ [gi'mo:v] *f* marshmallow.

guimbarde [gɛ̃'bard] *f* ♪ Jew's-harp; ⊕ grooving-plane; *sl.* rattletrap, *Am.* jalopy.

guimpe [gɛ̃:p] *f* (*nun's*) wimple; chemisette.

guindage [gɛ̃'da:ʒ] *m* ⊕ hoisting; ⊕ *tackle*: hoist; **guindé, e** [~'de] stiff; stilted (*style*); **guinder** [~'de] (1a) *v/t.* hoist; *fig.* strain; *fig.* ~ ses manières adopt a stiff manner.

guinguette [gɛ̃'gɛt] *f* suburban tavern; out-of-town inn.

guiper [gi'pe] (1a) *v/t.* wind; wrap; lap (*a.* ⚡); **guipure** [~'py:r] *f* pillow-lace; ⚡ lapping.

guirlande [gir'lɑ̃:d] *f* garland, wreath, festoon; *pearls*: rope.

guise [gi:z] *f* manner, way; à votre ~! as you like!; please yourself!; en ~ de by way of, as.

guitare ♪ [gi'ta:r] *f* guitar.

gustatif, -ve [gysta'tif, ~'ti:v] gustative; gustatory (*nerve*); **gustation** [~ta'sjɔ̃] *f* tasting.

gutta-percha [gytapɛr'ka] *f* gutta-percha.

guttural, e, *m/pl.* **-aux** [gyty'ral, ~'ro] 1. *adj.* guttural; throaty (*voice*); 2. *su./f gramm.* guttural.

gymnase [ʒim'nɑ:z] *m* gymnasium, F gym; **gymnaste** [~'nast] *su.* gymnast; **gymnastique** [~nas'tik] 1. *adj.* gymnastic; 2. *su./f* gymnastics *sg.*, F gym; ~ *rythmique* eurhythmics *sg.*; *faire de la* ~ do gymnastics.

gymnote *icht.* [ʒim'nɔt] *m* electric eel.

gynécologiste ✱ [ʒinekɔlɔ'ʒist], **gynécologue** ✱ [~'lɔg] *su.* gyn(a)ecologist.

gypaète *orn.* [ʒipa'ɛt] *m* lammergeyer.

gypse [ʒips] *m min.* gypsum; ✝ plaster of Paris.

gyroscopique [ʒirɔskɔ'pik] gyroscopic; ⚡ *appareil m* ~ *de pilotage* gyro-pilot; ⚓ *compas m* ~ gyro-compass.

H

(Before the so-called aspirate *h*, marked *h, there is neither elision nor liaison.)

H, h [aʃ] *m* H, h.

habile [a'bil] clever, skilful; artful, sharp; expert; ⚖ able, qualified, competent (to, à); **habileté** [abil'te] *f* skill, ability; cleverness; cunning; **habilitation** ⚖ [abilita'sjɔ̃] *f* enabling; **habilité** ⚖ [~'te] *f* ability, competency; **habiliter** ⚖ [~'te] (1a) *v/t.* entitle (s.o. to *inf.*, *q. à inf.*).

habillage [abi'ja:ʒ] *m* preparation; ⚡ trimming; ⊕ assembling; *cuis.* dressing; ✝ get-up; **habillement** [abij'mɑ̃] *m* clothing, clothes *pl.*; dress; **habiller** [abi'je] (1a) *v/t.* clothe, dress; prepare; trim; ✝ get up, box (*an article*); cover; *dress*: fit (*s.o.*); s'~ dress; **habilleur** *m*, -euse *f* [~'jœ:r, ~'jø:z] *thea. etc.* dresser.

habit [a'bi] *m* (*a.* ~ *de soirée*) dress coat; dress; coat; *eccl.* habit; *eccl.* frock; ~ *vert* green coat (*of the Members of the Académie française*).

habitable [abi'tabl] habitable; **habitacle** [~'takl] *m* ⚓ binnacle; ✈ cockpit; *poet.* dwelling; **habitant** *m*, **e** *f* [~'tɑ̃, ~'tɑ̃:t] inhabitant; occupier (*of a house*); resident; **habitat** ⚡, *zo.*, *etc.* [~'ta] *m* habitat; **habitation** [~ta'sjɔ̃] *f* habitation; dwelling; residence; **habiter** [~'te] (1a) *v/t.* inhabit, live in; *v/i.* dwell, live, reside.

habitude [abi'tyd] *f* habit, custom, practice, use; *avoir l'*~ *de* (*inf.*) be in the habit of (*ger.*); *d'*~ usually; *par* ~ from sheer force of habit; **habitué** *m*, **e** *f* [~'tɥe] *f* frequenter, regular attendant *or* customer; **habituel, -elle** [~'tɥɛl] usual; customary; **habituer** [~'tɥe] (1n) *v/t.* accustom; get (*s.o.*) into the habit (of *ger.*, à *inf.*); s'~ à get used to.

***hâblerie** [ablə'ri] *f* boasting; ***hâbleur** *m*, -euse *f* [ɑ'blœ:r, ~'blø:z] boaster.

***hache** [aʃ] *f* axe; ~-**légumes** [~le'gym] *m/inv.* vegetable-cutter; ~-**paille** [~'pɑ:j] *m/inv.* chaff-cutter.

***hacher** [a'ʃe] (1a) *v/t.* chop (up); hash (*meat*); hack up; *fig.* score (*s.o.'s face*); hatch (*a drawing etc.*); ***hachereau** [aʃ'ro] *m* small axe, hatchet; ***hachette** [a'ʃɛt] *f* hatchet; ***hachis** *cuis.* [a'ʃi] *m* hash (*a. fig*), mince; ***hachoir** [a'ʃwa:r] *m* chopper; chopping-knife; chopping-board; ***hachure** [a'ʃy:r] *f* hachure, hatching; *en* ~s hachured.

hareng

***hagard, e** [a'ga:r, ˌ'gard] haggard; drawn; wild-looking.
***haï,e** [a'i] *p.p. of* haïr.
***haie** [ɛ] *f* hedge(row); *people*: line; *sp.* hurdle; ˌ d'honneur guard of hono(u)r; *sp. course f de* ˌs hurdle-race; *faire la* ˌ be lined up.
***haillon** [a'jɔ̃] *m* rag, tatter.
***haine** [ɛ:n] *f* hate, hatred; ***haineux, -euse** [ɛ'nø, ˌ'nø:z] full of hatred.
***haïr** [a'i:r] (2m) *v/t.* hate, detest, loathe.
***haire** [ɛ:r] *f* hair-shirt; *tex.* hair-cloth.
***hais** [ɛ] *1st p. sg. pres. of* haïr; ***haïs** [a'i] *1st p. sg. p.s. of* haïr; ***haïssable** [ai'sabl] hateful, odious; ***haïssent** [a'is] *3rd p. pl. pres. of* haïr.
***halage** [a'la:ʒ] *m* ⚓ *ship*: hauling; towing; *chemin m de* ˌ tow(ing)-path.
***hâle** [ɑ:l] *m* tan(ning); sunburn; ***hâlé, e** [ɑ'le] tanned, sunburnt; weather-beaten.
haleine [a'lɛn] *f* breath; *fig.* wind; *à perte d'*ˌ until out of breath; *avoir l'*ˌ *courte* be short-winded; *de longue* ˌ long and exacting, of long duration; long-term (*plans*); *hors d'*ˌ out of breath; *tenir en* ˌ keep (*s.o.*) breathless.
***haler** [a'le] (1a) *v/t.* ⚓ haul (in); tow.
***hâler** [ɑ'le] (1a) *v/t.* tan, brown; burn *or* shrivel up (*plants*).
***halètement** [alɛt'mɑ̃] *m* panting, gasping; ***haleter** [al'te] (1d) *v/i.* pant; gasp (for breath); puff.
***haleur** ⚓ [a'lœ:r] *m* hauler; tower.
***hall** [ɔl] *m* entrance hall; *hotel*: lounge; *mot.* open garage; ⊕ shop, room; ***hallage** ✝ [a'la:ʒ] *m* market dues *pl.*; ***halle** [al] *f* (covered) market.
***hallebarde** *hist.* [al'bard] *f* halberd.
***hallier** [a'lje] *m* thicket, copse; ˌs *pl.* brushwood *sg.*
hallucination [alysina'sjɔ̃] *f* hallucination.
***halo** [a'lo] *m meteor.* halo; *phot.* halation; *opt.* blurring.
halogène 🧪 [alɔ'ʒɛn] **1.** *adj.* halogenous; **2.** *su./m* halogen.
***halte** [alt] *f* halt (*a.* 🚂), stop; stopping-place; *faire* ˌ stop, ✕ halt; ˌ(*-là*)! stop!, ✕ halt!

haltère [al'tɛ:r] *m* dumb-bell.
***hamac** ⚓ *etc.* [a'mak] *m* hammock.
***hameau** [a'mo] *m* hamlet.
hameçon [am'sɔ̃] *m* (fish-)hook; *fig.* bait.
***hampe**¹ [ɑ̃:p] *f flag*: pole; *spear*: shaft; handle; ♀ stem.
***hampe**² *cuis.* [~] *f* (thin) flank of beef.
***hamster** [ams'tɛ:r] *m zo.* hamster; F hoarder (*of food*).
***hanap** † [a'nap] *m* hanap, goblet.
***hanche** [ɑ̃:ʃ] *f* hip; *horse*: haunch; ⚓ *ship*: quarter.
***handicap** [ɑ̃di'kap] *m sp.* handicap (*a. fig.*); *fig.* disadvantage; ***handicaper** *sp.* [ˌka'pe] (1a) *v/t.* handicap (*a. fig.*).
***hangar** [ɑ̃'ga:r] *m* shed; lean-to; ✈ hangar.
***hanneton** [an'tɔ̃] *m zo.* cockchafer; F *fig.* harum-scarum, scatterbrain.
***hanter** [ɑ̃'te] (1a) *v/t.* frequent, haunt; *fig.* obsess; *maison f hantée* haunted house; ***hantise** [ɑ̃'ti:z] *f* obsession; haunting memory.
***happement** [ap'mɑ̃] *m* snatching up, seizing; ***happer** [a'pe] (1a) *v/t.* catch, snatch; *v/i.* cling, stick.
***haquenée** [ak'ne] *f* hack; ambling mare; *aller à la* ˌ amble along.
***haquet** [a'kɛ] *m* dray, waggon (*a.* ⛏); ***haquetier** [ak'tje] *m* drayman.
***hara-kiri** [araki'ri] *m* harakiri, happy dispatch.
***harangue** [a'rɑ̃:g] *f* harangue; ***haranguer** [arɑ̃'ge] (1m) *v/t.* harangue; F *fig.* lecture (*s.o.*); F hold forth to; ***harangueur** [ˌ'gœ:r] *m* orator; F tub-thumper.
***haras** [a'rɑ] *m* stud-farm; stud.
***harasser** [ara'se] (1a) *v/t.* wear out, exhaust.
***harcèlement** [arsɛl'mɑ̃] *m* harassing, harrying (*a.* ⛏); ***harceler** [ˌsə'le] (1d) *v/t.* harass, harry (*a.* ⛏); badger; nag at.
***harde**¹ [ard] *f* herd; *orn.* flock.
***harde**² *hunt.* [ard] *f* leash; ***harder** *hunt.* [ar'de] (1a) *v/t.* leash (*the hounds in couples*).
***hardes** [ard] *f/pl.* old clothes.
***hardi, e** [ar'di] bold; daring; rash; impudent; ***hardiesse** [ˌ'djɛs] *f* boldness; temerity; daring; rashness; effrontery.
***hareng** [a'rɑ̃] *m* herring; ˌ *fumé*

harengaison 246

kipper; ~ *saur* red herring; ***harengaison** [arãgɛ'zɔ̃] *f* herring-season; herring-fishing; ***harengère** [~-'ʒɛːr] *f* fishwife.
***hargne** [arɲ] *f* ill-temper; ***hargneux, -euse** [ar'ɲø, ~'ɲøːz] surly; peevish; bad-tempered; nagging (*wife*).
***haricot**¹ ⚘ [ari'ko] *m* (kidney-)bean; French bean, *Am.* stringbean.
***haricot**² [~] *m* stew, haricot; ~ *de mouton* haricot mutton, *Am.* lamb stew.
***haridelle** F [ari'dɛl] *f* old horse, [nag.]
harmonica ♪ [armɔni'ka] *m* harmonica; mouth-organ.
harmonie [armɔ'ni] *f* ♪ harmony (*a. fig.*); *fig.* agreement; ♪ brass and reed band; **harmonieux, -euse** [~'njø, ~'njøːz] harmonious; **harmonique** [~'nik] harmonic; **harmoniser** [~ni'ze] (1a) *v/t. a. s'*~ harmonize; match (*colours*); **harmonium** ♪ [~'njɔm] *m* harmonium.
***harnacher** [arna'ʃe] (1a) *v/t.* harness; rig (*s.o.*) out; ***harnacheur** [~'ʃœːr] *m* harness-maker; saddler; groom.
***harnais** [ar'nɛ] *m*, ***harnois** [~'nwa] *m* horse, *a. tex.*: harness; saddlery; ⊕ gearing; *cheval m de harnais* draught-horse.
***haro** [a'ro] *m* hue and cry; *crier* ~ *sur* denounce.
harpagon [arpa'gɔ̃] *m* skinflint.
***harpe**¹ ♪ [arp] *f* harp.
***harpe**² ⚒ [~] *f* toothing-stone.
***harpie** [ar'pi] *f myth., a. fig.* harpy; *fig.* hell-cat.
***harpin** ⚓ [ar'pɛ̃] *m* boat-hook.
***harpiste** ♪ [ar'pist] *su.* harpist.
***harpon** [ar'pɔ̃] *m* harpoon; ⚒ wall-staple; ***harponner** [~pɔ'ne] (1a) *v/t.* harpoon; *fig.* buttonhole (*s.o.*).
***hart** [aːr] *f* binder, band; withe; † noose (*for hanging*).
***hasard** [a'zaːr] *m* chance, luck; risk; hazard (*a. golf*); *à tout* ~ *at all hazards or events*; *au* ~ *at random*; ... *de* ~ *chance* ...; *par* ~ *by chance*; *****hasardé, e** [azar'de] risky, foolhardy; bold; hazardous; *****hasarder** [~'de] (1a) *v/t.* risk, venture; *****hasardeux, -euse** [~'dø, ~'døːz] perilous, risky; daring, foolhardy.

*****hase** *zo.* [aːz] *f* doe-hare; doe-rabbit.
*****hâte** [aːt] *f* haste, hurry; *à la* ~ in a hurry; *avoir* ~ *de* (*inf.*) be in a hurry to (*inf.*); long to (*inf.*); *****hâter** [ɑ'te] (1a) *v/t. a. se* ~ hasten, hurry; *****hâtif, -ve** [ɑ'tif, ~'tiːv] hasty; premature; early (*fruit etc.*); *****hâtiveau** ♂ [ati'vo] *m* early fruit (*esp. pear*); early vegetable.
*****hauban** [o'bɑ̃] *m* ⚓ shroud; ⚙, ⊕ stay; ⚡ (*bracing-*)wire; *****haubaner** [oba'ne] (1a) *v/t.* stay, guy.
*****haubert** *hist.* [o'bɛːr] *m* hauberk.
*****hausse** [oːs] *f* rise (*a.* ✝), *Am.* raise; *rifle*: back-sight, rear-sight; ⊕ block, prop; *à la* ~ on the rise; *****haussement** [os'mɑ̃] *m* raising; ~ *d'épaules* shrug; *****hausser** [o'se] (1a) *v/t.* raise (*a.* ♪; *a. a house, the price, one's voice*); lift; increase; shrug (*one's shoulders*); *v/i.* rise, go up; ⚓ heave in sight; *****haussier** ✝ [o'sje] *m* bull.
*****haussière** ⚓ [o'sjɛːr] *f* hawser.
*****haut, haute** [o, oːt] 1. *adj.* high; elevated; eminent, important; loud (*voice*); erect (*head*); upper (*floor etc.*); *la haute mer* the open sea; *la mer haute* high tide; 2. *haut adv.* high (up); aloud; haughtily; further back (*in time*); *fig.* ~ *la main* easily; ~ *les mains!* hands up!; *d'en* ~ *adj.* upstairs; upper; *en* ~ *adv.* above; upstairs; 3. *su./m* height; top; summit; *tomber de son* ~ fall flat; *fig.* fall; *fig.* be dumbfounded; *vingt pieds de* ~ 20 feet *or* foot high; *su./f: la haute* the smart set, the upper crust.
*****hautain, e** [o'tɛ̃, ~'tɛn] proud, haughty.
*****haut...*: *****~bois** ♪ [o'bwa] *m* oboe; (*a.* *****~boiste** [obɔ'ist] *m*) oboist; *****~-de-chausses**, *pl.* *****~s-de-chausses** [od'ʃoːs] *m* breeches *pl.*; *****~-de-forme**, *pl.* *****~s-de-forme** [~'fɔrm] *m* top hat.
*****haute-contre**, *pl.* *****hautes-contre** ♪ [ot'kɔ̃tr] *f voice*: alto.
*****hautement** [ot'mɑ̃] *adv.* highly; loudly; loftily; frankly.
*****Hautesse** [o'tɛs] *f title of sultan*: Highness.
*****hauteur** [o'tœːr] *f* height; eminence, high place; hill(-top); level; depth; ♃, *astr.* altitude; ♪ pitch; *fig.* arrogance; *fig. principles etc.*:

loftiness; être à la ~ de be equal to; be a match for; fig. be abreast of (developments, news); ⚓ be off (Calais); 🚢 prendre de la ~ gain height; tomber de sa ~ fall flat; F fig. be dumbfounded; sp. saut en ~ high jump.
*haut...: *~-fond, pl. *~s-fonds [o'fɔ̃] sea: shoal, shallows pl.; *~-le-cœur [ol'kœːr] m/inv. heave; nausea; avoir des ~ retch; *~-le-corps [~'kɔːr] m/inv. sudden start; *~-parleur [opar'lœːr] m radio etc.: loudspeaker; amplifier; *~-relief, pl. *~s-reliefs [orə'ljɛf] m arts: alto-relievo.
*havanais, e [ava'nɛ, ~'nɛːz] adj., a. su. ♀ Havanese; *havane [a'van] 1. su./m Havana (cigar); 2. adj./inv. tobacco-colo(u)red; brown.
*hâve [ɑːv] haggard, drawn, gaunt.
*havre ⚓ [ɑːvr] m harbo(u)r, haven.
*havresac [avrə'sak] m ✖ knapsack; tool-bag; camping: haversack.
*hé! [e] int. hi!; I say!; what!
*heaume hist. [oːm] m helm(et).
hebdomadaire [ɛbdɔma'dɛːr] 1. adj. weekly; 2. su./m weekly (paper or publication).
héberger [ebɛr'ʒe] (1l) v/t. lodge, shelter; give a home to.
hébéter [ebe'te] (1f) v/t. stupefy; daze; fig. stun; hébétude [~'tyd] f fig. daze, dazed condition; 🐾 hebetude.
hébraïque [ebra'ik] Hebrew, Hebraic; hébraïsant m, e f [~i'zɑ̃, ~'zɑ̃ːt] Hebraist; hébreu [e'brø] adj./m, a. su./m ling. Hebrew.
hécatombe [eka'tɔ̃ːb] f hecatomb; F fig. persons: (great) slaughter.
hectare [ɛk'taːr] m hectare (2.47 acres).
hectique 🐾 [ɛk'tik] hectic.
hecto... [ɛktɔ] hecto...; ~gramme [~'gram] m hectogram(me); ~litre [~'litr] m hectolitre (2.75 bushels); ~mètre [~'mɛtr] m hectometre.
hégire [e'ʒiːr] f hegira.
*hein! [ɛ̃] int. what?; isn't it?; did I not?, etc.
hélas! [e'lɑːs] int. alas!
*héler [e'le] (1f) v/t. hail (a ship, a taxi).
hélianthe ♀ [e'ljɑ̃ːt] m sunflower, helianthus.
hélice [e'lis] f ⚛, anat. helix (a. = snail); ⚓ screw; ⚓, 🚢 propeller;

Archimedean screw; escalier m en ~ spiral staircase; en ~ helical (ly adv.); ⚓ vaisseau m à ~ screw-steamer.
hélicoïdal, e, m/pl. -aux [elikɔi'dal, ~'do] helical, helicoid(al), spiral.
hélicoptère 🚁 [elikɔp'tɛːr] m helicopter.
hélio... [eljɔ] helio...; ~graphe astr. [~'graf] m heliograph; ~gravure [~gra'vyːr] f photogravure; heliogravure; ~scope astr. [~s'kɔp] m solar prism; ~thérapie 🐾 [~tera'pi] f sunlight or sun ray treatment; ~trope ♀ [~'trɔp] m heliotrope.
héliport 🚁 [eli'pɔːr] m heliport.
hélium 🝎 [e'ljɔm] m helium.
helvétien, -enne [ɛlve'sjɛ̃, ~'sjɛn] adj., a. su. ♀ Swiss; helvétique [~'tik] Helvetic (confederation), Swiss.
*hem! [ɛm] int. ahem!; hm!
héma... [ema], hémat(o)... [emat(o)] h(a)ema..., h(a)emat(o)...; blood...; hématite min. [ema'tit] f h(a)ematite; ~ rouge red iron.
hémi... [emi] hemi...; ~cycle ⚛ [~'sikl] m hemicycle; ~sphère [emis'fɛːr] m hemisphere.
hémo... [emɔ] h(a)em(o)... ~globine physiol. [~glɔ'bin] f h(a)emoglobin; ~philie 🐾 [~fi'li] f h(a)emophilia; ~rragie 🐾 [~ra'ʒi] f h(a)emorrhage; ~rroïdes 🐾 [~rɔ'id] f/pl. h(a)emorrhoids, piles.
*henné ♀ [ɛn'ne] m henna (a. for hair); teindre au ~ henna.
*hennir [ɛ'niːr] (2a) v/i. whinny, neigh; *hennissement [ɛnis'mɑ̃] m whinny(ing), neigh(ing).
hépatique [epa'tik] 1. adj. hepatic; 2. su. ♀ hepatic; su./f ♀ hepatica, liverwort; hépatite ['tit] f 🐾 hepatitis; min. hepatite.
hepta... [ɛpta] hepta...
héraldique [eral'dik] heraldic, armorial.
*héraut [e'ro] m herald (a. fig.).
herbacé, e ♀ [ɛrba'se] herbaceous; herbage [~'baːʒ] m grass-land; pasture; grass; cuis. green stuff; herbager [~ba'ʒe] m grazier; herbe [ɛrb] f grass; herb; weed; ~s pl. potagères pot herbs; en ~ unripe; fig. budding; fines ~s pl. herbs for seasoning; mauvaise ~ weed; fig. bad lot; herber [ɛr'be] (1a) v/t. bleach (linen) on the grass; herberie [~bə'ri] f bleaching

herbette 248

ground (*for linen*); grass market; **herbette** [~'bɛt] *f* lawn grass; **herbeux, -euse** [~'bø, ~'bø:z] grassy; **herbicide** [~bi'sid] *m* weed-killer; **herbier** [~'bje] *m* herbarium; grass loft *or* shed; **herbivore** *zo.* [~bi-'vɔ:r] **1.** *adj.* herbivorous; **2.** *su./m* herbivore; **herboriser** [~bɔri'ze] (1a) *v/i.* go botanizing; gather plants *or* herbs; **herboriste** [~bɔ'rist] *su.* herbalist; **herbu, e** [~'by] **1.** *adj.* grassy; **2.** *su./f* light grazing-land.
******here¹** *hunt.* [ɛ:r] *m* young stag.
******here²** [ɛrs] *m*: *pauvre* ~ poor devil.
héréditaire [eredi'tɛ:r] hereditary; **hérédité** [~'te] *f* heredity; ♊ (right of) inheritance.
hérésie [ere'zi] *f* heresy; **hérétique** [~'tik] **1.** *adj.* heretical; **2.** *su.* heretic.
******hérissé, e** [eri'se] bristling (with, *de*); ⚕ prickly; bristly (*moustache*); shaggy (*hair*); ******hérisser** [~'se] (1a) *v/t.* bristle up; cover with spikes; ruffle (*its feathers*); *se* ~ become erect; stand on end (*hair*); bristle (*a. fig.*); ******hérisson** [~'sɔ̃] *m zo.*, ⚔ hedgehog; *fig.* cantankerous person; ⚠ row of spikes (*on a wall*); ♪ toothed roller; ⊕ pin-wheel; ⊕ sprocket-wheel; *tex.* urchin.
héritage [eri'ta:ʒ] *m* inheritance, heritage; **hériter** [~'te] (1a) *vt/i.* inherit; **héritier, -ère** [~'tje, ~'tjɛ:r] *su.* heir; *su./f* heiress.
hermétique [ɛrme'tik] *phls.*, ⚠ hermetic; (air-, water-)tight; light-proof.
hermine *zo.* [ɛr'min] *f* ermine (*a.* ⚜ *fur*), stoat.
herminette ⊕ [ɛrmi'nɛt] *f* adze.
******herniaire** ⚕ [ɛr'njɛ:r] hernial; *bandage m* ~ truss; ******hernie** ⚕ [~'ni] *f* hernia, rupture.
héroïne [erɔ'in] *f* heroine; 🜨 heroin; **héroïque** [~'ik] heroic (*a.* ⚔); **héroïsme** [~'ism] *m* heroism.
******héron** *orn.* [e'rɔ̃] *m* heron.
******héros** [e'ro] *m* hero.
herpès ⚕ [ɛr'pɛs] *m* herpes.
******herse** [ɛrs] *f* ✍ harrow; ⚠ portcullis; *thea.* ~s *pl.* battens; ******herser** ✍ [ɛr'se] (1a) *v/t.* harrow.
hésitation [ezita'sjɔ̃] *f* hesitation; hesitancy; faltering; misgiving; **hésiter** [~'te] (1a) *v/i.* hesitate, waver; falter (*in speaking*).
hétéro... [eterɔ] hetero...; **~clite** [~'klit] heteroclite, irregular; *fig.*

odd, strange; **~doxe** [~'dɔks] heterodox, unorthodox; **~gène** [~'ʒɛn] heterogeneous; *fig.* incongruous; mixed (*society*).
******hêtre** ♣ [ɛ:tr] *m* beech.
******heu!** [ø] *int.* ah!; *doubt*: h'm!; *contempt*: pooh!; *hesitancy*: ... er ...
heure [œ:r] *f* hour; time; moment; period; ... o'clock; *six* ~*s pl.* 6 o'clock; ~ *d'été* summer time; ⚔ ~ *H* zero hour; ~ *légale* standard time; ~*s pl. supplémentaires* overtime *sg.*; *à l'*~ on time, punctual(ly *adv.*); *à la bonne* ~! well done!; fine!; *tout à l'*~ a few minutes ago; in a few minutes; presently; *à tout à l'*~! so long!; see you later!; F *c'est l'*~ time's up!; *de bonne* ~ early; *quelle* ~ *est-il?* what time is it?; *livre m d'*~*s* book of hours; prayer-book.
heureux, -euse [œ'rø, ~'rø:z] happy, glad, pleased, delighted; lucky; successful; fortunate (*accident, position, etc.*); apt (*expression, phrase, word*).
******heurt** [œ:r] *m* blow, knock, shock; *fig. sans* ~ smoothly; ******heurté, e** [œr'te] clashing (*colours*); ******heurter** [~'te] (1a) *vt/i.* knock, hit, strike; jostle; *v/t.* run into; collide with; *fig.* offend (*s.o.'s feelings*); ⚓ ram, strike; *v/i. a. se* ~ collide; clash (*colours*); ******heurtoir** [~'twa:r] *m* knocker; ⊕ stop; ⊕ tappet; 🚆 buffer.

hexagonal, e *m/pl.* **-aux** ⚠ [ɛgzagɔ'nal, ~'no] hexagonal; **hexagone** ⚠ [~'gɔn] *m* hexagon.
hibernal, e *m/pl.* **-aux** [ibɛr'nal, ~'no] winter-...; hibernal; wintry; **hibernant, e** [~'nã, ~'nã:t] hibernating; **hiberner** [~'ne] (1a) *v/i.* hibernate. (owlet.)
******hibou** *orn.* [i'bu] *m* owl; *jeune* ~
******hic** [ik] *m*: *voilà le* ~! there's the snag!
******hideux, -euse** [i'dø, i'dø:z] hideous.
hiémal, e *m/pl.* **-aux** [je'mal, ~'mo] winter-...
hier [jɛ:r] *adv.* yesterday; ~ *soir* yesterday evening, last night; *d'*~ very recent; F *fig.* né *d'*~ green.
******hiérarchie** [jerar'ʃi] *f* hierarchy; ******hiérarchique** [~'ʃik] hierarchical; *voie f* ~ official channels *pl.*
hiéroglyphe [jerɔ'glif] *m* hieroglyph; *fig.* scrawl.

hilarant, e [ila'rã, ˌ'rã:t] mirth-provoking; **hilarité** [ˌri'te] *f* hilarity, laughter, mirth.
hippique [ip'pik] equine, horse-...; *concours m* ˷ horse-show; race-meeting, *Am.* race-meet; **hippisme** [ˌ'pism] *m* horse-racing.
hippo... [ipɔ] hippo...; *horse...*; ˷**campe** *zo.* [ˌ'kã:p] *m* sea-horse, hippocampus; ˷**drome** [ˌ'dro:m] *m* hippodrome, circus; race-course, race-track; ˷**mobile** [ˌmɔ'bil] horse-drawn; ˷**potame** *zo.* [ˌpɔ'tam] *m* hippopotamus.
hirondelle [irõ'dɛl] *f orn.* swallow.
hirsute [ir'syt] hirsute, hairy; *fig.* boorish, rough.
hispanique [ispa'nik] Hispanic, Spanish.
hispide ♀ [is'pid] hispid; hairy.
*****hisser** [i'se] (1a) *v/t.* hoist (*a.* ⚓); *se* ˷ *a.* pull o.s. up.
histoire [is'twa:r] *f* history, story, F yarn; F fib, invention; *avoir des* ˷*s avec q.* get across s.o.; *faire des* ˷*s* make a to-do; **historien** [ˌtɔ'rjɛ̃] *m* historian; chronicler; narrator; **historier** [ˌ'rje] (1o) *v/t.* illustrate; embellish (*a. fig.*); **historiette** [ˌ'rjɛt] *f* anecdote; short story; **historique** [ˌ'rik] **1.** *adj.* historic(al); **2.** *su./m* historical record *or* account.
histrion [istri'õ] *m* play-actor; F *pol.* mountebank.
hiver [i'vɛ:r] *m* winter; **hivernage** [ivɛr'naːʒ] *m* ⚓ laying up for the winter; winter season; winter quarters *pl.*, ⚓ winter harbo(u)r; *tropics:* rainy season, wintering (*of cattle*); **hivernal, e**, *m/pl.* -aux [ˌ'nal, ˌ'no] winter-...; wintry (*weather*); **hivernant** *m, e f* [ˌ'nã, ˌ'nã:t] winter visitor; **hiverner** [ˌ'ne] (1a) *v/i.* winter; hibernate (*animal*); *v/t.* ⚔ plough before winter.
*****hobereau** [ɔ'bro] *m orn.* hobby; F small country squire, squireen.
*****hochement** [ɔʃ'mɑ̃] *m* shaking; toss (*of the head*); *****hochepot** [ˌ'po] *m* hotch-potch; ragout of beef and vegetables; *****hochequeue** *orn.* [ˌ'kø] *m* wagtail; *****hocher** [ɔ'ʃe] (1a) *v/t.* shake; ⊕ notch; dent (*a blade*); toss; ˷ *la tête* toss one's head; *****hochet** [ɔ'ʃɛ] *m* rattle (*for babies*); toy, bauble.
*****hockey** *sp.* [ɔ'kɛ] *m* hockey; ˷ *sur glace* ice-hockey; *****hockeyeur** *sp.* [ɔkɛ'jœ:r] *m* hockey-player.
hoir ⚖ [wa:r] *m* heir; **hoirie** ⚖ [wa'ri] *f* inheritance, succession.
*****holà** [ɔ'la] **1.** *int.* hallo!; stop!; **2.** *m/inv.:* F *mettre le* ˷ restore order; put a stop (to, *à*).
*****holding** ✝ [ɔl'diŋ] *m* holding company.
*****hold-up** [ɔl'dœp] *m/inv.* hold-up, detention by force.
*****hollandais, e** [ɔlã'dɛ, ˌ'dɛːz] **1.** *adj.* Dutch; **2.** *su./m ling.* Dutch; ♀ Dutchman; *les* ♀ *m/pl.* the Dutch; *su./f* ♀ Dutchwoman.
*****Hollande** [ɔ'lã:d] *su./m* Dutch cheese; *su./f tex.* Holland.
holocauste [ɔlɔ'kɔ:st] *m* holocaust; burnt-offering; sacrifice.
*****homard** *zo.* [ɔ'ma:r] *m* lobster.
homélie [ɔme'li] *f eccl.* homily; F *fig.* sermon, lecture.
homicide [ɔmi'sid] **1.** *su. person:* homicide; *su./m crime:* homicide; ˷ *par imprudence* (*or involontaire*) manslaughter; ˷ *volontaire* (*or prémédité*) murder; **2.** *adj.* homicidal.
hommage [ɔ'ma:ʒ] *m* homage; token of esteem; ˷*s pl.* compliments; ˷ *de l'auteur* with the author's compliments; *rendre* ˷ do homage, pay tribute (to, *à*); **hommasse** F [ɔ'mas] mannish, masculine (*woman*); **homme** [ɔm] *m* man; mankind; ˷ *d'affaires* businessman; ⊕ ˷ *de métier* craftsman; ˷**-grenouille**, *pl.* ˷**s-grenouilles** [ˌgrə'nuːj] *m* frogman; ˷**-sandwich**, *pl.* ˷**s-sandwichs** [ˌsã'dwitʃ] *m* sandwich-man.
homo... [ɔmɔ] homo...; ˷**gène** [ˌ'ʒɛn] homogeneous; ˷**logue** [ˌ'lɔg] **1.** *adj.* homologous; **2.** *su./m* homologue; ˷**loguer** ⚖ [ˌlɔ'ge] (1m) *v/t.* confirm, endorse; ratify (*a decision*); grant probate of (*a will*); prove (*a will*); ˷**nyme** *gramm.* [ˌ'nim] **1.** *adj.* homonymous; **2.** *su./m* homonym.
*****hongre** [õ:gr] **1.** *adj./m* gelded; **2.** *su./m* gelding; *****hongrois, e** [õ'grwa, ˌ'grwaːz] **1.** *adj.* Hungarian; **2.** *su./m ling.* Hungarian; *su.* ♀ Hungarian.
honnête [ɔ'nɛt] honest; upright, decent; respectable; courteous, well-bred; seemly (*behaviour*); reasonable (*price*); virtuous (*woman*); ˷*s gens m/pl.* decent people; **hon-**

nêteté [ɔnɛt'te] *f* honesty; integrity; politeness; respectability (*of behaviour*); ✝ fairness; *price etc.*: reasonableness; (*feminine*) modesty.

honneur [ɔ'nœːr] *m* hono(u)r; ~*s pl.* hono(u)rs, preferments; regalia; *avoir l'*~ have the hono(u)r (*of ger.*, *de inf.*); ✝ beg (*to inf.*, *de inf.*); ✝ *faire* ~ *à* hono(u)r, meet (*a bill, an obligation*); ⚔ *rendre les* ~*s* present arms (*to, à*).

*****honnir** ✝ [ɔ'niːr] (2a) *v/t.* disgrace; spurn; revile; *honni soit qui mal y pense* evil be to him who evil thinks.

honorabilité [ɔnɔrabili'te] *f* respectability; **honorable** [~'rabl] hono(u)rable; respectable, creditable, ✝ reputable; **honoraire** [~'rɛːr] **1.** *adj.* honorary; **2.** *su./m*: ~*s pl.* (*s pl.*) *sg.*, (*honorarium sg.*; ⚖ retainer *sg.*; **honorer** [~'re] (1a) *v/t.* hono(u)r (*a.* ✝); respect; do hono(u)r to; ✝ meet; *s'*~ *de* pride o.s. on; **honorifique** [~ri'fik] honorary (*title*).

*****honte** [ɔ̃ːt] *f* (sense of) shame; dishono(u)r, disgrace; *fig.* reproach; *avoir* ~ be ashamed (of, *de*); *faire* ~ *à* put to shame; **honteux, -euse** [ɔ̃'tø, ~'tøːz] ashamed; disgraceful, shameful, scandalous; bashful.

hôpital [ɔpi'tal] *m* ⚕ hospital; poor-house; (*orphan's*) home; ⚔ *militaire* (*de campagne*) station (field) hospital.

*****hoquet** [ɔ'kɛ] *m* hiccough, hiccup; *emotion:* gasp (*of surprise etc.*); *****hoqueter** [ɔk'te] (1c) *v/i.* hiccup; have the hiccups.

horaire [ɔ'rɛːr] **1.** *adj.* time...; hour-...; ⊕ per hour, hourly; **2.** *su./m* time-table.

*****horde** [ɔrd] *f* horde.

horizon [ɔri'zɔ̃] *m* horizon, skyline; **horizontal, e,** *m/pl.* **-aux** [~zɔ̃'tal, ~'to] horizontal.

horloge [ɔr'lɔʒ] *f* clock; ⊕ ~ *centrale* master clock; ~ *normande* grandfather('s) clock; *teleph.* ~ *parlante* speaking clock, Tim; **horloger** [~lɔ'ʒe] *m* watch-maker, clock-maker; **horlogerie** [~lɔʒ'ri] *f* watch-making, clock-making; watch-maker's (shop).

hormis [ɔr'mi] *prp.* except.

hormone *physiol.* [ɔr'mɔn] *f* hormone.

horoscope [ɔrɔs'kɔp] *m* horoscope; *faire* (*or tirer*) *un* ~ cast a horoscope.

horreur [ɔ'rœːr] *f* horror; *avoir* ~ *de* loathe; abhor; hate; *faire* ~ *à* disgust; horrify; **horrible** [ɔ'ribl] horrible, dreadful; appalling; **horripiler** [ɔripi'le] (1a) *v/t.* give (*s.o.*) goose-flesh; F make (*s.o.'s*) flesh creep; F *fig.* exasperate.

*****hors** [ɔːr] *prp.* out of; outside (*the town*); beyond, but, save (*two, this*); ⚡ ~ *circuit* cut off; ~ *concours* hors concours; *sp.* ~ *jeu* offside; ~ *ligne* (*or classe*) outstanding; ✝ ~ *vente* no longer on sale; *mettre* ~ *la loi* outlaw (*s.o.*); ~ (*de*) *pair* peerless; ~ *de* outside; out of (*breath, danger, fashion, hearing, reach, sight, use*); beyond (*dispute, doubt*); ~ *d'affaire* out of the wood; ~ *de combat* disabled; out of action; ~ *de propos* ill-timed; irrelevant (*remark*); ~ *de saison* unseasonable; ~ *de sens* out of one's senses; ~ *de soi* beside o.s. (with rage); ~ *d'ici!* get out!; *qch. est* ~ *de prix* the price of s.th. is prohibitive.

*****hors...: *****~-bord** [ɔr'bɔːr] *m/inv.* outboard motor boat, F speed-boat; *****~-d'œuvre** [~'dœːvr] *m/inv.* ▲ outwork, annexe; *fig.* irrelevant matter; *cuis.* hors-d'œuvre, side-dish; *****~-jeu** *sp.* [~'ʒø] *m/inv.* off side; *****~-la-loi** [~la'lwa] *m/inv.* outlaw; *****~-texte** [~'tɛkst] *m/inv.* (full page) plate (*in a book*).

hortensia ♀ [ɔrtɑ̃'sja] *m* hydrangea.

horticole [ɔrti'kɔl] horticultural; **horticulture** [~kyl'tyːr] *f* horticulture, gardening.

hosanna [ɔzan'na] *int., a. su./m* hosanna.

hospice [ɔs'pis] *m* hospice; almshouse; (*orphan's*) home; **hospitalier, -ère** [ɔspita'lje, ~'ljɛːr] **1.** *adj.* hospitable; hospital-...; **2.** *su./m eccl.* hospitaller; *su./f eccl.* Sister of Mercy; **hospitaliser** [~li'ze] (1a) *v/t.* send *or* admit to a hospital *or* home, hospitalize; **hospitalité** [~li'te] *f* hospitality; *donner l'*~ *à q.* give s.o. hospitality, F put s.o. up.

hostie [ɔs'ti] *f bibl.* (sacrificial) victim; *eccl.* host.

hostile [ɔs'til] hostile; **hostilité** [~tili'te] *f* hostility (against, *contre*); enmity; ⚔ ~*s pl.* hostilities.

hôte, hôtesse [oːt, o'tɛs] *su.* guest,

huitième

visitor, lodger; *su./m* host; landlord; *su./f* hostess; landlady; ✈ *hôtesse de l'air* air hostess.
hôtel [o'tɛl] *m* mansion; public building; hotel; ~ *de ville* town hall, city hall; ~ *garni* residential hotel; *pej.* lodgings *pl.*, lodging-house; *maître m d'~* head waiter; *private house*: butler; ~-**Dieu**, *pl.* ~**s-Dieu** [otɛl'djø] *m* principal hospital; **hôtelier, -ère** [otə'lje, ~'ljɛːr] *su.* innkeeper; hotel-keeper; *su./m* landlord; *su./f* landlady; **hôtellerie** [otɛl'ri] *f* hostelry, inn; hotel trade; *monastery etc.*: guest room(s *pl.*).
*hotte [ɔt] *f* basket; pannier; (*bricklayer's*) hod; ⊕ hopper; △ hood.
*houblon ⚘ *etc.* [u'blɔ̃] *m* hop(s *pl.*); *houblonner [ublɔ'ne] (1a) *v/t.* hop (*beer*); *houblonnier, -ère [~'nje, ~'njɛːr] 1. *adj.* hop-(growing); 2. *su./f* hop-field.
*houe ⚘ [u] *f* hoe; *houer [u'e] (1a) *v/t.* hoe.
*houille ⚒ [u:j] *f* coal; *fig.* ~ *blanche* water-power; *houiller, -ère ⚒ [u'je, ~'jɛːr] 1. *adj.* coal-...; carboniferous; *production f* ~*ère* output of coal; 2. *su./f* coal-mine, pit, colliery; *houilleux, -euse [u'jø, ~'jøːz] carboniferous, coal-bearing.
*houle [ul] *f* swell, surge, billows *pl.*
*houlette [u'lɛt] *f* (shepherd's *etc.*) crook; ⚘ trowel; *metall.* hand-ladle.
*houleux, -euse [u'lø, ~'løːz] swelling, surging (*a. fig.*), billowing; ⚓ rather rough (*sea*); *fig.* stormy (*meeting*).
*houp! [up] *int.* up!; off you go!
*houppe [up] *f orn., a.* feathers, hair, wool: tuft; tassel, bob; pompom; *orn., a.* hair, tree: crest; (powder-)puff; *hair*: topknot; *houpper [u'pe] (1a) *v/t.* tuft; trim with tufts *or* pompoms; *tex.* comb (*wool*); *houppette [u'pɛt] *f* small tuft; powder-puff.
*hourdage △ [ur'daːʒ] *m*, *hourdis △ [ur'di] *m* rough masonry; pugging; plaster-work; *hourder [~'de] (1a) *v/t.* rough-cast (*a wall*).
*hourra [u'ra] 1. *int.* hurrah!; 2. *su./m*: *pousser des* ~*s* cheer.
*houspiller [uspi'je] (1a) *v/t.* hustle; handle (*s.o.*) roughly; *fig.* rate, abuse.
*houssaie [u'sɛ] *f* holly-grove.

*housse [us] *f* furniture cover, *Am.* slip-cover; dust-sheet; horse-cloth; *cost.* (protective) bag; *housser [u'se] (1a) *v/t.* dust (*furniture*).
*houssine [u'sin] *f furniture, riding*: switch; *houssiner [usi'ne] (1a) *v/t.* switch.
*houssoir [u'swaːr] *m* feather-duster; whisk.
*houx ⚘ [u] *m* holly.
*hoyau ⚘ [wa'jo] *m* grubbing-hoe, mattock.
*hublot ⚓ [y'blo] *m* port-hole, scuttle; air-port; *faux* ~ dead-light.
*huche [yʃ] *f* kneading-trough; bin; ⊕ hopper.
*hucher † [y'ʃe] (1a) *v/t.* call (*the hounds*); *huchet † [y'ʃɛ] *m* hunting-horn.
*hue! [y] *int.* gee up!; *a. to a horse*: to the right!; *fig. tirer à* ~ *et à dia* pull in opposite directions.
*huée [y'e] *f hunt. etc.* hallooing; *fig.* boo, hoot; ~*s pl.* booing *sg.*, jeers;
*huer [y'e] (1a) *v/t.* boo (*s.o.*); *v/i.* hoot (*owl*).
*huguenot, e [yg'no, ~'nɔt] 1. *adj. eccl.* Huguenot; 2. *su. eccl.* Huguenot; *su./f cuis.* pipkin.
huilage [ɥi'laːʒ] *m* oiling, lubrication); *metall.* oil-tempering; **huile** [ɥil] *f* oil; ⚘, ⚗ ~ *de foie de morue* cod-liver oil; ~ *de graissage* (*de machine*) lubricating (engine) oil; ~ *minérale* mineral oil, petroleum; ~ *végétale* vegetable oil; F *les* ~*s pl.* the big pots (= *important people*); *eccl. les saintes* ~*s pl. extreme unction*: the holy oil *sg.*; **huiler** [ɥi'le] (1a) *v/t.* oil, lubricate; **huilerie** [ɥil'ri] *f* oil-works *usu. sg.*; oil-store; **huileux, -euse** [ɥi'lø, ~'løːz] oily, greasy; **huilier** [~'lje] *m* ⊕ oil-can; oil-merchant; *cuis.* oil-cruet; cruet-stand.
huis [ɥi] *m* † door; ⚖ *à* *~ *clos* in camera; F *à* ~ *clos* in private; ⚖ *ordonner le* *~ *clos* clear the court; **huisserie** △ [ɥis'ri] *f* door-frame; **huissier** [ɥi'sje] *m* usher; ⚖ bailiff, process-server.
*huit [ɥit]; *before consonant* ɥi] *adj./ num., a. su./m/inv.* eight; *date, title*: eighth; *d'aujourd'hui en* ~ today week; *tous les* ~ *jours* once a week; every week; *huitain [ɥi'tɛ̃] *m* octet; *huitaine [~'tɛn] *f* (about) eight; week; *huitième [~'tjɛm] 1. *adj./*

huître 252

num. eighth; **2.** *su.* eighth; *su./m fraction*: eighth; *su./f secondary school*: (*approx.*) second form.
huître [ɥiːtr] *f* oyster; F *fig*. ninny; **huîtrier, -ère** [ɥitri'e, ~'ɛːr] **1.** *adj.* oyster-...; **2.** *su./f* oyster-bed.
*****hulotte** *orn.* [y'lɔt] *f* brown owl, common wood-owl.
humain, e [y'mɛ̃, ~'mɛn] **1.** *adj.* human; humane; **2.** *su./m: les* ~s *pl.* mankind *sg.*; human beings; **humaniser** [ymani'ze] (1a) *v/t.* humanize; *s'*~ become (more) human; *fig.* become more sociable; **humanitaire** [~'tɛːr] *adj., a. su.* humanitarian; **humanité** [~'te] *f* humanity; kindness; mankind; ~s *pl.* classical studies, *the* humanities.
humble [œ̃ːbl] humble; lowly; meek; ~ *serviteur* humble servant.
humecter [ymɛk'te] (1a) *v/t.* moisten, damp, wet; *s'*~ become moist.
*****humer** [y'me] (1a) *v/t.* breathe in (*the air*, *a perfume*); sip (*tea, coffee*); swallow (*a raw egg*).
humeur [y'mœːr] *f* humo(u)r (*a. anat.*), mood; disposition, temperament; temper; ⚔ † ~s *pl.* bodyfluids; *avec* ~ crossly; peevishly.
humide [y'mid] damp; humid; **humidité** [ymidi'te] *f* dampness; moisture; humidity.
humilier [ymi'lje] (1o) *v/t.* humiliate, humble; **humilité** [~li'te] *f* humility.
humoriste [ymɔ'rist] **1.** *adj.* humorous (*writer*); **2.** *su.* humorist; **humoristique** [~ris'tik] humorous.
humour [y'muːr] *m* humo(u)r.
humus 🌿 [y'mys] *m* humus, leaf mo(u)ld.
*****hune** ⚓ [yn] *f* top; *****hunier** ⚓ [y'nje] *m* topsail.
*****huppe** [yp] *f orn.* hoopoe; *bird*: crest, tuft; *****huppé, e** [y'pe] *orn.* tufted, crested; F *fig.* smart; F *les gens m/pl.* ~s the swells.
*****hure** [yːr] *f* head (*usu. of boar*); *salmon*: jowl; *cuis.* brawn, *Am.* headcheese; *sl.* (ugly) head.
*****hurlement** [yrlə'mɑ̃] *m animal*: howl(ing); roar; bellow; *****hurler** [~'le] (1a) *v/i.* howl; roar; *v/t.* bawl out; **hurleur, -euse** [~'lœːr, ~'løːz] **1.** *adj.* howling; **2.** *su.* howler; *su./m zo.* monkey: howler.
hurluberlu [yrlybɛr'ly] *m* scatterbrain; harum-scarum.

*****huron** F [y'rõ] *m* boor.
*****hussard** ⚔ [y'saːr] *m* hussar; *****hussarde** [y'sard] *f dance*: hussarde; *à la* ~ cavalierly.
*****hutte** [yt] *f* hut, cabin, shanty.
hybride [i'brid] *adj., a. su./m* hybrid; **hybridité** [ibridi'te] *f* hybrid character, hybridity.
hydratation 🧪 [idrata'sjõ] *f* hydratation.
hydraulique [idro'lik] **1.** *adj.* hydraulic; water-...; **2.** *su./f* hydraulics *sg.*
hydravion [idra'vjõ] *m* seaplane; ~ *à coque* flying boat.
hydro... [idrɔ] hydro...; water-...; ~**carbure** 🧪 [~kar'byːr] *m* hydrocarbon; ~**céphalie** [~sefa'li] *f* hydrocephaly, F water on the brain; ~**fuge** [~'fyːʒ] waterproof; ~**gène** 🧪 [~'ʒɛn] *m* hydrogen; ~**glisseur** [~gli'sœːr] *m* hovercraft; ~**mel** [~'mɛl] *m* hydromel; ~**phile** [~'fil] absorbent (*cotton*); ~**phobie** ✱ [~fɔ'bi] *f* rabies; ~**pisie** [~pi'zi] *f* dropsy; ~**thérapie** ✱ [~tera'pi] *f* hydrotherapy; water-cure.
hyène *zo.* [jɛn] *f* hyena.
hygiène [i'ʒjɛn] *f* hygiene; *admin.* health; **hygiénique** [iʒje'nik] hygienic, sanitary; healthy; *papier m* ~ toilet paper; **hygiéniste** [~'nist] *su.* hygienist, authority on public health.
hygromètre *phys.* [igrɔ'mɛtr] *m* hygrometer; **hygrométricité** *phys.* [~metrisi'te] *f* humidity; humdityabsorption index.
hymen [i'mɛn] *m anat.* hymen; *poet.* = **hyménée** *poet.* [ime'ne] *m* marriage.
hymne [imn] *su./m* patriotic song; national anthem; *su./f eccl.* hymn.
hyper... [iper] hyper...; ~**bole** [~'bɔl] *f* 🅰 hyperbola; *gramm.* hyperbole; ~**critique** [~kri'tik] hypercritical; ~**métrope** ✱ [~me'trɔp] hypermetropic; long-sighted; ~**trophie** ✱ [~trɔ'fi] *f* hypertrophy.
hypnose [ip'noːz] *f* hypnosis; trance; **hypnotiser** [ipnɔti'ze] (1a) *v/t.* hypnotize; **hypnotiseur** [~ti'zœːr] *m* hypnotist; **hypnotisme** [~'tism] *m* hypnotism.
hypo... [ipɔ] hypo...; ~**crisie** [~kri'zi] *f* hypocrisy; cant; ~**crite** [~'krit] **1.** *adj.* hypocritical; **2.** *su.* hypocrite; ~**thécaire** [~te'kɛːr]

...on mortgage; mortgage-...; *créancier m* ~ mortgagee; ~**thèque** [~'tɛk] *f* mortgage; *prendre (purger) une* ~ raise (pay off *or* redeem) a mortgage; ~**théquer** [~te'ke] (1f) *v/t.*

mortgage; secure (*a debt*) by mortgage; ~**thèse** [~'tɛ:z] *f* hypothesis; F theory.
hystérie 𝒮 [iste'ri] *f* hysteria; **hystérique** 𝒮 [~'rik] hysteric(al).

I

I, i [i] *m* I, i; *i grec* y.
ïambe [jã:b] *m* iambus; iambic; ~*s pl.* satirical poem *sg.*; **ïambique** [jã'bik] iambic.
ibérique *geog.* [ibe'rik] Iberian, Spanish.
iceberg [is'bɛrg] *m* iceberg.
ichor 𝒮, *a. myth.* [i'kɔ:r] *m* ichor.
ichtyo... [iktjɔ] ichthyo..., fish-...; ~**colle** [~'kɔl] *f* fish-glue, isinglass; ~**phage** [~'fa:ʒ] **1.** *adj.* fish-eating; **2.** *su.* ichthyophagist; ~**saure** [~'sɔ:r] *m* ichthyosaurus.
ici [i'si] *adv.* here; now, at this point; *teleph.* ~ *Jean* John speaking; ~ *Londres radio*: London calling; this is London; *d'*~ *là* by that time; *d'*~ *peu* before long; *jusqu'*~ *place*: as far as here; *time*: up to now; *par* ~ here(abouts); this way; *près d'*~ nearby; ~-**bas** [isi'ba] *adv.* on earth, here below.
iconoclaste [ikɔnɔ'klast] **1.** *adj.* iconoclastic; **2.** *su.* iconoclast; **iconolâtrie** [~la'tri] *f* image-worship.
icosaèdre ⚛ [ikɔza'ɛ:dr] *m* icosahedron.
ictère 𝒮 [ik'tɛ:r] *m* jaundice; **ictérique** [~te'rik] **1.** *adj.* jaundiced (*eyes, person*); icteric (*disorder*); **2.** *su.* sufferer from jaundice.
idéal, e, *m/pl.* **-als, -aux** [ide'al, ~'o] **1.** *adj.* ideal; **2.** *su./m* ideal.
idée [i'de] *f* idea; notion; intention, purpose; mind; whim, fancy; suggestion, hint; ~ *fixe* fixed idea, obsession.
idem [i'dɛm] *adv.* idem; ditto.
identifier [idãti'fje] (1o) *v/t.* identify; *s'*~ *à* identify o.s. with; **identique** [~'tik] identical (with, *à*); **identité** [~ti'te] *f* identity; *carte f d'*~ identity card.
idéologie [ideɔlɔ'ʒi] *f* ideology (*a. pol.*).
idiomatique [idjɔma'tik] idiomatic; **idiome** [i'djo:m] *m* idiom; language.

idiot, e [i'djo, ~'djɔt] **1.** *adj.* 𝒮 idiot; *fig.* idiotic, absurd; **2.** *su.* 𝒮 idiot (*a. fig.*), imbecile; *fig.* fool; **idiotie** [idjɔ'si] *f* 𝒮 idiocy; *fig.* piece of nonsense; **idiotisme** [~'tism] *m* idiom(atic expression).
idoine [i'dwan] fit, able; qualified.
idolâtre [idɔ'lɑ:tr] **1.** *adj.* idolatrous; *fig. être* ~ *de* be passionately fond of, worship; **2.** *su./m* idolater; *su./f* idolatress; **idolâtrer** [~lɑ'tre] (1a) *v/i.* worship idols; *v/t. fig.* be passionately fond of, worship; **idolâtrie** [~lɑ'tri] *f* idolatry; **idole** [i'dɔl] *f* idol, image.
if [if] *m* ⚘ yew(-tree); *bottles*: draining rack.
ignare [i'ɲa:r] **1.** *adj.* illiterate, ignorant; **2.** *su.* ignoramus.
igné, e [ig'ne] igneous; **ignicole** [igni'kɔl] **1.** *adj.* fire-worshipping; **2.** *su.* fire-worshipper; **ignifuge** [~'fy:ʒ] **1.** *adj.* fireproof; non-inflammable; **2.** *su./m* fireproof(ing) material; **ignifuger** [~fy'ʒe] (1l) *v/t.* fireproof; **ignition** [~'sjɔ̃] *f* ignition.
ignoble [i'ɲɔbl] ignoble, base; vile; wretched.
ignominie [iɲɔmi'ni] *f* ignominy, shame, disgrace; **ignominieux, -euse** [~'njø, ~'njø:z] ignominious, shameful, disgraceful.
ignorance [iɲɔ'rã:s] *f* ignorance; **ignorant, e** [~'rã, ~'rã:t] **1.** *adj.* ignorant (of, *de*), uneducated; **2.** *su.* ignoramus; **ignorer** [~'re] (1a) *v/t.* be unaware of, not to know (about); *ne pas* ~ *que* not to be unaware that (*ind.*), know quite well that (*ind.*).
il [il] **1.** *pron./pers./m* he, it, she (*ship etc.*); ~*s pl.* they; **2.** *pron./impers.* it; there; *il est dix heures* it is 10 o'clock; *il vint deux hommes* two men came.
île [i:l] *f* island; isle.
illégal, e, *m/pl.* **-aux** [ille'gal, ~'go] illegal, unlawful.

illégitime [illeʒi'tim] illegitimate (*child*); unlawful (*marriage*); *fig.* spurious; *fig.* unwarranted; **illégitimité** [~timi'te] *f* illegitimacy.

illettré, e [illɛ'tre] illiterate, uneducated.

illicite [illi'sit] illicit; *sp.* foul.

illico F [ili'ko] *adv.* at once.

illimité, e [illimi'te] unlimited.

illisible [illi'zibl] illegible; unreadable (*book*).

illogique [illɔ'ʒik] illogical.

illuminant, e [illymi'nɑ̃, ~'nɑ̃:t] illuminating; **illuminer** [~'ne] (1a) *v/t.* illuminate, flood-light (*buildings*); light up (*a. fig.*); *fig.* enlighten (*s.o.*).

illusion [illy'zjɔ̃] *f* illusion; delusion; **illusionner** [~zjɔ'ne] (1a) *v/t.* delude; deceive; s'~ delude o.s.; labo(u)r under a delusion; **illusoire** [~'zwa:r] illusory.

illustration [illystra'sjɔ̃] *f* illustration; illustrating; renown, illustriousness; † explanation; **illustre** [~'lystr] illustrious, renowned, famous; **illustré** [illys'tre] *m* | pictorial (*paper*), F magazine; **illustrer** [~] (1a) *v/t.* make famous; illustrate (*a book*); † elucidate.

îlot [i'lo] *m* islet, small island; *houses*: block.

ilote *hist.* [i'lɔt] *m* helot.

image [i'ma:ʒ] *f* image; picture; idea; figure of speech; **imagé, e** [ima'ʒe] vivid, picturesque; **imager** [~] (1l) *v/t.* colo(u)r (*one's style*); **imagerie** [imaʒ'ri] *f* imagery; † colo(u)r print (*trade*); **imaginable** [imaʒi'nabl] imaginable; **imaginaire** [~'nɛ:r] imaginary (*a.* Ⱥ); fictitious; **imaginatif, -ve** [~na'tif, ~'ti:v] imaginative; **imagination** [~na'sjɔ̃] *f* imagination; invention, fancy; **imaginer** [~'ne] (1a) *v/t.* imagine; fancy; suppose; s'~ imagine (o.s.); delude o.s.; suppose, think.

imbécile [ɛ̃be'sil] **1.** *adj.* imbecile, half-witted; *fig.* idiotic; **2.** *su.* imbecile; *fig.* idiot, F fat-head, *Am. sl.* nut; **imbécilité** [~sili'te] *f* imbecility; *fig.* stupidity; ~s *pl.* nonsense *sg.*

imberbe [ɛ̃'bɛrb] beardless; F callow.

imbiber [ɛ̃bi'be] (1a) *v/t.* steep (in, de) (*a. fig.*); soak (up); absorb; F drink; s'~ become absorbed; s'~ de absorb; *fig.* become steeped in.

imbu, e [ɛ̃'by] imbued (with, de); *fig.* steeped (in, de).

imbuvable [ɛ̃by'vabl] undrinkable.

imitable [imi'tabl] imitable; worthy of imitation; **imitateur, -trice** [imita'tœ:r, ~'tris] **1.** *adj.* imitative; **2.** *su.* imitator; **imitatif, -ve** [~'tif, ~'ti:v] imitative; **imitation** [~'sjɔ̃] *f* imitation; *money:* counterfeiting; *signature:* forgery; à l'~ de in imitation of; **imiter** [imi'te] (1a) *v/t.* imitate; copy.

immaculé, e [immaky'le] immaculate; unstained.

immanent, e *phls.* [imma'nɑ̃, ~'nɑ̃:t] immanent.

immangeable [ɛ̃mɑ̃'ʒabl] uneat-{able).}

immanquable [ɛ̃mɑ̃'kabl] infallible, inevitable; which cannot be missed (*target etc.*).

immatériel, -elle [immate'rjɛl] immaterial; † intangible.

immatriculation [immatrikyla'sjɔ̃] *f* registration; *univ. etc.* enrolment, matriculation; **immatricule** *mot. etc.* [~'kyl] *f* registration-number.

immaturité [immatyri'te] *f* immaturity.

immédiat, e [imme'dja, ~'djat] immediate; urgent; ⚗ proximate (*analysis*).

immémorial, e, m/pl. -aux [immemɔ'rjal, ~'rjo] immemorial.

immense [im'mɑ̃:s] immense, huge, vast; *sl.* terrific (= *wonderful*); **immensité** [~mɑ̃si'te] *f* immensity; vastness.

immerger [immɛr'ʒe] (1l) *v/t.* immerse.

immérité, e [immeri'te] unmerited, undeserved.

immersion [immɛr'sjɔ̃] *f* immersion; ⚓ *submarine:* submergence; *astr.* occultation.

immeuble [im'mœbl] **1.** *adj.* ⚖ real; **2.** *su./m* ⚖ real estate, realty; † building, house.

immigrant, e [immi'grɑ̃, ~'grɑ̃:t] *adj., a. su.* immigrant; **immigration** [~gra'sjɔ̃] *f* immigration; **immigré** *m, e f* [~'gre] immigrant; **immigrer** [~'gre] (1a) *v/i.* immigrate.

imminence [immi'nɑ̃:s] *f* imminence; **imminent, e** [~'nɑ̃, ~'nɑ̃:t] imminent, impending.

immiscer [immi'se] (1k) *v/t.* involve (in, *dans*); s'~ *dans* interfere with.

immixtion [immik'sjɔ̃] *f* interference; ᵗᵗ *succession*: assumption (of, *dans*).

immobile [immɔ'bil] motionless, unmoving; *fig.* steadfast, unshaken; **immobilier, -ère** ᵗᵗ [immɔbi'lje, ~'ljɛ:r] real; estate (*agency, agent*); **immobiliser** [~li'ze] (1a) *v/t.* immobilize; fix in position; ✝ tie up (*capital*); ᵗᵗ convert (*personalty*) into realty; **immobilisme** [~'lism] *m* ultra-conservatism; **immobilité** [~li'te] *f* immobility; ⚔ garder l'~ stand at attention.

immodéré, e [immɔde're] immoderate, excessive.

immodeste [immɔ'dɛst] immodest; shameless.

immoler [immɔ'le] (1a) *v/t.* sacrifice, immolate.

immonde [im'mɔ̃:d] filthy, foul; unclean (*animal, eccl. spirit*); **immondices** [~mɔ̃'dis] *f/pl.* rubbish *sg.*, refuse *sg.*, dirt *sg.*

immoral, e [immɔ'ral, ~'ro] immoral; **immoralité** [~rali'te] *f* immorality; immoral act.

immortaliser [immɔrtali'ze] (1a) *v/t.* immortalize; **immortalité** [~tali'te] *f* immortality; **immortel, -elle** [~'tɛl] **1.** *adj.* immortal; everlasting, imperishable; **2.** *su./f* ♀ everlasting flower; *su./m:* ♂s *pl.* immortals, F members of the *Académie française.* [vated.⟩

immotivé, e [immɔti've] unmoti-⟩

immuable [im'mɥabl] unalterable; unchanging.

immuniser ⚕ [immyni'ze] (1a) *v/t.* immunize; **immunité** [~'te] *f* immunity (from, *contre*); *admin.* exemption from tax.

immuno-dépresseur ⚕ [immynɔdeprɛ'sœ:r] *m* immuno-suppressive drug.

immu(t)abilité [immɥabili'te, ~mytabili'te] *f* immutability, fixity.

impair, e [ɛ̃'pɛ:r] **1.** *adj.* ♀ odd; *anat.* unpaired (*organ*), single (*bone*); 🐎 down (*line*); **2.** *su./m* F bloomer, blunder. [intangible.⟩

impalpable [ɛ̃pal'pabl] impalpable,⟩

impardonnable [ɛ̃pardɔ'nabl] unpardonable; unforgivable.

imparfait, e [ɛ̃par'fɛ, ~'fɛt] **1.** *adj.* imperfect; unfinished; **2.** *su./m gramm.* imperfect (tense).

imparité [ɛ̃pari'te] *f* inequality; ♀ oddness.

impartial, e *m/pl.* **-aux** [ɛ̃par'sjal, ~'sjo] impartial, unprejudiced, unbiassed.

impasse [ɛ̃'pɑ:s] *f* impasse (*a. fig.*); blind alley; *fig.* deadlock; *faire une ~ cards:* finesse.

impassibilité [ɛ̃pasibili'te] *f* impassiveness, impassibility; **impassible** [~'sibl] impassive, unmoved; unimpressionable.

impatience [ɛ̃pa'sjɑ̃:s] *f* impatience; eagerness; **impatient, e** [~'sjɑ̃, ~'sjɑ̃:t] impatient; eager (to *inf.*, de *inf.*); **impatienter** [~sjɑ̃'te] (1a) *v/t.* irritate, provoke; s'~ lose patience; grow impatient.

impayable [ɛ̃pɛ'jabl] invaluable; priceless (*a. fig.* = *very amusing*); F *fig.* screamingly funny; **impayé, e** ✝ [~'je] unpaid (*debt*); dishono(u)red (*bill*).

impeccable [ɛ̃pɛ'kabl] impeccable; infallible. [ance.⟩

impédance ⚡ [ɛ̃pe'dɑ̃:s] *f* imped-⟩

impénétrable [ɛ̃pene'trabl] impenetrable (by, *à*); impervious (to, *à*); *fig.* inscrutable; close (*secret*).

impénitence [ɛ̃peni'tɑ̃:s] *f* impenitence; **impénitent, e** [~'tɑ̃, ~'tɑ̃:t] impenitent, unrepentant.

impenses ᵗᵗ [ɛ̃'pɑ̃:s] *f/pl.* upkeep *sg.*

impératif, -ve [ɛ̃pera'tif, ~'ti:v] *adj., a. su./m* imperative.

impératrice [ɛ̃pera'tris] *f* empress.

imperceptible [ɛ̃pɛrsɛp'tibl] imperceptible, undiscernible.

imperfection [ɛ̃pɛrfɛk'sjɔ̃] *f* imperfection; incompleteness; defect, flaw, fault; faultiness.

impérial, e *m/pl.* **-aux** [ɛ̃pe'rjal, ~'rjo] **1.** *adj.* imperial; **2.** *su./f* top; *bus, tram:* top-deck, outside; *beard:* imperial; **impérialisme** [~rja'lism] *m* imperialism; **impérieux, -euse** [~'rjø, ~'rjø:z] imperious; domineering; peremptory; urgent, pressing. [able, undying.⟩

impérissable [ɛ̃peri'sabl] imperish-⟩

imperméable [ɛ̃pɛrme'abl] **1.** *adj.* impermeable; watertight, waterproof; impervious (to, *à*); **2.** *su./m* rain-coat; waterproof.

impersonnel, -elle [ɛ̃pɛrsɔ'nɛl] impersonal.

impertinence

impertinence [ɛ̃pɛrti'nɑ̃:s] *f* impertinence; rudeness, cheek; ⚖ irrelevance; **impertinent, e** [~'nɑ̃, ~'nɑ̃:t] **1.** *adj.* impertinent; cheeky, pert; ⚖ irrelevant; **2.** *su./m* impertinent fellow; *su./f* saucy girl.
imperturbable [ɛ̃pɛrtyr'babl] unruffled; imperturbable, phlegmatic.
impétrer ⚖ [ɛ̃pe'tre] (1f) *v/t.* impetrate.
impétueux, -euse [ɛ̃pe'tɥø, ~'tɥø:z] impetuous; hot-headed, precipitate, impulsive; **impétuosité** [~tɥozi'te] *f* impetuosity; impulsiveness.
impitoyable [ɛ̃pitwa'jabl] pitiless (to[wards] *à, envers*); merciless; relentless.
implacable [ɛ̃pla'kabl] implacable, unrelenting (towards *à, à l'égard de, pour*).
implanter [ɛ̃plɑ̃'te] (1a) *v/t.* plant, *fig.* implant; ⚘ graft; *s'~* take root.
implication [ɛ̃plika'sjɔ̃] *f* ⚖ implication; *phls.* contradiction; **implicite** [~'sit] implicit; implied, tacit; **impliquer** [~'ke] (1m) *v/t.* involve; imply. [beseech.]
implorer [ɛ̃plɔ're] (1a) *v/t.* implore,
impoli, e [ɛ̃pɔ'li] impolite, discourteous; rude (to *envers, avec*); **impolitesse** [~li'tɛs] *f* impoliteness, discourtesy; rudeness.
impolitique [ɛ̃pɔli'tik] ill-advised.
impondérable [ɛ̃pɔ̃de'rabl] *adj., a. su./m* imponderable.
impopulaire [ɛ̃pɔpy'lɛ:r] unpopular; **impopularité** [~lari'te] *f* unpopularity.
importance [ɛ̃pɔr'tɑ̃:s] *f* importance; size, extent; **important, e** [~'tɑ̃, ~'tɑ̃:t] **1.** *adj.* important; considerable; weighty; *fig. pej.* self-important, F bumptious; **2.** *su.:* F *faire l'~* give o.s. airs; *su./m* main thing, essential point.
importateur, -trice ✝ [ɛ̃pɔrta'tœ:r, ~'tris] **1.** *su.* importer; **2.** *adj.* importing; **importation** ✝ [~'sjɔ̃] *f* importation; *~s pl. goods:* imports.
importer[1] [ɛ̃pɔr'te] (1a) *v/t.* ✝ import; *fig.* introduce.
importer[2] [~] (1a) *v/i.* matter; be important; *n'importe!* it doesn't matter!; never mind!; *n'importe quoi* no matter what, anything; *qu'importe?* what does it matter?
importun, e [ɛ̃pɔr'tœ̃, ~'tyn] **1.** *adj.* importunate; tiresome; unwelcome; untimely (*request*); **2.** *su. person:* nuisance; bore; **importunément** [ɛ̃pɔrtyne'mɑ̃] *adv. of importun* 1; **importuner**[~'ne](1a)*v/t.* importune; pester (with, *de*); inconvenience, disturb; dun (*a debtor*); **importunité** [~ni'te] *f* importunity.
imposable [ɛ̃po'zabl] taxable; **imposant, e** [~'zɑ̃, ~'zɑ̃:t] (1a) imposing; commanding; **imposer** [~'ze] (1a) *v/t. eccl.* lay on (*hands*); give (*a name*); prescribe, impose; force (*an opinion, one's viewpoint*) (upon, *à*); *admin.* tax, rate; *~ du respect à q.* fill s.o. with respect; *~ silence à q.* enjoin silence on s.o.; *s'~* assert o.s., command attention; force o.s. (upon, *à*); be essential; *v/i.:* en *~ à q.* fill s.o. with respect *or* awe; deceive s.o.; **imposition** [~zi'sjɔ̃] *f eccl.* laying on (*of hands*); *name:* giving; *rules, task:* prescribing; taxation; rating.
impossibilité [ɛ̃pɔsibili'te] *f* impossibility (*a. = impossible thing*); **impossible** [~'sibl] impossible; F fantastic.
imposteur [ɛ̃pɔs'tœ:r] *m* impostor; F sham; **imposture** [~'ty:r] *f* imposture; deception.
impôt [ɛ̃'po] *m* tax, duty; taxation.
impotence [ɛ̃pɔ'tɑ̃:s] *f* impotence; helplessness; **impotent, e** [~'tɑ̃, ~'tɑ̃:t] **1.** *adj.* impotent; crippled, helpless; **2.** *su.* cripple, invalid.
impraticable [ɛ̃prati'kabl] impracticable; impassable (*road*); *sp.* unplayable (*tennis court etc.*).
imprécation [ɛ̃preka'sjɔ̃] *f* curse.
imprécis, e [ɛ̃pre'si, ~'si:z] vague; unprecise.
imprégner [ɛ̃pre'ne] (1f) *v/t.* impregnate (*a. fig.*) (with, *de*).
imprenable ⚔ [ɛ̃prə'nabl] impregnable.
imprescriptible ⚖ [ɛ̃preskrip'tibl] indefeasible.
impression [ɛ̃prɛ'sjɔ̃] *f fig., a. book, seal:* impression; *tex., typ. book:* printing; *wind:* pressure; *footsteps:* imprint; *coins:* stamping; (*colour-*)print; *paint.* priming; *envoyer à l'~* send to press; **impressionnable** [ɛ̃prɛsjɔ'nabl] impressionable; **impressionnant, e** [~'nɑ̃, ~'nɑ̃:t] impressive; moving (*sight, voice*); stirring (*news*); **impressionner**

inadvertance

[~'ne] (1a) *v/t.* impress, affect, move; make an impression on; **impressionnisme** *♪ etc.*[~'nism] *m* impressionism; **impressionniste** *♪ etc.* [~'nist] *su.* impressionist.

imprévisible [ɛ̃previ'zibl] unforeseeable, unpredictable; **imprévision** [~'zjɔ̃] *f* lack of foresight.

imprévoyance [ɛ̃prevwa'jɑ̃:s] *f* lack of foresight; improvidence; **imprévu, e** [~'vy] unforeseen, unexpected.

imprimé [ɛ̃pri'me] *m* printed paper or book; ~s *pl. post:* printed matter *sg.*; **imprimer** [~'me] (1a) *v/t. typ., tex.* print; impress (*a seal*); communicate, impart (*a movement*); *paint.* prime; **imprimerie** [ɛ̃prim'ri] *f* printing; printing-house; printing-press; **imprimeur** [ɛ̃pri'mœ:r] *m* printer; **imprimeuse** [~'mø:z] *f* (small) printing-machine.

improbable [ɛ̃prɔ'babl] improbable; **improbant, e** [~'bɑ̃, ~'bɑ̃:t] unconvincing; **improbateur, -trice** [~ba'tœ:r, ~'tris] disapproving; **improbation** [~ba'sjɔ̃] *f* strong disapproval.

improbité [ɛ̃prɔbi'te] *f* dishonesty.

improductif, -ve [ɛ̃prɔdyk'tif, ~'ti:v] unproductive; ✝ idle (*assets, money*).

impromptu [ɛ̃prɔ̃p'ty] **1.** *adj./inv.* in gender unpremeditated; extempore (*speech*); impromptu, scratch (*meal*); **2.** *adv.* without preparation, *sl.* off the cuff; **3.** *su./m ♪* impromptu.

impropre [ɛ̃'prɔpr] wrong; unfit, unsuitable (for, *à*); **impropriété** [ɛ̃prɔprie'te] *f* impropriety; incorrectness.

improuvable [ɛ̃pru'vabl] unprovable.

improviser [ɛ̃prɔvi'ze] (1a) *vt/i.* improvise; *v/i.* speak extempore; F ad-lib; **improviste** [~'vist] *adv.: à l'*~ unexpectedly, by surprise; without warning.

imprudence [ɛ̃pry'dɑ̃:s] *f* imprudence; rashness; imprudent act; **imprudent, e** [~'dɑ̃, ~'dɑ̃:t] imprudent, rash; unwise.

impudence [ɛ̃py'dɑ̃:s] *f* impudence; effrontery; impudent act; **impudent, e** [~'dɑ̃, ~'dɑ̃:t] **1.** *adj.* impudent; **2.** *su.* impudent person; **impudeur** [~'dœ:r] *f* shamelessness; lewdness; effrontery; **impudicité** [~disi'te] *f* unchastity; indecency; **impudique** [~'dik] unchaste; indecent.

impuissance [ɛ̃pɥi'sɑ̃:s] *f* powerlessness, helplessness; impotence (*a.* ⚥); *dans l'*~ *de* (*inf.*) powerless to (*inf.*); **impuissant, e** [~'sɑ̃, ~'sɑ̃:t] powerless, helpless; vain (*effort*); ⚥ impotent.

impulsif, -ve [ɛ̃pyl'sif, ~'si:v] impulsive; **impulsion** [~'sjɔ̃] *f* ⚡, ⊕, *a. fig.* impulse; F stimulus; *fig.* prompting; *force f d'*~ impulsive force.

impunément [ɛ̃pyne'mɑ̃] *adv.* with impunity; *fig.* harmlessly; **impuni, e** [~'ni] unpunished; **impunité** [~ni'te] *f* impunity.

impur, e [ɛ̃'py:r] impure, tainted; unclean; **impureté** [ɛ̃pyr'te] *f* impurity, unchastity.

imputable [ɛ̃py'tabl] imputable, ascribable (to, *à*); ✝ chargeable (to, *sur*); **imputer** [~'te] (1a) *v/t.* impute, ascribe; ✝ assign (*a sum*); ✝ ~ *sur* deduct from.

imputrescible [ɛ̃pytrɛ'sibl] incorruptible; rot-proof.

inabordable [inabɔr'dabl] unapproachable, inaccessible; prohibitive (*price*). [ceptable.\
inacceptable [inaksɛp'tabl] unac-⌋
inaccessible [inaksɛ'sibl] inaccessible; impervious (to, *à*) (*flattery, light, rain*).

inaccompli, e [inakɔ̃'pli] unaccomplished, unfulfilled.

inaccordable [inakɔr'dabl] ungrantable (*favour*); incompatible, irreconcilable.

inaccostable [inakɔs'tabl] unapproachable (*person*).

inaccoutumé, e [inakuty'me] unaccustomed (to, *à*); unusual.

inachevé, e [inaʃ've] incomplete, unfinished.

inactif, -ve [inak'tif, ~'ti:v] inactive; idle (*a.* ✝ *capital*); ✝ dull (*market*); 🜛 inert; **inaction** [~'sjɔ̃] *f* inaction, idleness; ✝ dullness; **inactivité** [~tivi'te] *f* inactivity; ✝ dullness; 🜛 inertness.

inadmissible [inadmi'sibl] inadmissible.

inadvertance [inadvɛr'tɑ̃:s] *f* inadvertence, oversight; *par* ~ inadvertently.

inaliénable

inaliénable [inalje'nabl] inalienable.
inaltérable [inalte'rabl] unchanging, unvarying; which does not deteriorate.
inamovible [inamɔ'vibl] irremovable; for life (*post*); built in (*furniture etc.*); *agencements m/pl.* ~s fixtures.
inanimé, e [inani'me] inanimate, lifeless; unconscious.
inanité [inani'te] *f* futility; inane remark.
inanition [inani'sjɔ̃] *f* starvation.
inappréciable [inapre'sjabl] inappreciable (*quantity*); *fig.* invaluable.
inapte [i'napt] unfit (for, *à*); unsuited (to, *à*); **inaptitude** [inapti'tyd] *f* inaptitude; unfitness (for, *à*).
inassouvi, e [inasu'vi] unappeased (*hunger*); unslaked, unquenched (*thirst*); *fig.* unsatisfied.
inattendu, e [inatã'dy] unexpected.
inattentif, -ve [inatã'tif, ~'ti:v] inattentive (to, *à*); heedless (of, *à*).
inaugurer [inogy're] (1a) *v/t.* inaugurate, open; unveil (*a monument*); *fig.* usher in (*an epoch*).
inavoué, e [ina'vwe] unacknowledged.
incalculable [ɛ̃kalky'labl] countless, incalculable.
incandescence [ɛ̃kɑ̃dɛ'sɑ̃:s] *f* incandescence, glow; *⚡ lampe f à* ~ glow-lamp.
incapable [ɛ̃ka'pabl] incapable (of *ger.*, *de inf.*); unfit (to *inf.*, *de inf.*); **incapacité** [~pasi'te] *f* incapacity (*a.* ⚖); unfitness; incompetency.
incarcération [ɛ̃karsera'sjɔ̃] *f* incarceration, imprisonment; **incarcérer** [~'re] (1f) *v/t.* incarcerate, imprison.
incarnadin, e [ɛ̃karna'dɛ̃, ~'din] incarnadine, flesh-pink; **incarnat, e** [~'na, ~'nat] **1.** *adj.* flesh-colo(u)red, rosy; **2.** *su./m* pink; rosiness; *fig.* bloom; **incarnation** [~na'sjɔ̃] *f* incarnation; *fig.* personification; ⚕ *nail:* ingrowing; **incarné, e** [~'ne] incarnate; *fig.* personified; ⚕ ingrowing (*nail*); **incarner** [~'ne] (1a) *v/t.* incarnate; *fig.* personify; ⚕ *s'~* grow in (*nail*).
incartade [ɛ̃kar'tad] *f* prank; freak; (*verbal*) outburst.
incassable [ɛ̃ka'sabl] unbreakable.
incendiaire [ɛ̃sɑ̃'djɛ:r] **1.** *adj.* incendiary (*bomb*); *fig.* inflammatory; **2.** *su.* incendiary; fire-brand; **incendie** [~'di] *m* fire; ⚖ ~ *volontaire* arson; **incendié m, e f** [~'dje] person rendered homeless by fire; **incendier** [~'dje] (1o) *v/t.* set (*s.th.*) on fire, burn (*s.th.*) down.
incertain, e [ɛ̃sɛr'tɛ̃, ~'tɛn] uncertain, doubtful; unreliable; undecided (about, *de*) (*person*); unsettled (*weather*); **incertitude** [~ti'tyd] *f* uncertainty, doubt; *result:* inaccuracy; *fig.* indecision; unsettled state (*of the weather*).
incessamment [ɛ̃sɛsa'mɑ̃] *adv.* incessantly; at any moment; without delay, at once; **incessant, e** [~'sɑ̃, ~'sɑ̃:t] ceaseless, unceasing, incessant.
inceste [ɛ̃'sɛst] **1.** *adj.* incestuous; **2.** *su./m* incest; *su.* see *incestueux* 2; **incestueux, -euse** [ɛ̃sɛs'tɥø, ~'tɥø:z] **1.** *adj.* incestuous; **2.** *su.* incestuous person.
incidemment [ɛ̃sida'mɑ̃] *adv.* of *incident 1*; **incidence** [~'dɑ̃:s] *f* incidence; **incident, e** [~'dɑ̃, ~'dɑ̃:t] **1.** *adj.* incidental; *opt.* incident; **2.** *su./m* incident; occurrence; ⚖ point of law; *fig.* difficulty, hitch; ~ *technique* technical hitch; **incidentel, -elle** [~dɑ̃'tɛl] incidental.
incinération [ɛ̃sinera'sjɔ̃] *f* incineration; cremation; **incinérer** [~'re] (1f) *v/t.* incinerate; cremate.
inciser [ɛ̃si'ze] (1a) *v/t.* make an incision in; ⚕ lance (*an abscess*); **incisif, -ve** [~'zif, ~'zi:v] **1.** *adj.* incisive, cutting; *dent f* ~ve = **2.** *su./m* tooth: incisor; **incision** [~'zjɔ̃] *f* incision; ⚕ *abscess:* lancing.
inciter [ɛ̃si'te] (1a) *v/t.* incite, instigate, urge (on).
incivil, e [ɛ̃si'vil] uncivil, rude; **incivilité** [~vili'te] *f* incivility, rudeness; rude remark.
inclinaison [ɛ̃kline'zɔ̃] *f* incline, slope; ⚓ *ship:* list; ~ *magnétique* magnetic dip; **inclination** [~na'sjɔ̃] *f* inclination (*a. fig.*); *body:* bending; *head:* nod; *fig.* bent; **incliner** [~'ne] (1a) *v/t.* incline (*a. fig.*), slope; bend; nod (*one's head*); *s'~* slant; bow; *fig.* yield (to, *devant*); ⚓ *heel*; ⚓ *bank*; *v/i.* incline (*a. fig.*); lean; ⚓ list.
inclus, e [ɛ̃'kly, ~'kly:z] **1.** *adj.* en-

closed; *la lettre ci-~e* enclosed letter; **inclusif, -ve** [ɛ̃kly'zif, ~'ziːv] inclusive.
incognito [ɛ̃kɔɲi'to] *adv., a. su./m* incognito.
incohérent, e [ɛkɔe'rɑ̃, ~'rɑ̃ːt] incoherent (*a. phys.*), rambling.
incolore [ɛ̃kɔ'lɔːr] colo(u)rless (*a. fig.*); *fig.* insipid.
incomber [ɛ̃kɔ̃'be] (1a) *v/i.*: ~ *à* be incumbent upon; devolve upon.
incombustible [ɛ̃kɔ̃bys'tibl] incombustible, fireproof.
incommensurable [ɛ̃kɔmɑ̃sy'rabl] Ⱥ incommensurable; irrational (*root*); incommensurate; *fig.* enormous, huge.
incommode [ɛ̃kɔ'mɔd] inconvenient; uncomfortable; troublesome; unwieldy (*object*); **incommodément** [ɛ̃kɔmɔde'mɑ̃] *adv.* inconveniently, uncomfortably; **incommoder** [~'de] (1a) *v/t.* inconvenience, hinder; disturb, trouble; *food etc.*: disagree with (*s.o.*); **incommodité** [~di'te] *f* inconvenience; discomfort; awkwardness.
incomparable [ɛ̃kɔ̃pa'rabl] incomparable, unrivalled.
incompatible [ɛ̃kɔ̃pa'tibl] incompatible.
incomplet, -ète [ɛ̃kɔ̃'plɛ, ~'plɛt] incomplete, unfinished.
incompréhensible [ɛ̃kɔ̃preɑ̃'sibl] incomprehensible; **incompréhensif, -ve** [~'sif, ~'siːv] uncomprehending.
incompris, e [ɛ̃kɔ̃'pri, ~'priːz] misunderstood; unappreciated.
inconcevable [ɛ̃kɔ̃sə'vabl] unimaginable, unthinkable.
inconciliable [ɛ̃kɔ̃si'ljabl] irreconcilable.
inconduite [ɛ̃kɔ̃'dɥit] *f* misbehavio(u)r; loose living; ⚖ misconduct.
incongelable [ɛ̃kɔ̃ʒ'labl] unfreezable; non-freezing.
incongru, e [ɛ̃kɔ̃'gry] incongruous; improper, unseemly; **incongruité** [~grɥi'te] *f* incongruity; unseemliness; **incongrûment** [~gry'mɑ̃] *adv.* of *incongru*.
inconnu, e [ɛ̃kɔ'ny] **1.** *adj.* unknown (*to à, de*); **2.** *su.* unknown, stranger; *su./f* Ⱥ unknown (quantity).
inconscience [ɛ̃kɔ̃'sjɑ̃ːs] *f* unconsciousness; ignorance (of, *de*); **inconscient, e** [~'sjɑ̃, ~'sjɑ̃ːt] **1.** *adj.* unconscious; **2.** *su.* unconscious person; *su./m psych.* the unconscious.
inconséquence [ɛ̃kɔ̃se'kɑ̃ːs] *f* inconsequence, inconsistency; *fig.* indiscretion.
inconsidéré, e [ɛ̃kɔ̃side're] inconsiderate (*person*); rash, ill-considered.
inconsistant, e [ɛ̃kɔ̃sis'tɑ̃, ~'tɑ̃ːt] unsubstantial; loose (*ground*); soft (*mud*); *fig.* inconsistent.
inconsolable [ɛ̃kɔ̃sɔ'labl] unconsolable; disconsolate (*person*).
inconstance [ɛ̃kɔ̃s'tɑ̃ːs] *f* inconstancy, fickleness; changeableness (of *weather*); *biol.* variability; **inconstant, e** [~'tɑ̃, ~'tɑ̃ːt] inconstant, fickle; changeable (*weather*); *biol.* variable.
inconstitutionnel, -elle [ɛ̃kɔ̃stitysjɔ'nɛl] unconstitutional.
incontestable [ɛ̃kɔ̃tɛs'tabl] indisputable, unquestionable, beyond (all) question; **incontesté, e** [~'te] undisputed.
incontinence [ɛ̃kɔ̃ti'nɑ̃ːs] *f* incontinence (*a.* ⚕); **incontinent, e** [~'nɑ̃, ~'nɑ̃ːt] **1.** *adj.* incontinent; unchaste; **2.** *incontinent adv.* at once.
inconvenance [ɛ̃kɔ̃v'nɑ̃ːs] *f* unsuitableness; impropriety; indecency.
inconvénient [ɛ̃kɔ̃ve'njɑ̃] *m* disadvantage, drawback; inconvenience; *fig.* objection.
inconvertible [ɛ̃kɔ̃vɛr'tibl] inconvertible (*a.* ✝); **inconvertissable** [~ti'sabl] *fig.* incorrigible; past praying for; ✝ inconvertible.
incorporation [ɛ̃kɔrpɔra'sjɔ̃] *f* incorporation; ⚔ enrolment; **incorporel, -elle** [~'rɛl] incorporeal; ⚖ intangible (*property*); **incorporer** [~'re] (1a) *v/t.* incorporate; mix (with *à, avec, dans*); ⚔ draft (*men*).
incorrect, e [ɛ̃kɔ'rɛkt] incorrect; wrong; inaccurate; indecorous; **incorrection** [~rɛk'sjɔ̃] *f* incorrectness; error; wrong act; indecorousness.
incorrigible [ɛ̃kɔri'ʒibl] incorrigible; *fig.* F hopeless.
incorruptible [ɛ̃kɔryp'tibl] incorruptible.
incrédibilité [ɛ̃kredibili'te] *f* in-

incrédule 260

credibility; **incrédule** [~'dyl] **1.** *adj.* incredulous; sceptical (about, of *à l'égard de*); *eccl.* unbelieving; **2.** *su. eccl.* unbeliever; **incrédulité** [~dyli'te] *f* incredulity; *eccl.* unbelief.

incrimination [ɛ̃krimina'sjɔ̃] *f* (in-)crimination; indictment; charge; **incriminer** [~'ne] (1a) *v/t.* accuse, charge; *fig.* impeach (*s.o.'s conduct*).

incroyable [ɛ̃krwa'jabl] **1.** *adj.* incredible; **2.** *su./m hist.* beau; **incroyance** [~'jɑ̃:s] *f* unbelief; **incroyant, e** [~'jɑ̃, ~'jɑ̃:t] **1.** *adj.* unbelieving; **2.** *su.* unbeliever.

incrustation [ɛ̃krysta'sjɔ̃] *f* incrustation; ⊕ inlaid work; ⊕ *boiler*: fur(ring); **incruster** [~'te] (1a) *v/t.* incrust; ⊕ inlay (with, *de*); ⚠ line; form a crust on; *fig.* s'~ become ingrained (*in the mind*); outstay one's welcome.

incubateur [ɛ̃kyba'tœ:r] *m* incubator; **incubation** [~'sjɔ̃] *f eggs, a.* 🐝: incubation; *hens:* sitting.

incube [ɛ̃'kyb] *m* incubus, nightmare. [indict.]

inculper [ɛ̃kyl'pe] (1a) *v/t.* charge,⏎

inculquer [ɛ̃kyl'ke] (1m) *v/t.* inculcate, instil (into, *à*).

inculte [ɛ̃'kylt] uncultivated, wild; waste (*land*); *fig.* rough; *fig.* unkempt (*hair*).

incunable [ɛ̃ky'nabl] *m* early printed book; ~s *pl.* incunabula.

incurable [ɛ̃ky'rabl] *adj., a. su.* incurable; **incurie** [~'ri] *f* carelessness, negligence.

incursion [ɛ̃kyr'sjɔ̃] *f* inroad, foray, raid; *fig.* excursion (into, *dans*).

indébrouillable [ɛ̃debru'jabl] impossible to disentangle; *fig.* inextricable.

indécence [ɛ̃de'sɑ̃:s] *f* indecency; **indécent, e** [~'sɑ̃, ~'sɑ̃:t] indecent; improper.

indéchiffrable [ɛ̃deʃi'frabl] undecipherable; *fig.* illegible; *fig.* unintelligible.

indécis, e [ɛ̃de'si, ~'si:z] undecided; irresolute; blurred, vague (*outline etc.*); indecisive (*battle, victory*); **indécision** [~si'zjɔ̃] *f* indecision; uncertainty.

indéfini, e [ɛ̃defi'ni] indefinite; undefined; **indéfinissable** [~ni'sabl] indefinable; nondescript.

indéfrisable [ɛ̃defri'zabl] *f* permanent wave.

indélébile [ɛ̃dele'bil] indelible; kiss-proof (*lipstick*).

indélibéré, e [ɛ̃delibe're] unconsidered.

indélicat, e [ɛ̃deli'ka, ~'kat] indelicate, coarse; tactless (*act*); dishonest.

indémaillable [ɛ̃dema'jabl] ladder-proof, non-run (*stocking*).

indemne [ɛ̃'dɛmn] undamaged; uninjured; without loss; free (from, *de*); **indemnisation** [ɛ̃dɛmniza'sjɔ̃] *f* indemnification; **indemniser** [~'ze] (1a) *v/t.* indemnify, compensate (for, *de*); **indemnité** [~'te] *f* indemnity; compensation; allowance; ~ *journalière* daily allowance.

indéniable [ɛ̃de'njabl] undeniable.

indépendamment [ɛ̃depɑ̃da'mɑ̃] *adv.* of *indépendant*; **indépendance** [~'dɑ̃:s] *f* independence (of *de, à l'égard de*); **indépendant, e** [~'dɑ̃, ~'dɑ̃:t] independent (of, *de*); free (from, *de*); self-contained (*flat etc.*). [ineradicable.⏎

indéracinable *fig.* [ɛ̃derasi'nabl]⏎

indéréglable [ɛ̃dere'glabl] foolproof (*machine etc.*).

indescriptible [ɛ̃dɛskrip'tibl] indescribable (F *a. fig.*).

indestructible [ɛ̃dɛstryk'tibl] indestructible.

indéterminé, e [ɛ̃detɛrmi'ne] undetermined; indeterminate (⚠, *a. fig.*).

index [ɛ̃'dɛks] *m* forefinger; *book:* index; pointer; *eccl.* the Index; *fig.* black list; *mettre à l'*~ black-list.

indicateur, -trice [ɛ̃dika'tœ:r, ~'tris] **1.** *adj.* indicatory; ~ *de* indicating (*s.th.*); **2.** *su./m* ⊕ indicator, ga(u)ge, pointer; 🚂 guide, time-table; directory (*of streets etc.*); informer, police spy; ~ *de pression* pressure-ga(u)ge; *mot.* ~ *de vitesse* speedometer; **indicatif, -ve** [~'tif, ~'ti:v] **1.** *adj.* indicative; **2.** *su./m radio etc.*: station-signal; signature-tune; 📻 call sign; *gramm.* indicative; **indication** [~'sjɔ̃] *f* indication; information; sign, token; mark; 📑 declaration; ~s *pl.* 🐝 *etc.* instructions; ⊕ particulars; *thea.* ~s *pl.* scéniques stage-directions.

indice [ɛ̃'dis] *m* indication; *opt., ⚓* index; ⚓ landmark.

indicible [ɛ̃di'sibl] unspeakable; unutterable; *fig.* indescribable.

indien, -enne [ɛ̃'djɛ̃, ~'djɛn] **1.** adj. Indian; **2.** su. ♀ Indian; su./f tex. printed calico; tex. chintz.
indifférence [ɛ̃dife'rɑ̃:s] f indifference, apathy (towards, pour); **indifférent, e** [~'rɑ̃, ~'rɑ̃:t] indifferent (a. ♎︎) (to, à); unaffected (by, à); unconcerned; ♎︎ neutral (salt etc.); unimportant. [fig.)\
indigence [ɛ̃di'ʒɑ̃:s] f poverty (a.\
indigène [ɛ̃di'ʒɛn] **1.** adj. indigenous (to, à); native; ✝ home-grown; **2.** su. native.
indigent, e [ɛ̃di'ʒɑ̃, ~'ʒɑ̃:t] **1.** adj. poor, needy; **2.** su. pauper; su./m: les ~s pl. the poor.
indigeste [ɛ̃di'ʒɛst] indigestible; stodgy (a. fig.); **indigestion** ⚕ [~ʒɛs'tjɔ̃] f indigestion; F fig. avoir une ~ de be fed up with.
indignation [ɛ̃diɲa'sjɔ̃] f indignation.
indigne [ɛ̃'diɲ] unworthy (of, de; to inf., de inf.).
indigner [ɛ̃di'ɲe] (1a) v/t. make (s.o.) indignant; s'~ be indignant (with, at contre, de).
indignité [ɛ̃diɲi'te] f unworthiness; vileness; indignity; ⚖ disqualification.
indigo [ɛ̃di'go] m indigo; **indigotier** [~go'tje] m ♧ indigo plant; ⊕ indigo manufacturer or worker.
indiquer [ɛ̃di'ke] (1m) v/t. indicate; point out; recommend; fig. show; fix.
indirect, e [ɛ̃di'rɛkt] indirect; pej. underhand; ⚖ circumstantial; ✦ éclairage m ~ concealed lighting.
indiscret, -ète [ɛ̃dis'krɛ, ~'krɛt] indiscreet; tactless; fig. prying (look).
indiscutable [ɛ̃disky'tabl] indisputable, unquestionable.
indispensable [ɛ̃dispɑ̃'sabl] **1.** adj. indispensable (to, for à); essential; unavoidable; **2.** su./m the necessary.
indisponible [ɛ̃dispɔ'nibl] unavailable; ⚖ inalienable.
indisposé, e [ɛ̃dispo'ze] unwell, indisposed; ill-disposed (towards, contre); **indisposer** [~'ze] (1a) v/t. make (s.o.) unwell; fig. ~ q. contre make s.o. hostile to; **indisposition** [~zi'sjɔ̃] f indisposition; upset.
indisputable [ɛ̃dispy'tabl] unquestionable.
indissoluble [ɛ̃disɔ'lybl] ♎︎ insoluble; fig. indissoluble.

indistinct, e [ɛ̃dis'tɛ̃(:kt), ~'tɛ̃:kt] indistinct; faint; dim, hazy.
individu [ɛ̃divi'dy] m individual (a. pej.); **individualiser** [~dɥali'ze] (1a) v/t. particularize; individualize; **individualiste** [~dɥa'list] **1.** adj. individualistic; **2.** su. individualist; **invididualité** [~dɥali'te] f individuality; **individuel, -elle** [~'dɥɛl] individual, personal; private; separate.
indivis, e ⚖ [ɛ̃di'vi, ~'vi:z] joint; par ~ jointly; **indivisible** [~vi'zibl] indivisible; ⚖ joint.
indocile [ɛ̃dɔ'sil] unmanageable, intractable; **indocilité** [~sili'te] f intractability.
indolence [ɛ̃dɔ'lɑ̃:s] f ⚕, a. fig. indolence; sloth; **indolent, e** [~'lɑ̃, ~'lɑ̃:t] **1.** ⚕, a. fig. indolent; fig. apathetic; fig. sluggish; **2.** su. idler.
indolore ⚕ [ɛ̃dɔ'lɔ:r] painless.
indomptable [ɛ̃dɔ̃'tabl] unconquerable; fig. indomitable; uncontrollable.
indu, e [ɛ̃'dy] undue (haste); unseasonable (hour, remark); ⚖ not due.
indubitable [ɛ̃dybi'tabl] unquestionable, undeniable.
inductance ✦ [ɛ̃dyk'tɑ̃:s] f inductance; **inducteur, -trice** ✦ [~'tœ:r, ~'tris] **1.** adj. inducing (current); inductive (capacity); **2.** su./m inductor; field-magnet; **induction** ✦, phls. [~'sjɔ̃] f induction.
induire [ɛ̃'dɥi:r] (4h) v/t. induce; lead (into, à); phls. infer; **induit** ✦ [ɛ̃'dɥi] **1.** adj./m induced; **2.** su./m induced circuit; armature.
indulgence [ɛ̃dyl'ʒɑ̃:s] f indulgence (a. eccl.); forbearance; **indulgent, e** [~'ʒɑ̃, ~'ʒɑ̃:t] adj.: ~ pour indulgent to, lenient with.
indûment [ɛ̃dy'mɑ̃] adv. unduly; improperly.
industrialiser [ɛ̃dystriali'ze] (1a) v/t. industrialize; **industrie** [~'tri] f industry (⊕, a. fig.), trade, manufacture; fig. activity; fig. skill, ingenuity; ~-clef key-industry; ~ minière mining industry; vivre d' ~ live by one's wits; **industriel, -elle** [~tri'ɛl] **1.** adj. industrial; **2.** su./m manufacturer; industrialist; **industrieux, -euse** [~tri'ø, ~'ø:z] industrious, busy; skil(l)ful.
inébranlable [inebrɑ̃'labl] unshakable.

inédit, e [ineˈdi, ˌˈdit] unpublished; F new; original.
ineffable [ineˈfabl] ineffable, beyond expression.
inefficace [inefiˈkas] ineffective; unavailing; **inefficacité** [ˌkasiˈte] f inefficacy; ineffectiveness.
inégal, e, m/pl. **-aux** [ineˈɡal, ˌˈɡo] unequal; irregular (*pulse etc.*); uneven (*ground, temper*); changeable (*moods, wind*); **inégalité** [ˌɡaliˈte] f inequality (a. ⚔); irregularity; unevenness.
inéligible [ineliˈʒibl] ineligible.
inéluctable [inelykˈtabl] inescapable.
inemployé, e [inãplwaˈje] unemployed; not made use of.
inepte [iˈnɛpt] inept, fatuous, stupid; **ineptie** [inɛpˈsi] f ineptitude; stupidity, ineptness.
inépuisable [inepɥiˈzabl] inexhaustible.
inerte [iˈnɛrt] inert (*mass, a.* ⚔); inactive (⚔, *a. mind*); *fig.* sluggish; *fig.* passive (*resistance*); **inertie** [inɛrˈsi] f *phys. etc.*, *a. fig.* inertia; *fig.* listlessness; *fig.* passive resistance; *force f d'*~ inertia, vis inertiae.
inespéré, e [inɛspeˈre] unhoped-for, unexpected.
inestimable [inɛstiˈmabl] invaluable; without price.
inévitable [ineviˈtabl] inevitable; unavoidable.
inexact, e [inɛɡˈzakt] inexact; inaccurate; unpunctual; **inexactitude** [ˌzaktiˈtyd] f inexactitude; inaccuracy; unpunctuality.
inexcusable [inɛkskyˈzabl] inexcusable.
inexigible [inɛɡziˈʒibl] ⚖ inexigible; ✝ not due.
inexorable [inɛɡzɔˈrabl] inexorable, unrelenting.
inexpérience [inɛkspeˈrjãːs] f lack of experience; **inexpérimenté, e** [ˌrimãˈte] unskilled (*worker*); untested, untried; inexperienced (*person*).
inexplicable [inɛkspliˈkabl] inexplicable.
inexploré, e [inɛksplɔˈre] unexplored.
inexprimable [inɛkspriˈmabl] inexpressible; unspeakable (*pleasure etc.*).

inexpugnable [inɛkspyɡˈnabl] impregnable.
inextinguible [inɛkstɛ̃ˈɡɥibl] inextinguishable (*fire*); unquenchable; *fig.* uncontrollable.
inextirpable [inɛkstirˈpabl] ineradicable.
inextricable [inɛkstriˈkabl] inextricable.
infaillible [ɛ̃faˈjibl] infallible.
infaisable [ɛ̃fəˈzabl] unfeasible; impracticable.
infamant, e [ɛ̃faˈmã, ˌˈmãːt] defamatory; ignominious; **infâme** [ɛ̃ˈfɑːm] infamous; vile (*deed, quarter, slum*); foul (*behaviour, deed*); **infamie** [ɛ̃faˈmi] f infamy, dishono(u)r; vile deed *or* thing; *~s pl.* abuse *sg.*, infamous accusations.
infant [ɛ̃ˈfã] m infante; **infante** [ɛ̃ˈfãːt] f infanta; **infanterie** [ɛ̃fãˈtri] f infantry; **infanticide** [ˌtiˈsid] **1.** *adj.* infanticidal; **2.** *su. person*: infanticide; *su./m crime*: infanticide; **infantile** [ˌˈtil] infantile (*disease, mortality*); *fig.* childish.
infatigable [ɛ̃fatiˈɡabl] indefatigable, untiring.
infatuer [ɛ̃faˈtɥe] (1n) *v/t.* infatuate; *s'~ de* become infatuated with.
infécond [ɛ̃feˈkɔ̃, ˌˈkɔ̃ːd] barren; *fig.* unfruitful.
infect, e [ɛ̃ˈfɛkt] stinking; noisome (*smell*); filthy (*book, a. fig.* fig. weather); **infecter** [ɛ̃fɛkˈte] (1a) *v/t.* infect; pollute; stink of; **infection** [ˌˈsjɔ̃] f infection; stench.
inférer [ɛ̃feˈre] (1f) *v/t.* infer (from, de).
inférieur, e [ɛ̃feˈrjœːr] **1.** *adj.* inferior; lower; ~ *à* below; **2.** *su.* inferior; subordinate; **infériorité** [ˌrjɔriˈte] f inferiority; difference; *complexe m d'~* inferiority complex.
infernal, e, m/pl. **-aux** [ɛ̃fɛrˈnal, ˌˈno] infernal (*a. fig.*); *fig.* devilish; 🜚 *pierre f ~e* lunar caustic.
infertile [ɛ̃fɛrˈtil] infertile, barren.
infestation [ɛ̃fɛstaˈsjɔ̃] f infestation; **infester** [ˌˈte] (1a) *v/t.* infest (with, de) (*a. fig.*).
infidèle [ɛ̃fiˈdɛl] **1.** *adj.* unfaithful; inaccurate; infidel; unbelieving; **2.** *su.* unbeliever; infidel; **infidélité** [ˌdeliˈte] f infidelity (to, envers); unfaithfulness; inaccuracy; unbelief.
infiltration [ɛ̃filtraˈsjɔ̃] f infiltration

(*a.* ⚡); ⊕ leakage; seepage; **infiltrer** [~'tre] (1a) *v/t.*: *s'*~ infiltrate (*a.* ⚔, *a.* ⚡), filter in, soak in (*a. fig.*).

infime [ɛ̃'fim] lowly; lowest, least; F minute, tiny.

infini, e [ɛ̃fi'ni] **1.** *adj.* infinite; endless; **2.** *su./m* infinity; *the* infinite; **infiniment** [~ni'mɑ̃] *adv.* infinitely; F extremely; **infinité** [~ni'te] *f* ⚘ *etc.* infinity; *fig.* host.

infirme [ɛ̃'firm] **1.** *adj.* infirm; disabled, crippled; *fig.* weak; **2.** *su.* invalid; cripple; **infirmer** [ɛ̃fir'me] (1a) *v/t. fig.* weaken; disprove; ⚖ quash; **infirmerie** [~mə'ri] *f* infirmary; sick-room; ⚓ sick-bay; **infirmier** [~'mje] *m* (hospital-)attendant; male nurse; ⚔ medical orderly; ambulance man; **infirmière** [~mjɛːr] *f* nurse; **infirmité** [~mi'te] *f* infirmity; disability; *fig.* weakness.

inflammable [ɛ̃fla'mabl] inflammable; easily set on fire (*a. fig.*); **inflammation** [~ma'sjɔ̃] *f* inflammation (*a.* ⚡); ignition; **inflammatoire** [~ma'twaːr] inflammatory.

inflation ✝ *etc.* [ɛ̃fla'sjɔ̃] inflation.

infléchir [ɛ̃fle'ʃiːr] (2a) *v/t.* bend, inflect.

inflexible [ɛ̃flɛk'sibl] inflexible; **inflexion** [~'sjɔ̃] *f* inflection, inflexion (*a.* ⚘, *opt., gramm.*); *voice*: modulation; *body*: bow.

infliger [ɛ̃fli'ʒe] (11) *v/t.* inflict.

inflorescence ⚘ [ɛ̃flɔrɛ'sɑ̃ːs] *f* inflorescence.

influence [ɛ̃fly'ɑ̃ːs] *f* influence; **influencer** [~ɑ̃'se] (1k) *v/t.* influence; **influent, e** [~'ɑ̃, ~'ɑ̃ːt] influential; **influer** [~'e] (1a) *v/i.*: ~ sur influence. [*inv.* folio.\
in-folio *typ.* [ɛ̃fɔ'ljo] *m/inv.*, *a. adj./f*)

information [ɛ̃fɔrma'sjɔ̃] *f* information; inquiry; ~s *pl. radio*: news (-bulletin) *sg.*; newscast *sg.*

informe [ɛ̃'fɔrm] unformed; shapeless, unshapely; ⚖ irregular, informal.

informer [ɛ̃fɔr'me] (1a) *v/t.* inform, notify; *s'*~ inquire (about, *de*; of, from *auprès de*); *v/i.*: ⚖ ~ *contre* inform against; ~ *de*, ~ *sur* investigate, inquire into.

infortune [ɛ̃fɔr'tyn] *f* misfortune; adversity; **infortuné, e** [~ty'ne] unfortunate, unlucky.

infraction [ɛ̃frak'sjɔ̃] *f* infraction; *right, treaty, etc.*: infringement; ⚖ offence; *duty, peace*: breach (of, *à*).

infranchissable [ɛ̃frɑ̃ʃi'sabl] impassable; *fig.* insuperable (*difficulty*).

infrarouge [ɛ̃fra'ruːʒ] infra-red.

infrastructure [ɛ̃frastryk'tyːr] *f* ✈ ground organization; ⚙ substructure; *roadway*: bed.

infroissabilité *tex.* [ɛ̃frwasabili'te] *f* crease-resistance; **infroissable** *tex.* [~'sabl] uncreasable.

infructueux, -euse [ɛ̃fryk'tɥø, ~'tɥøːz] unfruitful, barren; *fig.* unavailing, fruitless.

infus, e [ɛ̃'fy, ~'fyːz] *fig.* innate, intuitive; *avoir la science* ~*e* know things by intuition; **infuser** [ɛ̃fy'ze] (1a) *v/t.* infuse (*a. fig. life*); steep (*herbs*); *s'*~ infuse; draw (*tea*); **infusible** [~'zibl] non-fusible; **infusion** [~'zjɔ̃] *f* infusion; **infusoires** [~'zwaːr] *m/pl.* infusoria.

ingambe [ɛ̃'gɑ̃ːb] active, nimble.

ingénier [ɛ̃ʒe'nje] (1o) *v/t.*: *s'*~ *à* tax one's ingenuity to, F go all out to; **ingénieur** [~'njœːr] *m* engineer; ~ *de l'État* Government civil engineer; ~ *du son radio*: sound engineer, *Am.* sound man; ~ *mécanicien* mechanical engineer; **ingénieux, -euse** [~'njø, ~'njøːz] ingenious; clever; **ingéniosité** [~njozi'te] *f* ingenuity; cleverness.

ingénu, e [ɛ̃ʒe'ny] **1.** *adj.* ingenuous, artless, unsophisticated; **2.** *su.* artless person; *su./f thea.* ingénue; **ingénuité** [~nɥi'te] *f* artlessness, ingenuousness.

ingérence [ɛ̃ʒe'rɑ̃ːs] *f* interference; **ingérer** [~'re] (1f) *v/t.* ingest; F consume (*a meal*); *s'*~ *de* (*or dans*) interfere in.

ingrat, e [ɛ̃'gra, ~'grat] ungrateful (to[wards], *envers*; for, *à*); thankless (*task*); unpleasant (*work*); unpromising; ⚘, *fig.* unproductive; *âge m* ~ awkward age; **ingratitude** [ɛ̃grati'tyd] *f* ingratitude; thanklessness; ⚘, *fig.* unproductiveness.

ingrédient [ɛ̃gre'djɑ̃] *m* ingredient.

inguérissable [ɛ̃geri'sabl] incurable.

ingurgiter [ɛ̃gyrʒi'te] (1a) *v/t.* ⚡ ingurgitate; F swallow.

inhabile [ina'bil] unskilful, inexpert; ⚖ incompetent; **inhabileté**

inhabilité

[~bil'te] *f* lack of skill (in, *à*); clumsiness; **inhabilité** ⚖ [~bili'te] *f* incapacity, disability; incompetency.

inhabitable [inabi'tabl] uninhabitable; **inhabité, e** [~'te] uninhabited (*house*).

inhalateur ⚕ [inala'tœ:r] *m* inhaler; (*oxygen-*)breathing apparatus; **inhaler** ⚕ [~'le] (1a) *v/t.* inhale.

inhérence [ine'rã:s] *f* inherence (in, *à*); **inhérent, e** [~'rã, ~'rã:t] inherent (in, *à*); intrinsic.

inhiber [ini'be] (1a) *v/t. physiol., psych.* inhibit; ⚖ prohibit; **inhibition** [~bi'sjõ] *f* ⚖ prohibition; *physiol., psych.* inhibition.

inhospitalier, -ère [inɔspita'lje, ~-'ljɛ:r] inhospitable.

inhumain, e [iny'mɛ̃, ~'mɛn] inhuman; cruel.

inhumer [iny'me] (1a) *v/t.* bury, inter.

inimaginable [inimaʒi'nabl] unimaginable.

inimitable [inimi'tabl] inimitable.

inimitié [inimi'tje] *f* hostility (*a. fig.*); enmity.

ininflammable [inɛ̃fla'mabl] noninflammable, uninflammable.

inintelligence [inɛ̃tɛli'ʒã:s] *f* lack of intelligence; **inintelligent, e** [~'ʒã, ~'ʒã:t] unintelligent; obtuse; **inintelligible** [~'ʒibl] unintelligible.

inique [i'nik] iniquitous; **iniquité** [iniki'te] *f* iniquity (*a. eccl., a. fig.*).

initial, e, *m/pl.* **-aux** [ini'sjal, ~'sjo] *adj., a. su./f* initial; **initiateur, -trice** [inisja'tœ:r, ~'tris] **1.** *adj.* initiatory; initiation...; **2.** *su.* initiator; originator; **initiative** [~sja'ti:v] *f* initiative; ~ *privée* private enterprise; **initier** [~'sje] (1o) *v/t.* initiate (*a. fig.*).

injecter [ɛ̃ʒɛk'te] (1a) *v/t.* inject (with *de, avec*); impregnate (*wood*); *injecté de sang* bloodshot (*eye*); *s'*~ become bloodshot (*eye*); **injection** [~'sjõ] *f* ⚕, ⊕ injection; *wood:* impregnation.

injonction ⚖ [ɛ̃ʒõk'sjõ] *f* injunction; order.

injure [ɛ̃'ʒy:r] *f* insult; ravages *pl.* (*of time*); wrong, injury, ⚖ tort; ~*s pl.* abuse *sg.*; **injurier** [ɛ̃ʒy'rje] (1o) *v/t.* insult, abuse; call (*s.o.*) names; **injurieux, -euse** [~'rjø, ~'rjø:z] insulting, abusive (towards, *pour*); ⚖ tortious.

injuste [ɛ̃'ʒyst] **1.** *adj.* unjust, unfair (to, *envers*); unrighteous (*person*); **2.** *su./m* wrong; **injustice** [ɛ̃ʒys'tis] *f* injustice, unfairness; **injustifiable** [~ti'fjabl] unwarrantable, unjustifiable.

inlassable [ɛ̃la'sabl] tireless; *fig.* untiring.

inné, e [in'ne] innate.

innocemment [inɔsa'mã] *adv. of innocent* **1**; **innocence** [~'sã:s] *f* innocence; **innocent, e** [~'sã, ~'sã:t] **1.** *adj.* innocent; simple, artless; **2.** *su.* simple *or* artless person; **innocenter** [~sã'te] (1a) *v/t.* clear (*s.o.*) (of, *de*); justify.

innocuité [innɔkɥi'te] *f* harmlessness.

innombrable [innõ'brabl] innumerable, countless.

innovation [innɔva'sjõ] *f* innovation.

inoccupé, e [inɔky'pe] unoccupied; vacant; unemployed; idle (*person*).

in-octavo *typ.* [inɔkta'vo] *m/inv., a. adj./inv.* octavo.

inoculer [inɔky'le] (1a) *v/t.* ⚕, *a. fig.* inoculate, infect (s.o. with s.th., *qch. à q.*).

inodore [inɔ'dɔ:r] odo(u)rless; ♀ scentless.

inoffensif, -ve [inɔfã'sif, ~'si:v] inoffensive; harmless.

inondation [inõda'sjõ] *f* inundation; flood; *fig.* deluge; **inonder** [~'de] (1a) *v/t.* inundate; flood (*a.* ✝); *fig.* deluge (with, *de*); F soak.

inopérant, e ⚖ [inɔpe'rã, ~'rã:t] inoperative.

inopiné, e [inɔpi'ne] unforeseen, sudden.

inopportun, e [inɔpɔr'tœ̃, ~'tyn] inopportune; untimely; **inopportunément** [~tyne'mã] *adv. of* inopportun.

inoubliable [inubli'abl] unforgettable.

inouï, e [i'nwi] unheard of; extraordinary.

inoxydable [inɔksi'dabl] rust-proof; rustless; stainless (*steel*).

inqualifiable [ɛ̃kali'fjabl] beyond words; *fig.* indescribable; *fig.* scandalous.

in-quarto *typ.* [ɛ̃kwar'to] *m/inv., a. adj./inv.* quarto.

inquiet, -ète [ɛ̃'kjɛ, ~'kjɛt] restless; uneasy; anxious; **inquiétant, e** [ɛ̃kje'tɑ̃, ~'tɑ̃:t] alarming, disturbing; *fig.* disquieting; **inquiéter** [~'te] (1f) *v/t.* alarm, disturb; make (*s.o.*) uneasy; s'~ worry (about, *de*); **inquiétude** [~'tyd] *f* disquiet; uneasiness, anxiety; restlessness.
insaisissable [ɛ̃sezi'sabl] unseizable; elusive; imperceptible (*difference, sound, etc.*); ♟ not attachable.
insalissable [ɛ̃sali'sabl] dirt-proof.
insalubre [ɛ̃sa'lybr] unhealthy; insanitary; **insalubrité** [~lybri'te] *f* unhealthiness; insanitary condition.
insanité [ɛ̃sani'te] *f* insanity; *fig.* nonsense.
insatiable [ɛ̃sa'sjabl] insatiable.
insciemment [ɛ̃sja'mɑ̃] *adv.* unconsciously.
inscription [ɛ̃skrip'sjɔ̃] *f* inscription; registration, enrolment; *univ.* matriculation; ✝ scrip; ⚓ ~ *maritime* seaboard conscription; **inscrire** [~'kri:r] (4q) *v/t.* inscribe, write down; register; enroll; s'~ register.
inscrutable [ɛ̃skry'tabl] inscrutable.
insecte [ɛ̃'sɛkt] *m* insect, *Am.* F bug; **insecticide** [~sɛkti'sid] **1.** *adj.* insecticidal; *poudre f* ~ insect-powder; **2.** *su./m* insecticide; **insectivore** *zo.* [~'vɔ:r] **1.** *su./m* insectivore; **2.** *adj.* insectivorous.
insensé, e [ɛ̃sɑ̃'se] **1.** *adj.* mad (*a. fig.*); *fig.* senseless; *fig.* crazy (*idea, plan*); **2.** *su./m* madman; *su./f* madwoman.
insensibilisation ✱ [ɛ̃sɑ̃sibiliza'sjɔ̃] *f* an(a)esthetization; **insensibiliser** ✱ [~'ze] (1a) *v/t.* an(a)esthetize; **insensibilité** [~'te] *f* insensibility (*a. fig.*); insensitiveness; callousness, indifference; **insensible** [ɛ̃sɑ̃'sibl] insensible; insensitive; indifferent; imperceptible (*difference*).
inséparable [ɛ̃sepa'rabl] **1.** *adj.* inseparable; **2.** *su.* inseparable companion; *su./m: orn.* ~s *pl.* love-birds.
insérer [ɛ̃se're] (1f) *v/t.* insert; **insertion** [ɛ̃sɛr'sjɔ̃] *f* insertion.
insidieux, -euse [ɛ̃si'djø, ~'djø:z] insidious (*a.* ✱ *disease*); crafty (*person*).
insigne¹ [ɛ̃'siɲ] distinguished (by, for *par*); signal (*favour*); *pej.* notorious; glaring.
insigne² [~] *m* ✕, *sp., etc.* badge;

~s *pl.* insignia; ~s *pl. de la royauté* royal insignia.
insignifiant, e [ɛ̃siɲi'fjɑ̃, ~'fjɑ̃:t] insignificant; vacuous (*face*).
insinuer [ɛ̃si'nɥe] (1n) *v/t.* insinuate (*a. fig.*); ✗ insert (*a probe etc.*); s'~ insinuate o.s.; worm one's way (into, *dans*).
insipide [ɛ̃si'pid] insipid; tasteless (*food*); *fig.* dull, uninteresting; **insipidité** [~pidi'te] *f food*: tastelessness, lack of taste; *fig.* insipidity, dullness; tameness.
insistance [ɛ̃sis'tɑ̃:s] *f* insistence (on *ger., à inf.*); *avec* ~ insistently; **insister** [~'te] (1a) *v/i.* insist (on *ger. à, pour inf.*); ~ *sur* stress; persist in.
insociable [ɛ̃sɔ'sjabl] unsociable.
insolation [ɛ̃sɔla'sjɔ̃] *f* ✱ sunstroke; sun-bathing; *phot.* daylight printing.
insolence [ɛ̃sɔ'lɑ̃:s] *f* insolence; impertinence; impudence; **insolent, e** [~'lɑ̃, ~'lɑ̃:t] insolent, impertinent; overbearing.
insoler [ɛ̃sɔ'le] (1a) *v/t.* expose (*s.th.*) to the sun; *phot.* print by daylight.
insolite [ɛ̃sɔ'lit] unusual.
insoluble [ɛ̃sɔ'lybl] insoluble (*a. fig.*).
insolvable ✝ [ɛ̃sɔl'vabl] insolvent.
insomnie [ɛ̃sɔm'ni] *f* insomnia, sleeplessness.
insondable [ɛ̃sɔ̃'dabl] unsoundable (*sea*); *fig.* unfathomable.
insonorisé, e [ɛ̃sɔnɔri'ze] sound-proof(ed).
insouciance [ɛ̃su'sjɑ̃:s] *f* unconcern; jauntiness; carelessness; **insouciant, e** [~'sjɑ̃, ~'sjɑ̃:t] unconcerned, carefree, jaunty; thoughtless; **insoucieux, -euse** [~'sjø, ~'sjø:z] heedless (of, *de*).
insoumis, e [ɛ̃su'mi, ~'mi:z] **1.** *adj.* unsubdued; unruly, refractory; insubordinate; ✕ absent; **2.** *su./m* ✕ absentee, *Am.* draft dodger.
insoutenable [ɛ̃sut'nabl] untenable, indefensible; unbearable (*pain*).
inspecter [ɛ̃spɛk'te] (1a) *v/t.* ✕ *etc.* inspect; ✝ examine (*accounts*); **inspecteur** [~'tœ:r] *m factory, mines, police, school, sanitary, taxes*: inspector; *works*: overseer; ✝ examiner; shop-walker, *Am.* floor-walker; **inspection** [~'sjɔ̃] *f* inspection; examination; inspectorate; ✕ muster parade.

inspiration [ɛ̃spira'sjɔ̃] *f* inspiration (*a. fig.*); **inspirer** [~'re] (1a) *v/t.* inspire (s.o. with s.th., *qch. à q.*) (*a. fig.*); *fig.* prompt (to *inf.*, de *inf.*).

instabilité [ɛ̃stabili'te] *f* instability (*a. fig.*); **instable** [~'tabl] unstable; *fig.* unreliable.

installation [ɛ̃stala'sjɔ̃] *f* installation; ⚡ putting in; ⊕ equipment; ⊕ plant; ⊕ ~ d'*aérage* ventilation plant; **installer** [~'le] (1a) *v/t.* install; ⊕ *etc.* fit up; furnish (*a house*); *fig.* establish, settle.

instamment [ɛ̃sta'mɑ̃] *adv.* earnestly; urgently.

instance [ɛ̃s'tɑ̃:s] *f* instance (*a.* ⚖); instancy; ⚖ suit; ~s *pl.* entreaties; en ~ de on the point of; **instant, e** [~'tɑ̃, ~'tɑ̃:t] **1.** *adj.* pressing; imminent; **2.** *su./m* moment, instant; à l'~ just now; immediately; **instantané, e** [~tɑ̃ta'ne] **1.** *adj.* instantaneous; sudden (*shock, fright*); **2.** *su./m phot.* snapshot; **instantanéité** [~tɑ̃tanei'te] *f* instantaneousness.

instar [ɛ̃s'ta:r] *m*: à l'~ de after the manner of, like.

instauration [ɛ̃stora'sjɔ̃] *f* founding; establishment; **instaurer** [~'re] (1a) *v/t.* found; establish.

instigateur *m*, **-trice** *f* [ɛ̃stiga'tœ:r, ~'tris] instigator (of, de); inciter (to, de); **instigation** [~'sjɔ̃] *f* instigation.

instiller ⚕ [ɛ̃sti'le] (1a) *v/t.* instil (*a. fig.*), drop (*liquid in the eye*).

instinct [ɛ̃s'tɛ̃] *m* instinct; d'~, par ~ instinctively; **instinctif, -ve** [~tɛ̃k'tif, ~'ti:v] instinctive.

instituer [ɛ̃sti'tɥe] (1n) *v/t.* institute; establish; *admin.*, *a.* ⚖ appoint (*an heir etc.*); **institut** [~'ty] *m* institute; *eccl.* order; *eccl.* rule; **instituteur, -trice** [~ty'tœ:r, ~'tris] *su.* schoolteacher; *su./m* schoolmaster; founder; *su./f* schoolmistress; (*private*) governess; foundress; **institution** [~ty'sjɔ̃] *f* institution.

instructeur [ɛ̃stryk'tœ:r] **1.** *su./m* instructor (*a.* ⚔), teacher; **2.** *adj./m*: ⚖ *juge m* ~ examining magistrate; **instructif, -ve** [~'tif, ~'ti:v] instructive; **instruction** [~'sjɔ̃] *f* instruction; education; ⚔ training (*of troops*); ⚖ preliminary investigation, judicial inquiry; ~s *pl.* instructions, directions; ~ *civique* civics *sg.*; ~ *publique* state education; *avoir de l'*~ be well educated; **instruire** [ɛ̃s'trɥi:r] (4h) *v/t.* inform; educate, teach; ⚔ train (*troops etc.*); ⚔ drill (*troops*); ⚖ investigate; **instruit, e** [ɛ̃s'trɥi, ~'trɥit] educated, learned; ~ *de* aware of.

instrument [ɛ̃stry'mɑ̃] *m* instrument (*a.* ♪, *a.* ⚖), tool (*a. fig.*); ⚖ deed; **instrumenter** [~mɑ̃'te] (1a) *v/t.* ♪ score; *v/i.* ⚖ draw up a document; ~ *contre* order proceedings to be taken against.

insu [ɛ̃'sy] *m*: à l'~ de without the knowledge of, unknown to.

insubmersible [ɛ̃sybmɛr'sibl] unsinkable.

insubordination [ɛ̃sybɔrdina'sjɔ̃] *f* insubordination; **insubordonné, e** [~dɔ'ne] insubordinate.

insuccès [ɛ̃syk'sɛ] *m* failure.

insuffisance [ɛ̃syfi'zɑ̃:s] *f* insufficiency; *fig.* unsatisfactoriness; **insuffisant, e** [~'zɑ̃, ~'zɑ̃:t] insufficient; inadequate; *fig.* incompetent.

insuffler [ɛ̃sy'fle] (1a) *v/t.* inflate (*a balloon etc.*); ⚕ spray (*one's throat*); *fig.* inspire (s.o. with s.th., *qch. à q.*).

insulaire [ɛ̃sy'lɛ:r] **1.** *adj.* insular; **2.** *su.* islander.

insuline ⚕ [ɛ̃sy'lin] *f* insulin.

insulte [ɛ̃'sylt] *f* insult; **insulter** [ɛ̃syl'te] (1a) *v/t.* insult; *v/i.*: ~ à abuse, revile; be an insult to.

insupportable [ɛ̃sypɔr'tabl] unbearable; insufferable (*person*); intolerable; F aggravating.

insurgé, e [ɛ̃syr'ʒe] *adj., a. su.* insurgent, rebel; **insurger** [~] (1l) *v/t.*: s'~ revolt, rebel (against, contre).

insurmontable [ɛ̃syrmɔ̃'tabl] insurmountable, insuperable.

insurrection [ɛ̃syrɛk'sjɔ̃] *f* insurrection, rebellion, rising.

intact, e [ɛ̃'takt] intact; undamaged; untouched; *fig.* unblemished (*reputation*).

intarissable [ɛ̃tari'sabl] inexhaustible; never-failing; long-winded (*talker*).

intégral, e, *m/pl.* **-aux** [ɛ̃te'gral, ~'gro] **1.** *adj.* integral (*a.* ✍), full; **2.** *su./f* ✍ integral; **intégrant, e** [~'grɑ̃, ~'grɑ̃:t] integral (*part etc.*); **intègre** [ɛ̃'tɛgr] upright, honest;

incorruptible; **intégrité** [ɛ̃tegri'te] *f* integrity.
intellect [ɛ̃tɛl'lɛkt] *m* intellect; **intellectuel, -elle** [~lɛk'tɥɛl] *adj., a. su.* intellectual.
intelligence [ɛ̃tɛli'ʒɑ̃:s] *f* understanding, intelligence; (*good or bad*) terms *pl.*; *d'~ avec* in collusion with; **intelligent, e** [~'ʒɑ̃, ~'ʒɑ̃:t] intelligent; clever; **intelligible** [~'ʒibl] intelligible; *fig.* distinct.
intempérance [ɛ̃tɑ̃pe'rɑ̃:s] *f* intemperance; **intempérant, e** [~-'rɑ̃, ~'rɑ̃:t] *f* intemperate; **intempérie** [~'ri] *f weather*: inclemency; ~*s pl.* bad weather *sg.*
intempestif, -ve [ɛ̃tɑ̃pɛs'tif, ~'ti:v] untimely, unseasonable.
intendance [ɛ̃tɑ̃'dɑ̃:s] *f* intendance; stewardship; ⚔ Commissariat; ⚔ *Service de l'*♀ (*approx.*) Royal Army Service Corps; **intendant** [~'dɑ̃] *m* intendant; steward; ⚔ Commissariat officer; ⚓ paymaster; *school*: bursar.
intense [ɛ̃'tɑ̃:s] intense; severe (*cold, pain*); powerful; deep (*colour*); ≠ strong (*current*); heavy (*flow*); high (*fever*); bitter (*cold*); **intensité** [ɛ̃tɑ̃si'te] *f* intensity; severity; strength; *light*: brilliance; *colour*: depth, richness; *cold*: bitterness; *wind*: force.
intenter ⚖ [ɛ̃tɑ̃'te] (1a) *v/t.* bring (*an action*); institute (*proceedings*).
intention [ɛ̃tɑ̃'sjɔ̃] *f* intention (*a.* ⚖); purpose; wish, will; *à ton ~* for you; **intentionné, e** [~sjɔ'ne] ...-disposed, ...-intentioned; **intentionnel, -elle** [~sjɔ'nɛl] intentional, wilful.
inter... [ɛ̃tɛr] inter...; ~**allié, e** *pol.* [~a'lje] interallied; ~**calaire** [~ka'lɛ:r] intercalated; intercalary (*day etc.*); ~**caler** [~ka'le] (1a) *v/t.* intercalate; insert; ≠ cut in; ~**céder** [~se'de] (1f) *v/t.* intercede (on s.o.'s behalf, *pour q.*; with s.o., *auprès de q.*) ~**cepter** [~sɛp'te] (1a) *v/t.* intercept; ⊕ shut off (*steam*); ~**ception** [~sɛp'sjɔ̃] *f* interception; ⊕ *steam*: shutting off; ~**cesseur** [~sɛ'sœ:r] *m* intercessor; ~**cession** [~sɛ'sjɔ̃] *f* intercession; ~**changeable** [~ʃɑ̃'ʒabl] interchangeable; ~**continental, e** *m/pl.* **-aux** [~kɔ̃tinɑ̃'tal, ~'to] intercontinental (*a.* ⚔ *missile*); ~**dépen-**

intermittent

dance [~depɑ̃'dɑ̃:s] *f* interdependence; ~**diction** [~dik'sjɔ̃] *f* interdiction; ~**dire** [~'di:r] (4p) *v/t.* prohibit, forbid; *fig.* bewilder, dumbfound; *eccl.* (lay under an) interdict; *admin.* suspend; ~**dit, e** [~'di, ~'dit] **1.** *adj.* forbidden; bewildered; **2.** *su./m eccl.* interdict.
intéressé, e [ɛ̃terɛ'se] **1.** *adj.* interested; selfish; **2.** *su.* interested party; **intéresser** [~rɛ'se] (1b) *v/t.* interest; concern; *s'~* take an interest (in, *à*); **intérêt** [~'rɛ] *m* interest (*a.* ✝); advantage; *par ~* out of selfishness; *sans ~* uninteresting.
interférence *phys.* [ɛ̃tɛrfe'rɑ̃:s] *f* interference (*a. radio*).
interfolier [ɛ̃tɛrfɔ'lje] (1o) *v/t.* interleave (*a book*).
intérieur, e [ɛ̃te'rjœ:r] **1.** *adj.* interior, inner; inward; *geog., a.* ⚓ inland ...; *admin., pol.* domestic, home ...; **2.** *su./m* interior, inside; home; *sp.* inside; *d'~* domestic; domesticated (*person*).
intérim [ɛ̃te'rim] *m/inv.* interim; *par ~ adj.* interim; *adv.* temporarily; **intérimaire** [~ri'mɛ:r] **1.** *adj.* temporary, acting; **2.** *su.* locum tenens; deputy.
inter...: ~**jection** [ɛ̃tɛrʒɛk'sjɔ̃] *f* interjection; ⚖ *~ d'appel* lodging of an appeal; ~**jeter** [~ʒə'te] (1c) *v/t.* ⚖ *~ appel* appeal; ~**ligne** [~'liɲ] *su./m* space (between two lines); *su./f typ.* lead; ~**ligner** [~li-'ɲe] (1a) *v/t.* interline; *typ.* lead out; ~**linéaire** [~line'ɛ:r] interlinear; ~**locuteur** *m*, **-trice** *f* [~lɔky'tœ:r, ~'tris] interlocutor; *conversation*: speaker; questioner; ~**lope** [~'lɔp] **1.** *adj.* ✝ illegal, dishonest; *fig.* shady, dubious; **2.** *su./m* smuggler; blockade-runner; ~**loquer** *fig.* [~lɔ'ke] (1m) *v/t.* disconcert, nonplus; ~**mède** [~'mɛd] *m* medium; *thea.* interlude; ~**médiaire** [~me'djɛ:r] **1.** *adj.* intermediate; ✝ middleman's ...; ⊕ *arbre m ~* countershaft; **2.** *su./m* intermediary, go-between; medium; ✝ middleman; agent; *par l'~ de* through the medium of.
interminable [ɛ̃tɛrmi'nabl] never-ending, interminable.
intermittence [ɛ̃tɛrmi'tɑ̃:s] *f* intermittence; *par ~* intermittently; **intermittent, e** [~'tɑ̃, ~'tɑ̃:t] inter-

internat 268

mittent (*a.* ⚡ *fever*); ⚡ irregular (*pulse*); ⚡ make-and-break (*current*).
internat [ɛ̃tɛr'na] *m* living-in; boarding-school; ⚡ post of assistant house-physician *or* house-surgeon, *Am.* internship; *coll.* boarders *pl.*
international, e, *m/pl.* **-aux** [ɛ̃tɛrnasjɔ'nal, ~'no] **1.** *adj.* international; **2.** *su. sp.* international; *su./f* International (Working Men's Association); *song*: Internationale.
interne [ɛ̃'tɛrn] **1.** *adj.* internal; inner; municipal (*law*); ⚕ interior (*angle*); resident; **2.** *su.* *school*: boarder; ⚡ resident medical student in a hospital; **internement** [ɛ̃tɛrnə'mɑ̃] *m admin.* internment; *lunatic*: confinement; **interner** [~'ne] (1a) *v/t. admin.* intern; shut up, confine (*a lunatic*).
inter...: **~pellateur** *m*, **-trice** *f* [ɛ̃tɛrpɛla'tœ:r, ~'tris] interpellator; **~pellation** [~pɛla'sjɔ̃] *f* peremptory question(ing); interruption; ✕ challenge; *parl.* interpellation; **~peller** [~pɛ'le] (1a) *v/t.* interpellate; ✕ *etc.* challenge; ⚖ *etc.* call upon (*s.o.*) to answer; **~planétaire** [~plane'tɛ:r] interplanetary; **~polateur** *m*, **-trice** *f* [~pɔla'tœ:r, ~'tris] interpolator; **~polation** [~pɔla'sjɔ̃] *f* interpolation; **~poler** [~pɔ'le] (1a) *v/t.* interpolate; **~poser** [~po'ze] (1a) *v/t.* interpose; ⚖ *personne f interposée* intermediary; third party fraudulently hold out as a principal; *s'~* interpose or place o.s. (between, *entre*); **~position** [~pozi'sjɔ̃] *f* interposition; *fig.* intervention; ⚖ *~ de personnes* fraudulent holding out of a third party as principal; **~prétation** [~preta'sjɔ̃] *f* interpreting; interpretation (*a. thea.*, ♪, *etc.*); explanation; **~prète** [~'prɛt] *su.* interpreter; *fig.* exponent; **~préter** [~pre'te] (1f) *v/t.* interpret; expound; read (*a signal*); *mal ~* misconstrue; **~professionnel, -elle** [~prɔfɛsjɔ'nɛl] (*salaries*) in comparable professions; **~rogateur, -trice** [ɛ̃tɛrɔga'tœ:r, ~'tris] **1.** *adj.* interrogative; questioning; **2.** *su.* questioner; interrogator; *school*: examiner; **~rogatif, -ive** *gramm.* [~rɔga'tif, ~'ti:v] *adj.*, *a. su./m* interrogative; **~rogation** [~rɔga'sjɔ̃] *f* interrogation; question; questioning; *point m d'~*

question-mark; **~rogatoire** [~rɔga'twa:r] *m* ⚖ interrogatory, examination (*of an accused*); ✕ questioning; **~roger** [~rɔ'ʒe] (1l) *v/t.* interrogate, question; examine; *fig.* consult; **~rompre** [~'rɔ̃:pr] (4a) *v/t.* interrupt; break (*a journey, a.* ⚡); suspend, stop, cut short; ⊕ shut off (*steam*); **~rupteur, -trice** [~ryp'tœ:r, ~'tris] **1.** *adj.* interrupting; **2.** *su.* interruptor; *su./m* ⚡ switch, circuitbreaker; **~ruption** [~ryp'sjɔ̃] *f* interruption; stopping; *communications*: severing; *work*: stopping; ⚡ *current*: breaking; ⊕ *steam*: shutting off; *sans ~* without a break; **~section** [~sɛk'sjɔ̃] *f* ⚕ *etc.* intersection; *track, road*: crossing; **~stice** [ɛ̃tɛrs'tis] *m* interstice; chink; **~urbain, e** [ɛ̃tɛryr'bɛ̃, ~'bɛn] interurban; *teleph.* trunk(-*call, -line, etc.*); **~valle** [~'val] *m* interval (*a.* ♪); space, gap; *time*: period; ⚡ clearance; *dans l'~* in the meantime; *par ~s* off and on, at intervals; **~venir** [~və'ni:r] (2h) *v/i.* intervene, interfere; *fig.* occur, happen; **~vention** [~vɑ̃'sjɔ̃] *f* intervention (*a.* ⚖); interference; ✕ operation; ⚡ *~ chirurgicale* surgical intervention; **~vertir** [~vɛr'ti:r] (2a) *v/t.* invert (*an order, a.* ⚡); **~view** [~'vju] *f* interview(ing); **~viewer 1.** (1a) *v/t.* [~vju've] interview; **2.** *su./m* [~vju'vœ:r] interviewer.
intestin, e [ɛ̃tɛs'tɛ̃, ~'tin] **1.** *adj.* internal; civil (*war*); **2.** *su./m anat.* intestine, bowel, gut; *~ grêle* small intestine; *gros ~* large intestine; **intestinal, e**, *m/pl.* **-aux** [~ti'nal, ~'no] intestinal.
intimation [ɛ̃tima'sjɔ̃] *f* intimation; *admin.* notice; ⚖ notice of appeal; **intime** [ɛ̃'tim] intimate, close; inner; private; **intimer** [ɛ̃ti'me] (1a) *v/t.* intimate; notify; ⚖ summons (*s.o.*) to appear before the Court of Appeal.
intimider [ɛ̃timi'de] (1a) *v/t.* intimidate; frighten; threaten; F bully.
intimité [ɛ̃timi'te] *f* intimacy, closeness; *fig.* depths *pl.*; *dans l'~* privately.
intitulé [ɛ̃tity'le] *m book etc.*: title; *chapter*: heading; *deed*: premises *pl.*; **intituler** [~] (1a) *v/t.* entitle, call.

intolérable [ɛ̃tɔle'rabl] intolerable, unbearable; **intolérance** [~'rã:s] *f* intolerance; **intolérant, e** [~'rã, ~'rã:t] intolerant.

intonation [ɛ̃tɔna'sjɔ̃] *f speech*: intonation; *voice*: modulation, pitch.

intoxication ⚕ [ɛ̃tɔksika'sjɔ̃] *f* poisoning; ~ *alimentaire* food poisoning; **intoxiquer** ⚕ [~'ke] (1m) *v/t.* poison.

intraitable [ɛ̃trɛ'tabl] unmanageable; obstinate, inflexible; ⚕ beyond treatment.

intransigeant, e [ɛ̃trãzi'ʒã, ~'ʒã:t] 1. *adj.* uncompromising; peremptory (*tone*); *pol.* intransigent; 2. *su. pol.* die-hard.

intransitif, -ve *gramm.* [ɛ̃trãzi'tif, ~'ti:v] intransitive.

intrépide [ɛ̃tre'pid] intrepid, fearless; *pej.* brazen; **intrépidité** [~pidi'te] *f* intrepidity, fearlessness.

intrigant, e [ɛ̃tri'gã, ~'gã:t] 1. *adj.* scheming; 2. *su.* intriguer, schemer; **intrigue** [ɛ̃'trig] *f* intrigue; machination; plot (*a. thea., novel, etc.*); love-affair; **intriguer** [ɛ̃tri'ge] (1m) *v/i.* plot, intrigue; *v/t.* puzzle, intrigue (*s.o.*).

intrinsèque [ɛ̃trɛ̃'sɛk] intrinsic, specific (*value*).

introducteur *m*, **-trice** *f* [ɛ̃trɔdyk-'tœ:r, ~'tris] introducer; **introduction** [~dyk'sjɔ̃] *f* introduction; ushering in; ⊕ *steam*: admission; *book*: preface; **introduire** [~'dɥi:r] (4h) *v/t.* introduce; usher in, show in; ⊕ admit (*steam*); s'~ get in, enter.

introniser [ɛ̃trɔni'ze] (1a) *v/t.* enthrone; *fig.* establish (*a fashion*); s'~ establish o.s.; become established (*fashion*).

introuvable [ɛ̃tru'vabl] undiscoverable.

intrus, e [ɛ̃'try, ~'try:z] 1. *adj.* intruding; 2. *su.* intruder; ⚖ trespasser; F *reception etc.*: gate-crasher; **intrusion** [ɛ̃try'zjɔ̃] *f* intrusion.

intuitif, -ve [ɛ̃tɥi'tif, ~'ti:v] intuitive; **intuition** [~'sjɔ̃] *f* intuition, insight.

inusable [iny'zabl] everlasting; proof against wear.

inusité, e [inyzi'te] unusual; not in use (*word*).

inutile [iny'til] useless; superfluous; **inutilisable** [inytili'zabl] unserviceable, unemployable (*person*); worthless; **inutilisé, e** [~'ze] unused; **inutilité** [~'te] *f* uselessness; futility; useless thing.

invalide [ɛ̃va'lid] 1. *adj.* invalid (*a.* ⚖), infirm; ✕ disabled; rickety (*chair etc.*); 2. *su.* invalid; *su./m* disabled soldier, pensioner; **invalider** [ɛ̃vali'de] (1a) *v/t.* ⚖ invalidate; quash (*elections*); *pol.* unseat (*a member of Parliament etc.*); **invalidité** [~di'te] *f* infirmity; disablement; ⚕ invalidism; ⚖ invalidity.

invariable [ɛ̃va'rjabl] invariable, unchanging.

invariance ⚛ [ɛ̃va'rjã:s] *f* invariance.

invasion [ɛ̃va'zjɔ̃] *f* invasion.

invective [ɛ̃vɛk'ti:v] *f* invective; ~s *pl.* abuse *sg.*; **invectiver** [~ti've] (1a) *v/t.* rail at, abuse (*s.o.*); *v/i.*: ~ *contre* rail at, revile, inveigh against.

invendable ✝ [ɛ̃vã'dabl] unsaleable, unmerchantable.

inventaire [ɛ̃vã'tɛ:r] *m* inventory; ✝ stock-list; *faire son* ~ take stock; **inventer** [~'te] (1a) *v/t.* invent; **inventeur, -trice** [~'tœ:r, ~'tris] 1. *adj.* inventive; 2. *su.* inventor; discoverer; ⚖ finder; **invention** [~'sjɔ̃] *f* invention; imaginative capacity; **inventorier** ✝ [~tɔ'rje] (1o) *v/t.* inventory, list; value (*bills etc.*); take stock of.

inverse [ɛ̃'vɛrs] 1. *adj.* inverse; 2. *su./f* ⚛, *phls.* inverse; *su./m* opposite; **inverser** [ɛ̃vɛr'se] (1a) *vt/i.* reverse (*a.* ⚡); **inverseur** [~'sœ:r] *m* ⚡ reverser; ⊕ reversing device *or* handle; **inversible** [~'sibl] reversible; **inversion** [~'sjɔ̃] *f* ⚛, *gramm.* inversion; ⚡ *current*: reversal; **invertir** [~'ti:r] (2a) *v/t.* reverse (*a.* ⚡ *the current*); invert.

investigateur, -trice [ɛ̃vɛstiga-'tœ:r, ~'tris] 1. *adj.* investigating; searching (*a. glance*); 2. *su.* investigator, inquirer; **investigation** [~'sjɔ̃] *f* investigation, inquiry.

investir [ɛ̃vɛs'ti:r] (2a) *v/t.* invest; ✕ *a.* blockade.

invétérer [ɛ̃vete're] (1f) *v/t.*: s'~ become inveterate, become deep-rooted.

invincible [ɛ̃vɛ̃'sibl] invincible; *fig.* insuperable (*difficulty*).

inviolable [ɛ̃vjɔ'labl] inviolable; burglar-proof (*lock*).

invisible [ɛ̃vi'zibl] invisible.

invitation [ɛ̃vita'sjɔ̃] *f* invitation; *sans* ~ uninvited(ly *adv.*); *sur l'*~ *de* at the invitation of; **invite** [ɛ̃'vit] *f* invitation, inducement; *cards*: lead; **invité** *m*, **e** *f* [ɛ̃vi'te] guest; **inviter** [~] (1a) *v/t.* invite (to *inf.*, *à inf.*); *fig.* tempt; *cards*: call for.

invivable F [ɛ̃vi'vabl] unlivable-with.

invocation [ɛ̃vɔka'sjɔ̃] *f* invocation.

involontaire [ɛ̃vɔlɔ̃'tɛːr] involuntary.

involution [ɛ̃vɔly'sjɔ̃] *f* ✗, ⚕, ♀, *biol.* involution; † intricacy.

invoquer [ɛ̃vɔ'ke] (1m) *v/t.* invoke; call upon; put forward (*an excuse, a reason, etc.*).

invraisemblable [ɛ̃vrɛsɑ̃'blabl] unlikely, improbable; **invraisemblance** [~'blɑ̃ːs] *f* unlikelihood, improbability; [nerable.)

invulnérable [ɛ̃vylne'rabl] invul-)

iode ♒, ✗ [jɔd] *m* iodine; **ioder** [jɔ'de] iodize; **iodique** [~'dik] iodic.

ion ♒, ⚡, *phys.* [jɔ̃] *m* ion.

ionique[1] △ [jɔ'nik] Ionic.

ionique[2] [jɔ'nik] *phys.* ionic; *radio*: thermionic (*tube, valve*); **ionisation** ♒, *phys.* [~niza'sjɔ̃] *f* ionization.

iouler ♪ [ju'le] (1a) *v/i.* yodel.

irai [i're] *1st p. sg. fut. of* aller *1*.

irascible [ira'sibl] irritable, testy.

iris [i'ris] *m* ⚕, *anat., phot.* iris; *poet.* rainbow; ♀ *a.* flag; **irisation** [iriza'sjɔ̃] *f* iridescence; **irisé, e** [~'ze] iridescent; **iriser** [~'ze] (1a) *v/t.* make iridescent.

irlandais, e [irlɑ̃'dɛ, ~'dɛːz] **1.** *adj.* Irish; **2.** *su./m ling.* Irish; ♀ Irishman; *les* ♀ *pl.* the Irish; *su./f* ♀ Irishwoman.

ironie [irɔ'ni] *f* irony; **ironique** [~'nik] ironic(al); **ironiser** [~ni'ze] (1a) *v/i.* speak ironically.

irradiation [irradja'sjɔ̃] *f* ✗, *phys.* irradiation; *phot.* halation; **irradier** [~'dje] (1o) *v/i.* (ir)radiate; spread (*cancer, pain, etc.*); *v/t.* spread through.

irraisonnable [irrɛzɔ'nabl] irrational.

irréalisable [irreali'zabl] unrealizable (*a.* ✝); impracticable; **irréalité** [~'te] *f* unreality.

irrécusable [irreky'zabl] unimpeachable; unchallengeable.

irréductible [irredyk'tibl] ♈, ✗ irreducible; *fig.* unshakable.

irréel, -elle [irre'ɛl] unreal.

irréfléchi, e [irreflɛ'ʃi] thoughtless; unthinking, rash (*person*).

irrégularité [irregylari'te] *f* building, ground, conduct: irregularity; unpunctuality; **irrégulier, -ère** [~'lje, ~'ljɛːr] irregular; uneven (*pulse, surface*); unpunctual.

irrémédiable [irreme'djabl] incurable; *fig.* irreparable.

irréparable [irrepa'rabl] irreparable; *fig.* irretrievable.

irrépréhensible [irrepreɑ̃'sibl] blameless.

irréprochable [irreprɔ'ʃabl] irreproachable; ⚖ unimpeachable.

irrésistible [irrezis'tibl] irresistible.

irrésolu, e [irrezɔ'ly] irresolute; unsolved (*problem*); **irrésolution** [~ly'sjɔ̃] *f* indecision, irresolution.

irrespectueux, -euse [irrɛspɛk-'tɥø, ~'tɥøːz] disrespectful (to [-wards] *pour, envers*).

irresponsabilité [irrɛspɔ̃sabili'te] *f* irresponsibility; **irresponsable** [~'sabl] irresponsible.

irrétrécissable *tex.* [irretresi'sabl] unshrinkable; *rendre* ~ sanforize.

irrévocable [irrevɔ'kabl] irrevocable; absolute (*decree*).

irrigateur [irriga'tœːr] *m* ✒ hose (-pipe); water-cart; ⚕ *wounds*: irrigator; ⚕ douche, enema; **irrigation** [~ga'sjɔ̃] *f* ✒, ⚕ irrigation; ✒ flooding; ⚕ douching; **irriguer** [~'ge] (1m) *v/t.* ✒, ⚕ irrigate; ✒ water; ⚕ douche.

irritable [irri'tabl] irritable; touchy (*person*); sensitive (*skin*); **irritant, e** [~'tɑ̃, ~'tɑ̃ːt] irritating; ⚕ irritant; **irriter** [~'te] (1a) *v/t.* irritate; ⚕ inflame; *s'*~ become angry (at, with s.o. *contre q.*; at s.th., *de qch.*); ⚕ become inflamed.

irruption [irryp'sjɔ̃] *f* irruption; invasion; inrush; *river*: overflow, flood.

isard *zo.* [i'zaːr] *m* izard, (Pyrenean) wild goat.

islamique [isla'mik] Islamic; **islamisme** [~'mism] *m* Islam(ism).

islandais, e [islɑ̃'dɛ, ~'dɛːz] **1.** *adj.* Icelandic; **2.** *su./m ling.* Icelandic; *su.* ♀ Icelander.

isobare *meteor.* [izɔˈbaːr] *f* isobar; **isocèle** ⚔ [ˌˈsɛl] isosceles; **isochrone** ⊕ [ˌˈkron], **isochronique** ⊕ [ˌkrɔˈnik] isochronous.
isolant, e [izɔˈlã, ˌˈlãːt] **1.** *adj.* isolating; ⚡ insulating; *bouteille f* ˌe *vacuum or thermos flask*; **2.** *su./m* insulator; insulating material; **isolateur, -trice** [ˌlaˈtœːr, ˌˈtris] **1.** *adj.* ⚡ insulating; 🏠 damp-proofing; **2.** *su./m* ⚡, *a. radio:* insulator; **isolement** [izɔlˈmã] *m* ⚔, ⊕, *a. fig.* isolation; ⚡ insulation; **isolément** [izɔleˈmã] *adv.* alone; separately; **isoler** [ˌˈle] (1a) *v/t.* isolate (*a.* 🜛) (*from d'avec, de*); ⚡ insulate; **isoloir** [ˌˈlwaːr] *m* ⚡ insulator; *admin., pol.* polling-booth.
isomère [izɔˈmɛːr] **1.** *adj.* 🜛, ⚔ isomerous, isomeric; **2.** *su./m* 🜛 isomer.
isotope 🜛, *phys.* [izɔˈtɔp] *m* isotope.
israélien, -enne [israeˈljɛ̃, ˌˈljɛn] *adj., a. su.* ⚔ Israeli; **israélite** [ˌˈlit] **1.** *adj.* Jewish, of the Israelites; **2.** *su.* ⚔ Israelite, Jew.
issu, e [iˈsy] *adj.*: ˌ *de* descended from; born of; **2.** *su./f* issue, end; upshot, result; outlet; ⊕ ˌes *pl.* by-products; *à l'*ˌe *de* at the end of; after; *sans* ˌe blind (*alley*).
isthme *geog., anat.* [ism] *m* isthmus.
italien, -enne [itaˈljɛ̃, ˌˈljɛn] **1.** *adj.* Italian; **2.** *su./m ling.* Italian; *su.* ⚔ Italian; **italique** *typ.* [ˌˈlik] *adj., a. su./m* italic.
item [iˈtɛm] *adv.* item, also.
itératif, ve [iteraˈtif, ˌˈtiːv] *gramm.* iterative; ⚖ repeated.
itinéraire [itineˈrɛːr] **1.** *adj.* road-..., direction-...; **2.** *su./m* itinerary; route; guide-book; **itinérant, e** [ˌˈrã, ˌˈrãːt] itinerant; ⚔ mobile.
ivoire [iˈvwaːr] *m* ivory; **ivoirerie** [ivwarəˈri] *f* ivory work *or* trade.
ivraie ⚔ [iˈvrɛ] *f* cockle, darnel; *bibl.* tares *pl.*
ivre [iːvr] drunk (with, *de*); intoxicated; *fig.* mad (with, *de*); **ivresse** [iˈvrɛs] *f* drunkenness, intoxication; *fig.* ecstasy; **ivrogne, -esse** [iˈvrɔɲ, ivrɔˈɲɛs] **1.** *adj.* addicted to drink; drunken; **2.** *su.* drunkard, toper, *sl.* boozer; **ivrognerie** [ivrɔɲˈri] *f* (habitual) drunkenness.

J

J, j [ʒi] *m* J, j.
jabot [ʒaˈbo] *m bird:* crop; *cost. blouse, shirt:* frill; ruffle, jabot; **jaboter** F [ˌbɔˈte] (1a) *v/i.* jabber, chatter.
jacasse F [ʒaˈkas] *f* chatterbox); **jacasser** F [ˌkaˈse] (1a) *v/i.* chatter, gossip; **jacasserie** [ˌkasˈri] *f* gossip. [claimed.]
jacent, e ⚖ [ʒaˈsã, ˌˈsãːt] un-|
jachère ⚔ [ʒaˈʃɛːr] *f* fallow; **jachérer** ⚔ [ˌʃeˈre] (1f) *v/t.* plough up (*fallow land*); fallow (*land*).
jacinthe [ʒaˈsɛ̃ːt] *f* ⚔ hyacinth; *min.* jacinth; ⚔ ˌ *des bois* bluebell.
jack ⚡ [ʒak] *m* jack.
jacobin, e [ʒakɔˈbɛ̃, ˌˈbin] *su. hist.* Jacobin; *fig.* sympathizer with radical democracy.
jaconas *tex.* [ʒakɔˈna] *m* jaconet.
jacquard *tex.* [ʒaˈkaːr] *m* Jacquard loom.
Jacques [ʒɑːk] *npr./m* James; *sl. faire le* ⚔ play the fool.
ja(c)quot *orn.* [ʒaˈko] *m* parrot: Poll(y).
jactance [ʒakˈtɑ̃ːs] *f* boast(ing); **jacter** *sl.* [ˌˈte] (1a) *v/i.* boast; brag.
jade *min.* [ʒad] *m* jade.
jadis [ʒaˈdis] *adv.* formerly, of old.
jaillir [ʒaˈjiːr] (2a) *v/i.* gush, spurt out; shoot *or* burst forth; fly (*sparks*); flash (*light*); **jaillissement** [ˌjisˈmã] *m* gushing *etc.*
jais *min.* [ʒɛ] *m* jet; *noir comme du* ˌ jet-black.
jalon [ʒaˈlɔ̃] *m* surveying staff; (range-)pole; ⚔ aiming-post; *fig. poser des* ˌs prepare the ground (for, *pour*); **jalonner** [ˌlɔˈne] (1a) *v/t.* stake out; *fig.* mark; *fig.* be a landmark in (*a period*).
jalouser [ʒaluˈze] (1a) *v/t.* be jealous of (*s.o.*); **jalousie** [ˌˈzi] *f* jealousy; Venetian blind; screen; ⚔ sweet-william; ˌ *du métier* professional jealousy; **jaloux, -ouse** [ʒaˈlu, ˌˈluːz] jealous; envious;

jamais

careful (*of one's reputation*); *fig.* eager (to, de).

jamais [ʒa'mɛ] *adv.* ever; never; ~ de la vie! out of the question!; ~ plus never again; à (*or* pour) ~ for ever; ne ... ~ never.

jambage [ʒɑ̃'baːʒ] *m* △ *door*: jamb; *door, window*: post; *fireplace*: cheek, jamb; foundation-wall; *writing*: down-stroke; **jambe** [ʒɑ̃ːb] *f* leg; *glass*: stem; △ *brickwork*: stone pier; △ ~ de force strut, prop; *mot.* stay-rod; à toutes ~s at top speed; cela me fait une belle ~! a fat lot of good that does me; *sp.* jeu *m* de ~s foot-work; prendre ses ~s à son cou take to one's heels; **jambé, e** [ʒɑ̃'be] *adj.*: bien ~ with shapely legs; **jambette** [~'bɛt] *f* small leg; △ stanchion; **jambier, -ère** [~'bje, ~'bjɛːr] **1.** *adj. anat.* tibial; **2.** *su./f* elastic stocking; legging; *sp.* shinguard; **jambon** [~'bɔ̃] *m* ham; œufs *m/pl.* au ~ ham and eggs; **jambonneau** [~bɔ'no] *m* knuckle of ham; small ham.

jamboree [ʒɑ̃bɔ're] *m* jamboree.

jansénisme *eccl.* [ʒɑ̃se'nism] *m* Jansenism.

jante [ʒɑ̃ːt] *f* wheel: felloe; rim.

janvier [ʒɑ̃'vje] *m* January.

japon [ʒa'pɔ̃] *m* Japan porcelain; **japonais, e** [~pɔ'nɛ, ~'nɛːz] **1.** *adj.* Japanese; **2.** *su./m ling.* Japanese; *su.* ♀ Japanese; les ♀ *m/pl.* the Japanese.

japper [ʒa'pe] (1a) *v/i.* yelp.

jaquette [ʒa'kɛt] *f* morning coat; (*lady's*) jacket; (*child's*) frock; *book*: dust-jacket.

jardin [ʒar'dɛ̃] *m* garden; ~ alpin rock-garden; ~ anglais landscape garden; ~ d'enfants kindergarten; *thea.* côté *m* ~ prompt-side; **jardinage** [ʒardi'naːʒ] *m* gardening; garden-produce; garden plot; *diamond*: flaw; **jardiner** [~'ne] (1a) *v/i.* garden; **jardinet** [~'nɛ] *m* small garden; **jardinier, -ère** [~'nje, ~'njɛːr] **1.** *adj.* garden...; **2.** *su.* gardener; *su./f* flower stand; window-box; spring cart; *orn.* ortolan; ~ère d'enfants kindergarten teacher; *cuis.* à la ~ère garnished with vegetables.

jargon [ʒar'gɔ̃] *m* jargon; slang; *fig.* gibberish; **jargonner** [~gɔ'ne] (1a) *v/i.* talk jargon.

jarre [ʒaːr] *f* (earthenware) jar; ⚡ ~ électrique Leyden jar.

jarret [ʒa'rɛ] *m anat. man*: back of the knee; *horse*: hock; *cuis. beef*: shin; *veal*: knuckle; ⊕ *pipe*: elbow; △ bulge; **jarretelle** [ʒar'tɛl] *f* suspender, *Am. a.* garter; **jarretière** [~'tjɛːr] *f* garter.

jars *orn.* [ʒaːr] *m* gander.

jaser [ʒa'ze] (1a) *v/i.* chatter, talk; gossip; **jaseur, -euse** [~'zœːr, ~'zøːz] **1.** *adj.* talkative; **2.** *su.* chatterbox; gossip; tale-bearer.

jasmin ♀ [ʒas'mɛ̃] *m* jasmine.

jaspe *min.* [ʒasp] *m* jasper; ~ sanguin bloodstone; **jasper** [ʒas'pe] (1a) *v/t.* marble, vein.

jatte [ʒat] *f* bowl; *milk*: pan, basin; **jattée** [ʒa'te] *f* bowlful; *milk*: panful.

jauge [ʒoːʒ] *f* ga(u)ge (*a.* ⊕); ga(u)ging-rod; *mot.* dip-stick; petrolga(u)ge, *Am.* gasoline-ga(u)ge; ⚓ tonnage; ⚔ trench; **jauger** [ʒo'ʒe] (1l) *v/t.* ga(u)ge (*a.* ⊕); measure; *fig.* size up.

jaunâtre [ʒo'nɑːtr] yellowish; sallow (*face*); **jaune** [ʒoːn] **1.** *adj.* yellow; **2.** *adv.*: rire ~ give a sickly smile; **3.** *su./m* yellow; *egg*: yolk; F blackleg, scab, *Am.* strike-breaker; **jaunet, -ette** [ʒo'nɛ, ~'nɛt] yellowish; **jaunir** [~'niːr] (2a) *vt/i.* yellow; **jaunisse** ✱ [~'nis] *f* jaundice.

javart ✱ [ʒa'vaːr] *m horse*: ulcerous sore.

Javel [ʒa'vɛl] *m*: eau *f* de ~ liquid bleach (and disinfectant).

javeler [ʒav'le] (1c) *v/t.* ✎ lay (*corn*) in swaths; *v/i.* turn yellow; **javelle** ✎ [ʒa'vɛl] *f corn*: swath; bundle.

javelot [ʒav'lo] *m* javelin.

jazz [dʒaːz] *m* jazz.

je [ʒə] *pron./pers.* I.

jeannette F [ʒa'nɛt] *f* sleeve-board.

je-m'en-fichisme F [ʒəmɑ̃fi'ʃism] *m/inv.* couldn't-care-less attitude.

jenny *tex.* [ʒɛ'ni] *f* spinning jenny.

jerrycan *mot.* [dʒɛri'kan] *m* petrolcan.

jet [ʒɛ] *m* throw, cast(ing); jet (*a. gas, nozzle, etc.*); *liquid*: gush, spurt; *light*: flash; ⚓ jetsam; ♀ shoot, sprout; *metall.* casting; ✈ jet (aeroplane); ~ de sable sandblast; ⚔ armes *f/pl.* de ~ projectile *or* missile weapons; du premier ~ at the first try; **jetée** [ʒə'te] *f* jetty;

jouer

breakwater; **jeter** [∼'te] (1c) *v/t.* throw, fling, hurl; throw away; ⚓ drop (*anchor*), jettison (*goods*); ⌂ lay (*the foundations*); ⚕ discharge; utter (*a cry, a threat*); give off (*sparks*); se ∼ *river:* flow (into, *dans*); se ∼ *sur* pounce on; se ∼ *vers* rush towards; **jeton** [∼'tɔ̃] *m* counter; token; *teleph.* ∼ de téléphone telephone token.

jeu [ʒø] *m* game; play; gambling; fun; *thea.* acting; ⊕ *tools etc.:* set; ⊕ *machine:* working; ⊕ clearance; *fig.* action, activity; ♩ execution; ♩ *organ:* stop; *cards:* pack, *Am.* deck; *thea.* ∼x *pl. de scène* stage business *sg.;* ∼ *de mots* pun, play on words; ∼ *d'esprit* witticism; ⊕ ∼ *utile* play, clearance; *avoir beau* ∼ *de faire qch.* be able to do s.th. very easily; *étaler son* ∼ show one's hand; *sp. franc* ∼ fair play.

jeudi [ʒø'di] *m* Thursday; ∼ *saint* Maundy Thursday.

jeun [ʒœ̃] *adv.:* à ∼ on an empty stomach, fasting.

jeune [ʒœn] **1.** *adj.* young; youthful; younger, junior; *fig.* new; recent; unripe, early (*fruit*); ∼ *fille* girl; ∼ *homme* youth, lad; **2.** *su.* young person *or* animal; *su./m:* les ∼s *pl.* the young *pl.;* youth (*coll.*) *sg.*

jeûne [ʒø:n] *m* fast(ing), abstinence; **jeûner** [ʒø'ne] (1a) *v/i.* fast (from, *de*).

jeunesse [ʒœ'nɛs] *f* youth; boyhood, girlhood; *fig.* youthfulness, freshness; F girl; ∼ *scolaire* schoolchildren *pl.;* **jeunet, -ette** F [∼'nɛ, ∼'nɛt] very young.

jiu-jitsu [dʒydʒit'sy] *m* ju-jutsu.

joaillerie [ʒɔaj'ri] *f* jewellery; jeweller's business; **joaillier** *m*, **-ère** *f* [ʒɔa'je, ∼'jɛːr] jeweller.

job F [ʒɔb] *m* job, employment.

jobard F [ʒɔ'baːr] *m* dupe, F mug; **jobarder** [ʒɔbar'de] (1a) *v/t.* fool, dupe; **jobarderie** F [∼'dri] *f* gullibility.

jociste [ʒɔ'sist] *su.* member of the Jeunesse ouvrière chrétienne.

jocrisse [ʒɔ'kris] *m* fool; clown; F mug.

joie [ʒwa] *f* joy, delight; gaiety, mirth.

joignis [ʒwa'ɲi] *1st p. sg. p.s. of* joindre; **joignons** [∼'ɲɔ̃] *1st p. pl.* *pres. of* joindre; **joindre** [ʒwɛ̃:dr] (4m) *v/t.* join (*a.* ⊕); unite, combine; bring together; clasp (*one's hands*); ✝ attach (*to a letter*); adjoin (*a house etc.*); ✝ *etc. pièces f/pl.* jointes enclosures; se ∼ à join (in); *v/i.* meet; **joins** [ʒwɛ̃] *1st p. sg. pres. of* joindre; **joint, e** [ʒwɛ̃, ʒwɛ̃:t] **1.** *p.p. of* joindre; **2.** *su./m* ⌂, ⊕, ⚿, *anat., geol.* joint; join; *metall.* seam; ⊕ *piston:* packing; ⊕ ∼ à *rotule* ball-and-socket joint; *mot.* ∼ *de culasse* gasket; *sans* ∼ seamless; F *trouver le* ∼ find a way (to, *inf., pour inf.;* of *ger., de inf.*); **jointé, e** [ʒwɛ̃'te] jointed; pasterned (*horse*); **jointif, -ve** ⌂ [∼'tif, ∼'tiːv] placed edge to edge; joined; **jointoyer** ⌂ [∼twa'je] (1h) *v/t.* point; grout; **jointure** [∼'tyːr] *f* ⊕, *anat.* joint; *fingers:* knuckle.

joli, e [ʒɔ'li] pretty; nice; **joliet, -ette** [∼'ljɛ, ∼'ljɛt] rather pretty; **joliment** [∼li'mɑ̃] *adv.* prettily; *fig.* well, appropriately; F awfully.

jonc ♀ [ʒɔ̃] *m* rush; Malacca cane; *droit comme un* ∼ straight as a die; **jonchaie** ♀ [ʒɔ̃'ʃɛ] *f* rush-bed; cane-plantation; **joncher** [∼'ʃe] (1a) *v/t.* strew; *fig.* litter; **jonchère** [∼'ʃɛːr] *f see* jonchaie; **jonchets** [∼'ʃɛ] *m/pl. game:* spillikins.

ionction [ʒɔ̃k'sjɔ̃] *f* junction (*a.*⊕, *a.* 🚂); ⚡ connector; joining, meeting; ⚖ joinder.

jongler [ʒɔ̃'gle] (1a) *v/i.* juggle (*a. fig.*); **jonglerie** [ʒɔ̃glə'ri] *f* juggling; *fig.* trick(ery); **jongleur** [∼'glœːr] *m* juggler; cheat, charlatan; † jongleur.

jonque ⚓ [ʒɔ̃:k] *f* junk.

jouable ♩, *thea., etc.* [ʒwabl] playable; **jouailler** F [ʒwa'je] (1a) *v/i. cards:* play for love; ♩ *piano:* strum, *violin:* scrape.

joue [ʒu] *f* cheek; ∼ *contre* ∼ cheek by jowl; *mettre en* ∼ take aim at.

jouer [ʒwe] (1p) *v/t.* play (*a.* ♩, *thea., a game, cards*); back (*a horse*); stake, bet (*money*); pretend to be; imitate (*s.o.*); look like (*wool*); F fool (*s.o.*); se ∼ gambol, frolic; se ∼ *de* play with, make light of; *v/i.* play; gamble (on the Stock Exchange), speculate; ⊕ work, run well (*machine*); ⊕ have too much play; ∼ à play (*football, at soldiers*); ∼ *de* ♩ play (*an instrument*); *fig.* make play

jouet

with; *à qui de* ~? *cards*: whose turn is it?; *faire* ~ set in motion, release; **jouet** [ʒwɛ] *m* toy; plaything (*a. fig.*); **joueur, -euse** [ʒwœːr, ʒwøːz] **1.** *su.* player; gambler; ✝ speculator, operator; ✝ ~ *à la hausse* (*à la baisse*) bull (bear); **2.** *adj.* fond of playing *or* gambling.
jouffu, e [ʒu'fly] chubby. [beam.|
joug [ʒu] *m* yoke (*a.* ⊕); *balance:*]
jouir [ʒwiːr] (2a) *v/i.* enjoy o.s.; ~ *de* enjoy (*s.th.*); **jouissance** [ʒwi'sɑ̃ːs] *f* enjoyment; ✝ fruition, right to interest *etc.*
joujou, *pl.* -x F [ʒu'ʒu] *m* toy, plaything; *faire* ~ *avec* play with.
jour [ʒuːr] *m* day(light); daytime; light (*a. fig.*); dawn, daybreak; opening, gap; *sewing:* open-work; *fig.* aspect; ~ *de fête* holiday; ~ *de l'an* New Year's Day; ~ *ouvrable* working-day; *à* ~ *sewing:* open-work ...; ✝ posted, up to date; *au grand* ~ in broad daylight; *fig.* publicly; *au le* ~ from day to day; *au point* (*or lever*) *du* ~ at daybreak; *de* ~ by day; *de nos* ~s nowadays; *donner le* ~ *à* give birth to; *du* ~ *au lendemain* overnight; at a moment's notice; ✗ *être de* ~ be on duty for the day; *l'autre* ~ the other day; *fig. mettre au* ~ reveal, disclose; *par* ~ per *or* a *or* each day; *cuis. plat m du* ~ today's special dish; *petit* ~ morning twilight; *sous un nouveau* ~ in a new light; *tous les* (*deux*) ~s every (other) day; *un* ~ one day (*in the past*), some day (*in the future*); *un* ~ *ou l'autre* sooner or later; *vivre au* ~ *le* ~ live from hand to mouth; *see voir.*
journal [ʒur'nal] *m* record, diary; journal (*a.* ✝); ⊕ day-book; ♃, ⊕ log-book; newspaper; ~ *financier* (*officiel*) financial (official) gazette; ~ *parlé radio:* news(-bulletin), *Am.* newscast; *le* ~ *du jour* today's paper; **journalier, -ère** [ʒurna'lje, ~'ljɛːr] **1.** *adj.* daily; variable (*character*); **2.** *su./m* day-labo(u)rer, journeyman; **journalisme** [~'lism] *m* journalism; **journaliste** [~'list] *su.* journalist; reporter; ✝ journalizer.
journée [ʒur'ne] *f* day; daytime; day's work *or* journey; *à la* ~ by the day; *femme f de* ~ charwoman, F daily; **journellement** [~nɛl'mɑ̃] *adv.* daily, every day.

joute [ʒut] *f* contest; ✝ joust, tilt; **jouter** [ʒu'te] (1a) *v/i.* fight; ✝ joust, tilt.
jovial, e, *m/pl.* **-als, -aux** [ʒɔ'vjal, ~'vjo] jolly, jovial; good-natured; **jovialité** [~vjali'te] *f* joviality, jollity.
joyau [ʒwa'jo] *m* jewel (*a. fig.*).
joyeux, -euse [ʒwa'jø, ~'jøːz] merry, joyful, cheerful.
jubé ⚠, *eccl.* [ʒy'be] *m* rood-screen, rood-loft.
jubilaire [ʒybi'lɛːr] jubilee-...; **jubilation** F [~la'sjɔ̃] *f* jubilation; **jubilé** [~'le] *m* jubilee; fiftieth anniversary; golden wedding; **jubiler** F [~'le] (1a) *v/i.* be delighted, rejoice; F gloat.
jucher [ʒy'ʃe] (1a) *vt/i.* perch (*bird, a. fig. person*); roost; **juchoir** [~-'ʃwaːr] *m* perch, hen-roost.
judaïque [ʒyda'ik] Judaic (*law*); Jewish (*history*); **judaïser** [~i'ze] (1a) *v/i.* Judaize; **judaïsme** [~'ism] *m* Judaism.
Judas [ʒy'dɑ] *m* Judas (*a. fig.*); F traitor; ⚥ spy-hole, Judas(-hole) (*in a door*).
judicature [ʒydika'tyːr] *f* judicature; judgeship; **judiciaire** [~'sjɛːr] judicial, legal; *poursuites f/pl.* ~s legal proceedings; **judicieux, -euse** [~'sjø, ~'sjøːz] judicious, sensible; discerning; *peu* ~ injudicious; ill-advised.
juge [ʒyːʒ] *m* judge (*a. fig.*); *sp.* umpire; ~ *d'instruction* examining magistrate; **jugement** [ʒyʒ'mɑ̃] *m* judgment; ⚖ *case:* trial; sentence (*on criminal*), civil case: award; *fig.* opinion; *fig.* discrimination, good sense; *eccl.* ~ *dernier* Last Judgment, doomsday (*a. fig.*); ⚖ ~ *par défaut* judgment by default; **jugeote** F [ʒy'ʒɔt] *f* common sense; **juger** [~'ʒe] (1l) *v/t.* judge; ⚖ try (for, *pour*); *fig.* think; ~ *à propos de* think it proper to; *mal* ~ misjudge (*s.o.*).
jugulaire [ʒygy'lɛːr] **1.** *adj.* jugular; **2.** *su./f anat.* jugular (vein); ✗ helmet *etc.*: chin-strap, chin-chain; **juguler** [~'le] (1a) *v/t.* strangle; *fig.* nip (*s.th.*) in the bud; ✱ jugulate.
juif, juive [ʒɥif, ʒɥiːv] **1.** *adj.* Jewish; **2.** *su./m eccl.* (*practising*) Jew; ♀ Jew; *petit* ~ funny bone; *su./f* ♀ Jewess.

juillet [ʒɥi'jɛ] *m* July.
juin [ʒɥɛ̃] *m* June.
juiverie [ʒɥi'vri] *f* Jewry; *coll.* the Jews *pl.*; F usury.
julienne [ʒy'ljɛn] *f cuis.* vegetable soup; ♀ rocket.
jumeau, -elle, *m/pl.* **-aux** [ʒy'mo, ~'mɛl, ~'mo] **1.** *adj.* twin; **2.** *su.* twin; *su./f:* ~**elles** *pl. opt.* binoculars; opera-glasses; ⊕ cheeks; *lathe-bed:* slide-bars; **jumelé, e** [ʒym'le] twin; coupled.
jument [ʒy'mɑ̃] *f* mare.
jumping *sp.* [dʒœm'piŋ] *m* jumping.
jungle [ʒɔ̃:gl] *f* jungle.
jupe [ʒyp] *f* skirt; **jupon** [ʒy'pɔ̃] *m* petticoat; slip, *Am.* half-slip; *Sc.* kilt; *fig.* woman; *courir le ~* be a skirt-chaser, run after women.
juré, e [ʒy're] **1.** *adj.* sworn; **2.** *su./m* juror, juryman; ~*s pl.* jury; **jurement** [ʒyr'mɑ̃] *m* swearing, oath; **jurer** [ʒy're] (1a) *v/t.* swear; vow; *v/i.* curse; *fig.* clash (*colours*); **jureur** [~'rœ:r] *m* swearer.
juridiction [ʒyridik'sjɔ̃] *f* ⚖ jurisdiction; venue; *fig.* province; **juridique** [~'dik] judicial; legal.
jurisconsulte ⚖ [ʒyriskɔ̃'sylt] *m* jurist; legal expert; **jurisprudence** ⚖ [~pry'dɑ̃:s] *f* jurisprudence; statute law; case-law; (*legal*) precedents *pl.*
juriste ⚖ [ʒy'rist] *m* jurist; legal writer.
juron [ʒy'rɔ̃] *m* oath, swear-word.
jury [ʒy'ri] *m* ⚖ jury; *univ. etc.* board of examiners; selection committee.
jus [ʒy] *m* juice; *cuis.* gravy; *sl.* coffee; ⚡ *sl.* juice (= *current*); *sl.* petrol, *Am.* gas; *sl.* elegance; *cuis. arroser de ~* baste (*meat*); *mot. sl. donner du ~* step on the gas.
jusant ⚓ [ʒy'zɑ̃] *m* ebb(-tide).
jusqu'au-boutisme *pol. etc.* [ʒysko-bu'tism] *m* extremism; **jusqu'au-boutiste** *pol. etc.* [~'tist] *su.* whole-hogger; die-hard; **jusque** [ʒysk(ə)] *prp.* (*usu. jusqu'à*) until, till; as far as (to), up *or* down to; *jusqu'à ce que* (*sbj.*) until; *jusqu'au bout* to the (bitter) end; *jusqu'ici* thus *or* so far.
jusquiame ♀ [ʒys'kjam] *f* henbane.
juste [ʒyst] **1.** *adj.* just, legitimate, fair; proper, fit; accurate; exact (*word*); tight (*fit*); right (*time, watch, word*); ~*-milieu m* happy *or* golden mean; *au ~* exactly; **2.** *adv.* rightly; just; precisely; ♪ true; scarcely; *à 10 heures ~* at ten (o'clock) sharp; **justement** [ʒystə-'mɑ̃] *adv.* rightly; precisely; **justesse** [~'tɛs] *f* exactness; accuracy (*a. fig.*); appropriateness; *échapper de ~* just scrape out of it; **justice** [~'tis] *f* justice; equity; legal proceedings *pl.*; *aller en ~* go to law; *poursuivre en ~* take legal action against; *se faire ~* revenge o.s.; commit suicide; **justiciable** [~ti-'sjabl] *adj.*: ~ *de* amenable to (*a. fig.*); open to (*criticism*); **justicier, -ère** [~ti'sje, ~'sjɛ:r] *adj., a. su.* justiciary.
justificatif, -ve [ʒystifika'tif, ~'ti:v] **1.** *adj.* justificatory; *pièce f ~ve* = **2.** *su./m* supporting document; ✝ voucher; **justification** [~fika'sjɔ̃] *f* justification (*a. typ., a. eccl.*); vindication; *fact, identity:* proof; **justifier** [~'fje] (1o) *v/t.* justify, vindicate; ⊕ adjust; *se ~* clear o.s.; *v/i.:* ~ *de* give proof of.
jute *tex.* [ʒyt] *m* jute.
juteux, -euse [ʒy'tø, ~'tø:z] **1.** *adj.* juicy; *sl.* smart, elegant; **2.** *su./m* ✕ *sl.* company sergeant-major.
juvénile [ʒyve'nil] *m* juvenile; youthful; **juvénilité** [~nili'te] *f* youthfulness.
juxtaposer [ʒykstapo'ze] (1a) *v/t.* juxtapose, place side by side.

K

K, k [ka] *m* K, k.
kakatoès *orn.* [kakatɔ'ɛs] *m* cockatoo.
kaki *tex.* [ka'ki] *su./m, a. adj./inv.* [khaki.]
kangourou *zo.* [kɑ̃gu'ru] *m* kangaroo.
kaolin [kaɔ'lɛ̃] *m* china clay, kaolin.
kapok ♀ [ka'pɔk] *m* kapok.
képi [ke'pi] *m* peaked cap, kepi.
kermès ♀ [kɛr'mɛs] *m* kermes.
kermesse [~] *f* village fair; church bazaar.

kérosène [kerɔ'zɛn] *m* paraffin(-oil), *Am.* kerosene.
khâgne [kaɲ] *f see* cagne.
kibboutz [ki'buts] *m* kibbutz.
kidnapper [kidna'pe] (1a) *v/t.* kidnap.
kif kif *sl.* [kif'kif] *adj./inv.* same; the same thing, much of a muchness.
kiki *sl.* [ki'ki] *m* throat, neck.
kilo... [kilɔ] kilo...; **~cycle** ⚡ [~'sikl] *m* kilocycle; **~(gramme)** [~('gram)] *m measure:* kilogram(me); **~métrage** [~me'trɑːʒ] *m* measuring or length in kilometres, mileage; **~mètre** [~'mɛtr] *m measure:* kilometer; **~s** *pl. à l'heure* miles per hour; **~métrer** [~me'tre] (1f) *v/t.* measure in kilometres; mark (*a road*) with kilometre stones; **~watt** ⚡ [~'wat] *m* kilowatt; **~-heure** kilowatt-hour.
kimono *cost.* [kimɔ'no] *m* kimono; *manche f* ~ Magyar sleeve.
kiosque [kjɔsk] *m* kiosk; *band:* stand; *flower, newspaper:* stall; ⚓ house; ⚓ *submarine:* conningtower.
kirsch [kirʃ] *m* kirsch(wasser).
kitchenette [kitʃə'nɛt] *f* kitchenette.
klaxon *mot. etc.* [klak'sɔ̃] *m* horn, hooter, klaxon; **klaxonner** [~sɔ'ne] (1a) *v/i.* hoot, sound the horn.
knock-out *box.* [nɔ'kaut] 1. *su./m/inv.* knock-out; 2. *adj./inv.:* mettre q. ~ knock s.o. out.
krach ✝ [krak] *m* crash.
kyrielle F [ki'rjɛl] *f* rigmarole; long list (of, de).
kyste ☤ [kist] *m* cyst.

L

L, l [ɛl] *m* L, l.
la¹ [la] *see* le.
la² ♪ [~] *m/inv.* la, *note:* A; *donner le* ~ give the pitch.
là [la] *adv. place:* there; *time:* then; ~ *où* where; *ce livre-*~ that book; *c'est* ~ *que* that is where; *de* ~ hence; **~-bas** [~'bɑ] *adv.* over there, yonder.
labeur [la'bœːr] *m* labo(u)r, toil; *typ.* bookwork.
labial, e, *m/pl.* **-aux** [la'bjal, ~'bjo] *adj., a. su./f* labial (*a. gramm.*).
labile [la'bil] 🕮, ⚕ labile; *fig.* untrustworthy.
laborantine [labɔrɑ̃'tin] *f* female laboratory assistant; **laboratoire** [~ra'twaːr] *m* ⚕ laboratory; *metall.* furnace: hearth; **laborieux, -euse** [~'rjø, ~'rjøːz] laborious, hardworking; working (*classes*).
labour [la'buːr] *m* ploughing, tillage; ~**s** *pl.* ploughed land *sg.; cheval m de* ~ plough-horse; **labourable** [labu'rabl] arable; plough-...; **labourage** [~'rɑːʒ] *m* ploughing, tilling; **labourer** [~'re] (1a) *v/t.* plough, till; *fig.* furrow (*one's brow*); ⚓ *anchor:* drag, *ship:* graze (*the bottom*); **laboureur** [~'rœːr] *m* ploughman; farm-hand.
labyrinthe [labi'rɛ̃ːt] *m* labyrinth (*a. anat.*); maze.

lac [lak] *m* lake; F *dans le* ~ in a fix, in the soup.
laçage [la'sɑːʒ] *m* lacing (up); **lacer** [~'se] (1k) *v/t.* lace (up); ⚓ belay (*a rope*).
lacérer [lase're] (1f) lacerate; tear; slash.
lacet [la'sɛ] *m* (*shoe- etc.*)lace; *hunt.* noose, snare (*a. fig.*); *road:* hairpin bend; *en* ~**s** winding (*road*).
lâchage [lɑ'ʃɑːʒ] *m* release; F *friends:* dropping; **lâche** [lɑːʃ] 1. *adj.* loose, slack; lax (*discipline, style*); cowardly; 2. *su./m* coward; **lâcher** [lɑ-'ʃe] (1a) *v/t.* release (*a. mot.*), loosen, slacken; *fig.* drop; let out (*a curse, an oath, a secret*); ⊕ blow off (*steam*); *fig.* ~ *pied* give ground; *v/i.* become loose; *sp.* F give up; **lâcheté** [laʃ'te] *f* cowardice; **lâcheur** *m,* **-euse** *f* F [lɑ'ʃœːr, ~'ʃøːz] fickle person; quitter.
lacis ✂, *anat., etc.* [la'si] *m* network.
laconique [lakɔ'nik] laconic.
lacrymal, e, *m/pl.* **-aux** [lakri'mal, ~'mo] tear-...; **lacrymogène** [~mɔ'ʒɛn] tear-exciting; *gaz m* ~ tear-gas.
lacs [lɑ] *m* noose, snare; *fig.* trap.
lacté, e [lak'te] milky; milk-(*diet, fever*); *anat.* lacteal; *voie f* ~**e** Milky Way, Galaxy; **lactose** ⚗ [~'toːz] *f* lactose, milk-sugar.

lacune [la'kyn] *f* gap, blank.
lacustre [la'kystr] lacustrine (*a. zo.*); *cité f* ~ lake-dwelling.
lad *sp.* [lad] *m* stable-boy.
là-dessous [lat'su] *adv.* underneath, under there; **là-dessus** [~'sy] *adv.* thereupon (*place, a. time*); on that.
ladite [la'dit] *see* ledit.
ladre [lɑ:dr] **1.** *adj.* stingy, mean; † ✻ leprous; *vet.* measly; **2.** *su./m* skinflint, miser; † leper; **ladrerie** [lɑdrə'ri] *f* F stinginess, meanness, † leprosy; † lazar-house; *vet. pigs:* measles *sg.*
lai, e [lɛ] **1.** *adj. eccl.* lay-...; **2.** *su./m eccl.* layman; lay; **laïc, -ïque** [la'ik] *adj., a. su. see* laïque; **laïcisation** [laisiza'sjɔ̃] *f* secularisation; **laïciser** [~'ze] (1a) *v/t.* secularize; **laïcité** [~'te] *f* secularity, undenominationalism.
laid, e [lɛ, lɛ:d] ugly; plain (*face*); *Am.* homely; mean (*deed*); **laideron** F [lɛ'drɔ̃] *mf* plain woman *or* girl; **laideur** [~'dœ:r] *f* ugliness; *face:* plainness, *Am.* homeliness.
laie[1] [lɛ] *f* wild sow.
laie[2] [~] *f* ride; forest-path.
laie[3] ⊕ [~] *f* bush-hammer.
lainage [lɛ'na:ʒ] *m* fleece; woollen article; *tex.* teaseling; ⵋ ~s *pl.* woollens, woollen goods; **laine** [lɛn] *f* wool; *carpet:* pile; ~ *artificielle* artificial wool; ~ *peignée* worsted; **lainer** *tex.* [lɛ'ne] (1b) *v/t.* teasle, nap; **laineux, -euse** [~'nø, ~'nø:z] fleecy; woolly (*hair, sheep, a.* ⚥); **lainier, -ère** [~'nje, ~'njɛ:r] **1.** *adj.* wool(len); **2.** *su.* manufacturer of woollens.
laïque [la'ik] **1.** *adj.* secular; undenominational (*school*); **2.** *su./m* layman; ~s *pl.* laity; *su./f* laywoman.
laisse [lɛs] *f* leash, lead; *fig. tenir q. en* ~ keep s.o. in leading-strings.
laisser [lɛ'se] (1b) *v/t.* leave; let, allow, permit; abandon, quit; ~ *là q.* leave s.o. in the lurch; ~ *là qch.* give s.th. up; *v/i.:* ~ *à désirer* leave much to be desired; ~ *à penser* give food for thought; **~-aller** [lɛsea'le] *m/inv.* unconstraint; carelessness; **~-faire** *pol. etc.* [~'fɛ:r] *m* inaction, non-interference; **laissez-passer** [~pɑ'se] *m/inv.* pass, permit.
lait [lɛ] *m* milk; ~ *de chaux* whitewash; ~ *en poudre* powdered milk; *cochon m de* ~ sucking-pig; **laitage** [lɛ'ta:ʒ] *m* dairy products *pl.*; **laitance** [~'tã:s] *f*, **laite** [lɛt] *f* milt; soft roe; **laité, e** [lɛ'te] soft-roed; **laiterie** [~'tri] *f* dairy; dairy-farming; **laiteux, -euse** [~'tø, ~'tø:z] milky; ⚘ lacteal, milk-...; **laitier, -ère** [~'tje, ~'tjɛ:r] **1.** *adj.* milk-...; dairy-...; **2.** *su./m* milk-man; ⊕ slag; *su./f* milk-woman; milkmaid; dairymaid; milk-cart.
laiton [lɛ'tɔ̃] *m* (yellow) brass.
laitue ⚘ [lɛ'ty] *f* lettuce; ~ *pommée* cabbage-lettuce.
laïus F [la'jys] *m* speech.
lama[1] [la'ma] *m* Buddhism: lama.
lama[2] *zo.* [~] *m* llama.
lamanage ⚓ [lama'na:ʒ] *m* harbour, river: piloting; **lamaneur** ⚓ [~'nœ:r] *m* harbour, river: pilot.
lambeau [lã'bo] *m* shred, bit, scrap; rag.
lambin, e F [lã'bɛ̃, ~'bin] **1.** *adj.* dawdling, slow; **2.** *su.* dawdler; **lambiner** F [~bi'ne] (1a) *v/i.* dawdle.
lambourde [lã'burd] *f* ⚠ bridging joist. [pelmet.]
lambrequin [lãbrə'kɛ̃] *m* valance,
lambris ⚠ [lã'bri] *m* wood: wainscoting, panelling; *marble, stone:* wall-lining; **lambrissage** ⚠ [lãbri'sa:ʒ] *m* wainscoting, panelling; *room:* lining; **lambrisser** ⚠ [~'se] (1a) *v/t.* wainscot, panel; line (*a room*); plaster (*attic walls*).
lame [lam] *f metal:* thin plate, strip; *sword, razor,* ⚘ *leaf, etc.:* blade; ⚡ *accumulator etc.:* plate; ⚓ wave; *feather:* vane; *blind:* slat; (*metallic*) foil; **lamelle** [la'mɛl] *f* lamella; scale, flake; *metal:* thin sheet; *blind:* slat; ~s *pl. à parquet* steel shavings; **lamelleux, -euse** [~mɛ'lø, ~'lø:z] fissile, F flaky; lamellate(d) (*fungus etc.*).
lamentable [lamã'tabl] deplorable, lamentable; grievous (*error*); pitiful; full of woe (*voice*); **lamentation** [~ta'sjɔ̃] *f* lamentation; **lamenter** [~'te] (1a) *v/t.:* se ~ lament, deplore (s.th., *de qch.*).
lamette [la'mɛt] *f metal:* small plate; small blade.
laminer ⊕ [lami'ne] (1a) *v/t.* laminate, roll (*metal*); calender (*paper*); throttle (*steam*); **laminoir** ⊕ [~'nwa:r] *m* rolling-mill; roller; *paper:* calendering machine.

lampadaire

lampadaire [lãpa'dɛ:r] *m* candelabrum; lamp-stand.
lampe [lã:p] *f* lamp; *radio*: valve; *telev.* tube; ~ *à arc* arc-light; ~ *amplificatrice radio*: amplifying valve; ⊕ ~ *à souder* blowlamp; ~ *de chevet* bedside lamp; ⚒ ~ *de mineur* safety-lamp; ~ *de poche* flash-lamp, electric torch; ~ *témoin* pilot-lamp; ~ *triode* three-electrode lamp.
lampée [lã'pe] *f water etc.*: draught, Am. draft; *d'un seule* ~ at one gulp; **lamper** [~] (1a) *v/t.* gulp down, F swig (*a drink*).
lampion [lã'pjɔ̃] *m decorations*: fairy-light; Chinese lantern; **lampiste** [~'pist] *m* lamp-maker; lamp-lighter; F underling; **lampisterie** [~pis'tri] *f* lamp-making; lamp works *usu. sg.*; 🚆 lamp-cabin, lamp-room.
lamproie *icht.* [lã'prwa] *f* lamprey.
lampyre *zo.* [lã'pi:r] *m* fire-fly, glow-worm.
lance [lã:s] *f* spear; lance; *water-hose*: nozzle; *railing*: spike; ⊕ ~ *hydraulique* monitor; *fig. rompre une* ~ *avec* cross swords with (*s.o.*).
lance...: ~**flammes** ⚔ [lãs'fla:m] *m/inv.* flame-thrower; ~**grenades** ⚔ [~grə'nad] *m/inv.* grenade-thrower; **lancement** [~'mã] *m* throwing; *Am. baseball*: pitch; ⚓ launching (*a. rocket, a. fig.*); *bomb*: releasing; *propeller*: swinging; ✈ floating; **lancer** [lã'se] (1k) *v/t.* throw, fling, hurl; *Am. baseball*: pitch (*a ball*); launch (⚓, ✈ *an article, a rocket, fig. an attack, a. fig. a person*); ⚓ fire (*a torpedo*); utter (*an oath*); emit (*smoke, steam*); set (*a dog on s.o.*); ⚔ throw (*troops against the enemy*); ⚡ switch on; *mot.* start; ✈ swing (*the propeller*); ✈ float (*a company*); *fig.* crack (*a joke*); *se* ~ rush, dash, dart; *fig. se* ~ *dans* go *or* launch (out) into; **lance-torpilles** ⚓ [lãstɔr'pi:j] *m/inv.* torpedo-tube.
lancette ⚕, ⚗ [lã'sɛt] *f* lancet.
lanceur *m*, -**euse** *f* [lã'sœ:r, ~'sø:z] thrower; *cricket*: bowler; *Am. sp. baseball*: pitcher; ✈ promoter, floater; *fig.* initiator; **lancier** ⚔ [~'sje] *m* lancer.
lancinant, e [lãsi'nã, ~'nã:t] shooting, throbbing (*pain*).

landau, *pl.* -**s** [lã'do] *m* landau; hooded perambulator.
lande [lã:d] *f* heath, wasteland, moor.
langage [lã'ga:ʒ] *m* language; speech; ~ *chiffré* coded text.
lange [lã:ʒ] *m* baby's napkin; ~*s pl.* swaddling-clothes (*a. fig.*).
langoureux, -euse [lãgu'rø, ~'rø:z] languid, languishing.
langouste *zo.* [lã'gust] *f* lobster; F crayfish.
langue [lã:g] *f* tongue; language; *land*: neck; ~ *maternelle* mother tongue; ~ *verte* slang; *avoir la* ~ *bien pendue* have a glib tongue; *de* ~ *anglaise* English-speaking (*country*); *donner sa* ~ *aux chats* give up (*a riddle etc.*); *ne pas avoir sa* ~ *dans sa poche* have a quick *or* ready tongue; **languette** [lã'gɛt] *f metal, wood*: small tongue; strip; *shoe*, ⊕ *joint, a.* ♪: tongue; ⊕ feather; *balance*: pointer. [lessness.)
langueur [lã'gœ:r] *f* languor; list-)
languir [lã'gi:r] (2a) *v/i.* languish, pine; *thea.* drag; *fig.*, ♣ be dull; **languissant, e** [~gi'sã, ~'sã:t] languid, listless; languishing (*look etc.*); ♣ dull.
lanière [la'njɛ:r] *f* thong, lash.
lansquenet [lãskə'nɛ] *m* lansquenet (*a. card game*).
lanterne [lã'tɛrn] *f* lantern; *opt.* ~ *à projections* slide projector; ~ *sourde* bull's-eye lantern; ~ *vénitienne* Chinese lantern; *à la* ~! string him up!; **lanterneau** [lãtɛr'no] *m* △ *staircase*: skylight; 🚆 *Am.* monitor roof; **lanterner** F [~'ne] (1a) *v/i.* dawdle; ~ *qn. put (s.o.)* off; pester (*s.o.*); **lanternier** [~'nje] *m* lantern-maker; lamp-lighter. [~'nø:z] downy.)
lanugineux, -euse ♣ [lanyʒi'nø,)
lapalissade [lapali'sad] *f* truism, glimpse of the obvious.
laper [la'pe] (1a) *v/t.* lap.
lapereau [la'pro] *m* young rabbit.
lapidaire [lapi'dɛ:r] *adj., a. su./m* lapidary; **lapidation** [~da'sjɔ̃] *f* stoning; **lapider** [~'de] (1a) *v/t.* stone to death; F throw stones at; *fig.* hurl (*abuse etc.*); **lapidifier** [~di'fje] (1o) *v/t.* petrify.
lapin, e [la'pɛ̃, ~'pin] *su./m* rabbit; F chap; ~ *de choux* (*or domestique*) tame rabbit; ~ *de garenne* wild rab-

bit; ~ mâle buck rabbit; ✝ peau f de ~ cony; F poser un ~ à q. fail to turn up; su./f doe; **lapinière** [~pi-'njɛːr] f rabbit-hutch; rabbit-warren.
lapis(-lazuli) [la'pis, ~pislazy'li] m min. lapis lazuli; colour: bright blue.
lapon, -onne [la'põ, ~'pɔn] **1.** adj. Lapp(ish); **2.** su./m ling. Lapp(ish); su. ⚥ Laplander, Lapp.
laps [laps] m: ~ de temps lapse or space of time; **lapsus** [la'psys] m pen, tongue: slip; memory: lapse.
laque [lak] su./f lac; paint. lake; su./m lacquer; **laquer** [la'ke] (1m) v/t. lacquer, japan.
laquelle [la'kɛl] see lequel.
larbin F [lar'bɛ̃] m flunkey.
larcin ⚖ [lar'sɛ̃] m larceny; pilfering.
lard [laːr] m bacon; back-fat; F faire du ~ grow stout; **larder** [lar-'de] (1a) v/t. cuis. (inter)lard (a. fig.); fig. assail (with, de); **lardoire** [~'dwaːr] f cuis. larding-pin; △ pile: shoe; **lardon** [~'dɔ̃] m cuis. piece of larding bacon; fig. cutting remark, jibe; F kid, baby; **lardonner** [~dɔ'ne] (1a) v/t. cuis. cut (bacon) into strips; fig. taunt.
large [larʒ] **1.** adj. broad; wide; big, ample; loose-fitting (suit etc.); **2.** adv. broadly; **3.** su./m breadth, width; room, space; ⚓ open sea; offing; au ~! keep away!; **largesse** [lar'ʒɛs] f liberality; bounty, largesse; **largeur** [~'ʒœːr] f breadth, width; △ arch: span; ~ d'esprit broadness of mind.
largue ⚓ [larg] slack (rope); free, large (wind); **larguer** [lar'ge] (1m) v/t. ⚓ let go (a rope); unfurl (a sail); ✴ release (bombs).
larme [larm] f tear; fig. drop; fig. ~s pl. de crocodile crocodile tears; **larmier** [lar'mje] m △ drip-stone; anat. eye: corner; deer: tear-bag; horse: temple; **larmoyant, e** [larmwa'jã, ~'jãːt] weeping; tearful; ✴ watering; pej. maudlin; **larmoyer** [~'je] (1h) v/i. ✴ water; fig. pej. weep.
larron, -onnesse [la'rõ, ~rɔ'nɛs] su. robber; su./m: s'entendre comme ~s en foire be as thick as thieves.
larve biol. [larv] f larva, grub.
laryngite ✴ [larɛ̃'ʒit] f laryngitis; **laryngoscope** ✴ [~gɔs'kɔp] m laryngoscope; **laryngotomie** ✴ [~gɔtɔ'mi] f laryngotomy; **larynx** anat. [la'rɛ̃ːks] m larynx.
las, lasse [lɑ, lɑːs] tired, weary.
lascar [las'kaːr] m lascar; F (smart) fellow.
lascif, -ve [la'sif, ~'siːv] lascivious, lewd; **lasciveté** [~siv'te] f lasciviousness, lewdness.
lasser [lɑ'se] (1a) v/t. tire; fig. exhaust; se ~ grow weary (of, de); **lassitude** [~si'tyd] f weariness, lassitude.
latanier ♀ [lata'nje] m latania.
latent, e [la'tã, ~'tãːt] ✴, phys., phot., etc. latent; fig. concealed.
latéral, e, m/pl. **-aux** [late'ral, ~'ro] lateral; side-...
latin, e [la'tɛ̃, ~'tin] **1.** adj. Latin; ⚓ lateen (sail); les nations f/pl. ~es the Latin peoples; **2.** su./m ling. Latin.
latitude [lati'tyd] f geog., fig. latitude; fig. freedom; geog. par 10° de ~ Sud in latitude 10° South.
latrines [la'trin] f/pl. latrines.
latte [lat] f △ lath; ⚔ straight cavalry sword; **latter** [la'te] (1a) v/t. △ lath; ⊕ lag; **lattis** [~'ti] m lath-work.
laudanum [loda'nɔm] m laudanum.
laudatif, -ve [loda'tif, ~'tiːv] laudatory.
lauréat, e [lɔre'a, ~'at] **1.** adj. laureate; **2.** su. laureate, prize-winner.
laurier ♀, a. fig. [lɔ'rje] m laurel; ~-rose, pl. ~s-roses ♀ [~rje'roːz] m common oleander.
lavable [la'vabl] washable; **lavabo** [~va'bo] m wash-stand; lavatory; ✠ baths pl.; **lavage** [~'vaːʒ] m washing; pol. ~ de cerveau brain-washing; terre f de ~ alluvium.
lavande ♀ [la'vãːd] f lavender.
lavandière [lavã'djɛːr] f washer-woman; laundress; **lavasse** F [~'vas] f watery soup; slops pl., dish-water, hog-wash.
lave geol. [laːv] f lava.
lave-glace mot. [lav'glas] m windshield washer; **lave-mains** [~'mɛ̃] m/inv. hand-basin; **lavement** [~'mã] m eccl. washing; ✴ enema; **laver** [la've] (1a) v/t. wash; scrub (a. ⚗, ⊕); ⊕ trim up (wood); ✴ bathe (a wound); fig. clear; sl. sell off; F ~ la tête à tell (s.o.) off, Am. call (s.o.) down; **lavette** [~'vɛt] f

laveur

dish-mop; dish-cloth; **laveur, -euse** [~'vœːr, ~'vøːz] *su. person*: washer, ⊕, 🚗 *gas*: scrubber; *su./m* ⊕ scrubber; *su./f* washing-machine; **lavis** *paint*. [~'vi] *m* washing; wash-tint; wash-drawing; **lavoir** [~'vwaːr] *m* wash-house, ⚒ washing-plant; ~ *de cuisine* scullery; **lavure** [~'vyːr] *f* swill, hog-wash; ⊕ metal turnings *pl.* and filings *pl.*; *gold*: sweepings *pl.*

laxatif, -ve ⚕ [laksa'tif, ~'tiːv] *adj., a. su./m* laxative, aperient; **laxité** [laksi'te] *f* laxity.

layer[1] [lɛ'je] (1i) *v/t.* cut a path through (*a forest*); blaze (*trees*).

layer[2] ⊕ [~] (1i) *v/t.* tool (*a stone*).

layette [lɛ'jɛt] *f* packing-case; (*baby's*) layette, baby-linen.

layon *hunt.* [lɛ'jɔ̃] *m* cross-ride; service-path.

lazaret ⚓ [laza'rɛ] *m* lazaret(to) (*a.* = *quarantine station*).

lazulite *min.* [lazy'lit] *f* see *lapis* (-*lazuli*).

le *m*, **la** *f*, **les** *pl.* [lə, la, le] 1. *art./def.* the; 2. *pron./pers.* him, her, it; *pl.* them.

lé [le] *m tex.* width, breadth; ⚓ tow-path.

leader *pol., journ., sp.* [li'dœːr] *m* leader.

lèche [lɛʃ] *f F bread etc.*: thin slice; *sl.* faire de la ~ à suck up to; **~-cul** V [~'ky] *m/inv.* arse-crawler; **~frite** [~'frit] *f* dripping-pan.

lécher [le'ʃe] (1f) *v/t.* lick; *fig.* over-polish, elaborate (*one's style*); **lécheur** *m*, **-euse** *f* [~'ʃœːr, ~'ʃøːz] gourmand; ⊕ licker; F toady; **lèche-vitrines** F [lɛʃvi'trin] *m/inv.* window-shopping.

leçon [lə'sɔ̃] *f* reading; *school, a. fig.*: lesson; *univ.* lecture; ~ *particulière* private lesson.

lecteur *m*, **-trice** *f* [lɛk'tœːr, ~'tris] reader; *univ.* foreign assistant; *typ.* proof-reader; **lecture** [~'tyːr] *f* reading (*a. parl.*); *avoir de la ~* be well read.

ledit *m*, **ladite** *f*, **lesdits** *m/pl.*, **lesdites** *f/pl.* [lə'di, la'dit, le'di, le'dit] *adj.* the aforesaid, the above-mentioned, the said ...

légal, e, *m/pl.* **-aux** [le'gal, ~'go] legal; forensic (*medicine*); *monnaie f* ~*e* legal tender; **légaliser** [legali'ze] (1a) *v/t.* legalize; attest, certify (*a declaration, a signature*); **légalité** [~'te] *f* legality, lawfulness.

légat *hist., a. eccl.* [le'ga] *m* legate; **légataire** ⚖ [lega'tɛːr] *su.* legatee; heir; ~ *universel* residuary legatee; **légation** *eccl., pol.* [~'sjɔ̃] *f* legation.

légendaire [leʒɑ̃'dɛːr] 1. *adj.* legendary; F epic (*struggle, fight*); 2. *su./m* legendary; **légende** [~'ʒɑ̃:d] *f* legend (*a. coins, illustrations, etc.*); *typ.* caption; *diagram, map, etc.*: key.

léger, -ère [le'ʒe, ~'ʒɛːr] light (*a. wine*); slight (*error, pain*); weak (*tea, coffee*); mild (*beer, tobacco*); *fig.* flighty (*conduct, woman*); *fig.* frivolous; free (*talk*); *à la légère* lightly; unthinkingly, too hastily; **légèreté** [leʒɛr'te] *f* lightness *etc.*, see *léger.*

légion [le'ʒjɔ̃] *f* ⚔ *etc.* legion; *fig.* host; ~ *d'Honneur* Legion of Hono(u)r; ⚔ ~ *étrangère* Foreign Legion; **légionnaire** [~ʒjɔ'nɛːr] *m hist.* legionary; ⚔ soldier of the Foreign Legion; member of the Legion of Hono(u)r.

législateur *m*, **-trice** *f* [leʒisla'tœːr, ~'tris] legislator; **législatif, -ve** [~'tif, ~'tiːv] legislative; **législation** [~'sjɔ̃] *f* legislation; law; **législature** [~'tyːr] *f* legislature; period of office of a legislative body; **légiste** [le'ʒist] 1. *su./m* legist, jurist; 2. *adj.*: *médecin m ~* medical expert.

légitimation [leʒitima'sjɔ̃] *f child*: legitimation; official recognition; **légitime** [~'tim] 1. *adj.* legitimate, lawful; *fig.* justifiable; sound (*inference*); ~ *défense f* self-defence; 2. *su./f* ⚖ child's portion; *sl.* wife; **légitimer** [~ti'me] (1a) *v/t.* legitimate; *fig.* justify; *admin. etc.* recognize; **légitimité** [~timi'te] *f* legitimacy; lawfulness.

legs [lɛ] *m* legacy; bequest; **léguer** [le'ge] (1s) *v/t.* bequeath (*a. fig.*), leave.

légume [le'gym] *m* vegetable; ♀ pod; **légumier, -ère** [legy'mje, ~'mjɛːr] 1. *adj.* vegetable...; 2. *su./m* vegetable dish; **légumineux, -euse** ♀ [~mi'nø, ~'nøːz] 1. *adj.* leguminous; 2. *su./f* leguminous plant.

lendemain [lɑ̃d'mɛ̃] *m* next day, day after, morrow; *le ~ matin* the next morning.

lendore [lã'dɔːr] *su.* slowcoach, sleepyhead.
lénifier ⚕ [leni'fje] (1o) *v/t.* soothe, assuage, alleviate; **lénitif, -ve** ⚕ [~'tif, ~'tiːv] **1.** *adj.* lenitive; soothing; **2.** *su./m* lenitive.
lent, lente [lã, lãːt] slow; slow-burning (*powder*).
lente [lãːt] *f* louse: nit.
lenteur [lã'tœːr] *f* slowness; ~s *pl.* slowness *sg.*; dilatoriness *sg.*
lentille [lã'tiːj] *f* ♀ lentil; *opt.* lens; ⊕, *clock pendulum*: bob, ball; ~s *pl. face*: freckles, spots; *opt.* ~s *pl.* cornéennes contact lenses.
léonin, e [leɔ'nɛ̃, ~'nin] leonine; *fig. part f* ~e lion's share; **léopard** *zo.* [~'paːr] *m* leopard.
lépidoptères [lepidɔp'tɛːr] *m/pl.* lepidoptera.
lèpre ⚕ [lɛpr] *f* leprosy (*a. fig.*); **lépreux, -euse** ⚕ [le'prø, ~'prøːz] **1.** *adj.* leprous; **2.** *su.* leper; **léproserie** [~prɔz'ri] *f* leper-hospital.
lequel *m*, **laquelle** *f*, **lesquels** *m/pl.*, **lesquelles** *f/pl.* [lə'kɛl, la-'kɛl, le'kɛl] **1.** *pron./rel.* who, whom, which; **2.** *pron./interr.* which (one)?; **3.** *adj.* which.
lérot *zo.* [le'ro] *m* garden dormouse, leriot.
les [le] *see* le.
lès [le] *prp.* near ... (*only in place names*).
lèse-majesté ♎ [lɛzmaʒɛs'te] *f* high treason, lese-majesty; **léser** [le'ze] (1f) *v/t.* wrong (*s.o.*); injure (*a. fig. s.o.'s pride*); *fig.* endanger.
lésine [le'zin] *f* stinginess; **lésiner** [~zi'ne] (1a) *v/i.* be stingy; ~ *sur* haggle over; **lésinerie** [~zin'ri] *f* stinginess.
lésion [le'zjɔ̃] *f* injury (*a.* ♎); ⚕ lesion.
lessivage [lesi'vaːʒ] *m* washing; ⊕ *boiler*: cleaning; ⊕, 🜊 leaching; **lessive** [~'siːv] *f* wash(ing); 🜊 washing-powder; *faire la* ~ do the laundry; *jour m de* ~ washing-day; **lessiver** [lesi've] (1a) *v/t.* wash, scrub (*the floor*); ⊕ clean (*a boiler*); ⊕, 🜊 leach; *sl.* sell; **lessiveuse** [~'vøːz] *f* washing-machine.
lest ⚓ [lɛst] *m* ballast..
leste [~] light, nimble, agile; *fig.* unscrupulous; *fig.* broad (*humour*).
lester [lɛs'te] (1a) *v/t.* ballast; weight (*a net*).

léthargie [letar'ʒi] *f* lethargy; **léthargique** [~'ʒik] lethargic.
letton, -onne [lɛ'tɔ̃, ~'tɔn] **1.** *adj.* Lettonian; *geog.* Latvian; **2.** *su./m ling.* Lettish; *su.* ♀ Lett.
lettre [lɛtr] *f* letter; ~s *pl.* literature *sg.*, letters; ♎ ~s *pl. de procuration* letters of procuratory; ~s *pl. patentes* letters patent; ~ *chargée* (*or recommandée*) *post*: registered letter; *hist.* ~ *de cachet* order under the king's private seal; † ~ *de change* bill of exchange; ~ *de commerce* business letter; *pol.* ~ *de créance* credentials *pl.*; ~ *de crédit* letter of credit; ~ *de faire-part* notice (*of wedding etc.*); ~ *de voiture* way-bill, consignment note; *à la* ~ literally; *en toutes* ~s in full; *homme m (femme f) de* ~s man (woman) of letters; *lever les* ~s *post*: collect the post; **lettré, e** [lɛ'tre] well-read, literate.
leu [lø] *m*: *à la queue* ~ ~ in single file.
leur [lœːr] **1.** *adj./poss.* their; **2.** *pron./pers.* them; (to) them; **3.** *pron./poss.*: *le* (*la*) ~, *les* ~s *pl.* theirs, their own; **4.** *su./m* theirs, their own; *les* ~s *pl.* their (own) people.
leurre [lœːr] *m fish, a. fig.*: bait; *birds*: decoy; *fig.* catch; **leurrer** [lœ're] (1a) *v/t.* bait (*a fish*); decoy (*birds*); *fig.* allure, entice; *se* ~ *de* delude o.s. with.
levage [lə'vaːʒ] *m* hoisting, raising; *dough*: rising; *appareil m de* ~ hoist.
levain [lə'vɛ̃] *m* yeast; leaven (*a. fig.*).
levant [lə'vã] *m* east; **levantin, e** [~vã'tɛ̃, ~'tin] *adj., a. su.* ♀ Levantine.
levé [lə've] *m* ♩ up beat; *surv.* survey; **levée** [~'ve] *f thing*, 🞨 *siege*: raising; *thing, ban, embargo*: lifting; *meeting*: closing; ♎ *court*: rising; 🞨 levy(ing); embankment, causeway; *post*: collection; 🞨 *camp*: striking; ⚓ *anchor*: weighing, *sea*: swell; removal; ⊕ *piston*: travel, cam, *valve*: lift, cam, cog; *cards*: trick; **lever** [~'ve] **1.** (1d) *v/t.* lift; raise (*a.* 🞨); adjourn, close (*a meeting*); levy (🞨, *a. taxes*); shrug (*one's shoulders*); *post*: collect; *post*: clear (*a letter-box*); 🞨 *etc.* strike (*a. camp*); ⚓ weigh (*anchor*); remove (*a bandage, a difficulty, a doubt*); *cards*: pick up (*a trick*); *se* ~ rise, stand

levier 282

up; clear (*weather*); v/i. & shoot; rise (*dough*); 2. *su./m* person, thing, sum: rising; *thea.* curtain: rise; (*royal*) levee; *surv.* surveying; **levier** [~'vje] *m* lever; *mot.* ~ du changement de vitesse gear lever.

levraut [lə'vro] *m* leveret, young hare.

lèvre [lɛːvr] *f* lip (*a.* &); *crater:* rim; *geol. fault:* wall; ~s *pl. wound:* lips; *se mordre les* ~s *d'avoir parlé* regret having spoken.

levrette [lə'vrɛt] *f* greyhound bitch; **lévrier** [le'vrje] *m* greyhound.

levure [lə'vyːr] *f* yeast; ~ *artificielle* baking-powder.

lexicographe [lɛksikɔ'graf] *m* lexicographer; **lexicographie** [~gra'fi] *f* lexicography.

lez [le] see **lès**.

lézard [le'zaːr] *m zo.* lizard; *fig.* idler, lounger; *faire le* ~ bask in the sun; **lézarde** [~'zard] *f* chink, crevice, crack; **lézarder** [~zar'de] (1a) v/t. crack, split; v/i. F bask in the sun; F lounge.

liage [lja:ʒ] *m* binding, tying, fastening; **liaison** [ljɛ'zɔ̃] *f* joining, connection (*a.* ✝); *cuis.* thickening; △ mortar, cement; ✕,*gramm.* liaison (*a. — intimacy*); ♪ slur; **liant, liante** [ljɑ̃, ljɑ̃:t] **1.** *adj.* binding; flexible, springy; elastic; good-natured, sociable; **2.** *su./m* good nature, amiability; flexibility, springiness; △ binding agent.

liarder F [ljar'de] (1a) v/i. pinch and scrape; count every halfpenny.

liasse [ljas] *f* bundle, packet; wad.

libation [liba'sjɔ̃] *f* libation; F *faire d'amples* ~s drink deeply.

libelle [li'bɛl] *m* lampoon; ⚖ libel; **libeller** [libɛl'le] (1a) v/t. draw up (*a cheque, a document*); make out (*a cheque*); **libelliste** [~'list] *m* lampoonist.

libellule *zo.* [libɛl'lyl] *f* dragon-fly, (devil's) darning-needle.

liber ♀ [li'bɛːr] *m* bast, inner bark.

libéral, e [libe'ral, ~'ro] **1.** *adj.* liberal; broad; generous; **2.** *su./m* liberal; **libéralisme** *pol.* [libera'lism] *m* liberalism; **libéralité** [~li'te] *f* liberality; *fig.* generosity; **libérateur, -trice** [~'tœːr, ~'tris] **1.** *adj.* liberating; **2.** *su.* liberator, deliverer; rescuer; **libération** [~'sjɔ̃] *f* liberation; ⚖ discharge (*a.* ✕), release; ✝ payment in full; **libérer** [libe're] (1f) v/t. liberate; set free; ⚖, ✕ discharge; ✕ exempt from military service; ✝ free (*s.o. of a debt*); *se* ~ *de* free o.s. from; ✝ liquidate (*a debt*); **liberté** [libɛr'te] *f* liberty, freedom; ⊕ *piston:* clearance; *prendre des* ~s *avec* take liberties with; *prendre la* ~ *de* (*inf.*) take the liberty of (*ger.*); **libertin, e** [~'tɛ̃, ~'tin] **1.** *adj.* dissolute; *fig.* freakish; **2.** *su.* libertine; rake; **libertinage** [~ti'na:ʒ] *m* dissolute behavio(u)r or ways *pl.*

libidineux, -euse [libidi'nø, ~'nø:z] lewd, lustful; **libido** *psych.* [~'do] *f* libido.

libraire [li'brɛːr] *su.* bookseller; ~-**éditeur**, *pl.* ~s-**éditeurs** [~brɛre-di'tœːr] *m* publisher; **librairie** [~brɛ'ri] *f* bookshop; book-trade; publishing house.

libre [libr] free; independent (*school*); *admin.* unstamped (*paper*); ~ *à vous de* (*inf.*) you are welcome *or* at liberty to (*inf.*); *teleph. pas* ~ line engaged; *Am.* line busy; ~-**échange** [libre'ʃɑ̃:ʒ] *m* free(-)trade; ~-**échangiste** [~ʃɑ̃'ʒist] *m* free-trader; ~-**service**, *pl.* ~s-**services** [librəsɛr'vis] *adj.: magasin m* ~ self-service store.

librettiste *thea.* [librɛ'tist] *m* librettist; **libretto** *thea.* [~'to] *m* libretto.

lice[1] *tex.* [lis] *f* warp.

lice[2] *hunt.* [~] *f* hound bitch.

lice[3] [~] *f* ⚔ lists *pl.*; *fig. entrer en* ~ *contre* enter the lists against, F have a tilt at.

licence [li'sɑ̃:s] *f* fig., *a.* admin. licence; *univ.* degree of licentiate; *fig.* licentiousness; ~ *poétique* poetic licence; *prendre des* ~s *avec* take liberties with; **licencié m, e f** [lisɑ̃'sje] licentiate; *univ.* bachelor (*of arts etc.*); ✝ licensee; **licenciement** ✕ [~si'mɑ̃] *m* disbanding; **licencier** [~'sje] (1o) v/t. disband; ⊕ lay off (*workmen*); **licencieux, -euse** [~'sjø, ~'sjø:z] licentious.

lichen ♀ [li'kɛn] *m* lichen.

licher *sl.* [li'ʃe] (1a) v/t. lick; drink (up).

licitation ⚖ [lisita'sjɔ̃] *f* sale by auction as one lot (*of property held jointly or in common*).

licite [li'sit] licit, lawful.

liciter ⚖ [lisi'te] (1a) *v/t.* sell by auction as one lot; *see licitation.*
licol [li'kɔl] *m* halter.
licorne [li'kɔrn] *f* ⊘, *myth.* unicorn; *icht.* ~ de mer narwhal.
licou [li'ku] *m see licol.*
lie [li] *f* lees *pl.*; dregs *pl.* (*a. fig.*).
liège [ljɛ:ʒ] *m* ♀ cork oak; cork; float; **liégeux, -euse** [ljeˈʒø, ~ˈʒø:z] cork-like.
lien [ljɛ̃] *m* tie (*a.* ⊕), bond, link; ⊕ *metal:* strap, band; ~s *pl.* chains;
lier [lje] (1o) *v/t.* bind (*a.* ⚖), fasten, tie; connect, link (*ideas, questions, topics*); *cuis.* thicken (*a sauce*); ~ connaisance avec strike up an acquaintance with; se ~ avec make friends with.
lierre ♀ [ljɛ:r] *m* ivy.
liesse [ljɛs] *f* rejoicing, jollity.
lieu [ljø] *m place;* locality, spot; *fig.* grounds *pl.*, reason, cause; ⚖ locus; site; ~x *pl.* premises; ~x *pl.* (*d'aisances*) privy *sg.*, toilet *sg.*; *gramm.* ~x *pl. communs* commonplaces; *au* ~ *de* instead of; *au* ~ *que* whereas; *avoir* ~ take place, occur; *donner* ~ *à* give rise to; *en premier* ~ in the first place, first of all; *il y a* (*tout*) ~ *de* (*inf.*) there is (every) reason for (*ger.*); *sur les* ~x on the premises; F on the spot.
lieue [ljø] *f measure:* league.
lieur, -euse [ljœ:r, ljø:z] *su. person:* binder; *su./f* (*mechanical*) binder.
lieutenance [ljøtˈnɑ̃:s] *f* lieutenancy; **lieutenant** [~ˈnɑ̃] *m* ⚔ lieutenant; ⚓ ~ *de vaisseau* lieutenant; ~-*colonel* ⚔ lieutenant-colonel; ✈ wing-commander.
lièvre *zo.* [ljɛ:vr] *m* hare.
liftier [lifˈtje] *m* lift boy, *Am.* elevator operator.
ligament *anat.* [ligaˈmɑ̃] *m* ligament; **ligamenteux, -euse** [~mɑ̃ˈtø, ~ˈtø:z] ligamentous; **ligature** [~ˈty:r] *f* binding, tying; ✍, *typ.* ligature; ⚓, ♪ splice; ♪ tie; **ligaturer** [~tyˈre] (1a) *v/t.* bind; ✍ ligature; ♪ tie.
lignage [liˈɲaʒ] *m* lineage; **lignard** ⚔ F [~ˈɲa:r] *m* soldier of the line, infantryman; **ligne** [liɲ] *f* line, row; ✈ flight; *geog.* the equator; ~ aérienne ✈ overhead line; airline; *à la* ~! new paragraph!, indent!; F *elle a de la* ~ she has a good figure;

🚂 *grande* ~ main line; *hors* ~ incomparable; *lire entre les* ~s read between the lines; *pêcher à la* ~ angle; **lignée** [liˈɲe] *f* issue; descendants *pl.*
ligneul [liˈɲœl] *m* shoemaker's thread.
ligneux, -euse [liˈɲø, ~ˈɲø:z] ligneous, woody; **lignifier** [~ɲiˈfje] (1o) *v/t. a. se* ~ turn into wood; **lignite** *min.* [~ˈnit] *m* lignite, brown coal.
ligoter [ligɔˈte] (1a) *v/t.* tie up.
ligue [lig] *f* league; **liguer** [liˈge] (1m) *v/t.* league; **ligueur** *hist.* [~ˈgœ:r] *m* leaguer.
lilas ♀ [liˈla] *su./m, a. adj./inv.* lilac.
limace [liˈmas] *f zo.* slug; ⊕ Archimedean screw; **limaçon** [~maˈsɔ̃] *m zo.* snail; *anat.* cochlea; ~ *de mer* periwinkle; *escalier m en* ~ spiral staircase.
limaille ⊕ [liˈmɑ:j] *f* filings *pl.*
limande [liˈmɑ̃:d] *f icht.* dab; ⊕ graving piece.
limbe [lɛ̃:b] *m astr.* rim; ⚖, ♀ limb; ♀ *leaf:* lamina; *eccl.* ~s *pl.* limbo *sg.*
lime ⊕ [lim] *f* file; ~ *à ongles* nail-file; *enlever à la* ~ file (*s.th.*) off;
limer [liˈme] (1a) *v/t.* file; *fig.* polish; **limeuse** ⊕ [~ˈmø:z] *f* filing-machine.
limier [liˈmje] *m zo.* bloodhound; F sleuth.
limitatif, -ve [limitaˈtif, ~ˈti:v] limiting, restrictive; **limitation** [~ˈsjɔ̃] *f* limitation, restriction; ~ *des naissances* birth-control; **limite** [liˈmit] 1. *su./f* limit; boundary (*a. sp.*); ~ *d'élasticité* elastic limit, tensile strength; 2. *adj.: cas m* ~ border-line case; *vitesse f* ~ maximum speed, speed limit; **limiter** [limiˈte] (1a) *v/t.* limit; restrict; **limitrophe** [~ˈtrɔf] (*de*) adjacent (to); bordering (on); *pays m* ~ borderland.
limoger ⚔ F [limɔˈʒe] (1l) *v/t.* stellenbosch; supersede (*a general etc.*).
limon¹ [liˈmɔ̃] *m* mud, slime, alluvium.
limon² [~] *m cart etc.:* shaft; ⚠ string-board.
limon³ ♀ [liˈmɔ̃] *m* sour lime; **limonade** [limɔˈnad] *f* lemonade; **limonadier** *m*, -**ère** *f* [~naˈdje, ~ˈdjɛ:r] bar-keeper; dealer in soft drinks, *Am.* soda-fountain keeper.
limoneux, -euse [limɔˈnø, ~ˈnø:z]

limonier

muddy (*water*); *geol.* alluvial; ⚘ growing in mud; bog-... [tree.]
limonier[1] ⚘ [limɔ'nje] *m* sour-lime]
limonier[2] [limɔ'nje] *m* shaft-horse; **limonière** [~'njɛ:r] *f* pair of shafts; four-wheeled dray.
limousine [limu'zin] *f* rough woollen coat or cloak; *mot.* limousine; **limousiner** ⚒ [~zi'ne] (1a) *v/t.* build in rubble work.
limpide [lɛ̃'pid] clear, transparent, limpid; **limpidité** [~pidi'te] *f* limpidity; clarity.
lin [lɛ̃] *m* ⚘ flax; *tex.* linen; **linaire** ⚘ [li'nɛ:r] *f* linaria, F toad-flax;
linceul [lɛ̃'sœl] *m* shroud.
linéaire [line'ɛ:r] linear; ⊕ *dessin m* ~ geometrical drawing; *mesure f* ~ measure of length; **linéament** [~a'mɑ̃] *m* feature (*a. fig.*).
linette ⚘ [li'nɛt] *f* linseed.
linge [lɛ̃:ʒ] *m* linen, calico; ~ *de corps* underwear; ~ *de table* table linen; ~ *sale* dirty linen (*a. fig.*); **linger** *m*, -ère [lɛ̃'ʒe, ~'ʒɛ:r] *su.* linendraper; *su./f* wardrobe keeper; seamstress; **lingerie** [lɛ̃ʒ'ri] *f* underwear; † linen-drapery; † linen-trade; linen-room.
lingot *metall.* [lɛ̃'go] *m* ingot; **lingotière** *metall.* [~gɔ'tjɛ:r] *f* ingotmo(u)ld.
lingual, e, *m/pl.* -aux [lɛ̃'gwal, ~'gwo] lingual; **linguiste** [~'gɥist] *su.* linguist; **linguistique** [~gɥis-'tik] 1. *adj.* linguistic; 2. *su./f* linguistics *sg.*
linier, -ère [li'nje, ~'njɛ:r] 1. *adj.* linen...; flax...; 2. *su./f* flax-field.
liniment ⚕ [lini'mɑ̃] *m* liniment.
linoléum [linɔle'ɔm] *m* linoleum, oilcloth.
linon *tex.* [li'nɔ̃] *m* lawn; buckram.
linotte *orn.* [li'nɔt] *f* linnet; *red poll*; F *tête f de* ~ feather-brain.
linteau ⚒ [lɛ̃'to] *m* lintel.
lion [ljɔ̃] *m* lion (*a.* F); F celebrity; *astr. le* ♌ Leo, the Lion; *fig. part f du* ~ lion's share; **lionceau** [ljɔ̃'so] *m* lion cub; **lionne** [ljɔn] *f* lioness.
lippe [lip] *f* thick lower lip; F *faire la* ~ pout; **lippée** † [li'pe] *f* feast; **lippu, e** [~'py] thick-lipped.
liquéfaction ⚗ *etc.* [likefak'sjɔ̃] *f* liquefaction; **liquéfier** ⚗ *etc.* [~'fje] (1o) *v/t.* liquefy; reduce to the liquid state; *se* ~ liquefy.

liquette F [li'kɛt] *f* shirt.
liqueur [li'kœ:r] *f* liquor, drink; liqueur; ⚗ solution, liquid.
liquidateur ⚖ [likida'tœ:r] *m* liquidator; **liquidation** [~'sjɔ̃] *f* liquidation; † *Stock Exchange*: settlement; † clearance sale; ⚖ † ~ *judiciaire* winding up.
liquide [li'kid] 1. *adj.* liquid (*a. gramm., a.* † *debt*); ready (*money*); *actif m* ~ liquid assets *pl.*; 2. *su./m* liquid; drink; *su./f gramm.* liquid consonant; **liquider** [~ki'de] (1a) *v/t.* liquidate (*a.fig.*); † settle (*an account, a. fig. a question*); † sell off (*goods*); *fig.* get rid of; *se* ~ *avec* clear off one's debt to.
liquoreux, -euse [likɔ'rø, ~'rø:z] liqueur-like; sweet (*wine*); **liquoriste** [~'rist] *m* wine and spirit merchant.
lire[1] [li:r] (4t) *v/i.* read (about, *sur*); *v/t.* read; *cela se lit sur votre visage* it shows in your face; *je vous lis difficilement* I have difficulty with your handwriting.
lire[2] [~] *f Italian currency*: lira.
lis ⚘ [lis] *m* lily; ⌘ *fleur f de* fleur-de-lis.
liséré [lize're] *m* border, edging; piping, binding; **lisérer** [~] (1d) *v/t.* border, edge; pipe.
liseron ⚘ [liz'rɔ̃] *m* bindweed, convolvulus.
liseur, -euse [li'zœ:r, ~'zø:z] *su.* great reader; *su./f* reading stand; *book*: dust jacket; readinglamp; *cost.* bed jacket; **lisibilité** [~zibili'te] *f* legibility; **lisible** [~'zibl] legible; *fig.* readable (*book*).
lisière [li'zjɛ:r] *f tex.* selvedge, list; *field, forest*: edge; *country, field*: border; *fig.* leading-strings *pl.*
lisons [li'zɔ̃] *1st p. pl. pres. of lire*[1].
lissage [li'sa:ʒ] *m* ⊕ polishing; *metal*: burnishing.
lisse[1] [lis] smooth, polished; glossy.
lisse[2] ⚓ [~] *f* rail; *hull*: ribband.
lisse[3] *tex.* [~] *f* warp.
lisser [li'se] (1a) *v/t.* smooth, polish; burnish (*metal*); glaze (*paper*); *bird*: preen (*its feathers*); *se* ~ become smooth; **lissoir** ⊕ [~'swa:r] *m* smoother; polishing-iron.
liste [list] *f* list, roll; register; ⚔ roster; ⚖ *jury*: panel; ~ *civile* civil list; ~ *électorale* register of voters.
listeau [lis'to] *m*, **listel** [~'tɛl] *m* ⚒

loger

listel, fillet; *coin*: rim; ⚓ sheer-rail.
lit [li] bed (*a.* 🜁, ⊕, *river, etc.*); *river*: bottom; *geol.* layer, stratum; ~ **de camp** camp-bed; *hist.* ~ **de justice** *king's throne in old French parliament*; ~ **de mort** death-bed; ~ **d'enfant** cot; ~ **de plume** feather bed; *fig.* comfortable job; ⚓ ~ **du vent** wind's eye; ~ **escamotable** folding-bed; **chambre** *f* **à deux** ~**s** twin-bedded room; **enfant** *mf* **du second** ~ child of the second marriage; **faire** ~ **à part** sleep apart; **garder le** ~ be confined to one's bed.
litanie [lita'ni] *f* F rigmarole; *eccl.* ~**s** *pl.* litany *sg.*; F **la même** ~ the old, old story; the same refrain.
liteau [li'to] *m* 🜁 batten, rail; *tex.*⎫
literie [li'tri] *f* bedding. [stripe.⎭
litho... [lito] **litho...**; ~**graphe** [~'graf] *m* lithographer; ~**graphie** [~gra'fi] *f* lithography; lithograph.
litière [li'tjɛːr] *f* litter; *fig.* **faire** ~ **de** trample underfoot.
litigant, e ⚖ [liti'gɑ̃, ~'gɑ̃ːt] litigant; **litige** ⚖ [~'tiːʒ] *m* litigation; (law)suit; **en** ~ under dispute, at issue; **litigieux, -euse** [~ti'ʒjø, ~'ʒjøːz] litigious.
litorne *orn.* [li'tɔrn] *f* fieldfare.
litre [litr] *m measure*: litre, *Am.* liter.
littéraire [lite'rɛːr] literary; **littéral, e**, *m/pl.* **-aux** [~'ral, ~'ro] literal (*a.* 🜛); ⚖ documentary (*evidence*); **littérateur** [~ra'tœːr] *m* man of letters; **littérature** [~ra-'tyːr] *f* literature; ~ **professionnelle** technical literature.
littoral, e *m/pl.* **-aux** [litɔ'ral, ~'ro] 1. *adj.* coastal, littoral; 2. *su./m* coast-line; shore.
liturgie *eccl.* [lityr'ʒi] *f* liturgy; **liturgique** *eccl.* [~'ʒik] liturgical.
liure [ljyːr] *f* *cart-load etc.*: lashing.
livide [li'vid] livid; ghastly; **lividité** [~vidi'te] *f* lividness; ghastliness.
livrable ✝ [li'vrabl] deliverable; ready for delivery; **livraison** [~vrɛ-'zɔ̃] *f* ✝ delivery; *book*: instalment.
livre[1] [liːvr] *m* book; ⚓ ~ **de bord** log-book; ~ **de raison** register; record; *pol.* ~ **jaune** (*approx.*) blue book; **à** ~ **ouvert** at sight; **tenir les** ~**s** keep the accounts; ✝ **tenue** *f* **des** ~**s** book-keeping; *see* **grand-livre**.

livre[2] [~] *f money, weight*: pound.
livrée [li'vre] *f* livery; *coll.* servants *pl.*
livrer [~] (1a) *v/t.* deliver; ⚔ surrender; ~ **bataille** join battle (with, à); **se** ~ surrender; *fig.* indulge (in, à).
livret [li'vrɛ] *m* booklet; ♪ libretto; (*bank-*)book; *school*: record-book; (*student's*) handbook.
livreur ✝ [li'vrœːr] *m* delivery-man, delivery-boy; **livreuse** [li'vrøːz] *f* delivery-girl; delivery-van.
lobe [lɔb] *m* ♀, *anat.* lobe; 🜁 foil; **lobé, e** ♀ [lɔ'be] lobed, lobate; **lobule** ♀, *anat.* [~'byl] *m* lobule.
local, e, *m/pl.* **-aux** [lɔ'kal, ~'ko] 1. *adj.* local; 2. *su./m* premises *pl.*; site; room; **localiser** [lɔkali'ze] (1a) *v/t.* locate; localize; **localité** [~li'te] *f* locality, place; **locataire** [~'tɛːr] *su.* tenant, occupier; ⚖ lessee; lodger; hirer; **locatif, -ve** [~'tif, ~'tiːv] rental; tenant's ...; **réparations** *f/pl.* ~**ves** repairs for which the tenant is liable; **location** [~'sjɔ̃] *f* hiring; letting, renting; tenancy; *thea. etc.* booking; ~ **de livres** lending-library; **bureau** *m* **de** ~ box-office; booking-office (*a.* 📺); **location-vente**, *pl.* **locations-ventes** [~sjɔ̃'vɑ̃ːt] *f* hire-purchase system.
loch ⚓ [lɔk] *m* log.
lock-out ⊕ [lɔ'kaut] *m/inv.* lock-out.
locomobile [lɔkɔmɔ'bil] 1. *adj.* travelling; locomotive; 2. *su./f* transportable steam-engine, locomobile; **locomotif, -ve** [~'tif, ~-'tiːv] 1. *adj.* 🜛, *a. physiol.* locomotive; transportable; 2. *su./f* locomotive, engine; **locomotion** [~-'sjɔ̃] *f* locomotion.
locuste *zo.* [lɔ'kyst] *f* locust.
locution [lɔky'sjɔ̃] *f* expression, phrase.
lof [lɔf] *m* windward side; *sail*: luff; **lofer** ⚓ [lɔ'fe] (1a) *v/i.* luff.
loge [lɔʒ] *f* hut; cabin; *freemason*, gardener, porter: lodge; *dog*: kennel; *thea.* box; *thea.* (*artist's*) dressing-room; ♀ cell, loculus; **logeable** [lɔ'ʒabl] fit for occupation (*house*); *mot.* comfortable; **logement** [lɔʒ-'mɑ̃] *m* lodging, housing, accommodation; ⚔ billeting; ⚔ quarters *pl.*; ⊕ bed, seating; ✝ container; **loger** [lɔ'ʒe] (1l) *v/t.* lodge, house;

logette 286

⚔ billet, quarter; put; ⊕ fix, fit, set; v/i. lodge, live; ⚔ be quartered; ~ en garni live in lodgings; **logette** [~'ʒɛt] f small lodge; *thea.* small box; **logeur** [~'ʒœːr] m landlord, lodging-house keeper; ⚔ householder (*on whom a soldier is billeted*); **logeuse** [~'ʒøːz] f landlady.

logicien m, **-enne** f [lɔʒi'sjɛ̃, ~'sjɛn] logician; **logique** [~'ʒik] **1.** *adj.* logical; **2.** *su./f* logic.

logis [lɔ'ʒi] m abode, home, dwelling; hostelry; *fig.* la folle du ~ the imagination.

loi [lwa] f law; rule; *mettre hors la* ~ outlaw; *parl.* projet m de ~ bill; *se faire une* ~ *de* (*inf.*) make a point of (*ger.*); **~-cadre**, *pl.* **~s-cadres** [~'kɑːdr] f skeleton law.

loin [lwɛ̃] *adv.* far, distant (from, de); ~ de (*inf.*) far from (*ger.*); *aller trop* ~ overdo it, go too far; *au* ~ far away; *bien* ~ very far; far back (*in the past*); further on (*in the book etc.*); de ~ at a distance; from afar; de ~ en ~ at long intervals, now and then; **lointain, e** [~'tɛ̃, ~'tɛn] **1.** *adj.* far (off), distant, remote; **2.** *su./m* distance; *dans le* ~ in the distance.

loir *zo.* [lwaːr] m dormouse.

loisible [lwa'zibl] permissible; optional; **loisir** [~'ziːr] m leisure; à ~ at leisure, leisurely.

lombaire *anat.* [lɔ̃'bɛːr] lumbar; **lombes** *anat.* [lɔ̃ːb] m/pl. lumbar region *sg.*; loins.

londonien, -enne [lɔ̃dɔ'njɛ̃, ~'njɛn] **1.** *adj.* London ...; **2.** *su.* ♀ Londoner.

long, longue [lɔ̃, lɔ̃ːg] **1.** *adj.* long; thin (*sauce*); ~ à croître slow-growing; ✝ à ~ terme long-dated (*bill*); *de longue main* for a long time past; *être* ~ à (*inf.*) be long in (*ger.*); **2.** *long adv.*: *fig. en dire* ~ speak volumes; *en savoir* ~ know all about it; **3.** *su./m* length; *de* ~ *en large* to and fro; *deux pieds de* ~ two feet long; *le* ~ *de* (all) along; *tomber de tout son* ~ fall full length, F measure one's length; *su./f gramm.* long syllable; *cards:* long suit; *à la longue* in the long run; at length.

longanimité [lɔ̃ganimi'te] f forbearance; long-suffering.

long-courrier ✈ [lɔ̃ku'rje] m long-distance plane.

longe [lɔ̃ːʒ] f tether; *whip:* thong; longe; *cuis.* veal, venison: loin.

longer [lɔ̃'ʒe] (1l) v/t. pass *or* go along; skirt (*the coast, a wall*); **longeron** [lɔ̃ʒ'rɔ̃] m △ stringer; longitudinal girder; ✈ *fuselage:* longeron, *wing:* spar.

longévité [lɔ̃ʒevi'te] f longevity, long life.

longitude *geog.* [lɔ̃ʒi'tyd] f longitude; **longitudinal, e**, m/pl. **-aux** [~tydi'nal, ~'no] longitudinal, lengthwise; ⚓ fore-and-aft.

longtemps [lɔ̃'tɑ̃] *adv.* long, a long time; *il y a* ~ long ago.

longueur [lɔ̃'gœːr] f length (*a. sp.*); *fig.* slowness; *phys.* ~ d'onde *radio:* wave-length.

longue-vue, *pl.* **longues-vues** [lɔ̃g-'vy] f telescope, field-glass.

looping ✈ [lu'piŋ] m loop(ing); *faire un* ~ loop (the loop).

lopin [lɔ'pɛ̃] m *ground:* patch, plot.

loquace [lɔ'kwas] talkative; garrulous; **loquacité** [~kwasi'te] f loquacity, talkativeness.

loque [lɔk] f rag.

loquet [lɔ'kɛ] m latch; *knife:* clasp; **loqueteau** [lɔk'to] m catch, small latch.

loqueteux, -euse [lɔk'tø, ~'tøːz] **1.** *adj.* ragged, in tatters; **2.** *su.* tatterdemalion.

lorgner [lɔr'ɲe] (1a) v/t. ogle, leer at; *fig.* have one's eye on; stare at; **lorgnette** [~'ɲɛt] f opera-glasses *pl.*; **lorgnon** [~'ɲɔ̃] m eye-glasses *pl.*; pince-nez.

loriot *orn.* [lɔ'rjo] m oriole.

lorrain, e [lɔ'rɛ̃, ~'rɛn] **1.** *adj.* of *or* from Lorraine; **2.** *su.* ♀ Lorrainer.

lors [lɔːr] *adv.*: ~ *de* at the time of; ~ *même que* even when; *dès* ~ since that time; consequently; *pour* ~ so ...; **lorsque** [lɔrsk(ə)] *cj.* when.

losange ⟐ [lɔ'zɑ̃ːʒ] m rhomb(us); *en* ~ diamond-shaped.

lot [lo] m portion, share, lot (*a. fig.*); prize; *gros* ~ first prize, jackpot; **loterie** [lɔ'tri] f lottery (*a. fig.*); draw, raffle.

lotier ♣ [lɔ'tje] m lotus.

lotion [lɔ'sjɔ̃] f 🛁, ⊕ washing; 🛁 lotion; ~ *capillaire* hairwash; **lotionner** [~sjɔ'ne] (1a) v/t. wash, bathe; sponge.

lotir [lɔ'tiːr] (2a) v/t. parcel out (✝, *a. an estate*); *min.* sample (*ores*);

lui

~ q. de qch. allot s.th. to s.o.; **lotissement** [~tis'mã] m land: development; ⚘ parcelling out; dividing into lots; estate: apportionment.
loto [lɔ'to] m lotto; lotto set.
louable [lwabl] laudable, praiseworthy (for, de).
louage [lwa:ʒ] m hiring out; hire; ⚓ chartering; de ~ hired; ⚓ charter...
louange [lwã:ʒ] f praise; **louanger** [lwã'ʒe] (1l) v/t. praise, extol; **louangeur, -euse** [~'ʒœ:r, ~'ʒø:z] 1. adj. adulatory; 2. su. adulator, lauder.
louche[1] [luʃ] cross-eyed; F ambiguous; fig. shady (thing); shifty (person).
louche[2] [~] f (soup-)ladle; ⊕ reamer.
loucher [lu'ʃe] (1a) v/i. squint.
loucherie [luʃ'ri] f squint.
louchet [lu'ʃɛ] m draining-spade.
louer[1] [lwe] (1p) v/t. rent, hire; book, reserve (a place, seats).
louer[2] [~] (1p) v/t. praise; commend (s.o. for s.th., q. de qch.); se ~ de be very pleased with; congratulate o.s. on.
loueur[1] m, **-euse** f [lwœ:r, lwø:z] hirer out.
loueur[2], **-euse** [~] 1. adj. flattering; 2. su. flatterer.
loufoque F [lu'fɔk] loony, daft, F dippy.
loulou zo. [lu'lu] m Pomeranian.
loup [lu] m zo. wolf; fig. (black velvet) mask; ⚔ gas-mask: face-piece; fig. flaw; ⊕ crow-bar; ⊕ bug; ~ de mer icht. sea-perch; F old salt; à pas de ~ stealthily; entre chien et ~ in the twilight; hurler avec les ~s do in Rome as the Romans do; ~**-cervier**, pl. ~**s-cerviers** [~sɛr'vje] m zo. lynx; fig. profiteer.
loupe [lup] f ⚕ wen; ⚘ excrescence; opt. lens, magnifying-glass.
loupé ⊕ [lu'pe] defective (piece); **louper** [~'pe] (1a) v/t. bungle, botch.
loup-garou, pl. **loups-garous** [luga'ru] m myth. werewolf; F fig. bear; F bogy.
lourd, lourde [lu:r, lurd] heavy, Am. hefty; clumsy; fig. gross (error, incident); fig. dull (mind etc.); sultry, close (weather); **lourdaud, e** [lur'do, ~'do:d] 1. adj. loutish; awkward; dull-witted; 2. su. lout; clod; blockhead; **lourderie** [~də'ri] f loutishness; gross blunder; **lourdeur** [~'dœ:r] f heaviness; clumsiness; fig. dullness; weather: sultriness.

lourer ♪ [lu're] (1a) v/t. drone out (a tune); play legato.
loustic F [lus'tik] m wag.
loutre [lutr] f zo. otter; ⚘ sealskin.
louve zo. [lu:v] f she-wolf; **louveteau** [luv'to] m wolf-cub (a. Boy Scouts); **louvetier** [~'tje] m master of the wolf-hunt.
louvoyer [luvwa'je] (1h) v/i. ⚓ tack; fig. manœuvre.
loyal, e, m/pl. **-aux** [lwa'jal, ~'jo] fair, straightforward, sincere; faithful; ⚙ true; **loyauté** [~jo'te] f fairness; honesty; loyalty (to, envers).
loyer [lwa'je] m rent; ⚘ money: price.
lu, e [ly] p.p. of lire[1].
lubie [ly'bi] f whim, fad.
lubricité [lybrisi'te] f lubricity, lust; **lubrifiant, e** ⊕ [~'fjã, ~'fjã:t] 1. adj. lubricating; 2. su./m lubricant; **lubrification** [~fika'sjɔ̃] f lubrication; greasing; **lubrifier** [~'fje] (1o) v/t. lubricate; grease, oil; **lubrique** [ly'brik] lustful, lewd; wanton.
lucane [ly'kan] m lucanus, F stag-beetle.
lucarne [ly'karn] f dormer or attic window; gable-window.
lucide [ly'sid] lucid (a. ⚕), clear; **lucidité** [~sidi'te] f lucidity (a. ⚕); ⚕ sanity; clearness.
luciole zo. [ly'sjɔl] f firefly, glow-worm.
lucratif, -ve [lykra'tif, ~'ti:v] lucrative; **lucre** [lykr] m lucre, profit.
luette anat. [lɥɛt] f uvula.
lueur [lɥœ:r] f gleam, glimmer (a. fig.); flash.
luge [ly:ʒ] f Swiss toboggan, luge; **luger** [ly'ʒe] (1l) v/i. toboggan, luge; **lugeur, -euse** f [~'ʒœ:r, ~'ʒø:z] tobogganer, luger.
lugubre [ly'gybr] dismal, gloomy; ominous.
lui[1] [lɥi] p.p. of luire.
lui[2] [~] pron./pers. subject: he; object: him, her, it; (to) him, (to) her, (to) it; à ~ to him, to her, to it; his, hers, its; c'est ~ it is he,

lui-même

F it's him; **~-même** [~'mɛ:m] *pron./ rfl./m* himself, itself.
luire [lɥi:r] (4u) *v/i.* shine, gleam; *fig.* dawn (*hope*); **luisant, e** [lɥi'zã, ~'za:t] **1.** *adj.* shining; gleaming; glossy (*surface*); **2.** *su./m* gloss, shine; **luisis** [~'zi] *1st p. sg. p.s.* of *luire*; **luisons** [~'zɔ̃] *1st p. pl. pres.* of *luire*.
lumière [ly'mjɛ:r] *f* light; lamp; *fig.* enlightenment; ⊕ *bearing:* oilhole; *cylinder-valve:* port; *plane:* mouth; *mot.* slot; **lumignon** [lymi'ɲɔ̃] *m* candle-end; poor light; **luminaire** [~'nɛ:r] *m* luminary; *coll.* lighting; **luminescence** [~ne'sã:s] *f* luminescence; *éclairage m par* ~ fluorescent lighting; **luminescent, e** [~ne'sã, ~'sã:t] luminescent; **lumineux, -euse** [~'nø, ~'nø:z] luminous; *phys.* light(-wave); *fig.* bright, brilliant (*idea*); illuminated (*advertisement*); **luminosité** [~nozi'te] *f* luminosity; sheen; patch of light.
lunaire [ly'nɛ:r] **1.** *adj.* lunar; **2.** *su./f* ♀ lunaria; **lunaison** *astr.* [~nɛ'zɔ̃] *f* lunation; **lunatique** [~na'tik] moonstruck; *fig.* capricious; *vet.* moon-eyed.
lunch [lœ̃:ʃ] *m* lunch(eon); snack; **luncher** [lœ̃'ʃe] (1a) *v/i.* lunch; have a snack.
lundi [lœ̃'di] *m* Monday; F *faire le* ~ take Monday off.
lune [lyn] *f* moon; *poet.* month; F moon-face; *sl.* behind; F mood; ~ *de miel* honeymoon; *clair m de* ~ moonlight; *faire un trou dans la* ~ shoot the moon; *promettre la* ~ promise the moon and stars; **luné, e** [ly'ne] lunate, crescent-shaped; F *bien (mal)* ~ well- (ill-)disposed; in a good (bad) mood.
lunetier [lyn'tje] *m* spectacle-maker; optician; **lunette** [ly'nɛt] *f* telescope; ~*s pl.* spectacles, glasses; *mot. etc.* goggles; 🚗 cab-window; ⊕ die; ⊕ *lathe:* back-rest; **lunetterie** [lynɛ'tri] *f* spectacle-making; making of optical instruments.
lunule [ly'nyl] *f anat., a.* ♃ lunule, lunula; *finger-nail:* half-moon.
lupanar [lypa'na:r] *m* brothel.
lupin ♀ [ly'pɛ̃] *m* lupin.
lurette F [ly'rɛt] *f*: *il y a belle* ~ a long time ago.
luron [ly'rɔ̃] *m* jolly chap; strapping fellow; **luronne** [~'rɔn] *f* (bold) hussy; tomboy.
lus [ly] *1st p. sg. p.s.* of *lire*[1].
lustrage *tex.* [lys'tra:ʒ] *m* glossing; shininess (*from wear*); **lustral, e** *m/pl.* **-aux** [~'tral, ~'tro] lustral.
lustre[1] *poet.* [lystr] *m* lustre, period of five years.
lustre[2] [lystr] *m* lustre (*a. fig.*), gloss; chandelier; **lustrer** [lys'tre] (1a) *v/t.* glaze, gloss; F make shiny (*with wear*); **lustrine** *tex.* [~'trin] *f* (silk) lustrine; cotton lustre; *manches f/pl. de* ~ oversleeves.
lut ⊕ [lyt] *m* luting; **luter** ⊕ [ly'te] (1a) *v/t.* lute, seal with luting.
luth ♪ [lyt] *m* lute; **lutherie** [ly'tri] *f* stringed-instrument industry.
luthérien, -enne *eccl.* [lyte'rjɛ̃, ~'rjɛn] *adj., a. su.* Lutheran.
luthier [ly'tje] *m* lute-maker; stringed-instrument maker *or* seller.
lutin, e [ly'tɛ̃, ~'tin] **1.** *adj.* mischievous, impish; **2.** *su./m* imp (*a. fig. child*), elf, goblin; **lutiner** [~ti'ne] (1a) *v/t.* take liberties with (*a woman*).
lutrin *eccl.* [ly'trɛ̃] *m* lectern; *coll.* succentors *pl.*
lutte [lyt] *f* wrestling; struggle (*a. fig.*), fight; *fig.* strife; *sp.* ~ *à la corde* tug-of-war; *pol.* ~ *des classes* class war *or* struggle; **lutter** [ly'te] (1a) *v/i.* wrestle (with *avec, contre*); struggle, fight, contend (with, against *contre*); **lutteur** *m,* **-euse** *f* [~'tœ:r, ~'tø:z] wrestler; *fig.* fighter.
luxation ✴ [lyksa'sjɔ̃] *f* luxation, dislocation.
luxe [lyks] *m* luxury; wealth; *fig.* profusion; *de* ~ luxury, de luxe.
luxer ✴ [lyk'se] (1a) *v/t.* luxate, dislocate.
luxueux, -euse [lyk'sɥø, ~'sɥø:z] luxurious; sumptuous (*feast*).
luxure [lyk'sy:r] *f* lewdness, lechery; **luxuriant, e** [~sy'rjã, ~'rjã:t] luxuriant; **luxurieux, -euse** [~sy'rjø, ~'rjø:z] lecherous, lewd.
luzerne ♀ [ly'zɛrn] *f* lucern(e), *Am.* alfalfa; **luzernière** ✓ [~zɛr'njɛ:r] *f* lucern(e)-field.
lycée [li'se] *m* (state) grammarschool; **lycéen, -enne** [~se'ɛ̃, ~se'ɛn] *su.* pupil at a *lycée*; *su./m* grammar-schoolboy; *su./f* grammar-schoolgirl.
lymphe ✴ [lɛ̃:f] *f* lymph.

lynchage [lɛ̃'ʃaːʒ] *m* lynching; **lyncher** [⁓'ʃe] (1a) *v/t.* lynch.
lynx *zo.* [lɛ̃ːks] *m* lynx; *aux yeux de* ⁓ lynx-eyed.
lyre [liːr] *f* ♪ lyre; ⊕ quadrant; ⚓ rowlock: stirrup; *orn. oiseau-*⁓ lyrebird; **lyrique** [li'rik] **1.** *adj.* lyric (-al); **2.** *su./m* lyric poet; **lyrisme** [⁓'rism] *m* lyricism.
lys ♀ [lis] *m* lily.

M

M, m [ɛm] *m* M, m.
ma [ma] *see* mon.
maboul, e F [ma'bul] **1.** *adj.* cracked, dippy; **2.** *su.* loony.
macabre [ma'kɑːbr] gruesome; ghastly; *danse f* ⁓ dance of Death.
macadamiser [makadami'ze] (1a) *v/t.* macadamize (*a road*).
macaque *zo.* [ma'kak] *m* macaque.
macareux *orn.* [maka'rø] *m* puffin.
macaron *cuis.* [maka'rɔ̃] *m* macaroon; **macaroni** [⁓rɔ'ni] *m/inv. cuis.* macaroni; F *dago* (= *Italian*).
macédoine [mase'dwan] *f* fruit salad; *fig.* miscellany, *pej.* hotchpotch; ⁓ *de légumes* mixed (diced) vegetables *pl.*
macérer [mase're] (1f) *v/t.* soak, steep; *fig.* mortify (*the flesh*).
Mach *phys.* [mak] *npr.*: *nombre m de* ⁓ mach (number).
mâche [mɑːʃ] *f horses*: mash; ♀ corn-salad.
mâchefer ⊕ [maʃ'fɛːr] *m* clinker, slag; *lead*: dross.
mâcher [mɑ'ʃe] (1a) *v/t.* chew; *animal*: champ (*fodder*); ⁓ *à q. la besogne* half-do s.o.'s work for him; *ne pas* ⁓ *les mots à q.* not to mince matters with s.o.
machin F [ma'ʃɛ̃] *m* thing, gadget; what's-his-name.
machinal, e, *m/pl.* **-aux** [maʃi'nal, ⁓'no] mechanical, unconscious; **machinateur** [⁓na'tœːr] *m* plotter, schemer; **machination** [⁓na'sjɔ̃] *f* machination, plot; **machine** [ma'ʃin] *f* machine; engine (*a.* ⚙); ⚡ dynamo; F thing, gadget; ⁓*s pl.* machinery *sg.*; ⁓ *à calculer* calculating machine; ⁓ *à écrire* typewriter; ⁓ *à sous* slot-machine; **machine-outil,** *pl.* **machines-outils** [⁓ʃinu'ti] *f* machine-tool; **machiner** [⁓ʃi'ne] (1a) *v/t.* scheme, plot; *machiné à l'avance* put-up (*affair*); **machinerie** [⁓ʃin'ri] *f* ⊕ machine shops *pl.*; machine construction; ⚓ engine-room; **machiniste** [⁓ʃi'nist] *m* engineer; ⚓ engine-room hand; bus driver; *thea.* scene-shifter.
mâchoire [mɑ'ʃwaːr] *f* jaw (*a.* ⊕); ⊕ vice; ⊕ flange; *mot.* ⁓*s pl.* (brake-)shoes; **mâchonner** [⁓ʃɔ-'ne] (1a) *v/t.* mumble; mutter; chew; *animal*: champ (*fodder*); **mâchure** [⁓'ʃyːr] *f tex.* flaw; *fruit, flesh*: bruise; **mâchurer** [⁓ʃy're] (1a) *v/t.* soil; *typ.* smudge; ⊕ bruise.
macis ♀, *cuis.* [ma'si] *m* mace.
maçon [ma'sɔ̃] *m* △ mason; F freemason.
mâcon [mɑ'kɔ̃] *m* Mâcon (= *wine of Burgundy*).
maçonner [masɔ'ne] (1a) *v/t.* △ build; face (*with stone*); wall up (*a door, a window*); **maçonnerie** [⁓sɔn'ri] *f* △ masonry; △ stonework; F freemasonry; **maçonnique** [⁓sɔ'nik] masonic.
macque *tex.* [mak] *f* brake(-harrow).
macro... [makrɔ] macro...; ⁓**céphale** *zo.*, ♀ [⁓se'fal] macrocephalic, large-headed.
macule [ma'kyl] *f* spot, blemish, stain; *astr.* sun-spot; **maculer** [⁓ky'le] (1a) *v/t.* maculate; stain; *typ.* mackle; *v/i. a. se* ⁓ mackle, blur.
madame, *pl.* **mesdames** [ma'dam, me'dam] *f* Mrs.; madam; F lady.
madeleine [mad'lɛn] *f* ♀ (*sort of*) pear; *cuis.* sponge-cake.
mademoiselle, *pl.* **mesdemoiselles** [madmwa'zɛl, medmwa'zɛl] *f* Miss; young lady.
madère [ma'dɛːr] *m* Madeira (wine)
Madone [ma'dɔn] *f* Madonna.
madras ✝, *tex.* [ma'drɑːs] *m* Madras (handkerchief).
madré, e [mɑ'dre] **1.** *adj.* mottled; spotted; *fig.* sly, wily; **2.** *su. fig.* sly fox.
madrier △ [madri'e] *m* timber; plank.

madrilène

madrilène [madri'lɛn] **1.** Madrilenian; of Madrid; **2.** *su.* ♀ inhabitant of Madrid.

mafflu, e F [ma'fly] heavy-jowled.

magasin [maga'zɛ̃] *m* shop, *Am.* store; warehouse, store; *camera, rifle,* ✕ *powder:* magazine; ✕ armo(u)ry; ~ *à succursales multiples* chain stores *pl.*; ~ *de livres library:* stacks *pl.*; † *grand* ~ department store; **magasinage** [~zi'na:ʒ] *m* warehousing, storing; storage (charges *pl.*); **magasinier** [~zi'nje] *m* warehouseman, store-keeper.

magazine [maga'zin] *m* (illustrated) magazine.

mage [ma:ʒ] **1.** *su./m* magus; seer; **2.** *adj.: bibl.* les Rois *m/pl.* ~s the Three Wise Men, the (Three) Magi; **magicien** *m*, **-enne** *f* [maʒi'sjɛ̃, ~'sjɛn] magician; wizard; **magie** [~'ʒi] *f* magic (*a. fig.*); **magique** [~'ʒik] magic(al) (*a. fig.*).

magistral, e, *m/pl.* **-aux** [maʒis'tral, ~'tro] magisterial; *fig.* pompous; *fig.* masterly (*work*); F first-rate; ⚕ magistral; **magistrat** [~'tra] *m* magistrate, judge; **magistrature** [~tra'ty:r] *f* magistrature; magistracy; ~ *assise* Bench, judges *pl.*; ~ *debout* public prosecutors *pl.*

magnan *dial.* [ma'nɑ̃] *m* silkworm; **magnanerie** [~ɲan'ri] *f* silkworm breeding or rearing-house.

magnanime [maɲa'nim] magnanimous; **magnanimité** [~nimi'te] *f* magnanimity.

magnat [mag'na] *m* magnate.

magnésie 🜍 [maɲe'zi] *f* magnesia, magnesium oxide; *sulfate m de* ~ Epson salts *pl.*

magnésite [maɲe'zit] *f* magnesite, meerschaum.

magnésium [maɲe'zjɔm] *m* 🜍 magnesium; *phot.* flash-light.

magnétique [maɲe'tik] magnetic; **magnétisme** [~'tism] *m* magnetism; **magnétite** *min.* [~'tit] *f* lodestone, magnetite; **magnéto** [~'to] *f* magneto; **magnétophone** [~to'fɔn] *m* tape recorder.

magnificence [maɲifi'sɑ̃:s] *f* magnificence, splendo(u)r; ~*s pl.* lavishness *sg.*; **magnifique** [~'fik] magnificent, splendid; *fig.* pompous; *fig.* † open-handed.

magnolia ♣ [maɲɔ'lja] *m*, **magnolier** ♣ [~'lje] *m* magnolia(-tree).

magot¹ [ma'go] *m zo.* barbary ape; macaque; *fig.* ugly man.

magot² F [~] *m* savings *pl.*, hoard.

mahométan, e [maɔme'tɑ̃, ~'tan] *adj., a. su.* Mohammedan, Moslem; **mahométisme** [~'tism] *m* Mohammedanism.

mai [mɛ] *m* May; may-pole.

maie [~] *f* kneading-trough.

maigre [mɛ:gr] **1.** *adj.* thin, lean; meagre, scanty (*meal, a. fig.*); **2.** *su./m meat:* lean; *icht.* meagre; *faire* ~ fast, abstain from meat; **maigrelet, -ette** [mɛgrə'lɛ, ~'lɛt] rather thin, slight; **maigreur** [~'grœ:r] *f* thinness; emaciation; *fig.* meagreness, poorness; **maigrir** [~'gri:r] (2a) *v/i.* grow thin; lose weight; *v/t.* make thinner; ⊕ thin (*wood*).

mail [ma:j] *m* ⊕ sledge-hammer; avenue; † *club, game:* mall.

maille¹ [ma:j] *f* stitch; *chain:* link; (chain-)mail; *net:* mesh; *feather:* speckle; *vine etc.:* bud; ⊕ twohanded mallet; *à larges (petites)* ~*s* wide-(close-)meshed.

maille² [~] *f: avoir* ~ *à partir avec q.* have a bone to pick with s.o.

maillechort [maj'ʃɔ:r] *m* nickel or German silver.

mailler [ma'je] (1a) *v/t.* net; ⚓ lace; ⊕ shackle (*chains*); ⊕ make (*s.th.*) in lattice-work; *v/i.* ♣ bud; *a. se* ~ become speckled (*partridge etc.*).

maillet [ma'jɛ] *m* mallet, maul; *sp.* polo-stick; croquet mallet.

maillon [ma'jɔ̃] *m chain:* link; *tex.* mail; ⚓ shackle; **maillot** [ma'jo] *m* swaddling-clothes *pl.*; bathing-costume; *sp. football:* jersey; *rowing, running:* vest.

main [mɛ̃] *f* hand (*a. cards; a. = handwriting*); *fig.* grip; † scoop; *drawer:* handle; *tex. cloth:* feel; † *paper:* quire; *cards:* deal; ~ *courante* ⚠ handrail; † rough book; *à la* ~ in the *or* one's hand; (*do s.th.*) by hand; *à* ~ *levée* freehanded; *à pleines* ~*s* lavishly; *avoir la* ~ *cards:* have the lead *or* deal; *bas (haut) les* ~*s!* hands off (up)!; *battre des* ~*s* clap (one's hands); *fig. de bonnes* ~*s* on good authority; *en* ~ under control; in hand; *en un tour de* ~ straight off, F in a jiffy; *en venir aux* ~*s* come to blows *or* grips;

fait à la ~ handmade; *la ~ dans la ~* hand in hand; *payer de la ~ à la ~* pay direct without formalities; *porter la ~ sur* strike (s.o.); *fig. prêter la ~* lend a hand; *savoir de longue ~* have known for a long time; *serrer la ~ à q.* shake hands with s.o.; *sous la ~* to hand; *sous ~* underhanded(ly *adv.*); **~-d'œuvre**, *pl*. **~s-d'œuvres** ⊕ [‿'dœ:vr] *f* labo(u)r; manpower; **~forte** [‿'fɔrt] *f*: *prêter ~* give assistance (*to the police etc.*); **~levée** ⚖ [‿lə've] *f* withdrawal; *~ de saisie* replevin; **~mise** [‿'mi:z] *f* seizure (of, *sur*); ⚖ distraint; **~morte** ⚖ [‿'mɔrt] *f* mortmain.

maint, mainte *poet.* [mɛ̃, mɛ̃:t] many a; *maintes fois* many a time.

maintenant [mɛ̃t'nɑ̃] *adv.* now; *dès ~* from now on, henceforth.

maintenir [mɛ̃t'ni:r] (2h) *v/t.* maintain (*a. fig.*); keep; support; uphold; *se ~* continue; remain; hold one's own; **maintien** [mɛ̃'tjɛ̃] *m* maintenance; bearing, carriage; *perdre son ~* lose countenance.

maire [mɛːr] *m* mayor; **mairie** [mɛ'ri] *f* town hall; mayoralty.

mais [mɛ] 1. *cj.* but; 2. *adv.* indeed, well; *~ non!* no indeed!; not at all!; *je n'en puis ~* I am completely exhausted; I don't know what to say.

maïs ♀ [ma'is] *m* maize, Indian corn, *Am.* corn.

maison [mɛ'zɔ̃] *f* house; home; household; family; ✝ (*a. ~ de commerce*) firm; *~ close* brothel; *~ d'arrêt* gaol, lock-up; *~ de commission* commission agency; *~ de rapport* apartment house; *~ de santé* nursing home; mental hospital; *~ du Roi* Royal Household; *~ jumelle* semi-detached house; ✝ *~ mère* head office; *de bonne ~* of a good family; *la ~ des Bonaparte* the House of Bonaparte; **maisonnée** [mɛzɔ'ne] *f* household, family; **maisonnette** [‿'nɛt] *f* cottage, small house.

maître, -esse [mɛːtr, mɛ'trɛs] 1. *su./m* master (*a. fig.*); *fig.* ruler; owner; *school*: teacher; ⚓ petty officer; ⚖ title given to lawyers: maître; *~ d'armes* fencing-master; *univ. ~ de conférences* lecturer; *~ de forges* iron-master; *~ d'hôtel* head-waiter; ⚓ chief steward; *être passé ~ en* be a past master of *or* in; F *faire le ~* lord it; *su./f* mistress; 2. *adj.* complete, utter; capable; △, ⊕, *etc.* principal, main; *~ fripon* arrant knave; **~-autel**, *pl*. **~s-autels** *eccl.* [metro'tɛl] *m* high altar; **maîtrisable** [‿tri'zabl] controllable; **maîtrise** [‿'tri:z] *f* mastership; *eccl.* choir school; *fig.* feeling, profession, *etc.*: mastery; **maîtriser** [‿tri'ze] (1a) *v/t.* master, overcome; *se ~* control o.s.

majesté [maʒɛs'te] *f* majesty; **majestueux, -euse** [‿'tɥø, ‿'tɥø:z] majestic, stately.

majeur, e [ma'ʒœːr] 1. *adj.* major (*a.* ⚖, ♪, *phls.*), greater; *fig.* main, chief; *devenir ~* reach one's majority; 2. *su./m* ⚖ major; middle finger; **major** ✕ [ma'ʒɔːr] *m* regimental adjutant; *~ de place* town major; *~ général* chief of staff; **majoration** [‿ʒɔra'sjɔ̃] *f* over-estimation; increase; *admin.* advancement; **majordome** [‿ʒɔr'dɔm] *m* major-domo, steward; **majorer** [maʒɔ're] (1a) *v/t.* over-estimate; ✝ add to (*a bill*); increase; **majorité** [‿ri'te] *f* majority (*a.* ⚖); ⚖ coming of age; ✕ adjutancy.

majuscule [maʒys'kyl] 1. *adj.* capital (*letter*); 2. *su./f* capital letter.

mal [mal] 1. *su./m* evil; hurt; harm; pain; ⚕ disease; wrong; *~ de cœur* nausea, sickness; *~ de l'air* air sickness; *~ de mer* seasickness; *~ de tête* headache; *~ du pays* homesickness; *avoir ~ au ventre* have a stomach-ache; *faire du ~ à q.* harm s.o.; ⚕ *haut ~* epilepsy; *prendre qch. en ~* take offence at s.th.; *se donner du ~* take pains *or* trouble; *vous me faites ~!* you are hurting (me)!; 2. *adv.* badly; ill; uncomfortable; *~ à l'aise* ill at ease; *~ à propos* inopportunely, at the wrong time; *~ fait* badly made; botched (*work*); *être ~* be uncomfortable; be wrong; *pas ~* good-looking, presentable (*person*); quite good; F *pas ~ de a* good many, a lot of; *se sentir ~* feel ill; *se trouver ~* faint.

malade [ma'lad] 1. *adj.* ill, sick; diseased; 2. *su.* patient; sick person; **maladie** [mala'di] *f* illness, sickness; ailment; disease; *~ de carence* deficiency disease, vitamin deficiency; **maladif, -ve** [‿'dif, ‿'diːv] sickly, ailing.

maladresse [mala'drɛs] *f* clumsiness; blunder; **maladroit, e** [~'drwa, ~'drwat] **1.** *adj.* clumsy, awkward; **2.** *su.* duffer; blunderer; awkward person.

malais, e [ma'lɛ, ~'lɛːz] **1.** *adj.* Malay(an); **2.** *su./m ling.* Malay(an); *su.* ♀ Malay(an).

malaise [ma'lɛːz] *f* uneasiness, discomfort; indisposition; *fig.* unrest; **malaisé, e** [~lɛ'ze] difficult; uneasy.

malandre [ma'lɑ̃ːdr] *f* ⊕ *wood*: rotten knot; *vet.* malanders *usu. pl.*

malappris, e [mala'pri, ~'priːz] **1.** *adj.* ill-bred; **2.** *su.* ill-bred person.

malavisé, e [malavi'ze] **1.** *adj.* ill-advised; injudicious (*person*); **2.** *su.* blunderer.

malaxage [malak'saːʒ] *m* ⚙ massage; ⊕ *cement*: mixing; *dough*: kneading; **malaxer** [~'se] (1a) *v/t.* ⚙ massage; ⊕ mix; knead (*dough*); **malaxeur** ⊕ [~'sœːr] *m* (cement) mixer; mixing machine.

malbâti, e [malbɑ'ti] misshapen; uncouth.

malchance [mal'ʃɑ̃ːs] *f* bad luck; mishap; **malchanceux, -euse** [~ʃɑ̃'sø, ~'søːz] **1.** *adj.* unlucky, luckless; **2.** *su.* unlucky person.

maldonne [mal'dɔn] *f cards*: misdeal; F error.

mâle [mɑːl] **1.** *adj.* male (♀, ⊕ *screw, person*); *zo.* buck (*rabbit*), dog (*fox, wolf*), bull (*elephant*); *orn.* cock; *fig.* virile; manly; **2.** *su./m* male.

malédiction [maledik'sjɔ̃] *f* curse.

maléfice [male'fis] *m* evil spell; **maléfique** † [~'fik] evil; maleficent.

malencontre † [malɑ̃'kɔ̃ːtr] *f* mishap; **malencontreux, -euse** [malɑ̃kɔ̃'trø, ~'trøːz] unfortunate; tiresome.

malentendu [malɑ̃tɑ̃'dy] *m* misunderstanding.

malfaire [mal'fɛːr] (4r) *v/i.* do evil; **malfaisant, e** [~fə'zɑ̃, ~'zɑ̃ːt] harmful; mischievous; evil-minded (*person*); **malfaiteur** *m*, **-trice** *f* [~fɛ'tœːr, ~'tris] malefactor; offender.

malfamé, e [malfa'me] ill-famed; notorious.

malformation [malfɔrma'sjɔ̃] *f* malformation (*a.* ⚙).

malgré [mal'gre] *prp.* despite, in spite of; ~ *moi* against my will; ~ *tout* still.

malhabile [mala'bil] clumsy; inexperienced (in *ger.*, *à inf.*).

malheur [ma'lœːr] *m* bad luck; misfortune; unhappiness; ~ *à lui!* woe betide him!; *quel* ~*!* what a pity!; **malheureux, -euse** [~lœ'rø, ~'røːz] **1.** *adj.* unlucky, unhappy; unfortunate; *fig.* poor; *fig.* paltry; **2.** *su.* unfortunate person; *pauvre* ~*!* poor soul!

malhonnête [malɔ'nɛt] dishonest; *fig.* impolite; indecent (*gesture*); **malhonnêteté** [~nɛt'te] *f* dishonesty; *fig.* rudeness; *gesture*: indecency.

malice [ma'lis] *f* malice; *fig.* trick; *ne pas voir* ~ *à* not to see any harm in; **malicieux, -euse** [~li'sjø, ~'sjøːz] mischievous; waggish; sly (*remark etc.*).

malignité [maliɲi'te] *f* malignity (*a.* ⚙); piece of spite; **malin, -igne** [~'lɛ̃, ~'liɲ] **1.** *adj.* malignant (*a.* ⚙); wicked; *fig.* cunning, sharp, sly; *fig.* F difficult; **2.** *su. fig.* shrewd person; *su./m*: *le* ♀ the Devil.

malines ✝ [ma'lin] *f* Mechlin lace.

malingre [ma'lɛ̃ːgr] sickly, weakly.

malintentionné, e [malɛ̃tɑ̃sjɔ'ne] **1.** *adj.* evil-minded, ill-intentioned; **2.** *su.* evil-minded person.

malique ⚗ [ma'lik] malic (*acid*).

mal-jugé ⚖ [malʒy'ʒe] *m* miscarriage of justice.

malle [mal] *f* trunk; ⚓ mail-boat; (*dé*)*faire sa* ~ (un)pack.

malléable [malle'abl] malleable (*a. fig.*); *fig.* pliant.

malle-poste, *pl.* **malles-poste** [mal'pɔst] *f* mail-coach; **malletier** [mal'tje] *m* trunk-maker; **mallette** [ma'lɛt] *f* suitcase; attaché case; small case.

malmener [malmə'ne] (1d) *v/t.* ill-treat, maltreat; *fig.* abuse.

malotru [malɔ'try] **1.** *adj.* uncouth; vulgar; **2.** *su.* boor, churl.

malpeigné, e [malpɛ'ɲe] unkempt, untidy (*person*).

malpropre [mal'prɔpr] dirty (*a. fig.*); slovenly (*appearance*); **malpropreté** [~prɔprə'te] *f* dirtiness (*a. fig.*); dirt; slovenliness; ~*s pl.* dirty stories, F smut *sg.*

malsain, e [mal'sɛ̃, ~'sɛn] unhealthy;

unwholesome (a. fig.); dangerous (coast); fig. unsound.
malséant, e [malse'ɑ̃, ˷'ɑ̃:t] unbecoming, unseemly.
malsonnant, e [malsɔ'nɑ̃, ˷'nɑ̃:t] offensive.
malt [malt] m malt; **malter** [mal'te] (1a) v/t. malt; **malterie** [˷'tri] f malting; malt-house; **malteur** [˷'tœ:r] m maltster; **maltose** ⚗, ⊕ [˷'to:z] m maltose.
maltraiter [maltrɛ'te] (1a) v/t. illtreat, maltreat; handle roughly.
malveillance [malvɛ'jɑ̃:s] f malevolence, ill will, spite (to[wards] pour, envers); **malveillant, e** [˷'jɑ̃, ˷'jɑ̃:t] ill-willed; malicious; spiteful.
malversation ⚖ [malvɛrsa'sjɔ̃] f embezzlement; breach of trust.
malvoisie [malvwa'zi] mf wine: malmsey.
maman [ma'mɑ̃] f mam(m)a, mummy, mother.
mamelle [ma'mɛl] f breast; cow etc.: udder; teat; **mamelon** [mam'lɔ̃] m nipple (a. ⊕ for oiling); person, a. animal: teat; ⊕ boss; geog. rounded hillock; **mamelonné, e** [˷lɔ'ne] mamillate; hilly.
mamel(o)uk [mam'luk] m mameluke.
m'amie †, **ma mie** [ma'mi] f my dear.
mamillaire [mamil'lɛ:r] mamillary; **mammaire** anat. [˷'mɛ:r] mammary; **mammifère** zo. [˷mi'fɛ:r] 1. adj. mammalian; 2. su./m mammal.
mamours [ma'mu:r] m/pl. billing sg. and cooing sg., caresses.
mammouth zo. [ma'mut] m mammoth.
manant [ma'nɑ̃] m boor; yokel; † villager.
manche¹ [mɑ̃:ʃ] m handle; haft; (broom-)stick; whip: stock; ♪ violin: neck; ✄ ˷ à balai joy-stick; jeter le ˷ après la cognée throw the helve after the hatchet.
manche² [˷] f sleeve; water: hose; (air-)shaft; geog. strait; sp. heat; tennis: set; cards: hand; ✄ ˷ à air wind sock; la ♀ the (English) Channel.
mancheron [mɑ̃ʃ'rɔ̃] m plough: handle; cost. cuff; short sleeve; **manchette** [mɑ̃'ʃɛt] f cuff; wristband; journ. headline; sl. ˷s pl. handcuffs; **manchon** [˷'ʃɔ̃] m muff; ⊕ casing, sleeve; ⊕ flange; mot. clutch; gas-mantle.
manchot, e [mɑ̃'ʃo, ˷'ʃɔt] **1.** adj. one-armed; fig. awkward with one's hands, F ham-fisted; **2.** su. one-armed person; su./m orn. penguin.
mandant [mɑ̃'dɑ̃] m ⚖ principal; employer; pol. constituent.
mandarinat [mɑ̃dari'na] m mandarinate.
mandarine ♀ [mɑ̃da'rin] f mandarin(e), tangerine.
mandat [mɑ̃'da] m mandate; commission; ⚖ power of attorney; ⚖ warrant; ✝ draft, order; sous ˷ mandated (territory); **mandataire** [mɑ̃da'tɛ:r] su. agent; ⚖ attorney; trustee; pol. mandatory; **mandat-carte**, pl. **mandats-cartes** [˷'kart] m post: money order (in post-card form); **mandater** [˷'te] (1a) v/t. give a mandate to; write a money order for (a sum); **mandat-poste**, pl. **mandats-poste** [˷'pɔst] m postal money order.
mandement [mɑ̃d'mɑ̃] m eccl. pastoral letter; instructions pl.; **mander** [mɑ̃'de] (1a) v/t. instruct (s.o.); summon (s.o.); journ. on mande ... it is reported ...
mandibule anat. [mɑ̃di'byl] f mandible.
mandoline ♪ [mɑ̃dɔ'lin] f mandolin(e).
mandragore ♀ [mɑ̃dra'gɔ:r] f mandragora, F mandrake.
mandrin ⊕ [mɑ̃'drɛ̃] m mandrel; chuck; punch.
manducation [mɑ̃dyka'sjɔ̃] f mastication; eccl. manducation.
manège [ma'nɛ:ʒ] m horsemanship, riding; horse: breaking (in); treadmill; fig. trick, stratagem; ˷ de chevaux de bois merry-go-round.
mânes [mɑ:n] m/pl. manes, spirits (of the departed).
maneton ⊕ [man'tɔ̃] m crank-pin; hand-crank: handle; mot. throw.
manette ⊕ [ma'nɛt] f handle; lever (a. mot.); Morse: key.
manganèse ⚗, min., metall. [mɑ̃ga'nɛ:z] m manganese.
mangeable [mɑ̃'ʒabl] edible, eatable; **mangeaille** [˷'ʒa:j] f feed (for animals); F food (for humans); **mangeoire** [˷'ʒwa:r] f manger;

manger 294

feeding-trough; **manger** [mɑ̃'ʒe] 1. (1l) *vt/i.* eat; *v/t.* corrode (*metal*); squander (*money*); mumble (*words*); *fig.* use up, consume (*coal, gas, petrol, etc.*); 2. *su./m* food; **mangetout** [mɑ̃ʒ'tu] *m/inv.* spendthrift; ♀ string-bean; ♀ sugar-pea, *Am.* string-pea; **mangeur** *m*, **-euse** *f* [mɑ̃'ʒœ:r, ˍ'ʒø:z] eater; *fig.* devourer; **mangeure** [ˍ'ʒy:r] *f* place eaten (*by mice, moths, etc.*).

maniabilité [manjabili'te] *f* handiness; manageableness; ⚔, *mot.* manœuvrability; **maniable** [ˍ'njabl] manageable, manœuvrable; handy (*tool*); *fig.* tractable.

maniaque [ma'njak] 1. *adj.* maniac; faddy; 2. *su.* crank, faddist; ⚔ maniac; **manie** [ˍ'ni] *f* mania; F craze; *fig.* idiosyncrasy.

maniement [mani'mɑ̃] *m* management; handling; **manier** [ˍ'nje] (1o) *v/t.* manage; handle.

manière [ma'njɛ:r] *f* manner (*a. paint. etc.*), way; *fig.* mannerisms *pl.*; ˍs *pl.* manners; *à la* ˍ *de* after the manner of; *de* ˍ *à* so as to; *de* ˍ *que* so that; *d'une* ˍ *ou d'une autre* somehow or other; *en aucune* ˍ in no way; *en* ˍ *de* by way of; *faire des* ˍs be affected; affect reluctance; **maniéré, e** [manje're] affected; *paint. etc.* mannered; *fig.* genteel (*voice etc.*); **maniérisme** [ˍ'rism] *m* mannerism.

manieur [ma'njœ:r] *m* controller; *pej.* ˍ *d'argent* financier; financial adventurer.

manifestation [manifesta'sjɔ̃] *f* manifestation; *pol.* demonstration; *eccl.* revelation; **manifeste** [ˍ'fɛst] 1. *adj.* manifest, obvious; ⚖ overt; 2. *su./m* manifesto; ⚓ manifest; **manifester** [ˍfɛs'te] (1a) *v/t.* show, manifest; reveal; *se* ˍ appear; show o.s.; *v/i. pol.* demonstrate.

manigance F [mani'gɑ̃:s] *f* intrigue, F wire-pulling; *pol.* ˍs *pl.* gerrymandering *sg.*; **manigancer** F [ˍgɑ̃'se] (1k) *v/t.* plot; *pol.* gerrymander.

manipulateur [manipyla'tœ:r] *m* handler; *tel.* sending key; *radio*: sender; **manipulation** [ˍla'sjɔ̃] *f* manipulation; handling; **manipuler** [ˍ'le] (1a) *v/t.* manipulate (*a. fig.*), handle; ⚡, *tel.* operate (*a key etc.*).

manitou F [mani'tu] *m* boss, tycoon.

manivelle ⊕ [mani'vɛl] *f* crank (-handle).

manne¹ [man] *f* basket; (*baby's*) bassinet.

manne² *bibl.* [ˍ] *f* manna.

mannequin¹ [man'kɛ̃] *m* small hamper.

mannequin² [man'kɛ̃] *m* ⚔, *paint.* manikin; *paint.* lay figure; *cost.* dummy; mannequin; *fig.* puppet; **mannequiner** *paint.* [ˍki'ne] (1a) *v/t.* pose (*s.o.*) unnaturally.

manœuvrabilité [manœvrabili'te] *f* manœuvrability; **manœuvrable** [ˍ'vrabl] manageable; workable; **manœuvre** [ma'nœ:vr] *su./f* working; operation; ⚙ shunting, *Am.* switching; ⚔, ⚓ manœuvre (*a. fig.*); exercise; ⚔, ⚓ movement; *fig.* intrigue; *su./m* (manual) labo(u)rer; unskilled worker; *fig.* hack; **manœuvrer** [manœ'vre] (1a) *v/t.* work (*a machine etc.*); ⚙ shunt, marshal; *vt/i.* manœuvre (*a.* ⚔, ⚓, *fig.*); **manœuvrier, -ère** [ˍvri'e, ˍ'ɛ:r] skilful; capable.

manoir [ma'nwa:r] *m* countryhouse; *hist.* manor.

manomètre ⊕ [manɔ'mɛtr] *m* manometer.

manouvrier [manuvri'e] *m* daylabo(u)rer.

manque [mɑ̃:k] *m* lack, want; deficiency, shortage; ˍ *de* for lack of; ˍ *de foi* breach of faith; ˍ *de parole* breaking of one's promise; F *à la* ˍ poor, fifth-rate; **manqué, e** [mɑ̃'ke] unsuccessful; **manquement** [mɑ̃k'mɑ̃] *m* failure, lapse; ˍ *à* breach of; **manquer** [mɑ̃'ke] (1m) *v/t.* miss (*a. fig.*); spoil (*one's life, a picture*); *se* ˍ miss one another; *v/i.* lack, want, be short; fail; ˍ *à q.* be missed by s.o.; ˍ *à qch.* fail in s.th.; commit a breach of s.th.; *j'ai manqué (de) tomber* I nearly fell; *ne pas* ˍ *de (inf.)* not to fail to (*inf.*).

mansarde △ [mɑ̃'sard] *f* attic, garret(-window); *roof:* mansard.

mansuétude [mɑ̃sɥe'tyd] *f* gentleness, meekness.

mante [mɑ̃:t] *f* (*woman's*) sleeveless cloak; *zo.* ˍ *religieuse* (*or prie-Dieu*) praying mantis.

manteau [mɑ̃'to] *m* coat; cloak (*a.*

marché

fig.); **mantle** (*a. zo.*); ⊕ casing; ⚠ mantelpiece; *sous le ~* on the quiet, secretly; **mantelet** [mãt'lɛ] *m* cost. tippet, mantlet; ⚓ port-lid; **mantille** cost. [mã'tiːj] *f* mantilla.

manucure [many'kyːr] *su.* manicurist.

manuel, -elle [ma'nɥɛl] **1.** *adj.* manual; **2.** *su./m* handbook, manual; text-book.

manufacture [manyfak'tyːr] *f* (manu)factory; ⊕ plant; **manufacturer** [~ty're] (1a) *v/t.* manufacture; **manufacturier, -ère** [~ty-'rje, ~'rjɛːr] **1.** *adj.* manufacturing; **2.** *su./m* manufacturer; mill-owner.

manuscrit, e [manys'kri, ~'krit] **1.** *adj.* manuscript; hand-written; **2.** *su./m* manuscript.

manutention [manytã'sjõ] *f* control; handling; ⚔, ⚓ store-keeping; stores *pl.*; bakery; **manutentionner** [~sjɔ'ne] (1a) *v/t.* handle; ⚔, ⚓ store; bake.

mappemonde [map'mõːd] *f* map of the world.

maquereau [ma'kro] *m icht.* mackerel; V pimp.

maquette [ma'kɛt] *f* model (*a. thea.*); ⊕ mock-up; *book*: dummy; *metall.* bloom.

maquignon [maki'ɲõ] *m* horse-dealer; *pej.* go-between, agent; **maquignonnage** [~ɲɔ'naːʒ] *m* horse-dealing; *pej.* sharp practice; **maquignonner** [~ɲɔ'ne] (1a) *v/t.* fake up (*a horse*); arrange (*s.th.*) by sharp practices, F work, *sl.* cook.

maquillage [maki'jaːʒ] *m* make-up; **maquiller** [~'je] (1a) *v/t.* make up; *phot.* work up; *fig.* disguise; *se ~* make up; **maquilleur** *m*, **-euse** *f* [~'jœːr, ~'jøːz] *thea.* make-up artist; *fig.* faker.

maquis [ma'ki] *m* scrub; *fig.* maze; jungle; ⚔ underground forces *pl.*, maquis; *prendre le ~* go underground.

marabout [mara'bu] *m Islam:* marabout; round-bodied metal jug; *orn., a. tex.* marabou.

maraîcher, -ère [marɛ'ʃe, ~'ʃɛːr] **1.** *adj.* market-(gardening)...; **2.** *su./m* market-gardener; **marais** [~'rɛ] *m* marsh; bog; swamp; ✯ market-garden.

marasme [ma'rasm] *m* ⚕ marasmus, wasting; *fig.* depression (*a.* ✝).

marathon *sp.* [mara'tõ] *m* marathon (*a. fig.*).

marâtre [ma'rɑːtr] *f* step-mother; cruel *or* unnatural mother.

maraude [ma'roːd] *f* plundering, looting; filching; F *en ~* cruising, crawling (*taxi*); **marauder** [~ro-'de] (1a) *v/i.* plunder; filch; F cruise (*taxi*).

marbre [marbr] *m* marble; *typ.* press-stone; ⊕ (sur)face-plate; *typ. sur le ~* in type; **marbrer** [mar-'bre] (1a) *v/t.* marble; *fig.* mottle; **marbrerie** [~brə'ri] *f* marble-cutting, marble-work; marble-mason's yard; **marbrier, -ère** [~bri'e, ~'ɛːr] **1.** *adj.* marble...; **2.** *su./m* marble-cutter; monumental mason; *su./f* marble-quarry; **marbrure** [~'bryːr] *f* marbling; *fig.* mottling.

marc [maːr] *m* grapes *etc.*: marc; (*tea-*)leaves *pl.*, (*coffee-*)grounds *pl.*

marcassin *zo.* [marka'sɛ̃] *m* young wild boar.

marchand, e [mar'ʃã, ~'ʃãːd] **1.** *adj.* saleable, marketable; trade (*name, price*); shopping (*centre*); commercial (*town*); ⚓ merchant (*navy, ship*); **2.** *su.* dealer, shopkeeper; (*coster-, fish-, iron-*)monger; *~ d'antiquités* antique dealer; *~ des quatre-saisons* costermonger; *~ de tabac* tobacconist; *~ en* (*or au*) *détail* retailer; *~ en gros* wholesaler; **marchandage** [marʃã'daːʒ] *m* bargaining; **marchander** [~'de] (1a) *v/t.* haggle with (*s.o., q.*); bargain for (*s.th., qch.*); beat (*s.o.*) down; ⊕ subcontract (*a job*); *ne pas ~* not to spare; **marchandeur** *m*, **-euse** *f* [~'dœːr, ~'døːz] bargainer; ⊕ subcontractor of labo(u)r; **marchandise** [~'diːz] *f* merchandise, wares *pl.*, goods *pl.*; 🚂 *train m de ~s* goods train, *Am.* freight train.

marche[1] [marʃ] *f* walk; ⚔, ♪ march; tread; step, stair; ⊕, 🚂 *machine, train:* running; *fig.* events, stars, time, *etc.*: course; *fig.* (rate of) progress; *~ arrière mot.* reversing; 🚂 backing; *en ~ etc.* moving...; ⊕ running; *en état de ~* in working order; ⊕, *a. fig.* (*re*)*mettre en ~* set in motion (restart).

marche[2] *geog.* [~] *f* border(land); march(-land).

marché [mar'ʃe] *m* buying; market (*a. financial*); deal, bargain; trans-

marchepied 296

action; ✝ ~ *à terme* time-bargain; ~ *au comptant* cash transaction; ✝, *pol.* ~ *commun* Common Market; ~ *des changes* exchange market; ~ *du travail* labo(u)r market; ~ *intérieur (étranger)* home (foreign) market; ~ *noir* black market; *à bon* ~ cheap(ly); *à meilleur* ~ more cheaply, cheaper; *bon* ~ cheapness (of, *de*); *fig. par-dessus le* ~ into the bargain.

marchepied [marʃə'pje] *m vehicle:* footboard; *mot.* running-board; *wagon:* tail-board; step-ladder; *fig.* stepping-stone.

marcher [mar'ʃe] (1a) *v/i.* walk, go (a. 🚂 *engine*); ⚔ etc. march; ⊕ run (a. 🚂 *train*), work; *fig.* F swallow; ⚓ sail, head (for, *vers*); ⊕ ~ *à vide* run idle; ~ *sur les pas de q.* follow in s.o.'s footsteps; ~ *sur les pieds de q.* tread on s.o.'s feet; *faire* ~ run (*a house, a business*); F *faire* ~ *q.* pull s.o.'s leg; F (*je ne*) *marche pas!* nothing doing!; F *ne pas se laisser* ~ *sur les pieds* not to let o.s. be put upon; *ma montre ne marche plus* my watch is broken; **marcheur, -euse** [~'ʃœːr, ~'ʃøːz] **1.** *adj.* walking; ⚓ *bon* ~ fast-sailing; **2.** *su. walker*; *su./m:* F *vieux* ~ old rake.

marcotte ♂ [mar'kɔt] *f* layer; runner; **marcotter** ♂ [~kɔ'te] (1a) *v/t.* layer.

mardi [mar'di] *m* Tuesday; ~ *gras* Shrove Tuesday.

mare [maːr] *f* pond; pool (*a. fig.*).

marécage [mare'kaːʒ] *m* bog, swamp, fen, marshland; **marécageux, -euse** [~ka'ʒø, ~'ʒøːz] boggy, swampy, marshy.

maréchal ⚔ [mare'ʃal] *m* marshal; (*a.* ~-*ferrant*) farrier; ~ *des logis cavalry:* sergeant; ~ *des logis-chef battery or squadron sergeant-major;* **maréchalat** [~ʃa'la] *m* marshalship; **maréchalerie** [~ʃal'ri] *f* horse-shoeing; smithy.

marée [ma're] *f* tide; ✝ fresh fish; ~ *basse (haute)* low (high) tide, low (high) water; *grande* ~ spring-tide; *la* ~ *descend (monte)* the tide is going out (coming in).

marelle [ma'rɛl] *f game:* hopscotch.

mareyeur *m*, **-euse** *f* [marɛ'jœːr, ~'jøːz] fishmonger.

margarine ✝ [marga'rin] *f* margarine.

marge [marʒ] *f* border, edge; margin (*a. fig.*, *a.* ✝); ✝ margin of profit; *fig.* scope; **margelle** [mar'ʒɛl] *f well:* curb(-stone); **margeur** [~'ʒœːr] *m typ.* layer-on; *typewriter:* margin stop; **marginal, e,** *m/pl.* **-aux** [~ʒi'nal, ~'no] marginal.

margotin [margɔ'tɛ̃] *m* bundle of firewood.

margouillis F [margu'ji] *m* mud, slush; mess.

margoulin *sl.* [margu'lɛ̃] *m* petty tradesman; dishonest shopkeeper.

marguerite ♀ [margə'rit] *f* daisy; *grande* ~ marguerite, ox-eye daisy; *petite* ~ daisy.

mari [ma'ri] *m* husband; **mariable** [~'rjabl] marriageable, F in the marriage market; **mariage** [~'rjaːʒ] *m* marriage; wedding; matrimony; **marié, e** [~'rje] **1.** *adj.* married; **2.** *su./m* bridegroom; *su./f* bride; **marier** [~'rje] (1o) *v/t.* marry (*a.* ⚓), give *or* join in marriage; *fig.* join; *fig.* blend (*colours*); *se* ~ marry, get married; *fig.* harmonize (with, *à*); **marieur** *m*, **-euse** *f* [~'rjœːr, ~'rjøːz] matchmaker.

marin, e [ma'rɛ̃, ~'rin] **1.** *adj.* marine (*plant*); sea...; nautical; **2.** *su./m* sailor; moist wind (*in South-Eastern France*); F ~ *d'eau douce* land-lubber.

marinade [mari'nad] *f* pickle; brine; *cuis.* marinade.

marine [ma'rin] **1.** *adj./inv.* navy (-blue); **2.** *su./f* ⚓ navy; ⚓ seamanship; *paint.* seascape; ~ *de guerre* Navy; ~ *marchande* merchant service *or* navy; ⚔ *infanterie f de* ~ (*approx.*) Royal Marine Light Infantry, *Am.* Marines *pl.*

mariner *cuis.* [mari'ne] (1a) *v/t.* marinade; pickle.

marinier, -ère [mari'nje, ~'njɛːr] **1.** *adj.* naval; **2.** *su./m* waterman, bargee; *su./f swimming:* side-stroke.

marionnette [marjɔ'nɛt] *f* puppet (*a. fig.*); *théâtre m de* ~s puppet-show.

marital, e, *m/pl.* **-aux** [mari'tal, ~'to] marital; **maritalement** [~tal-'mɑ̃] *adv.* maritally; *vivre* ~ live together as husband and wife.

maritime [mari'tim] maritime (♀, *law, power, province*); shipping (*agent, intelligence*); naval (*dock-*

marteau

yard); marine (*insurance*); seaborne (*trade*); seaside (*town*). [tern.

maritorne [mari'tɔrn] *f* slut, slattern.

marivaudage [marivo'da:ʒ] *m* preciosity in writing; mild flirting.

marjolaine ♀ [marʒɔ'lɛn] *f* marjoram.

marmaille F *coll.* [mar'mɑ:j] *f* children *pl.*, F kids *pl.*

marmelade [marmə'lad] *f* compote (*of fruit*); (*orange*) marmalade; F mess; *fig.* en ~ pounded to a jelly.

marmite [mar'mit] *f* pan; (cooking-)pot; ⚔ F heavy shell; ~ *à pression* (*or* de *Papin*) pressure-cooker; ~ *norvégienne* hay-box; F *faire bouillir la* ~ keep the pot boiling; **marmiton** [~mi'tɔ̃] *m* cook's boy; (*pastry-cook's*) errand-boy.

marmonner [marmɔ'ne] (1a) *v/t.* mumble, mutter.

marmoréen, -enne [marmɔre'ɛ̃, ~'ɛn] marmoreal, marble...; **marmoriser** ⚗ [~ri'ze] (1a) *v/t.* marmarize.

marmot [mar'mo] *m* F brat; F *croquer le* ~ cool one's heels.

marmotte [mar'mɔt] *f zo.* marmot, *Am.* woodchuck; ✝ case of samples; head-scarf.

marmotter [marmɔ'te] (1a) *v/t.* mumble, mutter.

marmouset [marmu'zɛ] *m fig.* F whipper-snapper, little chap; ⊕ fire-dog.

marne ⚐, *geol.* [marn] *f* marl; **marner** [mar'ne] (1a) *v/t.* ⚐ marl; *v/i.* ⚓ rise (*tide*).

marocain, e [marɔ'kɛ̃, ~'kɛn] *adj.*, *a. su.* ⚑ Moroccan.

maronner [marɔ'ne] (1a) *vt/i.* growl, mutter.

maroquin [marɔ'kɛ̃] *m* morocco (-leather); *pol.* F ministerial portfolio; **maroquiner** [~ki'ne] (1a) *v/t.* give a morocco finish to; make (*skin*) into morocco-leather; **maroquinerie** [~kin'ri] *f* fancy leather goods *pl.*

marotte [ma'rɔt] *f* (*fool's*) cap and bells *pl.*; *hairdresser etc.*: dummy head; F fad, F bee in the bonnet.

maroufle[1] [ma'rufl] *m* † lout, hooligan.

maroufle[2] [ma'rufl] *f* strong paste; **maroufler** [~ru'fle] (1a) *v/t.* remount (*a picture*); prime, size (*canvas*); ✂ tape (*a seam*).

marquant, e [mar'kɑ̃, ~'kɑ̃:t] outstanding, prominent; **marque** [mark] *f* mark (*a.* ✝, *a. fig.*); ✝ brand, make (*a. mot.*); ✝ tally; ⊕ marking tool; *sp.* score; *fig.* token; *fig.* highest quality; ~ *au crayon* pencil-mark; ~ *déposée* (*or de fabrique*) registered trade-mark; de ~ distinguished (*person*); ✝ F choice, best quality; **marquer** [mar'ke] (1m) *v/t.* mark; stamp; brand; *sp.* score (*goals, points*); *fig.* denote, indicate; *fig.* show (*one's age, one's feelings*); *fig.* emphasize; ascertain (*facts*); ♪ ~ *la mesure* beat time; *v/i.* be outstanding; F ~ *mal* make a bad impression; **marqueter** [~kə'te] (1c) *v/t.* speckle; inlay (*wood*); **marqueterie** [~kə'tri] *f* inlaid-work, marquetry; *fig.* patchwork.

marqueur, -euse [mar'kœ:r, ~'kø:z] *su.* marker; *sp.* scorer.

marquis [mar'ki] *m* marquis, marquess; **marquise** [~'ki:z] *f title*: marchioness; marquee; awning, canopy.

marquoir [mar'kwa:r] *m* marking tool.

marraine [ma'rɛn] *f* godmother; *eccl., a. fig.* sponsor.

marrant, e *sl.* [ma'rɑ̃, ~'rɑ̃:t] screamingly funny; odd.

marre *sl.* [ma:r] *f*: *en avoir* ~ be fed up (with, de).

marri, e † [ma'ri] grieved.

marron[1] [ma'rɔ̃] **1.** *su./m* ♀ (*edible*) chestnut; F blow; ♀ ~ *d'Inde* horse-chestnut; **2.** *adj./inv.* maroon; chestnut(*-coloured*).

marron[2], **-onne** [ma'rɔ̃, ~'rɔn] run wild (*animal*); unqualified; unlicensed (*taxi-driver, trader, etc.*); *sp.* sham; **marronner** [~rɔ'ne] (1a) *v/i. fig.* carry on a profession *or* trade without qualifications; ✝ Stock Exchange: job; *sl.* grouse.

marronnier ♀ [marɔ'nje] *m* chestnut (-tree).

mars [mars] *m* March; *astr.* Mars; ⚐ ~ *pl.* spring wheat *sg.*

marsouin [mar'swɛ̃] *m zo.* porpoise; ⚓ forecastle awning; ⚔ F colonial infantry soldier.

marsupial *m*, **-e** *f*, *m/pl.* **-aux** *zo.* [marsy'pjal, ~'pjo] *adj., a. su./m* marsupial.

marte [mart] *f* † *see* martre.

marteau [mar'to] *m* hammer (*a.* ♪,

a. anat.); (*door-*)knocker; *clock*: striker; *icht.* hammerhead; ~ *pneumatique* pneumatic drill; **~-pilon,** *pl.* **~x-pilons** *metall.* [͜topiˈlɔ̃] *m* power-hammer; forging-press.

martel [marˈtɛl] *m* † hammer; *fig.* **se mettre ~ en tête** worry; **marteler** [͜təˈle] (1d) *v/t.* hammer; ✗ blaze (*trees*); *fig.* torment; *fig.* **~ ses mots** speak each word with emphasis.

martial, e, *m/pl.* **-aux** [marˈsjal, ͜ˈsjo] martial (*a. law*); soldierly;

martien, -enne [͜ˈsjɛ̃, ͜ˈsjɛn] *adj., a. su.* ♀ Martian.

martinet[1] [martiˈnɛ] *m* ⊕ tilt-hammer, drop-stamp; flat candlestick (*with handle*); cat-o'-nine-tails.

martinet[2] *orn.* [͜] *m* swift, martlet.

martin-pêcheur, *pl.* **martins-pêcheurs** *orn.* [martɛ̃peˈʃœːr] *m* kingfisher.

martre *zo.* [martr] *f* marten.

martyr *m,* **e** *f* [marˈtiːr] martyr; **martyre** [͜ˈtiːr] *m* martyrdom; *fig.* agonies *pl.*; **martyriser** [͜tiriˈze] (1a) *v/t. eccl.* martyr; *fig.* torment; *fig.* make a martyr of.

marxisme *pol.* [markˈsism] *m* Marxism; **marxiste** *pol.* [͜ˈsist] *adj., a. su.* Marxist.

mas [mɑs] *m* small farmhouse.

mascarade [maskaˈrad] *f* masquerade (*a. fig.*).

mascaret [maskaˈrɛ] *m* bore, tidal wave.

mascotte [masˈkɔt] *f* mascot, charm.

masculin, e [maskyˈlɛ̃, ͜ˈlin] **1.** *adj.* masculine; male; **2.** *su./m gramm.* masculine.

masochiste [mazɔˈʃist] *su.* masochist.

masque [mask] *m* mask (*a. fig.*); *fig.* cloak, cover; *thea.* masque; masquerader; **~ à gaz** gas-mask, respirator; **masquer** [masˈke] (1m) *v/t.* mask; *fig.* conceal; ⚓ back (*a sail*).

massacrant, e [masaˈkrɑ̃, ͜ˈkrɑ̃ːt] *adj.:* **humeur** *f* **~e** bad *or* F foul temper; **massacre** [͜ˈsakr] *m* massacre; slaughter (*a. fig.*); **massacrer** [masaˈkre] (1a) *v/t.* massacre, slaughter; *fig.* make a hash of, ruin; murder (*music*); *tennis:* kill (*a ball*);

massacreur *m,* **-euse** *f* [͜ˈkrœːr, ͜ˈkrøːz] slaughterer; *fig.* bungler; *fig. music:* murderer.

massage ☸ [maˈsaːʒ] *m* massage.

masse[1] [mɑs] *f* ⊕ sledge-hammer; (*ceremonial*) mace.

masse[2] [͜] *f* ⚔, *phys., fig.* mass; ♃ bulk; ♃ fund; ⚡ earth; *persons, water:* body; *fig.* crowd, heap; **en ~** in a body; as a whole; *fig.* **mass…**; *phys.* **~ critique** critical mass.

massé [maˈse] *m billiards:* massé (shot).

massepain [masˈpɛ̃] *m* marzipan.

masser[1] [maˈse] (1a) *v/t.* mass (*people*); **se ~** form a crowd.

masser[2] [maˈse] (1a) *v/t.* ☸ massage; rub down (*a horse*); **masseur** [͜ˈsœːr] *m* (*a.* **~ kinésithérapeute**) masseur; **masseuse** [͜ˈsøːz] *f* masseuse.

massicot[1] 🝆, ⊕ [masiˈko] *m* yellow lead.

massicot[2] [͜] *m books:* guillotine, trimmer.

massier [maˈsje] *m* mace-bearer.

massif, -ve [maˈsif, ͜ˈsiːv] **1.** *adj.* massive, bulky; heavy; solid (*gold*); **2.** *su./m* clump, cluster; ⛰ block, solid mass; *geog.* mountain mass.

massue [maˈsy] *f* club (*a. zo.,* ♀); *fig.* **en coup de ~** sledge-hammer (*arguments*).

mastic [masˈtik] *m iron etc.:* mastic; *glazier:* cement; putty; *tooth:* filling, stopping.

masticateur [mastikaˈtœːr] **1.** *adj./m* masticatory; **2.** *su./m* masticator; **masticatoire** [͜ˈtwaːr] **1.** *adj.* masticatory; **2.** *su./m* ☸ masticatory, chewing-gum.

mastiquer[1] [mastiˈke] (1m) *v/t.* masticate; chew.

mastiquer[2] [͜] (1m) *v/t.* ⊕ cement, stop (*a hole, a. a tooth*); putty (*a window*).

mastroquet F [mastrɔˈkɛ] *m* public-house keeper, F pub-keeper.

masure [maˈzyːr] *f* hovel, shack.

mat[1], **mate** [mat] dull, flat, lustreless (*colour*); heavy (*bread, dough*).

mat[2] [͜] **1.** *adj./inv.* checkmated; **2.** *su./m* checkmate.

mât [mɑ] *m* ⚓ mast; (*tent-*)pole; ✗ strut; 🚂 **~ de signaux** signal-post; ⚓ **navire** *m* **à trois ~s** three-master.

matador [mataˈdɔːr] *m* matador; *fig.* magnate; *fig.* bigwig.

matamore [mataˈmɔːr] *m* swashbuckler.

match, *pl. a.* **matches** *sp.* [matʃ] *m* match; ~ *de championnat* league match; ~ *de retard* match in hand; ~ *retour* return match.

matelas [mat'la] *m* mattress; ⊕ ~ *d'air* air-cushion; ~ *pneumatique* air-bed, air-mattress; **matelasser** [matla'se] (1a) *v/t.* pad; stuff; *porte f matelassée* baize door; **matelassier** *m*, **-ère** *f* [~'sje, ~'sjɛːr] mattress-maker; mattress-cleaner; **matelassure** [~'syːr] *f* padding, stuffing.

matelot [mat'lo] *m* sailor; **matelote** [~'lɔt] *f cuis.* matelote; † *(approx.)* hornpipe; *à la* ~ sailor-fashion.

mater[1] [ma'te] (1a) *v/t.* mat, dull; ⊕ hammer; work *(the dough)*.

mater[2] [~] (1a) *v/t.* (check)mate *(at chess)*; *fig.* subdue, humble.

mâter ⚓ [mɑ'te] (1a) *v/t.* mast; rig *(booms)*; up-end *(a boat)*.

matérialiser [materjali'ze] (1a) *v/t. a. se* ~ materialize; **matériau** △ [~'rjo] *m* material; **matériaux** ⊕, △, *fig.* [~'rjo] *m/pl.* materials; **matériel, -elle** [~'rjɛl] **1.** *adj.* material; physical; *fig.* sensual; ⚖ *dommages m/pl.* ~s damage *sg.* to property; *vie f* ~*elle* necessities *pl.* of life; **2.** *su./m* ⊕ plant; apparatus; *school, a.* ⚓: furniture; *war:* material; ~ *humain* man-power; men *pl.*; 🚃 ~ *roulant* rolling stock.

maternel, -elle [matɛr'nɛl] maternal; mother *(tongue)*; *école f* ~*elle* infant school; **maternité** [~ni'te] *f* maternity, motherhood; maternity hospital.

mathématicien *m*, **-enne** *f* [matemati'sjɛ̃, ~'sjɛn] mathematician; **mathématique** [~'tik] **1.** *adj.* mathematical; **2.** *su./f:* ~s *pl.* mathematics; ~s *pl. spéciales* higher mathematics.

matière [ma'tjɛːr] *f* material; matter, substance; *fig.* subject; *fig.* grounds *pl.* (*oft.* ⚖); ~s *pl. premières* raw material *sg.*; ⊕ ~s *pl. plastiques* plastics; *en* ~ *de* as regards; *entrer en* ~ broach the subject; *table f des* ~s table of contents.

matin [ma'tɛ̃] **1.** *su./m* morning; *au* ~ in the morning *sg.*; *de bon (or grand)* ~ early in the morning; **2.** *adv.* early.

mâtin [mɑ'tɛ̃] **1.** *su./m zo.* mastiff; **2.** *int.* F gosh!

matinal, e, *m/pl.* **-aux** [mati'nal, ~'no] morning...; early; *être* ~ be an early riser *(person)*; **matinée** [~'ne] *f* morning, forenoon; morning's work; *cost.* wrapper; *thea.* matinee, afternoon performance; *faire la grasse* ~ sleep late, F have a lie in; **matines** *eccl.* [ma'tin] *f/pl.* mat(t)ins; **matineux, -euse** [mati'nø, ~'nøːz] **1.** *adj.* early rising; **2.** *su.* early riser; **matinier, -ère** [~'nje, ~'njɛːr] *adj.: l'étoile f* ~*ère* the morning star.

matir [ma'tiːr] (2a) *v/t.* mat, dull; ⊕ hammer.

matois, e [ma'twa, ~'twaːz] **1.** *adj.* sly, foxy, cunning; **2.** *su.* crafty person.

matou *zo.* [ma'tu] *m* tom-cat.

matraque [ma'trak] *f* bludgeon; rubber truncheon.

matras [ma'trɑ] *m* 🝪 matrass; ⚔ *hist. crossbow:* quarrel.

matriarcat [matriar'ka] *m* matriarchy; **matrice** [~'tris] **1.** *su./f* matrix; ⊕ die; ⊕ master record; *typ.* type mo(u)ld; *anat.* womb, uterus; **2.** *adj.* primary *(colour)*; mother *(church, tongue)*; **matricer** ⊕ [matri'se] (1k) *v/t.* stamp (out); swage; **matricide** [~'sid] **1.** *su. person:* matricide; *su./m crime:* matricide; **2.** *adj.* matricidal.

matricule [matri'kyl] *su./f* roll, register; registration; *su./m* registration-number, serial-number; **matriculer** [~ky'le] (1a) *v/t.* enrol(l), register; number.

matrimonial, e, *m/pl.* **-aux** [matrimɔ'njal, ~'njo] matrimonial.

matrone [ma'trɔn] *f* matron.

maturation [matyra'sjɔ̃] *f* ripening; *tobacco:* maturing.

mâture ⚓ [mɑ'tyːr] *f* masting; *coll.* masts *pl.*; sheer-legs *pl.*

maturité [matyri'te] *f* maturity; ripeness; *avec* ~ after mature consideration.

matutinal, e, *m/pl.* **-aux** [matyti'nal, ~'no] matutinal.

maudire [mo'diːr] (4p) *v/t.* curse; *fig.* grumble about; **maudit, e** [~'di, ~'dit] **1.** *p.p. of* maudire; **2.** *adj.* (ac)cursed; *fig.* execrable, damnable.

maugréer [mogre'e] (1a) *v/i.* curse; *fig.* grumble (about, at *contre*).

maure [mɔːr] **1.** *adj./m* Moorish;

mauresque 300

2. *su./m* ♀ Moor; **mauresque** [mɔ-'rɛsk] 1. *adj.* Moorish; ⚠ Moresque; 2. *su./f* ♀ Moorish woman.
mausolée [mozo'le] *m* mausoleum.
maussade [mo'sad] surly, sullen; *fig.* depressing, dull (*weather*); irritable (*person, tone*); **maussaderie** [⁓sa'dri] *f* sullenness; irritability, peevishness.
mauvais, e [mɔ'vɛ, ⁓'vɛːz] 1. *adj.* bad (*a. influence, news,* ✝ *season*); evil, wicked; wrong; ill; nasty, unpleasant; offensive (*smell*); ✱ severe (*illness*); ⁓e excuse lame excuse; ⁓e foi dishonesty; unfairness; ⁓e tête unruly *or* obstinate 'person; de ⁓e humeur in a bad temper; 2. *mauvais adv.*: il fait ⁓ the weather is bad; sentir ⁓ smell bad, stink.
mauve [moːv] *su./f* ♀ mallow; *su./m, a. adj.* mauve, purple.
mauviette [mo'vjɛt] *f orn.* skylark; *fig.* frail person; **mauvis** *orn.* [⁓'vi] *m* redwing.
maxillaire *anat.* [maksil'lɛːr] *m* jaw-bone; ⁓ supérieur maxilla.
maxime [mak'sim] *f* maxim; **maximum,** *pl. a.* **maxima** [⁓si'mɔm, ⁓'ma] *su./m, a. adj.* maximum.
mayonnaise *cuis.* [majɔ'nɛːz] *f* mayonnaise.
mazer *metall.* [ma'ze] (1a) *v/t.* refine (*pig-iron*).
mazette F [ma'zɛt] 1. *su./f sp.* duffer; ⚔ recruit; poor horse; 2. *int.* my word!; *Am.* say!
mazout [ma'zut] *m* fuel oil; crude oil.
me [mə] 1. *pron./pers.* me; to me; ⁓ voici! here I am!; 2. *pron./rfl.* myself, to myself.
méandre [me'ãːdr] *m* wind(ing), bend; faire des ⁓s meander, wind (*river*).
mécanicien [mekani'sjɛ̃] *m* mechanic; engineer, artificer; 🚂 engine-driver, *Am.* engineer; **mécanicienne** [⁓ni'sjɛn] *f* sewing-machine operator; *factory:* machinist; **mécanique** [⁓'nik] 1. *adj.* mechanical; 2. *su./f* mechanics *sg.*; mechanism, (piece of) machinery; ♪ technique; *phys.* ⁓ ondulatoire wave-mechanics *sg.*; **mécaniser** [⁓ni'ze] (1a) *v/t.* mechanize; turn (*s.o.*) into a machine; **mécanisme** [⁓'nism] *m* mechanism; machinery; technique.
mécano ⊕ F [meka'no] *m* mechanic.

méchamment [meʃa'mã] *adv. of* méchant; **méchanceté** [⁓ʃɑ̃s'te] *f* wickedness; naughtiness; ill nature; malice, spite; spiteful thing; **méchant, e** [⁓'ʃɑ̃, ⁓'ʃɑ̃ːt] 1. *adj.* wicked, evil; naughty; nasty, spiteful; *fig.* poor, sorry; *fig.* paltry; il n'est pas ⁓ he's all right; he's harmless; 2. *su./m* naughty boy; *su./f* naughty girl.
mèche[1] [mɛʃ] *f candle, lamp:* wick; ✕ match fuse; *whip:* cracker, *Am.* snapper; *hair:* lock; ⊕ bit, drill; éventer la ⁓ discover a secret; vendre la ⁓ let the cat out of the bag, *sl.* blow the gaff.
mèche[2] F [⁓] *f*: de ⁓ avec in collusion with; hand in glove with; il n'y a pas ⁓! it can't be done!
mécher [me'ʃe] (1f) *v/t.* match, fumigate (*a cask*).
mécompte [me'kɔ̃ːt] *m* miscalculation, mistake in reckoning, error; *fig.* disappointment.
méconnaissable [mekɔnɛ'sabl] unrecognizable; hardly recognizable; **méconnaissance** [⁓nɛ'sɑ̃ːs] *f* failure to recognize; **méconnaître** [⁓'nɛːtr] (4k) *v/t.* refuse to recognize, cut; *fig.* not to appreciate; *fig.* underrate; *fig.* disown.
mécontent, e [mekɔ̃'tɑ̃, ⁓'tɑ̃ːt] dissatisfied, discontented (with, de); annoyed (at, de; that, que); **mécontentement** [⁓tɑ̃t'mã] *m* dissatisfaction (with, de); displeasure, annoyance (at, de); *pol.* disaffection; **mécontenter** [⁓tɑ̃'te] (1a) *v/t.* dissatisfy; displease, annoy.
mécréant, e [mekre'ɑ̃, ⁓'ɑ̃ːt] 1. *adj.* unbelieving; heterodox; 2. *su.* unbeliever; misbeliever; miscreant.
médaille [me'daːj] *f* medal; badge; ⚠ medallion; **médaillé, e** [meda'je] 1. *adj.* decorated; holding a medal; 2. *su.* medallist; medal-winner, prize-winner; **médaillier** [⁓'je] *m* medal cabinet; collection of medals; **médailliste** [⁓'jist] *m* collector of medals; medal-maker; **médaillon** [⁓'jɔ̃] *m* medallion; locket; *journ.* inset; *cuis. butter:* pat; *cuis.* medaillon.
médecin [met'sɛ̃] *m* doctor, physician; ⚓ ⁓ du bord ship's doctor; ⁓ légiste medical expert; ⁓ traitant doctor in charge of the case; femme *f* ⁓ lady doctor; **médecine** [⁓'sin] *f*

medicine; ~ *légale* forensic medicine.
médian, e [me'djã, ~'djan] median; middle...; *foot.* half-way (*line*); **médiat, e** [~'dja, ~'djat] mediate; **médiateur, -trice** [medja'tœ:r, ~'tris] **1.** *adj.* mediatory; **2.** *su.* mediator; intermediary; **médiation** [~'sjɔ̃] *f* mediation.
médical, e, *m/pl.* **-aux** [medi'kal, ~'ko] medical; **médicament** [medika'mã] *m* medicament, F medicine; **médicamenter** [~mɑ̃'te] (1a) *v/t.* doctor, dose (*s.o.*); **médicamenteux, -euse** [~mã'tø, ~'tø:z] medicinal; **médicastre** [medi'kastr] *m* quack (doctor); **médication** [~ka'sjɔ̃] *f* medical treatment, medication; **médicinal, e,** *m/pl.* **-aux** [~si'nal, ~'no] medicinal; **médico-legal, e,** *m/pl.* **-aux** [~kɔle'gal, ~'go] medico-legal.
médiéval, e, *m/pl.* **-aux** [medje'val, ~'vo] medi(a)eval; **médiéviste** [~'vist] *su.* medi(a)evalist.
médiocre [me'djɔkr] mediocre; indifferent; **médiocrité** [~djɔkri'te] *f* mediocrity; F *person*: secondrater.
médire [me'di:r] (4p) *v/i.*: ~ *de q.* slander s.o., speak ill of s.o., F run s.o. down; **médisance** [medi'zã:s] *f* slander; scandal-mongering; **médisant, e** [~'zã, ~'zã:t] **1.** *adj.* slanderous, backbiting; **2.** *su.* slanderer; scandal-monger.
méditatif, -ve [medita'tif, ~'ti:v] meditative; contemplative, pensive; **méditation** [~ta'sjɔ̃] *f* meditation (*a. eccl.*); cogitation, thought; **méditer** [~'te] (1a) *v/i.* meditate; *v/t.* contemplate (*s.th.*).
méditerrané, e *geog.* [mediterɑ'ne] mediterranean.
médium [me'djɔm] *m psychics*: medium; ♪ middle register.
médius *anat.* [me'djys] *m* middle finger.
médullaire ♀, *anat.* [medyl'lɛ:r] medullary.
méduse [me'dy:z] *f* jelly-fish; **méduser** F [~dy'ze] (1a) *v/t.* petrify.
meeting [mi'tiŋ] *m* meeting.
méfaire † [me'fɛ:r] *v/i. occurs only in inf.* do wrong; **méfait** [~'fɛ] *m* misdeed.
méfiance [me'fjã:s] *f* distrust; **méfiant, e** [~'fjã, ~'fjã:t] suspicious, distrustful; **méfier** [~'fje] (1o) *v/t.*: *se* ~ be on one's guard; *se* ~ *de* be suspicious of, distrust.
mégalo... [megalɔ] megalo...; ~**mane** [~'man] *su.* megalomaniac.
mégaphone [mega'fɔn] *m* megaphone.
mégarde [me'gard] *f*: *par* ~ inadvertently; accidentally.
mégatonne [mega'tɔn] *f* megaton.
mégère [me'ʒɛ:r] *f* shrew, termagant.
mégie [me'ʒi] *f fine skins*: tawing; **mégir** [~'ʒi:r] (2a), **mégisser** [~ʒi'se] (1a) *v/t.* taw, dress; **mégisserie** [~ʒis'ri] *f* tawing, dressing; tawery; **mégissier** [~ʒi'sje] *m* tawer.
mégot F [me'go] *m cigarette*: fagend, *Am.* butt; *cigar*: stump; (poor) cigar.
méhari, *pl. a.* **méhara** [mea'ri, ~'ra] *m* fast dromedary; **méhariste** ⚔ [~'rist] *m* cameleer.
meilleur, e [mɛ'jœ:r] **1.** *adj.* better; *le* ~ the better (*of two*), the best (*of several*); **2.** *su./m* best (thing).
mélancolie [melãkɔ'li] *f* melancholy, gloom; ⚕ melancholia; **mélancolique** [~'lik] mournful, gloomy, melancholy; ⚕ melancholic.
mélange [me'lã:ʒ] *m* mixture, blend; *cards*: shuffling; ~*s pl.* miscellany *sg.*; ~ *réfrigérant* freezing-mixture; **mélanger** [melã'ʒe] (11) *v/t. a.* se ~ mix; blend; **mélangeur** [~'ʒœ:r] *m* mixing-machine, mixer.
mélasse [me'las] *f* molasses *pl.*, treacle; *sl. dans la* ~ in the soup.
mêlée [me'le] *f* ⚔ mêlée, fray; scuffle; scramble; *sp. rugby*: scrum; **mêler** [~] (1a) *v/t.* mix; mingle, blend; ~ *q. à* (*or dans*) involve s.o. in; *se* ~ *de* meddle in, interfere in; dabble in (*politics*).
mélèze ♀ [me'lɛ:z] *m* larch.
mélilot ♀ [meli'lo] *m* sweet clover, melilot.
méli-mélo, *pl.* **mélis-mélos** F [melime'lo] *m* jumble; clutter; hotchpotch.
mellifère [mɛlli'fɛ:r] honey-bearing; **mellifique** [~'fik] mellific, honey-making; **melliflue** *fig.* [~'fly] mellifluous, honeyed.
mélodie [melɔ'di] *f* ♪ melody, tune; melodiousness; **mélodieux, -euse**

mélodique

[~'djø, ~'djø:z] melodious, tuneful; **mélodique** ♪ [~'dik] melodic; **mélodrame** [~'dram] *m* melodrama; **mélomane** [~'man] 1. *adj.* mad on music; 2. *su.* melomaniac.

melon [mə'lɔ̃] *m* ♀ melon; bowler (hat).

membrane [mã'bran] *f* ♀, *anat.*, ⊕ membrane; *zo.* duck, goose, etc.: web; **membraneux, -euse** [~bra-'nø, ~'nø:z] membranous.

membre [mã:br] *m* member; *body:* limb; ♣ rib; **membré, e** [mã'bre] *adj.:* bien ~ well-limbed; **membru, e** [~'bry] strong-limbed; big-limbed; **membrure** [~'bry:r] *f coll.* limbs *pl.*, ♣ ribs *pl.*; ⚓ frame.

même [mɛ:m] 1. *adj.* same; *after noun:* self, very; ce ~ soir the same evening; ce soir ~ this very evening; en ~ temps at the same time; *la bonté ~* kindness itself; *les ~s personnes* the same persons; *see vous-même;* 2. *adv.* even; à ~ de (*inf.*) able to (*inf.*), in a position to (*inf.*); *boire à ~ la bouteille* drink out of the bottle; de ~ in the same way, likewise; de ~ que like, (just) as; *pas ~* not even; quand ~ even if; all the same; tout de ~ all the same; voire ~ ... indeed ...

mémère F [me'mɛ:r] *f* mother, F mum(my); grandmother, F granny.

mémoire¹ [me'mwa:r] *f* memory; de ~ by heart, from memory; de ~ d'homme within living memory; en ~ de in memory of.

mémoire² [~] *m* memorandum; memorial; memoir, dissertation; ⚖ abstract; ~s *pl.* transactions; ⚖s *pl.* (*historical*) memoirs.

mémorable [memɔ'rabl] memorable, noteworthy; **mémorial** [~'rjal] *m* Gazette; ⚢ memoirs *pl.*; **mémorialiste** [~rja'list] *m* memorialist.

menace F [mə'nas] *f* threat, menace; **menacer** [~na'se] (1k) *v/t.* threaten (with, de).

ménage [me'na:ʒ] *m* housekeeping; housework; set of furniture; *fig.* household, family; *fig.* married couple; *faire bon ~* get on well together; *faire le ~* do the housework; *faux ~* unmarried couple living together; *femme f de ~* charwoman, cleaner; *jeune ~* newly married couple; *tenir le ~ de* keep house for;

ménagement [~naʒ'mã] *m* care; consideration, caution.

ménager¹ [mena'ʒe] (1l) *v/t.* save; use economically, make the most of; arrange; provide.

ménager², -ère [mena'ʒe, ~'ʒɛ:r] 1. *adj.* domestic; *fig.* thrifty, sparing (of, de); *enseignement m ~* domestic science; 2. *su./f* housewife; housekeeper; canteen of cutlery; cruet-stand; **ménagerie** [~naʒ'ri] *f* menagerie.

mendiant, e [mã'djã, ~'djã:t] 1. *adj.* mendicant; 2. *su.* beggar; *su./m:* F *les quatre ~s pl.* figs, raisins, almonds and hazel-nuts as dessert; **mendicité** [~disi'te] *f* begging; beggary; beggardom; **mendier** [~'dje] (1o) *v/i.* beg; *v/t.* beg for; ~ *des compliments* fish for compliments; **mendigot** F [~di'go] *m* beggar.

meneau △ [mə'no] *m* mullion; à ~x mullioned.

menée [mə'ne] *f hunt.* track; *fig.* manœuvre, intrigue.

mener [~] (1d) *v/t.* lead; conduct, guide; ⨉ draw (*a line*); partner (*a lady in a dance*); *fig.* rule, control, manage; drive (*a horse, a car*); steer (*a boat*); ~ *par le bout du nez* lead by the nose; *cela peut le ~ loin* that may take him a long way; *v/i.* lead (to, à); *ne pas en ~ large* be in a tight corner.

ménestrel *hist.* [menɛs'trɛl] *m* minstrel; **ménétrier** [~ne'trje] *m* village musician, fiddler.

meneur [mə'nœ:r] *m* guide; ringleader; driver.

menhir *geol.* [me'ni:r] *m* menhir.

méningite ✶ [menɛ̃'ʒit] *f* meningitis.

ménisque *anat.* [me'nisk] *m* meniscus.

ménopause ✶ [menɔ'po:z] *f* menopause.

menotte [mə'nɔt] *f* ⊕ handle; *mot. etc.* link; F little hand; ~s *pl.* handcuffs.

mensonge [mã'sɔ̃:ʒ] *m* lie, falsehood; *fig.* delusion; ~ *officieux* (or *pieux*) white lie; **mensonger, -ère** [~sɔ̃'ʒe, ~'ʒɛ:r] untrue; false; *fig.* illusory.

mensualité [mãsyali'te] *f* monthly payment *or* instalment; *payment:* monthly rate; **mensuel, -elle** [~-'sʸɛl] monthly.

mensurable [mãsy'rabl] measurable; **mensuration** [~ra'sjɔ̃] f measurement; ⚕ mensuration.
mental, e, m/pl. **-aux** [mã'tal, ~'to] mental; *restriction f ~e* mental reservation; **mentalité** [~tali'te] f mentality.
menterie F [mã'tri] f lie, F fib; **menteur, -euse** [~'tœːr, ~'tøːz] 1. adj. lying; deceptive, false; 2. su. liar, F fibber.
menthe ♀ [mã:t] f mint.
mention [mã'sjɔ̃] f mention; *faire ~ de* = **mentionner** [~sjɔ'ne] (1a) v/t. mention; name.
mentir [mã'tiːr] (2b) v/i. lie, F fib.
menton [mã'tɔ̃] m chin; **mentonnet** [mãtɔ'nɛ] m ⊕ catch; ⊕ lug; 🚢 flange; **mentonnière** [~'njɛːr] f (bonnet-)string; 🞥 chin-bandage; ⚔ check-strap; ♪ violin: chin-rest.
mentor [mɛ̃'tɔːr] m mentor.
menu, e [mə'ny] 1. adj. small; fine; minute (details, fragments); slim, slender (figure); petty, trifling; 2. *menu* adv. small, fine; *hacher ~* mince; chop (s.th.) up small; 3. su./m detail; *meal*: menu; *~ à prix fixe* table d'hôte; *par le ~* in detail.
menuiser [mənɥi'ze] (1a) v/t. cut (wood) down; v/i. do woodwork; **menuiserie** [~nɥiz'ri] f woodwork, carpentry; joiner's shop; **menuisier** [~nɥi'zje] m joiner; carpenter.
méphitique [mefi'tik] noxious, foul; *gaz m ~* choke-damp.
méplat, e [me'pla, ~'plat] 1. adj. flat; ⚠ flat-laid; in planks (wood); 2. su./m flat part; geol. rock: ledge.
méprendre [me'prãːdr] (4aa) v/t.: *se ~ sur* be mistaken about, misjudge; fig. *à s'y ~* to the life; *il n'y a pas à s'y ~* there can be no mistake.
mépris [me'pri] m contempt, scorn; *au ~ de* in defiance of, contrary to; **méprisable** [mepri'zabl] contemptible; **méprisant, e** [~'zã, ~'zãːt] scornful, contemptuous.
méprise [me'priːz] f mistake.
mépriser [mepri'ze] (1a) v/t. despise; scorn.
mer [mɛːr] f sea; tide; *~ haute* high tide; *haute ~* open sea; *porter de l'eau à la ~* carry coals to Newcastle.
mercanti F [mɛrkã'ti] m profiteer; **mercantile** [~'til] mercantile;

commercial; fig. *esprit m ~* grabbing spirit, mercenary soul.
mercenaire [mɛrsə'nɛːr] 1. adj. mercenary (a. ⚔); 2. su./m hireling; ⚔ mercenary.
mercerie [mɛrsə'ri] f haberdashery; haberdasher's (shop), Am. notions shop.
merci [mɛr'si] 1. adv. thank you, thanks (for, *de*); 2. su./m thanks pl.; su./f mercy; *crier ~* cry mercy, beg for mercy; *sans ~* pitiless(ly adv.), merciless(ly adv.).
mercier m, **-ère** f [mɛr'sje, ~'sjɛːr] haberdasher; small-ware dealer.
mercredi [mɛrkrə'di] m Wednesday.
mercure ⚗ [mɛr'kyːr] m mercury, quicksilver; **mercureux** ⚗ [~ky'rø] adj./m mercurous.
mercuriale [mɛrky'rjal] f ♀ market-prices pl.; F fig. reprimand.
mercuriel, -elle [mɛrky'rjɛl] mercurial.
merde V [mɛrd] 1. su./f shit; 2. int. hell!
mère [mɛːr] f mother (a. fig.); ⊕ die; mo(u)ld; fig. source, root; *~ patrie* mother-country; ✝ *maison f ~* head office.
méridien, -enne [meri'djɛ̃, ~'djɛn] 1. adj. geog. meridian; midday; astr. transit; 2. su./m meridian; su./f meridian line; midday nap; sofa; **méridional, e,** m/pl. **-aux** [~djɔ'nal, ~'no] 1. adj. south(ern); meridional; 2. su. southerner; meridional.
meringue cuis. [mə'rɛ̃ːg] f meringue.
mérinos ✝, zo. [meri'nos] m merino.
merise ♀ [mə'riːz] f wild cherry; **merisier** [~ri'zje] m wild cherry (-tree).
mérite [me'rit] m merit; quality; ability; *sans ~* undeserving; **mériter** [meri'te] (1a) vt/i. deserve, merit; **méritoire** [~'twaːr] meritorious, praiseworthy, commendable.
merlan [mɛr'lã] m icht. whiting; sl. hairdresser; **merle** [mɛrl] m orn. blackbird; F fig. *~ blanc* rara avis; F fig. *fin ~* sly fellow.
merluche [mɛr'lyʃ] f icht. hake; ✝ dried cod.
merrain [me'rɛ̃] m ⊕ stave-wood; wood for cooperage; deer's antlers: beam.

merveille [mɛrˈvɛːj] f marvel, wonder; à ~ magnificently, F fine; **merveilleux, -euse** [~vɛˈjø, ~ˈjøːz] marvellous, wonderful; supernatural.

mes [me] see mon.

més... [mez] mis...; **~alliance** [mezaˈljãːs] f misalliance.

mésange orn. [meˈzãːʒ] f tit(mouse); **mésangette** [~zãˈʒɛt] f bird-trap.

mésaventure [mezavɑ̃ˈtyːr] f misadventure, mishap, mischance.

mesdames [meˈdam] pl. of madame; **mesdemoiselles** [medmwaˈzɛl] pl. of mademoiselle.

mésentente [mezãˈtãːt] f misunderstanding, disagreement.

mésentère anat. [mezãˈtɛːr] m mesentery.

mésestimer [mezɛstiˈme] (1a) v/t. underestimate; hold (s.o.) in low esteem.

mésintelligence [mezɛ̃teliˈʒãːs] f disagreement; en ~ avec at loggerheads with.

mesquin, e [mɛsˈkɛ̃, ~ˈkin] mean, shabby; fig. paltry (excuse, character); **mesquinerie** [~kinˈri] f meanness; pettiness.

mess ✕ [mɛs] m mess.

message [meˈsaːʒ] m message (a. fig.); **messager** m, **-ère** f [~saˈʒe, ~ˈʒɛːr] messenger, fig. harbinger; **messagerie** [~saʒˈri] f carrying trade; parcel delivery; ⚓ ~ maritime shipping company; bureau m des ~s shipping office; 🚂 parcels office.

messe eccl., a. ♪ [mɛs] f mass.

messeoir [mɛˈswaːr] (3k) v/i. be unbecoming (to, à).

Messie bibl. [meˈsi] m Messiah.

messieurs [meˈsjø] pl. of monsieur.

mesurable [məzyˈrabl] measurable; **mesurage** [~ˈraːʒ] m measurement; **mesure** [məˈzyːr] f measure; measurement; extent, degree; step; fig. moderation; verse: metre; ♪ time; ♪ bar; à ~ one by one; in proportion; à ~ que (in proportion) as; donner sa ~ show what one is capable of; en ~ de in a position to; outre ~ excessively, beyond measure; poids m/pl. et ~s pl. weights and measures; prendre des ~s contre take steps or measures against; fig. prendre la ~ de q. size s.o. up; prendre les ~s de q. take s.o.'s measurements; fig. sans ~ boundless; sur ~ to measure, to order; **mesurer** [məzyˈre] (1a) v/t. measure; calculate; fig. estimate; se ~ cope (with avec, contre); **mesureur** [~ˈrœːr] m person, machine: measurer; ga(u)ge; ∮ metre.

méta... [meta] meta...

métairie [meteˈri] f small farm.

métal [meˈtal] m metal; ~ brut (commun) raw (base) metal; **métallifère** [metalliˈfɛːr] metalliferous; **métallique** [~ˈlik] metallic; wire (rope); ✝ encaisse f ~ gold reserve; **métalliser** ⊕ [~liˈze] (1a) v/t. cover with metal, plate; metallize; **métallo** f [~ˈlo] m metal-worker; **métallurgie** ⊕ [~lyrˈʒi] f metallurgy; smelting; **métallurgiste** ⊕ [~lyrˈʒist] m metallurgist; metalworker.

méta...: **~morphose** [metamɔrˈfoːz] f metamorphosis, transformation; **~morphoser** [~mɔrfoˈze] (1a) v/t. metamorphose; se ~ change; **~phore** [~ˈfɔːr] f metaphor; image; **~phorique** [~fɔˈrik] metaphorical; **~physique** [~fiˈzik] f metaphysics sg.; **~psychique** [~psiˈʃik] f parapsychology.

métayer [meteˈje] m metayer, tenant farmer; Am. share-cropper.

méteil ✓ [meˈtɛːj] m mixed crop (of wheat and rye).

métempsycose [metɑ̃psiˈkoːz] f metempsychosis.

météo [meteˈo] su./f weather report; meteorological office; su./m meteorologist; weather man; **météore** [~ˈɔːr] m meteor; **météorisme** [~ˈrism] m 🐄 meteorism; flatulence; vet. hoove; **météorologie** [~ɔrɔlɔˈʒi] f meteorology.

méthode [meˈtɔd] f method, system; way; **méthodique** [~tɔˈdik] methodical, systematic.

méticuleux, -euse [metikyˈlø, ~ˈløːz] meticulous, punctilious, F fussy.

métier [meˈtje] m trade; craft; profession; tex. loom; ~ à broder (tisser) tambour frame (weaving-loom); ~ mécanique power-loom.

métis, -isse [meˈtis] **1.** su. halfbreed; dog: mongrel; **2.** adj. halfbred, cross-bred; mongrel (dog).

métrage [meˈtraːʒ] m measurement; metric length; cin. court (long) ~

short (full-length) film; **mètre** [mɛtr] *m* metre, *Am.* meter; *fig.* F yardstick; ~ *à ruban* tape-measure; ~ *carré* square metre; ~ *cube* cubic metre; ~ *pliant* folding rule; **métré** [me'tre] *m* measurement(s *pl.*); **métreur** [~'trœ:r] *m* quantity-surveyor; **métrique** [~'trik] **1.** *adj.* metric; **2.** *su./f* prosody, metrics *sg.*

métro F [me'tro] *m* underground railway, tube, *Am.* subway.

métro...: **~logie** [metrɔlɔ'ʒi] *f* metrology; **~manie** [~ma'ni] *f* metromania; **~nome** ♪ [~'nɔm] *m* metronome.

métropole [metrɔ'pɔl] *f* metropolis; capital; mother country; **métropolitain, e** [~pɔli'tɛ̃, ~'tɛn] **1.** *adj.* metropolitan; **2.** *su./m* metropolitan; *eccl.* archbishop; underground railway.

mets[1] [mɛ] *m* food; dish.
mets[2] [~] *1st p. sg. pres. of* **mettre**.

mettable [mɛ'tabl] wearable (*clothes*); **metteur** [~'tœːr] *m* ⊕ setter; 🎬 (*plate-*)layer; ~ *en scène* *thea.* producer; *cin.* director.

mettre [mɛtr] (4v) *v/t.* put; place, set; lay (*a.* the table); put on (*clothes*); translate (into, *en*); bet (on, *sur*); *fig.* suppose, assume; ~ *à l'aise* put (*s.o.*) at his ease; ⚓ ~ *à la terre* earth; ~ *au point* adjust; *opt.* focus (*a lens*); clarify (*an affair*); ~ *bas* lamb (*sheep*), litter, whelp (*bitch*), foal (*mare*), farrow (*pig*), calve (*cow*); ~ *de côté* save; ~ *deux heures à* (*inf.*) take two hours to (*inf.*); ~ *en colère* make angry; ~ *en jeu* bring into play or discussion; ⊕ ~ *en marche* start (*a. fig.*); *typ.* ~ *en pages* make up; *thea.* ~ *en scène* stage; *mettons que ce soit vrai* let us suppose this to be true *or* that this is true; *se* ~ place o.s., stand; *se* ~ *à* (*inf.*) begin (*ger.*), to (*inf.*); start (*ger.*), take to; *se* ~ *à l'œuvre* set to work; *se* ~ *en colère* get angry; *se* ~ *en gala* put on formal dress; *se* ~ *en route* start out; *se* ~ *ensemble* live together (*unmarried couple*); *se* ~ *en tête de* (*inf.*) take it into one's head to (*inf.*); *s'y* ~ set about it.

meublant, e [mœ'blɑ̃, ~'blɑ̃:t] suitable for furnishing; ⚖ *meubles m/pl.* ~*s* furnishings, movables; **meuble** [mœbl] **1.** *adj.* movable; loose (*ground*); ⚖ *biens m/pl.* ~*s* movables, personalty *sg.*; **2.** *su./m* piece of furniture; suite (*of furniture*); ⚖ chattel, movable; **meublé, e** [mœ'ble] **1.** *adj.:* (*non*) (*un*)furnished; **2.** *su./m* furnished room; **meubler** [~] (1a) *v/t.* furnish; stock (*the cellar, a farm, etc.*) (with, *de*); *fig.* fill.

meule[1] [mœ:l] *f* hay: stack, rick; charcoal: pile; bricks: clamp; ✿ mushrooms: bed.

meule[2] [mœ:l] *f* ⊕ millstone; grindstone; ~ *de fromage* large round cheese; **meuler** ⊕ [mœ'le] (1a) *v/t.* grind; **meulerie** ⊕ [møl'ri] *f* millstone-factory, grindstone-factory; **meulier** ⊕ [mø'lje] *m* millstone-maker, grindstone-maker; **meulière** ⊕ [~'ljɛːr] *f* millstone grit; millstone quarry.

meulon [mø'lɔ̃] *m* small haystack; corn: stook; (*hay*)cock.

meunerie [møn'ri] *f* flour: milling; **meunier** [mø'nje] miller; **meunière** [~'njɛːr] *f* woman mill-owner, *a.* miller's wife.

meurent [mœːr] *3rd p. pl. pres. of* **mourir**; **meurs** [~] *1st p. sg. pres. of* **mourir**; **meurt-de-faim** F [mœrdə'fɛ̃] *m/inv.* starveling; *de* ~ starvation (*wage*).

meurtre [mœrtr] *m* murder; ⚖ non-capital murder, *Am.* murder in the second degree; *au* ~! murder!; *fig. c'est un* ~ it is a downright shame; **meurtrier, -ère** [mœrtri'e, ~'ɛːr] **1.** *adj.* murderous, guilty of murder (*person*); **2.** *su./m* murderer; *su./f* murderess; ⚠ loophole.

meurtrir [mœr'triːr] (2a) *v/t.* bruise; **meurtrissure** [~tri'syːr] *f* bruise. [*voir.*\]
meus [mø] *1st p. sg. pres. of* **mou-**⌡
meute [møːt] *f* pack; *fig.* mob.
meuvent [mœːv] *3rd p. pl. pres. of* **mouvoir**.

mévendre † [me'vɑ̃:dr] (4a) *v/t.* sell at a loss; **mévente** † [~'vɑ̃:t] *f* goods: sale at a loss; slump.

mi ♪ [mi] *m/inv.* mi, *note:* E.
mi... [mi] *adv.* half, mid, semi-; ~*-clos* half open; *à* ~*-chemin* halfway; *la* ~*-janvier* mid-January.

miaou [mjau] *m* miaow, mew.
miasme [mjasm] *m* miasma.
mini-jupe [mini'ʒyp] *f* mini-skirt.

miauler 306

miauler [mjo'le] (1a) v/i. mew, miaow.
mica min. [mi'ka] m mica; **micelle** biol. [mi'sɛl] m micella.
miche [miʃ] f round loaf.
micheline 🚂 [miʃ'lin] f rail-car.
micmac F [mik'mak] m intrigue; underhand work.
micro F [mi'kro] m radio: microphone, F mike; au ~ on the air.
micro... [mikrɔ] micro...
microbe [mi'krɔb] m microbe, F germ.
microcéphale [mikrɔse'fal] adj., a. su. microcephalic.
micron [mi'krɔ̃] m measure: micron (1/1000 mm).
micro...: **~phone** [mikrɔ'fɔn] m microphone; **~scope** [~krɔs'kɔp] m microscope; **~sillon** [~krɔsi'jɔ̃] m microgroove; long-playing record.
midi [mi'di] m midday, noon, twelve o'clock; fig. heyday (of life); ~ et demi half past twelve; geog. le ♀ the South of France; **midinette** F [~di'nɛt] f dressmaker's assistant, midinette.
mie[1] [mi] f bread: soft part, crumb.
mie[2] † [~] f see m'amie.
miel [mjɛl] m honey; **miellé, e** [mje'le]honeyed; honey-colo(u)red; **mielleux, -euse** [~'lø, ~'lø:z] like honey; fig. honeyed (words); bland (smile); smooth-tongued (person).
mien, mienne [mjɛ̃, mjɛn] 1. pron./poss.: le ~, la ~ne, les ~s m/pl., les ~nes f/pl. mine; 2. adj./poss. † of mine; un ~ ami a friend of mine; 3. su./m mine, my own; les ~s pl. my (own) people.
miette [mjɛt] f crumb; fig. piece,|
mieux [mjø] 1. adv. better; rather; aimer ~ prefer; ⚕ aller ~ feel or be better; à qui ~ ~ one trying to outdo the other; de ~ en ~ better and better; je ne demande pas ~ que de (inf.) I shall be delighted to (inf.); le ~ (the) best; tant ~ all the better; valoir ~ be better; vous feriez ~ de (inf.) you had better (inf.); 2. su./m best; ⚕ change for the better; au ~ as well as possible, ✝ at best; faire de son ~ do one's best.
mièvre [mjɛ:vr] delicate; fig. affected (style); **mièvrerie** [mjɛvrə'ri] f delicateness; fig. style etc.: affectation.
mi-fer ⊕ [mi'fɛ:r] m: assembler à ~ lap-joint.
mignard, e [mi'ɲa:r, ~'ɲard] affected, mincing; dainty; **mignarder** [~ɲar'de] (1a) v/i. simper, mince; v/t. caress (a child); be finical in (style); **mignardise** [~ɲar'di:z] f affectation; style: finicalness; ♀ (garden) pink; **mignon, -onne** [~'ɲɔ̃, ~'ɲɔn] 1. adj. dainty, sweet, Am. cute; péché m ~ besetting sin; 2. su. darling, pet; **mignoter** [~ɲɔ'te] (1a) v/t. caress; pet.
migraine [mi'grɛn] f migraine, sick headache.
migrateur, -trice [migra'tœ:r, ~'tris] orn. migratory; migrant (person); **migration** [~'sjɔ̃] f migration; **migratoire** [~'twa:r] migratory.
mijaurée [miʒɔ're] f affected woman.
mijoter [miʒɔ'te] (1a) v/t. let (s.th.) simmer (a. fig. an idea); hatch (a plot); fig. se ~ be brewing; v/i. simmer.
mil[1] [mil] adj./inv. thousand (only in dates).
mil[2] sp. [~] m Indian club.
mil[3] ♀ [mi:j] m see millet.
milan orn. [mi'lɑ̃] m kite.
mildiou ♀, ✱ [mil'dju] m mildew.
miliaire ⚕ [mi'ljɛ:r] miliary (fever).
milice ✕ [mi'lis] f militia; **milicien** ✕ [~li'sjɛ̃] m militiaman.
milieu [mi'ljø] m middle; phys. medium; fig. circle, sphere; fig. field; fig. middle course; au ~ de amid(st); in the middle of.
militaire [mili'tɛ:r] 1. adj. military; ♪ martial; 2. su./m military man; soldier; **militant, e** [~'tɑ̃, ~'tɑ̃:t] 1. adj. militant; 2. su. fighter (for, de); militant; **militariser** [~tari'ze] (1a) v/t. militarize; **militarisme** [~ta'rism] m militarism; **militer** [~'te] (1a) v/i. militate (against, contre; in favo[u]r of pour, en faveur de).
mille [mil] 1. adj./num./inv. (a or one) thousand; 2. su./m/inv. thousand; su./m mile.
mille-feuille [mil'fœ:j] f ♀ yarrow; cuis. mille-feuille (sort of puff pastry); **millénaire** [mille'nɛ:r] 1. adj. millennial; 2. su./m one thousand; thousand years, millennium.
mille...: **~pattes** zo. [mil'pat]

m/inv. centipede, millepede; ~(-)**pertuis** ♀ [~pɛr'tɥi] *m* St. John's wort.
millésime [mille'zim] *m* date (*on coin*); ⊕ year of manufacture.
millet ♀ [mi'jɛ] *m* (wood) millet-grass; **grains** *m/pl.* **de** ~ bird-seed, canary-seed.
milliaire [mi'ljɛːr] milliary; **borne** *f* ~ milestone; **milliard** [~'ljaːr] *m* milliard, one thousand million(s *pl.*), *Am.* billion; **millième** [~'ljɛm] *adj.*, *a. su.*, *a. su./m fraction*: thousandth; **millier** [~'lje] *m* (about) a thousand; **million** [~'ljɔ̃] *m* million.
mime [mim] *m* mimic; *thea. hist.* mime; **mimer** [mi'me] (1a) *v/t.* mime (*a scene*); mimic (*s.o.*).
mimétisme *zo.* [mime'tism] *m* mimicry.
mimi [mi'mi] *m* pussy, F pet, darling.
mimique [mi'mik] mimic.
mimosa ♀ [mimo'za] *m* mimosa.
minable *fig.* [mi'nabl] seedy, shabby.
minauder [mino'de] (1a) *v/i.* simper, smirk; **minauderie** [~'dri] *f* simpering, smirking.
mince [mɛ̃ːs] thin; slender, slight, slim; F ~ *alors!* hell!
mine[1] [min] *f* appearance, look; ~*s pl.* simperings; *avoir bonne (mauvaise)* ~ look well (ill); *faire* ~ *de* (*inf.*) make as if to (*inf.*); make a show of (*s.th.*; *doing s.th.*).
mine[2] [min] *f* ⚔, ⚒, ⚓, *fig.* mine; *pencil*: lead; *fig.* store; ~ *de houille* colliery, coal-mine; ~ *de plomb* graphite; *faire sauter une* ~ spring a mine; **miner** [mi'ne] (1a) *v/t.* (under)mine (*a. fig.*); *fig.* envy *etc.*: consume (*s.o.*); **minerai** ⚔ [min-'rɛ] *m* ore.
minéral, e, *m/pl.* **-aux** [mine'ral, ~'ro] **1.** *adj.* mineral; inorganic (*chemistry*); *eau f* ~*e* mineral water; spa water; **2.** *su./m* mineral; **minéraliser** [~rali'ze] (1a) *v/t.* mineralize; **minéralogie** [~ralɔ'ʒi] *m* mineralogy.
minet *m*, **-ette** *f* [mi'nɛ, ~'nɛt] puss(y) (= *cat*); F pet, darling.
mineur[1], **e** [mi'nœːr] **1.** *adj.* minor, lesser; ⚖ infant; **2.** *su.* ⚖ minor, infant; *su./f* minor premise; assumption.

mineur[2] [~] *m* ⚔ miner; ⚒ sapper.
miniature [minja'tyːr] *f* miniature; **miniaturiste** [~ty'rist] *adj.*, *a. su.* miniaturist.
minier, -ère [mi'nje, ~'njɛːr] **1.** *adj.* mining; **2.** *su./f* open-cast mine.
minimal, e, *m/pl.* **-aux** [mini'mal, ~'mo] minimal; **minime** [~'nim] tiny; *fig.* trivial; **minimiser** [~nimi'ze] (1a) *v/t.* minimize; reduce (*s.th.*) to the minimum; **minimum,** *pl. a.* **minima** [~ni'mɔm, ~'ma] **1.** *su./m* minimum; ~ *vital* minimum living wage; **2.** *adj.* minimum.
ministère [minis'tɛːr] *m* agency; *pol., a. eccl.* ministry; *pol.* office, government department; service; *pol.* ♀ Office; Ministry; ♀ *de la Défense nationale* Ministry of Defence, *Am.* Department of Defense; ♀ *des Affaires étrangères* Foreign Office, *Am.* State Department; ⚖ *public* Public Prosecutor; **ministre** [~'nistr] *m pol., a. protestantism*: minister; ♀ *de la Défense nationale* Minister of Defence, *Am.* Secretary of Defense; ♀ *des Affaires étrangères* Foreign Secretary, *Am.* Secretary of State; ♀ *des Finances France*: Minister of Finance, *Britain*: Chancellor of the Exchequer, *Am.* Secretary of the Treasury.
minium ⚗ [mi'njɔm] *m* minium; red lead.
minois F [mi'nwa] *m* pretty face.
minorité [minɔri'te] *f* minority; ⚖ infancy; *pol.* mettre en ~ defeat (*the government*).
minoterie [minɔ'tri] *f* flour-mill; flour-milling; **minotier** [~'tje] *m* (flour-)miller.
minuit [mi'nɥi] *m* midnight; ~ *et demi* half past twelve (at night).
minuscule [minys'kyl] **1.** *adj.* tiny; small (*letter*); **2.** *su./f* small letter; *typ.* lower-case letter.
minute [mi'nyt] **1.** *su./f time, degree, committee:* minute; *deed, judgment:* draft; *record;* ✝ *à la* ~ while you wait; **2.** *int.* wait a bit!; **minuter** *admin.* [miny'te] (1a) *v/t.* minute; draft; **minuterie** [~'tri] *f clocks etc.*: motion-work; ⚡ time-switch.
minutie [miny'si] *f* (attention to) minute detail; **minutieux, -euse** [~'sjø, ~'sjøːz] detailed, painstaking, thorough.

mioche

mioche F [mjɔʃ] *su.* urchin; kid(die), tot.

mi-parti, e [mipar'ti] equally divided.

miracle [mi'ra:kl] *m* miracle (*a. fig.*); **miraculeux, -euse** [⁓raky'lø, ⁓-'lø:z] miraculous; F marvellous.

mirage [mi'ra:ʒ] *m* mirage; *fig.* illusion; **mire** [mi:r] *f* ⚔ aiming; *gun:* bead; *surv.* pole, levelling-rod; *telev.* test-card, test-pattern; *point m de* ⁓ ⚔ aim; *fig.* cynosure; **mirer** [mi're] (1a) *v/t.* aim at; *surv.* take a sight on; ✝ candle (*an egg*); hold (*cloth*) against the light; *se* ⁓ look at o.s.; be reflected.

mirifique [miri'fik] wonderful.

mirliton [mirli'tɔ̃] *m* ♪ toy flute; *cuis.* cream puff; *vers m/pl. de* ⁓ doggerel.

mirobolant, e F [mirɔbɔ'lɑ̃, ⁓'lɑ̃:t] marvellous; staggering.

miroir [mi'rwa:r] *m* mirror, looking-glass; *mot.* ⁓ *rétroviseur* driving mirror; **miroitement** [⁓rwat'mɑ̃] *m* flash; gleam; *water:* shimmer; **miroiter** [mirwa'te] (1a) *v/i.* flash; glitter; sparkle; *faire* ⁓ hold out the promise of; **miroiterie** [⁓'tri] *f* mirror-factory; mirror-trade.

miroton *cuis.* [mirɔ'tɔ̃] *m* re-heated beef in onion sauce.

mis¹ [mi] *1st p. sg. p.s. of mettre.*

mis², **e** [mi, mi:z] *p.p. of mettre.*

misaine ⚓ [mi'zɛn] *f* foresail; *mât m de* ⁓ foremast.

misanthrope [mizɑ̃'trɔp] **1.** *su./m* misanthropist; **2.** *adj.* misanthropic.

miscible [mi'sibl] miscible.

mise [mi:z] *f* placing, putting; *auction:* bid; *gamble:* stake; dress, attire; ✝ outlay; ⁓ *à la retraite* retirement; ⚡ ⁓ *à la terre* earthing; ⚓ ⁓ *à l'eau* launching; ⁓ *à mort* bullfight: kill (of the bull); F ⁓ *à pied* sacking; ⁓ *au point* adjustment; *phot.* focusing; ⁓-*bas* dropping (*of young animals*); ✝ ⁓ *de fonds* putting up of money; ✝, ⚖ ⁓ *en demeure* formal demand; ⊕ ⁓ *en fabrication* putting into production; ⁓ *en liberté* release; ⊕ ⁓ *en marche* starting; ⁓ *en ondes* radio adaptation; *typ.* ⁓ *en pages* making up; ⁓ *en plis* hair: setting; *mot.* ⁓ *en route* starting up; *thea.* ⁓ *en scène* staging, production; ⁓ *en service* commencement of service; ⁓ *en train* start(ing); ✝ ⁓ *en vente* putting up for sale; (*ne plus*) *de* ⁓ fashionable (out of fashion); **miser** [mi'ze] (1a) *v/t.* bid; stake; *v/i.* count (on, *sur*).

misérable [mize'rabl] **1.** *adj.* miserable; *fig.* wretched; *fig.* mean (*action*); **2.** *su.* (poor) wretch; **misère** [⁓'zɛ:r] *f* misery; poverty; *fig.* trifle.

miséricorde [mizeri'kɔrd] **1.** *su./f* mercy; *eccl.* miserere; **2.** *int.* goodness gracious!; F mercy!; **miséricordieux, -euse** [⁓kɔr'djø, ⁓'djø:z] merciful (to, *envers*).

missel *eccl.* [mi'sɛl] *m* missal.

missile ⚔ [mi'sil] *m* (guided) missile.

mission [mi'sjɔ̃] *f* mission; **missionnaire** [⁓sjɔ'nɛ:r] *m* missionary; **missive** [⁓'si:v] *f* missive, letter.

mistigri F [misti'gri] *m* puss.

mistral [mis'tral] *m* mistral (*cold north-east wind in Provence*).

mitaine [mi'tɛn] *f* mitten.

mite [mit] *f* moth; *cheese:* mite; **mité, e** [mi'te] moth-eaten.

mi-temps [mi'tɑ̃] *f sp.* half-time; interval; ✝ *à* ⁓ half-time (*work*).

miteux, -euse F [mi'tø, ⁓'tø:z] shabby; seedy (*person*).

mitiger [miti'ʒe] (11) *v/t.* mitigate; relax (*a law etc.*).

miton ⚰ F [mi'tɔ̃] *m:* *onguent m* ⁓ *mitaine* harmless but useless ointment.

mitonner [mitɔ'ne] (1a) *v/i.* simmer; *v/t.* let (*s.th.*) simmer; *fig.* hatch.

mitoyen, -enne [mitwa'jɛ̃, ⁓'jɛn] common (*to two things*), 🏠 party (*wall*).

mitraille ⚔ [mi'trɑ:j] *f* grape-shot; F coppers *pl.* (= *small change*); **mitrailler** ⚔ [mitra'je] (1a) *v/t.* machine-gun, strafe, rake with fire; **mitraillette** ⚔ [⁓'jɛt] *f* submachine-gun; **mitrailleur** ⚔ [⁓'jœ:r] **1.** *su./m* machine-gunner; **2.** *adj./m:* *fusil m* ⁓ Bren gun; **mitrailleuse** ⚔ [⁓'jø:z] *f* machine-gun.

mitre [mitr] *f* (*bishop's*) mitre; 🏠 chimney-cowl; **mitron** [mi'trɔ̃] *m* journeyman baker; 🏠 chimney-pot.

mixte [mikst] mixed; 🚂 combined; ⁓ *double m* tennis: mixed doubles *pl.*; *enseignement m* ⁓ co-education; **mixtion** [miks'tjɔ̃] *f* mixture; *drugs:* compounding; **mixtionner** ⚗ [⁓tjɔ'ne] (1a) *v/t.* compound

(*drugs*); **mixture** 🎨, ⚔ [~'tyːr] *f* mixture.
mobile [mɔ'bil] **1.** *adj.* mobile; movable (*a. feast*); moving (*object, target, etc.*); detachable; *fig.* inconstant; ⚔ **colonne** *f* ~ flying column; **2.** *su./m* moving body; ⊕ moving part; *fig.* motive; *fig.* mainspring; **premier** ~ **person**: prime mover; **mobilier, -ère** [~bi'lje, ~'ljɛːr] **1.** *adj.* 📋 movable; 📋 personal (*action, estate*); ✝ transferable; **2.** *su./m* furniture; suite.
mobilisation [mɔbiliza'sjɔ̃] *f* ⚔, 📋 mobilization; ✝ realization; ✝ liquidation; **mobiliser** [~'ze] (1a) *v/t.* ⚔, 📋 mobilize; ⚔ call up; ✝ realize (*an indemnity*); ✝ liquidate (*capital*).
mobilité [mɔbili'te] *f* mobility; *fig. temperament etc.*: fickleness.
moche F [mɔʃ] rotten; poor, shoddy; F awful.
modal, e, *m/pl.* **-aux** [mɔ'dal, ~'do] modal; **modalité** [~dali'te] *f phls.* modality; ♪ form of scale; ~*s pl.* ✝ terms and conditions; 📋 restrictive clauses.
mode [mɔd] *su./m* ♪, *phls., a. fig.* mood (*a. gramm.*), mode; *fig.* method; ⚔ *d'emploi* directions *pl.* for use; ✝ ~ *de paiement* method of payment; *su./f* fashion, way, manner; ✝ ~s *pl.* fashions; millinery *sg.*; *à la* ~ fashionable, stylish; *cuis.* à la mode (*beef*); *à la dernière* ~ in the latest fashion.
modèle [mɔ'dɛl] **1.** *su./m* model (*a. fig.*), pattern; *prendre q. pour* ~ model o.s. on s.o.; **2.** *adj.* model ...
modelé [mɔd'le] *m* relief; *surv.* hillshading; **modeler** [~'le] (1d) *v/t.* model; mo(u)ld; shape; **modeleur** ⊕ [~'lœːr] *m* pattern-maker.
modérateur, -trice [mɔdera'tœːr, ~'tris] **1.** *su.* moderator, restrainer; *su./m* ⊕ regulator; ⚡, *phys.* moderator; (*volume-*)control; **2.** *adj.* moderating, restraining; **modération** [~ra'sjɔ̃] *f* moderation, restraint; *price, tax,* 📋 *sentence*: reduction; **modéré, e** [~'re] *adj.* moderate; sober, conservative (*estimate*); **modérer** [~'re] (1f) *v/t.* moderate, restrain; check; reduce (*the price etc.*); *se* ~ abate (*weather*).
moderne [mɔ'dɛrn] modern; **moderniser** [mɔdɛrni'ze] (1a) *v/t.*

modernize; **moderniste** [~'nist] modernist; **modernité** [~ni'te] *f* modernity; modern times *pl.*
modeste [mɔ'dɛst] modest; unpretentious; quiet; moderate (*price*); **modestie** [~dɛs'ti] *f* modesty; unpretentiousness.
modicité [mɔdisi'te] *f means*: modesty; *prices*: reasonableness.
modifiable [mɔdi'fjabl] modifiable; **modificateur, -trice** [~fika'tœːr, ~'tris] modifying; **modification** [~fika'sjɔ̃] *f* modification, alteration; **modifier** [~'fje] (1o) *v/t.* modify (*a. gramm.*); alter; ✝ rectify (*an entry*).
modique [mɔ'dik] reasonable, moderate (*price*); slender, modest (*means*). [diste.]
modiste [mɔ'dist] *f* milliner, mo-
modulateur ⚡ [mɔdyla'tœːr] *m* modulator; **modulation** [~'sjɔ̃] *f* modulation (♪, *a. voice*); *voice*: inflexion; **module** [mɔ'dyl] *m* ⚡ modulus; 🏛 module; F unit; F size; ~ *lunaire* lunar module; **moduler** [~dy'le] (1a) *vt/i.* modulate.
moelle [mwal] *f* marrow; ♀ pith (*a. fig.*); *anat.* medulla; ~ *épinière* spinal cord; **moelleux, -euse** [mwa'lø, ~'løːz] marrowy (*bone*); ♀ pithy; *fig.* soft; *fig.* mellow (*light, voice*).
moellon [mwa'lɔ̃] *m* quarry-stone; ~ *de roche* rock rubble.
mœurs [mœrs] *f/pl.* morals; manners, ways, customs; *animals*: habits.
mohair [mɔ'ɛːr] *m* mohair ...
moi [mwa] **1.** *pron./pers. subject*: I; *object*: me; (to) me; *à* ~ to me; mine; *c'est* ~ it is I, F it's me; *de vous à* ~ between you and me; *il a vu mon frère et* ~ he has seen my brother and me; **2.** *su./m* ego, self.
moignon ⚔ [mwa'ɲɔ̃] *m* stump.
moi-même [mwa'mɛːm] *pron./rfl.* myself.
moindre [mwɛ̃ːdr] less(er); *le (la)* ~ the least; the slightest; **moindrement** [mwɛ̃drə'mɑ̃] *adv.*: *pas le* ~ not in the least.
moine [mwan] *m* monk; *fig.* F bedwarmer, hot-water bottle; *metall.* blister; **moineau** *orn.* [mwa'no] *m* sparrow; *sl.* fellow; **moinerie** *usu. pej.* [mwan'ri] *f* friary; monkery;

moinillon F [mwani'jɔ̃] *m* young monk.

moins [mwɛ̃] **1.** *adv.* less (than, *que*); fewer; ~ *de deux* less than two; *à* ~ *de* (*inf.*), *à* ~ *que* ... (*ne*) (*sbj.*) unless; *au* ~ at least; *de* ~ *en* ~ less and less); *du* ~ at least (= *at all events*); *le* ~ (the) least; **2.** *prp.* minus, less; *cinq heures* ~ *dix* ten minutes to five; **3.** *su./m* ♆ minus (sign); **~-value** † [~va'ly] *f* depreciation.

moire *tex.* [mwa:r] *f* moire; watered silk; **moirer** *tex.*, *a.* ⊕ [mwa're] (1a) *v/t.* moiré.

mois [mwa] *m* month; month's pay; † *à un* ~ *de date* one month after date; *par* ~, *tous les* ~ monthly; *tous les* ~ every month.

moisi, e [mwa'zi] **1.** *adj.* mo(u)ldy; musty (*smell, taste*); **2.** *su./m* mo(u)ld, mildew; *sentir le* ~ smell musty; **moisir** [~'zi:r] (2a) *vt/i.* mildew; *v/i. a. se* ~ go mo(u)ldy; F vegetate; **moisissure** [~zi'sy:r] *f* ⚘ mildew, mo(u)ld; mustiness.

moisson [mwa'sɔ̃] *f* harvest, crop (*a. fig.*); harvest-time; **moissonner** [mwasɔ'ne] (1a) *v/t.* harvest, reap (*a. fig.*), gather; **moissonneur** [~'nœ:r] *m* harvester, reaper; **moissonneuse** [~'nø:z] *f* harvester, reaper (*a. machine*); **~-batteuse** combine-harvester; **~-lieuse** *machine*: self-binder.

moite [mwat] moist, damp; clammy; † limp; **moiteur** [mwa'tœ:r] *f* moistness; ⚕ perspiration.

moitié [mwa'tje] **1.** *su./f* half; F better half (= *wife*); *à* ~ *chemin* half-way; *à* ~ *prix* (at) half-price; *se mettre de* ~ *avec q.* go halves with s.o.; **2.** *adv.* half.

mol [mɔl] see *mou 1.*

molaire [mɔ'lɛ:r] *adj., a. su./f* molar.

môle [mo:l] *m* mole, breakwater; pier.

moléculaire [mɔleky'lɛ:r] molecular; **molécule** [~'kyl] *f* molecule; ⚛ **~-gramme** gram(me-)molecule.

molester [mɔlɛs'te] (1a) *v/t.* molest.

molette [mɔ'lɛt] *f* spur: rowel; ⊕ cutting-wheel; *paint.* small pestle; ⚒ winding-pulley; *lighter*: wheel; *clef f à* ~ adjustable spanner.

mollasse F [mɔ'las] soft, flabby; slow (*person*); **molle** [mɔl] see

mou 1; mollesse [mɔ'lɛs] *f* softness, flabbiness; slackness; indolence; **mollet, -ette** [~'lɛ, ~'lɛt] **1.** *adj.* softish; soft-boiled (*egg*); tender (*feet*); *pain m* ~ roll; **2.** *su./m leg*: calf; **molletière** [mɔl'tjɛ:r] *f* puttee; **mollir** [mɔ'li:r] (2a) *v/i.* soften; slacken; *fig.* get weak; ⚔ give ground; † get easier (*price of commodity*). [F slowcoach.)

mollusque *zo.* [mɔ'lysk] *m* mollusc;)

molo! [mɔ'lo] *int.* easy!; gently!

molosse [mɔ'lɔs] *m* watch-dog; mastiff.

môme *sl.* [mo:m] *su. child*: kid, brat.

moment [mɔ'mɑ̃] *m* moment (*a. phys.*); *au* ~ *où* (*or que*) since; *par* ~*s* now and again; *pour le* ~ for the time being; **momentané, e** [~mɑ̃ta'ne] momentary; temporary (*absence*).

momerie [mɔm'ri] *f* mummery; *fig.* affectations *pl.*

momie [mɔ'mi] *f* mummy; F old fogy; F bag of bones; **momifier** [~mi'fje] (1o) *v/t.* mummify.

mon *m*, **ma** *f*, *pl.* **mes** [mɔ̃, ma, me] *adj./poss.* my.

monacal, e, *m/pl.* **-aux** *eccl.* [mɔna'kal, ~'ko] monac(h)al; **monachisme** *eccl.* [~'kism] *m* monasticism.

monarchie [mɔnar'ʃi] *f* monarchy; **monarchiste** [~'ʃist] *adj., a. su.* monarchist; **monarque** [mɔ'nark] *m* monarch.

monastère [mɔnas'tɛ:r] *m* monastery; *nuns*: convent; **monastique** [~'tik] monastic.

monceau [mɔ̃'so] *m* heap, pile.

mondain, e [mɔ̃'dɛ̃, ~'dɛn] **1.** *adj.* mundane, worldly; fashionable; **2.** *su.* wordly-minded person; *su./m* man-about-town; *su./f* society woman; **mondanité** [~dani'te] *f* worldliness; love of social functions; **monde** [mɔ̃:d] *m* world (*a. fig.*); people; family; *fig.* society; *coll.* servants *pl.*; *au bout du* ~ at the back of beyond; *dans le* ~ *entier* all over the world; *homme m du* ~ man of good breeding; *il y a du* ~ there is a crowd; *recevoir du* ~ entertain (guests); *tout le* ~ everyone; *fig. un* ~ *de lots pl.* of; *vieux comme le* ~ as old as the hills; **mondial, e**, *m/pl.* **-aux** [mɔ̃'djal, ~'djo] worldwide; world (*war*).

monégasque [mɔne'gask] of Monaco.

monétaire [mɔne'tɛːr] monetary; **monétisation** [~tiza'sjɔ̃] f minting.

moniteur [mɔni'tœːr] m school: monitor; sp. coach; ✈ plane: instructor; **monition** eccl. [~'sjɔ̃] f monition; **monitoire** eccl. [~'twaːr] m (a. lettre f ~) monitory (letter).

monnaie [mɔ'nɛ] f money; (small) change; currency; ✝ ~ forte hard currency; donner la ~ de give change for, change (a note etc.); **monnayer** [~nɛ'je] (1i) v/t. mint, coin; **monnayeur** [~nɛ'jœːr] m minter, coiner.

mon(o)... [mɔn(ɔ)-] mon(o)...; **monobloc** [mɔnɔ'blɔk] cast or made in one piece.

monocle [mɔ'nɔkl] m monocle.

mono...: **~gramme** [mɔnɔ'gram] m monogram; initials pl.; **~logue** [~'lɔg] m monologue; **~loguer** [~lɔ'ge] (1m) v/i. soliloquize.

monôme ᴀ̸ [mɔ'noːm] m monomial.

mono...: **~phasé, e** ⚡ [mɔnɔfa'ze] single-phase; **~place** ✈, mot. [~'plas] m single-seater; **~plan** ✈ [~'plɑ̃] m monoplane; **~pole** [~'pɔl] m monopoly; **~poliser** [~pɔli'ze] (1a) v/t. monopolize; **~rail** 🚋 [~'rɑːj] adj., a. su./m monorail; **~syllabe** [~si'lab] m monosyllable; **~théisme** [~te'ism] m monotheism; **~tone** [~'tɔn] monotonous; **~tonie** [~tɔ'ni] f monotony.

monseigneur, pl. **messeigneurs** [mɔ̃sɛ'ɲœːr, mɛsɛ'ɲœːr] m My Lord; archbishop, duke: Your Grace; prince: Your Royal Highness; His Lordship; His Grace; His Royal Highness; **monsieur**, pl. **messieurs** [mə'sjø, mɛ'sjø] m Mr.; sir; gentleman; man; in letters: Dear Sir; ~ le Président Mr. President.

monstre [mɔ̃ːstr] 1. su./m monster (a. fig.); freak of nature; 2. adj. colossal, huge; **monstrueux, -euse** [mɔ̃stry'ø, ~'øːz] monstrous; huge; frightful; **monstruosité** [~ozi'te] f monstrosity; fig. enormity.

mont [mɔ̃] m mount(ain); les ~s pl. the Alps.

montage [mɔ̃'taːʒ] m carrying up; loads, materials: hoisting; ⊕ machine: assembling; gun, phot., etc.: mounting; ⚡ wiring, connecting up; gems, scene, etc.: setting; mot. tyre: fitting (on); cin. film: editing; ⊕ chaîne f de ~ assembly line.

montagnard, e [mɔ̃ta'ɲaːr, ~'ɲard] 1. adj. mountain..., highland...; 2. su. mountaineer, highlander; **montagne** [~'taɲ] f mountain; (foot-)hills; ~s pl. russes scenic railway sg.; **montagneux, -euse** [~ta-'ɲø, ~'ɲøːz] mountainous, hilly.

montaison [mɔ̃tɛ'zɔ̃] f salmon: runup; **montant, e** [~'tɑ̃, ~'tɑ̃ːt] 1. adj. rising; uphill; 🚂 up (train, platform); cost. high-necked; 2. su./m reckoning, account: total; tide: flow, rising; ladder: upright; ⊕ strut, pillar; (tent-)pole; stair: riser; ⚓ stanchion; (gate-)post; leg; (lamp-) post.

mont-de-piété, pl. **monts-de-piété** [mɔ̃dəpje'te] m pawn-shop.

monte...: **~charge** [mɔ̃t'ʃarʒ] m/ inv. hoist; goods-lift; **~pente** [~-'pɑ̃ːt] m ski-lift; **~plats** [~'pla] m/ inv. service-lift, Am. dumb-waiter.

monté, e [mɔ̃'te] 1. adj. mounted (a. police); equipped; F fig. coup m ~ plot, put-up job; fig. être ~ have a grudge (against, contre); 2. su./f rising; rise; ascent; climb, gradient; ✈, mot. climbing; **monter** [~'te] (1a) v/i. climb (up), ascend, mount; go upstairs; rise (anger, price, sun, barometer, tide); amount (to, à) (cost, total); boil up (milk); ~ à (or sur) un arbre climb a tree; ~ dans un train get on a train, Am. board a train; ~ en avion get into a plane; ~ sur un navire go aboard a ship; faire ~ raise (prices); v/t. mount (a. phot., a. ⚔ guard), climb, go up (the stairs, a hill); ride (a horse); ✝ set up (a factory); take up, carry up; turn up (a lamp, etc.); equip; wind up (a watch); assemble (a machine); thea. stage (a play); fig. plan, plot; F ~ la tête à q. work s.o. up (against, contre); ~ son ménage set up house; sl. ~ un coup à q. frame s.o.; se ~ amount (to, à); equip o.s. (with, en); **monteur** m, **-euse** f [~'tœːr, ~'tøːz] ⊕ setter; cin. cutter; thea. producer; ⚡, ⚙ fitter; **monticule** [~ti'kyl] m hillock; ice: hummock; **montoir** [~-'twaːr] m mounting-block.

montre [mɔ̃ːtr] f show, display; shop-window; show-case; watch,

montre-bracelet

mot. clock; *mot. etc. course f contre la ~ race* against the clock; *faire ~ de display;* **~-bracelet,** *pl.* **~s-bracelets** [mɔ̃trəbras'lɛ] *f* wrist-watch;
montrer [mɔ̃'tre] (1a) *v/t.* show; display; indicate, point out; *se ~* show o.s., *fig.* prove (o.s.); turn out; appear.
montueux, -euse [mɔ̃'tɥø, ~'tɥøːz] hilly, mountainous; **monture** [~'tyːr] *f horse, picture:* mount; ⊕ mounting, assembling; *gem:* setting; *spectacles:* frame; *gun etc.:* handle, stock; *sans ~* rimless (*spectacles*).
monument [mɔny'mɑ̃] *m* monument (*a. fig.*), memorial; public building; *~s pl. town:* sights; *~ funéraire* monument (*over tomb*); **monumental, e,** *m/pl.* **-aux** [~mɑ̃-'tal, ~'to] monumental; F huge, enormous.
moquer [mɔ'ke] (1m) *v/t.: se ~ de* make fun of; F *s'en ~* not to care (a damn); **moquerie** [mɔk'ri] *f* mockery; ridicule; jeer.
moquette¹ [mɔ'kɛt] *f* decoy(-bird).
moquette² *tex.* [~] *f* moquette.
moqueur, -euse [mɔ'kœːr, ~'køːz] **1.** *adj.* mocking, derisive; **2.** *su.* mocker; *su./m orn.* mocking-bird.
moraine *geol.* [mɔ'rɛn] *f* moraine.
moral, e, *m/pl.* **-aux** [mɔ'ral, ~'ro] **1.** *adj.* moral; *fig.* mental; **2.** *su./m* morale; (moral) nature; *su./f* morals *pl.*; ethics; *fables etc.:* moral; **moralisateur, -trice** [mɔraliza-'tœːr, ~'tris] moralizing (*person*); edifying; **moraliser** [~li'ze] *vt/i.* moralize; why. F lecture, preach at (s.o.); **moraliste** [~'list] *su.* moralist; **moralité** [~li'te] *f* good (moral) conduct, morality; morals *pl.*; story: moral; *thea.* morality(-play).
moratoire [mɔra'twaːr] ✝︎ moratory; ✝︎ *intérêts m/pl. ~s* interest sg. on over-due payments.
morbide [mɔr'bid] morbid, sickly; *paint.* delicate (*flesh-tints*); **morbidesse** *paint.* [~bi'dɛs] *f* delicacy of flesh-tints, morbidezza; **morbidité** [~bidi'te] *f* morbidity.
morbleu! [mɔr'blø] *int.* hang it all!; confound it!
morceau [mɔr'so] *m* piece, morsel; bit, scrap; *pour un ~ de pain* get s.th. for a song; **morceler** [~sə'le] (1c) *v/t.* cut up (into pieces);

divide (*land, an estate*); **morcellement** [~sɛl'mɑ̃] *m* cutting up; *land, estate:* parcelling out.
mordache ⊕ [mɔr'daʃ] *f* clamp; *chuck:* jaw, grip.
mordacité [mɔrdasi'te] *f* 🔧 corrosiveness; *fig.* causticity, mordancy; **mordicus** F [mɔrdi'kys] *adv.* stoutly, doggedly.
mordieu! [mɔr'djø] *int.* hang it all!; confound it!
mordiller [mɔrdi'je] (1a) *v/t.* nibble; *puppy etc.:* bite playfully.
mordoré, e [mɔrdɔ're] *adj., a. su./m* bronze, reddish brown.
mordre [mɔrdr] (4a) *v/t.* bite; ⊕ catch; *acid:* corrode (*metal*); *se ~ les lèvres* bite one's lips; *v/i.* bite (*a.* ⚓); ⊕ catch, engage (*wheel*); *fig. ~ à* get one's teeth into; take to (*a subject*); **mordu, e** F [mɔr'dy] mad (on, *de*).

more [mɔːr] *adj./m, a. su./m* ♀ see *maure;* **moreau, -elle,** *m/pl.* **-eaux** [mɔ'ro, ~'rɛl, ~'ro] **1.** *adj.* black (*horse*); **2.** *su./f* ♣ morel, black nightshade; **moresque** [~'rɛsk] *adj., a. su./f* see *mauresque.*
morfil ⊕ [mɔr'fil] *m* wire-edge (*on tool*).
morfondre [mɔr'fɔ̃ːdr] (4a) *v/t.* freeze; *se ~* wait, F cool one's heels; *fig.* be bored.
morgue¹ [mɔrg] *f* haughtiness, arrogance.
morgue² [~] *f* mortuary, morgue.
morgué! [mɔr'ge], **morgu(i)enne!** [~'g(j)ɛn] *int.* hang it all!; confound it!
moribond, e [mɔri'bɔ̃, ~'bɔ̃ːd] **1.** *adj.* moribund, dying; **2.** *su.* dying person; *su./m: les ~s pl.* the dying.
moricaud, e [mɔri'ko, ~'koːd] **1.** *adj.* dark-skinned, dusky; **2.** *su.* blackamoor; F darky.
morigéner F [mɔriʒe'ne] (1f) *v/t.* rate, tell (s.o.) off.
morille ♣ [mɔ'riːj] *f fungus:* morel.
morillon [mɔri'jɔ̃] *m* ♣ black grape; *orn.* tufted duck; ✕ rough emerald.
morion ✕, ✕ [mɔ'rjɔ̃] *m* morion.
mormon, -onne [mɔr'mɔ̃, ~'mɔn] *adj., a. su.* Mormon.
morne [mɔrn] gloomy; dismal (*scene, existence*); bleak (*scenery*).
morose [mɔ'roːz] morose, surly; forbidding (*aspect*); **morosité** [~-

rozi'te] f moroseness, surliness; gloominess.

morphine ⚕ [mɔr'fin] f morphia, morphine; **morphinisme** ⚕ [ˌ~fi-'nism] m morphinism; **morphinomane** [ˌ~finɔ'man] adj., a. su. morphia addict, F drug-fiend, Am. dope-fiend.

morphologie [mɔrfɔlɔ'ʒi] f morphology.

mors [mɔːr] m harness: bit; ⊕ vice: jaw; prendre le ~ aux dents bolt (horse); fig. take the bit between one's teeth.

morse[1] zo. [mɔrs] f walrus.

morse[2] [~] m Morse (code or alphabet).

morsure [mɔr'syːr] f bite; fig. sting.

mort[1] [mɔːr] f death; à ~ deadly; attraper la ~ catch one's death; avoir la ~ dans l'âme be sick at heart; mourir de sa belle ~ die in bed.

mort[2], e [mɔːr, mɔrt] 1. p.p. of mourir; 2. adj. dead; stagnant (water); paint. nature f ~e still life; poids m ~ dead weight; point m ~ mot. neutral (gear); fig. dead-lock; 3. su. dead person; su./m dummy (at cards); faire le ~ be dummy; fig. sham dead; jour m des ♀s All Souls' Day; ~s pl. et blessés m/pl. casualties.

mortadelle [mɔrta'dɛl] f Bologna sausage.

mortaise ⊕ [mɔr'tɛːz] f mortise.

mortalité [mɔrtali'te] f mortality; **mort-aux-rats** [mɔrо'ra] f ratsbane; **mortel, -elle** [mɔr'tɛl] 1. adj. mortal; fatal (accident, wound); fig. deadly; boring; 2. su. mortal; **morte-saison**, pl. **mortes-saisons** ♀ [mɔrtsɛ'zɔ̃] f slack season.

mortier ⚖, ⚔ [mɔr'tje] m mortar.

mortification [mɔrtifika'sjɔ̃] f ⚕, eccl., fig. mortification; ⚕ gangrene; cuis. game: hanging; fig. humiliation; **mortifier** [ˌ~'fje] (1o) v/t. mortify (the body, one's passions, fig. s.o.); ⚕ gangrene; cuis. hang (game); ⚕ se ~ mortify, gangrene; **mort-né, e** [mɔr'ne] 1. adj. still-born (child, a. fig. project); 2. su. still-born baby; **mortuaire** [mɔr'tɥɛːr] mortuary; death...; drap m ~ pall; extrait m ~ death certificate; maison f ~ house of the deceased.

morue icht. [mɔ'ry] f cod; ~ sèche salt cod; huile f de foie de ~ cod-liver oil.

morve [mɔrv] f vet. glanders pl.; (nasal) mucus, V snot; **morveux, -euse** [mɔr'vø, ˌ~'vøːz] 1. adj. vet. glandered; F snotty; 2. su. F greenhorn.

mosaïque[1] bibl. [mɔza'ik] Mosaic.

mosaïque[2] [mɔza'ik] f flooring, a. telev.: mosaic; **mosaïste** [ˌ~'ist] su. worker in mosaic.

moscoutaire pej. [mɔsku'tɛːr] 1. adj. Communist; 2. su. F Bolshie.

mosquée [mɔs'ke] f mosque.

mot [mo] m word; note (= short letter); joke; saying; ⚔ password; ~s pl. croisés crossword (puzzle) sg.; à ~ word for word; ⚔, fig. ~ d'ordre key-word, watchword; à ~s couverts by hints; au bas ~ at the lowest estimate; avoir des ~s avec q. fall out with s.o.; bon ~ witticism; en un ~ in a word, in a nutshell; jouer sur les ~s play upon words; prendre q. au ~ take s.o. at his word; sans ~ dire without a word.

motard F [mɔ'taːr] m motor cyclist; courtesy cop; **motel** [ˌ~'tɛl] m motel.

motet ♪ [mɔ'tɛ] m motet; anthem.

moteur, -trice [mɔ'tœːr, ˌ~'tris] 1. adj. motive, driving; anat. motory; 2. su./m prime mover; motor; engine; ~ à combustion interne, ~ à explosion internal combustion engine; ~ à deux temps two-stroke engine; ~ à injection injection engine; ~ à réaction jet engine; ~ fixe stationary engine.

motif, -ve [mɔ'tif, ˌ~'tiːv] 1. adj. motive; 2. su./m motive; fig. grounds pl.; ♪ theme; needlework: pattern.

motion [mɔ'sjɔ̃] f motion; parl. ~ de confiance (censure) motion of confidence (no-confidence).

motivation [mɔtiva'sjɔ̃] f motivation; **motiver** [ˌ~'ve] (1a) v/t. motivate; cause; ⚖ give the reasons for.

moto F [mɔ'to] f motor cycle, F motor bike.

moto... motor...; power-driven...; **~culteur** [mɔtɔkyl'tœːr] m power-driven cultivator; **~culture** [ˌ~kyl'tyːr] f mechanized farming; **~cyclette** [ˌ~si'klɛt] f motor cycle; ~ à sidecar motor cycle combination; faire de la ~ motor-cycle; **~**

motocycliste

cycliste [~si'klist] *su.* motor cyclist; ~glisseur ⚓ [~gli'sœːr] *m* speed-boat; ~godille ⚓ [~gɔ'diːj] *f* out-board slung motor; **motoriser** [mɔtɔri'ze] (1a) *v/t.* motorize.

mot-souche, *pl.* **mots-souches** *typ.* [mo'suʃ] *m* catchword.

motte [mɔt] *f* mound; *earth*: clod; *lawn, peat*: sod; *butter*: pad.

motus! [mɔ'tys] *int.* keep it quiet!

mou (*adj. before vowel or h mute* **mol**) *m*, **molle** *f*, *m/pl.* **mous** [mu, mɔl, mu] **1.** *adj.* soft; *fig.* weak; flabby (*flesh*); slack (*rope*); close (*weather*); calm, smooth (*sea*); **2.** *su./m* belt, rope, etc.: slack; *cuis.* lights *pl.*

mouchard *pej.* [mu'ʃaːr] *m* (police) informer, F stool-pigeon; F *school*: sneak; **moucharder** [~ʃar'de] (1a) *v/t.* spy on (*s.o.*); *school*: sneak on; *v/i.* spy; sneak (*at school*); **mouche** [muʃ] *f* fly; *foil*: button; *target*: bull's-eye; spot, speck; patch (*on face*); beauty-spot; faire ~ hit the bull's-eye; faire d'une ~ un éléphant make a mountain out of a molehill; *fig.* pattes *f/pl.* de ~ handwriting: scrawl; prendre la ~ take offence; F quelle ~ le pique? what is biting him?

moucher [mu'ʃe] (1a) *v/t.* wipe (*s.o.'s*) nose; snuff (*a candle*); ⊕ trim; *fig.* snub (*s.o.*); se ~ blow *or* wipe one's nose.

moucherolle *orn.* [muʃ'rɔl] *f* fly-catcher.

moucheron[1] [muʃ'rɔ̃] *m* gnat, midge; F kid.

moucheron[2] [~] *m candle*: snuff.

moucheter [muʃ'te] (1c) *v/t.* spot, fleck; button (*a foil*); **mouchette** [mu'ʃɛt] *f* ⊕ mo(u)lding-plane; ~s *pl.* snuffers; **moucheture**[muʃ'tyːr] *f* spot, speckle, fleck; *zo.* ermine: tail.

mouchoir [mu'ʃwaːr] *m* handkerchief; ⊕ triangular wooden bracket; ~ de tête head square; **mouchure** [~'ʃyːr] *f* (nasal) mucus; *candle*: snuff; *rope*: frayed end.

moudre [mudr] (4w) *v/t.* grind.

moue [mu] *f* pout; faire la ~ pout, look sulky.

mouette *orn.* [mwɛt] *f* gull.

moufle[1] [mufl] *f* ⊕ set of pulleys; (block and) tackle; △ tie, clamp; ~s *pl.* mitts; ⚡ wiring gloves.

moufle[2] 🜏 [~] *m* muffle-furnace.

mouflon *zo.* [mu'flɔ̃] *m* moufflon, wild sheep.

mouillage [mu'jaːʒ] *m* moistening, dampening; *wine*: watering; ⚓ anchoring; **mouiller** [~'je] (1a) *v/t.* wet, damp, moisten; water (*wine etc.*); ⚓ moor (*a ship*); ⚓ drop (*the anchor*); *gramm.* palatalize (*a consonant*); se ~ get wet; grow moist (*with tears*); **mouillure** [~'jyːr] *f* wetting; damp-mark; *gramm.* palatalization.

moulage[1] [mu'laːʒ] *m* grinding; *mill*: grinding machinery.

moulage[2] [~] *m* ⊕ cast(ing); *metall.* founding; △ plaster mo(u)lding.

moulant, e [mu'lɑ̃, ~'lɑ̃ːt] skintight (*dress*).

moule[1] [mul] *m* ⊕ mo(u)ld; matrix; jeter en ~ cast.

moule[2] [mul] *f* mussel; F fat-head; F lazy-bones *s.*; **moulé, e** [mu'le] mo(u)lded, cast; block (*letters*); *fig.* with a good figure (*person*), well-formed; copperplate (*writing*).

mouler [mu'le] (1a) *v/t.* cast; mo(u)ld; *metall.* found; *fig.* fit tightly; se ~ sur model o.s. on; **mouleur** [~'lœːr] *m* mo(u)lder, caster.

moulière [mu'ljɛːr] *f* mussel-bed.

moulin [mu'lɛ̃] *m* mill (a. ⊕); ~ à café coffee-mill; **mouliner** [muli-'ne] (1a) *v/t. tex.* throw (*silk*); *insects*: eat into (*wood*); **moulinet** [~'nɛ] *m* winch; *fishing-rod*: reel; turnstile; *fencing, a. stick*: twirl; ~ à musique toy musical box; **moulineur** *tex.* [~'nœːr] *m*, **moulinier** *tex.* [~'nje] *m* silk-thrower.

moulons [mu'lɔ̃] *1st p. pl. pres. of* moudre; **moulu, e** [~'ly] **1.** *adj. fig.* F tired out; aching all over; **2.** *p.p. of* moudre.

moulure △, ⊕ [mu'lyːr] *f* mo(u)lding; profiling.

moulus [mu'ly] *1st p. sg. p.s. of* moudre.

mourant, e [mu'rɑ̃, ~'rɑ̃ːt] **1.** *adj.* dying, faint (*voice*); languishing (*voice*); F screamingly funny; **2.** *su.* dying person; **mourir** [~'riːr] (2k) *v/i.* die; die out (*fire*); die away (*sound*); fall (*hope*); ~ avant l'âge come to an untimely end; être à ~ de rire be screamingly funny; ennuyer q. à ~ bore s.o. to death; *v/t.*: se ~ be dying; die away; **mourrai**

[mur're] *1st p. sg. fut. of* mourir; **mourus** [mu'ry] *1st p. sg. p.s. of* mourir.

mousquet ⚔ [mus'kɛ] *m* musket; **mousquetade** [muskə'tad] *f* musket-shot; *musket-shots:* volley; **mousquetaire** ⚔ [‿'tɛːr] *m* musketeer; **mousqueton** [‿'tɔ̃] *m* snaphook; ⚔ † artillery carbine.

mousse[1] [mus] *m* ship's boy; cabin-boy.

mousse[2] [‿] *f* ♧ moss; *beer:* froth; *sea:* foam; *soap:* lather; *cuis.* mousse.

mousse[3] [‿] blunt.

mousseline [mus'lin] **1.** *su./f tex.* muslin; **2.** *adj./inv.: cuis.* pommes *f/pl.* ‿ mashed potatoes; verre *m* ‿ muslin-glass.

mousser [mu'se] (1a) *v/i.* froth; lather (*soap*); effervesce, fizz (*champagne*); F faire ‿ q. crack s.o. up; **mousseux, -euse** [‿'sø, ‿'søːz] **1.** *adj.* mossy; foaming; sparkling (*wine*); **2.** *su./m* sparkling wine.

mousson [mu'sɔ̃] *f* monsoon.

moussu, e [mu'sy] mossy; ♧ rose *f* ‿e moss-rose.

moustache [mus'taʃ] *f* moustache; *cat:* whiskers *pl.*; **moustachu, e** [‿ta'ʃy] moustached.

moustiquaire [musti'kɛːr] *f* mosquito-net; **moustique** *zo.* [‿'tik] *m* mosquito; gnat.

moût [mu] *m grapes:* must; unfermented wine.

moutarde ♧, *a. cuis.* [mu'tard] *f* mustard; **moutardier** [‿tar'dje] *m* mustard-pot; mustard-maker; F se croire le premier ‿ du pape think no end of o.s.

mouton [mu'tɔ̃] *m* sheep; *cuis.* mutton; *sl. prison:* spy; ⊕ ram, monkey; ⊕ drop-hammer; ‿s *pl. sea:* white horses; revenons à nos ‿s let us get back to the subject; **moutonner** [‿tɔ'ne] (1a) *v/t.* frizz (*one's hair etc.*); *v/i.* foam, break into white horses (*sea*); ciel *m* moutonné mackerel sky; **moutonnerie** [‿tɔn-'ri] *f* stupidity; **moutonneux, -euse** [mutɔ'nø, ‿'nøːz] fleecy (*sky*); frothy, covered with white horses (*sea*); **moutonnier, -ère** [‿'nje, ‿'njɛːr] ovine; *fig.* sheep-like, easily led.

mouture [mu'tyːr] *f* grinding, milling; milling dues *pl.*

mouvant, e [mu'vɑ̃, ‿'vɑ̃ːt] moving; shifting (*sands*); loose (*ground*); *fig.* changeable; sables *m/pl.* ‿s quicksand *sg.*; **mouvement** [muv'mɑ̃] *m* movement (*a.* ♩); motion (*a. phys.*); ✝, *a. fig.* change; ✝ *market:* fluctuation; *roads etc.:* traffic; ⊕ *machine:* action, works *pl.*; *fig.* impulse; *fig.* outburst; ‿ clandestin underground movement; ⊕ ‿ perdu idle motion; ‿ perpétuel perpetual motion; ‿ populaire popular uprising; ‿ syndical trade-unionism; ⚐ faire un faux ‿ strain o.s. *or* a muscle; **mouvementé, e** [‿mã'te] lively; busy; eventful (*life*); undulating (*ground*).

mouver [mu've] (1a) *v/t.* ⚹ turn over (*the soil*); *cuis.* stir.

mouvoir [mu'vwaːr] (3f) *v/t.* ⊕ drive; ⚓ propel (*a ship*); *fig.* move; **mouvrai** [‿'vre] *1st p. sg. fut. of* mouvoir.

moyen, -enne [mwa'jɛ̃, ‿'jɛn] **1.** *adj.* middle; mean, average; medium (*size, quality*); ♀ Age Middle Ages *pl.*; classe *f* ‿enne middle class; du ♀ Age medi(a)eval; **2.** *su./m* means *sg.*, way, manner; medium; ₳ mean; ⚖ grounds *pl.* of a claim; ‿s *pl.* resources; au ‿ de by means of; *su./f* average, mean; *examination:* pass-mark; en ‿enne on an average; **moyenâgeux, -euse** F [‿jɛnɑ'ʒø, ‿'ʒøːz] (*pej.* sham-)medi(a)eval; *fig.* antediluvian; **moyencourrier** ✈ [‿jɛ̃ku'rje] *m* middle-range aircraft; **moyennant** [‿je'nɑ̃] *prp.* at the cost of; ‿ quoi in return for which; in consideration of which. [nave.\

moyeu[1] [mwa'jø] *m wheel:* hub,'
moyeu[2] [‿] *m* preserved plum.

mû, mue, *m/pl.* **mus** [my] *p.p. of* mouvoir.

muance [mɥɑ̃ːs] *f voice:* breaking.

mucilage ⚐ [mysi'laːʒ] *m* gum, mucilage; **mucilagineux, -euse** [‿laʒi'nø, ‿'nøːz] mucilaginous, viscous.

mucosité [mykozi'te] *f* mucus.

mue [my] *f birds:* mo(u)lt(ing); *snakes:* sloughing; *animals:* shedding of coat *etc.*; mo(u)lting-season; *hens:* coop; *voice:* breaking; **muer** [mɥe] (1n) *v/i.* mo(u)lt (*birds*); slough (*snake*); shed its coat *etc.* (*animal*); break (*voice*); cast its antlers (*stag*).

muet, **-ette** [mɥɛ, mɥɛt] **1.** *adj.* dumb; mute; **2.** *su.* dumb *or* mute person.

mufle [myfl] *m animal:* muzzle, nose; *fig.* F *person:* skunk, rotter; F mug (= *face*); **muflerie** F [myflə'ri] *f* low-down *or* rotten behavio(u)r; low trick; **muflier** ♀ [ˌfli'e] *m* snapdragon.

mugir [my'ʒiːr] (2a) *v/i.* bellow (*bull, a.* F *person with rage*); low (*cow*); howl (*wind*); roar (*sea, a. fig.*); **mugissement** [ˌʒis'mã] *m* bellowing *etc.*

muguet [my'gɛ] *m* ♀ lily of the valley; ⚕ thrush.

mulâtre *m*, **-tresse** *f* [my'lɑːtr, ˌlɑ'trɛs] mulatto.

mule[1] [myl] *f* mule, slipper; ⚕ kibe.

mule[2] *zo.* [ˌ] *f* (she-)mule.

mulet[1] *zo.* [my'lɛ] *m* mule.

mulet[2] *icht.* [ˌ] *m* grey mullet.

muletier [myl'tje] *m* muleteer.

mulot *zo.* [my'lo] *m* field-mouse.

mulsion [myl'sjɔ̃] *f* milking.

multi... [mylti] multi(-)...; **many...**; **ˌcolore** [ˌkɔ'lɔːr] many-colo(u)red, multi-colo(u)red; **ˌlatéral, e**, *m/pl.* **-aux** [ˌlate'ral, ˌ'ro] multi-lateral.

multiple [myl'tipl] **1.** *adj.* multiple; multifarious; **2.** *su./m* multiple; **multiplication** [ˌtiplika'sjɔ̃] *f* multiplication; ⊕, *mot.* gear(-ratio); *fig.* increase; **multiplier** [ˌtipli'e] (1a) *vt/i.* multiply; *v/t.*: ⊕ ~ *la vitesse* gear up.

multitude [mylti'tyd] *f* multitude; crowd.

municipal, e, *m/pl.* **-aux** [mynisi'pal, ˌ'po] municipal; bye-(*law*); *conseil m* ~ town-council; *hist. la Garde* ~*e* the Paris Municipal Guard; **municipalité** [ˌpali'te] *f* municipality, township.

munificence [mynifi'sãːs] *f* munificence; bounty; **munificent, e** [ˌ'sã, ˌ'sãːt] munificent; bounteous.

munir [my'niːr] (2a) *v/t.* furnish, supply, provide (with, *de*); *eccl.* fortify (*with the rites of the Church*); **munition** [myni'sjɔ̃] *f* munitioning; provisioning; ~*s pl.* supplies, ✕ ammunition *sg.*; ~*s pl. de bouche* provisions; *pain m de* ~ ration bread; **munitionnaire** ✕ [ˌsjɔ'nɛːr] *m* supply officer.

muqueux, -euse [my'kø, ˌ'køːz] mucous.

mûr, mûre [myːr] ripe; mature (*age, mind, wine*).

mur [myːr] *m* wall; ✈ ~ *du son* sound barrier; **murage** [my'raːʒ] *m* walling (in); bricking up; **muraille** [ˌ'rɑːj] *f* high *or* thick wall; ⚓ *ship:* side; **mural, e**, *m/pl.* **-aux** [ˌ'ral, ˌ'ro] mural; *carte f* ~*e* wall-map.

mûre ♀ [myːr] *f* mulberry; blackberry.

murer [my're] (1a) *v/t.* wall in; wall *or* block up.

mûrier ♀ [my'rje] *m* mulberry (-bush *or* -tree); ~ *sauvage* bramble.

mûrir [my'riːr] (2a) *vt/i.* ripen, mature (*a. fig.*); *v/t. fig.* think out thoroughly.

murmure [myr'myːr] *m* murmur (-ing); whisper; **murmurer** [ˌmy're] (1a) *vt/i.* murmur; whisper; babble (*child, stream*); *fig.* complain.

mûron ♀ [my'rɔ̃] *m* blackberry; wild raspberry.

mus [my] *1st p. sg. p.s.* of *mouvoir*.

musaraigne *zo.* [myza'rɛɲ] *f* shrew-mouse.

musard, e [my'zaːr, ˌ'zard] **1.** *adj.* idling; **2.** *su.* idler; **musarder** F [ˌzar'de] (1a) *v/i.* idle; fritter away one's time.

musc [mysk] *m* musk; *zo.* musk-deer.

muscade ♀ [mys'kad] *f* nutmeg.

muscadet [myska'dɛ] *m* (*sort of*) muscatel (*wine*).

muscadier ♀ [myska'dje] *m* nutmeg-tree.

muscardin *zo.* [myskar'dɛ̃] *m* dormouse.

muscat [mys'ka] *m* muscat (*grape or wine*); musk-pear.

muscle [myskl] *m* muscle; *fig.* brawn; **musclé, e** [mys'kle] muscular; brawny; athletic; **musculaire** [ˌky'lɛːr] muscular; **musculeux, -euse** [ˌky'lø, ˌ'løːz] muscular; *cuis.* sinewy (*meat*).

museau [my'zo] *m* muzzle, snout; F mug (= *face*).

musée [my'ze] *m* museum.

museler [myz'le] (1c) *v/t.* muzzle (*a. fig.*); **muselière** [ˌzə'ljɛːr] *f* muzzle.

muser [my'ze] (1a) *v/i.* dawdle; fritter away one's time.

musette [my'zɛt] *f horse*: nose-bag; ✗ haversack; ♪ country bagpipe; *bal m* ~ popular dance-hall.

musical, e, *m/pl.* -**aux** [myzi'kal, ~'ko] musical; **music-hall** [myzi-'kɔːl] *m* music-hall; variety; **musicien, -enne** [myzi'sjɛ̃, ~'sjɛn] **1.** *adj.* musical; **2.** *su.* musician; performer, player; **musique** [my-'zik] *f* music; ✗ *etc.* band; ~ *enregistrée* recorded music.

musqué, e [mys'ke] musky, musk; *fig. paroles f/pl.* ~**es** honeyed words; *poire f* ~**e** musk-pear; *rose f* ~**e** musk-rose.

musulman, e [myzyl'mɑ̃, ~'man] *adj.*, *a. su.* ♀ Moslem, Mohammedan.

mutabilité [mytabili'te] *f* instability; ♂ alienability; **mutation** [~ta'sjɔ̃] *f* change, alteration; ♪, *biol.* mutation; ♪ *violin-playing*: shift; *personnel, property*: transfer; **muter** [~'te] (1a) *v/t.* transfer (*an official etc.*).

mutilation [mytila'sjɔ̃] *f person, book, statue, etc.*: mutilation; *person*: maiming; *book, statue, etc.*: defacement; **mutilé** [~'le] *m*: ~ *de guerre* disabled ex-serviceman; ~ *du travail* disabled workman; **mutiler** [~'le] (1a) *v/t.* mutilate; maim; deface.

mutin, e [my'tɛ̃, ~'tin] **1.** *adj.* unruly, disobedient; ✗ insubordinate; *fig.* pert, roguish; **2.** *su./m* mutineer; **mutiner** [~ti'ne] (1a) *v/t.*: *se* ~ rise in revolt, rebel; be unruly; ✗ mutiny; **mutinerie** [~tin'ri] *f*

rebellion; ✗ mutiny; unruliness; pertness.

mutisme [my'tism] *m* dumbness; *fig.* silence.

mutualité [mytu̯ali'te] *f* mutuality, reciprocity; **mutuel, -elle** [my-'tu̯ɛl] **1.** *adj.* mutual; *pari m* ~ totalizator, F tote; *secours m/pl.* ~**s** mutual benefit; *société f de secours* ~ friendly society; **2.** *su./f* mutual insurance company.

myocarde *anat.* [mjɔ'kard] *m* myocardium; **myocardite** ✗ [~kar-'dit] *f* myocarditis.

myope ✗ [mjɔp] **1.** *adj.* myopic, near-sighted, short-sighted; **2.** *su.* near-sighted *or* short-sighted person; **myopie** ✗ [mjɔ'pi] *f* myopia, near-sightedness, short-sightedness. [forget-me-not.)

myosotis ♀ [mjɔzɔ'tis] *m* myosotis,)

myrte ♀ [mirt] *m* myrtle; **myrtille** ♀ [mir'til] *f* whortleberry, bilberry.

mystère [mis'tɛːr] *m* mystery (*a. thea.*), secret; secrecy; **mystérieux, -euse** [~te'rjø, ~'rjøːz] mysterious; enigmatic; **mysticisme** [~ti'sism] *m* mysticism; **mystification** [~tifika'sjɔ̃] *f* hoax; mystification; **mystifier** [~ti'fje] (1o) *v/t.* hoax, fool; mystify; **mystique** [~'tik] **1.** *adj.* mystic; **2.** *su.* mystic; *su./f* mystical theology *or* doctrine.

mythe [mit] *m* myth (*a. fig.*); legend; **mythique** [mi'tik] mythical; **mythologie** [mitɔlɔ'ʒi] *f* mythology; **mythologique** [~lɔ'ʒik] mythological; **mythologue** [~'lɔg] *m* mythologist.

N

N, n [ɛn] *m* N, n.

nabab [na'bab] *m* nabob.

nacelle [na'sɛl] *f* ⚓ skiff, wherry; ✈ cockpit; *airship*: gondola; *balloon*: basket.

nacre [nakr] *f* mother of pearl; **nacré, e** [na'kre] pearly; **nacrer** [~] (1a) *v/t.* give a pearly sheen to.

nage [naːʒ] *f* swimming; rowing; stroke; ~ *à la brasse* breast-stroke; ~ *libre* free style; ~ *sur le dos* backstroke; *à la* ~ by swimming; *donner la* ~ *rowing*: set the stroke; F (*tout*) *en* ~ bathed in perspiration; **nageoire** [na'ʒwaːr] *f icht.* fin; *whale*: paddle; float; *sl.* arm; **nager** [~'ʒe] (11) *v/i.* swim; row; float; ~ *dans l'opulence* be rolling in money; *v/t.*: ~ *le crawl* swim the crawl; **nageur** *m*, -**euse** *f* [~'ʒœːr, ~'ʒøːz] swimmer; rower.

naguère [na'gɛːr] *adv.* lately, a short time ago.

naïf, -ve [na'if, ~'iːv] naïve, artless, unaffected; unsophisticated, simple.

nain, naine [nɛ̃, nɛn] **1.** *su.* dwarf, midget; **2.** *adj.* dwarf(ish); stunted.

nais [nɛ] *1st p. sg. pres. of naître*;

naissance [nɛˈsɑ̃:s] *f* birth; *fig.* origin; *fig.* beginning; *acte m* de ~ birth-certificate; *Français* de ~ French-born; *fig.* prendre ~ originate; **naissant, e** [~ˈsɑ̃, ~ˈsɑ̃:t] dawning; *fig. a.* incipient; **naissent** [nɛs] *3rd p. pl. pres. of naître*; **naître** [nɛ:tr] (4x) *v/i.* be born; dawn; *fig.* originate, begin; *faire* ~ give rise to, cause.

naïveté [naivˈte] *f* naïvety, ingenuousness; simpleness; ingenuous remark.

naja *zo.* [naˈʒa] *m* naja, hooded snake.

nantir [nɑ̃ˈti:r] (2a) *v/t.* ⚖ *creditor:* secure; *fig.* provide (with, de); **nantissement** [~tisˈmɑ̃] *m* security; lien, hypothecation.

napalm [naˈpalm] *m* napalm.

naphte 🜞 [naft] *m* naphtha.

nappe [nap] *f* (table)cloth; cover; *ice, water, etc.*: sheet; **napperon** [napˈrɔ̃] *m* napkin; tea-cloth.

naquis [naˈki] *1st p. sg. p.s. of naître*.

narcisse ♀ [narˈsis] *m* narcissus; ~ *des bois* daffodil.

narcose ✶ [narˈko:z] *f* narcosis; **narcotique** [~kɔˈtik] *adj., a. su./m* narcotic.

nard ♀, ✶ [na:r] *m* (spike)nard.

narguer [narˈge] (1m) *v/t.* flout; F cheek (*s.o.*); jeer at (*s.o.*).

narine [naˈrin] *f anat.* nostril.

narquois, e [narˈkwa, ~ˈkwa:z] bantering.

narrateur *m*, **-trice** *f* [naraˈtœ:r, ~ˈtris] narrator, teller, relater; **narratif, -ve** [~ˈtif, ~ˈti:v] narrative; **narration** [~ˈsjɔ̃] *f* narration, narrative; **narrer** [naˈre] (1a) *v/t.* narrate, relate. [narwhal.)

narval, *pl.* **-als** *zo.* [narˈval] *m*)

nasal, e, *m/pl.* **-aux** [naˈzal, ~ˈzo] *adj., a. su./f gramm.* nasal; **nasaliser** *gramm.* [~zaliˈze] (1a) *v/t.* nasalize; **naseau** [~ˈzo] *m* nostril; **nasillard, e** [naziˈja:r, ~ˈjard] nasal, twanging; **nasiller** [~ˈje] (1a) *v/i.* speak through one's nose; *v/t.* F recite (*s.th.*) through the nose; **nasilleur** *m*, **-euse** *f* [~ˈjœ:r, ~ˈjø:z] person who speaks with a nasal twang.

nasse [nas] *f* eel-pot; trap (*a. fig.*).

natal, e, *m/pl.* **-als** [naˈtal] native; birth...; **natalité** [~taliˈte] *f* birthrate, natality.

natation [nataˈsjɔ̃] *f* swimming; **natatoire** [~ˈtwa:r] *zo.* natatory; *icht.* vessie *f* ~ air-bladder, swimming-bladder.

natif, -ve [naˈtif, ~ˈti:v] **1.** *adj.* native (*a.* ⚒); natural, innate; **2.** *su.* native.

nation [naˈsjɔ̃] *f* nation; *bibl. les* ~s *pl.* the Gentiles; **national, e**, *m/pl.* **-aux** [~sjɔˈnal, ~ˈno] **1.** *adj.* national; **2.** *su./m:* ~s *pl.* nationals; *su./f* (*a.* route *f* ~e) highway; main road; **nationalisation** [nasjɔnaliza-ˈsjɔ̃] *f* nationalization; **nationalisme** *pol.* [~ˈlism] *m* nationalism; **nationaliste** *pol.* [~ˈlist] **1.** *su.* nationalist; **2.** *adj.* nationalistic; **nationalité** [~liˈte] *f* nationality; nation.

nativité *eccl., astr.* [nativiˈte] *f* nativity.

natte [nat] *f* (*straw- etc.*) mat(ting); *hair:* plait, braid; F pigtail; **natter** [naˈte] (1a) *v/t.* cover (*s.th.*) with mats; plait (*one's hair, straw*).

naturalisation [natyralizaˈsjɔ̃] *f pol.* naturalization; ♀, *zo.* acclimatizing; **naturaliser** [~liˈze] (1a) *v/t.* naturalize; ♀, *zo.* acclimatize; stuff, mount (*an animal*); *se* ~ become naturalized; **naturalisme** *paint. etc.* [~ˈlism] *m* naturalism; **naturaliste** [~ˈlist] **1.** *su.* naturalist; taxidermist; **2.** *adj.* naturalistic; **naturalité** [~liˈte] *f* naturalness.

nature [naˈty:r] **1.** *su./f* nature; kind; type; disposition, temperament; *paint.* d'après ~ from nature; *de* ~ à (*inf.*) likely to (*inf.*), such as to (*inf.*); *lois f/pl. de la* ~ laws of nature; *par* ~ by nature, naturally; *payer en* ~ pay in kind; **2.** *adj./inv.* plain; *café m* ~ black coffee; **naturel, -elle** [natyˈrɛl] **1.** *adj.* natural, unstudied (*language, reply*); genuine (*wine*); illegitimate (*child*); **2.** *su./m* native; disposition, nature; *au* ~ realistically, true to life; *cuis.* plain; **naturiste** [~ˈrist] **1.** *su.* naturist; **2.** *adj.* naturistic.

naufrage [noˈfra:ʒ] *m* shipwreck (*a. fig.*); *faire* ~ be shipwrecked; **naufragé, e** [nofraˈʒe] **1.** *adj.* shipwrecked; castaway; **2.** *su.* shipwrecked person; castaway; **naufrageur** [~ˈʒœ:r] *m* wrecker.

nauséabond, e [nozeaˈbɔ̃, ~ˈbɔ̃:d] nauseous, foul; evil-smelling; **nau-**

sée [~'ze] f nausea; seasickness; *fig.* loathing; **nauséeux, -euse** [~ze'ø, ~'ø:z] nauseous; loathsome.

nautique [no'tik] ⚓ nautical; sea-...; aquatic (*sports*); **nautonier** [~tɔ-'nje] *m* ferryman, pilot.

naval, e, *m/pl.* **-als** [na'val] naval, nautical; *constructions* f/pl. ~es ship-building *sg.*

navarin *cuis.* [nava'rɛ̃] *m* mutton stew with turnips.

navet [na'vɛ] *m* turnip; F *paint.* daub; F duffer; *thea., cin., etc.* F flop, *Am. sl.* turkey.

navette[1] [na'vɛt] *f eccl.* incense-boat; ⊕ shuttle; 🚌 shuttle-service; *fig.* faire la ~ go to and fro.

navette[2] ♀ [~] f rape.

navigabilité [navigabili'te] f navigability; *ship*: seaworthiness; ✈ airworthiness; **navigable** [~'gabl] navigable; seaworthy (*ship*); ✈ airworthy; **navigateur** [~ga'tœ:r] 1. *adj./m* seafaring; 2. *su./m* navigator; sailor; **navigation** [~ga'sjɔ̃] f navigation, sailing; ~ *intérieure* inland navigation; **naviguer** [~'ge] (1m) *vt/i.* ⚓, ✈ navigate; steer.

navire ⚓ [na'vi:r] *m* ship, vessel; ⚓ ~ *de commerce* merchantman; **~-citerne,** *pl.* **~s-citernes** ⚓ [~vir-si'tɛrn] *m* tanker; **~-école,** *pl.* **~s-écoles** ⚓ [~vire'kɔl] *m* training ship; **~-hôpital,** *pl.* **~s-hôpitaux** ⚓ [~virɔpi'tal, ~'to] *m* hospital-ship.

navrant, e [na'vrɑ̃, ~'vrɑ̃:t] heart-rending, heart-breaking; **navré, e** [~'vre] deeply grieved; heart-broken; **navrer** [~'vre] (1a) *v/t.* grieve (*s.o.*) deeply; *j'en suis navré!* I am awfully *or* F terribly sorry!

ne [nə] *adv.*: *ne ... guère* not ... much, scarcely; *ne ... jamais* never; *ne ... pas* not; *ne ... plus* no more, no longer; *ne ... plus jamais* never again; *ne ... point* not (at all); *ne ... que* only.

né, née [ne] 1. *p.p.* of *naître;* 2. *adj.* born; *fig.* cut out (for, *pour*); *bien* ~ of a good family; *fig. être* ~ *coiffé* be born with a silver spoon in one's mouth.

néanmoins [neɑ̃'mwɛ̃] *adv.* nevertheless, however; yet.

néant [ne'ɑ̃] *m* nothing(ness), naught; *admin.* nil; ⚖ *mettre à* ~ dismiss; *réduire à* ~ reduce to naught.

nébuleux, -euse [neby'lø, ~'lø:z] 1. *adj.* nebulous; cloudy (*a. liquid*), misty (*sky, view*); *fig.* gloomy (*face*); F *fig.* obscure; 2. *su./f astr.* nebula; **nébulosité** [~lozi'te] *f* haziness (*a. fig.*); patch of haze *or* mist.

nécessaire [nesɛ'sɛ:r] 1. *adj.* necessary (to, for *à*); requisite; 2. *su./m necessaries pl.;* outfit, kit, set; ~ *de toilette* dressing-case; **nécessité** [~si'te] f necessity, need; indigence; **nécessiter** [~si'te] (1a) *v/t.* necessitate, entail, require; **nécessiteux, -euse** [~si'tø, ~'tø:z] 1. *adj.* needy; 2. *su./m: les* ~ *pl.* the needy.

nécro... [nekrɔ] necro...; **~loge** [~'lɔ:ʒ] *m* obituary list; death-roll; **~logie** [~lɔ'ʒi] *f* obituary; **~logue** [~'lɔg] *m* necrologist; **~mancie** [~mɑ̃'si] *f* necromancy; **~pole** [~'pɔl] *f* necropolis, city of the dead.

nécrose [ne'kro:z] *f* 🏥 necrosis; ♀ canker.

nectar ♀, *a. myth.* [nɛk'ta:r] *m* nectar.

néerlandais, e [neɛrlɑ̃'dɛ, ~'dɛ:z] 1. *adj.* Dutch, Netherlandish; 2. *su.*♀ Netherlander; *su./m* ♀ Dutch man; *su./f* ♀ Dutchwoman.

nef [nɛf] *f church:* nave; *poet.* ship.

néfaste [ne'fast] ill-omened; ill-starred; ill-fated; disastrous.

nèfle ♀ [nɛfl] *f* medlar; **néflier** ♀ [ne'flje] *m* medlar(-tree).

négatif, -ve [nega'tif, ~'ti:v] 1. *adj.* negative (*a.* ⚡); *phot. épreuve f* ~ve = 2. *su./m phot.* negative; **négation** [~'sjɔ̃] *f* negation, denial; *gramm.* negative.

négligé, e [negli'ʒe] 1. *adj.* neglected; slovenly (*dress, style*); careless (*appearance, dress*); 2. *su./m* undress; informal dress; dishabille; négligé; **négligeable** [~'ʒabl] negligible (*a.* ⚡); trifling; **négligence** [~'ʒɑ̃:s] *f* negligence, neglect; oversight; **négligent, e** [~'ʒɑ̃, ~'ʒɑ̃:t] negligent, careless; **négliger** [~'ʒe] (1l) *v/t.* neglect; overlook; disregard; slight (*s.o.*); *se* ~ become careless *or* slovenly.

négoce [ne'gɔs] *m* trade, business; **négociable** ✝ [negɔ'sjabl] negotiable; market (*value*); **négociant** [~'sjɑ̃] *m* (wholesale) merchant; trader; **négociateur,** *m* **-trice** *f*

négociation 320

[~sja'tœːr, ~'tris] negotiator; **négociation** [~sja'sjɔ̃] f negotiation (a. ✕); ✝ transaction; ✕ parley; **négocier** [~'sje] (1o) vt/i. negotiate.

nègre [nɛːgr] m negro; F ghost (writer); (*barrister's*) devil; *fig.* travailler comme un ~ work like a nigger; **négresse** [ne'grɛs] f negress; **négrier** [negri'e] m slave-trader; ⚓ (*a.* bateau m ~) slave-ship; **négrillon** F [~'jɔ̃] m negro-boy; F piccaninny; **négrillonne** F [~'jɔn] f negro-girl.

neige [nɛːʒ] f snow (*a. sl.* = *cocaine*); ~s pl. éternelles perpetual snow sg.; 🞰 ~ carbonique dry ice; ~ croûteuse (*poudreuse*) crusted (powdery) snow; boule f de ~ snowball; 🚂 train m de ~ winter sports train; **neiger** [nɛ'ʒe] (11) v/impers. snow; **neigeux, -euse** [~'ʒø, ~'ʒøːz] snowy; snow-covered; snow-white.

nénuphar ♀ [neny'faːr] m water-lily.

néo... [neɔ] neo-...; **~logisme** [~lɔ-'ʒism] m neologism.

néon 🞰 [ne'ɔ̃] m neon; éclairage m au ~ neon lighting.

néphrétique ⚕ [nefre'tik] **1.** adj. nephritic; **néphrite** [~'frit] f ⚕ nephritis; min. jade; ⚕ ~ chronique Bright's disease.

népotisme [nepɔ'tism] m nepotism.

nerf [nɛːr] m anat. nerve; sinew; △ rib; *fig.* pep, energy; *fig.* ~ de bœuf cosh; life-preserver; *fig.* avoir du ~ be vigorous; avoir ses ~s be on edge; le ~ de la guerre the sinews pl. of war; porter sur les ~s à q. get on s.o.'s nerves.

nerprun ♀ [nɛr'prœ̃] m buckthorn.

nervation ♀ [nɛrva'sjɔ̃] f nervation; **nerver** [~'ve] (1a) v/t. strengthen; put bands on (*a book*); **nerveux, -euse** [~'vø, ~'vøːz] nervous; sinewy; anat. nerve-...; excitable, highly-strung (*person*); *fig.* virile (*style etc.*); **nervin** ⚕ [~'vɛ̃] adj./m, a. su./m nervine; **nervosisme** ⚕ [~vɔ'zism] m nervous predisposition; **nervosité** [~vozi'te] f irritability; **nervure** [~'vyːr] f leaf, bookbinding, piston, casting, a. △: rib; ⊕ flange; △ fillet; cost. ~s pl. piping sg.

net, nette [nɛt] **1.** adj. clean, spotless; clear, plain; phot. distinct; ✝ net; **2.** net adv. plainly, flatly; clearly; refuser ~ refuse point-blank; **3.** su./m: copie f au ~ fair copy; mettre qch. au ~ make a fair copy of s.th.; **netteté** [nɛtə'te] f cleanness; (*bodily*) cleanliness; *fig.* image, sound: clarity; distinctness; *fig.* decidedness; **nettoiement** [nɛtwa'mɑ̃] m cleaning; clearing; **nettoyage** [~'jaːʒ] m ⊕ scaling; ✕ mopping-up; ~ à sec dry-cleaning; **nettoyer** [~'je] (1h) v/t. clean; clear; ⊕ scale; ✕ mop up; F rifle (*a house, s.o.*); F clean out; ~ à sec dry-clean.

neuf¹ [nœf; *before vowel or h mute* nœv] adj./num., a. su./m/inv. nine; date, title: ninth.

neuf², **neuve** [nœf, nœːv] **1.** adj. new; *fig.* inexperienced; **2.** su./m new; à ~ anew, all over again; quoi de ~? what news?; remettre à ~ recondition, renovate.

neurasthénie ⚕ [nørasteˈni] f neurasthenia; **neurasthénique** ⚕ [~'nik] adj., a. su. neurasthenic; **neurologue** ⚕ [nørɔ'lɔg] m neurologist, nerve specialist.

neutraliser [nøtrali'ze] (1a) v/t. neutralize; **neutraliste** pol. [~'list] adj., a. su. neutralist; **neutralité** [~li'te] f neutrality; 🞰 neutral state; **neutre** [nøːtr] **1.** adj. neuter (*a. gramm.*); 🞰, ⚡, pol., a. colour: neutral; **2.** su. pol. neutral; su./m gramm. neuter.

neutron phys. [nø'trɔ̃] m neutron.

neuvaine eccl. [nœ'vɛn] f novena; **neuvième** [~'vjɛm] adj./num., a. su., a. su./m fraction: ninth.

névé geol. [ne've] m névé, firn.

neveu [nə'vø] m nephew; ~x pl. descendants.

névralgie ⚕ [nevral'ʒi] f neuralgia; **névralgique** ⚕ [~'ʒik] ⚕ neuralgic; *fig.* point m ~ sore spot.

névr(o)... [nevr(ɔ)] neur(o)...

nez [ne] m nose; animal: snout; ⚓, ✈ bow, nose; scent; F ~ à ~ face to face; au ~ de q. under s.o.'s nose; *fig.* avoir le ~ fin be shrewd; F avoir q. dans le ~ bear s.o. a grudge; mener par le bout du ~ twist (*s.o.*) round one's little finger; mettre le ~ dans poke one's nose into.

ni [ni] cj. nor, or; ni ... ni neither ... nor; ni moi non plus nor I (either).

niable [njabl] deniable; ⚖ traversable.

niais, e [njɛ, njɛːz] **1.** *adj.* simple, silly; *Am.* dumb; **2.** *su.* fool; simpleton; *Am.* dumbbell; **niaiserie** [njɛzˈri] *f* foolishness, silliness.

niche¹ ⚐ [niʃ] *f* trick, practical joke.

niche² [niʃ] *f* niche, recess; ~ *à chien* kennel; **nichée** [niˈʃe] *f* nestful; brood; **nicher** [~] (1a) *v/i.* nest; F *fig.* live, hang out; *v/t.* lodge, set, put.

nichrome *metall.* [niˈkrɔm] *m* chrome-nickel steel.

nickel ⚗ [niˈkɛl] *m* nickel; **nickelage** ⊕ [niˈklaːʒ] *m* nickel-plating; **nickeler** ⊕ [~ˈkle] (1c) *v/t.* nickel (-plate).

nicotine ⚗ [nikɔˈtin] *f* nicotine.

nid [ni] *m* nest; *fig. thieves:* den; *tex.* ~ *d'abeilles* honeycomb, *Am.* waffle weave; *mot.* ~-*de-poule* pothole (*on a road*); **nidification** [nidifikaˈsjɔ̃] *f* nest-building.

nièce [njɛs] *f* niece.

nielle [njɛl] *su./f* ✿ *wheat:* earcockle; ✿ nigella; *su./m* ⊕ niello, inlaid enamel-work; **nieller** [njɛˈle] (1a) *v/t.* ✿ blight, smut; ⊕ (inlay with) niello; ✿ *se* ~ smut; **niellure** [~ˈlyːr] *f* ✿ blighting; ⊕ niellowork.

nier [nje] (1o) *v/t.* deny; repudiate (*a debt*); *on ne saurait* ~ *que* there can be no denying that.

nigaud, e [niˈgo, ~ˈgoːd] **1.** *adj.* simple, silly; **2.** *su.* simpleton, booby, ass; **nigauderie** F [~goˈdri] *f* stupidity; simplicity.

nimbe ⚭ [nɛ̃ːb] *m* nimbus, halo; **nimbé, e** [nɛ̃ˈbe] haloed.

nipper F [niˈpe] (1a) *v/t.* rig (*s.o.*) out; **nippes** F [nip] *f/pl.* old clothes; togs.

nippon, e [niˈpɔ̃, ~ˈpɔn] *adj., a. su.* ♀ Japanese, Nipponese.

nique F [nik] *f: faire la* ~ *à* cook a snook at (*s.o.*); treat (*s.th.*) with contempt.

nitouche [niˈtuʃ] *f: sainte* ~ (little) hypocrite; F goody-goody.

nitrate ⚗ [niˈtrat] *m* nitrate; ~ *de* ... ... nitrate; **nitre** ⚗ [nitr] *m* nitre, saltpetre; **nitré, e** [niˈtre] nitrated; nitro-...; **nitreux, -euse** [~ˈtrø, ~ˈtrøːz] nitrous; **nitrière** [nitriˈɛːr] *f* saltpetre-bed; nitreworks *usu. sg.*; **nitrification** [~fikaˈsjɔ̃] *f* nitrification; **nitrifier** [~ˈfje] (1o) *v/t. a. se* ~ nitrify; **nitrique** [niˈtrik] nitric (*acid*).

nitro... [nitrɔ] nitro(-)...; ~**gène** ⚗ [~ˈʒɛn] *m* nitrogen.

nitruration ⚗ [nitryraˈsjɔ̃] *f* nitriding.

nivéal, e, *m/pl.* -**aux** ✿ [niveˈal, ~ˈo]

niveau [niˈvo] *m* level (*a.* ⊕); *fig.* standard; ⊕ ga(u)ge; ~ *d'eau* water-level; ~ *de maçon* plumb-level; *mot.* ~ *d'essence* petrol gauge, *Am.* gasoline level gage; ~ *de vie* standard of living; *pol.* ~ *le plus élevé* highest level; *fig. au* ~ *de* on a par with; *de* ~ level (with, *avec*); 🚂 *passage m à* ~ level crossing, *Am.* grade crossing; **niveler** [nivˈle] (1c) *v/t.* level, even up; ⊕ true up; survey (*the ground*); **niveleur** [~ˈlœːr] *m* leveller (*a. fig.*); **nivellement** [nivɛlˈmɑ̃] *m* *land:* surveying; *ground, a. fig.:* levelling.

nobiliaire [nɔbiˈljɛːr] **1.** *adj.* nobiliary; **2.** *su./m* peerage-list; **noble** [nɔbl] **1.** *adj.* noble; lofty (*style*); **2.** *su./m* nobleman; *su./f* noblewoman; **noblesse** [nɔˈblɛs] *f* nobility (*a. fig.*).

noce [nɔs] *f* wedding; wedding-party; F *faire la* ~ go on the spree *or sl.* the binge; *voyage m de* ~*s* honeymoon (trip); **noceur** *m*, -**euse** *f* F [nɔˈsœːr, ~ˈsøːz] reveller; fast liver.

nocher *poet.* [nɔˈʃe] *m* boatman.

nocif, -ve [nɔˈsif, ~ˈsiːv] harmful, noxious; **nocivité** [~siviˈte] *f* harmfulness.

noctambule [nɔktɑ̃ˈbyl] *su.* sleepwalker; F night-prowler; **noctuelle** *zo.* [~ˈtɥɛl] *f* noctua, owlet-moth; **nocturne** [~ˈtyrn] **1.** *adj.* nocturnal; by night; **2.** *su./m orn.* nocturnal (bird of prey); ♪ nocturne.

Noël [nɔˈɛl] *m* (*oft. la* [fête de] ~) Christmas; yule-tide; ♪ ♀ (Christmas) carol; *arbre m de* ~ Christmas tree; *le père* ~ Father Christmas, Santa Claus.

nœud [nø] *m* knot (*a.* ⚓); *fig.* tie, bond; ⚓ hitch, bend; *fig.* matter, play, question, *etc.*: crux; ✿, ⚕, ⚡, *astr., phys.* node; ⊕ joint; 🚂 junction; ~ *de tisserand* weaver's knot.

noir, noire [nwaːr] **1.** *adj.* black; dark; *fig.* gloomy (*thoughts*); *fig.* foul; *sl.* dead drunk; *avoir des idées*

noirâtre

noires have the blues; *cuis. beurre m* ~ browned butter sauce; *blé m* ~ buckwheat; **2.** *su./m* black (man); negro; *colour*: black; ⚔ bruise; ~ *de fumée* lampblack; *fig.* ~ *sur blanc* in black and white; *broyer du* ~ be in the dumps; *mettre dans le* ~ hit the mark; *prendre le* ~ go into mourning; *voir tout en* ~ look on the black side of things; *su./f* black woman; negress; ♪ crotchet; **noirâtre** [nwa'rɑ:tr] blackish, darkish; **noiraud, e** [~'ro, ~'ro:d] **1.** *adj.* swarthy; **2.** *su.* swarthy person; **noirceur** [nwar-'sœ:r] *f* blackness; darkness; *fig.* gloominess; *fig.* foulness; *crime*: heinousness; **noircir** [~'si:r] (2a) *v/t.* blacken (*a. fig.*); make gloomy (*a picture, the sky, thoughts*); *v/i.* turn black *or* dark; **noircissure** [~si'sy:r] *f* smudge.

noise [nwa:z] *f*: *chercher* ~ *à* pick a quarrel with, *Am.* pick on.

noisetier ♀ [nwaz'tje] *m* hazel(-tree, -bush); **noisette** [nwa'zɛt] **1.** *su./f* ♀ hazel-nut; **2.** *adj./inv.* (*a. couleur f* ~) (nut-)brown; hazel (*eyes*); **noix** [nwɑ] *f* ♀ walnut; ♀, *a.* ⚙ nut; ⊕ half-round groove; *sl.* head; *sl.* fellow; ~ *de terre* peanut; *cuis.* ~ *de veau* round shoulder of veal.

nom [nɔ̃] *m* name; *gramm.* noun; *fig.* reputation; ~ *de baptême* Christian *or* baptismal name, *Am.* given name; ~ *de famille* family name; surname; ~ *de guerre* assumed name; ~ *de plume* pen-name; ✝ ~ *déposé* registered trade name; ✝ ~ *social* name of (the) firm *or* company; *de* ~ by name; *décliner ses* ~ *et prénoms* give one's full name; *du* ~ *de* called, by the name of; *petit* ~ Christian name, *Am.* given name.

nomade [nɔ'mad] **1.** *adj.* wandering; nomadic; **2.** *su.* nomad.

nombrable [nɔ̃'brabl] countable; **nombre** [nɔ̃:br] *m* number (*a. gramm.*); ~ *cardinal* cardinal number; ~ *entier* integer; whole number; ~ *impair* (*pair, premier*) odd (even, prime) number; *bon* ~ *de a* good many ...; *du* ~ *de* one of; *bibl. les* ♂s *pl.* Numbers; *sans* ~ countless; **nombrer** [nɔ̃'bre] (1a) *v/t.* count, number; **nombreux, -euse** [~'brø, ~'brø:z] numerous; manifold; rhythmic, harmonious.

nombril [nɔ̃'bri] *m anat.* navel; ♀ *fruit*: eye.

nomenclature [nɔmɑ̃kla'ty:r] *f* nomenclature; list.

nominal, e, *m/pl.* **-aux** [nɔmi'nal, ~'no] nominal; of names; *appel m* ~ roll-call; ✝ *valeur f* ~ *e* face-value; **nominatif, -ve** [~na'tif, ~'ti:v] nominal; of names; ✝ registered (*securities*); **nomination** [~na'sjɔ̃] *f* nomination; appointment.

nommé, e [nɔ'me] **1.** *adj.* appointed (*day*); *à point* ~ in the nick of time; **2.** *su.*: *le* ~ *X, la* ~ *e X* the person named X; *su./m*: *un* ~ *Jean* one John; **nommément** [~me'mɑ̃] *adv.* namely, to wit; especially; **nommer** [~'me] (1a) *v/t.* name; mention; appoint (*to a post*); *se* ~ be called; give one's name.

non [nɔ̃] *adv.* no; not; ~ *pas!* not at all!; ~ (*pas*) *que* (*sbj.*) not that (*ind.*); *dire que* ~ say no; *ne ... pas* ~ *plus* not ... either.

non... [nɔ̃; *before vowel* nɔn] non-...; ~**-activité** [nɔnaktivi'te] *f* non-activity; *mettre en* ~ suspend.

nonagénaire [nɔnaʒe'nɛ:r] *adj., a. su.* nonagenarian.

non-agression *pol.* [nɔnagrɛ'sjɔ̃] *f* non-aggression; *pacte m de* ~ non-aggression pact.

nonce [nɔ̃:s] *m* nuncio; ~ *apostolique* papal nuncio.

nonchalance [nɔ̃ʃa'lɑ̃:s] *f* nonchalance; languidness; **nonchalant, e** [~'lɑ̃, ~'lɑ̃:t] nonchalant, unconcerned, languid.

non...: ~**-combattant** ⚔ [nɔ̃kɔ̃ba-'tɑ̃] *m* non-combattant; ~**-conducteur, -trice** [~kɔ̃dyk'tœ:r, ~'tris] **1.** *adj.* non-conducting; **2.** *su./m* non-conductor; ~**-conformisme** *eccl.* [~kɔ̃fɔr'mism] *m* nonconformity, dissent; ~**-conformiste** [~kɔ̃-fɔr'mist] *m* nonconformist (*a. fig.*); ~**-intervention** [~nɛ̃tɛrvɑ̃'sjɔ̃] *f* non-intervention, non-interference; ~**-lieu** ⚖ [nɔ̃'ljø] *m* no true bill; *rendre une ordonnance de* ~ dismiss the charge.

nonne [nɔn] *f* nun.

nonobstant [nɔnɔp'stɑ̃] **1.** *prp.* notwithstanding; **2.** *adv.* † for all that.

nonpareil, -eille [nɔ̃pa'rɛ:j] **1.** *adj.* matchless, unparalleled; **2.** *su./f* apple, *a. typ.*: nonpareil.

non...: ~**-réussite** [nɔ̃rey'sit] *f* fail-

nourrissage

ure; *plan*: miscarriage; ~-sens [~-
'sã:s] *m* meaningless act *or* expression; ~-valeur [~va'lœ:r] *f* worthless object; *unproductive land*; F passenger (= *incompetent employee etc.*); *admin.* possible deficit.
nord [nɔ:r] **1.** *su./m* north; ♁ north wind; *du* ~ north(ern); northerly *(wind)*; *le* ♀ the north *(of a country)*; *fig. perdre le* ~ lose one's bearings; *vers le* ~ northward(s), to the north; **2.** *adj./inv.* northern *(latitudes etc.)*; northerly *(wind)*; ~-**est** [nɔ'rɛst] **1.** *su./m* north-east; **2.** *adj./inv.* north-east; north-eastern *(region)*; north-easterly *(wind)*; ~-**ouest** [nɔ'rwɛst] **1.** *su./m* north-west; **2.** *adj./inv.* north-west; north-western *(region)*; north-westerly *(wind)*.
noria ⊕ [nɔ'rja] *f* chain-pump; bucket-conveyor.
normal, e, *m/pl.* -**aux** [nɔr'mal, ~'mo] **1.** *adj.* normal; usual; standard *(measures etc.)*; natural; *École f* ~**e** (teachers') training college; **2.** *su./f* normal (*a.* ⩗); ⩗ perpendicular; **normalien** *m*, -**enne** *f* [nɔrma'ljẽ, ~'ljɛn] student at an *École normale*; **normalisation** [~liza'sjɔ̃] *f* standardization; **normaliser** [~li'ze] (1a) *v/t.* standardize, normalize.
normand, e [nɔr'mã, ~'mã:d] **1.** *adj.* Norman; F *réponse f* ~**e** non-committal answer; **2.** *su.* ♀ Norman.
norme [nɔrm] *f* norm, standard.
norvégien, -enne [nɔrve'ʒjẽ, ~'ʒjɛn] *adj., a. su.* ♀ Norwegian.
nos [no] *pl. of notre.*
nostalgie [nɔstal'ʒi] *f* ☆ nostalgia; *fig.* homesickness; *fig.* yearning; **nostalgique** [~'ʒik] nostalgic; *fig.* homesick.
notabilité [nɔtabili'te] *f* notability (*a. person*); *fig.* prominent person; **notable** [nɔ'tabl] **1.** *adj.* notable; considerable; distinguished; **2.** *su./m* person of distinction *or* note; *hist.* Notable.
notaire ♊, *a. eccl.* [nɔ'tɛ:r] *m* notary.
notamment [nɔta'mã] *adv.* particularly, especially.
notarial, e, *m/pl.* -**aux** [nɔta'rjal, ~'rjo] notarial; **notarié, e** [~'rje] *adj.*: *acte m* ~ deed executed and authenticated by a notary.

notation ♪, ⩗ [nɔta'sjɔ̃] *f* notation.
note [nɔt] *f* note (*a.* ♪, *pol.*, *fig.*), memo(randum); minute; annotation; *school*: mark; *journ.* notice; ✝ account, bill; *prendre* ~ *de* note, make a note of; *prendre des* ~*s* jot down notes; **noter** [nɔ'te] (1a) *v/t.* note, make a note of; jot down; take notice of; ♪ write down.
notice [nɔ'tis] *f* notice, account; *book*: review.
notification [nɔtifika'sjɔ̃] *f* notification, notice; **notifier** [~'fje] (1o) *v/t.* intimate (s.th. to s.o., *qch. à q.*); notify (s.o. of s.th., *qch. à q.*).
notion [nɔ'sjɔ̃] *f* notion, idea; ~*s pl.* smattering *sg.*; **notoire** [~'twa:r] well-known; manifest; *pej.* notorious; **notoriété** [~tɔrje'te] *f* notoriety; *person*: repute.
notre, *pl.* **nos** [nɔtr, no] *adj./poss.* our.
nôtre [no:tr] **1.** *pron./poss.*: *le (la)* ~, *les* ~*s pl.* ours; **2.** *su./m* ours, our own; *les* ~*s pl.* our (own) people.
nouage [nwa:ʒ] *m* tying; *bone*: knitting.
noue ⚠ [nu] *f* valley channel, gutter-tile.
noué, e [nwe] ✿ rickety; knotty *(joint)*; *fig.* stunted *(mind etc.)*; **nouer** [nwe] (1p) *v/t.* tie (up), knot; *fig.* enter into *(conversation, relations)*; ✿ stiffen *(joints)*; *se* ~ become knotted; ✿ knit *(bone)*; stiffen *(joints)*, become rickety *(child)*; *v/i.* set *(fruit)*; **nouet** *cuis.* [nwɛ] *m* bag of herbs; **noueux, -euse** [nwø, nwø:z] knotty; ✿ arthritic *(rheumatism)*; gnarled *(hands, stem)*.
nougat *cuis.* [nu'ga] *m* nougat.
nouille [nu:j] *f cuis.* noodle; F spineless individual.
nourrain [nu'rẽ] *m* fry, young fish;
nourrice [~'ris] *f* (wet-)nurse; ⊕, ⚙ service-tank; *mot.* feed-tank; *mettre un enfant en* ~ put a child out to nurse; **nourricerie** [~ris'ri] *f* stock-farm; silkworm nursery; baby-farm; **nourricier, -ère** [~ri'sje, ~'sjɛ:r] nutritious, nutritive; foster-*(father, mother)*; **nourrir** [~'ri:r] (2a) *v/t.* feed, nourish; suckle, nurse (*a baby*); *fig.* harbo(u)r *(hope, thoughts)*; foster *(hatred)*; cherish *(hope, a grudge)*; strengthen; maintain *(a fire)*; *se* ~ *de* live on; *v/i.* be nourishing; **nourrissage**

nourrissant [nuri'sɑ̃:ʒ] *m cattle*: rearing; **nourrissant, e** [~'sɑ̃, ~'sɑ̃:t] nourishing; nutritious; rich (*food*); **nourrisseur** [~'sœ:r] *m* dairyman; ⊕ feedroll; **nourrisson** [~'sɔ̃] *m* suckling, nursling; foster-child; **nourriture** [~'ty:r] *f* feeding; food; board, keep; *la ~ et le logement* board and lodging.

nous [nu] **1.** *pron./pers. subject*: we; *object*: us; (to) us; *à ~* to us; ours; *ce sont ~,* F *c'est ~* it is we, F it's us; **2.** *pron./rfl.* ourselves; **3.** *pron./recip.* each other; one another; **~-mêmes** [~'mɛ:m] *pron./rfl.* ourselves.

nouure [nu'y:r] *f* ♂ *fruit*: setting; ⚕ rickets *pl.*

nouveau (*adj. before vowel or h mute* **-el**) *m,* **-elle,** *m/pl.* **-aux** [nu'vo, ~'vɛl, ~'vo] **1.** *adj.* new; recent, fresh; new-style; another, further; novel; *~eaux riches m/pl.* nouveaux riches, newly rich; *le plus ~* latest; *qch.* (*rien*) *de ~* s.th. (nothing) new; *quoi de ~?* what's the news?; **2.** *nouveau adv.*: *à ~* anew, afresh; *de ~* again; **nouveau-né, e** [nuvo'ne] **1.** *adj.* new-born; **2.** *su./m* new-born child; **nouveauté** [~'te] *f* newness, novelty; latest model; innovation; ✝ *~s pl.* fancy goods; linen-drapery *sg.*; **nouvel** [nu'vɛl] **1.** *adj. see nouveau* 1; *~ an m* New Year; **nouvelle** [nu'vɛl] **1.** *adj. see nouveau* 1; **2.** *su./f* news *sg.,* tidings *pl.*; short story; *avoir des ~s de q.* hear from *or* of s.o.; **nouvelliste** [~vɛ'list] *su.* short-story writer; *journ.* F par writer.

novateur, -trice [nɔva'tœ:r, ~'tris] **1.** *adj.* innovating; **2.** *su.* innovator.

novembre [nɔ'vɑ̃:br] *m* November.

novice [nɔ'vis] **1.** *adj.* inexperienced (in *à, dans*), new (to *à, dans*); **2.** *su.* novice (*a. eccl., a. fig.*); *fig.* tyro, beginner; *profession*: probationer; **noviciat** [~vi'sja] *m* noviciate; F apprenticeship.

noyade [nwa'jad] *f* drowning.

noyau [nwa'jo] *m fruit*: stone, kernel; *phys., biol., fig.* nucleus (*a. atom etc.*); ⊕ *wheel*: hub; *metall., a.* ♂ core; ⚠ newel; *fig.* group; *pol.* cell; ♂ *fruit m à ~* stone-fruit; **noyautage** [~jo'ta:ʒ] *m pol.* infiltration (into, de); *metall.* coring.

noyer[^1] [nwa'je] (1h) *v/t.* drown

(*a.* F *fig.*); flood (*a. mot.*), inundate, immerse; ⊕ countersink (*a screw*); ⊕ bed (*s.th.*) in cement; *se ~ suicide*: drown o.s.; *accident*: be drowned; *fig.* be steeped (in, *dans*); ⊕ *vis f noyée* countersunk screw.

noyer[^2] [~] *m* walnut(-tree).

nu, nue [ny] **1.** *adj.* naked, nude, bare; *fig.* unadorned; *~-pieds, pieds ~s* barefoot(ed); **2.** *su./m* nude; nudity; ⚠ bare part; **3.** *adv.*: *à nu* bare; *mettre à nu* expose, lay bare; denude; *monter à nu* ride (*a horse*) bareback.

nuage [nɥa:ʒ] *m* cloud; *sans ~s* cloudless (*sky*), *fig.* perfect (*bliss*); **nuageux, -euse** [nɥa'ʒø, ~'ʒø:z] cloudy, overcast; *fig.* hazy (*idea*).

nuance [nɥɑ̃:s] *f* shade (*a. fig.*), hue; *fig.* tinge; *fig.* nuance, shade of meaning; **nuancer** [nɥɑ̃'se] (1k) *v/t.* shade (with, de); vary (*the tone*); express slight differences in.

nubile [ny'bil] *f* nubile.

nucléaire *phys.* [nyklе'ɛ:r] nuclear (*a. armament*); **nucléon** *phys.* [~'ɔ̃] *m* nucleon.

nudisme [ny'dism] *m* nudism; **nudiste** [~'dist] *su.* nudist; **nudité** [~di'te] *f* nudity, nakedness; *paint.* nude; ⚠ bareness.

nue [ny] *f* high cloud; *~s pl.* skies (*a. fig.*); *porter aux ~s* praise to the skies; *fig. tomber des ~s* be thunderstruck; **nuée** [nɥe] *f* storm-cloud; *fig.* cloud; swarm, host.

nuire [nɥi:r] (4u *a.* h) *v/i.*: *~ à* harm, hurt; be injurious to; **nuisibilité** [nɥizibili'te] *f* harmfulness; **nuisible** [~'zibl] harmful, injurious.

nuit [nɥi] *f* night; *de ~* by night; *passer la ~* stay overnight (with, *chez*); **nuitée** [nɥi'te] *f* night's work.

nul, nulle [nyl] **1.** *adj.* no, not one; void, null; *sp.* drawn (*game*); nonexistent; ⚖ invalid (*marriage*); **2.** *pron./indef.* no(t) one, nobody; **nullement** [nyl'mɑ̃] *adv.* not at all; **nullité** [nyli'te] *f* ⚖ nullity, invalidity; *fig.* nothingness; non-existence; *person*: nonentity; *fig.* incapacity.

numéraire [nyme'rɛ:r] **1.** *adj.* legal (*tender*); numerary (*value*); **2.** *su./m* specie; cash; currency; **numéral, e,** *m/pl.* **-aux** [~'ral, ~'ro] numeral; **numérateur** ⚖ [~ra'tœ:r] *m* numerator; **numération** ⚕ [~ra'sjɔ̃] f notation; numeration; **numérique** [~'rik] numerical; **numéro** [~'ro] m number; *periodical*: issue, copy; ✝ size; F person, fellow; *teleph.* telephone number; *mot.* registration number; F ~ *deux* second-best; ~ *de vestiaire* cloak-room ticket; F ~ *un* first-class; **numérotage** [~rɔ'ta:ʒ] m numbering; *book*: paging; **numéroter** [~rɔ'te] (1a) v/t. number; paginate (*a book*); **numéroteur** [~rɔ'tœ:r] m numbering machine *or* stamp.

numismate [nymis'mat] m numismatist; **numismatique** [~ma'tik] f numismatics sg.

nuptial, e, m/pl. **-aux** [nyp'sjal, ~'sjo] bridal; wedding...

nuque [nyk] f nape *or* F scruff of the neck.

nurse [nœrs] f children's nurse, F nanny.

nutritif, -ve [nytri'tif, ~'ti:v] nourishing, nutritive; *food*...; **nutrition** [~'sjɔ̃] f nutrition.

nylon *tex.* [ni'lɔ̃] m nylon.

nymphe [nɛ̃:f] f *myth.* nymph (*a. fig.*); *zo.* pupa, chrysalis; **nymphéa** ⚘ [nɛ̃fe'a] m water-lily; nymphea.

O

O, o [o] m O, o.
ô! [o] *int.* oh!
oasis [oa'zis] f oasis (*a. fig.*).
obédience [ɔbe'djã:s] f *eccl.* dutiful submission, obedience; F submission.
obéir [ɔbe'i:r] (2a) v/i.: ~ *à* obey; comply with (*s.th.*); yield to; ⚔, *mot.* respond to; ⚓ answer; *se faire* ~ compel obedience (from, *par*); **obéissance** [~i'sã:s] f obedience; submission (*to authority*); *fig.* pliancy; **obéissant, e** [~i'sã, ~'sã:t] obedient; submissive; *fig.* pliant.
obélisque *archeol.* [ɔbe'lisk] m obelisk.
obérer [ɔbe're] (1f) v/t. burden with debt; *s'*~ run deep into debt.
obèse [ɔ'bɛ:z] 1. *adj.* obese, stout; 2. *su.* obese *or* stout person; **obésité** [ɔbezi'te] f obesity, corpulence.
obier ⚘ [ɔ'bje] m guelder rose.
obit *eccl.* [ɔb'ʒɛ] m obit; **obituaire** [ɔbi'tɥɛ:r] m obituary list.
objecter [ɔbʒɛk'te] (1a) v/t. raise as an objection (to, *à*); ~ *qch. à q.* allege *or* hold s.th. against s.o.; **objecteur** [~'tœ:r] m: ⚔ ~ *de conscience* conscientious objector; **objectif, -ve** [~'tif, ~'ti:v] 1. *adj.* objective; 2. *su./ m opt.* objective; *phot.* lens; ⚔, ⚓ target; *fig.* aim, object; **objection** [~'sjɔ̃] f objection; **objectiver** *phls.* [~ti've] (1a) v/t. objectify; **objectivité** [~tivi'te] f objectivity.
objet [ɔb'ʒɛ] m object (*a. gramm., phls., a. fig.*); thing; subject(-matter); *fig.* purpose, aim; *gramm.* complement; ✝ article; ~*s pl. trouvés* lost property sg.; *remplir son* ~ reach one's goal.
oblat m, **e** f *eccl.* [ɔ'bla, ~'blat] oblate; **oblation** *eccl.* [ɔbla'sjɔ̃] f oblation, offering.
obligataire ✝ [ɔbliga'tɛ:r] m bondholder, debenture-holder; **obligation** [~'sjɔ̃] f obligation, duty; ✝ bond, debenture; favo(u)r; gratefulness; **obligatoire** [~'twa:r] obligatory; compulsory; binding (*agreement, decision*); *enseignement* m ~ compulsory education; ⚔ *service* m *militaire* ~ compulsory military service.
obligé, e [ɔbli'ʒe] 1. *adj.* obliged, compelled (to *inf., de inf.*); necessary, indispensable; inevitable; *fig.* grateful; 2. *su.* person under an obligation; ✝ obligor; **obligeamment** [~ʒa'mã] *adv. of obligeant*; **obligeance** [~'ʒã:s] f kindness; *avoir l'*~ *de* (*inf.*) be so kind as to (*inf.*); **obligeant, e** [~'ʒã, ~'ʒã:t] obliging; kind; **obliger** [~'ʒe] (1l) v/t. oblige, bind (to, *à*); compel (to, *de*); do (*s.o.*) a favo(u)r; *s'*~ *à* bind o.s. to.
oblique [ɔ'blik] 1. *adj.* oblique; ⚠ skew; slanting; *fig.* crooked; underhand; 2. *su./m anat.* oblique muscle; ⚔ ~ *à droite (gauche)* right (left) incline; *su./f* oblique line; **obliquer** [ɔbli'ke] (1m) v/i. oblique; slant; edge (to[wards] to, *vers*); ⚔ incline; **obliquité** [~ki'te] f obliqueness; *fig.* crookedness.

oblitération

oblitération [ɔblitera'sjɔ̃] *f* obliteration; *stamp*: cancellation; ⚙ obstruction; **oblitérer** [~'re] (1f) *v/t.* obliterate; cancel (*a stamp*); ⚙ obstruct (*a vein*).

oblong, -gue [ɔ'blɔ̃, ~'blɔ̃:g] oblong.

obole [ɔ'bɔl] *f* † obol(us); F farthing; (*widow's*) mite; *apporter son* ~ *à* contribute one's mite to.

obombrer [ɔbɔ̃'bre] (1a) *v/t.* cloud over.

obscène [ɔp'sɛn] obscene; smutty; **obscénité** [~seni'te] *f* obscenity; smuttiness.

obscur, e [ɔps'ky:r] dark; gloomy (*weather*); obscure (*a. fig.*); abstruse (*argument etc.*); dim (*horizon, light*); humble (*person*); **obscurantisme** [~kyrã'tism] *m* obscurantism; **obscuration** *astr.* [~kyra'sjɔ̃] *f* occultation; **obscurcir** [~kyr'si:r] (2a) *v/t.* obscure; darken; dim (*the view*); **obscurcissement** [~kyrsis'mã] *m* darkening; dimming; obscuring; **obscurément** [~kyre'mã] *adv. of obscur*; **obscurité** [~kyri'te] *f* obscurity (*a. fig.*); darkness; *fig.* vagueness.

obséder [ɔpse'de] (1f) *v/t.* obsess; importune, pester.

obsèques [ɔp'sɛk] *f/pl.* funeral *sg.*, obsequies; **obséquieux, -euse** [ɔpse'kjø, ~'kjø:z] obsequious, fawning; **obséquiosité** [~kjozi'te] *f* obsequiousness.

observable [ɔpsɛr'vabl] observable; **observance** [~'vã:s] *f* observance (*a. eccl.*); **observateur, -trice** [~va'tœ:r, ~'tris] 1. *adj./m* observant; 2. *su.* observer; ⚔ spotter; **observation** [~va'sjɔ̃] *f* observation; *eccl., law, rule:* observance; reprimand; **observatoire** [~va'twa:r] *m astr.* observatory; ⚔ observation post; **observer** [~'ve] (1a) *v/t.* observe, keep (*feast, law, rule, sabbath*); watch; notice; *faire* ~ *qch. à q.* draw s.o.'s attention to s.th.; *s'*~ be careful *or* cautious.

obsessif, -ve [ɔpsɛ'sif, ~'si:v] obsessive; **obsession** [~'sjɔ̃] *f* obsession.

obstacle [ɔps'takl] *m* obstacle; impediment; *sp.* fence, jump; *sp. course f d'*~*s* obstacle *or* hurdle race; *faire* ~ *à* stand in the way of.

obstétrique ⚕ [ɔpste'trik] 1. *adj.* obstetric(al); 2. *su./f* obstetrics *sg.*

obstination [ɔpstina'sjɔ̃] *f* obstinacy; perversity; pig-headedness; **obstiné, e** [~'ne] obstinate, stubborn; persistent; pig-headed; **obstiner** [~'ne] (1a) *v/t.*: *s'*~ show obstinacy; *s'*~ *à* (*inf.*) persist in (*ger.*).

obstructif, -ve [ɔpstryk'tif, ~'ti:v] *pol.* obstructive; ⚙ obstruent; **obstruction** [~'sjɔ̃] *f* ⚙, *pol.* obstruction; *pol.* filibustering; ⚙ stoppage; **obstructionnisme** *pol.* [~sjɔ'nism] *m* obstructionism, filibustering; **obstruer** [ɔpstry'e] (1a) *v/t.* obstruct, block; ⊕ choke.

obtempérer [ɔptɑ̃pe're] (1f) *v/i.*: ~ *à* comply with; accede to.

obtenir [ɔptə'ni:r] (2h) *v/t.* obtain, get; **obtention** [~tã'sjɔ̃] *f* obtaining.

obturateur, -trice [ɔptyra'tœ:r, ~'tris] 1. *adj.* obturating, closing; 2. *su./m* ⚕, ⚔, *anat.* obturator; *phot.* shutter; ⊕ stop-valve; *mot.* throttle; **obturation** [~ra'sjɔ̃] *f* ⚙ obturation; closing; sealing; *tooth:* filling; **obturer** [~'re] (1a) *v/t.* stop, seal, obturate; fill (*a tooth*).

obtus, e [ɔp'ty, ~'ty:z] ⚔, *a. fig.* obtuse; blunt; *fig.* dull; **obtusangle** ⚔ [~ty'zã:gl] obtuse-angled.

obus [ɔ'by] *m* ⚔ shell; *mot.* valve-plug; ~ *à balles* shrapnel; ~ *non éclaté* unexploded shell, dud; ~ *perforant* armo(u)r-piercing shell; **obusier** ⚔ [ɔby'zje] *m* howitzer.

obvier [ɔb'vje] (1o) *v/i.*: ~ *à* prevent.

oc [ɔk] *adv.*: *langue f d'*~ Langue d'oc, Old Provençal.

occasion [ɔka'zjɔ̃] *f* opportunity, chance; occasion; *fig.* reason (for, de); ✝ bargain; *à l'*~ when the chance occurs; *à l'*~ *de* on the occasion of; *d'*~ second-hand; cheap; *par* ~ occasionally; **occasionner** [~zjɔ'ne] (1a) *v/t.* cause, give rise to.

occident [ɔksi'dã] *m* west, occident; **occidental, e**, *m/pl.* **-aux** [~dã'tal, ~'to] 1. *adj.* west(ern); occidental; 2. *su.* occidental; westerner.

occiput *anat.* [ɔksi'pyt] *m* occiput, F back of the head.

occire † [ɔk'si:r] (4y) *v/t.* kill, slay; **occis, e** [~'si, ~'si:z] *p.p. of occire.*

occlusion [ɔkly'zjɔ̃] *f* ⚕ stoppage, obstruction; ⊕ *valve:* closure; ⚕ occlusion.

occultation *astr.* [ɔkylta'sjɔ̃] *f* oc-

cultation; **occulte** [ɔ'kylt] occult; secret; hidden; **occultisme** [ɔkyl-'tism] *m* occultism.
occupant, e [ɔky'pɑ̃, ~'pɑ̃:t] **1.** *adj.* occupying, in occupation; *fig.* engrossing (*work*); **2.** *su./m* occupant; ⚖️, ⚔️ occupier; **occupation** [~pa'sjɔ̃] *f* occupation; profession; employment, work; ⚔️ *forces f/pl. d'~* occupying forces; *sans ~* unemployed; **occuper** [~'pe] (1a) *v/t.* occupy (*a.* ⚔️); *fig.* fill; *s'~* keep (o.s.) busy; *s'~ à* be engaged in; *s'~ de* be interested in; see to (*s.th.*); *v/i.* ⚖️ be in charge of the case (for, *pour*).
occurrence [ɔky'rɑ̃:s] *f* occurrence, happening; emergency, juncture; *en l'~* at this juncture; in *or* F under the circumstances; in the present case.
océan [ɔse'ɑ̃] *m* ocean, sea (*a. fig.*); F *l'O* the Atlantic; **océanien, -enne** [~a'njɛ̃, ~'njɛn] **1.** *adj.* Oceanian, Oceanic; **2.** *su.* ♀ South Sea Islander; **océanique** [~a'nik] oceanic, ocean...
ocelot *zo.* [ɔs'lo] *m* ocelot.
ocre [ɔkr] *f* ochre; **ocrer** [ɔ'kre] (1a) *v/t.* ochre; **ocreux, -euse** [ɔ'krø, ~'krø:z] ochrous.
oct..., octa... [ɔkt], [ɔkta], **octo...** [ɔktɔ] oct..., octa..., octo...; **octaèdre** [ɔkta'ɛ:dr] **1.** *adj.* octahedral; **2.** *su./m* ⚛ octahedron.
octane 🜛 [ɔk'tan] *m* octane.
octant ⚓, *astr., surv.* [ɔk'tɑ̃] *m* octant.
octobre [ɔk'tɔbr] *m* October.
octogénaire [ɔktɔʒe'nɛ:r] *adj., a. su.* octogenarian.
octogone ⚛ [ɔktɔ'gɔn] *m* octagon.
octroi [ɔk'trwa] *m* concession, grant; city toll; toll-house; **octroyer** [~trwa'je] (1h) *v/t.* grant; bestow (on, *à*).
octuple [ɔk'typl] eightfold; octuple.
oculaire [ɔky'lɛ:r] **1.** *adj.* ocular; eye(*-witness*); **2.** *su./m opt.* eyepiece; **oculiste** ⚕ [~'list] *m* oculist.
odeur [ɔ'dœ:r] *f* odo(u)r (*a. fig.*), smell, scent.
odieux, -euse [ɔ'djø, ~'djø:z] **1.** *adj.* odious; hateful; heinous (*crime*); **2.** *su./m* odiousness; odium.
odontalgie ⚕ [ɔdɔ̃tal'ʒi] *f* toothache, odontalgia.

odorant, e [ɔdɔ'rɑ̃, ~'rɑ̃:t] fragrant, sweet-smelling; scented; **odorat** [~'ra] *m* (sense of) smell; **odoriférant, e** [~rife'rɑ̃, ~'rɑ̃:t] fragrant, odoriferous.
œil, *pl.* **yeux** [œ:j, jø] *m* eye; *bread, cheese:* hole; notice, attention; *à l'~* by the eye; *sl.* on credit *or* tick; *à l'~ nu* with the naked eye; *à mes yeux* in my opinion; *avoir l'~ à qch.* see to s.th.; *avoir l'~ sur* keep an eye on; *coup m d'~* glance; *entre quatre yeux* in confidence; *être tout yeux* be all eyes; F *faire de l'~* ogle; tip s.o. the wink; *fermer les yeux sur* shut one's eyes to; *perdre des yeux* lose sight of; F *pour vos beaux yeux* for love, for your pretty face; *sauter aux yeux* be obvious; *sous mes yeux* before my face; **~-de-bœuf,** *pl.* **~s-de-bœuf** [œjdə'bœf] *m* bull's-eye window; **~-de-perdrix,** *pl.* **~s-de-perdrix** ⚛ [~pɛr'dri] *m* soft corn; **œillade** [œ'jad] *f* ogle, leer; glance.
œillère [œ'jɛ:r] *f* blinker (*a. fig.*), *Am.* blind; *eye-bath;* **œillet** [œ'jɛ] *m* eyelet(*-hole*); ♀ pink, carnation; **œilleton** [œj'tɔ̃] *m* ♂ eyebud; *phot.* eye; ⚔️ *rifle sight:* peephole; **œillette** ♀ [œ'jɛt] *f* oil-poppy.
œsophage *anat.* [ezɔ'fa:ʒ] *m* (o)esophagus, gullet.
œstre *zo.* [ɛstr] *m* oestrus; bot-fly.
œuf [œf, *pl.* ø] *m* egg; *biol.* ovum; *icht.* spawn, roe; *~s pl.* brouillés scrambled eggs; *~s pl. sur le plat* fried eggs; *~ à la coque* (soft-) boiled egg; *~ dur* hard-boiled egg; *blanc m d'~* white of egg; *fig. dans l'~* in the bud; *jaune m d'~* eggyolk.
œuvé, e [œ've] hard-roed (*fish*).
œuvre [œ:vr] *su./f* work; effect; product(ion); (*welfare*) society; occupation; *~s pl.* works (*a. eccl.*); *bois m d'~* timber; *se mettre à l'~* start working; *su./m* ⚛ main work; *writer:* complete works *pl.*; ♪ opus; *grand ~* philosopher's stone; ⚛ *gros ~* foundations *pl.* and walls *pl.*; **œuvrer** [œ'vre] (1a) *v/i.* work.
offense [ɔ'fɑ̃:s] *f* offence; ⚖️ contempt (of Court, *à la Cour*); *eccl.* sin; **offenser** [ɔfɑ̃'se] (1a) *v/t.* offend; injure; *s'~* take offence (at, *de*); **offenseur** [~'sœ:r] *m* offender;

offensif, -ve [ɔ'sif, ~'si:v] *adj., a.* ⚔ *su./f* offensive.
offert, e [ɔ'fɛːr, ~'fɛrt] *p.p.* of **offrir**; **offertoire** *eccl.* [ɔfɛr'twaːr] *m* offertory.
office [ɔ'fis] *su./m* office (*a. fig.*), function, duty; employment; service (*a. eccl., a. fig. = turn*); d'~ officially; automatically; voluntarily; *su./f* butler's pantry; servants' hall; **officiant** *eccl.* [ɔfi'sjɑ̃] 1. *adj./m* officiating; 2. *su./m* officiating priest; officiant; **officiel, -elle** [~'sjɛl] official; formal (*call*).
officier [ɔfi'sje] 1. (1o) *v/i.* officiate; 2. *su./m* officer; **officière** [~'sjɛːr] *f* woman officer (*in the Salvation Army*); **officieux, -euse** [~'sjø, ~'sjøːz] 1. *adj.* officious; unofficial; informal; 2. *su.* busy-body.
officinal, e, *m/pl.* **-aux** ⚕ [ɔfisi'nal, ~'no] medicinal; **officine** [~'sin] *f* ⚕ dispensary; chemist's shop, *Am.* drugstore; F *fig.* den.
offrande *usu. eccl.* [ɔ'frɑ̃ːd] *f* offering; **offrant** [ɔ'frɑ̃] *m*: *au plus* ~ to the highest bidder; **offre** [ɔfr] 1. *1st p. sg. pres.* of **offrir**; 2. *su./f* offer, proposal; ⚖ tender; *auction:* bid; *journ.* ~s *d'emploi* situations vacant; *l'*~ *et la demande* supply and demand; **offrir** [ɔ'friːr] (2f) *v/t.* offer; give, present; bid (*at an auction*); ~ *le mariage à* propose to.
offset *typ.* [ɔf'sɛt] *m/inv.* offset.
offusquer [ɔfys'ke] (1m) *v/t.* obscure (*the view, a. fig.*); offend; *s'*~ take offence (at, de).
ogival, e, *m/pl.* **-aux** △ [ɔʒi'val, ~'vo] ogival, pointed, Gothic; **ogive** [ɔ'ʒiːv] *f* △ ogee, ogive; Gothic *or* pointed arch; △ *vault:* rib; ⚔ war-head.
ogre [ɔgr] *m* ogre; *manger comme un* ~ eat like a horse; **ogresse** [ɔ'grɛs] *f* ogress.
oh! [o] *int.* oh!
ohé! [o'e] *int.* hi!; hullo!; ⚓ ahoy!
oie *zo.* [wa] *f* goose.
oignon [ɔ'ɲɔ̃] *m* onion; ⚕ bulb; ⚕ bunion; F turnip (= *watch*); *en rang d'*~*s* in a row; **oignonade** *cuis.* [ɔɲɔ'nad] *f* onion-stew; **oignonière** [~'njɛːr] *f* onion-bed.
oindre [wɛ̃ːdr] (4m) *v/t.* oil; *eccl.* anoint; **oint, ointe** *bibl., a. eccl.* [wɛ̃, wɛ̃ːt] *adj., a. su./m* anointed.

oiseau [wa'zo] *m* bird; △ (*bricklayer's*) hod; F fellow, *Am.* guy; *à vol d'*~ as the crow flies; *vue f à vol d'*~ bird's-eye view; ~**-mouche,** *pl.* ~**x-mouches** *orn.* [~zo-'muʃ] *m* humming-bird; **oiseler** [waz'le] (1c) *v/i.* go bird-catching; **oiselet** [~'lɛ] *m* small bird; **oiseleur** [~'lœːr] *m* fowler, bird-catcher; **oiselier** [wazə'lje] *m* bird-fancier; bird-seller; **oisellerie** [~zɛl-'ri] *f* bird-catching; bird-breeding; bird-shop.
oiseux, -euse [wa'zø, ~'zøːz] idle (*a. fig.*); *fig.* useless; **oisif, -ve** [~'zif, ~'ziːv] idle (*a.* ✝); unemployed; unoccupied; **oisiveté** [~ziv'te] *f* idleness; sloth.
oison [wa'zɔ̃] *m* gosling.
oléagineux, -euse [ɔleaʒi'nø, ~'nøːz] oily, oleaginous; ⚕ oil-yielding.
olfactif, -ve [ɔlfak'tif, ~'tiːv] olfactory; **olfaction** *physiol.* [~'sjɔ̃] *f* olfaction.
oligarchie [ɔligar'ʃi] *f* oligarchy.
olivacé, e [ɔliva'se] olive-green; **olivaie** [~'vɛ] *f* olive-grove; **olivaire** [~'vɛːr] olive-shaped; **olivaison** [~vɛ'zɔ̃] *f* olive-harvest; **olivâtre** [~'vaːtr] olive (*colour*); sallow (*complexion*); **olive** [ɔ'liːv] 1. *su./f* ⚕ olive; 2. *adj./inv.* olive-green; **oliverie** [ɔli'vri] *f* olive-oil factory; **olivier** ⚕ [~'vje] *m* olive-tree; olive-wood; *bibl. Mont m des* ⚕*s* Mount of Olives.
olympien, -enne [ɔlɛ̃'pjɛ̃, ~'pjɛn] Olympian; *fig.* godlike; **olympique** [~'pik] Olympic; *Jeux m/pl.* ⚕*s* Olympic games.
ombelle ⚕ [ɔ̃'bɛl] *f* umbel; *en* ~ = **ombellé, e** ⚕ [ɔ̃bɛl'le] umbellate; **ombellifère** ⚕ [~li'fɛːr] umbelliferous.
ombilical, e, *m/pl.* **-aux** [ɔ̃bili'kal, ~'ko] umbilical.
ombrage [ɔ̃'braːʒ] *m* shade; *fig.* offence, umbrage; *porter* ~ *à q.* offend s.o.; **ombrager** [ɔ̃bra'ʒe] (11) *v/t.* (give) shade; **ombrageux, -euse** [~'ʒø, ~'ʒøːz] shy (*horse*); touchy, sensitive (*person*); **ombre** [ɔ̃ːbr] *f* shadow (*a. fig.*); shade (*a. myth., a. paint.*); ghost; *astr.* umbra; *fig.* gloom; *fig.* bit; ~*s pl. chinoises* shadow-show *sg.*; *fig.* ~ *d'une chance* the ghost of a chance; *à l'*~ in the shade; *à l'*~ *de* in the shade

opérette

of; *fig.* under cover of; *rester dans l'~* stay in the background; **ombrelle** [ɔ̃'brɛl] *f* sunshade, parasol; ✶ aerial umbrella; **ombrer** [ɔ̃'bre] (1a) *v/t.* shade; darken (*the eyelids*); **ombreux, -euse** [ɔ̃'brø, ~'brø:z] shady.

omelette *cuis.* [ɔm'lɛt] *f* omelet(te).

omettre [ɔ'mɛtr] (4v) *v/t.* omit, leave out; ~ de (*inf.*) fail to (*inf.*); **omission** [ɔmi'sjɔ̃] *f* omission; oversight.

omni... [ɔmni] omni...; **~bus** [~'bys] *m* (omni)bus; 🚂 stopping *or* local train, *Am.* accommodation train; **~potence** [~pɔ'tɑ̃:s] *f* omnipotence; **~potent, e** [~pɔ'tɑ̃, ~'tɑ̃:t] omnipotent.

omoplate *anat.* [ɔmɔ'plat] *f* shoulder-blade.

on [ɔ̃] *pron.* one, people *pl.*, you; somebody; ~ *dit que* it is said that.

once[1] [ɔ̃:s] *f measure:* ounce; F *fig.* scrap, bit.

once[2] *zo.* [~] *f* snow-leopard, ounce.

oncial, e, *m/pl.* **-aux** [ɔ̃'sjal, ~'sjo] *adj., a. su./f* uncial.

oncle [ɔ̃:kl] *m* uncle.

onction [ɔ̃k'sjɔ̃] *f* oiling; *eccl., a. fig. pej.* unction; **onctueux, -euse** [~'tɥø, ~'tɥø:z] greasy; oily (*surface, a. pej. manner*); *fig.* unctuous (*speech*).

onde [ɔ̃:d] *f* wave (*a. hair, a. radio*); undulation; ~s *pl. moyennes radio:* medium waves; *phys.* ~ *sonore* sound wave; ~ *ultra-courte* ultra-short wave; *grandes* ~s *pl. radio:* long waves; *longueur f d'~* wavelength; *mettre en* ~s *radio:* put on the air; **ondé, e** [ɔ̃'de] **1.** *adj.* wavy (*hair, surface*); undulating; watered (*silk*); **2.** *su./f* heavy shower; **ondin** *m*, **e** *f* [ɔ̃'dɛ̃, ~'din] water-sprite.

on-dit [ɔ̃'di] *m/inv.* rumo(u)r.

ondoiement [ɔ̃dwa'mɑ̃] *m* undulation; *eccl.* emergency *or* private baptism; **ondoyant, e** [~'jɑ̃, ~'jɑ̃:t] undulating, wavy; swaying (*crowd*); *fig.* changeable; **ondoyer** [~'je] (1h) *v/i.* undulate, wave; sway (*crowd*); fall in waves (*hair*); *v/t. eccl.* baptize privately (*a child*); **ondulation** [ɔ̃dyla'sjɔ̃] *f* ground, *water:* undulation; *hair:* wave; ⊕ *metal etc.:* corrugation; **ondulatoire** *phys.* [~la'twa:r] undulatory; wave-(*motion*); **ondulé, e** [~'le] undulating (*ground*); corrugated (*metal etc.*); wavy, waved (*hair*); *tôle f* ~*e* corrugated iron; **onduler** [~'le] (1a) *v/i.* undulate, ripple; *v/t.* wave (*one's hair*); ⊕ corrugate; **onduleux, -euse** [~'lø, ~'lø:z] wavy, sinuous.

onéreux, -euse [ɔne'rø, ~'rø:z] onerous; troublesome; *fig.* heavy; *à titre* ~ subject to liabilities; ✝✝ for valuable consideration.

ongle [ɔ̃:gl] *m* nail; *zo.* claw; *eagle, falcon, etc.:* talon; *jusqu'au bout des* ~s to the fingertips; **onglée** [ɔ̃'gle] *f* numbness of the fingertips; **onglet** [ɔ̃'glɛ] *m* thimble; *book:* tab, thumb-index; ♃ ungula; ⊕ mitre; **onglier** [ɔ̃gli'e] *m* manicure-set; ~s *pl.* nail-scissors.

onguent ✚ [ɔ̃'gɑ̃] *m* ointment, salve.

ongulé, e *zo.* [ɔ̃gy'le] **1.** *adj.* ungulate, hoofed; **2.** *su./m:* ~s *pl.* ungulates, ungulata.

ont [ɔ̃] *3rd. p. pl. pres. of avoir* 1.

onze [ɔ̃:z] **1.** *adj./num., a. su./m/inv.* eleven; *date, title:* eleventh; **2.** *su./ m/inv. foot.* team; **onzième** [ɔ̃-'zjɛm] *adj./num., a. su.* eleventh.

opacité [ɔpasi'te] *f* opacity; *fig.* denseness.

opale [ɔ'pal] **1.** *su./f* opal; **2.** *adj./inv.* opalescent; opal (*glass*); **opalin, e** [ɔpa'lɛ̃, ~'lin] *adj., a. su./f* opaline.

opaque [ɔ'pak] opaque.

opéra [ɔpe'ra] *m* opera; *building:* opera-house.

opérable ✚ [ɔpe'rabl] operable.

opéra-comique, *pl.* **opéras-comiques** ♪, *thea.* [ɔperako'mik] *m* light opera.

opérateur, -trice [ɔpera'tœ:r, ~'tris] *su.* operator; *su./m cin.* cameraman; ✚ operating surgeon; **opération** [~'sjɔ̃] *f* ✚, ♃, ✗, *a. fig.* operation; ✝ transaction; ✚ *salle f d'~* operating theatre; **opératoire** [~'twa:r] operative; *médecine f* ~ *subject:* surgery.

opercule [ɔpɛr'kyl] *m* cover; lid (*a.* ♀); *icht.* gill-cover.

opérer [ɔpe're] (1f) *v/t.* operate, effect; ♃, ☞, ✗ carry out; ✚ operate on (*s.o.*) (for, *de*); *s'~* take place; *v/i.* act; work.

opérette ♪ [ɔpe'rɛt] *f* musical comedy.

ophtalmie

ophtalmie ⚕ [ɔftal'mi] f ophthalmia.
ophtalmo... ⚕ [ɔftalmɔ] ophthalmo...; **~scope** [~mɔs'kɔp] m ophthalmoscope.
opiacé, e [ɔpja'se] opiated.
opiner [ɔpi'ne] (1a) v/i. be of (the) opinion (that, *que*); decide, vote; **~** *du bonnet* nod assent; **opiniâtre** [~'njɑːtr] obstinate, stubborn; **opiniâtrer** [~njɑ'tre] (1a) v/t.: *s'~* remain stubborn; persist (in, *dans*; in *ger.*, *à inf.*); **opiniâtreté** [~njɑtrə'te] f obstinacy, stubbornness; **opinion** [~'njɔ̃] f opinion; *avoir bonne (mauvaise) ~ de* think highly (poorly) of.
opiomane [ɔpjɔ'man] su. opium-eater; opium addict; **opium** [ɔ'pjɔm] m opium.
opportun, e [ɔpɔr'tœ̃, ~'tyn] opportune, timely; advisable; **opportunément** [ɔpɔrtyne'mɑ̃] adv. of *opportun*; **opportunisme** [~'nism] m opportunism; **opportuniste** *pol.* [~'nist] 1. adj. time-serving; 2. su. opportunist; time-server; **opportunité** [~ni'te] f timeliness, opportuneness; advisability.
opposant, e [ɔpo'zɑ̃, ~zɑ̃ːt] 1. adj. opposing, adverse; 2. su. opponent; **opposé, e** [~'ze] 1. adj. opposed; opposite (a. ⚕); 2. su./m opposite (of, *de*); *à l'~ de* contrary to, unlike; **opposer** [~'ze] (1a) v/t. oppose; contrast (with, *à*); *s'~ à* be opposed to; resist (*s.th.*); **opposition** [~zi'sjɔ̃] f opposition (a. *parl.*, *astr.*); contrast; *être en ~ avec* clash with.
oppresser [ɔpre'se] (1a) v/t. oppress (a. ⚕); *fig.* depress; **oppresseur** [~'sœːr] m oppressor; **oppressif, -ve** [~'sif, ~'siːv] oppressive; **oppression** ⚕ [~'sjɔ̃] f oppression (a. *fig.*); difficulty in breathing.
opprimer [ɔpri'me] (1a) v/t. oppress, crush.
opprobre † [ɔ'prɔbr] m opprobrium, [shame, disgrace.]
optatif, -ve [ɔpta'tif, ~'tiːv] adj., a. su./m *gramm.* optative.
opter [ɔp'te] (1a) v/i. choose; *~ pour* decide in favo(u)r of.
opticien [ɔpti'sjɛ̃] m optician.
optimisme [ɔpti'mism] m optimism; **optimiste** [~'mist] 1. adj. optimistic; sanguine (*disposition*); 2. su. optimist.

option [ɔp'sjɔ̃] f option (on, *sur*) (a. ✝); choice (between *de*, *entre*).
optique [ɔp'tik] 1. adj. optic; optical; 2. su./f optics *sg.*; optical device; *illusion f d'~* optical illusion.
opulence [ɔpy'lɑ̃ːs] f affluence; wealth (a. *fig.*); **opulent, e** [~'lɑ̃, ~'lɑ̃ːt] opulent, wealthy; abundant, F buxom (*figure*).
opuscule [ɔpys'kyl] m pamphlet; short treatise.
or¹ [ɔːr] 1. su./m gold; *de l'~ en barres* as good as ready money; *d'~* gold(en); *rouler sur l'~* be rolling in money.
or² [~] *cj.* now.
oracle [ɔ'rɑkl] m oracle.
orage [ɔ'rɑːʒ] m storm (a. *fig.*); **orageux, -euse** [ɔra'ʒø, ~'ʒøːz] stormy (a. *fig. debate*); thundery (*weather*); threatening (*sky etc.*).
oraison [ɔrɛ'zɔ̃] f prayer; oration; *~ dominicale* Lord's Prayer; *~ funèbre* funeral oration.
oral, e, *m/pl.* **-aux** [ɔ'ral, ~'ro] 1. adj. oral; 2. su./m oral examination.
orange [ɔ'rɑ̃ːʒ] 1. su./f ♀ orange; su./m *colour:* orange; 2. adj./inv. orange (*colour*); **orangé, e** [ɔrɑ̃'ʒe] adj., a. su./m orange; **orangeade** [~'ʒad] f orangeade, orange squash; **orangeat** [~'ʒa] m candied orange-peel; **oranger** [~'ʒe] m ♀ orange-tree; orange-seller; **orangerie** [ɔrɑ̃ʒ'ri] f orangery; orange-grove.
orang-outan(g) *zo.* [ɔrɑ̃u'tɑ̃] m orang-(o)utang.
orateur [ɔra'tœːr] m orator, speaker; spokesman; **oratoire** [~'twaːr] 1. adj. oratorical; 2. su./m *eccl.* oratory; (private) chapel; **oratorio** ♪ [~tɔ'rjo] m oratorio.
orbe¹ △ [ɔrb] adj.: *mur m ~* blind wall.
orbe² [ɔrb] 1. su./m orb; globe, sphere; **orbite** [ɔr'bit] f orbit; *anat. eye:* socket; *placé sur son ~* placed in orbit (*rocket etc.*).
orchestre ♪ [ɔr'kɛstr] m orchestra; *~ à cordes* string orchestra; *chef m d'~* conductor; bandmaster; **orchestrer** ♪ [~kɛs'tre] (1a) v/t. orchestrate, score.
orchidée ♀ [ɔrki'de] f orchid.
ordalie † [ɔrda'li] f ordeal.
ordinaire [ɔrdi'nɛːr] 1. adj. ordinary, usual, customary; ⚔ vulgar

originalité

(*fractions*); average; *peu ~ uncommon, unusual*; ⚖ *tribunal m ~ civil court; vin m ~ table wine*; 2. *su./m* custom; daily fare; ⚔ mess; *eccl.* Ordinary; *à l'~, d'~* as a rule, usually; *sortir de l'~* be out of the ordinary.
ordinand *eccl.* [ɔrdi'nã] *m* ordinand; **ordinateur** ⊕ [~na'tœːr] *m* computer; **ordination** *eccl.* [~na'sjɔ̃] *f* ordination.
ordonnance [ɔrdɔ'nɑ̃ːs] *f* order (*a.* ⚖); arrangement; ✚ prescription; *pol., admin.* statute; ⚔ † orderly; ✝ *~ (de paiement)* order to pay; **ordonnateur, -trice** [~na'tœːr, ~'tris] 1. *su.* director; organizer; 2. *adj.* managing; **ordonnée** A [~'ne] *f* ordinate; **ordonner** [~'ne] (1a) *v/t.* order, command; arrange; direct; ✚ prescribe; tidy; *eccl., a. admin.* ordain; *v/i.* dispose (of, de).
ordre [ɔrdr] *m* order; sequence; orderliness; (*social*) estate; class, sort; command; *eccl. ~s pl.* Holy Orders; ✝ *~ d'achat* purchase permit; *~ du jour* agenda; *admin. ~ public* law and order; *fig. de l'~ de* in the region of (*2000*); *fig. de premier ~* first-class, outstanding; *jusqu'à nouvel ~* until further notice; ⚔ *mot m d'~* password; *numéro m d'~* serial number; ⚔ *porté (or cité) à l'~ du jour* mentioned in dispatches.
ordure [ɔr'dyːr] *f* dirt, filth; *~s pl.* refuse *sg.*; **ordurier, -ère** [~dy'rje, ~'rjɛːr] filthy; scurrilous; obscene (*book*); lewd.
oreillard *zo.* [ɔrɛ'jaːr, ~'jard] 1. *adj.* lop-eared; 2. *su./m* long-eared bat; **oreille** [ɔ'rɛːj] *f* ear; *metall.* lug, flange; *vase:* handle; *book:* dog's ear; *fig.* hearing; *fig.* heed; *avoir l'~ dure* be hard of hearing; *être tout ~s* be all ears; *faire la sourde ~* turn a deaf ear; F *se faire tirer l'~* need a lot of persuading; *tirer les ~s à (or de)* pull (*s.o.'s*) ears; **oreille-d'ours** ♀ [ɔrɛj'duːrs] *f* bear's ear; **oreiller** [ɔrɛ'je] *m* pillow; **oreillette** [~'jɛt] *f anat.* auricle; *cap:* ear-flap; **oreillons** ✚ [~'jɔ̃] *m/pl.* mumps *sg.*
ores [ɔːr] *adv.:* d'~ *et déjà* from now on.
orfèvre [ɔr'fɛːvr] *m* goldsmith;

orfèvrerie [~fɛvrə'ri] *f* goldsmith's trade *or* shop; gold plate.
orfraie *orn.* [ɔr'frɛ] *f* osprey.
organe [ɔr'gan] *m anat., a. fig.* organ; *fig.* voice; *fig.* medium; ⊕ device; *machine:* component; **organique** [ɔrga'nik] organic; **organisateur, -trice** [~niza'tœːr, ~'tris] 1. *su.* organizer; 2. *adj.* organizing; **organisation** [~niza'sjɔ̃] *f* organization; staff; **organiser** [~ni'ze] (1a) *v/t.* organize; arrange; form; *s'~* settle down, get into working order; **organisme** [~'nism] *m* organism; structure; organization; ✶, *a. anat.* system; **organiste** ♪ [~'nist] *su.* organist.
orgasme *physiol.* [ɔr'gasm] *m* orgasm.
orge ♀ [ɔrʒ] *su./f* barley; *su./m:* mondé *hulled barley; ~ perlé pearl-barley*; **orgeat** [ɔr'ʒa] *m* orgeat (*sort of syrup*); **orgelet** ✚ [~ʒə'lɛ] *m* eyelid: stye.
orgie [ɔr'ʒi] *f* orgy; *colours etc., fig.:* riot; *fig.* profusion.
orgue ♪ [ɔrg] *su./m* organ; *~ de Barbarie* barrel-organ; *su./f: eccl. ~s pl.* organ *sg.*; *les grandes ~s pl.* the grand organ *sg.*
orgueil [ɔr'gœj] *m* pride; dignity; *pej.* arrogance; **orgueilleux, -euse** [~gœ'jø, ~'jøːz] proud; *pej.* arrogant.
orient [ɔ'rjɑ̃] *m* Orient, East; *pearl:* water; **oriental, e,** *m/pl.* **-aux** [ɔrjɑ̃-'tal, ~'to] 1. *adj.* oriental, east(ern); orient (*jewel*); 2. *su.* oriental; **orientation** [~tɑ'sjɔ̃] *f* orientation; bearings *pl.*; *ground:* lie, lay; aspect; *pol.* trend; *~ professionnelle* vocational guidance; **orienter** [~'te] (1a) *v/t.* orient (*a house etc.*); train, point (*a gun, an instrument*); direct (*a. radio*), guide; *antenne f orientée radio:* directional aerial; *s'~* find one's bearings; *fig.* show a trend (towards, *vers*).
orifice [ɔri'fis] *m* hole, opening; ⊕ port.
origan ♀ [ɔri'gɑ̃] *m* marjoram.
originaire [ɔriʒi'nɛːr] originating (in, from de); native; innate; **original, e,** *m/pl.* **-aux** [~'nal, ~'no] 1. *adj.* original; novel (*idea*); inventive (*mind*); *fig.* queer; 2. *su.* eccentric; *su./m* text *etc.*: original; **originalité** [~nali'te] *f* originality; *fig.*

origine

eccentricity; **origine** [ɔri'ʒin] f origin; birth; *fig.* source; *dès l'~* from the outset; **originel, -elle** [~ʒi'nɛl] *eccl. etc.* original (*sin, grace*); primordial; fundamental.
oripeaux [ɔri'po] *m/pl.* tinsel *sg.*; tawdry finery *sg.*; F rags; *book*: purple patches.
ormaie [ɔr'mɛ] f elm-grove; **orme** ♀ [ɔrm] *m* tree, *a. wood*: elm; *fig. attendez-moi sous l'~!* you can wait for me till the cows come home!; **ormeau** ♀ [ɔr'mo] *m* young elm.
ornemaniste △ *etc.* [ɔrnəma'nist] *m* ornamentalist; **ornement** [~'mã] *m* ornament, adornment; trimming; ♪ grace(-note); ✄ badge; *eccl. ~s pl.* vestments; *sans ~s* plain (*style*); **ornemental, e,** *m/pl.* **-aux** [~mã'tal, ~'to] ornamental, decorative; **ornementer** [~mã'te] (1a) *v/t.* ornament, **orner** [ɔr'ne] (1a) *v/t.* decorate, ornament; adorn (*a. fig.*).
ornière [ɔr'njɛːr] f rut (*a. fig.*); ⊕ groove.
ornitho... [ɔrnito] ornitho...; **~logie** [~lɔ'ʒi] f ornithology.
oronge ♀ [ɔ'rɔ̃ːʒ] f orange-milk agaric.
orpaillage [ɔrpɑ'jaːʒ] *m* gold-washing; **orpailleur** [~'jœːr] *m* gold-washer.
orphelin, e [ɔrfə'lɛ̃, ~'lin] 1. *adj.* orphan(ed); *~ de père (mère)* fatherless (motherless); 2. *su.* orphan; **orphelinat** [~li'na] *m* orphanage.
orteil *anat.* [ɔr'tɛːj] *m* (big) toe.
ortho... [ɔrtɔ] orth(o)...; **~doxe** [~'dɔks] 1. *adj.* orthodox; conventional; correct; 2. *su.* orthodox; **~graphe** [~'graf] f spelling, orthography; **~graphier** [~gra'fje] (1o) *v/t.* spell (*a word*) correctly; *mal ~* mis-spell; **~pédie** ✞ [~pe'di] f orthop(a)edy.
ortie ♀ [ɔr'ti] f nettle; **ortier** ✞ [~'tje] (1o) *v/t.* urticate.
ortolan *orn.* [ɔrtɔ'lɑ̃] *m* ortolan.
orvet *zo.* [ɔr'vɛ] *m* slow-worm.
os [ɔs, *pl.* o] *m* bone; *fig. trempé jusqu'aux ~* soaked to the skin.
oscillation [ɔsilla'sjɔ̃] f oscillation; *machine:* vibration; *pendulum:* swing; *fig.* fluctuation, change; **osciller** [~'le] (1a) *v/i.* oscillate, sway; swing (*pendulum*); ✞ fluctuate; *fig.* waver.
osé, e [o'ze] bold, daring.

oseille ♀ [ɔ'zɛːj] f sorrel.
oser [o'ze] (1a) *v/t.* dare.
oseraie ✿ [oz'rɛ] f osier-bed; **osier** ♀ [o'zje] *m* osier, willow; wicker.
ossature *anat.,* ⊕, *fig.* [ɔsa'tyːr] f skeleton, frame; **osselet** [ɔs'lɛ] *m* knucklebone; *anat.* ossicle; **ossements** [~'mã] *m/pl.* bones, remains; **osseux, -euse** [ɔ'sø, ~'søːz] bony; **ossification** ✞ [ɔsifika'sjɔ̃] f ossification; **ossifier** [~'fje] (1o) *v/t. a. s'~* ossify; **ossuaire** [ɔ'sɥɛːr] *m* ossuary, charnel-house.
ostensible [ɔstã'sibl] open, patent; **ostensoir** *eccl.* [~'swaːr] *m* monstrance; **ostentation** [~ta'sjɔ̃] f ostentation, show.
ostéo... [ɔsteɔ] osteo...
ostracisme [ɔstra'sism] *m* ostracism.
ostréicole [ɔstrei'kɔl] oyster-...; **ostréiculteur** [~kyl'tœːr] *m* oyster-breeder; **ostréiculture** [~kyl'tyːr] f oyster-breeding.
ostrogot(h), e [ɔstrɔ'go, ~'gɔt] 1. *adj.* Ostrogothic; *fig.* barbarous; 2. *su.* ♀ Ostrogoth; *fig.* barbarian, vandal.
otage [ɔ'taːʒ] *m* hostage (for, *de*); *fig.* guarantee.
otalgie ✞ [ɔtal'ʒi] f ear-ache.
otarie *zo.* [ɔta'ri] f sea-lion.
ôter [o'te] (1a) *v/t.* remove, take away; take off (*one's gloves etc.*); ✞ deduct, subtract (*a number*).
otite ✞ [ɔ'tit] f otitis; *~ moyenne* tympanitis.
ottoman, e [ɔtɔ'mã, ~'man] 1. *adj.* Ottoman; 2. *su.* ♀ Ottoman; *su./m tex.* grogram; *su./f* divan, ottoman.
ou [u] *cj. or; ou ... ou* either ... or; *ou bien* or else; *si ... ou* whether ... or.
où [u] 1. *adv. place, direction:* where; *time:* when; 2. *pron./rel. place, direction:* where; *time:* when, on which; *fig.* at or in which; *d'où* whence, where ... from; hence, therefore; *par où?* which way?
ouaille [wa:j] f †, *a. dial.* sheep; *fig., eccl. ~s pl.* flock *sg.*
ouate [wat] f wadding; cotton-wool; *~ hydrophile* absorbent cotton-wool; **ouater** [wa'te] (1a) *v/t.* wad, pad; *fig.* soften (*a sound*); *cost.* quilt.
oubli [u'bli] *m* forgetfulness; forgetting; oblivion; oversight, omission.
oublie [~] f wafer: cornet.

oublier [ubli'e] (1a) v/t. forget; overlook; miss (an occasion); neglect; faire ~ live down; n'oubliez pas remember; s'~ forget o.s.; indulge (in, à); **oubliettes** [~'ɛt] f/pl. secret dungeon sg., oubliette sg.; **oublieux, -euse** [~'ø, ~'ø:z] forgetful, unmindful (of, de).

oued [wed] m wadi, watercourse.

ouest [wɛst] **1.** su./m west; de l'~ west(ern); d'~ westerly (wind); vers l'~ westward(s), to the west; **2.** adj./inv. west(ern); westerly)

ouf! [uf] int. phew! [(wind).)

oui [wi] **1.** adv. yes; dire que ~ say yes; mais ~! certainly!; yes indeed!; **2.** su./m/inv. yes.

ouiche! sl. [wiʃ] int. not on your life!

ouï-dire [wi'di:r] m/inv. hearsay; par ~ by hearsay; **ouïe** [wi] f (sense of) hearing; ⊕ ear; ~s pl. ♪ soundholes; icht. gills (of a fish); **ouïr** [wi:r] (2r) v/t. hear.

ouragan [ura'gã] m hurricane.

ourdir [ur'di:r] (2a) v/t. tex. warp; fig. weave (an intrigue), hatch (a plot).

ourler [ur'le] (1a) v/t. hem; ⊕ lap-joint; **ourlet** [~'lɛ] m hem; fig. edge; ⊕ lap-joint.

ours [urs] m zo. bear (a. fig.); ~ blanc polar bear; ~ en peluche Teddy bear; **ourse** [~] f zo. she-bear; astr. la Grande ♀ the Great Bear, Charles's Wain; astr. la Petite ♀ the Little Bear; **oursin** zo. [ur'sɛ̃] m sea-urchin; bearskin; **ourson** zo. [~'sɔ̃] m bear-cub.

oust(e)! F [ust] int. get a move on!; out you go!

outarde orn. [u'tard] f bustard.

outil [u'ti] m tool; **outillage** [uti'ja:ʒ] m tool set or kit; ⊕ equipment, plant, machinery; **outiller** [~'je] (1a) v/t. equip with tools; ⊕ fit out (a factory); **outilleur** [~'jœ:r] m tool-maker.

outrage [u'tra:ʒ] m outrage; ⅔ ~ à magistrat contempt of court; **outrager** [utra'ʒe] (1l) v/t. outrage; insult; violate (a woman); **outrageux, -euse** [~'ʒø, ~'ʒø:z] insulting, scurrilous.

outrance [u'trã:s] f excess; à ~ to the bitter end; to the death (war); **outrancier, -ère** [utrã'sje, ~'sjɛ:r] **1.** adj. extreme; **2.** su. extremist.

outre¹ [u:tr] f water-skin.

outre² [u:tr] **1.** prp. beyond; in addition to; **2.** adv. further, beyond; en ~ moreover, furthermore; passer ~ à ⅔ overrule; fig. disregard, ignore; percer q. d'~ en ~ run s.o. through; **~cuidance** [utrəkɥi'dã:s] f bumptiousness, overweening conceit; **~cuidant, e** [~'dã, ~'dã:t] bumptious, overweening; **~mer** [~'mɛ:r] m lapis lazuli; colour: ultramarine; **~-mer** [~'mɛ:r] adv. overseas…; **~passer** [~pa'se] (1a) v/t. exceed; go beyond.

outrer [u'tre] (1a) v/t. exaggerate; tire out; outré de colère provoked to anger, infuriated.

ouvert, e [u'vɛ:r, ~'vɛrt] **1.** p.p. of ouvrir; **2.** adj. open (a. fig., a. ⚔ war, city); quick (mind); fig. à bras ~s with open arms; ⚓ compte m ~ open account, open credit; **ouverture** [uvɛr'ty:r] f opening; aperture; ♪ overture; ⊕ ~s pl. ports.

ouvrable [u'vrabl] workable; jour m ~ working day; **ouvrage** [u'vra:ʒ] m work; fig. workmanship; product; **ouvrager** [uvra'ʒe] (1l) v/t. ⊕ work; tex. embroider.

ouvre [u:vr] 1st p. sg. pres. of ouvrir.

ouvré, e [u'vre] wrought (iron); worked (timber); tex. figured.

ouvre-boîtes [uvrə'bwat] m/inv. tin-opener, Am. can-opener; **ouvre-lettres** [~'lɛtr] m/inv. letter-opener. [diaper, figure.)

ouvrer [u'vre] (1a) v/t. work; tex.)

ouvreur, -euse [u'vrœ:r, ~'vrø:z] su. opener; su./f thea. usherette (a. cin.); box-attendant; tex. machine: cotton-opener.

ouvrier, -ère [uvri'e, ~'ɛ:r] **1.** su. worker; operator; factory-worker; ~ agricole farm-hand; ⚒ ~ au jour surface hand; ~ aux pièces piece-worker; su./m: ~ qualifié skilled workman; su./f factory-girl; zo. worker (bee or ant); **2.** adj. working (class); workmen's …; labo(u)r…; worker (ant, bee).

ouvrir [u'vri:r] (2f) v/t. open (a. fig.); unfasten; turn on (the gas, a tap); fig. begin; open (s.th.) up; ≠ break (the circuit); ⚔ lance (a boil); fig. s'~ à q. confide in s.o.; talk freely to s.o.; v/i. a. s'~ open.

ouvroir [u'vrwa:r] m workroom; charity workshop.

ovaire ♀, *anat.* [ɔˈvɛːr] *m* ovary.
ovale [ɔˈval] *adj., a. su./m* oval.
ovation [ɔvaˈsjɔ̃] *f* ovation; *faire une ~ à q.* give s.o. an ovation.
ove [ɔːv] *m* △ ovolo; egg-shaped section; **ové, e** [ɔˈve] egg-shaped.
ovi... [ɔvi] ovi..., ovo...
ovin, e [ɔˈvɛ̃, ~ˈvin] ovine.
ovipare *zo.* [ɔviˈpaːr] oviparous.
ox(y)... [ɔks(i)] ox(y)...
oxydable 🜍 [ɔksiˈdabl] oxidizable; **oxydation** 🜍 [~daˈsjɔ̃] *f* oxidization; **oxyde** 🜍 [ɔkˈsid] *m* oxide; *~ de carbone* carbon monoxide; **oxyder** 🜍 [~ˈside] (1a) *v/t. a. s'~* oxidize.
oxygène 🜍 [ɔksiˈʒɛn] *m* oxygen; **oxygéné, e** [~ʒeˈne] 🜍 oxygenated; *F cheveux m/pl. ~s* peroxided hair; *eau f ~e* hydrogen peroxide.
ozone 🜍 [ɔˈzɔn] *m* ozone.

P

P, p [pe] *m* P, p.
pacage [paˈkaːʒ] *m* pasturage; grazing; **pacager** [~kaˈʒe] (1l) *v/t.* pasture, graze.
pachyderme *zo.* [paʃiˈdɛrm] **1.** *adj.* thick-skinned; **2.** *su./m* pachyderm.
pacificateur, -trice [pasifikaˈtœːr, ~ˈtris] **1.** *adj.* pacifying; **2.** *su.* peacemaker; **pacification** [~ˈsjɔ̃] *f* pacification, pacifying; **pacifier** [pasiˈfje] (1o) *v/t.* pacify (*a country*); calm (*the crowd, s.o.'s mind*); **pacifique** [~ˈfik] **1.** *adj.* pacific; peaceful, quiet; *l'océan m ♀ =* **2.** *su./m:* le ♀ the Pacific (Ocean).
pacotille [pakɔˈtiːj] *f* ⚓ shoddy goods *pl.*; job-lot; *de ~* jerry-built (*house*).
pacte [pakt] *m* pact, agreement; **pactiser** [paktiˈze] (1a) *v/i.* come to terms; compromise (with, *avec*).
paf F [paf] **1.** *int.* slap!; **2.** *adj.* F tight (= *drunk*).
pagaie [paˈge] *f* paddle.
pagaïe F, **pagaille** F [paˈgaːj] *f* disorder, mess; *fig.* chaos.
paganiser [paganiˈze] (1a) *vt/i.* paganize; **paganisme** [~ˈnism] *m* paganism; heathendom.
pagayer [pageˈje] (1i) *vt/i.* paddle.
page[1] [paːʒ] *m* page(-boy).
page[2] [paːʒ] *f* book: page, leaf; *à la ~* in the know, up to date; **paginer** [paʒiˈne] (1a) *v/t.* paginate.
pagne [paɲ] *m* loin-cloth.
paie [pɛ] *f* pay(ment), wages *pl.*; *enveloppe f de ~* pay envelope; *jour m de ~* pay-day; **paiement** [~ˈmɑ̃] *m* payment; *~ anticipé* advance payment *or* instalment; *~ au comptant* cash payment; *~ contre livraison* cash on delivery; *~ partiel* part-payment; *suspendre ses ~s* suspend payment.
païen, -enne [paˈjɛ̃, ~ˈjɛn] *adj., a. su.* pagan, heathen.
paillage ✒ [paˈjaːʒ] *m* mulching.
paillard, e *sl.* [paˈjaːr, ~ˈjard] **1.** *adj.* ribald, lewd; **2.** *su./m* rake; *su./f* wanton; **paillardise** [~jarˈdiːz] *f* lechery; lewd talk.
paillasse[1] [paˈjas] *m* buffoon, clown.
paillasse[2] [paˈjas] *f* straw mattress, palliasse; 🜍 bench; **paillasson** [~jaˈsɔ̃] *m* mat; matting; **paille** [paːj] **1.** *su./f* straw; ⊕ *iron:* shavings *pl.*; ⊕, *gem, glass, metal, a. fig.:* flaw; *fig.* poverty; *~ de fer* steel wool; *fig. homme m de ~* man of straw, tool, *Am.* front; *tirer à la courte ~* draw lots; **2.** *adj./inv.* straw-colo(u)red; **paillé, e** [paˈje] flawed, flawy; scaly (*metal*); straw-colo(u)red; **pailler** [~ˈje] (1a) *v/t.* mulch; (cover with) straw; **2.** *su./m* farm-yard; straw-yard; straw-stack; **paillet** [~ˈjɛ] *m* pale red wine; **pailleter** [~ˈte] (1c) *v/t.* spangle (with, *de*); **paillette** [paˈjɛt] *f* spangle; *mica, soap:* flake; *metall.* scale; *jewel:* flaw; grain of gold-dust; *fig. wit:* flash; **pailleux, -euse** [paˈjø, ~ˈjøːz] strawy; ⊕ flawy; **paillis** [~ˈji] *m* mulch; **paillote** [~ˈjɔt] *f* straw hut.
pain [pɛ̃] *m* bread; loaf; *soap:* cake, tablet; *butter:* pat; *sugar:* lump; *fig.* livelihood; *sl.* punch, blow; *~ à cacheter* wafer, seal; *~ bis* brown bread; *~ complet* whole-meal bread; ⚔ † *~ de munition* ration bread; *~ d'épice* gingerbread; *petit ~* roll.
pair, paire [pɛːr] **1.** *adj.* equal; ⚭ even (*number*); **2.** *su./m* equality; ✝

par; *parl.* peer; *person*: equal; *au* ~ in return for board and lodging; *de* ~ on a par (with, *avec*); *hors (de)* ~ peerless, unrivalled; *fig. être au* ~ *de* be up to date *or* schedule with; *parl. la Chambre des* ~s the (House of) Lords *pl.*
paire [pɛ:r] *f* pair; *oxen*: yoke; *birds*: brace; *fig.* match.
pairesse [pɛ'rɛs] *f* peeress; **pairie** [~'ri] *f* peerage.
paisible [pɛ'zibl] peaceful, quiet.
paître [pɛ:tr] (4k) *v/t.* graze (*cattle*); drive to pasture; feed on(*grass*); *v/i.* feed, graze; pasture, browse; F *envoyer q.* ~ send s.o. packing.
paix [pɛ] *f* peace; quiet; *fig.* reconciliation; ~ *donc!* keep quiet!; ~ *séparée* separate peace; *faire la* ~ make peace; F *ficher la* ~ *à q.* leave s.o. alone, let s.o. be.
pal, *pl.* **pals** [pal] *m* pale (a. ⌷), stake.
palabre [pa'labr] *f or m* palaver; F speech.
paladin [pala'dɛ̃] *m* paladin, knight; knight-errant.
palais[1] [pa'lɛ] *m* (*royal or bishop's*) palace; *coll.* lawyers *pl.*; ~ *de justice* law-courts *pl.*
palais[2] ⚕, *anat., fig.* [~] *m* palate; *anat. voile m du* ~ soft palate.
palan ⚓, ⊕ [pa'lɑ̃] *m* pulley-block, tackle; set of pulleys.
palanche [pa'lɑ̃:ʃ] *f* yoke (*for carrying buckets etc.*).
palangre [pa'lɑ̃:gr] *f* trawl-line, *Am.* trawl.
palanque ⚔ [pa'lɑ̃:k] *f* timber stockade; **palanquer** [~lɑ̃'ke] (1m) *v/t.* ⚔ stockade; ⚓ bowse (*a chain*); haul tight.
palanquin [palɑ̃'kɛ̃] *m* palanquin; ⚓ reef-tackle.
palatal, e, *m/pl.* **-aux** [pala'tal, ~'to] *adj., a. su./f* palatal; **palatin, e** *anat.* [pala'tɛ̃, ~'tin] palatine.
pale[1] *eccl.* [pal] *f* chalice-cover, pall.
pale[2] [~] *f* ⊕, ⚔, *cin.* blade (*a. fan*); *fan*: vane; ✈ arm.
pâle [pɑ:l] pale, pallid; wan; ashen (*complexion*); *fig.* colo(u)rless (*style*); ⚔ *sl.* sick; *fig.* sickly (*smile*).
palée ⊕ [pa'le] *f* row of piles; sheet piling.
palefrenier [palfrə'nje] *m* groom; stable-boy; ostler; **palefroi** † [~'frwa] *m* palfrey.

paléo... [paleɔ] pal(a)eo...; **paléontologie** [~ɔ̃tɔlɔ'ʒi] *f* pal(a)eontology.
paleron [pal'rɔ̃] *m ox etc.*: shoulder-blade.
palet [pa'lɛ] *m game*: quoit.
paletot [pal'to] *m* overcoat, greatcoat.
palette [pa'lɛt] *f* battledore; *table-tennis*: bat; *oar*: blade; *wheel*: paddle; *paint.* palette.
pâleur [pɑ'lœ:r] *f* pallor, paleness; *moon*: wanness.
palier [pa'lje] *m* △ *stairs*: landing; ⊕ bearing; ⊕ pillow-block; ⚔, 🚂, *mot.* level; *sur le même* ~ on the same floor; **palière** △ [~'ljɛ:r] *adj./f* top (*step*).
palinodie [palinɔ'di] *f* recantation.
pâlir [pɑ'li:r] (2a) *v/i.* (grow) pale; *fig.* fade; *v/t.* make pale; bleach (*colours*).
palissade [pali'sad] *f* palisade, fence; ⚔ stockade; **palissader** [~sa'de] (1a) *v/t.* fence in, enclose; ⚔ stockade; ✿ hedge in (*a field*).
palissandre[pali'sɑ̃:dr]*m* rosewood.
palisser ✿ [pali'se] (1a) *v/t.* train (*vine etc.*).
palliatif, -ve [pallja'tif, ~'ti:v] *adj., a. su./m* palliative.
pallier [pa'lje] (1o) *v/t.* palliate.
palmarès [palma'rɛːs] *m* prize-list, hono(u)rs list.
palme[1] [palm] *f* ⚕ palm(-branch); *fig.* palm; *skin diving etc.*: flipper.
palme[2] † [~] *m measure*: hand('s-breadth).
palmé, e [pal'me] ⚕ palmate; *orn.* web-footed.
palmer[1] ⊕ [pal'me] (1a) *v/t.* flatten the head of.
palmer[2] ⊕ [pal'mɛːr] *m* micrometer ga(u)ge.
palmeraie [palmə'rɛ] *f* palm-grove; **palmette** [~'mɛt] *f* △ palm-leaf, palmette; ✿ fan-shaped espalier; **palmier** ⚕ [~'mje] *m* palm-tree; **palmipède** *zo.* [~mi'pɛd] *adj., a. su./m* palmipede; **palmite** [~'mit] *m* palm-marrow; **palmure** *orn.* [~'myːr] *f* web.
palombe *orn.* [pa'lɔ̃:b] *f* ring-dove, wood-pigeon.
palonnier [palɔ'nje] *m* ⊕ *carriage etc.*: swingle-bar; *mot.* compensation bar; ✈ rudder-bar.
pâlot, -otte [pɑ'lo, ~'lɔt] palish; peaky.

palpable

palpable [pal'pabl] palpable (*a. fig.*); tangible; *fig.* obvious; **palpe** [palp] *m zo.* feeler; *icht.* barbel; **palper** [pal'pe] (1a) *v/t.* feel; ✱ palpate; F pocket (*money*).

palpitant, e [palpi'tã, ⁓'tã:t] fluttering (*heart*); throbbing; *fig.* thrilling; **palpitation** [⁓ta'sjɔ̃] *f* throb(-bing), ✱ palpitation; fluttering; **palpiter** [⁓'te] (1a) *v/i.* palpitate; throb, beat (*heart*); flutter; *fig.* thrill (with, de).

paltoquet F [paltɔ'ke] *m* lout; whipper-snapper.

paludéen, -enne [palyde'ɛ̃, ⁓'ɛn] marsh...; ✱ malarial (*fever*); **paludisme** ✱ [⁓'dism] *m* malaria, marsh fever; **palustre** [pa'lystr] paludous; swampy (*ground*).

pâmer [pɑ'me] (1a) *v/i.*: se ⁓ faint; se ⁓ de joie be in raptures; se ⁓ de rire split one's sides with laughter; **pâmoison** [⁓mwa'zɔ̃] *f* swoon.

pampa [pɑ̃'pa] *f* pampas *pl.*

pamphlet [pɑ̃'flɛ] *m* lampoon; **pamphlétaire** [⁓fle'tɛ:r] *m* pamphleteer, lampoonist.

pamplemousse ♀ [pɑ̃plə'mus] *m* grapefruit; shaddock.

pampre [pɑ̃:pr] *m* vine-branch, vine-shoot.

pan[1] [pɑ̃] *m cost.* flap; coat-tail; △ *wall*: piece, section; (*wooden*) partition, framing; (*building, prism, nut*: side; *sky*: patch.

pan[2]! [⁓] *int.* bang!; slap!

pan... [pɑ̃; *before vowel* pan] pan...

panacée [pana'se] *f* panacea, nostrum.

panachage [pana'ʃa:ʒ] *m election*: splitting one's vote; **panache** [⁓-'naʃ] *m* plume, tuft (*on a helmet etc.*); *smoke*: wreath; *fig.* swagger, flourish; *mot. etc.* faire ⁓ turn over; **panaché, e** [pana'ʃe] **1.** *adj.* mixed (*salad, ice*); **2.** *su./m* shandy(gaff); **panacher** [⁓] (1a) *v/t.* plume; ♀ variegate; *election*: split (*one's votes*).

panade [pa'nad] *f cuis.* panada; F dans la ⁓ in need; in the soup.

panais ♀ [pa'nɛ] *m* parsnip.

panama [pana'ma] *m* panama hat, F (fine-)straw hat.

panaris ✱ [pana'ri] *m* whitlow.

pancarte [pɑ̃'kart] *f* placard, bill; show-card; label.

pancréas *anat.* [pɑ̃kre'ɑ:s] *m* pancreas.

336

panégyrique [paneʒi'rik] *m* panegyric; faire le ⁓ de panegyrize (*s.o.*).

paner *cuis.* [pa'ne] (1a) *v/t.* cover with bread-crumbs; **paneterie** [pan tri] *f* bread-pantry; ⚔, *school, etc.*: bread-store; **panetier** [⁓'tje] *m* bread-store keeper; **panetière** [⁓'tjɛ:r] *f* bread-cupboard; sideboard.

panier [pa'nje] *m* basket (*a. sp.*); ⁓ à salade salad washer; *fig.* Black Maria, prison van; *fig.* ⁓ percé spendthrift; F le dessus du ⁓ the pick of the bunch.

panifiable [pani'fjabl] bread-...; farine *f* ⁓ bread-flour; **panification** [⁓fika'sjɔ̃] *f* panification; **panifier** [⁓'fje] (1o) *v/t.* turn (*flour*) into bread.

paniquard F [pani'ka:r] *m* scaremonger; **panique** [⁓'nik] *adj., a. su./f* panic.

panne[1] *tex.* [pan] *f* plush.

panne[2] [⁓] *f* lard, hog's fat.

panne[3] [⁓] *f mot. etc.* breakdown; ⚡ *etc. current, engine*: failure; ⚓ *harbour*: boom; en ⁓ ⚓ hove to; *fig.* at a standstill; laisser en ⁓ leave (*s.o.*) in the lurch; tomber en ⁓ break down.

panne[4] △ [⁓] *f* pantile; *roof*: purlin.

panneau [pa'no] *m wood, a. paint.*: panel; board; ✽ ground-signal; ⚓ hatch; ✗ glass frame; F snare, trap.

panneton ⊕ [pan'tɔ̃] *m key*: web; (*window-*)catch.

panoplie [panɔ'pli] *f hist.* panoply; soldier's equipment; (*child's*) tool-set.

panorama [panɔra'ma] *m* panorama.

pansage [pɑ̃'sa:ʒ] *m horse*: grooming.

panse [pɑ̃:s] *f* F belly (*a.* ⚗ retort *etc.*); *zo.* first stomach, paunch.

pansement ✱ [pɑ̃s'mɑ̃] *m wound*: dressing; **panser** [pɑ̃'se] (1a) *v/t.* groom, rub down (*a horse*); ✱ dress (*a wound*), tend (*a wounded man*).

pansu [pɑ̃'sy] pot-bellied.

pantalon [pɑ̃ta'lɔ̃] *m* trousers *pl.*, *Am.* pants *pl.*; (*woman's*) knickers *pl.*; slacks *pl.*

panteler [pɑ̃t'le] (1c) *v/i.* pant.

panthère *zo.* [pɑ̃'tɛ:r] *f* panther.

pantière *hunt.* [pɑ̃'tjɛ:r] *f* draw-net.

pantin [pɑ̃'tɛ̃] *m toy*: jumping-jack; *fig.* puppet.

panto... [pɑ̃tɔ] panto...; **~graphe** [~ graf] *m* drawing, *a.* ✍: pantograph; lazy-tongs *pl.*
pantois [pɑ̃'twa] *adj./m* flabbergasted.
pantomime [pɑ̃tɔ'mim] *f* dumb show; pantomime.
pantouflard [pɑ̃tu'flaːr] *m* stay-at-home type; **pantoufle** [~'tufl] *f* slipper; *fig.* en ~s in a slipshod way; **pantouflerie** ⊕ [~tuflə'ri] *f* slipper-making.
paon *orn.* [pɑ̃] *m* peacock (*a. fig.*); **paonne** *orn.* [pan] *f* peahen; **paonneau** [pa'no] *m* pea-chick.
papa F [pa'pa] *m* papa, dad(dy); *fig.* à la ~ in leisurely fashion.
papal, e, *m/pl.* **-aux** [pa'pal, ~'po] papal; **papauté** [~po'te] *f* papacy; **pape** *eccl.* [pap] *m* pope.
papegai *orn.* [pap'gɛ] *m* popinjay.
papelard, e F [pa'plaːr, ~'plard] **1.** *adj.* sanctimonious; **2.** *su./m* sanctimonious person; **papelardise** F [~plar'diːz] *f* cant, sanctimoniousness.
paperasse [pa'pras] *f* red tape; useless paper(s *pl.*); **paperasserie** [~pras'ri] *f* accumulation of old papers; F red tape, red-tapism; **paperassier** [~pra'sje] *m* bureaucrat.
papeterie [pap'tri] *f* paper-mill; paper trade; stationery; stationer's (shop); **papetier, -ère** [~'tje, ~'tjɛːr] **1.** *su.* stationer; paper-manufacturer; **2.** *adj.* paper(-making); **papier** [pa'pje] *m* paper; document; ✝ bill(s *pl.*); ~ à calquer tracing-paper; ~ à la cuve hand-made paper; ~ à lettres letter-paper; ~ à musique music-paper; ~ bible (*or indien*) India paper; ~ buvard blotting paper; ~ carbone carbon paper; ~ couché art paper; ~ d'emballage brown paper; ~ de verre sand-paper, glass-paper; ~-émeri emery-paper; ~-filtre filter-paper; ~ hygiènique toilet-paper; ~ peint, ~-tenture wall-paper; ~ pelure tissue-paper; ~-monnaie [~pjemɔ'nɛ] *m* paper money.
papille ⚕, *anat.* [pa'piːj] *f* papilla.
papillon [papi'jɔ̃] *m* zo. butterfly; *cost.* butterfly bow, bow-tie; leaflet; *poster:* fly-bill; inset map; *document:* rider; ✝ label, tag; ⊕ butterfly-valve; ⊕ wing-nut; *mot.* throttle; F *fig.* ~s *pl.* noirs gloomy thoughts, F blues; **papillonner** [~jɔ'ne] (1a) *v/i.* flutter; F flit from subject to subject; **papillote** [~'jɔt] *f* curl-paper; frill (*round ham etc.*); twist of paper; **papilloter** [~jɔ'te] (1a) *v/i.* blink (*eyes, light*); *cin.* flicker; *fig.* glitter.
paprika ⚕, *cuis.* [papri'ka] *m* red pepper.
papule ✱, ⚕ [pa'pyl] *f* papula, papule; **papuleux, -euse** [~py'lø, ~'løːz] papulose, F pimply.
papyrus [papi'rys] *m* papyrus.
pâque [pɑːk] *f* (*Jewish*) Passover.
paquebot ⚓ [pak'bo] *m* (passenger-)liner; packet-boat.
pâquerette ⚘ [pɑ'krɛt] *f* daisy.
Pâques [pɑːk] *su./m* Easter; *su./f:* ~ *pl.* closes Low Sunday *sg.*; ~ *pl.* fleuries Palm Sunday *sg.*; faire ses ♀ make one's Easter communion.
paquet [pa'kɛ] *m* parcel, package; pack (*of cards, a. fig. of nonsense*); bundle; ⚓ mail-boat; ⚓ ~ de mer heavy sea; **paqueter** [pak'te] (1c) *v/t.* make up into a parcel; **paqueteur** *m*, **-euse** *f* ✝, ⊕ [~'tœːr, ~'tøːz] packer.
par [par] *prp. place:* by (*sea*), through (*the door, the street*); via (*Calais*); over; to; *time:* on (*a fine evening, a summer's day*); in (*the rain*); *motive:* from, through; out of (*friendship, curiosity*); *agent:* by; *instrument:* by (*mail, telephone, train, boat, etc.*); *distribution:* per (*annum, capita*), each; a (*day, week, etc.*); in (*hundreds, numerical order*); ~ eau et ~ terre by land and sea; ~ monts et ~ vaux over hill and dale; ~ où? which way?; ~ toute la terre (*ville*) all over the world (town); regarder (jeter) ~ la fenêtre look (throw) out of the window; tomber ~ terre fall to the ground; ~ un beau temps in fine weather; ~ bonheur (*malheur*) by good (ill) fortune, (un)fortunately; ~ hasard by chance; ~ pitié! for pity's sake!; vaincu ~ César conquered by Caesar; Phèdre ~ Racine Phèdre by Racine; ~ soi-même (by *or* for) oneself; célèbre ~ famous for; ~ conséquent consequently; ~ droit et raison by rights; ~ avion *post:* via airmail; venir ~ air à fly to; prendre ~ la main take by the hand; jour ~ jour day by day; deux ~ deux two

para

by two; *commencer (finir etc.)* ~ *(inf.)* begin (end) by *(ger.)*; F ~ *trop court* (much *or* far) too short; *de* ~ by, in conformity with *(the conditions, nature, etc.)*; *de* ~ *le roi* by order of the King; in the King's name; ~-*ci* here; ~-*là* there; ~-*ci* ~-*là* hither and thither; now and then; ~ *derrière* from behind; ~-*dessous* under, beneath; ~-*dessus* over *(s.th.)*; ✞ ~-*devant* before, in presence of.

para ✕ F [pa'ra] *m* paratrooper.

para...: ~**bole** [para'bɔl] *f* parable; ⚔ parabola.

parachever [paraʃ've] (1d) *v/t.* perfect.

para...: ~**chute** [para'ʃyt] *m* ⚔ parachute; ✕ *cage:* safety device; ~**chuter** [~ʃy'te] (1a) *v/t.* (drop by) parachute; ~**chutiste** [~ʃy'tist] *m* parachutist; paratrooper.

parade [pa'rad] *f* box., *a. fencing:* parry; *horse:* checking; F repartee; ✕ parade *(a. fig.); fig.* show; ♉ *faire* ~ dress (a) ship; *faire* ~ *de* show off, display; *lit m de* ~ lying-in-state bed; **parader** [~ra'de] (1a) *v/i.* parade; *faire* ~ *un cheval* put a horse through its paces.

paradigme *gramm.* [para'digm] *m* paradigm.

paradis [para'di] *m* paradise; *thea.* gallery, F the gods *pl.*; **paradisiaque** [~di'zjak] paradisiac; of paradise; **paradisier** *orn.* [~di'zje] *m* bird of paradise.

paradoxal, e, *m/pl.* **-aux** [paradɔk'sal, ~'so] paradoxical; **paradoxe** [~'dɔks] *m* paradox.

parafe [pa'raf] *m see paraphe*; **parafer** [~ra'fe] *see parapher*.

paraffine ⚗ [para'fin] *f* paraffin.

parafoudre ⚡ [para'fudr] *m* lightning-arrester; *magneto:* safety-gap.

parage¹ † [pa'ra:ʒ] *m* birth, descent; *de haut* ~ of high lineage.

parage² [~] *m:* ~*s pl.* ♉ latitudes; regions; vicinity *sg.,* quarters.

paragraphe [para'graf] *m* paragraph.

parais [pa'rɛ] 1st *p. sg. pres. of paraître*; **paraissons** [~rɛ'sɔ̃] 1st *p.pl. pres. of paraître*; **paraître** [~'rɛ:tr] (4k) *v/i.* appear; seem, look; be visible; come out *(book etc.); vient de* ~ just out *(book); v/impers.: à ce qu'il paraît* apparently; *il paraît que (ind.)* it seems that; *il paraît que oui (non)* it appears so (not).

parallèle [paral'lɛl] **1.** *adj.* parallel; **2.** *su./f* ⚔, ✕ parallel; *su./m geog.,* ⚔, *a. fig.* parallel; **parallélépipède** ⚔ [~lelepi'pɛd] *m* parallelepiped; **parallélisme** [~le'lism] *m* parallelism (between ... and *de* ... *à, entre* ... *et*); **parallélogramme** ⚔ [~lelɔ'gram] *m* parallelogram.

para...: ~**lyser** [parali'ze] (1a) *v/t.* paralyse *(a. fig.); fig.* cripple; ~**lysie** ⚕ [~'zi] *f* paralysis; † palsy; ~ *agitante* Parkinson's disease; ~**lytique** ⚕ [~'tik] *adj., a. su.* paralytic; ~**militaire** [paramili'tɛ:r] semi-military.

parangon [parã'gɔ̃] *m* paragon, model; flawless gem; *typ. gros* ~ double pica.

parapet [para'pɛ] *m* △, ✕ parapet; ✕ breastwork.

paraphe [pa'raf] *m signature:* flourish; initials *pl.*; **parapher** [~ra'fe] (1a) *v/t.* initial.

para...: ~**phrase** [para'fra:z] *f* paraphrase; *fig.* circumlocution; ~**phraser** [~fra'ze] (1a) *v/t.* paraphrase; *fig.* add to *(a story etc.);* ~**pluie** [~'plɥi] *m* umbrella *(a.* ✕, ✕*);* ~**site** [~'zit] **1.** *adj.* ♀, ⚡ parasitic; **2.** *su./m* ♀, *biol., zo., fig.* parasite; *fig.* sponger; ~*s pl. radio:* atmospherics; ~**sol** [~'sɔl] *m* parasol, sunshade; *mot.* visor; ~**tonnerre** [~tɔ'nɛ:r] *m* lightning-conductor, lightning-rod; ~**typhoïde** ⚕ [~tifɔ'id] *f* paratyphoid fever; ~**vent** [~'vã] *m* folding screen.

parbleu! [par'blø] *int.* rather!; of course!

parc [park] *m* park *(a.* ✕, *a. mot.);* enclose; *horses:* paddock; *cattle:* pen; *sheep:* fold; *oysters:* bed; ⊕ *coal:* yard; 🚂 depot; *child:* playpen; ✕ ~ *à munitions* ammunition depot; *mot.* ~ *de stationnement* parking place; **parcage** [par'ka:ʒ] *m mot.* parking; *cattle:* penning; *sheep:* folding; *oysters:* laying down; *mot.* ~ *interdit* no parking.

parcellaire [parsɛl'lɛ:r] divided into small portions; **parcelle** [~'sɛl] *f land:* lot, plot; small fragment; *fig.* grain; **parceller** [~sɛ'le] (1a) *v/t.* divide into lots; portion out.

parce [pars] *cj.:* ~ *que* because.

parchemin [parʃə'mɛ̃] *m* parch-

parjure

ment; *bookbinding*: vellum; F ~s *pl. univ.* diplomas; ⚖ title-deeds; **parcheminé, e** [parʃəmi'ne] *fig.* parchment-like, dried; wizened (*skin*); **parcheminer** [~'ne] (1a) *v/t.* give a parchment finish to; se ~ shrivel up; become parchment-like; **parchemineux, -euse** [~'nø, ~'nø:z] parchment-like.

parcimonie [parsimɔ'ni] *f* parsimony, stinginess; **parcimonieux, -euse** [~'njø, ~'njø:z] parsimonious, stingy.

parcourir [parku'ri:r] (2i) *v/t.* travel through; traverse (*a.* ♪); cover (*a distance*); skim, look through (*a book, papers, etc.*); *eye*: survey; **parcours** [~'ku:r] *m* distance covered; *sp., golf, river*: course; ⊕ path; trip, journey.

pardessus [pardə'sy] *m* overcoat, top-coat.

pardi! [par'di] *int.* of course!; rather!

pardon [par'dɔ̃] 1. *su./m* pardon (*a. eccl.*); forgiveness; *eccl.* pilgrimage (*in Brittany*); 2. *int.*: ~! excuse me!; ~? I beg your pardon?; **pardonnable** [~dɔ'nabl] forgivable, excusable; **pardonner** [~dɔ'ne] (1a) *v/t.* pardon, forgive; excuse; *je ne pardonne pas que vous l'ayez visité* I cannot forgive your having visited him.

pare...: ~-**boue** *mot.* [par'bu] *m/inv. see garde-boue*; ~-**brise** *mot.* [~'bri:z] *m/inv.* windscreen, *Am.* windshield; ~-**chocs** *mot.* [~ʃɔk] *m/inv.* bumper; fender; ~-**étincelles** [~etɛ̃'sɛl] *m/inv.* fire-guard; 🔥 *forest*: fire-break.

pareil, -eille [pa'rɛ:j] 1. *adj.* like, similar; such (a); *sans* ~ unrivalled, unequalled; 2. *su.* equal, like; peer; match; *su./f*: *rendre la* ~*eille à* pay (*s.o.*) back in his own coin.

parement [par'mɑ̃] *m* adorning; ornament; *cost., a.* △ facing; △ *stone*: face; ⊕, *cuis.* dressing; kerbstone, curb-stone.

pare-mines ⚓ [par'min] *m/inv.* paravane.

parent, e [pa'rɑ̃, ~'rɑ̃:t] *su.* relative, relation; *su./m*: ~s *pl.* parents, father and mother; **parenté** [~rɑ̃-'te] *f* relationship, kinship.

parenthèse [parɑ̃'tɛ:z] *f* parenthesis, digression; *typ.* bracket; *entre* ~s in brackets; *fig.* incidentally.

parer [pa're] (1a) *v/t.* ornament, adorn; dress (*meat, vegetables*); ⚓ clear (*the anchor*); ⚓ steer clear of, clear; ward off, parry; avoid; pull up (*a horse*); *se* ~ deck o.s. out (in, de); *fig.* show off; *v/i.*: ~ *à* provide against *or* for; obviate (*a difficulty*); avert (*an accident*).

pare-soleil [parsɔ'lɛ:j] *m/inv.* sunvisor (*a. mot.*).

paresse [pa'rɛs] *f* laziness, idleness; *mind, a.* 𝆒 bowels, *etc.*: sluggishness; **paresseux, -euse** [~rɛ'sø, ~'sø:z] 1. *adj.* sluggish; lazy, idle; 2. *su.* lazy *or* idle person; *su./m zo.* sloth.

pareur *m*, **-euse** *f* ⊕ [pa'rœ:r, ~-'rø:z] finisher, trimmer.

parfaire [par'fɛ:r] (4r) *v/t.* complete, finish; make up (*a total of money*); **parfait, e** [~'fɛ, ~'fɛt] 1. *adj.* perfect; *fig.* thorough, utter; ✝ full (*payment*); F capital; (*c'est*) ~! splendid!; 2. *su./m gramm.* perfect; *cuis.* ice-cream; **parfaitement** [~fɛt'mɑ̃] *adv.* perfectly; thoroughly; ~! precisely!; exactly!

parfois [par'fwa] *adv.* sometimes, now and then.

parfum [par'fœ̃] *m* perfume, scent; fragrance; **parfumer** [~fy'me] (1a) *v/t.* perfume, scent; *se* ~ use scent; **parfumerie** [~fym'ri] *f* perfumery; **parfumeur** *m*, **-euse** *f* ✝ [~fy'mœ:r, ~'mø:z] perfumer.

pari [pa'ri] *m* bet, wager; *sp.* betting; ~ *mutuel* totalizator system, F tote; **pariade** *orn.* [~'rjad] *f* pairing; pairing season; pair; **parier** [~'rje] (1o) *vt/i.* bet (on, *sur*); wager.

pariétaire ♣ [parje'tɛ:r] *f* wall-pellitory; **pariétal, e**, *m/pl.* **-aux** [~'tal, ~'to] 1. ♣, *anat.* parietal; *paint.* mural; 2. *su./m anat.* parietal bone.

parieur *m*, **-euse** *f* [pa'rjœ:r, ~'rjø:z] better, punter.

Parigot *m*, **e** *f* F [pari'go, ~'gɔt] Parisian; **parisien, -enne** [~'zjɛ̃, ~'zjɛn] *adj., a. su.* ♀ Parisian.

parisyllabique [parisilla'bik] parisyllabic.

paritaire [pari'tɛ:r] *adj.*: *réunion f* ~ round-table conference; **parité** [~'te] *f* parity; equality; ♃ evenness.

parjure [par'ʒy:r] 1. *adj.* perjured;

parjurer 340

2. *su. person*: perjurer; *su./m* perjury; **parjurer** [ˌʒyˈre] (1a) *v/t.*: se ~ perjure o.s.
parking *mot.* [parˈkiŋ] *m* parking.
parlant, e [parˈlɑ̃, ˈlɑ̃ːt] speaking (*a. fig.*); *fig.* talkative; *cin.* sound (*film*); **Parlement** [ˌləˈmɑ̃] *m* Parliament, *Am.* Congress; *au* ~ in parliament; **parlementaire** [parləmɑ̃ˈtɛːr] 1. *adj.* parliamentary, *Am.* Congressional; *drapeau m* ~ flag of truce; 2. *su./m* member of parliament, *Am.* Congressman; ⚔ bearer of a flag of truce; **parlementarisme** *pol.* [ˌtaˈrism] *m* parliamentary government; **parlementer** [ˌˈte] (1a) *v/i.* parley; **parler** [parˈle] 1. (1a) *v/i.* speak, talk (to, *à*; of, about *de*); be on speaking terms (with, *à*); *les faits parlent* the facts speak for themselves; *on m'a parlé de* I was told about; *sans* ~ *de* let alone ...; *v/t.* speak (*a language*); ~ *affaires* (F *boutique, politique, raison*) talk business (F shop, about politics, sense); *se* ~ be spoken (*language*); 2. *su./m* speech; dialect; way of speaking; **parleur, -euse** [ˌˈlœːr, ˌˈløːz] *su.* speaker, talker; *su./m* ⚙ sounder; **parloir** [ˌˈlwaːr] *m* parlo(u)r; **parlote** [ˌˈlɔt] *f* ⚖ moot; F small talk.
parmesan [parməˈzɑ̃] *m* Parmesan (cheese).
parmi [parˈmi] *prp.* among; amid.
parodie [parɔˈdi] *f* parody; skit ([up]on, *de*); **parodier** [ˌˈdje] (1o) *v/t.* parody, burlesque.
paroi [paˈrwa] *f biol.*, ⊕ *boiler, cylinder, a. rock, tent*: wall; △ partition-wall; *case, stomach, tunnel*: lining; *thea.* flat.
paroisse [paˈrwas] *f* parish; parish church; **paroissial, e**, *m/pl.* **-aux** [parwaˈsjal, ˈsjo] parochial; parish-...; **paroissien, -enne** [ˌˈsjɛ̃, ˈsjɛn] *su.* parishioner; *su./m* prayerbook; F *drôle de* ~ queer stick.
parole [paˈrɔl] *f* word; remark; promise, ⚔ parole; *fig.* speech; eloquence; saying; *avoir la* ~ have the floor; *donner la* ~ *à q.* call upon s.o. to speak.
parpaing △ [parˈpɛ̃] *m* parpen; breeze-block.
Parque *myth.* [park] *f* one of the Fates.
parquer [parˈke] (1m) *v/t.* enclose,

pen (*cattle*); fold (*sheep*); put (*a horse*) in paddock; *mot.*, ⚔ park; *v/i. a. se* ~ park; **parquet** [ˌˈke] *m* △ floor(ing); *mirror*: backing; ⚖ public prosecutor's department; ⚖ well; ✝ official market; *bourse*: Ring; **parqueter** ⊕ [parkəˈte] (1c) *v/t.* lay a floor in (*a room*); parquet; **parqueterie** ⊕ [ˌˈtri] *f* laying of floors; ~ *en mosaïque* inlaid floor; inlaying; **parqueteur** ⊕ [ˌˈtœːr] *m* parquet-layer.
parrain [paˈrɛ̃] *m* godfather; sponsor (*a. fig.*).
parricide [pariˈsid] 1. *adj.* parricidal; 2. *su. person*: parricide; *su./m crime*: parricide.
parsemer [parsəˈme] (1d) *v/t.* strew, sprinkle (with, *de*); *fig.* stud, spangle.
part [paːr] *f* share (*a.* ✝); part; portion (*a.* ⚖); place; *food*: helping, *cake*: piece; *à* ~ apart, separately; *à* ~ *cela* apart from that; except for that; *à* ~ *soi* in one's own heart, to o.s.; *autre* ~ elsewhere; *d'autre* ~ besides; *de la* ~ *de* on behalf of; from; *de ma* ~ from me; on my part; *de* ~ *en* ~ through and through; *faire* ~ *de qch. à q.* inform s.o. of s.th.; *nulle* ~ nowhere; *pour ma* ~ as to me, I for one; *prendre* ~ *à* take part in, join in; *quelque* ~ somewhere; **partage** [parˈtaːʒ] *m* division, sharing; ⚖ *a. pol.* partition; share, portion, lot (*a. fig.*); *geog. ligne f de* ~ *des eaux* watershed, *Am.* divide; *échoir en* ~ *à q.* fall to s.o.'s lot; **partager** [ˌtaˈʒe] (11) *v/t.* divide (up); share (*a. fig.* an *opinion*); *se* ~ be divided; differ; *être bien (mal) partagé* be well (ill) provided for *or* endowed.
partance ✝, ⚔ [parˈtɑ̃ːs] *f* departure; *en* ~ *pour* (bound) for.
partant [parˈtɑ̃] *cj.* therefore, hence.
partenaire [partəˈnɛːr] *m* partner (*a. sp., cin., etc.*).
parterre [parˈtɛːr] *m* ♪ flower-bed; *thea.* pit.
parti [parˈti] *m* ⚔, *pol., fig.* party; *fig.* side; *fig.* gang; *marriage*: match; *fig.* choice, decision; *fig.* advantage; ~ *pris* bias, set purpose; *prendre* ~ come to a decision; *prendre son* ~ *de* resign o.s. to; *tirer* ~ *de* turn (*s.th.*) to account; **partial, e**, *m/pl.*

-aux [~'sjal, ~'sjo] biased; partial (to, envers); **partialité** [~sjali'te] *f* partiality (for, to envers); bias.

participation [partisipa'sjɔ̃] *f* participation; ✝, *a. fig.* share (in, *à*); **participe** *gramm.* [~'sip] *m* participle; **participer** [~si'pe] (1a) *v/i.* participate, (have a) share (in, *à*); take part (in, *à*); ~ de partake of; resemble.

particulariser [partikylari'ze] (1a) *v/t.* give details of, particularize; **particularité** [~'te] *f* particularity; peculiarity; detail; characteristic.

particule [parti'kyl] *f* particle (*a. phys., a. gramm.*).

particulier, -ère [partiky'lje, ~'ljɛ:r] **1.** *adj.* particular, special; unusual; private (*collection, room, etc.*); **2.** *su.* private individual; *su./m* private life; en ~ privately; particularly.

partie [par'ti] *f* part (*a.* ♪); *pleasure, hunt., a.* ⚖: party; *cricket, foot., tennis:* match; ✝ line of business; ⚖ ~ *civile* plaintiff; ✝ ~ *simple (double)* single (double) entry; *en grande* ~ largely; *en* ~ in part, partly; *faire* ~ *de* be one of, belong to; **partiel, -elle** [~'sjɛl] partial, incomplete.

partir [par'ti:r] (2b) *v/i.* depart, leave (for, *pour*); set out; go off (*person, a. gun*); go away; *hunt.* rise; come off (*button etc.*); start (from, *de*; for, *pour*) (*a. mot.*); *fig.* spring (from, *de*); ~ *en voyage* go on a journey; *à* ~ *de* (starting) from.

partisan, e [parti'zɑ̃, ~'zan] **1.** *su.* partisan, follower; supporter, advocate; *j'en suis* ~ I am (all) for it; *su./m* ⚔ soldier: guerilla; *guerre f de* ~*s* guerilla warfare; **2.** *adj.* party ...

partitif, -ve *gramm.* [parti'tif, ~'ti:v] partitive (*article*).

partition [parti'sjɔ̃] *f* ♪ score; ⛨ quarter.

partout [par'tu] *adv.* everywhere; ~ *où* wherever; *rien* ~ *tennis:* love-all.

paru, e [pa'ry] *p.p.* of *paraître*.

parure [pa'ry:r] *f* adornment; ornament; *jewels etc.*: set; ⊕ parings *pl.*

parus [pa'ry] *1st p. sg. p.s.* of *paraître*.

parution [pary'sjɔ̃] *f* book: publication.

parvenir [parvə'ni:r] (2h) *v/i.* arrive; reach; succeed (in, *à*); **parvenu** *m*, **e** *f* [~'ny] one of the newly rich, self-made person, upstart.

parvis [par'vi] *m* △ square (*in front of church*); *bibl., a. fig.* court.

pas [pɑ] **1.** *su./m* step (*a. dancing, a. of staircase*), pace, gait, walk; footprint; *door:* threshold; *geog.* pass(age); ⚓ straits *pl.*; ⊕ screw: thread; *fig.* move; ~ *à* ~ step by step; ~ *cadencé* measured step; ⚔, *sp.* ~ *gymnastique* double; *à grands* ~ apace, quickly; *mot. aller au* ~ go dead slow; *à* ~ *de loup* stealthily; *au* ~ at a walking pace; *faux* ~ slip (*a. fig.*); *fig.* (social) blunder; *geog. le* ~ *de Calais* the Straits *pl.* of Dover; ⚔, *sp. marquer le* ~ mark time; **2.** *adv.* not; *ne* ... *pas* not; *ne* ... *pas de* no; *ne* ... *pas un* not (a single) one; *ne* ... *pas non plus* nor *or* not ... either.

pascal, e, *m/pl.* **-als, -aux** [pas'kal, ~'ko] paschal; Easter (*vacation*).

pas-d'âne ¥ [pɑ'dɑ:n] *m/inv.* coltsfoot.

pasquinade [paski'nad] *f* lampoon, pasquinade.

passable [pɑ'sabl] passable, acceptable; middling; *mention f* ~ *examination:* pass; **passade** F [~'sad] *f* passing fancy; F brief love-affair; **passage** [~'sa:ʒ] *m* passage (*a. in a book*); 🚇, mountains, river, *etc.*: crossing; way; *mountain:* pass; △ arcade; ⚡ flow; *fig.* transition; 🚇 ~ *à niveau* level crossing, *Am.* grade crossing; ~ *clouté* pedestrian crossing, *Am.* crosswalk; ~ *souterrain* subway; ~ *supérieur* railway bridge; *de* ~ migratory (*bird*); *fig.* passing, casual; **passager, -ère** [~sa'ʒe, ~'ʒɛ:r] **1.** *adj.* of passage (*bird*); passing (*a. fig.*); ⚓, 🚇 passenger; passing; **passant, e** [~'sɑ̃, ~'sɑ̃:t] **1.** *su.* passer-by; **2.** *adj.* busy, frequented (*road*); **passavant** [~sa'vɑ̃] *m* ⚓ gangway; *admin.* permit; *customs:* transire.

passe [pɑ:s] *f* passing, passage; permit; ⚓, ⛨, *admin., fencing, foot.:* pass; ✝ allowance to cashier; *typ.* overplus; *belle* (*mauvaise*) ~ good (bad) position; *en* ~ *de* (*inf.*) in a fair way to (*inf.*); *mot m de* ~ password.

passé, e [pɑ'se] **1.** *su./m* past; ⚖ record; *gramm.* past (tense); **2.** *adj.*

passe-bouillon

past; over; faded (*colour*); last (*week etc.*); **3.** *prp.* after, beyond.

passe…: ~**-bouillon** *cuis.* [pɑsbu'jɔ̃] *m/inv.* soup-strainer; ~**carreau** [~kaˈro] *m* sleeve-board; ~**-debout** *hist.* [~dəˈbu] *m/inv.* transire; ~**-droit** [~ˈdrwa] *m* injustice; unfair promotion; ~**filer** [~fiˈle] (1a) *v/t.* darn; ~**-lacet** [~laˈsɛ] *m* bodkin; ~**-lait** *cuis.* [~ˈlɛ] *m/inv.* milk-strainer.

passement [pɑsˈmɑ̃] *m cost.* lace; *chair etc.*: braid; **passementer** [~mɑ̃ˈte] (1a) *v/t.* trim with lace; braid (*furniture*); **passementier** *m*, **-ère** *f* [~mɑ̃ˈtje, ~ˈtjɛːr] dealer in trimmings.

passe…: ~**-montagne** [pɑsmɔ̃ˈtaɲ] *m* Balaclava helmet; ~**-partout** [~parˈtu] *m/inv.* pass-key, master-key; *phot.* slip-in mount; ⊕ cross-cut saw; compass-saw; ~**-passe** [~ˈpɑs] *m/inv.* legerdemain, sleight-of-hand; *tour m de* ~ conjuring trick; ~**-plats** [~ˈpla] *m/inv.* service-hatch; ~**poil** *cost.* [~ˈpwal] *m* piping, braid; ~**port** [~ˈpɔːr] *m admin.* passport; ⚓ sea-letter; ~**-purée** *cuis.* [~pyˈre] *m/inv.* potato-masher.

passer [pɑˈse] (1a) **1.** *v/i.* pass (*a. time*); go (to, *à*); be moved (*pupil*); become, ✗ be promoted; fade (*colour*), vanish; pass away, die; *fig.* wear off (*success etc.*); go by, elapse (*time*); be transmitted or handed down (*heritage, tradition*); ✈ fly (over, *sur*); ⚖ ~ *à la douane* go through the customs; ~ *chez q.* call at s.o.'s or on s.o.; ~ *en proverbe* become proverbial; *mot.* ~ *en seconde* change into second gear; ~ *par* go through; *road:* go over (*a mountain*); ~ *pour* be thought to be, be considered (*s.th.*), seem; ~ *sur* overlook (*a fault*); *faire* ~ pass (*s.th.*) on (to, *à*); while away (*the time*); get rid of; *j'en passe* I am skipping over many items; *laisser* ~ let (*s.o.*) pass; miss (*an opportunity*); *passons!* no more about it!; *se faire* ~ *pour* pose as; **2.** *v/t.* pass; cross; go past; hand (over) (to, *à*); slip (*s.th. into a pocket*); slip on, put on (*a garment*); omit, leave out; overlook (*a mistake*); spend (*time*); sit for (*an examination*); vent (*one's anger*) (on, *sur*); *cuis.* strain (*a liquid*), sift (*flour*); ✝ place (*an order*); *parl.* pass (*a bill*); ~ *en fraude* smuggle in; *elle ne passera pas le jour* she will not live out the day; *se* ~ pass, go by (*time*); happen, take place; pass away, cease; abate (*anger*); fade (*colour*); *se* ~ *de* do without (*s.th., qch.*; *ger., inf.*).

passereau *orn.* [pɑsˈro] *m* sparrow.

passerelle [pɑsˈrɛl] *f* foot-bridge; ⊕ crane: platform; ⚓ bridge.

passe…: ~**-temps** [pɑsˈtɑ̃] *m/inv.* pastime; hobby; ~**-thé** [~ˈte] *m/inv.* tea-strainer.

passeur [pɑˈsœːr] *m* ferryman.

passible ⚖ [pɑˈsibl] liable (to, for *de*).

passif, -ve [pɑˈsif, ~ˈsiːv] **1.** *adj.* passive (*a. gramm.*); *fig.* blind (*obedience*); *défense f* ~ve Civil Defence; Air Raid Precautions *pl.*; ✝ *dettes f/pl.* ~ves liabilities; **2.** *su./m gramm.* passive (voice); ✝ liabilities *pl.*

passion [pɑˈsjɔ̃] *f* passion (for, *de*) (*a.* ✠, *eccl.*); *a. fig.*); **passionnant, e** [pɑsjɔˈnɑ̃, ~ˈnɑ̃ːt] thrilling; fascinating; **passionné, e** [~ˈne] **1.** *adj.* passionate, impassioned (for, *pour*); enthusiastic (about, *de*); **2.** *su.* enthusiast, F fan; **passionnel, -elle** [~ˈnɛl] *adj.:* ⚖ *crime m* ~ crime due to sexual passion; **passionner** [~ˈne] (1a) *v/t.* rouse, excite; *fig.* fascinate; *se* ~ become passionately fond (of, *pour*); get excited.

passivité [pasiviˈte] *f* passivity.

passoire *cuis.* [pɑˈswaːr] *f* strainer.

pastel [pasˈtɛl] *m* crayon; pastel drawing; *bleu m* ~ pastel blue.

pasteur [pasˈtœːr] *m* shepherd; *eccl.* pastor.

pasteuriser [pastœriˈze] (1a) *v/t.* pasteurize (*milk*).

pastiche [pasˈtiʃ] *m* pastiche; parody; **pasticher** [~tiˈʃe] (1a) *v/t.* copy the style of; parody.

pastille [pasˈtiːj] *f* pastille, lozenge.

pastis [pasˈtis] *m* aniseed aperitif; F muddle.

pastoral, e *m/pl.* **-aux** [pastoˈral, ~ˈro] **1.** *adj.* pastoral; episcopal (*ring*); **2.** *su./f* pastoral; **pastorat** [~ˈra] *m* pastorate.

pastourelle [pastuˈrɛl] *f poem:* pastoral.

pat [pat] *su./m, a. adj./m* stalemate.
pataquès [pata'kɛːs] *m* faulty liaison (*in speech*).
patate [pa'tat] *f* ⚘ sweet potato; F spud (= *potato*).
patati! [pata'ti] *int.*: et ⁓ et *patata* and so forth and so on.
patatras! [pata'trɑ] *int.* crash!
pataud, e [pa'to, ⁓'toːd] **1.** *su.* clumsy puppy; F lout; **2.** *adj.* clumsy, loutish.
patauger [pato'ʒe] (1l) *v/i.* flounder (*a. fig.*); paddle, wade (*in sea*).
pâte [pɑːt] *f* paste; dough; *paper:* pulp; *fig.* stuff; *fig.* type; ⁓s *pl.* alimentaires Italian pastes; ⁓ dentifrice tooth-paste; F *une bonne* ⁓ a good sort; *vivre comme un coq en* ⁓ live like a fighting cock; **pâté** [pɑ'te] *m cuis.* pie; *liver:* paste; *fig.* houses, trees, *etc.*: clump, cluster; *ink:* blot; **pâtée** [⁓] *f hens:* mash; dog food; *fig.* coarse food.
patelin F [pat'lɛ̃] *m* native village; small place.
patelinage [patli'naːʒ] *m* smooth words *pl.*, F blarney; **pateliner** F [⁓li'ne] (1a) *v/t.* cajole (*s.o.*); wheedle; *v/i.* blarney; **patelinerie** [⁓lin'ri] *f see patelinage.*
patelle [pa'tɛl] *f zo., anat., archeol.* patella; *zo.* limpet, barnacle.
patène *eccl.* [pa'tɛn] *f* paten.
patenôtre [pat'noːtr] *f* Lord's prayer; ⚒ bucket elevator; ⁓s *pl.* rosary *sg.*, F beads.
patent, e [pa'tɑ̃, ⁓'tɑ̃ːt] **1.** *adj.* patent; obvious; *hist. Lettres f/pl.* ⁓es Letters patent; **2.** *su./f* licence; ✝ *etc.* tax; ⚓ (*a.* ⁓e *de santé*) bill of health; **patenté, e** [⁓tɑ̃'te] **1.** *adj.* licensed; **2.** *su.* licensee.
pater *eccl.* [pa'tɛːr] *m/inv.* Lord's prayer; paternoster.
patère [⁓] *f* hat-peg, coat-peg; curtain-hook.
paterne [pa'tɛrn] benevolent; **paternel, -elle** [patɛr'nɛl] paternal; fatherly; **paternité** [⁓ni'te] *f* paternity, fatherhood.
pâteux, -euse [pɑ'tø, ⁓'tøːz] pasty; cloudy (*jewel*); thick (*voice etc.*); coated (*tongue*).
pathétique [pate'tik] **1.** *adj.* pathetic (*a. anat.*), moving, touching; **2.** *su./m* pathos, *the* pathetic.
pathogène ⚗ [patɔ'ʒɛn] pathogenic; **pathologie** ⚗ [⁓lɔ'ʒi] *f* pathology;

pathologique ⚗ [⁓lɔ'ʒik] pathological.
pathos F [pa'tɔs] *m* bathos; F bombast.
patibulaire [patiby'lɛːr] gallows...; *fig.* hang-dog (*look*).
patience [pa'sjɑ̃ːs] *f* patience; forbearance; (jig-saw) puzzle; *prendre* ⁓ be patient; **patient, e** [⁓'sjɑ̃, ⁓'sjɑ̃ːt] *adj., a. su.* patient; **patienter** [⁓sjɑ̃'te] (1a) *v/i.* be patient; wait patiently.
patin [pa'tɛ̃] *m* skate; *sledge:* runner; ⊕ *brake, wheel:* shoe; brake-block; ⊕ *rail:* flange; *staircase:* sleeper; ⁓ *à roulettes* roller-skate; **patinage** [⁓ti'naːʒ] *m* skating; *wheel, belt:* slipping.
patine [pa'tin] *f bronze:* patina.
patiner[1] [pati'ne] (1a) *v/t.* give a patina to.
patiner[2] [pati'ne] (1a) *v/i.* skate; slip (*wheel, belt*); skid (*wheel*); **patinette** [⁓'nɛt] *f* scooter; **patineur** *m*, **-euse** *f* [⁓'nœːr, ⁓'nøːz] skater; **patinoire** [⁓'nwaːr] *f* skating-rink.
pâtir [pɑ'tiːr] (2a) *v/i.* suffer (from, de); *vous en pâtirez* you will rue it.
pâtisser [pɑti'se] (1a) *v/i.* make pastry; **pâtisserie** [⁓tis'ri] *f* pastry; pastry shop; pastry-making; cakes *pl.*; **pâtissier** *m*, **-ère** *f* [⁓ti'sje, ⁓'sjɛːr] pastry-cook.
patois [pa'twa] *m* dialect, patois; F jargon.
patouiller F [patu'je] (1a) *v/i.* flounder, splash (*in the mud*).
patraque F [pa'trak] **1.** *su./f* worn-out machine; *person:* old crock; **2.** *adj.* seedy (*person*); worn-out (*machine*).
pâtre [pɑːtr] *m* shepherd; herdsman.
patriarcal, e, *m/pl.* **-aux** [patriar'kal, ⁓'ko] patriarchal; **patriarche** [⁓'arʃ] *m* patriarch (*a. eccl.*).
patricien, -enne [patri'sjɛ̃, ⁓'sjɛn] *adj., a. su.* patrician.
patrie [pa'tri] *f* fatherland; native or mother country; *fig.* home.
patrimoine [patri'mwan] *m* patrimony, inheritance; **patrimonial, e**, *m/pl.* **-aux** [⁓mɔ'njal, ⁓'njo] patrimonial.
patriote [patri'ɔt] **1.** *adj.* patriotic (*person*); **2.** *su.* patriot; **patriotique** [⁓ɔ'tik] patriotic (*sentiments, song,*

patriotisme 344

etc.); **patriotisme** [~ɔ'tism] *m* patriotism.

patron [pa'trɔ̃] *m* master, F boss; head (*of a firm*); *hotel*: proprietor; protector; *eccl.* patron (saint); *cost.* pattern; ⊕ template; ✞ model; **patronage** [patrɔ'na:ʒ] *m* patronage (*a.* ✞), support; *eccl.* young people's club; **patronal, e,** *m/pl.* **-aux** [~'nal, ~'no] *eccl.* patronal (*festival*); patron (*saint*); ⊕ employers' ...; **patronat** [~'na] *m* protection; ⊕ *coll.* employers *pl.*; **patronne** [pa'trɔn] *f* mistress; protectress; *eccl.* patroness; **patronner** [patrɔ'ne] (1a) *v/t.* patronize, sponsor; *cost.* cut out (*with a pattern*); stencil; **patronnesse** [~'nɛs] *adj./f* patroness.

patrouille ⚔ [pa'tru:j] *f* patrol; **patrouiller** ⚔ [patru'je] (1a) *v/i.* (go on) patrol; **patrouilleur** [~'jœ:r] *m* ⚓ patrol-boat; ⚔ scout; ⚔ member of a patrol.

patte [pat] *f zo.* paw; *orn.* foot; *insect*: leg; ⊕ cramp, hook; ⊕ flange; clamp; ⚓ *anchor*: fluke; *cost.* strap; *envelope, a. pocket*: flap; F authority, power; F ~s *pl. de mouche writing*: scrawl; *faire* ~ *de velours* draw in its claws (*cat*); *fig.* speak s.o. fair; F *tomber sous la* ~ *de q.* fall into s.o.'s clutches; **~-d'oie,** *pl.* **~s-d'oie** [~'dwa] *f* crossroads *pl.*; *wrinkle*: crow's-foot.

pâturage [pɑty'ra:ʒ] *m* grazing; pasture(-land); pasturage; **pâture** [~'ty:r] *f* fodder; food (*a. fig.*); pasture; **pâturer** [~ty're] (1a) *vt/i.* graze.

pâturin ♀ [pɑty'rɛ̃] *m* meadow-grass, *Am.* spear-grass.

paturon [pɑty'rɔ̃] *m horse*: pastern.

paume [po:m] *f* palm of hand; *measure of horses*: hand; (*jeu m de*) ~ tennis.

paupérisme [pope'rism] *m* pauperism.

paupière [po'pjɛ:r] *f* eyelid.

paupiette *cuis.* [po'pjɛt] *f* (beef- *or* veal-)olive.

pause [po:z] *f* pause; *foot.* half-time; ♪ rest; (*lunch- etc.*)interval; **pauser** [po'ze] (1a) *v/i.* pause; ♪ dwell (*on a note*).

pauvre [po:vr] **1.** *adj.* poor; needy; scanty (*vegetation*); *fig.* slight (*chance*); unfortunate; **2.** *su./m* poor man; *admin.* pauper; **pauvresse** [po'vrɛs] *f* poor woman; *admin.* pauper; **pauvret** *m*, **-ette** *f fig.* [~'vrɛ, ~'vrɛt] *person*: poor little thing; **pauvreté** [~vrə'te] *f* poverty (*a. fig.*), destitution.

pavage [pa'va:ʒ] *m* paving; pavement.

pavaner [pava'ne] (1a) *v/t.*: *se* ~ strut; F show off.

pavé [pa've] *m* paving-stone, paving-block; pavement; highway; *fig. the streets pl.*; **pavement** [pav'mɑ̃] *m see pavage;* **paver** [pa've] (1a) *v/t.* pave; **paveur** [~'vœ:r] *m* paver.

pavillon [pavi'jɔ̃] *m* pavilion; lodge, house; ✝ *bed*: canopy; *gramophone, loud-speaker*: horn; *funnel*: mouth; *teleph.* mouthpiece; ⚓ flag, colo(u)rs *pl.*; ♪ *trumpet*: bell; *anat.* auricle, external ear.

pavois [pa'vwa] *m hist.* (body-)shield; ⚓ bulwark; ⚓ *coll.* flags *pl.*, dressing; *élever sur le* ~ *hist.* raise to the throne; *fig.* extol; **pavoiser** [~vwa'ze] (1a) *v/t.* ⚓ dress (*a ship*); *fig.* deck with flags.

pavot ♀ [pa'vo] *m* poppy.

payable [pɛ'jabl] payable; **payant, e** [~'jɑ̃, ~'jɑ̃:t] **1.** *adj.* paying; charged for; with a charge for admission; *fig.* remunerative; **2.** *su.* payer; ✝ drawee; **paye** [pɛ:j] *f see paie;* **payement** [pɛj'mɑ̃] *m see paiement;* **payer** [pɛ'je] (1i) *v/t.* pay; pay for (*an article, a. fig.*); ✝ defray (*expenses*); settle (*a debt*); *fig.* reward (*for, de*); ~ *cher* pay dear, *fig.* be sorry for; ~ *de retour* reciprocate (*an affection etc.*); *trop payé* overpaid; *trop peu payé* underpaid; *se* ~ be paid *or* recompensed; *se* ~ *de paroles* be satisfied by mere words; **payeur, -euse** [~'jœ:r, ~'jø:z] *su.* payer; *su./m* ⚔, ⚓ paymaster; *bank*: teller.

pays [pɛ'i] *m* country; land; region; home, native land; F fellow-countryman; *mal m du* ~ homesickness; *vin m du* ~ local wine; **paysage** [pɛi'za:ʒ] *m* landscape, scenery; **paysagiste** [~za'ʒist] *m* landscape-painter; **paysan, -anne** [~'zɑ̃, ~'zan] *a. su.* peasant, rustic; **paysannerie** [~zan'ri] *f* peasantry; peasant people *pl.*; rustic manners *pl.*; **payse** F [pɛ'iz] *f* fellow-countrywoman.

péage [pe'a:ʒ] *m* toll(-house); **péa-**

ger *m*, **-ère** *f* [⁓a'ʒe, ⁓'ʒɛːr] toll-collector.
peau [po] *f* ✞, *anat.*, *a. fruit, sausage, milk*: skin; ✞ pelt, hide; ✞ leather; *fruit*: peel; *faire* ⁓ *neuve* change clothes; *fig.* turn over a new leaf; ♀**-Rouge**, *pl.* ♀**x-Rouges** [⁓'ruːʒ] *m* Red Indian, redskin.
peccable [pɛk'kabl] liable to sin.
peccadille [pɛka'diːj] *f* peccadillo.
pechblende ⚒, *phys.* [pɛʃ'blɛ̃ːd] *f* pitchblende.
pêche[1] ♀ [pɛːʃ] *f* peach.
pêche[2] [⁓] *f* fishing; fishery; catch; ⁓ *à la ligne* angling; *aller à la* ⁓ go fishing.
péché [pe'ʃe] *m* sin; *fig.* indiscretion, error; ⁓ *mignon* little weakness; **pécher** [⁓] (1f) *v/i.* sin; *fig.* offend (against, *contre*); *fig.* err.
pêcher[1] [pɛ'ʃe] *m* peach-tree.
pêcher[2] [pɛ'ʃe] (1a) *v/t.* fish for; drag up (*a corpse*); *fig.* find, pick up; ⁓ *à la ligne* angle; **pêcherie** [pɛʃ'ri] *f* fishing-ground.
pécheur, -eresse [pe'ʃœːr, peʃ'rɛs] **1.** *adj.* sinning; sinful; **2.** *su.* sinner.
pêcheur, -euse [pɛ'ʃœːr, ⁓'ʃøːz] **1.** *adj.* fishing; **2.** *su./m* fisherman; *su./f* fisherwoman.
pectoral, e, *m/pl.* **-aux** [pɛktɔ'ral, ⁓'ro] pectoral; cough-(*lozenge, syrup*).
péculat [peky'la] *m* embezzlement, peculation; **péculateur** [⁓la'tœːr] *m* embezzler, peculator.
pécule [pe'kyl] *m* savings *pl.*, F nest-egg; ⚔, ⚖ gratuity.
pécuniaire [peky'njɛːr] pecuniary, financial.
pédagogie [pedagɔ'ʒi] *f* pedagogy; **pédagogique** [⁓gɔ'ʒik] pedagogic; **pédagogue** [⁓'gɔg] *su.* pedagogue.
pédale [pe'dal] *f* cycle, *a.* ♪: pedal; ⊕ treadle; *mot.* ⁓ *d'embrayage* clutch(-pedal); **pedaler** [peda'le] (1a) *v/i.* pedal; F cycle; **pédaleur** *m*, **-euse** *f* F [⁓'lœːr, ⁓'løːz] pedalist; cyclist; **pédalier** [⁓'lje] *m* cycle: crank-gear; ♪ pedal-board; **pédalo** F [⁓'lo] *m* pedal-craft.
pédant, e [pe'dɑ̃, ⁓'dɑ̃ːt] **1.** *adj.* pedantic, priggish; **2.** *su.* pedant, prig; **pédanterie** [pedɑ̃'tri] *f* pedantry, priggishness; **pédantesque** [⁓'tɛsk] pedantic; **pédantisme** [⁓'tism] *m see* pédanterie.
pédestre [pe'dɛstr] pedestrian; **pédestrement** [⁓dɛstrə'mɑ̃] *adv.* on foot.
pédiatre ⚕ [pe'djaːtr] *m* p(a)ediatrist; **pédiatrie** ⚕ [⁓dja'tri] *f* p(a)ediatrics *pl.*
pédiculaire [pediky'lɛːr] pediculous, lousy; ⚕ *maladie f* ⁓ phthiriasis; **pédicule** *biol.* [⁓'kyl] *m* pedicle; **pédiculé, e** [⁓ky'le] pediculate.
pédicure [pedi'kyːr] *su.* chiropodist.
pédologie [pedɔlɔ'ʒi] *f subject*: child psychology.
pègre [pɛːgr] *f coll.* thieves *pl.*, underworld, *Am.* gangsterdom.
peignage *tex.* [pɛ'ɲaːʒ] *m* combing, carding; **peigne** [pɛɲ] *m* comb (*a.* ⊕); *shell-fish*: scallop, clam; *tex. wool*: card; *hemp*: hackle; ⁓ *de chignon* back-comb; *se donner un coup de* ⁓ run a comb through one's hair; **peigné, e** [pɛ'ɲe] **1.** *adj.* combed; *fig.* affected (*style*); *bien* ⁓ trim; *mal* ⁓ unkempt; **2.** *su./m tex.* worsted; *su./f tex.* cardful (*of wool etc.*); F *fig.* thrashing; **peigner** [⁓'ɲe] (1a) *v/t.* comb (*a. tex.*); *tex.* card (*wool*), hackle (*hemp*); polish (*one's style*); **peigneur, -euse** *tex.* [⁓'ɲœːr, ⁓'ɲøːz] *su.* wool-comber; *su./f* wool-combing machine); hackling-machine; **peignier** [⁓'ɲje] *m* comb-maker; ✞ comb-seller; **peignoir** [⁓'ɲwaːr] *m* (*lady's*) dressing-gown; morning wrapper; ⁓ *de bain* bath-wrap; **peignures** [⁓'ɲyːr] *f/pl.* combings.
peinard, e F [pɛ'naːr, ⁓'nard] *adj.*: *être* ⁓ be well off, *Am.* be well fixed; take things easy.
peindre [pɛ̃ːdr] (4m) *v/t.* paint; ⁓ *au pistolet* spray (*with paint*); *fig.* ⁓ *en beau* paint (*things*) in rosy colo(u)rs; F *se* ⁓ make up.
peine [pɛn] *f* punishment, penalty; pain; grief, sorrow; *fig.* trouble, difficulty; toil; *à* ⁓ hardly, scarcely; *à grand-*⁓ with difficulty; *en valoir la* ⁓ be worth while; *être en* ⁓ *de* be at a loss to; *faire de la* ⁓ *a* hurt (*s.o.*); ⊕ *homme m de* ⁓ labo(u)rer; *sous* ⁓ *de* under pain of; **peiner** [pɛ'ne] (1a) *v/t.* pain, hurt, grieve; *fig.* tire; *v/i.* toil; labo(u)r (*a. mot. engine*).
peintre [pɛ̃ːtr] *m* painter; artist; ⁓ *en bâtiments house*: painter and decorator, house-painter; *femme f*

peinture

~ woman artist; **peinture** [pɛ̃'ty:r] f painting; picture (a. fig.); paint; ~ au pistolet spray-painting; prenez garde à la ~! wet paint!; **peinturer** [~ty're] (1a) v/t. lay a coat of paint on; **peinturlurer** F [~tyrly're] (1a) v/t. daub (with colo[u]r); paint in all the colo(u)rs of the rainbow.

péjoratif, -ve [peʒɔra'tif, ~'ti:v] pejorative; disparaging; au sens ~ in a disparaging sense.

pékin [pe'kɛ̃] m F ⚔ civilian; F ⚔ en ~ in civvies.

pékiné, e tex. [peki'ne] candy-striped.

pelade ⚕ [pə'lad] f alopecia.

pelage [pə'la:ʒ] m pelt, coat; wool, fur; ⊕ removing the hair (from skins); **pelé, e** [pə'le] 1. adj. peeled (fruit, tree-bark); bald (person); 2. su. F bald-pate, bald person.

pêle-mêle [pɛl'mɛl] 1. adv. higgledy-piggledy, in confusion; helter-skelter; 2. su./m/inv. disorder, confusion, jumble.

peler [pə'le] (1d) v/t. ⊕ remove the hair from (skins), unhair (skins); F fig. strip (s.o.); vt/i. a. se ~ ⚕, zo., a. ⚘ peel.

pèlerin, e [pɛl'rɛ̃, ~'rin] su. pilgrim; su./m orn. peregrine falcon; icht. basking shark; su./f cost. cape; **pèlerinage** [~ri'na:ʒ] m (place of) pilgrimage; aller en ~ go on a pilgrimage.

pélican [peli'kɑ̃] m orn. pelican; ⊕ bench: holdfast. [coat.\]

pelisse [pə'lis] f pelisse, fur-lined\

pellagre ⚕ [pɛl'la:gr] f pellagra.

pelle [pɛl] f ⊕ shovel, scoop; oar: blade; (child's) spade; ~ à poussière dust-pan; ⊕ ~ mécanique grab; shovel-dredger; F fig. ramasser une ~ come a cropper (off a horse, a. fig.); have a spill (off a cycle); **pelletée** [~'te] f shovelful, spadeful; **pelleter** [~'te] (1c) v/t. shovel; turn with a shovel.

pelleterie [pɛl'tri] f ⊕ fur-making; ✝ fur-trade; coll. peltry.

pelleteur m, **-euse** f [pɛl'tœ:r, ~'tø:z] shovel excavator.

pelletier m, **-ère** f [pɛl'tje, ~'tjɛ:r] furrier.

pelliculaire [pɛlliky'lɛ:r] pellicular (metal); **pellicule** [~'kyl] f (thin) skin; phot., a. ice, oil: film; scalp: dandruff, scurf.

pelotage [pəlɔ'ta:ʒ] m string, wool, etc.: winding into balls; billiards: knocking the balls about; F cuddling; **pelote** [~'lɔt] f string, wool: ball; cotton-wool: wad; (pin)cushion; game: pelota; fig. faire sa ~ feather one's nest; make one's pile; **peloter** [pəlɔ'te] (1a) v/t. wind (s.th.) into a ball; F handle (s.o.) roughly; F cuddle (a girl); F paw (a woman); F flatter (s.o.); v/i. knock the balls about; **peloton** [~'tɔ̃] m string, wool: ball; ⚔ squad, platoon; fig. people: group; sp. runners: field, main body; ~ d'exécution firing squad or party; **pelotonner** [~tɔ'ne] (1a) v/t. wind (s.th.) into a ball; se ~ curl up, roll o.s. up; huddle together.

pelouse [pə'lu:z] f lawn; grass-plot; turf, a. golf: green.

peluche tex. [pə'lyʃ] f plush; **pelucher** [pəly'ʃe] (1a) v/i. become fluffy; shed fluff; **pelucheux, -euse** [~'ʃø, ~'ʃø:z] shaggy; fluffy.

pelure [pə'ly:r] f fruit: peel; vegetable: paring, peeling; cheese: rind; F overcoat, outer garment (s pl.).

pénal, e, m/pl. -aux [pe'nal, ~'no] penal; penalty (clause); **pénalisation** sp. [penaliza'sjɔ̃] f penalizing; area: penalty; **pénalité** sp., a. ⚖ [~'te] f penalty; **penalty** foot. [pe-nal'ti] m penalty (kick).

pénates [pe'nat] m/pl. penates, household gods; fig. home sg.

penaud, e [pə'no, ~'no:d] shamefaced, abashed, crestfallen.

penchant, e [pɑ̃'ʃɑ̃, ~'ʃɑ̃:t] 1. adj. sloping, leaning; fig. declining; 2. su./m slope; (hill)side; fig. inclination, propensity (to, for à), tendency; fig. fondness (for s.o., pour q.); **pencher** [~'ʃe] (1a) v/t. bend (one's head); tilt (s.th.); se ~ bend, stoop over; slope; v/i. lean, bend; fig. incline, be inclined (to, vers).

pendable [pɑ̃'dabl] meriting the gallows; fig. outrageous; **pendaison** [dɛ'zɔ̃] f death: hanging; **pendant, e** [~'dɑ̃, ~'dɑ̃:t] 1. adj. hanging; lop-(ears); flabby (cheeks); ⚖ pending; 2. su./m pendant; fig. fellow, counterpart; 3. pendant prp. during; for (2 days, 3 miles); ~ que while, whilst; **pendard, e** F [~'da:r, ~'dard] su. gallows-bird; rogue; su./f hussy.

pendeloque [pãd'lɔk] *f* ear-drop;
F *cloth*: shred; ~s *pl.* pendants;
chandelier: drops; **pendentif** [pã-
dã'tif] *m necklace, a.* ⚔: pendant;
△ pendentive; en ~ hanging; **pen-
derie** [~'dri] *f* hanging-wardrobe;
⊕ drying-house (*for skins*).
pendiller [pãdi'je] (1a) *v/i.* dangle.
pendre [pã:dr] (4a) *vt/i.* hang (on,
from *à*); **pendu, e** [pã'dy] **1.** *p.p.*
of *pendre*; **2.** *adj.* hanged; hanging
(on, from *à*); **3.** *su.* person who has
been hanged *or* who has hanged
himself.
pendulaire [pãdy'lɛ:r] swinging,
pendular (*motion*); **pendule** [~'dyl]
su./m phys. etc. pendulum; *su./f*
clock; **pendulette** [~dy'lɛt] *f*
small clock.
pêne [pɛ:n] *m lock*: bolt; latch.
pénétrable [pene'trabl] penetrable;
pénétrant, e [~'trã, ~'trã:t] pen-
etrating; keen (*glance, intelligence,
wind*); pervasive (*smell*); acute (*per-
son*); **pénétration** [~tra'sjɔ̃] *f* pen-
etration (*a. fig.*); *fig.* insight,
shrewdness; **pénétrer** [~'tre] (1f)
v/t. penetrate; *fig.* fathom (*a secret*);
permeate (with, *de*); *v/i.* penetrate,
enter; force one's way.
pénible [pe'nibl] painful; hard,
laborious.
péniche ⚓ [pe'niʃ] *f* barge; lighter;
✕ ~ de débarquement landing-
craft.
pénicillé, e [penisil'le] penicillate;
pénicilline ✳ [~'lin] *f* penicillin.
péninsulaire [penɛ̃sy'lɛ:r] peninsu-
lar; **péninsule** *geog.* [~'syl] *f* pen-
insula.
pénis *anat.* [pe'nis] *m* penis.
pénitence [peni'tã:s] *f* penitence,
repentance; *eccl.* penance; *mettre
q. en* ~ *school:* make s.o. stand in
the corner; **pénitencerie** *eccl.*
[~tãs'ri] *f* penitentiary(ship); **péni-
tencier** [~tã'sje] *m eccl.,* ⚖ peni-
tentiary; ⚖ reformatory; **péni-
tent, e** [~'tã, ~'tã:t] *adj., a. su.*
penitent; **pénitentiaux** [~tã'sjo]
adj./m/pl. penitential (*psalms*);
pénitentiel, -elle [~tã'sjɛl] peni-
tential; (*works*) of penance.
pennage [pɛn'na:ʒ] *m* plumage.
penne¹ ⚓ [pɛn] *f* peak.
penne² [pɛn] *f* quill-feather; wing-
feather, tail-feather; *arrow*: feather;
tex. warp end; **penné, e** ⚘ [pɛ'ne]

pennate, pinnate; **pennon** [~'nɔ̃] *m*
pennon; *arrow*: feather.
pénombre [pe'nɔ̃:br] *f* half-light;
penumbra; obscurity (*a. fig.*).
pensant, e [pã'sã, ~'sã:t] thinking;
mal ~ heretical; uncharitable; *see
bien-pensant.*
pensée¹ ⚘ [pã'se] *f* pansy.
pensée² [pã'se] *f* thought; idea; *fig.*
mind; intention; **penser** [~'se] (1a)
v/i. think (of, *à*); remember; intend;
fig. expect; *faire* ~ remind (s.o. of
s.th., *q. à qch.*); *pensez à faire cela*
don't forget to do this; *sans y* ~
thoughtlessly; *v/t.* think, believe,
consider; *elle pense venir* she means
to come; *qu'en pensez-vous?* what
do you think of it?; **penseur**
[~'sœ:r] *m* thinker; *libre* ~ free-
thinker; **pensif, -ve** [~'sif, ~'si:v]
pensive, thoughtful.
pension [pã'sjɔ̃] *f* pension, allow-
ance; boarding-house; boarding-
school; (charge for) board and
lodging; ~ *alimentaire* maintenance
allowance; **pensionnaire** [pãsjɔ-
'nɛ:r] *su.* pensioner; *boarding-
house, school:* boarder; resident; ⚖
inmate; **pensionnat** [~'na] *m*
boarding-school; *school:* hostel;
coll. boarders *pl.*; **pensionner**
[~'ne] (1a) *v/t.* pension off.
pensum [pɛ̃'sɔm] *m school:* imposi-
tion.
pent(a)... [pɛ̃t(a)] pent(a)...; five...;
pentathlon *sp.* [pɛ̃ta'tlɔ̃] *m* pen-
tathlon.
pente [pã:t] *f* slope, incline; gradi-
ent; *river:* fall; △ *roof*: pitch; *fig.*
bent, propensity.
Pentecôte [pãt'ko:t] *f* Whitsun
(-tide); Pentecost; *dimanche m de
la* ~ Whit Sunday.
pénultième [penyl'tjɛm] **1.** *adj.*
penultimate; **2.** *su./f gramm.* pe-
nult, last syllable but one.
pénurie [peny'ri] *f* shortage, scar-
city; *fig.* poverty, need.
pépère F [pe'pɛ:r] *m* quiet old fel-
low; *ch.sp.* granddad.
pépie [pe'pi] *f* disease of birds: pip;
F *fig. avoir la* ~ have a permanent
thirst.
pépiement [pepi'mã] *m* chirp(ing),
cheep(ing); **pépier** [~'pje] (1o) *v/i.*
chirp, cheep.
pépin [pe'pɛ̃] *m fruit:* pip; F snag;
F umbrella, F brolly; *sl. avoir un* ~

pépinière

pour be in love with, F be smitten by; **pépinière** [pepi'njɛ:r] *f* ✍, seed-bed; ✍, *a. fig.* nursery; **pépiniériste** [~nje'rist] *m* nurseryman.
pépite [pe'pit] *f gold:* nugget.
pepsine ⚕ [pɛp'sin] *f* pepsin.
péquin F ⚔ [pe'kɛ̃] *m see pékin*.
perçage [pɛr'sa:ʒ] *m* piercing, boring; *cask:* tapping.
percale *tex.* [pɛr'kal] *f* cambric; percale; **percaline** [~ka'lin] *f tex.* percaline; calico; *bookbinding:* cloth.
perçant, e [pɛr'sɑ̃, ~'sɑ̃:t] piercing; penetrating, keen (*cold, mind, etc.*);
perce [pɛrs] *f* ⊕ borer, drill; ♪ *flute:* hole; *en* ~ broached (*cask*); *mettre en* ~ broach; **perce-bois** *zo.* [~'bwɑ] *m/inv.* wood-borer; **percée** [pɛr'se] *f* opening; ⚔ break-through; *metall.* tap-hole; *furnace:* tapping; **percement** [~sə'mɑ̃] *m* piercing; boring; perforation; opening; **perce-neige** ⚘ [pɛrs'nɛ:ʒ] *f/inv.* snowdrop; **perce-oreille** *zo.* [pɛrsɔ'rɛ:j] *m* earwig.
percepteur, -trice [pɛrsɛp'tœ:r, ~'tris] **1.** *adj.* perceiving; **2.** *su./m* collector of taxes; **perceptibilité** [~tibili'te] *f* perceptibility; *sound:* audibility; *tax:* liability to collection; **perceptible** [~'tibl] perceptible; audible (*sound*); collectable, collectible (*tax*); **perceptif, -ve** [~'tif, ~'ti:v] perceptive; **perception** [~'sjɔ̃] *f* perception; *admin. taxes, etc.:* collection; collectorship (of taxes).
percer [pɛr'se] (1k) *v/t.* pierce; *fig.* penetrate; break through; perforate; make a hole in (*a wall etc.*); broach (*a cask*); sink (*a well*); ⊕ drill, punch; ⚕ lance (*an abscess*); *v/i.* pierce; come through; **perceur, -euse** [~'sœ:r, ~'sø:z] *su.* borer, driller; puncher; *su./f* drill (-ing-machine).
percevable [pɛrsə'vabl] perceivable; leviable (*tax*); **percevoir** [~'vwa:r] (3a) *v/t.* perceive; hear (*a sound*); collect (*taxes, fares, etc.*).
perche¹ *icht.* [pɛrʃ] *f* perch.
perche² [pɛrʃ] *f* pole; *plough:* beam; F lanky individual; F *fig.* helping hand; ⚡ *tram:* trolley-arm; *sp. saut m à la* ~ pole-jump(ing); **percher** [pɛr'ʃe] (1a) *v/i. a. se* ~ perch, roost; F *fig.* live; **percheur, -euse** [~'ʃœ:r, ~'ʃø:z] perching, roosting; *oiseau m*

~ percher; **perchis** ✍ [~'ʃi] *m* pole-plantation; **perchoir** [~'ʃwa:r] *m* perch, roost.
perclus, e [pɛr'kly, ~'kly:z] anchylosed; stiff; lame.
perçoir ⊕ [pɛr'swa:r] *m* punch, drill; gimlet.
percolateur [pɛrkɔla'tœ:r] *m coffee:* percolator.
percussion [pɛrky'sjɔ̃] *f* ⚕, ♪, *a. gun:* percussion; **percutant, e** [~'tɑ̃, ~'tɑ̃:t] percussive; **percuter** [~'te] (1a) *v/t.* strike, tap; ⚕ sound; *v/i.* ⚔, *mot., etc.* crash (*into, contre*); **percuteur** [~'tœ:r] *m* fuse; *gun:* hammer; *fuse:* plunger.
perdable [pɛr'dabl] losable; **perdant, e** [~'dɑ̃, ~'dɑ̃:t] **1.** *adj.* losing; *billet m* ~ *ticket:* blank; **2.** *su.* loser;
perdition [~di'sjɔ̃] *f eccl.* perdition; ⚓ *en* ~ sinking; in distress; **perdre** [pɛrdr] (4a) *v/t.* lose; waste (*time, pains*); get rid of; be the ruin of; ~ *la pratique* get out of practice; ~ *q. de vue* lose sight of s.o.; *je m'y perds* I can't make head or tail of it; *se* ~ be lost; disappear; lose one's way; ⊕ be wasted; *v/i.* lose; *fig.* deteriorate, retrograde.
perdreau [pɛr'dro] *m orn.* young partridge; *cuis.* partridge; **perdrix** *orn.* [~'dri] *f* partridge.
perdu, e [pɛr'dy] **1.** *p.p. of perdre*;
2. *adj.* lost; *fig.* ruined; ⊕, ⚔ sunk; *phys.* idle (*motion*); ⚔ stray (*bullet*); loose (*woman*); spare (*time*); *à corps* ~ desperately; recklessly; *crier comme un* ~ shout like a madman; *reprise f* ~*e* invisible darn.
père [pɛ:r] *m* father (*a. fig.*); *eccl.* ♀ Father; ~*s pl.* forefathers; ~ *de famille* paterfamilias; ~ *spirituel* father confessor; F *le* ~ ... old ...; *Dumas* ~ Dumas Senior; *ses* ~ *et mère* his parents.
pérégrination [peregrina'sjɔ̃] *f* peregrination.
péremption ⚖ [perɑ̃p'sjɔ̃] *f* striking out of an action by reason of failure to comply with a time-limitation; **péremptoire** [~'twa:r] peremptory (*tone, a.* ⚖ *exception*); decisive (*argument*); ⚖ strict (*time-limit*).
pérennité [perenni'te] *f* everlastingness.
péréquation *admin.* [perekwa'sjɔ̃] *f* equalization; standardizing.

perfectibilité [pɛrfɛktibili'te] *f* perfectibility; **perfectible** [~'tibl] perfectible; **perfection** [~'sjõ] *f* perfection; *à* (*or dans*) *la* ~ to perfection; **perfectionnement** [~sjɔn-'mã] *m* improvement, perfecting; **perfectionner** [~sjɔ'ne] (1a) *v/t.* improve; perfect.

perfide [pɛr'fid] false; treacherous (to, *envers*); perfidious; **perfidie** [~fi'di] *f* perfidy, (act of) treachery.

perforage ⊕ [pɛrfɔ'ra:ʒ] *m see* perforation; **perforateur, -trice** [~ra-'tœ:r, ~'tris] 1. *adj.* perforating; 2. *su./m* perforator; punch; *su./f* ⊕ rock-drill, borer; **perforation** [~ra'sjõ] *f* perforation (*a.* ⚕); drilling; *mot. etc.* puncture, puncturing; **perforer** [~'re] (1a) *v/t.* perforate; ⊕ drill, bore through; punch (*leather, paper*); *mot.* puncture; **perforeuse** [~'rø:z] *f* perforating machine.

performance *sp.* [pɛrfɔr'mã:s] *f* performance.

pergola [pɛrgɔ'la] *f* pergola.

péri... [peri] peri...; ~**carde** *anat.* [~'kard] *m* pericardium; ~**cardique** ⚕ [~kar'dik] pericardial; ~**cardite** ⚕ [~kar'dit] *f* pericarditis; ~**carpe** ♀ [~'karp] *m* pericarp, seed-vessel.

péricliter [perikli'te] (1a) *v/i.* be in jeopardy *or* F in a bad way.

péril [pe'ril] *m* peril, danger; risk; *au* ~ *de* at the risk of; **périlleux, -euse** [~ri'jø, ~'jø:z] perilous, dangerous.

périmé, e [peri'me] out-of-date; expired (*ticket etc.*); ⚖ barred by limitation.

périmètre [peri'mɛtr] *m* ⚕ perimeter; *fig.* sphere.

périnée *anat.* [peri'ne] *m* perineum.

période [pe'rjɔd] *su./f time, a. astr., geol., gramm.,* ⚕, *a. phys. wave:* period; ⚕ phase; ♪ phrase; age, era, epoch; *su./m poet.* point; zenith; **périodicité** [perjɔdisi'te] *f* periodicity; **périodique** [~'dik] 1. *adj.* periodic(al); intermittent; ⚕ recurrent (*fever*); 2. *su./m* periodical.

péri...: ~**oste** *anat.* [pe'rjɔst] *m* periosteum; ~**ostite** ⚕ [~rjɔs'tit] *f* periostitis; ~**pétie** [peripe'si] *f* sudden change; ~**s** *pl.* vicissitudes; ~**phérie** [~fe'ri] *f* ⚕ periphery, circumference; *town:* outskirts *pl.*; ~**phéri-**

que [~fe'rik] ⚕ peripheral; outlying (*district etc.*); ~**phrase** *gramm.* [~'fra:z] *f* periphrasis; circumlocution; *par* ~ periphrastically; ~**phrastique** *gramm.* [~fras'tik] periphrastic.

périr [pe'ri:r] (2a) *v/i.* perish, die; ♆ be wrecked, be lost.

périscope [peris'kɔp] *m* periscope; **périscopique** [~kɔ'pik] periscopic.

périssable [peri'sabl] perishable; **périssoire** [~'swa:r] *f* canoe.

péri...: ~**style** △ [peris'til] *m* peristyle; *eccl.* cloisters *pl.*; ~**toine** *anat.* [peri'twan] *m* periton(a)eum; ~**tonite** ⚕ [~tɔ'nit] *f* peritonitis.

perle [pɛrl] *f* pearl (*a. typ.*); bead (*a. fig. of dew*); *fig.* maid, wife, etc.: jewel; F *school:* howler; **perlé, e** [pɛr'le] set with pearls; *fig.* pearly; ♪ *etc.* exquisitely executed; **perler** [~'le] (1a) *v/t.* pearl (*an article, a. barley*); set with pearls; ♪ *etc.* execute perfectly; *v/i.* stand in beads (*sweat*); bead (*sugar*); **perlier, -ère** [~'lje, ~'lje:r] pearl-bearing; pearl-...

perlimpinpin [pɛrlɛ̃pɛ̃'pɛ̃] *m: poudre f de* ~ quack powder; *fig.* nonsense, F bunkum.

permanence [pɛrma'nã:s] *f* permanence; office *etc.* always open to the public; *en* ~ permanently; **permanent, e** [~'nã, ~'nã:t] 1. *adj.* permanent; *fig.* lasting; *admin.* standing (*committee, order*); *cin.* non-stop (*performance*); 2. *su./f* permanent wave, F perm.

perméable *phys.* [pɛrme'abl] permeable, pervious.

permettre [pɛr'mɛtr] (4v) *v/t.* permit, allow; authorize; *se* ~ *de* (*inf.*) venture to (*inf.*), take the liberty of (*ger.*); **permis, e** [~'mi, ~'mi:z] 1. *p.p.* of permettre; 2. *adj.* permitted, allowed, lawful; 3. *su./m* permit; licence; *mot.* ~ *de conduire* driving-licence; ~ *de séjour* residence permit; **permission** [~mi-'sjõ] *f* permission; ✕, ♆ leave (of absence); ✕ ~ *de détente* furlough after strenuous service; **permissionnaire** [~misjɔ'nɛ:r] *m* permit-holder; ✕ soldier on leave; ♆ liberty man.

permutable [pɛrmy'tabl] interchangeable; **permutation** [~ta'sjõ] *f* exchange of posts; ⚕ *etc.* permutation; **permuter** [~'te] (1a) *v/t.*

pernicieux 350

exchange (*posts etc.*); ⚡ change over; ⚔ *etc.* permute; *v/i.* exchange posts (with, *avec*).
pernicieux, -euse [pɛrni'sjø, ~'sjø:z] pernicious, injurious.
péronnelle [perɔ'nɛl] *f* pert hussy.
péroraison [perɔrɛ'zɔ̃] *f* peroration; **pérorer** [~'re] (1a) *v/i.* hold forth; F speechify.
peroxyde ⚗ [pɛrɔk'sid] *m* peroxide.
perpendiculaire [pɛrpɑ̃diky'lɛ:r] upright; ⚔ perpendicular (to, *à*) (*a.* △ *style*).
perpétration [pɛrpetra'sjɔ̃] *f* perpetration; **perpétrer** [~'tre] (1f) *v/t.* perpetrate, commit.
perpétuel, -elle [pɛrpe'tɥɛl] perpetual, everlasting; for life; **perpétuer** [~'tɥe] (1n) *v/t.* perpetuate; **perpétuité** [~tɥi'te] *f* perpetuity; *à* ~ in perpetuity; for life (⚖ *sentence*).
perplexe [pɛr'plɛks] perplexed (*person*); perplexing (*situation*); **perplexité** [~plɛksi'te] *f* perplexity.
perquisition ⚖ [pɛrkizi'sjɔ̃] *f* search; ~ *domiciliaire* search of a house; **perquisitionner** ⚖ [~sjɔ'ne] (1a) *v/i.* (carry out a) search.
perron △ [pɛ'rɔ̃] *m* front steps *pl.*
perroquet [pɛrɔ'kɛ] *m orn.* parrot; ⚓ *sail:* topgallant; **perruche** [~'ryʃ] *f orn.* parakeet; hen-parrot; ⚓ mizzen topgallant sail.
perruque [pɛ'ryk] *f* wig; F *fig. vieille* ~ fogey; **perruquier** † [~ry'kje] *m* wig-maker; barber.
persan, e [pɛr'sɑ̃, ~'san] **1.** *adj.* Persian; **2.** *su./m ling.* Persian; *su.* ♀ Persian; **perse** *tex.* [pɛrs] *f* chintz.
persécuter [pɛrseky'te] (1a) *v/t.* persecute; F *fig.* harass; **persécuteur, -trice** [~'tœːr, ~'tris] **1.** *adj.* persecuting; *fig.* troublesome; **2.** *su.* persecutor; **persécution** [~'sjɔ̃] *f* persecution; *fig.* importunity.
persévérance [pɛrseve'rɑ̃:s] *f* perseverance (in *ger.*, *à inf.*); **persévérant, e** [~'rɑ̃, ~'rɑ̃:t] persevering (in *ger.*, *à inf.*); dogged (*work*); **persévérer** [~'re] (1f) *v/i.* persevere.
persienne [pɛr'sjɛn] *f* Venetian blind; slatted shutter.
persiflage [pɛrsi'flaːʒ] *m* banter; **persifler** [~'fle] (1a) *v/t.* banter; talk at (*s.o.*); **persifleur, -euse** [~'flœːr, ~'fløːz] **1.** *adj.* bantering, derisive; **2.** *su.* banterer; scoffer.

persil ♀ [pɛr'si] *m* parsley; **persillade** *cuis.* [~si'jad] *f* beef salad with parsley-sauce; **persillé, e** [~si'je] blue(-moulded) (*cheese*); spotted with green; marbled (*meat*).
persistance [pɛrsis'tɑ̃:s] *f* persistence (in *ger.*, *à inf.*); ⚘, *a. fig.* continuance; **persistant, e** [~'tɑ̃, ~'tɑ̃:t] persistent (*a.* ♀ *leaves*); dogged (*effort*); *fig.* lasting; steady (*rain*); **persister** [~'te] (1a) *v/i.* persist (in s.th., *dans qch.*; in *ger.*, *à inf.*); *la pluie persiste* it keeps on raining.
personnage [pɛrsɔ'naːʒ] *m* personage; person of distinction; *thea. etc.* character; *pej.* individual, person; **personnalité** [~nali'te] *f* personality; person of distinction; *fig.* ~*s pl.* personal remarks, personalities; **personne** [pɛr'sɔn] **1.** *su./f* person (*a. gramm.*); one's self; body, appearance; ⚖ ~ *morale* corporate body, artificial person; *jeune* ~ young lady; **2.** *pron./indef./m/inv.* anybody, anyone; (*with negative*) not anyone, nobody; *qui l'a vu?* ~ *!* who saw him? no one!; **personnel, -elle** [pɛrsɔ'nɛl] **1.** *adj.* personal (*a.* ⚖, *gramm.*); selfish, self- (*interest etc.*); not transferable (*ticket*); **2.** *su./m* staff, personnel; ⚓ complement; ✈ ~ *à terre* (*or rampant*) ground staff *or* crew; ~ *enseignant school:* staff, *univ.* academic staff, *Am.* faculty; **personnification** [~nifika'sjɔ̃] *f* personification; impersonation; **personnifier** [~ni'fje] (1o) *v/t.* personify; impersonate.
perspectif, -ve [pɛrspɛk'tif, ~'tiːv] **1.** *adj.* perspective; **2.** *su./f* perspective; *fig.* outlook, prospect; vista; *en* ~ in view.
perspicace [pɛrspi'kas] shrewd, perspicacious; **perspicacité** [~ka si'te] *f* perspicacity, shrewdness, insight.
persuader [pɛrsɥa'de] (1a) *v/t.* persuade, convince; ~ *qch. à q.* make s.o. believe s.th.; **persuasif, -ve** [~'zif, ~'ziːv] persuasive; insinuating; **persuasion** [~'zjɔ̃] *f* persuasion; conviction.
perte [pɛrt] *f* loss, ruin; waste; leakage; ⚔ ~*s pl.* casualties; ⚡ ~ *à la terre* earth-leakage; ⚕ ~ *de sang* h(a)emorrhage; † *à* ~ at a loss; *à* ~ *de*

pétrel

vue as far as the eye can see; F *fig.* endlessly; *en pure ~* to no purpose; *être en ~ de 10 F* be 10 francs down *or* out of pocket.

pertinence [pɛrti'nɑ̃:s] *f* pertinence, relevance; **pertinent, e** [~'nɑ̃, ~'nɑ̃:t] pertinent, relevant.

pertuis [pɛr'tɥi] *m* sluice; *metall.* tap-hole; *geog.* channel; *river:* narrows *pl.*; *geog.* pass.

perturbateur, -trice [pɛrtyrba-'tœ:r, ~'tris] **1.** *adj.* disturbing; **2.** *su.* disturber; interferer; **perturbation** [~'sjɔ̃] *f* perturbation, agitation; ~s *pl.* atmosphériques *radio:* atmospherics.

péruvien, -enne [pery'vjɛ̃, ~'vjɛn] *adj., a. su.* ♀ Peruvian.

pervenche ♀ [pɛr'vɑ̃:ʃ] *f* periwinkle.

pervers, e [pɛr'vɛ:r, ~'vɛrs] **1.** *adj.* perverse; evil; **2.** *su.* evil-doer; ♂ pervert; **perversité** [~vɛrsi'te] *f* perversity; **pervertir** [~vɛr'ti:r] (2a) *v/t.* corrupt; pervert.

pesade [pə'zad] *f* horsemanship: pesade, rearing.

pesage [pə'za:ʒ] *m* weighing; *turf:* weighing-in; weighing-in room; paddock; **pesamment** [~za'mɑ̃] *adv. of* pesant *1*; **pesant, e** [~'zɑ̃, ~'zɑ̃:t] **1.** *adj.* heavy; *fig.* ponderous (*style*); *fig.* dull (*mind*); **2.** *su./m* weight; **pesanteur** [~zɑ̃'tœ:r] *f* weight; *phys.* gravity; heaviness; *fig.* clumsiness; *fig.* dullness.

pèse... [pɛz] ...ometer; ...-scales *pl.*; **~-bébé** [~be'be] *m* baby-scales *pl.*

pesée [pə'ze] *f* weighing; force, leverage; *faire la ~ de* weigh (*s.th.*); **pèse-lait** [pɛz'lɛ] *m/inv.* lactometer, milk-ga(u)ge; **pèse-lettre** [~-'lɛtr] *m* letter-balance, letter-scales *pl.*; **peser** [pə'ze] (1d) *v/t.* weigh; take into consideration; *v/i. fig.* lie *or* weigh heavy (on, *sur*); *~ sur* lay stress on (*a word*); bear on (*a lever*); **pesette** [~'zɛt] *f* assay-scales *pl.*; **peseur** *m*, **-euse** *f* [~-'zœ:r, ~'zø:z] weigher; **peson** [~'zɔ̃] *m* balance.

pessimisme [pɛsi'mism] *m* pessimism; **pessimiste** [~'mist] **1.** *adj.* pessimistic; **2.** *su.* pessimist.

peste [pɛst] *f* plague (*a. fig.*), pestilence; F *fig.* pest, nuisance; F *~!* confound it!; *vet. ~* bovine cattle-plague; ⚕ *~ bubonique* bubonic plague, *hist.* Black Death; *~ soit de lui* a plague on him!; **pester** [pɛs-'te] (1a) *v/i.* rave, storm (at, *contre*); **pestiféré, e** [pɛstife're] **1.** *adj.* plague-stricken; **2.** *su.* plague-stricken person; **pestilence** ♂ † [~'lɑ̃:s] *f* pestilence; **pestilentiel, -elle** [~lɑ̃'sjɛl] pestilential.

pet [pɛ] *m* V fart; *cuis. ~-de-nonne* doughnut, fritter.

pétale ♀ [pe'tal] *m* petal.

pétarade [peta'rad] *f* fireworks: crackle; *mot.* back-fire; ⚔ random firing; **pétard** [~'ta:r] *m* ⚔ shot; 🚂 detonator; *firework:* cracker; F sensational news; *sl.* backside, bum; F *faire du ~* kick up a row; **péter** [~'te] (1f) *v/i.* crack (*fire, gun*); pop (*cork*); V fart; **pétiller** [~ti'je] (1a) *v/i.* crackle (*fire etc.*); sparkle (*champagne, eyes*); *fig.* scintillate (*with wit, d'esprit*).

petiot, e F [pə'tjo, ~'tjɔt] **1.** *adj.* tiny, little; **2.** *su./m* little boy; *su./f* little girl.

petit, e [pə'ti, ~'tit] **1.** *adj.* small, little; slight (*sound*); minor (*nobility, subject*); *school:* lower (*forms*); tight (*shoes*); short; young (*a. zo.*); petty, trifling; *pej.* mean; *~ à ~* little by little; *~e industrie* smaller industries *pl.*; *~es gens pl.* humble people; **2.** *su.* child, kid; *zo.* cub, young; **~e-fille, pl. ~es-filles** [~tit-'fi:j] *f* granddaughter; **~e-nièce**, *pl.* **~es-nièces** [~tit'njɛs] *f* grandniece; **petitesse** [~ti'tɛs] *f* smallness, littleness; *pej.* meanness, pettiness; mean trick; **petit-fils, pl. petits-fils** [~ti'fis] *m* grandson; **petit-gris, pl. petits-gris** [~ti'gri] *m zo.* miniver; ✝ *fur:* squirrel.

pétition [peti'sjɔ̃] *f* petition; **pétitionnaire** [~sjɔ'nɛ:r] *su.* petitioner; **pétitionner** [~sjɔ'ne] (1a) *v/i.* petition.

petit...: **~-lait, pl. ~s-laits** [pəti'lɛ] *m* whey; **~-maître, pl. ~s-maîtres** [~'mɛtr] *m* fop; **~-nègre** F [~'nɛ:gr] *m: parler ~* talk pidgin; **~-neveu**, *pl.* **~s-neveux** [~nə've] *m* grand-nephew; **~s-enfants** [~zɑ̃'fɑ̃] *m/pl.* grandchildren; **~-suisse, pl. ~s-suisses** *cuis.* [~'sɥis] *m* small cream cheese.

peton *ch.sp.* [pə'tɔ̃] *m* tiny foot.

pétrel *orn.* [pe'trɛl] *m* petrel.

pétrification

pétrification [petrifika'sjɔ̃] *f* petrifaction; **pétrifier** [~'fje] (1o) *v/t.* petrify; F dumbfound; se ~ petrify.
pétrin [pe'trɛ̃] *m* kneading-trough; F *fig.* mess; F *dans le* ~ in a hole, in the cart; **pétrir** [~'triːr] (2a) *v/t.* knead; mo(u)ld (*clay, a. s.o.'s mind*); **pétrissage** [petri'saːʒ] *m* kneading; clay, *a. fig.* mind: mo(u)lding; **pétrisseur, -euse** [~'sœːr, ~'søːz] *su.* kneader; *su./f* kneading-machine.
pétrole [pe'trɔl] *m* petroleum; mineral oil; paraffin, *Am.* kerosene; ~ *brut* crude oil; *puits m de* ~ oil-well; **pétrolier, -ère** [petrɔ'lje, ~'ljɛːr] **1.** *adj.* oil-...; **2.** *su./m* (*a. navire m* ~) tanker; **pétrolifère** [~li'fɛːr] oil-bearing; oil-(*belt, field, well*).
pétulance [pety'lɑ̃ːs] *f* liveliness; *horse*: friskiness; **pétulant, e** [~'lɑ̃, ~'lɑ̃ːt] lively; frisky (*horse*).
peu [pø] **1.** *adv.* little; few; *before adj.*: un-...; not very; ~ *à* ~ bit by bit, little by little; ~ *de* little (*bread etc.*), few (*people, things, etc.*); ~ *de chose* nothing much; ~ *d'entre eux* few of them; *à* ~ *près* approximately, nearly; *depuis* ~ of late; *pour* ~ *que* (*sbj.*) however little (*ind.*), if ever (*ind.*); *quelque* ~ rather, slightly; *sous* (*or dans*) ~ before long; *tant soit* ~ ever so little, a little bit; *viens un* ~*!* come here! **2.** *su./m* little, bit; want, lack; *le* ~ *de* ... the little ..., the lack of ...; *un* ~ *de* a bit of.
peuplade [pœ'plad] *f* small tribe, people; **peuple** [pœpl] *m* people; nation; **peupler** [pœ'ple] (1a) *v/t.* populate (with, *de*); stock (*with animals etc.*); *fig.* fill; *se* ~ become populated; fill up with people; *v/i.* multiply, breed.
peuplier ⚘ [pœpli'e] *m* poplar.
peur [pœːr] *f* fear, dread; *avoir* ~ be afraid; *de* ~ *de* (*faire*) *qch.* for fear of (doing) s.th.; *de* ~ *que* ... (*ne*) (*sbj.*) for fear of (*ger.*); *faire* ~ *à* frighten (*s.o.*); **peureux, -euse** [pœ'rø, ~'røːz] fearful; timid.
peut-être [pø'tɛːtr] *adv.* perhaps, maybe; **peuvent** [pœːv] *3rd p. pl. pres. of pouvoir 1*; **peux** [pø] *1st p. sg. pres. of pouvoir 1.*
phalange [fa'lɑ̃ːʒ] *f* anat., *a.* ⚘ phalanx; *fig.* host.
phalène *zo.* [fa'lɛn] *f* moth.

phanérogame ⚘ [fanerɔ'gam] **1.** *adj.* phanerogamic; **2.** *su./f* phanerogam.
phare [faːr] *m* lighthouse; ⚓, 🚆 beacon; ✈, *mot.* headlight, headlamp; *mot.* ~-*code* regulation *or* anti-dazzle headlight; *mot. baisser les* ~*s* dim *or* dip the headlights.
pharisaïque [fariza'ik] pharisaic(al); **pharisaïsme** [~za'ism] *m* pharisaism (*a. fig.*); **pharisien** [~'zjɛ̃] *m* pharisee (*a. fig.*); *fig.* self-righteous person; *fig.* hypocrite.
pharmaceutique [farmasø'tik] **1.** *adj.* pharmaceutic(al); **2.** *su./f* pharmaceutics *sg.*; **pharmacie** [~'si] *f* pharmacy; chemist's (shop), *Am.* drugstore; medicine-chest; **pharmacien** *m*, **-enne** *f* [~'sjɛ̃, ~'sjɛn] chemist, *Am.* druggist; **pharmacologie** [~kɔlɔ'ʒi] *f* pharmacology; **pharmacopée** [~kɔ'pe] *f* pharmacopoeia.
phase [fɑːz] *f* phase (*a.* 🞵, ⚡, *fig.*).
phénicien, -enne [feni'sjɛ̃, ~'sjɛn] **1.** *adj.* Phoenician; **2.** *su./m ling.* Phoenician; *su.* ♀ Phoenician.
phénique 🞵 [fe'nik] *adj.*: *acide m* ~ = **phénol** 🞵 [~'nɔl] *m* phenol, carbolic acid.
phénomène [fenɔ'mɛn] *m* phenomenon; *fig.* wonder; freak.
philanthrope [filɑ̃'trɔp] *su.* philanthropist.
philatélie [filate'li] *f* stamp-collecting, philately; **philatéliste** [~'list] *su.* stamp-collector, philatelist.
philippique [fili'pik] *f* philippic.
Philistin [filis'tɛ̃] *m* Philistine (*a. fig.*).
phil(o)... [fil(ɔ)] phil(o)...
philo...: ~**logie** [filɔlɔ'ʒi] *f* philology; ~**logue** [~'lɔg] *su.* philologist; ~**sophe** [~'zɔf] **1.** *su.* philosopher; **2.** *adj.* philosophical; ~**sophie** [~zɔ'fi] *f* philosophy; *faire sa* ~ be in the philosophy class (= [*approx.*] lower 6th form); ~**sophique** [~zɔ'fik] philosophic(al).
philtre [filtr] *m* philtre.
phlébite 🞵 [fle'bit] *f* phlebitis.
phobie 🞵 [fɔ'bi] *f* phobia.
phonétique [fɔne'tik] **1.** *adj.* phonetic; **2.** *su./f* phonetics *pl.*; **phonique** [~'nik] phonic; sound(*signal*).
phonographe [fɔnɔ'graf] *m*, F **phono** [~'no] *m* gramophone, record-player; phonograph.

phoque [fɔk] *m zo.* seal; ✝ sealskin.
phosphate ⚗, ✗ [fɔs'fat] *m* phosphate; **phosphore** ⚗ₘ [‿'fɔːr] *m* phosphorus; **phosphoré, e** [fɔsfɔ're] containing phosphorus, phosphorated, phosphuretted (*hydrogen*); **phosphorescence** [‿rɛ'sɑ̃ːs] *f* phosphorescence; **phosphorescent, e** [‿rɛ'sɑ̃, ‿'sɑ̃ːt] phosphorescent; **phosphoreux, -euse** ⚗ₘ [‿'rø, ‿'røːz] phosphorous; **phosphorique** ⚗ₘ [‿'rik] *adj./m* phosphoric; **phosphorite** *min.* [‿'rit] *f* phosphorite; **phosphure** ⚗ₘ [fɔs'fyːr] *m* phosphide; **phosphuré, e** ⚗ₘ [‿fy're] phosphuretted.
photo F [fɔ'to] *f* photograph, F photo; *faire de la* ‿ go in for photography.
photo... [fɔtɔ] photo...; **‿calque** ⊕ [‿'kalk] *m* blue print; **‿chimie** [‿ʃi'mi] *f* photochemistry; **‿chromie** [‿krɔ'mi] *f* colo(u)r photography; photochromy; **‿copie** [‿kɔ'pi] *f* photocopy; **‿électrique** *phys.* [‿elɛk'trik] photo-electric; **‿gène** *phys.* [‿'ʒɛn] photogenic; **‿génique** [‿ʒe'nik] actinic; *cin., phot.* photogenic; **‿graphe** [‿'graf] *m* photographer; **‿graphie** [‿gra'fi] *f* photograph, F photo; photography; ‿ *aérienne* aerial photography; **‿graphier** [‿gra'fje] (1o) *v/t.* photograph, take a photo(graph) of; *se faire* ‿ have one's photo(graph) taken; **‿graphique** [‿gra'fik] photographic; *appareil m* ‿ camera; ✗ *reconnaissance f* ‿ photo-reconnaissance; **‿gravure** [‿gra'vyːr] *f* process, *a. print:* photogravure; **‿lithographie** [‿litɔgra'fi] *f* photolithography; photolithograph; **‿mètre** [‿'mɛtr] *m* photometer; **‿stoppeur** [‿stɔ'pœːr] *m* street photographer; **‿thérapie** ✱ [‿tera'pi] *f* phototherapy; light-cure; **‿tropisme** ♀ [‿trɔ'pism] *m* phototropism; **‿type** ⊕ [‿'tip] *m* phototype; collotype; **‿typie** ⊕ [‿ti'pi] *f process:* collotype.
phrase [frɑːz] *f* sentence; ♪ phrase; **phraséologie** [frɑzeɔlɔ'ʒi] *f* phraseology; **phraséologique** [‿'ʒik] phraseological; **phraser** [frɑ'ze] (1a) *vt/i.* phrase (*a.* ♪); **phraseur** *m*, **-euse** *f* F [‿'zœːr, ‿'zøːz] phrasemonger, speechifier.
phrénologie [frenɔlɔ'ʒi] *f* phrenology; **phrénologique** [‿'ʒik] phrenological; **phrénologiste** [‿'ʒist] *m* phrenologist.
phtisie ✱ [fti'zi] *f* phthisis; consumption; **phtisiothérapie** ✱ [‿zjɔtera'pi] *f* phthisiotherapy; **phtisique** ✱ [‿'zik] *adj., a. su.* consumptive.
phyllo... *zo.* [filɔ] phyllo...; **‿xéra** [‿lɔkse'ra] *m* phylloxera.
physicien *m*, **-enne** *f* [fizi'sjɛ̃, ‿'sjɛn] physicist.
physico... [fizikɔ] physico...; physical (*chemistry*).
physio... [fizjɔ] physio...; **‿logie** [‿lɔ'ʒi] *f* physiology; **‿logique** [‿lɔ'ʒik] physiological; **‿logiste** [‿lɔ'ʒist] *su.* physiologist; **‿nomie** [‿nɔ'mi] *f* physiognomy; appearance; countenance; *fig.* aspect, character.
physique [fi'zik] **1.** *adj.* physical; bodily; **2.** *su./f* physics *sg.*; ‿ *nucléaire* nuclear physics *sg.*; *su./m* physique; constitution; appearance.
phyto... [fitɔ] phyto...; **phytopte** *zo.* [‿'tɔpt] *m* rust-mite.
piaffement [pjaf'mɑ̃] *m horse:* pawing, piaffer; **piaffer** [pja'fe] (1a) *v/i.* paw the ground (*horse*); prance (*horse*); *fig.* ‿ *d'impatience* fidget; **piaffeur, -euse** [‿'fœːr, ‿'føːz] prancing, high-stepping (*horse*); *fig.* fidgety; swaggering.
piaillard, e F [pja'jaːr, ‿'jard] **1.** *adj.* cheeping (*bird*); squalling (*child*); **2.** *su.* squalling child; **piailler** [‿'je] (1a) *v/i.* cheep (*bird*); squeal, screech (*child, animal*); **piaillerie** [pjaj'ri] *f birds:* (continuous) cheeping; *children etc.:* squealing, screeching; **piailleur** *m*, **-euse** *f* [pja'jœːr, ‿'jøːz] *bird:* cheeper; *child etc.:* squealer, squaller.
pianino ♪ [pjani'no] *m* pianino; **pianiste** ♪ [‿'nist] *su.* pianist; **piano** ♪ [‿'no] **1.** *adv.* piano, softly; **2.** *su./m* piano(forte); ‿ *à queue* grand piano; ‿ *droit* upright piano; *jouer du* ‿ play the piano; **pianoter** F [‿nɔ'te] (1a) *v/i.* ♪ strum; *fig.* drum (with one's fingers).
piaule *sl.* [pjol] *f* digs *pl.* (= *lodgings*); **piauler** [pjo'le] (1a) *v/i.* cheep (*chicks*); whine, pule (*children*).
pic¹ [pik] *m* ⚒ *etc.* pick(axe); *geog., a.* ⚓ peak; *cards:* pique (*at piquet*); ‿ *pneumatique* pneumatic drill; *à* ‿

pic

perpendicular(ly *adv.*), sheer; ⚓ apeak; *fig.* just in time, in the nick of time.

pic² *orn.* [~] *m* woodpecker.

picaillons *sl.* [pika'jɔ̃] *m/pl.* dough *sg.*, coppers (= *money*).

picaresque [pika'rɛsk] picaresque (*novel*).

pichet [pi'ʃɛ] *m* pitcher, jug.

pickpocket [pikpɔ'kɛt] *m* pickpocket.

pick-up [pi'kœp] *m/inv. radio:* pick-up, record-player.

picorer [pikɔ're] (1a) *vt/i.* pilfer; *v/i.* peck; peck up food; forage for food.

picot [pi'ko] *m* splinter; ✵ pickhammer; ✵ wedge, peg; *lace*, *needlework:* picot; **picoter** [~kɔ'te] (1a) *v/t.* peck at (*fruit*); make (*s.o.'s eyes*) smart; pit (*s.o.'s face*); ✵ wedge; *fig.* tease; **picoterie** F [~kɔ'tri] *f* teasing.

picotin [pikɔ'tɛ̃] *m measure:* peck.

pie¹ [pi] **1.** *su./f orn.* magpie; **2.** *adj./inv.* piebald (*horse*).

pie² [~] *adj./adv.:* œuvre *f* ~ charitable deed, good work.

pièce [pjɛs] *f* piece; bit, fragment, *cost.* patch; *wine:* cask, barrel; *tex.* roll; *money:* coin, piece; ⊕ *machine:* part; *thea.* play; room (*in a house*); *fig.* mo(u)ld; ⚖ document (*in a case*); ⊕, *mot.*, etc. ~s *pl.* de rechange spare parts; ⊕ ~s *pl.* détachées attendant parts; ~ d'eau ornamental lake; ~ de résistance *cuis.* principal dish; *fig.* principal feature; à la ~ in ones, separately; 5 F (la) ~ 5 F each; mettre en ~s break or tear (*s.th.*) to pieces; *tout d'une* ~ all of a piece.

pied [pje] *m* ⚕, *anat.*, *column*, *glass*, *measure*, *mountain*, *stocking*, *tree*, *verse*, *wall:* foot; foothold; footing (*a.* ✵); *furniture:* leg; ⚘ stalk; *wine-glass:* stem; *camera etc.:* stand, rest; *asparagus*, *lettuce*, etc.: head; *hunt.* track; ~ à coulisse slide ga(u)ge, sliding cal(l)ipers *pl.*; ~ plat flatfoot; à ~ on foot; walking; au ~ de la lettre literal(ly *adv.*); avoir ~ have a footing; coup *m* de ~ kick; en ~ full-length (*portrait*); F lever le ~ make o.s. scarce; get out; F mettre q. à ~ dismiss or F sack s.o.; mettre sur ~ establish, set up; *prendre* (*perdre*) ~ gain a (lose one's) foothold; **~-à-terre** [~ta'tɛːr] *m/inv.* temporary lodging; town apartment; **~-bot**, *pl.* **~s-bots** [~'bo] *m* club-footed person; **~-d'alouette**, *pl.* **~s-d'alouette** [~da'lwɛt] *m* larkspur, delphinium; **~-de-biche**, *pl.* **~s-de-biche** [~də'biʃ] *m* bell-pull; ⊕ nail-claw; *sewing-machine:* presser-foot; ✵ molar forceps; **~-de-chèvre**, *pl.* **~s-de-chèvre** ⊕ [~də'ʃɛːvr] *m* footing; **~-de-poule** *tex.* [~də'pul] *m* broken-check; **~-droit**, *pl.* **~s-droits** [~'drwa] ⚓ *arch, bridge:* pier; side-wall; *window:* jamb.

piédestal [pjedɛs'tal] *m* pedestal.

pied-noir, *pl.* **pieds-noirs** F [pje'nwaːr] *m* European settler in Algeria. [droit.\]

piédroit ⚓ [pje'drwa] *m see* pied-\]

piège [pjɛːʒ] *m* trap (*a. fig.*); *prendre au* ~ trap; *tendre un* ~ à set a trap for.

pie-grièche, *pl.* **pies-grièches** [pi-gri'ɛʃ] *f orn.* shrike; F *fig. woman:* shrew.

pierraille [pjɛ'raːj] *f* rubble; road metal; **pierre** [pjɛːr] *f* stone (*a.*✵); ~ à briquet flint; ⚓ ~ de taille freestone; ashlar; ~ fine semi-precious stone; ~ précieuse precious stone, gem; **pierreries** [pjɛrə'ri] *f/pl.* precious stones, gems, jewels; **pierrette** [~'rɛt] *f* small stone; *thea.* pierrette; **pierreux**, **-euse** [~'rø, ~'røːz] stony; gravelly (*river-bed*); gritty (*pear*); ✵ calculous; ✵ suffering from calculus.

pierrot [pjɛ'ro] *m thea.* pierrot, clown; F *orn.* cock-sparrow; F fellow.

piété [pje'te] *f* piety; devotion.

piétiner [pjeti'ne] (1a) *v/t.* trample (*s.th.*) underfoot; ✵, ⊕ tread; *v/i.* stamp; (*a.* ~ sur place) mark time.

piétisme [pje'tism] *m* pietism; **piétiste** [~'tist] **1.** *su.* pietist; **2.** *adj.* pietistic.

piéton [pje'tɔ̃] *m* pedestrian.

piètre F [pjɛtr] wretched, poor (*a. fig.*); *fig.* lame (*excuse*).

pieu [pjø] *m* stake, pile, post; *sl.* bed.

pieuvre *zo.* [pjœːvr] *f* octopus, squid, devil-fish.

pieux, **-euse** [pjø, pjøːz] pious, devout; dutiful (*child*); ⚖ charitable (*bequest*).

pif¹ F [pif] *m* conk, *Am. sl.* schnozzle (= *large nose*).
pif²! [~] *int.*: ~ ~!, ~ *paf!* bang, bang!
pige [piː3] *f* measuring rod; *journ.* fee.
pigeon [pi'ʒɔ̃] *m orn.* pigeon (*a. F fig.*); △ builder's plaster; ~ *voyageur* carrier-pigeon; **pigeonne** *orn.* [~'ʒɔn] *f* hen-pigeon; **pigeonneau** [piʒɔ'no] *m* young pigeon; F *fig.* dupe; **pigeonnier** [~'nje] *m* pigeonhouse, dovecot(e).
piger *sl.* [pi'ʒe] (1l) *v/t.* look at; catch (*a cold*); nab (*a thief*); twig (= *understand*); spot (*a trick, the winner*).
pigment [pig'mɑ̃] *m skin etc.*: pigment.
pigne ♀ [piɲ] *f* fir-cone, pine-cone.
pignocher F [piɲɔ'ʃe] (1a) *v/i.* pick (at one's food).
pignon¹ [pi'ɲɔ̃] *m* △ gable(-end); ⊕ pinion; ⊕ ~ *de chaîne* sprocket-wheel, rag-wheel; F *avoir* ~ *sur rue* have a house of one's own; own houses.
pignon² ♀ [~] *m* pine kernel.
pignouf F [pi'ɲuf] *m* rotten cad; miser.
pilage [pi'laː3] *m* pounding, crushing.
pilastre △ [pi'lastr] *m* pilaster; newel.
pile¹ [pil] *f* pile, heap; △ *bridge*: pier; *phys.* (*atomic, nuclear*) pile; ⚡ battery; ⊕ beating-trough; *sl.* thrashing; ⚡ ~ *sèche* dry cell.
pile² [~] *f* reverse (*of a coin*); ~ *ou face* heads *pl.* or tails *pl.*; *jouer à* ~ *ou face* toss up; F *s'arrêter* ~ stop short.
piler [pi'le] (1a) *v/t.* pound, crush, grind (*almonds, pepper*); F beat.
pileux, -euse *zo., a.* ♀ [pi'lø, ~'løːz] pilose, hairy.
pilier [pi'lje] *m* △ pillar (*a. fig.*), column; *bridge*: pier; *fig.* frequenter (*of a place*).
pillage [pi'jaː3] *m* looting, pillaging; *mettre au* ~ plunder; **pillard, e** [~'jaːr, ~'jard] **1.** *adj.* pillaging, pilfering; **2.** *su.* looter, plunderer; **piller** [~'je] (1a) *v/t.* pillage, loot, plunder; *fig.* steal from (*an author*); *fig.* ransack (*a book, a work*); **pilleur, -euse** [~'jœːr, ~'jøːz] **1.** *adj.* looting; pilfering; **2.** *su.* looter; plunderer; ⚓ ~ *d'épaves* wrecker.

pilon [pi'lɔ̃] *m* ⊕ rammer; *metall.* stamper, pestle; F wooden leg; *cuis. fowl*: drumstick; *mettre au* ~ pulp (*a book*); **pilonner** [~lɔ'ne] (1a) *v/t.* pound; ⊕ ram; *metall.* stamp (*ore*); ⚔ shell, ✈ bomb.
pilori [pilɔ'ri] *m* pillory.
pilot [pi'lo] *m* △ pile; *salt-pans*: heap of salt.
pilotage¹ [pilɔ'taː3] *m* △ pile-driving; pile-work.
pilotage² [pilɔ'taː3] *m* ⚓ pilotage (*a.* ✈); ✈ flying; ✈ ~ *sans visibilité* blind flying, flying on instruments; **pilote** [~'lɔt] *m* ⚓, ✈, *etc.* pilot; *fig.* leader, guide; ✈ ~ *automatique* automatic pilot, gyropilot; ~ *d'essai* test-pilot.
piloter¹ [pilɔ'te] (1a) *v/t.* ⚓, ✈ pilot; ✈ fly (*a plane*); *fig.* guide, show (*round Paris, dans Paris*).
piloter² △ [~] (1a) *v/t.* drive piles into (*s.th.*).
pilotin [pilɔ'tɛ̃] *m Merchant Navy*: apprentice.
pilotis [pilɔ'ti] *m* pile-work; piling.
pilule ✚, *a. fig.* [pi'lyl] *f* pill.
pimbêche F [pɛ̃'bɛʃ] *f* stuck-up woman *or* F cat.
piment [pi'mɑ̃] *m* ♀, *a. cuis.* pimento, Jamaica pepper; *cuis.* red pepper; *fig.* spice; **pimenter** [~mɑ̃'te] (1a) *v/t. cuis.* season with pimento; *fig.* give spice to (*a story*).
pimpant, e [pɛ̃'pɑ̃, ~'pɑ̃ːt] smart, spruce.
pin ♀ [pɛ̃] *m* pine(-tree), fir(-tree); ~ *sylvestre* Scotch fir; *pomme f de* ~ fir-cone, pine-cone.
pinacle [pi'nakl] *m* pinnacle; *fig.* height of power *or* fame; F *porter au* ~ praise (*s.o.*) to the skies.
pinard F [pi'naːr] *m* wine.
pinasse ⚓ [pi'nas] *f* pinnace.
pince [pɛ̃ːs] *f* ⊕ pincers *pl.*, pliers *pl.*; *riveting, sugar, etc.*: tongs *pl.*; ✚ clip (*a. bicycle, paper, etc.*); ⊕ crowbar; *zo. crab, lobster*: claw; *sl.* leg, paw, hand; *cost.* dart, pleat; *zo.* ~s *pl. herbivora*: incisors; ~s *pl. coupantes* cutting-nippers; ~ *à épiler* tweezers *pl.*; ~ *à linge* clothes-peg.
pincé, e [pɛ̃'se] prim, affected; stiff (*voice*); tight-lipped (*smile*).
pinceau [pɛ̃'so] *m* (paint-)brush; *opt.* light: pencil; *fig.* touch.
pince-monseigneur, *pl.* **pinces-monseigneur** [pɛ̃smɔsɛ'ɲœːr] *m*

pince-nez

crowbar, jemmy; **pince-nez** [ˌ'ne] m/inv. pince-nez, eye-glasses pl.; **pincer** [pɛ̃'se] (1k) v/t. pinch; nip; grip; purse (*one's lips*); F arrest; ♪ pluck (*the strings*); en ~ pour have a crush on (*s.o.*); **pince-sans-rire** F [pɛ̃ssɑ̃'riːr] m/inv. man of dry and sly humo(u)r; **pincette** [pɛ̃'sɛt] f nip; ~s pl. tweezers; (fire-)tongs; **pinçon** [ˌ'sɔ̃] m mark (*left by a pinch*).
pineraie ♧ [pin'rɛ] f, **pinède** ♧ [pi'nɛd] f see *pinière*.
pingouin orn. [pɛ̃'gwɛ̃] m auk, razorbill.
pingre F [pɛ̃ːgr] **1.** adj. miserly, stingy, near; **2.** su. skinflint; **pingrerie** F [pɛ̃grə'ri] f stinginess.
pinière ♧ [pi'njɛːr] f pine-wood, fir-grove.
pinson orn. [pɛ̃'sɔ̃] m finch.
pintade [pɛ̃'tad] f orn. guinea-fowl; F stuck-up woman.
pinte [pɛ̃ːt] f measure: (*French*) pint, (*approx.*) English quart; **pinter** sl. [pɛ̃'te] (1a) v/i. tipple, booze; v/t. swill (*beer etc.*).
piochage [pjɔ'ʃaːʒ] m swotting; **pioche** ⊕ [pjɔʃ] f pick(axe); **piocher** [pjɔ'ʃe] (1a) vt/i. dig (*with a pick*); F fig. grind; v/t. F fig. swot at; v/i. F fig. swot; **piocheur, -euse** [ˌ'ʃœːr, ˌ'ʃøːz] su. F person: swot, Am. grind; su./m ⊕ navvy, digger; su./f ⊕ steam-digger.
piolet mount. [pjɔ'lɛ] m ice-axe.
pion [pjɔ̃] m chess: pawn; draughts: man; F school: usher, supervisor (*of preparation*).
pioncer sl. [pjɔ̃'se] (1k) v/i. sleep.
pionnier ✕ [pjɔ'nje] m pioneer (*a. fig.*).
pipe [pip] f pipe (*a. measure for wine*); ⚡, gas, liquid: tube; **pipeau** [pi'po] m ♪ (reed-)pipe; bird-call; birds: limed-twig, snare; **pipée** [ˌ'pe] f bird-snaring (*with bird-calls*).
pipe-line [pajp'lajn] m oil: pipe-line.
piper [pi'pe] (1a) v/t. lure (*with bird-calls*); fig. † trick, dupe (*s.o.*); load (*a dice*); mark (*a card*).
pipette ♋ [pi'pɛt] f pipette.
pipeur [pi'pœːr] m bird-lurer; F sharper, cheat.
pipi ch.sp. [pi'pi] m: faire ~ piddle.
piquant, e [pi'kɑ̃, ˌ'kɑ̃ːt] **1.** adj.

356

pricking; stinging (*nettle, a. remark*); biting (*remark, wind*); tart (*wine*); pungent (*smell, taste*); fig. piquant (*a. sauce*), stimulating; cuis. hot (*spice*); mot m ~ witty remark, quip; **2.** su./m plant: sting; porcupine: quill; sauce etc.: bite; fig. piquancy; fig. point; **pique** [pik] su./f † ✕ pike; pointed tip; pique, ill feeling; su./m cards: spade(s pl.); **piqué, e** [pi'ke] **1.** adj. quilted (*garment*); sour (*wine*); ♪ staccato (*note*); ✈ nose-(dive); cuis. larded (*meat*); F cracked, dotty, moth-eaten; **2.** su./m quilting; piqué; ✈ nose-dive, vertical dive; **pique-assiette** F [pika'sjɛt] m sponger; **pique-feu** [pik'fø] m/inv. fire-rake, poker; **pique-nique** [ˌ'nik] m picnic; **pique-notes** [ˌ'nɔt] m/inv. spike-file; **piquer** [pi'ke] (1m) vt/i. prick; sting; v/t. nettle, wasp, fig. remark: sting (*s.o.*); make (*eyes, tongue*) smart; moths, worms: eat into; tex. quilt; pink (*silk*); stick (into, *dans*); fig. offend; arouse (*s.o.'s curiosity*); cuis. lard; fig. interlard (*an account, a story*); ✤ ~ q. à qch. give an injection of s.th. to s.o.; ~ une tête dive, take a header; F ~ un soleil blush; se ~ take offence; se ~ de pride o.s. on; have pretensions to; v/i.: ~ des deux spur one's horse; ~ sur ⚓ head for; ✈ dive down on.
piquet[1] [pi'kɛ] m peg, stake, post; ✕ picket.
piquet[2] [ˌ] m cards: piquet; pack of piquet cards.
piqueter [pik'te] (1c) v/t. stake out (*a camp, a. surv., a. △*); peg out; spot, dot; ⊕ picket (*a factory etc.*).
piquette [pi'kɛt] f second wine; poor wine; **piqueur, -euse** [ˌ'kœːr, ˌ'køːz] su. stitcher, sewer; su./m hunt. whip(per-in); groom; outrider; ✕ hewer; 🝰 plate-layer; **piqûre** [ˌ'kyːr] f sting, prick; (flea-)bite; ✤ injection; puncture; spot; books, leather, etc.: stitching, sewing.
pirate [pi'rat] m pirate (*a. fig.*); **pirater** [pi'ra'te] (1a) v/i. practise piracy; fig. pirate (*an edition etc.*); **piraterie** [ˌ'tri] f piracy (*a. fig.*).
pire [piːr] worse; au ~ if the worst comes to the worst; le ~ (the) worst.
piriforme [piri'fɔrm] pear-shaped.

pirogue [pi'rɔg] f (dug-out) canoe.
pirouette [pi'rwɛt] f toy: whirligig; horsemanship, a. dancing: pirouette; **pirouetter** [～rwɛ'te] (1a) v/i. pirouette; twirl.
pis[1] zo. [pi] m udder.
pis[2] [pi] adv. worse; le ～ (the) worst; ～-**aller** [piza'le] m/inv. make-shift, last resource.
piscicole [pisi'kɔl] piscicultural; **pisciculteur** [～kyl'tœːr] m pisciculturist; **pisciculture** [～kyl'tyːr] f pisciculture, fish-breeding; **pisciforme** [～'fɔrm] pisciform, fish-shaped.
piscine [pi'sin] f swimming-pool; public baths pl.; † fish-pond.
piscivore [pisi'vɔːr] piscivorous.
pisé ⚠ [pi'ze] m puddled clay.
pissat [pi'sa] m (animal) urine; **pissenlit** ♀ [～sã'li] m dandelion; **pisser** V [～'se] (1a) v/i. make water; V piss; **pissoir** [～'swaːr] m urinal; **pissotière** V [～so'tjɛːr] f urinal.
pistache ♀ [pis'taʃ] f pistachio-nut; **pistachier** ♀ [～ta'ʃje] m pistachio-tree.
piste [pist] f track; race-track; race-course; circus: ring; hunt., a. fig. trail, scent; clue; ⚒ tarmac; ⚒ ～ d'atterrissage landing-strip; ～ d'envol runway; cin. ～ sonore sound-track; **pister** [pis'te] v/t. hunt. track; 🕵 shadow (s.o.).
pistil ♀ [pis'til] m pistil.
pistole † [pis'tɔl] f gold coin: pistole; **pistolet** [～tɔ'lɛ] m pistol; ⊕ spraying-gun; ⚓ davit; ～ de dessinateur French curve.
piston [pis'tõ] m ⊕ piston; ♪ valve; ♪ cornet; fig. influence, F pull; ⊕ course f du ～ piston-stroke; **pistonner** [～tɔ'ne] (1a) v/t. F back, push (s.o.); sl. bother, pester (s.o.).
pitance eccl., a. F fig. [pi'tã:s] f pittance; **piteux, -euse** [～'tø, ～'tø:z] piteous, sorry, woeful.
pithécanthrope [pitekã'trɔp] m pithecanthropus, ape-man.
pitié [pi'tje] f pity (on, de).
piton [pi'tõ] m ⊕ eye-bolt; ringbolt; F large nose; geog. peak; mount. piton, peg; ～ à vis screweye.
pitoyable [pitwa'jabl] pitiful; wretched; compassionate (to à, envers).

pitre [pitr] m clown (a. pej. fig.); **pitrerie** [pitrə'ri] f buffoonery.
pittoresque [pitɔ'rɛsk] 1. adj. picturesque; graphic (description, style); 2. su./m picturesqueness; vividness.
pivert orn. [pi'vɛːr] m green woodpecker.
pivoine ♀ [pi'vwan] f peony.
pivot [pi'vo] m ⊕ pivot (a. ⚔ sl.), pin, axis; lever: fulcrum; fig. central figure etc.; ♀ tap-root; F ～s pl. legs; **pivoter** [～vɔ'te] (1a) v/i. pivot; turn, swivel; ⊕ wheel; ♀ form tap-roots; F faire ～ drill, put (s.o.) through it.
placage [pla'ka:ʒ] m ⊕ veneer(ing); metal: plating; ♪ patchwork; **placard** [～'kaːr] m cupboard; ⚓ door: panel; poster, bill; typ. proof: galley; **placarder** [～kar'de] (1a) v/t. post (a bill); stick (a poster) on a wall.
place [plas] f place, position; space, room; seat (a. 🎭, thea., etc.); square; (taxi-)stand; job, employment; rank; ⚔ ～ d'armes parade-ground; ⚔ ～ forte fortified town; fortress; à la ～ de instead of; à votre ～ if I were you; † faire la ～ canvass for orders; par ～s here and there; sur ～ on the spot; **placement** [plas'mã] m placing; † sale, disposal; † money: investing, investment.
placer[1] [pla'se] (1k) v/t. place; put; find employment for; † sell, dispose of; † invest (money); seat (s.o.) to a seat; F il n'a pu ～ un mot he couldn't get a word in; se ～ find a job; sell (article).
placer[2] ⚒ [pla'sɛːr] m placer.
placet ⚖ [pla'sɛ] m claim; petition.
placeur, -euse [pla'sœːr, ～'søːz] su. manager of an employment agency; steward (at meetings); † placer, seller; su./f thea. usherette, attendant.
placide [pla'sid] placid, calm; **placidité** [～sidi'te] f calmness, serenity, placidity.
placier m, **-ère** f [pla'sje, ～'sjɛːr] † agent, canvasser; admin. clerk in charge of letting market pitches.
plafond [pla'fõ] m ceiling (a. fig., a. ⚒); mot. maximum speed; ⚒ roof; ⚓ hold: floor; ⊕ canal: bottom; **plafonner** [～fɔ'ne] (1a) v/t. ⚠ ceil; v/i. ⚒ fly at the ceiling; †

reach the ceiling (of, à) (*prices*); **plafonnier** [~fɔ'nje] *m* ceiling-light; *mot.* roof-light.

plage [plaːʒ] *f* beach, shore; seaside resort; ⚓ ~ *arrière* quarter-deck.

plagiaire [pla'ʒjɛːr] *m* plagiarist (from, *de*); **plagiat** [~'ʒja] *m* plagiarism, plagiary; **plagier** [~'ʒje] (1o) *v/t.* plagiarize, F crib from.

plaid[1] [plɛd] *m tex.*, *cost.* plaid; travelling-rug.

plaid[2] ✞✞ [plɛ] *m* plea, pleading; *court:* sitting; **plaidable** ✞✞ [plɛ-'dabl] pleadable; **plaider** [~'de] (1a) *v/i.* plead; litigate; *fig.* intercede (with, *auprès de*); *v/t.* se ~ come on (*case*); **plaideur** *m*, -**euse** *f* ✞✞ [~'dœːr, ~'døːz] petitioner, suitor, litigious person; **plaidoirie** ✞✞ [~dwa'ri] *f* pleading; counsel's speech; **plaidoyer** ✞✞ [~dwa'je] *m* plea; *a. fig.* argument (for, *en faveur de*).

plaie [plɛ] *f* wound; sore (*a. fig.*); scourge; *bibl.*, *fig.* plague.

plaignant, e ✞✞ [plɛ'ɲɑ̃, ~'ɲɑ̃ːt] *adj.*, *a. su.* plaintiff; complainant.

plain, plaine [plɛ̃, plɛn] *adj.*: *de ~-pied* on a level (with, *avec*), on the same floor; *fig.* straight; ~-**chant**, *pl.* ~**s-chants** ♪ [plɛ̃'ʃɑ̃] *m* plainsong.

plaindre [plɛ̃ːdr] (4m) *v/t.* pity, be sorry for; † grudge; se ~ complain;⎫ **plaine** [plɛn] *f* plain.   [grumble.⎭

plainte [plɛ̃ːt] *f* complaint (*a.* ✞✞); reproach; lamentation; **plaintif, -ve** [plɛ̃'tif, ~'tiːv] plaintive; querulous (*person, voice*).

plaire [plɛːr] (4z) *v/i.*: ~ *à* please; *à Dieu ne plaise* God forbid (that, *que*); *v/impers.*: *cela lui plaît* he likes that; *plaît-il?* I beg your pardon?; *s'il vous plaît* please; *v/t.*: *se* ~ delight (in, *à*); enjoy o.s.; be happy; please one another; **plaisamment** [plɛza'mɑ̃] *adv. of plaisant 1*; **plaisance** [~'zɑ̃ːs] *f*: *de* ~ pleasure-(*boat, ground*); country (*seat*), in the country (*house*); **plaisant, e** [~'zɑ̃, ~'zɑ̃ːt] **1.** *adj.* amusing, humorous; ridiculous; **2.** *su./m* joker; *the funny part* (*of s.th.*); *mauvais ~* practical joker; **plaisanter** [plɛzɑ̃'te] (1a) *v/i.* joke; *fig.* trifle; *v/t.* chaff (*s.o.*); **plaisanterie** [~'tri] *f* joke, jest; *mauvaise ~* silly joke; *par ~* for a joke; **plaisantin** [~'tɛ̃] *m* practical joker; **plaisir** [plɛ'ziːr] *m* pleasure (*a. fig.*); delight; amusement; favo(u)r; *à ~* at will; without cause; *avec ~* willingly; *de ~* pleasure-...; *faire ~ à* please; *les ~s pl. de la table* the pleasures of the palate; *menus ~s pl.* little luxuries; *partie f de ~* picnic; *train m de ~* excursion train; **plaisons** [plɛ'zɔ̃] *1st p. pl. pres. of plaire;* **plaît** [plɛ] *3rd p. sg. pres. of plaire.*

plan, plane [plɑ̃, plan] **1.** *adj.* plane (*a.* ⩕), level, flat; **2.** *su./m* ⩕, △, ✍, ⚙, *opt.* plane; ⊕ *plane:* sole; ✗ *fire*-line; ✈ wing; *fig.* level, sphere; *fig.* rank, importance; △ *etc.* plan; draft, drawing; *cin. gros ~* close-up; F *laisser q. en ~* leave s.o. in the lurch; *premier ~ thea.* down-stage; *paint.* foreground, *fig.* first importance; *second ~ paint.* middleground; *fig.* background, *fig.* second rank.

planche [plɑ̃ːʃ] *f* board; plank; (*book-*)shelf; ⊕ plate, block; ✍ land; ✍ (*flower-* etc.)bed; *thea.* ~*s pl.* boards, stage *sg.*; ⚓ ~ *de débarquement* gang-plank; *faire la* ~ *swimming:* float (on one's back); ⚓, ✝ *jours m/pl. de ~s* lay days; **planchéier** [plɑ̃ʃe'je] (1a) *v/t.* board (over); floor (*a room*); **plancher** [~'ʃe] *m* (*boarded*) floor; ⚓ planking; ✈, *mot.* floor-board; F ~ *des vaches* terra firma; **planchette** [~'ʃɛt] *f* small board *or* plank.

plan-concave *opt.* [plɑ̃kɔ̃'kaːv] planoconcave; **plan-convexe** *opt.* [~'vɛks] planoconvex.

plane ⊕ [plan] *f* drawing-knife; turning-chisel.

plané, e ✈ [pla'ne] gliding; *vol m ~* glide, volplane; *birds:* soaring.

planer[1] [pla'ne] (1a) *v/t.* ⊕ make even; plane (*wood*).

planer[2] [~] (1a) *v/i.* ✈ glide; soar (*bird*); hover (*bird, mist, a. fig.*).

planétaire [plane'tɛːr] **1.** *adj.* planetary; **2.** *su./m* planetarium; **planète** *astr.* [~'nɛt] *f* planet.

planeur [pla'nœːr] *m* ✈ glider; ⊕ *metals:* planisher; **planeuse** ⊕ [~'nøːz] *f* planing-machine, planishing-machine.

planification *pol.* [planifika'sjɔ̃] *f* planning; **planifié, e** *pol.* [~'fje] planned; *économie f ~e* planned economy.

planimétrie [planime'tri] *f* planimetry; **planimétrique** [~'trik] planimetric(al).
planning [pla'niŋ] *m* planning (*a. pol.*); ~ *familial* family planning.
plant [plɑ̃] *m* sapling; slip; (nursery) plantation; **plantage** [plɑ̃-'ta:ʒ] *m* planting; plantation.
plantain [plɑ̃'tɛ̃] *m* plantain.
plantation [plɑ̃ta'sjɔ̃] *f* planting; plantation; *fig.* setting up, erection; **plante** [plɑ̃:t] *f* plant; *anat. foot*: sole; ~ *d'appartement* indoor plant; ~ *marine* seaweed; *jardin m des* ~s botanical gardens *pl.*, F zoo; **planter** [plɑ̃'te] (1a) *v/t.* plant; fix, set up; F *fig.* ~ *là q.* leave s.o. in the lurch; jilt s.o.; *se* ~ take (up) a stand; **planteur** [~'tœ:r] *m* planter; **planteuse** [~'tø:z] *f* planting-machine.
plantigrade *zo.* [plɑ̃ti'grad] *adj., a. su./m* plantigrade.
plantoir [plɑ̃'twa:r] *m* dibble.
planton [plɑ̃'tɔ̃] *m* orderly.
plantule [plɑ̃'tyl] *f* plantlet, plantling.
plantureux, -euse [plɑ̃ty'rø, ~'rø:z] plentiful, copious; fertile, rich (*country*); *fig.* buxom (*woman*).
plaque [plak] *f* sheet; *metal, a. phot.*: plate; *marble*: slab; *engine, a.* 🚂: bed-plate; (*ornamental*) plaque; badge; ~ *commémorative* (*votive*) tablet; *mot.* ~ *de police* number plate; ~ *de porte* (*rue*) nameplate (street plate); ~ *d'identité* identification plate, ✕ identity disc; 🚂 ~ *tournante* turn-table; **plaqué** ⊕ [pla'ke] *m* plated metal; electroplate; veneered wood; **plaquer** [~'ke] (1m) *v/t.* ⊕ plate (*metal*); ⊕ veneer (*wood*); ♪ lay down (*turf*); *foot.* tackle; ♪ strike (*a chord*); F *fig.* leave (*s.o.*) in the lurch, throw (*s.o.*) over; **plaquette** [~'kɛt] *f metal, wood*: small plate; *stone, marble*: thin slab; brochure; **plaqueur** [~'kœ:r] *m* ⊕ *metal*: plater; *wood*: veneerer; *foot.* tackler.
plastic [plas'tik] *m* explosive gelatine; **plasticité** [~tisi'te] *f* plasticity; **plastique** [~'tik] **1.** *adj.* plastic; **2.** *su./f* plastic art; *fig.* figure; *su./m* ⊕ plastic goods *pl.*
plastron [plas'trɔ̃] *m* ✕ breast-plate; ⊕ drill-plate; fencing-jacket; *fig.* butt; *cost.* woman's modesty-front; *cost. men's* shirt-front; **plastronner** [~trɔ'ne] (1a) *v/i.* F strut, put on side.
plat, plate [pla, plat] **1.** *adj.* flat (*a. fig.*); level; smooth (*sea*); straight (*hair*); low-heeled (*shoes*); empty (*purse*); *fig.* dull; *fig.* poor, paltry; *calme m* ~ dead calm; **2.** *su./m* flat part (*of s.th.*); *oar, tongue*: blade; *book*: board; *cuis.* dish; *cuis.* course; *à* ~ flat; *fig.* exhausted; F *mettre les pieds dans le* ~ put one's foot in it; *tomber à* ~ fall flat on one's face, *thea.* fall flat (*play*).
platane ♣ [pla'tan] *m* plane-tree; *faux* ~ sycamore, great maple.
plateau [pla'to] *m* tray; platform; *thea.* stage; *geog.* plateau; *balance*: scale; ⊕ (bed-)plate; ⊕ table.
plate-bande, *pl.* **plates-bandes** [plat'bɑ̃:d] *f* ♣ flower-bed; (grass) border; △ plat band; F *plates-bandes pl.* preserves, private ground *sg.*
platée [pla'te] *f* △ *concrete*: foundation; F dishful.
plate-forme, *pl.* **plates-formes** [plat'fɔrm] *f bus, a. fig.*: platform; 🚂 *engine*: foot-plate.
platine [pla'tin] *su./f fire-arm etc.*: lock; *lock, watch*: plate; *typewriter, printing press*: platen; *su./m* 🜨, *min.* platinum; **platiné, e** [~ti'ne] platinized; platinum-tipped.
platitude [plati'tyd] *f* platitude, commonplace remark; *fig.* servility; *style*: flatness.
plâtrage [plɑ'tra:ʒ] *m* ⊕ plastering; △ plaster-work; F rubbish; **plâtras** [~'trɑ] *m* debris (of building materials); **plâtre** [plɑ:tr] *m* plaster; plaster cast; plaster-work; *battre comme* ~ beat (s.o.) to a jelly; 🧑‍⚕️ *mettre en* ~ (put into) plaster; **plâtrer** [plɑ'tre] (1a) *v/t.* plaster; *fig.* patch up; 🧑‍⚕️ (put into) plaster; **plâtreux, -euse** [~'trø, ~'trø:z] plastery; chalky (*soil, water*); gypseous; **plâtrier** [~tri'e] *m* plasterer; calciner of gypsum; **plâtrière** [~tri-'ɛ:r] *f* gypsum-quarry, gypsum-kiln; chalk-pit.
plausible [plo'zibl] plausible, specious.
plèbe [plɛb] *f the* plebs; *the* common people *pl.*; **plébéien, -enne** [plebe'jɛ̃, ~'jɛn] *adj., a. su.* plebeian;
plébiscite [plebi'sit] *m* plebiscite;

plébisciter [⁓si'te] (1a) *v/t.* vote by plebiscite; F measure (*s.o.'s*) popularity.

plein, pleine [plɛ̃, plɛn] **1.** *adj.* full (of, *de*); filled (with, *de*); high (*sea, tide*); open (*country, street*); big with young (*animal*); solid (*brick, wood, tyre, wire*); ⁓ *emploi* see *plein-emploi;* *fig. pleine saison* the height of the season; *de son* ⁓ *gré* of one's own free will; *en* ⁓ *air* in the open; *en* ⁓ *jour* in broad daylight; *fig.* publicly, openly; ⚓ *en pleine mer* on the open sea; *en pleine rue* in the open street; openly; **2.** *su./m* full part; *building:* solid part; ⚔ *etc.* bull's-eye; fill(ing) (*tide*); *fig.* be in full swing (*party, season, etc.*); *mot. faire le* ⁓ fill up with petrol *or* Am. gas, fill up the tank; **plein-emploi** [plenɑ̃'plwa] *m* full employment.

plénier, -ère [ple'nje, ⁓'njɛ:r] complete, absolute; ⚖, *eccl.* plenary;
plénipotentiaire [plenipɔtɑ̃'sjɛ:r] *adj., a. su./m* plenipotentiary; **plénitude** [⁓'tyd] *f* fullness; completeness.

pléonasme [pleɔ'nasm] *m* pleonasm.
pléthore [ple'tɔ:r] *f* ⚕, *a. fig.* plethora, *fig.* (super)abundance.
pléthorique [⁓tɔ'rik] ⚕ plethoric, full-blooded; *fig.* (super)abundant.

pleur [plœ:r] *f* tear; **pleurard, e** [plœ'ra:r, ⁓'rard] **1.** *adj.* whimpering; whining (*voice*); tearful; **2.** *su.* whiner; F cry-baby; **pleure-misère** [plœrmi'zɛ:r] *su./inv.* person who is always pleading poverty; **pleurer** [plœ're] (1a) *v/t.* weep for, mourn for; *v/i.* weep; cry (for, *de;* over, *sur*) (*a. fig.*); water, run (*eyes*); ⊕ *etc.* drip; ⚚ bleed.

pleurésie ⚕ [plœre'zi] *f* pleurisy.
pleureur, -euse [plœ'rœ:r, ⁓'rø:z] **1.** *adj.* tearful, lachrymose; weeping (*person, rock,* ♣ *willow*); **2.** *su.* weeper; whimperer; *su./f* hired mourner; **pleurnicher** F [plœrni'ʃe] (1a) *v/i.* whimper, whine, snivel; **pleurnicherie** [⁓niʃ'ri] *f* whining; **pleurnicheur, -euse** [⁓ni'ʃœ:r, ⁓'ʃø:z] **1.** *adj.* whining, whimpering, peevish; **2.** *su.* whiner, whimperer; F cry-baby.

pleut [plø] *3rd p. sg. pres. of pleuvoir*.
pleutre [pløtr] *m* cad; coward.
pleuvoir [plœ'vwa:r] (3g) *v/impers.* rain; *il pleut à verse* it is pouring (with rain), it is raining hard; *v/i. fig.* pour in; **pleuvra** [⁓'vra] *3rd p. sg. fut. of pleuvoir*.

plèvre *anat.* [plɛ:vr] *f* pleura.

pli [pli] *m* fold, pleat; wrinkle; *trousers:* crease; ✝ cover, envelope; letter, note; *bridge, whist:* trick; *arm, leg:* bend; *fig.* habit; *ground:* undulation; ⁓s *pl. non repassés* unpressed pleats; *faire des* ⁓s wrinkle; *faire des* ⁓s *à* pleat (*s.th.*); *ne pas faire un* ⁓ fit like a glove; *fig.* be plain sailing; *fig. prendre un* ⁓ acquire a habit; ✝ *sous ce* ⁓ enclosed, herewith; ✝ *sous* ⁓ *séparé* under separate cover; **pliable** [⁓'abl] foldable, folding; pliable, flexible (*a. fig.*); **pliant, e** [⁓'ɑ̃, ⁓'ɑ̃:t] **1.** *adj.* pliant, flexible; folding; *fig.* docile; *mot. capote f* ⁓*e* collapsible hood; **2.** *su./m* folding-stool, camp-stool.

plie *icht.* [pli] *f* plaice.

plier [pli'e] (1a) *v/t.* fold (up); bend; bow (*one's head*); *se* ⁓ *à* submit to; *fig.* give o.s. up to; *v/i.* bend; yield (*a.* ⚔); **plieur, -euse** [⁓'œ:r, ⁓'ø:z] *su.* folder; *su./f* folding-machine.

plinthe 🏛 *etc.* [plɛ̃:t] *f* plinth.

plioir [pli'wa:r] *m* *bookbinding:* folder; paper-knife; *fishing-line:* winder.

plisser [pli'se] (1a) *v/t.* pleat; crumple; crease; corrugate (*metal, paper*); pucker up (*one's face etc.*); *v/i.* crease, pucker; hang in *or* have folds; **plissure** [⁓'sy:r] *f* pleating; pleats *pl.*

pliure [pli'y:r] *f* *bookbinding:* folding(-room).

plomb [plɔ̃] *m* lead; 🏛 lead sink; ⚡ fuse; ✝ lead seal; ⚓ plummet; *hunt. etc.* shot; *typ.* metal, type; *fig.* weight; *à* ⁓ vertically; upright; straight down; *mine f de* ⁓ blacklead, graphite; *sommeil m de* ⁓ heavy sleep; *tomber à* ⁓ fall plumb *or* vertically; **plombage** [plɔ̃'ba:ʒ] *m* leading, plumbing; ✝ sealing; *teeth:* stopping, filling; **plombagine** [⁓ba'ʒin] *f* graphite, plumbago; **plombé, e** [⁓'be] leaded (*a. cane*); leaden (*sky*); livid (*complexion*); **plomber** [⁓'be] (1a) *v/t.* cover *or* weight with lead; glaze (*pottery*); stop, fill (*a tooth*); 🏛

plumb; ✝ seal; *fig.* give a livid hue to; **plomberie** [~'bri] *f* plumbing; lead industry; lead-works *usu. sg.*; plumber's (shop); **plombier** [~'bje] *m* lead-worker; plumber; **plombifère** [~bi'fɛːr] lead-bearing; lead (*glaze*).

plongeant, e [plɔ̃'ʒɑ̃, ~'ʒɑ̃ːt] plunging; from above (*view*); **plongée** [~'ʒe] *f* plunge, dive, slope; *ground*: dip; *en* ~ (when) submerged; **plongeoir** [~'ʒwaːr] *m* diving-board; **plongeon** [~'ʒɔ̃] *m* dive; *orn.* diver; *faire le* ~ dive; *fig.* make up one's mind, F take the plunge; **plonger** [~'ʒe] (1l) *vt/i.* plunge; *v/t.* dip (into, *dans*); *se* ~ immerse o.s.; *fig.* être plongé dans be absorbed in; *v/i.* dive; ⌁ submerge (*submarine*); dip (*ground, a.* ✂ *seam*); ⌁ ~ *du nez* pitch; **plongeur, -euse** [~'ʒœːr, ~'ʒøːz] 1. *adj.* diving; 2. *su. person*: diver; dish-washer, washer-up (*in a restaurant*); *su./m orn.* diver; ⊕ plunger.

plot ⚡ [plo] *m* stud, terminal; plug.

ploutocratie [plutɔkra'si] *f* plutocracy.

ployable [plwa'jabl] pliable; **ployer** [~'je] (1h) *vt/i.* bend; *v/t.* ✕ ploy; *v/i.* give way.

plu[1] [ply] *p.p. of plaire.*

plu[2] [~] *p.p. of pleuvoir.*

pluie [plɥi] *f* rain (*a. fig.*); *fig.* shower; *craint la* ~! keep dry!; F *fig. faire la* ~ *et le beau temps* rule the roost.

plumage [ply'maːʒ] *m* plumage; **plumard** [~'maːr] *m* featherduster; F bed; **plumasserie** ✝ [~mas'ri] *f* feather-trade; **plumassier** *m*, **-ère** *f* [~ma'sje, ~'sjɛːr] feather-dresser, feather-dealer; **plume** [plym] *f* feather; pen; pennib; *homme m de* ~ man of letters; **plumeau** [ply'mo] *m* featherduster; **plumée** [~'me] *f* *poultry*: plucking; F fleecing; **plumer** [~'me] (1a) *v/t.* pluck (*poultry*); F fleece (*s.o.*); *v/i.* rowing: feather; **plumet** [~'mɛ] *m* ✕ *helmet*: plume; **plumetis** [plym'ti] *m* (raised) satin-stitch; **plumeur** *m*, **-euse** *f* [ply'mœːr, ~'møːz] poultry-plucker; **plumier** [~'mje] *m* pen(cil)-box; pen-tray; **plumitif** [~mi'tif] *m* ⚖

minute-book; F pen-pusher; **plumule** [~'myl] *f* plumule.

plupart [ply'paːr] *f*: *la* ~ most, the majority, the greater part; *la* ~ *des gens, la* ~ *du monde* most people; *la* ~ *du temps* generally; *pour la* ~ mostly.

pluralité [plyrali'te] *f* plurality; *votes*: majority.

pluri... [plyri] pluri..., multi...

pluriel, -elle *gramm.* [ply'rjɛl] 1. *adj.* plural; 2. *su./m* plural; *au* ~ in the plural.

plus[1] [ply]; *oft.* plys *at end of wordgroup; before vowel* plyz] 1. *adv.* more; ⋀ plus; ~ ... ~ ... the more ... the more ...; ~ *confortable* more comfortable; ~ *de* more than (2 *days*); ~ *de soucis!* no more worries!; ~ *grand* bigger; ~ *haut!* speak up!; ~ *que* more than (*he*); ~ *rien* nothing more; *de* ~ further(more); *de* ~ *en* ~ more and more; *en* ~ in addition (to, *de*); extra; *le* ~ *confortable* most comfortable; *le* ~ *grand* biggest; *moi non* ~ nor I, F me neither; *ne* ... ~ no more, no longer; *non* ~ (not) either; *rien de* ~ nothing else *or* more; *sans* ~ simply, only, nothing more; *tant et* ~ any amount, plenty; 2. *su./m*: *le* ~ the most, the best; *au* ~ at the best, at most; *tout au* ~ at the best, at the very most.

plus[2] [ply] *1st p. sg. p.s. of plaire.*

plusieurs [ply'zjœːr] *adj./pl., a. pron./indef./pl.* several; some.

plus-que-parfait *gramm.* [plyskəpar'fɛ] *m* pluperfect.

plus-value ✝, *pol.* [plyva'ly] *f* appreciation, increment value; betterment; extra-payment.

plut [ply] *3rd p. sg. p.s. of pleuvoir.*

plutonium ⚛ [plytɔ'njɔm] *m* plutonium.

plutôt [ply'to] *adv.* rather, sooner (than, *que*); on the whole.

pluvial, e, *m/pl.* **-aux** [ply'vjal, ~'vjo] rain-...; rainy (*season*); **pluvier** *orn.* [~'vje] *m* plover; **pluvieux, -euse** [~'vjø, ~'vjøːz] rainy; wet; of rain; **pluviomètre** *meteor.* [~vjɔ'mɛtr] *m* rain-ga(u)ge, udometer.

pneu, *pl.* **pneus** [pnø] *m mot.* tyre, *Am.* tire; express letter; ~ *antidérapant* non-skid tyre; **pneumatique** [~ma'tik] 1. *adj.* air-...,

pneumonie 362

pneumatic; 2. *su./m* (pneumatic) tyre; (*a. carte f* ~) express letter.
pneumonie ✗ [pnømɔ'ni] *f* pneumonia; **pneumonique** ✗ [~'nik] pneumonic.
pochade [pɔ'ʃad] *f* rapid *or* rough sketch.
pochard, e [pɔ'ʃaːr, ~'ʃard] **1.** *adj.* drunken; **2.** *su.* drunkard.
poche [pɔʃ] *f* pocket; sack; case; ✗ pouch; *geol.* pot-hole; *geol.* washout; *cost.* pucker, F bag; ⊕, *cuis.* ladle; ~ *d'air* ✈ air-pocket; ⊕ airlock; *argent m de* ~ pocket-money; **pochée** [pɔ'ʃe] *f* pocketful; **pocher** [~'ʃe] (1a) *v/t. cuis.* poach; *fig.* black (*s.o.'s eye*); dash off (*an essay, a sketch, etc.*); *cost.* make baggy at the knees; **pochetée** [pɔʃ'te] *f* pocketful; *sl.* stupid (person); **pochette** [pɔ'ʃɛt] *f* small pocket; handbag, sachet; *matches*: book; fancy handkerchief; ⚔ pocket-set (*of mathematical instruments*).
podagre ✗ [pɔ'dɑːgr] **1.** *su.* gouty person; *su./f* podagra; **2.** *adj.* gouty.
podomètre [pɔdɔ'mɛtr] *m* pedometer.
poêle[1] [pwɑːl] *m* (funeral-)pall.
poêle[2] [pwɑːl] *m* stove, cooker.
poêle[3] [pwɑːl] *f* frying-pan; F *fig. tenir la queue de la* ~ be in charge; **poêlée** [pwɑ'le] *f* panful.
poêlier [pwɑ'lje] *m* dealer in stoves and cookers; stove-setter.
poêlon [pwɑ'lɔ̃] *m* small saucepan; casserole.
poème [pɔ'ɛm] *m* poem; **poésie** [~e'zi] *f* (piece of) poetry; **poète** [~'ɛt] *m* poet; *femme f* ~ woman poet, poetess; **poétereau** [pɔe'tro] *m* poetaster; **poétesse** [~'tɛs] *f* poetess; **poétique** [~'tik] **1.** *adj.* poetic(al); **2.** *su./f* poetics *sg.*; **poétiser** [~ti'ze] (1a) *v/i.* write poetry; *v/t.* poet(ic)ize.
poids [pwɑ] *m* weight; heaviness; *fig.* importance; load; *fig.* burden; ✝ ~ *brut* gross weight; *box.* ~ *coq* bantam weight; *box.* ~ *léger* lightweight; ~ *lourd box.* heavy-weight; *mot.* heavy lorry *or* truck; *box.* ~ *mi-lourd* light heavy-weight; ~ *mort* dead weight; *box.* ~ *mouche* flyweight; *box.* ~ *moyen* middleweight; ✝ ~ *net* net weight; *box.* ~ *plume* feather-weight; ⚖ ~ *spécifique* specific gravity; ⚖ ~ *utile* payload; ~ *vif* live weight; *faire bon* ~ give good weight; *vendre au* ~ sell by weight.
poignant, e [pwa'ɲɑ̃, ~'ɲɑ̃ːt] poignant; keen; *fig.* heart-breaking.
poignard [pwa'ɲaːr] *m* dagger; **poignarder** [~ɲar'de] (1a) *v/t.* stab; *fig.* wound (*s.o.*) deeply; **poigne** F [pwaɲ] *f* grip, grasp; **poignée** [pwa'ɲe] *f* handful (*a. fig.*); *door etc.*: handle; *sword*: hilt; ⊕ *tool*: haft; ~ *de main* handshake; **poignet** [~'ɲɛ] *m* wrist; *cost.* cuff; *shirt*: wristband.
poil [pwal] *m* hair, fur, coat (*of animal*); *tex. cloth*: nap; *velvet*: pile; ♀ down; *man*: (body-)hair; *brush*: bristle; F *fig.* mood; ~ *follet* down; F *à* ~ naked; *au* ~ perfectly; **poilu, e** [pwa'ly] **1.** *adj.* hairy, shaggy; **2.** *su./m* ✗ F French soldier.
poinçon ⊕ [pwɛ̃'sɔ̃] *m* (brad)awl; punch; stamp; *silver etc.*: (hall-)mark; *embroidery*: pricker; **poinçonner** [pwɛ̃sɔ'ne] (1a) *v/t.* prick; punch (*a. tickets*); stamp; hallmark (*silver etc.*); **poinçonneur** [~'nœːr] *m* puncher; **poinçonneuse** [~'nøːz] *f* ⊕ stamping-machine; ☷ ticket-punch.
poindre [pwɛ̃ːdr] (4m) *v/t.* † sting; *v/i.* dawn (*day[light]*); *fig.* come up, appear; ♀ sprout.
poing [pwɛ̃] *m* fist.
point[1] [pwɛ̃] *m* ✗, ⚔, *phys., typ., sp., fig., time, place*: point; *gramm.* full stop, *Am.* period; ✗ needlework: stitch; *opt.* focus; *sp.* score; *school*: mark; speck; dot (*a. on letter i*); *cards, dice*: pip; *fig.* extent, degree; *fig.* state, condition; *cost.* lace; ~ *d'arrêt* stopping place; ✗ ~ *de côté* stitch in one's side; ✗ ~ *de suture* stitch (*in a wound*); ~ *de vue* point of view, viewpoint; ~ *d'exclamation* exclamation mark; ~ *d'interrogation* question mark; ~ *du jour* daybreak; *mot.* ~ *mort* neutral; ~-*virgule* semicolon; *à ce* ~ *que* so much so that; *à* ~ in the right condition; in the nick of time; medium-cooked (*meat*); *sp. battre aux* ~s beat (*s.o.*) on points; *de* ~ *en* ~ in every particular; *deux* ~s colon; *en tout* ~ in every way, on all points; *être sur le* ~ *de* (*inf.*) be about to (*inf.*); ⚓ *faire le* ~ take the ship's position; *mauvais* ~ *school*: bad *or*

poor mark; *mettre au* ~ *opt.* focus; *mot. etc.* tune (*the engine*); restate (*a question*); clarify (*an affair*); *sur ce* ~ on that score *or* head.
point² [~] *adv.*: *ne* ... ~ not ... at all; ~ *du tout!* not at all.
pointe [pwɛ̃:t] *f* point; *arrow etc.*: tip; *bullet*: nose; *spire, tree*: top; touch (*of bronchitis etc., a. fig.*); *geog.* headland, *land*: tongue; *day*: break; witticism; *fig.* peak, maximum; ~ *des pieds* tiptoe; ⊕ ~ *sèche* etching-needle; dry-point engraving; F *avoir une* ~ *de vin* be slightly excited with drink; *décolleté m en* ~ V-neck; *en* ~ pointed (*beard*); tapering; *heures f/pl. de* ~ peak hours.
pointer¹ [pwɛ̃'te] (1a) *v/t.* prick up (*one's ears*); sharpen (*a pencil*); ♪ dot (*a note*); *v/i.* ⚕ sprout, come up; rear (*horse*); rise, soar (*bird, spire*).
pointer² [pwɛ̃'te] (1a) *v/t.* aim (*a gun etc.*); check (off) (*items, names*); prick; *v/i.* clock in *or* out (*worker*).
pointillé, e [pwɛ̃ti'je] **1.** *adj.* dotted (*line*); *tex.* pin-head; spotted (*pattern*); stippled (*engraving*); **2.** *su./m* dotted line; stippling; **pointiller** [~'je] (1a) *v/t.* dot; stipple; *fig.* pin-prick (*s.o.*), nag at (*s.o.*); *v/i.* cavil; split hairs; **pointilleux, -euse** [~'jø, ~'jø:z] punctilious; particular (about, *sur*); finicky; touchy.
pointu, e [pwɛ̃'ty] pointed, sharp; *fig.* shrill (*voice*); *fig.* touchy (*disposition*); **pointure** [~'ty:r] *f* collars, shoes, *etc.*: size.
poire [pwa:r] *f* ⚕ pear; ⚡ bulb; ⚡ pear-switch; *sl.* mug, sucker, ⚡ head; ~ *à poudre* powder-flask; F *garder une* ~ *pour la soif* put s.th. by for a rainy day; **poiré** [pwa're] *m* perry.
poireau [pwa'ro] *m* ⚕ leek; F simpleton, chump; F *faire le* ~ kick one's heels; **poirée** ⚕ [~'re] *f* white beet.
poirier ⚕ [pwa'rje] *m* pear-tree.
pois [pwa] *m* ⚕ pea; *tex.* polka dot; ~ *pl. cassés* split peas; ~ *chiche* chick-pea; *tex. à* ~ spotted, dotted; *cuis. petits* ~ *pl.* green peas.
poison [pwa'zɔ̃] *m* poison.
poissant, e F [pwa'sã, ~'sã:t] importunate, a pest.
poissard, e [pwa'sa:r, ~'sard] **1.** *adj.* vulgar; **2.** *su./f* fishwife; foul-mouthed woman; *langue f de* ~e F Billingsgate.
poisse F [pwas] *f* bad luck.
poisser [pwa'se] (1a) *v/t.* pitch; wax; make stick; F importune, pester; *v/i.* be sticky; **poisseux, -euse** [~'sø, ~'sø:z] pitchy; sticky.
poisson [pwa'sɔ̃] *m* fish; ~ *d'avril* April Fool trick *or* joke; ~ *rouge* goldfish; *faire un* ~ *d'avril à* make an April Fool of (*s.o.*); *astr. les* ♓s *pl.* Pisces, the Fishes; **~-chat**, *pl.* **~s-chats** *icht.* [~sɔ̃'ʃa] *m* cat-fish; **poissonnerie** [~sɔn'ri] *f* fish-market, fish-shop; **poissonneux, -euse** [~sɔ'nø, ~'nø:z] teeming with fish; **poissonnier, -ère** [~sɔ'nje, ~'njɛ:r] *su.* fishmonger; *su./f* fish-kettle.
poitrail [pwa'tra:j] *m horse*: breast; *harness*: breast-strap; ⚠ breast-summer; **poitrinaire** ⚕ [~tri'nɛ:r] *adj., a. su.* consumptive; **poitrine** [~'trin] *f* breast, chest; *woman*: bust.
poivrade *cuis.* [pwa'vrad] *f* dressing of oil, vinegar and pepper; **poivre** [pwa:vr] *m* pepper; F ~ *et sel* grey-haired (*person*); *grain m de* ~ peppercorn; **poivré, e** [pwa'vre] peppery, hot (*food*); pungent (*smell*); stiff (*price*); *fig.* spicy (*story*); **poivrer** [~'vre] (1a) *v/t.* pepper; F spice (*a story etc.*); **poivrier** [~vri'e] *m* pepper-box; ⚕ pepper-plant; **poivrière** [~vri'ɛ:r] *f* pepper-pot; pepper-box (*a.* ⚠); pepper-plantation; **poivron** [~'vrɔ̃] *m* pimento, allspice; **poivrot** F [~'vro] *m* drunkard.
poix [pwa] *f* pitch; cobbler's wax.
polaire ⚕, ⚡, *geog.* [pɔ'lɛ:r] polar; **polarisation** *phys.* [pɔlariza'sjɔ̃] *f* polarization; **polarité** *phys.* [~'te] *f* polarity.
polder [pɔl'dɛ:r] *m Holland*: polder.
pôle [po:l] *m* pole; *geog.* ~ *Nord* (*Sud*) North (South) Pole.
polémique [pɔle'mik] **1.** *adj.* polemic; **2.** *su./f* polemic; *eccl.* polemics *pl.*; **polémiquer** [~mi'ke] (1m) *v/i.* polemize.
poli, e [pɔ'li] **1.** *adj.* polished (*a. fig.*); burnished (*metal*); glossy; *fig.* polite; *fig.* urbane, elegant; **2.** *su./m* polish, gloss.
police¹ [pɔ'lis] *f* police, constabu-

police 364

lary; policing; regulations *pl.*; ~ *de la circulation* traffic police; ~ *fluviale* river police; ~ *judiciaire* (approx.) Criminal Investigation Department, C.I.D.; *agent m de ~* policeman; *appeler* ~(-)*secours* dial 999: ✻ *bonnet m de* ~ forage cap; *fiche f de* ~ registration form (*at a hotel*); ✻ *salle f de* ~ guard-room.
police[2] [~] *f* insurance policy; ⚓ ~ *de chargement* bill of lading; ~ *flottante* floating policy.
policer † [poli'se] (1k) *v/t.* bring law and order to; organize; civilize.
polichinelle [poliʃi'nɛl] *m* Punch; F buffoon; *secret m de* ~ open secret.
policier, -ère [pɔli'sje, ~'sjɛːr] 1. *adj.* police-, detective (*film, novel*); 2. *su./m* policeman; detective.
poliment [pɔli'mɑ̃] *adv. of poli* 1.
poliomyélite ✱ [pɔljɔmje'lit] *f* poliomyelitis, F polio: infantile paralysis.
polir [pɔ'liːr] (2a) *v/t.* polish (*a. fig.*); make glossy; burnish (*metal*); *fig.* refine; **polisseur, -euse** [pɔli'sœːr, ~'søːz] *su.* polisher; *su./f* polishing-machine; **polissoir** [~'swaːr] *m* ⊕ *tool:* polisher; polishing-machine; buff-stick; nail-polisher.
polisson, -onne [pɔli'sɔ̃, ~'sɔn] 1. *adj.* naughty, *pej.* indecent; lascivious; 2. *su.* naughty child, scamp; dissolute person; **polissonner** [~sɔ'ne] (1a) *v/i.* run the streets (*child*); behave *or* talk lewdly; **polissonnerie** [~sɔn'ri] *f child:* mischievousness; indecent act; smutty story: depravity.
polissure [pɔli'syːr] *f* polish(ing).
politesse [pɔli'tɛs] *f* politeness, courtesy; ~*s pl.* civilities.
politicien *m*, **-enne** *f usu. pej.* [pɔliti'sjɛ̃, ~'sjɛn] politician; **politique** [~'tik] 1. *adj.* political; *fig.* prudent, wary; *fig.* diplomatic; *homme m* ~ politician; 2. *su./m* politician; *su./f* politics; policy; ~ *de clocher* parish-pump politics; ~ *de la porte ouverte* open-door policy; ~ *extérieure* (*intérieure*) foreign (home) policy; **politiquer** F [~ti'ke] (1m) *v/i.* dabble in politics; talk politics.
polka [pɔl'ka] *f* ♪ *dance:* polka; ⊕ quarryman's hammer.
pollen ✿ [pɔl'lɛn] *m* pollen; **pollinique** ✿ [~li'nik] pollinic; pollen-(*sac, tube*); **pollinisation** ✿ [~liniza'sjɔ̃] *f* fertilization, pollinization.
polluer [pɔl'lɥe] (1n) *v/t.* defile; *eccl.* profane; **pollution** [~ly'sjɔ̃] *f* pollution (*a.* ✱); *eccl.* profanation.
polochon *sl.* [pɔlɔ'ʃɔ̃] *m* bolster.
polonais, e [pɔlɔ'nɛ, ~'nɛːz] 1. *adj.* Polish; 2. *su./m ling.* Polish; *su.* ♀ Pole; *su./f* ♪ *dance:* polonaise.
poltron, -onne [pɔl'trɔ̃, ~'trɔn] 1. *adj.* timid; cowardly, craven; 2. *su.* coward, craven, *sl.* funk; **poltronnerie** [~trɔn'ri] *f* timidity; cowardice.
poly... [~pɔli] poly...; **~clinique** [~kli'nik] *f* polyclinic; **~copier** [~kɔ'pje] (1o) *v/t.* cyclostyle, stencil, duplicate; **~èdre** ⩓ [~'ɛːdr] 1. *adj.* polyhedral; 2. *su./m* polyhedron; **~game** [~'gam] 1. *adj.* polygamous; ⚥ polygamic; 2. *su.* polygamist; **~glotte** [~'glɔt] *adj., a. su.* polyglot; **~gone** [~'gɔn] 1. *adj.* polygonal; 2. *su./m* polygon; ✕ *artillery:* shooting-range; **~mère** ⚛ [~'mɛːr] polymeric; **~nôme** ⩓ [~'noːm] *m* polynomial.
polype [pɔ'lip] *m zo.* polyp; ✱ polypus; **polypeux, -euse** [~li'pø, ~'pøːz] polypous.
poly...: **~phonie** ♪ [pɔlifɔ'ni] *f* polyphony; **~phonique** ♪ [~fɔ'nik] polyphonic; **~technicien** [~tɛkni'sjɛ̃] *m* student at the *École polytechnique;* **~technique** [~tɛk'nik] polytechnic; *École f* ~ Military Academy of Artillery and Engineering.
pomiculteur [pɔmikyl'tœːr] *m* fruit-grower.
pommade [pɔ'mad] *f* pomade, pomatum, (hair-)cream; F *passer de la ~ à* soft-soap (*s.o.*); **pommader** [~ma'de] (1a) *v/t.* pomade, put cream on (*one's hair*).
pommard [pɔ'maːr] *m* Pommard (*a red burgundy*).
pomme [pɔm] *f* apple; ✿ pome; *lettuce etc.:* head; *bedstead, stick:* knob; *sprinkler etc.:* rose; F head; ~ *de discorde* bone of contention; ~ *de terre* potato; ~*s pl.* chips potato crisps; F *tomber dans les* ~*s* pass out (= *faint*); **pommé, e** [pɔ'me] 1. *adj.* rounded; F downright (*fool*); first-rate; *chou m ~* white-heart cabbage; *laitue f ~e* cabbage lettuce; 2. *su./m* cider.

pommeau [pɔ'mo] *m* pommel; *fishing-rod*: butt.
pommelé, e [pɔm'le] dappled; *ciel m* ~ mackerel sky; *gris* ~ dapple-grey; **pommelle** ⊕ [pɔ'mɛl] *f* grating (*over pipe*); **pommer** [~-'me] (1a) *v/i. a. se* ~ form a head (*cabbage, lettuce, etc.*); **pommeraie** ✶ [pɔm'rɛ] *f* apple-orchard; **pommette** [pɔ'mɛt] *f* knob; *anat.* cheek-bone; **pommier** [~'mje] *m* apple-tree; **pomologie** [~mɔlɔ'ʒi] *f* pomology.
pompe[1] [pɔ̃:p] *f* pomp, ceremony; *entrepreneur m de* ~s *funèbres* funeral director, undertaker, *Am.* mortician.
pompe[2] [pɔ̃:p] *f* ⊕ pump; *mot.* ~ *à essence* petrol-pump, *Am.* gas-pump; ~ *à graisse* grease-gun; ~ *à incendie* fire-engine; ~ *à pneumatique* tyre-pump; tyre-inflator; ~ *aspirante* suction-pump; ~ *aspirante-foulante* lift-and-force pump; **pomper** [pɔ̃-'pe] (1a) *v/t.* pump (*a. fig.*); suck up *or* in; F tire out; **pompette** F [~'pɛt] tipsy.
pompeux, -euse [pɔ̃'pø, ~'pø:z] pompous; stately; high-flown (*style*).
pompier [pɔ̃'pje] 1. *su./m* fireman; pump-maker; pumpman; F tippler; 2. *adj.* F corny; high-falutin' (*style*); **pompiste** *mot.* [~'pist] *m* pump attendant.
pompon [pɔ̃'pɔ̃] *m* pompon, tuft; powder-puff; F *à lui le* ~! he is easily first!; **pomponner** [~pɔ'ne] (1a) *v/t.* adorn with pompons; *fig.* adorn.
ponant *hist.* [pɔ'nɑ̃] *m* West; Occident.
ponce [pɔ̃:s] *f* (*a. pierre f* ~) pumice-stone; *drawing*: pounce.
ponceau[1] △ [pɔ̃'so] *m* culvert.
ponceau[2] [~] 1. *su./m* corn-poppy; poppy-red; 2. *adj./inv.* poppy-red.
poncer ⊕ [pɔ̃'se] (1k) *v/t.* pumice; *floor etc.*: sand-paper; rub down (*paint*); pounce (*a drawing*); **ponceux, -euse** [.'sø, ~'sø:z] 1. *adj.* pumiceous; 2. *su./f* ⊕ sand-papering machine; **poncif, -ve** [~'sif, ~'si:v] 1. *adj.* conventional; trite; stereotyped (*effect, plot*); 2. *su./m* conventionalism; *fig.* conventional piece of writing.
ponction ✷ [pɔ̃k'sjɔ̃] *f* puncture; blister: pricking; **ponctionner** [~sjɔ'ne] (1a) *v/t.* puncture; tap; prick (*a blister*).
ponctualité [pɔ̃ktɥali'te] *f* punctuality; **ponctuation** *gramm.* [~'sjɔ̃] *f* punctuation; **ponctuel, -elle** [pɔ̃k'tɥɛl] punctual; *phys.* pinpoint; **ponctuer** [~'tɥe] (1n) *v/t.* punctuate; emphasize (*a spoken word*).
pondaison [pɔ̃de'zɔ̃] *f eggs*: laying.
pondérable [pɔ̃de'rabl] ponderable; **pondéral, e**, *m/pl.* **-aux** [~'ral, ~-'ro] ponderal; **pondérateur, -trice** [~ra'tœ:r, ~'tris] stabilizing, balancing; **pondération** [~ra'sjɔ̃] *f* balance (*a. fig.*); equilibrium; *fig.* coolness; **pondéré, e** [~'re] level-headed; **pondérer** [~'re] (1f) *v/t.* balance.
pondeur, -euse [pɔ̃'dœ:r, ~'dø:z] 1. *adj.* (egg-)laying; 2. *su. fig.* prolific producer (*of novels etc.*); *su./f hen*: layer; **pondoir** [~'dwa:r] *m* nest-box; *hens*: laying-place; **pondre** [pɔ̃:dr] (4a) *v/t.* lay (*an egg*); F *fig.* produce, bring forth.
poney *zo.* [pɔ'ne] *m* pony.
pont [pɔ̃] *m* △, ⊕, *fig.* bridge; ⊕, *mot.* axle; ⚓ deck; ~s *pl. et chaussées f/pl.* Highways Department *sg.* (*in France*); ⊕ ~ *à bascule* weigh-bridge; ~ *aérien* air-lift; *mot.* ~ *arrière* rear-axle; *mot.* ~ *élévateur garage*: repair *or* car ramp; ~ *roulant* ⊕ travelling crane; 🚆 traverser; △ ~ *suspendu* suspension-bridge; △ ~ *tournant* swing-bridge; *fig.* couper *les* ~s burn one's boats; **pontage** [pɔ̃'ta:ʒ] *m* bridge-building; bridging.
ponte[1] [pɔ̃:t] *f eggs*: laying; eggs *pl.*
ponte[2] [~] *m cards*: punter; F top brass, V.I.P.
ponter[1] [pɔ̃'te] (1a) *v/t.* bridge (*a river, esp.* ⚔ *with a pontoon etc.*); ⚓ lay the deck(s) of (*a ship*).
ponter[2] [~] (1a) *v/i. cards*: punt.
pontet [pɔ̃'tɛ] *m* ⊕ *gun*: trigger-guard; *bayonet*: scabbard-catch; **pontier** [~'tje] *m* bridge-keeper.
pontife [pɔ̃'tif] *m* pontiff; *fig.* pundit; *souverain m* ~ pope, sovereign pontiff; **pontifical, e**, *m/pl.* **-aux** [pɔ̃tifi'kal, ~'ko] *adj., a. su./m* pontifical; **pontificat** [~fi'ka] *m* pontificate; **pontifier** [~'fje] (1o) *v/i.* pontificate (*a. fig.*).

pont-levis

pont-levis, *pl.* **ponts-levis** [põləˈvi] *m* drawbridge.
ponton [põˈtõ] *m* ⚓ pontoon; ⚓ lighter; *in river etc.*: floating landing-stage; † hulk, prison-ship; **pontonnier** [‿tɔˈnje] *m* ferry, *bridge*: toll-collector; ⚓ pontoneer.
popeline *tex.* [pɔˈplin] *f* poplin.
popote F [pɔˈpɔt] **1.** *su./f* cooking; ⚓ cook-shop; ⚓ (*field*-)mess; *faire la ~* do the cooking; **2.** *adj.* stay-at-home, quiet.
populace *pej.* [pɔpyˈlas] *f* populace, rabble; **populacier, -ère** F [‿laˈsje, ‿ˈsjɛːr] vulgar, common.
populage ♀ [pɔpyˈlaːʒ] *m* marsh marigold.
populaire [pɔpyˈlɛːr] **1.** *adj.* popular (with, *auprès de*); **2.** *su./m* common people; herd; **populariser** [pɔpylariˈze] (1a) *v/t.* popularize; make (*s.o.*) popular; **popularité** [‿ˈte] *f* popularity; **population** [pɔpylaˈsjõ] *f* population; *~ active* working population; **populeux, -euse** [‿ˈlø, ‿ˈløːz] populous; crowded (*city etc.*); **populo** F [‿ˈlo] *m* common people, riff-raff.
porc [pɔːr] *m* pig, hog; *cuis.* pork; *fig.* (dirty) swine.
porcelaine [pɔrsəˈlɛn] *f* china (-ware); porcelain; *~ de Limoges* Limoges ware; **porcelainier, -ère** [‿lɛˈnje, ‿ˈnjɛːr] **1.** *adj.* china...; porcelain...; **2.** *su./m* porcelain manufacturer.
porcelet [pɔrsəˈlɛ] *m* piglet, *ch.sp.* piggy.
porc-épic, *pl.* **porcs-épics** *zo.* [pɔrkeˈpik] *m* porcupine, *Am.* hedgehog.
porche △ [pɔrʃ] *m* porch, portal.
porcher [pɔrˈʃe] *m* swine-herd; **porchère** [‿ˈʃɛːr] *f* swine-maiden; **porcherie** [‿ʃəˈri] *f* pig-farm; pigsty (*a. fig.*).
pore [pɔːr] *m* pore; **poreux, -euse** [pɔˈrø, ‿ˈrøːz] porous; unglazed (*pottery etc.*).
porion ⚒ [pɔˈrjõ] *m* overman.
pornographie [pɔrnɔgraˈfi] *f* pornography.
porosité [pɔroziˈte] *f* porosity.
porphyre [pɔrˈfiːr] *m min.* porphyry; ⚒ slab; **porphyrique** *min.* [‿fiˈrik] porphyritic.
porreau [pɔˈro] *m see poireau.*
port[1] [pɔːr] *m* ⚓, † port; harbo(u)r; haven (*a. fig.*); *~ d'attache* port of registry; *~ de* (*or à*) *marée* tidal harbo(u)r; *~ de mer* seaport; *~ franc* free port; *arriver à bon ~* ⚓ come safe into port; *fig.* arrive safely; *capitaine m de ~* harbo(u)r-master; *entrer au ~* come into port.

port[2] [pɔːr] *m* carrying; *goods etc.*: carriage; *letter, parcel*: postage; ⚓ *ship*: tonnage; *transport, telegram, etc.*: charge; *decorations, uniform*: wearing; *person*: bearing, carriage; *~ dû* carriage forward; *~ payé* carriage *or* postage paid; **portable** [pɔrˈtabl] portable; *cost.* wearable; **portage** [‿ˈtaːʒ] *m* † conveyance, transport; ⚓ portage; ⊕ bearing.
portail △ [pɔrˈtaːj] *m* portal; main door.
portance ✈ [pɔrˈtãːs] *f* lift (*per unit area*); **portant, e** [‿ˈtã, ‿ˈtãːt] **1.** *adj.* ⊕ bearing, carrying; *fig.* in (*good, bad*) health; **2.** *su./m* ⊕ stay, strut; *box, trunk*: handle; *thea.* framework (*of a flat*); ⚡ magnet: armature; **portatif, -ve** [‿taˈtif, ‿ˈtiːv] portable (*radio*).
porte [pɔrt] **1.** *su./f* △, *a.* ⊕ door (*a. fig.*); gate (*a.* ⚓); doorway, entrance; *geog.* pass, gorge; *~ à deux battants* folding-door; *~ cochère* carriage entrance, gateway; ⚒ *~ d'aérage* trap, air-gate; *~ vitrée* glass door; *écouter aux ~s* eavesdrop; *mettre q. à la ~* turn s.o. out; *nous habitons ~ à ~* we are next-door neighbo(u)rs; **2.** *adj.*: *anat. veine f ~* portal vein.
porte...: **~-affiches** [pɔrtaˈfiʃ] *m/inv.* notice-board; **~-aiguilles** [‿eˈgɥiːj] *m/inv.* needle-case; **~-assiette** [‿aˈsjɛt] *m/inv.* table-mat; **~-avions** ⚓ [‿aˈvjõ] *m/inv.* aircraft carrier, *Am. sl.* flattop; **~-bagages** [‿baˈgaːʒ] *m/inv.* luggage-rack; *mot.* luggage-carrier; **~-billets** [‿biˈjɛ] *m/inv.* note-case, *Am.* bill-fold; **~-bonheur** [‿bɔˈnœːr] *m/inv.* talisman, lucky charm; mascot; **~-bouteilles** [‿buˈtɛːj] *m/inv.* bottle-rack; wine-bin; **~-cigarette** [‿sigaˈrɛt] *m/inv.* cigarette-holder; **~-cigarettes** [‿sigaˈrɛt] *m/inv.* cigarette case; **~-clefs** [‿əˈkle] *m/inv.* (prison) warder; key-ring; *hotel*: key-board, key-rack; **~-drapeau** ⚓ [‿ədraˈpo] *m/inv.* colo(u)r-bearer.

portée [pɔr'te] f bearing; △ span; *gun*: range; *voice*: compass; *arm*: reach; ⊕ bearing surface; △ projection; ♪ stave; *animals*: litter; *fig.* comprehension; *fig.* full implications *pl.*; à ~ de la voix (main) within call (reach); être à la ~ de be within the understanding of (*s.o.*); be within reach or range of (*s.th.*); vues f/pl. à longue ~ far-sighted policy *sg.*

porte...: **~-enseigne** [pɔrtɑ̃'sɛɲ] *m/inv.* colo(u)r-bearer; **~-épée** [~e-'pe] *m/inv.* sword-knot; **~faix** [~ə'fɛ] *m* (street-)porter; *docks*: stevedore.

porte-fenêtre, *pl.* **portes-fenêtres** △ [pɔrtə'fnɛ:tr] f French window.

porte...: **~feuille** [pɔrtə'fœ:j] *m documents*, *a. pol.*: portfolio; wallet, note-case, *Am.* bill-fold; ✝ ~ titres investments *pl.*, securities *pl.*; **~-habits** [pɔrtə'bi] *m/inv.* hall-stand; **~-malheur** [~ma'lœ:r] *m/inv.* bringer of bad luck, F Jonah; **~manteau** [~mɑ̃'to] *m* coat-rack, hat-stand; **~-mine** [~'min] *m/inv.* pencil-case; propelling pencil; **~-monnaie** [~mɔ'nɛ] *m/inv.* purse; **~-parapluies** [~para'plɥi] *m/inv.* umbrella-stand; **~-parole** [~pa'rɔl] *m/inv.* spokesman, F mouthpiece; **~-plume** [pɔrtə'plym] *m/inv.* pen-holder.

porter [pɔr'te] (1a) *v/t.* carry; bear; wear (*clothing*); take; strike, deal (*a blow*); ⚕ bring (*a charge, a complaint*); ✝ charge; ✝ place (to *s.o.'s credit*); ✝ post (*in ledger*); produce (*fruit etc.*); ✠ shoulder (*arms*); *fig.* lead (*s.o.*) (to, à); *fig.* increase (*the number, the price, the temperature*); *fig.* have (*an affection, an interest*), bear (*the responsibility, witness*); se ~ proceed (to, à); feel, be (*well etc.*); be worn (*clothing*); se ~ candidat stand as candidate, *pol.* run (for, à); se ~ garant de vouch for; *v/i.* bear (*a. fig.*), rest (on, sur); deal (with, sur); hit the mark, strike home (*shot, a. fig.* insult, *etc*); ⚕ be pregnant; be with young (*animal*); *fig.* ~ à la tête go to the head (*wine*); ~ sur les nerfs get on one's nerves.

porte...: **~-respect** [pɔrtrɛs'pɛ] *m/inv.* defensive weapon; **~-savon** [~sa'vɔ̃] *m or m/inv.* soap-dish, soap-holder; **~-serviettes** [~sɛr'vjɛt] *m/inv.* towel-rack.

porteur, -euse [pɔr'tœ:r, ~'tø:z] 1. *su.* porter; *letter, message, news, etc.*: bearer; ✡ (germ-)carrier; *su./m* ✝ bearer, payee (*of cheque*); (stock-, share)holder; au ~ (*payable*) to bearer (*cheque*); 2. *adj.* pack-(*animal*); ⊕ bearing; suspension-...; carrier (*wave, rocket*).

porte-voix [pɔrtə'vwa] *m/inv.* speaking-tube; megaphone.

portier, -ère [pɔr'tje, ~'tjɛ:r] *su.* porter, janitor; *su./f mot., a.* 🚗 door; door-curtain; **portillon** [~ti-'jɔ̃] *m* wicket(-gate); small gate.

portion [pɔr'sjɔ̃] f portion, share, part; *meal*: helping; F ~ congrue bare living.

portique [pɔr'tik] *m* portico, porch; ⊕ gantry; *sp.* cross-beam.

porto [pɔr'to] *m wine*: port.

portrait [pɔr'trɛ] *m paint.* portrait; face; *fig.* likeness; *fig.* description; character-sketch, profile; **portraitiste** [pɔrtrɛ'tist] *su.* portrait-painter; **portraiturer** F [~ty're] (1a) *v/t.* portray.

portugais, e [pɔrty'gɛ, ~'gɛ:z] 1. *adj.* Portuguese; 2. *su./m ling.* Portuguese; *su.* ♀ Portuguese; les ♀ *m/pl.* the Portuguese.

posage ⊕ [po'za:ʒ] *m* placing; fixing; *bricks, pipes*: laying; **pose** [po:z] f ⊕ placing; fixing; *bricks, pipes*: laying; ✠ posting; *phot.* time-exposure; *fig.* posture; pose; *fig.* affectation; prendre une ~ adopt or strike an attitude; **posé, e** [po'ze] *fig.* sedate, staid, grave; steady (*bearing, person, voice*); sitting (*bird*); **posemètre** *phot.* [poz'mɛtr] *m* exposure meter; **poser** [po'ze] (1a) *v/t.* place, put (*a. a question, a motion*), lay (*a.* △ bricks, pipes, carpet, 🚆 rails, *etc.*); lay down (*a book, a. fig. a principle*); hang (*curtains*); set (*a problem*); ⊕ fix, fit; ✠ ~ les armes lay down one's arms; ~ q. establish s.o.'s reputation; posons le cas que let us suppose that; se ~ *fig.* achieve a certain standing; ⚡ land (*plane*); se ~ comme pass o.s. off as, claim to be; *v/i.* rest, lie; *paint.* pose (*a. fig.*), sit; F *fig.* put it on, *Am.* put on dog; *fig.* ~ pour claim to be;

poseur, -euse [~'zœ:r, ~'zø:z]

positif

su. affected person; attitudinizer; *su./m* pipes, *a. mines:* layer; *(bill-)*sticker.

positif, -ve [pozi'tif, ~'tiːv] **1.** *adj.* ✠, ⚡, *gramm., phys., phot.* positive; real, actual; matter-of-fact, practical *(person)*; **2.** *su./m phot., gramm.* positive; reality; *phot.* print; ♪ choir-organ.

position [pozi'sjɔ̃] *f* position; situation *(a. fig.)*; job; *(physical)* posture, attitude; *(social)* standing; ~ **clé** key position; *feux m/pl. de* ~ ⚔ navigation lights; ⚓ riding lights; *mot.* parking lights; *prendre* ~ *sur* take up a definite stand about.

possédé, e [pɔse'de] **1.** *adj.* possessed (by, *de*; *fig. a.* with, *pour*); **2.** *su./m* madman, maniac; *su./f* madwoman; **posséder** [~] (1f) *v/t.* possess *(a. fig.)*; own; have; *fig. passion, influence:* dominate; have a thorough knowledge of; *fig. se* ~ contain o.s., control o.s.

possesseur [pɔse'sœːr] *m* owner, possessor; **possessif, -ve** *gramm.* [~'sif, ~'siːv] *adj., a. su./m* possessive; **possession** [~'sjɔ̃] *f* possession *(a. by a demon)*; property; *fig.* thorough knowledge *(of a subject)*.

possibilité [pɔsibili'te] *f* possibility; **possible** [~'sibl] **1.** *adj.* possible; *le plus* ~ as far as possible; as many or much as possible; *le plus vite* ~ as quickly as possible; **2.** *su./m* what is possible; *faire tout son* ~ do all one can (to *inf.*, *pour inf.*).

post... [pɔst...]

postal, e, *m/pl.* **-aux** [pɔs'tal, ~'to] postal; *sac m* ~ mail-bag.

postdater [pɔstda'te] (1a) *v/t.* postdate.

poste¹ [pɔst] *f* post; mail; postal service; post office; ~ **aérienne** airmail; ~ **restante** to be called for, *Am.* general delivery; *mettre à la* ~ post, *Am.* mail *(a letter); par la* ~ by post.

poste² [~] *m* post *(a. ⚔)*; ⚓ quarters *pl.*, room; ✈ *pilot:* cockpit; ⚔, ⊕, ⚡, *police, fire, radio, tel., etc.:* station); *radio, teleph.:* set; *teleph.* extension; ⌁ entry; ⌁ item; *mot. (filling)* station, *(petrol)* pump; ~ **avancé** advanced post, outpost; 🚂 ~ *d'aiguillage* signal-box; ✈ ~ *de contrôle* control tower; ⊕, ⚔ ~ *de jour (nuit)* day (night) shift; ~ **de** **secours** first-aid post; ⚔ regimental aid post; ~ *de télévision* television set, F T.V.; ~ *de T.S.F.* wireless (set), *Am.* radio; ~ *téléphonique* telephone-station; *conduire q. au* ~ take s.o. to the police station.

poster [pɔs'te] (1a) *v/t.* post, *Am.* mail *(a letter)*; post *(guns, a sentry)*; station *(a sentry)*.

postérieur, e [pɔste'rjœːr] **1.** *adj.* posterior; subsequent *(time)*; hind *(-er) (place)*; back *(vowel)*; **2.** F *su./m* posterior, F backside.

postérité [pɔsteri'te] *f* posterity; descendants *pl.*; *la* ~ generations *pl.* to come.

postface [pɔst'fas] *f book:* postscript.

posthume [pɔs'tym] posthumous.

postiche [pɔs'tiʃ] **1.** *adj.* false *(hair etc.)*; imitation *(pearl)*; **2.** *su./m* postiche.

postier *m*, **-ère** *f* [pɔs'tje, ~'tjɛːr] post-office employee; **postillon** [~ti'jɔ̃] *m* postilion; F *speech:* splutter(ing).

post...: ~**position** [pɔstpozi'sjɔ̃] *f* postposition; ~**scolaire** [~skɔ'lɛːr] after-school; *class, school:* continuation ...; ~**scriptum** [~skrip'tɔm] *m/inv.* postscript, P.S.

postulant *m*, **e** *f* [pɔsty'lɑ̃, ~'lɑ̃ːt] *post:* applicant, candidate; *eccl.* postulant; **postulat** [~'la] *m* postulate, assumption; **postulation** [~la'sjɔ̃] *f* postulation; **postuler** [~'le] (1a) *v/t.* apply for *(a post)*; *eccl.* postulate; *v/i.* ⚖ conduct a (law)suit.

posture [pɔs'tyːr] *f* posture, attitude; *fig.* position.

pot [po] *m* pot; jar, jug, can; 🜭 crucible; ~ *à eau* water jug, ewer; ~ *à fleurs* flower-pot; ~ *à lait* milk-can, milk-jug; ~ *de chambre* chamber(-pot); ~ *de fleurs* pot of flowers; *fig. découvrir le* ~ *aux roses* smell out the secret; *manger à la fortune du* ~ take pot luck; F *fig. tourner autour du* ~ beat about the bush.

potable [pɔ'tabl] drinkable, fit to drink; F fair, acceptable; *eau f* ~ drinking water.

potache F [pɔ'taʃ] *m* secondary-school boy, grammar-school boy.

potage [pɔ'taːʒ] *m* soup; *fig. pej. pour tout* ~ in all; **potager, -ère**

poulaine

[~ta'ʒe, ~'ʒɛ:r] 1. *adj.* pot-(*herbs*); kitchen (*garden*); 2. *su./m* (*a. jardin m* ~) kitchen garden.
potasse [pɔ'tas] *f* ⚗ potash; ⚗ (impure) potassium carbonate; **potasser** F [pɔta'se] (1a) *v/t.* swot at *or* for; **potassique** ⚗ [~'sik] potassium...; potassic (*salt*); **potassium** ⚗ [~'sjɔm] *m* potassium.
pot-au-feu [pɔto'fø] 1. *su./m/inv.* stock-pot; beef-broth; boiled beef and vegetables; 2. *adj.* stay-at-home; **pot-bouille** † *sl.* [po'bu:j] *f:* faire ~ ensemble live together; **pot-de-vin**, *pl.* **pots-de-vin** F [pod'vɛ̃] *m* tip, gratuity; *pej.* bribe; *pej.* hush-money, *Am. sl.* rake-off.
pote *sl.* [pɔt] *m* pal, *Am.* buddy.
poteau [pɔ'to] *m* post (*a. sp.*), stake; pole; ⚒ pit-prop; *sl.* pal, *Am.* buddy; ~ *indicateur* sign-post; ~ *télégraphique* telegraph pole.
potée [pɔ'te] *f* potful, jugful; *beer:* mugful; ⊕ emery, putty, etc.: powder.
potelé, e [pɔt'le] plump, chubby; dimpled.
potence [pɔ'tɑ̃:s] *f* gallows *usu. sg.*, gibbet; △, ⊕ arm, cross-piece; ⊕ *crane:* jib; *mériter la* ~ deserve hanging.
potentat [pɔtɑ̃'ta] *m* potentate; † F magnate.
potentiel, -elle [pɔtɑ̃'sjɛl] *adj.*, *a. su./m* potential (*a. gramm.*).
potentille ♀ [pɔtɑ̃'ti:j] *f* cinquefoil, potentilla.
potentiomètre ⚡ [pɔtɑ̃sjɔ'mɛtr] *m* potentiometer; *cin. (sound)* fader.
poterie [pɔ'tri] *f* pottery (*a. works*); earthenware; ~ *d'étain* pewter.
potiche [~'tiʃ] *f* vase of Chinese *or* Japanese porcelain; **potier** [~'tje] *m* potter; ~ *d'étain* pewterer.
potin [pɔ'tɛ̃] *m* pewter; pinchbeck; F gossip; F din, rumpus; ~ *jaune* brass; **potiner** F [pɔti'ne] (1a) *v/i.* gossip; **potinier, -ère** [~'nje, ~'njɛ:r] 1. *adj.* gossipy; 2. *su.* scandalmonger, gossip; *su./f* gossip-shop.
potion ✞ [po'sjɔ̃] *f* potion, draught.
potiron ♀ [pɔti'rɔ̃] *m* pumpkin.
pot-pourri, *pl.* **pots-pourris** [popu-'ri] *m cuis.* meat-stew; ♪ pot-pourri (*a. perfume*), medley.
pou, *pl.* **poux** [pu] *m* louse; (*bird-*)mite; (*sheep-*)tick.

pouah! [pwa] *int.* ugh!
poubelle [pu'bɛl] *f* refuse-bin, *Am.* garbage-can; dustbin.
pouce [pu:s] *m* thumb; † *measure:* inch (*a. fig.*); big toe; *manger sur le* ~ have a snack; *mettre les* ~s knuckle under, give in; *s'en mordre les* ~s regret it bitterly; *se tourner les* ~s twiddle one's thumbs; **poucettes** [pu'sɛt] *f/pl.* thumb-cuffs; † *torture:* thumb-screw *sg.*; **poucier** [~'sje] *m* ⚙ thumb-stall; ⊕ *latch:* thumb-piece.
pouding *cuis.* [pu'diŋ] *m* pudding.
poudingue *min.* [pu'dɛ̃:g] *m* pudding-stone.
poudre [pu:dr] *f* powder; dust (*a. fig.*); ⚔ (gun)powder; ⚔ ~ *de mine* blasting powder; *café m en* ~ instant coffee; *il n'a pas inventé la* ~ he won't set the Thames on fire; *fig. jeter de la* ~ *aux yeux de q.* throw dust in s.o.'s eyes; bluff s.o.; *réduire en* ~ pulverize; *sucre m en* ~ castor sugar; **poudrer** [pu'dre] (1a) *v/t.* (sprinkle [*s.th.*] with) powder; **poudrerie** [~drə'ri] *f* (gun)powder-factory; **poudreux, -euse** [~'drø, ~'drø:z] dusty; powdery; **poudrier** [~dri'e] *m* powder-case, powder-box; compact; **poudrin** [~'drɛ̃] *m see* embrun; **poudroyer** [~drwa'je] (1h) *v/i.* form *or* send up clouds of dust.
pouf [puf] 1. *int.* sound of falling: plop!; plump!; *feelings:* phew!; 2. *su./m* cushion: pouf; puff (= *exaggerated advertisement*); **pouffant, e** F [pu'fɑ̃, ~'fɑ̃:t] screamingly funny; **pouffer** [~'fe] (1a) *v/i.* (*a.* ~ *de rire*) burst out laughing.
pouillard *orn.* [pu'ja:r] *m* poult, young pheasant.
pouillerie *sl.* [puj'ri] *f* abject poverty; filthy hole.
pouilles [pu:j] *f/pl.: chanter* ~ *à* jeer at.
pouilleux, -euse [pu'jø, ~'jø:z] lousy, lice-infested; F wretched.
poulailler [pula'je] *m* hen-house, hen-roost; F *thea.* gallery, gods *pl.*;
poulaillerie [~laj'ri] *f* poultry-market.
poulain [pu'lɛ̃] *m zo.* foal, colt; ⊕ skid; slide-way.
poulaine [pu'lɛn] *f* ⚓ head; *hist. souliers m/pl. à la* ~ shoes with long pointed toes.

poularde *cuis.* [pu'lard] *f* fowl; fat (-tened) pullet; **poule** [pul] *f* hen; *cuis.* fowl; *games, a. fencing*: pool; *races*: sweepstake; F girl; F tart, prostitute; ~ *d'Inde* turkey-hen; F ~ *mouillée* milksop; *fig. chair f de* ~ goose-flesh; **poulet** [pu'lɛ] *m* chicken; F love-letter; *sl.* copper (– *policeman*); **poulette** [pu'lɛt] **1.** *su./f zo.* pullet; F girl; **2.** *adj.*: *cuis. sauce f* ~ sauce of butter, yolk of egg and vinegar.

pouliche *zo.* [pu'liʃ] *f* filly.

poulie ⊕ [pu'li] *f* pulley; block; driving wheel.

pouliner [puli'ne] (1a) *v/i.* foal; **poulinière** [~'njɛːr] **1.** *adj./f* brood-...; **2.** *su./f* brood mare; *bonne* ~ good breeder.

poulot *m*, **-otte** *f* F [pu'lo, ~'lɔt] darling, pet (*addressing children*).

poulpe *zo.* [pulp] *m see* pieuvre.

pouls ⚕ [pu] *m* pulse; *prendre le* ~ *à q.* feel s.o.'s pulse; F *fig. tâter le* ~ *à q.* sound s.o.; F *se tâter le* ~ reflect, hesitate.

poumon [pu'mɔ̃] *m anat.* lung; ⚕ ~ *d'acier* iron lung.

poupard [pu'paːr] *m* baby in long clothes; baby-doll.

poupe ⚓ [pup] *f* stern, poop.

poupée [pu'pe] *f* doll; puppet; ⊕ poppet; ⚓ *capstan*: head; *cost.* dummy; F bandaged finger.

poupin, e [pu'pɛ̃, ~'pin] rosy (-*cheeked*).

poupon *m*, **-onne** *f* F [pu'põ, ~'pɔn] baby; **pouponner** [pupɔ'ne] (1a) *v/t.* coddle (*a child etc.*); **pouponnière** [~'njɛːr] *f* babies' room (*in day-nursery*); day-nursery; infants' nursery.

pour [puːr] **1.** *prp.* for (*s.o., this reason, negligence, ten dollars, the moment, Christmas, ever*); on account of, because of, for the sake of; instead of; in favo(u)r of; considering; as; (al)though, in spite of, for; calculated *or* of a nature to (*inf.*); about to (*inf.*); † per (*cent*); *du respect* ~ consideration for; *prendre* ~ take for; *passer* ~ be looked upon as; *see partir*; ~ *le plaisir* (*la vie*) for fun (life); ~ *ma part* as for me; ~ *moi* in my opinion; ~ (*ce qui est de*) *cela* as far as that goes; *see amour*; *il fut puni* ~ *avoir menti* he was punished for lying *or* because he had lied; ~ *être riche il* ... though he is rich he ...; ~ *être* ~ (*inf.*) be on the point of (*ger.*); ~ *affaires* on business; ~ *de bon* seriously, in earnest; ~ *le moins* at least; ~ *ainsi dire* so to speak, as it were; ~ *important qu'il soit* however important it may be; ~ *peu que* (*sbj.*) if ever (*ind.*); however little (*ind.*); ~ *que* (*sbj.*) so *or* in order that; ~ *beaucoup* (*peu*) *dans qch.* play a big (small) part in s.th.; *être* ~ be in favo(u)r of; *sévère* ~ hard on, strict with; **2.** *su./m*: *le* ~ *et le contre* the pros *pl.* and cons *pl.*

pourboire [pur'bwaːr] *m* tip, gratuity.

pourceau [pur'so] *m* pig, hog, swine.

pour-cent † [pur'sã] *m/inv.* percentage, rate per cent; **pourcentage** † [~sã'taːʒ] *m* percentage; rate (of interest).

pourchasser [purʃa'se] (1a) *v/t.* pursue; *fig.* chase; hound (*a debtor etc.*).

pourfendeur *iro.* [purfã'dœːr] *m* swashbuckler; **pourfendre** *iro.* [~'fãːdr] (4a) *v/t.* cleave in two.

pourlécher F [purle'ʃe] (1f) *v/t.*: *se* ~ lick; *se* ~ *les babines* lick one's chops.

pourparlers [purpar'le] *m/pl.* (*diplomatic*) talks, negotiations; ⚔ parley *sg.*

pourpoint *cost.* † [pur'pwɛ̃] *m* doublet.

pourpre [purpr] **1.** *su./f* dye, robe, *a. fig.*: purple; *su./m* dark red, crimson; ⚕ purpura; **2.** *adj.* dark red, crimson, purple; **pourpré, e** [pur'pre] crimson, purple.

pourquoi [pur'kwa] **1.** *adv., cj.* why; *c'est* ~ therefore; that's why; **2.** *su./m/inv.*: *le* ~ the reason (for, *de*).

pourrai [pu're] 1st *p. sg. fut.* of *pouvoir* 1.

pourri, e [pu'ri] **1.** *adj.* rotten (with, *de*) (*fruit, wood, a. fig.*); bad (*egg, meat*); addled (*egg*); dank (*air*); damp (*weather*); putrid (*flesh*); **2.** *su./m* rotten part, bad patch (*of fruit etc.*); **pourrir** [~'riːr] (2a) *vt/i.* rot; *v/i.* go bad *or* rotten; addle (*egg*); *fig.* ~ *en prison* rot in goal; **pourriture** [~ri'tyːr] *f* decay, rot

poursuite [pur'sɥit] *f* pursuit (*a. fig.*); chase; ~s *pl.* legal action *sg.*; prosecution *sg.*; **poursuivant, e** [~sɥi'vã, ~'vã:t] **1.** *su.* pursuer; ⚖ plaintiff; prosecutor; **2.** *adj.* prosecuting; **poursuivre** [~'sɥi:vr] (4ee) *v/t.* pursue (*a.* ✕, *a. fig.*); *fig.* continue, go on with; ⚖ sue (*s.o.*); prosecute (*s.o.*).

pourtant [pur'tã] *cj.* nevertheless, (and) yet.

pourtour [pur'tu:r] *m* periphery; precincts *pl.*; *thea.* gangway round the stalls; *avoir cent mètres de* ~ be 100 metres round.

pourvoi ⚖ [pur'vwa] *m* appeal; petition (for mercy, *en grâce*); **pourvoir** [~'vwa:r] (3m) *v/t.* provide, supply, furnish (with, *de*); ⚖ *se* ~ appeal (to the Supreme Court, *en cassation*); *se* ~ *en grâce* petition for mercy; *v/i.*: ~ *à* provide for; ~ *à un emploi* fill a post; **pourvoyeur** *m*, **-euse** *f* [~vwa'jœ:r, ~'jø:z] provider; caterer; contractor.

pourvu [pur'vy] *cj.*: ~ *que* provided (that).

poussah [pu'sa] *m toy:* tumbler; *fig.* pot-bellied man.

pousse [pus] *f leaves, hair, etc.:* growth; *teeth:* cutting; ⚘ (young) shoot; *wine:* ropiness; **~-café** F [~ka'fe] *m/inv.* liqueur (*after coffee*), F chaser; **~-cailloux** ✕ *sl.* [~ka'ju] *m/inv.* foot-slogger (= *infantryman*); **poussée** [pu'se] *f* ⊕, ⚔ thrust; *phys.* pressure (*a. business*); *fig.* push, shove; *fig.* upsurge; ⚕ upward tendency; ⚗ outbreak; ⚘ growth; **pousse-pousse** [pus'pus] *m/inv.* rickshaw (*in the East*); push-chair; **pousser** [pu'se] (1a) *v/t.* push, shove; push (*the door*) to, push (*a bolt*) across, drive (*a tunnel*); jostle (*s.o.*); *fig.* carry (to, *jusqu'à*); *fig.* urge on (*a crowd, a horse*); incite (*a crowd, s.o.*); *fig.* utter (*a cry*), heave (*a sigh*); extend (*one's studies*); push (*s.o.*) on; ⚘ put forth (*roots, leaves*); *se* ~ push o.s. forward; push one's way to the front; *v/i.* push, apply pressure; ⚘ grow (*a. hair etc.*); *fig.* make one's way, push on; **poussette** [~'sɛt] *f game:* push-pin; baby-carriage; push-chair;

poussier [pu'sje] *m* coal-dust; **poussière** [~'sjɛ:r] *f* dust; speck of dust; *water:* spray, spindrift; ⚘ ~ *fécondante* pollen; *mordre la* ~ bite the dust; **poussiéreux, -euse** [~sje'rø, ~'rø:z] dusty; dust-colo(u)red.

poussif, -ve [pu'sif, ~'si:v] broken-winded (*horse etc.*); F short-winded (*person*).

poussin [pu'sɛ̃] *m* chick; *cuis.* spring chicken; **poussinière** [~si'njɛ:r] *f* chicken-coop; incubator.

poussoir [pu'swa:r] *m electric bell, clock, etc.:* push; ⊕, *mot.* push-rod; ✕ *machine-gun:* button.

poutrage △ [pu'tra:ʒ] *m* framework, beams *pl.*; **poutre** [pu:tr] *f* beam; joist; *metal:* girder; **poutrelle** △ [pu'trɛl] *f* small beam; joist.

pouvoir [pu'vwa:r] **1.** (3h) *v/t.* be able; can; be possible; *cela se peut bien* it is quite possible; *il se peut que* (*sbj.*) it is possible that (*ind.*); *puis-je?* may I?; *n'en* ~ *plus* be worn out; be at the end of one's resources; **2.** *su./m* power (*a.* ⚛, *phys.*); *fig.* sway; authority; *admin.* competence; ⚖ power of attorney; *abus m* (*or excès m*) *de* ~ action ultra vires; *au* ~ *de* in the power of; *être en* ~ *de* be able to.

pragmatique [pragma'tik] **1.** *adj.* pragmatic; **2.** *su./f hist.* Pragmatic Sanction; **pragmatisme** [~'tism] *m* pragmatism.

prairie [prɛ'ri] *f* meadow; grassland, *Am.* prairie.

praline *cuis.* [pra'lin] *f* burnt almond; praline; **praliner** *cuis.* [~li'ne] (1a) *v/t.* brown, crisp (*almonds*).

praticable [prati'kabl] practicable, feasible (*idea, plan*); negotiable, passable (*road etc.*); *fig.* sociable (*person*); **praticien, -enne** [~sjɛ̃, ~'sjɛn] **1.** *adj.* practising; **2.** *su./m* ⚕, ⚖ practitioner; practical man; **pratiquant, e** *eccl.* [~'kã, ~'kã:t] practising (*Catholic etc.*), church-going; **pratique** [pra'tik] **1.** *adj.* practical; *fig.* useful; experienced (*person*); **2.** *su./f* practice (*a. eccl.*); habit, use; experience; ⚕ custom; ⚕ clients *pl.*; *fig.* proceeding; **pratiquer** [~ti'ke] (1m) *v/t.* practise (⚕, ⚖, *a. a religion, etc.*); exercise

pré

(*a profession*); put into practice (*a rule, virtues, etc.*); carry out; ⚠ make, cut (*a hole, a path, etc.*); frequent (*society*), associate with (*s.o.*); ✝ se ~ rule (*prices*); *v/i.* be in practice; practise.

pré [pre] *m* (small) meadow.

pré... [~] pre...; prae..., ante..., fore...

préalable [prea'labl] **1.** *adj.* previous; preliminary; **2.** *su./m* preliminary; *au* ~ first of all, beforehand. [(to, de).\

préambule [preã'byl] *m* preamble\

préau [pre'o] *m* yard; *school*: covered playground.

préavis [prea'vi] *m* previous notice; warning.

prébende *eccl.* [pre'bã:d] *f* prebend.

précaire [pre'kɛːr] precarious; delicate (*health*); **précarité** [~kari'te] *f* precariousness.

précaution [preko'sjɔ̃] *f* precaution; caution; care; *avec* ~ cautiously; warily; **précautionner** [~'sjɔ'ne] (1a) *v/t.* warn, caution; *se* ~ *contre* take precautions against.

précédemment [preseda'mɑ̃] *adv.* previously, before; **précédent, e** [~'dɑ̃, ~'dɑ̃ːt] **1.** *adj.* preceding, previous, prior; former; **2.** *su./m* precedent; ⚖ ~s *pl.* case-law *sg.*; *sans* ~ unprecedented; **précéder** [~'de] (1f) *v/t.* precede; go before; *fig.* take precedence over, have precedence of.

précepte [pre'sɛpt] *m* precept; **précepteur** *m*, **-trice** *f* [presɛp'tœːr, ~'tris] tutor; teacher; **préceptoral, e** *m/pl.* **-aux** [~tɔ'ral, ~'ro] tutorial; **préceptorat** [~tɔ'ra] *m* tutorship.

prêche [prɛːʃ] *m protestantism*: sermon; *fig.* protestantism; **prêcher** [prɛ'ʃe] (1a) *v/t.* preach (*a. fig.*); preach to (*s.o.*); *fig.* advocate (*economy, war, etc.*); *v/i.* preach; *fig.* ~ *à q. de* (*inf.*) exhort s.o. to (*inf.*); ~ *d'exemple* set an example; **prêcheur** *m*, **-euse** *f fig.* [~'ʃœːr, ~'ʃøːz] preacher, sermonizer; **prêchi-prêcha** F [~ʃipre'ʃa] *m* preachifying.

précieux, -euse [pre'sjø, ~'sjøːz] **1.** *adj.* precious; valuable; *fig.* affected (*style etc.*); **2.** *su.* affected person; **préciosité** [~sjozi'te] *f* preciosity, affectation.

précipice [presi'pis] *m* precipice.

précipitamment [presipita'mɑ̃] *adv.* in a hurry, headlong; **précipitation** [~ta'sjɔ̃] *f* (violent) haste, hurry, precipitancy; 🐎, *phys.*, *meteor.* precipitation; **précipité, e** [~'te] **1.** *adj.* precipitate; hasty; 🐎 racing (*pulse*); headlong (*flight*); **2.** *su./m* 🐎 *etc.* precipitate; **précipiter** [~'te] (1a) *v/t.* throw (down); hurl (down); *fig.* plunge (*into war, despair, etc.*); precipitate (*events, a.* 🐎); *se* ~ rush (at, upon *sur*); *v/i.* 🐎 (form a) precipitate.

précis, e [pre'si, ~'siːz] **1.** *adj.* precise, accurate, exact; definite (*explanation, reason, time*); *à dix heures* ~es at ten o'clock precisely *or* F sharp; **2.** *su./m* summary, précis, abstract; **précisément** [presize'mɑ̃] *adv. of précis 1*; **préciser** [~'ze] (1a) *v/t.* state precisely; define; specify; make clear; *v/i.* be precise; **précision** [~'zjɔ̃] *f* precision, accuracy, exactness; ~s *pl.* detailed information *sg.*, particulars.

précité, e [presi'te] above(-mentioned), aforesaid.

précoce [pre'kɔs] precocious (*child, talent, a.* ♀); early (♀, *a. season*); *fig.* premature; **précocité** [~kɔsi'te] *f* precocity; earliness.

précompte ✝ [pre'kɔ̃ːt] *m* previous deduction.

préconçu, e [prekɔ̃'sy] preconceived; *idée f* ~*e* preconception.

préconiser [prekɔni'ze] (1a) *v/t. eccl.* approve the appointment of (*a bishop*); praise; recommend.

préconstruction ⚠ [prekɔ̃stryk'sjɔ̃] *f* prefabrication.

précontraint, e ⊕ [prekɔ̃'trɛ̃, ~'trɛ̃ːt] prestressed (*concrete*).

précurseur [prekyr'sœːr] **1.** *su./m* forerunner, precursor; harbinger (*of spring*); **2.** *adj./m* premonitory.

prédécesseur [predesɛ'sœːr] *m* predecessor.

prédestination [predɛstina'sjɔ̃] *f* predestination; **prédestiné, e** [~'ne] foredoomed; *fig.* fated (to, *à*); **prédestiner** [~'ne] (1a) *v/t.* predestine (to, *à*) (*a. fig.*).

prédicateur *m*, **-trice** *f* [predika'tœːr, ~'tris] preacher; **prédication** [~'sjɔ̃] *f* preaching; sermon.

prédiction [predik'sjɔ̃] *f* prediction; forecast; **prédire** [~'diːr] (4p)

premier

v/t. predict, prophesy, foretell; forecast.

prédisposer ⚖, *a. fig.* [predispo'ze] (1a) *v/t.* predispose; ~ *contre* prejudice (*s.o.*) against (*s.o.*); **prédisposition** ⚖, *a. fig.* [~zi'sjɔ̃] *f* predisposition.

prédominance [predɔmi'nɑ̃:s] *f* predominance, prevalence; **prédominant, e** [~'nɑ̃, ~'nɑ̃:t] predominant, prevalent, prevailing; **prédominer** [~'ne] (1a) *v/i.* predominate, prevail (over, *sur*); *v/t.* take pride of place over.

prééminence [preemi'nɑ̃:s] *f* preeminence (over, *sur*); **prééminent, e** [~'nɑ̃, ~'nɑ̃:t] pre-eminent.

préexistant, e [preɛksis'tɑ̃, ~'tɑ̃:t] pre-existent, pre-existing.

préfabriqué, e [prefabri'ke] prefabricated; *maison f* ~*e* prefab (-ricated house); **préfabriquer** [~] (1m) *v/t.* prefabricate.

préface [pre'fas] *f* preface (*a. eccl.*); foreword, introduction (to *à, de*); **préfacer** [~fa'se] (1k) *v/t.* write a preface to.

préfectoral, e, *m/pl.* **-aux** [prefɛktɔ'ral, ~'ro] prefectorial; of the *or* a prefect; **préfecture** [~'ty:r] *f hist.* prefectship; *hist, a. admin.* prefecture; *admin.* Paris police headquarters *pl.*

préférable [prefe'rabl] preferable (to, *à*), better (than, *à*); **préférence** [~'rɑ̃s] *f* preference (*a.* ✞); ⚖ priority; *de* ~ in preference (to, *à*), preferential (*tariff*), ✞ preference (*shares*); **préférer** [~'re] (1f) *v/t.* prefer.

préfet [pre'fɛ] *m hist., a. admin.* prefect; civil administrator; ~ *de police* chief commissioner of the Paris police; ~ *des études school:* master in charge of discipline; ⚓ ~ *maritime* port-admiral; **préfète** F [~'fɛt] *f* prefect's wife.

préfixe *gramm.* [pre'fiks] *m* prefix; **préfixer** [~fik'se] (1a) *v/t.* fix (*a date etc.*) in advance; *gramm.* prefix.

préhistoire [preis'twa:r] *f* prehistory; **préhistorique** [~tɔ'rik] prehistoric.

préjudice [preʒy'dis] *m* prejudice, harm; wrong, damage; ⚖ *tort; au* ~ *de* to the detriment of; *sans* ~ *de* without prejudice to; **préjudiciable** [preʒydi'sjabl] prejudicial, detrimental (to, *à*); ⚖ tortious; **préjudiciaux** ⚖ [~'sjo] *adj./m/pl.*: *frais m/pl.* ~ security *sg.* for costs; **préjudiciel, -elle** ⚖ [~'sjɛl] interlocutory; **préjudicier** [~'sje] (1o) *v/i.* be prejudicial *or* detrimental (to, *à*); ~ *à* injure.

préjugé [preʒy'ʒe] *m* prejudice; bias; presumption; ⚖ (*legal*) precedent; *sans* ~*s* unprejudiced; **préjuger** [~] (1l) *v/t.* prejudge.

prélasser F [prela'se] (1a) *v/t.*: *se* ~ lounge, loll (*in a chair etc.*); strut.

prélat *eccl.* [pre'la] *m* prelate.

prèle ♀ [prɛl] *f* horsetail.

prélèvement [prelɛv'mɑ̃] *m* previous deduction; deduction, amount deducted; *blood, gas, ore, etc.:* sample; **prélever** [prel've] (1d) *v/t.* deduct in advance; levy; take (*a sample* [*a.* ⚖ *of blood*]) (from, *à*).

préliminaire [prelimi'nɛ:r] **1.** *adj.* preliminary (to, *de*); **2.** *su./m* preliminary; ~*s pl.* document: preamble *sg.*

prélude ♪, *a. fig.* [pre'lyd] *m* prelude; **préluder** [~ly'de] (1a) *v/i.* ♪ (play a) prelude; *fig.* ~ *à* lead up to, serve as prelude to.

prématuré, e [prematy're] premature, untimely; **prématurément** [~re'mɑ̃] *adv.* of *prématuré*.

préméditation [premedita'sjɔ̃] *f* premeditation; *avec* ~ wilfully; ⚖ with malice aforethought; **prémédité, e** [~'te] deliberate; **préméditer** [~'te] (1a) *v/t.* premeditate.

prémices [pre'mis] *f/pl.* first fruits; *cattle:* firstlings; *fig.* beginnings.

premier, -ère [prə'mje, ~'mjɛ:r] **1.** *adj.* first (*time, place, position, rank*); *fig.* leading, best; *title:* the first; ⚹ prime (*number*); *admin. etc.* principal, head (*clerk*); former (*of two*); *mot.* ~*ère vitesse f* first *or* low gear; ~ *livre m school:* primer; *pol.* ~ *ministre m* Prime Minister; *au* ~ *coup* at the first attempt; *ce n'est pas le* ~ *venu* he isn't just anybody; *le* ~ *venu* the first comer; *les cinq* ~*s pl.* the first five; *Napoléon I*ᵉʳ Napoleon I, Napoleon the First; *partir le* ~ be the first to leave; **2.** *su./m* first; first, *Am.* second floor; *en* ~ in the first place; *thea. jeune* ~ leading man; *le* ~ *du mois* the first of the month; *su./f*

premièrement 374

secondary school: (*approx.*) sixth form; *thea.* first night *or* performance; 🚃 first class (carriage); *thea. jeune* ~*ère* leading woman; 🚃 *voyager en* ~*ère* travel first (class); **premièrement** [~mjɛr'mɑ̃] *adv.* first; in the first place; **premier-né, premier-née** *or* **première-née,** *m/pl.* **premiers-nés** [~mje'ne, ~mjɛr'ne] *adj., a. su./m* first-born.

prémilitaire [premilite:r] premilitary (*training*).

prémisse [pre'mis] *f logic*: premise, premiss.

prémonition [premɔni'sjɔ̃] *f* premonition; **prémonitoire** 𝐬⃗ [~'twa:r] premonitory.

prémunir [premy'ni:r] (2a) *v/t.* put (*s.o.*) on his guard, forewarn (*s.o.*) (against, *contre*); *se* ~ take precautions (against, *contre*).

prenable [prə'nabl] seizable; **prenant, e** [~'nɑ̃, ~'nɑ̃:t] sticky; engaging, captivating (*person, a. fig.*); *zo.* prehensile (*tail*); ✝ *partie f* ~*e* payee; recipient.

prénatal, e, *m/pl.* **-als** *or* **-aux** [prena'tal, ~'to] prenatal, antenatal.

prendre [prɑ̃:dr] (4aa) **1.** *v/t.* take (*a. lessons, a degree, a road,* ⚔ *a town*), grasp; catch (*fire, a cold, the train*), trap (*a rat*); steal; seize; accept; eat (*a meal*), have (*tea, a meal*); pick up; engage (*a servant*); take (up) (*time*); handle, treat; ✝ choose; buy (*a ticket*); ⚔ conquer; ⚔ capture; ~ *à mentir* catch (*s.o.*) in a lie; ~ *corps* put on weight; ~ *en amitié* take to (*s.o.*); ⚓ ~ *le large* put to sea; ~ *mal* misunderstand; take (*s.th.*) badly; ~ *plaisir à* take pleasure in; ~ *pour* take (*s.o.*) for; ~ *q. dans sa voiture* give s.o. a lift; ~ *rendez-vous avec* make an appointment with; ~ *sur soi* take (*s.th.*) upon o.s.; *pour qui me prenez-vous?* what do you take me for?; *se laisser* ~ let o.s. be taken in; *se* ~ be caught; cling (to, *à*); set (*liquid*); curdle (*milk*); *se* ~ *à* undertake (*a task*), begin; *fig. s'en* ~ *à* find fault with (*s.o.*); *fig. s'y* ~ manage, go about things; **2.** *v/i.* set (*plaster etc.*); congeal, freeze; curdle (*milk*); *cuis.* thicken; *cuis.* catch (*milk in pan*); take root (*tree*); take (*fire*); *fig.* be successful; *ça ne prend pas* that cock won't fight;

preneur *m,* **-euse** *f* [prə'nœ:r, ~'nø:z] taker; catcher; 📜 lessee; ✝ purchaser; *cheque*: payee; **prennent** [prɛn] *3rd p. pl. pres.* of *prendre.*

prénom [pre'nɔ̃] *m* first *or* Christian name, *Am.* given name; **prénommé, e** [prenɔ'me] above-named; **prénommer** [~] (1a) *v/t.*: *se* ~ be called.

prenons [prə'nɔ̃] *1st p. pl. pres.* of *prendre.*

préoccupation [preɔkypa'sjɔ̃] *f* preoccupation; anxiety, concern; **préoccuper** [~'pe] (1a) *v/t.* preoccupy; worry, trouble; *se* ~ *de* attend to, busy o.s. with; *fig.* get worried about.

préparateur *m,* **-trice** *f* [prepara-'tœ:r, ~'tris] preparer; *experiments*: demonstrator; assistant; **préparatifs** [~'tif] *m/pl.* preparations; **préparation** [~'sjɔ̃] *f* preparation (*a.* 𝐬⃗ *etc.*) (for, *à*); preparing; ⊕ dressing; *typ.* *ouvrage m en* ~ work to appear shortly; **préparatoire** [~-'twa:r] preparatory (*a. school*); preliminary; **préparer** [prepa're] (1a) *v/t.* prepare (for, *à*); train (*for a career*); coach (*a pupil*); prepare for (*an examination*); draw up (*a speech*); ⊕ dress; make (*tea etc.*); *se* ~ prepare o.s. (for, *à*); *fig.* be in the wind (*event*), brew (*storm, a. fig.*).

prépondérance [prepɔ̃de'rɑ̃:s] *f* preponderance (over, *sur*); *avoir la* ~ preponderate; **prépondérant, e** [~'rɑ̃, ~'rɑ̃:t] preponderant; leading (*part, role*); casting (*vote*).

préposé *m,* **e** *f* [prepo'ze] official in charge, superintendent (of, *à*); 📜 agent; **préposer** [~] (1a) *v/t.* appoint (as *comme, pour*).

préposition *gramm.* [prepozi'sjɔ̃] *f* preposition; **prépositionnel, -elle** *gramm.* [~sjɔ'nɛl] prepositional.

prérogative [preroga'ti:v] *f* prerogative; *parl.* privilege.

près [prɛ] **1.** *adv.* near, close (at hand); *à beaucoup* ~ by far; *à cela* ~ except for that; *à cela* ~ *que* except that; *à peu de chose* ~ little short of; *à peu* ~ nearly; about; *fig. au plus* ~ to the nearest point; *de* ~ close, near; from close to; (*fire*) at close range; *ici* ~ near by, quite near, close at hand; *regarder de plus* ~

pressé

take a closer look, examine more closely; *tout* ~ very near, quite close; **2.** *prp.* near; to; *ambassadeur m* ~ *le Saint-Siège* ambassador to the Holy See; ~ *de* near, close to (*Paris, the station*), by; in comparison with (*his father*); nearly (*two hours, two o'clock, ten pounds, three miles*), almost; ⚓ *courir* ~ *du vent* sail close to the wind; *il était* ~ *de tomber* he was on the point of falling.

présage [pre'za:ʒ] *m* portent, foreboding; omen; **présager** [~za'ʒe] (1l) *v/t.* portend, bode; foresee.

pré-salé, *pl.* **prés-salés** [presa'le] *m* salt-marsh sheep; *cuis.* salt-marsh mutton.

presbyte ✂ [prez'bit] *adj., a. su.* long-sighted; **presbytéral, e**, *m/pl.* -**aux** [prɛzbite'ral, ~'ro] priestly; **presbytère** *eccl.* [~'tɛ:r] *m* presbytery; *protestantism:* vicarage, rectory, *Sc.* manse; **presbytie** ✂ [~'si] *f* long-sightedness.

prescience [pre'sjã:s] *f* foreknowledge.

prescriptible ⚖ [prɛskrip'tibl] prescriptible; **prescription** [~'sjɔ̃] *f* ⊕, *admin.* regulation(s *pl.*); ⚖, ✂ prescription; ⊕ ~*s pl.* specifications; **prescrire** [prɛs'kri:r] (4q) *v/t.* prescribe (*s.o.'s conduct, a rule, a.* ✂), lay down (*the law, a time, s.o.'s conduct, etc.*); ⚖ bar (*by statute of limitations etc.*); ⚖ *se* ~ *par* be barred at the end of (*5 years*).

préséance [prese'ã:s] *f* precedence (of, over *sur*).

présence [pre'zã:s] *f* presence (at, *à*); ~ *d'esprit* presence of mind; *en* ~ face to face (with, *de*); *faire acte de* ~ put in *or* enter an appearance.

présent[1], **e** [pre'zã, ~'zã:t] **1.** *adj.* present (at, *à*); current; ~*!* present!; *esprit m* ~ ready wit; *gramm. temps m* ~ present (tense); **2.** *su./m* present (time *or* gramm. tense); *à* ~ just now, at present; *les* ~*s pl.* exceptés present company *sg.* excepted; *pour le* ~ for the time being, for the present; *quant à* ~ as for now; *su./f: la* ~ *e* this letter.

présent[2] [pre'zã] *m* present, gift; *faire* ~ *de* make a present of; **présentable** F [prezã'tabl] presentable; **présentateur** *m*, -**trice** *f* [~ta'tœ:r, ~'tris] presenter; **présen**tation [~ta'sjɔ̃] *f* ✝, ✂, *eccl., thea., court:* presentation; introduction (to s.o., *à q.*); ✂ trooping (the colo(u)r, *du drapeau*); ✝ *à* ~ on demand, at sight.

présentement [prezãt'mã] *adv.* now, this minute; at present; immediately.

présenter [prezã'te] (1a) *v/t.* present (*a.* ✂, ✝, *a.* difficulties, ✂ arms), offer; show; introduce (*formally*); nominate (*a candidate*) (for, *pour*); produce (*one's passport*); *parl.* table (*a bill*); submit (*a conclusion*); *cin. etc.* ~ *q.* (en vedette) star s.o.; *je vous présente ma femme* may I introduce my wife?; *se* ~ appear; arise (*problem, question*); occur; present o.s., ✂ report (o.s.); introduce o.s.; *se* ~ *chez q.* call on s.o.

préservateur, -trice [prezɛrva'tœ:r, ~'tris] preserving (from, *de*); **préservatif, -ve** [~'va'tif, ~'ti:v] **1.** *adj.* preservative; **2.** *su./m* preservative; ✂ condom; **préservation** [~va'sjɔ̃] *f* preservation, protection; **préserver** [~'ve] (1a) *v/t.* preserve, protect (from, *de*).

présidence [prezi'dã:s] *f* presidency; President's house; ✝ board; ✝, *a. admin.* chairmanship; **président** *m*, **e** *f* [~'dã, ~'dã:t] president; *admin.* chairman; ⚖ presiding judge; **présidentiel, -elle** [~dã-'sjɛl] presidential; **présider** [~'de] (1a) *v/t.* preside over *or* at (*s.th.*); *fig.* direct; *v/i.*: ~ *à* preside at *or* over.

présomptif, -ve [prezɔ̃p'tif, ~'ti:v] presumptive; *héritier m* ~ heir apparent; **présomption** [~'sjɔ̃] *f* presumption (*a.* ⚖, *a. fig. pej.*); **présomptueux, -euse** [~'tɥø, ~'tɥø:z] presumptuous; self-conceited.

presque [prɛsk(ə)] *adv.* almost, nearly; **presqu'île** *geog.* [prɛs'kil] *f* peninsula.

pressage ⊕ [prɛ'sa:ʒ] *m* pressing; **pressant, e** [~'sã, ~'sã:t] pressing, urgent; earnest (*request*); **presse** [prɛs] *f* ⊕, *journ., typ.* press; pressing-machine; crowd, throng; haste; *business:* pressure; *exemplaire m du service de* ~ review copy; *heures f/pl. de* ~ rush hours; *sous* ~ in the press (*book*); **pressé, e** [prɛ'se]

presse-citron

hurried (*style, words*); in a hurry (*person*); crowded, close; ⊕ pressed; urgent (*letter, task*); *citron m* ~ (fresh) lemon squash; **presse-citron** [pressi'trɔ̃] *m/inv.* lemon-squeezer; **presse-étoffe** [~e'tɔf] *m/inv.* sewing-machine: presser-foot; **presse-étoupe** ⊕ [~e'tup] *m/inv.* stuffing-box.

pressentiment [presɑ̃ti'mɑ̃] *m* presentiment; foreboding; F feeling, *Am.* hunch; **pressentir** [~'tiːr] (2b) *v/t.* have a presentiment of; sound (*s.o.*) (out) (on, *sur*); *faire* ~ foreshadow (*s.th.*).

presse...: ~**-pantalon** [prespɑ̃ta'lɔ̃] *m/inv.* trouser-press; ~**-papiers** [~pa'pje] *m/inv.* paper-weight; ~**-purée** [~py're] *m/inv.* potato-masher.

presser [prɛ'se] (1a) *v/t.* press (*a.* ⊕, *a. fig.*), squeeze; hasten (one's steps, *le pas*); hurry (*s.o.*); push on, urge on (*a horse etc.*); *cuis.* squeeze; *se* ~ crowd, press, throng; hurry, hasten; *v/i.* press, be urgent; *rien ne presse* there is no hurry. [*ing.*\
pressing [prɛ'siŋ] *m* (steam) press-\]
pression [prɛ'sjɔ̃] *f* pressure (*a.* ⊕, *meteor., mot., a. fig.*); ⚡ tension; *cost.* snap-fastener; ⚡ *artérielle* blood pressure; *bière f à la* ~ draught beer, *Am.* steam beer; **pressoir** [~'swaːr] *m* (wine-etc.)press, press-house; ⚡ push-button; **pressurage** [prɛsy'raːʒ] *m* pressing; pressurage (= wine or fee paid); F *fig.* extortion; **pressurer** [~'re] (1a) *v/t.* press (*grapes*); press out (*juice*); F *fig.* extort money from; **pressureur** [~'rœːr] *m* pressman; **pressuriser** [~ri'ze] (1a) *v/t.* pressurize.

prestance [prɛs'tɑ̃ːs] *f* fine presence, commanding appearance; **prestant** ♩ [~'tɑ̃] *m organ:* diapason (-stop); **prestation** [~ta'sjɔ̃] *f dues:* prestation; *money:* lending; (*insurance-*)benefit; ⚖ ~ *de serment* taking (of) the oath; ~*s pl. en nature* allowances in kind.

preste [prɛst] sharp, quick; F ~! quick!; **prestesse** [prɛs'tɛs] *f* quickness, nimbleness; alertness.

prestidigitateur [prɛstidiʒita'tœːr] *m* conjurer; juggler; **prestidigitation** [~'sjɔ̃] *f* conjuring, sleight of hand; juggling.

prestige [prɛs'tiːʒ] *m* prestige; *fig.* influence; **prestigieux, -euse** [~ti-'ʒjø, ~'ʒjøːz] amazing, wonderful.

présumable [prezy'mabl] presumable; **présumer** [~'me] (1a) *v/t.* presume; assume; *il est à* ~ *que* the presumption is that; *trop* ~ *de* overestimate (*s.th.*); *trop* ~ *de soi* be too presuming.

présure [pre'zyːr] *f* rennet.

prêt[1] [prɛ] *m* loan; *wages:* advance; ⚔ *pay;* ~ *à intérêt* loan at interest; ~ *sur gage* loan against security.

prêt[2], **prête** [prɛ, prɛt] ready (for *s.th.*, *à qch.*; to *inf., à inf.*); prepared; ~ *à* on the verge of.

pretantaine F [prətɑ̃'tɛn] *f:* courir *la* ~ gad about.

prêt-à-porter, *pl.* **prêts-à-porter** [prɛtapɔr'te] *m* ready-made dress etc.

prêt-bail, *pl.* **prêts-baux** *pol.* [prɛ-'baːj, ~'bo] *m* lease-lend, lend-lease.

prétendant, e [pretɑ̃dɑ̃, ~'dɑ̃ːt] *su.* candidate (for, *à*); ⚖ *etc.* claimant; *su./m* pretender (*to throne*); suitor; **prétendre** [~'tɑ̃ːdr] (4a) *v/t.* claim; require; assert, affirm, maintain; † intend; *v/i.* lay claim (to, *à*); aspire (to *s.th., à qch.*; to *inf., à inf.*); **prétendu, e** [~'tɑ̃'dy] **1.** *adj.* alleged, *pej.* so-called, would-be; **2.** *su.* F (*my*) intended, fiancé(e *f*).

prête-nom *usu. pej.* [prɛt'nɔ̃] *m* man of straw, figure-head, *Am. sl.* front.

pretentaine [prətɑ̃'tɛn] *f see* pretantaine.

prétentieux, -euse [pretɑ̃'sjø, ~'sjøːz] pretentious; conceited; **prétention** [~'sjɔ̃] *f* pretension (*a. fig.*), claim; *fig.* conceit.

prêter [prɛ'te] (1a) *v/t.* lend, *Am.* loan; take (*an oath*); attribute; *fig.* credit (*s.o.* with *s.th., qch. à q.*); ~ *à* impart to, bestow upon; *se* ~ lend o.s.; be a party (to, *à*); indulge (in, *à*) (*pleasure etc.*); *v/i.* give (*gloves etc.*); *fig.* offer possibilities; ~ *à* give rise to.

prétérit *gramm.* [prete'rit] *m* (*English*) preterite.

préteur *hist.* [pre'tœːr] *m* praetor.

prêteur *m*, **-euse** *f* [prɛ'tœːr, ~'tøːz] lender; ~ *sur gages* pawnbroker; ⚖ pledgee.

prétexte [pre'tɛkst] *m* pretext, excuse; *prendre* ~ *que* put forward as

primer

a pretext that; *sous ~ que* on the plea *or* under the pretext that; **prétexter** [~teks'te] (1a) *v/t.* plead; allege; give (*s.th.*) as a pretext.

prétoire [pre'twa:r] *m hist.* praetorium; ⚖ court.

prêtraille F *pej.* [prɛ'trɑːj] *f* priests *pl.*; shavelings *pl.*; **prêtre** [prɛːtr] *m* priest; **prêtresse** [prɛ'trɛs] *f* priestess; **prêtrise** [~'triːz] *f* priesthood.

preuve [prœːv] *f* proof (*a.* ⚖, ⚖, *fig.*); ⚖, *a. fig.* evidence; signs *pl.*; test; *faire ~ de* display, give proof of; *faire la ~ de* prove.

preux † [prø] 1. *adj.* valiant, gallant; 2. *su./m/inv.* valiant knight.

prévaloir [preva'lwaːr] (3l) *v/i.* prevail (against, *sur*); *faire ~* make good (*a claim, one's right*), win people over to (*an idea, an opinion*); *v/t.*: *se ~ de* take advantage of; exercise (*a right*); pride o.s. on.

prévaricateur, -trice [prevarika-'tœːr, ~'tris] 1. *adj.* unjust; 2. *su.* unjust judge; person guilty of a breach of trust; **prévarication** [~ka'sjɔ̃] *f* maladministration of justice; breach *or* abuse of trust; **prévariquer** [~'ke] (1m) *v/i.* be unjust (*judge*); betray one's trust.

prévenance [prev'nɑ̃ːs] *f* kindness, (kind) attention; **prévenant, e** [~'nɑ̃, ~'nɑ̃ːt] kind, attentive, considerate (to, *envers*); prepossessing (*manners etc.*); **prévenir** [~'niːr] (2h) *v/t.* forestall; prevent (*an accident, danger, illness*); anticipate (*a wish*); warn; *admin.* inform, give notice; prepossess; *pej.* prejudice; **préventif, -ve** [prevɑ̃'tif, ~'tiːv] ⚔, *a.* ⚖ preventive; deterrent (*effect*); ⚖ détention *f* ~ve remand in custody, détention awaiting trial; **prévention** [~'sjɔ̃] *f* prepossession, *pej.* prejudice; ⚖ custody; *mise f en ~* committal for trial; charge; **préventionnaire** ⚖ [~sjɔ'nɛːr] *su.* prisoner on remand; **préventorium** ⚕ [~tɔ'rjɔm] *m* observation sanatorium; **prévenu, e** [prev'ny] 1. *p.p. of* prévenir; 2. *adj.* prepossessed; prejudiced; 3. *su.* accused; prisoner.

prévisible [previ'zibl] foreseeable; **prévision** [~'zjɔ̃] *f* forecast (*a. meteor.*); anticipation; expectation.

prévoir [pre'vwaːr] (3m) *v/t.* forecast (*a. the weather*), foresee, anticipate; plan, provide for; lay down (*s.th.*) (in advance).

prévôt [pre'vo] *m* ⚖, *a. hist.* provost; ⚔ assistant provost marshal; *~ de salle fencing*: assistant fencing-master; **prévôté** [~vo'te] *f hist.* provostship; *hist.* provostry; ⚔ military police (establishment *or* service).

prévoyance [prevwa'jɑ̃ːs] *f* foresight; precaution; *~ sociale* national insurance; *mesures f/pl. de ~* precautionary measures; *société f de ~* provident society; **prévoyant, e** [~'jɑ̃, ~'jɑ̃ːt] provident; careful, cautious; far-sighted.

prie-Dieu [pri'djø] *m/inv.* prayer stool, prie-Dieu, praying-desk; **prier** [~'e] (1a) *v/t.* pray; ask, entreat, beg, beseech; invite (*to dinner etc.*); *je vous (en) prie!* please (do)!; don't mention it!; *les priés m/pl.* the guests; *sans se faire ~* willingly, readily; *se faire ~* require pressing, need persuading; **prière** [~'ɛːr] *f* prayer; request, entreaty; *~ de (ne pas) (inf.)* please (do not) (*inf.*).

prieur *eccl.* [pri'œːr] *m* prior; **prieure** *eccl.* [~'œːr] *f* prioress; **prieuré** [~œ're] *m* priory; priorship.

primage ♠, *a.* ⊕ [pri'maːʒ] *m* primage.

primaire [pri'mɛːr] primary; *geol. a.* primitive.

primat [pri'ma] *m eccl.* primate; *fig.* pre-eminence; **primates** *zo.* [~'mat] *m/pl.* primates; **primatie** *eccl.* [~ma'si] *f* primacy; **primauté** [~mo'te] *f* primacy (*a. eccl.*); priority.

prime[1] [prim] *f* † premium; † subsidy; †, ⊕ bonus; † free gift; *fig. faire ~* be highly appreciated.

prime[2] [prim] 1. *adj.* ⚖ prime; *fig.* first; *~ jeunesse* earliest youth; *de ~ abord* at first; *de ~ saut* at the first attempt, 2. *su./f eccl., a. fencing:* prime.

primer[1] [pri'me] (1a) *v/i. fig.* excel (in *en, par*); have priority; ⊕, *a. astr.* prime; *v/t.* surpass; take precedence of; *la force prime le droit* might is right.

primer[2] [~] (1a) *v/t.* award a prize to; † give a bonus to.

primerose

primerose ♀ [prim'ro:z] *f* hollyhock.

primesautier, -ère [primso'tje, ~'tjɛ:r] impulsive; ready.

primeur [pri'mœ:r] *f* freshness, newness; early season; ✗ early vegetables *pl. or* fruit; *avoir la ~ d'une nouvelle* be the first to hear a piece of news; **primeuriste** ✗ [~mœ'rist] *m* grower of early vegetables *or* fruit.

primevère ♀ [prim'vɛ:r] *f* primula; primrose.

primitif, -ve [primi'tif, ~'ti:v] primitive; first, early; original, pristine; *gramm.* primary (*tense*).

primo [pri'mo] *adv.* first, in the first place; **primogéniture** [~mɔʒeni'ty:r] *f* primogeniture.

primordial, e, *m/pl.* **-aux** [primɔr'djal, ~'djo] primordial; *fig.* of primary importance.

prince [prɛ̃:s] *m* prince.

princeps [prɛ̃'sɛps] *adj.*: *édition f ~* first edition.

princesse [prɛ̃'sɛs] *f* princess; **princier, -ère** [~'sje, ~'sjɛ:r] princely.

principal, e, *m/pl.* **-aux** [prɛ̃si'pal, ~'po] 1. *adj.* principal (*fig., a.* ♣, ♪, *gramm.*), chief, main; head (*clerk*); 2. *su./m* principal, chief; *school:* head(master); ✝ senior partner; ⚖ capital sum, principal; *fig.* main thing; **principalat** [~pa'la] *m school:* headship; **principat** *hist.* [~'pa] *m* principate; **principauté** [~po'te] *f* principality.

principe [prɛ̃'sip] *m fig., a.* ♣, ♪, *phys.* principle; ♪ element; *fig.* rule; *fig.* beginning; *dès le ~* from the beginning; *en ~* as a rule; provisionally; in theory; *par ~* on principle; *sans ~s* unprincipled (*person*).

printanier, -ère [prɛ̃ta'nje, ~'njɛ:r] spring...; **printemps** [~'tɑ̃] *m* spring; springtime (*a. fig.*); *fig.* heyday.

priorat [priɔ'ra] *m* priorate, priorship.

prioritaire [priɔri'tɛ:r] 1. *adj.* priority...; 2. *su.* priority-holder; **priorité** [~'te] *f* priority; *de ~ mot.* major (*road*), ✝ preference (*shares*).

pris[1] [pri] *1st p. sg. p.s. of prendre*.
pris[2], **e** [pri, pri:z] 1. *p.p. of prendre*; 2. *adj.*: *bien ~* well-proportioned (*figure*), well-built (*man*); *~ de sommeil* drowsy.

prise [pri:z] *f* hold, grip (*a. fig.*), grasp; ✗ taking (*a. phot.*); ✗ *town:* capture; ♣ prize; ⊕ *machine:* mesh, engagement; ✝ *parcels:* collection; *cement etc.:* setting; *snuff:* pinch; *fish:* catch; ⊕ *ore:* sample; *analysis:* specimen, sample; ⊕ air, steam, *etc.:* intake; *~ d'air* ⊕ air-inlet; *~ d'eau* intake of water; tap, cock; hydrant; 🚂 water-crane; F *~ de bec* squabble; ⚖ *~ de corps* arrest; ⚡ *~ de courant* intake of current; wall-plug; *trolley:* current collector; *~ de sang* blood specimen; ⚡ *~ de terre* earth-connection; *~ de vues* taking of photographs, photography; *cin.* shooting; *avoir ~ sur* have a hold over *or* on; *fig. donner ~ à* lay o.s. open to; *en ~* ⊕ engaged, in gear; ⚓ holding (*anchor*); *être aux ~s avec* be at grips with; *faire ~* set (*cement*); *faire une ~ à* (*or sur*) tap (*river*, ⚡ coil, cable); *lâcher ~* let go; F *fig.* give in.

prisée ⚖ [pri'ze] *f* valuation; appraisal.

priser[1] [pri'ze] (1a) *v/t.* inhale, snuff; *v/i.* take snuff.

priser[2] [~] (1a) *v/t.* ⚖ value (*a. fig.*), appraise; *fig.* prize.

priseur[1] *m,* **-euse** *f* [pri'zœ:r, ~'zø:z] snuff-taker.

priseur[2] ⚖ [pri'zœ:r] *m goods:* appraiser; valuer.

prismatique [prisma'tik] prismatic; **prisme** [prism] *m* prism.

prison [pri'zɔ̃] *f* prison; gaol, *Am.* jail; ✗, ⚓ cell(*s pl.*); imprisonment, ✗ F cells *pl.*; **prisonnier, -ère** [~zɔ'nje, ~'njɛ:r] 1. *su.* prisoner; *se constituer ~* give o.s. up (*to the police*); 2. *adj.* ✗ captive; ⚖ imprisoned.

privatif, -ve *gramm.* [priva'tif, ~'ti:v] *adj., a. su./m* privative; **privation** [~'sjɔ̃] *f* ⚖, ✗, *fig.* deprivation, loss; *fig.* privation; ⚖ forfeiture.

privautés *pej.* [privo'te] *f/pl.* familiarity *sg.,* liberties.

privé, e [pri've] 1. *adj.* private; *zo.* tame; *conseiller ~* Privy Councillor; 2. *su./m* private life; *au ~* in private life; *dans le ~* in private.

priver [pri've] (1a) *v/t.* deprive; *se ~ de* do without; stint o.s. of.

privilège [privi'lɛːʒ] *m* privilege; licence; ₫₺, ✝ preferential right; ₫₺ ~ *d'hypothèque* mortgage charge; *avoir le* ~ *de* be entitled to; *avoir un* ~ *sur* have a lien on; **privilégier** [~le'ʒje] (1o) *v/t.* privilege; grant a charter to.

prix [pri] *m* price, cost; value (*a. fig.*); prize; reward; *sp.* challenge-cup race, prize race, stakes *pl.*; ✝ *exchange:* rate; ~ *courant* market *or* current price; price-list; ~ *de revient* cost price; ~ *de vente* selling price; ~ *fait* (*or fixe*) fixed price; ~ *fort* list price; ~ *homologué* established price; ~ *régulateur* standard of value; ~ *unique* one-price store; ~ *unitaire* unit-price; *à* ~ *d'ami* cheap; *à aucun* ~ not at any price, on no account; *à tout* ~ at all costs; *à vil* ~ at a low price, F dirt cheap; *dernier* ~ lowest price, F rock-bottom price; *faire un* ~ quote a price (to, *à*); *hors de* ~ at ransom prices; ~ **fixe** F [~'fiks] *m* restaurant with a fixed-price meal.

probabilité [prɔbabili'te] *f* probability (*a.* ⩘); *selon toute* ~ in all probability; **probable** [~'babl] probable, likely.

probant, e ₫₺ *etc.* [prɔ'bã, ~'bãːt] probative; conclusive; **probation** [~ba'sjɔ̃] *f* probation; **probatoire** [~ba'twaːr] probative; **probe** [prɔb] honest; of integrity (*man*); **probité** [prɔbi'te] *f* probity, integrity.

problématique [prɔblema'tik] problematical; questionable; **problème** [~'blɛm] *m* problem (*a.* ⩘, *a. fig.*); puzzle.

procédé [prɔse'de] *m fig.* proceeding; conduct; *billiard cue:* tip; ⊕ process; ~*s pl.* behaviour *sg.*; *bons* ~*s pl.* civilities; *manquer aux* ~*s* be ill-mannered; **procéder** [~'de] (1f) *v/i.* proceed (from, *de*); ₫₺ against, *contre;* to, *à*); arise (from, *de*); act; **procédure** ₫₺ [~'dyːr] *f* procedure; proceedings *pl.*

procès [prɔ'sɛ] *m* ₫₺ legal action; case; *anat.* process; ~ *civil* (law-)suit; ~ *criminel* (criminal) trial; **processif, -ve** [~sɛ'sif, ~'siːv] litigious; procedural (*form*).

procession [prɔsɛ'sjɔ̃] *f eccl. etc.* procession; parade; *fig.* cars, visitors: string; **processionnaire** *zo.* [prɔsɛsjɔ'nɛːr] **1.** *adj.* processionary; **2.** *su./f zo.* processionary caterpillar; **processional** *eccl.* [~'nal] *m* processional; **processionnel, -elle** [~'nɛl] processional (*hymn etc.*); **processionnellement** [~nɛl'mã] *adv.* in procession; **processionner** [~'ne] (1a) *v/i.* walk in procession, process.

processus [prɔse'sys] *m anat., a. fig.* process; progress; method.

procès-verbal [prɔsevɛr'bal] *m* official report; minutes *pl.*; *meeting:* proceedings *pl.*; *dresser un* ~ *contre q.* make a report on s.o., F take s.o.'s name and address.

prochain, e [prɔ'ʃɛ̃, ~'ʃɛn] **1.** *adj.* next (*in a series*); nearest; near; impending (*departure, storm, etc.*); **2.** *su./m* neighbo(u)r, fellow-creature; **prochainement** [~ʃɛn'mã] *adv.* soon, shortly; **proche** [prɔʃ] **1.** *adj.* near, close; **2.** *adv.:* *de* ~ *en* ~ by degrees; **3.** *su./m:* ~*s pl.* relatives.

proclamation [prɔklama'sjɔ̃] *f* proclamation; *faire une* ~ issue a proclamation; **proclamer** [~'me] (1a) *v/t.* proclaim (*a. fig.*); declare, announce. [create.]

procréer [prɔkre'e] (1a) *v/t.* pro-]

procuration [prɔkyra'sjɔ̃] *f* ✝, *a.* ₫₺ procuration, power of attorney; *par* ~ by proxy *or* procuration; **procurer** [~'re] (1a) *v/t. a. se* ~ obtain, get, procure; **procureur** [~'rœːr] *m* ₫₺ procurator, proxy; *eccl.* bursar; ₫₺ attorney; ♀ *de la République* (*approx.*) Public Prosecutor, *Am.* district attorney; ~ *général* (*approx.*) Attorney General.

prodigalité [prɔdigali'te] *f* prodigality; extravagance, lavishness.

prodige [prɔ'diːʒ] **1.** *su./m* prodigy; marvel (*a. fig.*); **2.** *adj.:* *enfant mf* ~ infant prodigy; **prodigieux, -euse** [~di'ʒjø, ~'ʒjøːz] prodigious, stupendous.

prodigue [prɔ'dig] **1.** *adj.* prodigal (*a. pej.*); lavish (of, with *de*), profuse (in, *de*); spendthrift; *bibl. l'enfant m* ~ the Prodigal Son; **2.** *su.* spendthrift, prodigal; **prodiguer** [~di'ge] (1m) *v/t.* lavish; be unsparing of; squander; *se* ~ set out to please.

prodrome [prɔ'droːm] *m* prodrome (to, *de*); ⚕ premonitory symptom; *fig.* preamble (to, *de*).

producteur, -trice [prɔdyk'tœːr, ~'tris] **1.** *adj.* productive (of, *de*); producing; ⊕ generating *(apparatus)*; **2.** *su.* ✔ grower; *cin.* ✔ producer; **productible** [~'tibl] producible; **productif, -ve** [~'tif, ~'tiːv] productive, fruitful; **production** [~'sjɔ̃] *f* production *(a.* ⚖, ♪, ⊕, *cin.*); ⚡, *gas, steam:* generation; ⊕ output; product; ✿ growth; **productivité** [~tivi'te] *f* productivity; **produire** [prɔ'dɥiːr] (4h) *v/t.* produce *(a.* ⚖ *evidence, a. cin.);* ✔, ✔ yield; ⊕ turn out *(products);* generate (⚡, *gas, steam);* *fig.* give rise to; *fig.* bring about; se ~ take place, happen, occur; **produit** [~'dɥi] *m* ⚕, ⊕, ♑ product; ✔ produce; proceeds *pl.* (*of sale*), receipts *pl.;* ✔ yield; ~ *accessoire* (*or secondaire*) by-product; ~ *d'un capital* yield of a capital sum; ✔ ~ *manufacturé* manufacture(d product); ✔ ~ *national brut* gross national product; ✔ ~ *ouvré* finished article.

proéminence [prɔemi'nɑ̃ːs] *f* prominence; protuberance; **proéminent, e** [~'nɑ̃, ~'nɑ̃ːt] prominent; projecting.

profanateur *m*, **-trice** *f* [prɔfana'tœːr, ~'tris] desecrator; **profanation** [~'sjɔ̃] *f* desecration; **profane** [prɔ'fan] **1.** *adj.* profane; secular *(history, art, theatre, etc.);* sacrilegious; impious; **2.** *su.* layman (*a. fig.*); F *fig.* outsider; **profaner** [~fa'ne] (1a) *v/t.* profane; desecrate (*a church, a tomb*); *fig.* degrade (*one's talent etc.*).

proférer [prɔfe're] (1f) *v/t.* utter; pour forth (*insults*).

professer [prɔfe'se] (1a) *v/t.* profess; be a professor of (*a subject*); practise (*law, medicine, etc.*); **professeur** [~'sœːr] *m* teacher, master; (*a. femme f* ~) secondary school: mistress; *univ.* professor, lecturer; ~ *d'athéisme* avowed *or* open atheist; **profession** [~'sjɔ̃] *f* eccl., *a. fig.* profession; occupation; trade; de ~ by profession; *fig.* habitual (*drunkard*); sans ~ of private means (*person*); **professionnel, -elle** [~sjɔ'nɛl] **1.** *adj.* professional; vocational; occupational (*disease*); enseignement *m* ~ vocational training; **2.** *su. usu. sp.* professional; **professorat** [~sɔ'ra] *m secondary school:* post of teacher, master *or* mistress; *univ.* professorship, chair; *coll.* teaching profession, teachers *pl.;* *univ.* professorship.

profil [prɔ'fil] *m* profile; outline; △ *etc.* section; *geog.* contour; **profilé, e** [prɔfi'le] **1.** *adj.* ✈, ⚓, *mot.* streamlined; **2.** *su./m* ⊕, *mot., etc.* section; **profiler** [~] (1a) *v/t.* ⊕ shape; draw *(s.th.)* in section; profile; *mot.* streamline; se ~ be silhouetted (against *contre, sur, à*).

profit [prɔ'fi] *m* ✔ profit *(a. fig.);* *fig.* advantage, benefit; ✔ ~s *pl.* et *pertes* f/*pl.* profit *sg.* and loss *sg.;* mettre qch. à ~ turn s.th. to account, take advantage of s.th.; **profitable** [prɔfi'tabl] profitable, advantageous; **profiter** [~'te] (1a) *v/i.* profit (by, *de*); ✔ make a profit (on, *sur*); *fig.* grow (in, *en*); ~ à q. benefit s.o.; be profitable to s.o.; ~ de take advantage of, make the most of; **profiteur** *pej.* [~'tœːr] *m* profit-taker; F profiteer; F ~ *de guerre* war profiteer.

profond, e [prɔ'fɔ̃, ~'fɔ̃ːd] **1.** *adj.* deep *(a. fig. sigh, sleep);* *fig.* profound; **2.** *profond adv.* deep; **3.** *su./m* depth(s *pl.*); au ~ de la nuit in the dead of night; **profondément** [~fɔ̃de'mɑ̃] *adv.* of *profond* 1; **profondeur** [~fɔ̃'dœːr] *f* depth *(a. fig.).*

profus, e [prɔ'fy, ~'fyːz] profuse; **profusément** [prɔfyze'mɑ̃] *adv.* of *profus;* **profusion** [~'zjɔ̃] *f* profusion; abundance; *fig.* lavishness; *fig.* à ~ lavishly.

progéniture [prɔʒeni'tyːr] *f* progeny, offspring.

prognose ⚕ [prɔg'noːz] *f* prognosis.

programme [prɔ'gram] *m* programme, *Am.* program *(a. pol., radio, data processing);* *pol.* platform; *univ. etc.* examination: syllabus; ~ *des auditeurs radio:* request program(me); ~ *d'études* curriculum; **programmateur, -trice** [prɔgrama'tœːr, ~'tris] *su. radio*(*person*), *su./m data processing* (*machine*): programmer; **programmation** [~ma'sjɔ̃] *f radio, data processing:* programming; **programmeur** *m*, **-euse** *f* [~'mœːr, ~'møːz] *data processing:* programmer.

progrès [prɔ'grɛ] *m* progress; advancement; *faire des* ~ progress, make headway; **progresser** [prɔ-

prompt

grɛ'se] (1a) v/i. progress, make headway, advance; fig. improve; **progressif, -ve** [ˌ'sif, ˌ'siːv] progressive; forward; gradual; graduated (tax); **progression** [ˌ'sjɔ̃] f progress; progression (a. ⚕); advance(ment); increase; **progressiste** pol. [ˌ'sist] adj., a. su. progressive.

prohiber [prɔi'be] (1a) v/t. forbid, prohibit; hunt. temps m prohibé close season; **prohibitif, -ve** [prɔibi'tif, ˌ'tiːv] prohibitive (price etc.); prohibitory (law etc.); **prohibition** [ˌ'sjɔ̃] f prohibition; ˌs pl. de sortie ban sg. on exports; **prohibitionniste** [ˌsjɔ'nist] adj., a. su./m prohibitionist.

proie [prwa] f prey (a. fig.); être en ˌ à be a prey to, be consumed by (hatred etc.).

projecteur [prɔʒɛk'tœːr] m projector; floodlight; ⚔ searchlight; **projectif, -ve** [ˌ'tif, ˌ'tiːv] projective; **projectile** [ˌ'til] adj., a. su./m projectile; missile; **projection** [ˌ'sjɔ̃] f projection (a. △, ⚕); △ plan; (lantern) slide; **projecture** △ [ˌ'tyːr] f projection.

projet [prɔ'ʒɛ] m project, plan; draft; scheme; parl. ˌ de loi government bill; état m de ˌ planning stage; **projeter** [prɔʒ'te] (1c) v/t. project; throw; cast (a shadow); fig. plan, contemplate, intend; se ˌ stand out; be cast (shadow); jut out (cliff etc.).

prolétaire pol. [prɔle'tɛːr] adj., a. su./m proletarian; **prolétariat** [ˌta'rja] m coll. proletariate, the working classes pl.; **prolétarien, -enne** [ˌta'rjɛ̃, ˌ'rjɛn] proletarian.

prolifération ⚕, zo. [prɔlifera'sjɔ̃] f proliferation; **proliférer** [ˌfe're] (1f) v/i. proliferate; **prolifique** [ˌ'fik] prolific.

prolixe [prɔ'liks] prolix, diffuse; F fig. long-winded; **prolixité** [ˌliksi'te] f prolixity; F fig. verbosity.

prologue [prɔ'lɔg] m prolog(ue) (to, de).

prolongation [prɔlɔ̃ga'sjɔ̃] f time: prolongation; leave, stay, ticket: extension; sp. extra time; **prolonge** ⚔ [prɔ'lɔ̃ːʒ] f ammunition waggon; lashing-rope; **prolongement** [ˌlɔ̃ʒ'mɑ̃] m space: prolongation; extension; **prolonger** [ˌlɔ̃'ʒe] (11)

v/t. prolong, extend (in time or space); ⚕ protract (a disease); ⚕ produce (a line); ⚓ coast (along); se ˌ continue; extend; be protracted.

promenade [prɔm'nad] f walk(ing); stroll (on foot), drive (in a car), sail (in a boat), ride (on a bicycle); trip, excursion; place: promenade, avenue; ⚔ ˌ (militaire) route march; faire une ˌ go for or take a walk; **promener** [ˌ'ne] (1d) v/t. take (s.o.) for a walk or a drive etc.; exercise (an animal); take, conduct; fig. run (one's hand, one's eyes) (over, sur); cast (one's mind, one's thoughts) (over, sur); envoyer ˌ q. send s.o. about his business; se ˌ walk, go for a walk or ride etc.; fig. rove, wander (eyes, gaze); va te ˌ! get away with you!; **promeneur** m, -euse f [ˌ'nœːr, ˌ'nøːz] walker, stroller; tripper; fig. guide; thea. promenader; **promenoir** [ˌ'nwaːr] m promenade, covered walk; ⚓ promenade deck; ⚕ lobby.

promesse [prɔ'mɛs] f promise, assurance; ✝ promissory note; manquer à sa ˌ break one's promise; **prometteur, -euse** [ˌmɛ'tœːr, ˌ'tøːz] 1. adj. free with his (her, etc.) promises; fig. promising, full of promise, attractive; 2. su. person free with his (her) promises, ready promiser; **promettre** [ˌ'mɛtr] (4v) v/t. promise (a. fig.); fig. bid fair to (inf.); se ˌ qch. promise o.s. s.th.; look forward to s.th.; v/i. look or be promising; **promis, e** [ˌ'mi, ˌ'miːz] 1. p.p. of promettre; 2. adj. promised; engaged (to be married); la terre ˌe the Promised Land (a. fig.); 3. su. betrothed, F intended.

promiscuité [prɔmiskɥi'te] f promiscuity; en ˌ promiscuously.

promission bibl., a.fig. [prɔmi'sjɔ̃] f: la terre de ˌ the Promised Land.

promontoire geog. [prɔmɔ̃'twaːr] m promontory; headland.

promoteur, -trice [prɔmɔ'tœːr, ˌ'tris] 1. adj. promoting; 2. su. promoter; **promotion** [ˌmɔ'sjɔ̃] f promotion; school: class (= year); coll. persons pl. promoted; **promouvoir** [ˌmu'vwaːr] (3f) v/t. promote.

prompt, prompte [prɔ̃, prɔ̃ːt] prompt, quick, speedy, ready; ˌ à

promptitude 382

se *décider* quick to make up one's mind; **promptitude** [prɔ̃ti'tyd] *f* promptness, promptitude, quickness; readiness.
promu, e [prɔ'my] *p.p. of promouvoir.*
promulgation [prɔmylga'sjɔ̃] *f law*: promulgation; *decree*: publication; **promulguer** [~'ge] (1m) *v/t.* promulgate (*a law*); publish, issue (*a decree*).
prône *eccl.* [pro:n] *m* sermon; **prôner** [pro'ne] (1a) *v/t. eccl.* preach to; *fig.* extol, crack (*s.th., s.o.*) up; read (*s.o.*) a lecture, scold; **prôneur** *m*, **-euse** *f* [~'nœ:r, ~'nø:z] extoller, *sl.* booster.
pronom *gramm.* [prɔ'nɔ̃] *m* pronoun; **pronominal, e** *m/pl.* **-aux** *gramm.* [~nɔmi'nal, ~'no] pronominal.
prononçable [prɔnɔ̃'sabl] pronounceable; **prononcé, e** [~'se] 1. *adj.* pronounced (*a. fig.*); *fig.* marked; 2. *su./m* ✠ decision; **prononcer** [~'se] (1k) *v/t.* pronounce; ✠ pass (*sentence*); make (*a. a speech*); *fig.* mention (*a name*); *mal* ~ mispronounce (*a word etc.*); se ~ give one's opinion *or* decision; come to a decision (on, about *sur*); be pronounced (*word*); *v/i.* pronounce; ~ *sur* rule upon, adjudicate upon (*a question*); ✠ give one's verdict on; **prononciation** [~sja'sjɔ̃] *f gramm.* pronunciation; ✠ *sentence*: passing; *verdict*: bringing in; *speech*: delivery.
pronostic [prɔnɔs'tik] *m* prognostic(ation); forecast; *turf*: (*tipster's*) selection; ✠ prognosis; **pronostiquer** [~ti'ke] (1m) *v/t.* foretell; ✠ prognose, give a prognosis; forecast (*the weather*); **pronostiqueur** *m*, **-euse** *f* [~ti'kœ:r, ~'kø:z] prognosticator.
propagande [prɔpa'gã:d] *f* propaganda; publicity; advertising; *de* ~ propaganda ...; **propagandisme** [~gã'dism] *m* propagandism; **propagandiste** [~gã'dist] *su.* propagandist.
propagateur, -trice [prɔpaga'tœ:r, ~'tris] 1. *adj.* propagating; 2. *su.* propagator; *news, germs, etc.*: spreader; **propagation** [~ga'sjɔ̃] *f* propagation, spread(ing); *phys.* ~ *des ondes* wave propagation;

propager [~'ʒe] (1l) *v/t.* propagate (*biol., phys., a. fig.*); spread (*news, germs*); *fig.* popularize; se ~ propagate; spread; *phys.* be propagated.
propane ♠ [prɔ'pan] *m* propane.
propension [prɔpã'sjɔ̃] *f* propensity, tendency.
prophète [prɔ'fɛt] *m* prophet, seer; *fig.* prophesier; **prophétesse** [prɔfe'tɛs] *f* prophetess; **prophétie** [~'si] *f* prophecy; **prophétique** [~'tik] prophetic; **prophétiser** [~ti'ze] (1a) *v/t.* prophesy, foretell.
prophylactique ♠ [prɔfilak'tik] prophylactic; **prophylaxie** ♠ [~'si] *f* prophylaxis; prevention of disease.
propice [prɔ'pis] propitious (to, *à*; for s.th., *à qch.*); favo(u)rable (to, *à*); **propitiation** [prɔpisja'sjɔ̃] *f* propitiation; **propitiatoire** [~'twa:r] propitiatory; F *don m* ~ sop (to Cerberus).
proportion [prɔpɔr'sjɔ̃] *f* ⚕ *etc.* proportion (with, *avec*), ratio; *fig.* ~*s pl.* size *sg.*, dimensions; *à* ~ *que* in proportion as; **proportionnel, -elle** [~sjɔ'nɛl] 1. *adj.* proportional; ⚕ *moyenne f* ~*elle* mean proportional; 2. *su./f* ⚕ proportional; **proportionner** [~sjɔ'ne] (1a) *v/t.* adapt (to, *à*); *bien proportionné* well-proportioned (*body etc.*); *fig.* well suited.
propos [prɔ'po] *m* purpose; topic; remark; convenience; ~ *pl.* talk *sg.*; *à* ~ relevant, pertinent, timely; *à* ~! by the way!; *à* ~ *de* about; *à* ~ *de rien* for no reason at all; *à ce* ~ in this connection; *à tout* ~ at every (end and) turn; *changer de* ~ change the subject; *hors de* ~ irrelevant (*comment*); ill-timed; *juger à* ~ think fit; *mal à* ~ inopportunely, at the wrong moment; **proposable** [prɔpo'zabl] worthy of consideration; **proposer** [~'ze] (1a) *v/t.* propose; suggest; offer (*a solution, money*); put forward (*a candidate, s.o. as a model*); se ~ propose *or* offer o.s. (as, *comme*); se ~ *de* (*inf.*) intend to (*inf.*); se ~ *pour* (*inf.*) offer to (*inf.*); **proposition** [~zi'sjɔ̃] *f* offer, proposal; ⚕, *phls.*, ♪ proposition; *gramm.* clause; motion (*to be voted upon*).
propre [prɔpr] 1. *adj.* proper, cor-

rect; peculiar (to, *à*); characteristic (of, *à*); own; fit, able (to, *à*); calculated (to, *à*); clean, neat; ~ *à rien* good for nothing; ~ *maison f* own house; *maison f* ~ clean house; *en* ~*s termes* in so many words; 2. *su./m* nature, characteristic; *eccl.* proper; *gramm.* literal sense; ₃ₜ₃ ~*s pl.* separate property *sg.*; ~ *à rien* good-for-nothing; *iro. c'est du* ~*!* that's a fine thing!; **propret, -ette** † [prɔ'prɛ, ~'prɛt] neat, tidy; **propreté** [~prɔ'te] *f* cleanness; neatness; cleanliness.

propriétaire [prɔprie'tɛːr] *su./m* proprietor, owner; landlord; *su./f* landlady; proprietress; **propriété** [~'te] *f* property (*a. phys.*); estate; ownership; *fig.* characteristic, property; *language, words, etc.*: correctness; ~ *immobilière* real estate; ~ *littéraire* copyright.

proprio F [prɔpri'o] *m* proprietor; owner; landlord.

propulser [prɔpyl'se] (1a) *v/t.* propel; ⚓ *propulsé par réaction* rocket-powered; **propulseur** [~'sœːr] 1. *adj./m* propulsive, propelling, propellent; 2. *su./m* propeller; **propulsif, -ve** [~'sif, ~'siːv] propulsive, propelling; **propulsion** [~'sjɔ̃] *f* propulsion; ~ *par réaction* rocket-propulsion.

prorata [prɔra'ta] *m/inv.* proportion; *au* ~ pro rata (*payment*); *au* ~ *de* in proportion to, proportionately to.

prorogation [prɔrɔga'sjɔ̃] *f parl.* prorogation; ₃ₜ₃ *etc.* extension of time; *fig.* prolongation; **proroger** [~'ʒe] (1l) *v/t. parl.* adjourn, prorogue; ₃ₜ₃, ♰ extend (*a time-limit*), prolong.

prosaïque [prɔza'ik] prosaic; *fig.* unimaginative, dull; **prosaïsme** [~'ism] *m* prosaic style; *fig.* dullness; **prosateur** [~'tœːr] *m* prose-writer.

proscription [prɔskrip'sjɔ̃] *f* proscription; banishment; *fig.* abolition; **proscrire** [~'kriːr] (4q) *v/t.* proscribe; *fig.* abolish; *fig.* forbid; **proscrit** *m*, *e f* [~'kri, ~'krit] proscript, outlaw, exile.

prose [proːz] *f* prose; *eccl.* sequence.
prosélyte [prɔze'lit] *m* proselyte.
prospecter [prɔspɛk'te] (1a) *v/t.* ⚒ prospect; ♰ send out prospectuses to, circularize; **prospecteur** ⚒ *etc.* [~'tœːr] *m* prospector; **prospection** [~'sjɔ̃] *f* ⚒ *etc.* prospecting; prospection; ♰ canvassing; **prospectus** [~'tys] *m* prospectus; hand-bill.

prospère [prɔs'pɛːr] prosperous, thriving; favo(u)rable (*circumstances etc.*); well-to-do (*person*); **prospérer** [~pe're] (1f) *v/i.* prosper, thrive; succeed; **prospérité** [~pe-ri'te] *f* prosperity; ♰ *vague f de* ~ boom.

prosterner [prɔstɛr'ne] (1a) *v/t.*: *se* ~ prostrate o.s.; bow down (before, *to devant*); F kowtow (to, *devant*).

prostituée [prɔsti'tɥe] *f* prostitute, whore; **prostituer** [~'tɥe] (1a) *v/t.* prostitute (*a. fig.*); **prostitution** [~ty'sjɔ̃] *f* prostitution (*a. fig.*).

prostration [prɔstra'sjɔ̃] *f* prostration (*a.* ⚕); ⚕ exhaustion; **prostré, e** [~'tre] prostrate; ⚕ exhausted.

protagoniste *thea.*, *a. fig.* [prɔtagɔ-'nist] *m* protagonist.

protecteur, -trice [prɔtɛk'tœːr, ~'tris] 1. *adj.* ⊕, *a. pol.* protective; protecting; *fig. pej.* patronizing; 2. *su./m* protector, patron; *su./f* protectress, patroness; **protection** [~'sjɔ̃] *f* protection (against, from *contre*); ✕ cover; patronage, influence; wire-pulling; ~ *civile* civil defence; F *air m de* ~ patronizing air; **protectionnisme** *pol.* [~sjɔ-'nism] *m* protectionism; **protectionniste** *pol.* [~sjɔ'nist] *adj., a. su.* protectionist; **protectorat** [~tɔ'ra] *m* protectorate.

protégé [prɔte'ʒe] *m* favo(u)rite; protégé; **protégée** [~'te'ʒe] *f* protégée; **protège-oreilles** [~tɛʒɔ-'rɛːj] *m/inv.* ear-protector; **protéger** [~te'ʒe] (1g) *v/t.* protect (from, *contre*); *fig.* be a patron of; patronize.

protestant, e [prɔtɛs'tɑ̃, ~'tɑ̃ːt] *adj., a. su.* Protestant; **protestantisme** [~tɑ̃'tism] *m* Protestantism; **protestataire** *pol.* [~ta'tɛːr] *su.* objector; **protestation** [~ta'sjɔ̃] *f* protest (against, *contre*); protestation (*of friendship, innocence, etc.*); **protester** [~'te] (1a) *v/t.* protest (*a.* ♰ *a bill*); *v/i.*: ~ *contre* challenge; protest against; ~ *de qch.* protest s.th.; **protêt** [prɔ'tɛ] *m* protest.

prothèse [prɔˈtɛːz] *f* (*a. dental*) prosthesis.

prot(o)... [prɔt(ɔ)] prot(o)...

protocolaire [prɔtɔkɔˈlɛːr] formal; of etiquette; **protocole** [ˌˈkɔl] *m* protocol; ceremonial; F etiquette; *pol.* chef *m* du ~ Chief of Protocol.

prototype [prɔtɔˈtip] *m* prototype.

protubérance [prɔtybeˈrɑ̃ːs] *f* protuberance; (*solar*) prominence; knob.

protuteur *m*, **-trice** *f* ⚖ [prɔtyˈtœːr, ˌˈtris] acting guardian.

prou [pru] *adv.*: ni peu ni ~ none or not at all; peu ou ~ more or less.

proue ⚓ [ˌ] *f* prow, bows *pl.*

prouesse [pruˈɛs] *f* prowess; ~s *pl.* exploits.

prouvable [pruˈvabl] provable; **prouver** [ˌˈve] (1a) *v/t.* prove.

provenance [prɔvˈnɑ̃ːs] *f* source, origin; ✝ product; produce; 🚂 en ~ de from; **provenir** [ˌˈniːr] (2h) *v/i.*: ~ de arise from, come from; originate in.

proverbe [prɔˈvɛrb] *m* proverb; **proverbial, e**, *m/pl.* **-aux** [ˌvɛrˈbjal, ˌˈbjo] proverbial.

providence [prɔviˈdɑ̃ːs] *f* providence; F *fig.* guardian angel; **providentiel, -elle** [ˌdɑ̃ˈsjɛl] providential; *fig.* opportune, heaven-sent.

provigner ✿ [prɔviˈɲe] (1a) *v/t.* layer (*vine*); **provin** ✿ [prɔˈvɛ̃] *m* layered stock; *vine*: layer.

province [prɔˈvɛ̃ːs] *f* provinces *pl.*; *fig.* de ~ provincial, *pej.* countrified; **provincial, e**, *m/pl.* **-aux** [ˌvɛ̃ˈsjal, ˌˈsjo] 1. *adj.* provincial; *fig. pej.* countrified; 2. *su.*, *a. su./m eccl.* provincial.

proviseur [prɔviˈzœːr] *m* lycee: headmaster; **provision** [ˌˈzjɔ̃] *f* provision, stock, supply; *finance*: funds *pl.*, cover; ⚖ sum paid into court; faire ses ~s go shopping; par ~ provisional; sac *m* à ~s shopping-bag; **provisoire** [ˌˈzwaːr] provisional; temporary; acting (*official etc.*); **provisorat** [ˌzɔˈra] *m lycee*: headmastership.

provocant, e [prɔvɔˈkɑ̃, ˌˈkɑ̃ːt] provocative (*a. fig.*); *fig.* enticing; **provocateur, -trice** [ˌkaˈtœːr, ˌˈtris] 1. *adj.* provocative; 2. *su.* aggressor; instigator; provoker; **provocation** [ˌkaˈsjɔ̃] *f* provocation; instigation; *crime*: incitement; challenge; ⚔ *sleep etc.*: inducement; **provoquer** [ˌˈke] (1m) *v/t.* provoke; instigate, incite (to, à); induce (*sleep etc.*); *fig.* cause, bring about. [curer; *su./f* procuress.)

proxénète [prɔksɛˈnɛt] *su./m* pro-

proximité [prɔksimiˈte] *f* proximity; nearness; ~ de parenté near relationship; à ~ near at hand; à ~ de close to.

prude [pryd] 1. *adj.* prudish; 2. *su./f* prude.

prudemment [prydaˈmɑ̃] *adv.* of *prudent*; **prudence** [ˌˈdɑ̃ːs] *f* prudence; discretion; **prudent, e** [ˌˈdɑ̃, ˌˈdɑ̃ːt] prudent; discreet; *fig.* advisable (to *inf.*, de *inf.*).

pruderie [pryˈdri] *f* prudery, prudishness; **prud'homme** [ˌˈdɔm] *m* man of integrity, *fig.* wise man; *conseil m des ~s* conciliation board.

prudhommerie [prydɔmˈri] *f* pomposity.

pruine [prɥin] *f* bloom (*on fruit*).

prune [pryn] 1. *su./f* plum; F *fig.* pour des ~s for nothing; 2. *adj./inv.* plum-colo(u)red; **pruneau** [pryˈno] *m* prune; F ⚔ (*rifle-*)bullet; *sl.* black eye; **prunelaie** [pryˈnlɛ] *f* plum orchard; **prunelée** [ˌˈle] *f* plum jam; **prunelle** [pryˈnɛl] *f* ✿ sloe; ✿, *a. tex.* prunella; *anat.* eye: pupil; *fig.* apple (*of the eye*); **prunellier** ✿ [ˌnɛˈlje] *m* blackthorn, sloetree; **prunier** ✿ [ˌˈnje] *m* plum-tree.

prurigineux, -euse ✱ [pryriʒiˈnø, ˌˈnøːz] pruriginous; **prurit** ✱ [ˌˈri(t)] *m* pruritus, itching.

Prusse [prys] *f*: bleu *m* de ~ Prussian blue; **prussien, -enne** [pryˈsjɛ̃, ˌˈsjɛn] *adj.*, *a. su.* ♀ Prussian; **prussique** 🜋 [ˌˈsik] *adj.*: acide *m* ~ prussic acid.

psalmiste [psalˈmist] *m* psalmist; *bibl.* le ♀ the Psalmist (= *king David*); **psalmodie** [ˌmɔˈdi] *f eccl.* psalmody; intoned psalm; F *voice*: singsong; **psalmodier** [ˌmɔˈdje] (1o) *vt/i.* intone, chant; *v/t.* F *fig.* drone (*s.th.*) out; **psaume** [psoːm] *m* psalm; **psautier** [psoˈtje] *m* psalter.

pseud(o)... [psød(ɔ)] pseud(o)...

pseudonyme [psødɔˈnim] 1. *adj.* pseudonymous; 2. *su./m* pseudonym; nom de plume.

ps(it)t! [ps(i)t] *int.* psst!; I say!
psittacisme ⚕ [psita'sism] *m* psittacism, parrotry; **psittacose** ⚕ [~'ko:z] *f* psittacosis; parrot disease.
psych... [psik] psych(o)...; **~analyse** ⚕ [psikana'li:z] *f* psychoanalysis; **~analyste** ⚕ [~'list] *m* psychoanalyst; **~analytique** ⚕ [~li'tik] psychoanalytic(al).
psyché [psi'ʃe] *f* cheval-glass.
psych...: **~iatre** [psi'kja:tr] *m* psychiatrist; **~iatrie** [psikja'tri] *f* psychiatry; **~iatrique** [~'trik] psychiatric.
psychique [psi'ʃik] psychic; **psychisme** [~'ʃism] *m* psychism.
psycho... [psikɔ] psycho...; **~logie** [~lɔ'ʒi] *f* psychology; ~ *des enfants* (*foules*) child (mass) psychology; **~logique** [~lɔ'ʒik] psychological (*a.* F *fig.* moment); **~logue** [~'lɔg] *su.* psychologist; **~pathe** ⚕ [~'pat] *su.* psychopath.
psychose [psi'ko:z] *f* ⚕ psychosis; ~ *de guerre* war scare.
psychothérapie [psikɔtera'pi] *f* psychotherapy.
ptomaïne ⚕, 🝖 [ptɔma'in] *f* ptomaine.
pu [py] *p.p. of pouvoir* 1.
puant, e [pɥã, pɥã:t] stinking; foul (*a. fig.*); F conceited; **puanteur** [pɥã'tœ:r] *f* stench, stink.
pubère [py'bɛ:r] pubescent; **puberté** [~bɛr'te] *f* puberty.
pubescent, e ♀ [pybɛ'sã, ~'sã:t] pubescent, downy.
pubien, -enne *anat.* [py'bjɛ̃, ~'bjɛn] pubic; **pubis** *anat.* [~'bis] *m* pubis.
publiable [pybli'abl] publishable; **public, -que** [~'blik] **1.** *adj.* public; *la chose* ~*que* the state, the government; *la vie* ~*que* public life, *politics pl.*; *maison f* ~*que* brothel; **2.** *su./m* public; *thea. etc.* audience; *en* ~ in public; *le grand* ~ the general public; F the man in the street; **publication** [pyblika'sjɔ̃] *f* publication; publishing; *en cours de* ~ printing (*book*); **publiciste** [~'sist] *su.* publicist; public relations officer; **publicitaire** [~si'tɛ:r] **1.** *adj.* publicity-...; **2.** *su./m* publicity man; **publicité** [~si'te] *f* publicity; public relations *pl.*; advertising; ~ *aérienne* sky-writing; ~ *lumineuse* illuminated advertising; *bureau m de* ~ advertising agency; *exemplaires m/pl. de* ~ press copies; **publier** [~'e] (1a) *v/t.* publish; make public; release (*news*); proclaim.
puce [pys] **1.** *su./f* flea; F *marché m aux* ~*s* flea market; F *secouer les* ~*s à* give (*s.o.*) a good hiding; **2.** *adj./inv.* puce.
pucelle [py'sɛl] *f* maiden, virgin; *la* ♀ (*d'Orléans*) the Maid of Orleans, Joan of Arc.
puceron ✐ [pys'rɔ̃] *m* plant-louse; aphis.
pudeur [py'dœ:r] *f* modesty; decency; reserve; *sans* ~ shameless(ly *adv.*); **pudibond, e** [~di'bɔ̃, ~'bɔ̃:d] prudish; **pudicité** [~disi'te] *f* modesty, bashfulness; chastity; **pudique** [~'dik] modest, bashful; chaste.
puer [pɥe] (1n) *v/i.* stink, reek, smell; *v/t.* smell of; stink of.
puériculture [pɥerikyl'ty:r] *f* rearing of children; (*a.* ~ *sociale*) child welfare; **puéril, e** [~'ril] puerile, childish (*a.* argument *etc.*); *âge m* ~ childhood; **puérilité** [~rili'te] *f* childishness; puerility (*a. fig.*).
pugilat [pyʒi'la] *m* pugilism, boxing; F set-to; **pugiliste** [~'list] *m* pugilist, boxer, F pug.
puîné, e [pɥi'ne] **1.** *adj.* younger; **2.** *su./m* younger brother; *su./f* younger sister.
puis[1] [pɥi] *adv.* then, afterwards, next; *et* ~ and then; moreover; *et* ~ *après?* what then?; what about it?, so what?
puis[2] [~] *1st p. sg. pres. of pouvoir* 1.
puisage ⊕ [pɥi'za:ʒ] *m* pumping up; **puisard** [~'za:r] *m* sunk draining trap; sink, cesspool; ⚒ ⊕ sump; **puisatier** [~za'tje] *m* well-digger; ⚒ sumpman; **puiser** [~'ze] (1a) *v/t.* draw (from *à, dans*); *fig.* borrow.
puisque [pɥisk(ə)] *cj.* since, as; seeing that.
puissamment [pɥisa'mã] *adv.* powerfully; *fig.* extremely; **puissance** [~'sã:s] *f* *fig., a.* ⚔, *eccl., pol., radio:* power; force; ⊕ output; ⚒ *coal-seam:* thickness; *fig.* influence; ⚖, *fig.* authority; *phys.* ~ *en bougies* candle-power; ~ *lumineuse searchlight:* candle-power; *pol.* ~ *mondiale* world(-)power; **puissant, e** [~'sã, ~'sã:t] powerful; strong; weighty (*argument*); ⚒ thick (*coal-seams*).

puisse [pɥis] *1st p. sg. pres. sbj. of* pouvoir *1*.

puits [pɥi] *m* well; ⚒ shaft; ⊕, ⚒ pit; ~ *d'aérage* air-shaft; *cuis.* ~ *d'amour* cream-puff; jam-puff; ~ *de science person*: mine of information.

pull-over [pylɔ'vœ:r] *m* pullover; sweater.

pulluler [pyly'le] (1a) *v/i.* swarm, teem; multiply rapidly.

pulmonaire [pylmɔ'nɛ:r] **1**. *adj.* pulmonary; **2**. *su./f* ♀ lungwort.

pulpe [pylp] *f* pulp; *finger etc.*: pad; **pulpeux, -euse** [pyl'pø, ~'pø:z] pulpy, pulpous.

pulsatif, -ve [pylsa'tif, ~'ti:v] pulsatory; throbbing (*pain*); **pulsation** [~'sjɔ̃] *f* pulsation (*a.* ♪, *a. phys.*); *heart*: throb(bing), beat (-ing); **pulsatoire** ✱ [~'twa:r] pulsatory.

pulsoréacteur ✈ [pylsɔreak'tœ:r] *m* intermittent jet; pulsojet.

pulvérisateur [pylveriza'tœ:r] *m* pulverizer; spray, atomizer; *liquids*: vaporizer; **pulvériser** [~'ze] (1a) *v/t.* pulverize (*a. fig. s.o.*); F *sp.* smash (*a record*); *mot. etc.* atomize (*petrol, liquids*); **pulvériseur** ✓ [~'zœ:r] *m* disk-harrow; **pulvérulence** [pylvery'lɑ̃:s] *f* powderiness; dustiness; **pulvérulent, e** [~'lɑ̃, ~'lɑ̃:t] powdery; dusty.

puma *zo.* [py'ma] *m* puma, cougar.

punais, e [py'nɛ, ~'nɛ:z] **1**. *adj.* foul-smelling; **2**. *su./f zo.* bug; drawing-pin, *Am.* thumbtack.

punch [pɔ̃:ʃ] *m* punch.

punique *hist.* [py'nik] Punic; *fig.* foi *f* ~ treachery.

punir [py'ni:r] (2a) *v/t.* punish (with, *de*); **punissable** [pyni'sabl] punishable; **punition** [~'sjɔ̃] *f* punishment; *games*: forfeit.

pupillaire *anat.*, ♄ [pypil'lɛ:r] pupil(l)ary; **pupillarité** ♄ [~lari'te] *f* wardship.

pupille¹ [py'pil] *su.* ♄ ward; orphanage-child; ~ *de la nation* war orphan (*in France*).

pupille² *anat.* [~] *f eye*: pupil.

pupitre [py'pitr] *m* desk; ♪ (*music-*)stand; *eccl.* lectern; ♪, *thea.* ~ *de distribution* (*or commutation*) switch-desk.

pur, pure [py:r] pure (*a. fig.*), spotless; *fig.* clear (*conscience etc.*); *fig.* innocent, chaste (*girl*); *fig.* sheer, downright; *zo.* ~ sang thoroughbred; *folie f pure* utter folly.

purée [py're] *f cuis. vegetables*: mash; mashed potatoes *pl.*; thick soup; *sl.* être dans la ~ be in the soup, be hard up.

pureté [pyr'te] *f* purity (*a. fig.*); chastity; *fig.* clearness.

purgatif, -ve ✱ [pyrga'tif, ~'ti:v] *adj., a. su./m* purgative; **purgation** [~'sjɔ̃] *f* ✱, *eccl.* purgation; ✱ purging; ✱ purge; **purgatoire** *eccl.* [~'twa:r] *m* purgatory (*a. fig.*).

purge [pyrʒ] *f* ✱ purge (*a. pol.*), purgative; ♄ *mortgage*: redemption; ⊕ blow-off; *tex.* cleaning; **purgeoir** ⊕ [pyr'ʒwa:r] *m* filtering-tank; **purger** [~'ʒe] (1l) *v/t.* purge (*fig., a.* ✱), cleanse; ♄ redeem, pay off (*a mortgage*); *fig.* clear (*one's conscience, a debt, etc.*); ⊕ refine (*gold*); *tex.* clean; se ~ take a purgative; *fig.* clear o.s.

purification [pyrifika'sjɔ̃] *f* purification (*a. eccl.*); cleansing; **purifier** [~'fje] (1o) *v/t.* purify, cleanse; refine (*metal*); ⊕ disinfect (*the air etc.*).

purin ✓ [py'rɛ̃] *m* liquid manure.

purisme [py'rism] *m* purism; **puriste** [~'rist] **1**. *su.* purist; **2**. *adj.* puristic.

puritain, e [pyri'tɛ̃, ~'tɛn] **1**. *su.* Puritan; **2**. *adj.* puritan(ical) (*a. fig.*); **puritanisme** [~ta'nism] *m* puritanism (*a. fig.*).

purpurin, e [pyrpy'rɛ̃, ~'rin] purplish; crimson. [thoroughbred.\
pur-sang [pyr'sɑ̃] *m/inv. horse*.\
purulence [pyry'lɑ̃:s] *f* purulence; **purulent, e** ✱ [~'lɑ̃, ~'lɑ̃:t] purulent; *foyer m* ~ abscess.

pus¹ ✱ [py] *m* pus, matter.

pus² [~] *1st p. sg. p.s. of* pouvoir *1*.

pusillanime [pyzilla'nim] pusillanimous; faint-hearted; **pusillanimité** [~nimi'te] *f* faint-heartedness.

pustule ✱ [pys'tyl] *f* pustule; **pustulé, e** ✱ [~ty'le], **pustuleux, -euse** ✱ [~ty'lø, ~'lø:z] pus-\
putain V [py'tɛ̃] *f* whore. [tulous.\
putatif, -ve [pyta'tif, ~'ti:v] putative; reputed.

putois *zo.* [py'twa] *m* polecat.

putréfaction [pytrefak'sjɔ̃] *f* putrefaction, decay; **putréfier** [~'fje] (1o) *v/t.* putrefy, rot, decompose;

se ~ putrefy; **putrescence** [pytrɛ-'sɑ̃:s] *f* putrescence; ⚕ sepsis; **putrescent, e** [~'sɑ̃, ~'sɑ̃:t] putrescent; **putrescible** [~'sibl] liable to putrefaction; **putride** [py'trid] putrid; tainted. [*Auvergne*).\
puy *geog.* [pɥi] *m* peak (*in the* **puzzle** [pœzl] *m* jig-saw puzzle.
pygmée [pig'me] *m* pygmy.
pyjama [piʒa'ma] *m* (pair of) pyjamas *pl.*, *Am.* pajamas *pl.*
pylône [pi'lo:n] *m* ⚡ pylon (*a.* ⚠), mast; 🚢, 🏈 post.
pyramidal, e, *m/pl.* -**aux** [pirami-'dal, ~'do] pyramidal; F *fig.* terrific; **pyramide** ⚠, ⚔ [~'mid] *f* pyramid; ~ *des âges statistics*: age pyramid.
pyrite *min.* [pi'rit] *f* pyrites.

pyro... [pirɔ] pyro...; ~**gravure** [~gra'vy:r] *f* poker-work; ~**ligneux** 🧪 [~li'ɲø] *adj.*: acide *m* ~ pyroligneous acid; ~**mane** [~'man] *su.* pyromaniac; ~**phore** 🧪, *zo.* [~'fɔ:r] *m* pyrophorus.
pyrosis ⚕ [pirɔ'zis] *m* pyrosis, heartburn.
pyro...: ~**technicien** [pirɔtɛkni'sjɛ̃] *m* pyrotechnist; ~**technie** [~tɛk'ni] *f* pyrotechnics *pl.*
pyroxyle 🧪 [pirɔk'sil] *m* pyroxyline; gun-cotton.
Pyrrhus [pi'rys] *npr./m*: victoire *f* à la ~ Pyrrhic victory.
python *zo. etc.* [pi'tɔ̃] *m* python; **pythonisse** [~tɔ'nis] *f* pythoness; la ~ d'*Endor* the Witch of Endor.
pyxide ⚘ [pik'sid] *f* pyxis.

Q

Q, q [ky] *m* Q, q.
quadragénaire [kwadraʒe'nɛ:r] *adj.*, *a. su.* quadragenarian.
quadrangulaire [kwadrɑ̃gy'lɛ:r] ⚔ *etc.* quadrangular; ⚠ four-cornered.
quadrant ⚔ [ka'drɑ̃] *m* quadrant; **quadrature** [kwadra'ty:r] *f* ⚔, *astr.* quadrature; ⚔ *circle*: squaring (*a. fig.*).
quadri... [kwadri] quadri...; ~**folié, e** ⚘ [~fɔ'lje] quadrifoliate.
quadrige *hist.* [kwa'dri:ʒ] *m* quadriga.
quadrilatère ⚔ *etc.* [kwadrila'tɛ:r] *su./m, a. adj.* quadrilateral.
quadrillage [kadri'ja:ʒ] *m* crossruling; cross-gridding; chequerwork; squares *pl.*; **quadrille** [~'dri:j] *m* ♪ dance, *a. cards*: quadrille; **quadrillé, e** [~dri'je] squared (*paper etc.*); grid (*map*); chequered.
quadri...: ~**moteur** ✈ [kwadrimɔ-'tœ:r] 1. *adj./m* four-engined; 2. *su./m* four-engined plane; ~**réacteur** ✈ [~reak'tœ:r] *m* four-engined jet plane.
quadrupède [kwadry'pɛd] 1. *adj.* four-footed, quadruped; 2. *su./m* quadruped.
quadruple [kwa'drypl] *adj.*, *a.* *su./m* quadruple, fourfold; **quadrupler** [~dry'ple] (1a) *vt/i.* quadruple; increase fourfold.

quai [ke] *m* quay, wharf; 🚂 platform; embankment (*along a river*); droits *m/pl.* de ~ quayage (dues) *sg.*
qualifiable [kali'fjabl] subject to qualification; describable (as, de); **qualificatif, -ve** *gramm.* [~fika'tif, ~'ti:v] 1. *adj.* qualifying; 2. *su./m* qualifier; **qualification** [~fika'sjɔ̃] *f* qualification (*a. sp.*); calling; *gramm.*, *a.* ♰ qualifying; name, designation; **qualifié, e** [~'fje] qualified (to, *pour*); ⊕ skilled (*workman*); ⚖ aggravated (*larceny*); **qualifier** [~'fje] (1o) *v/t.* call, style (by, de; s.o. s.th., q. de qch.); qualify (*a. gramm.*); se ~ call o.s.; qualify (for, *pour*); **qualitatif, -ve** [~ta'tif, ~'ti:v] qualitative; **qualité** [~'te] *f* quality, property; nature; qualification; *fig.* capacity (as, de); title; avoir ~ pour be qualified to; de première ~ first-rate; en sa ~ de in his capacity as; † gens *m/pl.* de ~ gentlefolk.
quand [kɑ̃] 1. *adv.* when; depuis ~? how long?, since when?; pour ~ est ...? when is ...?; 2. *cj.* when; ~ même none the less, nevertheless; even though.
quant à [kɑ̃'ta] *prp.* as for; as regards; in relation to.
quantième [kɑ̃'tjɛm] *m* day of the month, date.

quantique

quantique *phys.* [kwã'tik] *adj.*: mécanique *f* ~ quantum mechanics.
quantitatif, -ve [kãtita'tif, ~'ti:v] ⚕ *etc.* quantitative; *gramm.* (*adjective*) of quantity, (*adverb*) of degree; **quantité** [~'te] *f* quantity.
quantum, *pl.* **-ta** [kwã'tɔm, ~'ta] *m* ⚛, ⚕, ⚖, *phys.* quantum; *phys.* théorie *f* des *quanta* quantum theory.
quarantaine [karã'tɛn] *f* (about) forty; ⚓ quarantine; *la* ~ the age of forty, the forties *pl.*; *mettre q.* en ~ ⚔, ⚓ quarantine s.o.; *fig.* send s.o. to Coventry; **quarante** [~'rã:t] **1.** *adj./num.*, forty; **2.** *su./m/inv.* forty; *les* ⚢ the Forty (members of the Académie française); **quarantième** [~'tjɛm] *adj./num.*, *a. su.* fortieth.
quart [ka:r] *m* ⚔ *etc.* quarter; ⚓ point (of the compass); ⚓ watch; ♪ ~ *de soupir* semiquaver rest; ~ *d'heure* quarter of an hour; *deux heures moins le* ~ a quarter to two; *le* ~ *a sonné* it has struck quarter past; *un* ~ (*de livre*) a quarter (of a pound); *fig.* un petit ~ *d'heure* a few minutes; **quarte** [kart] **1.** *adj./f* ⚕ quartan (*fever*); **2.** *su./f* ♪ fourth; *fencing*: carte, quart(e).
quartier [kar'tje] *m* quarter; (fourth) part; piece, portion; *venison*: haunch; *bacon*: gammon; *stone*: block; district, neighbo(u)rhood; *fig.* mercy, clemency; ⚔ quarters *pl.*; ~ *chic* residential quarter; ⚔ ~ *général* headquarters *pl.*; ~ *ouvrier* working-class district; ⚔ *demander* ~ ask for *or* cry quarter; ⚔ *faire* ~ give quarter; **~-maître,** *pl.* **~s-maîtres** [~tje'mɛ:tr] *m* ⚓ leading seaman; ⚔ † quartermaster.
quarto [kwar'to] *adv.* fourthly.
quartz *min.* [kwarts] *m* quartz; **quartzeux, -euse** *min.* [kwart'sø, ~'sø:z] quartzose; quartz (*sand*).
quasi [ka'zi] *adv.* almost, practically; quasi; **~-délit** ⚖ [~zide'li] *m* technical offence; **quasiment** F [~zi'mã] *adv.* almost, practically.
Quasimodo *eccl.* [kazimɔ'do] *f* Low Sunday.
quaternaire ⚛, ⚕, *geol.*, *etc.* [kwater'nɛ:r] quaternary.
quatorze [ka'tɔrz] *adj./num.*, *a. su./m/inv.* fourteen; *date, title*: fourteenth; **quatorzième** [~tɔr'zjɛm] *adj./num.*, *a. su.* fourteenth.

quatrain [ka'trɛ̃] *m* quatrain.
quatre [katr] *adj./num.*, *a. su./m/inv.* four; *date, title*: fourth; *à* ~ *pas d'ici* close by; *à* ~ *pattes* on all fours; *entre* ~ *yeux* between you and me; *pol. les* ⚢ *Grands* the Big Four; **~-mâts** ⚓ [katrə'mɑ] *m/inv.* four-master; **~-saisons** [~sɛ'zɔ̃] *f/inv.* (*sort of*) strawberry; *see marchand* 2; **~-temps** *eccl.* [~'tã] *m/pl.* ember days; **~-vingt-dix** [~vɛ̃'dis; *before consonant* ~'di; *before vowel or h mute* ~'diz] *adj./num.*, *a. su./m/inv.* ninety; **~-vingt-dixième** [~vɛ̃di'zjɛm] *adj./num.*, *a. su.* ninetieth; **~-vingtième** [~vɛ̃'tjɛm] *adj./num.*, *a. su.* eightieth; **~-vingts** [~'vɛ̃] *adj./num.*, *a. su./m* (*loses its -s when followed by another number*) eighty; *quatre-vingt-un* eighty-one; **quatrième** [katri'ɛm] **1.** *adj./num.* fourth; **2.** *su.* fourth; *su./m* fraction: fourth, quarter; ⚔ fourth, *Am.* fifth floor; *su./f secondary school*: (*approx.*) third form.
quatuor ♪ [kwa'tɥɔ:r] *m* quartet; ~ *à cordes* string quartet.
quayage [ke'ja:ʒ] *m* wharfage.
que [kə] **1.** *pron./interr.* what?; how (many!); ~ *cherchez-vous?,* qu'*est-ce que vous cherchez?* what are you looking for?; ~ *c'est beau!* how beautiful it is!; ~ *de monde!* what a lot of people!; ~ *faire?* what can (could) be done?; qu'*est-ce* ~ *c'est* ~ *cela?* what's that?; qu'*est-ce* ~ *la littérature?* what is literature?; **2.** *pron./rel.* whom, that; which; what; (*autant*) ~ *je sache* so far as I know; *je ne sais* ~ *dire* I don't know what to say; *je sais ce qu'il veut* I know what he wants; *le jour qu'il vint* the day (when) he came; *l'homme* ~ *j'aime* the man (whom *or* that) I love; *misérable* ~ *tu es!* wretch that you are!; *you wretch!*; **3.** *cj.* that; so that; when; whether; *replacing another cj. to avoid its repetition*: *puisque vous le dites et* ~ *nous le croyons* since you say so and we believe it; ~ (*sbj.*) ... ~ (*sbj.*) whether (*ind.*) ... or (*ind.*); ~ *la lumière soit!* let there be light!; ~ *le diable l'emporte!* to hell with him!; *approchez* ~ *je vous regarde* come closer and let me look at you; *aussi* ... ~ *as* ... as; *d'autant plus* ... ~ all the more ... as *or* because; *il ne partira pas*

sans ~ *cela ne soit fait* he will not leave before it is done; *il y a ...* ~ since ...; *je crois* ~ *oui* I think so; *ne ...* ~ only, but; *non (pas)* ~ *(sbj.)* not that *(ind.)*; *plus* ~ more than; *tel* ~ such as; *tel* ~ *je suis* as I am; *un tel vacarme* ~ such a row that.

quel *m,* **quelle** *f,* **quels** *m/pl.,* **quelles** *f/pl.* [kɛl] **1.** *adj./interr.* what; who; which; what (a)!; *quelle bonté!* how kind!; *quelle heure est-il?* what time is it?; ~ *que (sbj.)* whatever *(ind.)*; *quelle que soit son influence* whatever his influence (may be); ~s *que soient ces messieurs* whoever these gentlemen may be; **2.** *adj./indef.* whatever; whoever; whichever.

quelconque [kɛlˈkɔ̃:k] *adj./indef.* any, whatever; some ... or other; ordinary, commonplace; *il est très* ~ he is very ordinary.

quelque [kɛlk(ə)] **1.** *adj.* some, any; ~s *pl.* some, (a) few; ~ *chose* something, anything; ~ *peu* something; ~ ... *qui* (or *que*)) *(sbj.)* whatever *(ind.)*; *ne ...* ~ *chose* not ... anything; **2.** *adv.* some, about; ~ *peu* somewhat, a little; ~ ... *que (sbj.)* however *(adj.)*; ~**fois** [kɛlkəˈfwa] *adv.* sometimes, now and then.

quelqu'un *m,* **e** *f, m/pl.* **quelques-uns** [kɛlˈkœ̃, ˌ'kyn, ˌkəˈzœ̃] *pron./indef.* someone, anyone; somebody, anybody; *pl.* some, any; ~! 🕇 shop!; F *W.C.*: engaged!; ~ *des ...* one (or other) of the ...; *être* ~ be s.o. (important).

quémander [kemɑ̃ˈde] (1a) *v/i.* beg (from, *à*); *v/t.* beg for; **quémandeur,** *m* **-euse** *f* [ˌ'dœːr, ˌ'døːz] importunate beggar; *(place-)*hunter.

qu'en-dira-t-on F [kɑ̃diraˈtɔ̃] *m/inv.* what people will say; public opinion.

quenelle *cuis.* [kəˈnɛl] *f (fish-, meat-)* ball.

quenotte F [kəˈnɔt] *f* tooth.

quenouille [kəˈnuːj] *f* distaff; ♀ cat's-tail; *fig. tomber en* ~ fall to the distaff side.

querelle [kəˈrɛl] *f* quarrel; dispute; ~ *d'Allemand* groundless quarrel; **quereller** [kɔrɛˈle] (1a) *v/t.* quarrel with *(s.o.)*, nag *(s.o.)*; *se* ~ quarrel; fall out (with, *avec*); **querelleur, -euse** [ˌ'lœːr, ˌ'løːz] **1.** *adj.* quarrelsome; nagging *(wife)*; **2.** *su.* quarrelsome person.

quérir [keˈriːr] (2v) *v/t.*: *aller* ~ go and fetch, go for; *envoyer* ~ send for; *venir* ~ come and fetch, come for.

questeur *hist.* [kɥɛsˈtœːr] *m* quaestor.

question [kɛsˈtjɔ̃] *f* question; matter; ⚖ issue; ⚖ *hist.* torture; ~ *d'actualité* topic of the moment *or* day; ~ *en suspens* outstanding question, ~ question still unresolved; *ce n'est pas la* ~ that is not the point; *il est* ~ *de* it is a question of; there is talk of; *mettre qch. en* ~ challenge s.th.; question s.th.; *... ne fait pas* ~ there is no doubt about ...; **questionnaire** [kɛstjɔˈnɛːr] *m* list of questions; quiz; questionnaire; **questionner** [ˌ'ne] (1a) *v/t.* question *(s.o.)*; **questionneur, -euse** [ˌ'nœːr, ˌ'nøːz] **1.** *adj.* inquisitive; **2.** *su.* inquisitive person; *su./m*: *c'est un éternel* ~ he never stops asking questions.

quête [kɛːt] *f* quest, search; *hunt.* tracking (*by dogs*); *eccl. etc.* collection; *en* ~ *de* in search of; *fig.* looking for *(information)*; **quêter** [kɛˈte] (1a) *v/t.* collect; F *fig.* seek (for); *hunt.* seek *(game)*; *v/i.* take up a collection; **quêteur** *m,* **-euse** *f* [ˌ'tœːr, ˌ'tøːz] collector *(of alms)*; *eccl.* taker-up of the collection.

queue [kø] *f* 🐾, *zo., astr., etc.* tail; *pan:* handle; *cost. dress:* train; *(billiard-)*cue; *fig.* bottom, end; *people:* queue; ⚔ rear *(of army)*; ♀ stalk; *tool, button:* shank; *en* ~ in the rear; *fig.* at the bottom *or* tail-end; *faire (la)* ~ queue up, form a queue; *n'avoir ni* ~ *ni tête* be disconnected *(story)*; ♪ *piano m à* ~ grand piano; ~**-d'aronde,** *pl.* ~**s-d'aronde** ⊕ [ˌdaˈrɔ̃:d] *f* dovetail; ~**-de-cochon,** *pl.* ~**s-de-cochon** ⊕ [ˌdkɔˈʃɔ̃] *f* auger-bit, gimlet; ~**-de-morue,** *pl.* ~**s-de-morue** [ˌdmɔˈry] *f (painter's)* flat brush; F evening dress, tails *pl.*; ~**-de-pie,** *pl.* ~**s-de-pie** [ˌdˈpi] *f* swallow-tail coat; ~**-de-rat,** *pl.* ~**s-de-rat** [ˌdˈra] *f* ⊕ rat-tail(ed file); reamer; *(sort of)* snuff-box.

qui [ki] **1.** *pron./interr. subject: persons:* who, *two persons:* which; *things:* which; what; *object: per-*

quia 390

sons: whom; *things*: which; ~ *des deux?* which of the two?; ~ *est-ce* ~ *chante?* who sings?, who is singing?; ~ *est-ce que tu as vu?* who(m) did you see?; *à* ~ to whom? *à* ~ *est ce livre?* whose book is this?; whom does this book belong to?; *de* ~ whose?; of *or* from whom?; **2.** *pron./rel. subject: persons*: who, that; (he *or* anyone) who; *things*: which, that; *what; after prp.: persons*: whom; *things*: which; ~ *pis est* what is worse; ~ *que ce soit* whoever it is; anyone; *à* ~ *mieux mieux* vying with one another; *ce* ~ what; which; *n'avoir* ~ *tromper* have no one to deceive; **3.** *pron./indef.* some; ~ ..., ~ ... some ..., some *or* others ...

quia [kɥi'a] *adv.*: *être à* ~ be nonplussed *or* F stumped; *mettre (or réduire) à* ~ nonplus, F stump.

quiconque [ki'kɔ̃:k] *pron./indef.* whoever, anyone who; anybody.

quidam [ki'dam] *m*: *un* ~ an individual, someone.

quiétude [kɥie'tyd] *f* quietude.

quignon [ki'ɲɔ̃] *m bread*: chunk, hunk.

quille¹ ⚓ [ki:j] *f* keel.

quille² [ki:j] *f sp.* skittle, ninepin; *sl.* leg.; *fig. recevoir comme un chien dans un jeu de* ~*s* give (*s.o.*) a cold welcome; **quillier** *sp.* [ki'je] *m* skittle-alley.

quinaire [kɥi'nɛ:r] *A* quinary; ⚥, *zo.* pentamerous.

quincaille [kɛ̃'kɑ:j] *f* † (piece of) hardware, ironmongery; F *coins*: coppers *pl.*; **quincaillerie** † [~kɑj-'ri] *f* hardware, ironmongery; hardware shop; **quincaillier** † [~kɑ'je] *m* hardware merchant, ironmonger.

quinconce [kɛ̃'kɔ̃:s] *m* quincunx; arrangement in fives; *en* ~ in quincunxes, in fives.

quinine ⚕, ℞ [ki'nin] *f* quinine.

quinquagénaire [kɥɛ̃kwaʒe'nɛ:r] *adj., a. su.* quinquagenarian.

quinquennal, e, *m/pl.* -**aux** [kɥɛ̃-kɥɛn'nal, ~'no] five-year (*plan*).

quinquina ℞ [kɛ̃ki'na] *m* cinchona, quinquina.

quint † [kɛ̃] *adj./m* fifth; *Charles* ♀ Charles V.

quintal † [kɛ̃'tal] *m* quintal (*approx. hundredweight*).

quinte [kɛ̃:t] *f cards*: quint; *fencing*: quinte; ♪ fifth; F *fig.* whim; *coughing*: fit.

quintessence [kɛ̃tɛ'sɑ̃:s] *f* quintessence; **quintessencier** [~sɑ̃'sje] (1o) *v/t.* refine.

quintette ♪ [kɛ̃'tɛt] *f* quintet(te).

quinteux, -euse [kɛ̃'tø, ~'tø:z] crotchety, cantankerous (*person*); restive (*horse*); ⚕ fitful.

quintuple [kɛ̃'typl] *adj., a. su./m* quintuple, fivefold; **quintupler** [~ty'ple] (1a) *vt/i.* increase fivefold, quintuple.

quinzaine [kɛ̃'zɛn] *f* (about) fifteen; fortnight; fortnight's pay; **quinze** [kɛ̃:z] *adj./num., a. su./m/inv.* fifteen; *date, title*: fifteenth; ~ *jours* a fortnight; **quinzième** [kɛ̃'zjɛm] *adj./num., a. su.* fifteenth.

quiproquo [kipro'ko] *m* misunderstanding; mistake.

quittance † [ki'tɑ̃:s] *f* receipt; *donner* ~ *à* give (*s.o.*) a receipt in full; *fig.* forgive (*s.o.*); **quittancer** † [~tɑ̃'se] (1k) *v/t.* receipt.

quitte [kit] *adj.* free, clear (of, *de*); discharged (from, *de*); *être* ~ be quits, be even; *tenir q.* ~ *de* let s.o. off (*s.th.*); *adj./inv.*: ~ *à* (*inf.*) even if (*ind.*); *il le fera* ~ *à perdre son argent* he will do it even if he loses his money.

quitter [ki'te] (1a) *v/t.* leave (*a person, a place*); resign (*a post*); give up (*a post, business, a. fig.*); take off (*one's coat, hat, etc.*); *teleph. ne quittez pas!* hold the line, please!

quitus †, ⚖ [ki'tys] *m* auditor's final discharge; receipt in full.

qui-vive [ki'vi:v] *m/inv.* ✕ (*sentry's*) challenge; *fig. être sur le* ~ be on the qui vive *or* on the alert.

quoi [kwa] **1.** *pron./interr. things*: what; ~ *de neuf?* what's the news?; ~ *donc!* what!; **2.** *pron./rel.* what; ~ *que* (*sbj.*) whatever (*ind.*); ~ *qu'il en soit* be that as it may; *avoir de* ~ have the wherewithal; *avoir de* ~ *vivre* have enough to live on; (*il n'y a*) *pas de* ~*!* don't mention it!; you're welcome!; *sans* ~ ... otherwise, or else; *un je-ne-sais-*~ (*or je ne sais* ~) a(n indescribable) something, just something.

quoique [kwak(ə)] *cj.* (al)though.

quolibet [kɔli'bɛ] *m* gibe.

quote-part [kɔt'pa:r] *f* quota, share.

quotidien, -enne [kɔti'djɛ̃, ~'djɛn] **1.** *adj.* daily, everyday; ⚚ quotidian; **2.** *su./m* daily (paper).
quotient [kɔ'sjɑ̃] *m* ⚖ quotient; *pol.*, *admin.* quota; *psych.* ~ *intellectuel* intelligence quotient, *abbr.* I.Q.
quotité [kɔti'te] *f* share, portion, amount.

R

R, r [ɛːr] *m* R, r.
rabâchage [rɑbɑ'ʃaːʒ] *m* tiresome repetition; rigmarole; **rabâcher** [~'ʃe] (1a) *v/i.* repeat the same thing over and over again; *v/t.* repeat (*s.th.*) over and over again; **rabâcheur, -euse** [~'ʃœːr, ~'ʃøːz] *su.* person who repeats the same thing over and over again.
rabais [rɑ'bɛ] *m* ✝ *price*: reduction, discount; ✝ *coinage*: depreciation; *flood*: abatement; *adjudication f au* ~ allocation to the lowest tender; ✝ *vendre au* ~ sell at a discount *or* reduced price; **rabaisser** [~bɛ'se] (1a) *v/t.* lower; ✝ depreciate (*the coinage*); *fig.* belittle; humble (*s.o., s.o.'s pride*).
rabat [rɑ'ba] *m* *cost.* bands *pl.*; *handbag etc.*: flap; ⊕ rabbet; **~-joie** [~ba'ʒwa] *m/inv.* spoil-sport, wet blanket; **rabattage** [~ba'taːʒ] *m* ✝ *prices*: lowering; *hunt.* beating (*for game*); heading back (*of game*); *fig.* heading off (*of people*); ✍ cutting back; **rabatteur** [~ba'tœːr] *m* ✝ tout; *hunt.* beater; **rabattre** [~'batr] (4a) *v/t.* fold back *or* down; lower (*a. fig.*); *fig.* reduce; ✍ cut back; *hunt.* beat up (*game*); head (*game*) back; *fig.* head off (*people*); tone down (*a colour*); lower (*the price, s.o.'s pride, one's claims*); ~ *qch. de* take *s.th.* off (*the price etc.*); *se* ~ *sur* fall down upon; *fig.* fall back on; *v/i.* turn off, bear (*to the left or right*); ~ *de* lower; *fig. en* ~ climb down.
rabbin [rɑ'bɛ̃] *m* rabbi.
rabibocher F [rabibɔ'ʃe] (1a) *v/t.* patch up; *fig.* reconcile (*two adversaries*).
rabiot *sl.* [rɑ'bjo] *m* *food*: extra; overtime; extra period of service; illicit profit.
rabique ⚚ [rɑ'bik] rabic.
râble[1] [rɑːbl] *m* ⊕ fire-rake; *metall.* rabble.
râble[2] [rɑːbl] *m* *zo. hare etc.*: back; *cuis. hare*: saddle; **râblé, e** [rɑ'ble] thick-backed (*hare*); broad-backed, strapping, strong (*person*).
rabonnir [rabɔ'niːr] (2a) *vt/i.* improve.
rabot ⊕ [rɑ'bo] *m* plane; ~ *en caoutchouc* squeegee; **raboter** [rabɔ'te] (1a) *v/t.* ⊕ plane (*wood*); *fig.* polish; *sl.* filch, *Am.* lift (*s.o.'s money*); **raboteur** ⊕ [~'tœːr] *m* planer; **raboteuse** ⊕ [~'tøːz] *f* planing-machine; **raboteux, -euse** [~'tø, ~'tøːz] rough; knotty (*wood*); uneven (*road*); rugged (*country, a. fig. style*).
rabougri, e [rabu'gri] stunted, dwarfed (*person, a. plant*); scraggy (*vegetation*); **rabougrir** [~'griːr] (2a) *v/t.* stunt the growth of; *v/i. a. se* ~ become stunted.
rabouter [rabu'te] (1a), **raboutir** [~'tiːr] (2a) *v/t.* join end to end.
rabrouer F [rabru'e] (1a) *v/t.* scold, F dress down; snub.
racaille [rɑ'kɑːj] *f people*: riff-raff, scum; *things*: trash.
raccommodage [rakɔmɔ'daːʒ] *m* mending, repairing; *socks etc.*: darning; repair; darn; **raccommodement** [~mɔd'mɑ̃] *m* reconciliation; *quarrel*: mending; **raccommoder** [~mɔ'de] (1a) *v/t.* mend, repair; darn (*socks etc.*); *fig.* reconcile; *se* ~ *avec* make it up with (*s.o.*); **raccommodeur, m -euse** *f* [~mɔ'dœːr, ~'døːz] repairer, mender.
raccord [rɑ'kɔːr] *m* ⊕ joint, union, connection; △ join (*a. picture etc.*); ✇ adapter; *teleph.* linking up; 🚂 ~ *de rail* junction-rail; **raccordement** [rakɔrdə'mɑ̃] *m* ⊕, △ joining, coupling, linking-up; junction; ✇ connection; 🚂 *voie f de* ~ loop-line; side-line (*to a factory*); **raccorder** [~'de] (1a) *v/t.* join, connect (*a.* ✇), couple; bring (*parts*) into line.
raccourci, e [rakur'si] **1.** *adj.* short-

raccourcir

ened; abridged (*account*); ⚓ oblate; bobbed (*hair*); short (*stature*); *fig.* à bras ~(s) with might and main; **2.** *su./m* abridgement; short cut (*to somewhere*); en ~ in a few words, briefly; **raccourcir** [~'si:r] (2a) *v/t.* shorten; cut short (*a speech*); curtail; abridge (*an account, a story*); *v/i.* grow shorter; *tex.* shrink; **raccourcissement** [~sis'mã] *m* shortening; abridgement; *tex.* shrinking.

raccroc [ra'kro] *m billiards*: fluke; coup *m* de ~ fluke; F faire le ~ walk the streets (*prostitute*); par ~ by a fluke; **raccrocher** [rakrɔ'ʃe] (1a) *v/t.* hang up again; F get hold of (*s.o., s.th.*) again; get (*s.th.*) by a fluke; F solicit, accost (*s.o.*); se ~ clutch (at, à); take up (with s.o., à q.) again; F recoup one's losses; *v/i.* make flukes (*at billiards*); *teleph.* hang up, ring off; **raccrocheur, -euse** [~'ʃœ:r, ~'ʃø:z] **1.** *adj.* eye-catching (*advertisement*); fetching; **2.** *su./f* street-walker, prostitute.

race [ras] *f* race; *zo.* species, breed; *fig.* breeding.

racer [re'sœ:r] *m* racing-horse; *mot.* racing-car.

rachat [ra'ʃa] *m* repurchase; *goods*: buying in; *annuity, covenant, loan, option, a. eccl.*: redemption; *policy, value*: surrender; **rachetable** [raʃ-'tabl] ✞ redeemable; *eccl.* atonable (*sin*); **racheter** [~'te] (1d) *v/t.* buy back; ✞ buy (*s.th.*) in; redeem (✞ *annuity, debt, loan, a. fig.*); ransom (*a prisoner*); atone for (*one's sins, a. fig.*); ✞ surrender (*a policy*); buy more of (*s.th.*).

rachitique ⚕ [raʃi'tik] rachitic, rickety; **rachitisme** ⚕ [~'tism] *m* rachitis, rickets.

racinage [rasi'na:ʒ] *m coll.* (edible) roots *pl.*; *tex.* walnut dye; *bookbinding*: tree-marbling; **racine** [~'sin] *f* ✎, ♀, ⚓, *ling., a. fig.* root; *mountain*: foot; **raciner** [~si'ne] (1a) *v/i.* ♀ (take) root; *v/t. tex.* dye with walnut; *bookbinding*: marble.

racisme [ra'sism] *m* racialism, *Am.* racism.

racle ⊕ [rɑ:kl] *f* scraper.

raclée F [rɑ'kle] *f* hiding, thrashing, dressing-down; **racler** [~'kle] (1a) *v/t.* scrape; *fig.* make a clean sweep of; ✎ thin out; se ~ la gorge clear one's throat; *v/i.*: ♪ ~ du violon scrape on the fiddle; **raclette** [~'klɛt] *f* ⊕ scraper; ✎ hoe; *phot.* squeegee; **racloir** ⊕ [~'klwa:r] *m* scraper; **racloire** [~'klwa:r] *f* ⊕ spokeshave; tongue scraper; **raclure** [~'kly:r] *f* scrapings *pl.*

racolage [rakɔ'la:ʒ] *m* ✕, ⚓ recruiting; *fig.* enlisting; *prostitute*: soliciting; **racoler** [~'le] (1a) *v/t.* ✕, ⚓ recruit; *fig.* enlist; *prostitute*: solicit; **racoleur** ✕ [~'lœ:r] *m* recruiting-sergeant.

raconter [rakɔ̃'te] (1a) *v/t.* tell, relate; **raconteur** *m*, **-euse** *f* [~'tœ:r, ~'tø:z] (story-)teller.

racornir [rakɔr'ni:r] (2a) *v/t.* harden, toughen; se ~ harden; grow hard *or* horny; *fig.* grow callous; *fig.* shrivel up.

radar [ra'da:r] *m* radar (set); **radariste** [~da'rist] *m* radar operator.

rade ⚓ [rad] *f* roads *pl.*, roadstead; *fig. laisser en* ~ abandon.

radeau [ra'do] *m* raft.

radiaire [ra'djɛ:r] radiate(d); **radial, e,** *m/pl.* **-aux** ⚓, *anat.* [~'djal, ~'djo] radial; **radiance** [~'djã:s] *f* radiance; radiant heat; **radiant, e** [~'djã, ~'djã:t] *adj., a. su./m* radiant; **radiateur** [~dja-'tœ:r] *m* radiator.

radiation[1] *phys.* [radja'sjɔ̃] *f* radiation.

radiation[2] [~] *f* striking out; *debt etc.*: cancellation; ⚖ *solicitor*: striking off; *barrister*: disbarment.

radical, e, *m/pl.* **-aux** [radi'kal, ~'ko] **1.** *adj.* radical (*a.* ⚓, ♀, ✎ₘ, *pol., gramm.*); **2.** *su./m* radical; ⚓ root(-sign); *gramm.* root; **radicelle** ♀ [~'sɛl] *f* radicle.

radié, e [ra'dje] radiate(d), rayed.

radier[1] △ *etc.* [ra'dje] *m* floor, base, bed; level; *basin, dock*: apron; (*foundation-*)raft; *tunnel*: invert.

radier[2] [~] (1o) *v/t.* strike out, erase; delete; cancel.

radier[3] [ra'dje] (1o) *v/i. phys.* radiate; *fig.* beam (with, de); **radieux, -euse** [~'djø, ~'djø:z] radiant (*a. fig.*).

radio F [ra'djo] *su./f* wireless, radio, sound broadcasting; ✎ X-rays *pl.*; *su./m* wireless message; ⚓, ✈ wireless operator.

radio... [radjo] radio...; **~actif, -ve** *phys.* [~ak'tif, ~'ti:v] radioactive;

~conducteur ⚡ [~kɔ̃dyk'tœːr] *m* radio conductor; **~détection** [~detɛk'sjɔ̃] *f* radiodetection; **~diffuser** [~dify'ze] (1a) *v/t.* broadcast; **~diffusion** [~dify'zjɔ̃] *f* broadcasting; **~électricité** *radio, a. phys.* [~elektrisi'te] *f* radioelectricity; **~élément** *phys.* [~ele'mɑ̃] *m* radioactive element, radio-element; **~goniométrie** [~gɔnjɔme'tri] *f* direction-finding; **~gramme** [~'gram] *m* ⚡ wireless message, radiogram; ⚕ X-ray photograph; skiagraph; **~graphe** [~'graf] *su.* radiographer; **~graphie** ⚕ [~gra'fi] *f* radiography, X-ray photograph(y); **~graphier** [~gra'fje] (1o) *v/t.* radiograph; **~guidé, e** [~gi'de] radio-controlled; **~journal** [~ʒur'nal] *m radio:* news bulletin; **~logie** ⚕, *a. phys.* [~lɔ'ʒi] *f* radiology; **~logue** ⚕ [~'lɔg] *m*, **~logiste** ⚕ [~lɔ'ʒist] *m* radiologist; **~mètre** *phys.* [~'mɛtr] *m* radiometer; **~phare** ✈ [~'faːr] *m* radio beacon; **~phonie** [~fɔ'ni] *f* wireless telephony; **~phonique** [~fɔ'nik] wireless...; radio...; **~phono** [~fɔ'no] *m instrument, furniture:* radiogram; **~repérage** [~rəpe'raːʒ] *m* radio-location; **~reporter** [~rəpɔr'tɛːr] *m* (radio) commentator; **~scopie** ⚕ [~skɔ'pi] *f* radioscopy; **~télégramme** ⚡ [~tele'gram] *m* wireless telegram, radio-telegram; **~télégraphie** ⚡ [~telegra'fi] *f* wireless telegraphy, radio-telegraphy; **~téléphonie** [~telefɔ'ni] *f* wireless telephony, radio-telephony; **~thérapie** ⚕ [~tera'pi] *f* radiotherapy.

radis ♀ [ra'di] *m* radish; F *ne pas avoir un ~* be penniless, F be broke.

radium ⚗ [ra'djɔm] *m* radium; **~thérapie** ⚕ [~djɔmtera'pi] *f* radium treatment, radium-therapy.

radius *anat., a. zo.* [ra'djys] *m* radius.

radon *phys.* [ra'dɔ̃] *m* radon.

radotage [radɔ'taːʒ] *m* drivel, twaddle; dotage; **radoter** [~'te] (1a) *v/i.* talk nonsense; drivel; be in one's dotage; **radoteur** *m*, -**euse** *f* [~'tœːr, ~'tøːz] dotard; driveller.

radoub ⚓ [ra'du] *m* repair; *bassin m de ~* graving-dock, dry dock; **radouber** ⚓ [~du'be] (1a) *v/t.* repair the hull of; dock.

radoucir [radu'siːr] (2a) *v/t.* calm (*a. fig.*); make (*s.th.*) milder *or* softer; *se ~* become milder *or* softer.

rafale [ra'fal] *f* squall; *wind:* (strong) gust; ⚔ *gun-fire:* burst; *~ de pluie* cloud-burst.

raffermir [rafɛr'miːr] (2a) *v/t.* harden, make firm(er); *fig.* strengthen; *fig.* fortify; *se ~* harden (*a.* ✝ *prices*); ✝ level off (*prices*); ⚕ improve; **raffermissement** [~mis'mɑ̃] *m* hardening (*a.* ✝ *of prices*); *fig.* strengthening; *fig.* improvement.

raffinage ⊕ [rafi'naːʒ] *m sugar, petrol, etc.:* refining; *oil:* distilling; **raffiné, e** [~fi'ne] refined (*sugar, petrol, a. fig.*); *fig.* subtle; **raffinement** [~fin'mɑ̃] *m fig.* refinement; *fig.* subtlety; ⊕ *sugar, petrol, etc.:* refining; *oil:* distilling; **raffiner** [~fi'ne] (1a) *v/t.* refine (*a.* ⊕, *a. fig.*); *v/i.* be punctilious *or* overnice (on, upon *sur*); **raffinerie** ⊕ [~fin'ri] *f* refinery; (sugar-)refining; oil distillery; **raffineur** *m*, -**euse** *f* ⊕ [~fi'nœːr, ~'nøːz] refiner.

raffoler F [rafɔ'le] (1a) *v/i.: ~ de* be passionately fond of, F be mad about; dote on.

raffut F [ra'fy] *m* row, din.

raffûter ⊕ [rafy'te] (1a) *v/t.* reset, sharpen (*a tool*).

rafiot ⚓ [ra'fjo] *m* skiff.

rafistoler F [rafistɔ'le] (1a) *v/t.* patch (*s.th.*) up.

rafle[1] ♀ [ra'fl] *f grapes etc.:* stalk; *maize:* cob.

rafle[2] [ra'fl] *f police etc.:* raid; clean sweep; loot; **rafler** F [rɑ'fle] (1a) *v/t.* round up (*criminals*); carry off.

rafraîchir [rafrɛ'ʃiːr] (2a) *v/t.* cool; renovate; freshen up; refresh (*a. one's memory*); revive; brush up (*a subject*); restore (*a painting*); *v/i.* cool; grow cooler (*weather*); **rafraîchissement** [~ʃis'mɑ̃] *m* ⊕ *etc.* cooling; *memory:* refreshing; *subject:* brushing up; *painting etc.:* restoring; **~s** *pl.* refreshments; **rafraîchisseur** [~ʃi'sœːr] *m*, **rafraîchissoir** [~ʃi'swaːr] *m* cooler.

ragaillardir F [ragajar'diːr] (2a) *v/t.* cheer (*s.o.*) up.

rage [ra:ʒ] *f* rage, fury; *fig.* mania; violent pain; ⚕ rabies; **rager** F [ra'ʒe] (1l) *v/i.* rage; be infuriated; **rageur, -euse** F [~'ʒœːr, ~'ʒøːz] violent-tempered, choleric.

raglan

raglan *cost.* [ra'glɑ̃] *m* raglan.
ragot¹, e [ra'go, ~'gɔt] **1.** *adj.* squat; stocky (*person, a. horse*); **2.** *su./m hunt.* boar in its third year.
ragot² F [ra'go] *m* tittle-tattle, gossip.
ragoût [ra'gu] *m cuis.* stew; F *fig.* relish, spice; **ragoûtant, e** [ragu-'tɑ̃, ~'tɑ̃:t] tempting (*dish*); *fig.* inviting (*person*); **ragoûter** [~'te] (1a) *v/t.* restore the appetite of (*s.o.*); *fig.* appeal to the taste of (*s.o.*).
ragréer [ragre'e] (1a) *v/t.* ⊕ trim up (*a joint*); ⚒ clean down (*brickwork*); ⚓ re-rig; *fig.* restore.
rai [rɛ] *m light:* ray; *wheel:* spoke.
raid [rɛd] *m mot.* long-distance run or ✈ flight; *mot.* (long-distance) endurance test; ✕, ✈ raid.
raide [rɛd] **1.** *adj.* stiff (*a. manner*); rigid; tight (*rope*); straight (*flight, hair*); steep (*path, slope, stair, a. fig. remark*); F *fig.* unyielding (*character*); **2.** *adv.* speedily, hard; *tomber ~ mort* drop stone-dead; **raideur** [rɛ'dœ:r] *f* stiffness (*a. of manner*); rigidity; *rope:* tautness; *path, slope, stair:* steepness; *character, temperament:* inflexibility; *avec ~* violently; stubbornly; **raidir** [~'di:r] (2a) *v/t.* stiffen (*a. fig.*); tighten (*a rope*); *se ~* brace o.s.; *v/i. a. se ~* grow stiff; harden; **raidissement** [~dis-'mɑ̃] *m* stiffening; tautening.
raie¹ [rɛ] *f* stroke, line; streak; *hair:* parting; ✦ furrow; *anat., a.* ✦ ridge.
raie² *icht.* [~] *f* skate, ray.
raifort ♣ [rɛ'fɔ:r] *m* horse-radish.
rail [rɑ:j] *m* rail; railway; *~ conducteur* live rail.
railler [rɑ'je] (1a) *v/t.* laugh at (*s.o.*); make fun of (*s.o.*); twit (*s.o.*); *se ~ de* make fun of; *v/i.* joke; **raillerie** [rɑj'ri] *f* banter; jest; scoffing; *~ à part* joking aside; *entendre la ~* be able to take a joke; *ne pas entendre ~* be very touchy, be unable to take a joke; **railleur, -euse** [rɑ'jœ:r, ~-'jø:z] **1.** *adj.* bantering, mocking; **2.** *su.* scoffer; banterer.
rainette [rɛ'nɛt] *f zo.* tree-frog; ♣ *apple:* pippin.
rainure ⊕ [rɛ'ny:r] *f* groove; slot.
raiponce ♣ [rɛ'põ:s] *f* rampion.
raire [rɛ:r] (4ff) *v/i.* bell (*stag*).
rais [rɛ] *m see* rai.

394

raisin [rɛ'zɛ̃] *m* grape(s *pl.*); *~s pl. de Corinthe* currants; *~s pl. de Smyrne* sultanas; *~s pl. secs* raisins; **raisiné** [~zi'ne] *m* grape jam.
raison [rɛ'zõ] *f* reason; sense; satisfaction; justice, right; proof, ground; justification; motive; ⚖ claim; ⚒ ratio; ✝ *~ sociale* name, style (*of a firm*); *à ~ de* at the rate of; *à plus forte ~* so much *or* all the more; *avoir ~* be right; *comme de ~* as one might expect; of course; *en ~ de* in proportion to; because of; *parler ~* talk sense; **raisonnable** [~zɔ'nabl] reasonable (*a.* ✝); rational; adequate; fair; **raisonné, e** [~zɔ'ne] reasoned; descriptive (*catalogue*); **raisonnement** [~zɔn'mɑ̃] *m* reasoning; argument; *pas de ~s!* don't argue!; **raisonner** [rɛzɔ'ne] (1a) *v/i.* reason, argue (about, *sur*); *v/t.* reason with (*s.o.*); weigh (*actions*); **raisonneur, -euse** [~'nœ:r, ~'nø:z] **1.** *adj.* reasoning; *fig.* argumentative; **2.** *su.* reasoner; *fig.* argumentative person; *su./m: faire le ~* argue.
rait [rɛ] *p.p./inv. of* raire.
rajeunir [raʒœ'ni:r] (2a) *v/t.* make younger, rejuvenate; renovate; *se ~* make o.s. look younger; *v/i.* get *or* look younger; **rajeunissement** [~nis'mɑ̃] *m person:* rejuvenation; renovation.
rajouter [raʒu'te] (1a) *v/t.* add.
rajustement [raʒystə'mɑ̃] *m* readjustment, setting right; ✝ *~ des salaires* wage adjustment; **rajuster** [~'te] (1a) *v/t.* readjust, set to rights; *fig.* settle (*a quarrel*).
râle [rɑ:l] *m orn.* rail; (*a.* **râlement** [rɑl'mɑ̃] *m*) ✚ râle; *throat:* rattle; death-rattle.
ralenti [ralɑ̃'ti] *m* slow motion *or* speed; *au ~* slow(ly *adv.*); *mot. mettre au ~* throttle down; *mot. tourner au ~* idle, tick over; **ralentir** [~'ti:r] (2a) *vt/i. a. se ~* slow down; relax; **ralentissement** [~tis'mɑ̃] *m* slowing down, slackening; decrease.
râler [rɑ'le] (1a) *v/i.* rattle (*throat*); be in one's death agony; F *fig.* fume (with anger, *de colère*); F haggle; **râleur** *m*, **-euse** *f* F [~'lœ:r, ~'lø:z] haggler; niggardly *or* crabby person.
ralliement [rali'mɑ̃] *m* ✕ rally(ing);

✕, ⚓ assembly; *mot* m *de* ~ password; *point* m *de* ~ rallying-point; **rallier** [~'lje] (1o) *v/t.* ✕, ⚓ assemble (*troops, ships*); ✕, ⚓ rejoin (*a unit, a ship*); *fig.* win, attract (*support, votes, etc.*); *se* ~ *à* rally to; ⚓ hug (*the shore*).
rallonge [ra'lɔ̃:ʒ] *f* ⊕ extension-piece; *table*: extension-leaf; *table f à* ~*s* extension table; **rallongement** [~lɔ̃ʒ'mɑ̃] *m* extension; **rallonger** [~lɔ̃'ʒe] (1l) *v/t.* lengthen; eke out; *cuis.* thin (*a sauce*).
rallumer [raly'me] (1a) *v/t.* relight; *fig.* revive (*an emotion*); *se* ~ rekindle; break out again (*war*); *fig.* revive (*emotion*).
rallye *mot. etc.* [ra'li] *m* race-meeting, rally.
ramage [ra'ma:ʒ] *m tex.* floral design; *orn.* song, warbling; **ramager** *orn.* [~ma'ʒe] (1l) *v/i.* sing, warble.
ramas [ra'mɑ] *m* pile; collection; *pej.* set (*of robbers*), rabble.
ramasse [ra'mɑ:s] *f* (*Alpine*) sledge.
ramassé, e [rama'se] stocky (*person, horse*); ⊕, *a. fig.* compact; **ramasse-miettes** [~mɑs'mjet]*m/inv.* crumb-tray, crumb-scoop; **ramasser** [rama'se] (1a) *v/t.* gather (together); collect; pick up (*an object*); ~ *une bûche* come a cropper; *se* ~ collect; pick o.s. up; *fig.* crouch (*animal*); *fig.* gather o.s. (*for an effort*); **ramassis** [~'si] *m* pile; F *people*: pack.
rame¹ ⚓ [ram] *f* oar.
rame² [~] *f* ✝ *paper*: ream; 🚃 *coaches,* ⚓ *barges etc.*: string; 🚃 train.
rame³ ✎ [~] *f* stick, prop.
rameau [ra'mo] *m* ♀ bough; ♀ twig; *geog., a. family, science, etc.*: branch; ♒ vein; *zo.* ~*x pl.* antlers; ~ *d'olivier* olive-branch (*a. fig.*); *eccl. dimanche* m *des* ♀*x* Palm Sunday; **ramée** [~'me] *f* leafy branches *pl.*, arbo(u)r; small wood (*for burning etc.*).
ramender [ramɑ̃'de] (1a) *v/t.* mend (*nets*); ✎ manure again; renew the gilt of (*a picture-frame*).
ramener [ram'ne] (1d) *v/t.* bring back; ⚔, *a. fig.* reduce (*to, à*); draw (*down, back, etc.*); *fig.* restore (*peace*); *fig.* win (*s.o.*) over; *se* ~ amount, come down (*to, à*); F turn up.

ramequin *cuis.* [ram'kɛ̃] *m* ramekin, ramequin (= *mixture of cheese, eggs, etc.*).
ramer¹ ✎ [ra'me] (1a) *v/t.* stick, stake.
ramer² [ra'me] (1a) *v/i.* row; **rameur, -euse** [~'mœ:r, ~'mø:z] *su.* rower; *su./m* oarsman; *su./f* oarswoman.
rameux, -euse ♀ [ra'mø, ~'mø:z] ramose; branching; **ramier** *orn.* [~'mje] *m* ring-dove, wood-pigeon; **ramification** [~mifika'sjɔ̃] *f* ramification (*a. fig.*); branch(ing); **ramifier** [~mi'fje] (1o) *v/t.* ramify; *se* ~ ramify, branch out; **ramille** [~'mi:j] *f* twig; ~*s pl.* fire-lighting: small wood *sg.*
ramolli, e [ramɔ'li] softened; F *fig.* soft-headed; **ramollir** [~'li:r] (2a) *v/t.* soften; *se* ~ soften, grow soft; **ramollissement** [~lis'mɑ̃] *m* softening; 𝒮 ~ *cérébral* softening of the brain.
ramoner [ramɔ'ne] (1a) *v/t.* sweep (*the chimney*); ⊕ scour, clear; *mount.* climb (*a chimney*); **ramoneur** [~'nœ:r] *m* (chimney-)sweep.
rampant, e [rɑ̃'pɑ̃, ~'pɑ̃:t] **1.** *adj.* 🛆 sloping; ♀, *zo.* creeping; *zo.* crawling; *fig.* cringing; *fig.* pedestrian (*style*); **2.** *su./m* 🛆 sloping part; **rampe** [rɑ̃:p] *f* slope, incline; inclined plane; gradient, *Am. road*: grade; 🛆, 🚃, ☇ ramp; *stairs*: handrail; *thea.* limelight (*a. fig.*); footlights *pl.*; ☇ runway lights *pl.*; ~ *de lancement* launching ramp; **ramper** [rɑ̃'pe] (1a) *v/i.* creep (*a.* ♀, *zo., a. person*); crawl (*zo., person, a.* F *fig.*); *fig.* fawn (*person*); ♀ trail; 🛆 slope; *fig.* be pedestrian (*style*).
ramponneau F [rɑ̃pɔ'no] *m* blow.
ramure [ra'my:r] *f* branches *pl.*; *stag*: antlers *pl.*
rancart F [rɑ̃'ka:r] *m*: *mettre au* ~ discard; *admin.* retire (*s.o.*).
rance [rɑ̃:s] **1.** *adj.* rancid; **2.** *su./m*: *sentir le* ~ smell rancid.
ranch, *pl.* **ranches** [rɑ̃:ʃ] *m* ranch.
ranche [rɑ̃:ʃ] *f ladder*: peg; **rancher** [rɑ̃'ʃe] *m* peg-ladder, pole-ladder.
rancir [rɑ̃'si:r] (2a) *v/i.* become rancid; **rancissure** [~si'sy:r] *f* rancidness.
rancœur [rɑ̃'kœ:r] *f* ranco(u)r; resentment.
rançon [rɑ̃'sɔ̃] *f* ransom; *fig.* price; **rançonner** [rɑ̃sɔ'ne] (1a) *v/t.* hold

rançonneur

to ransom; ransom (*s.o.*); ✝ F fleece; **rançonneur, -euse** F [~-'nœːr, ~'nøːz] extortionate.

rancune [rɑ̃'kyn] *f* spite, malice; grudge; *sans* ~! no offence!; no hard feelings!; **rancunier, -ère** [~ky'nje, ~'njɛːr] **1.** *adj.* spiteful; **2.** *su.* spiteful person; person bearing a grudge.

randonnée [rɑ̃dɔ'ne] *f hunt.* circuit; *fig.* ramble; *mot. etc.* run, outing; *mot.* motor tour; *cyclism*: long road-race.

rang [rɑ̃] *m* row, line; order, class; tier; ⚔, *a. fig.* rank; F *fig. de premier* ~ first-rate, first-class; **rangé, e** [rɑ̃'ʒe] **1.** *adj.* tidy, steady (*person*); ⚔ pitched (*battle*); **2.** *su./f* row, line; *thea.* tier; *figures*: set; **ranger** [~] (1l) *v/t.* (ar)range; ⚔ draw up, marshal; put (*s.th.*) away; tidy (*objects, a room*); *fig.* rank (among, *parmi*); ⚓ hug (*the coast*); *fig.* steady (*s.o.*); restrain, keep back (*a crowd*); *mot.* park (*one's car*); *se* ~ ⚔ draw up, fall in (*a. fig.* with *à, avec*); *fig.* settle down (*in life, behaviour, etc.*); *mot.* pull over; *fig.* make way (*person*).

ranimer [rani'me] (1a) *v/t. a. se* ~ revive; *fig.* cheer up.

rapace [ra'pas] rapacious (*a. fig.*); predatory; **rapacité** [~pasi'te] *f* rapacity; *avec* ~ rapaciously.

rapatriement [rapatri'mɑ̃] *m* repatriate; **rapatrier** [~'e] (1a) *v/t.* repatriate.

râpe [rɑːp] *f* ⚙ rasp, rough file; *cuis.* grater; ♣ grapes *etc.*: stalk; **râper** [rɑ'pe] (1a) *v/t.* ⚙ rasp; grind (*snuff*); *cuis.* grate; wear threadbare (*clothes*); **râpé** threadbare (*clothes*).

rapetasser F [rapta'se] (1a) *v/t.* patch up; cobble (*shoes*); *fig.* botch up.

rapetisser [rapti'se] (1a) *v/t.* make (*s.th.*) smaller; shorten (*clothes*); *v/i. a. se* ~ become smaller; shorten; *tex.* shrink.

rapiat, e F [ra'pja, ~'pjat] **1.** *adj.* stingy; **2.** *su.* skinflint.

rapide [ra'pid] **1.** *adj.* rapid, fast, swift; steep (*slope*); **2.** *su./m geog.* rapid; 🚂 express (*train*); **rapidité** [~pidi'te] *f* swiftness, speed; *slope*: steepness.

rapiéçage [rapje'saːʒ] *m* patching (-up); patchwork; **rapiécer** [~'se] (1f *a.* 1k) *v/t.* patch.

rapière ✝ [ra'pjɛːr] *f* rapier.

rapin F [ra'pɛ̃] *m* art student; *pej.* dauber.

rapine [ra'pin] *f* rapine; *pej.* graft; **rapiner** [~pi'ne] (1a) *vt/i.* pillage.

rappareiller [raparɛ'je] (1a) *v/t.* match, complete (*a set*).

rapparier [rapa'rje] (1o) *v/t.* match, complete (*a pair*).

rappel [ra'pɛl] *m pol. etc.* recall; ⚖ *decree*: rescind; ✝ *money*: calling in; *debt*: reminder; ⚔ *reservists*: recall to the colo(u)rs, call-up; *thea.* curtain call; call (*to order*); ⚙ backmotion; *fig.* touch, suspicion; ⚔ *battre le* ~ call to arms; *mount. faire une descente en* ~ rope down; *touche f de* ~ *typewriter*: backspacer; **rappeler** [~'ple] (1c) *pol., a. fig.* recall; *thea.* call for (*an actor*); remind (s.o. of s.th., *qch. à q.*); repeal (*a decree*); cancel (*a message*); ⚙ draw back; *teleph.* ring back; *paint.* distribute (*the highlights*); *fig.* restore (*s.o. to health*); *parl.* ~ *à l'ordre* call to order; *se* ~ recall, remember (*s.th.*).

rappliquer [rapli'ke] (1m) *v/t.* reapply; *v/i.* F come *or* go back.

rapport [ra'pɔːr] *m* ✝, ⚙ return, yield; ✝ *etc.* report; statement, account; ⚗, *a. mot.* ratio; connection (with, *avec*); relation; *fig.* resemblance; ~*s pl.* intercourse *sg.*; *fig. en* ~ *avec* in keeping *or* touch with; F *faire des* ~*s* tell tales; *maison f de* ~ apartment house; *mettre q. en* ~ *avec* put s.o. in touch with; *par* ~ *à* in relation to; compared with; *sous tous les* ~*s* in every respect *or* way; **rapporter** [rapɔr'te] (1a) *v/t.* bring back; *hunt.* retrieve; ⚖ restore; ⚖ *admin.* revoke; ⚙ join, add; ✝ yield, produce; *fig.* get; report (*a fact, an observation, etc.*); *fig.* ascribe, refer (to, *à*); ✝ *se* ~ agree (with, *avec*); *se* ~ *à* refer to; *s'en* ~ *à* rely on; *v/i.* pay, be profitable; F tell tales; present a report (on, about *sur*); **rapporteur, -euse** [~'tœːr, ~'tøːz] **1.** *adj.* sneaking; **2.** *su.* sneak, tell-tale; *su./m committee, conference*: rapporteur; ⚔, ⚖ judge-advocate; ⚗ protractor.

rapprendre [ra'prɑ̃ːdr] (4aa) *v/t.* learn *or* teach (*s.th.*) again.

rapprochement [raprɔʃ'mã] *m* bringing together; comparison; connection; closeness; *fig.* reconciliation; *pol.* rapprochement, reestablishment of harmonious relations; **rapprocher** [~prɔ'ʃe] (1a) *v/t.* bring together; bring (*s.th.*) near again; bring (*things*) closer together; put (*s.th.*) nearer (to, de); compare, put together; *fig.* reconcile; se ~ draw near(er) (to, de); approximate (to, de); become reconciled (with, de).

rapt ɾ̆ɐ̆ [rapt] *m* abduction of a minor; kidnapping.

râpure [rɑ'py:r] *f* filings *pl.*; raspings *pl.*

raquette [ra'kɛt] *f sp.* racket, racquet; battledore; snow-shoe; ♀ prickly pear.

rare [raːr] rare (*a.* ⚛︎, *phys., fig.*); *fig.* singular, uncommon; ✽ slow (*pulse*); thin, scanty (*hair etc.*); **raréfaction** [rarefak'sjõ] *f phys.* rarefaction; ✞ growing scarcity; **raréfier** [~'fje] (1o) *v/t. phys.* rarefy; ✞ *etc.* make scarce; se ~ rarefy; grow scarce(r); **rareté** [rar'te] *f phys., a. fig.* rarity; ✞, *a. fig.* scarcity; singularity; rare occurrence.

ras¹, **rase** [rɑ, rɑːz] **1.** *adj.* close-cropped (*hair, head*); close-shaven (*cheek, chin, beard*); *fig.* blank, bare, open (*country*); à ~ *bord* to the brim, brim-full; *faire table rase* make a clean sweep; **2.** *su./m:* au ~ *de* level *or* flush with.

ras² [rɑ] *m see raz*.

rasade [ra'zad] *f* brim-full glass; *verser une* ~ à fill (*s.o.'s*) glass to the brim; **rasage** [~'zaːʒ] *m* beard: shaving; *tex. cloth:* shearing; **rase-mottes** ≽ [raz'mɔt] *m/inv.:* voler en ~ hedge-hop; **raser** [rɑ'ze] (1a) *v/t.* shave; *tex.* shear (*cloth*); F *fig.* bore (*s.o.*); ≽ raze (*to the ground*); *fig.* graze, skim; *crème f à* ~ shaving cream; se ~ shave; F *fig.* be bored; **raseur** *m*, **-euse** *f* [~'zœːr, ~'zøːz] shaver; *tex.* shearer; F *fig.* bore, *Am. sl.* bromide; **rasibus** F [~zi'bys] *adv.* very close (to, de); **rasoir** [~'zwaːr] **1.** *su./m* razor; *tex.* knife; **2.** *adj.* F boring.

rassasier [rasa'zje] (1o) *v/t.* satisfy; satiate (with, de); cloy (with, de); se ~ take one's fill.

rassemblement [rasãblə'mã] *m* collecting; gathering; crowd; ⚔ parade; **rassembler** [~'ble] (1a) *v/t.* (re)assemble; gather together (again); *fig.* muster (*strength*); ⚔ parade.

rasseoir [ra'swaːr] (3c) *v/t.* seat (*s.o.*) again; settle.

rasséréner [rasere'ne] (1f) *v/t.* calm, soothe; clear up.

rassis, e [ra'si, ~'siːz] settled, calm; sedate; stale (*bread*).

rassurer [rasy're] (1a) *v/t.* reassure; ⚠ strengthen.

rastaquouère F [rasta'kwɛːr] *m* flashy adventurer.

rat [ra] *m zo.* rat; F *fig.* miser; F *fig.* ~ *de bibliothèque* book-worm; ~ *de cave* exciseman; ~ *d'église* frequent church-goer; ~ *d'hôtel* hotel thief.

rata *sl.* [ra'ta] *m* stew.

ratatiner [ratati'ne] (1a) *v/t. a.* se ~ shrivel, shrink; crinkle up (*parchment*).

ratatouille *sl.* [rata'tuːj] *f* stew; skilly.

rate¹ [rat] *f anat.* spleen; *zo., anat.* milt; F *dilater la* ~ *de q.* make s.o. shake with laughter; F *ne pas se fouler la* ~ take things easy.

rate² *zo.* [~] *f* (*female*) rat.

raté, e [ra'te] **1.** *adj.* botched (*work*); ineffectual (*person*); *coup m* ~ failure; **2.** *su. person:* failure; *su./m* ⊕, *mot.* misfire.

râteau [rɑ'to] *m* ✍ *etc.* rake; F large comb; ⊕ *lock:* wards *pl.*; **râteler** [rɑt'le] (1c) *v/t.* ✍ rake (up); **râtelier** [rɑtə'lje] *m* rack; F (set of) false teeth *pl.*, denture.

rater [ra'te] (1a) *v/i. mot.* misfire (*a. fig.*); fail to go off (*gun*); *fig.* fail; *v/t.* miss; *fig.* fail in (*an examination, attempt, etc.*).

ratière [ra'tjɛːr] *f* rat-trap.

ratification [ratifika'sjõ] *f* ratification; **ratifier** [~'fje] (1o) *v/t.* ratify; approve.

ratiner *tex.* [rati'ne] (1a) *v/t.* frieze (*cloth*).

ratiociner *pej.* [rasjɔsi'ne] (1a) *v/i.* ratiocinate; reason.

ration [ra'sjõ] *f* ration(s *pl.*), allowance; *physiol.* intake.

rationaliser [rasjɔnali'ze] (1a) *v/t.* rationalize; **rationalisme** *phls.* [~'lism] *m* rationalism; **rationaliste** *phls.* [~'list] *adj., a. su.* rationalist; **rationalité** [~li'te] *f* rationality.

rationnel

rationnel, -elle [rasjɔ'nɛl] rational (*a.* ⚥); F *fig.* sensible.
rationnement [rasjɔn'mɑ̃] *m* rationing; **rationner** [˷sjɔ'ne] (1a) *v/t.* ration (*a. fig.*).
ratisser [rati'se] (1a) *v/t.* ⚔ rake; ⚔ hoe; scrape (*skins, potatoes*); F rake in, grab; F clean (*s.o.*) out; **ratissoire** [˷'swaːr] *f* ⚔ hoe; ⚔ rake; scraper.
raton [ra'tɔ̃] *m zo.* little rat; F darling; *zo.* ˷ *laveur* rac(c)oon.
rattachement [rataʃ'mɑ̃] *m* linking up; *pol.* union; **rattacher** [˷ta'ʃe] (1a) *v/t.* (re)fasten; tie up (again); *fig.* connect; *fig.* bind; se ˷ be fastened; *fig.* be connected (with, à).
rattraper [ratra'pe] (1a) *v/t.* catch again; recover (*one's health, one's money*); catch up on (*time*); overtake; ⊕ take up (*play*); se ˷ à catch hold of (*a branch etc.*); *fig.* se ˷ de make up, make good.
raturage [raty'raːʒ] *m* erasing; crossing out; **rature** [˷'tyːr] *f* erasure; crossing out; **raturer** [˷ty're] (1a) *v/t.* erase; cross out; scrape (*parchment*).
rauque [roːk] hoarse; harsh.
ravage [ra'vaːʒ] *m* ravages *pl.*, havoc; **ravager** [˷va'ʒe] (1l) *v/t.* ravage, lay waste; devastate; play havoc with.
ravalement [raval'mɑ̃] *m building:* re-surfacing; **ravaler** [˷va'le] (1a) *v/t.* swallow (again *or* down); F *fig.* take back (*a statement*); *fig.* reduce (to, à); *fig.* disparage; △ re-dress (*stonework*); △ rough-cast (*a wall*); △ hollow out (*a wall*); ⚔ cut back, trim; *fig.* se ˷ lower o.s.
ravauder [ravo'de] (1a) *v/t.* mend, patch; darn (*socks etc.*); botch; **ravaudeur** *m*, **-euse** *f* [˷'dœːr, ˷'døːz] mender; darner; botcher.
rave ♀ [raːv] *f* rape.
ravi, e [ra'vi] enraptured; F delighted (with s.th., de qch.; to *inf.*, de *inf.*).
ravier [ra'vje] *m* radish-dish, horsd'œuvres dish; **ravière** ⚔ [˷'vjɛːr] *f* radish-bed; turnip-field.
ravigote *cuis.* [ravi'gɔt] *f* ravigote sauce; **ravigoter** F [˷gɔ'te] (1a) *v/t.* revive, refresh.
ravilir [ravi'liːr] (2a) *v/t.* degrade, debase.

398

ravin [ra'vɛ̃] *m*, **ravine** [˷'vin] *f*, **ravinée** [ravi'ne] *f* ravine, gully; **raviner** [˷] (1a) *v/t.* cut channels in (*the ground*).
ravir [ra'viːr] (2a) *v/t.* carry off, abduct; steal; *fig.* charm, delight; à ˷ delightfully.
raviser [ravi'ze] (1a) *v/t.*: se ˷ change one's mind; think again.
ravissant, e [ravi'sɑ̃, ˷'sɑ̃ːt] bewitching; delightful, lovely; ravening (*beast*); **ravissement** [˷vis'mɑ̃] *m* carrying off; *fig.* rapture; **ravisseur** [˷vi'sœːr] *m* plunderer; abductor (*of a woman*); kidnapper (*of a child*).
ravitaillement [ravitaj'mɑ̃] *m* supplying; replenishment; ⚔ provisioning (with, en); ⊕ (supplying with) fuel and lubricants *pl.*; *admin.* food control; ⚔ *convoi m de* ˷ supply column; **ravitailler** [˷ta'je] (1a) *v/t.* provision, supply (with, en); *mot. etc.* refuel; ⚓ se ˷ take in fresh supplies, refuel; **ravitailleur** [˷ta'jœːr] *m* ⚔ carrier; ⚓ supplyship; ⚓ parent ship; ✈ refuelling aircraft.
raviver [ravi've] (1a) *v/t.* revive; brighten up; se ˷ revive; break out again (*struggle*).
ravoir [ra'vwaːr] *v/t.* occurs only in *inf.* get (*s.th.*) back again; have (*s.th.*) again.
rayer [rɛ'je] (1i) *v/t.* scratch (*a surface*); stripe (*cloth etc.*); ⊕ groove (*a cylinder*); rifle (*a gun*); rule (*paper*); strike out, cross out.
rayon¹ [rɛ'jɔ̃] *m book-case:* shelf; *store:* department; *fig.* speciality, F line, field; ˷ *de miel* honeycomb.
rayon² [rɛ'jɔ̃] *m phys., a. fig.* ray; *sun, light:* beam; ⚥ radius (*a. fig.*); *wheel:* spoke; ⚔ drill; ⚔ lettuce *etc.:* row; ✴ ˷s *pl.* X X-rays; (*grand*) ˷ *d'action* (long) range; **rayonnant, e** [˷jɔ'nɑ̃, ˷'nɑ̃ːt] radiant (*heat, a. fig.*); *fig.* beaming (*face*); *phys.* radio-active (*matter*).
rayonne *tex.* [rɛ'jɔn] *f* rayon.
rayonnement [rɛjɔn'mɑ̃] *m phys.* radiation; *astr., fig.* radiance; **rayonner** [˷jɔ'ne] (1a) *v/i. phys.* radiate; *fig.* beam (with, de).
rayure [rɛ'jyːr] *f tex.* stripe, streak; *glass etc.:* scratch; ⊕ groove; *gun:* rifling; erasure, striking out.
raz [rɑ] *m* strong current, race; ˷ *de*

marée bore; tidal wave; *fig.* landslide.
razzia [ra(d)'zja] *f* raid, razzia.
re... [rə], **ré...** [re] re-...; ... again; ... back.
ré ♪ [re] *m/inv.* re, *note*: D.
réacteur [reak'tœ:r] *m* ⚡ *phys.* reactor; *mot.* choke; ✈ jet plane, F jet; **réactif, -ve** 🜂 [⌐'tif, ⌐'ti:v] 1. *adj.* reactive; test-(*paper*); 2. *su./m* reagent; **réaction** [⌐'sjɔ̃] *f* *pol.*, ⊕ reaction; *rifle*: kick; ✈ jet; 🜂, *physiol.*, *etc.* test; *phys.* ~ en chaîne chain reaction; *avion m à* ~ jet (plane); **réactionnaire** *pol.* [⌐sjɔ'nɛ:r] *adj.*, *a. su.* reactionary.
réadmettre [read'mɛtr] (4p) *v/t.* readmit; **réadmission** [⌐mi'sjɔ̃] *f* readmittance.
réagir [rea'ʒi:r] (2a) *v/i.* react (on, *sur*).
réaléser ⊕ [reale'ze] (1f) *v/t.* rebore.
réalisable [reali'zabl] realizable; available (*assets*); feasible (*plan*); **réalisateur, -trice** [⌐za'tœ:r, ⌐'tris] *su.* realizer; *shares*: seller; *plan*: worker out; *su./m. cin.* director; **réalisation** [⌐za'sjɔ̃] *f* realization; *shares*: selling out; carrying out, performing; production; **réaliser** [⌐'ze] (1a) *v/t.* realize; achieve; produce; sell out (*shares*); carry out (*a plan*); *se* ~ be realized; come true; **réalisme** [rea'lism] *m* realism; **réaliste** [⌐'list] 1. *adj.* realist(ic); 2. *su.* realist; **réalité** [⌐li'te] *f* reality; ~s *pl.* facts; *en* ~ really.
réapparaître [reapa'rɛ:tr] (4k) *v/i.* reappear; **réapparition** [⌐ri'sjɔ̃] *f* reappearance.
réapprovisionner [reaprɔvizjɔ'ne] (1a) *v/t.* restock (with, *en*).
réarmement [rearmə'mɑ̃] *m* ⚔ rearming; rearmament; ⚓ refitting; **réarmer** [⌐'me] (1a) *v/t.* ⚔ rearm; recock (*a gun*); ⚓ refit.
réassigner ⚖ [reasi'ɲe] (1a) *v/t.* re-summon.
réassortir ✝ [reasɔr'ti:r] (2a) *v/t.* restock; match (*gloves etc.*).
réassurer ✝ [reasy're] (1a) *v/t.* reinsure, reassure.
rébarbatif, -ve [rebarba'tif, ⌐'ti:v] forbidding, grim; *fig.* crabbed (*style*); surly (*disposition*).
rebâtir [rəbɑ'ti:r] (2a) *v/t.* △ rebuild; *fig.* reconstruct.

rebattre [rə'batr] (4a) *v/t.* beat again; reshuffle (*cards*); F *fig.* repeat over and over again; *avoir les oreilles rebattues de* be sick of hearing (*s.th.*); *sentier m rebattu* beaten track.
rebelle [rə'bɛl] 1. *adj.* rebellious; ⚔ obstinate; ⊕ refractory (*ore*); unruly (*spirit*); 2. *su.* rebel; **rebeller** [⌐bɛ'le] (1a) *v/t.*: *se* ~ rebel, rise (against, *contre*); **rébellion** [rebɛ'ljɔ̃] *f* rebellion, revolt, rising.
rebiffer F [rəbi'fe] (1a) *v/t.*: *se* ~ bristle (up); get one's back up.
reboisement [rəbwaz'mɑ̃] *m* reafforestation; **reboiser** [⌐bwa'ze] (1a) *v/t.* reafforest (*land*).
rebond [rə'bɔ̃] *m ball*: bounce; ~s *pl. waters*: surging *sg.*; **rebondi, e** [rəbɔ̃'di] chubby; plump; **rebondir** [⌐'di:r] (2a) *v/i.* rebound; bounce (*ball*); surge (*waters*).
rebord [rə'bɔ:r] *m* edge, rim, border; (*window-*)sill; ⊕ flange; *cost.* hem; **reborder** [⌐bɔr'de] (1a) *v/t.* put a new edging on; ⊕ reflange; *cost.* re-hem.
reboucher [rəbu'ʃe] (1a) *v/t.* stop (*s.th.*) up again; recork (*a bottle*); fill up.
rebours [rə'bu:r] *m*: *à (or au)* ~ against the grain; *fig.* the wrong way; backwards; contrary (to, *de*).
rebouter ⚕ [rəbu'te] (1a) *v/t.* set (*a broken leg*); **rebouteur** ⚕ [⌐'tœ:r] *m*, **rebouteux** ⚕ [⌐'tø] *m* bonesetter.
rebras [rə'brɑ] *m glove*: gauntlet; *book jacket*: flap.
rebrousse-poil [rəbrus'pwal] *adv.*: *à* ~ against the nap; the wrong way (*a.* F *fig.*); **rebrousser** [⌐bru'se] (1a) *v/t.* brush up (*one's hair, tex.*); *tex.* nap; grain (*leather*); F *fig.* rub (*s.o.*) the wrong way; ~ *chemin* retrace one's steps; turn back.
rebuffade [rəby'fad] *f* rebuff, snub.
rébus [re'bys] *m* picture-puzzle.
rebut [rə'by] *m* rejection; ✝ *etc.* reject; ~ waste, rubbish; *fig.* scum; *post*: dead letter; ✝ *marchandises f/pl. de* ~ trash *sg.*; *mettre au* ~ discard; ⊕ scrap; **rebutant, e** [rəby'tɑ̃, ⌐'tɑ̃:t] tiresome; forbidding; **rebuter** [⌐'te] (1a) *v/t.* rebuff; ⚖ not to admit (*a document etc.*); *fig.* discourage, take the heart out of (*s.o.*); *se* ~ be(come) discouraged.

récalcitrant

récalcitrant, e [rekalsi'trɑ̃, ~'trɑ̃:t] *adj., a. su.* recalcitrant.
recaler [rəka'le] (1a) *v/t.* wedge again (*furniture*); ⊕ reset; F fail, F plough (*a candidate*).
récapituler [rekapity'le] (1a) *v/t.* recapitulate, sum up, summarize.
recel ⚖ [rə'sɛl] *m*, **recèlement** ⚖ [~sɛl'mɑ̃] *m stolen goods:* receiving; *criminal:* harbo(u)ring, concealment; **receler** [rəs'le] (1d) *v/t.* ⚖ receive; harbo(u)r; conceal (*a. fig.*); **receleur** *m*, **-euse** *f* ⚖ [~'lœ:r, ~'lø:z] receiver (of stolen goods), F fence.
récemment [resa'mɑ̃] *adv.* recently, lately, of late.
recensement [rəsɑ̃:s'mɑ̃] *m admin.* census; *admin.* record; *admin. votes:* count(ing); ✝ (new) inventory; *fig.* review; ⚔ registration; **recenser** [rəsɑ̃'se] (1a) *v/t. admin.* take a census of; count (*votes*); record; ⚔ register; ✝ inventory; **recension** [~'sjɔ̃] *f text:* recension.
récent, e [re'sɑ̃, ~'sɑ̃:t] recent, fresh, new.
recépage [rəse'pa:ʒ] *m* ⚑ cutting down; ⊕ dismantling.
récépissé ✝ [resepi'se] *m* receipt; acknowledgment.
réceptacle [resep'takl] *m* receptacle (*a.* ♀); ⊕ *steam, waters:* collector; **récepteur, -trice** [~'tœ:r, ~'tris] **1.** *adj.* receiving; *appareil m ~ tel.*, *teleph.* receiver; *radio:* set; **2.** *su./m* ⊕, *tel.*, *teleph.* receiver; *radio:* set; ⊕ *machine:* driven part; *teleph.* décrocher (raccrocher) le ~ lift (hang up) the receiver; **réceptif, -ve** [~'tif, ~'ti:v] receptive; **réception** [~'sjɔ̃] *f* receipt; *tel., teleph., telev., a. hotel, a. at court:* reception; welcome; *thea.* acceptance (*of a new play*); **réceptionner** ✝ [~sjɔ'ne] (1a) *v/t.* check and sign for; **réceptivité** [~tivi'te] *f* receptivity; ✱ en état de ~ liable to infection.
récession [resɛ'sjɔ̃] *f* recession (*a.* ✝).
recette [rə'sɛt] *f* ✝ receipts *pl.*, returns *pl.*; *thea.* etc. takings *pl.*; ✝ acceptance, receipt; *admin.* collectorship; *cuis.* recipe; ✝ *bills, debts:* collection; ⚔ landing; *garçon m de ~* bank-messenger.
recevable [rəsə'vabl] admissible (*a.*

✝); ✝ fit for acceptance; **receveur, -euse** [~'vœ:r, ~'vø:z] *su.* receiver; *admin.* collector; *tel.* addressee; *su./m bus, tram:* conductor; (post)master; *su./f* (post)mistress; *thea.* usherette; *bus, tram:* conductress; **recevoir** [~'vwa:r] (3a) *v/t.* receive; *fig.* welcome; admit (*pupils, a. fig. customs*), promote (*to a higher class*); accept (*an excuse*); être reçu à (*inf.*) be permitted *or* authorized to (*inf.*); être reçu à un examen pass an examination; être reçu avocat (médecin) qualify as a barrister (doctor); *v/i.* hold a reception, be at home; **recevrai** [~'vre] *1st p. sg. fut. of recevoir*.
rechange [rə'ʃɑ̃:ʒ] *m* replacement; ✝ *bill:* re-exchange; ⊕, *mot.* ~s *pl.* spare parts; de ~ spare (*part, tyre*); **rechanger** [~ʃɑ̃'ʒe] (1l) *v/t.* (ex)change (*s.th.*) again.
rechaper *mot.* [rəʃa'pe] (1a) *v/t.* retread (*a tyre*).
réchapper [reʃa'pe] (1a) *v/i.:* ~ de escape from; get over (*s.th.*); ✱ recover from (*an illness*).
recharger [rəʃar'ʒe] (1l) *v/t.* reload; ⚓ relade; ✱ recharge; ⚔ charge (*the enemy*) again; remetal (*a road*).
réchaud [re'ʃo] *m* hot-plate; chafing-dish; ~ à alcool spirit-stove; ~ à gaz gas-oven, gas-cooker; ~ à pétrole oil-stove.
réchauffé [reʃo'fe] *m cuis.* warmed-up dish; *fig.* rehash; *fig.* old *or* stale news; **réchauffer** [~'fe] (1a) *v/t.* (re)heat; warm up *or Am.* over (*food*); *fig.* warm (*s.o.'s heart*); *fig.* reawaken (*s.o.'s enthusiasm etc.*); se ~ warm o.s. up; **réchauffeur** ⊕ [~'fœ:r] *m* (pre-)heater; **réchauffoir** [~'fwa:r] *m* hot-plate.
rechausser [rəʃo'se] (1a) *v/t.* fit (*s.o.*) with new shoes; ⚑ bank up the foot of (*a tree etc.*); △ line the foot of (*a wall*).
rêche [rɛʃ] rough; difficult (*person*).
recherche [rə'ʃɛrʃ] *f* search; research, investigation; ⚖ enquiry; *fig. style:* studied elegance; ⚖ ~ de (la) paternité affiliation; à la ~ de in search of; *fig.* sans ~ unaffected, easy; **recherché, e** [rəʃɛr'ʃe] sought after; ✝ in demand; studied (*elegance, style*); *fig.* choice, exquisite (*dress etc.*); *fig.* strained (*interpretation, style*); **rechercher** [~] (1a) *v/t.*

search for, seek; look for; *fig.* court (*praise, a woman*); try to obtain; ⚖ find (*the value of s.th.*).
rechigné, e [rəʃi'ɲe] sour (*look etc.*); sour-tempered, surly (*person*); **rechigner** [~] (1a) *v/i.* jib (*at, devant*; *at ger., à inf.*); look sour; *sans* ~ with a good grace.
rechute ♂, *eccl.* [rə'ʃyt] *f* relapse.
récidive [resi'diːv] *f* ♂ recurrence; ⚖ repetition of an offence; **récidiver** [~di've] (1a) *v/i.* ♂ recur; ⚖ commit an offence for the second time, relapse into crime; **récidiviste** [~di'vist] *su.* old offender; habitual criminal.
récif ⚓, *geog.* [re'sif] *m* reef.
récipiendaire [resipjɑ̃'dɛːr] *su.* newly elected member; **récipient** [~'pjɑ̃] *m* container, receptacle; ⊕ air-pump *etc.*: receiver; ⊕ cistern.
réciprocité [resiprɔsi'te] *f* reciprocity; interchange; **réciproque** [~'prɔk] **1.** *adj.* reciprocal (*a.* ⚖, *phls., gramm.*), mutual; ⚖ inverse (*ratio*), converse (*proposition*); ⊕ reversible; **2.** *su./f* ⚖, *phls.* converse; reciprocal; *fig.* like.
récit [re'si] *m* account; narrative; ♪ recitative; ♪ *organ:* swell-box; **récital**, *pl.* **-als** ♪ [~'tal] *m* recital; **récitateur** *m*, **-trice** *f* [~ta'tœːr, ~'tris] reciter; **récitatif** ♪ [~ta'tif] *m* recitative; **récitation** [~ta'sjɔ̃] *f* recitation; **réciter** [~'te] (1a) *vt/i.* recite.
réclamant *m*, **e** *f* [rekla'mɑ̃, ~'mɑ̃ːt] complainer; ⚖ claimant; **réclamation** [~ma'sjɔ̃] *f* complaint (*a. admin.*); objection; ⚖ claim; *bureau m des* ~*s* claims department; **réclame** [re'klaːm] *f* advertising; advertisement; *pej.* blurb; *typ.* catchword; ~ *lumineuse* illuminated sign; *faire de la* ~ advertise, boost one's goods; **réclamer** [~kla'me] (1a) *v/t.* claim (*from, à*); demand (*s.th.*) back; call for; require; *se* ~ *de* appeal to; *fig.* use (*s.o.*) as one's authority; *v/i.*: ~ *contre* complain of; protest against; ⚖ appeal against.
reclassement [rəklas'mɑ̃] *m* reclassifying, re-classification; re-grouping; *admin.* regrading; **reclasser** [~kla'se] (1a) *v/t.* re-classify; regroup; regrade.
reclus *m*, **e** *f* [rə'kly, ~'klyːz] recluse;

réclusion [rekly'zjɔ̃] *f* seclusion, retirement; ⚖ solitary confinement with hard labo(u)r.
récognition *phls.* [rekɔgni'sjɔ̃] *f* recognition.
recoiffer [rəkwa'fe] (1a) *v/t.* do (*s.o.'s*) hair again; re-cap (*a bottle*).
recoin [rə'kwɛ̃] *m* nook, cranny.
reçois [rə'swa] *1st p. sg. pres. of* recevoir; **reçoivent** [~'swaːv] *3rd p. pl. pres. of* recevoir.
récolement ⚖ [rekɔl'mɑ̃] *m* verification; *depositions:* reading; **récoler** ⚖ [~kɔ'le] (1a) *v/t.* check; read over a deposition to (*a witness*).
récollection *eccl.* [rekɔlɛk'sjɔ̃] *f* recollection.
recoller [rəkɔ'le] (1a) *v/t.* re-glue; re-paste; F plough (again) (*in an examination*).
récolte [re'kɔlt] *f* harvest, crop; harvesting; F *fig.* collection; *fig.* profits *pl.*; **récolter** [~kɔl'te] (1a) *v/t.* harvest; gather in; *fig.* collect.
recommandable [rəkɔmɑ̃'dabl] to be recommended; estimable (*person*); *fig.* advisable; **recommandation** [~da'sjɔ̃] *f* recommendation; *fig.* instruction, advice; *post:* registration; **recommander** [~'de] (1a) *v/t.* recommend; *fig.* advise; *fig.* bring (*to s.o.'s attention*); *post:* register; *se* ~ *à* commend o.s. to; *se* ~ *de* give (*s.o.*) as a reference.
recommencer [rəkɔmɑ̃'se] (1k) *vt/i.* begin again, start afresh.
récompense [rekɔ̃'pɑ̃ːs] *f* reward (for, *de*); *iro.* punishment; *show etc.:* prize, award; *en* ~ in return (for, *de*); **récompenser** [~pɑ̃'se] (1a) *v/t.* reward, recompense (for, *de*).
recomposer [rəkɔ̃po'ze] (1a) *v/t.* 🎵 recompose; *typ.* reset.
recompter [rəkɔ̃'te] (1a) *v/t.* re-count, count again.
réconciliable [rekɔ̃si'ljabl] reconcilable; **réconciliateur** *m*, **-trice** *f* [~lja'tœːr, ~'tris] reconciler; **réconciliation** [~lja'sjɔ̃] *f* reconciliation; **réconcilier** [~'lje] (1o) *v/t.* reconcile; *se* ~ *à* make one's peace with (*a. eccl.*); make it up with (*s.o.*).
reconduction ⚖ [rəkɔ̃dyk'sjɔ̃] *f* *lease:* renewal; *tacite* ~ renewal of lease by tacit agreement; **reconduire** [~'dɥiːr] (4h) *v/t.* escort (*s.o.*) (back); lead back; show (*s.o.*)

reconduite

to the door; ♂ renew (*a lease*); **reconduite** [~'dɥit] *f* escorting (*s.o.*) (back); showing (*s.o.*) to the door.

réconfort [rekɔ̃'fɔːr] *m* comfort, consolation; **réconfortant** ♂ [~fɔr-'tɑ̃] *m* tonic, stimulant; **réconforter** [~fɔr'te] (1a) *v/t.* cheer (*s.o.*) up, comfort; strengthen.

reconnaissable [rəkɔnɛ'sabl] recognizable (by, from *à*); **reconnaissance** [~'sɑ̃ːs] *f* recognition; ✕ *etc.* reconnaissance, reconnoitring; ✝ note of hand, F I.O.U.; ♂ *fig.* acknowledgment; *fig.* gratitude; ♂ *bastard*: affiliation; **reconnaissant, e** [~'sɑ̃, ~'sɑ̃ːt] grateful (for, *de*; to, *envers*); **reconnaître** [rəkɔ-'nɛːtr] (4k) *v/t.* recognize (*a.* ♂, *a. pol. a government*); know again; ✝ credit; *fig.* acknowledge; ✕, ✕, *etc.* reconnoitre; ⚓ identify (*a ship*); *fig.* be grateful for; *fig.* se ~ collect one's thoughts; get one's bearings.

reconquérir [rəkɔ̃ke'riːr] (2l) *v/t.* reconquer; win back (*a. fig.*); **reconquête** [~'kɛːt] *f* reconquest.

reconstituant, e ♂ [rəkɔ̃sti'tɥɑ̃, ~'tɥɑ̃ːt] *adj.*, *a. su./m* tonic, restorative; **reconstituer** [~'tɥe] (1n) *v/t.* reconstitute; reconstruct (*a crime*); restore (⚕ *an edifice, fig. s.o.'s health*).

reconstruction [rəkɔ̃stryk'sjɔ̃] *f* reconstruction, rebuilding; **reconstruire** [~'trɥiːr] (4h) *v/t.* reconstruct, rebuild.

reconvention ♂ [rəkɔ̃vɑ̃'sjɔ̃] *f* counter-claim; cross-action.

recoquiller [rəkɔki'je] (1a) *v/t. a.* se ~ curl up; shrivel; *page f recoquillée* dog-eared page.

record [rə'kɔːr] 1. *su./m sp. etc.* record; ⊕ maximum output; *sp. détenir le* ~ hold the record; 2. *adj./inv.* record...; bumper (*crop*); **recordman**, *pl.* **-men** [~kɔrd-'man, ~'mɛn] *m* record-holder.

recoucher [rəku'ʃe] (1a) *v/t.* put (*s.o.*) to bed again; lay down again; se ~ go back to bed.

recoudre [rə'kudr] (4l) *v/t.* sew up or on again; *fig.* link up.

recoupe [rə'kup] *f stone, metal, etc.*: chips *pl.*, chippings *pl.*; *food*: scraps *pl.*; ✿ second crop; ✝ *flour*: sharps *pl.*; **recouper** [~ku'pe] (1a) *v/t.* cut (again); intersect; ⚕ step; blend (*wines*); cross-check; *v/i. cards*: cut again.

recourbement [rəkurbə'mɑ̃] *m* bending; **recourber** [~'be] (1a) *v/t.* bend (again or down).

recourir [rəku'riːr] (2i) *v/i.* run back; ~ *à* resort to, have recourse to; **recours** [~'kuːr] *m* recourse; resort; ♂ appeal (for mercy, *en grâce*). [covering, coating.]

recouvrement[1] [rəkuvrə'mɑ̃] *m*⟩
recouvrement[2] [rəkuvrə'mɑ̃] *m* *debt, health, strength, etc.*: recovery; ~*s pl.* outstanding debts; **recouvrer** [~'vre] (1a) *v/t.* recover, regain; collect (*a tax, a debt, etc.*).

recouvrir [rəku'vriːr] (2f) *v/t.* recover, cover (*s.th.*) again (with, *de*); cover (*a. fig.*); coat; ⊕ overlap.

récréatif, -ve [rekrea'tif, ~'tiːv] recreational; entertaining; light (*reading*); **récréation** [~'sjɔ̃] *f* recreation; *school*: play.

recréer [rəkre'e] (1a) *v/t.* recreate; re-establish.

récréer [rekre'e] (1a) *v/t.* entertain, amuse; refresh; se ~ take some recreation.

recrépir [rəkre'piːr] (2a) *v/t.* ⚕ replaster; rough-cast again; F *fig.* patch up, touch up.

récrier [rekri'e] (1a) *v/t.:* se ~ (*sur*) cry out, exclaim (against); object (to).

récrimination [rekrimina'sjɔ̃] *f* recrimination; **récriminer** [~'ne] (1a) *v/i.* recriminate (against, *contre*).

récrire [re'kriːr] (4q) *v/t.* rewrite; *v/i.* reply by letter.

recroître ✿ [rə'krwaːtr] (4o) *v/i.* grow again.

recroqueviller [rəkrɔkvi'je] (1a) *v/t.:* se ~ curl up; ✿, *a. fig.* wilt.

recrû, -crue [rə'kry] 1. *su./m copse-wood*: new growth; 2. *p.p.* of *recroître*.

recrudescence [rəkrydɛ'sɑ̃ːs] *f* recrudescence; fresh outbreak; **recrudescent, e** [~'sɑ̃, ~'sɑ̃ːt] recrudescent.

recrue ✕, *pol., fig.* [rə'kry] *f* recruit(ing); **recruter** ✕, *pol., fig.* [rəkry'te] (1a) *v/t.* recruit; enlist; **recruteur** [~'tœːr] *m* ✕ recruiter; recruiting officer; ✝ tout.

rectangle ⚛ [rɛk'tɑ̃ːgl] 1. *adj.* right-angled; 2. *su./m* rectangle; rec-

tangulaire ⚔ [ˌtãgy'lɛːr] rectangular, right-angled.
recteur, -trice [rɛk'tœːr, ˌ'tris] 1. *adj.* guiding; *orn.* tail(*-feather*); 2. *su./m univ.* rector, vice-chancellor.
rectificateur ⌢, ⚔ [rɛktifika'tœːr] *m* rectifier; **rectificatif, -ve** [ˌ'tif, ˌ'tiːv] 1. *adj.* rectifying; 2. *su./m* corrigendum (*to a circular*); **rectification** [ˌ'sjɔ̃] *f* rectification; *alcohol:* rectifying; *fig.* correction; **rectifier** [rɛkti'fje] (1o) *v/t.* straighten; correct (*an error, a price,* ⚔ *the range*); ⌢, ⚔, *a. fig.* rectify; *fig.* put (*s.th.*) right; ⊕ adjust (*a machine etc.*); ⊕ true up (*on the lathe*).
rectiligne [rɛkti'liɲ] rectilinear; linear (*movement*); *fig.* unswerving.
rectitude [rɛkti'tyd] *f* straightness; *fig.* rectitude; *fig.* correctness.
recto [rɛk'to] *m page:* recto; *book:* right-hand page.
reçu, e [rə'sy] 1. *su./m* receipt; *au ~ de* (up)on receipt of; 2. *adj.* received, accepted, recognized; 3. *p.p. of recevoir*.
recueil [rə'kœːj] *m* collection; anthology; ⚖ compendium, digest; **recueillement** [ˌkœj'mã] *m* collectedness; meditation; **recueillir** [ˌkœ'jiːr] (2c) *v/t.* collect, gather; ✈, *a. fig.* reap; *fig.* give shelter to (*s.o.*), take (*s.o.*) in; obtain (*information*); *se ~* collect one's thoughts; meditate.
recuire [rə'kɥiːr] (4h) *v/t.* recook, cook (*s.th.*) again; ⊕ reheat; ⊕ anneal (*glass*), temper (*steel*).
recul [rə'kyl] *m* retirement; backward movement; *rifle:* kick; *cannon:* recoil; **reculade** [rəky'lad] *f* retreat (*a.* ⚔, *fig.*), falling back; **reculé, e** [ˌ'le] remote, distant; **reculer** [ˌ'le] (1a) *v/i.* move or draw back; back (*car, horse*); *fig.* shrink (*from, devant*); *v/t.* move back; set back; *fig.* postpone; **reculons** [ˌ'lɔ̃] *adv.: à ~* backwards.
récupérateur ⊕ [rekypera'tœːr] *m* regenerator; *oil:* extractor; **récupération** [ˌra'sjɔ̃] *f loss:* recoupment; ⊕, *a.* ⚔ recovery; **récupérer** [ˌ're] (1f) *v/t.* recover; recoup (*a loss*); bring (*a satellite*) back to earth; F scrounge; *v/i. a. se ~* recuperate, recover.

récurer [reky're] (1a) *v/t.* scour; clean; **récureur** [ˌ'rœːr] *m* scourer.
reçus [rə'sy] *1st p. sg. p.s. of recevoir*.
récusable ⚖ [reky'zabl] challengeable; impeachable (*evidence, witness*); **récuser** ⚖ [ˌ'ze] (1a) *v/t.* challenge, object to (*a witness*); impeach (*s.o.'s evidence*); *se ~* declare o.s. incompetent, decline to give an opinion.
rédacteur, -trice [redak'tœːr, ˌ-'tris] *su.* author; drafter; *journ.* member of staff; *su./m: ~ en chef* editor; **rédaction** [ˌ'sjɔ̃] *f* drafting; *journ.* editorial staff; *journ.* editing; *journ.* (newspaper) office; *school:* composition, essay.
redan [rə'dã] *m* ⚔ step; ⚔ redan.
reddition [redi'sjɔ̃] *f* surrender; ✝ rendering (*of an account*).
redécouvrir [rədeku'vriːr] (2f) *v/t.* rediscover.
redemander [rədmã'de] (1a) *v/t.* ask for (*s.th.*) again *or* back; ask for more of (*s.th.*).
rédempteur, -trice [redãp'tœːr, ˌ'tris] 1. *adj.* redeeming; 2. *su.* redeemer; **rédemption** [ˌ'sjɔ̃] *f* redemption (*a. eccl.*).
redent [rə'dã] *m see redan*.
redescendre [rədɛ'sãːdr] (4a) *v/i.* go *or* come down again; ⚓ back (*wind*); fall (*barometer*); *v/t.* bring down again; take (*s.th.*) down again; *~ l'escalier* go downstairs again.
redevable [rəd'vabl] 1. *adj.* beholden, indebted (*for, de*); 2. *su.* debtor; **redevance** [ˌ'vãːs] *f* rent; fee; (*author's*) royalty; *admin.* tax, dues *pl.*; **redevoir** [ˌ'vwaːr] (3a) *v/t.* owe a balance of.
rédhibition ⚖ [redibi'sjɔ̃] *f* annulment of sale (*owing to latent defect*); **rédhibitoire** ⚖ [ˌ'twaːr] *adj.: vice m ~* latent defect that makes a sale void.
rédiger [redi'ʒe] (1l) *v/t.* draw up, draft, write; *journ.* edit.
rédimer [redi'me] (1a) *v/t.* redeem; *se ~ de* redeem o.s. from; compound for (*a tax*).
redingote *cost.* [rədɛ̃'gɔt] *f* frockcoat.
redire [rə'diːr] (4p) *v/t.* repeat; say *or* tell again; *v/i.: trouver à ~ à* take exception to, criticize; **rediseur** *m,* **-euse** *f* [ˌdi'zœːr, ˌ'zøːz]

redite

repeater; **redite** [~'dit] *f* repetition, tautology; **redites** [~'dit] *2nd p. pl. pres.* of *redire*.

redondance [rədɔ̃'dɑ̃:s] *f* redundancy; **redondant, e** [~'dɑ̃, ~'dɑ̃:t] redundant.

redonner [rədɔ'ne] (1a) *v/t.* give (*s.th.*) again; restore (*s.th.*, *a. strength*); *v/i.* return, come on again; ~ *dans* fall back into; *la pluie redonne de plus belle* the rain is coming on again worse than ever.

redoubler [rədu'ble] (1a) *v/t.* redouble; *cost.* reline; *~ une classe school:* stay down; *v/i.* increase (*fever*); *~ d'efforts* strive harder than ever.

redoutable [rədu'tabl] formidable; to be feared (by, *à*).

redoute [rə'dut] *f* ✕ redoubt; *dancing-hall:* gala evening. [dread.)

redouter [rədu'te] (1a) *v/t.* fear,)

redressement [rədrɛs'mɑ̃] *m fig.* rectification; ⊕, *f* straightening; *&* rectifying; ✝, *opt.*, *phot.* correction; **redresser** [rədrɛ'se] (1a) *v/t.* re-erect (*a statue*); raise (*a pole*); ⚓ right (*a boat*); set right (*a wrong etc.*); ✕ lift the nose of; *&*, *a. fig.* rectify; *se ~* straighten out, true; *se ~* stand up again; draw o.s. up; right itself (*boat*); ✕ flatten out; *fig.* mend one's ways; **redresseur** [~'sœ:r] *m &* rectifier; *&* commutator; ⊕ straightener; *fig.* righter (*of wrongs*).

redû, -due [rə'dy] 1. *p.p.* of *redevoir*; 2. *su./m* ✝ balance due.

réducteur, -trice [redyk'tœ:r, ~'tris] 1. *adj.* reducing; 2. *su./m* 🅟, *phot.* reducer; reducing camera *or* apparatus; ⊕, *mot.* reducing gear; **réductibilité** [~tibili'te] *f* reducibility; **réductible** [∆ᚹ, *&*, ✝ [~'tibl] reducible; **réductif, -ve** 🅟 [~'tif, ~'ti:v] reducing; **réduction** [~'sjɔ̃] *f* decrease; ✝, ᚹ, *&*, *fig.*, *metall.*, *admin.*, *phot.*, *paint.*, *a. fig.* reduction; *&*, ᚹ, ✕ reducing; ✕ *province:* conquest, *town:* reduction; *&* *voltage:* stepping down; ⊕ gearing down; ᚎᚎ *sentence:* mitigation; **réduire** [re'dɥi:r] (4h) *v/t.* reduce; lessen; cut down (*expenses*); subjugate; *&* step down; ⊕ gear down; *se ~ à* keep (o.s.) to; *fig.* come *or* F boil down to; **réduit** [~'dɥi] 1. *su./m* retreat, nook; *pej.* hovel; ✕

keep; 2. *adj./m:* à *prix ~* at a reduced price.

réédifier [reedi'fje] (1o) *v/t.* rebuild; re-erect.

rééditer [reedi'te] (1a) *v/t.* republish; *cin.* remake (*a film*); **réédition** [~'sjɔ̃] *f* re-issue; *cin. a.* re-make.

rééducatif, -ve *&* [reedyka'tif, ~'ti:v] occupational (*therapy*); **rééducation** *&* [~ka'sjɔ̃] *f* re-education; rehabilitation; **rééduquer** *&* [~'ke] (1m) *v/t.* re-educate; rehabilitate.

réel, -elle [re'ɛl] 1. *adj.* real (*a.* ᚎᚎ *action, estate*); actual; ✝ (in) cash; 2. *su./m* reality, *the* real.

réélection [reelɛk'sjɔ̃] *f* re-election; **rééligible** [~li'ʒibl] re-eligible; **réélire** [~'li:r] (4t) *v/t.* re-elect.

réescompte ✝ [reɛs'kɔ̃:t] *m* rediscount; **réescompter** ✝ [~kɔ̃'te] (1a) *v/t.* rediscount.

réévaluation [reevalɥa'sjɔ̃] *f* revaluation.

refaire [rə'fɛ:r] (4r) *v/t.* remake; do *or* make (*s.th.*) again; mend, repair; *&* restore to health; F swindle, do (*s.o.*), dupe; F steal (from, à); *se ~* *&* recuperate; ✝ retrieve one's losses; **refait, e** F [~'fɛ, ~'fɛt] duped.

réfection [refɛk'sjɔ̃] *f* remaking; 🏛 rebuilding; repair(ing); *&* recuperation; **réfectoire** [~'twa:r] *m* refectory, dining-hall.

refend [rə'fɑ̃] *m* splitting; ⊕ *bois m de ~* wood in planks; 🏛 *mur m de ~* partition-wall; **refendre** [~'fɑ̃:dr] (4a) *v/t.* split; rip (*timber*); slit (*leather*).

référé ᚎᚎ [refe're] *m* summary procedure; provisional order; **référence** [~'rɑ̃:s] *f* reference (*a. of a servant*); ✝ pattern-book; ✝ sample-book; *fig.* allusion; *ouvrage m de ~* reference book; **référendaire** [~rɑ̃'dɛ:r] *m* ᚎᚎ *commercial court:* chief clerk; *hist. grand ~* Great Referendary; **référendum** [~rɛ̃'dɔm] *m* referendum; **référer** [~'re] (1f) *v/t.* ascribe; attribute; *se ~ à* refer to (*s.th.*); ask (*s.o.*'s) opinion; *s'en ~ à q. de qch.* refer s.th. to s.o.; *v/i.: ~ à q. de qch.* refer s.th. to s.o.

refermer [rəfɛr'me] (1a) *v/t.* shut (again), close (again); *se ~* close up (*wound*); shut (again).

réfléchi, e [refle'ʃi] thoughtful (*person*); considered (*action, opinion*); ⚖ premeditated (*crime*); *gramm.* reflexive; *tout ~* everything considered; **réfléchir** [~'ʃiːr] (2a) *v/t.* reflect; *se ~* curl back; *phys.* be reflected; reverberate (*sound*); *v/i.* consider; reflect (on *à, sur*); **réfléchissement** *phys.* [~ʃis'mɑ̃] *m* reflection; *sound:* reverberation; **réflecteur** [reflɛk'tœːr] *m* ⚔, *mot., phys.* reflector; *fig.* searchlight; **reflet** [rə'flɛ] *m* reflection; glint, gleam, glimmer; **refléter** [~fle'te] (1f) *v/t.* reflect, throw back (*colour, light*); *fig. se ~ sur* be reflected on (*s.o.*).

réflexe *phys., physiol.* [re'flɛks] *adj., a. su./m* reflex; **réflexion** [~flɛk'sjɔ̃] *f phys., a. fig.* reflection; *fig.* thought; *toute ~ faite* everything considered.

refluer [rəfly'e] (1a) *v/i.* flow back; ebb (*tide*); *fig.* fall back; *fig.* pour (into, *dans*); **reflux** [~'fly] *m* tide: ebb; ebbtide; flowing back; *fig.* crowd *etc.:* falling back.

refondre [rə'fɔ̃ːdr] (4a) *v/t.* ⊕ remelt; *metall., a. fig.* recast; *fig.* remodel; ♻ refit (*a ship*); **refonte** [~'fɔ̃ːt] *f* remelting; recasting (*a. fig.*); reorganization; ♻ refit(ting).

réformable [refɔr'mabl] reformable; ⚖ liable to discharge; ⚖ reversible; **réformateur, -trice** [~ma'tœːr, ~'tris] **1.** *adj.* reforming; **2.** *su.* reformer; **réformation** [~ma'sjɔ̃] *f* reformation (*a. eccl.*); **réforme** [re'fɔrm] *f* reform(ation); ⚖, ♻ discharge; *horse:* casting; *eccl. la* ⚯ the Reformation; ⚖ *mettre à la ~* discharge (*s.o.*); cast (*a horse*); dismiss, cashier (*an officer*); **réformé, e** [refɔr'me] **1.** *su. eccl.* protestant; ⚖ person invalided out of the service; **2.** *adj. eccl.* reformed; ⚖ discharged (*soldier*).

reformer [rəfɔr'me] (1a) *v/t.* reform, form anew.

réformer [refɔr'me] (1a) *v/t.* reform, amend; ⚖, ♻ invalid (*s.o.*) out of the service; dismiss; cashier (*an officer*); retire (*an officer*); cast (*a horse*); ⚖ reverse (*a judgment*).

refouler [rəfu'le] (1a) *v/t.* drive back, repel; ram down; *fig.* repress.

réfractaire [refrak'tɛːr] **1.** *adj.* refractory (*a.* ⊕ *ore*), rebellious, recalcitrant; ⊕ fire-proof; proof (against, *à*); **2.** *su.* refractory person; ⚖ defaulter, *Am.* draft-dodger; **réfraction** *phys., opt.* [~'sjɔ̃] *f* refraction; *indice m de ~* refractive index.

refrain [rə'frɛ̃] *m* refrain (*a. fig.*); *F fig. le même ~* the same old story.

réfrangible *phys.* [refrɑ̃'ʒibl] refrangible.

refrènement [rəfrɛn'mɑ̃] *m instincts:* curbing; **refréner** [~fre'ne] (1f) *v/t.* curb, restrain.

réfrigérant, e [refriʒe'rɑ̃, ~'rɑ̃ːt] **1.** *adj.* refrigerating, cooling; freezing; ⚗ refrigerant; ⊕ cooler-...; **2.** *su./m* ⚗ condenser; refrigerator; ⚗ refrigerant; **réfrigérateur** [~ra'tœːr] *m* refrigerator, F frig, *Am.* ice-box; **réfrigératif, -ve** [~ra'tif, ~'tiːv] *adj., a. su./m* refrigerant; **réfrigération** [~ra'sjɔ̃] *f* refrigeration; *meat:* chilling; **réfrigérer** [~'re] (1f) *v/t.* refrigerate; cool; chill (*meat*).

réfringent, e *phys.* [refrɛ̃'ʒɑ̃, ~'ʒɑ̃ːt] refractive, refracting.

refroidir [rəfrwa'diːr] (2a) *v/t.* cool, chill; ⊕, *a. fig.* quench (*metal, a. one's enthusiasm, one's sympathy*); *sl.* kill; ⊕ *refroidi par l'air* air-cooled (*engine*); ⚗ *se ~* catch a chill; *v/i. a. se ~* grow cold; cool off (*a. fig.*); **refroidissement** [~dis'mɑ̃] *m* cooling (down); ⚗ chill; *temperature:* drop.

refuge [rə'fyːʒ] *m* refuge; shelter (*a. admin.*); *birds:* sanctuary; traffic island; *mot.* lay-by; *fig.* pretext, F way out; **réfugié, e** *m, e f* [refy'ʒje] refugee; **réfugier** [~] (1o) *v/t.:* *se ~* take refuge; seek shelter; *fig.* have recourse (to, *dans*).

refus [rə'fy] *m* refusal; denial; rejection; ✝ *~ m d'acceptation* non-acceptance; *essuyer un ~* meet with a refusal; **refuser** [~fy'ze] (1a) *vt/i.* refuse, decline; *v/t.* ⚖ reject (*a man*); fail (*a candidate*); ~ *de* (*inf.*), *se ~ à* (*inf.*) refuse to (*inf.*); *se ~ à qch.* resist s.th., object to s.th.

réfutation [refyta'sjɔ̃] *f* refutation; proof to the contrary; **réfuter** [~'te] (1a) *v/t.* refute; disprove.

regagner [rəga'ɲe] (1a) *v/t.* regain; win back; recover; return to (*a place*).

regain [rə'gɛ̃] *m* 🌱 aftergrowth, second growth; *fig.* renewal.

régal, *pl.* **-als** [re'gal] *m* feast, banquet; *fig.* treat; **régalade** [ˌ~ga-'lad] *f* regaling; treat; fire of small wood; *boire à la* ~ drink without the lips coming into contact with the glass *or* bottle.

régalage ⊕ [regaˈlaːʒ] *m* levelling.

régale [reˈgal] **1.** *adj./f*: 🜚 *eau f* ~ aqua regia; **2.** *su./f hist.* royal prerogative.

régaler¹ [regaˈle] (1a) *v/t.* level (*the ground*).

régaler² [ˌ~] (1a) *v/t.* entertain, regale (with, *de*); *se* ~ *de* feast on; treat o.s. to.

régalien *hist.* [regaˈljɛ̃] *adj./m* pertaining to the royal prerogative.

regard [rəˈgaːr] *m* look, glance; *sewer etc.*: man-hole; inspection hole; peep-hole; *geol.* inlier; *fig.* attention, eyes *pl.*; *au* ~ *de* compared to; *en* ~ opposite, facing; **regardant, e** F [rəgarˈdɑ̃, ˌ~ˈdɑ̃ːt] stingy, niggardly; **regarder** [ˌ~ˈde] (1a) *v/t.* look at, watch; glance at; face, look on to; *telev.* look in; *fig.* consider (as, *comme*); *fig.* concern; ~ *fixement* stare at; *cela me regarde* that is my business; *v/i.* (have a) look; ~ *à* pay attention to (*s.th.*); look through (*s.th.*); ~ *par (à) la fenêtre* look through (in at) the window; ~ *fixement* stare.

régate [reˈgat] *f* regatta; *cost.* sailor-knot tie.

regel [rəˈʒɛl] *m* renewed frost.

régence [reˈʒɑ̃ːs] *f* regency; fob-chain.

régénération [reʒeneraˈsjɔ̃] *f* regeneration; ⊕ reclamation; ... *à* ~ regenerative ...; **régénérer** [ˌ~ˈre] (1f) *v/t.* regenerate; ⊕ reclaim.

régent, e [reˈʒɑ̃, ˌ~ˈʒɑ̃ːt] *su.* regent; *su./m* † *collège*: form-master; **régenter** [ˌ~ʒɑ̃ˈte] (1a) *v/t.* † teach; F *fig.* lord it over.

régicide [reʒiˈsid] **1.** *adj.* regicidal; **2.** *su. person*: regicide; *su./m crime*: regicide.

régie [reˈʒi] *f* administration; management; state control; excise-office.

regimber [rəʒɛ̃ˈbe] (1a) *v/i.* balk (at, *contre*); kick (against, at *contre*).

régime [reˈʒim] *m* organization; regulations *pl.*; system; ⊕ *engine*: normal running; *mot.* speed; 🍽 diet; *gramm.* object; ♀ *bananas etc.*: bunch; *hist.* Ancien ♀ Ancien Régime (*before 1789*); *gramm. cas m* ~ objective case; 🍽 *mettre au* ~ put (*s.o.*) on a diet; *suivre un* ~ (follow a special) diet.

régiment [reʒiˈmɑ̃] *m* ⚔ regiment; F *fig.* host; **régimentaire** ⚔ [ˌ~mɑ̃-ˈtɛːr] regimental; army-...; troop (*train*).

région [reˈʒjɔ̃] *f* region (*a. anat.*); area; *phys.* field; ~ *désertique* desert region; ~ *vinicole* wine-producing district; **régional, e**, *m/pl.* **-aux** [ˌ~ʒjɔˈnal, ˌ~ˈno] regional, local.

régir [reˈʒiːr] (2a) *v/t. pol.*, *gramm.*, *fig.* govern; ✝ direct, manage; **régisseur** [ˌ~ʒiˈsœːr] *m* manager; *thea.* stage-manager; *cin.* assistant director; 🌱 *farm*: bailiff; *estate*: agent.

registre [rəˈʒistr] *m* register (*a.* ♪), record; ✝ account-book; ⊕ log-book; ⊕ *chimney etc.*: damper; ⊕ *steam engine*: throttle; ~ *de l'état civil* register of births, deaths and marriages; *tenir* ~ *de* keep a record of, note (down).

réglable [reˈglabl] adjustable; **réglage** [ˌ~ˈglaːʒ] *m* ⊕ regulating, adjustment; *speed*: control; *paper*: ruling; *radio*: tuning; **règle** [rɛgl] *f* ⊕ ruler, rule; *surv.* measuring-rod; 🜚, *gramm.*, *fig.* rule; 🍽 ~s *pl.* menses; 🜚 ~ *à calcul* slide-rule; 🜚 *de trois* rule of three; *de* ~ usual, customary; *en* ~ in order; formal (*receipt*); **réglé, e** [reˈgle] regular; steady (*pace, person*); uniform (*courses*); ruled (*paper*); fixed (*hour etc.*); **règlement** [rɛglə-ˈmɑ̃] *m* admin., ⚔ *etc.* regulation(s *pl.*); rule; ✝ settlement; **réglementaire** [rɛgləmɑ̃ˈtɛːr] regular, prescribed; regulation-...; *pas* ~ against the rules; **réglementation** [ˌ~taˈsjɔ̃] *f* regulation; regulating, control; ~ *de la circulation* traffic regulations *pl.*; **réglementer** [ˌ~ˈte] (1a) *v/t.* regulate, control; make rules for; **régler** [reˈgle] (1f) *v/t.* ⊕, *a. fig.* regulate; ✝ adjust; *fig.* settle (*a quarrel, a question*; ✝ *an account*); ✝ balance (*books*); rule (*paper*); *mot.* tune (*an engine*); *se* ~ *sur* take as a model *or* pattern.

réglet [reˈglɛ] *m* carpenter's rule;

△ reglet; réglette [~'glɛt] *f typ.* reglet; small rule; *(metal)* strip; *slide-rule:* slide; *mot.* ~-*jauge* dipstick.

réglisse ♀, ✗ [re'glis] *f* liquorice.

réglure [re'gly:r] *f paper:* ruling.

règne [rɛɲ] *m* ♀, *zo.* kingdom; *pol., a. fig.* reign; **régner** [re'ɲe] (1f) *v/i.* reign *(a. fig.),* rule; *fig.* prevail.

regorger [rəgɔr'ʒe] (1l) *v/i.* overflow; abound (in, *de*); be crowded (with, *de*); *v/t.* bring up *(food); fig.* disgorge.

regratter [rəgra'te] (1a) *v/t.* △ scrape, rub down *(a wall); v/i.* † F huckster.

régressif, -ve [regrɛ'sif, ~'si:v] regressive; **régression** [~'sjɔ̃] *f* regression; *biol.* retrogression; *biol.* throw-back; *sales etc.:* drop.

regret [rə'grɛ] *m* regret (for, of *de*); *à* ~ regretfully, with regret; *avoir* ~ *de (inf.)* regret to *(inf.)*; **regrettable** [rəgrɛ'tabl] regrettable; unfortunate; **regretter** [~'te] (1a) *v/t.* regret; be sorry (that *ind.,* que *sbj.*; for *ger.*, de *inf.*); miss, mourn (for).

regroupement [rəgrup'mɑ̃] *m* regrouping; **regrouper** [~gru'pe] (1a) *v/t.* regroup.

régulariser [regylari'ze] (1a) *v/t.* regularize; put *(s.th.)* in order; ⚖ put into legal form; **régularité** [~'te] *f* regularity; *temper:* evenness; punctuality; **régulateur, -trice** [regyla'tœ:r, ~'tris] **1.** *adj.* regulating; † buffer-*(stocks);* **2.** *su./m* regulator; *watch:* balance-wheel; **régulier, -ère** [~'lje, ~'ljɛ:r] **1.** *adj.* regular *(a.* ⚕, *eccl., gramm.);* even, equable *(temper);* **2.** *su./m* ✗, *eccl.* regular. [gurgitate.)

régurgiter [regyrʒi'te] (1a) *v/t.* re-

réhabilitation [reabilita'sjɔ̃] *f* rehabilitation *(a. fig.); bankrupt:* discharge; **réhabiliter** [~'te] (1a) *v/t.* reinstate; discharge *(a bankrupt); fig.* rehabilitate; *se* ~ clear one's name.

réhabituer [reabi'tɥe] (1n) *v/t.* reaccustom (to, *à*).

rehaussement [rəos'mɑ̃] *m* raising *(a. prices); fig.* enhancing; **rehausser** [~o'se] (1a) *v/t.* raise; increase *(one's courage); fig.* enhance, set off *(one's beauty, a colour, one's merit).*

réimperméabiliser *tex.* [reɛ̃permeabili'ze] (1a) *v/t.* reproof.

réimporter [reɛ̃pɔr'te] (1a) *v/t.* reimport.

réimposer [reɛ̃po'ze] (1a) *v/t.* reimpose *(a tax);* tax *(s.o.)* again.

réimpression [reɛ̃prɛ'sjɔ̃] *f* reprint (-ing); **réimprimer** [~pri'me] (1a) *v/t.* reprint.

rein [rɛ̃] *m anat.* kidney; ~*s pl.* back *sg.,* loins; △ *arch.:* sides; ✗ ~ *flottant* floating kidney; *avoir les* ~*s solides* be sturdy; F *fig.* be wealthy; *avoir mal aux* ~*s* have backache; *se casser les* ~*s* break one's back *(a. fig.).*

réincorporer [reɛ̃kɔrpɔ're] (1a) *v/t.* reincorporate.

reine [rɛn] *f* queen; ~-**claude**, *pl.* ~**s-claudes** ♀ [~'klo:d] *f* greengage; ~-**des-prés**, *pl.* ~**s-des-prés** ♀ [~de'pre] *f* meadow-sweet; ~-**marguerite**, *pl.* ~**s-marguerites** ♀ [~margə'rit] *f* china aster; **reinette** ♀ [rɛ'nɛt] *f apple:* pippin; ~ *grise* russet.

réintégration [reɛ̃tegra'sjɔ̃] *f admin. person:* reinstatement; ⚖ reintegration; ⚖ *conjugal rights:* restitution; *residence:* resumption; **réintégrer** [~'gre] (1f) *v/t. admin.* reinstate *(a person);* ⚖ reintegrate; return to, resume *(one's domicile).*

réitératif, -ve [reitera'tif, ~'ti:v] reiterative; second *(summons);* **réitérer** [~'re] (1f) *v/t.* repeat, reiterate.

reître [rɛ:tr] *m* ✗ *hist.* reiter; F tough old customer.

rejaillir [rəʒa'ji:r] (2a) *v/i.* gush out; spurt; be reflected *(light);* spring; *fig.* fall (upon, *sur*), reflect (on, *sur*).

rejet [rə'ʒɛ] *m* throwing out; *food:* throwing up; ⚖ dismissal; *fig., parl.* rejection; † transfer; ♀ shoot; **rejetable** [rəʒ'tabl] rejectable; **rejeter** [~'te] (1c) *v/t.* throw back or again; fling back *(a.* ✗ *the enemy);* throw up *(a. food);* reject *(s.o.'s advice, parl. a bill, an offer, etc.);* ⚖ dismiss; † transfer; cast off *(stitches);* shift *(a. fig. the blame etc.);* ♀ throw out *(shoots);* ~ *la responsabilité sur* throw or cast the responsibility on; **rejeton** [~'tɔ̃] *m* ♀ (off)shoot; *fig.* offspring, scion.

rejoindre [rə'ʒwɛ̃:dr] (4m) *v/t.* rejoin *(a.* ✗); catch *(s.o.)* up; *se* ~ meet (again).

réjoui, e [re'ʒwi] **1.** adj. jolly, jovial, merry; **2.** su./m: gros ~ merry or jovial fellow; **réjouir** [~'ʒwi:r] (2a) v/t. cheer, delight; entertain, amuse (the company); se ~ rejoice (at, in de) be delighted (at, de); enjoy o.s., make merry; **réjouissance** [~ʒwi-'sɑ̃:s] f rejoicing; † makeweight.

relâche[1] [rə'lɑ:ʃ] m loosening; rest, respite; thea. ~! closed!; thea. faire ~ be closed; sans ~ without respite.

relâche[2] ⚓ [~] f (port of) call.

relâché, e [rəlɑ'ʃe] relaxed; slack (rope); fig. loose; **relâchement** [~laʃ'mɑ̃] m relaxing, slackening; fig. relaxation (a. ⚕, a. from work); bowels, conduct: looseness; **relâcher** [~lɑ'ʃe] (1a) v/t. loosen (a. ⚕ the bowels), slacken; fig. relax; release (a prisoner); ~ le temps make the weather milder; se ~ grow milder; v/i. ⚓ put into port.

relais [rə'lɛ] m men, horses, hounds, ⚡ radio: relay; ⊕ shift; geol. sandbank; sand-flats pl.; ⚖ derelict land; ~ de contrôle pilot relay; sp. course f de (or par) ~ relay-race; sans ~ without rest.

relancer [rəlɑ̃'se] (1k) v/t. throw back or again; return (a ball); hunt. start (the quarry) again; fig. pursue, go after; mot. restart (the engine).

relaps, e eccl. [rə'laps] **1.** adj. relapsed; **2.** su. apostate, relapsed heretic.

relater [rəla'te] (1a) v/t. relate, recount; report.

relatif, -ve [rəla'tif, ~'ti:v] relative (a. gramm.); ~ à referring to, connected with, related to; **relation** [~'sjɔ̃] f relation; connection; account, report; ~s pl. acquaintances; **relativité** [~tivi'te] f relativity; phys. théorie f de la ~ relativity theory.

relaxer [rəlak'se] (1a) v/t. ⚕ relax; ⚖ release.

relayer [rəlɛ'je] (1i) v/t. take turns with; ⚡, tel., radio: relay; se ~ take turns; work in shifts; v/i. change horses.

relégation ⚖ [rəlega'sjɔ̃] f relegation; **reléguer** [~'ge] (1s) v/t. relegate; fig. banish; fig. remove.

relent [rə'lɑ̃] m musty smell or taste; unpleasant smell.

relevant, e [rəl'vɑ̃, ~'vɑ̃:t] adj.: ~ de dependent on; within the jurisdiction of.

relève [rə'lɛːv] f ⚔, ⚓ relief; F relieving troops pl.; ⚔ guard: changing; **relevé, e** [rəl've] **1.** adj. raised (head etc.); turned up (sleeve, trousers, etc.); fig. high; lofty; noble (sentiment); cuis. highly seasoned; fig. spicy (story); **2.** su./m abstract, summary; † statement; admin. return; survey; cost. tuck; cuis. remove (= course after soup); ~ du gaz gas-meter reading; su./f † afternoon; **relèvement** [rəlɛv'mɑ̃] m raising again; picking up; bank-rate, temperature, wages: rise; raising (a. † bank-rate etc.); ⚓, surv. bearing; ⚕ recovery, improvement; † account: making out; ⚔ sentry: relieving; wounded: collecting; **relever** [rəl've] (1d) v/t. raise (a. † prices, wages, etc.); lift; pick up (from the ground); 🏠 rebuild; ⚓ take the bearings of; surv. survey; fig. bring into relief, set off, enhance; † make out (an account), put up (a price); read (the meter); fig. call attention to, notice; fig. accept (a challenge); ⚔ relieve (a sentry, troops); admin. take over from (s.o.); fig. release (from, de); cuis. season; se ~ get up; rise (a. fig.); †, a. fig. revive, recover; v/i.: ~ de be dependent on; be responsible to; arise from; ⚕ have just recovered from.

reliage [rə'lja:ʒ] m casks: hooping.

relief [rə'ljɛf] m relief (a. fig.); fig. prominence; en ~ relief (map); fig. mettre en ~ set off, throw into relief.

relier [rə'lje] (1o) v/t. bind (a. books); join; connect (a. ⚡, teleph. ☏); tie (s.th.) up again; hoop (a cask); **relieur, -euse** [rə'ljœːr, ~'ljøːz] su. (book)binder; su./f bookbinding machine.

religieux, -euse [rəli'ʒjø, ~'ʒjøːz] **1.** adj. religious; sacred (music); fig. scrupulous; **2.** su./m monk; su./f nun; **religion** [~'ʒjɔ̃] f religion; fig. sacred duty; entrer en ~ enter into religion, take the vows; **religiosité** [~ʒjozi'te] f religiosity; fig. scrupulousness (in ger., à inf.).

reliquaire [rəli'kɛːr] m reliquary, shrine.

reliquat [rəli'ka] m ⚖ residue; † account: balance; ⚕ after-effects pl.

rémittence

relique [rəˈlik] *f* relic; F *fig.* garder comme une ~ treasure.
relire [rəˈliːr] (4t) *v/t.* re-read.
reliure [rəˈljyːr] *f* (book)binding; ~ en toile cloth binding.
relouer [rəluˈe] (1a) *v/t.* re-let; renew the lease of.
reluire [rəˈlɥiːr] (4u) *v/i.* gleam; glisten, glitter; faire ~ polish (*s.th.*); **reluisant, e** [~lɥiˈzɑ̃, ~ˈzɑ̃ːt] gleaming, shining; glittering; well-groomed (*horse*).
reluquer F [rəlyˈke] (1m) *v/t.* eye; covet.
remâcher [rəmɑˈʃe] (1a) *v/t.* chew again; F *fig.* turn (*s.th.*) over in one's mind; brood over.
remailler [rəmɑˈje] (1a) *v/t.* mend a ladder in (*a stocking*).
remanent, e ⚡, *phys.* [rəmaˈnɑ̃, ~ˈnɑ̃ːt] remanent, residual.
remaniement *pol.* [rəmaniˈmɑ̃] *m* reshuffle; **remanier** [~ˈnje] (1o) *v/t.* rehandle; ⚠ retile (*a roof*), re-lay (*a pavement, pipes, etc.*); *fig.* recast; *fig.* adapt (*a play etc.*).
remarier [rəmɑˈrje] (1o) *v/t. a.* se ~ remarry, marry again.
remarquable [rəmarˈkabl] remarkable (for, *par*); distinguished (by, *par*); outstanding (for, *par*); astonishing; **remarque** [~ˈmark] *f* remark; note; ⚓ landmark; **remarquer** [~marˈke] (1m) *v/t.* notice, note; re-mark; remark, observe; faire ~ qch. à q. point s.th. out to s.o.; se faire ~ attract attention; make o.s. conspicuous.
remballer [rɑ̃baˈle] (1a) *v/t.* re-pack; pack up again.
rembarquer [rɑ̃barˈke] (1m) *vt/i.* ⚓ re-embark; *v/i. a.* se ~ go to sea again; *v/t.*: F *fig.* se ~ dans embark again upon (*s.th.*).
remblai [rɑ̃ˈblɛ] *m* embankment; filling up *or* in, banking (up); *material*: filling; ⊕ slag dump; **remblayer** [~bleˈje] (1i) *v/t.* fill (up) bank (up).
remboîter ⚕ [rɑ̃bwaˈte] (1a) *v/t.* set (*a bone*).
rembourrage [rɑ̃buˈraːʒ] *m* stuffing, padding, upholstering; **rembourrer** [~ˈre] (1a) *v/t.* stuff, pad, upholster.
remboursable ✝ [rɑ̃burˈsabl] repayable; redeemable (*annuity, stock, etc.*); **remboursement** ✝ [~səˈmɑ̃] *m* reimbursement, repayment; *annuity. stock*: redemption; *livraison f contre* ~ *post*: cash on delivery; **rembourser** [~ˈse] (1a) *v/t.* reimburse, repay; redeem (*stocks etc.*).
rembrunir [rɑ̃bryˈniːr] (2a) *v/t.* darken; *fig.* make (*s.o.*) gloomy; se ~ grow dark; *fig.* become gloomy.
remède [rəˈmɛd] *m* remedy, cure (for, à) (*a. fig.*); porter ~ à remedy; sans ~ beyond remedy; **remédiable** [rəmeˈdjabl] remediable; **remédier** [~ˈdje] (1o) *v/i.*: ~ à remedy, cure; ⚕ stop (*a leak*).
remembrement *admin.* [rəmɑ̃brəˈmɑ̃] *m* regrouping (*of land*).
remémorer [rəmemɔˈre] (1a) *v/t.* remind (s.o. of s.th., qch. à q.); se ~ call (*s.th.*) to mind.
remerciements [rəmɛrsiˈmɑ̃] *m/pl.* thanks; **remercier** [~ˈsje] (1o) *v/t.* thank (for, de); dismiss (*an employee*); decline with thanks.
remettre [rəˈmɛtr] (4v) *v/t.* put (*s.th.*) back again, replace; *cost.* put (*s.th.*) on again; return; restore; *fig.* calm (*s.o.'s mind*), reassure (*s.o.*); ⚕ set (*a bone*); deliver; hand over (*a. a command, an office*); tender (*one's resignation*); pardon (*an offence*); remit (*a penalty, a. sins*); ✝ give a discount of, allow; *fig.* postpone; ⚓ au hasard leave to chance; F ~ ça begin again; ~ en état overhaul; se ~ return; *fig.* recover (from, de); s'en ~ à q. rely on s.o. (for, de); leave it to s.o.
réminiscence [reminiˈsɑ̃ːs] *f* reminiscence.
remise [rəˈmiːz] *su./f* putting back; postponement; *thea.* revival; *pointer*, ⚕ *bone*: setting; ✝ remittance; ✝ discount (of, de; on, sur); restoration; *post*: delivery; *debt, penalty*: remission; *duties, office, ticket*: handing over; coach-house; 🚂 (engine-)shed; ~ à neuf renovation; F sous la ~ on the shelf; *su./m* livery carriage; **remiser** [~miˈze] (1a) *v/t.* put (*a vehicle*) away; lay (*s.th.*) aside; F *fig.* superannuate (*s.o.*); *sl.* snub (*s.o.*); *hunt.* se ~ take cover; alight (*game birds*).
rémissible [remiˈsibl] remissible; **rémission** [~ˈsjɔ̃] *f* debt, sin: remission; ⚕ abatement, remission; sans ~ unremitting(ly *adv.*).
rémittence ⚕ [remiˈtɑ̃ːs] *f* abate-

ment, remission; **rémittent, e** ⚕
[~'tã, ~'tã:t] remittent.
remmailler [rãmɑ'je] (1a) *v/t.* see
remailler.
remontage [rəmõ'taːʒ] *m* going up;
furniture: assembling; ⚓ ascending; ⊕ *machine etc.*: (re)assembling,
refitting; ✠ *shop*: restocking; *wine*:
fortifying; *clock*: winding up;
shoes: vamping; **remontant, e**
[~'tã, ~'tã:t] **1.** *adj.* ascending; ⚘
remontant; ✠ *etc.* stimulating,
tonic; **2.** *su./m* ✠ stimulant, tonic,
F pick-me-up; **remonte** [rə'mõːt] *f*
salmon: ascent, running; *coll. fish*:
run; ⚔ *cavalry*: remount(ing); **remontée** [~mõ'te] *f road*: climb; ⚓
climbing; **remonte-pente** *mount.*
[~mõt'pãːt] *m see monte-pente*; **remonter** [rəmõ'te] (1a) *v/i.* go up
(again) (*a.* ✠); get (*into a car, on a
horse, etc.*) again; rise (*barometer*);
re-ascend the throne, *sur le trône*);
get higher (*sun*); *fig.* date *or* go back
(*to a time*); ⚓ flow (*tide*), come
round (*wind*); *v/t.* go up (again),
climb up (again); raise (up); take
(*s.th.*) up; pull up (*socks, trousers*);
⚔ remount (*s.o.*); wind up (*a
watch*); ⊕ reassemble; refit, reset;
✠ restock; *thea.* put (*a play*) on
again; refurnish (*a house*); F *fig.*
cheer (*s.o.*) up; se ~ recover one's
strength *or* spirits; get in a new
supply (of, de); **remontoir** ⊕ [~'twaːr] *m watch*: winder; *clock,
watch*: key.
remontrance [rəmõ'trãːs] *f* remonstrance; *faire des* ~s *à* remonstrate with.
remontrer [rəmõ'tre] (1a) *v/t.* show
(again); point out; *v/i.* (*a.* en ~)
remonstrate (with, à), advise (s.o.,
à q.).
remordre [rə'mɔrdr] (4a) *v/t.* bite
again; *v/i.* have another bite (at, à);
F y ~ try again, F have another go;
remords [~'mɔːr] *m* remorse;
twinge of conscience.
remorque [rə'mɔrk] *f* ⚓, *mot.*
tow(ing); tow-rope; ⚓ vessel in
tow; *mot.* trailer; 🚃 *voiture f* ~
slip-coach; **remorquer** [rəmɔr'ke]
(1m) *v/t.* ⚓, *mot.* tow; 🚃 draw;
remorqueur, -euse [~'kœːr,
~'køːz] **1.** *adj.* towing; 🚃 relief
(*engine*). **2.** *su./m* tug(-boat); towboat.

remoudre [rə'mudr] (4w) *v/t.*
regrind (*coffee etc.*).
rémoulade *cuis.* [remu'lad] *f* remoulade-sauce.
rémouleur ⊕ [remu'lœːr] *m* (*scissors-, etc.*)grinder.
remous [rə'mu] *m water, wind*:
eddy; *tide*: swirl; *crowd*: movement; ⚓ *ship*: wash; *river*: rise in
level; ✈ slip-stream.
rempailler [rãpɑ'je] (1a) *v/t.* reseat (*a rush-bottomed chair*); restuff (*with straw*).
rempart [rã'paːr] *m* △ rampart;
fig. bulwark.
rempiéter [rãpje'te] (1f) *v/t.* refoot (*stockings*).
rempiler ⚔ F [rãpi'le] (1a) *v/i.* reengage, re-enlist.
remplaçant, e *f* [rãplɑ'sã, ~'sãːt]
person: substitute, deputy; ✠ *eccl.*
locum tenens, F locum; **remplacement** [~plas'mã] *m* replacement;
substitution; ... *de* ~ refill ...; spare
...; *en* ~ *de* in place of; **remplacer** [~plɑ'se] (1k) *v/t.* replace (by,
par); take the place of; supersede
(*an official, a rule*); appoint a successor to (*an official, a diplomat*);
deputize for.
rempli *cost.* [rã'pli] *m dress*: tuck;
hem *or* seam: turning; **remplier**
cost. [~pli'e] (1a) *v/t.* put a tuck in
(*a dress etc.*); lay (*a hem, a seam*).
remplir [rã'pliːr] (2a) *v/t.* fill (up),
refill (with, de); *admin.* complete,
fill in *or* up (*a form*); *fig.* fulfil (*a
hope, a promise*), perform (*a duty*),
comply with (*formalities*); *thea.*
play (*a part*); se ~ fill; **remplissage** [~pli'saːʒ] *m* filling (up); 🏹
infilling; △ *etc.* filling (in); *fig.*
padding, F *radio*: fill-up.
remploi ⚖ [rã'plwa] *m* reinvestment (*of proceeds of sale of wife's
property*); **remployer** [~plwa'je]
(1h) *v/t.* re-use; use again; employ
(*s.o.*) again; reinvest (*money*).
remplumer [rãply'me] (1a) *v/t.*:
se ~ F put on flesh again; F retrieve
one's fortunes; *orn.* grow new feathers.
rempocher [rãpɔ'ʃe] (1a) *v/t.* put
(*s.th.*) back in one's pocket.
remporter [rãpɔr'te] (1a) *v/t.* take
or carry back; carry off *or* away; *fig.*
win, gain (*a prize, a victory*).
rempoter ✿ [rãpɔ'te] (1a) repot.

remuage [rə'mɥaːʒ] *m* moving, removal; shaking (up), stirring (up); *wine*: settling of the deposit; **remuant, e** [~'mɥɑ̃, ~'mɥɑ̃ːt] restless; bustling; **remue-ménage** [~myme'naːʒ] *m/inv.* bustle, commotion, stir; **remuement** [~my-'mɑ̃] *m* moving; *furniture, earth*: removal; *fig.* stir, commotion; **remuer** [~'mɥe] (1n) *v/t.* move (*furniture, one's head, a. fig. s.o.'s heart, etc.*); stir (*coffee, tea*); *fig.* stir up (*a crowd*); *dog*: wag (*its tail*); se ~ move, stir; bestir o.s., F get a move on; *v/i.* move; budge; be loose (*tooth*).

remugle [rə'myːgl] *m* musty smell.

rémunérateur, -trice [remynera-'tœːr, ~'tris] **1.** *adj.* remunerative; profitable; **2.** *su.* rewarder; **rémunération** [~ra'sjɔ̃] *f* remuneration, payment (for, de); **rémunératoire** ⚖️ [~ra'twaːr] for services rendered; (*money*) by way of recompense; **rémunérer** [~re] (1f) *v/t.* remunerate, reward; pay for (*services*).

renâcler [rənɑ'kle] (1a) *v/i.* snort (*horse*); sniff (*person*); *fig.* turn up one's nose (at, à); F *fig.* be reluctant; jib (at, à).

renaissance [rənɛ'sɑ̃ːs] *f* rebirth; revival; *paint. etc.* ♀ Renaissance, Renascence; **renaître** [~'nɛːtr] (4x) *v/i.* be born again; *fig.* reappear; *fig.* revive (*arts, hope, etc.*).

rénal, e, *m/pl.* -aux ⚕️, *anat.* [re'nal, ~'no] renal; *calcul m* ~ renal calculus.

renard [rə'naːr] *m zo.* fox; ⊕ *sl.* strike-breaker, F blackleg; ⊕, ⚓ dog(-hook); F *fig. fin* ~ sly dog; **renarde** *zo.* [~'nard] *f* vixen, she-fox; **renardeau** *zo.* [rənar'do] *m* fox-cub; **renarder** [~'de] (1a) *v/i.* F play the fox; *sl.* cat (= *vomit*); **renardière** [~'djɛːr] *f* fox-hole, fox's earth, burrow.

renchéri, e [rɑ̃ʃe'ri] **1.** *adj.* dearer; F particular, fastidious; **2.** *su.* fastidious person; *su./m: faire le* ~ be squeamish; put on airs; **renchérir** [~'riːr] (2a) *v/t.* raise the price of; *v/i.* get dearer, go up in price; ~ *sur* go one better than (*s.o.*); improve upon (*s.th.*); **renchérissement** [~ris'mɑ̃] *m* increase or rise in price; **renchérisseur** [~ri-'sœːr] *m* outdoer; outbidder; ✝ runner up of prices.

rencogner F [rɑ̃kɔ'ɲe] (1a) *v/t.* drive (*s.o.*) into a corner; *fig.* choke back (*one's tears*); *rencogné dans* ensconced in (*a chair etc.*).

rencontre [rɑ̃'kɔ̃ːtr] *f* ⚔, *person, streams*: meeting; ⚔, *persons*: encounter; 🚗, *mot.* collision; ⚔ skirmish; *fig.* occasion; *aller à la* ~ *de* go to meet; *de* ~ second-hand (*goods*); *government*: makeshift; **rencontrer** [~kɔ̃'tre] (1a) *v/t.* meet (with); come upon (*s.o.*); 🚗, *mot.* collide with; *fig.* find; ⚔ encounter; ⚓ meet (*a ship*); ⚓ run foul of (*a ship*); *fig.* counter (*an argument*); se ~ meet; 🚗, *mot.* collide; *fig.* happen; *fig.* appear (*person*); *fig.* agree (*person, a. ideas*); *v/i. hunt.* find the scent; ~ *juste* guess right; *bien* ~ be lucky.

rendement [rɑ̃d'mɑ̃] *m* ✍, ✝, ⚔ yield; ⊕ *works, men*: output; ⊕ efficiency (*a. of machines*); ⊕, ⚓, *mot.* performance; *sp. time*: handicap; ~ *maximum* maximum output *or* speed.

rendez-vous [rɑ̃de'vu] *m* rendezvous (*a.* ⚔); appointment, F date; meeting-place; haunt.

rendormir [rɑ̃dɔr'miːr] (2b) *v/t.* put to sleep again; se ~ fall asleep again.

rendre [rɑ̃ːdr] (4a) *v/t.* return, give back; restore (*s.o.'s liberty, s.o.'s health*); give (*an account, change*, ⚖️ *a verdict*); pay (*homage*); *fig.* convey (*the meaning*), translate; render (✝ *an account, services*); ⚖️ pronounce (*judgment*); ♪ perform, play; ✝ deliver; ✝, ✍, ⊕ yield, produce; ⚔ surrender (*a fortress*); ✝ throw up, vomit; ~ (*adj.*) make (*adj.*); ~ *compte de* account for; *fig.* ~ *justice à* do (*s.o.*) justice; ⚖️ ~ *la justice* dispense justice; ~ *les derniers devoirs à* pay (*s.o.*) the last hono(u)rs; ~ *nul* nullify; vitiate (*a contract*); se ~ go (to, à); *fig.* yield, give way; ⚔ surrender; *v/i.* be productive *or fig.* profitable; ⚕️ vomit; work, run (*engine*); ~ *à* lead to (*way*); **rendu, e** [rɑ̃'dy] **1.** *adj.* arrived; exhausted; **2.** *su./m paint. etc.* rendering; ✝ returned article; F *un prêté pour un* ~ tit for tat.

rendurcir [rãdyr'siːr] (2a) v/t. a. se ~ harden.
rêne [rɛn] f rein (a. fig.); *lâcher les ~s* slacken the reins; give a horse its head.
renégat m, e [rəne'ga, ~'gat] renegade, turncoat.
rénette ⊕ [re'nɛt] f tracing-iron; *leather*: race-knife; *horse's hoof*: paring-knife.
renfermé, e [rãfɛr'me] **1.** adj. fig. uncommunicative; **2.** su./m fustiness; *odeur f de ~* fusty or stale smell; *sentir le ~* smell fusty or stuffy; **renfermer** [~] (1a) v/t. shut or lock up (again); enclose; fig. contain, include; fig. confine (to *dans, en*); fig. hide; se ~ (*dans, en*) confine o.s. (to); withdraw (into *o.s., silence*).
renflement [rãflə'mã] m swelling, bulging; bulge; *gun*: swell; **renfler** [~'fle] (1a) vt/i. swell; enlarge; v/i. rise (*dough*); v/t. (re)inflate.
renflouer [rãflu'e] (1a) v/t. ⚓ refloat; fig. put in funds.
renfoncement [rãfõs'mã] m knocking in (of *s.th.*) again; △ recess, hollow; denting; *paint*. effect of depth; pulling down (of *hat*) (over the eyes *etc.*); F bashing in (of *hat*); **renfoncer** [~fõ'se] (1k) v/t. knock (further) in; △ recess, set back; dent; pull down (*one's hat*); F bash in (*one's hat*); new-bottom (*a cask*); se ~ sink in; withdraw (into *a corner*).
renforçateur *phot.* [rãfɔrsa'tœːr] m intensifier; **renforcement** [~sə-'mã] m △, ✗ strengthening (a. fig. *opinion*); reinforcing; *phys. sound*: magnification; *phot.* intensification; **renforcer** [~'se] (1k) v/t. reinforce; ⊕ a. strengthen; increase (*the sound, the expenditure*); *phot. phys.* magnify; v/i. increase, grow stronger (*wind*); **renforcir** *sl.* [~'siːr] (2a) v/t. make stronger; v/i. grow stronger; **renfort** [rã'fɔːr] m ✗, *etc.* reinforcement(s *pl.*); de ~ stiffening ...; trace-(*horse*). [~ scowl; frown.|
renfrogner [rãfrɔ'ɲe] (1a) v/t.: se\
rengager [rãga'ʒe] (11) v/t. re-engage; renew (*battle*); ✝ pawn or pledge (*s.th.*) again; se ~ into employment; v/i. ✗ re-enlist.

rengaine F [rã'gɛːn] f catchword; F old, old story; **rengainer** [~gɛ'ne] (1a) v/t. put up (*the sword*); F ~ *toujours la même histoire* be always harping on the same string.
rengorgement [rãgɔrʒə'mã] m *peacock*: strut; fig. swagger; **rengorger** [~'ʒe] (11) v/t.: se ~ swagger; give o.s. airs.
rengraisser [rãgrɛ'se] (1a) v/t. fatten up again; v/i. grow fat again.
renier [rə'nje] (1o) v/t. *eccl.* deny; abjure (*one's faith*): disown (*a friend, an opinion*); repudiate (*an action, an opinion*).
reniflement [rəniflə'mã] m snuffling, sniff(ing); snort(ing); **renifler** [~'fle] (1a) v/t. sniff (*s.th.*) (up); fig. scent; v/i. snuffle, sniff; snort; snivel (*child*); fig. ~ *sur* turn up one's nose at; **renifleur** m, **-euse** f F [~'flœːr, ~'fløːz] sniffer.
rénitence ⚕ [reni'tãːs] f resistance to pressure; **rénitent, e** [~'tã, ~'tãːt] renitent.
renne *zo.* [rɛn] m reindeer.
renom [rə'nõ] m fame, renown; **renommé, e** [rənɔ'me] **1.** adj. famed, renowned, famous (for, *pour*); **2.** su./f fame, renown; reputation; *esp.* ⚖ report, rumo(u)r; **renommer** [~] (1a) v/t. re-elect, re-appoint; ✝ praise.
renonce [rə'nõːs] f *cards*: inability (or failure) to follow suit; **renoncement** [~nõs'mã] m renouncing; renunciation (a. ⚖); ~ *à soi-même* self-denial; **renoncer** [rənõ'se] (1k) v/t. ✝ renounce; v/i. *cards*: fail to follow suit; revoke; ~ *à* renounce, give up; waive (*a claim, a right*); **renonciation** ⚖ [~sja'sjõ] f renunciation.
renoncule ♣ [rənõ'kyl] f ranunculus; ~ *âcre* crowfoot; buttercup.
renouement [rənu'mã] m renewal; **renouer** [~'e] (1a) v/t. re-knot; tie up again; fig. renew; resume (*a conversation*).
renouveau [rənu'vo] m spring (-time); renewal; ~ *catholique* Catholic (literary) revival; **renouveler** [~nuv'le] (1c) v/t. renew; revive (*a custom, a lawsuit, a quarrel*); fig. transform; ✝ repeat (*an order*); *mot.* fit a new set of (*tyres*); se ~ be renewed; happen again; **renouvel-**

lement [～nuvɛl'mã] *m* renovation; replacement; renewal; *fig.* increase. **rénovateur, -trice** [renɔva'tœːr, ～'tris] **1.** *adj.* renovating; **2.** *su.* renovator, restorer; **rénovation** [～'sjɔ̃] *f* renovation, restoration; renewal (*a.* ⚖); (*religious*) revival.
renseigné, e [rãsɛ'ɲe] (well-)informed (about, *sur*); **renseignement** [～sɛɲ'mã] *m* (piece of) information; *teleph.* ～s *pl.* inquiries; *bureau m de* ～s information bureau *or Am.* booth, inquiry office; *prendre des* ～s *sur* make inquiries about; ✕ *service m de* ～s Intelligence Corps; **renseigner** [～sɛ'ɲe] (1a) *v/t.* inform (*s.o.*), give (*s.o.*) information (about, *sur*); give (*s.o.*) directions; *se* ～ inquire, find out (about, *sur*).
rentabilité [rãtabili'te] *f* profitableness; **rentable** [rã'tabl] profitable.
rente [rãːt] *f* rent; revenue; annuity, pension; stock(s *pl.*), bonds *pl.*; ～s *pl.* (private) income *sg.*; ～ *foncière* ground rent; ～ *perpétuelle* perpetuity; ～ *viagère* life annuity; **renter** [rã'te] (1a) *v/t.* endow; grant (*s.o.*) a yearly income; **rentier** *m*, **-ère** *f* [～'tje, ～'tjɛːr] stockholder; annuitant; person living on private means; *petit* ～ small investor.
rentrant, e [rã'trã, ～'trãːt] **1.** *adj.* ⚖ re-entrant; ⚖ retractable; ⊕ inset; **2.** *su. sp.* new player; *su./m* △ recess (*in a wall*); **rentrée** [rã'tre] *f* return, home-coming; ✍ *crops:* gathering; ♪ re-entry; *school etc.:* reopening; *parl.* re-assembly; ✝ *taxes etc.:* collection; ✝ *money:* receipt; *air etc.:* entry; *thea.* actor: come-back; **rentrer** [～] (1a) *v/i.* re-enter (*a. thea., a.* ♪); come *or* go in (again); return; come *or* go home; re-open (*school etc.*); *parl.* re-assemble; go back to school (*child*); ✝ come in (*money*); *fig.* be included (in, *dans*); ～ *dans* get back, recover (*rights etc.*); *fig.* ～ *dans le néant* fall into oblivion; ～ *en fonctions* resume one's duties; *v/t.* take *or* bring *or* get *or* pull in; put away; ✍ gather in (*crops*); ✝ re-enter (*in an account*); *fig.* suppress (*a desire, one's tears*); ⚖ retract (*the under-carriage*).
renversable [rãvɛr'sabl] reversible; capsizable (*boat etc.*); **renversant, e** F [～'sã, ～'sãːt] staggering, stunning; **renverse** [rã'vɛrs] *f* ⚓ *tide:* turn; *à la* ～ backwards; **renversement** [rãvɛrsə'mã] *m* reversal (*a. phys.*); ♪, *opt., phls., geol.* inversion; ⊕ reversing; ⚓ *tide:* turn(ing); *wind:* shift(ing); overturning; *fig.* disorder; *fig., a. pol.* overthrow; **renverser** [～'se] (1a) *v/t.* reverse (*a.* ✕, ⚡, ⊕ *an engine, the steam, mot.*); ♪, *opt., phls.* invert; turn upside down; knock down; knock over; overturn, upset; *fig., a. pol.* overthrow; F *fig.* amaze; F ～ *les rôles* turn the tables; *se* ～ fall over; overturn; lie back (*in a chair*); *v/i.* overturn; capsize (*boat*).
renvider *tex.* [rãvi'de] (1a) *v/t.* wind on; **renvideur** *tex.* [～'dœːr] *m* mule.
renvoi [rã'vwa] *m* return(ing), sending back; *ball, sound:* throwing back; *tennis:* return; *heat, light:* reflecting; ✍ belch; ♪ repeat (sign); *servant:* dismissal; adjournment; ⚖, *pol., typ.* reference; ⚖ transfer; ⚖ remand; **renvoyer** [～vwa'je] (1r) *v/t.* return (*a. tennis*), send back; throw back (*a ball, a sound*); reflect (*heat, light*); dismiss (*s.o.*); postpone; adjourn; *pol.* refer; ⚖ defer; ⚖ remand.
réoccuper [reɔky'pe] (1a) *v/t.* reoccupy.
réorganiser [reɔrgani'ze] (1a) *v/t.* reorganize.
réouverture [reuvɛr'tyːr] *f* reopening; resumption.
repaire [rə'pɛːr] *m* animals, *a. fig.*: den; *fig. criminal:* haunt.
repaître [rə'pɛːtr] (4k) *v/t.* feed (*a. fig.*); *se* ～ eat one's fill; *se* ～ *de* feed on; *fig.* indulge in (*vain hopes*); wallow in (*blood*).
répandre [re'pãːdr] (4a) *v/t.* spill, shed; spread (*light, news*); scatter (*flowers, money, sand, etc.*); give off (*heat, a smell*); *il s'est répandu que* the rumo(u)r has spread that; *fig. se* ～ go out, be seen in society; **répandu, e** [～pã'dy] widespread, widely held (*opinion*); well known.
réparable [repa'rabl] reparable, *cost.* repairable; remediable.
reparaître [rəpa'rɛːtr] (4k) *v/i.* reappear; ✍ recur.
réparateur, -trice [repara'tœːr,

réparation

~'tris] **1.** *adj.* repairing; restoring; **2.** *su.* mender, repairer; **réparation** [~ra'sjɔ̃] *f* repair(ing); *fig.* amends *pl.*; (*legal*) redress; ⚔ ~s *pl.* reparations; ⚖ ~ *civile* compensation; *foot.* coup *m* de pied de ~ penalty kick; **réparer** [~'re] (1a) *v/t.* mend, repair, *Am.* fix; *fig.* make good (*losses, wear*); *fig.* make amends for, put (*s.th.*) right.

repartie [rəpar'ti] *f* repartee; retort; ~ *spirituelle* witty rejoinder; **repartir** [~'ti:r] (2b) *v/i.* set out or leave again; retort, reply.

répartir [repar'ti:r] (2a) *v/t.* share out, distribute (amongst, *entre*); *admin.* assess; ☩ allot (*shares*); **répartition** [~ti'sjɔ̃] *f* distribution (*a.* ✑); apportionment, division, sharing out; *errors:* frequency; *admin.* assessment; allocation; ☩ allotment.

repas [rə'pɑ] *m* meal; *petit* ~ snack.

repassage [rəpɑ'sa:ʒ] *m* repassing; *water, mountains:* recrossing; *clothes:* ironing; *lessons:* revision; ⊕ sharpening; **repasser** [~'se] (1a) *v/i.* pass again; call again (on s.o., *chez q.*); cross over again (to, *en*); *v/t.* repass; cross (*the sea etc.*) again; iron (*clothes*); go over (*in the mind, a lesson, an outline, accounts, etc.*); take (*s.o.*) back; ⊕ sharpen, whet; *fer m à* ~ iron; **repasseur** [~'sœ:r] *m* (*knife- etc.*)grinder; ⊕ examiner; **repasseuse** [~'sø:z] *f woman, a. machine:* ironer.

repayer [rəpɛ'je] (1i) *v/t.* repay, pay back.

repêchage [rəpɛ'ʃa:ʒ] *m* fishing up *or* out again; *fig.* giving a helping hand (to, *de*); *univ., school:* supplementary examination, F resit; **repêcher** [~'ʃe] (1a) *v/t.* fish up *or* out again; *fig.* come to the rescue of; *univ., school:* give (*s.o.*) a second chance.

repeindre [rə'pɛ̃:dr] (4m) *v/t.* repaint.

repenser [rəpɑ̃'se] (1a) *v/i.* think again (about, of *à*); *y* ~ think it over.

repentant, e [rəpɑ̃'tɑ̃, ~'tɑ̃:t] repentant; **repenti, e** [~'ti] *adj., a. su.* repentant, penitent; **repentir** [~'ti:r] **1.** (2b) *v/t.*: se ~ (de *qch.*) repent ([of] s.th.), be sorry (for s.th.); **2.** *su./m* repentance.

repérage [rəpe'ra:ʒ] *m* marking with guide *or* reference marks; adjusting by guide marks; ✕, ⚓ locating; *radio:* logging; *cin.* synchronizing.

répercussion [repɛrky'sjɔ̃] *f* repercussion; consequences *pl.*; *phys. sound:* reverberation; **répercuter** [~'te] (1a) *v/t.* reverberate; reflect (*heat, light*); se ~ *phys.* reverberate; *fig.* have repercussions.

repère [rə'pɛ:r] *m* reference (mark *or* scale); guide mark; *surv.* benchmark; *cin.* synchronizing mark; *mot.* wing indicator; *point m de* ~ landmark (*a. fig.*); **repérer** [~pe're] (1f) *v/t.* mark with guide *or* reference marks; fix *or* adjust by guide marks; ✕, ⚓ locate; *radio:* log; *cin.* synchronize (*sound and film*); F spot; se ~ get *or* take one's bearings.

répertoire [repɛr'twa:r] *m* index, list; *thea., a. fig.* repertory; *thea.* repertoire; *fig.* ~ *vivant* mine of information.

repeser [rəpə'ze] (1d) *v/t.* re-weigh.

répéter [repe'te] (1f) *v/t.* repeat; do *or* say again; con (*a lesson, thea. a part*); *thea.* rehearse (*a play*); *mirror:* reflect; **répéteur** [~'tœ:r] *m teleph.* repeater; *phys.* reflector; reproducer; **répétiteur, -trice** [~ti'tœ:r, ~'tris] *su.* private tutor; *su./m school:* assistant-master; ⚓ repeating ship; *teleph.* repeater; *su./f school:* assistant-mistress; **répétition** [~ti'sjɔ̃] *f* repetition; recurrence; private lesson; *thea.* rehearsal; *picture etc.:* reproduction, replica; *thea.* ~ *générale* dress rehearsal; ✕ *fusil m à* ~ repeating rifle; *montre f à* ~ repeater (*watch*).

repeupler [rəpœ'ple] (1a) *v/t.* repeople; ⚘ replant; restock (*a pond, a river, etc.*).

repiquer [rəpi'ke] (1m) *v/t.* prick (*s.th.*) again; repair (*a road*); *cost.* restitch; ⚘ prick *or* plant out; *v/i.*: F ~ *au plat* have a second helping; F ~ *au truc* begin again.

répit [re'pi] *m* respite; F *fig.* breather; *sans* ~ incessantly (*ly adv.*).

replacer [rəpla'se] (1k) *v/t.* replace; ☩ reinvest; find a new position for (*a servant*).

replanter [rəplɑ̃'te] (1a) *v/t.* replant.

replâtrer [rəplɑ'tre] (1a) v/t. ⚠ replaster; fig. patch up.
replet, -ète [rə'plɛ, ~'plɛt] stoutish; **réplétion** [reple'sjɔ̃] f repletion, surfeit; corpulence.
repli [rə'pli] m cost. fold (a. of ground), crease; rope, snake: coil; river: bend, winding; ⚔ falling back; **repliable** [rəpli'abl] folding, collapsible (boat, chair); **repliement** [~'mã] m re-folding, turning up; bending back; ⚔ falling back; **replier** [~'e] (1a) v/t. a. se ~ fold up; coil up; bend back; withdraw (outposts); se ~ ⚔ fall back; fig. retire (within o.s., sur soi-même).
réplique [re'plik] f rejoinder, retort; thea. cue; work of art etc.: replica; cin. retake; ♪ counterpoint: answer; fig. sans ~ unanswerable (argument); **répliquer** [~pli'ke] (1m) v/i. retort; answer back.
reploiement [rəplwa'mã] m see repliement.
répondant [repɔ̃'dã] m ⚖ surety, security; eccl. server; examination: candidate; **répondre** [~'pɔ̃:dr] (4a) v/t. answer, reply; eccl. make the responses at (mass); v/i.: ~ à answer; comply with, satisfy; correspond to, match; ~ de answer for; be responsible for; guarantee; **réponse** [~'pɔ̃:s] f answer, reply; phys., physiol., a. fig. response; options: declaration; ⚖ ~s pl. de droit judicial decisions; ~ payée reply paid.
report [rə'pɔ:r] m ✝ carrying forward; ✝ amount carried forward; ✝ contango, stock; ⊕ transfer; ⚖ antedate; **reportage** [rəpɔr'ta:ʒ] m journ. report(ing); radio: running commentary.
reporter[1] [rəpɔr'te] (1a) v/t. carry or take back; transfer (a. phot.), transmit; ✝ carry forward; ✝ Stock Exchange: continue; fig. postpone (to, until à).
reporter[2] journ. [rəpɔr'tɛ:r] m reporter; ~ sportif sports reporter or commentator.
repos [rə'po] m rest, repose; peace (of mind etc.); ♪ pause; resting-place; stair: landing; ⚔ ~! stand easy!; au ~ at rest (a. machine); still; **reposé, e** [~po'ze] 1. adj. rested, refreshed; restful, quiet;

représentation

fresh (complexion); à tête ~e at leisure; deliberately; 2. su./f animal: lair; **repose-pied** [~poz'pje] m/inv. foot-rest; **reposer** [rəpo'ze] (1a) v/t. place, put, lay; 👁 re-lay (a track); fig. rest; ⚔ reposez armes! order arms!; se ~ (take a) rest; rely ([up]on, sur); settle (bird, wine, etc.); fig. se ~ sur ses lauriers rest on one's laurels; v/i. lie, rest; be at rest; fig. ~ sur rest on, be based on; ici repose here lies; **reposoir** eccl. [~'zwa:r] m temporary altar, station.
repoussant, e [rəpu'sã, ~'sã:t] repulsive, offensive, obnoxious (odour); **repousser** [~'se] (1a) v/t. push back or away, repel; ⚔, a. fig. repulse (an attack, an offer); pol., a. fig. reject (a bill, overtures); ⊕ chase (metal), emboss (leather); ♀ throw out again (branches); v/i. ♀ shoot (up) again; grow again (hair); recoil (gun¹); resist (spring); **repoussoir** [~'swa:r] m ⊕ driving-bolt; pin-drift; fig. foil; paint. strong piece of foreground.
répréhensible [repreã'sibl] reprehensible; **répréhension** [~'sjɔ̃] f reprehension.
reprendre [rə'prã:dr] (4aa) v/t. take again; recapture; get (s.th.) back; pick (s.o.) up (again); fig. recover (senses, strength, taste, tongue); take back (an object, a gift, a promise, a servant, etc.); resume (a talk, one's work); repeat (an operation); thea. revive (a play); fig. catch (cold, F s.o.) again; fig. reprove (s.o.); put on again (one's summer clothes); v/i. begin again; ⚕, ✝ improve; ⚕ heal again (wound); ♀ take root (again); set again (liquid); reply; come in again (fashion).
représailles [rəpre'za:j] f/pl. reprisal(s pl.) sg.; user de ~ make reprisals.
représentable [rəpreza'tabl] representable; thea. performable; **représentant, e** [~'tã, ~'tã:t] 1. adj. representative; 2. su. representative; su./m ✝ agent, traveller; ~ exclusif de sole agent for; **représentatif, -ve** [~ta'tif, ~'ti:v] representative (of, de); **représentation** [~ta'sjɔ̃] f ⚖, paint., pol., fig. representation; thea. performance, show; ✝ agency; admin. official entertainment; fig.

représenter

protest; **représenter** [~'te] (1a) *v/t.*
re-present; ⚖︎, ✝, *pol., fig.* represent; stand for; symbolize; *thea.* perform, give (*a play*), take the rôle of (*a character*); *paint.* depict, portray; *fig.* describe (*as, comme*); introduce (*s.o.*) again; recall (*s.o.*); point (*s.th.*) out (to, à); *fig.* se ~ qch. imagine *or* picture s.th.; *v/i.* have a good presence; keep up appearances.

répressif, -ve [reprɛ'sif, ~'si:v] repressive; **répression** [~'sjɔ̃] *f* repression.

réprimable [repri'mabl] repressible.

réprimandable [reprimɑ̃'dabl] deserving (of) censure; **réprimande** [~'mɑ̃:d] *f* reprimand, rebuke; **réprimander** [~mɑ̃'de] (1a) *v/t.* reprimand, rebuke, reprove (for, de).

réprimer [repri'me] (1a) *v/t.* repress.

repris, e [rə'pri, ~'pri:z] 1. *p.p. of* reprendre; 2. *adj.* recaptured; 3. *su./m:* ~ de justice old offender; habitual criminal; F old lag, *Am.* repeater; *su./f* recapture, recovery; *talks, work:* resumption; *thea. play,* ✝ *business:* revival; *box.* round; *foot.* second half; ♪ repetition; *fig.* renewal; ⚔ fresh attack; *mot. engine:* pick-up; *cost.* darn(ing), mend(ing); ⚒ repairing; ⚒ ~e en sous-œuvre underpinning; ~e perdue invisible mending; à plusieurs ~es again and again; on several occasions; **repriser** [~pri'ze] (1a) *v/t.* mend, darn; **repriseuse** [~'zø:z] *f* mender, darner.

réprobateur, -trice [reprɔba'tœ:r, ~'tris] reproachful; reproving; **réprobation** [~'sjɔ̃] *f* reprobation, censure; *fig.* (howl of) protest.

reprochable [rəprɔ'ʃabl] reproachable, blameworthy; ⚖︎ impeachable (*witness*); **reproche** [~'prɔʃ] *m* reproach; reproof; ⚖︎ impeachment; *sans* ~ blameless; ⚖︎ unimpeachable; **reprocher** [~prɔ'ʃe] (1a) *v/t.* reproach; blame; ⚖︎ object to, challenge (*an evidence etc.*); ~ qch. à q. reproach *or* blame s.o. for s.th.; grudge s.o. s.th.

reproducteur, -trice [rəprɔdyk'tœ:r, ~'tris] 1. *adj.* reproductive; 2. *su./m* stud animal; **reproductible** [~'tibl] reproducible; **reproduction** [~'sjɔ̃] *f* ⚕, *zo., etc.* reproduction; ✝ reproducing; copy; replica; ⚖︎ droits *m/pl.* de ~ copyright *sg.*; **reproduire** [rəprɔ'dɥi:r] (4h) *v/t.* reproduce; produce (*s.th.*) again; copy; se ~ *fig.* recur; *zo. etc.* reproduce, breed.

réprouvable [repru'vabl] blamable; blameworthy; **réprouvé, e** [~'ve] *su.* outcast; *su./m: eccl.* les ~s *pl.* the damned; **réprouver** [~'ve] (1a) *v/t.* reprobate (*a. eccl.*); *fig.* disapprove of; *eccl.* damn.

reps *tex.* [rɛps] *m* rep.

reptile *zo.* [rɛp'til] *adj., a. su./m* reptile.

repu, e [rə'py] 1. *p.p.* of repaître; 2. *adj.* satiated, full.

républicain, e [repybli'kɛ̃, ~'kɛn] *adj., a. su.* republican; **république** [~'blik] *f* republic (*a. fig.*).

répudier [repy'dje] (1o) *v/t.* repudiate (*an opinion, one's wife*); ⚖︎ relinquish (*a succession*).

répugnance [repy'ɲɑ̃:s] *f* repugnance; dislike (of, to pour); loathing (of, for pour); *fig.* reluctance (to *inf.*, à *inf.*); *avec* ~ reluctantly; **répugnant, e** [~'ɲɑ̃, ~'ɲɑ̃:t] repugnant, loathsome (to, à); **répugner** [~'ɲe] (1a) *v/i.*: ~ à feel loathing for; be repugnant to; *il me répugne de* (*inf.*) I am loath *or* reluctant to (*inf.*).

répulsif, -ve [repyl'sif, ~'si:v] repulsive; **répulsion** *phys., a. fig.* [~'sjɔ̃] *f* repulsion (for, pour).

réputation [repyta'sjɔ̃] *f* reputation, F character; (*good or bad*) name; *connaître* q. de ~ know s.o. by reputation; **réputer** [~'te] (1a) *v/t.* think, consider, hold.

requérant, e [rəke'rɑ̃, ~'rɑ̃:t] ⚖︎ 1. *su.* plaintiff; petitioner; applicant; 2. *adj.: partie f* ~e applicant; petitioner; claimant; **requérir** [~ke'ri:r] (21) *v/t.* ask (for); claim, demand; *fig.* require; ⚔ requisition; call upon (*s.o.*) for help; **requête** [~'kɛt] *f* request, petition; demand; ⚖︎ ~ civile appeal against a judgment.

requin *icht.* [rə'kɛ̃] *m* shark (*a.* F = swindler).

requis, e [rə'ki, ~'ki:z] 1. *adj.* requisite, necessary, required; 2. *p.p. of* requérir; 3. *su./m* labo(u)r conscript.

réquisition [rekizi'sjɔ̃] *f* requisition(ing) (*a.* ⚔); levy; demand; **réquisitionner** [~sjɔ'ne] (1a) *v/t.* requisition; seize, commandeer; **réquisitoire** ⚖ [~'twa:r] *m* charge, indictment.

rescapé, e [rɛska'pe] **1.** *adj.* rescued; **2.** *su.* survivor; rescued person.

rescinder ⚖ [rɛsɛ̃'de] (1a) *v/t.* rescind, annul; avoid (*a contract*); **rescision** ⚖ [~si'zjɔ̃] *f* rescission, annulment; *contract*: avoiding.

rescousse [rɛs'kus] *f*: *aller* (*venir*) *à la ~ de* go (come) to the rescue of.

réseau [re'zo] *m* 🕸, *teleph., roads, lace, a. fig.*: network; *teleph., fig.* area (served); ⚡ *mains pl.*; ⚡, *rivers, roads*: system; ⚔ barbed wire *etc.*: entanglement; *opt.* diffraction grating; *anat.* nerves: plexus.

résection ⚕ [rɛsɛk'sjɔ̃] *f* resection.

réséda ♀ [reze'da] *m* reseda.

réséquer ⚕ [rese'ke] (1s) *v/t.* resect.

réservation [rezɛrva'sjɔ̃] *f* reservation; ⚖ ~ *faite de* without prejudice to; **réserve** [~'zɛrv] *f* 🕸, ⚖, *eccl., a. fig.* reservation; ⚔, ♰, ✈, ⚖, *pol., provisions*, ⊕ *power*: reserve; *fig.* caution; ⚖ (*legal*) portion; ⚔ *officier de la ~* reserve officer; *fig. sans ~* unreserved(ly *adv.*), unstinted (*praise*); ⚖ *sous ~* without prejudice; *sous ~ de* subject to; **réservé, e** [rezɛr've] reserved; cautious; stand-offish; shy; ⚖ *tous droits ~s* all rights reserved; **réserver** [~'ve] (1a) *v/t.* reserve; set (*s.th.*) aside; save (*s.th.*) up; set apart (*money for a specific purpose*); **réserviste** ⚔ [~'vist] *m* reservist; **réservoir** [~'vwa:r] *m* reservoir; container; (*fish-*)pond; ⊕, *mot.* tank; ⊕ (*grease-*)box; ✈, *mot. ~ de secours* reserve tank.

résidant, e [rezi'dã, ~'dã:t] resident; *eccl.* residentiary; **résidence** [~'dã:s] *f* residence, abode; dwelling(-place); *admin.* residentship; **résident** *admin.* [~'dã] *m* resident; **résidentiel, -elle** [~dã'sjɛl] residential (*quarter*); **résider** [~'de] (1a) *v/i.* live, dwell, reside (at, *à*; in, *dans*); *fig.* lie (in *dans*, *en*); **résidu** [~'dy] *m* 🕸, ⊕, ♣ residue; † fraction.

résignation ⚖, *eccl. etc., a. fig.* [reziɲa'sjɔ̃] *f* resignation; **résigné, e** [~'ɲe] resigned (to, *à*); meek; **résigner** [~'ɲe] (1a) *v/t.* resign (*s.th.*); give (*s.th.*) up; ~ *le pouvoir* abdicate (*king*); lay down office; *se ~* resign o.s. (to, *à*).

résilier ⚖ [rezi'lje] (1o) *v/t.* avoid, resile from (*a contract*); cancel, annul.

résille [re'zi:j] *f* hair-net.

résine [re'zin] *f* resin; **résineux, -euse** [~zi'nø, ~'nø:z] resinous; coniferous (*forest*).

résistance [rezis'tã:s] *f* ⚡, ⊕, ⚔, *pol., fig.* resistance; ⊕ *materials*: strength; *fig.* opposition; *fig.* stamina, endurance; *pol.* ♀ underground movement; ⚡ *~ de fuite de grille radio*: grid-leak; *faire ~* offer *or* put up resistance; **résistant, e** [~'tã, ~'tã:t] **1.** *adj.* resistant; strong; tough; fast (*colour*); *~ à la chaleur* heat-proof; **2.** *su. pol.* member of the *Résistance* (*1939—45 war*); **résister** [~'te] (1a) *v/i.*: *~ à* resist; ⚓ weather (*a storm*); ⊕ take (*a stress*); *fig.* bear; hold out against.

résolu, e [rezɔ'ly] **1.** *adj.* resolute; determined (to, *à*); **2.** *p.p. of* **résoudre**; **résolus** [~] *1st p. sg. p.s. of* **résoudre**; **résolutif, -ve** ⚕ [rezɔly'tif, ~'ti:v] *adj. a. su./m* resolvent; **résolution** [~'sjɔ̃] *f* 🕸, ♂, ♪, *admin., a. fig.* resolution; *fig.* resolve, determination; ⚖ *contract*: avoidance, termination; *prendre la ~ de* determine to; *admin. prendre une ~* pass a resolution; **résolutoire** ⚖ [~'twa:r] (*condition*) of avoidance; **résolvons** [rezɔl'vɔ̃] *1st p. pl. pres. of* **résoudre**.

résonance [rezɔ'nã:s] *f* resonance; *radio a.* tuning; **résonnement** [~zɔn'mã] *m* resounding, reverberation, re-echoing; **résonner** [~zɔ'ne] (1a) *v/i.* resound, reverberate, re-echo; ring (*metal*).

résorber ⚕ [rezɔr'be] (1a) *v/t.* re(ab)sorb; **résorption** ⚕ [~zɔrp'sjɔ̃] *f* re(ab)sorption.

résoudre [re'zudr] (4bb) *v/t.* resolve (*a.* ♪ *a dissonance, fig. a difficulty*); ♫ solve (*a. fig. a problem*); *fig.* decide on; settle (*a question*); ⚖ rescind, avoid; *se ~ à*·(*inf.*) decide to (*inf.*), make up one's mind to (*inf.*); **résous** 🕸 [~'zu] *p.p./m of* **résoudre**.

respect

respect [rɛs'pɛ] *m* respect, regard; *sauf votre ~* with all respect; saving your presence; *tenir q. en ~* keep

respectable

s.o. at arm's length *or* in check; **respectable** [rɛspɛk'tabl] respectable (*a. fig.*); *fig.* fair (*quantity*); **respecter** [ˌ~'te] (1a) *v/t.* respect; observe (*laws*); *fig.* spare; se ~ have self-respect; **respectif, -ve** [ˌ~'tif, ˌ~'tiːv] respective; **respectueux, -euse** [ˌ~'tɥø, ˌ~'tɥøːz] respectful (towards, *envers*; of, *de*); dutiful (*child*).

respirable [rɛspi'rabl] respirable; **respirateur** ⚕ [ˌ~ra'tœːr] *adj./m* respiratory; **respiration** [ˌ~ra'sjɔ̃] *f* respiration, breathing; **respiratoire** [ˌ~ra'twaːr] breathing; respiratory; *exercice m* ~ breathing exercise; **respirer** [ˌ~'re] (1a) *v/i.* breathe (*a. fig.*); give signs of life; *v/t.* breathe, inhale; *fig.* betoken.

resplendir [rɛsplɑ̃'diːr] (2a) *v/i.* be resplendent, glitter (with, *de*); *fig.* glow (with, *de*); **resplendissant, e** [ˌ~di'sɑ̃, ˌ~'sɑ̃ːt] resplendent; **resplendissement** [ˌ~dis'mɑ̃] *m* splendo(u)r, resplendence, brightness.

responsabilité [rɛspɔ̃sabili'te] *f* responsibility, liability (*a.* ⚖); (for, *de*); accountability; ⚖ ~ *civile* civil liability; **responsable** [ˌ~'sabl] responsible, accountable (for s.th., *de qch.*; for s.o., *pour q.*; to *devant, envers*); *rendre q.* ~ *de* hold s.o. responsible for, blame s.o. for.

resquiller F [rɛski'je] (1a) *vt/i.* wangle; *v/t.* avoid paying for; *v/i.* gate-crash; **resquilleur** *m*, **-euse** *f* F [ˌ~'jœːr, ˌ~'jøːz] uninvited guest, F gate-crasher; wangler.

ressac ⚓ [rə'sak] *m* undertow; surf.

ressaisir [rəsɛ'ziːr] (2a) *v/t.* recapture, seize again; recover possession of; se ~ recover o.s.; recover one's balance.

ressasser [rəsa'se] (1a) *v/t.* re-sift (*flour*); F repeat (*a story etc.*).

ressaut [rə'so] *m* △ projection; shelf (*along a track*); *geol.* rock-step; *geog.* sharp rise.

ressemblance [rəsɑ̃'blɑ̃ːs] *f* likeness; resemblance (to, *avec*); **ressemblant, e** [ˌ~'blɑ̃, ˌ~'blɑ̃ːt] alike; similar to; **ressembler** [ˌ~'ble] (1a) *v/i.*: ~ *à* resemble, look like; *ils se ressemblent* they are alike.

ressemeler [rəsəm'le] (1c) *v/t.* re-sole (*a shoe*).

ressentiment [rəsɑ̃ti'mɑ̃] *m* resentment (against, *contre*; at, *de*); *avec* ~ resentfully; **ressentir** [ˌ~'tiːr] (2b) *v/t.* feel, experience (*an emotion, pain, etc.*); resent (*an insult etc.*); *fig.* se ~ *de* feel the (after-) effects of.

resserré, e [rəsɛ're] narrow, confined; **resserrement** [ˌ~sɛr'mɑ̃] *m* contraction, tightening; closing up; ⚕ constipation; *money*: scarceness, scarcity; *fig.* heaviness (*of heart*); *fig. mind*: narrowness; **resserrer** [ˌ~sɛ're] (1b) *v/t.* contract, tighten; ⚕ constipate; tie (*s.th.*) (up) again; lock (*s.th.*) up again; ✂, ⚓ close (up); *fig.* restrict; *fig.* compress (*an account*); se ~ grow narrower (*valley*); *tex.* shrink.

ressort¹ [rə'sɔːr] *m* elasticity, ⊕ spring; *fig.* incentive, motive; ~ *à boudin* (*à lames*) spiral (laminated) spring; *faire* ~ act as a spring; be elastic; *fig. faire jouer tous les* ~s leave no stone unturned.

ressort² [ˌ~] *m* ⚖ competence, jurisdiction; *fig.* scope; *en dernier* ~ ⚖ without appeal; *fig.* in the last resort.

ressortir¹ [rəsɔr'tiːr] (2b) *v/i.* go or come out again; *fig.* stand out, be thrown into relief; *fig.* result, follow (from, *de*); *v/t.* bring or take out again.

ressortir² ⚖ [rəsɔr'tiːr] (2a) *v/i.* be within the jurisdiction (of, *à*); **ressortissant, e** [ˌ~ti'sɑ̃, ˌ~'sɑ̃ːt] **1.** *adj.* within the jurisdiction (of, *à*); belonging (to, *de*); **2.** *su./m* national (*of a country*), subject.

ressource [rə'surs] *f* resource(fulness); expedient; ⚕ pull-out; ~s *pl.* resources, means; funds; *en dernière* ~ in the last resort.

ressouvenir [rəsuv'niːr] (2h) *v/t.*: se ~ *de* remember, recall.

ressuer [rə'sɥe] (1n) *v/i.* △, *metall.* sweat; ⊕ *faire* ~ roast (*ore*).

ressusciter [resysi'te] (1a) *vt/i.* resuscitate, revive; *v/t.* raise from the dead; *v/i.* rise from the dead.

ressuyer [resɥi'je] (1h) *v/t.* dry (*lime, a road, a surface, etc.*).

restant, e [rɛs'tɑ̃, ˌ~'tɑ̃ːt] **1.** *adj.* remaining, left; ⚕ surviving; **2.** *su.* survivor; *su./m* remainder, rest; ✝ *account*: balance.

restaurant, e [rɛstɔ'rɑ̃, ˌ~'rɑ̃ːt] **1.** *adj.* restorative; **2.** *su./m* restaurant; ⚕ restorative; **restaurateur,**

-trice [ˌra'tœːr, ˌ'tris] *su.* restorer; *su./m* restaurateur, keeper of a restaurant; **restauration** [ˌra'sjɔ̃] *f* restoration; **restaurer** [ˌ're] (1a) *v/t.* restore; ✗ *etc.* set (*s.o.*) up again; **se ~** take refreshment; ✗ feed up.

reste [rɛst] *m* rest, remainder, remnant(s *pl.*); ~s *pl.* ✝, *cuis.* remnants, leavings; left-overs; mortal remains; *au* ~, *du* ~ moreover; *de* ~ left (over); *en* ~ ✝ in arrears; *fig.* indebted (to, *avec*); **rester** [rɛs'te] (1a) *v/i.* remain; be left (behind); stay; *en ~ là* leave it at that; (*il*) *reste à savoir si* it remains to be seen whether.

restituable [rɛsti'tɥabl] repayable; restorable; **restituer** [ˌ'tɥe] (1n) *v/t.* restore (*a text, s.th. to s.o.*); return; restitute; (*s.o.*) reinstate (*s.o.*); **restitution** [ˌty'sjɔ̃] *f* restoration (*of a text, a. of s.th. to s.o.*); ♃ restitution; return.

restreindre [rɛs'trɛ̃ːdr] (4m) *v/t.* restrict, limit, cut down; *fig. se ~ à* limit o.s. to; **restrictif, -ve** [ˌtrik'tif, ˌ'tiːv] restrictive; **restriction** [ˌtrik'sjɔ̃] *f* restriction (*a. fig.*); limitation; *fig.* ~ *mentale* mental reservation; **restringent, e** [ˌtrɛ̃-'ʒɑ̃, ˌ'ʒɑ̃ːt] *adj.*, *a. su./m* astringent.

résultante ⚔︎, *phys.* [rezyl'tɑ̃ːt] *f* resultant; **résultat** [ˌ'ta] *m* result (*a.* ⚔︎); issue; effect; *avoir pour ~* result in; **résulter** [ˌ'te] (1a) *v/i.* (3rd persons only) result, follow (from, *de*); *il en résulte que* it follows that.

résumé [rezy'me] *m* summary, précis; *en ~* to sum up, in short; **résumer** [ˌ'] (1a) *v/t.* summarize; sum up (♃, *arguments, etc.*); *se ~* sum up; *fig.* amount, F boil down (to, *à*).

résurrection [rezyrɛk'sjɔ̃] *f* resurrection; *fig.* revival.

retable ⚖︎, *eccl.* [rə'tabl] *m* reredos, altar-piece.

rétablir [reta'bliːr] (2a) *v/t.* re-establish; restore (*a.* ✗); reinstate (*an official*); ✗ recover (*one's health*); *fig.* retrieve (*one's fortune, a position, one's reputation*); *se ~* recover (*a.* ✗); ✝ revive; **rétablissement** [ˌblis'mɑ̃] *m* re-establishment; restoration; reinstatement; ✗ recovery (*a. fig.*); ✝ revival.

retaille *cost.* F [rə'tɑːj] *f* cabbage; **retailler** [ˌtɑ'je] (1a) *v/t.* recut (*a.* ⊕); resharpen (*a pencil*); prune (*a tree*) again.

rétamage ⊕ [reta'maːʒ] *m* re-tinning; re-silvering; **rétamer** ⊕ [ˌ'me] (1a) *v/t.* re-tin; re-silver; *sl.* être rétamé be tight (= *drunk*); be broke; **rétameur** [ˌ'mœːr] *m* tinker.

retaper F [rəta'pe] (1a) *v/t.* touch up, recast; straighten (*a bed*); retrim (*a hat etc.*); *fig.* restore (*s.o.*); F buck (*s.o.*) up; plough (*a candidate*); *se ~* recover; F buck up.

retard [rə'taːr] *m* delay; lateness; *child, harvest:* backwardness; ♩, ⊕, ♃ lag; ♪ suspension; *être en ~* be late; be slow (*clock etc.*); *être en ~ sur* be behind (*the fashion, the times*); *ma montre est en ~ de cinq minutes* my watch is 5 minutes slow; **retardataire** [rətarda'tɛːr] **1.** *adj.* late; ✝ in arrears; behindhand; backward (*child, country, etc.*); **2.** *su.* latecomer; laggard; ✝ *etc.* person in arrears; ✗, ♃ defaulter; **retardateur, -trice** [ˌ'tœːr, ˌ'tris] retarding; **retardation** *phys.* [ˌ'sjɔ̃] *f* retardation, negative acceleration; **retardement** [rətardə'mɑ̃] *m* delay; retarding; ✗ *bombe f à ~* delayed-action bomb; **retarder** [ˌ'de] (1a) *v/t.* delay, retard; make late; defer (*an event, payment*); put back (*a clock*); *v/i.* be late; be slow, lose (*clock*); ♩, ♃ lag; ~ *sur* be later than.

reteindre [rə'tɛ̃ːdr] (4m) *v/t.* redye.

retenir [rət'niːr] (2h) *v/t.* hold back; detain (*s.o.*); keep; hold (*s.o., s.o.'s attention*); withhold (*wages*); *fig.* remember; book (*a seat, a room*); engage (*a servant etc.*); *fig.* repress, hold back (*a sob, tears, one's anger, etc.*); restrain (from *ger., de inf.*); *se ~* control o.s.; refrain (from, *de*); *se ~ à* clutch at (*s.th.*); **rétention** [retɑ̃'sjɔ̃] *f* ✗, *a.* ♃ *case:* retention; ♃ *pledge:* retaining.

retentir [rətɑ̃'tiːr] (2a) *v/i.* (re-)sound, ring, echo; *fig.* ~ *sur* affect; **retentissement** [ˌtis'mɑ̃] *m* resounding, echoing; *fig.* repercussion (*of an event*); *fig.* stir.

retenue [rət'ny] *f money:* deduction, stoppage; ✗ carry over; *school:* detention; holding back; reservoir; dam; ♃ guy(-rope); *fig.* discre-

réticence

tion; modesty; *fig. actions, speech*: restraint.
réticence [reti'sãːs] *f* reticence; ⚖ non-disclosure.
réticule [reti'kyl] *m opt.* graticule; hand-bag, reticule; **réticulé, e** [~ky'le] reticulated.
rétif, -ve [re'tif, ~'tiːv] restive, stubborn (*a. fig.*).
rétine *anat.* [re'tin] *f eye*: retina; **rétinite** [~ti'nit] *f* ⚕ retinitis; *min.* pitchstone.
retiré, e [rəti're] retired, secluded, solitary; remote; in retirement; **retirer** [~] (1a) *v/t.* withdraw; take out; extract (*a bullet, a cork*); derive, get (*profit*); obtain; ✝ take up (*a bill*); *fig.* take back (*an insult, a promise, etc.*); *fig.* give shelter to (*s.o.*); *typ.* reprint (*a book*); fire (*a gun*) again; take out, *Am.* check out (*luggage*); ~ **de la circulation** call in (*currency*); **se** ~ retire, withdraw; ebb (*tide*), recede (*sea*), subside (*waters*).
retombée [rətɔ̃'be] *f* fall(-out); △ arch *etc.*: springing; *phys.* ~s *pl.* radio-actives fall-out *sg.*; **retomber** [~] (1a) *v/i.* fall (down) again; fall (back); ~ **dans** lapse into; *fig.* ~ **sur** blame, glory: fall upon.
retoquer F [rətɔ'ke] (1m) *v/t.* fail, F plough (*a candidate*).
retordoir ⊕ [rətɔr'dwaːr] *m instrument*: twister; **retordre** [~'tɔrdr] (4a) *v/t.* wring out again; *tex.* twist; *fig.* **donner du fil à ~ à q.** give s.o. trouble.
retorquer [rətɔr'ke] (1m) *v/t.* retort; turn (*an argument*); cast back (*an accusation*).
retors, e [rə'tɔːr, ~'tɔrs] *tex.* twisted; curved (*beak*); *fig.* crafty; rascally.
retouche [rə'tuʃ] *f paint. etc.* retouch; *phot.* retouching; ⊕ finishing, dressing; **retoucher** [~tu'ʃe] (1a) *v/t. paint., phot., etc.* retouch; ⊕ finish, dress; *v/i.*: ~ **à** meddle with (*s.th.*) (again).
retour [rə'tuːr] *m* return (*a.* △ wall, ✝, ⚡, *sp., post, a. fig.*); going back; ~ life, feeling, fortune, opinion, rope: turn; *fig. feeling, fortune, opinion, etc.*: change; ♪, ⚕ recurrence; ✝ dishono(u)red bill; ⚖ *biol.* reversion; ~ **d'âge** critical age, change of life; **mot.** ~ **de flamme** back-fire; ⚡ ~ **par la terre** earth return; **à son** ~ on his return; 🚂 **billet** *m* **de** ~ return ticket; **en** ~ **de** in return *or* exchange for; **être de** ~ be back; **être sur le** ~ be past one's prime, F be getting on; *sp.* **match** *m* ~ return match; **retourne** [~'turn] *f cards*: turn-up; trumps *pl.*;
retourner [~tur'ne] (1a) *v/i.* return; go back; *fig.* recoil (upon, sur); ⚖ *biol.* revert; **de quoi retourne-t-il?** what is it all about?; *il retourne cœur cards*: hearts are trumps; *v/t.* turn (*s.th.*) inside out; turn (*hay, one's head, omelette, ship, a. fig. argument, etc.*); turn over (*an idea, the soil*); turn up (*a card*); twist (*s.o.'s arm*); *cuis.* mix (*salad*); *fig.* upset, disturb (*s.o.*); return (*s.th. to s.o., qch. à q.*); **se** ~ turn (round *or* over); round (on, contre); change (*opinion*); F **s'en** ~ go back.
retracer [rətra'se] (1k) *v/t.* retrace; mark (*s.th.*) out again; *fig.* bring to mind, recall; **se** ~ recur.
rétracter [retrak'te] (1a) *v/t.* retract; draw in; withdraw (*an opinion etc.*); ⚖ rescind (*a decree*); **se** ~ *tex.* shrink; ⚕, *a. fig.* retract; **rétractile** [~'til] retractile; **rétraction** [~'sjɔ̃] *f* contraction; ⚕ retraction.
retrait [rə'trɛ] *m* ⊕ *metal, wood, etc.*: shrinkage, contraction; withdrawal (*a.* ✝, *parl.*); licence, ticket, order, *etc.*: cancelling; △ recess; ⚖ redemption; **en** ~ sunk (*panel*), recessed (*shelves*), set back (*house*); **retraite** [~'trɛt] *f* ⚔, ⚓ retreat (*a. fig.*); withdrawal; ⚔ tattoo; retirement, superannuation; pension, ⚔, ⚓ retired pay; *animals*: lair; ✝ redraft; △ offset; *caisse f de* ~ superannuation fund; **en** ~ retired; **mettre q. à la** ~ retire s.o., pension s.o. off; **prendre sa** ~ retire; **retraité, e** [rətrɛ'te] **1.** *adj.* pensioned off; superannuated; ⚔, ⚓ on the retired list; **2.** *su.* pensioner.
retraiter[1] [rətrɛ'te] (1a) *v/t.* treat *or* handle again.
retraiter[2] [~] (1a) *v/t.* pension (*s.o.*) off, retire (*s.o.*), superannuate (*s.o.*); ⚔, ⚓ place on the retired list.
retranchement [rətrɑ̃ʃ'mɑ̃] *m* cutting off; *pension*: docking; suppression; ⚔ entrenchment; **retrancher** [~trɑ̃'ʃe] (1a) *v/t.* cut off (from, de);

revendiquer

remove (from, *de*); cut out (*a. fig.*); ✂ entrench; ⚔ deduct; se ~ retrench; ✂ entrench o.s.; dig o.s. in; *fig.* take refuge (behind, *derrière*).

rétrécir [retre'siːr] (2a) *vt/i. a.* se ~ narrow; contract; *tex.* shrink; **rétrécissement** [~sis'mã] *m* narrowing; contraction (*a. opt.*); *tex.* shrinking; ⚕ stricture.

retremper [rətrã'pe] (1a) *v/t.* soak (*s.th.*) again; ⊕ retemper (*steel, a. fig. one's mind, etc.*); *fig.* strengthen (*s.o.*); se ~ be toned up; get new strength.

rétribuer [retri'bɥe] (1n) *v/t.* pay, remunerate; **rétribution** [~by'sjɔ̃] *f* remuneration, payment; salary; *sans* ~ honorary.

rétro... [retrɔ] retro...; **~actif, -ve** [~ak'tif, ~'tiːv] retroactive, retrospective; **~action** [~ak'sjɔ̃] *f* retroaction; ⚡, *radio:* feedback; **~céder** [~se'de] (1f) *v/t.* ⚖ retrocede; redemise; ✝ return (*a commission*); **~fusée** ⚔ [~fy'ze] *f* retro-rocket, braking-rocket; **~grade** [~'grad] retrograde, backward; **~grader** [~gra'de] (1a) *v/i.* move backwards; *astr., a. geog.* retrograde (*a. fig.*); ✂ fall back; *v/t.* ⚔ reduce (*an N.C.O.*); ⚖ disrate (*a petty officer*); **~pédalage** [~peda'laːʒ] *m bicycle:* back-pedalling; **~spectif, -ve** [~spek'tif, ~'tiːv] retrospective.

retrousser [rətru'se] (1a) *v/t.* turn up (*a sleeve, one's trousers, one's moustache*); tuck up (*one's skirt*); curl up (*one's lips*); *nez m retroussé* turned-up *or* snub nose.

retrouver [rətru've] (1a) *v/t.* find (again); rediscover (*s.th.*); meet (*s.o.*) again; return to (*a place*); recover (*one's health, one's strength*); *aller* ~ go and see (*s.o.*) again; se ~ *a.* find one's bearings.

rétro...: **~version** ⚕ [retrɔvɛr'sjɔ̃] *f* retroversion; **~viseur** *mot.* [~vi'zœːr] *m* driving mirror, rear-view mirror.

rets *hunt.* [rɛ] *m* net.

réunion [rey'njɔ̃] *f* reunion; meeting; ⚡, *a. pol.* union; gathering; party, function; **réunir** [~'niːr] (2a) *v/t.* (re)unite; join (to, with *à*); join together, link; collect (*money, water*); ⚔ raise (*troops*).

réussir [rey'siːr] (2a) *v/i.* succed (in *ger., à inf.*; at *or* in *s.th., dans qch.*);

be a success (*thea. etc.*); ⚘ thrive; ~ *à* pass (*an examination*); *v/t.* be successful in; carry (*s.th.*) out well; **réussite** [~'sit] *f* ✝ result, outcome; success; *cards:* patience.

revacciner ⚕ [rəvaksi'ne] (1a) *v/t.* revaccinate.

revaloir [rəva'lwaːr] (3l) *v/t.* pay back in kind; repay; **revalorisation** ✝ [rəvalɔriza'sjɔ̃] *f* revalorization, revaluation; **revaloriser** ✝ [~'ze] (1a) *v/t.* revalorize, revalue.

revanche [rə'vãːʃ] *f* revenge; return; *en* ~ in return; on the other hand; **revancher** [~vã'ʃe] (1a) *v/t.:* se ~ have one's revenge; revenge o.s. (for, *de*).

rêvasser [rɛva'se] (1a) *v/i.* muse (on, *à*), day-dream (about, *à*); **rêvasserie** [~vas'ri] *f* musing, day-dream(ing); **rêvasseur** *m*, **-euse** *f* [~va'sœːr, ~'søːz] day-dreamer; **rêve** [rɛːv] *m* dream (*a. fig.*); *faire un* ~ have a dream.

revêche [rə'vɛʃ] harsh, rough; ⊕ difficult to work (*stone, wood*); brittle (*iron*); *fig.* cantankerous, crabby; sour (*face*).

réveil [re'vɛːj] *m* waking, awakening; *religion:* revival; ⚔ reveille; alarm(-clock); *fig. fâcheux* ~ rude awakening; **réveille-matin** [~vɛjma'tɛ̃] *m/inv.* alarm(-clock); **réveiller** [revɛ'je] (1a) *v/t.* (a)wake; waken (*a. fig.*); rouse (*a. fig.*); ⚔ turn out; se ~ wake up, awake (*person*); *fig.* be awakened *or* aroused; **réveillon** [~'jɔ̃] *m* midnight supper (*usu. on Christmas Eve and New Year's Eve*).

révélateur, -trice [revela'tœːr, ~'tris] **1.** *adj.* revealing; tell-tale (*sign*); *phot.* developing (*bath*); **2.** *su.* revealer; *su./m phot.* developer; ⊕ detector; **révélation** [~la'sjɔ̃] *f* revelation; F eye-opener; ⚖ information; *bibl.* ⚛s *pl.* the Revelation *sg.*; **révéler** [~'le] (1f) *v/t.* reveal (*a. eccl.*), disclose, F let out (*a secret*); *fig.* show; *phot.* develop.

revenant [rəv'nã] *m* ghost; F *fig.* stranger; *il y a des* ~*s ici* this place is haunted.

revendeur *m*, **-euse** *f* ✝ [rəvã'dœːr, ~'døːz] retailer; second-hand dealer.

revendication [rəvãdika'sjɔ̃] *f* claim, demand; **revendiquer** [~'ke]

revendre

(1m) *v/t.* claim, demand; assume (*a responsibility*).

revendre [rə'vɑ̃:dr] (4a) *v/t.* resell; ✝ sell out; F *fig.* spare; en ~ à outwit (*s.o.*), be too much for (*s.o.*).

revenir [rəv'ni:r] (2h) *v/i.* return, come back *or* again (*a. fig.*); ⚙ repeat (*food*); be owing (*money*); recover (from, de); cost (s.o. s.th., à q. à qch.); *fig.* amount (to, à); *fig.* fall by right (to, à); ⚙ ~ à soi come round; ~ de get over (*s.th.*); ~ sur retrace (*one's steps*), go back on (*a decision, a promise*), rake up (*the past*); en ~ à revert to; *cuis.* faire ~ brown (*meat*); ... ne me revient pas I don't like the look of ...; I cannot recall ...; ne pas en ~ be unable to get over it.

revente [rə'vɑ̃:t] *f* re-sale; ✝ *stock*: selling-out.

revenu [rəv'ny] *m person*: income; *State*: revenue; ✝ yield; *metall.* tempering; *admin.* impôt m sur le ~ income tax; **revenue** ✍ [~] *f* new growth; young wood.

rêver [rɛ've] (1a) *v/i.* dream (about, of de); ~ à think about, ponder over; ~ de long for; *v/t.* dream of; *fig.* imagine; *fig.* desire ardently.

réverbère [rever'bɛ:r] *m* heat, lamp, etc.: reflector; street-lamp; **réverbérer** [~be're] (1f) *v/t.* reflect (*light*); re-echo (*a sound*).

reverdir [rəver'di:r] (2a) *v/t.* make *or* paint green again; *v/i.* turn green again; F *fig.* grow young again (*person*).

révérence [reve'rɑ̃:s] *f* reverence (*a. ♀ title*); bow; curtsey; F *parler* with all due respect; tirer sa ~ take one's leave; **révérenciel, -elle** [~rɑ̃'sjɛl] reverential; **révérencieux, -euse** [~rɑ̃'sjø, ~'sjøːz] ceremonious; over-polite (*person*); **révérend, e** *eccl.* [~'rɑ̃, ~'rɑ̃:d] Reverend; **révérendissime** *eccl.* [~rɑ̃di'sim] Most *or* Right Reverend; **révérer** [~'re] (1f) *v/t.* revere, (hold in) reverence.

rêverie [rɛv'ri] *f* reverie; dreaming.

revers [rə'vɛ:r] *m coin, fencing, a. fig. fortune*: reverse; *hand, page*: back; *tex.* wrong side; *cost. coat*: lapel; *trousers*: turn-up, *Am.* cuff; *stocking*: turn-down, top; ⚔ *uniform*: facing; *fig.* set-back; back-handed blow; *sp.* back-hand stroke;

reverser [rəvɛr'se] (1a) *v/t.* pour (*s.th.*) out again; pour (*s.th.*) back; *fig.* shift (on, to sur); ✝ transfer; **réversible** [rever'sibl] reversible; ⚖ revertible; **réversion** ⚖ [~'sjɔ̃] *f* reversion (to, à).

revêtement [rəvɛt'mɑ̃] *m* △ facing, coating, sheathing; *road*: surface; △, *a.* ⚔ revetment; ⚡ *flex*: cover; ⊕ *wood*: veneer(ing); △ mur m de ~ retaining wall, revetment wall; **revêtir** [~vɛ'ti:r] (2g) *v/t.* (re-)clothe; dress (in, de); *fig.* invest (with, de); *cost.* put on; *fig.* assume (*a form, a shape, etc.*); △ face, coat, cover; ⊕ lag (*a boiler*); ⚔ revet; ✝ ~ qch. de sa signature sign s.th.; affix one's signature to s.th.

rêveur, -euse [rɛ'vœːr, ~'vøːz] **1.** *adj.* dreamy; dreaming; **2.** *su.* (day-)dreamer.

revient ✝ [rə'vjɛ̃] *m*: prix *m* de ~ cost (price).

revirement [rəvir'mɑ̃] *m* ✝, *a. fig.* sudden change *or* turn; ✝ *debt etc.*: transfer; ⚓ going about; **revirer** [~vi're] (1a) *v/i.* ⚓ go about; *fig.* change sides.

réviser [revi'ze] (1a) *v/t.* revise; ✝ audit (*accounts*); ⚖ review; ⊕, *mot.* recondition, overhaul; inspect; **réviseur** [~'zœːr] *m* reviser; examiner; *typ.* proof-reader; ✝ auditor; **révision** [~'zjɔ̃] *f* revision; audit(ing); ⚖ review; ⊕, *mot.* overhaul(ing); ⊕ inspection; *typ.* proof-reading; ⚔ conseil *m* de ~ recruiting board, *Am.* draft board; military appeal court; **révisionnisme** *pol.* [~zjɔ-'nism] *m* revisionism.

revivifier [rəvivi'fje] (1o) *v/t.* revitalize, revive.

revivre [rə'vi:vr] (4hh) *v/i.* live again, come alive again; *fig.* revive; *v/t.* live (*s.th.*) over again.

révocable [revɔ'kabl] revocable; removable (*official*); **révocation** [~ka'sjɔ̃] *f* ⚖ *will*: revocation, *law*: repeal; *admin. order*: cancellation, *official*: removal, dismissal; **révocatoire** [~ka'twa:r] revocatory.

revoici F [rəvwa'si] *prp.*: me ~! here I am again!; **revoilà** F [~'la] *prp.*: le ~ malade! there he is, ill again!

revoir [rə'vwa:r] **1.** (3m) *v/t.* see again; meet (*s.o.*) again; revise; inspect; ⚖ review; *typ.* read (*proofs*);

ricochet

go over (*accounts etc.*) again; **2.** *su./ m*: *au* ~ good-bye.

révoltant, e [rèvɔl'tɑ̃, ~'tãːt] shocking, revolting; **révolte** [~'vɔlt] *f* revolt, rebellion; ⚔, ⚓ mutiny; **révolté, e** [revɔl'te] **1.** *adj.* in revolt; **2.** *su.* rebel, insurgent; ⚔, ⚓ mutineer; **révolter** [~] (1a) *v/t.* rouse to rebellion, cause to revolt; F *fig.* revolt, shock, disgust; *se* ~ revolt, rebel (*a. fig.*); ⚔, ⚓ mutiny.

révolu, e [revɔ'ly] completed (*period of time*); **révolution** [revɔly-'sjɔ̃] *f* ⚛, *pol., fig.* revolution; *astr.* rotation; **révolutionnaire** [~sjɔ-'nɛːr] *adj., a. su.* revolutionary; **révolutionner** [~sjɔ'ne] (1a) *v/t.* revolutionize (*a. fig.*); F give (*s.o.*) a turn.

revolver [revɔl'vɛːr] *m* revolver, F, *a. Am.* gun; *microscope*: revolving nose-piece; ⊕ *lathe*: turret.

révoquer [revɔ'ke] (1m) *v/t.* revoke, cancel (*an order*); dismiss, remove (*an official*); recall (*an ambassador*); ~ *en doute* question (*s.th.*), call (*s.th.*) in question.

revue [rə'vy] *f* review (= survey, *a.* ⚔, *journ.*); inspection (*a.* ⚔); *journ.* magazine, periodical; *thea.* revue; F *nous sommes de* ~ we shall meet again; we often meet; *passer en* ~ review, run over (*s.th.*); ⚔ be reviewed or inspected; **revuiste** *thea.* [~'vɥist] *su.* composer of revues.

révulsé, e [revyl'se] *adj.*: *l'œil* ~ with turned-up eyes; **révulsif, -ive** ⚚ [~'sif, ~'siːv] *adj., a. su./m* revulsive; counter-irritant; **révulsion** ⚚ [~'sjɔ̃] *f* revulsion; counter-irritation.

rez-de-chaussée [retʃo'se] *m/inv.* street floor; ground floor, *Am.* first floor; *au* ~ on the ground or *Am.* first floor.

rhabiller [rabi'je] (1a) *v/t.* dress (*s.o.*) again; provide (*s.o.*) with new clothing; repair, mend (*s.th.*); *fig.* gloss over (*a fault*); **rhabilleur** [~-'jœːr] *m* repairer; watch repairer.

rhénan, e [re'nɑ̃, ~'nan] Rhine ..., Rhenish.

rhéostat ⚡ [reɔs'ta] *m* rheostat.

rhétoricien † [retɔri'sjɛ̃] *m* rhetorician; **rhétorique** [~'rik] *f* rhetoric; † (*a. classe f de* ~) school: top classical form (*preparing for first part of the baccalauréat*).

Rhin *geog.* [rɛ̃] *m*: *vin m du* ~ hock.
rhino... [rinɔ] rhino...; ~**céros** *zo.* [~se'rɔs] *m* rhinoceros; ~**logie** ⚚ [~lɔ'ʒi] *f* rhinology; ~**plastie** ⚚ [~plas'ti] *f* rhinoplasty; ~**scopie** ⚚ [~skɔ'pi] *f* rhinoscopy.

rhizome ♣ [ri'zoːm] *m* rhizome.

rhodanien, -enne *geog.* [rɔda'njɛ̃, ~'njɛn] of the Rhone.

rhombe ⚚ [rɔ̃ːb] *m* rhomb(us); **rhombique** [rɔ̃'bik] rhombic; **rhomboïdal, e**, *m/pl.* **-aux** [~bɔi-'dal, ~'do] rhomboidal.

rhubarbe ♣ [ry'barb] *f* rhubarb.

rhum [rɔm] *m* rum.

rhumatisant, e ⚚ [rymati'zɑ̃, ~-'zãːt] *adj., a. su.* rheumatic; **rhumatismal, e**, *m/pl.* **-aux** ⚚ [~tis-'mal, ~'mo] rheumatic; **rhumatisme** ⚚ [~'tism] *m* rheumatism, F rheumatics *pl.*; ~ *articulaire* rheumatoid arthritis.

rhume ⚚ [rym] *m* cold; ~ *de cerveau* (*poitrine*) cold in the head (on the chest); *prendre un* ~ catch (a) cold.

ri [ri] *p.p. of rire* 1; **riant, e** [rjɑ̃, rjɑ̃ːt] smiling (*person, face, a. countryside*); pleasant (*thought*). [*su.* ribald.⟩

ribaud, e † [ri'bo, ~'boːd] *adj., a.*⟩

riblons ⊕ [ri'blɔ̃] *m/pl.* swarf *sg.*

ribote F [ri'bɔt] *f* drunken bout; *sl.* binge; *être en* ~ be tipsy; be on the spree.

ribouldingue F [ribul'dɛ̃ːg] *f* spree.

ricaner [rika'ne] (1a) *v/i.* snigger; sneer; laugh derisively; **ricaneur, -euse** [~ka'nœːr, ~'nøːz] **1.** *su.* sneerer; **2.** *adj.* derisive, sneering.

ric-(à-)rac F [rik(a)'rak] *adv.* strictly, exactly; punctually.

richard *m, e* F [ri'ʃaːr, ~'ʃard] wealthy person; **riche** [riʃ] **1.** *adj.* rich (in *en, de*) (*a. fig.*); wealthy; *fig.* valuable, handsome (*present*); F *fig.* fine, first-class; **2.** *su.* rich person; *su./m*: *bibl. le mauvais* ~ Dives; *les* ~*s pl.* the rich; **richesse** [ri'ʃɛs] *f* wealth; riches *pl.*; *fig.* opulence; ⚡ *soil*: richness; *vegetation*: exuberance; **richissime** F [~ʃi'sim] extremely rich, F rolling in money.

ricin ♣ [ri'sɛ̃] *m* castor-oil plant; *huile f de* ~ castor oil.

ricocher [rikɔ'ʃe] (1a) *v/i.* glance off; ricochet (*bullet etc.*); **ricochet** [~'ʃɛ] *m* rebound; ⚔ ricochet; *fig.* *par* ~ indirectly.

rictus

rictus [rik'tys] *m* 🐟 rictus; F grin.
ride [rid] *f face, forehead*: wrinkle; *geol. ground*: fold; *sand, water*: ripple; *sand*: ridge; ⚓ (shroud) lanyard; **rideau** [ri'do] *m* curtain, *Am. a.* drape; ⚔, ⚓, △, *a. fig.* screen; *thea.* (drop-)curtain; ⊕ roll-top, roll-shutter; ~ de fer *thea.* safety curtain; *pol.* Iron Curtain; *fig.* tirer le ~ sur draw a veil over.
ridelle [ri'dɛl] *f cart, truck*: rail.
rider [ri'de] (1a) *v/t.* wrinkle; ripple (*water, sand*); corrugate (*metal*); ⚓ tighten (*the shrouds*).
ridicule [ridi'kyl] 1. *adj.* ridiculous; 2. *su./m* absurdity; ridiculous aspect; ridicule; tourner en ~ (hold up to) ridicule; **ridiculiser** [~kyli'ze] (1a) *v/t.* ridicule, deride.
rien [rjɛ̃] 1. *su./m* mere nothing, trifle; F tiny bit; 2. *pron./indef.* anything; nothing; not ... anything; ~ de nouveau nothing new; ~ du tout nothing at all; ~ moins que nothing less than; *cela ne fait* ~ that does not matter; *de* ~! don't mention it!; *en moins de* ~ in less than no time; *il ne dit jamais* ~ he never says a thing; *il n'y a* ~ *à faire* it can't be helped; *obtenir pour* ~ get for a song; *plus* ~ nothing more; *sans* ~ *dire* without (saying) a word.
rieur, -euse [rjœːr, rjøːz] 1. *adj.* laughing; merry; mocking; 2. *su.* laugher.
riflard[1] F [ri'flaːr] *m* gamp, umbrella.
riflard[2] [~] *m* ⊕ *metal*: coarse file; *wood*: jack-plane; paring chisel; plastering trowel.
rigide [ri'ʒid] rigid, stiff (*a. fig.*); fixed (*axle*); tense (*muscle, cord*); **rigidité** [~ʒidi'te] *f* rigidity, stiffness (*a. fig.*); tenseness.
rigodon [rigɔ'dɔ̃] *m* † ♪ rigadoon (*a. dance*); ⚔ faire un ~ score a bull's-eye.
rigolade F [rigɔ'lad] *f* fun, lark.
rigolage ⚘ [rigɔ'laːʒ] *m field*: trenching.
rigolard, e *sl.* [rigɔ'laːr, ~'lard] fond of a lark; full of fun, jolly.
rigole [ri'gɔl] *f* ⚘ trench, ditch; ✈, ⊕ channel; ⚒ trough.
rigoler F [rigɔ'le] (1a) *v/i.* laugh; enjoy o.s.; **rigoleur, -euse** F [~'lœːr, ~'løːz] 1. *adj.* jolly; fond of fun; 2. *su.* jolly person; person fond of fun; laugher; **rigolo, -ote** F [~'lo, ~'lɔt] 1. *adj.* funny, comical; queer, odd; 2. *su./m* funny fellow; F card; F revolver, *Am.* gun.
rigorisme [rigɔ'rism] *m* rigorism, strictness; **rigoriste** [~'rist] 1. *adj.* rigorous; strict; 2. *su.* rigorist; rigid moralist; **rigoureux, -euse** [rigu'rø, ~'røːz] rigorous; strict; severe (*climate, punishment*); close (*reasoning*); **rigueur** [~'gœːr] *f* rigo(u)r, severity; *fig.* strictness; *fig. reasoning*: closeness, accuracy; *à la* ~ strictly; if really necessary, *sl.* at a push; *de* ~ obligatory, compulsory.
rillettes *cuis.* [ri'jɛt] *f/pl.* potted pork mince *sg.*
rimailler F [rimɑ'je] (1a) *v/i.* write doggerel, dabble in poetry; **rimailleur** F [~'jœːr] *m* poetaster, rhymester; **rime** [rim] *f* rhyme; *fig. sans* ~ *ni raison* without rhyme or reason; **rimer** [ri'me] (1a) *v/t.* put into rhyme: *v/i.* rhyme (with, *avec*); **rimeur** [~'mœːr] *m* rhymer, versifier.
rinçage [rɛ̃'saːʒ] *m* rinsing.
rinceau [rɛ̃'so] *m* △ foliage; 🖋 branch.
rince-bouteilles [rɛ̃sbu'tɛːj] *m/inv.* bottle-washer; **rince-doigts** [~'dwa] *m/inv.* finger-bowl; **rincée** [rɛ̃'se] *f sl.* thrashing; F downpour; **rincer** [~'se] (1k) *v/t.* rinse; *sl.* thrash (*s.o.*); *rain*: soak (*s.o.*); **rinceur** *m*, **-euse** *f* [~'sœːr, ~'søːz] washer, rinser; **rinçure** [~'syːr] *f* slops *pl.* (*a.* F = *very thin wine*).
ring *box.* [riŋ] *m* ring.
ringard ⊕ [rɛ̃'gaːr] *m* clinker-bar; *metall.* rabble(r).
ripaille F [ri'paːj] *f* revelry; *faire* ~ carouse; **ripailleur** *m*, **-euse** *f* F [~pɑ'jœːr, ~'jøːz] reveller, carouser.
ripoliner [ripɔli'ne] (1a) *v/t.* (paint with) enamel.
riposte [ri'pɔst] *f* retort, smart reply; *sp.* counter; **riposter** [~pɔs'te] (1a) *v/i.* retort; *sp.* counter, riposte; *fig.* ~ à counteract.
riquiqui F [riki'ki] *m* shrimp (= *undersized man*).
rire [riːr] 1. (4cc) *v/i.* laugh (at, *de*); jest, joke; smile (on, at *à*); make light (of, *de*); ~ *au nez de q.* laugh in s.o.'s face; ~ *dans sa barbe* chuckle to o.s.; ~ *jaune* give a sickly

smile; *à crever de* ~ killingly funny; *éclater de* ~ burst out laughing; *je ne ris pas* I am in earnest; *pour* ~ for fun, as a joke; comic (*paper*); mock (*auction, king*); *se* ~ *de* make fun of; laugh at; 2. *su./m* laugh(ter); *fou* ~ uncontrollable laughter.

ris[1] ⚓ [ri] *m* reef (*in a sail*).

ris[2] *cuis.* [~] *m*: ~ *de veau* sweetbread.

ris[3] *1st p. sg. p.s. of rire 1*; **risée** [ri'ze] *f* derision; *person*: laughingstock; ⚓ light squall; **risette** [~'zɛt] *f* (*child's*) smile; ⚓ *wind*: cat's-paw; *faire (la)* ~ smile (at, *à*); **risible** [~'zibl] ludicrous; ridiculous (*a. person*).

risotto *cuis.* [rizɔ'to] *m* risotto (*Italian rice dish*).

risque [risk] *m* risk; † *à ses* ~*s et périls* at one's own risk; *à tout* ~ at all hazards; *au* ~ *de* (*inf.*) at the risk of (*ger.*); **risquer** [ris'ke] (1m) *v/t.* risk, chance; endanger; ~ *le coup* take a chance, chance it; *v/i.*: ~ *de* (*inf.*) run the risk of (*ger.*); **risque-tout** [~kə'tu] *m/inv.* daredevil.

rissole *cuis.* [ri'sɔl] *f* rissole; (*fish-*)ball; **rissoler** *cuis.* [~sɔ'le] *vt/i.* brown (*meat*).

ristourne ✝ [ris'turn] *f* repayment; refund; *policy*: cancelling; transfer (*of item to account*); **ristourner** ✝ [~tur'ne] (1a) *v/t.* repay; refund; cancel (*a policy*); transfer (*an item to account*).

rite *eccl. etc.* [rit] *m* rite.

ritournelle [ritur'nɛl] *f* ♩ ritornello; F *fig. la même* ~ the same old story.

rituel, -elle [ri'tɥɛl] *adj., a. su./m* ritual, ceremonial.

rivage [ri'va:ʒ] *m river*: bank; *lake, sea*: shore, beach.

rival, e *m/pl.* **-aux** [ri'val, ~'vo] *adj., a. su.* rival; **rivaliser** [rivali'ze] (1a) *v/i.*: ~ *avec* rival; compete with, vie with; **rivalité** [~'te] *f* rivalry, competition.

rive [ri:v] *f river*: bank; *lake, river*: side; *lake*, † *sea*: shore; *forest*: edge.

river ⊕ [ri've] (1a) *v/t.* rivet; clinch (*a nail*); F ~ *son clou à q.* settle s.o.'s hash.

riverain, e [ri'vrɛ̃, ~'vrɛn] **1.** *adj.* riverside...; riparian; bordering on a road *etc.*; **2.** *su.* riverside resident; riparian owner; dweller along a road *etc.*

rivet ⊕ [ri'vɛ] *m* rivet; *nail*: clinch; **rivetage** ⊕ [riv'ta:ʒ] *m* riveting; clinching.

rivière [ri'vjɛ:r] *f* river; stream (*a. fig.*); *sp.* water-jump; rivière (*of diamonds*).

rivure ⊕ [ri'vy:r] *f* riveting; rivet joint *or* head; pin-joint; pintle.

rixe [riks] *f* brawl, fight; affray.

riz [ri] *m* rice; *cuis.* ~ *au lait* rice pudding; ~ *glacé* polished rice; **rizerie** [riz'ri] *f* rice-mill; **rizière** [ri'zjɛ:r] *f* rice-field, rice-swamp.

roadster *mot.* [rɔds'tœ:r] *m* two-seater, Am. roadster.

rob [rɔb] *m cards*: rubber; *faire un* ~ play a rubber.

robe [rɔb] *f* dress, frock; gown (*a.* ⚖, *a. univ.*); *animal*: coat; *bird*: plumage; *onion, potato, sausage*: skin; *cigar*: outer leaf; ⚖ legal profession; ~ *de chambre* dressing-gown; **robin** F *pej.* [rɔ'bɛ̃] *m* lawyer.

robinet ⊕ [rɔbi'nɛ] *m* cock, valve; tap, faucet; *cock*: key; ~ *d'arrêt* stop-cock; F *ouvrir le* ~ turn on the waterworks; **robinetier** ⊕ [~ne'tje] *m* brass-founder; brass-smith; **robinetterie** [~nɛ'tri] *f* brass founding; valve making.

robot [rɔ'bo] *m* robot; ✈ pilotless plane.

robre [rɔbr] *m see* rob.

robuste [rɔ'byst] robust, sturdy; ♀ hardy; *fig.* firm (*faith etc.*); **robustesse** [~bys'tɛs] *f* sturdiness; strength; hardiness.

roc [rɔk] *m* rock (*a. fig.*).

rocaille [rɔ'ka:j] *f* rock-work; rubble; † rococo; *jardin m de* ~ rock-garden; **rocailleux, -euse** [~ka'jø, ~'jø:z] rocky, stony, pebbly; *fig.* rugged, rough.

rocambole [rɔkɑ̃'bɔl] *f* ♀ Spanish garlic; *fig.* cock-and-bull story, fantastic story; stale joke.

roche [rɔʃ] *f* rock; boulder; ⚒ ~ *mère* matrix, parent-rock; *fig. cœur m de* ~ heart of stone; **rocher** [rɔ'ʃe] *m* (mass of) rock; *anat.* otic bone.

rochet[1] *eccl.* [rɔ'ʃɛ] *m* rochet.

rochet[2] [~] *m* ⊕ ratchet; *tex.* bobbin; ⊕ *roue f à* ~ ratchet-wheel.

rocheux, -euse [rɔ'ʃø, ~'ʃø:z] rocky; stony.

rocking-chair [rɔkiŋ'tʃɛːr] *m* rocking-chair.
rococo [rɔkɔ'ko] 1. *su./m* rococo; 2. *adj./inv.* rococo; F *fig.* antiquated.
rodage [rɔ'daːʒ] *m* ⊕ grinding; *mot.* running in; **roder** ⊕ [ˏ'de] (1a) *v/t.* grind; polish; *mot.* run in (*an engine*); grind in (*valves*).
rôder [ro'de] (1a) *v/i.* loiter; prowl (about); ⚓ veer (at anchor, *sur son ancre*); **rôdeur** *m*, **-euse** *f* [ˏ'dœːr, ˏ'døːz] prowler.
rodoir ⊕ [rɔ'dwaːr] *m* grinding-tool; polisher.
rodomontade [rɔdɔmɔ̃'tad] *f* swagger, bluster; rodomontade.
rogations *eccl.* [rɔga'sjɔ̃] *f/pl.* Rogation days; **semaine** *f* **des** ♀s Rogation week; **rogatoire** ⚖ [ˏ'twaːr] rogatory; **commission** *f* ~ commission (*issued by foreign court*) to take evidence for that court, Commission Rogatoire; **rogatons** F [ˏ'tɔ̃] *m/pl. food*: scraps; † tittle-tattle *sg.*
rogne *sl.* [rɔɲ] *f* (bad) temper.
rogner [rɔ'ɲe] (1a) *v/t.* trim, pare; clip (*claws, a. fig. the wings*); cut down (*s.o.'s salary*); *v/i. sl.* be in a temper, be cross; grumble; **rogneuse** ⊕ [ˏ'ɲøːz] *f* trimming-machine.
rognon *usu. cuis.* [rɔ'ɲɔ̃] *m* kidney.
rognures [rɔ'ɲyːr] *f/pl.* clippings, cuttings; trimmings; scraps.
rogomme F [rɔ'gɔm] *m* spirits *pl.*; **voix** *f* **de** ~ drunkard: husky voice.
rogue¹ [rɔg] haughty, arrogant.
rogue² [ˏ] *f* salted cod's-roe (*as a fishing bait*).
roi [rwa] *m* king (*a. cards, chess*); **jour** *m* **des** ♀s Twelfth-night.
roide [rwad] *see* raide.
roitelet [rwat'lɛ] *m* petty king; *orn.* wren.
rôle [roːl] *m* parchment, tobacco, *a.* ⚖: roll; ♆, ⚓, ✈ list; *thea., a. fig.* part, rôle; *à* **tour de** ~ in turn.
romain, e [rɔ'mɛ̃, ˏ'mɛn] 1. *adj.* Roman; 2. *su./m ling.* Roman; *typ.* roman, primer; *su.* ♀ Roman.
romaine¹ [rɔ'mɛn] *f balance*: steelyard.
romaine² ♀ [ˏ] *f* Cos lettuce.
romaïque [rɔma'ik] *adj., a. su./m ling.* Romaic; modern Greek.
roman, e [rɔ'mɑ̃, ˏ'mɑːd] 1. *adj.* Romance; ⚙ Norman (*in England*), Romanesque; 2. *su./m ling.* Romance; novel; (*medieval*) romance; *usu.* ~s *pl.* fiction *sg.*; ~ **à thèse** tendenz novel.
romance ♪ [rɔ'mɑ̃ːs] *f* song, ballad; ~ **sans paroles** song without words.
romanche *ling.* [rɔ'mɑ̃ːʃ] *m* Ro(u)mansh.
romancier *m*, **-ère** *f* [rɔmɑ̃'sje, ˏ'sjɛːr] novelist; fiction-writer; **roman-cycle**, *pl.* **romans-cycles** [ˏ'sikl] *m* saga (novel).
romand, e *geog.* [rɔ'mɑ̃, ˏ'mɑ̃ːd] *adj.*: **la Suisse** ~e French(-speaking) Switzerland.
romanesque [rɔma'nɛsk] 1. *adj.* romantic; 2. *su./m fig.* romance; **roman-feuilleton**, *pl.* **romans-feuilletons** *journ.* [rɔmɑ̃fœj'tɔ̃] *m* serial (story); **roman-fleuve**, *pl.* **romans-fleuves** [ˏ'flœːv] *m* saga (novel), river novel.
romanichel *m*, **-elle** *f* [rɔmani'ʃɛl] gipsy; Romany.
romaniser [rɔmani'ze] (1a) *vt/i.* Romanize (*a. eccl.*); **romaniste** [ˏ'nist] *su. eccl., a. ling.* Romanist; *ling.* student of the Romance languages; **romantique** [rɔmɑ̃'tik] 1. *adj.* Romantic; *fig.* imaginative; 2. *su.* Romantic; **romantisme** [ˏ'tism] *m* Romanticism.
romarin ♀ [rɔma'rɛ̃] *m* rosemary.
rompre [rɔ̃ːpr] (4a) *v/t.* break (*s.th.*) in two; break (✟ *circuit, one's neck, object, peace, promise, silence,* ✕ *step*); ⚖ *hist.* break on the wheel; break up (*an alliance,* ✕ *an attack, the road, etc.*); ✕ scatter (*a regiment*); break off (*a conversation, an engagement*); disrupt (✕ *an army, fig. unity*); burst (*an artery, the river banks*); break in (*an animal*); ✝ cancel; *fig.* disturb, upset; *fig.* interrupt; *fig.* deaden (*a shock*); *fig.* accustom (*s.o.*) (to, *à*); **se** ~ break; snap; accustom *or* harden o.s. (to, *à*); *v/i.* break; ✕, *a. sp.* give ground; ✕ **rompez!** dismiss!; **rompu, e** [rɔ̃'py] 1. *p.p.* of rompre; 2. *adj.* broken; broken in; ~ **à** used to, hardened to; experienced in (*business*); ~ **de fatigue** worn out; *fig.* **à bâtons** ~s by fits and starts.
romsteck *cuis.* [rɔms'tɛk] *m* rump-steak.
ronce [rɔ̃ːs] *f* ♀ bramble, blackberry-bush; ⊕ *wood grain*: curl; F

~s *pl.* thorns; *fig.* difficulties; ~ arti-
ficielle barbed wire; **ronceraie**
[~'rɛ] *f* ground covered with bram-
bles.
ronchonner F [rɔ̃ʃɔ'ne] (1a) *v/i.*
grumble, grouse; hum (*radio-set*);
ronchonneur *m*, **-euse** *f* F [~'nœːr,
~'nøːz] grumbler.
rond, ronde [rɔ̃, rɔ̃ːd] **1.** *adj.* round;
plump (*face, person*); *fig.* brisk
(*wind*); *fig.* straight, honest (*per-
son*); F tipsy, tight, *Am.* high);
2. rond *adv.*: ⊕ *etc. tourner* ~ run
smoothly *or* true; **3.** *su./m* circle,
round, ring; *bread etc.*: slice; *butter*:
pat; ⊕ washer; ~ *de serviette* nap-
kin-ring; *en* ~ in a circle; *su./f* ✗
etc., dance, a. song: round; ♩ semi-
breve; *script*: round hand; *à la* ~*e*
around; (*do s.th.*) in turn; **rond-
de-cuir**, *pl.* **ronds-de-cuir** [~d-
'kɥiːr] *m* round leather cushion;
pen-pusher, clerk; bureaucrat;
rondeau [rɔ̃'do] *m poem*: rondeau;
♩ rondo; ⚔ roller; **rondelet, -ette**
[rɔ̃d'lɛ, ~'lɛt] plumpish; nice round
(*sum*); **rondelle** [rɔ̃'dɛl] *f* disc;
slice; ⊕ washer; ⊕ (*ball-*)race;
rondeur [~'dœːr] *f* roundness (*a.
fig. style*); fullness; *figure*: curve;
fig. straightforwardness, frankness;
rondin [~'dɛ̃] *m* log; billet; *iron*:
round bar; **rond-point**, *pl.* **ronds-
points** [rɔ̃'pwɛ̃] *m road*: circus;
mot. roundabout; △ † apse.
ronflant, e [rɔ̃'flɑ̃, ~'flɑ̃ːt] snoring
(*person*); throbbing, roaring, rum-
bling (*noise*); resounding (*titles,
voice*); *fig.* pretentious, bombastic;
ronflement [~flə'mɑ̃] *m* snore;
snoring; *noise*: roar(ing), boom
(-ing); *machine, top, a. radio*: hum;
ronfler [~'fle] (1a) *v/i.* snore (*sleep-
er*); roar, boom; hum; *sl.* prosper;
ronfleur, -euse [~'flœːr, ~'fløːz]
su. snorer; *su./m* ⚔ buzzer.
rongeant, e [rɔ̃'ʒɑ̃, ~'ʒɑ̃ːt] 🔥 cor-
roding; 🐀 rodent; *fig.* gnawing
(*worries*); **ronger** [~'ʒe] (1l) *v/t.*
gnaw; *worms etc.*: eat into; 🔥 cor-
rode; pit (*metal*); erode; *fig.* fret
(*s.o.'s heart*); *fig.* rongé de
tormented by (*grief*); worn by
(*care*); **rongeur, -euse** [~'ʒœːr,
~'ʒøːz] **1.** *adj. zo., a.* 🌿 rodent; *fig.*
gnawing (*care, worry*); **2.** *su./m zo.*
rodent.
ronron [rɔ̃'rɔ̃] *m cat*: purr(ing); F

machine: hum; **ronronner** [~rɔ'ne]
(1a) *v/i.* purr (*cat, engine*); ⊕, *radio,
etc.*: hum.
roquer [rɔ'ke] (1m) *v/i. chess*: castle.
roquet [rɔ'kɛ] *m* pug(-dog); mongrel;
Am. yellow dog; *a.* = **roquetin**
[rɔk'tɛ̃] *m* silk spool.
roquette[1] ✗ [rɔ'kɛt] *f* rocket.
roquette[2] ♣ [~] *f* rocket.
rosace △ [ro'zas] *f* rose-window;
(*ceiling-*)rose; **rosacé, e** [~za'se]
1. *adj.* rosaceous; **2.** *su./f*: ~s *pl.*
rosaceae; **rosage** ♣ [~'zaːʒ] *m*
rhododendron; **rosaire** *eccl.* [~'zɛːr]
m rosary; **rosâtre** [~'zɑːtr] pinkish.
rosbif *cuis.* [rɔs'bif] *m* roast beef.
rose [roːz] **1.** *su./f* ♣ rose; △ rose-
window; ⊕ ~ *des vents* compass-
card; ♣ ~ *sauvage* dog-rose; *su./m*
rose (colo[u]r), pink; **2.** *adj.* pink;
rosy; **rosé, e** [ro'ze] **1.** *adj.* rose-
pink, rosy; rose, rosé (*wine*); **2.** *su./m
wine*: rosé.
roseau [ro'zo] *m* ♣ reed; *fig.*
(broken) reed.
rose-croix [roz'krwa] *m/inv.* Rosi-
crucian.
rosée [ro'ze] *f* dew.
roser [ro'ze] (1a) *v/t. a. se* ~ turn
pink; **roseraie** ⚔ [roz'rɛ] *f* rose-
garden; **rosette** [ro'zɛt] *f* ribbon:
bow; rosette (*a. decoration*):
red ink *or* chalk; ⊕ burr;
rose-copper; **rosier** ♣ [~'zje] *m*
rose-tree, rose-bush; **rosière**
[~'zjɛːr] *f* girl whose virtuous con-
duct has won her a prize (*formerly
a crown of roses*) (*in some French
villages*); **rosiériste** [~zje'rist] *m*
rose-grower.
rossard *sl.* [rɔ'saːr] *m* skunk, beast
(= *objectionable individual*).
rosse [rɔs] **1.** *su./f* F *horse*: screw;
see rossard; **2.** *adj.* F objectionable,
nasty; beastly; cynical (*comedy*).
rossée F [rɔ'se] *f* thrashing; **rosser**
F [~] (1a) *v/t.* give (*s.o.*) a thrashing.
rossignol [rɔsi'ɲɔl] *m orn.* nightin-
gale; † F piece of junk, old stock;
F white elephant; ⊕ skeleton-key;
⚔ whistle.
rossinante F [rɔsi'nɑ̃ːt] *f* worn-out
old hack, Rosinante.
rossolis [rɔsɔ'li] *m* ♣ sundew;
cordial: rosolio.
rostre [rɔstr] *m zo.,* ♣ rostrum (*a.
⚔ hist.* = *beak of ship*); *hist.* ~s *pl.*
rostra.

rot sl. [ro] m belch.
rôt [~] m roast (meat).
rotateur, -trice [rɔta'tœːr, ~'tris] 1. adj. rotatory; 2. su./m anat. rotator; biol. rotifer; **rotatif, -ve** [~'tif, ~'tiːv] 1. adj. rotary; 2. su./f typ. rotary (printing-)press; **rotation** [~'sjɔ̃] f rotation (a. ♀, ✈); ✝ ~ du stock merchandise turn-over; **rotativiste** typ. [~ti'vist] m rotary printer; **rotatoire** [~'twaːr] ⊕ rotatory (a. phys. power); rotational (force); phys. rotary (polarization).
roter sl. [rɔ'te] (1a) v/i. belch, bring up wind; j'en rotais it took my breath away.
rôti cuis. [ro'ti] m roast (meat); **rôtie** [~] f (round of) toast; ~ à l'anglaise Welch rarebit.
rotin [rɔ'tɛ̃] m ♀ rattan; rattan cane.
rôtir [ro'tiːr] (2a) vt/i. roast (a. fig.); fig. scorch; v/t. toast (bread); **rôtissage** [~ti'saːʒ] m roasting; **rôtisserie** [~tis'ri] f cook-shop; **rôtisseur** m, **-euse** f [roti'sœːr, ~'søːz] seller of roast meats; cook-shop keeper; **rôtissoire** cuis. [~'swaːr] f Dutch oven; roaster.
rotonde [rɔ'tɔ̃ːd] f ⚠ rotunda; cost. (lady's) sleeveless cloak; 🚂 engine shed; **rotondité** [~tɔ̃di'te] f rotundity; F stoutness.
rotor ⚡, ✈ [rɔ'tɔːr] m rotor.
rotule [rɔ'tyl] f anat. knee-cap; ⊕ ball-and-socket joint; mot. (steering-)knuckle.
roture [rɔ'tyːr] f commoner's condition; coll. commons pl.; **roturier, -ère** [~ty'rje, ~'rjɛːr] 1. adj. common, plebeian; 2. su. commoner; self-made man.
rouage ⊕ [rwaːʒ] m wheels pl. (a. fig.); work(s pl.); cog-wheel, gear-wheel; fig. cog.
rouan, -anne zo. [rwɑ̃, rwan] roan.
rouanne ⊕ [rwan] f rasing-knife; scribing-compass; carpenter's auger.
roublard, e F [ru'blaːr, ~'blard] 1. adj. wily, crafty; 2. su. wily or crafty person; **roublardise** F [~blar'diːz] f cunning; piece of trickery.
rouble [rubl] m Russian coinage: r(o)uble.
roucouler [ruku'le] (1a) vt/i. coo; v/t. fig. warble (a song).

roue [ru] f wheel; ~ arrière (avant) back (front) wheel; mot. ~ de secours spare wheel; ~ directrice mot. steering-wheel; cycl. front wheel; ~ motrice driving wheel; faire la ~ orn. spread its tail (peacock etc.); sp. turn cart-wheels; ⚙ wheel about; fig. swagger; mot. freins m/pl. sur quatre ~s four-wheel brakes; mettre (or jeter) des bâtons dans les ~s de q. put a spoke in s.o.'s wheel; sur ~s wheeled, on wheels; **roué, e** [rwe] 1. su. cunning or artful person; su./m rake, roué; 2. adj. cunning, artful; exhausted; **rouelle** [rwɛl] f round slice; veal: fillet, beef: round.
rouennerie tex. [rwan'ri] f printed cotton goods pl.
rouer [rwe] (1p) v/t. coil (a rope); ⚖ hist. break (s.o.) on the wheel; fig. ~ de coups thrash (s.o.) soundly, beat (s.o.) black and blue; **rouerie** [ru'ri] f trick; piece of trickery; **rouet** [rwɛ] m small wheel; spinning-wheel; ⊕ pulley-wheel; ⊕ pully: sheave; lock: scutcheon; ⚓ gin.
rouge [ruːʒ] 1. adj. red (with, de); ruddy (cheek); ~ brique brick-red; ~ sang blood-red; chapeau m ~ cardinal's hat, F red hat; 2. adv.: fig. voir ~ see red; 3. su./m colour: red; F red wine; ~ à lèvres, bâton m de ~ lipstick; ⊕ au ~ at red heat; porter au ~ make (s.th.) red-hot; se mettre du ~ put on rouge; su. pol. person: red; **rougeâtre** [ru'ʒɑːtr] reddish; **rougeaud, e** F [ru'ʒo, ~'ʒod] 1. adj. red-faced; 2. su. red-faced person; **rouge-gorge,** pl. **rouges-gorges** orn. [ruʒ'gɔrʒ] m robin (redbreast).
rougeole [ru'ʒɔl] f ✱ measles sg.; ♀ field-cowwheat.
rouge-queue, pl. **rouges-queues** orn. [ruʒ'kø] m redstart; **rouget** [ru'ʒɛ] m icht. red mullet; gurnard; vet. swine-fever; zo. harvest-bug; **rougeur** [~'ʒœːr] f redness; face: blush, flush; blotch, red spot (on the skin); **rougir** [~'ʒiːr] (2a) vt/i. redden; turn red; fig. flush; v/t. make (s.th.) red-hot, bring (s.th.) to a red heat; v/i. blush.
roui [rwi] m retting; sentir le ~ taste of the saucepan or stewpan.
rouille [ruːj] f rust (a. ✈); ♀ mildew; **rouillé, e** [ru'je] rusty (a.

fig.), rusted; ♣ mildewed; **rouiller** [~'je] (1a) *v/t.* rust (*a.* ✒); ♣ mildew, blight; se ~ rust; ♣ go mildewed; *fig.* get out of practice; **rouillure** [~'jy:r] *f* rustiness; ♣ rust, blight.

rouir [rwi:r] (2a) *v/t.* ret, steep (*flax etc.*); **rouissage** [rwi'sa:ʒ] *m* retting, steeping.

roulade [ru'lad] *f* roll; ♪ (vocal) flourish, roulade; **roulage** [~'la:ʒ] *m* ✒, *a. mot.* rolling; *goods*: carriage; haulage; cartage; (road) traffic; ✝ haulage firm; **roulant, e** [~'lɑ̃, ~'lɑ̃:t] **1.** *adj.* rolling; sliding (*door*), good, smooth (*road*); smooth-running (*car*); ✝ floating, working (*capital*), going (*concern*); F screamingly funny; ⚔, *fig.* feu *m* ~ running fire; **2.** *su./f* (*a.* cuisine *f* ~e) field kitchen; **rouleau** [~'lo] *m* roller; power roller; *cuis.* rolling-pin; *paper etc.*: roll; *rope etc.*: coil; *phot.* spool; *tobacco*: twist; cylinder; ~ hygiénique toilet roll; *fig.* être au bout de son ~ be at one's wit's end; **roulement** [rul'mɑ̃] *m* rolling; ⊕ *machine*: running; *mot.* rattle; ⊕ (*ball-* etc.) bearing; ⊕ rolling (*mechanism*), race; ♪ *drum*: roll; ✝ *capital*: circulation; *fig.* alternation; ✈ run, taxying; *mot.* bande *f* de ~ tread; ✈ chemin *m* de ~ runway; par ~ in rotation; **rouler** [ru'le] (1a) *v/t.* roll (along *or* about *or* up); *ling.* roll (one's r's), trill; *fig.* turn over (*in one's mind*); F cheat, fleece (*s.o.*); F beat, best (*s.o.*); se ~ roll; *sl.* be convulsed; *v/i.* roll (*a.* ⚓); roll about *or* along *or* over; travel; wander; *mot.* ride, drive (along); ✈ taxi; ⊕, *mot.* run; ✝ circulate (*money*); take turns, rotate; vary (between, *entre*); ~ sur turn upon, depend on; be rolling in (*money*). **roulette** [ru'lɛt] *f* small wheel; *chair etc.*: caster, truckle; *tram*: trolley-wheel; ⚙ dentist's drill; ♣ cycloid; *game*: roulette; bath-chair; F aller comme sur des ~s go like clockwork; *sp.* patin *m* à ~s roller-skate.

rouleur, -euse [ru'lœ:r, ~'lø:z] *su.* travelling journeyman; worker who keeps changing jobs; *barrow*: wheeler; *su./m* ⚘ trammer, haulier; *zo.* vine-weevil; *su./f* *zo.* leaf-roller; F low prostitute; **roulier, -ère** [~'lje, ~'ljɛ:r] **1.** *adj.* carrying; **2.** *su./m* carrier, carter; **roulis** ⚓ [~'li] *m* roll(ing); **roulotte** [~'lɔt] *f* (gipsy-)van; *mot.* caravan, trailer; **roulure** [~'ly:r] *f* ⊕ *metal*: rolled edge; *timber*: cup-shake; *sl.* low prostitute.

roumain, e [ru'mɛ̃, ~'mɛn] **1.** *adj.* Rumanian; **2.** *su./m ling.* Rumanian; *su.* ♀ Rumanian.

roupie¹ [ru'pi] *f Indian coinage*: rupee.

roupie² F [~] *f* drop of mucus; snivel; bit of trash.

roupiller F [rupi'je] (1a) *v/i.* snooze, doze; *sl.* sleep; **roupilleur** F [~'jœ:r] *m* snoozer; **roupillon** F [~'jɔ̃] *m* snooze; nap; *piquer un ~* have a snooze.

rouquin, e F [ru'kɛ̃, ~'kin] **1.** *adj.* red-haired, sandy-haired; **2.** *su.* red-haired *or* sandy-haired person, F Ginger, Carrots *sg.*; *usu. su./f* F Coppertop.

rouspéter F [ruspe'te] (1f) *v/i.* resist, show fight; protest; complain; **rouspéteur** F [~'tœ:r] *m* complainer; quarrelsome fellow; *Am. sl.* griper, sorehead.

roussâtre [ru'sɑ:tr] reddish; **rousseau** F [~'so] *m* red-haired person; **rousseur** [~'sœ:r] *f hair etc.*: redness; *tache f de ~* freckle.

roussi [ru'si] *m*: sentir le ~ smell of burning; *fig.* smack of heresy (*opinion, statement*); be something of a heretic (*person*).

roussin [ru'sɛ̃] *m* cart-horse; cob; *sl.* cop(per) (= *policeman*); *sl.* police-spy, *Am. sl.* stool pigeon.

roussir [ru'si:r] (2a) *vt/i.* turn brown; scorch, singe (*linen*); *cuis.* brown.

routage [ru'ta:ʒ] *m post*: sorting.

route [rut] *f* road(way); path; route (*a.* ⚔, ⚓, ✈); course (*a.* ⚓); ⚔ *chanson f de ~* marching song; *en ~* on the way; ⚓ on her course; ✝ on the road; *en ~!* off you go!; let's go!; 🚂 right away!; ⚓ full speed ahead!; *faire ~ sur* make for; *faire fausse ~* go astray, take the wrong road; *fig.* be on the wrong track; *mettre en ~* start (up); *se mettre en ~* set out; ⚓ get under way.

router [ru'te] (1a) *v/t. post*: sort.

routier, -ère [ru'tje, ~'tjɛ:r] **1.** *adj.* road-...; *carte f ~ère* road-map;

routine 430

réseau m ~ highway network; *voie f* ~ère traffic lane; carriage-way; **2.** *su./m* track-chart; *mot.* long-distance driver; *cyclist:* (road) racer; *boy scout:* rover; F *vieux* ~ old stager; *su./f* roadster; road-map; traction-engine; **routine** [~'tin] *f* routine; red tape; *par* ~ by rule of thumb; out of sheer habit; **routinier, -ère** [~ti'nje, ~'njɛːr] **1.** *adj.* routine (*activities*); who works to a routine (*person*); F in a rut; **2.** *su.* routinist; lover of routine; F *fig.* stick-in-the-mud.

rouvre ⚘ [ruːvr] **1.** *adj.: chêne m* ~ = **2.** *su./m* Austrian *or* Russian oak, robur.

rouvrir [ru'vriːr] (2f) *vt/i.* reopen.

roux, rousse [ru, rus] **1.** *adj.* russet; reddish(-brown); red (*hair*); *cuis.* brown(ed) (*butter, sauce*); *lune f rousse* April moon; *vents m/pl.* ~ cold winds of April; **2.** *su.* red-haired *or* sandy person; *su./m colour:* russet; reddish-brown; *cuis.* brown sauce; browning; brown(ed) butter.

royal, e, *m/pl.* **-aux** [rwa'jal, ~'jo] royal, regal; crown (*prince*); ⚓ main (*pump*); ⚔ † *le* ♀ *Cambouis* (*approx.*) the Army Service Corps; **royaliste** [~ja'list] *adj., a. su.* royalist; **royaume** [~'joːm] *m* kingdom; realm (*a. fig.*); **royauté** [~jo'te] *f* royalty; kingship.

ru [ry] *m* water-course; gully; brook.

ruade [rųad] *f horse:* kick, lashing out.

ruban [ry'bɑ̃] *m* ribbon (*a.* ⚔, *a. typewriter, decorations*), band; tape; measuring-tape; ~ *adhésif* adhesive tape; ~ *d'acier* steel band; *mot.* ~ *de frein* brake band; ~ *magnétique* (*or de magnétophone*) recording tape; ⊕ ~ *roulant* conveyor-belt; ⊕ *scie f à* ~ band saw; **rubaner** [ryba'ne] (1a) *v/t.* trim (*s.th.*) with ribbons; cut (*s.th.*) (in)to ribbons; ⚡ tape (*a wire*); **rubanier, -ère** [~'nje, ~'njɛːr] ribbon-...

rubéfier ⚕ [rybe'fje] (1o) *v/t.* rubefy, redden; **rubicond, e** [~bi'kɔ̃, ~'kɔ̃ːd] florid, rubicund.

rubigineux, -euse [rybiʒi'nø, ~'nøːz] rusty, rust-colo(u)red.

rubis [ry'bi] *m min.* ruby; *watch:* jewel; F *faire* ~ *sur l'ongle* drain to the dregs; *montre f montée sur* ~ jewelled watch; *payer* ~ *sur l'ongle*

pay to the last farthing *or Am.* last cent.

rubrique [ry'brik] *f* red ochre, red chalk; *eccl.,* ⚖ rubric; *journ.* column, heading; *book:* imprint.

ruche [ryʃ] *f* (bee-)hive; *cost.* ruching, ruche, frill; **rucher** [ry'ʃe] **1.** (1a) *v/t. cost.* ruche, frill; **2.** *su./m* apiary.

rude [ryd] rough (*cloth, path, sea, skin, wine*); hard (*blow, brush, climb, task, times, weather*); severe (*blow, cold, shock, trial, weather, a. fig.*); harsh (*voice, a. fig.*); primitive (*people etc.*); *fig.* brusque; F enormous; **rudement** [~'mɑ̃] *adv.* roughly *etc. see rude*; F extremely, awfully (= *very*).

rudéral, e, *m/pl.* **-aux** ⚘ [ryde'ral, ~'ro] ruderal, growing in rubbish *or* in waste places.

rudesse [ry'dɛs] *f* roughness; hardness; severity; harshness; primitiveness; brusqueness, abruptness.

rudiment [rydi'mɑ̃] *m anat., biol., zo., etc.* rudiment; *fig.* ~s *pl. a.* rudimentary *sg.*; **rudimentaire** [~mɑ̃'tɛːr] rudimentary.

rudoyer [rydwa'je] (1h) *v/t.* browbeat; bully; ill-treat.

rue¹ [ry] *f* street, thoroughfare; ~ *à sens unique* one-way street; ~ *barrée!* no thoroughfare; ~ *commerçante* shopping street.

rue² ⚘ [~] *f* rue.

ruée [rɥe] *f* rush; ⚔ onslaught.

ruelle [rɥɛl] *f* lane, alley; space between bed and wall.

ruer [rɥe] (1n) *v/i.* lash out, kick; *se* ~ (*sur*) fling o.s. (at); rush (at, to); **rueur, -euse** [rɥœːr, rɥøːz] **1.** *adj.* kicking (*horse*); **2.** *su. horse:* kicker.

rugby *sp.* [ryg'bi] *m* rugby (football).

rugine [ry'ʒin] *f* ⚕ xyster; (*dental*) scaler.

rugir [ry'ʒiːr] (2a) *v/i.* roar (*a. fig.*); howl (*storm, wind*); **rugissement** [~ʒis'mɑ̃] *m* roar(ing); *storm, wind:* howl(ing).

rugosité [rygozi'te] *f* roughness, ruggedness; corrugation; *ground:* unevenness; **rugueux, -euse** [~'gø, ~'gøːz] rough, rugged; corrugated; gnarled (*tree, trunk*).

ruine [rɥin] *f* ruin (*a. fig.*); downfall (*a. fig.*); *fig.* fall; *tomber en* ~s

fall in ruins; ruiner [rɥi'ne] (1a) *v/t.* ruin (*a. fig.*), destroy; ✝ bankrupt (*s.o.*); disprove (*a theory*); se ~ ruin o.s. (*person*); *fig.* go to ruin (*thing*); **ruineux, -euse** [~'nø, ~'nøːz] ruinous; *fig.* disastrous.

ruisseau [rɥi'so] *m* brook; stream (*a. fig. of blood*); *street, a. fig. pej.*: gutter; **ruisseler** [rɥis'le] (1c) *v/i.* stream (with, *de*), run (down); trickle; drip; **ruisselet** [~'lɛ] *m* rivulet, brooklet; **ruissellement** [rɥisɛl'mã] *m* streaming, running; trickling; dripping; *fig. jewels*: glitter, shimmer.

rumb ⚓ [rɔ̃ːb] *m* rhumb.

rumeur [ry'mœːr] *f* distant sound; confused noise; *traffic*: hum; uproar; *fig.* rumo(u)r, report.

ruminant, e *zo.* [rymi'nã, ~'nãːt] *adj., a. su./m* ruminant; **ruminer** [~'ne] (1a) *v/t.* ruminate (*fig.* on an idea, *une idée*); *fig.* ponder; *v/i. zo., fig.* chew the cud, ruminate.

rune [ryn] *f* rune; **runique** [ry'nik] runic.   [(ware).]

ruolz [ry'ɔls] *m* electroplate(d

rupestre [ry'pɛstr] ♀ rupestral, rock-dwelling; rock-(*drawings*).

rupin, e F [ry'pɛ̃, ~'pin] **1.** *adj.* first-rate, *Am.* swell; wealthy (*person*); **2.** *su./m* swell, toff, nob.

rupteur ⚡ [ryp'tœːr] *m* circuit-breaker; **rupture** [~'tyːr] *f dam*: breaking (*a.* ⚡ *circuit*), bursting; *blood-vessel*: rupture; *bone*: fracture; *battle, engagement, negotiations*: breaking off; ⚖ *contract, promise*: breach; *road surface*: breaking up; *fig.* falling out, quarrel (*between persons*); 🚢 ~ *de charge* dividing of load; ⚖ ~ *de promesse*

de mariage breach of promise; *charge f de* ~ breaking load.

rural, e, *m/pl.* **-aux** [ry'ral, ~'ro] **1.** *adj.* rural, country...; **2.** *su.* peasant.

ruse [ryːz] *f* ruse, trick, wile; ⚔ ~ *de guerre* stratagem; *en amour la* ~ *est de bonne guerre* all's fair in love and war; *user de* ~ practise deceit; **rusé, e** [ry'ze] artful, wily, crafty, cunning; **ruser** [~] (1a) *v/i.* use guile; resort to trickery.

rush [rœʃ] *m sp.* (final) spurt, sprint; *fig.* rush.

russe [rys] **1.** *adj.* Russian; **2.** *su./m ling.* Russian; *su.* ♀ Russian; **russifier** [rysi'fje] (1o) *v/t.* Russianize.

russo... [rysɔ] Russo...; ~**phile** [~'fil] *adj., a. su.* Russophile.

rustaud, e [rys'to, ~'toːd] **1.** *adj.* boorish, loutish, uncouth; **2.** *su.* boor, lout; F bumpkin; **rusticité** [~tisi'te] *f* rusticity; boorishness; primitiveness; ♀ hardiness; **rustique** [~'tik] **1.** *adj.* rustic (*a. fig.*); country...; *fig.* countrified, unrefined; ♀ hardy; **2.** *su./m* ⚒ bush-hammer; **rustiquer** ⚒ [~ti'ke] (1m) *v/t.* give a rustic appearance to; **rustre** [rystr] **1.** *adj.* boorish, loutish, churlish; **2.** *su./m* boor, lout, churl; F bumpkin.

rut [ryt] *m animals*: rut(ting), heat; *être en* ~ be in *or* on heat (*female*); rut (*male*).

rutilant, e [ryti'lã, ~'lãːt] glowing red; gleaming (*a. fig.*); 🔥 rutilant; *fig.* glittering; **rutiler** [~'le] (1a) *v/i.* glow, gleam (red).

rythme [ritm] *m* rhythm; **rythmique** [rit'mik] rhythmic.

S

S, s [ɛs] *m* S, s; *s... sl.* = *sacré*.
sa [sa] *see son*[1].
sabbat [sa'ba] *m eccl.* Sabbath; *fig.* witches' sabbath; F *fig.* din, racket; **sabbatique** [~ba'tik] sabbatical.
sabine ♀ [sa'bin] *f* savin(e).
sabir *ling.* [sa'biːr] *m Levant*: lingua franca.
sablage ⊕ [sɑ'blaːʒ] *m* sand-blasting.
sable[1] [sɑːbl] *m* sand; ⚔ gravel;

sand-glass; ~ *mouvant* quicksand; *bâtir sur le* ~ build on sand.
sable[2] 🛡, *zo.* [~] *m* sable.
sablé *cuis.* [sɑ'ble] *m* shortbread; **sabler** [~'ble] (1a) *v/t.* sand, gravel (*a path*); ⊕ cast (*s.th.*) in a sand-mo(u)ld; ⊕ sand-blast; F *fig.* swig (*a drink*); **sableur** [~'blœːr] *m* ⊕ sand-mo(u)lder; F *fig.* hard drinker; **sableux, -euse** [~'blø, ~'bløːz] **1.** *adj.* sandy; **2.** *su./f* ⊕ sand-jet;

sablier

sablier [˷bli'e] *m* sand-man; sand-box, sand-sifter; sand-glass; *cuis.* egg-timer.
sablière¹ ⚒ [sɑbli'ɛːr] *f* plate; stringer.
sablière² [sɑbli'ɛːr] *f* sand-pit; gravel-pit; 🚂 sand-box; **sablon** [˷'blɔ̃] *m* fine sand; **sablonner** [sɑblɔ'ne] (1a) *v/t.* sand; *metall.* sprinkle with welding sand; **sablonneux, -euse** [˷'nø, ˷'nøːz] sandy; gritty (*fruit*); **sablonnière** [˷'njɛːr] *f* sand-pit, gravel-pit; *metall.* sand-box.
sabord ⚓ [sa'bɔːr] *m* port(-hole); **saborder** ⚓ [˷bɔr'de] (1a) *v/t.* scuttle.
sabot [sa'bo] *m* sabot (*a.* ⚔, ⊕); wooden shoe *or* clog; *zo.* hoof; ⊕, ⚡, *mot.* (*brake-, contact-, etc.*)shoe; F *toy:* top; *mot.* ˷ *de pare-choc* overrider; F *fig. dormir comme un* ˷ sleep like a log; **sabotage** [sabɔ'taːʒ] *m* sabot-making; *work:* scamping, bungling; scamped *or* bungled work; (act of) sabotage (*during strikes etc.*); **saboter** [˷'te] (1a) *v/i.* clatter (*with sabots*); whip a top; F *fig.* bungle one's work; commit acts of sabotage; *v/t.* 🌳 shoe (*a pile*); 🚂 chair (*a sleeper*); *fig.* bungle (*one's work etc.*); ⊕ sabotage (*a job, machinery*); **saboteur** *m*, **-euse** *f* [˷'tœːr, ˷'tøːz] ⊕ saboteur; F *work:* bungler, botcher; **sabotier** [˷'tje] *m* sabot-maker; **sabotière** [˷'tjɛːr] *f* clog-dance; slipper-bath.
sabre [sɑːbr] *m* sabre, broadsword; *icht.* sword-fish; ˷ *au clair* (with) drawn sword; ⚔ † ˷*-baïonnette* sword-bayonet; *coup m de* ˷ sabre cut; slash; F *fig. traîneur m de* ˷ sabre-rattler; **sabrer** [˷'bre] (1a) *v/t.* sabre; slash; F botch, scamp (*one's work*); F *fig.* make drastic cuts in (*a play etc.*); **sabretache** ⚔ [˷brə'taʃ] *f* sabretache; **sabreur** [˷'brœːr] *m* † dashing cavalry officer; F *work:* scamper.
saburral, e, *m/pl.* **-aux** ⚕ [saby'ral, ˷'ro] saburral; coated (*tongue*).
sac¹ [sak] *m* coal, flour, *etc.*: sack; bag; ⚔ kit-bag, knapsack; rucksack; *zo.* pouch; *anat.* sac; *geol.* pocket; (*wind-*)cone; sackcloth; ˷ *à main* handbag; F ˷ *à vin* toper; ˷ *de couchage* sleeping-bag; ˷ *de*

432

voyage travelling-case; ˷ *en bandoulière* shoulder-bag; ˷ *en papier* paper-bag; F *homme m de* ˷ *et de corde* thorough scoundrel; F *vider son* ˷ get it off one's chest.
sac² [˷] *m* pillage, sacking.
saccade [sa'kad] *f* jerk; *par* ˷*s* in jerks; *fig.* by fits and starts; **saccadé, e** [saka'de] jerky; irregular.
saccage [sa'kaːʒ] *m* confusion; havoc; **saccagement** [˷kaʒ'mɑ̃] *m* pillaging, sacking; **saccager** [saka-'ʒe] (11) *v/t.* pillage, plunder; ransack (*a house*); *fig.* throw into confusion; **saccageur** *m*, **-euse** *f* [˷'ʒœːr, ˷-'ʒøːz] plunderer.
saccharate 🧪 [sakka'rat] *m* saccharate; **saccharide** 🧪 [˷'rid] *m* saccharide; **saccharifier** 🧪 [˷ri-'fje] (1o) *v/t.* saccharify; **saccharin, e** [˷'rɛ̃, ˷'rin] *adj., a. su./f* saccharine; **saccharose** 🧪 [˷'roːz] *m* saccharose.
sacerdoce [sasɛr'dɔs] *m* priesthood (*a. coll.*); **sacerdotal, e**, *m/pl.* **-aux** [˷dɔ'tal, ˷'to] priestly; sacerdotal; *fig.* priestlike.
sachant [sa'ʃɑ̃] *p.pr.* of *savoir* 1; **sache** [saʃ] *1st p. sg. pres. sbj.* of *savoir* 1.
sachée [sa'ʃe] *f* sackful, bagful; **sachet** [˷'ʃɛ] *m* small bag; *scent:* sachet; ⚔ cartridge-bag; ˷ *de paie* pay-envelope.
sacoche [sa'kɔʃ] *f* satchel, wallet; *mot., bicycle, etc.:* tool-bag; ⚔ saddle-bag.
sacramental *eccl.* [sakramɑ̃'tal] *m* sacramental; **sacramentel, -elle** [˷'tɛl] *eccl.* sacramental; F binding, decisive (*word*).
sacre¹ [sakr] *m* *king:* anointing, coronation; *bishop:* consecration.
sacre² *orn.* † [˷] *m* saker.
sacré, e [sa'kre] holy (*orders, scripture*); sacred (*spot, vessel, a. fig.*); *anat.* sacral; *sl.* (*before su.*) confounded; damned; **sacre-bleu!** [˷krə'blø] *int.* damn (it)!; **sacrement** *eccl.* [˷krə'mɑ̃] *m* sacrament; *derniers* ˷*s pl.* last rites; *fréquenter les* ˷*s* be a regular communicant; **sacrer** [˷'kre] (1a) *v/t.* anoint, crown (*a king*); consecrate (*a bishop*); *v/i.* F curse.
sacrificateur *m*, **-trice** *f* † [sakrifika'tœːr, ˷'tris] sacrificer; **sacrifice** [˷'fis] *m* sacrifice (*a. fig.*); *eccl.*

saint ~ Blessed Sacrament; **sacrifier** [~'fje] (1o) *v/t.* sacrifice (*a.* ✝, *a. fig.*); *fig.* give (*s.th.*) up (to, for *à*); *se* ~ devote o.s. (to, *à*); *v/i.* sacrifice; conform (to, *à*); **sacrilège** [~'lɛ:ʒ] 1. *adj.* sacrilegious, impious; 2. *su.* sacrilegious person; *su./m* sacrilege.

sacripant [sakri'pɑ̃] *m* F scoundrel, knave; † braggart.

sacristain *eccl.* [sakris'tɛ̃] *m* sacristan; sexton; **sacristi!** [~'ti] *int.* Good Lord!; hang it!; **sacristie** *eccl.* [~'ti] *f* sacristy, vestry.

sacro... [sakrɔ] sacro-... (*a. anat.*); ~**-saint, e** [~'sɛ̃, ~'sɛ̃:t] sacrosanct.

sacrum *anat.* [sa'krɔm] *m* sacrum.

sadique [sa'dik] 1. *adj.* sadistic; 2. *su.* sadist; **sadisme** [~'dism] *m* sadism.

safran [sa'frɑ̃] 1. *su./m* ♀, *cuis.* saffron; ♀ crocus; 2. *adj./inv.* saffron (-colo[u]red); **safraner** *cuis.* [~fra-'ne] (1a) *v/t.* (colo[u]r *or* flavo[u]r with) saffron.

sagace [sa'gas] sagacious; shrewd; **sagacité** [~gasi'te] *f* sagacity; shrewdness; *avec* ~ sagaciously.

sage [sa:ʒ] 1. *adj.* wise; prudent; discreet (*person, conduct*); well-behaved; good (*child*); modest (*woman*); 2. *su./m* wise man, sage; ~**-femme**, *pl.* ~**s-femmes** [saʒ-'fam] *f* midwife; **sagesse** [sa'ʒɛs] *f* wisdom; discretion; good behavio(u)r; *woman:* modesty.

sagittaire [saʒi'tɛ:r] *su./m hist.* archer; *astr. le* ♌ Sagittarius, the Archer; *su./f* ♀ sagittaria, arrowhead.

sagou *cuis.* [sa'gu] *m* sago.

sagouin, e [sa'gwɛ̃, ~'gwin] *su. zo.* squirrel-monkey; *su./m* F slovenly fellow; *su./f* F slattern, slut.

sagoutier ♀ [sagu'tje] *m* sago-palm.

saie *tex.* [sɛ] *f* fine woollen lining.

saignant, e [sɛ'ɲɑ̃, ~'ɲɑ̃:t] bleeding; *cuis.* underdone, rare (*meat*); **saignée** [~'ɲe] *f* ✾ bleeding; *anat.* bend of the arm; *drainage:* ditch; *fig. resources:* drain; ⊕ (*oil-*)groove; **saigner** [~'ɲe] (1b) *vt/i.* bleed; *v/t. fig.* extort money from (*s.o.*); ⊕ ~ *un fossé* drain a ditch; ~ *une rivière* tap a stream.

saillant, e [sa'jɑ̃, ~'jɑ̃:t] 1. *adj.* △ projecting; prominent; *fig.* outstanding, striking; 2. *su./m* ✕ sa- lient; **saillie** [~'ji] *f* spurt, bound; ✕ sally (*a. fig. wit*); *zo.* covering; *fig.* outburst; *paint.* prominence; △ projection; ⊕ lug; *en* ~ projecting; bay(*-window*); *faire* ~ project; protrude; *par* ~s by leaps and bounds.

saillir[1] [sa'ji:r] (2a) *v/i.* spurt out, gush out; ✕ (make a) sally; *v/t. zo.* cover (*a mare*).

saillir[2] [~] (2p) *v/i.* project; *paint. etc.* stand out.

sain, saine [sɛ̃, sɛn] healthy (*person, climate, a. sp.*); sound (*doctrine, horse, fruit, timber, views*, ✝, ✈, *etc.*); wholesome (*food*); ⚓ clear; ~ *et sauf* safe and sound; **sain(-)bois** ♀ [sɛ̃'bwa] *m* spurge-flax.

saindoux *cuis.* [sɛ̃'du] *m* lard.

sainfoin ♀, ✐ [sɛ̃'fwɛ̃] *m* sainfoin.

saint, sainte [sɛ̃, sɛ̃:t] 1. *adj.* holy; *eccl.* saintly; consecrated (*building, ground, etc.*); ♀ *Jean* St. John; F *toute la sainte semaine* all the blessed week; 2. *su.* saint; *su./m: les* ~s *pl. de glace* the Ice *or* Frost Saints; *le* ~ *des* ~s the Holy of Holies; ~**-bernard** *zo.* [sɛ̃bɛr-'na:r] *m/inv.* St. Bernard; ~**-crépin** [~kre'pɛ̃] *m* shoemaker's tools *pl.*; *fig.* possessions *pl.*; ♀**-Esprit** [~tɛs-'pri] *m* Holy Ghost; **sainteté** [sɛ̃-tə'te] *f* holiness, saintliness; *fig.* sanctity.

saint...: ~**-frusquin** *sl.* [sɛ̃frys'kɛ̃] *m/inv.* possessions *pl.*; *tout le* ~ the whole caboodle; ~**-office** *eccl.* [~-tɔ'fis] *m* Holy Office; ♀**-Père** *eccl.* [~'pɛ:r] *m the* Holy Father, *the* Pope; ♀**-Siège** *eccl.* [~'sjɛ:ʒ] *m the* Holy See.

sais [sɛ] 1st *p. sg. pres.* of *savoir* 1.

saisi ⚖ [sɛ'zi] *m* distrainee; **saisie** [~] *f* seizure (*a.* ⚖); ⚖ distraint; **saisine** [~'zin] *f* ⚖ livery of seisin; ⚓ *etc.* lashing; *boat:* sling; **saisir** [~'zi:r] (2a) *v/t.* seize; catch hold of; ⚖ attach; distrain upon (*goods*); foreclose (*a mortgage*); ⚓ stow (*anchors, boats*); *cuis.* cook (*meat*) at high temperature; *fig.* catch, grasp; understand; ~ *q. de* refer (*s.th.*) to s.o.; vest s.o. with; *se* ~ *de* seize upon (*a. fig.*); **saisissable** [~zi'sabl] seizable; attachable; *fig.* distinguishable; **saisissant, e** [~zi'sɑ̃, ~'sɑ̃:t] 1. *adj.* striking; gripping (*scene, spectacle, speech*); piercing (*cold*); ⚖ dis-

saisissement

training; **2.** *su./m* ⚔ distrainer; **saisissement** [~zis'mã] *m* seizure; sudden chill; shock; *pleasure*: thrill.
saison [sɛ'zɔ̃] *f* season; tourist season; *time*: period; ~ *hivernale* winter season; *(hors) de* ~ (un-)seasonable, (in)opportune; *la* ~ *bat son plein* it is the height of the season; **saisonnier, -ère** [~zɔ'nje, ~'njɛːr] seasonal.
salade[1] ⚔ † [sa'lad] *f* *helmet*: salade.
salade[2] [sa'lad] *f* salad; lettuce; *fig.* confusion, jumble; F *panier m à* ~ Black Maria (= *prison van*); **saladier** [~la'dje] *m* salad-bowl.
salage [sa'laːʒ] *m* salting; † salt-tax.
salaire [sa'lɛːr] *m* wage(s *pl.*) (*a. fig.*); pay; *fig.* reward; ~ *de base* basic wage.
salaison [salɛ'zɔ̃] *f* salting; *bacon*: curing; salt provisions *pl.*; *marchand m de* ~*s* dry-salter.
salamandre [sala'mãːdr] *f* *zo.* salamander; ⊕ slow-combustion stove.
salangane *orn.* [salã'gan] *f* salangane; *cuis.* *nid m de* ~ bird's nest.
salant [sa'lã] *adj./m* salt-...
salariat [sala'rja] *m* salaried *or* wage-earning classes *pl.*; **salarié, e** [~'rje] **1.** *adj.* wage-earning (*person*); paid (*work*); **2.** *su.* wage-earner; *pej.* hireling; **salarier** [~'rje] (1o) *v/t.* pay wages to (*s.o.*).
salaud *sl.* [sa'lo] *m* dirty person; *fig.* dirty dog, skunk; **sale** [sal] dirty (*a. fig.*); *fig.* foul.
salé, e [sa'le] **1.** *adj.* salt(ed); *fig.* spicy, coarse (*story*); biting (*comment etc.*); F stiff (*price*, ⚔ *sentence*); **2.** *su./m* salt pork; *petit* ~ pickled pork.
salement [sal'mã] *adv.* dirtily; meanly, nastily; *sl.* very, extremely.
saler [sa'le] (1a) *v/t.* salt (*a. fig.*); cure (*bacon*); *fig.* fleece, overcharge (*s.o.*).
saleté [sal'te] *f* dirt(iness), filth(iness); *fig.* indecency; dirty story; *fig.* dirty trick; *dire des* ~*s* talk smut.
salicaire ♀ [sali'kɛːr] *f* loosestrife.
salicorne ♀ [sali'kɔrn] *f* saltwort.
salicylate 🜂 [salisi'lat] *m* salicylate; **salicylique** 🜂 [~'lik] salicylic.
salière [sa'ljɛːr] *f* *table*: salt-cellar; *kitchen*: salt-box; *horse*: depression above the eye-socket; **salifiable** 🜂 [sali'fjabl] salifiable; **salification** [~fika'sjɔ̃] *f* salification; **salifier** 🜂 [~'fje] (1o) *v/t.* salify.
saligaud *m, e* *f* *sl.* [sali'go, ~'goːd] dirty dog, skunk, rotter; sloven.
salin, e [sa'lɛ̃, ~'lin] **1.** *adj.* saline, salty; salt (*air*); **2.** *su./m* salt-marsh; ⊕, 🜂 (crude) potash; **2.** *su./f* salt-pan, salt works *usu. sg*; rock-salt mine; **salinier** [~li'nje] *m* salter; salt-mine owner; ✝ salt merchant.
salir [sa'liːr] (2a) *v/t.* dirty, soil; *fig.* sully; *se* ~ get dirty *or* soiled; *fig.* tarnish one's reputation; **salissant, e** [~li'sã, ~'sãːt] dirty(ing); *tex. etc.* easily soiled.
salivaire *anat.* [sali'vɛːr] salivary; **salivation** 🜂 [~va'sjɔ̃] *f* salivation; **salive** [sa'liːv] *f* saliva; F *perdre sa* ~ waste one's breath; **saliver** [~li'-ve] (1a) *v/i.* salivate.
salle [sal] *f* hall; (*large*) room; *hospital*: ward; *thea.* (*a.* ~ *de spectacle*) auditorium, F house; ~ *à manger* dining-room; ~ *d'attente* waiting-room; ~ *de bain(s)* bathroom; ~ *de classe* class-room, schoolroom; ⚔ ~ *de police* guard-room; ~ *des pas perdus* lobby, waiting-hall.
salmigondis [salmigɔ̃'di] *m* *cuis.* salmagundi, ragout; *fig.* hotchpotch.
salmis *cuis.* [sal'mi] *m* salmi; ragout (*of roasted game*).
salmonidés *icht.* [salmɔni'de] *m/pl.* Salmonidae.
saloir [sa'lwaːr] *m* salting-tub; *cuis.* salt-sprinkler.
salon [sa'lɔ̃] *m* drawing-room; ⚓ *etc.* saloon, cabin; (*tea-*)room; ♀ exhibition; *fig.* ~*s* *pl.* society *sg.*, fashionable circles; ♀ *de l'automobile* motor-show; *fréquenter les* ~*s* move in high society; **salonnier** [~lɔ'nje] *m* art critic; critic of the Salon (*the annual art exhibition in Paris*).
salopard *sl.* [salɔ'paːr] *m* unprepossessing person; **salope** *sl.* [~'lɔp] *f* slut; trollop; **saloperie** F [salɔ'pri] *f* filth; rubbish, trash; bungled piece of work; ~*s* *pl.* smut *sg.*, dirt *sg.*; *faire une* ~ *à* play a dirty trick on; **salopette** [~'pɛt] *f* overall(s *pl.*); dungarees *pl.*
salpêtre [sal'pɛːtr] *m* saltpetre, potassium nitrate, nitre; saltpetre rot (*on walls*); **salpêtrer** [salpe'tre] (1a) *v/t.* 🜂 treat with saltpetre; rot

(*walls*); **salpêtrerie** [˰trəˈri] *f* nitre works *usu. sg.*; **salpêtreux, -euse** [˰ˈtrø, ˰ˈtrøːz] saltpetrous; **salpêtrier** [˰triˈe] *m* saltpetre-worker; **salpêtrière** [˰triˈɛːr] *f* see *salpêtrerie*; **salpêtrisation** [˰trizaˈsjɔ̃] *f* ⚔ treating with saltpetre; rotting (*through damp*).
salsifis ♀, *cuis.* [salsiˈfi] *m* salsify.
saltimbanque [saltɛ̃ˈbɑ̃ːk] *m* (travelling) showman; *pol.*, *fig.* charlatan, mountebank; † tumbler.
salubre [saˈlyːbr] salubrious, healthy; wholesome (*food etc.*); **salubrité** [˰lybriˈte] *f* salubrity, healthiness; *food etc.*: wholesomeness; ~ *publique* public health.
saluer [saˈlɥe] (1n) *v/t.* bow to; salute (*a.* ⚔, ⚓); greet (*s.o.*); *fig.* welcome; ⚓ ~ *du pavillon* dip the flag to.
salure [saˈlyːr] *f* saltness; salt tang (*of the sea air*).
salut [saˈly] *m* safety; *eccl.*, *a. fig.* salvation; greeting; bow; ⚔ salute; ⚓ *flag*: dipping; ⚔ *colour*: lowering; *eccl.* Benediction (of the Blessed Sacrament); ~! hullo!; how do you do?; *Armée f du* ♀ *Salvation* Army; **salutaire** [salyˈtɛːr] salutary, wholesome, beneficent; **salutation** [˰taˈsjɔ̃] *f* greeting; bow; *agréez mes meilleures* ~*s* end of *letter*: yours faithfully; **salutiste** [˰ˈtist] *su.* Salvationist, member of the Salvation Army.
salve [salv] *f* ⚔ salvo; *guns*: salute; *fig.* round (*of applause*).
samedi [samˈdi] *m* Saturday; ~ *saint* Holy Saturday, Saturday before Easter.
sanctificateur, -trice [sɑ̃ktifikaˈtœːr, ˰ˈtris] **1.** *adj.* sanctifying; **2.** *su.* sanctifier; *su./m*: *le* ♀ the Holy Ghost; **sanctification** [˰fikaˈsjɔ̃] *f* sanctification; *Sabbath*: observance; **sanctifier** [˰ˈfje] (1o) *v/t.* sanctify, make holy; observe (*the Sabbath*); *que votre nom soit sanctifié* hallowed be Thy name.
sanction [sɑ̃kˈsjɔ̃] *f* sanction (*a. pol.*); assent; ᛃᛃ penalty, punishment; **sanctionner** [˰sjɔˈne] (1a) *v/t.* sanction; support (*a reading in a manuscript, a theory, etc.*); ᛃᛃ attach a penalty to; penalize (*an offence, a.* F *a person*).
sanctuaire [sɑ̃kˈtɥɛːr] *m* sanctuary (*a. eccl.*); *fig.* sanctum, den; **sanctus** *eccl.*, ♪ [˰ˈtys] *m Mass*: sanctus.
sandal, *pl.* -**als** [sɑ̃ˈdal] *m see santal.*
sandale [sɑ̃ˈdal] *f* sandal; gym-shoe.
sandow [sɑ̃ˈdɔf] *m sp.* chest-expander; ⊕ *etc.* rubber shock-absorber.
sandre *icht.* [sɑ̃ːdr] *f* pike-perch.
sandwich, *pl. a.* -**es** [sɑ̃ˈdwitʃ] *m* sandwich; *sl. faire* ~ play gooseberry.
sang [sɑ̃] *m* blood; race, lineage; kinship, relationship; F *avoir le* ~ *chaud* be quick-tempered; ⚕ *coup m de* ~ (apoplectic) fit; *droit m de* ~ birthright; ⚕ *écoulement m de* ~ h(a)emorrhage; *être tout en* ~ be covered with blood; *se faire du mauvais* ~ worry; ~**-froid** [˰ˈfrwa] *m* composure, self-control; *de* ~ in cold blood, deliberately.
sanglant, e [sɑ̃ˈglɑ̃, ˰ˈglɑ̃ːt] bloody; blood-covered; blood-red; *fig.* bitter (*attack, criticism, tears, etc.*); deadly (*insult*).
sangle [sɑ̃ːgl] *f* strap; (*saddle-*)girth; *lit m de* ~ camp-bed; **sangler** [sɑ̃ˈgle] (1a) *v/t.* strap; girth (*a horse*); strike (*s.o.*); fasten the webbing on (*a bed, a chair*).
sanglier *zo.* [sɑ̃gliˈe] *m* wild boar.
sanglot [sɑ̃ˈglo] *m* sob; **sangloter** [˰glɔˈte] (1a) *v/i.* sob.
sangsue *zo.*, *fig.* [sɑ̃ˈsy] *f* leech.
sanguin, e [sɑ̃ˈgɛ̃, ˰ˈgin] blood...; of blood; full-blooded (*person*); red-faced (*person*); **sanguinaire** [˰giˈnɛːr] **1.** *adj.* bloodthirsty (*person*); bloody (*fight*); **2.** *su./f* ♀ blood-root; **sanguine** [˰ˈgin] *f* blood-orange; red h(a)ematite, red chalk; *min.* bloodstone; *paint.* red chalk (drawing); **sanguinolent, e** [˰ginɔˈlɑ̃, ˰ˈlɑ̃ːt] blood-red; ⚕ sanguinolent.
sanie ⚕ [saˈni] *f* pus, F matter; **sanieux, -euse** ⚕ [˰ˈnjø, ˰ˈnjøːz] sanious.
sanitaire [saniˈtɛːr] sanitary; ⚔ hospital (*train*), ambulance (*aeroplane*).
sans [sɑ̃] *prp.* without; free from or of; ...less; un...; ~ *hésiter* without hesitating *or* hesitation; *non* ~ *peine* not without difficulty; ~ *plus tarder* without further delay; ~ *bretelles* strapless; ~ *cesse* ceaseless; ~ *doute* doubtless, no doubt;

sans-abri

~ *exemple* unparalleled; ~ *faute* without fail; faultless; ~ *le sou* penniless; ~ *que* (*sbj.*) without (*ger.*); ~ *cela*, ~ *quoi* but for that; *see* mot; **~-abri** [ˌza'bri] *m/inv.* homeless person; **~-atout** [ˌza'tu] *m cards*: no trumps; **~-cœur** F [ˌ'kœːr] *su./inv.* heartless person; **~-culotte** *hist.* [ˌky'lɔt] *m* sansculotte (= *extreme republican*); **~-façon** [ˌfa'sɔ̃] *m/inv.* straightforwardness, bluntness; **~-fil** [ˌ'fil] *f/inv.* wireless message; **~-filiste** [ˌfi'list] *su.* wireless enthusiast; wireless operator; **~-gêne** [ˌ'ʒɛn] *su./inv.* off-handed *or* unceremonious person; *su./m inv. pej.* off-handedness; F cheek; **~-le-sou** F [ˌlə'su] *su./inv.* penniless person.

sansonnet *orn.* [sɑ̃sɔ'nɛ] *m* starling.

sans-souci F [sɑ̃su'si] **1.** *su./inv.* easy-going *or* happy-go-lucky person; **2.** *adj./inv.* unconcerned; insouciant.

santal, *pl.* **-als** ♀ [sɑ̃'tal] *m* sandalwood.

santé [sɑ̃'te] *f* health; *à votre ~!* cheers!; your health!; *être en bonne ~* be well; *maison f de ~* private hospital, nursing home; mental hospital; *médecin m de (la) ~* medical officer of health, F M.O.H.; *service m de (la) ~* Health Service, ⚔ medical service, ⚓ quarantine service.

santoline ♀ [sɑ̃tɔ'lin] *f* lavender-cotton.

santonine [sɑ̃tɔ'nin] *f* ♀, *a.* ⚕ santonica; ⚕ santonin.

sanve ♀ [sɑ̃ːv] *f* charlock.

saoul [su] *see* soûl.

sape [sap] *f* ⚔ *etc.* sap(ping); undermining (*a. fig.*); ⊕ short-handled scythe; **saper** [sa'pe] (1a) *v/t.* sap, undermine (*a. fig.*).

sapeur [sa'pœːr] *m* sapper; pioneer; **~-pompier**, *pl.* **~s-pompiers** [ˌpœrpɔ̃'pje] *m* fireman; *sapeurs-pompiers pl.* fire-brigade.

saphir *min.*, *a. orn.* [sa'fiːr] *m* sapphire; **saphirine** *min.* [ˌfi'rin] *f* sapphirine.

sapientiaux *bibl.* [sapjɑ̃'sjo] *adj./m/ pl.*: *Livres m/pl.* ♀ wisdom-literature *sg.*

sapin [sa'pɛ̃] *m* ♀ fir(-tree), spruce; ⚓ deal; F coffin; *faux ~* pitch-pine; F *toux f qui sent le ~* churchyard cough; **sapinière** ♀ [ˌpi'njɛːr] *f* fir-plantation.

saponacé, e [sapɔna'se] saponaceous, soapy; **saponaire** ♀ [ˌ'nɛːr] *f* saponaria, *usu.* soapwort; **saponifier** [ˌni'fje] (1o) *v/t. a. se ~* saponify.

sapristi! [sapris'ti] *int.* Good Lord!; hang it!

sarbacane [sarba'kan] *f* blow-pipe.

sarcasme [sar'kasm] *m* sarcasm; sarcastic remark; **sarcastique** [ˌ-kas'tik] sarcastic.

sarcelle *orn.* [sar'sɛl] *f* teal.

sarclage ✿ [sar'klaːʒ] *m* weeding; **sarcler** [ˌ'kle] *v/t.* ✿ weed; hoe (up); *fig.* weed out; **sarcloir** ✿ [ˌ'klwaːr] *m* hoe; **sarclure** ✿ [ˌ-'klyːr] *f* (uprooted) weeds *pl.*

sarcome ⚕ [sar'koːm] *m* sarcoma.

sarcophage [sarkɔ'faːʒ] *m* sarcophagus.

sarcopte *zo.* [sar'kɔpt] *m* sarcoptes; itch-mite (*a.* ✸).

sarde [sard] **1.** *adj.* Sardinian; **2.** *su./m ling.* Sardinian; *su.* ♀ Sardinian; **sardine** [sar'din] *f icht.* pilchard; ✝ sardine; ⚔ F N.C.O.'s stripe; **sardinerie** [ˌdin'ri] *f* sardine-packing factory *etc.*; **sardinier**, **-ère** [ˌdi'nje, ˌ'njɛːr] *su.* sardine fisher; sardine packer *or* curer; *su./m* sardine-net; sardine-boat.

sardoine *min.* [sar'dwan] *f* sard; *bibl.* sardine stone.

sardonique [sardɔ'nik] sardonic.

sargasse ♀ [sar'gas] *f* sargasso.

sarigue *zo.* [sa'rig] *m* sarigue; *South America*: opossum.

sarment ♀ [sar'mɑ̃] *m* vine-shoot; bine; **sarmenteux**, **-euse** ♀ [ˌmɑ̃-'tø, ˌ'tøːz] sarmentous; *vine*: climbing.

sarrasin, e [sara'zɛ̃, ˌ'zin] **1.** *adj. hist.* Saracen; **2.** *su. hist.* ♀ Saracen; *su./m* ✿ buckwheat; *metall.* waste; *su./f* ⚔, ⚓ portcullis.

sarrau, *pl. a.* **-s** *cost.* [sa'ro] *m* overall, smock.

sarriette ♀ [sa'rjɛt] *f* savory.

sas ⊕ [sɑ] *m* sieve, riddle, screen; (*air-*)lock; lock-chamber; ⚓ *submarine*: flooding-chamber; *passer au ~* sift, sift out (*s.th.*).

sasse [sɑːs] *f* ⚓ bailing-scoop, bailer; ⊕ *flour*: bolter.

sassement [sɑs'mɑ̃] *m* ⚓ passing through a lock; ⊕ sifting, screening, *flour etc.*: bolting; **sasser** [sa'se]

(1a) v/t. ♦ pass (a boat) through a lock; ⊕ sift (a. fig.), screen, bolt (flour etc.); jig (ore); fig. examine in detail.

satané, e F [sata'ne] confounded; **satanique** [~'nik] satanic; fig. diabolical.

satellisation phys. [satɛlliza'sjɔ̃] f satellite: putting into orbit; **satelliser** phys. [~li'ze] (1a) v/t. put (a satellite) into orbit; **satellite** [~'lit] m astr., phys., a. fig. satellite; fig. henchman; ⊕ planet-wheel.

sati [sa'ti] f suttee.

satiété [sasje'te] f satiety; *à ~* to repletion, to satiety.

satin ✝, tex. [sa'tɛ̃] m satin; *bois de ~* satinwood; **satinade** ✝, tex. [sati'nad] f silk: satinette; **satinage** [~'na:ʒ] m ⊕ glazing; tex. satining; paper: surfacing; phot. print: burnishing; **satiné, e** [~'ne] **1.** adj. satiny; glazed (leather, paper); geol. satin-(spar, stone); **2.** su./m gloss; **satiner** [~'ne] (1a) v/t. satin, glaze; surface (paper); press (linen, paper); phot. burnish; **satinette** ✝, tex. [~'nɛt] f (cotton) satinette, sateen; **satineur, -euse** tex. [~'nœ:r, ~'nø:z] su. satiner, glazer; su./f satining-machine, glazing-machine.

satire [sa'ti:r] f satire (on, *contre*); lampoon; **satirique** [sati'rik] **1.** adj. satiric(al); **2.** su./m satirist; **satiriser** [~ri'ze] (1a) v/t. satirize.

satisfaction [satisfak'sjɔ̃] f satisfaction (a. fig.); fig. amends pl. (for *pour*, de); eccl. atonement (for, de); **satisfaire** [~'fɛ:r] (4r) v/t. satisfy (a. fig.); make amends to (s.o.); v/i. eccl. make atonement; *~ à* satisfy; fig. meet (an objection etc.); fig. fulfil (a duty); **satisfaisant, e** [~fə'zɑ̃, ~'zɑ̃:t] satisfactory, satisfying; **satisfait, e** [~'fɛ, ~'fɛt] satisfied, pleased (with, de).

saturable ⚗, phys. [saty'rabl] saturable; **saturer** [~'re] (1a) v/t. ⚗, phys. saturate (with, de); fig. satiate.

saturnin, e ⚕ [satyr'nɛ̃, ~'nin] lead-...; **saturnisme** ⚕ [~'nism] m lead-poisoning.

satyre [sa'ti:r] m myth. satyr; zo. satyr butterfly.

sauce [so:s] f cuis., a. tobacco: sauce; cuis. gravy; drawing: lamp-black; *~ tomate* tomato sauce; F *dans la ~* in the soup; **saucée** F [so'se] f rain: downpour; fig. dressing-down, F telling-off; **saucer** [~'se] (1k) v/t. dip (s.th.) in the sauce; soak (a. fig.); F scold, tell (s.o.) off; **saucière** [~'sjɛ:r] f sauce-boat; gravy-boat.

saucisse [so'sis] f (fresh) sausage; sl. fat-head, stupid; F ✕ observation balloon.

saucisson [sosi'sɔ̃] m (dry, smoked, etc.) sausage; ✕ powder-hose; ✕ fascine.

sauf, sauve [sof, so:v] **1.** adj. safe, unhurt; unscathed; **2.** sauf prp. except, but; save; in the absence of; *~ à (inf.)* subject to (ger.); *~ erreur ou omission* errors and omissions excepted; *~ imprévu* except for unforeseen circumstances; *~ que (sbj.)* except that (ind.); *~-conduit* [sofkɔ̃'dɥi] m safe-conduct, pass.

sauge ♀, cuis. [so:ʒ] f sage.

saugrenu, e [sogrə'ny] preposterous, ridiculous.

saulaie ♀ [so'lɛ] f willow-plantation; **saule** ♀ [so:l] m willow; *~ pleureur* weeping willow; **saulée** [so'le] f row of willows.

saumâtre [so'ma:tr] brackish; F nasty; sour (person).

saumon [so'mɔ̃] **1.** su./m icht. salmon; ⊕ lead: pig; ⊕ metal: ingot, block; **2.** adj./inv. salmon-pink; **saumoné, e** [somɔ'ne] salmon; icht. *truite f ~e* salmon-trout; **saumoneau** icht. [~'no] m young salmon; parr.

saumure [so'my:r] f pickling brine; pickle; **saumurer** [~my're] (1a) v/t. pickle in brine; brine (anchovies, meat).

saunage [so'na:ʒ] m ⊕ salt-making; ✝ salt-trade; **sauner** [~'ne] (1a) v/i. deposit its salt (marsh); make salt; **saunerie** [son'ri] f saltworks *usu. sg.*; saltern; **saunier** [so'nje] m ⊕ salt-maker; ✝ salt-merchant; **saunière** [~'njɛ:r] f salt-box; *cattle, deer:* salt-lick.

saupoudrer [sopu'dre] (1a) v/t. sprinkle, powder (with, de); dust (with, de); fig. stud (*the sky, a speech*) (with, de); **saupoudroir** [~'drwa:r] m sugar-sifter, muffineer; sprinkler.

saur

saur [sɔːr] *adj./m*: *hareng m* ~ red herring.
saurai [sɔːˈre] *1st p. sg. fut. of savoir* 1.
saure [sɔːr] yellowish-brown; sorrel (*horse*); red (*hawk*); unfledged (*bird*).
saurer [soˈre] (1a) *v/t.* kipper, cure (*herrings*); **sauret** [~ˈrɛ] *adj./m* lightly cured (*herring*); **saurin** [~ˈrɛ̃] *m* bloater.
saussaie ♀ [soˈsɛ] *f see saulaie.*
saut [so] *m* leap, jump; (*water*)fall; *sp.* ~ *à la perche* pole-jump; *sp.* ~ *d'ange* swallow-dive; *sp.* ~ *de haie* hurdling; *sp.* ~ *en hauteur* (*longueur*) high (long) jump; ~ *en parachute* parachute jump; *sp.* ~ *périlleux* somersault; F *au* ~ *du lit* on getting out of bed; *faire le* ~ give way; take the plunge; F *faire un* ~ *chez* pop round to (*a shop etc.*); *par* ~*s et par bonds* by leaps and bounds; *fig.* jerkily; ~**-de-lit**, *pl.* ~**s-de-lit** *cost.* [~dˈli] *m* dressing-gown; **saute** [soːt] *f price, temperature*: jump; ⚓ *wind, a. fig.*: shift.
sautelle ⚘ [soˈtɛl] *f* layered vine-shoot.
saute-mouton *sp. etc.* [sotmuˈtɔ̃] *m* leap-frog; **sauter** [soˈte] (1a) **1.** *v/i.* jump, leap (*a. fig.* for joy, *de joie*); ⚓ shift, veer (*wind*); blow up (*explosive, mine, etc.*); ⚡ blow (*fuse*); ✝ go bankrupt, fail; ~ *aux yeux* be obvious; *faire* ~ blow (*s.th.*) up; ⚡ blow (*a fuse*); burst (*a boiler*); blast (*a rock*); spring (*a trap*); burst (*a button, a lock*); *fig.* dismiss, F fire (*an official*); *fig. pol.* bring down (*the government*); *v/t.* jump (over), leap (over); *fig.* skip, omit; ⚡ blow (*a fuse*); toss (*a child, a. cuis. a pancake*); *cuis.* fry quickly; **sauterelle** [~ˈtrɛl] *f zo.* grasshopper; bird-trap; ⊕ bevel square; **sauterie** [~ˈtri] *f* jumping, hopping; F (informal) dance, F hop; **sauteur, -euse** [~ˈtœːr, ~ˈtøːz] **1.** *adj.* jumping, leaping; *fig.* unreliable (*person*); **2.** *su.* jumper, leaper; *circus*: tumbler; F *pej.* weather-cock; *su./f cuis.* shallow pan; **sautiller** [~tiˈje] (1a) *v/i.* hop, jump (about); throb (*heart*); *fig.* be jerky (*style*).
sautoir [soˈtwaːr] *m sp.* hurdle; St. Andrew's cross, ⌧ saltire; *cost.* neckerchief (*worn crossed in front*); long chain worn round the neck;

438

en ~ diagonal; *porter en* ~ wear (*s.th.*) crosswise; carry (*a haversack etc.*) with the straps crossed over the chest; *porter un ordre en* ~ wear an order round one's neck.
sauvage [soˈvaːʒ] **1.** *adj.* savage; wild (*a. zo.*, *a.* ♀); *fig.* barbarous; *fig.* shy; *fig.* unsociable; **2.** *su.* (*f a.* **sauvagesse** [~vaˈʒɛs]) savage; unsociable person; **sauvageon** ⚘ [~vaˈʒɔ̃] *m* wilding; grafting: wild stock; **sauvagerie** [~vaʒˈri] *f* savagery; barbarity; *fig.* unsociability; shyness; **sauvagin, e** [~vaˈʒɛ̃, ~ˈʒin] **1.** *adj.* fishy; **2.** *su./m* fishy taste *or* smell; *su./f coll. orn.* water-fowl *pl.*; ✝ common pelts *pl.*
sauvegarde [sovˈgard] *f* safeguard (*a. fig.*), protection; safety; safe-conduct; ⚓ life-line; **sauvegarder** [~garˈde] (1a) *v/t.* safeguard, protect; keep up (*appearances*).
sauve-qui-peut [sovkiˈpø] *m* stampede; headlong flight; **sauver** [soˈve] (1a) *v/t.* save, rescue (from, *de*); keep up (*appearances*); ⚓ salvage, salve; *sauve qui peut!* every man for himself!; *se* ~ escape (from, *de*); ✝ recoup o.s.; *fig.* run away, F clear out, *Am.* F beat it; **sauvetage** [sovˈtaːʒ] *m* life-saving; rescue; ⚓ salvage; *ceinture f de* ~ life-belt; **sauveteur** [~ˈtœːr] **1.** *su./m* rescuer; lifeboatman; ⚓ salvager; **2.** *adj./m*: *bateau m* ~ life-boat; ⚓ salvage-vessel; **sauveur** [soˈvœːr] *m* saver, preserver; *eccl.* ♀ Savio(u)r, Redeemer.
savamment [savaˈmɑ̃] *adv.* learnedly; knowingly, wittingly; with full knowledge.
savane ⚘ [saˈvan] *f* savanna(h).
savant, e [saˈvɑ̃, ~ˈvɑ̃ːt] **1.** *adj.* learned (in, *en*); scholarly, erudite; performing (*dog*); *fig.* clever, skilful; **2.** *su.* scholar; scientist.
savarin *cuis.* [savaˈrɛ̃] *m* savarin.
savate [saˈvat] *f* old shoe; *sp.* French or foot boxing; *mot. brake*: slipper; ⊕ sole-plate; F bungler, clumsy workman; F *traîner la* ~ be down at heel; **savetier** [savˈtje] *m* cobbler; F bungler, botcher.
saveur [saˈvœːr] *f* flavo(u)r, taste; *fig.* zest, pungency; *sans* ~ insipid, tasteless.
savoir [saˈvwaːr] **1.** (3i) *v/t.* know (of), be aware of, know how; be

able to; learn, get to know; ~ *l'anglais* know English; ~ *vivre* know how to behave; *autant (pas) que je sache* as far as I know (not that I know of); *faire* ~ *qch. à q.* inform s.o. of s.th.; *je ne saurais (inf.)* I cannot (*inf.*), I could not (*inf.*); *ne* ~ *que (inf.)* not to know what to (*inf.*); *sans le* ~ unintentionally; *v/i.* know; know how; (*à*) ~ to wit, namely; *c'est à* ~ that remains to be seen; **2.** *su./m* knowledge, learning, erudition, scholarship; **~-faire** [savwar'fɛːr] *m/inv.* ability; **~-vivre** [~'viːvr] *m/inv.* good manners *pl.*; (good) breeding.

savon [sa'vɔ̃] *m* soap; F *fig.* rebuke, F telling-off; ~ *à barbe* shaving-soap; ~ *de Marseille* yellow soap, scrubbing-soap; *bulle f de* ~ soap-bubble; *donner un coup de* ~ *à* give (*s.th.*) a wash; F *flanquer un* ~ *à q.* dress s.o. down, F tell s.o. off; *pain m de* ~ cake of soap; **savonnage** [savɔ'naːʒ] *m* washing, soaping; **savonner** [~'ne] (1a) *v/t.* soap; wash (*clothes*); lather (*one's face before shaving*); F dress (*s.o.*) down; *tex. se* ~ wash; **savonnerie** [savɔn'ri] *f* soap-works *usu. sg.*; soap-making; soap-trade; **savonnette** [savɔ'nɛt] *f* cake of soap; shaving-brush; *watch*: hunter; **savonneux, -euse** [~'nø, ~'nøːz] soapy; **savonnier, -ère** [~'nje, ~'njɛːr] **1.** *adj.* soap...; **2.** *su./m* soap-maker; soapberry(-tree).

savourer [savu're] (1a) *v/t.* enjoy; *fig.* savo(u)r; **savoureux, -euse** [~'rø, ~'røːz] tasty, savo(u)ry; *fig.* enjoyable; *fig.* racy (*story*).

savoyard, e [savwa'jaːr, ~'jard] *adj., a. su.* ♀ Savoyard.

saxatile ♀ [saksa'til] saxatile.

saxe [saks] *m* Dresden china.

saxifrage ♀ [saksi'fraːʒ] *f* saxifrage.

saxon, -onne [sak'sɔ̃, ~'sɔn] *adj., a. su.* ♀ Saxon.

saynète *thea.* [sɛ'nɛt] *f* sketch; short comedy. [*policeman*).]

sbire [sbiːr] *m* sbirro; F cop (=

scabieux, -euse [ska'bjø, ~'bjøːz] *adj., a. su./f* scabious.

scabreux, -euse ♀ [ska'brø, ~'brøːz] *fig.* scabrous (*behaviour, tale*); difficult, F ticklish (*work*); delicate (*question*); indelicate (*allusion*); rough (*path*).

scaferlati [skafɛrla'ti] *m* ordinary cut tobacco.

scalène ⚕, *anat.* [ska'lɛn] *adj., a. su./m* scalene.

scalpe [skalp] *m* *trophy*: scalp.

scalpel ⚕ [skal'pɛl] *m* scalpel.

scandale [skɑ̃'dal] *m* scandal; *fig.* disgrace, shame; *faire* ~ create a scandal; **scandaleux, -euse** [skɑ̃da'lø, ~'løːz] scandalous, disgraceful; notorious; **scandaliser** [~li'ze] (1a) *v/t.* shock, scandalize; *se* ~ *de* be shocked at.

scander [skɑ̃'de] (1a) *v/t.* scan (*a verse*); ♪ stress; *fig.* punctuate (with, *de*).

scandinave [skɑ̃di'naːv] *adj., a. su.* ♀ Scandinavian.

scansion [skɑ̃'sjɔ̃] *f verse*: scansion.

scaphandre [ska'fɑ̃ːdr] *m* diving-suit; *casque m de* ~ diver's helmet; **scaphandrier** [~fɑ̃dri'e] *m* deep-sea diver.

scapulaire [skapy'lɛːr] *adj. anat., a. su./m eccl.* scapular.

scarabée *zo.* [skara'be] *m* beetle; *hist. Egypt*: scarab.

scarificateur [skarifika'tœːr] *m* ✍ scarifier; ⚕ scarificator; **scarifier** ✍, ⚕ [~'fje] (1o) *v/t.* scarify.

scarlatine ⚕ [skarla'tin] *f* (*a. fièvre f* ~) scarlet fever.

sceau [so] *m* seal (*a. fig.*); *fig.* mark; *admin.* *le* ~ *de l'État* the Great Seal.

scélérat, e [sele'ra, ~'rat] **1.** *adj.* villainous (*person*); outrageous (*act*); **2.** *su.* villain, scoundrel; **scélératesse** [~ra'tɛs] *f* villainy.

scellé ⚖ [sɛ'le] *m* seal; **sceller** [~] (1a) *v/t.* seal; F ratify; △ bed (*a post etc.*, in concrete etc.); plug (*a nail in the wall etc.*).

scénario [sena'rjo] *m thea., cin.* scenario; *cin.* film-script; **scénariste** [~'rist] *su.* scenario writer; *cin.* script-writer; **scène** [sɛn] *f thea.* stage; *fig.* drama; *play, a.* F *fig.*: scene; *fig. faire une* ~ create a scene; *mettre en* ~ stage (*a play*); *mise f en* ~ production; (stage-) setting; **scénique** [se'nik] *m* scenic; stage...; *indications f/pl.* ~s stage directions.

sceptique [sɛp'tik] **1.** *adj.* sceptical, *Am.* skeptical; **2.** *su.* sceptic, *Am.* skeptic.

sceptre [sɛptr] *m* sceptre; *fig.* power.

schéma [ʃe'ma] *m* diagram; (sketch-)

schématique

plan; design; **schématique** [～ma-'tik] schematic.
schisme [ʃism] *m* schism.
schiste *geol.* [ʃist] *m* shale, schist; **schisteux, -euse** *geol.* [ʃis'tø, ～'tø:z] schistose; *coal:* slaty.
schlague ⚔ † [ʃlag] *f* flogging.
schlitte [ʃlit] *f* wood-sledge *(for transport of lumber down mountain)*; *Am.* dray; **schlitteur** [ʃli'tœ:r] *m* lumberman *(in charge of a schlitte).*
schnaps F [ʃnaps] *m* brandy.
schnick *sl.* [ʃnik] *m* (poor) brandy.
schooner ⚓ [sku'nœ:r] *m* schooner.
sciable ⊕ [sjabl] fit for sawing;
sciage ⊕ [sja:ʒ] *m* sawing; (*a. bois m de* ～) sawn timber; **sciant, e** F [sjɑ̃, sjɑ̃:t] boring; *fig.* irritating.
sciatique ✱ [sja'tik] **1.** *adj.* sciatic; **2.** *su./m* sciatic nerve; *su./f* sciatica.
scie ⊕ [si] *f* saw; *sl.* bore, nuisance; *fig.* catchword; ～ *à chantourner* compass-saw; ～ *à main* hand-saw; ～ *à manche* pad-saw; ～ *à ruban* band-saw; ～ *circulaire* circular saw, *Am.* buzz-saw; *trait m de* ～ saw-cut.
sciemment [sja'mɑ̃] *adv.* knowingly, intentionally; **science** [sjɑ̃:s] *f* knowledge, learning; science; ～*s pl. naturelles* natural science *sg.*; *homme m de* ～ scientist, man of science; **science-fiction** [sjɑ̃sfik-'sjɔ̃] *f* science fiction; **scientifique** [sjɑ̃ti'fik] **1.** *adj.* scientific; **2.** *su.* scientist.
scier [sje] (1o) *v/t.* ⊕ saw; ✄ saw off *(a branch);* F ～ *le dos à* bore (*s.o.*) stiff; **scierie** ⊕ [si'ri] *f* sawmill; **scieur** [sjœ:r] *m* ⊕ sawyer; ～ *de long* pit sawyer.
scille [sil] *f* ♀ scilla; ✱ squills *pl.*
scindement [sɛ̃d'mɑ̃] *m* splitting up; **scinder** [sɛ̃'de] (1a) *v/t.* split up, divide; *se* ～ split *(pol. party).*
scintillation [sɛ̃tilla'sjɔ̃] *f,* **scintillement** [～tij'mɑ̃] *m* sparkling, scintillation (*a. fig.*); *star:* twinkling; *cin.* flicker(ing); **scintiller** [～ti'je] (1a) *v/i.* sparkle, scintillate (*a. fig.*); twinkle *(star);* *cin.* flicker.
scion [sjɔ̃] *m* ✄ shoot, scion; *fishing-rod:* tip.
scirpe ♀ [sirp] *m* bulrush, clubrush.
scissile *min.* [si'sil] scissile; **scission** [～'sjɔ̃] *f* scission, split, division; *faire* ～ secede; **scissipare**

biol. [sisi'pa:r] fissiparous, scissiparous; **scissiparité** *biol.* [～pari-'te] *f* fissiparity, scissiparity; **scissure** *anat. etc.* [si'sy:r] *f* fissure, cleft.
sciure ⊕ [sjy:r] *f* (*saw*)dust.
scléreux, -euse ✱ [skle'rø, ～'rø:z] sclerous; **sclérose** ✱ [～'ro:z] *f* sclerosis; **sclérotique** *anat.* [～rɔ-'tik] *adj., a. su./f* sclerotic.
scolaire [skɔ'lɛ:r] school...; **scolarité** [～lari'te] *f univ.* number of terms kept; *school:* number of years in school; school attendance; school-leaving age; *frais m/pl. de* ～ school fees; **scolastique** *phls.* [～las'tik] **1.** *adj.* scholastic; **2.** *su./m* scholastic, schoolman; *su./f* scholasticism.
scolopendre [skɔlɔ'pɑ̃:dr] *f zo.* centipede; ♀ hart's-tongue.
sconse † [skɔ̃:s] *m* skunk (fur).
scooter [sku'tœ:r] *m* scooter.
scorbut ✱ [skɔr'by] *m* scurvy; **scorbutique** ✱ [～by'tik] *adj., a. su.* scorbutic.
score *sp.* [skɔr] *m* score.
scorie [skɔ'ri] *f* slag, scoria; *iron:* dross.
scorpion [skɔr'pjɔ̃] *m zo.* scorpion; *astr. le* ♏ Scorpio, the Scorpion.
scorsonère ♀ [skɔrsɔ'nɛ:r] *f* scorzonera, black salsify.
scout, e [skut] **1.** *su./m* boy-scout; **2.** *adj.* scout...; **scoutisme** [sku-'tism] *m* boy-scout movement, scouting.
scribe [skrib] *m hist.* (*Jewish*) scribe; copyist; F pen-pusher.
script *cin.* [skript] *m* film-script; ～**-girl** *cin.* [～'gœ:rl] *f* continuity-girl.
scriptural, e, *m/pl.* **-aux** [skripty'ral, ～'ro] scriptural; † *monnaie f* ～*e* deposit currency.
scrofulaire ♀ [skrɔfy'lɛ:r] *f* figwort; **scrofule** ✱ [～'fyl] *f* scrofula; **scrofuleux, -euse** ✱ [～fy'lø, ～'lø:z] scrofulous (*person*); strumous (*tumour*).
scrupule [skry'pyl] *m weight, a. fig.:* scruple; *avoir des* ～*s à* (*inf.*) have scruples about (*ger.*); *sans* ～ unscrupulous(ly *adv.*); **scrupuleux, -euse** [～py'lø, ～'lø:z] scrupulous (about, over *sur*); punctilious; *peu* ～ unscrupulous.
scrutateur, -trice [skryta'tœ:r,

~'tris] 1. *adj.* searching; 2. *su./m* scrutinizer, investigator; *pol. etc., ballot etc.*: teller; **scruter** [~'te] (1a) *v/t.* scrutinize; investigate; search (*one's memory*); **scrutin** [~'tɛ̃] *m* poll; *admin.* vote; voting; ~ *public* (*secret*) open (secret) vote; *dépouiller le* ~ count the votes; *tour m de* ~ ballot.

sculpter [skyl'te] (1a) *v/t.* sculpture, carve (out of, *dans*); **sculpteur** [~'tœːr] *m* sculptor; ~ *sur bois* wood-carver; **sculpture** [~'tyːr] *f* sculpture; ~ *sur bois* wood-carving.

scutellaire ♣ [skytɛl'lɛːr] *f* scutellaria, skull-cap.

se [sə] 1. *pron./rfl.* oneself; himself, herself, itself, themselves; *to express passive*: ~ *vendre* be sold; ~ *roser* be(come) pink; 2. *pron./recip.* each other, one another.

séance [se'ãːs] *f* seat; sitting (*a. paint.*), session, meeting; *cin.* performance; ~ *plénière* (*de clôture*) plenary (closing) session; *fig.* ~ *tenante* immediately; **séant, e** [~'ã, ~'ãːt] 1. *adj.* in session, sitting; *fig.* seemly, proper; becoming (*to*); 2. *su./m anat.* seat; *se mettre sur son* ~ sit up (*in bed*).

seau [so] *m* pail, bucket; *biscuit:* barrel; ~ *à charbon* coal-scuttle; F *il pleut à* ~*x* it is raining in bucketfuls.

sébacé, e ♂ [seba'se] sebaceous.

sébile [se'bil] *f* wooden bowl.

sec, sèche [sɛk, sɛʃ] 1. *adj.* dry (*a. wine, fig. remark*); dried (*cod, raisins*); lean (*person, horse*); sharp (*blow, answer, remark, tone*); *fig.* harsh, unsympathetic; barren; ♣ dead (*loss*); split (*peas*); hard (*cash*); *cards:* bare (*ace, king, etc.*); 2. **sec** *adv.*: *boire* ~ drink neat; drink hard; *brûler* ~ burn like tinder; *parler* ~ not to mince one's words; *rire* ~ laugh harshly; *à* ~ dry; dried up; F hard-up, broke; 3. *su./f* ⚓ flat; *sl.* fag (= *cigarette*); *sl. piquer une sèche* be stumped (*in oral examination*), get no marks (*in examination*).

sécante ⚡ [se'kãːt] *f* secant; **sécateur** ⚯ [~ka'tœːr] *m* pruning-shears *pl.*, secateurs *pl.*

sécession [sesɛ'sjɔ̃] *f* secession; *faire* ~ secede (from, *de*); **sécessionniste** [~sjɔ'nist] *adj., a. su.* secessionist.

séchage [se'ʃaːʒ] *m* drying; ⊕ *wood:* seasoning; F *univ. lecture:* cutting; **sèche-cheveux** [sɛʃə'ʃvø] *m/inv.* hair-drier; **sécher** [se'ʃe] (1f) *v/i.* (become) dry; F waste away (with, *de*); F be stumped (*in an examination*); *sl.* smoke; *faire* ~ dry; ⊕ season (*wood*); *v/t.* dry; ⊕ season (*wood*); F *univ.* cut (*a lecture*); F fail (*a candidate*); **sécheresse** [seʃ'rɛs] *f* dryness; drought; *person, horse:* leanness; *answer, remark, tone:* curtness; *fig. heart:* coldness; *fig. style etc.:* bareness; **sécherie** [~'ri] *f* drying-floor; *machine:* drier; ✶ seed-kiln; **sécheur** ⊕ [se'ʃœːr] *m* drier; **sécheuse** [~'ʃøːz] *f* steam-drier; **séchoir** [~'ʃwaːr] *m* ⊕ drying-room; drying-ground; ⊕ drier; clothes-horse, airer.

second, e [sə'gɔ̃, ~'gɔ̃ːd] 1. *adj.* second (*a. fig.*); 2. *su.* (the) second; *su./m* second in command, principal assistant; ⚓ first mate, first officer; *sl.* number one; *box., a.* duel: second; ⌂ second floor, *Am.* third floor; ✝ ~ *maître* petty officer; *su./f* ♪, ⚡, *time:* second; ⛙ second (class); *secondary school:* (*approx.*) fifth form; *typ.* revise; **secondaire** [səgɔ̃'dɛːr] 1. *adj.* secondary; *fig. a.* subordinate, minor; 2. *su./m* ⚡ secondary winding; **seconder** [~'de] (1a) *v/t.* second, support; further (*s.o.'s interests*).

secouer [sə'kwe] (1p) *v/t.* shake (*a. fig.*); shake down or off; knock out (*a pipe*); F *fig.* rouse (*s.o.*); F *se* ~ get a move on; rouse o.s.

secourable [səku'rabl] helpful; ready to help; **secourir** [~'riːr] (2i) *v/t.* aid, succo(u)r, help; **secouriste** [~'rist] *su.* first-aid worker; voluntary ambulance worker; **secours** [sə'kuːr] *m* help, assistance, aid; ⚔ ~ *pl.* relieving force *sg.*, relief troops; *au* ~! help!; *de* ~ relief-...; spare (*wheel*); emergency (*exit, landing-ground*); ⚔, ♂ *premier* ~ first aid.

secousse [sə'kus] *f* shake; jolt, jerk; ⚡, *a. fig.* shock.

secret, -ète [sə'krɛ, ~'krɛt] 1. *adj.* secret, concealed; *fig.* reticent; 2. *su./m* secret; secrecy; ⚖ solitary confinement; ⊕ *desk etc.:* secret spring; ~ *postal* secrecy of correspondence; *en* ~ in secret, in secre-

secrétaire 442

cy; privately; *su./f prayer*: secret; **secrétaire** [səkre'tɛːr] *su. person*: secretary; *su./m furniture*: secretaire, writing-desk; *orn.* secretarybird; ~ d'État Secretary of State; ~ *particulier* private secretary; **secrétairerie** [~tɛrə'ri] *f* secretary's staff; secretariat; *pol.* chancery, registry; **secrétariat** [~ta-'rja] *m* secretariat, secretary's office; secretaryship.

sécréter *physiol.* [sekre'te] (1f) *v/t.* secrete; **sécréteur, -trice** *or* **-euse** *physiol.* [~'tœːr, ~'tris, ~'tøːz] secretory; **sécrétion** *physiol.* [~'sjɔ̃] *f* secretion; **sécrétoire** *physiol.* [~-'twaːr] secretory.

sectaire [sɛk'tɛːr] *adj., a. su.* sectarian; **secte** [sɛkt] *f* sect.

secteur [sɛk'tœːr] *m* ⚗, ⊕, ⚔, *astr.* sector; *admin.* district, area; ⚖ *mains pl.*; ⚒ *(steering-)*quadrant.

section [sɛk'sjɔ̃] *f* section *(a.* ⚗, △*)*; cutting, docking; ⚔ *infantry*: platoon, *artillery*: section; ⚔ *ammunition*: column; ⚒ subdivision; *admin.* branch; *bus, tram*: stage; *admin.* ~ *de vote* polling-district; **sectionnel, -elle** [sɛksjɔ'nɛl] sectional; **sectionner** [~'ne] (1a) *v/t.* divide into sections; cut, sever.

séculaire [seky'lɛːr] secular (= *once in 100 years*); century-old; *fig.* time-hono(u)red, ancient; **séculariser** [~lari'ze] (1a) *v/t.* secularize; convert *(a church etc.)* to secular use; **sécularité** [~lari'te] *f* secularity; *eccl.* secular jurisdiction; **séculier, -ère** [~'lje, ~'ljɛːr] **1.** *adj.* secular; laic, lay-...; *fig.* worldly; **2.** *su./m* layman; *les* ~*s pl.* the laity.

sécurité [sekyri'te] *f* security; *admin., mot., a.* ⊕ safety; confidence; *pol.* ~ *collective* collective security; ~ *routière* road safety.

sédatif, -ve ⚕ [seda'tif, ~'tiːv] *adj., a. su./m* sedative.

sédentaire [sedɑ̃'tɛːr] sedentary *(life, profession)*; settled, fixed; *orn.* non-migrant.

sédiment [sedi'mɑ̃] *m* sediment, deposit; **sédimentaire** *geol. etc.* [~mɑ̃'tɛːr] sedimentary; aqueous *(rock)*; **sédimentation** [~mɑ̃ta-'sjɔ̃] *f* sedimentation.

séditieux, -euse [sedi'sjø, ~'sjøːz] **1.** *adj.* seditious; mutinous; **2.** *su.* seditionist, fomenter of sedition;

sédition [~'sjɔ̃] *f* sedition; *en* ~ in revolt.

séducteur, -trice [sedyk'tœːr, ~'tris] **1.** *adj.* seductive, alluring; tempting *(look, word)*; **2.** *su.* seducer; **séductible** [~'tibl] seducible; **séduction** [~'sjɔ̃] *f* seduction *(a.* ⚖*)*; *fig.* attraction; **séduire** [se'dɥiːr] (4h) *v/t.* seduce *(a.* ⚖*)*; suborn, bribe *(a witness)*; *fig.* attract *(s.o.)*, fascinate *(s.o.)*; **séduisant, e** [~dɥi-'zɑ̃, ~'zɑ̃ːt] seductive, tempting; *fig.* attractive, fascinating.

segment [sɛg'mɑ̃] *m* ⚗, *zo.* segment; ⊕ *(piston-)*ring; *caterpillar tyre*: joint; **segmentaire** [~mɑ̃-'tɛːr] ⚗ segmentary; △, *anat.* segmental; **segmenter** [~mɑ̃'te] (1a) *v/t. a. se* ~ segment, divide into segments.

ségrégation [segrega'sjɔ̃] *f* segregation *(a. pol.)*, isolation.

seiche *zo.* [sɛʃ] *f* cuttle-fish; *os m de* ~ cuttle-bone.

séide [se'id] *m* henchman; blind supporter.

seigle ♀ [sɛgl] *m* rye; ~ *ergoté* spurred rye.

seigneur [sɛ'ɲœːr] *m* lord; noble; lord of the manor; *faire le (grand)* ~ lord it (over, *avec*); put on airs; *eccl. le* ♀ *the* Lord; **seigneurial, e, m/pl. -aux** † [sɛɲœ'rjal, ~'rjo] seigniorial, manorial; *maison f* ~*e* manor-house; **seigneurie** [~'ri] *f* lordship; manor; *sa* ♀ his Lordship.

seille [sɛːj] *f* pail, bucket.

sein [sɛ̃] *m* breast; bosom *(a. fig.)*; *fig.* midst; *au* ~ *de* in the bosom of.

seine [sɛn] *f fishing*: seine, dragnet.

seing ⚖ [sɛ̃] *m* signature, † sign manual; *acte m sous* ~ *privé* simple contract; private agreement.

séisme [se'ism] *m* earthquake, seism.

seize [sɛːz] *adj./num., a. su./m/inv.* sixteen; *date, title*: sixteenth; **seizième** [sɛ'zjɛm] **1.** *adj./num., a. su.* sixteenth.

séjour [se'ʒuːr] *m* stay; *place*: abode, residence, dwelling; ⚖ *interdiction f de* ~ prohibition from entering certain localities; *permis m de* ~ residence permit; **séjourner** [~ʒur'ne] (1a) *v/i.* stay, reside; stop; remain.

sel [sɛl] *m* salt (*a.* 🜔); *fig.* wit; ~*s pl.* smelling-salts; *prendre qch. avec un grain de* ~ take s.th. with a grain of salt.

select F [se'lɛkt] select; *réunions f/pl. selects* exclusive parties.

sélecter F ✠ [selɛk'te] (1a) *v/t.* choose; **sélecteur** [~'tœːr] *m* ⚡, *a. radio:* selector; **sélectif, -ve** [~'tif, ~'tiːv] selective; **sélection** [~'sjɔ̃] *f* selection (*a.* ♪, ⚡, *radio, biol., a. sp.*); choice; **sélectionner** [~sjɔ'ne] (1a) *v/t.* select, choose; **sélectivité** [~tivi'te] *f radio:* selectivity.

sélénique 🜔, *astr.* [sele'nik] selenic; **sélénium** 🜔 [~'njɔm] *m* selenium; **sélénographie** [~nɔgra'fi] *f* selenography.

self [sɛlf] *f* ⚡ (*a. bobine f de* ~) inductance-coil; ⚡ choking-coil, F choke; ~**-induction** ⚡ [~ɛdyk'sjɔ̃] *f* self-induction; inductance.

selle [sɛl] *f* ⊕, *mot., cuis., horse, bicycle:* saddle; 🛡 plate; *physiol.* motion, stool; ~ *anglaise* hunting saddle; *physiol. aller à la* ~ go to stool; F *mettre q. en* ~ give s.o. a helping hand.

seller[1] [sɛ'le] (1a) *v/t.* saddle (*a horse*).

seller[2] ⚸ [~] (1a) *v/i. a. se* ~ become hard at the surface.

sellerie [sɛl'ri] *f* saddlery; ✠ saddler's (shop); harness-room; **sellette** [sɛ'lɛt] *f* stool, seat; ⊕ slung cradle; 🛡 *etc.* bolster; † stool of repentance; *fig. mettre* (*or tenir*) *q. sur la* ~ cross-examine s.o., F carpet s.o.; **sellier** [~'lje] *m* saddler, harness-maker.

selon [sə'lɔ̃] **1.** *prp.* according to; ~ *moi* in my opinion; *c'est* ~ *!* it all or that depends!; **2.** *cj.:* ~ *que* according as, depending upon whether.

Seltz [sɛlts] *m: eau f de* ~ soda-water.

semailles [sə'maːj] *f/pl.* sowing *sg.*; seeds.

semaine [sə'mɛn] *f* week; ⊕, ✠ working week; ⚔ *etc.* duty for the week; week's pay; ~ *anglaise* five and a half day (working) week; ~ *sainte* Holy Week; *à la* ~ by the week; ✠ *à la petite* ~ (*loan*) at high interest; *en* ~ during the week; *être de* ~ be on duty for the week; **semainier, -ère** [~mɛ'nje, ~'njɛːr] **1.** *adj.* weekly; **2.** *su.* person on duty for the *or* a week; *su./m* ⊕ time-sheet; set of seven razors.

sémantique [semã'tik] **1.** *adj.* semantic; **2.** *su./f* semantics *pl.*

sémaphore [sema'fɔːr] *m* semaphore; ⚓ signal-station (*on land*).

semblable [sã'blabl] **1.** *adj.* similar (*to, à*) (*a.* 🜋 *triangles*); alike; like (*a.* 🜋 *terms*); such; **2.** *su.* like, equal; fellow; *su./m: nos* ~*s pl.* our fellowmen; **semblablement** [~blablə'mã] *adv.* in like manner; **semblant** [~'blã] *m* appearance, look; *fig.* show (*of, de*); *faire* ~ pretend (*to inf., de inf.*); make a show (*of s.th., de qch.*); *faux* ~ pretence; *sans faire* ~ *de rien* as if nothing had happened; surreptitiously; **sembler** [~'ble] (1a) *v/i.* seem, appear; *il me semble* I think; *que vous en semble?* what do you think (about it)?

semelle [sə'mɛl] *f shoe:* sole; *stocking:* foot; *mot. tyre:* tread; ⊕ bed; ⚿ foundation; ~ *de liège* cork insole; *remettre des* ~*s à* re-sole.

semence [sə'mãːs] *f* seed (*a. fig.*); *physiol.* semen; ⚸ (tin)tack; ~ *de perles* seed-pearls *pl.*; **semer** [~'me] (1d) *v/t.* ⚸ sow (*a. fig. discord etc.*); scatter; *fig.* disseminate, spread (*a rumour*); squander (*one's money*); F shake off, drop (*s.o.*).

semestre [sə'mɛstr] *m* half-year; six months' duty *or* pay *or* ⚔ leave of absence; *univ. etc.* semester; **semestriel, -elle** [~mɛstri'ɛl] half-yearly; lasting six months.

semeur, -euse [sə'mœːr, ~'møːz] *su.* sower (*a. fig. of discord*); *fig.* spreader (*of rumours*).

semi... [səmi] semi...; ~**-brève** ♪ [~'brɛːv] *f* semibreve, Am. whole note; ~**-coke** [~'kɔk] *m* coalite.

sémillant, e [semi'jã, ~'jãːt] bright; sprightly.

séminaire [semi'nɛːr] *m* seminary; *fig.* training centre; *univ.* seminar; *petit* ~ secondary school run by priests.

séminal, e, *m/pl.* **-aux** [semi'nal, ~'no] seminal.

semi-rigide [səmiri'ʒid] semi-rigid (*airship etc.*).

semis ⚸ [sə'mi] *m* sowing; seedling; seed-bed; ~ *en lignes* sowing in drills.

semi-ton ♪ [səmi'tɔ̃] *m* semitone;

semi-voyelle 444

semi-voyelle *gramm.* [ˌvwaˈjɛl] *f* semivowel.

semoir ⚒ [səˈmwaːr] *m* sowing-machine; seed-drill; seeder.

semonce [səˈmɔ̃ːs] *f fig.* reprimand; ⚓ *coup m de* ~ warning shot; **semoncer** (1k) *v/t.* reprimand, † read (*s.o.*) a lecture; ⚓ call upon (*a ship*) to heave to *or* to show her flag.

semoule *cuis.* [səˈmul] *f* semolina.

sempiternel, -elle [sɑ̃pitɛrˈnɛl] sempiternal, everlasting.

sénat [seˈna] *m* senate(-house); **sénateur** [senaˈtœːr] *m* senator; **sénatus-consulte** *hist.* [ˌtyskɔ̃ˈsylt] *m* senatus-consult.

sénéchal *hist.* [seneˈʃal] *m* seneschal; **sénéchaussée** *hist.* [ˌʃoˈse] *f* seneschalsy; seneschal's court.

séneçon ♧ [sensˈɔ̃] *m* groundsel.

sénevé ♧ [senˈve] *m* black mustard.

sénile ⚕ [seˈnil] senile; **sénilité** ⚕ [ˌniliˈte] *f* senility, senile decay.

sens [sɑ̃ːs] *m fig. smell etc.*: sense; *fig.* opinion; understanding, judg(e)-ment; meaning; direction (*a.* ⚐), way; ~ *interdit* no entry; ~ *moral* moral sense; ~ *unique* one-way street; *à mon* ~ in my view *or* opinion; *le bon* ~, *le* ~ *commun* common sense; *plaisirs m/pl. des* ~ sensual pleasures; **sensation** [sɑ̃saˈsjɔ̃] *f* sensation; (*physical*) feeling; *à* ~ sensational (*news*); **sensationnel, -elle** [ˌsjɔˈnɛl] sensational; *fig.* thrilling; *roman m* ~ thriller; **sensé, e** [sɑ̃ˈse] sensible, intelligent; practical.

sensibiliser [sɑ̃sibiliˈze] (1a) *v/t.* sensitize; **sensibilité** [ˌˈte] *f* sensitiveness (*a. phot.*); *fig.* feeling, compassion; **sensible** [sɑ̃ˈsibl] sensitive (*ear, instrument, phot. paper, skin, spot, a. fig. to pain etc.*); tender (*flesh, spot*); responsive; susceptible; *fig.* appreciative (of, *à*); *fig.* sympathetic, perceptible, real (*difference, progress*); *phot.* sensitized (*paper*); ♪ note *f* ~ leading note *or* Am. tone; **sensiblerie** [ˌsibləˈri] *f* sentiment(ality); F sob-stuff.

sensitif, -ve [sɑ̃siˈtif, ˌˈtiːv] 1. *adj.* sensitive; *anat.* sensory; 2. *su./f* ♧ sensitive plant; F very sensitive woman *or* girl; **sensitivité** [ˌtiviˈte] *f* sensitivity.

sensoriel, -elle [sɑ̃sɔˈrjɛl] sensorial, sensory.

sensualisme *phls.* [sɑ̃sɥaˈlism] *m* sensualism; **sensualiste** *phls.* [ˌˈlist] 1. *adj.* sensual; 2. *su.* sensualist; **sensualité** [ˌliˈte] *f* sensuality; voluptuousness; **sensuel, -elle** [sɑ̃ˈsɥɛl] 1. *adj.* sensual; carnal; voluptuous; 2. *su.* sensualist; voluptuary.

sentence [sɑ̃ˈtɑ̃ːs] *f* maxim; ⚖ sentence; (*a.* ~ *arbitrale*) award; **sentencieux, -euse** [ˌtɑ̃ˈsjø, ˌˈsjøːz] sententious.

senteur *hunt.* [sɑ̃ˈtœːr] *f* scent (*a. poet.* = *perfume*).

sentier [sɑ̃ˈtje] *m* footpath; path (*a. fig.*); ~ *battu* beaten track.

sentiment [sɑ̃tiˈmɑ̃] *m* feeling (*a. fig.*); sensation, emotion; consciousness, sense; *fig.* opinion, sentiment; ~ *d'infériorité* sense of inferiority; *par* ~ for sentimental reasons; *voilà mon* ~ that is my opinion; **sentimental, e,** *m/pl.* **-aux** [ˌmɑ̃ˈtal, ˌˈto] sentimental; **sentimentalité** [ˌmɑ̃taliˈte] *f* sentimentality.

sentine ⚓ [sɑ̃ˈtin] *f ship*: well; *fig.* sink of iniquity.

sentinelle ⚔ [sɑ̃tiˈnɛl] *f* sentry; guard, watch; *faire* ~ mount guard; F *fig. faire la* ~ be on the watch.

sentir [sɑ̃ˈtiːr] (2b) *v/t.* feel; be conscious of, be alive to; smell (*a. fig.*); taste of, smack of (*s.th.*); F *je ne peux pas le* ~ I can't stand him; *vin m qui sent le bouchon* corked wine; *se* ~ feel; be aware of one's importance *or* strength; *se* ~ *de* feel the effects *or* benefits of; *v/i.* smell (bad, *mauvais*; bon, good).

seoir [swaːr] (3k) *v/i.* ⚖ be situate(d); suit; ~ *avec* go with.

sépale ♧ [seˈpal] *m* sepal.

séparable [sepaˈrabl] separable (from, *de*); **séparateur, -trice** [separaˈtœːr, ˌˈtris] 1. *adj.* separative; 2. *su./m* ⊕ separator; **séparatif, -ve** [ˌˈtif, ˌˈtiːv] separating; dividing (*wall etc.*); **séparation** [ˌˈsjɔ̃] *f* ⊕, ⚗, ⚖, *a. fig.* separation (from, *d'avec*); parting; *fig.* family, meeting: breaking up; division; ⚖ ~ *de biens* separate maintenance; ⚖ ~ *de corps* judicial separation; *pol.* ~ *des pouvoirs* separation of powers; △ *mur m de* ~ partition wall; **séparatiste** [ˌˈtist] 1. *adj.* separatist; 2. *su.* separatist, separationist; se-

cessionist; **séparément** [separe-'mã] *adv.* separately; **séparer** [~'re] (1a) *v/t.* separate (from *de, d'avec*); part (*one's hair*); divide; *fig.* distinguish (from, *de*); se ~ part (company); break up (*assembly*); branch off (*road*).
sépia [se'pja] *f zo., colour:* sepia; *zo.* cuttle-fish; *paint.* sepia drawing.
sept [sɛt] *adj./num.,* a. *su./m/inv.* seven; *date, title:* seventh; **septain** [sɛ'tɛ̃] *m* seven-line stanza; ⊕ seven-strand rope (*holding clock weights*); **septante** † [sɛp'tã:t] *adj./. num.,* a. *su./m/inv.* seventy; *bibl.* version des ♀ Septuagint; **septembre** [~'tã:br] *m* September; **septembrisades** *hist.* [~tãbri'zad] *f/pl.* September massacres (*1792 in Paris*); **septénaire** [~te'nɛ:r] *adj.,* a. *su./m* septenary; **septennal, e,** *m/pl.* -aux [~tɛn'nal, ~'no] septennial; **septennat** [~tɛn'na] *m* septennate.
septentrion *poet.* [sɛptãtri'ɔ̃] *m* north; **septentrional, e,** *m/pl.* -aux [~'nal, ~'no] 1. *adj.* north(ern); 2. *su.* northerner.
septicémie 𝄞 [sɛptise'mi] *f* septic(a)emia; blood-poisoning; **septicémique** [~se'mik] septic(a)emic; **septicité** 𝄞 [~si'te] *f* septicity.
septième [sɛ'tjɛm] 1. *adj./num.* seventh; 2. *su.* seventh; *su./m* fraction: seventh; *su./f* ♪ seventh; *school:* top form of lower school.
septique 𝄞 [sɛp'tik] septic; *fosse f* ~ septic tank.
septuagénaire [sɛptɥaʒe'nɛ:r] *adj.,* a. *su.* septuagenarian.
septuple [sɛp'typl] *adj.,* a. *su./m* sevenfold; septuple; **septupler** [~ty'ple] (1a) *vt/i.* increase sevenfold, septuple.
sépulcral, e, *m/pl.* -aux [sepyl'kral, ~'kro] sepulchral; **sépulcre** [~'pylkr] *m* sepulchre; *le saint* ~ the Holy Sepulchre.
sépulture [sepyl'ty:r] *f* burial; tomb; burial-place.
séquelle [se'kɛl] *f pej.* set, lot; *pej.* abuse, oaths: string; 𝄞 ~s *pl.* aftereffects.
séquence [se'kã:s] *f* sequence.
séquestration [sekɛstra'sjɔ̃] *f infected animals:* isolation; ⚖ sequestration; *person:* false imprisonment; **séquestre** [~'kɛstr] *m* ⚖ sequestration; ♣ ship: embargo; ⚖ sequestrated property; ⚖ receiver; ⚖ sequestrator; *sous* ~ sequestered; *mettre sous* ~ sequester; **séquestrer** [~kɛs'tre] (1a) *v/t.* ⚖ sequester, sequestrate, ♣ lay an embargo on (*a ship*); ⚖ confine (*s.o.*) illegally; 𝄞 isolate; *fig.* relegate (to, *dans*).
sérac [se'rak] *m geol.* ice-pinnacle; *glacier:* sérac; *cuis.* white Swiss cheese.
serai [sə're] *1st p. sg. fut. of être 1.*
sérail [se'ra:j] *m* seraglio.
sérancer *tex.* [serã'se] (1k) *v/t.* heckle, comb (*flax*).
séraphin [sera'fɛ̃] *m* seraph; ~s *pl.* seraphim; **séraphique** [~'fik] seraphic.
serbe [sɛrb] 1. *adj.* Serb(ian); 2. *su./m ling.* Serb(ian); *su.* ⚄ Serb(ian).
serein, e [sə'rɛ̃, ~'rɛn] 1. *adj.* serene, calm (a. *fig.*); *fig.* tranquil; 𝄞 *goutte f* ~e amaurosis; 2. *su./m* evening dew.
sérénade ♪ [sere'nad] *f* serenade.
sérénissime [sereni'sim] *title:* (Most) Serene; **sérénité** [~'te] *f* serenity (a. *title*); calmness; tranquillity.
séreux, -euse 𝄞 [se'rø, ~'rø:z] serous.
serf, serve [sɛrf, sɛrv] 1. *adj.* in bondage; *condition f* serve serfdom; 2. *su.* serf; *su./m* bond(s)man; *su./f* bond(s)woman.
serfouette 🌱 [sɛr'fwɛt] *f* combined hoe and fork; **serfouir** 🌱 [~'fwi:r] (2a) *v/t.* hoe; loosen (*the soil*).
serge *tex.* [sɛrʒ] *f* serge.
sergent [sɛr'ʒã] *m* ⚔ etc. sergeant; ⊕ cramp, clamp; ♣ ~ *d'armes* (*approx.*) ship's corporal; † ~ *de ville* policeman; ⚔ ~-*major,* ~-*chef infantry:* quartermaster-sergeant.
sergot *sl.* [sɛr'go] *m* copper, *Am.* cop (= *policeman*).
sériciculteur [serisikyl'tœ:r] *m* silkworm breeder; **sériciculture** [~'ty:r] *f* silkworm breeding.
série [se'ri] *f* series; sequence; ♣ flags, ⊕ tools: set; *sp. race:* heat; *billiards:* break; *en* ~, *par* ~ in series; † *fait en* ~ mass-produced; 🔧 *fin f de* ~ remnants *pl.*; † *hors* ~ outsize; **sérier** [~'rje] (1o) *v/t.* arrange in series; † standardize.
sérieux, -euse [se'rjø, ~'rjø:z] 1. *adj.* serious; grave; earnest; genuine

serin 446

(*offer, purchaser*); *fig.* peu ~ irresponsible (*person*); **2.** *su./m* gravity, seriousness; *thea.* serious rôle; *garder son* ~ preserve one's gravity; *prendre au* ~ take (*s.th.*) seriously.
serin [sə'rɛ̃] *m orn.* serin; canary; F fool, *Am.* sap; greenhorn; **seriner** [səri'ne] (1a) *v/t.* teach (*a canary*) to sing; F *fig.* drum (*a rule etc.*) (into s.o., *à q.*); F ♪ thump out, grind out (*a tune*); **serinette** [~'nɛt] *f* bird-organ; F person who sings without expression.
seringue [sə'rɛ̃ːg] *f* ♪, ⚕ syringe; *mot.* ~ *à graisse* grease-gun; **seringuer** [~rɛ̃'ge] (1m) *v/t.* syringe (*the ear etc.*), inject (*a drug*); squirt (*a liquid*).
serment [sɛr'mɑ̃] *m* oath; *faux* ~ perjury; *prêter* ~ take an oath; *sous* ~ sworn (*evidence*).
sermon [sɛr'mɔ̃] *m* sermon; *fig.* lecture; **sermonner** F [~mɔ'ne] (1a) *vt/i.* sermonize; *v/t.* reprimand; **sermonneur, -euse** F [~mɔ'nœːr, ~'nøːz] **1.** *adj.* fault-finding; **2.** *su.* fault-finder.
sérosité *physiol.* [serozi'te] *f* serosity; **sérothérapie** ⚕ [~rɔtera'pi] *f* serotherapy.
serpe ⚒ [sɛrp] *f* bill-hook.
serpent [sɛr'pɑ̃] *m* ♪, *zo., astr., fig.* serpent; *zo., fig.* snake; ~ *à lunettes* cobra; ~ *à sonnettes* rattlesnake; **serpentaire** [sɛrpɑ̃'tɛːr] *su./m orn.* secretary-bird; *su./f* ♀, ⚕ serpentaria, snake-root; **serpenteau** [~'to] *m zo.* young snake; *firework:* serpent, squib; **serpenter** [~'te] (1a) *v/i.* (*a. aller en serpentant*) wind, meander; **serpentin, e** [~'tɛ̃, ~'tin] **1.** *adj.* serpentine; **2.** *su./m* ♒ worm (*of still*); ⊕ coil; paper streamer; *su./f* ♀ snake-wood; *min.* serpentine.
serpette ⚒ [sɛr'pɛt] *f* bill-hook; pruning-knife.
serpigineux, -euse ⚕ [sɛrpiʒi'nø, ~'nøːz] serpiginous.
serpillière [sɛrpi'jɛːr] *f tex.* packing-cloth; *tex.* dish-cloth; F apron made from sacking.
serpolet ♀ [sɛrpɔ'lɛ] *m* wild thyme.
serrage ⊕ [sɛ'raːʒ] *m* tightening; gripping; *mot.* ~ *des freins* braking.
serre [sɛːr] *f* ⚒ greenhouse, glasshouse, conservatory; ⚒ (*a.* ~ *chaude*) hot-house; grip; *orn.* claw,

talon; ⊕, ⚒ clip; ⊕ mo(u)ld press.
serré, e [sɛ're] **1.** *adj.* tight; close-grained (*wood*); compact; narrow (*defile etc.*); close (*buildings,* ⚒ *order, reasoning, texture, translation, sp. finish; a. fig.* = *mean*); *fig.* avaricious; *avoir le cœur* ~ be sad at heart; ⚒ *avoir le ventre* ~ be constipated; **2.** serré *adv.*: *jouer* ~ play cautiously; *mentir* ~ lie unblushingly; *mordre* ~ bite hard.
serre...: **~-file** [sɛr'fil] *m/inv.* ⚒ serrefile; ⚓ rear ship; *marcher en* ~ bring up the rear; **~-fils** [~'fil] *m/inv.* ⚡ binding-screw; ⚡ clamp; **~-freins** [~'frɛ̃] *m/inv.* ⚒ brakesman; ⊕ brake-adjuster; **~-joint** ⊕ [~'ʒwɛ̃] *m* cramp; screw-clamp.
serrement [sɛr'mɑ̃] *m* squeezing; ⚒ dam; ~ *de main* handshake; hand pressure; *fig.* ~ *de cœur* pang; **serre-papiers** [sɛrpa'pje] *m/inv.* file (*for papers*); paper-weight; paper-clip; set of pigeon-holes; **serrer** [sɛ're] (1b) *v/t.* press, squeeze; grasp (*s.o.'s hand*), grip; put (away); tighten (*a knot*, ⊕ *a screw*); *fig.* compress, condense; ⚒ close (*the ranks*); ⚓ take in (*sails*); skirt (*the coast, a wall*); *sp.* jostle (*other runners etc.*); ⚒ crowd (*s.o.'s car*); *mot.* ~ *à droite* keep (to the) right; ~ *de près* beset; go into (*a question*) in detail; ~ *la main à* shake hands with; ~ *les dents* clench one's teeth; *serrez-vous!* sit closer!; F move up!; *se* ~ crowd, stand (*etc.*) close together; tighten (*lips*); *fig.* feel a pang, contract (*heart*); **serre-tête** [sɛr'tɛːt] *m/inv.* headband; kerchief (*worn over hair*); ⚒, *mot.* crash-helmet.
serrure [sɛ'ryːr] *f* lock; **serrurerie** [sɛryrə'ri] *f* locksmith's trade; locksmith's (shop); lock-mechanism; metal-work; **serrurier** [~'rje] *m* locksmith; metal-worker.
serte [sɛrt] *f gem*: mounting *or* setting (in a bezel); **sertir** [sɛr'tiːr] (2a) *v/t.* set (*a gem*) (in a bezel); set (*window-panes*) (in, de); **sertissage** [sɛrti'saːʒ] *m gem*: setting; *panes*: setting in lead; **sertisseur** [~'sœːr] *m* setter; **sertissure** [~'syːr] *f* bezel; setting.
sérum ⚕ [se'rɔm] *m* serum.
servage [sɛr'vaːʒ] *m* serfdom; bondage.

serval, pl. **-als** zo. [sɛrˈval] m serval, tiger-cat.

servant, e [sɛrˈvã, ˌˈvãːt] **1.** adj. serving; eccl. lay (brother); **2.** su./m ⚔ gunner; tennis: server; su./f servant; dumb waiter, dinner-waggon; ⊕ prop; ⊕ (bench-)vice.

serviabilité [sɛrvjabiliˈte] f obligingness; **serviable** [ˌˈvjabl] obliging, helpful (person); **service** [ˌˈvis] m service (a. ⚔, ⚓, eccl., tennis); ⚔, ⚓ guard etc.: duty; hotel: service charge; ✝, admin. department; cuis. meal: course; tools: set; ~ compris service included; ~ de table dinner-service; ~ diplomatique diplomatic service, Am. corps; ~ divin divine service; ⚔ ~ obligatoire compulsory (military) service; ~s pl. publics public services; ⚔ être de ~ be on duty; ✝ libre ~ self-service; rendre (un) ~ à q. do s.o. a good turn.

serviette [sɛrˈvjɛt] f (table-)napkin, serviette; towel; brief-case, portfolio; ~-éponge Turkish towel; ⚜ ~ hygiénique sanitary towel or Am. napkin.

servile [sɛrˈvil] servile; abject (to, envers); menial (duties); slavish (imitation); **servilité** [ˌviliˈte] f servility.

servir [sɛrˈviːr] (2b) v/t. serve (a dish, s.o. at table, ✝ a customer, one's country, a. tennis a ball); help, assist; be in the service of; wait on; cards: deal; ✝ supply; pay (a rent); eccl. ~ la messe serve at mass; hunt. ~ un sanglier au couteau dispatch a boar with a knife; se ~ help o.s. to food; se ~ de make use of; tout le monde est servi? bus, tram: any more fares?; v/i. serve (a. ⚔), be used (as, de); be in service; be useful; à quoi cela sert-il? what's the good of that?; à quoi sert-il de (inf.)? what is the good of (ger.)?; **serviteur** [ˌviˈtœːr] m servant; ~! no thank you; **servitude** [ˌviˈtyd] f servitude; slavery; fig. tyranny; ⚖ easement; fig. obligation.

servofrein ⊕ [sɛrvoˈfrɛ̃] m servobrake; **servomoteur** ⊕ [ˌmɔˈtœːr] m servo-motor.

ses [se] see son¹.

sessile ♀ etc. [sɛˈsil] sessile.

session ⚖, parl. [sɛˈsjɔ̃] f session.

set [sɛt] m tennis: set.

sétifère [setiˈfɛːr] bristly, setiferous.

séton ⚜, zo. [seˈtɔ̃] m seton; plaie f en ~ flesh wound.

seuil [sœːj] m phys., psych., fig. fame, door: threshold; fig. beginning; sill; geog. valley: ridge; ocean bed: shelf.

seul, seule [sœl] adj. before su. one, only, single; very, mere; after su. or verb alone, lonely; before art. only; ... alone; comme un ~ homme like one man; un homme ~ a single or lonely man; **seulement** [ˌˈmã] adv. only; solely; but; ne ... pas ~ not even; si ~ ... if only ...; **seulet, -ette** F [sœˈlɛ, ˌˈlɛt] lonely; lonely.

sève [sɛːv] f ♀ sap; fig. vigo(u)r, pith.

sévère [seˈvɛːr] severe (a. fig.); stern; strict (discipline, morals); hard (person, climate); **sévérité** [ˌveriˈte] f severity (a. fig.); person, look: sternness; fig. taste: austerity; discipline, morals: strictness; ⚖ ~s pl. harsh sentences.

sévices ⚖ [seˈvis] m/pl. cruelty sg. (to[wards], envers); **sévir** [ˌˈviːr] (2a) v/i. rage (plague, war); be severe (cold); ~ contre deal severely with.

sevrage [səˈvraːʒ] m child, lamb: weaning; **sevrer** [ˌˈvre] (1d) v/t. wean (a child, a lamb); ✔ separate; fig. deprive (of, de).

sexagénaire [sɛksaʒeˈnɛːr] adj., a. su. sexagenarian.

sex-appeal [sɛksaˈpiːl] m sex-appeal.

sexe [sɛks] m sex; F le beau ~, le ~ faible the fair or weaker sex, women pl.; le ~ fort the strong sex, men pl.; des deux ~s of both sexes.

sextuor ♪ [sɛksˈtɥɔːr] m sextet.

sextuple [sɛksˈtypl] adj., a. su./m sixfold, sextuple; **sextupler** [ˌtyˈple] (1a) vt/i. increase sixfold, sextuple.

sexuel, -elle [sɛkˈsɥɛl] sexual.

seyant, e [sɛˈjã, ˌˈjãːt] becoming.

shake-hand [ʃɛkˈhand] m/inv. handshake.

shaker [ʃɛˈkœːr] m cocktail-shaker.

shampooing [ʃãˈpwɛ̃] m shampoo; faire un ~ à shampoo.

shooter foot. [ʃuˈte] (1a) v/i. shoot.

short cost. [ʃɔrt] m shorts pl.

shot foot. [ʃɔt] m shot.

shunt ⚡ [ʃœ̃ːt] m shunt; ~ de grille grid leak; **shunter** ⚡ [ʃœ̃ːˈte] (1a) v/t. shunt.

si¹ [si] *cj.* if; whether; suppose; ~ *ce n'est que* were it not that; if it were not that; ~ *je ne me trompe* if I am not mistaken; ~ *tant est que* (*sbj.*) if it happens that (*ind.*).

si² [~] *adv.* so, so much; *answer to negative question*: yes; ~ *bien que* so that; with the result that; ~ *fait!* yes indeed!; ~ *riche qu'il soit* however rich he may be.

si³ ♩ [~] *m/inv.* si; *note*: B; ~ *bémol* B flat.

siamois, e [sja'mwa, ~'mwa:z] Siamese; ♂ *frères m/pl.* ~, *sœurs f/pl.* ~es Siamese twins.

sibérien, -enne [sibe'rjɛ̃, ~'rjɛn] Siberian.

sibilant, e ♂ [sibi'lɑ̃, ~'lɑ̃:t] sibilant.

siccatif, -ve [sika'tif, ~'ti:v] **1.** *adj.* (quick-)drying, siccative; **2.** *su./m* siccative; quick-drying substance.

side-car [sajd'ka:r] *m* motor-cycle combination; side-car.

sidéral, e, *m/pl.* **-aux** [side'ral, ~'ro] *astr.* sidereal; **sidéré, e** [~'re] struck dead; *fig.* thunderstruck, F flabbergasted.

sidérose [side'ro:z] *f min.* siderite; ♂ siderosis; **sidérostat** *astr.* [~rɔs'ta] *m* siderostat; **sidérotechnie** [~rɔtek'ni] *f* metallurgy of iron; **sidérurgie** [~ryr'ʒi] *f* metallurgy of iron; **sidérurgique** [~ryr'ʒik] ironworking; *usine f* ~ ironworks *usu. sg.*

siècle [sjɛkl] *m* century; *eccl.* world(ly life); *fig.* period, time, age; F *il y a un* ~ *que* it's ages since; ♀ *des lumières* age of enlightenment; *Grand* ♀ *the* age of Louis XIV.

sied [sje] 3rd p. sg. pres. of seoir.

siège [sjɛ:ʒ] *m* chair *etc.*, ⊕, *disease, government, parl.*: seat; centre (*of activity, learning, etc.*); ✝ office; ⚔ siege; ⚖ *judge*: bench; *eccl.* (*episcopal*) see; *chair*: bottom; *mot. etc.* ~ *arrière* back-seat; ~ *du cocher* coachman's box; ✝ ~ *social* head office, registered office; **siéger** [sje'ʒe] (1g) *v/i.* sit (⚖, *a.* in Parliament, *au parlement*); ✝ have its head office; ♂ be seated; *eccl.* hold one's see (*bishop*).

sien, sienne [sjɛ̃, sjɛn] **1.** *pron./poss.*: *le* ~, *la* ~*ne, les* ~*s pl., les* ~*nes pl.* his, hers, its, one's; **2.** *su./m* his *or* her *or* its *or* one's own; *les* ~*s pl.* his *or* her *or* one's (own) people; *su./f*: *faire des* ~*nes* lark (about).

sieste [sjɛst] *f* siesta; F nap; *faire la* ~ take a nap.

sieur [sjœ:r] *m*: ⚖ *le* ~ ... Mr. ...; ✝ *notre* ~ ... our Mr. ...

sifflant, e [si'flɑ̃, ~'flɑ̃:t] **1.** *adj.* hissing; wheezing (*breath*); whistling (*note*); *gramm.* sibilant; **2.** *su./f gramm.* sibilant; **sifflement** [~flə'mɑ̃] *m person, a. arrow, bullet, wind*: whistle, whistling; *gas, goose, steam*: hiss(ing); *cuis., a.* ♬ sizzling; *breathing*: wheezing; **siffler** [~'fle] (1a) *v/i.* whistle; hiss; *cuis., a.* ♬ sizzle; ♪ wheeze; blow a whistle; ⚓ pipe; *v/t.* whistle (*a tune*); whistle to (*a dog*); whistle for (*a taxi*); ⚓ pipe; *thea.* hiss, boo; F swig (*a drink*); **sifflet** [~'flɛ] *m* whistle, ⚓ pipe; *thea.* hiss, catcall; ~ *d'alarme* alarm-whistle; *coup m de* ~ (blast of the) whistle; *sl. couper le* ~ *à q.* cut s.o.'s throat; *fig.* nonplus s.o.; *donner un coup de* ~ blow a whistle; ⊕ *en* ~ slantwise; bevelled; **siffleur, -euse** [~'flœ:r, ~'flø:z] **1.** *adj.* whistling; wheezy (*horse*); hissing (*serpent*); **2.** *su.* whistler; *thea.* hisser, booer; *su./m orn.* widgeon; **sifflotement** [~flɔt'mɑ̃] *m* soft whistling; **siffloter** [~flɔ'te] (1a) *vt/i.* whistle softly *or* under one's breath.

sigillaire [siʒil'lɛ:r] sigillary; signet (-*ring*); **sigillé, e** [~'le] sigillate(d).

sigisbée [siʒis'be] *m* cicisbeo, gallant.

sigle [sigl] *m shorthand*: outline; abbreviation; ~*s pl.* sigla (*in old manuscripts*).

signal [si'ɲal] *m* signal; *teleph.* (*dialling*) tone; ~ *à bras* hand signal, ⚔ *etc.* semaphore signal; 🚂 ~ *avancé* distant signal; ~ *d'alarme* alarm-signal, 🚂 communication cord; *teleph.* ~ *d'appel* calling signal; ~ *de danger* (*détresse*) danger (distress) signal; ~ *horaire radio*: time signal, F pips *pl.*; ~ *lumineux* traffic-light; **signalé, e** [siɲa'le] outstanding; *pej.* notorious; **signalement** [~ɲal'mɑ̃] *m* description; particulars *pl.*; **signaler** [siɲa'le] (1a) *v/t.* signal (*a train etc.*); *fig.* distinguish; point out, draw attention to; describe, give a description of (*s.o.*); report (to, à); **signalétique** *admin.* [~le'tik] descriptive; **signalisation** [~liza-

'sjõ] f signalling; 📞 signal-system; mot. ~ routière road signs pl.; lampe f de ~ signal-lamp.
signataire [siɲa'tɛ:r] su. signatory; **signature** [siɲa'ty:r] f signature; apposer sa ~ à set one's hand to; **signe** [siɲ] m sign; (bodily, punctuation) mark; ⚔ insignia (of rank); ~ de tête (des yeux) nod (wink); faire ~ à beckon to; **signer** [si'ɲe] (1a) v/t. sign; sign o.s.; ⊕ stamp; se ~ cross o.s.; v/i. become a party (to, à); **signet** [~'ɲɛ] m bookmark.
significatif, -ve [siɲifika'tif, ~'ti:v] significant (a. ⚕ figure); **signification** [~'sjõ] f meaning; sense; ⚖ notice, petition, writ, etc.: service; **signifier** [siɲi'fje] (1o) v/t. mean, signify; notify; ⚖ serve (a writ etc.); qu'est-ce que cela signifie? what is the meaning of this? (indicating disapproval).
silence [si'lã:s] m silence; stillness; fig. secrecy; ♪ rest; garder le ~ keep silent (about, sur); passer qch. sous ~ pass s.th. over in silence; say nothing about s.th.; **silencieux, -euse** [~lã'sjø, ~'sjø:z] 1. adj. silent; still (evening etc.); 2. su./m mot. silencer.
silex min. [si'lɛks] m flint, silex.
silhouette [si'lwɛt] f silhouette; outline; profile; **silhouetter** [~lwɛ'te] (1a) v/t. silhouette, outline; phot. block out; se ~ stand out (against, contre).
silicate 🝆 [sili'kat] m silicate; ~ de potasse water-glass; **silice** 🝆 [~'lis] f silica; **siliceux, -euse** [sili'sø, ~'sø:z] siliceous; **silicium** 🝆 [~'sjɔm] m silicon; **siliciure** 🝆 [~'sjy:r] m silicide.
silique ♀ [si'lik] f siliqua; pod; **siliqueux, -euse** ♀ [~li'kø, ~'kø:z] siliquose.
sillage [si'ja:ʒ] m ⚓ wake, track; ⚓ speed, headway; ⛏ coal: continuation of a seam; fig. marcher dans le ~ de follow in (s.o.'s) footsteps.
sillet ♪ [si'jɛ] m violin etc.: nut.
sillomètre ⚓ [sijɔ'mɛtr] m speed indicator; patent log.
sillon [si'jõ] m ✍ furrow; ✍ drill (= small furrow); fig. track; path; ⚓ wake; fig. forehead etc.: wrinkle; anat., a. gramophone: groove; poet. ~s pl. fields; éclairs m/pl. en ~s forked lightning sg.; **sillonner** [~jɔ'ne] (1a) v/t. furrow (a. one's forehead); plough (a. the sea); fig. streak; fig. wrinkle (one's face etc.).
silo ✍ [si'lo] m silo; potatoes: clamp; **silotage** ✍ [~lɔ'ta:ʒ] m ensilage.
silphe zo. [silf] m carrion-beetle.
silure icht. [si'ly:r] m silurus, catfish.
simagrée F [sima'gre] f pretence; ~s pl. affectation sg.; affected airs; faire des ~s put on airs.
simarre [si'ma:r] f ⚖ magistrate's cassock; eccl. chimere.
simien, -enne zo. [si'mjɛ̃, ~'mjɛn] adj., a. su./m simian; **simiesque** [~'mjɛsk] simian; ape-like.
similaire [simi'lɛ:r] similar (a. ⚕); like; **similairement** [~lɛr'mã] adv. in like manner; **similarité** [~lari'te] f similarity, likeness; **simili** [~'li] f imitation; **similitude** [~li'tyd] f similitude; similarity (a. ⚕); gramm. simile.
simonie eccl. [simɔ'ni] f simony.
simoun [si'mun] m wind: simoom.
simple [sɛ̃:pl] 1. adj. simple; single (a. 📞 ticket); ⚔, ⚕ ordinary; fig. elementary; plain (food, dress); fig. simple(-minded); half-witted; 2. su./m the simple; simple-minded person, simpleton; tennis: single; ♣ ~s pl. medicinal herbs, simples; ~ messieurs tennis: men's single(s pl.); **simplicité** [sɛ̃pli'site] f simplicity; fig. simple-mindedness; ~s pl. naïve remarks; **simplification** [~fika'sjõ] f simplification; **simplifier** [~'fje] (1o) v/t. simplify; ⚕ reduce to its lowest terms; se ~ become simple(r); **simpliste** [sɛ̃'plist] 1. adj. simplistic; over-simple; 2. su. person who over-simplifies.
simulacre [simy'lakr] m image; fig. pretence, semblance; ⚔ flight simulator; ~ de combat sham fight.
simulateur m, **-trice** f [simyla'tœ:r, ~'tris] shammer; ⚕ malingerer; **simulation** [~'sjõ] f simulation; ⚕ malingering; **simulé, e** [simy'le] feigned (illness); fictitious; sham (fight); **simuler** [~] (1a) v/t. simulate; feign (illness).
simultané, e [simulta'ne] simultaneous; **simultanéité** [~nei'te] f simultaneity; **simultanément** [~ne'mã] adv. of simultané.
sinapisme ⚕ [sina'pism] m mustard-plaster, sinapism.

sincère [sɛ̃'sɛːr] sincere; **sincérité** [~seri'te] f sincerity, frankness; genuineness.

singe [sɛ̃ːʒ] m zo. monkey; zo. ape (a. F fig. = imitator); ⊕ hoist; ⚔ F bully (beef); sl. boss; laid comme un ~ as ugly as sin; **singer** [sɛ̃'ʒe] (1l) v/t. mimic, ape; **singerie** [sɛ̃ʒ'ri] f monkey trick; grimace; mimicry; monkey-house; **singeur, -euse** [sɛ̃'ʒœːr, ~'ʒøːz] 1. adj. aping; 2. su. imitator, mimic.

singulariser [sɛ̃gylari'ze] (1a) v/t. make (s.o.) conspicuous; render (s.o.) singular; se ~ make o.s. conspicuous; **singularité** [~'te] f singularity; peculiarity; eccentricity, oddness; **singulier, -ère** [sɛ̃gy'lje, ~'ljɛːr] 1. adj. singular (a. ⚔); peculiar; unusual; strange; conspicuous; single (combat); 2. su./m gramm. singular; au ~ in the singular.

sinistre [si'nistr] 1. adj. sinister; ominous, threatening; 2. su./m disaster, catastrophe; fire; loss (from fire etc.); **sinistré, e** [~nis'tre] 1. adj. shipwrecked; homeless (through fire, bombs, etc.); bomb-damaged (house etc.); ⚔ être ~ be bombed-out; 2. su. victim (of fire etc.).

sinon [si'nɔ̃] cj. otherwise, if not; except (that, que).

sinueux, -euse [si'nɥø, ~'nɥøːz] sinuous; winding (path, river); **sinuosité** [~nɥozi'te] f winding; meandering; bend (in river); **sinus** [~'nys] m anat. sinus; ⚔ sine; **sinusite** ⚕ [~ny'zit] f sinusitis.

sionisme [sjɔ'nism] m Zionism.

siphon [si'fɔ̃] m phys. etc. siphon; ⚔ drain etc.: trap.

sire [siːr] m king: Sire, Sir; † lord; fig. pauvre ~ person: sorry specimen.

sirène [si'rɛn] f ⚔, ⊕, myth., zo., fig. siren; ⚔, ⊕ hooter; ⚔ foghorn.

sirocco [sirɔ'ko] m wind: sirocco.

sirop [si'ro] m syrup.

siroter [sirɔ'te] (1a) v/t. F sip; v/i. sl. tipple.

sirupeux, -euse [siry'pø, ~'pøːz] syrupy; F fig. sloppy, sentimental.

sis, e [si, siːz] p.p. of seoir.

sismique [sis'mik] seismic.

sismo... [sismo] seismo...; **~graphe** [~'graf] m seismograph.

site [sit] m (beauty) spot; ⚔, ⚔ lie of the ground; ⚔ angle m de ~ angle of sight.

sitôt [si'to] adv. as or so soon; ~ après immediately after; ~ dit, ~ fait no sooner said than done; ~ que as soon as; ne ... pas de ~ not ... for a long time.

sittelle orn. [si'tɛl] f sitta.

situation [sitɥa'sjɔ̃] f situation; position; fig. job, post; location; bearing; ✝, ⚔, admin. return, report; ~ économique economic position; ~ sociale station in life; **situé, e** [si'tɥe] situated (at, à); **situer** [~] (1n) v/t. situate, place; locate (a. fig.).

six [sis; before consonant si; before vowel and h mute siz] adj./num., a. su./m/inv. six; date, title: sixth; à la ~-quatre-deux in a slapdash way; **sixain** [si'zɛ̃] m prosody: six-line stanza; cards: packet of six packs; **sixième** [~'zjɛm] 1. adj./num. sixth; 2. su. sixth; su./m fraction: sixth; sixth, Am. seventh floor; su./f secondary school: (approx.) first form; **sixte** ♪ [sikst] f sixth.

sizain [si'zɛ̃] m see sixain.

skating [skɛ'tiŋ] m roller-skating; skating-rink.

ski [ski] m ski; skiing; ~ nautique water skiing; faire du ~ = **skier** [~'e] (1a) v/i. ski; **skieur** m, **-euse** f [~'œːr, ~'øːz] skier.

slave [slaːv] 1. adj. Slavonic; 2. su./m ling. Slavonic; su. ⚳ Slav; **slavisme** [sla'vism] m Slavism.

slip [slip] m women: panties pl.; men: (short) pants pl.

sloop ⚔ [slup] m sloop.

slovaque [slɔ'vak] adj., a. su. ⚳ Slovak; **slovène** [~'vɛn] adj., a. su. ⚳ Slovene.

smash [smaʃ] m tennis: smash.

smoking [smɔ'kiŋ] m dinner-jacket, Am. tuxedo.

snob [snɔb] 1. adj. snobbish, swanky; swell; 2. su./m snob; vulgar follower of fashion; **snobisme** [snɔ'bism] m vulgar following of fashion; snobbery.

snow-boot [sno'but] m snow-boot.

sobre [sɔbr] abstemious (person); sober; frugal (eater, meal); fig. ~ de sparing of; **sobriété** [sɔbrie'te] f abstemiousness; moderation (in drinking, eating, speech).

sobriquet [sɔbri'kɛ] m nickname.

soc [sɔk] *m* ploughshare.
sociabilité [sɔsjabili'te] *f* sociability; **sociable** [~'sjabl] sociable, companionable; *il est ~* he is a good mixer.
social, e, *m/pl.* **-aux** [sɔ'sjal, ~'sjo] social; ✞ registered (*capital, name of company*); ✞ trading, financial (*year*); *assistante f ~e* social worker; ✞ *raison f ~e* (registered) name of company *or* firm; **socialisation** *pol.* [sɔsjaliza'sjɔ̃] *f* socialization; **socialiser** *pol.* [~li'ze] (1a) *v/t.* socialize; **socialisme** *pol.* [~'lism] *m* socialism; **socialiste** [~'list] **1.** *adj.* socialist; socialistic (*doctrine*); **2.** *su.* socialist.
sociétaire [sɔsje'tɛːr] *su.* (full) member; ✞ shareholder; **société** [~'te] *f* society; community; ✞ company; ✞ firm, partnership; association, club; gathering, meeting; *~ anonyme* company limited by shares; *~ à responsabilité limitée* (*sort of*) limited company; ⚥ *des Nations* League of Nations; *~ en commandite* (*par actions*) limited partnership; *~ en nom collectif* firm; private company; *~ par actions* company limited by shares; *acte m de ~* deed of partnership.
sociologie [sɔsjɔlɔ'ʒi] *f* sociology.
socle [sɔkl] *m* △ base (*a. fig.*); *column*: plinth; *wall*: footing; ⊕ bed-plate (*of engine etc.*); bracket; stand.
socque [sɔk] *m* clog; *thea.* † (*comedian's*) sock.
socquettes [sɔ'kɛt] *f/pl.* (*ladies'*) ankle socks.
soda [sɔ'da] *m* soda-water.
sodium ⚗ [sɔ'djɔm] *m* sodium.
sœur [sœːr] *f* sister (*a. eccl.*); *eccl.* nun; *~ de lait* foster-sister.
sofa [sɔ'fa] *m* sofa, settee.
soi [swa] *pron.* oneself; himself, herself, itself; *amour m de ~* self-love; *cela va de ~* that goes without saying; *être chez ~* be at home; *en* (*or de*) *~* in itself; **~-disant** [~di'zɑ̃] **1.** *adj./inv.* self-styled; so-called; **2.** *adv.* ostensibly.
soie [swa] *f* silk; (*hog-*)bristle; ⊕ *crank*: pin; ⊕ *tool etc.*: tongue; ✞ *~ artificielle* artificial silk; rayon; *~ grège* raw silk; **soierie** ✞ [~'ri] *f* silk goods *pl.*; silk trade; silk factory.

soif [swaf] *f* thirst (*a. fig.* for, *de*); *avoir ~* be thirsty.
soigné, e [swa'ɲe] neat, trim; well-groomed (*appearance*); *cuis.* first-rate (*meal*); **soigner** [~'ɲe] (1a) *v/t.* look after; ✚ nurse (*a sick person*); ✚ doctor: attend (*a patient*); *fig. elle soigne sa mise* she dresses with care; ✚ *se faire ~* have treatment; **soigneux, -euse** [~'ɲø, ~'ɲøːz] careful (of, *de*; to *inf.*, *de inf.*); neat; painstaking.
soi-même [swa'mɛːm] oneself.
soin [swɛ̃] *m* care, pains *pl.* (*a. fig.*); *fig.* task, responsibility; *~s pl.* ✚ *etc.* attention *sg.*; *aux bons ~s de post:* care of, c/o.; *avoir ~ de* (*inf.*) take care to (*inf.*); *par les ~s de* thanks to, by courtesy of; *premiers ~s pl.* first aid *sg.*; *prendre ~ de* take care of (*s.th.*).
soir [swaːr] *m* evening; afternoon; *du matin au ~* from morning to night; *le ~* in the evening; *sur le ~* towards evening; *tous les ~s* every evening; **soirée** [swa're] *f* duration, period: evening; (evening) party; *thea.* evening performance; *~ d'adieu* farewell party; *~ dansante* dance.
sois [swa] *1st p. sg. pres. sbj. of être* 1; **soit 1.** *adv.* [swat] (let us) suppose...; say...; *~!* all right!, agreed!; *ainsi ~-il* so be it!, amen!; *tant ~ peu* ever so little; **2.** *cj.* [swa]: *~ ... ~ ..., ~ ... ou ...* either ... or ...; whether ... or ...; *~ que* (*sbj.*) whether (*ind.*).
soixantaine [swasɑ̃'tɛn] *f* (about) sixty; *la ~* the age of sixty, the sixties *pl.*; **soixante** [~'sɑ̃ːt] *adj./num., a. su./m/inv.* sixty; **soixante-dix** [~sɑ̃t'dis; *before consonant* ~'di; *before vowel and h mute* ~'diz] *adj./num., a. su./m/inv.* seventy; **soixante-dixième** [~sɑ̃tdi'zjɛm] *adj./num., a. su.* seventieth; **soixantième** [~sɑ̃'tjɛm] *adj./num., a. su.* sixtieth.
soja ♀ [sɔ'ja] *m* soya-bean, *Am.* soybean.
sol¹ ♪ [sɔl] *m/inv.* sol; *note:* G; *clef f de ~* G-clef.
sol² [sɔl] *m* earth, ground; ✗ soil; field; **~-air** ✗ [~'ɛːr] *adj./inv.* ground-to-air (*missile*).
solaire [sɔ'lɛːr] solar; sun(*-dial, glasses*); ✚ sun-ray (*treatment*).

solanées ❦ [sɔla'ne] *f/pl.* solanaceae.
soldat *usu.* ⚔ [sɔl'da] *m* soldier; ~ de *plomb* toy *or* tin soldier; ♀ *inconnu* the Unknown Warrior; *les simples* ~s *pl.* the rank *sg.* and file *sg.*; *se faire* ~ join the army; *simple* ~ private; **soldatesque** *pej.* [~da'tɛsk] 1. *adj.* barrack-room ...; 2. *su./f* soldiery.
solde[1] ⚔, ⚓ [sɔld] *f* pay.
solde[2] † [~] *m* account; ~ *créditeur (débiteur)* credit (debit) balance.
solder[1] ⚔, ⚓ [sɔl'de] (1a) *v/t.* pay.
solder[2] [~] (1a) *v/t.* balance (*accounts*); settle (*a bill, an account*); sell off, clear (*goods*); remainder (*a book*).
sole[1] ✍ [sɔl] *f* break.
sole[2] [~] *f vet.* sole; ⊕ bed-plate; ⊕ *furnace*: hearth; ⚙ sleeper; ⚓ *boat*: flat bottom.
sole[3] *icht.* [~] *f* sole.
solécisme *gramm., a. fig.* [sɔle'sism] *m* solecism.
soleil [sɔ'lɛ:j] *m* sun; sunshine; *eccl.* monstrance; ♣ sunflower; *firework*: Catherine-wheel; ☞ *coup m de* ~ sunstroke; sunburn; **soleilleux, -euse** [~lɛ'jø, ~'jø:z] sunny.
solennel, -elle [sɔla'nɛl] solemn; *fig.* grave (*tone*); **solenniser** [~ni'ze] (1a) *v/t.* solemnize; **solennité** [~ni'te] *f* solemnity; *eccl.* ceremony; ~s *pl.* celebrations.
solfège ♪ [sɔl'fɛ:ʒ] *m* sol-fa; **solfier** ♪ [~'fje] (1o) *v/t.* sol-fa.
solidage ❦ [sɔli'daʒ] *m* golden-rod.
solidaire [sɔli'dɛ:r] interdependent; ⊕ integral (with, *de*); ⚖ joint and several; *être* ~ *de* be bound up with; **solidariser** [sɔlidari'ze] (1a) *v/t.* ⚖ render jointly responsible; *se* ~ accept joint responsibility; *fig.* make common cause; **solidarité** [~'te] *f* interdependence; ⚖ solidarity; ⚖ joint responsibility; *grève f de* ~ sympathetic strike.
solide [sɔ'lid] 1. *adj.* solid (*body, earth, food, foundation, wall, a.* ∡ *angle*); fast (*colour*); strong (*flow, cloth, building, person*); † sound (*a. reason*); *fig.* reliable; 2. *su./m* solid (*a.* ∡); ⚙ solid ground *or* foundations *pl.*; **solidification** [sɔlidifika'sjɔ̃] *f* solidifying; **solidifier** [~'fje] (1o) *v/t. a. se* ~ solidify; **solidité** [~'te] *f* solidity; *building, a. tex.*: strength; *fig.* soundness (*of judgment, a.* ✝).
soliloque [sɔli'lɔk] *m* soliloquy.
solipède *zo.* [sɔli'pɛd] 1. *adj.* solid-ungulate; 2. *su./m* soliped.
soliste ♪ [sɔ'list] 1. *su.* soloist; 2. *adj.* solo (*violin etc.*).
solitaire [sɔli'tɛ:r] 1. *adj.* solitary, lonely; ☞ *ver m* ~ tapeworm; 2. *su./m* recluse; *diamond, a. game*: solitaire; *zo.* old boar.
solitude [sɔli'tyd] *f* solitude, loneliness; lonely spot.
solive ⚙ [sɔ'li:v] *f* beam, joist; **soliveau** [~li'vo] *m* ⚙ small joist; *fig.* King Log, nonentity.
sollicitation [sɔllisita'sjɔ̃] *f* entreaty, earnest request; ⚡ attraction, *magnet*: pull; ⚖ application (*to the judge*); **solliciter** [~'te] (1a) *v/t.* solicit, request; urge (*a person, a horse*); beg for (*a favour etc.*); attract; *fig.* provoke; **solliciteur** *m*, **-euse** *f* [~'tœ:r, ~'tø:z] applicant (for, *de*); petitioner; **sollicitude** [~'tyd] *f* solicitude; anxiety (for, *pour*).
solo [sɔ'lo] 1. *su./m* ♪ (*pl. a.* **-li** [~'li]) solo; 2. *adj./inv.* solo (*cycle, violin etc.*).
solstice [sɔls'tis] *m* solstice; **solsticial, e**, *m/pl.* **-aux** [~ti'sjal, ~'sjo] solstitial.
solubilité [sɔlybili'te] *f* solubility; *fig.* solvability; **soluble** [~'lybl] soluble (*a. fig.*); **solution** [~ly'sjɔ̃] *f* 🜛, ⚗, ☞, *a. fig.* solution; resolution; ⚖ discharge (*of obligation*); ~ *de continuité* gap; break; ⚡ fault.
solvabilité [sɔlvabili'te] *f* solvency; **solvable** † [~'vabl] solvent; **solvant** 🝛 [~'vɑ̃] *m* solvent.
sombre [sɔ̃:br] dark, gloomy; dull, murky (*sky, weather*); dim (*light*); melancholy (*face, temperament, thoughts*).
sombrer [sɔ̃'bre] (1a) *v/i.* ⚓, *a. fig.* founder; sink; *fig.* fail.
sommaire [sɔ'mɛ:r] 1. *adj.* summary (*a.* ⚖), brief, concise; *fig.* improvised; 2. *su./m* summary, synopsis; **sommation** [~ma'sjɔ̃] *f* ⚖ demand; notice; summons *sg.*; ⚡ summation.
somme[1] [sɔm] *f* sum, amount; ~ *globale* lump *or* global sum; ~ *toute* ... on the whole ...; *en* ~ in short.

somme² [~] *f* burden; *bête f de* ~ beast of burden; *mulet m de* ~ pack-mule.

somme³ [sɔm] *m* nap; *faire un* ~ take a nap, F have a snooze; **sommeil** [sɔ'mɛ:j] *m* sleep, slumber; sleepiness; *avoir* ~ feel or be sleepy; **sommeiller** [~mɛ'je] (1a) *v/i.* be asleep; doze; *fig.* lie dormant.

sommelier [sɔmə'lje] *m* butler; cellarman; *restaurant*: wine-waiter; **sommellerie** [~mɛl'ri] *f* butlership; butler's pantry.

sommer¹ [sɔ'me] (1a) *v/t.* summon; call on (*s.o.*) (to *inf.*, *de inf.*); ✕ call upon (*a place*) to surrender.

sommer² ♉ [~] (1a) *v/t.* find the sum of. [*être* 1.]

sommes [sɔm] *1st p. pl. pres. of*

sommet [sɔ'mɛ] *m* summit (*a. pol.*), top (*a. fig.*); ♉, ♃ apex; ♉, ✕ vertex; *head*; *arch*: crown; *wave*: crest; *fig.* zenith, height; ⚘ ~ *du poumon* apex of the lung; *pol. conférence f au* ~ summit conference.

sommier¹ [sɔ'mje] *m* ♰ cash-book; *admin.* register.

sommier² [~] *m* pack-horse; △ *arch*: springer; *floor*: cross-beam; *door*: lintel; ⊕ *machine*: bed; 📷 bolster; ♪ *organ*: wind-chest; *piano*: string-plate; (*a.* ~ *élastique*) springmattress, box-mattress.

sommité [sɔmi'te] *f* summit; tip; ♀ top; *fig. person*: leading figure.

somnambule [sɔmnã'byl] **1.** *adj.* somnambulant; **2.** *su.* somnambulist, sleep-walker; **somnambulisme** [~nãby'lism] *m* somnambulism, sleep-walking; **somnifère** [~ni'fɛ:r] **1.** *adj.* sleep-inducing; ⚘ soporific; F boring; **2.** *su./m* ⚘ sleeping-draught, sleeping-drug; narcotic.

somnolence [sɔmnɔ'lã:s] *f* sleepiness, somnolence; **somnolent, e** [~nɔ'lã, ~'lã:t] sleepy, drowsy.

somptuaire [sõp'tɥɛ:r] sumptuary; **somptueux, -euse** [~'tɥø, ~'tɥø:z] sumptuous; *fig.* magnificent; **somptuosité** [~tɥozi'te] *f* sumptuousness, magnificence.

son¹ *m*, *sa f*, *pl.* **ses** [sõ, sa, se] *adj./poss.* his, her, its, one's.

son² [sõ] *m* sound, noise; *phys. mur m de* ~ sound-barrier.

son³ ⚘ [~] *m* bran; F *tache f de* ~ freckle.

sonate ♪ [sɔ'nat] *f* sonata; **sonatine** ♪ [~na'tin] *f* sonatina.

sondage [sõ'da:ʒ] *m* ⚒ boring; ⚓ sounding; ⚘ probing; ⊕ drill-hole; *fig.* survey; *enquête f par* ~ sampling survey; *fig. faire des* ~*s* make a spot check; **sonde** [sõ:d] *f* sounding-rod; ⚓ lead; ⚘ sounding(*s pl.*); ⚘ probe; ⚒ drill(er), borer; **sonder** [sõ'de] (1a) *v/t.* sound (⚓, ⚒ *a patient*, *a. fig.*); ⚘ probe (*a wound*, *a. fig.*); *fig.* investigate; *fig.* explore.

songe [sõ:ʒ] *m* dream (*a. fig.*); ~-**creux** [sõʒ'krø] *m/inv.* dreamer; **songer** [sõ'ʒe] (1l) *v/i.* dream (of, *de*); think (of, *à*); *songez donc!* just fancy!; **songerie** [sõʒ'ri] *f* (day-)dream(ing); ~*s pl.* day-dreams; **songeur, -euse** [sõ'ʒœ:r, ~'ʒø:z] **1.** *adj.* dreamy; thoughtful; **2.** *su.* dreamer.

sonnaille [sɔ'na:j] *f* cattle-bell; **sonnailler** [~na'je] **1.** *su./m* bellwether; **2.** (1a) *v/i.* ring the bell all the time; **sonnant, e** [~'nã, ~'nã:t] striking; *fig.* resounding; hard (*cash*); *à trois heures* ~*es* on the stroke of three; **sonner** [~'ne] (1a) *v/t.* sound (*a.* ✕); ring (*a bell*); strike (*the hour*); ring for (*s.o.*, *a. church service*); *fig. ne pas* ~ *mot* not to utter a word; *v/i.* sound; ring (*bell*, *coin*); strike (*clock*); *gramm.* be sounded or pronounced; *fig.* ~ *bien* (*creux*) sound well (hollow); *dix heures sonnent* it is striking 10; *dix heures sont sonnées* it has struck 10; *les vêpres sonnent* the bell is ringing for vespers; **sonnerie** [sɔn-'ri] *f bells*: ringing; *church etc.*: bells *pl.*; ⊕ striking mechanism; ⚡, *teleph.*, *etc.* bell; ✕ (bugle-)call.

sonnet [sɔ'nɛ] *m* sonnet.

sonnette [sɔ'nɛt] *f* (*house-*)bell; hand-bell; ⊕ pile-driver; *cordon m de* ~ bell-pull; *coup m de* ~ ring; **sonneur** [sɔ'nœ:r] *m* bell-ringer; *tel.* sounder; ✕ bugler.

sonore [sɔ'nɔ:r] resonant; *phys.* acoustic; resounding, loud; ringing (*voice*); *gramm.* voiced (*consonant*); *phys. onde f* ~ sound-wave; **sonorité** [~nɔri'te] *f* loudness, sonority.

sont [sõ] *3rd p. pl. pres. of être* 1.

sophisme [sɔ'fism] *m* sophism; *logic*: fallacy.

sophistication [sɔfistika'sjõ] *f* use

sophistique

of sophistry; ✝ *wine etc.*: adulteration; **sophistique** [sɔfis'tik] **1.** *adj.* sophistic(al); **2.** *su./f* sophistry; **sophistiquer** [~ti'ke] (1m) *v/t.* sophisticate; adulterate (*wine etc.*); *v/i.* quibble; **sophistiqueur** [~ti-'kœːr] *m* quibbler; ✝ adulterator.

soporifique [sɔpɔri'fik] *adj., a. su./m* soporific.

soprano, *pl. a.* -ni [sɔpra'no, ~'ni] *m* soprano (*voice, a. singer*).

sorbe ♀ [sɔrb] *f* sorb-apple.

sorbet *cuis.* [sɔr'bɛ] *m* sorbet, water-ice; ✝ sherbet.

sorbier ♀ [sɔr'bje] *m* sorb; ~ *sauvage* rowan(-tree), mountain-ash.

sorcellerie [sɔrsɛl'ri] *f* witchcraft, sorcery; **sorcier** [~'sje] *m* sorcerer; wizard; *fig.* brilliant mind; **sorcière** [~'sjɛːr] *f* sorceress; witch; *fig. vieille* ~ old hag.

sordide [sɔr'did] sordid, squalid; filthy; *fig.* base; **sordidité** [~didi'te] *f* sordidness.

sornettes [sɔr'nɛt] *f/pl.* nonsense *sg.*; idle talk *sg.*; *conter des* ~ talk nonsense.

sort [sɔːr] *m* fate, destiny; lot; chance, fortune; spell; *fig. jeter un* ~ *sur* cast a spell on *or* over; *tirer au* ~ draw lots; **sortable** [sɔr'tabl] suitable; eligible (*man*); **sorte** [sɔrt] *f* sort (*a. typ.*), kind; way, manner; *de la* ~ *of that sort*; in that way; *de* ~ *que* so that; *en quelque* ~ in a way, to some extent; *en* ~ *que* so that; *toutes* ~s *de* all sorts of.

sortie [sɔr'ti] *f* going out; ✗, ⊕, ⛴, *thea., etc.* exit; outlet (*a.* ⊕); leaving; *admin. goods*: issue; ✝ export(ation); ✗ sortie, sally; outing, trip, excursion; *fig.* outburst; ~ *de secours* emergency exit; ✝ ~s *pl. de fonds* outgoings; *à la* ~ *de* on leaving; *privation f de* ~ *school*: gating; ✗ stoppage of pass.

sortilège [sɔrti'lɛːʒ] *m* witchcraft; spell.

sortir[1] [sɔr'tiːr] **1.** (2b) *v/i.* go out *or* come out, leave; ♀, ✔, *etc.* come up; come through (*tooth*); stand out, protrude (from, *de*); ~ *de* come from; come of (*a good family*); have been at (*a school*); get out of (*one's bed, a difficulty*); *fig.* deviate from (*a subject*); F ~ *de* (*inf.*) have just done *or* finished (*ger.*); ✗ ~ *de l'hôpital* be discharged from *or Am.*

the hospital; ⛴ ~ *des rails* jump the metals; *être sorti* be out; *thea. sort* exit; *v/t.* bring *or* take *or* put *or* send out; publish (*a book*); F throw (*s.o.*) out; **2.** *su./m: au* ~ *de* on leaving; *fig.* at the end of.

sortir[2] ⚖ [~] (2a, 3rd pers. only) *v/t.* take, have (*effect*).

sosie F [sɔ'zi] *m* (*person's*) double.

sot, sotte [so, sɔt] **1.** *adj.* stupid, foolish; disconcerted; **2.** *su.* fool; **sottise** [sɔ'tiːz] *f* folly, stupidity; stupid act *or* saying; insult.

sou [su] *m* sou (= 5 *centimes*); *sans le* ~ penniless.

soubassement [subas'mã] *m* ⚠ sub-foundation; base (*a.* ⊕); ⊕ base-plate; *geol.* bed-rock; *bed:* valance; *fig.* substructure.

soubresaut [subrə'so] *m* jerk; sudden start; *vehicle:* jolt; ✗ ~s *pl.* trembling *sg.*; **soubresauter** [~so-'te] (1a) *v/i.* start; jolt (*vehicle*).

soubrette *thea.* [su'brɛt] *f* soubrette, (waiting-)maid.

souche [suʃ] *f* ✔ *tree etc.:* stump, ✔, *a. fig.* stock; ✗ *virus:* strain; ⚠ (chimney-)stack; *eccl.* candle-stock; *fig.* blockhead; *fig.* head (*of a family*); ✝ *cheque, stock:* counterfoil, stub; *carnet m à* ~s counterfoil book, *Am.* stub-book; *fig. faire* ~ found a family; **souchet** [su'ʃɛ] *m* ♀ cyperus; *orn. duck:* shoveller; ⊕ ragstone.

souci[1] ♀ [su'si] *m* marigold.

souci[2] [su'si] *m* care, worry; concern; **soucier** [~'sje] (1o) *v/t.* trouble (*s.o.*); *se* ~ be anxious; *ne se* ~ *de rien* care for nothing; *se* ~ *de* trouble o.s. about; care for *or* about; mind about; **soucieux, -euse** [~'sjø, ~'sjøːz] anxious, concerned (about, *de*; *to inf., de inf.*); *fig.* worried.

soucoupe [su'kup] *f* saucer; F ~ *volante* flying saucer.

soudable ⊕ [su'dabl] that can be soldered *or* welded; **soudage** ⊕ [~'daːʒ] *m* soldering; welding.

soudain, e [su'dɛ̃, ~'dɛn] **1.** *adj.* sudden; **2.** *soudain adv.* suddenly, all of a sudden; **soudaineté** [~dɛn-'te] *f* suddenness.

soudard *usu. pej.* [su'daːr] *m* ✝ old soldier, F old sweat; *fig.* ruffian.

soude [sud] *f* ♀, ✝, ⊕ soda; ♀ saltwort; ♀ ~ *caustique* caustic soda.

souder [su'de] (1a) *v/t.* ⊕ solder, weld; *fig.* join; *lampe f à* ~ blow-lamp.

soudière ⊕ [su'djɛːr] *f* soda-works *usu. sg.*

soudoyer [sudwa'je] (1h) *v/t.* hire (the services of); *fig.* bribe.

soudure ⊕ [su'dyːr] *f* solder; soldering; welding; soldered joint; weld, (*welded*) seam; ⚓, ⊕, *inner tube, etc.*: F join.

soue [su] *f* pigsty.

souffert, e [su'fɛːr, ~'fɛrt] *p.p.* of *souffrir.*

soufflage [su'flaːʒ] *m* ⊕ glass-blowing; ⊕ *furnace:* blast; **soufflante** ⊕ [~'flɑ̃ːt] *f* blower; **souffle** [sufl] *m* breath (*a.* ⚓); breathing; blast; *fig.* inspiration; ⚕ murmur; *sp., fig.* wind; *à bout de* ~ out of breath; **soufflé** *cuis.* [su'fle] *m* soufflé; **soufflement** [~flə'mɑ̃] *m* blowing; **souffler** [~'fle] (1a) *v/i.* blow (*person, a. wind*); pant; get one's breath; *v/t.* blow (♪ *the organ,* ⊕ *glass*); inflate; blow up (*a balloon, a. the fire*); *thea.* prompt; *fig.* whisper; *fig.* breathe (*a word, a sound*); blow out (*a candle*); F trick (s.o. out of s.th., *qch. à q.*); F foment (*a strife*); *fig.* ~ *le chaud et le froid* blow hot and cold; **soufflerie** [~flə'ri] *f forge, a.* ♪ *organ:* bellows *pl.*; ⊕ blower; ⊕ wind-tunnel; **soufflet** [~'flɛ] *m* bellows *pl.* (*a. phot.*); ⊕ fan; 🚂 concertina vestibule; *carriage:* (*folding*) hood; ♪ swell; *cost.* gusset, gore; *fig.* slap, box on the ear; *fig.* affront; **souffleter** [~flə'te] (1c) *v/t. fig.* insult; ~ *q.* slap s.o.'s face, box s.o.'s ears; **souffleur, -euse** [~'flœːr, ~'fløːz] *su.* blower; *thea. etc.* prompter; *vet. horse:* roarer; *su./m* ⊕ blower; ✈ blow-out; **soufflure** [~'flyːr] *f glass:* bubble; *metall.* flaw, blowhole; *paint:* blister.

souffrance [su'frɑ̃ːs] *f* suffering; ⚖ sufferance; ✝ *en* ~ suspended (*business*); held up (*post etc.*); outstanding (*bill etc.*); **souffrant, e** [~'frɑ̃, ~'frɑ̃ːt] suffering, in pain; ⚕ unwell, ill; **souffre** [sufr] *1st p. sg. pres.* of *souffrir;* **souffre-douleur** [~frədu'lœːr] *su./inv.* drudge; scapegoat; laughing-stock.

souffreteux, -euse [sufrə'tø, ~'tøːz] destitute; sickly (*child etc.*).

souffrir [su'friːr] (2f) *vt/i.* suffer; *v/t.* bear (*a. fig.*); permit, allow; *v/i. fig.* be grieved (to *inf., de inf.*); be injured.

soufrage ⊕ [su'fraːʒ] *m* sulphuring; **soufre** [sufr] *m* ⚗ *etc.* sulphur; ~ *en poudre, fleur f de* ~ flowers *pl.* of sulphur; **soufrer** [su'fre] (1a) *v/t.* treat with sulphur; ⊕, *tex.* sulphur (*a. matches*); **soufreuse** ⚒ [~'frøːz] *f* sulphurator; **soufrière** [~fri'ɛːr] *f* sulphur-mine; *geol.* solfatara; **soufroir** *tex.* [~'frwaːr] *m* sulphuring-chamber.

souhait [swɛ] *m* wish; *à* ~ to one's liking; **souhaitable** [swɛ'tabl] desirable; **souhaiter** [~'te] (1a) *v/t.* wish.

souillard [su'jaːr] *m* ⊕ sink-hole; ⊕ sink-stone; ⚠ strut; **souillarde** [~'jard] *f* scullery; **souille** [suːj] *f* (*wild boar's*) wallow; ⚓ bed; **souiller** [su'je] (1a) *v/t.* soil (with, *de*); pollute; stain (*a. fig.*); *fig.* tarnish (*one's reputation etc.*); **souillon** [~'jɔ̃] *su.* sloven; *woman:* slut; **souillure** [~'jyːr] *f* stain (*a. fig.*); spot; *fig.* blemish; ⚕ impurity.

soûl, soûle F [su, sul] **1.** *adj.* surfeited (with, *de*); satiated; *sl.* drunk; **2.** *su./m* fill (*a. fig.*); *dormir tout son* ~ have one's sleep out.

soulagement [sulaʒ'mɑ̃] *m* comfort, solace; relief (*a. ⊕*); **soulager** [~la'ʒe] (1l) *v/t.* relieve, alleviate; comfort; *se* ~ relieve o.s. (*of a burden, a.* F *fig.*); relieve one's mind.

soûlard *m,* **e** *f* [su'laːr, ~'lard], **soûlaud** *m,* **e** *f* [~'lo, ~'loːd] drunkard, soaker; **soûler** F [~'le] (1a) *v/t.* satiate, glut (*s.o.*) (with, *de*); make (*s.o.*) drunk; *se* ~ get drunk; gorge (on, *de*).

soulèvement [sulɛv'mɑ̃] *m* ground, stomach, *a. fig. people:* rising; ⚓ *sea:* swell(ing); *fig.* general protest; *geol.* upheaval; ~ *de cœur* nausea; **soulever** [sul've] (1d) *v/t.* raise (*a. fig.* an objection, a question, *etc.*); lift (up); *fig.* provoke (*an emotion*); *fig.* rouse (*peole*) to revolt; F steal, *sl.* lift; *fig.* ~ *le cœur à q.* make s.o. sick; *se* ~ rise (*a.* in revolt); raise o.s.; turn (*stomach*).

soulier [su'lje] *m* shoe; ~*s pl. de ski* ski-boots; ~ *ferré* (*plat*) spiked (low-heeled) shoe; ~ *Richelieu* lace-up

soulignement

shoe; *être dans ses petits ~s* be on pins and needles; be ill at ease.

soulignement [suliɲ'mã] *m* underlining; *fig.* stressing; **souligner** [~li'ɲe] (1a) *v/t.* underline; *fig.* stress, emphasize.

soumettre [su'mɛtr] (4v) *v/t.* subdue (*s.o., one's feelings, a. a country*); *fig.* subject (s.o. to s.th., *q. à qch.*); *fig.* submit (*an idea, a plan, a request*) (to s.o., *à q.*); *se ~ à* submit to, comply with; **soumis, e** [~'mi, ~'mi:z] obedient; dutiful; *pol., admin., etc.* subject (to, *à*); **soumission** [~mi'sjɔ̃] *f* ⚔, *pol.* submission, surrender; obedience (to, *à*); 🏛 undertaking, bond; ✝ tender (for, *pour*); **soumissionnaire** ✝ [~misjɔ'nɛ:r] *m* tenderer; *finance*: underwriter; **soumissionner** ✝ [~'ne] (1a) *v/t.* tender for; *finance*: underwrite.

soupape ⊕ [su'pap] *f* valve; *bath etc.*: plug; *fig.* safety-valve; *~ à papillon* throttle-valve; *~ d'échappement* outlet valve; *mot.* exhaust-valve; ⚡ *~ électrique* rectifier.

soupçon [sup'sɔ̃] *m* suspicion; *fig.* inkling, idea, hint; *fig., a. cuis.* touch, dash; *liquid*: drop; *fig. pas un ~ de* not a shadow of, not the ghost of; **soupçonner** [~sɔ'ne] (1a) *v/t.* suspect; surmise; **soupçonneux, -euse** [~sɔ'nø, ~'nø:z] suspicious.

soupe [sup] *f* soup; F, *a.* ⚔ meal; F food, *sl.* grub; sop (*for soaking in soup, wine, etc.*); *~ à l'oignon* onion-soup; F *~ populaire* soup-kitchen; F *s'emporter comme une ~ au lait* flare up.

soupente [su'pã:t] *f* ⊕ support; ⚠ loft, garret; closet.

souper [su'pe] **1.** *v/i.* (1a) have supper; *sl. fig. j'en ai soupé* I'm fed up with it; **2.** *su./m* supper.

soupeser [supə'ze] (1d) *v/t.* feel the weight of; weigh (*s.th.*) in the hand.

soupière [su'pjɛ:r] *f* soup-tureen.

soupir [su'pi:r] *m* sigh; ♪ crotchet rest; ♪ (*demi-*)*quart m de ~* (demi-)semiquaver rest; ♪ *demi-~* quaver rest; **soupirail**, *pl.* **-aux** [supi'ra:j, ~'ro] *m* air-hole; vent (*in airshaft etc.*); ventilator; **soupirant** F [~'rã] suitor, admirer; **soupirer** [~'re] (1a) *v/i.* sigh; *~ après* (*or pour*) long *or* sigh for.

souple [supl] supple; flexible; *fig.* compliant, docile; **souplesse** [su'plɛs] *f* suppleness; flexibility; *fig.* adaptability; *fig. character*: pliability.

souquenille [suk'ni:j] *f* † smock; worn garment.

source [surs] *f* source (*a. fig.*); spring; *fig.* origin; *~ jaillissante* gusher; *de bonne ~* on good authority; *prendre sa ~ dans river*: rise in; **sourcier** [sur'sje] *m* water-diviner.

sourcil [sur'si] *m* eyebrow; *froncer les ~s* frown; **sourciller** [~si'je] (1a) *v/i.* knit one's brows, frown; *fig.* flinch; *ne pas ~* F not to turn a hair, *Am.* never to bat an eyelid; **sourcilleux, -euse** [~si'jø, ~'jø:z] frowning; *fig.* supercilious.

sourd, sourde [su:r, surd] **1.** *adj.* deaf; dull (*blow, colour, noise, pain, thud*); low (*cry*); hollow (*voice*); *fig.* veiled (*hostility*); *fig.* underhand; *gramm.* voiceless; F *~ comme un pot* deaf as a (door-)post; *faire la sourde oreille* turn a deaf ear; *lanterne f sourde* dark-lantern; **2.** *su.* deaf person.

sourdine [sur'din] *f* ♪ mute; ⚡ damper; *en ~* (*mutter*) under one's breath; ♪ muted; *fig.* on the sly.

sourd-muet, sourde-muette [sur'mɥɛ, surd'mɥɛt] **1.** *adj.* deaf-and-dumb; **2.** *su.* deaf-mute.

sourdre [surdr] (4dd) *v/i.* spring; *fig.* arise.

souriant, e [su'rjã, ~'rjã:t] smiling.

souriceau [suri'so] *m* young mouse; **souricière** [~'sjɛ:r] *f* mouse-trap; *fig.* (police-)trap.

sourire [su'ri:r] **1.** (4cc) *v/i.* smile; *pej.* smirk; *~ à q.* smile at s.o.; *fig.* be favo(u)rable to s.o.; *fig.* appeal *or* be attractive to s.o.; **2.** *su./m* smile.

souris [su'ri] *f* mouse.

sournois, e [sur'nwa, ~'nwa:z] **1.** *adj.* sly, cunning, crafty, deep; underhand; **2.** *su.* sly *or* cunning *or* crafty *or* deep *or* underhand person; **surnoiserie** [~nwaz'ri] *f* slyness; cunning; craftiness; underhand trick.

sous [su] *prp. usu.* under (*the table, s.o.'s command, etc.*); underneath; below; at (*the equator*); in (*the tropics, the rain, a favourable light*); within (*three months*); *~ clé* under

soutirer

lock and key; ~ *les drapeaux* with the colo(u)rs; ~ *enveloppe* under cover, in an envelope; ~ *le nom de* by the name of; ~ *peine de* on pain of; ~ *peu* before long, shortly; ~ *pli* enclosed; ~ *prétexte de* on the pretext of; ~ *le rapport de* in respect of; ~ *(le règne de) Louis XIV* under *or* in the reign of Louis XIV; *passer* ~ *silence* pass (*s.th.*) over in silence; ~ *mes yeux* before my eyes; *see* cape; main.

sous... [su; suz] sub..., under...; **~-aide** [su'zɛd] *su.* sub-assistant; **~-alimenté, e** [‿zalimã'te] undernourished, underfed; **~-arrondissement** [‿zarɔ̃dis'mã] *m* sub-district; **~-bail** [su'baːj] *m* sub-lease; **~-bois** [‿'bwɑ] *m* undergrowth.

souscripteur ✝ [suskrip'tœːr] *m* shares, *periodical, etc.*: subscriber; *cheque*: drawer; **souscription** [‿'sjɔ̃] *f* subscription (for shares, *à des actions*); signature; (*public*) fund; **souscrire** [sus'kriːr] (4q) *v/t.* subscribe (*a bond, a. to a periodical, to an opinion, etc.*); draw (*a cheque*); apply for (*shares*); sign (*a decree, a deed*); *v/i.*: ~ *pour* subscribe for *or* to; subscribe (*a sum of money*).

sous...: **~-cutané, e** ✱ [sukyta'ne] subcutaneous; **~-développé, e** [‿devlɔ'pe] underdeveloped; **~-entendre** [suzã'tãːdr] (4a) *v/t.* understand (*a. gramm.*); imply; **~-entendu** [‿zãtã'dy] *m* implication, innuendo; **~-entente** [‿zã'tãːt] *f* mental reservation; **~-estimer** [‿zɛsti'me] (1a) *v/t.* underestimate; **~-exposer** *phot.* [‿zɛkspo'ze] (1a) *v/t.* under-expose; **~-locataire** [sulɔka'tɛːr] *su.* subtenant, sublessee; **~-location** ⚖ [‿lɔka'sjɔ̃] *f* sub-letting; sub-lease; **~-louer** ⚖ [‿'lwe] (1p) *v/t.* sub-let; sub-lease; rent (*a house*) from a tenant; **~-main** [‿'mɛ̃] *m/inv.* blotting-pad, writing-pad; *en* ~ behind the scenes; **~-maître** [‿'mɛːtr] *m* assistant master; **~-maîtresse** [‿mɛ'trɛs] *f* assistant mistress; **~-marin, e** ⚓ [‿ma'rɛ̃, ‿'rin] *adj., a. su./m* submarine; **~-officier** [suzɔfi'sje] *m*, F **~-off** [‿'zɔf] ⚔ non-commissioned officer, N.C.O.; ⚓ petty officer; **~-ordre** [‿'zɔrdr] *m* ⚕ sub-order; *admin.* subordinate; *en* ~ subordinate(ly *adv.*); **~-pied** [su'pje] *m* trouser-strap; *gaiters*: under-strap; **~-préfet** [‿pre'fɛ] *m* sub-prefect; **~-produit** ⊕ [‿prɔ'dɥi] *m* by-product; **~-secrétaire** [‿səkre'tɛːr] *m* under-secretary (of State, *d'État*); **~-signé, e** [‿si'ɲe] 1. *adj.* undersigned; 2. *su.* undersigned; *je* ~ ... I the undersigned ...; **~-sol** [‿'sɔl] *m* ✱ subsoil; △ basement; basement-flat; ✵ underground; *richesses f/pl. de* ~ mineral resources.

soustraction [sustrak'sjɔ̃] *f* removal, abstraction (*a.* ⚖); & subtraction; **soustraire** [‿'trɛːr] (4ff) *v/t.* remove; withdraw; & subtract (from, *de*); *fig.* shield (s.o. from s.th., *q. à qch.*); *se* ~ *à* escape from; avoid (*a duty*).

sous...: **~-ventrière** [suvãtri'ɛːr] *f* saddle-girth; belly-band; **~-verge** [‿'vɛrʒ] *m/inv.* off-horse; F *fig.* underling; **~-vêtement** [‿vɛt'mã] *m* undergarment.

soutache ✂, *a. cost.* [su'taʃ] *f* braid.

soutane *eccl.* [su'tan] *f* cassock, soutane; *fig. la* ~ holy orders *pl.*, F the cloth.

soute [sut] *f* ⚓ store-room; ✈ ~ *à bombes* bomb-bay; ~ *à charbon* coal-bunker; ~ *aux poudres* (powder-)magazine.

soutenable [sut'nabl] bearable; tenable (*opinion, theory, a.* ⚔ ✝); **soutenance** [‿'nãːs] *f thesis*: maintaining; **soutènement** [sutɛn'mã] *m* support(ing); △ *de* ~ retaining (*wall*), relieving (*arch*); **soutenir** [sut'niːr] (2h) *v/t.* support; hold (*s.th.*) up; back (*s.o.*) (*financially*); keep up (*a conversation, a credit, a part*); maintain, assert (*a fact*); uphold (*an opinion, a theory, a thesis*); *fig.* endure, bear (*a. comparison*), stand; **soutenu, e** [‿'ny] sustained, unflagging (*attention, effort, interest*); ✝ steady (*market*); *fig.* lofty (*style*).

souterrain, e [sutɛ'rɛ̃, ‿'rɛn] 1. *adj.* underground; *fig.* underhand; *chemin m de fer* ~ underground railway, *Am.* subway; 2. *su./m* underground passage, subway.

soutien [su'tjɛ̃] *m* support(ing); *person*: supporter; *fig.* mainstay; **~-gorge,** *pl.* **~s-gorge** *cost.* [‿tjɛ̃-'gɔrʒ] *m* brassière, F bra.

soutirer [suti're] (1a) *v/t.* draw off

souvenir 458

(*wine etc.*); *fig.* get (s.th. out of s.o., *qch. à q.*).
souvenir [suv'niːr] **1.** (2h) *v/impers.* occur to the mind; *il me souvient de* there comes to my mind, I recall; *v/t.*: *faire ~ q. de* remind s.o. of; *se ~ de* remember, recall; **2.** *su./m* memory, remembrance; memento; keepsake; presentation (*to s.o.*).
souvent [su'vɑ̃] *adv.* often; *assez ~* fairly often; *peu ~* seldom, not often.
souverain, e [suˈvrɛ̃, ~'vrɛn] **1.** *adj.* sovereign; supreme; **2.** *su.* sovereign; **souveraineté** [~vrɛn'te] *f* sovereignty; territory (*of a sovereign*).
soviet *pol.* [sɔ'vjɛt] *m* Soviet; **soviétique** [~vje'tik] **1.** *adj.* Soviet; **2.** *su.* ♀ Soviet citizen.
soya ♀ [sɔ'ja] *m see* soja.
soyeux, -euse [swa'jø, ~'jøːz] **1.** *adj.* silky, silken; **2.** *su./m* silk manufacturer.
soyons [swa'jɔ̃] *1st p. pl. pres. sbj. of* être 1.
spacieux, -euse [spa'sjø, ~'sjøːz] spacious, roomy.
spadassin [spadaˈsɛ̃] *m* bully, ruffian.
spadice ♀ [spa'dis] *m* spadix.
spahi ⚔ [spa'i] *m* spahi.
spalter [spal'tɛːr] *m painting*: graining-brush.
sparadrap ✚ [sparaˈdra] *m* sticking *or* adhesive plaster.
spart(e) ♀ [spart] *m* esparto(-grass); **sparterie** [spar'tri] *f* ⊕ esparto factory; ✝ esparto(-grass) products *pl.*
spasme ✚ [spasm] *m* spasm; **spasmodique** ✚ [spasmɔ'dik] spasmodic, spastic.
spath *min.* [spat] *m* spar; *~ fluor* fluorite.
spatial, e *m/pl.* **-aux** [spa'sjal, ~'sjo] spatial; *navire m ~* space craft.
spatule [spa'tyl] *f* ✚ spatula; ⊕ spoon tool; *sp.* ski-tip; *orn.* spoonbill; **spatulé, e** [~ty'le] spatulate.
speaker, speakerine [spi'kœːr, ~kə'rin] *su. radio*: announcer; *su./m parl.* speaker.
spécial, e *m/pl.* **-aux** [spe'sjal, ~'sjo] **1.** *adj.* special, particular; ⚔ *armes f/pl. ~es* technical arms; **2.** *su./f school*: higher mathematics class; **spécialiser** [spesjali'ze] (1a) *v/t.* particularize; ear-mark (*funds*); *se ~ dans* specialize in, make a special study of, *Am.* major in; **spécialiste** [~'list] *su.* specialist (*a.* ✚); expert; ⚔ tradesman; **spécialité** [~li'te] *f* speciality; special study; ✚ special duty; ✚ specialized branch; *~ pharmaceutique* patent medicine.
spécieux, -euse [spe'sjø, ~'sjøːz] specious; plausible.
spécification [spesifika'sjɔ̃] *f* specification; *raw material*: working up; **spécificité** [~fisi'te] *f* specificity (*a.* ✚); **spécifier** [~'fje] (1o) *v/t.* specify; lay down; stipulate; determine (*s.th.*) specifically; **spécifique** [~'fik] **1.** *su./m* specific (for, *de*); **2.** *adj.* specific; *phys. poids m ~* specific gravity.
spécimen [spesi'mɛn] **1.** *su./m* specimen, sample; **2.** *adj.* specimen (*copy*).
spéciosité [spesjozi'te] *f* speciousness.
spectacle [spɛk'takl] *m* spectacle, sight; *pej.* exhibition; *thea.* play, show; *fig. se donner en ~* make an ass of o.s.; *taxe f sur les ~s* entertainment tax.
spectateur, -trice [spɛkta'tœːr, ~'tris] *su.* spectator; witness (*of an accident, an event, etc.*); *su./m: thea. ~s pl.* audience *sg.*
spectral, e *m/pl.* **-aux** [spɛk'tral, ~'tro] spectral (*a.* ✿); spectrum (*analysis*); *opt.* of the spectrum; *fig.* ghostly; **spectre** [spɛktr] *m* spectre; ghost (*a. fig.*); *opt.*, *a. phys.* spectrum; **spectroscopie** *phys.* [spɛktrɔskɔ'pi] *f* spectroscopy.
spéculaire [speky'lɛːr] **1.** *adj.* specular; *psych.* mirror (*writing*); *pierre f ~* mica; **2.** *su./f* ♀ specularia.
spéculateur *m*, **-trice** *f* [spekyla'tœːr, ~'tris] ✝, *a. fig.* speculator; *fig.* theorizer; **spéculatif, -ve** [~'tif, ~'tiːv] ✝, *a. fig.* speculative; *fig.* contemplative; **spéculation** [~'sjɔ̃] *f* ✝, *a. fig.* speculation; *fig.* theory, conjecture; *fig.* cogitation; **spéculer** [speky'le] (1a) *v/i.* ✝, *a. fig.* speculate (*fig.* on, ✝ in *sur*; ✝ for, *à*).
spéléologie [speleɔlɔ'ʒi] *f* spel(a)eology; cave hunting; F pot-holing; **spéléologue** [~'lɔg] *m* spel(a)eologist; cave hunter; F pot-holer.

spencer *cost.* [spɛ̃'sɛːr] *m* spencer.
sperme *physiol.* [spɛrm] *m* sperm, semen.
sphère [sfɛːr] *f* sphere (*a.* ♣, *fig.*); *geog.* globe; **sphéricité** [sferisi'te] *f* sphericity, curvature; **sphérique** [ˌ'rik] **1.** *adj.* spherical (*a.* ♣); **2.** *su./m* ⚓ spherical balloon.
sphinx [sfɛ̃ːks] *m* sphynx (*a. fig.*); *zo.* hawk-moth.
spic ♀ [spik] *m* spike-lavender.
spider *mot.* [spi'dɛːr] *m* dick(e)y (seat).
spinal, e, *m/pl.* **-aux** *anat.* [spi'nal, ˌ'no] spinal.
spinelle *min.* [spi'nɛl] *m* spinel.
spiral, e, *m/pl.* **-aux** [spi'ral, ˌ'ro] **1.** *adj.* spiral; **2.** *su./f* spiral; en ˌe spiral(ly *adv.*), winding; *su./m* ⊕ *watch*: hairspring; **spire** [spiːr] *f* single turn, whorl (*a.* ⚡); ⚡ *bobbin*: one winding.
spirée ♀ [spi're] *f* spiraea.
spirite [spi'rit] **1.** *adj.* spiritualistic; **2.** *su.* spiritualist; **spiritisme** [spiri'tism] *m* spirit(ual)ism; **spiritualiser** [ˌtɥali'ze] (1a) *v/t.* spiritualize; ♣ † distil; **spiritualité** [ˌtɥali'te] *f* spirituality; **spirituel, -elle** [ˌ'tɥɛl] spiritual (*a. eccl., phls., etc.*); *fig.* witty, humorous; **spiritueux, -euse** † [ˌ'tɥø, ˌ'tɥøːz] **1.** *adj.* spirituous; **2.** *su./m* spirit(uous liquor); les ˌ *pl.* spirits.
spiromètre [spiroˈmɛtr] *m* spirometer.
spleen [splin] *m* spleen; F hypochondria; F *avoir le* ˌ have a fit of the blues.
splendeur [splɑ̃'dœːr] *f* splendo(u)r; brilliance, brightness; *fig.* grandeur, glory; **splendide** [ˌ'did] splendid; brilliant; *fig.* magnificent.
spoliateur, -trice [spolja'tœːr, ˌ-'tris] **1.** *adj.* spoliatory (*law, measure*); despoiling, plundering (*person*); **2.** *su.* despoiler; **spoliation** [ˌlja'sjɔ̃] *f* despoiling; robbing; spoliation; **spolier** [ˌ'lje] (1o) *v/t.* despoil; rob (of, de); plunder.
spondée [spɔ̃'de] *m* *prosody*: spondee.
spongiaires [spɔ̃'ʒjɛːr] *m/pl.* spongiae; **spongieux, -euse** [ˌ'ʒjø, ˌ-'ʒjøːz] spongy; *anat.* ethmoid (*bone*); **spongiosité** [ˌʒjozi'te] *f* sponginess.
spontané, e [spɔ̃ta'ne] spontaneous;

stagnation

⚖ voluntary (*confession*); ♀ self-sown; **spontanéite** [ˌnei'te] *f* spontaneity; **spontanément** [ˌne-'mɑ̃] *adv.* of spontané.
sporadique ♣, ♀ [spora'dik] sporadic; **spore** ♀, *biol.* [spoːr] *f* spore.
sport [spoːr] *m* sport; ˌs *pl. nautiques* aquatic sports; le ˌ sports *pl.*; **sportif, -ve** [spor'tif, ˌ'tiːv] **1.** *adj.* sporting; sports...; **2.** *su.* follower of sports, F sports fan; *su./m* sportsman; *su./f* sportswoman; **sportsman**, *pl.* **sportsmen** [spɔrts'man, ˌ'mɛn] *m* sportsman; **sportswoman**, *pl.* **sportswomen** [ˌwu'man, ˌ'mɛn] *f* sportswoman.
spot [spot] *m* radio *etc.*: spot.
spoutnik [sput'nik] *m* sputnik.
sprat *icht.* [sprat] *m* sprat.
sprint *sp.* [sprint] *m* sprint; **sprinter** *sp.* **1.** [sprin'tœːr] *su./m* sprinter; **2.** [ˌ'te] (1a) *v/i.* sprint.
spumeux, -euse [spy'mø, ˌ'møːz] frothy, foamy.
squale *icht.* [skwal] *m* dog-fish.
squame [skwam] *f* *skin*: scale; *bone*: exfoliation; squama; **squameux, -euse** [skwa'mø, ˌ'møːz] ♣, *anat., etc.* scaly; squamous (*a.* ♀).
square [skwaːr] *m* (public) square (with garden).
squelette [skə'lɛt] *m* skeleton (*a. fig.*); ⚓ carcass; *fig. book, plot*: outline; **squelettique** [ˌle'tik] skeletal; *fig.* skeleton-like.
squille ♀, *icht.* [ski:j] *f* squill.
stabilisateur, -trice [stabiliza'tœːr, ˌ'tris] **1.** *adj.* stabilizing; **2.** *su./m* ⚓ *etc.* stabilizer; **stabilisation** [ˌ-za'sjɔ̃] *f* stabilization; ⚒ standstill; ⊕ annealing; **stabiliser** [ˌ'ze] (1a) *v/t.* stabilize (*a.* ♦ *the currency*); ⊕ anneal; se ˌ become steady; **stabilité** [ˌ'te] *f* stability; *tenure of post*: security; *fig.* permanence; **stable** [stabl] stable; *fig.* lasting; level-headed (*person*).
stade [stad] *m* *sp.* stadium; *sp.* athletic club; ♣, *a. fig.* stage, period.
stage [sta:ʒ] *m* (period of) probation; ⚒, *univ.* course of instruction; ⚖ *law student*: terms *pl.*; *faire un* ˌ do a probationary period; **stagiaire** [sta'ʒjɛːr] **1.** *adj.* on probation (*person*); (*period*) of probation; under instruction; **2.** *su.* probationer.
stagnant, e [stag'nɑ̃, ˌ'nɑ̃:t] stagnant (*a.* ♦); **stagnation** [ˌna'sjɔ̃] *f*

stalle

stagnation (a. ♱); ⚓ compass: slowness; ♱ dullness.

stalle [stal] f eccl., thea., stable, etc.: stall; *stable*: box.

staminé, e ⚥ [stami'ne] stamened, staminate.

stance [stã:s] f stanza.

stand [stã:d] m races, show, exhibition: stand; shooting-gallery, rifle-range.

standard [stã'da:r] 1. su./m teleph. switchboard; fig. standard (of living, de vie); 2. adj. standard; **standardisation** ⊕ [stãdardiza'sjɔ̃] f standardization; **standardiser** ⊕ [˷di'ze] (1a) v/t. standardize; **standardiste** teleph. [˷'dist] su. switchboard operator.

starter [star'tɛːr] m sp. starter; mot. choke.

station [sta'sjɔ̃] f ⚒, ⚓, ✈, radio, 🚌 underground: station; stop, halt; (taxi-)rank; bus, tram: (fare) stage; (holiday) resort; ✈ centrale power station; ˷ climatique health resort; ˷ de correspondance underground railway: interchange station; en ˷ standing; faire une ˷ break one's journey; **stationnaire** [˷sjɔ'nɛːr] 1. adj. stationary; 2. su./m ⚓ guardship; **stationnement** [˷sjɔn'mã] m stopping, standing; ⚒ stationing, quartering; ⚒ quarters pl.; ˷ interdit road sign: no parking; no waiting; **stationner** [˷sjɔ'ne] (1a) v/i. stop, halt; stand; park (car); ⚒ be stationed; *défense f de* ˷ no parking; **station-service**, pl. **stations-service** mot. [˷sjɔ̃sɛr'vis] f service station; repair station.

statique [sta'tik] 1. adj. static; 2. su./f ⊕ statics sg.

statisticien [statisti'sjɛ̃] m statistician; **statistique** [˷'tik] 1. adj. statistical; 2. su./f statistics sg.

stator ⚡ [sta'tɔːr] m stator.

statuaire [sta'tɥɛːr] 1. adj. statuary; 2. su./m person: sculptor; su./f art: statuary; sculptress; **statue** [˷'ty] f statue; image.

statuer [sta'tɥe] (1n) v/t. decree, enact; rule; v/i.: ˷ sur qch. decide s.th., give judgment on s.th.

stature [sta'ty:r] f stature; height.

statut [sta'ty] m ⚖ statute; regulation; charter; pol. status; constitution; **statutaire** [˷ty'tɛːr] statutory; ♱ qualifying (share).

stéarine ⚗ [stea'rin] f stearin(e);
stéarique ⚗ [˷'rik] stearic.

steeple-chase sp. [stiplə'tʃɛz] m track: hurdle-race.

stellaire [stɛl'lɛːr] 1. adj. astr. stellar; 2. su./f ⚥ starwort.

sténo... [stenɔ] steno...; **˷dactylographe** [˷dakti̇lo'graf], F **˷dactylo** [˷dakti'lo] su. shorthand-typist; **˷gramme** [˷'gram] m shorthand report; **˷graphe** [˷'graf] su. shorthand writer; stenographer; **˷graphie** [˷gra'fi] f shorthand; **˷type** [˷'tip] su./m stenotype; su./f shorthand typewriter; **˷-typiste** [˷ti'pist] su. stenotypist.

stentor [stã'tɔːr] npr./m: fig. voix f de ˷ stentorian voice.

steppe geog. [stɛp] f steppe.

steppe(u)r [stɛ'pœːr] m horse: highstepper.

stercoraire [stɛrkɔ'rɛːr] m zo. dungbeetle; orn. skua.

stère [stɛːr] m measure of wood: stere, cubic metre; bois m de ˷ cordwood.

stéréo... [stereɔ] stereo...; **˷métrie** ⓐ [˷me'tri] f stereometry; **˷métrique** ⓐ [˷me'trik] stereometric; **˷phonie** [˷fɔ'ni] f stereophonic sound; **˷phonique** [˷fɔ'nik] stereophonic; **˷scope** opt. [stereɔs'kɔp] m stereoscope; **˷scopique** [˷skɔ'pik] stereoscopic; **˷type** typ. [stereɔ'tip] 1. adj. stereotype; stereotyped (book); 2. su./m stereotype (plate); **˷typer** [˷ti'pe] (1a) v/t. stereotype; expression f stéréotypée hackneyed phrase; sourire m stéréotypé fixed smile; **˷typie** [˷ti'pi] f stereotypy; stereotype foundry.

stérer [ste're] (1f) v/t. measure (wood) by the stere.

stérile [ste'ril] ✱, ⚥, zo., a. fig. sterile, barren (a. woman); childless (marriage); fig. fruitless, vain (effort); **stériliser** [sterili'ze] (1a) v/t. sterilize (a. ⚕); **stérilité** [˷'te] f sterility; barrenness (a. fig.).

sternum anat. [stɛr'nɔm] m sternum, breast-bone.

sternutation ⚕ [stɛrnyta'sjɔ̃] f sternutation, sneezing; **sternutatoire** ⚕ [˷'twaːr] 1. adj. sternutatory; sneezing(-powder); 2. su./m sneezing-powder.

stertoreux, -euse ⚕ [stɛrtɔ'rø, ˷-'røːz] stertorous.

stéthoscope ✻ [stetɔs'kɔp] *m* stethoscope.
stick [stik] *m* ⚔ swagger-stick; (riding-)switch.
stigmate [stig'mat] *m* ✻, ⚘, *a. fig.* stigma; ✻ *wound*: scar, mark; *smallpox*: pock-mark; *fig.* stain (*on character*); *eccl.* ⚲*s pl.* stigmata; **stigmatique** [⚲ma'tik] stigmatic; *opt.* anastigmatic; **stigmatiser** [⚲mati'ze] (1a) *v/t. eccl., a. fig.* stigmatize (with, de); ✻ pock-mark (*s.o.*); *fig.* brand (*s.o.*).
stimulant, e [stimy'lɑ̃, ⚲'lɑ̃:t] **1.** *adj.* stimulating; **2.** *su./m* ✻ stimulant; *fig.* stimulus, incentive; **stimulateur, -trice** [⚲la'tœːr, ⚲'tris] stimulative; **stimuler** [⚲'le] (1a) *v/t.* stimulate; *fig.* incite, give a stimulus to; **stimulus** ✻, *biol.* [⚲'lys] *m* stimulus.
stipendiaire *usu. pej.* [stipɑ̃'djɛːr] **1.** *adj.* mercenary; **2.** *su.* mercenary; hireling; **stipendié** *m*, **e** *f* [⚲'dje] *see stipendiaire* 2; **stipendier** *pej.* [⚲'dje] (1o) *v/t.* keep in one's pay, hire.
stipulation 🕮 [stipyla'sjɔ̃] *f* condition; stipulation; **stipuler** [⚲'le] (1a) *v/t.* stipulate.
stock ✝ [stɔk] *m* stock; **stockage** [stɔ'kaːʒ] *m* ✝ stocking; storing; **stocker** [⚲'ke] (1a) *v/t.* ✝ stock, store; ⚔ stockpile (*bombs*).
stoïcien, -enne *phls.* [stɔi'sjɛ̃, ⚲'sjɛn] **1.** *adj.* stoic(al); **2.** *su.* stoic; **stoïcisme** *phls., a. fig.* [⚲i'sism] *m* stoicism; **stoïque** [⚲'ik] **1.** *adj. fig.* stoic(al); **2.** *su.* stoic.
stolon ⚘, *biol.* [stɔ'lɔ̃] *f* stolon.
stomacal, e, *m/pl.* **-aux** [stɔma'kal, ⚲'ko] gastric; stomach-(*pump, tube*); **stomachique** ✻, *anat.* [⚲'ʃik] *adj., a. su./m* stomachic.
stop! [stɔp] *int.* stop!
stoppage [stɔ'paːʒ] *m* ⊕ *machine, pipe*: stoppage; *admin. tax*: deduction at source; *cost.* invisible mending; *stockings*: invisible darning; **stopper** [⚲'pe] (1a) *v/t.* stop (*a cheque, a machine, a train*); *admin.* deduct (*a tax*) at source; ⊕ check (*a chain*); *cost.* repair by invisible mending; *v/i.* (come to a) stop; **stoppeur, -euse** [⚲'pœːr, ⚲'pøːz] *su. cost.* fine-darner, invisible mender; *su./m* ⊕ chain-stopper.

stupéfier

store [stɔːr] *m* blind; awning.
strabique ✻ [stra'bik] **1.** *adj.* squint-eyed, F cross-eyed; **2.** *su.* squinter; **strabisme** ✻ [⚲'bism] *m* squinting, strabism(us).
strangulation [strɑ̃gyla'sjɔ̃] *f* strangulation.
strapontin [strapɔ̃'tɛ̃] *m bus, taxi, thea.*: folding-seat.
strass [stras] *m* paste jewellery, strass.
stratagème ⚔, *a. fig.* [strata'ʒɛm] *m* stratagem.
stratégie ⚔, *a. fig.* [strate'ʒi] *f* strategy; **stratégiste** [⚲'ʒist] *m* strategist.
stratifier [strati'fje] (1o) *v/t. a. se* ⚲ ⚘, *geol., physiol.* stratify; **stratigraphie** *geol.* [⚲tigra'fi] *f* stratigraphy; **stratosphère** *meteor.* [⚲tɔs'fɛːr] *f* stratosphere.
strict, stricte [strikt] strict (*a. fig.*); *fig.* severe; exact; **striction** [strik'sjɔ̃] *f* ⊕ constriction; ⚕ striction.
strident, e [stri'dɑ̃, ⚲'dɑ̃:t] strident, harsh, shrill.
stridulant, e [stridy'lɑ̃, ⚲'lɑ̃:t] stridulant, chirring; **stridulation** [⚲la'sjɔ̃] *f* stridulation, chirring; **striduleux, -euse** ✻ [⚲'lø, ⚲'løːz] stridulous.
strie [stri] *f* scratch, score; ⚛, ⚘, *anat., geol.* stria; *colour*: streak; **strier** [stri'e] (1a) *v/t.* score, scratch; ⚘, *geol.* striate; ⚛ flute, groove; ⊕ corrugate (*iron*); streak; **striure** [⚲'yːr] *f see* strie.
strophe [strɔf] *f* stanza, verse; strophe.
structure ⚛, *a. fig.* [stryk'tyːr] *f* construction, structure.
strume ✻ † [strym] *f* scrofula, struma.
strychnine ⚕ [strik'nin] *f* strychnine.
stuc ⚛ [styk] *m* stucco; **stucateur** [styka'tœːr] *m* stucco-worker.
studieux, -euse [sty'djø, ⚲'djøːz] studious.
studio [sty'djo] *m radio, a. cin.*: studio; one-roomed flat.
stupéfaction [stypefak'sjɔ̃] *f* stupefaction; amazement; **stupéfait, e** [⚲'fɛ, ⚲'fɛt] stupefied; amazed (at, de); **stupéfiant, e** [⚲'fjɑ̃, ⚲'fjɑ̃:t] **1.** *adj.* stupefying (✻, *a. fig.*); *fig.* astounding; **2.** *su./m* ✻ drug, narcotic; **stupéfier** [⚲'fje] (1o) *v/t.* ✻,

stupeur

a. fig. stupefy; *fig.* astound; **stupeur** [sty'pœːr] *f* stupor; *fig.* amazement.
stupide [sty'pid] **1.** *adj.* stupid, *Am.* F dumb; dumbfounded; silly, foolish; **2.** *su.* stupid person; dolt; **stupidité** [⁓pidi'te] *f* stupidity; folly.
stuquer △ [sty'ke] (1m) *v/t.* stucco.
style [stil] *m* ⚕, △, *fig.*, *a.* sun-dial: style; etching-needle; *sun-dial*: gnomon; **styler** [sti'le] (1a) *v/t.* train, form; F school (*s.o.*) (in, à).
stylet [sti'lɛ] *m* stiletto; ⚕ stylet, probe.
styliste [sti'list] *su.* stylist; **stylistique** [⁓lis'tik] *f* stylistics *sg.*
stylo F [sti'lo] *m* fountain-pen.
stylo... [stilɔ] stylo...; **⁓graphe** [⁓'graf] *m* fountain-pen; stylograph.
styptique ⚕ [stip'tik] *adj., a. su./m* styptic, astringent.
su, e [sy] **1.** *p.p.* of *savoir*; **2.** *su./m*: *au vu et au ⁓ de* to the knowledge of.
suaire [sɥɛːr] *m* shroud; *eccl. saint* ⁓ vernicle, veronica.
suave [sɥaːv] sweet; bland (*manner, tone*); soft (*shade*); mild (*cigar*); **suavité** [sɥavi'te] *f* sweetness, softness; *manner, tone*: blandness, **sub...** [syp] sub... [suavity.
subalterne [sybal'tɛrn] **1.** *adj.* subordinate; inferior; **2.** *su./m* underling; ⚔ subaltern.
subconscience [sybkɔ̃'sjɑ̃ːs] *f* subconsciousness; **subconscient, e** [⁓'sjɑ̃, ⁓'sjɑ̃ːt] **1.** *adj.* subconscious; **2.** *su./m*: *le ⁓* the subconscious.
subdiviser [sybdivi'ze] (1a) *v/t.* subdivide; **subdivision** [⁓'zjɔ̃] *f* subdivision.
subéreux, -euse ♀ [sybe'rø, ⁓'røːz] suberose; corky; *enveloppe f ⁓euse* cortex; **subérine** ⚕ [⁓'rin] *f* suberin.
subir [sy'biːr] (2a) *v/t.* undergo; suffer (*death, defeat, a penalty*); submit to (*a law, a rule*); come under (*an influence*); *univ.* take (*an examination*).
subit, e [sy'bi, ⁓'bit] sudden, unexpected.
subjectif, -ve [sybʒɛk'tif, ⁓'tiːv] subjective.
subjonctif, -ve *gramm.* [sybʒɔ̃k'tif, ⁓'tiːv] **1.** *adj.* subjunctive; **2.** *su./m* subjunctive; *au ⁓* in the subjunctive.

subjuguer [sybʒy'ge] (1m) *v/t.* subdue (*a. fig.*); *fig.* master (*one's feelings*).
sublimation ⚕, *psych.* [sybli̇ma'sjɔ̃] *f* sublimation; **sublime** [⁓'blim] **1.** *adj.* sublime (*a. anat., fig.*); lofty; **2.** *su./m the* sublime; **sublimé** ⚕ [sybli'me] *m* sublimate; **sublimer** [⁓] (1a) *v/t.* ⚕ sublimate, sublime; purify; **sublimité** [syblimi'te] *f* sublimity.
sublunaire [sybly'nɛːr] sublunary; *fig.* mundane, ... of this world.
submerger [sybmɛr'ʒe] (11) *v/t.* submerge; flood (*a field, a village, a valley*); immerse (*an object in water*); swamp (*a boat, a field*); *fig.* inundate, overwhelm (with, de); *submergé de besogne* snowed under *or* inundated with work; **submersible** [⁓'sibl] **1.** *adj.* sinkable; ⚓ submersible; ✈ *etc.* liable to flooding; **2.** *su./m* ⚓ † submarine; **submersion** [⁓'sjɔ̃] *f* submersion, submergence; ⚓ sinking; ✈ flooding; *mort f par ⁓* death by drowning.
subordination [sybɔrdina'sjɔ̃] *f* subordination; **subordonné, e** [⁓dɔ'ne] **1.** *adj.* subordinate, dependent (*a. gramm.*); **2.** *su.* subordinate, underling; **subordonner** [⁓dɔ'ne] (1a) *v/t.* subordinate; *fig.* regulate (according to, in the light of à).
suborner [sybɔr'ne] (1a) *v/t.* suborn (*a.* ⚖ *a witness etc.*); bribe; **suborneur, -euse** [⁓'nœːr, ⁓'nøːz] **1.** *adj.* persuasive; **2.** *su.* ⚖ suborner.
subreptice [sybrɛp'tis] surreptitious; clandestine; **subreption** ⚖ [⁓'sjɔ̃] *f* subreption.
subroger ⚖ [sybrɔ'ʒe] (11) *v/t.* subrogate; appoint (*s.o.*) as deputy; *subrogé tuteur m* surrogate guardian.
subséquemment [sypseka'mɑ̃] *adv.* subsequently; in due course; **subséquent, e** [⁓'kɑ̃, ⁓'kɑ̃ːt] subsequent.
subside [syp'sid] *m* subsidy; **subsidiaire** [⁓si'djɛːr] subsidiary, accessory, additional (to, à).
subsistance [sybzis'tɑ̃ːs] *f* subsistence; keep; *⁓s pl.* provisions, supplies; *mis en ⁓* attached to another unit for rations; **subsistant, e** [⁓'tɑ̃, ⁓'tɑ̃ːt] **1.** *adj.* subsisting, extant; **2.** *su./m* soldier attached (*to a unit*) for rations; **subsister** [⁓'te] (1a)

v/i. subsist; exist, continue, be extant; live (on, de); *moyens m/pl. de* ~ means of subsistence.
substance [syps'tɑ̃:s] *f* substance (*a. fig.*); ⊕ *etc.* material; *fig.* gist; *en* ~ substantially; **substantiel, -elle** [⁓tɑ̃'sjɛl] substantial; nourishing (*food*).
substantif, -ve [sypstɑ̃'tif, ⁓'ti:v] **1.** *adj.* substantive (*a. gramm.*); **2.** *su./m gramm.* substantive, noun.
substitué, e [sypsti'tɥe] supposititious (*child*); **substituer** [⁓'tɥe] (1n) *v/t.* substitute (for, *à*); ⚖ appoint (*an heir*) to replace another; ⚖ entail (*an estate*) (*to grandchildren etc.*); *se* ~ *à* act as substitute for (*s.o.*); take the place of; **substitut** [⁓'ty] *m* deputy; *eccl.* surrogate; ⚖ locum tenens, F locum; ⚖ deputy public prosecutor; **substitution** [⁓ty'sjɔ̃] *f* substitution (for, *à*); ⚖ entail (*to grandchildren etc.*).
substrat *phls.* [syps'tra] *m* substratum.
substruction △ [sypstryk'sjɔ̃] *f* foundation, substructure; underpinning; **substructure** △ [⁓'ty:r] *f* substructure.
subterfuge [syptɛr'fy:ʒ] *m* subterfuge; evasion, shift.
subtil, e [syp'til] subtle; fine, thin; *fig.* keen, acute (*hearing, smell, etc.*); shrewd (*person, intellect*); *fig.* nice (*distinction, point*); *pej.* cunning; **subtiliser** [syptili'ze] (1a) *v/t.* subtilize; refine; *fig.* make too subtle; F steal, filch, pinch; *v/i.*: ~ *sur* subtilize on (*a question*); **subtilité** [⁓'te] *f* argument, distinction, poison: subtlety; *dust, powder, distinction*: fineness; *hearing etc.*: acuteness; *person, intellect*: shrewdness; *pej.* cunning, artfulness.
suburbain, e [sybyr'bɛ̃, ⁓'bɛn] suburban.
subvenir [subvə'ni:r] (2h) *v/i.*: ~ *à* provide for; **subvention** [sybvɑ̃-'sjɔ̃] *f* subsidy, subvention; **subventionnel, -elle** [⁓sjɔ'nɛl] subventionary; **subventionner** [⁓sjɔ-'ne] (1a) *v/t.* subsidize.
subversif, -ve [sybvɛr'sif, ⁓'si:v] subversive, destructive (of, *de*); **subversion** [⁓'sjɔ̃] *f* subversion; overthrow.
suc [syk] *m* juice; ♀ sap; *fig.* essence, pith.

succédané, e [syksedaˈne] *adj., a. su./m* substitute (for, *de*); **succéder** [⁓'de] (1f) *v/i.*: ~ *à* succeed, follow; replace; ⚖ come into (*a fortune*); ~ *au trône* succeed to the throne.
succès [syk'sɛ] *m* success; triumph; outcome, result; *mauvais* ~ unfavo(u)rable outcome.
successeur [syksɛ'sœ:r] *m* successor (to, of *de*); **successible** ⚖ [⁓'sibl] entitled to inherit *or* succeed; **successif, -ve** [⁓'sif, ⁓'si:v] successive; in succession; ⚖ ... of succession; **succession** [⁓'sjɔ̃] *f* succession; series; ⚖ inheritance; **successivement** [⁓siv'mɑ̃] *adv.* in succession; one after another, consecutively; **successoral, e,** *m/pl.* **-aux** [⁓sɔ'ral, ⁓'ro] relating to a succession; death (*duties*).
succin [syk'sɛ̃] *m* yellow amber.
succinct, e [syk'sɛ̃, ⁓'sɛ̃:(k)t] succinct, concise, brief.
succion [syk'sjɔ̃] *f* suction; sucking (*of a wound*).
succomber [sykɔ̃'be] (1a) *v/i.* succumb (*fig.* to, *à*); *fig.* yield (to, *à*) (*grief, temptation, etc.*); be overcome; die.
succube [sy'kyb] *m* succubus.
succulence [syky'lɑ̃:s] *f* succulence; tasty morsel; **succulent, e** [⁓'lɑ̃, ⁓'lɑ̃:t] succulent (*food, morsel, a.* ♀, *a. fig.* style); tasty (*morsel*).
succursale [sykyr'sal] *f* ✝ branch; sub-office; *magasin m à* ⁓*s multiples* multiple store, chain store.
sucer [sy'se] (1k) *v/t.* suck; *fig. avec le lait* imbibe (*s.th.*) from infancy; **sucette** [⁓'sɛt] *f* ⊕ sucker; ✝ lollipop, F lolly; **suceur, -euse** [⁓'sœ:r, ⁓'sø:z] **1.** *adj.* sucking; *zo.* suctorial; **2.** *su.* sucker; *su./m* ⊕ *vacuum cleaner:* nozzle, sucker; ⁓*s pl.* suctoria; **suçoir** *zo.* [⁓'swa:r] *m organ:* sucker; **suçon** F [⁓'sɔ̃] *m* barley-sugar stick; kiss-mark, mark left by sucking (*on the skin*); **suçoter** F [⁓sɔ'te] (1a) *v/t.* suck (at).
sucrage ⊕ [sy'kra:ʒ] *m* sugaring, sweetening; **sucrase** ?, ♀ [⁓'krɑ:z] *f* invert sugar; **sucrate** ✝ [⁓'krat] *m* sucrate; **sucre** [sykr] *m* sugar; ~ *de betterave* beet sugar; ~ *de lait* lactose; ~ *de raisin* grape sugar; ~ *en morceaux* (*poudre*) lump (castor) sugar; **sucré, e** [sy'kre] **1.** *adj.* sweet; **2.** *su./f:* faire la ⁓*e* be all honey *or*

sucrer

sweetness; **sucrer** [~'kre] (1a) *v/t.* sugar, sweeten; **sucrerie** [~krə-'ri] *f* sugar-refinery; ~s *pl.* confectionery *sg.*, sweets, *Am.* candies; **sucrier, -ère** [~kri'e, ~'ɛːr] **1.** *adj.* sugar-...; **2.** *su.* sugar-refiner, sugar-boiler; *su./m* sugar-bowl, sugar-basin; **sucrin** [~'krɛ̃] *m* sugary melon.

sud [syd] **1.** *su./m* south; ⚓ south wind; *du* ~ south(ern); *le* ♀ the south (*of a country*); *vers le* ~ southward(s), to the south; **2.** *adj./inv.* southern (*latitudes*); southerly (*wind*).

sudation ✵ [syda'sjɔ̃] *f* sudation, sweating; **sudatoire** [~'twaːr] **1.** *adj.* sudatory; **2.** *su./m* hot-air bath; sweating-room.

sud-est [sy'dɛst] **1.** *su./m* south-east; **2.** *adj./inv.* south-east; south-eastern (*region*); south-easterly (*wind*).

sudiste *Am. hist.* [sy'dist] **1.** *su./m* southerner (*in Civil War*); **2.** *adj.* southern. [*su./m* sudorific.)

sudorifique ✵ [sydɔri'fik] *adj., a.*

sud-ouest [sy'dwɛst] **1.** *su./m* south-west; **2.** *adj./inv.* south-west; south-western (*region*); south-westerly (*wind*).

suède ✝ [sɥed] *m*: *de* (*or en*) ~ suède (*gloves*); **suédois, e** [sɥe-'dwa, ~'dwaːz] **1.** *adj.* Swedish; **2.** *su./m ling.* Swedish; *su.* ♀ Swede.

suée [sɥe] *f* ✵, *vet.* sweat(ing); *sl.* hard job; *sl.* fright; **suer** [~] (1n) *v/i.* sweat (*a. wall*, ⊕ *a. fig.* = *toil*); perspire; F *faire* ~ *q.* sicken s.o.; *v/t.* sweat (*iron, a horse, etc.*); *fig.* reek of; *fig.* ~ *sang et eau* toil hard, F sweat blood; **suette** ✵ [sɥɛt] *f* fever; **sueur** [sɥœːr] *f* sweat, perspiration.

suffi [sy'fi] *p.p. of* suffire; **suffire** [~'fiːr] (4i) *v/i.* suffice, be sufficient; *fig.* ~ *à* meet (*expenses*); *v/impers.*: *il suffit que* it is enough that; **suffisamment** [syfiza'mɑ̃] *adv.* sufficiently, enough; **suffisance** [~'zɑ̃ːs] *f* sufficiency; *pej.* (self-)conceit, self-importance; *à* (*or en*) ~ in plenty; **suffisant, e** [~'zɑ̃, ~'zɑ̃ːt] **1.** *adj.* sufficient, adequate; *pej.* conceited, self-important; **2.** *su.* conceited person; **suffisons** [~'zɔ̃] *1st p. pl. pres. of* suffire.

suffixe *gramm.* [sy'fiks] **1.** *su./m* suffix; **2.** *adj.* suffixed.

suffocant, e [syfɔ'kɑ̃, ~'kɑ̃ːt] suffocating, stifling; **suffocation** [~ka-'sjɔ̃] *f* suffocation, choking; **suffoquer** [~'ke] (1m) *v/t.* suffocate; choke; *v/i.* choke (with, *de*).

suffragant, e [syfra'gɑ̃, ~'gɑ̃ːt] *adj., a. su./m* suffragan; **suffrage** [~'fraːʒ] *m pol., a. eccl.* suffrage; *pol.* vote; franchise; *fig.* approbation, approval.

suffusion ✵ [syffy'zjɔ̃] *f* suffusion (*usu. of blood*); flush.

suggérer [sygʒe're] (1f) *v/t.* suggest; inspire; **suggestif, -ve** [~ʒɛs-'tif, ~'tiːv] suggestive; **suggestion** [~ʒɛs'tjɔ̃] *f* suggestion.

suicide [sɥi'sid] suicide; **suicidé, e** *f* [sɥisi'de] *person:* suicide; **suicider** [~] (1a) *v/t.*: *se* ~ commit suicide.

suie [sɥi] *f* soot. [cide.)

suif [sɥif] *m* tallow, F candle-grease; *cuis.* (*mutton*) fat; *sl.* telling off; **suiffer** [sɥi'fe] (1a) *v/t.* tallow, ⚓ pay; grease; *sl.* tell (*s.o.*) off; **suiffeux, -euse** [~'fø, ~'føːz] tallowy; greasy.

suint [sɥɛ̃] *m* ⊕ yolk, wool grease; glass adj.: *laines* f/pl. *en* ~ greasy wool *sg.*; **suintant, e** [sɥɛ̃'tɑ̃, ~'tɑ̃ːt] oozing; sweating; **suinter** [~'te] (1a) *v/i.* ooze, sweat; ⚓ leak; exude; *v/t. fig.* ooze (*hatred*).

suis¹ [sɥi] *1st p. sg. pres. of* être **1.**

suis² [~] *1st p. sg. pres. of* suivre.

suisse [sɥis] **1.** *adj.* Swiss; **2.** *su./m eccl.* beadle, (*approx.*) verger; *hotel:* porter; ♀ Swiss; *les* ♀s *pl.* the Swiss; *petit* ~ small cream cheese; **Suissesse** [sɥi'sɛs] *f* Swiss (woman).

suite [sɥit] *f* continuation; retinue, train, followers *pl.*; sequence, series; *fig.* result, consequence; sequel; *fig.* coherence; ✝ ~ *à* with reference to; ⚕ *à la* ~ on pension; *à la* ~ *de* following (*s.th.*); in (*s.o.'s*) train; *de* ~ in succession, on end; F *at once*; *donner* ~ *à* give effect to, carry out (*a decision*); ✝ carry out (*an order*); *et ainsi de* ~ and so on; *manquer* (*d'esprit*) *de* ~ lack method *or* coherence; *par la* ~ later on, eventually; *par* ~ therefore, consequently; *par* ~ *de* as a result of, because of; *tout de* ~ at once, immediately.

suitée [sɥi'te] *adj./f*: *jument f ~* mare and foal.
suivant, e [sɥi'vɑ̃, ~'vɑ̃:t] **1.** *adj.* following, next; **2.** *su.* follower; *su./m* attendant, follower; *su./f* lady's-maid; *thea.* soubrette; **3.** *suivant prp.* following, along; *fig.* according to; *~ que* according as; **suivi, e** [~'vi] **1.** *p.p.* of *suivre*; **2.** *adj.* sustained; coherent (*speech*); unwavering; uninterrupted; ✝ steady (*demand*); *fig.* popular; **suivre** [sɥi:vr] (4ee) *v/t.* follow; *fig.* escort; pursue (*a. fig. an aim*); take (*a course*); practise (*a profession*); succeed, come after; attend (*lectures etc.*); *~ des yeux* look after (*s.o.*); *~ la mode* keep up with fashion; *v/i.*: follow, come after; *à ~* to be continued; *faire ~ post*: forward (*a letter*); (*prière de*) *faire ~* please forward.
sujet, -ette [sy'ʒɛ, ~'ʒɛt] **1.** *adj.* subject (to, *à*); **2.** *su. pol.* subject; *su./m* subject (*a. gramm.*, ♪, *a. fig.*); theme; (subject-)matter; reason (for, *de*); *fig.* individual, person; *à ce ~* on this matter, about this; *au ~ de* about, concerning, with reference to (*a.* ✝); *mauvais ~ person*: bad lot; *school*: bad boy; **sujétion** [syʒe'sjɔ̃] *f* subjection; constraint.
sulfamide ⚕ [sylfa'mid] *f* sulpha drug, sulphonamide; **sulfate** ⚗ [~'fat] *m* sulphate; **sulfure** ⚗ [~'fy:r] *m* sulphide; **sulfurer** [sylfy're] (1a) *v/t.* sulphurate; treat (*vines*) with sulphide; **sulfureux, -euse** [~'rø, ~'rø:z] sulphureous; ⚗ sulphur...; **sulfurique** ⚗ [~'rik] sulphuric (*acid*).
sultan [syl'tɑ̃] *m* sultan; scentsachet; **sultanat** [~ta'na] *m* sultanate; **sultane** [~'tan] *f* sultana.
super *mot.* [sy'pɛ:r] *m* high-octane petrol *or Am.* gasoline, F super.
super... [sypɛr] super-...
superbe [sy'pɛrb] **1.** *adj.* superb; fine, magnificent; **2.** *su./f* pride, vainglory.
super...: **~carburant** *mot.* [syperkarby'rɑ̃] *m* high-octane petrol *or Am.* gasoline; **~cherie** [~ʃə'ri] *f* swindle, fraud, deceit; **~fétation** [~feta'sjɔ̃] *f physiol.* superfetation; *words etc.*: superfluity; **~ficie** [~fi'si] *f* area; surface (*a. fig.*); **~ficiel, -elle** [~fi'sjɛl] superficial (*a. fig.*);

~fin, e [~'fɛ̃, ~'fin] superfine; **~flu, e** [~'fly] **1.** *adj.* superfluous; useless; **2.** *su./m* superfluity; **~fluité** [~flɥi'te] *f* superfluity; *fig.* *~s pl.* extras, F luxuries; **~forteresse** ✈ [~fɔrtə'rɛs] *f* superfortress.
supérieur, e [sype'rjœ:r] **1.** *adj.* superior (*a. fig.*); upper, higher (*a.* ♀, *zo.*); ✝ of superior quality; *~ à* superior to; above; **2.** *su.* superior; **supériorité** [~rjɔri'te] *f* superiority (*a. fig.*); *eccl.* superiorship; seniority (in age, *d'âge*).
super...: **~latif, -ve** [sypɛrla'tif, ~'ti:v] **1.** *adj.* superlative; **2.** *su./m gramm.* superlative; *au ~ gramm.* in the superlative; *fig.* superlatively; **~marché** ✝ [~mar'ʃe] *m* supermarket; **~posable** [~po'zabl] super(im)posable; **~poser** [~po'ze] (1a) *v/t.* super(im)pose (on, *à*); **~position** [~pozi'sjɔ̃] *f* superimposition; ♀ superposition; *cin.* double exposure; **~sonique** ✈ [~sɔ'nik] supersonic; **~stitieux, -euse** [~sti'sjø, ~'sjø:z] superstitious; **~stition** [~sti'sjɔ̃] *f* superstition; *fig.* blind attachment; **~structure** [~stryk'ty:r] *f* ⚓, 🚂 superstructure; 🚂 permanent way; **~viser** [~vi'ze] (1a) *v/t.* supervise, control; **~vision** [~vi'zjɔ̃] *f* control, supervision.
supplanter [syplɑ̃'te] (1a) *v/t.* supplant, supersede.
suppléant, e [syple'ɑ̃, ~'ɑ̃:t] **1.** *adj.* deputy ...; acting ...; **2.** *su.* deputy, substitute (for, *de*); *thea.* understudy; **suppléer** [~'e] (1a) *v/t.* supply, make up (for); replace, take the place of; *v/i.*: *~ à* make up for, supplement; fill (*a position*); **supplément** [~'mɑ̃] *m* supplement (*a.* ♀, *a. book*); addition; extra charge, 🚂 excess (fare); *restaurant*: extra course; **supplémentaire** [~mɑ̃'tɛ:r] extra, additional; supplementary; ♀ supplemental; ♪ *leger* (*line*); ⊕ *heures f/pl. ~s* overtime *sg.*; 🚂 *train m ~* relief train; **supplétif, -ve** [~'tif, ~'ti:v] suppletive, suppletory; ⚔ auxiliary.
suppliant, e [sypli'ɑ̃, ~'ɑ̃:t] **1.** *adj.* suppliant, pleading, imploring; **2.** *su.* suppli(c)ant; **supplication** [~ka'sjɔ̃] *f* supplication, entreaty.
supplice [sy'plis] *m* torture; *fig.* agony, torment; ⚖ *dernier ~* capital

supplicier

punishment; *fig.* être *au* ~ be on tenterhooks; be agonized; **supplicier** [~pli'sje] (1o) *v/t.* ⚖️ † execute; F *fig.* torture; keep (*s.o.*) on tenterhooks.

supplier [sypli'e] (1a) *v/t.* beseech, implore, beg; **supplique** [sy'plik] *f* petition.

support [sy'pɔːr] *m* support (*a. fig.*); stand, pedestal; **supportable** [sypɔr'tabl] tolerable, bearable; *fig.* fairly good, moderate; **supporter** [~'te] (1a) *v/t.* support (⚠, *a.* a doctrine etc.); back (*s.o.*) up; *fig.* bear, endure; put up with.

supposé, e [sypo'ze] **1.** *adj.* supposed, alleged; assumed (*name, title*); ⚖️ forged (*will*), supposititious (*child*); **2.** *supposé prp.* supposing, suppose; **3.** *supposé cj.*: ~ *que* (*sbj.*) supposing (that) (*ind.*); **supposer** [~'ze] (1a) *v/t.* suppose; assume; imagine; *fig.* imply, suggest; presuppose; ⚖️ put forward (as genuine); **supposition** [~zi'sjɔ̃] *f* supposition, surmise; ⚖️ *will:* forging, setting up (*of a supposititious child*); production of forged document(s), assumption (*of a false name*).

suppositoire ✱ [sypozi'twaːr] *m* suppository.

suppôt *fig.* [sy'po] *m* instrument.

suppression [sypre'sjɔ̃] *f* suppression; ✱ stoppage; difficulty: removal; ⚖️ ~ *d'enfant* concealment of birth; **supprimer** [sypri'me] (1a) *v/t.* suppress; end; abolish, stop; cut out (*a.* ✂); *fig.* omit; *typ.* delete; ⚖️ conceal; F kill (*s.o.*); 🚂 cancel (*a train*).

suppurant, e ✱ [sypy'rɑ̃, ~'rɑ̃ːt] suppurating; **suppuratif, -ve** ✱ [~ra'tif, ~'tiːv] *adj., a. su./m* suppurative; **suppuration** ✱ [~ra'sjɔ̃] *f* suppuration, running; **suppurer** ✱ [~'re] (1a) *v/i.* suppurate, run.

supputer [sypy'te] (1a) *v/t.* calculate, reckon; work out (*expenses, interest*).

suprématie [syprema'si] *f* supremacy; **suprême** [~'prɛm] **1.** *adj.* supreme; highest; *fig.* last (*honours, hour, request*); **2.** *su./m cuis.* supreme.

sur¹ [syr] *prp. usu.* on (*a chair, the Thames, my word, my honour*), upon; *destination:* towards (*evening, old age*); *measurement:* by; *number:* out of; *succession:* after; *tomber* ~ hit upon; *donner* ~ *la rue* look on to the street; ~ *la droite* on *or* to the right; ~ *place* on the spot; *avoir de l'argent* ~ *soi* have money on *or* about one; ~ *ce* thereupon, and then; ~ *quoi* whereupon, and then; *un impôt* ~ a tax on; *travailler* ~ work on (*wood etc.*); *être* ~ *un travail* be at a task; 8 ~ 10 8 out of 10; *measurement:* 8 by 10; *une fois* ~ *deux* every other time; *juger* ~ *les apparences* judge by appearances; *coup* ~ *coup* blow after blow; *revenir* ~ *ses pas* turn back; *fermer la porte* ~ *soi* close the door behind one; ~ *toute(s) chose(s)* above all; *lire qch.* ~ *le journal* read s.th. in the paper; ~ *un ton sévère* in a grave voice; *retenir* ~ keep (*s.th.*) back out of; stop (*s.th.*) out of (*s.o.'s wages*); *autorité f* ~ authority over.

sur², **sure** [syːr] sour; tart.

sur... [syr] over-...; super...; supra...; sur...

sûr, sûre [syːr] sure (of, *de*); safe; reliable (*person,* ✱ *information, a. weather*); *fig.* unerring; *fig.* certain, unfailing; ~ *de soi* self-confident; *à coup* ~, *pour* ~! certainly!; surely!, *Am.* sure!

surabondance [syrabɔ̃'dɑ̃ːs] *f* superabundance; ✝ glut; **surabondant, e** [~'dɑ̃, ~'dɑ̃ːt] superabundant; superfluous; **surabonder** [~'de] (1a) *v/i.* overflow (with *de, en*); ✝ be glutted (with *de, en*).

suraigu, -guë [syre'gy] high-pitched; ✱ peracute.

suranné, e [syra'ne] old-fashioned; superannuated; out of date.

surbaisser [syrbɛ'se] (1b) *v/t.* ⚠ depress; *mot.* underslung.

surcharge [syr'ʃarʒ] *f* overload; *luggage:* excess weight; *post etc.:* surcharge; ✝ *etc.* extra charge; overloading; *typ.* interlineation; **surcharger** [~ʃar'ʒe] (1l) *v/t.* overload (*a.* ✂), overburden; ✂ overcharge (*an accumulator*); *post:* overprint (*a stamp*); *typ.* interline; write over (*other words in a line*); *fig.* overtax (*s.o.*).

surchauffer [syrʃo'fe] (1a) *v/t.* overheat; superheat (*steam*); burn (*iron*).

surchoix [syr'ʃwa] *m* finest quality.

surclasser *sp.* [syrklɑ'se] (1a) *v/t.* outclass.

surcontrer [syrkɔ̃'tre] (1a) *v/t. cards*: redouble.

surcoupe [syr'kup] *f cards*: overtrumping; **surcouper** [˷ku'pe] (1a) *v/t. cards*: overtrump.

surcroît [syr'krwa] *m* increase; *un* ˷ *de qch.* an added s.th.; *par* ˷ in addition.

surdi-mutité ⚥ [syrdimyti'te] *f* deaf-and-dumbness; **surdité** ⚥ [˷'te] *f* deafness.

surdorer ⊕ [syrdɔ're] (1a) *v/t.* double-gild.

surdos [syr'do] *m horse*: back-band; *porter*: carrying-pad.

sureau ♀ [sy'ro] *m* elder.

surélever [syrel've] (1d) *v/t.* ⚠, ✝ heighten, raise; ✝ put up, boost (*prices*); *road-building*: bank (*a road bend*).

surelle ♀ [sy'rɛl] *f* wood-sorrel.

surenchère [syrɑ̃'ʃɛːr] *f auction*: higher bid, outbidding; **surenchérir** [˷ʃe'riːr] (2a) *v/i.* rise higher in price; *auction*: bid higher; ˷ *sur q.* outbid s.o., *fig.* go one better than s.o.; **surenchérisseur** *m,* **-euse** *f* [˷ʃeri'sœːr, ˷'søːz] outbidder.

surentraînement *sp.* [syrɑ̃trɛn'mɑ̃] *m* over-training.

surestimer [syrɛsti'me] (1a) *v/t.* over-estimate; overrate (*s.o.*).

suret, -ette [sy'rɛ, ˷'rɛt] sourish.

sûreté [syr'te] *f* safety; security (*a.* ✝); *blow, foot, hand, stroke*: sureness; *judgment etc.*: soundness; *memory*: reliability; ˷ *de soi* self-assurance; *de* ˷ safety-...; *la* ⚥ *de la* Criminal Investigation Department, F the C.I.D., *Am.* the Federal Bureau of Investigation, F the F.B.I.

surexcitation [syrɛksita'sjɔ̃] *f* over-excitement; ⚥ over-stimulation; **surexciter** [˷'te] (1a) *v/t.* over-excite (*s.o.*); over-stimulate (*a.* ⚥).

surexposer *phot.* [syrɛkspo'ze] (1a) *v/t.* over-expose.

surface [syr'fas] *f* surface (*a.* ⚥); area (*a.* ⚠, ⊕); ✝ standing; *fig.* appearance; ⚓ *faire* ˷ surface (*submarine*).

surfaire [syr'fɛːr] (4r) *v/t.* overrate (*a book, a writer*); ✝ charge too much for.

surgeon ♀ [syr'ʒɔ̃] *m* sucker; *pousser des* ˷s sucker; **surgir** [˷'ʒiːr] (2a) *v/i.* rise; loom (up); appear; *faire* ˷ give rise to, evoke.

surhausser [syro'se] (1a) *v/t.* ⚠ raise; 🎵 cant; ✝ force up the price of.

surhomme [sy'rɔm] *m* superman; **surhumain, e** [˷ry'mɛ̃, ˷'mɛn] superhuman.

surimposer [syrɛ̃po'ze] (1a) *v/t.* superimpose; ✝ overtax, increase the tax on.

surimpression *phot.* [syrɛ̃prɛ'sjɔ̃] *f* double exposure.

surin[1] [sy'rɛ̃] *m* young apple-tree stock.

surin[2] *sl.* [sy'rɛ̃] *m* dagger, knife; **suriner** *sl.* [˷ri'ne] (1a) *v/t.* knife (*s.o.*), murder (*s.o.*).

surintendant, e [syrɛ̃tɑ̃'dɑ̃, ˷'dɑ̃:t] *su.* superintendent, overseer; *su./f* superintendent's wife; lady-in-waiting in chief.

surir [sy'riːr] (2a) *v/i.* turn sour.

surjet [syr'ʒɛ] *m seam*: whipping; **surjeter** [˷ʒə'te] (1c) *v/t.* whip (*a seam*).

sur-le-champ [syrlə'ʃɑ̃] *adv.* at once, on the spot.

surlendemain [syrlɑ̃d'mɛ̃] *m* day after the morrow, second day (after s.th., *de qch.*).

surmenage [syrmə'naːʒ] *m* overwork(ing); **surmener** [˷'ne] (1d) *v/t.* overwork; work (*s.o.*) too hard; override (*a horse*); ⊕, ⚥ overrun.

surmontable [syrmɔ̃'tabl] surmountable; **surmonter** [˷'te] (1a) *v/t.* rise above (*a. fig.*); surmount (*a building, a. fig. feelings, an obstacle*); *fig.* overcome (*an enemy, feelings*); *se* ˷ control o.s.; *surmonté de* crowned by, surmounted by.

surmouler [syrmu'le] (1a) *v/t. typ.* re-cast; *mot.* retread (*a tyre*).

surnager [syrna'ʒe] (1l) *v/i.* float on the surface; *fig.* survive.

surnaturel, -elle [syrnaty'rɛl] **1.** *adj.* supernatural; *fig.* uncanny, extraordinary; **2.** *su./m: le* ˷ the supernatural.

surnom [syr'nɔ̃] *m* nickname; appellation, name; *hist.* agnomen.

surnombre [syr'nɔ̃:br] *m* excess number; ˷ *des habitants* overpopulation; *en* ˷ extra; supernumerary.

surnommer [syrnɔ'me] (1a) *v/t.* call (s.o. s.th., *q. qch.*); nickname.

surnuméraire [syrnyme'rɛːr] *adj.*, *a. su./m* supernumerary.

suroffre † [sy'rɔfr] *f* better offer.

suroît ⚓ [sy'rwa] *m* south-west; *hat, a. wind:* sou'wester.

surpasser [syrpɑ'se] (1a) *v/t.* surpass (*a. fig.*); be higher than; be taller than (*a person*); *fig.* exceed, outdo.

surpaye [syr'pɛːj] *f* overpayment; bonus, extra pay; **surpayer** [~pɛ-'je] (1i) *v/t.* overpay (*s.o.*); pay too much for (*s.th.*).

surpeuplé, e [syrpœ'ple] overpopulated (*area*); **surpeuplement** [~plə'mã] *m* overpopulation.

surplis *eccl.* [syr'pli] *m* surplice.

surplomb [syr'plɔ̃] *m* overhang; en ~ overhanging; **surplombement** [~plɔ̃b'mã] *m* overhang(ing); **surplomber** [~plɔ̃'be] (1a) *vt/i.* overhang; *v/t.* jut out over (*s.th.*).

surplus [syr'ply] *m* surplus, excess; remainder; *au* ~ besides; moreover; *en* ~ excess ..., surplus ...

surprenant, e [syrprə'nã, ~'nãːt] surprising, astonishing, amazing; **surprendre** [~'prãːdr] (4aa) *v/t.* surprise; astonish; amaze; come upon (*s.o.*); catch (*s.o.*) (unawares); pay (*s.o.*) a surprise visit; overhear (*a conversation, a remark*); intercept (*a glance, a letter*); ~ *la bonne foi de q.* abuse s.o.'s good faith.

surprime † [syr'prim] *f insurance:* extra premium.

surprise [syr'priːz] *f* surprise; ⚔ surprise attack; *fig.* surprise-packet, lucky dip; *par* ~ by surprise.

surproduction [syrprɔdyk'sjɔ̃] *f* overproduction.

sursalaire [syrsa'lɛːr] *m* bonus; extra pay.

sursaturer 🜚 [syrsaty're] (1a) *v/t.* supersaturate.

sursaut [syr'so] *m* start, jump; *s'éveiller en* ~ wake with a start.

surseoir [syr'swaːr] (3c) *v/i.:* 🏛 ~ *à* stay (*a judgment, proceedings*); suspend (*a judgment*); defer, postpone; *il a été sursis à qch.* s.th. has been postponed; **sursis, e** [~'si, ~'siːz] 1. *p.p.* of *surseoir;* 2. *su./m* 🏛 delay; suspension of sentence; ⚔ call-up: deferment; **sursitaire** ⚔ [~si'tɛːr] *m* deferred conscript.

surtaux [syr'to] *m* over-assessment.

surtaxe [syr'taks] *f* surtax; *post:* postage due, surcharge; *admin.* over-assessment; **surtaxer** [~tak'se] (1a) *v/t.* surtax; *post:* surcharge (*a letter*); *admin.* over-assess, overtax.

surtout¹ [syr'tu] *adv.* above all; particularly, especially.

surtout² [~] *m dinner table:* centre-piece; *metall.* mantle; light hand-cart; † overcoat.

surveillance [syrvɛ'jãːs] *f* supervision; ⊕ inspection; 🪖 surveillance; *sous la* ~ *de la police* under police supervision; **surveillant, e** [~'jã, ~'jãːt] *su.* supervisor, overseer; 🪖 inspector; † shop-walker, *Am.* floorwalker; *examination:* invigilator. *su./f* 🪖 (ward-)sister; **surveille** [syr'vɛːj] *f: la* ~ *de* two days before ...; **surveiller** [~vɛ'je] (1a) *v/t.* supervise; superintend; tend (*a machine*); ⊕ inspect, test; *examination:* invigilate; *fig.* keep an eye on, watch; 🏛 *liberté f surveillée* probation.

survenant, e [syrvə'nã, ~'nãːt] 1. *adj.* coming unexpectedly, unexpected; 2. *su.* chance-comer.

survendre † [syr'vãːdr] (4a) *v/t.* charge too much for.

survenir [syrvə'niːr] (2h) *v/i.* occur, happen; set in (*complications, weather*); arrive unexpectedly, F turn up (*person*); *v/impers.: il survint qch.* s.th. occurred, s.th. arose; *il lui survint qch.* s.th. happened to or for him.

survente¹ † [syr'vãːt] *f* overcharge.

survente² ⚓ [~] *f* increase of wind, overblowing.

survie [syr'vi] *f* survival; 🏛 (presumption of) survivorship; † expectation of life; **survivance** [~vi-'vãːs] *f* survival (*a. biol., a. fig.*); *estate:* reversion; **survivant, e** [~vi'vã, ~'vãːt] 1. *adj.* surviving; 2. *su.* survivor; **survivre** [~'viːvr] (4hh) *v/i.:* ~ *à* outlive, survive.

survol [syr'vɔl] *m* ✈ flight over; *cin.* panning; **survoler** ✈ [~vɔ'le] (1a) *v/t.* fly over.

sus¹ [sy] *1st p. sg. p.s.* of *savoir* 1.

sus² [sy(s)] 1. *adv.: courir* ~ *à* rush at (*s.o.*); *en* ~ (*de*) in addition (to); 2. *int.* come on!; ~ *à ...!* at (*s.o.*)!, away with (*s.th.*)!

susceptibilité [sysɛptibili'te] *f* sus-

ceptibility; *fig.* touchiness; **susceptible** [˷'tibl] susceptible; *fig.* sensitive; *fig.* touchy; ˷ de capable of; liable to.
susciter [sysi'te] (1a) *v/t.* cause, give rise to; provoke, stir up (*a rebellion*); (a)rouse (*envy*); raise up.
suscription [syskrip'sjɔ̃] *f letter:* address.
susdit, e 🕂 [sys'di, ˷'dit] *adj., a. su.* aforesaid, above-mentioned; **susmentionné, e** 🕂 [˷mɑ̃sjɔ'ne] *see susdit.*
susnommé, e 🕂 [sysnɔ'me] *adj., a. su.* above-named, afore-named.
suspect, e [sys'pɛ, ˷'pɛkt] **1.** *adj.* suspicious; suspect (*person*); ˷ de suspected of; **2.** *su.* suspect; **suspecter** [˷pɛk'te] (1a) *v/t.* suspect (*s.o.*); doubt (*s.th.*).
suspendre [sys'pɑ̃:dr] (4a) *v/t.* suspend (*a. a judgment, payment*); hang up; *fig.* defer; *fig.* interrupt; **suspendu, e** [˷pɑ̃'dy] hanging; ♪ suspended (*cadence*); **suspens** [˷'pɑ̃] *m:* en ˷ in suspense (*a.* ✝); outstanding (*question, a.* ✝ *bills*); **suspensif, -ve** [syspɑ̃'sif, ˷'si:v] suspensive; *gramm. points m/pl.* ˷s points of suspension; **suspension** [˷'sjɔ̃] *f* suspension; hanging (*a.* 🕂); (hanging) lamp; *mot.* springs *pl.*; ˷ d'armes truce; armistice; suspension of hostilities; 🕂 en ˷ in suspension; *gramm. points m/pl.* de ˷ points of suspension; **suspensoir** 🞅 [˷'swa:r] *m* suspensory bandage.
suspicion 🕂 *etc.* [syspi'sjɔ̃] *f* suspicion; en ˷ suspected.
suspied [sy'pje] *m spur:* instep strap.
sustentateur, -trice ✈ [systɑ̃ta'tœr, ˷'tris] lifting; main (*wing*); **sustentation** [˷ta'sjɔ̃] *f* support; 🞅 sustenance; ✈ lift(ing force); **sustenter** [˷'te] (1a) *v/t.* sustain, feed.
susurrer [sysy're] (1a) *vt/i.* whisper, murmur.
suture [sy'ty:r] *f* 🞅, *anat.* suture; 🞅 *wound:* stitching; *fig. etc.* join.
suzerain, e [syz'rɛ̃, ˷'rɛn] **1.** *adj.* paramount; **2.** *su.* suzerain; **suzeraineté** [˷rɛn'te] *f* lordship; suzerainty; 🕂 suzerain (state).
svelte [svɛlt] slender, slim; **sveltesse** [svɛl'tɛs] *f* slenderness, slimness.

synchroniser

sweater *cost.* [swi'tœ:r] *m* sweater.
swing ♪, *a. box.* [swiŋ] *m* swing.
sybaritique [sibari'tik] sybaritic; voluptuary; **sybaritisme** [˷'tism] *m* sybaritism.
sycomore ♧ [sikɔ'mɔ:r] *m* sycamore.
sycophante [sikɔ'fɑ̃:t] *m* sycophant, F toady.
syllabaire [silla'bɛ:r] *m* spelling-book; **syllabe** [˷'lab] *f* syllable; **syllabique** [˷la'bik] syllabic.
sylphe [silf] *m*, **sylphide** [sil'fid] *f* sylph; *taille f de sylphide* sylph-like waist.
sylvain [sil'vɛ̃] *m* sylvan, silvan; ˷s *pl.* genii of the woods; **sylvestre** ♧ [˷'vɛstr] woodland (*tree*); wood-(*plant*), growing in the woods; **sylviculteur** [silvikyl'tœ:r] *m* sylviculturist; **sylviculture** [˷'ty:r] *f* forestry, sylviculture.
symbole [sɛ̃'bɔl] *m* symbol; emblem; *eccl.* 🞅 creed; **symbolique** [sɛ̃bɔ'lik] symbolic(al); **symboliser** [˷li'ze] (1a) *v/t.* symbolize; **symbolisme** [˷'lism] *m* symbolism; **symboliste** [˷'list] **1.** *adj.* symbolistic; **2.** *su.* symbolist.
symétrie [sime'tri] *f* symmetry; *sans* ˷ unsymmetrical; **symétrique** [˷'trik] symmetrical.
sympathie [sɛ̃pa'ti] *f* sympathy (*a.* 🞅, *physiol.*); *fig.* liking, congeniality; **sympathique** [˷'tik] sympathetic (*a.* 🞅, *physiol.*); likable (*person*); attractive; *fig.* congenial (*task, work*); invisible (*ink*); *il m'est* ˷ I like him, I take to him; **sympathisant, e** [˷ti'zɑ̃, ˷'zɑ̃:t] **1.** *adj.* sympathizing; **2.** *su./m pol.* fellow-traveller; sympathiser; **sympathiser** [˷ti'ze] (1a) *v/i. fig.* blend, harmonize, go together; sympathize (with, *avec*).
symphonie ♪ [sɛ̃fɔ'ni] *f* symphony; **symphoniste** ♪ [˷'nist] *m* composer of symphonies; orchestral player.
symptôme [sɛ̃p'to:m] *m* 🞅, *a. fig.* symptom; *fig.* sign.
syn... [*before vowel* sin...; *before consonant* sɛ̃...] syn...; **˷chronique** [sɛ̃krɔ'nik] synchronological; synchronistic; **˷chronisateur** *mot.* [˷niza'tœ:r] *m* synchromesh (device); **˷chronisation** [˷niza'sjɔ̃] *f* synchronization; **˷chroniser** [˷ni'ze] (1a) *v/t.* synchronize (*a. cin.*);

synchronisme

& parallel; **~chronisme** [~'nism] *m* synchronism; *&, phys.* step; synchrony (*a. cin.*); **~cope** [sɛ̃'kɔp] *f* ♪, *gramm.* syncope; ⚕ faint, swoon; ♪ syncopation; ♪ syncopated note; **~coper** [~kɔ'pe] (1a) *v/t.* ♪, *gramm.* syncopate.

syndic [sɛ̃'dik] *m* syndic; ⚖ ~ *de faillite (approx.)* official receiver; **syndical, e,** *m/pl.* **-aux** [sɛ̃di'kal, ~'ko] syndical; trade-union (*movement*); † *chambre f* ~e *(approx.)* Stock Exchange Committee; **syndicalisme** [~ka'lism] *m* trade-unionism; **syndicaliste** [~ka'list] *su.* syndicalist; trade-unionist; **syndicat** [~'ka] *m* syndicate, association; receivership, trusteeship (*in bankruptcy*); ~ *d'initiative* tourist information bureau; ~ *ouvrier* trade-union; ~ *patronal* employers' federation; ~ *professionnel* trade association; **syndiqué, e** [~'ke] **1.** *adj.* associated; belonging to a syndicate; union-...; **2.** *su.* trade-unionist; **syndiquer** [~'ke] (1m) *v/t.* syndicate; unionize; form (*men*) into a trade-union; *se* ~ combine; form a syndicate *or* trade-union.

synodal, e, *m/pl.* **-aux** [sinɔ'dal, ~'do] synodical; synodal (*examiner*); **synode** *eccl.* [~'nɔd] *m* synod; **synodique** [~nɔ'dik] synodic(al).

synonyme [sinɔ'nim] **1.** *adj.* synonymous (with, *de*); **2.** *su./m* synonym; **synonymie** [~ni'mi] *f* synonymity; **synonymique** [~ni'mik] **1.** *adj.* synonymic; **2.** *su./f* synonymy, synonymics *sg.*

synoptique [sinɔp'tik] synoptic.

syntaxe *gramm.* [sɛ̃'taks] *f* syntax; **syntaxique** *gramm.* [~tak'sik] syntactic(al).

synthèse [sɛ̃'tɛːz] *f* synthesis; **synthétique** [sɛ̃te'tik] synthetic (*a.* ⚗ *rubber*); ✚ well-balanced (*diet*); **synthétiser** [~ti'ze] (1a) *v/t.* synthesize.

syntonisation [sɛ̃tɔniza'sjɔ̃] *f radio:* tuning; *bobine f de* ~ tuning-coil; **syntoniser** [~'ze] (1a) *v/t. radio:* tune in.

syphilis ⚕ [sifi'lis] *f* syphilis.

syriaque [si'rjak] *adj., a. su./m ling.* Syriac.

syrien, -enne [si'rjɛ̃, ~'rjɛn] *adj., a. su.* ♀ Syrian.

systématique [sistema'tik] systematic; methodical; *fig.* hide-bound; **systématiser** [~ti'ze] (1a) *v/t.* systematize; **système** [sis'tɛm] *m* system; *phot.* (*back, front*) lens; *fig.* device; ⊕ *etc.* set; *sl.* ~ *D* wangling; ♱ ~ *décimal* (*métrique*) decimal (metric) system; *anat.* ~ *nerveux* nervous system; *fig. esprit m de* ~ pigheadedness.

systole ⚕ [sis'tɔl] *f* systole.

T

T, t [te] *m* T, t; ⊕ *fer m en T* T-iron; tee; ⊕ *poutre f en double T* I-section, H-beam.

ta [ta] *see* ton¹.

tabac [ta'ba] **1.** *su./m* ♀, *a.* ✝ tobacco; ~ *à chiquer* chewing tobacco; ~ *à fumer* (smoking) tobacco; ~ *à priser* snuff; ♀s *pl.* (State) Tobacco Department *sg.*; *bureau m* (or *débit m*) *de* ~ tobacconist's (shop); *prendre du* ~ take snuff; **2.** *adj./inv.* snuff-colo(u)red; **tabagie** [taba'ʒi] *f* ✝ smoking-room; place smelling of stale tobacco-smoke; **tabagisme** [~'ʒism] *m* nicotine-poisoning; **tabatière** [~'tjɛːr] *f* snuff-box.

tabernacle [tabɛr'nakl] *m* tabernacle. [cence, emaciation.\
tabescence ⚕ [tabɛ'sɑ̃ːs] *f* tabes-⌋

table [tabl] *f* table; *stone:* slab, tablet; *teleph.* switchboard; index; ~ *à rallonges* extending table; ♱ ~ *de multiplication* multiplication table; ~ *des matières* table of contents; ♪ ~ *d'harmonie violin:* belly; ~ *d'hôte* set dinner, table d'hôte; *à* ~*! dinner is served!*; *mettre la* ~ lay the table; *sainte* ~ Lord's table, altar; *se mettre à* ~ sit down at table; **tableau** [ta'blo] *m paint. etc.* picture, painting; *thea.* tableau; *thea., a. fig.* scene; view; *notices, a. &, sp.:* board; *hotel:* key-board; (*a.* ~ *noir*) blackboard; list, table; ⚕, *a.* ⚖ *jurors:* panel; ⚖ *solicitors:* roll, barristers: list; *typ.* table; 🚂 train indicator; *fig.* description; ~ *d'annonces* notice-board, *Am.* bulletin-

taire

board; ~ de bord *mot.* dash-board; ✈ instrument panel; ⚡ ~ de distribution switchboard; *mot.* ~ de graissage lubrication chart; F *au* ~ in the bag; **tableautin** [~blo'tɛ̃] *m* small picture; **tablée** [~'ble] *f* (tableful of) guests *pl.*

tabletier ✝ [tablə'tje] *m* dealer in *or* maker of fancy articles and inlaid work; **tablette** [~'blɛt] *f* shelf; *stone:* slab; *(window-)sill; sideboard etc.:* (flat) top; *joist:* bearing surface; ⚡ plate; ⚡ lozenge; *chocolate:* bar; ~ *de cheminée* mantelpiece; *rayez ça de vos* ~s! you can forget that!; don't count on that!; **tabletterie** [~blɛ'tri] *f* fancy-goods *pl.* (industry); inlaid work.

tablier [tabli'e] *m* apron, *child:* pinafore; ⊕ *bridge:* flooring, road(way); 🚂 footplate; *forge:* hearth; *rolling-mill:* table; *fireplace:* blower, hood; *mot.* dashboard; *(chess- etc.)*board; *fig.* rendre son ~ resign; give notice.

tabou, e [ta'bu] **1.** *adj.* taboo; forbidden; **2.** *su./m* taboo.

tabouret [tabu're] *m* (foot)stool.

tabulaire [taby'lɛːr] tabular; **tabulateur** [~la'tœːr] *m* tabulator; **tabulatrice** [~la'tris] *f machine:* tabulator.

tac [tak] *m mill:* clack; *sword-blades:* click; *riposter du* ~ *au* ~ *fencing:* parry with the riposte; *fig.* give tit for tat.

tache [taʃ] *f* stain (*a. fig.*), spot; *ink, a. fig.:* blot; *colour:* blob, patch; *fig.* stigma; blemish; *fruit:* bruise; ~ *de naissance* birth-mark; ~ *de rousseur etc.:* freckle; ~ *de suie* smut; *faire* ~ be a blemish; *fig.* be out of place.

tâche [taːʃ] *f* task, job; *ouvrier m à la* ~ jobbing workman; piece-worker; *prendre à* ~ *de (inf.)* undertake to *(inf.)*, make a point of *(ger.)*; *travailler à la* ~ do piece-work.

tacher [ta'ʃe] (1a) *v/t.* stain (*a. fig.*), spot; *fig.* tarnish (*s.o.'s reputation*); *se* ~ get one's clothes stained; stain, spot *(cloth)*.

tâcher [tɑ'ʃe] (1a) *v/i.* try (to *inf.*, *de inf.*); labo(u)r, toil (at, *à*); ~ (*à ce*) *que (sbj.)* try to *(inf.)*; **tâcheron** [taʃ'rɔ̃] *m* jobbing workman *or* sub-contractor, jobber.

tacheter [taʃ'te] (1c) *v/t.* fleck, mottle speckle.

tachy... [taki] tachy...; tacho...; ~**mètre** ⊕ [~'mɛtr] *m* speedometer, tachometer.

tacite [ta'sit] tacit; implied; **taciturne** [~si'tyrn] taciturn; reserved; close-mouthed.

tacot F [ta'ko] *m mot.* old crock, old rattletrap; 🚂 small local train *or* engine.

tact [takt] *m* (sense of) touch; *fig.* tact; *manque m de* ~ tactlessness.

tacticien ⚔ *etc.* [takti'sjɛ̃] *m* tactician.

tactile [tak'til] tactile.

tactique [tak'tik] **1.** *adj.* tactical; **2.** *su./f* ⚔, *a. fig.* tactics *pl.*

taffetas *tex.* [taf'tɑ] *m* taffeta.

taie [tɛ] *f* (pillow-)case, slip; ⚡ albugo, white speck *(on the eye)*.

taillade [tɑ'jad] *f* slash, gash, cut; **taillader** [~ja'de] (1a) *v/t.* slash (*a. cost., a. fig.*); gash; **taillage** [~'jaːʒ] *m file, gear:* cutting; **taillanderie** [~jɑ̃'dri] *f* edge-tool making; *coll.* edge-tools *pl.*; **taillandier** [~jɑ̃'dje] *m* edge-tool maker; **taillant** [~'jɑ̃] *m blade, tool:* (cutting) edge; **taille** [tɑːj] *f* cutting; ⚡ *plant:* pruning; *hedge:* clipping; *stone:* hewing; ⊕ (gear-)milling; ⚒ working face; *hair, tool, clothes:* cut; *blade:* edge; *fig.* size, dimensions *pl.*; *person:* height, stature; waist, figure; *grandes* ~s *pl.* outsizes; *par rang de* ~ in order of size *or* height; **taille-crayon** [tajkrɛ'jɔ̃] *m/inv.* pencil-sharpener; **taille-douce,** *pl.* **tailles-douces** [~'dus] *f* copperplate (engraving); **tailler** [tɑ'je] (1a) *v/t.* cut *(gem, hair, lawn, stone);* hew *(a stone);* trim *(one's beard);* ⚡ prune *(a plant),* clip *(a hedge);* ⊕ mill *(gears);* sharpen *(a pencil);* carve *(in a rock etc., a. fig. a way);* hew *(the enemy to pieces); bien taillé* well set-up *(person); cost.* well-cut; *v/i. cards:* deal; **taillerie** [tɑj'ri] *f* gem-cutting; gem-cutter's workshop; **tailleur** [tɑ'jœːr] *m* ⊕ cutter; *cost.* tailor; *gaming:* banker; *cost.* (*a. costume m* ~) tailor-made costume; **tailleuse** *cost.* [~'jøːz] *f* tailoress; **taillis** [~'ji] *m* copse; brushwood; **tailloir** [tɑj'waːr] *m* trencher; △ abacus.

tain ⊕ [tɛ̃] *m mirrors:* silvering; *iron:* tin-bath; foil.

taire [tɛːr] (4z) *v/t.* suppress, hush

taisons

(*s.th.*) up, say nothing about, not to mention (*s.th.*); keep (*s.th.*) secret (from, *à*); faire ~ silence, hush; se ~ be silent, hold one's tongue, say nothing; taisez-vous! be quiet!; F shut up!; **taisons** [tɛˈzɔ̃] *1st p. pl. pres. of* taire; **tait** [tɛ] *3rd p. sg. pres. of* taire.
talc *min.* [talk] *m* talc; French chalk; talcum powder; **talcique** [talˈsik] talcose.
talent [taˈlɑ̃] *m* talent (*fig., a. ancient weight*); aptitude; de ~ talented, gifted; **talentueux, -euse** F [ˌlɑ̃-ˈtɥø, ˈtɥøːz] talented.
talion [taˈljɔ̃] *m* retaliation.
talisman [talisˈmɑ̃] *m* talisman.
talle ✿ [tal] *f* sucker; *wheat etc.*: tiller; **taller** ✿ [taˈle] (1a) *v/i.* throw out suckers; tiller (*wheat*).
tallipot ✿ [taliˈpo] *m* talipot.
talmouse [talˈmuːz] *f cuis.* cheesecake; *sl.* punch on the nose.
taloche [taˈlɔʃ] *f* ⊕ (*plasterer's*) hawk; F cuff, box on the ears; **talocher** F [ˌlɔˈʃe] (1a) *v/t.* cuff; box (*s.o.'s*) ears.
talon [taˈlɔ̃] *m* foot, shoe, ⚓ rudder, ⊕ tool, rifle, mast, *a.* ♪ violin bow: heel; spur; ⊕ catch, clip; *mot. tyre*: bead(ing); ⊕ axle, bayonet: shoulder; axle: flange; *loaf*: end; *bread, cheese*: remnant; *cards etc.*: stock, pile; ✝ counterfoil, *Am.* stub; ✝ ~s *pl.* aiguille stiletto heels; **talonner** [talɔˈne] (1a) *v/t.* follow (on the heels of); dog (*s.o.*); spur on, urge on (*a horse, a. fig. a person*); dun (*s.o.*); *v/i.* ⚓ touch; strike; **talonnette** [ˌnɛt] *f* heel.
talqueux, -euse *min.* [talˈkø, ˈkøːz] talcose.
talus [taˈly] *m* slope; bank, embankment; en ~ sloping.
talweg *geol.* [talˈvɛg] *m* thalweg.
tamanoir *zo.* [tamaˈnwaːr] *m* great ant-eater.
tamarin ♀ [tamaˈrɛ̃] *m* tamarind; tamarind-tree; **tamarinier** ♀ [ˌriˈnje] *m* tamarind-tree.
tambouille *sl.* [tɑ̃ˈbuːj] *f* kitchen (staff); cooking.
tambour [tɑ̃ˈbuːr] *m* ♪, ✕, ✗, ⊕ *oil,* ⚡ *cable, mot. brake,* △ *column*: drum; *person*: drummer; ✝ *coil*: cylinder; △ *hotel etc.*: revolving door; *embroidery*: frame; ♪ ~ de basque tambourine (*with jingles*); ~ de ville town-crier; *fig.* mener q. ~ battant treat s.o. with a high hand; sans ~ ni trompette quietly, on the quiet; **tambourin** [tɑ̃buˈrɛ̃] *m* ♪ tambourine (*without jingles*); (*Provençal*) long, narrow drum; *ballgames*: tambourine-like racquet; **tambouriner** [ˌriˈne] (1a) *v/i.* drum (*a. fig.*); beat a drum *or* tambourine; *v/t.* have (*s.th.*) announced by the town-crier; *fig.* boost (*s.o.*).
tamis [taˈmi] *m* sieve; *liquids*: strainer; ⊕ screen; *cinders etc.*: riddle; *flour*: bolter; passer au ~ sift (*a. fig.*); **tamiser** [tamiˈze] (1a) *v/t.* sift, sieve; strain; filter (*air, light, a. liquid*); bolt (*flour*); *fig.* soften (*the light*); *v/i.* filter through; **tamiseur** *m*, -**euse** *f* [ˌˈzœːr, ˈzøːz] *person*: sifter, screener; strainer.
tampon [tɑ̃ˈpɔ̃] *m* △ wall, ✽, bath, wash-basin, cask, *metall.*: plug; inking, polishing, *a.* ✚ cotton-wool: pad; paper, cotton-wool, *etc.*: wad; rubber stamp; 🚂 (*a.* ~ de choc) buffer; ✕ *hist.* F orderly; ~ buvard hand-blotter; coup *m* de ~ collision; F thumping; *pol.* État *m* ~ buffer State; **tamponnement** [ˌpɔnˈmɑ̃] *m* plugging; 🚂, *mot.* collision; dabbing (*with pad*); F thumping; **tamponner** [ˌpɔˈne] (1a) *v/t.* plug; dab (*with a handkerchief, a pad, etc.*); 🚂 *etc.* collide with; *mot.* bump into; F beat (*s.o.*).
tam-tam [tamˈtam] *m* ♪ tom-tom; ♪ (*Chinese*) gong; *fig.* fuss, to-do.
tan [tɑ̃] *m* tan, tanner's bark.
tancer [tɑ̃ˈse] (1k) *v/t.* scold, F tell (*s.o.*) off.
tanche *icht.* [tɑ̃ːʃ] *f* tench.
tandem [tɑ̃ˈdɛm] *m* tandem (bicycle); en ~ tandem.
tandis [tɑ̃ˈdi] *cj.*: ~ que whereas (*emphasizing difference*); while.
tangage ⚓, ✈ [tɑ̃ˈgaːʒ] *m* pitch (-ing).
tangent, e [tɑ̃ˈʒɑ̃, ˈʒɑ̃ːt] **1.** *adj.* ⊹ tangent(ial) (to, *à*); **2.** *su./f* ⊹ tangent; **tangible** [ˌˈʒibl] tangible.
tangue ✿ [tɑ̃ːg] *f* (slimy) sea-sand (*used as manure*).
tanguer ⚓, ✈ [tɑ̃ˈge] (1m) *v/i.* pitch, rock; be down by the head.
tanière [taˈnjɛːr] *f* den, lair (*a. fig.*); (*fox-*)hole, earth.
tank ✕ [tɑ̃ːk] *m* tank; **tankiste** ✕ [tɑ̃ˈkist] *m* member of a tank crew.

tannant, e [ta'nɑ̃, ~'nɑ̃:t] tanning; F tiresome; boring.
tanne [tan] *f* ⚕ *face*: blackhead; ⊕ *leather*: spot.
tanné, e [ta'ne] **1.** *adj.* tan(ned); **2.** *su./m colour*: tan; **tanner** [~] (1a) *v/t.* ⊕ tan; F irritate; pester; F thrash (*s.o.*); **tannerie** ⊕ [tan'ri] *f* tannery; *trade*: tanning; **tanneur** ⊕ [ta'nœ:r] *m* tanner; **tan(n)in** [~'nɛ̃] *m* tannin; **tan(n)iser** ⊕ [~ni-'ze] (1a) *v/t.* treat (*s.th.*) with tannin.
tan-sad [tɑ̃'sad] *m* pillion.
tant [tɑ̃] *adv.* so much; so *or* as many; so; as much, as hard (as, *que*); so *or* as long (as, *que*); ~ *bien que mal* somehow (or other); ~ *de fois* so often; ~ *heureuse qu'elle paraisse* however happy she may seem; ~ *il y a que* the fact remains, however, that; ~ *mieux!* so much the better!; F good!; ~ *pis!* so much the worse!; what a pity!; F too bad!; ~ *s'en faut* far from it; ~ *s'en faut que* (*sbj.*) far from (*ger.*); ~ *soit peu* ever so little; even a little; somewhat; *en* ~ *que* in so far as (+ *verb*); considered as (+ *su.*); *si* ~ *est que* if indeed.
tante [tɑ̃:t] *f* aunt; F *chez ma* ~ pawned, in pawn.
tantième ✞ [tɑ̃'tjɛm] *m* percentage, share.   [a bit.]
tantinet F [tɑ̃ti'nɛ] *m*: *un* ~ a little,)
tantôt [tɑ̃'to] **1.** *adv.* presently, soon, by and by; a little while ago, just now; ~ ... ~ ... now ... now ..., sometimes ... sometimes ...; *à* ~*!* good-bye for the present!; F so long!; **2.** *su./m* F afternoon.
taon *zo.* [tɑ̃] *m* gad-fly, horse-fly.
tapage [ta'pa:ʒ] *m* noise; din; *fig.* row; fuss; F touching (*s.o. for money*); *faire du* ~ make a stir (*news*); **tapageur, -euse** [~pa'ʒœ:r, ~'ʒø:z] **1.** *adj.* noisy, rowdy; *cost. fig.* flashy; *fig.* blustering (*manner, speech*); **2.** *su.* rowdy, roisterer; brawler; noisy person; ⚖ disturber of the peace; **tape** [tap] *f* tap, slap, pat; F *failure*: F *ramasser une* ~ fail, F flop; **tapé, e** [ta'pe] **1.** *adj.* dried (*fruit*); *fig.* first-class; *réponse f* ~*e* smart answer; **2.** *su./f* F lots *pl.*, heaps *pl.*; tons *pl.*; *children*: horde;
tapecul [tap'ky] *m* see-saw, *Am.* teeter-totter; gig; *pej. carriage*: rattletrap; **taper** [ta'pe] (1a) *v/t.* plug, stop (up); F smack, slap; slam (*the door*); ♪ thump out (*a tune*), beat (*a drum*); type (*a letter etc.*); dab on (*paint*); F touch (*s.o.*) (for, *de*); *sl. tu peux te* ~*!* nothing doing!; *sl.* you've had it!; *v/i.* knock; strum (*on the piano*); ~ *dans l'œil à* take (*s.o.'s*) fancy; ~ *du pied* stamp (one's foot); ~ *sur q.* slate s.o., pitch into s.o.; F ~ *sur le ventre à q.* give s.o. a dig in the waistcoat; **tapette** [~'pɛt] *f* gentle tap; ⊕ bat (*for corking bottles*); fly-swatter; carpet-beater; F tongue; *avoir une fière* ~ have a tongue that wags at both ends; **tapeur** F [~'pœ:r] *m* cadger; piano strummer.
tapinois [tapi'nwa] *adv.*: *en* ~ quietly, on the sly.
tapioca [tapjɔ'ka] *m* tapioca; *cuis.* tapioca soup.
tapir¹ [ta'pi:r] (2a) *v/t.*: *se* ~ crouch; lurk; *fig.* nestle.
tapir² *zo.* [~] *m* tapir.
tapis [ta'pi] *m* carpet; cloth; ⚡ *chauffant* electrically heated mat; ⊕ ~ *roulant* endless belt, assembly line; ~ *vert* (gaming) table; *fig. mettre sur le* ~ bring (*s.th.*) up (for discussion); **tapisser** [~pi'se] (1a) *v/t.* paper (*a room*); hang (*a wall*) with tapestry; *fig.* cover, line; **tapisserie** [~pis'ri] *f* tapestry, hangings *pl.*; tapestry-weaving; tapestry-work; wall-paper; *fig. faire* ~ be a wall-flower (*at a dance*); *pantoufles f/pl. en* ~ carpet-slippers; **tapissier, -ère** [~pi'sje, ~'sjɛ:r] *su.* tapestry-maker; *furniture*: upholsterer; crewel-worker; *su./f* delivery-van; covered waggon.
tapon [ta'pɔ̃] *m* plug, stopper; *en* ~ screwed up; **taponner** [~pɔ'ne] (1a) *v/t.* screw up (*one's hair etc.*).
tapoter F [tapɔ'te] (1a) *v/t.* tap; pat; strum (*a tune*); drum (*on the table*).
taquer *typ.* [ta'ke] (1m) *v/t.* plane (down); **taquet** [~'kɛ] *m* ⊕ wedge, angle-block; *metall.* lug; ⚓ cleat.
taquin, e [ta'kɛ̃, ~'kin] **1.** *adj.* (fond of) teasing; **2.** *su.* tease; **taquiner** [~ki'ne] (1a) *v/t.* tease; *fig.* worry; **taquinerie** [~kin'ri] *f* teasing (disposition).
taquoir *typ.* [ta'kwa:r] *m* planer.
tarabiscoté, e [tarabiskɔ'te] ⊕ grooved; *fig.* over-elaborate (*style*).

tarabuster F [tarabys'te] (1a) *v/t.* worry; bully.

tarage † [ta'ra:ʒ] *m* allowance for tare.

tarare ⚙ [ta'ra:r] *m* winnower.

taratata! F [tarata'ta] *int.* fiddlesticks!

taraud ⊕ [ta'ro] *m* (screw-)tap; **taraudage** ⊕ [taro'da:ʒ] *m nut etc.*: tapping; screw-cutting; screwpitch; **tarauder** [~'de] (1a) *v/t.* ⊕ tap, cut; F thrash (*s.o.*); **taraudeuse** ⊕ [~'dø:z] *f machine*: screw-cutter, thread-cutter.

tard [ta:r] **1.** *adv.* late; *au plus* ~ at the latest; *il se fait* ~ it is getting late; *pas plus* ~ *que* ... only ..., not later than ...; *tôt ou* ~ sooner or later; **2.** *su./m*: *sur le* ~ late in the day; *fig.* late in life; **tarder** [tar'de] (1a) *v/i.* delay; *il me tarde de* (*inf.*) I am anxious to (*inf.*); *ne pas* ~ *à* (*inf.*) not to have to wait long before (*ger.*); *sans* (*plus*) ~ without (further) delay; **tardif, -ve** [~'dif, ~'di:v] late; belated (*apology, regret*); *fig.* slow (*to, à*); backward (*fruit, a. fig. intelligence*); **tardigrade** *zo.* [~di'grad] *adj., a. su./m* tardigrade; **tardillon** [~di'jɔ̃] *m animal*: latest born; *fig.* Benjamin (*of a family*); **tardiveté** [~div'te] *f* lateness; slowness; backwardness.

tare [ta:r] *f* † depreciation; † allowance; *weight*: tare; ⊕ *spring*: calibration; *fig.* defect; ⚕ taint; *sans* ~ sound.

tarentelle ♪ *etc.* [tarã'tɛl] *f* tarantella.

tarentule *zo.* [tarã'tyl] *f* tarantula.

tarer [ta're] (1a) *v/t.* † tare; ⊕ calibrate (*a spring*); spoil, damage (*a fruit, goods, a. fig. s.o.'s reputation*).

targette ⊕ [tar'ʒɛt] *f* sash-bolt; flat door-bolt.

targuer [tar'ge] (1m) *v/t.*: *se* ~ *de* pride o.s. on (*s.th., qch.*; doing, *faire*); claim (*a privilege*).

tarière ⊕ [ta'rjɛ:r] *f* auger; drill; ⚒ borer.

tarif [ta'rif] *m* price-list, tariff; rate(s *pl.*); schedule of charges; ~ *différentiel* (*préférentiel*) differential (preferential) tariff; ~ *postal* postage (rates *pl.*); ~ *réduit* reduced tariff; *plein* ~ *goods*: full tariff; *person*: full fare; **tarifaire** [tari'fɛ:r]

tariff-...; **tarifer** [~'fe] (1a) *v/t.* fix the rate of (*a duty, a tariff*); fix the price of (*goods*); **tarification** [~fika'sjɔ̃] *f* tariffing.

tarin *orn.* [ta'rɛ̃] *m* siskin.

tarir [ta'ri:r] (2a) *v/t.* dry up; *fig.* exhaust; *v/i. a. se* ~ dry up, run dry; *fig.* cease; **tarissement** [~ris'mã] *m* drying up; *fig.* exhausting.

tarot [ta'ro] *m cards*: tarot pack; ~*s pl. cards, game*: tarots.

tarse *anat.* [tars] *m* tarsus; F *human foot*: instep; **tarsien, -enne** *anat.* [tar'sjɛ̃, ~'sjɛn] tarsal.

tartan *tex.* [tar'tã] *m* tartan.

tartarinade F [tartari'nad] *f* boast.

tarte *cuis.* [tart] *f* (open) tart; flan; **tartelette** *cuis.* [~'lɛt] *f* tartlet; **tartine** [tar'tin] *f* slice of bread and butter or jam *etc.*; F *fig.* rigmarole; long-winded speech or article or sermon.

tartrate ⚗ [tar'trat] *m* tartrate; **tartre** [tartr] *m* tartar (*a.* ⚗, *a.* dental); ⊕ *boiler*: scale, fur; **tartreux, -euse** [tar'trø, ~'trø:z] tartarous; ⊕ furry, scaly; **tartrique** ⚗ [~'trik] tartaric (*acid*).

tartufe [tar'tyf] *m* hypocrite; **tartuferie** [~ty'fri] *f* (piece of) hypocrisy, cant.

tas [tɑ] *m* heap, pile (*a. fig. of things*); *fig.* crowd, lot; *lies, a. people*: pack; ⊕ hand or small anvil; *mettre en* ~ pile up; *sur le* ~ on the job, at work.

tasse [tɑ:s] *f* cup; ~ *à café* coffeecup; ~ *de café* cup of coffee.

tasseau [tɑ'so] *m* ⌂ bracket; (supporting) batten; brick foundation.

tassée [tɑ'se] *f* cupful.

tassement [tɑs'mã] *m* squeezing; *soil*: packing; ⌂ subsidence; ⌂ consolidation (*a. fig.*), settling; ⚕ set-back; **tasser** [tɑ'se] (1a) *v/t.* cram together; pack (tightly); shake down; *se* ~ crowd together; squeeze up; ⌂ settle; ⌂ sink, subside; † weaken; shrink, grow smaller (*with age*) (*person*); *v/i.* ⚶ grow thick.

tâter [tɑ'te] (1a) *v/t.* touch, feel; grope for (*s.th.*); *fig.* feel out, explore, try; ⚕ feel (*the pulse*); *v/i.*: ~ *à* (*or de*) taste, try; *fig.* ~ *de* try (one's hand at) (*work*); **tâte-vin** [tɑt'vɛ̃] *m/inv. instrument*: winetaster; sampling-tube.

tatillon, -onne F [tati'jɔ̃, ~'jɔn] **1.** *adj.* niggling, finicky; over-par-

ticular; **2.** *su.* fusspot; busybody; **tatillonner** F [~jɔ'ne] (1a) *v/i.* niggle, fuss over details; be meddlesome.

tâtonner [tɑtɔ'ne] (1a) *v/i.* feel one's way (*a. fig.*); grope; fumble; **tâtonneur** *m*, **-euse** *f* [~tɔ'nœːr, ~'nøːz] groper, fumbler; **tâtons** [~'tɔ̃] *adv.*: à ~ gropingly; *aller etc.* à ~ grope one's way.

tatou *zo.* [ta'tu] *m* armadillo.

tatouage [ta'twaːʒ] *m* tattooing; *design*: tattoo; **tatouer** [~'twe] (1p) *v/t.* tattoo; **tatoueur** [~'twœːr] *m* tattooist. [rain-awning.⟩

taud ⚓ [to] *m*, **taude** ⚓ [toːd] *f*

taudis [to'di] *m* hovel; wretched room; squalid hole; ~ *pl.* slums.

taule [toːl] *f see* **tôle**.

taupe [toːp] *f zo.* mole; ✝ moleskin; **~-grillon**, *pl.* **~s-grillons** *zo.* [topgri'jɔ̃] *m* mole-cricket; **taupier** [to'pje] *m* mole-catcher; **taupière** [~'pjɛːr] *f* mole-trap; **taupinière** [~pi'njɛːr] *f* mole-hill.

taureau [tɔ'ro] *m* bull; *astr.* le ♉ Taurus, the Bull; *avoir un cou de* ~ be bull-necked; *course f de* ~*x* bullfight; **taurillon** [~ri'jɔ̃] *m* bullcalf; **tauromachie** [~rɔma'ʃi] *f* bull-fighting.

tautologie [totɔlɔ'ʒi] *f* tautology, redundancy.

taux [to] *m* rate (*a.* ✝); ✝ fixed price; ⊕ ratio; ⌂ proportion, amount; ✝ ~ *de change* (rate of) exchange; ~ *de charge* load per unit area; ~ *de la mortalité* death-rate; ✝ ~ *d'escompte* bank rate; ✝ ~ *d'intérêt* rate of interest; *au* ~ *de* at the rate of.

taverne [ta'vɛrn] *f* tavern; public house, F pub; café-restaurant.

taxateur [taksa'tœːr] *m* assessor; ⚖ taxing master; **taxation** [~'sjɔ̃] *f* fixing of prices *etc.*; *admin., a.* ⚖ taxation; *admin.* assessment; **taxe** [taks] *f admin.* tax, duty; rate (*a.* 📧), charge (*a. teleph.*); fixed price; *pay*: official rate; ✝ controlled price; ⚖ *costs*: taxation; ~ *de radio-diffusion* radio license; ~ *supplementaire post*: surcharge; late fee; *hors* ~*s* tax-free; **taxer** [tak'se] (1a) *v/t.* fix the price *or* rate of; *admin., a.* ⚖ tax (*a. fig.*); *post*: surcharge; *teleph.* charge for; *fig.* accuse (of, de); ✝ bill, charge.

taxi [tak'si] *m* taxi(-cab), cab; **~mètre** [~si'mɛtr] *m* taximeter; **~phone** *teleph.* [~si'fɔn] *m* (public) call-box.

tayloriser ⊕ [tɛlɔri'ze] (1a) *v/t.* Taylorize; **taylorisme** ⊕ [~'rism] *m* Taylorism.

tchécoslovaque [tʃekɔslɔ'vak] *adj., a. su.* ♀ Czechoslovak; **tchèque** [tʃɛk] **1.** *adj.* Czech; **2.** *su./m ling.* Czech; *su.* ♀ Czech.

te [tə] **1.** *pron./pers.* you; to you; **2.** *pron./rfl.* yourself, to yourself.

té [te] *m letter*: T; T-square; ⚠ tee-iron.

technicien *m*, **-enne** *f* [tɛkni'sjɛ̃, ~'sjɛn] technician; **technicité** [~si-'te] *f* technicality; **Technicolor** [~kɔ'lɔːr] *m* Technicolor; **technique** [tɛk'nik] **1.** *adj.* technical; **2.** *su./f* technique; ~ *électrique* electrical engineering; **technologie** [~nɔlɔ'ʒi] *f* technology; **technologique** [~nɔlɔ'ʒik] technological.

te(c)k ♀, ✝ [tɛk] *m* teak.

tectrice *orn.* [tɛk'tris] *adj./f: plumes f/pl.* ~*s* tectrices.

tégument ♀, *anat., zo.* [tegy'mɑ̃] *m* tegument.

teigne [tɛɲ] *f zo.* moth; ✿ tinea, scalp-disease; ♀ scurf; *vet.* thrush; F *fig.* pest; **teigneux, -euse** [tɛ'ɲø, ~'ɲøːz] **1.** *adj.* suffering from scalp-disease; **2.** *su.* person suffering from scalp-disease.

teignis [tɛ'ɲi] *1st p. sg. p.s. of teindre*; **teignons** [~'ɲɔ̃] *1st p. pl. pres. of teindre*; **teindre** [tɛ̃ːdr] (4m) *v/t.* dye (blue *etc., en bleu etc.*); stain (*a. fig.*); *se* ~ dye one's hair; **teins** [tɛ̃] *1st p. sg. pres. of teindre*; **teint, teinte** [tɛ̃, tɛ̃ːt] **1.** *p.p. of teindre*; **2.** *su./m* dye, colo(u)r; complexion; *tex. bon (or grand)* ~ fast colo(u)r; *fig. partisan m bon* ~ staunch supporter; *petit* ~ fading dye; *su./f* tint, hue, shade; *fig.* touch, tinge; **teinter** [tɛ̃'te] (1a) *v/t.* tint; *fig.* tinge (with, de); **teinture** [~'tyːr] *f tex., a. hair*: dye(ing); *phot. etc.* tinting; colo(u)r, hue; *fig.* touch; ⌂, ✿ tincture; **teinturerie** ⊕ [~tyr'ri] *f* dye-works *usu. sg.*; dyeing; **teinturier** [~ty'rje] *m* dyer.

tel *m*, **telle** *f*, **tels** *m/pl.*, **telles** *f/pl.* [tɛl] **1.** *adj./indef.* such; so great; like; as; ~ *maître*, ~ *valet* like master, like man; ~ *que* (such) as; like;

such that; ~ quel ordinary; just as he or it is or was; ✝ with all faults; à telle ville in such and such a town; de telle sorte que in such a way that; il n'y a rien de ~ que there's nothing like; un ~ repas such a meal; 2. pron./indef. (such a) one; some; Monsieur un ~ (or Un ♂) Mr. So-and-so; Madame une telle (or Une Telle) Mrs. So-and-so; ~ qui he who.

télautographe [telotɔ'graf] m telewriter.

télé... [tele] tele...; **~commande** [‿kɔ'mã:d] f remote control; **~communication** [‿kɔmynika'sjɔ̃] f telecommunication; **~enseignement** [‿ãsɛŋ'mã] m educational broadcast or television program(me) pl.; **~férique** [‿fe'rik] m see téléphérique; **~génique** telev. [‿ʒe'nik] telegenous; **~gramme** [‿'gram] m telegram, F wire; **~graphe** [‿'graf] m telegraph; **~graphie** [‿gra'fi] f telegraphy; ~ sans fil, abbr. T.S.F. wireless, radio; **~graphier** [‿gra'fje] (1o) vt/i. telegraph, wire; **~graphique** [‿gra'fik] telegraphic; mandat m ~ telegraph(ic) money order; poteau m ~ telegraph-pole; réponse f ~ reply by wire or cable; **~graphiste** [‿gra'fist] su. telegraph operator; telegraph boy or messenger; **~guidé, e** [‿gi'de] radio-controlled; guided (missile); **~imprimeur** [‿ɛ̃pri'mœ:r] m teleprinter; **~mètre** phot. [‿'metr] m range-finder; **~objectif** phot. [‿ɔbʒɛk'tif] m telephoto lens; **~phérique** [‿fe'rik] m telpher railway; cable-carrier; ropeway; **~phone** [‿'fɔn] m telephone, F phone; ~ intérieur house telephone; internal telephone; F intercom; annuaire m du ~ telephone directory or F book; appeler q. au ~ ring s.o. up; avez-vous le ~? are you on the phone?; **~phoner** [‿fɔ'ne] (1a) vt/i. (tele)phone; v/i.: ~ à q. ring s.o. up; **~phonie** [‿fɔ'ni] f telephony; ~ sans fil radiotelephony; **~phonique** [‿fɔ'nik] telephone...; telephonic; cabine f (or cabinet m) ~ telephone booth, call-box; **~phoniste** [‿fɔ'nist] su. telephone operator; **~récepteur** [‿resɛp'tœ:r] m television set.

télescopage [telɛskɔ'paʒ] m telescoping; **télescope** [‿'kɔp] m telescope; **télescoper** 🚂 etc. [‿kɔ'pe] (1a) vt/i. a. se ~ telescope; crumple up.

télé...: ~scripteur ⚡ [telɛskrip'tœ:r] m teleprinter; **~spectateur** m, **-trice** f telev. [‿spɛkta'tœ:r, ‿'tris] (tele-)viewer; **~viseur** [televi'zœ:r] m television set; televisor; **~vision** [‿'zjɔ̃] f television; ~ en couleurs colo(u)r television.

télex [telɛks] m Telex.

tellement [tɛl'mã] adv. so, in such a way; to such an extent.

tellure 🜂 [tɛl'ly:r] m tellurium; **tellureux, -euse** 🜂 [tɛlly'rø, ‿'rø:z] tellurous; **tellurien, -enne** [‿'rjɛ̃, ‿'rjɛn] tellurian; earth...

téméraire [teme'rɛ:r] 1. adj. rash (a. fig. judgment etc.), reckless, daring; 2. su. rash person; dare-devil; **témérité** [‿ri'te] f temerity, rashness, recklessness; piece of daring; bold speech.

témoignage [temwa'ɲa:ʒ] m ⚖ etc. evidence (a. fig.); ⚖ hearing (of witness); eccl. witness; fig. proof; fig. en ~ de as a token of; porter ~ certify; rendre ~ bear witness (to, à); **témoigner** [‿'ɲe] (1a) vt/i. testify; v/i. bear witness; v/t. show; bear witness to; **témoin** [tem'wɛ̃] 1. su./m witness; duel: second; boundary mark; 🜂 reference solution; sample; sp. stick (etc. in relay race); ⚖ ~ à charge (décharge) prosecution (defence) witness; ~ oculaire eye-witness; 2. adj.: lampe f ~ tell-tale lamp, warning light.

tempe anat. [tã:p] f temple.

tempérament [tãpera'mã] m person: temperament (a. ♪), constitution; person: humo(u)r, temper; fig. modification; fig. measure, restraint; ✝ à ~ by instalments; vente f à ~ hire-purchase; sale on the instalment plan.

tempérance [tãpe'rã:s] f temperance, moderation; **tempérant, e** [‿'rã, ‿'rã:t] temperate, moderate; ⚕ sedative; **température** [‿ra'ty:r] f temperature; 🜂 (boiling-, freezing-)point; fig. feeling; ⚕ avoir de la ~ have a temperature; **tempéré, e** [‿'re] temperate, moderate (climate, a. fig. speech); fig. sober, restrained; ♪ equally tempered; fig. limited (monarchy); geog. zone f ~e

temperate zone; tempérer [~'re]
(1f) *v/t.* moderate, temper (*a. fig.*);
se ~ moderate.

empête [tã'pɛ:t] *f* wind, *a. fig.*:
storm; ⚓ hurricane; **tempêter** F
[~pɛ'te] (1a) *v/i.* storm; rage; **tempétueux, -euse** [~pe'tɥø, ~'tɥø:z]
stormy, tempestuous (*a. fig.*).

temple [tã:pl] *m* temple (*a. hist.* ♎);
protestantism: church, chapel; *freemasonry:* lodge; **templier** [tãpli'e]
m Knight Templar; F *jurer comme
un ~* swear like a trooper.

temporaire [tãpɔ'rɛ:r] temporary;
provisional; ♪ time(-*value*).

temporal, e, *m/pl.* **-aux** *anat.* [tãpɔ-
'ral, ~'ro] **1.** *adj.* temporal; **2.** *su./m*
temporal (*bone*).

temporalité *eccl.* † [tãpɔrali'te] *f*
temporality; **temporel, -elle** [~-
'rɛl] **1.** *adj.* secular; temporal (=
not eternal, not spiritual); **2.** *su./m*
temporal power; revenue, temporalities *pl.* (*of a benefice*).

temporisateur, -trice [tãpɔriza-
'tœ:r, ~'tris] **1.** *adj.* temporizing;
2. *su./m* temporizer; ⊕ *welding:* timer;
temporisation [~za'sjɔ̃] *f* temporization, temporizing; **temporiser**
[~'ze] (1a) *v/i.* temporize; delay
action deliberately, *sl.* stall.

temps [tã] *m* time (*a.* ♪); while,
period; leisure; age, epoch; *fig.*
times pl.; fig. moment, opportunity;
weather (*a.* ⚓); term; season; ⚙,
⊕ phase; *mot. etc.* stroke; ♪ measure, beat; *gramm.* tense; *à deux ~*
two-stroke (*engine*); *à ~* in (the nick
of) time; *avec le ~* in (the course of)
time; *de mon ~* in my time; *de ~ à
autre* (*or en ~*) now and then, from
time to time; *en même ~* at the
same time; *en ~ de guerre* in wartime; *entre-~* meanwhile; *être de
son ~* keep up with the times; *gagner du ~* play for time; *il est grand
~* it is high time (*to inf., de inf.*);
that ind., que sbj.); *le bon vieux ~*
the good old days *pl.; les ~ pl. sont
durs* times are hard; ♪ *mesure f à
deux ~* duple time; (*ne pas*) *avoir
le ~ de* (*inf.*) have (no) time to (*inf.*);
quel ~ fait-il? what is the weather
like?

tenable [tə'nabl] ⚔, *a. fig.* tenable;
habitable (*house*); *fig. pas ~* unbearable.

tenace [tə'nas] tenacious; clinging
(*perfume, a.* ❀); adhesive; stiff
(*soil*); tough (*metal*); *fig.* stubborn,
persistent; retentive (*memory*); **ténacité** [tenasi'te] *f* tenacity (*a. fig.*);
stickiness; *soil:* stiffness; *metal:*
toughness; *fig.* stubbornness; doggedness; *memory:* retentiveness;
avec ~ tenaciously; stubbornly.

tenaille ⊕ [tə'na:j] *f* tongs *pl.;*
clamp; pliers *pl.;* pincers *pl.* (*a.* ⚔);
tenailler *fig.* [~na'je] (1a) *v/t.*
torture.

tenancier [tənã'sje] *m* tenant-
farmer; keeper; † (*a. franc* ~) yeoman, freeholder; **tenant, e** [~'nã,
~'nã:t] **1.** *adj.:* *séance f ~e* during
the sitting; *fig.* then and there;
2. *su./m* supporter; *sp.* title *etc.:*
holder; *bet:* taker; ♟ *d'un seul ~*
all in one block; continuous; *~s
pl.* lands bordering on an estate;
~s pl. et aboutissants m/pl. estate:
adjacent parts; *fig. the* full details,
the ins and outs.

tendance [tã'dã:s] *f* tendency,
trend, propensity (*a. fig.*); *à ~* tendentious (*book*); *avoir ~ à* be inclined to; **tendancieux, -euse**
[~dã'sjø, ~'sjø:z] tendentious; ♟
leading (*question*); **tendant, e**
[~'dã, ~'dã:t] tending (to, *à*).

tendelet ⚓ *etc.* [tã'dlɛ] *m* awning.

tender 🚂 [tã'dɛ:r] *m* tender.

tenderie *hunt.* [tã'dri] *f* (*bird-*)
snare; setting of snares (*for birds*).

tendeur, -euse [tã'dœ:r, ~'dø:z] *su.*
carpet: layer; *wallpaper:* hanger;
hunt. snares: setter; *su./m* ⊕ tightener; (*trouser- etc.*)stretcher; (*shoe-*)
tree; *mot.* tension-rod; *~ de chaine*
chain-adjuster.

tendineux, -euse [tãdi'nø, ~'nø:z]
anat. tendinous; *cuis.* stringy (*meat*).

tendoir [tã'dwa:r] *m* clothes-line;
tex. tenter.

tendon *anat.* [tã'dɔ̃] *m* tendon,
sinew.

tendre¹ [tã:dr] (4a) *v/t.* stretch;
hang (*wallpaper*), paper (*a room*);
lay (*a carpet, a snare*); pitch (*a
tent*); spread (*a net, a sail*); hold
out (*one's hand*); offer (*one's hand
etc.*); *fig.* strain; *~ l'oreille* prick up
one's ears; *v/i.* tend, lead (to, *à*)
(*a. fig.*).

tendre² [tã:dr] tender (*heart, meat,
skin, years, youth*); soft (*colour,
grass, metal, pencil, stone, wood,*

tendresse

etc.); early (*childhood, years*); *fig.* affectionate, fond; **tendresse** [tã-'drɛs] *f* tenderness; love; ~s *pl.* caresses, endearments; **tendron** [~'drɔ̃] *m* ⚘ tender shoot; *cuis.* gristle; F *fig.* little *or* young girl.

tendu, e [tã'dy] 1. *p.p. of* tendre¹; 2. *adj.* stretched; tight; taut; tense, strained (*a. fig.*).

ténèbres [te'nɛ:br] *f/pl.* darkness *sg.* (*a. fig.*), gloom *sg.*; *eccl.* tenebrae; **ténébreux, -euse** [~ne'brø, ~'brø:z] dark, gloomy; lowering (*sky*); *fig.* deep, sinister; obscure (*style*).

teneur¹, -euse [tə'nœ:r, ~'nø:z] *su.* holder; *su./m:* ✝ ~ *de livres* bookkeeper.

teneur² [tə'nœ:r] *f* tenor (*of book, conduct, etc.*); ⊕, ⚒ percentage, amount; *solution:* strength; *min.* grade; (*gold- etc.*)content; ⚒ ~ *en alcool* alcoholic content.

ténia ⚕, *zo.* [te'nja] *m* taenia, tapeworm; **ténifuge** ⚕ [~ni'fy:ʒ] *adj., a. su./m* t(a)enifuge.

tenir [tə'ni:r] (2h) 1. *v/t.* hold (*a. a meeting*); have, possess; grasp (*a. = understand*); retain; *fig.* have in hand, control; manage, run (*a firm*); keep; contain (*a pint*); *fig.* accommodate, seat (*200 persons*); ⚠ support; occupy, take up; consider, think; regard (*as, pour*); ⚓ hug (*the coast*); *thea.* take, play (*a rôle*); ✝ stock (*goods*); take (on) (*a bet*); ~ *compte de* take (*s.th.*) into account; ~ *en respect* hold in awe; ~ *l'eau* be watertight; ~ *le lit* stay in bed; ✝ ~ *les livres* do the bookkeeping; ~ *sa langue* hold one's tongue; ~ *sa promesse* keep one's word; ~ *son tempérament de son père* have got one's temper from one's father; ~ *tête à* resist; *tenez votre droite* keep to the right; *se* ~ keep (*quiet*), remain (*standing*); be; *s'en* ~ *à* keep to; be satisfied with; 2. *v/i.* hold; hold firm; ⚔ hold out; remain; *fig.* last; ✝ be held (*market*); ⚓ sit; border (on, *à*) (*land*); *fig.* be joined (to, *à*); be keen (on *ger., à inf.*); ~ *à* value (*s.th.*); be due to, depend on; ~ *à ce que* (*sbj.*) be anxious that (*ind.*); ~ *bon* (*or* *ferme*) stand firm; hold out; ⚓ hold tight; ~ *de* take after (*s.th.*), be akin to (*s.th.*); ~ *pour* be in favo(u)r of; *en* ~ *pour* be fond of (*s.o.*), stick to (*s.th.*);

je n'y tiens pas I don't care for it; F I am not keen (on it); *ne pouvoir plus y* ~ be unable to stand it; *tiens!, tenez!* look (here)!; here!; *tiens!* well!; really?

tennis [te'nis] *m* (lawn) tennis; tennis-court; ~ *de table* tabletennis.

tenon [tə'nɔ̃] *m* ⊕ tenon; ⊕ lug; ⚙ nut.

ténor ♪ [te'nɔ:r] *m* tenor; *fort* ~ heroic tenor.

tenseur [tã'sœ:r] *adj., a. su./m* ⚔, *anat.* tensor; **tension** [~'sjɔ̃] *f phys., ✈, etc., a. fig.* tension; ⊕, ⚡ blood, steam: pressure; ⚡ voltage; ✝ *prices:* hardness, firmness; ⚕ (*a. artérielle*) blood-pressure; ⚡ *de service* operating potential; ⚡ *sous* ~ live (*wire*).

tentacule *zo.* [tãta'kyl] *m* tentacle.

tentant, e [tã'tã, ~'tã:t] tempting, alluring; **tentateur, -trice** [tãta-'tœ:r, ~'tris] 1. *adj.* tempting; 2. *su./m* tempter; *su./f* temptress; **tentation** [~'sjɔ̃] *f* temptation (to *inf., de inf.*); **tentative** [~'ti:v] *f* attempt (at, *de*); ⚖ ~ *d'assassinat* attempted murder.

tente [tã:t] *f* tent; *fair etc.:* booth; ⚓ awning; *dresser une* ~ pitch a tent; ~**-abri**, *pl.* ~s**-abris** ⚔ [~a-'bri] *f* shelter-tent.

tenter [tã'te] (1a) *v/t.* tempt (*s.o.*); put to the test; ⚔ ~ *l'assaut de* attempt (*a place*); *être tenté de* (*inf.*) be tempted to (*inf.*); *v/i.:* ~ *de* (*inf.*) try to (*inf.*), attempt to (*inf.*).

tenture [tã'ty:r] *f* (paper-)hanging; tapestry; hangings *pl.*; wallpaper.

tenu, e [tə'ny] 1. *p.p. of* tenir; 2. *su./f* holding (*a.* ⚖); ✝ books, shop, *etc.*: keeping; *fig.* shape; *person:* bearing; behavio(u)r; ⊕ maintenance; ⚖ *etc.* sitting; *cost., a.* ⚔ dress; ✝ *market, prices:* firmness; ♪ sustained note; ⚔ ~*e de campagne* battle-dress; *mot.* ~*e de route* road-holding qualities *pl.*; ~*e de soirée* evening dress; ~*e de ville* morning *or* street dress; ⚔ walking-out dress; *de la* ~*e!* school *etc.*: behave yourself!; ⚔ *en grande* (*petite*) ~*e* in full dress (*undress*).

ténu, e [te'ny] thin, slender; *fig.* fine; **ténuité** [~nɥi'te] *f* tenuousness; slenderness; thinness (*a. of a liquid*); sand, *a. fig.*: fineness.

ter [tɛːr] *adv.* three times, ♪ ter; for the third time; *in house numbers:* 3ter 3b.
tercet ♪ [tɛrˈsɛ] *m* triplet (*a. prosody*).
térébenthène ♠ [terebɑ̃ˈtɛn] *m* terebenthene; **térébenthine** ♠ [ˌˈtin] *f* turpentine.
térébrant, e [tereˈbrɑ̃, ˌˈbrɑ̃ːt] *zo.* boring; ✱ terebrating (*pain*).
tergiversation [tɛrʒivɛrsaˈsjɔ̃] *f* equivocation; beating about the bush; **tergiverser** [ˌˈse] (1a) *v/i.* equivocate; beat about the bush.
terme [tɛrm] *m* end, conclusion; *statue:* terminus; ▲ quarter; quarter's rent; quarter day; ⚓, ✝, ✱ time; ✝ *stocks etc.:* settlement; delay (*for payment*); ✝ *price:* instalment; *expression,* ♂, *phls.,* ⚖ *contract:* term; ⚖ ~*s pl.* wording *sg.*; conditions; ~ *de métier* technical term; *à* ~ in due time; *à court* (*long*) ~ ✝ short- (long-)dated; *fig.* short- (long-)term (*policy etc.*); ✝ *demander un* ~ *de grâce* ask for time to pay; *en* ~*s de commerce* in commercial language; *en propres* ~*s* in so many words; *fig.* être en *bons* ~*s avec* be on good terms with; ✝ *opérations f/pl. à* ~ forward deals; *vente f* (*achat m*) *à* ~ credit sale (purchase).
terminaison [tɛrminɛˈzɔ̃] *f* ending, termination (*a. gramm.*); **terminal, e,** *m/pl.* **-aux** ⚥ *etc.* [ˌˈnal, ˌˈno] terminal; **terminer** [ˌˈne] (1a) *v/t.* terminate; end, finish, complete; *se* ~ come to an end; *gramm. se* ~ *en* end in.
terminologie [tɛrminɔlɔˈʒi] *f* terminology; **terminologique** [ˌˈʒik] terminological.
terminus *etc.* [tɛrmiˈnys] **1.** *su./m* terminus; **2.** *adj.:* gare *f* ~ (railway) terminus.
termite *zo.* [tɛrˈmit] *m* termite, white ant; **termitière** [ˌmiˈtjɛːr] *f* termitary.
ternaire [tɛrˈnɛːr] ♠, ♂ ternary; ♪ triple (*measure*). [two treys *pl.*\]
terne¹ [tɛrn] *m lottery:* tern; *dice:*\
terne² [tɛrn] dull, lustreless; dim; colo(u)rless; tarnished (*metal etc.*);
ternir [tɛrˈniːr] (2a) *v/t.* tarnish (*metal etc., a. fig. s.o.'s honour, s.o.'s reputation*); *fig.* dull, dim; **ternissure** [ˌniˈsyːr] *f* tarnish; *metal:* dull spot; *fig.* stain.

terrain [tɛˈrɛ̃] *m* ground; soil, land; ⚔ terrain; ⚔ (*parade- etc.*)ground; *foot.* field; *cricket:* ground; *golf:* course; △ site; *geol.* rock formation; (*ne plus*) être sur son ~ be in one's element (out of one's depth).
terrasse [tɛˈras] *f* terrace; bank; △ balcony; △ flat roof; *paint.* foreground; *assis sur la* ~ sitting outside the café; *en* ~ terraced; **terrassement** [ˌrasˈmɑ̃] *m* banking; earthwork; **terrasser** [ˌraˈse] (1a) *v/t.* embank, bank up; throw (*s.o.*) down, down (*s.o.*); ⚔ overwhelm; **terrassier** [ˌraˈsje] *m* labo(u)rer; navvy, *Am.* ditch-digger.
terre [tɛːr] *f* earth (*a.* ⚡), ground; ✍ soil; ✍ loam; clay; ⚓ land, shore; property, estate; *fig.* world; ~ *à* ~ matter of fact, commonplace; ~ *cuite* terracotta; ~ *ferme* mainland; firm land, terra firma; ⚔ *armées f/pl. de* ~ land forces; ✝ *avoir les pieds sur* ~ have both feet firmly on the ground; *de* ~ earth (-en)...; ⚡ *mettre à la* ~ earth; *mettre pied à* ~ alight; *prendre* ~ land; *se coucher par* ~ lie on the ground; *tomber par* ~ fall (flat).
terreau ✍ [tɛˈro] *m* vegetable-mo(u)ld; compost; leaf-mo(u)ld; **terreauter** ✍ [ˌroˈte] (1a) *v/t.* treat with compost *or* mo(u)ld.
terre-neuvas [tɛrnœˈva] *m* Newfoundland fishing-boat *or* fisherman; **terre-neuve** *zo.* [ˌˈnœːv] *m/inv.* Newfoundland dog; **terre-neuvien** [ˌnœˈvjɛ̃] *m see* terre-neuvas.
terre-plein [tɛrˈplɛ̃] *m* earth platform, terrace; 🚂 road-bed; ⚔ terreplein.
terrer [tɛˈre] (1a) *v/t.* ✍ earth up; warp (*a field*); spread mo(u)ld over; ⊕ clay (*sugar*); *tex.* full; *se* ~ ⚔ entrench o.s., ⚔ lie flat on the ground; go to earth (*fox*); burrow (*rabbit*); **terrestre** [ˌˈrɛstr] ⚥, *zo.* terrestrial; ⚥ ground-...; ⚔ land-... (*a. insurance*); *fig.* earthly, worldly.
terreur [tɛˈrœːr] *f* terror (*a. fig.*), dread; *hist. la* ♀ the (Reign of) Terror.
terreux, -euse [tɛˈrø, ˌˈrøːz] earthy; *fig.* grubby, dirty; *fig.* muddy (*colour, complexion*).
terrible [tɛˈribl] terrible (*a. fig.*), dreadful, frightful.

terrien *m*, **-enne** *f* [tɛˈrjɛ̃, ˌˈrjɛn] land-owner; ♃ landsman, *pej.* land-lubber.

terrier [tɛˈrje] *m* (*rabbit-*)hole, (*fox-*) earth; *zo.* terrier.

terrifier [tɛriˈfje] (1o) *v/t.* terrify.

terri(**l**) ⚒ [tɛˈri] *m* heap, tip.

terrine *cuis.* [tɛˈrin] *f* earthenware vessel *or* pot; potted meat; **terrinée** [ˌriˈne] *f* potful; panful.

territoire [tɛriˈtwaːr] *m* territory; area of jurisdiction; *anat.* area;
territorial, e, *m/pl.* **-aux** [ˌtɔˈrjal, ˌˈrjo] **1.** *adj.* territorial; **2.** *su./m* ⚔ territorial (soldier); *su./f* ⚔ territorial army; **territorialité** [ˌtɔrjaliˈte] *f* territoriality.

terroir ✫ [tɛˈrwaːr] *m* soil; *sentir le ~* smack of the soil.

terroriser [tɛrɔriˈze] (1a) *v/t.* terrorize; **terrorisme** [ˌˈrism] *m* terrorism; **terroriste** *pol.* [ˌˈrist] *m* terrorist.

tertiaire *geol. etc.* [tɛrˈsjɛːr] tertiary.

tertre [tɛrtr] *m* mound, hillock.

tes [te] *see* ton¹.

tessiture ♪ [tesiˈtyːr] *f* tessitura.

tesson [tɛˈsɔ̃] *m* potsherd; *glass etc.*: fragment.

test¹ ⚕ *etc.* [tɛst] *m* test; *~ mental* intelligence test.

test² [tɛst] *m zo.* shell, test; ⚘ *seed:* testa, skin; **testacé, e** *zo.* [tɛstaˈse] testaceous.

testament [tɛstaˈmɑ̃] *m* ⚖ will, testament; *bibl. Ancien* (*Nouveau*) 2 Old (New) Testament; **testamentaire** ⚖ [ˌmɑ̃ˈtɛːr] testamentary; **testateur** ⚖ [ˌˈtœːr] *m* testator *m*; **testatrice** ⚖ [ˌˈtris] *f* testatrix.

tester¹ ⚖ [tɛsˈte] (1a) *v/i.* make a will.

tester² ⚕ *etc.* [ˌ] (1a) *v/t.* test.

testicule *anat.* [tɛstiˈkyl] *m* testicle.

testimonial, e, *m/pl.* **-aux** [tɛstimɔˈnjal, ˌˈnjo] oral (*evidence*); deponed to by a witness; *lettre f ~e* testimonial.

têt [tɛ] *m* ⚗ small fire-clay cup.

tétanos [tetaˈnɔs] *m* ⚕ tetanus, lock-jaw; *vet.* stag-evil.

têtard [tɛˈtaːr] *m* tadpole; *icht.* chub; *icht.* miller's-thumb; **tête** [tɛt] *f* head (*a.* = *leader*; *a.* = *person*); *fig.* intelligence; *fig.* memory; *fig.* self-possession; *fig.* mind, reason; *page, class, tree, etc.:* top; *column, vehicle:* front; *chapter:* heading; *foot.* header; *~ carrée* stubborn person, *sl.* square-head; *~ de bielle* ⊕ crank-head; *mot.* big end; ⚙ *~ de ligne* rail-head; ⚔ *~ de pont* bridge-head; *~ nue* bare-headed; *agir ~ baissée* act blindly; *avoir la ~ chaude* (*froide*) be hot-(cool-)headed; *calculer de ~* work (*s.th.*) out in one's head; *coup m de ~* rash action; *de ~* from memory; *en faire à sa ~* go one's own way; *en ~ à ~* privately; *faire la ~ à* frown at; be sulky with; *faire une ~* look glum; *forte ~* strong-minded *or* unmanageable person; *sp. gagner d'une ~* win by a head; *la ~ la première* head first, headlong; *piquer une ~* dive; *se mettre en ~ de* (*inf.*) take it into one's head to (*inf.*); *se monter la ~* get worked up; *tenir ~ à* stand up to, hold one's own against; *un homme m de ~* a capable man; **~-à-tête** [tɛtaˈtɛt] *m/inv.* tête-à-tête; private interview; sofa; **~-bêche** [tɛtˈbɛʃ] *adv.* head to tail; **~-bleu!** [ˌˈblø] *int.* confound it!; curse it!; **~-de-loup,** *pl.* **~s-de-loup** [ˌdˈlu] *f* wall-broom; long-handled brush.

tétée [tɛˈte] *f* (baby's) feed; suck; **téter** [ˌ] (1f) *v/t. baby:* suck; *v/i.* suck (*baby*).

têtière [tɛˈtjɛːr] *f* infant's cap; antimacassar; ♃ *sail:* head; *horse:* head-stall.

tétin [teˈtɛ̃] *m* nipple; **tétine** [ˌˈtin] *f animal:* teat, dug; **téton** F [ˌˈtɔ̃] *m* (woman's) breast.

tétra... [tetra] tetra...; four-...; **~èdre** ⚛ [ˌˈɛdr] **1.** *adj.* tetrahedral; **2.** *su./m* tetrahedron.

tétrarque [teˈtrark] *m* tetrarch.

tétras *orn.* [teˈtrɑ] *m* grouse.

tette [tɛt] *f animal:* teat, dug.

têtu, e [tɛˈty] **1.** *adj.* stubborn, obstinate; **2.** *su.* stubborn *or* obstinate person; *su./m* ⊕ granite-hammer.

teuf-teuf [tœfˈtœf] *m/inv.* puff-puff (= *train*); motor-car, *Am.* automobile.

teuton, -onne [tøˈtɔ̃, ˌˈtɔn] **1.** *adj.* Teutonic; **2.** *su.* 2 Teuton; **teutonique** [ˌtɔˈnik] Teutonic (*a. Order*).

texte [tɛkst] *m* text.

textile [tɛksˈtil] **1.** *adj.* textile; **2.** *su./m* textile (industries *pl.*).

textuaire [tɛksˈtɥɛːr] textual; **tex-**

tuel, -elle [~'tɥɛl] textual; word-for-word (*quotation*); **texture** [~-'tyːr] *f* texture; *fig.* construction, make-up.

thalweg *geol.* [tal'vɛg] *m* thalweg.

thaumaturge [toma'tyrʒ] *m* miracle-worker; thaumaturge; **thaumaturgie** [~tyr'ʒi] *f* thaumaturgy.

thé [te] *m* tea; tea-party; *boîte f à ~* tea-caddy, tea-canister; *heure f du ~* tea-time.

théâtral, e, *m/pl.* **-aux** [tɛɑ'tral, ~'tro] theatrical; *fig.* spectacular; *pej.* stagy; **théâtre** [~'ɑːtr] *m* theatre, *Am.* theater (*a.* ✕ of war); stage, F boards *pl.*; scene (*a. fig.*); *fig.* setting; dramatic art; plays *pl.* (*of s.o.*); *~ en plein air, ~ de verdure* open-air theatre; *coup m de ~* sensational development; *faire du ~* go *or* be on the stage.

thébaïde [teba'id] *f* solitude; **thébaïque** 🝢 [~'ik] thebaic; opium...; **thébaïsme** ⚕ [~'ism] *m* opium-poisoning, thebaism.

théière [te'jɛːr] *f* teapot.

théisme[1] ⚕ [te'ism] *m* tea-poisoning.

théisme[2] *phls.* [~] *m* theism.

thématique ♪, *gramm.* [tema'tik] thematic; **thème** [tɛm] *m* theme (*a.* ♪); topic; ♪ subject; *gramm.* stem; ✕, ⚓ scheme; *school:* prose (composition).

théo... [teɔ] theo...; **~cratie** [~kra'si] *f* theocracy; **~dolite** *surv.* [~dɔ'lit] *m* theodolite; **~logie** [~lɔ'ʒi] *f* theology; *univ. a.* divinity; *docteur m en ~* doctor of divinity, D.D.; **~logien** *m*, **-enne** *f* [~lɔ'ʒjɛ̃, ~'ʒjɛn] theologian; **~logique** [~lɔ'ʒik] theological.

théorème ⚕ [teɔ'rɛm] *m* theorem.

théoricien *m,* **-enne** *f* [teɔri'sjɛ̃, ~'sjɛn] theoretician, theorist; **théorie** [~'ri] *f* theory; **théorique** [~'rik] theoretical; **théoriser** [~ri'ze] (1a) *vt/i.* theorize.

théosophe [teɔ'zɔf] *su.* theosophist.

thérapeute ⚕ [tera'pøːt] *m* therapeutist; **thérapeutique** ⚕ [~pø-'tik] **1.** *adj.* therapeutic; **2.** *su./f* therapy, therapeutics *pl.*; *~ de choc* shock-treatment; **thérapie** ⚕ [~'pi] *f* therapy; *~ rééducative* occupational therapy.

thermal, e, *m/pl.* **-aux** [tɛr'mal, ~'mo] thermal; *eaux f/pl. ~es hot* springs; *station f ~e* spa; **thermes** [tɛrm] *m/pl.* thermal baths; *hist.* *Greece and Rome:* thermae, public baths; **thermique** *phys.* [tɛr'mik] thermal, thermic; heat (*engine*).

thermo... [tɛrmɔ] thermo-...; **~électrique** *phys.* [~elɛk'trik] thermo-electric(al); **~gène** *physiol.* [~-'ʒɛn] thermogenic; heat-producing; ⚕ *ouate f ♀* thermogene (wool); **~mètre** [~'mɛtr] *m* thermometer; **~nucléaire** *phys.* [~nykle'ɛːr] thermonuclear; **~siphon** *phys.* [~si'fɔ̃] *m* thermo-siphon; **~stat** [~s'ta] *m* thermostat; **~thérapie** ⚕ [~tera'pi] *f* heat treatment.

thésauriser [tezɔri'ze] (1a) *v/i.* hoard; amass money; *v/t.* hoard, pile up, amass.

thèse [tɛːz] *f* thesis (*a. univ.*); argument.

thon *icht.* [tɔ̃] *m* tunny(-fish), tuna.

thoracique *anat.* [tɔra'sik] thoracic; **thorax** [~'raks] *m anat.* chest; thorax (*a. of insect*).

thrombose ⚕ [trɔ̃'boːz] *f* thrombosis.

thuriféraire [tyrife'rɛːr] *m eccl.* thurifer, censer-bearer; *fig.* fawner; sycophant.

thym ♀ [tɛ̃] *m* thyme.

tiare [tjaːr] *f* (papal) tiara; papacy.

tibia *anat.* [ti'bja] *m* shin(-bone), tibia.

tic [tik] *m* ⚕ tic, twitch; *fig.* mannerism.

ticket [ti'kɛ] *m* ticket; *cloak-room etc.:* check; (*ration-*)coupon; 🚋 *~ de quai* platform ticket.

tic-tac [tik'tak] *m/inv.* tick-tack; click-clack; *clock:* tick(-tock); *heart:* pit-a-pat.

tiède [tjɛd] tepid; lukewarm (*a. fig.*); warm (*wind*); **tiédeur** [tje'dœːr] *f* tepidity; lukewarmness (*a. fig.*); *fig.* indifference; **tiédir** [~'diːr] (2a) *v/i.* become tepid *or* lukewarm; *v/t.* take the chill off; make tepid *or* lukewarm.

tien *m,* **tienne** *f* [tjɛ̃, tjɛn] **1.** *pron./poss.: le ~, la ~ne, les ~s pl., les ~nes pl.* yours; † thine; **2.** *su./m* your own; *les ~s pl.* your (own) people.

tiendrai [tjɛ̃'dre] *1st p. sg. fut. of* **tenir**; **tiennent** [tjɛn] *3rd p. pl. pres. of* **tenir**; **tiens** [tjɛ̃] *1st p. sg. pres. of* **tenir**.

tierce [tjɛrs] *f* ♪, ♀, *astr.* third; *eccl.*

tiercer

terce; *cards, fencing*: tierce; *typ.* final revise; **tiercer** [tjɛr'se] (1k) *v/t.* plough (*a field*) for the third time; **tiers, tierce** [tjeːr, tjɛrs] **1.** *adj.* third; *hist.* ~ état *m* third estate, commonalty; ⚕ *fièvre f tierce* tertian (ague); **2.** *su./m* third (part); third person; ⚖ third party; **tiers-point** [tjɛr'pwɛ̃] *m* ⊕ triangular file; ⚠ *vaulting*: intersection of two ribs.

tige [tiːʒ] *f* ♀ stem, stalk; *tree*: trunk; *column*: shaft; ⊕ rod; *boot*: upper; ⚓ anchor, *a.* key: shank; *fig. family*: stock; ⊕ ~ *du piston* piston-rod.

tignasse F [ti'ɲas] *f hair*: mop.

tigre *zo.* [tigr] *m* tiger; **tigré, e** [ti'gre] striped (*fur*); spotted (*skin*); tabby (*cat*); **tigresse** *zo.* [~'grɛs] *f* tigress.

tilbury [tilby'ri] *m* tilbury, gig.

tilde *typ.* [tild] *m* tilde (~).

tiliacées ♀ [tilja'se] *f/pl.* tiliaceae.

tillac ⚓ [ti'jak] *m* deck.

tille [tiːj] *f* ⊕ adze; ⚓ † cuddy.

tilleul [ti'jœl] *m* ♀ linden, lime (-tree); *infusion*: lime-blossom tea.

timbale [tɛ̃'bal] *f* ♪ kettledrum; *cuis.* pie-dish; metal drinking-cup; F *décrocher la* ~ carry off the prize; ♪ *les* ~*s pl. orchestra*: the timpani;

timbalier ♪ [~ba'lje] *m* kettledrummer; *orchestra*: timpanist.

timbre [tɛ̃ːbr] *m date, postage, etc.*: stamp; *bicycle, clock, etc.*: bell; *fig. voice etc.*: timbre; ~ *fiscal* revenue stamp; ~ *humide* rubber stamp; F *avoir le* ~ *fêlé* be cracked *or* crazy; **timbré, e** [tɛ̃'bre] sonorous (*voice*); *admin.* stamped (*paper*); ⊕ tested (*boiler*); F *fig.* cracked, crazy, daft; **timbre-poste**, *pl.* **timbres-poste** [~brə'pɔst] *m* postage stamp; **timbre-quittance**, *pl.* **timbres-quittance** [~brəki'tɑ̃ːs] *m* receipt stamp; **timbrer** [~'bre] (1a) *v/t.* stamp (*a passport, paper*); post-mark (*a letter*); ⊕ test (*a boiler*); **timbreur** [~'brœːr] *m* stamper.

timide [ti'mid] timid, shy; apprehensive; **timidité** [~midi'te] *f* timidity; shyness; diffidence (in *ger., à inf.*).

timon [ti'mɔ̃] *m plough*: beam; *vehicle*: pole; *fig.* helm; ⚓ † tiller; **timonerie** [~mɔn'ri] *f* ⚓ steering; ⚓ wheel-house; 🚗 *mot.* steering-gear, brake-gear; ⚓ *maître m de* ~ quartermaster; *Royal Navy*: yeoman of signals; **timonier** [~mɔ'nje] *m vehicle*: wheel-horse; ⚓ helmsman; ⚓ quartermaster; ⚓ signalman.

timoré, e [timɔ're] timorous.

tinctorial, e, *m/pl.* **-aux** [tɛ̃ktɔ'rjal, ~'rjo] ⊕ tinctorial; *dye*(-*stuffs*, -*woods*).

tins [tɛ̃] *1st p. sg. p.s.* of *tenir*.

tintamarre F [tɛ̃ta'maːr] *m* din, noise; *fig.* publicity, fuss; **tintement** [tɛ̃t'mɑ̃] *m bell*: ringing; *glasses, small bells*: tinkle; *coins*: jingle; ⚕ tinnitus, buzzing (*in the ears*);

tinter [tɛ̃'te] (1a) *v/t.* ring, toll (*the bell*); ring the bell for (*mass etc.*); *v/i.* ring, toll (*bell*); tinkle (*glasses, small bells, etc.*); jingle (*coins*); ⚕ buzz (*ears*), *fig.* tingle, burn (*ears*);

tintouin F [~'twɛ̃] *m* trouble, worry.

tique *zo.* [tik] *f* tick.

tiquer *vet.* [ti'ke] (1m) *v/i.* be a crib-biter, crib; F twitch (*face etc.*); wince; F *sans* ~ without turning a hair.

tiqueté, e ♀, *orn., etc.* [tik'te] variegated, speckled.

tiqueur *vet.* [ti'kœːr] *m horse*: crib-biter.

tir [tiːr] *m* shooting; musketry; *artillery*: gunnery; fire, firing; shooting-match; rifle-range; (*a. jeu m de* ~) shooting gallery; ~ *à la cible* target-practice; ~ *à volonté* individual fire; ~ *sur zone* barrage; *à* ~ *rapide* quick-firing (*gun*); *ligne f de* ~ line of fire.

tirade [ti'rad] *f* tirade; *thea.* long declamatory speech; ♪ run.

tirage [ti'raːʒ] *m* drawing, pulling, hauling; *barge etc.*: towing; towpath; ⊕, *mot.* pull, draught; ⊕ wire-drawing; *stone*: quarrying; *lottery*: draw; *phot. camera*: focal length; *typ., phot.* action, *a.* number *printed*: printing; *journ.* circulation; *fig.* disagreement, friction; ~ *à part* off-print; ~ *au sort* ballot(ing); drawing lots; *cheval m de* ~ draughthorse; **tiraillement** [~rɑj'mɑ̃] *m* tugging, pulling; *fig.* disagreement, friction; ⚕ ~*s pl. d'estomac* pangs of hunger, F aching void *sg.*; **tirailler** [~rɑ'je] (1a) *v/t.* pull about; *fig.* pester (*s.o.*); *v/i.* blaze away, shoot

tissure

at random; ✕ ~ *contre* snipe at; **tiraillerie** [~raj'ri] *f* friction; pestering; ✕ firing at random; **tirailleur** [~ra'jœ:r] *m* ✕ sharpshooter, rifleman; F free-lance (journalist); **tirant** [~'rã] *m* pursestring; boot-strap; *strap etc.*: pull; ⊕ rod; ⚠ tie-beam; tie-rod; *cuis. meat*: sinew; ♪ ~s *pl.* braces; ⚓ ~ *d'eau* draught. [pocket.)
tire [ti:r] *f*: *voleur m à la* ~ pick-⌐
tiré, e [ti're] **1.** *adj.* haggard, drawn; *fig.* ~ *par les cheveux* far-fetched; **2.** *su./m* ✝ drawee; *hunt.* shoot(ing-preserve).
tire...: ~**-au-flanc** *sl.* [tiro'flã] *m/inv.* shirker; ~**-balle** ⚔ [~'bal] *m* bullet-forceps; ~**-botte** [~'bɔt] *m* bootjack; boot-hook; ~**-bouchon** [~bu'ʃɔ̃] *m* corkscrew; *hair*: ringlet; *en* ~ corkscrew (*curls*); ~**-bouton** [~bu'tɔ̃] *m* button-hook; ~**-braise** [~'brɛ:z] *m/inv.* (*baker's*) rake; ~**-clou** ⊕ [~'klu] *m* nail-puller; ~**-d'aile** [~'dɛl] *adv.*: *à* ~ at full speed, swiftly; ~**-larigot** F [~lari'go] *adv.*: *à* ~ to one's heart's content; *boire à* ~ drink heavily *or* like a fish; ~**-ligne** [~'liɲ] *m* drawing-pen; ⊕ scriber.
tirelire [tir'li:r] *f* money-box; *sl.* mug (= *face*).
tire-pied [tir'pje] *m* shoe-horn, shoe-lift; (*shoemaker's*) stirrup; **tire-point** ⊕ [~'pwɛ̃] *m* pricker; **tirer** [ti're] (1a) **1.** *v/t.* pull, drag; draw (*a. a wire, a line, wine*; *a.* ✝ *a cheque, money*; *a.* ⚓ *10 feet*; *fig. lots*); tug; stretch; pull off (*boots*); raise (*one's hat*) (*to, devant*); ⚔ pull out (*a tooth*); take out (*s.th. from somewhere*); *fig.* derive, get; fire (*a gun etc.*), let off (*a firearm*); *hunt.* shoot at (*an animal*); *typ.* pull (*a proof*), run off (*copies*); *gramm.* borrow (*a word*) (from Greek, *du grec*); ~ *du sang à* take a blood specimen from (*s.o.*); ~ *en longueur* stretch (*s.th.*) out; ~ *la langue* put one's tongue out; F ~ *le portrait de* snap (*s.o.*); ~ *les cartes* tell fortunes (by the cards); ~ *les conséquences* draw the consequences; ~ *plaisir* (*vanité*) *de* derive pleasure from (take pride in); ~ *son origine de* spring from; ✝ ~ *une lettre de change sur* draw a bill on (*s.o.*); *film m tiré d'un roman* film adapted from a novel; *se* ~ extricate o.s. (from, *de*); F beat it; F *l'année se tire* the year is drawing to its close; *s'en* ~ ends meet; scrape through; *se* ~ *d'affaire* pull through, get out of trouble; **2.** *v/i.* pull (at, on *sur*); draw (*chimney, oven, etc.*); tend (to *à, sur*), verge (on *à, sur*); go, make (for, *vers*); shoot, fire (at, *sur*); ✝ ~ *à découvert* overdraw one's account; ~ *à sa fin* draw to a close; run low (*stock*); ✕ F ~ *au flanc* swing the lead, malinger; ~ *au large* ⚓ stand out to sea; F *fig.* beat it, clear off; ~ *au sort* draw lots; ~ *en longueur* drag on; ~ *sur le rouge* shade into or border on red; ~ *sur une cigarette* (*sa pipe*) draw on a cigarette (suck one's pipe); **tiret** *typ.* [~'rɛ] *m* hyphen; dash; **tirette** [~'rɛt] *f* draw-cords *pl.*, curtain cords *pl.*; *mot.* (*bonnet*) fastener; *desk*: writing-slide; **tireur, -euse** [~'rœ:r, ~'rø:z] *su.* ⊕, ✝, *a. beer, etc.*: drawer; *typ.* (*proof-*)puller; *gun*: firer; shooter; marksman, shot; *phot.* printer; pickpocket; *su./f phot.* printing-box; ~*euse de cartes* fortune-teller.
tiroir [ti'rwa:r] *m desk, table, etc.*: drawer; ⊕, *a. slide-rule*: slide; slide-valve (*a. ~s episodic (play, novel)*; ✕ *en* ~ in echelon; ~**-caisse,** *pl.* ~**s-caisses** [~rwar'kɛs] *m* till.
tisane [ti'zan] *f* infusion; (*herb-*)tea; **tisanerie** [~zan'ri] *f hospital*: patients' kitchen.
tison [ti'zɔ̃] *m* fire-brand; half-burned log; fusee; **tisonné, e** [tizɔ'ne] with black spots (*horse's coat*); **tisonner** [~'ne] (1a) *vt/i.* poke, stir; *v/t. fig.* fan (*a quarrel*); **tisonnier** [~'nje] *m* poker; ⊕ ~*s pl.* firing tools.
tissage *tex.* [ti'sa:ʒ] *m* weaving; weave, mesh; cloth-mill; **tisser** *tex., a. fig.* [~'se] (1a) *v/t.* weave; **tisserand** *tex.* [tis'rã] *m* weaver; **tisserin** *orn.* [~'rɛ̃] *m* weaver-bird; **tisseur** *m*, **-euse** *f* [ti'sœ:r, ~'sø:z] weaver; **tissu, e** [~'sy] **1.** *adj. fig.* woven, made up; **2.** *su./m tex.* fabric, textile, cloth; *fig.* texture; *biol., a. fig. lies etc.*: tissue; **tissu-éponge,** *pl.* **tissus-éponges** [~syɛ'pɔ̃:ʒ] *m* sponge-cloth; **tissure** *tex., a. fig.* [~'sy:r] *f* texture.

titane 🧪 [ti'tan] *m* titanium.
titiller [titil'le] (1a) *v/t.* tickle, titillate.
titrage [ti'tra:ʒ] *m* 🧪, ⊕ titration; *metall.* assaying; ⊕ thread, wire: sizing; *cin.* insertion of the titles; **titre** [ti:tr] *m* book, claim, *eccl.*, gold, honour, nobility, office, song: title; book: title-page; chapter, page: heading; *journ.* headline; *school:* certificate (*a.* ⚕); *univ.* diploma; ⚕ bond; *admin.* pass (*a.* ⚔); voucher; ⚖ deed; *fig.* claim; 💪 strength, *alcohol:* degree; *metall. ore:* content; *coinage:* standard; ⊕ thread, wire: size; ~s *pl.* qualifications (for, *à*); ✝ stocks and shares, securities; *typ.* ~ courant running headline; ~ de créance proof of debt; *à* ~ de by right *or* virtue of; as a (*friend*); *à* ~ *d'office* ex officio; *à* ~ gratuit free; as a favo(u)r; *à juste* ~ rightly, deservedly; en ~ titular; on the permanent staff; *fig.* acknowledged; *typ. faux* ~ half-title; *or m au* ~ standard gold; **titrer** [ti'tre] (1a) *v/t.* give a title to; *cin.* title (*a film*); 🧪, ⊕ titrate; 💪 standardize; *metall.* assay; ⊕ size (thread, wire).
tituber [tity'be] (1a) *v/i.* stagger, lurch, reel.
titulaire [tity'lɛ:r] **1.** *adj.* titular (*a. eccl.*); full, regular (*member*); **2.** *su.* holder; *passport:* bearer; *su./m eccl.* incumbent; *univ.* regular professor.
toast [tɔst] *m* toast; *porter un* ~ propose a toast (to, *à*); **toaster** [tɔs'te] (1a) *v/t.* toast (*s.o.*), drink to (*s.o.'s*) health.
toboggan [tɔbɔ'gã] *m* toboggan; *piste f de* ~ toboggan-run.
toc [tɔk] **1.** *int.* tap, tap!; rat-rat! (*at door*); **2.** *su./m sound:* tap, rap; ⊕ (*lathe-*)carrier; ⊕ catch; F sham jewellery; ✝ en ~ pinchbeck; **3.** *adj./ inv. sl.* touched, crazy.
tocsin [tɔk'sɛ̃] *m* alarm(-bell, -signal).
toge [tɔ:ʒ] *f hist. Rome:* toga; ⚖, *univ.* gown; ✝ robe.
tohu-bohu [tɔybɔ'y] *m* confusion; hubbub.
toi [twa] *pron./pers. subject:* you, † thou; *object:* you, † thee; (to) you, † (to) thee; *à* ~ to you, † to thee; yours, † thine.
toilage [twa'la:ʒ] *m lace:* ground.
toile [twal] *f* linen; cloth; *paint.* canvas; (oil) painting; (*spider's*) web; *thea.* curtain; ⚓ sail; ⚔ tent; ~s *pl. hunt.* toils; ✝ ~ *à matelas* tick(ing); ~ *à sac* sackcloth; ~ *à voiles* sail-cloth; ~ *cirée* ✝ oilcloth, American cloth; ⚓ oilskin; ✝ ~ *de coton* cotton(-cloth); *thea.* ~ *de fond* backcloth; ~ *métallique* wire gauze; *reliure f en* ~ cloth binding; **toilerie** ✝ [~'ri] *f* linen *or* textile trade; linen goods *pl.*; **toilette** [twa'lɛt] *f* toilet, washing, dressing; dressing table; (*woman's*) dress, costume; wash-stand; lavatory; *faire sa* ~ dress, F get ready; *objets pl. de* ~ toilet accessories; **toilier, -ère** [~'lje, ~'ljɛ:r] **1.** *adj.* linen...; **2.** *su./m* ✝ linen dealer *or* manufacturer.
toi-même [twa'mɛ:m] *pron./rfl.* yourself, † thyself.
toise [twa:z] *f* measuring apparatus; *fig.* standard (of comparison); † *measure:* fathom; **toiser** [twa'ze] (1a) *v/t.* measure; △, *surv.* survey for quantities; *fig.* eye (*s.o.*) from head to foot, weigh (*s.o.*) up.
toison [twa'zɔ̃] *f* fleece; F *fig.* shock of hair.
toit [twa] *m* roof (*a.* 🏠); house-top; *mot.* ~ *ouvrant* sunshine roof; *fig. crier sur les* ~s shout (*s.th.*) from the housetops; **toiture** [twa'ty:r] *f* roof (-ing).
tokai, tokay [tɔ'kɛ] *m wine:* Tokay.
tôle [to:l] *f* ⊕ sheet-metal, sheet-iron; (*galvanized, enamelled, etc.*) iron; plate; boiler-plate; *sl.* prison, cells *pl.*; ~ *ondulée* corrugated iron.
tolérable [tɔle'rabl] tolerable, bearable; **tolérance** [~'rɑ̃:s] *f* ⊕, ⚖, *coinage, a. fig.:* tolerance; ⊕ limits *pl.*, margin; *admin.* allowance; (*religious*) toleration; *maison f de* ~ licensed brothel; **tolérant, e** [~'rɑ̃, ~'rɑ̃:t] tolerant; **tolérer** [~'re] (1f) *v/t.* tolerate (*a.* ⚗ *a drug*); *fig.* overlook; F bear, endure.
tôlerie [tol'ri] *f* sheet-iron and steel-plate goods *pl. or* trade *or* works *usu. sg.*
tolet ⚓ [tɔ'lɛ] *m* thole-pin.
tôlier [to'lje] *m* ✝ sheet-iron merchant; sheet-iron worker; *sl.* innkeeper.
tomate 🌱 [tɔ'mat] *f* tomato.
tombac *metall.* [tɔ̃'bak] *m* tombac(k).
tombale [tɔ̃'bal] *adj./f: pierre f* ~ tombstone.

tombant, e [tɔ̃'bɑ̃, ˷'bɑ̃:t] falling; drooping (*moustache, shoulders*); sagging (*branch*); flowing (*hair*); *à la nuit* ˷*e* at nightfall.

tombe [tɔ̃:b] *f* tomb, grave; tombstone; **tombeau** [tɔ̃'bo] *m* tomb; *fig.* death.

tombée [tɔ̃'be] *f* rain: fall; *à la* ˷ *de la nuit* (*or du jour*) at nightfall; **tomber** [˷'be] (1a) **1.** *v/i.* fall (*a.* ✕, *a. fig.* hair, night, government, *etc.*); tumble (down), fall (down); decline; drop (*a.* 🞜 fever); decrease; subside (*rage, wind, a. fever*); die down (*feelings, fire, storm*); flag (*conversation*); *fig.* fail; *thea.* fall flat (*play*); ✍ crash; *fig.* become; *fig.* go out of fashion; drop in (on, *chez*); ˷ *à rien* come to nothing; ˷ *bien* (*or juste*) happen *or* come at the right moment; ˷ *d'accord* reach agreement, agree; ˷ *dans le ridicule* make a fool of o.s.; ˷ *de fatigue* be ready to drop; ˷ *en disgrâce* fall into disgrace; ˷ *le mardi* fall on a Tuesday (*festival*); ˷ *mal* be inopportune; ˷ *malade* (*mort, amoureux*) fall ill (dead, in love); ˷ *sur* meet (with), run *or* come across; ✕ fall on (*the enemy*); *faire* ˷ bring down; *cards:* drop; *il tombe de la neige* it is snowing; *laisser* ˷ drop (*s.th., one's voice,* F *s.o.*); give up, discard; F *les bras m'en tombent* I am flabbergasted; **2.** *v/t.* F *wrestling:* throw (*s.o.*); 🜨 turn up *or* down (*the edge of a plate etc.*); *thea.* bring about the failure of, F kill; **tombereau** [tɔ̃'bro] *m* (tip-)cart; 🚂 open truck; truckload; *hist.* tumbrel; ˷ *à ordures* dust-cart; **tombeur** [˷'bœ:r] *m* △ housebreaker; *sp.* wrestler; F ˷ *de femmes* lady-killer.

tombola [tɔ̃bɔ'la] *f* lottery, raffle.

tome [to:m] *m* tome, (large) volume.

tomenteux, -euse ⚥, *biol.* [tɔmɑ̃'tø, ˷'tø:z] tomentose, downy.

ton[1] *m*, **ta** *f*, *pl.* **tes** [tɔ̃, ta, te] *adj./poss.* your; † thy.

ton[2] [tɔ̃] *m* ♪ key; ♪ pitch; *voice, paint., phot.,* 🞜, *a.* ♪ *instrument:* tone; *paint., phot.* tint; 🌲 shade, colo(u)r; *fig.* (*good etc.*) form; ♪ ˷ *d'église* church mode; 🞜 *donner du* ˷ (*à q.*) brace (s.o.) up, act as a tonic (on s.o.); **tonal, e,** *m/pl.* **-als** ♪ [tɔ-'nal] tonal; **tonalité** [˷nali'te] *f* ♪, *paint., phot.* tonality; *radio:* tone.

tondage [tɔ̃'da:ʒ] *m vet.* dipping; shearing (*a. tex.*); **tondaille** [˷'da:j] *f* (sheep-)shearing; **tondaison** [˷dɛ'zɔ̃] *f see* tonte; **tondeur, -euse** [˷'dœ:r, ˷'dø:z] *su.* shearer; *vet., a.* 🐑 clipper; *su./f* shears *pl.*; 🐑 lawnmower; *hair, dog's coat:* clippers *pl.*; **tondre** [tɔ̃:dr] (4a) *v/t. vet., a.* 🜨 shear; *sheep:* crop (*the grass*); clip (*dog, hair, hedge, horse*); *fig.* fleece (*s.o.*).

tonicité 🞜 [tɔnisi'te] *f* tonicity; **tonifier** 🞜 [˷ni'fje] (1o) *v/t.* tone up, brace; **tonique** [˷'nik] **1.** *adj.* tonic (🞜, *a. gramm.*); *accent m* ˷ stress, tonic; **2.** *su./m* 🞜 tonic; *su./f* ♪ tonic, key-note.

tonitruant, e *fig.* [tɔnitry'ɑ̃, ˷'ɑ̃:t] thundering; violent (*wind*); **tonitruer** *fig.* [˷'e] (1a) *v/i.* thunder.

tonnage ⚓ [tɔ'na:ʒ] *m* tonnage; displacement.

tonnant, e [tɔ'nɑ̃, ˷'nɑ̃:t] thundering (*a. fig. voice*).

tonne [tɔn] *f measure:* metric ton; tun, cask; **tonneau** [tɔ'no] *m* cask, barrel; governess-cart; *mot.* tonneau; ✍ toll, horizontal spin; *au* ˷ draught (*beer*); **tonnelage** [tɔn'la:ʒ] *m* cooperage; 🟊 *marchandises f/pl. de* ˷ goods in barrels; **tonnelet** [˷-'lɛ] *m* keg (*a.* ⚓); small cask; *oil:* drum; **tonnelier** 🜨 [tɔnə'lje] *m* cooper; **tonnelle** [˷'nɛl] *f* △ barrel-vault, semicircular arch; *fig.* bower; *hunt.* tunnel-net; **tonnellerie** 🜨 [˷nɛl'ri] *f* cooperage; cooper's shop.

tonner [tɔ'ne] (1a) *v/i.* thunder (*a. fig.*); *fig.* boom (out); **tonnerre** [˷'nɛ:r] *m* thunder (*a. fig.*); F thunderbolt, lightning; ✕ † *fire-arm:* breech; *coup m de* ˷ thunderclap, peal of thunder; *fig.* thunderbolt.

tonsure [tɔ̃'sy:r] *f* tonsure; *fig.* priesthood; **tonsurer** [˷sy're] (1a) *v/t.* tonsure.

tonte [tɔ̃:t] *f* (sheep-)shearing; shearing-time; *tex.* shearing; 🐑 clipping; *lawn:* mowing.

tonton F [tɔ̃'tɔ̃] *m* uncle.

tonture [tɔ̃'ty:r] *f tex.* shearing(s *pl.*); 🐑 *action:* clipping; *action:* mowing; clippings *pl.* (*from hedge etc.*); cut grass (*from lawn*); ⚓ sheer.

topaze

topaze min. [tɔ'paːz] f topaz; ~ brûlée (*occidentale*) pink (false) topaz.
tope! [tɔp] int. agreed!; done!; **toper** fig. [tɔ'pe] (1a) v/i. agree; shake hands on it.
tophus ⚕ [tɔ'fys] m toph(us), chalkstone.
topinambour ⚘, cuis. [tɔpinã'buːr] m Jerusalem artichoke.
topique [tɔ'pik] **1.** adj. local (a. ⚕); fig. to the point, relevant; **2.** su./m ⚕ local or topical remedy; phls. commonplace.
topographe [tɔpɔ'graf] m topographer; **topographie** [~gra'fi] f topography; surveying; topographical map or plan; **topographique** [~gra'fik] topographic(al); ordnance (*map, survey*).
toquade F [tɔ'kad] f passing craze, infatuation.
toquante sl. [tɔ'kãːt] f ticker (= *watch*).
toque cost. [tɔk] f chef, jockey, univ., ⚖: cap; (*woman's*) toque.
toqué, e F [tɔ'ke] crazy, dotty, daft, Am. sl. nuts; ~ de infatuated with, sl. mad about (*a hobby, a woman, etc.*); **toquer** [~] (1m) v/t. drive (*s.o.*) crazy; fig. infatuate; se ~ lose one's head (over, de).
torche [tɔrʃ] f torch; paint. (*cleaning*) rag; straw pad; *market-porter*: pad (*on the head*); ✈ se mettre en ~ parachute: snake, fail to open; **torcher** [tɔr'ʃe] (1a) v/t. wipe (*s.th.*) (clean); daub (*the wall*), cover (*the floor, the wall*) with cob-mortar; F fig. polish off, do (*s.th.*) quickly; pej. botch, scamp (*one's work*); **torchère** [~'ʃɛːr] f standard-lamp; candelabra; **torchette** [~'ʃɛt] f wisp of straw (*for cleaning*); house flannel; tex. hank; **torchis** △ [~'ʃi] m cob; **torchon** [~'ʃɔ̃] m dish-cloth; duster; floor-cloth; *packing*: twist of straw; *papier-*~ m torchon-paper; **torchonner** F [~ʃɔ'ne] (1a) v/t. wipe; sl. botch, scamp (*one's work*).
tordage [tɔr'daːʒ] m twisting; tex. etc. twist; **tordant, e** F [~'dã, ~'dãːt] screamingly funny; **tord-boyaux** F [tɔrbwa'jo] m/inv. strong (but poor) brandy, sl. rot-gut; rat-poison; **tordeur, -euse** [tɔr'dœːr, ~'døːz] su. tex. *person*: twister; su./f ⊕ cable-twisting machine; zo. leafroller moth; **tordoir** ⊕ [~'dwaːr] m rope-twister, rack-stick; cable-twisting machine; *laundry*: wringer; oil-mill; **tordre** [tɔrdr] (4a) v/t. ⊕ twist; wring (*hands, s.o.'s neck, clothes,* a. fig. *s.o.'s heart*); distort, twist (*one's features, the mouth, the meaning*); ⊕ buckle (*metal*); se ~ twist, writhe; (*a.* se ~ de rire) roar with laughter.
tore △, ♣, ⚘ [tɔːr] m torus; ♣ a. ring.
toréador [tɔrea'dɔːr] m bull-fighter.
torgn(i)ole F [tɔr'ɲɔl] f slap, blow.
tornade [tɔr'nad] f tornado; fig. torrent of abuse.
toron¹ △ [tɔ'rɔ̃] m lower torus.
toron² [tɔ'rɔ̃] m *rope*: strand; *straw*: wisp.
torpeur [tɔr'pœːr] f torpor; **torpide** [~'pid] torpid.
torpille ♣, ✈, a. icht. [tɔr'piːj] f torpedo; **torpiller** ♣ [~pi'je] (1a) v/t. torpedo (*a ship, a.* fig. *a scheme*); **torpilleur** ♣ [~pi'jœːr] m destroyer; *person*: torpedo man.
torréfacteur [tɔrrefak'tœːr] m (coffee-)roaster; **torréfaction** [~fak'sjɔ̃] f (coffee-)roasting; torrefaction; **torréfier** [~'fje] (1o) v/t. roast (*coffee etc.*); torrefy; sun: scorch (*s.o.*).
torrent [tɔ'rã] m torrent (*a.* fig.); fig. abuse, light, tears: flood; **torrentiel, -elle** [tɔrã'sjɛl] torrential; **torrentueux, -euse** [~'tɥø, ~'tɥøːz] torrent-like, torrential.
torride [tɔ'rid] geog. torrid; fig. scorching (*heat*).
tors, torse [tɔːr, tɔrs] **1.** adj. twisted, △ wreathed (*column*); F crooked, bandy; cou m ~ wry neck; **2.** su./m *rope etc.*: twist; (twisted) cord; **torsade** [tɔr'sad] f *hair*: twist, coil; twisted cord; ⊕ *wires*: twist-joint; △ cable mo(u)lding; ✗, ♣ *epaulet*: thick bullion; en ~ coiled (*hair*); **torsader** [~sa'de] (1a) v/t. ⊕ twist (*wires etc.*) (together); coil (*hair*).
torse [tɔrs] m trunk, torso; F chest.
torsion [tɔr'sjɔ̃] f *rope, wire, etc.*: twisting; phys., ♣, mot. torsion; moment m de ~ torque.
tort [tɔːr] m wrong; mistake, error, fault; damage, harm; à ~ wrongly; à ~ ou à raison rightly or wrongly; avoir ~ be wrong; faire ~ à injure; defraud (of, de).

torticolis ⚙ [tɔrtikɔ'li] *m* crick (in the neck); stiff neck.
tortillage F [tɔrti'ja:ʒ] *m* quibbling, wriggling; underhand intrigue; tortuous *or* involved language; **tortillard, e** [⁓ti'ja:r, ⁓'jard] **1.** *adj.* cross-grained; ⚕ dwarf (*elm*); **2.** *su./m* 🚂 small local railway; **tortille** [⁓'ti:j] *f* winding path (*in a wood etc.*); **tortillement** [⁓tij'mã] *m* twist(ing); *worm, a. fig.*: wriggling; *fig.* quibbling, subterfuge; **tortiller** [⁓ti'je] (1a) *v/t.* twist (up); kink (*a rope*); twirl (*one's moustache*); se ⁓ wriggle; writhe, squirm; *v/i.* F *fig.* prevaricate, quibble, wriggle; ⁓ des hanches swing *or* F wiggle one's hips; **tortillon** [⁓ti'jɔ̃] *m hair, paper*: twist; *straw*: wisp; *market-porter*: head-pad.
tortionnaire [tɔrsjɔ'nɛ:r] **1.** *adj.* torture-..., of torture; ⚖ iniquitous; wicked; **2.** *su./m* executioner, torturer.
tortis [tɔr'ti] *m* twisted threads *pl.*;
tortu, e [tɔr'ty] crooked. [*torsel.*]
tortue [tɔr'ty] *f zo.* tortoise; F *à pas de* ⁓ at a snail's pace; *cuis. soupe f à la* ⁓ turtle-soup.
tortueux, -euse [tɔr'tɥø, ⁓'tɥø:z] tortuous (*a. fig. conduct*), winding; twisted (*tree*); *fig.* crooked (*conduct, person*); *fig.* wily (*person*).
torture [tɔr'ty:r] *f* torture; **torturer** [⁓ty're] (1a) *v/t.* torture; *fig.* twist, strain (*the sense, a text*); se ⁓ *l'esprit* rack one's brains.
torve [tɔrv] menacing; forbidding; *regard m* ⁓ grim look; scowl.
tôt [to] *adv.* soon; early; ⁓ *ou tard* sooner or later; *au plus* ⁓ at the earliest; *faites* ⁓! do it quickly!; F *look sharp!*; *le plus* ⁓ *possible* as soon as possible.
total, e, *m/pl.* -aux [tɔ'tal, ⁓'to] **1.** *adj.* total, complete; **2.** *su./m* (sum) total; *au* ⁓ on the whole; **totalisateur** [tɔtaliza'tœ:r] *m* adding-machine; *turf*: totalizator; **totalisation** [⁓za'sjɔ̃] *f* totalization; totting up, adding up; **totalisatrice** [⁓za'tris] *f* cash register; **totaliser** [⁓'ze] (1a) *v/t.* totalize, tot up, add up; **totalitaire** [⁓'tɛ:r] totalitarian; **totalitarisme** [⁓ta'rism] *m* totalitarianism; **totalité** [⁓'te] *f* whole, total; *en* ⁓ wholly.
toton [tɔ'tɔ̃] *m* teetotum; F *faire tourner q. comme un* ⁓ twist s.o. round one's little finger.
touage ⚓ [twa:ʒ] *m* chain-towage (dues *pl.*); kedging.
touaille [twa:j] *f* roller-towel.
toubib F [tu'bib] *m* doctor, medical officer, F doc.
touchant, e [tu'ʃã, ⁓'ʃã:t] **1.** *adj.* touching, moving; **2.** *su./m* touching thing (about s.th., *de qch.*); **3.** *touchant prp.* concerning, about, with regard to; **touchau** [tu'ʃo] *m* (*goldsmith's*) touch-needle, test-needle; **touche** [tuʃ] *f* touch (*a. paint., sp.*); test(ing); *typewriter,* ♪ *piano*: key; ♪ *violin etc.*: fingerboard; ⚡ contact; goad; *cattle*: drove; *book*: thumb-index; *paint. etc., a. fig.* style, manner; *foot.* throw-in; *foot.* (*a. ligne f de* ⁓) touch-line; *fencing, billiards*: hit; ♪ ⁓s *pl. guitar*: frets; *tel.* ⁓ *d'interruption* break-key; *arbitre m de* ⁓ *foot.* linesman; *rugby*: touch-judge; *pierre f de* ⁓ touchstone (*a. fig.*); **touche-à-tout** [tuʃa'tu] *su./inv.* busybody, meddler; Jack of all trades; **toucheau** [⁓'ʃo] *m* see *touchau*; **toucher** [⁓'ʃe] (1a) *v/t.* touch, hit (*a ball,* 🎯 *the mark, an opponent*); feel; ⚕ try, test (*metal*); ♪ play; drive (*cattle*); receive, draw (*money*); † collect (*a bill*); *fig.* move (*s.o.*) (*to tears etc.*); deal with, touch on, allude to (*a matter, a question*); strike (*a.* ⚓ *rock*); *v/i.*: ⁓ *à* border on (*a place, a. fig.*); be in contact with (*s.th.*); be near to (*an age, a place, a. fig.*); reach to; *fig.* affect (*interests, question, welfare*); ⚓ call at; ⁓ *à sa fin* be drawing to a close; *défense f de* ⁓! hands off!; F *touchez là!* shake hands on it!; F put it there!; shake!; **2.** *su./m* touch (*a.* ♪ *of a pianist*); feel; **touchette** ♪ [⁓'ʃɛt] *f guitar etc.*: fret, stop; **toucheur** [⁓'ʃœ:r] *m* (cattle-)drover; *typ.* inking-roller.
toue ⚓ [tu] *f* river barge; chain-ferry; kedging; warping; **touée** ⚓ [twe] *f* kedging; warping; warp, warping-cable; *cable, rope, ship at anchor*: scope; **touer** ⚓ [⁓] (1p) *v/t.* kedge; warp; chain-tow; take in tow; **toueur, -euse** [twœ:r, twø:z] **1.** *adj.* warping; **2.** *su./m person*: warper; tow-boat.

touffe

touffe [tuf] *f grass, hair*: tuft; *hay, straw*: wisp; *flowers*: bunch; *trees*: clump; **touffeur** [tuˈfœːr] *f room*: stifling heat; F fug; **touffu, e** [ˌˈfy] bushy (*beard etc.*); thickly wooded (*scenery*); close, tangled (*thicket*); *fig.* abstruse; that is heavy reading (*book*).

toujours [tuˈʒuːr] *adv.* always, ever; still; nevertheless, anyhow; ~ *est-il que* the fact remains that; *pour* (or *à*) ~ for ever.

toundra *geog.* [tunˈdra] *f* tundra.

toupet [tuˈpɛ] *m* tuft of hair; *person, a. horse*: forelock; F *fig.* impudence, cheek; *faux* ~ transformation, toupet.

toupie [tuˈpi] *f* (spinning-)top; peg-top; ⊕ mo(u)lding lathe; ~ *d'Allemagne* humming-top; F *vieille* ~ old frump; **toupiller** [tupiˈje] (1a) *v/t.* ⊕ shape (*wood*); *v/i.* spin round; bustle about.

toupillon [tupiˈjɔ̃] *m hair etc.*: small tuft.

tour¹ [tuːr] *f* tower; *chess*: castle, rook.

tour² [~] *m* ⊕ *machine, key, phrase, order, fig.*: turn; ⊕ revolution; (*potter's*) wheel; ⊕ lathe; circuit, circumference; *cost.* size, measurement; turning, winding; *face*: outline; *affairs*: course; trip, walk, stroll; ~ *à* ~ a. *road*: twist; ⚕ sprain; *sp. tennis*: round; *fig.* feat, trick; *fig.* manner, style; ~ *à* ~ by turns; *sp.* ~ *cycliste* cycle race; ~ *de force* feat (*of strength or skill*); ~ *de main* knack, skill; *fig.* tricks *pl.* of the trade; *sp.* ~ *de piste* lap; *cost.* ~ *de poitrine man*: chest measurement, *woman*: bust measurement; ⚕ ~ *de reins* crick in the back; *cost.* ~ *de taille* waist measurement; *à mon* ~ in my turn; *à* ~ *de bras* with all one's might; *à* ~ *de rôle* in rotation; *c'est* (*à*) *son* ~ it is his turn; *en un* ~ *de main* in a twinkling, straight away; ⚓ *faire le* ~ swing the ship; capsize; *faire le* ~ *de* go round (*the world etc.*); *faire un mauvais* ~ *à q.* play a dirty trick on s.o.; *faire un* ~ take a stroll; *fermer à double* ~ double-lock (*a door*); *par* ~ *de faveur* out of (one's proper) turn.

touraille ⊕ [tuˈraːj] *f* malt-kiln; **touraillon** ⊕ [ˌraˈjɔ̃] *m brewing*: cummings *pl.*

tourbe¹ [turb] *f* mob, rabble.

tourbe² [turb] *f* peat, turf; **tourbeux, -euse** [turˈbø, ˌˈbøːz] ⚒ peaty, boggy; *marais m* ~ peat-bog; **tourbier** [ˌˈbje] *m* peat-worker; **tourbière** [ˌˈbjɛːr] *f* peat-bog.

tourbillon [turbiˈjɔ̃] *m* whirlwind; *dust*: swirl; whirlpool; eddy; *astr., fig.* vortex; *fig.* whirl; *fig.* round; ~ *de neige* snowstorm; **tourbillonner** [ˌjɔˈne] (1a) *v/i.* swirl; whirl round.

tour-de-cou, *pl.* **tours-de-cou** *cost.* [turdəˈku] *m* neckband.

tourelle [tuˈrɛl] *f* △, ✕, ⚓, ⊕, ✂ turret; ⊕ *lathe*: capstan.

touret [tuˈrɛ] *m* ⊕ small wheel; *winch*: drum; ✂ cable drum; ⊕ *tool*: bow-drill; *lines, ropes, etc.*: reel; ~ *à polir* polishing lathe.

tourie [tuˈri] *f* carboy.

tourier [tuˈrje] *m monastery*: porter; **tourière** [ˌˈrjɛːr] *f convent*: portress; **tourillon** [ˌriˈjɔ̃] *m wheel*: spindle; *gate*: pivot; *piston*: gudgeon; crank-pin; trunnion.

tourisme [tuˈrism] *m* touring; holiday travel; tourist industry; *bureau m de* ~ travel agency; *voiture f de* ~ touring-car, F tourer; **touriste** [ˌˈrist] *su.* tourist; F tripper; **touristique** [ˌrisˈtik] travel …; touristic, tourist …

tourment [turˈmɑ̃] *m* torment, torture (*a. fig.*); *fig.* agony, anguish; ~*s pl.* hunger: pangs; **tourmente** [ˌˈmɑ̃ːt] *f* storm (*a. fig.*), tempest, gale; *fig.* turmoil; ~ *de neige* blizzard; **tourmenter** [turmɑ̃ˈte] (1a) *v/t.* torture, torment; *fig.* worry, trouble; *fig.* pester, harry; ⚓ *wind*: toss (*a ship*) about; *fig.* over-elaborate (*a picture, a theme, etc.*); **tourmenteur, -euse** [ˌˈtœːr, ˌˈtøːz] tormenting; **tourmentin** ⚓ [ˌˈtɛ̃] *m* storm-jib.

tournage [turˈnaːʒ] *m* ⊕ turning (*on a lathe*); ⚓ belaying; *cin.* shooting; **tournailler** F [ˌnɑˈje] (1a) *v/i.* prowl about; **tournant, e** [ˌˈnɑ̃, ˌˈnɑ̃ːt] **1.** *adj.* turning; revolving; winding (*path, road*); spiral (*staircase*); **2.** *su./m road, river*: turning, bend; (*street*) corner; whirlpool, eddy; *mill*: water-wheel; **tourne-broche** [turnəˈbrɔʃ] *m* roasting-jack; † turnspit; **tourne-disque** [ˌˈdisk] *m grammophone*: turn-

tout

table; **tournedos** *cuis.* [˷'do] *m* tournedos; fillet steak; **tournée** [tur'ne] *f admin., a.* ⚔ round; ⛓ circuit; *thea.* tour; *fig.* round (of drinks); F *fig.* thrashing; *faire la* ˷ *de* visit, do the round of, F do; **tournemain** † [˷nə'mɛ̃] *m*: *en un* ˷ in a twinkling, straight away; **tourner** [˷'ne] (1a) **1.** *v/t.* turn; rotate (*a wheel*); turn round (*a corner*); wind (*s.th. round s.th.*); ⊕ shape, fashion; *cuis.* stir (*a liquid*); ⚓ make fast (*a hawser*); *cin.* shoot, make (*a film, actor*): star in (*a film*); ⚔ outflank; *fig.* evade (*a difficulty, a law*), get round (*a.* ⚔); *fig.* turn over (*a. a page*), revolve (*a problem*); convert (into, *en*); ˷ *la tête* (*l'estomac*) *à q.* turn s.o.'s head (stomach); *se* ˷ turn (round); change (into, *en*); **2.** *v/i.* turn; go round, revolve; ⊕ run, go; spin (*top*); wind (*path, road*); *fig.* whirl (*head*); change (*weather, wind*); shift (*wind*); *cin.* film; ripen (*fruit*); curdle (*milk*); *fig.* turn out (*badly, well*); *fig.* ˷ *à* become, tend to (-wards); ˷ *à droite* turn to the right; ˷ *au beau* turn fine; *mot.* ˷ *au ralenti* idle, tick over; *bien tourné* handsome, well set-up; *il tourne cœur cards*: the turn-up is hearts; *la tête me tourne* I feel giddy, my head is spinning; *mal* ˷ go to the bad; **tournerie** ⊕ [˷nə'ri] *f* turner's shop.

tournesol [turnə'sɔl] *m* ♀ sunflower; 🜄 litmus.

tournette [tur'nɛt] *f tex.* reel; squirrel's cage; turn-table; ⊕ circular glass-cutter; **tourneur, -euse** [˷'nœːr, ˷'nøːz] **1.** *adj.* dancing (*dervish*); **2.** *su./m* ⊕ turner; (*screw-*)cutter; *pottery*: thrower; **tournevent** [˷nə'vɑ̃] *m* chimney-jack; chimney-cowl; **tournevis** ⊕ [˷nə'vis] *m* screw-driver.

tourniole ⚔ F [tur'njɔl] *f* whitlow (*round a nail*).

tourniquet [turni'kɛ] *m* turnstile; 🕆 revolving stand; ⚘ sprinkler; ⊕ catch; *shutter*: button; ✦ vane; ⚔ tourniquet; ⚔ F *passer au* ˷ be court-martialled.

tournis *vet.* [tur'ni] *m sheep*: staggers *pl.*

tournoi [tur'nwa] *m sp. etc.* tournament; *whist*: drive; **tournoiement** [turnwa'mɑ̃] *m* spinning, whirling; *water*: swirling; *bird*: wheeling; ⚔ dizziness; **tournoyer** [˷je] (1h) *v/i.* spin; turn round and round, whirl; swirl (*water*); wheel (*bird*); *fig.* quibble.

tournure [tur'nyːr] *f* turn, direction; figure, shape; cast; *mind, phrase*: turn; ⊕ *lathe*: turning(s *pl.*); *prendre une meilleure* ˷ take a turn for the better.

tourte [turt] *f cuis.* (covered) pie *or* tart; F dolt, duffer; **tourteau** [tur'to] *m* round loaf; cattle-cake, oil-cake; edible crab; ⊕ centre-boss.

tourtereau *orn.* [turtə'ro] *m* young turtle-dove (*a. fig.*); **tourterelle** *orn.* [˷'rɛl] *f* turtle-dove.

tourtière *cuis.* [tur'tjɛːr] *f* pie-dish; baking-tin.

tous [tu; tus] *see* tout.

Toussaint *eccl.* [tu'sɛ̃] *f*: *la* ˷ All Saints' Day; *la veille de la* ˷ Hallowe'en.

tousser [tu'se] (1a) *v/i.* cough; **tousseur** *m*, **-euse** *f* [˷'sœːr, ˷'søːz] cougher; **toussoter** [˷sɔ'te] (1a) *v/i.* give little coughs; have a slight cough.

tout *m*, **toute** *f*, **tous** *m/pl.*, **toutes** *f/pl.* [tu, tut, tu, tut] **1.** *adj.* before *unparticularized noun*: all, any, every; sole, only; *intensive*: very, most, utmost, extreme; before *particularized su./sg.*: all, the whole (of); before *particularized su./pl.*: all, every, every one of; *with numerals*: all; *with numeral + su./pl.* every + *su./sg.*; ˷ *homme* every *or* any man; *pour toute nourriture* as sole food; *de toute fausseté* completely false; *toute la* (*une*) *ville* the (a) whole town; ˷ *le monde* everyone; ˷ *Paris* all *or* the whole of Paris; *toutes les semaines* every week; *tous les cinq* all five; *tous les deux* both; *toutes les cinq* (*deux*) *semaines* every fifth (other) week; **2.** *pron./indef.* [*m/pl.* tus] all; everything; ˷ *est là* everything is there; *après* ˷ after all; *bonne f à* ˷ *faire* maid of all work; *c'est* (*or voilà*) ˷ that is all; *c'est* ˷ *dire* that's the long and the short of it; *et* ˷ *et* ˷ and all the rest of it; *nous tous* all of us; *six fois en* ˷ six times in all; **3.** *su./m* the whole, all; the main

tout-à-l'égout

thing; ⚔ (*pl.* **touts** [tu]) total; *du ~ au ~* completely, entirely; *pas du ~* not at all; **4.** *adv.* (*before adj.*/*f beginning with consonant or aspirate h, agrees as if adj.*) quite, completely; all; very; ready(-cooked, -made, *etc.*); right; stark (*naked, mad*); straight (*ahead, forward*); *~ à coup* suddenly; *~ à fait* completely; *~ à l'heure* a few minutes ago; in a few minutes; *~ au plus* at the very most; *~ autant* quite as much *or* many; *~ d'abord* at first; *~ de même* all *or* just the same; *~ de suite* at once, immediately; *restaurant:* in a moment; *~ d'un coup* at one fell swoop; *~ en* (*ger.*) while (*ger.*); *~ petits enfants* very young children; *~ sobre qu'il paraît* however sober he seems *or* may seem, sober though he seems *or* may seem; *à ~ à l'heure!* see you later!; *c'est ~ un* it's all the same; *elle est toute contente* (*honteuse*) she is quite content (ashamed); *elle est tout étonnée* she is quite astonished.

tout-à-l'égout [tutale'gu] *m*/*inv.* main-drainage, direct-to-sewer drainage.

toute [tut] *see* **tout**; *~fois* [~'fwa] *cj.* however, still, nevertheless; *~-puissance* *eccl.* [~pɥi'sãːs] *f* omnipotence.

toutou *ch.sp.* [tu'tu] *m* doggie, bow-wow.

tout-venant 🛠 [tuvə'nã] *m* unscreened coal.

toux [tu] *f* cough; *accès m* (*or quinte f*) *de ~* fit of coughing.

toxicité [toksisi'te] *f* toxicity; **toxicologie** 🞣 [~kɔlɔ'ʒi] *f* toxicology; **toxicomane** 🞣 [~kɔ'man] *su.* dope-fiend; drug-addict; **toxicomanie** 🞣 [~kɔma'ni] *f* dope-habit, drug-habit; **toxine** 🞣 [tɔk'sin] *f* toxin; **toxique** [~'sik] **1.** *adj.* toxic; poisonous; **2.** *su.*/*m* poison.

trac F [trak] *m* fright; *thea.* stage-fright; *avoir le ~* get the wind up; *tout à ~* blindly, without reflection.

tracas [tra'kɑ] *m* bother, worry, trouble; ⊕ hoist-hole, *Am.* hoistway; **tracasser** [~ka'se] (1a) *v*/*t.* bother, worry; *se ~* worry (about, *pour*); **tracasserie** [~kas'ri] *f* worry, fuss; pestering; *~s pl.* irritating interference *sg.*; pin-pricks; **tracassier, -ère** [~ka'sje, ~'sjɛːr] **1.** *adj.*

vexatious; fussy (*person*); interfering (*person*); **2.** *su.* busybody; fussy person; troublesome person.

trace [tras] *f* trace; *vehicle:* track; *animal, person:* trail; footprints *pl.*; *fig.* footsteps *pl.*; *burn, suffering:* mark; *fig.* sign; **tracé** [tra'se] *m* tracing, sketching; *town etc.:* layout; *road:* lie; ⚔ graph; △ *etc.* outline, drawing, plan; **tracer** [~] (1k) *v*/*t.* trace; lay out; mark out; ⚔ plot (*a curve, a graph*); draw (*a line, a plan*); sketch (*an outline, a plan*); *fig.* show; *v*/*i.* ♀ creep; *zo.* burrow (*mole*); **traceret** ⊕ [tras'rɛ] *m* scriber, tracing-awl; **traceur, -euse** [tra'sœːr, ~'søːz] *su., a. adj.*, ⚗, *etc.* tracer.

trachée [tra'ʃe] *f* ♀, *zo.* trachea; ♀ duct; F *anat.* = *~-artère*, *pl.* *~s-artères* *anat.* [~ʃear'tɛːr] *f* trachea, windpipe; **trachéite** 🞣 [~ke'it] *f* tracheitis; **trachéotomie** 🞣 [~keɔtɔ'mi] *f* tracheotomy; **trachome** 🞣 [~'kɔm] *m* trachoma.

traçoir ⊕ [tra'swaːr] *m see* **traceret**.

tract [trakt] *m* tract; leaflet.

tractation *pej.* [trakta'sjɔ̃] *f* deal (-ing); bargaining.

tracté, e [trak'te] tractor-drawn; **tracteur** [~'tœːr] *m* tractor, traction-engine; *~ à chenilles* caterpillar-tractor; **traction** [~'sjɔ̃] *f* traction; pulling; draught, *Am.* draft; *sp.* pull-up; 🚆 rolling-stock department; *mot.* (*a. ~ avant*) car with front-wheel drive; ⊕ *etc. essai m de ~* tension test.

tradition [tradi'sjɔ̃] *f* tradition; ⚖ delivery; folklore; *de ~* traditional; **traditionaliste** [~sjɔna'list] *su.* traditionalist; **traditionnel, -elle** [~sjɔ'nɛl] traditional; standing (*joke etc.*); habitual.

traducteur *m*, **-trice** *f* [tradyk'tœːr, ~'tris] *f* translator; **traduction** [~'sjɔ̃] *f* translation; interpretation; **traduire** [tra'dɥiːr] (4h) *v*/*t.* translate; convert (into, *en*); interpret, express; ⚖ *~ en justice* summon, sue, prosecute; *se ~ par* be translated by; *fig.* be expressed by; **traduisible** [~dɥi'zibl] translatable; ⚖ *~ en justice* liable to prosecution *or* to be sued.

trafic [tra'fik] *m* traffic (*a. fig. pej.*); trading; *teleph. ~ interurbain* trunk traffic; *faire le ~ de* traffic in; **trafi-**

quant [trafi'kɑ̃] *m* trader; trafficker (in *de*, *en*) (*a. pej.*); **trafiquer** [~'ke] (1m) *v/i.* trade, deal (in, *en*); *usu. pej.* traffic; *v/t.* negotiate (*a bill*); **trafiqueur** *pej.* [~'kœːr] *m* trafficker (in *de*, *en*).

tragédie [traʒe'di] *f* tragedy (*a.fig.*); **tragédien** [~'djɛ̃] *m* tragedian, tragic actor; **tragédienne** [~'djɛn] *f* tragic actress, tragedienne; **tragique** [tra'ʒik] **1.** *adj.* tragic; **2.** *su./m* tragic aspect (*of an event*); tragedy (*a.* = *tragic art*); tragic poet; *prendre au ~* make a tragedy of (*s.th.*).

trahir [tra'iːr] (2a) *v/t.* betray; disclose; deceive (*s.o.*); *fig. strength*: fail (*s.o.*); be false to (*one's oath*); not to come up to (*expectations, hopes*); **trahison** [~i'zɔ̃] *f* treachery, perfidy; betrayal (*of, de*); ⚖ treason; *haute ~* high treason.

traille [trɑːj] *f* trail-ferry; *fishing*: trawl-net.

train [trɛ̃] *m* ⊕ gear, 🚂, ✕ transport, *animals, attendants, radio waves, vehicles*: train; *attendants pl.*: *barges, mules, vehicles*: string; *tyres, wheels*: set; *metall.* rolls *pl.*; ⊕ gear; (*timber-, Am. lumber-*)raft, float; *zo. horse*: quarters *pl.*; pace (*a. sp.*), speed; F noise, din, row; *fig.* mood; 🚂 *~-auto* auto-train, sleeper with car department; 🚂 *~ correspondant* connection; 🚂 *~ de banlieue* suburban train; *~ de derrière* (*devant*) *horse*: hind- (fore-)quarters *pl.*; ⊕ *~ de laminoir* rolling-mill; 🚂 *~ de marchandises* (*plaisir, voyageurs*) goods, *Am.* freight (excursion, passenger) train; ⊕ *~ d'engrenages* gear train; ⊕ *~ de roues* wheel train; 🚂 *~ direct* (*or express*) through *or* express train; 🚂 *~ omnibus* slow *or Am.* accommodation train; 🚂 *~ rapide* fast express (train); *à fond de ~* at top speed; *aller son petit ~* jog along; *fig. dans le ~* up to date; F in the swim; *en bon ~* in a good state, doing *or* going well; *être en ~ de* (*inf.*) be (engaged in) (*ger.*); be in a mood for (*ger. or su.*); ✕ F *le* 2 (*approx.*) (Royal) Army Service Corps; *mal en ~* out of sorts; *fig. manquer le ~* miss the bus; *mener grand ~* live in great style; *sp. mener le ~* set the pace; *mettre en ~*

set (*s.th.*) going; *typ.* make ready; *sl. prendre le ~ onze* go on Shanks's mare (= *go on foot*).

traînage [trɛ'naːʒ] *m* hauling; sleighing; sleigh transport; ✕ haulage; *telev.* streaking; **traînant, e** [~'nɑ̃, ~'nɑ̃ːt] dragging; trailing (*robe*); *fig.* sluggish; **traînard, e** [~'naːr, ~'nard] *su.* dawdler, *Am.* F slowpoke; *su./m* ✕ straggler; ⊕ *lathe*: carriage; **traînasser** [~na'se] (1a) *v/t.* drag out; spin out; *v/i.* laze, loaf; loiter; **traîne** [trɛːn] *f* being dragged *or* ⚓ towed; *cost. dress*: train; *fishing*: seine(-net), drag-net; ⚓ *à la ~* astern; in tow (*a. fig.*); *en ~ turf*: in training; **traîneau** [trɛ'no] *m* sleigh, sledge; *fishing*: seine(-net), drag-net; **traînée** [~'ne] *f* blood, light, smoke, snail: trail; gunpowder: train; *fishing*: ground-line; *sl.* prostitute; **traîner** [~'ne] (1b) *v/t.* draw, drag, pull; tow (*a barge*); drawl out (*words*); drag out (*an affair, an existence, a speech*); *~ la jambe* limp; *se ~* crawl; drag o.s. along; *fig.* linger; drag (*time*); *v/i.* trail; *fig.* linger on (*a.* 𝒮 *illness*), loiter, dawdle; lag behind; languish; flag; remain unpaid (*account*); *~ en longueur* drag on; **traîneur, -euse** [~'nœːr, ~'nøːz] *su.* dawdler; *su./m* hauler, dragger; ✕ *etc.* straggler; *~ de sabre* swashbuckler; sabre-rattler.

train-poste, *pl.* **trains-poste(s)** [trɛ̃'pɔst] *m* mail-train.

train-train F [trɛ̃'trɛ̃] *m* (*daily*) round; routine.

traire [trɛːr] (4ff) *v/t.* milk (*a cow*); draw (*milk*); **trait, traite** [trɛ, trɛt] **1.** *p.p.* of *traire*; **2.** *su./m* pull(ing); *arrow*: shooting; *dart*: throwing; arrow, dart; *pen*: stroke; mark, line; *liquid*: draught, *Am.* draft; gulp; *light*: shaft, beam; *fig.* act; stroke (*of genius*); characteristic touch; trait (*of character*); appearance: feature; *fig.* reference, relation; *paint.* outline, contour; *~ d'esprit* witticism; *~ d'union* hyphen; *avoir ~ à* have reference to, refer to; *boire d'un seul ~* drink (*s.th.*) at one gulp *or* F go; *cheval m de ~* draught-horse, *Am.* draft-horse, cart-horse; *su./f road*: stretch; *journey*: stage; ♰ *bank*: bill, draft; *bill*: drawing;

trade; milking; ~e des blanches white-slave traffic; ~e des Noirs slave-trade; ✝ faire ~e sur draw (*a bill*) on (*s.o.*); tout d'une ~e at one stretch.

traitable [trɛˈtabl] treatable; ⊕ kindly (*material*); *fig.* tractable, docile.

traité [trɛˈte] *m* treatise (on *de, sur*); *pol. etc.* treaty, agreement.

traitement [trɛtˈmɑ̃] *m* treatment (*a.* ⚙); salary; ✗ *etc.* pay; ⊕ material: processing; ~ initial starting or initial salary; mauvais ~s *pl.* ill-treatment *sg.*; maltreatment *sg.*;

traiter [trɛˈte] (1a) *v/t.* treat (⚙, ⊕, *s.o.*, *a. fig.*); call (*s.o. s.th.*, *q. de qch.*); entertain (*s.o.*); deal with, discuss (*a subject*); negotiate (*business, a deal, a marriage, etc.*); ~ q. de *prince* address s.o. as prince; *v/i.* negotiate, treat (for *de*, *pour*; with, *avec*); ~ de deal with (*a subject*); **traiteur** [~ˈtœːr] *m* banquet: caterer; restaurant keeper.

traître, -esse [trɛːtr, trɛˈtrɛs] 1. *adj.* treacherous (*a. fig.*); *fig.* dangerous; vicious (*animal*); *thea.* villain; *prendre q. en ~* attack s.o. when he is off his guard; *su./f* traitress; **traîtreusement** [trɛtrøzˈmɑ̃] *adv.* of *traître* 1; **traîtrise** [~ˈtriːz] *f* treachery.

trajectoire *phys.*, ⚔, *etc.* [traʒɛkˈtwaːr] *su./f*, *a. adj.* trajectory.

trajet [traˈʒɛ] *m* 🚢, *mot. etc.* journey; ⚓, *anat.*, *tex.* passage; channel *etc.*: crossing; *mot. etc.* ride; ✈ flight; ⚙, *a. phys.* artery, nerve, *projectile, etc.*: course.

tralala [tralaˈla] *m* ♪ tra la la; F *fig.* fuss, ceremony; en grand ~ all dressed up, F dressed up to the nines.

tram F [tram] *m* tram(car), *Am.* streetcar, trolley(-car).

trame [tram] *f tex.* woof, weft; *fig.* thread, web; *phot.* ruled screen; *telev.* frame; *fig.* plot; **tramer** [traˈme] (1a) *v/t. tex.* weave (*a. fig. a plot*); *fig.* plot.

traminot [tramiˈno] *m* tramway employee, *Am.* streetcar employee.

tramontane [tramɔ̃ˈtan] *f* ⚓ north wind; north; *astr.* North Star; *fig.* perdre la ~ lose one's bearings.

tramway [tramˈwɛ] *m* tramway; tram(car), *Am.* streetcar, trolley (-car); remorque *f* de ~ trailer (of a tramcar).

tranchant, e [trɑ̃ˈʃɑ̃, ~ˈʃɑ̃ːt] 1. *adj.* cutting; sharp (*tool, edge, a. fig. tone, voice*); *fig.* trenchant (*argument etc.*); glaring (*colour, a. fig. contradiction*); ⊕ outil *m* ~ edge-tool; 2. *su./m* edge; knife: cutting edge; *fig.* argument *m* à deux ~s argument that cuts both ways;

tranche [trɑ̃ːʃ] *f bread, meat, etc., a. fig.:* slice; *book, coin, plank:* edge; *wheel:* face; ⊕ *tools:* set; ✎ ridge; ✝ *shares:* block; ♫ section; *bacon:* rasher; couper en ~s slice; en ~s sliced, in slices; ⊕ par la ~ edgeways; **tranché, e** [trɑ̃ˈʃe] 1. *adj.* distinct, sharp; ∅ tranché; 2. *su./f* trench (*a.* ✗); 🌲, *forest etc.:* cutting; ⚙ ~es *pl.* gripes; colic *sg.*;

tranchefil [trɑ̃ʃˈfil] *m horse:* curb-chain; **tranchefile** [~ˈfil] *f book:* headband; **tranchelard** *cuis.* [~ˈlaːr] *m* cook's knife; **tranche-montagne** [~mɔ̃ˈtaɲ] *m* blusterer, fire-eater; **tranche-pain** [~ˈpɛ̃] *m/inv.* bread-cutter; **trancher** [trɑ̃ˈʃe] (1a) *v/t.* slice, cut; cut off; *fig.* cut short; settle (*a question*) once and for all; settle (*a difficulty, a problem, a quarrel*); ~ le mot speak out, speak plainly; *v/i.* cut; contrast sharply (with, *sur*); *fig.* be cocksure, lay down the law; *fig.* ~ de set up for or as; **tranchet** ⊕ [~ˈʃɛ] *m* (*shoemaker's*) paring-knife; **tranchoir** *cuis.* [~ˈʃwaːr] *m* cutting-board.

tranquille [trɑ̃ˈkil] tranquil; calm, still, quiet; *fig.* easy (*a.* ✝ *market*), untroubled (*mind*); laissez-moi ~ leave me alone; **tranquillisant** ⚙ [trɑ̃kiliˈzɑ̃] *m* tranquil(l)izer; **tranquilliser** [~ˈze] (1a) *v/t.* calm (*s.o., one's mind, etc.*); reassure (*s.o.*) (about, *sur*); se ~ calm down; *fig.* set one's mind at rest; **tranquillité** [~ˈte] *f* tranquil(l)ity, calm, stillness, quiet; peace (*of mind*).

trans... [trɑ̃s, trɑ̃z] trans...; **~action** [trɑ̃zakˈsjɔ̃] *f* ✝ transaction; ✝ deal; ⚖ settlement, arrangement; ✝, ⚖ composition; compromise (*a. pej.*); ~s *pl.* dealings; transactions (*of a learned society*); **~atlantique** [~zatlɑ̃ˈtik] 1. *adj.* transatlantic; 2. *su./m* Atlantic liner; deck-chair; **~bordement** [trɑ̃sbɔrdəˈmɑ̃] *m* ⚓ trans-shipment; *river:*

ferrying across; 🚢 *goods, passengers*: transfer; *trucks etc.*: traversing; ~**border** [~'de] (1a) *v/t*. ⚓ tranship; ferry across (*a river*); 🚢 transfer (*goods, passengers*); traverse; ~**bordeur** [~'dœːr] *m* travelling platform; (*a. pont* m ~) transporter-bridge; 🚢 train-ferry; ~**cendance** *phls*. [trãssã'dãːs] *f* transcendency, transcendence; ~**cendant, e** [~'dã, ~'dãːt] *phls.*, *a. fig.* transcendent; ⚭ transcendental.

transcription [trãskrip'sjõ] *f* transcription (*a.* ♪); ✝ *journal*: posting; ⚖ *decree etc.*: registration; copy, transcript; **transcrire** [~'kriːr] (4q) *v/t*. transcribe (*notes, a. text, a.* ♪); ✝ post (*a journal into the ledger*); ⚖ register (*a decree etc.*).

transe [trãːs] *f* (hypnotic) trance; ~s *pl.* fear *sg.*, fright *sg.* [sept.]

transept ⚭ *eccl.* [trã'sɛpt] *m* tran-

trans...: ~**férer** [trãsfe're] (1f) *v/t*. transfer; (re)move from one place to another; move (*an appointment, a date*); *eccl.* translate (*a bishop*); ⚖ assign; ⚖ convey (*an estate*); ~**fert** [~'fɛːr] *m* transference; transfer (*a. phot.,* ✝); ⚖ assignment; ⚖ *estate*: conveyance; ~**figuration** [~figyra'sjõ] *f* transfiguration; ~**figurer** [~figy're] (1a) *v/t*. transfigure; se ~ be(come) transfigured; ~**formable** [trãsfɔr'mabl] transformable; *mot.* convertible; ~**formateur, -trice** [~ma'tœːr, ~'tris] 1. *adj.* transforming; 2. *su./m* ⚡ transformer; ~**formation** [~ma'sjõ] *f* transformation (into, en); *phls.* conversion; de ~ ⚡ transformer ...; ⚭ processing ...; ~**former** [~'me] (1a) *v/t.* transform, convert (*a. foot., a. phls.*), change (into, en); se ~ change, turn (into, en); ~**formisme** *biol. etc.* [~'mism] *m* transformism; ~**formiste** [~'mist] *su. phls. etc.* transformist; *thea.* quick-change artist; ~**fuge** [trãs'fyːʒ] *m* ⚔ deserter (*to the enemy*); F *fig.* turncoat; ~**fuser** *usu.* ⚕ [~fy'ze] (1a) *v/t.* transfuse; ~**fusion** [~fy'zjõ] *f* (⚕ blood-)transfusion; ~**gresser** [~grɛ'se] (1a) *v/t.* transgress, infringe, break (*a law etc.*); ~**humer** [trãzy'me] (1a) *v/t.* move (*flocks*) to *or* from the Alpine pastures; *v/i.* móve to *or* from the hills.

transiger [trãzi'ʒe] (1l) *v/i.* compromise (*a. fig.*); come to terms (with, *avec*).

transir [trã'siːr] (2a) *v/t.* chill; benumb; *fig.* paralyse (with, de); *v/i.* be chilled to the bone; be paralysed with fear.

transistor [trãzis'tɔr] *m radio:* transistor.

transit [trã'zit] *m* ✝ transit; 🚢 through traffic; **transitaire** [trãzi'tɛːr] 1. *adj.* relating to transit of goods; (*country*) across which goods are conveyed in transit; 2. *su./m* forwarding *or* transport agent; **transiter** ✝ [~'te] (1a) *v/t.* convey (*goods*) in transit; *v/i.* be in transit; **transitif, -ve** [~'tif, ~'tiːv] *gramm.* transitive; *geol.* transitional; **transition** [~'sjõ] *f* transition; ♪ modulation; *geol.* de ~ transitional; **transitoire** [~'twaːr] transitory, transient; temporary; *gramm.* glide (*consonant, vowel*).

trans...: ~**lation** [trãsla'sjõ] *f* transfer; ⊕, *eccl.* translation; ⊕ shifting; *tel.* retransmission; ✝ conveyance; ~**lucide** [~ly'sid] semi-transparent, translucent; ~**lucidité** [~lysidi'te] *f* semi-transparency, translucence; ~**metteur** [~mɛ'tœːr] *m* transmitter; ⚓ signals (officer) *sg.*; ⚓ ship's telegraph; ~**mettre** [~'mɛtr] (4v) *v/t.* transmit (*tel., radio, a. heat, light, a message*); pass on (*a disease, a message*); hand down (*to other generations*); ✝ convey, transfer; ⚖ assign (*a patent, shares*); ~**migration** [~migra'sjõ] *f people, soul:* transmigration; ~**migrer** [~mi'gre] (1a) *v/i.* transmigrate; ~**missibilité** [~misibili'te] *f* transmissibility; ⚖ transferability; ~**missible** [~mi'sibl] transmissible; ⚖ *etc.* transferable; ~**mission** [~mi'sjõ] *f message, order, a.* ⊕, 📻, *phys., radio, tel.:* transmission; *disease, message, order:* passing on; ⊕ drive, (transmission) gear, shafting; ⚖ transfer, conveyance; ⚖ *patent, shares:* assignment; *foot.* passing; ⚔, ⚓ ~s *pl.* signals; *mot.* ~ par chaîne chain-drive; ~**muable** [~'mɥabl] transmutable (into, en); ~**muer** [~'mɥe] (1n) *v/t.* transmute (into, en); ~**mutabilité** [~mytabili'te] *f* transmutability (into, en); ~**mutable** [~my'tabl] transmutable

transmutation 494

(into, *en*); ~**mutation** [~myta'sjɔ̃] *f* transmutation (into, *en*); ~**océanique** [trãzɔsea'nik] transoceanic; ~**paraître** [trãspa'rɛːtr] (4k) *v/i.* show through; ~**parence** [~pa'rãːs] *f* transparency; ~**parent, e** [~pa'rã, ~'rãːt] **1.** *adj.* transparent (*a. fig.*); **2.** *su./m* transparency; *writing-pad:* guide-lines *pl.*; ~**percer** [~pɛr'se] (1k) *v/t.* pierce (through); run (*s.o.*) through; transfix; *fig.* pierce (s.o. to the heart, *le cœur à q.*); *fig. rain:* soak.

transpiration [trãspira'sjɔ̃] *f* ⚕︎ perspiring; perspiration, sweat; ⚘, *phys., physiol., a. fig.* transpiration; en ~ in a sweat; **transpirer** [~'re] (1a) *v/i.* perspire, sweat; ⚘, *physiol., a. fig.* transpire; *fig.* leak (out) (*news, secret*).

trans...: ~**plantable** ⚘, ⚕︎ [trãsplã-'tabl] transplantable; ~**plantation** [~plãta'sjɔ̃] *f* transplanting, transplantation; ~**planter** ⚘, ⚒︎, ⚕︎, *fig.* [~plã'te] (1a) *v/t.* transplant. ~**port** [~'pɔːr] *m* ✞ transport, carriage; ⚒︎, ⚖︎ conveyance; ⚖︎ assignment; ✞ *account:* transfer, balance brought forward; ⚓ troop-ship, transport; *fig. anger:* (out)burst; *delight, joy:* transport, ecstasy; ⚕︎ ~ *au cerveau* brain-storm; light-headedness, stroke; ~ *d'aviation* aircraft transport; ⚖︎ ~ *sur les lieux* visit to the scene (of the occurrence); ✞ *compagnie f de* ~ forwarding company; ⊕ *courroie f de* ~ conveyor-belt; *de* ~ ⊕ conveyor-...; *geol.* alluvial (*deposit*); ~**portable** [~pɔr'tabl] transportable; ⚕︎ fit to be moved (*patient*); ~**portation** [~pɔrta'sjɔ̃] *f* ✞ *goods:* conveyance; ✞, ⚖︎ transportation; ~**porter** [~pɔr'te] (1a) *v/t.* transport (*a.* ⚖︎), carry, transfer (*to another place*); ⚖︎ assign; ✞ carry over; transfer; extend (*the balance*); *fig.* carry (*s.o.*) away; *transporté de joie* beside o.s. with joy, enraptured; *se* ~ go; ⚖︎ *se* ~ *sur les lieux* visit the scene (of the occurrence); ~**porteur** [~pɔr'tœːr] *m* ✞ carrier; ⊕ conveyor; ~ *aérien* overhead runway, cableway; ~**posable** [~po'zabl] transposable; ~**poser** [~po'ze] (1a) *v/t. typ.*, ♪, ⚖︎, *etc.* transpose; ~**positeur** ♪ [~pozi-'tœːr] *m* (*a. instrument m* ~) transposing instrument; ~**position** [~pozi'sjɔ̃] *f* transposition; *cin.* dubbing; ~**sibérien, -enne** *geog.* [~sibe'rjɛ̃, ~'rjɛn] trans-Siberian; ~**substantiation** *eccl.* [~sypstãsja'sjɔ̃] *f* transubstantiation; ~**suder** [~sy'de] (1a) *v/t/i.* transude; *v/i.* ooze through; ~**vasement** [~vɑz-'mã] *m liquid:* decanting; ~**vaser** [~vɑ'ze] (1a) *v/t.* decant; *se* ~ siphon; ~**versal, e,** *m/pl.* **-aux** [~ver'sal, ~'so] **1.** *adj.* cross(-*section*), transverse (*a. anat. muscle*), transversal; ⚓ athwartship; ⚕︎ *coupe f* ~*e* cross-section; **2.** *su./f* ⚕︎ transversal; ~**versalement** [~ver-sal'mã] *adv.* transversely, crosswise; ⚓ athwartship.

trapèze [tra'pɛːz] *m* ⚕︎ trapezium; *sp.* trapeze; *anat.* (*a. muscle m* ~) trapezius; **trapéziste** *sp.* [~pe'zist] *su.* trapeze-artist; trapezist; **trapézoïde** ⚕︎ [~pezɔ'id] *m* trapezoid.

trappe [trap] *f* trap-door; *thea., a. hunt.* trap; *fireplace:* register; *French fireplace:* blower, curtain; **trappeur** [tra'pœːr] *m* trapper.

trapu, e [tra'py] thick-set, stocky, squat.

traque *hunt.* [trak] *f game:* beating; **traquenard** [~'naːr] *m horse:* racking gait; hunting trap; trap (*a. fig.*); *fig. être pris dans son propre* ~ fall into one's own trap; **traquer** [tra'ke] (1m) *v/t.* beat (*the wood*) for game; beat up (*game*); track down (*a criminal*); surround, hem (*s.o.*) in; **traquet** [~'kɛ] *m* ⊕ *mill:* clapper; *orn.* wheatear; **traqueur** *hunt.* [~'kœːr] *m* beater.

traumatique ⚕︎ [troma'tik] traumatic; **traumatisme** ⚕︎ [~'tism] *m* traumatism.

travail[1] *vet.* [tra'vaːj] *m* frame, sling. **travail**[2], *pl.* **-aux** [tra'vaːj, ~'vo] *m* work; *pol.* labo(u)r; ⊕, *physiol., a. wine:* working; ⚕︎ childbirth; employment; piece of work, F job; workmanship; business; ⊕ power; ~ *à la tâche* piece-work; ~ *en série* mass production; ~ *intellectuel* (*manuel*) brain-work (manual work); *accident m du* ~ accident at work; *être sans* ~ be out of work; ⚖︎ ~*aux pl.* forcés hard labo(u)r *sg.*; **travailler** [trava'je] (1a) *v/i.* work (on, *sur*), toil; be at work; strive, endeavo(u)r; perform (*animal*); work, ferment (*wine*); warp, shrink

tremblant

(*wood*); fade (*colour*); be active (*mind, volcano*); ⊕ be stressed (*beam*); strain (*cable, ship, etc.*); ⚓ produce interest (*capital*); v/t. work (a. ⚔, ⊕); torment (*s.o., s.o.'s mind*); ⊕ shape, fashion; knead (*dough*); overwork (*a horse*); work (hard) at, study (*a subject*); *phot.* work up; *fig.* tamper with; se ~ strain; **travailleur, -euse** [~'jœːr, ~'jøːz] **1.** *adj.* hard-working, industrious; **2.** *su.* worker; *su./m* workman, labo(u)rer; ~ *de force* heavy worker; ~ *intellectuel (manuel)* brain-worker (manual worker); *su./f* (*lady's*) work-table; *zo.* worker (bee); **travaillisme** *pol.* [~'jism] *m* Labour; **travailliste** *pol.* [~'jist] **1.** *adj.* Labour ...; **2.** *su./m* member of the Labour party; *parl.* Labour member.

travée △ [tra've] *f* bay (*a. of a bridge*); bridge: span; ✈ wing: rib.

travers [tra'vɛːr] **1.** *su./m* breadth; ⚓ beam; △ irregularity; △ *mantelpiece*: lintel; *racquet*: cross-string; *fig.* fault, failing; *metall.* ~ *pl.* cross-cracks; ~ *de doigt* finger's breadth; **2.** *adv.*: *de* ~ askew, awry; (*look*) askance; *fig.* wrong; *en* ~ across, crosswise; ⚓ athwart; **3.** *prp.*: à ~, au ~ *de* through (*s.th.*); à ~ *champs* across country; **traversable** [~vɛr'sabl] traversable; fordable (*river*); **traverse** [~'vɛrs] *f* △ traverse beam *or* girder; *ladder*: rung; transom; ⚓ sleeper, *Am.* tie; *mot. etc.* cross-member; ⊕ crosshead; ⚒ ground-sill; ⚓ harbour: bar; *fig.* set-back; (*a. chemin m de* ~) crossroad, short cut; cross-street; **traversée** [travɛr'se] *f* ⚓, 🚂 crossing; ⚓ voyage, passage; *mount.* traverse; **traverser** [~'se] (1a) *v/t.* cross (*a. fig.*); pass *or* go through; △ *bridge*: span (*a river*); *fig.* cut, cross-cut (*a stone*); *fig.* thwart; **traversier, -ère** [~'sje, ~'sjɛːr] cross-..., crossing; ferry(-boat); ⚓ leading (*wind*); ♪ transverse (*flute*); **traversin** [~'sɛ̃] *m carpentry*: cross-bar, crosspiece; *balance*: beam; *bed*: bolster; **traversine** [~'sin] *f* cross-bar, cross-beam; ⚓ gangplank.

travesti, e [traves'ti] **1.** *adj.* disguised; fancy-dress (*ball*); burlesqued; **2.** *su./m* fancy dress; *thea.* man's part (played by a woman) (*or vice versa*); **travestir** [~'tiːr] (2a) *v/t.* disguise (as, en); *fig.* parody, burlesque (*a poem etc.*); F *fig.* misrepresent, overpaint; **travestissement** [~tis'mɑ̃] *m* disguise; disguising; *fig.* travesty; misrepresentation (*of a fact*).

trayeur [trɛ'jœːr] *m* milker; **trayeuse** [~'jøːz] *f* milkmaid; milking-machine; **trayon** [~'jɔ̃] *m cow*: teat, dug.

trébuchant, e [treby'ʃɑ̃, ~'ʃɑ̃ːt] stumbling; staggering; of full weight (*coin*); **trébucher** [~'ʃe] (1a) *v/i.* stumble (a. *fig.*), stagger; turn the scale (*coin*); *fig.* trip; *v/t.* test (*a coin*) for weight; **trébuchet** [~'ʃɛ] *m* assay *or* precision balance; trap (*for small birds*).

tréfiler ⊕ [trefi'le] *v/t.* wire-draw; **tréfilerie** ⊕ [~fil'ri] *f* wire-drawing (mill); **tréfileur** ⊕ [~fi'lœːr] *m* wire-drawer.

trèfle [trɛfl] *m* ♀ clover; △, ♀ trefoil; *cards*: club(s *pl.*); ♀ ~ *blanc* shamrock; *mot. croisement m en* ~ cloverleaf (crossing); *jouer* ~ play a club, play clubs; **tréflière** ⚔ [trɛfli'ɛːr] *f* clover-field.

tréfonds [tre'fɔ̃] *m* ⚖ subsoil; *fig.* depths *pl.*; *le fonds et le* ~ ⚖ soil and subsoil; *fig.* the ins *pl.* and outs *pl.* (*of s.th.*).

treillage [trɛja:ʒ] *m* trellis; latticework; wire netting; wire fencing; **treillager** [~ja'ʒe] (1l) *v/t.* trellis; lattice (*a wall, a window*); enclose with wire netting.

treille [trɛːj] *f* vine-arbo(u)r; ♀ climbing vine, grape-vine; *fig., a. poet.* jus *m de la* ~ juice of the grape, wine.

treillis [trɛ'ji] *m* trellis(-work), lattice; grid (*for maps etc.*); *tex.* glazed calico; *tex.* coarse canvas, sackcloth; ✕ fatigue-dress, fatigues *pl.*; **treillisser** [~ji'se] (1a) *v/t.* see *treillager*.

treize [trɛːz] **1.** *adj./num.* thirteen; *date, title*: thirteenth; ~ *à la douzaine* baker's dozen; **2.** *su./m/inv.* thirteen; **treizième** [trɛ'zjɛm] *adj./num., a. su.* thirteenth.

tremblaie ♀ [trɑ̃'blɛ] *f* aspen grove; **tremblant, e** [trɑ̃'blɑ̃, ~'blɑ̃ːt] **1.** *adj.* trembling (with, de); quaking, shaking (*ground, voice*); quavering (*voice*); flickering (*light*);

tremble

shaky (*bridge*, *a. fig. person*); quivering (*face*); **2.** *su./m* ♪ *organ*: tremolo (*stop*); **tremble** ♭ [trã:bl] *m* aspen; **tremblement** [trãblə-'mã] *m* trembling, shaking, quivering; *voice*: quaver(ing); *fig. horror*: shudder(ing); ♪ tremolo; ✵, *a. fig. emotion*: tremor; ~ de terre earthquake, earth tremor; F tout le ~ the whole shoot *or* caboodle; **trembler** [~'ble] (1a) *v/i*. tremble, shake, quiver (with, de); quaver (♪, *a. voice*); flicker (*light*); flutter (*bird's wings*); *fig.* tremble, be afraid; ~ que (*sbj.*) be terrified lest (*cond.*); **trembleur, -euse** [~'blœːr, ~'bløːz] *su.* trembler; *fig.* timid *or* anxious person; *su./m* ⚡ make-and-break; *tel., teleph.* buzzer; **trembloter** F [~blɔ'te] (1a) *v/i*. quiver; quaver (*voice*); flicker (*light*); flutter (*wings*); shiver (with, de).

trémie ⊕ [tre'mi] *f* mill-hopper; *blast-furnace*: cone; funnel.

trémière ♭ [tre'mjɛːr] *adj./f*: rose *f* ~ hollyhock.

trémousser [tremu'se] (1a) *v/i*. flutter (wings, *des ailes*); *v/t.*: se ~ flutter (*bird*); fidget (*child etc.*); jig up and down; *fig.* bestir o.s., F get a move on.

trempage [trã'paːʒ] *m* ⊕ soaking, steeping; *typ. paper*: damping; **trempe** [trã:p] *f* ⊕ soaking, steeping; *typ. paper*: damping; *metall.* tempering, hardening; *steel*: temper; *fig.* quality, stamp; F thrashing, hiding; ~ de surface case-hardening; **trempé, e** [trã'pe] **1.** *adj.* soaked, wet; *fig.* bien ~ well-tempered (*mind*); of great stamina (*person*); **2.** *su./f* soaking, steeping; F thrashing, hiding; **tremper** [~'pe] (1a) *v/t.* soak; drench; dip (*the pen in ink*); dip, Am. dunk (*bread*, *biscuit*, *in a liquid*); ⊕ harden (*steel*, *a. fig. muscles*); *typ.* damp (*paper*); dilute (*wine*) with water; *v/i.* soak; *fig.* be a party (to, *dans*) ~; **trempette** [~'pɛt] *f*: faire la ~ dip, Am. dunk a biscuit *etc.* in one's wine *or* coffee *etc.*; F faire ~ have a dip.

tremplin [trã'plɛ̃] *m sp. etc.* springboard; diving-board; *ski*: platform; *fig.* stepping-stone (to, *pour*).

trémulation ✵ [tremyla'sjɔ̃] *f* tremor.

trentaine [trã'tɛn] *f* (about) thirty; la ~ the age of thirty, the thirties *pl.*; **trente** [trã:t] *adj./num., a. su./m/inv.* thirty; *date*, *title*: thirtieth; **trentième** [trã'tjɛm] *adj./num., a. su.* thirtieth.

trépan [tre'pã] *m* ✵, ⊕ trepan; ⊕ rock-drill; *a.* = **trépanation** [~pana'sjɔ̃] *f* trepanning; **trépaner** [~pa'ne] (1a) *v/t.* ✵ trepan; ⊕ drill *or* bore into (*rock*).

trépas *poet.* [tre'pɑ] *m* death, decease; **trépassé, e** [trepa'se] *adj., a. su.* dead, departed, deceased; **trépasser** [~] (1a) *v/i.* die, pass away.

trépidation [trepida'sjɔ̃] *f* ✵, *a. fig.* trembling; *fig.* flurry, agitation; ⊕ *machine*: vibration; *earth*: tremor.

trépied [tre'pje] *m* tripod; *cuis.* trivet.

trépigner [trepi'ɲe] (1a) *v/i.* stamp one's feet; jump (for joy, de joie); dance (with, de); *v/t.* trample (*the earth*).

trépointe [tre'pwɛ̃t] *f shoe*: welt.

très [trɛ] *adv.* very, most; very much.

trésaille [tre'zɑːj] *f waggon*: cross-piece.

Très-Haut [trɛ'o] *m/inv.*: le ~ the Almighty, God.

trésor [tre'zɔːr] *m* treasure (*a. fig.*); treasure-house; *eccl.* relics *pl.* and ornaments *pl.*; ⚖ treasure-trove; *pol.* ♀ Treasury; ~s *pl.* wealth *sg.*; F dépenser des ~s *pour* spend a fortune on; **trésorerie** [~zɔr'ri] *f* treasury; treasurer's office; treasurership; *pol.* ♀ Treasury; *Britain*: Exchequer; **trésorier, -ère** [~'rje, ~'rjɛːr] *su.* treasurer; *su./m admin., a.* ✠ paymaster; *su./f admin.* paymistress.

tressage [trɛ'sɑːʒ] *m* plaiting, braiding.

tressaillement [trɛsaj'mã] *m* surprise: start; *fear*: shudder; *pleasure*, *joy*: thrill; *pain*: wince; **tressaillir** [~sa'jiːr] (2s) *v/i.* quiver, flutter (*heart*); ~ de start (*etc.*) with; shudder with (*fear*); thrill with (*joy*); wince with (*pain*).

tressauter [trɛso'te] (1a) *v/i.* jump (with fear, surprise, *etc.*); jolt, jump about (*things*).

tresse [trɛs] *f hair, straw*: tress, plait; *yarn, a.* ✂: braid; **tresser** [trɛ'se] (1a) *v/t.* plait (*hair, straw*);

braid (*yarn, a. ⚓*); weave (*a basket, flowers, a garland*); **tresseur** *m*, **-euse** *f* [~'sœ:r, ~'sø:z] braider, plaiter.

tréteau [tre'to] *m* trestle, support; *thea.* ~x *pl.* stage *sg.*

treuil ⊕ [trœ:j] *m* winch, windlass.

trêve [trɛ:v] *f* truce; *fig.* respite; F ~ de plaisanteries! no more joking!

tri [tri] *m* sorting.

triade [tri'ad] *f* triad.

triage [tri'a:ʒ] *m* sorting; selecting; ⚒ grading; 🚂 gare *f* de ~ marshalling yard.

triangle [tri'ã:gl] *m* ⚓, ♪, *astr.* triangle; ⚓ triangular flag; ⚡ three-phase mesh; set square, *Am.* triangle; **triangulaire** [triãgy'lɛ:r] triangular; *pol.* three-cornered (*contest*); **triangulation** *surv.* [~la'sjɔ̃] *f* triangulation.

trias *geol.* [tri'ɑ:s] *m* trias; **triasique** *geol.* [~a'zik] triassic.

tribal, e [tri'bal] tribal.

tribord ⚓ [tri'bɔ:r] *m* starboard; à (*or* par) ~ to starboard.

tribu [tri'by] *f* tribe; *zo.* sub-family.

tribulation [tribyla'sjɔ̃] *f* tribulation; *fig.* trial.

tribun [tri'bœ̃] *m* hist. tribune; *fig.* popular orator; demagogue.

tribunal [triby'nal] *m* ⚖, ⚔, *a. admin.* tribunal; ⚖ (law-)court; *judges:* bench; ~ arbitral (de commerce) arbitration (commercial) court; ~ de première instance court of first instance; (*approx.*) County Court; ~ de simple police magistrate's court, F police-court; ~ pour enfants juvenile court; **tribune** [~'byn] *f* rostrum, (*speaker's*) platform; ♫ (*organ*) loft; ♫, *eccl.*, etc. gallery; *turf:* grand stand; *parl.* monter à la ~ address the House.

tribut [tri'by] *m* tribute (*a. fig.*); *fig.* reward; **tributaire** [~by'tɛ:r] tributary (*a. geog.*).

tricar *mot.* [tri'ka:r] *m* motor-tricycle; three-wheeler.

tricher [tri'ʃe] (1a) *vt/i.* cheat; **tricherie** [triʃ'ri] *f* cards etc.: cheating; trickery; **tricheur** *m*, **-euse** *f* [tri'ʃœ:r, ~'ʃø:z] cheat, trickster; *cards:* sharper.

trichine ⚕ [tri'ʃin, ~'kin] *f* trichina; thread-worm; **trichinose** ⚕ [~ki-'no:z] *f* trichinosis.

trichromie *phot.*, *typ.* [trikrɔ'mi] *f* three-colo(u)r process.

tricolore [trikɔ'lɔ:r] tricolo(u)r(ed); drapeau *m* ~ tricolo(u)r, French (national) flag.

tricorne [tri'kɔrn] **1.** *adj. zo.* three-horned; *cost.* tricorn (*hat*); **2.** *su./m* tricorn, three-cornered hat.

tricot [tri'ko] *m* knitting; *tex.* stockinet; ✝ knitwear; *cost.* (under)vest; jersey, sweater, pullover; **tricotage** [trikɔ'ta:ʒ] *m* knitting; **tricoter** [~'te] (1a) *v/t.* knit; F se ~ make off; *v/i.* F *fig.* move fast; F dance; **tricoteur, -euse** [~'tœ:r, ~'tø:z] *su.* knitter; *su./f* knitting-machine; ⊕ knitting-loom.

trictrac [trik'trak] *m* backgammon (-board); *dice:* rattle.

tricycle [tri'sikl] *m* tricycle; three-wheeled vehicle.

trident [tri'dã] *m myth. etc.* trident; ✧ three-pronged pitch-fork; ⚓ trident curve; fish-spear.

trièdre ⚓ [tri'edr] **1.** *adj.* trihedral; **2.** *su./m* trihedral, trihedron.

triennal, e, *m/pl.* **-aux** [triɛn'nal, ~'no] triennial; **triennat** [~'na] *m* triennium; three-year term of office.

trier [tri'e] (1a) *v/t.* sort (out); *tex.* pick; 🚂 marshal (*trucks*); *fig.* choose, select; **trieur, -euse** [~-'œ:r, ~'ø:z] *su. person:* sorter; *tex.* (*wool-*)picker; *su./m* ⊕ screening-machine; separator, sorter; *su./f* wool-picking machine; *computer:* sorter.

trifolié, e ♀ [trifɔ'lje] three-leaved, trifoliate.

trigone ⚓ [tri'gɔn] trigonal, three-cornered; **trigonométrie** ⚓ [~gɔ-nɔme'tri] *f* trigonometry.

trilatéral, e, *m/pl.* **-aux** [trilate'ral, ~'ro] trilateral, three-sided.

trilingue [tri'lɛ̃:g] trilingual.

trille ♪ [tri:j] *m* trill; **triller** ♪ [tri'je] (1a) *vt/i.* trill.

trillion [tri'ljɔ̃] *m* a million of billions, trillion, *Am.* a billion of billions, quintillion.

trilobé, e ⚓ [trilɔ'be] trefoiled.

trilogie [trilɔ'ʒi] *f* trilogy.

trimard *sl.* [tri'ma:r] *m* high road; **trimarder** *sl.* [trimar'de] (1a) *v/i.* be on the tramp; **trimardeur** *sl.* [~'dœ:r] *m* tramp, *Am.* hobo.

trimbaler F [trɛ̃ba'le] (1a) *v/t.* carry

trimer

about; trail (*s.o.*), have (*s.o.*) in tow; lug (*s.th.*) about.

trimer F [tri'me] (1a) *v/i.* drudge, toil.

trimestre [tri'mɛstr] *m* quarter, three month; quarter's rent *or* salary; *univ., school*: term, *Am.* session; term's fees *pl.*, *Am.* sessional fees *pl.*; **trimestriel, -elle** [‿mɛstri'ɛl] quarterly; trimestrial.

trimoteur ✈ [trimɔ'tœːr] 1. *adj./m* three-engined; 2. *su./m* three-engined aeroplane.

tringle [trɛ̃ːgl] *f* rod; 🛏 bar; ⚓ *etc.* (*wooden*) batten; △ square mo(u)lding, tringle.

trinité [trini'te] *f* trinity (*a.* ♀ *eccl.*).

trinôme ⚗ [tri'noːm] *adj., a. su./m* trinomial.

trinquart ⚓ [trɛ̃'kaːr] *m* herring-boat.

trinquer [trɛ̃'ke] (1m) *v/i.* clink *or* touch glasses (with, *avec*); (have a) drink (with, *avec*); F *fig.* hobnob (with, *avec*); *sl.* get the worst of it, suffer.

trio [tri'o] *m* ♪ *etc.* trio; *metall.* three-high mill.

triode [tri'ɔd] *f* (*a.* lampe *f* ‿) *radio*: three-electrode lamp, triode.

triolet [triɔ'lɛ] *m* ♪ triplet; *prosody*: triolet.

triomphal, e, *m/pl.* **-aux** [triɔ̃'fal, ‿'fo] triumphal; **triomphalement** [‿fal'mɑ̃] *adv.* triumphantly; **triomphateur, -trice** [‿fa'tœːr, ‿'tris] 1. *adj.* triumphing; 2. *su./m* F conquering hero; **triomphe** [tri'ɔ̃ːf] *m* triumph; arc *m* de ‿ triumphal arch; **triompher** [‿ɔ̃'fe] (1a) *v/i.* triumph (over, de); *fig.* rejoice, exult (over, de); ‿ dans excel in *or* at; ‿ de *a.* overcome, get over (*s.th.*).

tripaille F [tri'paːj] *f* garbage; (*butcher's*) offal.

triparti, e [tripar'ti], **tripartite** [‿'tit] tripartite; *pol.* three-party (*government*), three-power; **tripartition** [‿ti'sjɔ̃] *f* tripartition.

tripe [trip] *f cuis.* (*usu.* ‿s *pl.*) tripe; *cigar*: core; F ‿s *pl.* guts; *tex.* ‿ de velours velveteen; **triperie** [tri'pri] *f* tripe-shop, tripe trade; **tripette** F [‿'pɛt] *f*: ça ne vaut pas ‿ it's not worth a cent.

triphasé, e ⚡ [trifa'ze] three-phase, triphase.

tripier [tri'pje] *m* tripe-dealer, tripe-seller.

triple [tripl] 1. *adj.* threefold, treble; triple (*a.* ⚗, ⚗, *astr.*); F *fig.* out-and-out (*fool*); 2. *su./m* treble; **triplé** *m*, **e** *f* [tri'ple] *children*: triplet; **tripler** [‿] (1a) *vt/i.* treble; increase threefold.

triporteur [tripɔr'tœːr] *m* carrier-tricycle; (*commercial*) tri-car.

tripot [tri'po] *m* gambling-house, gambling-den; bawdy house; **tripotage** [tripɔ'taːʒ] *m* messing about *or* round; *fig.* intrigue; tampering (*with accounts, the cash, etc.*); **tripotée** *sl.* [‿'te] *f* hiding, beating; lots *pl.* (*of people, things*); **tripoter** [‿'te] (1a) *v/i.* mess about *or* around; do odd jobs; gamble (in, sur); tamper (with the cash, *dans la caisse*); *v/t.* handle, play with; meddle with (*s.th.*); paw (*s.o.*); speculate in (*the market*); *fig.* be up to; **tripoteur** [‿'tœːr] *m* intriguer; mischief-maker; shady speculator.

trique F [trik] *f* cudgel, big stick.

triqueballe [trik'bal] *m* timber-cart; logging-wheels *pl.*

trique-madame ♀ [trikma'dam] *f* white stonecrop.

triquer [tri'ke] (1m) *v/t.* sort (*timber*); beat, thrash (*s.o.*).

trisaïeul [triza'jœl] *m* great-great grandfather; **trisaïeule** [‿] *f* great-great grandmother.

trisannuel, -elle [triza'nɥɛl] triennial.

trisection [trisɛk'sjɔ̃] *f* trisection.

trisser[1] [tri'se] (1a) *v/i.* twitter (*swallow*).

trisser[2] [‿] (1a) *v/i.* call for a second encore; *v/t.* encore twice.

triste [trist] sad; sorrowful, melancholy (*face, news, person*); downcast (*expression, face, person*); dull (*life, weather*); gloomy, dreary (*life, room, scene, weather*); painful (*duty, news*); *fig.* sorry, poor; **tristesse** [tris'tɛs] *f* sadness; gloom; *life, room, scene, weather*: gloominess, dreariness; *scenery*: bleakness.

triton[1] *zo.* [tri'tɔ̃] *m* water-salamander, newt; *mollusc*: trumpet-shell.

triton[2] ♪ [‿] *m* tritone.

trituration ⊕ [trityra'sjɔ̃] *f* trituration, grinding; **triturer** ⊕ [‿'re] (1a) *v/t.* triturate, grind; masticate.

trivalence [triva'lɑ̃:s] *f* trivalence; **trivalent, e** [~'lɑ̃, ~'lɑ̃:t] trivalent.

trivial, e, *m/pl.* **-aux** [tri'vjal, ~'vjo] trite, hackneyed; vulgar, coarse; **trivialité** [~vjali'te] *f* triteness; vulgarity, coarseness, vulgarism.

troc [trɔk] *m* barter, exchange; F swop(ping), *Am.* swap(ping).

trochée [trɔ'ʃe] *m prosody*: trochee.

troène ♀ [trɔ'ɛn] *m* privet.

troglodyte [trɔglɔ'dit] *m zo., orn.* troglodyte; *person*: caveman, cavedweller.

trogne [trɔɲ] *f* bloated face.

trognon [trɔ'ɲɔ̃] *m fruit*: core; *cabbage*: stump, stalk; *sl.* darling.

trois [trwa] **1.** *adj./num.* three; *date, title*: third; **2.** *su./m/inv.* three; règle *f* de ~ rule of three; ~-étoiles [trwaze'twal] *m*: M. ~ Mr X; **troisième** [~'zjɛm] **1.** *adj./num.*, *a.* *su.* third; **2.** *su./m fraction*: third; third, *Am.* fourth floor; *su./f secondary school*: (*approx.*) fourth form; **trois-mâts** ⚓ [trwa'mɑ] *m/inv.* threemaster; **trois-quarts** [~'ka:r] *m/inv.* ♪ three-quarter violin; three-quarter length coat; *rugby*: three-quarter; **trois-six** ♀ [~'sis] *m* proof spirit.

trolley [trɔ'lɛ] *m* ⊕ trolley, runner; ⚡ trolley(-pole and wheel); **~bus** [~lɛ'bys] *m* trolley-bus.

trombe [trɔ̃:b] *f* waterspout; *fig.* entrer en ~ burst in; **trombone** [trɔ̃'bɔn] *m* ♪ trombone; (wire) paper-clip; **tromboniste** ♪ [~bɔ'nist] *m* trombonist.

trommel ⊕, ⚒ [trɔ'mɛl] *m* revolving screen; drum.

trompe [trɔ̃:p] *f* ♪ horn (*a. mot.*); *zo. insect*: probe; *zo.* proboscis; *elephant*: trunk; ⚗ aspirator; *metall.* blast pump; ⚒ water-blast; ⚗ squinch; *anat.* tube; *mot.* hooter.

trompe-la-mort F [trɔ̃pla'mɔ:r] *su./inv.* death-dodger; **trompe-l'œil** [~'plœ:j] *m/inv. paint.* still-life deception; *fig.* illusion; F *pej.* window-dressing, camouflage; pinchbeck; **tromper** [~'pe] (1a) *v/t.* deceive; cheat; mislead; delude (about, *sur*); be unfaithful to (*one's husband* or *wife*); outwit, elude (*the law, a watch*); *fig.* beguile (*one's grief, one's hunger, the time*); *fig.* run counter to (*hopes, intentions*); se ~ be wrong; make a mistake; se ~ de chemin take the wrong road, **tromperie** [~'pri] *f* deceit, deception; illusion; piece of deceit.

trompeter [trɔ̃p'te] (1c) *v/t.* trumpet abroad (*a. fig.*); *fig.* divulge; *v/i.* sound the trumpet; scream (*eagle*).

trompette [trɔ̃'pɛt] *su./f* trumpet; F *fig.* gossip-monger; *mot.* horn; *zo.* trumpet-shell; *su./m* ⚔ trumpeter; **~-major,** *pl.* **~s-majors** ⚔ [~pɛtma'ʒɔ:r] *m* trumpet major.

trompeur, -euse [trɔ̃'pœ:r, ~'pø:z] **1.** *adj.* deceitful (*person*); lying (*tongue, words*); *fig.* deceptive (*appearance etc.*); **2.** *su.* deceiver; cheat; betrayer.

tronc [trɔ̃] *m* ⚘, ⚗, *anat.* trunk; ♀ *tree*: bole; ⚗ column; *eccl.* collection-box; alms-box; ⚗ frustum; ⚗ ~ de cône truncated cone; **tronchet** [trɔ̃'ʃɛ] *m* (*butcher's etc.*) block; **tronçon** [~'sɔ̃] *m* stump; piece; length; offcut; 🚂, *tel., etc.* section; *horse's tail*: dock; **tronconique** ⚗ [~kɔ'nik] in the shape of a truncated cone; **tronçonner** [~sɔ'ne] (1a) *v/t.* cut into lengths; cut up (*anything long and cylindrical*).

trône [tro:n] *m* throne; *monter sur le* ~ ascend the throne; **trôner** [tro'ne] (1a) *v/i.* sit enthroned; F *fig.* sit in state, lord it.

tronquer [trɔ̃'ke] (1m) *v/t.* ⚗, ⚗ truncate; *fig.* shorten; *fig.* cut down.

trop [tro] *adv.* too much *or* many; too, over-...; unduly; too long *or* far; too often; too well; de ~ too many; être de ~ be unwelcome, be in the way; ne ... que ~ far too ..., only too ...; *par* ~ altogether *or* really too ...

trophée [trɔ'fe] *m* trophy.

trophique *physiol.* [trɔ'fik] trophic; digestive (*trouble*).

tropical, e, *m/pl.* **-aux** [trɔpi'kal, ~'ko] tropical (*climate, heat, plant*); **tropique** *astr., geog.* [~'pik] *m* tropic.

trop-plein [trɔ'plɛ̃] *m* overflow; waste-pipe; overflow-pipe; *fig.* superabundance.

troquer [trɔ'ke] (1m) *v/t.* exchange, barter, F swop, *Am.* swap (for, *contre*).

trot [tro] *m* trot; aller au ~ trot; F au ~ quickly; prendre le ~ break into a trot; **trotte** F [trɔt] *f* dis-

tance; *tout d'une* ~ at a stretch;
trotte-menu F [~mə'ny] *adj./inv.*
scampering; toddling (*steps of child*); *poet.* la gent ~ mice *pl.*;
trotter [trɔ'te] (1a) *v/i.* trot; scamper (*mice*); F *fig.* be on the move or go; ~ *par* (or *dans*) *la tête de q.* haunt s.o. (*tune*); *v/t.*: F *se* ~ be off; **trotteur, -euse** [~'tœːr, ~'tœːz] **1.** *adj.* walking(*-costume etc.*); **2.** *su. horse:* trotter; *fig.* quick walker; *su./f clock, watch:* second-hand; **trottin** [~'tɛ̃] *m* errand-girl;
trottiner [~ti'ne] (1a) *v/i.* trot short (*horse*); jog along (*on a horse*); *fig.* toddle (*child*); *fig.* trot about;
trottinette [~ti'nɛt] *f* scooter;
trottoir [~'twaːr] *m* pavement, footpath, *Am.* sidewalk; ~ *cyclable* cycle path; F *pej.* faire le ~ walk the streets.

trou [tru] *m* hole; *needle:* eye; gap (*a. fig.*); *anat.* foramen; *thea.* (*prompter's*) box; ⚔ ~ *d'air* air-pocket; ⊕ ~ *de graissage* oil-hole; *fig.* boucher un ~ pay off a debt; F *faire un* ~ *à la lune* do a moonlight flit; abscond.

troublant, e [tru'blɑ̃, ~'blɑ̃ːt] disturbing; disquieting; unsettling;
trouble [trubl] **1.** *adj.* troubled; confused; murky (*light, sky, water*); dim (*eyes, light*); **2.** *su./m* confusion, disorder; *eyesight, digestion:* trouble; dissension; *fig.* uneasiness, turmoil; ⊕, *fig., pol.* disturbance; **trouble-fête** [trublə'fɛːt] *su./inv.* spoilsport, wet blanket; **troubler** [~'ble] (1a) *v/t.* disturb (⚓, *a. water etc., a. fig. a person*); cloud (*a liquid*); *fig.* interrupt; *fig.* perplex, disconcert; make (*s.o.*) uneasy; ruffle (*s.o.*); *se* ~ become cloudy *or* overcast (*sky*); falter (*voice*); become flustered (*person*); show concern.

trouée [tru'e] *f* gap (*a.* ⚔), breach; ⚔ break-through; **trouer** [~] (1a) *v/t.* make a hole *or* holes in; ⚔ breach; *fig.* pit (with, *de*); *fig.* make gaps in; *se* ~ wear into holes, develop holes; *fig.* open, show gaps *or* a gap.

trouille *sl.* [truːj] *f* fear, jitters *pl.*; *avoir la* ~ have the wind up.

troupe [trup] *f people:* troop (*a.* ⚔), band; *pej.* gang; *thea.* company, troupe; ⚔ regiment; ⚔ men *pl.*; *cattle, deer, etc.:* herd; *geese, sheep:* flock; *flies:* swarm; *birds:* flight; ⚔ ~*s pl.* forces, troops; **troupeau** [tru'po] *m cattle etc.:* herd; *geese, sheep, a. fig., eccl.:* flock; *fig.* set, pack; **troupier** ⚔ [~'pje] *m* soldier.

trousse [trus] *f* bundle; *hay:* truss; ⊕, ⚛ *instruments, tools:* case, kit; ⚔ *darning, sewing:* housewife; ~ *de toilette* dressing-case; *aux* ~*s de on* (*s.o.'s*) heels, after (*s.o.*); **trousseau** [tru'so] *m keys etc.:* bunch; outfit; *bride:* trousseau; *metall.* sweep; **trousse-queue** [trus'kø] *m/inv. horse:* tail-case; **trousser** [tru'se] (1a) *v/t.* tuck up; turn up (*one's trousers*); *cuis.* truss (*fowl*); *metall.* sweep (*a mould*); F *fig.* polish off, get quickly through (*a meal, one's work*); *fig.* bien *troussé* neat; dapper (*person*); *cuis.* well-prepared; well-turned (*compliment*); **troussis** [~'si] *m* tuck (*to shorten a skirt etc.*).

trouvable [tru'vabl] that can be found, findable; **trouvaille** [~'vaːj] *f* (lucky) find, godsend; **trouver** [~'ve] (1a) *v/t.* find; discover; hit *or* come upon; meet (with); *fig.* consider, think; ~ *bon* (*mauvais*) (dis)approve; ~ *bon de* (*inf.*) think fit to (*inf.*); ~ *la mort* meet one's death; *aller* (*venir*) ~ *q.* go (come) and see s.o.; *comment trouvez-vous* ...? what do you think of ...?; *enfant m trouvé* foundling; *objets m/pl. trouvés* lost property *sg.*; *vous trouvez?* do you think so?; *se* ~ be (present, situated); feel (*better etc.*); happen; *il se trouve que* ... it happens that; **trouvère** [~'vɛːr] *m* minstrel; **trouveur** *m*, **-euse** *f* [~'vœːr, ~'vøːz] discoverer; finder.

truand *m*, **e** *f* [try'ɑ̃, ~'ɑ̃ːd] † vagrant; sturdy beggar; hooligan.

truble [trybl] *f fishing:* hoop-net, shove-net.

truc F [tryk] *m* knack, hang; dodge, trick, *Am.* gimmick; thingummy; thing, gadget.

trucage [try'kaːʒ] *m* faking; cheating; fake; F *accounts:* cooking; *cin.* trick picture; ⚔ dummy work; *pol. elections:* gerrymandering.

truchement [tryʃ'mɑ̃] *m* † interpreter; *fig.* go-between.

trucider F [trysi'de] (1a) *v/t.* massacre, kill.

truc(k) 🌐 [tryk] *m* truck.
truculent, e [tryky'lɑ̃, ˷lɑ̃:t] ruddy (*face*); broad (*language*).
truelle [try'ɛl] *f* ⚙, ⊕, *etc.* trowel; *cuis.* (*fish-*)slice; **truellée** [˷ɛ'le] *f* trowelful.
truffe [tryf] *f* ♀, *cuis.* truffle; F bulbous nose; **truffer** [try'fe] (1a) *v/t. cuis.* stuff with truffles; F riddle (with, *de*); **trufficulteur** [˷fikyl-'tœ:r] *m* truffle-grower; **truffier, -ère** [˷'fje, ˷'fjɛ:r] **1.** *adj.* truffle-...; **2.** *su./m* truffle-grower; *su./f* truffle-bed.
truie [trɥi] *f* sow.
truisme [trɥ'ism] *m* truism.
truite *icht.* [trɥit] *f* trout; ˷ saumonée salmon trout; **truité, e** [trɥi'te] spotted; speckled; crackled (*china*).
trumeau [try'mo] *m* ⚠ pier; pierglass; *cuis.* leg of beef; F trollop.
truquage [try'ka:ʒ] *m see* trucage;
truquer [˷'ke] (1m) *v/t.* fake; F cook (*accounts*); *pol.* gerrymander (*elections*); *v/i.* cheat; sham; **truqueur** *m*, **-euse** *f* [˷'kœ:r, ˷'kø:z] *person*: fraud, humbug; faker (*of antiques etc.*).
trust ✝ [trœst] *m* trust; **truster** ✝ [trœs'te] (1a) *v/i.* trust; *v/t.* monopolize.
trypsine 🧪 [trip'sin] *f* trypsin.
tsar [tsa:r] *m* tsar, czar; **tsarine** [tsa'rin] *f* tsarina, czarina; **tsariste** [˷'rist] *adj., a. su.* tsarist, czarist.
tsé-tsé *zo.* [tse'tse] *f* tsetse-fly.
tu[1] [ty] *pron./pers.* you, † thou.
tu[2]**, e** [˷] *p.p. of* taire.
tuable [tɥabl] fit for slaughter (*animal*); **tuant, tuante** F [tɥɑ̃, tɥɑ̃:t] killing (*work*); splitting (*headache*); *fig.* exasperating; boring (*person*).
tub [tœb] *m* tub, bath.
tubage [ty'ba:ʒ] *m* ⊕, ⚠, ♋, *vet.* tubing; *shaft, well:* casing; **tube** [tyb] *m* ⚙, 🧪, ⊕ *boiler*, ⚓ *torpedo, anat., paint., phys., telev.,* ✝ *tooth-paste, etc.:* tube; ⊕, ⚠ pipe; *radio:* valve; *anat.* duct; *sl.* top hat; 🧪 ˷ *à essai* test-tube; *telev.* ˷ *de prise de vue* camera tube.
tuber[1] [ty'be] (1a) *v/t.* ⊕, ♋, *vet.* tube (*boiler, bore-hole, larynx, well*); ⊕ case (*a shaft*).
tuber[2] [tœ'be] (1a) *v/t.* tub (*s.o.*); *se* ˷ have a tub *or* bath.
tubercule [tybɛr'kyl] *m* ♀ tuber; ♋

tubercle; tuberculé, e *biol.* [˷ky'le] tubercled, tuberculate(d); **tuberculeux, -euse** [˷ky'lø, ˷'lø:z] **1.** *adj.* ♀ tubercular; ♋ tuberculous; **2.** *su.* ♋ tubercular patient; consumptive; **tuberculose** ♋ [˷ky'lo:z] *f* tuberculosis.
tubéreux, -euse ♀ [tybe'rø, ˷'rø:z] tuberose; **tubérosité** [˷rozi'te] *f* tuberosity. [tubular.⎞
tubulaire ♀, ⚠, ⊕, 🌐 [tyby'lɛ:r]⎠
tubulure [tyby'ly:r] *f* pump *etc.*: pipe; nozzle; *bottle:* neck; *mot.* manifold.
tudesque [ty'dɛsk] Teutonic, Germanic; *fig.* uncouth, barbarous.
tue-chien ♀ [ty'ʃjɛ̃] *m/inv.* meadow-saffron; **tue-mouches** [˷'muʃ] *m/inv.* ♀ fly agaric; fly-swatter; (*a. papier m* ˷) fly-paper; **tuer** [tɥe] (1n) *v/t.* kill (*a. fig. time*); *butcher:* slaughter; *fig.* bore (*s.o.*) to death; *fig.* while away (*one's time*); ⚔ *tué à l'ennemi* killed in action; *se* ˷ kill o.s.; commit suicide; be killed; *fig.* wear o.s. out (in, with *à*); **tuerie** [ty'ri] *f fig.* slaughter, massacre; slaughter-house; **tue-tête** [˷'tɛt] *adv.:* à ˷ at the top of one's voice; **tueur** *m*, **tueuse** *f* [tɥœ:r, tɥø:z] killer, slayer, slaughterer (*a. fig.*).
tuf [tyf] *m geol.* tufa; *fig.* foundation, bed-rock; *geol.* ˷ *volcanique* tuff.
tuile [tɥil] *f* tile; F *fig.* (piece of) bad luck; *Am.* tough luck; **tuileau** [tɥi'lo] *m* broken tile; piece of tile; **tuilerie** ⊕ [tɥil'ri] *f* tileworks *usu. sg.*, tile-field; **tuilier** ⊕ [tɥi'lje] *m* tiler, tile-maker.
tulipe [ty'lip] *f* ♀ tulip; 🔦 (tulip-shaped) lamp-shade; **tulipier** ♀ [˷li'pje] *m* tulip-tree.
tulle *tex.* [tyl] *m* tulle; net; **tullerie** ⊕ [˷'ri] *f* tulle-factory; tulle-making.
tuméfaction ♋ [tymefak'sjɔ̃] *f* swelling, tumefaction; **tuméfier** ♋ [˷'fje] (1o) *v/t. a. se* ˷ tumefy, swell.
tumeur ♋ [ty'mœ:r] *f* tumo(u)r, F growth; swelling.
tumulaire [tymy'lɛ:r] tomb..., grave...; tumular(y).
tumulte [ty'mylt] *m* tumult, uproar; *passions, politics:* turmoil; *business:* rush, bustle; riot; **tumultueux, -euse** [˷myl'tɥø, ˷'tɥø:z] tumultuous, riotous; *fig.* noisy, rowdy.

tumulus

tumulus [tymy'lys] *m* tumulus, barrow.
tungstène 🜨, *metall.* [tœks'tɛn] *m* tungsten, wolfram; *acier m au* ~ tungsten steel.
tunique [ty'nik] *f* 🜨, ✕, *cost.* tunic; *eccl.* tunicle.
tunnel [ty'nɛl] *m* tunnel; ✈ ~ *aérodynamique* wind tunnel.
turban *cost.* [tyr'bɑ̃] *m* turban.
turbin F [tyr'bɛ̃] *m* work; *school*: swot, grind.
turbine 🜨 [tyr'bin] *f* turbine; *vacuum cleaner*: rotary fan.
turbiné, e 🜨 *etc.* [tyrbi'ne] turbinate(d); whorled.
turbiner F [tyrbi'ne] (1a) *v/i.* work, toil; *school*: swot, grind; **turbineur** F [~'nœːr] *m* hard worker.
turbocompresseur 🜨, ✈ [tyrbɔkɔ̃prɛ'sœːr] *m* turbo-compressor, turbo-supercharger; **turbopropulseur** ✈ [~prɔpyl'sœːr] *m* propeller turbine; *avion m à* ~ turboprop aircraft; **turboréacteur** [~reak'tœːr] *m* turbo-jet engine.
turbot *icht.* [tyr'bo] *m* turbot; **turbotière** *cuis.* [~bɔ'tjɛːr] *f* turbot-kettle; **turbotin** *icht.* [~bɔ'tɛ̃] *m* young turbot.
turbulence [tyrby'lɑ̃ːs] *f* turbulence (*a. phys.*); *child*: boisterousness; *fig.* unruliness; **turbulent, e** [~'lɑ̃, ~'lɑ̃ːt] turbulent; boisterous (*child, wind*); wild (*sea*); stormy (*life*); *fig.* unruly (*people*).
turc, turque [tyrk] 1. *adj.* Turkish; † *fig.* hard-hearted, harsh; 2. *su./m ling.* Turkish; *su.* ♀ Turk; *tête f de* ♀ scapegoat; try-your-strength machine (*at a fair*).
turco ✕ † F [tyr'ko] *m* Turco (= *Algerian rifleman*).
turf [tyrf] *m* racecourse; turf, racing; **turfiste** [tyr'fist] *su.* race-goer.
turgescence ⚕, ♀ [tyrʒɛ'sɑ̃ːs] *f* turgescence, turgidity; **turgescent, e** ⚕, ♀ [~'sɑ̃, ~'sɑ̃ːt] turgescent.
turgide [tyr'ʒid] turgid, swollen.
turion ♀ [ty'rjɔ̃] *m* turion.
turlupin [tyrly'pɛ̃] *m* buffoon, clown; **turlupinade** [~pi'nad] *f* piece of low buffoonery; low pun; **turlupiner** [~pi'ne] (1a) *v/t.* make low jokes about (*s.o.*); *v/i.* play the clown, act the buffoon.

turlututu F [tyrlyty'ty] 1. *su./m* ♪ (*sort of*) toy flute; 2. *int.* fiddle-sticks!; hoity-toity!
turne F [tyrn] *f* digs *pl.*; den, room; dilapidated house; *quelle* ~! what a hole!; what a dump!
turnep(s) ♀ [tyr'nɛp(s)] *m* kohlrabi.
turpitude [tyrpi'tyd] *f* turpitude; depravity; smut(ty talk *or* story); foul deed.
turquin [tyr'kɛ̃] *adj./m*: *bleu* ~ bluish-grey, slate-blue.
turquoise [tyr'kwaːz] 1. *su./f stone*: turquoise; 2. *adj./inv.* turquoise (*colour*).
tus [ty] *1st p. sg. p.s. of taire.*
tussilage ♀ [tysi'laːʒ] *m* coltsfoot.
tussor *tex.* [ty'sɔːr] *m* tussore(-silk).
tutélaire [tyte'lɛːr] tutelary; guardian...; **tutelle** [~'tɛl] *f* ♂♀ guardianship, tutelage; *pol.* trusteeship; *fig.* protection.
tuteur, -trice [ty'tœːr, ~'tris] *su.* ♂♀ guardian; tutor (*of minor*); committee (*of lunatic*); *fig.* protector; *su./m* ♂ prop, stake; **tuteurage** ♂ [~tœ'raːʒ] *m* staking.
tutoiement [tytwa'mɑ̃] *m* use of *tu* and *toi* (*as a sign of familiarity*); **tutoyer** [~'je] (1h) *v/t.* address (*s.o.*) as *tu*; be on familiar terms with (*s.o.*).
tutu [ty'ty] *m* ballet-skirt.
tuyau [tɥi'jo] *m* pipe, tube; *cost.* fluting, goffer; ♀ stalk; *pipe*: stem; *chimney*: flue; F *fig.* tip, wrinkle, hint; ♂ ~ *d'arrosage* garden-hose; ~ *de jonction* (*or communication*) connecting pipe; ~ *de poêle* stove-pipe; *sl.* top-hat; ~ *d'incendie* fire-hose; *fig. dire qch. à q. dans le* ~ *de l'oreille* whisper s.th. in s.o.'s ear; **tuyautage** [tɥijo'taːʒ] *m* ⚙ piping, tubing; pipes *pl.*; pipe-line; *cost.* fluting, goffering; F *fig.* tipping (off); **tuyauter** [~'te] (1a) *v/t.* flute (*linen*); F give (*s.o.*) a tip; *fer m à* ~ goffering iron *or* tongs *pl.*; **tuyauterie** [~'tri] *f* pipe and tube works *usu. sg. or* factory *or* trade; *cost.* fluting, goffering.
tuyère [tɥi'jɛːr] *f* ⚙ nozzle; ✈ ~ *d'éjection* outlet jet, *Am.* jet outlet.
tympan [tɛ̃'pɑ̃] *m* 🏛, *anat.* tympanum; *anat.* (ear-)drum; ⚙ pinion; *hydraulics*: scoop-wheel; treadmill;

typ. tympan; *fig.* briser le ~ à q. split s.o.'s eardrums; **tympanisme** ☞ [tɛ̃pa'nism] *m* tympanites; **tympanon** ♪ [~'nɔ̃] *m* dulcimer.
type [tip] **1.** *su./m* type (*a. typ., fig.*); standard model *or* pattern; ✝ sample; F fellow, chap, *Am.* guy; **2.** *adj.* typical; **typesse** *sl.* [ti'pɛs] *f* woman; girl.
typhique ☞ [ti'fik] typhous; **typhoïde** ☞ [~fɔ'id] **1.** *adj.* typhoid; **2.** *su./f* typhoid (fever).
typhon *meteor.* [ti'fɔ̃] *m* typhoon.
typhus ☞ [ti'fys] *m* typhus.
typique [ti'pik] typical (of, de); symbolical.
typographe [tipo'graf] *m* typographer, printer; **typographie** [~gra'fi] *f* typography; letterpress printing; printing-works *usu. sg.*; **typographique** [~gra'fik] typographical; *erreur f* ~ misprint.
tyran [ti'rɑ̃] *m* tyrant (*a. fig.*); *orn.* king-bird; **tyrannicide** [tirani'sid] *su. person*: tyrannicide; *su./m act*: tyrannicide; **tyrannie** [~'ni] *f* tyranny (*a. fig.*); **tyrannique** [~'nik] tyrannical (*a. fig.*); **tyranniser** [~ni'ze] (1a) *v/t.* tyrannize (*s.o.*); oppress (*s.o.*); rule (*s.o.*) with a rod of iron; *fig.* bully (*s.o.*).
tyrolien, -enne [tirɔ'ljɛ̃, ~'ljɛn] **1.** *adj.* Tyrolese; **2.** *su.* ♀ Tyrolese; *les* ♀s *m/pl.* the Tyrolese; *su./f* ♪ yodelled melody; ♪ Tyrolienne.
tzar [tsa:r] *etc.* see tsar *etc.*
tzigane [tsi'gan] *su.* Hungarian gipsy, Tzigane.

U

U, u [y] *m* U, u; ⊕ *fer m en U* U-girder.
ubiquiste [ybi'kɥist] **1.** *adj.* ubiquitous; **2.** *su.* ubiquitous person; **ubiquité** [~kɥi'te] *f* ubiquity.
udomètre [ydɔ'mɛtr] *m* udometer, rain-ga(u)ge.
ukase *pol.*, *a. fig.* [y'ka:z] *m* ukase, edict.
ulcération ☞ [ylsera'sjɔ̃] *f* ulceration; **ulcère** ☞ [~'sɛ:r] *m* ulcer; sore; **ulcérer** [ylse're] (1f) *v/t.* ☞ ulcerate; *fig.* embitter; **ulcéreux, -euse** [~'rø, ~'rø:z] ulcerated; ulcerous.
ulnaire *anat.* [yl'nɛ:r] ulnar.
ultérieur, e [ylte'rjœ:r] ulterior; *geog.* further; subsequent (to, à), later (*time*).
ultimatum [yltima'tɔm] *m* ultimatum; **ultime** [~'tim] ultimate, final; **ultimo** [~ti'mo] *adv.* lastly, finally.
ultra *pol.* [yl'tra] *m* extremist, ultra.
ultra... [yltra] ultra...; ~**court, e** *phys.* [~'ku:r, ~'kurt] ultra-short (*wave*); ~**montain, e** [~mɔ̃'tɛ̃, ~'ten] **1.** *adj. geog., pol., eccl.* ultramontane; **2.** *su. eccl., pol.* ultramontanist, Vaticanist; ~**(-)son** *phys.* [~'sɔ̃] *m* ultra-sound; ~**sonore** *phys.* [~sɔ'nɔ:r] ultrasonic; supersonic; ~**violet, -ette** *opt.* [~vjɔ'lɛ, ~'lɛt] ultra-violet.
ululer [yly'le] (1a) *v/i.* hoot (*owl*).
un, une [œ̃, yn] **1.** *art./indef.* a, *before vowel*: an; *fig.* someone like; such a (*in int.* as intensity); *not translated before abstract nouns qualified by an adj.*: *avec une grande joie* with great joy; ~ *jour ou l'autre* some day or other; **2.** *adj./num./inv.* one; *une fois* once; *une heure* one o'clock; ~ *jour sur deux* every other day; *c'est tout* ~ it makes no difference; *de deux choses l'une* (it's) one thing or the other; **3.** *su.* one; ~ *à* ~ one by one; *su./f: journ. la une* page one; *su./m: le un* (number) one; *thea.* first act; **4.** *pron./indef.* one; *les* ~s *les autres* one another, each other; *les* ~s ..., *les autres* ... some ..., others ...; *l'*~ *l'autre* one another, each other.
unanime [yna'nim] unanimous (in s.th., *dans qch.*; in ger. à, *pour inf.*); **unanimité** [~nimi'te] *f* unanimity; *à l'*~ unanimously, with one voice.
uni, e [y'ni] **1.** *p.p.* of unir; **2.** *adj.* smooth; level, even (*ground*); regular; plain (*colour, a. tex.*); *fig.*, *a. pol.* united; **3.** *su./m* plain *or* simple material.
unicellulaire ♀, *a. zo.* [ynisɛly'lɛ:r] unicellular.
unicité [ynisi'te] *f* uniqueness; *phls.* oneness.

unicolore

unicolore [ynikɔ'lɔːr] unicolo(u)red; one-colo(u)red.
unicorne [yni'kɔrn] **1.** *adj.* single-horned; **2.** *su./m* 🐚, *zo.*, *myth.* unicorn.
unième [y'njɛm] *adj./num.*, *a. su. in compounds*: first; *vingt et* ~ twenty-first.
unification [ynifika'sjɔ̃] *f* unification; ⊕, ✝ *companies*: amalgamation, merger; ✝ standardization.
unifier [~'fje] (1o) *v/t.* unify; ⊕, ✝ amalgamate, merge (*companies*); ✝ standardize.
uniforme [yni'fɔrm] **1.** *adj.* uniform, unvarying; flat (*rate*); *fig.* monotonous; **2.** *su./m* ✕, ⚓, *school*, *etc.*: uniform; **uniformément** [yniforme'mɑ̃] *adv. of uniforme 1*; **uniformiser** [~mi'ze] (1a) *v/t.* standardize; make (*s.th.*) uniform; **uniformité** [~mi'te] *f* uniformity; *fig.* consistency; evenness.
unigraphie [ynigra'fi] *f* single-entry book-keeping.
unijambiste [yniʒɑ̃'bist] *su.* one-legged person.
unilatéral, e, *m/pl.* **-aux** ♀, ⚖, *pol.*, *etc.* [ynilate'ral, ~'ro] unilateral.
union [y'njɔ̃] *f* union; combination; *admin.* association; marriage; ⊕ coupling, union-joint; *fig.* agreement.
unipare *biol.* [yni'paːr] uniparous.
uniphasé, e ⚡ [ynifa'ze] monophase; single-phase.
unipolaire ⚡ [ynipɔ'lɛːr] unipolar, single-pole ...
unique [y'nik] unique; single, alone; only; ✕, *pol.* united; *fig.* unrivalled; *fig. pej.* impossible; *seul et* ~ one and only; **uniquement** [ynik'mɑ̃] *adv.* solely; simply, merely.
unir [y'niːr] (2a) *v/t.* unite (to *à*, *avec*), join; *fig.* combine; level (*the ground etc.*); ✝ merge; *s'*~ *à* join forces with; marry (*s.o.*).
unisson [yni'sɔ̃] *m* ♪ unison; *à l'*~ in unison (with, *de*); *fig.* in harmony *or* keeping (with, *de*).
unitaire [yni'tɛːr] unitary; unitarian (*a. eccl.*); ♀, ✝ unit-...; **unitarisme** *eccl.* [~ta'rism] *m* Unitarianism; **unité** [~'te] *f* ✕, ♀ unit; ♀ one; ♀, *phls.*, *fig.*, *thea.* unity; *fig.* consistency, uniformity; ✝ *prix m de l'*~ price of one.

univalent, e 🧪 [yniva'lɑ̃, ~'lɑ̃ːt] univalent, monovalent.
univers [yni'vɛːr] *m* universe; **universaliser** [yniversali'ze] (1a) *v/t.* universalize; **universalité** [~sali'te] *f* universality; whole (*a.* ⚖), entirety; **universel, -elle** [~'sɛl] universal (*a. phls.*, ⊕); world(-wide); ⚖ residuary (*legatee*); *fig. homme m* ~ all-rounder; ✚ *remède m* ~ panacea.
universitaire [yniversi'tɛːr] **1.** *adj.* university ..., academic; **2.** *su.* member of the teaching profession; *univ.* academic; **université** [~'te] *f* university, *Am. a.* college; *l'~ 2 France*: the teaching profession.
univoque [yni'vɔk] univocal; *fig.* unequivocal (*language*, *proof*, *words*); *fig.* uniform.
uppercut *box.* [ypɛr'kyt] *m* uppercut.
uranate 🧪 [yra'nat] *m* uranate; **urane** 🧪 [y'ran] *m* uranium oxide; **uranite** *min.* [yra'nit] *f* uranite; **uranium** 🧪 [~'njɔm] *m* uranium.
uranographie *astr.* [yranɔgra'fi] *f* uranography.
urbain, e [yr'bɛ̃, ~'bɛn] **1.** *adj.* urban; town(*guard*, *house*, *life*, *planning*); city (*life*); **2.** *su.* town-dweller, city-dweller; **urbanification** [yrbanifika'sjɔ̃] *f* town-planning; **urbaniser** [~ni'ze] (1a) *v/t.* urbanize; **urbanisme** [~'nism] *m* urbanism; town-planning, *Am.* city-planning; **urbaniste** [~'nist] *m* urbanist; town-planner, *Am.* city-planner; **urbanité** [~ni'te] *f* urbanity.
urée 🧪 [y're] *f* urea; **urémie** 💊 [yre'mi] *f* ur(a)emia; **urétérite** 💊 [~te'rit] *f* ureteritis; **urètre** *anat.* [y'rɛːtr] *m* urethra.
urgence [yr'ʒɑ̃ːs] *f* urgency; emergency; *affairs*: pressure; *d'*~ immediately; *en cas d'*~ in case of *or* in an emergency; *il y a (grande)* ~ it is (very) urgent; **urgent, e** [~'ʒɑ̃, ~'ʒɑ̃ːt] urgent, pressing; 💊 *cas m* ~ emergency.
urinaire *anat.* [yri'nɛːr] urinary; **urinal** [~'nal] *m* (*day-*, *bed-*)urinal; **urine** *physiol.* [y'rin] *f* urine; **uriner** [yri'ne] (1a) *v/i.* urinate, make water; **urinoir** [~'nwaːr] *m* (public) urinal.
urique 🧪 [y'rik] uric.

urne [yrn] *f* urn; (ballot-)box; ~ *funéraire* cinerary urn; *se rendre aux ~s* go to the polls.
urologie ⚕ [yrɔlɔˈʒi] *f* urology; **urologiste** ⚕ [~ˈʒist] *m* urologist.
Ursuline *eccl.* [yrsyˈlin] *f* Ursuline (nun).
urticacées ♀ [yrtikaˈse] *f*/*pl.* urticaceae; **urticaire** ⚕ [~ˈkɛːr] *f* urticaria, nettle-rash.
us [y] *m*/*pl.*: ~ *et coutumes f*/*pl.* ways and customs.
usable [yˈzabl] liable to wear out;
usage [yˈzaːʒ] *m* use (*a.* ⚖); employment; ⚖ user; *cost.*, *carpet*, *etc.*: service, wear; *fig.* custom; usage; *fig.* practice; ⚖ ~s *pl.* common *sg.*; ~ *du monde* good breeding; ⚕ ~ *externe* for external use; *à l'*~ *de* intended for; *faire* ~ *de* use; *faire bon* ~ *de* put to good use; *hors d'*~ disused; *il est d'*~ *de* (*inf.*) it is usual to (*inf.*); **usagé, e** [yzaˈʒe] second-hand; worn (*clothes*); used; **usager, -ère** [~ˈʒe, ~ˈʒɛːr] **1.** *su.* user; ⚖ *pasturage*: commoner; **2.** *adj.* in everyday use; ⚖ *Customs*: for personal use; **usance** † [yˈzãːs] *f* usance; **usé, e** [yˈze] worn (out); *cost.* threadbare, shabby; frayed (*rope*); *fig.* hackneyed, commonplace; worn-out (*horse*); exhausted (*soil*); **user** [~] **1.** (1a) *v*/*t.* use up; consume (*fuel*); *cost.* wear out; spoil (*one's eyes etc.*); waste (*one's youth*); *s'*~ wear away *or* out; *fig.* be spent; *v*/*i.*: ~ *de* use; make use of; resort to (*tricks*, *violence*); **2.** *su.*/*m* usage; experience.
usinage ⊕ [yziˈnaːʒ] *m* machining, tooling; **usine** [yˈzin] *f* works *usu. sg.*, factory; *tex.*, *metall.*, *paper*: mill; ⚡ ~ *électrique* power-station, power-house; ~ *hydraulique* waterworks *usu. sg.*; **usiner** [yziˈne] (1a) *v*/*t.* ⊕ machine, tool; process; **usinier** [~ˈnje] *m* mill-owner; manufacturer.
usité, e [yziˈte] in use, current.
ustensile [ystãˈsil] *m* utensil, implement; tool.
usuel, -elle [yˈzɥɛl] usual, customary; common; *langue f* ~*elle* everyday language.
usufruit ⚖ [yzyˈfrɥi] *m* usufruct; life interest; **usufruitier, -ère** ⚖ [~frɥiˈtje, ~ˈtjɛːr] **1.** *adj.* usufructuary; **2.** *su.* tenant for life; usufructuary.
usuraire [yzyˈrɛːr] usurious; exorbitant.
usure[1] [yˈzyːr] *f* ⊕, *cost.*, *furnishings*, *etc.*: wear (and tear); *geol.*, *gramm.* erosion; ⚔ *guerre f d'*~ war of attrition.
usure[2] [yˈzyːr] *f* usury; *fig. rendre avec* ~ repay (*s.th.*) with interest; **usurier** *m*, **-ère** *f* [yzyˈrje, ~ˈrjɛːr] usurer.
usurpateur, -trice [yzyrpaˈtœːr, ~ˈtris] **1.** *adj.* usurping; *fig.* encroaching; **2.** *su.* usurper; **usurpation** [~ˈsjɔ̃] *f* usurpation (of, *de*); *fig.* encroachment (upon, *de*); **usurpatoire** [~ˈtwaːr] usurpatory; **usurper** [yzyrˈpe] (1a) *v*/*t.* usurp (*the throne*, *a title*) (from, *sur*); *v*/*i. fig.* encroach (upon, *sur*).
ut ♪ [yt] *m*/*inv.* ut; *note*: C; *clef f d'*~ C-clef.
utérin, e [yteˈrɛ̃, ~ˈrin] **1.** *adj.* ⚕, ⚖ uterine; ⚖ half(-*brother*, -*sister*) on the mother's side; **2.** *su.*/*m* half-brother on the mother's side; *su.*/*f* half-sister on the mother's side.
utile [yˈtil] **1.** *adj.* useful; of service; *fig.* convenient; necessary; *en temps* ~ in (good) time; in due course; **2.** *su.*/*m the* useful; **utilisable** [ytiliˈzabl] usable; utilizable; available (*ticket*); **utilisateur** † [~zaˈtœːr] *m* user, consumer; **utilisation** [~zaˈsjɔ̃] *f* utilization; turning (*of s.th.*) to account; use; **utiliser** [~ˈze] (1a) *v*/*t.* make use of; use; utilize; **utilitaire** [~ˈtɛːr] *adj.*, *a. su.* utilitarian; **utilitarisme** [~taˈrism] *m* utilitarianism; **utilité** [~ˈte] *f* utility, usefulness; use; service, useful purpose; *thea.* small *or* minor part; *actor*: utility man.
utopie [ytɔˈpi] *f* utopia; *d'*~ utopian; **utopique** [~ˈpik] *adj.*, *a. su.* utopian; **utopiste** [~ˈpist] *su.* utopian, utopist.
utricule *anat.* [ytriˈkyl] *m* utricle.
uval, e, *m*/*pl.* **-aux** [yˈval, ~ˈvo] grape-...
uvulaire *anat.* [yvyˈlɛːr] uvular.

V

V, v [ve] *m* V, v; *double v* W, w.
va! [va] *int.* to be sure!; believe me!; well!; good!; ~ *pour cette somme!* done (at that price)!; agreed (at that figure)!
vacance [va'kã:s] *f* vacancy; vacant post; ~*s pl.* holidays; vacation *sg.* (*Am. a. univ.*), *parl.* recess *sg.*; *grandes* ~*s pl.* long holidays *etc.*; **vacant, e** [~'kã, ~'kã:t] vacant, unoccupied (*house, post, seat, etc.*); ⚖ in abeyance (*estate*).
vacarme [va'karm] *m* uproar, din.
vacation ⚖ [vaka'sjɔ̃] *f* attendance, sitting; *rights etc.*: abeyance; ~*s pl.* fees; *law-courts:* vacation *sg.*
vaccin ✚ [vak'sɛ̃] *m* vaccine; **vaccinal, e**, *m/pl.* **-aux** ✚ [vaksi'nal, ~'no] vaccinal; **vaccinateur** ✚ [~na'tœ:r] *m* vaccinator; **vaccination** [~na'sjɔ̃] *f* vaccination; inoculation; ~ *préventive* protective inoculation; **vaccine** [vak'sin] *f* ✚ vaccinia, (inoculated) cow-pox; *vet.* cow-pox; **vacciner** ✚ [~si'ne] (1a) *v/t.* vaccinate; inoculate.
vache [vaʃ] 1. *su./f* cow; ✝ cowhide; *sl.* fat woman, V cow; *woman:* bitch; *sl. man etc.:* swine; F *le plancher m des* ~*s* terra firma, dry land; F *fig. manger de la* ~ *enragée* have a hard time of it; F *parler français comme une* ~ *espagnole* murder the French language; 2. *adj. sl.* harsh; bad; F foul; **vacher** *m*, **-ère** *f* [va'ʃe, ~'ʃɛ:r] cowherd; **vacherie** [vaʃ'ri] *f* cow-shed, cow-house; dairy-farm; *sl.* dirty trick; **vachette** ✝ [va'ʃɛt] *f leather:* calf-skin.
vacillant, e [vasi'jã, ~'jã:t] unsteady; staggering; flickering (*flame*); shaky (*hand, ladder*); *fig.* undecided; uncertain (*health*); **vacillation** [~ja'sjɔ̃] *f* unsteadiness; *flame:* flickering; *ladder:* shakiness; *fig.* wavering, vacillation; **vacillatoire** [~ja'twa:r] vacillatory; **vaciller** [~'je] (1a) *v/i.* be unsteady; stagger; be shaky; flicker (*light*); twinkle (*star*); *fig.* vacillate, waver.
vacuité [vakɥi'te] *f* emptiness, vacuity; **vacuum** [~'kɥɔm] *m* vacuum.

vade-mecum [vademe'kɔm] *m/inv.* vade-mecum; companion (=*book*).
vadrouille [va'dru:j] *f* ⚓ swab; ⚓ pitch-mop; tar-mop; *sl.* pub-crawl, spree; *en* ~ on the spree; **vadrouiller** *sl.* [vadru'je] (1a) *v/i.* gallivant; go on the spree; **vadrouilleur** *m*, **-euse** *f* [~'jœ:r, ~'jø:z] roamer; gadabout.
va-et-vient [vae'vjɛ̃] *m/inv.* coming and going; movement to and fro; backward and forward motion, *Am.* back and forth motion; ⚓ shuttle-service; ⊕ reciprocating gear; ⚡ two-way wiring; *faire le* ~ *entre* 🚂, *bus, etc.:* ply between.
vagabond, e [vaga'bɔ̃, ~'bɔ̃:d] 1. *adj.* vagabond, vagrant; roving (*a. fig.*); 2. *su.* vagabond, vagrant, tramp; **vagabondage** [~bɔ̃'da:ʒ] *m* vagrancy; truancy; **vagabonder** [~bɔ̃'de] (1a) *v/i.* be a vagabond; roam (*a. fig.*); play truant; *fig.* wander (*imagination*).
vagin *anat.* [va'ʒɛ̃] *m* vagina.
vagir [va'ʒi:r] (2a) *v/i.* wail (*new-born infant*); squeak (*hare*); **vagissement** [~ʒis'mã] *m new-born infant:* vagitus, wail; *hare:* squeak (-ing).
vague¹ [vag] *f* ⚓ wave (*a. fig., a.* ✗); billow; ⚡ current, *fig. anger:* surge.
vague² [~] 1. *adj.* vague; hazy; indeterminate; dim (*memory*); *anat.* vagus (*nerve*); 2. *su./m* vagueness.
vague³ [~] 1. *adj.* vacant, empty (*look, stare*); 2. *su./m* empty space; *fig.* vacancy.
vaguemestre [vag'mɛstr] *m* ✗ post-orderly; ⚓ postman.
vaguer [va'ge] (1m) *v/i.* roam, wander.
vaillamment [vaja'mã] *adv.* of *vaillant*; **vaillance** [~'jã:s] *f* valo(u)r, courage, gallantry; **vaillant, e** [~'jã, ~'jã:t] valiant, brave, courageous; ✗ gallant; stout (*heart*); F *fig.* in good health.
vaille [vaj] *1st p. sg. pres. sbj.* of *valoir.*
vain, vaine [vɛ̃, vɛn] 1. *adj.* vain; empty (*promise, title, words, etc.*); useless (*effort*); conceited (*person*); 2. *vain adv.:* en ~ vainly, in vain.

vainc [vɛ̃] *3rd p. sg. pres. of* vaincre;
vaincre [vɛ̃:kr] (4gg) *v/t.* conquer (*a. fig.* an emotion, hardship, *etc.*); defeat, beat (*s.o.*) (*a. sp.*); *fig.* outdo;
vaincu, e [vɛ̃'ky] **1.** *p.p. of* vaincre; **2.** *su.* vanquished *or* conquered person; *sp. etc.* loser; **vainqueur** [~'kœ:r] **1.** *su./m* victor, conqueror; *sp. etc.* winner; **2.** *adj.* victorious; **vainquis** [~'ki] *1st p. sg. p.s. of* vaincre; **vainquons** [~'kɔ̃] *1st p. pl. pres. of* vaincre.

vair [vɛ:r] *m* ✲ squirrel fur; ⌀ vair;
vairon [vɛ'rɔ̃] **1.** *adj./m*: ✲, *vet.* wall-eyed; *yeux m/pl.* ~s eyes of different colo(u)rs; **2.** *su./m icht.* minnow.

vais [vɛ] *1st p. sg. pres. of* aller 1.
vaisseau [vɛ'so] *m* ✲, ⚓, ♀, *anat., cuis.* vessel; ⚓ ship; ♀, *anat.* duct, canal; ⌂ *building*: body; *church*: nave; *anat.* ~ sanguin blood-vessel; ~ spatial spacecraft; *fig. brûler ses* ~x burn one's boats; ~-**école**, *pl.* ~x-**écoles** [~soe'kɔl] *m* training-ship.

vaisselier [vɛsə'lje] *m furniture*: dresser; **vaisselle** [~'sɛl] *f* table-service; table-ware; crockery, china; *eau f de* ~ dish-water; *faire la* ~ do the washing-up, wash up.

val, *pl.* **vals**, *a.* **vaux** [val, vo] *m* vale, dale; *par monts et par vaux* up hill and down dale.

valable [va'labl] valid (*a. fig.*).

valence[1] ✲, ♀ [va'lɑ̃:s] *f* Valencia orange.

valence[2] ✲ [~] *f* valency.

valenciennes [valɑ̃'sjɛn] *f* Valenciennes (*lace*).

valériane ✲, ♀ [vale'rjan] *f* valerian; **valérianelle** ♀ [~rja'nɛl] *f* lamb's-lettuce.

valet [va'lɛ] *m* (man-)servant; *cards*: knave, jack; ⊕ door-counterweight; ⊕ clamp, dog; *mirror, etc., a.* ✲: stand; *fig.* toady; ~ *de chambre* valet, man-servant; ✲ ~ *de ferme* farm-hand.

valétudinaire [valetydi'nɛ:r] *adj., a. su.* valetudinarian.

valeur [va'lœ:r] *f* value (*a.* ♠, ✝, *phls., fig.*), worth; asset (*a. fig.*); ♪ *note*: length; ✕ valo(u)r, gallantry; ✝ ~s *pl.* shares, securities; ✝ ~s *pl. actives* assets; ✕ ~ *militaire* fighting qualities *pl.*; ⚓ ~ *nautique* seaworthiness; ✝ ~ *nominale* face value; *de* ~ valuable; *fig.* of value; *able* (*person*); *mettre en* ~ enhance the value of; develop (*the soil*); reclaim (*a marsh*); *fig.* emphasize, bring out; *objets m/pl. de* ~ valuables; **valeureux, -euse** ✕ [~lœ'rø, ~'rø:z] brave, gallant, valiant.

validation [valida'sjɔ̃] *f* validation; *law*: ratifying; **valide** [~'lid] valid; healthy; *fig.* sound; ✕ fit (*for service*); F *fig. peu* ~ off colo(u)r; **valider** [vali'de] (1a) *v/t.* validate; authenticate (*a document*); ratify (*a contract*); **validité** [~di'te] *f* validity.

valise [va'li:z] *f* valise; suit-case; *Am.* grip; (*diplomatic*) bag.

vallée [va'le] *f* valley; **valleuse** [~'lø:z] *f* small dry valley; **vallon** [~'lɔ̃] *m* small valley; dale, vale; **vallonné, e** [~lɔ'ne] undulating; **vallonnement** [~lɔn'mɑ̃] *m* laying out (*of ground*) in dells; foothill.

valoir [va'lwa:r] (3l) *v/i.* be worth; be profitable; be as good as; be equal to; deserve, merit; be *or* remain valid; ✝ ~ *on account* (of, *sur*); *ça vaut la peine* (*de inf.*) it's worth while (*ger.*); *ça vaut le coup* it's worth trying; *faire* ~ make the most of (*s.th.*); ✝ invest profitably; ✝ exploit, make productive; *fig.* emphasize, bring out; *vaille que vaille* for better or worse; *v/t.* procure, win, fetch; *se faire* ~ make the most of o.s.; *v/impers.*: *il vaut mieux* (*inf.*) it's better to (*inf.*); *mieux vaut tard que jamais* better late than never.

valorisation [valɔriza'sjɔ̃] *f* valorization; *cheques*: valuing; *price*: stabilization; **valoriser** ✝ [~'ze] (1a) *v/t.* valorize; value (*cheques*); stabilize (*prices*).

valse ♪ [vals] *f* waltz; **valser** [val'se] (1a) *v/i.* waltz; *faire* ~ dance with; *fig.* lead (*s.o.*) a dance; *fig.* show (*s.o.*) to the door; *faire* ~ *l'argent* spend money like water; **valseur, -euse** [~'sœ:r, ~'sø:z] **1.** *adj.* waltzing; **2.** *su.* waltzer.

valu, e [va'ly] **1.** *p.p. of* valoir; **2.** *su./f see* moins-value; plus-value; **valus** [~] *1st p. sg. p.s. of* valoir.

valvaire ♀ *etc.* [val'vɛ:r] valvar, valvate; **valve** [valv] *f anat., mot., metall., radio*, ♀, ⊕, ✲: valve;
valvé, e ♀ [val've] valvate; **val-

valvule 508

vule [ˌ'vyl] *f* valvule; *anat.* valve.

vampire [vã'piːr] *m zo.*, *a. fig.* vampire; *fig.* blood-sucker; **vampirique** [ˌpi'rik] vampiric; bloodsucking.

van [vã] *m* 🖈 winnowing-basket; fan; winnowing-machine; ✕ van (-ning-shovel); 🖈 *passer au ~* winnow. [ism.⟩

vandalisme [vãdaˈlism] *m* vandal-⟩

vanesse *zo.* [va'nɛs] *f* vanessa.

vanille ♀, *cuis.* [va'niːj] *f* vanilla; *à la ~* vanilla ...; **vanillé, e** *cuis.* [ˌni'je] vanilla(-flavo[u]red); **vanillerie** ♣ [ˌnij'ri] *f* vanilla-plantation; **vanillier** [vani'je] *m* vanilla plant; **vanilline** 🝊, ⊕ [ˌ'jin] *f* vanillin.

vanité [vani'te] *f* vanity; *fig.* futility; *pej. tirer ~ de* pride o.s. on; **vaniteux, -euse** [ˌ'tø, ˌ'tøːz] **1.** *adj.* vain, conceited; **2.** *su.* conceited person.

vannage[1] [vaˈnaːʒ] *m* 🖈 winnowing, sifting; ✕ *ore*: vanning; F *fig.* exhaustion.

vannage[2] ⊕ [ˌ] *m water-gate*: sluice-gates *pl.*; *turbine*: gating; **vanne** [van] *f* sluice(-gate), watergate; *turbine*: gate; (overflow) weir; *mot. etc.* valve; *fan, ventilator*: shutter.

vanneau *orn.* [vaˈno] *m* lapwing, (green) plover.

vanner[1] [va'ne] (1a) *v/t.* 🖈 winnow, sift; ✕ van; F boost, exhaust.

vanner[2] ⊕ [ˌ] (1a) *v/t.* fit sluices in; gate (*a turbine*).

vannerie [van'ri] *f* basket-making; ♰ wicker-work, basket-work.

vanneur [va'nœːr] *m* 🖈 winnower; ✕ vanner (*a. machine*); **vanneuse** 🖈 [ˌ'nøːz] *f* winnowing-machine.

vannier [va'nje] *m* basket-maker.

vannure 🖈 [vaˈnyːr] *f* chaff, husks *pl.*

vantail, *pl.* -**aux** [vã'taːj, ˌ'to] *m door, shutter, etc.*: leaf.

vantard, e [vã'taːr, ˌ'tard] **1.** *adj.* boastful, bragging; **2.** *su.* bragger, braggart; *Am. sl.* blow-hard, *Am. sl.* wind-jammer; **vantardise** [ˌtar'diːz] *f* bragging; boasting; piece of bluff; **vanter** [ˌ'te] (1a) *v/t.* vaunt, extol; F boost, crack up; se *~* (de) boast (of); **vanterie** [vã'tri] *f* bragging; boast(ing).

va-nu-pieds F [vany'pje] *m/inv.* tatterdemalion; *child*: ragamuffin.

vapeur [va'pœːr] *su./f* vapo(u)r; mist; *petrol, wine, cuis., eccl. incense*: fumes *pl.*; ⊕ *machine* ⟨ à ~ steam engine; *su./m* ♆ steamer, steamship; *~ de cabotage* coasting steamer; **vaporeux, -euse** [vapɔ'rø, ˌ'røːz] vaporous, misty; steamy; *fig.* hazy; *fig.* nebulous; **vaporisateur** [ˌriza'tœːr] *m* vaporizer; atomizer; scent-spray; ⊕ evaporator; **vaporiser** [ˌri'ze] (1a) *v/t.* vaporize; atomize, spray (*a liquid*); F spray (*s.th.*) with scent; *tex.* steam (*cloth*); se *~* vaporize; spray o.s.

vaquer [va'ke] (1m) *v/i.* be vacant; ⚖, *parl.* not to be sitting; *~ à* attend to; be occupied with.

varan *zo.* [va'rã] *m* varan, monitor.

varangue ♆ [va'rãːg] *f* floor (-timber).

varappe *mount.* [va'rap] *f* rock-face; rock-climbing; rope-soled shoe.

varech ♀ [va'rɛk] *m* seaweed, wrack.

vareuse [va'røːz] *f* pilot-jacket; jersey (*a.* ♆), jumper; ✕ fatigue jacket, *Am.* blouse.

variabilité [varjabili'te] *f* variability; *weather, a. fig. mood*: changeableness; **variable** [ˌ'rjabl] **1.** *adj.* ☿, *astr.*, *gramm.*, *biol.* variable; changeable (*weather, a. mood*); *fig.* fickle; 🝊 unequal (*pulse*); **2.** *su./f* ☿ variable; **variant, e** [ˌ'rjã, ˌ'rjãːt] **1.** *adj.* variable, inconstant; **2.** *su./f text*: variant, different reading; **variation** [ˌrja'sjõ] *f* variation (*a.* ♪).

varice 🝊 [va'ris] *f* varix; varicose vein.

varicelle 🝊 [vari'sɛl] *f* chicken-pox, varicella.

varié, e [va'rje] varied; various; variegated (*colours etc.*); miscellaneous (*news, items, objects*); ⊕ variable (*motion*); **varier** [ˌ'rje] (1o) *v/t.* vary; variegate (*colours*); ♪ make variations on (*an air*); *v/i.* vary; ♰ fluctuate (*market*); *fig.* ~ *sur* be at variance on, disagree over; **variété** [ˌrje'te] *f* variety; *scenery*: varied nature; *opinions*: diversity; ♰ range; *thea.* ~s *pl.* variety theatre *sg.*

variole [va'rjɔl] *f* 🝊 smallpox, variola; *vet.* (cow-, sheep-)pox; **va-

veille

riolé, e [varjɔ'le] pock-marked; **varioleux, -euse** ⚕ [∼'lø, ∼'løːz] 1. *adj.* variolous; 2. *su.* smallpox patient; sufferer from smallpox; **variolique** ⚕ [∼'lik] variolous.
variomètre ⚡ [varjɔ'mɛtr] *m* variometer.
variqueux, -euse ⚕ [vari'kø, ∼'køːz] varicose.
varlet *hist.* [var'lɛ] *m* varlet, page.
varlope ⊕ [var'lɔp] *f* trying-plane; **varloper** ⊕ [∼lɔ'pe] (1a) *v/t.* try up (*a plank*).
vasculaire ⚕, *anat.* [vasky'lɛːr], **vasculeux, -euse** ⚕, *anat.* [∼'lø, ∼'løːz] vascular; ⚕ *pression f vasculaire* blood-pressure.
vase[1] [vɑːz] *m* vase (*a.* 🝪, ⚘), vessel, receptacle; ⚘ calyx; ∼ *de nuit* chamber.
vase[2] [∼] *f* mud, ooze.
vaseline 🝪 [vaz'lin] *f* vaseline, petroleum jelly, *Am.* petrolatum; *enduire de* ∼ vaseline.
vaseux, -euse [va'zø, ∼'zøːz] muddy, slimy; F *fig.* woolly (*ideas*); *sl. fig.* seedy, ill.
vasistas [vazis'tɑs] *m* fanlight (*over door*), *Am.* transom.
vaso-moteur, -trice *anat.* [vazɔmɔ'tœːr, ∼'tris] vaso-motor.
vasque [vask] *f* fountain: basin.
vassal, e, *m/pl.* **-aux** [va'sal, ∼'so] 1. *adj.* vassal; ∼ *de* (*region*) under the suzerainty of; 2. *su.* vassal; **vassalité** [∼sali'te] *f*, **vasselage** [vas'laːʒ] *m* vassalage; *fig.* bondage.
vaste [vast] 1. *adj.* vast, immense; comprehensive; *anat.* vastus; 2. *su./m anat.* vastus.
vaticinateur, -trice [vatisina'tœːr, ∼'tris] 1. *adj.* prophetic; 2. *su./m* prophet; *su./f* prophetess; **vatication** [∼na'sjɔ̃] *f* prophecy; **vaticiner** [∼'ne] (1a) *v/i.* prophesy.
va-tout [va'tu] *m/inv.* the whole of one's stakes; *jouer son* ∼ stake one's all.
vaudeville [vod'vil] *m* vaudeville; *hist.* topical *or* satirical song; **vaudevilliste** [∼vi'list] *su./m* writer of vaudevilles.
vaudois, e [vo'dwa, ∼'dwaːz] *adj., a. su.* ♀ Vaudois; *eccl. hist.* Waldensian.
vaudrai [vo'dre] *1st p. sg. fut. of valoir.*
vau-l'eau [vo'lo] *adv.: à* ∼ downstream; F *fig. aller à* ∼ go to rack and ruin.
vaurien, -enne [vo'rjɛ̃, ∼'rjɛn] *su.* bad lot; F *child:* rascal; *su./m* waster, ne'er-do-well; *su./f* worthless woman.
vautour *orn.* [vo'tuːr] *m* vulture.
vautrer [vo'tre] (1a) *v/t.: se* ∼ wallow (in, *dans*) (*pig, a. fig. person*); F *fig.* sprawl (*on a sofa, etc.*); revel (in, *dans*).
vau-vent *hunt.* [vo'vɑ̃] *adv.: à* ∼ down (the) wind; (*fly*) before the wind.
vaux [vo] *1st p. sg. pres. of valoir.*
vavasseur *hist.* [vava'sœːr] *m* vavaso(u)r.
veau [vo] *m* calf; *meat:* veal; 🝪 calf(-leather); F *person:* clod, lout; ∼ *marin* sea-calf, seal; *fig. adorer le* ∼ *d'or* worship the golden calf; F *pleurer comme un* ∼ blubber; *cuis.* tête *f de* ∼ calf's-head.
vecteur ♗ [vɛk'tœːr] *adj., a. su./m* vector.
vécu, e [ve'ky] *p.p. of vivre* 1.
vécus [∼] *1st p. sg. p. s. of vivre* 1.
vedette [və'dɛt] *f* ⚔ vedette, mounted sentry; ⚔ vedette duty; ⚓ patrol boat, scout; motor boat; *thea., cin.* star; *typ., journ.* bold type, headline; ⚓ ∼ *lance-torpilles* motor torpedo boat, M.T.B.; *en* ∼ F *fig.* in the forefront; in the limelight; *typ., journ.* in bold type.
végétal, e, *m/pl.* **-aux** [veʒe'tal, ∼'to] 1. *adj.* plant(*-life*); vegetable (*butter, kingdom*); 2. *su./m* plant; **végétarien, -enne** [∼ta'rjɛ̃, ∼'rjɛn] *adj., a. su.* vegetarian; **végétarisme** [∼ta'rism] *m* vegetarianism.
végétatif, -ve [veʒeta'tif, ∼'tiːv] vegetative; **végétation** [∼ta'sjɔ̃] *f* vegetation; growth; ⚕ *∼s pl.* adénoïdes adenoids; **végéter** [∼'te] (1d) *v/i.* ⚘ grow; ⚘, *a. fig.* vegetate.
véhémence [vee'mɑ̃ːs] *f* vehemence; *avec* ∼ vehemently; **véhément, e** [∼'mɑ̃, ∼'mɑ̃ːt] vehement; *fig.* violent.
véhiculaire [veiky'lɛːr] vehicular (*language*); **véhicule** [∼'kyl] *m* vehicle (*a.* ⚕ *etc.*); carriage; ⚕, *a. fig.* medium; **véhiculer** [∼ky'le] (1a) *v/t.* convey, carry; cart.
veille [vɛːj] *f* staying up (*at night*); late night; sleeplessness, waking; *eccl.* vigil; eve (of, **de**), day

veillée

before; *fig.* verge, brink; ⚓ watch; ⚓ look-out; *fig. à la ~ de* on the brink *or* eve *or* point of; *la ~ de Noël* Christmas Eve; **veillée** [vɛˈje] *f* social evening (with friends); sitting up; vigil, *Am.* wake (*by the body of a deceased*); ⚕ night-nursing (*of a sick person*); **veiller** [~ˈje] (1a) *v/i.* stay *or* sit up (late); remain *or* lie awake; *eccl.* keep vigil; ⚓, ⚓ watch, be on the look-out; stand by; *~ à* see to; be careful to; watch over, keep an eye on; *~ à ce que* (*sbj.*) see to it that (*ind.*); *~ sur* take care of; *v/t.* watch over, attend to (*a patient etc.*); sit up with (*a patient, a corpse*); *Am.* wake (*a corpse*); **veilleur** [~ˈjœːr] *m* watcher (*by night*); ⊕ watchman; *~ de nuit* night watchman; **veilleuse** [~ˈjøːz] *f* watcher, woman *or* nun keeping vigil (*by dead*); night-light; *gas:* pilot-light; *mettre en ~* turn down (*the gas*); *mot.* dim (*the headlights*).

veinard, e [vɛˈnaːr, ~ˈnard] **1.** *adj.* lucky; **2.** *su.* lucky person; **veine** [vɛn] *f* ⚕, *anat., geol., a. fig.* vein (*a. = marking in marble, wood, etc.*); ⚒ *ore:* lode; *coal:* seam; underground stream; *fig.* inspiration; *fig.* mood; F (good) luck; *être en ~ de* (*inf.*) be in the mood for (*ger.*); **veiné, e** [vɛˈne] veined; grained (*door*); **veiner** ⊕ [~ˈne] (1a) *v/t.* grain, vein (*paintwork*); **veineux, -euse** [~ˈnø, ~ˈnøːz] ⊕ veiny (*wood etc.*); *anat., physiol.* venous; ⚕ venose, veiny; **veinule** [~ˈnyl] *f anat. etc.* veinlet; venule; ⚒ thread (*of ore*).

vélaire *gramm.* [veˈlɛːr] **1.** *adj.* velar; uvular (R); **2.** *su./f* velar (consonant).

velche [vɛlʃ] *m* barbarian.

vêler [vɛˈle] (1b) *v/i.* calve (*cow*).

vélin [veˈlɛ̃] *m* vellum; † fine Alençon lace; † (*a. papier m ~*) wove paper.

vélivéliste ✈ [veliveˈlist] *su.* glider-pilot; **vélivoler** ✈ [~vɔˈle] (1a) *v/i.* glide.

velléité [veleiˈte] *f* stray impulse; slight inclination; F half a mind (to, *de*).

vélo F [veˈlo] *m* (push-)bike, wheel; *aller à ~* cycle, F bike, wheel.

vélocité [velɔsiˈte] *f* speed, velocity; **vélodrome** [~ˈdroːm] *m* cycle-racing track, velodrome; **vélomoteur** [~mɔˈtœːr] *m* light motor-cycle; motor-assisted bicycle.

velours [vəˈluːr] *m* velvet; *gramm.* faulty liaison; *tex. ~ à côtes* corduroy; *~ de coton* velveteen; *~ de soie* silk velvet; **velouté, e** [vəluˈte] **1.** *adj.* velvety; mellow (*wine*); downy (*cheek, peach*); *phot.* velvet-surface (*paper*); *fruit:* bloom; *tex.* velvet braid; *cuis.* rich thick gravy soup; *tex.* (*a. ~ de laine*) velours; **velouter** [~ˈte] (1a) *v/t.* give a soft *or* velvety appearance to (*s.th.*); *fig.* soften (*an outline*); **velouteux, -euse** [~ˈtø, ~ˈtøːz] soft, velvety; **veloutier** [~ˈtje] *m* velvet-maker.

velte ⊕ [vɛlt] *f* ga(u)ging stick; † *measure:* (*approx.*) 7.5 litres *or* 13 pints.

velu, e [vəˈly] hairy; △ uncut, rough; ⚕ pubescent, villous.

vélum [veˈlɔm] *m* awning.

venaison *cuis.* [vənɛˈzɔ̃] *f* venison.

vénal, e, *m/pl.* **-aux** [veˈnal, ~ˈno] venal (*a. pej.*); *pej.* mercenary, corrupt(ible); † *valeur f ~e* market value; **vénalité** [~naliˈte] *f* venality; *pej.* corruptibility.

venant, e [vəˈnɑ̃, ~ˈnɑ̃ːt] **1.** *adj.* thriving; **2.** *su./m: allants m/pl. et ~s pl.* passers-by; comers and goers; *à tout ~* to all comers, to anyone.

vendable [vɑ̃ˈdabl] saleable, marketable.

vendange [vɑ̃ˈdɑ̃ːʒ] *f* grape-gathering; wine-harvest; (*a. ~s pl.*) *season:* vintage; **vendangeoir** [vɑ̃dɑ̃ˈʒwaːr] *m* grape-basket; **vendanger** [~ˈʒe] (11) *vt/i.* vintage; *v/t.* gather the grapes of; *v/i.* harvest grapes; gather the grapes; **vendangeur** *m*, **-euse** *f* [~ˈʒœːr, ~ˈʒøːz] vintager; wine-harvester.

venderesse ⚖ [vɑ̃ˈdrɛs] *f* vendor.

vendetta [vɛ̃dɛtˈta] *f* vendetta.

vendeur [vɑ̃ˈdœːr] *m* † vendor (*a.* ⚖), seller; shop assistant; salesman; **vendeuse** † [~ˈdøːz] *f* seller, shop assistant; saleswoman; **vendre** [vɑ̃ːdr] (4a) *v/t.* sell (for, *à*); *fig. pej.* betray; *à ~* for sale; † *se ~ à* be sold at *or* for.

vendredi [vɑ̃drəˈdi] *m* Friday; *le saint* Good Friday.

vendu, e [vã'dy] **1.** *su./m* traitor; **2.** *p.p.* of vendre.
venelle [və'nɛl] *f*: F *enfiler la ~* take to one's heels; slip away.
vénéneux, -euse [vene'nø, ~'nøːz] poisonous (*a.* ⚘, ♀).
vénérable [vene'rabl] **1.** *adj.* venerable; **2.** *su./m freemasonry:* Worshipful Master; **vénération** [~ra'sjɔ̃] *f* veneration; **vénérer** [~'re] (1f) *v/t.* venerate; revere.
vénerie [ven'ri] *f* hunting; venery.
vénérien, -enne ⚕ [vene'rjɛ̃, ~'rjɛn] venereal.
venette *sl.* [və'nɛt] *f* funk.
veneur [və'nœːr] *m* huntsman.
vengeance [vã'ʒãːs] *f* revenge; vengeance; *tirer ~ de* be revenged for (*s.th.*); take vengeance on (*s.o.*); **venger** [~'ʒe] (1l) *v/t.* avenge (for, de); *se ~* take (one's) revenge (for, de); be revenged (on s.o., de q.); **vengeur, -eresse** [vã'ʒœːr, vãʒ'rɛs] **1.** *su.* avenger; **2.** *adj.* avenging.
véniel, -elle *eccl.* [ve'njɛl] venial (*sin*).
venimeux, -euse [vəni'mø, ~'møːz] *zo., a. fig.* venomous; *zo.* poisonous (*serpent, bite*); *fig.* malicious; **venimosité** [~mozi'te] *f* sting, *a. fig.*: venomousness; **venin** *zo., fig.* [və'nɛ̃] *m* venom.
venir [və'niːr] (2h) *v/i.* come, be coming; arrive; grow (*a.* ♀, *child, tooth*); *fig.* issue, be descended (from, de); occur, happen (to *inf.*, *à inf.*); *~ à* reach (*maturity*); *~ à bien* be successful; *~ au monde* born; *~ de ce que* (*ind.*) result from (*ger.*); *~ de dire* have just said; *~ prendre* come and fetch (*s.o.*); *à ~* future (*event, state*), (*years*) to come; *bien ~* thrive; *d'où vient-il?* what's the reason for that?; *en ~ aux coups* come to blows; *en ~ aux faits* get down to business; *être bien (mal) venu* be (un)welcome; *typ.* be well (badly) produced (*book*); be (un)successful; *être mal venu à* (*inf.*) be inappropriate *or* unseemly to (*inf.*); *faire ~* send for; grow (*wheat*); *où voulez-vous en ~?* what are you getting *or* driving at?; *se faire bien ~ de q.* ingratiate o.s. with s.o.; *s'en ~* come *or* go along; *v/impers.* come; happen; occur; *d'où vient-il que* (*ind.*)? how is it that (*ind.*)?; *est-il venu q.?* has anyone called?; *il est venu quatre hommes* four men have come.
vénitien, -enne [veni'sjɛ̃, ~'sjɛn] **1.** *adj.* Venetian; *blond m ~* Titian red; **2.** *su.* ♀ Venetian.
vent [vã] *m* wind (*a.* ⚘); air; breath(ing); blast (⊕, *a. gun*); hunt. scent; *fig.* hot air, emptiness; *fig.* influence; ♪ *~s pl.* the wind *pl.*; *~ debout* head wind; *aller comme le ~* go like the wind; ♃ *au ~ de* to windward of; *fig. avoir ~ de* get wind of; *coup m de ~* gust of wind, squall; ♪ *instrument m à ~* wind instrument; *prendre le ~* see how the land lies.
vente [vãːt] *f* ✝ sale; ✝ *fig.* business; timber; *timber:* felling; *~ forcée* compulsory sale; *~ publique* public sale; auction; *de ~ difficile* hard to sell; *en ~* on sale; *typ.* out (*book*); *en ~ chez* sold by; *en ~ libre* off the ration; unrationed; *être de bonne ~* sell well; *mettre en ~* offer (*s.th.*) for sale; publish, issue (*a book*).
venteaux ⊕ [vã'to] *m/pl. bellows:* air-holes, valves.
venter [vã'te] (1a) *v/i.* blow (*wind*); *il vente* it is windy, it is blowing ...; *v/t.* wind: drive (*the tide*); **venteux, -euse** [~'tø, ~'tøːz] windy; windswept (*region*); *metall.* blistered; ⚕ causing flatulence (*food*).
ventilateur [vãtila'tœːr] *m* ventilator; ⚡ *etc.* fan; *~ soufflant* blower; **ventilation** [~la'sjɔ̃] *f* ventilation; ✝ apportionment; ⚖ separate valuation; **ventiler** [~'le] (1a) *v/t.* ventilate, air (*a. fig.*); ✝ apportion; ⚖ value separately; *mal ventilé* stuffy (*room*).
ventis [vã'ti] *m/pl.* wind-fallen trees.
ventosité ⚕, vet. [vãtozi'te] *f* flatulence.
ventouse [vã'tuːz] *f* ⚕ cupping-glass; ⊕ air-hole, ventilator; *furnace door:* air valve; ♃ air-scuttle; *vacuum cleaner:* nozzle; *zo.* leech, *octopus:* sucker; **ventouser** ⚕ [~tu'ze] (1a) *v/t.* cup (*a patient*).
ventral, e, *m/pl.* **-aux** [vã'tral, ~'tro] ventral; **ventre** [vãːtr] *m* abdomen, belly; stomach, paunch; *pregnant woman:* womb; ⊕, *furnace,* ♃ sail,

ventrebleu 512

ship: belly; ⚓, fig. bulge; ⚡, phys. antinode; ~ à terre at full speed; à plat ~ prone; avoir (prendre) du ~ be (grow) stout; faire ~ bulge (out) (⊕ vessel, ⚠ wall); F taper sur le ~ à q. give s.o. a dig in the waistcoat; **ventrebleu!** [vãtrə'blø] int. zounds!; **ventrée** [vã'tre] f lambs: fall; animals: litter; F bellyful.

ventricule anat. [vãtri'kyl] m ventricle.

ventrière [vãtri'ɛ:r] f 🐎 binder, abdominal belt; ⚠ cross-tie, purlin; ⚓ bilge-block.

ventriloque [vãtri'lɔk] **1.** adj. ventriloquial, ventriloquous; **2.** su. ventriloquist; **ventriloquie** [~lɔ'ki] f ventriloquism, ventriloquy.

ventripotent, e F [vãtripɔ'tã, ~'tã:t] big-bellied; corpulent.

ventru, e [vã'try] corpulent; big-bellied (a. bottle); ⊕ dished (outwards).

venu, e [və'ny] **1.** p.p. of venir; **2.** su. (first, last, new-)comer; le premier ~ a. anybody; su./f arrival; coming; water: inflow; tree etc.: growth; ~ au monde birth; ⚡ d'une belle ~ well-grown; fig. tout d'une ~ shapeless. [evensong sg.]

vêpres eccl. [vɛ:pr] f/pl. vespers;]

ver [vɛ:r] m worm (a. fig. person); maggot, grub; ~ à soie silk-worm; ~ blanc grub; ~ de terre earthworm; ~ luisant glow-worm; 🐛 ~ solitaire tapeworm; tirer les ~s du nez à q. worm secrets out of s.o.

vérace [ve'ras] veracious; **véracité** [~rasi'te] f veracity, truth(fulness).

véranda ⚠ [verã'da] f veranda(h), Am. porch.

verbal, e, m/pl. **-aux** [vɛr'bal, ~'bo] verbal; 🐎 oral (contract); see procès-verbal; **verbalisation** 🐎 [vɛrbaliza'sjõ] f official entry of an offence; F taking of (s.o.'s) name and address (by police); **verbaliser** [~'ze] (1a) v/i. admin. draw up an official report (of an offence etc.); ~ contre police: take (s.o.'s) name and address; **verbe** [vɛrb] m gramm. verb; eccl. ♀ the Word; F avoir le ~ haut be loud of speech; fig. be overbearing; **verbeux, -euse** [vɛr'bø, ~'bø:z] verbose, long-winded; **verbiage** [~'bja:ʒ] m verbosity, verbiage, wordiness; **verbosité** [~bozi'te] f verbosity, wordiness.

ver-coquin, pl. **vers-coquins** [vɛrkɔ'kɛ̃] m zo. vine-grub; vet. staggers pl.; sheep: stagger-worm.

verdage ⚡ [vɛr'da:ʒ] m manure crop.

verdagon [vɛrda'gõ] m very green wine; **verdâtre** [vɛr'dɑ:tr] greenish; **verdelet, -ette** [~də'lɛ, ~'lɛt] greenish; slightly acid (wine); **verdet** 🧪 [~'dɛ] m verdigris; **verdeur** [~'dœ:r] f greenness (a. of wood); wine etc., a. fig. remarks: acidity; old person: vigo(u)r.

verdict 🐎 [vɛr'dikt] m verdict (against, contre; for, en faveur de).

verdier¹ hist. [vɛr'dje] m verderer.

verdier² orn. [vɛr'dje] m greenfinch; **verdir** [~'di:r] (2a) v/t. make or paint (s.th.) green; v/i. ♀ become green; 🧪 become covered with verdigris; **verdoyant, e** [vɛrdwa'jã, ~'jã:t] verdant, green; greenish (colour); **verdoyer** [~'je] (1h) v/i. become green; take on a green colo(u)r.

verdunisation [vɛrdyniza'sjõ] f water: chlorination; **verduniser** [~'ze] (1a) v/t. chlorinate (water).

verdure [vɛr'dy:r] f greenness; 🌿 greenery, verdure; cuis. greenstuff, pot-herbs pl.; **verdurier** [~dy'rje] m greengrocer.

véreux, -euse [ve'rø, ~'rø:z] wormy (fruit); fig. bad (debts), shady (company, firm, person); shaky (case).

verge [vɛrʒ] f rod; ⚓ anchor: shank; balance: beam; anat. penis; fig. domination, sway; F passer par les ~s run the gauntlet.

vergé, e [vɛr'ʒe] **1.** adj. tex. streaky, unevenly dyed; tex. corded; laid (paper); **2.** su./m ~ blanc cream-laid paper.

verger [vɛr'ʒe] m orchard.

vergeté, e [vɛrʒə'te] streaky; 🛡 paly; **vergette** [~'ʒɛt] f switch, cane; drum: hoop; feathers, twigs: whisk; 🛡 pallet.

vergeure ⊕ [vɛr'ʒy:r] f wire-mark (on paper); (laid) wires (of mould for paper).

verglacé, e [vɛrgla'se] covered with glazed frost; icy (road); **verglas** [~'glɑ] m glazed frost; thin coating of ice.

vergne ♀ [vɛrɲ] m alder(-tree).

vergogne [vɛr'gɔɲ] f shame; sans ~ shameless(ly adv.).

vergue ⚓ [vɛrg] *f* yard; ~ *de misaine* foreyard; *bout m de* ~ yardarm; *grande* ~ main yard.

véridique [veri'dik] veracious, truthful (*account, person*); **vérifiable** [~'fjabl] verifiable; **vérificateur, -trice** [verifika'tœːr, ~'tris] **1.** *su./m weights etc.*: inspector, examiner; ⊕ ga(u)ge, calipers *pl.*; *mot.* ~ *de pression tyres*: pressure-ga(u)ge; ✝ ~ *comptable* auditor; **2.** *adj.* ⊕ testing; verifying; **vérificatif, -ve** [~'tif, ~'tiːv] verificatory; verifying-...; **vérification** [~'sjɔ̃] *f* verification; inspection, examination, testing; ✝ *accounts*: audit(ing); *admin. votes*: scrutiny; ⚖ *will*: probate; **vérifier** [veri'fje] (1o) *v/t.* verify, confirm; *admin.* inspect, examine, test; ✝ audit (*accounts*); ⊕ overhaul (*a machine etc.*); *admin.* scrutinize (*votes*); take up (*references*).

vérin ⊕, *mot.* [ve'rɛ̃] *m* jack.

véritable [veri'tabl] true; real, genuine (*a. fig.*); *fig. usu. pej.* downright.

Véritas ⚓ [veri'taːs] *m* (*approx.*) Lloyd's (List).

vérité [veri'te] *f* truth; fact; *fig.* truthfulness, sincerity; *à la* ~ as a matter of fact; F *c'est la* ~ *vraie* it's the honest truth; *dire la* ~ tell the truth; *en* ~ really, truly.

verjus [vɛr'ʒy] *m* verjuice (grape); **verjuté, e** [~ʒy'te] acid, sour (*a. fig.*).

vermeil, -eille [vɛr'mɛːj] **1.** *adj.* ruby (*lips*), bright red; rosy (*cheek*); **2.** *su./m* silver-gilt, vermeil; vermeil varnish.

vermicelle *cuis.* [vɛrmi'sɛl] *m* vermicelli *pl.*; **vermicellerie** [~sɛl'ri] *f* manufacture of vermicelli.

vermiculaire [vɛrmiky'lɛːr] vermicular (*a. physiol.*); *anat.* vermiform (*appendix*); **vermiculé, e** [~ky'le] △ vermiculate(d); *zo. etc.* vermiculate; **vermiculure** △ *etc.* [~ky'lyːr] *f* vermiculation; **vermifuge** 🗲 [~'fyːʒ] *adj., a. su./m* vermifuge.

vermillon [vɛrmi'jɔ̃] **1.** *su./m* vermilion (*a. colour*); bright red; **2.** *adj./inv.* bright red; **vermillonner** [~jɔ'ne] (1a) *v/t.* paint (*s.th.*) bright red; rouge (*one's cheeks*).

vermine [vɛr'min] *f* vermin (*usu.* = *lice, fleas*); F *fig.* rabble; **vermineux, -euse** 🗲 [vɛrmi'nø, ~'nøːz] caused by worms, verminous (*disease*); **vermisseau** *zo.* [~'so] *m* small earthworm; **vermivore** *zo.* [~'vɔːr] vermivorous; **vermouler** [vɛrmu'le] (1a) *v/t.*: *se* ~ become worm-eaten (*wood*); **vermoulu, e** [~'ly] worm-eaten (*wood*); *fig.* decrepit; out-of-date; **vermoulure** [~'lyːr] *f* worm-hole; *wood*: worm-eaten state; wood dust (*from worm-hole*); *fig.* decrepitude.

vermouth [vɛr'mut] *m* vermouth.

vernaculaire [vɛrnaky'lɛːr] *adj., a. su./m* vernacular.

vernal, e, *m/pl.* -aux 💊, *astr., etc.* [vɛr'nal, ~'no] vernal.

verni, e [vɛr'ni] varnished; patent (*leather*); F drunk; F lucky.

vernier ⚖, *astr., surv.* [vɛr'nje] *m* vernier; sliding-ga(u)ge.

vernir [vɛr'niːr] (2a) *v/t.* varnish; japan (*iron, leather*); polish (*furniture*); glaze (*pottery*); *fig.* gloss over; **vernis** [~'ni] *m* varnish; polish; gloss (*a. fig.*); glaze; ~ *à ongles* nail varnish; ~ *au tampon* French polish; **vernis-émail, pl. vernis-émaux** [vɛrnie'maːj, ~'mo] *m* Japan enamel; **vernissage** [~'saːʒ] *m* ⊕ varnish(-ing); glaze; glazing; *exhibition*: varnishing-day; ~ *au tampon* French-polishing; **vernisser** ⊕ [~'se] (1a) *v/t.* glaze (*pottery*).

vérole 🗲 [ve'rɔl] *f* V pox (= *syphilis*); *petite* ~ see *variole*; **vérolé, e** 🗲 V [~rɔ'le] poxed (= *syphilitic*).

véronal 🗲 [verɔ'nal] *m* veronal; barbitone.

véronique [verɔ'nik] *f* 💊 speedwell; *eccl.* veronica, vernicle.

verrai [vɛ're] *1st p. sg. fut. of* voir.

verrat *zo.* [vɛ'ra] *m* boar.

verre [vɛːr] *m* glass(ful); ~ *à pied* wine glass, stemmed glass; ~ *armé* wired *or* reinforced glass; ~ *à vin* wine-glass; 🗲 ~ *de contact* contact lens; *mot.* ~ *de sûreté* safety-glass; ~ *de vin* glass of wine; ~ *soluble* water-glass; *petit* ~ drop of spirits, F nip; *se noyer dans un* ~ *d'eau* make a mountain out of a molehill; **verré, e** [vɛ're] *adj.*: *papier m* ~ glass-paper, sand-paper; **verrerie** [vɛr'ri] *f* ⊕ glass-works *usu. sg.*; ⊕ glass-making; ✝ glassware; ~ *allant*

verrier *au four* flame-proof glassware; **verrier** [vɛˈrje] **1.** *su./m* glassmaker; glass-blower; glass-rack; **2.** *adj./m: peintre m* ~ artist in stained glass; **verrière** [~ˈrjɛːr] *f* glass (casing); *eccl. etc.* stained glass window; 🚂 *station:* glass-roof; **verrine** [~ˈrin] *f* glass (casing); *barometer:* glass; ⚓ lantern; **verroterie** [~rɔˈtri] *f* glass trinkets *pl.*; small glassware; glass beads *pl.*

verrou [vɛˈru] *m* bolt; *shot-gun:* breech-bolt; 🚂 ~ *de blocage* switch-lock; ⚖ *sous les* ~*s* under lock and key; **verrouiller** [~ruˈje] (1a) *v/t.* bolt (*a door etc.*); ⊕ lock; lock (*s.o.*) in *or* up; *se* ~ bolt o.s. in.

verrue 🌿 [vɛˈry] *f* wart; **verruqueux, -euse** [~ryˈkø, ~ˈkøːz] 🌿 warty; 🌿 verrucose.

vers[1] [vɛːr] *m* poetry: line, verse; ~ *pl. blancs* blank verse *sg.*

vers[2] [~] *prp. direction:* to, towards (*a place*); *time:* towards; about (*3 o'clock*), around (*noon, Easter*); ~ *l'époque* about the time; ~ *l'est* eastwards, towards the east.

versage [vɛrˈsaːʒ] *m* 🌾 first ploughing; ✕ *trucks:* emptying, tipping.

versant [vɛrˈsɑ̃] *m* slope; *hill etc.:* side; *canal etc.:* sloping bank.

versatile *fig.* [vɛrsaˈtil] changeable, fickle.

verse [vɛrs] *adv.: à* ~ in torrents; *il pleut à* ~ it is pouring; **versé, e** [vɛrˈse] versed, practised (in, *dans*); **Verseau** *astr.* [vɛrˈso] *m:* le ~ Aquarius, the Water-bearer.

versement [vɛrsəˈmɑ̃] *m liquid:* pouring (out); 🕇 paying in, deposit, payment; ✕ *stores:* issue; ~ *partiel* instalment; *carnet m de* ~*s* paying-in book; *en plusieurs* ~*s* by instalments; **verser** [~ˈse] (1a) *v/t.* pour (out) (*a liquid, a. fig. ridicule, etc.*); overturn (*a vehicle etc.*); ✕ tip (*a truck*); shed (*blood, light, tears*); 🕇 pay (in), deposit (*money*); ✕ issue (*stores*); ✕ assign (*men*); *fig.* pour out (*one's hopes, one's sorrow*); 🌾 beat down (*corn etc.*); *v/i.* turn over; upset; 🌾 be beaten down (*corn etc.*); ~ *dans person:* fall a prey to (*a disease*). [*typ.* versicle.]

verset [vɛrˈsɛ] *m bibl. etc.* verse;

verseur, -euse [vɛrˈsœːr, ~ˈsøːz] *su.* pourer; *su./m* waiter; ✕ tipper; *su./f* coffee-pot; waitress; barmaid.

versicolore [vɛrsikɔˈlɔːr] variegated, versicolo(u)r(ed); chameleon-like.

versificateur *m,* **-trice** *f* [vɛrsifikaˈtœːr, ~ˈtris] versifier; **versification** [~fikaˈsjɔ̃] *f* versification; **versifier** [~ˈfje] (1o) *v/t.* write in verse; put (*prose*) into verse; *v/i.* versify; write poetry.

version [vɛrˈsjɔ̃] *f* ✍, *hist., bibl.* version (*a.* = *account of s.th.*); *school:* translation into one's own language.

verso [vɛrˈso] *m* verso, back (*of a sheet of paper*); left-hand page (*in a book*); *au* ~ overleaf, on the back.

versoir 🌾 [vɛrˈswaːr] *m* plough: mo(u)ld-board.

vert, verte [vɛːr, vɛrt] **1.** *adj.* green; unripe (*fruit*); sharp, young (*wine*); raw (*hide*); callow (*youth*); hale and hearty (*old man*); *fig.* severe (*reprimand, punishment*); sharp (*reply*); smutty, spicy (*story*); *haricots m/pl.* ~*s* French beans; *langue f* ~*e* slang; **2.** *su./m colour,* 🎨, *a. min.:* green; (green) grass; *golf:* putting-green; *wine:* sharpness; *inv.* when used adjectivally in compounds: *une robe* ~ *foncé* a dark green dress; *des rideaux* ~ *olive* olive-green curtains; ~**-de-gris** [vɛrdəˈgri] *m* verdigris; ~**-de-grisé, e** [~griˈze] coated *or* covered with verdigris.

vertébral, e, *m/pl.* **-aux** *anat.* [vɛrteˈbral, ~ˈbro] vertebral; *colonne f* ~*e* spine, backbone, spinal column; **vertèbre** *anat.* [~ˈtɛːbr] *f* vertebra; **vertébré, e** *zo.* [~teˈbre] *adj., a. su./m* vertebrate.

vertement [vɛrtəˈmɑ̃] *adv.* sharply; sternly.

vertical, e, *m/pl.* **-aux** [vɛrtiˈkal, ~ˈko] **1.** *adj.* vertical; perpendicular; upright; **2.** *su./f* ⚲ vertical; **verticalité** [~kaliˈte] *f* perpendicularity; uprightness.

verticille 🌿 [vɛrtiˈsil] *m* verticil, whorl; **verticillé, e** 🌿 [~siˈle] verticillate, whorled.

vertige [vɛrˈtiːʒ] *m* giddiness, dizziness, vertigo; fear of heights; *avoir le* ~ feel dizzy; *cela me donne le* ~ it makes me (feel) dizzy; **vertigineux, -euse** [~tiʒiˈnø, ~ˈnøːz] dizzy, giddy (*a. fig. speed*); *vet.* causing staggers; **vertigo** *vet.* [~tiˈgo] *m* (blind) staggers *pl.*

vertu [vɛrˈty] *f* virtue; chastity; virtuous woman; *substance:* prop-

vexer

erty; *en* ~ *de* by virtue of; because of; *faire de nécessité* ~ make a virtue of necessity; **vertueux, -euse** [ˌ'tɥø, ˌ'tɥøːz] virtuous; chaste (*woman*).
vertugadin † *cost.* [vɛrtyga'dɛ̃] *m* farthingale.
verve [vɛrv] *f* zest, verve, spirits *pl.*, F go.
verveine ♀ [vɛr'vɛn] *f* verbena, vervain.
vésanie ⚕ [veza'ni] *f* insanity.
vesce ♀ [vɛs] *f* vetch, tare.
vésicant, e ⚕ [vezi'kɑ̃, ˌ'kɑ̃:t] *see* **vésicatoire** 1; **vésicatoire** ⚕ [ˌka-'twaːr] **1.** *adj.* vesicatory, blistering; **2.** *su./m* blister, vesicatory; **vésiculaire** ⚕, *zo.* [ˌky'lɛːr] vesicular (*a.* ⚕); bladder-like; **vésicule** [ˌ'kyl] *f anat. etc.* vesicle, bladder (*a. icht.*); *metall.* blister; *anat.* ~ *biliaire* gall-bladder.
vesou [və'zu] *m sugar-refining*: cane-juice.
vespasienne [vɛspa'zjɛn] *f* street urinal.
vespéral, e, *m/pl.* **-aux** [vɛspe'ral, ˌ'ro] **1.** *adj.* evening-...; **2.** *su./m eccl.* vesperal.
vesse [vɛs] *f* ∨ silent fart; ~! *school*: cave!; look out!; ~**-de-loup,** *pl.* ~**s-de-loup** ♀ [ˌdə'lu] *f* puff-ball.
vessie [vɛ'si] *f anat., a. foot.* bladder; F blister (*filled with serum*); ⚕ ~ *à glace* ice-bag; *icht.* ~ *natatoire* air-bladder, swim(ming)-bladder; *fig. prendre des* ~*s pour des lanternes* believe that the moon is made of green cheese, not to know chalk from cheese.
vestale [vɛs'tal] *f* vestal (virgin).
veste *cost.* [vɛst] *f* short jacket; *fig. remporter une* ~ fail; *fig., pol. etc. retourner sa* ~ turn one's coat, change sides *or* one's party; **vestiaire** [vɛs'tjɛːr] *m thea. etc.* cloak-room, *Am.* check-room; hat-and-coat rack; 🏛 robing-room; ✕, *sp. etc.* changing-room.
vestibule [vɛsti'byl] *m* (entrance-)hall; vestibule (*a. anat.*).
vestige [vɛs'tiːʒ] *m* mark, footprint; trace (*a. fig.*); *fig.* vestige.
veston [vɛs'tɔ̃] *m cost.* (*man's*) jacket; ⚓ monkey-jacket; *complet m* ~ lounge suit; *être en* ~ wear a lounge suit.
vêtement [vɛt'mɑ̃] *m* garment; ~*s pl.* clothes; dress *sg.*; *eccl.* vestments; ~*s pl. de dehors* outdoor things; ~*s pl. de dessous* underwear; ~*s pl. de deuil* mourning *sg.*; widow's weeds.
vétéran [vete'rɑ̃] *m* ✕ *etc.* veteran; *school etc.*: pupil repeating a course.
vétérinaire [veteri'nɛːr] **1.** *adj.* veterinary; **2.** *su./m* veterinary surgeon, F vet, *Am.* veterinarian.
vétillard m, e *f* [veti'jaːr, ˌ'jard] *see* **vétilleur, -euse**; **vétille** [ˌ'tiːj] *f* trifle; **vétiller** [veti'je] (1a) *v/i.* quibble, split hairs; niggle; trifle; **vétilleur** *m*, **-euse** *f* [ˌ'jœːr, ˌ'jøːz] quibbler; niggler; **vétilleux, -euse** [ˌ'jø, ˌ'jøːz] delicate, F ticklish; finicky, particular (*person*).
vêtir [vɛ'tiːr] (2g) *v/t.* clothe, dress (in, *de*); *se* ~ dress o.s. (in, *de*); put on one's clothes.
veto [ve'to] *m/inv.* veto; *droit m de* ~ power of veto; *mettre son* ~ *à* veto (*s.th.*).
vêts [vɛ] *1st p. sg. pres. of vêtir*; **vêtu, e** [vɛ'ty] *p.p. of vêtir*; **vêture** [ˌ'tyːr] *f admin.* provision of clothing; *action*: clothing; *eccl.* taking of the habit (*monk*) *or* of the veil (*nun*).
vétuste [ve'tyst] decrepit; *cost.* worn-out; **vétusté** [ˌtys'te] *f* decrepitude, decay.
veuf, veuve [vœf, vœːv] **1.** *adj.* widowed; *fig.* ~ *de* without; bereft of; **2.** *su./m* widower; *su./f* widow; *orn.* widow-bird, whidah-bird.
veuille [vœj] *1st p. sg. pres. sbj. of vouloir* 1.
veule [vøːl] feeble, flabby (*person etc.*); drab (*life*); toneless, flat (*voice*); ♀ sickly (*plant*).
veulent [vœl] *3rd p. pl. pres. of vouloir* 1.
veulerie [vøl'ri] *f person etc.*: listlessness, flabbiness; *life*: drabness, dullness; *voice*: flatness.
veuvage [vœ'vaːʒ] *m woman*: widowhood; *man*: widowerhood.
veux [vø] *1st p. sg. pres. of vouloir* 1.
vexant, e [vɛk'sɑ̃, ˌ'sɑ̃:t] annoying, vexing; **vexateur, -trice** [vɛksa-'tœːr, ˌ'tris] **1.** *adj.* vexatious; **2.** *su.* vexer; **vexation** [ˌ'sjɔ̃] *f* vexation; harassing, harassment; **vexatoire** [ˌ'twaːr] vexatious; **vexer** [vɛk'se] (1a) *v/t.* vex; harass; annoy; *cela me vexe* I am sorry (to *inf.*, *de inf.*);

via 516

se ~ become vexed *or* annoyed *or* chagrined (at, *de*).

via [vi'a] *prp. before place-name*: via, by way of.

viabilité [vjabili'te] *f road*: practicability; *road, a.* ⚙, *biol.*: viability; **viable** [vjabl] ⚙, *biol.* viable; fit for traffic (*road*).

viaduc [vja'dyk] *m* viaduct.

viager, -ère [vja'ʒe, ~'ʒɛːr] 1. *adj.* for life; life ...; *fig.* transitory; *rente f* ~*ère* life annuity; *rentier m* ~ *annuitant*; 2. *su./m* life interest; *en* ~ at life interest.

viande [vjãːd] *f* meat; F substance; ~ *fraîche* (*frigorifiée*) fresh (frozen *or* chilled) meat; ~*s pl. froides restaurant*: cold buffet; *conserve f de* ~ preserved meat.

viander *hunt.* [vjã'de] (1a) *v/i.* graze (*deer*).

viatique [vja'tik] *m eccl.* viaticum, last sacrament; *fig.* money *or* provisions *pl.* for a journey.

vibrant, e [vi'brã, ~'brãːt] vibrating; *fig.* ringing, resonant (*voice, tone*); *fig.* rousing (*speech*); **vibrateur** ⚡ [vibra'tœːr] *m* buzzer, vibrator; **vibration** [~'sjɔ̃] *f* vibration; ≯ flutter(ing); *voice*: resonance; **vibrer** [vi'bre] (1a) *v/i.* vibrate; ⚡ *appel m vibré* buzzer call; *faire* ~ make (*s.th.*) vibrate; *fig.* thrill; **vibreur** ⚡ [~'brœːr] *m* vibrator, make-and-break; buzzer.

vibrion ⚙, *biol.* [vibri'ɔ̃] *m* vibrio; ~ *septique* gas-bacillus; **vibrisses** *zo., anat.* [~'bris] *f/pl.* vibrissae.

vibromasseur ⚡ [vibrɔma'sœːr] *m massage*: vibrator.

vicaire [vi'kɛːr] *m parish*: curate, assistant priest; † deputy; ~ *de Jésus-Christ* the Vicar of Christ, the Pope; ~ *général, grand* ~ vicar-general; **vicariat** *eccl.* [~ka'rja] *m* curacy; vicariate.

vice [vis] *m* vice; corruption, depravity; *fig.* defect, fault; *sl.* cunning; ~ *de conformation* defect in build; malformation; ⚖ ~ *de forme* flaw, defect of form; ~ *propre* inherent defect.

vice-... [vis] vice-...; ~**consul** [~kɔ̃-'syl] *m* vice-consul; ~**président** [~prezi'dã] *m* vice-president; ~**roi** [~'rwa] *m* viceroy.

vichyste *pol. pej.* [vi'ʃist] *su.* Vichyte.

viciateur, -trice [visja'tœːr, ~'tris] vitiating; *fig.* contaminating; **viciation** [~'sjɔ̃] *f* vitiation (*a.* ⚖); *air*: contamination; *fig. morals etc.*: corruption; **vicier** [vi'sje] (1o) *v/t.* vitiate (*a.* ⚖); corrupt, taint, spoil; *air se vicié* stale *or* foul air; *se* ~ become tainted; **vicieux, -euse** [~'sjø, ~'sjøːz] vicious (*a. fig. circle*); depraved (*person*); defective; faulty (*expression, reasoning*); restive, bad-tempered (*horse*).

vicinal, e, *m/pl.* **-aux** [visi'nal, ~'no] local, by(-road).

vicissitude [visisi'tyd] *f* vicissitude; ~*s pl.* ups and downs.

vicomte [vi'kɔ̃ːt] *m* viscount; **vicomté** [vikɔ̃'te] *f* viscountcy; viscounty; **vicomtesse** [~'tɛs] *f* viscountess.

victime [vik'tim] *f* victim (*a. fig.*); *disaster*: casualty; *être* ~ *de* be a victim of; be down with (*bronchitis*).

victoire [vik'twaːr] *f* victory; *remporter la* ~ gain a *or* the victory (over, *sur*); win the day; **victoria** [~tɔ'rja] *su./f carriage*: Victoria; *su./m*: ♀ ~ *regia* victoria regia, water-maize; **victorieux, -euse** [~tɔ'rjø, ~'rjøːz] victorious (over, *de*); triumphant (over, *de*); *fig.* decisive (*proof*).

victuailles F [vik'tɥɑːj] *f/pl.* eatables, victuals.

vidage [vi'daːʒ] *m* emptying; *fish, poultry*: cleaning; *canal*: embankment; F *fig.* dismissal; **vidange** [~'dãːʒ] *f* emptying; draining; road ditch; ~*s pl.* night-soil *sg.*; *boiler*: sludge *sg.*; felled trees *pl.*; *en* ~ broached (*cask*), opened (*bottle*); **vidanger** [vidã'ʒe] (11) *v/t.* empty; drain; clean out; **vidangeur** [~'ʒœːr] *m* nightman; **vide** [vid] 1. *adj.* empty; blank (*space*); *fig.* vain; ~ *de sens* (de)void of meaning; *avoir le cerveau* ~ feel light-headed (*from lack of food*); 2. *su./m* (empty) space; blank (*in document*); gap (*between objects, a. fig.*); *phys.* vacuum, space; *fig.* vacancy, emptiness; *fig.* nothingness; *à* ~ empty; ⚡ no-load; *frapper à* ~ miss (the mark, the nail, *etc.*); ⊕ *marcher à* ~ run light; *mot. tourner à* ~ tick over, idle; **vide-bouteille** [~bu'tɛːj] *m* siphon; † country-lodge; **vide-citron** [~si'trɔ̃] *m* lemon-squeezer.

vilain

videlle [viˈdɛl] f cuis. jagger; (confectioner's) fruit-stoner.
vide-ordures [vidɔrˈdyːr] m/inv. rubbish-shoot; **vide-pomme** [ˌ-ˈpɔm] m/inv. apple-corer; **vider** [viˈde] (1a) v/t. empty; drain; clear out; clear (a forest); fig. exhaust; F fig. dismiss, sack (s.o.); gut, clean (fish); draw (poultry); stone (fruit), core (an apple); bail out (a boat); fig. settle (an argument, a question); ✝ make up (accounts); ~ les arçons be thrown (from a horse).
vidimer [vidiˈme] (1a) v/t. attest (a copy); **vidimus** [ˌ-ˈmys] m vidimus, attested copy.
viduité [vidɥiˈte] f widowhood.
vidure [viˈdyːr] f leather, sewing: pinking; that which is cleaned out.
vie [vi] f life; lifetime; way of life; livelihood, living; biography; fig. animation, spirit; ~ moyenne expectation of life; ⊕ ~ utile machine: life; à ~ for life; de ma ~ in all my life; donner la ~ à give birth to (a child, fig. a project); être en ~ be alive; F jamais de la ~! never!; F not on your life!; sans ~ lifeless.
vieil [vjɛːj] see **vieux** 1; **vieillard** [vjɛˈjaːr] m old man; ~s pl. old people; **vieille** [vjɛːj] see **vieux**; ~ fille f old maid, spinster; **vieillerie** [vjɛjˈri] f old clothes pl.; old stuff (= furniture etc.); a. fig.); fig. outdated ideas; **vieillesse** [vjɛˈjɛs] f old age; coll. old people pl.; fig. custom, wine, etc.: age; **vieillir** [ˌ-ˈjiːr] (2a) v/t. age; v/i. grow old; age; fig. go out of fashion; **vieillissement** [ˌ-jisˈmã] m ageing; fig. obsolescence; **vieillot, -otte** F [ˌ-ˈjo, ˌ-ˈjɔt] oldish; wizened (face); fig. old-fashioned.
vielle ♪ † [vjɛl] f hurdy-gurdy; **vieller** ♪ † [vjɛˈle] (1a) v/i. play the hurdy-gurdy; **vielleur** m, **-euse** f ♪ † [ˌ-ˈlœːr, ˌ-ˈløːz] hurdy-gurdy grinder.
viendrai [vjɛ̃ˈdre] 1st p. sg. fut. of venir; **viennent** [vjɛn] 3rd p. pl. pres. of venir; **viens** [vjɛ̃] 1st p. sg. pres. of venir.
vierge [vjɛrʒ] 1. su./f virgin, maiden; astr. la ♀ Virgo, the Virgin; 2. adj. virgin (forest, gold, soil); fig. spotless, pure; blank (page); phot. unexposed (film); ~ de clear of.
vieux (adj. before vowel or h mute **vieil**) m, **vieille** f, m/pl. **vieux** [vjø, vjɛːj, vjø] 1. adj. old; aged; venerable, ancient; fig. obsolete; fig. old-fashioned; 2. su./m old man; su./f old woman.
vif, vive [vif, viːv] 1. adj. alive, living; fig. lively (imagination); brisk (action, discussion, fire, game, pace); sharp (wind); bright (colour); quick (temper, wit); de vive force by main force; eau f vive running water; vive arête sharp edge; vives eaux pl. spring tide sg.; 2. su./m ⚖ living person; living flesh; paint. life; fig. fight: thick, heart; blesser au ~ wound to the quick; **vif-argent** [vifarˈʒɑ̃] m quicksilver, mercury.
vigie [viˈʒi] f ⚓ action, a. person: look-out; watch-tower; ⚓ danger-buoy; 🚃 observation-box.
vigilamment [viʒilaˈmɑ̃] adv. of vigilant; **vigilance** [ˌ-ˈlɑ̃ːs] f vigilance; caution; **vigilant, e** [ˌ-ˈlɑ̃, ˌ-ˈlɑ̃ːt] vigilant, watchful, alert; **vigile** [viˈʒil] su./f eccl. vigil; su./m hist. Rome: night watchman.
vigne [viɲ] f ♣ vine; ✓ vineyard; ♣ ~ blanche clematis; ♣ ~ de Judée woody nightshade; ♣ ~ vierge Virginia creeper; cep m de ~ vine-stock; fig. dans les ~s du Seigneur in one's cups (= drunk); **vigneron** [viɲəˈrɔ̃] m wine-grower; vine-dresser; **vignette** [ˌ-ˈnɛt] f vignette; typ. engraving; admin. packet of cigarettes etc.: revenue band or seal; ornamental border; **vignettiste** [viɲɛˈtist] m vignettist; **vigneture** [viɲəˈtyːr] f ornamental border of vine-leaves (round miniatures); **vignoble** [viˈɲɔbl] 1. su./m ✓ vineyard; 2. adj. wine ...
vigogne zo., a. tex. [viˈgɔɲ] f vicuña.
vigoureux, -euse [viguˈrø, ˌ-ˈrøːz] vigorous, strong; powerful (blow); fig. energetic; **vigueur** [ˌ-ˈgœːr] f vigo(u)r, strength; fig. force; en ~ in force; entrer (mettre) en ~ come (put) into force.
vil, vile [vil] ✝ cheap; fig. low(ly); base (metal, a. fig.); ✝ ~ prix low price; à ~ prix at a low price, F dirt cheap.
vilain, e [viˈlɛ̃, ˌ-ˈlɛn] 1. adj. nasty, unpleasant; dirty (trick); shabby (coat, hat); ugly; wretched (street, house); fig. mean (person, deed);

vilebrequin

2. *su.* blackguard, villain; † villein; F naughty child; *su./m* F *fig.* trouble.
vilebrequin [vilbrə'kɛ̃] *m* ⊕ brace (and bit); wimble; ⊕, *mot.* crankshaft.
vilenie [vil'ni] *f* meanness; *fig.* abuse; vile story; dirty trick, mean action.
vilipender [vilipɑ̃'de] (1a) *v/t.* vilify; run (*s.o.*) down.
villa [vi'la] *f* villa; country-house; cottage; **village** [~'la:ʒ] *m* village; **villageois, e** [~la'ʒwa, ~'ʒwa:z] **1.** *adj.* rustic, country-...; *fig.* boorish; **2.** *su.* villager; *su./m* countryman; *pej.* bumpkin; *su./f* countrywoman; *pej.* country wench.
villanelle † [vila'nɛl] *f* *prosody*: villanelle; ♪ villanella.
ville [vil] *f* town, city; ~ *maritime* town on the sea, seaside town; *à la* ~ in town (= *not in the country*); *aller en* ~ go (in)to town; *dîner en* ~ dine out; *en* ~ *post:* Local; *teleph. la* ~, *s'il vous plaît!* Exchange, please!, *Am.* operator, please!
villégiature [vileʒja'ty:r] *f* stay in the country; holiday (*away from town*); *en* ~ on holiday.
villosité *anat. etc.* [villozi'te] *f* villosity.
vin [vɛ̃] *m* wine; ~ *chaud* mulled wine; ~ *du cru* (*or pays*) local wine; ~ *de marque* vintage wine; ~ *ordinaire* table *or* dinner wine; *grand* ~ wine from a famous vineyard; vintage wine; *gros* (*petit*) ~ full-bodied *or* heavy (light) wine; *offrir un* ~ *d'honneur à* give an official reception in hono(u)r of; **vinage** [vi'na:ʒ] *m wine etc.:* fortifying; **vinaigre** [~'nɛ:gr] *m* vinegar; **vinaigrer** [vinɛ'gre] (1a) *v/t.* season with vinegar; *fig.* give an acid edge to; **vinaigrerie** [~grə'ri] *f* vinegar factory *or* trade; vinegar-making; **vinaigrette** *cuis.* [~'grɛt] *f* vinegar sauce; oil and vinegar dressing; **vinaigrier** [~gri'e] *m* vinegar-maker; vinegar-merchant; vinegar-cruet; **vinaire** [vi'nɛ:r] wine ...;
vinasse [~'nas] *f* ♥ *nas.* poor, thin wine; 🝆 residuary liquor.
vindicatif, -ve [vɛ̃dika'tif, ~'ti:v] vindictive; spiteful; ♎ punitive; **vindicte** [~'dikt] *f* ♎ prosecution; F *fig.* obloquy.

vinée [vi'ne] *f* wine-crop, vintage; ♀ fruit-branch of a vine; **viner** ⊕ [~'ne] (1a) *v/t.* fortify (*wine etc.*); **vineux, -euse** [~'nø, ~'nø:z] vinous; wine-flavo(u)red; wine-colo(u)red; full-bodied (*wine*); vintage (*year*).
vingt [vɛ̃; *before vowel and h mute, and when followed by another numeral* vɛ̃:t] *adj./num., a. su./m/inv.* twenty; *date, title:* twentieth; ~ *et un* twenty-one; ~*-deux* twenty-two; **vingtaine** [vɛ̃'tɛn] *f* (about) twenty; score; **vingtième** [~'tjɛm] *adj./num., a. su./m fraction:* twentieth.
vinicole [vini'kɔl] wine-growing; **viniculture** [~kyl'ty:r] *f* viniculture, wine-growing; **vinification** ⊕ [~fika'sjɔ̃] *f* vinification; **vinique** [vi'nik] vinic (*alcohol etc.*); **vinosité** [~nozi'te] *f wine:* flavo(u)r and strength, vinosity.
vins [vɛ̃] 1st *p. sg. p.s.* of *venir.*
viol ♎ [vjɔl] *m* rape.
violacé, e [vjɔla'se] **1.** *adj.* purplish-blue; blue (*person*); **2.** *su./f:* ♀ ~s *pl.* violaceae; **violacer** [~] (1k) *v/i.* become covered with purplish spots; become purplish.
violateur, -trice [vjɔla'tœ:r, ~'tris] *su.* violator (*a. fig.*); *fig.* breaker (*of law, Sabbath, etc.*); *su./m* ♎ ravisher; **violation** [~'sjɔ̃] *f* violation (*a. fig.*); *fig.* breach; *Sabbath:* breaking; ~ *de domicile* violation of privacy (*of one's home*).
violâtre [vjɔ'lɑ:tr] purplish.
viole ♪ [vjɔl] *f* † viol; ~ *d'amour* viola d'amore.
violemment [vjɔla'mɑ̃] *adv.* of *violent;* **violence** [~'lɑ̃:s] *f* violence, force; ♎ duress; *faire* ~ *à* do violence to (*a. fig.*); violate (*a woman*); **violent, e** [~'lɑ̃, ~'lɑ̃:t] violent (*a. death*); fierce; high (*wind*); F *fig. c'est un peu* ~! that's a bit thick!; **violenter** [~lɑ̃'te] (1a) *v/t.* do violence to; force (*s.o.* to *inf.*, *q. pour que sbj.*); ravish (*a woman*); **violer** [~'le] (1a) *v/t.* violate; *fig.* break; ♎ rape, ravish (*a woman*).
violet, -ette [vjɔ'lɛ, ~'lɛt] **1.** *adj.* violet, purple; *inv. in compounds:* ~ *évêque* bishop's-purple; **2.** *su./m colour:* violet; *su./f* ♀ violet; *sl. faire sa* ~ play the shrinking violet.
violier ♀ [vjɔ'lje] *m* stock; ~ *jaune* wallflower.

violiste ♪ [vjɔ'list] *m* performer on the viol; **violon** [∪'lɔ̃] *m* ♪ *instrument, a. player:* violin; F fiddle; ⊕ fiddle-block; F cells *pl., sl.* quod, clink; **violoncelle** ♪ [∪lɔ̃'sɛl] *m* (violon)cello; cellist; **violoncelliste** ♪ [∪lɔ̃se'list] *su.* (violon)cellist; **violoniste** ♪ [∪lɔ'nist] *su.* violinist.
viorne ♀ [vjɔrn] *f* viburnum.
vipère [vi'pɛːr] *f zo.* viper, adder; *fig. langue f de* ∼ venomous tongue; **vipéridés** *zo.* [viperi'de] *m/pl.* viperidae, viper family *sg.*; **vipérin, e** [∪'rɛ̃, ∪'rin] **1.** *adj.* viperine; *fig.* venomous (*tongue*); **2.** *su./f zo.* viperine snake; ♀ viper's bugloss.
virage [vi'raːʒ] *m* turning; *road etc.:* turn, bend, corner; ⚡, *mot., etc.* sweeping round; ⚡ bank(ing); *sp. racing-track:* bank(ed corner); *mot.* turning space; ⚓ going about; *phot.* toning; *tex.* changing of colo(u)r; 🔥, ⚔ reversal; ∼ *à droite* right turn; right-hand bend; ∼ *à visibilité réduite* blind corner; *prendre un* ∼ take a corner; ∼**-fixage,** *pl.* ∼**s-fixages** *phot.* [∪raʒfik'saːʒ] *m* combined toning and fixing.
virago [vira'go] *f* virago.
vire [viːr] *f* winding mountain track.
virée [vi're] *f* turning about; F joyride; *tournées f/pl. et* ∼*s pl.* zigzagging *sg.*; **virement** [vir'mɑ̃] *m* ⚓ tide, *a. fig.:* turn; ✝ transfer; *banque f de* ∼ clearing-bank; *comptoir m général de* ∼ banker's clearing-house; **virer** [vi're] (1a) *v/i.* turn; *mot.* (take a) corner; ⚡ bank; ⚓ heave; *phot.* tone; *tex.* change colo(u)r; ∼ *court mot.* corner sharply; ⚓ go right about; F *fig. tourner et* ∼ shilly-shally; *v/t.* turn (*s.th.*) over; ✝ clear (*a cheque*); ✝ transfer (*money*); *phot.* tone; *cuis.* toss (*a pancake*); *fig. tourner et* ∼ *q.* cross-examine s.o. thoroughly; F turn s.o. inside out.
vireux, -euse [vi'rø, ∪'røːz] noxious, poisonous; malodorous, F stinking.
virevolte [vir'vɔlt] *f horse:* quick circling; *fig.* sudden change.
virginal, e *m/pl.* **-aux** [virʒi'nal, ∪'no] **1.** *adj.* virginal, maidenly; **2.** *su./m* ♪ virginal; **virginité** [∪ni'te] *f* virginity; maidenhood.
virgule [vir'gyl] *f gramm.* comma; ℞ (decimal) point.
viril, e [vi'ril] male (*clothing, sex*); *fig.* manly; virile; *âge m* ∼ manhood; *anat. membre m* ∼ penis; **viriliser** [virili'ze] (1a) *v/t.* make a man of (*s.o.*); **virilité** [∪'te] *f* virility; manliness, manhood.
viro-fixateur *phot.* [virɔfiksa'tœːr] **1.** *adj./m* toning and fixing; **2.** *su./m* toning and fixing bath.
virole [vi'rɔl] *f* ⊕ handle, stick, *tube:* ferrule; ⊕ *machine:* collar; *pipes:* thimble-joint; *coining:* ring-die; ⚔ *bayonet:* locking-ring; **viroler** [∪rɔ'le] (1a) *v/t.* ferrule; place (*coin-blanks*) in the ring-die.
virtualité [virtyali'te] *f* virtuality; **virtuel, -elle** [∪'tyɛl] virtual; **virtuellement** [∪tyɛl'mɑ̃] *adv.* practically.
virtuose [vir'tyoːz] *su.* virtuoso; **virtuosité** [∪tyozi'te] *f* virtuosity.
virulence 🦠, *a. fig.* [viry'lɑ̃ːs] *f* virulence; **virulent, e** 🦠, *a. fig.* [∪'lɑ̃, ∪'lɑ̃ːt] virulent; **virus** 🦠 [vi'rys] *m* virus; ∼ *filtrant* filterable virus; *maladie f à* ∼ virus disease.
vis[1] [vis] *f* ⊕ screw; *screw:* thread; ∼ *de rappel* adjusting screw; ∼ *sans fin* endless screw; *pas m de* ∼ thread of screw; F *fig. serrer la* ∼ *à q.* put the screw on s.o.
vis[2] [vi] *1st p. sg. pres. of vivre* **1**.
vis[3] [∪] *1st p. sg. p.s. of voir*.
visa [vi'za] *m passport:* visa; *document:* signature; *supervisor etc.:* initials *pl.*; *cheque:* certification; *bill:* sighting; 🚉 stamping (*of ticket when breaking a journey*); ∼ *de transit* transit visa.
visage [vi'zaːʒ] *m* face; countenance; *à* ∼ *découvert* barefacedly; *faire bon* (*mauvais*) ∼ *à* be friendly (unfriendly) towards, smile (frown) on (*s.o.*); F *trouver* ∼ *de bois* find nobody at home; meet with a closed door.
vis-à-vis [viza'vi] **1.** *adv.* opposite; **2.** *prp.:* ∼ *de* opposite, facing; *fig.* in relation to, with respect to; **3.** *su./m* person opposite; partner (*at cards etc.*); S-shaped couch.
viscéral, e *m/pl.* **-aux** *anat.* [vise'ral, ∪'ro] visceral; **viscère** *anat.* [∪'sɛːr] *m* internal organ; ∼*s pl.* viscera.
viscose 🔥, ⊕, ✝ [vis'koːz] *f* viscose; **viscosité** [∪kozi'te] *f* viscosity; stickiness.

visée

visée [vi'ze] *f* aim (*a. fig.*); ⚔, *surv.* aim(ing); sight(ing); ~s *pl.* aims, designs.

viser¹ [vi'ze] (1a) *v/i.* aim (at, *à*) (*a. fig.*); *v/t.* aim at (*a. fig.*); *surv.* sight; *fig.* relate to, have (*s.th.*) in view; *fig.* refer to (*s.o.*), allude to (*s.o.*); ~ *q. à la tête* aim to s.o.'s head.

viser² [~] (1a) *v/t.* visé (*a passport*); initial, sign (*a document*); certify (*a cheque*); 🚂 stamp (*the ticket when a journey is broken*).

viseur [vi'zœːr] *m* aimer; *surv. etc.* sight(ing-piece); *phot.* view-finder; (*a. tuyau m* ~) sighting-tube; ⚔ ~ *de lancement* bomb-sight.

visibilité [vizibili'te] *f* visibility; conspicuousness (*of s.th.*); **visible** [~'zibl] visible; *fig.* evident, obvious; at home (*person*); available, free; open to the public.

visière [vi'zjɛːr] *f helmet*: visor; *cap*: peak; eye-shade; ⊕ inspection-hole; ⚔ *etc. gun*: sight; *fig. rompre en* ~ *avec q.* contradict s.o. flatly; quarrel openly with s.o.

vision [vi'zjõ] *f* vision (*a. eccl.*); sight; *fig.* fantasy; phantom; imagination; *trouble m de la* ~ eyesight trouble; **visionnaire** [~zjo'nɛːr] *adj., a. su.* visionary.

visitation *eccl.* [vizita'sjõ] *f*: *la* ♀ (the Feast of) the Visitation; **visite** [~'zit] *f* visit (*a.* ⚕); (*social or ceremonial*) call; *admin.* inspection; *customs*: examination; ⚕ medical examination; ⚖ search; ⚖ ~ *domiciliaire* domiciliary visit; *heures f/pl. de* ~ calling hours; *hospital*: visiting hours; *rendre* ~ *à* pay (*s.o.*) a visit; **visiter** [vizi'te] (1a) *v/t.* visit; *admin.* inspect, examine; ⚖ search; **visiteur, -euse** [~'tœːr, ~'tøːz] **1.** *adj.* visiting; **2.** *su.* visitor, caller; ⊕, *admin., etc.* inspector; *customs*: searcher; ⚓ *ship*: surveyor; *su./f*: ~*euse de santé* health visitor.

vison [vi'zõ] *m zo.* (American) mink; 🐾 mink.

visqueux, -euse [vis'kø, ~'køːz] viscous; sticky; tacky.

vissage ⊕ [vi'saːʒ] *m* screwing; **visser** [~'se] (1a) *v/t.* ⊕ screw (on, down, in, *etc.*); F clamp down on.

visuel, -elle [vi'zɥɛl] visual; *champ m* ~ field of vision.

520

vital, e, *m/pl.* **-aux** [vi'tal, ~'to] vital (*a. fig. question*); **vitaliser** [vitali'ze] (1a) *v/t.* vitalize; **vitalité** [~'te] *f* vitality.

vitamine [vita'min] *f* vitamin.

vite [vit] **1.** *adv.* quickly, rapidly, fast; soon; **2.** *adj.* fast, swift.

vitellus [vitɛl'lys] *m* ⚕, *biol.* vitellus; *biol.* yolk.

vitesse [vi'tɛs] *f* speed; quickness; rapidity, swiftness; *phys. bullet, light, sound*: velocity, speed; *mot.* gear; ~ *imposée* prescribed speed; *mot.* ~ *limitée* traffic sign: speed limit, no speeding; *mot. boîte f de* ~*s* gear-box, *Am.* transmission; *grande* (*petite*) ~ high (low) speed; *mot. indicateur m de* ~ speedometer; *mot. première* (*quatrième*) ~ first (fourth) gear; bottom (top) gear.

viticole [viti'kɔl] vine-...; viticultural; **viticulteur** [~kyl'tœːr] *m* vine-grower, viticulturist; **viticulture** [~kyl'tyːr] *f* vine-growing, viticulture.

vitrage [vi'traːʒ] *m church etc.*: windows *pl.*, glass-work; glass door; glass partition; ⊕ glazing; **vitrail,** *pl.* **-aux** [~'traːj, ~'tro] *m* leaded glass window; *eccl.* stained glass window; **vitre** [vitr] *f* pane (of glass); window-pane; F *fig. casser les* ~*s* kick up a fuss; **vitré, e** [vi'tre] ⊕ glazed; ⚕, *anat., etc.* vitreous; **vitrer** [~'tre] (1a) *v/t.* ⊕ glaze (*a door, a window, etc.*); **vitrerie** [~trə'ri] *f* glazing, glaziery; **vitreux, -euse** [~'trø, ~'trøːz] vitreous (*a.* ⚕); glassy; **vitrier** [vitri'e] *m* glassmaker; ⊕ glazier; **vitrière** [~'ɛːr] *f* metal window framing; **vitrifiable** [~'fjabl] vitrifiable; **vitrification** [~fika'sjõ] *f* vitrification; **vitrifier** [~'fje] (1o) *v/t.* vitrify; ~ *par fusion* fuse; *se* ~ vitrify; **vitrine** [vi'trin] *f* shop-window; glass case, ⚓ showcase.

vitriol 🝆 [vitri'ɔl] *m* vitriol (*a. fig.*); *fig. au* ~ biting, caustic (*remark*); **vitriolé, e** 🝆 [~'le] vitriolized; **vitrioler** [~'le] (1a) *v/t.* vitriolize; throw vitriol at (*s.o.*); *tex.* sour (*fabric*); **vitrioleur, -euse** *f* [~'lœːr, ~'løːz] vitriol-thrower.

vitupération [vitypera'sjõ] *f* vituperation, abuse; **vitupérer** [~'re] (1f) *v/t.* vituperate, abuse.

vivace [vi'vas] long-lived; ♃ peren-

voile

nial; ⚓ hardy; *fig.* enduring; *fig.* inveterate; **vivacité** [~vasi'te] *f* promptness; alertness; *fig. combat, discussion:* heat; *fig.* hastiness; *colour, feelings, etc.:* vividness; *fig.* liveliness; *horse:* mettle; *avec* ~ vivaciously.

vivandier, -ère † [vivã'dje, ~'djɛ:r] *su.* canteen-keeper; *su./f* vivandière.

vivant, e [vi'vã, ~'vã:t] **1.** *adj.* living (*a. fig.*), alive; modern (*language*); *fig.* lively (*scene etc.*); vivid (*account, picture, etc.*); **2.** *su./m* living person; lifetime; *bon* ~ boon companion; man who enjoys life; easy-going fellow; *de son* ~ in his lifetime. [hurrah) ~s *pl.* cheers.\
vivat [vi'vat] **1.** *int.* hurrah!; **2.** *su./m*\
vive *icht.* [vi:v] *f* weever, sting-fish.

viveur [vi'vœ:r] *m* gay dog; rake; fast liver.

vivier [vi'vje] *m* fish-pond, fish-preserve, ⚓ (fish-)well; *fig.* breeding-ground (for, *de*).

vivificateur, -trice [vivifika'tœ:r, ~'tris] vivifying; invigorating; **vivification** [~'sjɔ̃] *f* reviving; **vivifier** [vivi'fje] (1o) *v/t.* revive; quicken, give life to; invigorate; **vivipare** [~'paːr] **1.** *adj.* ⚕, *zo.* viviparous; **2.** *su. zo.* viviparous animal; **vivisection** [~sɛk'sjɔ̃] *f* vivisection.

vivoter F [vivɔ'te] (1a) *v/i.* live from hand to mouth; **vivre** [vi:vr] **1.** (4hh) *v/i.* live (on, *de*; at, in *à*); be alive; subsist, exist; *fig.* survive, last (*memory etc.*); F *apprendre à* ~ *à* teach (*s.o.*) manners; *avoir beaucoup vécu* have seen life; *difficile à* ~ difficult to get along with; ⚔ *qui vive?* who goes there?; *qui vivra verra* time will show; *vive ...!* long live ...!; hurrah for (*s.th.*)!; *v/t.* live (*one's life*); live through (*experiences*); **2.** *su./m* living; food; ~s *pl.* provisions; ⚔ rations; ⚔ ~s *pl. de réserve* iron rations; **vivrier, -ère** [vivri'e, ~'ɛːr] food-...; ⚓ revictualling.

vizir [vi'ziːr] *m* vizi(e)r.

vlan!, v'lan! [vlã] *int.* slap-bang!

vocable [vɔ'kabl] *m* word; *eccl.* name of the patron saint; patronage (*of a saint*); *eccl. sous le* ~ *de* dedicated to; **vocabulaire** [~kaby'lɛːr] *m* vocabulary; word-list.

vocal, e, *m/pl.* **-aux** [vɔ'kal, ~'ko] vocal (*a. anat.*, *a.* ♪); **vocalique** *gramm.* [vɔka'lik] vocalic, vowel-...; **vocalisation** *gramm.*, *a.* ♪ [~liza'sjɔ̃] *f* vocalization; **vocalise** ♪ [~'liːz] *f* exercise in vocalization; *faire des* ~s vocalize; **vocaliser** *gramm.*, *a.* ♪ [~li'ze] (1a) *vt/i.* vocalize; **vocalisme** *gramm.*, *a.* ♪ [~'lism] *m* vocalism; **vocation** [~'sjɔ̃] *f* vocation.

vociférations [vɔsifera'sjɔ̃] *f/pl.* shouts, yells; outcries; **vociférer** [~'re] (1f) *v/i.* shout, yell, scream (at, *contre*); vociferate (against, *contre*).

vodka [vɔd'ka] *f* vodka.

vœu [vø] *m* vow; *fig.* wish, desire.

vogue [vɔg] *f* fashion, F rage, craze; *dial. eccl.* patronal festival; *être en* ~ be popular; *entrer* (*mettre*) *en* ~ come (bring) into vogue.

voguer [vɔ'ge] (1m) *v/i.* row; sail (*boat, cloud*); *fig. vogue la galère!* let's risk *or* chance it!

voici [vwa'si] *prp.* here is, here are; F ~! look!; ~ *un an que je suis ici* I have been here for a year; *me* ~! here I am!

voie [vwa] *f* way (*a. fig.*), road; path; *anat.* duct, tract; *fig.* means *pl.*, course; 🚂 railway, *Am.* railroad; ⚡ circuit; ⚒ (*dry, wet, etc.*) process; ~ *aérienne* air-route, airway; ~ *de communication* road, thoroughfare; line of communication; ✈ ~ *de départ* runway; ~s *pl. de droit* legal channels; 🗲 ~s *pl. de fait* assault *sg.* and battery *sg.*; *fig.* ~s *et moyens* ways and means; 🗲 ~s *pl. respiratoires* respiratory tract *sg.*; ⚓ ~ *d'eau* leak; 🚂 *à deux* ~s double-track (*line*); 🚂 *à* ~ *normale* (*étroite*) standard-ga(u)ge (narrow-ga[u]ge) (*line*); 🚂 *à* ~ *unique* single-track (*line*); *en* ~ *de* in process of; under (*repair*); *par* ~ *de fig.* by (means of); 🚂 via; *par* ~ *ferrée* by rail(way).

voilà [vwa'la] *prp.* there is, there are; behold; that is, those are; F ~! that's all!; ~ *ce que je dis* that's what I say; ~ *qui est drôle* that's funny; ~ *tout* that's all; ~ *un an que je suis ici* I have been here for a year; *en* ~ *assez!* that's enough!; *me* ~! here I am!

voile [vwal] *su./m* veil (*a. fig., a.*

voiler

eccl.); *fig.* cloak; *fig.* blur; *tex.* voile; *phot.* fog; ⊕ buckle, warping; *anat.* ~ *du palais* soft palate; *sous le* ~ *de* under the cloak of; *su./f* ⚓ sail; *fig.* ship; *bateau m à* ~*s* sailing-boat; *faire* ~ set sail (for, *pour*); *grand-*~ mainsail; F *mettre les* ~*s* clear out; **voiler** [vwa'le] (1a) *v/t.* veil (*a.* ♪ *one's voice*); shade, dim (*the light*); *fig.* cloak, hide; *phot.* fog; ⊕ buckle, warp; ⚓ rig (*a ship*) with sails; *fig.* voix *f* voilée husky voice; *fig. se* ~ become overcast (*sky*); *v/i. a. se* ~ ⊕ go out of true; warp (*wood*); **voilerie** ⚓ [vwal'ri] *f* sail-making; sail-loft; **voilette** *cost.* [vwa'lɛt] *f* (hat-)veil; **voilier** [~'lje] *m* ⚓ sailing-ship, sailing-boat; sail-maker; *bâtiment m bon* ~ good sailer; **voilure** [~'ly:r] *f* ⚓ sails *pl.*; ✈ wings *pl.*, wing surface; ⊕ rod, wheel: buckling; *wood:* warping.

voir [vwa:r] (3m) *v/t.* see; perceive; watch, observe, remark; witness (*an incident*); visit; inspect; examine; ⚕ attend (*a patient*); ⚕ consult (*a physician*); *fig.* consider, take a view of (*s.th.*); *fig.* understand; *fig.* experience, go through (*misfortunes*); F tolerate, stand; ~ *à* (*inf.*) see to it that (*ind.*); ~ *le jour* be born; ~ *venir q.* see s.o. coming; *fig.* see what s.o. is up to; *à ce que je vois* from what I see; *cela se voit* that's obvious; *c'est à* ~ that remains to be seen; F *écoutez* ~ just listen; *être bien* (*mal*) *vu de* be in s.o.'s good (bad) books; *faire* ~ show; *laisser* ~ betray, reveal; *n'avoir rien à* ~ *avec* (or *à*) have nothing to do with; ⚕ *se faire* ~ *par le médecin* get examined; *venir* ~ call on (*s.o.*).

voire [vwa:r] *adv.* † truly; (*a.* ~ *même*) (and) even, indeed.

voirie [vwa'ri] *f* highway system; system of roads; *admin.* Roads Department, *Am.* Highway Division; refuse-dump, rubbish-dump.

voisin, e [vwa'zɛ̃, ~'zin] **1.** *adj.* neighbo(u)ring; adjacent; next (*building, house, room, etc.*); ~ *de* in the vicinity of; *fig.* similar to, akin to, approximating to; **2.** *su.* neighbo(u)r; **voisinage** [~zi'na:ʒ] *m* neighbo(u)rhood; vicinity; surroundings *pl.*; *bon* ~ neighbo(u)rliness; **voisiner** [~zi'ne] (1a) *v/i.* be adjacent, be side by side; be neighbo(u)rly, be on friendly terms (with, *avec*).

voiturage ✝ [vwaty'ra:ʒ] *m* carriage, conveyance; cost of conveyance; **voiture** [~'ty:r] *f* carriage, conveyance, vehicle; *mot.* car, *Am.* automobile; ✝ van; ✝ cart; 🚌 coach, *Am.* car; ✝ goods *pl., Am.* freight; 🚌 ~ *à marchandises* goods truck, *Am.* freight car; ~ *carénée* streamlined car *or Am.* automobile; ~ *de livraison* delivery van; ~ *d'enfant* perambulator, F pram, *Am.* baby carriage; ~ *de place* taxi; ~ *de remise* hired carriage; ~ *directe* through carriage; F ~-*pie* radio patrol car; ~ *publique* public conveyance; *en* ~! all aboard!; take your seats!; **voiturée** [~ty're] *f people:* carriageful; *goods:* cartload, van-load; **voiturer** [~ty're] (1a) *v/t.* convey, carry (*goods*); *fig.* drive; **voiture-radio**, *pl.* **voitures-radio** [~tyrra'djo] *f* radio car; **voiturette** [~ty'rɛt] *f mot.* baby car; light car; trap; **voiturier, -ère** [~ty'rje, ~'rjɛ:r] **1.** *adj.* carriageable; carrying; carriage(-drive); **2.** *su./m* ✝ carrier.

voix [vwa] *f* voice (*a. gramm., a.* ♪); ♪ part; speech; tone; *fig.* opinion; *parl., pol.* vote; *à haute* ~ aloud; *à* ~ *basse* softly, in a low voice; *pol. aller aux* ~ vote; *de vive* ~ by word of mouth; *fig. demeurer sans* ~ remain speechless; *donner de la* ~ give tongue, bark (*hounds*); *mettre qch. aux* ~ put s.th. to the vote.

vol[1] ⚖ [vɔl] *m* theft, larceny, robbery; ~ *à l'américaine* confidence trick; ~ *à l'étalage* shop-lifting; ~ *avec effraction* housebreaking and larceny.

vol[2] [vɔl] *m orn.,* ✈ flying; flight (*a. distance, a. fig., a. birds*); *locusts:* swarm; ~ *à voile* gliding; ~ *d'acrobatie* stunt flying; ~ *de nuit* night-flight; ~ *plané* ✈ glide; *orn.* soaring flight; *à* ~ *d'oiseau* as the crow flies; bird's-eye (*view*); *au* ~ on the wing; *prendre son* ~ ✈ take off; *orn.* take wing, fly off; **volage** [vɔ-'la:ʒ] fickle, inconstant.

volaille [vɔ'la:j] *f* poultry; *cuis.* fowl; **volailler** [~la'je] *m* poulterer; poultry-yard.

volant, e [vɔ'lã, ~'lã:t] **1.** *adj.* flying; *fig.* loose, floating (*dress*); portable; ⚡ wander(-*plug*); **2.** *su./m game*: shuttlecock; ⊕ fly-wheel; ⊕ *lathe etc.*: hand-wheel; *mot.* steering-wheel, F wheel; *cost.* flounce; ✝ ~ *de sécurité* reserve fund; *mot. prendre le* ~ drive, take the wheel.

volatil, e [vɔla'til] volatile.

volatile [~] *m, a. f* bird, winged creature.

volatiliser [vɔlatili'ze] (1a) *v/t. a. se* ~ volatilize.

vol-au-vent *cuis.* [vɔlo'vã] *m/inv.* vol-au-vent (*small filled puff-pie*).

volcan [vɔl'kã] *m* volcano; **volcanique** [~ka'nik] volcanic; *fig.* fiery; **volcanisme** *geol.* [~ka'nism] *m* volcanism. [a slam *or* vole.)

vole [vɔl] *f*: *faire la* ~ *cards*: make)

volée [vɔ'le] *f bird, bullet, stairs*: flight; *birds*: flight, flock; ✕ volley, ⚓ broadside; *bells*: peal; ⊕ steam-hammer: rise; *piston*: throw; *fig. blows etc.*: shower; ~ *basse tennis*: low volley; ~ *haute tennis*: smash; *à la* ~ on the wing; *fig.* rashly; *à toute* ~ in full swing; F *de bond ou de* ~ somehow or other; *entre bond et* ~ *tennis*: on the half-volley; *fig.* at a lucky moment; *fig. la haute* ~ the upper ten *pl.*

voler[1] ⚖️ [vɔ'le] (1a) *vt/i.* steal; *v/t.* swindle, cheat (*s.o.*).

voler[2] [~] (1a) *v/i.* ✈, *orn.* fly (*a. fig.*); *fig.* rush; ~ *à voile* glide; *v/t. hunt.* fly (*a hawk*); fly at (*the quarry*).

volerie[1] ⚖️ [vɔl'ri] *f* robbery; larceny.

volerie[2] *hunt.* [~] *f* hawking.

volet [vɔ'lɛ] *m window, a. phot., mot., etc.*: shutter; *mot.* flap; *mot.* butterfly-valve; ⚡ *etc. indicator*: disk; sorting-board; *fig. trier sur le* ~ select (*persons*) carefully; screen (*candidates*).

voleter [vɔl'te] (1c) *v/i. orn.* flit (*a. fig. person*); flutter.

voleur, -euse [vɔ'lœːr, ~'løːz] **1.** *adj.* thieving; pilfering; *fig.* rapacious; **2.** *su.* thief; (*sheep- etc.*)stealer; *fig.* robber; *su./m: au* ~! stop thief!

volière [vɔ'ljɛːr] *f* aviary; large bird-cage; pigeon-run.

volige △ [vɔ'liːʒ] *f* batten; lath; roofing-strip; **voliger** △ [~li'ʒe] (11) *v/t.* batten; lath.

volitif, -ve [vɔli'tif, ~'tiːv] volitional; **volition** [~'sjɔ̃] *f* volition.

volontaire [vɔlɔ̃'tɛːr] **1.** *adj.* voluntary; spontaneous; *fig.* self-willed, obstinate; **2.** *su./m* ✕ volunteer; **volonté** [~'te] *f* will; will-power; *fig.* pleasure, desire; ~*s pl.* 🕆 (*last*) will *sg.* and testament *sg.*; *fig.* whims; *à* ~ at pleasure, at will; *en faire à sa* ~ have one's own way; *montrer de la bonne* (*mauvaise*) ~ show (un)willingness; **volontiers** [~'tje] *adv.* willingly, with pleasure; *fig.* readily, easily.

volt ⚡ [vɔlt] *m* volt; **voltage** ⚡ [vɔl'taːʒ] *m* voltage; **voltaïque** ⚡ [~ta'ik] voltaic.

voltaire [vɔl'tɛːr] *m* Voltaire chair (= *high-backed armchair*).

voltaïsation ⚡ [vɔltaiza'sjɔ̃] *f* treatment by means of a voltaic pile; **voltamètre** ⚡ [~'mɛtr] *m* voltameter.

volte [vɔlt] *f horsemanship, a. fencing*: volt; *sp.* vaulting; ~**-face** [~'fas] *f/inv.* volte-face; about-face; right-about turn.

voltige [vɔl'tiːʒ] *f horsemanship, sp.* trick-riding; *sp.* exercises *pl.* on the flying trapeze; leaping-rope; **voltiger** [~ti'ʒe] (11) *v/i. orn.* flit (*a. fig.*); fly about; flutter; *sp.* perform on the flying trapeze; *horsemanship*: do trick-riding; **voltigeur** [~ti'ʒœːr] *m sp.* performer on the flying trapeze (*etc.*); ✕ light infantryman.

volubile [vɔly'bil] ♣ voluble (*a. person*), turning; *fig.* glib; fluent; **volubilis** ♣ [~bi'lis] *m* convolvulus; **volubilité** [~bili'te] *f* volubility; *fig.* glibness.

volucompteur *mot.* [vɔlykɔ̃'tœːr] *m* flow meter.

volume [vɔ'lym] *m* volume; tome; ⚗, *phys., etc.* volume, mass; ✝, ⚓ bulk; **volumineux, -euse** [~lymi'nø, ~'nøːz] voluminous (*a. fig.*); bulky, large.

volupté [vɔlyp'te] *f* (sensual) pleasure; **voluptueux, -euse** [~'tɥø, ~'tɥøːz] **1.** *adj.* voluptuous; **2.** *su.* sensualist.

volute [vɔ'lyt] *f shell, a.* △: volute; △, *a.* ♪ *violin*: scroll; *fig. smoke etc.*: curl.

vomique ♣, 🜲 [vɔ'mik] *adj.*: *noix f* ~ *nux vomica*; **vomir** [~'miːr] (2a) *v/t.* 🜲 vomit; *fig.* belch forth; *v/i.* be sick, 🜲 vomit; **vomissement**

vomitif

~ [~mis'mã] *m action*: vomiting; vomit; **vomitif, -ve** ~ [~mi'tif, ~'ti:v] *adj., a. su./m* emetic.
vont [võ] *3rd. p. pl. pres. of aller 1*.
vorace [vɔ'ras] voracious; **voracité** [~rasi'te] *f* voracity; *avec* ~ voraciously.
vortex [vɔr'teks] *m* whorl; vortex (-ring).
vorticelle *biol.* [vɔrti'sɛl] *f* vorticel.
vos [vo] *pl. of votre*.
vosgien, -enne [vo'ʒjɛ̃, ~'ʒjɛn] of the Vosges.
votant, e [vɔ'tã, ~'tã:t] 1. *adj.* voting; 2. *su.* voter; *su./m*: *liste f des* ~s electoral roll; **votation** [~ta'sjõ] *f* voting; **vote** [vɔt] *m* vote; voting; poll, ballot; *parl.* bill: division; passing (of a bill, *d'une loi*); result (of the voting *or* ballot); **voter** [vɔ'te] (1a) *v/i.* vote; *v/t.* vote (*money*); pass (*a bill*); ~ *des remerciements à* pass a vote of thanks to.
votif, -ve *eccl. etc.* [vɔ'tif, ~'ti:v] votive.
votre, *pl.* **vos** [vɔtr, vo] *adj./poss.* your.
vôtre [vo:tr] 1. *pron./poss.*: *le* (*la*) ~, *les* ~s *pl.* yours; F *à la* ~ cheerio!; your health!; *je suis des* ~s I am on your side; 2. *su./m* yours, your own; *les* ~s *pl.* your (own) people.
voudrai [vu'dre] *1st p. sg. fut. of vouloir 1*.
vouer [vwe] (1p) *v/t.* dedicate, vow, pledge; *fig.* devote (*one's life, one's time*).
vouloir [vu'lwa:r] 1. (3n) *v/t.* want, wish; need; require; intend; be prepared *or* ready to; choose; want to (*inf.*), feel like (*ger.*); insist on; *fig.* try, attempt; allow, admit (that s.th. is true, *que qch. soit vrai*); *gramm.* take (*the indicative*); ~ *bien* be willing; ~ *dire* mean (to say); *Dieu veuille que* God grant that; *je le veux bien* I am quite willing; *je veux que cela soit* I insist that it shall be so; *je veux que ce soit fait* I want this to be done; *le moteur ne voulut pas marcher* the engine refused to work; *sans le* ~ unintentionally; *veuillez me dire* please tell me; *v/i.*: *en* ~ *à* bear (*s.o.*) a grudge; have designs on (*s.th.*); 2. *su./m* will; *bon* (*mauvais*) ~ good (ill) will; *de son bon* ~ of one's own accord; **voulu, e** [~'ly] *p.p. of*

vouloir 1; **voulus** [~'ly] *1st p. sg. p.s. of vouloir 1*.
vous [vu] 1. *pron./pers. subject*: you; *object*: you; (to) you; *à* ~ to you; yours; 2. *pron./rfl.* yourself, yourselves; 3. *pron./recip.* each other, one another; ~-*même* [~'mɛ:m] *pron./rfl.* yourself; ~s *pl.* yourselves.
vousseau △ [vu'so] *m*, **voussoir** △ [~'swa:r] *m* arch-stone, voussoir; **voussure** △ [~'sy:r] *f arch.*: curve; *ceiling etc.*: arching; **voûte** [vut] *f* △ arch, vault (*a. fig.*); archway; *anat.* mouth: roof, skull: dome; *fig.* ~ *céleste* canopy of heaven; ~ *en berceau* barrel vault(ing); ~ *en ogive* ogive vault; **voûté, e** [vu'te] △ vaulted, arched; *anat.* round (*shoulders*); round-shouldered, bent (*person*); **voûter** [~] (1a) *v/t. fig.* bend; *v/t. a. se* ~ vault; arch.
vouvoyer [vuvwa'je] (1h) *v/t.* address (*s.o.*) as *vous*.
voyage [vwa'ja:ʒ] *m* journey; tour, trip; run (*in a car*); ✥ voyage; ✈ flight; ~ *à pied* walk; ~ *circulaire* circular trip; ~ *d'affaires* business trip; ~ *d'agrément* pleasure trip; ~ *de retour* return journey; ~ *surprise* mystery tour; ~ *touristique* conducted tour; *... de* ~ travelling- ...; *il est en* ~ he is travelling; *partir en* ~ go on a journey, F go away; **voyager** [~ja'ʒe] (11) *v/i.* travel (*a.* ✤); (make a) journey; *fig.* get about; *orn.* migrate; *il a beaucoup voyagé* he has travelled widely; **voyageur, -euse** [~ja'ʒœ:r, ~'ʒø:z] 1. *su.* traveller; ✥, ✈, *etc.* passenger; fare (*in a taxi*); ✤ (*a. commis m* ~) commercial traveller; 2. *adj.* travelling; migratory (*bird*); *pigeon m* ~ homing pigeon, carrier-pigeon.
voyant, e [vwa'jã, ~'jã:t] 1. *adj.* who can see (*person*); *fig.* loud, gaudy (*colour etc.*); conspicuous (*building, landmark, etc.*); 2. *su.* sighted person, person who can see; clairvoyant; † seer; *su./m* mark; ⊕ sighting-slit; *surv.* sighting-board.
voyelle *gramm.* [vwa'jɛl] *f* vowel.
voyer † [vwa'je] 1. *adj.*: *agent m* ~ road surveyor; 2. *su./m* road surveyor.
voyons [vwa'jõ] *1st p.pl. pres. of voir*.
voyou [vwa'ju] *m* street-arab; hooligan, loafer, *Am.* hoodlum.

vrac [vrak] *m*: ✝ en ~ in bulk; loose; *fig.* higgledy-piggledy.

vrai, vraie [vrɛ] **1.** *adj.* true; truthful; sta(u)nch, loyal (*friend*); *fig.* real, genuine; *fig. usu. pej.* downright, regular; F (*pour*) de ~ really; in earnest!; **2.** *vrai adv.* truly; really; à ~ dire as a matter of fact; strictly speaking; dire ~ tell the truth; ~ de ~! F honestly!; *sl.* cross my heart!; **3.** *su./m* truth; *au* ~ really; être *dans le* ~ be right; **vraiment** [~'mã] *adv.* really, truly; indeed; **vraisemblable** [~sã'blabl] **1.** *adj.* likely, probable; **2.** *su./m* probability; what is probable; **vraisemblance** [~sã'blã:s] *f* probability, likelihood; *story etc.*: verisimilitude; *selon toute* ~ in all probability.

vrille [vri:j] *f* ⊕ gimlet, borer; ♀ tendril; ✈ spin; ✈ *tomber en* ~ go into a spin; **vrillé, e** [vri'je] **1.** *adj.* ⊕ bored; ♀ tendrilled, with tendrils; *tex.* twisted, kinked; curled; **2.** *su./f* ♀ bindweed; **vriller** [~'je] (1a) *v/t.* ⊕ bore; *v/i. tex.* twist, kink; snarl; ascend in a spiral (*rocket etc.*); **vrillette** *zo.* [~'jɛt] *f* death-watch beetle; **vrillonner** [~jɔ'ne] (1a) *v/i.* twist, kink (*rope*); corkscrew (*wire etc.*).

vrombir [vrɔ̃'bi:r] (2a) *v/i.* buzz (*insect, engine*); ⊕, ✈ hum (*a. top*); throb; **vrombissement** [~bis'mã] *m insect, engine*: buzz(ing); ⊕, ✈, *top*: hum(ming); ⊕ throb(bing); *mot.* purr(ing).

vu, vue [vy] **1.** *p.p.* of *voir*; **2.** *vu prp.* considering, seeing (that, *que*); ~ que *a.* since; ₮ whereas; **3.** *su./m* sight; *au* ~ *de tous* openly; *au* ~ *et au su de tous* to everybody's knowledge.

vue [~] *f* sight; eyesight; appearance, look; view; purpose, intention; idea, notion; *cin.* (lantern-) slide; à ~ ♪, ✝ at sight; free-hand (*drawing*); à ~ de within sight of; à ~ d'œil visibly; *fig.* roughly, at a rough estimate; à ~ at the sight of; ✝ à *trois jours de* ~ three days after sight; *avoir en* ~ have in mind; *avoir la* ~ *courte* be shortsighted; *avoir* ~ *sur* look out on, face; *connaître q. de* ~ know s.o. by sight; en ~ in sight; en ~ de with a view to; for the purpose of; in order to; *garder q. à* ~ keep a close watch on s.o.; *perdre de* ~ lose sight of; *point m de* ~ point of view; *prise f de* ~s photography; *cin.* film-shooting.

Vulcain [vyl'kɛ̃] *m astr., myth.* Vulcan; *zo.* ♀ red admiral; **vulcaniser** ⊕ [~kani'ze] (1a) *v/t.* vulcanize, cure.

vulgaire [vyl'gɛ:r] **1.** *adj.* vulgar (*a. pej.*); common; general; *pej.* low, coarse; *langue f* ~ vernacular; **2.** *su./m* common people *pl.*; *fig. pej.* vulgarity; **vulgariser** [vylgari'ze] (1a) *v/t.* popularize; *pej.* coarsen; *se* ~ become common; grow vulgar; **vulgarité** [~'te] *f* vulgarity.

vulnérabilité [vylnerabili'te] *f* vulnerability; **vulnérable** [~'rabl] vulnerable; **vulnéraire** [~'rɛ:r] **1.** *adj.* 𝒮 vulnerary, healing; **2.** *su./f* ♀ kidney-vetch; **vulnérant, e** [~'rã, ~'rã:t] wounding.

vultueux, -euse 𝒮 [vyl'tɥø, ~'tɥø:z] bloated, red and puffy (*face*); **vultuosité** 𝒮 [~tɥozi'te] *f face*: puffiness.

vulve *anat.* [vylv] *f* vulva.

W

W, w [dublǝ've] *m* W, w.

wagon 🚃 [va'gɔ̃] *m* carriage, coach, *surt. Am.* car; *goods*: waggon, truck; ~ de marchandises goodsvan, *Am.* freight-car; ~ *frigorifique* refrigerator van *or* car; *monter en* ~ get into *or* board the train; **~-bar**, *pl.* **~s-bars** [vagɔ̃'ba:r] *m* refreshment-car; **~-citerne**, *pl.* **~s-citernes** [~si'tɛrn] *m* tank-car, tank-waggon; **~-lit**, *pl.* **~s-lits** [~'li] *m* sleeping-car, F sleeper, *Am.* pullman.

wagonnet [vagɔ'nɛ] *m* tip-truck, tip-waggon, *Am.* dump-truck.

wagon...: **~-poste**, *pl.* **~s-poste** [vagɔ̃'pɔst] *m* mail-van, *Am.* mail-car; **~-restaurant**, *pl.* **~s-restaurants** [~ʀɛstɔ'ʀã] *m* dining-car; restaurant-car; **~-salon**, *pl.* **~s-salons**

wagon-tombereau

[ˌsa'lɔ̃] *m* saloon(-car), *Am.* observation-car, parlor-car; ~-**tombereau**, *pl.* ~s-**tombereaux** [ˌtɔ̃'bro] *m* tipping-car.
wallon, -onne [va'lɔ̃, ~'lɔn] **1.** *adj.* Walloon; **2.** *su./m ling.* Walloon; *su.* ♀ Walloon.
warrant ✝, ⚖ [va'rɑ̃] *m* warrant; **warranté, e** ✝ [varɑ̃'te] covered by a warehouse warrant; **warranter** ✝ [~] (1a) *v/t.* issue a warehouse warrant for.
waterproof [watɛr'pruf] *m* waterproof, mackintosh.

waters F [wa'tɛːr] *m/pl.* water-closet *sg.*, W.C. *sg.*, toilet *sg.*
watt ⚡ [wat] *m* watt; ~-**heure**, *pl.* ~**s-heures** ⚡ [wa'tœːr] *m* watt-hour; ~**man**, *pl.* ~**men** [wat'man, ~'mɛn] *m electric tram or train*: driver, *Am.* motorman.
week-end [wi'kɛnd] *m* week-end; **weekendard** *m*, **e** *f* F [ˌkɛn'daːr, ~'dard] week-ender. [(film).]
western *cin.* [wɛs'tœrn] *m* western
wigwam [wig'wam] *m* wigwam.
wisigoth, e [vizi'go, ~'gɔt] **1.** *adj.* Visigothic; **2.** *su.* ♀ Visigoth.

X

X, x [iks] *m* X, x; *l'X sl.* the *École polytechnique*; *phys.* rayons *m/pl.* X X-rays; ⚕ *passer aux rayons* X X-ray.
xénophobe [ksenɔ'fɔb] *adj., a. su.* xenophobe; **xénophobie** [ˌfɔ'bi] *f* xenophobia. [xeranthemum.]
xéranthème ♀ [kserɑ̃'tɛm] *m*

xérès [ke'rɛs] *m* sherry.
xylo... [ksilɔ] xylo...; ~**graphe** [~'graf] *m* xylographer, wood-engraver; ~**graphie** [~gra'fi] *f* wood-engraving; wood-cut; ~**phage** *zo.* [~'faːʒ] **1.** *su./m* xylophagan, xylophage; **2.** *adj.* xylophagous; ~**phone** ♪ [~'fɔn] *m* xylophone.

Y

Y, y [i'grɛk] *m* Y, y.
y [i] **1.** *adv.* there, here; *fig.* in, at home; *il y a* there is, there are; *il y a deux ans* two years ago; *je l'y ai rencontré* I met him there; *on y va!* come on!; **2.** *pron.* to *or* by *or* at *or* in it (him, her, them); *ça y est* that's it; *il n'y gagna rien* he gained nothing by it; *il n'y peut rien* there's nothing he can do about it; *il y va de* it is a matter of; *je n'y suis pour rien* I had nothing to do with it; *pendant que j'y pense* by the way; *vous y êtes?* do you follow?; F do you get it?
yacht ⚓ [jak] *m* yacht; ~-**club** ⚓ [~'klœb] *m* yacht-club; **yachting** [ja'kiŋ] *m* yachting; **yacht(s)-man**, *pl.* **yachtsmen** [jak(s)'man, jaks'mɛn] *m* yachtsman.
ya(c)k *zo.* [jak] *m* yak.
yaourt *cuis.* [ja'urt] *m* yog(h)urt, yaourt. [oak, ilex.]
yeuse ♀ [jøːz] *f* holm-oak, holly-
yeux [jø] *pl. of œil.*
yodler ♪ [jɔd'le] (1a) *v/i.* yodel.
yogourt *cuis.* [jɔ'gurt] *m see* yaourt.
yole ⚓ [jɔl] *f* yawl, gig.
yougoslave [jugɔ'slaːv] *adj., a. su.* ♀ Jugoslav, Yugoslav.
youpin, e F *pej.* [ju'pɛ̃, ~'pin] **1.** *su.* Yid (= *Jew*); **2.** *adj.* Jewish.
youyou ⚓ [ju'ju] *m* dinghy.
ypérite ⚗ [ipe'rit] *f* yperite, mustard-gas; **ypréau** ♀ [ipre'o] *m* wych-elm; white poplar.

Z

Z, z [zɛd] *m* Z, z.
zabre *zo.* [zɑːbr] *m* zabrus; caraboid beetle.
zancle *icht.* [zãːkl] *m* zanclus.
zanzibar [zãzi'baːr] *m* dice-throwing (*for drinks*). [zoot-suiter.
zazou F [za'zu] *m* teddy boy, *Am.*
zèbre [zebr] *m* *zo.* zebra; F chap, *Am.* guy; **zébrer** [ze'bre] (1f) *v/t.* streak; mark (*s.th.*) with stripes; **zébrure** [~'bryːr] *f* stripe; zebra markings *pl.*, stripes *pl.*
zébu *zo.* [ze'by] *m* zebu.
zélateur, -trice [zela'tœːr, ~'tris] **1.** *su.* zealot, zealous worker (for, de); **2.** *adj.* zealous; **zèle** [zɛl] *m* zeal, enthusiasm (for, pour); F *faire du* ~ make a show of zeal; go beyond one's orders; **zélé, e** [ze'le] **1.** *adj.* zealous; **2.** *su.* zealot; **zélote** *bibl.* [~'lɔt] *m* zealot; **zélotisme** [~lɔ-'tism] *m* zealotry.
zénith [ze'nit] *m* zenith (*a. fig.*).
zéphire *tex.* [ze'fiːr] *adj.: laine f* ~ zephyr; **zéphyr** [~'fiːr] *m* zephyr; soft breeze; **zéphyrien, -enne** [~-fi'rjɛ̃, ~'rjɛn] zephyr-like.
zéro [ze'ro] **1.** *su./m* nought; cipher; *scale:* zero; *sp. tennis:* love, *cricket:* duck; F nobody, nonentity; ✍ off (*on cooker etc.*); *fig. partir de* ~ start from scratch; **2.** *adj./inv.: à* ~ *heure* at midnight; **zérotage** *phys.* [~rɔ-'taːʒ] *m* determination of the zero point; *thermometer etc.:* calibration.
zeste [zɛst] *m lemon etc.:* peel, twist; F *fig. cela ne vaut pas un* ~ it's not worth a straw; **zester** [zɛs-'te] (1a) *v/t.* peel (*a lemon etc.*).
zézaiement [zezɛ'mã] *m* lisp(ing); **zézayer** [~ze'je] (1i) *vt/i.* lisp.
zibeline *zo.*, ✝ [zi'blin] *f* sable.
zigouiller *sl.* [zigu'je] (1a) *v/t.* knife, kill; ⚔ bayonet; cut to pieces.
zig(ue) *sl.* [zig] *m* chap, *Am.* guy.
zigzag [zig'zag] *m* zigzag (*a.* ⚔, ⚡); ⊕ lazy-tongs *pl.*; *en* ~ *disposé en* ~ staggered; *en* ~ zigzag...; forked (*lightning*); **zigzaguer** [~za'ge] (1m) *v/i.* zigzag; flit about (*bat*); *mot.* drive erratically.

zinc [zɛ̃ːg] *m* zinc; ✝ spelter; F counter, bar; ≪ *sl.* (heavy) aeroplane; **zincage** [zɛ̃ka:ʒ] *m see* zingage; **zincifère** [~si'fɛːr] zinc-bearing; **zincographe** ⊕ [zɛ̃kɔ-'graf] *m* zincographer; **zincographie** ⊕ [~gra'fi] *f* zincograph(y).
zingage [zɛ̃'gaːʒ] *m metall.* coating with zinc; ⚠ *etc.* covering (*s.th.*) with zinc.
zingaro, *pl.* **-ri** [zɛ̃ga'ro, ~'ri] *m* gipsy; zingaro.
zinguer [zɛ̃'ge] (1m) *v/t. metall.* coat with zinc; galvanize (*iron*); ⚠ *etc.* cover (*s.th.*) with zinc; **zinguerie** [~'gri] *f* ⊕ zinc-works *usu. sg.*; ✝ zinc-trade, ✝ zinc-ware; **zingueur** [~'gœːr] *m* ⊕ zinc-worker; ⚠ zinc-roofer.
zizanie [ziza'ni] *f* ♃ zizania, Indian rice; *fig.* discord; *en* ~ at loggerheads (with, *avec*).
zodiacal, e, *m/pl.* **-aux** *astr.* [zɔdja-'kal, ~'ko] zodiacal; **zodiaque** *astr.* [~'djak] *m* zodiac.
zona ✣ [zɔ'na] *m* shingles *pl.*; **zone** [zoːn] *f* ♃, ✕, *geog.* zone; ✕, *geog.* belt; *admin.* area; † *cost.* girdle; F outskirts *pl.* of Paris; ~ *de silence radio:* skip zone, silent zone.
zoo F [zɔ'ɔ] *m* zoo.
zoo... [zɔɔ] zoo...; **~logie** [~lɔ'ʒi] *f* zoology; **~phage** *zo.* [~'faːʒ] zoophagous, carnivorous; **~phytes** *biol.* [~'fit] *m/pl.* zoophytes; phytozoa; **~tomie** [~tɔ'mi] *f* zootomy, comparative anatomy.
zostère ♃ [zɔs'tɛːr] *f* sea-wrack, grass-wrack; *Am.* eel-grass.
zouave ⚔ *hist.* [zwaːv] *m* zouave (= French colonial infantryman).
zut! *sl.* [zyt] *int. anger, disappointment:* hang it!, dash it!, darn it!; *indifference:* blow it!; *contempt:* shut up!
zygoma *anat.* [zigɔ'ma] *m* cheekbone, zygoma.
zymologie ♂ [zimɔlɔ'ʒi] *f* zymology; **zymotechnie** ♂ [~tɛk'ni] *f* zymotechnics *sg.*; **zymotique** ✣ [~'tik] zymotic.

Noms propres avec leur prononciation et notes explicatives

Proper names with pronunciation and explanation

A

Aboukir [abu'ki:r] *m* Ab(o)ukir (*village of Egypt, scene of the Battle of the Nile*).

Abyssinie [abisi'ni] *f*: l'~ Abyssinia (*former name of Ethiopia*).

Académie [akade'mi] *f*: ~ française *the* French Academy.

Achille [a'ʃil] *m* Achilles (*Greek hero*).

Adam [a'dɑ̃] *m* Adam.

Adélaïde [adela'id] *f* Adelaide.

Adolphe [a'dɔlf] *m* Adolf, Adolphus.

Adour [a'du:r] *French river*.

Adriatique [adria'tik] *f* Adriatic (Sea).

Afghanistan [afganis'tɑ̃] *m*: l'~ Afghanistan.

Afrique [a'frik] *f*: l'~ Africa.

Agathe [a'gat] *f* Agatha.

Agen [a'ʒɛ̃] *capital of the department of Lot-et-Garonne*.

Agincourt [aʒɛ̃'ku:r] *former name of Azincourt*.

Agnès [a'nɛs] *f* Agnes.

Aimée [ɛ'me] *f* Amy.

Ain [ɛ̃] *French river; department of eastern France*.

Aisne [ɛn] *French river; department of northern France*.

Aix-en-Provence [ɛksɑ̃prɔ'vɑ̃:s] *former capital of the province of Provence*.

Ajaccio [aʒak'sjo] *capital of the department of Corse*.

Alain [a'lɛ̃] *m* Allen.

Alain-Fournier [alɛ̃fur'nje] *French writer*.

Albanie [alba'ni] *f*: l'~ Albania.

Albert [al'bɛ:r] *m* Albert.

Albi [al'bi] *capital of the department of Tarn*.

Albion *poet.* [al'bjɔ̃] *f* Albion, Britain.

Alembert, d' [dalɑ̃'bɛ:r] *French philosopher and mathematician*.

Alençon [alɑ̃'sɔ̃] *capital of the department of Orne*.

Alexandre [alɛk'sɑ̃:dr] *m* Alexander.

Alger [al'ʒe] Algiers (*capital and port of Algeria*); Algier (*department of Algeria*).

Algérie [alʒe'ri] *f*: l'~ Algeria.

Allemagne [al'maɲ] *f*: l'~ Germany.

Allier [a'lje] *French river; department of central France*.

Alpes [alp] *f/pl.* Alps; **Basses-~** [ba'salp] *f/pl. department of southeastern France;* **Hautes-~** [ot'salp] *f/pl. department of southeastern France;* **~-Maritimes** [~mari'tim] *f/pl. department of southeastern France*.

Alphonse [al'fɔ̃:s] *m* Alphonso; Alfonso.

Alsace [al'zas] *f*: l'~ Alsace, Alsatia (*old province of France*).

Amboise [ɑ̃'bwa:z] *French town in the Loire valley with a famous castle*.

Amélie [ame'li] *f* Amelia.

Amérique [ame'rik] *f*: l'~ America.

Amiens [a'mjɛ̃] *capital of the department of Somme; former capital of the province of Picardie*.

Ampère [ɑ̃'pɛ:r] *French physicist*.

Anatole [ana'tɔl] *m Christian name*.

Andorre [ɑ̃'dɔ:r] *f* Andorra.

André [ɑ̃'dre] *m* Andrew.

Andrée [ɑ̃'dre] *f Christian name*.

Aneto [ane'to]: pic *m* d'~ *highest peak of the Pyrénées*.

Angers [ɑ̃'ʒe] *capital of the depart-*

ment of Maine-et-Loire; former capital of the province of Anjou.
Angleterre [ăglə'tɛːr] *f: l'~* England.
Angoulême [ăgu'lɛm] *capital of the department of Charente; former capital of the province of Angoumois.*
Angoumois [ăgu'mwa] *m old province of France.*
Anjou [ă'ʒu] *m old province of France.*
Anne [aːn] *f* Ann(e).
Annecy [an'si] *capital of the department of Haute-Savoie; lac m d'~ French lake.*
Annette [a'nɛt] *f* Annie, Nancy, Nanny, Nan.
Anouilh [a'nuːj] *French writer.*
Antibes [ă'tib] *French health resort on the Mediterranean.*
Antoine [ă'twan] *m* Ant(h)ony.
Anvers [ă'vɛːr]; *Belgian:* ~'vɛrs] Antwerp.
Apennins [apɛn'nɛ̃] *m/pl.* Apennines.
Aquitaine [aki'tɛn] *f old province of France.*
Arabe [a'rab]: *République f ♀ unie* United Arab Republic.
Arabie [ara'bi] *f: l'~* Arabia; *l'~ Saoudite* Saudi Arabia.
Aragon [ara'gɔ̃] *French poet.*
Archimède [arʃi'mɛd] *m* Archimedes *(Greek scientist).*
Ardèche [ar'dɛʃ] *French river; department of southern France.*
Ardennes [ar'dɛn] *f/pl. department of northeastern France.*
Argentine [arʒã'tin] *f: l'~* Argentina, the Argentine.
Ariège [a'rjɛːʒ] *French river; department of southern France.*
Aristide [aris'tid] *m* Aristides.
Aristote [aris'tɔt] *m* Aristotle *(Greek philosopher).*
Arnaud [ar'no] *m Christian name.*
Arras [a'raːs] *capital of the department of Pas-de-Calais; former capital of the county of Artois.*
Artus [ar'tys] *m:* le roi ~ King Arthur.
Artois [ar'twa] *m former French county.*
Asie [a'zi] *f: l'~* Asia; *l'~ Mineure* Asia Minor.
Athènes [a'tɛn] *f* Athens.
Atlantique [atlă'tik] *m* Atlantic (Ocean).

Aube [oːb] *French river; department of east-central France.*
Auch [oːʃ] *capital of the department of Gers; former capital of the duchy of Gascogne.*
Aude [oːd] *French river; department of 'southern France.*
Auguste [ɔ'gyst] *m* Augustus.
Aunis [o'nis] *old province of France.*
Aurigny [ɔri'ɲi] Alderney *(one of the Channel Islands).*
Aurillac [ɔri'jak] *capital of the department of Cantal.*
Australie [ɔstra'li] *f: l'~* Australia.
Autriche [o'triʃ] *f: l'~* Austria.
Auvergne [ɔ'vɛrɲ] *f old province of France.*
Auxerre [ɔ'sɛːr] *capital of the department of Yonne.*
Aveyron [ave'rɔ̃] *French river; department of southern France.*
Avignon [avi'ɲɔ̃] *capital of the department of Vaucluse.*
Azay-le-Rideau [azɛlri'do] *famous French castle.*
Azincourt [azɛ̃'kuːr] Agincourt *(French village); see Agincourt.*

B

Bacchus [ba'kys] *m* Bacchus *(Roman god of wine).*
Balzac [bal'zak] *French writer.*
Barbe [barb] *f* Barbara.
Bar-le-Duc [barlə'dyk] *capital of the department of Meuse.*
Barrès [ba'rɛs] *French writer.*
Barthélemy [bartelə'mi] *m* Bartholomew.
Basse-Terre [bas'tɛːr] *capital of the overseas department of Guadeloupe.*
Bastille [bas'tiːj] *f state prison destroyed in 1789.*
Baudelaire [bod'lɛːr] *French poet.*
Baudouin [bo'dwɛ̃] *m* Baldwin.
Bavière [ba'vjɛːr] *f: la* ~ Bavaria.
Bayeux [ba'jø] *French town.*
Béarn [be'arn] *m old province of France.*
Beaumarchais [bomar'ʃɛ] *French writer.*
Beauvais [bo'vɛ] *capital of the department of Oise.*
Belfast [bɛl'fast] *capital of Northern Ireland.*
Belfort [bɛl'fɔːr] *capital of the Territoire de* ~; **Territoire** *m* de ~

[tɛritwardəbɛl'fɔːr] *department of eastern France.*
Belgique [bɛl'ʒik] *f: la ~ Belgium.*
Belgrade [bɛl'grad] *capital of Yugoslavia.*
Benjamin [bɛ̃ʒa'mɛ̃] *m Benjamin.*
Benoît [bə'nwa] *m Benedict.*
Bergson [bɛrk'sɔn] *French philosopher.*
Berlin [bɛr'lɛ̃] *Berlin.*
Berlioz [bɛr'ljoːz] *French composer.*
Bernadotte [bɛrna'dɔt] *French Marshal.*
Bernanos [bɛrna'noːs] *French Catholic writer.*
Bernard [bɛr'naːr] *m Bernard.*
Berne [bɛrn] *Bern(e).*
Berry [bɛ'ri] *m old province of France.*
Berthe [bɛrt] *f Bertha.*
Bertrand [bɛr'trɑ̃] *m Bertram, Bertrand.*
Besançon [bəzɑ̃'sɔ̃] *capital of the department of Doubs; former capital of the province of Franche-Comté.*
Bidault [bi'do] *French politician.*
Birmanie [birma'ni] *f: la ~ Burma.*
Bizet [bi'zɛ] *French composer.*
Blanc [blɑ̃]: *mont m ~ highest peak of the Alpes.*
Blanche [blɑ̃ːʃ] *f Blanche.*
Blois [blwa] *capital of the department of Loir-et-Cher with a famous castle.*
Blum [blum] *French socialist.*
Bolivie [bɔli'vi] *f: la ~ Bolivia.*
Bonaparte [bɔna'part] *French (Corsican) family; see Napoléon.*
Bonn [bɔn] *capital of the Federal Republic of Germany.*
Bordeaux [bɔr'do] *capital of the department of Gironde; former capital of the province of Guyenne et Gascogne.*
Bossuet [bɔ'sɥɛ] *French prelate, orator and writer.*
Bouches-du-Rhône [buʃdy'roːn] *f/pl. department of southeastern France.*
Bouddha [bu'da] *m Buddha.*
Boulogne-sur-Mer [bulɔɲsyr'mɛːr] *French port and town.*
Bourbons *hist.* [bur'bɔ̃] *m/pl. Bourbons (French royal house).*
Bourbonnais [burbɔ'nɛ] *m old province of France.*
Bourg [burk] *capital of the department of Ain.*
Bourges [burʒ] *capital of the department of Cher; former capital of the province of Berry.*
Bourget [bur'ʒɛ]: *lac m du ~ French lake;* **Le ~** [ləbur'ʒɛ] *airport of Paris.*
Bourgogne [bur'gɔɲ] *f: la ~ Burgundy (old province of France).*
Bourguiba [burgi'ba] *first president of the republic of Tunis.*
Braille [braːj] *Frenchman who invented the alphabet named after him.*
Braque [brak] *French painter.*
Brésil [bre'zil] *m: le ~ Brazil.*
Brest [brɛst] *French port and town.*
Bretagne [brə'taɲ] *f: la ~ Brittany (old province of France).*
Briand [bri'ɑ̃] *French state man.*
Brigitte [bri'ʒit] *f Bridget.*
Broglie, de [də'brɔːj] *name of two French physicists.*
Bruges [bryːʒ] *Belgian port and town.*
Bruxelles [bry'sɛl] *Brussels.*
Bucarest [byka'rɛst] *Bucharest.*
Budapest [byda'pɛst] *capital of Hungary.*
Bulgarie [bylga'ri] *f: la ~ Bulgaria.*

C

Caen [kɑ̃] *capital of the department of Calvados.*
Cahors [ka'ɔːr] *capital of the department of Lot.*
Caire, Le [lə'kɛːr] *Cairo.*
Calais [ka'lɛ] *French port and town.*
Calvados [kalva'doːs] *m department of northern France.*
Calvin [kal'vɛ̃] *famous French Protestant reformer.*
Camargue [ka'marg] *f region in the delta of the Rhône.*
Cambodge [kɑ̃'bɔdʒ] *m: le ~ Cambodia.*
Cambrai [kɑ̃'brɛ] *French town.*
Camus [ka'my] *French writer.*
Canada [kana'da] *m: le ~ Canada.*
Cannes [kan] *French health resort on the Mediterranean.*
Cantal [kɑ̃'tal] *m department of central France.*
Capétiens *hist.* [kape'sjɛ̃] *m/pl. Capetians (French royal house).*
Caroline [karɔ'lin] *f Caroline.*
Carolingiens *hist.* [karɔlɛ̃'ʒjɛ̃] *m/pl. Carolingians (French royal house).*
Carpates [kar'pat] *f/pl. Carpathians.*

Catherine [ka'trin] *f* Catherine, Katharine, Katherine, Kathleen.

Caucase [kɔ'kɑːz] *m* Caucasus.

Cayenne [ka'jɛn] *capital of the overseas department of Guyane française.*

Cécile [se'sil] *f* Cecilia, Cecily.

Cervin [sɛr'vẽ]: *le mont m* ~ *the Matterhorn.*

César [se'zaːr] *m*: (*Jules*) ~ Julius Caesar (*Roman general and dictator*).

Cévennes [se'vɛn] *f/pl. mountain range of France.*

Cézanne [se'zan] *French painter.*

Chagall [ʃa'gal] *French painter.*

Châlons-sur-Marne [ʃalõsyr'marn] *capital of the department of Marne.*

Chambéry [ʃãbe'ri] *capital of the department of Savoie; former capital of the province of Savoie.*

Chambord [ʃã'bɔːr] *famous French castle.*

Champagne [ʃã'paɲ] *f old province of France.*

Champ-de-Mars [ʃãd'mars] *m area of Paris between the École militaire and the Seine.*

Champs-Elysées [ʃãzeli'ze] *m/pl. famous Paris avenue.*

Chantilly [ʃãti'ji] *French town with famous castle; a. famous race-course.*

Charente [ʃa'rãːt] *f French river; department of western France;* ~**-Maritime** [ʃarãtmari'tim] *f department of western France.*

Charles [ʃarl] *m* Charles.

Charlot [ʃar'lo] *m* Charlie, Charley; *F cin.* Charlie Chaplin.

Charlotte [ʃar'lɔt] *f* Charlotte.

Chartres [ʃartr] *capital of the department of Eure-et-Loir.*

Chartreuse [ʃar'trøːz] *f: la Grande-* ~ *famous monastery near Grenoble.*

Chateaubriand [ʃatobri'ã] *French writer.*

Châteauroux [ʃato'ru] *capital of the department of Indre.*

Châtelet [ʃat'lɛ] *name of two Paris fortresses.*

Chaumont [ʃo'mõ] *capital of the department of Haute-Marne.*

Chenonceaux [ʃənõ'so] *famous French castle.*

Cher [ʃɛːr] *m French river; department of central France.*

Cherbourg [ʃɛr'buːr] *French port and town.*

Chili [ʃi'li] *m:* e ~ Chile, Chili.

Chine [ʃin] *f: la* ~ China.

Christine [kris'tin] *f* Christina, Christine.

Christophe [kris'tɔf] *m* Christopher.

Citroën [sitrɔ'ɛn] *French industrialist.*

Claire [klɛːr] *f* Clara, Clare.

Claudel [klo'dɛl] *French Catholic writer.*

Clemenceau [klemã'so] *French statesman.*

Clermont-Ferrand [klɛrmõfɛ'rã] *capital of the department of Puy-de-Dôme; former capital of the province of Auvergne.*

Cochinchine [kɔʃẽ'ʃin] *f: la* ~ Cochin China.

Cocteau [kɔk'to] *French writer.*

Cognac [kɔ'ɲak] *French town.*

Colbert [kɔl'bɛːr] *French statesman.*

Colette [kɔ'lɛt] *French authoress.*

Coligny, de [dəkɔli'ɲi] *famous French Calvinist.*

Collège de France [kɔlɛʒdə'frãːs] *famous institution of higher education in Paris.*

Colmar [kɔl'maːr] *capital of the department of Haut-Rhin.*

Colombie [kɔlõ'bi] *f: la* ~ Colombia.

Comédie-Française [kɔmedifrã'sɛːz] *f National Theatre of France.*

Comtat Venaissain [kõtavənɛ'sẽ] *m old province of France.*

Concorde [kõ'kɔrd]: *place f de la* ~ *one of the most famous squares in Paris.*

Congo [kõ'go] *m African river.*

Constance [kõs'tãːs] *m/f* Constance.

Copenhague [kɔpɛ'nag] Copenhagen.

Corée [kɔ're] *f: la* ~ Korea.

Corneille [kɔr'nɛːj] *French classical dramatist.*

Cornouaille [kɔr'nwaːj] *old county of France.*

Corot [kɔ'ro] *French painter.*

Corrèze [kɔ'rɛːz] *f French river; department of central France.*

Corse [kɔrs] *f: la* ~ Corsica (*French island; department of France*).

Costa Rica [kɔstari'ka] *m* Costa Rica.

Côte d'Argent [kotdar'ʒã] *f part of French Atlantic coast.*

Côte d'Azur [kotda'zyːr] *f part of French Mediterranean coast.*

Côte d'Émeraude [kotdem'ro:d] *f part of French Channel coast.*
Côte-d'Or [kot'dɔ:r] *f department of east-central France.*
Côtes-du-Nord [kotdy'nɔ:r] *f/pl. department of northwestern France.*
Coty [kɔ'ti] *French statesman.*
Coulomb, de [dəku'lɔ̃] *French physicist.*
Couperin [ku'prɛ̃] *family of French musicians.*
Courbet [kur'bɛ] *French painter.*
Couve de Murville [kuvdəmyr'vil] *French politician.*
Crète [krɛt] *f: la ~ Crete.*
Creuse [krø:z] *f French river; department of central France.*
Crimée [kri'me] *f: la ~ the Crimea.*
Cuba [ky'ba]: *(île f de ~) Cuba.*
Cupidon [kypi'dɔ̃] *m Cupid (Roman god of Love).*
Curie [ky'ri] *name of two eminent French physicists, discoverers of radium.*

D

Daguerre [da'gɛ:r] *French inventor of the earliest photographic process.*
Daladier [dala'dje] *French politician.*
Dalmatie [dalma'si] *f Dalmatia.*
Danemark [dan'mark] *m: le ~ Denmark.*
Daniel [da'njɛl] *m Daniel.*
Danton [dɑ̃'tɔ̃] *French revolutionary.*
Danube [da'nyb] *m Danube.*
Daudet [do'dɛ] *French writer.*
Daumier [do'mje] *French lithographer.*
Dauphiné [dofi'ne] *m old province of France.*
David [da'vid] *m David (a. French painter).*
Deauville [do'vil] *French health resort on the Channel.*
Debré [də'bre] *French politician.*
Debussy [dəby'si] *French composer.*
Degas [də'ga] *French painter.*
Delacroix [dəla'krwa] *French painter.*
Denis [də'ni] *m Den(n)is.*
Descartes [de'kart] *French philosopher.*
Diane [djan] *f Diana (Roman goddess of hunting, a. Christian name).*
Diderot [didə'ro] *French philosopher.*

Dieppe [djɛp] *French port and town.*
Digne [diɲ] *capital of the department of Basses-Alpes.*
Dijon [di'ʒɔ̃] *capital of the department of the Côte-d'Or; former capital of the province of Bourgogne.*
Dinard [di'na:r] *French health resort on the Channel.*
Dominicaine [dɔmini'kɛn]: *la République f ~ the Dominican Republic.*
Dominique [dɔmi'nik] *m Dominic.*
Don Quichotte [dɔ̃ki'ʃɔt] *m Don Quixote.*
Dordogne [dɔr'dɔɲ] *f French river; department of southwestern France.*
Dorothée [dɔrɔ'te] *f Dorothea, Dorothy.*
Doubs [du] *m French river; department of eastern France.*
Douvres [du:vr] *Dover.*
Draguignan [dragi'ɲɑ̃] *capital of the department of Var.*
Dreyfus [drɛ'fys] *French army officer convicted of treason and imprisoned, but cleared in 1906.*
Drôme [dro:m] *f French river; department of southeastern France.*
Dublin [du'blɛ̃] *capital of the Republic of Ireland.*
Duclos [dy'klo] *French Communist politician.*
Duhamel [dya'mɛl] *French writer.*
Dumas [dy'ma] *name of two French writers.*
Dunant [dy'nɑ̃] *Swiss merchant, founder of the Red Cross.*
Dunkerque [dœ̃'kɛrk] *Dunkirk (French port and town).*
Durance [dy'rɑ̃:s] *f French river.*

E

Écosse [e'kɔs] *f Scotland.*
Édimbourg [edɛ̃'bu:r] *Edinburgh.*
Edmond [ɛd'mɔ̃] *m Edmund.*
Édouard [e'dwa:r] *m Edward.*
Égypte [e'ʒipt] *f: l'~ Egypt.*
Eiffel [ɛ'fɛl] *French engineer.*
Elbe [ɛlb] *f: l'île d'~ Elba (scene of Napoleon's exile).*
Éléonore [eleɔ'nɔ:r] *f Eleanor, Elinor.*
Élisabeth [eliza'bɛt] *f Elizabeth.*
Élysée [eli'ze] *m palace in Paris, official residence of the President of the Republic.*

Émile [e'mil] *m Christian name.*
Émilie [emi'li] *f Emily.*
Épinal [epi'nal] *capital of the department of Vosges.*
Équateur [ekwa'tœ:r] *Ecuador.*
Escaut [ɛs'ko] *m the Scheldt.*
Ésope [e'zɔp] *m Aesop (Greek fabulist).*
Espagne [ɛs'paɲ] *f Spain.*
État français [etafrã'sɛ] *m name of the Pétain regime.*
États-Unis d'Amérique [etazynidame'rik] *m/pl. the United States (of America), the U.S.A.*
Éthiopie [etjɔ'pi] *f Ethiopia.*
Étienne [e'tjɛn] *m Stephen.*
Euclide [ø'klid] *Euclid (Greek mathematician).*
Eugène [ø'ʒɛn] *m Eugene.*
Eugénie [øʒe'ni] *f Eugenia.*
Euphrate [ø'frat] *m the Euphrates.*
Eure [œ:r] *French river; department of northern France;* **~-et-Loir** [œre'lwa:r] *department of northern France.*
Europe [ø'rɔp] *f: l'~ Europe.*
Eustache [øs'taʃ] *m Eustace.*
Ève [ɛ:v] *f Eve, Eva.*
Évreux [e'vrø] *capital of the department of Eure.*

F

Faure [fɔ:r] *French politician.*
Fauré [fɔ're] *French composer.*
Félix [fe'liks] *m Felix.*
Fénelon [fenə'lɔ̃] *French prelate and writer.*
Ferdinand [fɛrdi'nã] *m Ferdinand.*
Ferry [fɛ'ri] *French statesman.*
Finistère [finis'tɛ:r] *m department of northwestern France.*
Finlande [fɛ̃'lã:d] *f Finland.*
Flandre [flã:dr] *f: la ~ Flanders (old province of France).*
Flaubert [flo'bɛ:r] *French writer.*
Flessingue [fle'sɛ̃:g] *Flushing.*
Foch [fɔʃ] *French Marshal.*
Foix [fwa] *capital of the department of Ariège; former county and its capital; old province of France.*
Fontainebleau [fɔ̃tɛn'blo] *famous French castle.*
Fort-de-France [fɔrdə'frã:s] *capital of the overseas department of Martinique.*

Fouquet [fu'kɛ] *superintendant of finance.*
Fragonard [fragɔ'na:r] *French painter.*
France[1] [frã:s] *f: la ~ France.*
France[2] [frã:s] *French writer.*
Franche-Comté [frãʃkɔ̃'te] *f old province of France.*
Franck [frã:k] *French composer.*
François [frã'swa] *m Francis.*
Françoise [frã'swa:z] *f Frances.*
Frédéric [frede'rik] *m Frederick.*

G

Gabriel [gabri'ɛl] *m Gabriel.*
Galles [gal] *f: le pays m de ~ Wales.*
Gambetta [gãbe'ta] *French politician.*
Gamelin [gam'lɛ̃] *French general.*
Gand [gã] *Ghent.*
Gange [gã:ʒ] *m the Ganges.*
Gap [gap] *capital of the department of Hautes-Alpes.*
Gard [ga:r] *m French river; department of southern France.*
Garonne [ga'rɔn] *f French river;* **Haute-~** [otga'rɔn] *f department of southwestern France.*
Gascogne [gas'kɔɲ] *f: la ~ Gascony; see Guyenne.*
Gauguin [go'gɛ̃] *French painter.*
Gaule [go:l] *f: la ~ Gaul.*
Gaulle, de [də'go:l] *French general and president.*
Gautier [go'tje] *French poet.*
Gay-Lussac [gɛly'sak] *French scientist.*
Genève [ʒə'nɛ:v] *Geneva.*
Geneviève [ʒən'vjɛ:v] *f Genevieve, Winifred.*
Geoffroi [ʒɔ'frwa] *m Geoffrey, Jeffery, Godfrey.*
Georges [ʒɔrʒ] *m George.*
Gérard [ʒe'ra:r] *m Gerald.*
Germaine [ʒɛr'mɛn] *f Christian name.*
Gers [ʒɛ:r] *m French river; department of southwestern France.*
Gertrude [ʒɛr'tryd] *f Gertrude.*
Gévaudan [ʒevo'dã] *m former French county.*
Gide [ʒid] *French writer.*
Gilbert [ʒil'bɛ:r] *m Gilbert.*
Gilles [ʒil] *m Giles.*
Giraud [ʒi'ro] *French general.*
Giraudoux [ʒiro'du] *French writer.*

Gironde [ʒi'rɔ̃:d] *f French river; department of southwestern France.*
Gobelins, les [legɔ'blɛ̃] *m/pl. famous tapestry factory in Paris.*
Goncourt [gɔ̃'ku:r] *name of two French writers.*
Gounod [gu'no] *French composer.*
Grande-Bretagne [grãdbrə'taɲ] *f: la ~ Great Britain.*
Grandlieu [grã'ljø]: *lac m de ~ French lake.*
Grèce [grɛs] *f: la ~ Greece.*
Grégoire [gre'gwa:r] *m Gregory.*
Grenoble [grə'nɔbl] *capital of the department of Isère; former capital of the province of Dauphiné.*
Greuze [grø:z] *French painter.*
Groenland [grɔɛn'lã:d] *m: le ~ Greenland.*
Groningue [grɔ'nɛ̃:g] *Groningen.*
Guadeloupe [gwad'lup] *f French overseas department.*
Guatemala [gwatema'la] *m: le ~ Guatemala.*
Guebwiller [gɛbvi'lɛ:r]: *ballon m de ~ highest peak of the Vosges.*
Guéret [ge'rɛ] *capital of the department of Creuse; former capital of the province of Marche.*
Guernesey [gɛrnə'zɛ] *Guernsey (one of the Channel Islands).*
Gui [gi] *m Guy.* [Will.\
Guillaume [gi'jo:m] *m William,*}
Guillotin [gijɔ'tɛ̃] *French physician who first proposed the use of the guillotine.*
Guinée [gi'ne] *f: la ~ Guinea.*
Guise, de [də'gi:z] *French noble family.*
Guitry [gi'tri] *French actor and playwright.*
Guizot [gi'zo] *French statesman and historian.*
Guy [gi] *m Guy.*
Guyane [gɥi'jan] *f: la ~ Guiana; ~ française* [gɥijanfrã'sɛ:z] *f French overseas department.*
Guyenne [gɥi'jɛn] *f: la ~ Guienne; ~ et Gascogne* [gɥijɛnegas'kɔɲ] *old province of France.*

H

Hainaut [*ɛ'no] *m province of southern Belgium.*

Haïti [ai'ti] *f Haiti.*
Halles [*al] *f/pl.: les ~ quarter of Paris with the principal market.*
Haussmann [os'man] *French administrator.* [and town.\
Havre, Le [lə'*a:vr] *m French port*}
Haye, La [la'*ɛ] *the Hague.*
Hélène [e'lɛn] *f Helen.*
Helsinki [ɛlsiŋ'ki] *capital of Finland.*
Henri [ã'ri] *m Henry.*
Henriette [ã'rjɛt] *f Harriet.*
Hérault [e'ro] *m French river; department of southern France.*
Hercule [ɛr'kyl] *m Hercules.*
Herriot [ɛ'rjo] *French politician.*
Hilaire [i'lɛ:r] *m Hilary.*
Hildegarde [ildə'gard] *f Hildegard.*
Hippolyte [ipɔ'lit] *m Christian name.*
Hoche [*ɔʃ] *French revolutionary general.*
Hollande [*ɔ'lã:d] *f: la ~ Holland.*
Homère [ɔ'mɛ:r] *m Homer (Greek poet).*
Honduras [*ɔndu'ra:s] *m: le ~ Honduras.*
Hongrie [*ɔ̃'gri] *f: la ~ Hungary.*
Hortense [ɔr'tã:s] *f Hortense.*
Hôtel-Dieu [otɛl'djø] *m name of the oldest hospital in Paris.*
Hugo [*y'go] *French writer.*
Hugues [yg] *m Hugh.*

I

Ibert [i'bɛ:r] *French composer.*
If [if] *m small island near Marseilles, former state prison.*
Île-de-France [ildə'frã:s] *f old province of France.*
Ille-et-Vilaine [ilevi'lɛn] *department of northwestern France.*
Inde [ɛ̃:d] *f: l'~ India.*
Indien [ɛ̃'djɛ̃]: *océan m ~ Indian Ocean.* [China.\
Indochine [ɛ̃dɔ'ʃin] *f: l'~ Indo-*}
Indonésie [ɛ̃dɔne'zi] *f: l'~ Indonesia.*
Indre [ɛ̃:dr] *French river; department of central France; ~-et-Loire* [ɛ̃dre'lwa:r] *department of central France.*
Indus [ɛ̃'dys] *m the Indus.*
Ingres [ɛ̃:gr] *French painter.*

---

* Before the so-called aspirate h, marked *, there is neither elision nor liaison.

Invalides, Les [lezɛ̃va'lid] *m/pl. army pensioners' hospital in Paris; its church contains the tomb of Napoleon.*
Iphigénie [ifiʒe'ni] *f* Iphigenia.
Irak, Iraq [i'rak] *m: l'~* Irak, Iraq.
Iran [i'rɑ̃] *m: l'~* Iran.
Irène [i'rɛn] *f* Irene.
Irlande [ir'lɑ̃:d] *f: l'~* Ireland.
Isabelle [iza'bɛl] *f* Isabel.
Isère [i'zɛ:r] *French river; department of southeastern France.*
Islande [is'lɑ̃:d] *f: l'~* Iceland.
Israël [isra'ɛl] *m* Israel.
Italie [ita'li] *f: l'~* Italy.

J

Jacquard [ʒa'ka:r] *Frenchman, inventor of the loom named after him.*
Jacqueline [ʒa'klin] *f* Jacqueline.
Jacques [ʒɑ:k] *m* James.
Jamaïque [ʒama'ik] *f: la ~* Jamaica.
Japon [ʒa'põ] *m: le ~* Japan.
Jaurès [ʒɔ'rɛs] *French politician and orator.*
Jean [ʒɑ̃] *m* John; **~-Jacques** [~'ʒɑ:k] *m Christian name;* **~-Paul** [~'pɔl] *m Christian name;* **~ sans Terre** [~sɑ̃'tɛ:r] *m* John Lackland *(English king).*
Jeanne [ʒɑ:n] *f* Jean, Joan; **~ d'Arc** [ʒɑ̃n'dark] *f* Joan of Arc.
Jeanneton [ʒan'tõ] *f* Jenny.
Jeannette [ʒa'nɛt] *f* Jenny, Janet.
Jeannot [ʒa'no] *m* Jack, Johnny.
Jérôme [ʒe'ro:m] *m* Jerome.
Jersey [ʒɛr'zɛ] *one of the Channel Islands.*
Jérusalem [ʒeryza'lɛm] Jerusalem.
Jésus [ʒe'zy], **Jésus-Christ** [ʒezy-'kri] *m* Jesus (Christ).
Joffre [ʒɔfr] *French Marshal.*
Joliot-Curie [ʒɔljoky'ri] *name of two French physicists.*
Jordanie [ʒɔrda'ni] *f: la ~* Jordan.
Joseph [ʒɔ'zɛf] *m* Joseph.
Joséphine [ʒoze'fin] *f* Josephine *(first wife of Napoleon I).*
Jouhaud [ʒu'o] *French general.*
Juin [ʒɥɛ̃] *French Marshal.*
Jules [ʒyl] *m* Julius.
Julie [ʒy'li] *f* Julia, Juliet, Gill, Jill.
Julien [ʒy'ljɛ̃] *m* Julian.
Julienne [ʒy'ljɛn] *f* Juliana; Gillian.
Juliette [ʒy'ljɛt] *f* Juliet.
Jura [ʒy'ra] *m mountain range; department of eastern France.*

K

Karpates [kar'pat] *f/pl.* Carpathians.
Kléber [kle'bɛ:r] *French general.*
Kœnig [kœ'nig] *French general.*
Koweït [kɔ'wejt] Kuweit.
Kremlin [krɛm'lɛ̃] *m the* Kremlin.

L

La Boétie [labɔe'si] *French writer.*
La Bruyère [labry'jɛ:r] *French moralist.*
La Chaise [la'ʃɛ:z] *French Jesuit.*
Laclos [la'klo] *French writer.*
La Fayette, de [dɔlafa'jɛt] *French general and statesman; French woman writer.*
Laffitte [la'fit] *French financier.*
La Fontaine [lafɔ̃'tɛn] *French fabulist.*
Lamarck [la'mark] *French naturalist.*
Lamartine [lamar'tin] *French poet.*
Lamennais [lam'nɛ] *French philosopher.*
La Motte-Picquet [lamɔtpi'kɛ] *French naval commander.*
Landes [lɑ̃:d] *f/pl. department of southwestern France.*
Languedoc [lɑ̃g'dɔk] *m old province of France.*
Laon [lɑ̃] *capital of the department of Aisne.*
Laos [la'o:s] *m* Laos.
Laplace [la'plas] *French physicist.*
La Rochefoucauld [larɔʃfu'ko] *French moralist.*
Larousse [la'rus] *French lexicographer.*
Lattre de Tassigny, de [dəlatrdə-tasi'ɲi] *French Marshal.*
Laure [lɔ:r] *f* Laura.
Laurent [lɔ'rɑ̃] *m* Laurence.
Lausanne [lo'zan] *Swiss town.*
Laval [la'val] *capital of the department of Mayenne; French politician.*
Lavoisier [lavwa'zje] *French chemist.*
Law [lo; *Fr.* lɑ:s] *Scottish financier, controller-general of the French finances.*
Lazare [la'za:r] *m* Lazarus.
Leconte de Lisle [ləkɔ̃tdə'lil] *French poet.*
Le Corbusier [ləkɔrby'zje] *French architect.*

Léman [le'mã] *m: le lac m ~ the lake of Geneva, Lake Leman.*
Leningrad [lenin'grad] *town of the U.S.S.R.*
Léon [le'ɔ̃] *m* Leo.
Léonard [leɔ'naːr] *m* Leonard.
Léopold [leɔ'pɔl] *m* Leopold.
Lesage [lə'saːʒ] *French writer.*
Lesseps [le'sɛps] *French diplomat who conceived the idea of the Suez Canal.*
Leyde [lɛd] Leyden.
Liban [li'bã] *m: le ~* Lebanon.
Libye [li'bi] *f* Libya.
Liège [ljɛːʒ] *Belgian town.*
Lille [lil] *capital of the department of Nord.*
Limoges [li'mɔːʒ] *capital of the department of Haute-Vienne; former capital of the province of Limousin; renowned for its porcelain.*
Limousin [limu'zɛ̃] *m old province of France.*
Lisbonne [liz'bɔn] Lisbon.
Lise [liːz], **Lisette** [li'zɛt] *f* Betty; Lizzie.
Lisieux [li'zjø] *French town, place of pilgrimage.*
Littré [li'tre] *French lexicographer.*
Livourne [li'vurn] Leghorn.
Loire [lwaːr] *f French river; department of central France;* **Haute-~** [otˈlwaːr] *f department of central France;* **~-Atlantique** [lwaratlɑ̃-ˈtik] *f department of northwestern France.*
Loiret [lwa'rɛ] *m French river; department of central France.*
Loir-et-Cher [lwarɛ'ʃɛːr] *department of central France.*
Londres [lɔ̃ːdr] London.
Lons-le-Saunier [lɔ̃ləsoˈnje] *capital of the department of Jura.*
Lorrain [lɔ'rɛ̃] *French painter.*
Lorraine [lɔ'rɛn] *f old province of France.*
Lot [lɔt] *m French river; department of southern France;* **~-et-Garonne** [~ega'rɔn] *department of southwestern France.*
Loti [lɔ'ti] *French writer.*
Louis [lwi] *m* Lewis.
Louise [lwiːz] *f* Louisa, Louise.
Lourdes [lurd] *French town, place of pilgrimage.*
Louvre [luːvr] *m former royal palace in Paris, now famous museum.*

Lozère [lo'zɛːr] *f department of southeastern France.*
Luc [lyk] *m* Luke.
Lucette [ly'sɛt] *f diminutive of Lucie.*
Lucie [ly'si] *f* Lucy; Lucia.
Lucien [ly'sjɛ̃] *m* Lucian.
Lucienne [ly'sjɛn] *f Christian name.*
Lully [lyl'li] *French composer.*
Lumière [ly'mjɛːr] *name of two French chemists, inventors of the cinematograph.*
Luxembourg [lyksɑ̃'buːr] *m* Luxemb(o)urg; *palace and gardens in Paris.*
Lyautey [ljo'tɛ] *French Marshal.*
Lydie [li'di] *f* Lydia.
Lyon [ljɔ̃] Lyons *(capital of the department of Rhône; former capital of the province of Lyonnais).*
Lyonnais [ljɔ'nɛ] *m old province of France.*

M

Mac-Mahon [makma'ɔ̃] *French Marshal.*
Mâcon [mɑ'kɔ̃] *capital of the department of Saône-et-Loire.*
Madeleine [mad'lɛn] *f* Madeleine; bibl. Magdalen.
Madelon [mad'lɔ̃] *f diminutive of Madeleine.*
Madère [ma'dɛːr] *f* Madeira.
Madrid [ma'drid] *capital of Spain.*
Maeterlinck [metɛr'lɛ̃ːk] *Belgian writer.*
Maginot [maʒi'no] *French politician.*
Mahomet [maɔ'mɛ] *m* Mahomet.
Maillol [ma'jɔl] *French sculptor.*
Maine [mɛn] *f French river; m old province of France;* **~-et-Loire** [~eˈlwaːr] *department of western France.*
Mainfroi [mɛ̃'frwa] *m* Manfred.
Maintenon, de [dəmɛ̃t'nɔ̃] *French marquise, secret wife of Louis XIV.*
Malaisie [malɛ'zi] *f: la Fédération f de ~* the Federation of Malaysia.
Malebranche [mal'brɑ̃ːʃ] *French metaphysician.*
Malherbe [ma'lɛrb] *French poet.*
Mallarmé [malar'me] *French poet.*
Malmaison [malmɛ'zɔ̃] *residence of Joséphine after her divorce from Napoleon I.*
Malraux [mal'ro] *French writer.*
Malte [malt] *f* Malta.

Manche [mãːʃ] *f: la ~* the English Channel; *department of northwestern France.*
Manet [ma'nɛ] *French painter.*
Manon [ma'nɔ̃] *f* Moll.
Mans, Le [lə'mã] *capital of the department of Sarthe; former capital of the province of Maine.*
Marat [ma'ra] *French revolutionary.*
Marc [mark] *m* Mark.
Marcel [mar'sɛl] *m Christian name.*
Marche [marʃ] *f old province of France.*
Margot [mar'go] *f* Maggie, Margot, Peg(gy).
Marguerite [margə'rit] *f* Margaret.
Marie [ma'ri] *f* Mary.
Maritain [mari'tɛ̃] *French philosopher.*
Marivaux [mari'vo] *French playwright.*
Marne [marn] *f French river; department of northeastern France;* **Haute-~** [ot'marn] *f department of northeastern France.*
Maroc [ma'rɔk] *m: le ~* Morocco.
Marseille [mar'sɛːj] Marseilles (*capital of the department of Bouches-du-Rhône*).
Marthe [mart] *f* Martha.
Martin du Gard [martɛ̃dy'gaːr] *French writer.*
Martinique [marti'nik] *f French overseas department.*
Massif central [masifsã'tral] *m upland area of France.*
Mathilde [ma'tild] *f* Mathilda, Maud.
Matignon [mati'ɲɔ̃]: *l'hôtel m ~ residence of the French Prime Minister.*
Matisse [ma'tis] *French painter.*
Mat(t)hieu [ma'tjø] *m* Mat(t)hew.
Maupassant [mopɑ'sã] *French writer.*
Mauriac [mɔ'rjak] *French writer.*
Maurice [mɔ'ris] *l'île f ~* Mauritius.
Maurois [mɔ'rwa] *French writer.*
Maurras [mɔ'rɑs] *French writer.*
Maxime [mak'sim] *m Christian name.*
Maximilien [maksimi'ljɛ̃] *m* Maximilian.
Mayenne [ma'jɛn] *f French river; department of northwestern France.*
Médicis [medi'sis] Medici (*Florentine noble family*).

Méditerranée [mediterɑ'ne] *f: la ~* the Mediterranean.
Melun [mə'lœ̃] *capital of the department of Seine-et-Marne.*
Mende [mãːd] *capital of the department of Lozère.*
Mendès-France [mɛ̃dɛs'frãːs] *French politician.*
Menton [mã'tɔ̃] *French tourist centre on the Mediterranean.*
Mérimée [meri'me] *French writer.*
Mérovingiens *hist.* [merɔvɛ̃'ʒjɛ̃] *m/pl.* Merovingians (*French royal family*). [*ment of Moselle.*\
Metz [mɛs] *capital of the depart-*|
Meurthe [mœrt] *f French river; former department of northeastern France;* **~-et-Moselle** [~emɔ'zɛl] *department of northeastern France.*
Mexique [mɛk'sik] *m: le ~* Mexico.
Mézières [me'zjɛːr] *capital of the department of Ardennes.*
Michel [mi'ʃɛl] *m* Michael.
Michelet [miʃ'lɛ] *French historian.*
Millet [mi'lɛ; mi'jɛ] *French painter.*
Mirabeau [mira'bo] *revolutionary orator.*
Mistral [mis'tral] *Provençal poet.*
Mohammed [mɔa'mɛd] *see* Mahomet.
Molière [mɔ'ljɛːr] *French writer of comedies.*
Mollet [mɔ'lɛ] *French politician.*
Monaco [mɔnɑ'ko] *m* Monaco.
Monet [mɔ'nɛ] *French painter.*
Mongolie [mɔ̃gɔ'li] *f: la ~* Mongolia.
Monique [mɔ'nik] *f* Monica.
Montaigne [mɔ̃'tɛɲ] *French moralist.*
Montalembert [mɔ̃talã'bɛːr] *French politician and writer.*
Montauban [mɔ̃to'bã] *capital of the department of Tarn-et-Garonne.*
Montcalm, de [dəmɔ̃'kalm] *French general in Canada.*
Mont-de-Marsan [mɔ̃dmar'sã] *capital of the department of Landes.*
Montespan [mɔ̃tɛs'pã] *mistress of Louis XIV.*
Montesquieu [mɔ̃tɛs'kjø] *French writer and constitutionalist.*
Montherlant [mɔ̃tɛr'lã] *French writer.*
Montmartre [mɔ̃'martr] *part of Paris famous for its night life.*
Montparnasse [mɔ̃par'nɑːs] *famous artistic quarter of Paris.*

Montpellier [mõpə'lje] *capital of the department of Hérault.*
Montréal [mõre'al] *Montreal.*
Morbihan [mɔrbi'ã] *m department of western France.*
Morvan [mɔr'vã] *m mountain range of France.*
Moscou [mɔs'ku] *Moscow.*
Moselle [mɔ'zɛl] *f French river; department of northeastern France.*
Moulins [mu'lɛ̃] *capital of the department of Allier; former capital of the province of Bourbonnais.*
Musset [my'sɛ] *French writer.*

N

Nancy [nã'si] *capital of the department of Meurthe-et-Moselle.*
Nanette [na'nɛt] *f Nancy.*
Nantes [nã:t] *French port; capital of the department of Loire-Atlantique.*
Napoléon [napɔle'õ]: ~ Ier *Napoleon I (emperor of the French).*
Navarre [na'va:r] *f former kingdom.*
Necker [nɛ'kɛ:r] *French financier.*
Neige [nɛ:ʒ]: *crêt m de la* ~ *highest peak of the Jura.*
Népal [ne'pal] *m: le* ~ *Nepal.*
Nerval [nɛr'val] *French writer.*
Nevers [nə'vɛ:r] *capital of the department of Nièvre; former capital of the province of Nivernais.*
Nice [nis] *capital of the department of Alpes-Maritimes.*
Nicolas [nikɔ'la] *m Nicholas.*
Nicolette [nikɔ'lɛt] *f Christian name.*
Nièvre [njɛ:vr] *f French river; department of central France.*
Niger [ni'ʒɛ:r] *m Niger.*
Nil [nil] *m Nile.*
Nîmes [nim] *capital of the department of Gard.*
Ninon [ni'nõ] *f Nina.*
Niort [njɔ:r] *capital of the department of Deux-Sèvres.*
Nivernais [nivɛr'nɛ] *m old province of France.*
Nord [nɔ:r] *m department of northern France.*
Normandie [nɔrmã'di] *f: la* ~ *Normandy (old province of France).*
Norvège [nɔr'vɛ:ʒ] *f: la* ~ *Norway.*
Notre-Dame [nɔtrə'dam] *metropolitan church of Paris.*
Nouvelle-Calédonie [nuvɛlkaledɔ'ni] *f: la* ~ *New Caledonia.*

Nouvelle-France [nuvɛl'frã:s] *f name of French Canada in the 17th century.*

O

Océanie [ɔsea'ni] *f: l'*~ *Oceania.*
Oise [wa:z] *French river; department of northern France.*
Olivier [ɔli'vje] *m Oliver.*
Oran [ɔ'rã] *town and department of Algeria.*
Orléanais [ɔrlea'nɛ] *m old province of France.*
Orléans [ɔrle'ã] *capital of the department of Loiret; former capital of the province of Orléanais; hist. branch of the French royal house of Bourbon.*
Orly [ɔr'li] *airport of Paris.*
Orne [ɔrn] *French river; department of northern France.*
Orphée [ɔr'fe] *m Orpheus.*
Oslo [ɔs'lo] *capital of Norway.*
Ottawa [ɔta'wa] *capital of Canada.*
Oural [u'ral] *Ural.*

P

Pacifique [pasi'fik] *m: le* ~ *the Pacific (Ocean).*
Pagnol [pa'ɲɔl] *French writer.*
Pakistan [pakis'tã] *m: le* ~ *Pakistan.*
Panama [pana'ma] *m: le* ~ *Panama.*
Panthéon [pãte'õ] *m Pantheon (building in Paris in the crypt of which are buried some of France's greatest men).*
Papineau [papi'no] *Canadian politician.*
Paraguay [para'gɛ] *m: le* ~ *Paraguay.*
Paris [pa'ri] *m capital of France; capital of the department of Seine; former capital of the province of Ile-de-France.*
Parmentier [parmã'tje] *French economist and agronomist.*
Pascal [pas'kal] *French mathematician, physicist, and philosopher.*
Pas de Calais [pɑdka'lɛ] *m Straits pl. of Dover;* **Pas-de-Calais** [~] *m department of northern France.*
Pasteur [pas'tœ:r] *French chemist and biologist.*
Patrice [pa'tris], **Patrick** [pa'trik] *m Patrick.*
Pau [po] *capital of the department of*

Basses-Pyrénées; former capital of the province of Béarn.
Paul [pɔl] *m* Paul.
Pays-Bas [pei'ba] *m/pl.: les* ~ the Netherlands.
Père-Lachaise [pɛrla'ʃɛːz] *m* main cemetery of Paris, named after La Chaise.
Périgord [peri'gɔːr] *m former county of France.*
Périgueux [peri'gø] *capital of the department of Dordogne; former capital of the county of Périgord.*
Pérou [pe'ru] *m: le* ~ *Peru.*
Perpignan [pɛrpiˈɲɑ̃] *capital of the department of Pyrénées-Orientales; former capital of the province of Roussillon.*
Perrault [pɛ'ro] *French writer of fairy tales.*
Perrier [pɛ'rje] *French naturalist.*
Pétain [pe'tɛ̃] *French Marshal and politician.*
Peugeot [pø'ʒo] *French industrialist.*
Phèdre [fɛdr] *f* Phaedra.
Philippe [fi'lip] *m* Philip.
Picardie [pikar'di] *f old province of France.*
Picasso [pika'so] *Spanish painter.*
Piccard [pi'kaːr] *Swiss physicist.*
Pierre [pjɛːr] *m* Peter.
Pinay [pi'nɛ] *French politician.*
Pissarro [pisa'ro] *French painter.*
Platon [pla'tɔ̃] *m* Plato *(Greek philosopher).*
Pleyel [plɛ'jɛl] *family of musicians.*
Poincaré [pwɛ̃ka're] *French statesman.*
Poitiers [pwa'tje] *capital of the department of Vienne; former capital of the province of Poitou.*
Poitou [pwa'tu] *m old province of France.*
Pologne [pɔ'lɔɲ] *f: la* ~ *Poland.*
Pompadour [pɔ̃pa'duːr] *mistress of Louis XV.*
Pompidou [pɔ̃pi'du] *French politician.*
Port-Royal [pɔrrwa'jal] *French abbey, centre of jansenism.*
Portugal [pɔrty'gal] *m: le* ~ *Portugal.*
Poussin [pu'sɛ̃] *French painter.*
Prague [prag] *capital of Czechoslovakia.*
Prévost [pre'vo] *French writer.*
Privas [pri'va] *capital of the department of Ardèche.*

Proudhon [pru'dɔ̃] *French philosopher.*
Proust [prust] *French writer.*
Provence [prɔ'vɑ̃ːs] *f old province of France.*
Prud'hon [pry'dɔ̃] *French painter.*
Prusse [prys] *f: la* ~ *Prussia.*
Puy [pɥi]: *Le* ~ *capital of the department of Haute-Loire;* ~**-de-Dôme** [~d'doːm] *m department of central France.*
Pyrénées [pire'ne] *f/pl.* Pyrenees; **Basses-**~ [baspire'ne] *f/pl. department of southwestern France;* **Hautes-**~ [otpire'ne] *f/pl. department of southwestern France;* ~-**Orientales** [pirenezɔrjɑ̃'tal] *f/pl. department of southwestern France.*

Q

Quai d'Orsay [kedɔr'sɛ] *m French Ministry of Defence.*
Quartier latin [kartjela'tɛ̃] *m the student quarter of Paris.*
Quatre-Cantons [katrəkɑ̃'tɔ̃]: *le lac m des* ~ *the Lake of Lucerne.*
Québec [ke'bɛk] Quebec.
Quesnay [kɛ'nɛ] *French physiocrat.*
Quimper [kɛ̃'pɛːr] *capital of the department of Finistère; former capital of the county of Cornouaille.*

R

Rabelais [ra'blɛ] *French writer.*
Rachel [ra'ʃɛl] *f* Rachel.
Racine [ra'sin] *French classical dramatist.*
Rambouillet [rɑ̃bu'jɛ] *French town with a famous castle.*
Rameau [ra'mo] *French composer.*
Raoul [ra'ul] *m* Ralph; Rudolph.
Ravel [ra'vɛl] *French composer.*
Raymond [rɛ'mɔ̃] *m* Raymond.
Réaumur [reo'myːr] *French naturalist and physicist.*
Récamier [reka'mje] *French woman whose salon under the Restoration was famous.*
Reims [rɛ̃ːs] *Rheims (French town).*
Renan [rə'nɑ̃] *French writer.*
Renaud [rə'no] *m* Reginald.
Renault [rə'no] *French industrialist.*
René [rə'ne] *m Christian name.*
Renée [rə'ne] *f Christian name.*
Rennes [rɛn] *capital of the depart-*

ment of Ille-et-Vilaine; former capital of the province of Bretagne.
Renoir [rə'nwa:r] *French painter.*
Réunion [rey'njɔ̃] *f French overseas department.* [*Iceland.*]
Reykjavik [rεkja'vik] *capital of*
Reynaud [rε'no] *French politician.*
Rhénanie [rena'ni] *f Rhineland.*
Rhin [rɛ̃] *m Rhine;* **Bas-~** [bɑ'rɛ̃] *m department of eastern France;* **Haut-~** [o'rɛ̃] *m department of eastern France.*
Rhône [ro:n] *m French river; department of southeastern France.*
Richard [ri'ʃa:r] *m Richard;* **~ Cœur de Lion** [riʃarkœrdə'ljɔ̃] *m Richard the Lionhearted.*
Richelieu [riʃə'ljø] *French cardinal and statesman.*
Rimbaud [rɛ̃'bo] *French poet.*
Rivarol [riva'rɔl] *French writer.*
Robert [rɔ'bɛ:r] *m Robert.*
Robespierre [rɔbes'pjɛ:r] *French revolutionary.*
Rochelle, La [larɔ'ʃɛl] *capital of the department of Charente-Maritime; former capital of the province of Aunis.*
Roche-sur-Yon, La [larɔʃsy'rjɔ̃] *capital of the department of Vendée.*
Rodez [rɔ'dɛ:z] *capital of the department of Aveyron; former capital of the province of Rouergue.*
Rodin [rɔ'dɛ̃] *French sculptor.*
Rodolphe [rɔ'dɔlf] *m Ralph, Rudolph.*
Roger [rɔ'ʒe] *m Roger.*
Rohan [rɔ'ɑ̃] *French general and Calvinist leader; French cardinal.*
Roland [rɔ'lɑ̃] *French woman and republican whose salon had considerable influence in the 18th century.*
Rolland [rɔ'lɑ̃] *French writer.*
Romains [rɔ'mɛ̃] *French writer.*
Rome [rɔm] *capital of Italy.*
Ronsard [rɔ̃'sa:r] *French poet.*
Rostand [rɔs'tɑ̃] *French dramatist.*
Rouault [rwo] *French painter.*
Roubaix [ru'bɛ] *French town.*
Rouen [rwɑ̃] *French port; capital of the department of Seine-Maritime; former capital of the province of Normandie.*
Rouergue [rwɛrg] *m old province of France.*
Rouget de Lisle [ruʒɛd'lil] *author of the Marseillaise.*

Roumanie [ruma'ni] *f: la ~* Rumania.
Rousseau [ru'so] *Swiss-born French philosopher.* [*France.*]
Roussillon [rusi'jɔ̃] *old province of*
Rude [ryd] *French sculptor.*
Russie [ry'si] *f: la ~* Russia.

S

Sade [sad] *French writer.*
Sahara [saa'ra] *m Sahara.*
Saint-Barthélemy, la [lasɛ̃bartelə'mi] *f Massacre of St. Bartholomew.*
Saint-Brieuc [sɛ̃bri'ø] *capital of the department of Côtes-du-Nord.*
Saint-Cloud [sɛ̃'klu] *French town with famous race-course.*
Saint-Denis-de-la-Réunion [sɛ̃dnidəlarey'njɔ̃] *capital of the overseas department of Réunion.*
Sainte-Beuve [sɛ̃t'bœ:v] *French writer.*
Saintes [sɛ̃:t] *former capital of the province of Saintonge.*
Saint-Étienne [sɛ̃te'tjɛn] *capital of the department of Loire.*
Saint-Exupéry [sɛ̃tɛksype'ri] *French writer.*
Saint-Germain-des-Prés [sɛ̃ʒɛrmɛ̃de'pre] *very old church and popular quarter of Paris;* **Saint-Germain-en-Laye** [~ɑ̃'lɛ] *French town with a famous castle.*
Saint-Just [sɛ̃'ʒyst] *French revolutionary.*
Saint-Laurent [sɛ̃lɔ'rɑ̃] *m the St. Lawrence.*
Saint-Lô [sɛ̃'lo] *capital of the department of Manche.*
Saint-Malo [sɛ̃ma'lo] *French port and town.*
Saint-Marin [sɛ̃ma'rɛ̃] *m San Marino.* [*France.*]
Saintonge [sɛ̃'tɔ̃:ʒ] *old province of*
Saint-Pétersbourg [sɛ̃peter'sbu:r] *St. Petersburg (former name of Leningrad).*
Saint-Saëns [sɛ̃'sɑ̃:s] *French composer.*
Saint-Simon [sɛ̃si'mɔ̃] *French economist and philosopher.*
Salvador, El [ɛlsalva'dɔ:r] *m El Salvador.*
Sancy [sɑ̃'si]: *puy m de ~ highest peak of the Massif central.*
Sand [sɑ̃, sɑ̃:d] *French woman writer.*

Saône [so:n] *f French river;* **Haute-~** [ot'so:n] *f department of eastern France;* **~-et-Loire** [sone'lwa:r] *department of east-central France.*

Sarthe [sart] *f French river; department of northwestern France.*

Sartre [sartr] *French philosopher.*

Savoie [sa'vwa] *f: la ~ Savoy (department of southeastern France; old province of France);* **Haute-~** [otsa'vwa] *f department of eastern France.*

Scandinavie [skădina'vi] *f: la ~ Scandinavia.*

Scudéry [skyde'ri] *French woman writer.* [writer.\

Ségur [se'gy:r] *French woman*\

Seine [sɛn] *f French river; department of northern France;* **~-et-Marne** [~ɛ'marn] *department of northern France;* **~-et-Oise** [~ɛ'wa:z] *department of northern France;* **~-Maritime** [~mari'tim] *department of northern France.*

Serbie [sɛr'bi] *f: la ~ Serbia.*

Seurat [sø'ra] *French painter.*

Sévigné [sevi'ɲe] *French woman writer.*

Sèvres [sɛ:vr] *French town renowned for its porcelain;* **Deux-~** [dø'sɛ:vr] *m/pl. department of western France.*

Sicile [si'sil] *f: la ~ Sicily.*

Sieyès [sje'jɛs] *French politician.*

Sisley [sis'lɛ] *French painter.*

Sluter [sly'tɛ:r] *Burgundian sculptor.*

Sofia [sɔ'fja] *capital of Bulgaria.*

Somme [sɔm] *f French river; department of northern France.*

Sophie [sɔ'fi] *f Sophia, Sophy.*

Sorbonne [sɔr'bɔn] *f seat of the faculties of letters and science of the University of Paris.*

Soubise [su'bi:z]: *hôtel m de ~ the National Archives in Paris.*

Soudan [su'dã] *m: le ~ the Sudan.*

Soustelle [sus'tɛl] *French politician.*

Staël [stal] *French woman writer.*

Stendhal [stɛ̃'dal] *French writer.*

Stockholm [stɔ'kɔlm] *capital of Sweden.*

Strasbourg [straz'bu:r] *Strasb(o)urg (capital of the department of Bas-Rhin; former capital of the province of Alsace).*

Suède [sɥɛd] *f: la ~ Sweden.*

Suez [sɥe:z] *m Suez.*

Suisse [sɥis] *f: la ~ Switzerland.*

Sully [syl'li] *French politician.*

Sully Prudhomme [syllipry'dɔm] *French poet.*

Suzanne [sy'zan] *f Susan, F Sue.*

Sylvestre [sil'vɛstr] *m Sylvester.*

Syrie [si'ri] *f: la ~ Syria.*

T

Taine [tɛn] *French philosopher and historian.*

Talleyrand-Périgord [talɛrãperi'gɔ:r] *French statesman.*

Tamise [ta'mi:z] *f: la ~ the Thames.*

Tanger [tã'ʒe] *Tangier.*

Tarbes [tarb] *capital of the department of Hautes-Pyrénées.*

Tardieu [tar'djø] *French politician.*

Tarn [tarn] *m French river; department of southern France;* **~-et-Garonne** [~ega'rɔn] *department of southwestern France.*

Tchécoslovaquie [tʃekɔslɔva'ki] *f: la ~ Czechoslovakia.*

Teilhard de Chardin [tejardəʃar'dɛ̃] *French Jesuit and philosopher.*

Thaïlande [taj'lã:d] *f: la ~ Thailand.*

Théophile [teɔ'fil] *m Theophilus.*

Thérèse [te'rɛ:z] *f Theresa.*

Thibau(l)t [ti'bo] *m Theobald.*

Thierry [tjɛ'ri] *m Theodoric (Christian name); French historian.*

Thiers [tjɛ:r] *French statesman and historian.*

Thomas [tɔ'ma] *m Thomas.*

Thorez [tɔ'rɛ:s] *French Communist politician.*

Tigre [tigr] *m the Tigris.*

Tirana [tira'na] *capital of Albania.*

Tocqueville [tɔk'vil] *French politician and writer.*

Toulon [tu'lɔ̃] *French port and town.*

Toulouse [tu'lu:z] *capital of the department of Haute-Garonne; former capital of the province of Languedoc;* **~-Lautrec** [tuluzlo'trɛk] *French painter.*

Touraine [tu'rɛn] *f old province of France.*

Tours [tu:r] *capital of the department of Indre-et-Loire; former capital of the province of Touraine.*

Trianon [tria'nɔ̃] *m name of two castles in the grounds of Versailles.*

Trocadéro [trɔkade'ro] *m formerly building on the heights of Passy, Paris, replaced by the Palais de Chaillot.*

Trouville [tru'vil] *French health resort on the Channel.*
Troyes [trwa] *capital of the department of Aube; former capital of the province of Champagne.*
Tuileries [tɥil'ri] *f/pl.*: *les* ~ *gardens and former royal palace in Paris.*
Tulle [tyl] *capital of the department of Corrèze.*
Tunisie [tyni'zi] *f*: *la* ~ *Tunisia.*
Turgot [tyr'go] *French controller of finance.*
Turquie [tyr'ki] *f*: *la* ~ *Turkey.*

U

Union française [ynjɔ̃frɑ̃'sɛːz] *f name given in 1946 to the French republic, its overseas possessions and associated states.*
Ursule [yr'syl] *f Ursula.*
Uruguay [yry'gɛ] *m*: *l'*~ *Uruguay.*
Utrillo [ytri'jo] *French painter.*

V

Valadon [vala'dɔ̃] *French woman painter.*
Valence [va'lɑ̃ːs] *m capital of the department of Drôme;* *f* *Valencia (Spain).*
Valéry [vale'ri] *French writer.*
Valois *hist.* [va'lwa] *m/pl. French royal house.*
Van Gogh [van'gɔg] *Dutch painter.*
Vanne [van] *f French river.*
Vannes [van] *f capital of the department of Morbihan.*
Var [vaːr] *m French river; department of southeastern France.*
Varsovie [varsɔ'vi] *Warsaw.*
Vatican [vati'kɑ̃] *m*: *le* ~ *the Vatican.*
Vaucluse [vo'klyːz] *department of southeastern France.*
Vaugelas [voʒ'la] *French grammarian.*
Vauvenargues [vov'narg] *French moralist.*
Vendée [vɑ̃'de] *f French river; department of western France.*
Venezuela [venezɥe'la] *m*: *le* ~ *Venezuela.*
Verdun [vɛr'dœ̃] *French town.*
Verhaeren [vɛ'rarən] *Belgian poet.*
Verlaine [vɛr'lɛn] *French poet.*
Véronique [verɔ'nik] *f Veronica.*

Versailles [vɛr'sɑːj] *capital of the department of Seine-et-Oise with famous royal palace.*
Vesoul [və'zul] *capital of the department of Haute-Saône.*
Vichy [vi'ʃi] *French health resort; seat of Pétain government.*
Victor [vik'tɔːr] *m Victor.*
Vidal de la Blache [vidaldəla'blaʃ] *French geographer.*
Vienne [vjɛn] *f Vienna (capital of Austria); French river; department of west-central France; m town of Isère, near Grenoble;* **Haute-**~ [ot'vjɛn] *f department of central France.*
Viêt-nam [vjɛt'nam] *m*: *le* ~ *Vietnam.*
Vigny [vi'ɲi] *French writer.*
Vilaine [vi'lɛn] *f French river.*
Villon [vi'lɔ̃, vi'jɔ̃] *French poet.*
Vincennes [vɛ̃'sɛn] *suburb of Paris; famous castle and wood.*
Viollet-le-Duc [vjɔlɛl'dyk] *French writer and architect.*
Vlaminck [vla'mɛ̃ːk] *French painter.*
Voltaire [vɔl'tɛːr] *French philosopher.*
Vosges [voːʒ] *f/pl. mountain range; department of eastern France.*

W

Waldeck-Rousseau [valdɛkru'so] *French politician.*
Wallonie [walɔ'ni] *f French speaking part of Belgium.*
Waterloo [vatɛr'lo] *Belgian village, scene of famous defeat of Napoleon.*
Watteau [va'to] *French painter.*
Weygand [vɛ'gɑ̃] *Belgian-born French general.*

Y

Yémen [je'mɛn] *m*: *le* ~ *Yemen.*
Yonne [jɔn] *f French river; department of central France.*
Yougoslavie [jugɔsla'vi] *f*: *la* ~ *Yugoslavia, Jugoslavia.*
Ypres [ipr] *Belgian town.*
Yves [iːv] *m Christian name.*

Z

Zambèze [zɑ̃'bɛːz] *m the Zambezi.*
Zola [zɔ'la] *French writer.*

Abréviations françaises usuelles
Common French abbreviations

A

A *ampère* ampere.
A. *Altesse* Highness.
A.A. *antiaérien* A.A., anti-aircraft.
ac., à cte. *acompte* payment on account.
a.c. *argent comptant* ready money.
A.C.F. *Automobile Club de France* Automobile Association of France.
act. *action* share.
A.D.A.V. *avion à décollage et atterrissage vertical* V.T.O.(L.), vertical take-off (and landing) (aircraft).
A.d.S. *Académie des Sciences* Academy of Science.
A.-E.F. *hist. Afrique-Équatoriale française* French Equatorial Africa.
AELE *Association européenne de libre échange* EFTA, European Free Trade Association.
AF *Air France (French airline).*
A.F. *Allocations familiales* family allowance.
A.F.A.T. *Auxiliaire féminine de l'armée de terre (approx.)* W.R.A.C., Women's Royal Army Corps.
AIH *Association internationale de l'hôtellerie* IHA, International Hotel Association.
AME *Accord monétaire européen* EMA, European Monetary Agreement.
A.-O.F. *Afrique-Occidentale française* French West Africa.
A.P. *à protester* to be protested; *Assistance publique* Public Assistance.
API *Association phonétique internationale* IPA, International Phonetic Association.
ap. J.-C. *après Jésus-Christ* A.D., anno Domini.
A.R. *Altesse Royale* Royal Highness.
arr. *arrondissement* district.
A.S. *Assurances sociales* social insurance.
a/s. *aux soins de* c/o., care of.
av. *avenue* avenue; *avoir* credit.
av. J.-C. *avant Jésus-Christ* B.C., before Jesus Christ.

B

B *bougie* candle-power.
B. *balle* bale; *billet* bill.
B.C.G. *vaccin bilié Calmette-Guérin (antitubercular vaccine).*
Bd. *boulevard* boulevard.
BENELUX *Belgique-Nederland-Luxembourg* BENELUX, Belgium, Netherlands, Luxemb(o)urg.
B. ès L. (*or* **Sc.**) *Bachelier ès Lettres (or Sciences) (approx.)* Advanced Level of the General Certificate of Education in Arts (*or* Science).
B.F. *Banque de France* Bank of France.
B.I.T. *Bureau international du travail* I.L.O., International Labour Office.
B.O. *Bulletin officiel* Official Bulletin.
B.P.F. *bon pour francs* value in francs.
B.R.I. *Banque de règlements internationaux* B.I.S., Bank for International Settlements.
B.S.G.D.G. *breveté sans garantie du gouvernement* patent.

C

C *cent* hundred; **°C** *degré Celsius* degree centigrade.
c. *centime (hundredth part of a franc).*
C.A. *courant alternatif* A.C., alternating current.
c.-à-d. *c'est-à-dire* i.e., that is to say.
C.A.F. *coût, assurance, fret* c.i.f., cost, insurance, freight.
cal *calorie* calory.
C.A.P. *Certificat d'aptitude profes-*

sionnelle (*certificate granted to a qualified apprentice*).
C.C. *corps consulaire* consular corps; *compte courant* a/c, current account.
CCI *Chambre de Commerce internationale* ICC, International Chamber of Commerce.
C.C.P. *compte chèques postaux* postal cheque account.
C.D. *corps diplomatique* diplomatic corps.
CE *Conseil de l'Europe* Council of Europe.
CECA *Communauté européenne du charbon et de l'acier* E.C.S.C., European Coal and Steel Community.
CED *Communauté européenne de défense* E.D.C., European Defence Community.
CEE *Communauté économique européenne* E.E.C., European Economic Community.
CEEA *Commission européenne de l'énergie atomique* EURATOM, European Atomic Energy Commission.
CERN *Organisation européenne pour la recherche nucléaire* European Organisation for Nuclear Research.
Cf. *conférez* cf., compare.
C.F.T.C. *Confédération française des travailleurs chrétiens* French Confederation of Christian Workers.
C.G.A. *Confédération générale de l'agriculture* General Confederation of Agriculture.
C.G.C. *Confédération générale des cadres* General confederation of higher administrative staffs.
C.G.T. *Confédération générale du travail*, (*approx.*) T.U.C., Trade Union(s) Congress.
ch *cheval(-vapeur)* H.P., h.p., horse-power.
ch.d.f. *chemin de fer* Ry., railway.
Ch(ev). *Chevalier* Knight (*of an Order*).
ch.-l. *chef-lieu* capital.
CICR *Comité international de la Croix-Rouge* ICRC, International Committee of the Red Cross.
Cie., Cie. *Compagnie* Co., Company.

CIO *Comité international olympique* IOC, International Olympic Committee.
CISL *Confédération internationale des syndicats libres* ICFTU, International Confederation of Free Trade Unions.
cl *centilitre* centilitre, *Am.* centiliter.
cm *centimètre* centimetre, *Am.* centimeter.
C.N.R. *Conseil national de la Résistance* National Resistance Council.
C.N.R.S. *Centre national de la recherche scientifique* (*approx.*) S.R.C., Scientific Research Centre.
COE *Conseil œcuménique des églises* WCC, World Council of Churches.
cour. *courant* inst., instant.
C.Q.F.D. *ce qu'il fallait démontrer* Q.E.D., quod erat demonstrandum, which was to be proved.
C.-R.F. *Croix-Rouge française* French Red Cross.
CRI *Croix-Rouge internationale* IRC, International Red Cross.
ct. *courant* inst., instant.
Cte(sse) *Comte(sse)* Count(ess).
C.V. *cheval-vapeur* H.P., h.p., horse-power; *cette ville* this town.

D

D.A.T. *Défense aérienne du territoire* Air Space Defence.
D.B. *division blindée* armoured division.
D.C.A. *défense contre avions* A.A., anti-aircraft (defence).
D.D.T. *Dichlorodiphényltrichloroéthane* DDT, dichlorodiphenyltrichloroethane.
der. *dernier* ult., ultimo.
dest. *destinataire* addressee, consignee.
D.I.T. *défense intérieure du territoire* (*Internal defence*).
div. *dividende* dividend.
D.M. *Docteur Médecin* Doctor of Medicine.
D.M.P. *Docteur Médecin de la Faculté de Paris* Doctor of Medicine, Paris.
do *dito* ditto.
D.P.L.G. *Diplômé par le gouvernement* state certificated.

Dr *Docteur* Dr., Doctor (*university degree*).
dr. *droit* right.
Dsse *Duchesse* Duchess.
dt *doit* debit.
dz *douzaine* doz., dozen.

E

E. *est* E., east.
E.D.F. *Électricité de France* (*French Electricity Board*).
Em. *Éminence* Eminence (*title*).
E.-M. *État-major* H.Q., Headquarters.
E.N.S. *École normale supérieure* Training College for secondary school teachers.
E.N.S.I. *Écoles nationales supérieures d'ingénieurs* state colleges of advanced engineering.
env. *environ* about.
e.o.o.e. *erreur ou omission exceptée* E. & O.E., errors and omissions excepted.
etc. *et cætera* etc., etcetera.
É.-U. *États-Unis* U.S.A., United States.
E.V. *en ville* Local (*on envelopes*).
ex. *exemple* example; *exercice* year's trading.
ex. att. *exercice attaché* cum dividend.
Exc. *Excellence* Excellency (*title*).
exD *ex-dividende* ex div., ex dividend.
exp. *expéditeur* consigner.
ext. *externe* external; *extérieur* exterior.

F

F *franc* franc; °**F** *degré Fahrenheit* degree Fahrenheit.
F.A.B. *franco à bord* f.o.b., free on board.
f.c(t). *fin courant* at the end of this month.
Fco *franco* free, carriage paid.
F.E.N. *Fédération de l'éducation nationale* National Education Federation (*autonomous professional union*).
F.F.I. *Forces françaises de l'intérieur* French Forces of the Interior.
F.F.L. *Forces françaises libres* Free French Forces.
F.I.A.A. *Fédération internationale d'athlétisme amateur* I.A.A.F., International Amateur Athletic Federation.
FIAJ *Fédération internationale des auberges de la jeunesse* IYHF, International Youth Hostels Federation.
FIFA *Fédération internationale de football association* (*federation controlling international football com-*
fig. *figure* figure.   *petitions*).
FISE *Fonds des Nations Unies pour l'enfance* UNICEF, United Nations Children's Fund.
FIT *Fédération internationale des traducteurs* IFT, International Federation of Translators.
F.M. *franchise militaire* postage free (*for military personnel*).
FMI *Fond monétaire international* IMF, International Monetary Fund.
FMPA *Fédération mondiale pour la protection des animaux* WFPA, World Federation for the Protection of Animals.
F.O. *Force Ouvrière* (*a Socialist trade union*).
fo *franco* free, carriage paid.
F.O.Q. *franco à quai* f.a.s., free alongside ship.
F.O.R. *franco sur rail* f.o.r., free on rail.
F.O.T. *franco en wagon* f.o.t., free on truck.
f.p. *fin prochain* at the end of next month.
fque *fabrique* make.
fro *franco* free, carriage paid.
Frs *Frères* Bros., Brothers.
F.S. *faire suivre* please forward (*on letters*).

G

g *gramme* gramme, *Am.* gram; *gravité* gravity.
g. *gauche* left.
Gal *général* Gen., General.
G.C. (*route de*) *grande communication* (*approx.*) B-road.
G(r).C. *Grand'Croix* Grand Cross (*of the Legion of Honour*).
G.D.F. *Gaz de France* (*French Gas Board*).
G.Q.G. *Grand quartier général* G.H.Q., General Headquarters.
G.V. *grande vitesse* per passenger train.

H

h *heure* hour, o'clock.
ha *hectare* hectare.
H.B.M. *habitations à bon marché* property to let at low rents.
H.C. *hors concours* not competing.
H.E.C. *Hautes Études commerciales* School of Advanced Commercial and Management Studies, Paris; *heure de l'Europe Centrale* CET, Central European Time.
H.L.M. *habitations à loyer modéré* property to let at moderate rents.
H.T. *haute tension* high tension.

I

Ibid. *ibidem* ibid., in the same place, ibidem.
Id. *idem* id., same, idem.
ing(én.). *ingénieur* engineer.
int. *interne* internal; *intérieur* interior.
INTERPOL see OIPC.

J

j *jour* day.
J.A.C. *Jeunesse agricole chrétienne* Christian Agricultural Youth.
J.-B. *Jean-Baptiste* John the Baptist.
J.-C. *Jésus-Christ* J.C., Jesus (Christ).
Je *Jeune* Jun., Junior.
J.E.C. *Jeunesse étudiante chrétienne* Y.C.S., Young Christian Students.
J.-J. *Jean-Jacques* John James.
J.O. *Journal officiel* Official Gazette.
J.O.C. *Jeunesse ouvrière chrétienne* YCW, Young Christian Workers.

K

kg *kilogramme* kilogramme, *Am.* kilogram.
km *kilomètre* kilometre, *Am.* kilometer.
km:h *kilomètres par heure* kilometres (*Am.* -meters) per hour.
K.-o. *knock-out* k.o., KO, knock(ed) out.
kV *kilovolt* k.v., kilovolt.
kW *kilowatt* k.w., kilowatt.
kWh *kilowatt-heure* kilowatt-hour.

L

l *litre* litre, *Am.* liter.
lat. *latitude* latitude.

L. ès L. *licencié ès lettres (approx.)* B.A., Bachelor of Arts.
L. ès Sc. *licencié ès sciences (approx.)* B.Sc., Bachelor of Science.
Lieut. *lieutenant* Lieut., Lieutenant.
ll. *lignes* ll., lines.
LL.MM. *Leurs Majestés* T.M., Their Majesties.
loc. cit. *loco citato* at the place cited.
long. *longitude* longitude.
Lt *lieutenant* Lt., Lieutenant.
Lt-Col. *lieutenant-colonel* Lt.-Col., Lieutenant-Colonel.

M

M. *Monsieur* Mr., Mister.
m *mètre* metre, *Am.* meter.
m. *mort* died.
mA *milliampère* milliampere.
mb *millibar* millibar.
md(e) *marchand(e)* merchant.
Me *Maître* (*barrister's title of address*).
mg *milligramme* milligramme, *Am.* milligram.
Mgr *Monseigneur* Monsignor.
Mlle *Mademoiselle* Miss.
Mlles *Mesdemoiselles* the Misses.
MM. *Messieurs* Messrs.
mm *millimètre* millimetre, *Am.* millimeter.
Mme *Madame* Mrs., Mistress.
Mmes *Mesdames* Mesdames.
mn *minute* minute.
Mon *maison* firm.
M.R.P. *Mouvement Républicain Populaire* Popular Republican Movement.
M/S *navire à moteur Diesel* M.S., motorship.
ms *manuscrit* MS., manuscript.
mss *manuscrits* MSS, manuscripts.
M.T.S. *mètre-tonne-seconde* metre (*Am.* meter)-ton-second.
MV *maladie vénérienne* V.D., venereal disease.
mV *millivolt* millivolt.

N

N. *nord* N., North; *nom* name.
n/... *notre, nos* our.
n. *notre* our.
N.B. *notez bien* N.B., note well.
N.-D. *Notre-Dame* Our Lady.
N.D.L.R. *note de la rédaction* editor's note.
N.E. *nord-est* N.E., north-east.

N.F. *norme française* French Standard.

N⁰., n⁰ *numéro* number.

N.O., N.W. *nord-ouest* N.W., Northwest.

N.-S.J.-C. *Notre-Seigneur Jésus-Christ* Our Lord Jesus Christ.

n/sr. *notre sieur...* our Mr. ...

N.U. *Nations Unies* U.N., United Nations.

n/v. *notre ville* our town.

O

O. *ouest* W., west; *officier* Officer (*of an Order*).

OAA *Organisation pour l'alimentation et l'agriculture* F.A.O., Food and Agriculture Organization.

OACI *Organisation de l'aviation civile internationale* ICAO, International Civil Aviation Organization.

OAS *Organisation de l'Armée Secrète* Secret Army Organization.

OCDE *Organisation de coopération et de développement économiques* O.E.C.D., Organization for Economic Co-operation and Development.

OECE *Organisation européenne de coopération économique* O.E.E.C., Organization for European Economic Co-operation.

OIC *Organisation internationale du commerce* ITO, International Trade Organization.

OIN *Organisation internationale de normalisation* ISO, International Organization for Standardization.

OIPC *Organisation internationale de police criminelle* ICPO, INTERPOL, International Criminal Police Organization.

OIR *Organisation internationale pour les réfugiés* IRO, International Refugee Organization.

OIT *Organisation internationale du travail* ILO, International Labour Organization.

OMS *Organisation mondiale de la santé* WHO, World Health Organization.

O.N.M. *Office national météorologique* Meteorological Office.

ONU *Organisation des Nations Unies* UNO, United Nations Organization.

op. cit. *opere citato* in the work quoted.

OTAN *Organisation du Traité de l'Atlantique Nord* NATO, North Atlantic Treaty Organization.

OTASE *Organisation du Traité de défense collective pour l'Asie du Sud-Est* SEATO, Southeast Asia Treaty Organization.

OTC *onde très courte* VHF, very high frequency.

P

P. *Père* Fr., Father.

p. *pour* per; *par* per; *page* page.

P.C. *Parti Communiste* Communist Party; *poste de commandement* Headquarters.

p.c. *pour cent* %, per cent.

p/c. *pour compte* on account.

P.C.B. *Certificat d'études physiques, chimiques et biologiques* (*approx.*) medical pre-registration requirement.

P.C.C., p.c.c. *pour copie conforme* true copy.

p.d. *port dû* carriage forward.

P. et T. *postes et télécommunications* (*approx.*) The Post Office.

p.ex. *par exemple* e.g., for example.

P.G. *Prisonnier de guerre* P.O.W., Prisoner of War.

P.J. *Police judiciaire* (*approx.*) C.I.D., Criminal Investigation Department. [tion.]

pl. *planche* plate, full-page illustra-

P.M. *police militaire* MP, M.P., Military Police.

p.m. *poids mort* dead weight.

PMI *Protection maternelle et infantile* MCH, Maternal and Child Health.

P.M.U. *Pari mutuel urbain* local tote.

P.O. *par ordre* by order.

pp. *pages* pages.

p.p. *port payé* carriage paid.

P.p.c. *pour prendre congé* to take leave.

P.R.E. *Programme de reconstruction européenne, plan Marshall* E.R.P., European Recovery Program(me).

prov. *province* province.

P.-S. *post-scriptum* P.S., postscript.

P.S.V. *pilotage sans visibilité* instrument flying, blind flying.

P.T.T. *Postes, Télégraphes, Télé-*

phones (*French*) G.P.O., General Post Office.

P.V. *petite vitesse* per goods train.

P.-V. *procès-verbal* (*see main dictionary*).

Q

q. *carré* square; *quintal* quintal.

Q.G. *Quartier général* H.Q., Headquarters.

qq. *quelque* some; *quelqu'un* someone.

qqf. *quelquefois* sometimes.

Q.S. *quantité suffisante* sufficient quantity.

R

R, r. *rue* Rd., road, street.

R.A.T.P. *régie autonome des transports parisiens* (*Paris Public Transport Board*).

R.A.U. *République arabe unie* United Arab Republic.

RB (*envoi*) *contre remboursement* C.O.D., cash on delivery.

R.C. *registre du commerce* register of trade.

r.d. *rive droite* right bank.

R.D.A. *République démocratique allemande* G.D.R., German Democratic Republic.

rel. *relié* bound.

Révd. *révérend* Rev., Reverend.

R.F. *République française* French Republic.

R.F.A. *République fédérale d'Allemagne* G.F.R., German Federal Republic.

r.g. *rive gauche* left bank.

R.N. *route nationale* (*approx.*) National Highway.

R.P. *réponse payée* R.P., reply paid; *Révérend Père* Rev. Fr., Reverend Father; *Représentation proportionnelle* P.R., proportional representation.

R.P.F. *Rassemblement du Peuple Français* Rally of the French People (*de Gaullist party*).

R.S.V.P. *répondez, s'il vous plaît* the favour of an answer is requested.

R.T.F. *Radiodiffusion-télévision française* French Radio and Television.

S

S. *sud* S., south; *Saint* St., Saint.

s. *seconde* s., second.

S.A. *Société anonyme* Co Ltd., limited company; *Am.* Inc., Incorporated.

S.A.R. *Son Altesse Royale* H.R.H., His (Her) Royal Highness.

S.A.R.L. *société à responsabilité limitée* limited liability company.

s.b.f. *sauf bonne fin* under usual reserve.

S.C.E. *service contre-espionnage* C.I.C., Counter Intelligence Corps.

SCI *Service civil international* IVS, International Voluntary Service.

s.d. *sans date* n.d., no date.

SDN *Société des Nations* L of N, League of Nations.

S.-E. *sud-est* S.E., southeast.

s.e. ou o. *sauf erreur ou omission* E. & O.E., errors and omissions excepted.

S.E. *Son Excellence* His Excellency (*Minister's title of address*).

S.Em. *Son Éminence* His Eminence.

S.Exc. *Son Excellence* His Excellency.

S.F. *sans frais* no expenses.

S.F.I.O. *Section française de l'internationale ouvrière* French section of the Workers' International (*unified Socialist Party*).

SG *Secrétaire général* SG, Secretary General.

S.G.D.G. *sans garantie du gouvernement* (*patent*) without government guarantee.

S.I. *Syndicat d'initiative* Travel and Tourist Bureau *or* Association.

S.J. *Société de Jésus* SJ, Society of Jesus.

s.l.n.d. *sans lieu ni date* n. p. or d., no place or date.

S.M. *Sa Majesté* H.M., His (Her) Majesty.

S.M.I.G. *salaire minimum interprofessionnel garanti* guaranteed minimum professional salary.

S.N.C.F. *Société nationale des chemins de fer français* French National Railways.

S.-O. *sud-ouest* S.W., southwest.

S.P.A. *Société protectrice des animaux* (*French*) Society for the Prevention of Cruelty to Animals.

S.R. *service de renseignement* Intelligence (Service *or* Department).

SS. *Saints* Saints.

S.S. *Sa Sainteté* His Holiness; *sécurité sociale* Social Security.

S/S *navire à vapeur* S.S., steamship.
st *stère* cubic metre, *Am.* meter.
St(e) *Saint(e)* St., Saint.
Sté *société* company.
S.V.P., s.v.p. *s'il vous plaît* please.

T

t *tonne* ton.
t. *tour* revolution; *tome* volume.
TB *tuberculose* TB, tuberculosis.
T.C.F. *Touring Club de France* Touring Club of France.
T.N.P. *Théâtre National Populaire* (*one of the Paris theatres subsidized by the State*).
T.N.T. *trinitrotoluène* TNT, trinitrotoluene.
T.O.E. *théâtre d'opérations extérieures* (*theatres of war on foreign soil*).
t.p.m. *tours par minute* r.p.m., revolutions per minute.
tr/s *tours par seconde* revolutions per second.
T.S.F. *Télégraphie sans fil f* wireless; *m* wireless operator.
T.S.V.P. *tournez, s'il vous plaît* P.T.O., please turn over.
T.U. *temps universel* G.M.T., Greenwich mean time.
T.V. *télévision* TV, television.
T.V.A. *taxe à la valeur ajoutée* P.T., purchase tax.

U

UEO *Union européenne occidentale* WEU, Western European Union.
UEP *Union européenne de paiements* EPU, European Payments Union.
UIE *Union internationale des étudiants* IUS, International Union of Students.
UIJS *Union internationale de la jeunesse socialiste* IUSY, International Union of Socialist Youth.
UIP *Union interparlementaire* IPU, Inter-parliamentary Union.
UIT *Union internationale des télécommunications* ITU, International Telecommunication Union

U.N.C. *Union nationale des anciens combattants* National Union of Ex-Servicemen.
U.N.E.F. *Union nationale des étudiants de France* French National Union of Students.
UNESCO *Organisation des Nations Unies pour l'éducation, la science et la culture* UNESCO, United Nations Educational, Scientific, and Cultural Organization.
U.R.S.S. [y:rs] *Union des républiques socialistes soviétiques* U.S.S.R., Union of Soviet Socialist Republics.

V

V *volt* V, volt.
v. *votre, vos* your; *voir, voyez* see; *vers* verse; *verset* versicle.
v/ *votre, vos* your.
Var. *variante* variant.
Vcte(sse) *Vicomte(sse)* Viscount (-ess).
Ve *veuve* widow.
vo *verso* verso, back of the page.
vol. *volume* volume.
Vte(sse) *Vicomte(sse)* Viscount(ess).
vv. *vers* ll., lines.
Vve *veuve* widow.

W

W *watt* watt.
W. *ouest* W., west.
W.C. *water-closet* W.C., water-closet.
Wh *watt-heure* watt-hour.
W.L. *Wagons-lits* sleeping cars.
W.R. *Wagons-restaurants* dining cars.

X

X. *anonym* anonymous.
X.P. *exprès payé* express paid.

Z

Z.U.P. *zone à urbaniser en priorité* priority development area *or* zone.

Nombres

Numerals

Nombres cardinaux — Cardinal Numbers

- 0 zéro *nought, zero, cipher*
- 1 un, une *one*
- 2 deux *two*
- 3 trois *three*
- 4 quatre *four*
- 5 cinq *five*
- 6 six *six*
- 7 sept *seven*
- 8 huit *eight*
- 9 neuf *nine*
- 10 dix *ten*
- 11 onze *eleven*
- 12 douze *twelve*
- 13 treize *thirteen*
- 14 quatorze *fourteen*
- 15 quinze *fifteen*
- 16 seize *sixteen*
- 17 dix-sept *seventeen*
- 18 dix-huit *eighteen*
- 19 dix-neuf *nineteen*
- 20 vingt *twenty*
- 21 vingt et un *twenty-one*
- 22 vingt-deux *twenty-two*
- 30 trente *thirty*
- 40 quarante *forty*
- 50 cinquante *fifty*
- 60 soixante *sixty*
- 70 soixante-dix *seventy*
- 71 soixante et onze *seventy-one*
- 72 soixante-douze *seventy-two*
- 80 quatre-vingts *eighty*
- 81 quatre-vingt-un *eighty-one*
- 90 quatre-vingt-dix *ninety*
- 91 quatre-vingt-onze *ninety-one*
- 100 cent *a* or *one hundred*
- 101 cent un *one hundred and one*
- 200 deux cents *two hundred*
- 211 deux cent onze *two hundred and eleven*
- 1000 mille *a* or *one thousand*
- 1001 mille un *one thousand and one*
- 1100 onze cents *eleven hundred*
- 1967 dix-neuf cent soixante-sept *nineteen hundred and sixty-seven*
- 2000 deux mille *two thousand*
- 1 000 000 un million *a* or *one million* [million]
- 2 000 000 deux millions *two*]
- 1 000 000 000 un milliard *one thousand millions, Am. one billion*

Nombres ordinaux — Ordinal Numbers

- 1ᵉʳ le premier, 1ʳᵉ la première *the first*
- 2ᵉ le deuxième, la deuxième *the second*
- 3ᵉ le *or* la troisième *the third*
- 4ᵉ quatrième *fourth*
- 5ᵉ cinquième *fifth*
- 6ᵉ sixième *sixth*
- 7ᵉ septième *seventh*
- 8ᵉ huitième *eighth*
- 9ᵉ neuvième *ninth*
- 10ᵉ dixième *tenth*
- 11ᵉ onzième *eleventh*
- 12ᵉ douzième *twelfth*
- 13ᵉ treizième *thirteenth*
- 14ᵉ quatorzième *fourteenth*
- 15ᵉ quinzième *fifteenth*
- 16ᵉ seizième *sixteenth*
- 17ᵉ dix-septième *seventeenth*
- 18ᵉ dix-huitième *eighteenth*
- 19ᵉ dix-neuvième *ninteenth*
- 20ᵉ vingtième *twentieth*
- 21ᵉ vingt et unième *twenty-first*
- 22ᵉ vingt-deuxième *twenty-second*
- 30ᵉ trentième *thirtieth*
- 31ᵉ trente et unième *thirty-first*
- 40ᵉ quarantième *fortieth*
- 41ᵉ quarante et unième *forty-first*
- 50ᵉ cinquantième *fiftieth*
- 51ᵉ cinquante et unième *fifty-first*
- 60ᵉ soixantième *sixtieth*

61ᵉ soixante et unième *sixty-first*
70ᵉ soixante-dixième *seventieth*
71ᵉ soixante et onzième *seventy-first*
72ᵉ soixante-douzième *seventy-second*
80ᵉ quatre-vingtième *eightieth*
81ᵉ quatre-vingt-unième *eighty-first*
90ᵉ quatre-vingt-dixième *ninetieth*
91ᵉ quatre-vingt-onzième *ninety-first*
100ᵉ centième *hundredth*
101ᵉ cent unième *hundred and first*
200ᵉ deux centième *two hundredth*
1000ᵉ millième *thousandth*

Fractions — Fractions

$1/2$ (un) demi *one half*; la moitié (*the*) *half*
$1 \, 1/2$ un et demi *one and a half*
$1/3$ un tiers *one third*
$2/3$ (les) deux tiers *two thirds*
$1/4$ un quart *one quarter*
$3/4$ (les) trois quarts *three quarters*
$1/5$ un cinquième *one fifth*
$5/8$ (les) cinq huitièmes *five eighths*
$9/10$ (les) neuf dixièmes *nine tenths*
0,45 zéro, virgule, quarante-cinq *point four five*
17,38 dix-sept, virgule, trente-huit *seventeen point three eight*

Mesures françaises

French weights and measures

Mesures de longueur — Linear Measures

km	kilomètre	=	1 000 m	= 0.6214 mi.
hm	hectomètre	=	100 m	= 109 yd. 1 ft. 1 in.
dam	décamètre	=	10 m	= 32.808 ft.
m	mètre	=	1 m	= 3.281 ft.
dm	décimètre	=	$1/10$ m	= 3.937 in.
cm	centimètre	=	$1/100$ m	= 0.394 in.
mm	millimètre	=	$1/1000$ m	= 0.039 in.
µm or µ	micron	=	$1/1000000$ m	= 0.000039 in.
	mille marin	=	1 852 m	= 6080 ft.

Mesures de surface — Square Measures

km²	kilomètre carré	=	1 000 000 m²	= 0.3861 sq. mi.
hm²	hectomètre carré	=	10 000 m²	= 2.471 acres
dam²	décamètre carré	=	100 m²	= 119.599 sq. yd.
m²	mètre carré	=	1 m²	= 1.196 sq. yd.
dm²	décimètre carré	=	$1/100$ m²	= 15.5 sq. in.
cm²	centimètre carré	=	$1/10000$ m²	= 0.155 sq. in.
mm²	millimètre carré	=	$1/1000000$ m²	= 0.002 sq. in.

Mesures de surfaces agraires — Land Measures

ha	hectare	=	100 a *or* 10 000 m²	= 2.471 acres
a	are	=	dam² *or* 100 m²	= 119.599 sq. yd.
ca	centiare	=	$1/100$ a *or* 1 m²	= 1.196 sq. yd.

Mesures de volume — Cubic Measures

m³	mètre cube	=	1 m³	= 35.32 cu. ft.
dm³	décimètre cube	=	$1/1000$ m³	= 61.023 cu. in.
cm³	centimètre cube	=	$1/1000000$ m³	= 0.061 cu. in.
mm³	millimètre cube	=	$1/1000000000$ m³	= 0.00006 cu. in.

Mesures de capacité — Measures of Capacity

hl	hectolitre	=	100 l	= 22.01 gals.
dal	décalitre	=	10 l	= 2.2 gals.
l	litre	=	1 l	= 1.76 pt.
dl	décilitre	=	$1/10$ l	= 0.176 pt.
cl	centilitre	=	$1/100$ l	= 0.018 pt.
ml	millilitre	=	$1/1000$ l	= 0.002 pt.
st	stère	=	1 m³	= 35.32 cu. ft. (*of wood*)

Poids — Weights

t	tonne	=	1 t *or* 1 000 kg =	19.68 cwt.
q	quintal	=	¹/₁₀ t *or* 100 kg =	1.968 cwt.
kg	kilogramme	=	1 000 g =	2.205 lb.
hg	hectogramme	=	100 g =	3.527 oz.
dag	décagramme	=	10 g =	5.644 dr.
g	gramme	=	1 g =	15.432 gr.
dg	décigramme	=	¹/₁₀ g =	1.543 gr.
cg	centigramme	=	¹/₁₀₀ g =	0.154 gr.
mg	milligramme	=	¹/₁₀₀₀ g =	0.015 gr.

Anciennes mesures — Former Measures

aune f	= 1,188 m	ell*
pied m	= 0,3248 m	foot
pouce m	= ¹/₁ pied *or* 27,07 mm	inch
ligne f	= ¹/₁₂ pouce *or* 2,258 mm	line
livre f	= 489,50 g; F 500 g	pound
lieue f	= 4 km	league
arpent m	= 42,21 a	acre

Conjugaisons des verbes français
Conjugations of French verbs

In this section specimen verb-tables are set out. Within the body of the Dictionary every infinitive is followed by a number in brackets, e.g. (1a), (2b), (3c), etc. This number refers to the appropriate model or type in the following pages. (1a), (2a), (3a), (4a) are the **regular** verbs of their conjugation. Others have some irregularity or other special feature.

How to Form the Tenses

Impératif. Take the 2nd person singular and the 1st and 2nd persons plural of the *Indicatif présent*. In verbs of the 1st Conjugation the singular imperative has no final s unless followed by *en* or *y*.

Imparfait. From the 1st person plural of the *Indicatif présent*: replace -ons by -ais etc.

Participe présent. From the 1st person plural of the *Indicatif présent*: replace -ons by -ant.

Subjonctif présent. From the 3rd person plural of the *Indicatif présent*: replace -ent by -e etc.

Subjonctif imparfait. To the 2nd person singular of the *Passé simple* add -se etc.

Futur simple. To the *Infinitif présent* add -ai etc.

Conditionnel présent. To the *Infinitif présent* add -ais etc.

---

*The English 'translation' given does not mean that the English measure of that name is exactly the same length, etc., as the French, e.g. the French *pouce* is 27,07 mm and the English *inch* is 25,4 mm.

(1) avoir — Auxiliary Verbs

A. Indicatif

I. Simple Tenses

Présent
- sg. j'ai, tu as, il a[1]
- pl. nous avons, vous avez, ils ont

Imparfait
- sg. j'avais, tu avais, il avait
- pl. nous avions, vous aviez, ils avaient

Passé simple
- sg. j'eus, tu eus, il eut
- pl. nous eûmes, vous eûtes, ils eurent

Futur simple
- sg. j'aurai, tu auras, il aura
- pl. nous aurons, vous aurez, ils auront

Conditionnel présent
- sg. j'aurais, tu aurais, il aurait
- pl. nous aurions, vous auriez, ils auraient

Participe présent
ayant

Participe passé
eu (f eue)

II. Compound Tenses

Passé composé
j'ai eu

Plus-que-parfait
j'avais eu

Passé antérieur
j'eus eu

Futur antérieur
j'aurai eu

Conditionnel passé
j'aurais eu

Participe composé
ayant eu

Infinitif passé
avoir eu

B. Subjonctif

I. Simple Tenses

Présent
- sg. que j'aie, que tu aies, qu'il ait
- pl. que nous ayons, que vous ayez, qu'ils aient

Imparfait
- sg. que j'eusse, que tu eusses, qu'il eût
- pl. que nous eussions, que vous eussiez, qu'ils eussent

Impératif
aie — ayons — ayez

II. Compound Tenses

Passé
que j'aie eu

Plus-que-parfait
que j'eusse eu

---

[1] a-t-il?

(1) être

Auxiliary Verbs

A. Indicatif

I. Simple Tenses

Présent

sg. je suis
tu es
il est

pl. nous sommes
vous êtes
ils sont

Imparfait

sg. j'étais
tu étais
il était

pl. nous étions
vous étiez
ils étaient

Passé simple

sg. je fus
tu fus
il fut

pl. nous fûmes
vous fûtes
ils furent

Futur simple

sg. je serai
tu seras
il sera

pl. nous serons
vous serez
ils seront

Conditionnel présent

sg. je serais
tu serais
il serait

pl. nous serions
vous seriez
ils seraient

Participe présent

étant

Participe passé

été

II. Compound Tenses

Passé composé

j'ai été

Plus-que-parfait

j'avais été

Passé antérieur

j'eus été

Futur antérieur

j'aurai été

Conditionnel passé

j'aurais été

Participe composé

ayant été

Infinitif passé

avoir été

B. Subjonctif

I. Simple Tenses

Présent

sg. que je sois
que tu sois
qu'il soit

pl. que nous soyons
que vous soyez
qu'ils soient

Imparfait

sg. que je fusse
que tu fusses
qu'il fût

pl. que nous fussions
que vous fussiez
qu'ils fussent

Impératif

sois — soyons — soyez

II. Compound Tenses

Passé

que j'aie été

Plus-que-parfait

que j'eusse été

(1a) blâmer — First Conjugation

I. Simple Tenses

Présent
sg. je blâme
tu blâmes
il blâme[1]
pl. nous blâmons
vous blâmez
ils blâment

Passé simple
sg. je blâmai
tu blâmas
il blâma
pl. nous blâmâmes
vous blâmâtes
ils blâmèrent

Participe passé
blâmé, e

Infinitif présent
blâmer

[1] blâme-t-il?

Impératif
blâme[2]
blâmons
blâmez

Imparfait
sg. je blâmais
tu blâmais
il blâmait
pl. nous blâmions
vous blâmiez
ils blâmaient

Participe présent
blâmant

Futur simple
sg. je blâmerai
tu blâmeras
il blâmera
pl. nous blâmerons
vous blâmerez
ils blâmeront

[2] blâmes-en
blâmes-y

Conditionnel présent
sg. je blâmerais
tu blâmerais
il blâmerait
pl. nous blâmerions
vous blâmeriez
ils blâmeraient

Subjonctif présent
sg. que je blâme
que tu blâmes
qu'il blâme
pl. que nous blâmions
que vous blâmiez
qu'ils blâment

Subjonctif imparfait
sg. que je blâmasse
que tu blâmasses
qu'il blâmât
pl. que nous blâmassions
que vous blâmassiez
qu'ils blâmassent

II. Compound Tenses
(Participe passé with the help of avoir and être)

1. Actif
Passé composé: j'ai blâmé
Plus-que-parfait: j'avais blâmé
Passé antérieur: j'eus blâmé
Futur antérieur: j'aurai blâmé
Conditionnel passé: j'aurais blâmé

2. Passif
Présent: je suis blâmé
Imparfait: j'étais blâmé
Passé simple: je fus blâmé
Passé composé: j'ai été blâmé
Plus-que-parf.: j'avais été blâmé
Passé antérieur: j'eus été blâmé
Futur simple: je serai blâmé
Futur antérieur: j'aurai été blâmé
Conditionnel présent: je serais blâmé
Conditionnel passé: j'aurais été blâmé
Impératif: sois blâmé
Participe présent: étant blâmé
Participe composé: ayant été blâmé
Infinitif présent: être blâmé
Infinitif passé: avoir été blâmé

Infinitif	Remarks	Présent de l'indicatif	Présent du subjonctif	Passé simple	Futur simple	Impératif	Participe passé
(1b) aimer	Unstressed *ai-* may be pronounced [e] or [ɛ]	aime aimes aime aimons aimez aiment	aime aimes aime aimions aimiez aiment	aimai aimas aima aimâmes aimâtes aimèrent	aimerai aimeras aimera aimerons aimerez aimeront	aime aimons aimez	aimé, e
(1c) appeler	The final consonant of the stem is doubled and [ə] becomes [ɛ] before a mute syllable (including the *fut.* and *cond.*)	appelle appelles appelle appelons appelez appellent	appelle appelles appelle appelions appeliez appellent	appelai appelas appela appelâmes appelâtes appelèrent	appellerai appelleras appellera appellerons appellerez appelleront	appelle appelons appelez	appelé, e
(1d) amener	The **e** [ə] of the stem becomes **è** when stressed and also in the *fut.* and *cond.*	amène amènes amène amenons amenez amènent	amène amènes amène amenions ameniez amènent	amenai amenas amena amenâmes amenâtes amenèrent	amènerai amèneras amènera amènerons amènerez amèneront	amène amenons amenez	amené, e
(1e) arguer	In this particular verb a mute **e** after the **u** is written **ë** and an **i** after the **u** is written **ï**	arguë arguës arguë arguons arguez arguënt	arguë arguës arguë arguïons arguïez arguënt	arguai arguas argua arguâmes arguâtes arguèrent	arguërai arguëras arguëra arguërons arguërez arguëront	arguë arguons arguez	argué, e

Infinitif	Remarks	Présent de l'indicatif	Présent du subjonctif	Passé simple	Futur simple	Impératif	Participe passé
(1f) céder	The **é** of the stem becomes **è** when stressed, i.e. **not** in the fut. or cond.	cède cèdes cède cédons cédez cèdent	cède cèdes cède cédions cédiez cèdent	cédai cédas céda cédâmes cédâtes cédèrent	céderai céderas cédera céderons céderez céderont	cède cédons cédez	cédé, e
(1g) abréger	The **é** of the stem becomes **è** when stressed, i.e. **not** in the fut. or cond. In addition, between the **g** and **a** or **o**, an **e** is inserted in the spelling but is not pronounced	abrège abrèges abrège abrégeons abrégez abrègent	abrège abrèges abrège abrégions abrégiez abrègent	abrégeai abrégeas abrégea abrégeâmes abrégeâtes abrégèrent	abrégerai abrégeras abrégera abrégerons abrégerez abrégeront	abrège abrégeons abrégez	abrégé, e
(1h) employer	The **y** of the stem becomes **i** when followed by a mute **e** (including the fut. and cond.)	emploie emploies emploie employons employez emploient	emploie emploies emploie employions employiez emploient	employai employas employa employâmes employâtes employèrent	emploierai emploieras emploiera emploierons emploierez emploieront	emploie employons employez	employé, e

	Infinitif	Remarks	Présent de l'indicatif	Présent du subjonctif	Passé simple	Futur simple	Impératif	Participe passé
(1i)	payer	The **y** of the stem may be written **y** or **i** when followed by a mute **e** (including the *fut.* and *cond.*)	paie, paye paies, payes paie, paye payons payez paient, -yent	paie, paye paies, payes paie, paye payions payiez paient, -yent	payai payas paya payâmes payâtes payèrent	paierai, paye.. paieras paiera paierons paierez paieront	paie, paye.. payons payez	payé, e
(1k)	menacer	**c** takes a cedilla (ç) before **a** and **o** to preserve the [s] sound	menace menaces menace menaçons menacez menacent	menace menaces menace menacions menaciez menacent	menaçai menaças menaça menaçâmes menaçâtes menacèrent	menacerai menaceras menacera menacerons menacerez menaceront	menace menaçons menacez	menacé, e
(1l)	manger	Between the **g** of the stem and an ending beginning **a** or **o**, a mute **e** is inserted to preserve the [ʒ] sound	mange manges mange mangeons mangez mangent	mange manges mange mangions mangiez mangent	mangeai mangeas mangea mangeâmes mangeâtes mangèrent	mangerai mangeras mangera mangerons mangerez mangeront	mange mangeons mangez	mangé, e
(1m)	conjuguer	The mute **u** at the end of the stem remains throughout, even before **a** and **o**.	conjugue conjugues conjugue conjuguons conjuguez conjuguent	conjugue conjugues conjugue conjuguions conjuguiez conjuguent	conjuguai conjuguas conjugua conjuguâmes conjuguâtes conjuguèrent	conjuguerai conjugueras conjuguera conjuguerons conjuguerez conjugueront	conjugue conjuguons conjuguez	conjugué, e

	Infinitif	Remarks	Présent de l'indicatif	Présent du subjonctif	Passé simple	Futur simple	Impératif	Participe passé
(1n)	saluer	The **u** of the stem, pronounced [ɥ], becomes [y] when stressed and in the *fut.* and *cond.*	salue salues salue saluons saluez saluent	salue salues salue saluions saluiez saluent	saluai saluas salua saluâmes saluâtes saluèrent	saluerai salueras saluera saluerons saluerez salueront	salue saluons saluez	salué, e
(1o)	châtier	The **i** of the stem, pronounced [j], becomes [i] when stressed and in the *fut.* and *cond.* The 1st and 2nd persons pl. of the *pres. sbj.* and of the *impf. ind.* are -iions, -iiez.	châtie châties châtie châtions châtiez châtient	châtie châties châtie châtiions châtiiez châtient	châtiai châtias châtia châtiâmes châtiâtes châtièrent	châtierai châtieras châtiera châtierons châtierez châtieront	châtie châtions châtiez	châtié, e
(1p)	allouer	The **ou** of the stem, pronounced [w], becomes [u] when stressed and in the *fut.* and *cond.*	alloue alloues alloue allouons allouez allouent	alloue alloues alloue allouions allouiez allouent	allouai allouas alloua allouâmes allouâtes allouèrent	allouerai alloueras allouera allouerons allouerez alloueront	alloue allouons allouez	alloué, e
(1q)	aller		vais vas va allons allez vont	aille ailles aille allions alliez aillent	allai allas alla allâmes allâtes allèrent	irai iras ira irons irez iront	va (vas-y) allons allez	allé, e

	Infinitif	Remarks	Présent de l'indicatif	Présent du subjonctif	Passé simple	Futur simple	Impératif	Participe passé
(1r)	envoyer	Like (1h) but with an irregular fut. and cond.	envoie envoies envoie envoyons envoyez envoient	envoie envoies envoie envoyions envoyiez envoient	envoyai envoyas envoya envoyâmes envoyâtes envoyèrent	enverrai enverras enverra enverrons enverrez enverront	envoie envoyons envoyez	envoyé, e
(1s)	léguer	The **é** of the stem becomes **è** when stressed, i.e. **not** in the fut. or cond. In addition, the mute **u** at the end of the stem remains throughout, even before **a** and **o**	lègue lègues lègue léguons léguez lèguent	lègue lègues lègue léguions léguiez lèguent	léguai léguas légua léguâmes léguâtes léguèrent	léguerai légueras léguera léguerons léguerez légueront	lègue léguons léguez	légué, e

(2a) **punir**[1]

Second Conjugation

Note the cases in which the verb stem is lengthened by ...iss...

I. Simple Tenses

Présent
sg. je punis
tu punis
il punit

pl. nous punissons
vous punissez
ils punissent

Passé simple
sg. je punis
tu punis
il punit

pl. nous punîmes
vous punîtes
ils punirent

Participe passé
puni, e

Infinitif présent
punir

Impératif
punis
punissons
punissez

Imparfait
sg. je punissais
tu punissais
il punissait

pl. nous punissions
vous punissiez
ils punissaient

Participe présent
punissant

Futur simple
sg. je punirai
tu puniras
il punira

pl. nous punirons
vous punirez
ils puniront

Conditionnel présent
sg. je punirais
tu punirais
il punirait

pl. nous punirions
vous puniriez
ils puniraient

Subjonctif présent
sg. que je punisse
que tu punisses
qu'il punisse

pl. que nous punissions
que vous punissiez
qu'ils punissent

Subjonctif imparfait
sg. que je punisse
que tu punisses
qu'il punît

pl. que nous punissions
que vous punissiez
qu'ils punissent

II. Compound Tenses

Participe passé with the help of **avoir** and **être**; *see* (1a)

P. pr. saillant

---

[1] **saillir** is used only in the 3rd persons of the simple tenses.

Infinitif	Remarks	Présent de l'indicatif	Présent du subjonctif	Passé simple	Futur simple	Impératif	Participe passé
(2b) sentir	No stem lengthening by ...iss... The last consonant of the stem is lost in the 1st and 2nd persons sg. of the *pres. ind.* and the sg. *imper.*	sens sens sent sentons sentez sentent	sente sentes sente sentions sentiez sentent	sentis sentis sentit sentîmes sentîtes sentirent	sentirai sentiras sentira sentirons sentirez sentiront	sens sentons sentez	senti, *e*
(2c) cueillir	Pres., fut. and derivatives like (1a)	cueille cueilles cueille cueillons cueillez cueillent	cueille cueilles cueille cueillions cueilliez cueillent	cueillis cueillis cueillit cueillîmes cueillîtes cueillirent	cueillerai cueilleras cueillera cueillerons cueillerez cueilleront	cueille cueillons cueillez	cueilli, *e*
(2d) fuir	No stem lengthening by ...iss... Note the alternation between the **y** and **i**: **y** appears in 1st and 2nd persons pl. of *pres. ind., pres. sbj.,* and *imper.,* in the *p.pr.* and throughout the *impf. ind.*	fuis fuis fuit fuyons fuyez fuient	fuie fuies fuie fuyions fuyiez fuient	fuis fuis fuit fuîmes fuîtes fuirent	fuirai fuiras fuira fuirons fuirez fuiront	fuis fuyons fuyez	fui, *e*

	Infinitif	Remarks	Présent de l'indicatif	Présent du subjonctif	Passé simple	Futur simple	Impératif	Participe passé
(2e)	bouillir	Pres. ind. and derivatives like (4a)	bous bous bout bouillons bouillez bouillent	bouille bouilles bouille bouillions bouilliez bouillent	bouillis bouillis bouillit bouillîmes bouillîtes bouillirent	bouillirai bouilliras bouillira bouillirons bouillirez bouilliront	bous bouillons bouillez	bouilli, e
(2f)	couvrir	Pres. and derivatives like (1a); p.p. in -ert	couvre couvres couvre couvrons couvrez couvrent	couvre couvres couvre couvrions couvriez couvrent	couvris couvris couvrit couvrîmes couvrîtes couvrirent	couvrirai couvriras couvrira couvrirons couvrirez couvriront	couvre couvrons couvrez	couvert, e
(2g)	vêtir	As (2b) but keeps the final consonant of the stem throughout the pres. ind. and the imper. and has p.p. in -u	vêts vêts vêt vêtons vêtez vêtent	vête vêtes vête vêtions vêtiez vêtent	vêtis vêtis vêtit vêtîmes vêtîtes vêtirent	vêtirai vêtiras vêtira vêtirons vêtirez vêtiront	vêts vêtons vêtez	vêtu, e
(2h)	venir	Note that the ...en... of the inf. becomes ...ien... in the fut. and cond., and when stressed except in the p.s. where it becomes ...in... [ɛ̃]. Note too the ...d... inserted in the fut. and cond.	viens viens vient venons venez viennent	vienne viennes vienne venions veniez viennent	vins vins vint vînmes vîntes vinrent	viendrai viendras viendra viendrons viendrez viendront	viens venons venez	venu, e

	Infinitif	Remarks	Présent de l'indicatif	Présent du subjonctif	Passé simple	Futur simple	Impératif	Participe passé
(2j)	courir	Pres., p.p., fut. and derivatives as in (4a); p.s. like (3a); ...rr... in fut. and cond.	cours cours court courons courez courent	coure coures coure courions couriez courent	courus courus courut courûmes courûtes coururent	courrai courras courra courrons courrez courront	cours courons courez	couru, e
(2k)	mourir	Pres., fut. and derivatives as in (4a) with change of ...ou... to ...eu... in the sg. and the 3rd person pl. of the pres.; p.s. like (3a); ...rr... in fut. and cond.	meurs meurs meurt mourons mourez meurent	meure meures meure mourions mouriez meurent	mourus mourus mourut mourûmes mourûtes moururent	mourrai mourras mourra mourrons mourrez mourront	meurs mourons mourez	mort, e
(2l)	acquérir	Pres. and derivatives as in (4a) with change of ...ér... to ...ier... (ind.) and ...ièr... (sbj.) [ljɛːr] when stressed; p.p. in ...is; fut. and cond. in ...err..., not ...érir...	acquiers acquiers acquiert acquérons acquérez acquièrent	acquière acquières acquière acquérions acquériez acquièrent	acquis acquis acquit acquîmes acquîtes acquirent	acquerrai acquerras acquerra acquerrons acquerrez acquerront	acquiers acquérons acquérez	acquis, e

	Infinitif	Remarks	Présent de l'indicatif	Présent du subjonctif	Passé simple	Futur simple	Impératif	Participe passé
(2m)	haïr	Regular except that it loses trema from the i in the sg. of the *pres. ind.* and of the *imper.* with a corresponding change of pronunciation	hais [ɛ] hais hait haïssons haïssez haïssent	haïsse haïsses haïsse haïssions haïssiez haïssent	haïs [aˑi] haïs haït haïmes haïtes haïrent	haïrai haïras haïra haïrons haïrez haïront	hais [ɛ] haïssons haïssez	haï, *e*
(2n)	faillir	Defective verb			faillis faillis faillit faillîmes faillîtes faillirent	faillirai failliras faillira faillirons faillirez failliront		failli, *e*
(2o)	fleurir	Regular (like 2a) but in the sense of *prosper* has *p.pr.* **florissant** and *impf. ind.* **florissais**, etc.	fleuris fleuris fleurit fleurissons fleurissez fleurissent	fleurisse fleurisses fleurisse fleurissions fleurissiez fleurissent	fleuris fleuris fleurit fleurîmes fleurîtes fleurirent	fleurirai fleuriras fleurira fleurirons fleurirez fleuriront	fleuris fleurissons fleurissez	fleuri, *e*
(2p)	saillir	Defective verb. *P.pr.* **saillant**	saille saillent	saille saillent		saillera sailleront		sailli, *e*

	Infinitif	Remarks	Présent de l'indicatif	Présent du subjonctif	Passé simple	Futur simple	Impératif	Participe passé
(2q)	gésir	Defective verb. Used only in *pres.* and *impf. ind.* P.pr. **gisant**	— — gît gisons gisez gisent					
(2r)	ouïr	Defective verb						ouï, *e*
(2s)	assaillir	*Pres.* and occasionally *fut.* and their derivatives like (1a)	assaille assailles assaille assaillons assaillez assaillent	assaille assailles assaille assaillions assailliez assaillent	assaillis assaillis assaillit assaillîmes assaillîtes assaillirent	assaillirai assailliras assaillira assaillirons assaillirez assailliront	assaille assaillons assaillez	assailli, *e*
(2t)	défaillir	Like (2s). But there is an old 3rd person sg. *pres. ind.* **défaut** in addition	défaille défailles défaille défaillons défaillez défaillent	défaille défailles défaille défaillions défailliez défaillent	défaillis défaillis défaillit défaillîmes défaillîtes défaillirent	défaillirai défailliras défaillira défaillirons défaillirez défailliront	défaille défaillons défaillez	défailli, *e*
(2u)	férir	Defective verb						féru, *e*
(2v)	quérir	Defective verb						

(3a) recevoir — Third Conjugation

I. Simple Tenses

Présent
sg. je reçois
tu reçois
il reçoit
pl. nous recevons
vous recevez
ils reçoivent

Impératif
reçois
recevons
recevez

Futur simple
sg. je recevrai
tu recevras
il recevra
pl. nous recevrons
vous recevrez
ils recevront

Subjonctif présent
sg. que je reçoive
que tu reçoives
qu'il reçoive
pl. que nous recevions
que vous receviez
qu'ils reçoivent

Passé simple
sg. je reçus
tu reçus
il reçut
pl. nous reçûmes
vous reçûtes
ils reçurent

Imparfait
sg. je recevais
tu recevais
il recevait
pl. nous recevions
vous receviez
ils recevaient

Conditionnel présent
sg. je recevrais
tu recevrais
il recevrait
pl. nous recevrions
vous recevriez
ils recevraient

Subjonctif imparfait
sg. que je reçusse
que tu reçusses
qu'il reçût
pl. que nous reçussions
que vous reçussiez
qu'ils reçussent

Participe passé[1]
reçu, e

Participe présent
recevant

Infinitif présent
recevoir

II. Compound Tenses

Participe passé with the help of *avoir* and *être; see* (1a)

---

[1] **devoir** and its derivative **redevoir** have **dû, due,** *m/pl.* **dus** and **redû, redue,** *m/pl.* **redus**

	Infinitif	Remarks	Présent de l'indicatif	Présent du subjonctif	Passé simple	Futur simple	Impératif	Participe passé
(3b)	apparoir	Defective verb	il appert					
(3c)	asseoir	There are alternative forms: *pres. ind.* assois etc.; *pres. sbj.* assoie etc.; *fut.* assoirai etc.; *imper.* assois, assoyons, assoyez; *p.pr.* assoyant; *impf. ind.* assoyais	assieds assieds assied asseyons asseyez asseyent	asseye asseyes asseye asseyions asseyiez asseyent	assis assis assit assîmes assîtes assirent	assiérai assiéras assiéra assiérons assiérez assiéront	assieds asseyons asseyez	assis, e
	surseoir		sursois sursois sursoit sursoyons sursoyez sursoient	sursoie sursoies sursoie sursoyions sursoyiez sursoient	sursis sursis sursit sursîmes sursîtes sursirent	surseoirai surseoiras surseoira surseoirons surseoirez surseoiront	sursois sursoyons sursoyez	sursis, e
(3d)	choir	Defective verb. No *p.pr.* There are alternative forms: *fut.* cherrai etc.	chois chois choit		chus chus chut chûmes chûtes churent	choirai choiras choira choirons choirez choiront		chu, e

	Infinitif	Remarks	Présent de l'indicatif	Présent du subjonctif	Passé simple	Futur simple	Impératif	Participe passé
	déchoir	Defective verb. No *impf. ind.* and no *p.pr.*	déchois déchois déchoit déchoyons déchoyez déchoient	déchoie déchoies déchoie déchoyions déchoyiez déchoient	déchus déchus déchut déchûmes déchûtes déchurent	déchoirai déchoiras déchoira déchoirons déchoirez déchoiront		déchu, e
	échoir	Defective verb. *P.pr.* **échéant.** *Impf. ind.* **il échoyait** or **échéait.** There are alternative forms: *fut.* **il écherra, ils écherront**	il échoit ils échoient	qu'il échoie	il échut ils échurent	il échoira ils échoiront		échu, e
(3e)	falloir	Impersonal verb	il faut	qu'il faille	il fallut	il faudra		fallu *inv.*
(3f)	mouvoir	The ...ou... of the stem becomes ...eu... when stressed. **Promouvoir** is used chiefly in the inf., *p.p.* (**promu, e**) and compound tenses; **émouvoir** has *p.p.* **ému, e**	meus meus meut mouvons mouvez meuvent	meuve meuves meuve mouvions mouviez meuvent	mus mus mut mûmes mûtes murent	mouvrai mouvras mouvra mouvrons mouvrez mouvront	meus mouvons mouvez	mû, mue

	Infinitif	Remarks	Présent de l'indicatif	Présent du subjonctif	Passé simple	Futur simple	Impératif	Participe passé
(3g)	pleuvoir	Impersonal verb	il pleut	qu'il pleuve	il plut	il pleuvra		plu *inv.*
(3h)	pouvoir	In the pres. ind. the 1st person can also be **je puis** and the interrogative is **puis-je** not **peux-je**. No *imper*. In the sg. and 3rd person pl. the ...ou... of the stem becomes ...eu... when stressed	peux peux peut pouvons pouvez peuvent	puisse puisses puisse puissions puissiez puissent	pus pus put pûmes pûtes purent	pourrai pourras pourra pourrons pourrez pourront		pu *inv.*
(3i)	savoir	*P.pr.* **sachant**	sais sais sait savons savez savent	sache saches sache sachions sachiez sachent	sus sus sut sûmes sûtes surent	saurai sauras saura saurons saurez sauront	sache sachons sachez	su, e
(3k)	seoir	Defective verb. *P.pr.* **seyant** or **séant**. *Impf. ind.* is **il seyait, ils seyaient**	il sied ils siéent	il siée ils siéent		il siéra ils siéront		sis, e

	Infinitif	Remarks	Présent de l'indicatif	Présent du subjonctif	Passé simple	Futur simple	Impératif	Participe passé
(3l)	valoir	**Prévaloir** forms its pres. sbj. regularly: **que je prévale**, etc. Note the fut. and cond. with ...d....	vaux vaux vaut valons valez valent	vaille vailles vaille valions valiez vaillent	valus valus valut valûmes valûtes valurent	vaudrai vaudras vaudra vaudrons vaudrez vaudront		valu, e
(3m)	voir	Alternation between **i** and **y** as in (2d). **Pourvoir** and **prévoir** have fut. and cond. in ...oir...; **pourvoir** has p.s. **pourvus**	vois vois voit voyons voyez voient	voie voies voie voyions voyiez voient	vis vis vit vîmes vîtes virent	verrai verras verra verrons verrez verront	vois voyons voyez	vu, e
(3n)	vouloir	The ...ou... of the stem becomes ...eu... when stressed. Note the fut. and cond. with ...d....	veux veux veut voulons voulez veulent	veuille veuilles veuille voulions vouliez veuillent	voulus voulus voulut voulûmes voulûtes voulurent	voudrai voudras voudra voudrons voudrez voudront	veuille veuillons veuillez	voulu, e

Fourth Conjugation

(4a) vendre

In the regular 4th Conjugation verbs, the stem does not change

I. Simple Tenses

Présent[1]

- sg. je vends
  tu vends
  il vend[2]
- pl. nous vendons
  vous vendez
  ils vendent

Impératif

vends
vendons
vendez

Futur simple

- sg. je vendrai
  tu vendras
  il vendra
- pl. nous vendrons
  vous vendrez
  ils vendront

Subjonctif présent

- sg. que je vende
  que tu vendes
  qu'il vende
- pl. que nous vendions
  que vous vendiez
  qu'ils vendent

Passé simple

- sg. je vendis
  tu vendis
  il vendit
- pl. nous vendîmes
  vous vendîtes
  ils vendirent

Imparfait

- sg. je vendais
  tu vendais
  il vendait
- pl. nous vendions
  vous vendiez
  ils vendaient

Conditionnel présent

- sg. je vendrais
  tu vendrais
  il vendrait
- pl. nous vendrions
  vous vendriez
  ils vendraient

Subjonctif imparfait

- sg. que je vendisse
  que tu vendisses
  qu'il vendît
- pl. que nous vendissions
  que vous vendissiez
  qu'ils vendissent

Participe passé

vendu, e

Participe présent

vendant

Infinitif présent

vendre

II. Compound Tenses

Participe passé with the help of **avoir** and **être**; see (1a)

---

[1] **battre** and its derivatives have **bats, bats, bat** in the sg.; the pl. is regular: **battons, battez**, etc.
[2] **rompre** and its derivatives have **il rompt.**

	Infinitif	Remarks	Présent de l'indicatif	Présent du subjonctif	Passé simple	Futur simple	Impératif	Participe passé
(4b)	boire	Note the ...v... in some forms and the ...u... [y] which appears instead of ...oi... The *p.s.* endings are as in (3a). *P.pr.* **buvant**	bois bois boit buvons buvez boivent	boive boives boive buvions buviez boivent	bus bus but bûmes bûtes burent	boirai boiras boira boirons boirez boiront	bois buvons buvez	bu, *e*
(4c)	braire	Defective verb. *Impf. ind.* is **il brayait**	il brait ils braient			il braira ils brairont		brait
(4d)	bruire	Defective verb. *Impf. ind.* is **bruissait** or **bruyait**	il bruit ils bruissent			il bruira		
(4e)	circoncire	Goes like (4i) except for *p.p.* **circoncis, e**	circoncis circoncis circoncit circoncisons circoncisez circoncisent	circoncise circoncises circoncise circoncisions circoncisiez circoncisent	circoncis circoncis circoncit circoncîmes circoncîtes circoncirent	circoncirai circonciras circoncira circoncirons circoncirez circonciront	circoncis circoncisons circoncisez	circoncis, *e*
(4f)	clore	Defective verb. Note the circumflex in the 3rd person sg. *pres. ind.* **clôt. Enclore** is conjugated like **clore**, but has all forms of the *pres. ind.*	je clos tu clos il clôt	close closes close closions closiez closent		clorai cloras clora clorons clorez cloront	clos	clos, *e*

	Infinitif	Remarks	Présent de l'indicatif	Présent du subjonctif	Passé simple	Futur simple	Impératif	Participe passé
(4g)	éclore	Defective verb	il éclôt ils éclosent	qu'il éclose qu'ils éclosent		il éclora ils écloront		éclos, e
	conclure	P.s. as in (3a). Re-clure is used only in the *inf.*, the *p.p.* (reclus, e) and the compound tenses	conclus conclus conclut concluons concluez concluent	conclue conclues conclue concluions concluiez concluent	conclus conclus conclut conclûmes conclûtes conclurent	conclurai concluras conclura conclurons conclurez concluront	conclus concluons concluez	conclu, e
(4h)	conduire	**Luire, reluire, nuire** have no *t* in the *p.p.*	conduis conduis conduit conduisons conduisez conduisent	conduise conduises conduise conduisions conduisiez conduisent	conduisis conduisis conduisit conduisîmes conduisîtes conduisirent	conduirai conduiras conduira conduirons conduirez conduiront	conduis conduisons conduisez	conduit, e
(4i)	suffire	**Confire** has *p.p.* confit, e	suffis suffis suffit suffisons suffisez suffisent	suffise suffises suffise suffisions suffisiez suffisent	suffis suffis suffit suffîmes suffîtes suffirent	suffirai suffiras suffira suffirons suffirez suffiront	suffis suffisons suffisez	suffi *inv.*

	Infinitif	Remarks	Présent de l'indicatif	Présent du subjonctif	Passé simple	Futur simple	Impératif	Participe passé
(4k)	connaître	The **î** keeps its circumflex only in the 3rd person sg. *pres. ind.* and in the *fut.* and *cond.*; *p.s.* ends as in (3a). **Repaître** goes like **connaître**, **paître** has no *p.s.* and no *p.p.*	connais connais connaît connaissons connaissez connaissent	connaisse connaisses connaisse connaissions connaissiez connaissent	connus connus connut connûmes connûtes connurent	connaîtrai connaîtras connaîtra connaîtrons connaîtrez connaîtront	connais connaissons connaissez	connu, e
(4l)	coudre	Note that ...**s**... replaces ...**d**... before a vowel	couds couds coud cousons cousez cousent	couse couses couse cousions cousiez cousent	cousis cousis cousit cousîmes cousîtes cousirent	coudrai coudras coudra coudrons coudrez coudront	couds cousons cousez	cousu, e
(4m)	craindre	Note alternation of nasal **n** and **n mouillé (gn)**; also ...**d**... before the ...**r**... only in the *inf.*, *fut.* and *cond.* **Oindre** has only *inf.* and *p.p.*; **poindre** has only *inf.*, 3rd person sg. *pres. ind.*, *fut.* and *cond.*, and the *compound tenses*	crains crains craint craignons craignez craignent	craigne craignes craigne craignions craigniez craignent	craignis craignis craignit craignîmes craignîtes craignirent	craindrai craindras craindra craindrons craindrez craindront	crains craignons craignez	craint, e

	Infinitif	Remarks	Présent de l'indicatif	Présent du subjonctif	Passé simple	Futur simple	Impératif	Participe passé
(4n)	croire	*P.s.* ends as in (3a). **Accroire** occurs only in the *inf.*	crois crois croit croyons croyez croient	croie croies croie croyions croyiez croient	crus crus crut crûmes crûtes crurent	croirai croiras croira croirons croirez croiront	crois croyons croyez	cru, e
(4o)	croître	The î keeps its circumflex only in the *pres. ind. sg.*, *imper. sg.*, and the *fut.* and *cond.* **Décroître** and **accroître** have no circumflex in *p.s.* or *p.p.*	croîs croîs croît croissons croissez croissent	croisse croisses croisse croissions croissiez croissent	crûs crûs crût crûmes crûtes crûrent	croîtrai croîtras croîtra croîtrons croîtrez croîtront	croîs croissons croissez	crû, crue *m/pl.* crus
(4p)	dire	**Redire** is conjugated like **dire**. The other derivatives of **dire** have ...**disez** in the 2nd person pl. *pres. ind.* and *imper.*, except **maudire** which is conjugated like (2a) but has *p.p.* **maudit, e**	dis dis dit disons dites disent	dise dises dise disions disiez disent	dis dis dit dîmes dîtes dirent	dirai diras dira dirons direz diront	dis disons dites	dit, e

	Infinitif	Remarks	Présent de l'indicatif	Présent du subjonctif	Passé simple	Futur simple	Impératif	Participe passé
(4q)	écrire	Note the ...v... which appears when the verb-ending begins with a vowel	écris écris écrit écrivons écrivez écrivent	écrive écrives écrive écrivions écriviez écrivent	écrivis écrivis écrivit écrivîmes écrivîtes écrivirent	écrirai écriras écrira écrirons écrirez écriront	écris écrivons écrivez	écrit, e
(4r)	faire	**Malfaire** is used only in the *inf.* and **forfaire** only in the *inf., p.p.* and compound tenses	fais fais fait faisons faites font	fasse fasses fasse fassions fassiez fassent	fis fis fit fîmes fîtes firent	ferai feras fera ferons ferez feront	fais faisons faites	fait, e
(4s)	frire	Defective verb	fris fris frit			frirai friras frira frirons frirez friront	fris	frit, e
(4t)	lire	*P.s.* ends as in (3a)	lis lis lit lisons lisez lisent	lise lises lise lisions lisiez lisent	lus lus lut lûmes lûtes lurent	lirai liras lira lirons lirez liront	lis lisons lisez	lu, e

	Infinitif	Remarks	Présent de l'indicatif	Présent du subjonctif	Passé simple	Futur simple	Impératif	Participe passé
(4u)	luire	See (4h). *P.s.* and *impf. sbj.* are rarely used						
(4v)	mettre	Note that one **t** drops in the *pres. ind. sg.* and *imper. sg.*	mets mets met mettons mettez mettent	mette mettes mette mettions mettiez mettent	mis mis mit mîmes mîtes mirent	mettrai mettras mettra mettrons mettrez mettront	mets mettons mettez	mis, *e*
(4w)	moudre	Note that ...l... replaces ...d... before a vowel	mouds mouds moud moulons moulez moulent	moule moules moule moulions mouliez moulent	moulus moulus moulut moulûmes moulûtes moulurent	moudrai moudras moudra moudrons moudrez moudront	mouds moulons moulez	moulu, *e*
(4x)	naître	Note that ...ss... replaces ...t... in the *pres. ind. pl.* and its derivatives; note the circumflex in **il naît** and in the *fut.* and *cond.*, and the *p.p.* **né**. In **renaître** the *p.p.* and the compound tenses are not used	nais nais naît naissons naissez naissent	naisse naisses naisse naissions naissiez naissent	naquis naquis naquit naquîmes naquîtes naquirent	naîtrai naîtras naîtra naîtrons naîtrez naîtront	nais naissons naissez	né, *e*

	Infinitif	Remarks	Présent de l'indicatif	Présent du subjonctif	Passé simple	Futur simple	Impératif	Participe passé
(4y)	occire	Defective verb						occis, e
(4z)	plaire	P.s. ends as in (3a). Taire has no circumflex in il tait; p.p. tu, e	plais plais plaît plaisons plaisez plaisent	plaise plaises plaise plaisions plaisiez plaisent	plus plus plut plûmes plûtes plurent	plairai plairas plaira plairons plairez plairont	plais plaisons plaisez	plu inv.
(4aa)	prendre		prends prends prend prenons prenez prennent	prenne prennes prenne prenions preniez prennent	pris pris prit prîmes prîtes prirent	prendrai prendras prendra prendrons prendrez prendront	prends prenons prenez	pris, e
(4bb)	résoudre	Absoudre has p.p. absous, absoute, but no p.s. or impf. sbj. Dissoudre goes like absoudre	résous résous résout résolvons résolvez résolvent	résolve résolves résolve résolvions résolviez résolvent	résolus résolus résolut résolûmes résolûtes résolurent	résoudrai résoudras résoudra résoudrons résoudrez résoudront	résous résolvons résolvez	résolu, e In ⌐ résous
(4cc)	rire	P.p. as in (2a)	ris ris rit rions riez rient	rie ries rie riions riiez rient	ris ris rit rîmes rîtes rirent	rirai riras rira rirons rirez riront	ris rions riez	ri inv.

	Infinitif	Remarks	Présent de l'indicatif	Présent du subjonctif	Passé simple	Futur simple	Impératif	Participe passé
(4dd)	sourdre	Defective verb. The past tenses are rare	il sourd ils sourdent	qu'il sourde qu'ils sourdent	il sourdit ils sour- dirent	il sourdra ils sour- dront		
(4ee)	suivre	Note the *p.p.* **suivi, e**. S'ensuivre occurs only in the 3rd person of each tense	suis suis suit suivons suivez suivent	suive suives suive suivions suiviez suivent	suivis suivis suivit suivîmes suivîtes suivirent	suivrai suivras suivra suivrons suivrez suivront	suis suivons suivez	suivi, e
(4ff)	traire	Defective verb. No *impf. sbj.*; **raire** goes like **traire**; *p.p.* **rait** is *inv.*	trais trais trait trayons trayez traient	traie traies traie trayions trayiez traient		trairai trairas traira trairons trairez trairont	trais trayons trayez	trait, e
(4gg)	vaincre	No **t** in the 3rd person sg. *pres. ind.* Note **c** is replaced by **qu** before a vowel except in the *p.p.* **vaincu, e**	vaincs vaincs vainc vainquons vainquez vainquent	vainque vainques vainque vainquions vainquiez vainquent	vainquis vainquis vainquit vainquîmes vainquîtes vainquirent	vaincrai vaincras vaincra vaincrons vaincrez vaincront	vaincs vainquons vainquez	vaincu, e
(4hh)	vivre	Note omission of the final v of the stem in the *pres. ind. sg.*, the *p.s.* and the *p.p.*	vis vis vit vivons vivez vivent	vive vives vive vivions viviez vivent	vécus vécus vécut vécûmes vécûtes vécurent	vivrai vivras vivra vivrons vivrez vivront	vis vivons vivez	vécu, e

LANGENSCHEIDT'S
STANDARD DICTIONARY
OF THE FRENCH AND ENGLISH LANGUAGES

Second Part

English-French

by

KENNETH URWIN

Docteur de l'Université de Paris
Docteur de l'Université de Caen

Contents
Table des matières

	Page
Directions for the use of this dictionary — *Indications pour l'emploi de ce dictionnaire*	589
Key to the symbols and abbreviations — *Explication des symboles et des abréviations*	591
The phonetic symbols of the International Phonetic Association — *Signes phonétiques de l'Association Phonétique Internationale*	595
The spelling of American English — *L'orthographe de l'américain*	598
The pronunciation of American English — *La prononciation de l'américain*	599
English-French Dictionary — *Dictionnaire Anglais-Français*	601
Proper names with pronunciation and explanation — *Noms propres avec leur prononciation et notes explicatives*	1185
Common British and American Abbreviations — *Abréviations usuelles, britanniques et américaines*	1198
Numerals — *Nombres*	1209
British and American weights and measures — *Mesures britanniques et américaines*	1211
Conjugations of English verbs — *Conjugaisons des verbes anglais*	1213

© 1968 Langenscheidt KG, Berlin and Munich

Printed in Great Britain

Preface

Like all living languages, English and French are subject to constant change: new terms come into being, antiquated words are replaced, regional and popular words and technical terms pass into ordinary speech.

The present dictionary has taken proper account of this. The words given are primarily from the common language, especially the modern language; there are also many idioms and technical and scientific terms; a large number of neologisms have been given, e.g. *heart transplant, mini-skirt, non-proliferation, with it.* Irregular forms of verbs and nouns have been put in their proper alphabetic position to help the beginner.

After each catchword the phonetic transcription has been given, using the system of the International Phonetic Association. For English catchwords syllabification has been indicated by centred dots. American English, both spelling and usage, has been the object of particular attention, under the direction of specialists in Germany.

We recommend the user to read carefully pages 589/590—instructions on how to use the dictionary, which should increase its practical value. On page 591 ff. there is the explanation of the devices used to save space without sacrificing clarity.

A series of appendices to the dictionary proper gives lists—of proper names, of common abbreviations, of numerals, weights and measures—as well as a list of irregular verbs and an introduction to the conjugations of English verbs.

The editor wishes to express his deep gratitude to the staff of the English Section of Langenscheidt who corrected the entire proofs, checked the translations and suggested the addition of many neologisms. Their work was extremely valuable to him.

K. U.

Préface

Comme toutes les langues vivantes, l'anglais et le français sont sujets à des changements incessants: des termes nouveaux prennent naissance, les mots désuets sont remplacés, des termes de patois et d'argot, ainsi que des termes techniques, passent dans le langage courant.

Le présent dictionnaire tient compte de cette évolution. Pour la plupart, les mots choisis viennent de la langue ordinaire, de la langue moderne en particulier; bon nombre d'idiotismes et de termes techniques et scientifiques s'y trouvent aussi; de nombreux néologismes y figurent, tels: *heart transplant*, *mini-skirt*, *non-proliferation*, *with it*. Les formes irrégulières des verbes et des substantifs sont mises à leur place alphabétique pour aider les débutants.

À la suite de chaque mot-souche la prononciation est indiquée entre crochets selon le système de l'Association Phonétique Internationale. En outre, pour les mots-souches anglais la division en syllabes est marquée par des points à l'intérieur des mots. L'américain, tant dans son orthographe que dans ses idiotismes, a été l'objet d'une attention spéciale et détaillée, sous la direction d'experts allemands.

Nous recommandons la lecture attentive des pages 589/590 — indications pour l'emploi du dictionnaire qui en révéleront la valeur pratique. A la page 591 ss. on trouvera l'explication des expédients auxquels on a eu recours pour gagner de la place sans nuire à la clarté.

En complément du dictionnaire proprement dit on trouvera des listes — de noms propres, d'abréviations usuelles, de nombres, de poids, de mesures, — ainsi qu'une liste des verbes irréguliers et une introduction aux conjugaisons des verbes anglais.

L'éditeur tient à exprimer sa très vive reconnaissance au personnel de la Section anglaise de Langenscheidt qui a revu toutes les épreuves du dictionnaire, vérifié les versions données et suggéré l'addition d'un grand nombre de néologismes. Leurs efforts ont été de la plus grande valeur.

K. U.

Directions for the use of this dictionary
Indications pour l'emploi de ce dictionnaire

1. **Arrangement.** The alphabetic order of the catchwords has been observed throughout. Hence you will find, in their proper alphabetic order:

a) the irregular forms of verbs, nouns, comparatives and superlatives;

b) the various forms of the pronouns;

c) compounds.

2. **Homonyms** of different etymologies have been subdivided by exponents;

e.g.   *March¹* mars ...
       march² marche ...
       march³ marche ...

3. **Vocabulary.** Some of the numerous nouns ending in ...*er*, ...*ing*, ...*ism*, ...*ist* or ...*ness* and adjectives formed with *in*... or *un*... have not been listed in this dictionary. In order to find out their meanings, look up the radical.

4. **Differences in meaning.** The different senses of English words have been distinguished by:

a) explanatory additions given in italics after a translation;

e.g.   **a·bate** ...(ra)baisser(*le prix*); ... tomber (*vent*); ...
       an·cient 2. the ∼s *pl.* les anciens *m/pl.* (*grecs et romains*);

b) symbols and abbreviations before the particular meaning (see list on pages 591—592). If, however, the symbol or abbreviation applies to all translations alike, it is placed

1. **Classement.** L'ordre alphabétique des mots-souches a été rigoureusement observé. Ainsi on trouvera dans leur ordre alphabétique:

a) les formes irrégulières des verbes, des noms, des comparatifs et des superlatifs;

b) les formes diverses des pronoms;

c) les mots composés.

2. Les **homonymes** d'étymologie différente font l'objet d'articles différents distingués par un chiffre placé en haut derrière le mot en question;

p.ex. *March¹* mars ...
       march² marche ...
       march³ marche ...

3. **Vocabulaire.** De nombreux noms à terminaison en ...*er*, ...*ing*, ...*ism*, ...*ist* ou ...*ness*, ainsi que beaucoup d'adjectifs formés à l'aide des préfixes *in*... ou *un*... n'ont pas été inclus dans ce dictionnaire. Pour trouver leurs sens il faut chercher les radicaux appropriés.

4. **Distinction de sens.** Les différents sens des mots anglais se reconnaissent grâce à:

a) des additions explicatives, en italique, placées à la suite des versions proposées;

p.ex. **a·bate** ...(ra)baisser(*le prix*); ... tomber (*vent*); ...
       an·cient 2. the ∼s *pl.* les anciens *m/pl.* (*grecs et romains*);

b) des symboles ou des définitions en abrégé qui les précèdent (voir liste pages 591—593). Si, cependant, les symboles ou abréviations se rapportent à l'ensemble des tra-

between the catchword and its phonetic transcription.	ductions, ils sont intercalés entre le mot-souche et la transcription phonétique.
A semicolon separates a given meaning from another one which is essentially different.	Le point-virgule sépare une acception d'une autre essentiellement différente.
5. **Letters in brackets** within a catchword indicate that in most cases in British English the word is spelt with the letter bracketed, in American English without.	5. **Les lettres entre parenthèses** dans les mots-souches indiquent que dans la plupart des cas en anglais britannique le mot s'écrit avec cette lettre, pendant qu'en anglais américain sans cette lettre.
6. The **indication of the parts of speech** has been omitted when it is obvious.	6. L'**indication des différentes fonctions des mots** est omise lorsqu'elle est évidente.
7. **Syllabification** has been indicated by centred dots in all catchwords of more than one syllable. If, however, a syllabification dot coincides with a stress mark the former is left out.	7. **Les points de séparation de syllabes** à l'intérieur des mots-souches de plus d'une syllabe indiquent après quelles syllabes le mot peut se diviser. Si, cependant, le point de séparation coïncide avec l'apostrophe d'accentuation, on laisse de côté le point.
8. In order to save space we have omitted:	8. Afin de gagner de la place, nous avons omis:
a) *to* before English infinitives;	a) *to* devant les infinitifs anglais;
b) the phonetic transcriptions of compounds whose component parts are seperate catchwords with transcriptions;	b) la transcription phonétique de mots composés dont les parties composantes sont données en tant que mots-souches individuels avec leurs transcriptions;
c) the phonetic transcriptions of catchwords having one of the endings listed on page 597. In this case the catchword itself takes the stress mark.	c) les transcriptions phonétiques de mots-souches possédant l'une des terminaisons mentionnées page 597. L'apostrophe d'accentuation de ces mots se trouve à l'intérieur même du mot-souche.
9. **Preterite and past participle** of irregular verbs have been given as separate entries. [*irr.*] given after the infinitive of each irregular verb refers to the list of the strong and irregular weak verbs at the end of this volume (pages 1213—1216). Irregular forms of compound verbs, however, have not been listed; instead, their infinitive has been supplemented by [*irr.*] and the respective radical in round brackets;	9. Le **prétérite et le participe passé** des verbes irréguliers se trouvent dans le vocabulaire sous forme de mots-souches individuels. [*irr.*] après l'infinitif de chaque verbe irrégulier renvoie à la liste des verbes forts et des verbes faibles irréguliers à la fin de ce dictionnaire (pages 1213—1216). Les formes irrégulières des verbes composés sont supprimées; au lieu de quoi leurs infinitifs sont supplémentés par [*irr.*] et leurs radicaux;
e.g. **un·der·stand** [*irr.* (*stand*)].	p.ex. **un·der·stand** [*irr.* (*stand*)].

Key to the symbols and abbreviations
Explication des symboles et des abréviations

1. Symbols

The tilde (~, ~) serves as a mark of repetition. To save space, compound catchwords are often given with a tilde replacing one part.

The tilde in bold type (~) replaces the catchword at the beginning of the entry;

e.g. **day** ...; '**~·book** = daybook.

The simple tilde (~) replaces:

a) the catchword immediately preceding (which itself may contain a tilde in bold type);

   e.g. **half** ...; ~ *a crown* = half a crown;
   day ...; '**~·light** ...; ~-*saving time* = daylight-saving time;

b) within the phonetic transcription, the whole of the pronunciation of the preceding catchword, or of some part of it which remains unchanged;

   e.g. **bill¹** [bil] ...; **bill²** [~] ...;
   pil·lar ['pilə] ...; **pil·lared** ['~ləd] = ['piləd].

The tilde with a circle (⚬, ⚬).

When the first letter changes from small to capital or vice-versa, the usual tilde is replaced by a tilde with circle (⚬, ⚬);

e.g. **grand** ...; ⚬ *Duchess* = Grand Duchess; **can·dle** ...; '⚬**·mas** = Candlemas.

☐ after an adjective indicates that the adjective takes the regular adverbial form;

e.g. **bit·ter** ☐ = bitterly;
a·ble ☐ = ably;
hap·py ☐ = happily.

1. Symboles

Le tilde (~, ~) est le signe de la répétition. Afin de gagner de la place, souvent le mot-souche ou un de ses éléments a été remplacé par le tilde.

Le tilde en caractère gras (~) remplace le mot-souche qui se trouve au début de l'article;

p.ex. **day** ...; '**~·book** = daybook.

Le tilde simple (~) remplace:

a) le mot-souche qui précède (qui d'ailleurs peut également être formé à l'aide du tilde en caractère gras);

   p.ex. **half** ...; ~ *a crown* = half a crown;
   day ...; '**~·light** ...; ~-*saving time* = daylight-saving time;

b) dans la transcription phonétique, la prononciation entière ou la partie qui demeure inchangée;

   p.ex. **bill¹** [bil] ...; **bill²** [~] ...;
   pil·lar ['pilə] ...; **pil·lared** ['~ləd] = ['piləd].

Le tilde avec cercle (⚬, ⚬).

Quand la première lettre se transforme de minuscule en majuscule ou vice versa, le tilde normal est remplacé par le tilde avec cercle (⚬, ⚬);

p.ex. **grand** ...; ⚬ *Duchess* = Grand Duchess; **can·dle** ...; '⚬**·mas** = Candlemas.

☐ placé après un adjectif signifie qu'à partir de lui un adverbe régulier peut se former;

p.ex. **bit·ter** ☐ = bitterly;
a·ble ☐ = ably;
hap·py ☐ = happily.

(~ally) after an adjective indicates that an adverb is formed by affixing -ally to the catchword;

e.g. **ar·o·mat·ic** (~ally) = aromatically.

When there is but one adverbial form for adjectives ending in both -ic and -ical, this is indicated in the following way:

his·tor·ic, his·tor·i·cal □,

i.e. historically is the adverb of both adjectives.

The other symbols used in this dictionary are:

(~ally) placé après un adjectif signifie qu'à partir de lui un adverbe peut se former en ajoutant -ally au mot-souche;

p.ex. **ar·o·mat·ic** (~ally) = aromatically.

Quand il n'y a qu'un seul adverbe pour des adjectifs à terminaison en -ic et -ical, c'est indiqué de manière suivante:

his·tor·ic, his·tor·i·cal □,

c.-à-d. historically est l'adverbe des deux adjectifs.

Les autres symboles employés dans ce dictionnaire sont:

F *familier*, colloquial.
V *vulgaire*, vulgar.
† *vieilli*, obsolete.
✿ *botanique*, botany.
⊕ *technologie*, technology; *mécanique*, mechanics.
⚒ *mines*, mining.
⚔ *militaire*, military.
⚓ *nautique*, nautical; *marine*, navy.
✝ *commerce*, commercial; *finances*, finance.

🚂 *chemin de fer*, railway, *Am.* railroad.
✈ *aviation*, aviation.
♪ *musique*, music.
△ *architecture*, architecture.
⚡ *électricité*, electricity.
⚖ *droit*, law.
∡ *mathématique*, mathematics.
⚘ *agriculture*, agriculture.
⚗ *chimie*, chemistry.
☤ *médecine*, medicine.
⌘ *blason*, heraldry.

2. Abbreviations — Abréviations

a.   *aussi*, also.
abr.,   *abréviation*, abbreviation.
abbr.
adj.   *adjectif*, adjective.
admin.   *administration*, administration.
adv.   *adverbe*, adverb.
alp.   *alpinisme*, mountaineering.
Am.   Americanism, *américanisme*.
anat.   *anatomie*, anatomy.
Angl.   *Angleterre*, England.
approx.   *approximativement*, approximately.
art.   *article*, article.
astr.   *astronomie*, astronomy.
attr.   *attribut*, attributively.
bibl.   *biblique*, biblical.
biol.   *biologie*, biology.
box.   *boxe*, boxing.
Brit.   British, *britannique*.
cin.   *cinéma*, cinema.
cj.   *conjonction*, conjunction.

co.   *comique*, comical.
coll.   *collectif*, collective.
comp.   *comparatif*, comparative.
cond.   *conditionnel*, conditional.
cons.   *consonne*, consonant.
cost.   *costume*, costume.
cuis.   *cuisine*, culinary art.
cycl.   *cyclisme*, cycling.
dém.   *démonstratif*, demonstrative.
dial.   *dialectal*, dialectal.
eccl.   *ecclésiastique*, ecclesiastical.
écoss.   *écossais*, Scottish.
enf.   *enfantin*, childish speech.
équit.   *équitation*, horsemanship.
etc.   *et cætera*, and so on.
É.-U.   *États-Unis*, U.S.A.
f   *féminin*, feminine.
fig.   figuratively, *sens figuré*.
foot.   *football*, football.
Fr.   French, *français*.
fut.   *futur*, future.

géog.	*géographie*, geography.	*p.pr.*	*participe présent*, present participle.
géol.	*géologie*, geology.	*préf.*	*préfixe*, prefix.
gér.	*gérondif*, gerund.	*prét.*	*prétérit*, preterite.
gramm.	*grammaire*, grammar.	*pron.*	*pronom*, pronoun.
gymn.	*gymnastique*, gymnastics.	*prov.*	*provincialisme*, provincialism.
hist.	*histoire*, history.		
icht.	*ichtyologie*, ichthyology.	*prp.*	*préposition*, preposition.
impér.	*impératif*, imperative.	*p.s.*	*passé simple*, past tense.
impf.	*imparfait*, imperfect.	*psych.*	*psychologie*, psychology.
ind.	*indicatif*, indicative.	*q., q.*	*quelqu'un*, someone.
indéf.	*indéfini*, indefinite.	*qch., qch.*	*quelque chose*, something.
inf.	*infinitif*, infinitive.		
int.	*interjection*, interjection.	*qqfois*	*quelquefois*, sometimes.
interr.	*interrogatif*, interrogative.	*rel.*	*relatif*, relative.
inv.	*invariable*, invariable.	*sbj.*	*subjonctif*, subjunctive.
Ir.	Irish, *irlandais*.	*sc.*	*scilicet*, namely, *c'est-à-dire*.
iro.	*ironiquement*, ironically.	*sg.*	*singulier*, singular.
irr.	*irrégulier*, irregular; see page 590.	*sl.*	slang, *argot*.
		s.o.	someone, *quelqu'un*.
journ.	*journalisme*, journalism.	*souv.*	*souvent*, often.
ling.	*linguistique*, linguistics.	*sp.*	*sport*, sports.
m	*masculin*, masculine.	*s.th.*	something, *quelque chose*.
mes.	*mesure*, measure.	*str.*	strictly taken, *au sens étroit*.
métall.	*métallurgie*, metallurgy.		
météor.	*météorologie*, meteorology.	*su.*	*substantif*, substantive; *nom*, noun.
min.	*minéralogie*, mineralogy.		
mot.	motoring, *automobilisme*.	*sup.*	*superlatif*, superlative.
myth.	*mythologie*, mythology.	*surt.*	*surtout*, especially.
n	*neutre*, neuter.	*surv.*	surveying, *arpentage*.
nég	*négatif*, negative.	*tél.*	*télégraphie*, telegraphy.
npr.	*nom propre*, proper name.	*téléph.*	*téléphonie*, telephony.
opt.	*optique*, optics.	*télév.*	*télévision*, television.
orn.	*ornithologie*, ornithology.	*tex.*	*industries textiles*, textiles.
o.s.	oneself, *soi-même*.	*théâ.*	*théâtre*, theatre.
parl.	*parlement*, parliament.	*typ.*	*typographie*, typography.
peint.	*peinture*, painting.	*univ.*	*université*, university.
péj.	*sens péjoratif*, pejoratively.	*usu.*	usually, *d'ordinaire*.
pers.	*personnel*, personal.	*v/aux.*	*verbe auxiliaire*, auxiliary verb.
p.ex.	*par exemple*, for example.		
p.ext.	*par extension*, more widely taken.	*vét.*	*vétérinaire*, veterinary.
		v/i.	*verbe intransitif*, intransitive verb.
pharm.	*pharmacie*, pharmacy.		
phls.	*philosophie*, philosophy.	*v/impers.*	*verbe impersonnel*, impersonal verb.
phot.	*photographie*, photography.		
phys.	*physique*, physics.	*v/rfl.*	*verbe réfléchi*, reflexive verb.
physiol.	*physiologie*, physiology.	*v/t.*	*verbe transitif*, transitive verb.
pl.	*pluriel*, plural.		
poét.	*poétique*, poetic.	*vt/i.*	*verbe transitif et intransitif*, transitive and intransitive verb.
pol.	*politique*, politics.		
poss.	*possessif*, possessive.		
p.p.	*participe passé*, past participle.	*zo.*	*zoologie*, zoology.

The phonetic symbols
of the International Phonetic Association

Signes phonétiques
de l'Association Phonétique Internationale

A. Voyelles et Diphtongues

[ɑ:] a long, clair, postérieur, comme dans pâte, âme, pâle: *far* [fɑ:], *father* [ˈfɑːðə].

[ʌ] n'existe pas en français. A bref, obscur, sans que les lèvres ne s'arrondissent. Se forme à l'avant de la bouche, ouvertement: *butter* [ˈbʌtə], *come* [kʌm], *colour* [ˈkʌlə], *blood* [blʌd], *flourish* [ˈflʌriʃ], *twopence* [ˈtʌpəns].

[æ] clair, plutôt ouvert, pas trop bref. On relève la langue vers la partie antérieure du palais dur, en appliquant les lèvres contre les dents: *fat* [fæt], *man* [mæn].

[ɛə] e ouvert, semi-long, pas trop ouvert; ne se trouve en anglais que devant le r qui apparaît en tant que [ə] après l'e ouvert: *bare* [bɛə], *pair* [pɛə], *there* [ðɛə].

[ai] a clair entre le [ɑ:] et le [æ], et un i plus faible, ouvert. La langue s'élève à demi comme pour prononcer l'i: *I* [ai], *lie* [lai], *dry* [drai].

[au] a clair entre le [ɑ:] et le [æ], et un [u] plus faible, ouvert: *house* [haus], *now* [nau].

[e] e court à demi ouvert, un peu moins pur que l'e dans paix: *bed* [bed], *less* [les].

[ei] e à demi ouvert, tendant à finir en i; la langue se soulève à demi comme pour prononcer l'i: *date* [deit], *play* [plei], *obey* [oˈbei].

[ə] son glissant, semblable à l'e muet du français debout, mais plus rapide: *about* [əˈbaut], *butter* [ˈbʌtə], *connect* [kəˈnekt].

[i:] i long, comme dans vie, bible, mais un peu plus ouvert qu'en français; se prononce avec redoublement dans le sud de l'Angleterre, la langue se soulevant lentement pour prononcer l'i: *scene* [si:n], *sea* [si:], *feet* [fi:t], *ceiling* [ˈsi:liŋ].

[i] i court, ouvert, qui n'existe pas en français; s'articule avec les lèvres lâches: *big* [big], *city* [ˈsiti].

[iə] i à demi ouvert, semi-long, finissant en [ə]: *here* [hiə], *hear* [hiə], *inferior* [inˈfiəriə].

[ɔ:] son ouvert, long, entre l'a et l'o: *fall* [fɔ:l], *nought* [nɔ:t], *or* [ɔ:], *before* [biˈfɔ:].

[ɔ] son ouvert, court, entre l'a et l'o, un peu comme [ɑ:] très bref, les muscles peu tendus: *god* [gɔd], *not* [nɔt], *wash* [wɔʃ], *hobby* [ˈhɔbi].

[ɔi] o ouvert et i ouvert plus faible. La langue se soulève à demi comme pour prononcer l'i: *voice* [vɔis], *boy* [bɔi], *annoy* [əˈnɔi].

[o] o fermé rapide: *obey* [oˈbei], *molest* [moˈlest].

[ou] o long, à demi ouvert, finissant en [u] faible; lèvres non arrondies, langue non soulevée: *note*

[nout], *boat* [bout], *below* [bi'lou].

[ə:] n'existe pas en français; un peu comme l'[œ:] dans *peur*, mais les lèvres ne s'avancent ni s'arrondissent: *word* [wə:d], *girl* [gə:l], *learn* [lə:n], *murmur* ['mə:mə].

[u:] [u] long comme dans *poule*, mais sans que les lèvres s'arrondissent; se prononce souvent comme [u] long, à demi ouvert, se terminant en [u] fermé: *fool* [fu:l], *shoe* [ʃu:], *you* [ju:], *rule* [ru:l], *canoe* [kə'nu:].

[u] [u] rapide: *put* [put], *look* [luk], *careful* ['keəful].

[uə] [u] à demi ouvert et à demi long, se terminant en [ə]: *poor* [puə], *sure* [ʃuə], *allure* [ə'ljuə].

Parfois on emploie les nasales françaises suivantes: [ã] comme dans *détente*, [õ] comme dans *bonbon*, et [ɛ̃] comme dans *vin*.

La **longueur d'une voyelle** se traduit par [:], p.ex. *ask* [ɑ:sk], *astir* [əs'tə:].

B. Consonnes

[r] ne se prononce que devant les voyelles. Tout à fait différent du r vélaire français. Le bout de la langue forme avec la partie antérieure du palais un passage étroit, par lequel le souffle, voisé, passe, sans pourtant que le son soit roulé. A la fin d'un mot, r ne se prononce qu'en liaison avec la voyelle initiale du mot suivant: *rose* [rouz], *pride* [praid], *there is* [ðɛər'iz].

[ʒ] ch sonore, comme g dans *génie*, j dans *journal*: *gentle* ['dʒentl], *jazz* [dʒæz], *large* [lɑ:dʒ], *azure* ['æʒə].

[ʃ] ch sourd, comme dans *champ*, *cher*: *shake* [ʃeik], *fetch* [fetʃ], *chivalrous* ['ʃivlrəs].

[θ] n'existe pas en français; résulte de l'application de la langue contre les incisives supérieures: *thin* [θin], *path* [pɑ:θ], *method* ['meθəd].

[ð] le même son sonorisé: *there* [ðɛə], *breathe* [bri:ð], *father* ['fɑ:ðə].

[s] sifflante sourde, comme dans *sourd*, *sot*: *see* [si:], *hats* [hæts], *decide* [di'said].

[z] sifflante sonore, comme dans *chose*, *zèle*: *zeal* [zi:l], *rise* [raiz], *horizon* [hə'raizn].

[ŋ] n'existe pas en français (sauf dans quelques mots empruntés à l'anglais comme meeting); se prononce comme pour une voyelle nasale mais en abaissant le voile du palais vers la fin, de sorte à produire une espèce de n guttural: *ring* [riŋ], *singer* ['siŋə], *finger* ['fiŋgə], *ink* [iŋk].

[w] [u] rapide, prononcé lèvre contre lèvre; se forme avec la bouche dans la même position que si elle allait prononcer [u:]: *will* [wil], *swear* [swɛə], *queen* [kwi:n].

[f] labiale sourde: *fat* [fæt], *tough* [tʌf], *effort* ['efət].

[v] labiale sonore: *vein* [vein], *velvet* ['velvit].

[j] son rapide comme l'i dans *diable* ou l'y dans *yeux*: *onion* ['ʌnjən], *yes* [jes], *filial* ['filjəl].

La prononciation des autres consonnes correspond à peu près à celle du français, mais en anglais les occlusives sont plus plosives.

C. Apostrophes d'accentuation

L'accentuation des mots anglais est indiquée par le signe ['] devant la syllabe à accentuer; p.ex. **on·ion** ['ʌnjən]. Si deux des syllabes d'un mot donné se trouvent pourvues d'une apostrophe d'accentuation, il faut les accentuer également tous les deux; p.ex. **up·stairs** ['ʌp'stɛəz];

cependant, souvent on n'accentue que l'une des deux syllabes, selon la position du mot dans l'ensemble de la phrase, ou en langue emphatique; p.ex. *upstairs* dans *"the upstairs rooms"* [ði 'ʌpstɛəz 'rumz] et *"on going upstairs"* [ɔn 'gouiŋ ʌp'stɛəz].

Dans les mots-souches composés, dont les éléments sont donnés dans le dictionnaire en tant que mots-souches indépendants avec leurs transcriptions phonétiques, et dans les mots-souches qui possèdent l'une des terminaisons mentionnées sous D, l'apostrophe d'accentuation est donnée dans le mot-souche lui-même. L'accentuation est indiquée également dans le mot-souche, si on ne donne qu'une partie de la transcription phonétique et que l'accent ne porte pas sur la première syllabe de la partie phonétique remplacée par un tilde; p.ex. **ad'min·is·tra·tor** [⁓tə]. Si, cependant, l'accent porte sur la première syllabe ou sur une partie phonétique transcrite, l'apostrophe d'accentuation n'est pas donnée dans le mot-souche, mais se trouve dans la partie entre crochets; p.ex. **ac·cu·rate** ['⁓rit], **ad·a·man·tine** [⁓'mæntain].

D. Syllabes finales sans symboles phonétiques

Afin de gagner de la place, nous donnerons ici les terminaisons les plus fréquentes des mots-souches avec leur transcription phonétique; par conséquent, ils figurent, sauf exception, dans le dictionnaire sans transcription phonétique. Ces terminaisons ne se trouvent pas transcrites non plus, quand elles sont précédées d'une consonne qui n'a pas été donnée dans les symboles phonétiques du mot précédent, mais qui en français, comme en anglais, demande le même signe phonétique; p.ex. -tation, -ring.

-ability [-əbiliti]
-able [-əbl]
-age [-idʒ]
-al [-(ə)l]
-ally [-(ə)!li]
-an [-(ə)n]
-ance [-(ə)ns]
-ancy [-ənsi]
-ant [-ənt]
-ar [-ə]
-ary [-(ə)ri]
-ation [-eiʃ(ə)n]
-cious [-ʃəs]
-cy [-si]
-dom [-dəm]
-ed [-d; -t; -id]*
-edness [-dnis; -tnis; -idnis]
-ee [-i:]
-en [-n]
-ence [-(ə)ns]

-ent [e(ə)nt]
-er [-ə]
-ery [-ə.ri]
-ess [-is]
-fication [-fikeiʃ(ə)n]
-ial [-(ə)l]
-ible [-əbl]
-ian [-(jə)n]
-ic(s) [-ik(s)]
-ical [-ik(ə)l]
-ily [-ili]
-iness [-inis]
-ing [-iŋ]
-ish [-iʃ]
-ism [-iz(ə)m]
-ist [-ist]
-istic [-istik]
-ite [-ait]
-ity [-iti]
-ive [-iv]
-ization [-aizeiʃ(ə)n]

-ize [-aiz]
-izing [-aiziŋ]
-less [-lis]
-ly [-li]
-ment(s) [-mənt(s)]
-ness [-nis]
-oid [-ɔid]
-oidic [-ɔidik]
-or [-ə]
-ous [-əs]
-ry [-ri]
-ship [-ʃip]
-(s)sion [-ʃ(ə)n]
-sive [-siv]
-ties [-tiz]
-tion [-ʃ(ə)n]
-tious [-ʃəs]
-trous [-trəs]
-try [-tri]
-y [-i]

Pour la prononciation de l'américain, voir à la page 599.

---

* [-d] après voyelles et consonnes sonores; [-t] après consonnes sourdes; [-id] après d et t finals.

The spelling of American English
L'orthographe de l'américain

L'orthographe de l'anglais de l'Amérique (AA) se distingue de l'anglais britannique (AB) par les particularités suivantes:

1. On abandonne fréquemment le **trait d'union**; p.ex. newsstand, breakdown, soapbox, coed, cooperate.

2. L'**u** tombe dans la terminaison **-our**; p.ex. col*o*r, hum*o*r, hon*o*rable, fav*o*r.

3. **-er** au lieu de l'AB **-re** dans les syllabes finales; p.ex. cent*er*, fib*er*, theat*er*, mais pas dans massacre.

4. Le redoublement de la consonne finale **l** ne se produit que quand l'accent principal porte sur la syllabe finale; d'où p.ex. AA counci*l*or, jewe*l*ry, quarre*l*ed, trave*l*ed, woo*l*en au lieu de l'AB councillor, jewellery, quarrelled, travelled, woollen; d'autre part on trouve en AA enroll(s), fulfill(s), skillful, installment au lieu de l'AB enrol(s), fulfil(s), skilful, instalment.

5. En AA **s** au lieu du **c** en AB, surtout dans la syllabe finale **-ence**; p.ex. def*e*nse, off*e*nse, lic*e*nse, mais aussi en AA practice et practise en tant que verbe.

6. On simplifie et on abandonne couramment les terminaisons d'origine étrangère; p.ex. dialog(*ue*), prolog(*ue*), catalog(*ue*), program(*me*), envelop(*e*).

7. La simplification d'**ae** et d'**œ** ou **oe** en **e** est également courante; p.ex. an(*a*)emia, an(*a*)esthesia, maneuvers = AB manœuvers, subp(*o*)ena.

8. On préfère la terminaison **-ction** à **-xion**; p.ex. conne*ction*, infle*ction*.

9. On trouve fréquemment une simplification des consonnes; p.ex. wago*n*, kidna*p*er, worshi*p*er, benefi*t*ed pour l'AB waggon, kidnapper, worshipper, benefitted.

10. L'AA préfère **o** à **ou**; p.ex. mo(*u*)ld, smo(*u*)lder, plow au lieu de l'AB plough.

11. L'**e** muet disparaît dans des mots comme abridg(*e*)ment, judg(*e*)ment, acknowledg(*e*)ment.

12. L'AA utilise le préfixe **in-** au lieu de **en-** plus souvent que l'AB; p.ex. *in*close, *in*case.

13. L'AA préfère l'orthographe suivante dans des cas particuliers: *check* = AB cheque, *hello* = AB hallo, *cozy* = AB cosy, *mustache* = AB moustache, *skeptic* = AB sceptic, *peddler* = AB pedlar, *gray* = AB grey, *tire* = AB tyre.

14. A côté de although, through, on trouve les formules familières *altho*, *thru*.

The pronunciation of American English

La prononciation de l'américain

L'anglais de l'Amérique (AA), en ce qui concerne l'intonation, le rythme et le son, se distingue de l'anglais britannique (AB) par les particularités suivantes:

1. **Intonation**: L'AA est plus monotone que l'AB.

2. **Rythme**: Des mots à une ou plusieurs syllabes après la syllabe principale accentuée ['] ont en AA un accent secondaire très marqué [ˌ], que les mots en AB n'ont pas ou n'ont que dans une faible mesure; p.ex. dictionary [AA 'dikʃəˌnɛri = AB 'dikʃənri], secretary [AA 'sekrəˌtɛri = AB 'sekrətri]; en AA, les voyelles courtes accentuées s'allongent (*American drawl*); p.ex. food [AA fuːd = AB fud], capital [AA 'kæːpətəl = AB 'kæpitl]; en AA, la syllabe inaccentuée (après une syllabe accentuée) subit un affaiblissement qui adoucit p, t, k en b, d, g; p.ex. property [AA 'prabərti = AB 'prɔpəti], united [AA juˈnaidid = AB juːˈnaitid].

3. Une autre particularité courante dans la façon de parler américaine, par opposition à l'AB, c'est la **nasalisation** avant et après une consonne nasale [m, n, ŋ] (*nasal twang*), ainsi que la prononciation plus fermée de [e] et de [o] en tant que premier élément d'une diphtongue; p.ex. home [AA hoːm], take [AA teːk].

4. Le **r** écrit à la finale après une voyelle, ou entre une voyelle et une consonne, se prononce clairement (r rétrofléchi); p.ex. car [AA kɑːr = AB kɑː], care [AA kɛr = AB kɛə], border [AA 'bɔːrdər = AB 'bɔːdə].

5. L'**o** [AB ɔ] se prononce en AA un peu comme l'a voilé [AA ɑ]; p.ex. dollar [AA 'dɑlər = AB 'dɔlə], college [AA 'kɑlidʒ = AB 'kɔlidʒ], lot [AA lɑt = AB lɔt], problem [AA 'prɑbləm = AB 'prɔbləm]; dans de nombreux cas [ɑ] et [ɔ] peuvent exister simultanément.

6. L'**a** [AB ɑː] donne [æ] ou [æː] en AA dans des mots du genre pass [AA pæ(ː)s = AB pɑːs], answer [AA 'æ(ː)nsər = AB 'ɑːnsə], dance [AA dæ(ː)ns = AB dɑːns], half [AA hæ(ː)f = AB hɑːf], laugh [AA læ(ː)f = AB lɑːf].

7. L'**u** [AB juː] après consonne dans les syllabes qui portent l'accent principal donne en AA [uː]; p.ex. Tuesday [AA 'tuːzdi = AB 'tjuːzdi], student [AA 'stuːdənt = AB 'stjuːdənt], mais pas dans music [AA, AB = 'mjuːzik], fuel [AA, AB = 'fjuːəl].

8. Le suffixe **-ile** (en AB de préférence [-ail]) s'abrège en AA très souvent en [-əl] ou [-il]; p.ex. futile [AA 'fjuːtəl = AB 'fjuːtail], textile [AA 'tekstil = AB 'tekstail]; quant à [-əl] ou [-il] il n'y a pas de prononciation obligatoire.

9. La terminaison **-ization** (AB le plus souvent [-aiˈzeiʃən]) se prononce en AA de préférence [-əˈzeiʃən]. Cette différence de sons correspond au rapport des prononciations AA (préférée) [ə] et AB (standard) [i]; p.ex. editor [AA 'edətər = AB 'editə], basket [AA 'bæ(ː)skət = AB 'bɑːskit].

The inclusion of any word in this dictionary is not an expression of the publisher's opinion on whether or not such word is a registered trademark or subject to proprietary rights. It should be understood that no definition in this dictionary or the fact of the inclusion of any word herein is to be regarded as affecting the validity of any trademark.

Comme dans toutes les encyclopédies, la nomenclature des produits commerciaux figure dans le présent ouvrage sans indication des brevets, marques, modèles ou noms déposés. L'absence d'une précision de ce genre ne doit pas incliner à penser que tel produit commercial, ou le nom qui le désigne, soit dans le domaine public.

A

A, a [ei] A *m*, a *m*.
a *gramm.* [ei; ə] *article*: un(e *f*); *20 miles a day* 20 milles par jour; *2 shillings a pound* 2 shillings la livre.
A 1 ['ei'wʌn] F de première qualité.
a·back [ə'bæk] masqué (*voile*); F *taken* ~ déconcerté, interdit, étonné.
ab·a·cus ['æbəkəs], *pl.* -**ci** ['~sai] boulier *m* compteur; △ abaque *m*.
a·baft ⚓ [ə'bɑ:ft] **1.** *adv.* sur l'arrière; **2.** *prp.* en arrière de.
a·ban·don [ə'bændən] abandonner (*a. sp.*), délaisser (*q.*), renoncer à (*un projet*); ~ *o.s. to* se livrer à; **a'ban·doned** *adj.* dévergondé; abandonné; **a'ban·don·ment** abandon (-nement) *m*.
a·base [ə'beis] abaisser; F ravaler (*q.*); **a'base·ment** abaissement *m*; humilité *f*.
a·bash [ə'bæʃ] confondre, déconcerter, interdire; ~*ed at* confus de; **a'bash·ment** confusion *f*, embarras *m*.
a·bate [ə'beit] *v/t.* diminuer; faire cesser (*la douleur*); (r)abattre (*l'orgueil*); (ra)baisser (*le prix*); ⚖ annuler; mettre fin à (*un abus*); *v/i.* diminuer, s'affaiblir, s'apaiser, se modérer; tomber (*vent*); baisser (*prix*); **a'bate·ment** diminution *f*, affaiblissement *m*; *prix, eaux*: baisse *f*; *tempête*: apaisement *m*.
ab·a(t)·tis ⚔ [ə'bætis] abattis *m*.
ab·at·toir ['æbətwɑ:] abattoir *m*.
ab·ba·cy ['æbəsi] dignité *f* d'abbé; '**ab·bess** abbesse *f*; **ab·bey** ['æbi] abbaye *f*; **ab·bot** ['æbət] abbé *m*, supérieur *m*.
ab·bre·vi·ate [ə'bri:vieit] abréger (*a.* ✍); **ab·bre·vi·a·tion** abréviation *f*.
ABC ['ei'bi:'si:] ABC *m*; 🚂 indicateur *m* alphabétique; abécédaire *m*; ~ *warfare* guerre *f* atomique, bactériologique (*ou* microbienne) et chimique.
ab·di·cate ['æbdikeit] abdiquer (*le trône*); renoncer à (*un droit*); résigner (*une fonction*); **ab·di'ca·tion** abdication *f*, démission *f*.
ab·do·men *anat.* ['æbdəmen; ✍ æb-'doumen] abdomen *m*; ventre *m*; **ab·dom·i·nal** [æb'dɔminl] abdominal (-aux *m/pl.*).
ab·duct [æb'dʌkt] enlever; **ab'duc·tion** enlèvement *m*; **ab'duc·tor** ravisseur *m*.
a·be·ce·dar·i·an [eibi:si:'dɛəriən] **1.** abécédaire; ignorant; **2.** élève *mf* d'une classe élémentaire.
a·bed [ə'bed] au lit, couché.
ab·er·ra·tion [æbə'reiʃn] aberration *f*.
a·bet [ə'bet] encourager; prêter assistance à; (*usu. aid and* ~) être le complice de; **a'bet·ment** encouragement *m*; complicité *f* (dans, *in*); **a'bet·tor** complice *mf*; fauteur (-trice *f*) *m* (de, *in*).
a·bey·ance [ə'beiəns] suspension *f*; ⚖ *in* ~ en suspens, pendant; vacant (*estate*).
ab·hor [əb'hɔ:] abhorrer; **ab·hor·rence** [əb'hɔrns] horreur *f*, aversion *f* (pour, *of*); **ab'hor·rent** □ répugnant (à, *to*); incompatible (avec, *to*); contraire (à, *to*).
a·bide [ə'baid] [*irr.*] *v/i.* demeurer; ~ *by* rester fidèle à (*une promesse*), maintenir; *v/t.* attendre; *I cannot* ~ *him* je ne peux pas le sentir *ou* supporter; **a'bid·ing** □ permanent.
a·bil·i·ty [ə'biliti] capacité *f*; *to the best of one's* ~ de son mieux; **a'bil·i·ties** *pl.* intelligence *f*; aptitude *f*.
ab·ject □ ['æbdʒekt] misérable; servile; **ab'jec·tion**, **ab'ject·ness** abjection *f*, misère *f*.
ab·jure [əb'dʒuə] abjurer; renoncer à.
a·blaze [ə'bleiz] en flammes; *a. fig.* enflammé (de, *with*).
a·ble □ ['eibl] capable; habile; compétent; ⚖ apte; *be* ~ *to* (*inf.*) être à même de (*inf.*); pouvoir (*inf.*); ~ *to pay* en mesure de payer; ~-**bod·ied** ['~bɔdid] robuste; ⚔ bon pour le

ablution

service; ⚓ ~ seaman matelot *m* de deuxième classe.
ab·lu·tion [ə'bluːʃn] ablution *f*.
ab·ne·gate ['æbnigeit] renoncer à; faire abnégation de (*droits etc.*); **ab·ne'ga·tion** renoncement *m*; désaveu *m*; (*a. self-~*) abnégation *f* de soi.
ab·nor·mal □ [æb'nɔːml] anormal (-aux *m/pl.*); **ab·nor'ma·li·ty** caractère *m* anormal; difformité *f*.
a·board ⚓ [ə'bɔːd] à bord (de); *Am.* 🚂, ✈, bus, tram: *all~!* en voiture!; ⚓ embarquez!
a·bode [ə'boud] **1.** *prét. et p.p. de abide*; **2.** demeure *f*; résidence *f*; séjour *m*.
a·bol·ish [ə'bɔliʃ] abolir, supprimer; **a'bol·ish·ment, ab·o·li·tion** [æbə'liʃn] abolissement *m*, suppression *f*; **ab·o'li·tion·ist** abolitionniste *mf*.
A-bomb ['eibɔm] *see atomic bomb*.
a·bom·i·na·ble □ [ə'bɔminəbl] abominable; **a·bom·i'na·tion** abomination *f*, horreur *f*.
ab·o·rig·i·nal [æbə'ridʒənl] □ aborigène, indigène, primitif (-ive *f*); **ab·o'rig·i·nes** [~niːz] *pl.* aborigènes *m/pl.*
a·bort *biol.* [ə'bɔːt] avorter; **a'bor·tion** avortement *m*; *fig.* œuvre *f* manquée; monstre *m*; *procure ~* faire avorter; **a'bor·tive** □ abortif (-ive *f*); avorté (*projet*); mort-né (*projet*).
a·bound [ə'baund] abonder (en *with, in*); foisonner (de *with, in*).
a·bout [ə'baut] **1.** *prp.* autour de; environ, presque; au sujet de; *~ the house* quelque part dans la maison; *~ the streets* dans les rues; *I had no money ~ me* je n'avais pas d'argent sur moi; *~ ten o'clock* vers 10 heures; *he is ~ my height* il a à peu près la même taille que moi; *talk ~ business* parler affaires; *what are you ~?* qu'est-ce que vous faites là?; *send s.o. ~ his business* envoyer promener q.; **2.** *adv.* tout autour; à l'entour; çà et là; de ci, de là; *be ~ to do* être sur le point de faire; *a long way ~* un long détour; *bring ~* accomplir; faire naître; *come ~* arriver; *right ~!* demi-tour!; *~ turn!* demi-tour à droite!
a·bove [ə'bʌv] **1.** *prp.* au-dessus de, par-dessus; au delà de; *fig.* supérieur à; *~ 300* plus de 300; *~ all*

602

(*things*) surtout; *be ~ s.o. in* surpasser q. par (*l'intelligence etc.*); *fig. it is ~ me* cela me dépasse; **2.** *adv.* en haut; là-haut; au-dessus; *over and ~* en outre; **3.** *adj.* précédent; **4.** *su.*: *the ~* le susdit; **a'bove-'board** loyal (-aux *m/pl.*), franc(he *f*); **a'bove-'ground** au-dessus de terre; vivant.
ab·ra·ca·dab·ra [æbrəkə'dæbrə] baragouin *m*.
ab·rade [ə'breid] user par le frottement; écorcher (*la peau*).
ab·ra·sion [ə'breiʒn] frottement *m*; attrition *f*; ⚕ écorchure *f*, excoriation *f*; *monnaies:* frai *m*; **ab'ra·sive** ⊕ abrasif *m*.
a·breast [ə'brest] de front; côte à côte; *~ of* (*ou with*) à la hauteur de; *keep ~ of* marcher de pair avec.
a·bridge [ə'bridʒ] abréger; *fig.* restreindre; **a'bridg(e)·ment** raccourcissement *m*; abrégé *m*, résumé *m*; restriction *f*.
a·broad [ə'brɔːd] à l'étranger, en voyage; sorti (*de la maison*); *there is a report ~* le bruit court que; *the thing has got ~* la nouvelle s'est répandue; *F he is all ~* il est tout désorienté.
ab·ro·gate ['æbrogeit] abroger; **ab·ro'ga·tion** abrogation *f*.
ab·rupt □ [ə'brʌpt] brusque, précipité; saccadé, abrupt (*style*); à pic (*montagne*); **ab'rupt·ness** brusquerie *f*; *chemin:* raideur *f*.
ab·scess ['æbsis] abcès *m*.
ab·scond [əb'skɔnd] s'évader (de, *from*), s'enfuir; se soustraire à la justice; F décamper, filer.
ab·sence ['æbsns] absence *f*, éloignement *m* (de, *from*); *~ of mind* distraction *f*; *leave of ~* permission *f*, congé *m*.
ab·sent 1. □ ['æbsnt] absent, manquant; *fig. =* '*~*-'*mind·ed* □ distrait; **2.** [æb'sent]: *~ o.s.* s'absenter (de, *from*); **ab·sen·tee** [æbsn'tiː] absent(e *f*) *m*; **ab·sen'tee·ism** absence *f* de l'atelier; absentéisme *m*; F carottage *m*.
ab·sinth ['æbsinθ] absinthe *f*.
ab·so·lute □ ['æbsəluːt] absolu; autoritaire; 🏴 irrévocable; F achevé (*coquin etc.*); **'ab·so·lute·ness** caractère *m* absolu; **ab·so'lu·tion** absolution *f*; **'ab·so·lut·ism** *hist.* absolutisme *m*.

ab·solve [əb'zɔlv] absoudre (de, from), remettre (*un péché*); dispenser, affranchir (de, from).

ab·sorb [əb'sɔ:b] absorber; amortir (*un choc*); résorber (*un excédent*); *fig.* engloutir; ~ed in absorbé dans; tout entier à; **ab'sorb·ent** absorbant (*a. su./m*).

ab·sorp·tion [əb'sɔ:pʃn] absorption *f*; *choc*: amortissement *m*; *fig.* engloutissement *m*; *esprit*: absorbement *m*.

ab·stain [əb'stein] s'abstenir (de, from); ~ from meat faire maigre; **ab-'stain·er** (*souv.* total ~) abstème *mf*.

ab·ste·mi·ous □ [əb'sti:miəs] sobre, tempérant.

ab·sten·tion [æb'stenʃn] abstinence *f* (de, from); *parl.* abstention *f*.

ab·ster·gent [əb'stə:dʒnt] **1.** abstergent (*a. su./m*); **2.** 🞲 détersif *m*.

ab·sti·nence ['æbstinəns] abstinence *f* (de, from); total ~ abstinence *f* complète; **'ab·sti·nent** □ abstinent, sobre.

ab·stract 1. ['æbstrækt] □ abstrait; F abstrus; **2.** [~] abstrait *m*; résumé *m*, abrégé *m*; *gramm.* (noun) nom *m* abstrait; *in the* ~ du point de vue abstrait, en théorie; **3.** [æb-'strækt] *v/t.* soustraire (à, from); détourner (*l'attention*); dérober (à, from); résumer (*un livre*); 🜛 extraire; **ab'stract·ed** □ *fig.* distrait, rêveur (-euse *f*); **ab'strac·tion** *papiers etc.*: soustraction *f*; vol *m*; *phls.* abstraction *f*; distraction *f* (*d'esprit*); 🜛 extraction *f*.

ab·struse □ [æb'stru:s] *fig.* abstrus, obscur; caché; **ab'struse·ness** obscurité *f*, caractère *m* abstrus *etc.*

ab·surd □ [əb'sə:d] absurde, déraisonnable; F idiot; **ab'surd·i·ty** absurdité *f*; absurde *m*.

a·bun·dance [ə'bʌndəns] abondance *f*, affluence *f*; épanchement *m* (*du cœur*); **a'bun·dant** □ abondant, copieux (-euse *f*); ~ in abondant en; **a'bun·dant·ly** abondamment.

a·buse 1. [ə'bju:s] abus *m*; insultes *f/pl*; **2.** [~z] abuser de, mésuser de, faire abus de; maltraiter (*q.*); dénigrer (*q.*); injurier; **a'bu·sive** □ abusif (-ive *f*); injurieux (-euse *f*) (*propos*); *be* ~ dire des injures (à, to).

a·but [ə'bʌt] aboutir (à, upon), confiner (à, upon); 🛆 s'appuyer (contre *on, against*); **a'but·ment** 🛆 arc-boutant (*pl.* arcs-boutants) *m*; *pont:* butée *f*; *voûte:* pied-droit (*pl.* pieds-droits) *m*; **a'but·ter** propriétaire *m* limitrophe.

a·bysm [ə'bizm] *see* abyss; **a'bysmal** □ insondable; **a·byss** [ə'bis] abîme *m*, gouffre *m*.

a·ca·cia ♀ [ə'keiʃə] acacia *m*.

ac·a·dem·ic, ac·a·dem·i·cal □ [ækə'demik(l)] académique; **a·cad·e'mi·cian** [əkædə'miʃn] académicien *m*; **ac·a'dem·ics** *pl.* discussion *f* abstraite.

a·cad·e·my [ə'kædəmi] académie *f*.

a·can·thus [ə'kænθəs] ♀ acanthe *f*; 🛆 (feuille *f* d')acanthe *f*.

ac·cede [æk'si:d]: ~ *to* accueillir (*une demande*); entrer en possession de (*une charge*); monter sur (*le trône*).

ac·cel·er·ate [æk'seləreit] (s')accélérer; *v/t. fig.* activer; **ac·cel·er·a-tion** accélération *f*; **ac'cel·er·a·tor** *mot.* accélérateur *m*.

ac·cent 1. ['æksnt] accent *m*; ♪ temps *m* fort; temps *m* marqué; ton *m*; voix *f*; **2.** [æk'sent] accentuer; (*a. fig.*) appuyer sur, souligner.

ac·cen·tu·ate [æk'sentjueit] accentuer; faire ressortir; **ac·cen·tu'a-tion** accentuation *f*.

ac·cept [ək'sept] accepter; agréer (*des vœux*); (*ou* ~ *of*) ✝ accepter, prendre en recette; admettre; **ac·cept·a·ble** □ [ək'septəbl] acceptable, agréable (à, to); **ac'cept-a·ble·ness** acceptabilité *f*; **ac-'cept·ance** acceptation *f*; accueil *m* favorable; réception *f*; ✝ *article:* réception *f*; *traite:* acceptation *f*; **ac·cep·ta·tion** [æksep'teiʃn] acception *f*, signification *f* (*d'un mot*); **ac'cept·ed** □ reconnu, admis; **ac-'cept·er, ac'cep·tor** acceptant(e *f*) *m*; ✝ tiré *m*; accepteur *m*.

ac·cess ['ækses] accès *m* (*a.* 🞲), abord *m* (à, to); entrée *f*; *easy of* ~ abordable; ~ *to power* accession *f* au pouvoir; **ac'ces·sa·ry** complice *m*, fauteur *m* (de, to); *see accessory 2*; **ac·ces·si·bil·i·ty** [~i'biliti] accessibilité *f*; **ac'ces·si·ble** □ [~əbl] accessible (à, to) **ac'ces·sion** admission *f* (*d'air*); entrée *f* en fonctions; arrivée *f* (*à un âge*); accroissement *m*; ~ *to the throne* avènement *m* au trône.

ac·ces·so·ry [æk'sesəri] **1.** □ ac-

accidence

cessoire, subsidiaire (à, to); **2.** accessoire m; *accesories pl.* objets m/pl. de toilette; accessoires m/pl. (a. *théâ.*); *see accessary.*

ac·ci·dence *gramm.* ['æksidəns] morphologie f.

ac·ci·dent ['æksidənt] accident m; *terrain*: inégalité f; *machine*: avarie f; ~ *insurance* assurance f contre les accidents; *by* ~ accidentellement; par hasard; **ac·ci·den·tal** [æksi-'dentl] **1.** □ accidentel(le f), fortuit; accessoire; ~ *death* mort f accidentelle; **2.** accessoire m; signe m accidentel, accident m.

ac·claim [ə'kleim] acclamer.

ac·cla·ma·tion [æklə'meiʃn] acclamation f; *by* ~ par acclamation.

ac·cli·mate *surt. Am.* [ə'klaimit] *see acclimatize.*

ac·cli·ma·ti·za·tion [əklaimətai-'zeiʃn] acclimatation f; **ac'cli·ma·tize** acclimater; habituer.

ac·cliv·i·ty [ə'kliviti] montée f; côte f; rampe f; pente f.

ac·com·mo·date [ə'kɔmədeit] accommoder, conformer; adapter; arranger (*une querelle*); prêter (qch. à q., *s.o. with s.th.*); recevoir, loger; ~ *o.s. to* s'accommoder à; **ac'com·mo·dat·ing** □ complaisant; peu difficile (sur, *about*); **ac·com·mo'da·tion** adaptation f; arrangement m; *dispute*: ajustement m; compromis m; logement m; prêt m (*d'argent*); ✝ ~ *bill* billet m de complaisance; *seating* ~ nombre m de places assises; *Am.* ~ *train* train m omnibus.

ac·com·pa·ni·ment [ə'kʌmpənimənt] accompagnement m; accessoires m/pl.; **ac'com·pa·nist** ♪ accompagnateur (-trice f) m; **ac'com·pa·ny** accompagner; *accompanied with* accompagné de, par.

ac·com·plice [ə'kɔmplis] complice mf (de, *in*), fauteur (-trice f) m (de, *in*).

ac·com·plish [ə'kɔmpliʃ] accomplir; venir à bout de; mener à bonne fin (*une tâche etc.*); réaliser (*un projet*); **ac'com·plished** achevé; doué; **ac'com·plish·ment** accomplissement m; réalisation f; *usu.* ~s *pl.* talents m/pl., arts m/pl. d'agrément.

ac·cord [ə'kɔːd] **1.** accord m, consentement m; ⚖ consentement m mutuel; *with one* ~ d'un commun accord; *of one's own* ~ de sa propre volonté; **2.** *v/i.* concorder (avec, *with*); *v/t.* concéder; **ac'cord·ance** conformité f, accord m; *in* ~ *with* conformément à, suivant; **ac'cord·ant** □ (*with, to*) conforme (à), d'accord (avec); **ac'cord·ing:** ~ *to* selon, suivant, d'après; ~ *as* selon que; **ac'cord·ing·ly** en conséquence; donc.

ac·cor·di·on ♪ [ə'kɔːdjən] accordéon m.

ac·cost [ə'kɔst] aborder, accoster.

ac·cou·cheur [æku:'ʃəː], *f* **ac·cou-'cheuse** [~z] accoucheur (-euse f) m.

ac·count [ə'kaunt] **1.** calcul m, compte m, note m; récit m, relation f; valeur f; *blocked* ~ compte m bloqué; *current* ~ compte m courant; ~ *agreed upon* compte m arrêté; *payment on* ~ acompte m, versement m à compte; *sale for the* ~ vente f à terme; *statement of* ~ relevé m de compte; *of no* ~ de peu d'importance; *on no* ~ dans aucun cas; *on his* ~ à cause de lui, pour lui; *on* ~ *of* à cause de; *sl. be no* ~ ne pas compter; *find one's* ~ *in* trouver son compte à; *lay one's* ~ *with* compter sur; *place to s.o.'s* ~ verser au compte de q.; *take into* ~, *take* ~ *of* tenir compte de; *leave out of* ~ négliger; *turn to* ~ tirer parti de; *keep* ~s tenir les livres; *call to* ~ demander compte (à q. *de qch.*); *give* (*ou render*) *an* ~ *of* rendre raison de; faire un rapport sur; expliquer (*qch.*); F *give a good* ~ *of o.s.* s'acquitter bien; *make* (*little*) ~ *of* faire (peu de) cas de; **2.** *v/i.* ~ *for* expliquer (*qch.*); rendre raison de; justifier (de); *sp.* avoir à son actif; *v/t.* estimer, tenir pour; *be much* (*little*) ~ed *of* être beaucoup (peu) estimé; **ac·count·a'bil·i·ty** responsabilité f; **ac'count·a·ble** □ responsable; redevable (de, *for*); **ac'count·ant** comptable m; *chartered* ~, *Am. certified public* ~ expert m comptable diplômé; **ac-'count-book** livre m de comptes.

ac·cou·tred [ə'ku:təd] accoutré; équipé; **ac·cou·tre·ments** [ə'ku:təmənts] *pl.* équipement m.

ac·cred·it [ə'kredit] accréditer (*q., qch., a. un ambassadeur auprès d'un gouvernement*); ~ *s.th. to s.o.*, ~ *s.o.*

with *s.th.* mettre qch. sur le compte de q.
ac·cre·tion [æˈkriːʃn] accroissement *m*.
ac·crue [əˈkruː] provenir, dériver (de, *from*); ✝ s'accumuler (*intérêts*).
ac·cu·mu·late [əˈkjuːmjuleit] (s')accumuler; (s')amonceler; *v/t.* amasser (*de l'argent*); **ac·cu·mu·la·tion** accumulation *f*, amoncellement *m*; amas *m*; **ac·cu·mu·la·tive** □ [əˈkjuːmjulətiv] qui s'accumule; **ac'cu·mu·la·tor** accumulateur (-trice *f*) *m*; *phys.* accumulateur *m*.
ac·cu·ra·cy [ˈækjurəsi] exactitude *f*; fidélité *f*; **ac·cu·rate** □ [ˈ⁓rit] exact, juste; fidèle.
ac·curs·ed [əˈkəːsid], **ac·curst** [əˈkəːst] *usu.* F *fig.* maudit; exécrable.
ac·cu·sa·tion [ækjuːˈzeiʃn] accusation *f*; ⚖ incrimination *f*; **ac·cu·sa·tive** *gramm.* [əˈkjuːzətiv] (*a.* ⁓ *case*) accusatif *m*; **ac·cu·sa·to·ry** [əˈkjuːzətəri] accusatoire (-trice *f*); **ac·cuse** [əˈkjuːz] accuser (q. de qch., *s.o. of s.th.*), ⚖ incriminer (*q.*) (auprès de *before, to*); *the* ⁓d le (la) prévenu(e *f*) *m*; **ac'cus·er** accusateur (-trice *f*) *m*.
ac·cus·tom [əˈkʌstəm] accoutumer (à, *to*); **ac'cus·tomed** habitué (à, *to*).
ace [eis] as *m* (*a. sl. fig.*, *usu. un aviateur*); *Am.* F ⁓ *in the hole fig.* encore une ressource; *within an* ⁓ *of* à deux doigts de.
a·cer·bi·ty [əˈsəːbiti] aigreur *f*; *ton:* âpreté *f*.
ac·e·tate 🜍 [ˈæsiteit] acétate *m*; **a·cetic** [əˈsiːtik] acétique; ⁓ *acid* acide *m* acétique *f*; **a·cet·i·fy** [əˈsetifai] (s')acétifier; **ac·e·tone** [ˈæsitoun] acétone *f*; **ac·e·tous** [ˈ⁓təs] acéteux (-euse *f*); *fig.* aigre; **a·cet·y·lene** [əˈsetiliːn] acétylène *m*.
ache [eik] 1. faire mal à; 2. douleur *f*.
a·chieve [əˈtʃiːv] atteindre à, parvenir à; réaliser (*un but*); accomplir (*un exploit*); acquérir (*de l'estime*); **a'chieve·ment** accomplissement *m*; *projet:* exécution *f*; exploit *m*.
ach·ing [ˈeikiŋ] 1. □ douloureux (-euse *f*); 2. douleur *f*, mal *m*.
ach·ro·mat·ic [ækroˈmætik] (⁓*ally*) achromatique.
ac·id [ˈæsid] 1. aigre; 2. acide *m*; **a·cid·i·fy** [əˈsidifai] (s')acidifier; **a'cid·i·ty** acidité *f*; *fig.* aigreur *f*;

across

ac·i·do·sis [æsiˈdousis] acidose *f*; **a·cid·u·late** [əˈsidjuleit] aciduler; ⁓*d drops* bonbons *m/pl.* acidulés *ou* anglais; **a·cid·u·lous** [əˈsidjuləs] acidulé.
ac·knowl·edge [əkˈnɔlidʒ] reconnaître (pour, *as*); répondre à (*un salut*); accuser réception de (*une lettre*); s'avouer; **ac'knowl·edg(e)·ment** reconnaissance *f*; aveu *m*; ⁓*s pl.* remerciements *m/pl.*; *usu.* ✝ accusé *m* de réception; reçu *m*, quittance *f*.
ac·me [ˈækmi] comble *m*; apogée *m*.
a·cock [əˈkɔk] d'un air de défi.
ac·o·nite ♣ [ˈækɔnait] aconit *m*.
a·corn ♣ [ˈeikɔːn] gland *m*.
a·cous·tic, **a·cous·ti·cal** [əˈkuːstik(l)] acoustique; sonore; **a'cous·tics** *usu. sg.* acoustique *f*.
ac·quaint [əˈkweint] informer; ⁓ *s.o. with s.th.* apprendre qch. à q.; *be* ⁓*ed with* connaître; *become* ⁓*ed with* faire *ou* lier connaissance avec; **ac'quaint·ance** connaissance *f*; ⁓ *with* connaissance de.
ac·qui·esce [ækwiˈes] (*in*) acquiescer (à); accepter (*qch.*); **ac·qui'es·cence** (*in*) acquiescement *m* (à); assentiment *m* (à); soumission *f* (à); **ac·qui'es·cent** □ consentant; résigné.
ac·quire [əˈkwaiə] acquérir (*a. fig.*); ⁓*d taste* goût *m* acquis; **ac·quire·ment** acquisition *f* (de, *of*); talent *m*; *usu.* ⁓*s pl.* connaissances *f/pl.*
ac·qui·si·tion [ækwiˈziʃn] acquisition *f*; **ac·quis·i·tive** □ [æˈkwizitiv] apte *ou* âpre au gain.
ac·quit [əˈkwit] acquitter, absoudre (de, *of*); ⁓ *o.s. of* s'acquitter de; ⁓ *o.s. well (ill)* se bien (mal) acquitter; **ac'quit·tal** ⚖ décharge *f*; *devoir:* exécution *f*; **ac'quit·tance** ✝, ⚖ acquit *m*, acquittement *m*.
a·cre [ˈeikə] acre *f*; (*approx.*) arpent *m*; † champ *m*.
ac·rid □ [ˈækrid] âcre; mordant (*style*).
ac·ri·mo·ni·ous □ [ækriˈmouniəs] acrimonieux (-euse *f*), atrabilaire; **ac·ri·mo·ny** [ˈækriməni] acrimonie *f*, aigreur *f*.
ac·ro·bat [ˈækrobæt] acrobate *mf*; **ac·ro·bat·ic** (⁓*ally*) acrobatique; **ac·ro·bat·ics** *pl.* acrobatie *f*; ✈ acrobaties *f/pl.* aériennes.
a·cross [əˈkrɔs] 1. *adv.* à travers, en

act

travers; de l'autre côté; en croix; 2. *prp.* à travers, sur; en travers de; *come* ~, *run* ~ rencontrer; tomber sur.

act [ækt] 1. *v/i.* agir (en, *as*; sur, *on*); prendre des mesures; se comporter; fonctionner; opérer; *théâ.* jouer; ~ (*up*)*on* exercer une action sur, agir sur; *Am.* F ~ *up* devenir insoumis; *v/t.* représenter, jouer (*un rôle, une pièce*); 2. acte *m*; action *f*; *théâ.* acte *m*; loi *f*, décret *m*; ~*s pl.* actes *m/pl.*; ♀ *of God* force *f* majeure; ♀*s pl. of the Apostles* les Actes *m/pl.* des Apôtres; **'act·a·ble** jouable; **'act·ing** 1. action *f*; *théâ.* acteur *m*; *pièce*: exécution *f*; 2. suppléant; intérimaire; provisoire; gérant.

ac·tion ['ækʃn] action *f* (*a. théâ.*); acte *m*; *cheval*: allure *f*; procès *m*; combat *m*, bataille *f*; mécanisme *m*; *couleurs*: jeu *m*; gestes *m/pl.*; ~ *radius* rayon *m* d'action; *bring an* ~ *against* intenter une action *ou* un procès à *ou* contre; *take* ~ prendre des mesures; **'ac·tion·a·ble** actionnable, sujet(te *f*) à procès.

ac·tive □ ['æktiv] actif (-ive *f*); alerte; agile; vif (vive *f*); ✝ ~ *partner* commandité *m*; **ac·tiv·i·ty** (*souv. pl.*) activité *f*; occupation *f*; *surt.* ✝ mouvement *m*; *in full* ~ en pleine activité; *intense* ~ activité *f* intense.

ac·tor ['æktə] acteur *m*; **ac·tress** ['æktris] actrice *f*.

ac·tu·al □ ['æktjuəl] réel(le *f*), véritable; actuel(le *f*); présent; **ac·tu·al·i·ty** [æktju'æliti] réalité *f*; actualité *f*; **ac·tu·al·ize** ['æktjuəlaiz] réaliser.

ac·tu·ar·y ['æktjuəri] actuaire *m*.

ac·tu·ate ['æktjueit] mettre en action; animer (q. à, *s.o. to*).

a·cu·men [ə'kju:men] finesse *f* (d'esprit).

a·cute □ [ə'kju:t] aigu (-uë *f*) (*a.* ✟, *a. angle, pointe, accent, son*); vif (vive *f*) (*douleur*); fin (*ouïe, esprit*); qui sévit (*crise*); **a'cute·ness** *angle*: aiguïté *f*; *son*: acuité *f*; *douleur etc.*: intensité *f*; *ouïe*: finesse *f*; *esprit*: pénétration *f*.

ad F [æd] *see* advertisement.

ad·age ['ædidʒ] maxime *f*.

ad·a·mant ['ædəmənt] *fig.* inflexible; insensible (à, *to*); **ad·a·man·tine** [~'mæntain] adamantin; *fig. see* adamant.

a·dapt [ə'dæpt] adapter (à *to, for*); accommoder; adapter (*un texte*) (de, *from*); **a·dapt·a'bil·i·ty** souplesse *f*; **a'dapt·a·ble** adaptable; commode; **ad·ap·ta·tion** adaptation *f* (à, *to*); appropriation *f*; **a'dap·ter** *radio*: (bouchon *m* de) raccord *m*; *télév.* adaptateur *m*.

add [æd] *v/t.* ajouter; joindre; ~ *in* inclure; ~ *up* additionner; *v/i.* ~ *to* augmenter; accentuer; ~ *up to* se totaliser par.

ad·den·dum [ə'dendəm], *pl.* -**da** [~də] addenda *m*; supplément *m*.

ad·der ['ædə] vipère *f*.

ad·dict 1. [ə'dikt]: ~ *o.s.* s'adonner (à, *to*), se livrer (à, *to*); 2. ['ædikt] (*opium etc.* ~) -mane *mf*; **ad'dict·ed** adonné (à, *to*); ~ *to* abandonné à (*un vice*).

add·ing ['ædiŋ] (d')arithmétique.

ad·di·tion [ə'diʃn] addition *f*; adjonction *f*; *bâtiment*: rajout *m*; *ville*: extension *f*; *Am. terrain*: agrandissement *m*; ~ *to* addition à; *he had an* ~ *to his family* sa famille vient d'augmenter; *in* ~ en outre; *in* ~ *to* en plus de; **ad'di·tion·al** additionnel(le *f*), supplémentaire; nouveau (-el devant une voyelle ou un h muet; -elle *f*; -aux *m/pl.*); de plus.

ad·dle ['ædl] 1. (se) pourrir (*œufs*); *v/t. fig.* troubler (*le cerveau, la tête etc.*); 2. pourri (*œuf*); trouble, brouillé (*cerveau*).

ad·dress [ə'dres] 1. adresser; haranguer (*une foule*); (*a.* ~ *o.s. to*) adresser la parole à (*q.*); ~ *o.s. to s.th.* entreprendre qch.; se mettre à qch.; 2. adresse *f*; habileté *f*; *parl.* profession *f* de foi; supplique *f*; adresse *m*; discours *m*; *give an* ~ faire une allocution; *pay one's* ~*es* faire la cour à (*une femme*); **ad·dress·ee** [ædre'si:] destinataire *mf*.

ad·duce [ə'dju:s] apporter (*des preuves etc.*); alléguer; produire (*un témoin*).

ad·ept ['ædept] 1. expert (à *at, in*); versé (dans *at, in*); 2. adepte *mf*; initié(e *f*) *m*; expert *m* (en, *in*); F *be an* ~ *at* être expert à.

ad·e·qua·cy ['ædikwəsi] suffisance *f*; **ad·e·quate** □ ['~kwit] suffisant; juste; raisonnable.

ad·here [əd'hiə] (*to*) adhérer (à), se coller (à); *fig.* persister (dans), s'en tenir (à); observer (*une règle etc.*);

donner son adhésion (à) (*un parti etc.*); **ad'her·ence** (*to*) adhérence *f*, adhésion *f* (à); fidélité *f* (à) (*un parti*); observance *f* (de) (*une règle*); **ad'her·ent 1.** adhérent; **2.** adhérent(e *f*) *m*; partisan *m*.

ad·he·sion [əd'hiːʒn] *see adherence*; *fig.* adhésion *f*; *phys.* adhérence *f*; give one's ~ donner son adhésion (à, *to*).

ad·he·sive [əd'hiːsiv] adhésif (-ive *f*) collant; tenace; ~ *plaster*, ~ *tape* sparadrap *m*, emplâtre *m* adhésif.

a·dieu [ə'djuː] **1.** adieu!; **2.** adieu *m*.

ad·i·pose ['ædipous] adipeux (-euse *f*); gras(se *f*).

ad·it ['ædit] accès *m*; ⚒ galerie *f*.

ad·ja·cen·cy [ə'dʒeisənsi] contiguïté *f*; *adjacencies pl.* voisinage *m* immédiat; **ad'ja·cent** □ (*to*) contigu (-uë *f*) (à), attenant (à); limitrophe (de).

ad·jec·ti·val □ [ædʒek'taivl] adjectif (-ive *f*); **ad·jec·tive** ['ædʒiktiv] adjectif *m*.

ad·join [ə'dʒɔin] avoisiner (*qch.*), toucher (à); **ad'join·ing** contigu (-uë *f*); avoisinant.

ad·journ [ə'dʒəːn] (s') ajourner; *v/t.* remettre, différer; lever (*une séance*) (jusque, *to*); **ad'journ·ment** ajournement *m*; remise *f*.

ad·judge [ə'dʒʌdʒ] juger; ⚖ décider, déclarer (*coupable etc.*); condamner (à, *to*); **ad'judge·ment** décision *f*.

ad·ju·di·cate [ə'dʒuːdikeit] *see adjudge*; **ad·ju·di·ca·tion** jugement *m*; décision *f*; arrêt *m*.

ad·junct ['ædʒʌŋkt] accessoire *m*; adjoint(e *f*) *m*; *gramm.* complément *m*.

ad·ju·ra·tion [ædʒuə'reiʃn] adjuration *f*; **ad·jure** [ə'dʒuə] conjurer (de, *to*).

ad·just [ə'dʒʌst] ajuster; arranger; arrêter (*un compte*); régler (*un différend*); agencer (*une machine*); ajuster (*une balance*); *fig.* ~ *to* adapter à; ~*ing screw* vis *f* de serrage; **ad'just·a·ble** □ réglable, ajustable; **ad'just·ment** ajustement *m*; arrangement *m*; règlement *m*; réglage *m*; correction *f*; accommodement *m*.

ad·ju·tan·cy ⚔ ['ædʒutənsi] fonctions *f/pl.* de capitaine adjudant major; **ad·ju·tant** capitaine *m* adjudant major.

ad-lib *Am.* F [æd'lib] improviser.

ad·meas·ure·ment [æd'meʒəmənt] mensuration *f*; mesurage *m*.

ad·min·is·ter [əd'ministə] *v/t.* administrer (*pays, affaires, sacrement, médicament*); assermenter; appliquer (*la loi*); ~ *justice*, ~ *the law* dispenser *ou* rendre la justice; *v/i.* pourvoir aux besoins (de q., *to s.o.*); **ad·min·is'tra·tion** administration *f*; gestion *f*; prestation *f* (*d'un serment*); *surt. Am.* Administration *f*, Gouvernement *m*; ~ *of justice* administration *f* de la justice; **ad'min·is·tra·tive** [~trətiv] administratif (-ive *f*); d'administration; **ad'min·is·tra·tor** [~treitə] administrateur *m*; gérant *m*; ⚖ curateur *m*.

ad·mi·ra·ble □ ['ædmərəbl] admirable, excellent.

ad·mi·ral ['ædmərəl] amiral *m*; ♀ *of the Fleet* amiral *m* commandant en chef; **'ad·mi·ral·ty** amirauté *f*; **ad'mi·ra·bly**; *First Lord of the ♀* ministre *m* britannique de la marine.

ad·mi·ra·tion [ædmi'reiʃn] admiration *f*.

ad·mire [əd'maiə] admirer; s'extasier devant; **ad'mir·er** admirateur (-trice *f*) *m*; adorateur (-trice *f*) *m*.

ad·mis·si·bil·i·ty [ədmisə'biliti] admissibilité *f*; **ad'mis·si·ble** □ admissible; recevable; **ad'mis·sion** admission *f*, accès *m* (à, *to*); entrée *f*; confession *f*, aveu *m*; F prix *m* d'entrée.

ad·mit [əd'mit] *v/t.* admettre (à, dans *to*, *into*); laisser entrer; avoir de la place pour; reconnaître (*une faute etc.*); ⚖ *surt. Am.* ~ *to the bar* inscrire au tableau des avocats; *v/i.*: ~ *of* permettre, comporter; *it* ~*s of no excuse* il est sans excuse; **ad'mit·tance** entrée *f*; accès *m*; *no* ~*!* entrée interdite!; **ad'mit·ted·ly** de l'aveu de tous; de son propre aveu.

ad·mix·ture [əd'mikstʃə] mélange *m*, dosage *m*; *pharm.* mixtion *f*.

ad·mon·ish [əd'mɔniʃ] admonester; exhorter (à, *to*); prévenir (de, *of*); **ad·mo·ni·tion** [ædmə'niʃn] remontrance *f*; avertissement *m*; **ad·mon·i·to·ry** □ [əd'mɔnitəri] de remontrances; d'avertissement.

a·do [ə'duː] agitation *f*, activité *f*,

adobe   608

embarras *m*, bruit *m*; difficulté *f*; *without much* ~ sans difficulté; sans embarras.

a·do·be [ə'doubi] adobe *m*.

ad·o·les·cence [ædo'lesns] adolescence *f*; **ad·o'les·cent** *adj.*, *a. su./mf* adolescent(e *f*) *m*.

a·dopt [ə'dɔpt] adopter; *fig.* choisir, adopter, embrasser; *fig.* F chiper; ~*ed country* pays *m* d'adoption; **a'dop·tion** adoption *f*; choix *m*; **a'dop·tive** adoptif (-ive *f*).

a·dor·a·ble [ə'dɔːrəbl] adorable; **ad·o·ra·tion** [ædɔː'reiʃn] adoration *f*; F amour *m*; **a·dore** [ə'dɔː] adorer; **a'dor·er** adorateur (-trice *f*) *m*.

a·dorn [ə'dɔːn] orner, parer; **a'dorn·ment** ornement *m*, parure *f*; ornementation *f*.

a·drift [ə'drift] ⚓ à la dérive; *fig.* loin du compte; *turn s.o.* ~ abandonner q., mettre q. sur le pavé.

a·droit [ə'drɔit] adroit; **a'droit·ness** adresse *f*.

ad·u·late ['ædjuleit] aduler, flatter (*q.*); **ad·u'la·tion** adulation *f*; **'ad·u·la·tor** adulateur (-trice *f*) *m*; **'ad·u·la·to·ry** adulateur (-trice *f*).

a·dult ['ædʌlt] *adj.*, *a. su./mf* adulte *mf*.

a·dul·ter·ant [ə'dʌltərənt] adultérant *m*; **a'dul·ter·ate 1.** [~reit] adultérer; *fig.* altérer; **2.** [~it] adultéré; falsifié; altéré; **a·dul·ter·a·tion** [ədʌltə'reiʃn] adultération *f*; altération *f*; **a'dul·ter·a·tor** falsificateur (-trice *f*) *m*; **a'dul·ter·er** adultère *m*; **a'dul·ter·ess** adultère *f*; **a'dul·ter·ous** □ adultère; **a'dul·ter·y** adultère *m*.

ad·um·brate ['ædʌmbreit] ébaucher, esquisser; laisser entrevoir; † voiler; **ad·um'bra·tion** ébauche *f*, esquisse *f*; pressentiment *m*.

ad·vance [əd'vɑːns] **1.** *v/i.* s'avancer; avancer (*en âge*); monter (*en grade*); hausser (*prix*); *biol.* évoluer; *v/t.* avancer; mettre en avant (*des opinions*); augmenter, hausser (*le prix*); élever (*en grade*); faire avancer; **2.** marche *f* en avant; ✕ avance *f*; progrès *m*; avancement *m* (*en grade*); *prix:* hausse *f*; *in* ~ d'avance, en avance; en avant; *be in* ~ *of s.o.* devancer q.; **3.** avant-; **ad'vanced** *adj.* avancé; supérieur (*cours, école, etc.*); ~ *English* anglais *m* supérieur; **ad'vance·ment** avancement *m*; progrès *m*; ♘ avance *f* d'hoirie.

ad·van·tage [əd'vɑːntidʒ] avantage *m* (*a. au tennis*); dessus *m*; profit *m*; *take* ~ *of.* profiter de (*qch.*); abuser de (la crédulité de) (*q.*); *to* ~ avantageusement; **ad·van·ta·geous** □ [ædvən'teidʒəs] avantageux (-euse *f*) (pour, *to*); utile.

ad·vent ['ædvənt] arrivée *f*; ⚜ *eccl.* Avent *m*; **ad·ven·ti·tious** □ [ædven'tiʃəs] adventice; accidentel(le *f*); accessoire.

ad·ven·ture [əd'ventʃə] **1.** aventure *f*, entreprise *f*; ✝ spéculation *f* hasardée; **2.** (se) hasarder; **ad'ven·tur·er** aventurier *m*; spéculateur *m*; **ad'ven·tur·ess** [~əris] intrigante *f*; **ad'ven·tur·ous** □ aventureux (-euse *f*); audacieux (-euse *f*); entreprenant (*personne*).

ad·verb ['ædvəːb] adverbe *m*; **ad·'ver·bi·al** □ [əd'vəːbjəl] adverbial (-aux *m/pl.*).

ad·ver·sar·y ['ædvəsəri] adversaire *m*; ennemi(e *f*) *m*; **ad·verse** □ ['~vəːs] adverse; contraire; ennemi (de, *to*), hostile (à, *to*); opposé; défavorable; ~ *balance* déficit *m*; **ad·ver·si·ty** [əd'vəːsiti] adversité *f*, infortune *f*.

ad·vert [əd'vəːt]: ~ *to* faire allusion à; parler de.

ad·ver·tise ['ædvətaiz] faire de la réclame (pour); *v/t.* annoncer, faire savoir, faire connaître; *v/i.* insérer une annonce; ~ *for* chercher par voie d'annonce; **ad·ver·tise·ment** [əd'vəːtismənt] publicité *f*; *journal:* annonce *f*; affiche *f* (*sur un mur*); réclame *f*; **ad·ver·tis·er** ['ædvətaizə] auteur *m* d'une annonce; faiseur *m* de réclame; **'ad·ver·tis·ing:** ~ *agency* agence *f* de publicité; ~ *designer* dessinateur *m* publicitaire; ~ *film* film *m* publicitaire.

ad·vice [əd'vais] conseil *m*, -s *m/pl.*; avis *m*; ✝ lettre *f* ou note *f* d'avis; *usu.* ~*s pl.* nouvelles *f/pl.*; *take medical* ~ consulter un médecin; **ad'vice-boat** ⚓ aviso *m*.

ad·vis·a·ble □ [əd'vaizəbl] recommandable; **ad'vise** *v/t.* recommander (*qch.*); conseiller (*q.*); conseiller (à q. de *inf.*, *s.o. to inf.*); prévenir (de, *of*; que, *that*); ✝ aviser de; *v/i.* se consulter; ~ *with* consulter (*q.*), se consulter avec (q.); ~ on renseigner (q.) sur; **ad'vised** □ réfléchi (acte); **ad'vis·ed·ly** [~idli] à dessein; **ad'vis·er** conseiller (-ère f) m; **ad'vi·so·ry** [~əri] consultatif (-ive f); ♀ *Board* conseil m consultatif.

ad·vo·ca·cy ['ædvəkəsi] fonction f d'avocat; appui m (donné à une cause); **ad·vo·cate 1.** ['~kit] avocat m; fig. défenseur m, partisan m; **2.** ['~keit] plaider en faveur de (qch.); appuyer (une cause); préconiser.

adze ⊕ [ædz] (h)erminette f.
ae·gis ['i:dʒis] fig. égide f.
ae·on ['i:ən] éon m; fig. éternité f.
a·er·at·ed ['eiəreitid] aéré (pain); gazeux (-euse f) (eau).
a·e·ri·al ['ɛəriəl] **1.** □ aérien(ne f); ~ *camera* aérophoto m; ~ *view* vue f aérienne; **2.** *radio, télév.*: antenne f; *high* ~ antenne f haute; *mains* ~ antenne f secteur; *outdoor* ~ antenne f d'extérieur; ~ *mast* mât m d'antenne.
a·er·ie ['ɛəri] aire f.
aero... [ɛərə] aéro-; **a·er·o·bat·ics** [~'bætiks] pl. acrobaties f/pl. (aériennes); **a·er·o·drome** ['ɛərədroum] aérodrome m; **a·er·o·gram** ['~græm] radiogramme m; **a·er·o·lite** ['~lait] aérolithe m; **a·er·o·naut** ['~nɔ:t] aéronaute m; **a·er·o·nau·tic, a·er·o·nau·ti·cal** □ aéronautique; **a·er·o·nau·tics** sg. aéronautique f; **a·er·o·plane** ['~plein] aéroplane m, avion m; **a·er·o·stat** ['~oustæt] aérostat m; **a·er·o·stat·ic** aérostatique.
aes·thete ['i:sθi:t] esthète mf; **aes·thet·ic, aes·thet·i·cal** □ [i:s-'θetik(l)] esthétique; **aes'thet·ics** sg. esthétique f.
a·far [ə'fɑ:] (surt. ~ *off*) au loin, éloigné; *from* ~ de loin.
af·fa·bil·i·ty [æfə'biliti] affabilité f; **af·fa·ble** □ ['æfəbl] affable, courtois.
af·fair [ə'fɛə] affaire f; *love* ~ affaire f de cœur; F affaire f, chose f; ~ *of honour* affaire f d'honneur; duel m.
af·fect [ə'fekt] atteindre, attaquer, toucher; influer sur (qch.); affliger; concerner; altérer (la santé); ♫ intéresser (un organe); affecter (une manière); *he* ~s *the freethinker* il pose au libre penseur; *he* ~s *to*

sleep il affecte de dormir; **af·fec·ta·tion** [æfek'teiʃn] affectation f, simulation f (de, *of*); *langage*: afféterie f; *style*: mièvrerie f; **af·fect·ed** □ [ə'fektid] atteint (santé); disposé (pour q., *towards* s.o.); ému; touché; affecté, maniéré (style, maintien, etc.); minaudier (-ère f) (personne); simulé; **af'fection** affection f (a. ♫) (pour *for*, *towards*); tendresse f (pour, *for*); impression f; **af'fec·tion·ate** □ [~kʃənit] affectueux (-euse f), aimant; **af'fec·tive** affectif (-ive f).
af·fi·ance [ə'faiəns] **1.** confiance f (en, *in*); **2.** fiancer (avec, *to*).
af·fi·da·vit [æfi'deivit] attestation f par écrit; *make an* ~ faire une déclaration sous serment.
af·fil·i·ate [ə'filieit] affilier (un membre) (à une société to, *with a society*); ⚖, *a. fig.* attribuer la paternité de (q., *a. qch.*) (à, *on*); ~ *o.s. with* s'affilier à; *Am.* fraterniser avec; ~*d company* filiale f; **af·fil·i'a·tion** affiliation f (à une société etc.); ⚖ légitimation f; *Am. usu.* ~s pl. attaches f/pl. (politiques).
af·fin·i·ty [ə'finiti] parenté f; affinité f (a. ♫, a. *fig.*).
af·firm [ə'fə:m] affirmer, soutenir; ⚖ confirmer; **af·fir·ma·tion** [æfə:-'meiʃn] affirmation f; assertion f; ⚖ confirmation f; **af'firm·a·tive** □ [ə'fə:mətiv] **1.** affirmatif (-ive f); **2.** affirmative f; *answer in the* ~ répondre affirmativement *ou* que oui.
af·fix 1. ['æfiks] addition f; **2.** [ə'fiks] attacher (à, *to*); apposer (un sceau, un timbre) (sur, à).
af·flict [ə'flikt] affliger, tourmenter; ~*ed with* affligé de; **af'flic·tion** affliction f; calamité f; infirmité f.
af·flu·ence ['æfluəns] affluence f; abondance f; **'af·flu·ent** □ **1.** abondant, riche (en, *in*); opulent, riche; **2.** affluent m.
af·flux ['æflʌks] afflux m; concours m (de gens).
af·ford [ə'fɔ:d] avoir les moyens de; être en mesure de; disposer de (le temps); offrir; *I can* ~ *it* mes moyens me le permettent.
af·for·est [æ'fɔrist] (re)boiser; **af·for·est'a·tion** (re)boisement m.
af·fran·chise [ə'fræntʃaiz] affranchir.
af·fray [ə'frei] bagarre f; rixe f.

af·front [əˈfrʌnt] **1.** offenser; faire rougir (q.); **2.** affront m, offense f; *put an ~ upon, offer an ~ to* faire (un) affront ou une avanie à (q.).

a·field [əˈfiːld] aux champs; à la campagne; *far ~* très loin.

a·fire [əˈfaiə] en feu, embrasé.

a·float ⚓ *a. fig.* [əˈflout] à flot (*a. fig.* = *quitte de dettes*); sur l'eau, à la mer; à bord; en circulation (*idée, bruit*); ⚕ en cours; *keep ~* se maintenir à flot; *set ~* lancer (*un navire, un journal, etc.*).

a·foot [əˈfut] à pied; en mouvement, sur pied; *be ~* être en route ou marche ou train.

a·fore [əˈfɔː] *see before*; **a'fore·men·tioned** [ˌmenʃnd], **a'fore·named** [ˌneimd], **a'fore·said** susdit, précité; **a'fore·thought** prémédité; *with malice ~* avec préméditation.

a·fraid [əˈfreid] pris de peur, effrayé; *be ~ of* avoir peur de, craindre (q., qch.); F *I am ~ I have to go* je crains bien que je doive partir.

a·fresh [əˈfreʃ] de ou à nouveau.

Af·ri·caans [æfriˈkɑːns] africaans m (= *patois hollandais parlé au Cap*); **Af·ri·can** [ˈ~kən] **1.** africain; **2.** Africain(e f) m; *surt. Am.* nègre; **Af·ri·'can·der** [ˌ~ˈkændə] Afrikander m.

aft ⚓ [ɑːft] à ou sur l'arrière.

aft·er [ˈɑːftə] **1.** *adv.* après; plus tard; ensuite; **2.** *prp. temps:* après; *lieu:* après; à la suite de; *manière:* suivant, selon, d'après; *~ all* après tout, enfin; *I'll go ~ him* j'irai le chercher; *time ~ time* à maintes reprises; *~ having seen him* après l'avoir vu; **3.** *cj.* après que; **4.** *adj.* subséquent; futur; ⚓ arrière; **'~-birth** arrière-faix m/inv.; **'~-crop** regain m; seconde récolte f; **'~-dinner** d'après dîner; **'~-ef·fect** répercussion f; **'~-glow** dernières lueurs f/pl. du couchant; **'~-grass, '~-math** 🌾 regain m; *fig.* suites f/pl.; **'~-hours** le temps m après la fermeture (des magasins, cafés, etc.); **'~-noon** après-midi m/inv.; *fig. ~ of life*) déclin m de la vie; **'~-sea·son** arrière-saison f; **'~-taste** arrière-goût m; **'~-thought** réflexion f après coup; **'~-wards** [ˈ~wədz] après, plus tard, ensuite; par la suite.

a·gain [əˈgen] encore; encore une fois, de nouveau; en outre, d'autre part; *~ and ~, time and ~* maintes et maintes fois; *as much (ou many) ~* deux fois autant; *twice as much ~* trois fois autant; *now and ~* de temps en temps; de temps à autre.

a·gainst [əˈgenst] *prp.* contre; à l'encontre de; *fig.* en prévision de; *as ~* comparé à; *~ the wall* contre le mur; *~ a background* sur un fond; *over ~* vis-à-vis de; F *run ~* rencontrer (q.) par hasard.

a·gape [əˈgeip] bouche f bée.

ag·ate *min.* [ˈægət] agate f; *Am.* marbre m; *Am. typ. see ruby.*

a·ga·ve ♀ [əˈgeivi] agave m.

age [eidʒ] **1.** âge m; époque f, siècle m; génération f; F éternité f; *(old) ~* vieillesse f; *at the ~ of* à l'âge de; *in the ~ of Queen Anne* à l'époque de ou du temps de la reine Anne; *of ~* majeur; *over ~* trop âgé; *under ~* mineur; *what is your ~?* quel âge avez-vous?; F *wait for ~s* attendre des éternités; *come of ~* atteindre sa majorité; **2.** vieillir; **a·ged** [ˈ~id] âgé, vieux (vieil *devant une voyelle ou un h muet*; vieille f; vieux m/pl.); [eidʒd]: *~ twenty* âgé de vingt ans; **'age-group** ✕ *etc.:* classe f; **'age·less** toujours jeune.

a·gen·cy [ˈeidʒənsi] action f, opération f; entremise f, intermédiaire m; agent m (*naturel*); agence f, bureau m.

a·gen·da [əˈdʒendə] *sg.* ordre m du jour.

a·gent [ˈeidʒənt] agent m, représentant(e f) m; régisseur m (*d'une propriété*); mandataire mf; commis m voyageur; 🚂 *Am.* chef m de gare; 🜊 agent m.

ag·glom·er·ate [əˈglɔməreit] (s')agglomérer; **ag·glom·er'a·tion** agglomération f.

ag·glu·ti·nate 1. [əˈgluːtineit] (s'ag-) glutiner (*a.* ✚, *gramm.*); **2.** [ˌ~nit] agglutiné; **ag·glu·ti·na·tion** [ˌ~ˈneiʃn] agglutination f (*a.* ✚, *gramm.*).

ag·gran·dize [əˈgrændaiz] agrandir; exagérer; **ag·gran·dize·ment** [ˌ~dizmənt] agrandissement m.

ag·gra·vate [ˈægrəveit] aggraver; empirer; envenimer (*une querelle*); F agacer (q.); **ag·gra·va·tion** aggravation f; envenimement m; F agacement m.

ag·gre·gate 1. [ˈægrigeit] (s')agréger

(à, to); v/i. F s'élever à *ou* au total de; 2. □ ['⌴git] collectif (-ive *f*); global (-aux *m/pl.*), total (-aux *m/pl.*); ⚓, *géol., etc.* agrégé; 3. [⌴] ensemble *m*, total *m*; masse *f*; *in the* ⌴ dans l'ensemble; **ag·gre·ga·tion** [⌴'geiʃn] agrégation *f*; assemblage *m*.

ag·gres·sion [ə'greʃn] agression *f*; **ag'gres·sive** □ [ə'gresiv] agressif (-ive *f*); militant; casseur (*air*); ⌴ *war* guerre *f* offensive; *take* (*ou assume*) *the* ⌴ prendre l'offensive; **ag'gres·sor** agresseur *m*.

ag·grieve [ə'griːv] chagriner, blesser.

a·ghast [ə'gɑːst] consterné, stupéfait (*de, at*).

ag·ile □ ['ædʒail] agile, leste.

a·gil·i·ty [ə'dʒiliti] agilité *f*.

ag·i·o ✝ ['ædʒiou] agio *m*; **ag·i·o·tage** ['ædʒətidʒ] agiotage *m*.

ag·i·tate ['ædʒiteit] v/t. agiter, remuer; agiter (*une question*); *fig.* émouvoir, troubler; v/i. faire de l'agitation (en faveur de, *for*); **ag·i·ta·tion** agitation *f*; mouvement *m*; émotion *f*, trouble *m*; discussion *f*; *insidious* ⌴ menées *f/pl.* insidieuses; **'ag·i·ta·tor** agitateur *m*; meneur *m*; fauteur *m* de troubles.

ag·let ['æglit] ferret *m*.

a·glow [ə'glou] enflammé; *fig.* resplendissant.

ag·nail ⚕ ['ægneil] envie *f*.

ag·nate ['ægneit] **1.** agnat(e *f*) *m*; **2.** agnat.

a·go [ə'gou]: *a year* ⌴ il y a un an; *it is a year* ⌴ il y a un an (que, *since*); *long* ⌴ il y a longtemps.

a·gog [ə'gɔg] en émoi; dans l'expectative (de, *for*).

ag·o·nize ['ægənaiz] v/t. torturer, mettre au supplice; v/i. être au supplice *ou* au martyre; **'ag·o·niz·ing** □ atroce; navrant.

ag·o·ny ['ægəni] angoisse *f*; paroxysme *m* (de joie); (⌴ *of death, mortal* ⌴) agonie *f*; *journ.* F ⌴ *column* annonces *f/pl.* personnelles.

a·grar·i·an [ə'grɛəriən] **1.** agrarien(ne *f*) *m*; **2.** agraire.

a·gree [ə'griː] v/i. consentir; tomber d'accord; s'accorder; (*upon, on*) convenir (de), accepter (qch.); tomber d'accord (sur); admettre (que, *that*); être du même avis (que q., *with s.o.*); ⌴ *to* consentir à, accepter (qch.); ⌴ *to differ* différer à l'amiable; v/t. ✝ faire accorder (*les livres*), faire cadrer (*un compte*); *be* ⌴*d* être d'accord (sur, *on*; que, *that*); ⌴*d!* d'accord!, soit!; **a'gree·a·ble** □ agréable (à, *to*); aimable (envers, *to*); F consentant (à, *to*); **a'gree·a·ble·ness** amabilité *f*; endroit: agrément *m*; **a'gree·ment** accord *m*; conformité *f*, concordance *f*; convention *f*, contrat *m*; traité *m*; *come to an* ⌴ arriver à une entente; *make an* ⌴ passer un contrat (avec q., *with s.o.*).

ag·ri·cul·tur·al [ægri'kʌltʃərəl] agricole (*produit, nation*); agriculteur (*peuple*); **ag·ri·cul·ture** ['⌴tʃə] agriculture *f*; **ag·ri·cul·tur·ist** [⌴tʃərist] agriculteur *m*, agronome *m*.

a·ground ⚓ [ə'graund] échoué; *run* ⌴ échouer; mettre (*un navire*) à la côte.

a·gue ['eigjuː] fièvre *f* (intermittente); **'a·gu·ish** fiévreux (-euse *f*); impaludé (*personne*); *fig.* frissonnant.

ah [ɑː] ah!, ha!, heu!

a·head [ə'hed] en avant, sur l'avant; *straight* ⌴ droit devant; ⌴ *of s.o.* en avant de q.; *go* ⌴ aller de l'avant; avancer; *go* ⌴! marchez!; allez-y!; continuez!

a·hoy ⚓ [ə'hɔi] ho *ou* ohé, du canot!

aid [eid] **1.** aider, secourir; venir en aide à; **2.** aide *f*, secours *m*; *by* (*ou with*) *the* ⌴ *of* avec l'aide de (q.); à l'aide de (qch.); ⌴*s and appliances* moyens *m/pl.*

aide-de-camp ⚔ ['eiddə'kɑ̃ːŋ], *pl.* **aides-de-camp** ['eidzdə'kɑ̃ːŋ] officier *m* d'ordonnance.

ai·grette ['eigret] aigrette *f*.

ai·guil·lette ⚔ [eigwi'let] aiguillette *f*.

ail [eil] v/i. être souffrant; v/t. faire souffrir (q.); *what* ⌴*s him?* qu'est-ce qu'il a?; **'ail·ing** souffrant, indisposé; **'ail·ment** mal *m*, maladie *f*.

aim [eim] **1.** v/i. viser (qch.); *fig.* ⌴ *at* viser (à *inf.*; qch., *s.th.*); *surt. Am.* ⌴ *to* (*inf.*) aspirer à (*inf.*); v/t.: ⌴ *a gun* (*ou blow*) *at* viser (q.); ⌴ *remarks at* parler à l'adresse de; **2.** action *f* de viser; but *m*; *fig.* dessein *m*, visées *f/pl.*, but *m*; *take* ⌴ viser; **'aim·less** □ sans but.

ain't F [eint] = *are not, am not, is not, have not, has not*.

air 612

air¹ [ɛə] **1.** air *m*; souffle *m*; brise *f*; *by* ~ en avion, par la voie des airs; *in the open* ~ au grand air; *castles in the* ~ châteaux *m/pl.* en Espagne; *be in the* ~ être en l'air; *fig.* se préparer; *war in the* ~ guerre *f* aérienne; *on the* ~ radiodiffusé; à la radio; *be on (off) the* ~ (ne pas) radiodiffuser; *go on (off) the* ~ commencer (terminer) une émission; *put on the* ~ mettre en ondes, émettre; ~ *supply* entrée *f* d'air; *take the* ~ prendre l'air; ✈ décoller; **2.** aérer (*une chambre, le linge*); mettre à l'air; bassiner (*un lit*); ventiler (*une question*); faire parade de (*son savoir, ses opinions*); ~ *o.s.* prendre l'air.

air² [~] air *m*, mine *f*, apparence *f*; *give o.s.* ~s se donner des airs; *with an* ~ d'un grand geste; ~s *and graces* minauderies *f/pl.*

air³ ♪ [~] air *m*, mélodie *f*.

air...: '~-**base** base *f* d'aviation; '~-**bath** bain *m* d'air; '~-**blad·der** vésicule *f* (aérienne); vessie *f* natatoire; '~-**borne** ✈ en vol; ⚔ aéroporté; '~-**brake** frein *m* à air comprimé; '~-**cham·ber** *biol.* chambre *f* à air; ⊕ cloche *f* d'air; '~-**con'di·tioned** climatisé; '~-**cooled** (*moteur*) à refroidissement par l'air; '~-**craft** avion *m*, -s *m/pl.*; ~ *carrier* porte-avions *m/inv.*; '~-**cush·ion** coussin *m* à air; '~-**field** champ *m* d'aviation; '~-**force** aviation *f*; ♀ **Force** armée *f* de l'air; '~-**gun** fusil *m* à vent; ~ *host·ess* see stewardess.

air·i·ness ['ɛərinis] situation *f* aérée; bonne ventilation *f*; *fig.* légèreté *f* d'esprit, gaieté *f*.

air·ing ['ɛəriŋ] ventilation *f*; aérage *m*; *vêtements*: éventage *m*; *take an* ~ faire un (petit) tour, prendre l'air.

air...: '~-**jack·et** gilet *m* de sauvetage; ⊕ chemise *f* d'air; '~-**lift** pont *m* aérien; '~-**line** ligne *f* aérienne; service *m* de transports aériens; trajet *m* à vol d'oiseau; ~ *lin·er* avion *m* de ligne; ~ *mail* poste *f* aérienne; '~-**man** aviateur *m*; '~-**me'chan·ic** mécanicien *m* d'avion; '~-**mind·ed** ayant le sens de l'air; '~-**pas·sen·ger** passager (-ère *f*) *m*; '~-**pipe** ⊕ tuyau *m* d'air; '~-**plane** *surt. Am.* avion *m*; '~-**pock·et** ✈ trou *m* d'air; '~-**port** aéroport *m*; '~-**pump** pompe *f* à air; '~-**raid** ⚔ raid *m* aérien; *precautions* défense *f* anti-aérienne; ~ *shelter* abri *m*; '~-**ship** dirigeable *m*; '~-**sick**: *be* ~ avoir la nausée; ~ *ter·mi·nal* ✈ aérogare *f*; '~-**tight** (à clôture) hermétique; *sl.* ~ *case* thèse *f* inébranlable; '~-**tube** tuyau *m* à air; '~-**way** voie *f* aérienne; '~-**wom·an** aviatrice *f*; '~-**wor·thy** navigable.

air·y □ ['ɛəri] bien aéré; léger (-ère *f*); désinvolte; *fig.* en l'air.

aisle △ [ail] nef *f* latérale; bas-côté *m*; passage *m* (*entre bancs*).

aitch [eitʃ] h *m*.

aitch·bone ['eitʃboun] culotte *f* (de bœuf).

a·jar [ə'dʒɑː] entrouvert, entrebâillé; *fig.* en désaccord (avec, *with*).

a·kim·bo [ə'kimbou] (les poings) sur les hanches.

a·kin [ə'kin] apparenté (à, avec *to*).

al·a·bas·ter ['æləbɑːstə] **1.** albâtre *m*; **2.** d'albâtre.

a·lack † [ə'læk] hélas!; ~-*a-day!* ô jour malheureux!

a·lac·ri·ty [ə'lækriti] empressement *m*, alacrité *f*; promptitude *f*.

a·larm [ə'lɑːm] **1.** alarme *f*, alerte *f*; avertisseur *m*, signal *m*; *fig.* agitation *f*; réveille-matin *m/inv.*; ~-*gun* canon *m* d'alarme; *give the* ~, *raise an* ~ donner l'alarme, alerter; **2.** alarmer (*a. fig.*); **a'larm-bell** tocsin *m*; timbre *m* avertisseur; **a'larm-clock** réveille-matin *m/inv.*, réveil *m*; **a'larm-cord** cordon *m* de la sonnette d'alarme; **a'larm·ist** alarmiste *mf* (*a. adj.*).

a·lar·um [ə'lɛərəm] alerte *f*; réveille-matin *m/inv.*; timbre *m*.

a·las [ə'lɑːs] hélas!, las!

alb *eccl.* [ælb] aube *f*.

Al·ba·ni·an [æl'beinjən] **1.** albanais; **2.** Albanais(e *f*) *m*.

al·be·it [ɔːl'biːit] quoique, bien que.

al·bi·no *biol.* [æl'biːnou] **1.** albinos *mf*; **2.** blanc(he *f*) (*animal*).

al·bum ['ælbəm] album *m*.

al·bu·men, **al·bu·min** ♫ ['ælbjumin] albumen *m*; blanc *m* d'œuf; **al'bu·mi·nous** albumineux (-euse *f*).

al·chem·ic, **al·chem·i·cal** □ [æl'kemik(l)] alchimique; **al·che·mist** ['ælkimist] alchimiste *m*; **'al·che·my** alchimie *f*.

al·co·hol ['ælkəhɔl] alcool *m*; **al·co-'hol·ic** alcoolique; **'al·co·hol·ism** alcoolisme *m*; **al·co·hol·ize** ['⁓laiz] alcooliser.

al·cove ['ælkouv] alcôve *f*; niche *f*; tonnelle *f* (de jardin).

al·der ⚹ ['ɔːldə] aune *m*.

al·der·man ['ɔːldəmən] alderman *m*, magistrat *m* municipal; **al·der·man·ship** ['⁓mənʃip] fonctions *f/pl.* d'alderman; magistrature *f*.

ale [eil] ale *f*; bière *f* anglaise.

a·lee ⚓ [ə'liː] sous le vent.

a·lem·bic ⚗ [ə'lembik] alambic *m*.

a·lert [ə'ləːt] **1.** □ alerte, éveillé; actif (-ive *f*); **2.** alerte *f*; *on the* ⁓ sur le qui-vive; éveillé; **a'lert·ness** vigilance *f*; promptitude *f*.

al·fal·fa [æl'fælfə] luzerne *f*.

al·ga ⚹ ['ælgə], *pl.* **-gae** [⁓dʒiː] algue *f*.

al·ge·bra ⚹ ['ældʒibrə] algèbre *f*; **al·ge·bra·ic** [⁓'breiik] algébrique.

a·li·as ['eiliæs] **1.** autrement nommé; **2.** nom *m* d'emprunt. [excuse *f*.)

al·i·bi ['ælibai] alibi *m*; *Am.* F)

al·ien ['eiljən] **1.** étranger (-ère *f*); *fig.* ⁓ *to* contraire à; qui répugne à; **2.** étranger (-ère *f*) *m*; **'al·ien·a·ble** aliénable, mutable; **'al·ien·ate** ['⁓eit] aliéner (*des biens*); *fig.* détacher, éloigner (de, *from*), (s')aliéner (*q.*); **al·ien'a·tion** biens, cœur: aliénation *f*; désaffection *f*; ⁓ *of mind* égarement *m* d'esprit; **'al·ien·ist** ⚕ aliéniste *m*.

a·light¹ [ə'lait] allumé; en feu.

a·light² [⁓] descendre; mettre pied à terre; se poser (*oiseau*); ✈ atterrir; amerrir.

a·lign [ə'lain] *v/t.* aligner (*a. surv.*); mettre en ligne; ⁓ *o.s. with* se ranger du côté de; *v/i.* s'aligner; **a'lign·ment** alignement *m* (*a. surv.*).

a·like [ə'laik] **1.** *adj.* semblable, pareil(le *f*); **2.** *adv.* semblablement; de la même manière; de même.

al·i·ment ['ælimənt] aliment *m*; **al·i·men·ta·ry** [⁓'mentəri] alimentaire; ⁓ *canal* tube *m* ou canal *m* alimentaire; **al·i·men·ta·tion** alimentation *f*.

al·i·mo·ny ['æliməni] pension *f* alimentaire; aliments *m/pl.*

a·line(·ment) [ə'lain(mənt)] *see* align(ment).

al·i·quot ⚹ ['ælikwɔt] (partie *f*) aliquote *f*.

alliance

a·live [ə'laiv] vivant, en vie; sensible (à, *to*), conscient (de, *to*); *fig.* éveillé; ⚡ sous tension; *no man* ⁓ personne au monde; F *look* ⁓*!* dépêchez-vous!; F *man* ⁓*!* par exemple!; grand Dieu!; *be* ⁓ *to* avoir conscience de; *be* ⁓ *with* grouiller de.

al·ka·li ⚗ ['ælkəlai] alcali *m*; **al·ka·line** ['⁓lain] alcalin; *make* ⁓ alcaliser.

all [ɔːl] **1.** *adj.* tout; sans exception; entier (-ère *f*); ⁓ *day (long)* (pendant) toute la journée; ⁓ *kind(s) of books* toutes sortes de livres; *for* ⁓ *that* toutefois, cependant; *see above*; *after*; **2.** *su.* tout *m*; totalité *f*; *my* ⁓ mon tout; ⁓ *of them* eux tous; *at* ⁓ quoi que ce soit; aucunement; *not at* ⁓ (pas) du tout; *for* ⁓ (*that*) *I care* pour ce que cela me fait; *for* ⁓ *I know* autant que je sache; **3.** *adv.* tout; entièrement; ⁓ *at once* tout à coup; tout d'un coup; ⁓ *the better* tant mieux; ⁓ *but* à peu près, presque; ⁓ *right* en règle; en bon état; entendu!; bon!; c'est ça!

all-A·mer·i·can [ɔːlə'merikən] **1.** relevant entièrement des É.-U.; **2.** *sp.* champion *m* américain.

al·lay [ə'lei] apaiser, calmer; modérer; dissiper (*des soupçons*); apaiser (*la faim, la soif*).

al·le·ga·tion [æle'geiʃn] allégation *f*; **al·lege** [ə'ledʒ] alléguer; prétendre; **al'leged** allégué; prétendu; présumé.

al·le·giance [ə'liːdʒns] fidélité *f* (à, *to*), obéissance *f* (à, *to*); *oath of* ⁓ serment *m* d'allégeance.

al·le·gor·ic, **al·le·gor·i·cal** □ [æle-'gɔrik(l)] allégorique; **al·le·go·rize** ['æligəraiz] allégoriser; **'al·le·go·ry** allégorie *f*.

al·le·lu·ia [æli'luːjə] alléluia *m*.

al·ler·gy ⚕ ['ælədʒi] allergie *f*.

al·le·vi·ate [ə'liːvieit] alléger, soulager; apaiser (*la soif*); **al·le·vi'a·tion** allègement *m*, soulagement *m*; adoucissement *m*.

al·ley ['æli] *jardin*: allée *f*; ruelle *f*, *ville*: passage *m*; *Am.* ruelle *f* latérale; *see back* ⁓; *see blind*; *a.* *skittle-*⁓; F *that is right down his* ⁓ c'est son rayon; F ⁓*-way Am.* ruelle *f*.

All Fools' Day [ɔːl'fuːlzdei] le premier avril.

al·li·ance [ə'laiəns] alliance *f*; appa-

alligator

rentage *m*; *form an* ~ s'allier (avec, with).

al·li·ga·tor *zo.* ['æligeitə] alligator *m*.

all-in ['ɔːl'in] mixte; ... tous risques; tout compris; *Am.* F fini, *sl.* fichu.

al·lit·er·ate [ə'litəreit] allitérer; **al·lit·er·a·tion** allitération *f*.

all-met·al ⊕ ['ɔːl'metl] tout métal.

al·lo·cate ['æləkeit] allouer, assigner; distribuer; **al·lo·ca·tion** allocation *f*; répartition *f* (*des dépenses*); part *f* assignée. [tion *f*.)

al·lo·cu·tion [ælo'kjuːʃn] allocu-)

al·lo·di·al □ [ə'loudjəl] allodial (-aux *m*/*pl.*).

al·lop·a·thist ⚕ [ə'lɔpəθist] allopathe *mf*; **al'lop·a·thy** allopathie *f*.

al·lot [ə'lɔt] assigner, attribuer; affecter (*qch.*) (à, *for*); répartir; **al'lotment** attribution *f*; *somme*: affectation *f*; ⚔ délégation *f* de solde; partage *m*; distribution *f*; portion *f*; *terre:* lopin *m*.

all-out ['ɔːl'aut] avec toute son énergie, de toutes ses forces.

al·low [ə'lau] permettre; admettre; tolérer; laisser; *Am.* F opiner; *he is ~ed to be* on lui reconnaît (*su.*); *~ for* tenir compte de; avoir égard à; F *it ~s of no excuse* c'est impardonnable; **al'low·a·ble** □ admissible, admis, légitime; **al'low·ance 1.** tolérance *f*; pension *f* alimentaire; rente *f*; argent *m* de poche; ⚔ nourriture: indemnité *f*; frais *m*/*pl.*; rabais *m*, remise *f*; marge *f*; ⊕ tolérance *f*; *make ~ for s.o.* se montrer indulgent envers q.; *make ~ for s.th.* faire la part de qch.; **2.** faire une rente à; rationner (*le pain etc.*).

al·loy [ə'lɔi] **1.** alliage *m*; *fig.* mélange *m*; **2.** (s')allier; *v*/*t. fig.* altérer, diminuer, porter atteinte à.

all...: '~-**'red** entièrement britannique; '~-**'round** universel(le *f*); complet (-ète *f*); à tout usage; ✈ global (-aux *m*/*pl.*).

All Saints' Day ['ɔːl'seintsdei] la Toussaint *f*.

All Souls' Day ['ɔːl'soulzdei] la fête *f* des morts.

all-star *sp. Am.* ['ɔːl'stɑː] composé de joueurs de premier ordre.

al·lude [ə'luːd] faire allusion (à, *to*).

al·lure [ə'ljuə] attirer; séduire; **al'lure·ment** attrait *m*; appât *m*; séduction *f*; **al'lur·ing** □ attrayant, séduisant.

al·lu·sion [ə'luːʒn] allusion *f* (à, *to*); **al'lu·sive** □ allusif (-ive *f*); faisant allusion (à, *to*).

al·lu·vi·al □ [ə'luːvjəl] alluvial (-aux *m*/*pl.*) (*terrain*); alluvien(ne *f*) (*gîte*); **al'lu·vi·on** [~ən] alluvion *f*; **al'lu·vi·um** [~əm], *pl.* **-ums**, **-vi·a** [~vjə] alluvion *f*; lais *m*.

al·ly[1] **1.** [ə'lai] (s')allier (à, avec *to*, *with*); *v*/*t.* apparenter (*des familles*); *allied to fig.* allié à *ou* avec; de la même nature que; **2.** ['ælai] allié *m*, coallié *m*.

al·ly[2] ['æli] grosse bille *f*; calot *m*.

al·ma·nac ['ɔːlmənæk] almanach *m*.

al·might·i·ness [ɔːl'maitinis] toute-puissance *f*; **al'might·y 1.** □ tout-puissant (toute-puissante *f*); **2.** F rudement; **3.** ♔ *le* Tout-Puissant.

al·mond ['ɑːmənd] amande *f*.

al·mon·er ['ɑːmənə] aumônier (-ère *f*) *m*.

al·most ['ɔːlmoust] presque, à peu près.

alms [ɑːmz] *usu. sg.* aumône *f*; '~-**bag** aumônière *f*; '~-**house** asile *m* de vieillards *ou* d'indigents.

al·oe ♀, *a. pharm.* ['ælou] aloès *m*.

a·loft [ə'lɔft] ⚓ en haut (*dans la mâture*); *fig.* en l'air; ✈ en vol.

a·lone [ə'loun] seul; *let* (*ou leave*) ~ laisser (*q.*) tranquille; *let it ~!* n'y touchez pas!; *let ~* sans compter; sans parler de.

a·long [ə'lɔŋ] **1.** *adv.: move ~* avancer; *come ~!* venez donc; *stride ~* avancer à grandes enjambées; *all ~* depuis longtemps; tout le temps; *~ with you!* F get *~ with you!* filez!; allons donc!; **2.** *prp.* le long de; **a'long'shore** le long de la côte; **a'long'side 1.** ⚓ *adv.* bord à bord, contre à contre; **2.** *prp.* ⚓ accosté le long de; *fig.* tout près de.

a·loof [ə'luːf] à l'écart; distant; ⚓ au large; *keep ~* se tenir éloigné (de, *from*); *stand ~* s'abstenir; **a'loof·ness** réserve *f* (à l'égard de, *from*).

a·loud [ə'laud] à haute voix; tout haut.

alp [ælp] **1.** alpe *f*; **2.** *the* ♀s *pl.* les Alpes *f*/*pl.*; **al·pen·stock** ['ælpinstɔk] alpenstock *m*; bâton *m* ferré.

al·pha·bet ['ælfəbit] alphabet *m*; **al·pha·bet·ic**, **al·pha·bet·i·cal** □ [~-'betik(l)] alphabétique.

Al·pine ['ælpain] alpin; alpestre (*climat etc.*); ⚕ ~ *sun* rayons *m*/*pl.*

ultraviolets; **al·pin·ist** ['‿pinist] alpiniste *mf*.

al·read·y [ɔːl'redi] déjà; dès à présent.

Al·sa·tian [æl'seiʃjən] **1.** alsacien (-ne *f*); **2.** Alsacien(ne *f*) *m*; (a. ~ wolf-hound) chien-loup (*pl.* chiens-loups) *m*.

al·so ['ɔːlsou] aussi; encore; également; *équit.* ~ ran non classé.

al·tar ['ɔːltə] autel *m*; '~**-piece** retable *m*; tableau *m* d'autel.

al·ter ['ɔːltə] changer; *v/t.* modifier; remanier (*un texte*); *Am.* F châtrer (*un animal*); **'al·ter·a·ble** variable; modifiable; **al·ter·a·tion** [‿ə'reiʃn] changement *m*, modification *f* (à, to); remaniement *m*.

al·ter·cate ['ɔːltəːkeit] se quereller; **al·ter'ca·tion** dispute *f*, querelle *f*.

al·ter·nate 1. ['ɔːltəːneit] (faire) alterner; ⚡ alternating current courant *m* alternatif; **2.** □ [ɔːl'təːnit] alternatif (-ive *f*), alterné; *on* ~ days tous les deux jours; **3.** [‿] *Am.* suppléant(e *f*) *m*; remplaçant(e *f*) *m*; **al·ter·na·tion** [‿'neiʃn] alternation *f*; alternance *f*; **al'ter·na·tive** [‿nətiv] **1.** □ alternatif (-ive *f*); second, autre; ⊕ d'emprunt (*route*); **2.** alternative *f*; autre parti *m* (*entre deux*); *I have no* ~ je n'ai pas le choix; **al·ter·na·tor** ⚡ ['‿neitə] alternateur *m*.

al·though [ɔːl'ðou] quoique, bien que.

al·tim·e·ter [æl'timitə] altimètre *m*.

al·ti·tude ['æltitjuːd] altitude *f*; élévation *f*; hauteur *f*; ~ recorder altitraceur *m*.

al·to ♪ ['æltou] alto *m*; *femme*: contralto *m*.

al·to·geth·er [ɔːltə'geðə] tout à fait, entièrement; en tout; somme toute; F tous ensemble.

al·tru·ism ['æltruizm] altruisme *m*; **'al·tru·ist** altruiste *mf*; **al·tru'is·tic** (‿ally) altruiste.

al·um 🜛 ['æləm] alun *m*; **a·lu·mi·na** [ə'ljuːminə] alumine *f*; **al·u·min·i·um** [ælju'minjəm], *Am.* **a·lu·mi·num** [ə'luːminəm] aluminium *m*; ~ acetate acétate *m* d'aluminium; **a'lu·mi·nous** [ə'ljuːminəs] alumineux (-euse *f*).

a·lum·nus [ə'lʌmnəs], *pl.* **-ni** [‿nai] *m*; **a'lum·na** [‿nə], *pl.* **-nae** [‿niː]

f élève *mf* (*d'un collège*); étudiant(e *f*) *m* (*à une université*); gradué(e *f*) *m*; *Am. sp.* ancien équipier *m*.

al·ve·o·lar [æl'viələ] alvéolaire.

al·ways ['ɔːlwəz] toujours; tout le temps; *as* ~ comme toujours, F comme d'habitude.

a·mal·gam [ə'mælgəm] amalgame *m*; **a'mal·gam·ate** [‿meit] (s')amalgamer; fusionner; **a·mal·gam·a·tion** amalgamation *f*; mélange *m*; 🜛 fusion *f*.

a·man·u·en·sis [əmænju'ensis], *pl.* **-ses** [‿siːz] secrétaire *mf*.

am·a·ranth ♀ ['æmərænθ] amarante *f*.

a·mass [ə'mæs] amasser, accumuler.

am·a·teur ['æmətə:] amateur *m*; dilettante *m*; **am·a'teur·ish** d'amateur.

am·a·tive ['æmətiv], **am·a·to·ry** ['‿təri] amoureux (-euse *f*); érotique; d'amour.

a·maze [ə'meiz] stupéfier, confondre; **a'maze·ment** stupéfaction *f*, stupeur *f*; **a'maz·ing** □ stupéfiant, étonnant.

Am·a·zon ['æməzn] Amazone *f*; *fig.* ♀ femme *f* hommasse; **Am·a·zo·ni·an** [‿'zounjən] d'Amazone; *géog.* de l'Amazone.

am·bas·sa·dor [æm'bæsədə] ambassadeur *m*; **am·bas·sa·do·ri·al** [‿'dɔːriəl] ambassadorial (-aux *m/pl.*), d'ambassadeur; **am'bas·sa·dress** [‿dris] ambassadrice *f*.

am·ber ['æmbə] **1.** ambre *m*; **2.** ambré; jaune; d'ambre; **am·ber·gris** ['‿griːs] ambre *m* gris.

am·bi·dex·trous □ ['æmbi'dekstrəs] ambidextre; *fig.* fourbe.

am·bi·ent ['æmbiənt] ambiant.

am·bi·gu·i·ty [æmbi'gjuːiti] ambiguïté *f*; équivoque *f*; **am'big·u·ous** □ ambigu(ë *f*), équivoque; incertain; obscur.

am·bi·tion [æm'biʃn] ambition *f* (de, to); ~s *pl.* ambitions *f/pl.*; visées *f/pl.*; **am'bi·tious** □ ambitieux (-euse *f*) (de of, to); prétentieux (-euse *f*) (*style*).

am·ble ['æmbl] **1.** amble *m*, entre-pas *m*; **2.** aller (à) l'amble; traquenarder; *fig.* marcher d'un pas tranquille; ~ *up* s'approcher d'un pas tranquille; **'am·bler** flâneur (-euse *f*) *m*; cheval *m* ambleur.

am·bro·si·a [æm'brouziə] ambroi-

ambrosial

sie *f*; **am'bro·si·al** □ ambrosiaque; *fig.* délicieux (-euse *f*).

am·bu·lance ['æmbjuləns] ambulance *f*; hôpital *m* ambulant; *attr.* sanitaire; ~ *box* infirmerie *f* portative; *Am.* F ~ *chaser* avoué qui guette les accidents pour faire poursuivre le responsable en dommages-intérêts; ~ *man* ambulancier *m*; ~ *station* poste *m* d'ambulance; poste *m* de secours; **'am·bu·lant** ambulant.

am·bu·la·to·ry ['æmbjulətəri] **1.** ambulant, mobile; ⚕ ambulatoire; **2.** promenoir *m*, préau *m*; *eccl.* déambulatoire *m*.

am·bus·cade [æmbəs'keid], **ambush** ['æmbuʃ] **1.** guet-apens (*pl.* guets-apens) *m*; embuscade *f*; *lay* (*ou* ~) *an* ~ dresser une embuscade (à q., *for s.o.*); **2.** *v/t.* attirer (*q.*) dans un piège; *v/i.* s'embusquer.

a·mel·io·rate [ə'mi:liəreit] (s')améliorer; **a·mel·io'ra·tion** amélioration *f*.

a·men ['a:'men] amen; ainsi soit-il.

a·me·na·ble □ [ə'mi:nəbl] soumis, docile (à, *to*); ⚖ justiciable.

a·mend [ə'mend] *v/t.* amender; réformer; ⚖ corriger; *parl.* modifier, amender; *v/i.* s'amender; **a'mend·ment** modification *f*; ⚖ rectification *f*; *parl.* amendement *m* (*Am. a. article ajouté à la Constitution des É.-U.*); **a'mends** [~dz] *sg.* réparation *f*; *make* ~ *for* réparer (*un tort*); compenser (*un défaut*).

a·men·i·ty [ə'mi:niti] *lieu:* aménité *f*; charme *m*; amabilité *f*; *amenities pl.* commodités *f/pl.* (*de l'existence*); civilités *f/pl.*

a·merce † [ə'mə:s] confisquer (*des terres*); mettre à l'amende.

A·mer·i·can [ə'merikən] **1.** américain; ~ *cloth* toile *f* cirée; ~ *leather* molesquine *f*; *Am.* ~ *Legion* association *f* des anciens combattants des deux guerres mondiales; *tourisme:* ~ *plan* pension *f* complète; **2.** Américain(e *f*) *m*; **a'mer·i·can·ism** américanisme *m*; **a'mer·i·can·ize** (s')américaniser.

Am·er·in·di·an [æmər'indjən], **Am·er·ind** ['æmərind] Indien *m* indigène de l'Amérique.

am·e·thyst *min.* ['æmiθist] améthyste *f*.

a·mi·a·bil·i·ty [eimjə'biliti] amabilité *f* (envers, *to*); **'a·mi·a·ble** □ aimable (envers, *to*).

am·i·ca·ble □ ['æmikəbl] amical (-aux *m/pl.*); bien disposé; **'am·i·ca·ble·ness** disposition *f* amicale.

a·mid(st) [ə'mid(st)] *prp.* au milieu de; parmi; entre.

a·mid·ships ⚓ [ə'midʃips] par le travers, au milieu du navire.

a·miss [ə'mis] mal; de travers; mal à propos; *take* ~ prendre (*qch.*) en mauvaise part; *it would not be* ~ (*for him*) *to* il ne (lui) ferait pas mal de; *what is* ~ *with him?* qu'est-ce qu'il a?

am·i·ty ['æmiti] amitié *f*; concorde *f*.

am·me·ter ⚡ ['æmitə] ampèremètre *m*.

am·mo·ni·a [ə'mounjə] ammoniaque *f*; *liquid* ~ (solution *f* aqueuse d')ammoniaque *f*; F alcali *m* volatil; **am'mo·ni·ac** [~æk], **am·mo·ni·a·cal** [æmo'naiəkl] ammoniac (-aque *f*); *see sal.*

am·mu·ni·tion ⚔ [æmju'niʃn] **1.** munitions *f/pl.* de guerre; **2.** d'ordonnance; ~ *boots* chaussures *f/pl.* de munition; ~ *bread* pain *m* de guerre.

am·nes·ty ['æmnesti] **1.** amnistie *f*; **2.** amnistier.

a·moe·ba *zo.* [ə'mi:bə] amibe *f*.

a·mong(st) [ə'mʌŋ(st)] *prp.* parmi, entre; *from* ~ d'entre; *be* ~ être du nombre de; *they have it* ~ *them* ils l'ont en commun.

a·mor·al [æ'mɔrəl] amoral (-aux *m/pl.*).

am·o·rous □ ['æmərəs] amoureux (-euse *f*) (de, *of*); érotique (*poésie*).

a·mor·phous [ə'mɔ:fəs] *min.* amorphe; *fig.* sans forme; vague.

am·or·ti·za·tion [əmɔ:ti'zeiʃn] amortissement *m*; **am'or·tize** [~'taiz] amortir.

a·mount [ə'maunt] **1.** : ~ *to* s'élever à, monter à; revenir à, se réduire à; **2.** somme *f*, montant *m*, total *m*; quantité *f*; valeur *f*; *to the* ~ *of* à la valeur de; jusqu'à concurrence de.

a·mour [ə'muə] intrigue *f* galante.

am·pere ⚡ ['æmpɛə] ampère *m*.

am·phib·i·an ⚔, *zo.* [æm'fibiən] **1.** amphibie; **2.** = **am'phib·i·ous** □ amphibie.

am·phi·the·a·tre ['æmfiθiətə] amphithéâtre *m*.

am·ple □ ['æmpl] ample, large, vaste; gros(se *f*); grand; abondant;

'am·ple·ness ampleur *f*; abondance *f*.
am·pli·fi·ca·tion [æmplifi'keiʃn] amplification *f* (*a. poét., a. phys.*); *gramm. attribut*: extension *f*; **am·pli·fi·er** ['˷faiə] *radio*: amplificateur *m*; haut-parleur *m*; **am·pli·fy** ['˷fai] *v/t.* amplifier (*a. radio*); développer; exagérer; *v/i.* discourir; *radio*: ˷ing valve lampe *f* amplificatrice; **am·pli·tude** ['˷tju:d] amplitude *f* (*a. phys.*); abondance *f*; ampleur *f*.
am·poule ['æmpu:l] ampoule *f*.
am·pu·tate ⚕ ['æmpjuteit] amputer, faire l'amputation de; **am·pu·'ta·tion** amputation *f*.
a·muck [ə'mʌk]: *run* ˷ tomber dans la folie meurtrière de l'amok; *fig.* faire les cent coups; *run* ˷ *at* (*ou on ou against*) *fig.* s'emballer contre.
am·u·let ['æmjulit] amulette *f*.
a·muse [ə'mju:z] amuser, divertir, faire rire, égayer; distraire; **a'muse·ment** amusement *m*; divertissement *m*; distraction *f*; *for* ˷ pour se distraire; pour (faire) rire; **a'mus·ing** □ amusant, divertissant (pour, *to*).
am·y·la·ceous [æmi'leiʃəs] amylacé.
an *gramm.* [æn; ən] *article*: un(e *f*).
an·a·bap·tist [ænə'bæptist] anabaptiste *mf*.
a·nach·ro·nism [ə'nækrənizm] anachronisme *m*.
a·n(a)e·mi·a [ə'ni:mjə] anémie *f*; **a'n(a)e·mic** anémique.
an·(a)es·the·si·a [ænis'θi:zjə] anesthésie *f*; **an·(a)es·thet·ic** [˷'θetik] (˷ally) anesthésique (*a. su./m*).
an·a·log·ic, an·a·log·i·cal □ [ænə'lɔdʒik(l)] analogique; **a·nal·o·gous** [ə'næləgəs] analogue (à *with, to*); **a'nal·o·gy** analogie *f* (avec *with, to*; entre, *between*).
an·a·lyse ['ænəlaiz] analyser; faire l'analyse de (*a. gramm.*); **a·nal·y·sis** [ə'næləsis], *pl.* -ses [˷si:z] analyse *f*; *compte*: dépouillement *m*; *gramm.* analyse *f* logique; **an·a·lyst** ['ænəlist] analyste *mf*; *public* ˷ analyste *m* officiel.
an·a·lyt·ic, an·a·lyt·i·cal □ [ænə'litik(l)] analytique.
an·ar·chic, an·ar·chi·cal □ [æ'nɑ:kik(l)] anarchique; **an·arch·ist** ['ænəkist] anarchiste *mf*; **'an·arch·y** anarchie *f*; désordre *m*.

a·nath·e·ma [ə'næθimə] anathème *m*; malédiction *f*; **a'nath·e·ma·tize** anathématiser, frapper d'anathème; F maudire.
an·a·tom·i·cal □ [ænə'tɔmikl] anatomique; **a·nat·o·mist** [ə'nætəmist] anatomiste *mf*; **a'nat·o·mize** anatomiser; disséquer; **a'nat·o·my** anatomie *f*; dissection *f*; F *fig.* squelette *m*.
an·ces·tor ['ænsistə] ancêtre *m*; aïeul (*pl.* -eux)*m*; **an·ces·tral** [˷'sestrəl] *biol.* ancestral (-aux *m/pl.*); héréditaire, de famille; **an·ces·tress** ['ænsistris] ancêtre *f*; aïeule *f*; **'an·ces·try** race *f*; lignage *m*; aïeux *m/pl.*
an·chor ['æŋkə] ⚓, *a. fig.* **1.** ancre *f*; *at* ˷ à l'ancre; mouillé; **2.** *v/t.* ancrer, mettre à l'ancre; *v/i.* jeter l'ancre, mouiller; **'an·chor·age** ancrage *m*, mouillage *m*.
an·cho·ret ['æŋkəret], **an·cho·rite** ['˷rait] anachorète *m*.
an·cho·vy [æn'tʃouvi] anchois *m*.
an·cient ['einʃənt] **1.** ancien(ne *f*); antique; **2.** *the* ˷s *pl.* les anciens *m/pl.* (grecs et romains); **'an·cient·ly** anciennement; jadis.
an·cil·lar·y [æn'silɔri] *fig.* subordonné, ancillaire (à, *to*); accessoire (à, *to*).
and [ænd; ənd] et; *thousands* ˷ *thousands* des milliers et des milliers; *there are flowers* ˷ *flowers* il y a des fleurs et encore des fleurs; *try* ˷ *take it* tâchez de le prendre.
and·i·ron ['ændaiən] landier *m*; chenet *m*.
an·ec·do·tal [ænek'doutl], **an·ec·dot·i·cal** [˷'dɔtikl] □ anecdotique; **an·ec·dote** ['ænikdout] anecdote *f*.
an·e·lec·tric *phys.* [æni'lektrik] anélectrique.
an·e·mom·e·ter [æni'mɔmitə] anémomètre *m*.
a·nem·o·ne [ə'neməni] anémone *f*.
an·er·oid ['ænərɔid] (baromètre *m*) anéroïde *m*.
a·new [ə'nju:] de nouveau; à nouveau.
an·gel ['eindʒl] ange *m*; **an·gel·ic, an·gel·i·cal** □ [æn'dʒelik(l)] angélique.
an·ger ['æŋgə] **1.** colère *f*; emportement *m* (contre, *at*); **2.** irriter, mettre (*q.*) en colère.
an·gi·na ⚕ [æn'dʒainə] angine *f*; ˷ *pectoris* angine *f* de poitrine.

angle

an·gle ['æŋgl] 1. angle *m*; *fig.* point *m* de vue; 2. pêcher à la ligne; ~ for F quêter; **'an·gler** pêcheur (-euse *f*) *m* à la ligne.

An·gles ['æŋglz] *pl.* Angles *m/pl.*

An·gli·can ['æŋglikən] 1. anglican; *Am. a.* anglais; 2. anglican(e *f*) *m.*

An·gli·cism ['æŋglisizm] anglicisme *m*; idiotisme *m* anglais.

an·gling ['æŋgliŋ] pêche *f* à la ligne.

An·glo-Sax·on ['æŋglou'sæksn] 1. Anglo-Saxon(ne *f*) *m*; 2. anglo-saxon(ne *f*).

an·gry ['æŋgri] fâché, irrité, courroucé (contre q., *with s.o.*; de qch. *about s.th.*); ✤ irrité, enflammé.

an·guish ['æŋgwiʃ] angoisse *f*; douleur *f*; *fig.* supplice *m.*

an·gu·lar ['æŋgjulə] angulaire; anguleux (-euse *f*) (*visage*); *fig.* maigre, décharné; ~ *point* ⚲ sommet *m*; **an·gu·lar·i·ty** [~'læriti] angularité *f*; *fig.* caractère *m* anguleux.

an·hy·drous ⚗ [æn'haidrəs] anhydre; sec (sèche *f*), tapé (*fruits*).

an·ile [einail] d'une vieille femme.

an·i·line ⚗ ['ænili:n] aniline *f*; ~ *dyes pl.* colorants *m/pl.* d'aniline.

an·i·mad·ver·sion [ænimæd'və:ʃn] censure *f*, blâme *m*; **an·i·mad·vert** [~'və:t] critiquer, censurer, blâmer (qch., *on s.th.*).

an·i·mal ['æniməl] 1. animal *m*; bête *f*; 2. animal (-aux *m/pl.*); ~ *spirits pl.* verve *f*, entrain *m*; **an·i·mal·cule** [~'mælkju:l] animalcule *m*; **an·i·mal·ism** ['~məlizm] animalité *f*; *biol.* animalisme *m*; **an·i·'mal·i·ty** animalité *f.*

an·i·mate 1. ['ænimeit] animer; stimuler; mouvementer; 2. ['~mit], *usu.* **an·i·mat·ed** ['~meitid] animé (*a.* ✤); doué de vie.

an·i·ma·tion [æni'meiʃn] animation *f*; vivacité *f*; chaleur *f*; entrain *m*; stimulation *f.*

an·i·mos·i·ty [æni'mɔsiti], *a.* **an·i·mus** ['ænimas] animosité *f.*

an·ise ♀ ['ænis] anis *m*; **an·i·seed** ['~si:d] (graine *f* d')anis *m*; *attr.* à l'anis.

an·kle ['æŋkl] cheville *f*; ~ *bone* astragale *m.*

an·klet ['æŋklit] bracelet *m* de jambe; manille *f* (de forçat); F socquette *f.*

an·nals ['ænlz] *pl.* annales *f/pl.*; *fig.* archives *f/pl.*

an·neal ⊕ [ə'ni:l] recuire, adoucir (*un métal etc.*); *fig.* tempérer.

an·nex 1. [ə'neks] annexer (à, *to*); ajouter; joindre; ~ *to* poser (*des conditions*) à; 2. ['æneks] annexe *f*; dépendance *f*; adjonction *f*; **an·nex·a·tion** annexion *f* (de, *of*); mainmise *f* (sur, *of*).

an·ni·hi·late [ə'naiəleit] anéantir; annihiler; *see annul*; **an·ni·hi·'la·tion** anéantissement *m*; annihilation *f*; *see annulment.*

an·ni·ver·sa·ry [æni'və:səri] anniversaire *m.*

an·no·tate ['ænouteit] annoter; commenter; accompagner de remarques; **an·no·'ta·tion** annotation *f*; commentaire *m*; note *f.*

an·nounce [ə'nauns] annoncer; faire connaître; **an'nounce·ment** annonce *f*; avis *m*; faire-part *m/inv.*; **an'nounc·er** *radio:* speaker *m.*

an·noy [ə'nɔi] contrarier; gêner; molester; vexer; **an'noy·ance** contrariété *f*; chagrin *m*; ennui *m*; **an'noyed** contrarié, ennuyé, vexé; **an'noy·ing** □ contrariant, ennuyeux (-euse *f*), ennuyant.

an·nu·al ['ænjuəl] 1. □ annuel(le *f*) (*a.* ♀); ~ *ring* ♀ couche *f* annuelle; 2. ♀ plante *f* annuelle; *livre:* annuaire *m.*

an·nu·i·tant [ə'njuitənt] rentier (-ère *f*) *m*; **an'nu·i·ty** rente *f* (annuelle); ✝ (*a.* ~ *bond*) obligation *f*; *see life.*

an·nul [ə'nʌl] annuler, résilier; dissoudre (*un mariage*); abroger (*une loi*).

an·nu·lar □ ['ænjulə] annulaire.

an·nul·ment [ə'nʌlmənt] annulation *f*, résiliation *f*; dissolution *f*; abrogation *f.*

an·nun·ci·a·tion [ənʌnsi'eiʃn] proclamation *f*, annonce *f*; *eccl.* Annonciation *f*; **an'nun·ci·a·tor** [~ʃieitə] annonciateur *m*; *Am.* bouton *m* (*de sonnerie*).

an·ode ⚡ ['ænoud] 1. anode *f*; 2. de plaque; ~ *potential* tension *f* de plaque.

an·o·dyne ✤ ['ænodain] anodin (*a. su./m*); calmant (*a. su./m*).

a·noint [ə'nɔint] *surt. eccl.* oindre; sacrer; *fig.* graisser.

a·nom·a·lous □ [ə'nɔmələs] anomal (-aux *m/pl.*); F exceptionnel(le *f*), anormal (-aux *m/pl.*), irrégulier (-ère *f*); **a'nom·a·ly** anomalie *f*.

a·non [ə'nɔn] bientôt, tout à l'heure; *ever and ~* de temps en temps.

an·o·nym·i·ty [ænə'nimiti] anonymat *m*, anonyme *m*; **a·non·y·mous** □ [ə'nɔniməs] anonyme; inconnu.

an·oth·er [ə'nʌðə] encore un(e); un(e) autre; un(e) second(e); *just such ~* un autre du même genre.

an·swer ['ɑ:nsə] **1.** *v/t.* répondre (*qch.*) (à q., s.o.); faire réponse à; remplir (*un but*); obéir (*à la barre*); répondre à (*une accusation*); *~ the bell* (*ou door*) aller *ou* venir ouvrir; *v/i.* répondre (à q., *to s.o.*; à qch., *to s.th.*; à une question, *to a question*); ne pas réussir; *sl. ~ back* répliquer; *~ for* être responsable de; répondre de (*q.*), se porter garant de (*q., qch.*); *~ to the name of* s'appeler; **2.** réponse *f* (à, *to*); ⚔ solution *f*; ⚖ réplique *f*, réfutation *f*; **'an·swer·a·ble** □ responsable;

ant [ænt] fourmi *f*. [comptable.]

an't [ɑ:nt] F = *are not, am not; sl. ou prov.* = *is not*.

an·tag·o·nism [æn'tægənizm] antagonisme *m* (entre, de *between*); opposition *f* (à, *to*; avec, *with*); **an'tag·o·nist** adversaire *m*; antagoniste *m*; **an·tag·o'nis·tic** (*~ally*) opposé, contraire (à, *to*); adverse; **an'tag·o·nize** éveiller l'hostilité de (*q.*); s'opposer à; contrarier (*une force*).

ant·arc·tic [ænt'ɑ:ktik] antarctique; ♀ *Circle* cercle *m* polaire antarctique.

an·te *Am.* ['ænti] *poker:* **1.** première mise *f*; **2.** F (*usu. ~ up*) *v/t., a. v/i.* ouvrir (le jeu); *v/i. fig.* donner son obole.

an·te·ced·ence [ænti'si:dəns] priorité *f*; antériorité *f*; *astr.* antécédence *f*; **an·te'ced·ent 1.** □ antécédent; antérieur (à, *to*); **2.** antécédent *m* (*a. gramm.*); thème *m*; *his ~s pl.* ses ancêtres *m/pl.*; son passé *m*.

an·te·cham·ber ['æntitʃeimbə] antichambre *f*.

an·te·date ['ænti'deit] antidater (*un document*); précéder, venir avant.

an·te·di·lu·vi·an ['æntidi'lu:vjən] antédiluvien(ne *f*) (*a. su./mf*).

an·te·lope *zo.* ['æntiloup] antilope *f*.

an·ten·na [æn'tenə], *pl.* **-nae** (∼ni:] *zo., radio, télév.:* antenne *f*; *limaçon:* corne *f*.

an·te·ri·or [æn'tiəriə] antérieur (à, *to*).

an·te·room ['æntirum] antichambre *f*, vestibule *m*.

an·them ['ænθəm] *eccl.* antienne *f*, motet *m*; hymne *m*.

ant-hill ['ænthil] fourmilière *f*.

an·thol·o·gy [æn'θɔlədʒi] *fig.* anthologie *f*, florilège *m*.

an·thra·cite *min.* ['ænθrəsait] anthracite *m*; F houille *f* sèche; **an·thrax** ['ænθræks] *vét.* charbon *m*.

an·thro·poid ['ænθrəpɔid] anthropoïde (*a. su./m*); **an·thro·pol·o·gist** [∼'pɔlədʒist] anthropologiste *mf*, -logue *mf*; **an·thro'pol·o·gy** [∼dʒi] anthropologie *f*; **an·thro·poph·a·gy** [ænθrə'pɔfədʒi] anthropophagie *f*.

anti... [ænti] *préf.* anti-; anté-; contre-.

an·ti-air·craft ['ænti'ɛəkrɑ:ft]: *~ alarm* alerte *f* (aux avions); *~ defence* défense *f* contre avions; D.C.A.; *~ gun* canon *m* antiaérien.

an·ti·bi·ot·ic ⚕ ['æntibai'ɔtik] antibiotique (*a. su./m*).

an·tic ['æntik] **1.** □ † grotesque; **2.** bouffonnerie *f*, singerie *f*; *~s pl.* gambades *f/pl.*

An·ti·christ ['æntikraist] Antéchrist *m*.

an·tic·i·pate [æn'tisipeit] anticiper (*un paiement; sur les événements*); devancer; prévoir; s'attendre à; se promettre; escompter (*un résultat*); **an·tic·i'pa·tion** anticipation *f*; prévision *f*; attente *f*; expectative *f*; *payment by ~* paiement *m* par anticipation; *in ~* d'avance; *Thanking you in ~* Avec mes *ou* nos remerciements anticipés; **an'tic·i·pa·to·ry** [∼peitəri] anticipé, anticipatif (-ive *f*); par anticipation.

an·ti·cli·max ['ænti'klaimæks] anticlimax *m*.

an·ti·cor·ro·sive a·gent ['æntikə'rousiv'eidʒənt] antirouille *m*.

an·ti·cy·clone *météor.* ['ænti'saikloun] anticyclone *m*.

an·ti·daz·zle *mot.* ['ænti'dæzl] antiaveuglant; *~ headlights pl.* pharescode *m/pl.*

an·ti·dote ['æntidout] antidote *m*, contrepoison *m* (de, contre *against*, *for, to*).

an·ti-freeze *mot.* ['ænti'fri:z] antigel *m*.

an·ti·fric·tion ['ænti'frikʃn] antifriction *f*; *attr*. ⊕ antifriction.

an·ti·ha·lo *phot*. ['ænti'heilou] antihalo *m* (*a. su./m*).

an·ti·ic·er ⊕, ✈ ['ænti'aisə] antigivreur *m*.

an·ti-knock *mot*. ['ænti'nɔk] (produit *m*) antidétonant.

an·ti·mo·ny *min*. ['æntiməni] antimoine *m*.

an·tip·a·thy [æn'tipəθi] antipathie *f* (pour, contre *against*, *to*); aversion *f* (pour q., *against s.th.*).

an·tip·o·dal [æn'tipədl] situé aux antipodes; **an·ti·pode** ['∼poud], *pl*. **an·tip·o·des** [∼'tipədi:z] chose *f* diamétralement opposée; rebours *m*; ∼s *pl*. *géog*. antipodes *m/pl*.

An·ti·py·rin [ænti'paiərin] antipyrine *f*, analgésine *f*.

an·ti·quar·i·an □ [ænti'kwɛəriən] archéologique, de l'antique; **an·ti·quar·y** ['∼kwəri] archéologue *m*; amateur *m* d'antiquités; antiquaire *m*; **an·ti·quat·ed** ['∼kweitid] vieilli; désuet (-ète *f*); suranné, démodé.

an·tique [æn'ti:k] 1. □ antique; ancien(ne *f*); suranné; 2. antiquité *f*; objet *m* antique; **an·tiq·ui·ty** [∼'tikwiti] antiquité *f* (*romaine etc.*); ancienneté *f*; *antiquities pl*. antiquités *f/pl*.

an·ti-rust ['ænti'rʌst] antirouille *m*.

an·ti-sem·ite [ænti'si:mait] antisémite (*a. su./mf*); **an·ti-sem·i·tism** [∼'semitizm] antisémitisme *m*.

an·ti·sep·tic [ænti'septik] antiseptique (*a. su./m*).

an·ti-skid *mot*. ['ænti'skid] antidérapant.

an·tith·e·sis [æn'tiθisis], *pl*. -ses [∼si:z] antithèse *f*; contraire *m*; **an·ti·thet·ic**, **an·ti·thet·i·cal** □ [∼'θetik(l)] antithétique.

ant·ler ['æntlə] cerf *etc*.: andouiller *m*; ∼s *pl*. bois *m* (*pl*.).

an·to·nym *gramm*. ['æntənim] antonyme *m*.

A num·ber 1 *Am*. F *see* A 1.

a·nus *anat*. ['einəs] anus *m*.

an·vil ['ænvil] enclume *f*; *fig*. chantier *m*, métier *m*.

anx·i·e·ty [æŋ'zaiəti] inquiétude *f*; soucis *m/pl*.; *fig*. désir *m* (de *inf.*; *to inf.*); *fig*. sollicitude *f* (pour, *for*); ✵ anxiété *f*.

anx·ious □ ['æŋkʃəs] inquiet (-ète *f*), soucieux (-euse *f*) (sur, de, au sujet de *about*); désireux (-euse *f*) (de *inf.*, *to inf.*); impatient (de *inf.*, *to inf.*).

an·y ['eni] 1. *adj., a. pron*. un(e *f*); tout(e *f*); n'importe quel(le *f*); n'importe lequel (laquelle *f*); *are there* ∼ *nails?* y a-t-il des clous?; *not* ∼ aucun, nul; 2. *adv. ne se traduit pas d'ordinaire*; '∼·**bod·y**, '∼·**one** quelqu'un(e *f*); n'importe qui; tout le monde; quiconque; (*avec négation*) personne; *not* ∼ personne; '∼·**how** 1. *cj*. en tout cas; 2. *adv*. n'importe comment; '∼·**thing** quelque chose; (*avec négation*) rien; ∼ *but* rien moins que; '∼·**way** *see* anyhow; '∼·**where** n'importe où.

a·pace [ə'peis] vite; à grands pas.

a·part [ə'pɑ:t] à part; de côté; écarté; ∼ *from* en dehors de; hormis que; *joking* ∼ plaisanterie à part; *set* ∼ *for* mettre de côté pour; réserver à; **a'part·ment** salle *f*, chambre *f*; pièce *f*; *Am*. appartement *m*; ∼s *pl*. logement *m*; *Am*. ∼ *hotel* hôtel *m* meublé avec *ou* sans service; *Am*. ∼ *house* maison *f* de rapport.

ap·a·thet·ic [æpə'θetik] (∼*ally*) indifférent; **'ap·a·thy** apathie *f*, indifférence *f*; nonchalance *f*.

ape [eip] 1. (grand) singe *m*; 2. imiter, singer. [(*ancre*).\]

a·peak ⚓ [ə'pi:k] à pic, dérapé

a·pe·ri·ent [ə'piəriənt] 1. laxatif (-ive *f*); relâchant; 2. laxatif *m*; relâchant *m*.

ap·er·ture ['æpətjuə] ouverture *f*.

a·pex ['eipeks], *pl*. **'a·pex·es**, **a·pi·ces** ['eipisi:z] sommet *m*; *fig*. apogée *m*.

aph·o·rism ['æfərizm] aphorisme *m*; **aph·o·ris·tic** (∼*ally*) aphoristique.

a·pi·ar·y ['eipiəri] rucher *m*; **a·pi·cul·ture** ['∼kʌltʃə] apiculture *f*.

a·piece [ə'pi:s] chacun(e *f*); la pièce.

ap·ish □ ['eipiʃ] simiesque; imitateur (-trice *f*).

A·poc·ry·pha *bibl*. [ə'pɔkrifə] *pl*. les Apocryphes *m/pl*.; **a'poc·ry·phal** apocryphe.

ap·o·gee *astr*. ['æpɔdʒi:] apogée *m*.

a·pol·o·get·ic [əpɔlə'dʒetik] 1. (∼*ally*) d'excuse; *eccl*. apologétique (*livre*); 2. *eccl. usu*. ∼s *pl*. apologétique *f*; a-

application

'pol·o·gist apologiste *m*, défenseur *m*; a'pol·o·gize s'excuser (de, *for*; auprès de, *to*); a'pol·o·gy excuses *f/pl*.; apologie *f*, justification *f* (de, *for*); *fig.* semblant *m* (de, *for*); F (mauvais) substitut *m* (de, *for*); *make an* ~ présenter des excuses.

ap·o·plec·tic, ap·o·plec·ti·cal □ [æpə'plektik(l)] apoplectique (*personne*); d'apoplexie; 'ap·o·plex·y apoplexie *f*; congestion *f* cérébrale.

a·pos·ta·sy [ə'pɔstəsi] apostasie *f*; a'pos·tate [~stit] apostat (*a. su./m*); relaps(e *f*) *m*; a'pos·ta·tize [~stətaiz] apostasier (qch., *from s.th.*).

a·pos·tle [ə'pɔsl] apôtre *m*; ap·os·tol·ic, ap·os·tol·i·cal □ [æpə'stɔlik(l)] apostolique.

a·pos·tro·phe *gramm., a. rhétorique*: [ə'pɔstrəfi] apostrophe *f*; a'pos·tro·phize apostropher; *gramm.* mettre une apostrophe à.

a·poth·e·car·y † [ə'pɔθikəri] apothicaire *m*, pharmacien *m*.

a·poth·e·o·sis [əpɔθi'ousis] apothéose *f*.

ap·pal [ə'pɔːl] épouvanter; consterner; ap'pall·ing épouvantable, effroyable.

ap·pa·ra·tus [æpə'reitəs], *pl.* -tus·es [~təsiz] appareil *m*, dispositif *m*; attirail *m*; ~ *exercises pl.* gymnastique *f* aux agrès.

ap·par·el [ə'pærəl]: *wearing* ~ vêtements *m/pl.*, habits *m/pl.*

ap·par·ent □ [ə'pærənt] apparent, évident, manifeste; *see heir;* ap·pa·ri·tion [æpə'riʃn] apparition *f*; fantôme *m*, revenant *m*.

ap·peal [ə'piːl] **1.** faire appel (à, *to*); demander (qch., *for s.th.*; à, *to*); interjeter appel; se pourvoir en cassation; ~ *to* attirer, séduire; ⚖ invoquer l'aide de (*la loi*); appeler de (*un jugement*); *see country;* **2.** appel *m*; recours *m*; *fig.* prière *f*, supplication *f*; attrait *m*; ⚖ *notice of* ~ intimation *f*; ~ *for mercy* demande *f* de grâce; ap'peal·ing □ suppliant; émouvant; sympathique.

ap·pear [ə'piə] paraître (*a. livres*); se montrer; se présenter; apparaître; sembler; ⚖ comparaître; ~ *for* plaider pour (*q.*); ap'pear·ance apparition *f*; entrée *f*; *livre:* parution *f*; apparence *f*; ⚖ comparution *f*; ~s *pl.* dehors *m/pl.*; *keep up* (*ou save*) ~s sauver *ou* garder les apparences; *make one's* ~ débuter; paraître; *put in an* ~ faire acte de présence; *to all* ~s selon toute apparence.

ap·pease [ə'piːz] apaiser, calmer (*l'agitation, une douleur*); assouvir (*la faim*).

ap·pel·lant [ə'pelənt] appelant(e *f*) (*a. su./mf*); ap'pel·late [~lit] d'appel; ap·pel·la·tion [æpe'leiʃn] appellation *f*, nom *m*, désignation *f*, titre *m*; ap·pel·la·tive *gramm.* [ə'pelətiv] (*a.* ~ *name*) nom *m* commun *ou* générique.

ap·pend [ə'pend] attacher, joindre; apposer (*une signature, un sceau*); annexer (*un document*); ap'pend·age accessoire *m*, apanage *m* (de, *to*); annexe *f*; *anat.* appendice *m*; ap·pen·dec·to·my *Am.* [~'dektəmi] appendicectomie *f*; ap·pen·di·ci·tis [~di'saitis] appendicite *f*; ap'pen·dix [~diks], *pl.* -dix·es, -di·ces [~disiːz] appendice *m*; ⚘ appendice *m* (vermiculaire).

ap·per·tain [æpə'tein] ~ *to* appartenir à; incomber à; convenir à.

ap·pe·tence, ap·pe·ten·cy ['æpitəns(i)] (*for, after, of*) appétence *f*; désir *m* (de); convoitise *f* (pour).

ap·pe·tite ['æpitait] (*for*) appétit *m* (de); *fig.* désir *m* (de), soif *f* (de).

ap·pe·tiz·er ['æpitaizə] apéritif *m*; 'ap·pe·tiz·ing alléchant, appétissant.

ap·plaud [ə'plɔːd] *v/i.* applaudir, battre des mains; *v/t.* applaudir (*q.*; *aux efforts de q.*).

ap·plause [ə'plɔːz] applaudissements *m/pl.*; approbation *f*.

ap·ple ['æpl] pomme *f*; '~-cart voiture *f* à bras; F *upset s.o.'s* ~ bouleverser les plans de q.; ~ **pie** tourte *f* aux pommes; '~-**pie:** F *in* ~ *order* rangé en ordre parfait; '~-pol·ish *sl.* flatter, flagorner (*q.*); '~-sauce compote *f* de pommes; *Am. sl.* flagornerie *f*; *int.* chansons!; '~-tree pommier *m*.

ap·pli·ance [ə'plaiəns] appareil *m*; instrument *m*; dispositif *m*; ~s *pl.* attirail *m*.

ap·pli·ca·bil·i·ty [æplikə'biliti] applicabilité *f*; 'ap·pli·ca·ble (à, *to*) applicable; approprié; 'ap·pli·cant candidat(e *f*) *m* (à, *for*); postulant(e *f*) *m* (de, *for*); ap·pli·ca·tion (*to*) application *f* (à, *sur*); apposi-

apply

tion *f* (à); *frein:* serrage *m*; assiduité *f*; demande *f* (de, *for*); sollicitation *f* (de, *for*); ~ form bulletin *m* de demande; ⚓ *for external* ~ pour l'usage externe; *make an* ~ formuler *ou* faire une demande.

ap·ply [ə'plai] *v/t.* (*to*) appliquer (*qch.* sur *qch.*); faire l'application de (*qch.* à *qch.*); coller (sur); serrer (*le frein*); mettre en pratique; affecter (*un paiement*) (à); ~ *o.s. to* s'attacher à; *v/i.* (*to*) s'appliquer (à); s'adresser (à); avoir recours (à); ~ *for* poser sa candidature à, solliciter (*qch.*); *applied science* science *f* appliquée *ou* expérimentale.

ap·point [ə'pɔint] nommer (q. gouverneur, s.o. *governor*); désigner(pour *inf.*, *to inf.*); fixer, assigner (*l'heure, un endroit*); arrêter (*un jour*); prescrire (que, *that*); *well* ~*ed* bien installé, bien équipé; **ap'point·ment** rendez-vous *m*; entrevue *f*; nomination *f*; désignation *f*; charge *f*, emploi *m*; ~*s pl.* aménagement *m*, installation *f*; équipement *m*; † émoluments *m/pl.*; *by special* ~ *to* (*fournisseur*) breveté *ou* attitré de.

ap·por·tion [ə'pɔːʃn] répartir; assigner (à, *to*); **ap'por·tion·ment** partage *m*, répartition *f*; allocation *f*.

ap·po·site □ ['æpəzit] approprié (à, *to*); juste; *be* ~ *to* convenir à; **'ap·po·site·ness** justesse *f*; à-propos *m*.

ap·po·si·tion [æpə'ziʃn] apposition *f*.

ap·prais·al [ə'preizl] évaluation *f*; **ap·praise** [~'preiz] priser, estimer; **ap'praise·ment** évaluation *f*, estimation *f*; **ap'prais·er** estimateur *m*, priseur *m*.

ap·pre·ci·a·ble □ [ə'priːʃəbl] appréciable; sensible; **ap'pre·ci·ate** [~ʃieit] *v/t.* apprécier, faire cas de; estimer; évaluer; hausser la valeur de; *v/i.* augmenter de valeur; **ap·pre·ci·a·tion** appréciation *f* (de, *of*); estimation *f* (de, *of*); évaluation *f*; amélioration *f*; hausse *f*; plus-value *f*; **ap'pre·ci·a·tive** □ [~ətiv], **ap'pre·ci·a·to·ry** [~ətəri] appréciateur (-trice *f*); sensible (à, *of*); *be* ~ *of* apprécier; être sensible à.

ap·pre·hend [æpri'hend] arrêter; saisir; *poét.* comprendre; *poét.* redouter; **ap·pre·hen·si·ble** □ [~-'hensəbl] appréhensible; percep-

622

tible; **ap·pre'hen·sion** arrestation *f*; prise *f* de corps; perception *f*; compréhension *f*; appréhension *f*, crainte *f*; **ap·pre'hen·sive** □ perceptif (-ive *f*); timide, craintif (-ive *f*); *be* ~ redouter (*qch.*, *of s.th.*); craindre (*qch.*, *of s.th.*; pour q., *for s.o.*; que, *that*).

ap·pren·tice [ə'prentis] 1. apprenti(e *f*) *m*; 2. placer en apprentissage (chez, *to*); *in* ~ en apprentissage chez; **ap'pren·tice·ship** [~tiʃip] apprentissage *m*.

ap·prise [ə'praiz]: ~ *s.o. of s.th.* apprendre qch. à q.; prévenir q. de qch. [condition.\]

ap·pro † ['æprou]: *on* ~ à l'essai, à\]
ap·proach [ə'proutʃ] 1. *v/i.* (s')approcher; *fig.* approcher (de, *to*); ⚓ atterrir; *v/t.* (s')approcher de; aborder (*q.*); entrer en communication avec (*q.*); *fig.* faire une démarche auprès de (*q.*) (au sujet de, *about*); *fig.* s'attaquer à, aborder (*un problème*); 2. approche *f*; approches *f/pl.*; venue *f*; voie *f* d'accès; accès *m*; abord *m*; *fig.* rapprochement *m*; **ap'proach·a·ble** accessible; abordable.

ap·pro·ba·tion [æpro'beiʃn] approbation *f*; consentement *m*.

ap·pro·pri·ate 1. [ə'prouprieit] (s')approprier; s'emparer de; *parl.* affecter, consacrer (à *to*, *for*); 2. □ [~iit] (*to*) approprié (à); convenable, propre (à); à propos; **ap·pro·pri·a·tion** appropriation *f*; crédit *m*, budget *m*; affectation *f* de fonds; *parl. ♀ Committee* commission *f* du budget.

ap·prov·a·ble [ə'pruːvəbl] louable; **ap'prov·al** approbation *f*; ratification *f*; *on* ~ à l'essai, à l'examen; **ap'prove** approuver; ratifier; (*a.* ~ *of*) agréer; ~ *o.s.* † faire ses preuves; **ap'proved** □ autorisé; approuvé; **ap'prov·er** ⚖ complice *m* qui dénonce ses camarades.

ap·prox·i·mate 1. [ə'prɔksimeit] (se) rapprocher (de, *to*); 2. □ [~mit] rapproché, proche, voisin (de, *to*); approximatif (-ive *f*); **ap·prox·i·ma·tion** [~'meiʃn] rapprochement *m*; approximation *f*; **ap·prox·i·ma·tive** □ [~mətiv] approximatif (-ive *f*).

ap·pur·te·nance [ə'pəːtinəns] *usu.* ~*s pl.* accessoires *m/pl.*, attirail *m*.

a·pri·cot ♀ ['eiprikɔt] abricot *m*; *arbre*: abricotier *m*.

A·pril ['eiprəl] avril *m*; *make an ⁓-fool of s.o.* faire un poisson d'avril à q.

a·pron ['eiprən] tablier *m* (*a. mot.*); *théâ.* avant-scène *f*; '**⁓-string** cordon *m* de tablier; *fig. be tied to her ⁓s* être pendu à ses jupes; être tenu en laisse.

ap·ro·pos ['æprəpou] **1.** à propos (de, *of*), opportun; **2.** à-propos *m*.

apt □ [æpt] juste, fin; heureux (-euse *f*) (*expression etc.*); enclin (à, *to*); susceptible (de, *to*); habile (à, *at*); intelligent; apte, propre (à, *to*); *⁓ to take fire* sujet à prendre feu; qui prend feu facilement; **ap·ti·tude** ['⁓titjuːd], **'apt·ness** justesse *f*, à-propos *m*; penchant *m*, tendance *f* (à, *to*); talent *m* (pour, *for*).

aq·ua for·tis ⚗ ['ækwəˈfɔːtis] eau-forte (*pl.* eaux-fortes) *f*.

aq·ua·ma·rine *min.* [ækwəməˈriːn] aigue-marine (*pl.* aigues-marines) *f*.

aq·ua·relle [ækwəˈrel] aquarelle *f*.

a·quar·i·um [əˈkwɛəriəm], *pl.* **-ums, -i·a** [⁓iə] aquarium *m*.

a·quat·ic [əˈkwætik] **1.** aquatique; *⁓ sports see aquatics*; **2.** plante *f ou* animal *m* aquatique; **a'quat·ics** *pl.* sports *m/pl.* nautiques.

aq·ua·tint ['ækwətint] aquatinte *f*.

aq·ue·duct ['ækwidʌkt] aqueduc *m*.

a·que·ous ['eikwiəs] □ aqueux (-euse *f*); *géol.* sédimentaire.

aq·ui·line nose ['ækwilainˈnouz] nez *m* aquilin *ou* busqué.

Ar·ab ['ærəb] Arabe *mf*; (cheval *m*) arabe *m*; *sl. street* ♀ gamin *m* des rues; gavroche *m*; **ar·a·besque** [⁓ˈbesk] **1.** *usu. pl.* arabesque *f*, -s *f/pl.*; **2.** arabesque, dans le style arabe; **A·ra·bi·an** [əˈreibjən] **1.** arabe; *The ⁓ Nights* les Mille et Une Nuits; **2.** Arabe *mf*; **Ar·a·bic** ['ærəbik] **1.** arabe; *gum* ♀ gomme *f* arabique; **2.** *ling.* arabe *m*.

ar·a·ble ['ærəbl] **1.** labourable; **2.** (*ou ⁓ land*) terre *f* arable *ou* labourable.

a·rach·nid [əˈræknid] arachnide *m*.

ar·bi·ter ['aːbitə] arbitre *m* (*a. fig.*);

ar·bi·trage ✝ [aːbiˈtraːʒ] arbitrage *m*; '**ar·bi·tral tri'bu·nal** tribunal *m* arbitral; **ar'bit·ra·ment** [⁓trəmənt] arbitrage *m*; '**ar·bi·trar·i·ness** arbitraire *m*; '**ar·bi·trar·y** □ arbitraire; **ar·bi·trate** ['⁓treit] arbitrer (*a. v/i.*); juger; trancher (*un différend*); **ar·bi'tra·tion** arbitrage *m*; procédure *f* arbitrale; *⁓ court* tribunal *m* arbitral; ✝ *⁓ of exchange* arbitrage *m* du change; '**ar·bi·tra·tor** ['⁓ treitə] ⚖ arbitre *m*; arbitre-juge *m*; **ar·bi·tress** ['⁓tris] *femme*: arbitre *m*.

ar·bor ['aːbə] ⊕, *roue, meule*: arbre *m*; *tour*: mandrin *m*; ♀ *Day Am.* jour *m* où on est tenu de planter un arbre; **ar·bo·re·al** [aːˈbɔːriəl], **ar·'bo·re·ous** d'arbre(s); arboricole (*animal*); **ar·bo·res·cent** □ [aːbəˈresnt] arborescent; **ar·bo·ri·cul·ture** ['aːbɔrikʌltʃə] arboriculture *f*.

ar·bour ['aːbə] tonnelle *f*, charmille *f*; *vine ⁓* treille *f*.

arc ⚡, *astr., etc.* [aːk] arc *m* (⚡ électrique); **ar·cade** [aːˈkeid] arcade *f*, -s *f/pl.*; galerie *f*, -s *f/pl.*; passage *m*.

ar·ca·num [aːˈkeinəm], *pl.* **-na** [⁓nə] arcane *m*, secret *m*.

arch[1] [aːtʃ] **1.** *surt.* 🏛 voûte *f*, arc *m*; cintre *m*; *pont*: arche *f*; *⁓-support* cambrure *f*; **2.** (se) voûter; *v/t.* bomber (*a. v/i.*); arquer, cintrer; cambrer.

arch[2] [⁓] □ espiègle; malin (-igne *f*); malicieux (-euse *f*).

arch[3] [⁓] insigne, grand; archi-.

ar·chae·ol·o·gist [aːkiˈɔlədʒist] archéologue *su./mf*; **ar·chae·ol·o·gy** [⁓dʒi] archéologie *f*.

ar·cha·ic [aːˈkeiik] (⁓*ally*) archaïque; '**ar·cha·ism** archaïsme *m*.

arch·an·gel ['aːkeindʒl] archange *m*.

arch·bish·op ['aːtʃˈbiʃəp] archevêque *m*; **arch'bish·op·ric** [⁓rik] archevêché *m*; archiépiscopat *m*.

arch·dea·con ['aːtʃˈdiːkən] archidiacre *m*.

arch·duch·ess ['aːtʃˈdʌtʃis] archiduchesse *f*; '**arch'duch·y** archiduché *m*.

arch·duke ['aːtʃˈdjuːk] archiduc *m*.

arch·er ['aːtʃə] archer *m*; '**arch·er·y** tir *m* à l'arc.

ar·chi·di·ac·o·nal [aːkidaiˈækənəl] d'archidiacre.

ar·chi·e·pis·co·pal [aːkiiˈpiskəpl] archiépiscopal (-aux *m/pl.*); métropolitain.

ar·chi·pel·a·go [aːkiˈpeligou] *géog.* archipel *m*.

ar·chi·tect ['aːkitekt] architecte *m*; *fig.* auteur *m*, artisan *m*; **ar·chi·tec-**

architectonic

ton·ic [⁓'tɔnik] (⁓ally) architectonique; architectural (-aux m/pl.); fig. directeur (-trice f); **ar·chi·tec·ture** ['⁓tʃə] architecture f.

ar·chives ['ɑ:kaivz] pl. archives f/pl.

arch·ness ['ɑ:tʃnis] espièglerie f; malice f.

arch·way ['ɑ:tʃwei] passage m voûté; porte f cintrée; portail m.

arc·lamp ⚡ ['ɑ:klæmp] lampe f à arc.

arc·tic ['ɑ:ktik] 1. arctique; fig. glacial (-als m/pl.); ♋ Circle cercle m polaire; ♋ Ocean (océan m) Arctique m; 2. ⁓s pl. snowboots m/pl.

ar·den·cy ['ɑ:dənsi] ardeur f; **'ar·dent** ⎕ usu. fig. ardent; fig. fort; ⁓ spirits pl. alcool m, spiritueux m/pl.

ar·do(u)r ['ɑ:də] fig. ardeur f; chaleur f.

ar·du·ous ['ɑ:djuəs] ardu (sentier, travail); rude (travail); escarpé (chemin); pénible; laborieux (-euse f).

a·re·a ['ɛəriə] aire f, superficie f; surface f; région f, territoire m; terrain m vide; cinéma etc.: parterre m; cour f d'entrée en sous-sol; zone f; danger ⁓ zone f dangereuse; ⚖ judicial ⁓ ressort m judiciaire; prohibited ⁓ zone f interdite; ⁓ bell sonnette f de la porte de service.

a·re·na [ə'ri:nə] arène f; champ m (a. fig.); fig. théâtre m.

aren't F [ɑ:nt] = are not.

a·rête alp. [æ'reit] arête f.

ar·gent ['ɑ:dʒənt] argenté; 🛡 (d')argent.

Ar·gen·tine ['ɑ:dʒəntain] argentin; Argentin(e f) m.

ar·gil ['ɑ:dʒil] argile f; **ar·gil·la·ceous** [⁓'leiʃəs] argileux (-euse f), argillacé.

Ar·go·naut ['ɑ:gənɔ:t] argonaute m; Am. chercheur m d'or en Californie.

ar·gu·a·ble ['ɑ:gjuəbl] discutable, soutenable; **ar·gue** ['⁓gju:] v/t. discuter, débattre; raisonner sur; prouver, démontrer; ⁓ s.o. into doing s.th. persuader à q. de faire qch.; ⁓ s.o. out of doing s.th. dissuader q. de faire qch.; v/i. argumenter (sur, about); discuter; raisonner; (se) disputer; plaider; ⁓ from tirer argument de.

ar·gu·ment ['ɑ:gjumənt] argument m; raisonnement m; débat m, discussion f, dispute f; **ar·gu·men·ta·tion** [⁓men'teiʃn] argumentation f; **ar·gu·men·ta·tive** ⎕ [⁓tətiv] disposé à argumenter; critique.

a·ri·a ♪ ['ɑ:riə] aria f.

ar·id ['ærid] aride (a. fig.); **a·rid·i·ty** aridité f.

a·right [ə'rait] bien, correctement.

a·rise [ə'raiz] [irr.] fig. s'élever, surgir (de, from); se produire; bibl. ressusciter; **a·ris·en** p.p. de arise.

ar·is·toc·ra·cy [æris'tɔkrəsi] aristocratie f; fig. élite f; **a·ris·to·crat** ['⁓təkræt] aristocrate mf; **a·ris·to·'crat·ic, a·ris·to·'crat·i·cal** ⎕ aristocratique.

a·rith·me·tic [ə'riθmətik] arithmétique f, calcul m; **ar·ith·met·i·cal** ⎕ [⁓'metikl] arithmétique; **a·rith·me·ti·cian** [⁓mə'tiʃən] arithméticien(ne f) m.

ark [ɑ:k] arche f; bibl. ♋ of the Covenant Arche f d'alliance.

arm¹ [ɑ:m] bras m; fauteuil: accoudoir m; within ⁓'s reach à portée de la main; keep s.o. at ⁓'s length tenir q. à distance; infant in ⁓s bébé m; F poupon m; take s.o. to (ou in) one's ⁓s prendre q. dans ses bras.

arm² [⁓] 1. arme f; ⁓s pl. armes f/pl.; ☒ armes f/pl., armoiries f/pl.; see coat 1; be (all) up in ⁓s être en révolte; se dresser (contre, against); take up ⁓s prendre les armes; 2. (s')armer; fig. (se) nantir de; v/t. ⊕ armer; renforcer; ⚥ ⁓ed spinifère.

ar·ma·da [ɑ:'mɑ:də] flotte f de guerre; hist. the (Invincible) ♋ l'(Invincible) Armada f.

ar·ma·ment ['ɑ:məmənt] armement m; munitions f/pl. de guerre; ⚓ artillerie f; (a. naval ⁓) armements m/pl. navals; flotte f navale; **ar·ma·ture** ['⁓tjuə] armure f (a. ♀, zo.); ⚠, phys. armature f; phys. induit m.

arm·chair ['ɑ:m'tʃɛə] fauteuil m; ⁓ strategist, ⁓ politician stratège m du café du commerce.

armed [ɑ:md] à ou aux bras ...

Ar·me·ni·an [ɑ:'mi:njən] 1. arménien(ne f); 2. Arménien(ne f) m.

arm·ful ['ɑ:mful] brassée f.

ar·mi·stice ['ɑ:mistis] armistice m (a. fig.).

arm·let ['ɑ:mlit] bracelet m; brassard m (de parti politique etc.).

ar·mo·ri·al [ɑ:'mɔ:riəl] armorial (-aux m/pl.), héraldique.

ar·mo(u)r ['ɑ:mə] **1.** ⚔ armure f, blindés m/pl.; cuirasse f (a. fig., zo.); scaphandre m; **2.** cuirasser; blinder; ~ed car automitrailleuse f, char m blindé; ~ed train train m blindé; ~ed turret tourelle f blindée; '~-clad, '~-plat·ed blindé, cuirassé; 'ar·mo(u)r·er armurier m (a. ⚔, ⚓); 'ar·mo(u)r·y magasin m d'armes; caserne: armurerie f; fig. arsenal m; Am. fabrique f d'armes; Am. salle f d'exercice.

arm·pit ['ɑ:mpit] aisselle f; '**arm·rest** accoudoir m, accotoir m.

ar·my ['ɑ:mi] armée f; fig. foule f; ~ chaplain aumônier m militaire; ~ command staff état-major (pl. états-majors) m; Salvation ♀ Armée f du Salut; see service; '~-a·gent, '~-bro·ker, '~-con·trac·tor fournisseur m de l'armée; '~-corps corps m d'armée; '~-'list ⚔ Annuaire m militaire.

a·ro·ma [ə'roumə] arôme m; bouquet m; **ar·o·mat·ic** [ærou'mætik] (~ally) aromatique; balsamique.

a·rose [ə'rouz] prét. de arise.

a·round [ə'raund] **1.** adv. autour, à l'entour; d'alentour; Am. F par ici, dans ces parages; Am. sur pied; **2.** prp. autour de; surt. Am. F environ, presque.

a·rouse [ə'rauz] usu. fig. éveiller; stimuler (q.); soulever (une passion).

ar·rack ['ærək] arac(k) m.

ar·raign [ə'rein] accuser, inculper; traduire en justice; fig. s'en prendre à; **ar·raign·ment** mise f en accusation; interpellation f de l'accusé.

ar·range [ə'reindʒ] v/t. arranger; ranger; régler (des affaires); ♪ adapter, arranger; fixer (un jour); ménager (des effets); ⚙ ordonner; v/i. prendre ses dispositions (pour for, to); convenir (de, to); s'arranger (pour for, to); ~ for s.th. to be there prendre des mesures pour que qch. soit là; **ar·range·ment** arrangement m, disposition f, aménagement m; ♪ arrangement m, adaptation f; accord m; ✝ compromis m; make one's ~s prendre ses dispositions.

ar·rant □ ['ærənt] insigne, achevé; ~ knave franc coquin m.

ar·ray [ə'rei] **1.** rangs m/pl.; fig. étalage m, rangée f; poét. atours m/pl., parure f; **2.** ranger, mettre en ordre; déployer (des troupes etc.); poét. revêtir, parer (de, in).

ar·rear [ə'riə] arrérages m/pl.; arriéré m; ~s of rent arriéré m de loyer; be in ~s s'arriérer; **ar'rear·age** retard m; Am. ~s pl. arrérages m/pl., dettes f/pl.

ar·rest [ə'rest] **1.** arrestation f; prise f de corps; ⚔, ⚓ arrêts m/pl.; suspension f, mouvement: arrêt m; under ~ aux arrêts; **2.** arrêter (criminel, mouvement, regard, attention, etc.); appréhender (q.) au corps; fixer (l'attention, le regard); surseoir à (un jugement).

ar·riv·al [ə'raivl] arrivée f; ✝ arrivage m; ⚓ entrée f (du vaisseau); ~s pl. nouveaux venus m/pl. ou arrivés m/pl.; ~ platform quai m de débarquement; on ~ à l'arrivée; To await ~ ne pas faire suivre; **ar'rive** arriver; parvenir; ~ at arriver à; atteindre (a. un âge); parvenir à.

ar·ro·gance ['ærəgəns] arrogance f; morgue f; '**ar·ro·gant** □ arrogant; **ar·ro·gate** ['ærogeit] (s')attribuer (qch.) (à tort); (usu. ~ to o.s.) s'arroger, usurper (qch.).

ar·row ['ærou] flèche f; surv. flèche f d'arpenteur; '~-**head** pointe f de flèche; broad ~ marque f de l'État (britannique); ~**root** ['ærəru:t] ♀ marante f; cuis. arrow-root m; **ar·row·y** ['æroui] en forme de flèche.

arse sl. [ɑ:s] derrière m; sl. cul m.

ar·se·nal ['ɑ:sinl] arsenal m.

ar·se·nic ['ɑ:snik] arsenic m; **ar·sen·ic** ⚗ [ɑ:'senik] arsénique; **ar'sen·i·cal** arsenical (-aux m/pl.).

ar·son ['ɑ:sn] crime m d'incendie.

art¹ [ɑ:t] art m; adresse f, habileté f; fig. artifice m; finesse f; péj. astuce f; Master of ♀s (abbr. M.A.) maître m ès arts, agrégé m de lettres; applied ~s arts m/pl. industriels; fine ~s les beaux-arts m/pl.; liberal ~s arts m/pl. libéraux; ~s and crafts arts m/pl. et métiers m/pl.; Faculty of ♀s Faculté f des Lettres.

art² † [~] tu es.

ar·te·ri·al [ɑ:'tiəriəl] artériel(le f); ~ road artère f, grande voie f de communication; **ar·te·ri·o·scle·ro·sis** [ɑ:'tiəriousklə'rousis] artériosclérose f; **ar·ter·y** ['ɑ:təri] artère f (a. fig.); traffic ~ artère f de circulation.

ar·te·sian well [a:'ti:zjən'wel] puits *m* artésien.

art·ful ['a:tful] adroit, habile, ingénieux (-euse *f*); rusé.

ar·thrit·ic ⚕ [a:'θritik] arthritique; **ar·thri·tis** [a:'θraitis] arthrite *f*.

ar·ti·choke ['a:titʃouk] artichaut *m*; *Jerusalem* ~ topinambour *m*.

ar·ti·cle ['a:tikl] 1. ⚓, ⚖, ✝, *eccl., gramm., etc.* article *m*; ⚒, ⚓ code *m*; objet *m*; ~*s pl. of apprenticeship* contrat *m* d'apprentissage; ~*s pl. of association* acte *m* de société; contrat *m* de société; 2. placer comme apprenti (chez, *to*); accuser (de, *for*); *be* ~*ed* faire son apprentissage (chez *to*, *with*).

ar·tic·u·late 1. [a:'tikjuleit] *v/t.* articuler (*anat., a. mots*); énoncer (*des mots*); *v/i.* s'articuler (*os*); 2. □ [~lit], *a.* **ar·tic·u·lat·ed** [~leitid] net(te *f*), distinct, *surt. zo.* articulé (*a. langage*); **ar·tic·u·la·tion** articulation *f*; netteté *f* d'énonciation.

ar·ti·fice ['a:tifis] artifice *m*, ruse *f*; adresse *f*, habileté *f*; **ar·tif·i·cer** artisan *m*, ouvrier *m*; ⚒ artificier *m*; ⚓ mécanicien *m*; **ar·ti·fi·cial** □ [~'fiʃəl] artificiel(le *f*); simili-; factice (*larmes*); ~ *manure* engrais *m/pl.* chimiques; ⚖ *person* personne *f* juridique *ou* morale; ~ *silk* soie *f* artificielle; ~ *stone* simili *m*.

ar·til·ler·y [a:'tiləri] artillerie *f*; **ar·'til·ler·y·man** artilleur *m*.

ar·ti·san [a:ti'zæn] artisan *m*, ouvrier *m*.

art·ist ['a:tist] artiste *mf*, *surt.* (artiste-)peintre [*pl.* (artistes-)peintres] *m*; **ar·tiste** [a:'ti:st] artiste *mf*; **ar·tis·tic**, **ar·tis·ti·cal** □ [~'tistik(l)] artistique; artiste (*tempérament*).

art·less □ ['a:tlis] sans art; naturel (-le *f*), sans artifice; naïf (-ïve *f*), candide; **'art·less·ness** naturel *m*, simplicité *f*; naïveté *f*, candeur *f*.

art·y ['a:ti] prétentieux (-euse *f*); *péj.* pseudo-artistique.

Ar·y·an ['ɛəriən] 1. aryen(ne *f*), japhétique; 2. Aryen(ne *f*) *m*.

as [æz, əz] 1. *adv., a. cj.* aussi, si; comme; puisque, étant donné que; tout ... que; au moment où; (au-)tant que; ~ *good* ~ aussi bon que; *far* ~ aussi loin que; autant que; *if*, ~ *though* comme si; *as if* (*gér.*) comme pour (*inf.*); ~ *it were* pour ainsi dire; ~ *well* aussi, également; opportun; ~ *well* ~ de même que; comme; ~ *yet* jusqu'ici, jusqu'à présent; (~) *cold* ~ *ice* glacé, glacial (-als *m/pl.*); *fair* ~ *she is* si belle qu'elle soit; *so kind* ~ *to do* assez aimable pour faire; *such* ~ *to* (*inf.*) de sorte à (*inf.*), de façon que; *such* ~ tel que, tels que; par exemple; 2. *prp.* *for*, ~ *to* quant à; ~ *from* à partir de (*telle date*), depuis; ✝ ~ *per* conformément à, suivant.

as·bes·tos [æz'bestos] asbeste *m*, amiante *m*.

as·cend [ə'send] *v/i.* monter, s'élever (à, jusqu'à *to*); remonter (*généalogie*); *v/t.* monter (*un escalier*); gravir (*une colline etc.*); monter sur (*le trône*); remonter (*un fleuve*); **as·'cend·an·cy**, **as·'cend·en·cy** ascendant *m*, pouvoir *m*, influence *f* (sur, *over*); suprématie *f*; **as·'cend·ant**, **as·'cend·ent** 1. ascendant; 2. *see* ascendancy; *astr.* ascendant *m*; F position *f* prééminente; *be in the* ~ être à l'ascendant; prédominer.

as·cen·sion [ə'senʃn] *surt. astr., Am. a.* montagne, ballon; ascension *f*; ♀ (*Day*) jour *m* de l'Ascension.

as·cent [ə'sent] *montagne, ballon:* ascension *f*; montée *f*; pente *f*, rampe *f*.

as·cer·tain [æsə'tein] constater; s'informer de; **as·cer·'tain·a·ble** □ vérifiable; dont on peut s'assurer; **as·cer·'tain·ment** constatation *f*; vérification *f*.

as·cet·ic [ə'setik] 1. (~*ally*) ascétique; 2. ascète *mf*; **as·'cet·i·cism** [~tisizəm] ascétisme *m*.

as·crib·a·ble [əs'kraibəbl] imputable, attribuable; **as·'cribe** imputer, attribuer. [*(su./m).*]

a·sep·tic ⚕ [æ'septik] aseptique (*a.*)

ash[1] [æʃ] ♀ frêne *m*; *mountain* ~ sorbier *m* sauvage.

ash[2] [~] *usu.* ~*es pl.* cendre *f*, -s *f/pl.*; *Ash Wednesday* mercredi *m* des Cendres.

a·shamed [ə'ʃeimd] honteux (-euse *f*), confus; *be* (*ou feel*) ~ *of* avoir honte de (*ou feel*); *être honteux* (-euse *f*) de; *be* ~ *of o.s.* avoir honte.

ash-can *Am.* ['æʃkæn] boîte *f* à ordures, poubelle *f*.

ash·en[1] ['æʃn] de frêne, en frêne.

ash·en[2] [~] de cendres; cendré; gris; terreux (-euse *f*) (*visage*); blême.

ash·lar ['æʃlə] pierre *f* de taille; moellon *m* d'appareil.

a·shore [ə'ʃɔ:] à terre; échoué; *run* ~, *be driven* ~ s'échouer; faire côte.

ash-tray ['æʃtrei] cendrier *m*.

ash·y ['æʃi] cendreux (-euse *f*); couvert de cendres; gris; blême.

A·si·at·ic [eiʃi'ætik] 1. asiatique, d'Asie; 2. Asiatique *mf*.

a·side [ə'said] 1. de côté; à part; à l'écart; *théâ.* en aparté; ~ *from Am.* à part, en plus de; 2. à-côté *m*; *théâ.* aparté *m*.

as·i·nine ['æsinain] asine; F stupide.

ask [ɑ:sk] *v/t.* demander (qch., *s.th.*; qch. à q., *s.o. s.th.*; que *that*); *a.* inviter (à, *to*); solliciter (qch. de q., *s.o.* for *s.th.*); prier (q. de *inf.*, *s.o. to inf.*); ~ (*s.o.*) *a question* poser une question (à q.); *v/i.*: ~ *about* se renseigner sur; ~ *after* s'informer de, demander des nouvelles de; ~ *for* demander (*qch.*); demander à voir (*q.*); *sl.* he ~*s for it* il ne l'a pas volé; *it is to be had for the* ~*ing* il n'y a qu'à le demander.

a·skance [ə'skæns], **a'skant**, **a·skew** [ə'skju:] de côté, de travers, obliquement; *fig.* de guingois.

a·slant [ə'slɑ:nt] de biais, de travers.

a·sleep [ə'sli:p] endormi, plongé dans le sommeil; engourdi (*pied etc.*); *be* ~ être endormi, dormir; *see fall*.

a·slope [ə'sloup] en pente, en talus.

asp¹ *zo.* [æsp] aspic *m*.

asp² [~] *see* **aspen**.

as·par·a·gus ♀ [əs'pærəgəs] asperge *f*, *cuis.* -s *f/pl.*

as·pect ['æspekt] exposition *f*, vue *f*; aspect *m*, air *m*; point *m* de vue; *the house has a southern* ~ la maison est exposée au sud *ou* a une exposition sud.

as·pen ['æspən] tremble *m*; *attr.* de tremble.

as·per·gill ['æspədʒil], **as·per·gil·lum** *eccl.* [~'dʒiləm] goupillon *m*.

as·per·i·ty [æs'periti] âpreté *f*; sévérité *f*; rudesse *f*; aspérité *f* (*du style, a. fig.*).

as·perse [əs'pə:s] asperger; *fig.* calomnier, dénigrer; salir (*la réputation*); **as·per·sion** [əs'pə:ʃn] aspersion *f*; *fig.* calomnie *f*.

as·phalt ['æsfælt] 1. asphalte *m*; F bitume *m*; 2. d'asphalte; bitumé.

as·phyx·i·a ✿ [æs'fiksiə] asphyxie *f*;

as·phyx·i·ate [~ieit] asphyxier;
as·phyx·i·a·tion asphyxie *f*.

as·pic ['æspik] aspic *m*; ♀ grande lavande *f*.

as·pir·ant [əs'paiərənt] aspirant(e *f*) *m* (à *to*, *after*, *for*); candidat(e *f*) *m*; ~ *officer* candidat *m* au rang d'officier;
as·pi·rate ['æspərit] 1. *gramm.* aspiré; 2. *gramm.* aspirée *f*; 3. ['~reit] aspirer (*a.* ⊕, ⚙ᴳ); **as·pi·ra·tion** aspiration *f* (*a.* ⊕, ⚙ᴳ); ambition *f*; visée *f*; **as'pire** [əs'paiə] aspirer, viser (à *to*, *after*, *at*); ambitionner (*qch.*).

as·pi·rin *pharm.* ['æspərin] aspirine *f*; F comprimé *m* d'aspirine.

as'pir·ing □ [əs'paiəriŋ] ambitieux (-euse *f*).

ass [æs] âne(sse *f*) *m*; *make an* ~ *of o.s.* faire des âneries; se donner en spectacle.

as·sail [ə'seil] assaillir, attaquer; *fig.* s'attaquer à; accabler de; *crainte, doute, etc.*: saisir, envahir (*q.*); frapper (*l'œil etc.*); **as'sail·a·ble** attaquable; mal défendable; **as'sail·ant**, **as'sail·er** assaillant(e *f*) *m*; agresseur *m*.

as·sas·sin [ə'sæsin] assassin *m*; **as'sas·si·nate** [~neit] assassiner; **as·sas·si'na·tion** assassinat *m*.

as·sault [ə'sɔ:lt] 1. assaut *m* (*a.* ⚔); ⚔ attaque *f*; ᵗᵗ tentative *f* de voie de fait; agression *f*; *see* **battery**; *indecent*; 2. attaquer, assaillir; ᵗᵗ se livrer à des voies de fait sur (*q.*); ⚔ livrer l'assaut à.

as·say [ə'sei] 1. *métal etc.*: essai *m*; 2. *v/t.* essayer, titrer; *v/i. Am.* titrer; **as'say·er** essayeur *m*.

as·sem·blage [ə'semblidʒ] réunion *f*; rassemblement *m*; ⊕ montage *m*, assemblage *m*; **as'sem·ble** (s')assembler; (se) rassembler (*troupes*); (se) réunir; *v/t.* ⊕ assembler, monter; **as'sem·bler** ⊕ monteur (-euse *f*) *m*; ajusteur (-euse *f*) *m*; **as'sem·bly** assemblée *f*; assemblement *m*, réunion *f*; ⚔ (sonnerie *f* du) rassemblement *m*; ⊕ montage *m*, assemblage *m*; (*a.* ~ *shop*) salle *f* ou atelier *m* de montage; *moving* ~ *belt* chaîne *f* de montage; *Am.* ~ *line* bande *m* de montage; *Am. pol.* ~ *man* député *m*.

as·sent [ə'sent] 1. assentiment *m*, consentement *m*; 2.: ~ *to* acquiescer, accéder à; admettre (*qch.*).

as·sert [ə'sɔːt] affirmer (que, *that*); (*surt.* ~ *o.s.*) soutenir ses droits; (~ *o.s. s'*) imposer; **as'ser·tion** assertion *f*, affirmation *f*; revendication *f* (*de droits*); **as'ser·tive** □ péremptoire; *gramm.* assertif (-ive *f*); impérieux (-euse *f*); **as'ser·tor** celui (celle *f*) qui affirme; défenseur *m*.

as·sess [ə'ses] estimer, évaluer; répartir (*un impôt*); fixer (*une somme*); coter, taxer (à *in*, *at*); **as'sess·a·ble** □ évaluable (*dommage*); imposable (*propriété*); **as'sess·ment** répartition *f*; évaluation *f*; cotisation *f*; côte *f*; **as'ses·sor** assesseur *m*; contrôleur *m* (*des contributions*).

as·set ['æset] ✝ avoir *m*, actif *m*; ~s *pl.* biens *m/pl.*; ✝ actifs *m/pl.*

as·sev·er·ate [ə'sevəreit] affirmer; **as·sev·er'a·tion** affirmation *f*.

as·si·du·i·ty [æsi'djuːiti] assiduité *f*, diligence *f* (à, *in*); assiduities *pl.* petits soins *m/pl.*; **as'sid·u·ous** □ assidu; diligent.

as·sign [ə'sain] 1. assigner; consacrer; attribuer; donner (*la raison de qch.*); ⚖ transférer, céder; 2. ⚖ ayant droit (*pl.* ayants droit) *m*; **as·'sign·a·ble** □ assignable, attribuable; cessible; **as·sig·na·tion** [æsig'neiʃn] attribution *f*; rendez-vous *m*; *see* assignment; **as·sign·ee** [æsi'niː] *see* assign 2; délégué(e *f*) *m*; ⚖ syndic *m*; ⚖ séquestre *m*; **as·sign·ment** [ə'sainmənt] allocation *f*; citation *f*; *surt. Am.* désignation *f*, nomination *f*; *univ.* tâche *f* assignée, devoir *m*; ⚖ transfert *m*, cession *f*; **as·sign·or** [æsi'nɔː] ⚖ cédant(e *f*) *m*.

as·sim·i·late [ə'simileit] (to, *with*) (s')assimiler (à) (*a. physiol.*); *v/t.* comparer (à); **as·sim·i·la·tion** assimilation *f* (*a. physiol.*); comparaison *f*.

as·sist [ə'sist] *v/t.* aider; prêter assistance à; secourir; *v/i.* ~ *at* prendre part à; assister à; **as·sist·ance** aide *f*, secours *m*, assistance *f*; **as·sist·ant** 1. qui aide; adjoint (à, *to*); sous-; 2. adjoint(e *f*) *m*, auxiliaire *mf*; ✝ commis *m*, employé(e *f*) *m*.

as·size [ə'saiz] assises *f/pl.*; ~s *pl.* (cour *f* d')assises *f/pl.*

as·so·ci·a·ble [ə'souʃjəbl] associable (à, *with*); **as·so·ci·ate** 1. [~ʃieit] (s')associer (avec, *with*); *v/i.* s'affilier (à, *with*); ~ *in* s'associer pour (*qch.*); fréquenter (*q.*); 2. [~ʃiit] associé; adjoint; 3. [~] associé *m* (*a.* ✝); adjoint *m*; compagnon *m*, camarade *mf*; membre *m* correspondant (*d'une académie*); professeur *m* adjoint; **as·so·ci·a·tion** [~si'eiʃən] association *f* (*a. d'idées*); fréquentation *f*; société *f*, amicale *f* (*d'étudiants etc.*); ~ *football* football *m* association.

as·so·nance ['æsənəns] assonance *f*.

as·sort [ə'sɔːt] *v/t.* assortir; classer, ranger; ✝ assortir; *v/i.* (with) (s')assortir (avec); aller ensemble; **as·'sort·ment** assortiment *m*; classement *m*; ✝ assortiment *m*, choix *m*.

as·suage [ə'sweidʒ] apaiser (*la faim, un désir, etc.*); calmer; soulager; assoupir (*la souffrance*); **as·'suage·ment** apaisement *m*, soulagement *m*, adoucissement *m*.

as·sume [ə'sjuːm] prendre; affecter; revêtir; assumer (*une charge etc.*); simuler; présumer, supposer; **as·'sum·ing** □ présomptueux (-euse *f*); **as·sump·tion** [ə'sʌmpʃn] action *f* de prendre; entrée *f* en fonctions; affectation *f*; arrogance *f*; hypothèse *f*; *eccl.* ♀ Assomption *f*; *on the* ~ *that* en supposant que; **as·'sump·tive** □ hypothétique; admis; arrogant.

as·sur·ance [ə'ʃuərəns] affirmation *f*; promesse *f*; assurance *f* (*a.* = sûreté; aplomb); *péj.* hardiesse *f*; assurance *f* sur la vie; **as·'sure** assurer; assurer la vie de; s'assurer sur la vie; ~ *s.o. of s.th.* assurer *q.* de qch., assurer qch. à q.; **as·'sured** 1. (*adv.* **as·'sur·ed·ly** [~ridli]) assuré (*a.* = *certain*; *a.* = sûr de soi); *péj.* affronté; 2. assuré(e *f*) *m*; **as·'sur·er** [~rə] assuré(e *f*) *m*.

As·syr·i·an [ə'siriən] 1. assyrien(ne *f*); 2. Assyrien(ne *f*) *m*.

as·ter ♀ ['æstə] aster *m*; **as·ter·isk** ['~ərisk] *typ.* astérisque *m*.

a·stern ⚓ [ə'stəːn] à *ou* sur l'arrière.

asth·ma ['æsmə] asthme *m*; **asth·mat·ic** [~'mætik] 1. *a.* **asth·mat·i·cal** □ asthmatique; 2. asthmatique *mf*.

as·tig·mat·ic [æstig'mætik] (~ally) *opt.* astigmate; **a'stig·ma·tism** [~mətizm] astigmatisme *m*.

a·stir [əs'təː] animé; debout; agité.

as·ton·ish [əsˈtɔniʃ] étonner, surprendre; *be ~ed* être étonné, s'étonner (de *at*, *to*); **asˈton·ish·ing** □ étonnant, surprenant; **asˈton·ish·ment** étonnement *m*, surprise *f*.

as·tound [əsˈtaund] confondre; stupéfier.

as·tra·gal ⚠ [ˈæstrəgəl] astragale *m*, chapelet *m*.

as·tra·khan [æstrəˈkæn] *fourrure:* astrakan *m*.

as·tral [ˈæstrəl] astral (-aux *m/pl.*).

a·stray [əˈstrei] égaré; *péj.* dévoyé; *go ~* s'égarer; *péj.* se dévoyer.

a·stride [əˈstraid] à califourchon (sur, *of*); *ride ~* aller jambe deçà, jambe delà (*sur un cheval etc.*).

as·trin·gent □, ⚕ [əsˈtrindʒənt] astringent (*a. su./m*); styptique (*a. su./m*).

as·trol·o·ger [əsˈtrɔlədʒə] astrologue *m*; **as·trol·o·gy** [əsˈtrɔlədʒi] astrologie *f*; **as·tro·naut** [ˈæstrənɔːt] astronaute *mf*; **as·tron·o·mer** [əsˈtrɔnəmə] astronome *m*; **as·tro·nom·i·cal** □ [æstrəˈnɔmikl] astronomique; **as·tron·o·my** [əsˈtrɔnəmi] astronomie *f*.

as·tute □ [əsˈtjuːt] avisé, fin; *péj.* rusé, astucieux (-euse *f*); **asˈtute·ness** finesse *f*, pénétration *f*; *péj.* astuce *f*.

a·sun·der [əˈsʌndə] éloignés l'un de l'autre; en deux.

a·sy·lum [əˈsailəm] asile *m*, refuge *m*; hospice *m*; F maison *f* d'aliénés.

a·sym·me·try [æˈsimitri] asymétrie *f*, dissymétrie *f*.

at [æt; ət] *prp.* à; en (*guerre, mer*); (au)près de; sur (*demande*); *après certains verbes comme rire, se réjouir, s'étonner*: de; *~ the door* à la porte; sur le seuil; *~ my expense* à mes frais; *~ my aunt's* chez ma tante; *run ~ s.o.* se jeter sur q.; *~ day-break* au jour levant; *~ night* la nuit; *~ table* à table; *~ a low price* à un bas prix; *~ all events* en tout cas; *~ school* à l'école; *2 ~ a time* 2 par 2; *~ peace* en paix; *~ the age of* à l'âge de; *~ one blow* d'un seul coup; *~ five o'clock* à cinq heures; *~ Christmas* à Noël.   [visme *m.*⟩

at·a·vism *biol.* [ˈætəvizm] ata-⟩

a·tax·y ⚕ [əˈtæksi] ataxie *f*, incoordination *f*.

ate [et] *prét. de eat 1.*

a·the·ism [ˈeiθiizm] athéisme *m*; **ˈa·the·ist** athée *mf*; **a·theˈis·tic, a·theˈis·ti·cal** □ athéistique; athée.

ath·lete [ˈæθliːt] athlète *m*; 🏃 *~'s foot* pied *m* de l'athlète; *~'s heart* cardiectasie *f*; **athˈlet·ic** [ˌ~ˈletik] athlétique; F sportif (-ive *f*); *~ heave effort m* vigoureux; *~ sports pl.* sports *m/pl.* athlétiques; **athˈlet·ics** *pl.*, **athˈlet·i·cism** [ˌ~tisizm] athlétisme *m*.

at-home [ətˈhoum] réception *f*; soirée *f*.

a·thwart [əˈθwɔːt] **1.** *prp.* en travers de; **2.** *adv.* en travers (*a.* ⚓); ⚓ par le travers.

a·tilt [əˈtilt] incliné, penché; sur l'oreille (*chapeau*).

At·lan·tic [ətˈlæntik] **1.** atlantique; **2.** (*a. ~ Ocean*) (océan *m*) Atlantique *m*.

at·las [ˈætləs] atlas *m*; ⚠ atlante *m*.

at·mos·phere [ˈætməsfiə] atmosphère *f* (*a. fig.*); **at·mos·pher·ic, at·mos·pher·i·cal** □ [ˌ~ˈferik(l)] atmosphérique; **at·mos·pher·ics** *pl. radio:* parasites *m/pl.*, perturbations *f/pl.* atmosphériques.

at·oll *géog.* [əˈtɔl] atoll *m*; île *f* de corail.

at·om ⚛, *phys.* [ˈætəm] atome *m* (*a. fig.*); **a·tom·ic** [əˈtɔmik] atomique; *~ age* (*bomb, energy, number, warfare, weight*) âge *m* (bombe *f*, énergie *f*, nombre *m*, guerre *f*, poids *m*) atomique; *~ fission* fission *f* de l'atome; *~-powered* actionné par l'énergie atomique; *~ pile* (*ou reactor*) pile *f* atomique, réacteur *m* nucléaire; *~ research* recherche *f* atomique, recherches *f/pl.* nucléaires; **at·om·ism** [ˈætəmizm] atomisme *m*; **at·omˈis·tic** (*~ally*) atomistique; **ˈat·om·ize** pulvériser (*un liquide*); vaporiser; **ˈat·om·iz·er** pulvérisateur *m*, atomiseur *m*; **ˈat·o·my** *surt. fig.* squelette *m*.

a·tone [əˈtoun]: *~ for* expier (*qch.*), racheter (*qch.*); **aˈtone·ment** expiation *f*, réparation *f*.

a·ton·ic [æˈtɔnik] ⚕ atonique; *gramm.* atone; **at·o·ny** [ˈætəni] atonie *f*; F aveuglissement *m*.

a·top [əˈtɔp] en haut, au sommet; *~ of* en haut de.

a·tro·cious □ [əˈtrouʃəs] atroce; F affreux (-euse *f*); **a·troc·i·ty** [əˈtrɔsiti] atrocité *f* (*a. fig.*).

at·ro·phy ['ætrəfi] **1.** atrophie *f*; contabescence *f*; **2.** (s')atrophier.

at·tach [ə'tætʃ] *v/t.* (*to*) attacher (*chose, valeur, sens, etc.*) (à); lier, fixer (à); annexer (*un document*) (à); imputer (*une responsabilité*) (à); ajouter (*de la foi*) (à); prêter (*de l'importance*) (à); ⚖ arrêter (*q.*); saisir (*qch.*); ~ *o.s.* to s'attacher à; ~ *value to* attacher du prix à; *v/i.* s'attacher (à, *to*); **at'tach·a·ble** qui peut être attaché (à, *to*); ⚖ saisissable; **at·ta·ché** [ə'tæʃei] attaché *m*; ~ *case* mallette *f* (*pour documents*); **at'tach·ment** action *f* d'attacher; attachement *m* (pour, *for*); attache *f*, lien *m*; affection *f* (pour, *for*); ⊕, *machine:* accessoire *m*; attelage *m*; ⚖ saisie-arrêt (*pl.* saisies-arrêts) *f*; contrainte *f* par corps.

at·tack [ə'tæk] **1.** attaquer (*a. fig.*); s'attaquer à (*un travail, un repas, etc.*); *maladie:* s'attaquer à (*q.*); **2.** assaut *m*, attaque *f* (*a.* ⚔); attentat *m* (à la vie); ⚔ crise *f*; accès *m*; **at'tack·er** agresseur *m*; attaquant(e *f*) *m*.

at·tain [ə'tein] *v/t.* atteindre, arriver à (*a. fig.*); acquérir (*des connaissances*); *v/i.:* ~ *to* atteindre à; atteindre (*un âge*); **at'tain·a·ble** accessible; **at'tain·der** ⚖ confiscation *f* de biens et mort *f* civile; **at'tain·ment** arrivée *f*; *fig.* réalisation *f*; ~s *pl.* connaissance *f*, -s *f/pl.*, savoir *m*.

at·taint ⚖ [ə'teint] frapper (*q.*) de mort civile; *fig.* attaquer; souiller.

at·tar ['ætə] essence *f* de roses.

at·tem·per [ə'tempə] tremper; adoucir; modérer; accorder (avec, *to*).

at·tempt [ə'tempt] **1.** essayer (de, *to*), tâcher (de); ~ *the life of* attenter à la vie de; **2.** tentative *f*, essai *m*, effort *m* (de, *to*); attentat *m* (contre la vie de q., [*up*]on *s.o.'s life*).

at·tend [ə'tend] *v/t.* assister à; aller à; servir; visiter; soigner (*un malade*); accompagner; suivre (*un cours*); *v/i.* faire attention; assister; se charger (de, *to*); s'appliquer (à, *to*); ~ *on* visiter, soigner (*un malade*); *to* s'occuper de (*affaires etc.*); **at'tend·ance** *hôtel, magasin, etc.:* service *m*; présence *f*; assistance *f* (à, *at*); ⚔ soins *m/pl.* (pour, *on*), visites *f/pl.* (à, *on*); assiduité *f* (aux cours, à l'école); *hours pl. of* ~ heures *f/pl.* de présence; *be in* ~ être de service (auprès de, *on*); F *dance* ~ faire les trente-six volontés (de, *on*); **at'tend·ant** **1.** qui accompagne, qui sert, qui suit (*q.*, [*up*]on *s.o.*); qui assiste; concomitant; **2.** serviteur *m*, domestique *mf*; surveillant(e *f*) *m*; *théâ.* ouvreuse *f*; gardien(ne *f*) *m*; appariteur *m*; ⊕ surveillant *m*, soigneur *m*; ~s *pl.* personnel *m*.

at·ten·tion [ə'tenʃn] attention *f* (*a. fig.* = civilité); ⚔ ~! garde à vous!; *see* call; give; pay; **at'ten·tive** □ attentif (-ive *f*) (à, *to*); soucieux (-euse *f*) (de, *to*); *fig.* empressé (auprès de, *to*).

at·ten·u·ate [ə'tenjueit] atténuer (*a. fig.*); amincir; raréfier (*un gaz etc.*); **at'ten·u·at·ed** atténué; amaigri; ténu; **at·ten·u·a·tion** atténuation *f*; amaigrissement *m*.

at·test [ə'test] attester, certifier (*a. fig.*); (*a. v/i.* ~ *to*) témoigner de; affirmer sous serment; ⚖ assermenter (*q.*); *surt.* ⚔ faire prêter serment à (*q.*); **at·tes·ta·tion** [ætes'teiʃn] attestation *f*; témoignage *m*; prestation *f* de serment; *surt.* ⚔ assermentation *f*; **at·test·er**, **at·test·or** [ə'testə] témoin *m* (⚖ instrumentaire); ⚖ certificateur *m*.

At·tic ['ætik] **1.** attique; **2.** ♀ mansarde *f*, F grenier *m*; ♀s *pl.* combles *m/pl.*; étage *m* mansardé.

at·tire *poét.* [ə'taiə] **1.** vêtir; parer; **2.** costume *m*, vêtements *m/pl.*

at·ti·tude ['ætitjuːd] attitude *f* (envers, *to*[*wards*]); pose *f*; position *f* (d'un avion en vol); *strike an* ~ poser, prendre une attitude dramatique; ~ *of mind* disposition *f* d'esprit; manière *f* de penser; **at·ti'tu·di·nize** poser; faire des grâces.

at·tor·ney [ə'təːni] mandataire *mf*; *Am.* avoué *m*; ⚖ *Am. circuit* ~, *district* ~ procureur *m* de la République; *letter* (*ou warrant*) *of* ~ procuration *f*; *power of* ~ pouvoirs *m/pl.*; ♀ *General* avocat *m* du Gouvernement; procureur *m* général; *Am.* chef *m* du Ministère de Justice.

at·tract [ə'trækt] attirer (*a. l'attention*); *fig.* séduire; avoir de l'attrait pour; **at'trac·tion** [~kʃn] attraction *f*; *fig.* attrait *m*; *théâ.* attraction *f*; clou *m* (*du spectacle*); **at'trac-**

tive [~tiv] □ *usu. fig.* attrayant, attirant; *théâ.* alléchant; **at'trac-tive·ness** attrait *m*, charme *m*.

at·trib·ut·a·ble [ə'tribjutəbl] imputable; **at·tri·bute 1.** [ə'tribju:t] imputer, attribuer; prêter *(une qualité, des vertus)*; **2.** ['ætribju:t] attribut *m*, qualité *f*; apanage *m*; symbole *m*; *gramm.* épithète *f*; **at·tri·bu·tion** [ætri'bju:ʃn] attribution *f*, imputation *f* (à, to); affectation *f* *(à un but)*; compétence *f*; **at·trib·u·tive** *gramm.* [ə'tribjutiv] **1.** □ qualificatif (-ive *f*); **2.** épithète *f*.

at·tri·tion [ə'triʃn] attrition *f*; usure *f* par le frottement; ⊕ usure *f*, *machine:* fatigue *f*; *war of* ~ guerre *f* d'usure.

at·tune [ə'tju:n] ♩ accorder, *fig.* harmoniser (avec, to).

au·burn ['ɔ:bən] châtain roux, blond ardent; acajou.

auc·tion ['ɔ:kʃn] **1.** *(a. sale by* ~*)* vente *f* aux enchères; vente *f* à l'encan; *sell by (Am.* at*)* ~, *put up for* ~ vendre aux enchères; vendre à la criée *(du poisson etc.)*; **2.** *(usu.* ~ *off)* vendre aux enchères; **auc·tion·eer** [~ʃə'niə] commissaire-priseur *(pl.* commissaires-priseurs) *m*.

au·da·cious □ [ɔ:'deiʃəs] audacieux (-euse *f*), hardi; *péj.* effronté, cynique; **au·dac·i·ty** [ɔ:'dæsiti] audace *f*; hardiesse *f (a. péj.); péj.* effronterie *f*, cynisme *m*.

au·di·bil·i·ty [ɔ:di'biliti] perceptibilité *f*; **au·di·ble** ['ɔ:dəbl] perceptible; intelligible *(voix etc.)*.

au·di·ence ['ɔ:djəns] audience *f* (avec *of,* with); assistance *f,* assistants *m/pl. (à une réunion)*; public *m,* spectateurs *m/pl. (au théâtre);* auditeurs *m/pl. (au concert).*

au·di·o-fre·quen·cy ['ɔ:diou'fri:kwənsi] *radio:* audiofréquence *f*.

au·dit ['ɔ:dit] **1.** *comptes:* vérification *f*; **2.** vérifier, apurer *(des comptes); univ.* † assister à *(un cours);* **au'di·tion** audition *f*; **'au·di·tor** commissaire *m* aux comptes; expert *m* comptable; auditeur *m (surt. univ.);* **au·di·to·ri·um** [~'tɔ:riəm] salle *f*; *eccl.* parloir *m*; *Am.* salle *f (de concert, de conférence, etc.);* **au·di·to·ry** ['~təri] **1.** auditif (-ive *f);* de l'ouïe; **2.** auditoire *m*; auditeurs *m/pl.*; see auditorium.

au·ger ⊕ ['ɔ:gə] perçoir *m*; tarière *f*.

aught [ɔ:t] quelque chose *m*; *for* ~ *I care* pour ce qui m'importe; *for* ~ *I know* autant que je sache.

aug·ment [ɔ:g'ment] *v/t.* augmenter, accroître; *v/i.* augmenter, s'accroître; **aug·men'ta·tion** augmentation *f*, accroissement *m*; **aug-'ment·a·tive** □ [~tətiv] augmentatif (-ive *f*).

au·gur ['ɔ:gə] **1.** augure *m*; **2.** augurer; prédire; *v/i.* être de bon *ou* de mauvais augure; **au·gu·ry** ['ɔ:gjuri] augure *m*; F présage *m*; science *f* des augures.

Au·gust 1. ['ɔ:gəst] août *m*; **2.** ♀ □ [ɔ:'gʌst] auguste, imposant; **Au·gus·tan** [ɔ:'gʌstən] d'Auguste; *littérature anglaise:* de la reine Anne.

auk *orn.* [ɔ:k] pingouin *m*.

aunt [ɑ:nt] tante *f*; ♀ *Sally* jeu *m* de massacre; **aunt·ie**, **aunt·y** F ['~ti] tata *f*; ma tante.

au·ral ['ɔ:rəl] de l'oreille.

au·re·ole ['ɔ:rioul] *eccl., astr.* auréole *f*; *saint:* gloire *f*.

au·ri·cle *anat.* ['ɔ:rikl] auricule *f*; **au·ric·u·la** ♣ [ə'rikjulə] auricule *f*; **au·ric·u·lar** □ [ɔ:'rikjulə] auriculaire; de l'oreille, des oreillettes du cœur; ~ *witness* témoin *m* auriculaire.

au·rif·er·ous [ɔ:'rifərəs] aurifère.

au·rist ♣ ['ɔ:rist] auriste *m*.

au·rochs *zo.* ['ɔ:rɔks] bœuf *m* urus.

au·ro·ra [ɔ:'rɔ:rə] Aurore *f (fig.* ♀*);* ~ *borealis* aurore *f* boréale; **au'ro·ral** auroral (-aux *m/pl.);* de l'aurore.

aus·cul·ta·tion ♣ [ɔ:skəl'teiʃn] auscultation *f*.

aus·pice ['ɔ:spis] augure *m*; ~*s pl.* auspices *m/pl.*; **aus·pi·cious** □ [~'piʃəs] propice; prospère, heureux (-euse *f*).

aus·tere □ [ɔs'tiə] austère; frugal (-aux *m/pl.) (repas);* sans luxe *(chambre etc.);* cénobitique *(vie);* **aus·ter·i·ty** [~'teriti] austérité *f*; sévérité *f* de goût; absence *f* de luxe.

aus·tral ['ɔ:strəl] austral (-als *ou* -aux *m/pl.).*

Aus·tra·li·an [ɔs'treiljən] **1.** australien (-ne *f*); **2.** Australien(ne *f*) *m*.

Aus·tri·an ['ɔstriən] **1.** autrichien (-ne *f*); **2.** Autrichien(ne *f*) *m*.

au·tarch·y [ɔ:'tɑ:ki] autarchie *f* (= *souveraineté); Am. see* autarky.

au·tark·y ['ɔ:tɑ:ki] autarcie *f*.

au·then·tic [ɔ:'θentik] (~*ally*) authentique; digne de foi; **au'then-**

authenticate

ti·cate [ˌkeit] certifier, légaliser, valider, viser (*un acte etc.*); établir l'authenticité de; **au·then·ti·ca·tion** certification *f*; validation *f*; **au·then·tic·i·ty** [ˌtisiti] authenticité *f*; crédibilité *f*.

au·thor ['ɔːθə] auteur *m* (*a. fig.*); écrivain *m*; **au·thor·ess** ['ɔːθəris] femme *f* auteur; femme *f* écrivain; **au·thor·i·tar·i·an** [ɔːθɔriˈtɛəriən] autoritaire (*a. su./m*); **au·thor·i·ta·tive** □ [ˌtətiv] autoritaire; péremptoire; qui fait autorité (*document*); de bonne source; **au·thor·i·ta·tive·ness** autorité *f*; ton *m* autoritaire; **au·thor·i·ty** autorité *f* (sur, over); ascendant *m* (sur, over); domination *f*; autorisation *f*, mandat *m* (de *inf.*, to *inf.*); qualité *f* (pour *inf.*, to *inf.*); expert *m* (dans qch., on s.th.); source *f* (*de renseignements*); *surt.* ~s *pl.* *l'*administration *f*; on good ~ de bonne source; on the ~ of sur la foi de (*q.*); I have it on the ~ of Mr. X je le tiens de Monsieur X; **au·thor·i·za·tion** [ɔːθəraiˈzeiʃn] autorisation *f*; pouvoir *m*; mandat *m*; **'au·thor·ize** autoriser, sanctionner; donner mandat à; **'au·thor·ship** profession *f ou* qualité *f* d'auteur; *livre:* paternité *f*.

au·to ['ɔːtou] auto(mobile) *f*.

auto... [ɔːto] auto-.

au·to·bi·og·ra·pher [ɔːtobaiˈɔgrəfə] autobiographe *m*; **'au·to·bi·o·'graph·ic, 'au·to·bi·o·'graph·i·cal** □ [ˌoˈgræfik(l)] autobiographique; **au·to·bi·og·ra·phy** [ˌɔgrəfi] autobiographie *f*. [torcade.\
au·to·cade *Am.* [ɔːtoukeid] see mo-\
au·to·car [ɔːtoukɑː] autocar *m*.

au·toch·thon [ɔːtɔkθən] autochthone *m* (= *aborigène*); **au'toch·tho·nous** autochthone.

au·toc·ra·cy [ɔːtɔkrəsi] autocratie *f*; **au·to·crat** ['ɔːtəkræt] autocrate *m*; **au·to·crat·ic, au·to·crat·i·cal** □ autocratique; autocrate (*personne*); absolu (*caractère*).

au·tog·e·nous weld·ing ⊕ [ɔːtɔdʒənəsˈweldiŋ] soudure *f* (à l')autogène.

au·to·gi·ro ✈ ['ɔːtouˈdʒaiərou] autogyre *m*.

au·to·graph ['ɔːtəgrɑːf] 1. autographe *m*; ~ *album* keepsake *m*; 2. signer, dédicacer; ⊕ autographier; **au·to·graph·ic** [ˌoˈgræfik]

(ˌally) autographe; ⊕ autographique; **au·tog·ra·phy** [ɔːˈtɔgrəfi] autographe *m*; ⊕ autographie *f*.

au·to·mat·ic [ɔːtoˈmætik] (ˌally) 1. automatique, inconscient; ~ *machine* distributeur *m*; ~ *telephone* (téléphone *m*) automatique *m*; 2. *Am.* automate *m*; **au·tom·a·tion** ⊕ automatisation *f*; **au·tom·a·ton** [ɔːˈtɔmətən], *pl.* **-tons**, **-ta** [ˌtə] automate *m* (*a. fig.*).

au·to·mo·bile *surt. Am.* ['ɔːtəməbiːl] automobile *f*; F voiture *f*.

au·ton·o·mous [ɔːˈtɔnəməs] autonome; **au'ton·o·my** autonomie *f*.

au·top·sy ['ɔːtɔpsi] autopsie *f*.

au·to·type ⊕ ['ɔːtətaip] fac-similé *m*.

au·tumn ['ɔːtəm] automne *m*; **au·tum·nal** [ɔːˈtʌmnəl] automnal (-aux *m/pl.*); d'automne.

aux·il·ia·ry [ɔːgˈziljəri] 1. auxiliaire, subsidiaire (à, to); 2. (*a.* ~ *verb*) *gramm.* verbe *m* auxiliaire; *auxiliaries pl.* (troupes *f/pl.*) auxiliaires *m/pl.*

a·vail [əˈveil] 1. servir (à), être utile (à) (*q.*); ~ *o.s. of* profiter de (*qch.*); user de (*qch.*); saisir (*une opportunité*); 2. avantage *m*, utilité *f*; of no ~ inutile; of what ~ is it? à quoi bon?; à quoi sert (de *inf.*, to *inf.*)?; **a·vail·a·bil·i·ty** disponibilité *f*; *billet:* durée *f*, validité *f*; **a'vail·a·ble** □ disponible; libre; accessible, valable, bon(ne *f*), valide; **a'vail·ments** *pl.* disponibilités *f/pl.*

av·a·lanche ['ævəlɑːnʃ] avalanche *f*.

av·a·rice ['ævəris] avarice *f*; mesquinerie *f*; **av·a·ri·cious** □ avare, avaricieux (-euse *f*).

a·venge [əˈvendʒ] venger; prendre la vengeance de (*q.*); ~ *o.s.* (*ou be* ~*d*) (*up*)*on* se venger de *ou* sur; *avenging angel* divinité *f* vengeresse; **a'veng·er** vengeur (-eresse *f*) *m*.

av·e·nue ['ævinjuː] avenue *f*; chemin *m* d'accès; promenade *f* plantée d'arbres; *Am.* boulevard *m*.

a·ver [əˈvəː] avérer, affirmer, déclarer; ⚖ prouver; alléguer.

av·er·age ['ævəridʒ] 1. moyenne *f*; ⚓ avarie *f*; ⚓ *general* ~ avaries *f/pl.* communes; ⚓ *particular* ~ avarie *f* particulière; *on an* ~ en moyenne; 2. □ moyen (ne *f*); *fig.* ordinaire, normal (-aux *m/pl.*); 3. prendre *ou* faire *ou* établir la moyenne (de, of); donner une moyenne (de, at).

a·ver·ment [ə'vəːmənt] affirmation *f*; ⚖ allégation *f*; preuve *f*.

a·verse □ [ə'vəːs] opposé (à *to, from*); ennemi (de); **a'verse·ness**, **a'ver·sion** aversion *f* (pour *to, from*); répugnance *f* (à); *he is my aversion* il est mon cauchemar.

a·vert [ə'vəːt] détourner (*a. fig.*); écarter.

a·vi·ar·y ['eivjəri] volière *f*.

a·vi·ate ⚙ ['eivieit] voler; **a·vi·a·tion** aviation *f*; vol *m*; ~ *ground* aérodrome *m*; **'a·vi·a·tor** aviateur (-trice *f*) *m*.

av·id □ ['ævid] avide (de *of, for*); **a·vid·i·ty** [ə'viditi] avidité *f* (de, pour *for*).

av·o·ca·tion [ævo'keiʃn] occupation *f*; vocation *f*; profession *f*; métier *m*.

a·void [ə'vɔid] éviter; se soustraire à; se dérober à; ⚖ résoudre, annuler, résilier (*un contrat etc.*); **a'void·a·ble** évitable; **a'void·ance** action *f* d'éviter; *us. eccl.* vacance *f*; ⚖ *contrat etc.*: résolution *f*, annulation *f*, résiliation *f*.

av·oir·du·pois ✝ [ævədə'pɔiz] poids *m* du commerce; *Am. sl.* poids *m*, pesanteur *f*.

a·vouch [ə'vautʃ] garantir; reconnaître; *see* avow.

a·vow [ə'vau] reconnaître; s'avérer; déclarer; **a'vow·al** aveu *m*; **a'vow·ed·ly** [~idli] franchement, ouvertement.

a·wait [ə'weit] attendre (*a. fig.*).

a·wake [ə'weik] **1.** éveillé; attentif (-ive *f*); *be* ~ *to* avoir conscience de; *wide* ~ bien *ou* tout éveillé; *fig.* averti, avisé; **2.** [*irr.*] *v/t.* (*usu.* **a'wak·en**) éveiller; réveiller; *s.o. to* ouvrir les yeux à q. sur; *v/i.* se réveiller, s'éveiller; prendre conscience (de qch., *to s.th.*).

a·ward [ə'wɔːd] **1.** adjudication *f*, sentence *f* arbitrale; récompense *f*; *Am.* bourse *f*; ⚖ dommages-intérêts *m/pl.*; **2.** adjuger, décerner; accorder; conférer (*un titre etc.*).

a·ware [ə'wɛə] *be* ~ avoir connaissance (de, *of*); avoir conscience (de, *of*); ne pas ignorer (qch., *of s.th.*; que, *that*); *become* ~ *of* prendre connaissance *ou* conscience de; se rendre compte de; **a'ware·ness** conscience *f*.

a·wash ⚓ [ə'wɔʃ] à fleur d'eau; ras (*écueil*); *fig.* inondé.

a·way [ə'wei] (au) loin; dans le lointain; absent; à une distance de; ~ *with it!* emportez-le!; ~ *with you!* allez-vous-en!; *Am.* F ~ *back* il y a (déjà) longtemps; dès (*une date*); *I cannot* ~ *with it* je ne peux pas sentir cela.

awe [ɔː] crainte *f*, terreur *f* (de, *of*); *qqfois* respect *m* (pour, *of*); terreur *f* religieuse; effroi *m* religieux; **awe·some** ['~səm] *see* awful; **'awe-struck** frappé d'une terreur profonde religieuse *ou* mystérieuse; intimidé.

aw·ful □ ['ɔːful] redoutable, effroyable; F fameux (-euse *f*); fier (-ère *f*), affreux (-euse *f*); **'aw·ful·ness** caractère *m* terrible; solennité *f*.

a·while [ə'wail] un moment; pendant quelque temps.

awk·ward □ ['ɔːkwəd] gauche, maladroit; gêné; fâcheux (-euse *f*), gênant; incommode, peu commode; **'awk·ward·ness** gaucherie *f*; maladresse *f*; manque *m* de grâce; embarras *m*; inconvénient *m*.

awl [ɔːl] alêne *f*, poinçon *m*.

awn ♀ [ɔːn] barbe *f*, barbelure *f*.

awn·ing ['ɔːniŋ] ⚓, *a. voiture*: tente *f*; *boutique*: banne *f*; *théâtre, hôtel*: marquise *f*; ⚓ tendelet *m*.

a·woke [ə'wouk] *prét. et p.p. de* awake 2.

a·wry [ə'rai] de travers; de guingois; *go* ~, *turn* ~ aller de travers.

axe [æks] **1.** hache *f*; F *the* ~ coupe *f*; traitement, personnel, *etc.*: réductions *f/pl.*; *have an* ~ *to grind* avoir un intérêt personnel à servir; **2.** *v/t.* F faire des coupes dans; mettre à pied (*des fonctionnaires*).

ax·i·om ['æksiəm] *principe*: axiome *m*; **ax·i·o·mat·ic** (~*ally*) axiomatique; F évident.

ax·is ['æksis], *pl.* **ax·es** ['~siːz] axe *m*.

ax·le ⊕ ['æksl] tourillon *m*; arbre *m*; (*a.* ~-*tree*) essieu *m*.

ay(e) [ai] **1.** *parl.* oui; ⚓ ~, ~! bien (monsieur)!; **2.** oui *m*; *parl.* voix *f* pour; *the* ~*s have it* le vote est pour.

a·za·lea ♀ [ə'zeiljə] azalée *f*.

az·i·muth *astr.* ['æzimθ] azimut *m*; ~ *instrument* compas *m* de relèvement; **az·i·muth·al** [~'mjuːθl] azimutal (-aux *m/pl.*).

a·zo·ic *géol.* [ə'zouik] azoïque.

az·ure ['æʒə] **1.** d'azur, azuré; **2.** azur *m*.

B

B, b [biː] B *m*, b *m*.
baa [baː] 1. bêler; 2. bêlement *m*.
Bab·bitt *Am.* ['bæbit] philistin *m*; affreux bourgeois *m*; ⊕ ⚙ metal métal *m* blanc antifriction.
bab·ble ['bæbl] 1. babiller; jaser; murmurer; gazouiller; raconter (*qch.*) en babillant; 2. babil(lage) *m*, babillement *m*; bavardage *m*, jaserie *f*; murmure *m*; '**bab·bler**' bavard(e *f*) *m*; jaseur (-euse *f*) *m*.
babe [beib] *poét.* petit(e) enfant *m(f)*.
Ba·bel ['beibl] *bibl.* Tour *f* de Babel; *fig.* brouhaha *m*, vacarme *m*.
ba·boon *zo.* [bə'buːn] babouin *m*.
ba·by ['beibi] 1. bébé *m*; poupon(ne *f*) *m*; poupard *m*; 2. d'enfant, de bébé, petit; ~ **act** *usu. plead* (*ou play*) *the* ~ *Am.* plaider son inexpérience; appuyer sa défense sur sa minorité; '~-**car·riage** *Am. see perambulator*; '~-**farm·er** personne *f* qui prend des enfants en nourrice; *péj.* faiseuse *f* d'anges; ~ **grand** ♪ piano *m* (à) demi-queue; '**ba·by·hood** ['~hud] première enfance *f*; bas âge *m*; '**ba·by·ish** □ puéril; de bébé.
Bab·y·lo·ni·an [bæbi'lounjən] 1. babylonien(ne *f*); 2. Babylonien(ne *f*) *m*.
ba·by-sit *usu. Am.* F ['beibisit] [*irr.* (*sit*)] veiller sur un enfant; '**ba·by-'sit·ter** gardienne *f* d'enfants.
bac·ca·lau·re·ate [bækə'lɔːriit] baccalauréat *m*; *univ. usu.* licence *f* (*ès lettres, ès sciences, etc.*).
Bac·cha·nal ['bækənl] *see Bacchant*; '**Bac·cha·nals** *pl.*, **Bac·cha·na·li·a** [~'neiljə] *pl.* bacchanales *f/pl.*; **Bac·cha·na·li·an** 1. bachique; 2. *fig.* noceur *m*.
Bac·chant ['bækənt] adorateur *m* de Bacchus; (*a.* **Bac·chan·te** [bə'kænti]) bacchante *f*.
bach·e·lor ['bætʃələ] célibataire *m*, garçon *m*; *hist.* bachelier *m*; *univ.* licencié(e *f*) *m*; ~ *girl* garçonne *f*; **bach·e·lor·hood** ['~hud] célibat *m*; vie *f* de garçon.
bac·il·la·ry [bə'siləri] bacillaire *m*; **ba·cil·lus** [~əs], *pl.* -**li** [~lai] bacille *m*.
back [bæk] 1. *su. personne, animal*: dos *m*; reins *m/pl.*; revers *m*; *chaise*: dossier *m*; *salle, armoire, scène*: fond *m*; *tête, maison*: derrière *m*; *foot., maison*: arrière *m*; (*at the*) ~ *of* au fond de; *put one's* ~ *into it* y aller de tout son cœur; F *put s.o.'s* ~ *up* mettre q. en colère; faire rebiffer q.; 2. *adj.* arrière, de derrière; sur le derrière (*pièce*); sur la cour (*chambre d'hôtel*); *gramm.* vélaire; ~ *formation* dérivation *f* régressive; ~ *issue* ancien numéro *m*, ancien volume *m*; ~ *pay* (*ou salary*) rappel *m* de traitement; 3. *adv.* en arrière; de retour; 4. *v/t.* renforcer (*un mur, une carte*); endosser (*un livre*); parier sur, miser sur (*un cheval*); appuyer, (*a.* ~ *up*) soutenir; servir de fond à; reculer (*une charrette*); faire (re)culer (*un cheval*); refouler (*un train*); mettre en arrière (*une machine*); ✝ endosser (*un effet*); financer (*q.*); ⚓ ~ *the sails* masquer les voiles; ~ *water*, ~ *the oars* ramer à rebours; scier; ~ *up* prêter son appui à (*qch., q.*); *v/i.* aller en arrière; marcher à reculons; reculer (*cheval*); faire marche arrière (*voiture*); ravaler (*vent*); F se dégager (*de, out of*); F ~ *down* en rabattre; rabattre (*de, from*); ~ *al·ley Am.* rue *f* misérable (*dans le bas quartier*); '~-**bas·ket** hotte *f*; '~-**bend** *sp.* pont *m*; '~-**bite** [*irr.* (*bite*)] médire de (*q.*); '~-**board** dossier *m*; ✚ planche *f* à dos; ~ *vertébrale*; '~-**bone** échine *f*; colonne *f* vertébrale; *fig.* caractère *m*, fermeté *f*; *to the* ~ *fig.* à la moelle des os; '~-**cloth** *théâ.* toile *f* de fond; '~-**door** porte *f* de derrière; *fig.* petite porte *f*; **backed** à dos, à dossier; *phot.* ocré (*plaque*); '**back·er** parieur (-euse *f*) *m*; partisan *m*; ✝ donneur *m* d'aval; commanditaire *m*.
back...: '~-**fire** *mot.* 1. pétarde *f*; 2. pétarder; '~-**gam·mon** trictrac *m*; jacquet *m*; '~-**ground** fond *m*, arrière-plan *m*; '~-**hand** 1. coup *m* fourré; *tennis*: revers *m*; 2. déloyal (-aux *m/pl.*); de revers; '~-'**hand·ed** renversé; *fig.* équivoque; '~-'**hand·er** *see back-hand* 1; riposte *f* inattendue; '~-**log** réserve *f*; arriéré *m*; '~-**ped·al** contre-pédaler; ~**ing brake** frein *m* par contre-pédalage; '~-**side** derrière *m*; '~-**sight** hausse

f; *surv.* coup *m* arrière; '~-slap·per *Am.* luron *m*; '~'slide [*irr.* (*slide*)] retomber dans l'erreur; rechuter; '~'slid·er relaps(e *f*) *m*; '~'slid·ing récidive *f*; '~'stairs escalier *m* de service; '~-stitch 1. point *m* arrière; 2. coudre à points de piqûre; '~-stroke (*ou* ~ *swimming*) nage *f* sur le dos; ~ *talk Am.* impertinence *f*; ~ *to back sp. Am.* F l'un après l'autre; '~-track *Am.* F *fig.* s'en retourner (*chez soi etc.*).

back·ward ['bækwəd] 1. *adj.* attardé, arrière (*personne*); en arrière, rétrograde; en retard; peu empressé (à *inf., in gér.*); 2. *adv.* (*a.* 'back·wards) en arrière; *walk backwards and forwards* aller et venir; back·ward·a·tion † *Br.* déport *m*; 'back·ward·ness retard *m*; hésitation *f*, lenteur *f* (*a. d'intelligence*); tardiveté *f*.

back...: '~·wa·ter eau *f* arrêtée; bras *m* de décharge; remous *m*; '~·wheel roue *f* arrière; roue *f* motrice; ~ *drive* pont *m* arrière; '~·woods forêts *f/pl.* de l'intérieur (de l'Amérique du Nord); '~·woods·man colon *m* des forêts (de l'Amérique du Nord).

ba·con ['beikən] lard *m*; F *save one's* ~ sauver sa peau; se tirer d'affaire; *sl. bring home the* ~ revenir triomphant; décrocher la timbale.

bac·te·ri·al □ [bæk'tiəriəl] bactérien(ne *f*); bac·te·ri·o·log·i·cal □ [bæktiəriə'lɔdʒikl] bactériologique; bac·te·ri·ol·o·gist [~'ɔlədʒist] bactériologiste *mf*; bac'te·ri·um [~iəm], *pl.* -ri·a [~iə] bactérie *f*.

bad □ [bæd] mauvais (*affaire*); avarié (*viande*); piteux (-euse *f*) (*état*); méchant (*enfant*); grave (*accident*); malade; faux (fausse *f*) (*monnaie*); vilain (*mot. a. Am.*); F *not* ~ pas mal du tout; *not too* ~ comme ci comme ça; *things are not so* ~ ça ne marche pas si mal; *he is* ~*ly off* il est mal loti; ~*ly wounded* gravement blessé; F *want* ~*ly* avoir grand besoin de.

bade [beid] *prét. de bid 1.*

badge [bædʒ] insigne *m*; *fig.* symbole *m*.

badg·er ['bædʒə] 1. *zo.* blaireau *m*; 2. tracasser, harceler, importuner.

bad·lands *Am.* ['bædlændz] *pl.* terres *f/pl.* incultivables.

bad·min·ton *sp.* ['bædmintən] badminton *m*.

bad·ness ['bædnis] mauvaise qualité *f*; mauvais état *m*; méchanceté *f* (*d'une personne*).

bad-tem·pered ['bæd'tempəd] grincheux (-euse *f*); acariâtre.

baf·fle ['bæfl] dérouter (*q., des soupçons*); faire échouer (*un projet etc.*); confondre; dépister; *it* ~*s description* il défie toute description.

bag [bæg] 1. sac *m*; sacoche *f*; bourse *f*; F poche *f* (*sous l'œil*); *chasse:* tableau *m*; *sl.* ~*s pl.* pantalon *m*; *Am.* F *it's in the* ~ c'est dans le sac; *depart* ~ *and baggage* emporter ses cliques et ses claques; 2. (se) gonfler, bouffer; *v/t.* mettre en sac; F chiper, voler; *chasse:* abattre, tuer.

bag·a·telle [bægə'tel] bagatelle *f*; billard *m* anglais.

bag·gage ['bægidʒ] ⚔ *Am.* bagage *m*; F effrontée *f*; *péj.* prostituée *f*; ~ *car* ⚒ *Am.* fourgon *m* aux bagages; '~-check *Am.* bulletin *m* de bagages.

bag·ging ['bægiŋ] mise *f* en sac; toile *f* à sac.

bag·gy ['bægi] bouffant; pendant (*joues*); formant poches (*pantalon*).

bag...: '~·man F commis *m* voyageur; '~·pipe cornemuse *f*; '~·snatch·er voleur *m* à la tire.

bail¹ [beil] 1. garant *m*; caution *f*; ⚖ *admit to* ~ accorder la liberté provisoire sous caution à (*q.*); *be* (*ou go ou stand*) ~ *for* fournir caution pour; 2. cautionner; ~ *out* se porter caution pour (*q.*).

bail² [~] ⚓ [~] écoper.

bail³ [~] *cricket:* ~*s pl.* bâtonnets *m/pl.*, barrettes *f/pl.*

bail⁴ [~] *baquet etc.:* poignée *f*.

bail·a·ble ⚖ ['beiləbl] admettant l'élargissement *m* sous caution.

bail·ee ⚖ [bei'li:] dépositaire *m*; emprunteur (-euse *f*) *m*.

bail·er ⚓ ['beilə] 1. écope *f*; 2. écoper.

bail·iff ['beilif] ⚯ régisseur *m*, intendant *m*; ⚖ agent *m* de poursuites, huissier *m*.

bail·ment ⚖ ['beilmənt] dépôt *m* (*de biens*); mise *f* en liberté sous caution.

bail·or ['beilə] déposant *m*; prêteur (-euse *f*) *m*; ⚖ caution *f*.

bairn *écoss.* [bɛən] enfant *mf*.

bait

bait [beit] **1.** amorce *f*; appât *m* (*a. fig.*); **2.** *v/t.* amorcer (*un piège, une ligne, etc.*); faire manger (*un cheval pendant une halte*); *fig.* harceler; importuner; *v/i.* se restaurer; s'arrêter pour se rafraîchir.

bait·ing ['beitiŋ] harcelage *m*; amorcement *m*.

baize † [beiz] serge *f*; tapis *m* vert.

bake [beik] **1.** (faire) cuire; *v/i.* boulanger; F brûler; **2.** soirée *f*; '~-**house** fournil *m*, boulangerie *f*.

ba·ke·lite ⊕ ['beikəlait] bakélite *f*.

bak·er ['beikə] boulanger *m*; '**bak·er·y** boulangerie *f*; '**bak·ing** rôtissant, desséchant (*soleil*); F brûlant; ~ **hot** torride; '**bak·ing-pow·der** poudre *f* à lever.

bak·sheesh ['bækʃi:ʃ] bakchich *m*.

bal·a·lai·ka ♪ [bælə'laikə] balalaïka *f*.

bal·ance ['bæləns] **1.** balance *f*; *fig.* équilibre *m*, aplomb *m*; *montre:* balancier *m*, *a. horloge:* régulateur *m*; † solde *m*; ~ bilan *m*; *surt. Am.* F reste *m*; ~ **in hand** solde *m* créditeur, ~ **of payments** balance *f* des paiements; ~ **of power** balance *f* politique; ~ **of trade** balance *f* commerciale; *see* **strike 2**; **2.** *v/t.* balancer; équilibrer, stabiliser; compenser; faire contrepoids à; † balancer, solder; dresser le bilan de; *v/i.* se faire équilibre; se balancer; '~-**sheet** † bilan *m*.

bal·co·ny ['bælkəni] balcon *m*; *théâ.* deuxième balcon *m*.

bald [bɔ:ld] chauve; *fig.* nu; dénudé.

bal·da·chin ['bɔ:ldəkin] baldaquin *m*.

bal·der·dash ['bɔ:ldədæʃ] bêtises *f/pl.*, balivernes *f/pl.*

bald...: '~-**head**, '~-**pate** tête *f* chauve; **go** ~ **into** faire (*qch.*) tête baissée; '**bald·ness** calvitie *f*; *fig.* nudité *f*; *surt. style:* sécheresse *f*.

bal·dric ['bɔ:ldrik] baudrier *m*.

bale¹ † [beil] balle *f*, ballot *m*.

bale² ⚓ [~] *v/t.* écoper; *v/i.* ✈ ~ **out** sauter en parachute.

bale·fire ['beilfaiə] † feu *m* d'alarme; *see* **bonfire**; bûcher *m* funéraire.

bale·ful □ ['beilful] sinistre; funeste.

balk [bɔ:k] **1.** bande *f* de délimitation; billon *m*; *fig.* obstacle *m*; **2.** *v/t.* contrarier; entraver; éviter (*un sujet*); se soustraire à; frustrer; *v/i.* refuser; reculer (devant, *at*); regimber (contre, *at*).

Bal·kan ['bɔ:lkən] balkanique, des Balkans.

ball¹ [bɔ:l] **1.** *cricket, tennis, hockey, fusil, etc.:* balle *f*; *croquet, neige:* boule *f*; *foot., enfant:* ballon *m*; *billard:* bille *f*; *laine, ficelle:* pelote *f*, peloton *m*; *canon:* boulet *m*; *Am. baseball:* coup *m* manqué; **keep the** ~ **rolling** soutenir la conversation; *Am.* F **play** ~ coopérer (avec, **with**); **2.** (s')agglomérer.

ball² [~] bal (*pl.* -**s**) *m*; **open the** ~ ouvrir le bal (*a. fig.*).

bal·lad ['bæləd] ballade *f*; ♪ romance *f*; '~-**mon·ger** chansonnier *m*.

ball-and-sock·et ⊕ ['bɔ:lən'sɔkit]: ~ **joint** joint *m* à rotule.

bal·last ['bæləst] **1.** ⚓ lest *m*; *fig.* esprit *m* rassis; ballast *m*, empierrement *m*; **mental** ~ sens *m* rassis; **2.** lester; 🚋 ballaster.

ball...: '~-'**bear·ing**(**s** *pl.*) ⊕ roulement *m* à billes; '~-**boy** *tennis:* ramasseur *m* de balles.

bal·let ['bælei] ballet *m*.

bal·lis·tics [bə'listiks] *usu. sg.* balistique *f*.

bal·loon [bə'lu:n] **1.** 🜨, *a.* ⚗ ballon *m*; △ pomme *f*; *mot.* ~ **tyre** pneu *m* ballon *ou* confort; **2.** monter en ballon; bouffer, se ballonner; **bal·loon fab·ric** entoilage *m*; **bal·loon·ist** aéronaute *m*, aérostier *m*.

bal·lot ['bælət] **1.** (tour *m* de) scrutin *m*; vote *m*; *parl.* tirage *m* au sort; **2.** voter au scrutin; tirer au sort; ~ **for** tirer (*qch.*) au sort; tirer au sort pour; '~-**box** urne *f*.

ball-point-pen ['bɔ:lpɔint'pen] stylo *m* à bille.

ball-room ['bɔ:lrum] salle *f* de bal; *hôtel:* salle *f* de danse.

bal·ly·hoo *Am.* [bæli'hu:] grosse réclame *f*; battage *m*.

bal·ly·rag F ['bæliræg] faire endêver (*q.*).

balm [bɑ:m] baume *m* (*a. fig.*).

bal·mor·al [bæl'mɔrl] (béret *m*) balmoral *m*; (brodequin *m*) balmoral *m*.

balm·y □ ['bɑ:mi] balsamique; *fig.* embaumé, doux (douce *f*); F toqué.

ba·lo·ney *Am. sl.* [bə'louni] sottises *f/pl.*; foutaise *f*.

bal·sam ['bɔ:lsəm] baume *m*; **bal·sam·ic** [~'sæmik] (~**al·ly**) balsamique.

bal·us·ter ['bæləstə] balustre *m*.
bal·us·trade [bæləs'treid] balustrade *f*; *fenêtre etc.*: accoudoir *m*; garde-corps *m*/*inv.*
bam·boo [bæm'bu:] bambou *m*.
bam·boo·zle F [bæm'bu:zl] frauder (de, *out of*); amener par ruse (à, *into*).
ban [bæn] **1.** ban *m*, proscription *f*; *eccl.* interdit *m*; **2.** interdire (qch. à q., s.o. from s.th.); mettre (*un livre*) à l'index.
ba·nan·a ♀ [bə'nɑ:nə] banane *f*; *Am.* ~ *split* banane *f* à la glace.
band [bænd] **1.** bande *f*; lien *m*; *chapeau etc., frein*: ruban *m*; raie *f*; *deuil*: brassard *m*; ⊕ *roue*: bandage *m*; *reliure*: nerf *m*, nervure *f*; *radio*: bande *f*; ♪ orchestre *m*, musique *f* (*militaire*); **2.** bander; fretter (*un four etc.*); ~ o.s., be ~ed se bander; *péj.* s'ameuter.
band·age ['bændidʒ] **1.** bandage *m*; bande *f*; bandeau *m*; pansement *m*; *first aid* ~ bandage *m*; pansement *m*; **2.** bander; mettre un pansement à (*une plaie*).
ban·dan·(n)a [bæn'dɑ:nə] foulard *m*, F mouchoir *m*.
band·box ['bændbɔks] carton *m* à chapeaux; carton *m* de modiste; *look as if one came out of a* ~ être tiré à quatre épingles.
ban·dit ['bændit] bandit *m*, brigand *m*; '**ban·dit·ry** brigandage *m*.
band·mas·ter ['bændmɑ:stə] chef *m* d'orchestre *ou* de musique *etc*.
ban·dog † ['bændɔg] mâtin *m*.
ban·do·leer ['bændə'liə] bandoulière *f*; cartouchière *f*.
bands·man ['bændzmən] musicien *m*; fanfariste *m*; '**band·stand** kiosque *m* à musique; '**band·wag·on** *Am.* F *pol.* char *m* des musiciens; *fig.* cause *f* victorieuse; *get into (ou on) the* ~ se ranger du bon côté.
ban·dy ['bændi] **1.** *sp.* jeu *m* de crosse); ~*-ball* hockey *m*; **2.** (se) renvoyer (*balle, paroles, reproches, etc.*); échanger (*des coups, des plaisanteries*); (*a.* ~ *about*) faire courir (*des bruits*); '~**-leg·ged** bancal (-als *m/pl.*).
bane [bein] *fig.* tourment *m*, malheur *m*; † poison *m*; **bane·ful** □ ['beinful] *fig.* funeste; pernicieux (-euse *f*).
bang [bæŋ] **1.** boum! pan! **2.** exactement; **3.** coup *m*; détonation *f*;

porte: claquement *m*; **4.** frapper; (faire) claquer *ou* heurter à (*la porte*); F faire baisser (*le prix*).
ban·gle ['bæŋgl] bracelet *m* de poignet *ou* de cheville.
bang-up *Am. sl.* ['bæŋ'ʌp] première classe; chic *adj.*/*inv.* en genre.
ban·ish ['bæniʃ] bannir; proscrire; '**ban·ish·ment** exil *m*, proscription *f*.
ban·is·ters ['bænistəz] *pl.* balustres *m/pl.*; rampe *f*.
ban·jo ♪ ['bændʒou] banjo *m*.
bank [bæŋk] **1.** talus *m*; terrasse *f*; *sable, brouillard, huîtres*: banc *m*; *rivière*: berge *f*; *nuages*: couche *f*; ✈, *a. jeu*: banque *f*; ~ *of deposit* banque *f* de dépôt; ~ *of issue* banque *f* d'émission; *joint-stock* ~ banque *f* sous forme de société par actions; **2.** *v/t.* endiguer; terrasser; ⊕ surhausser (*un virage*); ✈ déposer en banque; ☒ pencher; incliner sur l'aile; *v/i.* s'entasser, s'amonceler; avoir un compte de banque (chez, *with*); ☒ virer, pencher l'avion; ~ *on* compter sur, miser sur; ~ *up* (s')amonceler; '**bank·a·ble** bancable, négociable en banque; '**bank-ac·count** compte *m* en banque; '**bank-bill** effet *m*; *Am. see banknote*; '**bank·er** banquier *m* (*a. jeu*); *jeu*: tailleur *m*; '**bank·ing 1.** (affaires *f*/*pl.* de) banque *f*; ☒ virage *m* incliné; **2.** de banque, en banque; '**bank·ing-house** maison *f* de banque; '**bank-note** billet *m* de banque; '**bank-rate** taux *m* officiel *ou* de la Banque *ou* de l'escompte; **bank·rupt** ['~rəpt] **1.** (*commerçant m*) failli *m*; *fraudulent* ~ banqueroutier (-ère *f*) *m*; ~'*s estate* masse *f* des biens (de la faillite); *go* ~ faire faillite; **2.** failli, banqueroutier (-ère *f*); *fig.* ~ *in (ou of)* dépourvu de (*une qualité*); **3.** mettre (q.) en faillite; **bank·rupt·cy** ['~rəptsi] faillite *f*; *fraudulent* ~ banqueroute *f*; *declaration of* ~ déclaration *f* de faillite.
ban·ner [bæn] **1.** bannière *f* (*a. eccl.*); étendard *m*; **2.** *Am.* excellent, de première classe; principal (-aux *m/pl.*).
banns [bænz] *pl.* bans *m/pl.* (*de mariage*); *put up the* ~ (faire) publier les bans; *call the* ~ *of* annoncer le mariage de (*q.*).

banquet 638

ban·quet ['bæŋkwit] 1. banquet m; dîner m de gala; 2. v/t. offrir un banquet etc. à (q.); v/i. F faire festin; ~ing hall salle f de banquet; '**ban·quet·er** banqueteur (-euse f) m.

ban·shee écoss., Ir. [bæn'ʃiː] fée f de mauvais augure.

ban·tam ['bæntəm] coq m (poule f) Bantam; fig. nain m; sp. ~ weight poids m coq.

ban·ter ['bæntə] 1. badinage m; raillerie f; 2. badiner; railler; '**ban·ter·er** railleur (-euse f) m.

bap·tism ['bæptizm] baptême m; ~ of fire baptême m du feu; **bap·tis·mal** [bæp'tizməl] de baptême; baptistaire (registre).

bap·tist ['bæptist] (ana)baptiste mf; **bap·tis·ter·y** ['~tistri] baptistère m; **bap·tize** [~'taiz] baptiser (a. fig.).

bar [baː] 1. barre f (a. métal, a. sable, port); traverse f; bar m, estaminet m; savon: brique f; or: lingot m; ♪ barre f; mesure f; ⚔ lame f; ♜♞ barre f (des accusés), barreau m (des avocats); théâ. etc.: buvette f; fig. empêchement m; sp. horizontal ~ barre f fixe; ♜♞ be called to the ~ être reçu avocat; prisoner at the ~ accusé(e f) m; stand at the ~ paraître à la barre; 2. barrer; griller (une fenêtre); bâcler (une porte); interdire, exclure (de, from); rayer (de lignes); empêcher (q. de inf., s.o. from gér.); ~ out barrer la porte à.

barb [baːb] hameçon: barbillon m; flèche: barbelure f; plume: barbe f; fig. trait m acéré; ♀ ~s pl. arêtes f/pl.; **barbed** ♀ hameçonné; aristé; ~ wire (fil m de fer) barbelé m.

bar·bar·i·an [baː'bɛəriən] barbare (a. su./mf); **bar·bar·ic** [~'bærik] (~ally) barbare; rude; **bar·ba·rism** ['~bərizm] barbarie f, rudesse f, grossièreté f; ling. barbarisme m; **bar·bar·i·ty** [~'bæriti] barbarie f, cruauté f; **bar·ba·rize** ['~bəraiz] barbariser; **bar·ba·rous** □ barbare; cruel(le f), inhumain.

bar·be·cue ['baːbikjuː] 1. grand châssis m pour le rôtissage; animal m rôti tout entier; Am. grande fête f (en plein air) où on rôtit des animaux tout entiers; 2. rôtir tout entier (un animal).

bar·bel icht. ['baːbl] barbeau m.

bar-bell sp. ['baːbel] barre f à sphères ou à boules.

bar·ber ['baːbə] coiffeur m; barbier m; surt. Am. ~ shop salon m de coiffure.

bard [baːd] barde m; F poète m.

bare [bɛə] 1. nu; dénudé; vide; dégarni; sec (sèche f) (as, valet, etc.); the ~ idea la seule pensée; 2. mettre à nu, découvrir; '~-**back**(**ed**) à nu, à poil; '~-**faced** □ F éhonté, cynique; '~-**fac·ed·ness** effronterie f, cynisme m; '~-**foot·ed** aux pieds nus; nu-pieds; '~-**head·ed** nu-tête, (la) tête nue; '**bare·ly** à peine, tout juste; '**bare·ness** nudité f, dénuement m; style: pauvreté f.

bar·gain ['baːgin] 1. marché m, affaire f; emplette f; occasion f; ~ price prix m de solde; une véritable occasion; F it's a ~! entendu!, convenu!; into the ~ en plus, par-dessus le marché; make (ou strike) a ~ conclure un marché (avec, with); ~ sale soldes m/pl.; 2. négocier; traiter (de, for); marchander (qch., about s.th.); ~ for F s'attendre à.

barge [baːdʒ] 1. chaland m, péniche f; gabare f (à voiles); barge f de parade; ⚓ deuxième canot m; 2. F se heurter (contre, into); bousculer (q.); **bar'gee**, '**barge·man** chalandier m; gabarier m; F batelier m.

bar·i·ron ['baːaiən] fer m en barres.

bar·i·tone ♪ ['bæritoun] baryton m.

bar·i·um ♕ ['bɛəriəm] baryum m.

bark[1] [baːk] 1. écorce f; inner ~ liber m; ⊕ tan m; 2. écorcer, décortiquer; F écorcher (la peau).

bark[2] [~] 1. aboyer (après, contre at); glapir (renard); F tousser; 2. aboiement m, aboi m; glapissement m; F toux f.

bark[3] [~] ⚓ see barque; poét. barque f.

bar-keep(**·er**) ['baːkiːp(ə)] cabaretier m; tenancier m d'un bar.

bark·er ['baːkə] aboyeur (-euse f) m (a. fig.); F revolver m.

bar·ley ['baːli] orge f.

barm [baːm] levure f, levain m de bière.

bar·maid ['baːmeid] barmaid f.

bar·man ['baːmən] see bartender.

barm·y ['baːmi] en fermentation; sl. toqué.

barn [baːn] grange f; Am. étable f, écurie f.

bar·na·cle¹ ['bɑ:nəkl] *orn.* bernacle *f*; oie *f* marine; *zo.* bernache *f*; anatife *m*; *fig.* individu *m* cramponnant.

bar·na·cle² [~] *vét. usu.* ~s *pl.* morailles *f/pl.*; *iro.* ~s *pl.* besicles *f/pl.*

barn·storm *Am. pol.* ['bɑ:nstɔ:m] faire une tournée de discours électoraux.

ba·rom·e·ter [bə'rɔmitə] baromètre *m*; **bar·o·met·ric, bar·o·met·ri·cal** □ [bærə'metrik(l)] barométrique.

bar·on ['bærən] baron *m*; ~ *of beef* selle *f* de bœuf; *coal etc.* ~ (haut) baron *m* du charbon *etc.*; '**bar·on·age** baronnage *m*; barons *m/pl.*; annuaire *m* de la noblesse; '**bar·on·ess** baronne *f*; **bar·on·et** ['~it] baronnet; **bar·on·et·cy** ['~si] dignité *f* de baronnet; **ba·ro·ni·al** [bə'rouniəl] de baron; F seigneurial (-aux *m/pl.*); **bar·o·ny** ['bærəni] baronnie *f*.

ba·roque [bə'rouk] baroque (*a. su./m*), rococo (*a. su./m*).

barque ⚓ [bɑ:k] trois-mâts barque *m*.

bar·rack ['bærək] **1.** *usu.* ~s *pl.* caserne *f*; ~ *room* chambrée *f*; **2.** *v/t. sl.* conspuer (*q.*); *v/i.* chahuter; '**~-square, '~-yard** cour *f* du quartier.

bar·rage ['bærɑ:ʒ] barrage *m*; ⚔ tir *m* de barrage *ou* sur zone; *creeping* ~ barrage *m* rampant.

bar·rel ['bærl] **1.** tonneau *m*, futaille *f*, vin *etc.*: fût *m*; *fusil etc.*: canon *m*; *serrure*: cylindre *m*; *montre*: barillet *m*; ♪ cylindre *m* noté; *anat.* caisse *f* (*du tympan*); *harengs*: caque *f*; **2.** mettre (*qch.*) en fût; enfûtailler; (*souv.* ~ *off*, ~*up*) encaquer; '**bar·relled** en tonneau(x); en caque (*harengs*); bombé; '**bar·rel·or·gan** ♪ orgue *m* mécanique *ou* de Barbarie; piano *m* mécanique.

bar·ren □ ['bærən] stérile; aride (*a. fig.*); peu fertile (*a. fig.*); † improductif (-ive *f*) (*argent*); '**bar·ren·ness** stérilité *f*; *fig.* aridité *f*.

bar·ri·cade [bæri'keid] **1.** barricade *f*; **2.** barricader.

bar·ri·er ['bæriə] barrière *f*; obstacle *m* (*a. fig.*); muraille *f* (*de glace*); ⛿ portillon *m* d'accès.

bar·ring ['bɑ:riŋ] *prp.* excepté, sauf; à part.

bar·ris·ter ['bæristə] (*a.* ~*-at-law*) avocat *m*.

bar·row¹ ['bærou] tumulus *m*; tertre *m* funéraire.

bar·row² [~] *see hand-*~, *wheel-*~; '**~·man** marchand *m* des quatre saisons.

bar·tend·er ['bɑ:tendə] buvetier *m*; garçon *m* de comptoir, barman *m*.

bar·ter ['bɑ:tə] **1.** échange *m*; troc *m*; ~ *shop* boutique *f* pour l'échange de marchandises; **2.** échanger, troquer (contre, *for*); *péj.* faire trafic de.

bar·y·tone ♪ ['bæritoun] baryton *m*.

ba·salt ['bæsɔ:lt] basalte *m*.

base¹ □ [beis] bas(se *f*), vil; indigne, ignoble; faux (fausse *f*) (*monnaie*).

base² [~] **1.** base *f* (*a.* ⚔, ♠); fondement *m*; △ soubassement *m*; ⊕ socle *m*; *phot.* support *m*; *lampe, cartouche*: culot *m*; **2.** *fig.* baser, fonder (sur, [*up*]on); ⚔ baser; ~ *o.s.* on se baser *ou* fonder sur; *be* ~*d* (*up*)on dépendre de; être fondé sur.

base...: '**~-ball** *Am.* base-ball *m*; '**~·less** sans base *ou* fondement; '**~-line** ⚔ base *f* d'approvisionnement; *sp.* ligne *f* de fond; *surv.* base *f*; '**base·ment** soubassement *m*; sous-sol *m*.

base·ness ['beisnis] bassesse *f* (*a. fig.*).

bash·ful □ ['bæʃful] timide; modeste.

bas·ic ['beisik] (~*ally*) fondamental (-aux *m/pl.*); de base; ♠ basique; ⚇ *English* (= *British, American, Scientific, International, Commercial English*) l'anglais *m* basique, le basic *m*; ~ *iron* fer *m* basique.

ba·sil·i·ca △ [bə'zilikə] basilique *f*.

bas·i·lisk ['bæzilisk] **1.** basilic *m*; **2.** de basilic.

ba·sin ['beisn] bassin *m*; *soupe*: écuelle *f*, bol *m*; *lait*: jatte *f*; cuvette *f*; lavabo *m*; ⚓, *géog.* bassin *m*.

ba·sis ['beisis], *pl.* -**ses** ['~si:z] base *f*; fondement *m*; *impôt*: assiette *f*; ⚔ base *f*; ⚓ station *f*; *take as* ~ se baser sur.

bask [bɑ:sk] se chauffer au soleil, prendre un bain de soleil; F jouir (de, *in*).

bas·ket ['bɑ:skit] corbeille *f*; panier *m*; '**~-ball** basket-ball *m*; ~·**din·ner**, ~ **sup·per** *Am.* souper *m* en pique-

basketful

nique; '**bas·ket·ful** plein panier *m*; '**bas·ket-work** vannerie *f*.
bass¹ ♪ [beis] basse *f*.
bass² [bæs] liber *m*; tille *f*, filasse *f*; '**~-broom** balai *m*.
bas·si·net [bæsi'net] berceau *m*; voiture *f* d'enfant.
bas·so ♪ ['bæsou] basse *f*.
bas·soon ♪ [bə'suːn] basson *m*.
bast [bæst] liber *m*; tille *f*.
bas·tard ['bæstəd] **1.** □ bâtard; faux (fausse *f*), corrompu; **2.** bâtard(e *f*) *m*; enfant *mf* naturel(le *f*); '**bas·tar·dy** bâtardise *f*.
baste¹ [beist] arroser (de graisse) (*un rôti*), F bâtonner (*q.*).
baste² [~] bâtir, baguer.
bas·ti·na·do [bæsti'neidou] **1.** bastonnade *f*; **2.** donner la bastonnade à (*q.*).
bas·tion ⚔ ['bæstiən] bastion *m*.
bat¹ [bæt] chauve-souris (*pl.* chauves-souris) *f*; *be blind as a ~* ne pas y voir plus clair qu'une taupe.
bat² [~] **1.** *cricket:* batte *f*; *ping-pong:* raquette *f*; *baseball: at ~* (être) à la batte; *Am.* F *come (go) to ~ for* porter secours à; *off one's own ~ fig.* de sa propre initiative; **2.** manier la batte; être au guichet.
batch [bætʃ] *pain*, *a. fig.:* fournée *f*; *papiers:* paquet *m*; lot *m*.
bate [beit] diminuer; rabattre (*le prix*); baisser (*la voix*).
Bath¹ [bɑːθ]: *~ brick* brique *f* anglaise; *~ chair* fauteuil *m* roulant.
bath² [~] **1.** (*pl.* **baths** [bɑːðz]) bain *m* (*de boue, de pieds, de soleil, de trempe, de vapeur, ~ douche*); *~house* cabines *f/pl.* de bains; **2.** (se) baigner.
bathe [beið] **1.** (se) baigner; **2.** bain *m* (*de mer etc.*); baignade *f*.
bath·ing ['beiðiŋ] bains *m/pl.* (*de mer etc.*); baignades *f/pl.*; *attr.* de bain(s); '**~-cap** bonnet *m* de bain; '**~-cos'tume** costume *m* de bain; maillot *m*; '**~-hut** cabine *f* de bains (de plage); '**~-ma'chine** † cabine *f* roulante; '**~-suit** costume *m* de bain; '**~-trunks** *pl.* caleçon *m* de bain. [flure *f*; anticlimax *m*.]
ba·thos ['beiθɔs] ampoulé *m*; en-]
bath...: '**~-robe** *Am.* peignoir *m* de bain; '**~-tow·el** serviette *f* de bain.
ba·tiste ✝ [bæ'tiːst] batiste *f*.
bat·man ['bætmən] brosseur *m*; ordonnance *mf*.

640

ba·ton ['bætən] *maréchal, chef d'orchestre, police:* bâton *m*; *police:* matraque *f*.
ba·tra·chi·an [bə'treikjən] batracien *m*.
bats·man ['bætsmən] *cricket etc.:* batteur *m*.
bat·tal·ion [bə'tæljən] bataillon *m*.
bat·ten ['bætn] **1.** couvre-joint *m*; latte *f* (*a.* ⚓); **2.** *v/t.* latter; (⚓ *~down*) assujettir; *v/i.* repaître (de, [up]on).
bat·ter ['bætə] **1.** *cricket:* batteur *m*; *cuis.* pâte *f* lisse; **2.** battre; (*a. ~ at*) frapper avec violence; bossuer (*un chapeau etc.*); rouer (*q.*) de coups; ⚔ battre en brèche; *critique:* démolir (*q.*); '**bat·tered** délabré, bossué; '**bat·ter·ing-ram** bélier *m*; '**bat·ter·y** batterie *f*; *Am. baseball:* the ~ le lanceur et le batteur; ⚔ *a.* ⊕ batterie *f*; ⚡ pile *f*; accumulateur *m*; ⚖ voie *f* de fait; rixe *f*; *assault and ~* (menaces *f/pl.* et) voies *f/pl.* de fait; '**bat·ter·y-charg·ing 'sta·tion** ⚡ station *f* de charge.
bat·tle ['bætl] **1.** bataille *f*, combat *m*; *~ royal* bataille *f* en règle; mêlée *f* générale; **2.** se battre, lutter (pour, for; avec, with; contre, against); '**~-axe** hache *f* d'armes; *Am. fig.* mégère *f*.
bat·tle·dore ['bætldɔː] *lessive:* battoir *m*; raquette *f*.
bat·tle-field ['bætlfiːld] champ *m* de bataille.
bat·tle·ments ['bætlmənts] *pl.* créneaux *m/pl.*; parapet *m*.
bat·tle...: '**~-plane** ⚔ avion *m* de combat; '**~-ship** ⚔ cuirassé *m* (de ligne).
bat·tue [bæ'tuː] battue *f*; F carnage *m*.
bau·ble ['bɔːbl] babiole *f*; fanfreluche *f*.
baulk [bɔːk] *see* **balk**.
baux·ite *min.* ['bɔːksait] bauxite *f*.
baw·bee *écoss.* [bɔː'biː] *see* **halfpenny**.
bawd [bɔːd] procureuse *f*; '**bawd·y** obscène; ordurier (-ère *f*) (*propos*).
bawl [bɔːl] brailler; hurler; crier à tue-tête; F beugler; *~out* brailler *etc.*; gueuler; *Am. sl.* injurier; F engueuler (*q.*).
bay¹ [bei] **1.** bai (*cheval*); isabelle; **2.** cheval *m* bai; isabelle *m*.

bay² [~] baie *f*; golfe *m*; anse *f*; échancrure *f*; ~ *salt* sel *m* de mer; *cuis.* gros sel *m*.

bay³ ⚠ [~] travée *f*; claire-voie (*pl.* claires-voies) *f*; enfoncement *m*; 🚂 quai *m* subsidiaire.

bay⁴ [~] laurier *m*.

bay⁵ [~] 1. aboyer; hurler (*chien*); ~ *at* hurler *etc.* à; 2. *stand at* ~ s'acculer à *ou* contre (*qch.*); être aux abois; *bring to* ~, *keep* (*ou hold*) *at* ~ acculer (*un cerf*).

bay·o·net ⚔ ['beiənit] 1. baïonnette *f*; 2. percer d'un coup de baïonnette; passer (*des gens*) à la baïonnette; '~-**catch** ⊕ encliquetage *m*.

bay·ou *géog. Am.* ['baiu:] bras *m* marécageux (*de rivière*).

bay win·dow ['bei'windou] fenêtre *f* en saillie; *Am. sl.* bedaine *f*.

ba·zaar [bə'zɑ:] bazar *m*; vente *f* de charité.

be [bi:; bi] (*irr.*) 1. être; se trouver; *there is, there are* il y a; *here's to you(r health)!* à votre santé!; *here you are again!* vous revoilà!; ~ *about* (*gér.*) être occupé à (*inf.*), de (*qch.*); ~ *after* venir après (*q.*); F être en quête de (*q.*); ~ *at* s'occuper de (*qch.*); ~ *off* s'en aller; partir; finir; couper (*courant*); ~ *off with you!* allez-vous-en!; filez!; 2. *v/aux. et p.pr. pour exprimer la durée ou une action incomplète:* ~ *reading* (être en train de) lire; 3. *v/aux. et inf. pour exprimer le devoir, l'intention ou la possibilité: I am to inform you* je suis chargé de vous faire savoir; *it is (not) to* ~ *seen* on (ne) peut (pas) le voir *ou* visiter; *if he were to die s'il mourrait;* 4. *v/aux. et p.p. à la voix passive: se rend ordinairement par* on *et la voix active, ou par la voix passive, ou par un verbe réfléchi;* I *am asked on* me demande.

beach [bi:tʃ] 1. plage *f*, grève *f*; 2. ⚓ échouer; tirer à sec; '~-**comb·er** F rôdeur *m* de grève; *sl.* propre *m* à rien; '~-**head** ⚔ tête *f* de pont.

bea·con ['bi:kn] 1. † feu *m* d'alarme; feu *m* de joie; ⚓ phare *m*, fanal *m*; balise *f*; 2. baliser; éclairer.

bead [bi:d] 1. perle *f* (*d'émail etc.*); goutte *f* (*de sueur etc.*); *pneu:* talon *m*; *chapelet:* grain *m*; *fusil:* guidon *m*; ~s *pl. a.* chapelet *m*; 2. *v/t.* couvrir *ou* orner de perles; ⊕ appliquer une baguette sur; *v/i.* perler; '**bead·ing** ⊕, ⚠ baguette *f*.

bea·dle ['bi:dl] bedeau *m*; *univ.* appariteur *m*.

bead·y ['bi:di] qui perle; percé en vrille (*yeux*).

beak [bi:k] bec *m*; F nez *m* crochu; '**beaked** à bec; crochu (*nez*).

beak·er ['bi:kə] gobelet *m*; coupe *f*.

beam [bi:m] *bois:* poutre *f*; solive *f*; *charrue:* flèche *f*; *fig.* rayon *m*; éclat *m*; ⊕ balancier *m*; ⚓ bau *m*, barrot *m* de pont; *chasse:* merrain *m* (*bois de cerf*); *radio:* (*wireless* ~) faisceau *m* hertzien; *phare:* faisceau *m*; '~-'**ends** *pl.: the ship is on her* ~ le navire est très engagé; F *fig. be on one's* ~ F être à la côte.

bean [bi:n] fève *f*; grain *m* (*de café*); *Am. sl.* tête *f*, caboche *f*; F *full of* ~s plein d'entrain; *sl. give s.o.* ~s laver la tête à q.; '~-**feast**, **bean·o** *sl.* ['bi:nou] régal *m*; *sl.* bombe *f*.

bear¹ [bɛə] 1. ours(e *f*) *m*; *fig.* homme *m* maussade; ✝ *sl.* baissier *m*; 2. ✝ spéculer à la baisse; prendre position à la baisse.

bear² [~] (*irr.*) 1. *v/t.* porter (*qch., épée, nom, date, amour etc.*); jouir de (*une réputation*); supporter (*poids, frais, conséquences*); soutenir (*un poids*); souffrir (*une douleur etc.*); tolérer, supporter, souffrir; ~ *away* (r)emporter, enlever; ~ *down* vaincre; accabler; ~ *out* emporter, confirmer (*une assertion*); ~ *up* soutenir; résister à; 2. *v/i.* endurer; avoir rapport (à, *upon*); porter; ⚓ (*avec adv.*) faire route; ⚓ ~ *down upon* courir sur (*qch.*); ~ *to the right* prendre à droite; ~ *up* tenir bon; ~ *up!* courage!; ~ (*up*)*on* porter sur; peser sur; ~ *with* se montrer indulgent pour; supporter; *bring to* ~ mettre (*qch.*) en action; braquer (*une lunette*) (sur, [*up*]on).

beard [biəd] 1. barbe *f*; ♀ arête *f*; 2. *v/t.* braver, défier, narguer (*q.*); '**beard·ed** barbu; '**beard·less** imberbe; sans barbe.

bear·er ['bɛərə] porteur (-euse *f*) *m*; *passeport:* titulaire *mf*; ✝ *chèque:* porteur *m*; ⊕ support *m*.

bear·ing ['bɛəriŋ] *port* = *maintien*; *de nouvelles*; *a.* = *maintien*); allure *f*, maintien *m*; capacité *f* de supporter; appui *m*; ⚓ relèvement *m*; ⊕ *souv.* ~s *pl.* palier *m*; coussinet *m*,

bearish

-s *m/pl.*; ~s *pl.* ◌ armoiries *f/pl.*, blason *m*; take one's ~s s'orienter, se repérer.

bear·ish ['bɛəriʃ] d'ours; bourru (*personne*); à la baisse (*tendance*).

beast [bi:st] bête *f*; *fig. a.* animal *m*, brute *f*; ~s *pl.* bétail *m*; **'beast·li·ness** bestialité *f*, brutalité *f*; saleté *f*; **'beast·ly** bestial (-aux *m/pl.*), brutal (-aux *m/pl.*); F sale, dégoûtant; *fig. adv.* terriblement.

beat [bi:t] **1.** [*irr.*] *v/t.* battre (*a. chasse: un bois; a.* ♪ *la mesure*); donner des coups de bâton à; cogner à (*une porte*); *oiseau:* battre de (*l'aile*); dépasser (*q.*); (*a.* ~ out) aplatir, marteler (*un métal*); frayer, battre (*un chemin*); F assommer; F devancer (*q.*); *Am.* F rouler, refaire (*q.*); *Am. sl.* ~ it! filez!; ~ the air F taper dans le vide; *Am.* F it ~s the band ça c'est le comble; ~ one's brains se creuser la cervelle; ⚔ ~ a retreat battre en retraite; *Am.* F ~ one's way to gagner (*un endroit, souv. sans payer*); ~ down (r)abattre; donner à plomb (sur, [up]on); † faire baisser le prix à (*q.*); ~ up fouetter (*œufs, crème etc.*); recruter (*des partisans*); *Am.* F rosser (*q.*); *v/i.* battre; ~ about the bush tourner autour du pot; **2.** battement *m* (*a. phys.*); pulsation *f*; *tambour:* batterie *f*; ♪ mesure *f*, temps *m*; *police:* ronde *f*; *chasse:* battue *f*; *radio:* battement *m*; *Am.* reportage *m* sensationnel que l'on est le premier à publier; *fig.* domaine *m*; **3.** F battu, confondu; F ~ out épuisé; **'beat·en** *p.p.* de beat 1; *adj.* battu (*chemin, métal*); **'beat·er** batteur (-euse *f*) *m*; battoir *m* (*de laveuse*); *chasse:* rabatteur *m*, traqueur *m*.

be·at·i·fi·ca·tion *eccl.* [bi:ætifi'keiʃn] béatification *f*; **be·at·i·fy** *eccl.* béatifier; **be·at·i·tude** [~tju:d] béatitude *f*.

beau [bou], *pl.* **beaux** [bouz] galant *m*, prétendant *m*; dandy *m*, élégant *m*; ~ ideal idéal *m*.

beau·ti·ful □ ['bju:təful] beau (bel *devant une voyelle ou un h muet*); belle *f*; beaux *m/pl.*).

beau·ti·fy ['bju:tifai] embellir.

beau·ty ['bju:ti] beauté *f* (*a. = belle femme*); F drôle *m* de type; Sleeping ♀ Belle *f* au bois dormant; ~ par·lo(u)r, ~ shop institut *m* de beauté;

~ spot mouche *f* (*collée sur le visage*); *lieu:* coin *m* pittoresque.

bea·ver ['bi:və] *zo.* castor *m*; † chapeau *m* de castor; F barbu *m*; *casque:* visière *f*.

be·calm [bi'kɑ:m] abriter, déventer (*un navire*); *poét.* calmer; ⚓ ~ed accalminé.

be·came [bi'keim] *prét.* de become.

be·cause [bi'kɔz] parce que; ~ of à cause de.

beck [bek] signe *m* (*de tête etc.*).

beck·on ['bekn] faire signe (à *q.*).

be·cloud [bi'klaud] ennuager, voiler.

be·come [bi'kʌm] [*irr.* (come)] *v/i.* devenir; se faire; advenir (de *q.*, of *s.o.*); *v/t.* convenir à, aller (bien) à; **be'com·ing** □ convenable, bienséant; seyant (*costume etc.*).

bed [bed] **1.** lit *m* (*a. d'un fleuve etc.*); banc *m* (*d'huîtres*); tanière *f* (*d'un animal*); ♣ *fleurs:* parterre *m*; *légumes:* planche *f*; ⊕ sommier *m*; assise *f*; *chaussée etc.:* assiette *f*; be brought to ~ of accoucher de; **2.** mettre au lit; faire la litière à (*un cheval etc.*); ♣ ~ (out) dépoter.

be·daub [bi'dɔ:b] barbouiller (de peinture).

be·daz·zle [bi'dæzl] aveugler, éblouir.

bed-clothes ['bedklouðz] *pl.* draps *m/pl.* de lit.

bed·ding ['bediŋ] literie *f*; litière *f*; ~(-out) *plantes:* dépotage *m*.

be·deck [bi'dek] parer, orner.

be·dev·il [bi'devl] ensorceler; *fig.* tourmenter, lutiner; **be'dev·il·ment** ensorcellement *m*; vexation *f*.

be·dew [bi'dju:] humecter de rosée; *poét.* baigner.

bed·fel·low ['bedfelou] compagnon *m* de lit.

be·dim [bi'dim] obscurcir.

be·diz·en [bi'daizn] attifer; chamarrer (*a. fig.*).

bed·lam ['bedləm] F maison *f* de fous; **bed·lam·ite** ['~mait] F fou *m*, folle *f*.

bed·lin·en ['bedlinin] draps *m/pl.* de lit et taies *f/pl.*

bed·ou·in ['beduin] **1.** bédouin(e *f*); **2.** Bédouin(e *f*) *m*.

bed-pan ['bedpæn] bassin *m* de lit.

be·drag·gle [bi'drægl] tacher de boue; crotter.

bed...: '~·rid(·den) cloué au lit; '~-

'rock *géol.* roche *f* de fond; tuf *m*; *fig.* fondement *m*, fond *m*; '~-room chambre *f* (à coucher); '~-side: *at the* ~ au chevet (*de q.*); ~ *good manner* bonne manière *f* professionnelle; ~ *lamp* lampe *f* de chevet; ~ *rug* descente *f* de lit; '~-'sit·ting-room pièce *f* unique avec lit *ou* divan; '~-sore ~ escarre *f*; '~-spread dessus *m* de lit; '~-stead châlit *m*; '~-straw ~ gaillet *m*; '~-tick toile *f* à matelas; '~-time heure *f* du coucher.

bee [bi:] abeille *f*; *Am.* réunion *f* pour travaux en commun; F *have a* ~ *in one's bonnet* avoir une araignée au plafond.

beech ~ [bi:tʃ] hêtre *m*; '~-nut faine *f*.

beef [bi:f] 1. bœuf *m*; F muscle *m*; 2. *Am.* F grommeler, se plaindre; '~-eat·er hallebardier *m* (*à la Tour de Londres*); ~ steak ['bi:f'steik] bifteck *m*; ~ *tea cuis.* jus *m* de viande de bœuf; consommé *m*; 'beef·y F musculeux (-euse *f*).

bee...: '~-hive ruche *f*; '~-keep·er apiculteur *m*; '~-keep·ing apiculture *f*; '~-line ligne *f* à vol d'oiseau; *Am. make a* ~ *for* aller droit vers (*qch.*); '~-mas·ter apiculteur *m*.

been [bi:n, bin] *p.p. de* be.

beer [biə] bière *f*; *small* ~ petite bière *f*; F détail *m*, petite affaire *f*; '~-en·gine pompe *f* à bière; 'beer·y F un peu gris.

bees·wax ['bi:zwæks] cire *f* d'abeilles.

beet ~ [bi:t] betterave *f*; *white* ~ bette *f*, poirée *f*; betterave *f* à sucre; *red* ~ betterave *f* rouge.

bee·tle[1] ['bi:tl] 1. mailloche *f*; maillet *m*; 2. damer.

bee·tle[2] [~] coléoptère *m*.

bee·tle[3] [~] 1. bombé (*front*); touffu (*sourcils*); 2. *v/i.* surplomber.

beet·root ['bi:tru:t] *Brit.* betterave *f*.

beet-sug·ar ['bi:tʃugə] sucre *m* de betterave.

be·fall [bi'fɔ:l] [*irr.* (*fall*)] arriver *ou* survenir à (*q.*).

be·fit [bi'fit] convenir *ou* seoir à (*q.*, *qch.*).

be·fog [bi'fɔg] envelopper de brouillard; *fig.* obscurcir.

be·fool [bi'fu:l] duper, mystifier.

be·fore [bi'fɔ:] 1. *adv.* lieu: en avant; devant; *temps:* auparavant; avant; 2. *cj.* avant que; 3. *prp. lieu:* devant; *temps:* avant; *be* ~ *one's time* être en avance; *be* ~ *s.o.* être en présence de *q.*; *fig.* attendre *q.*; devancer *q.*; ~ *long* avant longtemps; ~ *now* déjà; **be·fore·hand** préalablement; d'avance.

be·foul [bi'faul] souiller, salir.

be·friend [bi'frend] venir en aide à (*q.*); secourir (*q.*).

beg [beg] *v/t.* mendier; solliciter; prier; supplier (*q. de faire qch.*); *I* ~ *your pardon* je vous demande pardon; *plaît-il?*; ~ *the question* supposer vrai ce qui est en question; *v/i.* mendier (*qch. à q., for s.th. of s.o.*); demander, prier; faire le beau (*chien*); † *I* ~ *to inform you* j'ai l'honneur de vous faire savoir.

be·gan [bi'gæn] *prét. de* begin.

be·get [bi'get] [*irr.* (*get*)] engendrer; **be·get·ter** père *m*; F auteur *m* (de, of).

beg·gar ['begə] 1. mendiant(e *f*) *m*; F individu *m*; diable *m*; 2. de mendiant; 3. réduire (*q.*) à la mendicité; *it* ~*s all description* cela ne peut pas se décrire, cela défie toute description; '**beg·gar·ly** chétif (-ive *f*); mesquin; '**beg·gar·y** mendicité *f*, misère *f*; *reduce to* ~ réduire à la mendicité.

be·gin [bi'gin] [*irr.*] *v/i.* commencer (à, *to*; par, à *at*); se mettre (à *inf., to inf.*); ~ (*up*)*on s.th.* entamer qch.; *to* ~ *with* pour commencer; (tout) d'abord; *to* ~ *by* (*gér.*) commencer par (*inf.*); *v/t.* commencer; **be·gin·ner** commençant(e *f*) *m*; **be·gin·ning** commencement *m*; début *m*; *from the* ~ dès le commencement.

be·gird [bi'gə:d] [*irr.* (*gird*)] ceindre, entourer (de, with).

be·gone [bi'gɔn] partez!, hors d'ici!

be·go·ni·a ~ [bi'gounjə] bégonia *m*.

be·got, be·got·ten [bi'gɔt(n)] *prét. et p.p. de* beget.

be·grime [bi'graim] noircir, salir.

be·grudge [bi'grʌdʒ] envier, mesurer (qch. à *q., s.o. s.th.*).

be·guile [bi'gail] enjôler, tromper; distraire; soutirer (qch. à q., *s.o. out of s.th.*); faire passer (*le temps*); ~ *s.o. into* (*gér.*) induire q. à (*inf.*).

be·gun [bi'gʌn] *p.p. de* begin.

be·half [bi'ha:f]: *on* (*ou in*) ~ *of* au nom de; de la part de; en faveur de; † au compte de.

be·have [bi'heiv] se conduire, se comporter (*bien, mal, etc.*); ~ *yourself* (*yourselves*)! sois (soyez) sage(s)!; **be'hav·io(u)r** [~jə] conduite *f* (avec, envers *to*[*wards*]); tenue *f* (*a. d'une voiture*); *machine:* allure *f*, fonctionnement *m*; *be on one's best* ~ se surveiller.

be·head [bi'hed] décapiter; **be'head·ing** décapitation *f*.

be·hest *poét.* [bi'hest] ordre *m*.

be·hind [bi'haind] **1.** *adv.* (par) derrière; en arrière; en retard; **2.** *prp.* derrière; en arrière de; en retard sur; *see time;* **be'hind·hand** en retard; attardé.

be·hold [bi'hould] [*irr.* (hold)] voir, apercevoir; ~! voyez!; **be'hold·en** redevable (à, *to*); **be'hold·er** témoin *m*; spectateur (-trice *f*) *m*.

be·hoof [bi'hu:f]: *to* (*for, on*) (*the*) ~ *of* au profit de, à l'avantage de.

be·hove [bi'houv]: *it* ~*s s.o. to* (*inf.*) il appartient à q. de (*inf.*).

beige [beiʒ] **1.** *tex.* beige *f*; **2.** beige; blond.

be·ing ['bi:iŋ] être *m*; existence *f*; *in* ~ vivant; existant; *come into* ~ prendre naissance; se produire.

be·la·bo(u)r F [bi'leibə] rouer (*q.*) de coups.

be·laid [bi'leid] *prét. et p.p. de* belay.

be·lat·ed [bi'leitid] attardé (*personne*); tardif (-ive *f*) (*regret, heure, etc.*).

be·laud [bi'lɔ:d] combler (*q.*) de louanges.

be·lay [bi'lei] [*irr.*] ♆ tourner, amarrer; *alp.* assurer; **be'lay·ing** tournage *m*.

belch [beltʃ] éructer; *sl.* roter; ~ *forth* (*ou out*) vomir (*des flammes etc.*).

bel·dam ['beldəm] mégère *f*; vieille sorcière *f*.

be·lea·guer [bi'li:gə] assiéger.

bel·fry ['belfri] beffroi *m*, clocher *m*.

Bel·gian ['beldʒən] **1.** belge, de Belgique; **2.** Belge *mf*.

be·lie [bi'lai] démentir; donner un démenti à; faire mentir.

be·lief [bi'li:f] croyance *f* (à, *in*; en Dieu, *in God*); *fig.* confiance *f*; *past all* ~ incroyable; *to the best of my* ~ autant que je sache.

be·liev·a·ble [bi'li:vəbl] croyable.

be·lieve [bi'li:v] *v/i.* croire (à, en *in*); F (*not*) ~ *in* (ne pas) être partisan de (*qch.*); (ne pas) avoir confiance dans (*qch.*); *v/t.* croire; **be'liev·er** croyant(e *f*) *m*.

be·lit·tle [bi'litl] *fig.* décrier, amoindrir.

bell[1] [bel] **1.** cloche *f*; sonnette *f*; timbre *m*; sonnerie *f* (*électrique*); clochette *f*; ⚑ campane *f*; vase *m*; ♆ coup *m*; ♪ trompette *f*; pavillon *m*; **2.** *v/t.* ~ *the cat* attacher le grelot.

bell[2] *chasse:* [~] **1.** bramer; **2.** bramement *m*.

bell·boy *Am.* ['belbɔi] *see* bellhop.

belle [bel] beauté *f*.

bell...: '~**-flow·er** campanule *f*; '~-**found·er** fondeur *m* de cloches; '~**hop** *Am. sl.* chasseur *m*.

bel·li·cose ['belikous] belliqueux (-euse *f*); **bel·li·cos·i·ty** [~'kɔsiti] bellicosité *f*; humeur *f* belliqueuse.

bel·lied ['belid] ventru.

bel·lig·er·ent [bi'lidʒərənt] belligérant(e *f*) (*a. su./mf*).

bel·low ['belou] **1.** beugler; mugir (*a.* F); **2.** beuglement *m*; F hurlement *m*.

bel·lows ['belouz] *pl.*: (*a pair of*) ~ (un) soufflet *m*; *sg. phot.* soufflet *m*.

bell...: '~**-pull** cordon *m* de sonnette; '~-**push** poussoir: bouton *m*; '~-**weth·er** sonnailler *m*; '~-**wire** fil *m* à sonnerie.

bel·ly ['beli] **1.** ventre *m*; ✈ ~ *land·ing* atterrissage *m* sur le ventre; **2.** (s')enfler, (se) gonfler.

be·long [bi'lɔŋ] appartenir (à, *to*); faire partie (de, *to*); être (à, de *to a place*); *Am.* ~ *with* aller avec; **be·'long·ings** [~iŋz] *pl.* affaires *f/pl.*; effets *m/pl.*

be·lov·ed [bi'lʌvd] **1.** aimé; **2.** chéri (-e *f*); bien-aimé(e *f*) *m*.

be·low [bi'lou] **1.** *adv.* en bas, (au-)dessous; *poét.* ici-bas; **2.** *prp.* au-dessous de; *fig.* ~ *me* indigne de moi (*de inf., to inf.*).

belt [belt] **1.** ceinture *f*; porte-jarretelles *m*; *fig.* zone *f*, bande *f*; ✂ ceinturon *m*; ⊕ courroie *f*; ♆ ceinture *f* cuirassée; *box. below the* ~ déloyal (-aux *m/pl.*) (*coup*); *green* ~ ceinture *f* verte; *mot. seat* ~ ceinture *f* de sécurité; **2.** ceindre; entourer (*qch.*) d'une ceinture; *Am.* F ~ *out* faire retentir *ou* éclater.

bel·ve·dere ['belvidiə] ⚑ belvédère *m*; mirador *m*; pavillon *m*.

be·moan [bi'moun] pleurer, déplorer (*qch.*).

bench [bentʃ] banc *m*; banquette *f*; siège *m* (*du juge*); magistrature *f*; *menuiserie*: établi *m*; *see* treasury; **'bench·er** membre *m* du conseil d'une École de droit.

bend [bend] **1.** tournant *m*; *chemin*: coude *m*; courbure *f*; courbe *f*; *fleuve*: sinuosité *f*; ⌀ bande *f*; ⚓ nœud *m*; **2.** [*irr.*] (se) courber; *v/i.* tourner (*route*); *v/t.* plier; fléchir; baisser (*la tête*); tendre (*un arc*); fixer (*les regards*); porter (*les pas vers qch.*); appliquer (*l'esprit*); ⚓ enverguer.

be·neath [bi'ni:θ] *see below.*

ben·e·dick ['benidik] nouveau marié *m* (*surt.* vieux garçon).

Ben·e·dic·tine [beni'diktin] *eccl.* Bénédictin(e *f*) *m*; [*ti:n*] *liqueur*: Bénédictine *f*.

ben·e·dic·tion *eccl.* [beni'dikʃn] bénédiction *f*; bénédicité *m* (*avant les repas*).

ben·e·fac·tion [beni'fækʃn] bienfait *m*; donation *f*; œuvre *f* de charité; **'ben·e·fac·tor** bienfaiteur *m*; **ben·e·fac·tress** ['~tris] bienfaitrice *f*.

ben·e·fice ['benifis] bénéfice *m*; **be·nef·i·cence** [bi'nefisns] bienfaisance *f*; **be'nef·i·cent** □ bienfaisant; salutaire.

ben·e·fi·cial □ [beni'fiʃl] avantageux (-euse *f*), salutaire, utile; ~ *interest* usufruit *m*; ⚖ ~ *owner* usufruitier (-ère *f*) *m*; **ben·e'fi·ci·ar·y** ⚖, *eccl.* bénéficier (-ère *f*) *m*; bénéficiaire *mf*; ayant droit (*pl.* ayants droit) *m*.

ben·e·fit ['benifit] **1.** avantage *m*, profit *m*; *théâ.* représentation *f* au bénéfice (*de q.*); indemnité *f* (*de chômage*); ~ *of the doubt* bénéfice *m* du doute; *for the* ~ *of* à l'intention de; au bénéfice de; **2.** *v/t.* profiter à; être avantageux (-euse *f*) à; faire du bien à; *v/i.* profiter (*de by, from*).

be·nev·o·lence [bi'nevələns] bienveillance *f*, bonté *f*; **be'nev·o·lent** □ (*envers*, *to*) bienveillant; charitable.

Ben·gal [beŋ'gɔ:l] du Bengale; **Ben'gal·i** [~li] **1.** bengali *m*; **2.** *ling.* bengali *m*; Bengali *mf*.

be·night·ed [bi'naitid] anuité; surpris par la nuit; *fig.* aveugle; plongé dans l'ignorance.

be·nign □ [bi'nain] bénin (-igne *f*) (*a.* ⚕); doux (douce *f*); favorable; **be·nig·nant** □ [bi'nignənt] bénin (-igne *f*); bienveillant; **be'nig·ni·ty** bienveillance *f*, bonté *f*; ⚕, *a. climat*: bénignité *f*.

bent¹ [bent] **1.** *prét. et p.p. de* bend **2;** ~ *on* acharné à; **2.** penchant *m*, disposition *f* (pour, *for*); *to the top of one's* ~ tant qu'on peut.

bent² ♃ [~] jonc *m*; agrostide *f*; prairie *f*. [transir.]

be·numb [bi'nʌm] engourdir (*a.* F);

ben·zine ♆ ['benzi:n] benzine *f*.

ben·zol(e) ♆ ['benzɔl] benzol *m*.

be·queath [bi'kwi:ð] léguer.

be·quest [bi'kwest] legs *m*.

be·reave [bi'ri:v] [*irr.*] priver; *be* ~*d of* perdre (*q. par la mort*); ~*d* affligé; **be'reave·ment** perte *f* (*d'un père etc.*); deuil *m*.

be·reft [bi'reft] *prét. et p.p. de* bereave.

be·ret ['berei] béret *m*.

Ber·lin [bə:'lin] **1.** de Berlin; ~ *black* vernis *m*; **2.** *voiture*: berline *f*; (*usu.* ~ *glove*) gant *m* de laine de Berlin; (*usu.* ~ *wool*) laine *f* de Berlin.

ber·ry ['beri] ♃ baie *f*.

berth [bə:θ] **1.** ⚓ évitée *f*; couchette *f*; *fig.* place *f*; emploi *m*; *give s.o. a wide* ~ éviter q.; **2.** *v/t.* accoster (*un navire*) le long du quai; *v/i.* mouiller; aborder à quai.

ber·yl *min.* ['beril] béryl *m*.

be·seech [bi'si:tʃ] [*irr.*] supplier (*q. de inf.*, *s.o. to inf.*); implorer; **be'seech·ing** □ suppliant.

be·seem [bi'si:m] *it* ~*s* il sied (à *q. de inf.*, *s.o. to inf.*).

be·set [bi'set] [*irr.* (set)] assaillir; serrer de près; assiéger; ~*ting sin* péché *m* d'habitude.

be·side [bi'said] **1.** *adv. see* besides; **2.** *prp.* à côté de (*a. fig.*); auprès de; ~ *o.s.* transporté (*de joie etc.*, *with*); *be* ~ *the purpose* ne pas entrer dans les intentions (*de q.*); ~ *the question* en dehors du sujet; **be'sides** [~dz] **1.** *adv.* en plus, en outre; d'ailleurs; **2.** *prp. fig.* sans compter; en plus de; excepté.

be·siege [bi'si:dʒ] assiéger (*a. fig.*); faire le siège de; *fig.* entourer; **be'sieg·er** assiégeant *m*.

be·slav·er [bi'slævə] baver sur; *fig.* flagorner.

be·slob·ber [bi'slɔbə] prodiguer des baisers à (*q.*).

be·smear [bi'smiə] barbouiller.
be·smirch [bi'smə:tʃ] salir.
be·som ['bi:zm] balai *m*.
be·sot·ted [bi'sɔtid] assoté; abruti (par, *with*) (*a. fig.*).
be·sought [bi'sɔ:t] *prét. et p.p. de* beseech.
be·spat·ter [bi'spætə] éclabousser; *fig.* salir le nom de; accabler (de, *with*).
be·speak [bi'spi:k] [*irr.* (speak)] commander; retenir; *fig.* annoncer; *usu. poét.* s'adresser à, parler à.
be·spoke [bi'spouk] 1. *prét. de* bespeak; 2. *adj.*: ~ *tailor* tailleur *m* à façon; ~ *work* travail *m* sur commande; **be'spoken** *p.p. de* bespeak.
be·sprin·kle [bi'spriŋkl] arroser.
best [best] 1. *adj.* meilleur; F *la crème de*; ~ *man* garçon *m* d'honneur; *at* ~ *price* au mieux; *see* seller; 2. *adv.* le mieux; 3. *su.* meilleur *m*; mieux *m*; *Sunday* ~ *habits m/pl.* du dimanche; *for the* ~ pour le mieux; *to the* ~ *of my knowledge* autant que je sache; *make the* ~ *of* s'accomoder de; *make the* ~ *of a bad job* faire bonne mine à mauvais jeu; *the* ~ *of the way* la plus grande partie du chemin; *at* ~ pour dire le mieux; 4. *v/t.* F l'emporter sur (*q.*).
be·stead [bi'sted] [*irr.*] aider.
be·ste(a)d [~]: *hard* ~ serré de près; *ill* ~ F en mauvaise passe.
bes·tial □ ['bestjəl] bestial (-aux *m/pl.*); **bes·ti·al·i·ty** [besti'æliti] bestialité *f*.
be·stir [bi'stə:]: ~ *o.s.* se remuer.
be·stow [bi'stou] accorder, octroyer (à, [*up*]*on*); † déposer; **be'stow·al, be'stow·ment** don *m*, octroi *m*.
be·strew [bi'stru:] [*irr.*] joncher, parsemer (de, *with*).
be·strid·den [bi'stridn] *p.p. de* bestride.
be·stride [bi'straid] [*irr.*] être à cheval sur; enjamber (*un endroit*); enfourcher (*un cheval*).
be·strode [bi'stroud] *prét. de* bestride.
bet [bet] 1. pari *m*; 2. [*irr.*] parier; F *you* ~ pour sûr; *I* ~ *you a shilling* F je vous parie 50 francs.
be·take [bi'teik] [*irr.* (take)]: ~ *o.s. to* se rendre à; *fig.* se livrer à.
be·think [bi'θiŋk] [*irr.* (think)]: ~ *o.s.* se rappeler (qch. *of s.th.*); ~ *o.s. to* (*inf.*) s'aviser de (*inf.*).

be·tide [bi'taid]: *whate'er* ~ *advienne que pourra*; *woe* ~ *him!* gare à lui!
be·times [bi'taimz] de bonne heure.
be·to·ken [bi'toukn] être signe de, révéler; présager.
be·tray [bi'trei] trahir (*a. fig.* = laisser voir); séduire (*une femme*); **be'tray·al** trahison *f*; ~ *of trust* abus *m* de confiance; **be'tray·er** traître(sse *f*) *m*; trompeur (-euse *f*) *m*.
be·troth [bi'trouð] fiancer (à, avec *to*); *the* ~*ed* le fiancé *m*; la fiancée *f*; *pl.* les fiancés *m/pl.*; **be'troth·al** fiançailles *f/pl.*
bet·ter¹ ['betə] 1. *adj.* meilleur; mieux; *he is* ~ il va mieux; *get* ~ s'améliorer; se remettre; 2. *su.* meilleur *m*; mieux *m*; ~*s pl.* supérieurs *m/pl.*; *get the* ~ *of* l'emporter sur (*q.*); rouler (*q.*) (= *duper*); surmonter (*un obstacle*); maîtriser (*une émotion*); *he is my* ~ il est plus fort que moi; 3. *adv.* mieux; *be* ~ *off* être plus à son aise (*matériellement*); *so much the* ~ tant mieux; *you had* ~ *go* vous feriez mieux de vous en aller *ou* de partir; *I know* ~ j'en sais plus long; *think* ~ *of it* se raviser; revenir de; 4. *v/t.* améliorer; surpasser; ~ *o.s.* améliorer (*sa position etc.*); *v/i.* s'améliorer.
bet·ter² [~] parieur (-euse *f*) *m*.
bet·ter·ment ['betəmənt] amélioration *f*.
bet·ting ['betiŋ] paris *m/pl.*; cote *f*; mise *f*; ~*-debt* dette *f* d'honneur.
be·tween [bi'twi:n] (*poét. et prov. a.* **be·twixt** [bi'twikst] 1. *adv.* entre les deux; *betwixt and between* entre les deux; 2. *prp.* entre; ~ *ourselves* entre nous, de vous à moi; *they bought it* ~ *them* ils l'ont acheté à eux deux (*trois etc.*); **be'tween-decks** ⚓ entrepont *m*; *adv.* sous barrots; **be'tween-maid** aide *f* de maison.
bev·el ['bevl] 1. oblique; 2. ⊕ biseau *m*, biais *m*; conicité *f*; 3. *v/t.* biseauter; *v/i.* biaiser; aller de biais; aller en biseau; '~-**wheel** ⊕ roue *f* dentée conique; pignon *m* conique.
bev·er·age ['bevəridʒ] boisson *f*.
bev·y ['bevi] bande *f*, troupe *f*.
be·wail [bi'weil] *v/t.* pleurer (*qch.*); *v/i.* se lamenter.
be·ware [bi'wɛə] se méfier (de *q.*, *of s.o.*); se garder (de qch., *of s.th.*).

be·wil·der [bi'wildə] égarer, désorienter; F ahurir; abasourdir; **be·'wil·der·ment** trouble *m*, confusion *f*; ahurissement *m*; abasourdissement *m*.

be·witch F [bi'witʃ] ensorceler; F enchanter; **be'witch·ment** ensorcellement *m*; charme *m*.

be·yond [bi'jɔnd] **1.** *adv.* au-delà, par-delà, plus loin; **2.** *prp.* au-delà de; par-delà; au-dessus de; excepté; en dehors de; autre ... que; ~ *endurance* intolérable; ~ *measure* outre mesure; ~ *dispute* incontestable; ~ *words* au-delà de toute expression; *get* ~ *s.o.* dépasser q.; *go* ~ *one's depth* ne pas avoir pied; *it is* ~ *me* cela me dépasse; je n'y comprends rien.

bi... [bai] bi(s)-; di(s)-; semi-.

bi·as ['baiəs] **1.** *adj. et adv.* oblique (-ment); en biais; de biais; *couture*: coupé de biais, en biais; **2.** *couture*: biais *m*; *boules*: décentrement *m*; déviation *f*; *radio*: polarisation *f*; *fig.* parti *m* pris; penchant *m*; **3.** décentrer (*une boule*); *fig.* rendre partial; prévenir (contre, *against*); en faveur de, *towards*); ~*sed* partial (-aux *m/pl.*).

bib [bib] bavette *f* (*d'enfant*); *tablier*: baverette *f*.

bib·cock ['bibkɔk] robinet *m* coudé.

Bi·ble ['baibl] Bible *f*.

bib·li·cal □ ['biblikl] biblique.

bib·li·og·ra·pher [bibli'ɔgrəfə] bibliographe *m*; **bib·li·o·graph·ic**, **bib·li·o·graph·i·cal** [~o'græfik(l)] bibliographique; **bib·li·og·ra·phy** [~'ɔgrəfi] bibliographie *f*; **bib·li·o·ma·ni·a** [~o'meinjə] bibliomanie *f*; **bib·li·o'ma·ni·ac** [~niæk] bibliomane *m*; **bib·li·o·phile** ['~ofail] bibliophile *m*.

bib·u·lous □ ['bibjuləs] adonné à la boisson; absorbant (*chose*).

bi·car·bon·ate ⚗ [bai'kɑ:bənit] bicarbonate *m*.

bi·ceps *anat.* ['baiseps] biceps *m*.

bick·er ['bikə] se quereller; être toujours en zizanie; trembloter (*lumière*); murmurer (*ruisseau etc.*); **'bick·er·ing(s** *pl.*) querelles *f/pl.*; bisbille *f*.

bi·cy·cle ['baisikl] **1.** bicyclette *f*, F vélo *m*; **2.** faire de la bicyclette; aller à bicyclette; **'bi·cy·clist** (bi-)cycliste *mf*.

bid [bid] **1.** [*irr.*] *v/t.* commander, ordonner; inviter (*à dîner*); *cartes*: appeler; *fig.* ~ *fair* promettre de; s'annoncer; ~ *farewell* faire ses adieux; ~ *up* surenchérir; ~ *welcome* souhaiter la bienvenue; *v/i.* (*prét. et p.p.* bid) faire une offre (pour, *for*); **2.** offre *f*, mise *f*, enchère *f*; *cartes*: appel *m*; *a* ~ *to* (*inf.*) un effort pour (*inf.*); *cartes*: *no* ~ Parole!; **'bid·den** *p.p. de* bid 1; **'bid·der** enchérisseur *m*; *cartes*: demandeur (-euse *f*) *m*; *see high* 1, *low*[1] 1; **'bid·ding** ordre *m*; invitation *f*; enchères *f/pl.*; *cartes*: enchère *f*.

bide [baid] attendre (*le moment*).

bi·en·ni·al [bai'enjəl] **1.** biennal (-aux *m/pl.*); **2.** ♀ plante *f* bisannuelle.

bier [biə] civière *f* (*pour un cercueil*).

bi·fur·cate ['baifə:keit] (se) bifurquer; **bi·fur'ca·tion** bifurcation *f*.

big [big] grand; gros(se *f*); *fig.* lourd, gros(se *f*) (de, *with*); enceinte *f* (*grosse d'enfant*); *fig.* hautain, fanfaron (-ne *f*); F ♀ *Ben grosse cloche du Palais du Parlement à Londres*; ~ *business* grosses affaires *f/pl.*; F *fig.* ~ *shot* chef *m* de file; personnage *m* important; *Am.* ~ *stick* fig. F trique *f*; *Am.* ~ *top* cirque: chapiteau *m*, *a. fig.* cirque *m*; *talk* ~ faire l'important; fanfaronner.

big·a·mous ['bigəməs] bigame; **'big·a·my** bigamie *f*.

bight ⚓ [bait] crique *f*; golfe *m*.

big·ness ['bignis] grandeur *f*; grosseur *f*.

big·ot ['bigət] bigot(e *f*) *m*; *fig.* fanatique *mf*; sectaire *mf*; **'big·ot·ed** fanatique; *fig.* à l'esprit sectaire; **'big·ot·ry** fanatisme *m*; zèle *m* outré.

big·wig F ['bigwig] gros bonnet *m*; *sl.* grosse légume *f*.

bike F [baik] vélo *m*.

bi·lat·er·al □ [bai'lætərl] bilatéral (-aux *m/pl.*).

bil·ber·ry ♀ ['bilbəri] airelle *f*, myrtille *f*.

bile [bail] bile *f* (*fig.* = *colère*).

bilge [bildʒ] bouge *m* (*de barrique*); ⚓ fond *m* de cale; bouchain *m*; *sl.* bêtises *f/pl.*

bi·lin·gual [bai'liŋgwəl] bilingue.

bil·ious □ ['biljəs] bilieux (-euse *f*); *fig.* colérique.

bilk [bilk] F tromper, escroquer.

bill

bill¹ [bil] 1. *oiseau, ancre, géog.*: bec *m*; serpette *f* (*pour tailler*); 2. (*a. fig.* ~ *and coo*) se becqueter.

bill² [~] 1. note *f*, facture *f*; *restaurant*: addition *f*; ✝ effet *m*; ✝ (*a.* ~ *of exchange*) traite *f*; *Am.* billet *m* (de banque); *théâ. etc.* affiche *f*; *parl.* projet *m* de loi; ~ *of costs* compte *m* de frais; ~ *of expenses* note *f* de(s) frais; ~ *of fare* carte *f* du jour; ⚓ ~ *of health* patente *f* de santé; ~ *of lading* connaissement *m*, police *f* de chargement; ⚖ ~ *of sale* acte *m* de vente; ✝ ~ *of sight* déclaration *f* d'entrée; ♀ *of Rights Brit.* Déclaration *f* des Droits du citoyen (1689); *Am.* les amendements *m/pl.* (1791) à la constitution des É.-U.; 2. facturer (*des marchandises*); afficher.

bill·board *Am.* ['bilbɔ:d] panneau *m* d'affichage.

bil·let ['bilit] 1. ✕ (billet *m* de) logement *m*; bûche *f*; billette *f* (*a. métall.*); 2. ✕ loger (*des troupes*) (chez *on, with*).

bill·fold ['bilfould] porte-billets *m/inv.*

bil·liard ['biljəd] *attr.* de billard; '~-**cue** queue *f* de billard; '**bil·liards** *sg. ou pl.* (jeu *m* de) billard *m*.

bil·lion ['biljən] billion *m*; *Am.* milliard *m*.

bil·low ['bilou] 1. lame *f* (de mer), grande vague *f*; 2. se soulever en vagues; ondoyer (*foule etc.*); '**bil·low·y** houleux (-euse *f*).

bill-stick·er ['bilstikə] afficheur *m*; placardeur *m*.

bil·ly *Am.* ['bili] bâton *m* (*de police*); '~-**cock** chapeau *m* melon; '~-**goat** F bouc *m*.

bi-mo·tored ✈ ['baimoutəd] bimoteur.

bin [bin] coffre *m*; casier *m*; F poubelle *f*.

bi·na·ry ['bainəri] binaire.

bind [baind] [*irr.*] *v/t.* lier, attacher; (res)serrer; garrotter; rendre constipé; ratifier, confirmer (*un marché*); border (*une étoffe*); relier (*des livres*); fixer (*un ski*); bander (*une blessure*); lier, agglutiner (*le sable*); ~ *over* sommer (*q.*) d'observer une bonne conduite; *fig.* be bound with être engagé (à *to, with*); ~ *s.o. apprentice to* mettre q. en apprentissage chez; *I'll be bound* je m'engagerai (à, *to*); F j'en suis sûr!; *v/i.* se lier; durcir; '**bind·er** lieur (-euse *f*) *m*; lien *m*; ceinture *f*; ⊕ liant *m*; relieur *m* (*de livres*); '**bind·ing** 1. obligatoire (pour, *on*); agglomératif (-ive *f*); 2. agglutination *f*; serrage *m*; lien *m*; *étoffe*: bordure *f*; *livres*: reliure *f*; '**bind·weed** ♀ liseron *m*.

binge *sl.* [bindʒ] bombe *f*, ribote *f*.

bin·na·cle ⚓ ['binəkl] habitacle *m*.

bin·o·cle ['binɔkl] binoculaire *m*; **bin·oc·u·lar** 1. [bai'nɔkjulə] binoculaire; 2. [bi'nɔkjulə] jumelle *f*, -*s f/pl.*

bi·o·chem·i·cal ['baio'kemikl] biochimique; '**bi·o'chem·is·try** biochimie *f*.

bi·og·ra·pher [bai'ɔgrəfə] biographe *m*; **bi·o·graph·ic, bi·o·graph·i·cal** □ [‿o'græfik(l)] biographique; **bi·og·ra·phy** [‿'ɔgrəfi] biographie *f*.

bi·o·log·ic, bi·o·log·i·cal □ [baio-'lɔdʒik(l)] biologique; **bi·ol·o·gist** [‿'ɔlədʒist] biologiste *mf*; **bi'ol·o·gy** biologie *f*.

bi·par·tite [bai'pɑ:tait] biparti(te *f*); ⚖ rédigé en double. [*su./m.*)

bi·ped *zo.* ['baiped] bipède (*a.*)

bi·plane ✈ ['baiplein] biplan *m*.

birch [bə:tʃ] 1. ♀ (*ou* ~-*tree*) bouleau *m*; (*a.* ~-*rod*) verge *f*; 2. de bouleau; '**birch·en** de bouleau.

bird [bə:d] oiseau *m*; *kill two* ~*s with one stone* faire d'une pierre deux coups; '~-**fan·ci·er** oiselier *m*; marchand(e *f*) *m* d'oiseaux; connaisseur (-euse *f*) *m* en oiseaux; '~-**lime** glu *f*; '~-**nest** 1. *see* bird's nest; 2. dénicher des oiseaux; '**bird's-eye view** perspective *f* à vol d'oiseau; '**bird's nest** nid *m* d'oiseaux.

birth [bə:θ] naissance *f*; accouchement; *animaux*: mise *f* bas; *bring to* ~ faire naître, engendrer; *come to* ~ naître, prendre naissance; '~-**con·trol** limitation *f* des naissances; '~-**day** anniversaire *m*; jour *m* natal; '~-**place** lieu *m* de naissance; '~-**rate** natalité *f*; '~-**right** droit *m* de naissance; droit *m* d'aînesse.

bis·cuit ['biskit] biscuit *m* (*a. poterie*).

bi·sect ⚗ [bai'sekt] bissecter (*un angle*); couper en deux parties égales (*une ligne, un angle*); **bi'sec·tion** bissection *f*.

bish·op ['biʃəp] évêque *m*; *échecs*: fou *m*; **'bish·op·ric** évêché *m*.
bis·muth ⚗ ['bizməθ] bismuth *m*.
bi·son *zo.* ['baisn] bison *m*.
bis·sex·tile [bi'sekstail] **1.** bissextil; ~ *year* = **2.** année *f* bissextile.
bit [bit] **1.** morceau *m*; bout *m* (*de papier etc.*); *monnaie*: pièce *f*; *cheval, tenaille*: mors *m*; ⊕ mèche *f*; perçoir *m*; ~ *by* ~ peu à peu; F *be a* ~ *of a coward* être plutôt lâche; **2.** mettre le mors à, brider; **3.** *prét. de bite 2.*
bitch [bitʃ] **1.** chienne *f*; *sl.* garce *f*; renarde *f*; louve *f*; **2.** F gâcher.
bite [bait] **1.** coup *m* de dent; morsure *f*; *sauce*: piquant *m*; *poisson*: touche *f*; ⊕ mordant *m*; **2.** [*irr.*] mordre (*a. poisson, ancre, outil, acide, etc.*); piquer (*insecte, poivre*); ronger (*rouille*); *v/i.* adhérer (*roues*); ⚓ crocher (*ancre*); ~ *at* rembarrer (*q.*); **'bit·er** animal *etc.* qui mord; *the* ~ *bit* le trompeur trompé.
bit·ing □ ['baitiŋ] mordant; perçant (*froid*); cinglant (*vent*).
bit·ten ['bitn] *p.p. de bite 2*; *be* ~ *fig.* se faire attraper; F *be* ~ *with* s'enticher de; *once* ~ *twice shy* chat échaudé craint l'eau froide.
bit·ter ['bitə] **1.** □ amer (-ère *f*); aigre; glacial (-als *m/pl.*) (*vent*); ~*-sweet* aigre-doux (-douce *f*); **2.** bière *f* piquante.
bit·tern *orn.* ['bitə:n] butor *m*.
bit·ter·ness ['bitənis] amertume *f*; âpreté *f*; rancune *f*.
bit·ters ['bitəz] *pl.* bitter *m*, *-s m/pl.*, amer *m*, *-s m/pl.*
bitts ⚓ [bits] *pl.* bittes *f/pl.*
bi·tu·men ['bitjumin] bitume *m*; **bi·tu·mi·nous** [~'tju:minəs] bitumineux (-euse *f*); gras(se *f*) (*houille*).
biv·ouac ['bivuæk] **1.** bivouac *m*; **2.** bivouaquer.
biz F [biz] affaire *f*, *-s f/pl.*
bi·zarre [bi'za:] bizarre.
blab F [blæb] **1.** (*a.* **'blab·ber**) jaseur (-euse *f*) *m*; indiscret (-ète *f*) *m*; **2.** *v/i.* jaser, bavarder; *v/t.* divulguer (*un secret*).
black [blæk] **1.** □ noir; *fig.* sombre, triste; ~ *cattle* bœufs *m/pl.* de race écossaise ou galloise; ~ *eye* œil *m* poché; *see frost*; ~ *market* marché *m* noir; ~ *marketeer* profiteur (-euse *f*) *m*; ~ *marketing* vente *f* ou achats *m/pl.* au marché noir; ~ *sheep fig.* brebis *f* galeuse; **2.** noircir; *v/t.* cirer (*des bottes*); F pocher (*l'œil*); ~ *out v/t.* obscurcir; *v/i.* couper la lumière; **3.** noir *m* (*a. vêtements*); noir(e *f*) *m* (=*nègre*); flocon *m* de suie.

black...: ~·**a·moor** ['~əmuə] nègre *m*, négresse *f*; *sl.* bamboula *m*; ~-**ball** blackbouler; '~·**ber·ry** ♣ mûre *f* (*sauvage*); '~·**bird** merle *m*; '~-**board** tableau *m* noir; '~·**coat·ed** vêtu de noir; '~·**cock** *orn.* tétras *m*; **'black·en** *v/t.* noircir (*a. fig.*); *fig.* calomnier; *v/i.* (se) noircir; s'assombrir.
black...: ~·**guard** ['blæga:d] **1.** vaurien *m*; ignoble personnage *m*; **2.** (*a.* '~·**guard·ly**) □ ignoble, canaille; **3.** adjectiver (*q.*); ~·**head** ♣ ['blækhed] comédon *m*; **'black·ing** cirage *m*; **'black·ish** □ noirâtre, tirant sur le noir.
black···: '~·**jack 1.** *surt. Am.* assommoir *m*; **2.** assener un coup d'assommoir à (*q.*); '~·**lead** **1.** plombagine *f*; crayon *m* (de mine de plomb); **2.** passer à la mine de plomb; '~·**leg** renard *m*; jaune *m*; '~·**let·ter** *typ.* caractères *m/pl.* gothiques; '~·**list** mettre sur la liste des suspects; mettre à l'index; '~-**mail 1.** extorsion *f* sous menace; F chantage *m*; **2.** F faire chanter (*q.*); '~·**mail·er** maître *m* chanteur; **'black·ness** noirceur *f*; obscurité *f*.
black...: '~·**out** black-out *m*; *fig.* syncope *f*, amnésie *f* passagère; '~-**smith** forgeron *m*; '~·**thorn** ♣ épine *f* noire; **'black·y** F nègre *m*; moricaud *m*.

blad·der ['blædə] *anat., a. foot.* vessie *f*; *anat., ♣* vésicule *f*.
blade [bleid] *herbe*: brin *m*; *couteau, rasoir, scie, épée*: lame *f*; *langue*: plat *m*; *aviron*: pale *f*; *hélice*: aile *f*; *ventilateur*: vanne *f*; F gaillard *m*; (*a.* ~-*bone*) *anat.* omoplate *f*.
blain [blein] pustule *f*.
blam·a·ble □ ['bleiməbl] blâmable; répréhensible; **'blam·a·ble·ness** caractère *m* répréhensible.
blame [bleim] **1.** reproches *m/pl.*; blâme *m*; faute *f*; **2.** blâmer; *he is not to* ~ *for* il n'y a pas de faute de sa part; *he is to* ~ *for* il y a de sa faute; il est responsable de; ~ *s.th. on s.o.* imputer (la faute de) qch. à q.
blame·ful ['bleimful] blâmable; ré-

blameless 650

préhensible; **'blame·less** □ innocent; irréprochable; **'blame·less·ness** innocence f; irréprochabilité f; **'blame·wor·thi·ness** caractère m blâmable ou répréhensible; **'blame·wor·thy** blâmable; répréhensible.

blanch [blɑːntʃ] blanchir; pâlir; ~ over pallier; F blanchir.

blanc-mange cuis. [bləˈmɔnʒ] blanc-manger (pl. blancs-mangers) m.

bland □ [blænd] doux (douce f); débonnaire; narquois (sourire); **'blan·dish** cajoler, flatter; **'blan·dish·ment** flatterie f.

blank [blæŋk] 1. □ blanc(he f); vierge (page); sans expression, étonné (regard); ✝ en blanc; F carte blanche; ⚔ cartridge cartouche f à blanc; fire ~ tirer à blanc; 2. blanc m; vide m; lacune f; mémoire: trou m; loterie: billet m blanc; ⊕ flan m.

blan·ket ['blæŋkit] 1. lit, cheval: couverture f; F neige, fumée: manteau m; typ. blanchet m; fig. wet ~ trouble-fête m/inv.; rabat-joie m/inv.; 2. mettre une couverture à; ⚓ déventer; F étouffer, supprimer; Am. éclipser; 3. Am. général (-aux m/pl.), d'une portée générale.

blank·ness ['blæŋknis] vide m; air m confus.

blare [blɛə] v/i. sonner, cuivrer (trompette); v/t. faire retentir.

blar·ney ['blɑːni] 1. patelinage n; 2. cajoler, enjôler.

blas·pheme [blæsˈfiːm] blasphémer; ~ against outrager; **blas·'phem·er** blasphémateur (-trice f) m; **blas·phe·mous** □ ['blæsfiməs] blasphémateur (-trice f) (personne); blasphématoire (propos); **'blas·phe·my** blasphème m.

blast [blɑːst] 1. vent: rafale f; vent, explosion: souffle m; trompette: sonnerie f; sifflet, sirène, mot. coup m; explosion f; ⊕ soufflerie f; ⚕ cloque f; at full ~ en pleine activité; 2. v/t. faire sauter, pétarder; flétrir; fig. ruiner, briser; v/i. cuivrer; ~(it)! sacrebleu!; '~-fur·nace ⊕ haut fourneau m; **'blast·ing** abattage m à la poudre; travail m aux explosifs.

bla·tan·cy ['bleitənsi] vulgarité f criarde; **'bla·tant** □ d'une vulgarité criarde; criant (tort etc.).

blath·er Am. ['blæðə] 1. bêtises f/pl.; 2. débiter des inepties.

blaze [bleiz] 1. flamme f; feu m; conflagration f; éclat m; étoile f (au front d'un cheval); arbre: griffe f; pl. F enfer m; 2. v/i. flamber; flamboyer (soleil, couleurs); étinceler; F ~ away tirer sans désemparer (sur, at); chasse: blazing scent piste f toute fraîche; v/t. (usu. ~ abroad) répandre, publier; griffer (un arbre); **'blaz·er** blazer m.

bla·zon ['bleizn] 1. blason m; armoiries f/pl.; 2. ⚐ blasonner; marquer (qch.) aux armoires (de q.); fig. célébrer, exalter; F publier; **'bla·zon·ry** blasonnement m; science f héraldique; fig. ornementation f.

bleach [bliːtʃ] 1. blanchir; v/i. blondir (cheveux); 2. décolorant m; **'bleach·er** blanchisseur (-euse f) m; Am. ~s pl. places f/pl. découvertes d'un terrain de baseball; **'bleach·ing** blanchiment m; **'bleach·ing-pow·der** poudre f à blanchir.

bleak □ [bliːk] sans abri, exposé au vent; fig. froid; triste, morne; **'bleak·ness** froidure f; aspect m morne.

blear [bliə] 1. chassieux (-euse f) (surt. des yeux); 2. rendre trouble; estomper (des couleurs); ~-eyed ['bliəraid], **'blear·y** aux yeux chassieux.

bleat [bliːt] 1. bêlement m; 2. bêler.

bleb [bleb] bouton m, (petite) ampoule f.

bled [bled] prét. et p.p. de bleed.

bleed [bliːd] [irr.] v/i. saigner, perdre du sang; v/t. saigner; ~ white saigner (q.) à blanc; **'bleed·ing** écoulement m de sang; ⚕ saignée f.

blem·ish ['blemiʃ] 1. défaut m, imperfection f; tache f; 2. tacher, souiller; abîmer.

blench [blentʃ] blêmir, pâlir.

blend [blend] 1. (se) mêler (à, avec with); (se) mélanger (thé, café); v/t. couper (le vin); fig. v/i. s'allier; se marier (voix, couleurs); 2. mélange m.

blende min. [blend] blende f.

bless [bles] bénir; consacrer; ~ s.o. with accorder à q. le bonheur de; F ~ me!, ~ my soul! tiens, tiens!; **bless·ed** □ [p.p. blest; adj. 'blesid] bienheureux (-euse f); saint; sl. fichu; be ~ with jouir de; ~ event heureux événement m (= naissance); **'bless·ed·ness** ['~sidnis] félicité f, béatitude f; live in single ~ vivre dans le

bloomer

bonheur du célibat; '**bless·ing** bénédiction *f*; bienfait *m*; *aux repas*: bénédicité *m*.
blest *poét.* [blest] *see* blessed.
bleth·er ['bleðə] *see* blather.
blew [blu:] *prét. de* blow² *et* blow³ 1.
blight [blait] 1. ⚕ nielle *f* (*des céréales*), cloque *f* (*du fruit*); *fig.* influence *f* néfaste; 2. nieller; brouir; *fig.* flétrir; '**blight·er** *sl.* bon *m* à rien; individu *m*; *poor* ~ pauvre hère *m*; *lucky* ~ veinard *m*.
Blight·y ⚔ *sl.* ['blaiti] la patrie (*usu.* l'*Angleterre*); *a* ~ (one) la bonne blessure.
blind □ [blaind] 1. aveugle; sans issue (*chemin*); faux (fausse *f*) (*porte*); *be* ~ *to* ne pas voir (*qch.*); *the* ~ *pl.* les aveugles *m/pl.*; ~ *alley* impasse *f* (*a. fig.*); ~ *corner* tournant *m* encaissé; virage *m* masqué; ✈ ~ *flying* vol *m* sans visibilité, vol *m* en P.S.V.; *anat.* ~ *gut* cæcum *m*; ⚓, ⚔ ~ *shell* obus *m* qui a raté; ~ *story* conte *m* en l'air; ~*ly fig.* aveuglément; à l'aveuglette; 2. store *m*; jalousie *f*; abat-jour *m/inv.*; banne *f*; ⚔ blinde *f*; *Am. cheval:* œillère *f*; masque *m*, prétexte *m*; 3. aveugler (sur, to); *fig.* éblouir; *min.* blinder.
blind...: '~**fold** 1. aveuglément; 2. bander les yeux (à *ou* de q., s.o.); '~-**man's-buff** colin-maillard *m*; '**blind·ness** cécité *f*.
blink [bliŋk] 1. clignotement *m* des paupières; lueur *f* momentanée; signal *m* optique; 2. *v/i.* ⚓ battre *ou* cligner des paupières; papilloter (*lumière*); *v/t. fig.* fermer les yeux sur; dissimuler; '**blink·er** clignotant *m*; *cheval:* œillère *f*; '**blink·ing** F sacré.
bliss [blis] félicité *f*, béatitude *f*.
bliss·ful □ ['blisful] bienheureux (-euse *f*); serein; '**bliss·ful·ness** félicité *f*, béatitude *f*; bonheur *m*.
blis·ter ['blistə] 1. ampoule *f*; *peint., peau:* cloque *f*; ⚕ vésicatoire *m*; 2. (se) couvrir d'ampoules; (se) cloquer (*peinture*).
blithe □ [blaið], ~**some** ['blaiðsəm] *surt. poét.* joyeux (-euse *f*), gai.
blith·er *sl.* ['bliðə] dire des bêtises; ~*ing* F sacré.
blitz [blits] 1. F bombardement *m* aérien; 2. détruire par un bombardement.

bliz·zard ['blizəd] tempête *f* de neige.
bloat [blout] gonfler; boursoufler; bouffir (*a. fig.*), saurer (*des harengs*); ~*ed* boursouflé, gonflé; bouffi (*a. fig.*); '**bloat·er** hareng *m* bouffi.
blob [blɔb] tache *f*; pâté *m*; goutte *f* d'eau.
block [blɔk] 1. *marbre, fer, papier, etc.:* bloc *m*; *bois:* tronçon *m*; *roche:* quartier *m*; *mot.* tin *m*; sabot *m* (*de frein*); pâté *m* (*de maisons*); (*a. dead* ~) embouteillage *m*; blocus *m*; ~-*buster* ⚔ *sl.* bombe *f* de très gros calibre; ~ *letter typ.* caractère *m* gras; majuscule *f*; 2. bloquer; entraver; fermer (*une voie, un jeu*); ~ *in* esquisser à grands traits; (*usu.* ~ *up*) bloquer, obstruer; murer (*une porte*); ⚓ bâcler (*un port*); ~ *out* caviarder (*une censure*).
block·ade [blɔ'keid] 1. blocus *m*; 2. bloquer; faire le blocus de; **block'ade-run·ner** forceur *m* de blocus.
block...: '~-**head** sot *m*; tête *f* de bois; '~-**house** blockhaus *m*.
bloke F [blouk] type *m*, individu *m*.
blond(e *f*) [blɔnd] 1. blond; 2. blondin(e *f*) *m*; ✞ (*a. blonde lace*) blonde *f*.
blood [blʌd] sang *m* (*a.* = *descendance*); race *f*; † dandy *m*; *in cold* ~ de sang-froid; *see run*.
blood...: '~-**guilt·i·ness** culpabilité *f* d'avoir versé du sang; '~-**heat** température *f* du sang; '~-**horse** cheval *m* de race, pur-sang *m/inv.*; '~-**hound** limier *m*; '**blood·i·ness** état *m* sanglant; disposition *f* sanguinaire; '**blood·less** □ exsangue, anémié; sans effusion de sang; *fig.* pâle; sans énergie; sans courage.
blood...: '~-**let·ting** saignée *f*; '~-**poi·son·ing** ⚕ empoisonnement *m* du sang; '~-**pres·sure** pression *f* vasculaire; '~-**shed** carnage *m*; '~-**shot** éraillé (*œil*); '~-**stanch·ing** styptique; '~-**thirst·y** avide de sang; '~-**ves·sel** vaisseau *m* sanguin; '**blood·y** 1. □ ensanglanté; sanguinaire; *sl.* sacré; 2. bougrement.
bloom¹ [blu:m] 1. fleur *f* (*a. fig.*); épanouissement *m*; duvet *m* (*d'un fruit*); *fig.* incarnat *m*; 2. fleurir.
bloom² *métall.* [⎵] loupe *f*.
bloom·er *sl.* ['blu:mə] gaffe *f*, bévue *f*; *usu.* ~*s pl.* culotte *f* bouffante.

blooming

bloom·ing □ ['blu:miŋ] fleurissant, en fleur; florissant, prospère; *sl.* sacré; *souv. ne se traduit pas.*

blos·som ['blɔsəm] 1. fleur *f (surt. des arbres)*; 2. fleurir; ~ **into** devenir.

blot [blɔt] 1. tache *f (a. fig.)*; pâté *m (d'encre)*; 2. *v/t.* tacher; ternir *(a. fig.)*; sécher, passer le buvard sur *(l'encre)*; *(usu.* ~ **out)** effacer, *fig.* masquer; *v/i.* faire des pâtés *(plume)*; boire l'encre *(buvard)*.

blotch [blɔtʃ] tache *f*; pustule *f*; *peau:* tache *f* rouge.

blot·ter ['blɔtə] buvard *m*; *Am.* registre *m* d'arrestations *etc.*; livre *m* d'écrou.

blot·ting...: '~-**book** bloc *m* buvard; '~-**pad** bloc *m* buvard, sous-main *m/inv.*; '~-**pa·per** papier *m* buvard.

blot·to *sl.* ['blɔtou] soûl perdu.

blouse [blauz] blouse *f*; ⚔, *a. Am.* vareuse *f*.

blow[1] [blou] coup *m* (de poing, de bâton, *etc.*); **at one** ~ d'un (seul) coup; **come to** ~**s** en venir aux coups.

blow[2] [~] *[irr.]* s'épanouir.

blow[3] [~] 1. *[irr.] v/i.* souffler; faire du vent; claquer *(ampoule)*; sauter *(plomb)*; ~ **in** entrer; ~ **over** se calmer; ~ **up** éclater, sauter; *Am.* F entrer en colère; *v/t.* souffler *(a. un verre)*; *vent*: pousser; vider *(un œuf)*; sonner *(un instrument)*; *mouches*: gâter *(la viande)*; évacuer *(une chaudière)*; ⚡ faire sauter *(les plombs)*; *sl.* manger *(son argent)*; F ~ **me!, I'm** ~**ed!** zut alors!; F ~ **s.o.** *a kiss* envoyer un baiser à q.; ~ **one's** *nose* se moucher; ~ **up** faire sauter; gonfler *(un pneu)*; *sl.* semoncer, tancer; *phot.* agrandir; 2. coup *m* de vent, souffle *m*; '**blow·er** souffleur (-euse *f*) *m*; rideau *m* (de cheminée; ⊕ machine *f* à vent; *sl.* téléphone *m*.

blow...: '~-**fly** mouche *f* à viande; '~-**hole** évent *m* (de baleine; *a.* ⊕); ventilateur *m*.

blown [bloun] *p.p.* de blow[3] 1.

'**blow-out** *mot.* éclatement *m* (de pneu); '**blow-pipe** sarbacane *f*; *métall.* chalumeau *m*; '**blow·y** venteux (-euse *f*); tempétueux (-euse *f*).

blowz·y ['blauzi] rougeaud; ébouriffé.

blub·ber ['blʌbə] 1. graisse *f* de baleine; 2. *v/i.* pleurnicher; *v/t.* dire en pleurant; barbouiller de larmes.

bludg·eon ['blʌdʒn] 1. matraque *f*; 2. assener un coup de matraque à.

blue [blu:] 1. □ bleu; F triste, sombre; 2. bleu *(pl.* -s) *m*; azur *m*; *pol.* conservateur (-trice *f*) *m*; 3. bleuir; azurer *(le linge)*; '~-**book** *Am.* registre *m* des employés de l'État; '~-**bot·tle** ♥ bl(e)uet *m*; mouche *f* à viande; ~ **dev·ils** F *pl.* cafard *m*; '~-**jack·et** col-bleu *(pl.* cols-bleus) *m* (= *matelot)*; ~ **laws** *Am.* lois *f/pl.* inspirées par le puritanisme; '**blue·ness** couleur *f* bleue; '**blue·print** dessin *m* négatif; *fig.* projet *m*; **blues** *pl., a. sg.* humeur *f* noire, cafard *m*; ♪ *Am.* blues *m*; '**blue·stock·ing** *fig.* bas-bleu *m*.

bluff [blʌf] 1. □ escarpé *(falaise etc.)*; brusque *(personne)*; 2. bluff *m*; menaces *f/pl.* exagérées; *géog.* cap *m* à pic; 3. bluffer; *v/i.* faire du bluff.

blu·ish ['blu:iʃ] bleuâtre; bleuté.

blun·der ['blʌndə] 1. bévue *f*; erreur *f*; faux pas *m*; 2. faire une bévue *ou* une gaffe; ~ **into** heurter (*q.*), se heurter contre (*q.*); F ~ **out** laisser échapper *(un secret)* par maladresse; '**blun·der·er**, '**blun·der·head** maladroit(e *f*) *m*; lourdaud (-e *f*) *m*.

blunt [blʌnt] 1. □ émoussé; épointé; obtus *(angle)*; *fig.* brusque, carré; 2. émousser *(un couteau)*; épointer *(un crayon)*; '**blunt·ness** état *m* épointé; manque *m* de tranchant; *fig.* franchise *f*.

blur [blə:] 1. tache *f*; *fig.* brouillard *m*; apparence *f* confuse; 2. *v/t.* barbouiller; brouiller; troubler; estomper *(les lignes)*; ~**red** *surt. phot.* mal réussi, flou.

blurb [blə:b] livre: bande *f* de publicité.

blurt [blə:t]: ~ **out** trahir *(qch.)* par maladresse.

blush [blʌʃ] 1. rougeur *f*; incarnat *m (d'une rose)*; prémices *f/pl. (de la jeunesse)*; **at the first** ~ à l'abord; 2. rougir (de **for, with, at**); ~ **to** *(inf.)* avoir honte de *(inf.)*; '**blush·ing** □ rougissant.

blus·ter ['blʌstə] 1. fureur *f*, fracas *m*; rodomontades *f/pl.*; 2. souffler en rafales *(vent)*; faire du fracas; faire le rodomont; '**blus·ter·er** rodomont *m*, bravache *m*.

bo·a *zo.*, ⚰ ['bouə] boa *m*.

boar [bɔ:] verrat *m*; sanglier *m*.

boldness

dette; *make* (*so*) ~ (*as*) *to* (*inf.*) s'enhardir jusqu'à (*inf.*); '**bold·ness** hardiesse *f etc.*; *péj.* effronterie *f*.
bole [boul] fût *m*, tronc *m* (*d'arbre*).
boll ⚓ [boul] capsule *f*.
bol·lard ⚓ ['bɔləd] pieu *m* d'amarrage; *à bord*: bitte *f*.
bo·lo·ney [bə'louni] *see* **baloney**.
Bol·she·vism ['bɔlʃivizm] bolchevisme *f*; '**Bol·she·vist** bolchevik (*a. su./mf*), bolcheviste (*a. su./mf*).
bol·ster ['boulstə] **1.** traversin *m*; ⊕ matrice *f*; coussinet *m*; **2.** (*usu.* ~ up) soutenir; F appuyer.
bolt¹ [boult] **1.** *arbalète*: carreau *m*; *porte*: verrou *m*; *serrure*: pêne *m*; *fig.*, *a. poét.* coup *m* de foudre; *fig.* élan *m* soudain, fuite *f*; ~ *upright* tout droit; **2.** *v/t.* verrouiller; bâcler; F gober; *Am. pol.* abandonner (*son parti, q.*); *v/i.* partir au plus vite; F s'emballer (*cheval*); filer, décamper (*personne*).
bolt² [~] tamiscr.
bolt·er¹ ['boultə] cheval *m* porté à s'emballer; déserteur *m*.
bolt·er² [~] blutoir *m*.
bolt·hole ['boulthoul] *animal*: trou *m* de refuge; *fig.* échappée *f*.
bomb [bɔm] **1.** *surt.* ✕ bombe *f*; F grenade *f* à main; *hydrogen* ~ bombe *f* H; *incendiary* ~ bombe *f* incendiaire; **2.** lancer des bombes sur; ~*ed out* sinistré par suite des bombardements.
bom·bard [bɔm'bɑːd] bombarder (*a. fig.*); **bom'bard·ment** bombardement *m*.
bom·bast ['bɔmbæst] emphase *f*, enflure *f*; **bom'bas·tic**, **bom'bas·ti·cal** □ enflé, ampoulé (*style*).
bomb·er ✈ ['bɔmə] bombardier *m* (*a. personne*).
bomb-proof ['bɔmpruːf] à l'épreuve des bombes; blindé (*abri*).
bo·nan·za F [bo'nænzə] **1.** *fig.* vraie mine *f* d'or; **2.** prospère, favorable.
bon-bon ['bɔnbɔn] bonbon *m*.
bond [bɔnd] **1.** lien *m* (*a. fig.*); attache *f* (*a. fig.*); contrat *m*; ⊕ joint *m*; ✝ bon *m*; ✝ *in* ~ entreposé; **2.** liaisonner; appareiller (*un mur*); ✝ entreposer, mettre en dépôt; ~*ed warehouse* entrepôt *m* de la douane; '**bond·age** esclavage *m*, servitude *f*, asservissement *m*; ✝ servage *m*; *fig. in* ~ *to s.o.* sous la férule de q.; '**bond**(**s**)·**man** *hist.* serf *m*; F

654

esclave *m*; '**bond**(**s**)·**wom·an** *hist.* serve *f*; F esclave *f*.
bone [boun] **1.** os *m*; arête *f* (*de poisson*); ~*s pl. a.* ossements *m/pl.* (*des morts*); ~ *of contention* pomme *f* de discorde; *feel in one's* ~*s* en avoir le pressentiment; F *have a* ~ *to pick with* avoir maille à partir avec (*q.*); F *make no* ~*s about* (*gér.*) ne pas se gêner pour (*inf.*); **2.** désosser; ôter les arêtes de; garnir de baleines (*un corset*); *Am.* F (*a.* ~ *up*) potasser; **3.** d'os; **boned** à (aux) os ...; désossé *etc.*; '**bone-meal** engrais *m* d'os; '**bon·er** *Am. sl.* bourde *f*; '**bone-set·ter** rebouteur *m*; F renoueur *m*.
bon·fire ['bɔnfaiə] feu *m* de joie; feu *m* (de jardin); F conflagration *f*.
bon·net ['bɔnit] **1.** bonnet *m*; béret *m*; chapeau *m* à brides (*de femme*); béguin *m* (*d'enfant*); capote *f* de cheminée; ⊕ capot *m*; *fig.* compère *m*, complice *mf*; ⚓ bonnette *f* maillée; **2.** mettre un béret *ou* chapeau à; F enfoncer le chapeau sur la tête à (*q.*).
bon·ny *surt. écoss.* ['bɔni] joli, gentil(le *f*).
bo·nus ✝ ['bounəs] prime *f*; boni *m*; *actions*: bonus *m*.
bon·y ['bouni] osseux (-euse *f*); anguleux (-euse *f*), décharné (*personne*); plein d'os *ou* d'arêtes.
boo [buː] huer, conspuer (*q.*).
boob *Am.* [buːb] rigaud(e *f*) *m*, benêt *m*.
boo·by ['buːbi] *orn.* fou *m*; *a. see* **boob**; ~ *prize* prix *m* décerné à celui qui vient en dernier; ~ **trap** attrape-niais *m/inv.*; ✕ mine-piège *f*.
boo-hoo F [bu'huː] pleurnicher.
book [buk] **1.** livre *m*; volume *m*; tome *m*; registre *m*; carnet *m* (*de billets etc.*); cahier *m* (*d'écolier*); ✝ *stand in the* ~*s at ...* être porté pour ... dans les livres; *fig. be in s.o.'s good* (*bad*) ~*s* être bien (mal) dans les papiers de q.; **2.** *v/t.* inscrire (*une commande, un voyageur à l'hôtel*); délivrer un billet à (*q.*); prendre (*un billet*); retenir (*une chambre, une place*); louer (*une place*); enregistrer; *v/i.* s'inscrire; prendre un billet; ~ *through* prendre un billet direct (pour, *to*); '~-**bind·er** relieur (-euse *f*) *m*; '~-**burn·er** *Am.* F fanatique *mf*; zélateur (-trice *f*) *m*; '~-**case** bibliothèque *f*; ~ **end**

board [bɔːd] **1.** planche *f*; madrier *m*; tableau *m* (*d'annonces etc.*); carton *m*; *reliure*: emboîtage *m*; table *f*; pension *f*; *admin.* commission *f*; ⚓ conseil *m*; *pol.* ministère *m*; ⚓ bord *m*; ~s *pl.* box. canevas *m*; *théâ.* scène *f*, tréteaux *m/pl.*; *see director*; ⚓ of *Trade* Ministère *m* du Commerce; on ~ a ship (a train etc.) à bord d'un navire (dans un train, en wagon, etc.); **2.** *v/t.* planchéier; cartonner (*un livre*); nourrir (*des élèves*); (*a.* ~ out) mettre en pension; ⚓ aller à bord de (*un navire*); ⚓ accoster; *surt. Am.* monter (en, dans); ~ up boucher (*une fenêtre*); couvrir *ou* entourer de planches; *v/i.* être en pension (chez, with); **'board·er** pensionnaire *mf*.

board·ing ['bɔːdɪŋ] planchéiage *m*; cartonnage *m*; planches *f/pl.*; pension *f*; ⚓ accostage *m*; '~-**house** pension *f* de famille; '~-**school** pensionnat *m*, internat *m*.

board...: '~-**wag·es** *pl.* indemnité *f* de logement *ou* de nourriture; '~-**walk** *surt. Am.* trottoir *m* (en planches), caillebotis *m*.

boast [boust] **1.** vanterie *f*; *fig.* orgueil *m*; **2.** *v/i.* (of, about de) se vanter, se faire gloire; *v/t. fig.* (se glorifier de) posséder (*qch.*); **'boast·er** vantard(e *f*) *m*, fanfaron(ne *f*) *m*; **boast·ful** □ ['~ful] vantard.

boat [bout] **1.** bateau *m*; embarcation *f*; navire *m* (*marchand*); be in the same ~ être logé(s) à la même enseigne; **2.** aller en bateau; faire du canotage; **'boat·ing** canotage *m*; **'boat-race** régate *f*, -s *f/pl.*; **boat·swain** ['bousn] maître *m* d'équipage.

bob [bɔb] **1.** *pendule*: lentille *f*; plomb *m*; *pêche*: bouchon *m*; *cheval*: queue *f* écourtée; *sl.* shilling *m*; *Am. traîneau*: patin *m*; chignon *m*; petite révérence *f*; *see* ~bed hair; **2.** *v/t.* écourter; couper (*les cheveux*); ~bed hair cheveux *m/pl.* à la Jeanne d'Arc; *v/i.* s'agiter, danser; faire une petite révérence; *fig.* ~ for chercher à saisir avec les dents.

bob·bin ['bɔbɪn] bobine *f*; ⚡ corps *m* de bobine; fuseau *m* pour dentelles; '~-**lace** dentelle *f* aux fuseaux.

bob·ble *Am.* ['bɔbl] gaffe *f*.

bob·by *Brit. sl.* ['bɔbɪ] agent *m* de police; '~-**pin** pince *f* à cheveux; '~-**socks** *pl.* socquettes *f/pl.*; '~-**sox·er** *Am. sl.* adolescente *f*.

bob·sled ['bɔbsled], **bob·sleigh** ['bɔbsleɪ] bobsleigh *m*.

bob·tail ['bɔbteɪl] queue *f* écourtée; cheval *m ou* chien *m* à queue écourtée; F canaille *f*.

bode [boud] présager; ~ well (ill) être de bon (mauvais) augure.

bod·ice ['bɔdɪs] corsage *m*; brassière *f* (*d'enfant*).

bod·i·less ['bɔdɪlɪs] sans corps.

bod·i·ly ['bɔdɪlɪ] corporel(le *f*), physique; ⚖ ~ harm lésion *f* corporelle.

bod·kin ['bɔdkɪn] passe-lacet *m*; poinçon *m*; grande épingle *f*; F sit ~ être en sandwich.

bod·y ['bɔdɪ] **1.** corps *m*; consistance *f*; *vin*: sève *f*; foule *f*; *église*: vaisseau *m*; fond *m* (*de chapeau*); (*a.* dead ~) cadavre *m*; ✈ fuselage *m*; ⊕ bâti *m*, corps *m*; *mot.* (*a.* ~-work) carrosserie *f*; ⚔ troupe *f*, bande *f*; *astr.* astre *m*; F personne *f*, type *m*; ~ odo(u)r odeur *f* corporelle; in a ~ en masse, en corps; **2.** ~ forth donner une forme à; '~-**guard** garde *f* du corps.

Boer [buə] **1.** Boer *mf*; **2.** boer.

bog [bɔg] **1.** marécage *m*; **2.** embourber; ~ged s'embourber.

bog·gle ['bɔgl] rechigner (devant at, over; à *inf.* at, about *gér.*).

bog·gy ['bɔgɪ] marécageux (-euse *f*).

bo·gie ['bougɪ] 🚂 bog(g)ie *m*; *a. see* bogy.

bo·gus ['bougəs] faux (fausse *f*); feint.

bo·gy ['bougɪ] épouvantail *m*; croque-mitaine *m*.

bo(h) [bou] bou.

Bo·he·mi·an [bou'hiːmjən] **1.** bohémien(ne *f*); **2.** Bohémien(ne *f*) *m*; *fig.* bohème *m*.

boil [bɔɪl] **1.** *v/i.* bouillir (*a. fig.*); *v/t.* faire bouillir; cuire à l'eau; ~ed egg œuf *m* à la coque; **2.** ébullition *f*; furoncle *m*, F clou *m*; **'boil·er** chaudière *f*; bain-marie (*pl.* bains-marie) *m*; **'boil·ing** ébullition *f*; *sl.* the whole ~ tout le bazar.

bois·ter·ous □ ['bɔɪstərəs] bruyant; violent; tumultueux (-euse *f*); tempétueux (-euse *f*); **'bois·ter·ous·ness** violence *f*; turbulence *f*.

bold □ [bould] hardi, courageux (-euse *f*); assuré; à pic, escarpé (*côte etc.*); *péj.* effronté; *typ.* en ve-

Boston

serre-livres *m/inv.*; **book·ie** F *sp.* ['buki] bookmaker *m*; **'book·ing-clerk** employé(e *f*) *m* du guichet; **'book·ing-of·fice** 🎭, *théâ.* guichet *m*; guichets *m/pl.*; **'book·ish** ▢ studieux (-euse *f*); livresque (*style*); **'book-keep·er** comptable *m*, teneur *m* de livres; **'book-keep·ing** tenue *f* des livres; comptabilité *f*; **book·let** ['⁓lit] livret *m*; opuscule *m*.

book...: **'⁓-mak·er** *sp.* bookmaker *m*; **'⁓-mark** signet *m*; **⁓·mo·bile** ['⁓məbiːl] bibliobus *m*; **'⁓-plate** ex-libris *m*; **'⁓-sell·er** libraire *m*; *wholesale* ⁓ libraire-éditeur (*pl.* libraires-éditeurs) *m*; **'⁓·worm** *fig.* rat *m* de bibliothèque.

boom[1] ⚓ [buːm] bout-dehors (*pl.* bouts-dehors) *m*; gui *m*; *port*: barrage *m*.

boom[2] [⁓] 1. ✝ hausse *f* rapide; boom *m*; vogue *f*; ⁓ *and bust* prospérité *f* économique suivie d'une crise sévère; 2. *v/i.* être en hausse; *fig.* aller très fort; *v/t.* faire du battage autour de (*q., qch.*).

boom[3] [⁓] gronder, mugir; bourdonner (*insectes*).

boon[1] [buːn] faveur *f*; bienfait *m*.

boon[2] [⁓] gai, joyeux (-euse *f*); ⁓ *companion* bon vivant *m*.

boor *fig.* [buə] rustre *m*, rustaud *m*; butor *m*.

boor·ish ▢ ['buəriʃ] rustre, rustaud, grossier (-ère *f*); malappris; **'boor·ish·ness** grossièreté *f*; manque *m* de savoir-vivre.

boost [buːst] faire de la réclame pour; F chauffer; ⚡ survolter; ⁓ *business* augmenter les affaires.

boot[1] [buːt]: *to* ⁓ en sus, de plus.

boot[2] [⁓] chaussure *f*; *mot.* caisson *m*; **'⁓·black** *Am. see* shoeblack; **'boot·ed** chaussé; **boot·ee** ['buːtiː] bottine *f* (d'intérieur) (*de dame*); bottine *f* d'enfant.

booth [buːð] baraque *f*, tente *f* (*de marché etc.*).

boot...: **'⁓·jack** tire-botte *m*; **'⁓·lace** lacet *m*; **'⁓·leg** *surt. Am.* **1.** de contrebande (*alcool*); **2.** faire la contrebande de l'alcool; **'⁓·leg·ger** contrebandier *m* de boissons alcooliques; *p.ext.* profiteur *m*.

boots [buːts] *sg. hôtel*: garçon *m* d'étage.

boot-tree ['buːtriː] tendeur *m*.

boo·ty ['buːti] butin *m*.

booze *sl.* [buːz] **1.** faire ribote; **2.** boisson *f* alcoolique; **'booz·y** *sl.* soûlard; pompette.

bo·rax 🜹 ['bɔːræks] borax *m*.

bor·der ['bɔːdə] **1.** bord *m*; *bois*: lisière *f*; *chemin*: marge *f*; *région*: frontière *f*, confins *m/pl.*; *tableau*: bordure *f*; platebande *f* (*de gazon*); ⁓ *state* état *m* limitrophe; **2.** *v/t.* border; encadrer; *v/i.* confiner (à, [*up*] *on*); **'bor·der·er** frontalier (-ère *f*) *m*; **'bor·der·land** *usu. fig.* pays *m* limitrophe *ou* frontière.

bore[1] [bɔː] **1.** tuyau, arme à feu: calibre *m*; *min.* trou *m* de sonde *ou* de mine; **2.** creuser.

bore[2] [⁓] **1.** importun(e *f*) *m*; ennui *m*; **2.** ennuyer, F raser, assommer.

bore[3] [⁓] mascaret *m*; raz *m* de marée.

bore[4] [⁓] *prét. de* bear[2]. [*m/pl.*].\
bo·re·al ['bɔːriəl] boréal (-aux)\
bore·dom ['bɔːdəm] ennui *m*.

bor·er ['bɔːrə] perceur *m*; outil *m* de perforation.

bo·ric 🜹 ['bɔːrik] borique.

bor·ing ['bɔːriŋ] d'alésage; de perçage; à aléser.

born [bɔːn] *p.p. de* bear[2] naître.

borne [bɔːn] *p.p. de* bear[2] porter.

bo·ron 🜹 ['bɔːrɔn] bore *m*.

bor·ough ['bʌrə] bourg *m*; commune *f*; *Am. a.* quartier *m* de *New York City*; *municipal* ⁓ ville *f* (avec municipalité).

bor·row ['bɔrou] emprunter (à, *from*); **'bor·row·er** emprunteur (-euse *f*) *m*; **'bor·row·ing** emprunts *m/pl.*; *ling.*: emprunt *m*.

Bor·stal in·sti·tu·tion ['bɔːstl insti'tjuːʃn] maison *f* de redressement, école *f* de réforme.

bos·cage ['bɔskidʒ] *poét.* bocage *m*.

bosh F [bɔʃ] bêtises *f/pl.*; blague *f*.

bos·om ['buzəm] sein *m*, giron *m*; poitrine *f*; *fig.* cœur *m*; ⁓*-friend* ami(e *f*) *m* de cœur; intime *mf*.

boss[1] [bɔs] **1.** protubérance *f*; △ bosse *f*; ⊕ mamelon *m*; moyeu *m* de l'hélice; **2.** relever en bosse.

boss[2] [⁓] **1.** F patron *m*, chef *m*; *pol. Am.* grand manitou *m* (*d'un parti*); **2.** mener; *sl.* commander, régenter.

boss·y ['bɔsi] F autoritaire, tyrannique.

Bos·ton ['bɔstən] *cartes, danse*: boston *m*.

botanic

bo·tan·ic, **bot·an·i·cal** □ [bo-ˈtænik(l)] botanique; **bot·a·nist** [ˈbɔtənist] botaniste *mf*; **bot·a·nize** [ˈ~naiz] botaniser, herboriser; **ˈbot·a·ny** botanique *f*.

botch [bɔtʃ] 1. F travail *m* mal fait; travail *m* bousillé; 2. bousiller, saboter; rafistoler (*des souliers*); **ˈbotch·er** bousilleur (-euse *f*) *m*; *fig*. savetier *m*.

both [bouθ] tous (toutes *f*) (les) deux; l'un(e) et l'autre; ~ ... and ... et ... et ...; ~ of them tous (toutes) (les) deux.

both·er F [ˈbɔðə] 1. ennui *m*; tracas *m*; 2. *v/t*. gêner, tracasser; *v/i*. s'inquiéter (de, *about*); ~ *it*! zut!; quelle scie!; **both·erˈa·tion** F ennui *m*, vexation *f*; ~! zut!

bot·tle [ˈbɔtl] 1. bouteille *f*; flacon *m*; botte *f* (*de foin*); 2. mettre en bouteille(s); *fig.* ~ *up* embouteiller (*une flotte etc.*); F étouffer (*des sentiments*); **~d** *beer* bière *f* en canette; **ˈ~-neck** *fig. circulation*: embouteillage *m*; 🚗 col *m* de bouteille.

bot·tom [ˈbɔtəm] 1. colline *f*, escalier, *page*: bas *m*; *boîte, mer, cœur, navire, jardin*: fond *m*; *chaussée*: assiette *f*; *verre, assiette*: dessous *m*; *classe*: queue *f*; *chaise*: siège *m*; *terrain*: creux *m*; F derrière *m*, postérieur *m*; *at the* ~ (*of*) au fond (de); au bas bout (de); *fig. at* ~) au fond; *get to the* ~ *of a matter* aller au fond d'une chose; examiner une chose à fond; *jealousy is at the* ~ *of it* c'est la jalousie qui en est la cause; 2. inférieur; en bas; du bas; dernier (-ère *f*); ~ *drawer* trousseau *m* (*de mariage*), F trésor *m*, cache *f*; 3. (re)mettre un fond à; fonder (sur, *upon*); ⚓ toucher le fond; **ˈbot·tomed** à fond ..., à siège (de)...; **ˈbot·tom·less** sans fond; *fig.* insondable; **ˈbot·tom·ry** ⚓ (emprunt *m* à la) grosse aventure *f*.

bough [bau] branche *f*, rameau *m*.

bought [bɔːt] *prét. et p.p. de* buy.

bou·gie [ˈbuːʒiː] bougie *f* (a. 🕯).

boul·der [ˈbouldə] bloc *m* de pierre roulé; *géol.* bloc *m* erratique.

bounce [bauns] 1. rebond *m*; bond *m*; rebondissement *m*; F jactance *f*, vantardise *f*; bluff *m*; 2. *v/i.* rebondir; F faire de l'épate; *v/t.* faire rebondir; ~ *in* (*out*) entrer (sortir) en coup de vent; ~ *s.o. out of s.th.* obtenir qch. de q. à force de bluff *ou* d'intimidation; 3. boum!, v(ˈ)lan!; **ˈbounc·er** F vantard *m*, épateur *m*; mensonge *m* effronté; *sl.* chèque *m* sans provision; *Am. sl.* agent *m* du service d'ordre; **ˈbounc·ing** F plein de vie, plein de santé.

bound[1] [baund] 1. *prét. et p.p. de* bind; 2. *adj.* obligé; *be* ~ *to do* être obligé de faire, devoir faire; *I will be* ~ *je vous le promets.*

bound[2] [~] en partance, en route (pour, *for*).

bound[3] [~] 1. limite *f*, borne *f*; *in* ~*s* accès permis (à, *to*); *out of* ~*s* accès interdit (à, *to*), *sp.* hors du jeu; 2. borner, limiter.

bound[4] [~] 1. bond *m*, saut *m*; 2. bondir, sauter; *fig.* sursauter.

bound·a·ry [ˈbaundəri] limite *f*; frontière *f*; ~ *line* ligne *f* frontière.

bound·less □ [ˈbaundlis] sans bornes; illimité.

boun·te·ous □ [ˈbauntiəs], **boun·ti·ful** □ [ˈ~tiful] généreux (-euse *f*); libéral (-aux *m/pl*.).

boun·ty [ˈbaunti] générosité *f*; libéralité *f*; don *m*; 🎖 indemnité *f*; prime *f* (a. ⚔, ⚓).

bou·quet [ˈbukei] *fleurs etc., vin*: bouquet *m*.

bour·geois[1] *péj.* [ˈbuəʒwɑː] bourgeois(e *f*) (a. *su./mf*).

bour·geois[2] *typ.* [bəˈdʒɔis] petit romain *m*. [geoisie *f*.)

bour·geoi·sie [buəʒwɑːˈziː] bour-)

bout [baut] tour *m*, *jeux*: reprise *f*; *lutte*: assaut *m*; *maladie*: accès *m*, attaque *f*, crise *f*.

bo·vine [ˈbouvain] 1. bovin; F lourd; 2. ~*s pl.* bovidés *m/pl*.

bow[1] [bau] 1. révérence *f*, salut *m*; inclination *f* de tête; 2. *v/i.* s'incliner (devant, *to*); saluer (q., *to s.o.*); *fig.* se plier (à, *to*); *have a* ~*ing acquaintance* connaître (*q.*) pour lui dire bonjour; *v/t.* incliner, baisser (*la tête*); fléchir (*le genou*); voûter (*le dos*).

bow[2] [~] ⚓ avant *m*; *poét.* proue *f*; *dirigeable*: nez *m*.

bow[3] [bou] arc *m*; *ruban m*; 2. ♪ archet *m*; ♪ gouverner l'archet; faire des coups d'archet.

bowd·ler·ize [ˈbaudləraiz] expurger (*un texte*).

bow·els [ˈbauəlz] *pl.* intestins *m/pl*.; entrailles *f/pl.* (a. *fig.*); *fig.* sein *m*.

bow·er ['bauə] tonnelle *f*; *poét.* boudoir *m*; ⚓ ancre *f* de bossoir.
bow·ie·knife ['bouinaif] couteau *m* de chasse.
bow·ing ♪ ['bouiŋ] manière *f* de gouverner l'archet *m*.
bowl[1] [boul] bol *m*, jatte *f*; sébile *f* (*de mendiant*); coupe *f*; *pipe*: fourneau *m*; *lampe*: culot *m*.
bowl[2] [~] 1. boule *f*; ~s *pl*. (jeu *m* de) boules *f*/*pl*.; *Am*. (jeu *m* de) quilles *f*/*pl*.; 2. *v*/*t*. rouler; *cricket*: bôler; ~ **out** renverser (*q*., *le guichet de q*.); *v*/*i*. rouler rapidement; servir la balle; rouler la boule; '**bowl·er** *cricket*: bôleur *m*; joueur *m* de boules; (chapeau *m*) melon *m*.
bow...: '~·**line** ⚓ ['boulin] bouline *f*; '~·**man** archer *m*; '~·**sprit** ⚓ beaupré *m*; '~·**string** corde *f* d'arc.
bow-wow ['bau'wau] ouâ-ouâ!
box[1] [boks] 1. boîte *f* (*a. d'essieu*); coffret *m*; caisse *f*; *voyage*: malle *f*; *chapeaux*: carton *m*; siège *m* (*de cocher*); 🎭 cabine *f* (*de signaleur*), wagon *m* à chevaux; ⊕ moyeu *m* de roue; *mot*. carter *m*; *théâ*. loge *f*; ⚖ banc *m* (*du jury*), barre *f* (*des témoins*); écurie: stalle *f*; 2. emboîter, encaisser; mettre en boîte; *fig.* (*a.* ~*up*) serrer, renfermer.
box[2] [~] 1. *sp*. boxer; ~ *s.o.'s ear* gifler *q*.; 2. ~ *on the ear* gifle *f*, claque *f*; '~'**calf** ⊕, ✝ veau *m* chromé; '**box·er** boxeur *m*, pugiliste *m*.
Box·ing-day ['boksiŋdei] lendemain *m* de Noël.
box...: '~·**keep·er** ouvreuse *f* de loges; '~·**of·fice** bureau *m* de location; caisse *f*.
boy [boi] 1. garçon *m*; *école*: élève *m*; domestique *m*; 2. garçon ...; jeune; ~ *scout* boy-scout *m*.
boy·cott ['boikət] 1. boycotter; 2. mise *f* en interdit; boycottage *m*.
boy·hood ['boihud] enfance *f*, (première) jeunesse *f*.
boy·ish □ ['boiiʃ] puéril, enfantin, d'enfant, de garçon.
bra F [braː] *see* brassière.
brace [breis] 1. ⊕ vilebrequin *m*; armature *f*; *mur*: bracon *m*; ancre *f*, ♪, *typ*. accolade *f*; *chasse*: couple *f* (*de perdrix etc*.); laisse *f* (*de lévriers*); paire *f* (*de pistolets*); ⚓ bras *m* (*de vergue*); ~s *pl*. pantalon: bretelles *f*/*pl*.; *tambour*: corde *f*;

2. ancrer; accolader; tendre (*les jarrets*); ⚓ brasser; *fig.* fortifier.
brace·let ['breislit] bracelet *m*.
brack·en ♣ ['brækn] fougère *f* arborescente.
brack·et ['brækit] 1. 🔺 corbeau *m*; console *f*; support *m*; *typ*. [ ] crochet *m*; ( ) parenthèse *f*; applique *f* (*électrique, à gaz, etc*.); ⚓ courbaton *m*; support *m*; 2. mettre entre crochets *etc*.; *fig.* placer ex aequo.
brack·ish ['brækiʃ] saumâtre.
bract ♣ [brækt] bractée *f*.
brad [bræd] pointe *f*, clou *m* étêté.
brag [bræg] 1. vanterie *f*; 2. se vanter (de *of*, *about*).
brag·gart ['brægət] fanfaron (*a. su./m*); vantard (*a. su./m*).
Brah·man ['braːmən], *usu*. **Brahmin** ['~min] brahmane *m*, brame *m*.
braid [breid] 1. *cheveux*: tresse *f*; galon *m* (*a.* ⚔), ganse *f*; 2. tresser; galonner; passementer.
brail ⚓ [breil] cargue *f*.
braille [breil] alphabet *m* des aveugles; système *m* Braille.
brain [brein] 1. *anat*. cerveau *m*; F cervelle *f* (*a. cuis*.); *p.ext. usu.* ~s *pl*. tête *f*, intelligence *f*, esprit *m*; *have s.th. on the* ~ être hanté par qch.; avoir l'obsession de qch.; F *pick* (*ou suck*) *s.o.'s* ~ exploiter les connaissances de *q*.; 2. défoncer le crâne à (*q*.); **brained**: *dull-*~ à l'esprit lourd.
brain...: '~·**fag** épuisement *m* cérébral; ~ **fe·ver** fièvre *f* cérébrale; '~·**less** sans cervelle, stupide; *fig.* irréfléchi; '~·**pan** (boîte *f* du) crâne *m*; '~·**storm** transport *m* au cerveau; **brain**(s) **trust** brain-trust *m*.
brain...: '~·**twist·er** problème *m* à faire casser la tête à *q*.; '~·**wave** F idée *f* lumineuse; '~·**work** travail *m* cérébral; '**brain·y** intelligent.
braise [breiz] *cuis*. braiser; **braised** *cuis*. en daube, en casserole.
brake[1] [breik] fougère *f* arborescente *ou* impériale; fourré *m*.
brake[2] [~] 1. *lin etc*.: brisoir *m*; ⊕ frein *m* (*a. fig*.); ~-*pedal* pédale *f* de frein; 2. briser, broyer (*le lin etc*.); *mot*. serrer le frein; '**brake**(s)·**man** 🚂 serre-freins *m*/*inv.*; *Am*. chef *m* de train.
bram·ble ♣ ['bræmbl] ronce *f* sauvage; mûrier *m* sauvage.

bran [bræn] son *m*.
branch [brɑ:ntʃ] 1. *arbre, famille, fleuve*: branche *f*; *arbre, montagnes*: rameau *m*; *fleuve*: bras *m*; 🚂, *route*: embranchement *m*; (*ou local* ⁓) succursale *f*, filiale *f*; *chief of* ⁓ chef *m* de service; 2. (*a.* ⁓ *out*) se ramifier; (*a.* ⁓ *off*) (se) bifurquer (sur, *from*), se partager (à, *at*); **'branch-line** embranchement *m*; **branch of·fice** agence *f*; bureau *m* de quartier; **'branch·y** branchu; rameux (-euse *f*).
brand [brænd] 1. brandon *m*, tison *m*; fer *m* chaud; marque *f*; stigmate *m*; ⚕ rouille *f*; *poét.* flambeau *m*; *poét.* glaive *m*; 2. marquer au fer chaud; *fig.* flétrir, stigmatiser (*q.*).
bran·dish ['brændiʃ] brandir.
bran(d)-new ['bræn(d)'nju:] tout (battant) neuf (neuve *f*).
bran·dy ['brændi] cognac *m*, eau-de-vie (*pl.* eaux-de-vie) *f*.
brass [brɑ:s] cuivre *m* jaune; laiton *m*; *fig.* impertinence *f*, *sl.* toupet *m*; F argent *m*, galette *f*; ♪ *les cuivres m/pl.*; ⁓ *band* fanfare *f*; ⁓ *hat* ✕ *sl.* officier *m* d'état-major; *Am.* ⁓ *knuckles pl.* coup-de-poing (*pl.* coups-de-poing *m*) américain; *sl.* ⁓ *tacks pl.* les faits *m/pl.*; *get down to* ⁓ *tacks* en venir au fait.
bras·sière ['bræsiɛə] soutien-gorge (*pl.* soutiens-gorge) *m*.
brass·y ['brɑ:si] qui ressemble au cuivre; *usu. fig.* cuivré; *sl.* effronté.
brat F [bræt] marmot *m*, mioche *mf*.
bra·va·do [brə'vɑ:dou], *pl.* -**dos**, **-does** [⁓vouz] bravade *f*.
brave [breiv] 1. courageux (-euse *f*), brave; 2. braver; défier (*q.*); **'brav·er·y** courage *m*, bravoure *f*; vaillance *f*.
bra·vo ['brɑ:'vou] 1. (*pl.* -**vos**, -**voes** ['⁓vouz]) bravo *m*; spadassin *m*; 2. bravo!
brawl [brɔ:l] 1. rixe *f*, bagarre *f*, querelle *f*; 2. brailler; se chamailler; **'brawl·er** braillard(e *f*) *m*; tapageur (-euse *f*) *m*.
brawn [brɔ:n] *cuis.* fromage *m* de cochon; muscles *m/pl.*; *fig.* force *f* corporelle; **'brawn·i·ness** carrure *f* musclée; force *f*; **'brawn·y** musculeux (-euse *f*); musclé (*personne*).
bray¹ [brei] 1. *âne*: braiment *m*; fanfare *f*; *trompette*: son *m* strident;

2. braire (*âne*); émettre un son strident.
bray² [⁓] broyer, piler.
braze ⊕ [breiz] souder au laiton.
bra·zen □ ['breizn] d'airain; *fig.* (*a.* ⁓-*faced*) effronté.
bra·zier ['breiziə] *personne*: chaudronnier *m*; brasero *m* (*à charbon de bois*).
Bra·zil·ian [brə'ziljən] 1. brésilien (-ne *f*); 2. Brésilien(ne *f*) *m*.
Bra·zil-nut [brə'zil'nʌt] noix *f* du Brésil.
breach [bri:tʃ] 1. rupture *f*; *fig.* infraction *f* (à, *of*); ✕ brèche *f*; ⁓ *of contract* rupture *f* de contrat; ⁓ *of duty* violation *f* des devoirs; ⁓ *of peace* attentat *m* contre l'ordre public; 2. *v/t.* ouvrir une brèche dans; *v/i.* se rompre.
bread [bred] pain *m* (*a.* = *subsistance*); ⁓ *and butter* pain *m* beurré; *take the* ⁓ *out of s.o.'s mouth* ôter le pain à *q.*; *know which side one's* ⁓ *is buttered* savoir d'où vient le vent; **'⁓-bas·ket** corbeille *f* à pain; *sl.* estomac *m*; **'⁓-crumb** *cuis.* 1. paner (*une escalope etc.*), gratiner (*une sole etc.*); 2. miette *f*.
breadth [bredθ] largeur *f* (*a. de pensées, d'esprit*); *style*: ampleur *f*; *étoffe*: lé *m*.
bread-win·ner ['bredwinə] gagne-pain *m/inv.*; chef *m* de famille.
break [breik] 1. rupture *f*; fracture *f*; percée *f*, brèche *f*; éclaircie *f* (*à travers les nuages*); lacune *f*; ✝ *Am.* baisse *f* (*de prix*); *voitures*: break *m*; voiture *f* de dressage (*des chevaux*); *billard*: série *f* de carambolages; ⚡ rupture *f* (*du circuit*); *école*: récréation *f*; *voix*: mue *f* (*dans la puberté*), *émotion*: altération *f*; *temps*: changement *m*; répit *m*; ⁓ *of day* point *m* du jour; *see brake*² 1; F *a bad* ⁓ une sottise *f*; F *give s.o. a* ⁓ agir loyalement avec *q.*; mettre *q.* à l'essai; 2. (*irr.*) *v/t.* briser, casser, enfoncer (*une porte*); rompre (*chose, pain, rangs, cheval*); entamer (*la peau*); résilier (*un contrat*); faire sauter (*la banque*); s'évader de (*la prison*); ⚡ interrompre (*le courant*), rompre (*un circuit*); 🗡 défricher; ✕ casser (*un officier*); violer (*une loi, une trêve*); 🎵 ⁓ *down* abattre, démolir; 🜛 décomposer; ⁓ *in* enfoncer; défoncer (*un tonneau*); dresser (*un*

bridesmaid

cheval); rompre (à, to); ~ **up** mettre (*qch.*) en morceaux; disperser (*une foule*); rompre; démolir; **3.** [*irr.*] *v/i.* (se) casser, se briser, se rompre; déferler (*vagues*); crever (*abcès*); se dissiper (*nuages*); se briser, se fendre (*cœur*); changer (*temps*); s'altérer (*voix*); ~ **away** se détacher (de, from); s'évader (*de prison*); ~ **down** échouer (*projet*); fondre en larmes; *mot.* avoir une panne; ~ **up** entrer en vacances; *see a.* broken; '**break·a·ble** fragile; '**break·age** rupture *f*; *verre:* fracture *f*; ✝ *a.* ~**s** *pl.* casse *f*; '**break-down** rupture *f*; *service:* arrêt *m* complet; insuccès *m*; débâcle *f* de la santé; *mot.* panne *f*; '**break·er** casseur (-euse *f*) *m etc.* ⚓ brisant *m*.

break...: ~**fast** ['brekfəst] **1.** petit déjeuner *m*; **2.** déjeuner *v/i.*; '**~neck** ['breiknek] à se casser le cou; '**~out** évasion *f*; '**~through** ⚔ percée *f*; '**~up** dissolution *f*, fin *f*; affaisement *m*; *école:* entrée *f* en vacances; *temps:* changement *m*; '**~wa·ter** brise-lames *m/inv.*; môle *m*.

bream *icht.* [bri:m] brème *f*.

breast [brest] **1.** sein *m*; mamelle *f*; poitrine *f*; *make a clean ~ of it* dire ce qu'on a sur la conscience; **2.** affronter; lutter contre, faire front à; '**breast·ed** à poitrine ...

breast...: '**~pin** épingle *f* de cravate; '**~stroke** brasse *f* sur le ventre; '**~work** ✖ parapet *m*.

breath [breθ] haleine *f*, souffle *m*, respiration *f*; *under (ou below) one's ~* à voix basse, à mi-voix; **breathe** [bri:ð] *v/i.* respirer, souffler; *fig.* vivre; *v/t.* respirer; exhaler (*un soupir*); murmurer (*une prière*); aspirer (*l'air, un son*); '**breath·er** F moment *m* de repos; brin *m* d'air; répit *m*.

breath·ing ['bri:ðiŋ] **1.** vivant (*portrait*); **2.** respiration *f*; souffle *m*; '**~space**, '**~time** répit *m*; intervalle *m* de repos.

breath·less □ ['breθlis] essoufflé; *fig.* fiévreux (-euse *f*); '**breath·less·ness** essoufflement *m*.

breath-tak·ing ['breθteikiŋ] F ahurissant.

bred [bred] *prét. et p.p. de* breed **2**.

breech ⊕ [bri:tʃ] *fusil, canon:* culasse *f*, tonnerre *m*; **breech·es** ['~iz] *pl.: (a pair of)* ~ (une) culotte *f*; F (un) pantalon *m*; '**breech-load·er** ⊕ fusil *m* se chargeant par la culasse.

breed [bri:d] **1.** race *f*; espèce *f*; *Am.* métis(se *f*) *m*; **2.** [*irr.*] *v/t.* produire, engendrer; élever (*du bétail*); *v/i.* se reproduire; multiplier; '**breed·er** reproducteur (-trice *f*) *m*; éleveur *m* (*d'animaux*); '**breed·ing** reproduction *f*; élevage *m* (*d'animaux*); bonnes manières *f/pl.*

breeze[1] [bri:z] **1.** brise *f*; F querelle *f*; altercation *f*; **2.** *Am.* F s'en aller (à la hâte).

breeze[2] *zo.* [~] œstre *m*.

breeze[3] ⊕ [~] braise *f* de houille; fraisil *m*.

breez·y ['bri:zi] venteux (-euse *f*); jovial (-als, -aux *m/pl.*) (*personne*).

breth·ren *eccl.* ['breðrin] *pl.* frères *m/pl.*; *my ~* mes très chers frères.

breve [bri:v] *syllabe:* brève *f*.

bre·vet ⚔ ['brevit] brevet *m* (*avancement d'un officier sans augmentation de solde*); ~ *rank* grade *m* honoraire; ~ *colonel* lieutenant-colonel *m* faisant fonction de colonel.

bre·vi·ar·y *eccl.* ['bri:vjəri] bréviaire *m*.

brev·i·ty ['breviti] brièveté *f*.

brew [bru:] **1.** *vt/i.* brasser; *fig.* (se) tramer; *v/i.* s'infuser; couver (*orage, tempête*); **2.** brassage *m*; brassin *m*; infusion *f*; '**brew·age** *poét. see* brew **2**; '**brew·er** brasseur *m*; '**brew·er·y** brasserie *f*.

bri·ar ['braiə] *see* brier[1] *et* brier[2].

bribe [braib] **1.** paiement *m* illicite; **2.** corrompre, acheter (pour que, to); '**brib·er** corrupteur (-trice *f*) *m*; '**brib·er·y** corruption *f*.

brick [brik] **1.** brique *f*; F *a regular* ~ un chic type; *sl. drop a* ~ faire une gaffe; **2.** briqueter; ~ **up** murer (*une fenêtre etc.*); '**~bat** briqueton *m*; '**~kiln** four *m* à briques; '**~lay·er** maçon *m*; '**~works** *usu. sg.* briqueterie *f*; '**brick·y** de *ou* en brique; comme une brique.

brid·al ['braidl] **1.** □ nuptial (-aux *m/pl.*), de noce(s); **2.** *usu. poét.* noce *f*, **-s** *f/pl.*

bride [braid] future *f* (*sur le point de se marier*); (nouvelle) mariée *f*; '**~groom** futur *m* (*sur le point de se marier*); (nouveau) marié *m*; '**brides·maid** demoiselle *f* d'hon-

bridesman

neur; **'brides·man** garçon *m* d'honneur.
bride·well *Brit.* ['braidwəl] maison *f* de correction.
bridge¹ [bridʒ] 1. pont *m*; ⚓ passerelle *f*; 2. jeter un pont sur; *fig.* relier, combler.
bridge² [~] *cartes:* bridge *m*.
bridge...: '~-**head** tête *f* de pont; '~-**work** bridge-work *m* (*dentaire*).
bri·dle ['braidl] 1. bride *f*; *fig.* frein *m*; 2. *v/t.* brider (*a. fig.*); *v/i.* (*a.* ~ *up*) redresser la tête; se rebiffer; '~-**path** piste *f* cavalière.
bri·doon [bri'du:n] bridon *m*.
brief [bri:f] 1. □ bref (brève *f*); court; passager (-ère *f*); 2. dossier *m* (*d'avocat*); abrégé *m*; *p.ext.* ordres *m/pl.*; *eccl.* bref *m*; *hold a* ~ *for* défendre; prendre le parti de; ⚖ *take a* ~ *for* accepter de représenter (*q.*) en justice; 3. ⚖ confier une cause à (*un avocat*); ⚔ munir d'instructions; fournir des directives à; '~-**bag**, '~-**case** serviette *f*; '**brief·ness** brièveté *f*.
bri·er¹ ♀ ['braiə] bruyère *f* arborescente; églantier *m*.
bri·er² [~] (*a.* ~ *pipe*) pipe *f* en bruyère.
brig ⚓ [brig] brick *m*.
bri·gade ⚔ [bri'geid] 1. brigade *f*; 2. embrigader; **brig·a·dier** [brigə'diə] général *m* de brigade.
brig·and ['brigənd] brigand *m*, bandit *m*; '**brig·and·age** brigandage *m*; brigandarie *f*.
bright □ [brait] brillant; éclatant; vif (vive *f*); clair; animé; F intelligent; '**bright·en** *v/t.* faire briller; fourbir (*un métal*); *fig.* égayer; *v/i.* s'éclaircir; *yeux:* s'allumer; '**bright·ness** éclat *m*; clarté *f*; vivacité *f*; intensité *f*; intelligence *f*.
brill *icht.* [bril] barbue *f*.
bril·lian·cy ['briljənsi] brillant *m*; éclat *m*; '**bril·liant** 1. □ brillant, éclatant; lumineux (-euse *f*) (*idée*); 2. brillant *m*.
brim [brim] 1. bord *m*; 2. *v/t.* remplir jusqu'au bord; *v/i.* déborder (*de, with*); '~-**ful**, '~-**full** plein jusqu'aux bords; débordant (*de, of*).
brim·stone ['brimstən] ⚗ soufre *m* (brut); *zo.* (*ou* ~ *butterfly*) papillon *m* citrin.
brin·dle(d) ['brindl(d)] tacheté, tavelé.

brine [brain] 1. saumure *f*; eau *f* salée; *poét.* mer *f*, océan *m*; 2. saumurer.
bring [briŋ] [*irr.*] amener; apporter; intenter (*un procès*); avancer (*des arguments*); ~ *about* amener, occasionner; (*a.* ~ *to pass*) entraîner; ~ *along* amener (*q.*), apporter (*qch.*); ~ *down* faire baisser (*le prix*); avilir (*les prix*); *théâ.* ~ *down the house* faire crouler la salle; ~ *forth* produire; mettre au monde; mettre bas (*des petits*); ~ *forward* (faire) avancer; produire; ✝ reporter; ~ *s.th. home to s.o.* faire sentir qch. à q.; prouver qch. contre q.; ~ *in* introduire; rapporter (*une somme*); ~ *in guilty* déclarer coupable; ~ *off* ramener à terre *ou* à bord; réussir; ~ *on* occasionner; faire pousser (*une plante*); ~ *out* apporter dehors; publier; mettre en relief; faire valoir; lancer (*une actrice etc.*); ~ *round* ramener à la vie; convertir (*q.*); ~ *s.o. to* (*inf.*) amener q. à (*inf.*); ⚓ ~ *to* mettre en panne; ~ *s.o. to himself* faire reprendre connaissance à q.; ranimer q.; ~ *under* assujettir; ~ *up* approcher; élever (*un enfant*); citer en justice; vomir; (faire) monter; ⚓ mouiller.
bring·er ['briŋə] porteur (-euse *f*) *m*.
brink [briŋk] bord *m*.
brin·y ['braini] 1. saumâtre, salé; 2. F mer *f*.
bri·quette [bri'ket], **bri·quet** ['brikit] briquette *f*; aggloméré *m*.
brisk [brisk] 1. □ vif (vive *f*), alerte, plein d'entrain, animé; *feu:* vif (vive *f*), ⚔ nourri; *air:* vivifiant; 2. (*usu.* ~ *up*) (s')animer.
bris·ket ['briskit] poitrine *f* (*de bœuf*).
brisk·ness ['brisknis] vivacité *f*, entrain *m*; *air:* fraîcheur *f*.
bris·tle ['brisl] 1. soie *f*; *barbe:* poil *m* raide; 2. (*souv.* ~ *up*) se hérisser; F se rebiffer (*personne*); *fig.* ~ *with* être hérissé de; '**bris·tled**, '**bris·tly** hérissé; poilu; garni de soies.
Bri·tan·nic [bri'tænik] britannique.
Brit·ish ['britiʃ] 1. anglais; britannique; 2. *the* ~ *pl.* les Britanniques *m/pl.*; '**Brit·ish·er** *surt. Am.* natif (-ive *f*) *m* de la Grande-Bretagne.
Brit·on *hist.*, *poét.* ['britən] Anglais(e *f*) *m*.
brit·tle ['britl] fragile, cassant;

cendreux (-euse *f*) (*acier*); '**brittle·ness** fragilité *f etc.*
broach [broutʃ] **1.** broche *f*; ⚠ flèche *f*, aiguille *f*; **2.** percer, entamer (*un fût*); aborder (*un sujet*); entrer en (*matière*).
broad □ [brɔ:d] large; plein, grand (*jour*); peu voilé (*avis, allusion*); hardi, risqué (*histoire*); épanoui (*sourire*); prononcé (*accent*); ~ly speaking généralement parlant; '~-**axe** ⊕ doloire *f*; '~·**cast 1.** ✍ semé à la volée; *fig.* (radio)diffusé; répandu; **2.** (*irr.* [*cast*]) *v/t.* ✍ semer à la volée; *fig.* répandre; radiodiffuser; transmettre; *v/i.* parler *etc.* à la radio; ~(*ing*) *station* poste *m* émetteur; station *f* de radiodiffusion; **3.** émission *f*; '~·**cloth** drap *m* noir fin; *Am.* popeline *f*; '**broad·en** (s')élargir; '**broad-'mind·ed** tolérant; à l'esprit large; '**broad·ness** largeur *f*; grossièreté *f*; ~ of speech accent *m* prononcé.
broad...: '~·**sheet** placard *m*; *hist.* canard *m*; '~·**side** ⚓ flanc *m*, travers *m*; bordée *f*, feu *m* de travers; *a. see* broadsheet; '~·**sword** latte *f*; sabre *m*.
bro·cade ✝ [bro'keid] brocart *m*; **bro'cad·ed** broché; de brocart.
broc·co·li ♀ ['brɔkəli] brocoli *m*.
bro·chure [brou'ʃjuə] brochure *f*.
brock *zo.* [brɔk] blaireau *m*.
brogue [broug] soulier *m* de golf; accent *m* (*surt.* irlandais).
broil [brɔil] **1.** querelle *f*, bagarre *f*; **2.** griller (*a. fig.*); (faire) cuire sur le gril; ~ing brûlant; torride; '**broil·er** gril *m*.
broke [brouk] *prét. de* break 2.
bro·ken ['broukn] *p.p. de* break 2; ~ *health* santé *f* délabrée *ou* ruinée; ~ *stones pl.* pierraille *f*, cailloutis *m*; ~ *weather* temps *m* variable; *speak* ~ *English* écorcher l'anglais; '~-'**heart·ed** navré de douleur; au cœur brisé; '**bro·ken·ly** par saccades; sans suite; à mots entrecoupés; '**bro·ken-'wind·ed** *vét.* poussif (-ive *f*).
bro·ker ['broukə] ✝ courtier *m*; agent *m* de change; '**bro·ker·age** ✝ courtage *m*; frais *m/pl.* de courtage.
bro·mide ♒ ['broumaid] bromure *m*; *sl.* banalité *f*; **bro·mine** ♒ ['~mi:n] brome *m*.

bron·chi·al *anat.* ['brɔŋkjəl] bronchial (-aux *m/pl.*); des bronches; **bron·chi·tis** ⚕ [brɔŋ'kaitis] bronchite *f*.
Bronx cheer *Am. sl.* ['brɔŋks'tʃiə] sifflement *m* (de mépris).
bronze [brɔnz] **1.** bronze *m*; **2.** de *ou* en bronze; **3.** (se) bronzer; (se) brunir.
brooch [broutʃ] broche *f*, épingle *f*.
brood [bru:d] **1.** couvée *f*; volée *f*; F enfants *m/pl.*; ~-**hen** couveuse *f*; ~-**mare** poulinière *f*; **2.** couver; *v/i.* F broyer du noir; *v/t.* F ruminer (*une idée*); *fig.* planer sur; '**brood·er** couveuse *f* (*Am.* artificielle).
brook¹ [bruk] ruisseau *m*.
brook² [~] *usu. au nég.* souffrir.
brook·let ['bruklit] ruisselet *m*.
broom ♀ [bru:m] genêt *m*; [brum] balai *m*; ~·**stick** ['brumstik] manche *m* à balai.
broth [brɔθ] bouillon *m*.
broth·el ['brɔθl] bordel *m*, maison *f* de tolérance.
broth·er ['brʌðə] frère *m*; *younger* ~ cadet *m*; ~·**hood** ['~hud] fraternité *f*; confraternité *f*; *eccl.* confrérie *f*; '~-**in-law** beau-frère (*pl.* beaux-frères) *m*; '**broth·er·ly** fraternel(le *f*).
brougham ['bru:əm] coupé *m*; *mot.* coupé *m* (de ville).
brought [brɔ:t] *prét. et p.p. de* bring; ~-*in capital* capital *m* d'apport.
brow [brau] sourcil *m*; arcade *f* sourcilière; front *m*; *précipice:* bord *m*; *colline:* croupe *f*; '~·**beat** [*irr* (*beat*)] rabrouer; rudoyer.
brown [braun] **1.** brun, marron(ne *f*); châtain (*cheveux*); jaune (*chaussures*); ~ *bread* pain *m* bis; ~ *paper* papier *m* gris; *be in a* ~ *study* être plongé dans ses réflexions; **2.** brun *m*, marron *m*; **3.** (se) brunir; **brown·ie** ['~i] farfadet *m*; '**brown·ish** brunâtre; '**brown·ness** couleur *f* brune; '**brown·stone** *Am.* **1.** grès *m* de construction; **2.** ... des gens prospères.
browse [brauz] **1.** jeunes pousses *f/pl.*; **2.** (*a.* ~ *on*) brouter, paître; *fig.* feuilleter (des livres).
bruise [bru:z] **1.** bleu *m*, meurtrissure *f*; *fruit:* talure *f*; **2.** (se) meurtrir; *v/t.* broyer (*une substance*); '**bruis·er** *sl.* boxeur *m* (brutal).

Brum·ma·gem ['brʌmədʒəm] de camelote, en toc.

bru·nette [bru:'net] brunette f.

brunt [brʌnt] choc m; attaque f; violence f; the ~ of le plus fort de.

brush [brʌʃ] 1. brosse f; pinceau m; renard: queue f; coup m de brosse (aux vêtements); échauffourée f (avec un ennemi); ⚡ faisceau m de rayons; commutateur: balai m; Am. see ~wood; see backwoods; give s.o. a ~ brosser q.; have a ~ with s.o. froisser les opinions de q.; 2. v/t. brosser; balayer (un tapis etc.); frôler, toucher légèrement; ~ away (ou off) enlever (qch.) d'un coup de brosse ou de balai; essuyer (des larmes); écarter (un avis, une pensée); ~ down donner un coup de brosse à (q.); ~ up donner un coup de brosse à (qch.); fig. se remettre à, dérouiller; v/i. ~ against frôler ou froisser (q.) en passant; ~ by (ou past) passer rapidement auprès de (q.); frôler (q.) en passant; '~·wood broussailles f/pl.; bois m taillis; menu bois m.

brusque □ [brusk] brusque; ton: bourru.

Brus·sels ['brʌslz]: ⚑ ~ sprouts pl. choux m/pl. de Bruxelles.

bru·tal □ ['bru:tl] brutal (-aux m/pl.); de brute; animal (-aux m/pl.).

bru·tal·i·ty [bru:'tæliti] brutalité f;

bru·tal·ize ['bru:təlaiz] abrutir; animaliser; **brute** [bru:t] 1. brut; vif (vive f), brutal (-aux m/pl.) (force); 2. bête f brute; brute f (a. fig. = homme brutal); F animal m; a ~ of a ... un(e) ... de chien; '**brut·ish** □ see brute 1; '**brut·ish·ness** bestialité f; abrutissement m.

bub·ble ['bʌbl] 1. bulle f; fig. projet m chimérique; tromperie f; 2. bouillonner; glouglouter (en versant).

buc·ca·neer [bʌkə'niə] 1. F pirate m; flibustier m (a. hist); 2. faire le boucanier; flibuster.

buck [bʌk] 1. zo. daim m; chevreuil m; mâle (du lapin etc.); Am. sl. dollar m; Am. F pass the ~ passer la décision (à, to); se débrouiller sur le voisin; 2. Am. F résister, opposer; Am. F chercher à prendre le dessus de; Am. ~ for viser; essayer d'obtenir (qch.); F ~ up (se) ragaillardir.

buck·et ['bʌkit] seau m; a mere drop in the ~ une goutte d'eau dans la mer; 2. surmener (un cheval); '~·ful plein seau m; '~-shop bureau m d'un courtier marron.

buck·le ['bʌkl] 1. boucle f, agrafe f; 2. v/t. boucler; attacher; ceindre (l'épée); v/i. ⊕ (se) gondoler, arquer; se voiler (tôle); ~ to v/t. s'appliquer à (un travail); v/i. s'y atteler; '**buck·ler** bouclier m.

buck·ram ['bʌkrəm] bougran m; fig. raideur f.

buck...: '**~·skin** (peau f de) daim m; '**~·wheat** ⚑ blé m noir.

bud [bʌd] 1. ⚑ bourgeon m; œil (pl. yeux) m; bouton m; fig. germe m; Am. débutante f; sl. jeune fille f; in ~ qui bourgeonne; fig. in the ~ en germe, en herbe; 2. v/t. écussonner; v/i. bourgeonner; boutonner (fleur); ~ding lawyer juriste m en herbe.

bud·dy Am. F ['bʌdi] ami m; copain m.

budge [bʌdʒ] v/i. bouger, céder; reculer; v/t. bouger.

budg·et ['bʌdʒit] collection f; recueil m; budget m; usu. plein sac m; draft ~ budget m du ménage; open the ~ présenter le budget; '**budg·et·ar·y** budgétaire.

buff [bʌf] 1. (peau f de) buffle m; cuir m épais; couleur f chamois; in (one's) ~ tout nu; 2. jaune clair; 3. polir (au buffle).

buf·fa·lo zo. ['bʌfəlou], pl. -loes ['~louz] buffle m; Am. F bison m.

buff·er ['bʌfə] 🚆 tampon m; (a. ~ stop) butoir m d'arrêt; sl. vieux bonze m; ~ state état m tampon.

buf·fet¹ ['bʌfit] 1. coup m (de poing); poét. soufflet m; 2. flanquer une torgn(i)ole à (q.); bourrer (q.) de coups.

buf·fet² [meuble: 'bʌfit; autres sens: 'bufei] buffet m.

buf·foon [bʌ'fu:n] bouffon m, paillasse m; **buf'foon·er·y** bouffonneries f/pl.

bug [bʌg] punaise f; Am. insecte m; bacille m; loup m (de fabrication); Am. sl. fou m, folle f; maboul(e f) m; **bug·a·boo** ['~əbu:], '**bug·bear** objet m d'épouvante; F cauchemar m; F bête f noire; **bug·gy** ['bʌgi] boghei m.

bu·gle¹ ['bju:gl] (a. ~-horn) clairon m.

bu·gle² [~] verroterie *f* noire.
bu·gler ⚔ ['bju:glə] (sonneur *m* de) clairon *m*.
buhl [buːl] *meubles*: boul(l)e *m*.
build [bild] 1. [*irr.*] bâtir; édifier; construire; *fig.* fonder (sur, [up]on); faire construire; ~ in murer, boucher; ~ up affermir (*la santé*); bâtir; be ~ing être en construction; 2. construction *f*; taille *f*; **'build·er** entrepreneur *m* en bâtiments; constructeur *m*; **'build·ing** construction *f*; bâtiment *m*; maison *f*; édifice *m*; *attr.* de construction; ~ contractor entrepreneur *m* en ou de bâtiment(s); ~ site terrain *m* à bâtir; ~-society *Brit.* coopérative *f* de construction; ~ trade industrie *f* du bâtiment; **'build-up** construction *f*; échafaudage *m*.
built [bilt] 1. *prét. et p.p. de* build 1; 2. *adj.* ... bâti; de construction ...; **'built-'up** **'a·re·a** agglomération *f* urbaine.
bulb [bʌlb] ♀ bulbe *m*, oignon *m*; *thermomètre, a.* ∉ ampoule *f*; **'bulb·ous** ♀ bulbeux (-euse *f*).
Bul·gar ['bʌlɡɑː] Bulgare *mf*; **Bul·gar·i·an** [bʌl'ɡɛəriən] 1. bulgare; 2. *ling.* bulgare *m*; Bulgare *mf*.
bulge [bʌldʒ] 1. bombement *m*, saillie *f*; ♀, *a. fig.* hausse *f*; 2. bomber; faire saillie; se déjeter (*mur etc.*).
bulk [bʌlk] masse *f*, grosseur *f*, volume *m*; *fig.* gros *m* (*a.* ♀); ♃ charge *f*; chargement *m* arrimé; *in* ~ en bloc, en vrac; *in the* ~ en bloc, en gros; ~ *goods* marchandise *f* ou marchandises *f/pl.* en masse; **'~-head** ♃ cloison *f*; **'bulk·i·ness** grosseur *f*; volume *m* (excessif); **'bulk·y** gros(se *f*); volumineux (-euse *f*), encombrant.
bull¹ [bul] 1. taureau *m*; ✝ *sl.* haussier *m*; F ~ *session* réunion *f* d'hommes; 2. ✝ *sl.* spéculer à la hausse; chercher à faire hausser (*les cours*).
bull² *eccl.* [~] bulle *f*.
bull³ [~] bévue *f*; F, *a. Am.* bêtises *f/pl.*; *Irish* ~ inconséquence *f*.
bull·dog ['buldɔɡ] bouledogue *m*; chienne *f* de bouledogue; F *univ.* appariteur *m*.
bull·doze *Am.* F ['buldouz] intimider; **'bull·doz·er** ⊕ machine *f* à cintrer; bulldozer *m*.
bul·let ['bulit] *fusil, revolver*: balle *f*.

bul·le·tin ['bulitin] bulletin *m*, communiqué *m*; *radio*: informations *f/pl.*; *Am.* ~ *board* tableau *m* d'affichage (*des nouvelles du jour*).
bull...: '~-**fight** course *f* de taureaux; '~-**finch** *orn.* bouvreuil *m*; haie *f* (*avec fossé*); '~-**frog** *zo.* grenouille *f* mugissante.
bul·lion ['buljən] or *m* en barres; or *m* ou argent *m* en lingot; ⚔ franges *f/pl.*
bull·ock ['bulək] bœuf *m*.
bull·pen *Am.* ['bulpen] F salle *f* de détention.
bull's-eye ['bulzai] ♃ (verre *m* de) hublot *m*; *cible*: noir *m*, centre *m*, blanc *m*; ~ *pane* carreau *m* à boudine.
bul·ly¹ ['buli] 1. brute *f*, brutal *m*, tyran *m*; *école*: brimeur *m*; bravache *m*; 2. bravache; *surt. Am.* F fameux (-euse *f*); *a. int.* bravo; 3. brutaliser, rudoyer, intimider.
bul·ly² [~] (*a.* ~ *beef*) bœuf *m* en conserve; F singe *m*.
bul·rush ♀ ['bulrʌʃ] jonc *m*.
bul·wark ['bulwək] *usu. fig.* rempart *m*; ~*s pl.* ♃ pavois *m*.
bum¹ *sl.* [bʌm] derrière *m*, cul *m*.
bum² *Am.* F [~] 1. fainéant *m*; chemineau *m*; (*be*) *go on the* ~ fainéanter; vagabonder; 2. *v/t.* mendier; resquiller (*le trajet*); 3. misérable.
bum·ble-bee ['bʌmblbiː] bourdon *m*.
bum-boat ['bʌmbout] bateau *m* à provisions.
bump [bʌmp] 1. choc *m*; coup *m*, heurt *m*; *fig.* bosse *f* (*de, of*); 2. (se) cogner; (se) heurter; *v/t.* entrer en collision avec (*qch.*); *Am. sl.* ~ *off* assassiner, supprimer (*q.*); *v/i.* ~ *against* buter contre; F ~ *into s.o.* rencontrer q. par hasard.
bump·er ['bʌmpə] 1. verre *m* plein; rasade *f*, *mot.* pare-chocs *m/inv.*; *théâ.* (*a.* ~ *house*) salle *f* comble ou bondée; 2. plein ...; magnifique; F exceptionnel(le *f*) (*récolte*).
bump·kin ['bʌmpkin] rustre *m*.
bump·tious □ F ['bʌmpʃəs] arrogant, présomptueux (-euse *f*), suffisant.
bump·y ['bʌmpi] cahoteux (-euse *f*); couvert de bosses, ⚔ chahuté.
bun [bʌn] petit pain *m* au lait; *cheveux*: chignon *m*.
bunch [bʌntʃ] 1. botte *f*; *fleurs*: bouquet *m*; *personnes*: groupe *m*; ~ *of*

buncombe

grapes grappe *f* de raisin; 2. (se) grouper; *v/t.* lier.
bun·combe *Am.* ['bʌŋkəm] blague *f*; paroles *f/pl.* vides.
bun·dle ['bʌndl] 1. paquet *m*; ballot *m*; *bois*: fagot *m*; 2. *v/t.* (a. ~ up) empaqueter; F ~ *away ou off* se débarrasser de (*q.*); *v/i.* ~ *off* s'en aller sans cérémonie.
bung [bʌŋ] *fût*: bondon *m*; 2. bondonner (*un fût*); boucher (*un trou*); F ~ed up poché (*œil*).
bun·ga·low ['bʌŋgəlou] bungalow *m*.
bung-hole ['bʌŋhoul] bonde *f*.
bun·gle ['bʌŋgl] 1. gâchis *m*; maladresse *f*; 2. bousiller; *sl.* rater; **'bun·gler** bousilleur (-euse *f*) *m*; maladroit(e *f*) *m*; **'bun·gling** 1. □ maladroit(e *f*); 2. *see* bungle 1.
bun·ion ⚕ ['bʌnjən] oignon *m* (*callosité au gros orteil*).
bunk[1] *surt. Am. sl.* [bʌŋk] blague *f*; balivernes *f/pl.*
bunk[2] [~] ⚓, 🚆 couchette *f*.
bunk·er ⚓ ['bʌŋkə] 1. soute *f* (*à charbon*); 2. mettre en soute; F *fig.* be ~ed se trouver dans une impasse.
bun·kum ['bʌŋkəm] *see* buncombe.
bun·ny ['bʌni] F Jeannot lapin *m*.
bunt *Am.* [bʌnt] *baseball*: coup *m* qui arrête la balle.
bun·ting[1] *orn.* ['bʌntiŋ] bruant *m*.
bun·ting[2] [~] *tex.* étamine *f*; *p.ext.* pavillons *m/pl.*
buoy ⚓ [bɔi] 1. bouée *f*; 2. baliser (*le chenal*); (*usu.* ~ up) faire flotter; *fig.* soutenir, appuyer.
buoy·an·cy ['bɔiənsi] flottabilité *f*; *fig.* élasticité *f* de caractère; *fig.* entrain *m*; **'buoy·ant** □ flottable; léger (-ère *f*); *fig.* allègre, optimiste; *fig.* élastique (*pas*); † soutenu.
bur ♀ [bə:] capsule *f* épineuse; teigne *f* (*de bardane*); *personne*: crampon *m*.
Bur·ber·ry ['bə:bəri] imperméable *m* (*marque Burberry*).
bur·bot *icht.* ['bə:bət] lotte *f*, barbot *m*.
bur·den[1] ['bə:dn] refrain *m*.
bur·den[2] ['bə:dn] 1. fardeau *m*, charge *f* (a. 🏛); ⚓ charge *f*, contenance *f*; *discours*: substance *f*; 2. charger; *fig.* accabler; **'bur·densome** onéreux (-euse *f*); fâcheux (-euse *f*).
bur·dock ♀ ['bə:dɔk] bardane *f*.

bu·reau [bjuə'rou], *pl.* **-reaux** [~'rouz] *surt. Am.* bureau *m*; service *m* (*du gouvernement*); *meuble*: secrétaire *m*, bureau *m*; *Am.* commode *f*; **bu·reauc·ra·cy** [~'rɔkrəsi] bureaucratie *f*; **bu·reau·crat** ['bjuərokræt] bureaucrate *mf*; **bu·reau·'crat·ic** (~*ally*) bureaucratique; **bu·reauc·ra·tize** [bjuə'rɔkrətaiz] bureaucratiser.
bur·gee ⚓ [bə:'dʒi:] guidon *m*.
bur·geon *poét.* ['bə:dʒən] 1. bourgeon *m*; bouton *m*; 2. bourgeonner; commencer à éclore.
bur·gess ['bə:dʒis] bourgeois *m*, citoyen *m*; *hist.* représentant *m* d'un bourg (*au Parlement*).
burgh *écoss.* ['bʌrə] bourg *m*.
bur·glar ['bə:glə] cambrioleur *m* (*nocturne*); **bur·glar·i·ous** □ [bə:-'glɛəriəs] de cambriolage; **bur·gla·ry** ['~əri] vol *m* nocturne avec effraction; **bur·gle** ['bə:gl] cambrioler.
bur·gun·dy ['bə:gəndi] (vin *m* de) bourgogne *m*.
bur·i·al ['beriəl] enterrement *m*; '~-ground cimetière *m*.
bu·rin ⊕ ['bjuərin] burin *m*.
burke [bə:k] étouffer (*un scandale*); escamoter (*une question*).
burl *tex.* [bə:l] nope *f*.
bur·lap ['bə:ləp] toile *f* d'emballage.
bur·lesque [bə:'lesk] 1. burlesque; 2. burlesque *m*; parodie *f*; 3. travestir, parodier; tourner (*qch.*) en ridicule. ┐
bur·ly ['bə:li] de forte carrure; soli-┘
Bur·mese [bə:'mi:z] 1. birman; 2. Birman(e *f*) *m*.
burn [bə:n] 1. brûlure *f*; 2. [*irr.*] brûler; cuire; **'burn·er** brûleur (-euse *f*) *m*; bec *m* de gaz; **'burn·ing** □ brûlant, ardent.
bur·nish ['bə:niʃ] brunir, (se) polir; **'bur·nish·er** *personne*: brunisseur (-euse *f*) *m*; ⊕ brunissoir *m*.
burnt [bə:nt] *prét. et p.p. de* burn 2; ~ *almond* amande *f* grillée; praline *f*; *mot.* ~ *gas* gaz *m* d'échappement; ~ *offering* holocauste *m*.
burr [bə:] 1. r *m* de la gorge; 2. prononcer l'r de la gorge.
bur·row ['bʌrou] 1. terrier *m* (*de lapin, de renard*); 2. *v/t.* creuser; *v/i.* se terrer; *fig.* fouiller.
bur·sa·ry ['bə:səri] bourse *f* (*d'études*).

burst [bə:st] **1.** éclat(ement) *m*; jaillissement *m*; coup *m*; *fig.* poussée *f*; rafale *f*; emballage *m* (*de vitesse*); **2.** [*irr.*] *v/i.* éclater, exploser; crever (*abcès, pneu, rire, boîte, etc.*); *fig.* déborder (*de, with*); ⚘ éclore (*bouton*); s'épanouir (*fleur*); ~ *from* s'affranchir de; ~ *forth* (*ou* **out**) jaillir; s'exclamer; apparaître (*soleil*); ~ *into a gallop* prendre le galop; ~ *into flame* s'enflammer brusquement; ~ *into leaf* (se) feuiller; ~ *into tears* fondre en larmes; ~ *out laughing* éclater de rire; *v/t.* faire éclater; enfoncer (*une porte*). [tenance *f*.)

bur·then ⚓ ['bə:ðn] charge *f*, con-⟩

bur·y ['beri] enterrer, ensevelir; inhumer; ⚓ immerger; *fig.* plonger.

bus F [bʌs] **1.** autobus *m*; *sl.* bagnole *f*; *sl. fig.* **miss the** ~ laisser échapper l'occasion; *Am.* ~ *boy* garçon *m* de restaurant qui débarrasse la table après le repas; **2.** ~ *it* aller *ou* venir *ou* voyager en autobus.

bus·by ⚔ ['bʌzbi] colback *m*.

bush [buʃ] buisson *m*; fourré *m*; ⊕ fourrure *f* métallique; **bush·el** ['buʃl] boisseau *m* (*a. mesure*); F (grande) quantité *f*; **bush league** *Am. baseball*: ligue *f* de second ordre; '**bush-rang·er** broussard *m*. **bush·y** ['buʃi] touffu; broussailleux (-euse *f*); buissonnais (*arbrisseau*).

busi·ness ['biznis] affaire *f*, besogne *f*; occupation *f*; devoir *m*; affaires *f/pl.* (*a.* †); † entreprise *f*; maison *f* (*de commerce*); fonds *m* de commerce; ~ *of the day* ordre *m* du jour; agenda *m*; ~ *hours pl.* heures *f/pl.* d'ouverture; ~*man* homme *m* d'affaires; ~ *quarter* quartier *m* commerçant; ~ *research* étude *f* du mouvement des prix *ou* des cycles économiques; *surt. Am.* ~ *suit see* **lounge suit**; ~ *tour,* ~ *trip* voyage *m* d'affaires; *on* ~ pour affaires; *have no* ~ *to* (*inf.*) ne pas avoir le droit de (*inf.*); *mind one's own* ~ s'occuper de ses affaires; *send s.o. about his* ~ envoyer promener q.; '~-**like** pratique; sérieux (-euse *f*) (manière); capable.

bus·kin ['bʌskin] antiquité, *théâ.*: cothurne *m*; *fig.* tragédie *f*.

bus·man ['bʌsmən] conducteur *m* *ou* receveur *m* d'autobus; ~*'s holiday* congé *m* passé à exercer son métier.

bust[1] [bʌst] buste *m*, gorge *f*, poitrine *f*.

bust[2] *Am.* F [bʌst] faillite *f*; *Am.* F ribote *f*, bombe *f*.

bus·tard *orn.* ['bʌstəd] outarde *f*.

bus·tle ['bʌsl] **1.** mouvement *m*, confusion *f*, remue-ménage *m/inv.*; va-et-vient *m/inv.*; *cost.* tournure *f*; **2.** *v/i.* s'affairer; s'activer; faire l'empressé; se dépêcher; faire dépêcher (q.); bousculer; '**bus·tler** personne *f* très active; homme *m* expéditif; '**bus·tling** ☐ affairé; empressé.

bust-up F ['bʌst'ʌp] faillite *f*.

bus·y ☐ ['bizi] **1.** occupé (à, *de* at, with); affairé; actif (-ive *f*); mouvementé (*rue*); diligent; ~ *packing* occupé à faire ses malles; ~-*body* officieux (-euse *f*) *m*; **2.** (*usu.* ~ *o.s.*) s'occuper (à with, in, about; à, de *inf.* with *gér.*); '**bus·y·ness** affairement *m*; activité *f*.

but [bʌt] **1.** *cj.* mais; or; sauf que; (*a.* ~ *that*) sans que; et cependant; toutefois; **2.** *prp.* sans; *the last* ~ *one* l'avant-dernier (-ère *f*); *the next* ~ *one* le (la) deuxième; ~ *for* sans; ne fût-ce pour; **3.** *après négation:* que (*sbj.*); qui (*sbj.*); *there is no one* ~ *knows* il n'y a personne qui ne sache (qch.); **4.** *adv.* ne ... que; seulement; ~ *just* tout à l'heure; tout récemment; ~ *now* à l'instant; il n'y a qu'un instant que; *all* ~ presque; *nothing* ~ rien que; *I cannot* ~ (*inf.*) il m'est impossible de ne pas (*inf.*); je ne peux m'empêcher de (*inf.*).

butch·er ['butʃə] **1.** boucher *m* (*a. fig.*); *fig.* massacreur *m*; 🎖 *Am.* F vendeur *m* de fruits *etc.*; **2.** égorger; massacrer (*a. fig.*); '**butch·er·y** (*a. business*) boucherie *f* (*a. fig.*); F massacre *m*; abattoir *m*.

but·ler ['bʌtlə] maître *m* d'hôtel; † sommelier *m*.

butt[1] [bʌt] **1.** coup *m* de corne (*d'un bélier*); (*a.* ~-*end*) gros bout *m*; arbre, chèque: souche *f*; fusil: couche *f*, crosse *f*; ⚔ butte *f*; *fig.* souffre-douleur *m/inv.*; F mégot *m*; ⊕ bout *m*; about *m*; ~*s pl.* butte *f*; *fig.* but *m*; objectif *m*; **2.** *v/t.* donner un coup de corne *ou* de tête à; *v/i.* F ~ *in* intervenir sans façon.

butt[2] [~] futaille *f*; (gros) tonneau *m*.

but·ter ['bʌtə] **1.** beurre *m*; *fig.* flatterie *f*, F pommade *f*; F *he looks*

buttercup

as if ~ would not melt in his mouth il fait la sainte nitouche; 2. beurrer; (*a. ~ up*) F flatter; '~-**cup** bouton-d'or (*pl.* boutons-d'or) *m*; '~-**dish** beurrier *m*; '~-**fin·gered** maladroit, empoté; '~-**fly** papillon *m* (*a. fig.*); '**but·ter·y** 1. de beurre; butyreux (-euse *f*); graisseux (-euse *f*); 2. *univ.* dépense *f*.

but·tock ['bʌtək] fesse *f*; *usu.* ~s *pl.* fesses *f/pl.*, derrière *m*.

but·ton ['bʌtn] 1. bouton *m* (*a.* ⚜); 2. (se) boutonner; (*usu.* ~ *up*) *fig.* renfermer; mettre les boutons à; '~-**hole** 1. boutonnière *f*; (fleur *f* portée à la) boutonnière *f*; 2. festonner; F accrocher (*q.*) au passage; '~-**hook** tire-bouton *m*.

but·tress ['bʌtris] contrefort *m*; butoir *m* (*d'une chaîne de montagnes*); *fig.* pilier *m*.

bux·om ['bʌksəm] dodu; rondelet(te *f*) (*femme*); grassouillet(te *f*).

buy [bai] [*irr.*] *v/t.* acheter (à, *from*); prendre (*un billet*); *fig.* payer, F suborner; ~ *back* racheter; *v/i.* (*a.* ~ *and sell*) brocanter; *order to* ~ ordre *m* d'achat; '**buy·er** acheteur (-euse *f*) *m*; acquéreur *m*; ✝ acquisiteur *m*, acheteur *m*, chef *m* de rayon.

buzz [bʌz] 1. bourdonnement *m*; *conversation:* brouhaha *m*; ✈ ronflement *m*; *Am.* ~ *saw* scie *f* circulaire; 2. *v/i.* bourdonner, vrombir; *v/t.* lancer, jeter.

buz·zard *orn.* ['bʌzəd] buse *f*, busard *m*.

buzz·er ✈ ['bʌzə] appel *m*; sonnerie *f*.

by [bai] 1. *prp.* lieu: (au)près de, à côté de; au bord de (*la mer*); *direction:* par; *temps:* avant, pour; *moyen:* par, de; à (*la main, la machine, bicyclette, cheval, etc.*); en (*auto, tramway*); *auteur:* de; *serment:* au nom de; par (*qch.*); *mesures:* sur; selon; *North* ~ *East* nord quart nord-est; *side* ~ *side* côte à côte; ~ *day* de jour, le jour; ~ *name* de nom; (connu) sous le nom de; ~ *now* déjà, à l'heure qu'il est; ~ *the time* (*that*) quand; avant que (*sbj.*); *a play* ~ *Shaw* une pièce de Shaw; ~ *lamplight* à (la lumière de) la lampe; ~ *the dozen* à la douzaine; ~ *far* de beaucoup; *50 feet* ~ *20* cinquante pieds sur vingt; ~ *half* de moitié; F beaucoup; ~ *o.s.* seul; à l'écart; ~ *land* par terre; ~ *rail* par le chemin de fer; *day* ~ *day* de jour en jour; ~ *twos* deux par deux; 2. *adv.* près, de côté; ~ *and* ~ tout à l'heure, tantôt, bientôt; par la suite; ~ *the* ~ à propos ...; *close* ~ tout près; *go* ~ passer; ~ *and large* à tout prendre; 3. *adj.* latéral (-aux *m/pl.*); écarté; supplémentaire.

bye [bai] *cricket:* balle *f* passée; *tennis:* exemption *f* (*d'un match dans un tournoi, accordée à un joueur qui ne tire pas d'adversaire*); *be a* ~ se trouver exempt d'un match.

bye-bye F ['bai'bai] au revoir!; adieu!; *go to* ~ F aller faire dodo.

by...: '~-**e·lec·tion** élection *f* partielle; '~-**gone** 1. écoulé, d'autrefois; 2. ~s *pl.* passé *m*; *let* ~s *be* ~s oublions le passé!; sans rancune!; '~-**law** arrêté *m* municipal; '~-**line** *Am.* rubrique *f* d'un article qui en nomme l'auteur; '~-**name** sobriquet *m*; '~-**pass** 1. *gaz:* veilleuse *f*; route *f* de contournement; 2. F éviter; dévier (*la circulation*); '~-**path** sentier *m* écarté; '~-**play** *théâ.* jeu *m* accessoire; aparté *m* mimé; '~-**prod·uct** dérivé *m*; '~-**road** chemin *m* détourné; chemin *m* vicinal.

By·ron·ic [bai'rɔnik] (~*ally*) byronien.

by...: '~-**stand·er** assistant *m*; spectateur (-trice *f*) *m*; '~-**street** ruelle *f*; rue *f* écartée; '~-**way** chemin *m* détourné; détour *m* (*a. péj.*); *fig.* à-côté *m*; '~-**word** proverbe *m*; *be a* ~ *for* être passé en proverbe pour; *be the* ~ *of* être la fable de.

By·zan·tine [bi'zæntain] 1. byzantin; 2. Byzantin(e *f*) *m*.

C

C, c [siː] C *m*, c *m*.

cab [kæb] **1.** taxi *m*; fiacre *m*; *camion, grue, etc.*: guérite *f*; 🚋 poste *m* de conduite; **2.** de fiacres, de taxis; **3.** F ~ it aller *ou* venir en taxi.

ca·bal [kəˈbæl] **1.** cabale *f*, brigue *f*; **2.** cabaler; comploter.

cab·a·ret [ˈkæbərei] cabaret *m*; concert *m* genre music-hall.

cab·bage [ˈkæbidʒ] chou *m*; ~ *butterfly* piéride *f* du chou; ~ *lettuce* laitue *f* pommée.

cab·by F [ˈkæbi] cocher *m*.

cab·in [ˈkæbin] **1.** cabane *f*; 🚋 cabine *f*; 🚋 guérite *f*; **2.** enfermer; ˈ~-boy mousse *m*.

cab·i·net [ˈkæbinit] meuble *m* à tiroirs; *étalage etc.*: vitrine *f*; *radio*: coffret *m*; *phot.* format *m* album; *pol.* cabinet *m*, ministère *m*; ⚲ *Council* conseil *m* des ministres; ˈ~-mak·er ébéniste *m*.

ca·ble [ˈkeibl] **1.** ⚓, *a. tél.* câble *m*; ⚓ chaîne *f*; câble-chaîne (*pl.* câbles--chaînes) *m*; *buried* ~ câble *m* souterrain; **2.** *tél.* câbler; ˈ~gram câblogramme *m*.

cab·man [ˈkæbmən] cocher *m* de fiacre.

ca·boo·dle *sl.* [kəˈbuːdl]: *the whole* ~ tout le bazar.

ca·boose [kəˈbuːs] ⚓ cuisine *f*; 🚋 *Am.* fourgon *m*.

cab·ri·o·let *surt. mot.* [kæbrioˈlei] cabriolet *m*.

cab·stand [ˈkæbstænd] station *f* de voitures.

ca'can·ny [kɔːˈkæni] faire la grève perlée.

ca·ca·o [kəˈkɑːou] cacao *m*; *arbre*: cacaotier *m*.

cache [kæʃ] cache *f*, cachette *f*.

cack·le [ˈkækl] **1.** caquet *m* (*a. fig.*); ricanement *m*; **2.** caqueter (*a. fig.*); ricaner; cacarder (*oie*); ˈcack·ler poule *f* qui caquette; *fig.* caqueteur (-euse *f*) *m*; ricaneur (-euse *f*) *m*.

cac·tus ♀ [ˈkæktəs] cactus *m*.

cad F [kæd] goujat *m*; canaille *f*.

ca·das·tre [kəˈdæstə] cadastre *m*.

ca·dav·er·ous [kəˈdævərəs] cadavéreux (-euse *f*); *fig.* exsangue.

cad·die [ˈkædi] *golf*: cadet *m*.

cad·dish F □ [ˈkædiʃ] voyou; digne d'un goujat.

cad·dy [ˈkædi] boîte *f* à thé.

ca·dence [ˈkeidəns] ♪ cadence *f*; intonation *f*; rythme *m*.

ca·det [kəˈdet] cadet *m*; ~ *corps* bataillon *m* scolaire.

cadge [kædʒ] colporter; mendier; chiner (*qch.*); ˈcadg·er colporteur *m*; mendiant(e *f*) *m*; chineur (-euse *f*) *m*.

ca·du·cous ♀, *a. zo.* [kəˈdjuːkəs] caduc (-uque *f*).

cae·cum *anat.* [ˈsiːkəm] cæcum *m*.

Cae·sar [ˈsiːzə] César *m*; **Cae·sar·i·an** [siːˈzɛəriən] césarien(ne *f*).

cae·su·ra [siˈzjuərə] césure *f*.

ca·fé [ˈkæfei] café(-restaurant) *m*.

caf·e·te·ri·a *Am.* [kæfiˈtiəriə] cafeteria *f*, restaurant *m* de libre service *m*.

caf·e·to·ri·um *Am.* [kæfiˈtɔːriəm] salle *f* des festins, restaurant *m*.

caf·fe·ine 🜔 [ˈkæfiiːn] caféine *f*.

cage [keidʒ] **1.** cage *f*; *oiseau*: cage *f*, volière *f*; ⚒ cage *f* (de puits); **2.** encager (*a. fig.*); mettre en cage.

cage·y □ *surt. Am.* F [ˈkeidʒi] rusé, malin (-igne *f*).

cairn [kɛən] cairn *m*.

cais·son [kəˈsuːn] ⚔ caisson *m* (à munitions); *hydraulique*: caisson *m*, batardeau *m*.

ca·jole [kəˈdʒoul] enjôler; cajoler; persuader (à q. de *inf.*, *s.o. into gér.*); **ca·ˈjol·er** cajoleur (-euse *f*) *m*; **ca·ˈjol·er·y** cajolerie *f*, -s *f*/*pl.*; enjôlement *m*.

cake [keik] **1.** gâteau *m*; pâtisserie *f*; *chocolat*: tablette *f*; *savon*: pain *m*; **2.** faire croûte; se coller; se cailler (*sang*).

cal·a·bash [ˈkæləbæʃ] calebasse *f*.

cal·a·mine *min.* [ˈkæləmain] calamine *f*.

ca·lam·i·tous □ [kəˈlæmitəs] calamiteux (-euse *f*), désastreux (-euse *f*); **ca·ˈlam·i·ty** calamité *f*, infortune *f*; désastre *m*; catastrophe *f*; **ca·ˈlam·i·ty-howl·er** *surt. Am.* pessimiste *mf*; prophète *m* de malheur; **ca·ˈlam·i·ty-howl·ing** *surt. Am.* défaitisme *m*; prophéties *f*/*pl.* de malheur.

ca·lash [kəˈlæʃ] calèche *f*.

cal·car·e·ous *min.* [kælˈkɛəriəs] calcaire.

cal·ci·fi·ca·tion [kælsifi'keiʃn] calcification *f*; **cal·ci·fy** ['~fai] (se) calcifier; **cal·ci·na·tion** 🜍 [kælsi'neiʃn] calcination *f*; cuisson *f*; **cal·cine** ['kælsain] *v/t.* 🜍 calciner; cuire; *v/i.* se calciner; '**cal·cite** *min.* calcite *f*; **cal·ci·um** 🜍 ['~siəm] calcium *m*.

cal·cu·la·ble ['kælkjuləbl] calculable; **cal·cu·late** ['~leit] *v/t.* calculer; estimer; faire le compte de; ~d propre (à, to), fait (pour, to); *v/i.* compter (sur, on); *Am.* F supposer; *calculating-machine* machine *f* à calculer; **cal·cu·la·tion** calcul *m*.

cal·dron ['kɔːldrən] *see* cauldron.

cal·en·dar ['kælində] 1. calendrier *m*; ⚖ rôle *m* des assises; *univ.* annuaire *m*; 2. inscrire sur un calendrier *ou* sur une liste.

cal·en·der ⊕ [~] 1. calandre *f*; laminoir *m*; 2. calandrer; laminer.

calf [kɑːf], *pl.* **calves** [kɑːvz] veau *m*; *fig.* petit(e *f*) *m*; (*a.* ~-*leather*) veau *m*, vachette *f*; ⊕ reliure *f* en veau; *anat.* mollet *m*; *in* ~, *with* ~ pleine (*vache*); F ~-*love* amours *f/pl.* enfantines; '~**skin** (cuir *m* de) veau *m*.

cal·i·brate ⊕ ['kælibreit] étalonner; calibrer (*un tube*); **cal·i·bre** ['~bə] calibre *m* (*a. fig.*); alésage *m*.

cal·i·co 🞢 ['kælikou] calicot *m*; *surt. Am.* indienne *f*.

Cal·i·for·nian [kæli'fɔːnjən] 1. californien(ne *f*); de Californie; 2. Californien(ne *f*) *m*.

ca·liph ['kælif] calife *m*; **cal·iph·ate** ['~eit] califat *m*.

calk[1] [kɔːk] *peint.* décalquer.

calk[2] [~] *see* caulk.

calk[3] [~] 1. *a.* **calk·in** ['kælkin] crampon *m*, clou *m* à glace; 2. ferrer (*un cheval*) à glace.

call [kɔːl] 1. appel *m* (*a. téléph., bridge, etc.*); cri *m* (*a. oiseau*); *téléph., clairon, etc.*: coup *m*; *théâ.* rappel *m*; *bridge*: annonce *f*; visite *f*; demande *f* (de, for); vocation *f*; invitation *f*, nomination *f* (à *un poste*, à *une chaire, etc.*); *Bourse*: appel *m* de fonds; option *f*; 🞢 ~-*money* prêts *m/pl.* au jour le jour; *port of* ~ port *m* d'escale; 🞢 *on* ~ sur demande; au jour le jour; 2. *v/t.* appeler (*a.* ⚖), crier; convoquer (*une réunion*); héler (*un taxi*); faire venir (*un médecin*); appeler, attirer (*l'attention*) (sur, to); *théâ.* rappeler; réveiller; *cartes*: déclarer; décréter (*une grève*); qualifier de (*un titre*); injurier; *fig.* nommer (à, to); *be* ~*ed* s'appeler; ~ *s.o. names* injurier q.; *Am.* F ~ *down* injurier; reprendre (*q.*); ~ *forth* produire, évoquer; faire appel à (*le courage*); ~ *in* retirer (*une monnaie*) de la circulation; faire (r)entrer (*q.*); ~ *over* faire l'appel de (*les noms*); ~ *up* évoquer; ✕ mobiliser, appeler sous les drapeaux; appeler au téléphone; 3. *v/i.* téléphoner; faire une visite, passer (chez at, on); ~ *at* a port faire escale; ~ *for* faire venir (*q.*) *ou* apporter (*qch.*); commander; *théâ.* rappeler, réclamer; venir chercher (*q., qch.*); *to be* (*left till*) ~*ed for* à remettre au messager; poste restante; ~ *on* invoquer; réclamer (qch., à q., s.o. for s.th.) requérir (*q.*) (de, to *inf.*) ~ *to* crier à (*q.*); ~ *upon see* ~ *on*; '**call·a·ble** 🞢 au jour le jour (*prêt*); '**call-box** cabine *f* téléphonique; '**call·er** personne *f* qui appelle; visiteur (-euse *f*) *m*; *téléph.* demandeur (-euse *f*) *m*.

cal·li·graph·ic [kæli'græfik] (~*ally*) calligraphique; **cal·lig·ra·phy** [kə'ligrəfi] calligraphie *f*, belle écriture *f*.

call·ing ['kɔːliŋ] appel *m*; convocation *f*; métier *m*; visite *f* (à, on); *Am.* ~ *card* carte *f* de visite.

cal-(l)i·pers *pl.* ['kælipəz] compas *m* d'épaisseur.

cal·lis·then·ics [kælis'θeniks] *usu. sg.* callisthénie *f*.

call-of·fice ['kɔːlɔfis] bureau *m* téléphonique.

cal·los·i·ty [kæ'lɔsiti] callosité *f*; cal (*pl.* -s) *m*; *fig.* dureté *f*; '**cal·lous** □ calleux (-euse *f*); *fig.* insensible, dur.

cal·low ['kælou] sans plumes; *fig.* imberbe, sans expérience.

call-up [kɔːl'ʌp] appel *m* (✕ sous les drapeaux).

calm [kɑːm] 1. □ calme, tranquille (*a. fig.*); 2. tranquillité *f*; calme *m* (*a. fig., a.* ⚓); sérénité *f*; 3. (~ *down* se) calmer; apaiser; adoucir; '**calm·ness** tranquillité *f*; calme *m*; sérénité *f*.

ca·lor·ic *phys.* [kə'lɔrik] calorique *m*; **cal·o·rie** *phys.* ['kæləri] calorie *f*; **cal·o·rif·ic** [kælə'rifik] calorifique, calorifiant.

cal·trop ['kæltrəp] ⚕ chardon *m* étoilé; ⚔ *hist.* chausse-trape *f*.
ca·lum·ni·ate [kə'lʌmnieit] calomnier; **ca·lum·ni·a·tion** calomnie *f*; **ca·lum·ni·a·tor** calomniateur (-trice *f*) *m*; **ca·lum·ni·ous** □ calomnieux (-euse *f*); **cal·um·ny** ['kæləmni] calomnie *f*.
Cal·va·ry ['kælvəri] *le* Calvaire *m*.
calve [kɑːv] vêler (*a. géol.*); **calves** [kɑːvz] *see* calf.
Cal·vin·ism ['kælvinizm] calvinisme *m*.
ca·lyx ['keiliks], *pl. a.* **ca·ly·ces** ['˷lisiːz] ⚕, *a. zo.* calice *m*.
cam ⊕ [kæm] came *f*; excentrique *m*; ~ *gear* distribution *f* à came(s).
cam·ber ⊕ ['kæmbə] 1. *poutre*: cambrure *f*; *chaussée*: bombement *m*; 2. (se) cambrer; bomber.
cam·bric ✠ ['keimbrik] batiste *f*.
came [keim] *prét. de* come.
cam·el *zo., a.* ⚓ ['kæml] chameau *m*.
ca·mel·li·a ⚕ [kə'miːljə] camélia *m*.
cam·e·o ['kæmiou] camée *m*.
cam·er·a ['kæmərə] *phot.* appareil *m*; ⚖ *in* ~ à huis clos.
cam·i·knick·ers [kæmi'nikəz] *pl.* chemise-culotte (*pl.* chemises-culottes) *f*.
cam·o·mile ⚕ ['kæməmail] camomille *f*; ~ *tea* (tisane *f* de) camomille *f*.
cam·ou·flage ⚔ ['kæmuflɑːʒ] 1. camouflage *m*; 2. camoufler.
camp [kæmp] 1. camp *m*; campement *m*; ~*-bed* lit *m* de camp; ~*-chair*, ~*-stool* chaise *f* pliante; pliant *m*; 2. camper; ~ *out* camper, faire du camping.
cam·paign [kæm'pein] 1. campagne *f* (*a. pol., a. fig.*); *election* ~ campagne *f* électorale; 2. faire une (des) campagne(s); **cam'paign·er**: F *old* ~ vieux routier *m*; vétéran *m*.
cam·phor ['kæmfə] camphre *m*; **cam·phor·at·ed** ['˷reitid] camphré.
camp·ing ['kæmpiŋ] camping *m*; ⚔ campement *m*.
cam·pus *Am.* ['kæmpəs] terrains *m*/*pl.* (*d'une université*).
cam·shaft ⊕ ['kæmʃɑːft] arbre *m* à cames.
can[1] [kæn] [*irr.*] *v*/*aux.* (*défectif*) je peux *etc.*, je suis *etc.* capable de (*inf.*).
can[2] [~] 1. bidon *m*, broc *m*, pot *m*; *Am. conserves*: boîte *f*; canette *f* en métal; 2. *Am.* conserver (*qch.*) en boîte.
Ca·na·di·an [kə'neidjən] 1. canadien(ne *f*); 2. Canadien(ne *f*) *m*.
ca·nal [kə'næl] canal *m* (*a.* ✠); **ca·nal·i·za·tion** [kænəlai'zeiʃn] canalisation *f*; **'ca·nal·ize** (se) canaliser.
ca·nard [kæ'nɑːd] canard *m*, fausse nouvelle *f*.
ca·nar·y [kə'nɛəri] (*a.* ~ *bird*) serin *m*.
can·cel ['kænsl] biffer; annuler; *fig.* (*a.* ~ *out*) éliminer; **can·cel·la·tion** [kænse'leiʃn] annulation *f*; résiliation *f*; révocation *f*.
can·cer ['kænsə] *astr. le* Cancer *m*; ⚕ cancer *m*; *attr.* cancéreux (-euse *f*); **'can·cer·ous** cancéreux (-euse *f*).
can·did □ ['kændid] franc(he *f*); sincère; impartial (-aux *m*/*pl.*).
can·di·date ['kændidit] candidat *m*, aspirant *m* (à, for); **can·di·da·ture** ['˷ʃə] candidature *f*.
can·died ['kændid] candi; confit.
can·dle ['kændl] bougie *f*; chandelle *f*; cierge *m*; ~*-power* bougie *f*, -s *f*/*pl.*; **⚕·mas** *eccl.* ['˷məs] la Chandeleur *f*; '~*-stick* chandelier *m*; bougeoir *m*.
can·do(u)r ['kændə] franchise *f*, sincérité *f*; impartialité *f*.
can·dy ['kændi] 1. sucre *m* candi; *Am.* bonbons *m*/*pl.*; confiseries *f*/*pl.*; 2. *v*/*t.* faire candir (*du sucre*); glacer (*des fruits*); *v*/*i.* se cristalliser.
cane [kein] 1. ⚕ jonc *m*; canne *f*; *pour sièges*: rotin *m*; 2. battre à coups de canne; canner (*une chaise*).
ca·nine ['keinain] 1. de chien, canin; 2. ['kænain] *a.* ~ *tooth* canine *f*.
can·is·ter ['kænistə] boîte *f* (en fer blanc).
can·ker ['kæŋkə] 1. ⚕, *a.* ⚕ chancre *m* (*a. fig.* = *influence corruptrice*); 2. ronger; *fig.* corrompre; **'can·kered** *fig.* plein d'amertume; **'can·ker·ous** chancreux (-euse *f*).
canned *Am.* [kænd] (conservé) en boîte.
can·ner·y *Am.* ['kænəri] conserverie *f*.
can·ni·bal ['kænibl] cannibale (*a. su.*/*m*/*f*).
can·non ['kænən] 1. ⚔ canon *m*; pièce *f* d'artillerie; *billard*: carambolage *m*; 2. caramboler; *fig.* ~ *against* (*ou* with) se heurter contre; **can·non·ade** [˷'neid] canonnade *f*.

can·not ['kænɔt] je ne peux pas *etc.*
can·ny □ *écoss.* ['kæni] prudent, finaud.
ca·noe [kə'nuː] 1. canoë *m*; pirogue *f*; périssoire *f*; 2. faire du canoë *ou* de la périssoire; aller en canoë.
can·on ['kænən] *eccl., a.* ♪ canon *m*; F règle *f*, critère *m*; canon *m*; *eccl. personne*: chanoine *m*; *typ.* gros canon *m*; ⚖ ~ *law* droit *m* canon; **can·on·i·za·tion** [ˌ~nai'zeiʃn] canonisation *f*; **'can·on·ize** canoniser (*q.v.*); sanctionner (*un usage*); **'can·on·ry** canonicat *m*.
can·o·py ['kænəpi] 1. dais *m*; baldaquin *m*; marquise *f*; *fig.* voûte *f*; ⚠ gable *m*; 2. couvrir d'un dais *etc.*
cant[1] [kænt] 1. inclinaison *f*, dévers *m*; ⚠ pan *m* coupé; 2. (s')incliner; pencher; *v/i.* ⚓ éviter; ~ *over* se renverser.
cant[2] [~] 1. jargon *m*, argot *m* (*des mendiants, criminels, etc.*); langage *m* hypocrite; boniments *m/pl.*; 2. faire le cafard; parler avec hypocrisie (de, *about*).
can't F [kɑːnt] *see* cannot.
can·ta·loup ♀ ['kæntəluːp] cantaloup *m*.
can·tan·ker·ous F □ [kən'tæŋkərəs] revêche, acariâtre.
can·teen [kæn'tiːn] cantine *f*; *coutellerie*: service *m* de table en coffre; ⚔ bidon *m*; ⚔ gamelle *f*.
can·ter ['kæntə] 1. petit galop *m*; 2. aller au petit galop.
can·ter·bur·y ['kæntəbəri] casier *m* à musique; ♀ *bell* ♀ campanule *f*.
can·tha·ris *zo.* ['kænθəris], *pl.* **-thar·i·des** [ˌ~'θæridiːz] cantharide *f*.
can·ti·cle ['kæntikl] cantique *m*; *bibl.* ♀*s pl.* le Cantique des Cantiques.
can·ti·le·ver ⚠ ['kæntiliːvə] encorbellement *m*; cantilever *m*.
can·to ['kæntou] chant *m* (*d'un poème*).
can·ton 1. ['kæntən] canton *m*; 2. ⚔ [kən'tuːn] cantonner; **'can·ton·ment** ⚔ cantonnement *m*.
can·vas ['kænvəs] (grosse) toile *f*; toile *f* de tente; *navire*: voiles *f/pl.*; *peint.* toile *f*; *p.ext.* tableau *m*.
can·vass [~] 1. sollicitation *f* de suffrages; tournée *f* électorale; *Am. a.* dépouillement *m* (*des voix*); 2. *v/t.* discuter; solliciter (*des suffrages*, ✝ *des commandes*); *v/i. pol.* faire une tournée électorale; ✝ faire la place; **'can·vass·er** solliciteur (-euse *f*) *m*; ✝ placier *m*; *pol.* courtier *m* électoral; *Am. a.* scrutateur *m* (*du scrutin*).

caou·tchouc ['kautʃuk] caoutchouc *m*.

cap [kæp] 1. casquette *f*; béret *m*; *univ.* toque *f*, mortier *m*; ⊕ *etc.* chapeau *m*, capuchon *m*; ⊕ *pompe*: calotte *f*; ~ *and gown* toque *f* et toge *f*, costume *m* académique; ~ *in hand* le bonnet à la main; *set one's* ~ *at s.o.* entreprendre la conquête de *q.*; 2. *v/t.* coiffer; choisir comme membre de la première équipe; capsuler (*une bouteille etc.*); *fig.* couronner; F surpasser; *v/i.* F se découvrir (devant *q.*, [to] *s.o.*).
ca·pa·bil·i·ty [keipə'biliti] capacité *f* (pour *inf.*, *of gér.*); faculté *f* (de *inf.*, *of gér.*); **'ca·pa·ble** capable, susceptible (de, *of*).
ca·pa·cious □ [kə'peiʃəs] vaste; ample; **ca·pac·i·tate** [ˌ~'pæsiteit] rendre capable (de, *for*); **ca·pac·i·ty** capacité *f* (pour *inf.*, *for gér.*); volume *m*, contenance *f*; *locomotive*: rendement *m*; *rivière*: débit *m*; qualité *f* (*professionnelle*); *disposing* (*ou legal*) ~ capacité *f* juridique; *in my* ~ *as* en ma qualité de.
cap-à-pie [kæpə'piː] de pied en cap.
ca·par·i·son [kə'pærisn] caparaçon *m*; *fig.* parure *f* somptueuse.
cape[1] [keip] cap *m*, promontoire *m*.
cape[2] [~] pèlerine *f*, cape *f*.
ca·per[1] ♀ ['keipə] câpre *f*; *plante*: câprier *m*.
ca·per[2] [~] 1. cabriole *f*, entrechat *m* (*a. fig.*); *cut* ~*s* = 2. faire des entrechats *ou* des cabrioles; gambader.
ca·pi·as ⚖ ['keipiæs]: *writ of* ~ mandat *m* d'arrêt.
cap·il·lar·i·ty [kæpi'læriti] capillarité *f*; **cap·il·lar·y** [kə'piləri] 1. capillaire; 2. *anat.* (vaisseau *m*) capillaire *m*.
cap·i·tal ['kæpitl] 1. □ capital (-aux *m/pl.*) (*lettre, peine, crime, ville*); le plus haut; F excellent, fameux (-euse *f*); 2. capitale *f*; ✝ capital *m*, fonds *m/pl.*; *typ.* (*ou* ~ *letter*) majuscule *f*, capitale *f*; 3. ⚠ chapiteau *m*; **'cap·i·tal·ism** capitalisme *m*; **'cap·i·tal·ist** capitaliste *mf*; **cap·i-**

tal·is·tic capitaliste; **cap·i·tal·i·za·tion** [kəpitəlai'zeiʃn] capitalisation *f*; **cap·i·tal·ize** capitaliser; écrire avec une majuscule.

cap·i·ta·tion [kæpi'teiʃn] capitation *f* (*a.* ⚕); *attr.* par tête.

Cap·i·tol ['kæpitl] Capitole *m*.

ca·pit·u·late [kə'pitjuleit] capituler; **ca·pit·u·la·tion** capitulation *f*, reddition *f*.

ca·pon ['keipən] chapon *m*, poulet*m*.

ca·price [kə'pri:s] caprice *m* (*a.* ♪), lubie *f*; **ca·pri·cious** [kə'priʃəs] capricieux (-euse *f*); **ca·pri·cious·ness** humeur *f* capricieuse.

Cap·ri·corn *astr.* ['kæpriko:n] le Capricorne *m*.

cap·ri·ole ['kæprioul] cabriole *f*.

cap·size ⚓ [kæp'saiz] *v/i.* chavirer; *fig.* se renverser; *v/t.* faire chavirer.

cap·stan ⚓ ['kæpstən] cabestan *m*.

cap·su·lar ['kæpsjulə] capsulaire; **cap·sule** ♀, ⚕ ['~sju:l] capsule *f*.

cap·tain ['kæptin] capitaine *m*, chef *m*; *sp.* chef *m* d'équipe; ✕, ⚓ capitaine *m*; ✕ *group ~* colonel *m*; *~ of horse* capitaine *m* de cavalerie; *~ of industry* chef *m* de l'industrie; **'cap·tain·cy,** '**cap·tain·ship** grade *m* de capitaine; *sp.* commandement *m* de l'équipe; *entreprise:* conduite *f*.

cap·tion ['kæpʃn] **1.** en-tête *m*; légende *f*; *journal:* rubrique *f*; *cin.* sous-titre *m*; **2.** *v/t. Am.* fournir d'en-têtes *etc.*

cap·tious □ ['kæpʃəs] captieux (-euse *f*); pointilleux (-euse *f*) (*personne*).

cap·ti·vate ['kæptiveit] *fig.* captiver, charmer; **cap·ti·va·tion** séduction *f*; '**cap·tive 1.** captif (-ive *f*); *~ balloon* ballon *m* captif; **2.** captif (-ive *f*) *m*; prisonnier (-ère *f*) *m*; **cap·tiv·i·ty** [~'tiviti] captivité *f*.

cap·tor ['kæptə] preneur *m*; ⚓ capteur *m*; **cap·ture** ['~tʃə] **1.** capture *f*; prise *f* (*a.* ⚓); **2.** capturer, s'emparer de (*un malfaiteur*); prendre (*une ville*); ⚓ capturer.

Cap·u·chin *eccl.* ['kæpjuʃin] capucin *m*.

car [ka:] *mot.* automobile *f*; 🚋 *Am.* voiture *f*, wagon *m*; *Am. ascenseur:* cabine *f*; *poét.* char *m*; *ballon:* nacelle *f*.

car·a·cole ['kærəkoul] *équit.* **1.** caracole *f*; **2.** caracoler.

ca·rafe [kə'ra:f] carafe *f*.

car·a·mel ['kærəmel] caramel *m*; bonbon *m* au caramel.

car·at ['kærət] *mesure:* carat *m*.

car·a·van [kærə'væn] caravane *f* (*a. mot.*); roulotte *f*; **car·a'van·se·rai** [~serai] caravansérail *m*.

car·a·way ♀ ['kærəwei] carvi *m*.

car·bide 🜍 ['ka:baid] carbure *m*.

car·bine ['ka:bain] carabine *f*.

car·bo·hy·drate 🜍 ['ka:bou'haidreit] hydrate *m* de carbone.

car·bol·ic ac·id 🜍 [ka:'bɔlik'æsid] phénol *m*.

car·bon ['ka:bən] 🜍 carbone *m*; ⚡ charbon *m*; *~ copy* copie *f ou* double *m* au carbone; (*ou ~ paper*) papier *m* carbone; **car·bo·na·ceous** [~'neiʃəs] *géol.* charbonneux (-euse *f*); **car·bon·ate** ['~bənit] carbonate *m*; **car·bon·ic** [~'bɔnik] carbonique; *~ acid* anhydride *m* carbonique; **car·bon·i·za·tion** [~bənai'zeiʃn] carbonisation *f*; '**car·bon·ize** carboniser.

car·boy ['ka:bɔi] bonbonne *f*.

car·bun·cle ['ka:bʌŋkl] *min.* escarboucle *f*; ⚕ anthrax *m*.

car·bu·ret 🜍 ['ka:bjuret] carburer; '**car·bu·ret·ter,** *usu.* '**car·bu·ret·tor** *mot.* carburateur *m*.

car·case, car·cass ['ka:kəs] *homme, animal:* cadavre *m*; *animal, maison:* carcasse *f*; *fig.* squelette *m*, carcasse *f*.

card¹ ⚒ [ka:d] **1.** carde *f*, peigne *m*; **2.** carder, peigner (*la laine*).

card² [~] carte *f*; *~ catalogue* fichier *m*; F *house of ~s* château *m* de cartes; *sl. queer ~* drôle *m* de type *ou* de numéro.

car·dan ⚒ ['ka:dən]: *~ joint* joint *m* de cardan, joint *m* universel; *~ shaft* arbre *m* à cardan.

card...: '**~·board** carton *m*; cartonnage *m*; *~ box* carton *m*; '**~·case** porte-cartes *m/inv.*

car·di·ac ⚕ ['ka:diæk] **1.** cardiaque, cardiaire; **2.** cordial *m*.

car·di·gan ['ka:digən] cardigan *m*.

car·di·nal □ ['ka:dinl] **1.** cardinal (-aux *m/pl.*); principal (-aux *m/pl.*); *~ number* nombre *m* cardinal; **2.** *eccl.* cardinal *m* (*a. orn.*); **car·di·nal·ate** ['~eit] cardinalat *m*.

card...: '**~·in·dex** fichier *m*, classeur *m*; '**~·sharp·er** tricheur *m*, escroc *m*.

care [kɛə] **1.** souci *m*; soin *m*, attention *f*; charge *f*; tenue *f*; *medical ~*

careen

soins *m/pl.* médicaux; ~ *of the mouth* hygiène *f* orale; ~ *of the nails* soin *m* des ongles; ~ *of (abbr. c/o)* aux bons soins de; chez; *take* ~ *(of o.s.)* prendre attention, prendre des précautions; *take* ~ *of* prendre soin de, soigner; *with* ~*! fragile!*; 2. se soucier; s'inquiéter; ~ *for* soigner; aimer; se soucier de; *usu. au nég.*: tenir à; être important à (*q.*); F *I don't* ~ *(if I do)! I don't* ~ *what he said* peu m'importe ce qu'il a dit.

ca·reen [kəˈriːn] *v/t.* caréner; *v/i.* donner de la bande.

ca·reer [kəˈriə] 1. carrière *f*; *fig.* course *f* précipitée; ~ *diplomat* diplomate *m* de carrière; 2. *fig.* courir rapidement; **ca·reer·ist** [kəˈriərist] arriviste *mf*.

care·free [ˈkɛəfriː] insouciant, exempt de soucis.

care·ful □ [ˈkɛəful] soigneux (-euse *f*) (de *of, for*); attentif (-ive *f*) (à, *of*); prudent; soigné; *be* ~ *to (inf.)* avoir soin de *(inf.)*; *be* ~ *not to fall!* prenez garde de tomber; **ˈcare·ful·ness** soin *m*, attention *f*; prudence *f*.

care·less □ [ˈkɛəlis] sans soin; négligent; inconsidéré; nonchalant; insouciant (de *of, about*); **ˈcare·less·ness** inattention *f*; insouciance *f*; manque *m* de soin.

ca·ress [kəˈres] 1. caresse *f*; 2. caresser; *fig.* mignoter.

care·tak·er [ˈkɛəteikə] concierge *mf*; gardien(ne *f*) *m*; *école*: dépensier (-ère *f*) *m*.

care·worn [ˈkɛəwɔːn] usé par le chagrin.

car·fare *Am.* [ˈkɑːfɛə] prix *m* du voyage.

car·go ⊕ [ˈkɑːgou] cargaison *f*; *mixed (ou general)* ~ cargaison *f* mixte; *shifting* ~ cargaison *f* volante.

car·i·ca·ture [kærikəˈtjuə] 1. caricature *f*; 2. caricaturer; **car·i·ca·tur·ist** [kærikəˈtjuərist] caricaturiste *m*.

car·ies ✵ [ˈkɛəriiːz] carie *f*; **ˈcar·i·ous** carié; gâté (*dent etc.*).

car·man [ˈkɑːmən] charretier *m*.

car·mine [ˈkɑːmain] 1. carmin *m*; 2. carmin *adj./inv.*, carminé.

car·nage [ˈkɑːnidʒ] carnage *m*; **ˈcar·nal** □ charnel(le *f*); de la chair; sensuel(le *f*); sexuel(le *f*); mondain; **car·nal·i·ty** [~ˈnæliti] sensualité *f*;

car·na·tion [~ˈneiʃn] 1. incarnat *m*; ✿ œillet *m*; 2. incarnat.

car·ni·val [ˈkɑːnivl] carnaval (*pl.* -s) *m*; *fig.* réjouissances *f/pl.*

car·ni·vore [ˈkɑːnivɔː] carnassier *m*; **car·niv·o·rous** [~ˈnivərəs] carnassier (-ère *f*) (*animal*); carnivore (*plante, personne*).

car·ol [ˈkærl] 1. chant *m*, chanson *f*; noël *m*; 2. chanter joyeusement.

ca·rot·id *anat.* [kəˈrɔtid] (*a.* ~ *artery*) carotide *f*.

ca·rouse [kəˈrauz] 1. *a.* **ca·rous·al** buverie *f*; F bombe *f*; 2. faire la fête.

carp¹ [kɑːp] carpe *f*.

carp² [~] gloser, épiloguer; ~ *at* trouver à redire à.

car·pen·ter [ˈkɑːpintə] 1. charpentier *m*; menuisier *m*; 2. *v/i.* faire de la charpenterie; *v/t.* charpenter; **ˈcar·pen·try** charpente(rie) *f*.

car·pet [ˈkɑːpit] 1. tapis *m* (*a. fig.*); *bring on the* ~ soulever (*une question*); F ~*-dance* sauterie *f*; 2. recouvrir d'un tapis; F mettre (*q.*) sur la sellette; ˈ~*-bag·ger* *parl.* candidat *m* étranger à la circonscription; ˈ~*-beat·er* tapette *f*.

car·pet·ing [ˈkɑːpitiŋ] tapis *m/pl.* en pièce; pose *f* de tapis.

car·pet-sweep·er [ˈkɑːpitswiːpə] balai *m* mécanique.

car·riage [ˈkæridʒ] port *m*; transport *m*; (*a.* ⊕) voiture *f*, wagon *m*; ⚔ affût *m*; *personne*: allure *f*; *machine à écrire*: chariot *m*; *voiture*: train *m*; **ˈcar·riage·a·ble** charriable (*objet*); praticable (*chemin*).

car·riage...: ˈ~*-and-*ˈ**pair** voiture *f* à deux chevaux; ˈ~*-door* porte *f* cochère; ˈ~*-drive* allée *f*; avenue *f* pour voitures; ˈ~*-free*, ~*-*ˈ**paid** franc(he *f*) *ou* franco de port, envoi franco; ˈ~*-road*, ~*-way* chaussée *f*; route *f* carrossable.

car·ri·er [ˈkæriə] porteur (-euse *f*) *m* (*a.* ✈); ⚔ ravitailleur *m*; ✝ camionneur *m*, voiturier *m*; *bicyclette*: porte-bagages *m/inv.*; ˈ~*-pi·geon* pigeon *m* voyageur.

car·ri·on [ˈkæriən] 1. charogne *f*; 2. pourri.

car·rot [ˈkærət] carotte *f*; **ˈcar·rot·y** F roux (rousse *f*).

car·ry [ˈkæri] 1. *v/t.* porter; transporter; conduire (*q.*); mener (*q.*);

mener à bonne fin (*une entreprise*); (rap)porter (*intérêt*); remporter (*un prix*); élever (*un mur*); (sup)porter (*une poutre*); faire adopter (*une proposition*); ⚥ retenir (*un chiffre*); bien supporter (*du vin*); avoir en magasin (*des marchandises*); ⚔ enlever (*une forteresse*); *be carried* être voté; être adopté; *univ.* ~ *a course* suivre un cours; ~ *away* emmener (*q.*); ~ *back* emporter (*a. fig.*); ~ *everything before one* triompher sur toute la ligne; ⚓ ~ *forward* (*ou over*) reporter (*une somme*); transporter (*un solde*); ~ *on* continuer; entretenir; exercer (*un métier*); poursuivre (*un procès*); ~ *out* porter dehors; exécuter; mener à bonne fin; ~ *through* exécuter, réaliser; 2. *v/i.* porter (*son, fusil*); faire une trajectoire (*balle*); ~ *on* persister; F faire des scènes; F se comporter; F ~ *on with* flirter avec (*q.*); ~*ing capacity* charge *f* utile; 3. *fusil:* portée *f*; trajet *m*.

cart [ka:t] 1. charrette *f*; ⚔ fourgon *m*; ~ *grease* cambouis *m*; *fig.* put the ~ *before the horse* mettre la charrue devant les bœufs; *sl. in the* ~ dans le pétrin; 2. charrier, charroyer; '**cart·age** charroi *m*; (prix *m* du) charriage *m*.

car·tel [ka:'tel] cartel *m*; ⚓ syndicat *m* de producteurs; ⚔ convention *f* pour l'échange de prisonniers.

car·ter ['ka:tə] charretier *m*, camionneur *m*.

car·ti·lage ['ka:tilidʒ] cartilage *m*; **car·ti·lag·i·nous** [~'lædʒinəs] cartilagineux (-euse *f*).

cart-load ['ka:tloud] charretée *f*; *charbon:* tombereau *m*.

car·tog·ra·pher [ka:'tɔgrəfə] cartographe *m*; **car'tog·ra·phy** cartographie *f*.

car·ton ['ka:tən] carton *m*.

car·toon [ka:'tu:n] 1. *peint.* carton *m*; ⊕ dessin *m* (*sur page entière*), *surt.* portrait *m* caricaturé; *cin.* dessin *m* animé; 2. faire la caricature de.

car·touche [ka:'tu:ʃ] cartouche *m*.

car·tridge ['ka:tridʒ] cartouche *f*; '~-*belt* ceinture *f*: cartouchière *f*.

cart-wheel ['ka:twi:l] roue *f* de charrette; *gymn.* roue *f*; *co. Am.* dollar *m* d'argent.

cart·wright ['ka:trait] charron *m*.

carve [ka:v] *v/t.* découper (*de la viande*); tailler; se frayer (*un chemin*); *vt./i.* sculpter (dans, *in*); graver (sur, *in*); '**carv·er** couteau *m* à découper; *personne:* découpeur *m*; serveur *m*; ciseleur *m*; ~*s pl.* service *m* à découper.

carv·ing ['ka:viŋ] 1. sculpture *f*, gravure *f*; découpage *m* de la viande; 2. à découper; à sculpter.

cas·cade [kæs'keid] chute *f* d'eau; cascade *f*.

case¹ [keis] 1. caisse *f*; colis *m*; (*a. cartridge-*~) étui *m*; *instruments:* trousse *f*; *violon:* boîte *f*; *montre:* boîtier *m*; *magasin:* vitrine *f*; *livre:* couverture *f*; *typ.* casse *f*; 2. encaisser; cartonner (*un livre*); ⊕ chemiser (*une chaudière*); envelopper (de, *with*).

case² [~] cas *m* (*a.* ⚕, ⚖, *gramm.*); ⚕ *a.* malade *mf*; *Am.* F original *m*; ⚖ *a.* cause *f*, affaire *f*; exposé *m* des faits; réclamation *f*; *a* ~ *for* (*gér.*) des raisons de (*inf.*); *have a strong* ~ être dans son droit; avoir des raisons sérieuses (pour, *for*); *as the* ~ *may be* selon le cas; *in* ~ au cas où; à tout hasard; *in any* ~ en tout cas.

case-hard·en ⊕ ['keisha:dn] aciérer *f*; *fig.* ~*ed* endurci.

ca·se·in ⚗ ['keisiin] caséine *f*.

case-knife ['keisnaif] couteau *m* à gaine.

case·mate ⚔ ['keismeit] casemate *f*.

case·ment ['keismənt] fenêtre *f* à deux battants; croisée *f*; ~ *cloth* tissu *m* de rideaux.

case-shot ['keisʃɔt] mitraille *f*.

cash [kæʃ] 1. espèces *f/pl.*; argent *m* comptant; ~ *down, for* ~ argent comptant; *in* ~ en espèces; *be in* (*out of*) ~ (ne pas) être en fonds; ~ *payment* paiement *m* (au) comptant; ~ *on delivery* livraison *f* contre remboursement; ~ *price* prix *m* au comptant; ~ *register* caisse *f* enregistreuse; 2. encaisser (*un coupon*); toucher (*un chèque*); '~-*book* livre *m* de caisse; sommier *m*; '~-**cheque** chèque *m* ouvert; **cash·ier** [kæ'ʃiə] 1. caissier (-ère *f*) *m*; 2. ⚔ casser (*un officier*); '**cash·less** sans argent; F à sec. [*m.*⟩

cash·mere [kæʃ'miə] *tex.* cachemire⟨

cas·ing ['keisiŋ] encaissement *m*; enveloppe *f*; *livre:* cartonnage *m*; *cylindre:* chemise *f*; *turbine:* bâche *f*; △ revêtement *m*.

casino 674

ca·si·no [kəˈsiːnou] casino *m*.
cask [kɑːsk] fût *m*, tonneau *m*.
cas·ket [ˈkɑːskit] cassette *f*, coffret *m*; *Am*. cercueil *m* (de luxe).
cas·sa·tion ⚖ [kæˈseiʃn] cassation *f*.
cas·se·role [ˈkæsəroul] *cuis*. daubière *f*; ⚕ casserole *f*; ~ *of chicken* poulet *m* en cocotte.
cas·si·a ♀ [ˈkæsiə] casse *f* (*a. pharm*.); *arbre*: cassier *m*.
cas·sock [ˈkæsək] soutane *f*.
cas·so·war·y *orn*. [ˈkæsəweəri] casoar *m*; *New Holland* ~ émeu *m*.
cast [kɑːst] 1. jet *m*; coup *m*; ⊕ *metall*. coulée *f*; moulage *m*; ⚓ coup *m* (de sonde); bas *m* de ligne; *théâ*. troupe *f*; distribution *f* des rôles; ✝ additon *f*; *fig*. trempe *f*, tournure *f* (d'esprit); 2. [*irr*.] *v/t*. jeter (*a*. ⚓ *l'ancre*), lancer; donner (*son suffrage*); *zo*. jeter (*sa dépouille*); *orn*. (*usu*. ~ *its feathers*) muer; perdre (*les dents*); jeter (*un regard*); projeter (*une lumière, une ombre, etc*.); *métall*. couler; *typ*. clicher (*une page*); *théâ*. distribuer les rôles de (*une pièce*), assigner (un rôle à q., *s.o. for a part*); ✝, ⚖ (*a*. ~ *up*) additionner, faire le total; ~ *iron* fonte *f* (de fer); ~ *steel* fonte *f* d'acier; ⚖ *be* ~ *in costs* être condamné aux frais; ⚖ *be* ~ *in a lawsuit* perdre un procès, être débouté; ~ *lots* tirer au sort (*pour, for*); ~ *one's skin* se dépouiller; ~ *s.th. in s.o.'s teeth* reprocher qch. à q.; ~ *away* rejeter; ⚓ *be* ~ *away* faire naufrage; ~ *down* jeter bas; baisser (*les yeux*); *be* ~ *down* être découragé; ~ *up* lever au ciel; ✈ rejeter; ✝ ~ *up* (*accounts*) additionner, faire le total; 3. *v/i*. se voiler; ⊕ se couler; ~ *about for* chercher; briguer; ⚓ ~ *off* abattre sous le vent; démarrer.
cas·ta·net [kæstəˈnet] castagnette *f*.
cast·a·way [ˈkɑːstəwei] 1. rejeté; ⚓ naufragé; 2. naufragé(e *f*) *m*; *fig*. proscrit(e *f*) *m*; exilé(e *f*) *m*.
caste [kɑːst] caste *f*; *fig*. rang *m*, classe *f*; ~ *feeling* esprit *m* de caste.
cas·tel·lan [ˈkæstələn] châtelain *m*; **cas·tel·lat·ed** [ˈkæsteleitid] crénelé; bâti dans le style féodal.
cas·ter [ˈkɑːstə] *see castor²*.
cas·ti·gate [ˈkæstigeit] châtier; *fig*. critiquer sévèrement; **cas·ti·ga·tion** châtiment *m*, correction *f*; *fig*. critique *f* sévère.

cast·ing [ˈkɑːstiŋ] 1. ~ *vote* voix *f* prépondérante; 2. jet *m*; moulage *m*, fonte *f*; *théâ*. distribution *f* des rôles; ✝ addition *f*; ~*s pl*. pièces *f/pl*.
cast-i·ron [ˈkɑːstˈaiən] en fonte; *fig*. de fer, rigide; ~ *alibi* alibi *m* de fer.
cas·tle [ˈkɑːsl] 1. château *m* (fort); *échecs*: tour *f*; 2. *échecs*: roquer.
cas·tor¹ [ˈkɑːstə] *pharm*. castoréum *m*; F chapeau *m* castor; ~ *oil* huile *f* de ricin.
cas·tor² [~] roulette *f* (*de meuble*); *sucre etc*.: saupoudroir *m*; ~*s pl*. huilier *m*; ✝ ~ *sugar* sucre *m* en poudre.
cas·trate [kæsˈtreit] châtrer; **casˈtra·tion** castration *f*; éviration *f*; *fig*. émasculation *f*.
cas·u·al [ˈkæʒjuəl] 1. ☐ fortuit, accidentel(le *f*); F insouciant; ~ *labo(u)rer* homme *m* à l'heure, manœuvre *m* d'emploi intermittent; ~ *pauper* = 2. indigent (e *f*) *m* de passage; **ˈcas·u·al·ty** accident *m*; ⚔ *casualties pl*. pertes *f/pl*.
cas·u·ist [ˈkæzjuist] casuiste *m* (*a. péj*.); **ˈcas·u·ist·ry** casuistique *f* (*a. péj*.).
cat [kæt] 1. chat(te *f*) *m*; *Am. sl*. fanatique *mf* du jazz; 2. *sl*. renarder.
cat·a·clysm [ˈkætəklizm] cataclysme *m*.
cat·a·comb [ˈkætəkoum] catacombe *f*.
cat·a·logue, *Am. a*. **cat·a·log** [ˈkætələg] 1. catalogue *m*, répertoire *m*; *univ. Am*. annuaire *m*; prospectus *m*; 2. cataloguer.
cat·a·pult [ˈkætəpʌlt] catapulte *f* (*a*. ✈); ~ *launching* catapultage *m*.
cat·a·ract [ˈkætərækt] cataracte *f* (*a. fig., a. ⚕*).
ca·tarrh [kəˈtɑː] catarrhe *m*; F *surt*. rhume *m* de cerveau; **caˈtarrh·al** [kəˈtɑːrəl] catarrhal (-aux *m/pl*.).
ca·tas·tro·phe [kəˈtæstrəfi] catastrophe *f*, désastre *m*; **cat·a·stroph·ic** [kætəˈstrɔfik] (~*ally*) désastreux (-euse *f*).
cat...: ˈ**~·bur·glar** cambrioleur *m* par escalade; ˈ**~·call** 1. *théâ. etc*. sifflet *m*; 2. siffler; chahuter.
catch [kætʃ] 1. prise *f*; *porte, fenêtre*: loqueteau *m*; attrape *f*, tromperie *f*; *fig*. aubaine *f*; F bon parti *m* (à épouser); ♪ chant *m* à reprises, canon *m*; ⊕ crochet *m* d'arrêt; cliquet

cauterization

m; *cricket*: prise *f* au vol; *see* ~-word; **2.** [*irr.*] *v/t.* attraper, prendre; saisir; F obtenir, gagner; rencontrer (*un regard*); *son*: frapper (*l'oreille*); recueillir (*de l'eau*); prendre; ne pas manquer (*le train etc.*); attraper, être atteint de (*une maladie*); flanquer (*un coup*) à (*q.*); prendre (*un poisson*); accrocher (*sa robe*); attirer (*l'attention*); contracter (*une habitude*); *orage etc.*: surprendre (*q.*); *fig.* entendre, comprendre; F *it se faire attraper* (par, *from*); ~ *in the act* prendre (*q.*) en flagrant délit; prendre (*q.*) sur le fait; ~ *me!* F pas si bête!; ~ *cold* prendre froid; s'enrhumer; ~ *one's breath* avoir un sursaut; ~ *s.o.'s eye* attirer l'attention de *q.*; *parl.* ~ *the Speaker's eye* obtenir la parole; ~ *up* ramasser vivement; F couper la parole à (*q.*), interrompre; rattraper (*q.*); **3.** [*irr.*] *v/i.* prendre, ⊕ mordre; s'engager (*verrou etc.*); *cuis.* attacher; ~ *at* s'accrocher à; saisir; F ~ *on* avoir du succès, prendre; *Am.* F comprendre; ~ *up with* rattraper (*q.*) '~-**all** *Am.* fourre-tout *m/inv.*; '~-**as-catch-can** *sp.* catch *m*; '**catch·er** *baseball*: rattrapeur *m*; '**catch·ing** ♪ entraînant; ✱ contagieux (-euse *f*); infectieux (-euse *f*); '**catch·ment ba·sin** bassin *m* de réception.

catch...: '~-**pen·ny** † **1.** d'attrape; **2.** camelote *f* de réclame; attrape-nigaud *m*; '~-**phrase** F scie *f*, rengaine *f*; devise *f*; '~-**pole** huissier *m*; '~-**word** *pol.* mot *m* de ralliement; F scie *f*; *théâ.* réplique *f*; *typ.* mot-souche (*pl.* mots-souches) *m*; '**catch·y** *fig.* F entraînant; insidieux (-euse *f*) (*question etc.*).

cat·e·chism ['kætikizm] catéchisme *m*; **cat·e·chize** ['~kaiz] catéchiser; **cat·e·chu·men** [~'kju:mən] catéchumène *mf*.

cat·e·gor·i·cal □ [kæti'gɔrikl] catégorique; **cat·e·go·ry** ['~gəri] catégorie *f*.

cat·e·nar·y [kə'ti:nəri] **1.** caténaire; ⚡ *curve* funiculaire *f*; **2.** caténaire *f*; chaînette *f*.

ca·ter ['keitə]: ~ *for* approvisionner; *fig.* pourvoir à; '**ca·ter·er** approvisionneur (-euse *f*) *m*; fournisseur *m*; *banquet*: traiteur *m*; '**ca·ter·ing** approvisionnement *m*.

cat·er·pil·lar ['kætəpilə] chenille *f*; ⊕ ~ *tractor* autochenille *f*; ~ *wheel* roue *f* à chenille.

cat·er·waul ['kætəwɔ:l] miauler.

cat·gut ['kætgʌt] corde *f* à boyau.

ca·the·dral [kə'θi:drl] **1.** *su.* cathédrale *f*; **2.** *adj.* cathédral(-aux *m/pl.*).

Cath·er·ine-wheel ['kæθərin-wi:l] rosace *f* rayonnante; *pièce d'artifice*: soleil *m*; roue *f* à feu.

cath·ode ⚡ ['kæθoud] **1.** cathode *f*; **2.** cathodique.

cath·o·lic ['kæθəlik] **1.** (~[*al*]ly) universel(le *f*); catholique; **2.** catholique *mf*; **ca·thol·i·cism** [kə'θɔlisizm] catholicisme *m*.

cat·kin ♀ ['kætkin] chaton *m*.

cat's-paw ['kætspɔ:] *fig.* dupe *f*; *be s.o.'s* ~ tirer les marrons du feu pour *q.*

cat·tle ['kætl] bétail *m*; bestiaux *m/pl.*; '~-**plague** peste *f* bovine; '~-**rus·tler** *Am.* voleur *m* de bétail; '~-**show** comice *m* agricole; concours *m* d'élevage.

Cau·ca·sian [kɔ:'keiziən] **1.** caucasien(ne *f*); du Caucase; **2.** Caucasien(ne *f*) *m*.

cau·cus ['kɔ:kəs] comité *m* électoral; *usu. péj.* clique *f* politique; *pol. Am.* réunion *f* préliminaire (*d'un comité électoral*).

cau·dal *zo.* ['kɔ:dl] caudal (-aux *m/pl.*); **cau·date** ['~deit] caudifère.

cau·dle ['kɔ:dl] chaudeau *m*.

caught [kɔ:t] *prét. et p.p. de catch* 2, 3.

ca(u)l·dron ['kɔ:ldrən] chaudron *m*; ⊕ chaudière *f*.

cau·li·flow·er ♀ ['kɔliflauə] chou-fleur (*pl.* choux-fleurs) *m*.

caulk ⚓ [kɔ:k] calfater; '**caulk·er** calfat *m*.

caus·al □ ['kɔ:zl] causal (*sg. seulement*); causatif (-ive *f*); **cau·sal·i·ty** ['~zæliti] causalité *f*; '**caus·a·tive** causatif (-ive *f*); **cause** [kɔ:z] **1.** cause *f*; raison *f*, motif *m*; ⚖ cause *f*; procès *m*; *fig.* querelle *f*; *with good* ~ pour cause; **2.** occasionner, causer; faire (faire qch. à *q.*, *s.o. to do s.th.*); '**cause·less** □ sans cause, sans motif.

cause·way ['kɔ:zwei], *a.* **cau·sey** ['~zei] chaussée *f*, digue *f* (*à travers des marécages*).

caus·tic ['kɔ:stik] **1.** caustique *m*; *phys.* caustique *f*; **2.** (~*ally*) caustique; *fig. a.* mordant.

cau·ter·i·za·tion ✱ [kɔ:tərai'zeiʃn]

cauterize   676

cautérisation *f*; **'cau·ter·ize** cautériser; **'cau·ter·y** cautère *m*.

cau·tion ['kɔ:ʃn] **1.** précaution *f*; prudence *f*; avertissement *m*; réprimande *f*; F drôle *m* de pistolet; ⚖ caution *f*, garant *m*; ~ *money* cautionnement *m*; **2.** avertir (*contre*, *against*); **'cau·tion·ar·y** d'avertissement, avertisseur (-euse *f*).

cau·tious □ ['kɔ:ʃəs] prudent, circonspect; **'cau·tious·ness** prudence *f*, circonspection *f*.

cav·al·cade [kævl'keid] cavalcade *f*.

cav·a·lier [kævə'liə] **1.** cavalier *m*; F galant *m*; **2.** □ désinvolte, cavalier (-ère *f*).

cav·al·ry ⚔ ['kævlri] cavalerie *f*.

cave [keiv] **1.** caverne *f*, antre *m*; grotte *f*; **2.** des cavernes; **3.**: ~ *in* *v/i.* s'effondrer; F céder (*personne*); *v/t.* F aplatir.

ca·ve·at ⚖ ['keiviæt] opposition *f*.

cave-man ['keivmən] troglodyte *m*; F homme *m* à la manière forte.

cav·en·dish ['kævəndiʃ] tabac *m* foncé édulcoré.

cav·ern ['kævən] caverne *f* (*a.* ⚔); souterrain *m*; **'cav·ern·ous** caverneux (-euse *f*) (*a. fig.*).

cav·i·ar(e) ['kæviɑ:] caviar *m*.

cav·il ['kævil] **1.** argutie *f*; **2.** pointiller (sur *at*, *about*); **'cav·il·ler** chicaneur (-euse *f*) *m*.

cav·i·ty ['kæviti] cavité *f*; creux *m*; trou *m*.

ca·vort *Am.* F [kə'vɔ:t] cabrioler; faire des galopades.

caw [kɔ:] **1.** croasser; **2.** croassement *m*.

cay·enne [kei'en], **cay·enne pep·per** ['keien] poivre *m* de Cayenne.

cay·man *zo.* ['keimən], *pl.* -mans caïman *m*.

cay·use *Am.* ['kaiju:s] petit cheval *m* (indien).

cease [si:s] *v/i.* cesser (de, *from*); *v/t.* cesser (*a.* ⚔ *le feu*); arrêter; **'~-'fire** ⚔ cessez-le-feu *m/inv.*; **'cease·less** □ incessant; sans arrêt.

ce·dar ♀ ['si:də] cèdre *m*.

cede [si:d] céder.

ceil [si:l] plafonner (*une pièce*); † lambrisser; **'ceil·ing** plafond *m* (*a. fig.*); ⚓ vaigrage *m*; ~ *lighting* illumination *f* de plafond; ~ *price* prix *m* maximum.

cel·an·dine ♀ ['seləndain] éclaire *f*.

cel·e·brate ['selibreit] célébrer (*a.*

eccl., *a. fig.* = *glorifier*); **'cel·e·brat·ed** célèbre (par, *for*); renommé (pour, *for*); **cel·e·bra·tion** célébration *f* (*a. eccl.*); *in* ~ *of* pour commémorer *ou* fêter (*qch.*); ~ *of May-day* fête *f* du premier mai; **'cel·e·bra·tor** célébrateur *m*.

ce·leb·ri·ty [si'lebriti] célébrité *f* (*a. personne*).

ce·ler·i·ty [si'leriti] célérité *f*.

cel·er·y ♀ ['seləri] céleri *m*.

ce·les·tial □ [si'lestjəl] céleste.

cel·i·ba·cy ['selibəsi] célibat *m*; **cel·i·bate** ['~bit] **1.** célibataire, de célibataire; **2.** célibataire *mf*.

cell [sel] cellule *f*; ⚡ élément *m* de pile.

cel·lar ['selə] **1.** cave *f*; **2.** mettre en cave *ou* en chai; **'cel·lar·age** emmagasinage *m*; caves *f/pl.*; **'cel·lar·et** cave *f* à liqueurs.

celled [seld] à cellule(s); ⚡ à pile(s).

cel·list ♪ ['tʃelist] violoncelliste *mf*; **cel·lo** ['tʃelou] violoncelle *m*.

cel·lo·phane ['selofein] cellophane *f*.

cel·lu·lar ['seljulə] cellulaire; **cel·lule** ['~ju:l] cellule *f*; **cel·lu·loid** ['~juloid] celluloïd *m*; **cel·lu·lose** ['~lous] cellulose *f*.

Celt [kelt] Celte *mf*; **'Celt·ic** celte; celtique.

ce·ment [si'ment] **1.** ciment *m*; *anat.*, *a. métall.* cément *m*; **2.** cimenter (*a. fig.*); coller; *métall.* cémenter; **ce·men·ta·tion** [si:men'teiʃn] cimentage *m*; collage *m*; *métall.* cémentation *f*.

cem·e·ter·y ['semitri] cimetière *m*.

cen·o·taph ['senətɑ:f] cénotaphe *m*.

cense [sens] encenser; **'cen·ser** encensoir *m*.

cen·sor ['sensə] **1.** censeur *m*; **2.** interdire; expurger; **cen·so·ri·ous** □ [sen'sɔ:riəs] porté à censurer; sévère; **cen·sor·ship** ['~səʃip] censure *f*; contrôle *m*.

cen·sur·a·ble □ ['senʃərəbl] censurable, blâmable; **cen·sure** ['senʃə] **1.** censure *f*, blâme *m*; réprimande *f*; **2.** censurer; blâmer publiquement.

cen·sus ['sensəs] recensement *m*.

cent [sent] *Am.* cent *m* (= $^1/_{100}$ *dollar*); F sou *m*; *per* ~ pour cent.

cen·taur *myth.* ['sentɔ:] centaure *m*.

cen·tau·ry ♀ ['sentɔ:ri] centaurée *f*.

cen·te·nar·i·an [senti'nɛəriən] cen-

tenaire (*a. su./mf*); **cen·te·nar·y** [sen'tiːnəri] centenaire *m*.
cen·ten·ni·al [sen'tenjəl] centennal (-aux *m/pl.*); *Am. see* centenary.
cen·tes·i·mal □ [sen'tesiml] centésimal (-aux *m/pl.*).
centi... [senti]: '~**grade** centigrade; '~**gramme** centigramme *m*; '~**me·tre** centimètre *m*; ~**pede** *zo.* ['~piːd] centipède *m*; F mille-pattes *m/inv.*
cen·tral ['sentrəl] □ central (-aux *m/pl.*); ~ *heating* chauffage *m* central; ~ *office*, ⚡ *station* centrale *f*; *téléph. Am.* central *m*; **cen·tral·i·za·tion** [~lai'zeiʃn] centralisation *f*; '**cen·tral·ize** (se) centraliser.
cen·tre, *Am.* **cen·ter** ['sentə] 1. centre *m* (*a.* ⚔, *pol.*), milieu *m*; *foot.* ~ *forward* avant-centre *m*; *foot.* ~ *half* demi-centre *m*; 2. central (-aux *m/pl.*), du centre; 3. *v/t.* placer au centre; centrer (*a. foot.*); concentrer; *v/i.* se concentrer (dans, *in*; sur, *on*; autour de, *round*); '~**bit** ⊕ mèche *f* anglaise.
cen·tric, cen·tri·cal □ ['sentrik(l)] central (-aux *m/pl.*), du centre; **cen·trif·u·gal** □ [sen'trifjugl] centrifuge; **cen'trip·e·tal** □ [~pitl] centripète.
cen·tu·ple ['sentjupl] 1. □ centuple (*a. su./m*); 2. centupler.
cen·tu·ry ['sentʃuri] siècle *m*; *cricket:* centaine *f*.
ce·ram·ic [si'ræmik] céramique; **ce'ram·ics** *pl.* céramique *f*.
ce·re·al ['siəriəl] 1. céréale; 2. céréale *f*; *usu.* ~s *pl.* céréales *f/pl.* en flocons.
cer·e·bral *anat.* ['seribrəl] cérébral (-aux *m/pl.*).
cere·cloth ['siəklɔθ] toile *f* d'embaumement.
cer·e·mo·ni·al [seri'mounjəl] 1. □ (*a.* **cer·e'mo·ni·ous** □) cérémonieux (-euse *f*), de cérémonie; 2. cérémonial (*pl.* -s) *m*; **cer·e·mo·ny** ['serimǝni] cérémonie *f*; formalité *f*; *Master of Ceremonies* maître *m* des cérémonies; *without* ~ sans cérémonie, sans façon; *stand on* ~ faire des façons.
cer·tain □ ['səːtn] certain, sûr; infaillible; *see some* 2; '**cer·tain·ty** certitude *f*; chose *f* certaine; conviction *f*.
cer·tif·i·cate 1. [sə'tifikit] certificat *m*, attestation *f*; diplôme *m*; brevet *m*; ~ *of birth* (*death, marriage*) acte *m* de naissance (de décès, de mariage); ~ *of employment* certificat *m* de travail; *medical* ~ certificat *m* médical; 2. [~keit] diplômer, breveter; délivrer un certificat *etc.* à (*q.*); ~*ed* diplômé; **cer·ti·fi·ca·tion** certification *f*; **cer·ti·fy** ['~fai] certifier, attester; diplômer; authentiquer; *this is to* ~ je soussigné certifie; **cer·ti·tude** ['~tjuːd] certitude *f*.
cer·vi·cal ['səːvikl] cervical (-aux *m/pl.*).
ces·sa·tion [se'seiʃn] cessation *f*, arrêt *m*.
ces·sion ['seʃn] cession *f*; abandon *m*.
cess·pool ['sespuːl] fosse *f* d'aisance.
ce·ta·cean *zo.* [si'teiʃiən] 1. cétacé *m*; 2. (*a.* **ce'ta·ceous**) cétacé.
chafe [tʃeif] *v/t.* frictionner; user par le frottement; écorcher (*la peau*); irriter; *v/i.* s'user par le frottement; s'écorcher; s'irriter (contre, *against*); s'érailler (*corde*); *chafing dish* réchaud *m* (*de table*).
chaff [tʃɑːf] 1. balle *f* (*de grain*); menue paille *f*; paille *f* hachée; *fig.* vétilles *f/pl.*; F raillerie *f*; 2. hacher (*de la paille*); F railler, plaisanter (*q.*); '~**cut·ter** hache-paille *m/inv.*
chaf·fer ['tʃæfə] marchander (*q.*, *with s.o.*).
chaf·finch *zo.* ['tʃæfintʃ] pinson *m*.
cha·grin [ʃægrin] 1. chagrin *m*; 2. chagriner.
chain [tʃein] 1. chaîne *f* (*a. fig.*); suite *f* (*des événements*); chaînette *f*; *surt. Am.* ~*-store* succursale *f* de grand magasin; *mot.* ~ *drive* transmission *f* par chaînes; 2. attacher par des chaînes; enchaîner; ~ *re·ac·tion* *phys.* réaction *f* en chaîne.
chair [tʃɛə] 1. chaise *f*, siège *m*; fauteuil *m*; (*a. professorial* ~) chaire *f*; 🚂 coussinet *m*; ⚖ *Am.* fauteuil *m* électrique; *see chair(wo)man*; ~! ~! à l'ordre! à l'ordre!; *be in the* ~ présider; 2. *v/i.* prendre la présidence; *v/t.* porter (*q.*) en triomphe; '~**man** président *m*; '~**wom·an** présidente *f*.
chaise [ʃeiz] cabriolet *m*, chaise *f*.
chal·dron ['tʃɔːldrən] *mesure à charbon de 36 boisseaux* (*72 à Newcastle*) *anglais.*

chal·ice ['tʃælis] calice *m*.

chalk [tʃɔːk] **1.** craie *f*; *billard*: blanc *m*; red ~ sanguine *f*; F by a long ~ de beaucoup; **2.** marquer à la craie; talquer; (*usu.* ~ up) écrire à la craie; ~ out tracer (*un plan*); **'chalk·y** crayeux (-euse *f*), crétacé; terreux (-euse *f*) (*teint*).

chal·lenge ['tʃælindʒ] **1.** défi *m*; provocation *f* (en duel, *to a duel*); ⚖ interpellation *f*; récusation *f*; **2.** défier, provoquer (*q.*); *sp.* porter un défi à; ⚖ interpeller; récuser; disputer; mettre en doute; **'chal·leng·er** provocateur (-trice *f*) *m*; *sp.* lanceur *m* d'un challenge.

cha·lyb·e·ate ⚕ [kə'libiit] ferrugineux (-euse *f*).

cham·ber ['tʃeimbə] ♀, ⊕, *poét., parl., zo., Am.* chambre *f*; ~s *pl.* appartement *m* de garçon; cabinet *m*, étude *f*; see ~-pot; **cham·ber·lain** ['~lin] chambellan *m*; **'cham·ber·maid** femme *f* de chambre; **'cham·ber·pot** vase *m* de nuit.

cha·me·le·on *zo.* [kə'miːljən] caméléon *m*.

cham·fer △ ['tʃæmfə] **1.** biseau *m*; **2.** biseauter; canneler (*une colonne*).

cham·ois ['ʃæmwɑː; *pl.* -wɑːz] *zo.* chamois *m*; ⊕ (*ou* ~ leather) (*souv.* 'ʃæmi) (peau *f* de) chamois *m*.

champ¹ [tʃæmp] (*at*) mâcher bruyamment; ronger (*le mors*).

champ² *Am. sl.* [~] *see* champion 1.

cham·pagne [ʃæm'pein] champagne *m*.

cham·paign ['tʃæmpein] campagne *f* ouverte.

cham·pi·on ['tʃæmpjən] **1.** champion *m* (*a. sp.*); *sp.* recordman (*pl.* recordmen) *m*; **2.** soutenir, défendre; **'cham·pi·on·ship** défense *f*; *sp.* championnat *m*.

chance [tʃɑːns] **1.** chance *f*, hasard *m*; occasion *f* (de, *of*); *surt. Am.* risque *m*; by ~ par hasard; take a (*ou* one's) ~ encourir un risque; **2.** fortuit, accidentel(le *f*); de rencontre; **3.** *v/i.:* ~ to see voir par hasard; avoir l'occasion de voir; ~ upon rencontrer par hasard; *v/t.* F risquer.

chan·cel ['tʃɑːnsəl] chœur *m*; sanctuaire *m*; **'chan·cel·ler·y** chancellerie *f*; **'chan·cel·lor** chancelier *m*; *see* exchequer; **'chan·cel·lor·ship** see *dignité f* de chancelier.

chan·cer·y ⚖ ['tʃɑːnsəri] cour *f* de la chancellerie; *fig.* in ~ en danger; dans une situation difficile.

chan·cy F ['tʃɑːnsi] risqué.

chan·de·lier [ʃændi'liə] lustre *m*.

chand·ler ['tʃɑːndlə] marchand *m* (de couleurs), droguiste *m*; **'chandler·y** épicerie-droguerie *f*.

change [tʃeindʒ] **1.** changement *m*; revirement *m* (*d'opinion etc.*); monnaie *f*; *Bourse:* change *m*; **2.** *v/t.* changer (de) (*qch.*); échanger; modifier; relever (*la garde*); échanger (contre, *for*); ~ one's mind changer d'avis; *v/i.* (se) changer (en, *into*); varier; changer de vêtements; 🚂 (*ou* ~ trains) changer de [train.)

'Change [~] *Bourse f*.

change·a·bil·i·ty [tʃeindʒə'biliti] *temps:* variabilité *f*; versatilité *f*; *caractère:* mobilité *f*; **'change·a·ble** □ changeant; variable, mobile; **'change·less** □ immuable; fixe; **'change·ling** enfant *m* changé en nourrice; **'change-'o·ver** changement *m*; *pol.* renversement *m*.

chan·nel ['tʃænl] **1.** *géog.* canal *m*; conduit *m*; *rivière:* lit *m*; *port:* passe *f*; *irrigation:* rigole *f*; *télév.* chaîne *f*; *fig.* voie *f* (*diplomatique*); artère *f*; by the official ~s par (la) voie hiérarchique; **2.** creuser des rigoles dans; canneler.

chant *eccl.* [tʃɑːnt] **1.** plain-chant (*pl.* plains-chants) *m*; psalmodie *f*; chant *m* monotone; **2.** psalmodier; *fig.* chanter (*des louanges*); **'chan·try** *eccl.* chapelle *f*, chantrerie *f*.

cha·os ['keiɔs] chaos *m*; **cha'ot·ic** (~ally) chaotique, sans ordre.

chap¹ [tʃæp] **1.** gerçure *f*, crevasse *f*; **2.** gercer, crevasser.

chap² [~] bajoue *f* (*d'un animal,* F *d'une personne*).

chap³ F [~] garçon *m*, type *m*, individu *m*.

chap-book ['tʃæpbuk] livre *m* de colportage.

chap·el ['tʃæpl] chapelle *f*; oratoire *m*; *typ.* atelier *m* (syndiqué).

chap·er·on ['ʃæpəroun] **1.** chaperon *m*; **2.** chaperonner.

chap·fall·en ['tʃæpfɔːlən] abattu.

chap·lain ['tʃæplin] aumônier *m*; **'chap·lain·cy** aumônerie *f*.

chap·let ['tʃæplit] guirlande *f*; *eccl.* chapelet *m*.

chap·ter ['tʃæptə] chapitre *m* (*a.*

char[1] *icht.* [tʃɑː] ombre *m*.
char[2] [~] (se) carboniser.
char-à-banc ['ʃærəbæŋ] autocar *m*; F car *m*.
char·ac·ter ['kæriktə] caractère *m* (*a. typ.*); marque *f* distinctive; réputation *f*; genre *m*; *domestique*: certificat *m* de moralité; *métier*: qualité *f*; *typ. a.* lettre *f*; *théâ., roman*: personnage *m*; *théâ. a.* rôle *m*; F personnalité *f*; F type *m*, original *m*; F mauvais sujet *m*; **char·ac·ter·is·tic** 1. (~*ally*) caractéristique (de, *of*); particulier(-ère *f*) (*signe*); 🜨 diacritique; ♪ de genre; 2. trait *m* caractéristique *ou* de caractère; propre *m*; **char·ac·ter·i·za·tion** [~rai'zeiʃn] caractérisation *f*; **'char·ac·ter·ize** caractériser; être caractéristique de.
cha·rade [ʃə'rɑːd] charade *f*.
char·coal ['tʃɑːkoul] charbon *m* (de bois); *peint.* fusain *m*; '~**-burn·er** charbonnier *m*.
chare [tʃɛə] 1. faire des ménages en ville; travailler à la journée; 2. *usu.* ~s *pl.* travaux *m/pl.* domestiques.
charge [tʃɑːdʒ] 1. ⚔, ⚡, ⚔, ⚡, *foot., wagon*, cartouche: charge *f* (*a. fig.*) (de, *of*); emploi *m*, fonction *f*; *eccl.* cure *f*; devoir *m*; soin *m*, garde *f*; recommandation *f*; arme à feu: décharge *f*; ⚔ *a.* attaque *f*; *foot. a.* choc *m*; ⚖ plainte *f*, chef *m* d'accusation, réquisitoire *m*; *fig.* privilège *m* (sur, *on*); prix *m*; *admin.* droits *m/pl.*; ✝ ~s *pl.* frais *m/pl.*; tarif *m*; be in ~ *of* être préposé à la garde de (*qch.*); take ~ *of* se charger de; free *of* ~ exempt de frais; franco; à titre gratuit; 2. *v/t.* charger (*a.* ⚔); passer (à, *to*) (*dépense*); débiter (des marchandises à un client, *goods to a customer*); accuser, inculper (q. de qch., *s.o. with s.th.*); ⚖ ~ the jury faire le résumé des débats; ~ *on*, *upon* foncer sur (*q.*), porter sur (*la note*); ~ *s.o. a price* demander un prix à q. (pour qch., *for s.th.*); *fig.* saturer (de, *with*); '**charge·a·ble** □ inculpable (de, *with*); imputable (à, *to*); à la charge (de *to, on*); grevé (*d'un impôt*).
char·gé d'af·faires *pol.* ['ʃɑːʒei dæ'fɛə] chargé *m* d'affaires.

charg·er ⚔, *poét.* ['tʃɑːdʒə] cheval *m* de bataille, cheval *m* d'armes.
char·i·ot *poét., hist.* ['tʃæriət] char *m*; **char·i·ot·eer** [~'tiə] conducteur *m* de char.
char·i·ta·ble □ ['tʃæritəbl] charitable; indulgent (*personne*); de charité (*œuvre*); ~ *society* société *f* de bienfaisance.
char·i·ty ['tʃæriti] charité *f*; bienfaisance *f*, aumônes *f/pl.*; œuvre *f* de bienfaisance; fondation *f* pieuse; *sister of* ~ fille *f* de la Charité, sœur *f* de charité; ~ *begins at home* charité bien ordonnée commence par soi-même; '~**-'child** enfant *mf* élevé(e) dans un orphelinat; '~**-'school** orphelinat *m*.
char·la·tan ['ʃɑːlətən] charlatan *m*; '**char·la·tan·ry** charlatanerie *f*.
char·lotte *cuis.* ['ʃɑːlət] charlotte *f*.
charm [tʃɑːm] 1. charme *m* (*a. fig.*); porte-bonheur *m/inv.*; sortilège *m*; 2. jeter un sort sur; *fig.* charmer; ~ *away etc.* charmer (*les ennuis etc.*); *bear a* ~*ed life* F être verni; '**charm·er** *fig.* charmeur (-euse *f*) *m*; F jolie femme *f*; '**charm·ing** □ charmant, ravissant.
char·nel-house ['tʃɑːnlhaus] charnier *m*, ossuaire *m*.
chart [tʃɑːt] 1. ⚓ carte *f* marine; ⊕ graphique *m*; tableau *m*; 2. dresser la carte de; porter sur une carte.
char·ter ['tʃɑːtə] 1. charte *f*; privilège *m* (*a. fig.*); ⚓ affrètement *m*; (*usu.* ~-*party*) charte-partie *f* (*pl.* chartes-parties); 2. instituer (*une compagnie*) par charte; ~*ed accountant* expert *m* comptable.
char·wom·an ['tʃɑːwumən] femme *f* de journée *ou* de ménage.
char·y □ ['tʃɛəri] (*of*) circonspect; chiche (de); sobre (de).
chase[1] [tʃeis] 1. chasse *f* (*a. = proie*), poursuite *f* (*a. fig.*); *beasts of* ~ bêtes *f/pl.* fauves; 2. chasser; poursuivre (*a. fig.*); *fig.* donner la chasse à (*q.*); *v/i.* (*usu.* ~ *off*) partir à la hâte.
chase[2] [~] ciseler; sertir (*un bijou*).
chase[3] *typ.* [~] châssis *m*.
chas·er[1] [tʃeisə] chasseur (-euse *f*) *m* (*a.* ⚔); ⚓ (navire *m*) chasseur *m*.
chas·er[2] [~] ciseleur *m*.
chasm ['kæzm] gouffre *m* béant; gorge *f*; fissure *f*; abîme *m* (*a. fig.*); *fig.* immense lacune *f*.

chassis

chas·sis [ˈʃæsi], *pl.* **-sis** [-siz] châssis *m.*

chaste □ [tʃeist] chaste, pudique; pur (*a. style*).

chas·ten [ˈtʃeisn] châtier (*q., son style, ses passions*); assagir (*q.*).

chas·tise [tʃæsˈtaiz] corriger; **chas·tise·ment** [ˈ~tizmənt] châtiment *m.*

chas·ti·ty [ˈtʃæstiti] chasteté *f*; *fig.* pureté *f.*

chas·u·ble *eccl.* [ˈtʃæzjubl] chasuble *f.*

chat [tʃæt] 1. causerie *f*; 2. causer, bavarder.

chat·tels [ˈtʃætlz] *pl.* (*usu. goods and* ~) biens *m/pl.* et effets *m/pl.*; meubles *m/pl.*

chat·ter [ˈtʃætə] 1. bavarder, caqueter (*personne, a. oiseau*); jaser (*oiseau, a. personne*); claquer (*dents*); 2. caquet(age) *m*; bavardage *m*; ˈ~box F babillard(e *f*) *m*; ˈchat·ter·er bavard(e *f*) *m.*

chat·ty [ˈtʃæti] causeur (-euse *f*) (*personne*); sur le ton de la conversation (*article*).

chauf·feur [ˈʃoufə] chauffeur *m*; **chauf·feuse** [~ˈfəːz] chauffeuse *f.*

chau·vin·ism [ˈʃouvinizm] chauvinisme *m*; ˈchau·vin·ist chauvin(e *f*) *m*; ˈchau·vin·is·tic (~ally) chauvin, chauviniste.

chaw *sl.* [tʃɔː] mâcher; *Am. sl.* ~ up *usu. fig.* démolir; massacrer.

cheap □ [tʃiːp] bon marché, pas cher (chère *f*); à prix réduits; *fig.* trivial (-aux *m/pl.*), vulgaire; F feel ~ ne pas être dans son assiette; hold ~ faire peu de cas de; F on the ~ à peu de frais; ⚥ jack camelot *m*; ✝ ~ money policy politique *f* de facilités d'escompte; ˈcheap·en *v/t.* baisser le prix de; *v/i.* diminuer de prix; ˈcheap·skate *Am. sl.* radin *m.*

cheat [tʃiːt] 1. trompeur (-euse *f*) *m*; escroc *m*; *jeux:* tricheur (-euse *f*) *m*; 2. tromper; frauder; frustrer (*q.* de qch., s.o. [out] of s.th.); *fig.* échapper à; ˈcheat·ing tromperie *f*; *jeux:* tricherie *f.*

check [tʃek] 1. échec *m* (*a. jeu, a.* ⚔); revers *m* (*a.* ⚔); arrêt *m*; frein *m*; contrôle *m*; billet *m*, ticket *m*; *Am.* bulletin *m* (de bagages); ✝ *Am. see* cheque; *Am. restaurant:* addition *f*; *tex.* étoffe *m* en damier; carreau *m*; ~ pattern damier *m*; *Am.* F pass (*ou* hand) in one's ~s mourir, avaler sa chique; keep s.o. in ~ tenir q. en échec; 2. faire échec à (*a. jeu*); contenir; arrêter; retenir; refréner; vérifier (*un compte*); pointer (*des noms*); *surt. Am.* (*souv.* ~ up on) contrôler, vérifier; (faire) enregistrer (*ses bagages*); *Am.* déposer (*son chapeau au vestiaire*); *v/i.* s'arrêter (devant, *at*); refuser (*cheval*); *Am.* ~ in descendre à un hôtel; s'inscrire sur le registre d'un hôtel; ~ out régler son compte *ou* la note en quittant un hôtel; ~ up *v/t.* contrôler (*des renseignements*); *v/i.* faire la vérification; ~ed à carreaux; *gramm.* entravé; ˈcheck·er contrôleur *m*; ~s *pl. Am.* jeu *m* de dames; *see* chequer; ˈcheck·ing répression *f*; contrôle *m*; enregistrement *m*; ˈcheck(·ing)-room vestiaire *m*; 🚂 *Am.* consigne *f*; ˈcheckˈmate 1. échec et mat *m*; 2. mater; faire échec et mat à (*a. fig.*); ˈcheck-up *Am.* vérification *f*; F visite *f* médicale.

cheek [tʃiːk] 1. joue *f*; F toupet *m*; ⊕ *poulie:* joue *f*; *manivelle:* bras *m*; *étau:* mâchoire *f*; *see* jowl; 2. F faire l'insolent avec; ˈcheek·y F insolent, effronté.

cheep [tʃiːp] piauler.

cheer [tʃiə] 1. (bonne) disposition *f*; encouragement *m*; bonne chère *f*; hourra *m*; bravos *m/pl.*; applaudissements *m/pl.*; be of good ~ prendre courage; three ~s! un ban (pour, for)!; vive (*q.*)!; 2. *v/t.* applaudir (*q.*); (*a.* ~ up) égayer, relever le moral de; (*a.* ~ on) encourager; *v/i.* applaudir; pousser des vivats; (*a.* ~ up) reprendre sa gaieté; ˈcheer·ful □ [ˈ~ful] gai; allègre; riant; ˈcheer·ful·ness, ˈcheer·i·ness gaieté *f*; ˈcheer·i·o [ˈ~riˈou] F à bientôt!; à la vôtre!; □ ˈcheer·less triste, sombre; ˈcheer·y □ gai, joyeux (-euse *f*).

cheese [tʃiːz] fromage *m*; hard ~ *sl.* ça, c'est de la déveine; ˈ~cake talmouse *f*; ˈ~monger marchand(e *f*) *m* de fromage; ˈ~par·ing pelure *f* de fromage; *fig.* lésine *f.*

chees·y [ˈtʃiːzi] caséeux (-euse *f*); de fromage.

chef [ʃef] chef *m* de cuisine.

chem·i·cal [ˈkemikl] 1. □ chimique; 2. ~s *pl.* produits *m/pl.* chimiques.

che·mise [ʃiˈmiːz] chemise *f* (*de femme*).

chem·ist ['kemist] chimiste *mf*; (*ou pharmaceutical* ~) pharmacien (-ne *f*) *m*; **'chem·is·try** chimie *f*.
chem·o·ther·a·py ⚕ [kemo'θerəpi] chimiothérapie *f*.
cheque ✝ (tʃek] chèque *m*; *not negotiable* (*ou crossed*) ~ chèque *m* barré; '~-**book** carnet *m* de chèques.
cheq·uer ['tʃekə] 1. *usu.* ~s *pl.* quadrillage *m*; 2. quadriller; **'cheq·uered** à carreaux; diapré; *fig.* accidenté (*vie*).
cher·ish ['tʃeriʃ] chérir; *fig.* caresser.
che·root [ʃə'ru:t] manille *m*.
cher·ry ['tʃeri] 1. cerise *f*; *arbre*: cerisier *m*; 2. cerise *adj./inv.*; vermeil(le *f*) (*lèvres*).
cher·ub ['tʃerəb] *pl.* -ubs, -u·bim ['~əbim] chérubin *m*; **che·ru·bic** [tʃə'ru:bik] chérubique; de chérubin.
cher·vil ♀ ['tʃə:vil] cerfeuil *m*.
chess [tʃes] (jeu *m* d')échecs *m/pl.*; '~-**board** échiquier *m*; '~-**man** *jeu d'échecs*: pièce *f*.
chest [tʃest] caisse *f*, coffre *m*; *anat.* poitrine *f*; ~ *of drawers* commode *f*; ♩ ~ *note* note *f* de poitrine; *get it off one's* ~ dire ce qu'on a sur le cœur.
chest·nut ['tʃesnʌt] 1. châtaigne *f*; marron *m*; *arbre*: châtaignier *m* (commun); marronnier *m*; *fig.* vieille histoire *f*; 2. châtain (-aine *f*).
che·val-glass [ʃə'vælgla:s] psyché *f*.
chev·a·lier [ʃevə'liə] chevalier *m*.
chev·i·ot *tex.* ['tʃeviət] cheviotte *f*.
chev·ron ✕ ['ʃevrən] chevron *m* (*d'ancienneté de service*); galon *m* (de grade).
chev·y ['tʃevi] 1. poursuite *f*; *sp.* (jeu *m* de) barres *f/pl.*; 2. poursuivre; relancer (*q.*).
chew [tʃu:] *v/t.* mâcher; *Am. sl.* ~ *the fat* (*ou rag*) ronchonner; *v/i. fig.* méditer (sur [*up*]*on, over*); **'chew·ing-gum** chewing-gum *m*.
chi·cane [ʃi'kein] 1. chicane *f*; 2. chicaner; **chi'can·er·y** chicanerie *f*; *fig.* arguties *f/pl*.
chick, chick·en ['tʃik(in)] poussin *m*, poulet *m*.
chick·en...: '~-**feed** *Am.* mangeaille *f*; *sl.* petite monnaie *f*; '~-**pox** ⚕ varicelle *f*.
chick...: '~-**pea** ♀ pois *m* chiche; '~-**weed** ♀ mouron *m* des oiseaux.
chic·o·ry ['tʃikəri] chicorée *f*.

chid [tʃid] *prét. et p.p.*, **'chid·den** *p.p.* de *chide*.
chide *poét.* [tʃaid] [*irr.*] gronder.
chief [tʃi:f] 1. □ principal (-aux *m/pl.*); premier (-ère *f*); en chef; ~ *clerk* chef *m* de bureau; premier clerc *m*; 2. chef *m*; F patron *m*; ...-*in*-~ ... en chef; **chief·tain** ['~tən] chef *m* de clan.
chil·blain ['tʃilblein] engelure *f*.
child [tʃaild] enfant *mf*; *be a good* ~ être sage; *from a* ~ dès mon *etc.* enfance; *with* ~ enceinte; '~-**bed** couches *f/pl.*; '~-**birth** accouchement *m*; **'child·hood** enfance *f*; **'child·ish** □ enfantin; *péj.* puéril; **'child·ish·ness** *péj.* enfantillage *m*; puérilité *f*; **'child·less** sans enfant(s); **'child·like** enfantin; *fig.* naïf (-ïve *f*); **chil·dren** ['tʃildrən] *pl.* de *child*.
chill [tʃil] 1. froid, glacé; 2. froideur *f*; froid *m* (*a. fig.*); ⚕ coup *m* de froid; *take the* ~ *off* dégourdir (*un liquide*), chambrer (*le vin*); 3. *v/t.* refroidir, glacer; *fig.* donner le frisson à (*q.*); *métall.* tremper en coquille; ~*ed meat* viande *f* frigorifiée; *v/i.* se refroidir, se glacer; **'chill·ness**, **'chill·i·ness** froid *m*, fraîcheur *f*; (*a. fig.*) froideur *f*; **'chill·y** froid; frais (fraîche *f*).
chime [tʃaim] 1. carillon *m*; *fig.* harmonie *f*; 2. carillonner; *v/i. fig.* s'accorder, s'harmoniser (avec, *with*); ~ *in* intervenir.
chi·me·ra [kai'miərə] chimère *f*; **chi·mer·i·cal** □ [~'merikl] chimérique, imaginaire.
chim·ney ['tʃimni] cheminée *f* (*a. alp.*); *lampe*: verre *m*; '~-**piece** (chambranle *m* de) cheminée *f*; '~-**pot** mitre *f ou* pot *m* de cheminée; F *fig. chapeau*: tuyau *m* de poêle; '~-**stack**, '~-**stalk** souche *f*; (corps *m* de) cheminée *f*; cheminée *f* d'usine; '~-**sweep**(·**er**) ramoneur *m*.
chim·pan·zee *zo.* [tʃimpən'zi:] chimpanzé *m*.
chin¹ [tʃin] 1. menton *m*; 2. *gymn. Am.* (*usu.* ~ *o.s.*) faire une traction à la barre fixe.
chin² *sl.* [~] discourir, jaboter.
chi·na ['tʃainə] porcelaine *f*; ♀·**man** Chinois *m*.
chine [tʃain] *anat.* échine *f*; *cuis.* échinée *f*; *géog.* arête *f*.
Chi·nese ['tʃai'ni:z] 1. chinois; 2. *ling.* chinois *m*; Chinois(e *f*) *m*.

chink

chink¹ [tʃiŋk] fente *f*; *mur*: lézarde *f*; *porte*: entrebâillement *m*.
chink² [~] 1. *métal, verre*: tintement *m*; 2. (faire) sonner (*son argent*); (faire) tinter.
chink³ *sl.* [~] Chinois *m*.
chintz *tex.* [tʃints] perse *f*, indienne *f*.
chip [tʃip] 1. éclat *m*; *bois*: copeau *m*; *cuis.* frite *f*; *jeu*: jeton *m*; *Am.* F *have a ~ on one's shoulder* chercher noise à tout le monde; 2. *v/t.* tailler par éclats; doler (*du bois*); ébrécher (*un couteau*); enlever un morceau à (*qch.*); ~*ped potatoes, potato ~s pl.* **chips** *m/pl.*, (pommes *f/pl.* de terre) frites *f/pl.*; *v/i.* s'écailler, s'ébrécher; F ~ *in(to)* intervenir dans; se mêler à; **chip·muck** ['tʃipmʌk], **chip·munk** ['tʃipmʌŋk] tamias *m*; **'chip·py** sec (sèche *f*); sans saveur.
chi·rop·o·dist [ki'rɔpədist] pédicure *mf*; **chi'rop·o·dy** chirurgie *f* pédicure.
chirp [tʃəːp] 1. gazouiller, pépier, ramager; grésiller (*grillon*); 2. gazouillement *m*; *grillon*: grésillement *m*; **'chirp·y** F d'humeur gaie.
chirr [tʃəː] grésiller.
chir·rup ['tʃirəp] 1. gazouillement *m etc.*; 2. gazouiller *etc.*
chis·el ['tʃizl] 1. ciseau *m*; burin *m*; 2. ciseler; buriner (*du métal*); *sl.* filouter; **'chis·el·er** ciseleur *m*; *sl.* escroc *m*.
chit [tʃit] mioche *mf*; *a ~ of a girl* une simple gosse *f*.
chit-chat ['tʃittʃæt] bavardages *m/pl*.
chiv·al·rous □ ['ʃivlrəs] chevaleresque; courtois; **'chiv·al·ry** chevalerie *f*; courtoisie *f*.
chive ♀ [tʃaiv] ciboulette *f*.
chiv·y F ['tʃivi] *see* chevy.
chlo·ral ♋ ['klɔːrl] chloral *m*; **chlo·ride** ['~aid] chlorure *m*; **chlo·rine** ['~iːn] chlore *m*; **chlo·ro·form** ['~əfɔːm] 1. chloroforme *m*; 2. chloroformer.
chock ⊕ [tʃɔk] 1. cale *f*; 2. caler; '~-a-'**block** F bondé (de, with); '~-'**full** comble.
choc·o·late ['tʃɔkəlit] chocolat *m*; *~ cream* chocolat *m* fourré à la crème.
choice [tʃɔis] 1. choix *m*; *for ~* de préférence; *leave s.o. no ~* ôter à q. toute alternative; *make* (*ou* take) *one's ~* faire son choix; 2. □ (bien) choisi; d'élite; de choix; surfin;

682

† surchoix; † *~ quality* première qualité *f*.
choir ⚛, ♪ ['kwaiə] chœur *m*.
choke [tʃouk] 1. *v/t.* étouffer; suffoquer (*a. fig.*); étrangler; ⊕ engorger; (*usu. ~ up*) obstruer, boucher; (*usu. ~ down*) étouffer, ravaler; fermer (*le gaz*); ~ *off* se débarrasser de; décourager; *v/i.* étouffer, se boucher; 2. étranglement *m*; ⊕ étrangleur *m*; starter *m*; ⚡ *~ coil* bobine *f* de réactance; self *f*; '~-**bore** ⊕ (fusil *m* de chasse à) choke-bore *m*; '~-**damp** ⚒ mofette *f*; **'chok·er** F *co.* foulard *m* (*d'ouvrier*); cravate *f* de fourrure; col *m* montant; *perles*: collier *m* court.
chol·er·a ✱ ['kɔlərə] choléra *m*; **'chol·er·ic** colérique; irascible.
choose [tʃuːz] [*irr.*] choisir; *v/t.* opter pour; *v/i. ~ to* (*inf.*) vouloir que (*sbj.*), aimer mieux (*inf.*); **'choos·y** F difficile.
chop¹ [tʃɔp] 1. coup *m* de hache; *cuis.* côtelette *f*; ~*s pl.* bajoues *f/pl.*; babines *f/pl.*; ⊕ mâchoires *f/pl.*; ~*s and changes* vicissitudes *f/pl.*; girouetteries *f/pl.*; 2. *v/t.* couper, fendre, hacher; (*souv. ~ up*) couper en morceaux; ~ *down* abattre; *v/i.* clapoter (*mer*); ~ *about* changer; ~ *and change* girouetter; tergiverser; ~*ping sea* mer *f* clapoteuse.
chop² † [~] marque *f*; *first ~* (de) première qualité *f*.
chop-house ['tʃɔphaus] restaurant *m* populaire; **'chop·per** couperet *m*; **'chop·ping-block** hachoir *m*; **'chop·py** variable; clapoteux (-euse *f*) (*mer*); **'chop·stick** baguette *f*, bâtonnet *m* (*des Chinois*).
cho·ral □ ['kɔːrl] choral (-als *ou* -aux *m/pl.*); chanté en chœur; **cho·ral(e)** ♪ [kɔ'rɑːl] choral (*pl.* -als) *m*.
chord [kɔːd] ♪, ⚛, *poét., fig.* corde *f*; ♪ accord *m*; *anat.* corde *f* (vocale), cordon *m*.
chore *surt. Am.* [tʃɔː] *see* chare.
chor·is·ter ['kɔristə] choriste *mf*; *eccl.* enfant *m* de chœur; *Am. a.* chef *m* de chœur.
cho·rus ['kɔːrəs] 1. chœur *m*; refrain *m*; 2. répéter en chœur.
chose [tʃouz] *prét.*, **'cho·sen** *p.p. de* choose.
chough *orn.* [tʃʌf] crave *m*.
chouse F [tʃaus] 1. filouterie *f*; 2. filouter.

chow *Am. sl.* [tʃau] mangeaille *f.*
chrism ['krizm] chrême *m.*
Christ [kraist] le Christ *m*, Jésus-Christ *m.*
chris·ten ['krisn] baptiser; **Christen·dom** ['~dəm] chrétienté *f*; **'chris·ten·ing 1.** de baptême; **2.** baptême *m.*
Chris·tian ['kristjən] **1.** □ chrétien(ne *f*); ~ *name* prénom *m*, nom *m* de baptême; **2.** chrétien (ne *f*) *m*; **Chris·ti·an·i·ty** [~ti'æniti] christianisme *m*; **Chris·tian·ize** ['~tjənaiz] convertir au christianisme; christianiser.
Christ·mas ['krisməs] **1.** Noël *m*, (fête *f* de) Noël *f*; **2.** de Noël; ~-*Day* le jour de Noël; la Noël; **'~-box** étrennes *f/pl.*; gratification *f.*
chro·mat·ic ♪, *phys.* [krə'mætik] **1.** (~*ally*) chromatique; **2.** ~s *sg.* chromatique *f.*
chrome ⚗ [kroum] *teinture:* bichromáte *m* de potasse; **chro·mi·um** ['~jəm] chrome *m*; **'chro·mi·um-plat·ed** chromé; **chro·mo·lith·o·graph** ['kroumou'liθəgra:f] chromolithographie *f.*
chron·ic ['krɔnik] (~*ally*) (*usu.* ✳) chronique, constant; *sl.* insupportable; **chron·i·cle** ['~kl] **1.** chronique *f*; **2.** enregistrer, faire la chronique de; **'chron·i·cler** chroniqueur *m.*
chron·o·log·i·cal □ [krɔnə'lɔdʒikl] chronologique; ~*ly* par ordre de dates; **chro·nol·o·gy** [krə'nɔlədʒi] chronologie *f.* [nomètre *m.*]
chro·nom·e·ter [krə'nɔmitə] chro-)
chrys·a·lis *zo.* ['krisəlis], *pl. a.* **chrys·al·i·des** [~'sælidi:z] chrysalide *f.*
chrys·an·the·mum ♀ [kri'sænθəməm] chrysanthème *m.*
chub *icht.* [tʃʌb] chabot *m* de rivière; **'chub·by** F potelé; joufflu (*visage*); rebondi (*joues*).
chuck[1] [tʃʌk] **1.** gloussement *m*; *my* ~! mon petit chou!; **2.** glousser; **3.** petit!, petit! (*appel aux poules*).
chuck[2] F [~] **1.** lancer; ~ *out* flanquer (*q.*) à la porte; ~ *under the chin* donner une tape sous le menton; **2.** congé *m*; lancement *m.*
chuck[3] ⊕ [~] mandrin *m.*
chuck·le ['tʃʌkl] rire tout bas.
chum F [tʃʌm] **1.** camarade *mf*; copain *m*, copine *f*; *be great* ~s être (amis) intimes; **2.** se lier d'amitié (avec, *with*).

chump F [tʃʌmp] tronçon *m* de bois; tête *f*; nigaud(e *f*) *m*; *Brit. sl. off one's* ~ timbré; fou (fol *devant une voyelle ou un h muet;* folle *f*); déboussolé.
chunk F [tʃʌŋk] gros morceau *m*; *pain a.* quignon *m.*
church [tʃə:tʃ] **1.** église *f*; *protestantisme:* temple *m*; *attr.* d'église; de l'Église; ♀ *of England* Église *f* anglicane; ~ *rate* dîme *f*; ~ *service* office *m*; ~ *be* ~*ed* faire ses relevailles (*femme après ses couches*); **'~-go·er** pratiquant(e *f*) *m*; **'church·ing** relevailles *f/pl.* (*d'une femme après ses couches*); **'church'ward·en** marguillier *m*; pipe *f* hollandaise; **'church·y** F bigot; **'church·yard** cimetière *m.*
churl [tʃə:l] manant *m*; *fig.* rustre *m*; F grincheux (-euse *f*) *m*; **'churl·ish** □ mal élevé; grincheux (-euse *f*), hargneux (-euse *f*).
churn [tʃə:n] **1.** baratte *f*; **2.** *v/t.* baratter; *fig.* agiter (*qch.*); *v/i.* faire du beurre.
chute [ʃu:t] chute *f* d'eau; *sp.* glissière *f*; † couloir *m.*
chut·ney ['tʃʌtni] chutney *m.*
chyle *physiol.* [kail] chyle *m.*
chyme ✳ [kaim] chyme *m.*
ci·ca·da *zo.* [si'ka:də] cigale *f.*
cic·a·trice ['sikətris] cicatrice *f*; **'cic·a·trize** (se) cicatriser.
ci·ce·ro·ne [tʃitʃə'rouni], *pl.* -*ni* [~ni:] cicérone *m.*
ci·der ['saidə] cidre *m.*
ci·gar [si'ga:] cigare *m*; **ci'gar-case** étui *m* à cigares; **ci'gar-cut·ter** coupe-cigares *m/inv.*
cig·a·rette [sigə'ret] cigarette *f*; **cig·a'rette-case** étui *m* à cigarettes.
ci·gar-hold·er [si'ga:houldə] fume-cigare *m/inv.*
cil·i·ar·y ['siliəri] ciliaire.
cinch *Am. sl.* [sintʃ] certitude *f*; chose *f* certaine.
cinc·ture ['siŋktʃə] ceinture *f.*
cin·der ['sində] cendre *f*; ~s *pl. a.* escarbilles *f/pl.*; **Cin·der·el·la** [~'relə] Cendrillon *f* (*a. fig.*); **'cin·der-track** *sp.* piste *f* cendrée.
cin·e-cam·er·a ['sinikæmərə] caméra *f.*
cin·e·ma ['sinimə] cinéma *m*; F ciné *m*; **cin·e·mat·o·graph** [~'mætəgra:f] **1.** cinématographe *m*, F ciné-

cinematographic   684

ma *m*; 2. filmer; **cin·e·mat·o·graph·ic** [‿mætə'græfik] (‿*ally*) cinématographique.

cin·er·ar·y ['sinərəri] cinéraire.

cin·na·bar ['sinəbɑ:] cinabre *m*; vermillon *m*.

cin·na·mon ['sinəmən] 1. cannelle *f*; *arbre*: cannelier *m*; 2. cannelle *adj./inv.* (*couleur*).

cinque [siŋk] *dés*: cinq *m*.

ci·pher ['saifə] 1. zéro *m* (*a. fig.*); *fig.* nullité *f*; *code secret*: chiffre *m*; message *m* chiffré; 2. chiffrer.

cir·cle ['sə:kl] 1. cercle *m* (*a. fig.*); *fig.* milieu *m*, monde *m*, coterie *f*; *théât.* galerie *f*; 🚇 ceinture *f*; 2. *v/t.* ceindre; *v/i.* tournoyer, circuler; **cir·clet** ['‿klit] petit cercle *m*; anneau *m*.

circs F [sə:ks] *see* circumstances.

cir·cuit ['sə:kit] ⚡, *sp.* circuit *m*; ⚖ tournée *f*, circonscription *f*; *soleil*: révolution *f*; *ville*: pourtour *m*; 🚇 parcours *m*; *radio*: ⚡ short ‿ court-circuit (*pl.* courts-circuits) *m*; ⚡ ‿ *breaker* coupe-circuit *m/inv.*; **cir·cu·i·tous** □ [sə'kju:itəs] détourné, sinueux (-euse *f*).

cir·cu·lar ['sə:kjulə] 1. □ circulaire; de cercle; ‿ *letter* (lettre *f*) circulaire *f*; † ‿ *note* lettre *f* de crédit circulaire; ‿ *railway* chemin *m* de fer de ceinture; ‿ *saw* scie *f* circulaire; 2. (lettre *f*) circulaire *f*.

cir·cu·late ['sə:kjuleit] *v/i.* circuler; *v/t.* faire circuler (*un bruit, l'air, le vin*); mettre en circulation; † transmettre par voie d'endossement; **'cir·cu·lat·ing**: ‿ *decimal fraction f* périodique; ‿ *library* bibliothèque *f* circulante; **cir·cu·la·tion** circulation *f*; *fonds*: roulement *m*; *journal*: tirage *m*.

circum... [sə:kəm] circon..., circum...; **cir·cum·cise** ['‿saiz] circoncire (*le prépuce*); **cir·cum·ci·sion** [‿'siʒn] circoncision *f*; **cir·cum·fer·ence** [sə'kʌmfərəns] circonférence *f*; périphérie *f*; **cir·cum·flex** *gramm.* ['sə:kəmfleks] accent *m* circonflexe; **cir·cum·ja·cent** [‿'dʒeisnt] circonjacent; **cir·cum·lo·cu·tion** [‿lə'kju:ʃn] circonlocution *f*; ambages *f/pl.*; **cir·cum·nav·i·gate** [‿'nævigeit] faire le tour de; **cir·cum'nav·i·ga·tor** circumnavigateur *m*; **cir·cum·scribe** ⚖ ['‿skraib] circonscrire; *fig.* limiter;

cir·cum·scrip·tion [‿'skripʃn] ⚖ circonscription *f*; *fig.* restriction *f*; **circum·spect** □ ['‿spekt] circonspect; prudent; **cir·cum·spec·tion** [‿'spekʃn] circonspection *f*; prudence *f*; **cir·cum·stance** ['‿stəns] circonstance *f*; détail *m*; *in* (*ou under*) *the* ‿*s* puisqu'il en est ainsi; ‿*d* dans une ... situation; **cir·cum·stan·tial** [‿'stænʃl] circonstanciel(le *f*); détaillé; ⚖ ‿ *evidence* preuves *f/pl.* indirectes; **cir·cum·stan·ti·al·i·ty** ['‿stænʃi'æliti] abondance *f* de détails; détail *m*; **cir·cum·val·la·tion** [‿və'leiʃn] retranchements *m/pl.*; **cir·cum·vent** [‿'vent] circonvenir.

cir·cus ['sə:kəs] cirque *m*; *place*: rond-point (*pl.* ronds-points) *m*.

cir·rous ['sirəs] cirreux (-euse *f*); **cir·rus** ['‿rəs], *pl.* **-ri** ['‿rai] *nuages*: cirrus *m*; ♃ vrille *f*.

cis·tern ['sistən] réservoir *m* à eau; citerne *f* (*souterraine*).

cit·a·del ['sitədl] citadelle *f*.

ci·ta·tion [sai'teiʃn] citation *f* (*a.* ⚖); *Am. souv.* citation *f* à l'ordre du jour; **cite** [sait] citer; assigner (*un témoin*).

cit·i·zen ['sitizn] citoyen(ne *f*) *m*; bourgeois(e *f*) *m*; *a. Am.* civil *m*; *attr.* civique; **'cit·i·zen·ship** droit *m* de cité; nationalité *f*.

cit·ric ac·id ['sitrik'æsid] acide *m* citrique; **cit·ron** ['‿rən] cédrat *m*; *arbre*: cédratier *m*; **cit·rus** ['‿rəs] agrumes *m*.

cit·y ['siti] 1. ville *f*; *Londres*: *the* ⚜ la Cité; *fig.* les affaires *f/pl.*; 2. urbain, municipal (-aux *m/pl.*); *Am.* ‿ *editor* rédacteur *m* chargé des nouvelles locales; ‿ *hall* hôtel *m* de ville; *Am.* ‿ *manager* chef *m* des services municipaux.

civ·ic ['sivik] 1. civique; municipal (-aux *m/pl.*); ‿ *rights pl.* droits *m/pl.* de citoyen, droits *m/pl.* civiques; 2. ‿*s pl.* instruction *f* civique.

civ·il □ ['sivl] civil (*a.* ⚖); poli, courtois; civique (*droits*); ⚜ *Servant* fonctionnaire *mf*; ⚜ *Service* Administration *f*; **ci·vil·ian** ⚔ [si'viljən] civil *m*; ‿ *population* civils *m/pl.*; **ci·vil·i·ty** civilité *f*; politesse *f*; **civ·i·li·za·tion** [‿lai'zeiʃn] civilisation *f*; *fig.* culture *f*; **'civ·i·lize** civiliser.

clack [klæk] 1. claquement *m*; *fig.*

caquet *m*; ⊕ (soupape *f* à) clapet *m*; 2. claquer; *fig.* caqueter.
clad [klæd] *prét. et p.p. de* clothe.
claim [kleim] 1. demande *f*; revendication *f*; droit *m*, titre *m* (à, *to*); ⚖ réclamation *f*; *dette:* créance *f*; ⚒ concession *f*; *surt. Am.* terrain *m* revendiqué par un chercheur d'or *etc.*; *lay ~ to* prétendre à; 2. réclamer; revendiquer; prétendre à; *~ to be* se prétendre (*qch.*); '**claim·a·ble** revendicable, exigible; '**claim·ant** prétendant(e *f*) *m*; réclamant(e *f*) *m*.
clair·voy·ance [klɛə'vɔiəns] voyance *f*; *fig.* clairvoyance *f*; **clair'voy·ant** voyant(e *f*) *m*.
clam *zo.* [klæm] peigne *m*.
cla·mant *poét.* ['kleimənt] criant; urgent.
clam·ber ['klæmbə] grimper.
clam·mi·ness ['klæminis] moiteur *f* froide; '**clam·my** □ moite; froid et humide; collant.
clam·or·ous □ ['klæmərəs] bruyant; vociférant (*foule etc.*); '**clam·o(u)r** 1. clameur *f*; cris *m*/*pl.*; 2. vociférer; réclamer à grands cris (*qch.*, *for s.th.*).
clamp ⊕ [klæmp] 1. crampon *m*; *étau:* mordache *f*; 2. agrafer; cramponner; *fig.* fixer.
clan [klæn] clan *m*; *p.ext.* tribu *f*; *fig.* coterie *f*.
clan·des·tine □ [klæn'destin] clandestin.
clang [klæŋ] 1. bruit *m* métallique *ou* retentissant; 2. (faire) retentir; (faire) résonner; **clang·or·ous** ['klæŋgərəs] retentissant, strident; '**clang·o(u)r** *see* clang 1.
clank [klæŋk] 1. bruit *m* sec; cliquetis *m*; 2. *v*/*i.* rendre un bruit métallique; *v*/*t.* faire sonner.
clan·nish *péj.* ['klæniʃ] imbu de l'esprit de coterie; exclusif (-ive *f*).
clap [klæp] 1. battement *m* de mains; applaudissements *m*/*pl.*; 2. *vt*/*i.* applaudir; *v*/*t.* donner à (*q.*) une tape (dans le dos, *on the back*); *~ one's hands* battre des mains; '**~·board** *Am.* bardeau *m*; '**~·net** *chasse:* tirasse *f*; '**clap·per** claquet *m*; *cloche:* battant *m*; '**clap·trap** 1. boniment *m*; phrases *f*/*pl.* à effet; 2. sans sincérité; creux (creuse *f*).
clar·et ['klærət] bordeaux (rouge); *sl.* sang *m* (*usu. du nez*).
clar·i·fi·ca·tion [klærifi'keiʃn] clarification *f*; *fig.* mise *f* au point; **clar·i·fy** ['⸺fai] *v*/*t.* clarifier; *fig.* éclaircir; *v*/*i.* s'éclaircir.
clar·i·(o·)net [klæri(o)'net] clarinette *f*.
clar·i·ty ['klæriti] clarté *f*.
clash [klæʃ] 1. choc *m*; fracas *m*; *couleurs:* disparate *f*; 2. (faire) résonner; (se) heurter; (s')entrechoquer; *v*/*i.* faire disparate (*couleurs*).
clasp [klɑ:sp] 1. *médaille, broche:* agrafe *f*; *livre, bourse:* fermoir *m*; *collier:* fermeture *f*; *fig.* étreinte *f*; serrement *m* de mains; 2. *v*/*t.* agrafer; *fig.* étreindre; serrer (*les mains*); *~ s.o.'s hand* serrer la main à *q.*; *v*/*i.* s'agrafer; '*~·*'**knife** couteau *m* pliant; F eustache *m*.
class [klɑ:s] 1. classe *f*; cours *m*; genre *m*, sorte *f*, catégorie *f*; *univ. Am.* année *f*; 2. classer; ranger par classes; *~ with* assimiler à; '*~·*'**con·scious** conscient de sa classe; imbu de l'esprit de caste.
clas·sic ['klæsik] 1. classique *m*; humaniste *mf*; *~s pl.* études *f*/*pl.* classiques, humanités *f*/*pl.*; 2. = '**clas·si·cal** □ classique.
clas·si·fi·ca·tion [klæsifi'keiʃn] *plantes etc.:* classification *f*; codification *f*; *navire:* cote *f*; *papiers:* classement *m*; **clas·si·fy** ['⸺fai] classifier; classer; ranger par classes.
class·room ['klɑ:srum] salle *f* de classe.
clat·ter ['klætə] 1. vacarme *m*; bruit *m* (*de tasses etc.*); *fig.* brouhaha *m*; 2. *v*/*i.* faire du bruit; retentir; *fig.* bavarder; *v*/*t.* faire retentir.
clause [klɔ:z] clause *f*, article *m*; *gramm.* membre *m* de phrase; proposition *f*.
claus·tral ['klɔ:strəl] claustral (-aux *m*/*pl.*).
clav·i·cle *anat.* ['klævikl] clavicule *f*.
claw [klɔ:] 1. griffe *f*; *aigle etc.:* serre *f*; *écrevisse:* pince *f*; ⊕ *étau:* mordache *f*; coup *m* de griffe *etc.*; 2. griffer; s'accrocher à (*qch.*); **clawed** [*~*d] armé de griffes *etc.*
clay [klei] argile *f*, glaise *f*; *sp. ~ pigeon* pigeon *m* artificiel; **clay·ey** ['kleii] argileux (-euse *f*), glaiseux (-euse *f*).
clean [kli:n] 1. *adj.* □ propre; net (-te *f*) (*assiette, cassure, a. fig.*);

cleaning 686

2. *adv.* tout à fait, absolument; 3. *v/t.* nettoyer; balayer; faire (*une chambre*); cirer (*les souliers*); ~ up nettoyer; *v/i.* faire le nettoyage; F se débarbouiller; '**clean·ing** nettoyage *m*; dégraissage *m*; ~ woman femme *f* de ménage; **clean·li·ness** ['klenlinis] propreté *f*; netteté *f*; **clean·ly** 1. *adv.* ['kli:nli] proprement, nettement; 2. *adj.* ['klenli] propre; **clean·ness** ['kli:nnis] propreté *f*; netteté *f*; **cleanse** [klenz] nettoyer (*a.* ⚙); assainir; purifier.

clean-up ['kli:nʌp] nettoyage *m*; *pol.* épuration *f* (*de personnel etc.*).

clear [kliə] 1. □ *usu.* clair; net(te *f*) (*idée, vision, conscience*); évident; dégagé; lucide; certain (de, *about*); *fig.* libre (de, *of*); débarrassé (de, *of*); disculpé (de, *of*) (*un soupçon*); ✝ net(te *f*); ~ *of* libre de; exempt de; as ~ as day clair comme le jour; get ~ of quitter, sortir de; se dégager de; steer ~ of éviter, s'écarter de; 2. ⚠ in the ~ en terrain découvert; 3. *v/t.* éclaircir (*a. fig.*); nettoyer; *fig.* dépeupler; déblayer (*le terrain* (*a. fig.*)); rafraîchir (*l'air*); écarter (*un obstacle*); désencombrer (*une salle*); défricher (*un terrain*); dégager (*une route, une voie*); acquitter (*une dette*); clarifier (*un liquide*); (*a.* ~ *away*) enlever, ôter; disculper (de *of*, from); ✝ see ~ off; ✝ faire (*un bénéfice net*); arrêter (*un compte*); ⚖ innocenter (de *of*, from); ✝ ~ off solder (*des marchandises*); ~ a port sortir d'un port; ~ a ship for action faire le branle-bas de combat; ~ one's throat s'éclaircir la voix; se racler la gorge; *v/i.* (*a.* ~ up) s'éclaircir; (*a.* ~ off) se dissiper (*nuages, brouillard*); '**clear·ance** dégagement *m*; déblaiement *m*; *boîte à lettres:* levée *f*; ✝ compensation *f* (*d'un chèque*); ⚓, ✝ dédouanement *m*; ⚓ départ *m*; ✝ solde *m*; ⊕ jeu *m*, espace *m* libre; ~ sale vente *f* de soldes; '**clear-'cut** net(te *f*); '**clear·ing** éclaircissement *m etc.* (*see clear 3*); *forêt:* clairière *f*; ✝ see clearance; ~ procedure voie *f* de compensation; ~ bank banque *f* de virement; ⚜ House chambre *f* de compensation.

cleat ⚓ [kli:t] agrafe *f*; taquet *m*.

cleav·age ['kli:vidʒ] fendage *m*; *fig.* scission *f*; *min.* clivage *m*.

cleave[1] [kli:v] [*irr.*] (se) fendre (*a. eau, air*).

cleave[2] *fig.* [~] adhérer, être fidèle (à, *to*); ~ together rester fidèles l'un à l'autre.

cleav·er ['kli:və] fendoir *m*; couperet *m* (*de viande*).

cleek *sp.* [kli:k] cleek *m*.

clef ♪ [klef] clef *f*, clé *f*.

cleft [kleft] 1. fente *f*, fissure *f*, crevasse *f*; 2. *prét.* et *p.p.* de cleave[1].

clem·en·cy ['klemənsi] clémence *f*; '**clem·ent** □ clément.

clench [klentʃ] (se) serrer (*lèvres, dents, poings*); (se) crisper (*mains*).

cler·gy ['klə:dʒi] (membres *m/pl.* du) clergé *m*; '~**man** ecclésiastique *m*; *protestantisme:* pasteur *m*.

cler·i·cal ['klerikl] 1. □ *eccl.* clérical (-aux *m/pl.*); de bureau; ~ error faute *f* de copiste; 2. *pol.* clérical *m*.

clerk [klɑ:k] employé(e *f*) *m* de bureau; ✝ commis *m*, employé(e *f*) *m* de magasin; *surt. Am.* vendeur (-euse *f*) *m* (*de magasin*); *eccl.* clerc *m*.

clev·er □ ['klevə] habile, adroit; intelligent.

clew [klu:] see clue.

cli·ché ['kli:ʃei] cliché *m*.

click [klik] 1. cliquetis *m*, bruit *m* sec; ⊕ cliquet *m*; déclic *m*; 2. *v/i.* cliqueter; faire tic tac; se plaire du premier coup; *v/t.* (faire) claquer (*les talons*).

cli·ent ['klaiənt] client(e *f*) *m*; **cli·en·tele** [klɑ:ɑ̃'teil] clientèle *f*.

cliff [klif] falaise *f*; escarpement *m*.

cli·mate ['klaimit] climat *m*; **cli·mat·ic** [klai'mætik] (~*ally*) climat(ér)ique.

cli·max ['klaimæks] gradation *f*; *fig.* apogée *m*, plus haut point *m*.

climb [klaim] monter; gravir, grimper à; escalader; '**climb·er** ascensionniste *mf*; *fig.* arriviste *mf*; ♀ plante *f* grimpante; '**climb·ing** montée *f*, escalade *f*; '**climb·ing-i·ron** crampon *m*.

clinch [klintʃ] 1. ⊕ rivet *m*, accrochage *m*; *fig.* étreinte *f*; *box.* corps-à-corps *m*; 2. *v/t.* river; confirmer (*un argument etc.*); conclure (*un marché*); see clench; *v/i.* s'accrocher; '**clinch·er** ⊕ crampon *m*; *fig.* argument *m* sans réplique.

cling [kliŋ] [*irr.*] (à, *to*) s'accrocher, se cramponner, s'attacher; adhérer;

coller (*robe*); **'cling·ing** qui s'accroche *etc.*; collant (*robe*).

clin·ic ['klinik] **1.** clinique *f*; **2.** = **'clin·i·cal** □ clinique; ~ **thermometer** thermomètre *m* médical.

clink [kliŋk] **1.** tintement *m*, choc *m*; *épées*: cliquetis *m*; **2.** *v/i.* tinter (*verres*); *v/t.* faire tinter, faire résonner; ~ *glasses with* trinquer avec; **'clink·er** escarbilles *f/pl.*; *sl.* personne *f ou* chose *f* épatante; **'clink·ing** *Brit. sl.* **1.** *adj.* épatant; **2.** *adv. sl.* très.

clip[1] [klip] **1.** tonte *f*; *Am.* F at one ~ d'un seul coup; **2.** tondre; rogner; tailler; écourter (*un mot*).

clip[2] [~] attache *f*, pince *f*; *paper-*~ agrafe *f* de bureau; trombone *m*.

clip·per ['klipə] tondeur (-euse *f*) *m*; (*a pair of*) ~*s pl.* (une) tondeuse *f*; F cheval *m* qui va comme le vent; ⚓ fin voilier *m*; ✈ (*flying* ~) clipper *m*; *sl.* type *m* épatant; **'clip·pings** *pl.* tonte *f*; *ongles etc.*: rognures *f/pl.*; *Am. presse*: coupures *f/pl.*

clique [kli:k] coterie *f*; F clan *m*.

cloak [klouk] **1.** manteau *m* (*a. fig.*); *fig.* voile *m*; **2.** revêtir d'un manteau; *fig.* masquer, voiler; **'~-room** vestiaire *m*; 🚂 consigne *f*.

clock [klɔk] **1.** horloge *f*; *moins grand*: pendule *f*; *bas*: coin *m*; *sp. sl.* chronomètre *m* à déclic; **2.** *v/t. sp. sl.* chronométrer; *v/i.*: ~ *in* (out) pointer à l'arrivée (au départ) (*ouvrier etc.*); **'~·wise** à droite; dans le sens des aiguilles d'une montre.

clod [klɔd] motte *f* (de terre); *fig.* terre *f*; (*a.* ~-*hopper*) lourdaud *m*.

clog [klɔg] **1.** entrave *f*; *fig.* empêchement *m*; galoche *f*; sabot *m*; **2.** entraver; *fig.* (se) boucher, (s')obstruer; **'clog·gy** collant.

clois·ter ['klɔistə] **1.** cloître *m*; **2.** cloîtrer.

close 1. [klouz] fin *f*, conclusion *f*; clôture *f*; **2.** [klous] clos *m*, enclos *m*; *cathédrale*: enceinte *f*; **2.** [klouz] *v/t.* fermer; barrer; terminer; arrêter (*un compte*); ~*d shop* atelier *etc.* qui n'admet pas de travailleurs non syndiqués; ~ *down* fermer (*une usine etc.*); ~ *one's eyes to* fermer les yeux sur; *v/i.* (se) fermer; se terminer, finir; se prendre corps à corps (avec, *with*); 🕇 ~ *with* conclure le marché avec; ~ *in* cerner de près; tomber (*nuit*); ~ *on* (*prp.*) se (re)fermer sur; *closing time* heure *f* de la fermeture; **3.** □ [klous] bien fermé; clos; avare; peu communicatif (-ive *f*); étroit (*vêtement etc.*); exclusif (-ive *f*) (*société*); serré (*style*, *rangs*, *lutte*); *typ.* compact; soutenu (*attention*); minutieux (-euse *f*) (*étude*); vivement contesté (*lutte*); lourd (*temps*); impénétrable (*secret*); intime (*ami*); fidèle (*traduction*); ~ *by* (*ou* to) tout près (de); ~ *fight* (*ou combat ou quarters*) combat *m* corps à corps; *at* ~ *quarters* de près; ~(*d*) *season* (*ou time*) *chasse*: chasse *f* fermée; *shave* ~*ly* (se) raser de près; **'~-meshed** à petites mailles; **'close·ness** proximité *f*; exactitude *f*; *temps*: lourdeur *f*; manque *m* d'air; réserve *f*.

clos·et ['klɔzit] **1.** cabinet *m*; armoire *f*, placard *m*; *see water-*~; **2.** *be* ~*ed with* être enfermé avec (*q.*), être en tête avec (*q.*).

close-up *cin.* ['klousʌp] premier plan *m*; gros plan *m*.

clo·sure ['klouʒə] **1.** fermeture *f*; clôture *f*; *parl. move the* ~ voter la clôture; *apply the* ~ clôturer le débat; **2.** clôturer (*un débat etc.*).

clot [klɔt] **1.** *sang*: caillot *m*; *encre*: bourbillon *m*; **2.** figer (*le sang*); cailler (*le lait*).

cloth [klɔθ], *pl.* **cloths** [klɔθs] étoffe *f* de laine; drap *m*; toile *f*; linge *m*; tapis *m*; (*a. table-*~) nappe *f*; habit *m* (*surt.* ecclésiastique); F *the* ~ le clergé; *lay the* ~ mettre la nappe *ou* le couvert; *bound in* ~ relié toile; ~*-binding* reliure *f* en toile.

clothe [klouð] [*irr.*] vêtir, habiller (de *in*, *with*); revêtir (de, *with*) (*a. fig.*).

clothes [klouðz] *pl.* vêtements *m/pl.*, habits *m/pl.*; (*a. suit of* ~) complet *m*; linge *m* (*propre*, *sale*, *etc.*); **'~-basket** panier *m* à linge; **'~-brush** brosse *f* à habits; **'~-line** corde *f* à linge; **'~-peg** pince *f*; fichoir *m*; **'~-pin** *surt. Am.* pince *f*; **'~-press** armoire *f* à linge.

cloth·ier ['klouðiə] drapier *m*; marchand *m* de confections.

cloth·ing ['klouðiŋ] vêtements *m/pl.*

cloud [klaud] **1.** nuage *m* (*a. fig.*); *fig.* voile *m*; *liquide*: turbidité *f*; *poét.*, *a.* sauterelle: nuée *f*; *be under a* ~ être l'objet de soupçons; **2.** (se)

cloud-burst

couvrir, (se) voiler; *fig.* s'assombrir; ⊕ ~ed nuageux (-euse *f*) (*joyau*); nuagé (*poil*); tacheté (*marbre*); '~-burst rafale *f* de pluie; trombe *f*; 'cloud·less □ sans nuages; cloud·let ['~lit] petit nuage *m*; 'cloud·y □ nuageux (-euse *f*), assombri, couvert (*temps*); trouble (*liquide*); *fig.* fumeur (-euse *f*).

clout [klaut] 1. rapiécer; F flanquer une taloche à (*q.*); 2. chiffon *m*, torchon *m*; F taloche *f*, claque *f*.

clove¹ [klouv] clou *m* de girofle; gousse *f* (*d'ail*).

clove² [~] *prét. de* cleave¹; 'clo·ven 1. *p.p. de* cleave¹; 2. *adj.* fendu, fourchu.

clo·ver ♣ ['klouvə] trèfle *m*; '~-leaf (cross·ing) *mot.* croisement *m* en trèfle.

clown [klaun] *théâ.* bouffon *m*; *cirque*: clown *m*; rustre *m*; *poét.* paysan *m*; 'clown·ish □ de bouffon; de clown; gauche; grossier (-ère *f*).

cloy [klɔi] rassasier (de,*with*) (*a. fig.*); affadir.

club [klʌb] 1. massue *f*, assommoir *m*; *sp.* crosse *f*; cercle *m*, club *m*; ~s *pl. cartes*: trèfle *m*; 2. *v/t.* frapper avec une massue; ~ together mettre en commun; *v/i.* (*usu.* ~ together) s'associer (*pour faire qch.*); 'club·ba·ble sociable; 'club·foot ⚚ pied-bot (*pl.* pieds-bots) *m*; 'club·law la loi du plus fort.

cluck [klʌk] glousser (*poule*).

clue [klu:] *fig.* indication *f*, indice *m*; *mots croisés*: définition *f*.

clump [klʌmp] 1. bloc *m*; *arbres*: groupe *m*; *fleurs*: massif *m*; F taloche *f*; (*a.* ~-sole) semelle *f* supplémentaire; 2. marcher lourdement; ajouter des patins à (*des chaussures*).

clum·si·ness ['klʌmzinis] gaucherie *f*, maladresse *f*; 'clum·sy □ gauche, maladroit; informe.

clung [klʌŋ] *prét. et p.p. de* cling.

clus·ter ['klʌstə] 1. ♣ *fleurs*: massif *m*, bouquet *m*; *arbres*: groupe *m*; *raisins*: grappe *f*; 2. (se) grouper; (se) rassembler.

clutch [klʌtʃ] 1. griffe *f*; *aigle etc.*: serre *f*; ⊕ embrayage *m*; in his ~es dans ses griffes, sous sa patte; *mot.* ~ pedal pédale *f* d'embrayage; 2. *v/t.* saisir, empoigner; *v/i.* se raccrocher (à, *at*).

clut·ter ['klʌtə] 1. méli-mélo (*pl.* mélis-mélos) *m*, encombrement *m*; désordre *m*; 2. (*a.* ~ up) encombrer (de, *with*); mettre le désordre dans.

clys·ter ['klistə] clystère *m*.

coach [koutʃ] 1. carrosse *m*; 🚋 voiture *f*, wagon *m*; *Am.* autocar *m*; *univ.* répétiteur *m*; *sp.* entraîneur *m*; 2. *v/i.* aller en carrosse; *v/t. univ.* donner des leçons particulières à; *sp.* entraîner; '~-box siège *m* (du cocher); '~-build·er carrossier *m*; '~-house remise *f*; '~-man cocher *m*.

co·ad·ju·tor *surt. eccl.* [kou'ædʒutə] coadjuteur *m*.

co·ag·u·late [kou'ægjuleit] (se) figer; (se) cailler (*lait*); co·ag·u·la·tion coagulation *f*, figement *m*.

coal [koul] 1. charbon *m*; houille *f*; morceau *m* de charbon; *carry* ~s *to Newcastle* porter de l'eau à la mer; *haul* (*ou call*) *s.o. over the* ~s *fig.* semoncer *q.*; 2. ⚓ (s')approvisionner de charbon; ~ing *station* port *m* à charbon; '~-dust charbon *m* en poussière.

co·a·lesce [kouə'les] se fondre; se combiner; fusionner; co·a·les·cence coalescence *f*; fusion *f*; combinaison *f*.

co·a·li·tion [kouə'liʃn] coalition *f*; *pol.* cartel *m*.

coal-field ['koulfi:ld] bassin *m* houiller.

coal...: '~-pit houillère *f*; '~-scut·tle seau *m* à charbon.

coarse □ [kɔ:s] grossier (-ère *f*) (*a. fig.*); gros(se *f*); rude.

coast [koust] 1. côte *f*, rivage *m*; plage *f*; littoral *m*; *cycl.* descente *f* en roue libre; *surt. Am.* piste *f* (*de toboggan*); 2. suivre la côte; descendre (en toboggan, en roue libre, *mot.* le moteur débrayé); 'coast·er *Am.* bobsleigh *m*; ♣ caboteur *m*; coast·er brake *Am.* frein *m* à contre-pédalage; 'coast-guard garde-côte (*pl.* gardes-côtes) *m*; 'coast·ing navigation *f* côtière; cabotage *m*; ~ trade commerce *m* caboteur; cabotage *m*.

coat [kout] 1. *hommes*: habit *m*; *femmes*: manteau *m*, jaquette *f* (*courte*); robe *f*, poil *m*; *animaux*: peau *f*, fourrure *f*; *peinture*: couche *f*; ~ of arms armoiries *f/pl.*; écusson *m*; ~ of mail cotte *f* de mailles; *cut the ~ according to the cloth* subordonner ses dépenses à son revenu; **2.** enduire (de, *with*); revêtir, couvrir (de, *with*); '~-**hang·er** cintre *m*; '**coat·ing** enduit *m*, revêtement *m*; enveloppe *f*; couche *f*; *tex*. étoffe *f* pour habits; '**coat-rack** portemanteau *m*.

coax [kouks] cajoler, enjôler; encourager (*q*.) à force de cajoleries (à *inf*., *into gér*.); ~ *s.th. out of s.o.* soutirer qch. à q. en le cajolant.

cob [kɔb] cob *m*, bidet *m*; cygne *m* mâle; ⚠ pisé *m*; *Am*. épi *m* de maïs; *see* ~*nut*; ~*s pl. charbon:* gaillette *f*; ~*loaf* miche *f*.

co·balt *min*. [kəˈbɔːlt] cobalt *m*.

cob·ble [ˈkɔbl] **1.** galet *m*; ~*s pl.* gaillette *f*, -s *f/pl.*; **2.** paver en cailloutis; carreler (*des chaussures*); '**cob·bler** cordonnier *m*; *fig*. rapetasseur *m*; *Am.* boisson *f* rafraîchissante.

cob·nut ♀ [ˈkɔbnʌt] grosse noisette *f*.

cob·web [ˈkɔbweb] toile *f* d'araignée.

co·caine ⚗ [kəˈkein] cocaïne *f*.

coch·i·neal [ˈkɔtʃiniːl] cochenille *f*.

cock [kɔk] **1.** coq *m* (*a. fig.*); oiseau *m* mâle; chien *m* (*de fusil*); meulon *m* (*de foin*); robinet *m*; **2.** (*souv.* ~ *up*) (re)lever; dresser (*les oreilles*); armer le chien de (*un fusil*); retrousser (*le chapeau*); mettre (*le chapeau*) de travers; ~ *one's eye at s.o.* lancer une œillade à q.; ~ *one's nose at s.o.* toiser q.; ~*ed hat* tricorne *m*.

cock·ade [kɔˈkeid] cocarde *f*.

Cock·aigne [kɔˈkein] pays *m* de cocagne.

cock-and-bull sto·ry [ˈkɔkəndˈbulstɔːri] histoire *f* pure invention.

cock·a·too [kɔkəˈtuː] cacatoès *m*.

cock·a·trice [ˈkɔkətrais] basilic *m*.

cock·boat ⚓ [ˈkɔkbout] petit canot *m*.

cock·chaf·er [ˈkɔktʃeifə] hanneton *m*.

cock-crow(·ing) [ˈkɔkkrou(iŋ)] (premier) chant *m* du coq; aube *f*.

cock·er[1] [ˈkɔkə] ~ *up* câliner.

cock·er[2] ♂ [ˈkɔkə] cocker *m*.

cock...: '~**-eyed** [ˈkɔkaid] *sl.* qui louche; de biais; *Am.* gris (*ivre*); '~**-fight(·ing)** combat, -s *m/pl.* de coqs; '~**-horse** cheval *m* de bois.

cock·le[1] ♀ [ˈkɔkl] nielle *f* des blés.

cock·le[2] [~] **1.** *zo*. bucarde *f*; pli *m*; **2.** *v/t*. recoquiller (*les pages d'un livre*); faire goder (*une étoffe*); *v/i*. se recoquiller; goder.

cock·ney [ˈkɔkni] londonien(ne *f*) (*a. su./mf*); '**cock·ney·ism** locution *f* ou prononciation *f* londonienne.

cock·pit [ˈkɔkpit] arène *f* de combats de coqs; ⚓ poste *m* des blessés; ✈ baquet *m*, carlingue *f*; poste *m* du pilote.

cock·roach *zo*. [ˈkɔkroutʃ] blatte *f*; F cafard *m*.

cocks·comb [ˈkɔkskoum] crête *f* de coq; ♀ crête-de-coq (*pl*. crêtes-de-coq) *f*; '**cock-'sure** F outrecuidant; '**cock·tail** demi-sang *m/inv*. † parvenu *m*; cocktail *m*; '**cock·y** ☐ F outrecuidant, suffisant, effronté.

co·co [ˈkoukou] cocotier *m*.

co·coa [ˈkoukou] cacao *m*.

co·co·nut [ˈkoukənʌt] noix *f* de coco.

co·coon *zo*. [kəˈkuːn] cocon *m*.

cod *icht*. [kɔd] morue *f*; *dried* ~ merluche *f*; *cured* ~ morue *f* salée.

cod·dle [ˈkɔdl] gâter, câliner; douilletter; ~ *up* élever dans la ouate.

code [koud] **1.** code *m*; *secret*: chiffre *m*; **2.** *tél*. codifier; chiffrer.

co·de·ine ⚗ [ˈkoudiːin] codéine *f*.

cod·fish [ˈkɔdfiʃ] *see* cod.

codg·er F [ˈkɔdʒə] vieux bonhomme *m*.

cod·i·cil [ˈkɔdisil] codicille *m*; **cod·i·fi·ca·tion** [~fiˈkeiʃn] codification *f*; **cod·i·fy** [ˈ~fai] codifier (*des lois*).

cod·ling [ˈkɔdliŋ] ♀ pomme *f* à cuire; *icht*. petite morue *f*.

cod-liv·er oil [ˈkɔdlivərˈɔil] huile *f* de foie de morue.

co-ed *Am*. [ˈkouˈed] élève *f* d'une école coéducationelle.

co·ed·u·ca·tion [kouedjuˈkeiʃn] école mixte: coéducation *f*.

co·ef·fi·cient [kouiˈfiʃnt] coefficient *m*; facteur *m* (*de sûreté*).

co·erce [kouˈəːs] contraindre; forcer; **co·er·ci·ble** contraignable; coercible (*gaz*); **co·er·cion** [~ʃn] contrainte *f*; *under* ~ par contrainte; à son corps défendant; **co·er·cive** ☐ [~siv] coercitif (-ive *f*).

co·e·val ☐ [kouˈiːvəl] (*with*) de l'âge (de); contemporain (de).

co·ex·ist [ˈkouigˈzist] coexister (avec, *with*); '**co·ex·ist·ence** coexistence *f*; '**co·ex·ist·ent** coexistant.

cof·fee [ˈkɔfi] café *m*; '~-'**bean**

coffee-grounds

grain *m* de café; '~-**grounds** *pl.* marc *m* de café; '~-**pot** cafetière *f*; '~-**room** *hôtel*: salle *f* à manger.
cof·fer ['kɔfə] coffre *m*; ⚠ caisson *m*; ~s *pl.* coffres *m/pl.*; fonds *m/pl.*
cof·fin ['kɔfin] **1.** cercueil *m*; **2.** mettre en bière.
cog ⊕ [kɔg] dent *f* (*d'une roue*).
co·gen·cy ['koudʒənsi] force *f*; '**co·gent** □ valable, incontestable.
cogged ⊕ [kɔgd] à dents, denté.
cog·i·tate ['kɔdʒiteit] *v/i.* réfléchir, méditer (sur, [up]on); *v/t.* méditer (*qch.*); **cog·i'ta·tion** réflexion *f*.
co·gnac ['kounjæk] cognac *m*.
cog·nate ['kɔgneit] **1.** (*with*) parent (de), analogue (à); **2.** cognat *m*.
cog·ni·tion [kɔg'niʃn] connaissance *f*.
cog·ni·za·ble ['kɔgnizəbl] (re)connaissable; ⚖ du ressort du tribunal; '**cog·ni·zance** connaissance *f* (*a.* ⚖); compétence *f*, ressort *m* (*de la cour*); '**cog·ni·zant** (*of*) ayant connaissance (de); instruit (de).
cog·no·men [kɔg'noumen] nom *m* de famille; sobriquet *m*, surnom *m*.
cog-wheel ⊕ ['kɔgwi:l] roue *f* dentée.
co·hab·it [kou'hæbit] cohabiter; **co·hab·i'ta·tion** cohabitation *f*.
co·heir ['kou'ɛə] cohéritier *m*; **co·heir·ess** ['kou'ɛəris] cohéritière *f*.
co·here [kou'hiə] se tenir (ensemble); **co'her·en·cy** cohérence *f*; **co'her·ent** □ cohérent; conséquent; **co'her·er** cohéreur *m*.
co·he·sion [kou'hi:ʒn] cohésion *f*; **co'he·sive** cohésif (-ive *f*).
coif·feur [kwa:'fə:] coiffeur *m*; **coif·fure** [~'fjuə] **1.** coiffure *f*; **2.** coiffer.
coign of van·tage [kɔinəv'va:ntidʒ] position *f* avantageuse.
coil [kɔil] **1.** *corde, fil métallique, cheveux*: rouleau *m*; *câble*: roue *f*; ⚡ bobine *f*; *serpent*: repli *m*; ⊕ *tube*: serpentin *m*; ~ *spring* ressort *m* en spirale; **2.** (*souv.* ~ *up*) *v/t.* (en)rouler; *v/i.* serpenter, s'enrouler.
coin [kɔin] **1.** (pièce *f* de) monnaie *f*; *false* ~ fausse monnaie *f*; *small* ~ monnaie *f* divisionnaire; **2.** frapper (*de la monnaie*); *fig.* inventer; ~ *money* faire des affaires d'or; ~*ed money* argent *m* monnayé; '**coin-age** monnayage *m*; monnaie *f*, -s *f/pl.*; *fig.* invention *f*.
co·in·cide [kouin'said] (*with*) coïncider (avec); *fig.* s'accorder (avec); **co·in·ci·dence** [kou'insidəns] coïncidence *f*; *fig.* rencontre *f*, concours *m*; **co'in·ci·dent** □ coïncident; *fig.* d'accord.
coin·er [kɔinə] monnayeur *m*; *souv.* faux-monnayeur *m*; *fig.* inventeur (-trice *f*) *m*.
coir ['kɔiə] fibre *f* de coco; coir *m*.
coke [kouk] **1.** coke *m* (*a. sl.* = *cocaïne*); *Am.* F Coca-Cola *f*; **2.** (se) cokéfier.
col·an·der ['kʌləndə] *cuis.* passoire *f*.
cold [kould] **1.** □ froid (*a. fig.*); ~ *meat* viande *f* froide; *give s.o. the* ~ *shoulder see* ~-*shoulder*; F *have* ~ *feet* avoir le trac (= *avoir peur*); **2.** froid *m*; froideur *f*; (*souv.* ~ *in the head*) rhume *m*; '**cold·ness** froideur *f*; *climat*: froidure *f*.
cold...: '~-**shoul·der** battre froid à (*q.*); tourner le dos à (*q.*); ~ *stor-age* conservation *f* par le froid; glacière *f*; '~-'**stor·age** frigorifique; ~ *store* entrepôt *m* frigorifique.
cole ♀ [koul] chou-marin (*pl.* choux-marins) *m*.
cole-seed ♀ ['koulsi:d] (graine *f* de) colza *m*.
cole·slaw ['koulslɔ:] *Am.* salade *f* de choux.
col·ic ⚕ ['kɔlik] colique *f*.
col·lab·o·rate [kə'læbəreit] collaborer; **col·lab·o'ra·tion** collaboration *f*; **col'lab·o·ra·tor** collaborateur (-trice *f*) *m*.
col·lapse [kə'læps] **1.** s'affaisser; s'écrouler; s'effondrer (*prix, a. personne*); **2.** affaissement *m* etc.; **col'laps·i·ble** pliant, démontable; ~ *boat* canot *m* pliant, berthon *m*.
col·lar ['kɔlə] **1.** *robe*: col *m*; *manteau*: collet *m*; *chemise*: (faux) col *m*; *ordre*: collier *m*; ⊕ anneau *m*, collet *m*; **2.** saisir au collet; ⊕ baguer; *cuis.* rouler (*de la viande*) pour la ficeler; '~-**bone** *anat.* clavicule *f*.
col·late [kɔ'leit] collationner (*des textes*).
col·lat·er·al [kɔ'lætərəl] **1.** □ collatéral (-aux *m/pl.*); accessoire; additionnel (le *f*); concomitant; **2.** garantie *f* accessoire.

col·la·tion [kɔˈleiʃn] *textes, cuis.,* a. *eccl.* collation *f.*
col·league [ˈkɔliːg] collègue *mf.*
col·lect 1. [ˈkɔlekt] *prière*: collecte *f*; **2.** [kəˈlekt] *v/t.* (r)assembler; amasser; collectionner (*des timbres*); percevoir (*des impôts*); faire rentrer (*une créance*); quêter (*pour les pauvres*); ~ one's thoughts se reprendre; se recueillir; ~ing business service *m* d'encaissement; *v/i.* s'assembler; **col'lect·ed** □ *fig.* plein de sang-froid; **col'lect·ed·ness** *fig.* sang-froid *m*; **col'lec·tion** rassemblement *m*; recouvrement *m*; perception *f*; *billet*: encaissement *m*; *eccl.* quête *f*; *forcible* ~ réquisition *f*; **col'lec·tive** collectif (-ive *f*); multiple (*fruit*); ✻ ~ ownership possession *f* en commun; ~ bargaining convention *f* collective; **col'lec·tive·ly** collectivement; en commun; **col'lec·tiv·ism** collectivisme *m*; **col'lec·tor** quêteur (-euse *f*) *m*; encaisseur *m*; collectionneur (-euse *f*) *m*; *contributions indirectes*: receveur *m*, *directes*: percepteur *m*; 🚋 contrôleur *m* de billets; ⚡ prise *f* de courant.
col·leen *Ir.* [ˈkɔliːn; *Ir.* kɔˈliːn] jeune fille *f.*
col·lege [ˈkɔlidʒ] collège *m*; *souv.* université *f*; école *f* secondaire, lycée *m*; école *f* (*militaire ou navale*); **col·le·gi·an** [kəˈliːdʒiən] étudiant(e *f*) *m*; lycéen(ne *f*) *m*; élève *mf*; **col'le·gi·ate** [~dʒiit] collégial (-aux *m/pl.*); de collège.
col·lide [kəˈlaid] se heurter; entrer en collision (avec, *with*); ~ *with* heurter (*qch.*) (*a. fig.*).
col·lie [ˈkɔli] colley *m.*
col·li·er [ˈkɔliə] houilleur *m*, mineur *m*; ⚓ charbonnier *m*; **col·li·er·y** [ˈkɔljəri] houillère *f*; mine *f* de charbon.
col·li·sion [kəˈliʒn] collision *f* (a. *fig.*); rencontre *f*; *fig.* conflit *m.*
col·lo·ca·tion [kɔloˈkeiʃn] collocation *f*, arrangement *m.*
col·lo·di·on [kəˈloudiən] collodion *m.*
col·lo·qui·al □ [kəˈloukwiəl] familier (-ère *f*); de (la) conversation; **col·lo·qui·al·ism** expression *f* familière.
col·lo·quy [ˈkɔləkwi] colloque *m.*
col·lude [kəˈljuːd] s'entendre (avec, *with*); **col·lu·sion** [kəˈluːʒn] collusion *f*; ⚖ complicité *f*, connivence *f.*
col·o·cynth ♀ [ˈkɔləsinθ] coloquinte *f.*
co·lon [ˈkoulən] *typ.* deux-points *m/inv.*; *anat.* côlon *m.*
colo·nel ✕ [ˈkəːnl] colonel *m*; **ˈcolo·nel·cy** grade *m* de colonel.
co·lo·ni·al [kəˈlounjəl] colonial (-aux *m/pl.*) (*a. su./m*); **col·o·nist** [ˈkɔlənist] colon *m*; **col·o·ni'za·tion** colonisation *f*; **ˈcol·o·nize** *v/t.* coloniser; *v/i.* former une colonie.
col·on·nade [kɔləˈneid] colonnade *f.*
col·o·ny [ˈkɔləni] colonie *f* (a. *fig.*).
col·o·pho·ny [kɔˈlɔfəni] colophane *f.*
Col·o·ra·do bee·tle [kɔləˈrɑːdouˈbiːtl] doryphore *m.*
co·los·sal □ [kəˈlɔsl] colossal (-aux *m/pl.*).
col·o(u)r [ˈkʌlə] **1.** couleur *f*; pigment *m*; *visage*: teint *m*; nuance: teinte *f*; *fig.* couleur *f*, prétexte *m*; ✕ ~s *pl.* drapeau *m*; *local* ~ couleur *f* locale; **2.** *v/t.* colorer; colorier; teindre; *fig.* imager (*son style*); présenter sous un faux jour; *v/i.* se colorer; rougir (*personne*); **ˈcol·o(u)r·a·ble** □ plausible; trompeur; **ˈcol·o(u)red** coloré; de couleur; en couleurs; ~ *film* film *m* en couleurs; ~ *pencil* crayon *m* de couleur; ~ (wo)man homme *m* (femme *f*) de couleur; **col·o(u)r·ful** [ˈ~ful] coloré; **ˈcol·o(u)r·ing 1.** colorant; ~ *matter* colorant *m*; **2.** coloration *f*; *peint.* coloris *m*; *visage*: teint *m*; nuance: teinte *f*; *fig.* apparence *f*; **ˈcol·o(u)r·ist** coloriste *m*; **ˈcol·o(u)r·less** □ sans couleur; terne; pâle; **col·o(u)r line** *surt. Am.* distinction *f* entre les blancs et les nègres.
colt [koult] poulain *m*, pouliche *f*; *fig.* débutant(e *f*) *m*; **ˈcolts·foot** ♀ tussilage *m.*
col·um·bine ♀ [ˈkɔləmbain] ancolie *f.*
col·umn [ˈkɔləm] colonne *f* (a. *typ.*, *a.* ✕); *journ. a.* rubrique *f*; **co·lum·nar** [kəˈlʌmnə] en forme de colonne; en colonnes; **col·um·nist** [ˈkɔləmnist] *Am. journ.* collaborateur *m* régulier d'un journal.
col·za ♀ [ˈkɔlzə] colza *m.*
co·ma[1] [ˈkoumə] coma *m.*
co·ma[2] [~], *pl.* **-mae** [ˈ~miː] ♀ barbe *f*, *astr.* chevelure *f.*

comb [koum] **1.** peigne *m*; coq, vague, colline: crête *f*; ⊕ peigne *m*, carde *f*; curry-~ see honey ~; **2.** *v/t*. peigner; *a.* carder (*la laine*); ~ *out* *fig.* F éplucher; *v/i.* déferler (*vague*).

com·bat ['kɔmbət] **1.** combat *m*; **2.** combattre (contre, *with*; pour, *for*); '**com·bat·ant** combattant *m*; '**com·bat·ive** □ combattif (-ive *f*); agressif (-ive *f*).

comb·er ['koumə] ⊕ peigneuse *f*; ⚓ vague *f* déferlante.

com·bi·na·tion [kɔmbi'neiʃn] combinaison *f*; association *f*; ⚙ combiné *m*; *fig.* mélange *m*; *usu.* ~s *pl.* *cost.* combinaison *f*; ~ *lock* serrure *f* à combinaison; **com·bine 1.** [~'bain] (se) réunir; (s')allier; **2.** ['~bain] ⚙ entente *f* industrielle; cartel *m*; *surt. Am.* moissonneuse-batteuse (*pl.* moissonneuses-batteuses) *f*.

comb·ings ['koumiŋz] *pl.* peignures *f/pl.*

com·bus·ti·ble [kəm'bʌstəbl] **1.** combustible, inflammable, inflammable (*foule etc.*); **2.** ~s *pl.* matière *f* inflammable; *mot.* combustibles *m/pl.*; **com·bus·tion** [kəm'bʌstʃn] combustion *f*.

come [kʌm] [*irr.*] venir, arriver; ~*!* allons!; voyons!; *to* ~ futur, à venir, qui vient; F *how* ~? comment ça?; ~ *about* arriver, se passer; ~ *across* *s.o.* tomber sur q.; ~ *along* se dépêcher; arriver; ~ *at* se jeter sur; parvenir à (*la vérité*); ~ *by* passer par; obtenir; ~ *down* descendre; *fig.* s'abaisser; déchoir; ~ *down upon s.o.* blâmer q. sévèrement; ~ *down with* F se fendre de (*une somme*); *Am.* F être frappé par (*une maladie*); ~ *for* venir chercher; ⚓ arriver; être de saison; devenir la mode; ~ *in!* entrez!; ~ *off* tomber (de); se détacher (*bouton*); s'enlever (*tache*); avoir lieu; réussir; tomber (*cheveux*); ~ *on* s'avancer; survenir; ~ *on!* allons-y!; ~ *out* sortir (de, *of*); se développer; débuter; ~ *out right* donner la solution juste; ~ *round* *fig.* reprendre connaissance; *to* *adv. see* ~ *to o.s.*; ⚓ venir sur bâbord *ou* tribord; *prp.* arriver à; ~ *to o.s.* (*ou to one's senses*) revenir à soi; reprendre ses sens; ~ *to anchor* s'ancrer, mouiller; ~ *to know* en venir à connaître *ou* savoir; ~ *up* monter; surgir; pousser (*plante*); paraître; ~ *up to* répondre à (*une attente*); s'élever jusqu'à; s'approcher de (*q.*); égaler; ~ *up with* rattraper, rejoindre (*q.*); ~ *upon* tomber sur (*q.*); rencontrer par hasard; venir à l'esprit de (*q.*); ~-'at·a·ble F accessible; '~-back F retour *m* en vogue *ou* au pouvoir; *Am.* revanche *f*; *Am. sl.* réplique *f*.

co·me·di·an [kə'mi:djən] comédien(ne *f*) *m*; *music-hall:* comique *m*.

com·e·dy ['kɔmidi] comédie *f*.

come·li·ness ['kʌmlinis] mine *f* avenante; '**come·ly** avenant.

come-off F ['kʌmɔ:f] résultat *m*; issue *f*.

com·er ['kʌmə] arrivant(e *f*) *m*; venant(e *f*) *m*.

co·mes·ti·ble [kə'mestibl] *usu.* ~s *pl.* comestible *m*, -s *m/pl.*

com·et ['kɔmit] comète *f*.

com·fort ['kʌmfət] **1.** soulagement *m*; consolation *f*; bien-être *m*; confort *m*; aisance *f*; agrément *m*; *fig.* réconfort *m*; **2.** soulager; consoler; réconforter; '**com·fort·a·ble** □ confortable; à son aise (*personne*); tranquille; *I am* ~ je suis à mon aise; je suis bien; '**com·fort·er** consolateur (-trice *f*) *m*; *fig.* cache-nez *m/inv.*; *Am.* couvre-pied *m* piqué; *Brit.* sucette *f*; '**com·fort·less** □ incommode; dépourvu de confort.

com·frey ♣ ['kʌmfri] consoude *f*.

com·fy □ F ['kʌmfi] *see comfortable.*

com·ic ['kɔmik] (~*ally*) comique; *fig.* (*usu.* '**com·i·cal** □) ~ *journal* (*ou paper*) journal *m* pour rire; '**com·ics** *pl. journ. Am.* bandes *f/pl.* dessinées (*souvent humoristiques*).

com·ing ['kʌmiŋ] **1.** futur, qui vient; ~, *Sir!* tout de suite, monsieur!; **2.** venue *f*; approche *f*.

com·i·ty ['kɔmiti] ~ *of nations* bon accord *m* entre les nations; courtoisie *f* internationale.

com·ma ['kɔmə] virgule *f*; *inverted* ~s *pl.* guillemets *m/pl.*

com·mand [kə'mɑ:nd] **1.** ordre *m*; maîtrise *f* (*d'une langue*); ⚔ commandement *m* (*souv.* ♔, *p.ex. Southern* ♔); *at* (*ou by*) ~ d'après les ordres de, suivant l'ordre de; *have* ~ *of* commander; dominer; *be*

common

(*have*) *at* ~ être à la (avoir à sa) disposition; ✗ *be in* ~ *of* commander; 2. ordonner; commander, inspirer (*un sentiment*); forcer (*l'attention*); dominer (*une vallée*); commander; *fig.* être maître de, maîtriser; disposer de; **com·man·dant** ✗ [kɔmən'dænt] commandant *m*; **com·man·deer** [~'diə] ✗ réquisitionner; **com·mand·er** [kə'mɑːndə] commandant *m*; chef *m* de corps; ♆ capitaine *m* de frégate; *ordres*: commandeur *m*; **com'mand·er-in-'chief** commandant *m* en chef; **com'mand·ing** commandant; en chef; *fig.* d'autorité; imposant; éminent (*lieu*); ~ *point* point *m* stratégique; **com-'mand·ment** commandement *m*.

com·mem·o·rate [kə'meməreit] commémorer; célébrer le souvenir de; **com·mem·o'ra·tion** commémoration *f*, célébration *f*; **com·mem·o·ra·tive** [~rətiv] □ commémoratif (-ive *f*) (de, of).

com·mence [kə'mens] commencer; initier; entamer; ⚖ intenter (*un procès*); **com'mence·ment** commencement *m*, début *m*.

com·mend [kə'mend] recommander; confier; louer; F ~ *me to* ... saluez ... de ma part; **com'mend·a·ble** □ louable; digne d'éloges; **com·men·da·tion** [kɔmen'deiʃn] éloge *m*, louange *f*; **com'mend·a·to·ry** [~ətəri] élogieux (-euse *f*).

com·men·su·ra·ble □ [kə'menʃərəbl] commensurable (avec with, to); *see* commensurate; **com'men·su·rate** □ [~rit] proportionné (à with, to); coétendu (à, with).

com·ment ['kɔment] 1. commentaire *m*; critique *f*, glose *f*, observation *f* (sur, on); 2. (*upon*) commenter, critiquer (*qch.*); faire le commentaire (de); **com·men·tar·y** ['~təri] commentaire *m*, glose *f*; radioreportage *m*; **'com·men·ta·tor** ['~teitə] commentateur (-trice *f*) *m*; radioreporter *m*.

com·merce ['kɔməːs] commerce *m*; affaires *f/pl.*; *Chamber of* ♀ Chambre *f* de Commerce; **com'mer·cial** □ [kə'məːʃəl] 1. commercial (-aux *m/pl.*); mercantile; marchand, de (du) commerce; ~ *traveller* commis *m* voyageur; représentant(e *f*) *m*; 2. *Brit.* F *see* ~ *traveller*;

surt. Am. radio: réclame *f*; **com-'mer·cial·ism** esprit *m* commercial; **com'mer·cial·ize** commercialiser.

com·mis·er·ate [kə'mizəreit] s'apitoyer sur le sort de (*q.*); **com·mis·er'a·tion** compassion *f* (pour, with).

com·mis·sar·i·at ✗ [kɔmi'sɛəriət] intendance *f*; **com·mis·sar·y** ['~səri] commissaire *m*; ✗ intendant *m* général d'armée.

com·mis·sion [kə'miʃn] 1. commission *f*; ordre *m*, mandat *m*; délégation *f* (*d'autorité, de devoirs*) *crime*: perpétration *f*; ✗ brevet *m* (*d'officier*), grade *m* d'officier; ♆ *navire*: armement *m*; commission *f*, pourcentage *m*; *on* ~ à la commission; 2. commissionner; déléguer; charger; ✗ nommer (*un officier*); ♆ armer; **com·mis·sion·aire** [~ʃə-'nɛə] commissionnaire *m*; *hôtel*: chasseur *m*; **com'mis·sion·er** [~ʃnə] commissaire *m*; délégué *m* d'une commission.

com·mit [kə'mit] commettre (*a. un crime, une erreur*); confier; engager (*sa parole*); coucher (*par écrit*); *pol.* renvoyer à une commission; ~ (*o.s.*) s')engager (à, to); se compromettre; ~ (*to prison*) envoyer en prison, écrouer (*q.*); ~ *for trial* renvoyer aux assises; **com'mit·ment** délégation *f*; *pol.* renvoi *m* à une commission; mise *f* en prison; renvoi *m* aux assises; engagement *m* financier; **com'mit·tal** *see* commitment; mise *f* en terre (*d'un cadavre*); *crime*: perpétration *f*; ~ *order* mandat *m* de dépôt; **com'mit·tee** comité *m*, commission *f*.

com·mode [kə'moud] commode *f*; chaise *f* percée; **com'mo·di·ous** □ [~djəs] spacieux (-euse *f*); **com·mod·i·ty** [kə'mɔditi] (*usu.* ~*s pl.*) marchandise *f*, -s *f/pl.*; denrée *f*, -s *f/pl.*; ~ *value* valeur *f* vénale.

com·mo·dore ♆ ['kɔmədɔː] chef *m* de division; commodore *m*.

com·mon ['kɔmən] 1. □ commun; public (-ique *f*); courant; ordinaire; vulgaire; trivial (-aux *m/pl.*); *gramm.* ~ *noun* nom *m* commun; ♀ *Council* conseil *m* municipal; *Book of* ♀ *Prayer* rituel *m* de l'Église anglicane; ~ *law* droit *m* commun *ou* coutumier; ~ *room* salle *f* commune; salle *f* des pro-

commonalty

fesseurs; ~ *sense* sens *m* commun, bon sens *m*; ~ *weal* bien *m* public; *in* ~ en commun (avec, *with*); **2.** pâtis *m*; terrain *m* communal; **com·mon·al·ty** ['ˌnlti] le commun des hommes; **'com·mon·er** bourgeois *m*; homme *m* du peuple; *qqfois* membre *m* de la Chambre des Communes; *univ.* étudiant *m* ordinaire; **'com·mon·place 1.** lieu *m* commun; **2.** banal (-aux *m*/*pl.*); terre à terre; médiocre; **com·mons** ['ˌz] *pl. le* peuple *m*; *le* tiers état *m*; ordinaire *m* (*de la table*); *short* ~ maigre chère *f*; (*usu.* House of) ♀ Chambre *f* des Communes; **'common·wealth** État *m*; *souv.* république *f*; chose *f* publique; *the British* ♀ l'Empire *m* Britannique; *the* ♀ *of Australia* le Commonwealth *m* d'Australie.

com·mo·tion [kə'mouʃn] agitation *f*; troubles *m*/*pl.*; brouhaha *m*.

com·mu·nal ☐ ['kɔmjunl] communal (-aux *m*/*pl.*); ~ *estate* ⚖ communauté *f* de biens; **com·mu·nal·ize** ['ˌnəlaiz] mettre en commun.

com·mu·ni·ca·bil·i·ty [kəmju:nikə'biliti] communicabilité *f*; **com·'mu·ni·ca·ble** ☐ communicable; ⚕ contagieux (-euse *f*); **com'mu·ni·cant** *eccl.* communiant(e *f*) *m*; **com'mu·ni·cate** [ˌkeit] *v*/*t.* communiquer (à, *to*); *v*/*i.* communiquer (avec, *with*; par, *by*); *eccl.* recevoir la communion; **com·mu·ni·ca·tion** communication *f* (*a.* ⚔, *téléph.*, *voie*); voie *f* d'accès; 🚂 *cord* signal *m* d'alarme; *be in* ~ *with* être en relation avec; **com·'mu·ni·ca·tive** ☐ communicatif (-ive *f*); expansif (-ive *f*); **com·'mu·ni·ca·tor** débiteur (-euse *f*) *m* (*de nouvelles*); ⊕ communicateur *m*.

com·mun·ion [kə'mju:njən] rapport *m*; relations *f*/*pl.*; *eccl.* communion *f*.

com·mu·ni·qué [kəm'ju:nikei] communiqué *m*.

com·mu·nism ['kɔmjunizm] communisme *m*; **'com·mu·nist 1.** communiste *mf*; **2.** = **com·mu·nis·tic** (ˌally) communiste.

com·mu·ni·ty [kəm'ju:niti] communauté *f* (*a. eccl.*); solidarité *f*; *the* ~ l'État *m*; le public *m*; ~ *ownership* collectivité *f*; ~ *service*

service *m* public; ~ *spirit* sens *m* du groupe; ~ *work* travail *m* en commun.

com·mut·a·ble [kəm'ju:təbl] permutable; commuable (*peine*); **com·mu·ta·tion** [kɔmju:'teiʃn] commutation *f* (en *into*, for); *Am.* ~ *ticket* carte *f* d'abonnement; **com·mu·ta·tive** [kə'mju:tətiv] commutatif (-ive *f*); **com·mu·ta·tor** ⚡ ['kɔmju:teitə] commutateur *m*; **commute** [kə'mju:t] *v*/*t.* échanger (pour, contre *for*, *into*); commuer (*une peine*) (en, *into*); racheter (*qch.*) (par, *into*) (*une rente, une servitude*); *v*/*i. Am.* prendre un abonnement; **com'mut·er** *Am.* abonné(e *f*) *m*.

com·pact 1. ['kɔmpækt] convention *f*; poudrier *m*; **2.** [kəm'pækt] compact; serré; formé (de, *of*); **3.** [ˌ] *v*/*t.* rendre compact; **com'pact·ness** compacité *f*; *style:* concision *f*.

com·pan·ion [kəm'pænjən] compagnon *m*, compagne *f*; manuel *m*; pendant *m*; *ordre:* compagnon *m*; ⚓ capot *m* (d'échelle); ~ *in arms* compagnon *m* d'armes; **com'pan·ion·a·ble** ☐ sociable; **com'pan·ion·ship** camaraderie *f*; compagnie *f*.

com·pa·ny ['kʌmpəni] compagnie *f* (*a.* ✝, *a.* ⚔); assemblée *f*, bande *f*; *invités:* monde *m*; ✝ *a.* société *f*; ⚓ équipage *m*; *théâ.* troupe *f*; *good* (*bad*) ~ bonne (mauvaise) compagnie *f*; *bear* ~ tenir compagnie à q.; *have* ~ avoir du monde; *keep* ~ *with* sortir avec.

com·pa·ra·ble ☐ ['kɔmpərəbl] comparable (avec, à *with*, *to*); **com·par·a·tive** [kəm'pærətiv] **1.** ☐ comparatif (-ive *f*); comparé; relatif (-ive *f*); ~ *degree* = **2.** *gramm.* comparatif *m*; **com·pare** [ˌ'pɛə] **1.:** *beyond* (*ou without ou past*) ~ sans pareil(le *f*) *m*; **2.** *v*/*t.* comparer (avec, à *with*, *to*); confronter (avec, *with*); *gramm.* former les degrés de comparaison de; (*as*) ˌd *with* en comparaison de; *v*/*i.* être comparable (à, *with*); **com·par·i·son** [ˌ'pærisn] comparaison *f* (*a. gramm.*); confrontation *f*; *in* ~ *with* en comparaison de; auprès de.

com·part·ment [kəm'pɑ:tmənt] compartiment *m* (*a.* 🔺, *a.* 🚂); *tiroir:* case *f*; *bagages:* soute *f*.

com·pass ['kʌmpəs] **1.** boussole *f*;

limite *f*, -s *f*/*pl*.; ♪ registre *m*; (*a pair of*) ~es *pl*. (un) compas *m*; **2.** faire le tour de; entourer; comploter (*la mort*, *la ruine*); atteindre (*un but*).

com·pas·sion [kəm'pæʃn] compassion *f*; *have* ~ *on* avoir compassion de; **com'pas·sion·ate** □ [~ʃənit] compatissant (à, pour *to*[*wards*]).

com·pat·i·bil·i·ty [kəmpætə'biliti] compatibilité *f*; **com'pat·i·ble** □ compatible (avec, *with*).

com·pa·tri·ot [kəm'pætriət] compatriote *mf*.

com·peer [kɔm'piə] égal *m*, pair *m*; compagnon *m*.

com·pel [kəm'pel] contraindre, forcer, obliger (q. à *inf*., *s.o. to inf*.).

com·pen·di·ous □ [kəm'pendiəs] abrégé, concis; **com'pen·di·ous·ness** concision *f*; forme *f* succincte.

com·pen·di·um [kəm'pendiəm] abrégé *m*; recueil *m*.

com·pen·sate ['kɔmpenseit] *v*/*t*. dédommager (de, *for*); compenser (*a*. ⊕) (avec *with*, *by*); *v*/*i*. ~ *for* racheter (qch.); compenser (qch.); **com·pen'sa·tion** compensation *f*; dédommagement *m*; indemnité *f*; réparation *f*; *Am*. appointements *m*/*pl*.; ⊕ compensation *f*, rattrapage *m*; **'com·pen·sa·tive**, **'com·pen·sa·to·ry** compensatoire, -teur (-trice *f*).

com·pete [kəm'pi:t] concourir (pour qch., *for s.th.*); disputer (qch. à q., *with s.o. for s.th.*); rivaliser (avec q. de qch., *with s.o. in s.th.*); faire concurrence (à q., *with s.o.*).

com·pe·tence, **com·pe·ten·cy** ['kɔmpitəns(i)] compétence *f* (en *in*, *at*) (*a*. ⚖); moyens *m*/*pl*. (*d'existence*); attributions *f*/*pl*.; **'com·pe·tent** □ capable; compétent (*a*. ⚖); suffisant (*connaissances*).

com·pe·ti·tion [kɔmpi'tiʃn] rivalité *f*; concurrence *f* (*a*. ✝); concours *m*; échecs: tournoi *m*; *sp*. meeting *m*; *rifle* ~ concours *m* de tir; **com·pet·i·tive** □ [kəm'petitiv] de concurrence; de concours; **com'pet·i·tor** concurrent(e *f*) *m*; rival(e *f*) *m*; compétiteur (-trice *f*) *m*.

com·pi·la·tion [kɔmpi'leiʃn] compilation *f*; recueil *m*; **com·pile** [kəm'pail] compiler; composer, établir (de, *from*); recueillir.

com·pla·cence, **com·pla·cen·cy** [kəm'pleisns(i)] satisfaction *f*; contentement *m* de soi-même; **com'pla·cent** □ content de soi-même; suffisant.

com·plain [kəm'plein] se plaindre (de *of*, *about*; à, *to*; que, *that*); porter plainte (contre *against*, *about*); *poét*. se lamenter; **com'plain·ant** plaignant(e *f*) *m*; **com'plain·er** réclamant(e *f*) *m*; mécontent(e *f*) *m*; **com'plaint** grief *m*; plainte *f*; doléances *f*/*pl*.; maladie *f*, mal *m*.

com·plai·sance [kəm'pleizns] complaisance *f*, obligeance *f*; **com'plai·sant** □ complaisant, obligeant.

com·ple·ment 1. ['kɔmplimənt] effectif *m* (complet); plein *m*; *gramm*. attribut *m*; livre *f*, *a*. ⚓ complément *m*; **2.** ['~ment] compléter; **com·ple'men·tal**, **com·ple'men·ta·ry** complémentaire; *be* ~ (*to*) compléter.

com·plete [kəm'pli:t] **1.** □ complet (-ète *f*); entier (-ère *f*); total (-aux *m*/*pl*.); achevé, parfait; **2.** compléter; achever; remplir (*un bulletin*); **com'ple·tion** achèvement *m*; *contrat*: signature *f*; réalisation *f*; accomplissement *m*.

com·plex ['kɔmpleks] **1.** □ complexe; *fig*. compliqué; **2.** tout *m*, ensemble *m*; *psych*. complexe *m*; **com·plex·ion** [kəm'plekʃn] teint *m*; aspect *m*, caractère *m*, jour *m*; **com'plex·i·ty** complexité *f*.

com·pli·ance [kəm'plaiəns] acquiescement *m* (à, *with*); obéissance *f*; *péj*. basse complaisance *f*; *in* ~ *with* en conformité de; suivant; **com'pli·ant** □ accommodant, obligeant.

com·pli·cate ['kɔmplikeit] compliquer; **com·pli'ca·tion** complication *f* (*a*. ⚕).

com·plic·i·ty [kəm'plisiti] complicité *f* (à, *in*).

com·pli·ment 1. ['kɔmplimənt] compliment *m*; honneur *m*; ~*s pl*. *a*. hommages *m*/*pl*., amitiés *f*/*pl*.; galanteries *f*/*pl*.; **2.** ['~ment] *v*/*t*. féliciter, complimenter (de, *on*); **com·pli'men·ta·ry** flatteur (-euse *f*); ✝ à titre gracieux, en hommage; ~ *copy* livre *m* offert en hommage; *give s.o. a* ~ *dinner* donner un dîner *m* en l'honneur de q.; ~ *ticket* billet *m* de faveur.

com·ply [kəm'plai] *v*/*i*. ~ *with* se conformer à; se soumettre à;

com·po·nent

accéder à; accomplir (*une condition*); observer (*une règle*).
com·po·nent [kəm'pounənt] **1.** partie *f* constituante; composant *m*; **2.** constituant; composant; ~ *part* see ~ 1.
com·port [kəm'pɔ:t] *v/i.* convenir (à, *with*); *v/t.*: ~ *o.s.* se comporter.
com·pose [kəm'pouz] composer (*a. typ.*); arranger; disposer; régler (*un différend*); calmer (*l'esprit*); rasseoir; **com'posed,** *adv.* **com'pos·ed·ly** [~zidli] calme, tranquille; composé (*visage*); **com'pos·er** auteur *m*; ♪ compositeur (-trice *f*); **com'pos·ing 1.** calmant; **2.** composition *f*; ~-*machine* composeuse *f*; ~-*room* atelier *m* de composition; **com·pos·ite** ['kɔmpəzit] **1.** composé; mixte; ⚠ composite; **2.** (*corps m*) composé; ♀ composée *f*; **com·po·si·tion** composition *f* (*a.* ♪, *peint.*, ⚘); mélange *m*; *exercice*: dissertation *f*, rédaction *f*; thème *m*; *fig.* caractère *m*; ✝ arrangement *m*; **com·pos·i·tor** [kəm'pɔzitə] compositeur *m*, typographe *m*; **com·post** ['kɔmpɔst] compost *m*; **com·po·sure** [kəm'pouʒə] sang-froid *m*, calme *m*.
com·pote ['kɔmpout] compote *f*.
com·pound[1] **1.** ['kɔmpaund] composé; ⚚ ~ *fracture* fracture *f* compliquée; ~ *interest* intérêts *m/pl.* composés; **2.** composé *m* (*a.* ⚘); ⊕ mastic *m*; *gramm.* (*a.* ~ *word*) mot *m* composé; **3.** [kəm'paund] *v/t.* mélanger; arranger (*un différend*); *v/i.* s'arranger; transiger (*avec q., avec sa conscience*); ✝ se rédimer (*de, for*); s'accommoder.
com·pound[2] ['kɔmpaund] enceinte *f*; ⚔ camp *m* de concentration.
com·pre·hend [kɔmpri'hend] comprendre; se rendre compte de.
com·pre·hen·si·ble □ [kɔmpri'hensəbl] compréhensible; **com·pre'hen·sion** compréhension *f*; entendement *m*; **com·pre'hen·sive** □ compréhensif (-ive *f*); **com·pre·hen·sive·ness** étendue *f*.
com·press 1. [kəm'pres] comprimer; condenser (*un discours*); **2.** ['kɔmpres] ⚚ compresse *f*; **com·press·i·bil·i·ty** [kəmpresi'biliti] compressibilité *f*; **com'press·i·ble** [~presəbl] compressible; **com·pres·sion** [~'preʃn] compression *f* (*a.*

696

phys.); **com·pres·sor** [~'presə] ⊕ compresseur *m*. [dre, contenir.\]
com·prise [kəm'praiz] compren-\
com·pro·mise ['kɔmprəmaiz] **1.** compromis *m*; *fig.* accommodement *m*; **2.** *v/t.* compromettre; arranger (*un différend*); *v/i.* aboutir à un compromis; transiger (*sur, on*); s'accommoder.
com·pul·sion [kəm'pʌlʃn] contrainte *f*; **com'pul·so·ry** [~səri] obligatoire; forcé; par contrainte.
com·punc·tion [kəm'pʌŋkʃn] remords *m*; componction *f*.
com·put·a·ble [kəm'pju:təbl] calculable; **com·pu·ta·tion** [kɔmpju:-'teiʃn] calcul *m*, estimation *f*; **com·pute** [kəm'pju:t] calculer, computer, estimer (à, *at*); **com·put·er** ⊕ [kəm'pju:tə] ordinateur *m*.
com·rade ['kɔmrid] camarade *m*, compagnon *m*. [leçon).\]
con[1] [kɔn] étudier; répéter (*une*\
con[2] ⚓ [~] gouverner (*un navire*); diriger la manœuvre.
con[3] [~] *abr. de contra*; pro and ~ pour et contre; *the pros and* ~*s* le pour et le contre.
con[4] *Am. sl.* [~] **1.** *mots composés*: *abr. de confidence*; **2.** duper, tromper.
con·cat·e·nate [kɔn'kætineit] *usu. fig.* enchaîner; **con·cat·e'na·tion** enchaînement *m*; *circonstances*: concours *m*.
con·cave □ ['kɔn'keiv] concave, incurvé; **con·cav·i·ty** [~'kæviti] concavité *f*; *qqfois* creux *m*.
con·ceal [kən'si:l] cacher (*a. fig.*); celer; taire (à, *from*); masquer; voiler; **con'ceal·ment** dissimulation *f*; action *f* de (se) cacher; (*a. place of* ~) cachette *f*, retraite *f*.
con·cede [kən'si:d] concéder; admettre; **con'ced·ed·ly** [~idli] *Am.* reconnu (pour, *comme*).
con·ceit [kən'si:t] vanité *f*, suffisance *f*; (*ou self-*~) amour-propre (*pl.* amours-propres) *m*, infatuation *f*; *out of* ~ *with* dégoûté de; **con'ceit·ed** □ vaniteux (-euse *f*), prétentieux (-euse *f*); **con'ceit·ed·ness** vanité *f*, suffisance *f*.
con·ceiv·a·ble □ [kən'si:vəbl] imaginable, concevable; **con'ceive** *v/i.* devenir enceinte; (*of s.th.* (s')imaginer qch.; *v/t.* concevoir (*un enfant, un projet, de l'amour*); rédiger.

con·cen·trate 1. ['kɔnsentreit] *v/t.* concentrer (*a. fig.*); ⚔ faire converger (*les feux*); *v/i.* se concentrer; **2.** ['ᵕtrit] concentré *m*; **con·cen·'tra·tion** concentration *f* (*a.* ⚕); ⚔ convergence *f*; **con'cen·tre, con'cen·ter** [ᵕtə] (se) réunir; (se) concentrer; **con'cen·tric** (ᵕally) concentrique.

con·cep·tion [kən'sepʃn] *biol.* enfant, idée: conception *f*; idée *f*, imagination *f*.

con·cern [kən'sə:n] **1.** rapport *m*; affaire *f*; intérêt *m* (dans, *in*); souci *m*, inquiétude *f* (à l'égard de, *about*); ✝ entreprise *f*; maison *f* de commerce; F appareil *m*; **2.** concerner, regarder, intéresser (*q., qch.*); ~ *o.s.* with s'occuper de; ~ *o.s.* about (*ou* for) s'intéresser à, s'inquiéter de; **con'cerned** □ inquiet (-ète *f*) (de *at*, *about*; au sujet de *about*, *for*); soucieux (-euse *f*); impliqué (dans, *in*); those ~ les intéressés; be ~ être en cause; be ~ that s'inquiéter que (*sbj.*); be ~ to (*inf.*) tâcher de (*inf.*), chercher à (*inf.*); be ~ with s'occuper de; s'intéresser à; **con'cern·ing** *prp.* au sujet de, concernant, touchant, en ce qui concerne.

con·cert 1. ['kɔnsət] concert *m* (*a.* ♪); accord *m*; **2.** [kən'sə:t] *v/t.* concerter; *fig.* arranger; *v/i.* se concerter (avec, *with*); ♪ ~ed concertant, d'ensemble; **con·cer·ti·na** ♪ [kɔnsə'ti:nə] accordéon *m* hexagonal, concertina *f*; '**con·cert·pitch** ♪ diapason *m* de concert.

con·ces·sion [kən'seʃn] *opinion, terrain*: concession *f*; make ~s to sacrifier à; **con·ces·sion·aire** [kənseʃə'nɛə] concessionnaire *m*.

con·ces·sive □ [kən'sesiv] concessif

conch [kɔŋk] conque *f*. ([(-ive *f*).

con·cil·i·ate [kən'silieit] (ré)concilier; gagner (*q.*) à son parti; se concilier (*la faveur de q.*); **con·cil·i·'a·tion** conciliation *f*; arbitrage *m*; **con'cil·i·a·tor** conciliateur (-trice *f*) *m*; **con'cil·i·a·to·ry** [ᵕətəri] conciliant, conciliatoire; ~ *proposal* offre *f* de conciliation.

con·cin·ni·ty [kən'siniti] élégance *f* (*de style*).

con·cise □ [kən'sais] concis; bref (brève *f*); serré (*style*); **con'cise·ness** concision *f*.

con·clave ['kɔŋkleiv] *eccl.* conclave *m*; *fig.* conseil *m*; assemblée *f*.

con·clude [kən'klu:d] *v/t.* conclure; terminer, achever; arranger, régler (*une affaire*); to be ~d in our next la fin au prochain numéro; *v/i.* conclure, estimer; *Am.* ~ to (*inf.*) décider de (*inf.*); **con'clud·ing** final (-als *m/pl.*).

con·clu·sion [kən'klu:ʒn] conclusion *f*, fin *f*; *séance*: clôture *f*; conclusion *f*, décision *f*; try ~s with se mesurer contre *ou* avec; **con·clu·sive** □ concluant, décisif (-ive *f*).

con·coct [kən'kɔkt] confectionner; *fig.* imaginer; tramer; **con'coc·tion** confection *f*; mixtion *f*; *fig. plan etc.*: élaboration *f*.

con·com·i·tance, con·com·i·tan·cy [kən'kɔmitəns(i)] concomitance *f* (*a. eccl.*); **con'com·i·tant 1.** □ concomitant (de, *with*); **2.** accessoire *m*, accompagnement *m*.

con·cord 1. ['kɔŋkɔ:d] concorde *f*; harmonie *f* (*a.* ♪); *gramm.* concordance *f*; *fig.* accord *m*; **2.** [kən'kɔ:d] concorder, s'accorder; être d'accord; **con'cord·ance** accord *m* (avec, *with*); concordance *f* (*a. eccl.*); **con'cord·ant** □ concordant (avec, *with*); qui s'accorde (avec, *with*); ♪ consonant; **con'cor·dat** *eccl.* [ᵕdæt] concordat *m*.

con·course ['kɔŋkɔ:s] foule *f*; rassemblement *m*; carrefour *m*; concours *m*; *Am.* hall *m* (*de gare*).

con·crete ['kɔnkri:t] **1.** □ concret (-ète *f*); de *ou* en béton; **2.** △ béton *m*, ciment *m*; *phls., gramm.* concret *m*; in the ~ sous forme concrète; **3.** [kən'kri:t] (se) concréter; (se) solidifier; ['kɔnkri:t] *v/t.* bétonner; **con·cre·tion** [kən'kri:ʃn] concrétion *f*.

con·cu·bi·nage [kən'kju:binidʒ] concubinage *m*; **con·cu·bine** ['kɔŋkjubain] concubine *f*.

con·cu·pis·cence [kən'kju:pisns] concupiscence *f*; **con'cu·pis·cent** libidineux (-euse *f*), lascif (-ive *f*).

con·cur [kən'kə:] coïncider; être d'accord (avec, *with*); concourir (à, *in*); contribuer (à, *to*); **con·cur·rence** [ᵕ'kʌrəns] concours *m*; coopération *f*; simultanéité *f*; accord *m*; approbation *f*; in ~ with en commun avec; d'accord avec;

con·cur·rent ☐ concourant; simultané; unanime.

con·cus·sion [kənˈkʌʃn] secousse *f*; commotion *f* (cérébrale).

con·demn [kənˈdem] condamner (*a. fig.*); condamner à mort; déclarer coupable; *fig.* blâmer; ~ed *cell* cellule *f* des condamnés; **con·ˈdem·na·ble** condamnable, blâmable; **con·dem·na·tion** [kɔndemˈneiʃn] condamnation *f*; censure *f*; blâme *m*; **con·ˈdem·na·to·ry** ☐ [kənˈdemnətəri] condamnatoire.

con·den·sa·ble [kənˈdensəbl] condensable; **con·den·sa·tion** [kɔndenˈseiʃn] condensation *f*; liquide *m* condensé; **con·dense** [kənˈdens] (se) condenser; *v/t.* concentrer; **con·ˈdens·er** condenseur *m* (*a.* ⊕); ⊕, *a.* ⚡ condensateur *m*.

con·de·scend [kɔndiˈsend] s'abaisser; condescendre; **con·deˈscend·ing** ☐ condescendant (envers, *to*); **con·deˈscen·sion** condescendance *f*; complaisance *f*.

con·dign ☐ [kənˈdain] mérité; exemplaire.

con·di·ment [ˈkɔndimənt] condiment *m*.

con·di·tion [kənˈdiʃn] **1.** condition *f*; stipulation *f*; état *m*, situation *f*; *on* ~ *that* à condition que; **2.** soumettre à une condition; stipuler; conditionner (*l'air, la laine; a. psych.*); **con·ˈdi·tion·al** [~ʃənl] **1.** ☐ conditionnel(le *f*); dépendant (de, [*up*]*on*); ~ *mood* = **2.** *gramm.* conditionnel *m*; *in the* ~ au conditionnel; **con·di·tion·al·i·ty** [~ˈæliti] état *m* conditionnel; **con·ˈdi·tion·al·ly** [~ʃnəli] sous certaines conditions; **con·ˈdi·tioned** conditionné; en ... état.

con·dole [kənˈdoul] (*with s.o.*) partager la douleur (*de q.*); exprimer ses condoléances (à *q.*); **con·ˈdo·lence** condoléance *f*.

con·do·min·i·um [kɔndəˈminiəm] condominium *m*.

con·do·na·tion [kɔndouˈneiʃn] pardon *m*; indulgence *f* (pour, *of*); **con·done** [kənˈdoun] pardonner; *action:* racheter (*une offense*).

con·duce [kənˈdjuːs] contribuer (à, *to*); favoriser (*qch., to s.th.*); **con·ˈdu·cive** (*to*) favorable (à); qui contribue (à).

con·duct 1. [ˈkɔndəkt] conduite *f*; *affaire:* gestion *f*; manière *f* de se conduire; **2.** [kənˈdʌkt] conduire; (a)mener (*q.*); accompagner (*une excursion*); diriger (♪, *une opération*); mener, gérer (*une affaire*); *phys.* être conducteur (-trice *f*) de; ~ *o.s.* se comporter (*bien, mal, etc.*); **con·duct·i·bil·i·ty** [kəndʌktiˈbiliti] *phys.* conductibilité *f*; **con·ˈduct·i·ble** [~təbl] *phys.* conductible; **con·ˈduct·ing** conducteur (-trice *f*); **con·ˈduc·tion** conduction *f*; **con·ˈduc·tive** ☐ *phys.* conducteur (-trice *f*); **con·duc·tiv·i·ty** [kɔndʌkˈtiviti] *phys.* conductivité *f*; conductibilité *f*; **con·duc·tor** [kənˈdʌktə] conducteur *m* (*a. phys.*); accompagnateur *m*; *tramway etc.:* receveur; *Am.* 🚆 chef *m* de train; ♪ chef *m* d'orchestre; ⚡ (conducteur *m* de) paratonnerre *m*; **con·ˈduc·tress** conductrice *f*; *tramway etc.:* receveuse *f*.

con·duit [ˈkɔndit] conduit *m*; tuyau *m* conducteur.

cone [koun] cône *m*; ⊕ cloche *f*; ♀ pomme *f*, cône *m*; *glace:* cornet *m*.

co·ney [ˈkouni] (peau *f* de) lapin *m*.

con·fab F [ˈkɔnfæb] **1.** (= **con·fab·u·late** [kənˈfæbjuleit]) causer (*entre intimes*); **2.** (= **con·fab·u·la·tion**) causerie *f* intime.

con·fec·tion [kənˈfekʃn] confection *f* (*de qch., a. pharm.*); *cost.* (vêtement *m* de) confection *f*; friandise *f*; **con·ˈfec·tion·er** confiseur (-euse *f*) *m*; **con·ˈfec·tion·er·y** confiserie *f*; bonbons *m/pl.*

con·fed·er·a·cy [kənˈfedərəsi] confédération *f*; *fig.* entente *f*; *surt. Am. the* ⚲ les Confédérés *m/pl.* (= *les sudistes pendant la guerre de Sécession 1860—65*); ⚖ conspiration *f*; **con·ˈfed·er·ate** [~rit] **1.** confédéré; **2.** confédéré *m*; complice *m*; **3.** [~reit] (se) confédérer; **con·fed·er·a·tion** confédération *f*; *surt. Am. the* ⚲ la Confédération *f* des 11 États sécessionnistes.

con·fer [kənˈfəː] *v/t.* (à, *on*) conférer; accorder (*une faveur*); décerner (*un honneur*); *v/i.* conférer; entrer en consultation (avec, *with*; sur *about, on*); **con·fer·ence** [ˈkɔnfərəns] conférence *f*; consultation *f*; entretien *m*; congrès *m*.

con·fess [kənˈfes] *v/t.* confesser;

avouer (*qch.*; que, *that*; *inf.*, *to gér.*); *v/i. eccl.* se confesser; **con-'fess·ed·ly** [⁓idli] de l'aveu général; franchement; **con·fes·sion** [⁓'feʃn] confession *f* (*a. eccl.*); aveu *m*; *go to* ⁓ aller à confesse; **con'fes·sion·al 1.** confessionnel(le *f*); **2.** confessionnal *m*; **con'fes·sor** [⁓sə] celui (celle) qui avoue; confesseur *m*.

con·fi·dant [kɔnfi'dænt] confident *m*; **con·fi·dante** [⁓] confidente *f*.

con·fide [kən'faid] confier; se (con)fier (à q., *in* s.o.); avouer (*qch.*) en confidence (à q., *to* s.o.); **con·fi·dence** ['kɔnfidəns] confiance *f* (en, *in*); assurance *f*, hardiesse *f*; confidence *f*; ⁓ *man* escroc *m*; ⁓ *trick* vol *m* à l'américaine; *man of* ⁓ homme *m* de confiance; **'con·fi·dent** □ assuré, sûr (de, *of*); *péj.* effronté; **con·fi·den·tial** [⁓'denʃl] □ confidentiel(le *f*); ⁓ *clerk* clerc *m* de confiance; ⁓ *agent* homme *m* de confiance.

con·fig·u·ra·tion [kənfigju'reiʃn] configuration *f*.

con·fine 1. ['kɔnfain] *usu.* ⁓s *pl.* confins *m/pl.*; **2.** [kən'fain] (r)enfermer (dans, *to*); borner, limiter (à, *to*); *be* ⁓*d to bed* être alité, garder le lit; *be* ⁓*d* faire ses couches; accoucher (*d'un fils etc.*); **con'fine·ment** emprisonnement *m*, réclusion *f*; alitement *m*; restriction *f*; *femme:* couches *f/pl.*, accouchement *m*.

con·firm [kən'fɔ:m] confirmer (*a. eccl.*); affermir (*un pouvoir*); ₜₜ entériner; **con·fir·ma·tion** [kɔnfə-'meiʃn] confirmation *f*; affermissement *m*; **con'firm·a·tive** □ [kən-'fɔ:mətiv], **con'firm·a·to·ry** [⁓təri] confirmatif (-ive *f*); confirmatoire; **con'firmed** invétéré; endurci, incorrigible; (*surt.* ₘ̂) chronique.

con·fis·cate ['kɔnfiskeit] confisquer; F voler; **con·fis'ca·tion** confiscation *f*; F *fig.* vol *m*; **con'fis·ca·to·ry** [⁓kətəri] de confiscation.

con·fla·gra·tion [kɔnflə'greiʃn] conflagration *f*; incendie *m*.

con·flict 1. ['kɔnflikt] conflit *m*, lutte *f*; *intérêts:* antagonisme *m*; **2.** [kən'flikt] (*with*) être en conflit *ou* désaccord *ou* contradiction (avec); se heurter (à).

con·flu·ence ['kɔnfluəns], **con·flux** ['⁓flʌks] voies, rivières, *etc.*: confluent *m*; concours *m* (*d'hommes etc.*); **con·flu·ent** ['⁓fluənt] **1.** qui confluent; qui se confondent; **2.** *fleuve:* affluent *m*.

con·form [kən'fɔ:m] *v/t.* conformer; *v/i.:* ⁓ *to* se conformer à; obéir à; s'adapter à; ⁓ *with* se soumettre à; **con'form·a·ble** □ (*to*) conforme (à); docile, soumis (à); **con·for·ma·tion** [kɔnfɔ:'meiʃn] conformation *f*, structure *f*; **con·form·ist** [kən'fɔ:mist] conformiste *m*; adhérent *m* de l'Église anglicane; **con-'form·i·ty** conformité *f* (à *with*, *to*); *in* ⁓ *with* conformément à.

con·found [kən'faund] confondre (*q.*, *un plan*); déconcerter; bouleverser; F ⁓ *it!* zut!; **con'found·ed** □ F maudit, sacré.

con·fra·ter·ni·ty [kɔnfrə'tə:niti] confrérie *f*; confraternité *f*.

con·front [kən'frʌnt] être en face de; faire face à; confronter (avec, *with*); *find o.s.* ⁓*ed with* se trouver en présence de; **con·fron·ta·tion** [kɔnfrʌn'teiʃn] confrontation *f*.

con·fuse [kən'fju:z] confondre (*a. fig.*); mêler, brouiller; embrouiller; troubler; **con'fused** □ embrouillé, bouleversé; confus; interdit; **con-'fu·sion** confusion *f*; désordre *m*; *poét.* déconfiture *f*.

con·fut·a·ble [kən'fju:təbl] réfutable; **con·fu·ta·tion** [kɔnfju:'teiʃn] réfutation *f*; **con·fute** [kən'fju:t] réfuter; convaincre (*q.*) d'erreur.

con·gé ['kɔ:nʒei] congé *m*.

con·geal [kən'dʒi:l] (se) congeler; (se) cailler; (se) figer; geler; **con'geal·a·ble** congelable.

con·ge·la·tion [kɔndʒi'leiʃn] congélation *f*.

con·ge·ner ['kɔndʒinə] congénère (*a. su./mf*) (de, *to*).

con·gen·ial □ [kən'dʒi:njəl] sympathique (*esprit*); agréable; convenable (à, *to*); ⁓ *with* du même caractère que; **con·ge·ni·al·i·ty** [⁓ni'æliti] communauté *f* de goûts; accord *m* d'humeur *etc.*

con·gen·i·tal □ [kən'dʒenitl] congénital (-aux *m/pl.*), de naissance; **con-'gen·i·tal·ly** de naissance.

con·ge·ri·es [kən'dʒiəri:z] *sg. et pl.* amas *m*, accumulation *f*.

con·gest [kən'dʒest] ₘ̂ (se) congestionner; *v/t.* encombrer; **con-'ges·tion** encombrement *m*; ₘ̂ congestion *f*; ⁓ *of population* sur-

conglobate

peuplement *m*; ~ *of traffic* encombrement *m* de circulation.
con·glo·bate ['kɔŋglobeit] 1. (se) conglober; 2. conglobé.
con·glom·er·ate [kɔn'glɔmərit] 1. congloméré; 2. conglomérat *m*; aggloméré *m*; 3. [~reit] (se) conglomérer; **con·glom·er·a·tion** conglomération *f*; *roches*: agrégation *f*.
con·grat·u·late [kɔn'grætjuleit] féliciter (q. de qch., *s.o.* [*up*]*on s.th.*); **con·grat·u·la·tion** félicitation *f*; **con·grat·u·la·tor** congratulateur (-trice *f*) *m*; **con·grat·u·la·to·ry** [~lətəri] de félicitation(s).
con·gre·gate ['kɔŋgrigeit] (se) rassembler; **con·gre·ga·tion** *eccl.* assistance *f*, paroissiens *m/pl.*; **con·gre·ga·tion·al** en assemblée; *eccl.* congrégationaliste.
con·gress ['kɔŋgres] réunion *f*; congrès *m*; ♀ Congrès *m* (*assemblée des représentants aux É.-U.*); **con·gres·sion·al** [~'greʃənl] du congrès; congressionnel(le *f*).
con·gru·ence, con·gru·en·cy ['kɔŋgruəns(i)] *see* **congruity**; Ą congruence *f*; **'con·gru·ent** *see* **congruous**; Ą congruent; **con·gru·i·ty** conformité *f*, convenance *f*; **'con·gru·ous** ☐ conforme (à *to*, *usu.* *with*).
con·ic ['kɔnik] conique; Ą ~ *section* section *f* conique; **'con·i·cal** ☐ *see* **conic**.
co·ni·fer ['kounifə] conifère *m*; **co'nif·er·ous** conifère.
con·jec·tur·al ☐ [kən'dʒektʃərəl] conjectural (-aux *m/pl.*); **con'jec·ture** 1. hypothèse *f*, supposition *f*; conjecture *f*; 2. conjecturer; supposer.
con·join [kən'dʒɔin] *v/t.* conjoindre; *v/i.* s'unir; **con'joint** conjoint, associé; **con'joint·ly** conjointement, ensemble.
con·ju·gal ☐ ['kɔndʒugəl] conjugal (-aux *m/pl.*); **con·ju·gate** 1. ['~geit] *v/t.* conjuguer; *v/i.* *biol.* se conjuguer; 2. ['~git] ♀ conjugué; **con·ju·ga·tion** [~'geiʃn] conjugaison *f*.
con·junct ☐ [kən'dʒʌŋkt] conjoint, associé; **con'junc·tion** conjonction *f* (*a. astr.*, *a. gramm.*); **con·junc·ti·va** *anat.* [kɔndʒʌŋk'taivə] conjonctive *f*; **con·junc·tive** [kən'dʒʌŋktiv] conjonctif (-ive *f*); ~ *mood* *gramm.* (mode *m*) conjonctif *m*; **con-**

'junc·tive·ly conjointement, ensemble; **con·junc·ti·vi·tis** [~'vaitis] conjonctivite *f*; **con'junc·ture** [~tʃə] conjoncture *f*, circonstance *f*, occasion *f*, rencontre *f*.
con·ju·ra·tion [kɔndʒuə'reiʃn] conjuration *f*; **con·jure** [kən'dʒuə] *v/t.* conjurer (q. de *inf.*, *s.o.* *to inf.*); ['kʌndʒə] *v/t.* conjurer (*un démon*); ~ *up* évoquer (*a. fig.*); *v/i.* faire des tours de passe-passe; **'con·jur·er**, **'con·jur·or** † conjurateur *m*; prestidigitateur *m*, illusionniste *mf*; **con·jur·ing trick** tour *m* de passe-passe.
conk F [kɔŋk] avoir des ratés; flancher (*moteur*); ~ *out* (se) caler.
con·nate ['kɔneit] ⚘ inné; ♀, *a. anat.* conné, coadné; **con·nat·u·ral** [kə'nætʃrl] de la même nature (que, *to*).
con·nect [kə'nekt] (se) (re)lier; joindre; *v/t.* ⚡ (inter)connecter; brancher (*une lampe*); **con'nect·ed** ☐ connexe; apparenté (*personne*); suivi (*discours*); *be* ~ *with* être allié à *ou* avec; se rattacher à; avoir des rapports avec; *be well* ~ être de bonne famille; **con'nect·ing** de connexion (*fil*); de communication; qui relie; ~ *rod* bielle *f* (motrice); **con'nec·tion** *see* **connexion**; **con'nec·tive** ☐ connectif (-ive *f*); *anat.* ~ *tissue* tissu *m* cellulaire connectif.
con·nex·ion [kə'nekʃn] rapport *m*, liaison *f*; *idées*: suite *f*; ⚡ connexion *f*; ⚡ contact *m*; prise *f* de courant; ⊕ raccord *m*; 🚆 correspondance *f*; *eccl.* secte *f*; *famille*: parenté *f*, parent(e *f*) *m*; allié(e *f*) *m*; *personne*: relations *f/pl.*; ⊺ clientèle *f*; relation *f* (entre, *between*); ~*s* *pl.* belles relations *f/pl.*; amis *m/pl.* influents.
conn·ing-tow·er ⚓ ['kɔniŋtauə] *sous-marin*: capot *m*; *cuirassé*: tourelle *f* de commandement.
con·niv·ance [kə'naivəns] complicité *f* (dans *at*, *in*); connivence *f* (avec, *with*); **con'nive**: ~ *at* fermer les yeux sur; être fauteur de (*un crime*).
con·nois·seur [kɔni'sə:] connaisseur (-euse *f*) *m* (en *of*, *in*).
con·no·ta·tion [kɔnou'teiʃn] signification *f*; *phls.* compréhension *f*; **'con·no·ta·tive** ☐ compréhensif

(-ive *f*); **con'note** *phls.* comporter; F signifier.
con·nu·bi·al □ [kə'nju:bjəl] conjugal (-aux *m/pl.*).
con·quer ['kɔŋkə] vaincre; *v/t.* conquérir; *fig.* subjuguer; **'con·quer·a·ble** qui peut être vaincu *ou* conquis; **'con·quer·or** conquérant(e *f*) *m*; vainqueur *m*; *cartes:* la belle *f*.
con·quest ['kɔŋkwest] conquête *f*.
con·san·guin·e·ous [kɔnsæŋ'gwiniəs] consanguin; F parent; **con·san'guin·i·ty** consanguinité *f*; parenté *f* (du côté du père).
con·science ['kɔnʃns] conscience *f*; F *in all* ~ certes, en vérité; *have the* ~ *to* (*inf.*) avoir l'audace de (*inf.*); ~ *money* restitution *f* anonyme au fisc; **'con·science·less** sans conscience.
con·sci·en·tious □ [kɔnʃi'enʃəs] consciencieux (-euse *f*); de conscience; ~ *objector* objecteur *m* de conscience; **con·sci·en'tious·ness** conscience *f*; droiture *f*.
con·scious □ ['kɔnʃəs] conscient; *be* ~ *of* avoir conscience de; *be* ~ *that* sentir que; **'con·scious·ness** conscience *f*; ✵ connaissance *f*.
con·script 1. ✕ [kən'skript] (*ou* **con·scribe** [~'skraib]) enrôler par la conscription; **2.** ['kɔnskript] conscrit (*a.* ✕ *su./m*); **con·scrip·tion** ✕ [kən'skripʃn] conscription *f*; *industrial* ~ conscription *f* industrielle.
con·se·crate ['kɔnsikreit] consacrer (*a. fig.*); bénir; sacrer (*un évêque, un roi*); **con·se'cra·tion** consécration *f*; *fig.* dévouement *m*; *roi:* sacre *m*; **'con·se·cra·tor** consacrant *m*.
con·sec·u·tive [kən'sekjutiv] consécutif (-ive *f*) (*a.* ♪, *a. gramm.*); de suite; qui se suivent; **con'sec·u·tive·ly** de suite; consécutivement.
con·sen·sus [kən'sensəs] consensus *m*; unanimité *f*.
con·sent [kən'sent] **1.** consentement *m*, assentiment *m* (à, *to*); accord *m*; *with one* ~ d'un commun accord; **2.** consentir (à, *to*); accepter (qch. *to*, *in s.th.*); **con·sen·ta·ne·ous** □ [kɔnsen'teiniəs] (*to*) d'accord (avec); en harmonie (avec); **con·sen·tient** [kən'senʃnt] unanime (sur, *in*); consentant (à, *to*).
con·se·quence ['kɔnsikwəns] (*to*) conséquence *f*; suites *f/pl.*; importance *f* (pour *q.*, à *qch.*); *in* ~ *of* par suite de; en conséquence de; **'con·se·quent 1.** résultant; logique; *be* ~ *on* résulter de; **2.** ☆ conséquent *m*; *phls.* conclusion *f*; **con·se·quen·tial** □ [~'kwenʃl] conséquent (à *to*, [*up*]*on*); consécutif (-ive *f*) (à, *to*); *personne:* suffisant; **con·se·quent·ly** ['~kwəntli] par conséquent; donc.
con·ser·va·tion [kɔnsə'veiʃn] conservation *f*; **con·serv·a·tism** [kən'sə:vətizm] conservatisme *m*; **con'serv·a·tive** □ **1.** conservateur (-trice *f*) (*a. pol.*) (de, *of*); préservateur (-trice *f*) (de, *from*); prudent (*évaluation*); **2.** conservateur (-trice *f*) *m*; **con'ser·va·toire** [~twa:] ♪ conservatoire *m*; **con'ser·va·tor** conservateur (-trice *f*) *m*; **con·serv·a·to·ry** [~tri] serre *f*; conservatoire *m*; **con'serve** conserver; préserver.
con·sid·er [kən'sidə] *v/t.* considérer (*une question*); envisager (*une possibilité*); étudier, examiner (*une proposition*); estimer, regarder (= *penser*); prendre en considération; avoir égard à; *v/i.* réfléchir; **con'sid·er·a·ble** □ considérable, important; **con'sid·er·ate** □ [~rit] □ plein d'égards (pour, envers *to*[*wards*]); **con·sid·er·a·tion** [~'reiʃn] considération *f*; égard *m*, -s *m/pl.*; compensation *f*, rémunération *f*; pourboire *m*; *fig.* importance *f*; ✞ prix *m*; cause *f* (*d'un billet*); *be under* ~ être en délibération *ou* à l'examen; *take into* ~ prendre en considération; tenir compte de; *money is no* ~ l'argent n'est rien; l'argent n'entre pas en ligne de compte; *on no* ~ sous aucun prétexte; **con'sid·er·ing** □ **1.** *prp.* en égard à, étant donné ...; **2.** F *adv.* somme toute, malgré tout.
con·sign [kən'sain] remettre, livrer; reléguer; déposer (*de l'argent*); **con·sig·na·tion** [kɔnsai'neiʃn], **con·sign·ment** [kən'sainmənt] ✞ expédition *f*; envoi *m*; consignation *f*; **con·sign·ee** [kɔnsai'ni:] destinataire *m*; **con·sign·er, con·sign·or** [kən'sainə] consignateur *m*, expéditeur *m*.
con·sist [kən'sist] consister (en, dans *of*; à *inf.*, *in gér.*); se composer (de, *of*); **con'sist·ence, con-**

consistency

'sist·en·cy *sirop, esprit*: consistance *f*; *sol*: compacité *f*; *conduite*: uniformité *f*; logique *f*; **con'sist·ent** □ conséquent; logique; compatible (avec, *with*); ~**ly** *a.* uniformément; **con'sis·to·ry** [~təri] *eccl.* consistoire *m.*

con·sol·a·ble [kən'souləbl] consolable; **con·so·la·tion** [kɔnsə'leiʃn] consolation *f.*

con·sole 1. ['kɔnsoul] console *f* (*a.* ♪); ~*-table* (table *f*) console *f*; **2.** [kən'soul] consoler; **con'sol·er** consolateur (-trice *f*) *m.*

con·sol·i·date [kən'sɔlideit] (se) consolider (*a. fig.*); (se) tasser (*chaussée*); *v/t.* affermir; solidifier; unir (*des entreprises, des propriétés, etc.*); **con·sol·i'da·tion** consolidation *f*; affermissement *m*; tassement *m*; unification *f.*

con·sols [kən'sɔlz] *pl.* fonds *m/pl.* consolidés; *3 per cent* ~ consolidés *m/pl.* trois pour cent.

con·so·nance ['kɔnsənəns] consonance *f*; accord *m* (*a.* ♪); **'con·so·nant 1.** □ ♪ harmonieux (-euse *f*); consonant; conforme (à *with, to*); **2.** consonne *f*; ~ *shift* mutation *f* consonantique.

con·sort 1. ['kɔnsɔːt] époux *m*, épouse *f*; *reine*: consort *m*; ⚓ conserve *f*; **2.** [kən'sɔːt] (*with*) fréquenter (*q.*); frayer (avec).

con·spic·u·ous □ [kən'spikjuəs] apparent, bien visible, manifeste; *fig.* frappant; insigne; *be ~ by one's absence* briller par son absence.

con·spir·a·cy [kən'spirəsi] conspiration *f*; **con'spir·a·tor** [~tə] conspirateur (-trice *f*) *m*; **con'spir·a·tress** [~tris] conspiratrice *f*; **con·spire** [~'spaiə] conspirer (contre, *against*); comploter (de, *to*); *fig.* concourir (à, *to*).

con·sta·ble ['kʌnstəbl] gardien *m* de la paix; *château*: gouverneur *m*; *hist.* connétable *m*; *chief* ~ commissaire *m* de police; **con·stab·u·lar·y** [kən'stæbjuləri] police *f*; *county* ~ gendarmerie *f.*

con·stan·cy ['kɔnstənsi] constance *f*, fermeté *f*; fidélité *f*; régularité *f*; **'con·stant 1.** □ constant; ferme; fidèle; invariable; continuel(le *f*); assidu; **2.** ⚔ constante *f.*

con·stel·la·tion *astr.* [kɔnstə'leiʃn] constellation *f* (*a. fig.*).

con·ster·na·tion [kɔnstə'neiʃn] consternation *f*; atterrement *m.*

con·sti·pate ['kɔnstipeit] constiper; **con·sti'pa·tion** ⚕ constipation *f.*

con·stit·u·en·cy [kən'stitjuənsi] circonscription *f* électorale; électeurs *m/pl.*; **con'stit·u·ent 1.** constituant, constitutif (-ive *f*); composant; ~ *body* corps *m* constituency; **2.** élément *m* (constitutif); ⚖ constituant *m*; *pol.* électeur (-trice *f*) *m*; ~*s pl.* commettants *m/pl.*, électeurs *m/pl.*

con·sti·tute ['kɔnstitjuːt] constituer; faire (*le bonheur de q.*); constituer, nommer (q. arbitre, s.o. *judge*); **con·sti'tu·tion** constitution *f* (*de qch., a.* = *santé, a. pol.*); *chose*: composition *f*; ⚖*s pl. hist.* arrêts *m/pl.*; **con·sti'tu·tion·al 1.** □ constitutionnel(le *f*) (*a.* ⚕); *fig.* hygiénique; naturel(le *f*); ~ *law* droit *m* constitutionnel; **2.** F promenade *f* hygiénique *ou* quotidienne; **con·sti·tu·tion·al·ist** historien *m* des constitutions politiques; *pol.* constitutionnel *m*; **con·sti·tu·tive** □ [kən'stitjutiv] constitutif (-ive *f*).

con·strain [kən'strein] contraindre (à, de *inf. to inf.*); retenir de force; **con'straint** contrainte *f* (*a.* ⚖); retenue *f.*

con·strict [kən'strikt] (res)serrer; rétrécir; gêner; **con'stric·tion** resserrement *m*; ⚕ *artères*: strangulation *f*; **con'stric·tor** *anat.* constricteur *m*; *zo.* (*a. boa* ~) boa *m* constricteur.

con·strin·gent [kən'strindʒnt] constringent; ⚕ astringent.

con·struct [kən'strʌkt] construire; bâtir; établir (*un chemin de fer*); *fig.* confectionner; **con'struc·tion** construction *f*; *machine*: établissement *m*; édifice *m*, bâtiment *m*; *fig.* interprétation *f*; *under* ~ en construction; **con'struc·tive** □ constructif (-ive *f*); *esprit*: créateur; de construction; ⚖ implicite; par interprétation; **con'struc·tor** constructeur *m*; *constructions navales*: ingénieur *m.*

con·strue [kən'struː] *gramm.* analyser; décomposer (*une phrase*); faire le mot à mot de (*un texte*); interpréter (*une conduite, des paroles, etc.*).

con·sue·tu·di·nar·y [kɔnswi'tjuːdinəri] coutumier (-ère *f*).

con·sul ['kɔnsl] consul *m*; ~ *general*

consul *m* général; **con·su·lar** ['kɔnsjulə] consulaire; de *ou* du consul; **con·su·late** ['ˈ‿lit] consulat *m* (*a. bâtiment*); ~ general consulat *m* général; **con·sul·ship** ['kɔnslʃip] consulat *m*.

con·sult [kən'sʌlt] *v/t.* consulter (*a. fig.*); avoir égard à (*la sensibilité*); ~ing engineer ingénieur-conseil (*pl.* ingénieurs-conseils) *m*; *v/i.* consulter (avec q., s.o.); (*a.* ~ together) délibérer; **con'sult·ant** médecin *m* etc. consultant; ⊕ expert-conseil (*pl.* experts-conseils) *m*; **con·sul·ta·tion** [kɔnsəl'teiʃn] ⚔, ⚖, *livre*: consultation *f*; délibération *f*; **con·sult·a·tive** [kən'sʌltətiv] consultatif (-ive *f*); **con'sult·ing** consultant; ~-hours heures *f/pl.* de consultation; ~ physician médecin *m* consultant; ~ room cabinet *m* de consultation.

con·sum·a·ble [kən'sju:məbl] consumable (*feu*); consommable; **con'sume** *v/t.* consumer (*a. feu*), dévorer; consommer (*des vivres*); *fig.* absorber, brûler; dévorer; *v/i.* se consumer; **con'sum·er** consommateur (-trice *f*) *m*; abonné(e *f*) *m* (*au gaz etc.*); ~(s') goods *pl.* biens *m/pl.* de consommation.

con·sum·mate 1. ☐ [kən'sʌmit] achevé; **2.** ['kɔnsʌmeit] consommer (*un sacrifice, le mariage*); **con·sum·ma·tion** [‿'meiʃn] mariage *m*, *crime*: consommation *f*; achèvement *m*; fin *f*; *fig.* but *m*, comble *m*.

con·sump·tion [kən'sʌmpʃn] *vivres, charbon*: consommation *f*; *charbon, chaleur*: dépense *f*; ⚔ phtisie *f*, tuberculose *f*; **con'sump·tive** ☐ poitrinaire (*a. su./mf*); tuberculeux (-euse *f*); phtisique (*a. su./mf*).

con·tact 1. ['kɔntækt] contact *m* (*a. ⚡*); *opt.* ~ lenses *pl.* lentilles *f/pl.* cornéennes, verres *m/pl.* de contact; ⚡ make (break) ~ établir (rompre) le contact; **2.** [kən'tækt] contacter (*q.*).

con·ta·gion [kən'teidʒən] contagion *f*; maladie *f* contagieuse; **con'ta·gious** ☐ contagieux (-euse *f*).

con·tain [kən'tein] contenir; renfermer; ⚔ maintenir, contenir (*l'ennemi*); *fig.* retenir, maîtriser; ~ o.s. se contenir; **con'tain·er** récipient *m*; ✈ boîte *f*; **con'tain·ment** *conduite*: retenue *f*; ⚔ échec *m*.

con·tam·i·nate [kən'tæmineit] contaminer; *fig.* corrompre; vicier; **con·tam·i'na·tion** *textes, a. ling.*: contamination *f*; souillure *f*.

con·tan·go ✝ [kən'tæŋgou] intérêt *m* de report.

con·tem·plate ['kɔntempleit] *v/t.* contempler, considérer; *v/i.* méditer; **con·tem'pla·tion** contemplation *f*; méditation *f*; have in ~ projeter; **con·tem·pla·tive** ☐ [kən'templətiv] contemplatif (-ive *f*); recueilli; songeur (-euse *f*).

con·tem·po·ra·ne·ous ☐ [kɔntempə'reinjəs] contemporain; ⚖ ~ performance exécution *f* simultanée; **con'tem·po·rar·y 1.** contemporain (de, *with*); **2.** contemporain(e *f*) *m*; confrère *m*.

con·tempt [kən'tempt] mépris *m*, dédain *m*; ~ of court contumace *f*, outrage *m* à la Cour; hold in ~ mépriser; in ~ of au *ou* en mépris de; **con'tempt·i·ble** ☐ méprisable; bas(se *f*); indigne; **con'temp·tu·ous** ☐ [‿juəs] dédaigneux (-euse *f*) (de, *of*); méprisant, de mépris.

con·tend [kən'tend] *v/i.* lutter; contester (qch., *for* s.th.; à q., *with* s.o.); *v/t.* soutenir (que, *that*).

con·tent[1] ['kɔntent] *vase etc.*: contenance *f*; *min.* teneur *f*; ~s *pl.* contenu *m*.

con·tent[2] [kən'tent] **1.** satisfait (de, *with*); *parl.* pour; oui; not ~ contre; non; **2.** contenter, satisfaire; ~ o.s. se borner à (*inf.*); se contenter (de, *with*); se borner à (*inf.*); **3.** contentement *m*; to one's heart's ~ à souhait; **con'tent·ed** ☐ content, satisfait (de, *with*); be ~ to (*inf.*) se contenter de (*inf.*).

con·ten·tion [kən'tenʃn] dispute *f*, débat *m*; affirmation *f*, prétention *f*; **con'ten·tious** ☐ contentieux (-euse *f*); disputeur (-euse *f*) (*personne*).

con·tent·ment [kən'tentmənt] contentement *m* (de son sort).

con·ter·mi·nous [kən'tə:minəs] limitrophe (de *to, with*); de même étendue *ou* durée (que, *with*).

con·test 1. ['kɔntest] lutte *f*; concours *m*; *sp.* match (*pl.* matchs, matches) *m*; **2.** [kən'test] (se) disputer; contester, débattre; *pol.* ~ a seat se poser candidat pour un siège; **con'test·a·ble** contestable; débattable; **con'test·ant** contestant(e *f*) *m*; concurrent(e *f*) *m*; **con'test·ed** disputé.

con·text ['kɔntekst] *texte*: contexte *m*; **con·tex·tu·al** □ [kən'tekstjuəl] d'après le contexte; **con'tex·ture** [⁓tʃə] *os, tissu*: texture *f*; *poème, discours*: facture *f*.

con·ti·gu·i·ty [kɔnti'gjuiti] contiguïté *f*; **con·tig·u·ous** □ [kən'tigjuəs] contigu(ë *f*), attenant (à, to).

con·ti·nence ['kɔntinəns] continence *f*, chasteté *f*; **'con·ti·nent 1.** □ continent, chaste; **2.** continent *m*; the ♀ l'Europe *f* (continentale); **con·ti·nen·tal** □ [⁓'nentl] continental (-aux *m/pl.*); F de l'Europe; **con·ti·nen·tal·ize** continentaliser.

con·tin·gen·cy [kən'tindʒənsi] éventualité *f*; cas *m* imprévu; **con'tin·gen·cies** *pl.* imprévu *m*; ✝ faux frais *m/pl.*; **con'tin·gent 1.** □ éventuel(le *f*); accidentel(le *f*); aléatoire; conditionnel(le *f*); *be* ⁓ *on* dépendre de; **2.** ⚔ contingent *m*.

con·tin·u·al □ [kən'tinjuəl] continuel(le *f*), incessant; **con'tin·u·ance** continuation *f*; durée *f*; **con·tin·u'a·tion** continuation *f*; suite *f*; prolongement *m*; ✝ report *m*; *sl.* ⁓*s pl.* pantalon *m*; guêtres *f/pl.*; ⁓ *school* école *f* du soir, cours *m* complémentaires; **con'tin·ue** *v/t.* continuer; prolonger; reprendre; maintenir; ⁓ *reading* continuer à ou de lire; *to be* ⁓*d* à suivre; *v/i.* (se) continuer; se prolonger; persévérer; se poursuivre; ⁓ *in a business* continuer dans une affaire; **con·ti·nu·i·ty** [kɔnti'nju:iti] continuité *f*; ⁓ *girl* script-girl *f*; **con·tin·u·ous** □ [kən'tinjuəs] continu; suivi; ⚡ ⁓ *current* courant *m* continu.

con·tort [kən'tɔ:t] tordre; contourner; **con'tor·tion** contorsion *f*; **con'tor·tion·ist** contorsionniste *m*.

con·tour ['kɔntuə] contour *m*, profil *m*; *plan*: tracé *m*; ⁓ *line* courbe *f* de niveau.

con·tra ['kɔntrə] contre; ✝ *per* ⁓ par contre.

con·tra·band ['kɔntrəbænd] **1.** de contrebande; **2.** contrebande *f*.

con·tract 1. [kən'trækt] *v/t.* contracter (*habitudes, maladie, dettes, mariage, muscles*); prendre (*des habitudes, un goût*); *v/i.* se resserrer, se contracter (*a. ling.*); traiter (*pour, for*); entreprendre (*de, to*); ⁓ *for* entreprendre (*qch.*); ⁓*ing party* contractant(e *f*) *m*; **2.** ['kɔntrækt] pacte *m*, contrat *m*; entreprise *f*; *by* ⁓ par contrat; *under* ⁓ engagé par contrat; ⁓ *work* travail *m* à forfait; **con·tract·ed** □ [kən'træktid] contracté; *fig.* rétréci; **con·tract·i·'bil·i·ty** contractilité *f*; **con'tract·i·ble** contractile; **con'trac·tile** [⁓tail] contractile; de contraction; **con'trac·tion** contraction *f* (*a. gramm.*), rétrécissement *m*; *crédit*: amoindrissement *m*; *habitudes*: prise *f*; **con'trac·tor** *bâtiments*: entrepreneur *m*; *armée, gouvernement*: fournisseur *m*; *anat.* (*muscle m*) fléchisseur *m*; **con'trac·tu·al** [⁓tjuəl] contractuel(le *f*).

con·tra·dict [kɔntrə'dikt] contredire (*q., qch.*); **con·tra'dic·tion** contradiction *f*; **con·tra·dic·tious** contredisant; ergoteur (-euse *f*); **con·tra'dic·to·ri·ness** [⁓tərinis] nature *f* contradictoire; esprit *m* de contradiction; **con·tra'dic·to·ry** □ contradictoire; opposé (à, to).

con·tra·dis·tinc·tion [kɔntrədis'tiŋkʃn] opposition *f*, contraste *m*.

con·trap·tion *sl.* [kən'træpʃn] dispositif *m*, machin *m*; invention *f* baroque.

con·tra·ri·e·ty [kɔntrə'raiəti] contrariété *f*; **con·tra·ri·ly** ['⁓rili] contrairement; **'con·tra·ri·ness** esprit *m* contrariant *ou* de contradiction; contrariété *f*; **con·tra·ri·wise** ['⁓waiz] au contraire; d'autre part; en sens opposé; **'con·tra·ry 1.** contraire, opposé; F (*a.* kən'trɛəri] indocile, revêche; ⁓ *to* contraire à, contre, à l'encontre de; **2.** contraire *m*; *on* (*ou* to) *the* ⁓ au contraire; *to the* ⁓ *a.* à l'encontre.

con·trast 1. ['kɔntræst] contraste *m* (*avec* to, with); *in* ⁓ to par contraste avec; *by* ⁓ en opposition; comme contraste; **2.** [kən'træst] *v/t.* faire contraster (avec, with); opposer; mettre en contraste (avec, with); *v/i.* contraster, faire contraste (avec, with).

con·tra·vene [kɔntrə'vi:n] enfreindre, transgresser; contrevenir à; aller à l'encontre de; **con·tra'ven·tion** [⁓'venʃn] contravention *f*, infraction *f* (à, of); violation *f* (de, of).

con·trib·ute [kən'tribju:t] *v/t.* contribuer pour (*une somme*); payer; écrire (*des articles*); *v/i.* contribuer,

conversational

aider (à, to); collaborer (à *un journal*); **con·tri'bu·tion** [kɔntri'bjuːʃn] contribution *f*; cotisation *f*; ✝ apport *m* (*de capitaux*), versement *m*; *journal*: article *m*; ⚔ contribution *f*, réquisition *f*; **con'trib·u·tor** [kən-'tribjutə] contribuant(e *f*) *m*; collaborateur (-trice *f*) *m* (d'un journal, *to a newspaper*); **con'trib·u·to·ry** contribuant.

con·trite □ ['kɔntrait] contrit, pénitent; **con·tri·tion** [kən'triʃn] contrition *f*, pénitence *f*.

con·triv·ance [kən'traivəns] invention *f*; combinaison *f*; artifice *m*; appareil *m*, dispositif *m*; F truc *m*; **con'trive** *v/t.* inventer, imaginer, combiner; pratiquer; *v/i.* se débrouiller; se tirer d'affaire; s'arranger; trouver moyen (de *inf.*, *to inf.*); **con'triv·er** inventeur (-trice *f*) *m*; *péj.* machinateur (-trice *f*) *m*.

con·trol [kən'troul] **1.** autorité *f*; maîtrise *f*, contrainte *f*; empire *m*; contrôle *m*; *train, navire*: manœuvre *f*; *mot.* (a. ~ lever) manette *f* de commande; surveillance *f*; ⊕ commande *f*; contrôleur (-euse *f*) *m* (*d'un médium*); *exchange* ~ contrôle *m* des changes; *attr.* de commande, de contrôle; ✈ ~ *surfaces pl.* empennage *m*; *remote* (*ou distant*) ~ commande *f* à distance; ~ *board* ⚡ commutateur *m*; ✈ ~ *column* levier *m* de commande; ~ *knob* bouton *m* de réglage; ~ *tower* ✈ tour *f* de contrôle; *be in* ~ *commander* (*qch., of s.th.*); avoir de l'autorité (sur, *of*); *put s.o. in* ~ charger q. du contrôle *ou* de la direction (de, *of*); **2.** diriger; régler; tenir (*ses élèves*); maîtriser; gouverner (*a. fig.*); dompter (*ses passions*); réglementer (*la circulation*); retenir (*ses larmes*); ⊕ commander (*a.* ✈); **con'trol·la·ble** contrôlable; maniable, manœuvrable; maîtrisable; **con'trol·ler** contrôleur (-euse *f*) *m*; *appareil, a.* ✈ contrôleur *m*; *affaire*: gérant *m*.

con·tro·ver·sial □ [kɔntrə'vəːʃl] controversable; polémique; *personne*: disputailleur (-euse *f*) *m*; **con·tro·ver·sy** ['~si] controverse *f*, polémique *f*; **con·tro·vert** ['~vəːt] controverser (*une question*); disputer (*qch.*); **con·tro'vert·i·ble** □ controversable.

con·tu·ma·cious □ [kɔntju:'meiʃəs] rebelle, récalcitrant; ⚖ contumace; **con·tu·ma·cy** ['kɔntjuməsi] obstination *f*, entêtement *m*; ⚖ contumace *f*.

con·tu·me·li·ous [kɔntju:'miːliəs] insolent, dédaigneux (-euse *f*); **con·tu·me·ly** ['kɔntjumli] insolence *f*; mépris *m*; honte *f*.

con·tuse ⚕ [kən'tjuːz] contusionner; **con'tu·sion** contusion *f*.

co·nun·drum [kə'nʌndrəm] devinette *f*; *fig.* énigme *f*.

con·va·lesce [kɔnvə'les] être en convalescence; **con·va'les·cence** convalescence *f*; **con·va'les·cent** □ convalescent(e *f*) (*a. su./mf*).

con·vec·tion [kən'vekʃn] *phys.* convection *f*.

con·vene [kən'viːn] (s')assembler, (se) réunir; *v/t.* convoquer (*une assemblée*); ⚖ citer (devant, *before*).

con·ven·ience [kən'viːnjəns] commodité *f*, convenance *f*; plaisir *m*; (*a. public* ~) cabinets *m/pl.* d'aisance, commodités *f/pl.*; *at your earliest* ~ au premier moment favorable; *make a* ~ *of s.o.* abuser de la bonté de q.; *marriage of* ~ mariage *m* de convenance; **con'ven·ient** □ commode; à proximité (de *to, for*).

con·vent ['kɔnvənt] couvent *m* (*surt. de femmes*); **con·ven·ti·cle** [kən'ventikl] conciliabule *m*; conventicule *m* (*surt. de dissidents*); **con'ven·tion** convention *f*; accord *m*; *usu.* ~s *pl.* bienséances *f/pl.*; **con'ven·tion·al** conventionnel(le *f*); de convention; courant (*a.* ⚔ *armes*); **con'ven·tion·al·ism** respect *m* des convenances; *art*: formalisme *m*; **con·ven·tion·al·i·ty** [~'næliti] convention *f*; conventions *f/pl.* sociales; **con'ven·tu·al** [~tjuəl] □ conventuel(le *f*) (*a. su./mf*).

con·verge [kən'vəːdʒ] *v/i.* converger (sur, *on*); *v/t.* faire converger; **con'ver·gence, con'ver·gen·cy** convergence *f*; **con'ver·gent, con·verg·ing** convergent.

con·vers·a·ble [kən'vəːsəbl] sociable; de commerce agréable; **con·'ver·sant** familier (-ère *f*) (avec q., *with s.o.*); versé (dans *with, in*); compétent (en *with, in*); **con·ver·sa·tion** [~vəˈseiʃn] conversation *f*, entretien *m*; **con·ver'sa·tion·al**

converse

de (la) conversation; **con·verse** ['kɔnvəːs] 1. contraire; 2. conversation f; relations f/pl., commerce m; ⚔ proposition f réciproque; phls. proposition f converse; 3. [kən'vəːs] causer; s'entretenir (avec, with); **con'ver·sion** ⊕, phls., eccl., pol., ✝ rentes: conversion f (à, to; en into); transformation f (a. ♫); ⚖ détournement m (de fonds); ✝ accommodation f (d'une usine aux usages de qch.).

con·vert 1. ['kɔnvəːt] converti(e f) m; 2. [kən'vəːt] transformer (a. ♫); changer; convertir (a. ⊕, eccl., pol., phls.); sp. transformer (un essai); ✝ affecter (des fonds); ⚖ détourner (des fonds); ✝ accommoder (une usine etc.); **con'vert·er** convertisseur (-euse f) m; ⊕, a. ♫ convertisseur m; radio: adaptateur m; **con·vert·i·bil·i·ty** [⁓ə'biliti] convertibilité f; **con'vert·i·ble** ☐ convertissable (personne); convertible (en, into) (chose); interchangeable (termes), réciproque; mot. décapotable, transformable.

con·vex ☐ ['kɔn'veks] convexe; **con'vex·i·ty** convexité f.

con·vey [kən'vei] (trans)porter; conduire; (a)mener (q.); communiquer (une pensée, une nouvelle, etc.); transmettre (phys., a. odeur, son, ordre, remerciements, etc.); ⚖ faire cession de; dresser l'acte translatif de propriété de; **con'vey·ance** transport m; moyen(s) m(pl.) de transport; transmission f (a. ⚖, a. phys.); communication f; voiture f; véhicule m; ⚖ transfert m, cession f; ⚖ acte m translatif de propriété; ♫ transmission f; transport m (d'énergie); public ⁓ voiture f publique; **con'vey·anc·er** notaire m (qui dresse des actes translatifs de propriété); **con'vey·or** ⊕ (a. ⁓ belt) bande f transporteuse.

con·vict 1. ['kɔnvikt] forçat m; 2. [kən'vikt] convaincre (de, of); **con'vic·tion** conviction f; ⚖ condamnation f; previous ⁓s dossier m du prévenu.

con·vince [kən'vins] persuader, convaincre (q. de qch., s.o. of s.th.).

con·viv·i·al [kən'viviəl] joyeux(-euse f), jovial (-als ou -aux m/pl.), bon vivant; **con·viv·i·al·i·ty** [⁓vi'æliti] franche gaieté f; sociabilité f.

con·vo·ca·tion [kɔnvə'keiʃn] convocation f; eccl. assemblée f.

con·voke [kən'vouk] convoquer.

con·vo·lu·tion [kɔnvə'luːʃn] ♫ circonvolution f; fig. repli m, sinuosité f. [volubilis m.)

con·vol·vu·lus ♀ [kən'vɔlvjuləs]

con·voy 1. ['kɔnvɔi] convoi m; escorte f; 2. [kən'vɔi] convoyer, escorter.

con·vulse [kən'vʌls] fig. bouleverser; be ⁓d with laughter se tordre de rire; **con'vul·sion** usu. ⁓s pl. convulsion f, -s f/pl.; fig. bouleversement m; go off in ⁓s of laughter se tordre de rire; **con'vul·sive** ☐ convulsif (-ive f).

coo [kuː] 1. roucouler; 2. roucoulement m.

cook [kuk] 1. cuisinier (-ère f) m; (a. head ⁓) chef m; 2. v/t. (faire) cuire; F cuisiner (les comptes etc.); v/i. faire la cuisine; '**cook·er** cuisinière f; pomme f ou fruit m à cuire; F falsificateur (-trice f) m des comptes; pressure-⁓ marmite f express; '**cook·er·y** cuisine f; **cook·ie** ['⁓i] Am. galette f; '**cook·ing** cuisson f; cuisine f; attr. de cuisine.

cool [kuːl] 1. ☐ frais (fraîche f); froid, tiède (sentiments); fig. calme, de sang-froid; péj. sans gêne, peu gêné; F a ⁓ thousand pounds mille livres bien comptées; 2. frais m; 3. (se) rafraîchir; '**cool·er** rafraîchisseur m; vin: glacière f; sl. prison f; **cool-'head·ed** à l'esprit calme; de sang-froid; imperturbable.

coo·lie ['kuːli] coolie m.

cool·ing ⊕ ['kuːliŋ] refroidissement m; attr. de réfrigération; '**cool·ness** fraîcheur f; fig. personne: froideur f; sang-froid m; flegme m; **coolth** F ou co. Brit. [kuːlθ] frais m.

coomb(e) géog. [kuːm] combe f.

coon Am. F [kuːn] zo. abr. de rac(c)oon; nègre m; type m; he is a gone ⁓ c'en est fait de lui; ⁓ song chanson f nègre.

coop [kuːp] 1. cage f à poules; poussinière f; 2. ⁓ up (ou in) enfermer; tenir enfermé.

co-op F [kou'ɔp] see co(-)operative store; co(-)operative society.

coop·er ['kuːpə] tonnelier m; dry ⁓

boisselier *m*; *vins*: embouteilleur *m*; **'coop·er·age** tonnellerie *f*.
co(-)op·er·ate [kou'ɔpəreit] coopérer (avec, *with*); concourir (à, *in*); *ready to* ~ prêt à aider; **co(-)op·er·'a·tion** coopération *f*, concours *m* (à, *in*); **co(-)'op·er·a·tive** [~pərətiv] **1.** coopératif (-ive *f*); ~ *society* société *f* coopérative; ~ *store* société *f* coopérative de consommation; F coopérative *f*; **2.** see ~ *store*; **co-'op·er·a·tor** [~reitə] coopérateur (-trice *f*) *m*.
co-opt [kou'ɔpt] coopter; **co-op'ta·tion** cooptation *f*.
co-or·di·nate [kou'ɔ:dinit] **1.** □ coordonné; **2.** Å coordonnée *f*; **3.** [~neit] coordonner (à, *with*); **co-or·di'na·tion** coordination *f*.
coot [ku:t] *orn*. foulque *f* noire; F niais(e *f*) *m*; **coot·ie** ['~i] *sl*. pou (*pl*. poux) *m*.
cop *sl*. [kɔp] **1.** pincer (=*attraper*); ~ *it* (se faire) attiger; recevoir un savon; **2.** sergot *m*, flic *m*.
co·par·ce·nar·y ['kou'pɑ:sinəri] copartage *m*; copropriété *f*; **'co'par·ce·ner** indivisaire *mf*.
co·part·ner ['kou'pɑ:tnə] coassocié(e *f*) *m*; **'co'part·ner·ship** coassociation *f*; coparticipation *f*; actionnariat *m* ouvrier.
cope¹ [koup] **1.** *eccl.* chape *f*; *fig.* voile *m*, manteau *m*; voûte *f* (*céleste*); **2.** recouvrir d'une voûte; chaperonner (*un mur*).
cope² [~]: ~ *with* tenir tête à, faire face à.
cope·stone ['koupstoun] *usu. fig.* [couronnement *m*.
cop·ing Å ['koupiŋ] chaperon *m* (*d'un mur*).
co·pi·ous □ ['koupjəs] copieux (-euse *f*), abondant; **'co·pi·ous·ness** profusion *f*, abondance *f*.
cop·per¹ ['kɔpə] **1.** cuivre *m* (rouge); pièce *f* de deux sous; lessiveuse *f*; ~s *pl*. petite monnaie *f*; **2.** de *ou* en cuivre; **3.** cuivrer; doubler (*un navire*).
cop·per² [~] *Brit. sl.* see *cop* 2.
cop·per·as ⚗ ['kɔpərəs] couperose *f* verte.
cop·per...: **'~·plate** plaque *f* de cuivre; ~ *writing* écriture *f* moulée; **'~·works** *usu. sg.* fonderie *f* de cuivre; **'cop·per·y** cuivreux (-euse *f*).
cop·pice ['kɔpis], **copse** [kɔps] taillis *m*, hallier *m*.

cop·u·late *zo.* ['kɔpjuleit] s'accoupler; **cop·u'la·tion** coït *m*; *zo.* accouplement *m*; **cop·u·la·tive** ['~lətiv] **1.** *anat., physiol.* copulateur (-trice *f*); *gramm.* copulatif(-ive *f*); **2.** copulative *f*.
cop·y ['kɔpi] **1.** copie *f*; reproduction *f*; transcription *f*; *livre*: exemplaire *m*; *journal*: numéro *m*; *écriture*: modèle *m*; *imprimerie*: manuscrit *m*; *journ.* matière *f* à reportage; (*a. carbon* ~) double *m*; *fair* (*ou clean*) ~ copie *f* au net; *fig.* corrigé *m*; *rough* (*ou foul*) ~ brouillon *m*; **2.** copier; reproduire; transcrire; ~ *fair* mettre au net; *phot.* ~*ing stand* porte-copie *m/inv.*; **'~·book** cahier *m* d'écriture; **'~·hold** ⚖ tenure *f* censitaire; **'cop·y·ing-ink** encre *f* à copier; **'cop·y·ing-press** presse *f* à copier; **'cop·y·ist** copiste *mf*; scribe *m*; **'cop·y·right** propriété *f* littéraire; droit *m* d'auteur; *attr.* protégé par des droits d'auteur; qui n'est pas dans le domaine public (*livre*).
co·quet [kou'ket] faire la coquette; **co·quet·ry** ['~kitri] coquetterie *f*; **co·quette** [~'ket] coquette *f*; **co'quet·tish** □ provocant; coquet(te *f*) (*chapeau etc.*); flirteur (-euse *f*) (*femme*).
cor·al ['kɔrəl] **1.** corail (*pl.* -aux) *m*; anneau *m* de corail (*pour bébé*); **2.** (*a.* **cor·al·line** ['~lain]) corallien (-ne *f*); corallin (*couleur*).
cor·bel Å ['kɔ:bl] corbeau *m*, console *f*.
cord [kɔ:d] **1.** corde *f*; cordon *m* (*a.* Å); ficelle *f*; *bois de chauffage*: corde *f*; *fig.* lien *m*; *anat.* corde *f* (*vocale*); cordon *m* (*médullaire, ombilical*); *see* corduroy; **2.** corder; attacher *ou* lier avec une corde; **'cord·ed** *tex.* côtelé; **'cord·age** cordages *m/pl.*
cor·dial ['kɔ:djəl] **1.** □ cordial (-aux *m/pl.*); chaleureux (-euse *f*); **2.** cordial *m*; **cor·dial·i·ty** [~di'æliti] cordialité *f*.
cord-mak·er ['kɔ:dmeikə] cordier *m*.
cor·don ['kɔ:dən] **1.** Å, ✂, etc. cordon *m*; **2.** ~ *off* isoler par un cordon (*de police etc.*).
cor·do·van ['kɔ:dəvən] (cuir *m*) de Cordoue.
cor·du·roy ['kɔ:dərɔi] *tex.* velours *m*

core 708

côtelé; ~s *pl.* pantalon *m ou* culotte *f* de velours à côtes; ~ *road Am.* chemin *m* de rondins.
core [kɔː] 1. ♀ *pomme:* trognon *m; bois:* cœur *m; fig.* cœur *m;* intérieur *m; abcès:* bourbillon *m;* ✂ carotte *f;* ⊕ noyau *m;* 2. enlever le cœur de (*une pomme*); '**cor·er** (*a.* **apple-~**) vide-pomme *m/inv.*
co·re·li·gion·ist [ˈkouriˈlidʒənist] coreligionnaire *mf.*
Co·rin·thi·an [kəˈrinθiən] 1. corinthien(ne *f*) *m;* 2. Corinthien(ne *f*) *m.*
cork [kɔːk] 1. liège *m; bouteille:* bouchon *m;* 2. boucher; *fig.* (*a.* ~ **up**) étouffer; '**cork·age** bouchage *m;* débouchage *m; restaurant:* droit *m* de débouchage; '**corked** qui sent le bouchon (*vin*); '**cork·er** *sl.* dernier cri *m;* type *m etc.* épatant; mensonge *m* un peu fort; '**cork·ing** *Am.* F fameux (-euse *f*); *bath.*
cork...: ~ **jack·et** gilet *m* de sauvetage; '**~-screw** 1. tire-bouchon *m;* ~ **curl** cheveux: tire-bouchon *m;* 2. *v/i.* vriller (*fil*); tourner en vrille (*escalier*); '**~-tree** ♀ chêne-liège (*pl.* chênes-lièges) *m;* '**cork·y** semblable au liège; *fig.* enjoué.
cor·mo·rant *orn.* [ˈkɔːmərənt] cormoran *m,* F corbeau *m* de mer.
corn¹ [kɔːn] 1. grain *m;* blé *m; Am.* (*a. Indian* ~) maïs *m; Am.* ~ **bread** pain *m* de maïs; *Am.* ~**-flakes** paillettes *f/pl.* de maïs; 2. saler; ~**ed beef** bœuf *m* de conserve.
corn² ✂ [~] *orteil:* cor *m; pied:* oignon *m.*
corn...: '**~-chan·dler** *Brit.* marchand *m* de grains; '**~-cob** *Am.* épi *m* de maïs.
cor·ne·a *anat.* [ˈkɔːniə] œil: cornée *f.*
cor·nel ♀ [ˈkɔːnl] cornouille *f; arbre:* cornouiller *m.*
cor·nel·i·an *min.* [kɔːˈniːljən] cornaline *f.*
cor·ne·ous [ˈkɔːniəs] corné.
cor·ner [ˈkɔːnə] 1. coin *m,* angle *m;* tournant *m; mot.* virage *m; fig.* dilemme *m,* impasse *f;* ✝ monopole *m;* ✝ trust *m* d'accapareurs; (*a.*~ **kick**) corner *m;* 2. mettre dans un coin (*fig.* une impasse); acculer (*q.*); mettre (*un animal*) à l'accul; ✝ accaparer; '**cor·nered** à angles, à coins.
corner...: '**~-house** maison *f* du coin; '**~-stone** pierre *f* angulaire (*a. fig.*).
cor·net [ˈkɔːnit] ♪ cornet *m* à pistons; *papier:* cornet *m; glaces:* plaisir *m.*
corn...: '**~-ex·change** bourse *f* des céréales; halle *f* aux blés; '**~-flow·er** bl(e)uet *m.*
cor·nice [ˈkɔːnis] △, *alp.* corniche *f;* chapiteau *m* d'armoire.
Cor·nish [ˈkɔːniʃ] cornouaillais, de Cornouailles.
corn...: '**~-juice** *Am.* whisky *m* de maïs; '**~-pop·py** ♀ coquelicot *m;* pavot *m* rouge.
cor·nu·co·pi·a [kɔːnjuˈkoupjə] corne *f* d'abondance.
corn·y [ˈkɔːni] abondant en blé; *sl.* suranné, rebattu; *surt. Am.* ♪ sentimental (-aux *m/pl.*); gnangnan *inv.*
co·rol·la ♀ [kəˈrɔlə] corolle *f;* **cor·ol·la·ry** corollaire *m; fig.* conséquence *f.*
co·ro·na [kəˈrounə], *pl.* **-nae** [~niː] *astr.* couronne *f;* △ larmier *m;* **co·ro·nal** [ˈkɔːrənl] *anat.* coronal (-aux *m/pl*); **cor·o·na·tion** couronnement *m,* sacre *m;* '**cor·o·ner** ½½ coroner *m;* **cor·o·net** [~nit] cercle *m,* couronne *f; dame:* diadème *m.*
cor·po·ral [ˈkɔːpərəl] 1. □ corporel (-le *f*); 2. ✕ *infanterie:* caporal *m; artillerie, cavalerie:* brigadier *m;* **cor·po·rate** [~rit] □ constitué; ~ **body** corps *m* constitué; personne *f* civile; **cor·poˈra·tion** corporation *f,* corps *m* constitué; personne *f* civile; municipalité *f; Am.* société *f* par actions; F gros ventre *m;* **cor·po·ra·tive** [ˈ~rətiv] corporatif (-ive *f*); **cor·po·re·al** □ [~ˈpɔːriəl] corporel(le *f*); matériel(le *f*) (*a.* ½½); **cor·po·re·i·ty** [~pəˈriːiti] corporéité *f.*
corps [kɔː], *pl.* **corps** [kɔːz] corps *m.*
corpse [kɔːps] cadavre *m;* corps *m.*
cor·pu·lence, cor·pu·len·cy [ˈkɔːpjuləns(i)] corpulence *f;* '**cor·pu·lent** corpulent.
cor·pus [ˈkɔːpəs], *pl.* **-po·ra** [ˈ~pərə] corpus *m,* recueil *m;* ♀ **Chris·ti** [ˈkɔːpəsˈkristi] *la* Fête-Dieu *f;* **cor·pus·cle** [ˈkɔːpʌsl] corpuscule *m; sanguin:* globule *m; fig.* atome *m.*
cor·ral *surt. Am.* [kɔˈrɑːl] 1. corral (*pl.* **-als**) *m;* 2. renfermer dans un corral; *fig.* s'emparer de; parquer (*des chariots*) en rond.

cor·rect [kə'rekt] **1.** *adj.* □ correct; juste; bienséant; *be* ~ avoir raison; *fig.* être en règle; **2.** *v/t.* rectifier (*une erreur*); neutraliser (*une influence*);reprendre (*un enfant*); **cor'rec·tion** correction *f;* rectification *f;* châtiment *m,* punition *f; house of* ~ maison *f* de correction; *I speak under* ~ je le dis sous toutes réserves, sauf correction; **cor'rect·i·tude** [~itju:d] correction *f;* **cor-'rec·tive 1.** correctif (-ive *f*), rectificatif (-ive *f*); punitif (-ive *f*); **2.** correctif *m;* **cor'rec·tor** correcteur (-trice *f*) *m; typ.* corrigeur (-euse *f*) *m;* ⊕ appareil *m* etc. correcteur.

cor·re·late ['kɔrileit] **1.** *v/t.* mettre en corrélation (avec, *with*); *v/i.* correspondre (à *with, to*); **2.** corrélatif *m;* **cor·re'la·tion** corrélation *f;* **cor·rel·a·tive** □ ['~relətiv] corrélatif (-ive *f*); en corrélation (avec, *with*).

cor·re·spond [kɔris'pɔnd] (*with, to*) correspondre (avec, à); être conforme (à); (s')écrire (à); **cor·re-'spond·ence** correspondance *f;* courrier *m;* **cor·re'spond·ent 1.** □ conforme; **2.** correspondant(e *f*) *m* (*a.* ✝); *journ.* envoyé(e *f*) *m.*

cor·ri·dor ['kɔridɔ:] couloir *m,* corridor *m;* 🚆 ~ *train* train *m* à intercirculation.

cor·ri·gi·ble □ ['kɔridʒəbl] corrigible.

cor·rob·o·rant [kə'rɔbərənt] **1.** corroborant; corroboratif (-ive *f*); **2.** corroborant *m;* fortifiant *m;* **cor-'rob·o·rate** [~reit] corroborer, confirmer; **cor·rob·o'ra·tion** corroboration *f,* confirmation *f;* **cor'rob·o·ra·tive** [~rətiv] corroboratif (-ive *f*); corroborant.

cor·rode [kə'roud] corroder, ronger (*un métal, a. fig.*); **cor'ro·dent** corrodant (*a. su./m*); **cor'ro·sion** corrosion *f; qqfois* rouille *f;* ⚡ sulfatage *m* (*des bornes*); **cor'ro·sive** [~siv] **1.** □ corrosif (-ive *f*) (*a. fig.*); corrodant; **2.** corrosif *m;* corrodant *m;* **cor'ro·sive·ness** corrosivité *f;* mordant *m.*

cor·ru·gate ['kɔrugeit] ⊕ strier de nervures; ~*d cardboard* carton *m* ondulé; ~*d iron* tôle *f* ondulée.

cor·rupt [kə'rʌpt] **1.** □ corrompu, altéré (*a. texte*); *fig.* dépravé; vénal (-aux *m/pl.*) (*presse*); *pol.* ~ *practices* brigues *f/pl.;* abus *m;* trafic *m* d'influence; **2.** *v/t.* corrompre, altérer (*a. texte*); *fig.* dépraver, dévoyer; *v/i.* se corrompre; s'altérer; **cor'rupt·er** corrupteur (-trice *f*) *m;* démoralisateur (-trice *f*) *m;* **cor·rupt·i·bil·i·ty** [~ə'biliti] corruptibilité *f;* vénalité *f;* **cor'rupt·i·ble** □ corruptible; vénal (-aux *m/pl.*); **cor'rup·tion** corruption *f* (*a. fig.*); dépravation *f;* subornation *f* (*d'un témoin*); **cor'rup·tive** □ corruptif (-ive *f*). [bouquet *m.*]

cor·sage [kɔ:'sɑ:ʒ] corsage *m; Am.*
cor·sair ['kɔ:sɛə] homme, vaisseau: corsaire *m;* pirate *m.*

cors(e)·let ['kɔ:slit] corselet *m.*

cor·set ['kɔ:sit] corset *m;* **'cor·set·ed** corseté.

cor·ti·cal ['kɔ:tikl] cortical (-aux *m/pl.*); *fig.* extérieur.

cor·ti·sone ['kɔ:tizoun] cortisone *f.*

co·run·dum *min.* [kə'rʌndəm] corindon *m.*

cor·us·cate ['kɔrəskeit] scintiller; briller; **cor·us'ca·tion** vif éclat *m; fig.* ~*s of wit* paillettes *f/pl.* d'esprit.

cor·vette ⚓ [kɔ:'vet] corvette *f.*

cor·vine ['kɔ:vain] *orn.* corvin.

cor·y·phae·us [kɔri'fi:əs], *pl.* **-phae·i** [~'fi:ai] coryphée *m* (*a. fig.*); *fig.* chef *m* de secte *etc.;* **co·ry·phée** [~'fei] *ballet:* première danseuse *f.*

cosh·er ['kɔʃə] dorloter, gâter.

co·sig·na·to·ry ['kou'signətəri] cosignataire (*a. su.*).

co·sine ⚹ ['kousain] cosinus *m.*

co·si·ness ['kouzinis] confortable *m;* chaleur *f* agréable.

cos·met·ic [kɔz'metik] (~*ally*) cosmétique (*a. su./m*).

cos·mic, cos·mi·cal □ ['kɔzmik(l)] cosmique. [naute *m.*]

cos·mo·naut ['kɔzmənɔ:t] cosmo-
cos·mo·pol·i·tan [kɔzmə'pɔlitən], **cos·mop·o·lite** [~'mɔpəlait] cosmopolite (*a. su./mf*).

Cos·sack ['kɔsæk] cosaque (*a. su.*).

cos·set ['kɔsit] **1.** (agneau *m*) favori *m;* **2.** dorloter, gâter.

cost [kɔst] **1.** coût *m;* frais *m/pl.;* dépens *m/pl.;* prix *m;* ⚖ ~*s pl.* frais *m/pl.* d'instance; *les frais m/pl.* et dépens *m/pl.; first (ou prime)* ~ prix *m* coûtant; prix *m* de revient; ~ *of living* coût *m* de la vie; *to my* ~ à mes dépens; *as I know to my* ~ (comme)

co-star — 710

je l'ai appris pour mon malheur; 2. [*irr.*] coûter; ✝ établir le prix de revient de (*un article*); ~ *dear* coûter cher (à q., *s.o.*).

co-star ['kou'staː] *cin.* partenaire *mf*.

cos·ter F ['kɔstə], '~**·mon·ger** marchand *m* des quatre-saisons.

cost·ing ['kɔstiŋ] établissement *m* du prix de revient.

cos·tive □ ['kɔstiv] constipé.

cost·li·ness ['kɔstlinis] prix *m* élevé; *meubles*: somptuosité *f*; '**cost·ly** de grand prix; riche (*meubles*); coûteux (-euse *f*).

cost-price ✝ ['kɔstprais] prix *m* coûtant, prix *m* de revient, prix *m* de fabrique.

cos·tume ['kɔstjuːm] 1. costume *m* (*pour dames*: tailleur); ~ *play* pièce *f* historique; 2. costumer; **cos'tum·i·er** [~miə] costumier *m*.

co·sy ['kouzi] 1. □ chaud, commode, confortable; 2. cosy *m* (*pour œufs à la coque*); couvre-théière *m*; molleton *m*.

cot [kɔt] lit *m* d'enfants; lit *m* de camp; ⚓ hamac *m* à cadre.

co·te·rie ['koutəri] coterie *f*; cénacle *m* (*littéraire etc.*).

cot·tage ['kɔtidʒ] chaumière *f*; petite maison *f* de campagne; *Am.* résidence *f* d'été; *Am.* ~ *cheese* fromage *m* blanc; ~ *piano* petit piano *m* droit; '**cot·tag·er** paysan(ne *f*) *m*; habitant(e *f*) *m* d'une chaumière; *Am.* estivant(e *f*) *m*.

cot·ter ⊕ ['kɔtə] clavette *f*, goupille *f*.

cot·ton ['kɔtn] 1. coton *m*; *arbre*: cotonnier *m*; toile *f ou* fil *m* de coton; fil *m* à coudre; ② de coton; ~ *wool* ouate *f*; 3. F s'accorder, faire bon ménage (avec, *with*); se sentir attiré (par, *to*); ~ *to s.th.* s'accommoder à qch.; ~ *up* faire des avances (à *to*, *with*); '~**-grass** linaigrette *f*; '**cot·ton·y** cotonneux (-euse *f*).

couch [kautʃ] 1. canapé *m*, divan *m*; chaise *f* longue; *poét.* lit *m*; 2. *v/t.* coucher; mettre (*sa lance*) en arrêt; envelopper (*sa pensée*); rédiger (*une lettre*, *une réclamation*); abaisser (*une cataracte*); *v/i.* se coucher; se tapir; '~**-grass** ♀ chiendent *m*.

cou·gar *zo.* ['kuːgɑː] couguar *m*, puma *m*.

cough [kɔf] 1. toux *f*; 2. *v/i.* tousser; *v/t.* ~ *down* réduire (*q.*) au silence à force de tousser; ~ *up* cracher (*a. sl.* = *payer*).

could [kud] *prét. de* can¹.

couldn't ['kudnt] = *could not*.

coul·ter ['koultə] coutre *m* (*de charrue*).

coun·cil ['kaunsl] conseil *m*; *eccl.* concile *m*; **coun·ci(l)·lor** ['~ilə] conseiller *m*; membre *m* du conseil.

coun·sel ['kaunsəl] 1. consultation *f*; conseil *m*; dessein *m*; ⚖ avocat *m*; conseil *m*; ~ *for the defence* défenseur *m*; avocat *m* du défendeur; ~ *for the prosecution* avocat *m* de la partie publique; *keep o.'s (own)* ~ observer le silence; *take* ~ *with* consulter avec; 2. conseiller, recommander (à q. de *inf.*, *s.o. to inf.*); **coun·se(l)·lor** ['~lə] conseiller *m*.

count¹ [kaunt] 1. compte *m*, calcul *m*; *votes*: dépouillement *m*; dénombrement *m*; ⚖ chef *m* (*d'accusation*); *box.* compte *m*; *parl.* (*a.* ~*out*) ajournement *m*; *lose* ~ perdre le compte (de, *of*); 2. *v/t.* compter; dénombrer; *fig.* tenir (*q.*) pour; *box. be* ~*ed out* rester sur le plancher pour le compte; F être compté dehors; *v/i.* compter (sur, *on*; pour *as*, *for*); au nombre de, *among*); avoir de l'importance; ~ *for little* compter pour peu, ne compter guère.

count² [~] *titre étranger*: comte *m*.

count·down ['kauntdaun] *fusée*: compte *m* à rebours.

coun·te·nance ['kauntinəns] 1. visage *m*, figure *f*, mine *f*; expression *f* (du visage); faveur *f*; 2. approuver, encourager, appuyer.

count·er¹ ['kauntə] compteur (-euse *f*) *m*; ⊕ compteur *m*; *jeux*: fiche *f* (carrée), jeton *m* (rond); *boutique*: comptoir *m*; *banque etc.*: guichets *m/pl.*; caisse *f*; *phys. Geiger* ~ compteur *m* Geiger.

count·er² [~] 1. *adj.* contraire, opposé (à, *to*); 2. *adv.* à contresens; contrairement; 3. *su.* contre *m*; *box.* coup *m* d'arrêt; 4. *v/t.* aller à l'encontre de; contrecarrer (*des desseins*); *box.* parer.

coun·ter·act [kauntə'rækt] neutraliser; parer à; **coun·ter·ac·tion** action *f* contraire; neutralisation *f*; contre-mesure *f*.

coun·ter·at·tack ['kauntərətæk] contre-attaque *f*.

coun·ter·bal·ance 1. ['kauntəbæləns] contrepoids *m*; **2.** [͵ˌ'bæləns] contrebalancer; compenser; ✝ équilibrer. [poste *f*.〉

coun·ter·blast ['kauntəblɑ:st] ri-〉

coun·ter·change [kauntə'tʃeindʒ] échanger (pour, contre *for*).

coun·ter·charge ['kauntətʃɑ:dʒ] contre-accusation *f*.

coun·ter·check ['kauntətʃek] force *f* opposée *ou* antagoniste; riposte *f*.

coun·ter·clock·wise ['kauntə'klɔkwaiz] en sens inverse des aiguilles d'une montre.

coun·ter·cur·rent ['kauntə'kʌrənt] contre-courant *m*.

coun·ter·es·pi·onage ['kauntərespiɔ'nɑ:ʒ] contre-espionnage *m*.

coun·ter·feit ['kauntəfit] **1.** □ contrefait; faux (fausse *f*); simulé; **2.** contrefaçon *f*; *document*: faux *m*; F fausse monnaie *f*; **3.** contrefaire, simuler, feindre (*une émotion*); **'coun·ter·feit·er** contrefacteur *m*; faux-monnayeur *m*; simulateur (-trice *f*) *m*.

coun·ter·foil ['kauntəfɔil] souche *f*, *chèque*: talon *m*.

coun·ter·fort ⚠ ['kauntəfɔ:t] contrefort *m*.

coun·ter·in·tel·li·gence ['kauntərintelidʒəns] *see* counter-espionage.

coun·ter·jump·er F ['kauntədʒʌmpə] commis *m*; calicot *m*.

coun·ter·mand [kauntə'mɑ:nd] **1.** contrordre *m*, contremandement *m*; **2.** contremander; révoquer; ✝ décommander.

coun·ter·march ['kauntəmɑ:tʃ] **1.** contremarche *f*; **2.** (faire) contremarcher.

coun·ter·mark ['kauntəmɑ:k] contremarque *f*.

coun·ter·meas·ure ['kauntəmeʒə] contre-mesure *f*.

coun·ter·mine ['kauntəmain] **1.** contre-mine *f*; **2.** contre-miner (*a. fig.*).

coun·ter·or·der ['kauntərɔ:də] contrordre *m*.

coun·ter·pane ['kauntəpein] couvre-lit *m*; courtepointe *f*.

coun·ter·part ['kauntəpɑ:t] contrepartie *f*; double *m*.

coun·ter·point ♩ ['kauntəpɔint] contrepoint *m*.

coun·ter·poise ['kauntəpɔiz] **1.** contrepoids *m*; équilibre *m*; **2.** contrebalancer; faire contrepoids à (*a. fig.*). [contrescarpe *f*.〉

coun·ter·scarp ⚔ ['kauntəskɑ:p]〉

coun·ter·sign ['kauntəsain] **1.** contreseing *m*; mot *m* d'ordre; **2.** contresigner.

coun·ter·sink ⊕ [kauntə'siŋk] [*irr.*] fraiser; noyer (*la tête d'une vis*); encastrer (*la tête d'un rivet*).

coun·ter·stroke ['kauntəstrouk] retour *m* offensif.

coun·ter·ten·or ♩ ['kauntə'tenə] haute-contre (*pl.* hautes-contre) *f*; alto *m*.

coun·ter·vail ['kauntəveil] *v/t.* compenser; *v/t.* prévaloir (contre, *against*).

coun·ter·weight ['kauntəweit] contrepoids *m* (à, to).

coun·ter·work ['kauntəwə:k] contrarier; contrecarrer.

count·ess ['kauntis] comtesse *f*.

count·ing-house ['kauntiŋhaus] (bureau *m* de la) comptabilité *f*.

count·less ['kauntlis] innombrable.

coun·tri·fied ['kʌntrifaid] aux allures agrestes; province *inv.* (*personne*).

coun·try ['kʌntri] **1.** pays *m*; région *f*; patrie *f*; campagne *f*; province *f*; appeal (*ou* go) to the ~ en appeler au pays; **2.** campagnard; de *ou* à la campagne; ~ *policeman* garde *m* champêtre; ~ *dance* dance *f* rustique; **'~·man** campagnard *m*, paysan *m*; compatriote *m*; **'~·side** campagnes *f/pl.*; (population *f* de la) région *f*; **'~·wom·an** campagnarde *f*, paysanne *f*; compatriote *f*.

coun·ty ['kaunti] comté *m*; ~ *town*, *Am.* ~ *seat* chef-lieu (*pl.* chefs-lieux) *m* de comté.

coup [ku:] coup *m* (audacieux).

cou·ple ['kʌpl] **1.** couple *m*, deux ...; couple *f* (*a. d'œufs, de pigeons*); **2.** *v/t.* coupler; associer; ⊕ engrener; ⛓ atteler, accrocher; ⚡ brancher (sur, to), interconnecter; *v/i.* s'accoupler (*personne*); ~ *back* coupler à réaction; **'cou·pler** *radio*: accouplement *m*; **cou·plet** ['͵ˌlit] distique *m*.

cou·pling ⊕ ['kʌpliŋ] accouplement *m*; ⛓ accrochage *m*; ⚡ couplage *m*; *radio*: accouplement *m*; *attr.* d'accouplement.

cou·pon ['ku:pɔn] coupon *m* (*a.* ✝); ticket *m* (*de carte alimentaire*).

cour·age ['kʌridʒ] courage *m*; **cou·ra·geous** □ [kəˈreidʒəs] courageux (-euse *f*).

cour·i·er ['kuriə] courrier *m*, messager *m*.

course [kɔ:s] **1.** *événements, fleuve, temps, univ.:* cours *m*; *événements:* marche *f*; direction *f*, route *f* (*a.* ⚓); *affaires:* courant *m*; *balle:* trajet *m*; *repas:* plat *m*, service *m*; *fig.* chemin *m*; *fig.* parti *m*; *sp.* piste *f*; *sp.* champ *m* de course(s); *golf:* parcours *m*; ⚓ cap *m*; ⚓ basse voile *f*; ✝ cote *f* (*des changes*); ⚕ traitement *m*; ⊕ *piston:* course *f*; ⚠ *cours d'eau:* lit *m*; ~ *of action* ligne *f* de conduite; *in due* ~ en temps utile; *of* ~ (bien) entendu, naturellement; *be a matter of* ~ aller de soi; ~ *of exchange* cote *f* des changes; **2.** *v/t.* *chasse:* (faire) courir; *v/i.* courir, couler (*liquide, surt. sang*).

cours·ing ['kɔ:siŋ] chasse *f* (à courre) au lièvre.

court [kɔ:t] **1.** cour *f* (*royale, a.* ⚖); ⚖ tribunal *m*; ruelle *f*; ⚔, ⚓ commission *f* (d'enquête); *sp.* court *m* (de tennis), terrain *m*; *Am. General* ♀ Parlement *m* (*des États de Vermont et New Hampshire*); *at* ~ à la cour; *pay* (*one's*) ~ faire la cour (à, *to*); **2.** courtiser; faire la cour à (*une femme*); solliciter (*qch.*); rechercher (*qch.*); aller au-devant de (*un échec, un danger*); '~-**card** *cartes:* figure *f*, carte *f* peinte; '~-**day** jour *m* d'audience; **cour·te·ous** □ ['kə:tiəs] courtois, poli (envers, *to*); **cour·te·san**, *a.* **cour·te·zan** [kɔ:tiˈzæn] courtisane *f*; **cour·te·sy** ['kə:tisi] courtoisie *f*, politesse *f*; **court-house** ['kɔ:t'haus] palais *m* de justice; *Am. a.* administration *f* (*d'un département*); **cour·ti·er** ['~jə] courtisan *m*; '**court·li·ness** courtoisie *f*; élégance *f*; '**court·ly** courtois; élégant.

court...: ~ **mar·tial**, *pl.* ~**s mar·tial** ⚔ conseil *m* de guerre; '~-'**mar·tial** faire passer en conseil de guerre; '~-'**plas·ter** taffetas *m* gommé; '~-'**ship** cour *f* (*faite à une femme*); '~-'**yard** cour *f* (*d'une maison*).

cous·in ['kʌzn] cousin(e *f*) *m*; *first* ~, ~ *german* cousin(e *f*) *m* germain(e *f*);

'**cous·in·ly** de bon cousinage; **cous·in·hood** ['~hud], '**cous·in·ship** cousinage *m*; parenté *f*.

cove[1] [kouv] **1.** anse *f*; petite baie *f*; ⚠ grande gorge *f*; voûte *f* (*de plafond*); **2.** voûter.

cove[2] *sl.* [~] type *m*, individu *m*.

cov·e·nant ['kʌvinənt] **1.** ⚖ convention *f*, contrat *m*; *bibl.* alliance *f*; *pol.* pacte *m*; **2.** *v/t.* accorder par contrat; stipuler (*de l'argent*); *v/i.* convenir (de qch. avec q., *with s.o.* for *s.th.*).

Cov·en·try ['kɔvəntri]: *send s.o. to* ~ mettre q. en quarantaine.

cov·er ['kʌvə] **1.** couverture *f*; *table:* tapis *m*; *buffet:* dessus *m*; couvercle *m*; abri *m*; *poste:* enveloppe *f*; *fig.* masque *m*, voile *m*; *mot., bicyclette, etc.:* bâche *f*; ✝ provision *f*, marge *f*; *repas:* couvert *m*; (*ou* ~ *address*) adresse *f* de convenance; *Am.* ~ *charge* couvert *m*; **2.** recouvrir; couvrir (de, *with*) (q., *qch.*, ✝ risque, ⚔ retraite, *dépenses*); envelopper; revêtir; dominer (*une vue, un terrain*); parcourir (*une distance*); tapisser (*un mur*); combler (*un déficit*); ⚡ guiper (*un fil*); assurer le compte-rendu de (*un journal*); F couvrir, dissimuler; *fig.* tenir compte de, comprendre; ~*ed button* bouton *m* d'étoffe; ~*ed court tennis:* court *m* couvert; ~*ed wire* fil *m* guipé; '**cov·er·ing** recouvrement *m*; couverture *f* (*a. de lit*); enveloppe *f*; ⚡ *fil etc.:* guipage *m*; *meubles:* housse *f*; ⚓ bâche *f*; *floor* ~ linoléum *m*; **cov·er·let** ['~lit] couvre-lit *m*; dessus *m* de lit.

cov·ert ['kʌvət] **1.** □ voilé, caché; secret (-ète *f*); ⚖ en puissance de mari; **2.** *chasse:* abri *m*, couvert *m*, fourré *m*; retraite *f*; **cov·er·ture** ['~tjuə] abri *m*; ⚖ condition *f* de la femme mariée.

cov·et ['kʌvit] convoiter; aspirer à; '**cov·et·ous** □ avide (de, *of*); avare; cupide; '**cov·et·ous·ness** convoitise *f*; cupidité *f*.

cov·ey ['kʌvi] vol *m ou* couvée *f* (*de perdrix etc.*).

cov·ing ⚠ ['kouviŋ] *plafond etc.:* voussure *f*; saillie *f*.

cow[1] [kau] vache *f*.

cow[2] [~] intimider, dompter.

cow·ard ['kauəd] **1.** □ lâche; **2.** lâche *mf*; '**cow·ard·ice**, '**cow-**

ard·li·ness lâcheté *f*; **'cow·ard·ly 1.** lâche; **2.** lâchement.
cow·boy ['kaubɔi] jeune vacher *m*; *Am.* cow-boy *m*; **'cow·catch·er** 🚂 *Am.* chasse-pierres *m/inv.*
cow·er ['kauə] se blottir, se tapir; *fig.* trembler (devant, *before*).
cow·herd ['kauhə:d] vacher *m*; bouvier *m*; **'cow·hide 1.** (peau *f* de) vache *f*; **2.** *Am.* donner le fouet à (*q.*).
cowl [kaul] *moine, cheminée:* capuchon *m*; *cheminée:* mitre *f*; ✈︎, ⚓ capot *m*.
cow...: '~·man *Am.* éleveur *m* de bétail; **'~-'pars·ley** □ cerfeuil *m* sauvage; **'~-'pars·nip** ♀ berce *f*; **'~-pox** variole *f* des vaches; **'~-punch·er** *Am.* F cow-boy *m*.
cow·rie ['kauri] porcelaine *f*; *argent:* cauris *m*.
cow...: '~-shed étable *f*; **'~-slip** ♀ (fleur *f* de) coucou *m*.
cox F [kɔks] **1.** *see* coxswain; **2.** diriger, gouverner.
cox·comb ['kɔkskoum] petit-maître (*pl.* petits-maîtres) *m*; fat *m*; **cox-'comb·i·cal** □ fat.
cox·swain ['kɔkswein; 'kɔksn] barreur *m*; ⚓ patron *m* (*d'une chaloupe*).
coy [kɔi] □ modeste, farouche, réservé; **'coy·ness** modestie *f*, réserve *f*.
coz·en ['kʌzn] tromper; **'coz·en·age** tromperie *f*.
co·zy ['kouzi] *see* cosy.
crab¹ [kræb] crabe *m*, cancre *m*; *astr. le* Cancer *m*; ⊕ treuil *m*; chèvre *f*; *sl. see* crab-louse; *catch a* ~ faire fausse rame; F *turn out* ~*s* échouer.
crab² [~] **1.** pomme *f* sauvage; F personne *f* revêche; critique *f*; grognon(ne *f*) *m*; **2.** *v/t.* dénigrer; *v/i.* trouver à redire (à, *about*); **crab·bed** ['kræbid] □ maussade, grognon(ne *f*); pénible (*style*); illisible (*écriture*); **crab-louse** ['kræblaus] pou *m* du pubis.
crack [kræk] **1.** craquement *m*; fente *f*; fissure *f*; lézarde *f*; cloche, *verre, porcelaine, etc.:* fêlure *f*; F coup *m* sec; *écoss.* F cousette *f*; *sp. sl.* crack *m*, as *m*; *sl.* cambriolage *m*; F toqué(e *f*) *m*; *surt. Am. sl.* remarque *f* mordante, observation *f* satirique; plaisanterie *f*; *in a* ~ en un clin d'œil; **2.** F fameux (-euse *f*), de premier ordre; **3.** clac!; pan!; **4.** *v/t.* faire claquer (*un fouet*); fêler; crevasser; fendre; casser (*une noisette*); ⚗ fractionner (*une huile lourde*); ~ *a bottle* déboucher *ou* entamer *ou* boire une bouteille; ~ *a joke* faire une plaisanterie; F ~ *up* vanter (*q., qch.*); *v/i.* craquer; claquer; se fêler; se crevasser; se lézarder; se gercer (*peau*); se casser (*voix etc.*); *Am. sl.* ~ *down on s.o.* F laver la tête à *q.*; prendre des mesures sévères contre *q.*; **'~-brained** (au cerveau) timbré; **'~-down** *Am. sl.* razzia *f*; **'cracked** fêlé, fendu etc.; F timbré, toqué; **'crack·er** papillote *f* à pétard; pétard *m*; F mensonge *m*; *Am.* craquelin *m*, croquet *m*; biscuit *m* dur; **'crack·er·jack** *Am.* F as *m*, expert *m*; **'crack-jaw** F (mot *m*) à vous décrocher la mâchoire; **'crack·le** craqueter; crépiter; pétiller (*feu*); (se) fendiller; **'crack·ling** *porc rôti:* peau *f* croquante; couenne *f*; **crack·nel** ['~nl] craquelin *m*; **'crack-up** collision *f*; ✈︎ crash *m*; **'crack·y** *see* cracked.
cra·dle ['kreidl] **1.** berceau *m* (*a. fig.*); *fig.* première enfance *f*; ⚓ ber *m* (de lancement); chantier *m*; *téléph.* étrier *m* du récepteur; **2.** mettre dans un berceau *etc.*
craft [krɑ:ft] habileté *f*; ruse *f*, artifice *m*; métier *m* manuel; profession *f*; corps *m* de métier; *coll. pl.* embarcations *f/pl.*, petits navires *m/pl.*; *the gentle* ~ la pêche à la ligne, *fig. co.* le noble art; **'craft·i·ness** ruse *f*, astuce *f*; **'crafts·man** artisan *m*, ouvrier *m*; artiste *m* dans son métier; **'crafts·man·ship** exécution *f* merveilleuse; dextérité *f* manuelle; **'craft·y** □ astucieux (-euse *f*), rusé.
crag [kræg] rocher *m* à pic; *alp.* varappe *f*; **'crag·gy** rocailleux (-euse *f*); escarpé; **'crags·man** varappeur *m*.
crake *orn.* [kreik] (cri *m* du) râle *m*.
cram [kræm] fourrer, bourrer; empâter (*de la volaille*); *fig.* empiffrer; F bûcher (*un sujet*), bourrer; *v/i.* s'entasser; se gorger de nourriture; préparer un examen; **2.** F chauffage *m* (*pour un examen*);

cram-full

F mensonge m; '~-'**full** regorgeant (de, of), bondé; '**cram·mer** chauffeur m; F mensonge m.
cramp [kræmp] 1. ⚕ crampe f; ⊕ crampon m; presse f à vis; fig. contrainte f; 2. ⊕ cramponner, agrafer; serrer à (l'étau); fig. gêner; '**cramped** gêné; à l'étroit; '**cramp-frame** ⊕ serre-joint m; presse f à main; '**cramp-i·ron** crampon m, agrafe f. [à glace.|
cram·pon ['kræmpən] crampon m|
cran·ber·ry ♀ ['krænbəri] airelle f; canneberge f.
crane [krein] 1. grue f (a. ⊕); 2. tendre ou allonger (le cou); ⊕ hisser ou descendre au moyen d'une grue; ~ at refuser ou reculer devant; **crane-fly** zo. ['~flai] tipule f; **crane's-bill** ♀ bec-de-grue (pl. becs-de-grue) m.
cra·ni·um anat. ['kreiniəm] crâne m.
crank [kræŋk] 1. ⊕ détraqué, délabré; ⚓ instable, mal équilibré; 2. manivelle f; meule à aiguiser: cigogne f; coude m; cloche: bascule f; starting ~ mot. (manivelle f de) mise f en marche; 3. v/t. ~ off bobiner (un film); mot. ~ up lancer (une auto, un moteur); '~-**case** carter m (du moteur); '**crank·i·ness** humeur f difficile; excentricité f; '**crank-shaft** ⊕ vilebrequin m; '**crank·y** d'humeur difficile; excentrique; capricieux (-euse f).
cran·nied ['krænid] lézardé, crevassé; '**cran·ny** fente f, crevasse f; niche f.
crape [kreip] 1. crêpe m noir; 2. draper de crêpe.
craps Am. [kræps] pl. dés m/pl.
crap·u·lence ['kræpjuləns] crapule f; F débauche f.
crash¹ [kræʃ] 1. fracas m; catastrophe f; † krach m; ✈ crash m; ~-helmet casque m protecteur; ~-landing atterrissage m brutal, crash m; 2. v/i. retentir; éclater avec fracas; ✈ s'écraser, atterrir brutalement; v/t. jeter avec fracas; 3. Am. F à exécuter rapidement.
crash² [~] toile f à serviettes.
crass [kræs] grossier (-ère f); stupide.
crate [kreit] caisse f à claire-voie.
cra·ter ['kreitə] volcan, a. ⚡ cratère m; ⚔ entonnoir m.
cra·vat [krə'væt] foulard m; † cravate f.

crave [kreiv] v/t. implorer avec instance (de, from), solliciter; v/i. (for) désirer avidement (qch.).
cra·ven ['kreivn] 1. poltron(ne f), lâche; 2. poltron(ne f) m, lâche mf.
crav·ing ['kreiviŋ] désir m ardent, besoin m, passion f, appétit m insatiable (de, for).
craw [krɔ:] jabot m (d'oiseau).
craw·fish ['krɔ:fiʃ] 1. eau douce: écrevisse f; mer: langouste f; 2. Am. F se dérober; sl. caner.
crawl [krɔ:l] 1. rampement m; personne: mouvement m traînant; nage: crawl m; 2. ramper; se traîner; grouiller (de, with); marauder; '**crawl·er** reptile m; personne: traînard(e f) m; fig. plat valet m; taxi m en maraude; nage: crawleur m; vêtement pour enfants: barboteuse f.
cray·fish ['kreifiʃ] eau douce: écrevisse f; mer: langouste f.
cray·on ['kreiən] 1. craie f à dessiner; surt. (crayon m de) pastel m; fusain m; blue (red) ~ crayon m bleu (rouge) inv.; 2. dessiner au pastel; crayonner.
craze [kreiz] manie f (de, for); fig. fureur f (de); be the ~ faire fureur; '**crazed** affolé (de, with); '**cra·zi·ness** folie f, démence f; maison: délabrement m; '**cra·zy** □ fou (fol devant une voyelle ou un h muet, folle f) (de with, about, for); affolé (de, with); branlant; délabré (maison); irrégulier (-ère f); en pièces rapportées.
creak [kri:k] 1. grincement m; 2. grincer, crier; '**creak·y** □ qui crie, qui grince.
cream [kri:m] 1. crème f (a. fig.); fig. le plus beau (de l'histoire); cold ~ crème f, cold-cream m; ~ of tartar crème f de tartre; 2. (souv. ~-colo(u)red) crème inv.; 3. v/t. écrémer; ajouter de la crème à; battre (du beurre) en crème; v/i. se couvrir de crème; mousser; '**cream·er·y** crémerie f; '**cream·y** □ crémeux (-euse f); fig. velouté.
crease [kri:s] 1. (faux) pli m; tex. ancrure f; papier: fronce f; cricket: ligne f de limite; 2. (se) plisser; (se) froisser.
cre·ate [kri'eit] v/t. créer (qch., q. chevalier, théâ. rôle, difficulté, mode); faire; produire; faire naître; v/i. sl.

faire une scène (à propos de, *about*); **cre·a·tion** création *f* (*a. mode*); **cre·a·tive** créateur (-trice *f*); **cre·'a·tor** créateur (-trice *f*) *m*; **cre·'a·tress** créatrice *f*; **crea·ture** ['kri:tʃə] créature *f* (*a. péj.*); être *m* (vivant); animal *m*, bête *f*; ~ *comforts pl.* l'aisance *f* matérielle.

cre·dence ['kri:dəns] foi *f*, croyance *f*; *give* ~ *to* ajouter foi à; *letter of* ~ lettre *f* de créance; **cre·den·tials** [kri'denʃlz] *pl.* lettres *f/pl.* de créance; *domestique*: certificat *m*; papiers *m/pl.* d'identité.

cred·i·bil·i·ty [kredi'biliti] crédibilité *f*; **cred·i·ble** □ ['kredəbl] croyable; digne de foi.

cred·it ['kredit] 1. foi *f*, croyance *f*, créance *f*; réputation *f*, crédit *m* (*a.* ✝); mérite *m*; honneur *m*; *banque*: crédit *m*, actif *m*; ✝ *on* ~ à crédit, à terme; *Am. école*: mention *f* bien; ✝ ~ *note* note *f* ou facture *f* d'avoir; *do s.o.* ~ honorer q., faire honneur à q.; *get* ~ *for s.th.* se voir attribuer le mérite de qch.; *give s.o.* ~ *for s.th.* attribuer (le mérite de) qch. à q.; *put* (*ou place ou pass*) *to s.o.'s* ~ porter (*qch.*) au crédit de q.; 2. ajouter foi à; attribuer, prêter (une qualité à q., *s.o. with a quality*); ✝ créditer (q. d'une somme *s.o. with a sum*, *a sum to s.o.*); porter (*une somme*) au crédit; ~ *s.o. with s.th.* prêter qch. à q.; **'cred·it·a·ble** □ honorable, estimable; *be* ~ *to* faire honneur à; **'cred·i·tor** 1. créancier (-ère *f*) *m*; 2. créditeur (-trice *f*).

cre·du·li·ty [kri'dju:liti] crédulité *f*; **cred·u·lous** □ ['kredjuləs] crédule.

creed [kri:d] crédo *m* (*a. pol.*); croyance *f*. [*m*; petite vallée *f*.]

creek [kri:k] crique *f*; *Am.* ruisseau

creel [kri:l] panier *m* de pêche; casier *m* à homards; ⊕ râtelier *m* (à bobines).

creep [kri:p] 1. [*irr.*] ramper; se traîner; se glisser (*a. fig.*); fig. entrer doucement; ⊕ glisser; 2. glissement *m*; ~*s pl.* chair *f* de poule; **'creep·er** F homme *m* rampant; femme *f* rampante; ♀ plante *f* rampante *ou* grimpante; **'creep·y** rampant; qui donne la chair de poule.

creese [kri:s] criss *m* (= *poignard malais*).

cre·mate [kri'meit] incinérer (*un mort*); **cre'ma·tion** incinération *f*; crémation *f*; **crem·a·to·ri·um** [kremə'tɔ:riəm], *pl.* **-ums**, **-ri·a** [~riə], **cre·ma·to·ry** ['~təri] crématorium *m*; four *m* crématoire.

cren·el·(l)at·ed ['kreniletid] crénelé.

cre·ole ['kri:oul] créole (*a. su.*).

cre·o·sote ⚕ ['kriəsout] créosote *f*.

crep·i·tate ['krepiteit] crépiter; **crep·i'ta·tion** crépitation *f*.

crept [krept] *prét. et p.p. de creep* 1.

cre·pus·cu·lar [kri'pʌskjulə] crépusculaire, du crépuscule.

cres·cent ['kresnt] 1. (en forme de) croissant; 2. croissant *m* (*a. pâtisserie*); rue *f* en arc de cercle; ♀ *City* la Nouvelle-Orléans *f*.

cress ♀ [kres] cresson *m*.

cres·set ['kresit] *tour, phare*: fanal *m*.

crest [krest] ⚠, *casque, coq, montagne, vague*: crête *f*; arête *f*, *colline*: sommet *m*; *alouette*: huppe *f*; *paon*: aigrette *f*; *blason*: timbre *m*; *sceau*: armoiries *f/pl.*; *casque*: cimier *m*; **'crest·ed** à crête *etc.*; *casque*: orné d'un cimier; ~ *lark* cochevis *m*; **'crest·fall·en** abattu, découragé; penaud (*air*).

cre·ta·ceous [kri'teiʃəs] crétacé, crayeux (-euse *f*).

cre·tin ['kretin] crétin(e *f*) *m*.

cre·vasse [kri'væs] crevasse *f* (*glaciaire*); *Am.* fissure *f*.

crev·ice ['krevis] fente *f*; lézarde *f*; fissure *f*.

crew[1] [kru:] 1. ♃ équipage *m*; *ouvriers*: équipe *f*, bande *f*.

crew[2] [~] *prét. de crow* 2.

crew·el ✝ ['kru:il] laine *f* à broder *ou* à tapisserie.

crib [krib] 1. mangeoire *f*; lit *m* d'enfant; *eccl.* crèche *f*; F *école*: clef *f*; F plagiat *m*; *sl.* emploi *m*; *surt. Am.* huche *f* (*pour le maïs etc.*); *sl. crack a* ~ cambrioler une maison; 2. ✝ enfermer; F plagier (*qch.*); F copier; ✝ tuyauter; **'crib·bage** cribbage *m*; **'crib·ble** crible *m*; **crib-bit·er** ['~baitə] tiqueur (-euse *f*) *m*.

crick [krik] 1. crampe *f*; ~ *in the neck* torticolis *m*; 2. se donner un torticolis *ou* un tour de reins.

crick·et[1] *zo.* ['krikit] grillon *m*.

crick·et[2] [~] 1. *sp.* cricket *m*; F *not* ~ déloyal (-aux *m/pl.*); ne pas

cricketer

(*être*) de jeu; **2.** jouer au cricket; '**crick·et·er** joueur *m* de cricket, cricketeur *m*.
cri·er ['kraiə] crieur *m* (public).
crime [kraim] crime *m*, délit *m*.
Cri·me·an War [krai'miən wɔː] guerre *f* de Crimée.
crim·i·nal ['kriminl] criminel(le *f*) (*a. su./mf*); **crim·i·nal·i·ty** [ˌ∼'næliti] criminalité *f*; **crim·i·nate** ['∼neit] incriminer, accuser; convaincre d'un crime; **crim·i·na·tion** incrimination *f*.
crimp[1] ⚓, ✕ [krimp] **1.** racoleur *m*, embaucheur *m*; **2.** racoler, embaucher.
crimp[2] [∼] gaufrer, friser.
crim·son ['krimzn] **1.** cramoisi (*a. su./m*); **2.** *v/t.* teindre en cramoisi; *v/i.* s'empourprer.
cringe [krindʒ] **1.** se faire tout petit, se blottir; *fig.* s'humilier, ramper (devant to, before); **2.** *fig.* courbette *f* servile.
crin·kle ['kriŋkl] **1.** pli *m*, ride *f*; **2.** (se) froisser; onduler (*a. cheveux*).
crin·o·line ['krinəliːn] crinoline *f*.
crip·ple ['kripl] **1.** boiteux (-euse *f*) *m*, estropié(e *f*) *m*; **2.** estropier; *fig.* disloquer.
cri·sis ['kraisis], *pl.* **-ses** ['∼siːz] crise *f*.
crisp [krisp] **1.** crêpé, frisé (*cheveux etc.*); croquant (*biscuit*); vif (vive *f*), froid (*air, vent*); net(te *f*) (*profil*); tranchant (*ton*); nerveux (-euse *f*) (*style*); **2.** (se) crêper (*cheveux*); (se) froncer; *v/t.* donner du croustillant à.
criss-cross ['kriskrɔs] **1.** entrecroisement *m*; enchevêtrement *m*; **2.** entrecroisé; **3.** (s')entrecroiser.
cri·te·ri·on [krai'tiəriən], *pl.* **-ri·a** [∼riə] critérium *m*, critère *m*.
crit·ic ['kritik] critique (*littéraire etc.*) *m*; censeur *m* (*de conduite*); critiqueur *m*; '**crit·i·cal** □ critique; ⚔ dangereux (-euse *f*); be ∼ of critiquer; regarder d'un œil sévère; **crit·i·cism** ['∼sizm], **cri·tique** [kri'tiːk] critique *f* (de, sur of); **crit·i·cize** ['∼saiz] critiquer, faire la critique de; censurer.
croak [krouk] **1.** *v/i.* coasser (*grenouille*); croasser (*corbeau*); *fig.* grogner; *sl.* casser sa pipe (= *mourir*); *v/t. sl.* descendre (= *tuer*);

2. c(r)oassement *m*; '**croak·er** *fig.* prophète *m* de malheur; '**croak·y** □ rauque, enroué (*voix*).
Cro·at ['krouət] **1.** croate; **2.** Croate *mf*.
cro·chet ['krouʃei] **1.** crochet *m*; **2.** *v/t.* faire (*qch.*) au crochet; *v/i.* faire du crochet.
crock [krɔk] **1.** pot *m* de terre; cruche *f*; F cheval *m* claqué; F *auto*: tacot *m*; F bonhomme *m* fini; F patraque *f* (= *personne maladive*); **2.** *sl.* (*usu.* ∼ up) tomber malade, se faire abîmer; '**crock·er·y** faïence *f*, poterie *f*.
croc·o·dile *zo.* ['krɔkədail] crocodile *m*; *fig.* ∼ tears *pl* larmes *f/pl.* de crocodile.
cro·cus ♀ ['kroukəs] crocus *m*.
croft·er *Brit.* ['krɔftə] petit fermier *m*.
crom·lech ['krɔmlek] dolmen *m*.
crone F [kroun] commère *f*, vieille *f*.
cro·ny F ['krouni] copain *m*; ami(e *f*) *m* intime.
crook [kruk] **1.** croc *m*, crochet *m*; *berger*: houlette *f*; *eccl.* crosse *f*; *fig.* angle *m*; *chemin etc.*: détour *m*, coude *m*; *sl.* escroc *m*; *sl.* fraude *f*; on the ∼ malhonnête(ment); **2.** (se) recourber; **crooked** ['∼kt] (re)courbé; à béquille (*canne*); ['∼kid] □ *fig.* tordu; tortueux (-euse *f*) (*chemin*); contourné (*jambe, arbre*); F déshonnête; oblique (*moyen*).
croon [kruːn] fredonner, chanter à demi-voix; '**croon·er** chanteur (-euse *f*) *m* de charme.
crop [krɔp] **1.** *oiseau*: jabot *m*; *fouet*: manche *m*; stick *m* (de chasse); récolte *f*, moisson *f*; *fruits*: cueillette *f*; ⚙ tas *m*; *cheveux*: coupe *f*; F ∼ of hair chevelure *f*; **2.** *v/t.* tondre, tailler, couper; brouter, paître (*l'herbe*); *v/i.* donner une récolte; ∼ up *géol.* affleurer; F surgir; '∼-**eared** essorillé (*chien*); *hist.* aux cheveux coupés ras; '**crop·per** tondeur *m etc.* (*see crop 2*); (pigeon *m*) boulant *m*; F plante *f* qui donne bien *ou* mal; F culbute *f*; *Am. sl.* métayer *m*.
cro·quet ['kroukei] **1.** (jeu *m* de) croquet *m*; **2.** (*a. tight-*∼) croquer; (*a. loose-*∼) roquer.
cro·sier *eccl.* ['krouʒə] crosse *f*.
cross [krɔs] **1.** croix *f* (*a. médaille*,

crumbling

a. fig.); croisement *m* (*de races*); métis(se *f*) *m*; *sl.* escroquerie *f*; 2. □ (entre)croisé; mis en travers; oblique; contraire; maussade (*personne*); fâché (de qch., *at s.th.*; contre q., *with s.o.*); de mauvaise humeur; *sl.* illicite, déshonnête; *be at ~ purposes* y avoir malentendu; 3. *v/t.* croiser (*deux choses, races, q. dans la rue*); traverser; passer (*la mer*); franchir (*le seuil*); barrer (*un chèque*); mettre les barres à (*ses t*); *fig.* contrarier, contrebarrer (*q., un projet*); *~ o.s.* se signer, faire le signe de la croix; *~ out* biffer, rayer (*un mot etc.*); *v/i.* se croiser; passer; faire la traversée; **'~-bar** *foot.* barre *f*; **'~-beam** ⚠ sommier *m*; **'~'bench** *parl.* Centre *m*; **'~-bow** arbalète *f*; **'~-breed** race *f* croisée; F métis(se *f*) *m*; **'~-'coun-try** à travers champs; *~ running* ⒧ cross-country *m*; *~ runner* crossman (*pl.* -men) *m*; **'~-cut saw** scie *f* de travers; **'~-ex·am·i'na-tion** interrogatoire *m* contradictoire; **~-ex·am·ine** ['krɔsigˈzæmin] contre-interroger; **'~-grained** tortillard (*bois*); *fig.* revêche; bourru; **'cross-ing** passage *m* (pour piétons); intersection *f* (*de voies*); ⛉ passage *m* à niveau; croisement *m* (*de lignes*); traversée *f*; **'cross-legged** les jambes croisées; **'cross·ness** mauvaise humeur *f*.

cross...: **'~-patch** F grincheux (-euse *f*) *m*; grognon *mf*; **'~-'road** chemin *m* de traverse; *~s pl. ou sg.* carrefour *m* (*a. fig.*); croisement *m* de routes; **'~-'sec·tion** coupe *f* en travers; **'~-wise** en croix, en travers; **'~-word puz·zle** mots *m/pl.* croisés.

crotch [krɔtʃ] fourche *f*; **crotch·et** ['~it] crochet *m*; ♩ noire *f*; F lubie *f*; **'crotch·et·y** F capricieux (-euse *f*); (à l'humeur) difficile.

crouch [krautʃ] se blottir, s'accroupir (devant, *to*).

croup[1] [kruːp] croupe *f* (*de cheval*).
croup[2] ⚕ [~] croup *m*.

crou·pi·er ['kruːpiə] croupier *m*.

crow [krou] 1. corneille *f*; chant *m* du coq; *Am.* F *eat ~* avaler des couleuvres; *have a ~ to pick with* avoir maille à partir avec; *as the ~ flies* à vol d'oiseau; 2. [*irr.*] chanter; *fig.* chanter victoire (sur, *over*); gazouiller (*enfant*); **'~-bar** levier *m*; **pied-de-biche** (*pl.* **pieds-de-biche**) *m*.

crowd [kraud] 1. foule *f*, rassemblement *m*, affluence *f*; F tas *m*; F bande *f*; *péj.* monde *m*; 2. *v/t.* serrer; remplir (de, *with*); *v/i.* se presser (en foule); s'attrouper; *~ out v/t.* ne pas laisser de place à; *v/i.* sortir en foule; ♣ *~ sail (on)* faire force de voiles; *~ed hours pl.* heures *f/pl.* de pointe.

crow-foot ♣ ['kroufut] renoncule *f*.

crown [kraun] 1. *roi, dent, fleurs, monnaie, etc.*: couronne *f*; *bonheur etc.*: comble *m*; *carrière:* couronnement *m*; *chapeau:* forme *f*; *tête:* sommet *m*; *arbre:* cime *f*; *mot.* axe *m* (de la chaussée); 2. couronner; sacrer (*roi*); F mettre le comble à; **'crown·ing** *fig.* suprême; final (-als *m/pl.*).

crow's... [krouz]: **'~-foot** patte *f* d'oie (*au coin de l'œil*); **'~-nest** ⚓ nid *m* de pie.

cru·cial □ ['kruːʃəl] décisif (-ive *f*); critique; **cru·ci·ble** ['kruːsibl] creuset *m* (*a. fig.*); **cru·ci·fix** ['~fiks] crucifix *m*; **cru·ci·fix·ion** [~'fikʃn] crucifixion *f*; mise *f* en croix; **'cru·ci·form** cruciforme *f*; **cru·ci·fy** ['~fai] crucifier (*a. fig.*).

crude □ [kruːd] (à l'état) brut (*métal, matériel, huile, etc.*); cru (*a. lumière, couleur*); vert, aigre (*fruit*); brutal (-aux *m/pl.*); grossier (-ère *f*) (*style*); fruste (*manières*); ⚕ non encore développé (*maladie*), non assimilé (*aliment*); **'crude·ness, cru·di·ty** ['~iti] crudité *f* (*a. fig.*).

cru·el □ ['kruəl] cruel(le *f*) (*a. fig.*); **'cru·el·ty** cruauté *f*.

cru·et ['kruːit] burette *f*; **'~-stand** ménagère *f*.

cruise ⚓ [kruːz] 1. croisière *f*; voyage *m* d'agrément; 2. ⚓ croiser; *cruising speed* vitesse *f* économique; **'cruis·er** ⚓ croiseur *m*; *light ~* contre-torpilleur *m*; *Am.* voiture *f* cellulaire; *box. ~ weight* poids *m* mi-lourd.

crul·ler *Am.* ['krʌlə] *cuis.* roussette *f*.

crumb [krʌm] 1. *pain:* miette *f*; *fig.* brin *m*; 2. *cuis.* paner (*la viande etc.*); *a.* = **crum·ble** ['~bl] (s')émietter (*pain*); *v/t. fig.* réduire en miettes; *v/i.* s'écrouler (*maison etc.*); s'ébouler (*sol*); **'crum·bling**,

crum·bly friable, ébouleux (-euse *f*); **crumb·y** ['krʌmi] qui s'émiette; couvert de miettes.

crum·my *sl.* ['krʌmi] avenante, bien en chair (*femme*); riche.

crump *sl.* [krʌmp] chute *f*; coup *m* violent; ⚔ obus *m* qui éclate.

crum·pet ['krʌmpit] *sorte de brioche grillée* (*plate et poreuse*); *sl.* caboche *f* (= *tête*); be off one's ~ être maboul (= *fou*).

crum·ple ['krʌmpl] *v/t.* froisser, friper; *v/i.* se froisser; se recroqueviller (*parchemin, feuilles*); *fig.* s'effondrer.

crunch [krʌntʃ] *v/t.* croquer, broyer (*avec les dents*); écraser; *v/i.* craquer; s'écraser. [*m/pl.*).\
cru·ral ['kruərəl] *anat.* crural (-aux⌐

cru·sade [kru:'seid] 1. croisade *f* (*a. fig.*); 2. aller *ou* être en croisade; *fig.* mener une campagne (*contre qch.*); **cru'sad·er** croisé *m*.

crush [krʌʃ] 1. écrasement *m*; F presse *f*, foule *f*; *sl.* have a ~ avoir un béguin (pour, on); ~ hat claque *m*; *Am.* chapeau *m* mou; 2. *v/t.* écraser, aplatir; froisser (*une robe*); *fig.* anéantir; accabler (*de douleur etc.*); † vider (*une bouteille*); ~ out *fig.* étouffer; *v/i.* se presser en foule; *Am. sl.* flirter; **'crush·er** broyeur *m*; F malheur *m etc.* accablant; coup *m* d'assommoir; **'crush-room** *théâ.* foyer *m*.

crust [krʌst] 1. croûte *f*; *Am. sl.* toupet *m*; 2. (se) couvrir d'une croûte; **'crust·ed** qui a du dépôt (*vin*); *fig.* invétéré; **'crust·y** ⌐ qui a une forte croûte; *fig.* bourru.

crutch [krʌtʃ] béquille *f*; **'crutched** à béquille, à poignée à croisillon.

crux [krʌks] *fig.* nœud *m*; point *m* capital.

cry [krai] 1. cri *m*; plainte *f*; pleurs *m/pl.*; *it is a far* ~ *from ... to* il y a loin de ... à (*a. fig.*); *within* ~ à portée de voix; 2. crier; *v/i.* s'écrier, pousser un cri *ou* des cris; pleurer; ~ *for* demander en pleurant; crier à (*le secours*); réclamer; ~ *off* se dédire; s'excuser; annuler (*une affaire*); ~ *out v/t.* crier; *v/i.* s'écrier, pousser des cris; se récrier (contre, *against*); ~ *up* prôner, vanter; **'~-ba·by** pleurard(e *f*) *m*; **'cry·ing** *fig.* criant, urgent; scandaleux (-euse *f*).

crypt [kript] crypte *f*; **'cryp·tic** occulte, secret (-ète *f*); énigmatique.

crys·tal ['kristl] 1. cristal *m*; *surt. Am.* verre *m* de montre; 2. cristallin, limpide; **crys·tal·line** ['ˌ⌐əlain] cristallin, de cristal; **crys·tal·li·'za·tion** cristallisation *f*; **'crys·tal·lize** cristalliser; ~*d* candi (*fruits*).

cub [kʌb] 1. petit *m* (*d'un animal*); *ours:* ourson *m*; lionceau *m*, louveteau *m*, renardeau *m*, *etc.*; 2. *v/i.* mettre bas (*des petits*); *v/i.* faire des petits.

cu·bage ['kju:bidʒ] cubage *m*.

cub·by·hole ['kʌbihoul] retraite *f*; placard *m*.

cube ⚔ ['kju:b] 1. cube *m*; ~ *root* racine *f* cubique; 2. cuber.

cub·hood ['kʌbhud] adolescence *f*.

cu·bic, cu·bi·cal □ ['kju:bik(l)] cubique.

cu·bi·cle ['kju:bikl] dortoir: alcôve *f*; *piscine etc.*: cabine *f*.

cuck·old ['kʌkəld] 1. cocu *m*; 2. cocufier (*son mari*).

cuck·oo ['kuku:] 1. coucou *m*; 2. *sl.* maboul, loufoque (= *fou*).

cu·cum·ber ['kju:kəmbə] concombre *m*.

cu·cur·bit [kju'kə:bit] ♀ courge *f*; *alambic:* cucurbite *f*.

cud [kʌd] bol *m* alimentaire; *chew the* ~ ruminer (*a. fig.*).

cud·dle ['kʌdl] 1. F embrassade *f*; 2. *v/t.* serrer doucement dans ses bras; *v/i.* se peloter.

cudg·el ['kʌdʒl] 1. gourdin *m*; *take up the* ~*s for* prendre fait et cause pour; 2. bâtonner; ~ *one's brains* se creuser la cervelle (pour *inf.*, *for gér.*; pour, *about*).

cue [kju:] *billard:* queue *f*; *surt. théâ.* réplique *f*; avis *m*, mot *m*; *take the* ~ *from s.o.* prendre exemple sur q.

cuff¹ [kʌf] 1. calotte *f*, taloche *f*; 2. calotter, flanquer une taloche à (*q.*).

cuff² [~] *chemise:* poignet *m*; manchette *f* (*empesée*); *jaquette etc.:* parement *m*; *Am. pantalon:* bord *m* relevé.

cui·rass [kwi'ræs] cuirasse *f*.

cui·sine [kwi'zi:n] cuisine *f*.

cu·li·nar·y ['kʌlinəri] culinaire.

cull [kʌl] (re)cueillir; choisir (dans, *from*).

cul·ly sl. ['kʌli] copain m, camaro m.
culm [kʌlm] ♀ chaume m, tige f.
cul·mi·nate ['kʌlmineit] astr. culminer; fig. atteindre son apogée; fig. terminer (par, in); **cul·mi'na·tion** astr. culmination f; fig. point m culminant.
cul·pa·bil·i·ty [kʌlpə'biliti] culpabilité f; **'cul·pa·ble** ☐ coupable; digne de blâme.
cul·prit ['kʌlprit] coupable mf; prévenu(e f) m.
cult [kʌlt] culte m.
cul·ti·va·ble ['kʌltivəbl] cultivable.
cul·ti·vate ['kʌltiveit] usu. cultiver; biol. faire une culture de (un bacille); **cul·ti'va·tion** culture f; **'cul·ti·va·tor** personne: cultivateur (-trice f) m; machine: cultivateur m, extirpateur m; fig. ami m.
cul·tur·al ☐ ['kʌltʃərəl] culturel (-le f); ✧ cultural (-aux m/pl.).
cul·ture ['kʌltʃə] culture f; **'cul·tured** cultivé, lettré; **cul·ture me·di·um**, pl. **-di·a** biol. bouillon m de culture; **'cul·ture-pearl** perle f japonaise.
cul·vert ['kʌlvət] ponceau m, canal m; ⚡ conduit m souterrain.
cum·ber ['kʌmbə] encombrer, gêner (de, with); **~some** ['~səm], **cum·brous** ☐ ['~brəs] encombrant, gênant; difficile à remuer; lourd; entravant.
cum·in ♀ ['kʌmin] cumin m.
cu·mu·la·tive ☐ ['kju:mjulətiv] cumulatif (-ive f); **cu·mu·lus** ['~ləs], pl. **-li** ['~lai] cumulus m.
cu·ne·i·form ['kju:niifɔ:m] cunéiforme.
cun·ning ['kʌniŋ] 1. ☐ rusé; astucieux (-euse f); malin (-igne f); Am. mignon(ne f); 2. ruse f; péj. astuce f.
cup [kʌp] 1. tasse f; métal: gobelet m; soutien-gorge: bonnet m; Am. cuis. demi-pinte f; calice m (a. ♀, a. fig.); sp. coupe f; 2. ✚ ventouser; mettre (la main) en cornet ou en porte-voix; **~·board** ['kʌbəd] armoire f; mur: placard m; F ~ love amour m intéressé. [Amour m.]
Cu·pid ['kju:pid] Cupidon m,
cu·pid·i·ty [kju'piditi] cupidité f.
cu·po·la ['kju:pələ] coupole f (a. ✕, ⚓); dôme m.
cup·ping-glass ✚ ['kʌpiŋglɑ:s] ventouse f.

cu·pre·ous ['kju:priəs] cuivreux (-euse f).
cur [kə:] roquet m; chien m sans race; F cuistre m.
cur·a·bil·i·ty [kjuərə'biliti] curabilité f; **'cur·a·ble** guérissable.
cu·ra·cy ['kjuərəsi] vicariat m; **cu·rate** ['~rit] vicaire m; **cu·ra·tor** [~'reitə] musée: conservateur m.
curb [kə:b] 1. gourmette f; fig. frein m; (a. ~stone) bordure f (de trottoir); margelle f (de puits); 2. gourmer (un cheval); fig. contenir, refréner; ~ **mar·ket** Am. Bourse: coulisse f; ~ **roof** toit m en mansarde.
curd [kə:d] 1. (lait m) caillé m; 2. (usu. **cur·dle** ['~dl]) se cailler (lait); F se figer (sang).
cure [kjuə] 1. guérison f; cure f (de raisins, de lait, etc.); remède m; ~ of souls cure f d'âmes; 2. guérir; saurer (des harengs); saler (les peaux, la viande); fumer (la viande).
cur·few ['kə:fju:] couvre-feu m (a. pol.); ring the ~(-bell) sonner le couvre-feu.
cu·ri·o ['kjuəriou] curiosité f; bibelot m; **cu·ri·os·i·ty** [~'ɔsiti] curiosité f; F excentricité m; **'cu·ri·ous** ☐ curieux (-euse f); singulier (-ère f); péj. indiscret (-ète f).
curl [kə:l] 1. cheveux: boucle f; fumée, vague: spirale f; 2. boucler; v/t. friser; ~ one's lip faire la moue; v/i. s'élever en spirales (fumée); ~ up (ou ~ o.s. up) se mettre en boule (chat etc.).
curl·ing ['kə:liŋ] sp. curling m; **'~-i·ron**, **'~-tongs** pl. fer m à friser, frisoir m; **'curl·y** bouclé, frisé; en spirale.
cur·mudg·eon [kə:'mʌdʒn] bourru m; grippe-sou (pl. grippe-sou[s]) m.
cur·rant ['kʌrənt] groseille f; (a. dried ~) raisin m de Corinthe.
cur·ren·cy ['kʌrənsi] circulation f, cours m; ✝ (terme m d')échéance f; ✝ espèces f/pl. de cours; monnaie f; fig. vogue f, idées: crédit m; **'cur·rent** 1. ☐ en cours, courant (argent, compte, mois, prix, opinion, etc.); reçu (opinion); qui court (bruit); ~ events pl. actualités f/pl.; ~ hand (-writing) (écriture f) courante f; pass ~ avoir cours, être accepté ou en vogue; ~ issue dernier numéro m (d'une publication); ~ problem question f d'actualité; 2. courant

curriculum   720

m (*a.* ⚓, *a. d'air*); fil *m* de l'eau; *fig.* cours *m*, marche *f*; ⊕ jet *m* (*d'air*); ⚡ ~ *impulse* impulsion *f* de courant; ~ *junction* prise *f* de courant.

cur·ric·u·lum [kəˈrikjuləm], *pl.* **-la** [~lə] programme *m ou* plan *m* d'études.

cur·ri·er [ˈkʌriə] corroyeur *m*.

cur·rish □ [ˈkəːriʃ] *fig.* chien *m* de; qui ne vaut pas mieux qu'un roquet.

cur·ry[1] [ˈkʌri] 1. *poudre, plat*: cari *m*, curry *m*; 2. apprêter au cari; *curried eggs pl.* œufs *m/pl.* à l'indienne.

cur·ry[2] [~] corroyer (*le cuir*); étriller (*un cheval*); ~ *favo*(*u*)*r with* s'insinuer dans les bonnes grâces de (*q.*); 'ˈ~comb étrille *f*.

curse [kəːs] 1. malédiction *f*, anathème *m*; juron *m*; *fig.* fléau *m*; 2. *v/i.* blasphémer, jurer; *v/t.* maudire; **curs·ed** □ [ˈkəːsid] maudit; F sacré.

cur·sive [ˈkəːsiv] cursif (-ive *f*); ~ *handwriting* cursive *f*.

cur·so·ry □ [ˈkəːsəri] rapide; superficiel(le *f*).

curt □ [kəːt] brusque; sec (sèche *f*); cassant.

cur·tail [kəːˈteil] raccourcir; tronquer; *fig.* restreindre; *fig.* enlever (de, *of*); **curˈtail·ment** raccourcissement *m*; restriction *f*.

cur·tain [ˈkəːtn] 1. rideau *m* (*a. fig.*); *fig.* voile *m*; ⚔ courtine *f*; rideau *m* (*de feu*); 2. garnir de rideaux; ~ *off* séparer *ou* dissimuler par des rideaux; 'ˈ~-**fire** ⚔ (tir *m* de) barrage *m*; ~ **lec·ture** F semonce *f* conjugale; 'ˈ~-**rais·er** *théâ.*, *a. fig.* lever *m* de rideau.

curt·s(e)y [ˈkəːtsi] 1. révérence *f*; *drop a* ~ = 2. faire une révérence (à, *to*).

cur·va·ture [ˈkəːvətʃə] courbure *f*; ~ *of the spine* déviation *f* de la colonne vertébrale.

curve [kəːv] 1. courbe *f*; *rue*: tournant *m*; *mot.* virage *m*; *Am. baseball*: balle *f* qui a de l'effet; 2. (se) courber; *v/i.* décrire une courbe.

cush·ion [ˈkuʃn] 1. coussin *m*; bourrelet *m*; *billard*: bande *f*; *mot.* ~ *tyre* bandage *m* plein avec canal à air; 2. garnir de coussins; rembourrer; *fig.* amortir (*des coups*); ⊕ matelasser.

cush·y *sl.* [ˈkuʃi] facile; F pépère.

cusp [kʌsp] pointe *f*; *lune*: corne *f*; ♃ cuspide *f*; ⚕ point *m* de rebroussement, sommet *m*.

cuss *Am.* F [kʌs] 1. juron *m*; *co.* type *m*; *it's not worth a* ~ ça ne vaut pas chipette (!); 2. jurer; 'ˈ**cuss·ed** [ˈkʌsid] sacré; F sacré.

cus·tard [ˈkʌstəd] crème *f*; œufs *m/pl.* au lait.

cus·to·di·an [kʌsˈtoudjən] gardien (-ne *f*) *m*; *musée*: conservateur *m*; **cus·to·dy** [ˈkʌstədi] garde *f*; emprisonnement *m*, détention *f*.

cus·tom [ˈkʌstəm] coutume *f*, usage *m*, habitude *f*; ⚖ droit *m* coutumier; † clientèle *f*; patronage *m* (*du client*); ~*s pl.* douane *f*; **cus·tom·ar·y** [ˈ~əri] □ habituel(le *f*); d'usage; coutumier (-ère *f*) (*droit*); 'ˈ**cus·tom·er** client(e *f*) *m*; *boutique*: chaland(e *f*) *m*; F type *m*; 'ˈ**cus·tom-house** (bureau *m* de la) douane *f*; ~ *officer* douanier *m*; 'ˈ**cus·tom-made** *Am.* fait sur commande.

cut [kʌt] 1. coupe *f* (*a. vêtements*); coupure *f* (*théâ., a. blessure*); *sp.*: épée, fouet: coup *m*; *pierre*, ⊕ *lime*: taille *f*; réduction *f* (*de salaire*); gravure *f* (*sur bois*); *cuis.* morceau *m*; *unkindest* ~ *of all* coup *m* de pied de l'âne; (*a. short-*~) raccourci *m*; *cheveux*: taille *f*, coupe *f*; ⚡ coupure *f* (*de courant*); ⚔ tranchée *f*, ⚔ havage *m*; ⚕ incision *f*; ✂ enture *f*; *cartes*: tirage *m* (*pour les places*); F revers *m*; F absence *f* sans permission; *iro.* sarcasme *m* blessant; *fig.* refus *m* de saluer; *cuis.* cold ~*s pl.* tranches *f/pl.* de viande froide; F *give s.o. the* ~ (*direct*) passer près de *q.*; tourner le dos à *q.*; 2. [*irr.*] *v/t.* couper (*a. cartes*), tailler; (*a. in slices*) trancher; hacher (*le tabac*); ⚓ filer (*le câble*); réduire (*le prix*); *mot.* prendre (*un virage*); F manquer exprès à; F sécher (*une classe*); F abandonner; ~ *s.o. dead* passer *q.* sans le saluer, tourner le dos à *q.*; ~ *one's finger* se couper le *ou* au doigt; *he is* ~*ting his teeth* ses dents percent; F ~ *a figure* faire figure; ~ *short* couper la parole à (*q.*); *to* ~ *a long story short* pour abréger, en fin de compte; *v/i.* (se) couper; percer (*dent*); ~ *and come again* revenir au plat; F ~ *and run* déguerpir, filer; ~ *back* rabattre (*un arbre*); F rebrousser chemin; ~

down abattre; couper (*un arbre, le blé*); réduire (*une distance, le prix*); (ra)baisser (*le prix*); restreindre (*la production*); raccourcir (*une jupe*); abréger (*un livre etc.*); ~ **in** v/i. intervenir; *mot.* couper; ~ **off** couper (*a. fig., a. téléph.*) (de, from); trancher; *fig.* priver; *fig.* déshériter; ~ **out** couper; découper (*des images*); tailler (*une robe, une statue*); *Am.* détacher (*des bêtes*) d'un troupeau; *fig.* supplanter (*q.*); évincer (auprès de, with); *fig.* cesser; supprimer; abandonner; ⚡ mettre hors circuit; faire taire (*la radio*), supprimer; ⚡ exciser; be ~ **out for** être taillé pour (*qch.*); have one's work ~ **out** avoir de quoi faire; he had his work ~ **out for him** on lui avait taillé de la besogne; *sl.* ~ **it out!** pas de ça !; ça suffit !; ~ **up** (dé)couper; tailler (*par morceaux, en pièces*); *fig.* affliger; critiquer sévèrement; ~ **up rough** se fâcher; **3.** coupé *etc.*; *sl.* ivre; ~ **flowers** *pl.* fleurs *f/pl.* coupées; ~ **glass** cristal *m* taillé; ~ **and dry** (*ou* **dried**) tout fait; tout taillé (*travail*).

cu·ta·ne·ous [kju'teinjəs] cutané.

cut·a·way ['kʌtəwei] (*a.* ~ *coat*) jaquette *f*.

cut-back ['kʌtbæk] *cin.* retour *m* en arrière.

cute □ F [kju:t] malin (-igne *f*); *Am.* F gentil(le *f*), coquet(te *f*).

cu·ti·cle ['kju:tikl] *anat.* épiderme *m*; ⚘ cuticule *f*; ~ **scissors** *pl.* ciseaux *m/pl.* de manucure.

cut-in ['kʌtin] *cin.* scène *f* raccord; ⚡ conjoncteur *m*.

cut·lass ['kʌtləs] ⚓ sabre *m* d'abordage; *Am.* couteau *m* de chasse.

cut·ler ['kʌtlə] coutelier *m*; **'cutler·y** coutellerie *f* (✠ et argenterie *f* de table); **canteen of** ~ ménagère *f*.

cut·let ['kʌtlit] *mouton, agneau*: côtelette *f*; *veau*: escalope *f*.

cut...: '~-**off** *Am.* raccourci *m*; *attr.* ⚡ de détente; *cin.* de sûreté/ d'obscuration; '~-**out** *mot.* clapet *m* d'échappement libre; ⚡ coupe-circuit *m/inv.*; *cin.* déchet *m* de film; *Am.* décor *m etc.* découpé; '~-**purse** coupeur *m* de bourses; '**cut·ter** coupeur *m* (*a.* de vêtements); *pierre etc.*: tailleur *m*; *cin.* monteur (-euse *f*) *m*; ⚒ *personne*: abatteur *m* (de charbon); haveur *m*; *machine*: haveuse *f*; ⚡ coupoir *m*, couteau *m*; ⚓ canot *m*; patache *f* (*de la douane*); *Am.* traîneau *m*; '**cut-throat 1.** coupe-jarret *m*; F rasoir *m* à manche; **2.** de coupe-jarret; *fig.* acharné; ~ **bridge** bridge *m* à trois; '**cut·ting 1.** □ tranchant; cinglant (*vent*); ⚡ *a.* de coupe, à couper; ~ **edge** coupant *m*; *outil*: fil *m*; ~ **nippers** *pl.* pinces *f/pl.* coupantes; **2.** coupe *f*; ⚡ cisaillage *m*; *bijou, vêtement*: taille *f*; ⚒ déblai *m*; tranchée *f*; ✿ bouture *f*; *journal*: coupure *f*; ~s *pl.* bouts *m/pl.*; ⚡ copeaux *m/pl.*; rognures *f/pl.*

cut·tle *zo.* ['kʌtl] (*usu.* ~-*fish*) seiche *f*, sépia *f*; '~-**bone** os *m* de seiche; biscuit *m* de mer.

cy·a·nide ⚗ ['saiənaid] cyanure *m*; ~ **of potassium** prussiate *m* de potasse.

cyc·la·men ['sikləmən] cyclamen *m*.

cy·cle ['saikl] **1.** cycle *m*; période *f*; ⚡ cycle *m* (d'opérations); ✞ *a.* ~**s** *pl.* (periode *f* de) vogue *f*; bicyclette *f*; *mot.* **four-**~ **engine** moteur *m* à quatre temps; **2.** faire de la *ou* aller à bicyclette; **cy·clic, cy·cli·cal** □ ['saiklik(l)] cyclique; **cy·cling** ['saiklin] **1.** cycliste; de cyclisme; **2.** cyclisme *m*; '**cy·clist** cycliste *mf*.

cy·clone ['saikloun] cyclone *m*.

cy·clo·p(a)e·di·a [saiklə'pi:djə] encyclopédie *f*.

cyg·net ['signit] jeune cygne *m*.

cyl·in·der ['silində] cylindre *m*; *revolver*: barillet *m*; *machine à écrire*: rouleau *m* porte-papier; **cy'lin·dric, cy'lin·dri·cal** □ cylindrique.

cym·bal ♪ ['simbl] cymbale *f*.

cyn·ic ['sinik] **1.** (*a.* **'cyn·i·cal** □) cynique; sceptique; **2.** *phls.* cynique *m*; sceptique *m*; **cyn·i·cism** ['~sizm] *phls.* cynisme *m*; scepticisme *m* railleur.

cy·no·sure *fig.* ['sinəsjuə] point *m* de mire.

cy·press ✿ ['saipris] cyprès *m*.

cyst [sist] sac *m*; ⚕, *a.* ⚘ kyste *m*; '**cyst·ic** kystique, cystique; **cys·ti·tis** [sis'taitis] cystite *f*.

Czar [za:] tsar *m*.

Czech [tʃek] **1.** tchèque; **2.** *ling.* tchèque *m*; Tchèque *mf*.

Czech·o·Slo·vak ['tʃekou'slouvæk] **1.** tchécoslovaque; **2.** Tchécoslovaque *mf*.

D

D, d [di:] D *m*, d *m*.
'd F *see* had; would.
dab [dæb] **1.** coup *m* léger; tape *f*; tache *f*; petit morceau *m* (*de beurre*); *icht.* limande *f*; F expert *m*; *sl.* ⁓s *pl.* empreintes *f/pl.* digitales; be a ⁓ (*hand*) at être passé maître en (*qch.*); **2.** lancer une tape à; tapoter; appliquer légèrement (*des couleurs*); *typ.* clicher.
dab·ble ['dæbl] *v/t.* humecter, mouiller; *v/i.* ⁓ in barboter dans; *fig.* s'occuper un peu de; **'dab·bler** dilettante *mf*.
dac·ty·lo·gram [dæk'tiləgræm] dactylogramme *m*.
dad(·**dy**) F ['dæd(i)] papa *m*.
dad·dy-long-legs *zo.* F ['dædi'lɔŋlegz] tipule *f*.
daf·fo·dil ♀ ['dæfədil] narcisse *m* sauvage *ou* des bois.
dag·ger ['dægə] poignard *m*; be at ⁓s drawn être à couteaux tirés.
dag·gle ['dægl] (se) mouiller.
da·go *Am. sl. péj.* ['deigou] Espagnol *m*, Portugais *m*, *surt.* Italien *m*.
dahl·ia ♀ ['deiljə] dahlia *m*.
Dail Eir·eann ['dail'ɛərən] *Chambre des députés de l'État libre d'Irlande.*
dai·ly ['deili] **1.** quotidien(ne *f*); **2.** quotidien *m*, journal *m*; domestique *f* à la journée.
dain·ti·ness ['deintinis] délicatesse *f*, raffinement *m*; *taille:* mignonnesse *f*; **'dain·ty** □ **1.** délicat (*personne*, *a. chose*); friand (*mets*); exquis (*personne*); F mignon(ne *f*); **2.** friandise *f*; morceau *m* de choix.
dair·y ['dɛəri] laiterie *f* (*a. boutique*); crèmerie *f*; **'⁓-farm** vacherie *f*; **'⁓-maid** fille *f* de laiterie; **'⁓-man** nourrisseur *m*; † laitier *m*, crémier *m*.
da·is ['deiis] estrade *f*; dais *m*.
dai·sy ['deizi] ♀ marguerite *f*; F pâquerette *f*; F personne *f ou* chose *f* épatante.
dale [deil] vallée *f*, vallon *m*.
dal·li·ance ['dæliəns] échange *m* de tendresses; flirtage *m*; badinage *m*; **dal·ly** ['⁓li] flirter (avec, with); caresser (*qch.*, with *s.th.*); badiner; *fig.* tarder.
dam¹ [dæm] mère *f* (*d'animaux*).
dam² [⁓] **1.** barrage *m* de retenue; digue *f*; ⚒ serrement *m*; rivière: décharge *f*; **2.** (*a.* ⁓ up) contenir, endiguer; obstruer.
dam·age ['dæmidʒ] **1.** dégâts *m/pl.*; ⚖ ⁓s *pl.* dommages-intérêts *m/pl.*; **2.** endommager; abîmer; *fig.* nuire à (*q.*); **'dam·age·a·ble** avariable.
dam·a·scene ['dæməsi:n] damasquiner; **dam·ask** ['dæməsk] **1.** damas *m*; *couleur:* incarnat *m*; **2.** rose foncé *adj./inv.*; vermeil(le *f*); **3.** damasquiner (*l'acier*); damasser (*une étoffe*).
dame [deim] dame *f* (*a. titre*); *sl.* femme *f*; madame *f*.
damn [dæm] **1.** condamner; ruiner; *eccl.* damner; *théâ.* éreinter (*une pièce*); ⁓ it! zut!, sapristi!; **2.** juron *m*, gros mot *m*; I don't care a ⁓! je m'en moque pas mal!, je m'en fiche!; **dam·na·ble** □ ['⁓nəbl] damnable, F maudit; **dam·na·tion** [⁓'neiʃn] damnation *f*; *théâ.* éreintement *m*; ⁓! sacrebleu!; **dam·na·to·ry** ['⁓nətəri] □ qui condamne; **damned** ['dæmd] *adj. et adv.* damné, F sacré (*a.* = très, bigrement); **damn·ing** ['dæmiŋ] accablant (*fait*).
damp [dæmp] **1.** humide; moite; **2.** humidité *f*; *peau:* moiteur *f*; *fig.* froid *m*; nuage *m* de tristesse; ⚒ (*a.* choke-⁓) mofette *f*; **3.** (*a.* 'damp·en) mouiller; humecter; assourdir (*un son*); étouffer (*le feu*); refroidir (*le courage etc.*); décourager; **'damp·er** rabat-joie *m/inv.*; *fig.* froid *m*; *mot.* amortisseur *m*; ♪ étouffoir *m*; *foyer:* registre *m*; **'damp·ish** un peu humide *ou* moite; **'damp-proof** imperméable.
dam·son ♀ ['dæmzn] prune *f* de Damas.
dance [dɑ:ns] **1.** danse *f*; bal (*pl.* -s) *m*; F sauterie *f*; lead s.o. a ⁓ donner du fil à retordre à q.; faire danser q.; **2.** danser; **'danc·er** danseur (-euse *f*) *m*.
danc·ing ['dɑ:nsiŋ] danse *f*; *attr.* de danse; **'⁓-girl** bayadère *f*; **'⁓-lesson** leçon *f* de danse; **'⁓-room** dancing *m*.
dan·de·li·on ♀ ['dændi'laiən] pissenlit *m*.
dan·der *sl.* ['dændə]: get s.o.'s ⁓ up

mettre q. en colère; **get one's ~ up** prendre la mouche.
dan·dle ['dændl] dodeliner (*un enfant*); faire sauter (*un enfant sur ses genoux*).
dan·driff ['dændrif], **dan·druff** ['dændrəf] pellicules *f/pl.*
dan·dy ['dændi] **1.** dandy *m*, gommeux *m*; **2.** *int. surt. Am.* F chic *inv. en genre*, chouette, *sl.* bath; **dan·dy·ish** ['ˌ~diiʃ] élégant, gommeux (-euse *f*); '**dan·dy·ism** dandysme *m*. [danois *m.*\
Dane [dein] Danois(e *f*) *m*; chien:\
dan·ger ['deindʒə] danger *m*, péril *m*; **~ list:** F *be on the* ~ être dans un état grave; '**dan·ger·ous** □ dangereux (-euse *f*); **dan·ger sig·nal** ⛳ (signal *m* à l')arrêt *m*.
dan·gle ['dæŋgl] (faire) pendiller, pendre; balancer; *~ about* (*ou after ou round*) tourner autour de (*q.*); '**dan·gler** (*ou ~ after women*) soupirant *m*.
Dan·ish ['deiniʃ] **1.** danois, **2.** *ling.* danois *m*; *the* ~ *pl.* les Danois *m/pl.*
dank [dæŋk] humide.
dap·per □ F ['dæpə] pimpant, coquet(te *f*), correct; sémillant.
dap·ple ['dæpl] **1.** (se) tacheter; *v/i.* se pommeler (*ciel*); **2.** tache(ture) *f*; '**dap·pled** tacheté, pommelé; '**dap·ple-'grey** (cheval *m*) gris pommelé.
dare [dɛə] *v/i.* oser; *I ~ say* je (le) crois bien; sans doute; peut-être bien; *v/t.* oser faire; braver, risquer (*la mort*); défier (*q.*); '**~-dev·il** casse-cou *m/inv.*; '**dar·ing** □ **1.** audacieux (-euse *f*); **2.** audace *f*, hardiesse *f*.
dark [dɑːk] **1.** □ *usu.* sombre; obscur; triste; foncé (*couleur*); basané (*teint*); ténébreux (-euse *f*); *the* ~ *ages* l'âge *m* des ténèbres; *~ horse* cheval *m* dont on ne sait rien; *fig.* concurrent *m* que l'on ne croyait pas dangereux; *~ lantern* lanterne *f* sourde; *~ room* chambre *f* noire; **2.** obscurité *f*, ténèbres *f/pl.*; *fig.* ignorance *f*; *leap in the* ~ saut *m* dans l'inconnu; '**dark·en** (s')obscurcir; (s')assombrir; *v/t.* attrister; embrumer; *never ~ s.o.'s door* ne plus remettre les pieds chez q.; '**dark·ish** un peu sombre; '**dark·ness** obscurité *f*, ténèbres *f/pl.*; **dark·some** *poét.* ['ˌ~səm] *see dark* 1; '**dark·y** F moricaud(e *f*) *m*.

dar·ling ['dɑːliŋ] **1.** bien-aimé(e *f*) *m*; chéri(e *f*) *m*; **2.** bien-aimé; favori(te *f*).
darn¹ *sl.* [dɑːn] *see damn* 1; *a. int.* sacré.
darn² [~] **1.** reprise *f*; **2.** repriser, raccommoder; (*a.* fine-~) stopper; '**darn·er** repriseur (-euse *f*) *m etc.*
darn·ing ['dɑːniŋ] reprise *f*; '**~-nee·dle** aiguille *f* à repriser; '**~-wool** laine *f* à repriser.
dart [dɑːt] **1.** dard *m*, trait *m* (*a. fig.*); *couture:* pince *f*, suçon *m*; élan *m*, mouvement *m* soudain en avant; **2.** *v/t.* darder; lancer; *v/i. fig.* se précipiter, foncer (sur *at*, [*up*]*on*).
Dar·win·ism ['dɑːwinizm] darwinisme *m*.
dash [dæʃ] **1.** coup *m*, heurt *m*; attaque *f* soudaine; trait *m* (*de plume*, *a. tél.*); ♩ brio *m*; *typ.* tiret *m*; ⚕ prime *f*; *couleur:* touche *f*, tache *f*; *fig.* brillante figure *f*; *fig.* entrain *m*, fougue *f*; élan *m* (vers *for*, *to*); *fig. sel etc.:* soupçon *m*, *liquide:* goutte *f*; *cut a ~* faire de l'effet; *at first ~* du premier coup; **2.** *v/t.* lancer violemment; éclabousser (de boue, *with mud*); (*usu. ~ to pieces*) fracasser; anéantir (*une espérance*); jeter, flaquer; déconcerter, confondre; abattre (*le courage*, *l'entrain*); *~ down* (*ou off*) enlever, exécuter à la vavite (*une lettre etc.*); *sl. ~ it!* zut!; *v/i.* se précipiter, s'élancer (sur, *at*); courir; se jeter (contre, *against*); *~ off* partir en vitesse; *~ through* traverser (*une pièce etc.*) en toute hâte; *~ up* monter à toute vitesse; '**~-board** garde-boue *m/inv.*; ⚡, *mot.* tableau *m* de bord; '**dash·er** F élégant *m*, *péj.* épateur *m*; '**dash·ing** □ plein d'élan; fougueux (-euse *f*) (*cheval*); *fig.* brillant, beau (bel *devant une voyelle ou un h muet*; belle *f*; beaux *m/pl.*).
das·tard ['dæstəd] **1.** □ (*a.* '**das·tard·ly**) lâche, ignoble; **2.** lâche *m*; personnage *m* ignoble.
da·ta ['deitə] *pl.*, *Am. a. sg.* donnée *f*, -s *f/pl.*; éléments *m/pl.* d'information; *personal ~* détails *m/pl.* personnels.
date¹ [deit] ♣ datte *f*; *arbre:* dattier *m*.
date² [~] **1.** date *f*; jour *m*, temps *m*; ✝ terme *m*, échéance *f*; *surt. Am.* F rendez-vous *m*; celui *m ou* celle *f*

date-block

avec qui on a rendez-vous; *make a ~* fixer un rendez-vous; *out of ~* démodé; *to ~* à ce jour; *up to ~* au courant, à jour; F à la page; 2. dater; assigner une date à; *surt. Am.* F fixer un rendez-vous avec; *~ back* v/t. antidater; v/i. remonter à; *that is ~d* ça commence à dater; '*~-block* calendrier *m* à effeuiller; '*~-less* sans date; '*~-line* ligne *f* de changement de date; '*~-stamp* (timbre *m*) dateur *m*.

da·tive gramm. ['deitiv] (*ou ~ case*) datif *m*.

da·tum ['deitəm], *pl.* -ta ['~tə] donnée *f*; *~-point* point *m* de repère.

daub [dɔ:b] 1. enduit *m*; *peint.* croûte *f*; 2. barbouiller (de, *with*) (*a. peint.*); 'daub·(st)er barbouilleur (-euse *f*) *m*.

daugh·ter ['dɔ:tə] fille *f*; *~-in-law* ['dɔ:tərinlɔ:] belle-fille (*pl.* belles-filles) *f*; 'daugh·ter·ly filial (-aux *m/pl.*).

daunt [dɔ:nt] intimider, décourager; '*~·less* intrépide.

dav·it ⚓ ['dævit] bossoir *m*, davier *m*.

da·vy¹ ⚒ ['deivi] (*a. ~-lamp*) lampe *f* Davy (= *lampe de sûreté*).

da·vy² sl. [~] *see* affidavit; *take one's ~* donner sa parole *ou* son billet.

daw *orn.* choucas *m*.

daw·dle F ['dɔ:dl] v/i. flâner; v/t. gaspiller (*son temps*); 'daw·dler F flâneur (-euse *f*) *m*; *fig.* lambin (*e f*) *m*.

dawn [dɔ:n] 1. aube *f* (*a. fig.*), aurore *f*; point *m* du jour; 2. poindre; se lever (*jour*); *fig.* venir à l'esprit (de, *upon*).

day [dei] jour *m* (*a. = aube*); journée *f*; *souv. ~s pl.* temps *m*; vivant *m*; âge *m*; *~ off* jour *m* de congé; *carry* (*ou win*) *the ~* remporter la victoire; *this ~* aujourd'hui; *the other ~* l'autre jour; *this ~ week* (d')aujourd'hui en huit; *the next ~* le lendemain; *the ~ before* la veille (de qch., *s.th.*); '*~-book* ✝ journal *m*; '*~-break* point *m* du jour; aube *f*; '*~-dream* rêverie *f*; '*~-fly* éphémère *m*; '*~-la·bo(u)r·er* journalier *m*; '*~-light* (lumière *f* du) jour *m*; *~-saving time* heure *f* d'été; '*~-'nur·se·ry* garderie *f*, crèche *f*; '*~-star* étoile *f* du matin; soleil *m*; '*~-time* jour *m*, journée *f*; '*~-times* de jour.

daze [deiz] 1. étourdir (*coup*); stupéfier (*narcotique*); 2. étourdissement *m*, stupéfaction *f*.

daz·zle ['dæzl] éblouir, aveugler.

dea·con ['di:kn] diacre *m*; '**dea·con·ess** ['di:kənis] diaconesse *f*; '**dea·con·ry** diaconat *m*.

dead [ded] 1. *adj. usu.* mort; de mort (*silence, sommeil*); sourd (*douleur, son*); engourdi (*par le froid*); subit (*halte*); profond (*secret*); perdu (*puits*); terne (*couleur*); mat (*or*); aveugle (*fenêtre*); sans éclat (*yeux*); éventé (*boissons*); éteint (*charbon*); *sl.* vide (*bouteille*); ⊕ fixe (*essieu*); sourd (à, *to*), mort (à, *to*); ⚡ hors courant; sans courant; épuisé (*pile etc.*); *~ bargain* véritable occasion *f*; *at a ~ bargain* à un prix risible; *~ calm* calme *m* plat; *fig.* silence *m* de mort; ⊕ *~ centre* (*ou point*) point *m* mort; centre *m* fixe; *~ heat* manche *f* nulle; course *f* à égalité; *~ letter* lettre *f* de rebut; *fig.* lettre morte (*loi etc.*); *~-letter office* bureau *m* des rebuts; *~ level* niveau *m* parfait; *~ lift* effort *m* extrême; *~ load* poids *m* mort; charge *f* constante; *~ loss* perte *f* sèche; *sl.* crétin *m*; *~ man* mort *m*; *sl.* bouteille *f* vide; *~ march* marche *f* funèbre; *~ set* *fig.* attaque *f* furieuse; F *make a ~ set at* se jeter à la tête de (q.); *a ~ shot* tireur *m* sûr de son coup, tireur *m* qui ne rate jamais son coup; ✝ *~ stock* fonds *m/pl.* de boutique; *~ wall* mur *m* orbe; *~ water* remous *m* de sillage; *~weight* poids *m* mort; *fig.* poids *m* inutile; *cut out the ~ wood* élaguer le personnel; 2. *adv.* absolument; complètement; *~ against* absolument opposé à; *~ asleep* profondément endormi; *~ drunk* ivre mort; *~ sure* absolument certain; *~ tired* mort de fatigue; 3. *su. the ~ pl.* les morts *m/pl.*; les trépassés *m/pl.*; *in the ~ of winter* au cœur de l'hiver; *in the ~ of night* au plus profond de la nuit; '*~-a'live* (à moitié) mort; sans animation; '*~-'beat* 1. épuisé; ⚡ apériodique (*instrument*); 2. *Am. sl.* chemineau *m*; quémandeur *m*; filou *m*; chevalier *m* d'industrie; '**dead·en** amortir (*un coup*); assourdir (*un son*); *fig.* feutrer (*le pas*); émousser (*les sens*); ⊕ hourder (*le plancher etc.*); '**dead-'end**: *~*

début

(*street*) cul-de-sac (*pl.* culs-de-sac) *m*; *Am.* ~ **kids** *pl.* gavroches *m/pl.*; '**dead-'end·ed sid·ing** voie *f* (de garage) à bout fermé.
dead...: '**~-head** personne *f* munie d'un billet de faveur; *métall.* masselotte *f*; ⊕ contre-pointe *f*; '**~-line** *Am.* limites *f/pl.* (*d'une prison pour forçats etc.*); date *f* limite; délai *m* de rigueur; '**~-lock** impasse *f* (*a. fig.*); situation *f* insoluble; '**dead·ly** mortel(le *f*); ~ *pale* d'une pâleur mortelle; '**dead·ness** torpeur *f*; *membres*: engourdissement *m*; indifférence *f* (envers, *to*); † stagnation *f*.
dead...: '**~-net·tle** ortie *f* blanche; ~ *pan Am. sl.* acteur *m etc.* sans expression.
deaf □ [def] sourd (à, *to*); *turn a* ~ *ear* faire la sourde oreille (à, *to*); '**deaf·en** rendre sourd; assourdir; '**deaf-'mute** sourd(e *f*)-muet(te *f*) *m*.
deal[1] [di:l] madrier *m*; planche *f*; (bois *m* de) sapin *m*.
deal[2] [~] 1. *cartes*: donne *f*, main *f*; *fig.* marché *m*, affaire *f*, † coup *m* (*de Bourse*); *Am. usu. péj.* tractation *f*; *a good* ~ quantité *f*, beaucoup; *a great* ~ (grande) quantité *f*, beaucoup; *give a square* ~ to agir loyalement envers; 2. [*irr.*] *v/t.* distribuer, répartir, partager (entre *to*, *among*); *cartes*: donner, distribuer; porter, donner (*un coup*) (à, *to*); *v/i.* faire le commerce (de, *in*); *cartes*: donner; en user (*bien ou mal*) (avec q., *by* s.o.); ~ *with* avoir affaire à *ou* avec (q.); s'occuper de; conclure (*une affaire*); faire justice à, négocier avec; *have* ~*t with* avoir pris des mesures à l'égard de (*q.*); '**deal·er** *cartes*: donneur *m*; † négociant(e *f*) *m* (en, *in*); marchand(e *f*) *m* (de, *in*); *plain* ~ homme *m* franc et loyal; *sharp* ~ un fin matois; '**deal·ing** *usu.* ~*s pl.* distribution *f*; commerce *m*; conduite *f*; relations *f/pl.*; *péj.* tractations *f/pl.*
dealt [delt] *prét. et p.p. de* deal[2] 2.
dean [di:n] doyen *m*; '**dean·er·y** doyenné *m*; résidence *f* du doyen.
dear [diə] 1. □ cher (chère *f*); coûteux (-euse *f*); 2. F *o*(*h*) ~! oh là là!; hélas; ~ *me!* mon Dieu!; vraiment?; '**dear·ness** cherté *f*; tendresse *f*; **dearth** [də:θ] disette *f*;

fig. dénuement *m*; **dear·y** ['diəri] F mon chéri *m*, ma chérie *f*.
death [deθ] mort *f*; décès *m*; *journ.* ~*s pl.* nécrologie *f*; ~ *penalty* peine *f* capitale; *tired to* ~ mort de fatigue; épuisé; '**~-bed** lit *m* de mort; '**~-blow** coup *m* fatal *ou* mortel; '**~-du·ty** droit *m* de succession; '**~-less** □ immortel(le *f*); '**~-like** de mort; semblable à la mort; '**death·ly** 1. *adj. see* deathlike; 2. *adv.* comme la mort; '**death-rate** (taux *m* de la) mortalité *f*; '**death-roll** liste *f* des morts; '**death's-head** tête *f* de mort; '**death-war·rant** ordre *m* d'exécution.
dé·bâ·cle [dei'ba:kl] débâcle *f*.
de·bar [di'ba:] exclure, priver (q. de qch., s.o. *from* s.th.); défendre (à q. de *inf.*, s.o. *from* *ger.*).
de·bar·ka·tion [di:ba:'keiʃn] débarquement *m*.
de·base [di'beis] avilir; rabaisser (*son style*); altérer (*la monnaie*); **de-'base·ment** avilissement *m*, dégradation *f*; *monnaie*: altération *f*.
de·bat·a·ble □ [di'beitəbl] discutable; contestable; **de'bate** 1. débat *m*, discussion *f*; 2. débattre, disputer (sur qch., [*on*] s.th.; avec q., *with* s.o.); **de'bat·er** orateur *m*.
de·bauch [di'bɔ:tʃ] 1. débauche *f*; 2. débaucher; *fig.* corrompre; **deb·au'chee** débauché(e *f*) *m*; **de·'bauch·er·y** débauche *f*.
de·ben·ture [di'bentʃə] obligation *f*; certificat *m* de drawback.
de·bil·i·tate [di'biliteit] débiliter; **de·bil·i'ta·tion** débilitation *f*; **de·'bil·i·ty** débilité *f*.
deb·it † ['debit] 1. débit *m*, doit *m*; ~ *balance* solde *m* débiteur; 2. débiter; porter (*une somme*) au débit (de q. *to*, *against* s.o.).
de·bouch [di'bautʃ] déboucher (dans, *into*).
de·bris ['debri:] débris *m/pl.*; *géol.* détritus *m/pl.*
debt [det] dette *f*; créance *f*; *active* ~ dette *f* active; *pay the* ~ *of nature* payer le tribut à l'humanité (= *mourir*); '**debt·or** débiteur (-trice *f*) *m*.
de·bunk F *surt. Am.* [di:'bʌŋk] débronzer; déboulonner.
de·bus [di:'bʌs] (faire) débarquer d'un autobus; (faire) descendre.
dé·but ['deibu:] début *m*; entrée *f* dans le monde.

dec·ade ['dekəd] décade *f*; (période *f* de) dix ans *m/pl. ou* jours *m/pl.*
de·ca·dence ['dekədəns] décadence *f*; **'de·ca·dent** décadent; en décadence.
dec·a·log(ue) ['dekələg] décalogue *m*; *les* dix commandements *m/pl.*
de·camp [di'kæmp] ⚔ lever le camp; F décamper, filer.
de·cant [di'kænt] décanter, transvaser; tirer au clair; **de'cant·er** carafe *f*; carafon *m*. [*obus.*)
de·cap [di:'kæp] désamorcer (*un*)
de·cap·i·tate [di'kæpiteit] décapiter; *Am.* congédier, F liquider; **de·cap·i'ta·tion** décapitation *f*.
de·cath·lon *sp.* [di'kæθlɔn] décathlon *m*.
de·cay [di'kei] 1. décadence *f*; délabrement *m*; déclin *m*; pourriture *f*; *dents*: carie *f*; 2. tomber en décadence; pourrir; se carier (*dents*); *fig.* décliner, se perdre; ~ed *with age* rongé par le temps.
de·cease *surt.* ⚖ [di'si:s] 1. décès *m*; 2. décéder; *the* ~d *le défunt m*, *la défunte f*; *pl.* les défunts *m/pl.*
de·ceit [di'si:t] tromperie *f*; fourberie *f*; **de'ceit·ful** ☐ trompeur (-euse *f*); faux (fausse *f*); mensonger (-ère *f*) (*regard etc.*); **de'ceit·ful·ness** fausseté *f*; nature *f* trompeuse.
de·ceiv·a·ble [di'si:vəbl] facile à tromper; **de'ceive** [di'si:v] tromper; en imposer à (*q.*); amener (*q.*) par supercherie (à *inf.*, *into* gér.); *be* ~d se tromper; **de'ceiv·er** trompeur (-euse *f*) *m*; fourbe *m*.
de·cel·er·ate [di:'selərit] ralentir.
De·cem·ber [di'sembə] décembre *m*.
de·cen·cy ['di:snsi] bienséance *f*; pudeur *f*; **decencies** *pl.* les convenances *f/pl.*
de·cen·ni·al [di'senjəl] décennal (-aux *m/pl.*); **de'cen·ni·um** [~jəm] décennie *f*, période *f* de dix ans.
de·cent ☐ ['di:snt] convenable; honnête; assez bon(ne *f*); *sl.* très bon(ne *f*), brave.
de·cen·tral·i·za·tion [di:sentrəlai'zeiʃn] décentralisation *f*; **de'cen·tral·ize** décentraliser.
de·cep·tion [di'sepʃn] tromperie *f*; fraude *f*; supercherie *f*; **de'cep·tive** ☐ trompeur (-euse *f*); mensonger (-ère *f*).
de·cide [di'said] *v/i.* décider (de, *to*); se décider (pour *in favour of*, *for*; à *inf.*, *on* gér.); prendre son parti; *v/t.* trancher (*une question*); (*a.* ~ *on*) déterminer (*qch.*); **de'cid·ed** ☐ décidé; arrêté (*opinion*); résolu; **de'cid·er** *sp.* course *f ou* match *m* de décision; *la* belle *f*.
de·cid·u·ous ♀, *zo.* ☐ [di'sidjuəs] caduc (-uque *f*); ~ *tree* arbre *m* à feuilles caduques.
dec·i·mal ['desiml] 1. décimal (-aux *m/pl.*); ⚛ ~ *point* virgule *f*; 2. décimale *f*; **dec·i·mate** ['~meit] décimer; **dec·i'ma·tion** décimation *f*.
de·ci·pher [di'saifə] déchiffrer; transcrire en clair; **de'ci·pher·a·ble** [~rəbl] déchiffrable; **de'ci·pher·ment** déchiffrement *m*.
de·ci·sion [di'siʒn] décision *f* (*a.* ⚖); ⚖ jugement *m*, arrêt *m*; *fig.* caractère: fermeté *f*, résolution *f*; *take a* ~ prendre une décision *ou* un parti; **de·ci·sive** [di'saisiv] ☐ décisif (-ive *f*); tranchant (*ton*).
deck [dek] 1. ⚓ pont *m*; tillac *m*; *top* ~ impériale *f*; *surt. Am.* paquet *m* de cartes; *Am.* F *on* ~ prêt; 2. parer, orner; ⚓ ponter; '~-'**chair** chaise *f* longue; F transat(lantique) *m*; '**deck·er**: *double-* (*single-*)~ autobus *m etc.* à (sans) impériale.
de·claim [di'kleim] déclamer (contre, *against*).
dec·la·ma·tion [deklə'meiʃn] déclamation *f*; **dec·lam·a·to·ry** [di-'klæmətəri] déclamatoire.
de·clar·a·ble [di'klɛərəbl] déclarable; à déclarer; **dec·la·ra·tion** [deklə'reiʃn] déclaration *f* (en douane); *make a* ~ déclarer, proclamer; émettre une déclaration; **de·clar·a·tive** [di'klærətiv] qui déclare, qui annonce (*qch.*); **de'clar·a·to·ry** [~təri] déclaratoire; **de·clare** [di'klɛə] *v/t.* déclarer (*qch. à q.*, *la guerre, qch. en douane*, *q. coupable, etc.*); annoncer; ~ *o.s.* prendre parti; faire sa déclaration (*amant*); ~ *off* rompre (*un marché*); *v/i.* se déclarer, se prononcer (pour, *for*; contre, *against*); F *well, I* ~! par exemple!; eh bien, alors!; **de'clared** ☐ ouvert, avoué, déclaré.
de·clen·sion [di'klenʃn] déclin *m*, décadence *f*; *caractère etc.*: altération *f*; *gramm.* déclinaison *f*.
de·clin·a·ble [di'klainəbl] décli-

defalcator

nable; **dec·li·na·tion** [dekli'neiʃn] † pente *f*, déclin *m*; *Am.* refus *m*; *astr.*, *phys.* déclinaison *f*; **de·cline** [di'klain] 1. déclin *m* (*a. fig.*); *prix*: baisse *f*; ⚕ consomption *f*; 2. *v/t.* refuser (courtoisement); *gramm.* décliner; *v/i.* décliner (*santé*, *soleil*); baisser; s'incliner (*terrain*); tomber en décadence; s'excuser.

de·cliv·i·ty [di'kliviti] pente *f*, déclivité *f*; **de·cliv·i·tous** [⁓təs] escarpé.

de·clutch ['diː'klʌtʃ] *mot.* débrayer.

de·coct [di'kɔkt] faire bouillir; **de-'coc·tion** décoction *f*; *pharm.* décocté *m*.

de·code ['diː'koud] déchiffrer.

dé·colle·té [dei'kɔltei] 1. décolletage *m*; 2. décolleté.

de·col·o(u)r·ize [diː'kʌləraiz] décolorer.

de·com·pose [diːkəm'pouz] (se) décomposer; *v/t.* analyser; *v/i.* pourrir; **de·com·po·si·tion** [diːkɔmpə-'ziʃn] décomposition *f*; désintégration *f*; putréfaction *f*.

de·com·pres·sor *mot.* [diːkəm'presə] décompresseur *m*.

de·con·tam·i·nate [diːkən'tæmineit] désinfecter; **de·con·tam·i-'na·tion** désinfection *f*.

de·con·trol ['diːkən'troul] libérer (*qch.*) des contraintes du gouvernement; ⁓ *the price of* détaxer (*qch.*).

dec·o·rate ['dekəreit] décorer (*a. d'une médaille*); orner; pavoiser (*une rue*); remettre une décoration à (*q.*); **dec·o·ra·tion** décoration *f*; remise *f* d'une décoration (*à q.*); *appartement etc.*: décor *m*; *Am.* ♀ *Day* le 30 mai; **dec·o·ra·tive** ['dekərətiv] décoratif (-ive *f*); **dec·o·ra·tor** ['⁓reitə] décorateur (-trice *f*) *m*; (*a. house* ⁓) peintre *m* décorateur.

dec·o·rous □ ['dekərəs] bienséant; **de·co·rum** [di'kɔːrəm] bienséance *f*.

de·coy [di'kɔi] 1. leurre *m*, appât *m*; (*a.* ⁓-*duck*) oiseau *m* de leurre; moquette *f*; canard *m* privé; *fig.* compère *m* (*d'un escroc*); 2. piper; leurrer (*a. fig.*).

de·crease 1. ['diː'kriːs] diminution *f*; 2. [diː'kriːs] diminuer; (s')amoindrir.

de·cree [di'kriː] 1. *admin.*, *a. eccl.*:

décret *m*; arrêté *m*; ordonnance *f* (*royale*); ⚖ jugement *m*; 2. décréter, ordonner.

dec·re·ment ['dekrimənt] décroissement *m*; perte *f*.

de·crep·it [di'krepit] décrépit (*personne*); qui tombe en ruine (*chose*); **de'crep·i·tude** [⁓tjuːd] décrépitude *f*; vermoulure *f*.

de·cres·cent [di'kresnt] en décroissance.

de·cry [di'krai] dénigrer, décrier.

dec·u·ple ['dekjupl] 1. décuple (*a. su./m*); 2. (se) décupler.

ded·i·cate ['dedikeit] dédier (*a. fig.*); **ded·i·ca·tion** dédicace *f*; **'ded·i·ca·tor** dédicateur (-trice *f*) *m*; **'ded·i·ca·to·ry** dédicatoire.

de·duce [di'djuːs] déduire, conclure (*de*, *from*); **de'duc·i·ble** que l'on peut déduire.

de·duct [di'dʌkt] retrancher (*de*, *from*); **de'duc·tion** déduction *f*; *salaire*: retenue *f*; imputation *f* (*sur*, *from*); **de'duc·tive** déductif (-ive *f*).

deed [diːd] 1. action *f*, acte *m*; fait *m*; ⚖ acte *m* (notarié); 2. *Am.* transférer par un acte.

deem [diːm] *v/t.* juger; *v/i.* croire; ⁓ *of* estimer.

deep [diːp] 1. □ profond (*a. fig.*); foncé, sombre (*couleur*); *fig.* vif (vive *f*); difficile à pénétrer; malin (-igne *f*) (*personne*); plongé (*dans*, *in*); *box.* ⁓ *hit* coup *m* bas; 2. abîme *m*; *poét.* océan *m*; **'⁓-'breath·ing** respiration *f* à pleins poumons; **'deep·en** (s')approfondir; rendre *ou* devenir plus profond; rendre *ou* devenir plus intense (*sentiment*); *v/t.* foncer; *v/i.* devenir plus foncé (*couleur*); **'deep·ness** profondeur *f*; **'deep-'root·ed** profondément enraciné; **'deep-'seat·ed** enraciné.

deer [diə] cerf *m*; *coll.* cervidés *m/pl.*; **'⁓-lick** *Am.* roches *f/pl.* couvertes de sel; **'⁓-skin** *cuir*: daim *m*; **'⁓-stalk·er** chasseur *m* à l'affût.

de·face [di'feis] défigurer; mutiler; oblitérer (*un timbre*); **de'face·ment** défiguration *f etc.*

de·fal·cate [diː'fælkeit] détourner des fonds; **de·fal'ca·tion** détournement *m* de fonds; fonds *m/pl.* manquants; **'de·fal·ca·tor** détourneur *m* de fonds.

defamation 728

def·a·ma·tion [defə'meiʃn] diffamation *f*; **de·fam·a·to·ry** [di-'fæmətəri] diffamatoire; diffamant; **de·fame** [di'feim] diffamer; **de-'fam·er** diffamateur (-trice *f*) *m*.

de·fault [di'fɔ:lt] **1.** manquement *m*; †, ⚖ défaut *m*; *droit criminel*: contumace *f*; *sp*. forfait *m*; ⚖ *judgement by ~* jugement *m* par défaut; *in ~ of* faute de quoi; au défaut duquel *etc*.; *make ~* faire défaut; être en état de contumace; **2.** *v/i*. manquer à ses engagements; ⚖ faire défaut; être en état de contumace; *v/t*. condamner (*q*.) par défaut; **de'fault·er** délinquant(e *f*) *m*; † défaillant(e *f*) *m*; auteur *m* de détournements de fonds; ⚖ contumace *mf*; ⚔ retardataire *m*; consigné *m*.

de·fea·sance [di'fi:zns] annulation *f*.

de·feat [di'fi:t] **1.** défaite *f*; insuccès *m*; *suffer a ~* essuyer une défaite; **2.** ⚔ battre, vaincre; faire échouer; *parl. qqfois* renverser; mettre en minorité; **de'feat·ist** défaitiste *mf*.

de·fect [di'fekt] défaut *m*; manque *m*; imperfection *f*; **de'fec·tion** défection *f*; *eccl*. apostasie *f*; **de'fec·tive** □ défectueux (-euse *f*); imparfait; anormal (-aux *m/pl*.); en mauvais état; *gramm*. défectif (-ive *f*); *be ~ in* manquer de.

de·fence [di'fens] défense *f*; protection *f*; *witness for the ~* témoin *m* à décharge; **de'fence·less** sans défense; désarmé.

de·fend [di'fend] défendre, protéger (contre *against*, *from*); justifier (*une opinion*); **de'fen·dant** défendeur (-eresse *f*) *m*; accusé(e *f*) *m*; **de'fend·er** défenseur *m*.

de·fense(·less) [di'fens(lis)] *Am. see* defence(less).

de·fen·si·ble [di'fensəbl] défendable; soutenable (*opinion*); **de-'fen·sive 1.** □ défensif (-ive *f*); de défense; **2.** défensive *f*; *be* (*ou stand*) *on the ~* se tenir sur la défensive.

de·fer¹ [di'fə:] différer; *v/t*. *a*. remettre; ajourner; ⚔ mettre en sursis; *~red annuity* rente *f* à paiement différé; *~red payment* paiement *m* par versements échelonnés.

de·fer² [~] (*to*) déférer (à); se soumettre (à); s'incliner (devant); **def-er·ence** ['defərəns] déférence *f*; respect *m*; *in ~ to*, *out of ~ to* par déférence pour; **def·er·en·tial** □ [~'renʃl] de déférence.

de·fer·ment [di'fə:mənt] ajournement *m* (*a*. ⚔); remise *f*; ⚔ *be on ~* être en sursis.

de·fi·ance [di'faiəns] défi *m*; *bid ~ to* porter un défi à; *in ~ of* en dépit de (*q*.); **de'fi·ant** □ provocant; intraitable; *be ~ of* braver (*qch*.).

de·fi·cien·cy [di'fiʃənsi] manque *m*, défaut *m*; insuffisance *f*; *a. see* deficit; **de'fi·cient** défectueux (-euse *f*); insuffisant; à petite mentalité (*personne*); *be ~ in* manquer de; être au-dessous de.

def·i·cit ['defisit] déficit *m*.

de·fi·er [di'faiə] provocateur (-trice *f*) *m*.

de·file¹ 1. ['difail] défilé *m*; gorge *f*; **2.** [di'fail] défiler (*troupes etc*.).

de·file² [di'fail] souiller, salir; polluer (*une église, les mœurs*); **de'file·ment** souillure *f*; pollution *f*.

de·fin·a·ble [di'fainəbl] définissable; **de'fine** définir; délimiter (*un territoire*); **def·i·nite** □ ['definit] défini; bien déterminé; **def·i'ni·tion** définition *f*; † délimitation *f*; *opt*. netteté *f*; *by ~* par définition; **de·fin·i·tive** □ [di'finitiv] définitif (-ive *f*).

de·flate [di:'fleit] dégonfler (*un ballon, fig. une personne*); † amener la déflation de (*la monnaie*); **de'fla·tion** dégonflement *m*; † déflation *f*; **de'fla·tion·a·ry** de déflation.

de·flect [di'flekt] dévier, défléchir; **de'flec·tion**, *souv*. **de·flex·ion** [di'flekʃn] *lumière*: déflexion *f*; *compas*: déviation *f*; déformation *f*; ⊕ flèche *f*.

de·flow·er [di:'flauə] défleurir (*une plante*); *fig*. déflorer (*un paysage, un sujet, une jeune fille*).

de·form [di'fɔ:m] déformer; *~ed* contrefait, difforme; **de·for·ma·tion** [di:fɔ:'meiʃn] déformation *f*; **de·form·i·ty** [di'fɔ:miti] difformité *f*; † *caractère etc*.: laideur *f*.

de·fraud [di'frɔ:d] frustrer (*q*. de *qch*., *s.o. of s.th*.); ⚖ frauder.

de·fray [di'frei] couvrir (*les frais de q*.); défrayer (*q*.). [givreur *m*.\

de·freez·er *mot*. [di:'fri:zə] dé-\

de·frost·er *mot*. [di:'frɔstə] dégivreur *m*.

deft □ [deft] adroit, habile.
de·funct [di'fʌŋkt] **1.** défunt; décédé; *fig.* désuet (-ète *f*); **2.** défunt(e *f*) *m*.
de·fy [di'fai] défier; mettre (*q.*) au défi.

de·gen·er·a·cy [di'dʒenərəsi] dégénération *f*; **de'gen·er·ate 1.** [~reit] dégénérer (en, *into*); **2.** □ [~rit] dégénéré; **de·gen·er·a·tion** [~'reiʃn] dégénération *f*; dégénérescence *f*.
deg·ra·da·tion [degrə'deiʃn] dégradation *f*; avilissement *m*; ✕ cassation *f*; **de·grade** [di'greid] *v/t.* dégrader (*a. fig.,* ✕*, géol.*); ✕ casser (*un officier*); *géol.* effriter; *fig.* avilir; *v/i.* dégénérer; *géol.* se dégrader.
de·gree [di'gri:] degré *m* (*a.* ♈, *géog., gramm., phys.*); ♪ gamme: échelon *m*; *autel:* marche *f*; *univ.* grade *m*; *fig.* rang *m*, condition *f*; *by* ~s petit à petit; par degrés; *in no* ~ pas le moins du monde; *in some* ~ dans une certaine mesure; *F to a* ~ éminemment; *take one's* ~ prendre ses grades.
de·hy·drat·ed [di:'haidreitid] déshydraté (*pommes de terre, légumes, etc.*); en poudre (*œufs*).
de·ice ⚡ ['di:'ais] dégivrer; **de-'ic·er** dégivreur *m*.
de·i·fi·ca·tion [di:ifi'keiʃn] déification *f*; **de·i·fy** ['di:ifai] déifier.
deign [dein] daigner (à, *to*).
de·ism ['di:izm] déisme *m*; **'de·ist** déiste *mf*; **de'is·tic, de·is·ti·cal** □ déiste.
de·i·ty ['di:iti] divinité *f*; dieu *m*, déesse *f*.
de·ject [di'dʒekt] décourager; **de-'ject·ed** □ abattu, déprimé; **de-'ject·ed·ness, de'jec·tion** découragement *m*, tristesse *f*.
de·la·tion [di'leiʃn] dénonciation *f*.
de·lay [di'lei] **1.** délai *m*, retard *m*; arrêt *m*; sursis *m*; **2.** *v/t.* retarder, différer; retenir; arrêter; *v/i.* tarder (à *inf.*, *in gér.*); s'attarder.
de·lec·ta·ble *co.* □ [di'lektəbl] délicieux (-euse *f*); **de·lec·ta·tion** [di:lek'teiʃn] délectation *f*.
del·e·ga·cy ['deligəsi] délégation *f*; **del·e·gate 1.** ['~geit] déléguer; **2.** ['~git] délégué(e *f*) *m*; **del·e·ga·tion** [~'geiʃn] délégation *f* (*a. parl. Am.*); députation *f*.

de·lete [di'li:t] rayer, supprimer; **del·e·te·ri·ous** □ [deli'tiəriəs] nuisible (à la santé); **de·le·tion** [di-'li:ʃn] suppression *f*; passage *m* supprimé.
delf(t) ⚓ [delf(t)] faïence *f* de Delft.
de·lib·er·ate 1. [di'libəreit] *v/i.* délibérer (de, sur *on*); *v/t.* délibérer au sujet de; **2.** □ [~rit] prémédité, voulu; réfléchi, avisé (*personne*); lent, mesuré (*pas etc.*); **de'lib·er·ate·ness** intention *f* marquée; mesure *f*; **de·lib·er·a·tion** [~'reiʃn] délibération *f*; circonspection *f*; lenteur *f* réfléchie; **de-'lib·er·a·tive** □ [~rətiv] de réflexion; délibératif (-ive *f*); délibérant.
del·i·ca·cy ['delikəsi] délicatesse *f* (*a. fig.*); sensibilité *f*; santé: faiblesse *f*; friandise *f*; *fig.* scrupule *m*; *touche:* légèreté *f*; **del·i·cate** ['~kit] □ délicat (*a. fig.*); fin (*esprit*); raffiné (*sentiment*); léger (-ère *f*) (*touche*); épineux (-euse *f*) (*question*); faible (*santé*); **del·i·ca·tes·sen** *Am.* [delikə'tesn] *pl.* charcuterie *f*. [(-euse *f*).\
de·li·cious [di'liʃəs] délicieux/
de·light [di'lait] **1.** délices *f/pl.*, délice *m*; joie *f*; **2.** *v/t.* enchanter, ravir; *v/i.* se délecter (à, *in*); se complaire (à *inf.*, *in gér.*); ~ *to* (*inf.*) mettre son bonheur à (*inf.*); **de'light·ful** □ [~ful] ravissant; charmant; délicieux (-euse *f*); **de-'light·ful·ness** délices *f/pl.*; charme *m*.
de·lim·it [di:'limit], **de·lim·i·tate** [~teit] délimiter; **de·lim·i'ta·tion** délimitation *f*.
de·lin·e·ate [di'linieit] tracer; dessiner; délinéer; **de·lin·e·a·tion** tracé *m*; délinéation *f*; **de'lin·e·a·tor** dessinateur *m*; instrument *m* traceur.
de·lin·quen·cy [di'liŋkwənsi] culpabilité *f*; délit *m*; délinquance *f*; **de-'lin·quent 1.** délinquant; coupable; **2.** délinquant(e *f*) *m*.
del·i·quesce [deli'kwes] fondre; ⚗ se liquéfier; *fig.* tomber en déliquescence.
de·lir·i·ous □ [di'liriəs] en délire; délirant; F fou (fol *devant une voyelle ou un h muet*); folle *f* (*de, with*); **de'lir·i·ous·ness** délire *m*; **de'lir·i·um** [~əm] délire *m*; fièvre *f*

deliver

délirante; ~ *tremens* [~'tri:menz] delirium *m* tremens.

de·liv·er [di'livə] délivrer (de, from); (*a.* ~ *up*) restituer, rendre, livrer; faire (*une commission, une conférence*); exprimer (*une opinion*); prononcer (*un discours*); livrer (*un assaut, des marchandises*); ⚜ (faire) accoucher (de, *of*); distribuer (*des lettres*), remettre (*un paquet*); porter, donner (*un coup*); lancer (*une attaque, une balle*); ⚜ be ~ed of accoucher de; **de'liv·er·a·ble** [~rəbl] livrable; **de'liv·er·ance** délivrance *f*; libération *f*; expression *f*; **de'liv·er·er** libérateur (-trice *f*) *m*; ✝ livreur (-euse *f*) *m*; **de'liv·er·y** remise *f*; *discours*: prononciation *f*; *orateur*: diction *f*; ⚜ accouchement *m*; *lettres*: distribution *f*; *colis*, *a.* ✝ livraison *f*; ⚜ signification *f* (*d'un acte*); *cricket*: envoi *m* (*de la balle*); ⚔ *ville, prisonnier*: reddition *f*; *special* ~ envoi *m* par exprès; on ~ *of* au reçu de; **de'liv·er·y-note** bulletin *m* de livraison; **de'liv·er·y-truck**, **de'liv·er·y-van** voiture *f* de livraison.

dell [del] vallon *m*, combe *f*.

de·louse [di:'laus] épouiller.

del·ta ['deltə] delta *m*.

de·lude [di'lu:d] abuser (au point de *inf.*, *into gér.*); tromper; duper.

del·uge ['delju:dʒ] **1.** déluge *m* (*a. fig.*); ☉ *le* Déluge *m*; **2.** inonder (de, *with*) (*a. fig.*).

de·lu·sion [di'lu:ʒn] illusion *f*, erreur *f*; action *f* de duper; **de'lu·sive** [~siv] ▭, **de'lu·so·ry** [~səri] illusoire; trompeur (-euse *f*).

dem·a·gog·ic, **dem·a·gog·i·cal** [demə'gɔgik(l)] démagogique; **dem·a·gogue** ['~gɔg] démagogue *m*; **'dem·a·gog·y** démagogie *f*.

de·mand [di'mɑ:nd] **1.** demande *f*, réclamation *f*; ⚖ requête *f* (à *on*, *to*); ✝ *in* ~ très demandé; *on* ~ à vue, sur demande; *make* ~s faire des demandes (à q., *on s.o.*); ~ *note* avertissement *m*; **2.** demander (formellement); exiger (de, *from*); insister (pour *inf.*, *to inf.*); ⚖ réclamer (à, *from*).

de·mar·ca·tion [di:mɑ:'keiʃn] démarcation *f*; (*usu. line of* ~) ligne *f* de démarcation; délimitation *f*.

de·mean[1] [di'mi:n] (*usu.* ~ *o.s.* s')abaisser.

de·mean[2] [~]: ~ *o.s.* se comporter; **de'mean·o(u)r** [~ə] air *m*, tenue *f*.

de·ment·ed [di'mentid] fou (fol *devant une voyelle ou un h muet*; folle *f*).

de·mer·it [di:'merit] démérite *m*.

de·mesne [di'mein] possession *f*; domaine *m* (*a. fig.*).

demi... [demi] demi-.

dem·i·john ['demidʒɔn] dame-jeanne (*pl.* dames-jeannes) *f*; bouteille *f* clissée; bac *m* à acide.

de·mil·i·ta·ri·za·tion ['di:militərai'zeiʃn] démilitarisation *f*; **de'mil·i·ta·rize** démilitariser.

de·mise [di'maiz] **1.** F décès *m*; ⚖ cession *f*; transfert *m*; *terrain*: affermage *m*; **2.** céder, transmettre.

de·mob *sl.* [di:'mɔb] *see demobilize*; **de·mo·bi·li·za·tion** ['di:moubilai'zeiʃn] démobilisation *f*; **de'mo·bi·lize** démobiliser.

de·moc·ra·cy [di'mɔkrəsi] démocratie *f*; **dem·o·crat** ['demokræt] démocrate *mf*; **dem·o'crat·ic**, **dem·o'crat·i·cal** ▭ démocratique; **de·moc·ra·tize** [di'mɔkrətaiz] (se) démocratiser.

de·mol·ish [di'mɔliʃ] démolir (*a. fig.*); F dévorer, avaler; **dem·o·li·tion** [demo'liʃn] démolition *f*.

de·mon ['di:mən] démon *m*; diable *m*; **de·mo·ni·ac** [di'mouniæk] **1.** (*a.* **de·mo·ni·a·cal** ▭ [di:mə'naiəkl]) démoniaque; diabolique; **2.** démoniaque *mf*; **de·mon·ic** [di:'mɔnik] diabolique; du Démon.

de·mon·stra·ble ▭ ['demənstrəbl] démontrable; **dem·on·strate** ['~streit] *v/t.* démontrer; expliquer, décrire (*un système*); *v/i.* manifester; ⚔ faire une démonstration; **dem·on'stra·tion** démonstration *f* (*a.* ⚔); *sentiments*: témoignage *m*, démonstration *f*, effusion *f*; *pol.* manifestation *f*; **de·mon·stra·tive** [di'mɔnstrətiv] **1.** ▭ démonstratif (-ive *f*) (*a. gramm.*); *a.* expansif (-ive *f*) (*personne*); démontrable (*vérité etc.*); **2.** *gramm.* pronom *m etc.* démonstratif; **dem·on·stra·tor** ['demənstreitə] démonstrateur *m* (*a. anat.*); *univ.* préparateur *m*; *pol.* manifestant *m*.

de·mor·al·i·za·tion [dimɔrəlai'zeiʃn] démoralisation *f*; **de'mor·al·ize** corrompre; démoraliser.

de·mote *Am.* [di:'mout] réduire à

un grade inférieur *ou* à une classe inférieure; *école*: faire descendre d'une classe; **de'mo·tion** réduction *f* à un grade inférieur *etc.*

de·mur [di'mɜː] **1.** hésitation *f*; objection *f*; **2.** hésiter; soulever des objections (contre *to*, *at*).

de·mure [di'mjuə] grave; réservé; d'une modestie affectée; F (*air*) de sainte nitouche; **de'mure·ness** gravité *f*; modestie *f* (affectée); air *m* de sainte nitouche.

de·mur·rage [di'mʌridʒ] ⚓ surestarie *f*, -s *f/pl.*; 🚆 magasinage *m*; **de'mur·rer** ⚖ fin *f* de non-recevoir.

de·my ✝ [di'mai] *papier*: coquille *f*.

den [den] tanière *f*, antre *m*; *fig.* retraite *f*; F cabinet *m* de travail; F bouge *m*.

de·na·tion·al·ize [diː'næʃnəlaiz] dénationaliser.

de·na·ture ⚗ [di'neitʃə] dénaturer.

de·ni·a·ble [di'naiəbl] niable; **de'ni·al** déni *m*, refus *m*; dénégation *f*, démenti *m*; **de'ni·er** dénégateur (-trice *f*) *m*.

den·i·grate ['denigreit] diffamer (*q.*); noircir (*la réputation*); dénigrer (*q.*, *un projet*).

den·im ['denim] *tex.* étoffe *f* croisée de coton (*pour salopette*); F ~s *pl.* bleus *m/pl.*

den·i·zen ['denizn] habitant(e *f*) *m*.

de·nom·i·nate [di'nɔmineit] dénommer; **de·nom·i'na·tion** dénomination *f*; catégorie *f*; *eccl.* secte *f*, culte *m*; **de·nom·i'na·tion·al** confessionnel(le *f*), sectaire; **de'nom·i·na·tive** [~nətiv] dénominatif (-ive *f*); **de'nom·i·na·tor** ⚭ [~neitə] dénominateur *m*; *common* ~ dénominateur *m* commun.

de·no·ta·tion [diː'nouteiʃn] désignation *f*; signification *f*; *fig.* indication *f*; **de·no·ta·tive** [di'noutətiv] indicatif (-ive *f*) (de, *of*); **de'note** dénoter; signifier; indiquer.

de·nounce [di'nauns] dénoncer (*q.*, *un traité*, *etc.*); démasquer (*un imposteur*); s'élever contre (*un abus*); † prononcer (*un jugement*); **de'nounce·ment** dénonciation *f*.

dense □ [dens] épais(se *f*); profond (*obscurité etc.*); lourd (*esprit*); *fig.* stupide; *phot.* opaque; **'dense·ness** épaisseur *f*; *population*: densité *f*; *fig.* stupidité *f*; **'den·si·ty** *phys.* densité *f*; *a. see denseness.*

dent [dent] **1.** bosselure *f*; *lame*: brèche *f*; **2.** bosseler, bossuer; ébrécher (*une lame*).

den·tal ['dentl] **1.** dentaire; *gramm.* dental (-aux *m/pl.*); ~ *chirurgie f* dentaire; **2.** *gramm.* dentale *f*; **den·tate** ['~teit] ♀ denté; dentelé; **den·ti·frice** ['~tifris] dentifrice *m*; **'den·tist** dentiste *mf*; **'den·tist·ry** art *m* dentaire; **den'ti·tion** dentition *f*; **den·ture** ['~tʃə] dentier *m*; *zo.* denture *f*.

den·u·da·tion [diːnjuː'deiʃn] dénudation *f*; *géol.* érosion *f*; **de'nude** (*of*) dénuder; dépouiller (de); *fig.* dégarnir (de).

de·nun·ci·a·tion [dinʌnsi'eiʃn] dénonciation *f*; condamnation *f*; accusation *f* publique; **de'nun·ci·a·tor** dénonciateur (-trice *f*) *m*.

de·ny [di'nai] nier; dénier (*un crime*); repousser (*une accusation*); démentir (*une nouvelle*); renier (*sa foi*); refuser (qch. à q. s.o. s.th., s.th. to s.o.); ~ o.s. s.th. se refuser qch.; ~ o.s. fermer sa porte (à q., *to s.o.*).

de·o·dor·ant [diː'oudərənt] désodorisant *m*; **de·o·dor·ize** [di'oudəraiz] désodoriser; **de'o·dor·iz·er** désodorisateur *m*.

de·part [di'pɑːt] *v/i.* partir (pour, *for*), s'en aller (à, *for*); quitter (un lieu, *from a place*); F sortir (de, *from*); s'écarter (de, *from*); démordre (de, *from*); mourir; *the* ~ed le défunt *m*, la défunte *f*; *pl.* les morts *m/pl.*; *v/t.* ~ *this life* quitter ce monde; **de'part·ment** département *m* (*a. géog.*); service *m*; ✝ rayon *m*, comptoir *m*; *Am.* ministère *m*; *State* ♀ Ministère *m* des Affaires étrangères; ~ *store* grand magasin *m*; **de·part·men·tal** [~'mentl] départemental (-aux *m/pl.*); **de'par·ture** [~tʃə] départ *m* (*a.* 🚆, ⚓); déviation (de, *from*); *a new* ~ une nouvelle tendance *f*; une nouveauté *f*; ~ *platform* (quai *m* de) départ *m*; embarcadère *m*.

de·pend [di'pend] † pendre (à, *from*); ⚖ être pendant; ~ (*up*)*on* dépendre de; se trouver à la charge de; compter sur; se fier à (*qch.*); F *it* ~s cela dépend, F c'est selon; **de'pend·a·ble** bien fondé; digne

dependant

de confiance (*personne*); **de'pend-ant** protégé(e *f*) *m*; pensionnaire *mf*; ~s *pl.* charges *f/pl.* de famille; **de'pend-ence** dépendance *f* (de, [*up*]on); confiance *f* (en, on); **de'pend-en-cy**, *souv.* dependencies *pl.* dépendance *f*; **de'pend-ent 1.** □ (on) dépendant (de); à la charge (de); *be* ~ *on charity* subsister d'aumônes; **2.** *see* dependant; **de'pend-ing** ž'ž *be* ~ être pendant.

de·pict [di'pikt] (dé)peindre.

de·pil·a·to·ry [de'pilətəri] **1.** (d)épilatoire; **2.** dépilatoire *m*.

de·plane [di'plein] descendre d'avion.

de·plete [di'pli:t] épuiser (*a. fig.*); ⚔ dégarnir (*une garnison*); **de'ple·tion** épuisement *m*; ⚔ dégarnissement *m*; **de'ple·tive** épuisant, qui épuise.

de·plor·a·ble □ [di'plɔ:rəbl] déplorable; lamentable; **de·plore** [di'plɔ:] déplorer; regretter vivement.

de·ploy ⚔ [di'plɔi] (se) déployer; **de'ploy·ment** ⚔ déploiement *m*.

de·plume [di'plu:m] déplumer.

de·po·nent [di'pounənt] ž'ž déposant *m*; *gramm.* (verbe *m*) déponent *m*.

de·pop·u·late [di:'pɔpjuleit] (se) dépeupler; **de'pop·u'la·tion** *pays*: dépopulation *f*; *forêt*: dépeuplement *m*.

de·port [di'pɔ:t] expulser (*un étranger*); ~ *o.s.* se conduire; **de·por'ta·tion** expulsion *f*; **de·port·ee** [di:pɔ:'ti:] détenu(e *f*) *m*; **de'port·ment** tenue *f*; conduite *f*.

de·pos·a·ble [di'pouzəbl] capable d'être déposé; **de'pose** déposer; ž'ž témoigner (que, *that*; de qch., *to s.th.*).

de·pos·it [di'pɔzit] **1.** *géol.* gisement *m*, couche *f*; ⚙ encroûtement *m*; ⚗ précipité *m*, sédiment *m*; ✝ acompte *m*, somme *f* en gage, arrhes *f/pl.*; dépôt *m* (*en banque*); **2.** de dépôts; **3.** déposer (*qch. sur qch., des œufs, de l'argent, a.* ⚗); consigner (*de l'argent*); cautionner (*des droits de douane*); **de'pos·i·ta·ry** dépositaire *m*; **dep·o·si·tion** [depə'ziʃn] déposition *f*; témoignage *m*; ⚗ dépôt *m*; *eccl.* Descente *f* de Croix; **de·pos·i·tor** [di'pɔzitə] déposant *m*; **de'pos·i·to·ry** dépôt *m*, entrepôt *m*; garde-meuble (*pl.* garde-meuble[s]) *m*; *fig.* mine *f*, trésor *m*.

de·pot ['depou] ⚔, ⚓, ✝ dépôt *m*; ✝ entrepôt *m*; *Am.* gare *f*.

dep·ra·va·tion [deprə'veiʃn] dépravation *f*; *see* depravity; **de·prave** [di'preiv] dépraver; **de'praved** dépravé (*a. goût*); **de·prav·i·ty** [di'præviti] perversité *f*; dépravation *f*.

dep·re·cate ['deprikeit] désapprouver, désavouer, déconseiller (*une action*); **dep·re'ca·tion** désapprobation *f*; désaveu *m*; *eccl.* † déprécation *f*; **dep·re·ca·to·ry** ['~kətəri] déprécatif (-ive *f*).

de·pre·ci·ate [di'pri:ʃieit] *v/t.* déprécier (*a. fig.*); avilir; *fig.* dénigrer; *v/i.* se déprécier; diminuer de valeur; **de·pre·ci'a·tion** dépréciation *f* (*a.* ✝); dénigrement *m*; ✝ amortissement *m*; **de'pre·ci·a·to·ry** [~ətəri] dépréciateur (-trice *f*).

dep·re·da·tion [depri'deiʃn] déprédation *f*; pillage *m*; **'dep·re·da·tor** déprédateur (-trice *f*) *m*; **dep·re·da·to·ry** [di'predətəri] de déprédation.

de·press [di'pres] abaisser (*a.* ♪); baisser; abattre (*les forces*); faire languir (*le commerce*); faire baisser (*le prix*); baisser le ton de (*la voix*); appuyer sur (*la pédale*); *fig.* attrister, décourager; **de'pressed** *fig.* triste; abattu; **de·pres·sion** [di'preʃn] abaissement *m* (*a. phys.*); ✝, *astr., géog., météor.* dépression *f*; ♫ abattement *m*; ♫ affaissement *m* (*a.* ✝); ⊕ trou *m*, godet *m*; *géog.* creux *m*; *météor.* baisse *f*; *tir:* pointage *m* négatif; *fig.* découragement *m*.

dep·ri·va·tion [depri'veiʃn] privation *f*; ⚔, *admin.* retrait *m* (*d'emploi*); *eccl.* révocation *f*, destitution *f*; **de·prive** [di'praiv] priver (q. de qch., *s.o. of s.th.*); déposséder (q.) d'une charge; *eccl.* destituer.

depth [depθ] profondeur *f*; *forêt, eau*: fond *m*; *couche*: épaisseur *f*; *couleur*: intensité *f*; *son*: gravité *f*; *intelligence*: portée *f*; ~ *bomb* (*ou charge*) grenade *f* sous-marine; ~ *of focus phot.* profondeur *f* de foyer; *go beyond one's* ~ perdre fond; *a. be out of one's* ~ avoir perdu pied; *fig.* sortir de sa compétence.

dep·u·ta·tion [depju'teiʃn] délégation *f*, députation *f*; **de·pute** [di-

'pju:t] déléguer, députer; **dep·u·tize** ['depjutaiz] remplacer (q.); ~ for faire l'intérim de; **'dep·u·ty 1.** remplaçant(e f) m; ⚖ fondé m de pouvoir; substitut m (d'un juge); suppléant(e f) m; délégué(e f) m; **2.** sous-; suppléant.

de·rac·i·nate [di'ræsineit] déraciner.

de·rail 🚂 [di'reil] (faire) dérailler; **de'rail·ment** déraillement m.

de·range [di'reindʒ] déranger; désorganiser; ⊕ fausser (une machine); aliéner (l'esprit); **de'ranged** détraqué (cerveau); dérangé (estomac); **de'range·ment** dérèglement m (de l'esprit); dérangement m; troubles m/pl. (de digestion).

de·rate [di:'reit] dégrever.

Der·by sp. ['dɑ:bi] le Derby m; **'der·by** Am. chapeau m melon.

der·e·lict ['derilikt] **1.** abandonné, délaissé; surt. Am. négligent; **2.** objet m abandonné; épave f; **der·e·lic·tion** [deri'likʃn] abandon m, délaissement m; ~ of duty manquement m au devoir.

de·ride [di'raid] tourner en dérision; se moquer de; railler.

de·ri·sion [di'riʒn] dérision f; ridicule m; **de·ri·sive** [di'raisiv] □, **de'ri·so·ry** [~səri] moqueur (-euse f); fig. dérisoire (offre).

de·riv·a·ble □ [di'raivəbl] dérivable; que l'on peut tirer (de, from); **der·i·va·tion** [deri'veiʃn] dérivation f (a. ♈, ⚡); **de·riv·a·tive** [di'rivətiv] **1.** □ dérivé; **2.** dérivé m; ♈ dérivée f; **de·rive** [di'raiv] (from) tirer (de); prendre (du plaisir etc.) (à); devoir (qch.) (à); be ~ed from dériver de.

der·ma·tol·o·gy [də:mə'tɔlədʒi] dermatologie f.

der·o·gate ['derəgeit] déroger (à sa dignité, from one's dignity); diminuer (qch., from s.th.); **der·o·ga·tion** dérogation f (à une loi, of a law); atteinte f (portée à qch., from s.th.); **de·rog·a·to·ry** □ [di'rɔgətəri] (to) dérogatoire (à); attentatoire (à); qui déroge (à).

der·rick ['derik] ⊕ chevalement m; ⚓ mât m de charge; ⚒ chevalement m de sondage.

des·cant [dis'kænt] discourir, s'étendre (sur, [up]on).

de·scend [di'send] descendre; v/i.

tomber (pluie); s'abaisser; tirer son origine (de, from); ~ (up)on s'abattre sur, tomber sur, descendre sur; ~ to passer à (q. par héritage); descendre jusqu'à (bassesse etc.); ~ (a. be ~ed) from descendre de; **de'scend·ant** descendant(e f) m.

de·scent [di'sent] usu. descente f; pente f; chute f; abaissement m; déchéance f; descendance f; ⚖ transmission f par héritage; atterrissage m (p.ex. forcé, d'un avion).

de·scrib·a·ble [dis'kraibəbl] descriptible; **de'scribe** décrire, dépeindre.

de·scrip·tion [dis'kripʃn] description f; police etc.: signalement m; ✝ désignation f; espèce f, sorte f; **de'scrip·tive** □ descriptif (-ive f); raisonné (catalogue).

de·scry [dis'krai] apercevoir, aviser.

des·e·crate ['desikreit] profaner; **des·e'cra·tion** profanation f.

de·seg·re·gate [di:'segrigeit] abolir les distinctions légales ou sociales entre les blancs et les races de couleur dans (une école etc.).

des·ert[1] ['dezət] **1.** désert; désertique (flore); aride (sujet); **2.** désert m; **3.** [di'zə:t] v/t. abandonner, délaisser (q.); v/i. faire défection; ⚔ déserter.

de·sert[2] [di'zə:t], a. ~s pl. mérite m, -s m/pl.; dû m; ce qu'on mérite.

de·sert·er [di'zə:tə] déserteur m; pol. F saxon m; **de'ser·tion** abandon m; ⚖ abandon m criminel; désertion f; pol. défection f.

de·serve [di'zə:v] mériter (de, of); être digne de; **de'serv·ed·ly** [~vidli] à juste titre; **de'serv·ing** méritant (qch., of s.th.); méritoire (action).

des·ic·cate ['desikeit] dessécher; **des·ic'ca·tion** dessèchement m; **'des·ic·ca·tor** dessiccateur m.

de·sid·er·ate [di'zidəreit] soupirer après; sentir le besoin de; **de·sid·er·a·tum** [~'reitəm], pl. **-ta** [~tə] desiderata m/pl.

de·sign [di'zain] **1.** dessein m (péj. a. ~s pl.); projet m; intention f; dessin m d'ornement; plan m; modèle m (a. mot., ⊕); ⊕ dessin m, étude f; by ~ à dessein; with the ~ dans le dessein (de inf., of gér.); **2.** préparer; construire; étudier (une machine); destiner (à, for); projeter (de inf.,

designate 734

to inf.); créer (*des modes*); ~ed to (*inf.*) conçu pour, fait pour (*inf.*).
des·ig·nate 1. ['dezigneit] nommer; désigner (pour, comme *as, for*); qualifier (de, *as*); indiquer (*qch.*); **2.** ['~nit] *après le su.* (*p.ex. bishop* ~): désigné; **des·ig'na·tion** désignation *f*; nomination *f*; nom *m*.
de·sign·ed·ly [di'zainidli] à dessein; **de'sign·er** dessinateur (-trice *f*) *m*; inventeur (-trice *f*) *m*; *théâ.* décorateur *m*; *fig.* intrigant(e *f*) *m*; **de·'sign·ing** ☐ artificieux (-euse *f*).
de·sir·a·ble ☐ [di'zaiərəbl] désirable; avantageux (-euse *f*); attrayant; **de·sire** [di'zaiə] **1.** désir *m* (de, *for*; de *inf.*, *to inf.*); souhait *m*; envie *f* (de *inf.*, *to inf.*); *at s.o.'s* ~ selon le désir de q.; **2.** désirer; avoir envie de; vouloir (que q. *sbj.*, *s.o. to inf.*); ~ *to* (*inf.*) désirer (*inf.*); **de·sir·ous** ☐ [di'zaiərəs] désireux (-euse *f*) (de *inf*. of *gér.*, *to inf.*).
de·sist [di'zist] cesser (de *inf.*, *from gér.*); renoncer (à *qch.*, *from s.th.*).
desk [desk] pupitre *m*; bureau *m*; ✞ caisse *f*.
des·o·late 1. ['desəleit] ravager; affliger (*q.*); **2.** ☐ ['~lit] désert, morne; affligé (*personne*); **des·o·la·tor** ['~leitə] dévastateur (-trice *f*) *m*; **des·o·la·tion** désolation *f* (*a. fig.*).
de·spair [dis'pεə] **1.** désespoir *m*; **2.** désespérer (de, *of*); **de·spair·ing** ☐ [dis'pεəriŋ] désespéré.
des·patch *see* **dispatch**.
des·per·a·do [despə'rɑ:dou] risquetout *m/inv.*; tête *f* brûlée; bandit *m*.
des·per·ate ☐ ['despərit] *adj.* désespéré; *fig.* acharné; *fig.* épouvantable; **des·per·a·tion** [despə'reiʃn] désespoir *m*.
des·pi·ca·ble ☐ ['despikəbl] méprisable.
de·spise [dis'paiz] mépriser; dédaigner.
de·spite [dis'pait] **1.** *poét.* dépit *m*; *in* ~ *of* en dépit de; **2.** *prp.* (*a.* ~ *of*) en dépit de; **de'spite·ful** ☐ [~ful] *poét.* dédaigneux (-euse *f*).
de·spoil [dis'pɔil] dépouiller (de, *of*); **de'spoil·ment** spoliation *f*.
de·spond [dis'pɔnd] perdre courage; ~ *of* envisager (*qch.*) sans espoir; **de'spond·en·cy** [~dənsi] découragement *m*, abattement *m*; **de·'spond·ent** ☐, **de'spond·ing** ☐ découragé, abattu.

des·pot ['despɔt] despote *m*; tyran *m*; **des'pot·ic** (~*ally*) despotique; **des·pot·ism** ['~pətizm] despotisme *m*.
des·qua·ma·tion [deskwə'meiʃn] exfoliation *f*.
des·sert [di'zə:t] dessert *m*; *Am.* entremets *m*.
des·ti·na·tion [desti'neiʃn] destination *f*; **des·tine** ['~tin] destiner (à *for*, *to*); *be* ~*d to* (*inf.*) être destiné à (*inf.*); '**des·ti·ny** destin *m*, destinée *f*; sort *m*.
des·ti·tute ☐ ['destitju:t] dépourvu, dénué (de, *of*); sans ressources; **des·ti'tu·tion** dénuement *m*; misère *f*.
de·stroy [dis'trɔi] détruire; anéantir; tuer; **de'stroy·er** destructeur (-trice *f*) *m*; ♣ torpilleur *m*.
de·struc·ti·bil·i·ty [distrʌkti'biliti] destructibilité *f*; **de'struct·i·ble** [~əbl] destructible; **de'struc·tion** destruction *f*; anéantissement *m*; *feu*, *tempête*: ravages *m/pl.*; *fig.* perte *f*; **de'struc·tive** ☐ destructeur (-trice *f*); destructif (-ive *f*); fatal (à, *of*); **de'struc·tive·ness** effet *m* destructeur; penchant *m* à tout briser; **de'struc·tor** incinérateur *m* (*d'ordures*).
des·ue·tude [di'sju:itju:d] désuétude *f*.
des·ul·to·ri·ness ['desəltərinis] manque *m* de méthode *ou* de suite; décousu *m*; '**des·ul·to·ry** ☐ décousu, sans suite.
de·tach [di'tætʃ] détacher (*a.* ⚔); séparer; dételer (*des wagons*); **de·'tach·a·ble** détachable; amovible, mobile; **de'tached** détaché (*a. maison*); à part; séparé; désintéressé (*personne*); désinvolte (*manière*); ⚔ isolé (*poste*); **de'tach·ment** séparation *f* (de, *from*); indifférence *f* (envers, *from*); détachement *m* (*d'esprit*; *a.* ⚔).
de·tail ['di:teil] **1.** détail *m*; particularité *f*; ⊕ organe *m*; ⚔ détachement *m* (*de corvée*); ~*s pl.* détails *m/pl.*; accessoires *m/pl.*; *in* ~ de point en point, en détail; *go into* ~ entrer dans tous les détails; **2.** détailler; raconter en détail; ⚔ affecter (à un service, *for a duty*); '**de·tailed** détaillé.
de·tain [di'tein] retenir; arrêter; empêcher de partir; consigner (*un*

élève); ⚖ détenir; **de·tain·ee** [~'ni:] détenu(e *f*) *m*; **de'tain·er** détention *f*; ⚖ ordre *m* d'incarcération.

de·tect [di'tekt] découvrir; apercevoir; détecter (*radio*); **de'tect·able** discernable; **de'tec·tion** découverte *f*; *radio*: détection *f*; **de'tec·tive 1.** révélateur (-trice *f*); de détective; policier (-ère *f*) (*roman etc.*); **2.** agent *m* de la sûreté; policier *m*; **de'tec·tor** découvreur (-euse *f*) *m*; signal *m* d'alarme; ⊕, *a. radio*: détecteur *m*.

de·tent ⊕ [di'tent] détente *f*, arrêt *m*.

dé·tente [dei'tã:nt] *pol.* détente *f*.

de·ten·tion [di'tenʃn] détention *f*; arrêt *m*; retenue *f* (*d'un élève*); retard *m*; ~ *camp* camp *m* d'internement; *house of* ~ maison *f* d'arrêt.

de·ter [di'tə:] détourner (de, *from*).

de·ter·gent [di'tə:dʒənt] **1.** détersif (-ive *f*), détergent; **2.** détersif *m*, détergent *m*.

de·te·ri·o·rate [di'tiəriəreit] (se) détériorer; *v/i.* diminuer de valeur; dégénérer (*race*); **de·te·ri·o'ra·tion** détérioration *f*; diminution *f* de valeur; *race*: dégénération *f*.

de·ter·ment [di'tə:mənt] action *f* de détourner.

de·ter·mi·na·ble □ [di'tə:minəbl] déterminable; ⚖ résoluble; **de'ter·mi·nant** déterminant (*a. su./m*); **de'ter·mi·nate** □ [~nit] déterminé; défini; définitif (-ive *f*); **de·ter·mi'na·tion** détermination *f*, résolution *f* (*a. d'un contrat etc.*); décision *f*; délimitation *f*; **de'ter·mi·na·tive** [~nətiv] **1.** déterminant; *gramm.* déterminatif (-ive *f*); **2.** *gramm.* déterminatif *m*; **de'ter·mine** [~min] *v/t.* déterminer, fixer; décider (à, to); *surt.* ⚖ décider (*une question*), résoudre (*un contrat*); *v/i.* décider (de *inf.* on *gér.*, to *inf.*); se décider (à *inf.* on *gér.*, to *inf.*); **de'ter·mined** déterminé; résolu (*personne*).

de·ter·rent [di'terənt] **1.** préventif (-ive *f*); ⚔ ~*weapon* arme *f* de dissuasion; **2.** préventif *m*.

de·test [di'test] détester; **de'test·a·ble** □ détestable; **de·tes'ta·tion** détestation *f* (de, of); horreur *f*; *he is my* ~ c'est ma bête noire.

de·throne [di'θroun] détrôner; **de'throne·ment** détrônement *m*.

det·o·nate ['detouneit] (faire) détoner; **'det·o·nat·ing** détonant, explosif (-ive *f*); **det·o'na·tion** détonation *f*; explosion *f*; **det·o·na·tor** ['~tə] ⚙ pétard *m*; ⚔ détonateur *m*; amorce *f*.

de·tour [di'tuə], **dé·tour** ['deituə] détour *m*; *Am.* déviation *f* (*d'itinéraire*).

de·tract [di'trækt] diminuer, amoindrir (qch., *from* s.th.); **de'trac·tion** détraction *f*, dénigrement *m*; **de'trac·tive** détracteur (-trice *f*); **de'trac·tor** détracteur (-trice *f*) *m*.

de·train [di'trein] débarquer.

det·ri·ment ['detrimənt] détriment *m*, dommage *m*; préjudice *m* (à, to); **det·ri·men·tal** □ [detri'mentl] nuisible (à, to).

de·tri·tus *géol.* [di'traitəs] détritus *m*.

deuce [dju:s] *jeu*: deux *m*; *tennis*: égalité *f*; F diable *m*; *the* ~! diable! (*the*) ~ *a* one personne, pas un; **'deu·ced** F satané, fichu.

de·val·u·a·tion [di:vælju'eiʃn] dévaluation *f*; **de'val·ue** [~ju:] dévaluer.

dev·as·tate ['devəsteit] dévaster, ravager; **dev·as'ta·tion** dévastation *f*.

de·vel·op [di'veləp] (se) développer; *v/t.* manifester; exploiter (*une région*); contracter (*une habitude, une maladie*); *Am.* mettre à jour; *v/i.* prendre une nouvelle tournure; apprendre (que, that); **de'vel·op·er** *phot.* révélateur *m*; **de'vel·op·ing** *phot.* développement *m*; *attr.* de ou à développement; **de'vel·op·ment** développement *m*; exploitation *f*; événement *m*, fait *m* nouveau; déroulement *m* (*des événements*).

de·vi·ate ['di:vieit] (*from*) s'écarter (de); dévier (de); **de·vi'a·tion** déviation *f* (*a. boussole*); écart *m*.

de·vice [di'vais] expédient *m*, moyen *m*; ruse *f*, stratagème *m*; plan *m*; appareil *m*; emblème *m*, devise *f*; *leave s.o. to his own* ~*s* livrer q. à lui-même.

dev·il ['devl] **1.** diable *m* (*a. fig.*); démon *m*; F mauvaise passion *f*, élan *m*; *fig.* bruit *m* infernal; *fig.* nègre *m*; ⊕ dispositif *m* à dents *ou* à pointes; *cuis.* plat *m* grillé et poivré; *the* ~! diable!; *play the* ~ *with* ruiner; **2.** *v/t.* faire griller et poivrer fortement; ⊕ effilocher; *Am.* harceler

devilish

(de, with); v/i. F servir de nègre (à, for); **'dev·il·ish** □ diabolique; F maudit; **'dev·il-may-'care 1.** F insouciant; téméraire (a. su./m); **2.** tête f brûlée; **'dev·il·(t)ry** diablerie f; magie f (noire); fig. mauvais coup m.

de·vi·ous □ ['diːviəs] tortueux (-euse f); détourné (a. fig.); ~ path détour m; chemin m tortueux.

de·vis·a·ble [di'vaizəbl] imaginable; **de'vise 1.** ⚖ legs m (immobilier); dispositions f/pl. testamentaires de biens immobiliers; **2.** imaginer; combiner; ⚖ disposer par testament de (biens immobiliers); **dev·i·see** ⚖ [devi'ziː] légataire mf; **de·vis·er** [di'vaizə] inventeur (-trice f) m; **de·vi·sor** ⚖ [devi'zɔː] testateur (-trice f) m.

de·vi·tal·ize [diːˈvaitəlaiz] dévitaliser.

de·void [di'vɔid] dénué, dépourvu, exempt (of, of).

dev·o·lu·tion [diːvəˈluːʃn] ⚖ dévolution f; transmission f; parl. délégation f; décentralisation f administrative; biol. dégénération f; **de·volve** [di'vɔlv] (upon, to) v/t. déléguer, transmettre (qch. à q.); v/i. incomber (à); ⚖ être dévolu (à).

de·vote [di'vout] consacrer, vouer; **de'vot·ed** □ dévoué, attaché; **dev·o·tee** [devou'tiː] fervent(e f) m; fanatique m (de, of); **de·vo·tion** [di'vouʃn] dévouement m (à, pour q., to s.o.); dévotion f (à Dieu); assiduité f (au travail); ~s pl. dévotions f/pl., prières f/pl.; **de'vo·tion·al** □ de dévotion, de prière.

de·vour [di'vauə] dévorer (a. fig.); ~ed with dévoré de, rongé de; **de'vour·ing** □ dévorateur (-trice f).

de·vout □ [di'vaut] dévot, pieux (-euse f); fervent; **de'vout·ness** dévotion f, piété f.

dew [djuː] **1.** rosée f; **2.** humecter de rosée; fig. mouiller (de, with); **'~drop** goutte f de rosée; **'~lap** fanon m (de la vache); **'dew·y** humecté ou couvert de rosée.

dex·ter·i·ty [deks'teriti] dextérité f; **dex·ter·ous** □ ['~tərəs] adroit, habile (à inf., in gér.).

di·a·be·tes ⚕ [daiə'biːtiːz] diabète m; glycosurie f.

di·a·bol·ic, di·a·bol·i·cal □ [daiə'bɔlik(l)] diabolique; infernal (-aux m/pl.).

di·a·dem ['daiədem] diadème m.

di·ag·nose ⚕ ['daiəgnouz] diagnostiquer; **di·ag'no·sis** [~sis], pl. -ses [~siːz] diagnostic m.

di·ag·o·nal [dai'æɡənl] **1.** □ diagonal (-aux m/pl.); **2.** diagonale f (a. tex.).

di·a·gram ['daiəgræm] diagramme m, tracé m, schéma m; graphique m; **di·a·gram·mat·ic** [daiəgrə'mætik] (~ally) schématique.

di·al ['daiəl] **1.** usu. cadran m; téléph. tabulateur m; sl. visage m; ⚓ rose f (des vents); ~ light lampe f de cadran; **2.** téléph. v/i. composer un numéro; v/t. appeler.

di·a·lect ['daiəlekt] dialecte m, parler m, idiome m; **di·a·lec·tic, di·a·'lec·ti·cal** □ de dialecte, dialectal (-aux m/pl.); **di·a·'lec·tics** usu. sg. dialectique f.

di·a·logue, Am. a. **di·a·log** ['daiəlɔg] dialogue m.

di·al...: '~**plate** téléph. tabulateur m; montre: cadran m; '~**sys·tem** téléphone m automatique; '~**tone** téléph. signal m de numérotage.

di·am·e·ter [dai'æmitə] diamètre m; **di·a·met·ri·cal** □ [daiə'metrikl] diamétral (-aux m/pl.).

di·a·mond ['daiəmənd] **1.** diamant m; losange m; Am. baseball: terrain m (de baseball); cartes: carreau m; ~ cut ~ à malin malin et demi; **2.** de diamant; à diamants; en losange; '~-'cut·ter tailleur m de diamants.

di·a·pa·son ♪ [daiə'peisn] voix, ton: diapason m; orgue: principaux jeux m/pl. de fond; poét. harmonie f.

di·a·per ['daiəpə] **1.** toile f gaufrée; serviette f ouvrée; couche f, maillot m (des bébés); **2.** ouvrer (le linge); gaufrer (la toile); emmailloter (un bébé).

di·aph·a·nous [dai'æfənəs] diaphane.

di·a·phragm ['daiəfræm] diaphragme m (a. ⊕, a. opt.); téléph. membrane f.

di·a·rist ['daiərist] personne f qui tient un journal; **'di·a·rize** v/i. tenir son journal; v/t. noter (qch.) dans son journal.

di·ar·rhoe·a ⚕ [daiə'riə] diarrhée f.

di·a·ry ['daiəri] journal m intime; agenda m.

di·a·ther·my ⚕ ['daiəθəːmi] diathermie f.

di·a·tribe ['daiətraib] diatribe *f*.
dib·ble ['dibl] 1. plantoir *m*; 2. repiquer au plantoir.
dibs *sl.* [dibz] *pl.* argent *m*; *sl.* pépette *f*.
dice [dais] 1. *pl.* de die²; 2. *v/i.* jouer aux dés; *v/t. cuis.* couper en cubes.
dick *Am. sl.* [dik] agent *m* de la sûreté; policier *m*; *take one's ~* jurer.
dick·ens F ['dikinz] diable *m*.
dick·er *Am.* ['dikə] marchander.
dick·(e)y ['diki] âne *m*; (*a. ~-bird*) F petit oiseau *m*; siège *m* de derrière; *mot.* spider *m*; *chemise:* faux plastron *m*.
dic·ta·phone ['diktəfoun] dictaphone *m* (*marque*); machine *f* à dicter.
dic·tate 1. ['dikteit] commandement *m*, ordre *m*; dictamen *m*; 2. [dik'teit] dicter; *fig.* prescrire; **dic·ta·tion** dictée *f*; ordres *m/pl.*; **dic'ta·tor** celui *m* ou celle *f* qui dicte; *pol.* dictateur *m*; **dic·ta·to·ri·al** □ [diktə'tɔ:riəl] dictatorial(-aux *m/pl.*); impérieux (-euse *f*) (*ton etc.*); **dic·ta·tor·ship** [dik'teitəʃip] dictature *f*.
dic·tion ['dikʃn] style *m*; diction *f*; **dic·tion·ar·y** ['dikʃənri] dictionnaire *m*; glossaire *m*.
dict·um ['diktəm], *pl.* **-ta** ['~tə] affirmation *f*; maxime *f*, dicton *m*.
did [did] *prét.* de do 1, 2, 3.
di·dac·tic [di'dæktik] (*~ally*) didactique.
did·dle ['didl] duper; rouler (*q. de qch*, *s.o. out of s.th.*).
didn't ['didnt] = did not.
die¹ [dai] (*p.pr. dying*) mourir (de *of*, *from*); périr; crever (*animal*); brûler (de *inf.*, *to inf.*); tomber, languir (de, *of*); *~ away* s'éteindre (*voix*); s'affaiblir (*son*); s'effacer (*couleur*); disparaître (*lumières*); *~ down* s'éteindre; se calmer; baisser; *~ out* s'éteindre; disparaître; F *~ hard* vendre chèrement sa vie; être dur à tuer (*abus*); F *never say ~!* il ne faut pas jeter le manche après la cognée.
die² [~] (*pl. dice*) dé *m*.
die³ [~], *pl.* **dies** [daiz] matrice *f*; étampe *f*; *monnaie:* coin *m*; *lower ~* matrice *f*; *as straight as a ~* d'une droiture absolue.
die...: **'~-a'way** langoureux (-euse *f*); **'~-cast·ing** ⊕ moulage *m* sous pression; **'~-hard** conservateur *m* à outrance; jusqu'au-boutiste *m*.
di·e·lec·tric [daii'lektrik] diélectrique (*a. su./m*).
Die·sel en·gine ['di:zl'endʒin] moteur *m* Diesel.
die-sink·er ['daisiŋkə] graveur *m* d'étampes.
di·et ['daiət] 1. nourriture *f*; régime *m*; diète *f* (*a. pol.*); 2. *v/t.* mettre (*q.*) au régime; *v/i.* être au régime; **'di·e·tar·y** 1. régime *m*; 2. diététique; alimentaire.
dif·fer ['difə] différer (de *in*, *from*); être différent (de); ne pas s'accorder (sur, *about*); **dif·fer·ence** ['difrəns] différence *f* (*a.* ⚔), écart *m* (entre, *between*); dispute *f*; différend *m* (*a.* ✝); ⚙, *théâ., etc.* supplément *m*; *split the ~* partager le différend; **'dif·fer·ent** □ différent (de *from*, *to*); divers; autre (que, *from*); **dif·fer·en·ti·a** [ˌdifə'renʃiə], *pl.* **-ti·ae** [ˌ~ʃii:] attribut *m* distinctif; **dif·fer·'en·tial** [ˌ~ʃl] 1. différentiel(le *f*); distinctif (-ive *f*); *~ calculus* calcul *m* différentiel; 2. *mot.* différentiel *m*; ⚔ différentielle *f*; **dif·fer·'en·ti·ate** [ˌ~ʃieit] (se) différencier; ⚔ différentier.
dif·fi·cult □ ['difikəlt] difficile (*a. caractère etc.*); malaisé; **dif·fi·cul·ty** difficulté *f*; obstacle *m*; ennui *m*; embarras *m*.
dif·fi·dence ['difidəns] manque *m* d'assurance; **'dif·fi·dent** □ qui manque d'assurance.
dif·frac·tion [di'frækʃn] *phys.* diffraction *f*.
dif·fuse 1. [di'fju:z] *fig.* (se) répandre; (se) diffuser; 2. □ [ˌ~s] diffus (*lumière, style, etc.*); prolixe (*style*); **dif'fu·sion** [ˌ~ʒn] diffusion *f* (*a.* ⚛); *phys.* dispersion *f*; **dif'fu·sive** □ [ˌ~siv] diffusif (-ive *f*); diffus (*style*).
dig [dig] 1. [*irr.*] *vt/i.* creuser; *v/t.* bêcher, retourner (*la terre*); enfoncer; F cogner; F loger en garni; *~ in* enterrer; *~ into* creuser (*qch.*); mordre dans; *~ up* déraciner, arracher; (*fig. a. ~ out*) mettre à jour; *v/i.* travailler la terre; *~ for* fouiller pour trouver (*qch.*); *~ in* ⚔ se terrer; *fig.* s'assurer; 2. F coup *m* (*de coude etc.*); sarcasme *m*.
di·gest 1. [di'dʒest] *v/t.* mettre en

digester 738

ordre; faire un résumé de; digérer, élaborer (*un projet*); ⚔ digérer (*a. une insulte*); *v/i.* se digérer; 2. ['daidʒest] abrégé *m*, résumé *m*, sommaire *m*; ⚖ recueil *m* de lois, digeste *m*; **di·gest·er** [di'dʒestə] rédacteur *m* d'un résumé *etc.*; marmite *f* (*de Papin*); **di·gest·i·bil·i·ty** [‿ə'biliti] digestibilité *f*; **di'gest·i·ble** digestible; **di'ges·tion** digestion *f*; **di'ges·tive** digestif *m*.
dig·ger ['digə] bêcheur *m*; *Am. sl.* exploiteuse *f* d'hommes riches; **dig·gings** F ['‿iŋz] *pl.* logement *m*, garni *m*; *Am.* placer *m*.
dig·it ['didʒit] doigt *m* (*a.* de pied); ⚕ chiffre *m*; **'dig·it·al** digital (-aux *m/pl.*).
dig·ni·fied ['dignifaid] digne; plein de dignité; **dig·ni·fy** ['‿fai] revêtir d'un air de majesté; donner de la dignité à; *fig.* décorer (d'un titre);
dig·ni·tar·y *usu. eccl.* ['dignitəri] dignitaire *m*; **'dig·ni·ty** dignité *f*.
di·gress [dai'gres] faire une digression (de, *from*); **di'gres·sion** [‿ʃn] digression *f*, écart *m*; **di'gres·sive** □ digressif (-ive *f*).
dike [daik] 1. digue *f*, levée *f*; chaussée *f* surélevée; 2. protéger par des digues.
di·lap·i·date [di'læpideit] (se) délabrer; **di'lap·i·dat·ed** délabré, décrépit; **di·lap·i·da·tion** délabrement *m*; ‿s *pl.* ⚖ détériorations *f/pl.*.
di·lat·a·bil·i·ty *phys.* [daileitə'biliti] dilatabilité *f*; **di'lat·a·ble** dilatable; **di·la'ta·tion** dilatation *f*; **di'late** (se) dilater; ‿ **upon** s'étendre sur (*qch.*); **di·la·tion** *see dilatation*; **dil·a·to·ri·ness** ['dilətərinis] lenteur *f* (à agir); **'dil·a·to·ry** □ lent (à agir); tardif (-ive *f*) (*action*).
di·lem·ma *phls.* [di'lemə] dilemme *m*; *fig.* embarras *m*.
dil·et·tan·te [dili'tænti], *pl.* **-ti** [‿ti:] dilettante *mf*.
dil·i·gence ['dilidʒəns] assiduité *f*; **'dil·i·gent** □ assidu, diligent, appliqué.
dill ♀ [dil] aneth *m*.
dil·ly-dal·ly F ['dilidæli] traînasser.
dil·u·ent ['diljuənt] délayant (*a. su./m*); **di·lute** [dai'lju:t] 1. diluer; arroser; délayer; *fig.* atténuer; couper avec de l'eau; 2. dilué; délayé; *fig.* atténué; **di'lu·tion** dilution *f*;

délayage *m*; *fig.* atténuation *f*; mouillage *m*.
di·lu·vi·al [dai'lu:vjəl], **di'lu·vi·an** *géol.* diluvien(ne *f*); diluvial (-aux *m/pl.*).
dim [dim] 1. □ faible; effacé (*couleur*); vague (*mémoire*); 2. *v/t.* obscurcir; réduire (*la lumière*); ternir (*un miroir, a. fig.*); *mot.* baisser (*les phares*); *v/i.* s'obscurcir; baisser.
dime *Am.* [daim] dime *f*; ‿ **novel** roman *m* à quatre sous; ‿ **store** magasin *m* uniprix.
di·men·sion [di'menʃn] dimension *f*; ⊕ cote *f*; ‿s *pl. a.* encombrement *m* hors tout.
di·min·ish [di'miniʃ] (se) réduire; *vt/i.* diminuer; **dim·i·nu·tion** [dimi'nju:ʃn] diminution *f*; amoindrissement *m* (de, *in*); **di·min·u·tive** [‿jutiv] 1. □ *gramm.* diminutif (-ive *f*); *fig.* minuscule; 2. *gramm.* diminutif *m*.
dim·ple ['dimpl] 1. fossette *f*; ride *f* (*dans l'eau*); 2. *v/t.* former des fossettes dans; *v/i.* se former en fossettes; onduler (*eau*); **'dim·pled** à fossette(s).
din [din] 1. fracas *m*, vacarme *m*; 2. *v/i.* retentir; *v/t.* ‿ **s.th. into** s.o. ('s *ears*) corner qch. aux oreilles à q.
dine [dain] dîner; ‿ *out* dîner en ville; **'din·er** dîneur (-euse *f*) *m*; 🚆 *surt. Am.* wagon-restaurant (*pl.* wagons-restaurants) *m*; **di·nette** [dai'net] aire *f* de repas.
ding [diŋ] retentir, résonner; ‿-**dong** ['‿'dɔŋ] 1. digue-don; 2. digue-don *m/inv.*; 3. *sp.* durement disputé.
din·gey, din·ghy ['diŋgi] canot *m*, youyou *m*; *rubber* ‿ berthon *m*.
din·gle ['diŋgl] vallon *m* (boisé).
din·gus *Am. sl.* ['diŋgəs] machin *m*, truc *m*.
din·gy □ ['dindʒi] qui manque d'éclat; terne; sale; défraîchi (*meubles*).
din·ing... ['dainiŋ]: '‿-**car** 🚆 wagon-restaurant (*pl.* wagons-restaurants) *m*; '‿-**room** salle *f* à manger.
dink·ey *Am.* ['diŋki] locomotive *f* de manœuvres.
dink·y ['diŋki] F coquet(te *f*), mignon(ne *f*).
din·ner ['dinə] dîner *m*; banquet *m*; F déjeuner *m*; '‿-**jack·et** smoking *m*; '‿-**pail** *Am.* potager *m* (d'ouvrier); '‿-**par·ty** dîner *m* (par invi-

tations); '~-set service m de table; '~-suit smoking m; '~-wag·(g)on fourniture: servante f.

dint [dint] 1. marque f de coup; creux m; by ~ of à force de; 2. bosseler; ébrécher (une lame).

di·o·ce·san eccl. [dai'ɔsisn] diocésain (a. su./m); di·o·cese ['daiəsis] diocèse m.

di·op·tric opt. [dai'ɔptrik] 1. dioptrique; 2. dioptrie f; ~s pl. dioptrique f.

di·o·ra·ma [daiə'rɑːmə] diorama m.

dip [dip] 1. v/t. plonger; tremper; immerger; baisser subitement; écoper (dans from, out of); teindre (une étoffe); baigner (les moutons); ⚓ saluer avec (son pavillon); mot. baisser, faire basculer (les phares); v/i. plonger; baisser (soleil); incliner; s'abaisser (terrain); géol. s'incliner; ~ into puiser dans (une bourse); effleurer (un sujet); feuilleter (un livre); 2. plongement m, immersion f; pente f, déclivité f; chandelle f plongée; ⚓ salut m; géol. pendage m; dépression f (de l'horizon); bain m parasiticide (pour moutons); aiguille aimantée: inclinaison f; F coup m d'œil; F baignade f; ⚓ at the ~ à mi-drisse.

diph·the·ri·a [dif'θiəriə] diphtérie f.

diph·thong ['difθɔŋ] diphtongue f.

di·plo·ma [di'plouma] diplôme m; di·plo·ma·cy diplomatie f; di·plomaed [~məd] diplômé; dip·lo·mat ['dipləmæt] diplomate m; dip·lo'mat·ic, dip·lo'mat·i·cal □ diplomatique; dip·lo'mat·ics pl. diplomatique f; di·plo·ma·tist [di'ploumətist] diplomate m.

dip·per ['dipə] plongeur (-euse f) m; orn. merle m d'eau; mot. basculeur m; Am. cuiller f à pot; Am. Great (ou Big) ♀ astr. la Grande Ourse; 'dip·py sl. maboul.

dip·so·ma·ni·a ✠ [dipsou'meinjə] dipsomanie f; dip·so'ma·ni·ac [~niæk] dipsomane mf.

dire ['daiə] néfaste; affreux (-euse f).

di·rect [di'rekt] 1. □ direct; absolu; franc(he f) (personne); catégorique (réponse); ⚔ de plein fouet (tir); ⚡ current courant m continu; gramm. ~ speech discours m ou style m direct; ~ train train m direct; 2. tout droit; see ~ly 1; 3. diriger (vers at, to[wards]); conduire (les affaires, un orchestre); gérer, régir, administrer; adresser (une lettre à q., to s.o.); ordonner (à q. de inf., s.o. to inf.); indiquer (qch. à q., s.th. to s.o.); di'rec·tion direction f; administration f; sens m; adresse f; instruction f; di'rec·tion·al dirigeable (radio); radiogoniométrique; di'rec·tion-find·er radio: radiogoniomètre m; di'rec·tion-find·ing radio: radiogoniométrie f; attr. radiogoniométrique; ~ set radiogoniomètre m; di'rec·tion-in·di·ca·tor mot. clignotant m; flèche f lumineuse; signalisateur m de direction; ⚔ indicateur m de direction; di'rec·tive [~tiv] directif (-ive f); di'rect·ly 1. adv. directement, tout droit; tout de suite; tout à fait; 2. cj. aussitôt que; di'rect·ness direction f ou mouvement m en droite ligne; fig. franchise f.

di·rec·tor [di'rektə] directeur m, administrateur m; membre m d'un conseil d'administration; théâ., cin. metteur m en scène; cin. réalisateur m; di'rec·to·rate [~rit] (conseil m d')administration f; (a. di'rec·tor·ship) directorat m; di'rec·to·ry répertoire m d'adresses; téléph. annuaire m; en France: le Bottin m.

di·rec·tress [di'rektris] directrice f.

dire·ful □ ['daiəful] néfaste.

dirge [dəːdʒ] hymne m funèbre.

dir·i·gi·ble ['diridʒəbl] dirigeable m (a. adj.).

dirk [dəːk] 1. poignard m; 2. poignarder.

dirt [dəːt] saleté f; boue f (surt. fig. péj.); langage m ordurier; terre f, sol m; Am. sl. do (one) ~ jouer un vilain tour (à q.); '~-'cheap F à vil prix; donné; '~-track sp. (piste f en)cendrée f; 'dirt·y 1. □ sale (a. fig.); 2. (se) salir.

dis·a·bil·i·ty [disə'biliti] incapacité f; infirmité f; ⚖ inhabilité f; admin. invalidité f.

dis·a·ble [dis'eibl] mettre hors de service ou de combat; mettre (q.) hors d'état (de inf. from, for gér.); dis'a·bled estropié, mutilé; hors de service ou de combat ou d'état; dis'a·ble·ment mise f hors de combat; incapacité f; invalidité f.

dis·a·buse [disə'bjuːz] désabuser (de, of).

dis·ac·cord [disəˈkɔːd] être en désaccord (avec, *with*).

dis·ac·cus·tom [ˈdisəˈkʌstəm] déshabituer (q. de qch., *s.o. to s.th.*).

dis·ad·van·tage [disədˈvɑːntidʒ] désavantage *m*, inconvénient *m*; *sell to* ~ vendre à perte; **dis·ad·van·ta·geous** □ [disædvɑːnˈteidʒəs] défavorable.

dis·af·fect·ed □ [disəˈfektid] désaffectionné, mal disposé (à l'égard de, envers *to*, *towards*); **dis·af'fec·tion** désaffection *f*.

dis·af·firm ✠ [disəˈfəːm] annuler.

dis·a·gree [disəˈgriː] (*with*) ne pas être d'accord, être en désaccord (avec); donner tort (à); ne pas convenir (à *q*.); se brouiller (avec); **dis·a'gree·a·ble** □ désagréable (*a. fig.*); **dis·a'gree·ment** différence *f*; désaccord *m* (avec q. sur qch., *with s.o. in s.th.*); querelle *f*, différend *m*; mésentente *f*.

dis·al·low [ˈdisəˈlau] ne pas admettre; ne pas permettre; interdire.

dis·ap·pear [disəˈpiə] disparaître; **dis·ap'pear·ance** [~ˈpiərəns] disparition *f*.

dis·ap·point [disəˈpɔint] décevoir; désappointer; manquer de parole à; **dis·ap'point·ment** déception *f*; mécompte *m*.

dis·ap·pro·ba·tion [disæproˈbeiʃn], **dis·ap·prov·al** [disəˈpruːvl] désapprobation *f*; **dis·ap'prove** désapprouver (qch., *of s.th.*).

dis·arm [disˈɑːm] *vt*/*i*. désarmer (*a. fig.*); **dis'ar·ma·ment** [~məmənt] désarmement *m*.

dis·ar·range [ˈdisəˈreindʒ] mettre en désordre; déranger; **dis·ar'range·ment** désordre *m*; dérangement *m*.

dis·as·sem·bly ⊕ [disəˈsembli] démontage *m*.

dis·as·ter [diˈzɑːstə] désastre *m*; sinistre *m*; catastrophe *f*; **dis'as·trous** □ désastreux (-euse *f*).

dis·a·vow [ˈdisəˈvau] désavouer; renier; **dis·a'vow·al** désaveu *m*; reniement *m*.

dis·band [disˈbænd] ⚔ *v*/*t*. licencier; *v*/*i*. se débander; être licencié; **dis'band·ment** licenciement *m*.

dis·bar [disˈbɑː] rayer (*un avocat*) du tableau de l'ordre.

dis·be·lief [ˈdisbiˈliːf] incrédulité *f* (à l'égard de, *in*); refus *m* de croire (à, *in*); **dis·be·lieve** [ˈdisbiˈliːv] *v*/*i*. ne pas croire (à, *in*); *v*/*t*. refuser créance à (*q*.); **'dis·be'liev·er** incrédule *mf*.

dis·bur·den [disˈbəːdn] décharger (d'un fardeau, *of a burden*); déposer (*un fardeau*); ouvrir (*son cœur*); *fig.* décharger.

dis·burse [disˈbəːs] débourser; **dis'burse·ment** déboursement *m*; ~s *pl.* débours *m*/*pl.*

disc [disk] *see* **disk**.

dis·card [disˈkɑːd] **1.** se défaire de; abandonner (*une théorie etc.*); laisser de côté, mettre au rebut (*des vêtements*); *bridge*: se défausser (de qch., *s.th.*); **2.** *bridge*: défausse *f*; *surt. Am.* (pièce *f* de) rebut *m*.

dis·cern [diˈsəːn] discerner; distinguer; apercevoir; **dis'cern·i·ble** □ perceptible; **dis'cern·ing 1.** □ pénétrant, judicieux (-euse *f*) (*personne*); **2.** discernement *m*; pénétration *f*; **dis'cern·ment** discernement *m*; jugement *m*.

dis·charge [disˈtʃɑːdʒ] **1.** *v*/*t*. décharger (*a.* ⚓ *un navire*, ⚡, ⚔ *un fusil*); ⚓ débarquer (*un équipage*); lancer (*un projectile*); jeter (*du pus*); renvoyer (*un malade*); congédier (*un employé*), débaucher (*un ouvrier*); s'acquitter de (*un devoir*); verser (*du chagrin*); déverser (*du mépris*); acquitter (*un accusé, une dette, etc.*); libérer (*q. d'une obligation*); payer, apurer (*un compte*); *v*/*i*. se dégorger; suppurer; se déverser; partir (*fusil*). **2.** décharge *f* (*a.* ⚡); ⚓ déchargement *m*; *cargaison*: débardage *m*; *employé*: renvoi *m*; démobilisation *f*; *prisonnier*: élargissement *m*; *accusé*: acquittement *m*; *dette*: paiement *m*; *devoir*: accomplissement *m*; *fonctions*: exercise *m*; ⚕ écoulement *m*; **dis'charg·er** ⚡ excitateur *m*.

dis·ci·ple [diˈsaipl] disciple *mf*; élève *mf*; **dis'ci·ple·ship** qualité *f* de disciple.

dis·ci·plin·a·ble [ˈdisiplinəbl] disciplinable, docile; **'dis·ci·pli·nal** disciplinaire; **dis·ci·pli·nar·i·an** [~ˈnɛəriən] **1.** (*a.* **dis·ci·pli·nar·y** [ˈ~əri]) disciplinaire, de discipline; **2.** disciplinaire *mf*; **dis·ci·pline** [ˈ~plin] **1.** discipline *f* (*a.* = *sujet d'étude*); **2.** discipliner; former, élever; dresser (*un animal*).

dis·claim [dis'kleim] renoncer à; renier; désavouer; **dis'claim·er** renonciation *f*; déni *m*; désaveu *m*.

dis·close [dis'klouz] révéler, découvrir; divulguer; **dis'clo·sure** [~ʒə] révélation *f*; divulgation *f*.

dis·col·o(u)r·a·tion [diskʌlə'reiʃn] décoloration *f*; **dis'col·o(u)r** (se) décolorer; (se) ternir.

dis·com·fit [dis'kʌmfit] déconfire; F déconcerter; **dis'com·fi·ture** [~tʃə] déconfiture *f* (*d'une armée*); *personne*: déconvenue *f*.

dis·com·fort [dis'kʌmfət] **1.** inconfort *m*; malaise *m*, gêne *f*; **2.** incommoder.

dis·com·pose [diskəm'pouz] troubler; **dis'com'po·sure** [~ʒə] trouble *m*; perturbation *f*.

dis·con·cert [diskən'sə:t] déconcerter; troubler.

dis·con·nect ['diskə'nekt] disjoindre (de *from, with*); ⊕ débrayer; ϟ déconnecter; couper; **'dis·con'nect·ed** □ détaché; décousu (*style etc.*); **'dis·con'nec·tion** séparation *f*; ⊕ débrayage *m*.

dis·con·so·late □ [dis'kɔnsəlit] désolé; triste.

dis·con·tent ['diskən'tent] **1.** † *see* ~ed; **2.** mécontentement *m*; **'dis·con'tent·ed** □ mécontent (de, *with*); peu satisfait.

dis·con·tin·u·ance ['diskən'tinjuəns] discontinuation *f*; abandon *m*; **'dis·con'tin·ue** [~nju:] discontinuer; cesser (*a. v/i.*); se désabonner à (*un journal*); **'dis·con'tin·u·ous** □ discontinu; ♉ discret (-ète *f*).

dis·cord ['diskɔ:d], **dis'cord·ance** discorde *f*; ♩ dissonance *f*, accord *m* dissonant; **dis'cord·ant** □ discordant; en désaccord (avec *to, from, with*); ♩ dissonant.

dis·count ['diskaunt] **1.** ✝ remise *f*, rabais *m*; *banque etc.*: escompte *m*; ~ *rate* taux *m* de l'escompte; *at a* ~ en perte; *fig.* en défaveur, peu estimé; **2.** ✝ escompter; faire l'escompte de; *fig.* ne pas tenir compte de; faire peu de cas de; envisager (*un événement*); **dis'count·a·ble** escomptable; à négliger.

dis·coun·te·nance [dis'kauntinəns] déconcerter; désapprouver; **dis'coun·te·nanced** décontenancé.

dis·cour·age [dis'kʌridʒ] décourager (de, *from*); abattre; détourner (de, *from*); **dis'cour·age·ment** découragement *m*; désapprobation *f*.

dis·course [dis'kɔ:s] **1.** allocution *f*; discours *m*; dissertation *f*; **2.** (*on, upon, about*) discourir (sur); s'entretenir (de).

dis·cour·te·ous □ [dis'kə:tiəs] impoli; **dis'cour·te·sy** [~tisi] impolitesse *f*.

dis·cov·er [dis'kʌvə] trouver, découvrir; *poét.* révéler; **dis'cov·er·a·ble** □ que l'on peut découvrir; **dis'cov·er·er** découvreur (-euse *f*) *m*; **dis'cov·er·y** découverte *f*; *poét.* révélation *f*.

dis·cred·it [dis'kredit] **1.** discrédit *m*; doute *m*; **2.** mettre en doute; ne pas croire; discréditer; **dis'cred·it·a·ble** □ (*to*) indigne, peu digne (de); qui ne fait pas honneur (à).

dis·creet □ † [dis'kri:t] discret (~ète *f*); avisé.

dis·crep·an·cy [dis'krepənsi] divergence *f*; désaccord *m*; écart *m*.

dis·crete □ † [dis'kri:t] discret (-ète *f*); distinct; *phls.* abstrait.

dis·cre·tion [dis'kreʃn] discrétion *f*; sagesse *f*, jugement *m*, prudence *f*; silence *m* judicieux; *at s.o.'s* ~ à la discrétion de q.; *age* (*ou years*) *of* ~ âge *m* de raison; *surrender at* ~ se rendre à discrétion; **dis'cre·tion·al** □, **dis'cre·tion·ar·y** discrétionnaire.

dis·crim·i·nate [dis'krimineit] distinguer; ~ *against* faire des distinctions contre (*q.*); **dis'crim·i·nat·ing** □ avisé; plein de discernement; différentiel(le *f*) (*tarif*); **dis·crim·i'na·tion** discernement *m*; jugement *m*; distinction *f*; **dis'crim·i·na·tive** [~nətiv] □ avisé; plein de discernement; différentiel(le *f*); **dis'crim·i·na·to·ry** ⚖, ✝ [dis'kriminətəri] qui fait la distinction des personnes.

dis·cur·sive □ [dis'kə:siv] décousu, sans suite; *phls.* discursif (-ive *f*).

dis·cus ['diskəs] *sp.* disque *m*.

dis·cuss [dis'kʌs] discuter; délibérer; *co.* expédier (*un plat*), vider (*une bouteille*); **dis'cuss·i·ble** [~əbl] discutable; **dis'cus·sion** discussion *f*; débat *m*.

dis·dain [dis'dein] **1.** dédain *m* (de, *of*); mépris *m*; **2.** dédaigner; **dis'dain·ful** □ [~ful] dédaigneux (-euse *f*) (de, *of*).

dis·ease [di'zi:z] maladie *f*; mal *m*; **dis'eased** malade; morbide.

dis·em·bark ['disim'ba:k] débarquer; **dis·em·bar·ka·tion** [disemba:'keiʃn] débarquement *m*.

dis·em·bar·rass ['disim'bærəs] débarrasser (de, of); dégager (de, from).

dis·em·bod·y ['disim'bɔdi] désincorporer; ⚔ licencier (*des troupes*).

dis·em·bogue [disim'boug] *v/t.* verser; *v/i.* déboucher (*rivière*); débouquer (*navire*).

dis·em·bow·el [disim'bauəl] éviscérer.

dis·en·chant ['disin'tʃa:nt] désenchanter; désabuser.

dis·en·cum·ber ['disin'kʌmbə] débarrasser (de of, from); désencombrer (*q.*).

dis·en·gage ['disin'geidʒ] (se) dégager; ⊕ (se) déclencher; *v/t.* débrayer; **dis·en'gaged** libre; **dis·en'gage·ment** dégagement *m*; rupture *f* de fiançailles.

dis·en·tan·gle ['disin'tæŋgl] (se) démêler; *fig.* dépêtrer (de, from); **dis·en'tan·gle·ment** débrouillement *m*.

dis·en·tomb [disin'tu:m] exhumer.

dis·es·tab·lish ['disis'tæbliʃ] séparer (*l'Église*) de l'État; **dis·es'tab·lish·ment** séparation *f* de l'Église et de l'État.

dis·fa·vo(u)r ['dis'feivə] 1. défaveur *f*; disgrâce *f*; désapprobation *f*; 2. voir avec défaveur; désapprouver.

dis·fig·ure [dis'figə] défigurer; gâter; **dis'fig·ure·ment** défiguration *f*.

dis·fran·chise ['dis'fræntʃaiz] priver (*q.*) du droit électoral; priver (*un bourg*) de ses droits de représentation; **dis'fran·chise·ment** [dis'fræntʃizmənt] privation *f* du droit de vote *ou* des droits civiques.

dis·gorge [dis'gɔ:dʒ] rendre (= *vomir*); (*a.* ~ *o.s.*) dégorger; décharger (*rivière*).

dis·grace [dis'greis] 1. disgrâce *f*; honte *f*; déshonneur *m*; 2. déshonorer; disgracier (*q.*); be ~ed être disgracié; **dis'grace·ful** □ [~ful] honteux (-euse *f*); scandaleux (-euse *f*).

dis·grun·tled [dis'grʌntld] maussade; mécontent (de, *at*).

dis·guise [dis'gaiz] 1. déguiser; masquer (*une odeur*); dissimuler (*une émotion*); 2. déguisement *m*; fausse apparence *f*; feinte *f*; *blessing in* ~ bienfait *m* insoupçonné.

dis·gust [dis'gʌst] 1. (*at, for*) dégoût *m* (pour); répugnance *f* (pour); *fig. in* ~ dégoûté; 2. dégoûter, écœurer; ~ed with profondément mécontent de; **dis'gust·ing** □ dégoûtant.

dish [diʃ] 1. plat *m*; récipient *m*; *cuis.* plat *m* (*de viande etc.*), mets *m*; *fig. standing* ~ plat *m* de tous les jours; 2. (*usu.* ~ *up*) servir (*a. fig.*), dresser; *sl.* enfoncer, rouler (*q.*).

dis·ha·bille [disæ'bi:l] négligé *m*, déshabillé *m*; *in* ~ en déshabillé.

dish-cloth ['diʃklɔθ] torchon *m*; lavette *f*.

dis·heart·en [dis'ha:tn] décourager.

di·shev·el(l)ed [di'ʃevld] échevelé; ébouriffé; en désordre.

dis·hon·est □ [dis'ɔnist] malhonnête; déloyal (-aux *m/pl.*); **dis'hon·es·ty** malhonnêteté *f*.

dis·hon·o(u)r [dis'ɔnə] 1. déshonneur *m*; honte *f*; 2. déshonorer; manquer à (*sa parole*); ✝ ne pas honorer; **dis'hon·o(u)r·a·ble** □ déshonorant, honteux (-euse *f*); sans honneur (*personne*).

dish...: '~-pan *Am.* cuvette *f*; '~-rag *Am. see dish-cloth*; '~-wa·ter eau *f* de vaisselle; *sl.* lavasse *f*.

dis·il·lu·sion [disi'lu:ʒn] 1. désillusion *f*, désabusement *m*; 2. *a.* **dis·il'lu·sion·ize** désillusionner, désabuser; **dis·il'lu·sion·ment** *see disillusion* 1.

dis·in·cli·na·tion [disinkli'neiʃn] répugnance *f* (pour *for, to*); manque *m* d'empressement (à, *to*); **dis·in·cline** ['~'klain] détourner (de for, to); **'dis·in'clined** peu disposé (à *for, to*).

dis·in·fect ['disin'fekt] désinfecter; **dis·in'fect·ant** désinfectant (*a. su./m*); **dis·in'fec·tion** désinfection *f*.

dis·in·gen·u·ous □ [disin'dʒenjuəs] sans franchise; faux (fausse *f*).

dis·in·her·it [disin'herit] déshériter; **dis·in'her·it·ance** déshéritement *m*; ⚖ exhérédation *f*.

dis·in·te·grate [dis'intigreit] (se) désagréger; (se) désintégrer (*minerai*); **dis·in·te'gra·tion** désagrégation *f*; effritement *m*.

dis·in·ter ['disin'tə:] déterrer, exhumer.

dis·in·ter·est·ed □ [dis'intristid] désintéressé.

dis·join [dis'dʒɔin] disjoindre; **dis'joint** [~t] démembrer, disjoindre; désassembler; ⚕ désarticuler; **dis'joint·ed** disjoint, disloqué; *fig.* décousu.

dis·junc·tion [dis'dʒʌŋkʃn] disjonction *f*; **dis'junc·tive** □ 1. disjonctif (-ive *f*) (*a. gramm.*); 2. *gramm.* disjonctive *f*.

disk [disk] disque *m*; plaque *f* (*d'identité*); *mot.* ~ *brakes* freins *m/pl.* à disque; *mot.* ~ *clutch* embrayage *m* par disque unique; ⚕ *slipped* ~ hernie *f* discale; *Am. sl.* ~ *jockey* radio: présenteur *m* ou présentatrice *f* du disque des auditeurs.

dis·like [dis'laik] 1. aversion *f*, répugnance *f* (pour *for, of, to*); 2. ne pas aimer; détester; trouver mauvais; ~d mal vu.

dis·lo·cate ['dislokeit] disloquer; déboîter (*un membre*); *fig.* désorganiser; **dis·lo'ca·tion** dislocation *f* (*a. géol., a. anat.*); *fig.* désorganisation *f*.

dis·lodge [dis'lɔdʒ] déloger; détacher.

dis·loy·al □ ['dis'lɔiəl] infidèle; déloyal (-aux *m/pl.*); **'dis'loy·al·ty** infidélité *f*; déloyauté *f*.

dis·mal □ ['dizməl] 1. *fig.* sombre, triste; morne; lugubre; 2.: *the* ~*s pl.* le cafard *m*.

dis·man·tle [dis'mæntl] dégarnir, dépouiller (de, *of*); démanteler (*une forteresse*, ⚓ *un vaisseau de guerre*); ⚓ dégréer (*un navire*); ⊕ démonter (*une machine*), déséquiper (*un grue etc.*); **dis'man·tling** dégarnissement *m etc.*; ⊕ démontage *m*.

dis·mast ⚓ [dis'mɑːst] démâter.

dis·may [dis'mei] 1. consternation *f*; épouvante *f*; 2. consterner; épouvanter.

dis·mem·ber [dis'membə] démembrer; écarteler (*un corps*); **dis'mem·ber·ment** démembrement *m*.

dis·miss [dis'mis] *v/t.* congédier; renvoyer; éconduire (*un importun etc.*); relever (*q.*) de ses fonctions; quitter (*un sujet*); *cricket*: mettre hors jeu; ⚖ acquitter (*un accusé*), rejeter (*une demande*); *be* ~*ed the service* être renvoyé du service; *v/i.* ✕ ~! rompez (les rangs)!; **dis'miss·al** congédiement *m*; renvoi *m*; ⚖ acquittement *m* (*d'un accusé*); fin *f* de non-recevoir.

dis·mount ['dis'maunt] *v/t.* faire descendre (*q.*) de cheval; ⊕ démonter (*a. un canon*); *v/i.* descendre (de cheval, de voiture).

dis·o·be·di·ence [disə'biːdjəns] désobéissance *f* (à *to, of*); **dis·o'be·di·ent** □ désobéissant; **'dis·o'bey** désobéir à; enfreindre; *I will not be* ~*ed* je ne veux pas qu'on me désobéisse.

dis·o·blige [disə'blaidʒ] désobliger (*q.*); **'dis·o'blig·ing** □ désobligeant, peu complaisant (envers, *to*); **'dis·o'blig·ing·ness** désobligeance *f*.

dis·or·der [dis'ɔːdə] 1. désordre *m* (*a.* ⚕); confusion *f*; tumulte *m*; ⚕ affection *f*; *mental* ~ dérangement *m* d'esprit; 2. déranger (*a.* ⚕); mettre le désordre dans; **dis'or·dered** □ en désordre; désordonné; ⚕ dérangé (*estomac etc.*); **dis'or·der·ly** en désordre; désordonné (*a. personne*); qui manque d'ordre; turbulent (*foule etc.*).

dis·or·gan·i·za·tion [disɔːgənai'zeiʃn] désorganisation *f*; **dis'or·gan·ize** désorganiser.

dis·own [dis'oun] désavouer; renier.

dis·par·age [dis'pæridʒ] déprécier, dénigrer; discréditer; **dis'par·age·ment** dénigrement *m*, dépréciation *f*; déshonneur *m*; **dis'par·ag·ing** □ dépréciateur (-trice *f*); peu flatteur (-euse *f*).

dis·pa·rate □ ['dispərit] 1. disparate; 2. ~*s pl.* disparates *f/pl.*; **dis·par·i·ty** [dis'pæriti] inégalité *f*; différence *f*.

dis·part [dis'pɑːt] *poét. ou* † (se) fendre; (se) séparer; *v/t.* ⊕ distribuer.

dis·pas·sion·ate □ [dis'pæʃnit] impartial (-aux *m/pl.*); calme; sans passion.

dis·patch [dis'pætʃ] 1. expédition *f*; envoi *m*; promptitude *f*, diligence *f*; dépêche *f*; mise *f* à mort; *bearer of* ~*es* messager *m*; *mentioned in* ~*es* cité à l'ordre du jour; *by* ~ par exprès; 2. expédier (*a.* = mettre à mort); envoyer; dépêcher (*un courrier*); ~*-box* valise *f* diplomatique; ~*-rid·er* ✕ estafette *f*.

dis·pel [dis'pel] dissiper, chasser (*a. fig.*).

dis·pen·sa·ble [dis'pensəbl] dont on peut se passer; *eccl.* dispensable; **dis'pen·sa·ry** pharmacie *f*; policlinique *f*; hôpital: dépense *f*; **dis·pen·sa·tion** [dispen'seiʃn] distribution *f*; décret *m*; *eccl.* dispense *f*; fait *m* d'être dispensé (de, *from*).

dis·pense [dis'pens] *v/t.* dispenser, distribuer; administrer (*la loi*); préparer (*un médicament*); exécuter (*une ordonnance*); *v/i.* ~ **with** se passer de; supprimer (*une main-d'œuvre*); ne pas exiger; **dis'pens·er** dispensateur (-trice *f*) *m*; pharmacien(ne *f*) *m*.

dis·perse [dis'pəːs] (se) disperser; *v/t.* dissiper; répandre; ✍ résoudre; **dis'per·sion**, **dis'per·sal** dispersion *f* (*a. opt.*); **dis'per·sive** □ dispersif (-ive *f*) (*a. opt.*).

dis·pir·it [dis'pirit] décourager; **dis'pir·it·ed** □ découragé, abattu.

dis·place [dis'pleis] déplacer; évincer (*q.*); supplanter, remplacer; ~**d** *person* (*abr.* D.P.) personne *f* déplacée; **dis'place·ment** déplacement *m* (*a.* ⚓); changement *m* de place; remplacement *m*; *géol.* dislocation *f*.

dis·play [dis'plei] 1. étalage *m* (*a.* †); manifestation *f*; exposition *f*; parade *f*, apparat *m*; 2. étaler, exposer; afficher; montrer; faire preuve de; révéler.

dis·please [dis'pliːz] déplaire (à *q., s.o.*); *fig.* contrarier; **dis'pleased** □ mécontent (de *at, with*); **dis'pleas·ing** □ désagréable, déplaisant (à, *to*); **dis·pleas·ure** [~'pleʒə] mécontentement *m* (de *at, over*); déplaisir *m*.

dis·port [dis'pɔːt]: ~ *o.s.* se divertir; s'ébattre.

dis·pos·a·ble [dis'pouzəbl] disponible; **dis'pos·al** disposition *f*; action *f* de disposer (de, *of*); expédition *f* (*d'une affaire*); résolution *f* (*d'une question*); † délivrance *f*; *at s.o.'s* ~ à la disposition de *q.*; **dis'pose** *v/t.* disposer (*a. q.* à, *s.o. to*); arranger; incliner (*q.* à, *s.o. to*; *q.* à *qch., s.o. for s.th.*); *v/i.* ~ *of* disposer de; se défaire de; vaincre; expédier; † vendre, écouler; trancher (*une question*); résoudre (*un problème*); **dis'posed** □ porté, enclin (à *to, for*); disposé (à, *to*); (bien, mal) intentionné (envers, pour, à l'égard de *towards*); **dis'pos·er** dispensateur (-trice *f*) *m*; ordonnateur (-trice *f*) *m*; vendeur (-euse *f*) *m*; **dis·po·si·tion** [~pə'ziʃn] disposition *f* (*a. testamentaire*); arrangement *m*; humeur *f*, naturel *m*, caractère *m*; tendance *f* (à, *to*); *at my* ~ à ma disposition, à mon service; *make* ~s prendre des dispositions (pour, *to*).

dis·pos·sess [dispə'zes] (*of*) déposséder (de); exproprier; † délivrer (de); ⚖ dessaisir (de); **dis·pos'ses·sion** [~'zeʃn] dépossession *f*; expropriation *f*; ⚖ dessaisissement *m*.

dis·praise [dis'preiz] 1. blâme *m*; dépréciation *f*; 2. blâmer; dénigrer.

dis·proof ['dis'pruːf] réfutation *f*.

dis·pro·por·tion ['disprə'pɔːʃn] disproportion *f*; **dis·pro'por·tion·ate** □ [~it] disproportionné (à, *to*); hors de proportion (avec, *to*); **dis·pro'por·tion·ate·ness** disproportion *f*.

dis·prove ['dis'pruːv] réfuter.

dis·pu·ta·ble [dis'pjuːtəbl] contestable; **dis'pu·tant** discuteur (-euse *f*) *m*; *écoles*: disputant *m*; **dis·pu·ta·tion** [~'teiʃn] débat *m*; discussion *f*; **dis·pu'ta·tious** □ chicanier (-ère *f*); **dis'pute** 1. contestation *f*, controverse *f*; querelle *f*; *beyond* ~ incontestable; *in* ~ contesté; 2. *v/t.* contester; débattre; disputer (*qch.* à *s.o., s.th. with s.o.*); *v/i.* se disputer (sur, au sujet de *about*).

dis·qual·i·fi·ca·tion [diskwɔlifi'keiʃn] incapacité *f*; mise *f* en état *ou* cause *f* d'incapacité; *sp.* disqualification *f*; ⚖ inhabileté *f*; **dis'qual·i·fy** [~fai] rendre incapable (de *inf., for gér.*); *sp.* disqualifier.

dis·qui·et [dis'kwaiət] 1. inquiétude *f*; agitation *f*; 2. inquiéter; troubler; **dis·qui·e·tude** [~'kwaiitjuːd] inquiétude *f*; agitation *f*.

dis·qui·si·tion [diskwi'ziʃn] dissertation *f* (sur, *on*).

dis·re·gard ['disri'gɑːd] 1. indifférence *f* (à l'égard de *of, for*); inobservation *f* (*de la loi*); 2. ne tenir aucun compte de; négliger.

dis·rel·ish [dis'reliʃ] 1. dégoût *m*, aversion *f* (pour, *for*); 2. éprouver du dégoût pour; trouver mauvais.

dis·re·pair ['disri'pɛə] délabrement *m*; *fall into* ~ tomber en ruines; *in* ~ en mauvais état.

dis·rep·u·ta·ble □ [dis'repjutəbl] honteux (-euse *f*); minable; de mauvaise réputation (*personne*); **dis·re·pute** ['⁓ri'pju:t] discrédit *m*, mépris *m*.

dis·re·spect ['disris'pekt] manque *m* de respect *ou* d'égards (envers, *for*); **dis·re·spect·ful** [⁓'pektful] □ irrespectueux (-euse *f*), irrévérencieux (-euse *f*).

dis·robe [dis'roub] (aider à) se dévêtir de sa robe; (se) déshabiller.

dis·root [dis'ru:t] déraciner.

dis·rupt [dis'rʌpt] rompre, disloquer; démembrer; **dis·rup·tion** rupture *f*; dislocation *f*; démembrement *m*.

dis·sat·is·fac·tion ['dissætis'fækʃn] mécontentement *m* (de *with*, *at*); dissatisfaction *f*; **'dis·sat·is·fac·to·ry** [⁓təri] peu satisfaisant; **dis'sat·is·fy** [⁓fai] mécontenter;. ne pas satisfaire (*q.*).

dis·sect [di'sekt] disséquer (*a. anat.*); découper; ⚕ exciser (*une tumeur etc.*); **dis·sec·tion** [di'sekʃn] dissection *f*; découpage *m*.

dis·sem·ble [di'sembl] *v/t.* dissimuler; passer sous silence; feindre; *v/i.* déguiser sa pensée; user de dissimulation.

dis·sem·i·nate [di'semineit] disséminer; **dis·sem·i'na·tion** dissémination *f*. [désaccord *m*.]

dis·sen·sion [di'senʃn] dissension *f*,

dis·sent [di'sent] 1. dissentiment *m*; avis *m* contraire; *eccl.* dissidence *f*; 2. différer (de, *from*); *eccl.* être dissident; **dis'sent·er** dissident(e *f*) *m*; **dis·sen·tient** [di'senʃiənt] dissident(e *f*) *m* (*a. adj.*).

dis·ser·ta·tion [disə'teiʃn] dissertation *f* (sur, *on*).

dis·serv·ice ['dis'sə:vis] mauvais service *m* (rendu à, *to*).

dis·sev·er [dis'sevə] (se) séparer, (se) désunir; **dis'sev·er·ance** [⁓ərəns] séparation *f*.

dis·si·dence ['disidəns] dissidence *f*; **'dis·si·dent** 1. dissident; 2. membre *m* dissident; dissident(e *f*) *m*.

dis·sim·i·lar □ ['di'similə] (*to*) différent (de); dissemblable (à); **dis·sim·i·lar·i·ty** [⁓'læriti] dissemblance *f*, dissimilitude *f* (de, *to*).

dis·sim·u·late [di'simjuleit] *see* dissemble; **dis·sim·u'la·tion** dissimulation *f*.

dis·si·pate ['disipeit] (se) dissiper; *v/i.* F mener une vie dissipée; **'dis·si·pat·ed** dissipé; **dis·si'pa·tion** dissipation *f*; gaspillage *m*; divertissement *m*; F vie *f* désordonnée.

dis·so·ci·ate [di'souʃieit] désassocier; 🜞 dissocier; ⁓ o.s. se désintéresser (de, *from*); **dis·so·ci'a·tion** désassociation *f*; 🜞 dissociation *f*; *psych.* dédoublement *m* de la personnalité.

dis·sol·u·bil·i·ty [disɔlju'biliti] dissolubilité *f*; **dis·sol·u·ble** [di'sɔljubl] dissoluble (dans, *in*).

dis·so·lute □ ['disəlu:t] dissolu, débauché; **dis·so'lu·tion** dissolution *f*; fonte *f*; mort *f*.

dis·solv·a·ble [di'zɔlvəbl] dissoluble; **dis'solve 1.** *v/t.* (faire) dissoudre (*a. fig.*); *v/i.* se dissoudre; fondre (*a. fig.*); se dissiper; 2. *Am. cin.* fondu *m*; **dis'solv·ent 1.** † dissolvant; 2. dissolvant *m*.

dis·so·nance ['disənəns] ♪ dissonance *f*; désaccord *m*; **'dis·so·nant** ♪ dissonant; en désaccord (avec, *from*, *to*).

dis·suade [di'sweid] dissuader, détourner (de, *from*); **dis·sua·sion** [di'sweiʒn] dissuasion *f*; **dis·sua·sive** [di'sweisiv] □ dissuasif (-ive *f*).

dis·taff ['dista:f] quenouille *f*; *attr. fig.* du côté féminin.

dis·tance ['distəns] 1. lieu, temps: distance *f*; éloignement *m*; lointain *m*; intervalle *m*; *fig.* réserve *f*; *at a ⁓* de loin; à une distance (de, *of*); dans le lointain; *in the ⁓* au loin, dans le lointain; de loin; *a great ⁓ away* très loin, à une grande distance; *striking ⁓* portée *f* (de la main); 2. éloigner; *fig.* reculer; *'⁓-con·trolled* commandé à distance; **'dis·tant** □ éloigné; lointain; à distance; réservé, distant (*personne*); *two miles ⁓* à deux milles de distance; *⁓ control* commande *f* à distance.

dis·taste ['dis'teist] dégoût *m* (de, *for*); aversion *f* (pour, *for*); **dis'taste·ful** □ [⁓ful] désagréable, antipathique (à, *to*).

dis·tem·per¹ [dis'tempə] 1. détrempe *f*; badigeon *m*; 2. peindre (*un tableau*, *un mur*) en détrempe; badigeonner (*un mur*) en couleur.

dis·tem·per² [⁓] † maladie *f*; *vét.* maladie *f* des chiens; *pol.* † dé-

distempered

sordre *m*; **dis·tem·pered** troublé, dérangé (*esprit*).

dis·tend [dis'tend] (se) dilater; (se) distendre; *v/t.* gonfler; *v/i.* enfler; **dis'ten·sion** dilatation *f*.

dis·tich ['distik] distique *m*.

dis·til(l) [dis'til] *usu.* (se) distiller; (laisser) tomber goutte à goutte; *v/t.* raffiner (*le pétrole*); *fig.* faire couler; **dis·til·late** ['~it] distillat *m*; **dis·til·la·tion** [~'leiʃn] distillation *f*; **dis'till·er** distillateur *m*; **dis'till·er·y** distillerie *f*.

dis·tinct [dis'tiŋkt] distinct (de, *from*); net(te *f*); clair; marqué; **dis'tinc·tion** distinction *f*; *draw a ~ between* faire une distinction entre; *have the ~ of* (*gér.*) avoir l'honneur de (*inf.*); **dis'tinc·tive** ☐ distinctif (-ive *f*); d'identification; **dis'tinct·ness** clarté *f*, netteté *f*; différence *f* totale.

dis·tin·guish [dis'tiŋgwiʃ] *v/t.* distinguer; différencier (de, *from*); *v/i.* faire une *ou* la distinction (entre, *between*); **dis'tin·guish·a·ble** que l'on peut distinguer; perceptible; **dis'tin·guished** distingué; de distinction *ou* marque; remarquable (par, *for*); *~ by* connu pour; reconnu à (*sa marche etc.*).

dis·tort [dis'tɔːt] tordre; déformer; *fig.* fausser, défigurer; *~ing mirror* miroir *m* déformant; **dis'tor·tion** distorsion *f*; déformation *f* (*a. opt., a. tél.*).

dis·tract [dis'trækt] distraire, détourner; affoler (*q.*); brouiller (*l'esprit*); **dis'tract·ed** ☐ affolé, éperdu (de, *with*); **dis'tract·ing** ☐ affolant; tourmentant; **dis'trac·tion** distraction *f*; confusion *f*; affolement *m*, folie *f*.

dis·train [dis'trein]: *~ upon* saisir; exécuter (*q.*); **dis'train·a·ble** saisissable; **dis'traint** saisie *f*.

dis·tress [dis'tres] **1.** détresse *f*, angoisse *f*; embarras *m*; gêne *f*; *see distraint*; ⚓ *~ rocket* signal *m* de détresse; **2.** affliger, chagriner; épuiser; **dis'tressed** affligé, désolé; épuisé; *fig.* ruiné, réduit à la misère; **dis'tress·ing** ☐, *poét.* **dis'tress·ful** ☐ [~ful] angoissant, affligeant.

dis·trib·ut·a·ble [dis'tribjutəbl] répartissable, partageable; **dis'trib·ute** [~juːt] distribuer (*a. typ.*); répartir; **dis·tri'bu·tion** (mise *f* en) distribution *f*; répartition *f* (*a. des dettes*); *typ.* mise *f* en casse; **dis'trib·u·tive 1.** ☐ distributif (-ive *f*) (*a. gramm.*); **2.** *gramm.* distributif *m*; **dis'trib·u·tor** distributeur *m* (*a.* ⊕); ✝ concessionnaire *m*.

dis·trict ['distrikt] région *f*, contrée *f*; district *m* (*a. admin.*); quartier *m* (*de ville*); circonscription *f* (*électorale*).

dis·trust [dis'trʌst] **1.** méfiance *f*, défiance *f* (de, *of*); **2.** se méfier *ou* défier de; **dis'trust·ful** ☐ [~ful] méfiant, défiant; soupçonneux (-euse *f*); *~ of o.s.* timide.

dis·turb [dis'təːb] déranger; troubler; agiter; inquiéter; **dis'turb·ance** trouble *m*; agitation *f*; tapage *m*; émeute *f*; ⚖ trouble *m* de jouissance.

dis·un·ion ['dis'juːnjən] désunion *f*; séparation *f*; **dis·u·nite** ['disjuː'nait] (se) désunir; (se) séparer.

dis·use 1. ['dis'juːs] désuétude *f*; *fall into ~* tomber en désuétude; F être mis au rancart; **2.** ['dis'juːz] cesser d'employer; abandonner.

di·syl·lab·ic ['disi'læbik] (*~ally*) dissyllabe (*mot*); dissyllabique (*vers*); **di·syl·la·ble** [di'siləbl] dissyllabe *m*.

ditch [ditʃ] **1.** fossé *m*; *Am.* 'Canal *m* de Panama; *die in the last ~* résister jusqu'à la dernière extrémité; **2.** *v/t.* entourer de fossés; *sl.* se débarrasser de, plaquer; *mot.* verser dans le fossé; *v/i.* curer les fossés; *sl.* faire un amerrissage forcé; **'ditch·er** cureur *m* de fossés.

dith·er F ['diðə] trembloter; s'agiter sans but.

dith·y·ramb ['diθiræmb] dithyrambe *m*.

dit·to ['ditou] **1.** idem; de même; **2.** ✝ dito *m/inv.*; (*suit of*) *~s pl.* complet *m*.

dit·ty ['diti] chanson(nette *f*) *f*.

di·ur·nal ☐ [dai'əːnl] diurne.

di·va·ga·tion [daivə'geiʃn] divagation *f*.

di·van [di'væn] divan *m*.

di·var·i·cate [dai'værikeit] diverger; bifurquer.

dive [daiv] **1.** plonger (dans, *into*); ✈, *a. fig.* piquer (du nez); F *~ into* s'enfoncer dans, entrer précipitamment dans; plonger (la main) dans (*la poche*); **2.** plongeon *m*;

sous-marin: plongée f; ⚓ (vol m) piqué m; Am. F cabaret m borgne; gargote f; boîte f; **'div·er** plongeur m; scaphandrier m; orn. plongeon m.

di·verge [dai'vəːdʒ] diverger, s'écarter; **di'ver·gence**, **di'ver·gen·cy** divergence f; écart m; biol. variation f; **di'ver·gent** □ divergent.

di·verse □ [dai'vəːs] divers, différent; varié; **di·ver·si·fi·ca·tion** [~sifi'keiʃn] variation f; **di'ver·si·fy** [~fai] diversifier, varier; **di'ver·sion** [~ʃn] détournement m; ⚔ diversion f (a. de l'esprit); fig. divertissement m, distraction f; **di'ver·si·ty** [~siti] diversité f.

di·vert [dai'vəːt] détourner; écarter; divertir; distraire.

di·vest [dai'vest] dévêtir; fig. dépouiller, priver; ~ o.s. of renoncer à; **di'vest·ment** dévêtement m; fig. privation f.

di·vide [di'vaid] 1. v/t. diviser (a. ⚛); (souv. ~ up) démembrer; partager, répartir (entre, among); séparer (de, from); parl. ~ the house aller aux voix; v/i. se diviser, se partager (en, into); se séparer; ⚛ être divisible (par, by); fourcher (chemin); parl. aller aux voix; 2. Am. ligne f de partage des eaux; **div·i·dend** ['dividend] ♰, a. ⚛ dividende m; **di·vid·ing** [di'vaidiŋ] de démarcation; mitoyen(ne f) (mur).

div·i·na·tion [divi'neiʃn] divination f; **di·vine** [di'vain] 1. □ divin (a. fig.); ~ service office m divin; 2. théologien m; 3. deviner, prédire (l'avenir); **di'vin·er** devin(eresse f) m; divinateur (-trice f) m.

div·ing ['daiviŋ] action f de plonger; attr. à ou de plongeurs; à plonger; **'~·bell** cloche f à ou de plongeur.

di·vin·ing-rod [di'vainiŋrɔd] baguette f divinatoire.

di·vin·i·ty [di'viniti] divinité f (a. = dieu); théologie f.

di·vis·i·bil·i·ty [divizi'biliti] divisibilité f; **di'vis·i·ble** □ [~zəbl] divisible; **di'vi·sion** [~ʒn] division f (a. = désunion, a. ⚔, ⚛); partage m (en, into); biol. classe f; parl. vote m; parl. circonscription f (électorale); **di'vi·sion·al** ⚔ etc. divisionnaire; **di·vi·sive** [di'vaisiv] qui désunit; qui sème la discorde; **di'vi·sor** ⚛ [~zə] diviseur m.

di·vorce [di'vɔːs] 1. divorce m (a. fig.); 2. divorcer d'avec (sa femme, son mari); F a. fig. séparer (de, from), détacher (de, from); **di·vor·'cee** divorcé(e f) m.

di·vulge [dai'vʌldʒ] divulguer; révéler.

dix·ie ⚔ sl. ['diksi] gamelle f; Am. ⚲ États m/pl. du Sud; ⚲crat Am. pol. démocrate m dissident des États du Sud.

diz·zi·ness ['dizinis] vertige m; **'diz·zy** 1. □ pris de vertige (personne); sl. étourdi, écervelé; vertigineux (-euse f) (chose); 2. étourdir.

do [duː] (see a. done) 1. v/t. [irr.] usu. faire; (faire) cuire; s'acquitter de; finir; jouer (une pièce); F duper, refaire (q.); sl. ~ London visiter Londres; sl. ~ s.o. traiter, soigner q.; fêter q.; what is to be done? que faire?; ~ the polite etc. faire l'aimable etc.; have done reading avoir fini de lire; ~ (over) again refaire; F ~ down rouler, enfoncer (q.); F ~ in tuer; ~ into traduire en (une langue); ~ out nettoyer; ~ over couvrir (de peinture etc.); ~ up envelopper, ficeler; emballer; boutonner; décorer, réparer; F éreinter (q.); F ~ o.s. up faire toilette; 2. v/i. [irr.] faire l'affaire; aller; suffire; convenir; that will ~ c'est bien; cela va; cela suffira; that won't ~ cela ne va ou n'ira pas; how ~ you ~? comment allez-vous?; comment vous portez-vous? F ça va?; ~ well aller bien; réussir; ~ badly aller mal; ne pas réussir; have done! finissez donc!; cela suffit!; ~ away with abolir; détruire; F tuer; ~ for faire le ménage de (q.); tuer (q.); ~ with s'accommoder de; I could ~ with some coffee je prendrais volontiers du café; I have done with him j'ai rompu avec lui; ~ without se passer de; 3. v/aux. [irr.] interr.: ~ you know him? le connaissez-vous?; avec not: I ~ not know him je ne le connais pas; accentué: I ~ feel better je me sens vraiment mieux; ~ come and see me venez me voir, je vous en prie; ~ be quick dépêchez-vous donc; remplaçant un verbe déjà exprimé: do you like London? — I ~ aimez-vous Londres? — Oui; you write better than I ~

doc   748

vous écrivez mieux que moi; *I take a bath every day.* — *So ~ I* je prends un bain tous les jours. — Moi aussi; **4.** F *su.* attrape *f*; réception *f*, dîner *m*; *make ~ with* s'accommoder de.

doc F [dɔk] *abr. de* **doctor** 1.

doc·ile ['dousail] docile; **do·cil·i·ty** [dou'siliti] docilité *f*.

dock[1] [dɔk] écourter; *fig.* diminuer; retrancher (*qch. à q., s.o. of s.th.*).

dock[2] [~] **1.** ⚓ bassin *m*; *surt.* Am. quai *m*; ⚖ banc *m* des prévenus; ⚓ *~s pl.* docks *m/pl.*; *dry ~* cale *f* sèche; *floating ~* dock *m* flottant; *wet ~* bassin *m* à flot; **2.** ⚖ (faire) entrer au bassin; **'dock·er** travailleur *m* aux docks.

dock·et ['dɔkit] **1.** fiche *f*; étiquette *f*; ⚖ registre *m* des jugements rendus, *Am.* rôle *m* des causes; ⊕ bordereau *m*; **2.** étiqueter; classer.

dock·yard ['dɔkjɑːd] chantier *m* de construction de navires; arsenal *m* maritime.

doc·tor ['dɔktə] **1.** docteur *m*; médecin *m*; **2.** F soigner; F droguer; (*a. ~ up*) réparer, fausser; frelater (*du vin*); **doc·tor·ate** ['~rit] doctorat *m*.

doc·tri·naire [dɔktri'nɛə] **1.** idéologue *m*; **2.** pédant; *se* théoricien; **doc·tri·nal** □ [~'trainl] doctrinal (-aux *m/pl.*); **doc·trine** ['~trin] doctrine *f*; dogme *m*.

doc·u·ment 1. ['dɔkjumənt] document *m*; pièce *f*; **2.** ['~ment] documenter; **doc·u'men·tal** *see* **documentary** 1; **doc·u'men·ta·ry 1.** □ documentaire; **2.** (*a. ~ film*) documentaire *m*; **doc·u·men·ta·tion** documentation *f*.

dod·der ['dɔdə] **1.** ⚘ cuscute *f*; **2.** trembloter; branler.

dodge [dɔdʒ] **1.** mouvement *m* de côté; *sp.* esquive *f*; ruse *f*, F truc *m*; **2.** *v/t.* esquiver; éviter; éluder (*une question*); *v/i.* se jeter de côté; *sp.* éviter; *fig.* user d'artifices; **'dodg·er** malin *m*; *Am.* prospectus *m*; *Am.* (*sorte de*) biscuit *m* dur.

doe [dou] daine *f*; lapine *f*; hase *f*.

do·er ['duːə] faiseur (-euse *f*) *m*; auteur *m*.

does [dʌz] (*il, elle*) fait.

doe·skin ['douskin] (peau *f* de) daim *m*.

dog [dɔg] **1.** chien *m* (*qqfois a.* chienne *f*); renard *m etc.* mâle; ⊕ cliquet *m*; agrafe *f*, serre *f*; (*a. fire-~*) chenet *m*; ⚒ (*landing-~*) taquets *m/pl.*; (*safety ~*) chambrière *f*; F type *m*; *Am.* F épate *f*; *Am.* F ✝ billet *m* à ordre; *go to the ~s* marcher à la ruine; se débaucher; ✝ aller à vau-l'eau; **2.** filer (*q.*); suivre (*q.*) à la piste; **'~·cart** charrette *f* anglaise; **'~-cheap** à vil prix; **'~-days** *pl.* canicule *f*.

doge [doudʒ] doge *m*.

dog·ged □ ['dɔgid] tenace.

dog·ger·el ['dɔgərəl] **1.** (*a. ~ rhymes pl.*) vers *m/pl.* de mirliton; **2.** de mirliton.

dog·gish ['dɔgiʃ] qui ressemble à un chien; qui a un air de chien; **dog·go** *sl.* ['dɔgou]: *lie ~* se tenir coi; **'dog·gy 1.** toutou *m*; **2.** de chien; canin; *Am.* F affichant; à effet; **dog lat·in** latin *m* de cuisine.

dog·ma ['dɔgmə] dogme *m*; **dog·mat·ic, dog·mat·i·cal** □ [dɔg'mætik(l)] dogmatique; *fig.* autoritaire, tranchant; **dog'mat·ics** *sg.* dogmatique *f*; **dog·ma·tism** ['~mətizm] dogmatisme *m*; *fig.* ton *m ou* esprit *m* autoritaire; **'dog·ma·tist** dogmatiste *m*; *fig.* individu *m* positif; **dog·ma·tize** ['~taiz] dogmatiser.

dog('s)-ear F ['dɔg(z)iə] corne *f* (*dans un livre*).

dog-tired ['dɔg'taiəd] éreinté.

doi·ly ['dɔili] dessus *m* d'assiette; petit napperon *m*.

do·ing ['duːiŋ] **1.** *p.pr. de* **do** 1, 2; *nothing ~* rien à faire; ✝ le marché est mort; **2.** action *f* de faire; fait *m*; *~s pl.* faits *m/pl.*; événements *m/pl.*; conduite *f*; *péj.* agissements *m/pl.*; *sl.* machin *m*, truc *m*.

doit [dɔit] F sou *m*, liard *m*; bagatelle *f*.

dol·drums ['dɔldrəmz] *pl.* cafard *m*; ✝ marasme *m*; ⚓ zone *f* des calmes.

dole [doul] **1.** aumône *f*; ✝ portion *f*; F allocation *f* de chômage; *be (ou go) on the ~* ne vivre que des allocations de chômage; **2.** (*usu. ~ out*) distribuer avec parcimonie.

dole·ful □ ['doulful] lugubre; douloureux (-euse *f*); triste; **'dole·ful·ness** tristesse *f*, chagrin *m*; caractère *m* contristant.

doll [dɔl] **1.** poupée *f*; *Am.* jeune fille *f*; **2.** F *~ed up* en grand tralala.

dol·lar ['dɔlə] dollar *m*; *Am*. F ~s to *doughnuts* très probable.
dol·lop F ['dɔləp] morceau *m* informe.
doll·y ['dɔli] poupée *f*.
dol·o·mite *min*. ['dɔləmait] dolomi(t)e *f*.
dol·o·rous □ ['dɔlərəs] *usu. poét., co*. douloureux (-euse *f*); plaintif (-ive *f*); triste.
dol·phin *icht*. ['dɔlfin] dauphin *m*.
dolt [doult] benêt *m*; *sl.* cruche *f*; **'dolt·ish** □ lourdaud, sot(te *f*).
do·main [də'mein] domaine *m* (*a. fig.*); propriété *f*; terres *f/pl*.
dome [doum] dôme *m* (*a. fig.*); ⊕ couronne *f*, dôme *m*.
do·mes·tic [də'mestik] **1.** (~ally) domestique; de ménage; de famille; intérieur (*commerce etc.*); casanier (-ère *f*); ~ *coal* houille *f* de ménage; ~ *science* enseignement *m* ménager; **2.** domestique *mf*; **do'mes·ti·cate** [~keit] apprivoiser, domestiquer (*un animal*); ♀ acclimater; rendre (*q*.) casanier (-ère *f*); **do·mes·ti'ca·tion** domestication *f*; acclimatation *f*; **do·mes·tic·i·ty** [doumes'tisiti] vie *f* de famille; goûts *m/pl*. domestiques.
dom·i·cile ['dɔmisail] **1.** *surt*. ⚖ domicile *m*; **2.** ✝ domicilier (*un effet*); F résider, s'établir (dans); **'dom·i·ciled** domicilié, demeurant (à, *at*); **dom·i·cil·i·ar·y** [dɔmi'siljəri] domiciliaire (*visite etc.*).
dom·i·nance ['dɔminəns] (pré-)dominance *f*; **'dom·i·nant 1.** dominant; **2.** ♪ dominante *f*.
dom·i·nate ['dɔmineit] dominer; **dom·i'na·tion** domination *f*; **'dom·i·na·tor** dominateur (-trice *f*) *m*; **dom·i·neer** [dɔmi'niə] se montrer autoritaire; ~ *over* tyranniser; **dom·i'neer·ing** □ autoritaire; tyrannique.
do·min·i·cal [də'minikl] dominical (-aux *m/pl*.) (*oraison*).
Do·min·i·can [də'minikən] dominicain(e *f*) *m* (*a. adj.*).
do·min·ion [də'minjən] domination *f*, maîtrise *f*; *souv*. ~s *pl*. dominion *m*, -s *m/pl*.; possessions *f/pl*.; colonie *f*, -s *f/pl*.; ♀ Dominion *m*.
dom·i·no ['dɔminou], *pl*. -noes ['~nouz] domino *m*; ~s *sg*. jeu: dominos *m/pl*.
don [dɔn] professeur *m* d'université.

do·nate *Am*. [dou'neit] donner; faire un don à; **do'na·tion, don·a·tive** ['dounətiv] don *m*, donation *f*.
done [dʌn] **1.** *p.p. de do 1, 2*; *be* ~ *souv*. se faire; **2.** *adj*. fait; cuit; (*ou* ~ *up*) éreinté, fourbu; *well* ~ bien cuit; *he is* ~ *for* c'est un homme coulé; **3.** *int*. d'accord!
do·nee ⚖ [dou'ni:] donataire *mf*.
don·jon ['dɔndʒən] cachot *m*.
don·key ['dɔŋki] âne(sse *f*) *m*; *attr.* qq*fois* auxiliaire.
do·nor ['dounə] donateur (-trice *f*) *m*; ⚕ donneur (-euse *f*) *m* de sang.
do-noth·ing F ['du:nʌθiŋ] fainéant(e *f*) (*a. su./mf*).
don't [dount] **1.** = *do not*; *impér*. ne fai(te)s pas ça!; **2.** défense *f*.
doom [du:m] **1.** *surt. péj*. sort *m*, destin *m*; mort *f*; ruine *f*; **2.** condamner; **dooms·day** ['du:mzdei] (jour *m* du) jugement *m* dernier.
door [dɔ:] porte *f*; *auto, wagon, etc.*: portière *f*; *next* ~ (*to*) à côté (de); *fig*. approchant (de); *two* ~s *off* deux portes plus loin; (*with*)*in* ~s chez soi; *out of* ~s dehors; en plein air; *turn s.o. out of* ~s mettre q. à la porte; *lay s.th. to* (*ou at*) *s.o.'s* ~ imputer qch. à q.; **'~-han·dle** poignée *f* de port(iè)r(e); **'~-keep·er** concierge *mf*; portier *m*; **'~-man** concierge *m*; portier *m*; **'~-way** porte *f*; portail *m*.
dope [doup] **1.** liquide *m* visqueux; ✈ enduit *m*; *mot*. laque *f*; F stupéfiant *m*; narcotique *m*; *Am. sl.* tuyau *m*; renseignement *m*; imbécile *mf*; idiot(e *f*) *m*; type *m*; **2.** *v/t*. enduire; administrer un narcotique à; *sp*. doper (*a. un combustible*); narcotiser (*une cigarette*); *v/i*. F prendre des stupéfiants; **'dop·ey** *Am. sl.* stupide; hébété.
dor·mant ['dɔ:mənt] *usu. fig*. endormi, assoupi; en repos; tombé en désuétude; ♀, ∅ dormant; ✝ ~ *partner* commanditaire *m*.
dor·mer ['dɔ:mə] (*a.* ~-*window*) lucarne *f*; (fenêtre *f* en) mansarde *f*.
dor·mi·to·ry ['dɔ:mitri] dortoir *m*; *surt. Am*. maison *f* d'étudiants.
dor·mouse ['dɔ:maus], *pl*. -**mice** [~mais] loir *m*; lérot *m*.
dor·sal □ ['dɔ:sl] dorsal (-aux *m/pl*.); **'dor·ser** hotte *f*.
dose [dous] **1.** dose *f*; **2.** médica-

doss-house

menter (q. avec qch.; s.o. with s.th.); doser (le vin etc.).
doss-house sl. ['dɔshaus] asile m de nuit.
dos·si·er ['dɔsiei] dossier m, documents m/pl.
dot [dɔt] 1. point m; mioche mf; on the ~ F à l'heure tapante; argent comptant; 2. mettre un point sur; pointiller; (a. ~ about) fig. (par-)semer (de, with); ♪ pointer; marquer (une surface) avec des points.
dot·age ['doutidʒ] seconde enfance f; radotage m; **do·tard** ['~təd] radoteur (-euse f) m; gâteux (-euse f) m; **dote** [dout] radoter; tomber dans la sénilité; ~ ([up]on) aimer (q.) à la folie; '**dot·ing** sénile; qui aime follement (q., on s.o.).
dot·ty sl. ['dɔti] toqué, maboul.
dou·ble ☐ ['dʌbl] 1. double; à deux personnes ou lits (chambre); deux (lettres); ~ tooth grosse dent f; 2. double m (a. tennis); deux fois autant; fleuve, lièvre: détour m; ✕ pas m de course; 3. v/t. doubler (a. ♣); serrer (le poing); bridge: contrer; plier en deux (un papier); théâ. jouer deux (rôles); ~ up replier; faire plier (q.) en deux; ~d up ployé; v/i. (se) doubler; ✕ prendre le pas de course; (a. ~ back) faire un brusque crochet (animal); cartes: contrer; '~-barrelled à deux coups (fusil); fig. (nom) à charnière; ~ bass ♪ contrebasse f; '~-'breast·ed croisé (gilet etc.); '~-'cross Am. sl. tromper, duper; '~-'deal·er homme m à deux visages; fourbe m; '~-'deal·ing duplicité f, fourberie f; '~-'edged à deux tranchants; ~ en·try † comptabilité f en partie double; ~ fea·ture cin. Am. programme m double; '~-'head·er Am. baseball: deux parties f/pl. de suite; ~ line ligne f à voie double; '**dou·ble·ness** état m double; duplicité f (a. fig.); fig. mauvaise foi f, fausseté f; '**dou·ble-'park** Am. stationner contrairement à la loi; '**dou·ble-'quick** ✕ (au) pas m gymnastique.
dou·blet ['dʌblit] pourpoint m; doublet m (a. gramm.); ~s pl. doublet m (aux dés).
dou·ble…: ~ **time** ✕ pas m gymnastique; '~-'**track** à voie double.

doub·ling ['dʌbliŋ] doublement m; doublage m; détour m, crochet m.
doubt [daut] 1. v/i. hésiter; douter; v/t. douter de (q., qch.); révoquer (qch.) en doute; 2. doute m; incertitude f; no ~ sans (aucun) doute; '**doubt·er** sceptique mf, douteur (-euse f) m; **doubt·ful** ☐ ['~ful] douteux (-euse f); incertain; équivoque; suspect; '**doubt·ful·ness** incertitude f; ambiguïté f; irrésolution f; '**doubt·less** sans doute.
douche [du:ʃ] 1. douche f (a. ✍); 2. (se) doucher.
dough [dou] pâte f (à pain); Am. sl. argent m; '~-boy Am. F simple soldat m; '~-nut pet m de nonne; '**dough·y** pâteux (-euse f); fig. terreux (-euse f).
dour écoss. [duə] austère; obstiné.
douse [daus] tremper; arroser; doucher.
dove [dʌv] colombe f (a. fig.); '~·cot colombier m; '~·tail ⊕ 1. queue-d'aronde (pl. queues-d'aronde) f; 2. v/t. adenter; fig. opérer le raccord entre; v/i. se raccorder.
dow·a·ger ['dauədʒə] douairière f.
dow·dy F ['daudi] 1. sans élégance; 2. femme f mal habillée.
dow·el ⊕ ['dauəl] goujon m; cheville f (en bois).
dow·er ['dauə] 1. douaire m; fig. don m, apanage m; 2. assigner un douaire à (une veuve); doter (une jeune fille).
dow·las ['dauləs] toile f commune.
down¹ [daun] duvet m; oreiller: plume f.
down² [~] see dune; ~s pl. hautes plaines f/pl. du Sussex etc.
down³ [~] 1. adv. vers le bas; en bas; (vu) d'en haut; par terre; ~ and out fig. ruiné, à bout de ressources; ~-and-out clochard m; be ~ être en baisse (prix); être de chute (cartes); F be ~ upon en vouloir à (q.); être toujours sur le dos de (q.); ~ in the country à la campagne; 2. prp. vers le bas de; au bas de; au fond de; en descendant; le long de; ~ the river en aval; ~ the wind à vau-vent; 3. int. à bas!; 4. adj. ~ platform quai m montant; ~ train train m montant; 5. F v/t. abattre; terrasser; ~ tools se mettre en grève; 6. su. see up 5; '~·cast abattu; baissé

(regard); 2-'East·er Am. habitant(e f) m de la Nouvelle-Angleterre, surt. du Maine; '~·fall chute f (a. fig.); fig. ruine f; écroulement m; '~·grade Am. déprécier; dégrader; '~·'heart·ed déprimé, découragé; '~·'hill 1. en descendant; 2. incliné; en pente; '~·pour grosse averse f; déluge m; '~·right □ 1. adv. tout à fait; carrément; nettement; 2. adj. franc(he f); direct; carré; éclatant (mensonge); pur (bêtises) véritable; '~·right·ness franchise f; droiture f; '~·'stairs 1. d'en bas, du rez-de-chaussée (pièce); 2. en bas (de l'escalier); '~·'stream en aval, à l'aval; '~·stroke écriture: jambage m; ⊕ mouvement m de descente; '~·town surt. Am. centre m des affaires municipales; '~·ward 1. de haut en bas; descendant; fig. fatal, vers la ruine; dirigé en bas (regard); 2. (a. '~·wards) de haut en bas; '~·wash ✈ etc. remous m d'air descendant.

down·y ['dauni] duveteux (-euse f); velouté (fruit); sl. rusé.

dow·ry ['dauəri] dot f (a. fig.).

dowse ['daus] 1. see douse; 2. faire de l'hydroscopie; 'dows·er hydroscope m; homme m à baguette; radiesthésiste mf; 'dows·ing-rod baguette f divinatoire.

doze [douz] 1. sommeiller; ~ away passer (le temps) à sommeiller; 2. petit somme m.

doz·en ['dʌzn] douzaine f.

drab [dræb] 1. gris brunâtre; beige; fig. terne; 2. drap m beige; toile f bise; couleur: gris m brunâtre; fig. monotonie f.

drachm [dræm] (poids), drach·ma ['drækmə] (monnaie) drachme f.

draff [dræf] † lie f de vin; † lavure f; drêche f.

draft [drɑːft] 1. see draught; ✝ traite f; lettre f de change; ⚔ détachement m; Am. conscription f; ~ agreement projet m de contract; 2. rédiger; faire le brouillon de; désigner (à, pour to); ⚔ détacher; envoyer (des troupes) en détachement; Am. appeler sous les armes; draft·ee ⚔ [drɑːf'tiː] Am. conscrit m; 'drafts·man dessinateur m, traceur m.

drag [dræg] 1. filet m à la trôle, drague f; traîneau m; herse f; sabot m; drag m; résistance f; fig. obstacle m, entrave f; 2. v/t. (en-)traîner, tirer; ⚓ chasser sur (ses ancres); draguer; ⚒ herser; enrayer (une roue); see dredge[1] 2; ~ along (en)traîner; ~ out one's life traîner sa vie (jusqu'à sa fin); v/i. traîner; draguer (à la recherche de, for); pêcher à la drague; ⚓ languir.

drag·gle ['drægl] traîner dans la boue; '~·tail F souillon f.

drag·on ['drægən] dragon m; '~·fly libellule f.

dra·goon [drə'guːn] 1. dragon m; 2. dragonner; fig. tyranniser.

drain [drein] 1. tranchée f; caniveau m; égoût m; F saignée f, fuite f; 2. v/t. assécher, dessécher; vider (un étang, un verre, etc.); égoutter (des légumes); fig. épuiser; (a. ~ off) faire écouler; évacuer (de, of); v/i. s'écouler; 'drain·age écoulement m; ⚒ drainage m; 'drain·ing 1. d'écoulement; 2. see drainage; ~s pl. égoutture f.

drake [dreik] canard m, malard m.

dram [dræm] poids: drachme f; goutte f; petit verre m.

dra·ma ['drɑːmə] drame m; dra·mat·ic [drə'mætik] (~ally) dramatique; dram·a·tist ['dræmətist] auteur m dramatique; 'dram·a·tize dramatiser; adapter (qch.) à la scène; dram·a·tur·gy ['~tədʒi] dramaturgie f.

drank [dræŋk] prét. de drink 2.

drape [dreip] v/t. draper, tendre (de with, in); v/i. se draper; 'drap·er marchand m d'étoffes; 'dra·per·y draperie f; nouveautés f/pl.

dras·tic ['dræstik] (~ally) énergique.

draught [drɑːft] tirage m; pêche f; courant m d'air; plan m, tracé m, ébauche f; boisson: coup m, trait m; ⚕ potion f; ⚓ tirant m d'eau; ~s pl. dames f/pl.; see draft; ~ beer bière f au tonneau; at a ~ d'un seul trait; '~·board damier m; '~·horse cheval m de trait; 'draughts·man dessinateur m, traceur m; 'draught·y exposé; plein de courants d'air.

draw [drɔː] 1. [irr.] v/t. souv. tirer; attirer (une foule); tracer; dessiner; établir (une distinction); faire infuser (le thé); chasse: battre (le couvert); vider (un poulet); toucher (de l'argent); dresser, rédiger (un contrat, un acte); aspirer (l'air); ar-

drawback

racher (*des larmes*) (à, from); *sp.* faire partie nulle; *v/i.* s'approcher de; ⚓ tirer; *the battle was ~n* la bataille resta indécise; *~ away* entraîner; détourner; *~ down* baisser; faire descendre; *~ forth* faire paraître; susciter; *~ near* s'approcher (de); *~ on* mettre; *fig.* attirer; *~ out* tirer; allonger; prolonger; *~ up* tirer en haut; faire monter; ⚔ ranger; ✍ dresser, rédiger; *~ (up) on* fournir (*une traite*) sur (*q.*); tirer (*un chèque*); *fig.* faire appel à; 2. tirage *m*; loterie *f*, tombola *f*; *sp.* partie *f* nulle; F attraction *f*; '*~·back* désavantage *m*, inconvénient *m*; ✝ drawback *m*; *Am.* remboursement *m*; '*~·bridge* pont-levis (*pl.* ponts-levis) *m*; '**draw·ee** ✝ tiré *m*; payeur *m*; '**draw·er** dessinateur *m*; tireur *m* (*a.* ✝); tiroir *m*; (*a pair of*) *~s pl.* (un) pantalon *m* (*de femme*); (un) caleçon *m* (*d'homme*); (*usu.* chest of *~s*) commode *f*.

draw·ing ['drɔːiŋ] tirage *m*; puisement *m*; attraction *f*; tirage *m* au sort, loterie *f*; dessin *m*; ébauche *f*; ✝ effets: traite *f*; chèque: tirage *m*; *out of ~* mal dessiné; *~ instruments pl.* instruments *m/pl.* de dessin; '*~-ac'count* compte *m* en banque; '*~-board* planche *f* à dessin; '*~-pen* tire-ligne *m*; '*~-pin* punaise *f*; '*~-room* salon *m*; réception *f*.

drawl [drɔːl] 1. *v/t.* (*souv. ~ out*) dire (*qch.*) avec une nonchalance affectée; *v/i.* parler d'une voix traînante; 2. voix *f* traînante; débit *m* traînant.

drawn [drɔːn] 1. *p.p* de **draw** 1; 2. *adj.* tiré; ⊕ étiré; *sp.* égal.

draw-well ['drɔːwel] puits *m* à poulie.

dray [drei] (*a. ~-cart*) camion *m* (*surt.* de brasseur); '*~·man* livreur *m* de brasserie.

dread [dred] 1. terreur *f*, épouvante *f*; 2. redouter; **dread·ful** □ ['~ful] 1. redoutable; terrible; atroce; 2. *penny ~* roman *m* à sensation; **dread·nought** ['~nɔːt] *tex.* frise *f*; ⚓ dreadnought *m*.

dream [driːm] 1. rêve *m*; songe *m*; 2. [*irr.*] rêver (de, of); *~ away* passer à rêver; '**dream·er** rêveur (-euse *f*) *m*; '**dream-read·er** interprète *m* des rêves; **dreamt** [dremt] *prét. et p.p.* de **dream** 2; **dream·y**

['driːmi] □ rêveur (-euse *f*); langoureux (-euse *f*).

drear·i·ness ['driərinis] tristesse *f*; aspect *m* morne; '**drear·y** □ triste; morne.

dredge[1] [dredʒ] 1. (filet *m* de) drague *f*; 2. draguer (*fig.* à la recherche de); (*a. ~ up, ~ out*) dévaser.

dredge[2] [~] *cuis.* saupoudrer.

dredg·er[1] ['dredʒə] drague *f*; *personne*: dragueur *m*.

dredg·er[2] [~] saupoudroir *m*.

dregs [dregz] *pl.* lie *f*.

drench [drentʃ] 1. *vét.* breuvage *m*, purge *f*; F see **drencher**; 2. tremper, mouiller (de, with); *vét.* donner un breuvage à; '**drench·er** F pluie *f* battante.

dress [dres] 1. robe *f*, toilette *f*, costume *m*; *fig.* habillement *m*, habits *m/pl.*; *théâ. ~ rehearsal* répétition *f* générale; *full ~* grande tenue *f*; 2. (s')habiller, (se) vêtir; ⚔ (s')aligner; *v/t.* orner; panser (*une blessure*); tailler (*une vigne*); ⊕ dresser, parer (*des pierres*); *cuis.* apprêter; ✍ donner une façon à (*un champ*); *théâ.* costumer; *v/i.* faire sa toilette; *~ cir·cle théâ.* (premier) balcon *m*; '*~·coat* frac *m*; '**dress·er** ⊕, *cuis.* apprêteur (-euse *f*) *m*; buffet *m* de cuisine; panseur (-euse *f*) *m*; *théâ.* habilleur (-euse *f*) *m*; *Am.* dressoir *m*.

dress·ing ['dresiŋ] habillement *m*, toilette *f*; pansement *m* (*d'une blessure*); ⚔ alignement *m*; *cuis.* sauce *f* mayonnaise; ⊕ apprêt *m*; dressage *m* (*de pierres*); ✍ fumages *m/pl.*; *~s pl.* △ moulures *f/pl.*; ✍ pansements *m/pl.*; *~ down* F semonce *f*; '*~-case* mallette *f* garnie; sac *m* de toilette; ✝ trousse *f* de pansement; '*~-glass* miroir *m* de toilette; psyché *f*; '*~-gown* robe *f* de chambre; '*~-jack·et* camisole *f*; '*~-table* (table *f* de) toilette *f*.

dress...: '*~-mak·er* couturier (-ère *f*) *m*; '*~-mak·ing* couture *f*; '*~-shield* dessous-de-bras *m/inv.*; '*~-suit* habit *m* (de soirée); '**dress·y** F élégant; chic *inv. en genre*; coquet(te *f*) (*femme*).

drew [druː] *prét.* de **draw** 1.

drib·ble ['dribl] dégoutter; baver (*enfant etc.*); *foot.* dribbler.

drib·(b)let ['driblit] chiquet m; in ~s petit à petit.
dried [draid] (des)séché; ~ *fruit* fruits m/pl. secs; ~ *vegetables* pl. légumes m/pl. déshydratés.
drift [drift] 1. mouvement m; direction f, sens m; ⚓ dérive f; *fig.* cours m; *fig.* portée f, tendance f; *neige*: amoncellement m; *pluie*: rafale f; ⊕ poinçon m; *géol.* apport m, -s m/pl.; ⚔ galerie f (chassante); ~ *from the land* dépeuplement m des campagnes; 2. v/t. flotter; entasser; v/i. flotter; être entraîné; ⚓ dériver; se laisser aller (a. *fig.*); **'drift·er** chalutier m; **'drift-ice** glaces f/pl. flottantes.
drill¹ [dril] 1. foret m; perçoir m; vilebrequin m; ✗ rayon m; semeuse f; ⚔ manœuvre f, -s f/pl.; exercice m, -s m/pl. (*a. fig.*); ~-*ground* terrain m d'exercice; 2. ⚔ (faire) faire l'exercice (*a. fig.*); v/t. forer; percer; buriner (*une dent*); ✗ semer en rayons.
drill² [~], **drill·ing** ['~iŋ] *tex.* coutil m, treillis m.
drink [driŋk] 1. boire m; boisson f; consommation f; *in* ~ ivre; 2. [*irr.*] v/t/i. boire; v/i. être adonné à la boisson; ~ *s.o.'s health* boire à la santé de q.; ~ *away* boire; ~ *in* absorber; ~ *to* boire à; ~ *off*, ~ *out*, ~ *up* vider; achever de boire; avaler; **'drink·a·ble** buvable; potable (*eau*).
drink·ing ['driŋkiŋ] boire m; *fig.* boisson f; ivrognerie f; '~-**bout** ribote f; '~-**foun·tain** borne-fontaine (*pl.* bornes-fontaines) f; poste m d'eau potable; '~-**song** chanson f à boire; '~-**wa·ter** eau f potable.
drip [drip] 1. (d)égouttement m; goutte f; 2. (laisser) tomber goutte à goutte; v/i. dégoutter; ~*ping wet* trempé; **'drip·ping** (d)égouttement m; *cuis.* ~s pl. graisse f (de rôti).
drive [draiv] 1. promenade f en voiture; course f; avenue f; *tennis*: drive m; *cartes*: tournoi m; *sp.* coup m droit; *mot.* prise f; traction f; ⊕ attaque f; commande f; propulsion f; *chasse*: battue f; *fig.* énergie f; urgence f; *Am.* campagne f de propagande; 2. [*irr.*] v/t. chasser, passer; conduire; faire marcher; surmener; exercer (*un métier*); contraindre (à, [in]to); (*a.* ~ *away*) éloigner; v/i. chasser; ⚓ dériver; *chasse*: battre un bois; *mot.* rouler; ~ *at* viser (*qch.*); travailler à (*qch.*) sans relâche; ~ *on* v/t. pousser; v/i. continuer sa route; ~ *up to* s'approcher de (*qch.*) en voiture.
drive-in *Am.* ['draiv'in] *usu. attr.* (*restaurant* m *ou* cinéma m) où l'on accède en voiture.
driv·el ['drivl] 1. baver; 2. bave f; F balivernes f/pl.
driv·en ['drivn] *p.p. de* drive 2.
driv·er ['draivə] conducteur (-trice f) m (*a. mot.*); 🚃 mécanicien m; *tramway*: wattman (*pl.* -men) m; ⊕ poinçon m; heurtoir m (*d'une soupape*).
driv·ing ['draiviŋ] conduite f etc.; *attr.* de transmission; conducteur (-trice f); ~ *instructor* professeur m de conduite; ~ *licence* permis m de conduire; ~ *mirror* rétroviseur m; ~ *school* auto-école f; '~-**belt** courroie f de commande; '~-**gear** transmission f; '~-**wheel** roue f motrice.
driz·zle ['drizl] 1. bruine f; 2. bruiner.
droll [droul] (*adv.* drolly) drôle; **'droll·er·y** drôlerie f.
drom·e·dar·y *zo.* ['drʌmədəri] dromadaire m.
drone¹ [droun] 1. *zo.* faux bourdon m; *fig.* fainéant m; 2. fainéanter.
drone² [~] 1. bourdonnement m; ♪ bourdon m; 2. bourdonner; parler d'un ton monotone.
drool [dru:l] 1. baver; F radoter; 2. *Am.* F radotage m.
droop [dru:p] v/t. baisser; laisser pendre; v/i. pendre; languir; s'affaisser; (se) pencher; **'droop·ing** □ (re)tombant; (a)baissé; languissant.
drop [drɔp] 1. goutte f; bonbon m; pastille f; chute f; pendant m; échafaud: trappe f; théâ. rideau m d'entracte; ✝ baisse f; Am. F *get (ou have) the* ~ *on* prendre (q.) au dépourvu; ~ *light* lampe f suspendue; 2. v/t. lâcher; laisser tomber (*qch., une question, la voix*); mouiller (*l'ancre*); lancer (*une bombe*); jeter à la poste (*une lettre*); verser (*des larmes*); laisser (*un sujet*); glisser (*un mot à q.*); laisser échapper (*une remarque*); déposer (*un passager*); baisser (*la voix, les yeux, le rideau*);

dropping

supprimer (*une lettre, une syllabe*); abattre (*le gibier*); tirer (*une révérence*); perdre (*de l'argent*); ~ s.o. a line écrire un mot à q.; F ~ it! assez!; v/i. tomber; dégoutter; s'égoutter; s'abaisser (*terrain*); se laisser tomber (*dans un fauteuil*); baisser (*prix, température*); se calmer; ~ in entrer en passant (à, chez *at*, [*up*]*on*); attraper (q., [*up*]*on s.o.*); ~ *off* tomber, se détacher; F s'endormir; ~ *out* v/t. omettre; v/i. tomber dehors; renoncer; rester en arrière; '**drop·ping** dégouttement m; abandon m; ~s *pl.* fiente f (*d'animaux*); '**drop-scene** *théa.* toile f de fond; rideau m d'entracte; *fig.* dernier acte m.

drop·si·cal □ ['drɔpsikl] hydropique; '**drop·sy** hydropisie f.

dross [drɔs] scories f/pl.; déchet m; *fig.* rebut m.

drought [draut] sécheresse f; '**drought·y** aride, sec (sèche f).

drove [drouv] **1.** troupeau m (*de bœufs*) (en marche); *fig.* bande f, foule f; **2.** *prét. de* drive 2; '**dro·ver** conducteur m *ou* marchand m de bestiaux.

drown [draun] v/t. noyer (*a. fig.*); submerger; étouffer, couvrir (*un son*); v/i. (*ou* be ~ed) se noyer; être noyé.

drowse [drauz] v/i. somnoler, s'assoupir; v/t. assoupir; '**drow·si·ness** somnolence f; '**drow·sy** somnolent, assoupi; soporifique.

drub [drʌb] battre, rosser; '**drub·bing** volée f de coups; F tripotée f.

drudge [drʌdʒ] **1.** *fig.* cheval m de bât; esclave mf; **2.** peiner; mener une vie d'esclave; '**drudg·er·y** travail m ingrat; *fig.* esclavage m.

drug [drʌg] **1.** drogue f; stupéfiant m; be a ~ in the market être invendable; **2.** v/t. donner *ou* administrer des stupéfiants à (q.); v/i. s'adonner aux stupéfiants; **drug·gist** ['drʌgist] *Am., a. écoss.* pharmacien m; **drug·gist's shop,** *Am.* '**drug·store** pharmacie f; *Am. p.ext.* débit m de boissons non alcoolisés et de casse-croûte.

drum [drʌm] **1.** tambour m (*a.* ⊕); tonneau m; *anat.* tympan m; **2.** battre du tambour; tambouriner (*a. fig.*); '~·**fire** ⚔ tir m de barrage; '~·**head** peau f de tambour; '**drum·mer** tambour m; *Am.* F commis m voyageur; '**drum·stick** baguette f de tambour; *cuis.* pilon m.

drunk [drʌŋk] **1.** *p.p. de* drink 2; **2.** ivre, soûl (de, with); get ~ s'enivrer, se soûler; **drunk·ard** ['~əd] ivrogne(sse f) m; '**drunk·en** ivrogne; '**drunk·en·ness** ivresse f; ivrognerie f.

drupe ♀ [dru:p] drupe m.

dry [drai] **1.** □ *usu.* sec (sèche f) (F *a.* = *prohibitionniste*); aride (*sujet, terrain*); tari; à sec (*maçonnerie, puits, etc.*); mordant, caustique (*esprit*); be ~ F avoir le gosier sec; ⚡ ~ cell pile f sèche; ~ goods *pl.* F *Am.* tissus m/pl.; articles m/pl. de nouveauté; **2.** *Am.* F prohibitionniste m; **3.** v/t/i. sécher; v/t. faire sécher; essuyer (*les yeux*); v/i. (*a.* ~ up) tarir, se dessécher; F ~ up! taisez-vous!

dry·ad ['draiəd] dryade f.

dry-clean ['drai'kli:n] nettoyer à sec; '**dry-'clean·ing** nettoyage m à sec.

dry...: '~-**nurse 1.** nourrice f sèche; **2.** élever au biberon; '~-**rot** carie f sèche; *fig.* désintégration f; '~-**shod** à pied sec.

du·al □ ['dju:əl] **1.** double; jumelé (*pneus*); **2.** *gramm.* duel m; '**du·al·ism** dualité f; *phls.* dualisme m.

dub [dʌb] adouber (q.) chevalier; donner l'accolade à; F qualifier (q.) de (qch.); préparer (*le cuir*) avec le dégras; *cin.* doubler; **dub·bing** ['~iŋ] *hist.* adoubement m; (*a.* **dub·bin** ['~in]) dégras m.

du·bi·ous □ ['dju:bjəs] douteux (-euse f); incertain (de of, about, over); '**du·bi·ous·ness** incertitude f.

du·cal ['dju:kl] de duc; ducal (-aux m/pl.).

duc·at ['dʌkət] ducat m.

duch·ess ['dʌtʃis] duchesse f.

duch·y ['dʌtʃi] duché m.

duck[1] [dʌk] canard m; cane f; *Am. sl.* type m, individu m; *cricket:* zéro m; ⚔ camion m amphibie.

duck[2] [~] **1.** plongeon m; courbette f; *box.* esquive f; **2.** plonger dans l'eau; faire (faire) une courbette; v/t. *Am.* éviter; v/i. F partir, quitter.

duck[3] [~] *Am.* (mon) petit chou m; poulet(te f) m; chat(te f) m.

duck[4] [~] toile f fine (*pour voiles*).

duck·ling ['dʌkliŋ] caneton m.

duck·y F ['dʌki] **1.** *see* duck[3]; **2.** mignon(ne f); chic *inv.* en genre.

duct [dʌkt] conduit m; ♀, anat. canal m.
duc·tile □ ['dʌktail] malléable; fig. a. docile; **duc·til·i·ty** [~'tiliti] malléabilité f; fig. souplesse f.
dud sl. [dʌd] 1. ⚔ obus m non éclaté; type m nul; raté m; chèque m sans provision; fausse monnaie f; crétin m; ~s pl. frusques f/pl.; 2. faux (fausse f); sl. moche.
dude Am. [dju:d] gommeux m; Am. ~ ranch ranch m d'opérette.
dudg·eon ['dʌdʒn] colère f.
due [dju:] 1. échu; exigible; mérité; in ~ time en temps utile; the train is ~ at le train arrive ou doit arriver à; in ~ course en temps et lieu; be ~ to être dû (due f) à, être causé par; be ~ to (inf.) devoir (inf.); Am. être sur le point de (inf.); ✝ fall ~ échoir, venir à échéance; ~ date échéance f; 2. adv. ⚓ droit; ~ east est franc, droit vers l'est; 3. dû m; droit m; usu. ~s pl. droits m/pl.; frais m/pl.; cotisation f.
du·el ['dju:əl] 1. duel m; 2. se battre en duel; **du·el·list** ['dju:el] duo m.
du·et(t) ['dju:et] duo m.
duff·er F ['dʌfə] cancre m; sp. maladroit(e f) m.
dug [dʌg] 1. prét. et p.p. de dig 1; 2. mamelle f; '~-out ⚔ abri m (blindé); canot: pirogue f; Am. baseball: (sorte de) fosse f où se tiennent les joueurs en attendant leur tour. [duché m; titre m de duc.]
duke [dju:k] duc m; '**duke·dom**]
dull [dʌl] 1. □ terne (a. style), mat (couleur); sans éclat (œil); atone (regard); dur (oreille); peu sensible (ouïe); sourd (bruit, douleur); lourd (esprit, temps); sombre (temps); émoussé (ciseau); ✝ inactif (-ive f) (marché); triste, ennuyeux (-euse f); ⚓ calme; 2. v/t. émousser; assourdir; ternir; amortir (une douleur); engourdir (l'esprit); hébéter (q.); v/i. se ternir; s'engourdir; **dull·ard** ['~əd] lourdaud(e f) m; '**dull·ness** manque m d'éclat ou de tranchant; lenteur f de l'esprit; dureté f (d'oreille); tristesse f, ennui m; bruit m sourd; ✝ marasme m, inactivité f.
du·ly ['dju:li] see due 1; dûment; convenablement; en temps voulu.
dumb □ [dʌm] muet(te f); interdit; Am. F sot(te f); bête; deaf and ~ sourd(e f)-muet(te f); see show 2; strike ~ rendre muet; ~-waiter meuble: servante f; Am. monte-plats m/inv.; '~-**bell** haltère m; Am. sl. imbécile m f; ~'**found** F interdire; abasourdir; '**dumb·ness** mutisme m; silence m.
dum·my ['dʌmi] chose f factice; mannequin m; fig. muet(te f) m; fig. homme m de paille; fig. sot(te f) m; cartes: mort m; sucette f (de bébé); attr. faux (fausse f) factice; ~ whist whist m avec un mort.
dump [dʌmp] 1. déposer (a. fig.); jeter (des ordures); décharger, vider; ✝ écouler à perte, faire du dumping; fig. laisser lourdement; 2. coup m sourd; tas m; ⚔ etc.: halde f; chantier m; décharge f; dépôt m (de vivres, a. ⚔ de munitions); (a. refuse ~) voirie f; see ~ing; fig. ~s pl. cafard m; '**dump·ing** basculage m; dépôt m; ✝ dumping m, '**dump·ing-ground** (lieu m de) décharge f; dépotoir m (a. fig.); '**dump·ling** boulette f; '**dump·y** trapu, replet (-ète f).
dun[1] [dʌn] 1. brun foncé; 2. (cheval m) gris louvet m.
dun[2] [~] 1. demande f pressante; créancier m importun; 2. importuner, harceler (un débiteur); ~ning letter demande f pressante.
dunce [dʌns], **dun·der·head** ['dʌndəhed] F crétin(e f) m; lourdaud(e) [(f) m.]
dune [dju:n] dune f.
dung [dʌŋ] 1. fiente f; ✿ engrais m; 2. fumer (un champ).
dun·geon ['dʌndʒn] cachot m.
dung·hill ['dʌŋhil] fumier m.
dunk Am. F [dʌŋk] v/t. tremper (dans son café etc.); v/i. faire la trempette.
du·o ['dju:ou] duo m.
du·o·dec·i·mal [dju:ou'desiml] duodécimal (-aux m/pl.); **du·o'dec·i·mo** [~mou] typ. in-douze m/inv.
dupe [dju:p] 1. dupe f; 2. duper, tromper; '**dup·er·y** duperie f.
du·plex ⊕ ['dju:pleks] double; tél. duplex; Am. maison f comprenant deux appartements indépendants.
du·pli·cate ['dju:plikit] 1. double; en double; 2. double m; cin., phot. contretype m; 3. ['~keit] reproduire; copier; **du·pli·ca·tion** [~'keiʃn] reproduction f; dédoublement m; '**du·pli·ca·tor** duplicateur m; **du·plic·i·ty** [dju:'plisiti] duplicité f; mauvaise foi f.

durability

du·ra·bil·i·ty [djuərə'biliti] durabilité *f*; stabilité *f*; ⊕ résistance *f*; **'du·ra·ble** ☐ durable; résistant; **'dur·ance** *poét.* captivité *f*; **du·ra·tion** [˷'reiʃn] durée *f*.

du·ress(e) ₮₮ [dju'res] contrainte *f*, violence *f*; captivité *f*.

dur·ing ['djuəriŋ] *prp.* pendant.

durst [də:st] *prét. de* dare.

dusk [dʌsk] demi-jour *m/inv.*; crépuscule *m*; (*a.* **'dusk·i·ness**) obscurité *f*; **'dusk·y** ☐ obscur, sombre; noirâtre; brun foncé (*teint*); moricaud.

dust [dʌst] 1. poussière *f*; 2. épousseter (*la table, une pièce*); saupoudrer (de, with); '˷·bin boîte *f* à ordures; poubelle *f*; '˷·bowl *Am.* étendue *f* désertique et inculte (*États de la Prairie*); '˷·cart tombereau *m* aux ordures; '˷·cloak, '˷·coat cache-poussière *m/inv.*; '**dust·er** torchon *m*; chiffon *m*; ⚓ F pavillon *m*; *Am.* cache-poussière *m/inv.*; '**dust·i·ness** état *m* poudreux *ou* poussiéreux; '**dust·ing** *sl.* raclée *f*, frottée *f*; '**dust·jack·et** *Am. livre*: jaquette *f*; '**dust·man** boueur *m*; F marchand *m* de sable; '**dust·pan** pelle *f* à ordures *ou* à poussière; '**dust·up** F querelle *f*; scène *f*; '**dust·y** ☐ poussiéreux (-euse *f*), poudreux (-euse *f*).

Dutch [dʌtʃ] 1. hollandais, de Hollande ˷ *courage* courage *m* puisé dans la bouteille; *Am.* F ˷ *treat* repas *m* où chacun paie sa part; 2. *ling.* hollandais *m*; the ˷ *pl.* les Hollandais *m/pl.*; *double* ˷ baragouin *m*; F hébreu *m*; '**Dutch·man** Hollandais *m*; '**Dutch·wom·an** Hollandaise *f*.

du·ti·a·ble ['dju:tjəbl] taxable; F déclarable; **du·ti·ful** ☐ ['˷tiful] respectueux (-euse *f*); soumis; obéissant; '**du·ti·ful·ness** soumission *f*, obéissance *f*.

du·ty ['dju:ti] devoir *m* (envers, to); respect *m*; obéissance *f*; fonction *f*, -s *f/pl.*; douane etc.: droit *m*, -s *m/pl.*; service *m*; on ˷ de service; off ˷ libre; ˷ *call* visite *f* obligée *ou* de politesse; *in* ˷ *bound* de (*mon*) devoir; *do* ˷ *for* remplacer; *fig.* servir de; '˷·**free** exempt de droits.

dwarf [dwɔ:f] 1. nain(e *f*) *m*; 2. rabougrir; *fig.* rapetisser; '**dwarf·ish** ☐ (de) nain; chétif (-ive *f*); '**dwarf·ish·ness** nanisme *m*; petite taille *f*.

dwell [dwel] [*irr.*] habiter; demeurer (dans, à); se fixer; ˷ (*up*)*on* s'étendre sur, insister sur; '**dwell·ing** demeure *f*; '**dwell·ing-house** maison *f* d'habitation.

dwelt [dwelt] *prét. et p.p de* dwell.

dwin·dle ['dwindl] diminuer; dépérir; se réduire (à, [in]to); '**dwin·dling** diminution *f*.

dye [dai] 1. teint(ure *f*) *m*; *fig. of deepest* ˷ fieffé; endurci; 2. teindre; '**dy·er** teinturier *m*; '**dye-stuff** matière *f* colorante; '**dye-works** *usu. sg.* teinturerie *f*.

dy·ing [daiiŋ] (*see die*¹) 1. mourant, moribond; 2. mort *f*.

dy·nam·ic [dai'næmik] 1. (*a.* **dy·'nam·i·cal** ☐) dynamique; 2. force *f* dynamique; **dy'nam·ics** *usu. sg.* dynamique *f*; **dy·na·mite** ['dainəmait] 1. dynamite *f*; 2. faire sauter à la dynamite; '**dy·na·mit·er** dynamiteur *m*; **dy·na·mo** ['dainəmou] dynamo *f*.

dy·nas·tic [di'næstik] (˷*ally*) dynastique; **dy·nas·ty** ['dinəsti] dynastie *f*.

dyne *phys.* [dain] dyne *f*.

dys·en·ter·y ⚕ ['disntri] dysenterie *f*.

dys·pep·sia ⚕ [dis'pepsiə] dyspepsie *f*; **dys'pep·tic** (˷*ally*) dyspepsique, dyspeptique (*a. su./mf*).

E

E, e [i:] E *m*, e *m*.

each [i:tʃ] *adj.* chaque; *pron.* chacun (-e *f*); ~ other l'un(e) l'autre, les un(e)s les autres; *devant verbe:* se; they cost a shilling ~ ils coûtent un shilling chacun.

ea·ger □ ['i:gə] passionné; avide (de after, for); *fig.* vif (vive *f*); acharné; **'ea·ger·ness** ardeur *f*; vif désir *m*; empressement *m*.

ea·gle ['i:gl] aigle *mf*; pièce *f* de 10 dollars; **ea·glet** ['i:glit] aiglon *m*.

ea·gre ['eigə] mascaret *m*.

ear[1] [iə] *blé:* épi *m*.

ear[2] [~] oreille *f*; *sens:* ouïe *f*; ⊕ anse *f*; be all ~s être tout oreilles; *surt. Am.* keep an ~ to the ground se tenir aux écoutes; **~-ache** ['iəreik] mal *m* ou maux *m/pl.* d'oreille; **~-deaf·en·ing** ['~defniŋ] assourdissant; **'~-drum** *anat.* tympan *m*.

earl [ə:l] comte *m* (d'*Angleterre*); ♀ Marshal grand maréchal *m*; **earl·dom** ['~dəm] comté *m*.

ear·li·ness ['ə:linis] heure *f* peu avancée; précocité *f*.

ear·ly ['ə:li] 1. *adj.* matinal (-aux *m/pl.*); premier (-ère *f*); précoce; ~ life jeunesse *f*; 2. *adv.* de bonne heure; tôt; as ~ as dès; pas plus tard que.

ear-mark ['iəma:k] 1. *bétail:* marque *f* à l'oreille; *fig.* marque *f* distinctive; 2. marquer (*les bestiaux*) à l'oreille; *fig.* faire une marque distinctive à; affecter (*qch. à une entreprise*); réserver (*une somme*).

earn [ə:n] gagner; acquérir (de, for); **~ed** income revenu *m* du travail.

ear·nest[1] ['ə:nist] (a. **~-money**) arrhes *f/pl.*; garantie *f*, gage *m*.

ear·nest[2] [~] 1. sérieux (-euse *f*); sincère; délibéré; 2. sérieux *m*; be in ~ être sérieux; **'ear·nest·ness** (caractère *m*) sérieux *m*; ardeur *f*.

earn·ings ['ə:niŋz] *pl.* gages *m/pl.*, salaire *m*; gain *m*; profits *m/pl.*

ear...: '~-phones *pl. radio:* casques *m/pl.* (d'écoute); **'~-pick** cure-oreille *m*; **'~-piece** *téléph.* écouteur *m*; **'~-pierc·ing** qui vous perce les oreilles; **'~-ring** boucle *f* d'oreille; **'~-shot** portée *f* de la voix; within ~ à portée de voix; **'~-split·ting** as-sourdissant, à vous fendre les oreilles.

earth [ə:θ] 1. terre *f* (a. ⚡); sol *m*; monde *m*; *renard etc.:* terrier *m*; *radio:* (a. **earth-connection**) contact *m* à la terre; 2. *v/t.* ⚡ relier à la terre *ou* mot. à la masse; ⚯ ~ up butter, terrer; *v/i.* se terrer; **'earth·en** de *ou* en terre; **'earth·en·ware** poterie *f*; **'earth·i·ness** nature *f* terreuse; **'earth·ing** ⚡ mise *f* à la terre (*mot.* à la masse); **'earth·li·ness** nature *f* terrestre; mondanité *f*; **'earth·ly** terrestre; F imaginable; no ~ pas le *ou* la moindre; **'earth·quake** tremblement *m* de terre; **'earth·worm** lombric *m*; *fig.* piètre personnage *m*; **'earth·y** terreux (-euse *f*); de terre; *fig.* grossier (-ère *f*); terre à terre *inv.*

ear...: **'~-trum·pet** cornet *m* acoustique; **'~-wax** cérumen *m*.

ease [i:z] 1. repos *m*, bien-être *m*, aise *f*; tranquillité *f* (d'*esprit*); soulagement *m*; loisir *m*; oisiveté *f*; *manières:* aisance *f*; facilité *f*; simplicité *f*; at ~ tranquille; à son *etc.* aise; ill at ~ mal à l'aise; ✕ stand at ~! repos!; take one's ~ prendre ses aises; with ~ facilement; live at ~ vivre à l'aise; 2. adoucir, soulager (*la douleur*); calmer; ⚓ larguer (*une amarre*), mollir (*une barre*); débarrasser (de, of); it ~d the situation la situation se détendit; ~ nature faire ses besoins; **ease·ful** □ ['~ful] tranquille; calmant; doux (douce *f*).

ea·sel ['i:zl] chevalet *m*.

ease·ment ₺ ['i:zmənt] *charges:* servitude *f*.

eas·i·ness ['i:zinis] commodité *f*, bien-être *m*; aisance *f*; facilité *f*; douceur *f*; complaisance *f*; ~ of belief facilité *f* à croire.

east [i:st] 1. *su.* est *m*, orient *m*; the ♀ *Am.* les États *m/pl.* de l'Est (*des É.-U.*); 2. *adj.* d'est, de l'est; oriental (-aux *m/pl.*); 3. *adv.* à *ou* vers l'est.

East·er ['i:stə] Pâques *m/pl.*; *attr.* de Pâques; ~ **egg** œuf *m* de Pâques.

east·er·ly ['i:stəli] de *ou* à l'est; **east·ern** ['~tən] de l'est; oriental (-aux *m/pl.*); **'east·ern·er** oriental(e *f*) *m*; habitant(e *f*) *m* de l'est; **east-**

easternmost 758

ern·most ['iːstənmoust] *le* plus à l'est.
east·ing ⚓ ['iːstiŋ] chemin *m* est; route *f* vers l'est.
east·ward ['iːstwəd] 1. *adj.* à *ou* de l'est; 2. *adv. a.* **east·wards** ['~dz] vers l'est.
eas·y □ ['iːzi] 1. à l'aise; tranquille; aisé (*air, style, tâche*); libre; facile (*personne, style, tâche*); doux (douce *f*); ample (*vêtement*); ✝ calme; *in ~ circumstances* dans l'aisance; *Am. on ~ street* très à l'aise, F bien renté; ✝ *on ~ terms* avec facilités de paiement; *make o.s. ~* se rassurer (sur, *about*); *take it ~* F se la couler douce; *take it ~!* doucement!; ✕ *Brit. stand ~* repos!; 2. halte *f*; ~ **chair** fauteuil *m*; bergère *f*; '~**-go·ing** *fig.* accommodant; insouciant; d'humeur facile.
eat [iːt] 1. [*irr.*] *v/t.* manger; déjeuner, dîner, souper; prendre (*un plat*); ~ *up* manger jusqu'à la dernière miette; consumer; dévorer (*a. fig.*); *v/i.* manger; déjeuner *etc.*; 2. *Am. sl.* ~*s pl.* manger *m*; mangeaille *f*; **'eat·a·ble 1.** mangeable; 2. ~*s pl.* comestibles *m/pl.*; **'eat·en** *p.p. de eat 1*; **'eat·er** mangeur (-euse *f*) *m*; *be a great* (*poor*) ~ être gros(petit) mangeur; **'eat·ing** manger *m*; **'eat·ing-house** restaurant *m*.
eaves [iːvz] *pl.* avance *f*; gouttières *f/pl.*; '~**drop** écouter à la porte; être aux écoutes; '~**drop·per** écouteur (-euse *f*) *m* aux portes.
ebb [eb] 1. (*a. ~-tide*) reflux *m*; *fig.* déclin *m*; *at a low ~* très bas; 2. baisser (*a. fig.*); refluer; *fig.* décroître; être sur le déclin.
eb·on·ite ['ebənait] ébonite *f*; **'eb·on·y** (bois *m* d')ébène *f*.
e·bri·e·ty [iːˈbraiəti] ivresse *f*.
e·bul·li·ent [iˈbʌljənt] bouillonnant; *fig.* débordant (de, *with*); **eb·ul·li·tion** [ebəˈliʃn] ébullition *f*; *surt. fig.* débordement *m*; insurrection *f*.
ec·cen·tric [ikˈsentrik] 1. (*a.* **ec·cen·tri·cal** □) excentrique (*a. fig.*); *fig.* original (-aux *m/pl.*); 2. ⊕ excentrique *m*; original(e *f*) *m*; **ec·cen·tric·i·ty** [eksenˈtrisiti] excentricité *f*.
ec·cle·si·as·tic [ikliːziˈæstik] 1. †, *usu.* **ec·cle·si·as·ti·cal** □ ecclésiastique; 2. ecclésiastique *m*.

ech·e·lon ✕ ['eʃələn] 1. échelon *m*; 2. échelonner.
e·chi·nus *zo.* [eˈkainəs] oursin *m*.
ech·o ['ekou] 1. écho *m*; 2. *v/t.* répéter; *fig.* se faire l'écho de; *v/i.* faire écho; retentir; ~**sound·er** ['~saundə] sondeur *m* acoustique.
é·clat ['eiklaː] éclat *m*, gloire *f*.
ec·lec·tic [ekˈlektik] éclectique (*a. su./mf*); **ecˈlec·ti·cism** [~tisizm] éclectisme *m*.
e·clipse [iˈklips] 1. éclipse *f* (*a. fig.*); *fig.* ombre *f*; *in ~* éclipsé (*orn.* dans son plumage d'hiver); 2. *v/t.* éclipser; *v/i.* être éclipsé; **eˈclip·tic** *astr.* écliptique (*a. su./f*).
ec·logue ['eklɔg] églogue *f*.
e·co·nom·ic, **e·co·nom·i·cal** □ [iːkəˈnɔmik(l)] économique; économe (*personne*); **e·coˈnom·ics** *sg.* économie *f* politique; **eˈcon·o·mist** [iˈkɔnəmist] économiste *m*; personne *f* économe (de, *of*); **eˈcon·o·mize** économiser (qch. *in, on*, sth.); **eˈcon·o·my** économie *f*; *economies pl.* économies *f/pl.*; épargnes *f/pl.*; *political ~* économie *f* politique.
ec·sta·size ['ekstəsaiz] *v/t.* ravir; *v/i.* s'extasier (devant, *over*); **'ec·sta·sy** transport *m*; extase *f* (*religieuse etc.*); *go into ecstasies* s'extasier (devant, *over*); **ec·stat·ic** [eksˈtætik] (~*ally*) extatique.
ec·ze·ma ⚕ ['eksimə] eczéma *m*.
e·da·cious [iˈdeiʃəs] vorace.
ed·dy ['edi] 1. remous *m*; tourbillon *m*; 2. faire des remous; tourbillonner.
e·den·tate *zo.* [iːˈdenteit] édenté (*a. su./m*).
edge [edʒ] 1. tranchant *m*; angle *m*; crête *f*; *livre, shilling*: tranche *f*; *forêt*: lisière *f*, orée *f*; *étoffe, table, lac, etc.*: bord *m*; *be on ~* être nerveux (-euse *f*); *surt. Am.* F *have the ~ on* être avantagé par rapport à; *put an ~ on* aiguiser; *lay on ~* mettre de champ; *set s.o.'s teeth on ~* faire grincer les dents à q.; *stand on ~* mettre de champ; 2. *v/t.* aiguiser; border; *v/i.* (se) faufiler; ~ *in* (se) glisser dans; ~ *forward* avancer tout doucement; ~ *off v/t.* amincir; *v/i. fig.* s'écarter tout doucement; **edged** [edʒd] tranchant, acéré; à ... tranchant(s).
edge ...: '~**·less** dépourvu de bords;

émoussé; '~-**tool** outil *m* tranchant; '~-**ways,** '~-**wise** de côté; de *ou* sur champ.
edg·ing ['edʒiŋ] bordure *f; robe:* liséré *m,* ganse *f.*
edg·y ['edʒi] anguleux (-euse *f*); F énervé, agacé.
ed·i·ble ['edibl] **1.** bon(ne *f*) à manger; **2.** ~s *pl.* comestibles *m/pl.*
e·dict ['iːdikt] édit *m.*
ed·i·fi·ca·tion [edifi'keiʃn] édification *f;* **ed·i·fice** ['~fis] édifice *m;* **ed·i·fy** ['~fai] édifier; **'ed·i·fy·ing** □ édifiant.
ed·it ['edit] éditer (*un livre*); diriger (*un journal, une série*); **e·di·tion** [i'diʃn] édition *f; fig.* double *m;* **ed·i·tor** ['editə] éditeur *m;* directeur *m;* rédacteur *m* en chef; **ed·i·to·ri·al** [~'tɔːriəl] **1.** éditorial (-aux *m/pl.*) (*a. su./m.*); **2.** article *m* de fond; **ed·i·tor·ship** ['~təʃip] direction *f;* travail *m* d'éditeur.
ed·u·cate ['edjukeit] instruire; pourvoir à l'instruction de; former; éduquer (*un animal*); **ed·u'ca·tion** éducation *f;* enseignement *m;* instruction *f; elementary* ~ enseignement *m* primaire; *secondary* ~ enseignement *m* secondaire; *Ministry of* ~ Ministère *m* de l'Éducation nationale; **ed·u'ca·tion·al** □ d'enseignement; pédagogique; ~ *film* film *m* éducatif; **ed·u·ca·tion(·al)·ist** [~'keiʃ(ə)list] pédagogue *mf;* spécialiste *mf* de pédagogie; **ed·u·ca·tive** ['~kətiv] *voir educational;* **ed·u·ca·tor** ['~keitə] éducateur (-trice *f*) *m.*
e·duce [i'djuːs] dégager (*a.* 🧪); déduire; évoquer.
e·duc·tion [i'dʌkʃn] extraction *f;* déduction *f;* ⊕ échappement *m.*
eel [iːl] anguille *f.*
e'en [iːn] *see even*[1] 2.
e'er [ɛə] *see ever.*
ee·rie, ee·ry ['iəri] mystérieux (-euse *f*); étrange; qui donne le frisson.
ef·face [i'feis] effacer (*a. fig.*); *fig.* éclipser; **ef'face·a·ble** effaçable; **ef'face·ment** effacement *m.*
ef·fect [i'fekt] **1.** effet *m;* action *f* (*a.* ⊕); conséquence *f;* vigueur *f* (⚖ *d'une loi*); réalisation *f;* sens *m,* teneur *f;* ~s *pl.* effets *m/pl.* (*théâ., a. d'un mort*); ✝ provision *f;* bring to ~ exécuter; take ~, be of ~ produire un effet; entrer en vigueur; *deprive of* ~ rendre ineffectif (-ive *f*); *of no* ~ sans effet, inefficace; *in* ~ en effet; en réalité; *to the* ~ portant (*que, that*); *to this* ~ dans ce sens; **2.** réaliser, effectuer; *be* ~*ed* s'opérer, intervenir; **ef'fec·tive 1.** □ efficace; utile; effectif (-ive *f*) (*a.* ⊕); ⚖ en vigueur; *fig.* frappant; ✗, ⚓ valide; ⊕ ~ *capacity* rendement *m;* ~ *date* date *f* d'entrée en vigueur; ~ *range* portée *f* utile; **2.** ✗ *usu.* ~s *pl.* effectifs *m/pl.;* **ef'fec·tu·al** [~juəl] □ efficace; valide; en vigueur; **ef'fec·tu·ate** [~jueit] effectuer; réaliser.
ef·fem·i·na·cy [i'feminəsi] caractère *m* efféminé; **ef'fem·i·nate** [~nit] □ efféminé.
ef·fer·vesce [efə'ves] entrer en effervescence, mousser; **ef·fer'ves·cence** effervescence *f;* **ef·fer'ves·cent** effervescent; ~ *drink* boisson *f* gazeuse.
ef·fete [e'fiːt] caduc (-uque *f*); épuisé.
ef·fi·ca·cious □ [efi'keiʃəs] efficace; **ef·fi·ca·cy** ['~kəsi] efficacité *f.*
ef·fi·cien·cy [e'fiʃnsi] efficacité *f;* capacité *f;* valeur *f;* ⊕ rendement *m;* bon fonctionnement *m; Am.* ~ *expert* expert *m* de l'organisation rationnelle (*de l'industrie*); **ef'fi·cient** [~ʃnt] □ efficace; effectif (-ive *f*); à bon rendement.
ef·fi·gy ['efidʒi] effigie *f.*
ef·flo·resce [eflɔː'res] ⚘ fleurir (*a. fig.*); 🧪 (s')effleurir; **ef·flo'res·cence** efflorescence *f* (*a.* 🧪); fleuraison *f;* **ef·flo'res·cent** efflorescent; ⚘ en fleur.
ef·flu·ence ['efluəns] émanation *f,* effluence *f;* **'ef·flu·ent 1.** effluent (*a. su./m.*); **2.** cours *m* d'eau dérivé; **ef·flu·vi·um** [e'fluːvjəm], *pl.* -**vi·a** [~vjə] effluve *m;* exhalaison *f;* **ef·flux** ['eflʌks] flux *m,* écoulement *m.*
ef·fort ['efət] effort *m* (*pour inf., at gér.*); *fig.* œuvre *f;* **'ef·fort·less** □ sans effort; facile.
ef·fron·ter·y [e'frʌntəri] effronterie *f; fig.* toupet *m.*
ef·ful·gence [e'fʌldʒns] splendeur *f;* éclat *m;* **ef'ful·gent** □ resplendissant.
ef·fuse [e'fjuːz] (se) répandre; **ef·fu·sion** [i'fjuːʒn] effusion *f,* épanchement *m* (*a. fig.*); **ef'fu·sive** □

effusiveness   760

[~siv] expansif (-ive *f*); **ef'fu·sive·ness** effusion *f*; volubilité *f*.
eft [eft] *see* newt.
egg¹ [eg] (*usu.* ~ *on*) pousser, inciter.
egg² [~] œuf *m*; *buttered* (*ou scrambled*) ~*s pl.* œufs *m/pl.* brouillés; *boiled* ~*s pl.* œufs *m/pl.* à la coque; *fried* ~*s pl.* œufs *m/pl.* sur le plat; *sl. bad* ~ vaurien *m*, bon *m* à rien; *as sure as* ~*s* aussi sûr que deux et deux font quatre; '~**-cup** coquetier *m*; '~**-flip,** '~**-nog** flip *m*; '~**-head** *Am. sl.* intellectuel *m*.
eg·lan·tine ♀ ['eglǝntain] églantine *f*; *buisson:* églantier *m*.
e·go ['egou] *le* moi; '**e·go·ism** égotisme *m*; culte *m* du moi; *phls.* égoïsme *m*; '**e·go·ist** égotiste *mf*; égoïste *mf*; **e·go·is·tic, e·go·is·ti·cal** □ égotiste; *fig.* vaniteux (-euse *f*); **e·go·tism** ['egoutizm] égotisme *m*; '**e·go·tist** égotiste *mf*; **e·go·'tis·tic, e·go·tis·ti·cal** □ égotiste.
e·gre·gious *iro.* □ [i'gri:dʒǝs] insigne; fameux (-euse *f*).
e·gress ['i:gres] sortie *f*, issue *f*; ⊕ échappement *m*.
e·gret ['i:gret] *orn.* aigrette *f* (*a.* ♀); héron *m* argenté.
E·gyp·tian [i'dʒipʃn] 1. égyptien(ne *f*); 2. Égyptien(ne *f*) *m*.
eh [ei] eh!; hé!; hein?
ei·der ['aidǝ] (*a.* ~**-duck**) eider *m*; '~**-down** duvet *m* d'eider; (*a.* ~ *quilt*) édredon *m* piqué.
eight [eit] 1. huit; 2. huit *m*; ⚓ équipe *f* de huit rameurs; huit *m* de pointe; *Am. fig. behind the* ~ *ball* dans une position précaire; **eight·een** ['ei'ti:n] dix-huit; **'eight·'eenth** [~θ] dix-huitième; **'eight·fold** octuple; *adv.* huit fois autant; **eighth** [eitθ] huitième (*a. su./m*); **'eighth·ly** en huitième lieu; **eight-hour day** ['~'auǝdei] journée *f* de huit heures; **eight·i·eth** ['~iiθ] quatre-vingtième; **'eight·y** quatre-vingt(s); ~**-two** quatre-vingt-deux; ~*first* quatre-vingt-unième.
ei·ther ['aiðǝ, 'i:ðǝ] 1. *adj.* chaque; l'un(e *f*) et l'autre; l'un(e *f*) ou l'autre de; 2. *pron.* chacun(e *f*); l'un(e) *et ou* ou l'autre; 3. *cj.* ~ ... *or* ... ou ... ou ...; soit ... soit ...; *not* (...) ~ ne ... non plus.
e·jac·u·late [i'dʒækjuleit] éjaculer; lancer; proférer; **e·jac·u·la·tion** ⚕, *eccl.* éjaculation *f*; exclamation *f*.

e·ject [i'dʒekt] émettre; expulser (*un agitateur, un locataire*); **e'jec·tion** *flammes:* jet *m*; expulsion *f*; éviction *f*; **e'ject·ment** ⚖ réintégrande *f*; expulsion *f*; **e'jec·tor** ⊕ éjecteur *m*.
eke [i:k]: ~ *out* suppléer à l'insuffisance de (en y ajoutant, *with*); allonger (*un liquide*); faire du remplissage (avec, *with*); ~ *out a miserable existence* gagner une maigre pitance.
el *Am.* F [el] *abr. de* elevated 2.
e·lab·o·rate 1. [i'læbǝrit] □ compliqué; travaillé (*style*); recherché; soigné; 2. [~reit] élaborer (*a. physiol.*) (en, *into*); travailler (*son style*); **e·lab·o·rate·ness** [~ritnis] soin *m*, minutie *f*; **e·lab·o·ra·tion** [~'reiʃn] élaboration *f*.
e·lapse [i'læps] (se) passer; s'écouler.
e·las·tic [i'læstik] 1. (~*ally*) élastique (*a. fig.*); flexible; *he is* ~ il a du ressort; 2. élastique *m*; **e·las·tic·i·ty** [~'tisiti] élasticité *f*; souplesse *f*; *fig.* ressort *m*.
e·late [i'leit] 1. □ élevé (*usu.* ~*ed*) transporté (de, *with*); 2. exalter, transporter; **e'la·tion** exaltation *f*; gaieté *f*.
el·bow ['elbou] 1. coude *m* (*a.* ⊕); *route:* tournant *m*; ⊕ genou *m*, jarret *m*; *at one's* ~ tout à côté; tout près; *out at* ~*s* troué aux coudes; tout *fig.* déguenillé; 2. coudoyer; pousser du coude; ~ *one's way through* se frayer un passage à travers; ~ *out* évincer (de, *of*); '~**-'chair** fauteuil *m*; '~**-grease** F huile *f* de bras (= *travail, énergie*); '~**-room:** *have* ~ avoir du champ.
eld·er¹ ['eldǝ] 1. plus âgé, aîné; *cartes:* ~ *hand* premier *m* en main; 2. plus âgé(e *f*) *m*; aîné(e *f*) *m*; *eccl.* ancien *m*; *my* ~*s pl.* mes aînés *m/pl.*
el·der² ♀ [~] sureau *m*.
el·der·ly ['eldǝli] assez âgé.
eld·est ['eldist] aîné.
e·lect [i'lekt] 1. élu (*a. eccl.*); futur; *bride* ~ la future *f*; 2. élire; *eccl.* mettre parmi les élus; choisir (de *inf.*, *to inf.*); **e'lec·tion** élection *f*; **e·lec·tion·eer** [~ʃǝ'niǝ] solliciter des voix; **e·lec·tion·'eer·ing** propagande *f* électorale; **e'lec·tive** 1. □ électif (-ive *f*); électoral (-aux *m/pl.*); *Am. univ. etc.* facultatif

(-ive *f*); **2.** *Am.* cours *m ou* sujet *m* facultatif; **e'lec·tive·ly** par choix; **e'lec·tor** électeur *m*; *Am.* membre *m* du Collège électoral; **e'lec·tor·al** électoral (-aux *m/pl.*); ~ *address* profession *f* de foi; ~ *roll* liste *f* électorale; **e'lec·tor·ate** [~rit] corps *m* électoral; votants *m/pl.*; **e'lec·tress** électrice *f*.

e·lec·tric [i'lektrik] électrique; *fig.* électrisant; ⚡ ~ arc arc *m* voltaïque; ~ *blue* bleu électrique; ~ *circuit* circuit *m*; **e'lec·tri·cal** ☐ électrique; ~ *engineer* ingénieur *m* électricien; ~ *engineering* technique *f* électrique; **e·lec·tri·cian** [~'trifn] (monteur-)électricien *m*; **e·lec·tric·i·ty** [~siti] électricité *f*; ~ *works* centrale *f* électrique; **e·lec·tri·fi·ca·tion** [~fi'keifn] électrisation *f*; 🚆 électrification *f*; **e'lec·tri·fy** [~fai], **e'lec·trize** électriser (*a. fig.*); 🚆 électrifier.

electro... [ilektrou] électro-; **e'lec·tro·cute** [~trəkju:t] électrocuter; **e·lec·tro'cu·tion** électrocution *f*; **e'lec·trode** [~troud] électrode *f*; **e'lec·tro·dy'nam·ics** *usu. sg.* électrodynamique *f*; **e·lec·tro·lier** [~'liə] lustre *m* électrique; **e'lec·tro·lyse** [~trolaiz] électrolyser; **e·lec'trol·y·sis** [~'trolisis] électrolyse *f*; **e'lec·tro'mag·net** électro-aimant *m*; **e·lec·tro'met·al·lur·gy** électrométallurgie *f*; **e'lec·tro'mo·tor** électromoteur *m*.

e·lec·tron [i'lektrɔn] électron *m*; *attr.* à électrons, électronique; ~ *ray tube* oscillographe *m* cathodique; **e·lec'tron·ic 1.** électronique; **2.** ~*s sg.* électronique *f*.

e·lec·tro·plate [i'lektroupleit] **1.** plaquer; argenter; **2.** articles *m/pl.* argentés *ou* plaqués; **e·lec·tro·type** [i'lektrotaip] électrotype *m*; (cliché *m*) galvano *m*.

e·lec·tu·ar·y ✠ [i'lektjuəri] électuaire *m*.

el·e·gance ['eligəns] élégance *f*; **'el·e·gant** ☐ élégant; *Am.* excellent.

el·e·gi·ac [eli'dʒaiək] élégiaque.

el·e·gy ['elidʒi] élégie *f*.

el·e·ment ['elimənt] élément *m* (*a.* ⚡, *eccl.*, *temps*, *fig.*); partie *f*; 🌦 corps *m* simple; ~*s pl.* rudiments *m/pl.*, éléments *m/pl.*; **el·e·men·tal** [~'mentl] ☐ élémentaire; des éléments; *fig.* premier (-ère *f*); **el·e·'men·ta·ry** [~təri] ☐ élémentaire; simple; ~ *school* école *f* primaire.

el·e·phant ['elifənt] éléphant *m* (*mâle*, *femelle*); *white* ~ objet *m* inutile qui occupe trop de place; **el·e·phan·tine** [~'fæntain] éléphantin; éléphantesque; *fig.* lourd.

el·e·vate ['eliveit] élever; lever; relever; **'el·e·vat·ed 1.** élevé, haut; F un peu ivre; **2.** (*a.* ~ *railroad ou train*) *Am.* F chemin *m* de fer aérien; **el·e·'va·tion** élévation *f* (*a.* ⊕, △, *astr.*, *eccl.*, *colline*); altitude *f*, hauteur *f*; *fig.* noblesse *f*; **'el·e·va·tor** ⊕ élévateur *m*; *Am.* ascenseur *m*; ✈ gouvernail *m* d'altitude; *Am.* (*grain*) ~ silo *m* à élévateur pneumatique.

e·lev·en [i'levn] onze (*a. su./m*); **e'lev·enth** [~θ] onzième.

elf [elf], *pl.* **elves** [elvz] elfe *m*; lutin(e *f*) *m*; **elf·in** ['~in] d'elfe, de lutin; **'elf·ish** des elfes, de lutin; espiègle (*enfant*).

e·lic·it [i'lisit] faire jaillir, faire sortir; obtenir.

e·lide *gramm.* [i'laid] élider.

el·i·gi·bil·i·ty [elidʒə'biliti] acceptabilité *f*; éligibilité *f*; **'el·i·gi·ble** ☐ admissible; éligible; F bon(ne *f*) (*parti*), acceptable.

e·lim·i·nate [i'limineit] éliminer (*surt.* 🐏, ⚕, ⚕); supprimer; **e·lim·i'na·tion** élimination *f*.

e·li·sion [i'liʒn] *gramm.* élision *f*.

é·lite [ei'li:t] élite *f*, (fine) fleur *f*, choix *m*.

e·lix·ir [i'liksə] élixir *m*.

E·liz·a·be·than [ilizə'bi:θn] élisabéthain.

elk *zo.* [elk] élan *m*.

ell *hist.* [el] aune *f*; aunée *f* (*de drap*).

el·lipse 𝒜 [i'lips] ellipse *f*; *gramm.* **el'lip·sis** [~sis], *pl.* **-ses** [~si:z] ellipse *f*; **el'lip·tic, el'lip·ti·cal** ☐ elliptique.

elm ♣ [elm] orme *m*.

el·o·cu·tion [elə'kju:ʃn] élocution *f*, diction *f*; **el·o'cu·tion·ar·y** de diction; oratoire; **el·o'cu·tion·ist** déclamateur *m*; professeur *m* d'élocution.

e·lon·gate ['i:lɔŋgeit] (s')allonger; **e·lon'ga·tion** allongement *m*; prolongement *m*; *astr.* élongation *f*.

e·lope [i'loup] s'enfuir (avec un

elopement

amant); ~ with se faire enlever par; **e'lope·ment** fuite f amoureuse; enlèvement m (consenti).

el·o·quence ['eləkwəns] éloquence f; **'el·o·quent** □ éloquent.

else [els] **1.** adv. autrement; ou bien; **2.** adj. autre; encore; all ~ tout le reste; anyone ~ quelqu'un d'autre; what ~? quoi encore?; or ~ ou bien; 'else'where ailleurs.

e·lu·ci·date [i'lu:sideit] éclaircir, élucider; **e·lu·ci·da·tion** éclaircissement m, élucidation f; **e'lu·ci·da·to·ry** [~təri] éclaircissant.

e·lude [i'lu:d] éviter; échapper à; éluder (une question).

e·lu·sion [i'lu:ʒn] esquive f; évasion f; **e'lu·sive** [~siv] insaisissable; évasif (-ive f) (réponse); **e'lu·sive·ness** nature f insaisissable; caractère m évasif; **e'lu·so·ry** [~səri] évasif (-ive f).

elves [elvz] pl. de elf.

E·ly·si·um [i'liziəm] l'Élysée m.

em typ. [em] cadratin m.

e·ma·ci·ate [i'meiʃieit] amaigrir; émacier; **e·ma·ci·a·tion** [imeisi-'eiʃn] amaigrissement m, émaciation f.

em·a·nate ['eməneit] émaner (de, from); **em·a·na·tion** émanation f (a. phys., a. fig.); effluve m.

e·man·ci·pate [i'mænsipeit] émanciper; affranchir; **e·man·ci·pa·tion** émancipation f; affranchissement m; **e'man·ci·pa·tor** émancipateur (-trice f) m; affranchisseur m.

e·mas·cu·late 1. [i'mæskjuleit] émasculer, châtrer (a. un texte); efféminer (le style); **2.** [~lit] émasculé, châtré; énervé; **e·mas·cu·la·tion** [~'leiʃn] émasculation f.

em·balm [im'ba:m] embaumer (a. fig.); fig. parfumer; be ~ed in fig. être perpétué par ou dans.

em·bank [im'bæŋk] endiguer; remblayer (une route); **em'bank·ment** endiguement m; remblayage m; digue f; talus m; remblai m; quai m.

em·bar·go [em'ba:gou] **1.** pl. -goes [~gouz] embargo m, séquestre m, arrêt m; put an ~ on fig. interdire; **2.** mettre l'embargo sur; séquestrer (un navire etc.); réquisitionner.

em·bark [im'ba:k] (s')embarquer (a. fig. dans, [up]on); v/t. prendre (qch.) à bord; v/i.: ~ (up)on s.th. entreprendre qch.; **em·bar·ka·tion** [emba:'keiʃn] embarquement m.

em·bar·rass [im'bærəs] embarrasser, gêner; déconcerter; ~ed embarrassé, gêné; dans l'embarras; **em·'bar·rass·ing** □ embarrassant; gênant; **em'bar·rass·ment** embarras m, gêne f.

em·bas·sy ['embəsi] ambassade f.

em·bat·tle [im'bætl] ranger en bataille; ~d crénelé. [châsser.)

em·bed [im'bed] enfoncer; en-)

em·bel·lish [im'beliʃ] embellir, orner; enjoliver (un conte); **em'bel·lish·ment** embellissement m, ornement m; enjolivure f.

em·ber-days ['embədeiz] pl. les Quatre-Temps m/pl.

em·bers ['embəz] pl. cendres f/pl. ardentes; fig. cendres f/pl.

em·bez·zle [im'bezl] détourner, s'approprier; **em'bez·zle·ment** détournement m de fonds; **em'bez·zler** détourneur m de fonds.

em·bit·ter [im'bitə] remplir d'amertume; envenimer (une querelle etc.).

em·bla·zon(·ry) [im'bleizn(ri)] see blazon(ry).

em·blem ['embləm] emblème m; sp. insigne m; ⌀ devise f; **em·blem·at·ic, em·blem·at·i·cal** □ [embli'mætik(l)] emblématique.

em·bod·i·ment [im'bɔdimənt] incorporation f; personnification f; incarnation f; **em'bod·y** incarner; personnifier; incorporer (dans, in); réaliser; ⚔ rassembler.

em·bog [im'bɔg] embourber (dans, in).

em·bold·en [im'bouldn] enhardir.

em·bo·lism ✱ ['embəlizm] embolie f.

em·bos·om [im'buzəm] cacher dans son sein; serrer contre son sein.

em·boss [im'bɔs] graver en relief; repousser (du métal, du cuir); **em'bossed** gravé en relief; repoussé, estampé.

em·bow·el [im'bauəl] éventrer.

em·brace [im'breis] **1.** v/t. embrasser (a. une carrière); saisir, profiter de (une occasion); adopter (une cause, une philosophie); contenir (dans, in); comprendre; envisager tous les aspects de; v/i. s'embrasser; **2.** étreinte f.

em·bra·sure [im'breiʒə] embrasure f.

em·bro·cate ['embrokeit] frictionner (à, with); **em·bro·ca·tion** embrocation f.
em·broi·der [im'brɔidə] broder (a. fig.); **em'broi·der·y** broderie f (a. fig.).
em·broil [im'brɔil] brouiller; embrouiller; **em'broil·ment** brouillement m; embrouillement m; brouille f (entre personnes).
em·bry·o ['embriou] **1.** embryon m; in ~ embryonnaire; F en herbe; **2.** (ou **em·bry·on·ic** [~'ɔnik]) fig. F en germe.
em·bus [im'bʌs] v/t. embarquer en autobus; v/i. s'embarquer dans un autobus.
e·men·da·tion [i:men'deiʃn] émendation f; correction f; **'e·men·da·tor** correcteur m; **e'mend·a·to·ry** [~dətəri] rectificatif (-ive f).
em·er·ald ['emərəld] **1.** émeraude f; **2.** vert d'émeraude.
e·merge [i'mə:dʒ] émerger, surgir, déboucher (de, from); fig. apparaître, surgir; **e'mer·gence** émergence f; **e'mer·gen·cy** urgence f; cas m imprévu; circonstance f critique; ~ brake frein m de secours; téléph. ~ call appel m urgent; ~ exit sortie f de secours; ~ fund masse f de secours; ~ house habitation f provisoire; ✈ ~ landing atterrissage m forcé; ~ man ouvrier m supplémentaire; remplaçant m; ~ measure mesure f extraordinaire; **e'mer·gent 1.** émergent; surgissant; **2.** résultat m.
e·mer·sion [i'mə:ʃn] émersion f.
em·er·y ['eməri] émeri m; **'~-pa·per** papier m d'émeri. [su./m.)
e·met·ic [i'metik] émétique (a)
em·i·grant ['emigrənt] émigrant(e f) (a. su./m/f); **em·i·grate** ['~greit] (faire) émigrer; **em·i·gra·tion** émigration f; **em·i·gra·to·ry** ['~grətəri] émigrant.
em·i·nence ['eminəns] éminence f (titre: ♕); grandeur f; élévation f; monticule m; saillie f; **'em·i·nent** □ fig. éminent, célèbre (pour in, for); **'em·i·nent·ly** par excellence.
em·is·sar·y ['emisəri] émissaire m; **e·mis·sion** [i'miʃn] émission f (a. phys., ☞); lancement m.
e·mit [i'mit] dégager; lancer; laisser échapper; émettre (une opinion, a. ☞).

e·mol·li·ent [i'mɔliənt] émollient (a. su./m).
e·mol·u·ment [i'mɔljumənt] émolument m; ~s pl. appointements m/pl.
e·mo·tion [i'mouʃn] émotion f; émoi m; **e'mo·tion·al** □ émotionnable; facile à émouvoir; ♂ émotif (-ive f); **e·mo·tion·al·i·ty** [~'næliti] émotivité f; **e'mo·tive** émotif (-ive f); émouvant.
em·pan·el [im'pænl] inscrire (q.) sur la liste du jury.
em·per·or ['empərə] empereur m.
em·pha·sis ['emfəsis], pl. **-ses** [~si:z] force f; accentuation f; insistance f; accent m (a. gramm.); **em·pha·size** ['~saiz] accentuer; appuyer sur; souligner; faire ressortir; **em·phat·ic** [im'fætik] (~ally) énergique; positif (-ive f); autoritaire; be ~ that faire valoir que.
em·pire ['empaiə] empire m.
em·pir·ic [em'pirik] **1.** empirique m, empiriste m; péj. charlatan m; **2.** (usu. **em'pir·i·cal** □) empirique.
em·place·ment ⚔ [im'pleismənt] emplacement m. [en avion.)
em·plane [im'plein] (faire) monter)
em·ploy [im'plɔi] **1.** employer; faire usage de; ~ oneself s'occuper (à in, on, for); **2.** emploi m; in the ~ of au service de; **em·ploy·é** [ɔm'plɔiei] employé m; **em·ploy·ée** [~] employée f; **em·ploy·ee** [em·plɔi'i:] employé(e f) m; ~s' spokesman porte-parole m des employés; **em·ploy·er** [im'plɔiə] patron(ne f) m; maître(sse f) m; employeur m; **em'ploy·ment** emploi m; occupation f; situation f, place f; travail m; ~ agency bureau m de placement; full ~ plein(-)emploi m; place of ~ emploi m; bureau m, atelier m etc.; ⚥ Exchange Bourse f du Travail.
em·po·ri·um [em'pɔ:riəm] entrepôt m; marché m; F grand magasin m.
em·pow·er [im'pauə] autoriser; donner (plein) pouvoir à (q.) (pour inf., to inf.); rendre capable (de inf., to inf.).
em·press ['empris] impératrice f.
emp·ti·er ['emptiə] videur m; **'emp·ti·ness** vide m; fig. néant m, vanité f; **emp·ty** □ **1.** vide; fig. vain; F creux (creuse f), affamé; **2.** (se) vider; (se) décharger; **3.** bouteille f ou caisse f ou ☞ emballage m vide.

em·pur·ple [im'pə:pl] empourprer.

e·mu *orn.* ['i:mju:] émeu *m*.

em·u·late ['emjuleit] imiter; rivaliser avec; **em·u·la·tion** émulation *f*; **'em·u·la·tive** ['ˌlətiv] qui tente de rivaliser (avec, *of*); **em·u·la·tor** ['ˌleitə] émule *mf*; **'em·u·lous** □ émulateur (-trice *f*) (de, *of*).

e·mul·sion ⚕ [i'mʌlʃn] émulsion *f*.

en·a·ble [i'neibl] rendre capable, mettre à même (de, *to*); donner pouvoir à (*q.*) (de *inf.*, *to inf.*).

en·act [i'nækt] décréter (*une loi, une mesure*); *théa.* jouer, représenter; be ~ed se dérouler; **en'ac·tive** décrétant; représentant; **en'act·ment** promulgation *f*; loi *f*; décret *m*.

en·am·el [i'næml] **1.** émail (*pl.* -aux) *m*; (peinture *f* au) vernis *m*; F ripolin *m*; **2.** émailler; peindre au ripolin; *poét.* embellir, orner.

en·am·o(u)r [i'næmə] rendre amoureux (-euse *f*); ~d épris, amoureux (-euse *f*) (de, *of*).

en·cage [in'keidʒ] mettre en cage.

en·camp ⚔ [in'kæmp] camper; **en'camp·ment** campement *m*.

en·case [in'keis] enfermer (dans, *in*); F revêtir (de, *with*); **en'case·ment** revêtement *m*; enveloppe *f*.

en·cash·ment ✝ [in'kæʃmənt] recette *f*; encaissement *m*.

en·caus·tic [en'kɔ:stik] encaustique (*a. su./f*).

en·chain [in'tʃein] enchaîner.

en·chant [in'tʃɑ:nt] ensorceler; *fig.* enchanter, ravir; **en'chant·er** enchanteur *m*; **en'chant·ment** enchantement *m*; **en'chant·ress** enchanteresse *f*.

en·chase [in'tʃeis] enchâsser (*a. fig.*); sertir (*une pierre précieuse*); graver; incruster.

en·cir·cle [in'sə:kl] ceindre; entourer; *surt.* ⚔ envelopper; **en'cir·cle·ment** *pol.* encerclement *m*.

en·close [in'klouz] enclore; entourer; renfermer; joindre (à une lettre, *in a letter*); *eccl.* cloîtrer; ~d herewith sous ce pli, ci-joint; **en'clo·sure** [ˌʒə] clôture *f* (*a. eccl.*); (en)clos *m*; ✝ pièce *f* annexée *ou* jointe.

en·co·mi·ast [en'koumiæst] panégyriste *m*; **en'co·mi·um** [ˌmjəm] panégyrique *m*, éloge *m*.

en·com·pass [in'kʌmpəs] entourer; renfermer.

en·core [ɔŋ'kɔ:] **1.** bis!; **2.** bisser; crier bis; **3.** bis *m*.

en·coun·ter [in'kauntə] **1.** rencontre *f*; duel *m*; combat *m*; *fig.* assaut *m* (*d'esprit*); **2.** rencontrer; éprouver (*des difficultés*); affronter.

en·cour·age [in'kʌridʒ] encourager; inciter; aider, soutenir; favoriser; **en'cour·age·ment** encouragement *m*; **en'cour·ag·er** celui (celle *f*) qui encourage.

en·croach [in'kroutʃ] empiéter (sur, [*up*]*on*); léser (les droits de *q.*); ~ upon s.o.'s kindness abuser de la bonté de *q.*; **en'croach·ment** ([*up*]*on*) empiétement *m* (sur); anticipation *f* (sur), usurpation *f* (de).

en·crust [in'krʌst] (s')incruster.

en·cum·ber [in'kʌmbə] encombrer (de, *with*); gêner; grever (*une propriété*); **en'cum·brance** embarras *m*; charge *f* (*a. fig.*); servitude *f*; *without* ~ sans charges de famille.

en·cy·clo·p(a)e·di·a [ensaiklo'pi:djə] encyclopédie *f*; **en·cy·clo·'p(a)e·dic** encyclopédique.

end [end] **1.** bout *m*, extrémité *f*; fin *f*; limite *f*; but *m*, dessein *m*; be at an ~ être au bout (de qch., *of s.th.*); être fini; no ~ of une infinité de, infiniment de, ... sans nombre; have s.th. at one's fingers' ~s savoir qch. sur le bout du doigt; in the ~ à la fin, enfin; à la longue; on ~ de suite; debout; stand on ~ se dresser (sur la tête); to the ~ that afin que (*sbj.*), afin de (*inf.*); to no ~ en vain; to this ~ dans ce but; make an ~ of, put an ~ to mettre fin à, achever; make both ~s meet joindre les deux bouts; s'en tirer; **2.** finir, (se) terminer, (s')achever.

en·dan·ger [in'deindʒə] mettre en danger.

en·dear [in'diə] rendre cher; **en'dear·ing** qui rend sympathique; attirant; **en'dear·ment** (*ou* term of ~) mot *m* tendre; attrait *m*.

en·deav·o(u)r [in'devə] **1.** effort *m*, tentative *f*; **2.** (*to inf.*) essayer (de *inf.*); chercher (à *inf.*); s'efforcer (de *inf.*).

en·dem·ic ⚕ [en'demik] **1.** (*a.* en·'dem·i·cal □) endémique; **2.** maladie *f* endémique.

end·ing ['endiŋ] fin *f*; achèvement *m*; *gramm.* terminaison *f*.

en·dive ♀ ['endiv] chicorée *f*; *a.* endive *f*.

end·less □ ['endlis] sans fin (*a.* ⊕); infini; continuel(le *f*).

en·dorse ✝ [in'dɔːs] endosser (*un document*); mentionner (*qch.*) au verso de; avaliser (*un effet*); viser (*un passeport*); *fig.* appuyer; endorsing ink encre *f* à tampon; **en·dor·see** ✝ [endɔːˈsiː] endossataire *mf*; **en·dorse·ment** [inˈdɔːsmənt] ✝ endos(sement) *m*; *fig.* approbation *f*; adhésion *f*; **en·dors·er** ✝ endosseur *m*.

en·dow [in'dau] doter (*une église etc.*); fonder; *fig.* douer; **en·dow·ment** dotation *f*; fondation *f*; *fig.* don *m* (= *qualité*); ~ *assurance* assurance *f* à terme fixe.

en·due [in'djuː] revêtir (*un vêtement*; *q. de*, *with*); *usu. fig.* investir, douer.

en·dur·a·ble [in'djuərəbl] supportable; **en·dur·ance** endurance *f*, résistance *f*; patience *f*; *past* ~ insupportable; ~ *flight* vol *m* d'endurance; ~ *run* course *f* d'endurance; **en·dure** [in'djuə] *v/t.* supporter, souffrir (*qch.*); *v/i.* durer, rester, persister.

end·way(s) ['endwei(z)], **end·wise** ['~waiz] debout; bout à bout.

en·e·ma ♂ ['enimə] lavement *m*; irrigateur *m*.

en·e·my ['enimi] 1. ennemi(e *f*) *m*; *the* ♀ le diable *m*; *sl. how goes the* ~? quelle heure est-il?; 2. ennemi(e *f*).

en·er·get·ic [enəˈdʒetik] (~*ally*) énergique; **'en·er·gize** stimuler; ⚡ aimanter; amorcer (*un dynamo*); **'en·er·gy** énergie *f* (*a. phys.*); force *f*; vigueur *f*.

en·er·vate ['enəːveit] énerver, affaiblir; **en·er·va·tion** affaiblissement *m*; mollesse *f*.

en·fee·ble [in'fiːbl] affaiblir; **en·'fee·ble·ment** affaiblissement *m*.

en·feoff [in'fef] investir d'un fief; inféoder (*une terre*); **en·'feoff·ment** inféodation *f*.

en·fi·lade ⚔ [enfi'leid] 1. enfilade *f*; 2. battre d'enfilade.

en·fold [in'fould] envelopper.

en·force [in'fɔːs] faire valoir (*un argument*); exécuter (*une loi*); rendre effectif (-ive *f*); faire observer; imposer (à q., *upon s.o.*); **en·'force·ment** application *f*; exécution *f*; contrainte *f*; mise *f* en force.

en·fran·chise [in'fræntʃaiz] donner le droit de vote à (*q.*) *ou* de cité à (*une ville*); affranchir (*un esclave*); **en·'fran·chise·ment** [~tʃizmənt] admission *f* au suffrage; affranchissement *m*.

en·gage [inˈgeidʒ] *v/t.* engager (*l'honneur, la parole, un domestique*); embaucher (*un ouvrier*); retenir, réserver, louer (*une place*); mettre en prise (*un engrenage*); fixer (*l'attention*); attaquer (*l'ennemi*); attirer (*l'affection*); *be* ~*d* être fiancé; être pris; être occupé (*a. téléph.*); *be* ~*d in* être occupé à; prendre part à; lier (*une conversation*); *v/i.* s'engager; s'obliger (à, *to*); s'embarquer (dans, *in*); ⚔ livrer combat, en venir aux mains; **en·'gage·ment** engagement *m*; promesse *f*; poste *m*, situation *f*; rendez-vous *m*; invitation *f*; fiançailles *f/pl.*; ⊕ mise *f* en prise; ⚔ action *f*, combat *m*.

en·gag·ing □ [inˈgeidʒiŋ] *fig.* attrayant, séduisant.

en·gen·der [inˈdʒendə] *fig.* faire naître; engendrer; produire.

en·gine ['endʒin] machine *f*, appareil *m*; 🚂 locomotive *f*; ⊕ moteur *m*; *fig.* engin *m*, instrument *m*; **'en·gined** ⚡ à ... moteurs.

en·gine...: **'~·driv·er** 🚂 mécanicien *m*; **'~·fit·ter** ajusteur *m* mécanicien.

en·gi·neer [endʒi'niə] 1. ingénieur *m*; *fig.* agenceur (-euse *f*) *m*, *péj.* machinateur (-trice *f*) *m*; ⚔ soldat *m* du génie, ~*s pl.* le génie *m*; ⚓ ingénieur *m* maritime; *Am.* mécanicien *m*; 2. construire, F machiner, manigancer; **en·gi·'neer·ing** art *m* de l'ingénieur; génie *m*; technique *f*; construction *f* mécanique; F manœuvres *f/pl.*; *attr.* du génie; ~ *college* école *f* des arts et métiers.

en·gine·man ['endʒinmən] machiniste *m*; 🚂 mécanicien *m*; **en·gine·ry** ['~nəri] machines *f/pl.*; *fig.* machinations *f/pl.*

en·gird [in'gəːd] [*irr.* (*gird*)] ceindre (de, *with*).

Eng·lish ['iŋgliʃ] 1. anglais; 2. *ling.* anglais *m*; *the* ~ *pl.* les Anglais *m/pl.*; **'Eng·lish·man** Anglais *m*; **'Eng·lish·wom·an** Anglaise *f*.

en·gorge [in'gɔːdʒ] dévorer, engloutir.

en·graft ⚕ [in'grɑːft] greffer (sur *in*[*to*], [*up*]*on*); *fig.* inculquer (à, *in*).

en·grain [in'grein] teindre grand teint; *fig.* enraciner; **en'grained** encrassé; enraciné.

en·grave [in'greiv] graver (*a. fig.*); **en'grav·er** *personne*: graveur *m*; *outil*: burin *m*; ~ *on copper* chalcographe *m*; **en'grav·ing** gravure *f* (*sur bois, acier*); estampe *f*.

en·gross [in'grous] écrire en grosse; rédiger; absorber (*l'attention, q.*); s'emparer de; ~*ing hand* écriture *f* en grosse; **en'gross·ment** ♎ (rédaction *f* de la) grosse *f*; absorption *f* (dans, *in*).

en·gulf [in'gʌlf] *fig.* engloutir, engouffrer; *be* ~*ed a.* être sombré.

en·hance [in'hɑːns] rehausser; augmenter; relever; **en'hance·ment** rehaussement *m*; augmentation *f*; ✝ *prix*: hausse *f*.

e·nig·ma [i'nigmə] énigme *f*; **e·nig·mat·ic, e·nig·mat·i·cal** □ [enig'mætik(l)] énigmatique.

en·join [in'dʒɔin] enjoindre, imposer; recommander (à q., [*up*]*on s.o.*); ~ *s.o. from* (*gér.*) interdire à q. de (*inf.*).

en·joy [in'dʒɔi] prendre plaisir à; goûter; jouir de; ~ *o.s.* s'amuser; se divertir; *I* ~ *my dinner* je trouve le dîner bon; **en'joy·a·ble** agréable; excellent; **en'joy·ment** plaisir *m*; ♎ jouissance *f*.

en·kin·dle [in'kindl] allumer; *fig.* enflammer.

en·lace [in'leis] enlacer.

en·large [in'lɑːdʒ] *v/t.* agrandir (*a. phot.*); élargir; augmenter; *v/i.* s'agrandir, s'élargir, s'étendre (sur, [*up*]*on*); **en'large·ment** agrandissement *m* (*a. phot.*); élargissement *m*; accroissement *m*; **en'larg·er** *phot.* agrandisseur *m*.

en·light·en [in'laitn] *fig.* éclairer (q. sur qch., *s.o. on s.th.*); **en'light·en·ment** éclaircissements *m/pl*.

en·list [in'list] *v/t.* enrôler (*un soldat*); engager, rattacher (à, *in*); ⚔ ~*ed man* (simple) soldat *m*; *v/i.* s'enrôler; s'engager (dans *in*).

en·liv·en [in'laivn] animer; *fig.* égayer, stimuler (*surt.* ✝).

en·mesh [in'meʃ] prendre dans un piège; empêtrer.

en·mi·ty ['enmiti] inimitié *f*.

en·no·ble [i'noubl] anoblir; *fig.* ennoblir.

e·nor·mi·ty [i'nɔːmiti] énormité *f*; **e'nor·mous** □ énorme.

e·nough [i'nʌf] assez; *sure* ~! assurément!; c'est bien vrai!; *well* ~ passablement; très bien; *be kind* ~ *to* (*inf.*) avoir la bonté de (*inf.*).

e·nounce [i'nauns] *see* enunciate.

en·quire [in'kwaiə] *see* inquire.

en·rage [in'reidʒ] enrager, rendre furieux (-euse *f*); **en'raged** furieux (-euse *f*) (contre, *at*).

en·rap·ture [in'ræptʃə] ravir.

en·rich [in'ritʃ] enrichir; ⚕ fertiliser (*le sol*); **en'rich·ment** enrichissement *m*.

en·rol(l) [in'roul] *v/t.* immatriculer (*un étudiant*); inscrire (*dans une liste*); engager (*des ouvriers*); ⚔ enrôler, encadrer; *v/i.* (*ou* ~ *o.s.*) ⚔ s'engager; s'inscrire (à une société, *in a society*); se faire inscrire; **en'rol(l)·ment** enrôlement *m*; engagement *m*.

en·sconce [in'skɔns] cacher; ~ *o.s.* se camper, se blottir (dans, *in*).

en·shrine [in'ʃrain] enchâsser (*a. fig.*) (dans, *in*). [ensevelir.)

en·shroud [in'ʃraud] envelopper,)

en·sign ['ensain] étendard *m*, drapeau *m*; ⚓ ['ensn] pavillon *m*; *Am.* enseigne *m*.

en·si·lage ['ensilidʒ] **1.** ensil(ot)age *m*; **2.** (*a.* **en·sile** [in'sail]) ensil(ot)er.

en·slave [in'sleiv] réduire à l'esclavage; asservir; **en'slave·ment** asservissement *m*; **en'slav·er** *surt. fig.* ensorceleuse *f*.

en·snare [in'snɛə] prendre au piège (*a. fig.*); *fig.* séduire (*une femme*).

en·sue [in'sjuː] s'ensuivre (de *from, on*).

en·sure [in'ʃuə] (*against, from*) garantir (de), assurer (contre).

en·tab·la·ture △ [en'tæblətʃə] entablement *m*.

en·tail [in'teil] **1.** substitution *f*; bien *m* substitué; **2.** (*on*) substituer (*un bien*) (au profit de); entraîner (*des conséquences*) (pour); comporter (*des difficultés*) (pour).

en·tan·gle [in'tæŋgl] emmêler; enchevêtrer (*a. fig.*); *fig.* empêtrer; **en'tan·gle·ment** embrouillement *m*, enchevêtrement *m*; embarras *m*; ⚔ barbelé *m*, -s *m/pl*.

en·ter ['entə] *v/t.* entrer dans, pénétrer dans; monter dans (*un taxi etc.*); inscrire, porter (*un nom*) dans une liste; entrer à (*l'armée, une école*); s'inscrire à (*une université etc.*); prendre part à (*une discussion, une querelle*); ✝ déclarer en douane, ✝ inscrire (*au grand livre*); faire (*des protestations*); dresser (*un animal*); ✝ ~ up *v/t.* inscrire (à un compte); *v/i.* entrer, s'inscrire, *sp.* s'engager (pour, *for*); entrer (à, *at school etc.*); ~ into entrer dans (*les affaires, les détails*); entrer en (*conversation*); prendre part à; partager (*des idées, des sentiments*); *fig.* contracter (*un mariage*); conclure (*un marché*), fournir (*des explications*); ~ (up)on entrer en (*fonctions*); entreprendre; embrasser (*une carrière*); entrer dans (*une année*); entamer (*un sujet*); s'engager dans (*qch.*); ⚖ entrer en possession de (*qch.*); *théâ.* ~ Macbeth entre Macbeth; **'en·ter·a·ble** ✝ importable; **'en·ter·ing** entrée *f;* inscription *f; attr.* d'entrée, d'attaque, de pénétration.

en·ter·ic 𝒮 [en'terik] entérique; **en·ter·i·tis** [ˌ~tə'raitis] entérite *f.*

en·ter·prise ['entəpraiz] entreprise *f; fig.* initiative *f;* **'en·ter·pris·ing** □ entreprenant.

en·ter·tain [entə'tein] *v/t.* amuser, divertir; recevoir (*des invités*); fêter; accepter, accueillir (*une proposition etc.*); entretenir (*la correspondance*); avoir (*des doutes, une opinion*); être animé de (*un sentiment*); *v/i.* recevoir, donner une réception; **en·ter'tain·er** hôte *s f) m;* comique *m;* diseur (-euse *f*) *m;* **en·ter'tain·ing** □ amusant, divertissant; **en·ter'tain·ment** hospitalité *f;* soirée *f;* spectacle *m;* divertissement *m, a.* accueil *m;* ~ tax taxe *f* sur les spectacles.

en·thral(l) [in'θrɔːl] asservir; *fig.* captiver, charmer.

en·throne [in'θroun] mettre sur le trône; introniser (*un roi, un évêque*); **en'throne·ment, en·thron·i·za·tion** *f* [enθronai'zeiʃn] intronisation *f.*

en·thuse F [in'θjuːz] s'enthousiasmer (de, pour *about, over*).

en·thu·si·asm [in'θjuːziæzm] enthousiasme *m;* **en'thu·si·ast** [ˌ~æst] enthousiaste *mf* (de, *for*); **en·thu·si'as·tic** (~ally) enthousiaste (de *at, about*); passionné.

en·tice [in'tais] séduire, attirer; **en·tice·ment** séduction *f;* attrait *m;* **en'tic·er** séducteur (-trice *f*) *m;* **en'tic·ing** □ séduisant; attrayant.

en·tire [in'taiə] **1.** □ entier (-ère *f*) (*a.* cheval), complet (-ète *f*), tout; intact; **2.** entier *m;* totalité *f;* **en'tire·ly** entièrement, tout entier; du tout au tout; **en'tire·ness** intégralité *f;* **en'tire·ty** intégr(al)ité *f.*

en·ti·tle [in'taitl] intituler; donner à (*q.*) le droit (à, *to*).

en·ti·ty *phls.* ['entiti] entité *f;* legal ~ personne *f* juridique.

en·tomb [in'tuːm] ensevelir; **en'tomb·ment** ensevelissement *m.*

en·to·mol·o·gy *zo.* [entəˈmɔlədʒi] entomologie *f.*

en·trails ['entreilz] *pl.* entrailles *f/pl.*

en·train ⚔ [in'trein] (s')embarquer en chemin de fer.

en·trance[1] ['entrəns] entrée *f* (dans, *into*); *a.* en fonctions, *into* [*ou upon*] office); accès *m;* pénétration *f;* (*a.* ~ fee) prix *m* d'entrée; *théâ.* entrée *f* en scène; ~ examination examen *m* d'entrée.

en·trance[2] [in'traːns] ravir, extasier.

en·trant ['entrənt] débutant(e *f*) *m; sp.* inscrit(e *f*) *m.*

en·trap [in'træp] prendre au piège; amener (*q.*) par ruse (à *inf., into gér.*).

en·treat [in'triːt] supplier, prier; demander instamment (à, *of*); **en'treat·y** prière *f,* supplication *f.*

en·trench ⚔ [in'trentʃ] retrancher; ~ upon empiéter sur; **en'trench·ment** retranchement *m.*

en·trust [in'trʌst] confier (qch. à q., *s.th. to s.o.*); charger (q. de qch., *s.o. with s.th.*).

en·try ['entri] entrée *f;* inscription *f;* ⚖ prise *f* de possession, entrée *f* en jouissance (de, [up]on); ✝ comptabilité: partie *f, compte:* article *m; ✝* liste *f* des inscrits; *sp.* inscription *f;* ⚓ élément *m* (*du journal*); *Am.* commencement *m; no* ~ entrée interdite; *rue:* sens interdit; *permit* permis *m* d'entrée; *make an ~ of s.th.* passer qch. en écriture; *book-keeping by double* (*single*) ~ tenue *f* des livres *ou* comptabilité *f* en partie double (simple).

en·twine [in'twain], **en·twist** [in-'twist] (s')entrelacer.

e·nu·mer·ate [i'nju:məreit] énumérer; **e·nu·mer·a·tion** énumération *f*.

e·nun·ci·ate [i'nʌnsieit] prononcer, articuler; énoncer, exprimer (*une opinion*); **e·nun·ci·a·tion** prononciation *f*, articulation *f*; *opinion*: énonciation *f*; *problème*: énoncé *m*.

en·vel·op [in'veləp] envelopper (*a.* ✗); *fig.* voiler; **en·ve·lope** ['enviloup], *Am. a.* **en·vel·op** [in'veləp] enveloppe *f*; ⚕, *biol.* tunique *f*; in an ~ sous enveloppe; **en·vel·op·ment** [in'veləpmənt] enveloppement *m*; *biol.* enveloppe *f*.

en·ven·om [in'venəm] empoisonner; *fig.* envenimer.

en·vi·a·ble □ ['enviəbl] enviable, digne d'envie; **'en·vi·er** prononciateur; **'en·vi·ous** envieux (-euse *f*) *m*; **'en·vi·ous** envieux (-euse *f*) (de, of).

en·vi·ron [in'vaiərən] entourer, environner (de with); **en·vi·ron·ment** environnement *m*; milieu *m*; ambiance *f*; **en·vi·rons** ['environz] *pl.* environs *m/pl.*, alentours *m/pl.*; voisinage *m*.

en·vis·age [in'vizidʒ] envisager (*un danger*); faire face à; se proposer (*un but*).

en·voy ['envɔi] envoyé *m*.

en·vy ['envi] 1. envie *f* (au sujet de qch. of, at s.th.; de q., of s.o.); 2. envier (qch. à q., s.o. s.th.); porter envie à (*q.*).

en·wrap [in'ræp] envelopper, enrouler.

e·pergne [i'pə:n] surtout *m* (*de table*).

e·phem·er·a *zo.* [i'femərə], **e'phem·er·on** [~rɔn], *pl. a.* **-er·a** [~ərə] éphémère *m*; *fig.* chose *f* éphémère; **e'phem·er·al** éphémère; passager (-ère *f*).

ep·ic ['epik] 1. (*a.* **'ep·i·cal** □) épique; 2. épopée *f*.

ep·i·cure ['epikjuə] gourmet *m*, gastronome *m*; **ep·i·cu·re·an** [~'riən] épicurien(ne *f*) (*a. su./mf*).

ep·i·dem·ic ⚕ [epi'demik] 1. (~ally) épidémique; ~ *disease* = 2. épidémie *f*.

ep·i·der·mis *anat.* [epi'də:mis] épiderme *m*.

ep·i·gram ['epigræm] épigramme *f*; **ep·i·gram·mat·ic**, **ep·i·gram·mat·i·cal** □ [~grə'mætik(l)] épigrammatique.

ep·i·lep·sy ⚕ ['epilepsi] épilepsie *f*; **ep·i·lep·tic** ⚕ épileptique (*a. su./mf*).

ep·i·logue ['epilɔg] épilogue *m*.

E·piph·a·ny [i'pifəni] Épiphanie *f*; F jour *m* des Rois.

e·pis·co·pa·cy [i'piskəpəsi] épiscopat *m*; gouvernement *m* par les évêques; **e'pis·co·pal** épiscopal (-aux *m/pl.*); **e·pis·co·pa·li·an** [~'peiljən] membre *m* de l'Église épiscopale; **e'pis·co·pate** [~pət] épiscopat *m*; évêques *m/pl.*; évêché *m*.

ep·i·sode ['episoud] épisode *m*; **ep·i·sod·ic**, **ep·i·sod·i·cal** □ [~'sɔdik(l)] épisodique.

e·pis·tle [i'pisl] épître *f*; *fig.* lettre *f*; **e'pis·to·lar·y** [~tələri] épistolaire.

ep·i·taph ['epita:f] épitaphe *f*.

ep·i·thet ['epiθet] épithète *f*.

e·pit·o·me [i'pitəmi] abrégé *m*, résumé *m*; **e'pit·o·mize** abréger, résumer.

ep·och ['i:pɔk] époque *f*.

Ep·som salts ['epsəm'sɔ:lts] *pl.* sulfate *m* de magnésie; sels *m/pl.* anglais.

eq·ua·bil·i·ty [ekwə'biliti] uniformité *f*, égalité *f*; **'eq·ua·ble** □ uniforme; égal (-aux *m/pl.*) (*a. fig.*).

e·qual ['i:kwl] 1. □ égal (-aux *m/pl.*); ~ *to* à la hauteur de; égal à; 2. égal (-e *f*) *m*; *my* ~*s pl.* mes pareil(le)s; 3. égaler; *not to be* ~*led* sans égal; **e·qual·i·ty** [i'kwɔliti] égalité *f*; **e·qual·i·za·tion** [i:kwəlai'zeiʃn] égalisation *f*; compensation *f*; **'e·qual·ize** *v/t.* égaliser (avec to, with); *v/i. sp.* marquer égalité de points.

e·qua·nim·i·ty [i:kwə'nimiti] sérénité *f*; tranquillité *f* d'esprit.

e·quate [i'kweit] égaler (à to, with); ⚗ mettre en équation; **e'qua·tion** égalisation *f*; ⚗, *astr.* équation *f*; **e'qua·tor** équateur *m*; *at the* ~ sous l'équateur; **e·qua·to·ri·al** □ [ekwə'tɔ:riəl] équatorial (-aux *m/pl.*).

eq·uer·ry [i'kweri] écuyer *m*.

e·ques·tri·an [i'kwestriən] 1. équestre; d'équitation; 2. cavalier (-ère *f*) *m*.

e·qui·lat·er·al □ ['i:kwi'lætərəl] équilatéral (-aux *m/pl.*).

e·qui·li·brate [i:kwi'laibreit] *v/t.* mettre en équilibre; contrebalan-

cer; v/i. être en équilibre; **e·quil·i·brist** [iːˈkwilibrist] équilibriste mf; danseur (-euse f) m de corde; **e·qui·lib·ri·um** [ˌ~əm] équilibre m.
e·quine [ˈiːkwain] équin; du cheval; chevalin (race).
e·qui·noc·tial [iːkwiˈnɔkʃl] équinoxial (-aux m/pl.); **e·qui·nox** [ˈ~nɔks] équinoxe m.
e·quip [iˈkwip] équiper; monter (une maison, une usine); **eq·ui·page** [ˈekwipidʒ] équipement m; véhicule: équipage m; † suite f; **e·quip·ment** [iˈkwipmənt] équipement m; maison: aménagement m; ⊕ outillage m.
e·qui·poise [ˈekwipɔiz] 1. équilibre m; poids m égal; 2. équilibrer.
eq·ui·ta·ble □ [ˈekwitəbl] équitable; **ˈeq·ui·ty** justice f, ᵗᵗ équité f, droit m équitable.
e·quiv·a·lence [iˈkwivələns] équivalence f; **eˈquiv·a·lent** équivalent (à, to) (a. su./m).
e·quiv·o·cal □ [iˈkwivəkl] équivoque; ambigu(ë f); **e·quiv·o·cal·i·ty** [ˌ~ˈkæliti] caractère m ou expression f équivoque; **eˈquiv·o·cate** [ˌ~keit] équivoquer; tergiverser; **eˌquiv·oˈca·tion** équivocation f, tergiversation f.
eq·ui·voque, eq·ui·voke [ˈekwivouk] équivoque f; jeu m de mots.
e·ra [ˈiərə] ère f; époque f; âge m.
e·rad·i·cate [iˈrædikeit] déraciner; **e·rad·iˈca·tion** déracinement m; fig. extirpation f.
e·rase [iˈreiz] effacer (a. fig.), gratter, raturer; fig. oblitérer; **eˈras·er** grattoir m; gomme f; **eˈra·sure** [ˌ~ʒə] rature f; suppression f.
ere † [ɛə] 1. cj. avant que (sbj.); 2. prp. avant; ~ this déjà; ~ long sous peu; ~ now déjà, auparavant.
e·rect [iˈrekt] 1. □ droit; debout; 2. dresser; ériger; élever (une statue); édifier (une théorie etc.); **eˈrec·tion** dressage m; construction f; érection f; édifice m; **eˈrect·ness** attitude f droite; position f perpendiculaire; **eˈrec·tor** constructeur m; ⊕ monteur m; anat. érecteur m.
er·e·mite [ˈerimait] ermite m; **er·e·mit·ic** [ˌ~ˈmitik] érémitique.
erg phys. [əːg] mesure f: erg m.
er·got ♀ [ˈəːgət] ergot m.
er·mine zo. [ˈəːmin] hermine f (a. fourrure); fig. (dignité f de) juge m.

e·rode [iˈroud] éroder; ronger.
e·ro·sion [iˈrouʒn] érosion f; mer etc.: affouillement m; chaudière: usure f; **eˈro·sive** [ˌ~siv] érosif (-ive f).
e·rot·ic [iˈrɔtik] (poème m) érotique; **eˈrot·i·cism** [ˌ~sizm] érotisme m.
err [əː] errer, se tromper; s'égarer (de, from).
er·rand [ˈerənd] commission f, course f, message m; go (on) ~s faire des commissions; **ˈ~-boy** garçon m de courses; hôtel: chasseur m.
er·rant □ [ˈerənt] errant; see knight-~; **ˈer·rant·ry** vie f errante (des chevaliers).
er·rat·ic [iˈrætik] (~ally) capricieux (-euse f); irrégulier (-ère f); géol., ⚒ erratique; ~ fever fièvre f intermittente; **erˈra·tum** [iˈreitəm], pl. **-ta** [ˌ~tə] erratum m (pl. -ta).
er·ro·ne·ous □ [iˈrounjəs] erroné.
er·ror [ˈerə] erreur f, faute f; ~ of judgement erreur f de jugement; ~s and omissions excepted sauf erreur ou omission.
e·ruc·ta·tion [iːrʌkˈteiʃn] éructation f, renvoi m.
er·u·dite [ˈerudait] érudit, savant; **er·uˈdi·tion** [ˌ~ˈdiʃn] érudition f.
e·rupt [iˈrʌpt] entrer en éruption (volcan etc.); percer (dent); **eˈrup·tion** volcan, a. fig., a. ⚒ éruption f; fig. éclat m, accès m; **eˈrup·tive** éruptif (-ive f).
er·y·sip·e·las ⚒ [eriˈsipiləs] érysipèle m, érésipèle m.
es·ca·lade ⚔ [eskəˈleid] escalade f.
es·ca·la·tor [ˈeskəleitə] escalier m roulant, escalator m.
es·ca·pade [eskəˈpeid] escapade f;
es·cape [isˈkeip] 1. v/t. échapper à, éviter; faillir (inf., gér.); v/i. s'échapper, s'évader (de, from); se dégager (gaz etc.); 2. évasion f, fuite f; vapeur: échappement m; attr. d'échappement; have a narrow ~ l'échapper belle; **esˈcape·ment** ⊕ pendule etc.: échappement m.
es·carp [isˈkaːp] 1. (a. **esˈcarp·ment**) talus m; escarpement m; 2. escarper; taluter.
es·cheat ᵗᵗ [isˈtʃiːt] 1. déshérence f; dévolution f d'héritage à l'État; 2. v/i. tomber en déshérence; v/t. confisquer.
es·chew [isˈtʃuː] éviter, renoncer à.
es·cort 1. [ˈeskɔːt] escorte f; bal:

escritoire 770

cavalier *m*; 2. [is'kɔːt] escorter; accompagner.
es·cri·toire [eskri'twɑː] secrétaire *m*.
es·cu·lent ['eskjulənt] comestible (*a. su./m*).
es·cutch·eon [is'kʌtʃn] écusson *m* (*a.* ⊕, ⚓).
Es·ki·mo ['eskimou] Esquimau (*pl.* -aux) *m*, Esquimaude *f*.
es·pal·ier ✐ [is'pæljə] espalier *m*.
es·pe·cial [is'peʃl] spécial (-aux *m/pl.*); particulier (-ère *f*); **es'pe·cial·ly** particulièrement, surtout; spécialement.
es·pi·al [is'paiəl] espionnage *m*; vue *f*.
es·pi·o·nage [espiə'naːʒ] espionnage *m*.
es·pous·al [is'pauzl] *fig.* adoption *f* (de, *of*); **es'pouse** [~z] † donner en mariage; épouser (*a. fig.*); *fig.* embrasser.
es·py [is'pai] apercevoir, entrevoir.
es·quire [is'kwaiə] † écuyer *m*; *adresse:* Monsieur.
es·say 1. [e'sei] essayer; mettre à l'épreuve; 2. ['esei] essai *m*; tentative *f* (de, *at*); *école:* composition *f*, dissertation *f*; **'es·say·ist** essayiste *mf*.
es·sence ['esns] essence *f*; extrait *m*; *fig.* fond *m*; **es·sen·tial** [i'senʃl] 1. □ essentiel(le *f*), indispensable; ~ *likeness* ressemblance *f* fondamentale; ~ *oil* huile *f* essentielle; 2. essentiel *m*; qualité *f* indispensable.
es·tab·lish [is'tæbliʃ] établir; fonder; créer; confirmer (*dans un emploi*); ratifier; démontrer; ~ *o.s.* s'établir; ~*ed Church* Église *f* Établie; ~*ed merchant* marchand *m* patenté; **es'tab·lish·ment** établissement *m* (*a.* ✞); création *f*; fondation *f*; ✞ maison *f*; confirmation *f*; ménage *m*; ✕, ⚓ effectif *m*.
es·tate [is'teit] état *m* (*a. pol.*); condition *f*; terre *f*, propriété *f*; ⚖ immeuble *m*, bien *m*, domaine *m*; ⚖ succession *f*; rang *m*; *personal* ~ biens *m/pl.* mobiliers; *real* ~ biens-fonds *m/pl.*, propriété *f* immobilière; ~ *agent* agent *m* de location; administrateur *m* foncier; ~ *duty* droits *m/pl.* de succession.
es·teem [is'tiːm] 1. estime *f*, considération *f*; 2. estimer; priser; considérer (comme, *as*).
Es·tho·ni·an [es'tounjən] 1. Estonien(ne *f*) *m*; 2. estonien(ne *f*).

es·ti·ma·ble ['estiməbl] estimable, digne d'estime.
es·ti·mate 1. ['estimeit] estimer; évaluer (à, *at*); 2. ['~mit] calcul *m*, estimation *f*; évaluation *f*; appréciation *f*; ✞ devis *m*; *parl.* ~*s pl.* prévisions *f/pl.* budgétaires; **es·ti·ma·tion** [~'meiʃn] jugement *m*; opinion *f*; considération *f*; **'es·ti·ma·tor** appréciateur *m*; estimateur *m*.
es·trange [is'treindʒ] aliéner l'estime (de q., *from s.o.*); **es'trange·ment** aliénation *f*; brouille *f*.
es·tu·ar·y ['estjuəri] estuaire *m*.
et·cet·er·as [it'setrəz] *pl.* extra *m/inv.*
etch [etʃ] *v/t.* graver à l'eau-forte; *v/i.* faire de la gravure à l'eau-forte; **'etch·ing** (gravure *f* à l')eau-forte (*pl.* eaux-fortes) *f*; art *m* de graver à l'eau-forte.
e·ter·nal □ [i'təːnl] éternel(le *f*); *fig.* sans fin; **e'ter·nal·ize** [~nəlaiz] éterniser; **e'ter·ni·ty** éternité *f*; **e·ter·nize** [iː'təːnaiz] éterniser.
e·ther ['iːθə] éther *m* (*a.* ♄); **e·the·re·al** □ [iː'θiəriəl] éthéré; *fig.* impalpable; **'e·ther·ize** éthériser; endormir.
eth·i·cal □ ['eθikl] éthique; moral (-aux *m/pl.*); **'eth·ics** *usu. sg.* morale *f*, éthique *f*.
E·thi·o·pi·an [iːθi'oupjən] 1. Éthiopien(ne *f*); 2. Éthiopien(ne *f*) *m*.
eth·nog·ra·phy [eθ'nɔgrəfi] ethnographie *f*; **eth·nol·o·gy** [~lədʒi] ethnologie *f*.
e·ti·o·late ['iːtioleit] (s')étioler.
et·i·quette [eti'ket] étiquette *f*; protocole *m*; cérémonial *m* (*souv.* de cour).
E·ton crop ['iːtn'krɔp] cheveux *m/pl.* à la garçonne; cheveux *m/pl.* garçon.
et·y·mo·log·i·cal □ [etimə'lɔdʒikl] étymologique; **et·y·mol·o·gy** [~'mɔlədʒi] étymologie *f*.
eu·cha·rist ['juːkərist] eucharistie *f*.
Eu·clid ♄ ['juːklid] géométrie *f*.
eu·gen·ic *biol.* ['juːdʒenik] 1. (~*ally*) eugénésique; 2. ~*s sg.* eugénique *f*; eugénisme *m*.
eu·lo·gist ['juːlədʒist] panégyriste *m*; **eu·lo·gize** ['~dʒaiz] faire l'éloge de, louer; **eu·lo·gy** ['~dʒi] éloge *m*.
eu·nuch ['juːnək] eunuque *m*, castrat *m*.

eu·phe·mism ['juːfimizm] euphémisme *m*; **eu·phe'mis·tic, eu·phe'mis·ti·cal** □ euphémique.

eu·phon·ic, eu·phon·i·cal □ [juː-'fɔnik(l)] euphonique; **eu·pho·ny** ['juːfəni] euphonie *f*.

eu·phu·ism ['juːfjuizm] euphuisme *m*; *fig.* préciosité *f*.

Eu·ro·pe·an [juərə'piːən] 1. européen(ne *f*); 2. Européen(ne *f*) *m*.

eu·tha·na·si·a [juːθə'neizjə] euthanasie *f*.

e·vac·u·ate [i'vækjueit] évacuer (*région, ville, blessés, ventre*); expulser (*des gaz brûlés*); **e·vac·u'a·tion** évacuation *f*; **e·vac·u·ee** évacué(e *f*) *m*.

e·vade [i'veid] éviter, échapper à; éluder (*question, justice, obstacle*).

e·val·u·ate *surt.* ⚥ [i'væljueit] évaluer; **e·val·u'a·tion** évaluation *f*.

ev·a·nesce [iːvə'nes] s'effacer; **ev·a'nes·cence** évanouissement *m*; nature *f* éphémère; **ev·a'nes·cent** évanescent.

e·van·gel·ic, e·van·gel·i·cal □ [iːvæn'dʒelik(l)] évangélique; **e·van·ge·list** [i'vændʒilist] évangéliste *m*; **e'van·ge·lize** prêcher l'évangile (à *q.*).

e·vap·o·rate [i'væpəreit] *v/t.* (faire) évaporer; *v/i.* s'évaporer (*a. fig.*); ~d fruit fruits *m/pl.* secs; ~d milk lait *m* concentré; **e·vap·o'ra·tion** évaporation *f*, vaporisation *f*.

e·va·sion [i'veiʒn] évasion *f*, évitement *m*; subterfuge *m*; **e'va·sive** □ [~siv] évasif (-ive *f*); *fig.* be ~ faire une réponse évasive.

eve [iːv] veille *f*; *poét.* soir *m*; *on the* ~ *of* sur le point de; à la veille de.

e·ven¹ ['iːvn] 1. *adj.* □ égal (-aux *m/pl.*); uni; plat, uniforme; régulier (-ère *f*); calme; pair (*nombre*); ~ *with the ground* au ras du sol, à fleur de terre; *be* ~ *with* être quitte avec (*q.*); *odd or* ~ pair ou impair; † *of* ~ *date* de même date; 2. *adv.* même; *devant comp.*: encore; *avec négation*: seulement, même; *not* ~ pas même; ~ *though*, ~ *if* quand même; 3. *v/t.* égaliser, rendre égal.

e·ven² *poét.* [~] soir *m*.

e·ven...: '~**hand·ed** impartial (-aux *m/pl.*); '~**tem·pered** d'humeur égale.

eve·ning ['iːvniŋ] soir *m*; soirée *f*; ~ dress tenue *f* ou toilette *f* de soirée; habit *m* (à queue).

e·ven·ness ['iːvnnis] égalité *f*; régularité *f*; sérénité *f*; impartialité *f*.

e·ven·song ['iːvənsɔŋ] office *m* du soir; vêpres *f/pl.*

e·vent [i'vent] événement *m*; cas *m*; *fig.* résultat *m*, issue *f*; *sp.* réunion *f* sportive; *sp.* épreuve *f*; *box.* rencontre *f*; *athletic* ~s *pl.* concours *m* athlétique; *table of* ~s programme *m*; *at all* ~s en tout cas; quoi qu'il arrive; *in any* ~ en tout cas; *in the* ~ *of* dans le cas où (*cond.*); **e'vent·ful** [~ful] mémorable.

e·ven·tu·al □ [i'ventjuəl] éventuel (-le *f*); définitif (-ive *f*); ~*ly* à la fin, en fin de compte; par la suite; **e·ven·tu·al·i·ty** [~'æliti] éventualité *f*; **e'ven·tu·ate** [~eit] se terminer (par, *in*); aboutir (à, *in*).

ev·er ['evə] jamais; toujours; ~ *so* très, infiniment; ... *au possible*; *as soon as* ~ *I can* aussitôt que je pourrai; *le plus vite possible*; ~ *after*, ~ *since* depuis lors; depuis le jour où ...; ~ *and anon* de temps en temps; *for* ~, *a. for* ~ *and* ~, *for* ~ *and a day* à tout jamais; *liberty for* ~! vive la liberté!; F ~ *so much* infiniment; *for* ~ *so much* pour rien au monde; *I wonder who* ~ je me demande qui donc *ou* diable; F *the best* ~ le meilleur *etc.* du monde; *formule finale d'une lettre*: ~ *yours* bien cordialement; '~**glade** *Am.* région *f* marécageuse; '~**green** (arbre *m*) toujours vert; ~'**last·ing** 1. □ éternel(le *f*); inusable; 2. éternité *f*; ♀ immortelle *f*; '~'**more** toujours; éternellement.

ev·er·y ['evri] chaque; tous (toutes *f/pl.*) *m/pl.* les; ~ *bit as much* tout autant que; ~ *now and then* de temps à autre; par moments; ~one chacun(e *f*); ~ *other day* tous les deux jours; un jour sur deux; ~ *twenty years* tous les vingt ans; *her* ~ *movement* son moindre mouvement; '~**bod·y**, '~**one** chacun; tout le monde; '~**day** de tous les jours; '~**thing** tout; '~**way** sous tous les rapports; de toutes les manières; '~**where** partout.

e·vict [i'vikt] évincer, expulser; **e'vic·tion** éviction *f*, expulsion *f*.

ev·i·dence ['evidəns] 1. évidence *f*;

evident

preuve *f*; témoignage *m*; *fig.* signe *m*; *in* ~ présent, en évidence; *furnish* ~ *of* fournir des preuves de; *give* ~ témoigner (de, *of*; en faveur de, *for*; contre, *against*); 2. *v/t.* manifester, prouver (*qch.*); *v/i.* porter témoignage; 'ev·i·dent □ évident, clair; patent; **ev·i·den·tial** □ [~-'denʃl] indicateur (-trice *f*) (de, *of*).

e·vil ['i:vl] 1. □ mauvais; méchant; sinistre; malfaisant; *the* ~ *eye* le mauvais œil *m*; *the* ♀ *One* le Malin *m*, le Mauvais *m*, le diable *m*; 2. mal *m*; malheur *m*; '~-'do·er malfaiteur (-trice *f*) *m*. [moigner.)

e·vince [i'vins] manifester, té-)

e·vis·cer·ate [i'visəreit] éviscérer.

ev·o·ca·tion [evo'keiʃn] évocation *f*; **e·voc·a·tive** [i'vɔkətiv] évocateur (-trice *f*).

e·voke [i'vouk] évoquer.

ev·o·lu·tion [i:və'lu:ʃn] développement *m*; évolution *f* (*a.* ⚔); ♣ extraction *f* (*d'une racine*).

e·volve [i'vɔlv] (se) développer; (se) dérouler; (se) dégager (*gaz*).

ewe [ju:] brebis *f*.

ew·er ['ju:ə] pot *m* à eau; broc *m*.

ex [eks] 1. ✝ dégagé de, hors de; ~ *store* en magasin; *bourse:* ex-; ~ *officio* de droit, (à titre) d'office; 2. *devant su.:* ancien(ne *f*); *ex-minister* ex-ministre *m*.

ex·ac·er·bate [eks'æsəbeit] exaspérer, irriter; aggraver.

ex·act [ig'zækt] 1. □ exact; précis; juste; 2. exiger (*un impôt*); extorquer; réclamer; **ex'act·ing** exigeant; astreignant (*travail*); **ex'ac·tion** exaction *f*; **ex'ac·ti·tude** [~ti-tju:d] exactitude *f*; **ex'act·ly** exactement; à vrai dire; ~! précisément! *not* ~ ne ... pas à proprement parler; **ex'act·ness** *see* exactitude.

ex·ag·ger·ate [ig'zædʒəreit] exagérer; **ex·ag·ger'a·tion** exagération *f*; **ex·ag·ger·a·tive** □ [~ətiv] exagératif (-ive *f*); exagéré (*personne*).

ex·alt [ig'zɔ:lt] élever; louer; **ex·al·ta·tion** [egzɔ:l'teiʃn] élévation *f*; exaltation *f*; émotion *f* passionnée; **ex·alt·ed** [ig'zɔ:ltid] élevé; haut; exalté.

ex·am F [ig'zæm] *école:* examen *m*.

ex·am·i·na·tion [igzæmi'neiʃn] examen *m*; *douane:* visite *f*; interrogatoire *m*; inspection *f*; épreuve *f* (*écrite, orale*); *competitive* ~ *examen:* concours *m*; **ex'am·ine** [~min] examiner (*q.*, *qch.*); faire une enquête sur (*qch.*); visiter; contrôler; interroger; **ex·am·i'nee** candidat(e *f*) *m*; **ex'am·in·er** examinateur (-trice *f*) *m*.

ex·am·ple [ig'zɑ:mpl] exemple *m*; précédent *m*; *beyond* ~ sans précédent; *for* ~ par exemple; *make an* ~ *of* faire un exemple de (*q.*).

ex·as·per·ate [ig'zɑ:spəreit] exaspérer; irriter; aggraver (*la douleur etc.*); **ex·as·per'a·tion** exaspération *f*; aggravation *f* (de, *of*).

ex·ca·vate ['ekskəveit] *v/t.* creuser; approfondir; *v/i.* faire des fouilles; **ex·ca'va·tion** excavation *f*; fouille *f*; '**ex·ca·va·tor** excavateur *m*; fouilleuse *f*.

ex·ceed [ik'si:d] *v/t.* excéder, dépasser, outrepasser; surpasser (en, *in*), *v/i.* prédominer; **ex'ceed·ing** excessif (-ive *f*); **ex'ceed·ing·ly** extrêmement, excessivement.

ex·cel [ik'sel] *v/t.* surpasser; *v/i.* exceller (à *in*, *at*); **ex·cel·lence** ['eksələns] excellence *f*; perfection *f*; mérite *m*; '**Ex·cel·len·cy** Excellence *f*; '**ex·cel·lent** □ excellent, parfait.

ex·cept [ik'sept] 1. *v/t.* excepter, exclure; *v/i.* faire des objections; 2. *cj.* à moins que; excepté que; 3. *prp.* excepté, à l'exception de, sauf; ~ *for* à part; **ex'cept·ing** *prp.* à l'exception de; **ex'cep·tion** exception *f*; objection *f* (à, *to*); *take* ~ *to* s'offenser de; objecter (*qch.*) (à *q.*, *in s.o.*); **ex'cep·tion·a·ble** récusable; blâmable; **ex'cep·tion·al** □ exceptionnel(le *f*); ~*ly* par exception.

ex·cerpt 1. [ek'sə:pt] extraire (*un passage*) (de, *from*); 2. ['eksə:pt] extrait *m* (de, *from*); emprunt *m* (à).

ex·cess [ik'ses] excès *m*; excédent *m*; surpoids *m*; *attr.* en surpoids; en excédent; *in* ~ *of* au-dessus de; *carry to* ~ pousser (*qch.*) trop loin; ~ *fare* supplément *m*; ~ *luggage* excédent *m* de bagages; ~ *money* argent *m* en surplus; ~ *postage* surtaxe *f* postale; ~ *profit* surplus *m* des bénéfices; **ex'ces·sive** □ excessif (-ive *f*); immodéré; ~*ly* à l'excès.

ex·change [iks'tʃeindʒ] 1. échanger (contre, *for*); faire un échange de; 2. échange *m*; ✝ change *m*; (*bill* of ~) traite *f*; (*a.* ♀) Bourse *f*; *téléph.* central *m*; *foreign* ~(*s pl.*) devises *f/pl.* étrangères *ou* sur l'étranger; *in* ~ *for* en échange de; ~ *control* contrôle *m* des changes; ~ *list* bulletin *m* des changes; ~ *market* marché *m* des changes; ~ *office* bureau *m* de change; *free* ~ libre-échange *m*; *par of* ~ pair *m* du change; (*rate of*) ~ cours *m ou* taux *m* du change; **ex·'change·able** échangeable (contre, pour for); ~ *value* valeur *f* d'échange; ✝ contre-valeur *f*.

ex·cheq·uer [iks'tʃekə] Trésor *m* public; F budget *m*; Ministère *m* des Finances; *Chancellor of the* ♀ Ministre *m* des Finances (*britannique*); ~ *bill* bon *m* du Trésor.

ex·cise[1] [ek'saiz] **1.** régie *f*; contributions *f/pl.* indirectes; **2.** imposer; frapper d'une imposition.

ex·cise[2] [~] retrancher; **ex·ci·sion** [ek'siʒn] excision *f*; incision *f*.

ex·cit·a·bil·i·ty [iksaitə'biliti] émotivité *f*; **ex'cit·a·ble** émotionnable, mobile (*foule*); **ex'cit·ant** ['eksitənt] stimulant *m*; **ex·ci·ta·tion** [eksi'teiʃn] excitation *f*; **ex·cite** [ik'sait] provoquer, soulever, exciter; animer; **ex'cite·ment** agitation *f*; émotion *f*; excitation *f*; **ex·'cit·er** instigateur (-trice *f*) *m*; ⚡ excitant *m*; ⚡ excitateur *m*.

ex·claim [iks'kleim] *v/i.* s'exclamer; s'écrier; ~ *against* se récrier contre; *v/t.* crier.

ex·cla·ma·tion [eksklə'meiʃn] exclamation *f*; *note* (*ou mark ou point*) *of* ~, ~ *mark* point *m* d'exclamation; **ex·clam·a·to·ry** □ [~'klæmətəri] exclamatif (-ive *f*).

ex·clude [iks'klu:d] exclure; *fig.* écarter.

ex·clu·sion [iks'klu:ʒn] exclusion *f*; refus *m* d'admission (à, *from*); **ex·'clu·sive** □ [~siv] exclusif (-ive *f*); en exclusivité (*film*); seul, unique; très fermé (*cercle*); ~ *of* non compris.

ex·cog·i·tate [eks'kɔdʒiteit] combiner; *péj.* machiner; **ex·cog·i·'ta·tion** excogitation *f*; méditation *f*.

ex·com·mu·ni·cate [ekskə'mju:nikeit] excommunier; **ex·com·mu·ni·ca·tion** excommunication *f*.

ex·co·ri·ate [eks'kɔ:rieit] excorier, écorcher (*la peau*).

ex·cre·ment ['ekskrimənt] excrément *m*; **ex·cre·men·tal** [~'mentl], **ex·cre·men·ti·tious** [~'tiʃəs] excrémen(ti)tiel(le *f*).

ex·cres·cence [iks'kresns] excroissance *f*; excrescence *f*; **ex'cres·cent** qui forme une excroissance; superflu.

ex·crete [eks'kri:t] excréter; sécréter; **ex'cre·tion** excrétion *f*; sécrétion *f*; **ex'cre·tive**, **ex'cre·to·ry** [~təri] excréteur (-trice *f*); excrétoire.

ex·cru·ci·ate [iks'kru:ʃieit] torturer; **ex'cru·ci·at·ing** △ atroce; **ex·cru·ci·a·tion** torture *f*, supplice *m*.

ex·cul·pate ['ekskʌlpeit] disculper, exonérer; justifier (*q.*); **ex·cul·'pa·tion** exonération *f*; justification *f*; **ex'cul·pa·to·ry** [~pətəri] justificatif (-ive *f*).

ex·cur·sion [iks'kə:ʃn] excursion *f*; partie *f* de plaisir; *mot.* randonnée *f*; ~ *train* train *m* de plaisir; **ex'cur·sion·ist** excursionniste *mf*.

ex·cur·sive □ [eks'kə:siv] digressif (-ive *f*); vagabond.

ex·cus·a·ble □ [iks'kju:zəbl] excusable; **ex·cuse** [~'kju:z] **1.** excuser; pardonner (qch. à q., s.o. s.th.); **2.** [~'kju:s] excuse *f*, prétexte *m*.

ex·e·cra·ble □ ['eksikrəbl] exécrable; **ex·e·crate** ['~kreit] exécrer, détester; **ex·e·'cra·tion** exécration *f*; malédiction *f*.

ex·e·cu·tant ♪ [ig'zekjutənt] exécutant(e *f*) *m*; **ex·e·cute** ['eksikju:t] exécuter (*projet, ordre, testament, ♪, 𝓽𝓽*); ✝ effectuer (*un transfert*); 𝓽𝓽 souscrire (*un acte*); **ex·e·'cu·tion** exécution *f* (*see* execute); 𝓽𝓽 souscription *f* (*d'un acte*), saisie-exécution (*pl.* saisies-exécutions) *f*; jeu *m* (*d'un musicien*); *fig.* carnage *m*; *a man of* ~ un homme *m* énergique; *take out an* ~ *against* faire une exécution sur; ✗, *a. fig.* do ~ causer des ravages; **ex·e·'cu·tion·er** bourreau *m*; **ex·ec·u·tive** [ig'zekjutiv] **1.** □ exécutif (-ive *f*); ~ *committee* bureau *m* (*d'une société*), commission *f* exécutive (*d'un parti*); ~ *editor* rédacteur *m* en chef; **2.** (pouvoir *m*) exécutif *m*; bureau *m*; *Am.* président *m*; *pol.* gouverneur *m*; ✝ directeur *m* (*commercial*); **ex·ec·u·tor** [~tə] exécuteur *m*

executory 774

testamentaire; **ex′ec·u·to·ry** exécutif (-ive *f*); ⚖ exécutoire, en vigueur; non encore exécuté.

ex·em·plar [ig′zemplə] exemplaire *m*; **ex′em·pla·ri·ness** exemplarité *f*; **ex′em·pla·ry** exemplaire; typique.

ex·em·pli·fi·ca·tion [igzemplifi-′keiʃn] démonstration *f*; exemple *m*; ⚖ copie *f* authentique; **ex′em·pli·fy** [‿fai] démontrer, expliquer; servir d'exemple; donner un exemple de; ⚖ faire une ampliation de.

ex·empt [ig′zempt] 1. exempt, franc(he *f*), dispensé (de, *from*); 2. exempter, dispenser (de, *from*); **ex′emp·tion** exemption *f*, dispense *f* (de, *from*).

ex·e·quies [′eksikwiz] *pl.* convoi *m* funèbre; obsèques *f/pl.*

ex·er·cise [′eksəsaiz] 1. exercice *m* (*d'une faculté, a. école,* ♪, *etc.*); ⚔, ⚓ évolution *f*; *école:* devoir *m*, thème *m*; *take* ‿ prendre de l'exercice; *Am.* ‿s *pl.* cérémonies *f/pl.*; 2. *v/t.* exercer (*corps, esprit, influence, métier, faculté*); pratiquer; user de; promener (*un cheval*); tracasser; *v/i.* s'entraîner; ⚔ faire l'exercice.

ex·ert [ig′zə:t] exercer (*de l'influence etc.*); employer (*de la force*); ‿ *o.s.* s'employer; s'efforcer (de, *to*); **ex′er·tion** effort *m*; emploi *m*.

ex·e·unt *théâ.* [′eksiʌnt] ... sortent.

ex·fo·li·ate [eks′fouliεit] (s')exfolier, (se) déliter (*pierre*).

ex·ha·la·tion [eksha′leiʃn] exhalaison *f*; *souffle:* expiration *f*; **ex′hale** [‿′heil] *v/t.* exhaler (*odeur, souffle, prière, rage*); *fig.* respirer; *v/i.* s'exhaler.

ex·haust [ig′zɔ:st] 1. épuiser (*a. fig.*); vider (de, *of*); aspirer (*l'air, du gaz, etc.*); ‿ *the air* faire le vide (dans, *in*); 2. ⊕ échappement *m*; ‿ *box* pot *m* d'échappement; silencieux *m*; ‿ *cut-out* (*ou* muffler) soupape *f* d'échappement libre; silencieux *m*; ‿-*gas* gaz *m* d'échappement; ‿-*pipe* tuyau *m* d'échappement; ‿-*steam* vapeur *f* d'échappement; ‿-*valve* soupape *f* d'échappement; **ex′haust·ed** *usu.* épuisé (*a. fig.*), usé; vide d'air; **ex′haust·i·ble** épuisable; **ex′haust·ing** □ épuisant; ⊕ d'épuisement; **ex′haus-**

tion épuisement *m*; **ex′haus·tive** □ *see exhausting;* approfondi.

ex·hib·it [ig′zibit] 1. exhiber (*a.* ⚖); montrer; offrir; exposer; 2. objet *m* exposé; exposition *f*; ⚖ pièce *f* à l'appui; *on* ‿ exposé; **ex·hi·bi·tion** [eksi′biʃn] exposition *f*; étalage *m*; démonstration *f*; *cin.* présentation *f*; ⚖ exhibition *f*; *make an* ‿ *of o.s.* faire spectacle; *on* ‿ exposé; **ex·hi-′bi·tion·er** boursier (-ère *f*) *m*; **ex′hib·i·tor** [ig′zibitə] exposant(e *f*) *m*; *cin.* exploitant *m* d'un cinéma.

ex·hil·a·rate [ig′ziləreit] égayer; ranimer; **ex·hil·a′ra·tion** gaieté *f*, joie *f* de vivre.

ex·hort [ig′zɔ:t] exhorter; **ex·hor·ta·tion** [egzɔ:′teiʃn] exhortation *f*; **ex·hor·ta·tive** [ig′zɔ:tətiv], **ex-′hor·ta·to·ry** [‿təri] exhortatif(-ive *f*), exhortatoire.

ex·hu·ma·tion [ekshju:′meiʃn] exhumation *f*; **ex′hume** déterrer.

ex·i·gence, ex·i·gen·cy [′eksidʒəns(i)] exigence *f*; nécessité *f*; situation *f* critique; **′ex·i·gent** urgent, pressant; exigeant; *be* ‿ *of* exiger.

ex·ile [′eksail] 1. exil *m*; *personne:* exilé(e *f*) *m*; 2. exiler, bannir.

ex·ist [ig′zist] exister; être; se trouver; vivre; **ex′ist·ence** existence *f*; vie *f*; *phls.* être *m*; *in* ‿ = **ex′ist·ent** existant; actuel(le *f*).

ex·it [′eksit] 1. sortie *f*; *fig.* fin *f*, mort *f*; ‿ *permit* permis *m* de sortie; 2. *théâ.* ... sort.

ex·o·dus [′eksədəs] *bibl.* exode *m*; *fig.* sortie *f*.

ex·on·er·ate [ig′zɔnəreit] exonérer, disculper, dispenser (de, *from*); **ex·on·er′a·tion** exonération *f*, décharge *f*.

ex·or·bi·tance, ex·or·bi·tan·cy [ig-′zɔ:bitəns(i)] énormité *f*; **ex′or·bi·tant** □ exorbitant, excessif (-ive *f*).

ex·or·cism [′eksɔ:sizm] exorcisme *m*; **′ex·or·cist** exorciste *m*; **ex·or·cize** [‿saiz] exorciser (*un démon, un possédé*); chasser (de, *from*).

ex·ot·ic [eg′zɔtik] (plante *f*) exotique.

ex·pand [iks′pænd] (s')étendre; (se) déployer (*ailes*); (se) dilater (*yeux, gaz, solide*); (se) développer (*abrégé, poitrine, formule*); amplifier; (s')élargir; **ex′pand·er** extenseur *m*; ⊕ mécanisme *m* d'expansion; **ex·panse** [‿′pæns] étendue *f*; **ex·pan-**

si·bil·i·ty [ˌsə'biliti] expansibilité f; phys. dilatabilité f; **ex'pan·si·ble** expansible; phys. dilatable; **ex'pan·sion** expansion f (a. pol.); dilatation f; ⊕ détente f; **ex'pan·sive** □ expansif (-ive f) (a. fig.); dilatable; étendu; **ex'pan·sive·ness** expansibilité f (a. d'une personne); dilatabilité f.

ex·pa·ti·ate [eks'peiʃieit] s'étendre (sur, on); **ex·pa·ti'a·tion** long discours m; prolixité f.

ex·pa·tri·ate [eks'pætrieit] expatrier, bannir; **ex·pa·tri'a·tion** expatriation f.

ex·pect [iks'pekt] attendre (de of, from); compter sur; s'attendre à; F penser, croire; **ex'pect·an·cy** attente f, espoir m; **ex'pect·ant 1.** qui attend; be ~ of attendre (qch.); be ~ attendre un bébé; ~ mother future maman f; **2.** aspirant (-e f) m; **ex·pec'ta·tion** attente f; espérance f; probabilité f; ⚖ expectative f d'héritage; beyond ~ au-delà de mes etc. espérances; on (ou in) ~ of dans l'attente de; **ex'pect·ing** see expectant 1.

ex·pec·to·rate [eks'pektəreit] v/t. expectorer; v/i. cracher; **ex·pec·to'ra·tion** expectoration f; crachat m.

ex·pe·di·ence, ex·pe·di·en·cy [iks'pi:djəns(i)] convenance f, à-propos m; péj. opportunisme m; **ex'pe·di·ent 1.** □ expédient, avantageux (-euse f); pratique; **2.** expédient m, moyen m, ressource f; **ex·pe·dite** ['ekspidait] expédier; accélérer; hâter; **ex·pe·di·tion**[ˌ'diʃn] promptitude f; diligence f; ⚔ etc.: expédition f; **ex·pe'di·tion·ar·y** expéditionnaire; **ex·pe'di·tious** □ prompt; rapide; expéditif (-ive f).

ex·pel [iks'pel] expulser, chasser; renvoyer (q. de l'école, s.o. [from] the school).

ex·pend [iks'pend] dépenser (de l'argent); consacrer (le temps) (à on s.th., in inf.); épuiser (les forces, les ressources); **ex'pend·a·ble** dépensable; **ex'pend·i·ture** [ˌ'itʃə] dépense f (d'argent etc.); consommation f; dépense f, -s f/pl.; **ex'pense** [ˌ'pens] frais m/pl.; F prix m; dépens m/pl.; ~s pl. dépenses f/pl., frais m/pl.; indemnité f; at my ~ à mes frais; à mes dépens; at the ~ of aux dépens de; at great ~ à grands frais; **ex'pen·sive** □ coûteux (-euse f), cher (chère f).

ex·pe·ri·ence [iks'piəriəns] **1.** expérience f; aventure f; **2.** éprouver; essuyer (des insultes); **ex'pe·ri·enced** éprouvé; averti; expérimenté; exercé (à, in); consommé.

ex·per·i·ment 1. [iks'perimənt] expérience f; épreuve f; **2.** [ˌmənt] expérimenter (sur, avec on, with); faire des expériences; **ex·per·i·men·tal** □ [eksperi'mentl] expérimental (-aux m/pl.); d'expérience; d'essai; d'épreuve; **ex·per·i'men·tal·ist** [ˌtəlist], **ex·per·i·ment·er** [iks'perimentə] expérimentaliste mf; expérimentateur (-trice f) m.

ex·pert ['ekspəːt] **1.** □ [préd. eks'pəːt] expert (en at, in), adroit, habile; ~ worker ouvrier m spécialisé; homme m du métier; **2.** expert m; spécialiste m; **'ex·pert·ness** adresse f (à, in); expertise f.

ex·pi·a·ble ['ekspiəbl] expiable; **ex·pi·ate** ['ˌpieit] expier; **ex·pi'a·tion** expiation f; **ex·pi·a·to·ry** ['ˌpiətəri] expiatoire.

ex·pi·ra·tion [ekspaiə'reiʃn] expiration f; cessation f; fin f; ✝ échéance f; **ex·pir·a·to·ry** [iks'paiərətəri] expirateur; **ex'pire** v/t. expirer; v/i. expirer (a. temps, contrat, etc.); mourir; s'éteindre (feu); fig. s'évanouir.

ex·plain [iks'plein] expliquer, éclaircir; élucider; justifier (une conduite); **ex'plain·a·ble** explicable; justifiable (conduite).

ex·pla·na·tion [eksplə'neiʃn] explication f, éclaircissement m; **ex·plan·a·to·ry** □ [iks'plænətəri] explicatif (-ive f).

ex·ple·tive [eks'pli:tiv] **1.** □ explétif (-ive f); **2.** gramm. explétif m; fig. juron m.

ex·pli·ca·ble ['eksplikəbl] explicable; justifiable (conduite); **ex·pli·cate** ['ˌkeit] développer; **ex·pli·ca·tive** ['ˌkətiv], **ex·pli·ca·to·ry** ['ˌtəri] explicatif (-ive f).

ex·plic·it □ [iks'plisit] explicite; formel(le f), clair; fig. franc(he f).

ex·plode [iks'ploud] (faire) sauter; (faire) éclater (de, with); v/t. discréditer; **ex'plod·ed** éclaté; discrédité (théorie).

ex·ploit 1. [iks'plɔit] exploiter (a.

exploitation 776

fig.); **2.** ['eksplɔit] exploit *m*; **ex·ploi·ta·tion** exploitation *f*.

ex·plo·ra·tion [eksplɔːˈreiʃn] exploration *f* (*a.* ⚔); reconnaissance *f* (*du terrain*); **ex·plor·a·to·ry** [~rətəri] d'exploration; de découverte; **ex·plore** [iksˈplɔː] explorer; aller à la découverte dans (*un pays*); reconnaître (*un terrain*); **ex·plor·er** explorateur (-trice *f*) *m*.

ex·plo·sion [iksˈplouʒn] explosion *f* (*a. fig.*); détonation *f*; **ex·plo·sive** [~siv] **1.** □ explosif (-ive *f*); explosible (*arme etc.*); **2.** explosif *m*.

ex·po·nent ['ekspounənt] interprète *mf*; explicateur (-trice *f*) *m*; A exposant *m*.

ex·port 1. [eksˈpɔːt] exporter; **2.** ['ekspɔːt] marchandise *f* exportée; exportation *f*; ~*s pl.* articles *m/pl.* d'exportation; exportation *f*; **ex·port·a·ble** exportable; **ex·por·ta·tion** [~ˈteiʃn] exportation *f*; **ex·port·er** exportateur (-trice *f*) *m*.

ex·pose [iksˈpouz] exposer (*a. phot.*); étaler; démasquer; mettre à découvert; dévoiler; **ex·po·si·tion** [ekspəˈziʃn] exposition *f*; exposé *m*; **ex·pos·i·tive** [~ˈpɔzitiv] expositoire; **ex·pos·i·tor** interprète *mf*; commentateur (-trice *f*) *m*.

ex·pos·tu·late [iksˈpɔstjuleit] reprocher (amicalement) (qch. à q., *with s.o. for s.th*); sermonner (sur, [*up*]on); **ex·pos·tu·la·tion** remontrance *f*, -s *f/pl.*

ex·po·sure [iksˈpouʒə] exposition *f* (*au danger, au froid, d'un bébé*); étalage *m* (*d'articles*); *fig.* dévoilement *m*, mise *f* à nu; *phot.* pose *f*; ~ *meter* photomètre *m*; ~ *time* temps *m* de pose; ~ *table* tableau *m* de temps de pose; *death from* ~ mort *f* de froid.

ex·pound [iksˈpaund] expliquer; exposer (*une doctrine*).

ex·press [iksˈpres] **1.** □ exprès (-esse *f*); formel(le *f*); 🚂 rapide; ~ *company Am.* compagnie *f* de messageries; *Am.* ~*way* autostrade *f*; **2.** exprès *m*; (*a* ~ *train*) rapide *m*, express *m*; *by* ~ = **3.** *adv.* en toute hâte; sans arrêt; **4.** exprimer (*un sentiment, du jus, etc.*); énoncer (*un principe*); émettre (*une opinion*); *not* ~*ed* sous-entendu; **ex·press·i·ble** exprimable; **ex·pres·sion** [~preʃn] ♪, A, *gramm., peint., visage*: expression *f*; **ex·pres·sive** □ [~siv] expressif (-ive *f*); *be* ~ *of* exprimer (*qch.*); **ex·press·ly** expressément; exprès.

ex·pro·pri·ate [eksˈprouprieit] exproprier (q. de qch., *s.o. from s.th.*); **ex·pro·pri·a·tion** expropriation *f*.

ex·pul·sion [iksˈpʌlʃn] expulsion *f*; **ex·pul·sive** expulsif (-ive *f*).

ex·punge [eksˈpʌndʒ] effacer, biffer.

ex·pur·gate ['ekspəːgeit] expurger (*un livre*); épurer (*un texte*); supprimer (*un passage*); **ex·pur·ga·tion** expurgation *f*; épuration *f*.

ex·qui·site ['ekskwizit] **1.** □ exquis; ravissant; délicieux (-euse *f*); délicat; vif (vive *f*), atroce (*douleur etc.*); **2.** dandy *m*; **'ex·qui·site·ness** perfection *f*; exquisité *f*; finesse *f*; *douleur etc.*: acuité *f*.

ex-serv·ice·man ⚔ ['eksˈsəːvismən] ancien combattant *m*.

ex·tant [eksˈtænt] existant, qui existe.

ex·tem·po·ra·ne·ous □ [ekstempəˈreinjəs], **ex·tem·po·rar·y** [iksˈtempərəri], **ex·tem·po·re** [eksˈtempəri] impromptu, improvisé; **ex·tem·po·rize** [iksˈtempəraiz] improviser; **ex·tem·po·riz·er** improvisateur (-trice *f*) *m*.

ex·tend [iksˈtend] *v/t.* étendre (*a. fig., la bonté, etc.*); tendre (*la main*); agrandir (*un territoire*); reculer (*des frontières*); prolonger (*une ligne, un billet, une période*); transcrire (*de la sténographie*); ✝ proroger; ⚔ déployer; *in* ~*ed order* en fourrageurs; *v/i.* s'étendre, se prolonger; continuer.

ex·ten·si·bil·i·ty [ikstensəˈbiliti] extensibilité *f*; **ex·ten·si·ble** extensible; **ex·ten·sion** extension *f*; prolongation *f*; *table*: (r)allonge *f*; *gramm.* complément *m*; annexe *f*; *téléph.* poste *m*; ⚡ ~ *cord* allonge *f* de câble; *University* ♀ cours *m* populaire organisé par une université; **ex'ten·sive** □ [~siv] étendu, vaste; **ex'ten·sive·ness** étendue *f*.

ex·tent [iksˈtent] étendue *f*; importance *f*; *to the* ~ *of* au point de; prêt d'argent etc.: jusqu'à concurrence de; *to a certain* ~ jusqu'à un certain point; *to some* ~ dans une certaine mesure; *to that* ~ à ce point-là; *grant* ~ *for* atermoyer.

ex·ten·u·ate [eksˈtenjueit] atténuer;

† amaigrir; **ex·ten·u·a·tion** atténuation *f*; affaiblissement *m* extrême.
ex·te·ri·or [eks'tiəriə] **1.** □ extérieur (à, *to*); en dehors (de, *to*); ⚔, ⚕ externe; **2.** extérieur *m* (*a. cin.*).
ex·ter·mi·nate [eks'tə:mineit] exterminer; **ex·ter·mi'na·tion** extermination *f*; **ex'ter·mi·na·tor** exterminateur (-trice *f*) *m*.
ex·ter·nal [eks'tə:nl] **1.** □ extérieur (à, *to*); du dehors; ⚔, ⚕ externe; ~ *to* en dehors de; **2.** ~s *pl.* dehors *m* (*a. pl.*); *fig.* apparence *f*; **ex'ter·nal·ize** extérioriser.
ex·tinct [iks'tiŋkt] éteint (*a. fig.*); **ex'tinc·tion** extinction *f* (*a. fig.*).
ex·tin·guish [iks'tiŋgwiʃ] éteindre (*a. fig.*); abolir (*un office, une loi, etc.*); exterminer; réduire (*q.*) au silence; **ex'tin·guish·er** *lampe etc.*: éteignoir *m*; *personne*: éteigneur (-euse *f*) *m*; *see fire-~*; **ex'tin·guish·ment** extinction *f*.
ex·tir·pate ['ekstə:peit] extirper, déraciner (*a.* ⚘); **ex·tir'pa·tion** extirpation *f*, éradication *f*; **'ex·tir·pa·tor** extirpateur (-trice *f*) *m*.
ex·tol [iks'tɔl] louer, vanter.
ex·tort [iks'tɔ:t] extorquer, arracher (à, *from*); **ex'tor·tion** extorsion *f*; **ex'tor·tion·ate** [~ʃnit] exorbitant; **ex'tor·tion·er** extorqueur (-euse *f*) *m*; exacteur *m*.
ex·tra ['ekstrə] **1.** *adj.* en plus, à part; supplémentaire ~ *pay* salaire *m etc.* supplémentaire; **2.** *adv.* extra-; plus que d'ordinaire; **3.** *su.* supplément *m*; numéro *m etc.* supplémentaire; *cin.* figurant(e *f*) *m*; *journ.* édition *f* spéciale; ~s *pl.* frais *m/pl. ou* dépenses *f/pl.* supplémentaires; ~ *special* deuxième édition *f* spéciale (*d'un journal du soir*); ~-*special* F d'extra; supérieur.
ex·tract 1. ['ekstrækt] extrait *m*; concentré *m* (*a.* ⚗); **2.** [iks'trækt] extraire (*a.* ⚕, ⚔, *une dent, un passage*); tirer (*argent, aveu, doctrine, plaisir, sons*) (de, *from*); arracher (*argent, aveu, dent*) (à, *from*); **ex'trac·tion** extraction *f*; origine *f*; **ex'trac·tive 1.** extractif (-ive *f*); **2.** extractif *m*; **ex'trac·tor** arracheur (-euse *f*) *m*; ⚙ pince *f*; extracteur *m*.
ex·tra·dit·a·ble ['ekstrədaitəbl] qui justifie l'extradition; passible d'extradition (*personne*); **ex·tra·dite** ['~dait] extrader; obtenir l'extradition de; **ex·tra·di·tion** [~'diʃn] extradition *f*.
extra...: '~·**ju·di·cial** officieux(-euse *f*); extra-légal (-aux *m/pl.*); '~'**mu·ral** en dehors de la ville; *univ.* hors faculté (*professeur, cours, etc.*).
ex·tra·ne·ous [eks'treinjəs] étranger (-ère *f*) (à, *to*).
ex·traor·di·nar·y [iks'trɔ:dnri] extraordinaire; remarquable; F prodigieux (-euse *f*).
ex·trav·a·gance [iks'trævigəns] extravagance *f*, exagération *f*; prodigalité *f*, gaspillage *m* (*d'argent*); **ex'trav·a·gant** □ extravagant, exagéré; prodigue (*personne*); exorbitant (*prix*); **ex·trav·a·gan·za** *théâ.* [ekstrævə'gænzə] œuvre *f* (musicale) fantaisiste.
ex·treme [iks'tri:m] **1.** □ extrême; très grand *ou* haut; dernier (-ère *f*) (*point, supplice*); *eccl.* ~ *unction* extrême onction *f*; **2.** extrême *m*; *in the* ~ au dernier degré; **ex'trem·ist** extrémiste *mf*, ultra *m*; **ex·trem·i·ty** [~'tremiti] extrémité *f*, bout *m*, point *m* extrême; gêne *f*; *extremities pl.* extrémités *f/pl.* (*du corps*); *be reduced to extremities* être dans la plus grande gêne.
ex·tri·cate ['ekstrikeit] dégager, tirer; ⚙ libérer; **ex·tri'ca·tion** dégagement *m*, délivrance *f*; ⚙ libération *f*.
ex·trin·sic [eks'trinsik] (~*ally*) extrinsèque; ~ *to* en dehors de.
ex·tro·vert ['ekstrouvə:t] extroverti(e *f*) *m*.
ex·trude [eks'tru:d] *v/t.* expulser; ⊕ refouler; *v/i. géol.* s'épancher.
ex·u·ber·ance [ig'zju:bərəns] exubérance *f*; richesse *f*; surabondance *f* (*en idées*); **ex'u·ber·ant** exubérant; débordant, surabondant; riche.
ex·u·da·tion [eksju:'deiʃn] exsudation *f*; écoulement *m*; **ex·ude** [ig'zju:d] exsuder; s'écouler (*sève*).
ex·ult [ig'zʌlt] exulter, se réjouir (de qch. *at, in s.th.*); triompher (de qch., *at s.th.*; sur q., *over s.o.*); **ex'ult·ant** exultant; triomphant; **ex·ul'ta·tion** [egzʌl'teiʃn] exultation *f*; triomphe *m*.
ex·u·vi·ate [ig'zju:vieit] (se) dépouiller (*peau etc.*).

eye [ai] **1.** œil (*pl.* yeux) *m* (*a.* ⚘, *outil*); regard *m*; *aiguille:* trou *m*; *have an ~ for* s'y connaître en; *sl. my ~(s)!* mince alors!; *sl. it's all my ~!* c'est de la blague!; *mind your ~!* gare à vous!; *with an ~ to* en vue de; **2.** observer, regarder; suivre des yeux; mesurer (*q.*) des yeux; '**~·ball** prunelle *f*; globe *m* de l'œil; '**~·brow** sourcil *m*; '**~-catch·er** F attraction *f*; **eyed** [aid] aux yeux...; ocellé (*plume, aile*).

eye ...: '**~-glass** monocle *m*; (*a pair of*) *~es pl.* (un) pince-nez *m/inv.*, (un) binocle *m*, (un) lorgnon *m*; '**~-hole** œillet *m*; ⚠ judas *m*; ⚕ cavité *f* de l'œil; '**~·lash** cil *m*; **eye·let** ['ailit] œillet *m*; petit trou *m*; *aile:* ocelle *m*.

eye ...: '**~·lid** paupière *f*; '**~-o·pen·er** révélation *f*; surprise *f*; '**~·piece** *opt.* oculaire *m*; '**~·shot** portée *f* de (la) vue; '**~·sight** vue *f*; portée *f* de la vue; '**~·sore** *fig.* chose *f* qui offense les regards; horreur *f*; '**~·tooth** dent *f* œillère; '**~·wash 1.** collyre *m*; *sl.* boniment *m*, bourrage *m* de crâne; **2.** *sl.* jeter de la poudre aux yeux de (*q.*); '**~-'wit·ness** témoin *m* oculaire.

ey·ot [eit] îlot *m*.

eyre *hist.* [ɛə]: *justices in ~* juges *m/pl.* en tournée.

ey·rie, ey·ry ['aiəri] *see* aerie.

F

F, f [ef] F *m*, f *m*.

fa·ble ['feibl] **1.** fable *m*, conte *m*; *fig.* mythe *m*, invention *f*.

fab·ric ['fæbrik] édifice *m*, bâtiment *m*; *eccl.* fabrique *f*; étoffe *f*, tissu *m*; **fab·ri·cate** ['~keit] fabriquer (*usu. fig.*); inventer; **fab·ri·ca·tion** fabrication *f*; *fig.* invention *f*; contrefaçon *f*; '**fab·ri·ca·tor** inventeur *m*; *mensonge:* forgeur *m*; *document:* contrefacteur *m*.

fab·u·list ['fæbjulist] fabuliste *m*; *fig.* menteur (-euse *f*) *m*; '**fab·u·lous** □ légendaire.

fa·çade ⚠ [fa'sɑːd] façade *f*.

face [feis] **1.** face *f*; visage *m*, figure *f*; air *m*, mine *f*; *horloge:* cadran *m*; *étoffe:* endroit *m*; aspect *m*; *fig.* impudence *f*, front *m*; *in (the) ~ of* devant; en présence de; *~ to ~ with* vis-à-vis de; *save one's ~* sauver la face; *on the ~ of it* à première vue; *set one's ~ against* s'opposer à, s'élever contre; ✝ *~ value* valeur *f* nominale; **2.** *v/t.* affronter, braver; donner sur (*la cour etc.*); parer (*un habit*); envisager (*les faits*); revêtir (*un mur*); faire face à (*q.*); *be ~d with* être menacé de, se heurter à; *v/i.* être exposé *ou* tourné *ou* orienté; *~ about* faire demi-tour; ✕ *left ~!* à gauche, gauche!; *about ~!* volte-face!; *~ up to* affronter (*un danger etc.*); **face card** *cartes:* figure *f*; **faced** (*with*) à revers (de *qch.*); contre-plaqué (de *bois*); '**face-lift·ing** remontée *f* du visage; lifting *m*; '**fac·er** gifle *f*, F tuile *f*.

fac·et ⊕ ['fæsit] facette *f*; **fac·et·ed** à facettes.

fa·ce·tious □ [fə'siːʃəs] facétieux (-euse *f*), plaisant. [*visage*.]

fa·cial ['feiʃl] facial (-aux *m/pl.*); du)

fac·ile ['fæsail] facile; complaisant (*personne*); **fa·cil·i·tate** [fə'siliteit] faciliter; **fa·cil·i·ta·tion** action *f* de faciliter; **fa·cil·i·ty** facilité *f*; souplesse *f* de caractère.

fac·ing ['feisiŋ] ⊕ revêtement *m*; *moule:* poncif *m*; ✕ conversion *f* (à droite *etc.*); *~s pl.* ✕ parement *m*.

fac·sim·i·le [fæk'simili] fac-similé *m*; ⚖ copie *f* figurée; *~ broadcast* (*-ing*) téléphotographie *f*.

fact [fækt] fait *m*, action *f*; réalité *f*; *~s pl.* (*of the case*) faits *m/pl.* (de la cause), vérité *f*; *after the ~* par assistance; *before the ~* par instigation; *in (point of) ~* au fait, en vérité; '**~-find·ing** pour établir les faits.

fac·tion ['fækʃn] *péj.* cabale *f*, faction *f*; dissension *f*; '**fac·tion·ist** factieux (-euse *f*) *m*, partisan *m*.

fac·tious □ ['fækʃəs] factieux (-euse *f*); '**fac·tious·ness** esprit *m* factieux.

fac·ti·tious □ [fæk'tiʃəs] factice, contrefait; faux (fausse *f*).

fac·tor ['fæktə] ⚖, *fig.* facteur *m*; ✝ agent *m*, commissionnaire *m* en gros; '**fac·to·ry** fabrique *f*, usine *f*.

fac·to·tum [fæk'toutəm] factotum *m*, homme *m* à tout faire.

fac·tu·al ['fæktjuəl] effectif (-ive *f*), positif (-ive *f*), réel(le *f*); ~ *knowledge* connaissance *f* des faits.

fac·ul·ty ['fækəlti] pouvoir *m*; faculté *f* (*a. univ.*); *fig.* talent *m*; *eccl.* autorisation *f*; ⚖ droit *m*; *Am.* corps *m* enseignant.

fad F [fæd] lubie *f*, marotte *f*, dada *m*; **'fad·dish**, **'fad·dy** maniaque; capricieux (-euse *f*); **'fad·dist** maniaque *mf*.

fade [feid] (se) faner, flétrir; (se) décolorer (*tissu*); s'affaiblir; (*a.* ~ *out*) s'évanouir, s'éteindre; ~ *down* (*ou out*) *cin.* (faire) partir dans un fondu; *radio*: faire fondre dans le lointain; ~ *in* (faire) arriver dans un fondu; **'fade·less** ineffaçable; *tex.* bon teint; **'fad·ing 1.** □ qui se fane *etc.*; **2.** *radio*: fading *m*, évanouissement *m*; *cin.* fondu *m*.

fae·ces *pl.* ['fi:si:z] fèces *f/pl.*; matières *f/pl.* fécales.

fag F [fæg] **1.** corvée *f*, travail *m* pénible; *école*: petit *m* (*élève*) qui fait les corvées d'un grand; *sl.* sèche *f*, cigarette *f*; **2.** *v/i.* travailler dur; faire les corvées d'un grand élève; *v/t.* éreinter, fatiguer; **'~-end** F bout *m*; queue *f*; *sl.* mégot *m*.

fag·ot, **fag·got** ['fægət] fagot *m*; ⊕ faisceau *m*, paquet *m*.

Fahr·en·heit ['færənhait]: ~ *thermometer* thermomètre *m* Fahrenheit.

fail [feil] **1.** *v/i.* faire défaut, faillir; manquer (*cœur, force, pluie, voix, etc.*); diminuer; être refusé, échouer (*à un examen*); faire faillite; *mot.* rester en panne; baisser (*jour, lumière, santé*); *he* ~*ed to do* (*a. in doing*) manquer de faire; omettre de faire; *he cannot* ~ *to* il ne peut manquer de; *v/t.* manquer (à); abandonner; manquer à ses engagements envers (*q.*); refuser (*un candidat*); *his heart* ~*ed him* le cœur lui manqua; **2.** *without* ~ sans faute; à coup sûr; **'fail·ing 1.** *su.* défaut *m*; faiblesse *f*; **2.** *prp.* faute de, à défaut de; ~ *which* faute de quoi; **fail·ure** ['feiljə] manque *m*; défaut *m*; insuccès *m*; *mot.* panne *f*; affaiblissement *m*; fiasco *m*; faillite *f*; *personne*: raté(e *f*) *m*.

fain [fein] **1.** *adj.* bien disposé; trop heureux (-euse *f*) (de, *to*); **2.** *adv.* avec plaisir.

faint [feint] **1.** □ faible; léger (-ère *f*); *feel* ~ se sentir mal; **2.** s'évanouir; *fig.* mourir (de, *with*); **3.** évanouissement *m*; **~-heart·ed** □ ['~'ha:tid] timide; lâche; **'~-'heart·ed·ness** pusillanimité *f*; **'faint·ness** faiblesse *f*.

fair[1] [fɛə] **1.** *adj.* beau (bel *devant une voyelle ou un h muet*); belle *f*; beaux *m/pl.*); juste; blond; ✞ loyal; assez bon(ne *f*); **2.** *adj., a. adv.* poli(ment); doux (douce *f*), *adv.* doucement; favorable(ment); loyal(ement); *école*: passable, assez bien (*mention*); passablement; ~ *copy* copie *f* au net; corrigé *m*; ~ *dealing* probité *f*, loyauté *f*; ~ *play* jeu *m* loyal, franc jeu *m*; traitement *m* juste; *our* ~ *readers* nos aimables lectrices *f/pl.*; *the* ~ *pl.* (*a. the* ~ *sex*) le beau sexe; ~ *and softly* tout doucement; ✞ ~ *trade* système *m* réciproque de libre échange; *bid* ~ *to* promettre de; *speak s.o.* ~ parler poliment à q.; *strike* ~ frapper carrément.

fair[2] [~] foire *f*; grand marché *m*; **'~-ground** champ *m* de foire; **'fair·ing** † cadeau *m* acheté à la foire; 🚞 entoilage *m*; profilage *m*.

fair·ly ['fɛəli] *adv.* de *fair*[1]; honnêtement, loyalement; avec impartialité; passablement, assez; **'fair·ness** beauté *f*; *cheveux*: couleur *f* blonde; teint *m* blond; blancheur *f*; loyauté *f*; probité *f*; *sp.* franc jeu *m*; **'fair·spo·ken** à la parole courtoise; **'fair·way** ⚓ passage *m*, chenal *m*; **'fair-weath·er friend** ami *m* jusqu'à la bourse.

fair·y ['fɛəri] **1.** féerique; des fées; ~ *lamp*, ~ *light* lampion *m*; **2.** fée *f*; **'fair·y·land** pays *m* ou royaume *m* des fées; *fig.* pays *m* enchanté; **'fair·y·like** féerique; de fée; **'fair·y-tale** conte *m* de fées; *fig.* conte *m* bleu.

faith [feiθ] foi *f* (à qch., en Dieu); confiance *f* (en, *in*); croyance *f*; religion *f*; parole *f*; *in good* ~ de bonne foi; **'~-cure** guérison *f* par (auto)suggestion; **faith·ful** □ ['~ful] fidèle; loyal (-aux *m/pl.*); exact; *the* ~ *pl.* les fidèles *m/pl.*; *yours* ~*ly* Agréez l'expression de mes sentiments distingués; **'faith·ful·ness** loyauté *f* (envers, *to*), fidélité *f*;

faithless

exactitude *f*; **'faith·less** □ infidèle; perfide; incrédule; **'faith·less·ness** infidélité *f*; déloyauté *f*; perfidie *f*.

fake *sl.* [feik] **1.** chose *f* truquée; article *m* faux; (*Am. a.* **'fak·er**) *personne*: simulateur (-trice *f*) *m*; **2.** (*a.* ~ *up*) truquer.

fal·con ['fɔ:lkən] faucon *m*; **'fal·con·er** fauconnier *m*; **'fal·con·ry** fauconnerie *f*.

fald·stool ['fɔ:ldstu:l] prie-dieu *m/inv.*; siège *m* d'évêque; pliant *m*.

fall [fɔ:l] **1.** chute *f* (*a.* d'eau, du jour, d'une ville); *baromètre, eaux, thé.*, *rideau, température*: baisse *f*; *nuit*: tombée *f*; pente *f*; descente *f*; *arbres*: abattis *m*; *surt. Am.* automne *m*; *pluie, neige, etc.*: quantité *f*; *usu.* ~*s pl.* chute *f* d'eau, cascade *f*; *voix*: cadence *f*; perte *f*, ruine *f*; ⚓ *usu.* ~*s pl.* garants *m/pl.*; the ♀ (of Man) la chute de l'homme; *have a* ~ tomber; **2.** [*irr.*] tomber (*a. gouvernement, nuit, vent*); baisser (*jour, prix, etc.*); arriver; capituler (*ville*); (*avec adj.*) devenir, tomber; naître (*animal*); (se) calmer (*mer*); retomber (*blâme, responsabilité, etc.*); s'effondrer (*bâtiment*); aller en pente, descendre; se projeter (*ombre*); *his countenance fell* sa figure s'allongea; *his spirits fell* il perdit courage; ~ *asleep* s'endormir; ~ *away* s'abaisser; déserter; ~ *back* tomber en arrière; reculer; se rabattre (sur, *upon*); ~ *behind* rester en arrière; se laisser devancer; ~ *between two stools* demeurer entre deux selles; ~ *down* tomber (par terre); s'écrouler; F échouer; ~ *due* venir à échéance; *surt. Am.* F ~ *for* tomber amoureux de; adopter (*qch.*) avec enthousiasme; ~ *from* (re)tomber de; ~ *ill* (*ou* ~ *sick*) tomber malade; ~ *in* s'effondrer; ✕ former les rangs; ⚖ expirer (*bail*); arriver à échéance (*dette*); ~ *in with* se prêter à (*un projet*); rencontrer (*q.*); s'accorder avec; ~ *in love with* tomber amoureux de; ~ *into* tomber dans (*l'eau*); contracter (*une habitude*); être induit en (*erreur*); dégénérer en; ~ *into line* se mettre en rangs; rentrer dans les rangs; ~ *off* tomber; faire défection; *fig.* décliner, diminuer; ~ *on* ✕ attaquer; fondre sur; se jeter sur; tomber sur (*q.*); ~ *out* se brouiller (avec, *with*); se passer, arriver; ✕ quitter les rangs; ~ *short* tomber en deçà (de, *of*); ~ *short of* ne pas atteindre, être au-dessous de; ~ *to see* ~ *on*; *a.* se mettre au travail; commencer; ~ *under* entrer dans (*une catégorie*).

fal·la·cious □ [fə'leiʃəs] illusoire; trompeur (-euse *f*); **fal'la·cious·ness** fausseté *f*.

fal·la·cy ['fæləsi] sophisme *m*; erreur *f*; faux raisonnement *m*.

fall·en ['fɔ:lən] *p.p. de* fall 2.

fall guy *Am. sl.* ['fɔ:l'gai] bouc *m* émissaire.

fal·li·bil·i·ty [fæli'biliti] faillibilité *f*; **fal·li·ble** □ ['fæləbl] faillible.

fall·ing ['fɔ:liŋ] baisse *f*; chute *f* etc.; '~-'**off** chute *f*; défection *f*; décroissement *m*; déclin *m*; ~ *star* étoile *f* filante.

fal·low ['fælou] **1.** *zo.* fauve; ✓ en friche; **2.** ✓ jachère *f*, friche *f*; **3.** ✓ jachérer; défricher; '~-**deer** *zo.* daim *m*.

false □ [fɔ:ls] **1.** *adj.* faux (fausse *f*); artificiel(le *f*); erroné; infidèle (à, *to*); *be* ~ *to* trahir; tromper; ~ *imprisonment* détention *f* illégale; ~ *key* crochet *m*, rossignol *m*; **2.** *adv.* *play s.o.* ~ trahir *q.*; **false·hood** ['~hud] mensonge *m*; fausseté *f*; faux *m*; **'false·ness** fausseté *f*; *femme etc.*: infidélité *f*.

fal·set·to ♪ [fɔ:l'setou] fausset *m*.

fal·si·fi·ca·tion ['fɔ:lsifi'keiʃn] falsification *f*; altération *f*; **fal·si·fi·er** ['~faiə] falsificateur (-trice *f*) *m*; **fal·si·fy** ['~fai] falsifier; altérer; rendre vain; tromper; **fal·si·ty** ['~ti] fausseté *f*.

fal·ter ['fɔ:ltə] *v/i.* chanceler; *fig.* hésiter, trembler (*voix*); défaillir (*courage, personne*); *v/t.* balbutier.

fame [feim] renom(mée *f*) *m*; **famed** célèbre, renommé (pour, *for*).

fa·mil·iar [fə'miljə] **1.** □ familier (-ère *f*) (à, *to*); intime; bien connu (de, *to*); au courant (de, *with*); **2.** ami(e *f*) *m* intime; (*a.* ~ *spirit*) démon *m* familier; **fa·mil·i·ar·i·ty** [~li'æriti] familiarité *f*; connaissance *f* (de, *with*); **fa·mil·iar·i·za·tion** [~ljərai'zeiʃn] accoutumance *f* (à, *with*), habitude *f* (de, *with*); **fa'mil·iar·ize** rendre familier.

fam·i·ly ['fæmili] **1.** famille *f*; **2.** de famille, familial (-aux *m/pl.*); *in the*

~ *way* enceinte (*f*); ~ *allowance* allocation *f* familiale; ~ *doctor* médecin *m* de famille; ~ *man* père *m* de famille; ~ *tree* arbre *m* généalogique.
fam·ine ['fæmin] famine *f*; disette *f*.
fam·ish ['fæmiʃ] *v/t.* affamer; réduire à la famine; *v/i.* être affamé.
fa·mous □ ['feiməs] célèbre (pour, *for*); F fameux (-euse *f*), parfait.
fan¹ [fæn] **1.** éventail *m* (*a.* ⚓); ventilateur *m*; ⚙ van *m*; **2.** éventer; ⚙ vanner; souffler (*le feu*); *fig.* exciter.
fan² F [~] *sp. etc.* fervent(e *f*) *m*; *cin.* fanatique *mf*; *radio*: sans-filiste *mf*; *mots composés*: -ophile *m*.
fa·nat·ic [fə'nætik] **1.** (*a.* **fa'nat·i·cal** □ [~kl]) fanatique; **2.** fanatique *mf*; **fa'nat·i·cism** [~isizm] fanatisme *m*.
fan·ci·er ['fænsiə] amateur (-trice *f*) *m* (d'oiseaux *etc.*).
fan·ci·ful □ ['fænsiful] fantastique; fantasque, imaginaire (*personne*).
fan·cy ['fænsi] **1.** fantaisie *f*, imagination *f*; idée *f*; caprice *m*, goût *m*; lubie *f*; *the* ~ les amateurs *m/pl.* de boxe; *take a* ~ *to* prendre goût à (*qch.*); s'éprendre de (*q.*); **2.** de fantaisie; de luxe; de pure imagination; ~ *apron* tablier *m* de fantaisie; ~ *ball* bal *m* travesti; ~ *dress* travesti *m*, costume *m*; ~ *fair* vente *f* de charité; ~ *goods pl.* nouveautés *f/pl.*, articles *m/pl.* de fantaisie; *sl.* ~ *man* souteneur *m*; ~ *price* prix *m* exagéré *ou* de fantaisie; **3.** s'imaginer, se figurer, croire, penser; avoir envie de (*qch.*); se sentir attiré vers (*q.*); *just* ~! figurez-vous (ça)!; '~'**work** broderie *f*; ouvrages *m/pl.* de dames.
fan·fare ['fænfɛə] fanfare *f*; sonnerie *f*; **fan·fa·ron·ade** [ˌfænfærə'nɑːd] fanfaronnade *f*, vanterie *f*.
fang [fæŋ] *chien*: croc *m*; *vipère*: crochet *m*; ⊕ soie *f*.
fan·ner ['fænə] ⚙ van *m* mécanique; ⊕ ventilateur *m*.
fan·ta·sia ♩ [fæn'teizjə] fantaisie *f*; **fan·tas·tic** [~'tæstik] (~*ally*) fantastique, bizarre; **fan'tas·ti·cal·ness** [~klnis] bizarrerie *f*; **fan·ta·sy** ['~təsi] fantaisie *f*, caprice *m*.
far [fɑː] *adj.* lointain, éloigné; *adv.* loin, au loin; beaucoup, fort, bien; ~ *better* beaucoup mieux; ~ *the best* de beaucoup le meilleur; *as* ~ *as* jusqu'à; *by* ~ de beaucoup; ~ *from* (*gér.*) loin de (*inf.*); *in so* ~ *as* dans la mesure où; ~-**a'way** ['fɑːrəwei] lointain; *fig.* vague.
farce *théâ.* [fɑːs] farce *f* (*a. cuis.*);
far·ci·cal □ ['~ikl] burlesque; *fig.* grotesque.
fare [fɛə] **1.** prix *m* (du voyage, de la place, *etc.*); chère *f*, manger *m*; *personne*: client(e *f*) *m*; **2.** voyager; aller (*bien ou mal*); ~ *well!* adieu!; '~-'**in·di·ca·tor** tarif *m*; '~'**well 1.** adieu!; **2.** adieu *m*, -x *m/pl.*; **3.** d'adieu; ~ *party* soirée *f* d'adieu.
far... [fɑː]: '~-'**fetched** *fig.* tiré par les cheveux, recherché, forcé; '~-**flung** *fig.* vaste, très étendu; ~ **gone** F (dans un état) avancé.
far·i·na·ceous [færi'neiʃəs] farinacé; ~ *food* (aliment *m*) farineux *m*.
farm [fɑːm] **1.** ferme *f*; *see* ~ *house*; élevage *m* de volaille en grand; **2.** *v/t.* cultiver; (*a.* ~ *out*) donner à ferme, affermer; exploiter (*un terrain*); mettre en nourrice (*des enfants*); *v/i.* être fermier, cultiver la terre; '**farm·er** fermier *m*, (-ère *f*); '**farm-hand** ouvrier (-ère *f*) *m* agricole; '**farm·house** (maison *f* de) ferme *f*; '**farm·ing 1.** cultivateur (-trice *f*); à ferme; aratoire; **2.** agriculture *f*; exploitation *f*; culture *f*; **farm·stead** ['~sted] ferme *f*; '**farm·yard** basse-cour (*pl.* basses-cours) *f*; cour *f* de ferme.
far·o ['fɛərou] *cartes*: pharaon *m*.
far-off ['fɑːr'ɔːf] lointain, éloigné.
far·ra·go [fə'reigou] méli-mélo (*pl.* mélis-mélos) *m*; fatras *m*.
far·ri·er ['færiə] vétérinaire *m*; ✗ maréchal-ferrant (*pl.* maréchaux-ferrants) *m*; '**far·ri·er·y** art *m* vétérinaire; ✗ maréchalerie *f*.
far·row ['færou] **1.** cochonnée *f*; **2.** *vt/i.* mettre bas; *v/i.* cochonner.
far-sight·ed ['fɑː'saitid] ✱ presbyte; *fig.* prévoyant.
far·ther ['fɑːðə], **far·thest** ['~ðist] *comp., a. sup. de* **far**.
far·thing ['fɑːðiŋ] F sou *m* (¹/₄ penny).
fas·ci·a ['fæʃiə], *pl.* **fas·ci·ae** ['~ii] *anat.* fascia *m*; △ fasce *f*, bande (-lette) *f*.
fas·ci·nate ['fæsineit] fasciner, charmer; **fas·ci'na·tion** fascination *f*; charme *m*, attrait *m*.
fas·cine [fæ'siːn] fascine *f*.

Fas·cism *pol.* ['fæʃizm] fascisme *m*; **'Fas·cist** fasciste (*a. su./mf*).

fash·ion ['fæʃn] 1. mode *f*; vogue *f*; façon *f*, manière *f*; forme *f*; habitude *f*; *sl.* rank and ~ le gratin *m*; *in* ~ à la mode; *out of* ~ démodé; *set the* ~ mener la mode; donner le ton; 2. façonner, former; confectionner (*une robe*); **'fash·ion·a·ble** □ à la mode, de bon ton; élégant; **'fash·ion·a·ble·ness** vogue *f*; élégance *f*; **'fash·ion·pa'rade** présentation *f* de collections; **'fashion-plate** gravure *f* de modes.

fast¹ [fɑːst] 1. *adj.* rapide; résistant, bon teint (*drap etc.*); en avance (*montre etc.*); fidèle, constant (*ami*); dissolu (*vie*); ~ *to light* résistant; 🚂 ~ *train* rapide *m*, train *m* express; 2. *adv.* ferme; vite.

fast² [~] 1. jeûne *m*; 2. jeûner; '~**day** jour *m* maigre.

fas·ten ['fɑːsn] *v/t.* attacher (à, to); amarrer (*un bateau*); fermer (*la porte*); assurer; fixer (*a.* les yeux sur, one's eyes [up]on); *v/i.* s'attacher; se fermer; ~ *upon fig.* saisir (*qch.*); s'arrêter à; **'fasten·er** (*a.* **'fas·ten·ing**) attache *f*; *robe*: agrafe *f*; *bourse*, *livre*: fermoir *m*; *fenêtre etc.*: fermeture *f*; *patent* ~ bouton-pression (*pl.* boutons-pression) *m*.

fas·tid·i·ous □ [fæs'tidiəs] difficile; délicat; exigeant; blasé; **fas'tid·i·ous·ness** délicatesse *f*; goût *m* difficile.

fast·ness ['fɑːstnis] fermeté *f*; *couleurs*: solidité *f*; vitesse *f*; légèreté *f* de conduite; ⚔ forteresse *f*.

fat [fæt] 1. □ gras(se *f*); gros(se *f*); 2. graisse *f*; *viande*: gras *m*; 3. (s')engraisser.

fa·tal □ ['feitl] fatal (-als *m/pl.*); mortel(le *f*); funeste (à, to); **fa·tal·ism** ['~əlizm] fatalisme *m*; **'fa·tal·ist** fataliste *mf*; **fa·tal·i·ty** [fə'tæliti] fatalité *f*; mort *f*; destin *m*; accident *m* mortel, sinistre *m*.

fate [feit] destin *m*; sort *m*; fatalité *f*; *the* ♀s les Parques *f/pl.*; **fat·ed** ['~id] destiné; fatal (-als *m/pl.*); infortuné; **fate·ful** □ ['~ful] décisif (-ive *f*).

fa·ther ['fɑːðə] 1. père *m*; 2. engendrer; adopter; avouer la paternité de; servir de père à; ~ *s.th. upon s.o.* imputer qch. à q.; **father·hood** ['~hud] paternité *f*; **'fa·ther-in-law** beau-père (*pl.* beaux-pères) *m*; **'fa·ther·land** patrie *f*; **'fa·ther·less** sans père; **'fa·ther·ly** paternel(le *f*).

fath·om ['fæðəm] 1. *mes.* toise *f*; ⚓ brasse *f*; ✝ 216 pieds *m/pl.* cubes; 2. ⚓ (*a. fig.*) sonder; *fig.* approfondir; **'fath·om·less** sans fond.

fa·tigue [fə'tiːg] 1. fatigue *f*; ⚔ corvée *f*; ~*s pl.* ⚔ tenue *f* de corvée; 2. fatiguer, lasser; **fa'tigue-par·ty** ⚔ (détachement *m* de) corvée *f*.

fat·ling ['fætliŋ] jeune bête *f* engraissée; **'fat·ness** graisse *f*; *personne*: embonpoint *m*; *sol*: fertilité *f*; **'fat·ten** (s')engraisser; devenir *ou* rendre gras; *v/t.* fertiliser (*le sol*); **'fat·ty** 1. graisseux (-euse *f*); gras(se *f*) (*sol*); ~ *degeneration* stéatose *f*; 2. F gros (bonhomme) *m*.

fa·tu·i·ty [fə'tjuiti] sottise *f*; imbécillité *f*; **fat·u·ous** □ ['fætjuəs] sot(te *f*), imbécile.

fau·cet ⊕ *surt. Am.* ['fɔːsit] robinet *m*.

faugh [fɔː] pouah!

fault [fɔːlt] faute *f* (*a.* tennis); imperfection *f*; défaut *m* (*a.* ♪, ⊕); ⊕ *métal*: paille *f*; *géol.* faille *f*; *to a* ~ à l'excès; *find* ~ *with* trouver à redire à; *be at* ~ être en défaut; *be his* ~ être (de) sa faute; **'~·find·er** épilogueur (-euse *f*); censeur (-euse *f*); **'~·find·ing** 1. sermonneur (-euse *f*); grondeur (-euse *f*); 2. censure *f*, critique *f*; disposition *f* à critiquer; **'fault·i·ness** imperfection *f*; **'fault·less** □ sans défaut; sans faute; parfait; **'faults·man** *tel.*, *téléph.* surveillant *m* de ligne (*qui recherche les dérangements*); **'fault·y** □ défectueux (-euse *f*) imparfait.

fa·vo(u)r ['feivə] 1. faveur *f*; permission *f*; bonté *f*; nœud *m* de rubans, couleurs *f/pl.*; ✝ *your* ~ votre honorée *f ou* estimée *f*; ✝ *in great* ~ très recherché; *in favour of* it moi je suis pour (contre); *under* ~ *of night* à la faveur de la nuit; 2. être en faveur de; approuver; honorer (de, with); **fa·vo(u)r·a·ble** □ ['~vərəbl] (*to*) favorable (à); propice (à); bon(ne *f*); **'fa·vo(u)r·a·ble·ness** caractère *m* favorable; **fa-**

vo(u)red ['‿vəd] favorisé; **well-‿beau** (bel *devant une voyelle ou un h muet*; belle *f*; beaux *m/pl.*); **fa-vo(u)r-ite** ['‿vərit] 1. favori(te *f*), préféré; 2. favori(te *f*) *m*; *sp.* favori *m*; **'fa-vo(u)r-it-ism** favoritisme *m*; *sl.* piston *m*.

fawn[1] [fɔ:n] 1. *zo.* faon *m*; (couleur *f*) fauve *m*; 2. mettre bas (un faon).

fawn[2] [‿] *chien*: caresser (q., [*up*]on s.o.); *personne*: aduler (q.); **'fawn-er** adulateur (-trice *f*) *m*; **'fawn-ing** caressant; servile.

faze *surt. Am.* F [feiz] bouleverser.

fe-al-ty ['fi:əlti] féauté *f*; fidélité *f*.

fear [fiə] 1. peur *f*, crainte *f*; *through* (*ou from*) ‿ *of* de peur de; *for* ‿ *of* (*gér.*) de crainte de (*inf.*); ‿ *of one's life* craindre pour sa vie; 2. craindre; *v/t.* redouter, avoir peur de; *v/i.* avoir peur; **'fear-ful** □ ['‿ful] craintif (-ive *f*); timide; affreux (-euse *f*); **'fear-ful-ness** caractère *m* épouvantable; timidité *f*; **'fear-less** □ intrépide; sans peur (*de, of*); **'fear-less-ness** intrépidité *f*, courage *m*.

fea-si-bil-i-ty [fi:zə'biliti] possibilité *f*; **'fea-si-ble** possible, faisable.

feast [fi:st] 1. fête *f* (*a. eccl.*); festin *m*; *fig.* régal *m*; 2. *v/t.* fêter; ‿ *one's eyes on* assouvir ses yeux de; *v/i.* faire bonne chère; se régaler (*de*, [*up*]*on*).

feat [fi:t] exploit *m*, haut fait *m*.

feath-er ['feðə] 1. plume *f*; aile, queue: penne *f*; *chasse*: gibier *m* à plumes; ✗ plumet *m*; F *show the white* ‿ caner, manquer de courage; *that is a* ‿ *in his cap* c'est une perle à sa couronne; *in high* ‿ d'excellente humeur; 2. *v/t.* emplumer; empenner (*une flèche*); ⚓ ramener à plat (*l'aviron*); *v/i.* nager plat; ‿ *one's nest* faire sa pelote; **'‿-brained,' ‿-head-ed** étourdi, écervelé; **'feath-ered** emplumé; empenné (*flèche*); **'feath-er-edge** biseau *m*; morfil *m* (*d'un outil*); **'feath-er-ing** plumage *m*; empennage *m*; biseautage *m*; nage *f* plate; **'feath-er-stitch** point *m* d'arêtes; **'feath-er-weight** *box.* poids *m* plume; **'feath-er-y** plumeux (-euse *f*); léger (-ère *f*.).

fea-ture ['fi:tʃə] 1. trait *m* (*a. du visage*); caractéristique *f*; spécialité *f*; *cin.* film *m*; *journ. Am.* article *m*; ‿s *pl.* physionomie *f*; *pays*: topographie *f*; *œuvre*: caractère *m*; 2. marquer, caractériser; dépeindre; *journ.* mettre en manchette; *cin.* tourner (*un rôle*), représenter (*q.*); mettre en vedette; *a film featuring N.N.* un film avec N.N. en vedette; ‿ *film* grand film *m* du programme; **'fea-ture-less** sans traits bien marqués; peu intéressant.

feb-ri-fuge ['febrifju:dʒ] fébrifuge *m*.

fe-brile ['fi:brail] fiévreux (-euse *f*).

Feb-ru-ar-y ['februəri] février *m*.

feck-less ['feklis] propre à rien, incapable.

fec-u-lence ['fekjuləns] féculence *f*; saleté *f*; **'fec-u-lent** féculent; sale.

fe-cun-date ['fi:kʌndeit] féconder; **fe-cun'da-tion** fécondation *f*; **fe-cun'di-ty** [fi'kʌnditi] fécondité *f*.

fed [fed] *prét. et p.p. de feed* 2; *be* ‿ *up with* en avoir assez de; *well* ‿ bien nourri.

fed-er-al ['fedərəl] fédéral (-aux *m/pl.*); **'fed-er-al-ism** fédéralisme *m*; **'fed-er-al-ist** fédéraliste *mf*; **'fed-er-al-ize** (se) fédérer; **fed-er-ate** 1. ['‿reit] (se) fédérer; 2. ['‿rit] fédéré; allié; **fed-er'a-tion** fédération *f*; *ouvriers etc.*: syndicat *m*; **fed-er-a-tive** ['‿rətiv] fédératif (-ive *f*).

fee [fi:] 1. honoraires *m/pl.*; *école*: frais *m/pl.*; droit *m*; taxe *f*; *hist.* fief *m*; pourboire *m*; ‿ *simple* propriété *f* libre; 2. payer des honoraires (à q., s.o.); donner un pourboire à (*q.*).

fee-ble □ ['fi:bl] faible; **'‿-'mind-ed** à l'esprit faible; **'fee-ble-ness** faiblesse *f*.

feed [fi:d] 1. alimentation *f* (*a.* ⊕); pâturage *m*; *cheval*: fourrage *m*; *avoine etc.*: picotin *m*; nourriture *f*; F repas *m*; ⊕ entraînement *m*; *attr.* d'alimentation *etc.*; auxiliaire; 2. [*irr.*] *v/t.* nourrir (*q., l'esprit*); alimenter (⊕, *sp., machine, chaudière, feu, famille*); faire paître (*les vaches etc.*); manger (*a. q. des yeux, one's eyes on s.o.*); introduire (*des matières premières dans une machine*); *théâ.* donner la réplique à; ‿ *off* (*ou down*) pâturer (*un pré*); ‿ *up* engraisser; *see fed*; *v/i.* manger, paître, se nourrir (*de*, [*up*]*on*); **'‿-back** 1. ⚡ réaction *f*; 2. ⊕ alimenter en

feeder

retour; **'feed·er** mangeur (-euse f) m; surt. Am. nourrisseur m de bestiaux; enfant: bavette f; bébé: biberon m; canal m d'alimentation; ⊕ alimentateur m; ⚡ artère f ou conducteur m alimentaire; **feed·er line** ⚡ embranchement m; **'feed·ing** alimentation f; pâture f; ⊕, ⚡ avance f; attr. du repas; alimentateur (-trice f); high ~ vie f de luxe; **'feed·ing-bottle** biberon m; **'feed·ing-stuff** fourrage m.

fee-faw-fum ['fi:'fɔ:'fʌm] pouah!

feel [fi:l] **1.** [irr.] v/t. sentir; tâter (a. ✕); ressentir (une douleur, une émotion); éprouver; penser; être sensible à; avoir conscience de; v/i. être ... au toucher (chose); sembler, paraître; se sentir (personne); se trouver; ~ cold avoir froid (personne), être froid (au toucher) (chose); I ~ like (gér.) j'ai envie de (inf.); je me sens d'humeur à (inf.); ~ for avoir de la sympathie pour; **2.** toucher m; sensation f; **'feel·er** fig. ballon m d'essai; zo. antenne f; escargot: corne f; mollusque etc.: tentacule m; chat: moustache f; ✕ éclaireur m; **'feel·ing 1.** □ sensible; ému; **2.** toucher m; émotion f; sentiment m; sensibilité f; good ~ bonne entente f; sympathie f.

feet [fi:t] pl. de foot 1.

feign [fein] feindre, faire semblant (de inf., to inf.); ~ mad faire semblant d'être fou; **'feigned** feint, simulé; contrefait; déguisé; **feign·ed·ly** ['~idli] avec feinte.

feint [feint] **1.** feinte f; ✕ fausse attaque f; **2.** feinter; ✕ faire une fausse attaque.

fe·lic·i·tate [fi'lisiteit] féliciter (de, sur on); **fe·lic·i'ta·tion** félicitation f; **fe'lic·i·tous** □ heureux (-euse f); à propos; **fe'lic·i·ty** félicité f, bonheur m; à-propos m.

fe·line ['fi:lain] félin, de chat.

fell¹ [fel] **1.** prét. de fall 2; **2.** abattre; assommer.

fell² poét. [~] cruel(le f); funeste.

fell³ [~] peau f; toison f.

fell⁴ [~] colline f rocheuse.

fel·loe ['felou] jante f.

fel·low ['felou] personne f; camarade m; compagnon m, compagne f; collègue m; semblable m, pareil m; univ. agrégé(e f) m; société: membre m; F homme m, type m; péj. individu m; attr. compagnon de; co(n)-; F a ~ on; F old ~ mon vieux m; the ~ of a glove l'autre gant m; he has not his ~ il n'a pas son pareil ou de rival; **'~-'be·ings** pl. semblables m/pl.; **'~-'cit·i·zen** concitoyen(ne f) m; **'~-'coun·try·man** compatriote mf; **'~-'crea·ture** semblable m; prochain m; **'~-'feel·ing** sympathie f; **~·ship** ['~ʃip] communauté f; association f; (a. good ~) camaraderie f, solidarité f; association f, société f; fraternité f; univ. dignité f d'agrégé (d'un collège universitaire); titre m de membre (d'une société savante); ~ **sol·dier** compagnon m d'armes; **'~-'stu·dent** camarade mf d'études; **'~-'trav·el·ler** compagnon m (compagne f) de voyage; pol. communisant(e f) m.

fel·ly ['feli] jante f.

fel·on ['felən] ✞ criminel(le f) m; ✍ panaris m; **fe·lo·ni·ous** □ [fi'lounjəs] criminel(le f); délictueux (-euse f); **fel·o·ny** ✞ ['feləni] crime m.

felt¹ [felt] prét. et p.p. de feel 1.

felt² [~] **1.** feutre m; **2.** (se) feutrer.

fe·male ['fi:meil] **1.** féminin (personne); femelle (animal); ~ child enfant m du sexe féminin; ~ screw vis f femelle; **2.** femme f; animal: femelle f.

fem·i·nine □ ['feminin] féminin; gramm. du féminin; souv. péj. de femme; **fem·i'nin·i·ty** féminité f; péj. caractère m féminin; **'fem·i·nism** féminisme m; **'fem·i·nist** féministe (a. su. mf); **fem·i·nize** ['~naiz] (se) féminiser.

fen [fen] marais m, marécage m.

fence [fens] **1.** clôture f; palissade f; ⊕ guide m; garde f; sp. haie f; Am. mur m de clôture; sl. receleur (-euse f) m; sit on the ~ attendre d'où vient le vent; **2.** v/t. (a. ~ in) enclore, entourer; protéger (contre, from); sl. receler; v/i. faire de l'escrime; fig. parer (qch., with s.th.); sp. sauter les haies; sl. faire le recel; **'fence·less** ouvert, sans clôture.

fenc·ing ['fensiŋ] clôture f, palissade f; escrime f; ⊕ garde f; attr. d'armes; **'~-foil** fleuret m; **'~-mas·ter** maître m d'armes.

fend [fend]: ~ off détourner; F ~ for

pourvoir à; ~ for o.s. se débrouiller; 'fend·er △ bouteroue f; garde-feu m/inv.; mot. Am. aile f; mot. pare-chocs m/inv.; ⚓ défense f.
Fe·ni·an ['fiːniən] 1. fénian; 2. fénian m (membre d'une association d'Irlandais aux É.-U. partisans de l'Indépendance de l'Irlande).
fen·nel ♀ ['fenl] fenouil m.
fen·ny ['feni] marécageux (-euse f).
feoff [fef] fief m; feoff·ee [fe'fiː] fieffataire mf; 'feoff·ment inféodation f; don m en fief; feof·for [fe'fɔː] fieffant(e f) m.
fer·ment 1. ['fəːment] ferment m; fig. agitation f; 2. [fə'ment] (faire) fermenter; fig. (s')échauffer; fer·'ment·a·ble fermentable; fer·men·ta·tion [fəːmen'teiʃn] fermentation f; fig. effervescence f; fer·'ment·a·tive [⁓tətiv] fermentatif (-ive f).
fern ♀ [fəːn] fougère f.
fe·ro·cious □ [fə'rouʃəs] féroce; fe·roc·i·ty [fə'rɔsiti] férocité f.
fer·ret ['ferit] 1. zo. furet m (a. fig.); 2. v/t. fureter (un terrier); prendre au furet; ~ out découvrir, dénicher; fig. déterrer; v/i. chasser au furet.
fer·ric ⚗ ['ferik] ferrique; fer·rif·er·ous [fe'rudʒinəs] ferrifère; fer·ro·con·crete ⊕ ['ferou'kɔnkriːt] béton m armé; fer·rous ⚗ ['ferəs] ferreux (-euse f).
fer·rule ['feruːl] bout m ferré; ⊕ (virole f).
fer·ry ['feri] 1. passage m; bac m; 2. passer la rivière en bac; '~-boat bac m; 'fer·ry·man passeur m.
fer·tile □ ['fəːtail] (a. fig.) fertile, fécond (en of, in); fer·til·i·ty [fəː'tiliti] fertilité f (a. fig.); fer·ti·li·za·tion [⁓tilai'zeiʃn] fertilisation f; ♀ pollinisation f; 'fer·ti·lize (a. ♀) fertiliser, féconder; amender (la terre); 'fer·ti·liz·er engrais m.
fer·ule † ['feruːl] férule f (a. ♀).
fer·ven·cy ['fəːvənsi] (usu. fig.) ferveur f; ardeur f; 'fer·vent □ ardent (a. fig.); fig. fervent, vif (vive f).
fer·vid □ ['fəːvid] see fervent.
fer·vo(u)r ['fəːvə] see fervency.
fes·tal □ ['festl] de fête; joyeux (-euse f).
fes·ter ['festə] 1. (faire) suppurer; (s')ulcérer; fig. couver; 2. inflammation f avec suppuration.

fes·ti·val ['festəvl] fête f; ♪, théâ. festival m; fes·tive □ ['⁓iv] de fête, joyeux (-euse f); fes'tiv·i·ty fête f, réjouissance f, festivité f.
fes·toon [fes'tuːn] 1. feston m; 2. festonner.
fetch [fetʃ] v/t. apporter (qch.); amener (q.); aller chercher; rapporter (un prix); F captiver; F flanquer (un coup); pousser (un soupir); tirer (des larmes); en faire monter; vomir; v/i.: ~ and carry être aux ordres (de q., for s.o.); ~ up s'arrêter; usu. Am. aboutir (à, at); 'fetch·ing F □ ravissant, séduisant.
fête [feit] 1. fête f (a. eccl.); 2. fêter.
fet·id □ ['fetid] fétide, puant.
fe·tish ['fiːtiʃ] fétiche m.
fet·lock ['fetlɔk] fanon m.
fet·ter ['fetə] 1. chaîne f; 2. enchaîner. [dition f.]
fet·tle ['fetl] forme f; bonne con-
fe·tus ['fiːtəs] see foetus.
feud [fjuːd] inimitié f; fief m; feu·dal □ ['⁓dl] féodal (-aux m/pl.); feu·dal·ism ['⁓dəlizm] féodalité f; feu·dal·i·ty [⁓'dæliti] féodalité f; fief m; feu·da·to·ry ['⁓dətəri] feudataire (a. su./m), vassal (-aux m/pl.) (a. su./m).
fe·ver ['fiːvə] fièvre f; fe·vered ['fiːvəd] surt. fig. fiévreux (-euse f); 'fe·ver·ish □ fiévreux (-euse f) (a. fig.).
few [fjuː] 1. adj. peu de; quelques; 2. pron.: a ~ quelques-uns (-unes f); a good ~ pas mal (de); 3. su. petit nombre m; the ~ la minorité.
fi·at ['faiæt] décret m; consentement m; Am. ~ money monnaie f fiduciaire (billets de banque).
fib [fib] 1. petit mensonge m; blague f; 2. mentir; blaguer; 'fib·ber menteur (-euse f) m; blagueur (-euse f) m.
fi·bre, Am. fi·ber ['faibə] fibre f (a. ⊕); ♀ radicelle f; fig. nature f, trempe f; fi·brin ['⁓brin] ⚗, physiol. fibrine f; fi·bro·si·tis ['⁓brou'saitis] cellulite f; 'fi·brous □ fibreux (-euse f).
fib·u·la anat. ['fibjulə], pl. -lae [⁓liː], -las péroné m.
fick·le ['fikl] inconstant, volage; changeant; 'fick·le·ness inconstance f; humeur f volage.
fic·tile ['fiktail] plastique, céramique (argile).

fic·tion ['fikʃn] fiction f (a. 🕮); (a. works of ~) romans m/pl., littérature f d'imagination; '**fic·tion·al** ☐ de romans; d'imagination.

fic·ti·tious ☐ [fik'tiʃəs] fictif(-ive f); imaginaire; inventé; feint; '**fic·tive** fictif (-ive f), imaginaire.

fid·dle ['fidl] **1.** violon m; **2.** v/i. jouer du violon; tripoter; v/t. jouer (un air) sur le violon; souv. Am. truquer; ~ away perdre (son temps); **fid·dle·de·dee** ['~di'di:] quelle blague!; **fid·dle-fad·dle** F ['~fædl] **1.** fadaises f/pl.; ~! quelle blague!; **2.** musard; **3.** baguenauder; '**fid·dler** joueur m du violon; '**fid·dle-stick** archet m; ~s! quelle bêtise!

fi·del·i·ty [fi'deliti] fidélité f, loyauté f (à, envers to, towards).

fidg·et F ['fidʒit] **1.** usu. ~s pl. agitation f, énervement m; personne: énervé(e f) m; have the ~s ne pas tenir en place; **2.** (s')énerver (se) tourmenter; v/i. s'agiter; '**fidg·et·y** agité, nerveux (-euse f), impatient.

fi·du·ci·ar·y [fi'dju:ʃiəri] **1.** fiduciaire; **2.** héritier (-ère f) m fiduciaire; dépositaire mf.

fie [fai] fi (donc)!

fief [fi:f] fief m.

field [fi:ld] **1.** champ m; pré m; sp. terrain m; course: champ m; fig. domaine m; ✝ marché m; ⚔ champ m de bataille; glace: banc m; hold the ~ se maintenir sur ses positions; fig. être toujours en faveur; **2.** cricket: v/i. tenir le champ; v/t. arrêter et relancer (la balle); '~-day ⚔ jour m de grandes manœuvres ou de revue; fig. grande occasion f, grand jour m; Am. réunion f athlétique; Am. journée f d'expédition en pleine campagne; '**field-er** cricket: chasseur m.

field ...: '~-fare litorne f; '~-glass jumelle f, -s f/pl.; '~-jack·et anorak m; '⚔-Mar·shal feld-maréchal m; '~-sports pl. chasse f et pêche f.

fiend [fi:nd] démon m, esprit m malin; diable m; fig. monstre m; fig. fanatique mf (de); '**fiend·ish** ☐ diabolique; infernal (-aux m/pl.).

fierce ☐ [fiəs] féroce; violent; furieux (-euse f); '**fierce·ness** férocité f; violence f; fureur f.

fi·er·i·ness ['faiərinis] ardeur f (a. fig.); '**fi·er·y** ☐ de feu; enflammé; ardent; emporté (personne).

fife [faif] **1.** fifre m; **2.** v/t. fifrer; v/i. jouer du fifre; '**fif·er** (joueur m de) fifre m.

fif·teen ['fif'ti:n] quinze; '**fif'teenth** [~θ] quinzième (a. su./m); **fifth** [fifθ] cinquième (a. su./m); '**fifth·ly** en cinquième lieu; **fif·ti·eth** ['~tiiθ] cinquantième (a. su./m); '**fif·ty** cinquante; '**fif·ty-'fif·ty** chacun(e f) la moitié; go ~ être de moitié.

fig[1] [fig] figue f; arbre: figuier m; a ~ for ...! zut pour ...!; I don't care a ~ for him je m'en fiche (de lui).

fig[2] F [~] **1.** forme f; gala f; in full ~ en grande toilette ou tenue; in good ~ en bonne forme; **2.** ~ out attifer.

fight [fait] **1.** combat m, bataille f; box. assaut m; (a. free ~) bagarre f; fig. lutte f; make a ~ for lutter pour; put up a good ~ se bien acquitter; show ~ offrir de la résistance; **2.** [irr.] se battre avec ou contre; combattre; lutter contre; ~ off repousser, résister à; v/i. se battre; combattre; lutter; ~ against combattre (q., qch.); ~ back résister à, repousser; ~ for se battre pour; ~ shy of éviter; ~ing fit frais et dispos; en parfaite santé; '**fight·er** combattant m, guerroyeur m; ~ plane avion m de chasse, chasseur m; '**fight·ing** combat m; attr. de combat.

fig·ment ['figmənt] fiction f, invention f.

fig-tree ['figtri:] figuier m.

fig·u·rant ['figjurənt] figurant m.

fig·u·ra·tion [figju'reiʃn] (con-) figuration f; ♪ embellissement m; **fig·ur·a·tive** ☐ ['~rətiv] figuratif (-ive f); figuré; en images.

fig·ure ['figə] **1.** figure f (a. ♪, danse, géométrie, livre); taille f, forme f; ✚ chiffre m; image f; tissu: dessin m; F what's the ~? ça coûte combien?; at a high ~ à un prix élevé; **2.** v/t. écrire en chiffres; ♪ chiffrer; brocher (un tissu); (a. ~ to o.s., se) figurer, représenter; Am. estimer; ~ up (ou out) calculer; ~ out résoudre (un problème); v/i. chiffrer, calculer; ~ as représenter; ~ on se trouver sur; Am. compter sur; ~ out at (se) monter à; '~-head ⚓ figure f de proue; fig. personnage *m* purement décoratif; prête-nom *m*; '~-skat·ing tracé *m* des figures sur la glace.

fig·u·rine ['figjuri:n] figurine *f*.

fil·a·ment ['filəmənt] filament *m* (*a*. ⚡); ⚕, *zo.*, *phys.* filet *m*; *attr*. ⚡, *radio*: de chauffage.

fil·bert ⚕ ['filbə:t] aveline *f*; *arbre*: avelinier *m*.

filch [filtʃ] chiper (à, *from*).

file¹ [fail] 1. dossier *m* (*a*. ⚖); *lettres*: classeur *m*; *papiers*: liasse *f*; crochet *m* à papiers; fichier *m*; ✕ file *f*; *in single* ~ en file indienne; ~-*leader* chef *m* de file 2. ✕ (faire) marcher en ligne de file; ✕ ~ *off* (faire) défiler; *v/t*. enfiler; classer; ranger; joindre au dossier; enregistrer (*une enquête*); *Am*. déposer (*une plainte*); *filing cabinet* fichier *m*; classeur *m*.

file² [~] 1. lime *f*; *sl. deep* ~ fin matois *m*; 2. limer; '~-cut·ter tailleur *m* de limes.

fil·i·al □ ['filjəl] filial (-aux *m/pl*.); fil·i·a·tion [fili'eiʃn] filiation *f*.

fil·i·bus·ter ['filibʌstə] 1. (*ou* fil·i-'bus·ter·er) flibustier *m*; *Am*. obstructionniste *m*; 2. flibuster; *Am*. faire de l'obstruction.

fil·i·gree ['filigri:] filigrane *m*.

fil·ings *pl*. ['failiŋz] limaille *f*.

fill [fil] 1. (se) remplir (de, *with*); (se) combler; *v/t*. plomber (*une dent*); occuper (*un poste*); charger, satisfaire (*un besoin*, *un désir*); *Am*. ⚕, *pharm*. exécuter; *Am*. répondre à; ~ *s.o.'s glass* verser à boire à q.; ~ *in* combler (*un trou etc*.); remplir (*un bulletin*, *une formule*); libeller (*un chèque*); ~ *out* (s')enfler; grossir; ~ *up* (se) ,remplir, (se) combler; libeller (*un chèque*); 2. suffisance *f*; soûl *m*; plein *m* de pipe; plumée *f*; *eat* (*drink*) *one's* ~ manger à sa faim (boire à sa soif).

fill·er ['filə] remplisseur (-euse *f*) *m*; remplissage *m*.

fil·let ['filit] 1. △, *cheveux*: filet *m*; *cuis*. filet *m* (*de bœuf etc*.); ✠ bandelette *f*; ruban *m*; *veau*: rouelle *f*; △ fasce *f*. 2. orner d'un filet; *cuis*. détacher les filets de.

fill·ing ['filiŋ] remplissage *m*; charge *f*; *dent*: plombage *m*; *mot*. ~ *station* poste *m* d'essence.

fil·lip ['filip] 1. *doigt*: chiquenaude *f*; encouragement *m*, stimulant *m*; 2. donner une chiquenaude à; stimuler.

fil·ly ['fili] pouliche *f*; F jeune fille *f*.

film [film] 1. pellicule *f* (*a. phot*.); voile *m*; peau *f* (*du lait chaud*); *cin*. film *m*, bande *f*; *œil*: taie *f*; ~ *cartoon* dessin *m* animé; ~ *cartridge phot*. (pellicule *f* en) bobine *f*; *take a* ~ tourner un film; 2. (se) couvrir d'une pellicule *ou* d'un voile; *v/t. phot., cin.* filmer; *v/i. fig.* se voiler; 'film·y □ *fig.* voilé; transparent.

fil·ter ['filtə] 1. filtre *m*; 2. *v/t*. filtrer; *v/i. fig.* s'infiltrer; ~ *in* changer de file; 'fil·ter·ing filtrage *m*.

filth [filθ] saleté *f*; 'filth·y □ sale, dégoûtant; crapuleux (-euse *f*).

fil·trate ['filtreit] 1. (s'in)filtrer; 2. ⚗ filtrat *m*; fil'tra·tion filtration *f*; *pharm*. colature *f*.

fin [fin] nageoire *f*; *sl*. main *f*; ✈ plan *m* fixe; *mot*. ailette *f*.

fi·nal ['fainl] 1. □ final (-als *m/pl*.) (*a. gramm.*); dernier (-ère *f*); définitif (-ive *f*); sans appel; 2. *a*. ~s *pl*. examen *m* final; *sp*. finale *f*; 'fi·nal·ist ['~nəlist] *sp*. finaliste *mf*; fi'nal·i·ty ['~'næliti] caractère *m* définitif; décision *f*.

fi·nance [fai'næns] 1. finance *f*; 2. *v/t*. financer; *v/i*. être dans la finance; fi'nan·cial □ [~ʃl] financier (-ère *f*); fin'an·cier [~siə] financier *m*; *fig*. bailleur *m* de fonds.

finch *orn*. [fintʃ] pinson *m*.

find [faind] 1. (*irr*.) trouver; découvrir; constater; retrouver; croire; fournir, procurer; ⚖ déclarer, prononcer (*coupable etc*.); ~ *o.s.* se trouver; se pourvoir soi-même; *all found* tout fourni; ~ *out* découvrir; se renseigner (sur, *about*); inventer; *I cannot* ~ *it in my heart* je n'ai pas le cœur (de *inf.*, *to inf.*); 2. trouvaille *f*, découverte *f*; 'find·er trouveur (-euse *f*) *m*; *phot*. viseur *m*; *opt*. chercheur *m*; 'find·ing découverte *f*; *a*. ~s *pl*. trouvaille *f*; ⚖ conclusion *f*; verdict *m*.

fine¹ □ [fain] 1. fin, pur; raffiné; subtil; bon(ne *f*); excellent; petit; beau (bel *devant une voyelle ou un h muet*; belle *f*; beaux *m/pl*.) (*a. temps*); joli; élégant; *you are a* ~ *fellow! iro.* vous êtes joli, vous!; ~ *arts pl.* beaux arts *m/pl*.; 2. *adv*. finement; admirablement; *cut* ~ tout juste (*temps*); au plus bas

fine

(*prix*); **3.** *météor.* beau temps *m*; **4.** (se) clarifier (*bière*); ~ *away* (*ou down ou off*) (s')amincir; rendre *ou* devenir effilé.

fine² [~] **1.** amende *f*; *in* ~ bref; enfin; **2.** frapper (*q.*) d'une amende (d'une livre, *a pound*).

fine-draw ['fain'drɔ:] rentraire; ~*n fig.* amaigri; subtil.

fine·ness ['fainnis] finesse *f*; pureté *f*; subtilité *f*; beauté *f*; élégance *f*.

fin·er·y ['fainəri] parure *f*; atours *m/pl.*; ⊕ (af)finerie *f*.

fi·nesse [fi'nes] finesse *f*; ruse *f*; *cartes:* impasse *f*.

fin·ger ['fiŋgə] **1.** doigt *m*; *have a* ~ *in the pie* être mêlé à *ou* se mêler de l'affaire; *see and* **1**; **2.** manier, toucher; tâter; ♪ doigter; tapoter sur (*un piano*); '~-**board** ♪ piano *etc.*: clavier *m*; *violon etc.*: touche *f*; '**fin·gered** aux doigts ...; '**fin·ger·ing** maniement *m*; ♪ doigté *m*; grosse laine *f* à tricoter.

fin·ger...: '~-**lan·guage** langage *m* mimique; '~-**post** poteau *m* indicateur; '~-**print 1.** empreinte *f* digitale; **2.** prendre les empreintes digitales de (*q.*); '~-**stall** doigtier *m*.

fin·i·cal □ ['finikl], **fin·ick·ing** ['~kiŋ], **fin·ick·y** ['~ki], **fin·i·kin** ['~kin] difficile; méticuleux (-euse *f*) (*personne*).

fin·ish ['finiʃ] **1.** *v/t.* finir; terminer; casser; (*a.* ~ *off, up*) achever, mener à terme; ⊕ usiner; *tex.* apprêter; ~*ed goods pl.* articles *m/pl.* apprêtés; ~*ing touch* dernière main *f*; *v/i.* finir; se terminer; prendre fin; **2.** achèvement *m*; ⊕ apprêtage *m*; ⊕ finissage *m*; ✝ fini *m*, apprêt *m*; '**fin·ish·er** ⊕ finisseur (-euse *f*) *m*, apprêteur (-euse *f*) *m*; F coup *m* de grâce.

fi·nite □ ['fainait] borné, limité; fini (*a.* ♈); *gramm.* ~ *verb* verbe *m* à un mode fini; '**fi·nite·ness** nature *f* limitée.

fink *Am. sl.* [fiŋk] jaune *m*.

Fin·land·er ['finləndə], **Finn** [fin] Finlandais(e *f*) *m*; Finnois(e *f*) *m*.

Finn·ish ['finiʃ] finlandais *m*; *ling.* finnois *m*.

fin·ny ['fini] à nageoires.

fir [fə:] sapin *m*; *Scotch* ~ *pin m* rouge; '~-**cone** pomme *f* de sapin.

fire ['faiə] **1.** feu *m*; incendie *m*; ✗ tir *m*; *fig.* ardeur *f*; radiateur *m* (à gaz, *électrique*); ~! au feu!; *on* ~ en flammes, en feu; **2.** *v/t.* mettre le feu à; (*a.* ~ *off*) ✗ tirer; cuire (*des briques etc.*); *fig.* enflammer; F congédier, renvoyer; ⊕ chauffer (*le four etc.*); ~ *up* allumer; chauffer; *v/i.* prendre feu; s'enflammer (*a. fig.*); partir; tirer (sur *at*, [up]on); F ~ *away!* allez-y!; ~ *up* s'emporter (contre, *at*); '~-**a·larm** signal *m* d'incendie; '~-**arms** *pl.* armes *f/pl.* à feu; '~-**ball** *météor.* aérolithe *m*; éclair *m* en boule; ✗ balle *f* à feu; '~-**box** ⊕ boîte *f* à feu; '~-**brand** F brandon *m* (de discorde); '~-**bri·gade** sapeurs-pompiers *m/pl.*; '~-**bug** *Am.* F incendiaire *m*; '~-**crack·er** pétard *m*; '~-**cur·tain** *théâ.* rideau *m* métallique; '~-**damp** ⚒ grisou *m*; '~-**de·part·ment** *Am.* sapeurs-pompiers *m/pl.*; '~-**dog** chenet *m*; landier *m*; '~-**en·gine** ⊕ pompe *f* à incendie; '~-**es·cape** échelle *f ou* escalier *m* de sauvetage; '~-**ex·tin·guish·er** extincteur *m* (d'incendie); '~-**fly** luciole *f*; F mouche *f* à feu; '~-**gre·nade** grenade *f* extinctrice; '~-**in·sur·ance** assurance *f* contre l'incendie; '~-**i·rons** *pl.* garniture *f* de foyer; '~-**light·er** allume-feu *m/inv.*; '~-**man** (sapeur-)pompier *m*; ⊕ chauffeur *m*; '~-**of·fice** bureau *m* d'assurance contre l'incendie; '~-**place** cheminée *f*; foyer *m*; '~-**plug** bouche *f* d'incendie; '~-**proof** ignifuge; '~-**screen** devant *m* de cheminée; '~-**side 1.** cheminée *f*, foyer *m*; coin *m* du feu; **2.** de *ou* au coin du feu; '~-**sta·tion** poste *m* de pompiers; '~-**wood** bois *m* à brûler; '~-**work** (*pl. fig.*) feu *m* d'artifice; '~-**work** pièce *f* d'artifice.

fir·ing ['faiəriŋ] chauffage *m*; ⊕ chauffe *f*; *briques etc.*: cuite *f*; ✗ tir *m*; ~ *squad* peleton *m* d'exécution.

fir·kin ['fə:kin] *mesure*: quartaut *m* (45,5 litres); tonnelet *m*.

firm [fə:m] **1.** □ ferme; solide; inébranlable; **2.** maison *f* (de commerce); raison *f* sociale.

fir·ma·ment ['fə:məmənt] firmament *m*.

firm·ness ['fə:mnis] fermeté *f*; solidité *f*.

first [fə:st] **1.** *adj.* premier (-ère *f*);

~ aid premiers soins m/pl.; ✝ ~ cost prix m coûtant ou initial ou de revient; Am. ~ floor see ground floor; ~ name prénom m; ~ night théâ. première f; Am. ~ papers pl. déclaration f de naturalisation; 2. adv. premièrement, d'abord; pour la première fois; plutôt; at ~ ,~ of all pour commencer; tout d'abord; ~ and last en tout et pour tout; 3. su. premier (-ère f) m; ✝ ~ of exchange première f de change; from the ~ dès le premier jour; go ~ passer devant; prendre le devant; 🚂 voyager en première; '~-'aid post poste m de secours; '~-born premier-né (premier-née ou première-née f); '~-'class de première classe; de première qualité; '~-fruits pl., firstlings pl. ['~liŋz] prémices f/pl.; 'first·ly premièrement; d'abord; 'first-rate de premier ordre; see first-class.

firth [fə:θ] estuaire m, golfe m.

fis·cal ['fiskl] fiscal (-aux m/pl.); financier (-ère f).

fish [fiʃ] 1. poisson m; coll. poissons m/pl.; 🚂 éclisse f; ~ drôle m de type; have other ~ to fry avoir d'autres chats à fouetter; 2. v/i. pêcher (qch., for s.th.); aller à la pêche (de, for); v/t. pêcher; 🚂 éclisser; ~ out tirer; sortir; '~-bone arête f.

fish·er·man ['fiʃəmən] pêcheur m; 'fish·er·y pêche f; lieu: pêcherie f.

fish-hook ['fiʃhuk] hameçon m.

fish·ing ['fiʃiŋ] pêche f; '~-line ligne f de pêche; '~-rod canne f à pêche; '~-tack·le attirail m de pêche.

fish...: '~-mon·ger marchand(e f) m de poisson; '~-wife marchande f de poisson; 'fish·y de poisson; vitreux (-euse f) (œil); F louche; véreux (-euse f).

fis·sion ['fiʃn] fission f; see atomic; fis·sion·a·ble phys. ['~əbl] fissile; fis·sure ['fiʃə] 1. fissure f, fente f; 2. fendre.

fist [fist] poing m; F main f; F écriture f; fist·i·cuffs ['~ikʌfs] pl. coups m/pl. de poing.

fis·tu·la 🎜 ['fistjulə] fistule f.

fit¹ [fit] 1. □ bon, propre, convenable (à, for); digne (de); en bonne santé; capable; F prêt (à, for); sp. en forme, en bonne santé; it is not ~ il ne convient pas; F ~ as a fiddle en parfaite santé; 2. v/t. adapter, ajuster, accommoder (à to, for); préparer; s'accorder avec; aller à (q.), (a. ~ together) assembler (des pièces); ⊕ (a. ~ in) emboîter; pourvoir (de, with); ~ out équiper (de, with); ~ up monter; établir; appareiller; v/i. s'ajuster; aller (robe etc.); convenir; 3. coupe f, costume etc.: ajustement m; it is a bad ~ il est mal ajusté.

fit² [~] 🎜 attaque f, crise f, colère: accès m; by ~s and starts par boutades, à bâtons rompus; give s.o. a ~ F donner un coup de sang à q.

fitch·ew zo. ['fitʃu:] putois m.

fit·ful □ ['fitful] irrégulier (-ère f); capricieux (-euse f); d'humeur changeante; 'fit·ment meuble m; ⊕ montage m; 'fit·ness convenance f; aptitude f; justesse f; santé f; 'fit-out équipement m; 'fit·ter monteur m; appareilleur m; cost. etc. essayeur (-euse f) m; 'fit·ting 1. □ convenable, propre; 2. montage m; cost. etc. essayage m; ~s pl. chambre: garniture f; installations f/pl.; gaz, électricité: appareillage m; 'fit-up F scène f démontable; accessoires m/pl.

five [faiv] 1. cinq (a. su./m); 2. ~s sg. (jeu m de) balle f au mur; 'five·fold quintuple.

fix [fiks] 1. v/t. fixer (a. phot., a. les yeux sur q.); attacher (a. un regard sur q.); nommer (un jour); régler; déterminer; surt. Am. F arranger, faire (le lit etc.); réduire à quia; graisser la patte à; ~ o.s. s'établir; ~ up arranger; installer; Am. réparer; v/i. s'installer; se fixer; se décider (pour, on); 2. F embarras m, difficulté f; fix·a·tion fixation f; phot. fixage m; fix·a·tive ['~ətiv], fix·a·ture ['~ətʃə] fixatif m; fixed ['~t] (adv. fix·ed·ly ['~idli]) fixe; arrêté; permanent; invariable; figé (sourire); ~ quota contingent m (déterminé); ~ star étoile f fixe; fix·ed·ness ['~idnis] fixité f; constance f; 'fix·er phot. fixateur m; bain m de fixage; 'fix·ing fixage m; tex. boussage m; Am. ~s pl. équipement m; garniture f; 'fix·i·ty fixité f; fermeté f; fix·ture ['~tʃə] meuble m fixe; appareil m fixe; sp. engagement m; ~s pl. meubles m/pl. fixes; appareil m (à gaz etc.).

fizz [fiz] **1.** pétiller; cracher (*vapeur*); **2.** pétillement *m*; F champagne *m*; mousseux *m*; **'fiz·zle 1.** pétiller; siffler; (*usu.* ~ *out*) faire fiasco, avorter; **2.** pétillement *m*; fiasco *m*.

flab·ber·gast F ['flæbəgɑːst] abasourdir; *be* ~*ed* (en) rester interdit.

flab·by □ ['flæbi] flasque, mou (mol *devant une voyelle ou un h muet*; molle *f*).

flac·cid □ ['flæksid] flasque, mou (mol *devant une voyelle ou un h muet*; molle *f*).

flag[1] [flæg] **1.** drapeau *m*; ⚓ pavillon *m*; ~ *of truce* drapeau *m* parlementaire; *black* ~ pavillon *m* noir; **2.** pavoiser; transmettre par signaux; *sp.* ~ *out* jalonner.

flag[2] [~] **1.** carreau *m*; dalle *f*; **2.** paver; daller.

flag[3] ⚥ [~] iris *m*.

flag[4] [~] languir; traîner.

flag-day ['flægdei] jour *m* de quête; *Am. Flag Day* le quatorze juin (*anniversaire de l'adoption du drapeau national*).

flag·el·late ['flædʒeleit] flageller; **flag·el·la·tion** flagellation *f*.

fla·gi·tious □ [flə'dʒiʃəs] infâme, abominable.

flag·on ['flægən] flacon *m*; ✞ *vin*: pot *m* à anse; *bière*: grosse bouteille *f*.

fla·grant □ ['fleigrənt] infâme, flagrant, énorme.

flag...: **'~·ship** vaisseau *m* amiral; **'~·staff** mât *m* ou hampe *f* de drapeau; ⚓ mât *m* de pavillon; **'~-stone** pierre *f* à paver; dalle *f*; **'~-wag·ging** ⚑, ⚓ signalisation *f*; *sl.* chauvinisme *m*.

flail ⚔ [fleil] fléau *m*.

flair [flɛə] flair *m*; F aptitude *f* (à, *for*).

flake [fleik] **1.** flocon *m*; *savon*: paillette *f*; *métal*: écaille *f*; **2.** (s')écailler; (s')épaufrer (*pierre*); **'flak·y** floconneux (-euse *f*); écailleux (-euse *f*); feuilleté (*pâte*).

flam F [flæm] blague *f*; charlatanerie *f*.

flame [fleim] **1.** flamme *f*; feu *m*; *fig.* passion *f*; F béguin *m*; **2.** flamber (*a. fig.*), s'enflammer; ~ *out* (*ou up*) jeter des flammes; s'enflammer.

flange ⊕ [flændʒ] *roue*: boudin *m*; *pneu*: talon *m*; *poutre*: semelle *f*.

flank [flæŋk] **1.** flanc *m* (*a.* ⚔, *a. fig.*); **2.** flanquer (de *by*, *with*); ⚔ prendre de flanc.

flan·nel ['flænl] *tex.* flanelle *f*; *attr.* de flanelle; ~*s pl.* flanelles *f*/*pl.*; *face*-~ gant *m* de toilette.

flap [flæp] **1.** patte *f*; pan *m*; *table*: battant *m*; *chaussure*: oreille *f*; léger coup *m*; clapotement *m*; **2.** *v/t.* frapper légèrement; battre de (*les ailes, les bras, etc.*); *v/i.* battre; claquer; ballotter; **'flap·per** battoir *m*; claquette *f*; *sl.* jeune fille *f*; *see flap* 1.

flare [flɛə] **1.** flamboyer; brûler avec une lumière inégale; s'évaser (*jupe, tube, etc.*); s'emporter (*personne*); **2.** flamme *f* vacillante; ⚔ fusée *f* éclairante; ⚓ feu *m*; *jupe*: godet *m*.

flash [flæʃ] **1.** voyant; contrefait, faux (fausse *f*); **2.** éclair *m*; éclat *m*; *fig.* saillie *f*; rayon *m*; *surt. Am.* dernière nouvelle *f*; nouvelle *f* brève; *in a* ~ en un clin d'œil; ~ *of wit* boutade *f*; ~ *in the pan* feu *m* de paille; **3.** *v/i.* lancer des étincelles; briller; étinceler; *v/t.* faire étinceler; faire parade de; diriger, projeter (*un rayon de lumière*); darder (*un regard*); télégraphier; riposter; *it* ~*ed on me* l'idée me vint tout d'un coup; **'~-back** *cin.* scène *f* de rappel; **'~-light** *phot.* lumière-éclair *f*; *Am.* lampe *f* de poche; **'~-point** point *m* d'inflammabilité; **'flash·y** □ voyant; superficiel(le *f*); à toilette tapageuse.

flask [flɑːsk] flacon *m*; poire *f* à poudre; *vacuum* ~ thermos *m*.

flat [flæt] **1.** □ plat, uni; étendu; insipide; catégorique; ✞ net(te *f*); languissant; mat (*peinture*); ♪ faux (fausse *f*); ♪ bémol *inv.*; calme (*bourse*); ~ *price* prix *m* unique; *fall* ~ rater, manquer; *sing* ~ chanter faux; **2.** pays *m* plat; plaine *f*; *théâ.* ferme *f*; paroi *f*; appartement *m*; ⚓ bas-fond *m*; ♪ bémol *m*; F benêt *m*, niais(e *f*) *m*; *mot. sl.* pneu *m* à plat; **'~-foot** pied *m* plat; *souv. Am.* agent *m*, flic *m*; **'~-foot·ed** à pieds plats; *Am.* F formel(le *f*); franc(he *f*); **'~-i·ron** fer *m* à repasser; **'flat·ness** nature *f* plate; égalité *f*; *fig.* monotonie *f*; franchise *f*; ✞ langueur *f*, marasme *m*; **'flat·ten** (s')a-

flippant

platir; ⚒ ~ out se redresser; allonger le vol.
flat·ter ['flætə] flatter; **'flat·ter·er** flatteur (-euse f) m; **'flat·ter·y** flatterie f.
flat·u·lence, flat·u·len·cy ['flætjuləns(i)] flatuosité f, flatulence f; **'flat·u·lent** □ flatulent.
flaunt [flɔ:nt] faire étalage (de).
fla·vo(u)r ['fleivə] 1. saveur f; goût m; arome m; vin: bouquet m; fig. atmosphère f; 2. assaisonner (de, with); parfumer; **'fla·vo(u)red**: vanilla-~ (parfumé) à la vanille; **'fla·vo(u)r·less** insipide, fade.
flaw [flɔ:] 1. défaut m, défectuosité f; imperfection f; ⊕ paille f; ⚖ vice m de forme; fig. tache f; ♣ grain m; 2. (se) fêler; fig. (s')endommager; **'flaw·less** □ sans défaut; parfait.
flax ♀ [flæks] lin m (a. tex.); **'flax·en, 'flax·y** de lin; F blond.
flay [flei] écorcher; fig. rosser; **'flay·er** écorcheur m.
flea [fli:] puce f; **'~·bane** ♀ érigéron m; **'~·bite** morsure f de puce.
fleck [flek] 1. petite tache f; 2. tacheter (de, with).
flec·tion ['flekʃn] see flexion.
fled [fled] prét. et p.p. de flee.
fledge [fledʒ] v/i. s'emplumer; v/t. pourvoir de plumes; **fledg(e)·ling** ['~liŋ] oisillon m; fig. novice mf.
flee [fli:] [irr.] v/i. s'enfuir (de, from); v/t. (a. ~ from) fuir.
fleece [fli:s] 1. toison f; tex. nappe f; ✝ molleton m; 2. tondre; écorcher; **'fleec·y** floconneux (-euse f); moutonné (nuage, vagues).
fleer [fliə] 1. † ricanement m; 2. se moquer (de, at), railler (q., at s.o.).
fleet [fli:t] 1. □ poét. rapide; léger (-ère f); 2. flotte f; fig. série f; ♀ Street la presse f (à Londres); 3. passer rapidement; **'fleet·ing** fugitif (-ive f); passager (-ère f).
Flem·ing ['flemiŋ] Flamand(e f) m; **'Flem·ish** 1. flamand; 2. ling. flamand m; Flamand(e f) m.
flesh [fleʃ] 1. chair f (a. eccl., a. des fruits); viande f; make s.o.'s ~ creep donner la chair de poule à q.; 2. donner le goût (fig. le baptême) du sang à; **'~·brush** brosse f à friction; **flesh·ings** ['~iŋz] pl. théâ. maillot chair m/inv.; **'flesh·ly** charnel(le f); sensuel(le f); **'flesh·y** charnu; gras(se f).

flew [flu:] prét. de fly 2.
flex ∉ [fleks] flexible m, cordon m souple; **flex·i·bil·i·ty** [~ə'biliti] souplesse f (a. fig.); **'flex·i·ble** □ flexible; souple; pliant; **flex·ion** ['flekʃn] flexion f; courb(ur)e f; gramm. (in)flexion f; **flex·or** ['~ksə] anat. (muscle m) fléchisseur m; **flex·u·ous** ['fleksjuəs] flexueux (-euse f); **flex·ure** ['flekʃə] flexion f; géol. pli m.
flick [flik] 1. effleurer (un cheval etc.); (a. ~ at) donner une chiquenaude à; 2. petit coup m; chiquenaude f; ~ s pl. sl. ciné m.
flick·er ['flikə] 1. trembler, vaciller; clignoter; 2. tremblement m; battement m; Am. évanouissement m.
fli·er ['flaiə] see flyer.
flight [flait] vol m (a. ⚒); essor m (a. fig.); abeilles: essaim m; oiseaux: volée f; fuite f (a. ✕); ♀ ligne f; (~ of stairs) escalier m, perron m; put to ~ mettre (q.) en déroute; take (to) ~ prendre la fuite; **'~·com'mand·er** commandant m de groupe; **'~·lieu'ten·ant** capitaine m aviateur; **'flight·y** □ frivole, étourdi; volage; inconstant.
flim·sy ['flimzi] 1. tenu; fragile; léger (-ère f); frivole; 2. papier m pelure; F fafiot m (=billet de banque); télégramme m; journ. copie f.
flinch [flintʃ] broncher; reculer (devant, from); tressaillir.
fling [fliŋ] 1. coup m, jet m; cheval: ruade f; fig. essai m; have one's ~ jeter sa gourme; 2. [irr.] v/i. s'élancer, se précipiter; (a. ~ out) ruer (cheval); étendre; v/t. jeter, lancer; ~ o.s. se précipiter; ~ away jeter de côté; gaspiller (l'argent); ~ forth jeter dehors; F flanquer à la porte; ~ open ouvrir tout grand; ~ out étendre (les bras).
flint [flint] caillou (pl. -x) m; géol. silex m; pierre f à briquet; **'flint·y** cailloux (-euse f); fig. insensible.
flip [flip] 1. chiquenaude f; petite secousse f vive; ⚒ sl. petit tour m de vol; boisson: flip m; 2. donner une chiquenaude à; donner une petite secousse à; claquer (le fouet).
flip-flap ['flipflæp] 1. su. saut m périlleux; 2. adv. flic flac.
flip·pan·cy ['flipənsi] légèreté f; **'flip·pant** □ léger (-ère f); irrévérencieux (-euse f).

flip·per ['flipə] zo. nageoire f; sl. main f.

flirt [flə:t] **1.** coquette f; flirteur m; **2.** v/i. flirter; faire la coquette; v/t. see flip 2; **flir·ta·tion** flirt m; coquetterie f.

flit [flit] voltiger; s'en aller; passer rapidement; déménager.

flitch [flitʃ] flèche f de lard.

flit·ter ['flitə] voltiger.

flivver Am. F ['flivə] **1.** voiture f bon marché, F tacot m; **2.** subir un échec.

float [flout] **1.** ⊕, pêche: flotteur m; filet: galet m; masse f flottante; théâ. paroi f mobile; théâ. rampe f; radeau m; wagon m en plateforme; char m de cortège; **2.** v/t. flotter; transporter dans les airs; inonder (un terrain); fig. émettre, faire circuler; ✝ lancer, fonder, monter; v/i. flotter, nager; ⚓ être à flot; nage: faire la planche; '**float·a·ble** flottable; '**float·age** flottement m; **float·a·tion** see flotation; '**float·ing** flottant; à flot; sur mer; ✝ courant (dette); ~ bridge pont flottant; ✝ ~ capital capital disponible; ~ ice glace f flottante; ~ kidney rein m mobile; ~ light bateau-feu (pl. bateaux-feux) m.

flock¹ [flɔk] **1.** bande f (a. fig.); troupeau m; oiseaux: volée f; eccl. ouailles f/pl.; fig. foule f; **2.** s'attrouper; aller (entrer etc.) en foule.

flock² [~] flocon m; coussin etc.: bourre f de laine.

floe [flou] glaçon m (flottant).

flog [flɔg] fouetter; battre à coups de verge; '**flog·ging** (coups m/pl. de) fouet m; F bastonnade f.

flood [flʌd] **1.** (a. ~-tide) marée f montante; flux m; déluge m; inondation f; rivière: débordement m; the ♀ le Déluge; **2.** v/t. inonder (de, with); noyer (a. mot.); v/i. déborder; '~-dis·as·ter inondation f; '~-gate écluse f; vanne f; '~-light **1.** lumière f à grands flots; illumination f par projecteurs; **2.** [irr. (light)] illuminer par projecteurs.

floor [flɔ:] **1.** plancher m; parquet m (a. parl., a. sl. Bourse); ⚜ blé: airée f; maison: étage m; Am. ~ leader chef m de parti (qui dirige les votes dans l'hémicycle); ~ price prix m minimum; restaurant etc.: ~ show attractions f/pl.; hold the ~ parl. avoir la parole; F accaparer la conversation; take the ~ prendre la parole; se joindre aux danseurs; **2.** planchéier; terrasser; F réduire à quia; '~-cloth linoléum m; torchon m à laver; '**floor·er** F coup m qui (vous etc.) terrasse; '**floor·ing** planchéiage m; plancher m; dallage m; renversement m; '**floor-walk·er** Am. see shopwalker; '**floor-wax** cire f (à parquet), encaustique f.

flop F [flɔp] **1.** faire floc; se laisser tomber; pendre (bords d'un chapeau); sl. échouer; Am. pol. tourner casaque; **2.** bruit m sourd; coup m mat; fiasco m; Am. sl. lit m; Am. sl. ~ house see doss-house; hôtel m borgne; **3.** patapouf!; '**flop·py** pendant, flasque; lâche; F veule.

flo·ral ['flɔ:rəl] floral (-aux m/pl.).

flo·res·cence [flɔ:'resns] floraison f.

flor·id □ ['flɔrid] fleuri; flamboyant; rubicond (visage); '**flor·id·ness** style m fleuri; flamboyant m; teint: rougeur f. [deux shillings.]

flor·in ['flɔrin] florin m; pièce f de]

flo·rist ['flɔrist] fleuriste mf.

floss [flɔs] (a. ~ silk) bourre f de soie; soie f floche; '**floss·y** soyeux (-euse f).

flo·ta·tion [flou'teiʃn] ⚓ flottaison f; flottage m; ✝ lancement m.

flot·sam ⚖ ['flɔtsəm] épave(s) f(pl.) flottante(s).

flounce¹ [flauns] **1.** cost. etc. volant m; **2.** garnir de volants.

flounce² [~] s'élancer; se débattre; ~ in (out) entrer (sortir) brusquement.

floun·der¹ icht. ['flaundə] flet m.

floun·der² [~] patauger (a. fig.).

flour ['flauə] **1.** farine f; **2.** saupoudrer de farine.

flour·ish ['flʌriʃ] **1.** geste m; discours: fleurs f/pl.; brandissement m; trait m de plume; ♪ fanfare f; ornement m; **2.** v/i. fleurir; prospérer; v/t. brandir; agiter; fig. faire parade de.

flout [flaut] v/t. narguer; se moquer de; v/i. se railler (de, at).

flow [flou] **1.** (é)coulement m; courant m, cours m; passage m; flux m; ~ of spirits fonds m de gaieté; **2.** couler; s'écouler; monter (marée); circuler; flotter (cheveux); découler (de, with); ~ from dériver de.

flow·er ['flauə] **1.** fleur *f*; élite *f*; *plantes*: fleuraison *f*; *say it with ~s* exprimez vos sentiments avec des fleurs; **2.** fleurir; **'flow·er·i·ness** style *m* fleuri; fleurs *f/pl.* de rhétorique; **'flow·er·y** fleuri, de fleurs.

flown [floun] *p.p. de fly 2.*

flu F [flu:] *see influenza.*

flub-dub *Am.* ['flʌbdʌb] **1.** radotage *m*; **2.** ridicule.

fluc·tu·ate ['flʌktjueit] varier; **fluc·tu·a·tion** fluctuation *f*.

flue[1] [flu:] conduite *f*; tuyau *m*; cheminée *f*; ♪ *tuyau d'orgue*: bouche *f*.

flue[2] [~] duvet *m*, peluches *f/pl.*

flu·en·cy ['flu:ənsi] *parole etc.*: facilité *f*; **'flu·ent** ☐ courant, facile.

fluff [flʌf] peluche *f*; duvet *m*; **'fluff·y** peluchheux (-euse *f*); duveteux (-euse *f*); *sl.* pompette (= *ivre*); *~ hair* cheveux *m/pl.* flous.

flu·id ['flu:id] **1.** fluide; liquide; **2.** liquide *m*, fluide *m*; **flu'id·i·ty** fluidité *f*.

fluke[1] [flu:k] *ancre*: patte *f*.

fluke[2] F [~] coup *m* de veine.

flum·mer·y ['flʌməri] *cuis.* crème *f* aux œufs; F flagornerie *f*.

flung [flʌŋ] *prét. et p.p. de fling 2.*

flunk *Am.* F [flʌŋk] *v/i.* échouer (à *un examen*); *v/t.* recaler (*q.*).

flunk·(e)y ['flʌŋki] laquais *m*; **'flunk·ey·ism** servilité *f*; flagornerie *f*.

flu·o·res·cence *phys.* [fluə'resns] fluorescence *f*.

flur·ry ['flʌri] **1.** agitation *f*; ⚓ brise *f* folle; *Am.* rafale *f* (de neige); averse *f*; **2.** agiter; bouleverser.

flush [flʌʃ] **1.** ⊕ de niveau, affleuré; très plein; abondant; F en fonds; **2.** rougeur *f*; abondance *f*; *W.-C.*: chasse *f* d'eau; *fig.* fraîcheur *f*; transport *m*; *cartes*: flush *m*; **3.** *v/t.* inonder; laver à grande eau; lever (*le gibier*); donner une chasse à; rincer; *v/i.* rougir; jaillir.

flus·ter ['flʌstə] **1.** confusion *f*; **2.** *v/t.* agiter, ahurir; † griser; *v/i.* s'agiter; s'énerver.

flute [flu:t] **1.** ♪ flûte *f*; △ cannelure *f*; *linge*: tuyau *m*; **2.** jouer de la flûte; flûter; jouer (*qch.*) sur la flûte; parler d'une voix flûtée; **'flut·ist** flûtiste *mf*.

flut·ter ['flʌtə] **1.** *ailes*: battement *m*; palpitation *f*; agitation *f*; F petit pari *m*; spéculation *f*; **2.** *v/t.* agiter; *v/i.* battre des ailes; s'agiter; palpiter.

flux [flʌks] *fig.* flux *m* (a. 𝒮); *fig.* changement *m* continuel; *~ and reflux* flux *m* et reflux *m*.

fly [flai] **1.** mouche *f*; voiture *f* de place; *pantalon*: braguette *f*; *Am. mot.* volant *m*; *Am. baseball*: balle *f* lancée en chandelle; *théâ.* flies *pl.* cintres *m/pl.*; **2.** [*irr.*] *v/i.* voler; voyager en avion; flotter (*pavillon*); passer rapidement (*temps*); courir; *~ at* s'élancer sur; *~ in s.o.'s face* défier *q.*; *~ into a passion* se mettre en colère; *~ off* s'envoler; *~ on instruments* piloter sans visibilité; *~ out at* s'emporter contre; *~ open* s'ouvrir subitement; *v/t.* battre (*un pavillon*); *see flee*; *~ the Atlantic* survoler l'Atlantique.

fly-blow ['flaiblou] **1.** *fig.* souillures *f/pl.*; œufs *m/pl.* de mouche; **2.** couvrir d'œufs de mouche; *fig.* souiller.

fly·er ['flaiə] *surt.* ✈ aviateur (-trice *f*) *m*; bon coureur *m*; oiseau *m* qui vole; *Am.* express *m*; *take a ~* être reçu; *Am. sl.* s'engager dans une opération risquée à la Bourse.

fly-flap ['flaiflæp] tue-mouches *m/inv.*

fly·ing ['flaiiŋ] volant; d'aviation; rapide; *~ boat* hydravion *m* (à coque); △ *~ buttress* arc-boutant (*pl.* arcs-boutants) *m*; *~ deck* pont *m* d'atterrissage; *~ field* champ *m* d'aviation; *~ jump* saut *m* avec élan; *~ machine* avion *m*; *~ school* école *f* de pilotage; *police*: *~ squad* brigade *f* mobile; *~ start* départ *m* lancé; *~ visit* courte visite *f*; ♀ *Of·fi·cer* lieutenant *m* aviateur.

fly...: '*~*-**leaf** *typ.* feuille *f* de garde; '*~*-**sheet** feuille *f* volante; '*~*-**weight** *box.* poids *m* mouche; '*~*-**wheel** volant *m* (de commande).

foal [foul] **1.** poulain *m*, pouliche *f*; **2.** *v/t.* mettre bas (*un poulain*); *v/i.* pouliner.

foam [foum] **1.** écume *f*; mousse *f*; **2.** écumer; mousser; *~ rub·ber* caoutchouc *m* mousse; **'foam·y** écumeux (-euse *f*); mousseux (-euse *f*).

fob[1] [fɔb] *pantalon*: gousset *m*; (*ou ~-seal*) breloque *f*; (*ou ~-chain*) régence *f*.

fob² [~]: ~ off *fig.* refiler (qch. à q., s.th. on s.o.).
fo·cal ['foukl] focal (-aux *m/pl.*); *phot.* ~ distance distance *f* focale; *phot.* ~ plane shutter obturateur *m* à rideau.
fo·cus ['foukəs] **1.** foyer *m*; *fig. a.* siège *m*; **2.** (faire) converger; *v/t.* concentrer (*des rayons, a. l'attention*); *opt.* mettre au point.
fod·der ['fɔdə] **1.** fourrage *m*; **2.** donner le fourrage à.
foe *poét.* [fou] ennemi(e *f*) *m*, adversaire *m*.
foe·tus *biol.* ['fi:təs] fœtus *m*.
fog [fɔg] **1.** brouillard *m* (*a. fig.*); ⚓ brume *f*; *phot.* voile *m*; **2.** *v/t.* embrumer; *fig.* embrouiller; *phot.* voiler; *v/i.* se voiler.
fo·g(e)y F ['fougi] *old* ~ ganache *f*; vieille baderne *f*.
fog·gy ☐ ['fɔgi] brumeux (-euse *f*); *phot.* voilé; *fig.* confus; **'fog-horn** corne *f* de brume. [marotte *f.*\
foi·ble ['fɔibl] *fig.* faible *m*; F\
foil¹ [fɔil] feuille *f*; lame *f*; glace: tain *m*; *escrime:* fleuret *m*; *fig.* repoussoir *m*.
foil² [~] faire échouer; déjouer.
foist [fɔist] imposer (à, on); refiler (qch. à q., s.th. on s.o.).
fold¹ [fould] **1.** enclos *m*; *fig.* sein *m*; (*a. sheep-~*) parc *m* à moutons; **2.** (em)parquer.
fold² [~] **1.** pli *m*, repli *m*; *porte:* battant *m*; **2.** -uple; **3.** *v/t.* plier; plisser; croiser (*les bras*); serrer (*dans, in*); ~ *in three* plier en trois doubles; ~ *down* retourner; plier; ~ *up* plier; fermer; *v/i.* se (re)plier; *Am.* F fermer boutique; **'fold·er** plieur (-euse *f*) *m*; plioir *m*; dépliant *m*; chemise *f*; (*a pair of*) ~s *pl.* (un) pince-nez *m/inv.* pliant.
fold·ing ['fouldiŋ] pliant; repliable; **'~-bed** lit *m* pliant; **'~-boat** canot *m* pliable; **'~-cam·er·a** *phot.* appareil *m* pliant; **'~-chair** pliant *m*; **'~-door(s** *pl.*) porte *f* à deux battants; **'~-hat** (chapeau *m*) claque *m*; **'~-screen** paravent *m*; **'~-seat** pliant *m*; *théâ. etc.* strapontin *m*.
fo·li·age ['fouliidʒ] feuillage *m*; **fo·li·at·ed** ['~eitid] feuilleté, folié; lamellaire, lamelleux (-euse *f*); **fo·li·a·tion** *plante:* frondaison *f*; *miroir:* étamage *m*; *métal:* laminage *m*.

fo·li·o ['fouliou] folio *m*; feuille *f*; *volume:* in-folio *m/inv.*
folk [fouk] peuple *m*; gens *mf/pl.*; F ~s *pl.* famille *f.*
folk·lore ['fouklɔ:] folklore *m*; légendes *f/pl.* populaires; **'folk-song** chanson *f* populaire.
fol·low ['fɔlou] *v/t.* suivre; poursuivre (*a. les plaisirs*); succéder à; exercer (*un métier*); être partisan de; comprendre; *it* ~s *that* il s'ensuit que; ~ *out* poursuivre (*qch.*) jusqu'à sa conclusion; *cartes:* ~ *suit* jouer dans la couleur; *fig.* en faire autant; ~ *up* (pour)suivre; *v/i.* (s'en)suivre; *to* ~ à suivre; **'fol·low·er** serviteur *m*; disciple *m*; sectateur (-trice *f*) *m*; ⊕ plateau *m*; F amoureux (-euse *f*) *m*; **'fol·low·ing** suite *f*; partisans *m/pl.*; *the* ~ *pl.* les suivant(e)s *mf/pl.*; ~ *wind* vent *m* arrière.
fol·ly ['fɔli] folie *f*, sottise *f*.
fo·ment [fou'ment] ⚕ fomenter (*a. une discorde*); *fig.* exciter; **fo·men·'ta·tion** fomentation *f*; stimulation *f*; **fo'ment·er** *fig.* fauteur (-trice *f*) *m*.
fond ☐ [fɔnd] affectueux (-euse *f*); amateur (*de, of*); *be* ~ *of* aimer; *be* ~ *of dancing* aimer danser.
fon·dle ['fɔndl] caresser, câliner.
fond·ness ['fɔndnis] (*pour, for*) tendresse *f*; penchant *m*; goût *m*.
font *eccl.* [fɔnt] fonts *m/pl.* baptismaux.
food [fu:d] nourriture *f* (*a. fig.*); vivres *m/pl.*; aliment(s) *m(pl.)*; manger *m*; *fig.* matière *f*; **'~-stuffs** *pl.* produits *m/pl.* alimentaires; **'~-val·ue** valeur *f* nutritive.
fool¹ [fu:l] **1.** fou (folle *f*) *m*; sot(te *f*) *m*; imbécile *mf*; idiot(e *f*) *m*; *make a* ~ *of s.o.* se moquer de q.; duper q.; *make a* ~ *of o.s.* se rendre ridicule; *live in a* ~'s *paradise* se bercer d'un bonheur illusoire; *on a* ~'s *errand* pour des prunes; **2.** *Am.* F stupide; imbécile de; **3.** *v/t.* duper, berner; escamoter (qch. à q., *s.o. out of s.th.*); F ~ *away* gaspiller; *v/i.* faire la bête; ~ *about, surt. Am.* ~ (*a)round* baguenauder; gâcher son temps.
fool² [~] marmelade *f* à la crème.
fool·er·y ['fu:ləri] bêtise *f*; **'fool-hard·y** ☐ téméraire; **'fool·ish** ☐ insensé, étourdi; **'fool·ish·ness** folie *f*, sottise *f*; **'fool-proof** ⊕

indétraquable; à toute épreuve; **fool's-cap** ['~zkæp] bonnet *m* de fou; **fools·cap** ['~skæp] papier *m* ministre.

foot [fut] **1.** (*pl.* **feet**) *homme, bas, échelle, lit, arbre*: pied *m* (*a. mesure 30,48 cm*); *chat, chien, insecte, oiseau*: patte *f*; *marche f*; ✕ infanterie *f*; *page*: bas *m*; *on ~ à pied*; *sur pied, en train* (*affaire*); *put one's ~ down* faire acte d'autorité; *opposer son veto* (à, *upon*); F *I have put my ~ into it* j'ai mis le pied dans le plat; j'ai dit *ou* fait une sottise; *set on ~* mettre en train; *set ~ on* mettre pied sur; **2.** *v/t.* mettre un pied à; (*usu. ~ up*) additionner (*le compte*); F *~ the bill* payer la note; *v/i. ~ it* danser; marcher; **'foot·age** longueur *f* en pieds; métrage *m*; **'foot-and-'mouth dis·ease** fièvre *f* aphteuse; **'foot·ball** ballon *m*; football *m*; *Am.* rugby *m*; **'foot·board** *mot.* marchepied *m*; **'foot·boy** *hôtel*: chasseur *m*; **'foot·brake** frein *m* à pied; **'foot-bridge** passerelle *f*; **'foot·ed**: *swift-~* aux pieds légers; **'foot·fall** (bruit *m* de) pas *m*; **'foot-gear** chaussures *f/pl.*; **'foot-guards** ✕ *pl.* gardes *m/pl.* à pied; **'foot·hills** *pl.* collines *f/pl.* avancées; **'foot·hold** prise *f* pour le pied; *fig.* pied *m*.

foot·ing ['futiŋ] place *f* pour le pied; point *m* d'appui; situation *f* sûre; condition *f*; ⚠ base *f*; *fig.* entrée *f*; ✞ addition *f*; *upon the same ~ as* sur un pied d'égalité avec; *get a ~* prendre pied; *lose one's ~* perdre pied; *pay (for) one's ~* payer sa bienvenue.

foo·tle F ['fu:tl] **1.** *v/t.* gâcher (*le temps*); *v/i.* s'occuper à des futilités; **2.** bêtise *f*, niaiserie *f*.

foot ...: **'~·lights** *pl. théâ.* rampe *f*; **'~·man** laquais *m*; ✕ † fantassin *m*; **'~·note** note *f* au bas d'une page; **'~·pace** pas *m*; **'~·pas·sen·ger** piéton *m*; **'~·path** sentier *m*; *ville*: trottoir *m*; **'~·print** empreinte *f* de pas; pas *m*; **'~·race** course *f* à pied; **'~·rule** règle *f*; **'~·slog** *sl.* marcher; **'~·sore** aux pieds endoloris; **'~·stalk** ♣ pétiole *m*; pédoncule *m*; **'~·step** pas *m*; trace *f*; ⊕ butée *f*; **'~·stool** tabouret *m*; **'~·wear** *see foot-gear*; **'~·work** *sp.* jeu *m* de pieds *ou* de jambes.

fop [fɔp] fat *m*, dandy *m*; **'fop·per·y** dandysme *m*; **'fop·pish** ☐ fat; affecté.

for [fɔː; fə] **1.** *prp. usu.* pour (*a. destination*); comme; à cause de; de (*peur, joie, etc.*); par (*exemple, charité, etc.*); avant (*3 jours*), d'ici (à) (*2 mois*); pendant (*une semaine*); depuis, il y a (*un an*); *distance*: jusqu'(à), pendant (*10 km*); contre, en échange de; en, dans; malgré, en dépit de; *destination*: à (*Londres*); vers, envers, ⊕ allant à; *he is ~ London* il va à Londres; *~ example* (*ou instance*) par exemple; *were it not ~ that* sans cela; *he is a fool ~ doing that* il est sot de faire cela; *I walked ~ a mile* j'ai fait un mille; *~ 3 days* pour *ou* pendant 3 jours; *~ all that* en dépit de *ou* malgré tout; *come ~ dinner* venir dîner; *I ~ one* moi entre autres; *go ~* aller chercher (*q.*); *it is good ~ us to* (*inf.*) il est bon que nous (*sbj.*); *the snow was too deep ~ them to come* la neige était trop profonde pour qu'ils viennent; *it is ~ you to decide* c'est à vous à décider; *~ sure!* bien sûr! *pour for après verbe voir le verbe simple*; **2.** *cj.* car.

for·age ['fɔridʒ] **1.** fourrage *m*; **2.** fourrager (pour, *for*).

for·as·much [fərəz'mʌtʃ]: *~ as* puisque, vu que, d'autant que.

for·ay ['fɔrei] incursion *f*, raid *m*.

for·bade [fə'beid] *prét. de* forbid.

for·bear[1] ['fɔːbɛə] ancêtre *m*.

for·bear[2] [fɔː'bɛə] [*irr.*] *v/t.* s'abstenir de; *v/i.* s'abstenir (de, *from*); montrer de la patience; **for'bear·ance** patience *f*, indulgence *f*; abstention *f*.

for·bid [fə'bid] [*irr.*] défendre (qch. à q., s.o. s.th.); interdire (qch. à q., s.o. s.th.); *God ~!* à Dieu ne plaise! **for'bid·den** *p.p. de* forbid; **for'bid·ding** ☐ sinistre; menaçant.

for·bore, for·borne [fɔː'bɔː(n)] *prét.* et *p.p. de* forbear[2].

force [fɔːs] **1.** force *f*, violence *f*; puissance *f*, autorité *f*; intensité *f*; effort *m*; énergie *f*; *the ~* la police; *armed ~s pl.* forces *f/pl.* armées; *by ~* de vive force; *come (put) in ~* entrer (mettre) en vigueur; **2.** *v/a.* forcer, contraindre, obliger; prendre par force; violer (*une femme*); faire avancer; pousser (*a.* F *un élève*); imposer (qch. à q., *s.th.* [*up*]*on s.o.*);

forced

~ one's way se frayer un chemin; ~ back repousser; ✈ ~ down forcer à atterrir; ~ on forcer à avancer; ~ open enfoncer; ouvrir de force; 'forced (adv. forc·ed·ly ['~idli]) forcé; obligatoire; contraint; ~ loan emprunt m forcé; ~ landing atterrissage m forcé; ~ march marche f forcée; ~ sale vente f forcée; force·ful □ ['~ful] énergique; plein de force; vigoureux (-euse f); violent.
'force·meat ['fɔːsmiːt] cuis. farce f.
for·ceps ✢, zo. ['fɔːseps] sg. ou pl. pince f; dentiste: davier m.
force-pump ['fɔːspʌmp] pompe f foulante.
forc·er ⊕ ['fɔːsə] plongeur m.
for·ci·ble □ ['fɔːsəbl] de force, forcé; vigoureux (-euse f); énergique.
forc·ing-house ['fɔːsiŋhaus] forcerie f.
ford [fɔːd] 1. gué m; 2. passer à gué; 'ford·a·ble guéable.
fore [fɔː] 1. adv. ✢ ~ and aft de l'avant à l'arrière; to the ~ en évidence; présent; bring (come) to the ~ (se) mettre en évidence; 2. adj. de devant; antérieur; pré-; ~'arm avant-bras m; ~'bode présager; pressentir (personne); ~'bod·ing présage m; pressentiment m; ~'cast 1. prévision f; weather ~ prévisions f/pl. météorologiques; 2. [irr. (cast)] prédire; prévoir; ~'cas·tle ✢ ['fouksl] gaillard m d'avant-poste m de l'équipage; ~'close exclure (de, from), empêcher (de from, to); saisir (un immeuble hypothéqué); ~'date antidater; ~'doom condamner d'avance; présager; ~'fa·ther aïeul (pl. -eux) m; '~·fin·ger index m; '~·foot pied m antérieur; '~·front F premier rang m; ~'go [irr. (go)] aller devant; ~ing précédent; ~'gone passé; ~ conclusion chose f prévue; '~·ground premier plan m; '~·hand avant-main f; ~·head ['fɔrid] front m.

for·eign ['fɔrin] étranger (-ère f) (a. fig.); the ♀ Office le Ministère des Affaires étrangères; ~ policy politique f extérieure; ~ trade commerce m extérieur; 'for·eign·er étranger (-ère f) m; 'for·eign·ness caractère m ou air m étranger.
fore...: ~'judge préjuger; ~'know [irr. (know)] prévoir; savoir d'avance; '~·land promontoire m; '~·leg patte f ou jambe f de devant; '~·lock mèche f sur le front; take time by the ~ saisir l'occasion aux cheveux; '~·man chef m du jury; ⊕ chef m d'équipe; contremaître m; '~·mast ✢ mât m de misaine; '~·most 1. adj. premier (-ère f), le plus avancé; 2. adv. tout d'abord; '~·noon matinée f.
fo·ren·sic [fə'rensik] judiciaire; légal (-aux m/pl.).
fore...: '~·run·ner avant-courrier (-ère f) m, -coureur m, précurseur m; ~·sail ['~seil, ✢ '~sl] (voile f de) misaine f; ~'see [irr. (see)] prévoir; ~'see·a·ble qu'on peut prévoir; prévisible; ~'shad·ow présager, laisser prévoir; '~·shore plage f; ~'short·en dessiner en raccourci; ~'show [irr. (show)] préfigurer; '~·sight prévoyance f; prévision f; arme à feu: guidon m; '~·skin prépuce m.
for·est ['fɔrist] 1. forêt f; 2. boiser.
fore·stall [fɔː'stɔːl] anticiper, prévenir.
for·est·er ['fɔristə] (garde-)forestier m; habitant(e f) m d'une forêt; 'for·est·ry sylviculture f.
fore...: '~·taste avant-goût m; ~'tell [irr. (tell)] prédire; présager; '~·thought prévoyance f; préméditation f; ~'top ✢ hune f de misaine; ~'warn avertir, prévenir; '~·wom·an première ouvrière f; contremaîtresse f; '~·word avant-propos m/inv.; préface f.
for·feit ['fɔːfit] 1. confisqué; 2. confiscation f; amende f; gage m; punition f; † dédit m; sp. forfait m; jeu: ~ pl. gages m/pl.; 3. confisquer, perdre; forfaire à (l'honneur); 'for·feit·a·ble confiscable; for·fei·ture ['~tʃə] confiscation f, perte f.
for·gath·er [fɔː'gæðə] s'assembler.
for·gave [fə'geiv] prét. de forgive.
forge[1] [fɔːdʒ] (usu. ~ ahead) avancer à toute vitesse ou à travers les obstacles.
forge[2] [fɔːdʒ] 1. forge f; 2. forger (a. fig. une excuse etc.); contrefaire (une signature etc.); inventer; 'forg·er forgeron m; faussaire mf; faux-monnayeur m; 'for·ger·y falsification f; contrefaçon f; faux m.
for·get [fə'get] [irr.] oublier; F I ~ j'ai oublié, ça m'échappe; for'get-

ful □ [~ful] oublieux (-euse *f*); **for'get·ful·ness** oubli *m*; négligence *f*; **for'get-me-not** ♣ myosotis *m*, F ne-m'oubliez-pas *m*.

for·give [fə'giv] [*irr.*] pardonner (à q., s.o.); faire remise de (*une dette*); **for'giv·en** *p.p. de forgive*; **for'give·ness** pardon *m*; clémence *f*; **for'giv·ing** □ clément; peu rancunier (-ère *f*).

for·go [fɔ:'gou] [*irr. (go)*] renoncer à; s'abstenir de.

for·got [fə'gɔt], **for'got·ten** [~n] *prét. et p.p. de forget.*

fork [fɔ:k] **1.** *table:* fourchette *f*; ⚐, *routes:* fourche *f*; *tuning* ~ diapason *m*; **2.** fourcher; '**forked** fourchu; en fourche.

for·lorn [fə'lɔ:n] abandonné, perdu, désespéré; ~ *hope* ⚔ enfants *m/pl.* perdus; troupe *f* sacrifiée; *fig.* tentative *f* désespérée.

form [fɔ:m] **1.** forme *f*; taille *f*; formule *f*, bulletin *m*, feuille *f* (*d'impôts*); *école:* classe *f*; banc *m*; *lièvre:* gîte *m*; *sp. in* ~ en forme; *in good* ~ en haleine; *that is bad* ~ c'est de mauvais ton; cela ne se fait pas; **2.** *v/t.* former, faire; organiser; établir, contracter (*une alliance, une habitude*); arrêter (*un plan*); ⚔ se mettre en; *v/i.* se former; prendre forme; ⚔ se ranger; ~ *up* se former en rangs.

for·mal □ ['fɔ:ml] cérémonieux (-euse *f*); formel(le *f*); en règle; régulier (-ère *f*) (*jardin*); '**for·mal·ist** formaliste *mf*; **for·mal·i·ty** [fɔ:'mæliti] formalité *f*; *maintien:* raideur *f*; cérémonie *f*; **for·mal·ize** ['fɔ:məlaiz] donner une forme (conventionnelle) à.

for·ma·tion [fɔ:'meiʃn] formation *f* (*a.* ⚔, *a. géol.*); disposition *f*, ordre *m*; ✈ vol *m* de groupe; **form·a·tive** ['fɔ:mətiv] formateur (-trice *f*).

form·er[1] ['fɔ:mə] façonneur (-euse *f*) *m*; ⊕ gabarit *m*.

for·mer[2] [~] précédent; ancien(ne *f*); antérieur; premier (-ère *f*); '**for·mer·ly** autrefois, jadis.

for·mic ['fɔ:mik]: ~ *acid* acide *m* formique.

for·mi·da·ble □ ['fɔ:midəbl] formidable (*a. fig.*), redoutable.

form·less □ ['fɔ:mlis] informe.

for·mu·la ['fɔ:mjulə], *pl.* **-lae** [~li:], **-las** formule *f*; **for·mu·lar·y** ['~ləri] **1.** rituel(le *f*); prescrit; **2.** formulaire *m*; **for·mu·late** ['~leit] formuler; **for·mu·la·tion** formulation *f*. [cation *f*.)

for·ni·ca·tion [fɔ:ni'keiʃn] forni-)

for·sake [fə'seik] [*irr.*] abandonner, délaisser; renoncer à; **for'sak·en** *p.p. de forsake.*

for·sook [fə'suk] *prét. de forsake.*

for·sooth *iro.* [fə'su:θ] ma foi!

for·swear [fɔ:'swɛə] [*irr. (swear)*] renier, répudier; ~ *o.s.* se parjurer; **for'sworn** parjure.

fort [fɔ:t] ⚔ fort *m*; forteresse *f*.

forte [~] *fig.* fort *m*.

forth [fɔ:θ] *lieu:* en avant; *temps:* désormais; *and so* ~ et ainsi de suite; *from this day* ~ à partir de ce jour; dès maintenant; ~'**com·ing** qui arrive; futur; prochain; prêt à paraître; *be* ~ paraître; ne pas se faire attendre; '~**right 1.** *adj.* franc(he *f*); **2.** *adv.* carrément; '~'**with** tout de suite.

for·ti·eth ['fɔ:tiiθ] quarantième (*a. su./m*).

for·ti·fi·ca·tion [fɔ:tifi'keiʃn] fortification *f* (*a.* ⚔); **for·ti·fi·er** ['~faiə] fortificateur *m*; *boisson etc.:* fortifiant *m*; **for·ti·fy** ['~fai] ⚔ fortifier (*a. fig.*); **for·ti·tude** ['~tju:d] courage *m*, fortitude *f*.

fort·night ['fɔ:tnait] quinze jours *m/pl.*; quinzaine *f*; *this day* ~ d'aujourd'hui en quinze; '**fort·night·ly 1.** *adj.* bimensuel(le *f*); **2.** *adv.* tous les quinze jours.

for·tress ['fɔ:tris] forteresse *f*.

for·tu·i·tous □ [fɔ:'tju:itəs] fortuit; **for'tu·i·tous·ness**, **for'tu·i·ty** fortuité *f*; casualité *f*.

for·tu·nate ['fɔ:tʃnit] heureux (-euse *f*); ~*ly usu.* par bonheur, heureusement.

for·tune ['fɔ:tʃn] fortune *f*; sort *m*, destinée *f*; chance *f*; richesses *f/pl.*; ♀ ['fɔ:tju:n] Fortune *f*, Destin *m*; *good* ~ bonheur *m*; *bad* ~, *ill* ~ malheur *m*, mauvaise chance *f*; *marry a* ~ faire un riche mariage; '~**-hunt·er** coureur *m* de dots; '~**-tel·ler** diseur (-euse *f*) *m* de bonne aventure.

for·ty ['fɔ:ti] quarante (*a. su./m*); *Am.* ~-*niner* chercheur *m* d'or de 1849; F ~ *winks pl.* petit somme *m*.

fo·rum ['fɔ:rəm] forum *m*; F tribunal *m*.

for·ward ['fɔːwəd] **1.** *adj.* de devant, d'avant; avancé; précoce; effronté; impatient; ✝ à terme; **2.** *adv.* en avant; sur l'avant; ✝ *carried* ~ à reporter; *from this time* ~ désormais, à l'avenir; **3.** *su. foot.* avant *m*; **4.** *v/t.* avancer, favoriser; expédier; faire suivre; *poste: please* ~ prière de faire suivre; '**for·ward·er** expéditeur (-trice *f*) *m*.

for·ward·ing ['fɔːwədiŋ] expédition *f*, avancement *m*; '~-**a·gent** expéditeur *m*; entrepreneur *m* de transports.

for·ward·ness ['fɔːwədnis] empressement *m*; précocité *f*; hardiesse *f*; présomption *f*; **for·wards** ['fɔːwədz] en avant.

fosse [fɔs] ⚔ fossé *m*; *anat.* fosse *f*.

fos·sil ['fɔsl] fossile (*a. su./m.*).

fos·ter ['fɔstə] **1.** *fig.* nourrir, encourager; ~ *up* élever; **2.** adoptif (-ive *f*) (*p.ex.* ~-*brother*); '**fos·ter·age** mise *f* en nourrice; fonctions *f/pl.* de nourrice; '**fos·ter·er** parent *m* adoptif, *fig.* promoteur (-trice *f*) *m*; '**fos·ter·ling** nourrisson(ne *f*) *m*.

fought [fɔːt] *prét. et p.p. de* fight.

foul [faul] **1.** □ infect (*a. haleine*), sale (*a. temps*, *a.* ⚓ *carène*); *fig.* dégoûtant; ⚓ engagé (*ancre etc.*); ⚓ gros(se *f*) (*temps*); ⚓ contraire (*vent*); *box.* bas(se *f*) (*coup*); encrassé (*fusil*); déloyal (-aux *m/pl.*) (*jeu*); bourbeux (-euse *f*) (*eau*); atroce, infâme (*action*); impur (*pensée*); grossier (-ère *f*) (*mot. etc.*); ~ *tongue* langage *m* ordurier; *fall* (*ou run*) ~ *of* ⚓ entrer en collision avec; *fig.* se brouiller avec; **2.** ⚓ collision *f*; *sp.* faute *f*; *box.* coup *m* bas; *foot.* poussée *f* irrégulière; **3.** (s')engager; (s')encrasser; *v/t.* salir; souiller; *sp.* commettre une faute contre; ⚓ entrer en collision avec; ~-**mouthed** ['~mauðd] mal embouché; au langage ordurier.

found[1] [faund] *prét. et p.p. de* find 1.

found[2] [~] fonder (*a. fig.*); établir.

found[3] ⊕ [~] fondre; mouler (*la fonte*).

foun·da·tion [faun'deiʃn] fondation *f*; △, *a. fig.* fondement *m*; base *f*; établissement *m*; **foun'da·tion-school** école *f* dotée; **foun'da·tion-stone** première pierre *f*.

found·er[1] ['faundə] fondateur *m*; auteur *m*; fondeur *m*.

found·er[2] [~] *v/i.* ⚓ sombrer, couler à fond; *fig.* échouer; s'effondrer (*cheval, maison, etc.*); s'enfoncer; *v/t.* ⚓ couler; outrer (*un cheval*).

found·ling ['faundliŋ] enfant *mf* trouvé(e).

found·ress ['faundris] fondatrice *f*.

found·ry ⊕ ['faundri] fonderie *f*.

fount [faunt] *poét.* source *f*; *typ.* [*usu.* fɔnt] fonte *f*.

foun·tain ['fauntin] fontaine *f*; jet *m* d'eau; *fig.* source *f*; ⊕ distributeur *m*; '~-**'head** source *f* (*a. fig.*); '~-**'pen** stylographe *m*, F stylo *m*.

four [fɔː] quatre (*a. su./m.*); '**four-'flush·er** *Am. sl.* bluffeur *m*, vantard *m*; '**four-fold** quadruple; '**four-in-hand** voiture *f* à quatre chevaux; '**four-'square** carré(ment *adv.*); *fig.* inébranlable (devant, to); '**four-'stroke** *mot.* à quatre temps; **four·teen** ['~'tiːn] quatorze (*a. su./m.*); **four·teenth** ['~'tiːnθ] quatorzième (*a. su./m.*); **fourth** [fɔːθ] quatrième (*a. su./m.*); ♩ quart *m*; '**fourth·ly** en quatrième lieu; '**four·wheel·er** fiacre *m*.

fowl [faul] **1.** poule *f*; volaille *f* (*a. cuis.*); **2.** faire la chasse au gibier; oiseler (*au filet*); '**fowl·er** oiseleur *m*.

fowl·ing ['fauliŋ] chasse *f* aux oiseaux; '~-**piece** fusil *m* de chasse.

fox [fɔks] **1.** renard *m*; **2.** *sl.* tromper; '~-**brush** queue *f* de renard; '~-**earth** terrier *m*; **foxed** ['~t] piqué (*papier, bière, etc.*).

fox...: '~-**glove** ♀ digitale *f*; F gantelée *f*; '~-**hole** ⚔ nid *m* d'embusqués; '~-**hound** chien *m* courant; **fox-hound** *m*; '~-**hunt** chasse *f* au renard; '~-**trot** fox-trot *m/inv.*; '**fox·y** rusé; astucieux (-euse *f*); roux (rousse *f*); piqué.

fra·cas ['frækɑː] fracas *m*; *sl.* bagarre *f*.

frac·tion ♪ ['frækʃn] fraction *f*; *fig.* fragment *m*; '**frac·tion·al** □ fractionnaire; ♪ fractionné.

frac·tious □ ['frækʃəs] revêche; difficile; maussade.

frac·ture ['fræktʃə] **1.** fracture *f* (*souv.* ✚); **2.** briser; *s²* fracturer.

frag·ile ['frædʒail] fragile; *fig.* faible; **fra·gil·i·ty** [frə'dʒiliti] fragilité *f*; faiblesse *f*.

frag·ment ['frægmənt] fragment *m*;

morceau m; **'frag·men·tar·y** □ fragmentaire; géol. clastique.

fra·grance ['freigrəns] parfum m; bonne odeur f; **'fra·grant** □ parfumé, odoriférant.

frail¹ □ [freil] peu solide; fragile; frêle (*personne*), délicat; **'frail·ty** *fig.* faiblesse f morale; défaut m.

frail² [~] cabas m.

frame [freim] 1. construction f, forme f; cadre m (a. ⚓ *de l'hélice*); ⊕ charpente f; métier m; ✈ fuselage m; ⚓ carcasse f (*d'un navire*); ⚓ couple m; *fenêtre*: chambranle m; 🚗 châssis m; *télév.* trame f; ~ *aerial* antenne f en cadre; ~ *of mind* état m d'esprit; 2. former, construire; encadrer (*a. fig.*); ⊕ faire la charpente de (*un toit*); *fig.* imaginer; fabriquer; *surt. Am. sl.* ~ *up* monter une accusation contre (*q.*); truquer (*qch.*); **'fram·er** auteur m; encadreur m; **'frame-up** *surt. Am.* F coup m monté; **'frame·work** ⊕ squelette m; △ bâti m; charpente f; *fig.* cadre m.

fran·chise ⚖ ['fræntʃaiz] franchise f, privilège m; *pol.* droit m de vote; *admin.* droit m de cité.

Fran·cis·can *eccl.* [fræn'siskən] franciscain(e f) m (*a. adj.*).

fran·gi·ble ['frændʒibl] frangible, fragile.

Frank¹ [fræŋk] Franc (Franque f) m; *npr.* François m.

frank² □ [~] franc(he f); sincère; ouvert.

frank·furt·er *Am.* ['fræŋkfətə] saucisse f de Francfort.

frank·in·cense ['fræŋkinsens] encens m. [sincérité f.\

frank·ness ['fræŋknis] franchise f,\

fran·tic ['fræntik] (~*ally*) frénétique; fou (fol *devant une voyelle ou un h muet*; folle f) (de, with).

fra·ter·nal □ [frə'tə:nl] fraternel(le f); **fra'ter·ni·ty** fraternité f; confrérie f; *Am. univ.* association f estudiantine; **frat·er·ni·za·tion** [frætənai'zeiʃn] fraternisation f; **'frat·er·nize** fraterniser (avec, with).

frat·ri·cide ['freitrisaid] fratricide m; *personne*: fratricide mf.

fraud [frɔ:d] fraude f; F déception f, duperie f; imposteur m; **fraud·u·lence** ['~juləns] caractère m frauduleux; **'fraud·u·lent** □ frauduleux (-euse f).

fraught *poét.* [frɔ:t]: ~ *with* plein de; gros(se f) de; fertile en.

fray¹ [frei] (s')érailler; (s')effiler; s'effranger (*faux col*).

fray² [~] bagarre f.

fraz·zle *surt. Am.* F ['fræzl] 1. état m usé; *beat to a* ~ battre (*q.*) à plates coutures; 2. (s')érailler.

freak [fri:k] caprice m; tour m; ~ *of nature* F monstre m; phénomène m; **'freak·ish** □ capricieux (-euse f); fantasque.

freck·le ['frekl] 1. tache f de rousseur; *fig.* point m; 2. marquer *ou* se couvrir de taches de rousseur.

free [fri:] 1. □ libre; en liberté; franc(he f); gratuit; exempt, débarrassé, affranchi (de from, of); prodigue (de, with); ✝ franco; ~ *of debt etc.* exempt ou quitte de dettes *etc.*; *he is* ~ *to* (*inf.*) il lui est permis de (*inf.*); ~ *and easy* sans gêne; ~ *fight* mêlée f générale; bagarre f; ~ *port* port m franc; ~ *trade* libre échange m; ~ *wheel* roue f libre; *make* ~ prendre des libertés (avec q., with s.o.); *make* ~ *to* (*inf.*) se permettre de (*inf.*); *make* ~ *with s.th.* se servir de qch. sans se gêner; *make s.o.* ~ *of a city* créer q. citoyen d'honneur; ⊕ *run* ~ marcher à vide; *set* ~ libérer; 2. (from, of) libérer (de); dégager (de); débarrasser (de); exempter (de), affranchir (*un esclave*); **'~boot·er** flibustier m; F maraudeur m; **'free·dom** liberté f; indépendance f; franchise f; facilité f; familiarité f; ~ *of a city* citoyenneté f d'honneur d'une ville; ~ *of a company* maîtrise f d'une corporation; ~ *of speech* franc-parler m.

free...: **'~·hold** ⚖ propriété f foncière (perpétuelle et libre); **'~·hold·er** propriétaire m foncier; **'~·kick** *foot.* coup m franc; **'~·man** homme m libre; citoyen m (d'honneur); **'~·ma·son** franc-maçon (*pl.* francs-maçons) m; **'~·ma·son·ry** franc-maçonnerie f; **'~·stone** grès m; **'~·style** nage f libre; **~·'think·er** libre penseur (-euse f) m; **~·'think·ing**, **'~·thought** libre pensée f.

freeze [fri:z] [*irr.*] *v/i.* (se) geler; se figer; ~ *to death* mourir de froid; *v/t.* (con)geler; glacer; bloquer (*les prix, les fonds*); geler (*des capitaux*); *sl.* ~ *out* évincer; **'freez·er** sorbetière f; **'freez·ing** □ réfrigé-

freight

rant; glacial (-als *m/pl.*); ~ *of prices* blocage *m* des prix; ~-*mixture phys.* mélange *m* réfrigérant; ~-*point* point *m* de congélation.

freight [freit] 1. fret *m* (*a. prix*); cargaison *f*; *attr. Am.* de marchandises; ~ *out* (*home*) fret *m* de sortie (de retour); 2. (af)fréter; '**freight·age** *see* freight 1; '**freight-car** *Am.* 🚃 wagon *m* de marchandises; '**freight·er** affréteur *m*; navire *m* de charge; *Am.* consignateur (-trice *f*) *m*; *Am.* convoi *m*; *Am. see* freight-car.

French [frentʃ] 1. français; ~ *beans* haricots *m/pl.* verts; *take* ~ *leave* filer à l'anglaise; ~ *window* porte-fenêtre (*pl.* portes-fenêtres) *f*; 2. *ling.* français *m*, langue *f* française; *the* ~ *pl.* les Français *m/pl.*; '~·**man** Français *m*; '~·**wom·an** Française *f*.

fren·zied ['frenzid] forcené; fou (fol *devant une voyelle ou un h muet*; folle *f*); '**fren·zy** frénésie *f*; *fig.* transport *m*; ✶ délire *m*.

fre·quen·cy ['fri:kwənsi] fréquence *f* (*a. ⚡*); **fre·quent** 1. □ [ˈ~kwənt] fréquent; très répandu; 2. [~ˈkwent] fréquenter; hanter; **fre·quen'ta·tion** fréquentation *f* (de, *of*); **fre·'quent·er** habitué(e *f*) *m*; familier (-ère *f*) *m*.

fres·co ['freskou], *pl.* -**co(e)s** [ˈ~kouz] (peinture *f* à) fresque *f*.

fresh [freʃ] 1. □ frais (fraîche *f*); récent; nouveau (-el *devant une voyelle ou un h muet*, -elle *f*; -eaux *m/pl.*); éveillé; *Am. sl.* effronté; ~ *water* eau *f* fraîche; eau *f* douce (= non salée); 2. fraîcheur *f* (du matin etc.); crue *f*; '**fresh·en** *vt/i.* rafraîchir; '**fresh·er** *Brit. sl. pour* freshman; **fresh·et** [ˈ~it] courant *m* d'eau douce; inondation *f*; '**fresh-fro·zen** frais (fraîche *f*) frigorifié; '**fresh·man** *univ.* étudiant(e *f*) *m* de première année; '**fresh·ness** fraîcheur *f*; nouveauté *f*; '**fresh-wa·ter** d'eau douce; *Am.* ~ *college* petit collège *m* de province.

fret[1] [fret] 1. agitation *f*; irritation *f*; 2. (se) ronger; (se) frotter; (s')irriter, (s')inquiéter; *v/i.* s'agiter (*eau*); *v/t.* érailler (*un cordage*); ~ *away*, ~ *out* éroder.

fret[2] [~] 1. 🛆 frette *f*; 2. sculpter; *fig.* bigarrer.

fret[3] [~] ♪ touche(tte) *f*; ~*ted in·strument* instrument *m* à touchettes.

fret·ful □ ['fretful] chagrin.

fret-saw ['fretsɔ:] scie *f* à découper.

fret·work ['fretwə:k] ouvrage *m* à claire-voie; découpage *m*.

fri·a·bil·i·ty [fraiəˈbiliti] friabilité *f*; '**fri·a·ble** friable.

fri·ar ['fraiə] moine *m*, frère *m*; '**fri·ar·y** monastère *m*; couvent *m*.

frib·ble ['fribl] 1. baguenauder; gaspiller (*de l'argent*); 2. frivolité *f*; *personne*: baguenaudier *m*.

fric·as·see [frikəˈsi:] 1. fricassée *f*; 2. fricasser.

fric·tion ['frikʃn] friction *f* (⚕, *a. fig.*); frottement *m*; '**fric·tion·al** à *ou* de frottement *ou* friction; '**fric·tion·less** □ sans frottement.

Fri·day ['fraidi] vendredi *m*.

friend [frend] ami(e *f*) *m*; connaissance *f*; ♀ Quaker(esse *f*) *m*; *his* ~*s pl. souv.* ses connaissances *f/pl.*; *make* ~*s* se lier d'amitié avec; '**friend·less** sans ami(s); abandonné; '**friend·ly** amical (-aux *m/pl.*); ami; bienveillant; *fig.* intime; ♀ *Society Brit.* société *f* de secours mutuel; '**friend·ship** amitié *f*.

frieze [fri:z] frise *f* (*tex.*, *a.* 🛆).

frig·ate ⚓ ['frigit] frégate *f*.

fright [frait] peur *f*, effroi *m*, épouvante *f*; F épouvantail *m*; '**fright·en** effrayer, faire peur à; *be* ~*ed at* (*ou of*) avoir peur de; **fright·ful** □ [ˈ~ful] affreux (-euse *f*); '**fright·ful·ness** horreur *f*.

frig·id □ ['fridʒid] glacial (-als *m/pl.*); froid (*a. fig.*); **fri'gid·i·ty** frigidité *f*; (grande) froideur *f*.

frill [fril] 1. ruche *f*; jabot *m*; F *fig. put on* ~*s* faire des façons; 2. plisser, rucher.

fringe [frindʒ] 1. frange *f*; bord (-ure *f*) *m*; *forêt*: lisière *f*; *a.* ~*s pl.* cheveux *m/pl.* à la chien; 2. franger; border.

frip·per·y ['fripəri] 1. camelote *f*; faste *m*; 2. sans valeur; de camelote.

frisk [frisk] 1. gambade *f*, cabriole *f*; 2. gambader; '**frisk·i·ness** vivacité *f*; '**frisk·y** □ vif (vive *f*); fringant (*cheval*); animé.

frith [friθ] *see* firth.

frit·ter ['fritə] 1. beignet *m*; 2. ~ *away* gaspiller.

fri·vol·i·ty [friˈvɔliti] frivolité *f*; légèreté *f* d'esprit; **friv·o·lous** □

['frivələs] frivole; léger (-ère *f*); futile, vain; évaporé (*personne*).
frizz [friz] frisotter; *cuis.* faire frire; *a. see* frizzle 2; **friz·zle** ['~l] 1. cheveux *m/pl.* crêpelés; 2. (*a.* ~ *up*) frisotter; *v/t. cuis.* griller (*qch.*); *v/i.* grésiller; **'friz·z(l)y** crêpelé, frisotté.
fro [frou]: *to and* ~ çà et là, de long en large.
frock [frɔk] *moine:* froc *m*; (*usu.* ~**-coat**) *femme, enfant:* robe *f*; redingote *f*; ⚔ tunique *f* de petite tenue.
frog [frɔg] grenouille *f*; *cost.* soutache *f*; 🐸 (cœur *m* de) croisement *m*; ⚔ porte-épée *m/inv.*; '~**man** homme-grenouille (*pl.* hommes-grenouilles) *m*.
frol·ic ['frɔlik] 1. gambades *f/pl.*; ébats *m/pl.*, jeu *m*; escapade *f*; divertissement *m*; 2. folâtrer, gambader; **frol·ic·some** □ ['~səm] folâtre, gai, joyeux (-euse *f*).
from [frɔm; frəm] *prp.* de; depuis; à partir de; par suite de; de la part de; par; *defend* ~ protéger contre; *draw* ~ *nature* dessiner d'après nature; *drink* ~ boire dans; *hide* ~ cacher à; *remove* ~ enlever à; ~ *above* d'en haut; ~ *amidst* d'entre; ~ *before* dès avant.
front [frʌnt] 1. devant *m*; premier rang *m*; façade *f*; *boutique:* devanture *f*; promenade *f* (*au bord de la mer*); ⚔ front *m*; *chemise:* plastron *m*; *in* ~ *of* devant, en face de; *two-pair* ~ chambre *f* sur le devant au deuxième; *fig.* come to the ~ se faire connaître; arriver au premier rang; 2. antérieur, de devant; *surt. Am.* F ~ *man fig.* homme *m* de paille; prête-nom *m*; *mot.* ~ *wheel drive* traction *f* avant; ~ *yard Am.* jardin *m* de devant; 3. *v/t.* (*a.* ~ *on, towards*) faire face à; donner sur; braver; *Am.* F prêter son nom à, agir en homme de paille pour; *v/i.* faire front; **'front·age** △ façade *f*; **'fron·tal 1.** frontal (-aux *m/pl.*); de face; de front; 2. △ façade *f*; *eccl.* devant *m* d'autel; **fron·tier** ['~jə] frontière *f*; *surt. Am. hist.* frontière *f* des États occidentaux; **'fron·tier-run·ner** passeur *m* de frontière; **fron·tiers·man** ['~jezmən] frontalier *m*; *hist. Am.* broussard *m*; **fron·tis·piece** ['~ispi:s] △, *a. typ.* frontispice *m*;

front·let ['~lit] *cost.* bandeau *m*; **front page** *journ.* première page *f*; **'front-page** en première page.
frost [frɔst] 1. (*a.* hoar ~, white ~) gelée *f* blanche, givre *m*; F fiasco *m*, déception *f*; *black* ~ froid *m* noir; 2. geler; saupoudrer; givrer; dépolir (*un verre*); ⊕ glacer (*le métal*); ~ *ed glass* verre *m* dépoli; '~**bite** gelure *f*; **'frost-bit·ten** gelé; ⚐ brûlé par le froid; **'frost·i·ness** froid *m* glacial; *fig.* froideur *f*; **'frost·y** □ gelé; glacial (-als *m/pl.*) (*a. fig.*); couvert de givre.
froth [frɔθ] 1. écume *f*; mousse *f*; *fig.* paroles *f/pl.* creuses; 2. écumer, mousser; moutonner (*mer*); **'froth·i·ness** état *m* écumeux *etc.*; *fig.* manque *m* de substance; **'froth·y** □ écumeux (-euse *f*); moutonneux (-euse *f*) (*mer*); vide, creux (creuse *f*).
frown [fraun] 1. froncement *m* de sourcils; air *m* désapprobateur; 2. *v/t.* ~ *down* imposer le silence à (*q.*) d'un regard sévère; *v/i.* froncer les sourcils; se renfrogner; avoir l'air menaçant (*montagne etc.*); ~ *at*, ~ (*up*)*on* regarder en fronçant les sourcils; *fig.* désapprouver.
frowst F [fraust] odeur *f* de renfermé; atmosphère *f* qui sent le renfermé; **'frowst·y** □, **frowz·y** ['frauzi] qui sent le renfermé; mal tenu, sale.
froze [frouz] *prét. de* freeze; **'fro·zen 1.** *p.p. de* freeze; 2. *a. adj.* gelé; frigorifié; bloqué (*capital*); ~ *locker Am.* chambre *f* frigorifique; ~ *meat* viande *f* frigorifiée.
fruc·ti·fi·ca·tion [frʌktifi'keiʃn] fructification *f*; **fruc·ti·fy** ['~fai] *v/t.* féconder; *v/i.* fructifier (*a. fig.*).
fru·gal □ ['fru:gəl] frugal (-aux *m/pl.*); économe; simple; **fru·gal·i·ty** [fru'gæliti] frugalité *f*; sobriété *f*.
fruit [fru:t] 1. fruit *m* (*a. fig.* = *résultat*); *coll.* fruits *m/pl.*; 2. porter des fruits; **'fruit·age** fructification *f*; *coll.* fruits *m/pl.*; **frui·ta·ri·an** [fru:'tɛəriən] fruitarien(ne *f*) *m*; **'fruit·er** arbre *m* fruitier; **'fruit·er·er** fruitier (-ère *f*) *m*; **fruit·ful** □ ['~ful] fructueux (-euse *f*); (*a. fig.* = *profitable*); fécond, fertile (en *of, in*); **fru·i·tion** [fru'iʃn] *pro-*

fruitless

jet etc.: réalisation *f* ; *come to ~* porter fruit; **'fruit·less** ☐ stérile; *fig.* vain; **'fruit·y** de fruit; fruité; *fig.* corsé.
frump [frʌmp] *fig.* femme *f* fagotée; **'frump·ish**, **'frump·y** mal attifée (*femme*).
frus·trate [frʌs'treit] frustrer; déjouer; **frus'tra·tion** frustration *f*; anéantissement *m*.
fry [frai] **1.** *cuis.* friture *f*; **2.** frai *m*, fretin *m*; F *small ~* petites gens *f/pl.*; gosses *m/pl.*; **3.** (faire) frire; *see egg*; *fried potatoes* (pommes *f/pl.* de terre) frites *f/pl.*; **'fry·ing-pan** poêle *f*; *get out of the ~ into the fire* sauter de la poêle sur la braise.
fuch·sia ♀ ['fju:ʃə] fuchsia *m*.
fud·dle ['fʌdl] **1.** *v/t.* griser; hébéter; *v/i.* riboter; F se pocharder; **2.** ribote *f*.
fudge F [fʌdʒ] **1.** bousiller; cuisiner (*les comptes*); **2.** bousillage *m*; *bonbon*: fondant *m*; *~!* quelle blague!
fu·el ['fjuəl] **1.** combustible *m*; carburant *m*; *mot.* essence *f*; *~ oil* fuel-oil *m*; mazout *m*; **2.** *v/t.* pourvoir de combustibles; *v/i.* obtenir du combustible; *mot.* s'approvisionner en essence.
fug [fʌg] **1.** touffeur *f*; forte odeur *f* de renfermé; **2.** rester enfermé.
fu·ga·cious [fju:'geiʃəs] fugace; éphémère.
fu·gi·tive ['fju:dʒitiv] **1.** fugitif (-ive *f*) (*a. fig.*); **2.** fugitif (-ive *f*) *m*; exilé(e *f*) *m*.
fu·gle·man ✕ ['fju:glmæn] chef *m* de file; *fig.* chef *m*; porte-parole *m/inv.*
fugue ♪ [fju:g] fugue *f*.
ful·crum ['fʌlkrəm], *pl.* -cra ['ˌkrə] ⊕ pivot *m*; *fig.* point *m* d'appui.
ful·fil [ful'fil] remplir; accomplir; s'acquitter de; réaliser; **ful'fill·er** celui (celle *f*) *m* qui remplit *etc.*; **ful'fil·ment** accomplissement *m*.
ful·gent *poét.* ['fʌldʒənt] resplendissant.
full¹ [ful] **1.** *adj.* ☐ plein; rempli; entier(-ère *f*); complet(-ète *f*); comble; *cost.* large, ample; *at ~ length* tout au long; *~ employment* plein-emploi *m*; *of ~ age* majeur; *~ stop gramm.* point *m*; **2.** *adv.* tout à fait; en plein; précisément; parfaitement; bien; *~ nigh* tout près; F *~ up*

802

au complet, comble; **3.** *su.* plein *m*; cœur *m*, fort *m*; apogée *f*; *in ~* intégralement; in extenso; en toutes lettres; *pay in ~* payer intégralement; *to the ~* complètement, tout à fait.
full² ⊕ [ˌ] (re)fouler.
full...: **'~-'blown** épanoui; **'~-'bod·ied** corsé (*vin*); *~ dress* grande tenue *f*; **'~-dress** de cérémonie; solennel(le *f*); *~ rehearsal* répétition *f* générale *ou* des couturières.
full·er ⊕ ['fulə] fouleur (-euse *f*) *m*.
full-fledged ['ful'fledʒd] F achevé.
full·ing-mill ['fuliŋmil] foulon *m*.
full-length ['ful'leŋθ] (portrait *m*) en pied; *~ film* film *m* principal.
ful(l)·ness ['fulnis] plénitude *f*.
full...: **'~-orbed** dans son plein (*lune*); **'~-time** de toute la journée; à pleines journées; à temps plein.
ful·mi·nate ['fʌlmineit] fulminer (*a. fig.* contre, *against*); faire explosion; **ful·mi·na·tion** fulmination *f* (*a. fig.*); **ful·mi·na·to·ry** ['ˌətəri] fulminatoire.
ful·some ☐ ['fulsəm] excessif (-ive *f*); répugnant (*flatterie*).
fum·ble ['fʌmbl] fouiller, tâtonner; **'fum·bler** maladroit(e *f*) *m*.
fume [fju:m] **1.** fumée *f*, vapeur *f*; *in a ~* en rage, furieux (-euse *f*); **2.** *v/i.* fumer (*a. fig.*); s'exhaler; *v/t.* exposer à la fumée.
fu·mi·gate ['fju:migeit] fumiger; désinfecter; **fu·mi·ga·tion** fumigation *f*.
fum·ing ☐ ['fju:miŋ] *fig.* enragé, bouillonnant de colère.
fun [fʌn] amusement *m*, gaieté *f*; *make ~ of* se moquer de.
func·tion ['fʌŋkʃn] **1.** fonction *f* (*a. physiol.*, *a.* ℞); réception *f*, soirée *f*; cérémonie *f*; **2.** fonctionner; **'func·tion·al** ☐ fonctionnel(le *f*); **'func·tion·ar·y** fonctionnaire *m*.
fund [fʌnd] **1.** fonds *m*; *fig.* trésors *m/pl.*; *~s pl.* fonds *m(pl.)*; capital *m*; ressources *f/pl.* pécuniaires; *banque*: provision *f*; **2.** consolider (*une dette*); placer (*de l'argent*) dans les fonds publics.
fun·da·ment ['fʌndəmənt] fondement *m*; **fun·da·men·tal 1.** ☐ [ˌ'mentl] fondamental (-aux *m/pl.*); essentiel(le *f*); **2.** *~s pl.* principe *m*; premiers principes *m/pl.*

fu·ner·al ['fjuːnərəl] 1. funérailles f/pl., obsèques f/pl.; 2. funèbre; des morts; ~ pile bûcher m funéraire; fu·ne·re·al □ [ˌ~'niəriəl] funéraire; fig. lugubre, funèbre.

fun-fair ['fʌnfɛə] foire f aux plaisirs; parc m d'attractions.

fun·gous ['fʌŋgəs] fongueux (-euse f); **fun·gus** [~], pl. -gi ['~gai] ⚕ champignon m mycète; ⚘ fongus m.

fu·nic·u·lar [fjuˈnikjulə] 1. funiculaire; ~ railway = 2. funiculaire m.

funk sl. [fʌŋk] 1. frousse f, trac m; personne: caneur (-euse f) m; blue ~ peur f bleue; 2. caner; avoir peur de (qch.); **'funk·y** sl. froussard.

fun·nel ['fʌnl] entonnoir m; ⊕ trémie f; ⚓, ⚙ cheminée f.

fun·ny □ ['fʌni] 1. drôle, comique; curieux (-euse f); 2. funnies pl. see comics; '~-bone ⚘ F petit juif m.

fur [fəː] 1. fourrure f; lapin: pelage m; bouilloire: dépôt m; langue: enduit m; ~s pl. peaux f/pl.; 2. à ou en ou de fourrure; 3. ⊕ (s')incruster; v/t. fourrer, garnir de fourrure; ~red tongue langue f chargée.

fur·be·low ['fəːbilou] falbala m; usu. ~s pl. iro. fanfreluches f/pl.

fur·bish ['fəːbiʃ] polir, nettoyer; mettre à neuf.

fur·ca·tion [fəːˈkeiʃn] bifurcation f.

fu·ri·ous □ ['fjuəriəs] furieux (-euse f).

furl [fəːl] v/t. ferler (une voile); rouler (un parapluie); replier (les ailes); v/i. se rouler.

fur·long ['fəːlɔŋ] mesure: furlong m (201 mètres).

fur·lough ['fəːlou] 1. permission f, congé m; 2. ⚔ envoyer (q.) en permission; Am. accorder un congé à.

fur·nace [ˈfəːnis] four(neau) m; chaudière: foyer m; fig. brasier m.

fur·nish ['fəːniʃ] fournir, munir, pourvoir (de, with); meubler, garnir (une maison); ~ed rooms meublé m; **'fur·nish·er** fournisseur m; marchand d'ameublement; **'fur·nish·ing** fourniture f; provision f; ~s pl. ameublement m.

fur·ni·ture ['fəːnitʃə] meubles m/pl.; ameublement m; mobilier m; typ. garniture f; ⚓ matériel m.

fur·ri·er ['fʌriə] pelletier m; **'fur·ri·er·y** pelleterie f.

fur·row ['fʌrou] 1. sillon m (a. fig.); ⊕ cannelure f; 2. labourer; sillonner; ⊕ canneler; rider profondément.

fur·ry ['fəːri] qui ressemble à (de) la fourrure.

fur·ther ['fəːðə] 1. adj. et adv. plus éloigné; see furthermore; 2. avancer; servir; **'fur·ther·ance** avancement m; appui m; **'fur·ther·er** celui (celle f) m qui aide à l'avancement (de qch.); **'fur·ther·more** en outre, de plus, d'autre part; **'fur·ther·most** le plus lointain, le plus éloigné.

fur·thest ['fəːðist] see furthermost; at (the) ~ au plus tard.

fur·tive □ ['fəːtiv] furtif (-ive f).

fu·ry ['fjuəri] furie f, fureur f; acharnement m.

furze ⚘ [fəːz] ajonc m, genêt m épineux.

fuse [fjuːz] 1. (se) fondre; (se) réunir par fusion; v/t. pourvoir d'une fusée; v/i. ⚡ sauter (plombs); 2. ⚡ plomb m; fusible m; ⚔ fusée f.

fu·see [fjuːˈziː] montre etc.: fusée f; tison m.

fu·se·lage ['fjuːzilaːʒ] ✈ fuselage m.

fu·si·bil·i·ty [fjuːzəˈbiliti] fusibilité f; **fu·si·ble** ['fjuːzəbl] fusible.

fu·sil·ier ⚔ [fjuːziˈliə] fusilier m.

fu·sil·lade [fjuːziˈleid] fusillade f.

fu·sion ['fjuːʒn] fusion f; fonte f.

fuss F [fʌs] 1. agitation f, F potin m; façons f/pl.; kick up a ~ faire un tas d'histoires; 2. v/t. tracasser, agiter; v/i. se tracasser (de, over); faire des histoires; faire l'empressé; **'fuss·y** □ F tracassier (-ère f) tatillon(ne f).

fus·tian ['fʌstiən] ✝ futaine f; fig. emphase f.

fust·i·ness ['fʌstinis] odeur f de renfermé; fig. caractère m démodé; **'fust·y** □ qui sent le renfermé ou moisi; fig. démodé.

fu·tile □ ['fjuːtail] futile; vain; puéril; **fu·til·i·ty** [fjuːˈtiliti] futilité f; vanité f; puérilité f.

fu·ture ['fjuːtʃə] 1. futur; à venir; 2. avenir m; in the ~ à l'avenir; ✝ ~s pl. livraisons f/pl. à terme; **'fu·tur·ism** peint. futurisme m; **fu·tu·ri·ty** [fjuːˈtjuəriti] avenir m.

fuzz [fʌz] 1. duvet m; a ~ of hair des cheveux bouffants; 2. (faire) bouffer; (faire) frisotter; **'fuzz·y** □ bouffant; frisotté; flou (a. phot.).

G

G, g [dʒiː] G *m*, g *m*.
gab F [gæb] faconde *f*; *the gift of the* ~ la langue bien pendue.
gab·ble ['gæbl] **1.** bredouillement *m*; caquet *m*; **2.** bredouiller; caqueter; **'gab·bler** bredouilleur (-euse *f*) *m*; caquetage *m*.
gab·by ['gæbi] bavard.
gab·er·dine ['gæbədiːn] *tex.* gabardine *f*.
ga·ble ['geibl] (*a.* ~*-end*) pignon *m*.
ga·by ['geibi] nigaud *m*, benêt *m*.
gad [gæd]: ~ *about* courir (le monde etc.); ⚔ *poét.* errer; **'gad·a·bout** F coureur (-euse *f*) *m*.
gad·fly *zo.* ['gædflai] taon *m*; œstre *m*.
gadg·et F ['gædʒit] dispositif *m*; machin *m*, truc *m*.
Gael·ic ['geilik] gaélique (*a. ling. su./m*).
gaff [gæf] gaffe *f*; ⚓ corne *f*; *sl.* théâtre *m* de bas étage; *blow the* ~? *sl.* vendre la mèche.
gaffe F [gæf] bêtise *f*; faux pas *m*.
gaf·fer F ['gæfə] † ancien *m*; contre-maître *m*; patron *m*.
gag [gæg] **1.** bâillon *m* (*a. fig.*); *parl.* clôture *f*; *théâ.* improvisation *f*; plaisanterie *f*; F blague *f*; *sl. what's the* ~? à quoi vise tout cela?; **2.** *v/t.* bâillonner (*a. fig. la presse*); *pol.* clôturer (*un débat*); *v/i. théâ.* improviser; plaisanter.
gage [geidʒ] gage *m*, garantie *f*; F défi *m*.
gai·e·ty ['geiəti] gaieté *f*; réjouissances *f/pl.*).
gai·ly ['geili] *adv. de* gay.
gain [gein] **1.** gain *m*; *surt.* ⚔ ~*s pl.* profit *m*; **2.** gagner, profiter; ~ *on* gagner sur; ~ *s.o. over* gagner q. à sa cause; **'gain·er** gagnant(e *f*) *m*; gagneur (-euse *f*) *m* (*d'argent*).
gain·ful □ ['~ful] profitable; ~ *employment* travail *m* rémunéré; *be ~ly occupied* avoir un travail rémunéré; **gain·ings** ['~iŋz] *pl.* gain *m*, -s *m/pl.*; profit *m*.
gain·say † [gein'sei] contredire; nier (*qch.*).
gait [geit] allure *f*; *cheval:* train *m*.
gai·ter ['geitə] guêtre *f*.
gal *Am. sl.* [gæl] jeune fille *f*.
ga·la ['gɑːlə] fête *f*, gala *m*.
gal·ax·y ['gæləksi] *astr.* voie *f* lactée; *fig.* essaim *m*; constellation *f*.
gale [geil] grand vent *m*; tempête *f*.
gall[1] [gɔːl] fiel *m* (*a. fig.*); *surt. Am. sl.* audace *f*; toupet *m*.
gall[2] ♀ [~] galle *f*.
gall[3] [~] **1.** écorchure *f*; *fig.* blessure *f*; **2.** écorcher; *fig.* froisser, blesser; irriter;
gal·lant ['gælənt] **1.** □ vaillant; superbe; galant; **2.** galant *m*; *péj.* coureur *m* de femmes; **3.** faire le galant; **'gal·lant·ry** vaillance *f*; galanterie *f* (*auprès des femmes*).
gal·ler·y ['gæləri] galerie *f* (*a.* ⚔ ✕).
gal·ley ['gæli] ⚓ † galère *f*; ⚓ cuisine *f*; *typ.* galée *f*; **'~-proof** *typ.* placard *m*.
Gal·lic ['gælik] gaulois; **Gal·li·can** ['~kən] *eccl.* gallican.
gal·li·vant [gæli'vænt] courailler.
gall-nut ♀ ['gɔːlnʌt] noix *f* de galle.
gal·lon ['gælən] gallon *m* (*4,54 litres, Am. 3,78 litres*).
gal·loon [gə'luːn] galon *m*.
gal·lop ['gæləp] **1.** galop *m*; **2.** (faire) aller au galop.
gal·lows ['gæləuz] *usu. sg.* potence *f*.
ga·lore [gə'lɔː] à foison.
ga·losh [gə'lɒʃ] galoche *f*; ~s *pl.* caoutchoucs *m/pl.*
gal·van·ic [gæl'vænik] (~*ally*) galvanique; **gal·va·nism** ['gælvə-nizm] galvanisme *m*; **'gal·va·nize** galvaniser (*a. fig.*); **gal·va·no·plas·tic** [gælvənə'plæstik] galvanoplastique.
gam·ble ['gæmbl] **1.** *v/i.* jouer de l'argent; *v/t.* ~ *away* perdre (*qch.*) au jeu; **2.** F jeu *m* de hasard; *fig.* affaire *f* de chance; **'gam·bler** joueur (-euse *f*) *m*; ✝ spéculateur (-trice *f*) *m*; **'gam·bling-house** maison *f* de jeu.
gam·boge ♀ [gæm'buːʒ] gomme-gutte (*pl.* gommes-guttes) *f*.
gam·bol ['gæmbl] **1.** cabriole *f*; **2.** cabrioler; s'ébattre.
game [geim] **1.** jeu *m*; amusement *m*; *cartes:* partie *f*; *péj.* manège *m*; *cuis. etc.* gibier *m*; *play the* ~ jouer franc jeu; *fig.* agir loyalement; **2.** F courageux (-euse *f*); *die* ~ mourir crânement; **3.** jouer; **'~-cock** coq *m* de combat; **'~-keep·er**

garde-chasse (*pl.* gardes-chasse[s]) *m*; '~-li·cence permis *m* de chasse;
game·ster ['~stə] joueur (-euse *f*) *m*.

gam·mer ['gæmə] vieille *f*.

gam·mon¹ ['gæmən] **1.** quartier *m* de lard fumé; jambon *m* fumé; **2.** saler et fumer.

gam·mon² [~] **1.** bredouille *f* (*au jeu*); blague *f*; *sl.* ~! quelle bêtise!; **2.** blaguer.

gam·ut ♪ ['gæmət] gamme *f* (*a. fig.*).

gam·y ['geimi] giboyeux (-euse *f*); *cuis.* faisandé.

gan·der ['gændə] jars *m*; *Am. sl.* coup *m* d'œil.

gang [gæŋ] **1.** groupe *m*; troupe *f*; bande *f*; équipe *f*; *péj.* clique *f*; **2.** ~ **up** se liguer (contre *against*, on); '~-board ♣ planche *f* à débarquer; **gang·er** ['gæŋə] chef *m* d'équipe.

gan·grene ✧ ['gæŋgri:n] gangrène *f*, mortification *f*.

gang·ster *Am.* ['gæŋstə] bandit *m*, gangster *m*.

gang·way ['gæŋwei] passage *m*, couloir *m*; ♣ passerelle *f* de service; ♣ coupée *f*.

gaol [dʒeil] *see* **jail**.

gap [gæp] trou *m* (*a. fig.*); ouverture *f*; brèche *f*; interstice *m*.

gape [geip] rester bouche bée (devant, *at*); s'ouvrir tout grand (*abîme*).

ga·rage ['gæra:ʒ; 'gærid ʒ] **1.** garage *m*; **2.** *mot.* garer.

garb [gɑ:b] costume *m*, vêtement *m*.

gar·bage ['ga:bidʒ] ordures *f/pl.*; immondices *f/pl.*; *Am.* ~ **can** boîte *f* aux ordures; ~ **pail** poubelle *f*.

gar·ble ['gɑ:bl] fausser; tronquer.

gar·den ['gɑ:dn] **1.** jardin *m*; **2.** *v/i.* jardiner, faire du jardinage; *v/t.* entretenir; '**gar·den·er** jardinier *m*; '**gar·den·ing** jardinage *m*; horticulture *f*.

gar·gle ['gɑ:gl] **1.** se gargariser; **2.** gargarisme *m*.

gar·goyle △ ['ga:gɔil] gargouille *f*.

gar·ish □ ['gɛəriʃ] voyant; cru (*lumière*).

gar·land ['gɑ:lənd] **1.** guirlande *f*, couronne *f*; **2.** (en)guirlander.

gar·lic ♀ ['ga:lik] ail (*pl.* aulx, ails) *m*.

gar·ment ['gɑ:mənt] vêtement *m*.

gar·ner ['gɑ:nə] **1.** grenier *m*; *fig.* recueil *m*; **2.** mettre en grenier.

gar·net *min.* ['ga:nit] grenat *m*.

gar·nish ['ga:niʃ] garnir, orner, embellir (de, *with*); '**gar·nish·ing** garnissage *m*; *cuis.* garniture *f*.

gar·ni·ture ['gɑ:nitʃə] garniture *f*.

gar·ret ['gærit] mansarde *f*.

gar·ri·son ✕ ['gærisn] **1.** garnison *f*; **2.** mettre une garnison dans; mettre (*des troupes*) en garnison; garnir; be ~ed être en garnison.

gar·ru·li·ty [gæ'ru:liti] loquacité *f*; *style:* verbosité *f*; **gar·ru·lous** □ ['gæruləs] loquace; verbeux (-euse *f*).

gar·ter ['ga:tə] jarretière *f*; *Am.* jarretelles *f/pl.*; Order of the ♀ Ordre *m* de la Jarretière.

gas [gæs] **1.** gaz *m*; F bavardage *m*; *Am. see* **gasoline**; *mot.* step on the ~ appuyer sur le champignon; *fig.* se dépêcher; **2.** asphyxier; ✕ gazer; F jaser; '~-bag ⚒ enveloppe *f* à gaz; F grand parleur *m*; phraseur *m*; ~ **brack·et** applique *f* à gaz; '~-burn·er bec *m* de gaz; **gas·e·li·er** [~ə'liə] lustre *m* à gaz; '**gas-en·gine** moteur *m* à gaz; **gas·e·ous** ['geiziəs] gazeux (-euse *f*); '**gas-fit·ter** gazier *m*; poseur *m* d'appareils à gaz; '**gas-fit·tings** *pl.* appareillage *m* pour le gaz.

gash [gæʃ] **1.** entaille *f* (*dans la chair*); taillade *f*; balafre *f* (*dans la figure*); coup *m* de couteau *etc.*; **2.** entailler.

gas·ket ['gæskit] ♣ garcette *f*; ⊕ joint *m* en étoupe *etc.*

gas...: '~-light lumière *f* du gaz; '~-light·er allume-gaz *m/inv.*; '~-man·tle manchon *m*; '~-mask masque *m* à gaz; '~-me·ter compteur *m* (à gaz); **gas·o·line** *Am. mot.* ['gæsəli:n] essence *f*; **gas·om·e·ter** [gæ'sɔmitə] gazomètre *m*, réservoir *m* à gaz; '**gas-ov·en** four *m* à gaz; **gasp** [ga:sp] **1.** sursaut *m*; *fig.* souffle *m*; **2.** sursauter; (*ou* ~ **for breath**) suffoquer.

gas-proof ['gæs'pru:f] à l'épreuve du *ou* des gaz; '**gas-range** cuisinière *f* à gaz; **gassed** [gæst] asphyxié; ✕ gazé; '**gas-sta·tion** *Am.* poste *m* d'essence; '**gas-stove** four *m* *ou* réchaud *m* à gaz; F radiateur *m* à gaz; '**gas·sy** gazeux (-euse *f*); mousseux (-euse *f*) (*vin*); *fig.* bavard.

gas·tric ✧ ['gæstrik] gastrique; **gas·tri·tis** [gæs'traitis] gastrite *f*.

gas·tron·o·mist [gæs'trɔnəmist] gastronome *m*; **gas'tron·o·my** gastronomie *f*.

gas-works ['gæswə:ks] *usu. sg.* usine *f* à gaz.

gate [geit] porte *f* (*a. fig.*); barrière *f*; grille *f*; *sp.* public *m*; *see* ~-**money**; '~-**crash·er** *sl.* intrus(e *f*) *m*; '~-**leg**(**ged**) **ta·ble** table *f* à abattants; '~·**man** ✠ garde-barrière (*pl.* gardes-barrière[s]) *m*; '~-**mon·ey** *sp.* recette *f*; '~-**way** entrée *f*, porte *f*.

gath·er 'gæðə] **1.** *v/t.* (r)assembler; ramasser; (re)cueillir; retrousser (*ses jupes*); percevoir (*des impôts*); conclure; *cost.* froncer; *see* **information**; ~ **speed** prendre de la vitesse; *v/i.* se rassembler; se réunir; s'accumuler; se préparer (*orage*); ⚚ abcéder; ⚓ *a.* ~ *to a head*) mûrir (*a. fig.*); **2.** ~**s** *pl.* fronces *f/pl.*; '**gath·er·ing** rassemblement *m*; cueillette *f*; accumulation *f*; froncement *m*; assemblée *f*.

gaud·y ['gɔ:di] **1.** □ voyant, criard; fastueux (-euse *f*); **2.** *univ.* banquet *m* anniversaire.

gauge [geidʒ] **1.** calibre *m*; jauge *f*; vérificateur *m*; indicateur *m*; ✠ largeur *f* de la voie; ⚓ tirant *m* d'eau; **2.** calibrer; mesurer; *fig.* estimer; '**gaug·er** jaugeur *m*, mesureur *m*.

Gaul [gɔ:l] Gaulois(e *f*) *m*; *pays*: la Gaule *f*.

gaunt □ [gɔ:nt] décharné; désolé.

gaunt·let ['gɔ:ntlit] gant *m* à crispins; *fig.* gant *m*; *run the* ~ ✗ passer par les bretelles; *fig.* soutenir un feu roulant (*de*).

gauze [gɔ:z] gaze *f*; *wire* ~ tissu *m* métallique; '**gauz·y** diaphane.

gave [geiv] *prét. de* **give 1, 2**.

gav·el *Am.* ['gævl] marteau *m* (*du commissaire-priseur*).

gawk F [gɔ:k] godiche *mf*; personne *f* gauche; '**gawk·y** gauche; godiche.

gay □ [gei] gai, allègre; brillant; *Am. sl.* effronté.

gaze [geiz] **1.** regard *m* (fixe); **2.** regarder fixement; ~ *at* (*ou on*) contempler, considérer.

ga·zelle *zo.* [gə'zel] gazelle *f*.

gaz·er ['geizə] contemplateur (-trice *f*) *m*; curieux (-euse *f*) *m*.

ga·zette [gə'zet] **1.** journal *m* officiel; **2.** publier dans un journal officiel; *be* ~*d* être publié à l'Officiel;

gaz·et·teer [gæzi'tiə] répertoire *m* géographique.

gear [giə] **1.** accoutrement *m*; effets *m/pl.* personnels; ustensiles *m/pl.*; attirail *m*, appareil *m*; harnais *m*; ⊕ transmission *f*, commande *f*; *mot.* (*low* première, *high* grande) vitesse *f*; *top* ~ prise *f* directe; *in* ~ en jeu; *mot.* engrené; *out of* ~ hors d'action; *mot.* débrayé, désengrené; **2.** *v/t.* gréer; engrener; ⊕ ~ *up* (*down*) multiplier (démultiplier); ~ *into* engrener (*qch.*) dans; *v/i.* s'engrener; ~ *with* (s')engrener dans; '~-**box**, '~-**case** ⊕ carter *m*; *mot.* boîte *f* de vitesses; '**gear·ing** ⊕ engrenage *m*; transmission *f*; *cycl.* développement *m*; '**gear-le·ver**, *surt. Am.* '**gear-shift** levier *m* de(s) vitesse(s).

gee [dʒi:] hue!, huhau!; *Am.* sapristi!; sans blague!

geese [gi:s] *pl. de* **goose**.

gee·zer *sl.* ['gi:zə] bonhomme *m*; vieille taupe *m*.

gei·sha ['geifə] geisha *f*.

gel·a·tin(**e**) ['dʒelətin] gélatine *f*; **ge·lat·i·nize** [dʒi'lætinaiz] (se) gélatiniser; **ge'lat·i·nous** gélatineux (-euse *f*).

geld [geld] [*irr.*] hongrer (*un cheval*); châtrer; '**geld·ing** (cheval *m*) hongre *m*.

gel·id [ˈdʒelid] glacial (-als *m/pl.*).

gelt [gelt] *prét. et p.p. de* **geld**.

gem [dʒem] **1.** pierre *f* précieuse; gemme *f*; joyau *m* (*a. fig.*); **2.** orner de pierres précieuses.

gen·der *gramm.* ['dʒendə] genre *m*; F sexe *m*.

gen·e·a·log·i·cal □ [dʒi:niə'lɔdʒikl] généalogique; **gen·e·al·o·gy** [dʒi:ni'ælədʒi] généalogie *f*.

gen·er·a ['dʒenərə] *pl. de* **genus**.

gen·er·al ['dʒenərəl] **1.** □ général (-aux *m/pl.*); commun; grand (*public etc.*); en chef; ~ *election* élections *f/pl.* générales; ~ *practitioner* médecin *m* de médecine générale; **2.** ✗ général *m*; F (= ~ *servant*) bonne *f* à tout faire; **gen·er·al·i·ty** [~'ræliti] généralité *f*; *la* plupart; **gen·er·al·i·za·tion** [~rəlai'zeiʃn] généralisation *f*; '**gen·er·al·ize** généraliser; populariser; '**gen·er·al·ly** généralement; universellement; F pour la plupart; '**gen·er·al·ship** ✗ généralat *m*; stratégie *f*.

gesticulate

gen·er·ate ['dʒenəreit] engendrer; produire; *generating station* station *f* génératrice; **gen·er·a·tion** génération *f*; ⚕ engendrement *m*; '**gen·er·a·tive** [‿ətiv] générateur (-trice *f*); producteur (-trice *f*); '**gen·er·a·tor** ['‿eitə] générateur (-trice *f*) *m*; ⊕ générateur *m*; *surt. mot. Am.* dynamo *f* d'éclairage.

ge·ner·ic [dʒi'nerik] générique.

gen·er·os·i·ty [dʒenə'rɔsiti] générosité *f*; libéralité *f*; '**gen·er·ous** □ généreux (-euse *f*) (*a. vin*); libéral (-aux *m/pl.*); magnanime; riche.

gen·e·sis ['dʒenisis] genèse *f*; origine *f*; *bibl.* ♀ (la) Genèse; **ge·net·ic** [dʒi'netik] **1.** (‿ally) génétique; génésique (*instinct*); F *see generative*; **2.** ‿s *sg.* génétique *f*.

gen·ial □ ['dʒi:njəl] doux (douce *f*) (*climat*); propice; génial (-aux *m/pl.*) (*talent*); jovial (-als *ou* -aux *m/pl.*) (*personne*); **ge·ni·al·i·ty** [‿ni'æliti] douceur *f*; bienveillance *f*.

gen·i·tals *anat.* ['dʒenitlz] *pl.* organes *m/pl.* génitaux.

gen·i·tive *gramm.* ['dʒenitiv] (*ou* ‿ *case*) génitif *m*.

gen·ius ['dʒi:njəs] génie *m*; *pl.* **gen·i·i** ['‿niai] démon *m*, esprit *m*; *pl.* **‿ius·es** ['‿jəsiz] génie *m*; F don *m*, aptitudes *f/pl.* naturelles.

gen·o·cide ['dʒenousaid] extermination *f* d'une race.

gent F [dʒent] homme *m*, monsieur *m*.

gen·teel □ *sl. ou iro.* [dʒen'ti:l] comme il faut; maniéré.

gen·tian ♀ ['dʒenʃiən] gentiane *f*.

gen·tile ['dʒentail] **1.** gentil *m*; **2.** païen(ne *f*); *Am.* non mormon.

gen·til·i·ty *souv. iro.* [dʒen'tiliti] prétention *f* au bon ton; haute bourgeoisie *f*.

gen·tle □ ['dʒentl] *usu.* doux (douce *f*); modéré; léger (-ère *f*); cher (chère *f*) (*lecteur*); *co.* noble; † bien né; bon(ne *f*) (*naissance*); '**‿·folk(s)** personnes *f/pl.* de bonne famille; '**‿·man** monsieur *m* (*pl.* messieurs) *m*; homme *m* comme il faut; ⚔ rentier *m*; *sp.* amateur *m*; *bal*: cavalier *m*; † gentilhomme (*pl.* gentilshommes) *m*; *gentlemen!* messieurs! **‿'s agreement** convention *f* verbale (*qui n'engage que la parole d'honneur des partis*); '**‿·man·like**, '**‿·man·ly** comme il faut; bien élevé; '**gen·tle·ness** douceur *f*; '**gen·tle·wom·an** dame *f ou* demoiselle *f* bien née.

gen·try ['dʒentri] petite noblesse *f*; *péj.* individus *m/pl.*

gen·u·flec·tion, **gen·u·flex·ion** [dʒenju'flekʃn] génuflexion *f*.

gen·u·ine □ ['dʒenjuin] authentique; véritable; franc(he *f*); sincère.

ge·nus ['dʒi:nəs] (*pl.* genera) genre *m* (*a. fig.*).

ge·od·e·sy [dʒi'ɔdisi] géodésie *f*.

ge·og·ra·pher [dʒi'ɔgrəfə] géographe *m*; **ge·o·graph·i·cal** □ [dʒiə'græfikl] géographique; **ge·og·ra·phy** [‿'ɔgrəfi] géographie *f*.

ge·o·log·ic, **ge·o·log·i·cal** □ [dʒiə'lɔdʒik(l)] géologique; **ge·ol·o·gist** [dʒi'ɔlədʒist] géologue *mf*; **ge·ol·o·gy** géologie *f*.

ge·om·e·ter [dʒi'ɔmitə] géomètre *m*; **ge·o·met·ric**, **ge·o·met·ri·cal** □ [dʒiə'metrik(l)] géométrique; **ge·om·e·try** [‿'ɔmitri] géométrie *f*.

ge·o·phys·ics [dʒiə'fiziks] *usu. sg.* géophysique *f*.

ge·ra·ni·um ♀ [dʒi'reinjəm] géranium *m*.

germ [dʒə:m] **1.** germe *m*; **2.** germer.

Ger·man[1] ['dʒə:mən] **1.** allemand; ⚕ *measles* rubéole *f*; ‿ *Ocean* mer *f* du Nord; ⊕ ‿ *silver* argentan *m*, maillechort *m*; ‿ *steel* acier *m* brut; ‿ *text* caractères *m/pl.* gothiques; ‿ *toys pl.* jouets *m/pl.* de Nuremberg; **2.** *ling.* allemand *m*; Allemand(e *f*) *m*.

ger·man[2] [‿]: *brother etc.* ‿ frère *m etc.* germain; **ger·mane** [dʒə:'mein] (*to*) approprié (à); se rapportant (à).

Ger·man·ic [dʒə:'mænik] allemand; *hist.* germanique.

germ-car·ri·er ['dʒə:mkæriə] porteur *m* de bacilles.

ger·mi·nal ['dʒə:minl] germinal (-aux *m/pl.*); *fig.* en germe; **ger·mi·nate** ['‿neit] (faire) germer; **ger·mi·na·tion** germination *f*.

germ-proof ['dʒə:mpru:f] aseptique.

ger·ry·man·der *pol.* ['dʒerimændə] truquage *m* électoral.

ger·und *gramm.* ['dʒerənd] gérondif *m*.

ges·ta·tion ⚕, *vet.* [dʒes'teiʃn] gestation *f*.

ges·tic·u·late [dʒes'tikjuleit] *v/i.* gesticuler; *v/t.* exprimer par des

gestes; **ges·tic·u·la·tion** gesticulation *f.*
ges·ture ['dʒestʃə] geste *m;* signe *m.*
get [get] [*irr.*] **1.** *v/t.* obtenir, procurer; gagner; prendre; se faire (*une réputation etc.*); recevoir; aller chercher; attraper (*un coup, une maladie*); faire parvenir; faire (*inf., p.p.*); *Am.* F saisir; ~ *a wife* prendre femme; *have got* avoir; F *you have got to obey* il faut que vous obéissiez; ~ *one's hair cut* se faire couper les cheveux; ~ *me the book!* allez me chercher le livre!; ~ *by heart* apprendre par cœur; ~ *with child* faire un enfant à; ~ *away* arracher, éloigner; ~ *down* descendre (*qch.*); avaler (*une pilule etc.*); mettre (*qch.*) par écrit; ~ *in* rentrer; placer (*un mot*); donner (*un coup*); ~ *off* ôter (*un vêtement*); expédier (*une lettre*); ~ *on* mettre (*qch.*); ~ *out* arracher, tirer; (faire) sortir; ~ *over* faire passer (*qch.*) par-dessus; en finir avec (*qch.*); ~ *through* terminer; assurer le succès de; *parl.* faire adopter; ~ *up* faire monter; organiser; préparer; F (*se*) faire beau (belle); ~ *up steam* faire monter la pression; chauffer; **2.** *v/i.* devenir, se faire; aller, se rendre (à, *to*); en arriver (à *inf., to inf.*); se mettre; ~ *ready* se préparer; ~ *about* circuler; être sur pied; ~ *abroad* se répandre; ~ *ahead* prendre de l'avance; ~ *along* s'avancer; faire du chemin; ~ *along with* s'accorder avec, s'entendre bien avec; ~ *around to* en venir à, trouver le temps de; ~ *at* atteindre; parvenir à; ~ *away* partir; s'échapper; ~ *away with it* réussir; faire accepter la chose; ~ *down* descendre jusqu'à; *fig.* en venir à; F se mettre à; ~ *in* rentrer; placer (*un coup*); ~ *into* entrer *ou* monter dans; mettre (*une robe etc.*); ~ *off* descendre (*de qch.*); se tirer d'affaire; F attraper un mari; ⚔ décoller; ~ *off with* faire la conquête de; ~ *on* monter sur; s'avancer (vers *qch.*); s'approcher (de, *to*); prendre de l'âge; s'entendre (bien), s'accommoder (avec, *with*); ~ *out* (*of, from*) sortir (de); s'échapper (de); se soustraire (à); ~ *over* franchir; passer par-dessus; *fig.* guérir de (*une maladie*); ~ *through* passer; *téléph.* obtenir la communication;

~ *to hear* (*ou know ou learn*) apprendre; ~ *up* se lever; grossir (*mer*); monter; s'élever (*prix etc.*); **get-at-a·ble** [get'ætəbl] accessible; d'accès facile; **get-a·way** ['getəwei] *sp.* départ *m;* démarrage *m; Am.* fuite *f; make one's* ~ s'échapper; **'get·ter** acquéreur *m; zo.* reproducteur *m;* **'get·ting** acquisition *f;* mise *f;* ⚒ extraction *f;* **get-'up** tenue *f;* ✝ habillage *m; Am.* F entrain *m;* esprit *m* entreprenant.
gew·gaw ['gju:gɔ:] babiole *f,* bagatelle *f;* ~s *pl.* afféteries *m/pl.*
gey·ser ['gaizə] *géog.* geyser *m;* ['gi:zə] chauffe-bain *m;* chauffe-eau *m/inv.* à gaz.
ghast·li·ness ['gɑ:stlinis] horreur *f;* pâleur *f* mortelle; **'ghast·ly** horrible; affreux (-euse *f*); blême.
gher·kin ['gə:kin] cornichon *m.*
ghost [goust] fantôme *m,* spectre *m,* revenant *m;* F nègre *m* (*d'un auteur*); *Holy* ♀ Saint-Esprit *m;* **'ghost·like**, **'ghost·ly** spectral (-aux *m/pl.*); **'ghost·write** *Am.* écrire un article *etc.* qui paraîtra sous la signature d'autrui.
gi·ant ['dʒaiənt] géant (*a. su./m*).
gib·ber ['dʒibə] baragouiner; **'gib·ber·ish** baragouin *m,* charabia *m.*
gib·bet ['dʒibit] **1.** gibet *m;* ⊕ flèche *f* de grue; **2.** pendre; *fig.* clouer au pilori.
gib·bos·i·ty [gi'bɔsiti] gibbosité *f,* bosse *f;* **gib·bous** ['gibəs] gibbeux (-euse *f*); bossu (*personne*).
gibe [dʒaib] **1.** railler (*q., at s.o.*); se moquer (de *q., at s.o.*); **2.** raillerie *f;* moquerie *f;* brocard *m.*
gib·lets ['dʒiblits] *pl.* abatis *m.*
gid·di·ness ['gidinis] vertige *m; fig.* étourderie *f;* frivolité *f;* **'gid·dy** □ pris de vertige (*personne*); étourdi (*a. fig.*); *fig.* frivole; vertigineux (-euse *f*), qui donne le vertige.
gift [gift] **1.** don *m;* cadeau *m,* présent *m;* ✝ prime *f* (*à un acheteur*); *deed of* ~ (acte *m* de) donation *f* entre vifs; ~ *shop surt. Am.* magasin *m* de nouveautés; **2.** douer (de, *with*); donner en présent; **'gift·ed** bien doué; de talent.   [canot *m.*\
gig [gig] cabriolet *m;* ⚓ petit/
gi·gan·tic [dʒai'gæntik] (~*ally*) géant, gigantesque.
gig·gle ['gigl] **1.** rire nerveusement; **2.** petit rire *m* nerveux.

gild [gild] [*irr.*] dorer; **'gild·er** doreur (-euse *f*) *m*; **'gild·ing** dorure *f*.
gill[1] [dʒil] (*approx.*) huitième *m* de litre.
gill[2] [gil] *icht.* ouie *f*; *fig. usu.* ~s *pl.* bajoue *f*, -s *f/pl.*; *champignon:* lame *f*; *tex.* peigne *m*; ⊕ ailette *f*.
gill[3] [dʒil] jeune fille *f*; bonne amie *f*.
gilt [gilt] 1. *prét. et p.p. de* gild; 2. dorure *f*, doré *m*; '~**-edged** doré sur tranche; ✝ *sl.* de premier ordre.
gim·crack ['dʒimkræk] 1. article *m* de pacotille *ou* en toc; 2. de pacotille (*meuble*); en toc (*bijou*); de carton (*maison*).
gim·let ⊕ ['gimlit] vrille *f*.
gim·mick *Am. sl.* ['gimik] truc *m*; tour *m*.
gin[1] [dʒin] genièvre *m*.
gin[2] [~] 1. piège *m*, trébuchet *m*; ⊕ chèvre *f*; 2. ⊕ égrener.
gin·ger ['dʒindʒə] 1. gingembre *m*; F entrain *m*, énergie *f*; 2. F (*souv.* ~ *up*) secouer; mettre du cœur au ventre à; 3. roux (rousse *f*) (*cheveux*); ~ **ale**, ~ **beer** boisson *f* gazeuse au gingembre; '~**bread** pain *m* d'épice; '**gin·ger·ly** 1. *adj.* délicat; 2. *adv.* délicatement; '**gin·ger-nut** biscuit *m* au gingembre.
gip·sy ['dʒipsi] bohémien(ne *f*) *m*.
gi·raffe *zo.* [dʒi'ra:f] girafe *f*.
gir·an·dole ['dʒirəndoul] girandole *f*.
gird[1] [gə:d] 1. raillerie *f*; brocard *m*; 2. railler (*q.*, *at s.o.*); se moquer (de, *at*).
gird[2] [~] [*irr.*] ceindre (de, *with*); encercler (de, *with*).
gird·er ⊕ ['gə:də] poutre *f*.
gir·dle ['gə:dl] 1. ceinture *f*; gaine *f*; 2. entourer, ceindre.
girl [gə:l] jeune fille *f*; F employée *f*; domestique *f*; **girl·hood** ['~hud] jeunesse *f*; adolescence *f*; '**girl·ish** ☐ de jeune *ou* petite fille; '**girl·ish·ness** air *m* de petite fille; '**girl·y** *Am.* F magazine *m* (*de beautés léger-vêtues*).
girt [gə:t] 1. *prét. et p.p. de* gird[2]; 2. ⊕ circonférence *f*.
girth [gə:θ] 1. sangle *f* (de selle); circonférence *f*; 2. sangler (*un cheval*).
gist [dʒist] 🕮 principal motif *m*; F essence *f*; point *m* essentiel; fond *m*.
give [giv] 1. [*irr.*] *v/t. usu.* donner; remettre; causer; faire (*attention, aumône, peine, plaisir, saut, etc.*); pousser (*un soupir etc.*); présenter (*des compliments*) porter (*un coup*); prononcer (*un arrêt*); céder (*une place*); ~ *attention to* faire attention à; ~ *battle* donner bataille; ~ *birth to* donner le jour à; donner naissance à (*a. fig.*); ~ *chase to* donner la chasse à; ~ *credit to* ajouter foi à; ~ *ear to* prêter l'oreille à; ~ *one's mind to* s'appliquer à; ~ *it to s.o.* rosser q.; semoncer vertement q.; ~ *away* donner; F trahir; ~ *away the bride* conduire la mariée à l'autel; ~ *back* rendre; ~ *forth* émettre; dégager; ~ *in* donner; remettre; ~ *out* distribuer; annoncer; exhaler (*une odeur etc.*); émettre; ~ *over* abandonner; remettre; ~ *up* rendre (*une proie*); abandonner (*affaire, malade, prétention*); ~ *o.s. up* se livrer (à, *to*); se constituer prisonnier; 2. [*irr.*] *v/i.* ~ (*in*) céder; se rendre; ~ (*into*, ~ *up*)*on* donner sur (*la rue etc.*); ~ *out* manquer; faire défaut; être à bout; s'épuiser; ~ *over* finir; 3. *su.* élasticité *f*; **give-and-take** ['givən'teik] concessions *f/pl.* mutuelles; **give-a·way** ['givə'wei] F trahison *f*; *radio, télév., surt. Am.* ~ *show* (*ou program*) audition *f* où on décerne des prix à des concurrents; '**giv·en** *p.p. de* give; ~ *name Am.* nom *m* de baptême; ~ *to* adonné à; ~ (*that*) étant donné (que); '**giv·er** donneur (-euse *f*) *m*; ✝ *lettre de change:* tireur *m*.
giz·zard ['gizəd] gésier *m*.
gla·ci·al ☐ ['gleisiəl] glacial (-als *m/pl.*); *géol.* glaciaire; 🝆 cristallisé; **gla·cier** ['glæsjə] glacier *m*; **gla·cis** ⚔ ['glæsis] glacis *m*.
glad ☐ [glæd] heureux (-euse *f*), content, bien aise (de *of*, *at*, *to*); joyeux (-euse *f*); ~*ly* volontiers, avec plaisir; F *give s.o. the* ~ *eye* lancer des œillades à q.; **glad·den** ['~dn] réjouir.
glade [gleid] clairière *f*; *Am.* région *f* marécageuse.
glad·i·a·tor ['glædieitə] gladiateur *m*.
glad·ness ['glædnis] joie *f*; **glad·some** ['~səm] heureux (-euse *f*), joyeux (-euse *f*).
Glad·stone ['glædstən] (*a.* ~ *bag*) sac *m* américain.

glair [glɛə] 1. glaire *f*; 2. glairer.

glam·or·ous ['glæmərəs] enchanteur (-eresse *f*); *fig.* éblouissant; **glam·o(u)r** ['⁓mə] 1. charme *m*, enchantement *m*; ⁓ *girl* jeune beauté *f* fascinante; 2. fasciner.

glance [glɑːns] 1. ricochet *m*; regard *m*; coup *m* d'œil; 2. jeter un regard (sur, *at*); lancer un coup d'œil (à, *at*); refléter; ⁓ *aside* (*ou* off) ricocher, dévier; ⁓ *over* parcourir, examiner rapidement.

gland *anat.*, ♀ [glænd] glande *f*; **glan·dered** *vét.* ['⁓əd] morveux (-euse *f*); **glan·ders** *vét.* ['⁓əz] *sg.* morve *f*; **glan·du·lar** ['⁓julə] glandulaire.

glare [glɛə] 1. éclat *m*, clarté *f*; éblouissement *m*; regard *m* fixe et furieux; 2. briller d'un éclat éblouissant; lancer un regard furieux (à, *at*); **glar·ing** □ ['⁓riŋ] éblouissant, aveuglant; *fig.* manifeste; flagrant.

glass [glɑːs] 1. verre *m*; miroir *m*, glace *f*; (*a. reading-*⁓) loupe *f*; baromètre *m*; *coll.* verrerie *f*; (*a pair of*) ⁓*es pl.* (*des*) lunettes *f/pl.*; 2. de *ou* en verre; 3. vitrer; '⁓-blow·er souffleur *m* de verre; verrier *m*; **glass·ful** ['⁓ful] (plein) verre *m*; **'glass·i·ness** aspect *m* vitreux.

glass...: '⁓-roofed court cour *f* vitrée; '⁓-shade cloche *f*; '⁓-works ⊕ *usu. sg.* verrerie *f*; **'glass·y** □ vitreux (-euse *f*).

glaze [gleiz] 1. vernis *m*; *cuis.* glace *f*; *peint.* glacis *m*; 2. (se) glacer; *v/t.* vitrer; vernir; lisser; *v/i.* devenir vitreux (*œil*); ⁓*d paper* papier *m* brillant; ⁓*d veranda* véranda *f* vitrée; **gla·zier** ['⁓iə] vitrier *m*; **'glaz·ing** pose *f* des vitres; vernissage *m*; vitrerie *f*; **'glaz·y** glacé.

gleam [gliːm] 1. lueur *f* (*a. fig.*); reflet *m*; 2. (re)luire; miroiter (*eau*).

glean [gliːn] *v/t.* glaner; *v/i.* faire la glane; **'glean·er** glaneur (-euse *f*) *m*; **glean·ings** ['⁓iŋz] *pl.* glanure *f*, -s *f/pl.*

glebe [gliːb] terre *f* assignée à un bénéfice; *poét.* terrain *m*, glèbe *f*.

glee [gliː] joie *f*, allégresse *f*; ♪ petit chant *m* (à 3 *ou* 4 parties) sans accompagnement; (*male*) ⁓ *club* chorale *f*; **glee·ful** □ ['⁓ful] allègre, joyeux (-euse *f*).

glen [glen] vallon *m*.

glib □ [glib] † glissant; *péj.* spécieux (-euse *f*); beau parleur (*personne*); **'glib·ness** spéciosité *f*; faconde *f*.

glide [glaid] 1. glissement *m*; *danse*: glissade *f*; ✈ vol *m* plané; *gramm.* son *m* transitoire; 2. (faire) glisser, couler; *v/i.* ✈ faire du vol plané; **'glid·er** planeur *m*, glisseur *m*; ⁓ *pilot* pilote *m* de planeur; **'glid·ing** glissement *m*; vol *m* plané.

glim·mer ['glimə] 1. faible lueur *f*; miroitement *m*; *min.* mica *m*; 2. entreluire, jeter une faible lueur; miroiter (*eau*).

glimpse [glimps] 1. vision *f* momentanée; 2. entrevoir; ⁓ *at* avoir la vision fugitive de; jeter un rapide coup d'œil sur.

glint [glint] 1. étinceler, entreluire; 2. éclair *m*, reflet *m*.

glis·sade *alp.* [gliˈsɑːd] 1. faire une descente en glissade; 2. glissade *f*.

glis·ten ['glisn], **glit·ter** ['glitə] étinceler, (re)luire; scintiller; *fig.* briller.

gloam·ing ['gloumiŋ] crépuscule *m*.

gloat [glout] (*up*)*on, over*) savourer (*qch.*); se réjouir (de); triompher (de).

glob·al ['gloubl] global (-aux *m/pl.*); mondial (-aux *m/pl.*); universel(le *f*); **globe** [gloub] globe *m* (*a. anat.*); sphère *f*; terre *f*; **'globe-trot·ter** globe-trotter *m*; **glo·bose** ['⁓ous] ♀ globeux (-euse *f*); **glo·bos·i·ty** [⁓ˈbɔsiti] caractère *m* globuleux *etc.*; **glob·u·lar** □ ['glɔbjulə] globuleux (-euse *f*); globulaire; **glob·ule** ['⁓juːl] globule *m*.

gloom [gluːm] 1. obscurité *f*, ténèbres *f/pl.*; mélancolie *f*; 2. *v/i.* se renfrogner; s'assombrir; *v/t.* obscurcir; assombrir; **'gloom·i·ness** obscurité *f*; mélancolie *f*, tristesse *f*; **'gloom·y** □ sombre, obscur, ténébreux (-euse *f*); morne.

glo·ri·fi·ca·tion [glɔːrifiˈkeiʃn] glorification *f*; **glo·ri·fy** ['⁓fai] glorifier; **glo·ri·ous** □ ['⁓riəs] glorieux (-euse *f*); resplendissant; *fig.* magnifique.

glo·ry ['glɔːri] 1. gloire *f*; renommée *f*; splendeur *f*, éclat *m*; *Am.* F *Old* ♀ drapeau *m* des É.-U.; 2. (*in*) se glorifier (de); être fier (-ère *f*) (de); F se réjouir (de).

gloss[1] [glɔs] **1.** glose *f;* commentaire *m;* **2.** gloser sur; F expliquer.
gloss[2] [~] **1.** vernis *m,* lustre *m; high ~ painting* ripolin *m;* **2.** lustrer, glacer; ~ *over* glisser sur, farder.
glos·sa·ry ['glɔsəri] glossaire *m,* lexique *m.*
gloss·i·ness ['glɔsinis] vernis *m,* lustre *m;* '**gloss·y** □ lustré, brillant, glacé.
glot·tis *anat.* ['glɔtis] glotte *f.*
glove [glʌv] gant *m; see* hand 1; '**glov·er** gantier (-ère *f*) *m.*
glow [glou] **1.** lueur *f;* chaleur *f;* **2.** rayonner; rougir; '**~-worm** ver *m* luisant; luciole *f.*
gloze [glouz] (*usu. ~ over*) glisser sur, pallier.
glu·cose ⚕ ['glu:kous] glucose *m.*
glue [glu:] **1.** colle *f;* **2.** coller (*a. fig.*); ~ *one's eyes on* on ne pas quitter (*qch.*) des yeux; '**glue·y** gluant, poisseux (-euse *f*).
glum □ [glʌm] renfrogné, maussade, morne.
glut [glʌt] **1.** excès *m;* surabondance *f;* ✝ encombrement *m* (du marché); **2.** inonder, encombrer; ~ *o.s.* se rassasier.
glu·ten ⚕ ['glu:tən] gluten *m;* **glu·ti·nous** □ ['glu:tinəs] glutineux (-euse *f*).
glut·ton ['glʌtn] gourmand(e *f*) *m;* glouton(ne *f*) *m,* goulu(e *f*) *m; zo.* glouton *m;* ~ *for work* bourreau *m* de travail; '**glut·ton·ous** □ glouton(ne *f*); '**glut·ton·y** gourmandise *f.*
G-man *Am.* ['dʒi:mæn] agent *m* armé du F.B.I.
gnarl [nɑ:l] nœud *m,* loupe *f;* **gnarled,** *a.* '**gnarl·y** noueux (-euse *f*); tordu.
gnash [næʃ] grincer (*les dents*).
gnat [næt] moustique *m,* moucheron *m.*
gnaw [nɔ:] ronger; '**gnaw·er** rongeur *m.*
gnome[1] ['noumi:] maxime *f,* aphorisme *m.*
gnome[2] [noum] gnome *m;* gobelin *m;* '**gnom·ish** de gnome.
go [gou] **1.** (*irr.*) aller; se rendre; faire une promenade *ou* un voyage; marcher (*machine, cœur, affaire*); visiter (*qch., to s.th.*); sonner (*cloche*); passer (*temps*); aboutir (*affaire, guerre*); partir (*de, from*); s'en aller; disparaître; se casser; s'épuiser; *avec adj.:* devenir; se rendre; s'étendre (jusqu'à, *to*); adjuger (à, *for*) (*lot*); ~ *bad* se gâter; *see* mad, sick; (*this dog etc.*) *must ~* il faut absolument qu'on se débarrasse de (*ce chien etc.*); *the story ~es that* on dit que; *sl. here ~es!* allons-y!; *sl. ~ it!* vas-y!; allez-y!; *as men etc.* ~ étant donné les hommes *etc.* ~ *let* ~ lâcher; laisser aller; ~ *shares* partager; ~ *to* (*ou and*) *see* aller voir; *just ~ and try!* essayez toujours!; ~ *about* circuler, aller çà et là; se mettre à (*une tâche*); ~ *abroad* voyager à l'étranger; émigrer; ~ *ahead* avancer; faire des progrès; persister; ~ *at* s'attaquer à; ~ *back* rentrer; retourner; ~ *back from* (*ou* F *on*) revenir sur (*une promesse*); ~ *before fig.* devancer; ~ *behind* revenir sur (*qch.*); ~ *between* servir de médiateur entre (*... et ...*); passer entre; ~ *by* (*adv.*) passer; (*prp.*) se régler sur; ~ *by the name of* être connu sous le nom de; ~ *down* descendre; F prendre (avec, *with*), être (bien *ou* mal) reçu (de, *with*); ~ *for* aller chercher; F tomber sur; F s'en prendre à (*q.*); ~ *for* (aller) faire (*une promenade, un voyage, etc.*); ~ *in* entrer, rentrer; se cacher (*soleil*); ~ *in for* se mêler de, s'adonner à; ~ *in for an examination* se présenter à *ou* passer un examen; ~ *into* entrer dans; examiner (*une question*); ♠ diviser; ~ *off* partir (*a. fusil etc.*), s'en aller; s'écarter; se passer; se détériorer; passer (*beauté*); tourner (*lait*); ~ *on* continuer sa route; continuer (de *inf., gér.*); marcher; passer (à, *to*); F se passer; F se conduire; ~ *on!* avancez!; *iro.* allons donc!; ~ *out* sortir; disparaître; baisser (*marée*); s'éteindre (*feu*); *pol.* quitter le pouvoir; ~ *over* passer (à, *to*) (*un parti etc.*); traverser; examiner; ~ *through* passer par; traverser; remplir; subir (*une épreuve*); examiner; ~ *through with* aller jusqu'au bout de; ~ *to* aller à; ~ *to expense* se mettre en dépense; ~ *up* monter; sauter; ✝ subir une hausse; ~ *up to town* aller à la ville; ~ *with* accompagner; s'accorder avec; ~

goad 812

without se passer de; 2. F aller *m*; entrain *m*, coup *m*, essai *m*; F ⚔ accès *m*; *sl.* dernier cri *m*; *sl.* affaire *f*; *univ. sl. little* ~ premier examen *m*; *great* ~ examen *m* final; *on the* ~ à courir, remuant; *it is no* ~ ça ne prend pas; *is it a* ~? entendu?; *in one* ~ d'un seul coup; *have a* ~ essayer de (*inf.*, *at gér.*).

goad [goud] 1. aiguillon *m* (*a. fig.*); 2. aiguillonner, piquer (*a. fig.*).

go-a·head F ['gouəhed] 1. entreprenant; actif (-ive *f*); 2. *surt. Am.* F esprit *m* entreprenant; *Am. sl.* voie *f* libre.

goal [goul] but *m* (*a. sp., a. foot.*); '~-keep·er *foot.* gardien *m* de but; F goal *m*.

goat [gout] *zo.* chèvre *f*; *he-*~ bouc *m*; *fig.* imbécile *m*; *sl. get s.o.'s* ~ irriter q.; **goat'ee** barbiche *f*; bouc *m*; '**goat·ish** de bouc; lascif.

gob [gɔb] *sl.* crachat *m*; ⚔ remblai *m*; *Am.* F marin *m*; **gob·bet** ['~it] grosse bouchée *f*.

gob·ble ['gɔbl] dévorer; glouglouter (*dindon*); **gob·ble·dy·gook** *Am. sl.* ['gɔbldiguk] style *m* ampoulé; jargon *m* (*des fonctionnaires*); '**gob·bler** avaleur (-euse *f*) *m*; dindon *m*.

go-be·tween ['goubitwi:n] intermédiaire *mf*.

gob·lin ['gɔblin] gobelin *m*, lutin *m*.

go-by ['goubai]: *give s.o. the* ~ éviter q.; se dérober à q.

go-cart ['gouka:t] poussette *f*, charrette *f* (*pour bébés*).

god [gɔd] *eccl.* 2 dieu *m*; *fig.* idole *f*; '**god·child** filleul(e *f*) *m*; '**god·dess** déesse *f*; '**god·fa·ther** parrain *m*; '**god·head** divinité *f*; '**god·less** impie; athée; '**god·like** de dieu; divin; '**god·li·ness** piété *f*; '**god·ly** saint; pieux (-euse *f*), dévot; '**god·moth·er** marraine *f*; '**god·send** aubaine *f*; bienfait *m* du ciel; '**god'speed** bon voyage *m*, adieu *m*.

go·er ['gouə] passant *m*; *play-*~ habitué(e *f*) *m* du cinéma *ou* théâtre; *cheval*: marcheur *m*; F homme *m* énergique.

gof·fer ['goufə] gaufrer; tuyauter.

go-get·ter *Am. sl.* ['gougetə] arriviste *mf*; homme *m* d'affaires *etc.* énergique.

gog·gle ['gɔgl] 1. (*a.* ~ *one's eyes*) rouler de gros yeux; 2. (*a pair of*) ~*s pl.* lunettes *f/pl.*

go·ing ['gouiŋ] 1. qui marche; qui va (sur); qui soit; F actuel(le *f*); *be* ~ *to* (*inf.*) être sur le point de (*inf.*); aller (*inf.*); avoir l'intention de (*inf.*); *keep* ~ aller toujours; *set* (*a-*)~ mettre en train; *a* ~ *concern* une affaire *etc.* en pleine activité; ~, ~, *gone!* une fois, deux fois, adjugé!; 2. allée *f*; départ *m*; recours *m*; *sp.* état *m* du sol; '**go·ings-'on** *pl.* conduite *f*.

goi·tre ⚕ ['gɔitə] goitre *m*; **goi·trous** ['gɔitrəs] goitreux (-euse *f*).

gold [gould] 1. or *m*; 2. d'or; *sl.* ~ *brick* escroquerie *f*; attrape-nigaud *m*; *Am. sl.* ~*brick* se défiler, tirer au flanc; '~-**dig·ger** *Am.* chercheur *m* d'or; *sl.* maîtresse *f* coûteuse; '**gold·en** † d'or; *fig.* précieux (-euse *f*); '**gold·finch** *orn.* chardonneret *m*; '**gold·smith** orfèvre *m*.

golf [gɔlf] *sp.* golf *m*; '**golf·er** golfeur (-euse *f*) *m*; joueur (-euse *f*) *m* de golf; '**golf-links** *pl.* terrain *m* de golf.

gol·li·wog(g) ['gɔliwɔg] poupée *f* grotesque; *fig.* objet *m* d'épouvanti.

go·losh [gə'lɔʃ] caoutchouc *m*.

gon·do·la ⚓, ⚔ ['gɔndələ] gondole *f*.

gone [gɔn] 1. *p.p. de go* 1; 2. *adj.* absent; mort; F épris, amoureux (-euse *f*) (de, *on*); F désespéré; *be* ~! *get you* ~! allez-vous-en!; *sl.* filez!; *sl.* ~ *on* épris de (*q.*), emballé sur (*q.*); '**gon·er** *sl.* homme *m* fichu *ou* mort.

gong [gɔŋ] gong *m*.

good [gud] 1. *usu.* bon(ne *f*); valable (*excuse*); excellent; avantageux (-euse *f*) (*mariage*, *prix*, *etc.*); ~ *and Am.* très, tout à fait; 2 *Friday* (le) Vendredi *m* saint; *the* ~ *Samaritan* le bon Samaritain; ~ *at* bon *ou* fort en; *in* ~ *earnest* pour (tout) de bon; 2. bien *m*; ~*s pl.* articles *m/pl.*; marchandises *f/pl.*; ⚖ biens *m/pl.*; *Am.* F avantage *m* (sur, *on*); *that's no* ~ cela ne vaut rien; *it is no* ~ *talking* inutile de parler; *for* ~ pour de bon; ~*s station* (*train*) gare *f* (train *m*) de marchandises; ~*s in process* produits *m/pl.* semi-fabriqués; ~*s in short supply* marchandises *f/pl.* qui manquent; ~-*bye* 1. [gud'bai] adieu *m*; 2. ['gud'bai] adieu!; '~-

for-noth·ing 1. bon(ne *f*) à rien; sans valeur; **2.** bon(ne *f*) *m* à rien; vaurien(ne *f*) *m*; **'good·li·ness** beauté *f*; **'good·ly** beau (bel *devant une voyelle ou un h muet*; belle *f*; beaux *m/pl.*); ample; considérable; **'good-'na·tured** bon(ne *f*); au bon naturel; **'good·ness** bonté *f*; bonne qualité *f*; *int.* dieu *m*!; *see* gracious; **'good·wife** maîtresse *f* de la maison; **'good'will** bonne volonté *f*; bienveillance *f* (envers, pour *towards*); ✝ clientèle *f*; ✝ achalandage *m*.

good·y[1] ['gudi] bonbon *m*.

good·y[2] [~] **1.** *adj.* édifiant; d'une piété affectée; **2.** *int. Am.* F chouette!

goon *Am. sl.* [gu:n] voyou *m*.

goose [gu:s] (*pl.* geese) oie *f*; *fig.* sot(te *f*) *m*; (*pl.* gooses) carreau *m* (à *repasser*).

goose·ber·ry ['guzbəri] groseille *f* verte; *buisson:* groseillier *m*; F *play* ~ se trouver en tiers; *sl.* faire sandwich.

goose...: '~-flesh, *surt. Am.* **'~-pim·ples** *pl. fig.* chair *f* de poule; **'~-step** pas *m* de l'oie; **'goos·ey, 'goos·ie** F oison *m*.

go·pher *surt. Am.* ['goufə] saccophore *m*; chien *m* de prairie.

Gor·di·an ['gɔ:diən] gordien *f*; *fig.* difficile, compliqué.

gore[1] [gɔ:] sang *m* coagulé.

gore[2] [~] *1. cost.* godet *m*; soufflet *m*; ⚓ pointe *f*; **2.** blesser avec les cornes; découdre; *cost.* faire goder.

gorge [gɔ:dʒ] **1.** gorge *f* (*a. géog.*); gosier *m*; *my* ~ *rises at it* j'en ai des nausées; **2.** (se) rassasier; (se) gorger.

gor·geous □ ['gɔ:dʒəs] magnifique; superbe; **'gor·geous·ness** splendeur *f*.

gor·get ✕ ['gɔ:dʒit] hausse-col *m*.

gor·mand·ize ['gɔ:məndaiz] *vt/i.* bâfrer; *v/i.* goinfrer.

gorse ♌ [gɔ:s] genêt *m* épineux.

gor·y □ ['gɔ:ri] ensanglanté.

gosh F [gɔʃ] sapristi!

gos·hawk *orn.* ['gɔshɔ:k] autour *m*.

gos·ling ['gɔzliŋ] oison *m*.

gos·pel ['gɔspl] évangile *m*.

gos·sa·mer ['gɔsəmə] filandres *f/pl.*; ✝ gaze *f* légère.

gos·sip ['gɔsip] **1.** causerie *f*; *péj.* cancans *m/pl.*; *personne:* bavard(e *f*) *m*; **2.** bavarder; faire des cancans (sur, *about*).

got [gɔt] *prét. et p.p. de* get.

Goth [gɔθ] *hist.* Goth *m* (*a. fig.*); *fig.* vandale *m*; **'Goth·ic** gothique.

got·ten ✝ *ou Am.* ['gɔtn] *p.p. de* get.

gouge [gaudʒ] **1.** ⊕ gouge *f*; **2.** (*usu.* ~ *out*) creuser à la gouge; *fig.* faire sauter (un œil à *q.*); *Am.* F duper, refaire.

gourd ♌ ['guəd] courge *f*; gourde *f* (*a. bouteille*).

gout ♌ [gaut] goutte *f*; podagre *f*; **'gout·y** □ goutteux (-euse *f*); podagre.

gov·ern ['gʌvən] *v/t.* gouverner; régir (*a. gramm.*); *fig.* maîtriser; *v/i.* gouverner; ~*ing body* conseil *m* d'administration; **'gov·ern·a·ble** □ gouvernable; **'gov·ern·ess** gouvernante *f*; institutrice *f*; **'gov·ern·ment** gouvernement *m*; régime *m*; ministère *m*; *Am.* conseil *m* municipal; *attr.* public, d'État, gouvernemental (-aux *m/pl.*); **gov·ern·men·tal** [~'mentl] gouvernemental (-aux *m/pl.*); **'gov·er·nor** gouverneur *m* (*Am. d'un État des É.-U.*); F patron *m*; F vieux *m*; ⊕ régulateur *m*.

gown [gaun] **1.** robe *f*; *univ.*, ⚖ toge *f*; **2.** *v/t.* revêtir d'une robe; *v/i.* revêtir sa robe; **gowns·man** ['~zmən] étudiant *m*; civil *m*.

grab F [græb] **1.** *v/t.* saisir, empoigner; *v/i.* ~ *at* s'agripper à; **2.** mouvement *m* vif de la main (*pour saisir q. etc.*); ⊕ benne *f* preneuse; *surt. Am.* ~-*bag* sac *m* à surprise; **'grab·ber** accapareur (-euse *f*) *m*.

grace [greis] **1.** grâce *f*; bénédicité *m*; ✝ délai *m*; *style:* aménité *f*; ~*s pl.* ✝ agréments *m/pl.*; ♪ ~-*note* note *f* d'agrément; *myth. the* ♀*s pl.* les Grâces *f/pl.*; *act of* ~ faveur *f*; *with (a) good (bad)* ~ avec bonne (mauvaise) grâce; *Your* ♀ votre Grandeur *f*; *good* ~*s pl.* bonnes grâces *f/pl.*; **2.** embellir, orner; honorer (de, *with*); **grace·ful** □ ['~ful] gracieux (-euse *f*); **'grace·ful·ness** élégance *f*, grâce *f*; **'grace·less** □ impie; F effronté; inélégant.

gra·cious □ ['greiʃəs] gracieux (-euse *f*); bienveillant; miséricordieux (-euse *f*); *good(ness)* ~! bonté

graciousness 814

divine!; mon Dieu!; **'gra·cious·ness** grâce *f*; bienveillance *f*.

gra·da·tion [grə'deiʃn] gradation *f*.

grade [greid] **1.** grade *m*, rang *m*, degré *m*; qualité *f*; *surt. Am. see* gradient; *Am.* classe *f*; *Am.* make the ~ arriver; surmonter les difficultés; *surt. Am.* ~ crossing passage *m* à niveau; *surt. Am.* ~(d) school école *f* primaire; **2.** classer; graduer; 🚂 ménager la pente de; améliorer (*le bétail*) par le métissage.

gra·di·ent ['greidiənt] 🚂 *etc.* rampe *f*, pente *f*.

grad·u·al □ ['grædjuəl] progressif (-ive *f*); graduel(le *f*); doux (douce *f*); **grad·u·ate 1.** ['~eit] *v/t.* graduer; *v/i. Am.* recevoir son diplôme; *univ.* passer sa licence; prendre ses grades; **2.** ['~it] *univ.* gradué(e *f*) *m*; **grad·u·a·tion** [~'eiʃn] gradation *f*; 🚂, ⚕ graduation *f*; *Am.* remise *f* d'un diplôme; *univ.* réception *f* d'un grade.

graft[1] [grɑːft] **1.** ⚕ greffe *f*; **2.** ⚕ greffer (*a.* ⚘, enter (*a. fig.*) (sur *in*, *upon*).

graft[2] *Am.* [~] **1.** corruption *f*, gratte *f*; rabiot *m*; **2.** F rabioter, gratter; **'graft·er** F *surt. pol.* rapineur *m*, F tripoteur *m*.

grail, *a.* ♀ [greil] (Saint-)Graal *m*.

grain [grein] grain *m* (*a. fig.*, *a.* mesure, *a.* bois); *coll.* grains *m/pl.*, céréales *f/pl.*; *fig.* brin *m*; in ~ invétéré, fieffé; dyed in the ~ (teint) grand teint; *against the* ~ contre le fil; *fig.* à contrecœur.

gram·i·na·ceous ⚘ [greimi'neiʃəs] graminé.

gram·ma·logue ['græməlɔg] sténogramme *m*.

gram·mar ['græmə] grammaire *f* (*a. livre*); ~-school école *f* secondaire, collège *m*, lycée *m*; *Am.* école *f* primaire; **gram·mar·i·an** [grə'mɛəriən] grammairien *m*; **gram·mat·i·cal** □ [grə'mætikl] grammatical (-aux *m/pl.*).

gram(me) [græm] gramme *m*.

gram·o·phone ['græməfoun] phonographe *m*; ~ pick-up pick-up *m/inv.*; ~ record disque *m*.

gran·a·ry ['grænəri] grenier *m*.

grand □ [grænd] **1.** *fig.* grand; grandiose, magnifique; principal (-aux *m/pl.*); F excellent; ♀ Duchess grande-duchesse (*pl.* grandes-duchesses) *f*; ♀ Duke grand-duc (*pl.* grands-ducs) *m*; *Am.* ♀ Old Party parti *m* républicain; *sp.* ~ stand grande *f* tribune; **2.** ♪ (*a.* ~ piano) piano *m* à queue; *Am. sl.* mille dollars *m/pl.*; miniature ~ piano *m* demi-queue; **gran·dam(e)** ['~dæm] † grand-mère (*pl.* grand[s]-mères) *f*; **'grand·child** petit-fils (*pl.* petits-fils) *m*; petite-fille (*pl.* petites-filles) *f*; ~ren *pl.* petits-enfants *m/pl.*

gran(d)·dad F ['grændæd] papa (*pl.* bons-papas) *m*, grand-papa (*pl.* grands-papas) *m*; **'grand·daugh·ter** petite-fille (*pl.* petites-filles) *f*; **gran·dee** [græn'diː] grand *m* (d'Espagne); *fig.* grand personnage *m*.

gran·deur ['grændʒə] grandeur *f*; noblesse *f*; splendeur *f*; **'grand·fa·ther** grand-père (*pl.* grands-pères) *m*; ~'s clock horloge *f* de parquet.

gran·dil·o·quence [græn'diləkwəns] emphase *f*; **gran'dil·o·quent** □ grandiloquent; emphatique.

gran·di·ose □ ['grændious] grandiose, magnifique; pompeux (-euse *f*); **gran·di·os·i·ty** [~'ɔsiti] grandiose *m*; caractère *m* pompeux.

'grand·moth·er ['grænmʌðə] grand-mère (*pl.* grand[s]-mères) *f*; **'grand·ness** *see* grandeur.

grand...: **'~-par·ents** *pl.* grands-parents *m/pl.*; **~·sire** ['~saiə] † *ou animal*: grand-père (*pl.* grands-pères) *m*; aïeul (*pl.* -eux *m*) *m*; **'~·son** petit-fils (*pl.* petits-fils) *m*.

grange [greindʒ] manoir *m*, château *m*; *Am.* fédération *f* agricole.

gran·ite ['grænit] granit *m*; **gra·nit·ic** [græ'nitik] granitique, graniteux (-euse *f*).

gran·ny F ['græni] bonne-maman *f* (*pl.* bonnes-mamans) *f*.

grant [grɑːnt] **1.** concession *f*; subvention *f* (*pécuniaire*); ⚖ don *m*, cession *f*; **2.** accorder; céder; admettre; ⚖ faire cession de; take for ~ed prendre pour avéré, présupposer; ~ing this (to) be so admettant qu'il en soit ainsi; ceci posé; God ~...! Dieu veuille ...!; **gran'tee** ⚖ cessionnaire *m*; donataire *mf*; **grant-in-aid** ['grɑːntin'eid] subvention *f* de l'État; **grant·or** ⚖ [~'tɔː] donateur (-trice *f*) *m*.

gran·u·lar ['grænjulə] granuleux

(-euse *f*); **gran·u·late** ['leit] (se) cristalliser; (se) grenailler; **gran·u·'la·tion** granulation *f*; **gran·ule** ['~ju:l] granule *m*; **gran·u·lous** ['~juləs] granuleux (-euse *f*), granulaire.

grape [greip] (grain *m* de) raisin *m*; *unfermented* ~ *juice* jus *m* de raisin (*infermenté*); '~-**fruit** ♣ pamplemousse *m ou f*; ✝ grape-fruit *m*; '~-**sug·ar** sucre *m* de raisin; '~-**vine** vigne *f*; *Am. sl.* rumeur *f* publique.

graph [græf] graphique *m*, courbe *f*; **'graph·ic**, **'graph·i·cal** □ graphique; *fig.* pittoresque, vivant; ~ *arts pl.* graphique *m*; **graph·ite** *min.* ['~fait] graphite *m*; **graph·ol·o·gy** [~'fɔlədʒi] graphologie *f*.

grap·nel ['græpnəl] ⚓ grappin *m*; ✈ ancre *f*.

grap·ple ['græpl] 1. ⚓ grappin *m*; ⊕ araignée *f*; 2. *v/t.* accrocher; *v/i. fig.* en venir aux prises (avec, *with*), s'attaquer (à, *with*).

grasp [grɑ:sp] 1. poigne *f*; prise *f*; étreinte *f*; *fig.* compréhension *f*; 2. *v/t.* saisir; empoigner; *fig.* comprendre; *v/i.*: ~ *at* chercher à saisir (*qch.*); saisir avidement (*une offre etc.*); **'grasp·ing** □ tenace; F avare.

grass [grɑ:s] herbe *f*; pâture *f*; gazon *m*; *at* ~ au vert (*a. fig. = en congé*); *send to* ~ F étendre (*q.*) par terre; '~-**hop·per** sauterelle *f*; '~-**'plot** pelouse *f*; '~-**roots** *Am. pol.* émanant du peuple, populaire; *Am.* F *get down to the* ~ en venir aux faits, arriver à la réalité; '~-**'wid·ow·er** F veuf *m* temporaire; **'grass·y** herbeux (-euse *f*), herbu.

grate¹ [greit] grille *f* (*du foyer, a.* ⊕); âtre *m*; *fig.* foyer *m*.

grate² [~] *v/t.* râper; grincer de (*ses dents*); *v/i.* grincer, crier; ~ (*up*)*on fig.* choquer (*les oreilles*), agacer (*les nerfs*).

grate·ful □ ['greitful] reconnaissant; agréable (*chose*); bienfaisant.

grat·er ['greitə] râpe *f*.

grat·i·fi·ca·tion [grætifi'keiʃn] satisfaction *f*, plaisir *m*; **grat·i·fy** ['~fai] satisfaire; faire plaisir à; **'grat·i·fy·ing** flatteur (-euse *f*), agréable.

grat·ing ['greitiŋ] 1. □ grinçant, discordant; 2. treillis *m*; grillage *m*; grincement *m*.

gra·tis ['greitis] gratuit, gratis.

grat·i·tude ['grætitju:d] reconnaissance *f*, gratitude *f* (envers, *to*).

gra·tu·i·tous □ [grə'tju:itəs] gratuit; sans motif; bénévole; injustifié; **gra·tu·i·ty** gratification *f*; F pourboire *m*.

gra·va·men ⚖ [grə'veimen] fond *m*, fondement *m*.

grave¹ □ [greiv] grave; sérieux (-euse *f*); *gramm.* ~ *accent* accent *m* grave.

grave² [~] 1. tombe(au *m*) *f*; 2. [*irr.*] *usu. fig.* graver; '~-**dig·ger** fossoyeur *m*.

grav·el ['grævl] 1. gravier *m*; ✱ gravelle *f*; 2. graveler; sabler; F réduire (*q.*) à quia; **'grav·el·ly** graveleux (-euse *f*).

grav·en ['greivən] *p.p. de grave*² 2.

grav·er ⊕ ['greivə] échoppe *f*.

grave...: '~-**side**: *at his* ~ au bord de son tombeau; '~-**stone** pierre *f* tombale; '~-**yard** cimetière *m*.

grav·ing dock ⚓ ['greiviŋ dɔk] cale *f* sèche; bassin *m* de radoub.

grav·i·tate ['græviteit] graviter (vers, *to*[*wards*]); **grav·i·'ta·tion** 1. (*a.* grav·i·'ta·tion·al pull) gravitation *f*; 2. *attr.* ✈ à chute libre.

grav·i·ty ['græviti] gravité *f* (*phys., a. fig.*); *fig.* sérieux *m*; *centre of* ~ centre *m* de gravité; *phys. specific* ~ poids *m* spécifique.

gra·vy ['greivi] jus *m*; sauce *f* au jus; '~-**boat** saucière *f*.

gray [grei] gris; blême (*teint*); *Am.* F moyen(ne *f*).

graze¹ [greiz] 1. *vt/i.* paître; *v/t. vaches*: pâturer (*un champ*).

graze² [~] 1. écorcher; *fig.* raser; 2. écorchure *f*.

gra·zier ['greiziə] éleveur *m*.

grease 1. [gri:z] graisser; 2. [gri:s] graisse *f*; *wool* ~ suint *m*; '~-**cup** *mot.* graisseur *m*; ~-**gun** *mot.* pompe *f* à graisse; '~-**proof** parcheminé; **greas·er** *Am. sl.* ['gri:zə] Mexicain *m*, Américain *m* du Sud; **greas·y** □ ['gri:zi] graisseux (-euse *f*); taché de graisse; gras(se *f*).

great □ [greit] 1. *usu.* grand; *qqfois* magnifique; important; F fameux (-euse *f*); ~ *grandchild* arrière-petit-fils *m*, arrière-petite-fille *f* (*pl.* ~*grandchildren* arrière-petits-enfants *m/pl.*) ~ *grandfather* arrière-grand-père (*pl.* arrière-grands-pères) *m*; *see deal, many*; 2. *the* ~ *pl.* les

greatcoat 816

grands (hommes) *m/pl.*, les célébrités *f/pl.*; *Am.* no ~ nullement; '~**coat** pardessus *m*; '**great·ly** beaucoup, fortement; '**great·ness** grandeur *f*; importance *f*.

greave [gri:v] jambière *f*.

greaves [gri:vz] *pl. cuis.* cretons *m/pl.*

Gre·cian ['gri:ʃn] grec(que *f*).

greed [gri:d], '**greed·i·ness** cupidité *f*; gourmandise *f*; '**greed·y** □ avide (de *of, for*); gourmand.

Greek [gri:k] 1. grec(que *f*); 2. *ling.* grec *m*; Grec(que *f*) *m*; *that is* ~ *to me* c'est de l'hébreu pour moi.

green [gri:n] 1. □ vert (*a.* ⊕); inexpérimenté, jeune; naïf (-ïve *f*); frais (fraîche *f*); blême (*teint*); 2. vert *m*; gazon *m*, pelouse *f*; *fig.* première jeunesse *f*; ~*s pl.* légumes *m/pl.* verts; '~**back** billet *m* d'un dollar *m*; '~**baize ta·ble** tapis *m* vert, table *f* de jeu; '**green·er·y** verdure *f*, feuillage *m*.

green...: '~**gage** ♀ reine-claude (*pl.* reines-claudes) *f*; '~**gro·cer** marchand(e *f*) *m* de légumes; fruitier (-ère *f*) *m*; '~**gro·cer·y** commerce *m* de légumes; légumes *m/pl.* et fruits *m/pl.*; '~**horn** F blanc-bec (*pl.* blancs-becs) *m*, bleu *m* (*f*); '~**house** serre *f* (chaude); '**green·ish** verdâtre.

Green·land·er ['gri:nləndə] Groenlandais(e *f*) *m*; **Green·land·man** ♣ ['~ləndmən] baleinière *f* (*des pêcheries du Groenland*).

green light F voie *f* libre; *fig.* permission *f*; '**green·ness** verdeur *f*; verdure *f*; immaturité *f*; naïveté *f*.

green...: '~**room** *théâ.* foyer *m* des artistes; '~**sick·ness** ✵ chlorose *f*; '~**sward** gazon *m*.

greet [gri:t] saluer; accueillir; '**greet·ing** salut(ation *f*) *m*; accueil *m*. [gaire.]

gre·gar·i·ous □ [gre'gɛəriəs] gré-)

gre·nade ✕ [gri'neid] grenade *f* (à main, extinctrice); **gren·a·dier** [grenə'diə] grenadier *m*.

grew [gru:] *prét. de grow.*

grey □ [grei] 1. gris *m*; ♀ *Friar* frère *m* mineur; Franciscain *m*; 2. gris *m*; cheval *m* gris; 3. grisailler; *v/i.* grisonner (*cheveux*); **grey·cing** F ['~siŋ] courses *f/pl.* de lévrier; '**grey·hound** lévrier *m*, levrette *f*.

grid [grid] grille *f*, grillage *m*; réseau *m*; treillis *m*; *national* ~ caisse *f* nationale de l'énergie; *foot. Am.* (*a.* ~ *iron*) terrain *m* de rugby; *see a.* **gridiron**; '**grid·i·ron** *cuis.* gril *m*; *cycl.* F bicyclette *f*.

grief [gri:f] douleur *f*, chagrin *m*; *fig.* accident *m*.

griev·ance ['gri:vəns] grief *m*; injustice *f*; **grieve** [gri:v] (s')affliger; (se) chagriner; '**griev·ous** □ pénible; cruel(le *f*); grave; '**griev·ous·ness** gravité *f*.

grif·fin ['grifin] *myth.* griffon *m* (*a. chien*). [*m*.]

grig [grig] petite anguille *f*; grillon)

grill [gril] 1. griller; *v/t. sl.* cuisiner (*q.*); 2. gril *m*; *cuis.* grillade *f*; '~**room** grill-room *m*.

grim □ [grim] sinistre; sévère; farouche; ~ *facts* faits *m/pl.* brutaux; ~ *humo(u)r* humour *m* macabre.

gri·mace [gri'meis] 1. grimace *f*; 2. grimacer.

gri·mal·kin [gri'mælkin] mistigri *m*; *femme:* mégère *f*.

grime [graim] 1. saleté *f*; poussière *f* de charbon *m*; 2. noircir, salir; '**grim·y** □ noirci, sale; barbouillé.

grin [grin] 1. large sourire *m*; 2. sourire d'une oreille à l'autre; ~ *at* adresser un large sourire à (*q.*).

grind [graind] 1. [*irr.*] *v/t.* moudre; broyer; dépolir (*un verre*); ⊕ meuler; aiguiser (*une lame*); *fig.* opprimer; *Am. sl.* faire enrager; *sl.* faire travailler; ~ *one's teeth* grincer des dents; ~ *out* tourner (*un air*); dire entre les dents; *v/i.* grincer, crisser; *sl.* potasser; bûcher; 2. grincement *m*; *sl.* turbin *m*; '**grind·er** pileur (-euse *f*) *m*; (*dent f*) molaire *f*; moulin *m* à café; ⊕ rectifieuse *f*; *sl.* joueur *m* d'orgue de Barbarie; '**grind·ing** *fig.* déchirant, rongeur (-euse *f*); ⊕ à roder; '**grind·stone** meule *f* à aiguiser; *keep s.o.'s nose to the* ~ faire travailler *q.* sans relâche.

grip [grip] 1. empoigner; saisir (*a. fig.*); 2. prise *f*, serrement *m*; poignée *f* (*a. cycl.*); *Am. see* **gripsack**; *get to* ~*s with* en venir aux prises avec.

gripe [graip] 1. saisissement *m*; étreinte *f*; poignée *f*; ~*s pl.* colique *f*; *surt. Am.* plaintes *f/pl.*; 2. *v/t.* saisir, empoigner; donner la colique à; *v/i. surt. Am.* F rouspéter, se plaindre.

grip·sack Am. ['gripsæk] petite valise f à main. [frayant.)
gris·ly ['grizli] affreux (-euse f); ef-)
grist [grist] blé m moulu ou à moudre; *fig.* bring ~ to the mill faire venir l'eau au moulin.
gris·tle ['grisl] cartilage m; **'gris·tly** cartilagineux (-euse f).
grit [grit] **1.** grès m; sable m; *pierre*: grain m; ⊕ impuretés f/pl.; F courage m; **2.** ~ one's teeth grincer des dents; **'grit·ty** sablonneux (-euse f); graveleux (-euse f) (a. *poire*); Am. sl. qui a du cran.
griz·zle F ['grizl] grognonner; pleurnicher; **'griz·zled** see grizzly 1; **'griz·zly 1.** grisonnant (*cheveux etc.*); ~ bear = **2.** ours m grizzlé.
groan [groun] **1.** gémissement m, plainte f; **2.** gémir; pousser des gémissements; † ~ for languir après.
groat [grout]: not worth a ~ qui ne vaut pas un liard.
groats [grouts] *pl.* gruau m d'avoine ou de froment.
gro·cer ['grousə] épicier (-ère f) m; **'gro·cer·y** épicerie f; Am. boutique f d'épicier; Am. débit m de boissons; groceries pl. (articles m/pl. d'épicerie f. [celant; soûl.)
grog [grɔg] grog m; **'grog·gy** chan-)
groin [grɔin] **1.** anat. aine f; △ arête f; nervure f; **2.** △ fournir d'arêtes; tailler les nervures sur.
groom [grum] **1.** valet m (du roi etc); valet m d'écurie; laquais m; see bridegroom; **2.** panser (un cheval); Am. pol. dresser (un candidat); well ~ed bien entretenu; élégant, bien soigné (*personne*); **grooms·man** ['~zmən] garçon m d'honneur.
groove [gru:v] rainure f; cannelure f; *vis*: creux m; *disque*: sillon m; *fig.* routine f; ~s pl. canon etc.: rayures f/pl.; *fig.* in the ~ rangé; dans la bonne voie; **2.** rainer, canneler; rayer.
grope [group] tâtonner.
gross [grous] **1.** □ gros(se f); gras (-se f); grossier (-ère f); global (-aux m/pl.); ✝ brut; **2.** grosse f (12 douzaines); Am. recette f brute; in the ~ à tout prendre; **'gross·ness** grossièreté f; énormité f.
gro·tesque □ [grou'tesk] grotesque.
grot·to ['grɔtou] grotte f.
grouch Am. F [grautʃ] **1.** rouspéter; ronchonner. **2.** maussaderie f;

plainte f; *personne*: grogneur (-euse f) m; **'grouch·y** grognon(ne f).
ground¹ [graund] *prét. et p.p. de* grind¹; ~ glass verre m dépoli; *phot.* (châssis m à) glace f dépolie.
ground² [~] **1.** fond m; terre f; terrain m (a. *sp.*); raison f, cause f; base f; sol m; ⚡ terre f, masse f; ~s pl. parc m, terrains m/pl.; motifs m/pl.; raisons f/pl.; marc m de café; on the ~(s) of pour ou en raison de; fall to the ~ tomber par ou à terre; *fig.* ne pas aboutir; give ~ lâcher pied; stand one's ~ tenir bon; **2.** v/t. fonder, baser; enseigner à fond; ⊕ donner la première couche de peinture à, préparer; ⚡ mettre à la terre ou masse; ⚓ jeter à la côte; v/i. ⚓ (s')échouer; well ~ed bien fondé; **'ground·age** ⚓ droits m/pl. de mouillage ou d'ancrage.
ground...: **'~-con·nex·ion** ⚡ prise f de terre; *mot.* mise f à la masse; **'~-floor** rez-de-chaussée m/inv.; **'~-hog** *surt.* Am. marmotte f d'Amérique; **'~·less** □ sans fondement; **'~-nut** arachide f; **'~-plan** plan m de fondation.
ground·sel ['graunsl] séneçon m.
ground...: ~ staff ✈ personnel m rampant ou non-navigant; ~ swell houle f de fond; ~ wire ⚡ fil m de terre ou masse; **'~-work** fond(ement) m; *poét.* canevas m.
group [gru:p] **1.** groupe m; peloton m; **2.** (se) grouper.
grouse¹ *orn.* [graus] tétras m; lagopède m rouge.
grouse² F [~] ronchonner, grogner (contre at, about).
grout [graut] **1.** △ coulis m; **2.** jointoyer (avec du mortier liquide).
grove [grouv] bosquet m, bocage m.
grov·el ['grɔvl] *usu. fig.* ramper; **'grov·el·(l)er** *usu. fig.* flagorneur (-euse f) m; **'grov·el·(l)ing 1.** rampant (*usu. fig.*); *fig.* abject; **2.** rampement m; *fig.* aplatissement m.
grow [grou] [*irr.*] v/i. croître, pousser; devenir; grandir (*personne*); ~ in s'incarner (*ongle*); ~ into fashion devenir de mode; ~ out of use se perdre; être abandonné; ~ (up)on s.o. plaire à q. de plus en plus; ~ up grandir; *fig.* naître, se répandre; v/t. cultiver; faire venir; laisser pousser; **'grow·er** cultivateur (-trice f) m; planteur m.

growl [graul] 1. grondement *m*, grognement *m*; 2. gronder, grogner.
growl·er ['graulə] *fig.* grognon(ne *f*) *m*; *Am. sl.* cruche *f* à bière.
grown [groun] 1. *p.p. de grow*; 2. *adj.* (*a.* ~-*up*) grand, fait; (*a.* ~-*over*) (re)couvert; **growth** [grouθ] croissance *f*; accroissement *m*; augmentation *f*; extension *f*; poussée *f*; ⚕ tumeur *f*; *of one's own* ~ indigène; qu'on a cultivé soi-même.
grub [grʌb] 1. larve *f*; ver *m*; *péj.* gratte-papier *m/inv.*; *sl.* mangeaille *f*; 2. *v/i.* (*a.* ~ *away*) fouiller (pour trouver qch., *for s.th.*); *sl.* bouffer (= *manger*); *v/t.* ~ *up* essarter; déraciner; (*usu.* ~ *out*) arracher; '**grub·by** malpropre; '**grub·stake** *Am.* avances *f/pl.*; équipement *m* (*que fournit un commanditaire à un prospecteur*); fonds *m/pl.* (*fournis à un entrepreneur*).
grudge [grʌdʒ] 1. rancune *f*; 2. accorder à contrecœur; voir d'un mauvais œil; ~ *no pains* ne pas marchander sa peine; '**grudg·er** envieux (-euse *f*) *m*; '**grudg·ing·ly** ['~iŋli] à contrecœur, en rechignant.
gru·el ['gruəl] gruau *m* (d'avoine); *sl. get* (*ou have*) *one's* ~ avaler sa médecine; '**gru·el·(l)ing** éreintant.
grue·some □ ['gru:səm] macabre.
gruff □ [grʌf] bourru, revêche, rude.
grum·ble ['grʌmbl] grommeler; grogner; gronder (*tonnerre*); '**grum·bler** *fig.* mécontent(e *f*) *m*.
grump·y □ F ['grʌmpi] maussade; grincheux (-euse *f*).
grunt [grʌnt] 1. grognement *m*; 2. grogner; '**grunt·er** porc *m*.
guar·an·tee [gærən'ti:] 1. garant(e *f*) *m*, caution *f*; garanti(e *f*) *m*; *see guaranty*; 2. garantir; se porter caution pour; **guar·an·tor** [‿'tɔ:] garant(e *f*) *m*; '**guar·an·ty** garantie *f*; caution *f*, gage *m*.
guard [gɑ:d] 1. garde *f* (*a.* ✗); ⊕ protecteur *m* (*d'une machine*), carter *m* (*d'engrenages*); 🚂 chef *m* de train; ✗ ~s *pl.* Garde *f*; *be off* ~ être pris au dépourvu; ~ *of honour* haie *f* d'honneur; ✗ *mount* ~ monter la garde; ✗ *relieve* ~ relever la garde; 2. *v/t.* protéger (*a.* ⊕); garder (de *from*, *against*); *v/i.* se garder (de, *against*); '**guard·ed** □ prudent, réservé, mesuré; '**guard·i·an** gardien(ne *f*) *m*; ⚖ tuteur (-trice *f*) *m*; *attr.* tutélaire; ~ *of the poor* administrateur (-trice *f*) *m* de l'Assistance publique; '**guard·i·an·ship** garde *f*; tutelle *f*; **guards·man** ✗ ['gɑ:dzmən] officier *m ou* soldat *m* de la Garde. [*m*; *fig.* benêt *m.*\]
gudg·eon ['gʌdʒən] *icht.*, ⊕ goujon⟩
guer·don *poét.* ['gə:dən] 1. récompense *f*; 2. récompenser.
gue(r)·ril·la [gə'rilə] (*souv.* ~ *war*) guerre *f* d'embuscades *ou* de partisans.
guess [ges] 1. conjecture *f*; 2. *v/t.* deviner; *surt. Am.* croire, supposer; *v/i.* deviner; estimer (qch., *at s.th.*); '**guess·work** conjecture *f*, estime *f*.
guest [gest] invité(e *f*) *m*; pensionnaire *mf*; '**guest-house** pension *f* de famille.
guf·faw [gʌ'fɔ:] 1. gros rire *m*; 2. pouffer de rire.
guid·a·ble ['gaidəbl] dirigeable; **guid·ance** ['gaidəns] conduite *f*; gouverne *f*; direction *f*; orientation *f*.
guide [gaid] 1. guide *m* (*a.* ⊕); *see* ~-*book*; (*ou girl* ~) éclaireuse *f*; *attr.* directeur (-trice *f*); 2. guider; conduire; diriger; '~-**book** guide *m*; '~-**post** poteau *m* indicateur; '~-**rope** ✈ guiderope *m*.
gui·don ✗ ['gaidən] guidon *m*.
guild [gild] association *f*; corps *m* (*de métier*); *hist.* corporation *f*; '**Guild'hall** hôtel *m* de ville.
guile [gail] ruse *f*, astuce *f*; '**guile·ful** □ ['~ful] rusé; '**guile·less** □ candide; franc(he *f*); '**guile·less·ness** candeur *f*; franchise *f*.
guil·lo·tine [gilə'ti:n] guillotine *f*; ⊕ presse *f* à rogner.
guilt [gilt], *a.* '**guilt·i·ness** culpabilité *f*; '**guilt·less** □ innocent (de, *of*); *fig.* vierge (de, *of*); '**guilt·y** □ coupable; *plead* ~ s'avouer coupable.
guin·ea ['gini] guinée *f* (*21 shillings*); '~-**fowl** pintade *f*; '~-**pig** cobaye *m*, cochon *m* d'Inde.
guise [gaiz] † costume *m*; forme *f*; apparence *f* (*a. fig.*).
gui·tar ♪ [gi'tɑ:] guitare *f*.
gulch *Am.* [gʌltʃ] ravin *m* étroit.
gulf [gʌlf] *géog.* golfe *m*; abysse *m* (*de la mer*); abîme *m*, gouffre *m*.
gull¹ *orn.* [gʌl] mouette *f*, goéland *m*.

gull² [~] 1. jobard *m*, dupe *f*; 2. jobarder, duper; amener (*q.*) par ruse (à *inf.*, into *gér.*). [*m*; † ravin *m.*]
gul·let ['gʌlit] œsophage *m*; F gosier *f*;
gul·li·bil·i·ty [gʌli'biliti] crédulité *f*; **gul·li·ble** □ ['~əbl] crédule; facile à duper.
gul·ly ['gʌli] ravine *f*; *ruisseau*: ru *m*; ⊕ caniveau *m*; (*a.* ~-hole) bouche *f* d'égout.
gulp [gʌlp] 1. coup *m* (de gosier); 2. avaler (à pleine gorge).
gum¹ [gʌm] *usu.* ~s *pl.* gencive *f*.
gum² [~] 1. gomme *f*; colle *f*; Am. gomme *f* à mâcher; ~s *pl. Am.* caoutchoucs *m/pl.*, bottes *f/pl.* de caoutchouc; 2. gommer; coller.
gum·boil ['gʌmbɔil] abcès *m* à la gencive, ⚕ parulie *f*.
gum·my ['gʌmi] gommeux (-euse*f*); gluant; chassieux (-euse *f*) (*yeux*).
gump·tion ['gʌmpʃn] jugeotte *f*; sens *m* pratique.
gun [gʌn] 1. canon *m*; fusil *m* (de chasse); ⊕ injecteur *m* (à graisse); *peint.* pistolet *m*; *surt. Am.* revolver *m*, pistolet *m*; *Am. mot. sl.* accélérateur *m*; F *big* (*ou great*) ~ grand personnage *m*; 2. *Am.* chasser au tir; *fig.* pourchasser; '~-boat (chaloupe *f*) canonnière *f*; '~-carriage ⚔ affût *m*; '~-cot·ton coton *m* azotique; ~li·cence *Am.* permis *m* de port d'armes; '~-man *surt. Am.* bandit *m*, gangster *m*, terroriste *m*; 'gun·ner ⚔, ⚓ canonnier *m*.
gun…: '~-pow·der poudre *f* (à canon); '~-run·ning contrebande *f* d'armes; '~-shot coup *m* de fusil *ou* de feu; portée *f* de fusil; '~-shy qui a peur du coup de fusil; '~-smith armurier *m*; *Am. sl.* professeur de vol à la tire; '~-stock fût *m* (de *fusil*); '~-tur·ret tourelle *f*.
gur·gle ['gə:gl] glouglouter.
gush [gʌʃ] 1. jaillissement *m*; jet *m*; débordement *m* (sentimental); 2. jaillir (de, *from*); bouillonner; *fig.* sortir à flots; *fig.* faire de la sensiblerie; **'gush·er** *fig.* personne *f* expansive; puits *m* jaillissant; **'gush·ing** □ exubérant, expansif (-ive *f*). [gousset *m.*]
gus·set ['gʌsit] *cost.* soufflet *m*]
gust [gʌst] rafale *f*, bourrasque *f*; coup *m* de vent; bouffée *f* (*de colère*).
gus·ta·to·ry ['gʌstətəri] gustatif (-ive *f*).

gus·to ['gʌstou] délectation *f*; entrain *m*.
gus·ty ['gʌsti] à rafales; venteux (-euse *f*).
gut [gʌt] 1. boyau *m*, intestin *m*; ♪ corde *f* de boyau; *fig.* passage *m* étroit; ~s *pl. sl.* cran *m* (= *courage*); 2. vider (*un poisson*); *fig.* résumer; *incendie*: ne laisser que les murs de (*une maison*); piller.
gut·ter ['gʌtə] 1. gouttière *f* (*d'un toit*); *rue*: ruisseau *m*; chaussee: caniveau *m*; 2. *v/t.* sillonner, raviner; rainer (*une tôle etc.*); *v/i.* couler (*bougie*); ~ **press** bas-fonds *m/pl.* du journalisme; '~-snipe gavroche *m*; gamin(e *f*) *m* des rues.
gut·tur·al *anat., a. gramm.* ['gʌtərəl] 1. □ guttural (-aux *m/pl.*); 2. gutturale *f*.
guy¹ [gai] 1. F épouvantail *m*; *surt. Am.* F type *m*, individu *m*; 2. se moquer de; travestir.
guy² [~] retenue *f*; ⚓ étai *m*, hauban *m*.
guz·zle ['gʌzl] boire avidement; *v/t.* bouffer; *v/i.* goinfrer.
gym *sl.* [dʒim] *abr. de gymnasium, gymnastics.*
gym·kha·na [dʒim'kɑ:nə] gymkhana *m*.
gym·na·si·um [dʒim'neizjəm] gymnase *m*; **gym·nast** ['dʒimnæst] gymnaste *m*; **gym'nas·tic** 1. (~ally) gymnastique; ~ *competition* concours *m* de gymnastique; 2. ~s *pl.* gymnastique *f*; éducation *f* physique; *heavy* ~s *pl.* gymnastique *f* aux agrès; *light* ~s callisthénie *f*.
gyn·ae·col·o·gist ⚕ [gaini'kɔlədʒist] gynécologiste *m*; **gyn·ae'col·o·gy** gynécologie *f*.
gyp *sl.* [dʒip] *Am.* voler; tromper.
gyp·se·ous ['dʒipsiəs] gypseux (-euse *f*).
gyp·sum *min.* ['dʒipsəm] gypse *m*.
gy·rate [dʒaiə'reit] tourn(oy)er;
gy'ra·tion giration *f*, révolution *f*; **gy·ra·to·ry** ['dʒaiərətəri] giratoire.
gy·ro·com·pass *phys.* ['gaiəro-'kʌmpəs] gyrocompas *m*; **gy·ro·scope** ['gaiərəskoup] gyroscope *m*; **gy·ro·scop·ic sta·bi·liz·er** [gaiərəs'kɔpik'steibilaizə] gyrostat *m* (de *bateau*); toupie *f* gyroscopique.
gyve *poét.* [dʒaiv] 1.: ~s *pl.* fers *m/pl.*, chaînes *f/pl.*; 2. enchaîner, mettre les fers à.

H

H, h [eitʃ] H *m*, h *m*; *drop one's hs* ne pas aspirer les h.
ha [hɑː] ha!; ah!
ha·be·as cor·pus ⚖ ['heibjəs-'kɔːpəs] (*a. writ of* ~) habeas corpus *m*.
hab·er·dash·er ['hæbədæʃə] mercier (-ère *f*) *m*; *surt. Am.* chemisier *m*; **'hab·er·dash·er·y** mercerie *f*; *surt. Am.* chemiserie *f*.
ha·bil·i·ments [həˈbilimənts] *pl.* vêtements *m/pl.* de cérémonie.
hab·it ['hæbit] **1.** habitude *f*; disposition *f* (*d'esprit*); habit *m* (*de moine*); be in the ~ of (*gér.*) avoir l'habitude de (*inf.*); *see riding-*~; **2.** vêtir; **'hab·it·a·ble** habitable; **hab·i·tat** ⚘, *zo.* ['ˌtæt] habitat *m*; aire *f* d'habitation; **hab·i'ta·tion** habitation *f*; demeure *f*.
ha·bit·u·al □ [həˈbitjuəl] habituel(le *f*); invétéré; **haˈbit·u·ate** [ˌeit] habituer (à, to); **hab·i·tude** ['hæbitjuːd] habitude *f*.
hack¹ [hæk] **1.** ⊕ pic *m*, pioche *f*; taillade *f*; *foot.* coup *m* de pied; **2.** hacher; couper; *foot.* (*ou v/i.* ~ at) donner à (q.) un coup de pied sur le tibia; ~ing cough toux *f* sèche.
hack² [~] **1.** cheval *m* de louage *ou* de selle à toutes fins; *fig.* homme *m* de peine; (*souv.* ~ writer) nègre *m*; **2.** à la tâche; *fig.* banal (-als *m/pl.*); **3.** banaliser.
hack·le ['hækl] **1.** ⊕ peigne *m*; *orn.* plume *f* de cou *ou* de dos; **2.** (se) taillader; *v/t.* peigner.
hack·ney ['hækni] *see hack*²; ~ coach voiture *f* de louage; **'hack·neyed** banal (-als *m/pl.*).
had [hæd, həd] *prét. et p.p. de* have 1, 2.
had·dock *icht.* ['hædək] aiglefin *m*; *finnan* ~ haddock *m*.
hae·mal ⚕ ['hiːml] hémal (-aux *m/pl.*); **haemo...** [hiːmo] hém(o)-.
haem·or·rhage ['hemərɪdʒ] hémorragie *f*; **haem·or·rhoids** ['ˌrɔidz] *pl.* hémorroïdes *f/pl.*
haft [hɑːft] manche *m*, poignée *f*.
hag [hæg] sorcière *f*; *fig. sl.* vieille taupe *f*.
hag·gard □ ['hægəd] hagard; hâve.
hag·gle ['hægl] marchander; chicaner (sur, over).

hag·rid·den ['hægridn] tourmenté par les cauchemars.
hail¹ [heil] **1.** grêle *f*; **2.** *v/impers.* grêler; *v/t. fig.* faire pleuvoir.
hail² [~] **1.** *v/t.* saluer; héler; *v/i.*: ~ from venir de; être originaire de; **2.** appel *m*; ~! salut!; within ~ à portée de (la) voix.
hail-fel·low ['heilfelou] très gentil pour *ou* avec tous.
hail·stone ['heilstoun] grêlon *m*; **'hail·storm** abat *m* de grêle.
hair [hεə] cheveu *m*, -x *m/pl.* (*sur la tête*); poil *m*; *sl. keep your* ~ *on!* calmez-vous!; ~'s breadth = '~-breadth épaisseur *f* d'un cheveu; by (*ou* within) a ~ à un cheveu (de), à deux doigts (de); ~ cream crème *f* à coiffer; '~-cut taille *f* (de cheveux); *have a* ~ se faire couper les cheveux; '~-do F coiffure *f*; '~-dress·er coiffeur (-euse *f*) *m*; '~-dry·er sèche-cheveux *m/inv.*; séchoir *m*; **'haired** aux cheveux ...; à pelage ...; **'hair·i·ness** aspect *m* hirsute.
hair...: '~-less sans cheveux, chauve; '~-pin épingle *f* à cheveux; ~ bend lacet *m*; '~-rais·ing horripilant, horrifique; '~-re·mov·er dépilatoire *m*; '~-split·ting ergotage *m*; **'hair·y** chevelu; poilu, velu.
hake [heik] *icht.* merluche *f*; F colin *m*.
ha·la·tion *phot.* [həˈleiʃn] halo *m*.
hal·berd ⚔ *hist.* ['hælbəd] hallebarde *f*.
hal·cy·on ['hælsiən] **1.** *orn.* alcyon *m*; martin-pêcheur (*pl.* martins-pêcheurs) *m*; **2.** *fig.* calme, serein.
hale [heil] vigoureux (-euse *f*); robuste; ~ and hearty frais et gaillard.
half [hɑːf] **1.** demi; *adv.* à moitié; ~ *a crown* une demi-couronne *f*; *a pound and a* ~ une livre et demie; F *not* ~ et comment! *it isn't* ~ *bad* ce n'est pas mauvais du tout; **2.** moitié *f*; ⚕ demi *m*; *see* ~-year; ⚖ parti *m*; *too clever by* ~ beaucoup trop malin; *by halves* à demi; *go halves* se mettre de moitié (avec q., with s.o.), partager; **~-back** ['ˌ'bæk] *foot.* demi(-arrière) *m*; **~-baked** ['ˌ'beikt] *fig.* inexpérimenté; niais;

incomplet (-ète f); '~-bind·ing demi-reliure f à petits coins; '~-blood parenté f d'un seul côté; '~-'bound en demi-reliure à petits coins; '~-bred demi-sang m/inv.; '~-breed métis(se f) m; '~-broth·er demi-frère m; '~-caste métis(se f) m; '~-court line tennis: ligne f médiane; '~-crown demi-couronne f; '~-'heart·ed □ tiède, hésitant; '~-'length (a. ~ portrait) portrait m en buste; '~-'mast: (at) ~ à mi-mât; en berne (pavillon); '~-'moon demi-lune f; '~-'mourn·ing demi-deuil m; '~-'pay demi-solde f; ~-pen·ny ['heipni] 1. demi-penny m; F sou m; 2. à un sou; ~-seas-o·ver F ['hɑːfsiːz'ouvə] à moitié ivre; '~-time sp. mi-temps f; '~-tone proc·ess ⊕ simili(gravure) f (tramée); '~-'way à mi-chemin; ~ house maison f à demi-étape; fig. compromis m; '~-wit simple mf, faible mf d'esprit; '~-'wit·ted simple; niais; '~-'year semestre m.

hal·i·but icht. ['hælibət] flétan m.

hall [hɔːl] grande salle f; vestibule m; hall m (hôtel); château m; univ. maison f estudiantine, foyer m; réfectoire m; see guild-~, music-~.

hal·le·lu·jah [hæli'luːjə] alléluia m.

hall...: '~-'mark 1. contrôle m; fig. cachet m, empreinte f; 2. contrôler; '~-stand porte-parapluies m/inv.

hal·'loo [hə'luː] 1. holà!; 2. ohé m; chasse: huée f; 3. v/i. crier (taïaut); v/t. encourager.

hal·low ['hælou] sanctifier, consacrer; Hal·low·mas ['~mæs] la Toussaint f.

hal·lu·ci·na·tion [həluːsi'neiʃn] hallucination f, illusion f.

halm [hɑːm] see haulm.

ha·lo ['heilou] astr., anat. halo m; auréole f (a. eccl., a. fig.).

halt [hɔːlt] 1. halte f (a. ₰), arrêt m; 2. faire halte; s'arrêter; fig. hésiter, balancer; 3. boiteux (-euse f).

hal·ter ['hɔːltə] cheval: licou m; corde f (au cou).

halve [hɑːv] diviser en deux; halves [~z] pl. de half.

hal·yard ₰ ['hæljəd] drisse f.

ham [hæm] jambon m; Am. sl. (a. ~ actor ou fatter) cabotin m; (souv. radio) amateur m.

ham·burg·er Am. ['hæmbəːgə] bifteck m haché.

ham·let ['hæmlit] hameau m.

ham·mer ['hæmə] 1. marteau m; armes à feu: chien m; F ~ and tongs tant qu'on peut; 2. v/t. marteler, battre au marteau; bourse: exécuter (un agent); F critiquer; ~ out girouner; F forger; v/i. ~ at heurter à; s'acharner à.

ham·mock ['hæmək] hamac m; ~ chair transatlantique m.

ham·per ['hæmpə] 1. panier m, banne f; 2. embarrasser, gêner; entraver.

ham·string ['hæmstriŋ] 1. anat. tendon m du jarret; 2. couper le jarret à; fig. couper les moyens à.

hand [hænd] 1. main f (a. zo., a. fig. = aide, autorité, possession, protection); montre: aiguille f; ouvrier (-ère f) m; ⚓ matelot m; côté m; cartes: joueur (-euse f) m; cartes: jeu m; mesure: paume f; écriture f; signature f; typ. index m; baromètre etc.: indicateur m; ⚓ régime m (de fruits); at ~ sous la main; à portée de la main; tout près; at first ~ de première main; a good (poor) ~ at bon (piètre) joueur de; fort à (faible en); be ~ and glove être d'intelligence (avec, with); être comme les deux doigts de la main; by ~ à la main; change ~s changer de propriétaire ou de mains; have a ~ in prendre part à; in ~ en main; au poing; à la main; en question; en préparation; sp. de retard; ✝ en caisse; en magasin; lay ~s on faire violence à; s'emparer de; mettre les mains sur; lend a ~ aider; donner un coup de main (à); off ~ brusque; tout de suite; ~s off! n'y touchez pas!; on ~ en main; ✝ en magasin; surt. Am. tout près; prêt; on one's ~s à sa charge; on all ~s de tous les côtés; de toutes parts; on the one ~ d'une part; on the other ~ d'autre part; par contre; have one's ~ out avoir perdu l'habitude; out of ~ sur-le-champ; indiscipliné; ~ over fist tenir la main sur main; rapidement; take a ~ at faire une partie de (bridge etc.); to (one's) ~ sous la main; ~ to ~ corps à corps; come to ~ parvenir, arriver; put one's ~ to entreprendre; he can turn his ~ to anything c'est un homme à toute main; ~s up! haut les mains!; see high 1; 2. passer; ~

hand-bag

about faire circuler; ~ *down* descendre (*qch.*); transmettre; ~ *in* remettre; présenter (*une demande*); ~ *out* distribuer; tendre; ~ *over* remettre; céder; '~-**bar·row** brancard *m*, civière *f*; '~-**bell** sonnette *f*; † '~-**bill** affiche *f* à la main; † prospectus *m*; '~-**brake** ⊕ frein *m* à main; '~-**cuff** 1.: ~*s pl.* menottes *f/pl.*; 2. mettre les menottes à (*q.*); '**hand·ed** à ... mains; aux mains ...; **hand·ful** ['~ful] poignée *f*; F enfant *mf* terrible; '**hand-glass** loupe *f* à main; miroir *m* à main.

hand·i·cap ['hændikæp] 1. *sp.* handicap *m*; *fig.* désavantage *m*; 2. *sp.* handicaper; *fig.* gêner; *fig.* désavantager; ~**ped** *person* diminué *m* physique *ou* mental; '**hand·i·cap·per** *sp.* handicapeur *m*.

hand·i·craft ['hændikrɑːft] travail *m* manuel; métier *m* manuel; '**hand·i·crafts·man** artisan *m*, ouvrier *m*; '**hand·i·ness** commodité *f*; adresse *f*, dextérité *f*; '**hand·i·work** travail *m* manuel; ouvrage *m* (*a. fig.*).

hand·ker·chief ['hæŋkətʃif] mouchoir *m*; foulard *m* (*pour le cou*).

han·dle ['hændl] 1. *épée, porte:* poignée *f*; *outil:* manche *m*; *seau, cruche:* anse *f*; *pompe:* balancier *m*; *Am.* F *fly off the* ~ s'emporter; *sl.* sortir de ses gonds; 2. manier; manœuvrer (*un navire*); traiter; prendre en main; '~-**bar** *cycl.* guidon *m*.

hand...: '~-'**made pa·per** papier *m* à la cuve; '~-**maid** *fig.* servante *f*; '~-**me-downs** *Am.* F *pl.* costume *m* de confection; décrochez-moi-ça *m/inv.*; '~-**out** *Am.* F aumône *f*; '~-**rail** main *f* courante; garde-fou *m*; '~-**saw** scie *f* à main; égoïne *f*.

hand·sel ['hænsl] 1. étrenne *f*; † première vente *f*; arrhes *f/pl.*; 2. donner des étrennes à; † donner des arrhes à; inaugurer; '**hand·shake** poignée *f* de main; **hand·some** □ ['hænsəm] beau (*bel devant une voyelle ou un h muet*); belle *f*; beaux *m/pl.*); élégant; noble; riche.

hand...: '~-**spike** ⊕ levier *m* de manœuvre; '~-**work** travail *m* à la main; '~-**writ·ing** écriture *f*; '**hand·y** □ adroit; habile; commode (*chose*); maniable; ~**man**

822

homme *m* à tout faire; factotum *m*, bricoleur *m*; F débrouillard *m*.

hang [hæŋ] 1. [*irr.*] *v/t.* (sus)pendre (à *from, on*); tapisser (de, *with*); accrocher (à *from, on*); coller (*un papier à tapisser*); (*usu. prét. et p.p.* ~ed) pendre; F *I'll be* ~*ed if* ... que le diable m'emporte si ...; F ~ *it!* zut alors!; F ~ *fire* traîner; ~ *out v/i.* pendre au dehors; ~ *up* accrocher, pendre; *fig.* ajourner; *v/i.* pendre, être suspendu (à, *on*); *fig.* planer (sur, *over*); ~ *about* flâner; rôder; ~ *back* rester en arrière; *fig.* hésiter; ~ *on* s'accrocher, se cramponner (à, *to*); *fig.* tenir bon; 2. pente *f*; *cost.* ajustement *m*; F façon *f*; F *get the* ~ *of* comprendre, saisir le truc de (*qch.*); *sl. I don't care a* ~ je m'en moque pas mal.

hang·ar ['hæŋə] hangar *m*.

hang-dog ['hæŋdɔg] 1. F gibier *m* de potence; 2. patibulaire (*mine*).

hang·er ['hæŋə] *personne:* tendeur *m*; crochet *m*; porte-vêtements *m/inv.*; ⊕ suspenseur *m*; *Am.* pancarte *f*; ~-**on** ['~r'ɔn], *pl.* '~**s-'on** *fig.* parasite *m*; dépendant *m*.

hang·ing ['hæŋiŋ] 1. suspendu; tombant; *peint.* ~ *committee* jury *m* d'admission (*des tableaux*); 2. ~*s pl.* tenture *f*, tapisserie *f*; rideaux *m/pl.*

hang·man ['hæŋmən] bourreau *m*.

hang·nail ✿ ['hæŋneil] envie *f*.

hang-out *Am. sl.* ['hæŋaut] repaire *m*, nid *m* (*de gangsters etc.*).

hang-over *sl.* ['hæŋouvə] gueule *f* de bois.

hank [hæŋk] écheveau *m*; ⚓ anneau *m*.

han·ker ['hæŋkə]: ~ *after* soupirer après, désirer vivement; être assoiffé de; '**han·ker·ing** vif désir *m*, soif *f*.

Han·o·ve·ri·an [hænoˈviəriən] 1. hanovrien(ne *f*); 2. Hanovrien(ne *f*) *m*.

Han·sard ['hænsəd] compte *m* rendu officiel des débats parlementaires.

han·som ['hænsəm], (*a.* ~-*cab*) cab *m*; hansom *m*.

hap † [hæp] hasard *m* (malencontreux); destin *m*; '**hap**'**haz·ard** 1. hasard *m*; *at* ~ au petit bonheur; 2. fortuit; ~ *chaos* tohu-bohu *m*; '**hap·less** □ infortuné, malheureux (-euse *f*).

ha·p'orth F ['heipəθ] (valeur *f* d')un sou *m*; *a* ~ *of* ... ... pour un sou.

hap·pen ['hæpən] arriver, se passer; *he ~ed to be at home* il se trouvait chez lui; ~ *(up)on* tomber sur; rencontrer par hasard; *Am*. F ~, ~ *in(to)* entrer en passant; **'hap·pen·ing** événement *m*.

hap·pi·ness ['hæpinis] bonheur *m*; félicité *f (a. d'expression)*.

hap·py □ ['hæpi] *usu*. heureux (-euse *f*); content; joyeux (-euse *f*); F un peu parti *ou* gris; **'~-go-luck·y** F insouciant.

ha·rangue [hə'ræŋ] 1. harangue *f*; 2. *v/t*. haranguer; *v/i*. prononcer une harangue.

har·ass ['hærəs] harceler; tourmenter (de, *with*); tracasser; accabler (de dettes, *with debt*).

har·bin·ger ['hɑːbindʒə] 1. *fig*. avant-coureur *m*; 2. annoncer.

har·bo(u)r ['hɑːbə] 1. port *m*; *fig*. asile *m*; 2. *v/t*. héberger; receler (*un criminel*); entretenir (*un soupçon*); garder (*une rancune etc*.); *v/i*. se réfugier; **'har·bo(u)r·age** abri *m*, asile *m*; ⚓ mouillage *m*.

hard [hɑːd] 1. *adj. usu*. dur; sévère; fort (*gelée*), rigoureux (-euse *f*) (*temps*); pénible; cruel(le *f*); rude; difficile; *surt. Am*. incorrigible; *surt. Am*. riche (en alcool); ferme (*rendez-vous*); ~ *cash* espèces *f/pl*. sonnantes; *tennis*: ~ *courts pl*. terrains *m/pl*. de tennis; ~ *currency* devises *f/pl*. fortes; *the* ~ *facts* les faits brutaux; ~ *of hearing* dur d'oreille; ~ *to deal with* peu commode; intraitable; *be* ~ *(up)on s.o.* être sévère envers q.; traiter q. sévèrement; 2. *adv*. fort; dur; durement; avec peine; ~ *by* tout près; ~ *up* sans moyens; dans la gêne; à court (de, *for*); *be* ~ *put to it* avoir beaucoup de mal (à, *to*); *ride* ~ chevaucher à toute vitesse; 3. F travaux *m/pl*. forcés; ~*s pl*. gêne *f*; **'~-'bit·ten** F tenace; dur à cuire; **'~-'boiled** dur (*œuf*); tenace; *surt. Am*. expérimenté, dur à cuire; **'hard·en** (se) durcir; (s')endurcir; rendre *ou* devenir dur; *v/i*. †, *bourse*: se raffermir; *v/t*. ⊕ tremper (*l'acier*).

hard...: **'~-'fea·tured** aux traits durs *ou* sévères; **'~-'fist·ed** dur à la détente; **'~-'head·ed** pratique;

positif (-ive *f*); **'~-'heart·ed** □ au cœur dur; **har·di·hood** ['~ihud] hardiesse *f*; **'har·di·ness** vigueur *f*, robustesse *f*; † hardiesse *f*; **'hard·ly** durement; avec difficulté; à peine; ne ... guère; **'hard-'mouthed** dur de bouche; **'hard·ness** dureté *f*, difficulté *f (a. fig.)*; rudesse *f*; *temps*: rigueur *f*; *acier*: trempe *f*.

hard...: **'~·pan** *Am*. sol *m* résistant; **'~-'set** fort gêné; affamé; durci; **'~-shell** à carapace dure; à coque dure; *fig*. dur à cuire; **'hard·ship** privation *f*; gêne *f*; épreuve *f*, tribulation *f*; **'hard·ware** quincaillerie *f*; **'har·dy** □ robuste, endurci; hardi; ♀ de pleine terre.

hare [hɛə] lièvre *m*; **'~·bell** jacinthe *f* des prés; clochette *f*; **'~-brained** étourdi, écervelé; **'~·lip** *anat*. bec-de-lièvre (*pl*. becs-de-lièvre) *m*.

ha·rem ['hɛərem] harem *m*.

har·i·cot ['hærikou] *cuis*. haricot *m* (*de mouton*); ♀ (*a*. ~ *bean*) haricot *m*.

hark [hɑːk] (*to*) écouter; prêter l'oreille (à); ~*!* écoutez!; ~ *back chasse*: prendre le contre-pied; *fig*. en revenir (à, *sur to*).

har·lot ['hɑːlət] prostituée *f*; **'har·lot·ry** prostitution *f*.

harm [hɑːm] 1. mal *m*; tort *m*; danger *m*; 2. faire du mal *ou* tort à; nuire à; **harm·ful** □ ['~ful] nuisible; **'harm·less** □ inoffensif (-ive *f*); innocent.

har·mon·ic [hɑː'mɔnik] (~*ally*) harmonique; **har'mon·i·ca** [~ikə] harmonica *m*; **har·mo·ni·ous** □ [hɑː'mounjəs] harmonieux (-euse *f*) (*a. fig.*); **har·mo·nize** ['hɑːmənaiz] *v/t*. harmoniser (*a*. ♪); faire accorder; *v/i*. s'harmoniser; s'assortir; **'har·mo·ny** harmonie *f*.

har·ness ['hɑːnis] 1. harnais *m*; attelage *m*; *die in* ~ mourir à la besogne; 2. harnacher; atteler; *fig*. aménager; **'~-mak·er** sellier *m*, bourrelier *m*.

harp ♪ [hɑːp] 1. harpe *f*; 2. jouer de la harpe; ~ *(up)on* rabâcher (*qch*.); *be always ~ing on the same string* réciter toujours la même litanie; **'harp·er**, **'harp·ist** harpiste *mf*.

har·poon [hɑː'puːn] 1. harpon *m*; 2. harponner.

har·py ['hɑːpi] *myth*. harpie *f (a.*

harridan

fig. = *vieille mégère*); *fig.* personne *f* rapace.

har·ri·dan ['hærɪdən] vieille mégère *f*.

har·ri·er ['hærɪə] *chasse:* braque *m*; *sp.* coureur *m*.

har·row ✝ ['hærou] **1.** herse *f*; **2.** herser; ravager, piller.

har·ry ['hæri] ravager, piller, mettre à sac; *fig.* harceler, tourmenter.

harsh □ [hɑːʃ] rude; âpre (*goût*); rauque; discordant (*son*); rigoureux (-euse *f*); dur; **'harsh·ness** rudesse *f*; âpreté *f*; rigueur *f*; sévérité *f*.

hart *zo.* [hɑːt] cerf *m*.

har·um-scar·um F ['hɛərəmˈskɛərəm] **1.** étourdi, écervelé (*a. su./mf*); **2.** étourneau *m*; hurluberlu *m*.

har·vest ['hɑːvɪst] **1.** moisson *f* (*a. fig.*); récolte *f*; ~ festival actions *f/pl.* de grâces pour la récolte; **2.** *v/t.* moissonner; récolter; *v/i.* rentrer la moisson; **'har·vest·er** moissonneur (-euse *f*, *a. machine*) *m*; **har·vest-home** ['~houm] fête *f* de la moisson.

has [hæz, həz] (*il, elle*) a; **'~-been** F vieux ramollot *m*; homme *m* etc. fini.

hash [hæʃ] **1.** hachis *m*; *Am.* F mangeaille *f*, boulot *m*; *fig.* gâchis *m*; *fig.* réchauffé *m*; F *make a ~ of* faire un joli gâchis de; **2.** hacher (*de la viande*).

hasp [hɑːsp] **1.** morailllon *m*; loquet *m*; fermoir *m*; **2.** cadenasser.

has·sock ['hæsək] touffe *f* d'herbe; *eccl.* coussin *m*.

hast † [hæst] (*tu*) as.

haste [heɪst] hâte *f*; diligence *f*; *make ~* se dépêcher, se hâter; *more ~ less speed, make ~ slowly* hâtez-vous lentement; **has·ten** ['heɪsn] (se) hâter; se presser; *v/t.* avancer (*qch.*); **hast·i·ness** ['heɪstɪnɪs] précipitation *f*, hâte *f*; emportement *m* (*de colère etc.*); **'hast·y** □ précipité; fait à la hâte; irréfléchi; emporté; rapide.

hat [hæt] chapeau *m*; *sl. my ~!* pigez-moi ça!; F *hang up one's ~ with s.o.* s'introniser chez q.; *talk through one's ~* extravaguer; exagérer.

hatch¹ [hætʃ] **1.** *poussins:* couvée *f*; demi-porte *f*; ⚓, ✈ panneau *m*, écoutille *f*; *serving ~* passe-plats *m*; *under ~es* dans la cale; *fig.*

mort et enterré; **2.** (faire) éclore; *v/t. fig.* tramer, ourdir.

hatch² [~] hach(ur)er.

hatch·et ['hætʃɪt] hachette *f*; *bury the ~* enterrer la hache de guerre; **'~-face** visage *m* en lame de couteau.

hatch·way ⚓ ['hætʃweɪ] écoutille *f*.

hate [heɪt] **1.** *poét.* haine *f* (de, contre *to[wards]*); **2.** détester, haïr; **hate·ful** □ ['~fʊl] odieux (-euse *f*), détestable; **'hat·er** haïsseur (-euse *f*) *m*; **ha·tred** ['heɪtrɪd] haine *f* (de, contre *of*).

hat·ter ['hætə] chapelier (-ère *f*) *m*.

haugh·ti·ness ['hɔːtɪnɪs] arrogance *f*, morgue *f*; **'haugh·ty** □ arrogant, hautain.

haul [hɔːl] **1.** amenée *f*; effort *m*; *pêche:* coup *m* de filet; prise *f*; *Am.* trajet *m*; **2.** *v/t.* tirer (sur, *at*); traîner; ⚓ haler sur; transporter par camion(s); ⚒ hercher; ⚓ repiquer dans (*le vent*); *v/i.* haler (*vent*); **'haul·age** traction *f*; (frais *m/pl.* de) roulage *m*; (frais *m/pl.* de) transport *m*; ⚒ herchage *m*; *~ contractor* entrepreneur *m* de transports.

haulm [hɔːm] fane *f* (*de légume*); *coll.* chaume *m*.

haunch [hɔːnʃ] hanche *f*; *cuis.* cuissot *m*, quartier *m*; △ voûte: rein *m*.

haunt [hɔːnt] **1.** lieu *m* fréquenté; repaire *m*; **2.** fréquenter; hanter (*a. revenants*); *fig.* obséder, troubler; *the house is ~ed* il y a des revenants dans la maison; *~ed house* maison *f* hantée; **'haunt·er** *fig.* habitué(e *f*) *m*.

haut·boy ♪ ['oʊbɔɪ] hautbois *m*.

Ha·van·a [həˈvænə] (*ou ~ cigar*) havane *m*.

have [hæv; həv] **1.** [*irr.*] *v/t.* avoir, posséder; tenir; prendre (*un bain, un repas*); faire (*une promenade etc.*); obtenir; affirmer; F rouler; *~ to* (*inf.*) être obligé de (*inf.*); *I ~ my hair cut* je me fais couper les cheveux; *he had his leg broken* il s'est cassé la jambe; *I would ~ you know that ...* sachez que ...; *he will ~ it that ...* il soutient que ...; *I had as well* (*inf.*) j'aurais pu aussi bien (*inf.*); *I had better* (*best*) (*inf.*) je ferai(s) mieux de (*inf.*); *I had rather* (*inf.*) j'aime(rais) mieux (*inf.*); *let s.o. ~ s.th.* céder qch. à q.; *~ about*

one avoir sur soi; ~ on porter; ~ it out with s'expliquer avec; F ~ s.o. up citer q. en justice (pour, for); v/i. ~ at him! à l'attaque; 2. [irr.] v/aux. avoir; qqfois être; ~ come être venu; 3. riche m.
ha·ven ['heivn] havre m, port m; fig. asile m, abri m (a. int.).
have-not ['hævnɔt] pauvre m.
haven't ['hævnt] = have not.
hav·er·sack ['hævəsæk] ⚔ musette f; touriste etc.: havresac m.
hav·ing ['hæviŋ] (souv. ~s pl.) possession f; pl. a. biens m/pl.
hav·oc ['hævək] dévastation f, dégâts m/pl., ravage m; make ~ of, play ~ with (ou among) faire de grands dégâts dans; massacrer.
haw[1] ❀ [hɔː] cenelle f.
haw[2] [~] 1. toussoter, bredouiller; 2. hem m (a. int.).
haw-haw ['hɔːhɔː] rire bruyamment.
hawk[1] [hɔːk] 1. orn. faucon m; fig. vautour m; attr. fig. d'aigle (yeux); 2. chasser au faucon; ~ at fondre sur.
hawk[2] [~] graillonner.
hawk[3] [~] colporter, cameloter;
hawk·er ['hɔːkə] colporteur m; marchand(e) f m ambulant(e) f.
hawk·ing ['hɔːkiŋ] chasse f au faucon.
hawse ⚓ [hɔːz] (a. ~-hole) écubier m.
haw·ser ⚓ ['hɔːzə] (h)aussière f; amarre f.
haw·thorn ❀ ['hɔːθɔːn] aubépine f.
hay [hei] 1. foin m; ~ fever rhume m des foins; make ~ of faire un gâchis de; démolir; 2. faire les foins; '~-box (ou ~ cooker) marmite f norvégienne; '~-cock meulon m ou meule f de foin; '~-loft grenier m à foin; '~-mak·er sl. coup m de poing balancé; '~-rick see ~-cock; '~-seed graine f de foin; fig. Am. paysan m; '~-stack see ~-cock; '~-wire Am. sl.: go ~ ne tourner plus rond; avorter (projet).
haz·ard ['hæzəd] 1. hasard m; risque m; golf: accident m de terrain; tennis: trou m gagnant; jeu m de hasard; run a ~ courir un risque; 2. hasarder; risquer; '**haz·ard·ous** □ risqué; hasardeux (-euse f).
haze[1] [heiz] brume f légère; fig. obscurité f.

haze[2] [~] ⚓ harasser (q.) de corvées; Am. brimer.
ha·zel ['heizl] 1. ❀ noisetier m; 2. couleur noisette; '~-nut noisette f.
ha·zy □ ['heizi] brumeux (-euse f), embrumé; estompé (contour etc.); fig. vague, nébuleux (-euse f).
H-bomb ['eitʃbɔm] bombe f H.
he [hiː] 1. il, accentué: lui; ~ (who) celui qui; 2. attr. mâle.
head [hed] 1. anat., cuis., sp., arbre, chasse, cortège, fleur, furoncle, humérus, intelligence, légume, liste, sculpture, violon, volcan, etc.: tête f; chasse: bois m; ⚓ voile: envergure f; torpille: cône m; nez m, avant m, navire: cap m; ⚒ mine: carreau m, puits de mine: gueule f; mot. capote f; ⊕ eau: charge f, vapeur: volant m; ⊕ culasse f; asperge: pointe f; céleri: pied m; blé: épi m; chou: pomme f; escalier, page: haut m; lit: chevet m, table: haut bout m; bière: mousse f; rivière: source f; tambour: peau f; géog. cap m; personne: chef m; ✝, école: directeur (-trice f) m; patron(ne) f m; fig. cervelle f, esprit m, entendement m, mémoire f; fig. crise f; fig. point m, rubrique f; ~ and shoulders above the rest dépassant les autres de la tête; bring to a ~ faire aboutir (a. fig.); come to a ~ aboutir (abcès); mûrir; gather ~ monter en pression; augmenter; prendre de l'importance; get it into one's ~ that se mettre dans la ou en tête que; ~(s) or tail(s)? pile ou face?; ~ over heels à la renverse; over ~ and ears surchargé, débordé; make ~ against faire tête à; I can't make ~ or tail of it je n'y comprends rien, je m'y perds; take the ~ prendre la tête; 2. premier (-ère f); principal (-aux m/pl.); ... en chef; 3. v/t. mener, être en tête de; être à la tête de; conduire; mettre une tête à; mettre ou porter en tête (de); foot. jouer de la tête; be ~ed se diriger (vers, for); ~ off intercepter; v/i. ⚓ avoir le cap (sur, for); Am. prendre sa source (à, at); fig. ~ for se diriger vers; '**head·ache** mal m ou maux m/pl. de tête; '**head·ach·y** sujet(te f) aux maux de tête, migraineux (-euse f);
'**head-dress** coiffure f; garniture f de tête; '**head·ed** à ... tête(s); aux

header

cheveux…; **'head·er** ⚠ boutisse *f*; F plongeon *m*; *foot.* coup *m* de tête; **'head-gear** garniture *f* de tête; coiffure *f*; chapeau *m*; **'head·i·ness** emportement *m*, impétuosité *f*; *vin*: qualité *f* capiteuse; **'head·ing** en-tête *m*; rubrique *f*; manchette *f*; titre *m*; ✗ (galerie *f* d')avancement *m*; *sp.* (jeu *m* de) tête *f*; **'head·land** cap *m*, promontoire *m*; **'head·less** sans tête; *fig.* sans chef.

head…: **'~·light** 🚗 feu *m* d'avant, *mot.* phare *m*; **'~·line** titre *m*; manchette *f*; *typ.* titre *m* courant, en-tête *m*; F he hits the ~s il est en vedette; il défraye la chronique; **'~·long** *adj.* précipité; impétueux (-euse *f*); *adv.* la tête la première; **'~·man** chef *m*; **'~'mas·ter** directeur *m*; *lycée*: proviseur *m*; **'~'mis·tress** directrice *f*; **'~·most** au premier rang; **'~·on** de front; frontal (-aux *m/pl.*); **'~-phone** *radio*: écouteur *m*; casque *m*; **'~-piece** casque *m* (*a.* radio); F tête *f*; *typ.* fleuron *m* de tête; en-tête *m*; **'~'quar·ters** *pl.* ✗ quartier *m* général; ✝ *etc.* siège *m* (social); **'~-set** *radio*: casque *m*; **'head·ship** première place *f*; direction *f*; **'heads·man** bourreau *m*; ⚓ patron *m*.

head…: **'~·strong** entêté; obstiné; **'~·wa·ters** *pl.* cours *m* supérieur d'une rivière; **'~·way** progrès *m*; make ~ avancer, faire des progrès; **'~·wind** vent *m* contraire; **'~·work** travail *m* intellectuel; *foot.* jeu *m* de tête; **'head·y** □ capiteux (-euse *f*) (*vin etc.*); emporté (*personne*).

heal [hi:l] **1.** guérir (de, *of*); (*a.* up) guérir, se cicatriser; **'~-all** panacée *f*; **'heal·ing 1.** □ curatif (-ive *f*); cicatrisant; *fig.* calmant; **2.** guérison *f*; cicatrisation *f*.

health [helθ] santé *f* (*a.* toast); Board of ♀ Ministère *m* de la santé publique; ~ certificate certificat *m* médical; **health·ful** □ ['~ful] salubre; salutaire; **'health·i·ness** salubrité *f*; **'health-re·sort** station *f* estivale *ou* thermale; **'health·y** □ en bonne santé; *see* healthful.

heap [hi:p] **1.** tas *m* (*a. fig.*), monceau *m*; F ~s *pl.* beaucoup (de, *of*); *sl.* F struck all of a ~ stupéfait; **2.** (*a.* up) entasser, mettre en tas; accabler (de, *with*); ~ed spoon cuiller *f* à dos d'âne.

826

hear [hiə] [*irr.*] entendre; écouter; recevoir des nouvelles (de, *from*); apprendre; faire répéter (*une leçon etc.*); ~ of entendre parler de; ~ that entendre dire que; **heard** [hə:d] *prét. et p.p. de* hear; **hear·er** ['hiərə] auditeur (-trice *f*) *m*; **'hear·ing** *sens*: ouïe *f*; audition *f* (*a.* ♪♩, *a.* ♪); ✝ audience *f*; **heark·en** ['hɑ:kən] écouter (qch., *to* s.th.); **hear·say** ['hiəsei] ouï-dire *m/inv.*

hearse [hə:s] corbillard *m*.

heart [hɑ:t] cœur *m* (*fig.* = courage, enthousiasme, *etc.*); fond *m*; *cartes*: ~s *pl.* cœur *m*; (*a.* dear ~) *see* sweetheart; ~ and soul corps et âme, de tout son cœur; I have a matter at ~ j'ai qch. à cœur; by ~ par cœur; in good ~ bien entretenu (*sol*); en train (*personne*); in his ~ (of ~s) au plus profond de son cœur; out of ~ effrité (*sol*); découragé (*personne*); with all my ~ de tout mon cœur; lose ~ perdre courage; take ~ prendre courage; take (*ou* lay) to ~ prendre (qch.) à cœur; **'~·ache** chagrin *m*; **'~·beat** battement *m* du cœur; **'~·break** déchirement *m* de cœur; **'~·break·ing** □ navrant; **'~·bro·ken** le cœur brisé, navré; **'~·burn** 𝔐 aigreurs *f/pl.*; **'~·burn·ing** rancune *f*; jalousie *f*; **'~·dis·ease** maladie *f* de cœur; **'heart·ed** au cœur…; **'heart·en** *v/t.* encourager; *v/i.* reprendre courage; **'heart·felt** sincère; profond.

hearth [hɑ:θ] foyer *m*, âtre *m*; **'~·rug** tapis *m* de foyer; **'~·stone** foyer *m*; pierre *f* de la cheminée.

heart·i·ness ['hɑ:tinis] cordialité *f*; chaleur *f*; vigueur *f*; **'heart·less** □ insensible; cruel(le *f*); **'heart·rend·ing** navrant.

heart…: **'~·sick** *fig.* découragé; désolé; **'~·strings** *pl. fig.* sensibilité *f*, cœur *m*; ~ trans·plant 𝔐 greffe *f* du cœur; **'~·whole** au cœur libre; *fig.* sincère; *fig.* aucunement ébranlé; **'heart·y 1.** □ cordial (-aux *m/pl.*); sincère; vigoureux (-euse *f*), robuste; gaillard; ~ eater gros mangeur *m*, belle fourchette *f*; **2.** ⚓ brave *m*; *univ.* sportif *m*.

heat [hi:t] **1.** chaleur *f*; *phys. a.* calorique *m*; ardeur *f*; *fig.* colère *f*; *animal*: rut *m*; *sp.* épreuve *f*, manche *f*; dead ~ manche *f* nulle; course *f* à égalité; **2.** (s')échauffer (*a. fig.*); *v/t.*

heath [hi:θ] bruyère f, brande f (a. ♀); **~-cock** petit coq m de bruyère.

hea·then ['hi:ðən] païen(ne f) (a. su./mf); 'hea·then·dom paganisme m; 'hea·then·ish □ usu. fig. barbare, grossier (-ère f); 'hea·then·ism paganisme m; barbarie f.

heath·er ♀ ['heðə] bruyère f, brande f; '~-bell ♀ cloche f de bruyère.

heat·ing ['hi:tiŋ] chauffage m; attr. de chaleur; ~ **battery** batterie f de four etc.; ~ **cushion**, ~ **pad** coussin m chauffant ou électrique.

heat...: ~ **light·ning** Am. éclairs m/pl. de chaleur; '~-stroke ✠ coup m de chaleur; '~-val·ue pouvoir m calorifique; '~-wave phys. onde f calorifique; météor. vague f de chaleur.

heave [hi:v] 1. soulèvement m; effort m; palpitation f (du sein); ⚓ houle f; 2. [irr.] v/t. (sou)lever; lancer, jeter; pousser (un soupir); ~ **the anchor** déraper; ⚓ ~ **down** caréner; ⚓ ~ **out** déferler; v/i. se soulever (a. vagues, poitrine); haleter; s'agiter (mer); palpiter (sein); avoir des haut-le-cœur; ~ **for breath** panteler; ⚓ ~ **at** haler sur; ⚓ ~ **in sight** paraître; ⚓ ~ **to** se mettre à la cape.

heav·en ['hevn] ciel m, cieux m/pl.; ~**s** pl. ciel m; ~! juste ciel!; '**heav·en·ly** céleste; divin; **heav·en·ward(s)** ['~wəd(z)] vers le ciel.

heav·er ['hi:və] (dé)chargeur m; ⊕ levier m de manœuvre.

heav·i·ness ['hevinis] pesanteur f, lourdeur f; fig. tristesse f, abattement m; mot. mauvais état m (des routes).

heav·y □ ['hevi] usu. lourd; pesant; gros(se f) (cœur, pluie, rhume, etc.); triste; violent; pénible; profond; gras(se f) (sol); ✗ lourd, de gros calibre, gros(se f); ⚡ ~ **current** courant m fort; '~-weight box. poids m lourd.

heb·dom·a·dal □ [heb'dɔmədl], **heb·dom·a·dar·y** hebdomadaire m.

He·bra·ic [hi:'breiik] (~ally) hébraïque.

He·brew ['hi:bru:] 1. hébraïque, israélite; 2. ling. hébreu m; bibl. Hébreu(e f) m; Israélite mf.

hec·a·tomb ['hekətoum] hécatombe f.

heck·le ['hekl] see hackle; pol. interrompre par des questions embarrassantes.

hec·tic ✠ ['hektik] 1. hectique; fig. fiévreux (-euse f); 2. rougeur f; (usu. ~ **fever**) fièvre f hectique.

hec·tor ['hektə] v/t. rudoyer, dragonner; v/i. prendre un ton autoritaire; faire de l'esbroufe.

hedge [hedʒ] 1. haie f; attr. souv. ignorant, interlope (p.ex. ~-priest); 2. v/t. entourer d'une haie; enfermer; ~ **off** séparer par une haie; ~ **up** clore d'une haie; ~ **a bet** parier pour et contre; v/i. éviter de se compromettre; '~-bill serpe f; '~-hog zo. hérisson m; Am. porc-épic m; '~-hop sl. ✈ voler en rase-mottes; '~-row bordure f de haies; haie f; '~-'spar·row orn. fauvette f.

heed [hi:d] 1. attention f (à, to), soin m; compte m (de, to); prendre garde à; **take no** ~ **of** ne tenir aucun compte de; 2. faire attention à, observer; tenir compte de; **heed·ful** □ ['~ful] attentif (-ive f) (à, of); '**heed·less** □ insouciant.

hee-haw ['hi:'hɔ:] 1. hi-han m; fig. ricanement m; 2. braire; fig. ricaner.

heel¹ ⚓ [hi:l] v/i. se coucher sur le flanc; avoir de la bande.

heel² [~] 1. talon m; surt. Am. sl. gouape f; **be at (on) s.o.'s** ~**s** être aux trousses de q.; marcher sur les talons de q.; **down at** ~ éculé; fig. minable, de pauvre apparence; **take to one's** ~**s** prendre ses jambes à son cou; s'enfuir; 2. mettre un talon à; foot. ~ **out** talonner le ballon (pour le sortir de la mêlée); '**heeled** Am. F pourvu d'argent; muni d'un revolver; '**heel·er** pol. Am. sl. partisan m servile.

heel-tap ['hi:ltæp] ⊕ rondelle f de hausse; ~**s** pl. fonds m/pl. de verre; **no** ~! vidons les verres.

heft [heft] 1. poids m; effort m; Am. F gros m (de la récolte); 2. Am. soupeser; '**heft·y** F solide; Am. lourd.

he·gem·o·ny [hi:'geməni] hégémonie f.

he-goat ['hi:gout] bouc m.

heif·er ['hefə] génisse f.

heigh-ho [hei'hou] ah!

height

height [hait] hauteur *f*, élévation *f*; comble *m*, apogée *m*; *personne*: taille *f*; altitude *f*; cœur *m* (d'été); **'height·en** augmenter (*a. fig.*); rehausser; *fig.* relever.

hei·nous □ ['heinəs] atroce; odieux (-euse *f*); **'hei·nous·ness** énormité *f*.

heir [ɛə] héritier (-ère *f*) *m* (de, to); ~ *apparent* héritier *m* présomptif; ~ *at-law* héritier *m* légitime; **'heir·dom** droit *m* de succession; † héritage *m*; **'heir·ess** héritière *f*; **'heir·less** sans héritier; **heir·loom** ['~lu:m] meuble *m ou* bijou *m* de famille; *fig.* apanage *m*; **'heir·ship** qualité *f* d'héritier.

held [held] *prét. et p.p. de* **hold** 2.

hel·i·bus *Am.* F ['helibʌs] hélicoptère *m qui fait le service de communication entre l'aéroport et la ville.*

hel·i·cal ⊕ ['helikl] en spirale.

hel·i·cop·ter ['helikɔptə] hélicoptère *m*.

helio... [hi:liou] hélio-; **he·li·o·graph** ['~ogra:f] héliographe *m* (*a. phot.*); héliogravure *f*; **he·li·o·graph·ic** [~'græfik] héliographique; ~ *calking* (reproduction *f* par) héliogravure *f*; **he·li·o·gra·vure** ['hi:liougrəvjuə] héliogravure *f*; **he·li·o·trope** ['heljətroup] ♀ héliotrope *m* (*a. couleur*).

he·lix ['hi:liks], *pl. usu.* **hel·i·ces** ['helisi:z] ⚭, ⊕, *zo.* hélice *f*; △ spirale *f*, volute *f*; *anat.* hélix *m*, ourlet *m*.

hell [hel] enfer *m*; *attr.* de l'enfer; *like* ~ infernal (-aux *m/pl.*); *oh* ~*!* diable!; sapristi!; *go to* ~ aller en enfer; F *what the* ~ ...? que diable...?; *a* ~ *of a noise* un bruit infernal; *raise* ~ faire un bruit infernal; *faire une scène*; *ride* ~ *for leather* aller au triple galop; **'~-'bent** *Am. sl.* résolu; acharné; **'~-cat** *fig.* mégère *f*.

hel·le·bore ♀ ['helibɔ:] ellébore *m*.

Hel·lene ['heli:n] Hellène *mf*.

hell·ish □ ['heliʃ] infernal (-aux *m/pl.*); diabolique.

hel·lo [he'lou] holà!; *téléph.* allô!

helm ⚓ [helm] (barre *f* du) gouvernail *m*; timon *m* (*a. fig.* de l'État); *fig.* direction *f*.

hel·met ['helmit] casque; **'hel·met·ed** casqué.

helms·man ⚓ ['helmzmən] homme *m* de barre; timonier *m*.

hel·ot *hist.* ['helət] ilote *m*; *fig.* esclave *m*.

help [help] **1.** aide *f*; secours *m*; remède *m*; *surt. Am.* domestique *mf*; *lady* ~ dame *f* (de bonne maison) qui aide aux soins du ménage; *mother's* ~ jeune fille *f* qui aide dans le soin des enfants; *by the* ~ *of* à l'aide de; **2.** *v/t.* aider; secourir; prêter son concours à; faciliter; *à table*: servir (q., s.o.; qch., s.th.); qch. à q., s.o. to s.th.); ~ o.s. se servir (de, to); s'aider; *I could not* ~ *laughing* je ne pouvais m'empêcher de rire; *v/i.* aider, servir, contribuer (à, to); **'help·er** aide *mf*; assistant(e *f*) *m*; ⛁ machine *f* de secours; **help·ful** □ ['~ful] utile; salutaire; serviable (*personne*); **'help·ing** portion *f*; **'help·less** □ sans ressource; impuissant; **'help·less·ness** faiblesse *f*; **'help·mate**, **'help·meet** aide *mf*; compagnon *m*, compagne *f*.

hel·ter-skel·ter ['heltə'skeltə] *adv.* pêle-mêle; à la débandade.

helve [helv] manche *m*.

Hel·ve·tian [hel'vi:ʃjən] **1.** helvétien (-ne *f*), suisse; **2.** Helvétien(ne *f*) *m*, Suisse *m*.

hem¹ [hem] **1.** *cost.* bord *m*; ourlet *m*; **2.** border; ourler; ~ *in* entourer.

hem² [~] **1.** toussoter; **2.** hem!

he-man *Am. sl.* ['hi:mæn] homme *m* viril.

hem·i·sphere ['hemisfiə] hémisphère *m*.

hem·lock ♀ ['hemlɔk] ciguë *f*.

hemo... [hi:mo] *see* haemo...

hemp [hemp] chanvre *m*; **'hemp·en** de chanvre.

hem·stitch ['hemstitʃ] **1.** ourlet *m* à jour; **2.** ourler à jour.

hen [hen] poule *f*; femelle *f* (d'oiseau); ~*'s egg* œuf *m* de poule.

hen·bane ['henbein] jusquiame *f*.

hence [hens] (*souv. from* ~) d'ici; à partir d'aujourd'hui, désormais; de là, ce qui explique...; ~*!* hors d'ici!; va-t'en d'ici!; *a year* ~ dans un an; **'~'forth**, **'~'for·ward** désormais, à l'avenir.

hench·man ['hentʃmən] F partisan *m*; homme *m* de confiance.

hen...: **'~-'par·ty** F assemblée *f* de jupes; **'~-pecked** dominé par sa femme; **'~-roost** juchoir *m*.

hep *Am. sl.* [hep]: *be* ~ être très à la page; '~**cat** *Am. sl.* fanatique *mf* du jazz.

he·pat·ic *anat.* [hi'pætik] hépatique.

hepta... [heptə] hepta-; **hep·ta·gon** ['~gən] heptagone *m*.

her [hə:; hə] **1.** *accusatif*: la; *datif*: lui; à elle; se, soi; celle; **2.** son, sa, ses.

her·ald ['herəld] **1.** héraut *m*; *fig.* avant-coureur *m*; **2.** annoncer; ~ *in* introduire; **he·ral·dic** [he-'rældik] (~*ally*) héraldique; **her·ald·ry** ['herəldri] blason *m*.

herb [hə:b] herbe *f*; **her·ba·ceous** [~'beiʃəs] herbacé; '**herb·age** herbage *m*; herbes *f/pl.*; ⚖ droit *m* de pacage; '**herb·al 1.** d'herbes; **2.** herbier *m*; '**herb·al·ist** botaniste *m*; guérisseur *m*; ✚ herboriste *mf*; **her·bar·i·um** [~'bɛəriəm] herbier *m*; **her·biv·o·rous** [~'bivərəs] herbivore; **her·bo·rize** ['~bəraiz] herboriser.

Her·cu·le·an [hə:kju'li:ən] herculéen(ne *f*); d'Hercule.

herd [hə:d] **1.** troupeau *m* (*a. fig.*); **2.** *v/t.* assembler; *v/i.* (*a.* ~ *together*) s'assembler en troupeau; s'attrouper; '**herds·man** bouvier *m*.

here [hiə] ici; ~ *is* voici; ~*'s to* ...! à la santé 'e ...!

here·a·bout(s) ['hiərəbaut(s)] près d'ici; **here·af·ter** [hiər'ɑ:ftə] **1.** dorénavant; **2.** avenir *m*; *l*'au-delà *m*, *la* vie *f* à venir; '**here·by** par là; ⚖ par les présentes.

her·ed·it·a·ment ⚖ [heri'ditəmənt] bien *m* transmissible par héritage; *fig.* patrimoine *m*; **he·red·i·tar·y** [hi'reditəri] héréditaire; **he·red·i·ty** hérédité *f*.

here·in ['hiər'in] ici; en ceci; **here·in·be·fore** [hiərin'bifɔ:] ci-dessus; **here·of** [hiər-'ɔv] de ceci.

her·e·sy ['herəsi] hérésie *f*.

her·e·tic ['heretik] **1.** (*usu.* **he·ret·i·cal** ☐ [hi'retikl]) hérétique; **2.** hérétique *mf*.

here·to·fore ['hiətu'fɔ:] jusqu'ici; **here·up·on** ['hiərə'pɔn] là-dessus; sur ce; '**here'with** avec ceci; ci-joint.

her·it·a·ble ['heritəbl] héréditaire; héritable (*propriété*); '**her·it·age** héritage *m*, patrimoine *m*.

her·maph·ro·dite ✚, *zo.* [hə:'mæfrədait] hermaphrodite (*a. su./m*).

her·met·ic, her·met·i·cal ☐ [hə:-'metik(l)] hermétique.

her·mit ['hə:mit] ermite *m*; '**her·mit·age** ermitage *m*.

her·ni·a ✚ ['hə:njə] hernie *f*; '**her·ni·al** herniaire.

he·ro ['hiərou], *pl.* **-roes** ['~z] héros *m*; **he·ro·ic** [hi'rouik] (~*ally*) héroïque; épique; **her·o·ine** ['herouin] héroïne *f*; '**her·o·ism** héroïsme *m*.

her·on *orn.* ['herən] héron *m*.

her·ring *icht.* ['heriŋ] hareng *m*; '**her·ing-bone** arête *f* de hareng; point *m* de chausson.

hers [hə:z] le sien, la sienne, les siens, les siennes; à elle.

her·self [hə:'self] elle-même; *réfléchi*: se, *accentué*: soi.

hes·i·tance, hes·i·tan·cy ['hezitəns(i)] hésitation *f*, irrésolution *f*; **hes·i·tate** ['~teit] hésiter (à, *to*; sur *about, over*; entre, *between*); **hes·i·'ta·tion** hésitation *f*.

het·er·o·dox ['hetərədɔks] hétérodoxe; '**het·er·o·dox·y** hétérodoxie *f*; **het·er·o·dyne** ['~dain] *radio*: hétérodyne (*a. su./m*); **het·er·o·ge·ne·i·ty** [~rodʒi'ni:iti] hétérogénéité *f*; **het·er·o·ge·ne·ous** ☐ ['~ro-'dʒi:njəs] hétérogène; F disparate.

hew [hju:] [*irr.*] couper; tailler (*a.* ⊕); ⊕ abattre; ⊕ dresser; '**hew·er** tailleur *m*; abatteur *m* (*d'arbres*); ⚒ piqueur *m*; **hewn** [hju:n] *p.p.* de *hew*.

hexa... [heksə] hex(a)-; **hex·a·gon** ['~gən] hexagone *m*; **hex·ag·o·nal** ☐ [hek'sægənl] hexagonal (-aux *m/pl.*); **hex·am·e·ter** [hek'sæmitə] hexamètre *m*.

hey [hei] hé!; holà!; hein?

hey·day ['heidei] **1.** tiens!; **2.** *fig.* apogée *m*; fleur *f* de l'âge; beaux jours *m/pl.*

hi [hai] hé!; holà!; ohé!

hi·a·tus [hai'eitəs] ✚, *gramm.* hiatus *m*; lacune *f*.

hi·ber·nate ['haibə:neit] hiberner; hiverner (*a. personne*); **hi·ber'na·tion** hibernation *f*.

hic·cup, *a.* **hic·cough** ['hikʌp] **1.** hoquet *m*; **2.** avoir le hoquet; hoqueter.

hick F [hik] paysan *m*, rustaud *m*; *attr.* de province.

hick·o·ry ['hikəri] noyer *m* d'Amérique.

hid [hid] *prét. et p.p. de* hide²; **hid-den** ['hidn] *p.p. de* hide².
hide¹ [haid] 1. peau *f*; † cuir *m*; 2. F tanner le cuir à (*q.*).
hide² [~] [*irr.*] (se) cacher (à, *from*); (se) dérober (à, *from*); **'hide-and-'seek** cache-cache *m*; *play* (*at*) ~ jouer au cache-cache.
hide·bound *fig.* ['haidbaund] aux vues étroites; rigide.
hid·e·ous □ ['hidiəs] affreux (-euse *f*); horrible; **'hide·ous·ness** laideur *f*, horreur *f*. [tée *f*.)
hid·ing¹ F ['haidiŋ] rossée *f*; tripo-
hid·ing² [~]: *go into* ~ se cacher; *in* ~ caché; **~·place** cachette *f*.
hie *poét.* [hai] (*p.pr.* hying) se rendre (à la hâte).
hi·er·arch·y ['haiəra:ki] *admin.*, *eccl.*, *etc.* hiérarchie *f*.
hi·er·o·glyph ['haiəroglif] hiéroglyphe *m*; **hi·er·o·'glyph·ic** (*a.* **hi·er·o·'glyph·i·cal** □) hiéroglyphique; **hi·er·o·'glyph·ics** *pl.* hiéroglyphes *m/pl.*
hi-fi *Am.* ['hai'fai] (*abr. de* high fidelity) de haute fidélité (*reproduction*).
hig·gle ['higl] marchander.
hig·gle·dy-pig·gle·dy F ['higldi-'pigldi] en pagaïe, sans ordre.
high [hai] 1. *adj.* □ (*see a.* ~*ly*) *usu.* haut; élevé; fort, violent (*vent*); grand (*vitesse*); faisandé (*gibier*); avancé (*viande*); fort (*beurre*); *attr.* de fête; solennel(le *f*); ~*est bidder* le plus offrant *m*; *with a* ~ *hand* arbitrairement; de façon cavalière; ~ *spirits pl.* gaieté *f*, entrain *m*; ⚑ *Church* haute Église *f* (anglicane); ~ *colo(u)r* vivacité *f* de teint (*d'une personne*); couleur *f* vive; ~ *dive* plongeon *m* de haut vol; ⚡ *frequency* haute fréquence *f*; *surt. Am. sl.* ~*-hat* gommeux *m*; *v/t.* traiter d'une manière hautaine; *v/i.* se donner de grands airs; ~ *life* la vie *f* mondaine; ~*lights pl.* rappels *m/pl.* de lumière; *fig.* traits *m/pl.* saillants; *sg.* F clou *m*; *see* tea; ⚡ *tension* haute tension *f*; ~ *treason* lèse-majesté *f*; haute trahison *f*; ~ *water* marée *f* haute; ~ *wind* gros vent *m*; ~ *words* paroles *f/pl.* dures; 2. *su. météor.* aire *f* anticyclonique; *surt. Am.* ⚑ *see* High School; ~ *and low* les grands et les petits; *on* ~ en haut; 3. *adv.* haut; en haut; fort(ement); '~-'**backed** à grand dossier; '~-**ball** *Am.* whisky *m* et soda *m*; '~-**born** de haute naissance; '~-**bred** de race; '~-**brow** F 1. intellectuel(le *f*) *m*; 2. *iro.* prétendu intellectuel(le *f*); ~-**class** de première classe *ou* qualité; '~-**day** jour *m* de fête; '~-**ex'plosive** brisant; à haut explosif; ~ **fa·lu·tin(g)** ['~fə'lu:tin, -iŋ] 1. prétentieux (-euse *f*); 2. discours *m* pompeux; '~-**flown** ampoulé; ambitieux (-euse *f*); '~-**grade** de qualité supérieure; '~-**'hand·ed** arbitraire; ~ **jump** saut *m* en hauteur; '~-**land·er** montagnard *m* écossais; soldat *m* d'un régiment écossais; '~-**lands** hautes terres *f/pl.*; '~-**lev·el** *adj.*: *alp.* ~ *climb* ascension *f* à haute altitude; '~-**'liv·ing** bonne chère *f*; '**high·ly** fort(ement); très; bien; extrêmement; *speak* ~ *of* parler en termes très flatteurs de; vanter; ~ *descended* de haute naissance; '**high·'mind·ed** magnanime; généreux (-euse *f*); '**high·ness** élévation *f*; *fig.* grandeur *f*; ⚑ *titre*: Altesse *f*.

high...: '~ **oc·tane pet·rol** essence *f* à haut indice d'octane; '~-**pow·er**: ~ *station* station *f* génératrice de haute puissance; ~ *radio station* poste *m* de grande portée; '~-'**road** grand-route *f*; grand chemin *m*; '~-**speed** à grande vitesse; ⊕ à marche rapide; '~-'**spir·it·ed** plein d'ardeur; fougueux (-euse *f*); '~-'**step·ping** qui trousse (*cheval*); *Am. sl.* noceur (-euse *f*); '~-'**strung** (au tempérament) nerveux; '~-'**toned** *surt. Am.* F chic, élégant; ~ **wa·ter** marée *f* haute; ~ **way** grand-route *f*; grand chemin *m*; *fig.* bonne voie *f*; chemin *m*; '~-**way·man** voleur *m* de grand chemin.
hike F [haik] 1. faire du footing; 2. excursion *f* à pied; *surt. Am.* F hausse *f* (*des prix*); '**hik·er** excursionniste *mf* à pied.
hi·lar·i·ous □ [hi'lɛəriəs] joyeux (-euse *f*).
hi·lar·i·ty [hi'læriti] hilarité *f*.
Hil·a·ry ['hiləri] ⚖, *a. univ.* ~ *Term* session *f* de la Saint-Hilaire (*janvier à mars*).
hill [hil] colline *f*, coteau *m*; côte *f*; ~**bil·ly** *Am.* F ['~bili] montagnard *m*; '~-**climb·ing** *mot.* montée *f* des

côtes; ~ contest course f de côte; 'hill·i·ness nature f accidentée (*d'une région*); hill·ock ['~ək] petite colline f; 'hill·y montueux (-euse f); accidenté (*terrain*).

hilt [hilt] épée: poignée f; up to the ~ jusqu'à la garde; *fig.* complètement, sans réserve.

him [him] *accusatif*: le; *datif*: lui; se, soi; celui.

him·self [him'self] lui-même; *réfléchi*: se, *accentué*: soi; of ~ de lui-même; de son propre choix; by ~ tout seul.

hind[1] *zo.* [haind] biche f.

hind[2] [~] valet m de ferme; paysan m.

hind[3] [~]: ~ leg jambe f *ou* patte f derrière; = 'hind·er de derrière; postérieur; arrière-...; hin·der ['hində] *v/t.* empêcher (q.) (de, from); gêner; retarder; hind·most ['haindmoust] dernier (-ère f).

hin·drance ['hindrəns] empêchement m; obstacle m.

Hin·du, a. Hin·doo ['hin'du:] 1. hindou; 2. Hindou(e f) m.

Hin·du·sta·ni *ling.* [hindu'stæni] hindoustani m.

hinge [hindʒ] 1. gond m; charnière f; *fig.* pivot m; off the ~s hors de ses gonds; 2. ~ upon *fig.* dépendre de, ~d lid couvercle m à charnière(s).

hin·ny *zo.* ['hini] bardot m.

hint [hint] 1. avis m; allusion f; signe m; 2. suggérer, insinuer; faire allusion (à, at).

hip[1] [hip] 1. hanche f; 2. coxal (-aux m/pl.); de la hanche; sur les hanches. [te-cul m/inv.)

hip[2] ♀ [~] cynorrhodon m; F grat-)

hip[3] [~] 1. mélancolie f; 2. attrister; F donner le cafard à.

hip[4] [~]: *int.* ~, ~, hurra(h)! hip! hip! hourra!

hip-bath ['hipbɑ:θ] bain m de siège.

hipped F [hipt] mélancolique; *Am. sl.* obsédé.

hip·po F ['hipou] = hip·po·pot·a·mus [hipə'pɔtəməs], *pl. a.* ~mi [~mai] hippopotame m.

hip-roof ⚠ ['hipru:f] toit m en croupe.

hip-shot ['hipʃɔt] (d)éhanché.

hire ['haiə] 1. loume m; maison: location f; gages m/pl.; on ~ en location; à louer; à louage; for ~ libre (*taxi*); 2. louer; arrêter; engager (*un domestique*); ~ out louer; *Am.* entrer en service; hire·ling *péj.* ['~liŋ] mercenaire (*a. su./m*); 'hire-'pur·chase vente f à tempérament; on the ~ system à tempérament.

hir·sute ['hə:sju:t] hirsute, velu; *fig.* grossier (-ère f).

his [hiz] 1. son, sa, ses; 2. le sien, la sienne, les siens, les siennes; à lui.

hiss [his] 1. sifflement m; 2. *v/i.* siffler; chuinter (*vapeur etc.*); *v/t.* siffler; ~ off chasser à coups de sifflets.

hist [s:t] chut; *pour attirer l'attention*: pst!

his·to·ri·an [his'tɔ:riən] historien m; his·tor·ic, his·tor·i·cal □ [~'tɔrik(l)] historique; de l'histoire; his·to·ri·og·ra·pher [~tɔ:ri'ɔgrəfə] historiographe m; his·to·ry ['~təri] histoire f; manuel m d'histoire; *théâ.* drame m historique.

his·tri·on·ic [histri'ɔnik] théâtral (-aux m/pl.); *péj.* histrionique.

hit [hit] 1. coup m; touche f; trait m satirique, coup m de patte; *théâ.* (*pièce f à*) succès m; ♪ succès m; 2. [*irr.*] *v/t.* frapper; heurter; atteindre (*un but*); porter (*un coup*); trouver (*le mot juste*); *Am.* F arriver à; ~ it off with s'accorder avec; ~ off imiter exactement; ~ one's head against se cogner la tête contre; ~ s.o. a blow porter un coup à q.; *v/i.* ~ at décocher un coup à; ~ or miss à tout hasard; ~ out détacher des coups (à, at); ~ (up)on découvrir; trouver; tomber sur; '~-and-'run driv·er *mot.* chauffard m.

hitch [hitʃ] 1. saccade f; ⚓ nœud m, clef f; *fig.* empêchement m soudain; accroc m; *radio etc.*: technical ~ incident m technique; 2. remuer par saccades; accrocher; nouer; attacher (*un cheval etc.*); ⚓ amarrer; ~ up remonter (*le pantalon*); *Am.* atteler (*des chevaux*); *Am. sl.* get ~ed se marier; '~-hike *Am.* F faire de l'auto-stop; '~-hik·ing *Am.* F auto-stop m.

hith·er *poét.* ['hiðə] ici; le plus rapproché; hith·er·to ['~'tu:] jusqu'ici.

hive [haiv] 1. ruche f (*a. fig.*); essaim m; *fig.* fourmilière f; ♀ ~s *pl.* urticaire f; varicelle f pustuleuse; croup m; 2. *v/t.* mettre dans une ruche; ~ up accumuler; *v/i.* entrer dans la ruche; *fig.* vivre ensemble.

ho   832

ho [hou] ho!; hê!; ⚓ en vue!
hoar [hɔ:] 1. *see* hoarfrost; 2. chenu (*personne*).
hoard [hɔ:d] 1. amas *m*; accumulation *f* secrète; F *argent*: magot *m*; 2. (*a.* ~ *up*) amasser; accumuler; thésauriser (*de l'argent*).
hoard·ing[1] ['hɔ:diŋ] resserre *f*; accumulation *f*; thésaurisation *f*.
hoard·ing[2] [~] clôture *f* de bois; panneau *m* d'affichage.
hoar·frost ['hɔ:'frɔst] gelée *f* blanche, givre *m*.
hoar·i·ness ['hɔ:rinis] blancheur *f*; vieillesse *f*.
hoarse □ [hɔ:s] rauque, enroué; '**hoarse·ness** enrouement *m*.
hoar·y ['hɔ:ri] blanchi (*cheveux*); chenu (*personne*); *fig.* séculaire.
hoax [houks] 1. tour *m*, mystification *f*, farce *f*; supercherie *f*; *journ.* canard *m*; 2. attraper, jouer un tour à, mystifier.
hob[1] [hɔb] *cheminée*: plaque *f* de côté; fiche *f* de but (*au jeu de palets*).
hob[2] [~] *see* hobgoblin; *surt. Am.* F *raise* ~ faire du raffut; rouspéter fort.
hob·ble ['hɔbl] 1. clochement *m*; boitillement *m*; F embarras *m*; 2. *v/i.* clocher, boitiller, clopiner; *v/t.* entraver; F embarrasser.
hob·ble·de·hoy F ['hɔbldi'hɔi] jeune homme *m* gauche; F grand dadais *m*.
hob·by ['hɔbi] *fig.* marotte *f*, dada *m*; '**~-horse** † petit cheval *m* de selle; cheval *m* de bois; dada *m*.
hob·gob·lin ['hɔbgɔblin] lutin *m*.
hob·nail ['hɔbneil] clou *m* à ferrer; caboche *f*.
hob·nob ['hɔbnɔb]: ~ *with* être à tu et à toi avec (*q.*); fréquenter (*q.*).
ho·bo *Am.* ['houbou] ouvrier *m* ambulant; F cheminau *m*.
hock[1] [hɔk] 1. *zo.* jarret *m*; 2. couper le jarret à.
hock[2] [~] vin *m* du Rhin.
hock[3] *sl.* [~] 1. gage *m*; prison *f*; 2. engager.
hock·ey *sp.* ['hɔki] hockey *m*.
hock-shop ['hɔkʃɔp] mont *m* de piété; F ma tante *f*.
ho·cus ['houkəs] duper; droguer (*q.*, *qch.*); narcotiser (*une boisson*); **~-po·cus** ['~'poukəs] 1. (tour *m* de) passe-passe *m/inv.*; tromperie *f*; 2. *v/i.* faire des tours de passe-passe; *v/t.* mystifier; escamoter (*qch.*).

hod [hɔd] oiseau *m* (*de maçon*); seau *m* à charbon.
hodge-podge ['hɔdʒpɔdʒ] *see* hotchpotch.
hod·man ['hɔdmən] aide-maçon (*pl.* aides-maçons) *m*.
hoe ✿ [hou] 1. houe *f*; 2. houer.
hog [hɔg] 1. porc *m* (châtré); *fig.* goinfre *m*; *sl. go the whole* ~ aller jusqu'au bout; 2. *v/t.* couper en brosse (*la crinière d'un cheval*); *v/i. mot.* F brûler le pavé; **hogged** [hɔgd] fortement bombé; en brosse; **hog·get** ['hɔgit] agneau *m* antenais; **hog·gish** □ ['~giʃ] de cochon; grossier (-ère *f*); '**hoggish·ness** grossièreté *f*; gloutonnerie *f*; **hogs·head** ['~zhed] tonneau *m*; *mesure*: fût *m* (240 litres) *Am. grosse balle f de tabac* (*de 750 à 1200 livres*); '**hog·skin** peau *f* de porc; '**hog·wash** eaux *f/pl.* grasses; F lavasse *f*.
hoi(c)k [hɔik] ✈ (faire) monter en chandelle; F lever d'un coup sec.
hoist [hɔist] 1. (coup *m* de) treuil *m*; 2. hisser; guinder.
hoi·ty-toi·ty ['hɔiti'tɔiti] 1. susceptible; qui fait l'important; 2. taratata!
ho·kum *Am. sl.* ['houkəm] balivernes *f/pl.*; absurdité *f*, fumisterie *f*.
hold [hould] 1. *su.* prise *f*; appui *m*; empire *m*, pouvoir *m*; influence *f*; *box.* tenu *m*; tanière *f* (*d'une bête fauve*); ⚓ cale *f*; *catch* (*ou get ou lay ou take*) ~ *of* saisir, s'emparer de; *have a* ~ *of* (*ou on*) tenir; *keep* ~ *of* ne pas lâcher (*qch.*); 2. [*irr.*] *v/t. usu.* tenir; retenir (*l'attention, l'haleine, dans la mémoire*); contenir; maintenir; détenir; tenir pour; professer (*une opinion*); avoir (*une idée*); arrêter; célébrer (*une fête*); tenir (*une séance*); faire (*une enquête*); ⚖ décider (*que, that*); *surt. Am.* ~ *down a job* occuper un emploi; se montrer à la hauteur d'un emploi; ~ *one's own* tenir bon; défendre sa position; *téléph.* ~ *the line* ne pas quitter; ~ *water* être étanche; *fig.* tenir debout; ~ *off* tenir à distance; ✈ intercepter; ~ *on* maintenir; tenir (*qch.*) en place; ~ *out* tendre; offrir; ~ *over* remettre à plus tard; ~ *up* lever en l'air; soutenir; relever

(*la tête*); offrir (*comme modèle*); arrêter; entraver; tourner (*en ridicule*); exposer; **3.** [*irr.*] *v/i.* tenir (bon); se maintenir; persister; être vrai; ~ *forth* pérorer, disserter (sur, on); ~ *good* (*ou* true) être valable; ne pas se démentir; F ~ *hard!* arrêtez!; halte là!; ⚓ baste!; ~ *in* se maîtriser; ~ *off* se tenir à distance; ⚓ tenir le large; ~ *on* se cramponner (à, *to*); ne pas lâcher; F ~ *on!* tenez ferme!; attendez un instant!; *téléph.* ne quittez pas!; ~ *to* s'en tenir à; ~ *up* se maintenir; se soutenir; '**hold-all** fourre-tout *m*/*inv.*; '**hold·er** maison: possesseur *m*; locataire *mf*; *médaille*, *poste*: titulaire *mf*; *sp.*, ♱ détenteur (-trice *f*) *m*; ~ *of shares* actionnaire *mf*; '**hold·fast** crampon *m* (*a.* ♀); serre-joint *m*; '**hold·ing** tenue *f*; possession *f*; ⊕ serrage *m*; ♱ portefeuille *m* effets, dossier *m*; *small* ~ petite propriété *f*; ~ *company* société *f* de portefeuille; '**hold-o·ver** *Am.* survivance *f*, restant *m*; '**hold-up** *Am.* F coup *m* à main armée; hold-up *m*; *mot.* embouteillage *m*, bouchon *m*.

hole [houl] **1.** trou *m* (*a. fig.*); ouverture *f*; F *fig.* embarras *m*, difficulté *f*; *pick* ~*s in* critiquer; **2.** trouer, percer, faire un trou dans; *golf:* poter; *billard:* blouser; '~**-and-'cor·ner** clandestin, secret (-ète *f*); obscur.

hol·i·day ['hɔlədi] jour *m* de fête; congé *m*; ~*s pl.* vacances *f*/*pl.*; *on* ~ vacances; '~**-mak·er** vacancier (-ère *f*) *m*.

ho·li·ness ['houlinis] sainteté *f*.

hol·la ['hɔlə], **hol·lo(a)** ['hɔlou] **1.** holà!; tiens!; *souv.* bonjour!; **2.** crier holà.

hol·land ['hɔlənd] (*a.* brown ~) toile *f* de Hollande, toile *f* écrue.

hol·ler *Am.* F ['hɔlə] **1.** crier (à tue-tête); **2.** grand cri *m*.

hol·low ['hɔlou] **1.** *adj.* □ creux (creuse *f*); vide; faux (fausse *f*); sourd (*bruit*); **2.** F *adv.* (*a.* all ~) complètement; (*sonner*) creux; **3.** *su.* creux *m*, cavité *f*; *terrain:* dénivellation *f*, enfoncement *m*; ⊕ évidure *f*; **4.** *v/t.* creuser, évider; '**hol·low·ness** creux *m*; *fig.* fausseté *f*.

hol·ly ♀ ['hɔli] houx *m*.

hol·ly·hock ♀ ['hɔlihɔk] rose *f* trémière.

holm [houm] îlot *m*; rive *f* plate; ♀ yeuse *f*.

hol·o·caust ['hɔləkɔːst] holocauste *m*; *fig.* massacre *m*.

hol·ster ['houlstə] étui *m* de revolver.

ho·ly ['houli] saint; pieux (-euse *f*); ♀ *of Holies* le saint *m* des saints; ♀ *Thursday* le jeudi *m* saint; ~ *water* eau *f* bénite; ♀ *Week* la semaine *f* sainte.

hom·age ['hɔmidʒ] hommage *m*; *do* (*ou* pay *ou* render) ~ rendre hommage (à, *to*).

home [houm] **1.** *su.* foyer *m*; maison *f*, demeure *f*; asile *m*; patrie *f*; *at* ~ chez moi (lui, elle, *etc.*); **2.** *adj.* domestique, de famille; qui porte (*coup*); bien senti (*vérité*); ♀ *Office* Ministère *m* de l'Intérieur; ~ *rule* autonomie *f*; ♀ *Secretary* Ministre *m* de l'Intérieur; ~ *trade* commerce *m* intérieur; **3.** *adv.* à la maison, chez moi *etc.*; à son pays; à la patrie; à fond; *be* ~ être chez soi; être de retour; *bring* (*ou* press) *s.th.* ~ *to s.o.* faire sentir qch. à q.; convaincre q. de qch.; *come* ~ retourner au pays; rentrer; *it came* ~ *to her fig.* elle s'en rendit compte; *hit* (*ou* strike) ~ frapper juste; **4.** *v/i.* revenir au foyer (*pigeon:* au colombier); '~**-'baked** de ménage; fait à la maison; '~**-'bred** indigène; *fig.* naturel(le *f*); '~**-croft** petite ferme *f*; ~ **e·co'nom·ics** *sg. Am.* économie *f* domestique; '~**-felt** dans son for intérieur; profond; '~**-'grown** indigène; du cru (*vin*); '~**-help** aide *f* aux mères; '**home·less** sans foyer, sans asile; '**home·like** qui rappelle le foyer; intime; '**home·li·ness** simplicité *f*; *Am.* manque *m* de beauté; '**home·ly** □ *fig.* simple, modeste, ordinaire; *Am.* sans beauté.

home...: '~**-made** fait à la maison; du pays; '~**-sick** nostalgique; '~**-sick·ness** nostalgie *f*; '~**-spun 1.** filé à la maison; *fig.* simple, rude; **2.** gros drap *m*; '~**-stead** ferme *f* avec dépendances; *Am.* bien *m* de famille; '~**-ward 1.** *adv.* (*ou* '~**wards**) vers la maison; vers son pays; **2.** *adj.* de retour; '~**-work** travail *m* fait à la maison; *école:* devoirs *m*/*pl*.

homicide

hom·i·cide ['hɔmisaid] homicide *m*; meurtre *m*; *personne*: homicide *mf*.

hom·i·ly ['hɔmili] homélie *f*.

hom·ing ['houmiŋ] retour *m* à la maison; ✇ retour *m* par radioguidage; ~ *instinct* instinct *m* qui ramène au foyer; ~ *pigeon* pigeon *m* voyageur. [maïs.]

hom·i·ny ['hɔmini] semoule *f* de⌋

ho·moe·o·path ['houmiopæθ] homéopathe *mf*; **ho·moe·o·path·ic** (~ally), homéopathique; homéopathe (*médecin*); **ho·moe·op·a·thist** [~'ɔpəθist] homéopathe *mf*; **ho·moe'op·a·thy** homéopathie *f*.

ho·mo·ge·ne·i·ty [hɔmodʒe'ni:iti] homogénéité *f*; **ho·mo·ge·ne·ous** □ [~'dʒi:njəs] homogène; **ho·mol·o·gous** [hɔ'mɔləgəs] homologue; **ho'mol·o·gy** [~dʒi] homologie *f*; **hom·o·nym** ['hɔmənim] homonyme *m*; **ho·mo·sex·u·al** ['houmou'seksjuəl] homosexuel(le *f*).

hom·y F ['houmi] *see* homelike.

hone ⊕ [houn] 1. pierre *f* à aiguiser; 2. aiguiser; repasser (*un rasoir*).

hon·est □ ['ɔnist] honnête, sincère, loyal (-aux *m/pl.*); intègre; ~ *truth* exacte vérité *f*; **'hon·es·ty** honnêteté *f*, probité *f*, loyauté *f*.

hon·ey ['hʌni] miel *m*; *my* ~! chéri(e *f*)!; **'~-comb** rayon *m* de miel; **'~-combed** alvéolé; criblé; **hon·eyed** ['hʌnid] emmiellé; *fig.* mielleux (-euse *f*); **'hon·ey·moon** 1. lune *f* de miel; 2. passer la lune de miel; **hon·ey·suck·le** ♧ ['~sʌkl] chèvrefeuille *m*.

honk *mot.* [hɔŋk] 1. cornement *m*; 2. corner, klaxonner.

honk·y-tonk *Am. sl.* ['hɔŋkitɔŋk] beuglant *m*.

hon·o·rar·i·um [ɔnə'rɛəriəm] honoraires *m/pl.*; **hon·or·ar·y** ['ɔnərəri] honoraire, d'honneur.

hon·o(u)r ['ɔnə] 1. honneur *m*; distinction *f* honorifique; *fig.* gloire *f*; ~*s pl.* honneurs *m/pl.*; distinctions *f/pl.*; *your* ⚖ Monsieur le juge; *in* ~ *of* s.o. en honneur de q.; *à la gloire de q.*; *do the* ~*s of the house* faire les honneurs de sa (*etc.*) maison; 2. honorer; faire honneur à (*a.* ✝).

hon·o(u)r·a·ble □ ['ɔnərəbl] honorable; *Right* ⚖ (le) très honorable; **'hon·o(u)r·a·ble·ness** honorabilité *f*; caractère *m* honorable.

hooch *Am. sl.* [hu:tʃ] gnôle *f*.

hood [hud] capuchon *m*; ℰ cloche *f*; ⊕ *forge etc.*: hotte *f*; *univ.* chaperon *m*; *mot.* capote *f*; *Am. mot.* capot *m* (*du moteur*); **'hood·ed** encapuchonné (*personne*), ⚜ capuchonné; *cost.* à capuchon; *fig.* couvert.

hood·lum *Am.* F ['hu:dləm] voyou *m*; gangster *m*; galapiat *m*.

hoo·doo *surt. Am.* ['hu:du:] 1. déveine *f*, guigne *f*; porte-malheur *m/inv.*; 2. porter la guigne à; jeter un sort sur.

hood·wink ['hudwiŋk] † bander les yeux à; *fig.* tromper.

hoo·ey *Am. sl.* ['hu:i] bêtise *f*.

hoof [hu:f] sabot *m*; F pied *m*; **hoofed** [hu:ft] à sabots.

hook [huk] 1. croc(het) *m*; *robe*: agrafe *f*; *vestiaire*: patère *f*; *pêche*: hameçon *m*; ~*s and eyes* agrafes et œillets; *by* ~ *or by crook* coûte que coûte; *Am.* F ~*, line and sinker* sans exception, totalement; sans réserve; 2. *v/t.* accrocher; agrafer (*une robe*); prendre (*un poisson*); courber (*le doigt*); *fig.* crocher (*le bras*); *sl.* voler à la tire; attraper; *sl.* ~ *it* attraper; ficher le camp; ~ *up* agrafer (*une robe*); suspendre; *v/i.* (*a.* ~ *on*) s'accrocher; **hooked** [~t] crochu (*a. nez*); muni de crochets *etc.*; **'hook·er** ⚓ hourque *f*; **'hook-up** combinaison *f*, alliance *f*; *radio*: relais *m* radiophonique; postes *m/pl.* conjugués; **'hook·y**: *Am. play* ~ faire l'école buissonnière. [voyou *m*.]

hoo·li·gan ['hu:ligən] gouape *f*,⌋

hoop [hu:p] 1. *tonneau*: cercle *m*; ⊕ *roue*: jante *f*; *cost.* panier *m*; cerceau *m* (*d'enfant*); *Am. sl.* bague *f*; 2. cercler; garnir de jantes; **'hoop·er** tonnelier *m*, cerclier *m*.

hoop·ing-cough ['hu:piŋkɔf] coqueluche *f*.

hoo·poe *orn.* ['hu:pu:] huppe *f*.

hoose·gow *Am. sl.* ['hu:sgau] prison *f*; cabinets *m/pl*.

hoot [hu:t] 1. *su. hibou*: ululement *m*; *personne*: huée *f*; *mot.* cornement *m*; coup *m* de sifflet; 2. *v/i.* ululer; huer; *mot.* klaxonner; *théâ.* siffler; *v/t.* huer; (*a.* ~ *at*, ~ *out*, ~ *away*) chasser (*q.*) par des huées; **'hoot·er** sirène *f*; avertisseur *m*; *mot.* klaxon *m*.

hop¹ [hɔp] **1.** *su.* ♣ houblon *m*; ~s *pl.* houblon *m*; **2.** *v/t.* houblonner (*la bière*); *v/i.* cueillir le houblon.

hop² [~] **1.** saut *m*; gambade *f*; ⚞ étape *f*; *sl.* sauterie *f* (= *bal*); **2.** sauter; *v/t. sl.* ~ **it** ficher le camp, filer; se débiner; *v/i.* sautiller; ⚞ ~ **off** décoller, partir.

hope [houp] **1.** espoir *m* (de, of); espérance *f*; of great ~s qui promet; **2.** espérer (qch., for s.th.); ~ **in** mettre son espoir en; **hope·ful** □ ['~ful] plein d'espoir; qui promet; be ~ that avoir bon espoir que; '**hope·less** □ désespéré; sans espoir; incorrigible; inutile.

hop-o'-my-thumb ['hɔpəmi'θʌm] le Petit Poucet; *fig.* petit bout *m* d'homme.

hop·per ['hɔpə] ⊕ *moulin:* trémie *f*, huche *f*; 🌱 semoir *m*; ⚓ marie-salope (*pl.* maries-salopes) *f*.

horde [hɔːd] horde *f*.

ho·ri·zon [hə'raizn] horizon *m*; on the ~ à l'horizon; **hor·i·zon·tal** □ [hɔri'zɔntl] horizontal (-aux *m/pl.*).

hor·mone *biol.* ['hɔːmoun] hormone *f*.

horn [hɔːn] *usu.* corne *f*; *zo.* antenne *f*; *hibou:* aigrette *f*; ⚔ cor *m*; *radio etc.:* pavillon *m*; † corne *f* à boire; *mot.* klaxon *m*; trompe *f*; (stag's) ~s *pl.* bois *m*; ~ of plenty corne *f* d'abondance; **horned** ['~id; hɔːnd] à ... cornes, cornu.

hor·net *zo.* ['hɔːnit] frelon *m*.

horn·less ['hɔːnlis] sans cornes; '**horn·pipe** (*a.* sailor's ~) danse: matelote *f*; **horn·swog·gle** *Am.* sl. ['~swɔgl] escroquer, tromper (*q.*); '**horn·y** □ corné; de *ou* en corne; calleux (-euse *f*) (main).

hor·o·loge ['hɔrəlɔdʒ] horloge *f*; **hor·o·scope** ['~skoup] horoscope *m*; cast s.o.'s ~ dresser l'horoscope de *q.*

hor·ri·ble □ ['hɔrəbl] horrible, affreux (-euse *f*); **hor·rid** □ ['hɔrid] horrible, affreux (-euse *f*); **hor·rif·ic** [hɔ'rifik] horrifique; **hor·ri·fy** ['~fai] horrifier; *fig.* scandaliser; **hor·ror** ['hɔrə] horreur *f* (de, of); chose *f* horrible; F the ~s *pl.* delirium *m* tremens.

horse [hɔːs] **1.** *su.* cheval *m*; *coll.* cavalerie *f*; séchoir *m*; take ~ monter à cheval; ~ artillery artillerie *f* montée; **2.** *v/t.* fournir des chevaux à; mettre des chevaux à; *v/i.* chevaucher; '**~·back**: on ~ à cheval; sur un cheval; be (*ou* go) on ~ aller à cheval; get on ~ monter à cheval; '**~·bean** féverole *f*; '**~·box** 🚃 wagon *m* à chevaux; fourgon *m* pour le transport des chevaux; '**~·break·er** dresseur *m* de chevaux; '**~·deal·er** marchand *m* de chevaux; ♀ **Guards** *pl.* la cavalerie de la Garde; '**~·hair** crin *m* (de cheval); '**~·laugh** F gros rire *m* bruyant; '**~·man** cavalier *m*; '**~·man·ship** manège *m*, équitation *f*; ~ op·er·a *Am.* Western *m*; '**~·play** jeu *m* de main(s), jeu *m* brutal; '**~·pond** abreuvoir *m*; '**~·pow·er** *mesure:* cheval-vapeur (*pl.* chevaux-vapeur) *m*; '**~·race** course *f* de chevaux; '**~·rad·ish** ♀ raifort *m*; '**~·sense** gros bon sens *m*; '**~·shoe** fer *m* à cheval; '**~·whip** cravache *f*; '**~·wom·an** amazone *f*, cavalière *f*.

hors·y ['hɔːsi] chevalin; hippomane (*personne*).

hor·ta·tive □ ['hɔːtətiv], **hor·ta·to·ry** ['~təri] exhortatif (-ive *f*).

hor·ti·cul·tur·al [hɔːti'kʌltʃərəl] d'horticulture; '**hor·ti·cul·ture** horticulture *f*; **hor·ti·cul·tur·ist** horticulteur *m*.

hose [houz] **1.** † bas *m/pl.*; *jardin:* tuyau *m*; manche *f* à eau; **2.** *v/t.* arroser au tuyau.

ho·sier † ['houʒə] bonnetier (-ère *f*) *m*; '**ho·sier·y** † bonneterie *f*.

hos·pice ['hɔspis] hospice *m*.

hos·pi·ta·ble □ ['hɔspitəbl] hospitalier (-ère *f*).

hos·pi·tal ['hɔspitl] hôpital *m*; hospice *m*; ♀ Sunday dimanche *m* de quête pour les hôpitaux; **hos·pi·tal·i·ty** [~'tæliti] hospitalité *f*; **hos·pi·tal·ize** ['~təlaiz] hospitaliser; envoyer à l'hôpital; **hos·pi·tal·(l)er** ['~tlə] hospitalier *m*; *qqfois* aumônier *m*; '**hos·pi·tal-train** 🚑 train *m* sanitaire.

host¹ [houst] hôte *m* (*a. zo.*, ♣); hôtelier *m*, aubergiste *m*.

host² [~] *fig.* foule *f*, multitude *f*; *bibl.* Lord of ♀s le Dieu des armées.

host³ *eccl.* [~] hostie *f*.

hos·tage ['hɔstidʒ] otage *m*.

hos·tel ['hɔstəl] † hôtellerie *f*; *univ.* foyer *m*; youth ~ auberge *f* de la jeunesse.

host·ess ['houstis] hôtesse *f*.

hostile

hos·tile ['hɔstail] hostile, ennemi;
hos·til·i·ty [hɔs'tiliti] hostilité *f*
(contre, to); animosité *f*.
hos·tler ['ɔslə] valet *m* d'écurie.
hot [hɔt] **1.** chaud; brûlant, cuisant;
violent (*colère*); piquant (*sauce*); *sl.*
volé; *Am.* remarquable; *Am. sl.* ra-
dio-actif (-ive *f*); F ~ **air** discours
m/pl. vides; *Am.* F ~ **dog** petit pain
m fourré d'une saucisse chaude; *go
like* ~ *cakes* se vendre comme des
petits pains; *sl.* ~ *stuff* as *m*; viveur
m; marchandise *f* récemment volée;
2. F chauffer; '~**-bed** couche *f* à
ou de fumier; *fig.* foyer *m*.
hotch·potch ['hɔtʃpɔtʃ] salmigondis
m; hochepot *m*; *fig.* méli-mélo (*pl.*
mélis-mélos) *m*.
ho·tel [hou'tel] hôtel *m*.
hot...: '~**-foot 1.** à toute vitesse; **2.** F
se dépêcher; '~**-head** tête *f* chaude,
impétueux (-euse *f*) *m*; '~**-house**
serre *f* chaude; '**hot·ness** chaleur *f*;
violence *f*; *moutarde etc.*: force *f*.
hot...: '~**-plate** chauffe-assiettes
m/inv., réchaud *m*; '~**-pot** hochepot
m, (*sorte de*) ragoût *m*; '~**-press** sati-
ner (*le papier*), *tex.* calandrer; ~ *rod*
mot. Am. sl. bolide *m*; '~**-spur**
cerveau *m* brûlé; tête *f* chaude;
'~-'**wa·ter**: ~ *bottle* bouillotte *f*.
hough [hɔk] *see* **hock**¹.
hound [haund] **1.** chien *m* (*usu.* de
chasse); *fig.* (sale) type *m*; **2.** chas-
ser; *fig.* s'acharner après; exciter
(contre *at*, on *s.th.*).
hour ['auə] heure *f*; *fig. a.* moment
m; ~*s pl.* heures *f/pl.* de bureau *etc.*;
eccl. heures *f/pl.*; '~**-glass** sablier
m; '~**-hand** petite aiguille *f*; '**hour·-
ly** (*adj.* de) toutes les heures;
d'heure en heure.
house 1. *su.* [haus], *pl.* **hous·es**
['hauziz] maison *f*, habitation *f*,
demeure *f*; † maison *f* (de com-
merce); *parl.* Chambre *f*; *théâ.* salle
f; **2.** [hauz] *v/t.* loger; mettre à
l'abri; *v/i.* habiter, loger; ~**-a·gent**
['haus~] agent *m* de location; '~**-boat**
barge *f* de parade; '~**-break·er** vo-
leur *m* avec effraction, cambrioleur
m; démolisseur *m*; '~**-check** perqui-
sition *f* à domicile; '~**-fly** mouche *f*
commune; '~**-hold** ménage *m*, fa-
mille *f*; domestiques *m/pl.*; *attr.* do-
mestique, de ou du ménage; *King's* ~
Maison *f* du roi; ~ *troops pl.* la Garde
f; ~ *word* mot *m* d'usage courant;

'~**-hold·er** propriétaire *m*, locataire
m; chef *m* de famille; '~**-keep·er**
ménagère *f*; gouvernante *f*; '~**-
keep·ing 1.** ménage *m*; **2.** du mé-
nage; '~**-less** sans domicile *ou*
abri; '~**-maid** bonne *f*; fille *f* de
service; '~**-mas·ter** école: pro-
fesseur *m* directeur (*d'une pension
officielle*); '~**-paint·er** peintre *m* dé-
corateur; '~**-room** logement *m*,
place *f*; *give s.o.* ~ loger q.; '~**-to-
'house**: ~ *collection etc.* quête *f*
etc. à domicile; '~**-trained** dressé;
F propre; '~**-warm·ing** (*ou* ~-
party) pendaison *f* de la crémaillère;
~**wife** ['~waif] ménagère *f*, maî-
tresse *f* de maison; ['hʌzif] trousse *f*
de couture; ~**wife·ly** ['~waifli] mé-
nager (-ère *f*); de *ou* du ménage;
~**wif·er·y** ['~wifəri] économie *f*
domestique; travaux *m/pl.* domes-
tiques; '~**-wreck·er** démolisseur *m*.
hous·ing¹ ['hauziŋ] logement *m*;
récolte, *moutons*, *etc.*: rentrée *f*; †
emmagasinage *m*; ~ *conditions pl.*
état *m* du logement; ~ *shortage*
crise *f* du logement.
hous·ing² [~] caparaçon *m*.
hove [houv] *prét. et p.p. de* **heave 2**.
hov·el ['hɔvl] taudis *m*, masure *f*.
hov·er ['hɔvə] planer, se balancer;
fig. hésiter.
how [hau] comment; ~ *much* (*ou
many*) combien (de); ~ *large a
room!* que la pièce est grande!;
~ *about ...?* et ...?; si on ...?;
~**-d'ye-do** ['~dju:] affaire *f*;
pétrin *m*; ~**-'ev·er 1.** *adv.* de quel-
que manière que (*sbj.*); devant *adj.
ou adv.*: quelque ... que (*sbj.*),
tout ... que (*ind.*); F comment
diable?; **2.** *conj.* cependant, toute-
fois, pourtant.
how·itz·er ⚔ ['hauitsə] obusier *m*.
howl [haul] **1.** hurler; **2.** hurlement
m; mugissement *m*; huée *f*; *radio*:
réaction *f* dans l'antenne; '**howl·er**
hurleur (-euse *f*) *m*; *sl.* gaffe *f*,
perle *f*; '**howl·ing 1.** hurlant; F
énorme; **2.** hurlement *m*.
hoy [hɔi] **1.** hé!; holà!; **2.** ⚓ bugalet
m (= *petit vaisseau côtier*).
hoy·den ['hɔidn] jeune fille *f*
garçonnière.
hub [hʌb] moyeu *m*; *fig.* centre *m*.
hub·ble-bub·ble ['hʌblʌbl] glou-
glou *m*; bruit *m* confus de voix,
brouhaha *m*.

hub·bub ['hʌbʌb] brouhaha m, vacarme m, tohu-bohu m.
hub(·by) F ['hʌb(i)] mari m.
huck·a·back ⚓ ['hʌkəbæk] toile f grain d'orge; toile f ouvrée.
huck·le ['hʌkl] hanche f; '~·ber·ry ♀ airelle f myrtille; '~·bone os m de la hanche; jointure f du doigt.
huck·ster ['hʌkstə] 1. su. regrattier (-ère f) m; 2. v/t. colporter; v/i. marchander; trafiquer; regratter.
hud·dle ['hʌdl] 1. v/t. entasser (pêle-mêle); v/i. (a. ~ together, ~ up) s'entasser, s'empiler; ~ on mettre à la hâte; 2. su. tas m confus; méli-mélo (pl. mélis-mélos) m; Am. conclave m, conférence f confidentielle.
hue¹ [hju:] teinte f, couleur f.
hue² [~]: ~ and cry clameur f de haro; clameur f publique.
huff [hʌf] 1. su.: take (the) ~ se froisser; 2. v/t. froisser; dames: souffler (un pion); v/i. † haleter; se fâcher; dames: souffler; '**huff·ish** □ irascible; susceptible; '**huff·i·ness**, '**huff·ish·ness** mauvaise humeur f; susceptibilité f; '**huff·y** □ irascible; susceptible; fâché.
hug [hʌg] 1. étreinte f; 2. étreindre, embrasser; serrer dans ses bras; tenir à, ne pas démordre de; chérir; serrer (le trottoir, un mur); ~ o.s. se féliciter (de inf., on gér.).
huge □ [hju:dʒ] immense, énorme, vaste; '**huge·ness** immensité f.
hug·ger-mug·ger F ['hʌgəmʌgə] 1. adj. sans ordre; en désordre (a. adv.); 2. v/t. (a. ~ up) étouffer, supprimer; v/i. patauger; agir sans méthode; vivre sans ordre; 3. su. confusion f, pagaïe f.
Hu·gue·not hist. ['hju:gənɔt] huguenot(e f) m (a. adj.).
hulk ⚓ [hʌlk] ponton m (carcasse de navire); fig. lourdaud m, gros pataud m; '**hulk·ing** lourd, gros(se f).
hull [hʌl] 1. ♀ cosse f; fig. enveloppe f; ⚓, ✈ coque f; 2. écosser (des pois), décortiquer (de l'orge, du riz), monder (de l'orge); ⚓ percer la coque de.
hul·la·ba·loo [hʌləbə'lu:] vacarme m, brouhaha m.
hul·lo ['hʌ'lou] ohé!; tiens!; téléph. allô!
hum [hʌm] 1. bourdonnement m (des abeilles ou fig.); ronflement m;

murmure m; F supercherie f; 2. hmm!; 3. v/i. bourdonner; ronfler; fredonner; ~ and ha bredouiller; tourner autour du pot; F make things ~ faire ronfler les choses; v/t. fredonner (un air).
hu·man ['hju:mən] 1. □ humain; ~ly en être humain; ~ly possible possible à l'homme; ~ly speaking humainement parlant; 2. F être m humain; **hu·mane** □ [hju:'mein] humain, compatissant; humanitaire; ~ learning humanités f/pl.; **hu·man·ism** ['hju:mənizm] humanisme m; '**hu·man·ist** humaniste (a. su./m); **hu·man·i·tar·i·an** [hjumæni'teəriən] humanitaire (a. su./mf); **hu·man·i·ty** humanité f; nature f humaine; genre m humain, hommes m/pl.; humanities pl. humanités f/pl., lettres f/pl.; **hu·man·i·za·tion** [hju:mənai'zeiʃn] humanisation f; '**hu·man·ize** (s')humaniser; **hu·man·kind** ['hju:mən'kaind] le genre m humain, les hommes m/pl.
hum·ble ['hʌmbl] 1. □ humble; modeste; in my ~ opinion à mon humble avis; your ~ servant votre humble serviteur m; eat ~ pie s'humilier, se rétracter; 2. humilier; rabaisser.
hum·ble-bee ['hʌmblbi:] bourdon m.
hum·ble·ness ['hʌmblnis] humilité f.
hum·bug ['hʌmbʌg] 1. charlatan (-isme) m; blagues f/pl.; personne: blagueur (-euse f) m; bonbon m glacé à la menthe; 2. mystifier; conter des blagues à; enjôler (q.).
hum·drum ['hʌmdrʌm] 1. monotone; banal (-aux m/pl.); ennuyeux (-euse f); 2. monotonie f.
hu·mer·al anat. ['hju:mərəl] huméral (-aux m/pl.).
hu·mid ['hju:mid] humide; moite (peau, chaleur); **hu'mid·i·ty** humidité f.
hu·mil·i·ate [hju'milieit] humilier; mortifier; **hu·mil·i'a·tion** humiliation f; affront m.
hu·mil·i·ty [hju'militi] humilité f.
hum·mer ['hʌmə] surt. téléph. appel m vibré; sonnerie f; sl. brasseur m d'affaires; personne f très active.
hum·ming F ['hʌmiŋ] bourdon-

humming-bird

nant; vrombissant; '~-bird *orn.* colibri *m*, oiseau-mouche (*pl.* oiseaux-mouches) *m*; '~-top toupie *f* d'Allemagne.

hum·mock ['hʌmək] mamelon *m*, coteau *m*; *glace:* monticule *m*.

hu·mor·ist ['hju:mərist] humoriste *m*; comique *m*; farceur (-euse *f*) *m*.

hu·mor·ous □ ['hju:mərəs] comique, drôle; facétieux (-euse *f*); **'hu·mor·ous·ness** drôlerie *f*; humeur *f* facétieuse.

hu·mo(u)r ['hju:mə] 1. *usu.* humeur *f*; plaisanterie *f*; caractère *m*; out of ~ mécontent (de, *with*); 2. complaire à (*q.*); laisser faire (*q.*); flatter les caprices de (*q.*); **'hu·mo(u)r·less** froid, austère; **hu·mo(u)r·some** □ ['~səm] capricieux (-euse *f*).

hump [hʌmp] 1. bosse *f*; *sl.* cafard *m*; give s.o. the ~ embêter *q.*; 2. courber, arquer; F embêter (*q.*); *Am. sl.* ~ o.s. se fouler; **'hump·back(ed)** *see* hunchback(ed).

humph [mm] hmm!

Hum·phrey ['hʌmfri]: dine with Duke ~ dîner par cœur.

hump·ty-dump·ty F ['hʌmpti-'dʌmpti] petite personne *f* boulotte.

hump·y ['hʌmpi] couvert de protubérances.

hunch [hʌntʃ] 1. *see* hump; gros morceau *m*; *pain:* quignon *m*; *Am.* F pressentiment *m*; 2. (*a.* ~ out, ~ up) voûter; **'hunch·back** bossu(e *f*) *m*; **'hunch·backed** bossu.

hun·dred ['hʌndrəd] 1. cent; 2. cent *m*; centaine *f* (de); *admin.* canton *m*; **'hun·dred·fold** centuple; **hun·dredth** ['~θ] centième (*a. su./m*); **'hun·dred·weight** quintal *m* (50,802 kg, *Am.* 45,359 kg).

hung [hʌŋ] 1. *prét. et p.p.* de hang 1; 2. *adj.* faisandé (*gibier, viande*).

Hun·gar·i·an [hʌŋ'gɛəriən] 1. hongrois; 2. Hongrois(e *f*) *m*; *ling.* hongrois *m*.

hun·ger ['hʌŋgə] 1. *su.* faim *f*; *fig.* ardent désir *m* (de, *for*); 2. *v/i.* avoir faim; *fig.* avoir soif (de *for, after*); *v/t.* affamer; contraindre par la faim (à *inf.*, *into gér.*).

hun·gry □ ['hʌŋgri] affamé (de *for, after*); avide (*œil*); maigre (*sol*).

hunk F [hʌŋk] gros morceau *m*; *pain:* quignon *m*; **'hun·kers** *pl.*: on one's ~ à croupetons.

hunks F [hʌŋks] grippe-sou *m*, avare *m*.

hunk·y(-do·ry) *Am. sl.* ['hʌŋki(-'dɔ:ri)] parfait; d'accord.

hunt [hʌnt] 1. *su.* chasse *f*; terrain *m* de chasse; recherche *f* (de, *for*); vénerie *f*; 2. *v/t.* chasser; poursuivre; ~ out, ~ up déterrer; découvrir; *v/i.* chasser (au chien courant *ou* à courre); aller à la recherche (de *for, after*); **'hunt·er** chasseur *m*; tueur *m* (*de lions etc.*); chien *m* de chasse; **'hunt·ing** 1. chasse *f*; poursuite *f*; vénerie *f*; 2. de chasse; **'hunt·ing-box** pavillon *m* de chasse; muette *f*; **'hunt·ing-ground** terrain *m* de chasse; **'hunt·ress** chasseuse *f*; **'hunts·man** chasseur *m* (à courre).

hur·dle ['hə:dl] claie *f*, clôture *f*; *sp.* haie *f*; **'hur·dler** *sp.* sauteur *m* de haies; **'hur·dle-race** *sp.*, *turf:* course *f* de haies; steeple-chase *m*.

hur·dy-gur·dy ['hə:digə:di] † vielle *f*.

hurl [hə:l] 1. lancement *m*; 2. lancer (*a. fig.*), jeter.

hurl·y-burl·y ['hə:li'bə:li] brouhaha *m*, tintamarre *m*.

hur·ra(h) *int.* [hu'rɑ:] hourra! (*a. su./m*).

hur·ri·cane ['hʌrikən] ouragan *m*; ⚓ tempête *f*.

hur·ried □ ['hʌrid] pressé, précipité.

hur·ry ['hʌri] 1. hâte *f*; précipitation *f*; empressement *m*; in a ~ à la hâte; be in a ~ être pressé; is there any ~? est-ce que cela presse?; F not ... in a ~ ne ... pas de sitôt; 2. *v/t.* hâter, presser; ~ on, ~ up faire hâter le pas à; pousser; *v/i.* (*a.* ~ up) se hâter, se dépêcher; presser le pas; ~ over s.th. expédier qch.; faire qch. à la hâte; **'~-scur·ry** 1. désordre *m*; débandade *f*; 2. à la débandade; pêle-mêle.

hurt [hə:t] 1. *su.* mal *m*; blessure *f*; tort *m*; 2. [*irr.*] *v/t.* faire du mal à; *fig.* nuire à; blesser (*a. les sentiments*); faire de la peine à; gâter, abîmer; *v/i.* faire mal; offenser; F s'abîmer; **hurt·ful** □ ['~ful] (*to*) nuisible (à); préjudiciable (à).

hur·tle ['hə:tl] *v/t.* heurter; *v/i.* se précipiter.

hus·band ['hʌzbənd] 1. mari *m*,

époux *m*; 2. ménager; ✱ cultiver; 'hus·band·man cultivateur *m*; laboureur *m*; 'hus·band·ry agronomie *f*; industrie *f* agricole; good ~ bonne gestion *f*; bad ~ gaspillage *m*.
hush [hʌʃ] 1. *int.* silence!; chut!; 2. *su.* silence *m*; 3. *v/t.* calmer; faire taire; étouffer (*un bruit*); ~ up étouffer; *v/i.* se taire; '~-mon·ey prix *m* du silence (*de q.*).
husk [hʌsk] 1. ♀ cosse *f*, gousse *f*; brou *m*; *fig.* carcasse *f*; 2. écosser (*des pois*); décortiquer; 'husk·i·ness enrouement *m*, raucité *f*.
husk·y¹ □ ['hʌski] cossu (*pois*); enroué (*voix*); altéré par l'émotion (*voix*); F fort, costaud.
hus·ky² [~] Esquimau *mf*; chien *m* esquimau.
hus·sar ⚔ [hu'zɑ:] hussard *m*.
hus·sy ['hʌsi] coquine *f*; garce *f*.
hus·tings *hist.* ['hʌstiŋz] *pl.* estrade *f*, tribune *f*; élection *f*.
hus·tle ['hʌsl] 1. *v/t.* bousculer; pousser; *v/i.* se dépêcher, se presser; 2. *su.* bousculade *f*; hâte *f*; activité *f* énergique; ~ *and* bustle animation *f*; remue-ménage *m/inv.*; 'hus·tler homme *m* d'expédition.
hut [hʌt] 1. hutte *f*, cabane *f*; ⚔ baraquement *m*; 2. (se) baraquer; loger.
hutch [hʌtʃ] coffre *m*, huche *f*; cage *f* (*à lapins*); *fig.* logis *m* étroit; pétrin *m*.
hut·ment ⚔ ['hʌtmənt] (camp *m* de) baraques *f/pl.*; baraquements *m/pl.*
huz·za *int.* [hu'zɑ:] hourra!; vivat! (*a. su./m*).
hy·a·cinth ♀ ['haiəsinθ] jacinthe *f*.
hy·a(e)·na *zo.* [hai'i:nə] hyène *f*.
hy·brid ['haibrid] 1. *biol.* hybride *m*; *personne*: métis(se *f*) *m*; 2. hybride; hétérogène; 'hy·brid·ism hybridité *f*; 'hy·brid·ize (s')hybrider.
hy·drant ['haidrənt] prise *f* d'eau;
hy·drate 🝜 ['haidreit] hydrate *m*.
hy·drau·lic [hai'drɔ:lik] 1. (~ally) hydraulique; 2. ~s *pl.* hydraulique *f*, hydromécanique *f*.
hydro... [haidro] hydr(o)-; '~-'a·er·o·plane hydravion *m*; '~·'car·bon 🝜 hydrocarbure *m*; '~·'chlo·ric ac·id acide *m* chlorhydrique; '~·dy'nam·ics *pl.* hydrodynamique *f*; '~·e'lec·tric hydroélectrique; ~ generating station centrale *f* hydroélectrique; hy·dro·gen 🝜 ['haidridʒən] hydrogène *m*; hy·dro·gen·at·ed [hai'drɔdʒineitid] hydrogéné; hy'drog·e·nous hydrogénique; hy'drog·ra·phy [~grəfi] hydrographie *f*; hy·dro·path·ic ['haidro-'pæθik] 1. hydothérapique; hydropathe (*personne*); 2. (*a.* ~ *establishment*) établissement *m* hydrothérapique; hy·drop·a·thy [hai'drɔpəθi] hydropathie *f*.
hydro...: ~'pho·bi·a hydrophobie *f*; '~·plane hydravion *m*; bateau *m* glisseur; hy·dro'stat·ic 1. hydrostatique; ~ *press* presse *f* hydraulique; 2. ~s *pl.* hydrostatique *f*.
hy·giene ['haidʒi:n] hygiène *f*; hy'gien·ic 1. (~ally) hygiénique; 2. ~s *pl.* see hygiene.
hy·grom·e·ter *phys.* [hai'grɔmitə] hygromètre *m*.
Hy·men ['haimen] *myth.* Hymen *m*.
hymn [him] 1. *eccl.* hymne *f*, cantique *m*; hymne *m* (*national, de guerre, etc.*); 2. glorifier, louer; hym·nal ['~nəl] 1. qui se rapporte à un cantique; 2. (*ou* 'hymn-book) recueil *m* d'hymnes.
hy·per·bo·la ⚭ [hai'pə:bələ] hyperbole *f*; hy'per·bo·le [~li] *rhétorique*: hyperbole *f*; hy·per·bol·ic ⚭ [~'bɔlik] hyperbolique; hy·per·bol·i·cal □ hyperbolique; hy·per·crit·i·cal □ ['~'kritikl] hypercritique; difficile; hy'per·tro·phy [~trəfi] hypertrophie *f*.
hy·phen ['haifən] 1. trait *m* d'union; *typ.* division *f*; 2. écrire avec un trait d'union; hy·phen·ate ['~eit] mettre un trait d'union à; ~*d* Americans *pl.* étrangers *m/pl.* naturalisés (*qui conservent leur sympathie pour leur pays d'origine*).
hyp·no·sis [hip'nousis], *pl.* -ses [~si:z] hypnose *f*.
hyp·not·ic [hip'nɔtik] 1. (~ally) hypnotique; 2. narcotique *m*; hyp·no·tism ['~nətizm] hypnotisme *m*; 'hyp·no·tist hypnotiste *mf*; hyp·no·tize ['~taiz] hypnotiser.
hy·po·chon·dri·a [haipo'kɔndriə] hypocondrie *f*; F spleen *m*; hy·po·'chon·dri·ac [~driæk] 1. hypocondriaque; 2. hypocondre *mf*; hy·poc·ri·sy [hi'pɔkrəsi] hypocrisie *f*; hyp·o·crite ['hipokrit] hypocrite *mf*; F *homme*: tartufe *m*, *femme*: sainte nitouche *f*; hyp·o-

hypocritical 840

'crit·i·cal □ hypocrite; **hy·po·der·mic** [haipo'də:mik] 1. sous-cutané (*injection*); ~ *needle* canule *f*; 2. seringue *f* hypodermique; **hy·pot·e·nuse** ⚠ [hai'pɔtinju:z] hypoténuse *f*; **hy'poth·e·car·y** [~θikəri] ⚖ hypothécaire; **hy'poth·e·cate** [~θikeit] hypothéquer; **hy'poth·e·sis** [~θisis], *pl.* **-ses** [~si:z]

hypothèse *f*; **hy·po·thet·ic, hy·po·thet·i·cal** □ [~pɔ'θetik(l)] hypothétique, supposé.

hys·te·ri·a ⚕ [his'tiəriə] hystérie *f*; F crise *f* de nerfs; **hys·ter·ic**, *usu*. **hys·ter·i·cal** □ [his'terik(l)] hystérique; **hys'ter·ics** *pl.* crise *f ou* attaque *f* de nerfs; *go into* ~ avoir une crise de nerfs.

I

I, i [ai] I *m*, i *m*.
I [ai] je; *accentué*: moi.
i·am·bic [ai'æmbik] 1. iambique; 2. (*ou* '**i·amb, i·am·bus** [~bəs]) iambe *m*.
i·bex *zo.* ['aibeks] bouquetin *m*.
ice [ais] 1. glace *f* (*a. cuis.*); F *cut no* ~ ne faire aucune impression (sur, *with*); F ne pas compter; 2. (con-)geler; *v/i.* être pris dans les glaces; *v/t.* ⚓ (*a.* ~ *up*) givrer; *cuis.* glacer (*un gâteau*); frapper (*le vin*); '~**age** période *f* glaciaire; '~**axe** piolet *m*; **ice·berg** ['~bə:g] iceberg *m*.
ice...: '~**bound** fermé *ou* retenu par les glaces; '~**box**, *surt. Am.* '~**chest** glacière *f*; sorbetière *f*; '~**cream** (crème *f* à la) glace *f*; '~**hockey** hockey *m* sur glace.
Ice·land·er ['aisləndə] Islandais(e *f*) *m*.
ich·thy·ol·o·gy [ikθi'ɔlədʒi] ichtyologie *f*.
i·ci·cle ['aisikl] glaçon *m*.
i·ci·ness ['aisinis] froid *m* glacial; *fig.* froideur *f* glaciale.
ic·ing ['aisiŋ] glaçage *m*; glacé *m* (*de sucre*); ⚓ givrage *m*.
i·con·o·clast [ai'kɔnəklæst] iconoclaste *mf*.
i·cy □ ['aisi] glacial (-als *m/pl.*).
i·de·a [ai'diə] idée *f*; notion *f*; intention *f*; *form an* ~ *of* se faire une idée de; **i'de·al** 1. □ idéal (-als, -aux *m/pl.*); optimum; *le* meilleur; F parfait; 2. idéal (*pl.* -als, -aux) *m*; **i'de·al·ism** idéalisme *m*; **i'de·al·ist** idéaliste *mf*; **i·de·al·is·tic** (~*ally*) idéaliste; **i'de·al·ize** [~aiz] idéaliser.
i·den·ti·cal □ [ai'dentikl] identique (à, *with*), même; **i'den·ti·cal·ness** *see* identity; **i·den·ti·fi·ca·tion** [~fi'keiʃn] identification *f*; ~ *card* carte

f d'identité; ~ *mark* ✝ estampille *f*; **i'den·ti·fy** [~fai] identifier; établir *ou* constater l'identité de; reconnaître (pour, *as*); F découvrir; **i'den·ti·ty** identité *f*; ~ *card* carte *f* d'identité; ⚔ ~ *disk* plaque *f* d'identité.
id·e·o·log·i·cal □ [aidiə'lɔdʒikl] idéologique; **id·e·ol·o·gy** [~'ɔlədʒi] idéologie *f*.
id·i·o·cy ['idiəsi] idiotie *f*; idiotisme *m*; *fig.* bêtise *f*.
id·i·om ['idiəm] idiotisme *m*; *région*: idiome *m*; locution *f*; style *m*; ♪, *peint.* manière *f* de s'exprimer; **id·i·o·mat·ic** [idiə'mætik] (~*ally*) idiomatique.
id·i·o·syn·cra·sy [idiə'siŋkrəsi] ⚕ idiosyncrasie *f*; *fig.* petite manie *f*.
id·i·ot ['idiət] ⚕ idiot(e *f*) *m*, imbécile *mf* (*a.* F); **id·i·ot·ic** [idi'ɔtik] (~*ally*) idiot; inepte; stupide, bête.
i·dle ['aidl] 1. □ paresseux (-euse *f*); inoccupé; en chômage; *fig.* inutile, vain, sans fondement; dormant (*capital, fonds*); ⚙ arrêté (*machine*), parasite (*roue*); ~ *hours pl.* heures *f/pl.* perdues; ~ *motion mot.* mouvement *m* perdu; ⚙ *run* ~ marcher à vide; 2. *v/t.* (*usu.* ~ *away*) perdre; *v/i.* fainéanter; muser; '**i·dle·ness** paresse *f*; oisiveté *f*; chômage *m*; *fig.* inutilité *f*; '**i·dler** fainéant(e *f*) *m*; flâneur (-euse *f*) *m*.
i·dol ['aidl] idole *f* (*a. fig.*); **i·dol·a·ter** [ai'dɔlətə] idolâtre *m*; **i'dol·a·tress** idolâtre *f*; **i'dol·a·trous** □ idolâtre; **i'dol·a·try** idolâtrie *f*; **i·dol·ize** ['aidəlaiz] idolâtrer.
i·dyl(l) ['idil] idylle *f*; **i'dyl·lic** (~*ally*) idyllique.
if [if] 1. si; *even* ~ quand même; ~ *not* sinon; ~ *so* s'il en est ainsi; *as* ~ *to say* comme pour dire; 2. si

m/inv.; **I'if·fy** Am. F plein de si, douteux (-euse f).
ig·ne·ous ['igniəs] igné.
ig·nis fat·u·us ['ignis'fætjuəs] feu m follet.
ig·nit·a·ble [ig'naitəbl] inflammable; **ig'nite** v/t. mettre le feu à, allumer; ⚙ enflammer; v/i. prendre feu; **ig·ni·tion** [~'niʃn] ignition f; ⚙, mot. allumage m; attr. d'allumage; mot. ~ **key** clef f de contact.
ig·no·ble □ [ig'noubl] ignoble; vil, infâme; de basse naissance.
ig·no·min·i·ous □ [ignə'miniəs] ignominieux (-euse f); méprisable; **'ig·no·min·y** ignominie f, honte f; infamie f.
ig·no·ra·mus F [ignə'reiməs] ignorant(e f) m; F bourrique f; **ig·no·rance** ['ignərəns] ignorance f; **'ig·no·rant** ignorant (de, of); étranger (à, of); **ig·nore** [ig'nɔ:] ne tenir aucun compte de; feindre de ne pas voir; ⚖ rejeter (une plainte).
Il·i·ad ['iliəd] Iliade f (a. fig.).
ill [il] **1.** adj. mauvais; malade, souffrant; see **ease**; **2.** adv. mal; **3.** su. mal (pl. maux) m; malheur m; dommage m; tort m.
I'll [ail] = I will, shall.
ill...: **'~-ad'vised** impolitique; malavisé (personne); **'~-'bred** mal élevé; **'~-con'di·tioned** en mauvais état; de mauvaise mine (personne); méchant; **'~-dis'posed** malintentionné; mal disposé (envers, to).
il·le·gal □ [i'li:gəl] illégal (-aux m/pl.); **il·le·gal·i·ty** [ili'gæliti] illégalité f.
il·leg·i·ble □ [i'ledʒəbl] illisible.
il·le·git·i·ma·cy [ili'dʒitiməsi] illégitimité f; **il·le'git·i·mate** □ [~mit] illégitime (a. enfant); non autorisé; bâtard (enfant).
ill...: **'~-'fat·ed** malheureux (-euse f); infortuné; **'~-'fa·vo(u)red** laid; **'~-'feel·ing** ressentiment m, rancune f; **'~-'got·ten** mal acquis; **'~-'hu·mo(u)red** de mauvaise humeur; maussade.
il·lib·er·al □ [i'libərəl] grossier (-ère f); illibéral (-aux m/pl.); borné (esprit); **il·lib·er·al·i·ty** [ilibə'ræliti] illibéralité f; petitesse f; manque m de générosité.
il·lic·it □ [i'lisit] illicite; clandestin.

il·lim·it·a·ble □ [i'limitəbl] illimité; illimitable.
il·lit·er·ate □ [i'litərit] **1.** illettré; ignorant; **2.** analphabète mf.
ill...: **'~-'judged** malavisé; peu sage; **'~-'man·nered** malappris, mal élevé; **'~-'na·tured** □ méchant; désagréable.
ill·ness ['ilnis] maladie f.
il·log·i·cal □ [i'lɔdʒikl] illogique.
ill...: **~-o·mened** ['il'oumend] de mauvais augure; **'~-'starred** malheureux (-euse f); **'~-'tem·pered** de mauvaise humeur; de méchant caractère (a. animal); **'~-'timed** mal à propos; **'~-'treat** maltraiter.
il·lu·mi·nant [i'lju:minənt] illuminant, éclairant (a. su./m); **il'lu·mi·nate** [~neit] éclairer (a. fig.); illuminer (de dehors); enluminer (un manuscrit etc.); fig. embellir (une action); ~d **advertising** enseigne f lumineuse, enseignes f/pl. lumineuses; **il'lu·mi·nat·ing** lumineux (-euse f); qui éclaire (a. fig.); **il·lu·mi'na·tion** éclairage m; illumination f (de dehors); manuscrit: enluminure f; **il'lu·mi·na·tive** [~nətiv] éclairant; d'éclairage; **il'lu·mi·na·tor** [~neitə] illuminateur (-trice f) m; enlumineur (-euse f) m; dispositif m d'éclairage; **il'lu·mine** [~min] see **illuminate**.
ill-use ['il'ju:z] maltraiter.
il·lu·sion [i'lu:ʒn] illusion f, tromperie f; **il'lu·sive** □ [~siv], **il·lu·so·ry** [~səri] illusoire, trompeur (-euse f).
il·lus·trate ['iləstreit] expliquer; éclairer; illustrer; **il·lus'tra·tion** exemple m; explication f; **'il·lus·tra·tive** □ qui sert d'exemple; **be ~ of** expliquer; éclaircir; **'il·lus·tra·tor** illustrateur m.
il·lus·tri·ous □ [i'lʌstriəs] illustre; célèbre.
ill will ['il'wil] rancune f, malveillance f.
I'm [aim] = I am.
im·age ['imidʒ] **1.** tous les sens: image f; idole f; portrait m; idée f; **2.** représenter par une image; tracer le portrait de; **be ~d se** refléter; **'im·age·ry** idoles f/pl.; images f/pl.; langage m figuré.
im·ag·i·na·ble □ [i'mædʒinəbl] imaginable; **im'ag·i·nar·y** imaginaire, de pure fantaisie; **im·ag·i-**

imagination

na·tion [ˌ∼ˈneiʃn] imagination *f*; **im·ag·i·na·tive** □ [∼nətiv] d'imagination; imaginatif (-ive *f*) (*personne*); **im·ag·ine** [ˌ∼dʒin] imaginer; concevoir; se figurer.
im·be·cile □ [ˈimbisiːl] imbécile (*a. su./mf*); **im·be·cil·i·ty** [ˌ∼ˈsiliti] imbécillité *f*; faiblesse *f* (d'esprit).
im·bibe [imˈbaib] boire; absorber (*a. fig.*); *fig.* s'imprégner de.
im·bro·glio [imˈbrouliou] imbroglio *m*.
im·brue [imˈbruː] tremper (dans *in, with*).
im·bue [imˈbjuː] imbiber; imprégner; *fig.* pénétrer (de, *with*).
im·i·ta·ble [ˈimitəbl] imitable; **im·i·tate** [ˈ∼teit] imiter; copier (*a.* ⊕); singer (*q.*); **im·i·ta·tion** imitation *f*; copie *f*; ⊕ contrefaçon *f*; *attr.* simili-; factice; artificiel(le *f*); ∼ *leather* similicuir *m*; **im·i·ta·tive** □ [ˈ∼tətiv] imitatif (-ive *f*); imitateur (-trice *f*) (*personne*); ∼ *of* qui imite; **im·i·ta·tor** [ˈ∼teitə] imitateur (-trice *f*) *m*; ✞ contrefacteur *m*.
im·mac·u·late □ [iˈmækjulit] immaculé; impeccable.
im·ma·nent [ˈimənənt] immanent.
im·ma·te·ri·al □ [iməˈtiəriəl] immatériel(le *f*); peu important; sans conséquence; indifférent (à, *to*).
im·ma·ture [iməˈtjuə] pas mûr(i); **im·ma·tu·ri·ty** immaturité *f*.
im·meas·ur·a·ble □ [iˈmeʒərəbl] immesurable; infini.
im·me·di·ate □ [iˈmiːdjət] immédiat; sans intermédiaire; instantané; urgent; **im·me·di·ate·ly 1.** *adv.* tout de suite, immédiatement; **2.** *cj.* dès que.
im·me·mo·ri·al □ [imiˈmɔːriəl] immémorial (-aux *m/pl.*).
im·mense □ [iˈmens] immense; vaste; *sl.* magnifique; **im·men·si·ty** immensité *f*.
im·merse [iˈməːs] immerger, plonger; *fig.* ∼ *o.s. in* se plonger dans; ∼*d* plongé dans (*un livre*); accablé de (*dettes*); **im·mer·sion** immersion *f*; submersion *f*; *fig.* absorption *f*; ∼ *heater* thermo-plongeur *m*.
im·mi·grant [ˈimigrənt] immigrant(e *f*) *m*, -gré(e *f*) *m*; **im·mi·grate** [ˈ∼greit] *v/i.* immigrer; *v/t.* introduire des étrangers (dans, [*in*]*to*); **im·mi·gra·tion** immigration *f*.

im·mi·nence [ˈiminəns] imminence *f*, proximité *f*; **ˈim·mi·nent** □ imminent, proche.
im·mit·i·ga·ble □ [iˈmitigəbl] que l'on ne saurait adoucir; implacable.
im·mo·bile [iˈmoubail] immobile; fixe; **im·mo·bil·i·ty** [imoˈbiliti] immobilité *f*; fixité *f*; **im·mo·bi·lize** [iˈmoubilaiz] immobiliser (*a. des espèces monnayées*); rendre indisponible (*un capital*).
im·mod·er·ate □ [iˈmɔdərit] immodéré, excessif (-ive *f*).
im·mod·est □ [iˈmɔdist] immodeste; ✞ impudent; **im·mod·es·ty** immodestie *f*; ✞ impudence *f*.
im·mo·late [ˈimoleit] immoler; **im·mo·la·tion** immolation *f*; **ˈim·mo·la·tor** immolateur *m*.
im·mor·al □ [iˈmɔrəl] immoral (-aux *m/pl.*); **im·mo·ral·i·ty** [imoˈræliti] immoralité *f*.
im·mor·tal □ [iˈmɔːtl] immortel(le *f*); **im·mor·tal·i·ty** [ˌ∼ˈtæliti] immortalité *f*; **im·mor·tal·ize** [∼təlaiz] immortaliser; perpétuer.
im·mov·a·ble □ [iˈmuːvəbl] **1.** □ immobile; inébranlable; **2.** ∼*s pl.* biens *m/pl.* immeubles.
im·mune [iˈmjuːn] à l'abri (de) (*a.* 🙰); inaccessible (à, *from*); 🙰 immunisé (contre *from, against*); **im·mu·ni·ty** exemption *f* (de, *from*); immunité *f* (contre); **im·mu·nize** [ˈ∼aiz] 🙰 immuniser.
im·mure [iˈmjuə] enfermer.
im·mu·ta·bil·i·ty [imjuːtəˈbiliti] immu(t)abilité *f*; **imˈmu·ta·ble** □ immuable; inaltérable.
imp [imp] diablotin *m*; petit démon *m*; lutin *m*; petit(e *f*) espiègle *m*(*f*).
im·pact [ˈimpækt] choc *m*; impact *m*; collision *f*.
im·pair [imˈpɛə] altérer; endommager; diminuer; affaiblir (*la santé*).
im·pale [imˈpeil] empaler (*un criminel*); enclore d'une palissade; *fig.* fixer.
im·pal·pa·ble □ [imˈpælpəbl] impalpable; *fig.* insaisissable; subtil.
im·pan·(n)el [imˈpænl] *see* empanel.
im·part [imˈpɑːt] communiquer; annoncer; donner.
im·par·tial □ [imˈpɑːʃl] impartial (-aux *m/pl.*); **im·par·ti·al·i·ty** [ˈ∼fiˈæliti] impartialité *f* (envers, *to*).
im·pass·a·ble □ [imˈpɑːsəbl] in-

impious

franchissable (*rivière*); impraticable (*chemin*).
im·passe [æm'pɑːs] impasse *f*.
im·pas·si·ble □ [im'pæsibl] impassible; insensible (à, to).
im·pas·sion [im'pæʃn] passionner; exalter; enivrer (*de passion*).
im·pas·sive □ [im'pæsiv] impassible; insensible (aux émotions); **im'pas·sive·ness** impassibilité *f*; insensibilité *f*.
im·pa·tience [im'peiʃns] impatience *f*; intolérance *f* (de *of, with*); **im'pa·tient** □ impatient; intolérant (de *at, of, with*); avide (de, *for*); be ~ of (*inf.*) être impatient de (*inf.*); F brûler de (*inf.*).
im·peach [im'piːtʃ] accuser (de *of, with*); attaquer; dénoncer; mettre (*qch.*) en doute; **im'peach·a·ble** accusable; blâmable; récusable (*témoin*); **im'peach·ment** accusation *f*; dénigrement *m*; ⚖ mise *f* en accusation.
im·pec·ca·bil·i·ty [impekə'biliti] impeccabilité *f*; **im'pec·ca·ble** □ impeccable, irréprochable.
im·pe·cu·ni·ous [impi'kjuːnjəs] impécunieux (-euse *f*), besogneux (-euse *f*).
im·pede [im'piːd] empêcher, entraver.
im·ped·i·ment [im'pedimənt] empêchement *m* (à, to); ~ in one's speech empêchement *m* de la langue; **im·ped·i·men·ta** ⚔ [~'mentə] *pl.* impedimenta *m/pl.*; attirail *m*; F bagages *m/pl.*
im·pel [im'pel] pousser (à, to); **im'pel·lent 1.** moteur (-trice *f*); impulsif (-ive *f*); **2.** moteur *m*; force *f* motrice.
im·pend [im'pend] être suspendu (sur, *over*); *fig.* menacer (q., *over s.o.*); être imminent; **im'pend·ence** imminence *f*; proximité *f*; **im'pend·ent** imminent; menaçant.
im·pen·e·tra·bil·i·ty [impenitrə'biliti] impénétrabilité *f* (*a. fig.*); **im·pen·e·tra·ble** □ impénétrable (à to, *by*); *fig.* insondable.
im·pen·i·tence [im'penitəns] impénitence *f*; **im'pen·i·tent** □ impénitent.
im·per·a·tive [im'perətiv] **1.** □ péremptoire; impérieux (-euse *f*); urgent; impératif (-ive *f*); ~ mood = **2.** *gramm.* (mode *m*) impératif *m*.

im·per·cep·ti·ble □ [impə'septəbl] imperceptible; *fig.* insensible.
im·per·fect [im'pəːfikt] **1.** □ imparfait, défectueux (-euse *f*); ⚠ surbaissé; ~ tense = **2.** *gramm.* (temps *m*) imparfait *m*; in the ~ à l'imparfait; **im·per·fec·tion** [~pə'fekʃn] imperfection *f*; *fig. a.* faiblesse *f*.
im·pe·ri·al [im'piəriəl] **1.** □ impérial (-aux *m/pl.*); *fig.* majestueux (-euse *f*); **2.** impériale *f*; *papier:* grand jésus *m*; **im'pe·ri·al·ism** impérialisme *m*; césarisme *m*; *pol.* colonialisme *m*; **im'pe·ri·al·ist** impérialiste *m*; césariste *m*; *pol.* colonialiste *m*; **im·pe·ri·al'is·tic** impérialiste.
im·per·il [im'peril] mettre en péril.
im·pe·ri·ous □ [im'piəriəs] impérieux (-euse *f*); arrogant; péremptoire.
im·per·ish·a·ble □ [im'periʃəbl] impérissable.
im·per·me·a·ble □ [im'pəːmjəbl] imperméable.
im·per·son·al □ [im'pəːsnl] impersonnel(le *f*); **im·per·son·al·i·ty** [~sə'næliti] impersonnalité *f*.
im·per·son·ate [im'pəːsəneit] personnifier; se faire passer pour; *théâ.* représenter; **im·per·son·a·tion** personnification *f*; *théâ.* interprétation *f*; ⚖ supposition *f* de personne.
im·per·ti·nence [im'pəːtinəns] impertinence *f*; insolence *f*; **im'per·ti·nent** □ impertinent (*a.* ⚖); insolent.
im·per·turb·a·bil·i·ty ['impətəːbə'biliti] imperturbabilité *f*; flegme *m*; **im·per'turb·a·ble** □ imperturbable, flegmatique.
im·per·vi·ous □ [im'pəːvjəs] inaccessible (à, to) (*a. fig.*); imperméable (à).
im·pet·u·os·i·ty [impetju'ositi] impétuosité *f*; **im'pet·u·ous** □ impétueux (-euse *f*); emporté; **im·pe·tus** ['~pitəs] élan *m*, poussée *f*; *fig.* impulsion *f*.
im·pi·e·ty [im'paiəti] impiété *f*.
im·pinge [im'pindʒ] entrer en collision (avec [*up*]*on, against*); empiéter (sur, *on*) (*a.* ⚖); **im'pinge·ment** heurt *m*; collision *f* (avec [*up*]*on, against*) empiètement *m* (sur, *on*) (*a. fig., a.* ⚖).
im·pi·ous □ ['impiəs] impie.

impish

imp·ish □ ['impiʃ] de démon; (d')espiègle.

im·pla·ca·bil·i·ty [implækə'biliti] implacabilité *f*; **im·pla·ca·ble** □ [ˌ'plækəbl] implacable (à, pour *towards*).

im·plant [im'plɑ:nt] *usu. fig.* implanter (dans, *in*); inculquer (à, *in*).

im·plau·si·ble [im'plɔ:zəbl] peu plausible.

im·ple·ment 1. ['implimənt] instrument *m*, outil *m*; **2.** ['ˌment] exécuter (*un contrat, une promesse*); accomplir; suppléer à; **im·ple·men'ta·tion** [ˌ'teiʃn] exécution *f*; mise *f* en œuvre.

im·pli·cate ['implikeit] impliquer, mêler (dans, *in*); compromettre; **im·pli'ca·tion** implication *f*; insinuation *f*; ~s *pl.* portée *f*.

im·plic·it □ [im'plisit] implicite; tacite; *fig.* aveugle, parfait.

im·plied □ [im'plaid] implicite, sous-entendu.

im·plore [im'plɔ:] implorer; supplier; **im'plor·ing** [ˌriŋ] suppliant.

im·ply [im'plai] impliquer; emporter; signifier, vouloir dire.

im·pol·i·cy [im'pɔlisi] mauvaise politique *f*; *fig.* maladresse *f*.

im·po·lite □ [impə'lait] impoli.

im·pol·i·tic □ [im'pɔlitik] impolitique.

im·pon·der·a·ble [im'pɔndərəbl] **1.** impondérable; **2.** ~s *pl.* impondérables *m/pl.*

im·port 1. ['impɔ:t] signification *f*, sens *m*; portée *f*; importance *f*; ~s *pl.* importations *f/pl.*; **2.** [im'pɔ:t] importer (*des marchandises*); signifier; indiquer; déclarer; **im'por·tance** importance *f*; F conséquence *f*; **im'por·tant** □ important; **im·por·ta·tion** [ˌ'teiʃn] importation *f*; **im'port·er** importateur (-trice *f*) *m*.

m·por·tu·nate □ [im'pɔ:tjunit] importun, ennuyeux (-euse *f*); **im·por·tune** [ˌ'pɔ:tju:n] importuner; presser; **im·por'tu·ni·ty** importunité *f*.

im·pose [im'pouz] *v/t.* imposer (à, [up]on); *v/i.* ~ upon en imposer à; tromper; abuser de; **im'pos·ing** □ imposant; grandiose; **im·po·si·tion** [ˌpə'ziʃn] *eccl., typ.* imposition *f*; impôt *m*; tromperie *f*, imposture *f*; *école:* pensum *m*.

im·pos·si·bil·i·ty [impɔsə'biliti] impossibilité *f*; **im'pos·si·ble** □ impossible.

im·post [im'poust] impôt *m*; taxe *f*; tribut *m*; **im·pos·tor** [im'pɔstə] imposteur *m*; **im'pos·ture** [ˌtʃə] imposture *f*, supercherie *f*.

im·po·tence ['impətəns] impuissance *f* (*a. physiol.*); faiblesse *f*; '**im·po·tent** impuissant; faible.

im·pound [im'paund] confisquer; enfermer; mettre en fourrière (*une auto, un animal*).

im·pov·er·ish [im'pɔvəriʃ] appauvrir; dégraisser (*le sol*).

im·prac·ti·ca·bil·i·ty [impræktikə'biliti] impraticabilité *f*, impossibilité *f*; **im'prac·ti·ca·ble** □ impraticable; infaisable; intraitable (*personne*).

im·pre·cate ['imprikeit] lancer des imprécations (contre, *upon*); **im·pre'ca·tion** imprécation *f*, malédiction *f*; **im·pre·ca·to·ry** ['ˌkeitəri] imprécatoire.

im·preg·na·bil·i·ty [impregnə'biliti] caractère *m* imprenable *ou* F invincible; **im'preg·na·ble** □ imprenable; F invincible; **im·preg·nate** ['ˌneit] **1.** ♀, ⚗, *biol.* imprégner; imbiber, saturer; pénétrer (*a. fig.*); **2.** [im'pregnit] imprégné, fécondé; **im·preg'na·tion** fécondation *f*; imprégnation *f*; ⊕ injection *f*.

im·pre·scrip·ti·ble [impris'kriptəbl] imprescriptible.

im·press 1. ['impres] impression *f*; empreinte *f*; *fig.* marque *f*, cachet *m*; **2.** [im'pres] imprimer (à, on); graver (dans la mémoire, *on the memory*); inculquer (*une idée*) (à, on); faire bien comprendre (qch. à q. *s.th. on s.o., s.o. with s.th.*); ⊕ empreindre (qch. sur qch. *s.th. on s.th., s.th. with s.th.*); *fig.* impressionner, en imposer à; ⚓ † presser (*les marins*); *fig.* réquisitionner; **im'press·i·ble** susceptible de recevoir une empreinte; *a. see* impressionable; **im'pres·sion** [ˌʃn] impression *f* (*a. fig.*); ⊕, *a. typ.* caractères: empreinte *f*; livre: impression *f*; *be under the* ~ *that* avoir l'impression que; **im'pres·sion·a·ble** impressionnable, susceptible, sensible; **im'pres·sive** □ impressionnant; **im'press·ment** ⚓ † *marins:* presse *f*.

im·print 1. [im'print] imprimer (sur, on); *fig.* graver (dans *on, in*); **2.** ['imprint] empreinte *f* (*a. fig.*); *typ.* nom *m* (*de l'imprimeur*); rubrique *f* (*de l'éditeur*).
im·pris·on [im'prizn] emprisonner; mettre en prison; enfermer; **im·'pris·on·ment** emprisonnement *m*.
im·prob·a·bil·i·ty [imprɔbə'biliti] improbabilité *f*; invraisemblance *f*; **im'prob·a·ble** □ improbable; invraisemblable.
im·pro·bi·ty [im'proubiti] improbité *f*; manque *m* d'honnêteté.
im·promp·tu [im'prɔmtju:] **1.** *adv.* (à l')impromptu; **2.** *adj.* impromptu; **3.** *su.* (discours *m etc.*) impromptu *m*.
im·prop·er □ [im'prɔpə] incorrect; malséant, malhonnête, indécent; déplacé; & ~ **fraction** expression *f* fractionnaire; **im·pro·pri·e·ty** [imprə'praiəti] impropriété *f*; inexactitude *f*; inconvenance *f*, indécence *f*.
im·prov·a·ble □ [im'pru:vəbl] améliorable; bonifiable (*sol*).
im·prove [im'pru:v] *v/t.* améliorer; perfectionner; cultiver (*l'esprit*); bonifier (*le sol*); *v/i.* s'améliorer; faire des progrès; ~ *upon* surpasser; enchérir sur; **im'prove·ment** amélioration *f*; perfectionnement *m*; culture *f* (*de l'esprit*); progrès *m* (*pl.*); supériorité *f* (à, [up]on); **im·'prov·er** réformateur (-trice *f*) *m*; ⊕ apprenti(e *f*) *m*; *cost.* petite main *f*.
im·prov·i·dence [im'prɔvidəns] imprévoyance *f*; **im'prov·i·dent** □ imprévoyant; prodigue.
im·pro·vi·sa·tion [imprɔvai'zeiʃn] improvisation *f*; **im·pro·vise** ['~vaiz] improviser; **'im·pro·vised** improvisé; impromptu *inv*.
im·pru·dence [im'pru:dəns] imprudence *f*; **im'pru·dent** □ imprudent.
im·pu·dence ['impjudəns] impudence *f*, insolence *f*; **'im·pu·dent** □ effronté, insolent.
im·pugn [im'pju:n] attaquer, contester; **im'pugn·a·ble** contestable.
im·pulse ['impʌls], **im·pul·sion** impulsion *f*; choc *m* propulsif; *fig.* mouvement *m* (spontané); **im·'pul·sive** □ impulsif (-ive *f*); *fig.* irréfléchi, spontané; involontaire.

im·pu·ni·ty [im'pju:niti] impunité *f*; *with* ~ impunément.
im·pure □ [im'pjuə] impur (*a. fig.*); **im'pu·ri·ty** [~riti] impureté *f*.
im·put·a·ble [im'pju:təbl] imputable, attribuable (à, *to*); **im·pu·ta·tion** [~'teiʃn] imputation *f*; **im·pute** [~'pju:t] imputer, attribuer.
in [in] **1.** *prp.* dans (*les circonstances, la foule, la maison, la rue, l'eau*); en (*un mot, soie, anglais, Europe, juin, été, réponse*); à (*l'église, la main de q., la campagne, le crayon*); au (*lit, Canada, désespoir, soleil, printemps*); de (*cette manière*); par (*groupes, soi-même, ce temps, écrit*); sur (*un ton*); sous (*le règne de*); chez (*les Anglais, Corneille*); pendant (*l'hiver de 1812, la journée*); comme; ~ *a few words* en peu de mots; ~ *all probability* selon toutes probabilités; ~ *crossing the road* en traversant la rue; *the thing* ~ *itself* la chose en elle-même *ou* phls. en soi; *trust* ~ *s.o.* avoir confiance en q., se fier à q.; *professor* ~ *the university* professeur à l'université; *wound* ~ *the head* blessure à la tête; *engaged* ~ (*gér.*) occupé à (*inf.*); ~ *a ... voice* d'une voix ...; *blind* ~ *one eye* borgne; ~ *length* de long; ~ *our time* de nos jours; *at two* (*o'clock*) ~ *the morning* à deux heures du matin; ~ *the rain* à *ou* sous la pluie; ~ *the paper* dans le journal; *one* ~ *ten* un sur dix; ~ *the firm of* sous firme de; ~ *the press* sous presse; ~ *excuse of* comme excuse de; ~ *1966* en 1966; *two days* ~ *three* deux jours sur trois; *there is nothing* ~ *it* il est sans fondement; F cela n'a pas d'importance; l'un vaut l'autre; *it is not* ~ *her to* (*inf.*) il n'est pas de sa nature de (*inf.*); *he hasn't it* ~ *him* il n'en est pas capable; ~ *that* puisque, vu que; rentré; au pouvoir; *be* ~ être chez soi, être à la maison, y être; être élu; être au pouvoir; *sport, train*: être arrivé; brûler encore (*feu*); *be* ~ *for* en avoir pour (*qch.*); être inscrit pour (*un examen etc.*); F *be* ~ *with* avoir de belles relations avec, être en bons termes avec; **3.** *adj.* intérieur; **4.** *su.* *parl.* *the* ~*s pl.* le parti au pouvoir; ~*s and outs* méandres *m/pl.*, coins *m/pl.* et recoins *m/pl.*; tous les détails *m/pl.*

inability

in·a·bil·i·ty [inə'biliti] impuissance *f* (à, *to*), incapacité *f* (de, *to*).

in·ac·ces·si·bil·i·ty ['inæksesə'biliti] inaccessibilité *f*; **in·ac'ces·si·ble** □ inaccessible.

in·ac·cu·ra·cy [in'ækjurəsi] inexactitude *f*; **in'ac·cu·rate** □ [~rit] inexact; incorrect.

in·ac·tion [in'ækʃn] inaction *f*.

in·ac·tive [in'æktiv] inactif (-ive *f*); ✝ en chômage; ⚙ inerte; **in·ac·'tiv·i·ty** inactivité *f*; inertie *f*.

in·ad·e·qua·cy [in'ædikwəsi] insuffisance *f*; imperfection *f*; **in'ad·e·quate** □ [~kwit] insuffisant; incomplet (-ète *f*).

in·ad·mis·si·bil·i·ty ['inədmisə'biliti] inadmissibilité *f*; **in·ad'mis·si·ble** □ inadmissible; ⚖ irrecevable.

in·ad·vert·ence, in·ad·vert·en·cy [inəd'və:təns(i)] inadvertance *f*; étourderie *f*; mégarde *f*; **in·ad·'vert·ent** inattentif (-ive *f*); négligent; involontaire; ~*ly* par inadvertance.

in·al·ien·a·ble □ [in'eiljənəbl] inaliénable; indisponible.

in·al·ter·a·ble □ [in'ɔ:ltərəbl] immuable; inaltérable (*couleur*).

in·am·o·ra·ta [inæmə'ra:tə] amante *f*; amoureuse *f*; **in·a·mo'ra·to** [~tou] amant *m*, amoureux *m*.

in·ane □ [i'nein] *usu. fig.* stupide, inepte, bête, niais.

in·an·i·mate □ [in'ænimit] inanimé, sans vie (*a. fig.*).

in·a·ni·tion [inə'niʃn] ⚕ inanition *f*.

in·an·i·ty [i'næniti] inanité *f*, niaiserie *f*.

in·ap·pli·ca·bil·i·ty ['inæplikə'biliti] inapplicabilité *f*; **in'ap·pli·ca·ble** inapplicable (à, *to*); étranger (-ère *f*) (à).

in·ap·po·site □ [in'æpəzit] sans rapport (avec, *to*); hors de propos; inapplicable (à, *to*).

in·ap·pre·ci·a·ble □ [inə'priːʃəbl] inappréciable.

in·ap·pre·hen·si·ble □ [inæpri'hensəbl] insaisissable, incompréhensible.

in·ap·proach·a·ble [inə'proutʃəbl] inabordable; incomparable.

in·ap·pro·pri·ate □ [inə'proupriit] peu approprié; déplacé.

in·apt □ [in'æpt] inapte; incapable; inhabile; peu approprié; **in·apt·i·tude** [~itjuːd], **in'apt·ness** inaptitude *f* (à, *for*); incapacité *f*.

in·ar·tic·u·late □ [ina:'tikjulit] muet(te *f*); bégayant (de, *with*); *zo.* inarticulé; **in·ar'tic·u·late·ness** mutisme *m*; défaut *m* d'articulation.

in·as·much [inəz'mʌtʃ] *adv.*: ~ *as* vu que, puisque; † dans la mesure que.

in·at·ten·tion [inə'tenʃn] inattention *f*; **in·at'ten·tive** □ inattentif (-ive *f*) (à, *to*); négligent (de); peu attentionné (pour, *to*[*wards*]).

in·au·di·ble □ [in'ɔːdəbl] imperceptible; faible (*voix*).

in·au·gu·ral [i'nɔːgjurəl] inaugural (-aux *m/pl.*); **in'au·gu·rate** [~reit] inaugurer; commencer; mettre en vigueur; **in·au·gu'ra·tion** inauguration *f*; commencement *m*; ♀ *Day* Am. entrée *f* en fonction du nouveau président des É.-U.

in·aus·pi·cious □ [inɔːs'piʃəs] peu propice; fâcheux (-euse *f*).

in·board ⚓ ['inbɔːd] **1.** *adj.* intérieur; **2.** *adv.* en abord; **3.** *prp.* en abord de.

in·born ['in'bɔːn] inné.

in·breathe ['in'briːð] inspirer (à, *into*).

in·bred [in'bred] inné; consanguin (*chevaux etc.*).

in·breed·ing ['in'briːdiŋ] consanguinité *f*.

in·cal·cu·la·ble □ [in'kælkjuləbl] incalculable.

in·can·des·cence [inkæn'desns] incandescence *f*; *métall.* chaleur *f* blanche; **in·can'des·cent** incandescent; ~ *light* lumière *f* à incandescence; ~ *mantle* manchon *m* (à incandescence).

in·can·ta·tion [inkæn'teiʃn] incantation *f*; charme *m*.

in·ca·pa·bil·i·ty [inkeipə'biliti] incapacité *f*; ⚖ inéligibilité *f*; **in'ca·pa·ble** □ incapable (de, *of*); non susceptible (de, *of*); ⚖ inéligible; en état d'ivresse manifeste; **in·ca·pac·i·tate** [inkə'pæsiteit] rendre incapable (de *for*, *from*); ⚖ frapper d'incapacité; **in·ca·pac·i·ty** incapacité *f* (de *for*, *to*).

in·car·cer·ate [in'ka:səreit] incarcérer; **in·car·cer'a·tion** incarcération *f*.

in·car·nate 1. [in'ka:nit] fait chair; incarné (*a. fig.*); **2.** ['inkə:neit] in-

incommunicability

carner; **in·car'na·tion** incarnation *f* (*a. fig.*).
in·case [in'keis] *see* encase.
in·cau·tious □ [in'kɔːʃəs] imprudent; inconsidéré.
in·cen·di·ar·y [in'sendjəri] **1.** incendiaire (*a. fig.*); ~ bomb bombe *f* incendiaire; **2.** incendiaire *m*; auteur *m* d'un incendie; F *see* ~ bomb.
in·cense[1] ['insens] **1.** encens *m*; **2.** encenser; *fig.* embaumer.
in·cense[2] [in'sens] exaspérer, courroucer, irriter (contre, *with*).
in·cen·tive [in'sentiv] **1.** provocant; stimulant; **2.** stimulant *m*, encouragement *m*.
in·cep·tion [in'sepʃn] commencement *m*; **in'cep·tive** initial (-aux *m/pl.*); *gramm.* inchoatif (-ive *f*) (*a. su./m*).
in·cer·ti·tude [in'səːtitjuːd] incertitude *f*.
in·ces·sant □ [in'sesnt] incessant, continuel(le *f*).
in·cest ['insest] inceste *m*; **in·ces·tu·ous** □ [in'sestjuəs] incestueux (-euse *f*).
inch [intʃ] pouce *m* (*2,54 cm*); *fig.* pas *m*; ~es *pl. a.* taille *f*; by ~es peu à peu, petit à petit; **inched** [~t] de ... pouces.
in·cho·a·tive ['inkoueitiv] initial (-aux *m/pl.*); *gramm.* inchoatif (-ive *f*).
in·ci·dence ['insidəns] incidence *f*; angle of ~ angle *m* d'incidence; **'in·ci·dent 1.** (à, *to*) qui arrive; qui appartient; qui tient; **2.** incident *m*; événement *m*; pièce, *roman*: épisode *m*; ⚖ servitude *f ou* privilège *m* attachés à une tenure; **in·ci·den·tal** □ [~'dentl] accidentel(le *f*), fortuit, inséparable (de, *to*); be ~ to résulter de, appartenir à; ~ly incidemment.
in·cin·er·ate [in'sinəreit] incinérer (*a. Am. un mort*); réduire en cendres; **in·cin·er'a·tion** incinération *f*; **in'cin·er·a·tor** incinérateur *m*; *Am.* four *m* crématoire.
in·cip·i·ence [in'sipiəns] commencement *m*; **in'cip·i·ent** naissant, qui commence.
in·cise [in'saiz] inciser (*a.* ⚕); faire une incision dans; **in·ci·sion** [~'siʒn] incision *f* (*a.* ⚕); ✍ enture *f*; **in·ci·sive** □ [~'saisiv] incisif (-ive *f*); mordant; pénétrant; **in'ci·sor** [~zə] (dent *f*) incisive *f*.

in·ci·ta·tion [insai'teiʃn] *see* incitement; **in'cite** inciter; pousser; animer (à, *to*); **in'cite·ment** incitation *f*, encouragement *m*; stimulant *m*, aiguillon *m*; mobile *m*.
in·ci·vil·i·ty [insi'viliti] incivilité *f*.
in·clem·en·cy [in'klemənsi] inclémence *f*, rigueur *f*; *temps*: intempérie *f*; **in'clem·ent** inclément; rigoureux (-euse *f*).
in·cli·na·tion [inkli'neiʃn] tête, *a. fig.*: inclination *f*; inclinaison *f*, pente *f*; *fig.* penchant *m*; **in·cline** [~'klain] **1.** *v/i.* s'incliner, se pencher (*personne*); incliner, pencher (*chose*); *fig.* avoir un penchant (pour *qch.*, *to* s.th.; à *inf.*, *to inf.*); être disposé (à, *to*); incliner (à, *to*); *v/t.* (faire) pencher; *fig.* disposer; ~d plane plan *m* incliné; **2.** pente *f*, déclivité *f*; ⚔ oblique *f*.
in·close [in'klouz] *see* enclose.
in·clude [in'kluːd] renfermer; comprendre.
in·clu·sion [in'kluːʒn] inclusion *f*; **in'clu·sive** □ qui renferme; qui comprend; tout compris; be ~ of comprendre, renfermer (*qch.*); ~ terms prix tout compris.
in·cog F [in'kɔg], **in·cog·ni·to** [~'niːtou] **1.** incognito, sous un autre nom; **2.** incognito *m*.
in·co·her·ence, in·co·her·en·cy [inkou'hiərəns(i)] incohérence *f*; manque *m* de suite; **in·co'her·ent** □ incohérent; sans suite; décousu.
in·com·bus·ti·ble □ [inkəm'bʌstəbl] incombustible.
in·come ['inkəm] revenu *m*; **in·com·er** ['inkʌmə] entrant *m*; immigrant(e *f*) *m*; ⚖ successeur *m*; **in·come-tax** ['inkəmtæks] impôt *m* sur le revenu; ~ form feuille *f* d'impôts.
in·com·ing ['inkʌmiŋ] **1.** entrée *f*; ~s *pl.* recettes *f/pl.*, revenus *m/pl.*; ✝ rentrées *f/pl.*; **2.** qui entre, qui arrive.
in·com·men·su·ra·bil·i·ty ['inkəmenʃərə'biliti] incommensurabilité *f*; **in·com'men·su·ra·ble** □ incommensurable.
in·com·mode [inkə'moud] incommoder, gêner, déranger; **in·com'mo·di·ous** □ [~jəs] incommode; peu confortable.
in·com·mu·ni·ca·bil·i·ty ['inkəmjuːnikə'biliti] incommunicabilité

incommunicable

f; **in·com·mu·ni·ca·ble** □ incommunicable; **in·com·mu·ni·ca·do** *surt. Am.* [ɪnkəmjuniˈkɑːdou] sans contact avec l'extérieur; **in·com·'mu·ni·ca·tive** □ [ˌkətiv] taciturne; peu communicatif (-ive *f*).
in·com·mut·a·ble □ [ɪnkəˈmjuːtəbl] non-interchangeable; immuable.
in·com·pa·ra·ble □ [ɪnˈkɔmpərəbl] incomparable.
in·com·pat·i·bil·i·ty [ˈɪnkəmpætəˈbɪlɪti] incompatibilité *f*; inconciliabilité *f*; **in·com·pat·i·ble** □ incompatible, inconciliable.
in·com·pe·tence, in·com·pe·ten·cy [ɪnˈkɔmpɪtəns(i)] incompétence *f* (*a.* ⚖); insuffisance *f*; **in·com·pe·tent** □ incompétent (*a.* ⚖); incapable; ⚖ inhabile.
in·com·plete □ [ɪnkəmˈpliːt] incomplet (-ète *f*); inachevé; imparfait.
in·com·pre·hen·si·bil·i·ty [ɪnkəmprihensəˈbɪlɪti] incompréhensibilité *f*; **in·com·pre·'hen·si·ble** □ incompréhensible.
in·com·press·i·bil·i·ty [ˈɪnkəmpresəˈbɪlɪti] incompressibilité *f*; **in·com·'press·i·ble** incompressible.
in·con·ceiv·a·ble □ [ɪnkənˈsiːvəbl] inconcevable.
in·con·clu·sive □ [ɪnkənˈkluːsiv] peu *ou* non concluant.
in·con·gru·i·ty [ɪnkɔŋˈgruɪti] incongruité *f*, absurdité *f*; désaccord *m*; inconséquence *f*; inconvenance *f*; **in·'con·gru·ous** □ incongru, absurde; qui ne s'accorde pas (avec, *with*); sans rapport (avec *to, with*).
in·con·se·quence [ɪnˈkɔnsɪkwəns] inconséquence *f*; manque *m* de logique; **in·con·se·quen·tial** [ˌkwenʃl] sans importance; illogique.
in·con·sid·er·a·ble □ [ɪnkənˈsɪdərəbl] insignifiant; **in·con·'sid·er·ate** □ [ˌrit] irréfléchi, inconsidéré; sans égards (pour, *towards*); **in·con·'sid·er·ate·ness** irréflexion *f*, imprudence *f*; manque *m* d'égards.
in·con·sist·en·cy [ɪnkənˈsɪstənsɪ] inconséquence *f*; inconsistance *f*; incompatibilité *f*; **in·con·'sist·ent** □ incompatible; contradictoire (à, *with*); en désaccord (avec, *with*); illogique, inconséquent (*personne*).

in·con·sol·a·ble □ [ɪnkənˈsouləbl] inconsolable (de, *for*).
in·con·so·nant [ɪnˈkɔnsənənt] en désaccord (avec, *with*).
in·con·spic·u·ous □ [ɪnkənˈspɪkjuəs] discret (-ète *f*); insignifiant; peu frappant.
in·con·stan·cy [ɪnˈkɔnstənsi] inconstance *f*; instabilité *f*; **in·'con·stant** □ inconstant, variable.
in·con·test·a·ble □ [ɪnkənˈtestəbl] incontestable; irrécusable.
in·con·ti·nence [ɪnˈkɔntɪnəns] incontinence *f*; ⚕ ~ *of urine* incontinence *f* d'urine; **in·'con·ti·nent** □ incontinent; ⚕ qui ne peut retenir son urine; ~ *of speech* bavard; ~*ly* sur-le-champ, incontinent; incontinemment.
in·con·tro·vert·i·ble □ [ˈɪnkɔntrəˈvəːtəbl] indisputable.
in·con·ven·ience [ɪnkənˈviːnjəns] **1.** inconvénient *m*; embarras *m*; incommodité *f*; **2.** incommoder, gêner, déranger; **in·con·'ven·ient** □ incommode; inopportun; gênant.
in·con·vert·i·bil·i·ty [ɪnkənvəːtəˈbɪlɪti] (*a.* ✝) non-convertibilité *f*; **in·con·'vert·i·ble** □ inconvertible; ✝ *a.* non convertible.
in·con·vin·ci·ble □ [ɪnkənˈvɪnsəbl] impossible à convaincre.
in·cor·po·rate 1. [ɪnˈkɔːpəreit] *v/t.* incorporer (à *in*[to], *with*; avec, *with*); mêler, unir (à, avec *with*); ériger (*une ville*) en municipalité; ⚖ constituer en société commerciale; *v/i.* s'incorporer (en, *in*; à, avec *with*); **2.** [ˌrit] incorporé; faisant corps; **in·'cor·po·rat·ed** [ˌreitid] *see* incorporate 2; ~ *company* société *f* constituée, *Am.* société *f* anonyme (*abbr.* S.A.); **in·cor·po·'ra·tion** incorporation *f* (à, avec, dans *in*[to], *with*); incorporation *f* communale; constitution *f* en société commerciale.
in·cor·po·re·al □ [ɪnkɔːˈpɔːrɪəl] incorporel(le *f*).
in·cor·rect □ [ɪnkəˈrekt] incorrect; inexact; défectueux (-euse *f*); **in·cor·'rect·ness** incorrection *f*; inexactitude *f*.
in·cor·ri·gi·bil·i·ty [ɪnkɔrɪdʒəˈbɪlɪti] incorrigibilité *f*; **in·'cor·ri·gi·ble** □ incorrigible.
in·cor·rupt·i·bil·i·ty [ˈɪnkərʌptəˈbɪlɪti] incorruptibilité *f*; **in·cor-**

'rupt·i·ble □ incorruptible; **in·cor'rupt·ness** incorruption *f.*
in·crease 1. [in'kri:s] *v/i.* augmenter (de, *in*); s'augmenter; grandir; croître, s'accroître; grossir; se multiplier; *v/t.* augmenter; agrandir; accroître; grossir; **2.** ['inkri:s] augmentation *f;* accroissement *m; effort:* redoublement *m;* multiplication *f.*
in·cred·i·bil·i·ty [inkredi'biliti] incrédibilité *f;* **in'cred·i·ble** □ incroyable.
in·cre·du·li·ty [inkri'dju:liti] incrédulité *f;* **in·cred·u·lous** □ [in'kredjuləs] incrédule.
in·cre·ment ['inkrimənt] *see* increase 2; profit *m;* ~ *value* plus-value *f.*
in·crim·i·nate [in'krimineit] incriminer; impliquer; **in'crim·i·na·to·ry** [~əri] tendant à incriminer.
in·crust [in'krʌst] *see* encrust; **in·crus'ta·tion** incrustation *f;* ⊕ *chaudière:* entartrage *m,* tartre *m.*
in·cu·bate ['inkjubeit] *v/t.* couver (*a. fig.*); *v/i.* être soumis à l'incubation; ⚕ couver; **in·cu'ba·tion** incubation *f* (*a. biol., a.* ⚕); ~ *period* période *f* d'incubation; **in'cu·ba·tor** incubateur *m,* couveuse *f;* **in·cu·bus** ['~bəs] *myth.* incube *m;* F fardeau *m;* cauchemar *m.*
in·cul·cate ['inkʌlkeit] inculquer (à q., *upon* s.o.; dans l'esprit, *in the mind*); **in·cul'ca·tion** inculcation *f.*
in·cul·pate ['inkʌlpeit] inculper, incriminer; mêler à une affaire; **in·cul'pa·tion** inculpation *f;* **in'cul·pa·to·ry** [~pətəri] tendant à inculper; accusateur (-trice *f*).
in·cum·ben·cy [in'kʌmbənsi] *eccl.* charge *f;* période *f* d'exercice d'une charge; **in'cum·bent 1.** étendu, appuyé; *be* ~ *on s.o.* incomber à q.; **2.** *eccl.* titulaire *m* d'une charge.
in·cu·nab·u·la [inkju'næbjulə] *pl.* incunables *m/pl.*
in·cur [in'kə:] encourir, s'attirer; contracter (*une dette*); courir (*un risque*); faire (*des dépenses*).
in·cur·a·bil·i·ty [inkjuərə'biliti] incurabilité *f;* **in'cur·a·ble 1.** □ inguérissable; **2.** incurable *mf.*
in·cu·ri·ous □ [in'kjuəriəs] sans curiosité, indifférent.
in·cur·sion [in'kə:ʃn] incursion *f;* descente *f* (dans, *into*).

in·cur·va·tion [inkə:'veiʃn] incurvation *f;* courbure *f;* **'in'curve** s'incurver, se courber en dedans.
in·debt·ed [in'detid] endetté; *fig.* redevable (à q. de qch., *to s.o. for s.th.*); **in'debt·ed·ness** dette *f* (*a. fig.*), dettes *f/pl.*
in·de·cen·cy [in'di:snsi] indécence *f;* ⚖ attentat *m* aux mœurs; **in'de·cent** □ indécent, peu décent; ~ *as·sault* attentat *m* à la pudeur.
in·de·ci·pher·a·ble [indi'saifərəbl] indéchiffrable.
in·de·ci·sion [indi'siʒn] indécision *f,* irrésolution *f;* **in·de·ci·sive** □ [~'saisiv] peu concluant; indécis (*personne, a. bataille*), irrésolu.
in·de·clin·a·ble *gramm.* [indi'klainəbl] indéclinable.
in·dec·o·rous □ [in'dekərəs] malséant; inconvenant; **in'dec·o·rous·ness,** *a.* **in·de·co·rum** [indi'kɔ:rəm] inconvenance *f;* manque *m* de maintien.
in·deed [in'di:d] **1.** *adv.* en effet; en vérité; même, à vrai dire; **2.** *int.* effectivement!; vraiment?
in·de·fat·i·ga·ble □ [indi'fætigəbl] infatigable, inlassable.
in·de·fea·si·ble □ [indi'fi:zəbl] irrévocable; ⚖ indestructible (*intérêt*).
in·de·fect·i·ble □ [indi'fektəbl] indéfectible; impeccable.
in·de·fen·si·ble □ [indi'fensəbl] ⚔ indéfendable; *fig.* insoutenable.
in·de·fin·a·ble □ [indi'fainəbl] indéfinissable; *fig.* vague.
in·def·i·nite □ [in'definit] indéfini (*a. gramm.*); imprécis.
in·del·i·ble □ [in'delibl] ineffaçable, indélébile; ~ *ink* encre *f* indélébile; ~ *pencil* crayon *m* à copier.
in·del·i·ca·cy [in'delikəsi] indélicatesse *f;* manque *m* de délicatesse; grossièreté *f,* inconvenance *f;* **in'del·i·cate** □ [~kit] peu délicat; indélicat; inconvenant; risqué; qui manque de tact.
in·dem·ni·fi·ca·tion [indemnifi'keiʃn] indemnisation *f;* indemnité *f;* **in'dem·ni·fy** [~fai] indemniser, dédommager (de, *for*); garantir (contre *against, from*); compenser; **in'dem·ni·ty** garantie *f,* assurance *f;* indemnité *f,* dédommagement *m; act of* ~ *bill m* d'indemnité.
in·dent [in'dent] **1.** denteler; décou-

indentation

per; ⊕ adenter; *typ.* faire un alinéa; ⚜ passer (*un contrat etc.*) en partie double; ⚓ passer une commande pour; ~ upon s.o. for s.th. réquisitionner qch. de q.; **2.** dentelure *f*; découpure *f*; *littoral*: échancrure *f*; ⚓ ordre *m* d'achat; ⚔ ordre *m* de réquisition; *see indenture*; **in·den·'ta·tion** découpage *m*; impression *f*; dentelure *f*; découpure *f*; *littoral*: échancrure *f*; **in·'den·tion** *typ.* renfoncement *m*; **in·'den·ture** [~tʃə] **1.** contrat *m* bilatéral; ~s *pl.* contrat *m* d'apprentissage; **2.** lier par contrat; engager par un contrat d'apprentissage.

in·de·pend·ence [indi'pendəns] indépendance *f* (à l'égard de, of); *État*: autonomie *f*; *Am.* ♀ Day le 4 juillet; **in·de·'pend·ent** □ **1.** indépendant; autonome (*État*); ~ means fortune *f* personnelle; rentes *f/pl*; **2.** indépendant *m*.

in·de·scrib·a·ble □ [indis'kraibəbl] indescriptible; indicible.

in·de·struct·i·ble □ [indis'trʌktəbl] indestructible.

in·de·ter·mi·na·ble □ [indi'tə:minəbl] indéterminable; interminable (*dispute*); **in·de·'ter·mi·nate** □ [~nit] indéterminé; *fig.* imprécis; **in·de·'ter·mi·nate·ness, in·de·ter·mi·'na·tion** ['~'neiʃn] indétermination *f*; *fig.* irrésolution *f*.

in·dex ['indeks] **1.** (*pl. a. indices*) *anat., eccl., volume*: index *m*; *cadran etc.*: aiguille *f*; indice *m*, signe *m*; ♯ exposant *m*; *opt.* indice *m*; (*ou* ~ *number*) coefficient *m*; **2.** dresser l'index de (*un volume*); classer; répertorier.

In·di·a ['indjə] Inde *f*; ~ *paper* papier *m* indien, papier *m* bible; ~ *rubber* gomme *f* (à effacer); caoutchouc *m*; **'In·di·a·man** ⚓ long-courrier *m* des Indes.

In·di·an ['indjən] **1.** indien(ne *f*); de l'Inde; des Indes; *gymn.* ~ *club* bouteille *f* en bois; ~ *corn* maïs *m*; *in* ~ *file* en file indienne; *Am.* F ~ *giver* personne *f* qui fait un cadeau dans l'intention d'en demander à son tour; ~ *ink* encre *f* de Chine; *surt. Am.* ~ *summer* été *m* de la Saint-Martin; **2.** Indien(ne *f*) *m*; F Hindou(e *f*) *m*; (*usu.* Red ~) *a*. Peau-Rouge (*pl.* Peaux-Rouges) *m*.

in·di·cate ['indikeit] indiquer; si-

850

gnaler; montrer; témoigner; faire savoir; **in·di·'ca·tion** indication *f*; indice *m*, signe *m*; **in·dic·a·tive** [in'dikətiv] **1.** □ indicatif (-ive *f*) (de, of); be ~ of dénoter; ~ *mood* = **2.** *gramm.* indicatif *m*; **in·di·ca·tor** ['~keitə] indicateur (-trice *f*) *m* (*a.* ⊕, *tél.* su./*m*); aiguille *f*; **in·di·ca·to·ry** [~kətəri] indicateur (-trice *f*) (de, of).

in·di·ces ['indisi:z] *pl.* de *index* 1.

in·dict [in'dait] inculper (de for, on a charge of); **in·'dict·a·ble** inculpable; ~ *offence* délit *m*; **in·'dict·ment** inculpation *f*; *document*: acte *m* d'accusation.

in·dif·fer·ence [in'difrəns] indifférence *f* (pour, à l'égard de to, towards); **in·'dif·fer·ent** □ indifférent (à, to); médiocre, passable; † impartial (-aux *m/pl.*); ⚗ neutre.

in·di·gence ['indidʒəns] indigence *f*; F misère *f*.

in·di·gene ['indidʒi:n] indigène *mf*; **in·dig·e·nous** [in'didʒinəs] indigène (à, to); du pays.

in·di·gent □ ['indidʒənt] indigent; nécessiteux (-euse *f*).

in·di·gest·ed [indi'dʒestid] mal digéré; **in·di·'gest·i·ble** □ indigeste (*a. fig.*); **in·di·'ges·tion** dyspepsie *f*; indigestion *f*.

in·dig·nant □ [in'dignənt] indigné (de, at); d'indignation; **in·dig·'na·tion** indignation *f* (contre with, against); ~ *meeting* meeting *m* de protestation; **in·'dig·ni·ty** [~niti] indignité *f*; affront *m*; honte *f*.

in·di·rect □ [indi'rekt] indirect (*a. gramm.*); détourné (*moyen*).

in·dis·cern·i·ble [indi'sə:nəbl] indiscernable; imperceptible.

in·dis·creet □ [indis'kri:t] indiscret (-ète *f*); imprudent, peu judicieux (-euse *f*); inconsidéré; **in·dis·cre·tion** [~'kreʃn] indiscrétion *f*; manque *m* de discrétion; imprudence *f*; F faux pas *m*.

in·dis·crim·i·nate □ [indis'kriminit] au hasard, à tort et à travers; (*a.* **in·dis·'crim·i·nat·ing** □ [~neitiŋ], **in·dis·'crim·i·na·tive** [~nətiv]) sans discernement; *fig.* aveugle; **'in·dis·crim·i·'na·tion** manque *m* de discernement.

in·dis·pen·sa·ble □ [indis'pensəbl] obligatoire; indispensable (à, to).

in·dis·pose [indis'pouz] indisposer,

prévenir (contre, *towards*); détourner (de, *from*); rendre peu propre (à qch., *for s.th.*); rendre incapable (de *inf.*, *for gér.*); rendre peu disposé (à *inf.*, *to inf.*); **in·dis·po·si·tion** [ɪndɪspə'zɪʃn] indisposition *f* (à l'égard de, to[*wards*]); aversion *f* (pour); malaise *f*, indisposition *f*.

in·dis·pu·ta·ble □ ['ɪndɪs'pjuːtəbl] incontestable; hors de controverse.

in·dis·so·lu·bil·i·ty ['ɪndɪsɔljuˈbɪlɪtɪ] indissolubilité *f*; 🜛 insolubilité *f*; **in·dis·so·lu·ble** □ [ˌ-'sɔljubl] indissoluble.

in·dis·tinct □ [ɪndɪs'tɪŋkt] indistinct, vague, confus; **in·dis'tinct·ness** indistinction *f*, vague *m*.

in·dis·tin·guish·a·ble □ [ɪndɪs-'tɪŋgwɪʃəbl] indistinguible; imperceptible; insaisissable.

in·dite [ɪn'daɪt] composer (*un poème*); rédiger (*une lettre*).

in·di·vid·u·al [ɪndɪ'vɪdjuəl] **1.** □ individuel(le *f*); particulier (-ère *f*); ~ *drive* commande *f* séparée; **2.** individu *m*; **in·di·vid·u·al·i·ty** [ˌ-ˈælɪtɪ] individualité *f*; personnalité *f*; **in·di'vid·u·al·ize** [ˌ-əlaɪz] individualiser.

in·di·vis·i·bil·i·ty ['ɪndɪvɪzɪ'bɪlɪtɪ] indivisibilité *f*; **in·di'vis·i·ble** □ indivisible; 🜛 insécable.

Indo... [ɪndou] indo-; Indo-.

in·doc·ile [ɪn'dousaɪl] indocile; **in·do·cil·i·ty** [ˌ-do'sɪlɪtɪ] indocilité *f*.

in·doc·tri·nate [ɪn'dɔktrɪneɪt] instruire; endoctriner; ~ *s.o. with s.th.* inculquer qch. à q.

in·do·lence ['ɪndələns] indolence *f* (*a.* 🜛); paresse *f*; **'in·do·lent** □ indolent (*a.* 🜛); paresseux (-euse *f*).

in·dom·i·ta·ble □ [ɪn'dɔmɪtəbl] indomptable.

in·door ['ɪndɔː] de maison; d'intérieur; intérieur; *sp.* de salle, de salon; ~ *aerial* antenne *f* d'appartement; ~ *game* jeu *m* de salle *ou* de salon *ou* de société(s); ~ *plant* plante *f* d'appartement; ~ *relief* assistance *f* des pauvres hospitalisés; ~ *swimming-bath* piscine *f*; **in·doors** ['ɪn'dɔːz] à la maison; à l'intérieur.

in·dorse etc. [ɪn'dɔːs] *see* **endorse**.

in·du·bi·ta·ble □ [ɪn'djuːbɪtəbl] indubitable, incontestable.

in·duce [ɪn'djuːs] persuader (à q., s.o.); amener; occasionner, produire; ⚡ amorcer, induire; ⚡ ~*d current* courant *m* induit *ou* d'induction; **in'duce·ment** motif *m*; attrait *m*; raison *f*.

in·duct *eccl.* [ɪn'dʌkt] installer; **in·'duct·ance** ⚡ inductance *f*; ~-*coil* (bobine *f* de) self *f*; bobine *f* d'inductance; **in'duc·tion** *eccl.*, *fonctionnaire:* installation *f*; ⚗, *phls.*, *phys.* induction *f*; 🜛 production *f*; **in'duc·tive** □ qui induit (à, *to*); ⚗, *phls.* inductif (-ive *f*) (*a.* ⚡ *charge*); ⚡ inducteur (-trice *f*).

in·dulge [ɪn'dʌldʒ] *v/t.* gâter (*q.*), avoir de l'indulgence pour (*q.*); se livrer à, s'adonner à; donner libre cours à (*ses passions, ses caprices*); F boire; ~ *s.o. with s.th.* accorder qch. à q.; ~ *o.s. in* se livrer à, s'adonner à (*qch.*); *v/i.* se permettre (à, *in*); se livrer, s'adonner à (*in*); **in'dul·gence** indulgence *f* (*a. eccl.*); complaisance *f* (envers, *to*); assouvissement *m* (de *of*, *in*); abandon *m* (à, *in*); ✝ délai *m* de paiement; **in'dul·gent** □ indulgent (envers, à, pour *to*); faible.

in·du·rate ['ɪndjuəreɪt] (s')endurcir; durcir; 🜛 (s')indurer; **in·du'ra·tion** (*fig.* en)durcissement *m*; 🜛 induration *f*.

in·dus·tri·al [ɪn'dʌstrɪəl] **1.** □ industriel(le *f*); professionnel(le *f*); de l'industrie; ~ *art* art *m* mécanique; ~ *court* tribunal *m* industriel; ~ *school* école *f* des arts et métiers; école *f* professionnelle de rééducation; **2.** *see* **industrialist**; ~*s pl.* ✝ valeurs *f/pl.* industrielles; **in'dus·tri·al·ist** industriel *m*, industrialiste *m*; **in'dus·tri·al·ize** [ˌ-aɪz] industrialiser; *become* ~*d* s'industrialiser; **in·'dus·tri·ous** □ travailleur (-euse *f*), laborieux (-euse *f*), assidu.

in·dus·try ['ɪndʌstrɪ] assiduité *f* au travail, diligence *f*; travail *m*; ⊕ industrie *f*; *heavy industries pl.* industries *f/pl.* lourdes.

in·dwell ['ɪn'dwel] [*irr.* (**dwell**)] demeurer dans; habiter (*un lieu*); *fig.* reposer dans.

in·e·bri·ate 1. [ɪ'niːbrɪeɪt] enivrer; **2.** [ɪ'niːbrɪɪt] ivre, enivré; **3.** ivrogne *mf*; **in·e·bri'a·tion**, **in·e·bri·e·ty** [ɪnɪ'braɪətɪ] ivresse *f*; alcoolisme *m*; enivrement *m*.

in·ed·i·ble [ɪn'edɪbl] immangeable.

in·ed·it·ed [in'editid] inédit; publié sans notes.

in·ef·fa·ble □ [in'efəbl] ineffable, indicible.

in·ef·face·a·ble □ [ini'feisəbl] ineffaçable.

in·ef·fec·tive [ini'fektiv], **in·ef'fec·tu·al** □ [⁓tjuəl] inefficace, sans effet, sans résultat; ⚓ inapte au service.

in·ef·fi·ca·cious □ [inefi'keiʃəs] inefficace; **in·ef'fi·ca·cy** [⁓kəsi] inefficacité f.

in·ef·fi·cien·cy [ini'fiʃənsi] incapacité f; incompétence f; inefficacité f; **in·ef'fi·cient** incapable; incompétent; inefficace.

in·el·e·gance [in'eligəns] inélégance f; **in'el·e·gant** □ sans élégance (*personne*); inélégant (*style*).

in·el·i·gi·bil·i·ty [inelidʒə'biliti] inéligibilité f; caractère m peu acceptable; **in'el·i·gi·ble** □ inéligible; indigne d'être choisi; *fig.* peu acceptable; ⚓ inapte.

in·ept □ [i'nept] inepte; déplacé; mal à propos; ⚖ de nul effet; **in'ept·i·tude** [⁓itju:d], **in'ept·ness** manque m d'à-propos *ou* de justesse; inaptitude f; sottise f.

in·e·qual·i·ty [ini'kwɔliti] inégalité f; *sol*, *bois*: rugosité f; irrégularité f.

in·eq·ui·ta·ble □ [in'ekwitəbl] inéquitable, injuste; **in'eq·ui·ty** injustice f.

in·e·rad·i·ca·ble □ [ini'rædikəbl] indéracinable.

in·ert □ [i'nə:t] inerte; **in·er·tia** [i'nə:ʃjə], **in'ert·ness** inertie f.

in·es·cap·a·ble [inis'keipəbl] inévitable, inéluctable.

in·es·sen·tial ['ini'senʃl] négligeable; non essentiel(le f) (à, *to*).

in·es·ti·ma·ble □ [in'estiməbl] inestimable; incalculable.

in·ev·i·ta·ble □ [in'evitəbl] inévitable, inéluctable; immanquable; fatal (-als *m/pl.*); **in'ev·i·ta·ble·ness** inévitabilité f.

in·ex·act □ [inig'zækt] inexact; **in·ex'act·i·tude** [⁓itju:d], **in·ex'act·ness** inexactitude f.

in·ex·cus·a·ble □ [iniks'kju:zəbl] inexcusable, sans excuse.

in·ex·haust·i·bil·i·ty ['inigzɔ:stə'biliti] nature f inépuisable; **in·ex'haust·i·ble** □ inépuisable (*source*).

in·ex·o·ra·bil·i·ty [ineksərə'biliti] inexorabilité f; caractère m implacable; **in'ex·o·ra·ble** □ inexorable, implacable.

in·ex·pe·di·en·cy [iniks'pi:diənsi] inopportunité f; **in·ex'pe·di·ent** □ inopportun, malavisé.

in·ex·pen·sive □ [iniks'pensiv] bon marché; peu coûteux (-euse f); pas cher (chère f).

in·ex·pe·ri·ence [iniks'piəriəns] inexpérience f; **in·ex·pe·ri·enced** inexpérimenté, sans expérience.

in·ex·pert □ [ineks'pə:t] inexpert; peu habile (à, *in*).

in·ex·pi·a·ble □ [in'ekspiəbl] inexpiable; † impitoyable.

in·ex·pli·ca·ble □ [in'eksplikəbl] inexplicable; inconcevable.

in·ex·press·i·ble [iniks'presəbl] **1.** □ inexprimable; indicible; **2.** *co. ou* † ⁓s *pl.* pantalon m, culotte f.

in·ex·pres·sive □ [iniks'presiv] inexpressif (-ive f); sans expression.

in·ex·pug·na·ble □ [iniks'pʌgnəbl] inexpugnable; *fig.* inattaquable.

in·ex·tin·guish·a·ble □ [iniks'tiŋgwiʃəbl] inextinguible.

in·ex·tri·ca·ble □ [in'ekstrikəbl] inextricable.

in·fal·li·bil·i·ty [infælə'biliti] infaillibilité f; **in'fal·li·ble** □ infaillible; sûr.

in·fa·mous □ ['infəməs] infâme; mal famé; abominable; **in·fa·my** ['⁓mi] (note f d')infamie f.

in·fan·cy ['infənsi] première enfance f; ⚖ minorité f; **in·fant** ['⁓fənt] **1.** enfant *mf*; ⚖ mineur(e f) m; ⁓ school école f maternelle *ou* enfantine; ⁓, *welfare* puériculture f sociale; **2.** d'enfance; enfantin.

in·fan·ta [in'fæntə] infante f; **in'fan·te** [⁓ti] infant m.

in·fan·ti·cide [in'fæntisaid] infanticide m; *personne*: infanticide *mf*; **in·fan·tile** ['infəntail] d'enfant; ⚕ infantile; *péj.* enfantin; ⁓ *paralysis* poliomyélite f; **in·fan·tine** ['⁓tain] *see infantile*.

in·fan·try ⚓ ['infəntri] infanterie f; **'in·fan·try·man** soldat m d'infanterie; fantassin m.

in·fat·u·ate [in'fætjueit] infatuer, affoler; enticher; **in·fat·u'a·tion** infatuation f; engouement m; béguin m (pour, *for*).

in·fect [in'fekt] infecter; ⚕ contaminer; *fig.* inculquer (qch. à q., s.o. *with* s.th.); *become ~ed* se contagionner; **in'fec·tion** ⚕, *fig.* infection *f*, contagion *f*; contamination *f*; **in'fec·tious** □, **in'fec·tive** ⚕ infectieux (-euse *f*); *fig.* contagieux (-euse *f*).

in·fe·lic·i·tous [infi'lisitəs] malheureux (-euse *f*); mal trouvé; **in·fe'lic·i·ty** infélicité *f*; manque *m* de justesse; gaffe *f*.

in·fer [in'fə:] déduire, conclure (de, *from*); impliquer; **in'fer·a·ble** qu'on peut inférer; qu'on peut déduire; **in·fer·ence** ['infərəns] inférence *f*, conclusion *f*; **in·fer·en·tial** □ [~'renʃl] déductif (-ive *f*); obtenu par déduction; *~ly* par déduction.

in·fe·ri·or [in'fiəriə] 1. inférieur (à, *to*); ♀ infère; 2. inférieur *m*; subordonné(e *f*) *m*; **in·fe·ri·or·i·ty** [~ri'ɔriti] infériorité *f* (par rapport à, *to*); *~ complex* complexe *m* d'infériorité.

in·fer·nal □ [in'fə:nl] infernal (-aux *m/pl.*); des enfers; de l'enfer; F diabolique, infernal (-aux *m/pl.*); *~ machine* machine *f* infernale.

in·fer·tile [in'fə:tail] stérile; **in·fer·til·i·ty** [~'tiliti] stérilité *f*, infertilité *f*.

in·fest [in'fest] infester (de, *with*) (*fig.*); **in·fes'ta·tion** infestation *f*.

in·fi·del ['infidəl] infidèle (*a. su./mf*); *péj.* incroyant(e *f*) (*a. su.*); **in·fi·del·i·ty** [~'deliti] infidélité *f*.

in·fight(·ing) ['infait(iŋ)] *box.* corps à corps *m*.

in·fil·trate ['infiltreit] *v/t.* infiltrer; imprégner; pénétrer dans; *v/i.* s'infiltrer (dans, *into*; à travers, *through*); **in·fil'tra·tion** infiltration *f*.

in·fi·nite □ ['infinit] infini; illimité; *astr.* sans nombre; **in'fin·i·tive** (*a. ~ mood*) *gramm.* infinitif *m*; **in·'fin·i·tude** [~tju:d], **in'fin·i·ty** infinité *f*, infinitude *f*; ⚛ infini *m*.

in·firm □ [in'fə:m] débile, infirme, faible; (*a. ~ of purpose*) irrésolu, flottant; **in'fir·ma·ry** infirmerie *f*; hôpital *m*; **in'fir·mi·ty** [~iti] infirmité *f*; faiblesse *f* (*a. fig.*).

in·fix [in'fiks] implanter; *gramm.* infixer; *fig.* inculquer.

in·flame [in'fleim] (s')enflammer (*a. fig.*, *a.* ⚕); (s')allumer (*a. fig.*); *v/t.* mettre le feu à; *v/i.* prendre feu.

in·flam·ma·bil·i·ty [inflæmə'biliti] inflammabilité *f*; **in'flam·ma·ble** 1. □ inflammable; 2. *~s pl.* substances *f/pl.* inflammables; **in·flam·ma·tion** [inflə'meiʃn] inflammation *f*; **in·flam·ma·to·ry** [in'flæmətəri] incendiaire; ⚕ inflammatoire.

in·flate [in'fleit] gonfler (*a. fig.*); ✝ grossir; ✝ hausser (*le prix*); **in'flat·ed** gonflé, enflé; ✝ exagéré; ampoulé (*style*); **in'fla·tion** gonflement *m*; ✝ inflation *f*; ✝ *prix:* hausse *f*; *fig.* enflure *f*; **in'fla·tion·ar·y** d'inflation, inflationniste.

in·flect [in'flekt] fléchir; moduler (*la voix*); ♪ altérer; *gramm.* conjuguer (*un verbe*), décliner (*un substantif*); **in'flec·tion** *see inflexion*.

in·flex·i·bil·i·ty [infleksə'biliti] inflexibilité *f* (*a. fig.*); **in'flex·i·ble** □ inflexible (*a. fig.*); **in'flex·ion** [~ʃn] inflexion *f*; *voix:* modulation *f*; *gramm.* flexion *f*.

in·flict [in'flikt] donner (*un coup*) (à, *on*); infliger (*une punition*) (à, *on*); *~ o.s.* (*ou one's company*) *on* imposer sa compagnie à; **in'flic·tion** infliction *f*; châtiment *m*, peine *f*; *fig.* vexation *f*.

in·flo·res·cence ♀ [inflo'resns] inflorescence *f*; floraison *f*.

in·flow ['infləu] *see influx*.

in·flu·ence ['influəns] 1. influence *f* (sur, *up]on*; auprès de, *with*); 2. influencer; influer sur; **in·flu·en·tial** □ [~'enʃl] influent.

in·flu·en·za ⚕ [influ'enzə] grippe *f*.

in·flux ['inflʌks] affluence *f*, entrée *f*; *fig.* invasion *f*, inondation *f*.

in·form [in'fɔ:m] *v/t.* informer (de, *of*); renseigner (sur, *about*); avertir; faire part à; mettre au courant; *well ~ed* bien renseigné; *keep s.o. ~ed* tenir q. au courant (de, *of*); *v/i.* dénoncer (q., *against* s.o.).

in·for·mal □ [in'fɔ:ml] sans cérémonie; officieux (-euse *f*); irrégulier (-ère *f*); **in·for·mal·i·ty** [~'mæliti] absence *f* de cérémonie; irrégularité *f*.

in·form·ant [in'fɔ:mənt] informateur (-trice *f*) *m*; ⚖ déclarant(e *f*) *m*; *see informer*; **in·for·ma·tion** [infə'meiʃn] renseignements *m/pl.*, informations *f/pl.*; instruction *f*; ⚖ dénonciation *f* (contre, *against*);

informative

~ *film* documentaire *m*; *gather* ~ recueillir des renseignements (sur, *about*); **in·form·a·tive** [in'fɔːmətiv] instructif (-ive *f*); **in'form·er** dénonciateur (-trice *f*), F mouchard *m*.

in·frac·tion [in'frækʃn] infraction *f*; contravention *f*.

in·fra-red *phys.* ['infrə'red] infrarouge.

in·fre·quen·cy [in'friːkwənsi] rareté *f*; **in'fre·quent** □ rare, infréquent.

in·fringe [in'frindʒ] *v/t.* enfreindre, violer (*la loi, un serment*); *v/i.* empiéter (sur, *upon*) (*un brevet etc.*); **in'fringe·ment** infraction *f*; contrefaçon *f*.

in·fu·ri·ate [in'fjuərieit] rendre furieux (-euse *f*).

in·fuse [in'fjuːz] infuser (*du thé*) (à, *into*); faire infuser (*le thé*); inspirer (qch. à q., *s.o. with s.th.*); *pharm.* macérer; **in'fu·sion** [~ʒn] infusion *f* (*a. fig.*); **in·fu·so·ri·a** *zo.* [infjuː'sɔːriə] *pl.* infusoires *m/pl.*

in·gath·er·ing ['ingæðəriŋ] rentrée *f*; récolte *f*.

in·gen·ious □ [in'dʒiːnjəs] ingénieux (-euse *f*); **in·ge·nu·i·ty** [indʒi'njuiti] ingéniosité *f*; **in·gen·u·ous** □ [in'dʒenjuəs] ingénu, naïf (-ïve *f*); franc(he *f*).

in·gle [iŋgl] foyer *m*; feu *m*.

in·glo·ri·ous □ [in'glɔːriəs] honteux (-euse *f*); ignominieux (-euse *f*); humble, obscur.

in·go·ing ['ingouiŋ] **1.** entrée *f*; **2.** qui entre, entrant; nouveau (nouvel *devant une voyelle ou un h muet*; -elle *f*; -eaux *m/pl.*) (*locataire*).

in·got ['iŋgət] lingot *m*; *étain:* saumon *m*; '~-**steel** acier *m* en lingots.

in·grain ['in'grein] teindre grand teint; '**in'grained** *fig.* imprégné; invétéré (*personne*).

in·gra·ti·ate [in'greiʃieit]: ~ *o.s.* s'insinuer (dans les bonnes grâces de, *with*); **in·grat·i·tude** [~'grætitjuːd] ingratitude *f*.

in·gre·di·ent [in'griːdiənt] ingrédient *m*; ⚕ principe *m*.

in·gress ['ingres] entrée *f*; droit *m* d'accès.

in·gui·nal *anat.* ['iŋgwinl] inguinal (-aux *m/pl.*).

in·gur·gi·tate [in'gəːdʒiteit] ingurgiter, avaler.

in·hab·it [in'hæbit] habiter; **in'hab·it·a·ble** habitable; **in'hab·it·an·cy** habitation *f*; résidence *f*; **in'hab·it·ant** habitant(e *f*) *m*.

in·ha·la·tion [inhə'leiʃn] aspiration *f*; ⚕ inhalation *f*; **in·hale** [~'heil] aspirer; respirer; **in'hal·er** ⚕ inhalateur *m*.

in·har·mo·ni·ous □ [inhɑː'mounjəs] inharmonieux (-euse *f*).

`**in·here** [in'hiə] (*in*) être inhérent (à); appartenir (à); exister (dans); **in'her·ence, in'her·en·cy** [~rəns(i)] inhérence *f* (à, *in*); **in'her·ent** □ inhérent, propre (à, *in*).

in·her·it [in'herit] hériter de (*qch.*); succéder à; tenir (de, *from*); **in'her·it·a·ble** □ dont on peut hériter; transmissible (*a.* ⚕); **in'her·it·ance** succession *f*; héritage *m*; *biol.* hérédité *f*; **in'her·i·tor** héritier *m*; **in'her·i·tress** héritière *f*.

in·hib·it [in'hibit] empêcher (q. de, *s.o. from*); défendre (à q. de *inf.*, *s.o. from gér.*); *psych.* inhiber; **in·hi·bi·tion** [~'biʃn] défense *f* expresse; *eccl.* interdit *m*; *psych.* inhibition *f*; **in'hib·i·to·ry** [~təri] prohibitif (-ive *f*); *physiol., psych.* inhibiteur (-trice *f*).

in·hos·pi·ta·ble □ [in'hɔspitəbl] inhospitalier (-ère *f*); **in·hos·pi·tal·i·ty** ['~'tæliti] inhospitalité *f*.

in·hu·man □ [in'hjuːmən] inhumain; barbare; **in·hu·man·i·ty** [~'mæniti] inhumanité *f*; cruauté *f*.

in·hu·ma·tion [inhjuː'meiʃn] inhumation *f*; enterrement *m*; **in·hume** [in'hjuːm] inhumer, enterrer.

in·im·i·cal □ [i'nimikl] ennemi, hostile; contraire (à, *to*).

in·im·i·ta·ble □ [i'nimitəbl] inimitable.

in·iq·ui·tous □ [i'nikwitəs] inique; **in'iq·ui·ty** iniquité *f*.

in·i·tial [i'niʃl] **1.** □ initial (-aux *m/pl.*); premier (-ère *f*); du début; **2.** initiale *f*; paraphe *m*; **3.** parafer; viser; **in·i·ti·ate 1.** [i'niʃiit] initié(e *f*) (*a. su.*); **2.** [i'niʃieit] commencer; lancer (*une entreprise etc.*); inaugurer; initier (à, *into*); **in·i·ti·a·tion** début *m*; commencement *m*; inauguration *f*; initiation *f*; *surt. Am. société:* ~ *fee* droits *m/pl.* d'admission; **in·i·ti·a·tive** [~ətiv] **1.** préliminaire, préparatoire; **2.** initiative *f*; *on one's own* ~ de sa propre initiative; *take the* ~ prendre l'initiative (pour *inf.*, *in gér.*); **in'i·ti·a·tor** [~eitə] initiateur (-trice *f*) *m*; lanceur *m* (*d'une mode etc.*); **in'i·ti·a·to·ry** [~ətəri] préliminaire, préparatoire, premier (-ère *f*).

in·ject [in'dʒekt] injecter (dans, *into*; de, *with*); **in'jec·tion** injection *f*.

in·ju·di·cious □ [indʒu'diʃəs] malavisé, peu judicieux (-euse *f*).

in·junc·tion [in'dʒʌŋkʃn] injonction *f*, ordre *m*.

in·jure ['indʒə] nuire à, faire du mal à, faire du tort à; gâter; endommager; **in·ju·ri·ous** □ [in'dʒuəriəs] nuisible, préjudiciable (à, *to*); injurieux (-euse *f*) (*langage*); **in·ju·ry** ['indʒəri] tort *m*; mal *m*; dommage *m*; blessure *f*.

in·jus·tice [in'dʒʌstis] injustice *f*.

ink [iŋk] **1.** encre *f*; (*usu. printer's* ~) noir *m* d'imprimerie; *attr.* à encre, d'encre; **2.** noircir d'encre; *typ.* encrer.

ink·ling ['iŋkliŋ] soupçon *m* (*a. fig.*).

ink...: **'~·pot** encrier *m*; **'~·stand** grand encrier *m*; **'ink·y** taché *ou* barbouillé d'encre.

in·land ['inlənd] **1.** du pays, intérieur (*commerce etc.*); ♀ *Revenue* fisc *m*; **2.** intérieur *m*; **3.** [in'lænd] dans les terres; vers l'intérieur; **in'land·er** ['inləndə] habitant(e *f*) *m* de l'intérieur.

in·lay ['in'lei] **1.** [*irr.* (*lay*)] incruster (de, *with*); marqueter (*une table*); parqueter (*un plancher*) en mosaïque; **2.** incrustation *f*; marqueterie *f*; *livre:* rogné *m*.

in·let ['inlet] entrée *f*; bras *m* de mer; crique *f*; ⊕ arrivée *f*, admission *f*.

in·mate ['inmeit] habitant(e *f*) *m*; *aliéné:* pensionnaire *mf*; *hospice etc.:* hôte *m*.

in·most ['inmoust] le plus profond.

inn [in] auberge *f*; *ville:* hôtellerie *f*; ♀s *pl. of Court* écoles *f/pl.* de droit (*Londres*).

in·nate □ ['i'neit] inné.

in·ner ['inə] intérieur; interne, de dedans; intime; *cycl.*, *mot.* ~ *tube* chambre *f* à air, boudin *m* d'air; **'in·ner·most** le plus profond *ou* intime.

in·ner·vate ['inə:veit] *physiol.* innerver.

in·nings ['iniŋz] *pl. ou sg. sp.* tour *m* de batte; tournée *f*; *have one's* ~ être au guichet, *fig.* être au pouvoir, prendre son tour.

inn·keep·er ['iŋki:pə] aubergiste *mf*; hôtelier (-ère *f*) *m*.

in·no·cence ['inəsns] innocence *f*; naïveté *f*, candeur *f*; **'in·no·cent** **1.** □ innocent (de, *of*); dépourvu (de); pur, sans péché; F ~ *of* sans; **2.** innocent(e *f*) *m*; naïf (-ïve *f*) *m*; idiot(e *f*) *m*.

in·noc·u·ous □ [i'nɔkjuəs] inoffensif (-ive *f*).

in·nom·i·nate [i'nɔminit] *anat.* innominé; ⚖ innomé.

in·no·vate ['inouveit] innover; **in·no·'va·tion** innovation *f*; nouveauté *f*; **'in·no·va·tor** (in)novateur (-trice *f*) *m*.

in·nox·ious □ [i'nɔkʃəs] inoffensif (-ive *f*).

in·nu·en·do [inju'endou] insinuation *f*; allusion *f*.

in·nu·mer·a·ble □ [i'nju:mərəbl] innombrable.

in·nu·tri·tious [inju'triʃəs] peu nourrissant; peu nutritif (-ive *f*).

in·ob·serv·ance [inəb'zə:vəns] (*of*) inobservance *f* (de); *promesse:* inobservation *f* (de); inattention *f* (à).

in·oc·u·late [i'nɔkjuleit] ✓ greffer; ✱ inoculer (qch. à q. *s.o. with s.th.*, *s.th. into s.o.*; contre, *against*); **in·oc·u'la·tion** ✓ greffe *f*; ✱ inoculation *f*; **in'oc·u·la·tor** inoculateur (-trice *f*) *m*.

in·o·dor·ous [in'oudərəs] sans odeur, inodore.

in·of·fen·sive □ [inə'fensiv] inoffensif (-ive *f*).

in·of·fi·cial [inə'fiʃl] inofficieux (-euse *f*). [rant.\

in·op·er·a·tive [in'ɔpərətiv] inopé-]

in·op·por·tune □ [in'ɔpətju:n] inopportun; hors de saison.

in·or·di·nate □ [i'nɔ:dinit] démesuré, immodéré; effréné.

in·or·gan·ic [inɔ:'gænik] inorganique.

in·pa·tient ['inpeiʃənt] hospitalisé(e *f*) *m*.

in·put ⊕, *surt.* ⚡ ['input] puissance *f*; entrée *f* de courant.

in·quest ⚖ ['inkwest] enquête *f* (sur, *on*); *coroner's* ~ enquête *f* judiciaire après mort d'homme.

inquietude 856

in·qui·e·tude [in'kwaiitju:d] agitation *f*, inquiétude *f*.
in·quire [in'kwaiə] demander (qch., for *s.th.*); se renseigner (sur *about*, *after*), s'informer (de qch.); ~ *into* faire des recherches *ou* une enquête sur; **in'quir·er** investigateur (-trice *f*) *m*; **in'quir·ing** □ curieux (-euse *f*); interrogateur (-trice *f*); **in'quir·y** enquête *f*, investigation *f*; demande *f* (*a.* ✝); *make inquiries* prendre des renseignements (sur *about*, *on*); s'informer (auprès de, *of*); **in'quir·y-of·fice** bureau *m* de renseignements; Service *m* des renseignements.
in·qui·si·tion [inkwi'ziʃn] investigation *f*; ⚖ enquête *f*; *hist.* ♀ Inquisition *f*; **in'quis·i·tive** □ questionneur (-euse *f*); curieux (-euse *f*); **in'quis·i·tive·ness** curiosité *f* (indiscrète); **in'quis·i·tor** enquêteur *m*; *hist.* Inquisiteur *m*; **in·quis·i·to·ri·al** □ [~'tɔ:riəl] inquisitorial (-aux *m/pl.*).
in·road ['inroud] ⚔ incursion *f*, irruption *f*; *fig.* empiétement *m* (sur, *upon*); *make* ~*s upon* (*ou in*) ébrécher, harceler.
in·sa·lu·bri·ous [insə'lu:briəs] malsain; insalubre.
in·sane [in'sein] fou (fol *devant une voyelle ou un h muet*); folle *f*); insensé; **in·san·i·tar·y** [~'sænitəri] insalubre; malsain; **in·'san·i·ty** folie *f*, démence *f*.
in·sa·tia·bil·i·ty [inseiʃjə'biliti] insatiabilité *f*; **in'sa·ti·a·ble** □, **in·'sa·ti·ate** [~ʃiit] inassouvissable; insatiable (de, *of*).
in·scribe [in'skraib] inscrire (*a.* ⚕, *a.* ✝ *actions*); graver (un nom sur qch., *s.th. with a name*); *fig.* inscrire (sur, *on*; dans, *in*); dédier.
in·scrip·tion [in'skripʃn] inscription *f* (✝ au grand livre); *fig.* dédicace *f*.
in·scru·ta·bil·i·ty [inskru:tə'biliti] inscrutabilité *f*; **in'scru·ta·ble** □ inscrutable, impénétrable; fermé (*visage*).
in·sect ['insekt] insecte *m*; **in'sec·ti·cide** [~isaid] insecticide (*a. su./m*); **in·sec·tiv·o·rous** [~'tivərəs] insectivore.
in·se·cure □ [insi'kjuə] peu sûr; incertain; **in·se'cu·ri·ty** [~riti] insécurité *f*; danger *m*.

in·sen·sate [in'senseit] insensé; insensible (*matière*); **in·sen·si·bil·i·ty** [~sə'biliti] défaillance *f*; insensibilité *f* (à, *to*); indifférence *f* (pour, *to*); **in'sen·si·ble** □ insensible (à *of*, *to*); indifférent (à *of*, *to*); évanoui, sans connaissance; **in·'sen·si·tive** insensible (à, *to*).
in·sen·ti·ent [in'senʃiənt] insensible.
in·sep·a·ra·bil·i·ty [insepərə'biliti] inséparabilité *f*; **in'sep·a·ra·ble** □ inséparable.
in·sert 1. [in'sɔ:t] *usu.* insérer (dans, *in[to]*); introduire; intercaler (*une ligne, un mot*); 2. ['insə:t] insertion *f*; pièce *f* rapportée; **in'ser·tion** insertion *f*, introduction *f*; *cost.* incrustation *f*; *dentelle:* entre-deux *m/inv.*
in·set ['inset] *typ.* encart *m*; feuillet *m*; hors-texte *m/inv.*; médaillon *m*; *attr.* en médaillon.
in·shore ⚓ ['in'ʃɔ:] 1. *adj.* côtier (-ère *f*); 2. *adv.* près de terre.
in·side ['in'said] 1. *su.* dedans *m*, intérieur *m*; F entrailles *f/pl.*; 2. *adj.* (d')intérieur; interne; *mot.* ~ *drive* conduite *f* intérieure; *foot.* ~ *left* intérieur *m* gauche; 3. *adv.* en dedans; *Am. a.* ~ *of* en moins de (*temps*); 4. *prp.* à l'intérieur de; **'in'sid·er** initié(e *f*) *m*.
in·sid·i·ous □ [in'sidiəs] insidieux (-euse *f*).
in·sight ['insait] perspicacité *f*; *fig.* aperçu *m* (de, *into*).
in·sig·ni·a [in'signiə] *pl.* insignes *m/pl.*; signes *m/pl. etc.* distinctifs.
in·sig·nif·i·cance, *a.* **in·sig·nif·i·can·cy** [insig'nifikəns(i)] insignifiance *f*; **in·sig'nif·i·cant** insignifiant; sans importance.
in·sin·cere □ [insin'siə] peu sincère; faux (fausse *f*); **in·sin'cer·i·ty** [~'seriti] manque *m* de sincérité; fausseté *f*.
in·sin·u·ate [in'sinjueit] insinuer; laisser entendre; donner à entendre; glisser (dans, *into*); ~ *o.s. into* s'insinuer dans; **in'sin·u·at·ing** □ insinuant; suggestif (-ive *f*) (*propos etc.*); **in·sin·u'a·tion** insinuation *f* (*a. fig.*); introduction *f*.
in·sip·id □ [in'sipid] insipide, fade; **in·si'pid·i·ty** insipidité *f*; fadeur *f*.
in·sist [in'sist] insister; ~ (*up*)*on* insister sur, appuyer sur; revendi-

quer (*un droit*); insister pour (*inf.*); vouloir (*qch.*) absolument; ~ *that* insister pour que (*sbj.*), exiger que (*sbj.*); in·sist·ence insistance *f*; protestations *f/pl.* (de, on); *at his* ~ devant son insistance; puisqu'il insistait; in'sist·ent □ qui insiste (sur, [up]on); instant; importun.

in·so·bri·e·ty [insoˈbraiəti] intempérance *f*.

in·so·la·tion [insoˈleiʃn] insolation *f* (☀, *a. phot.*); ☀ coup *m* de soleil.

in·so·lence [ˈinsələns] insolence *f*, effronterie *f* (envers, *to*); 'in·so·lent □ insolent (envers, *to*).

in·sol·u·bil·i·ty [insɔljuˈbiliti] insolubilité *f*; in'sol·u·ble □ [~jubl] insoluble (*a. fig.*).

in·sol·ven·cy [inˈsɔlvənsi] insolvabilité *f*; faillite *f*; in'sol·vent 1. insolvable; en faillite; 2. débiteur *m* insolvable; failli *m*.

in·som·ni·a [inˈsɔmniə] insomnie *f*.

in·so·much [insouˈmʌtʃ]: ~ *that* au point que; tellement que.

in·spect [inˈspekt] examiner; contrôler; in·spec·tion inspection *f*; examen *m*; contrôle *m*; visite *f*; ✝ *for* ~ à l'essai; in'spec·tor inspecteur *m*; surveillant *m*; in'spec·tor·ate [~tərit] *office:* inspectorat *m*; corps *m* d'inspecteurs.

in·spi·ra·tion [inspəˈreiʃn] inspiration *f*; in·spire [~ˈspaiə] aspirer, inspirer; *fig.* inspirer (qch. à q. s.th. *in*[*to*] s.o., s.o. *with* s.th.); aiguillonner (*q.*); in·spir·it [~ˈspirit] animer, encourager.

in·spis·sate [inˈspiseit] (s')épaissir.

in·sta·bil·i·ty [instəˈbiliti] instabilité *f*; manque *m* de solidité; *fig.* inconstance *f*.

in·stall [inˈstɔːl] installer (dans, *in*) (*a.* ⊕); ⊕ monter (*un atelier, une machine*); in·stal·la·tion [instəˈleiʃn] installation *f* (*a.* ⚡); ⊕, *radio:* montage *m*; poste *m* (*de T.S.F.*).

in·stal(l)·ment [inˈstɔːlmənt] ✝ fraction *f*; acompte *m*; versement *m*; *ouvrage:* fascicule *m*; *monthly* ~ mensualité *f*; *by* ~*s* par paiements à termes; *fig.* peu à peu.

in·stance [ˈinstəns] 1. instance *f* (*a.* ⚖); exemple *m*, cas *m*; *for* ~ par exemple; *in the first* ~ en premier lieu; *at the* ~ *of* à la demande de; sur l'instance de; 2. citer (*qch.*) en exemple.

in·stant □ [ˈinstənt] 1. instant, urgent, pressant; immédiat; *on the 10th* ~ le 10 courant; 2. instant *m*, moment *m*; *in an* ~, on the ~ sur-le-champ, tout de suite; *the* ~ *you come* dès que vous viendrez; in·stan·ta·ne·ous □ [~ˈteinjəs] instantané; in·stan·ter [inˈstæntə], in·stant·ly [ˈinstəntli] immédiatement, sur-le-champ.

in·state [inˈsteit] établir (dans, *in*).

in·stead [inˈsted] au lieu de cela; ~ *of* (*gér.*) au lieu de (*inf.*).

in·step [ˈinstep] cou-de-pied (*pl.* cous-de-pied) *m*; *soulier:* cambrure *f*.

in·sti·gate [ˈinstigeit] exciter, inciter, provoquer (à, *to*); in·sti·ga·tion instigation *f*; 'in·sti·ga·tor instigateur (-trice *f*) *m*; auteur *m* (*d'une révolte*).

in·stil(l) [inˈstil] instiller; *fig.* inculquer (à, *into*), inspirer (à, *into*); in·stil·la·tion [instiˈleiʃn], in·'stil(l)·ment instillation *f*; inspiration *f*; inculcation *f*.

in·stinct 1. [ˈinstiŋkt] instinct *m*; 2. [inˈstiŋkt] plein; ~ *with life* plein ou doué de vie; in'stinc·tive □ instinctif (-ive *f*).

in·sti·tute [ˈinstitjuːt] 1. institut *m*; cercle *m*; † institution *f*; ♀ *of Justinian* Institutes *f/pl.* de Justinien; 2. instituer, établir (*q.*); fonder; intenter (*un procès*); investir (*q.*) (de, [*in*]*to*), ⚖ instituer (*q.*) (héritier, *as heir*); in·sti·tu·tion institution *f*, établissement *m* (*a. édifice*); commencement *m*; association *f* (*d'ingénieurs etc.*); hospice *m* (*de charité*); *eccl.* investiture *f*; ⚖ institution *f*; in·sti·tu·tion·al·ize [~əlaiz] faire une institution de (*qch.*); 'in·sti·tu·tor fondateur (-trice *f*) *m*; auteur *m*.

in·struct [inˈstrʌkt] instruire; enseigner (*qch. à q., s.o. in s.th.*); charger (de, *to*); in·struc·tion instruction *f*, enseignement *m*; ordre *m*; in·struc·tion·al d'instruction; ✕ ~ *school* école *f* d'application; in·'struc·tive □ instructif (-ive *f*); in·struc·tor maître *m*; précepteur *m*; ✕ moniteur *m*; *Am. univ.* chargé *m* de cours; in·struc·tress maîtresse *f*, préceptrice *f*.

in·stru·ment [ˈinstrumənt] (✝, ♪,

instrumental

ɛ̃t, *a. fig.*) instrument *m*; appareil *m*; ɛ̃t *a.* acte *m* juridique; ✈, *mot.* ~ board tablier *m* des instruments; ✈ *fly on* ~*s* voler en P.S.V.; **in·stru·men·tal** □ [~'mentl] contributif (-ive *f*), qui contribue (à, to); *gramm.*, *a.* ♪ instrumental (-aux *m/pl.*); *be* ~ *to* contribuer à (*qch. ou inf.*); **in·stru·men·tal·i·ty** [~'tæliti] moyen *m*, concours *m*, intermédiaire *m*.

in·sub·or·di·nate [insə'bɔ:dnit] insubordonné; mutin; **'in·sub·or·di·'na·tion** insubordination *f*, insoumission *f*.

in·suf·fer·a·ble □ [in'sʌfərəbl] insupportable.

in·suf·fi·cien·cy [insə'fiʃənsi] insuffisance *f*; **in·suf'fi·cient** □ insuffisant.

in·su·lar □ ['insjulə] insulaire; *fig.* borné, étroit; **in·su·lar·i·ty** [~'læriti] insularité *f*; *fig.* esprit *m* borné, étroitesse *f* de vues; **in·su·late** ['~leit] faire une île de; ∉, *a. fig.* isoler; *phys.* calorifuger, protéger (contre, *against*); **'in·su·lat·ing** isolant; ~ *tape* chatterton *m*; **in·su·la·tion** isolement *m* (*a. phys.*); *a.* = **'in·su·la·tor** *phys.* isolant *m*.

in·sult 1. ['insʌlt] insulte *f*, affront *m*; **2.** [in'sʌlt] insulter, affronter.

in·su·per·a·bil·i·ty [insju:pərə'biliti] caractère *m ou* nature *f* insurmontable; **in·su·per·a·ble** □ insurmontable; infranchissable.

in·sup·port·a·ble □ [insə'pɔ:təbl] insupportable, intolérable.

in·sup·press·i·ble □ [insə'presəbl] irrépressible.

in·sur·ance [in'ʃuərəns] assurance *f*; *attr.* d'assurance; **in'sur·ant** assuré(e *f*) *m*; **in·sure** [in'ʃuə] (faire) assurer; *fig. a.* garantir; **in·'sured** assuré(e *f*) *m*; **in'sur·er** assureur *m*. [révolté (*a. su./mf*).\

in·sur·gent [in'sə:dʒənt] insurgé,]

in·sur·mount·a·ble □ [insə'mauntəbl] insurmontable (*a. fig.*).

in·sur·rec·tion [insə'rekʃn] insurrection *f*, soulèvement *m*; **in·sur·'rec·tion·al** insurrectionnel(le *f*); **in·sur'rec·tion·ist** [~ʃnist] insurgé(e *f*) *m*.

in·sus·cep·ti·ble □ [insə'septəbl] non susceptible (de, *of*), inaccessible (à, *of*); insensible (à, *to*).

in·tact [in'tækt] intact, indemne.
in·take ['inteik] prise *f* (*d'eau etc.*).
in·tan·gi·bil·i·ty [intændʒə'biliti] intangibilité *f*; *traité*: inviolabilité *f*; **in'tan·gi·ble** □ [~dʒəbl] intangible; immatériel(le *f*); *fig.* impondérable.

in·te·ger ['intidʒə] totalité *f*; ℞ nombre *m* entier; **in·te·gral** ['~grəl] **1.** □ intégrant; total; entier (-ère *f*); ℞ intégral; **2.** ℞ intégrale *f*; **in·te·grant** ['~grənt] intégrant; **in·te·grate** ['~greit] rendre entier; ℞ intégrer; *be* ~*d into* s'intégrer dans; **in·te'gra·tion** intégration *f*; **in·teg·ri·ty** [~'tegriti] intégrité *f*; probité *f*; totalité *f*.

in·teg·u·ment [in'tegjumənt] (in)tégument *m*, enveloppe *f* (*a.* ⚘).

in·tel·lect ['intilekt] intelligence *f*, esprit *m*, intellect *m*; **in·tel'lec·tu·al** [~tjuəl] **1.** □ intellectuel(le *f*); **2.** intellectuel(le *f*) *m*; **in·tel·lec·tu·al·i·ty** ['~æliti] intellectualité *f*.

in·tel·li·gence [in'telidʒəns] intelligence *f*; esprit *m*; renseignements *m/pl.*, nouvelles *f/pl.*; informations *f/pl.*; ~ *department*, ⚔, ♆ *a.* ~ *service* service *m* des renseignements; **in'tel·li·genc·er** informateur (-trice *f*) *m*; espion *m*.

in·tel·li·gent □ [in'telidʒənt] intelligent; avisé; † ~ *of* au courant de; **in·tel·li·gent·si·a** [~'dʒentsiə] *la* classe *f* des intellectuels *m/pl.*; élite *f* intellectuelle; **in·tel·li·gi·bil·i·ty** [~dʒə'biliti] intelligibilité *f*; **in'tel·li·gi·ble** □ intelligible.

in·tem·per·ance [in'tempərəns] intempérance *f*; alcoolisme *m*; **in·'tem·per·ate** □ [~rit] immodéré, intempérant; adonné à la boisson.

in·tend [in'tend] avoir l'intention de, se proposer de, compter; entendre (par, *by*); ~ *for* destiner à; **in·'tend·ant** intendant *m*; **in'tend·ed 1.** projeté; intentionnel(le *f*); ~ *husband* fiancé *m*, prétendu *m*; **2.** F fiancé(e *f*) *m*, prétendu(e *f*) *m*, futur(e *f*) *m*.

in·tense □ [in'tens] intense; vif (vive *f*) (*a. couleur*); fort; **in'tense·ness** intensité *f*; violence *f*; force *f*.
in·ten·si·fi·ca·tion [intensifi'keiʃn] renforcement *m* (*a. phot.*); **in'ten·si·fy** [~fai] (s')augmenter; (s')intensifier; *v/t. phot.* renforcer.
in·ten·sion [in'tenʃn] tension *f* (*d'es-*

prit); *phls.* compréhension *f*; **in-'ten·si·ty** *see* intenseness; **in'ten-sive** □ *see* intense; intensif (-ive *f*).
in·tent [in'tent] **1.** □ tout entier (-ère *f*) (à, on); acharné (à, on); fixe (*regard*); **2.** intention *f*, but *m*, dessein *m*; *to all* ~*s and purpose* à toutes fins utiles; *with* ~ *to kill* dans l'intention de tuer; **in'ten·tion** intention *f*; dessein *m*; but *m*; **in'ten·tion·al** □ [~ʃnl] voulu, intentionnel (-le *f*); fait exprès; **in'ten·tioned** (*bien ou mal*) intentionné; **in'tent·ness** application *f*; tension *f* d'esprit; attention *f* soutenue (*du regard*).
in·ter [in'tə:] enterrer, ensevelir.
inter... [intə] entre-; inter-; réciproque.
in·ter·act 1. ['intərækt] *théâ.* entracte *m*; intermède *m*; **2.** [~'ækt] agir l'un sur l'autre; **in·ter'ac·tion** action *f* réciproque.
in·ter·breed ['intə'bri:d] [*irr.*(breed)] (s')entrecroiser; *v/t.* accoupler (*des animaux*).
in·ter·ca·lar·y [in'tə:kələri] intercalaire; *géol.* intercalé (*couche*); **in-'ter·ca·late** [~leit] intercaler; **in·ter·ca'la·tion** intercalation *f*.
in·ter·cede [intə'si:d] intercéder, plaider (auprès de, *with*); **in·ter-'ced·er** intercesseur *m*; médiateur (-trice *f*) *m*.
in·ter·cept [intə'sept] intercepter (*une lettre, un navire, un message*); couper (*la retraite*); ⚕ comprendre (*un espace*); **in·ter'cep·tion** interception *f*; *téléph. etc.* captation *f*; **inter'cep·tor** celui (celle *f*) *m* qui intercepte; ⚔ ~ *fighter* intercepteur *m*.
in·ter·ces·sion [intə'seʃn] intercession *f*; médiation *f*; **in·ter·ces·sor** [~'sesə] intercesseur *m*; médiateur (-trice *f*) *m*.
in·ter·change 1. [intə'tʃeindʒ] *v/t.* échanger; mettre (*qch.*) à la place de (*qch. d'autre*); *v/i.* s'interchanger; **2.** ['~tʃeindʒ] échange *m*; alternance *f*; ∉ interversion *f*; **in·ter-'change·a·ble** interchangeable, permutable.
in·ter·com·mu·ni·cate [intəkə-'mju:nikeit] communiquer (entre eux *ou* elles); **'in·ter·com·mu·ni-'ca·tion** communication *f* réciproque; rapports *m/pl.*; ⚙ intercirculation *f*; **in·ter·com'mun·ion** [~jən] rapports *m/pl.* intimes; *eccl.* intercommunion *f*.
in·ter·con·nect [intəkə'nekt] communiquer (réciproquement).
in·ter·con·ti·nen·tal ['intəkɔnti-'nentl] intercontinental (-aux *m/pl.*).
in·ter·course ['intəkɔ:s] commerce *m*, relations *f/pl.*
in·ter·de·pend·ent [intədi'pendənt] solidaire (de, *with*).
in·ter·dict 1. [intə'dikt] interdire (qch. à q., *s.th. to s.o.*; à q. de *inf., s.o. from gér.*); prohiber; **2.** ['intədikt], **in·ter'dic·tion** interdiction *f*, défense *f*; *eccl.* interdit *m*.
in·ter·est ['intrist] **1.** *usu.* intérêt *m*; participation *f* (à, *in*); *fig.* groupe *m*, parti *m*, monde *m*; profit *m*, avantage *m*; † influence *f*, crédit *m* (auprès de, *with*); ✞ intérêt *m*; revenu *m*; *be of* ~ *to* intéresser (*q.*); *take an* ~ *in* s'intéresser à; **2.** *usu.* intéresser (dans, *in*); éveiller l'intérêt de (*q.*); *be* ~*ed in* s'intéresser à; s'occuper de; ✞ être intéressé dans; ~ *o.s.* s'intéresser (à, *in*); **'in·ter·est·ed** intéressé; d'intérêt (*regard*); **'in·ter·est·ing** □ intéressant.
in·ter·fere [intə'fiə] se mêler (de, *with*); toucher (à, *with*); intervenir (dans, *in*); gêner, déranger (qch., *with s.th.*); **in·ter'fer·ence** intervention *f*, ingérence *f* (dans, *in*); *phys.* interférence *f*; *radio:* interférences *f/pl.*; ~ *elimination radio:* filtrage *m* à interférences; ~ *suppressor* antiparasite *m*.
in·ter·flow [intə'flou] se mélanger.
in·ter·flu·ent [in'tə:fluənt] se mélangeant; mêlant leurs eaux.
in·ter·fuse [intə'fju:z] (se) mélanger, (se) confondre.
in·ter·im ['intərim] **1.** *su.* intérim *m*; *ad* ~ par intérim; *in the* ~ sur ces entrefaites; **2.** *adv.* en attendant, entretemps; **3.** *adj.* intérimaire.
in·te·ri·or [in'tiəriə] **1.** □ (de l')intérieur; *fig.* intime; ✍ interne; **2.** intérieur *m* (*tous les sens*); ~ *decorator* ensemblier *m*, artiste *mf* décorateur (-trice *f*).
in·ter·ja·cent [intə'dʒeisənt] intermédiaire, interjacent.
in·ter·ject [intə'dʒekt] interrompre; faire (*une remarque*); **in·ter'jec·tion** interjection *f*; **in·ter·jec·tion·al** □ interjectionnel(le *f*).

interlace

in·ter·lace [intə'leis] (s')entrelacer, (s')entrecroiser, (s')entremêler.
in·ter·lard [intə'lɑ:d] *fig.* piquer (de, *with*).
in·ter·leave [intə'li:v] interfolier (*un livre*).
in·ter·line [intə'lain] écrire (*qch.*) entre les lignes; *typ.* interligner; **in·ter·lin·e·ar** [intə'liniə] (à traduction) interlinéaire; **in·ter·lin·e·a·tion** ['ˌlini'eiʃn] interlinéation *f*, entre-ligne *m*; intercalation *f* de mots *etc.* dans un texte.
in·ter·lock [intə'lɔk] (s')emboîter; ⛭ (s')enclencher; (s')engrener.
in·ter·lo·cu·tion [intəlo'kju:ʃn] interlocution *f*; **in·ter·loc·u·tor** [ˌ'lɔkjutə] interlocuteur *m*; **in·ter·loc·u·to·ry** en forme de dialogue; ⚖ interlocutoire.
in·ter·lope [intə'loup] faire intrusion; ⚓ vendre sans autorisation; **'in·ter·lop·er** intrus(e *f*) *m*; ⚓ commerçant *m* marron.
in·ter·lude ['intəlu:d] intermède *m*.
in·ter·mar·riage [intə'mæridʒ] intermariage *m*; **'in·ter'mar·ry** se marier entre parents *ou* entre membres de races *etc.* différentes.
in·ter·med·dle [intə'medl] s'ingérer (dans *with*, in); **in·ter'med·dler** *fig.* officieux (-euse *f*) *m*.
in·ter·me·di·ar·y [intə'mi:diəri] intermédiaire (*a. su./m*); **in·ter·me·di·ate** □ [ˌ'mi:diət] intermédiaire; intermédiat; moyen(ne *f*); ✈ *landing* escale *f*; *Am.* ~ *school* école *f* secondaire; ~ *trade* commerce *m* intermédiaire. [ment *m*.\
in·ter·ment [in'tə:mənt] enterre-\
in·ter·mi·na·ble □ [in'tə:minəbl] sans fin, interminable.
in·ter·min·gle [intə'miŋgl] (s')entremêler.
in·ter·mis·sion [intə'miʃn] interruption *f*, intervalle *m*; pause *f*; *Am. théâ.* entracte *m*.
in·ter·mit [intə'mit] (s')interrompre; *v/t.* suspendre; **in·ter'mit·tent 1.** □ intermittent; ~ *fever* = **2.** ✱ fièvre *f* intermittente; **in·ter'mit·ting·ly** par intervalles.
in·ter·mix [intə'miks] (s')entremêler, (se) mélanger; **in·ter'mix·ture** [ˌtʃə] mélange *m*; mixtion *f*.
in·tern [in'tə:n] interner.
in·tern(e) ['intə:n] interne *m* (*des hôpitaux*).

in·ter·nal □ [in'tə:nl] interne; intérieur; intime, secret (-ète *f*); ~ **com'bus·tion en·gine** moteur *m* à combustion interne.
in·ter·na·tion·al [intə'næʃnəl] **1.** □ international (-aux *m/pl.*); ~ *exhibition* exposition *f* internationale; ~ *law* droit *m* international *ou* des gens; **2.** *pol.* F Internationale *f*; *sp.* international(e *f*) *m*; **in·ter·na·tion·al·i·ty** [ˌ'næliti] internationalité *f*; **in·ter'na·tion·al·ize** [ˌəlaiz] internationaliser.
in·ter·ne·cine war [intə'ni:sain'wɔ:] guerre *f* d'extermination réciproque.
in·tern·ee [intə:'ni:] interné(e *f*) *m*; **in'tern·ment** internement *m*; ~ *camp* camp *m* d'internement.
in·ter·pel·late [in'tə:peleit] interpeller; **in·ter·pel'la·tion** interpellation *f*.
in·ter·phone ['intəfoun] téléphone *m* privé; ✈ téléphonie *f* de bord.
in·ter·plan·e·tar·y [intə'plænitəri] interplanétaire.
in·ter·play ['intə'plei] effet *m* réciproque; jeu *m*.
in·ter·po·late [in'tə:poleit] interpoler; intercaler; **in·ter·po'la·tion** interpolation *f*.
in·ter·pose [intə'pouz] *v/t.* interposer; faire (*une observation*); *v/i.* s'interposer, intervenir; **in·ter·po·si·tion** [intəpə'ziʃn] interposition *f*; intervention *f*.
in·ter·pret [in'tə:prit] interpréter; **in·ter·pre'ta·tion** interprétation *f*; **in'ter·pre·ta·tive** [ˌtətiv] interprétatif (-ive *f*); qui explique (*qch.*, of *s.th.*); **in'ter·pret·er** interprète *mf*.
in·ter·ro·gate [in'terogeit] interroger, questionner; **in·ter·ro'ga·tion** interrogation *f*; *police:* interrogatoire *m*; question *f*; note (*ou mark ou point*) of ~ point *m* d'interrogation; **in·ter·rog·a·tive** [ˌtə'rɔgətiv] **1.** □ interrogateur (-trice *f*); *gramm.* interrogatif (-ive *f*); **2.** *gramm.* pronom *m* interrogatif; **in'ter·rog·a·to·ry** [ˌtəri] **1.** interrogateur (-trice *f*); **2.** ⚖ question *f*; interrogatoire *m*.
in·ter·rupt [intə'rʌpt] interrompre; **in·ter'rupt·ed·ly** de façon interrompue; **in·ter'rupt·er** interrupteur (-trice *f*) *m*; ⚡ coupe-circuit *m/inv.*; **in·ter'rup·tion** interruption *f*.

in·ter·sect [intə'sekt] (s')entrecouper, (s')entrecroiser; ♣ (se) couper; **in·ter'sec·tion** intersection *f* (🚗 *de voies*); *chemins:* carrefour *m*.

in·ter·space ['intə'speis] espacement *m*; *temps:* intervalle *m*.

in·ter·sperse [intə'spə:s] entremêler (de, *with*); parsemer (de, *with*).

in·ter·state *Am.* ['intə'steit] entre États.

in·ter·stice [in'tə:stis] interstice *m*; **in·ter'sti·tial** □ [intə'stiʃl] interstitiel(le *f*).

in·ter·twine [intə'twain], **in·ter·twist** [intə'twist] (s')entrelacer.

in·ter·val [intəvl] intervalle *m* (*a. de temps, a.* ♪); distance *f*; *sp.* mi-temps *f*; *théâ.* entracte *m*; *école:* récréation *f*.

in·ter·vene [intə'vi:n] intervenir, s'interposer; s'écouler (*années*); séparer; arriver, survenir; **in·ter'ven·tion** [⁓'venʃn] intervention *f*; interposition *f*.

in·ter·view ['intəvju:] 1. entrevue *f*; *journ.* interview *f*; 2. avoir une entrevue avec; *journ.* interviewer; **'in·ter·view·er** interviewer *m*.

in·ter·weave [intə'wi:v] [*irr.*(*weave*)] (s')entrelacer; *fig.* (s')entremêler.

in·tes·ta·cy ⚖️ [in'testəsi] absence *f* de testament; **in'tes·tate** ⚖️ [⁓tit] intestat (*usu. su./m*); ⁓ *succession* succession *f* ab intestat.

in·tes·ti·nal *anat.* [in'testinl] intestinal (*-aux m/pl.*); **in'tes·tine** [⁓tin] intestin (*a. su./m*).

in·ti·ma·cy ['intiməsi] intimité *f*; *péj.* accointances *f/pl.*; ⚖️ relations *f/pl.* charnelles; **in·ti·mate** 1. ['⁓meit] signifier; indiquer, suggérer; intimer (*un ordre*); 2. ['⁓mit] □ intime; *fig.* approfondi; 3. ['⁓mit] intime *mf*; **in·ti·ma·tion** [⁓'meiʃn] avis *m*; indication *f*; suggestion *f*.

in·tim·i·date [in'timideit] intimider; **in·tim·i'da·tion** intimidation *f*; ⚖️ menaces *f/pl.*

in·tim·i·ty [in'timiti] intimité *f*.

in·to ['intu; 'intə] *prp.* dans, en; à; entre (*les mains*).

in·tol·er·a·ble □ [in'tɔlərəbl] intolérable, insupportable; **in'tol·er·ance** intolérance *f*; **in'tol·er·ant** □ intolérant.

in·to·na·tion [intə'neiʃn] ♪, *voix:* intonation *f*; *eccl.* psalmodie *f*; cadence *f*, *voix:* ton *m*; **in·to·nate** ['⁓neit], **in·tone** [in'toun] psalmodier; entonner.

in·tox·i·cant [in'tɔksikənt] 1. enivrant; 2. boisson *f* alcoolique; **in'tox·i·cate** [⁓keit] enivrer; **in·tox·i'ca·tion** ivresse *f*; *fig.* enivrement *m*; ⚗ *poison:* intoxication *f*.

in·trac·ta·bil·i·ty [intræktə'biliti] indocilité *f*; *terrain:* nature *f* incultivable; **in'trac·ta·ble** □ intraitable, obstiné, difficile; incultivable; ingrat.

in·tra·mu·ral ['intrə'mjuərəl] dans l'intérieur de la ville.

in·tran·si·gent *pol.* [in'trænsidʒənt] intransigeant(e *f*) (*a. su.*).

in·tran·si·tive □ [in'trænsitiv] intransitif (*-ive f*).

in·tra·state *Am.* [intrə'steit] intérieur de l'État; qui ne concerne que l'État.

in·trep·id □ [in'trepid] intrépide, courageux (*-euse f*); **in·tre·pid·i·ty** [intri'piditi] intrépidité *f*, courage *m*.

in·tri·ca·cy ['intrikəsi] complication *f*; complexité *f*; **in'tri·cate** □ ['⁓kit] compliqué; confus; embrouillé.

in·trigue [in'tri:g] 1. intrigue *f* (*a. théâ.*); liaison *f* (*amoureuse*); cabale *f*; 2. *v/i.* intriguer (*a. v/t.*); mener des intrigues; *v/t. fig.* piquer la curiosité de (*q.*); **in'tri·guer** intrigant(e *f*) *m*.

in·trin·sic, **in·trin·si·cal** □ [in'trinsik(l)] intrinsèque.

in·tro·duce [intrə'dju:s] introduire, faire entrer; présenter (*q.* à *q.*, *s.o. to s.o.*; *a. parl. un projet de loi*); faire connaître (*un livre*); initier (*q.* à *qch.*, *s.o. to s.th.*); établir; commencer (*une phrase*); **in·tro'duc·tion** [⁓'dʌkʃn] introduction *f*; présentation *f*; avant-propos *m/inv.*; *letter of* ⁓ lettre *f* de recommandation; **in·tro'duc·to·ry** [⁓təri] préliminaire; de recommandation (*lettre*).

in·tro·spec·tion [intrə'spekʃn] introspection *f*; **in·tro'spec·tive** □ introspectif (*-ive f*).

in·tro·vert 1. [intrə'və:t] ⚗ retourner, introvertir (*a. psych.*); 2. ['introvə:t] caractère *m* introverti.

in·trude [in'tru:d] *v/t.* introduire de force (dans, *into*); imposer (à, [*up*]*on*); *v/i.* faire intrusion (auprès de, [*up*]*on*); empiéter (sur, *on*); être

intruder

importun; **in'trud·er** intrus(e *f*) *m*; importun(e *f*) *m*; F resquilleur (-euse *f*) *m* (*à une soirée*).

in·tru·sion [in'tru:ʒn] intrusion *f*, empiétement *m*.

in·tru·sive □ [in'tru:siv] importun (*personne*); *géol.* d'intrusion; *gramm.* intrusif (-ive *f*).

in·trust [in'trʌst] *see* entrust.

in·tu·i·tion [intju'iʃn] intuition *f*; **in·tu·i·tive** □ [ˌ~'tjuitiv] intuitif (-ive *f*).

in·un·date ['inʌndeit] inonder (de, with); **in·un'da·tion** inondation *f*.

in·ure [i'njuə] habituer (à, to); **in-'ure·ment** habitude *f* (de, to); endurcissement *m* (à, to).

in·u·til·i·ty [inju'tiliti] inutilité *f*.

in·vade [in'veid] envahir; faire une invasion dans (*un pays*); *fig.* violer; empiéter sur (*un droit*); **in'vad·er** envahisseur *m*; *fig.* intrus(e *f*) *m*; transgresseur *m* (*d'un droit*).

in·val·id[1] [in'vælid] invalide; nul (-le *f*).

in·val·id[2] ['invəli:d] 1. malade (*a. su./mf*); infirme (*a. su./mf*); 2. ⚔, ⚓ invalide *m*; 3. *v/t.* rendre malade ou infirme; ⚔, ⚓ réformer; *v/i.* être réformé.

in·val·i·date [in'vælideit] rendre nul, invalider; ⚖ casser (*un jugement*); **in·val·i'da·tion** invalidation *f*; cassation *f*.

in·va·lid·i·ty [invə'liditi] invalidité *f*.

in·val·u·a·ble □ [in'væljuəbl] inestimable.

in·var·i·a·ble □ [in'vɛəriəbl] invariable.

in·va·sion [in'veiʒn] invasion *f* (*a.* ⚕), envahissement *m*; *fig.* violation *f* (*a.* ⚖) (de, of); ⚖ empiétement *m* (sur, of); **in'va·sive** [ˌ~siv] envahissant; d'invasion.

in·vec·tive [in'vektiv] invective *f*, injures *f/pl.*

in·veigh [in'vei]: ~ against déclamer ou fulminer contre, maudire (*qch.*).

in·vei·gle [in'vi:gl] séduire; attirer (dans, into); **in'vei·gle·ment** séduction *f*; leurre *m*.

in·vent [in'vent] inventer; **in'ven·tion** invention *f* (*a. fig.*); *fig.* mensonge *m*; **in'ven·tive** □ inventif (-ive *f*); **in'ven·tive·ness** fécondité *f* d'invention; imagination *f*; **in'ven·tor** inventeur (-trice *f*) *m*;

in·ven·to·ry ['invəntri] 1. inventaire *m*; 2. inventorier; dresser l'inventaire de.

in·verse □ ['in'vəːs] inverse; **in·ver·sion** [in'vəːʃn] renversement *m*; *gramm.*, ♪, ⚗, *etc.* inversion *f*.

in·vert 1. [in'vəːt] renverser; invertir; ♪ intervertir; ~ed commas *pl.* guillemets *m/pl.*; ⚘ ~ed flight vol *m* renversé ou sur le dos; 2. ['invəːt] inverti(e *f*) *m*.

in·ver·te·brate [in'vəːtibrit] 1. invertébré; *fig.* flasque, faible; 2. *zo.* invertébré *m*; *fig.* personne *f* qui manque de caractère.

in·vest [in'vest] *v/t.* revêtir (de with, in); *fig.* investir (q. de qch., s.o. with s.th.; a. de l'argent); prêter (qch. à q., s.o. with s.th.); ⚔ investir, cerner; ♰ investir, placer (*des fonds*) (dans, in); *v/i.* ♰ placer de l'argent (dans, in); F ~ in s.th. acheter qch., se payer qch.

in·ves·ti·gate [in'vestigeit] examiner, étudier, rechercher; **in·ves·ti'ga·tion** investigation *f*, recherches *f/pl.*; **in'ves·ti·ga·tor** [ˌ~tə] investigateur (-trice *f*) *m*.

in·ves·ti·ture [in'vestitʃə] remise *f* de décorations; *eccl.* investiture *f*; *poét.* (re)vêtement *m*; **in'vest·ment** placement *m* (*de fonds*); ⚔ investissement *m*; **in'ves·tor** capitaliste *mf*; spéculateur *m*; *small* ~ petit rentier *m*.

in·vet·er·a·cy [in'vetərəsi] caractère *m* invétéré; **in'vet·er·ate** □ [ˌ~rit] invétéré, enraciné (*chose*); acharné (*personne*).

in·vid·i·ous □ [in'vidiəs] odieux (-euse *f*), haïssable; qui excite la haine ou l'envie ou la jalousie.

in·vig·or·ate [in'vigəreit] *v/t.* fortifier, donner de la vigueur à; **in·vig·or'a·tion** invigoration *f*.

in·vin·ci·bil·i·ty [invinsi'biliti] invincibilité *f*; **in'vin·ci·ble** □ invincible.

in·vi·o·la·bil·i·ty [invaiələ'biliti] inviolabilité *f*; **in'vi·o·la·ble** □ inviolable; **in'vi·o·late** [ˌ~lit] inviolé.

in·vis·i·bil·i·ty [invizə'biliti] invisibilité *f*; **in'vis·i·ble** □ invisible.

in·vi·ta·tion [invi'teiʃn] invitation *f*; **in·vite** [in'vait] 1. inviter (q. à *inf.*, s.o. to *inf.*); convier (*a. à dîner*); solliciter (*qch.*); provoquer (*une critique, un danger, etc.*); 2. F invitation *f*.

irradiation

in·vo·ca·tion [invo'keiʃn] invocation *f*; **in·voc·a·to·ry** [in'vɔkətəri] invocatoire.

in·voice † ['invɔis] **1.** facture *f*; **2.** facturer.

in·voke [in'vouk] invoquer (*Dieu, la mémoire, un esprit*); appeler.

in·vol·un·tar·y □ [in'vɔləntəri] involontaire.

in·vo·lute ['invəlu:t] **1.** ⚘ involuté; ⚚ de *ou* à développante; **2.** ⚚ développante *f*; **in·vo·lu·tion** complication *f*; enchevêtrement *m*; ⚘, ⚚, *biol.* involution *f*.

in·volve [in'vɔlv] envelopper (dans, *in*); embarrasser; impliquer (dans, *in*); engager (dans, *in*); entraîner; comprendre; **in·volve·ment** implication *f*; confusion *f*; embarras *m*/*pl.* pécuniaires.

in·vul·ner·a·bil·i·ty [invʌlnərə'biliti] invulnérabilité *f*; **in·vul·ner·a·ble** □ invulnérable.

in·ward ['inwəd] **1.** *adj.* intérieur (*a. fig.*); interne; vers l'intérieur; **2.** *adv.* (*usu.* **in·wards** ['~z]) vers l'intérieur; † pour l'importation; *fig.* dans l'âme; **3.** *su. fig.* ~s *pl.* entrailles *f*/*pl.*, ventre *m*; **'in·ward·ly** intérieurement (*a. fig.*); dans *ou* vers l'intérieur; **'in·ward·ness** essence *f*, signification *f* intime; spiritualité *f*.

in·weave ['in'wi:v] (*irr.* (*weave*)) brocher (de, *with*); tisser (dans, *into*).

in·wrought ['in'rɔ:t] broché, ouvragé (de, *with*; dans, *into*).

i·od·ic 🝣 [ai'ɔdik] iodique; **i·o·dide** ['aiədaid] iodure *m*; **i·o·dine** ['~di:n] iode *m*; **i·o·do·form** 🝣 [ai-'ɔdəfɔ:m] iodoforme *m*.

i·on *phys.* ['aiən] ion *m*.

I·o·ni·an [ai'ounjən] **1.** ionien(ne *f*); **2.** Ionien(ne *f*) *m*.

I·on·ic[1] [ai'ɔnik] △ ionique; ♪, *ling.* ionien(ne *f*).

i·on·ic[2] *phys.* [~] ionique; **i·on·ize** *phys.* ['aiənaiz] (s')ioniser.

i·o·ta [ai'outə] iota *m* (*a. fig.*).

I O U ['aiou'ju:] (*abr. de I owe you*) reconnaissance *f* de dette.

ip·e·cac·u·an·ha ⚘ [ipikæk'ju'ænə] ipécacuana *m*, *abr.* ipéca *m*.

I·ra·ni·an [ai'reinjən] **1.** iranien(ne *f*); **2.** Iranien(ne *f*) *m*.

i·ras·ci·bil·i·ty [iræsi'biliti] irascibilité *f*; tempérament *m* colérique;

i·ras·ci·ble □ [~sibl] irascible; colérique (*tempérament*).

i·rate [ai'reit] en colère, furieux (-euse *f*).

ire *poét.* ['aiə] colère *f*; courroux *m*.

ire·ful □ ['aiəful] plein de colère.

ir·i·des·cence [iri'desns] irisation *f*; plumage *etc.*: chatoiement *m*; **ir·i·'des·cent** irisé; chatoyant.

I·ris ['aiəris] *myth.* Iris *f*; ⚘ ♀, *anat., cin., opt.* iris *m*; *phot.* ~ diaphragm diaphragme *m* iris.

I·rish ['aiəriʃ] **1.** irlandais; d'Irlande; **2.** *ling.* irlandais *m*; *the* ~ les Irlandais *m*/*pl.*; **'I·rish·ism** locution *f* irlandaise; **'I·rish·man** Irlandais *m*; **'I·rish·wom·an** Irlandaise *f*.

irk † [ə:k] ennuyer; en coûter à (*q.*).

irk·some □ ['ə:ksəm] ennuyeux (-euse *f*); ingrat; **'irk·some·ness** caractère *m* ingrat; ennui *m*.

i·ron ['aiən] **1.** fer *m* (*a. fig.*); *fig. souv.* airain *m*; *cast* ~ fonte *f*; (*qqfois flat-*~) fer *m* à repasser; ~*s pl.* fers *m*/*pl.*; **2.** de fer (*a. fig.*); en fer; ⊕ de fonte; **3.** repasser; donner un coup de fer à; garnir de fers; mettre (*q.*) aux fers; **'~-bound** cerclé de fer; *fig.* sévère, inflexible; à pic (*côte*); **'~-clad** cuirassé (*a. su.*/*m*); **'i·ron·er** repasseur (-euse *f*) *m*; **'i·ron-found·ry** fonderie *f* de fonte; **'i·ron-heart·ed** *fig.* dur, sans pitié.

i·ron·ic, i·ron·i·cal □ [ai'rɔnik(l)] ironique.

i·ron·ing ['aiəniŋ] **1.** repassage *m*; **2.** à repasser.

i·ron...: ~ **lung** ⚚ poumon *m* d'acier; **'~-mas·ter** maître *m* de forges; **'~-mon·ger** quincaillier (-ère *f*); **'~-mon·ger·y** quincaillerie *f*; **'~-mould** tache *f* de rouille; **♀·sides** *pl.* Côtes *f*/*pl.* de Fer (= *cavalerie de Cromwell*); **'~-work** construction *f* en fer; serrurerie *f*; ~*s usu. sg.* ⊕ fonderie *f* (*de fonte*).

i·ro·ny[1] ['aiəni] de *ou* en fer; qui ressemble au fer.

i·ro·ny[2] ['aiərəni] ironie *f*.

ir·ra·di·ance, ir·ra·di·an·cy [i'reidiəns(i)] rayonnement *m*; éclat *m* (*a. fig.*); **ir·ra·di·ant** rayonnant (de, *with*).

ir·ra·di·ate [i'reidieit] irradier; *v*/*i.* rayonner (de, *with*); *v*/*t.* rayonner sur; *a.* éclairer; illuminer; faire rayonner; **ir·ra·di·a·tion** rayonne-

irrational

ment *m*, éclat *m* (*a. fig.*); *phys.* irradiation *f*; *fig.* illumination *f*.

ir·ra·tion·al □ [i'ræʃnəl] déraisonnable; dépourvu de raison; ⚥ irrationnel(le *f*); **ir·ra·tion·al·i·ty** [ˌ~ʃə'næliti] déraison *f*; absurdité *f*.

ir·re·claim·a·ble □ [iri'kleiməbl] incorrigible; ⚘ incultivable.

ir·rec·og·niz·a·ble □ [i'rekəgnaizəbl] méconnaissable.

ir·rec·on·cil·a·ble □ [i'rekənsailəbl] incompatible (avec, *with*); implacable (*haine etc.*).

ir·re·cov·er·a·ble □ [iri'kʌvərəbl] irrécouvrable; irréparable (*perte*).

ir·re·deem·a·ble □ [iri'di:məbl] irrachetable (*faute, fonds*); irrémédiable (*désastre etc.*); ✞ non amortissable; incorrigible (*coquin*).

ir·re·duc·i·ble [iri'dju:səbl] irréductible.

ir·re·fra·ga·bil·i·ty [irefrəgə'biliti] caractère *m* irréfragable *etc.*; **ir'ref·ra·ga·ble** □ irréfragable; irréfutable.

ir·ref·u·ta·ble □ [i'refjutəbl] irréfutable; irrécusable.

ir·reg·u·lar [i'regjulə] **1.** □ irrégulier (-ère *f*); anormal (-aux *m/pl.*); inégal (-aux *m/pl.*); saccadé (*mouvement etc.*); **2.** ˌ~s *pl.* troupes *f/pl.* irrégulières, irréguliers *m/pl.*; **ir·reg·u·lar·i·ty** [ˌ~'læriti] irrégularité *f*.

ir·rel·a·tive [i'relətiv] sans rapport (avec, *to*), étranger (-ère *f*) (à, *to*).

ir·rel·e·vance, ir·rel·e·van·cy [i'relivəns(i)] inconséquence *f*; inapplicabilité *f*; **ir'rel·e·vant** □ hors de propos; étranger (-ère *f*) (à, *to*).

ir·re·li·gion [iri'lidʒn] irréligion *f*, indévotion *f*; **ir·re'li·gious** □ [ˌ~dʒəs] irréligieux (-euse *f*).

ir·re·me·di·a·ble □ [iri'mi:djəbl] irrémédiable; sans remède.

ir·re·mis·si·ble □ [iri'misəbl] impardonnable; irrémissible.

ir·re·mov·a·ble □ [iri'mu:vəbl] inébranlable; bien ancré; inamovible (*juge etc.*).

ir·rep·a·ra·ble □ [i'repərəbl] irréparable; irrémédiable.

ir·re·press·i·ble □ [iri'presəbl] irrésistible; irrépressible.

ir·re·proach·a·ble □ [iri'proutʃəbl] irréprochable; **ir·re'proach·a·ble·ness** caractère *m* irréprochable.

ir·re·sist·i·bil·i·ty ['irizistə'biliti] irrésistibilité *f*; **ir·re'sist·i·ble** □ irrésistible.

ir·res·o·lute □ [i'rezəlu:t] irrésolu; indécis; hésitant; **ir'res·o·lute·ness, ir·res·o'lu·tion** irrésolution *f*; indécision *f*.

ir·re·solv·a·ble [iri'zɔlvəbl] insoluble; indécomposable.

ir·re·spec·tive □ [iris'pektiv] (*of*) indépendant (de); *adv.* sans tenir compte (de).

ir·re·spon·si·bil·i·ty ['irisponsə'biliti] étourderie *f*; ⚖ irresponsabilité *f*; **ir·re'spon·si·ble** □ étourdi, irréfléchi; ⚖ irresponsable.

ir·re·triev·a·ble □ [iri'tri:vəbl] irréparable, irrémédiable.

ir·rev·er·ence [i'revərəns] irrévérence *f*; manque *m* de respect (pour, envers *towards*); **ir'rev·er·ent** □ irrévérent; irrévérencieux (-euse *f*).

ir·re·vers·i·ble □ [iri'və:səbl] irrévocable; *mot.* irréversible.

ir·rev·o·ca·bil·i·ty [irevəkə'biliti] irrévocabilité *f*; **ir'rev·o·ca·ble** □ irrévocable.

ir·ri·gate ['irigeit] arroser; ⚘, ⚕ irriguer; **ir·ri·ga·tion** arrosage *m*; ⚘, ⚕ irrigation *f*.

ir·ri·ta·bil·i·ty [iritə'biliti] irritabilité *f*; **'ir·ri·ta·ble** □ irritable; **'ir·ri·tant** irritant (*a. su./m*); **ir·ri·tate** [ˌ~teit] irriter; agacer; **'ir·ri·tat·ing** □ irritant; agaçant; **ir·ri'ta·tion** irritation *f*; *biol.* stimulation *f*.

ir·rup·tion [i'rʌpʃn] irruption *f*.

is [iz] il, elle, *etc.* est.

i·sin·glass ['aiziŋgla:s] ichtyocolle *f*; gélatine *f*.

Is·lam ['izla:m] Islam *m*.

is·land ['ailənd] île *f*; îlot *m* (*a. fig.*); (*a. traffic-*~) refuge *m*; **'is·land·er** insulaire *mf*.

isle [ail] *poét. ou géogr. devant npr.* île *f*; **is·let** ['ailit] îlot *m*.

ism *usu. péj.* [izm] théorie *f*, doctrine *f*.

isn't ['iznt] = *is not*.

iso... [aiso] *préf.* is(o)-.

i·so·late ['aisəleit] isoler; ⚥, ⚕ dégager; **i·so'la·tion** isolement *m*; ~ *hospital* hôpital *m* de contagieux; **i·so'la·tion·ist** *Am. pol.* isolationniste (*a. su./mf*).

i·so·tope ⚛ ['aisətoup] isotope *m*.

Is·ra·el·ite ['izriəlait] Israélite *mf*; **'Is·ra·el·it·ish** israélite.

is·sue [isju:; 'iʃu:] **1.** sortie *f*; *fleuve*:

embouchure *f*; résultat *m*, dénouement *m*, fin *f*; perte *f*, *sang*: épanchement *m*; ⚥ progéniture *f*, postérité *f*; ⚥ cause *f*, question *f*; distribution *f* (*de vivres etc.*); ✝ émission *f* (*des billets de banque etc.*); publication *f* (*d'un livre*; *a*. ⚔, ⚓ *d'ordres*); numéro *m*, *journal*: édition *f*; *prospectus*: lancement *m*; *passeport etc.*: délivrance *f*; ~ *of fact* question *f* de fait; ~ *of law* question *f* de droit; *force an* ~ forcer une décision; amener une crise; *join* (*the*) ~ différer d'opinion; F relever le gant; *join* ~ *with s.o.* contredire q., discuter l'opinion de q.; *be at* ~ être en débat (sur, *on*); être en question; 2. *v/i.* sortir, jaillir (de, *from*); provenir (de, *from*); se terminer (par, *in*); *v/t.* publier (*a. des livres*); distribuer (qch. à q., *s.o. with s.th.*); lancer (*un mandat d'arrêt*); donner (*un ordre*); ✝ émettre (*des billets de banque*); '~-de·part·ment section *f* émettrice (*de la Banque d'Angleterre*); 'is·sue·less sans enfants.
isth·mus ['isməs] isthme *m*.
it [it] 1. *pron.* il, accentué: lui; elle (*a. accentué*); ce, accentué: cela; *accusatif*: le, la; *datif*: lui; *of* (*ou from*) ~ en; *to* (*ou at*) ~ y; *how is* ~ *with?* comment va *etc.*?; *see lord* 2, *foot* 2; F *go* ~ aller grand train; *sl. go* ~! vas-y!; allez-y!; *we had a very good time of* ~ nous nous sommes bien amusés; 2. *adj. préd.* F épatant; 3. *su.* F quelque chose; F *abr. de Italian* vermouth.
I·tal·ian [i'tæljən] 1. italien(ne *f*); ~ *warehouse* magasin *m* de comestibles, épicerie *f*; 2. *ling.* italien *m*; Italien(ne *f*) *m*.
i·tal·ics *typ.* [i'tæliks] italiques *m/pl.*
itch [itʃ] 1. ⚕ gale *f*; démangeaison *f* (*a. fig.*, de *inf.* for, *to inf.*); 2. démanger; *personne*: éprouver des démangeaisons; *fig.* avoir une démangeaison (de *inf.* for, *to inf.*); *be* ~*ing to* (*inf.*) brûler de (*inf.*); 'itch·ing ⚕ prurit *m*; démangeaison *f* (*a. fig.*); *fig.* grande envie *f*; 'itch·y ⚕ galeux (-euse *f*).
i·tem ['aitem] 1. item; de plus; 2. article *m*, détail *m*; question *f*; *journ.* fait *m* divers; ✝ poste *m*; 3. noter; i·tem·ize ['aitəmaiz] *surt. Am.* détailler, donner les détails de.
it·er·ate ['itəreit] réitérer; it·er'a·tion réitération *f*, répétition *f*; it·er·a·tive □ ['itərətiv] itératif (-ive *f*).
i·tin·er·ant □ [i'tinərənt] ambulant; i·tin·er·ar·y [ai'tinərəri] itinéraire (*a. su./m*); i·tin·er·ate [i'tinəreit] voyager (de lieu en lieu).
its [its] son, sa; ses.
it's F [its] = *it is*; *it has*.
it·self [it'self] lui-même, elle-même; *réfléchi*: se, accentué: soi; *of* ~ tout seul; de lui-même, d'elle-même; *in* ~ en lui-même *etc.*; en soi, de soi; *by* ~ à part; tout seul.
I've F [aiv] = *I have*.
i·vied ['aivid] couvert de lierre.
i·vo·ry ['aivəri] 1. ivoire *m*; 2. en ivoire; d'ivoire.
i·vy ⚘ ['aivi] lierre *m*.

J

J, j [dʒei] J *m*, j *m*.
jab F [dʒæb] 1. piquer (*q.*, *qch.*) du bout (de qch., *with s.th.*); *box.* lancer un coup sec à; 2. coup *m* de pointe; *box.* coup *m* sec.
jab·ber ['dʒæbə] 1. *vt/i.* baragouiner; *v/i.* jacasser; 2. baragouinage *m*; jacasserie *f*.
Jack[1] [dʒæk] Jean *m*; ~ *Frost* bonhomme *m* Hiver; ~ *and Jill* Jeannot et Colette; ~ *Ketch* le bourreau; ~ *Pudding* bouffon *m*; ~ *Rake* noceur *m*, roué *m*; ~ *Sprat* nabot *m*; F ~ *Tar* matelot *m*; F mathurin *m*.
jack[2] [~] 1. *cartes*: valet *m*; ⚓ pavillon *m* de beaupré; *mot.* cric *m*; tournebroche *m*; *icht.* brocheton *m*; *boules*: cochonnet *m*; *horloge*: jaquemart *m*; tire-botte *m*; *Am. sl.* argent *m*, *sl.* fric *m*; 2. soulever (avec un cric); *sl.* ~ *up* abandonner; *surt. Am.* F augmenter rapidement (*les prix*).
jack·al ['dʒækɔ:l] *zo.* chacal (*pl.* -als) *m* (*a. fig.*).
jack·a·napes ['dʒækəneips] petit(e *f*) vaurien(ne *f*) *m*; impertinent *m*; 'jack·ass baudet *m*; *fig.* imbécile *m*;

'jack·boots bottes *f/pl.* de cavalier; **'jack·daw** *orn.* choucas *m.*

jack·et ['dʒækit] veston *m* (*d'homme*); jaquette *f* (*de femme*); veste *f* (*d'un garçon de café*); ⊕ chemise *f* (*a. de documents*); *livre*: couverture *f*; *potatoes in their ~s* pommes *f/pl.* de terre en robe de chambre.

jack...: **'~-in-of·fice** bureaucrate *m*; **'~-in-the-box** diable *m* à ressort; **'~-knife** couteau *m* pliant; **'~-of-'all-trades** maître Jacques *m*; **'~-of-'all-work** factotum *m*; **'~-o'-'lan·tern** feu *m* follet; **'~-pot** *poker*: pot *m*; *Am.* F *hit the ~* décrocher la timbale; **'~-'tow·el** essuie-mains *m/inv.* à rouleau.

Jac·o·bin *hist.* ['dʒækobin] jacobin(e *f*) *m*; **Jac·o·bite** *hist.* ['~bait] jacobite *mf.*

jade¹ [dʒeid] **1.** rosse *f*, haridelle *f*; *péj.* drôlesse *f*; *fickle ~* oiseau *m* volage; **2.** *v/t.* éreinter; fatiguer; *v/i.* languir.

jade² *min.* [~] jade *m.*

jag [dʒæg] **1.** pointe *f*, saillie *f*; *sl.* bombe *f*, noce *f*, ivresse *f*; **2.** déchiqueter; **jag·ged** □ ['~id] *surt. Am. sl.* soûl, gris; **'jag·gy** déchiqueté, ébréché.

jail [dʒeil] **1.** prison *f*; **2.** mettre en prison; **'~-bird** F gibier *m* de potence; **jail·er** ['dʒeilə] gardien *m* de prison.

ja·lop·(p)y *mot. surt. Am.* F [dʒə'lɔpi] bagnole *f*; ✈ avion *m* de transport.

jam¹ [dʒæm] confiture *f.*

jam² [~] **1.** presse *f*, foule *f*; ⊕ arrêt *m* (de fonctionnement); *radio*: brouillage *m*; *traffic ~* embouteillage *m*; *sl.* *be in a ~* être en difficulté; *~ session* séance *f* de jazz improvisé; **2.** *v/t.* serrer, presser; enfoncer de force, obstruer (*un passage*); *radio*: brouiller; ⊕ coincer; *~ the brakes* freiner brusquement; *v/i.* s'enrayer (*fusil*); se caler (*roue*); ⊕ se coincer.

Ja·mai·ca [dʒə'meikə] (*a. ~ rum*) rhum *m* de la Jamaïque.

jamb [dʒæm] chambranle *m.*

jam·bo·ree [dʒæmbə'riː] *sl.* bombance *f*; congrès *m* bruyant; *boy-scouts*: jamboree *m.*

jan·gle ['dʒæŋgl] **1.** (faire) rendre des sons discordants (à qch.); *v/i.* s'entrechoquer; *v/t.* (faire) entrechoquer; (*a. ~ upon*) agacer; **2.** sons *m/pl.* discordants; cliquetis *m*; **'jan·gling** cacophonique, discordant.

jan·i·tor ['dʒænitə] concierge *m.*

Jan·u·ar·y ['dʒænjuəri] janvier *m.*

Jap F *péj.* [dʒæp] Japonais(e *f*) *m.*

ja·pan [dʒə'pæn] **1.** laque *m*; vernis *m* japonais; **2.** du Japon; **3.** laquer; vernir (*du cuir*).

Jap·a·nese [dʒæpə'niːz] **1.** japonais; **2.** *ling.* japonais *m*; Japonais(e *f*) *m*; *the ~ pl.* les Japonais *m/pl.*

ja·pan·ner [dʒə'pænə] vernisseur *m.*

jar¹ [dʒɑː] pot *m* (*pour la moutarde etc.*); bocal *m*; récipient *m*; ≠ verre *m*; *phys. Leyden ~* bouteille *f* de Leyde.

jar² [~] **1.** choc *m*; secousse *f*; discorde *f*; **2.** heurter, cogner; vibrer; être en désaccord, ♩ détonner (*note*); *~ upon* choquer, agacer; taper sur (*les nerfs*); *~ with* jurer avec.

jar³ F [~]: *on the ~* see *ajar.*

jar·gon ['dʒɑːgən] jargon *m*; *péj.* charabia *m.*

jas·min(e) ♀ ['dʒæsmin] jasmin *m.*

jas·per *min.* ['dʒæspə] jaspe *m.*

jaun·dice ['dʒɔːndis] jaunisse *f*; *fig.* prévention *f*; **'jaun·diced** ictérique; *fig.* prévenu; *fig. ~ eye* regard *m* envieux.

jaunt [dʒɔːnt] **1.** balade *f*, randonnée *f*, sortie *f*; **2.** faire une petite excursion; **'jaun·ti·ness** désinvolture *f*; air *m* effronté; **'jaun·ty** □ désinvolte, insouciant; vif (vive *f*); effronté.

jave·lin ['dʒævlin] javeline *f*; javelot *m* (*a. sp.*); *throwing the ~* lancement *m* du javelot.

jaw [dʒɔː] **1.** mâchoire *f*; F caquet *m*; F *sermon m*; *~s pl.* mâchoire *f*, *~s f/pl.*; *fig.* bras *m/pl.* (*de la mort*); ⊕ *étau*: mors *m*; *clef anglaise*: bec *m*; **2.** *v/i.* F caqueter; *v/t.* F chapitrer (*q.*); **'~-bone** os *m* maxillaire; mâchoire *f*; **'~-break·er** F mot *m* à vous décrocher la mâchoire.

jay [dʒei] *orn.* geai *m*; F jobard *m*; gogo *m*; **'~-walk·er** *Am.* badaud *m*; piéton *m* imprudent.

jazz [dʒæz] **1.** ♩ jazz *m*; **2.** F bariolé; discordant; tapageur (-euse *f*); **3.** jouer *ou* danser le jazz; **'~-'band** jazz-band *m.*

jeal·ous □ ['dʒeləs] jaloux (-ouse *f*) (de, *of*); **'jeal·ous·y** jalousie *f.*

jeep ✕, *mot. Am.* [dʒiːp] jeep *f*.
jeer [dʒiə] **1.** huée *f*; raillerie *f*; **2.** se moquer (de, *at*), se railler (de qch., *at* s.*th*.); railler (q., *at* s.o.); huer; '**jeer·er** railleur (-euse *f*) *m*, moqueur (-euse *f*) *m*; '**jeer·ing** ☐ railleur (-euse *f*),moqueur (-euse *f*).
je·june ☐ [dʒiˈdʒuːn] stérile, aride; *a.* maigre (*sol*).
jel·ly [ˈdʒeli] **1.** gelée *f*; **2.** *v*/*t.* faire prendre en gelée; *v*/*i.* se prendre en gelée; '~-**fish** *zo.* méduse *f*.
jem·my [ˈdʒemi] pince-monseigneur (*pl.* pinces-monseigneur) *f* (*du cambrioleur*), rossignol *m*.
jen·ny ⊕ [ˈdʒeni] machine *f* à filer; chariot *m* de roulement.
jeop·ard·ize [ˈdʒepədaiz] mettre en péril, exposer au danger; '**jeop·ard·y** danger *m*, péril *m*.
jer·e·mi·ad [dʒeriˈmaiəd] jérémiade *f*.
jerk [dʒəːk] **1.** *su.* saccade *f*, secousse *f*; ⚕ réflexe *m* tendineux; tic *m*; *Am. sl.* nigaud *m*; *by* ~*s* par à-coups; *sl. put a* ~ *in it!* mets-y-en!; dépêchez-vous!; **2.** *v*/*t.* donner une secousse *ou* une saccade à; tirer d'un coup sec; *v*/*i.* se mouvoir brusquement; *avec adv. ou prp.*: lever, arracher; '~-**wa·ter** *Am.* **1.** petit train *m*, tortillard *m*; **2.** F petit, de province, sans importance; '**jerk·y 1.** ☐ saccadé; **2.** *Am.* viande *f* conservée; charqui *f*; *sl.* singe *m*.
jer·ry-build·ing [ˈdʒeribildiŋ]construction *f* de maisons de pacotille; '**jer·ry-built** de pacotille, de boue et de crachat (*maison*).
jer·sey [ˈdʒəːzi] jersey *m*; chandail *m*; *foot.* maillot *m*.
jes·sa·mine ♣ [ˈdʒesəmin] jasmin *m*.
jest [dʒest] **1.** plaisanterie *f*, badinage *m*; **2.** plaisanter (sur, *about*); badiner; '**jest·er** railleur (-euse *f*) *m*; *hist.* bouffon *m*.
Jes·u·it [ˈdʒezjuit] jésuite *m*; **Jes·u·ˈit·ic**, **Jes·u·ˈit·i·cal** ☐ *péj.* jésuitique.
jet[1] *min.* [dʒet] jais *m*.
jet[2] [~] **1.** jet *m* (*d'eau etc.*); bec *m* (*de gaz*); ⊕ gicleur *m*; ⊕ brûleur *m*; ~ *propulsion* propulsion *f* par réaction; **2.** (faire) s'élancer en jet.
jet-black [ˈdʒetˈblæk] noir comme du jais.
jet…: '~-**plane** avion *m* à réaction, jet *m*; '~-**pro·pelled** à réaction.

jet·sam [ˈdʒetsəm] épaves *f*/*pl.* jetées à la côte; marchandise *f* jetée à la mer.
jet·ti·son [ˈdʒetisn] **1.** jet *m* (de marchandises) à la mer; **2.** jeter à la mer; se délester de (*a. fig.*).
jet·ty ⚓ [ˈdʒeti] jetée *f*, digue *f*; estacade *f*.
Jew [dʒuː] juif *m*; *attr.* juif (-ive *f*), des juifs; ~'*s harp* guimbarde *f*.
jew·el [ˈdʒuːəl] **1.** bijou (*pl.* -x) *m*, joyau (*pl.* -x) *m*; *horloge:* rubis *m*; *fig. personne:* perle *f*; **2.** orner de bijoux; monter (*un horloge*) sur rubis; '**jew·el·(l)er** bijoutier *m*; '**jew·el·ry**, '**jew·el·ry** bijouterie *f*.
Jew·ess [ˈdʒuːis] juive *f*; '**Jew·ish** juif (-ive *f*); **Jew·ry** [ˈdʒuəri] Juiverie *f*.
jib [dʒib] **1.** ⚓ foc *m*; ⊕ volée *f* (de grue); ~ *door* porte *f* dérobée; **2.** *vt*/*i.* gambier, coiffer (*voile*); regimber (devant, *at*); '**jib·ber** cheval *m* rétif; *fig.* récalcitrant(e *f*) *m*; '**jib-ˈboom** ⚓ bout-dehors (*pl.* bouts-dehors) *m* de foc.
jibe *Am.* F [dʒaib] s'accorder, F coller.
jif·fy F [ˈdʒifi] instant *m*, clin *m* d'œil; *in a* ~ en un clin d'œil; F en cinq sec.
jig [dʒig] **1.** ♪ gigue *f*; **2.** danser la gigue; *fig.* se trémousser.
jig·ger *Am.* [ˈdʒigə] **1.** machin *m*, truc *m*; petite mesure *f* (*pour spiritueux*); **2.** *sl.* sautiller (= *danser*).
jig·gered F [ˈdʒigəd]: *I'm* ~ *if …* du diable si …
jig-saw [ˈdʒigsɔː] scie *f* à chantourner; ~ *puzzle* puzzle *m*.
jilt [dʒilt] **1.** coquette *f*; **2.** laisser là (*un amoureux*).
Jim Crow [dʒimˈkrou] *Am. sl.* nègre *m* (*a. attr.*); discrimination *f* (entre races blanche et noire).
jim·my [ˈdʒimi] *see* jemmy.
jimp *sl.* [dʒimp] diable *m*.
jin·gle [ˈdʒiŋgl] **1.** cliquetis *m*; *grelot:* tintement *m*; **2.** (faire) tinter *ou* cliqueter.
jin·go [ˈdʒiŋgou], *pl.* -**goes** [ˈ~z] chauvin(e *f*) *m*; patriotard *m*; F *by* ~! nom de nom!; '**jin·go·ism** chauvinisme *m*.
jinks [dʒiŋks] *pl.*: F *high* ~ ébats *m*/*pl.* bruyants.
jinx *Am. sl.* [~] porte-malheur *m*/*inv.*

jit·ney *Am. sl.* ['dʒitni] pièce *f* de 5 cents; tacot *m*.

jit·ter F ['dʒitə] **1.** frétiller (de nervosité), être nerveux (-euse *f*); **2.** *sl.* ~s *pl.* nervosité *f*, crise *f* nerveuse; ~**bug** ['~bʌg] **1.** fanatique *m* du swing; *danse*: swing *m*; paniquard *m*; **2.** faire du jitterbug; **¹jit·ter·y** *sl.* nerveux (-euse *f*) à l'excès.

jiu-jit·su [dʒu:'dʒitsu:] jiu-jitsu *m*.

jive *Am. sl.* [dʒaiv] hot jazz *m*; jargon *m* des musiciens swing.

Job¹ [dʒoub]: ~'s comforter consolateur *m* pessimiste, ami *m* de Job; ~'s news nouvelle *f* fatale.

job² [dʒɔb] **1.** tâche *f*, travail (*pl.* -aux) *m*, besogne *f*; F emploi *m*; *sl.* chose *f*, article *m*; ✝ soldes *m/pl.*, marchandise *f* d'occasion; *péj.* intrigue *f*; *typ.* travail (*pl.* -aux) *m* de ville; *by the* ~ à la pièce, à forfait; *make a (good)* ~ *of s.th.*, bien faire qch., réussir à qch.; *a bad* ~ une mauvaise *ou* triste affaire, un malheur; *odd* ~s *pl.* petits travaux *m/pl.*; *métiers m/pl.* à part; ~ *horse* cheval *m* loué; ~ *lot* soldes *m/pl.*; ~ *printer* imprimeur *m* à façon, imprimeur *m* de travaux de ville; ~ *work* travail (*pl.* -aux) *m* à la pièce *ou* tâche; **2.** *v/t.* louer (*un cheval etc.*); ✝ marchander; donner *ou* prendre à forfait (*un travail*); *v/i.* faire des petits travaux, bricoler; travailler à la tâche; ✝ agioter.

job·ber ['dʒɔbə] ouvrier (-ère *f*) *m* à la tâche; intermédiaire *m* revendeur; *péj.* tripoteur (-euse *f*) *m*; ✝ marchand *m* de titres; **¹job·ber·y** tripotages *m/pl.*; ✝ *a.* agiotage *m*; *a piece of* ~ une affaire maquignonnée; **¹job·bing** ouvrage *m* à la tâche; ✝ courtage *m*; ✝ vente *f* en demi-gros; *see jobbery*; **¹job·mas·ter** loueur *m* de voitures.

jock·ey ['dʒɔki] **1.** *su.* jockey *m*; **2.** *v/t.* tromper, duper; *v/i.* manœuvrer; intriguer.

jo·cose □ [dʒə'kous] facétieux (-euse *f*); jovial (-aux *m/pl.*); **jo'cose·ness** jocosité *f*; humeur *f* joviale.

joc·u·lar ['dʒɔkjulə], **joc·u·lar·i·ty** [~'læriti] *see jocose(ness)*.

joc·und □ ['dʒɔkənd] gai; jovial (-als *ou* -aux *m/pl.*).

Joe [dʒou]: ~ *Miller* vieille plaisanterie *f*; plaisanterie *f* usée.

jog [dʒɔg] **1.** *su.* secousse *f*, cahot *m*; coup *m* de coude; petit trot *m*; **2.** *v/t.* pousser le coude à; donner un coup de coude à; *fig.* rafraîchir (*la mémoire à q.*); secouer; *v/i.* (*usu.* ~ *along*, ~ *on*) aller son petit train; aller au petit trot; *be* ~*ging* se (re)mettre en route.

jog·gle ['dʒɔgl] **1.** secouer (*qch.*); branler; ⊕ goujonner; **2.** petite secousse *f*; ⊕ (joint *m* à) goujon *m*.

jog-trot ['dʒɔg'trɔt] **1.** petit trot *m*; *fig.* train-train *m*; **2.** routinier (-ère *f*); monotone.

John [dʒɔn]: ~ *Bull l'Anglais*; *Am.* ~ *Hancock* signature *f* (*de q.*).

john·ny F ['dʒɔni] type *m*, individu *m*; *Am. sl.* cabinets *m/pl.*, W.-C. *m* (*pour hommes*); *surt. Am.* ~ *cake* galette *f* de farine de maïs.

join [dʒɔin] **1.** *v/t.* joindre (*a.* ⊕), (ré)unir; (re)nouer; se joindre à, rejoindre; ajouter; ⊕ rabouter; ⚔, ⚓ rallier; s'affilier à; s'enrôler dans; *v/i.* s'unir, se (re)joindre (à, with); (*a.* ~ *together*) se réunir; ~ *battle* livrer bataille (à, with); ~ *company* se joindre (à, with); ~ *hands* se donner la main; *fig.* se joindre (à, with); ~ *a ship* rallier le bord; ~ *in* prendre part à; se mettre de la partie; s'associer à; ~ *up* s'engager dans l'armée; *I* ~ *with you* je me joins avec *ou* à vous (*pour inf.*, *in gér.*); **2.** *su.* joint *m*, jointure *f*; ligne *f* de jonction.

join·er ['dʒɔinə] menuisier *m*; **¹join·er·y** menuiserie *f* (*travail, a. endroit*).

joint [dʒɔint] **1.** joint *m* (*a.* du *genou*), jointure *f*; ⊕ assemblage *m*; *livre*: mors *m*; *anat.* articulation *f*; *doigt*: phalange *f*; *cuis.* quartier *m*, rôti *m*; ⚓ nœud *m*; *Am. sl.* boîte *f*, bistrot *m*; *put out of* ~ disloquer; *fig. out of* ~ détraqué; **2.** □ (en) commun; collectif (-ive *f*); co-; ~ *heir* cohéritier *m*; **3.** joindre, assembler (*a.* ⊕); *cuis.* découper; *anat.* (s')articuler; **¹joint·ed** articulé (*a. zo.*, *a.* ♀); ~ *doll* poupée *f* articulée; **¹joint-stock**: ~ *company* société *f* par actions; **join·ture** ♃♃ ['~tʃə] douaire *m*.

joist [dʒɔist] **1.** solive *f*, poutre *f*;

2. poser le solivage de; assujettir (*les ais*) sur le solivage.
joke [dʒouk] **1.** *su.* plaisanterie *f*; farce *f*; **2.** *v/i.* plaisanter, badiner; *v/t.* railler; **'jok·er** farceur (-euse *f*) *m*; *cartes:* joker *m*; F type *m*; *Am. sl.* clause *f* ambiguë; **'jok·y** ☐ facétieux (-euse *f*).
jol·li·fi·ca·tion F [dʒɔlifi'keiʃn] partie *f* de plaisir; **'jol·li·ness**, **'jol·li·ty** gaieté *f*.
jol·ly ['dʒɔli] **1.** ☐ gai, joyeux (-euse *f*); F fameux (-euse *f*); **2.** F *adv.* rudement; **3.** F railler; flatter.
jol·ly-boat ⚓ ['dʒɔliboʊt] canot *m*.
jolt [dʒoult] **1.** cahoter; *v/t.* secouer. **2.** cahot *m*, secousse *f*; **'jolt·y** cahotant; cahoteux (-euse *f*) (*chemin*).
Jon·a·than ['dʒɔnəθən]: *Brother* ∼ l'Américain.
jon·quil ♀ ['dʒɔŋkwil] jonquille *f*.
jo·rum ['dʒɔːrəm] bol(ée *f*) *m*.
josh *Am. sl.* [dʒɔʃ] **1.** blague *f*; **2.** blaguer; taquiner.
joss [dʒɔs] idole *f* chinoise.
jos·tle ['dʒɔsl] **1.** *v/t.* coudoyer; *v/i.* jouer des coudes; **2.** *su.* bousculade *f*; coudoiement *m*.
jot [dʒɔt] **1.** iota *m*; atome *m*; **2.** ∼ *down* prendre note de; **'jot·ting** note *f*.
jour·nal ['dʒəːnl] journal *m*; revue *f*; ✝ (livre *m*) journal *m*; ⊕ journal *m* de bord; ⊕ tourillon *m*; ⊕ fusée *f*; **jour·nal·ese** F ['ˌnəˈliːz] style *m* de journaliste; **'jour·nal·ism** journalisme *m*; **'jour·nal·ist** journaliste *mf*; **jour·nal·'is·tic** (∼*ally*) journalistique; **'jour·nal·ize** tenir un journal de; ✝ porter au journal.
jour·ney ['dʒəːni] **1.** voyage *m*; trajet *m* (d'autobus etc.); parcours *m*; **2.** voyager; **'∼-man** compagnon *m*; ouvrier *m*; **'∼-work** travail (*pl.* -aux) *m* à la journée; *fig.* dure besogne *f*.
joust [dʒaust] **1.** joute *f*; **2.** jouter.
Jove [dʒouv]: *by* ∼*!* parbleu!
jo·vi·al ☐ ['dʒouvjəl] jovial (-als *ou* -aux *m/pl.*); enjoué; **jo·vi·al·i·ty** [ˌ∼'æliti] jovialité *f*; bonne humeur *f*.
jowl [dʒaul] mâchoire *f*; joue *f*; *cheek by* ∼ côte à côte.
joy [dʒɔi] joie *f*, allégresse *f*; **joy·ful** ☐ ['ˌful] joyeux (-euse *f*); heureux (-euse *f*); enjoué; **'joy·ful·ness** joie *f*; **'joy·less** ☐ triste, sans joie; **'joy·ous** ☐ joyeux (-euse *f*), heureux (-euse *f*); **'joy-ride** *mot.* F balade *f* en auto (*souv.* à l'insu du propriétaire); **'joy-rid·er** baladeur (-euse *f*) *m*; **'joy-stick** ✈ *sl.* manche *m* à balai.
ju·bi·lant ['dʒuːbilənt] joyeux (-euse *f*); réjoui, exultant (*personne*); **ju·bi·late** ['ˌleit] se réjouir, exulter; **ju·bi·la·tion** allégresse *f*; **ju·bi·lee** ['ˌliː] jubilé *m*; cinquantenaire *m*.
Ju·da·ism ['dʒuːdeiizm] judaïsme *m*.
Ju·das ['dʒuːdəs] *fig.* Judas *m*; traître *m*; ¹²(-*hole*) judas *m*.
judge [dʒʌdʒ] **1.** *su.* juge *m* (*a. fig.*, *a. sp.*); président *m* du tribunal; *fig.* connaisseur (-euse *f*) *m*; *Am.* magistrat *m*; *sp.* arbitre *m*; *commercial* ∼ juge *m* préposé au tribunal commercial; **2.** *v/i.* juger (d'après, par *from*, *by*; de, of); estimer; *v/t.* juger (par, by); estimer; arbitrer (à qch., *s.th.*).
judg(e)·ment ['dʒʌdʒmənt] jugement *m*; arrêt *m*, décision *f* judiciaire; *fig.* avis *m*; *fig.* discernement *m*; *in my* ∼ à mon avis; *pronounce* ∼ rendre un arrêt; *sit in* ∼ juger; *eccl.* ∼-*day* jugement *m* dernier.
judge·ship ['dʒʌdʒʃip] fonctions *f/pl.* de juge.
ju·di·ca·ture ['dʒuːdikətʃə] judicature *f*; (cour *f* de) justice *f*; *coll.* magistrature *f*.
ju·di·cial ☐ [dʒuːˈdiʃl] judiciaire; de juge; de bonne justice; légal (-aux *m/pl.*); *fig.* impartial (-aux *m/pl.*); ∼ *murder* assassinat *m* judiciaire; ∼ *system* système *m* judiciaire.
ju·di·cious ☐ [dʒuːˈdiʃəs] judicieux (-euse *f*), sensé; **ju·di·cious·ness** discernement *m*.
jug [dʒʌg] **1.** cruche *f*; pot *m*; *sl.* prison *f*; **2.** étuver; ∼*ged hare* civet *m* de lièvre.
Jug·ger·naut ['dʒʌgənɔːt] *fig.* poids *m* écrasant; roues *f/pl.* meurtrières.
jug·gins F ['dʒʌginz] niais *m*.
jug·gle ['dʒʌgl] **1.** jonglerie *f*; tour *m* de passe-passe; *fig.* supercherie *f*; **2.** jongler; faire des tours de passe-passe; escamoter (à q., *out of s.o.*); **'jug·gler** jongleur (-euse *f*) *m*; prestidigitateur *m*; escamoteur (-euse *f*) *m*; **'jug·gler·y** jonglerie

Jugoslav

f; prestidigitation *f*; *fig.* supercherie *f*.

Ju·go·slav ['ju:gou'sla:v] **1.** Yougoslave *mf*; **2.** yougoslave.

jug·u·lar *anat.* ['dʒʌgjulə] jugulaire; ~ *vein* (veine *f*) jugulaire *f*; **ju·gu·late** ['~leit] *fig.* étrangler; supprimer.

juice [dʒu:s] jus *m* (*a. mot. sl.*, *a. ⚡F*); *mot. sl.* essence *f*; ⚡ courant *m*; **juic·i·ness** ['~inis] succulence *f*; **'juic·y** □ succulent; F savoureux (-euse *f*).

ju·jube ['dʒu:dʒu:b] ♀ jujube *f*; *pharm.* boule *f* de gomme.

juke-box *Am.* F ['dʒu:kbɔks] pickup *m/inv.* à sous.

Ju·ly [dʒu'lai] juillet *m*.

jum·ble ['dʒʌmbl] **1.** *su.* méli-mélo (*pl.* mélis-mélos) *m*; fatras *m*; **2.** *v/t.* (*a.* ~ *up*) brouiller, mêler; *v/i.* se brouiller; ~ *along* avancer en cahotant; '~-**sale** vente *f* d'objets usagés.

jum·bo ['dʒʌmbou] *fig.* éléphant *m*; *attr. surt. Am.* géant.

jump [dʒʌmp] **1.** *su.* saut *m* (*a. sp.*); bond *m*; sursaut *m*; *sp.* obstacle *m*; *surt. Am.* F *get* (*ou have*) *the* ~ *on* devancer; *give a* ~ sursauter (*q.*); faire un saut; **2.** *v/i.* sauter, bondir; sursauter; *poét.* être d'accord; ~ *at fig.* saisir, sauter sur; ~ *to conclusions* conclure à la légère, juger trop vite; *v/t.* franchir, sauter; faire sauter (*un cheval etc.*); saisir à l'improviste; 🚂 quitter (*les rails*); *Am.* F usurper; voler; *Am.* ~ *a train* monter dans un train en marche; ~ *the queue* passer avant son tour; '**jump·er** sauteur (-euse *f*) *m* (*a.* = *cheval*, *insecte*); ⚓ chemise *f*; (*a. knitted* ~) casaque *f*, jumper *m* (*de femme*); barre *f* à mine; '**jump·ing-board** tremplin *m*; '**jump·ing-'off** *fig.* départ *m*; '**jump·y** nerveux (-euse *f*), agité.

junc·tion ['dʒʌŋkʃn] jonction *f*; bifurcation *f*; *rivières:* confluent *m*; 🚂 gare *f* d'embranchement; ~ *box* boîte *f* de dérivation; **juncture** ['~tʃə] jointure *f*; jonction *f* (*de rivières*); conjoncture *f* (*de circonstances*); *at this* ~ *of things* à ce moment critique.

June [dʒu:n] juin *m*.

jun·gle ['dʒʌŋgl] jungle *f*; *fig.* confusion *f*.

jun·ior ['dʒu:njə] **1.** cadet(te *f*); plus jeune (que, *to*); second; *univ. Am.* de troisième année (*étudiant*); *Am.* ~ *high school* (sorte *d'*)école *f* secondaire (*moyennes classes*); ~ *partner* second associé *m*, associé *m* en second; **2.** cadet(te *f*) *m*; *rang:* subalterne *m*, second associé *m*; *Am.* élève *mf* de troisième année dans un *collège*; F le jeune *m*; *he is my* ~ *by four years, he is four years my* ~ il est plus jeune que moi de quatre ans; **jun·ior·i·ty** [dʒu:ni'ɔriti] infériorité *f* d'âge; position *f* moins élevée.

ju·ni·per ♀ ['dʒu:nipə] genièvre *m*; *arbuste:* génévrier *m*.

junk[1] ⚓ [dʒʌŋk] jonque *f*.

junk[2] [~] ⚓ vieux cordages *m/pl.*; ⚓ bœuf *m* salé; ✝ rossignol *m*, camelote *f*; déchets *m/pl.*; *fig.* bêtises *f/pl.*

jun·ket ['dʒʌŋkit] **1.** lait *m* caillé; festin *m*, banquet *m*; *Am.* partie *f* de plaisir; voyage *m* d'agrément aux frais de l'État *ou* du gouvernement; **2.** faire bombance; festoyer; F ~*ing party* pique-nique *m*.

jun·ta ['dʒʌntə] junte *f*; (*a.* **jun·to** ['~tou]) cabale *f*.

ju·rid·i·cal □ [dʒuə'ridikl] juridique, judiciaire.

ju·ris·dic·tion [dʒuəris'dikʃn] juridiction *f*; compétence *f*, ressort *m*; **ju·ris·pru·dence** ['~pru:dəns] jurisprudence *f*; '**ju·ris·pru·dent** légiste *m*.

ju·rist ['dʒu:rist] juriste *m*; *Am.* avocat *m*.

ju·ror 🏛 ['dʒuərə] membre *m* du jury.

ju·ry 🏛 ['dʒuəri] jury *m*; jurés *m/pl.*; '~-**box** banc *m* du jury; '~-**man** membre *m* du jury.

ju·ry-mast ⚓ ['dʒuərima:st] mât *m* de fortune.

just □ [dʒʌst] **1.** *adj.* juste, équitable; légitime; impartial (-aux *m/pl.*); exact; **2.** *adv.* juste; précisément, justement; tout près (de, *by*); tout à fait; seulement; ~ *as* au moment où; ~ *as* ... *so* ... de même que ... de même ...; *be* ~ (*p.pr.*) être en train de (*inf.*); *have* ~ (*p.p.*) venir de (*inf.*); ~ *now* actuellement; tout à l'heure; ~ *over* (*below*) juste au-dessus (au-dessous) (de qch., s.th.); ~ let me see! faites(-moi) voir!; it's ~ splendid! c'est vraiment magnifique!

jus·tice ['dʒʌstis] justice f; personne: juge m; magistrat m; ♀ of the Peace juge m de paix; court of ~ tribunal m, cour f de justice; do ~ to rendre justice à (q.); **'jus·tice·ship** fonctions f/pl. de juge; magistrature f.

jus·ti·fi·a·bil·i·ty [dʒʌstifaiə'biliti] caractère m justifiable; justice f; **'jus·ti·fi·a·ble** □ justifiable; légitime.

jus·ti·fi·ca·tion [dʒʌstifi'keiʃn] justification f; **jus·ti·fi·ca·to·ry** ['~təri] justificatif (-ive f); justificateur (-trice f).

jus·ti·fi·er *typ.* ['dʒʌstifaiə] justificateur m; **jus·ti·fy** ['~fai] justifier (*a. typ.* une ligne); *typ.* parangonner (les caractères).

just·ly ['dʒʌstli] avec justice *ou* justesse.

just·ness ['dʒʌstnis] justice f (d'une cause); justesse f (d'une observation).

jut [dʒʌt] 1. (*a.* ~out) être en *ou* faire saillie; 2. saillie f.

Jute[1] [dʒuːt] Jute mf.

jute[2] ♀, ✝ [~] jute m.

ju·ve·nes·cence [dʒuːvi'nesns] adolescence f; jeunesse f; **ju·ve·nes·cent** adolescent; **ju·ve·nile** ['~nail] 1. juvénile; de (la) jeunesse; pour enfants; ♀ Court tribunal m pour enfants; 2. jeune mf; ~s pl. livres m/pl. pour enfants ou pour la jeunesse; **ju·ve·nil·i·ty** [~'niliti] jeunesse f, juvénilité f.

jux·ta·po·si·tion [dʒʌkstəpə'ziʃn] juxtaposition f.

K

K, k [kei] K m, k m.

Kaf·(f)ir ['kæfə] Cafre mf.

kale [keil] chou (*pl.* -x) m (frisé); *Am. sl.* argent m, pognon m; *Scotch* ~ chou m rouge.

ka·lei·do·scope *opt.* [kə'leidəskoup] kaléidoscope m.

kan·ga·roo *zo.* [kæŋgə'ruː] kangourou m.

ka·o·lin *min.* ['keiəlin] kaolin m.

keck [kek] avoir des haut-le-cœur; ~ at F rejeter avec dégoût.

kedge ⚓ [kedʒ] 1. ancre f de touée; ancre f à jet; 2. haler sur une ancre à jet.

keel ⚓ [kiːl] 1. quille f; on an even ~ sans différence de calaison; *fig.* symétrique(ment); 2. ~ over chavirer; F s'évanouir; **'keel·age** ⚓ droits m/pl. de mouillage; **'keeled** ♀ caréné; **keel·haul** ⚓ ['~hɔːl] ✝ donner la grande cale à; **keel·son** ⚓ ['kelsn] carlingue f.

keen □ [kiːn] aiguisé; perçant (*froid, œil, vent, etc.*); vif (vive f) (*froid, plaisir, vent, etc.*); mordant (*satire*); zélé, ardent; vorace (*appétit*); be ~ on hunting être chasseur enthousiaste, avoir la passion de la chasse; **~edged** [~'edʒd] tranchant, bien affilé; **'keen·ness** acuité f, finesse f; *froid:* âpreté f; *fig.* zèle m, ardeur f.

keep [kiːp] 1. *su.* frais m/pl. de subsistance; nourriture f; *hist.* donjon m, réduit m; F *surt. Am.* for ~s pour de bon; 2. [*irr.*] *v/t. usu.* tenir (*p.ex. boutique, comptes, école, journal, promesse, scène, a. devant adj.*); garder (*sp. but, lit, provisions, qch. pour q.*); avoir (*une auto*); (*a.* ~ up) maintenir (*la discipline, l'ordre*); contenir; conserver (*sa sveltesse etc.*); préserver (de, from); retenir (*q. à dîner, en prison; l'attention*); suivre (*une règle*); célébrer, observer (*une fête*); subvenir aux besoins de; cacher (qch. à q., *s.th.* from s.o.); ~ s.o. company tenir compagnie à q.; ~ company with sortir avec; ~ silence garder le silence; ~ one's temper se contenir; ~ time être exact (*montre*); ♩ suivre la mesure; ⚔ être au pas; ~ watch monter la garde, veiller; ~ s.o. waiting faire attendre q.; ~ away tenir éloigné; ~ down empêcher de monter; réprimer; maintenir (*les prix*) bas; ~ s.o. from (*gér.*) empêcher q. de (*inf.*); préserver q. de; ~ in retenir; contenir (*la colère*); consigner, mettre en retenue (*un élève*); entretenir (*un feu*); ~ s.o. in money fournir de l'argent à q.; ~ in view ne pas perdre de vue; ~ off éloigner; ~ on garder; ~ out

keeper

empêcher d'entrer; se garantir de (*le froid, la pluie*); ~ **up** soutenir; tenir haut; maintenir (*un prix etc.*); entretenir (*la correspondance*); sauver (*les apparences*); 3. [*irr.*] *v/i.* rester, se tenir; se conserver (*fruit etc.*); continuer; F ne rien perdre (pour attendre); ~ **clear of** éviter, rester à distance de; ~ **doing** ne pas cesser de faire, continuer de faire; ~ **away** se tenir éloigné *ou* à l'écart; ~ **from** s'abstenir de; ~ **in with** rester bien avec, cultiver; ~ **off** se tenir éloigné; ~ **on** (*gér.*) continuer de (*inf.*), s'obstiner à (*inf.*); ~ **to** s'en tenir à; observer; suivre; ~ **up** se maintenir; ~ **up with** aller de pair avec; *fig.* se maintenir au niveau de.

keep·er ['ki:pə] garde *m*, gardien (-ne *f*) *m*, surveillant(e *f*) *m*; *musée:* conservateur *m*; *troupeaux:* gardeur (-euse *f*) *m*; '**keep·ing** observation *f*; célébration *f*; garde *f*; **be in** (**out of**) ~ **with** (ne pas) être en accord avec; **keep·sake** ['~seik] souvenir *m* (*cadeau m*).

keg [keg] *harengs:* caque *f*; *alcool:* barillet *m*.

kel·son ⚓ ['kelsn] *see* keelson.

ken [ken] connaissance *f*, ~s *f/pl.*

ken·nel[1] ['kenl] ruisseau *m* (*de rue*).

ken·nel[2] [~] **1.** niche *f* (*de chien*); *chien de chasse:* chenil *m*; *chasse:* la meute *f*; **2.** *fig.* enfermer.

kept [kept] *prét. et p.p. de* keep 2.

kerb(·**stone**) ['kə:b(stoun)] *see* curb (-stone).

ker·chief ['kə:tʃif] fanchon *f*, mouchoir *m* de tête; fichu *m*.

kerf [kə:f] trait *m ou* voie *f* de scie; bout *m* coupé (*d'un arbre abattu*).

ker·nel ['kə:nl] *noisette etc.:* amande *f*; *céréales:* grain *m*; *fig.* fond *m*, essentiel *m*.

ker·o·sene ['kerəsi:n] kérosène *m*, pétrole *m* lampant.

kes·trel *orn.* ['kestrəl] émouchet *m*.

ketch·up ['ketʃəp] sauce *f* tomate très relevée.

ket·tle ['ketl] bouilloire *f*; '**~-drum** ♪ timbale *f*; *Am.* F thé *m ou* réception *f* sans cérémonie.

key [ki:] **1.** clé *f*, clef *f* (*a. fig.*); ⊕ clavette *f*, coin *m*, cale *f*; *machine à écrire, piano:* touche *f*; *flûte etc.:* clef *f*; ⚡ fiche *f*; ♪ ton *m* (*a. fig.*); *école:* corrigé *m*; *pendule etc.:* re-

montoir *m*; **2.** claveter; coincer; adenter (*une planche*); ♪ accorder; ~ **up** ♯ hausser; *fig.* stimuler; **be ~ed up** être tendu; '**~-bit** panneton *m* de clef; '**~·board** clavier *m*; porte-clefs *m/inv.*; '**~-bu·gle** ♪ bugle *m*; '**~·hole** trou *m* de serrure; '**~ in·dus·try** industrie *f* clef; '**~·less** sans clef; ~ **watch** montre *f* à remontoir; '**~·man** pivot *m*; '**~-note** tonique *f*; *fig.* note *f* dominante; '**~·stone** clef *f* de voûte.

khak·i ['ka:ki] *tex., a.* couleur: kaki *m* (*a. adj./inv.*).

kib·butz [ki'buts], *pl.* **-but·zim** [~'butsim] kibboutz (*pl.* kibboutzim) *m*.

kibe [kaib] gerçure *f*.

kib·itz·er *Am.* F ['kibitsə] je sais tout *m* (*qui donne des conseils à des joueurs aux cartes sans qu'on les lui demande*).

ki·bosh *sl.* ['kaibɔʃ] bêtises *f/pl.*; **put the** ~ **on** faire son affaire à (*q.*); bousiller (*qch.*).

kick [kik] **1.** coup *m* de pied; *arme à feu:* recul *m*, réaction *f*; F vigueur *f*, énergie *f*; résistance *f*; *surt. Am.* F plaintes *f/pl.*, protestation *f*; *foot. see* ~**er**; F **get a** ~ **out of** éprouver du plaisir à; *sl.* **it's got a** ~ **to it** ça vous remonte; **2.** *v/t.* donner des coups *ou* un coup de pied à; F congédier (*q.*); *sl.* ~ **the bucket** casser sa pipe (= *mourir*); ~ **s.o. downstairs** faire dégringoler l'escalier à *q.*; F ~ **one's heels** faire le pied de grue (= *attendre*); F ~ **out** ficher à la porte; *sl.* ~ **up a row** faire du chahut; *fig.* faire un scandale; *v/i.* donner un coup de pied; reculer (*arme à feu*); ruer (*animal*); rechigner (à **against**, **at**); *sl.* rouspéter; *Am. sl.* ~ **in with** contribuer (*de l'argent*); '**kick-back** *surt. Am.* F réaction *f* violente; *Am. sl.* ristourne *f*; '**kick·er** cheval *m* qui rue; *sp.* joueur *m*; *Am. sl.* rouspéteur (-euse *f*) *m*; '**kick-'off** *foot.* coup *m* d'envoi; commencement *m*; **kick·shaw** ['kikʃɔ:] bagatelle *f*; *cuis.* friandise *f*; '**kick-'up** *sl.* boucan *m*.

kid [kid] **1.** chevreau (-ette *f*) *m*; (peau *f* de) chevreau *m*; *sl.* gosse *mf*; ~ **glove** gant *m* de chevreau; gant *m* glacé; **2.** mettre bas (*v/t. un chevreau*); *v/i. sl.* plaisanter, taquiner; *v/t.* en conter à; tromper; '**kid·dy** F gosse *mf*, petit(e *f*) *m*.

kid·nap ['kidnæp] kidnapper, en-

kittle

lever (*surt. un enfant*); ⚔, ⚓ prendre par la presse; enlever; 'kid·nap·(p)er ravisseur (-euse *f*) *m* (d'enfant), kidnappeur *m*.

kid·ney ['kidni] *anat.* rein *m*; *cuis.* rognon *m*; F genre *m*; ~ bean ⚕ haricot *m* nain.

kike *Am. sl. péj.* [kaik] juif *m*.

kill [kil] tuer, faire mourir; abattre (*une bête*); amortir (*un son*); *fig.* supprimer; *parl.* couler (*un projet de loi*); ~ off exterminer; ~ time tuer le temps; 'kill·er tueur (-euse *f*) *m*; meurtrier(-ère *f*) *m*; 'kill·ing 1. meurtrier (-ère *f*); écrasant (*travail etc.*); F tordant; 2. *Am.* F opération *f* lucrative; succès *m* (*financier*); 'kill-joy rabat-joie *m/inv.*

kiln [kiln] four *m*; séchoir *m*, étuve *f*; meule *f* (*de charbon de bois*); '~-dry sécher (*qch.*) au four *etc.*

kil·o·cy·cle *phys.* ['kilosaikl] kilocycle *m*; kil·o·gram(me) ['~əgræm] kilogramme *m*; F kilo *m*; kil·o·me·ter, kil·o·me·tre ['~mi:tə] kilomètre *m*.

kilt [kilt] 1. *écoss.* kilt *m* (*jupe courte et plissée*); 2. plisser; retrousser (*ses jupes*).

kin [kin] 1. parents *m/pl.*; the next of ~ le parent le plus proche; F la famille; 2. apparenté (avec, to).

kind [kaind] 1. □ bon(ne *f*) (pour, to); aimable (à, of); 2. espèce *f*; sorte *f*; genre *m*; nature *f*; people of all ~s monde *m* de tous les genres; des gens de toutes sortes; different in ~ qui diffère(nt) en nature; pay in ~ payer en nature; *fig.* payer de la même monnaie; F I ~ of expected it je m'en doutais presque; '~-'heart·ed bienveillant, bon(ne *f*).

kin·dle ['kindl] (s')allumer; (s')enflammer; *fig.* susciter.

kind·li·ness ['kaindlinis] bonté *f*, bienveillance *f*.

kin·dling ['kindliŋ], *a.* ~s *pl.* petit bois *m*; bois *m* d'allumage.

kind·ly ['kaindli] 1. *adj.* bienveillant, bon(ne *f*); doux (douce *f*) (*climat*); 2. *adv.* avec bonté; ~ do s.th. avoir la bonté de faire qch.

kind·ness ['kaindnis] bonté *f* (pour, to); bienveillance *f*; amabilité *f* (envers, to).

kin·dred ['kindrid] 1. analogue; de la même nature; 2. parenté *f*; *coll.* parents *m/pl.*; affinité *f* (avec, with).

ki·net·ic *phys.* [kai'netik] 1. cinétique; 2. ~s *pl.* cinétique *f*.

king [kiŋ] roi *m*; *jeu de dames:* dame *f*; ♀'s English anglais *m* correct; ♂ ~'s evil scrofule *f*; écrouelles *f/pl.*; 'king·craft art *m* de régner; 'king·cup ⚕ bouton *m* d'or; 'king·dom royaume *m*; *surt.* ⚕, *zo.* règne *m*; 'king·fish·er martin-pêcheur (*pl.* martins-pêcheurs) *m*; king·let ['~lit] roitelet *m*; 'king·like royal (-aux *m/pl.*), de roi; 'king·li·ness prestance *f* royale; noblesse *f*; 'king·ly royal (-aux *m/pl.*), de roi; 'king·post ⚠ poinçon *m*, aiguille *f*; 'king·ship royauté *f*; 'king-size F de taille *etc.* exceptionnelle.

kink [kiŋk] 1. *corde etc.:* tortillement *m*, nœud *m*; *fil de fer:* faux pli *m*; *tex.* boucle *f*; *fig.* lubie *f*, point *m* faible; F have a ~ être un peu toqué; 2. (se) nouer, tortiller.

kins·folk ['kinzfouk] *pl.* parenté *f*, famille *f*; 'kin·ship parenté *f*; 'kins·man ['~zmən] parent *m*; allié *m*; 'kins·wom·an parente *f*; alliée *f*.

ki·osk ['ki:ɔsk] kiosque *m*.

kip·per ['kipə] 1. hareng *m* fumé *ou* doux; *sl.* jeune personne *f*; 2. saurer, saler et fumer (*des harengs*).

kirk [kə:k] *écoss.* église *f*.

kiss [kis] 1. baiser *m*; *fig.* frôlement *m*; 2. (s')embrasser; '~-proof indélébile.

kit [kit] seau *m*; ⚔, ⚓ petit équipement *m*; ⚔ bagage *m*; ⚓ sac *m*; ⊕ trousse(au *m*) *f*; F effets *m/pl.*; '~-bag ⚔ musette *f*; sac *m* (de voyage); ⊕ trousse *f* d'outils.

kitch·en ['kitʃin] cuisine *f*; 'kitch·en·er cuisinière *f*; kitch·en·ette ['~'net] cuisine *f* miniature.

kitch·en...: ~ gar·den (jardin *m*) potager *m*; '~-maid fille *f* de cuisine; '~-range cuisinière *f* anglaise.

kite [kait] *orn.* milan *m*; *fig.* vautour *m*; cerf-volant (*pl.* cerfs-volants) *m*; *fig.* ballon *m* d'essai; ✝ *sl.* traite *f* de complaisance; ⚔ ~ balloon ballon *m* captif.

kith [kiθ]: ~ and kin amis et parents.

kit·ten ['kitn] 1. chaton *m*, petit(e *f*) chat(te *f*) *m*; 2. *chatte:* mettre bas (*v/t. des petits*); 'kit·ten·ish coquet(te *f*); enjoué.

kit·tle ['kitl] *fig.* difficile (à manier);

Klansman 874

~ *cattle* gens *m/pl.* difficiles à manier.
Klans·man *Am.* ['klænzmən] membre *m* du Ku-Klux-Klan.
klax·on *mot.* ['klæksn] klaxon *m*.
klep·to·ma·ni·a [klepto'meinjə] kleptomanie *f*; **klep·to'ma·ni·ac** [~niæk] kleptomane (*a. su./mf*).
knack [næk] tour *m* de main; F truc *m*; get the ~ of (*gér.*) attraper le chic pour (*inf.*).
knack·er ['nækə] *Brit.* équarrisseur *m*; entrepreneur *m* de démolitions; **'knack·er·y** *Brit.* abattoir *m* de chevaux.
knack·y ['næki] adroit, habile.
knag [næg] nœud *m*; **'knag·gy** noueux (-euse *f*).
knap·sack ['næpsæk] (havre)sac *m*; ⚔ sac *m* d'ordonnance.
knar [nɑ:] nœud *m* saillant.
knave [neiv] fripon *m*; *cartes:* valet *m*; **knav·er·y** ['~əri] friponnerie *f*, fourberie *f*; **'knav·ish** □ fourbe; **'knav·ish·ness** fourberie *f*.
knead [ni:d] pétrir (*a.* ⚕); travailler (*la pâte etc.*).
knee [ni:] 1. genou (*pl.* -x) *m* (*a.* ⊕); 2. pousser du genou; F fatiguer (*un pantalon*) aux genoux; **'~·cap**, **'~·pan** rotule *f*; **'~-joint** articulation *f* du genou; ⊕ rotule *f*; **kneel** [ni:l] [*irr.*] s'agenouiller, se mettre à genoux (devant, to); **'kneel·er** personne *f* à genoux.
knell [nel] glas *m*.
knelt [nelt] *prét. et p.p. de* kneel.
knew [nju:] *prét. de* know 1.
knick·er·bock·ers ['nikəbɔkəz] *pl.* culotte *f* (bouffante); **'knick·ers** F *pl.* culotte *f*, pantalon *m* (*de femme*); *see* knickerbockers.
knick·knack ['niknæk] babiole *f*, bibelot *m*; ~s *pl.* afféteries *f/pl.*
knife [naif] 1. (*pl.* knives) couteau *m*; 2. poignarder; **'~-bat·tle** rixe *f* entre gens armés de poignards; **'~-grind·er** repasseur *m* de couteaux.
knight [nait] 1. chevalier *m*; *échecs:* cavalier *m*; 2. créer chevalier; **'knight·age** corps *m* des chevaliers; **knight er·rant** ['nait'erənt], *pl.* **knights er·rant** chevalier *m* errant; **knight·hood** ['~hud] chevalerie *f*; titre *m* de chevalier; **'knight·li·ness** caractère *m* chevaleresque; air *m* de chevalier; **'knight·ly** chevaleresque, de chevalier.
knit [nit] [*irr.*] *v/t.* tricoter; joindre; *v/i.* se nouer; ~ *the* brows froncer les sourcils; **'knit·ter** tricoteur (-euse *f*) *m*; **'knit·ting 1.** tricot *m*; action *f* tricotage *m*; soudure *f* (*d'os*); **2.** à tricoter; **~-needle** aiguille *f* à tricoter; **'knit·wear** tricot *m*.
knives [naivz] *pl. de* knife 1.
knob [nɔb] bosse *f*; *tiroir, porte:* bouton *m*; *canne:* pomme *f*; *charbon, sucre, etc.:* morceau *m*; **'knob·by** plein de bosses; loupeux (-euse *f*) (*arbre*); **'knob·stick** canne *f* à pommeau; gourdin *m*; ✝ F jaune *m*.
knock [nɔk] 1. coup *m*, heurt *m*, choc *m*; 2. *v/i.* frapper; taper (sur, at); *mot.* cogner, taper; F se heurter (à, against); F ~ about se balader, flâner; ~ off *sl.* cesser le travail; ~ under se rendre; *v/t.* frapper, cogner, heurter; *Am. sl.* critiquer; ~ down renverser, abattre; *vente aux enchères:* adjuger; ⊕ démonter; be ~ed down être renversé par une auto; ~ off faire tomber de; rabattre (*qch. du prix*); F voler, chiper; *box.* ~ out knockouter, F endormir; ~ up faire sauter (en l'air); construire à la hâte; réveiller; *fig.* éreinter, épuiser; **'~·a·bout 1.** violent; vagabond; de tous les jours (*habits*); *théâ.* de bateleur, de clown; **2.** *Am.* rixe *m*; **'~-'down** de réclame, minimum (*prix*); **'knock·er** frappeur (-euse *f*) *m*; marteau *m* (*de porte*); *Am. sl.* critique *m* impitoyable; **'knock-kneed** cagneux (-euse *f*); panard (*cheval*); **'knock-'out** *box.* (*a.* ~ *blow*) knock-out *m*; *sl.* chose *f* *ou* personne *f* épatante.
knoll[1] [noul] tertre *m*, butte *f*.
knoll[2] [~] † sonner; tinter.
knot [nɔt] 1. nœud *m* (*a. fig., a.* ⚓, ⚜); *gens:* groupe *m*; *cheveux:* chignon *m*; *sailor's* ~ nœud *m* régate; F be tied up in ~s ne savoir plus que faire *ou* dire; 2. (se) nouer; *v/t.* froncer (*les sourcils*); **'knot·ti·ness** nodosité *f*; *bois:* caractère *m* noueux; *fig.* complexité *f*; **'knot·ty** plein de nœuds; noueux (-euse *f*) (*bois*); *fig.* épineux (-euse *f*); **'knot·work** *couture:* macramé *m*.
knout [naut] 1. knout *m*; 2. knouter.
know [nou] 1. [*irr.*] savoir (*un fait*); connaître (*q., un endroit*); recon-

naître; distinguer (de, d'avec *from*); ~ French connaître *ou* parler le francais; *come to* ~ apprendre; 2. F *be in the* ~ être au courant (de l'affaire); être dans le secret; **know·a·ble** ['nouəbl] (re)connaissable; **'know-all 1.** omniscient; 2. je sais tout *m*; **'know-how** savoir-faire *m/inv.*; connaissances *f/pl.* techniques; **'know·ing 1.** □ instruit; intelligent; habile; rusé, malin (-igne *f*); F chic *inv. en genre*; 2. connaissance *f*, compréhension *f*; **knowl·edge** ['nɔlidʒ] connaissance *f*; savoir *m*, connaissances *f/pl.*; *to my* ~ autant que je sache; à mon vu et su; **known** [noun] *p.p. de* know 1; *come to be* ~ se répandre (*bruit*); se faire connaître; se savoir; *make* ~ faire connaître; signaler.

knuck·le ['nʌkl] **1.** (*a.* ~-*bone*) articulation *f* du doigt; *veau*: jarret *m*; **2.** ~ *down* (*ou under*) se soumettre; céder; **'~-dust·er** coup-de-poing (*pl.* coups-de-poing) *m* américain.
knur [nə:] nœud *m*.
knut F [(k)nʌt] gommeux *m*.
ko·dak *phot*. ['koudæk] **1.** kodak *m*; **2.** photographier avec un kodak.
Ko·ran [kɔ'rɑ:n] Koran *m*, Coran *m*.
ko·tow ['kou'tau] **1.** prosternation *f* (à la chinoise); **2.** saluer à la chinoise; *fig.* faire des courbettes (*devant, to*).
krem·lin ['kremlin] Kremlin *m*.
ku·dos *co.* ['kju:dɔs] gloriole *f*.
Ku-Klux-Klan *Am.* ['kju:'klʌks-'klæn] association secrète de l'Amérique du Nord, hostile aux Noirs.

L

L, l [el] L *m*, l *m*.
lab F [læb] laboratoire *m*.
la·bel ['leibl] **1.** étiquette *f*; *fig.* désignation *f*, titre *m*; ⚓ queue *f*; ⚠ larmier *m*; **2.** étiqueter; adresser; attacher une étiquette à; ✝ marquer le prix de; *fig.* qualifier (du nom de, *as*).
la·bi·al ['leibjəl] **1.** labial (-aux *m/pl.*); **2.** labiale *f*.
lab·o·ra·to·ry [lə'bɔrətəri] laboratoire *m*; ~ *assistant* préparateur (-trice *f*) *m*.
la·bo·ri·ous □ [lə'bɔ:riəs] laborieux (-euse *f*); pénible; travailleur (-euse *f*).
la·bo(u)r ['leibə] **1.** travail (*pl.* -aux) *m*, peine *f*, labeur *m*; main-d'œuvre *f* (*pl.* mains-d'œuvre) *f*, travailleurs *m/pl.*; *pol.* les travaillistes *m/pl.*; ⚕ couches *f/pl.*; *Ministry of* ♀ Ministère *m* du Travail; *hard* ~ travail *m* forcé; travaux *m/pl.* forcés; **2.** travailliste (*parti*); du travail; ~ *Exchange* Bourse *f* du Travail; ♀ *Office* bureau *m* de placement; *surt. Am.* ~ *union* syndicat *m* ouvrier; **3.** *v/i.* travailler; peiner (*a. fig.*); ~ *under* être courbé sous; avoir à lutter contre; *v/t.* travailler; **'la·bo(u)r·age** paie *f*; **'la·bo(u)r-cre·a·tion** création *f* des emplois; **'la·bo(u)red** travaillé (*style*); pénible (*respiration*); **'la·bo(u)r·er** travailleur *m*; manœuvre *m*; *heavy manual* ~ travailleur *m* de force; **'la·bo(u)r·ing** ouvrier (-ère *f*); haletant (*poitrine*); palpitant (*cœur*); ~ *force* effectif *m* de la main-d'œuvre; **la·bo(u)r·ist** ['~rist], **la·bo(u)r·ite** ['~rait] membre *m* du parti travailliste.
la·bur·num ♣ [lə'bə:nəm] cytise *m*.
lab·y·rinth ['læbərinθ] labyrinthe *m*, dédale *m*; **lab·y·rin·thi·an** [~'rinθiən], *usu.* **lab·y·rin·thine** [~'rinθain] labyrinthique.
lac [læk] (gomme *f*) laque *f*; (*souv.* ~ *of rupees*) lack *m*; 100 000 de roupies.
lace [leis] **1.** lacet *m*; cordon *m*; *tex.* dentelle *f*; **2.** lacer (*un soulier*); entrelacer (de, avec *with*); arroser (*une boisson*) (à, *with*); garnir de dentelle(s); *fig.* (*a.* ~ *into s.o.*) rosser, battre; **'~-'pil·low** coussin(et) *m* à dentelle.
lac·er·ate 1. ['læsəreit] lacérer; *fig.* déchirer; **2.** ['~rit] lacéré; **lac·er'a·tion** lacération *f*; déchirement *m* (*a. fig.*); ⚕ déchirure *f*.
lach·ry·mal *anat.* ['lækriml] lacrymal (-aux *m/pl.*); **lach·ry·ma·to·ry** ['~mətəri] lacrymatoire; lacrymogène (*gaz*); **lach·ry·mose** ['~mous] larmoyant.

lack

lack [læk] 1. *su.* manque *m*, défaut *m*, absence *f*; 2. *v/t.* manquer de; ne pas avoir; he ~s money il n'a pas d'argent, l'argent lui fait défaut; *v/i.* be ~ing manquer, faire défaut; be ~ing in ... manquer de ...

lack·a·dai·si·cal ☐ [ˌlækəˈdeizikl] apathique; affecté.

lack·ey [ˈlæki] 1. laquais *m*; 2. *fig.* faire le plat valet auprès de (*q.*).

lack...: '~·land sans terre (*a. su./m inv.*); '~·lus·ter, '~·lus·tre terne.

la·con·ic [ləˈkɔnik] (~*ally*) laconique, bref (brève *f*).

lac·quer [ˈlækə] 1. vernis *m* du Japon; laque *m*; 2. laquer; F vernir.

lac·ta·tion [lækˈteiʃn] lactation *f*.

lac·te·al [ˈlæktiəl] lacté; laiteux (-euse *f*) (*suc*).

la·cu·na [ləˈkjuːnə] lacune *f*, hiatus *m*.

lac·y [ˈleisi] de dentelle; fin comme de la dentelle.

lad [læd] garçon *m*; jeune homme *m*.

lad·der [ˈlædə] 1. échelle *f* (*a. fig., a.* ⚓); *bas*: maille *f* qui file, éraillure *f*; 2. se démailler; '~·proof indémaillable (*bas etc.*).

lade [leid] [*irr.*] charger (de, *with*); puiser de l'eau (à, *from*); ˈlad·en chargé.

lad·ing [ˈleidiŋ] chargement *m*; embarquement *m*.

la·dle [ˈleidl] 1. cuiller *f* à pot, poche *f* (*a. métall.*); ⊕ puisoir *m*; 2. servir (avec une louche); *métall.* couler; ⊕ (*a.* ~ *out*) pucher.

la·dy [ˈleidi] dame *f*; *titre*: Lady, F milady, madame de ...; my ~ madame; *ladies!* mesdames!; young ~ demoiselle *f*; jeune dame *f* (*mariée*); ♀ Day (fête *f* de) l'Annonciation *f* (*le 25 mars*); ~ doctor femme *f* docteur, doctoresse *f*; ~'s maid femme *f* de chambre; ~'s (*ou ladies*') man galant *m*; '~·bird coccinelle *f*, F bête *f* à bon Dieu; '~·kill·er bourreau *m* des cœurs; don Juan *m*; '~·like distingué; *péj.* efféminé; '~·love bienaimée *f*; '~·ship: her ~, Your ♀ madame (la comtesse *etc.*).

lag[1] [læg] 1. traîner; (*a.* ~ *behind*) rester en arrière; 2. retard *m*.

lag[2] *sl.* [~] 1. forçat *m*; 2. condamner aux travaux forcés.

lag[3] [~] garnir d'un calorifuge.

la·ger (beer) [ˈlɑːgə (biə)] bière *f* blonde.

876

lag·gard [ˈlægəd] 1. lent, paresseux (-euse *f*); 2. traînard *m*.

la·goon [ləˈguːn] *atoll*: lagon *m*; *Adriatique*: lagune *f*.

la·ic [ˈleiik] 1. *a.* ˈla·i·cal ☐ laïque; 2. laïque *mf*; **la·i·cize** [ˈleiəsaiz] laïciser.

laid [leid] *prét. et p.p. de* lay[4] 2; ~ up alité, au lit; ~ paper papier *m* vergé.

lain [lein] *p.p de* lie[2] 2.

lair [lɛə] tanière *f*, repaire *m* (*d'une bête fauve*).

laird *écoss.* [lɛəd] propriétaire *m* foncier; F châtelain *m*.

la·i·ty [ˈleiiti] laïques *m/pl*.

lake[1] [leik] lac *m*; *ornamental* ~ bassin *m*.

lake[2] [~] *peint.* laque *f*.

lake-dwell·ings [ˈleikdweliŋz] *pl.* habitations *f* lacustres.

lam *sl.* [læm] *v/t.* (*a.* ~ *into*) rosser, étriller; *v/i.* s'évader, s'enfuir.

lamb [læm] 1. agneau *m*; 2. agneler.

lam·baste *sl.* [læmˈbeist] donner une râclée à.

lam·bent [ˈlæmbənt] blafard (*yeux, étoile*); chatoyant (*style, esprit*).

lamb·kin [ˈlæmkin] agnelet *m*; ˈlamb·like doux (douce *f*) comme un agneau; ˈlamb·skin peau *f* d'agneau; *fourrure*: agnelin *m*.

lame [leim] 1. ☐ boiteux (-euse *f*); estropié; *fig.* pauvre; ~ duck *fig.* faible *mf*; † failli *m*; *Am.* député *m* non réélu; 2. rendre boiteux (-euse *f*); estropier; ˈlame·ness boitement *m*; *cheval*: boiterie *f*; *fig.* faiblesse *f*.

la·ment [ləˈmənt] 1. lamentation *f*; 2. se lamenter (sur, *for*), pleurer (*q., for s.o.*); **la·men·ta·ble** ☐ [ˈlæməntəbl] lamentable, déplorable; **lam·en·ta·tion** lamentation *f*.

lam·i·na [ˈlæminə], *pl.* ~nae [ˈniː] lam(ell)e *f*; ⚜ feuillet *m*; ♀ limbe *m*; ˈlam·i·nar laminaire; **lam·i·nate** [ˈ~nit], **lam·i·nat·ed** [ˈ~neitid] à feuilles; contre-plaqué (*bois*).

lamp [læmp] lampe *f*; *mot.* lanterne *f*; head ~ phare *m*; '~·chim·ney verre *m* de lampe; '~·light lumière *f* de la (*ou* d'une) lampe; '~·light·er allumeur *m* de réverbères, lampiste *m*.

lam·poon [læmˈpuːn] 1. satire *f*, libelle *m*, brocard *m*; 2. lancer des libelles *m/pl.* contre; chansonner (*q.*).

lamˈpoon·er, lamˈpoon·ist libelliste *m*, satiriste *m*.

lamp-post ['læmppoust] (poteau m de) réverbère m.
lam·prey *icht.* ['læmpri] lamproie f.
lamp-shade ['læmpʃeid] abat-jour m/inv.
lance [lɑ:ns] **1.** lance f; ⚕ bistouri m; *free* ~ soldat m mercenaire; *parl.* politique m indépendant; *journ.* journaliste m indépendant; *couch a* ~ mettre une lance en arrêt; **2.** percer (*a.* ⚕); '~·**cor·po·ral** ⚔ caporal m; **lan·ce·o·late** *surt.* ♀ ['lænsiəlit] lancéolé; **lanc·er** ['lɑ:nsə] ⚔ lancier m; ~s *pl.* danse anglaise: lanciers m/pl.
lan·cet ['lɑ:nsit] bistouri m, lancette f; ~ **arch** △ arc m à lancette.
land [lænd] **1.** terre f; sol m; terrain m; pays m; propriété f foncière; ~s *pl.* terres f/pl., terrains m/pl.; ~ *reclamation* mise f en valeur (*des marais*); défrichement m (*d'un terrain*); ~ *reform* réforme f agraire; ~ *register* cadastre m; *fig.* see how the ~ *lies* prendre le vent, tâter le terrain; **2.** *v/t.* mettre à terre; ⚓ débarquer (*a. v/t.*); ✈ atterrir (*a. v/i.*); F porter (*un coup*); F remporter (*un prix*); amener à terre (*un poisson*); '~-**a·gent** intendant m (*d'un domaine*); courtier m en immeubles; '**land·ed** foncier (-ère f) (*propriété*); terrien(ne f) (*personne*).
land...: '~·**fall** ⚓ atterrissage m; '~·**forc·es** *pl.* armée f de terre; '~·**grab·ber** accapareur m de terre; '~·**grave** landgrave m; '~·**hold·er** propriétaire m foncier.
land·ing ['lændiŋ] débarquement m; ⚓, ✈ descente f; ✈ atterrissage m; amerrissage m; ✈ ~ *gear* train m d'atterrissage; ~ *ground* terrain m d'atterrissage; ✈ ~ *run* distance f d'atterrissage; '~-**net** épuisette f; '~-**stage** débarcadère m, embarcadère m.
land...: '~·**la·dy** propriétaire f; *pension etc.*: logeuse f; aubergiste f, F patronne f; '~-**locked** entouré de terre; intérieur (*lac etc.*); '~·**lop·er** vagabond m; '~·**lord** propriétaire m; *pension etc.*: logeur m; aubergiste m, F patron m; '~·**lord·ism** landlordisme m; '~·**lub·ber** ⚓ *péj.* marin m d'eau douce; terrien m; '~·**mark** *surt.* ⚓ indice m; point m coté (*sur une carte*); borne f limite; *fig.* point m de repère; *fig.* événement m marquant; '~·**own·er** propriétaire mf foncier (-ère f); '~·**scape** ['lænskeip] paysage m; '~·**slide** éboulement m (de terrain); *fig.* catastrophe f; *pol.* débâcle f, *Am.* victoire f écrasante; '~·**slip** éboulement m (de terrain); ~s·**man** ⚓ ['læzmən] terrien m; '~-**sur·vey·or** arpenteur m; '~-**tax** impôt m foncier; ~·**ward** ['lænwəd] vers la terre; du côté de la terre.
lane [lein] chemin m (vicinal); *ville:* ruelle f, passage m; ⚓ route f de navigation; *mot.* voie f.
lang syne *écoss.* ['læŋ'sain] **1.** jadis; **2.** le temps m jadis; les jours m/pl. d'autrefois.
lan·guage ['læŋgwidʒ] langue f; langage m; *bad* ~ langage m grossier; *strong* ~ langage m violent; injures f/pl.
lan·guid □ ['læŋgwid] languissant, langoureux (-euse f); mou (mol devant une voyelle ou un h muet, molle f); faible; '**lan·guid·ness** langueur f, faiblesse f.
lan·guish ['læŋgwiʃ] languir (après, pour *for*); dépérir; ♀ s'étioler; † traîner (*affaires*); '**lan·guish·ing** □ languissant, langoureux (-euse f); † faible.
lan·guor ['læŋgə] langueur f; '**lan·guor·ous** langoureux (-euse f).
lank □ [læŋk] maigre; sec (sèche f); efflanqué (*personne, a. bête*); plat (*cheveux*); '**lank·y** □ grand et maigre.
lans·que·net ⚔ ['lænskinet] lansquenet m (*a. cartes*).
lan·tern ['læntən] lanterne f; ⚓ fanal m; △ lanterneau m f; *dark* ~ lanterne f sourde; '~-**jawed** aux joues creuses; '~-**slide** (diapositive f de) projection f; ~ *lecture* conférence f avec projections.
lan·yard ⚓ ['lænjəd] aiguillette f.
lap¹ [læp] **1.** *su. cost.* pan m; genoux m/pl.; ⊕ recouvrement m; *corde etc.:* tour m, *sp.* tour m, circuit m; ⚡ guipage m; **2.** *v/t.* enrouler; entourer, envelopper (q. de qch. *s.o. about with s.th., s.th. round s.o*); ⊕ enchevaucher (*des planches*); ⚡ guiper; *v/i.* (*usu.* ~ *over*) dépasser, chevaucher.
lap² [~] **1.** gorgée f; coup m de langue; *vagues:* clapotis m; **2.** laper; *fig.* avaler; clapoter (*vagues*).

lap-dog ['læpdɔg] chien *m* de manchon.
la·pel *cost.* [lə'pel] revers *m*.
lap·i·dar·y ['læpidəri] lapidaire (*a. su./m*).
lap·pet ['læpit] *cost.* pan *m*; revers *m*; *oreille*: lobe *m*.
lapse [læps] **1.** erreur *f*; faux pas *m*; laps *m* (de temps); délai *m* (*de temps*); défaillance *f* (*de la mémoire*); ⚖ déchéance *f*; *eccl.* apostasie *f*; chute *f*; **2.** déchoir; *au sens moral:* tomber (dans, *into*); manquer à ses devoirs; ✝ cesser d'être en vigueur; *fig.* rentrer (dans le silence, *into silence*); ⚖ tomber en désuétude; s'abroger (*loi*).
lap·wing *orn.* ['læpwiŋ] vanneau *m*.
lar·ce·ny ⚖ ['lɑːsni] larcin *m*, vol *m* insignifiant; *grand* ~ vol *m*; *petty* ~ vol *m* simple.
larch ♀ [lɑːtʃ] mélèze *m*.
lard [lɑːd] **1.** saindoux *m*, graisse *f* de porc; **2.** larder (de, *with*) (*a. fig.*); **'lard·er** garde-manger *m/inv.*; **'lard·ing-nee·dle**, **'lard·ing-pin** lardoire *f*; **'lard·y** lardeux (-euse *f*).
large □ [lɑːdʒ] grand; gros(se *f*); fort; nombreux (-euse *f*); large; ~ *farmer* gros fermier *m*; *at* ~ en liberté, libre; en général; en détail; *talk at* ~ parler au hasard; parler longuement (sur qch.); *in* ~ en grand; **'large·ly** en grande partie; pour la plupart; pour une grande part; **'large·ness** grandeur *f*; grosseur *f*; *fig.* largeur *f*; **'large-'mind·ed** à l'esprit large; tolérant; **'large-'scale** de grande envergure; **'large-'sized** de grandes dimensions.
lar·gess(e) *poét.* ['lɑːdʒes] largesse *f*.
lark¹ *orn.* [lɑːk] alouette *f*.
lark² [~] **1.** farce *f*, blague *f*; **2.** rigoler, faire des farces; **lark·some** ['~səm] *see* larky.
lark·spur ♀ ['lɑːkspəː] pied *m* d'alouette.
lark·y F ['lɑːki] espiègle; folichon(ne *f*).
lar·va *zo.* ['lɑːvə], *pl.* -vae ['~viː] larve *f*; **lar·val** ['~vl] larvaire; ⚕ latent.
lar·ynx ['læriŋks] larynx *m*.
las·civ·i·ous □ [lə'siviəs] lascif (-ive *f*).
lash [læʃ] **1.** coup *m* de fouet; lanière *f*; *fig.* supplice *m* du fouet; œil: cil *m*; **2.** fouailler; cingler (*a. pluie*); fouetter; *fig.* flageller, cingler; attacher, lier (à, *to*); ⚓ amarrer; ~ *out* ruer (*cheval*); *fig.* se livrer (à, *into*); ~ *out at* lâcher un coup à.
lass [læs] jeune fille *f*; **las·sie** ['~i] fillette *f*.
las·si·tude ['læsitjuːd] lassitude *f*.
last¹ [lɑːst] **1.** *adj.* dernier (-ère *f*); ~ *but one* avant-dernier (-ère *f*); ~ *night* hier soir; la nuit dernière; *the* ~ *two* les deux derniers (-ères *f*); **2.** *su.* dernier (-ère *f*) *m*; bout *m*; fin *f* (= *mort*); *my* ~ ma dernière lettre; mon dernier *m*, ma dernière *f* (*enfant*); *at* ~ enfin; à la fin; *at long* ~ enfin; à la fin (des fins); *breathe one's* ~ rendre le dernier soupir; **3.** *adv.* la dernière fois; le (la) dernier (-ère *f*); ~, *but not least* et mieux encore ..., le dernier, mais non le moindre.
last² [~] durer, se maintenir; (*a.* ~ *out*) aller (*comestibles etc.*); faire (*robe etc.*); soutenir (*une allure*).
last³ [~] forme *f* (à *chaussures*).
last⁴ ✝ [~] *mesure:* last(e) *m*.
last·ing ['lɑːstiŋ] **1.** □ durable; résistant; **2.** *tex.* lasting *m*; **'last·ing·ness** durabilité *f*, permanence *f*.
last·ly ['lɑːstli] en dernier lieu; pour finir.
latch [lætʃ] **1.** loquet *m*; serrure *f* de sûreté; *on the* ~ au loquet; fermé à demi-tour; **2.** fermer au loquet *ou* à demi-tour; **'~-key** clef *f* de maison; passe-partout *m/inv.*
late [leit] en retard; retardé; tard; tardif (-ive *f*) (*fruit etc.*); ancien(ne *f*), ex-; feu (= *mort*); récent; *at (the)* ~*st* au plus tard; tout au plus; *as* ~ *as* pas plus tard que; *of* ~ récemment; *of* ~ *years* ces dernières années; depuis quelques années; ~*r on* plus tard; *be* ~ être en retard; 🚂 avoir du retard *ou* un retard de ...; *keep* ~ *hours* se coucher tard; rentrer tard; **'~-com·er** retardataire *mf*; tard-venu(e *f*) *m*; **'late·ly** dernièrement, récemment; depuis peu.
la·ten·cy ['leitənsi] état *m* latent.
late·ness ['leitnis] arrivée *f* tardive; date *f* récente; heure *f* avancée; *fruit etc.:* tardiveté *f*.
la·tent □ ['leitənt] caché; latent.
lat·er·al □ ['lætərəl] latéral (-aux *m/pl.*).

lath [lɑ:θ] **1.** latte *f;* *toit:* volige *f;* *jalousie:* lame *f;* **2.** latter; voliger (*un toit*).

lathe [leið] ⊕ tour *m;* *tex., métier:* battant *m.*

lath·er ['lɑ:ðə] **1.** *su.* mousse *f* de savon; écume *f;* **2.** *v/t.* savonner; F rosser (*q.*), fouailler (*un cheval*); *v/i.* mousser (*savon*); jeter de l'écume (*cheval*).

lath·y ['lɑ:θi] latté; *fig.* long et mince.

Lat·in ['lætin] **1.** latin; **2.** Latin(e *f*) *m;* *ling.* latin *m;* ~ **A·mer·i·ca** Amérique *f* latine; **'Lat·in·ism** latinisme *m,* tournure *f* latine.

lat·i·tude ['lætitju:d] latitude *f* (*a. fig., géog., astr.*); *fig. a.* étendue *f;* liberté *f* d'action; ~s *pl.* latitudes *f/pl.,* F parages *m;* **lat·i'tu·di·nal** [~inl] latitudinal (-aux *m/pl.*); **lat·i·tu·di·nar·i·an** [~'nɛəriən] **1.** latitudinaire (*a. su./mf*); **2.** partisan(e *f*) *m* du tolérantisme.

lat·ter ['lætə]: the ~ le dernier *m,* la dernière *f;* celui-ci *m* (celle-ci *f,* ceux-ci *m/pl.,* celles-ci *f/pl.*); ~ **end** fin *f;* **~-day** récent, moderne; **'lat·ter·ly** dans les derniers temps; dans la suite; récemment.

lat·tice ['lætis] **1.** (*a.* **~-work**) treillage *m,* treillis *m;* **2.** treillager, treillisser.

Lat·vi·an ['lætviən] **1.** lettonien(ne *f*); **2.** Lettonien(ne *f*) *m.*

laud [lɔ:d] louer, chanter les louanges de; **laud·a'bil·i·ty** caractère *m* louable; **'laud·a·ble** ☐ louable, digne d'éloges; **lau'da·tion** louange *f;* **'laud·a·to·ry** ☐ ['~ətəri] élogieux (-euse *f*).

laugh [lɑ:f] **1.** rire *m;* **2.** (*at*) rire (de); se moquer (de); ~ **off** traiter (*qch.*) en plaisanterie; ~ **out of** faire renoncer à force de plaisanteries; *see* **sleeve;** **'laugh·a·ble** ☐ risible, ridicule; **'laugh·er** rieur (-euse *f*) *m;* **'laugh·ing 1.** rires *m/pl.;* **2.** ☐ riant; rieur; rieuse *f*); **'laugh·ing·stock** objet *m* de risée; **'laugh·ter** rire *m,* -s *m/pl.*

launch [lɔ:ntʃ] **1.** ⚓ lancement *m;* chaloupe *f;* *motor* ~ vedette *f;* **2.** *v/t.* lancer (*a.* un navire, une fusée); débarquer (*un canot*); ⚔ déclencher; *fig.* mettre en train, lancer; *v/i.* ~ **out** lancer un coup (à *at, against*); ⚓ mettre à la mer; ~ (**out**) **into** se lancer dans; **'launch·ing-tube** ⚓ tube *m* de lancement.

laun·dress ['lɔ:ndris] blanchisseuse *f;* **'laun·dry** blanchisserie *f;* lessive *f.*

lau·re·ate ['lɔ:riit] **1.** lauréat; *poet* ~ = **2.** poète *m* lauréat.

lau·rel ♀ ['lɔrl] laurier *m; fig.* win ~s cueillir des lauriers; **'lau·relled** couronné (de lauriers).

la·va ['lɑ:və] lave *f.*

lav·a·to·ry ['lævətəri] lavabo *m;* cabinet *m* de toilette; *public* ~ cabinets *m/pl.*

lave [leiv] *usu. poét.* laver; ⚓ bassiner.

lav·en·der ♀ ['lævində] lavande *f.*

lav·ish ['læviʃ] **1.** ☐ prodigue (de *in, of*); abondant; **2.** prodiguer; **'lav·ish·ness** prodigalité *f.*

law [lɔ:] loi *f;* droit *m;* code *m;* législation *f;* justice *f;* règle *f;* *at* ~ en justice, en procès; *go to* ~ avoir recours à la justice; *have the* ~ *of s.o.* faire un procès à q., poursuivre q. en justice; *necessity knows no* ~ nécessité n'a point de loi; *lay down the* ~ expliquer la loi; F dogmatiser; *practise* ~ exercer le droit; **'~-a·bid·ing** ⚖ ami de l'ordre; **'~-court** cour *f* de justice; tribunal *m;* **'law·ful** ☐ légal (-aux *m/pl.*); licite, permis; légitime; juste; valide (*contrat etc.*); **'law·giv·er** législateur *m;* **'law·less** ☐ sans loi; désordonné.

lawn¹ [lɔ:n] *tex.* batiste *f;* linon *m.*

lawn² [~] pelouse *f;* gazon *m;* **'~-mow·er** tondeuse *f;* **'~-'sprin·kler** arrosoir *m* de pelouse; ~ **ten·nis** (lawn-)tennis *m.*

law·suit ['lɔ:sju:t] procès *m;* **law·yer** ['~jə] homme *m* de loi; juriste *m;* jurisconsulte *m;* *see a.* **solicitor, barrister.**

lax ☐ [læks] mou (mol *devant une voyelle ou un h muet;* molle *f*); flasque; relâché; négligent; facile (*morale*); **lax·a·tive** ['~ətiv] **1.** laxatif (-ive *f*); **2.** laxatif *m;* **'lax·i·ty, 'lax·ness** mollesse *f;* relâchement *m;* inexactitude *f.*

lay¹ [lei] *prét. de* **lie**² 2.

lay² [~] lai *m,* chanson *f;* *poét.* poème *m.*

lay³ [~] laïque, lai.

lay⁴ [lei] **1.** *su. cordage:* commettage *m;* *terrain:* configuration *f;* *sl.* spécialité *f;* **2.** [*irr.*] *v/t.* coucher;

layer

abattre (q., la poussière); exorciser (un fantôme); mettre (couvert, qch. sur qch., enjeu, impôt, nappe); parier (une somme, fig. que, that); faire (un pari); pondre (un œuf); porter (une plainte); poser (des fondements, un tapis, qch. sur qch.); ~ bare mettre à nu; dévoiler; découvrir; ~ before exposer, présenter à (q.); ~ by mettre de côté; ~ down déposer; rendre (les armes); résigner (un office); donner (la vie); étaler (les cartes); poser (qch., voie, câble, principe); imposer (une condition); formuler (un principe); ~ in s'approvisionner de; ✈ emmagasiner; ~ in stock s'approvisionner; ~ low étendre, abattre; ~ off congédier; peint. lisser avec la brisse; faire la contre-partie de (un pari); Am. sl. en finir avec (q., qch.), laisser (tranquille); ~ on imposer; étendre (un enduit); ne pas ménager (des couleurs); appliquer; porter (des coups); amener (de l'eau); installer (le gaz etc.); fig. ~ it on (thick) flatter (grossièrement); ~ open exposer; ~ (o.s.) open to (s')exposer à (qch.); ~ out arranger, étaler (devant les yeux); disposer (le jardin); dépenser (l'argent); F aplatir (q.); ~ o.s. out faire de son mieux (pour for, to); ~ up accumuler, amasser (de l'argent, des provisions); amasser (des connaissances); mettre (qch.) en réserve; mettre (la terre) en jachère; ✈ mettre en rade; ✈ désarmer; ~ with coucher avec; 3. [irr.] v/i. pondre (des œufs); (a. ~ a wager) parier; ✈ être (à l'ancre); mettre la table (pour, for); ~ about one frapper de tous côtés; sl. ~ into rosser (q.); F ~ (it) on porter des coups.

lay·er 1. su. ['leiə] poseur m; parieur m; poule: pondeuse f; peint. etc. couche f; géol. assise f, strate f; 2. v/t. ✓ ['lɛə] marcotter; v/i. se coucher (blé).

lay·ette [lei'et] layette f.

lay fig·ure mannequin m.

lay·ing ['leiiŋ] câble, rail, tuyau, etc.: pose f; fondements: assise f; œufs: ponte f. (laïque m.)

lay·man ['leimən] profane m; eccl.

lay...: '~-**off** Am. période f de chômage; vacances f/pl. (d'un ouvrier); '~-**out** disposition f; tracé m.

laz·a·ret, usu. **laz·a·ret·to** [læzə-'ret(ou)] léproserie f; ✚ lazaret m.

laze F [leiz] fainéanter; baguenauder; **'la·zy** 1. paresseux (-euse f), fainéant; 2. = **'la·zy-bones** fainéant(e f) m, F flémard(e f) m.

lea poét. [li:] prairie f.

leach [li:tʃ] v/t./i. filtrer.

lead[1] [led] 1. plomb m; ✈ (plomb m de) sonde f; typ. interligne f; crayon: mine f; ~s pl. plombs m/pl.; ~ pencil crayon m (à la mine de plomb); 2. plomber; garnir de plomb; typ. interligner.

lead[2] [li:d] 1. su. conduite f, exemple m; tête f; théâ. premier rôle m, vedette f; cartes: main f, couleur f; ⚡ câble m, connexion f; chien: laisse f; cartes: it's my ~ à moi de jouer; take the ~ prendre la tête; fig. gagner les devants (sur of, over); 2. [irr.] v/t. mener, conduire (à, to); amener; induire (en, into); guider; entamer de (cartes); ~ on entraîner; fig. encourager (à parler); v/i. mener, conduire; ~ to produire; ~ off commencer (par, with); sp. jouer le premier; ~ up to donner accès à; fig. introduire, amener.

lead·en ['ledn] de plomb (a. fig.).

lead·er ['li:də] chef m (a. ⚔); conducteur (-trice f) m; guide m; ♪ chef m d'attaque; journ. article m de fond; cin. bande f amorce; **lead·er·ette** [~'ret] article m de fond succinct; **'lead·er·ship** conduite f; ⚔ commandement m; direction f.

lead·ing ['li:diŋ] 1. premier (-ère f), principal (-aux m/pl.); de tête; ~ article article m de fond; ✈ spécialité f de réclame; ⚖ ~ case cas m d'espèce qui fait autorité; théâ. ~ man (lady) vedette f, premier rôle m; ⚖ ~ question question f tendancieuse; 2. conduite f, direction f; ⚔ commandement m; '~-**strings** pl. lisière f.

leaf [li:f] (pl. **leaves**) ♣ feuille f (a. or etc., papier); fleur: F pétale m; livre: feuillet m; porte, table: battant m; table: rallonge f; **'leaf·age** feuillage m; **'leaf·less** sans ou dépourvu de feuilles; **leaf·let** ['~lit] feuillet m; feuille f volante; papillon m (de publicité); ♣ foliole f; **'leaf·y** feuillu; couvert de feuilles; de feuillage.

league[1] [liːg] lieue *f* (marine) (= *4,8 km.*).

league[2] [~] **1.** ligue *f*; *sp.* ⚥ match match *m* de championnat; ⚥ *of Nations* Société *f* des Nations; **2.** se liguer; **'lea·guer** ligueur (-euse *f*) *m*.

leak [liːk] **1.** écoulement *m*; ⚓ voie *f* d'eau; **2.** couler, fuir; se perdre; ⚓ faire eau; ~ *out* couler; *fig.* s'ébruiter; transpirer; **'leak·age** fuite *f*, perte *f*; ✝ coulage *m*; *fig. secrets*: fuite *f*; **'leak·y** qui coule; qui prend l'eau; *fig.* peu fidèle, peu discret (-ète *f*).

lean[1] [liːn] maigre (*a. su./m*).

lean[2] [~] **1.** [*irr.*] *v/t.* appuyer (contre, *against*); *v/i.* s'appuyer (sur, *on*; contre, *against*); s'adosser (à, contre *against*); s'accouder (à, *on*); se pencher (sur, *over*; vers, *towards*); pencher (*mur etc.*), incliner (*a. fig.*); **2.** inclinaison *f*; *fig.* (*a.* **'lean·ing**) penchant *m* (pour, *to* [*wards*]); tendance *f* (à, *to* [*wards*]).

lean·ness ['liːnnis] maigreur *f*.

leant [lent] *prét. et p.p. de* **lean**[2] **1**.

lean-to ['liːn'tuː] appentis *m*.

leap [liːp] **1.** *su.* saut *m*, bond *m*; *by* ~*s and bounds* par bonds et par sauts; **2.** [*irr.*] *v/i.* sauter (*a. fig.*); jaillir (*flamme etc.*); *v/t.* franchir d'un saut; sauter; **'~-frog 1.** saute-mouton *m*; **2.** sauter comme à saute-mouton; **leapt** [lept] *prét. et p.p. de* **leap** 2; **'leap-year** année *f* bissextile.

learn [ləːn] [*irr.*] apprendre; ~ *from* mettre (*qch.*) à profit; **learn·ed** □ ['~id] instruit, savant; **'learn·er-driv·er** conducteur *m* novice; **'learn·ing** étude *f*; action *f* d'apprendre; érudition *f*; **learnt** [ləːnt] *prét. et p.p. de* **learn**.

lease [liːs] **1.** bail (*pl.* baux) *m*; *terre*: bail *m* à ferme; *fig.* concession *f*; let (*out*) *on* ~ louer à bail; *a new* ~ *of life* un renouveau *m* de vie; **2.** donner *ou* prendre à bail; louer; affermer (*une terre*); **'~-hold** tenure *f ou* propriété *f* à bail; *attr.* tenu à bail; **'~-hold·er** bailleur *m*.

leash [liːʃ] **1.** laisse *f*, attache *f*; *chasse*: harde *f* (= *3 chiens*); **2.** mettre à l'attache.

least [liːst] **1.** *adj.* le (*la*) moindre; le (*la*) plus petit(e); **2.** *adv.* (le) moins; *not* ~ pas le moindre; **3.** *su.*: *at* (*the*) ~ au moins; du moins; *at the very* ~ tout au moins; *not in the* ~ pas du tout; *to say the* ~ pour ne pas dire plus.

leath·er ['leðə] **1.** cuir *m*; F *foot.* ballon *m*; ~*s pl.* culotte *f ou* guêtres *f/pl.* de cuir; **2.** de *ou* en cuir; **3.** garnir de cuir; F tanner le cuir à, rosser; **leath·er·ette** [~'ret] similicuir *m*; **leath·ern** ['leðən] de cuir, en cuir; **'leath·er·y** qui ressemble au cuir; coriace (*viande*).

leave [liːv] **1.** permission *f*, autorisation *f*; (*a.* ~ *of absence*) mois: congé *m*, jours: permission *f*; *by your* ~ si vous le voulez bien; **2.** [*irr.*] laisser; abandonner; déposer (à la consigne); léguer (*une fortune etc.*); quitter (*un endroit*); sortir de; F ~ *it at that* en demeurer là; *see call;* ~ *behind* laisser (*a. des traces*), oublier; devancer, distancer; ~ *off* cesser; renoncer à (*une habitude*); cesser de porter (*un vêtement*); *v/i.* partir (pour, *for*).

leaved [liːvd] aux feuilles...; feuillu; à ... battants (*porte*); à ... rallonges (*table*).

leav·en ['levn] **1.** levain *m*; **2.** faire lever; *fig.* modifier (par, *with*); **'leav·en·ing** ferment *m*; *fig.* addition *f*, nombre *m*.

leaves [liːvz] *pl. de* **leaf**.

leav·ings ['liːvinz] *pl.* restes *m/pl.*

lec·tern *eccl.* ['lektən] lutrin *m*.

lec·ture ['lektʃə] **1.** conférence *f* (sur, *on*); leçon *f* (de, *on*); *give a* ~ faire une conférence; *attend* ~*s* suivre un cours; *see curtain* ~; *read s.o. a* ~ faire une semonce à q.; **2.** *v/i.* faire une conférence (sur, *on*); faire un cours (de, *on*); *v/t.* F semoncer, sermonner; **'lec·tur·er** conférencier (-ère *f*) *m*; *univ.* maître *m* de conférences; chargé *m* de cours; professeur *m*; **'lec·ture·ship** poste *m* de conférencier (-ère *f*); *univ.* maîtrise *f* de conférences.

led [led] *prét. et p.p. de* **lead**[2] **2**.

ledge [ledʒ] rebord *m*; saillie *f*; corniche *f*; banc *m* de récifs.

ledg·er ['ledʒə] ✝ grand livre *m*; *Am.* registre *m*; ⊕ échafaudage: filière *f*.

lee ⚓ [liː] côté *m* sous le vent.

leech [liːtʃ] *zo.* sangsue *f* (*a. fig.*); *fig.* crampon *m*.

leek ⚥ [liːk] poireau *m*.

leer [liə] 1. œillade *f* en dessous; regard *m* paillard; 2. ~ *at* lorgner d'un air méchant; lancer des œillades à; **'leer·y** □ *sl.* malin(-igne *f*), rusé; soupçonneux (-euse *f*).

lees [li:z] *pl.* lie *f* (*a. fig.*).

lee·ward ⚓ ['li:wəd] sous le vent.

lee·way ⚓ ['li:wei] dérive *f*; *make* ~ dériver; *fig.* traîner; *fig. make up* ~ rattraper le temps perdu.

left[1] [left] *prét. et p.p. de* leave 2; *be* ~ rester.

left[2] [~] 1. *adj.* gauche; 2. *adv.* à gauche; 3. *su.* gauche *f*; '~-'**hand·ed** □ gaucher (-ère *f*) (*personne*); *fig.* gauche; douteux (-euse *f*) (*compliment*); ⊕ à gauche.

left...: '~-'**lug·gage of·fice** consigne *f*; '~-**o·vers** *pl.* restes *m/pl.*

Left-Wing *pol.* ['left'wiŋ] de gauche.

leg [leg] jambe *f*; *chien, oiseau, etc.*: patte *f*; *table*: pied *m*; ⚭ branche *f*; *course*: étape *f*; ~ *of mutton* gigot *m*; *give s.o. a* ~ *up* faire la courte échelle à q.; F donner un coup d'épaule à q.; F *be on one's last* ~*s* être à bout de ses ressources; *pull s.o.'s* ~ se payer la tête de q., faire marcher q.

leg·a·cy ['legəsi] legs *m*; '~-'**hunt·er** coureur (-euse *f*) *m* d'héritages.

le·gal □ ['li:gəl] légal (-aux *m/pl.*); juridique; judiciaire; de droit; de loi; ~ *capacity* capacité *f* de contracter; ~ *entity* personne *f* morale; ~ *remedy* voie *f* de recours; ~ *status* capacité *f* juridique; *see tender*[2] 1; **le·gal·i·ty** [li'gæliti] légalité *f*; **le·gal·i·za·tion** [li:gəlai'zeiʃn] légalisation *f*; '**le·gal·ize** rendre légal; autoriser; authentiquer (*un document*).

leg·ate ['legit] légat *m* (*du pape*).

leg·a·tee [legə'ti:] légataire *mf*.

le·ga·tion [li'geiʃn] légation *f*.

leg-bail ['leg'beil]: *give* ~ F s'évader; filer à l'anglaise.

leg·end ['ledʒənd] légende *f* (*a.* = *inscription*); explication *f*; '**leg·end·ar·y** légendaire.

leg·er·de·main ['ledʒədə'mein] passe-passe *m/inv.*; prestidigitation *f*.

legged [legd] à *ou* aux jambes; *short-*~ aux jambes courtes; **leggings** ['~z] *pl.* guêtres *f/pl.*; '**leg·gy** aux longues jambes.

leg·horn [le'gɔ:n] chapeau *m* de paille d'Italie; *poule*: leghorn *f*.

leg·i·bil·i·ty [ledʒi'biliti] lisibilité *f*; **leg·i·ble** ['ledʒəbl] □ lisible.

le·gion ['li:dʒən] légion *f* (*a. fig.*); '**le·gion·ar·y** légionnaire (*a. su./m*).

leg·is·late ['ledʒisleit] faire des lois; **leg·is·la·tion** législation *f*; '**leg·is·la·tive** □ législatif (-ive *f*); '**leg·is·la·tor** législateur *m*; **leg·is·la·ture** ['~tʃə] législature *f*; corps *m* législatif.

le·git·i·ma·cy [li'dʒitiməsi] enfant, *opinion, etc.*: légitimité *f*; **le·git·i·mate** 1. [~mit] □ légitime; F vrai; 2. [~meit] (*a.* **le·git·i·mize**) légitimer; **le·git·i·ma·tion** légitimation *f*; légalisation *f*.

leg·ume ['legju:m] fruit *m* de légumineux; **le·gu·mi·nous** légumineux (-euse *f*).

lei·sure ['leʒə] loisir *m*, -s *m/pl.*; *be at* ~ être de loisir; *at your* ~ à (votre) loisir; *attr.* de loisir; '**leisured** de loisir; désœuvré; '**leisure·ly** 1. *adj.* posé, tranquille; qui n'est pas pressé; 2. *adv.* posément; à loisir.

lem·on ['lemən] 1. citron *m*; 2. jaune citron *adj./inv.*; **lem·on·ade** [~'neid] limonade *f*; '**lem·on squash** citron *m* pressé; citronnade *f*; '**lem·on-squeez·er** presse-citron *m/inv.*

lend [lend] [*irr.*] prêter (*a. secours*); ~ *out* louer; ~ *o.s. to* se prêter à; ~*ing library* bibliothèque *f* de prêt; '**2-'Lease Act** loi *f* prêt-bail (*américaine*); '**lend·er** prêteur (-euse *f*) *m*.

length [leŋθ] longueur *f*; morceau *m*; pièce *f*; temps: durée *f*; *at* ~ enfin, à la fin; *at (great)* ~ d'un bout à l'autre; *go all* ~*s* aller jusqu'au bout; *go (to) great* ~*s* se donner bien de la peine (*pour, to*); *he goes the* ~ *of saying* il va jusqu'à dire; '**length·en** (s')allonger; (se) prolonger; *v/i.* augmenter; '**length·ways**, '**length·wise** □ en longueur, en long.

le·ni·ence, le·ni·en·cy ['li:njəns(i)], **le·ni·ty** ['leniti] clémence *f*; douceur *f*; **le·ni·ent** □ ['li:njənt] clément, indulgent (*pour, envers* to [*-wards*]); '**len·i·tive** ✱ 1. lénitif (-ive *f*); 2. lénitif *m*.

lens [lenz] loupe *f*; *opt.* lentille *f*, verre *m*; *phot.* objectif *m*; *phot.* ~ *system* objectif *m*.

lent¹ [lent] *prét. et p.p. de* lend.
Lent² [~] carême *m*.
Lent·en ['lentən] de carême (*a. fig.*).
len·tic·u·lar □ [len'tikjulə] lentiforme, lenticulaire.
len·til ♣ ['lentil] lentille *f*.
leop·ard ['lepəd] léopard *m*.
lep·er ['lepə] lépreux (-euse *f*) *m*.
lep·ro·sy ✱ ['leprəsi] lèpre *f*; **'leprous** lépreux (-euse *f*).
lese-maj·es·ty ⚖︎ ['liːz'mædʒisti] lèse-majesté *f*.
le·sion ⚖︎, ✱ ['liːʒən] lésion *f*.
less [les] **1.** *adj.* moindre; plus petit; moins de; inférieur; † moins important, mineur; *no ~ a person than* ne ... rien moins que; **2.** *adv.* moins, **3.** *prp.* ⅋ moins; ✝ sans; **4.** *su.* moins *m*; *no ~ than* ne ... rien moins que; autant que.
les·see [le'siː] locataire *mf*; concessionnaire *mf*.
less·en ['lesn] *v/t.* amoindrir, diminuer; ralentir; raccourcir; *fig.* atténuer; *v/i.* diminuer, s'amoindrir; *fig.* s'atténuer.
less·er ['lesə] petit; moindre.
les·son ['lesn] **1.** leçon *f* (*a. eccl., fig.*); exemple *m*; *~s pl.* leçons *f/pl.*; cours *m*; **2.** faire la leçon à, enseigner.
les·sor ⚖︎ [le'sɔː] bailleur (-eresse *f*) *m*.
lest [lest] de peur *ou* de crainte que ... ne (*sbj.*) *ou* de (*inf.*).
let¹ [let] [*irr.*] *v/t.* permettre, laisser; faire (*inf.*); louer (*une maison etc.*); *~ alone* laisser tranquille *ou* en paix; laisser (*q.*) faire; ne pas se mêler de ...; *adv.* sans parler de ...; *~ down* baisser; F laisser (*q.*) en panne; *~ s.o. down gently* refuser qch. à q. *ou* corriger q. avec tact; *~ fly* lancer; lâcher; *~ go* lâcher; ⚓ mouiller (*l'ancre*); *~ into* laisser entrer; *cost.* incruster; mettre (dans un secret, *into a secret*); *~ loose* lâcher; *~ off* tirer; décocher (*a. fig. une épigramme*); *fig.* dispenser (de *inf.*, *from gér.*); *~ see* them...; *~ out* laisser sortir; laisser échapper; *cost.* rélargir; (*a. ~ on hire*) louer; *v/i.* se louer (à *at, for*); *~ on* rapporter, trahir; *~ up* diminuer; cesser.
let² [~] *tennis*: (*a. ~ ball*) balle *f* de filet; *without ~ or hindrance* sans entrave, en toute liberté.
le·thal □ ['liːθl] mortel(le *f*).

le·thar·gic, le·thar·gi·cal □ [le-'θɑːdʒik(l)] léthargique (*a. fig.*); **leth·ar·gy** ['leθədʒi] léthargie *f*; *fig.* inaction *f*, inertie *f*.
Le·the *myth.* ['liːθiː] Léthé *m* (= *oubli*).
let·ter ['letə] **1.** lettre *f*; caractère *m*; missive *f*; *~s pl.* (belles-)lettres *f/pl.*; littérature *f*; *by ~* par lettre, par correspondance; *man of ~s* homme *m* de lettres, littérateur *m*; *to the ~* au pied de la lettre; **2.** marquer avec des lettres; ⚖︎, ✝ coter; mettre le titre à (*un livre*); '**~-bal·ance** pèse-lettre *m*; '**~-box** boîte *f* aux lettres; '**~-car·ri·er** *Am.* facteur *m*; '**~-case** portefeuille *m*; '**~-cov·er** enveloppe *f*; '**lettered** marqué avec des lettres; *fig.* lettré; '**let·ter-file** classeur *m* de lettres; reliure *m*; '**let·ter-found·er** fondeur *m* typographe; **let·ter·gram** *Am.* ['~græm] télégramme *m* à tarif réduit; '**let·ter·ing** lettrage *m*; inscription *f*.
let·ter...: '**~-o·pen·er** ouvre-lettres *m/inv.*; '**~-pa·per** papier *m* à lettres; '**~'per·fect** *théâ.*: *be ~* savoir son rôle par cœur; '**~-press** *typ.* impression *f* typographique; texte *m*; *~ printing* typographie *f*; '**~-press** presse *f* à copier; '**~-weight** presse-papiers *m/inv.*
let·tuce ♣ ['letis] laitue *f*.
leuco... [ljuːko] leuco-; **leu·co·cyte** ['~sait] leucocyte *m*.
le·vant [li'vænt] F décamper sans payer.
lev·ee¹ ['levi] réception *f* royale; *hist.* lever *m*.
lev·ee² *Am.* [~] digue *f*, endiguement *m*, levée *f* (*d'une rivière*).
lev·el ['levl] **1.** *adj.* égal (-aux *m/pl.*); à *ou* de niveau; *fig.* équilibré; *~ with* à fleur de; *my ~ best* tout mon possible; 🚂 *~ crossing* passage *m* à niveau; **2.** *su.* niveau *m* (*a.* ⚙︎, *a. fig.*); terrain *m ou* surface *f* de niveau; hauteur *f*; 🚂, *mot.* palier *m*; ⚔︎ galerie *f* (de mine); *~ of the sea* niveau *m* de la mer; *on a ~ with* de niveau avec, à la hauteur de; *fig.* au niveau de (*q.*); *dead ~* franc niveau *m*, 🚂 palier *m* absolu; *fig.* uniformité *f*; *on the ~* loyal (-aux *m/pl.*); tout à fait sincère; **3.** *v/t.* niveler, aplatir, égaliser; *surv.* déniveler; pointer (*un fusil*); braquer

level-headed

(*un canon*); *fig.* raser (*une ville*); *fig.* lancer (contre, *at*); ~ *with* (*ou to*) *the ground* raser (*qch.*); ~ *down* araser; *fig.* abaisser à son niveau; ~ *up* élever (*qch.*) au niveau (de qch., *to s.th.*); *v/i.* ~ *at* (*ou against*) viser; ~ *off* cesser de monter, se raffermir (*prix*); '~-'head·ed à la tête bien équilibrée; (à l'esprit) rassis; 'lev·el·(l)er *surv.* niveleuse *f* de route; *personne:* niveleur (-euse *f*) *m; pol.* égalitaire *mf*; 'lev·el·(l)ing de nivellement.

le·ver ['li:vǝ] 1. *su.* levier *m*; 2. *v/t.* soulever au moyen d'un levier; *v/i.* manœuvrer un levier; 'le·ver·age force *f* de levier; *fig.* prise *f*.

lev·er·et ['levǝrit] levraut *m*.

le·vi·a·than [li'vaiǝθǝn] *bibl.* Léviathan *m; fig.* navire *m* monstre.

lev·i·gate *pharm.* ['levigeit] réduire en poudre; délayer (avec, *with*).

lev·i·tate ['leviteit] *spiritisme:* (se) soulever (par lévitation).

Le·vite *bibl.* ['li:vait] Lévite *m*.

lev·i·ty ['leviti] légèreté *f*, manque *m* de sérieux.

lev·y ['levi] 1. impôt, *a.* ⚔ troupes: levée *f*; ⚔ *chevaux:* réquisition *f*; impôt *m*, contribution *f*; *capital* ~ prélèvement *m* sur le capital; 2. lever, percevoir (*un impôt*); imposer (*une amende*); ⚔ lever (*des troupes*); réquisitionner; faire (*la guerre, du chantage*).

lewd □ [lu:d] lascif (-ive *f*); impudique; 'lewd·ness impudicité *f*; débauche *f*.

lex·i·cal □ ['leksikl] lexicologique.

lex·i·cog·ra·pher [leksi'kɔgrǝfǝ] lexicographe *mf*; lex·i·co·graph·i·cal □ [ˌkɔ'græfikl] lexicographique; lex·i·cog·ra·phy [ˌ'kɔgrǝfi] lexicographie *f*.

li·a·bil·i·ty [laiǝ'biliti] responsabilité *f* (*a.* ⚖); risque *m* (de, *to*); *fig.* disposition *f*, tendance *f* (à, *to*); *liabilities pl.* engagements *m/pl.*; † ensemble *m* des dettes; passif *m*.

li·a·ble □ ['laiǝbl] ⚖ responsable (de, *for*); passible (de, *for*) (*une amende, un impôt*); sujet(te *f*) à; susceptible (de *inf.*, *to inf.*); *Am.* probable; *be* ~ *to* avoir une disposition à; être sujet(te *f*) à; ~ *to duty* assujetti à un impôt; ~ *to punishment* punissable.

li·ai·son [li'eizɔ̃:ŋ] liaison *f* (*a.* ⚔); *attr.* de liaison.

li·ar ['laiǝ] menteur (-euse *f*) *m*.

li·bel ['laibl] 1. diffamation *f*, calomnie *f* (contre, *on*); ⚖ écrit *m* diffamatoire; 2. calomnier; ⚖ diffamer (par écrit); 'li·bel·(l)ous □ diffamatoire; *fig.* peu flatteur (-euse *f*).

lib·er·al ['libǝrǝl] 1. □ libéral (-aux *m/pl.*) (*a. pol.*); généreux (-euse *f*); prodigue (de, *of*); abondant; 2. *pol.* libéral (-aux *pl.*) *m*; 'lib·er·al·ism libéralisme *m*; lib·er·al·i·ty [ˌ'ræliti] libéralité *f*; générosité *f*.

lib·er·ate ['libǝreit] libérer (*a.* 🦁); mettre en liberté; délivrer (de, *from*); affranchir (*un esclave*); lib·er·a·tion libération *f*; 'lib·er·a·tor libérateur (-trice *f*) *m*; 'lib·er·a·to·ry libératoire.

lib·er·tine ['libǝtain] 1. libertin, débauché (*a. su./m*); 2. libre penseur *m*; lib·er·tin·ism ['ˌtinizm] libertinage *m*, débauche *f*.

lib·er·ty ['libǝti] liberté *f*; permission *f*; *take liberties* prendre des libertés (avec, *with*); *be at* ~ être libre (de, *to*).

li·bid·i·nous □ [li'bidinǝs] libidineux (-euse *f*), lascif (-ive *f*).

li·brar·i·an [lai'brɛǝriǝn] bibliothécaire *m*; li·brar·y ['laibrǝri] bibliothèque *f*.

lice [lais] *pl. de* louse 1.

li·cence ['laisǝns] *admin.* permis *m*, autorisation *f*, patente *f*; permission *f*; *fig.* licence *f* (*a. morale, a. univ.*); *driving* ~ permis *m* de conduire.

li·cense [~] 1. *see* licence; 2. accorder un permis à; † patenter (*q.*); autoriser la production de (*un livre, une pièce de théâtre, etc.*); li·cen·see [ˌ'si:] patenté(e *f*) *m*; concessionnaire *mf*; 'li·cens·er concesseur *m*; *théâ. etc.:* censeur *m*.

li·cen·ti·ate *univ.* [lai'senʃiit] licence *f*; *personne:* licencié(e *f*) *m*.

li·cen·tious □ [lai'senʃǝs] licencieux (-euse *f*); dévergondé.

li·chen ♀, *a.* 𝕊 ['laiken] lichen *m*.

lich-gate ['litʃgeit] porche *m* (couvert) de cimetière.

lick [lik] 1. coup *m* de langue; *Am.* terrain *m* salifère; *sl.* † coup *m*; F vitesse *f*; 2. lécher; F battre, rosser; ~ *the dust* mordre la poussière; ~

into shape façonner; mettre au point; **'lick·er** celui *m* (celle *f*) qui lèche; ⊕ lécheur *m*; **'lick·er·ish** friand; gourmand, avide (de, *after*); **'lick·ing** lèchement *m*; F raclée *f*; F défaite *f*; **'lick·spit·tle** flagorneur *m*.

lic·o·rice & *Am.* ['likəris] réglisse *f*.

lid [lid] couvercle *m*; *sl.* chapeau *m*; paupière *f*.

lie[1] [lai] 1. mensonge *m*; *give s.o. the* ~ donner un démenti à q.; *tell a* ~ mentir; *white* ~ mensonge *m* innocent; 2. mentir.

lie[2] [~] 1. (dis)position *f*; ⚓, géol. gisement *m*; 2. [*irr.*] être couché; se tenir, rester; se trouver; être recevable; ~ *by* rester inactif(-ive *f*); être en réserve; se tenir à l'écart; ~ *down* se coucher; *take it lying down* se laisser faire, ne pas dire mot; ~ *in* (*adv.*) être en couches; (*prp.*) être situé dans; ~ *in wait for* se tenir à l'affût de (*q.*); † ~ *over* différer l'échéance de; ⚓ ~ *to* être à la cape; ~ *under* être dominé par; encourir (*un déplaisir*); être sous le coup de (*une accusation*); ~ *up* rentrer dans l'inactivité; garder le lit; *it* ~*s with you* il vous incombe (de *inf.*, *to inf.*).

lie-a-bed ['laiəbed] grand(e *f*) dormeur (-euse *f*) *m*; paresseux (-euse *f*) *m*.

lief [li:f] volontiers; **'lief·er:** *I would* ~ *have* (*p.p.*) j'aurais préféré (*inf.*).

liege [li:dʒ] *hist.* 1. lige; 2. (*a.* ~*lord*) suzerain *m*; (*a.* ~*man*) vassal *m*.

li·en ₤ ['li:ən] privilège *m*.

lieu [lju:]: *in* ~ *of* au lieu de.

lieu·ten·an·cy [lef'tenənsi; ⚓ le't-; *Am.* lu:'tenənsi] grade *m* de lieutenant (⚓ de vaisseau); *hist.* lieutenance *f*.

lieu·ten·ant [lef'tenənt; ⚓ le't-; *Am.* lu:'tenənt] lieutenant *m* (⚓ de vaisseau); *fig.* délégué *m*, premier adjoint *m*; '~-**colo·nel** lieutenant-colonel *m* (*pl.* lieutenants-colonels); '~-**com'mand·er** capitaine *m* de corvette; lieutenant *m* de vaisseau; '~-**gen·er·al** général *m* de division *Am.* † commandant *m* en chef; '~-**gov·er·nor** sous-gouverneur *m*; vice-gouverneur *m* (*d'un État des É.-U.*).

life [laif] (*pl.* **lives**) vie *f*; vivant *m*; biographie *f*; ~ *and limb* corps et âme; *for* ~ à vie, à perpétuité; *for one's* (*ou for dear*) ~ de toutes ses (*etc.*) forces; *to the* ~ naturel(le *f*); ~ *sentence* condamnation *f* à vie; '~-**an·nu·i·ty** rente *f* viagère; '~-**as'sur·ance** assurance *f* sur la vie, assurance-vie (*pl.* assurances-vie) *f*; '~-**belt** ceinture *f* de sauvetage; '~-**blood** sang *m*; *fig.* âme *f*; '~-**boat** canot *m* de sauvetage; '~-**buoy** bouée *f* de sauvetage; '~-**guard** garde *f* du corps; '~-**guard** *Am.* sauveteur *m* (à la plage); '~-**in·ter·est** usufruit *m* (de, in); '~-**jack·et** ⚓ brassière *f* de sauvetage; '~-**less** □ sans vie; *mort; fig.* sans vigueur, inanimé; '~-**less·ness** absence *f* de vie; manque *m* d'animation; '~-**like** vivant; '~-**line** ligne *f* de sauvetage; à bord; sauvegarde *f*; '~-**long** de toute la vie; '~-**pre·serv·er** ⚓ appareil *m* de sauvetage; canne *f* plombée; casse-tête *m*/*inv.*; '~-**size** de grandeur naturelle; '~-**strings** *pl.* ce qui est nécessaire à l'existence; '~-**time** vie *f*, vivant *m*.

lift [lift] 1. *su.* haussement *m*; levée *f* (*a.* ⊕); ⊕ hauteur *f* de levage; ✈ poussée *f*; *fig.* élévation *f*; ascenseur *m*; *give s.o. a* ~ donner un coup de main à q.; *mot.* conduire q. un bout; 2. *v/t.* (*souv.* ~ *up*) usu. lever; soulever; redresser; relever; élever (*la voix*); *sl.* plagier; *sl.* voler; *v/i.* s'élever; ✈ décoller; '~-**at·tend·ant** liftier (-ère *f*) *m*; '**lift·ing** ⊕ souleveur *m*; ⊕ came *f* de levée; '**lift·ing** ⊕ de levée; de levage; de suspension.

lig·a·ment *anat.* ['ligəmənt] ligament *m*.

lig·a·ture ['ligətʃuə] 1. ⚕, *typ.* ligature *f*; ♪ liaison *f*; 2. ⚕ ligaturer; lier.

light[1] [lait] 1. *su.* lumière *f*; jour *m* (*a. fig.*); lampe *f*; feu *m*, phare *m*; fenêtre *f*; éclairage *m*; *fig.* ~*s pl.* lumières *f*/*pl.*; *in the* ~ *of* à la lumière de (*a. fig.*); *bring to* ~ mettre à jour; *come to* ~ se révéler; *will you give me a* ~ voudriez-vous bien me donner du feu?; *put a* ~ *to* allumer; *see the* ~ voir le jour (= *naître*); *fig.* comprendre, *Am.* être convaincu; 2. *adj.* clair; éclairé; blond; ~ *blue* bleu clair *inv.*; 3. [*irr.*] *v/t.* (*souv.* ~ *up*) allumer; éclairer; illuminer (*la rue, un visage, etc.*);

light 886

~ up to éclairer (q.) jusqu'à (en); v/i. (usu. ~ up) s'allumer; s'éclairer; Am. sl. ~ out détaler, ficher le camp.

light² [~] 1. □ usu. léger (-ère f); frivole; amusant; facile; ~ car voiturette f; (a. ℞etrol.-~) briquet m; make ~ of faire peu de cas de; 2. see lights; 3. ~ on s'abattre sur (a. oiseau); tomber sur (a. fig.); rencontrer; trouver par hasard.

light·en¹ ['laitn] (s')éclairer; v/i. faire des éclairs.

light·en² [~] v/t. alléger (a. fig.); réduire le poids de; v/i. être soulagé.

light·er¹ ['laitə] personne: allumeur (-euse f) m; (a. ℞etrol.-~) briquet m.

light·er² ⚓ [~] péniche f, chaland m.

light...: '~-'fin·gered aux doigts agiles; '~-fit·ting plafonnier m; mur: applique f; '~-'head·ed étourdi; feel ~ avoir le cerveau vide; '~-'heart·ed □ allègre; au cœur léger; '~-house phare m.

light·ing ['laitiŋ] mot. (a. ~-up), a. bâtiment: éclairage m; ⚡ ~ point prise f de courant (d'éclairage).

light·less ['laitlis] sans lumière.

light·ly ['laitli] adv. légèrement; à la légère; à bon marché; '**light-'mind·ed** frivole, étourdi; '**light·ness** légèreté f.

light·ning ['laitniŋ] 1. éclairs m/pl., foudre f; 2. de paratonnerre; fig. foudroyant, rapide; '~-ar·rest·er parafoudre m; '~-con·duc·tor, '~-rod (tige f de) paratonnerre m; '~-strike grève f surprise.

lights [laits] pl. mou m (de veau etc.).

light·ship ['laitʃip] bateau-feu (pl. bateaux-feux) m; '**light-treat·ment** ✠ photothérapie f.

light weight sp. ['lait'weit] poids m léger; '**light-weight** sp. léger (-ère f).

lig·ne·ous ['ligniəs] ligneux (-euse f); **lig·nite** ['lignait] lignite m.

like [laik] 1. adj., adv. pareil(le f), semblable, tel(le f); ~ a man digne de l'homme; F he is ~ to die il est en cas de mourir; such ~ similaire, de la sorte; F feel ~ (ger.) se sentir d'humeur à (inf.); avoir envie de (inf.); s.th. ~ qch. d'approchant à; environ (2 mois, 100 francs); ~ that de la sorte; what is he ~? comment est-il?; that's more ~ it à la bonne heure!;

cela en approche plus; cela laisse moins à désirer; 2. su. semblable mf, pareil(le f) m; ~s pl. préférences f/pl.; sympathies f/pl.; his ~ ses congénères; the ~ chose f pareille; F the ~(s) of des personnes ou choses comme; 3. v/t. aimer; avoir de la sympathie pour; souhaiter, vouloir; how do you ~ London? comment trouvez-vous Londres?, vous vous plaisez à Londres?; I should ~ time il me faut du temps; I should ~ to know je voudrais bien savoir.

lik(e)·a·ble ['laikəbl] sympathique, agréable.

like·li·hood ['laiklihud] probabilité f; '**like·ly** probable; susceptible (de, to); be ~ to (inf.) être en cas de (inf.).

like...: '~-'mind·ed du même avis; '**lik·en** comparer (à, avec to); '**like·ness** ressemblance f; apparence f; image f, portrait m; have one's ~ taken se faire peindre ou photographier; '**like·wise** de plus, aussi.

lik·ing ['laikiŋ] (for) goût m (de), penchant m (pour); to one's ~ à souhait; à son gré.

li·lac ['lailək] 1. lilas adj./inv.; 2. ♀ lilas m.

lilt [lilt] 1. chanter gaiement; 2. rythme m, cadence f; chant m gai.

lil·y ♀ ['lili] lis m; ~ of the valley muguet m; gild the ~ orner la beauté même.

limb¹ [lim] membre m (du corps); ♀ branche f; F suppôt m.

limb² astr., ♀ [~] limbe m, bord m; fig. go out on a ~ aller jusqu'au bout.

limbed [limd] aux membres ...

lim·ber¹ ['limbə] souple, agile.

lim·ber² ⚔ [~] 1. avant-train m; 2. atteler à l'avant-train; ~ up mettre l'avant-train.

lim·bo ['limbou] limbes m/pl.; sl. prison f; fig. oubli m.

lime¹ [laim] 1. chaux f; (a. bird-~) glu f; 2. ✍ chauler; gluer (des ramilles).

lime² ♀ [~] lime f; (a. ~-tree) tilleul m.

lime³ ♀ [~] limon m; '~-juice jus m de limon.

lime...: '~-kiln four m à chaux; '~-light lumière f oxhydrique; théâ. rampe f; fig. in the ~ très en vue.

lim·er·ick ['limərik] (sorte de) petit poème m comique (en 5 vers).

lime·stone géol. ['laimstoun] calcaire m.

lim·it ['limit] **1.** limite f, borne f; in (off) ~s accès m permis (interdit); F that is the ~! ça, c'est le comble!; ça, c'est trop fort!; Am. F go the ~ aller jusqu'au bout; risquer le tout; **2.** limiter, borner (à, to); **'lim·i·tar·y** qui sert de limite (à, of); **lim·i'ta·tion** restriction f, limitation f; entrave f; ₴₮ prescription f; **'lim·it·ed** limité, restreint (à, to); ~ (liability) company (abbr. Co.Ltd.) société f à responsabilité limitée; société f anonyme; ~ in time à terme; de durée restreinte; surt. Am. ~ (express train) rapide m; train m de luxe; **'lim·it·less** □ illimité, sans bornes.

limn [lim] dessiner, peindre.

lim·ou·sine ['limu(:)zi:n] limousine f.

limp¹ [limp] **1.** boiter (a. fig.); **2.** boitement m, clochement m.

limp² [~] flasque; mou (mol devant une voyelle ou un h muet; molle f); fig. sans énergie.

lim·pet ['limpit] zo. patelle f; fig. crampon m; fonctionnaire m ancré dans son poste.

lim·pid □ ['limpid] limpide, clair; **lim'pid·i·ty, 'lim·pid·ness** limpidité f, clarté f.

lim·y ['laimi] gluant; ✗ calcaire.

lin·age journ. ['lainidʒ] nombre m de lignes; paiement m à la ligne.

linch·pin ['lintʃpin] esse f; cheville f d'essieu.

lin·den ♀ ['lindən] (a. ~-tree) tilleul m.

line¹ [lain] **1.** su. ⚓, ✈, 🚂, armes, démarcation, dessin, pêche, personne, téléph., télév., tennis, typ., phys. du (de force): ligne f; △ alignement m; ✶ articles m/pl.; ✗, ⚓ ligne f de bataille; 🚂 voie f; téléph. fil m; peint. cimaise f; surv. cordeau m; dessin, phys. (du spectre): raie f; dessin, visage: trait m; front: ride f; véhicules: file f, colonne f; objets, personnes: rangée f; fig. emploi m; fig. mot m; Am. fig. tuyaux m/pl.; F mesure f; ~s pl. modèle m; (bonne, mauvaise) voie f; formes f/pl.; F acte m de mariage; ✗ rangs m/pl.; ~ of battle ligne f de bataille; ~ of business genre m d'affaires; ~ of conduct ligne f de conduite; ~ of danger zone f dangereuse; ship of the ~ vaisseau m de ligne; hard ~s pl. mauvaise chance f; all down the ~ sur toute la ligne; in ~ with d'accord avec; position: de pair avec; that is not in my ~ ce n'est pas mon métier; stand in ~ se tenir en ligne; fall into ~ s'aligner; fig. se conformer (à, with); **2.** v/t. ligner, régler; rayer; border (allée, chemin, rive, etc.); ~ the streets faire la haie; ~ out ✗ repiquer; tracer; ~ through biffer, rayer; v/i. sp. ~ out se mettre en lignes parallèles pour la touche; ~ up s'aligner; faire la queue.

line² [~] cost. etc. doubler; fig. ~ one's pocket faire sa pelote.

lin·e·age ['liniidʒ] lignée f; F famille f; **lin·e·al** □ ['liniəl] linéal (-aux m/pl.); direct; **lin·e·a·ment** ['~iəmənt] trait m, linéament m; **lin·e·ar** ['~iə] linéaire.

lin·en ['linin] **1.** toile f (de lin); linge m; **2.** de ou en toile; de lin (fil); **'~-clos·et, '~-cup·board** lingerie f; armoire f à linge; **'~-drap·er** marchand(e f) m de toiles.

lin·er ['lainə] paquebot m (de ligne); grand avion m de transport; personne: traceur m de filets; cost. doubleur(-euse f) m; **lines·man** ['lainzmən] ✗ soldat m de la ligne; 🚂 garde-ligne m; sp. arbitre m de ligne; **'line-'up** mise f en rang; sp. rassemblement m; sp. Am. composition f d'une équipe.

ling¹ icht. [liŋ] morue f longue.

ling² ♀ [~] bruyère f commune.

lin·ger ['liŋgə] tarder; s'attarder (sur, over [up]on); traîner (a. maladie); flâner (dans la rue); subsister (doute); ~ at (ou about) s'attarder sur ou à (qch.) dans (un endroit).

lin·ge·rie ✝ ['lɛ̃:nʒəri] lingerie f (de dame).

lin·ger·ing □ ['liŋgəriŋ] prolongé; persistent (espoir); qui traîne (a. maladie).

lin·go ['liŋgou] jargon m. [m/pl.).)

lin·gual ['liŋgwəl] lingual (-aux**.

lin·guist ['liŋgwist] linguiste mf; **lin'guis·tic** (~ally) linguistique; **lin'guis·tics** usu. sg. linguistique f.

lin·i·ment ✱ ['linimənt] liniment m.

lin·ing ['lainiŋ] vêtement: doublage m; robe: doublure f; mur: incrustation f; ⊕ fourneau, cylindre: chemise f.

link

link [liŋk] 1. *su.* chaînon *m*; chaîne: anneau *m*; *fig.* lien *m*; *cuff-~* bouton *m* de manchette; 2. (se) joindre; *v/t. a.* relier, enchaîner.
links [liŋks] *pl.* dunes *f/pl.*; lande *f* sablonneuse; (*a. golf-~*) terrain *m* de golf.
lin·net *orn.* ['linit] linot(te *f*) *m*.
lin·o·type *typ.* ['lainotaip] linotype *f*.
lin·seed ['linsi:d] graine *f* de lin; *~ oil* huile *f* de lin.
lin·sey-wool·sey ✞ ['linzi'wulzi] tiretaine *f*.
lint ✞ [lint] charpie *f* anglaise; lint *m*.
lin·tel △ ['lintl] linteau *m*.
lin·y ['laini] strié de lignes; ridé.
li·on ['laiən] lion *m* (*zo., astr. a. fig.*); F *~s pl. of a place* curiosités *f/pl.* d'un endroit; **'li·on·ess** lionne *f*; **'li·on·ize** visiter les curiosités de (*un endroit*); faire une célébrité de (*q.*).
lip [lip] lèvre *f* (*a.* ♀, *a. plaie*); *animal*: babine *f*; *tasse*: (re)bord *m*, saillie *f*; F insolence *f*; **'~-serv·ice** hommages *m/pl.* peu sincères; **'~-stick** rouge *m* à lèvres, bâton *m* de rouge.
liq·ue·fac·tion [likwi'fækʃn] liquéfaction *f*; **liq·ue·fi·a·ble** ['~faiəbl] liquéfiable; **liq·ue·fy** ['~fai] (se) liquéfier.
li·queur [li'kjuə] liqueur *f*; **'~-choc·o·late** chocolat *m* aux liqueurs.
liq·uid ['likwid] 1. □ liquide (*a. gramm.*); doux (douce *f*) (*son*); ✞ disponible; limpide (*œil etc.*); 2. liquide *m*; *gramm.* liquide *f*.
liq·ui·date ['likwideit] ✞ liquider (*une dette*); mobiliser (*des capitaux*); **liq·ui·da·tion** liquidation *f*; **'liq·ui·da·tor** liquidateur *m*.
liq·uor ['likə] 1. ⚗, *pharm.* solution *f*; boisson *f* alcoolique; *in ~* ivre; 2. *sl. v/i.* chopiner; *v/t.* (*a. ~ up*) enivrer.
liq·uo·rice ♀ ['likəris] réglisse *f*.
lisp [lisp] 1. zézayement *m*; 2. zézayer.
lis·som(e) ['lisəm] souple, agile.
list¹ [list] 1. *su.* △ lisière *f* (*a. tex.*); liste *f*, répertoire *m*; carte *f* (*des vins*); 2. *v/t.* enregistrer; inscrire (*des noms*); dresser la liste de; cataloguer; *v/i.* ⚔ † s'engager.
list² ⚓ [~] 1. bande *f*, gîte *f*; 2. donner de la bande; prendre de la gîte.
lis·ten ['lisn] (*to*) écouter; prêter l'oreille (à); faire attention (à); *~ in radio*: se mettre à l'écoute; écouter (*qch., to s.th.*); **'lis·ten·er** auditeur (-trice *f*) *m*; ⚔ *a. péj.* écouteur *m*; *radio*: *~s' requests* disques *m/pl.* des auditeurs; **'lis·ten·er-'in** (*pl.* **'lis·ten·ers-'in**) *radio*: auditeur (-trice *f*) *m*.
lis·ten·ing ['lisniŋ] d'écoute; *~ apparatus* appareil *m* d'écoute; **'~-'in** *radio*: écoute *f*; **'~-post** poste *m* d'écoute.
list·less □ ['listlis] apathique; nonchalant; *~ly* nonchalamment.
lists [lists] *pl.* lice *f*.
lit [lit] *prét. et p.p. de light¹ 3*; *~ up sl.* ivre, soûl.
lit·a·ny *eccl.* ['litəni] litanie *f*.
lit·er·al □ ['litərəl] littéral (-aux *m/pl.*) (*a.* 𝒜); propre (*sens*); sans imagination (*personne*); **'lit·er·al·ism**, **'lit·er·al·ness** littéralité *f*.
lit·er·ar·y □ ['litərəri] littéraire; de lettres; **lit·er·ate** ['~it] 1. qui sait lire et écrire; lettré; 2. lettré *m*; *eccl.* prêtre *m* sans grade universitaire; **lit·e·ra·ti** [litə'rɑ:ti:] *pl.* hommes *m/pl.* de lettres, littérateurs *m/pl.*; **lit·e·ra·tim** [~'rɑ:tim] mot à mot; **lit·e·ra·ture** ['litəritʃə] littérature *f*; écrits *m/pl.*; ✞ prospectus *m/pl.*
lithe(·some) ['laið(səm)] souple, agile, leste.
lith·o·graph ['liθəgrɑ:f] 1. lithographie *f*; 2. lithographier; **li·thog·ra·pher** [li'θɔgrəfə] lithographe *m*; **lith·o·graph·ic** [liθə'græfik] (*~ally*) lithographique; **li·thog·ra·phy** [li'θɔgrəfi] lithographie *f*, procédés *m/pl.* lithographiques.
Lith·u·a·ni·an [liθju'einjən] 1. lituanien(ne *f*); 2. Lituanien(ne *f*) *m*.
lit·i·gant ⚖ ['litigənt] 1. plaidant; 2. plaideur (-euse *f*) *m*; **lit·i·gate** ['~geit] *v/i.* plaider; être en procès; *v/t.* contester; **lit·i·ga·tion** litige *m*, procès *m*; **li·ti·gious** □ [li'tidʒəs] litigieux (-euse *f*) (*cas, a. personne*).
lit·mus ⚗ ['litməs] tournesol *m*.
lit·ter ['litə] 1. litière *f* (*véhicule, a. de paille*); civière *f*; désordre *m*; ordures *f/pl.*; *zo.* portée *f*; 2. mettre en désordre; joncher (de, *with*); *zo.* mettre bas; (*a. ~ down*) faire la litière à; joncher (*qch.*) de paille.
lit·tle ['litl] 1. *adj.* petit; peu de...; mesquin (*esprit*); *a ~ one* un(e *f*)

petit(e *f*) (*enfant*); F *my ~ Mary* mon estomac *m*; *his ~ ways* ses petites manies *f/pl.*; *~ people* les fées *f/pl.*; **2.** *adv.* peu; *a ~ red* un *ou* quelque peu rouge; **3.** *su.* peu *m* (de chose); *~ by ~, by ~ and ~* peu à peu; petit à petit; *for a ~* pendant un certain temps; *not a ~* beaucoup; **'lit·tle·ness** petitesse *f*.

lit·to·ral ['litərəl] **1.** du littoral; **2.** littoral *m*.

lit·ur·gy *eccl.* ['litə(:)dʒi] liturgie *f*.

liv·a·ble ['livəbl] F habitable (*maison etc.*); supportable (*vie*); F (*usu. ~ with*) accommodant, sociable (*personne*).

live 1. [liv] vivre (de, *on*); se nourrir (de, [*up*]*on*); demeurer; habiter; durer; *v/t.* mener (*une vie*); *~ to see* vivre assez longtemps pour voir (*qch.*); *~ down* faire oublier; surmonter; *~ off one's capital* manger son capital; *~ out* passer; *~ up* (jusqu'à la fin de); *~ up to one's promise* remplir sa promesse; *~ up to a standard* atteindre un niveau *etc.*; **2.** [laiv] vivant, en vie; ardent (*charbon*); *fig.* actuel(le *f*); utile (*poids*); ✕ chargé (*cartouche etc.*); ⚡ sous tension; *télév.*, *radio*: en direct; *fig. ~ wire* homme *m etc.* très entreprenant; **'live·a·ble** *see* livable; **lived** [livd]: *short-~* éphémère; **live·li·hood** ['laivlihud] vie *f*; gagne-pain *m/inv.*; **live·li·ness** ['~linis] vivacité *f*, entrain *m*; **live·long** *poét.* ['livlɔŋ]: *~ day* toute la (sainte) journée; **live·ly** ['laivli] vif (vive *f*); animé; vivant.

liv·er[1] ['livə] vivant *m*; celui *m* (celle *f*) qui vit; *fast-~* viveur (-euse *f*) *m*; débauché(e *f*) *m*; *good ~* amateur *m* de bonne chère.

liv·er[2] [~] foie *m*.

liv·er·y ['livəri] ⚖ mise *f* en possession; (*a. ~ company*) corporation *f* d'un corps de métier; *cost.* livrée *f*; *at ~* en pension (*cheval*); **'~·man** membre *m* d'une corporation (*see livery company*); *~ sta·ble* écuries *f/pl.* de louage.

lives [laivz] *pl. de* life; **'live·stock** bétail *m*, bestiaux *m/pl.*; **'live·weight** poids *m* utile.

liv·id ['livid] blême, livide; plombé (*ciel*); **li'vid·i·ty** lividité *f*.

liv·ing ['liviŋ] **1.** □ vivant; vif (vive *f*); ardent (*charbon*); *within ~ memory* de mémoire d'homme; **2.** vie *f*; séjour *m*; train *m ou* niveau *m* de vie; *eccl.* bénéfice *m*, cure *f*; '*~-room* salle *f* de séjour.

Li·vo·ni·an [li'vounjən] **1.** livonien (-ne *f*); **2.** Livonien(ne *f*) *m*.

liz·ard ['lizəd] lézard *m*.

Liz·zie *Am. co.* ['lizi] (*a. tin ~*) vieille Ford *f*.

lla·ma *zo.* ['lɑːmə] lama *m*.

Lloyd's [lɔidz] la Société *f* Lloyd; *approx.* le Véritas *m*.

load [loud] **1.** *su.* fardeau *m* (*a. fig.*); ⊕, *a. armes*: charge *f*; *test ~* charge *f* d'essai; **2.** *v/t.* charger (de, *with*); *fig.* combler (de, *with*); *v/i.* (*a. ~ up*) prendre charge; *~ed dice pl.* dés *m/pl.* pipés; **'load·er** chargeuse *f*; *personne*: chargeur *m*; **'load·ing 1.** de chargement; **2.** chargement *m*; **'load-line** ⚓ ligne *f* de charge; **'load-star** étoile *f* polaire; *fig.* point *m* de mire; **'load·stone** pierre *f* d'aimant; aimant *m* naturel.

loaf[1] [louf] (*pl. loaves*) pain *m* (*a. de sucre*); miche *f* (*de pain*).

loaf[2] [~] fainéanter, flâner.

loaf·er ['loufə] flâneur *m*; voyou *m*.

loam [loum] 🖉 terre *f* grasse; *métall.* glaise *f*; **'loam·y** 🖉 gras(se *f*); *métall.* argileux (-euse *f*).

loan [loun] **1.** prêt *m*; avance *f*; emprunt *m*; *on ~* à titre d'emprunt; détaché (auprès de, *to*) (*personne*); *ask s.o. for the ~ of s.th.* demander à emprunter qch. à q.; *put out to ~* prêter; **2.** *surt. Am.* prêter.

loath □ [louθ] peu disposé; *be ~ for s.o. to do s.th.* ne pas vouloir que q. fasse qch.; *nothing ~* très volontiers; **loathe** [louð] détester; abhorrer; **loath·ing** ['~ðiŋ] aversion *f*, répugnance *f* (pour *for*, *of*); **loathsome** ['~səm] dégoûtant.

loaves [louvz] *pl. de* loaf[1].

lob [lɔb] *tennis:* **1.** lob *m*; **2.** lober (*la balle*).

lob·by ['lɔbi] **1.** vestibule *m* (*a. parl.*); *parl.* salle *f* des pas perdus; *théâ.* foyer *m*, entrée *f*; *parl. Am.* groupe *m* d'intrigants; **2.** *surt. Am. parl.* faire les couloirs; influencer certains députés *etc.*; **'lob·by·ist** *parl. surt. Am.* faiseur *m* des couloirs.

lobe *anat.*, ⚘ [loub] lobe *m*; ⊕ nez *m*; F oreille *f*.

lob·ster ['lɔbstə] homard *m*.
lo·cal □ ['loukəl] **1.** local (-aux *m/pl.*), régional (-aux *m/pl.*); de la localité, du pays; *see branch*; *téléph.* ~ *call* communication *f* interurbaine *ou* locale; ~ *colour* couleur *f* locale; ~ *government* administration *f* décentralisée; **2.** *journ.* nouvelles *f/pl.* de la région; 🚂 (*a.* ~ *train*) train *m* d'intérêt local; F tortillard *m*; ~*s pl.* habitants *m/pl.* de l'endroit; **lo·cale** [lou'kɑ:l] scène *f* (*des événements*); **lo·cal·i·ty** [~'kæliti] localité *f*; région *f*; **lo·cal·ize** ['~kəlaiz] localiser.
lo·cate [lou'keit] *v/t.* localiser; déterminer la situation de; établir; repérer (*une épave etc.*); *Am.* fixer l'emplacement de; *be* ~*d* être situé; *it was* ~*d* on le trouva; *v/i. Am.* s'établir; **lo'ca·tion** situation *f*, emplacement *m*; établissement *m*; ⚖ location *f*; *Am.* concession *f* minière; *cin.* extérieurs *m/pl.*
loch *écoss.* [lɔx] lac *m*; bras *m* de mer.
lock[1] [lɔk] **1.** *su.* porte *etc.*: serrure *f*, fermeture *f*; *fusil*: platine *f*; écluse *f*; ⊕ *roue*: enrayure *f*, verrou *m* (*a. fig.*); *sp. lutte*: clef *f*; *mot.* (*a. steering* ~) angle *m* de braquage; **2.** *v/t.* fermer à clef; (*a.* ~ *up*) enfermer; ⊕ enrayer (*une roue*); écluser (*un bateau*); verrouiller (*des armes*); *fig.* serrer; ~ *the door against* fermer sa porte à (*q.*); ~ *in* enfermer à clef; mettre sous clef; ~ *out* fermer la porte à *ou* sur; ⊕ *lock-outer*; ~ *up* bloquer, immobiliser (*des capitaux*); *v/i.* se fermer à clef; s'enrayer (*roues*); s'enclencher (*pièces d'un mécanisme*).
lock[2] [~] *cheveux*: boucle *f*; *laine*: flocon *m*.
lock·age ['lɔkidʒ] éclusage *m*; droit *m* d'écluse; **'lock·er** armoire *f*, coffre *m* (*fermant à clef*); ⚓ caisson *m*; ⚓ soute *f*; **lock·et** ['~it] médaillon *m*.
lock...: '~-**gate** porte *f* d'écluse; '~-**jaw** 🩺 trisme *m*; F tétanos *m*; '~-**keep·er** gardien *m* d'écluse, éclusier *m*; '~-**nut** ⊕ contre-écrou *m*; '~-**out** lock-out *m/inv.*; '~-**smith** serrurier *m*; '~-**stitch** point *m* de navette; '~-**up 1.** *su. surt. école*: fermeture *f* des portes; hangar *m ou* magasin *m etc.* fermant à clef; F poste *m* de police; ✝ immobilisation *f* (*de capital*); **2.** *adj.* fermant à clef.
lo·co *Am. sl.* ['loukou] toqué, fou (fol *devant une voyelle ou un h muet*; folle *f*).
lo·co·mo·tion [loukə'mouʃn] locomotion *f*; **lo·co·mo·tive** ['~tiv] **1.** locomotif (-ive *f*); *co.* voyageur (-euse *f*); **2.** 🚂 (*ou* ~ *engine*) locomotive *f*.
lo·cum-ten·ens ['loukəm'ti:nenz] remplaçant(e *f*) *m*; **lo·cus** ['loukəs], *pl.* -**ci** [~sai] 𝒜 lieu *m* géométrique.
lo·cust ['loukəst] *zo.* grande sauterelle *f*; ♣ caroube *f*; ~-**tree** caroubier *m*; faux acacia *m*.
lo·cu·tion [lo'kju:ʃn] locution *f*.
lode ⚒ [loud] veine *f*.
lodge [lɔdʒ] **1.** *su.* pavillon (*de chasse, d'entrée*); concierge, francs-maçons: loge *f*; maison *f* (*de garde-chasse*); **2.** *v/t.* loger (*q., une balle*); avoir (*q.*) comme locataire; *v/i.* (*usu.* se) loger; demeurer (*chez, with*); être en pension (*chez, with*); **'lodge·ment** *see lodgment*; **'lodg·er** locataire *mf*; pensionnaire *mf*; **'lodg·ing** hébergement *m*; *argent etc.*: dépôt *m*; ~*s pl.* logement *m*, logis *m*, appartement *m* meublé; *souv.* chambre *f*; **'lodg·ing-house** hôtel *m* garni, pension *f*; **'lodg·ment** prise *f*; ⚔ logement *m*; ⚖ dépôt *m*, remise *f*.
loft [lɔft] grenier *m*; *église etc.*: galerie *f*; ⊕ atelier *m*; colombier *m*; **loft·i·ness** ['~inis] hauteur *f* (*a. fig.*); élévation *f* (*a. du style, des sentiments, etc.*); **'loft·y** □ haut, élevé; hautain (*personne, a. air*).
log [lɔg] (*grosse*) bûche *f*; ⚓ loch *m*; *see a. log-book*. [rithme *m*.\
log·a·rithm 𝒜 ['lɔgəriθm] loga-\
log...: '~-**book** ⚓ livre *m* de loch; journal *m* de bord; *mot.* carnet *m* de route; ✈ livre *m* de vol; ~ **cab·in** cabane *f* de bois; **logged** [lɔgd] imbibé (*d'eau*); **log·ger·head** ['lɔgə-hed]: *be at* ~*s* être en bisbille (*avec, with*); **'log-house**, **'log-hut** cabane *f* de bois.
log·ic ['lɔdʒik] logique *f*; **'log·i·cal** □ logique; **lo·gi·cian** [lo'dʒiʃən] logicien(ne *f*) *m*.
lo·gom·a·chy *poét.* [lɔ'gɔməki] logomachie *f*, dispute *f* de mots.
log-roll *pol. surt. Am.* ['lɔgroul] faire du battage; se prêter une entraide intéressée.

log·wood ['lɔgwud] bois *m* de campêche.

loin [bɔin] *cuis.* filet *m* (*de mouton ou de veau*), aloyau *m* (*de bœuf*), longe *f* (*de veau*); ~*s pl.* reins *m/pl.*; *anat.* lombes *m/pl.*

loi·ter ['lɔitə] traîner, flâner; 🐌 rôder; ~ *away one's time* perdre son temps à flâner; **'loi·ter·er** flâneur (-euse *f*) *m*; 🐌 rôdeur *m*.

loll [lɔl] *v/t.* pencher; laisser pendre; *v/i.* pendre; être étendu (*personne*); se renverser nonchalamment; ~ *about* fainéanter, flâner; ~ *out* (*v/t.* laisser) pendre (*langue*).

lol·li·pop F.['lɔlipɔp] sucette *f*; *usu.* ~*s pl.* bonbons *m/pl.*; sucreries *f/pl.*

lol·lop F ['lɔləp] se traîner; marcher lourdement.

Lom·bard ['lɔmbəd] Lombard(e *f*) *m*; ~ *Street* centre des opérations de banque à Londres.

Lon·don ['lʌndən] de Londres; **'Lon·don·er** Londonien(ne *f*) *m*, habitant(e *f*) *m* de Londres.

lone *poét.* [loun] solitaire, seul; **'lone·li·ness** solitude *f*, isolement *m*; **'lone·ly** □, **lone·some** □ ['~səm] solitaire, isolé.

long¹ [lɔŋ] 1. *su.* longueur *f*; F ~*s pl. les grandes vacances f/pl.*; *before* ~ sous peu; avant peu; *for* ~ pendant longtemps; *take* ~ = *be* ~ (*see* 2); *the* ~ *and the short of it* le fort et le fin de l'affaire; en un mot comme en mille; 2. *adj.* long(ue *f*), F *see tall*; ✝ ~ *figure* gros chiffre *m*; ~ *firm* bande *f* noire; ~ *price* prix *m* élevé; *radio*: ~ *waves* grandes ondes *f/pl.*; ✝ *at* ~ *date* à longue échéance; *in the* ~ *run* à la longue; avec le temps; en fin de compte; *be* ~ prendre du temps (*chose*); tarder (à *inf., to inf.*; [*in*] *gér.*) (*personne*); 3. *adv.* longtemps, depuis longtemps; *as* ~ *ago as 1900* dès 1900; *I have* ~ *sought* je cherche depuis longtemps; voilà longtemps que je cherche; ~*er* plus longtemps; *no* ~*er* ne ... plus; *no* ~*er ago than* ... pas plus tard que ...

long² [~] désirer ardemment (qch., *for s.th.*); brûler (de, *to*).

long...: '~-chair chaise *f* longue; '**~-'dat·ed** à longue échéance; '~-**'dis·tance** à longue distance; *sp.* de fond (*coureur, course*); ~ *flight* raid *m*; *radio*: ~ *reception* réception *f* à longue distance; **lon·gev·i·ty** [lɔn'dʒeviti] longévité *f*; '**long-hair** *Am.* F amateur *m* de la musique classique; adversaire *mf* du jazz *etc.*; intellectuel(le *f*) *m*; '**long-hand** écriture *f* courante.

long·ing ['lɔŋiŋ] 1. □ impatient, avide; 2. désir *m* ardent, grande envie *f* (de, *for*).

long·ish ['lɔŋiʃ] assez *ou* plutôt long.

lon·gi·tude *géog.* ['lɔndʒitjuːd] longitude *f*; **lon·gi·tu·di·nal** □ [~inl] en long; longitudinal (-aux *m/pl.*).

long...: '~-**range** à longue *ou* grande portée (*a.* ⚔, 🚀 à grand rayon d'action; '**~-shore·man** débardeur *m*; docker *m*; ~ *shot cin.* plan *m* lointain; '**~-'sight·ed** presbyte; *fig.* prévoyant; '**~-'suf·fer·ing** 1. patient; longanime; 2. patience *f*; longanimité *f*; '**~-'term** à long terme; '**~-'ways** en long(ueur); '**~-wind·ed** □ interminable; diffus, intarissable (*personne*).

loo [luː] *cartes:* mouche *f*.

loo·by ['luːbi] nigaud *m*.

look [luk] 1. *su.* regard *m*; air *m*, aspect *m*; (*usu.* ~*s pl.*) mine *f*; *new* ~ nouvelle mode *f*; *have a* ~ *at s.th.* jeter un coup d'œil sur qch., regarder qch.; *I like the* ~ *of him* sa figure me revient; 2. *v/i.* regarder (qch., *at s.th.*; par, *out of*); avoir l'air (*malade etc.*); sembler (que ...); paraître; porter la mine (de qch., [*like*] *s.th.*); *it* ~*s like rain* on dirait qu'il va pleuvoir; *he* ~*s like winning* on dirait qu'il va gagner; ~ *about* chercher (*qch., for s.o.*) des yeux; s'occuper de; ~ *at* regarder; examiner; ~ *for* chercher; ~ *forward to* s'attendre à, attendre; ~ *in* faire une petite visite (à, *on*), entrer en passant (chez, *on*); *télév.* recevoir une émission, regarder; ~ *into* examiner, étudier; ~ *out!* attention!; ~ *out for* être à la recherche de; guetter; ~ *over* jeter un coup d'œil sur (*qch.*); ~ *to* voir à, s'occuper de; compter sur; ~ *to s.o. to* (*inf.*) compter sur pour (*inf.*); ~ *up* regarder en haut, lever les yeux, s'améliorer (*affaires, prix, etc.*); F ~ *up to* respecter; *fig.* ~ (*up*)*on* regarder, envisager (comme, *as*); 3. *v/t.:* ~ *s.o. in the face* regarder q. en face; ~ *one's age* paraître *ou* accuser son âge; ~ *disdain* lancer un regard dédaigneux; ~

look·er-on

over revoir (*qch.*); jeter un coup d'œil sur; parcourir; ~ *up* (re)chercher; consulter; F aller voir (*q.*).
look·er-on ['lukər'ɔn] spectateur (-trice *f*) *m* (de, *at*); assistant *m* (à, *at*).
look·ing-glass ['lukiŋglɑːs] miroir *m*, glace *f*.
look-out ['luk'aut] guet *m*, surveillance *f*; ⚔ guetteur *m*; ♆ vigie *f*; *fig.* qui-vive *m*/*inv.*; ♆ *keep a* ~ être en vigie; ♆ *be on the* ~ être de veille; *fig.* être sur ses gardes; *that is my* ~ ça c'est mon affaire.
loom[1] [luːm] métier *m* (à tisser).
loom[2] [~] se dessiner, s'estomper; se dresser; surgir (*du brouillard*).
loon[1] *écoss.* [luːn] garçon *m*; vaurien *m*; lourdaud *m*.
loon[2] *orn.* [~] grand plongeon *m*.
loop [luːp] **1.** *su.* boucle *f*; œil *m*, ganse *f*; *rideau*: embrasse *f*; sinuosité *f*; ⚙ 🚗 boucle *f* d'évitement; *radio:* ~ *aerial* antenne *f* en cadre; **2.** *v*/*t.* boucler; enrouler; ~ *up* retrousser, relever (*les cheveux*, *la robe*); retenir (*un rideau*) avec une embrasse; ✈ ~ *the* ~ boucler la boucle; *v*/*i.* faire une boucle, boucler; '~**hole** trou *m*, ouverture *f*; *fig.* échappatoire *f* (à, *for*); ⚔ meurtrière *f*; '~**line** 🚗 voie *f* de dérivation; *tél.* ligne *f* dérivée.
loose [luːs] **1.** ☐ branlant; détaché; défait; échappé; libre; mobile; ♣ en vrac; mou (mol *devant une voyelle ou un h muet*; molle *f*); lâche; meuble (*terre*); vague (*terme etc.*); débauché; dissolu; ⚡ ~ *connection* contact *m* intermittent; *at a* ~ *end* désœuvré; **2.** *v*/*t.* défaire (*un nœud etc.*); dénouer (*les cheveux*, *une ficelle*, *etc.*); détacher; ♆ larguer (*q.*); ~ *off* décocher, tirer; lâcher (*une prise*); ~ *one's hold on* lâcher (*qch.*); *v*/*i.* tirer (sur *q.*, *at s.o.*); **3.** *su.: give* (*a*)~ *to* donner libre cours à; '~**leaf**: ~ *book* album *m* à feuilles mobiles;
loos·en ['luːsn] (se) défaire, délier; (se) relâcher; (se) desserrer; '**loose·ness** état *m* branlant; jeu *m*; *robe etc.*: ampleur *f*; relâchement *m* (a. ⚜); *sol*: inconsistance *f*; imprécision *f*; *morale:* licence *f*.
loot [luːt] **1.** piller; voler; **2.** pillage *m*; butin *m*.
lop[1] [lɔp] tailler, émonder (*un arbre*); (*usu.* ~ *away ou off*) élaguer, couper.

lop[2] [~] pendre flasque; retomber.
lope [loup]: ~ *along* courir à petits bonds.
lop...: '~-**ears** *pl.* oreilles *f*/*pl.* pendantes; '~-'**sid·ed** de guingois; déjeté; qui manque de symétrie.
lo·qua·cious [lo'kweiʃəs] loquace; **lo·quac·i·ty** [lo'kwæsiti] loquacité *f*.
lord [lɔːd] **1.** seigneur *m*, maître *m*; *titre:* lord *m*; *the* ♀ le Seigneur (= *Dieu*); *my* ~ monsieur le baron *etc.*; *the* ♀'s *Prayer* l'oraison *f* dominicale, le Pater *m*; *the* ♀'s *Supper* la Cène *f*; **2.** ~ *it* faire l'important; ~ *it over* en imposer à (*q.*); '**lord·li·ness** dignité *f*; *péj.* orgueil *m*; '**lord·ling** petit seigneur *m*; '**lord·ly** de grand seigneur; magnifique; majestueux (-euse *f*); *péj.* hautain; '**lord·ship** suzeraineté *f* (de, *over*); *titre:* seigneurie *f*.
lore [lɔː] science *f*, savoir *m*.
lor·ry ['lɔri] 🚗 lorry *m*; *motor* ~ camion *m*.
lose [luːz] [*irr.*] *v*/*t.* *usu.* perdre; égarer; gaspiller (*le temps*); *montre:* retarder de (*cinq minutes*); manquer (*le train*); coûter; ~ *o.s.* s'égarer, se perdre; *fig.* s'absorber; ~ *sight of s.th.* perdre qch. de vue; *v*/*i.* subir une perte, perdre; retarder (*montre*); *Am.* ~ *out* échouer; perdre; '**los·er** battu(e *f*) *m*, vaincu(e *f*) *m*; celui *m* (celle *f*) qui perd; *sp.* perdant(e *f*) *m*; *come off a* ~ échouer; '**los·ing** perdant; de vaincu.
loss [lɔs] perte *f*; *at a* ~ désorienté; embarrassé (pour *inf.*, *to inf.*); ♣ à perte; *be at a* ~ *for* ne savoir trouver (*qch.*); *be at a* ~ *what to say* ne savoir que dire.
lost [lɔst] *prét. et p.p. de lose; be* ~ être perdu (a. *fig.*); être désorienté; *this won't be* ~ *on me* j'en prendrai bonne note; je comprends; *be* ~ *upon s.o.* être en pure perte en ce qui concerne *q.*; '~-'**prop·er·ty of·fice** (service *m* des) objets *m*/*pl.* trouvés.
lot [lɔt] **1.** sort *m* (a. *fig.*); *fig.* destin *m*, destinée *f*, fortune *f*; ♣ lot *m*; partie *f*; F quantité *f*; monde *m*; beaucoup *m*; *Am.* terrain *m*; *cin.* *Am.* terrain *m* de studio; F *a* ~ (*ou* ~*s pl.*) *of* beaucoup de; bien des; *draw* ~*s for s.th.* tirer qch. au sort; *fall to s.o.'s* ~ revenir à q. (de, *to*); tomber

en partage à q.; *throw in one's ~ with* unir sa destinée à celle de; s'attacher à la fortune de; **2.** (*usu. ~ out*) lotir; *Am. ~ upon* compter sur.
lo·tion ['louʃn] lotion *f*.
lot·ter·y ['lɔtəri] loterie *f*.
loud □ [laud] bruyant; retentissant; criard (*couleur*); haut (*a. adv.*); *radio:* ~-*speaker* haut-parleur *m*; **'loud·ness** caractère *m* bruyant; grand bruit *m*; force *f*; *radio:* volume *m*.
lounge [laundʒ] **1.** flâner; s'étendre à son aise; s'étaler; **2.** flânerie *f*; *maison:* salon *m*; *hôtel:* hall *m*; *théâ.* foyer *m*; promenoir *m*; (*a. ~ chair*) chaise *f* longue; *sl.* ~-*lizard* gigolo *m*, greluchon *m*; ~ *suit* complet *m* veston; ~ *coat* veston *m*; **'loung·er** flâneur (-euse *f*) *m*.
lour ['lauə] se renfrogner (*personne*); menacer (*orage*); s'assombrir (*ciel*); **'lour·ing** □ renfrogné; menaçant.
louse 1. [laus] (*pl. lice*) pou (*pl. -x*) *m*; **2.** [lauz] † épouiller; **lous·y** ['lauzi] pouilleux (-euse *f*); plein de poux; F sale.
lout [laut] rustre *m*, lourdaud *m*; **'lout·ish** rustre, lourdaud.
lov·a·ble □ ['lʌvəbl] aimable; digne d'être aimé.
love [lʌv] **1.** amour *m* (de, pour, envers *of, for, to*[*wards*]); tendresse *f*; *personne:* ami(e *f*) *m*; Amour *m*, Cupidon *m*; *sp.* rien *m*, zéro *m*; *attr.* d'amour; F *a ~ of a dress* un amour de robe; *for the ~ of God* pour l'amour de Dieu; *play for ~* jouer pour l'honneur; *sp. four (to) ~* quatre à zéro; *give (ou send) one's ~ to* envoyer son affectueux souvenir *ou* ses meilleures amitiés à (q.); *in ~ with* amoureux (-euse *f*) de; *make ~ to* faire la cour à; *neither for ~ nor money* à aucun prix; **2.** aimer (d'amour), affectionner; ~ *to do* aimer à faire; **'~-af·fair** affaire *f* de cœur; intrigue *f* galante; **'~-bird** psittacule *m*, inséparable *m*; **'~-child** enfant *m* naturel; ~ *game sp.* jeu *m* blanc; **'love·less** sans amour; **'love-let·ter** billet *m* doux; **'love·li·ness** beauté *f*; **'love·lock** accroche-cœur *m*; **'love·ly** beau (bel *devant une voyelle ou un h muet*; belle *f*; beaux *m*/*pl*.); ravissant; F charmant; **'love-mak·ing** cour *f* (amoureuse); **'love-match** mariage *m* d'amour; **'love-po·tion** philtre *m*; **'lov·er** amoureux *m*; fiancé *m*; amant *m*; *fig.* ami(e *f*) *m*; *pair of ~s* deux amoureux *m*/*pl*.; **'love-set** *sp.* six jeux *m*/*pl*. à zéro; **'love·sick** féru d'amour; qui languit d'amour; **'love·to·ken** gage *m* d'amour.
lov·ing □ ['lʌviŋ] affectueux (-euse *f*).
low¹ (□ †) [lou] **1.** bas(se *f*), peu élevé; petit (*classe, vitesse, etc.*); lent (*fièvre*); grave (*son*); décolleté (*robe*); (*a. in ~ spirits*) abattu; *fig.* bas(se *f*), vil; *adv.* bas; ~*est bidder* le moins disant *m*; **2.** *météor.* aire *f* de basses pressions; *surt. Am.* niveau *m* le plus bas.
low² [~] **1.** meugler (*vache*); **2.** meuglement *m*.
low...: **'~-brow 1.** peu intellectuel (-le *f*); terre à terre; **2.** homme *m etc.* terre à terre; *péj.* philistin(e *f*) *m*; **'~-down** *sl.* **1.** bas(se *f*); ignoble; **2.** ['~] tuyau *m*, renseignement *m*; substance *f*, fond *m*.
low·er¹ ['louə] **1.** *adj.* plus bas(se *f*) *etc.* (*see low¹ 1*); inférieur; d'en bas *inv.*; **2.** *v/t.* baisser; abaisser (*chapeau, paupières, voile, etc.*); rabaisser (*le prix, q.*); diminuer; (faire) descendre; *v/i.* descendre, s'abaisser; baisser (*prix etc.*).
low·er² ['louə] *see* **lour**.
low·er·most ['louəmoust] le (la) plus bas(se *f*); **'low·land** plaine *f* basse; pays *m* plat; **'low·li·ness** humilité *f*; **'low·ly** *adj.*, † *adv.* humble, sans prétention, modeste; **'low-necked** décolleté (*robe*); **'low·ness** manque *m* de hauteur; petitesse *f*; *son:* gravité *f*; *conduite:* bassesse *f*; ~ *of spirits* abattement *m*, découragement *m*; **'low-pres·sure** basse pression *f*; **'low-shoe** soulier *m*; **'low·ly** *sp.* six jeux *m*/*pl*. à zéro; **'low-spir·it·ed** abattu, découragé; **'low-wa·ter** basse mer *f ou* marée *f*.
loy·al □ ['lɔiəl] (*to*) loyal (-aux *m*/*pl*.) (envers); fidèle (à); **'loy·al·ist** loyaliste *mf*; **'loy·al·ty** fidélité *f*; loyauté *f*.
loz·enge ['lɔzindʒ] losange *m*; *pharm.* pastille *f*, tablette *f*.
lub·ber ['lʌbə] lourdaud *m*; ⚓ maladroit *m*; **'lub·ber·ly** lourdaud; gauche.
lu·bri·cant ['lu:brikənt] lubrifiant (*a. su./m*); **lu·bri·cate** ['~keit] graisser; **lu·bri·ca·tion** lubrifica-

lubricator 894

tion *f*, ⊕ graissage *m*; 'lu·bri·ca·tor ⊕ graisseur *m*; lu·bric·i·ty [luːˈbrisiti] onctuosité *f*; *fig.* lubricité *f*.

lu·cid □ [ˈluːsid] lucide, clair; ♀ luisant; *poét.* brillant; *poét.* transparent; ⚹ ~ interval intervalle *m* de lucidité; luˈcid·i·ty, ˈlu·cid·ness lucidité *f*.

Lu·ci·fer [ˈluːsifə] Lucifer *m* (*a. bibl.*); *astr. a.* Vénus *f*; ♀ allumette *f*.

luck [lʌk] hasard *m*, fortune *f*, chance *f*; *good* ~ bonne chance *f*; *bad* (*ou hard ou ill*) ~ mauvaise fortune *f*, malheur *m*; *be down on one's* ~ avoir de la déveine; ˈluck·i·ly par bonheur; ˈluck·i·ness bonheur *m*; chance *f*; ˈluck·less infortuné; malencontreux (-euse *f*) (*jour etc.*); ˈluck·y □ fortuné; heureux (-euse *f*); ~ *hit* (*ou break*) coup *m* de bonheur; ˈluck·y-bag, ˈluck·y-dip boîte *f* à surprises.

lu·cra·tive □ [ˈluːkrətiv] lucratif (-ive *f*); ˈlu·cre [ˈluːkə] lucre *m*.

lu·cu·bra·tion [luːkjuˈbreiʃn] *usu.* ~*s pl.* élucubration *f*, -s *f/pl*.

lu·di·crous □ [ˈluːdikrəs] grotesque, risible.

luff ⚓ [lʌf] 1. *su.* lof *m*; ralingue *f* du vent; 2. *v/i.* lofer; *v/t.* (*a.* ~ *up*) faire lofer.

lug [lʌg] 1. traîner, tirer; *fig.* ~ *in* amener (*qch.*) à toute force; 2. ⊕ *a.* F oreille *f*; casquette: oreillette *f*.

luge [luːʒ] 1. luge *f*; 2. luger, faire de la luge.

lug·gage [ˈlʌgidʒ] bagage *m*, -s *m/pl.*; ˈ~-car·ri·er *cycl.*, *mot.* porte-bagages *m/inv.*; ˈ~-grid *mot.* porte-bagages *m/inv.*; ˈ~-of·fice ⛯ consigne *f*; ˈ~-rack filet *m* (à bagages); ˈ~-van ⛯ fourgon *m* aux bagages.

lug·ger ⚓ [ˈlʌgə] lougre *m*.

lu·gu·bri·ous □ [luːˈgjuːbriəs] lugubre.

luke·warm [ˈluːkwɔːm] tiède (*a. fig.*); ˈluke·warm·ness tiédeur *f*.

lull [lʌl] 1. *v/t.* endormir (*a. fig.*); calmer; bercer; *v/i.* se calmer; s'apaiser; tomber (*vent etc.*); 2. *su.* moment *m* de calme; ⚓ accalmie *f*.

lull·a·by [ˈlʌləbai] berceuse *f*.

lum·ba·go ⚹ [lʌmˈbeigou] lumbago *m*.

lum·ber [ˈlʌmbə] 1. *su.* fatras *m*; vieux meubles *m/pl.*; *surt. Am.* bois *m* de charpente; 2. *v/t.* (*usu.* ~ *up*) encombrer; *v/i.* aller lourdement *ou* à pas pesants; *Am.* débiter (le bois); ˈlum·ber·er, ˈlum·ber·man bûcheron *m*; ˈlum·ber·ing lourd; ˈlum·ber·jack bûcheron *m*; ˈlum·ber-room fourre-tout *m/inv.*

lu·mi·nar·y [ˈluːminəri] corps *m* lumineux; astre *m*; *fig.* lumière *f*; ˈlu·mi·nous □ lumineux (-euse *f*) (*a. fig.*); *fig.* illuminant; ~ *clock* horloge *f* à cadran lumineux; ~ *dial* cadran *m* lumineux; ~ *paint* peinture *f* lumineuse.

lump [lʌmp] 1. *su. pierre, sucre, etc.*: morceau *m*; bloc *m*; masse *f*; bosse *f* (*au front etc.*); *fig. personne:* lourdaud *m*, empoté *m*; *in the* ~ en bloc; en gros; ~ *sugar* sucre *m* en morceaux; ~ *sum* somme *f* globale; 2. *v/t.* mettre en bloc *ou* en tas; *fig.* réunir; ~ *together* réunir, considérer en bloc; *v/i.* former des mottes; *sl.* ~ *it* s'arranger; ˈlump·er ⚓ déchargeur *m*, débardeur *m*; ˈlump·ing F énorme; gros(se *f*); ˈlump·ish (ba)lourd; à l'esprit lent; ˈlump·y □ rempli de mottes; couvert de bosses; grumeleux (-euse *f*) (*sauce*); houleux (-euse *f*) (*mer*).

lu·na·cy [ˈluːnəsi] folie *f*; ⚖ démence *f*.

lu·nar [ˈluːnə] de (la) lune; lunaire; ⚹ ~ *caustic* caustique *m* lunaire.

lu·na·tic [ˈluːnətik] 1. de fou(s); fou (fol *devant une voyelle ou un h muet*; folle *f*); ~ *asylum* maison *f* d'aliénés; F *pol.* ~ *fringe* fine des outranciers *m/pl.*, *les* ultras *m/pl.*; 2. fou (folle *f*) *m*; aliéné(e *f*) *m*.

lunch [lʌntʃ] 1. (*abr. de* lunch·eon [ˈ~ən]) *su.* déjeuner *m*; *Am.* casse-croûte *m/inv.*; 2. *v/i.* déjeuner; *Am.* prendre un petit repas; *v/t.* offrir un déjeuner à (*q.*).

lung [lʌŋ] poumon *m*; *animal tué:* mou *m*; ⚙ *iron* ~ poumon *m* d'acier.

lunge [lʌndʒ] 1. *su. escrime:* botte *f*; *fig.* mouvement *m* en avant; 2. *v/i.* lancer un coup (à, *at*); *escrime:* porter une botte (à, *at*), se fendre; *fig.* se précipiter; *v/t.* darder, lancer.

lung·er *sl.* [ˈlʌŋə] tuberculeux (-euse *f*) *m*.

lu·pin(e) ♀ [ˈluːpin] lupin *m*.

lurch¹ [ləːtʃ] 1. ⚓ embardée *f*; *fig.* pas *m* titubant; 2. ⚓ embarder (*a.* F); *fig.* marcher en titubant.

lurch² [~]: *leave in the* ~ laisser (*q.*) dans l'embarras; planter là (*q.*).
lurch·er ['lə:tʃə] chien *m* croisé d'un lévrier avec un chien de berger.
lure [ljuə] 1. leurre *m*; *fig.* piège *m*; *fig.* attrait *m*; 2. leurrer; *fig.* séduire.
lu·rid ['ljuərid] blafard; *fig.* corsé; haut en couleur (*langage*).
lurk [lə:k] se cacher; rester tapi; **'lurk·ing-place** cachette *f*.
lus·cious □ ['lʌʃəs] succulent; *péj.* trop sucré *ou* fleuri; **'lus·cious·ness** succulence *f*; douceur *f* extrême.
lush [lʌʃ] plein de sève; luxuriant.
lust *poét.* [lʌst] 1. appétit *m*; luxure *f*; *fig.* soif *f*; 2. ~ *after* convoiter; avoir soif de; **'lust·ful** □ lubrique, lascif (-ive *f*); plein de convoitise.
lust·i·ness ['lʌstinis] vigueur *f*.
lus·tra·tion *eccl.* [lʌs'treiʃn] lustration *f*.
lus·tre, *Am.* **lus·ter** ['lʌstə] éclat *m*, brillant *m*; lustre *m* (*a. fig.*); **'lus·tre·less** terne (*a. fig.*); *fig.* sans éclat.
lus·trine ['lʌstrin] lustrine *f*.
lus·trous □ ['lʌstrəs] brillant; *tex.* lustré.
lust·y □ ['lʌsti] vigoureux (-euse *f*), robuste; *fig.* puissant.
lu·ta·nist, lut·ist ['lu:t(ə)nist] joueur (-euse *f*) *m* de luth, luthiste *mf*.
lute¹ ♪ [lu:t] luth *m*.
lute² [~] 1. lut *m*, mastic *m*; 2. luter, mastiquer; *métall.* brasquer.
lute-string ['lu:tstriŋ] *see lustrine*.
Lu·ther·an ['lu:θərən] luthérien(ne *f*) (*a. su./mf*); **'Lu·ther·an·ism** luthéranisme *m*.
lux·ate ✳ ['lʌkseit] luxer; déboîter.
lux·u·ri·ance [lʌg'zjuəriəns] exubérance *f*; **lux'u·ri·ant** □ exubérant; **lux'u·ri·ate** [~rieit] croître avec exubérance; *fig.* jouir avec délices (de, *in*); vivre (dans, *in*); **lux'u·ri·ous** □ [~riəs] luxueux (-euse *f*); F voluptueux (-euse *f*); **lux'u·ri·ous·ness** somptuosité *f*; luxe *m*; **lux·u·ry** ['lʌkʃəri] luxe *m*; objet *m* de luxe.
ly·ce·um [lai'siəm] Lycée *m*.
lye 🜲 [lai] lessive *f*.
ly·ing ['laiiŋ] 1. *p.pr. de lie¹ et lie²*; 2. *adj.* menteur (-euse *f*); **'~-'in** couches *f/pl.*, accouchement *m*; ~ *hospital* maternité *f*.
lymph ✳ [limf] vaccin *m*; lymphe *f*; **lym·phat·ic** [~'fætik] 1. (~*ally*) lymphatique; 2. ~s *pl.* (vaisseaux *m/pl.*) lymphatiques *m/pl.*
lynch [lintʃ] lyncher; ~ *law* loi *f* de Lynch; lynchage *m*.
lynx *zo.* [liŋks] lynx *m*; loup-cervier (*pl.* loups-cerviers) *m*.
lyre [laiə] lyre *f*; *orn.* ~-*bird* ménure *m*.
lyr·ic ['lirik] 1. lyrique; 2. poème *m* lyrique; chanson *f*; ~s *pl.* lyrisme *m*; **'lyr·i·cal** □ lyrique.
ly·sol *pharm.* ['laisɔl] lysol *m*.

M

M, m [em] M *m*, m *m*.
ma F [mɑ:] maman *f*.
ma'am [mæm; *sl.* məm] *see madam*.
mac·ad·am [mə'kædəm] macadam *m*; **mac'ad·am·ize** macadamiser.
mac·a·ro·ni [mækə'rouni] macaroni *m/inv.*
mac·a·roon [mækə'ru:n] macaron *m*.
mace¹ [meis] *hist.* masse *f* d'armes; masse *f* (*portée devant un fonctionnaire*).
mace² [~] ♣ fleur *f* de muscade.
mac·er·ate ['mæsəreit] (faire) macérer; **mac·er'a·tion** macération *f*.
mach·i·na·tion [mæki'neiʃn] complot *m*, intrigue *f*; ~s *pl.* agissements *m/pl.*, intrigues *f/pl.*; **mach·i·na·tor** ['~tə] machinateur (-trice *f*) *m*; intrigant(e *f*) *m*; **ma·chine** [mə'ʃi:n] 1. machine *f*; appareil *m* (*a.* = *avion*); bicyclette *f*; *fig.* automate *m*; *pol.* organisation *f*; *attr.* des machines, à la machine; ~ *fitter* assembleur *m*, ajusteur *m*; ⚔ ~-*gun* mitrailleuse *f*; 2. façonner; usiner; coudre à la machine; **ma'chine-made** fait à la machine; **ma'chin·er·y** mécanisme *m*; machines *f/pl.*; appareil *m*, -s *m/pl.*; **ma'chine-shop** atelier *m* de construction mécanique; atelier *m* d'usinage; **ma'chine-tool** machine-outil (*pl.* machines-outils) *f*;

machinist 896

ma·chin·ist machiniste *m*; mécanicien(ne *f*) *m*.
mack·er·el *icht.* ['mækrəl] maquereau *m*; ~ sky ciel *m* pommelé.
mack·i·naw *Am.* ['mækinɔː] couverture *f* épaisse.
mack·in·tosh ['mækintɔʃ] imperméable *m*; caoutchouc *m*.
macro... [mækro] macro-.
mac·u·lat·ed ['mækjuleitid] maculé.
mad □ [mæd] fou (fol *devant une voyelle ou un h muet*; folle *f*) (*a. fig.*), enragé (*a.* chiens *etc.*); *fig.* éperdu, affolé, ivre (de *about, with, on*); *Am.* fâché (contre, *with*); F furieux (-euse *f*), furibond; go ~ devenir fou; drive ~ rendre fou; affoler (*a. fig.*).
mad·am ['mædəm] madame *f*; mademoiselle *f*.
mad·cap ['mædkæp] écervelé (*a. su./mf*); mad·den ['mædn] rendre fou, exaspérer; *it is* ~*ing* c'est exaspérant.
mad·der ♀, ⊕ ['mædə] garance *f*.
made [meid] *prét. et p.p. de* make 1, 2.
made-up ['meid'ʌp] assemblé; artificiel(le *f*); tout fait (*vêtement*); maquillé (*femme*); ~ of composé de.
mad·house ['mædhaus] maison *f* de fous; asile *m* d'aliénés; 'mad·man fou *m*, aliéné *m*, insensé *m*; 'mad·ness folie *f*; démence *f*; *vét.* rage *f*; hydrophobie *f*; *Am.* colère *f*; rage *f*; 'mad·wom·an folle *f*, aliénée *f*, insensée *f*.
mael·strom ['meilstroum] *géog.* le Malstrom *f*; *fig.* tourbillon *m*.
mag·a·zine [mægə'ziːn] *fusil*: magasin *m*; ⚔ magasin *m* d'armes, de vivres, *etc.*; ⚔ dépôt *m* de munitions; (revue *f*) périodique *m*; magazine *m* (*illustré*).
mag·da·len ['mægdəlin] fille *f* repentie.
mag·got ['mægət] asticot *m*; *fig.* lubie *f*; F ver *m*; 'mag·got·y plein de vers; *fig.* capricieux (-euse *f*).
Ma·gi ['meidʒai] *pl.:* the ~ les Rois *m/pl.* Mages.
mag·ic ['mædʒik] 1. (*a.* 'mag·i·cal □) magique, enchanté; 2. magie *f*, enchantement *m*; ma·gi·cian [mə'dʒiʃn] magicien(ne *f*) *m*.
mag·is·te·ri·al [mædʒis'tiəriəl] magistral (-aux *m/pl.*); *a. péj.* de maître; de magistrat; mag·is·tra·cy ['~trəsi] magistrature *f*; les magistrats *m/pl.*; mag·is·trate ['~trit] magistrat *m*, juge *m*; *usu.* juge *m* de paix.
mag·na·nim·i·ty [mægnə'nimiti] magnanimité *f*; mag·nan·i·mous □ ['~'næniməs] magnanime.
mag·nate ['mægneit] magnat *m*.
mag·ne·sia 🧪 [mæg'niːʃə] magnésie *f*.
mag·net ['mægnit] aimant *m*; mag·net·ic [~'netik] (~ally) magnétique; aimanté; mag·net·ism ['~nitizm] magnétisme *m*; mag·net·i·za·tion [~tai'zeiʃn] aimantation *f*; 'mag·net·ize aimanter; F magnétiser; 'mag·net·iz·er *phys.* dispositif *m* d'aimantation; *personne:* magnétiseur *m*; mag·ne·to [mæg'niːtou] ⊕ *etc.* magnéto *m*.
mag·nif·i·cence [mæg'nifisns] magnificence *f*; mag·nif·i·cent magnifique; somptueux (-euse *f*); mag·ni·fi·er ['mægnifaiə] loupe *f*, verre *m* grossissant; mag·ni·fy ['~fai] *v/t.* grossir (*a. fig.*); ~*ing glass* loupe *f*, verre *m* grossissant; mag·nil·o·quence [mæg'nilokwəns] emphase *f*, grandiloquence *f*; mag·nil·o·quent □ emphatique, grandiloquent; mag·ni·tude ['~tjuːd] grandeur *f*; *star of the first* ~ étoile *f* de première magnitude.
mag·pie *orn.* ['mægpai] pie *f*; *a. fig.* bavard(e *f*) *m*.
mahl·stick *peint.* ['mɔːlstik] appui(e)-main (*pl.* appuis-main, appuie-main) *m*.
ma·hog·a·ny [mə'hɔgəni] acajou *m*; *attr.* en acajou.
maid [meid] †, *co.* pucelle *f*; † demoiselle *f*; † jeune fille *f*; (*ou* ~-*servant*) bonne *f*, domestique *f*, servante *f*; *old* ~ vieille fille *f*; ~ *of all work* bonne *f* à tout faire; ~ *of hono(u)r* fille *f* d'honneur; *Am.* première demoiselle *f* d'honneur.
maid·en ['meidn] 1. *prov., co. see* maid; 2. de jeune fille; non mariée; *fig.* premier; de début; ~ *name* nom *m* de jeune fille; ~ *speech* discours *m* de début; '~-*hair* ♀ capillaire *m*; '~-*head*, '~-*hood* virginité *f*; célibat *m* (*de fille*); '~-*like*, 'maid·en·ly virginal (-aux *m/pl.*); modeste.
mail¹ [meil] mailles *f/pl.*
mail² [~] 1. *poste:* courrier *m*; poste *f*; départ *m* du courrier; 2. envoyer

par la poste; expédier; 'mail·a·ble *Am.* transmissible par la poste.
mail...: '~-bag sac *m* de dépêches *ou* de poste; '~-boat courrier *m* postal; paquebot *m*; '~-box *surt. Am.* boîte *f* aux lettres; '~-car·ri·er *Am.* facteur *m*; '~-clad revêtu de mailles; '~-coach, *Brit.* '~-cart wagon-poste (*pl.* wagons-poste) *m*; mailed *see* mail-clad; ~ or·der firm, *souv. Am.* '~-or·der house maison *f* qui vend par correspondance; '~-train train-poste (*pl.* trains-poste[s]) *m*.
maim [meim] estropier, mutiler (*a. fig.*).
main [mein] 1. principal(-aux *m/pl.*); premier (-ère *f*), essentiel(le *f*); grand (*route*); ~ *chance* son propre intérêt; *téléph.* ~ *station* table *f* (principale); *by* ~ *force* de vive force; ✈ ~ *plane* voilure *f*; 2. vigueur *f*; ⊕ canalisation *f* maîtresse; ⚓ conducteur *m* principal; *poét.* océan *m*; ~s *pl.* ⚡ secteur *m*; ⚓ *rising* ~ conducteur *m* principal montant; ~s *aerial* antenne *f* secteur; ~s *receiving set* poste *m* secteur; *in the* ~ en général, à tout prendre; '~-land terre *f* ferme; 'main·ly surtout.
main...: ~-mast ['~mɑːst] ⚓ '~-məst] grand mât *m*; ~-sail ['~seil; ⚓ '~sl] grand-voile *f*; '~-spring ressort *m* moteur; *fig.* mobile *m* essentiel; '~-stay ⚓ étai *m* de grand mât; *fig.* soutien *m* principal; Ω-Street *Am.* grand-rue *f*; habitants *m/pl.* d'une petite ville.
main·tain [men'tein] maintenir; soutenir (*opinion, famille, conversation, cause, guerre*); entretenir (*famille, correspondance, route, relations*); défendre (*ses droits, une cause*); conserver (*l'allure, la santé*); garder (*l'attitude, l'avantage*); ~ *that* affirmer *ou* maintenir que; main'tain·a·ble (sou)tenable.
main·te·nance ['meintinəns] maintien *m*; entretien *m*; défense *f*; appui *m*; subsistance *f*.
main·top ⚓ ['meintɒp] grand-hune *f*.
maize ⚘ [meiz] maïs *m*.
ma·jes·tic [mə'dʒestik] (~ally) majestueux (-euse *f*); ma·jes·ty ['mædʒisti] majesté *f*.
ma·jor ['meidʒə] 1. majeur(e *f*); le plus grand; *mot.* de priorité (*route*); principal(-aux *m/pl.*) (*a. couleurs aux cartes*); ♪ *A* ~ *la m* majeur; ♪ ~ *third* tierce *f* majeure; ♪ ~ *key* ton *m* majeur; *Am.* baseball: ~ *league* ligue *f* majeure; 2. ⚔ commandant *m*; ⚔ chef *m* de bataillon (*infanterie*) *ou* d'escadron (*cavalerie*); *personne*: majeur(e *f*); *phls.* majeure *f*; *Am. univ.* sujet *m* principal; 3. *Am.* (*in*) se spécialiser (en) (*un sujet*); être reçu à l'examen supérieur (de); '~-'gen·er·al général *m* de brigade; ma·jor·i·ty [mə'dʒɔriti] majorité *f* (*a. âge*); le plus grand nombre; la plus grande partie; ⚔ (*a.* ma·jor·ship ['meidʒəʃip]) grade *m* de commandant; *join the* ~ mourir, s'en aller ad patres.
make [meik] 1. (*irr.*) *v/t.* faire (*qch., distinction, amis, paix, guerre, discours, testament, thé, bruit, faute, fortune, etc.*); construire; fabriquer; confectionner (*des vêtements*); conclure (*un marché*); fixer (*les conditions*); établir (*une règle*); subir (*une perte*); conclure (*la paix, un traité*); battre (*les cartes*); ⚡ fermer (*le circuit*); nommer (*un juge, un professeur, etc.*); ~ *the best of it* en prendre son parti; ~ *capital out of* tirer parti de; ~ *good* réparer (*un tort*), tenir (*sa parole*), établir (*son droit à qch.*); *Am.* F ~ *it* réussir (*à qch.*); arriver à temps; ⚓ ~ *the land* atterrir; ~ *or mar* s.o. faire la fortune ou la ruine de q.; ~ *one* joindre, unir; *do you* ~ *one of us?* êtes-vous des nôtres?; ⚓ ~ *a port* arriver à un port; ~ *shift* s'accommoder (*de qch.*); ~ *sure of* s'assurer de (*un fait*); s'assurer (*une place etc.*); ~ *sure that* s'assurer que; F être persuadé que; ~ *way* faire du chemin; ~ *way for* faire place à (*q.*) (*a. fig.*); ~ *into* transformer en; ~ *out* dresser (*une liste, un compte*); faire (*un chèque*); prouver; discerner; démêler (*les raisons de q.*); déchiffrer (*une écriture*); F feindre; ~ *over* céder; transférer; ~ *up* compléter; combler (*un déficit*); faire (*un paquet*); préparer; façonner (*une robe etc.*); dresser (*une liste, un compte*); établir (*un compte*); inventer (*une excuse, une histoire*); composer (*un ensemble*); accommoder (*un différend*); *see* ~ *up for*

make-believe

(v/i.); ~ up one's mind se décider (à, to; pour for, in favo[u]r of); prendre son parti; 2. [irr.] v/i. ✮ se fermer (circuit); monter (marée); ~ as if faire mine de; faire semblant de; ~ after s'élancer sur ou après; ~ against s'opposer à; ~ at se ruer sur (q.); ~ away s'éloigner; ~ away with enlever; détruire; dérober (de l'argent); ~ for se diriger vers; s'élancer sur; ♧, ⚔ mettre le cap sur; favoriser; ~ off se sauver; décamper; ~ up compenser; se réconcilier; se maquiller; ~ up for réparer; se rattraper de (une perte); suppléer à (un manque); compenser; ~ up to s'approcher de; F faire la cour à; 3. fabrication f; façon f; taille f (de q.); ✠ marque f; ✮ circuit: fermeture f; our own ~ de notre marque; of poor ~ de qualité inférieure; '~-be·lieve 1. semblant m; feinte f; trompe-l'œil m/inv.; 2. fictif (-ive f), imaginaire, feint; '**mak·er** faiseur (-euse f) m; fabricant m; constructeur m; the ⚪ le Créateur m (= Dieu).

make...: '~-**shift** 1. pis-aller m/inv.; 2. de fortune; '~-**up** see make 3; composition f; maquillage m; invention f; ~ charge façon f; '~-**weight** complément m de poids; fig. supplément m.

mak·ing ['meikiŋ] fabrication f; création f; F ~s pl. recettes f/pl.; petits profits m/pl.; in the ~ en train de se faire; have the ~s of avoir ce qu'il faut pour.

mal·a·chite min. ['mæləkait] malachite f; cendre f verte.

mal·ad·just·ment ['mælə'dʒʌstmənt] ajustement m défectueux; dérèglement m.

mal·ad·min·is·tra·tion ['mælədminis'treiʃn] mauvaise administration f ou gestion f.

mal·a·droit ['mælə'drɔit] maladroit.

mal·a·dy ['mælədi] maladie f.

mal·ap·ro·pos ['mæl'æprəpou] 1. adv. mal à propos; 2. adj. inopportun.

ma·lar·i·a ✣ [mə'lɛəriə] malaria f; paludisme m; **ma'lar·i·al**, **ma·lar·i·an** paludéen(ne f). [content (a. su./mf).]

mal·con·tent ['mælkəntent] mé-]

male [meil] 1. mâle; ~ child enfant m mâle; ~ screw vis f mâle ou pleine; 2. mâle m; homme m.

mal·e·dic·tion [mæli'dikʃn] malédiction f; anathème m.

mal·e·fac·tor ['mælifæktə] malfaiteur (-trice f) m.

ma·lef·i·cence [mə'lefisns] malfaisance f; **ma'lef·i·cent** malfaisant (envers, to); criminel(le f).

ma·lev·o·lence [mə'levələns] malveillance f (envers, to[wards]); **ma'lev·o·lent** □ malveillant (envers, to[wards]).

mal·for·ma·tion ['mælfɔ:'meiʃn] malformation f; défaut m de conformation.

mal·ice ['mælis] malice f; malveillance f; méchanceté f; ⚖ intention f criminelle.

ma·li·cious □ [mə'liʃəs] méchant; malveillant; ⚖ avec intention criminelle; **ma'li·cious·ness** malice f etc.

ma·lign [mə'lain] 1. □ pernicieux (-euse f), nuisible; ✣ malin (-igne f); 2. calomnier, diffamer; **ma·lig·nan·cy** [mə'lignənsi] malignité f (a. ✣); virulence f; **ma'lig·nant** □ 1. malin (-igne f) (a. ✣); méchant; 2. hist. ~s pl. dissidents m/pl.; **ma'lig·ni·ty** malignité f; méchanceté f; souv. ✣ malignité f.

ma·lin·ger [mə'liŋgə] faire le malade; **ma'lin·ger·er** faux malade m, fausse malade f.

mal·lard orn. ['mæləd] malard m; canard m sauvage.

mal·le·a·bil·i·ty [mæliə'biliti] malléabilité f; fig. souplesse f; '**mal·le·a·ble** malléable; fig. complaisant.

mal·let ['mælit] maillet m.

mal·low ♀ ['mælou] mauve f.

malm·sey ['ma:mzi] Malvoisie f.

mal·nu·tri·tion ['mælnju:'triʃn] sous-alimentation f; alimentation f défectueuse.

mal·o·dor·ous □ [mæ'loudərəs] malodorant.

mal·prac·tice ['mæl'præktis] méfait m; ✣ négligence f; ⚖ malversation f.

malt [mɔ:lt] 1. malt m; ~ liquor bière f; 2. (se) convertir en malt; v/t. malter.

Mal·tese [mɔ:l'ti:z] 1. maltais; 2. Maltais(e f) m.

malt·ing ['mɔ:ltiŋ] maltage m.

mal·treat [mæl'tri:t] maltraiter, malmener; **mal'treat·ment** mauvais traitement m.

malt·ster ['mɔːltstə] malteur *m*.
mal·ver·sa·tion [mælvə:'seiʃn] malversation *f*; mauvaise administration *f*.
ma(m)·ma [mə'mɑː] maman *f*.
mam·mal ['mæməl] mammifère *m*; **mam·ma·li·an** [mə'meiljən] mammifère (*a. su./m*).
mam·mon ['mæmən] Mammon *m*.
mam·moth ['mæməθ] **1.** *zo*. mammouth *m*; **2.** géant, monstre.
mam·my F ['mæmi] maman *f*; *Am*. nourrice *f* noire.
man [mæn; *mots composés*: -mən] **1.** (*pl*. **men**) homme *m* (*a*. ⚔); domestique *m*; valet *m*; ouvrier *m*; F mari *m*; *échecs*: pièce *f*; *dames*: pion *m*; *attr*. d'homme(s); **to a ~** jusqu'au dernier; ⚔ **~ on leave** permissionnaire *m*; **2.** ⚔, ⚓ garnir d'hommes; armer, équiper; **~ o.s.** faire appel à tout son courage.
man·a·cle ['mænəkl] **1.** menotte *f*; **2.** mettre les menottes à (*q.*).
man·age ['mænidʒ] *v/t*. manier (*un outil*); conduire (*une auto, une entreprise*); régir (*une propriété*); gérer (*une banque, une affaire*); manœuvrer (*un navire*); gouverner (*une banque*); maîtriser (*un animal*); venir à bout de (*qch.*); *v/i*. s'arranger; se débrouiller; **~ to** (*inf.*) venir à bout de (*inf.*); réussir à (*inf.*); **~ without s.th.** se passer de qch.; **'man·age·a·ble** □ maniable; traitable (*personne*); **'man·age·ment** maniement *m*; direction *f*; conduite *f*; gestion *f*; savoir-faire *m/inv*.; administrateurs *m/pl*.; **'man·ag·er** directeur *m*; régisseur *m*; gérant *m*; chef *m* (*du service etc.*); *journal*: administrateur *m*; *théâ*. imprésario *m*; *she is a good* (*bad*) **~** elle est bonne (mauvaise) ménagère *f*; **'man·ag·er·ess** directrice *f*, gérante *f*; **man·a·ge·ri·al** □ [ˌ~ə'dʒiəriəl] directorial (-aux *m/pl*.).
man·ag·ing ['mænidʒiŋ] **1.** directeur (-trice *f*); gérant; *fig*. entreprenant; F autoritaire; **~ clerk** chef *m* de bureau; ⚖ premier clerc *m*; **2.** direction *f*; conduite *f*; gestion *f*.
man-at-arms ['mænət'ɑːmz] † homme *m* d'armes.
man·da·mus ⚖ [mæn'deiməs] commandement *m* (*à une cour inférieure*).
man·da·rin ['mændərin] mandarin *m*; ♀ (*ou* **'man·da·rine** [ˌ~]) mandarine *f*.
man·da·tar·y ⚖ ['mændətəri] mandataire *f*; **man·date** ['ˌ~deit] **1.** *pol*. mandat *m*; *poét*. commandement *m*, ordre *m*; **2.** attribuer sous mandat; **man'da·tor** mandant *m*; **man·da·to·ry** ['ˌ~dətəri] **1.** mandataire; **2.** état *m* mandataire.
man·di·ble ['mændibl] mandibule *f*; *anat*. mâchoire *f* inférieure.
man·do·lin(e) ♪ ['mændəlin] mandoline *f*.
man·drake ♀ ['mændreik] mandragore *f*.
man·drel ⊕ ['mændril] mandrin *m*.
man·drill *zo*. ['mændril] mandrill *m*.
mane [mein] crinière *f*.
man-eat·er ['mæniːtə] mangeur *m* d'hommes; *personne*: cannibale *m*.
ma·nes ['meiniːz] *pl*. antiquité romaine: mânes *m/pl*.
ma·neu·ver [mə'nuːvə] *Am. see* manœuvre.
man·ful □ ['mænful] viril; hardi; **'man·ful·ness** virilité *f*; vaillance *f*.
man·ga·nese ⚗ [mæŋgə'niːz] manganèse *m*; **man·gan·ic** [ˌ~'gænik] manganique. [rogne *f*.)
mange *vét*. [meindʒ] gale *f*; F)
man·ger ['meindʒə] crèche *f*; F *dog in the* **~** chien *m* du jardinier.
man·gle[1] ['mæŋgl] **1.** calandre *f*; **2.** calandrer; cylindrer.
man·gle[2] [ˌ~] déchirer; mutiler (*a. fig.*); *fig*. massacrer.
man·gler ['mæŋglə] machine *f* à calandrer.
man·gy ['meindʒi] galeux (-euse *f*); *fig*. minable.
man...: **'~-han·dle** manutentionner, transporter à force de bras; *sl*. malmener; bousculer; **'~-hat·er** misanthrope *m*; **'~-hole** ⊕ trou *m* de regard; bouche *f* d'accès; **'~-hood** humanité *f*; âge *m* viril, âge *m* d'homme; **'~-'hours** heures *f/pl*. de travail (par homme).
ma·ni·a ['meinjə] manie *f*; folie *f*; F passion *f*; *suffixe*: -manie *f*; **ma·ni·ac** ['ˌ~iæk] **1.** fou (folle *f*) *m* enragé(e *f*) *m*; **2.** (*a*. **ma·ni·a·cal** □ [mə'naiəkl]) de fou (folle *f*); furieux (-euse *f*).
man·i·cure ['mænikjuə] **1.** soin *m* des mains; toilette *f* des ongles; **2.** soigner les mains; **'~-case** trousse *f* de manucure.

man·i·cur·ist ['mænikjuərist] *personne*: manucure *mf*.

man·i·fest ['mænifest] **1.** □ manifeste, évident, clair; **2.** ⚓ manifeste *m* (de sortie); **3.** *v/t.* manifester, témoigner; ⚓ déclarer (*qch.*) en douane; *v/i.* manifester; **man·i·fes'ta·tion** manifestation *f*; **man·i·fes·to** [~'festou] *pol. etc.* manifeste *m*.

man·i·fold □ ['mænifould] **1.** divers, varié; nombreux (-euse *f*); **2.** polycopier; ~ **writ·er** appareil *m* à polycopier.

man·i·kin ['mænikin] petit homme *m*; homoncule *m*.

ma·nip·u·late [mə'nipjuleit] manipuler (*qch.*); ⊕ manœuvrer; agir sur (*une pédale*, ✝ *le marché*); **ma·nip·u·la·tion** manipulation *f*; ⊕ manœuvre *f*; tripotages *m/pl.* en Bourse; ⚔ exploration *f*; **ma·'nip·u·la·tive** de manipulation; **ma·'nip·u·la·tor** manipulateur *m*; ✝ agioteur *m*.

man·kind [mæn'kaind] le genre *m* humain; ['mænkaind] les hommes *m/pl.*; '**man·like** *see manly*; mannish; '**man·li·ness** caractère *m* viril; virilité *f*; '**man·ly** viril, d'homme.

man·ne·quin ['mænikin] mannequin *m*; ~ *parade* défilé *m* de mannequins.

man·ner ['mænə] manière *f* (*a. art, a. littérature*); façon *f*; *peinture*: style *m*; ~s *pl.* mœurs *f/pl.*, usages *m/pl.*; manières *f/pl.*; tenue *f*; *no* ~ *of doubt* aucune espèce de doute; *in a* ~ d'une façon; *in such a* ~ *that* de manière que, de sorte que; '**man·nered** aux manières ...; *littérature, art*: maniéré; recherché; '**man·ner·ism** maniérisme *m*; particularité *f*; '**man·ner·li·ness** courtoisie *f*, politesse *f*; '**man·ner·ly** courtois, poli.

man·nish ['mæniʃ] d'homme; hommasse (*femme*).

ma·nœu·vra·ble, *Am. a.* **ma·neu·ver·a·ble** [mə'nu:vrəbl] manœuvrable, maniable; **ma·'nœu·vre**, *Am. a.* **ma·'neu·ver** [~və] **1.** manœuvre *f* (*a. fig.*); *fig.* ~s *pl.* F intrigues *f/pl.*; **2.** (faire) manœuvrer.

man-of-war ['mænəv'wɔ:] vaisseau *m* de guerre *ou* de ligne.

ma·nom·e·ter ⊕, *phys.* [mə'nɔmitə] manomètre *m*.

man·or ['mænə] seigneurie *f*; *see* ~-*house*; *lord of the* ~ seigneur *m*; châtelain *m*; '~-**house** château *m* seigneurial; manoir *m*; **ma·no·ri·al** [mə'nɔ:riəl] seigneurial (-aux *m/pl.*); de seigneur.

man-pow·er ['mænpauə] ⊕ force *f* des bras; main-d'œuvre (*pl.* mains-d'œuvre) *f*; ⚔ effectifs *m/pl.*

manse *écoss.* [mæns] presbytère *m*.

man-serv·ant ['mænsə:vənt] domestique *m*, valet *m*.

man·sion ['mænʃn] château *m*; hôtel *m* particulier (*en ville*); ~s *pl.* maison *f* de rapport.

man·slaugh·ter ['mænslɔ:tə] homicide *m* par imprudence.

man·tel ['mæntl] manteau *m* de cheminée, ~**piece**, ~**shelf** dessus *m* de cheminée; F cheminée *f*.

man·tel·et ['mæntlit] mantelet *m*; ⚔ pare-balles *m/inv.*

man·til·la [mæn'tilə] mantille *f*.

man·tle ['mæntl] **1.** manteau *m* (*a.* ⚓, *anat., zo.*); ⚓ parement *m* (*d'un mur*); *fig.* voile *m*, manteau *m*; (*a. incandescent* ~) manchon *m*; **2.** *v/t.* vêtir d'un manteau; *fig.* couvrir; revêtir; ~ *on* recouvrir; *v/i.* rougir (*joues*); se couvrir (de, *with*).

mant·let ['mæntlit] *see* mantelet.

man·trap ['mæntræp] piège *m* à hommes *ou* à loups.

man·u·al ['mænjuəl] **1.** □ manuel (-le *f*); fait à la main; ⚔ ~ *exercise* maniement *m* des armes; *sign* ~ seing *m*; **2.** manuel *m*; aide-mémoire *m/inv.*; *orgue*: clavier *m*.

man·u·fac·to·ry [mænju'fæktəri] fabrique *f*, usine *f*.

man·u·fac·ture [mænju'fæktʃə] **1.** fabrication *f*; confection *f*; *p.ext.* industrie *f*; **2.** fabriquer; confectionner; ~d *article* produit *m* industriel; ~d *goods pl.* produits *m/pl.* fabriqués; **man·u'fac·tur·er** fabricant *m*; industriel *m*; **man·u'fac·tur·ing** manufacturier (-ère *f*); industriel(le *f*).

ma·nure [mə'njuə] **1.** engrais *m*; **2.** fumer, engraisser.

man·u·script ['mænjuskript] **1.** manuscrit *m*; **2.** manuscrit, écrit à la main.

Manx [mæŋks] **1.** manxois, mannois; **2.** *ling.* mannois *m*; Mannois(e *f*) *m*; *the Manx pl.* les Mannois *m/pl.*

man·y ['meni] **1.** beaucoup de; bien des; plusieurs; ~ *a* maint(e *f*); bien des; ~ *a one* bien des gens; *one too* ~ un(e) de trop; **2.** beaucoup (de gens); un grand nombre; *a good* ~ pas mal de; un assez grand nombre (de gens); *a great* ~ un grand nombre (*de personnes*); '~-'sid·ed *fig.* complexe, divers.

map [mæp] **1.** *géog.* carte *f*; *ville*: plan *m*; F *off the* ~ ne plus de saison; *on the* ~ d'actualité; **2.** dresser une carte *etc.* (de qch., s.th.); ~ *out* dresser.

ma·ple ♀ ['meipl] érable *m*.

map·per ['mæpə] cartographe *m*.

mar [mɑː] gâter; déparer; troubler (*la joie*); ruiner.

mar·a·bou *orn.* ['mærəbuː] marabout *m*.

Mar·a·thon ['mærəθən] *sp.* (*a.* ~ *race*) marathon *m*.

ma·raud [mə'rɔːd] marauder; **ma-'raud·er** maraudeur *m*.

mar·ble ['mɑːbl] **1.** marbre *m*; *jeu*: bille *f*; **2.** de marbre; *fig.* dur; **3.** marbrer.

March¹ [mɑːtʃ] mars *m*.

march² [~] **1.** marche *f* (*a.* ♪, *événements*); civilisation, *événements*; progrès *m*; ✗ ~ *past* défilé *m*; **2.** *v/i.* marcher; *fig.* avancer; faire des progrès; *v/t.* faire marcher; ✗ ~ *off v/t.* emmener (*un prisonnier*); *v/i.* se mettre en marche; ~ *past* défiler.

march³ [~] **1.** *hist.* marche *f*; *usu.* ~*es pl.* pays *m* limitrophe; **2.** confiner (à, *with*).

march·ing ['mɑːtʃiŋ] **1.** marche *f*; ~ *order* tenue *f* de route; ~ *orders pl.* feuille *f* de route; *fig.* congé *m*; *in heavy* ~ *order* en tenue de campagne; **2.** ~ *past* défilé *m*.

mar·chion·ess ['mɑːtʃənis] marquise *f*.

march·pane ['mɑːtʃpein] massepain *m*.

mare [mɛə] jument *f*; *fig.* ~'s *nest* canard *m*, découverte *f* illusoire.

mar·ga·rine [mɑːdʒə'riːn] margarine *f*.

mar·gin ['mɑːdʒin] marge *f*; *bois*: lisière *f*; *rivière*: rive *f*; écart *m*; ~ *of error* tolérance *f*; ~ *of profit* bénéfice *m*, marge *f*; ~ *of safety* marge *f* de sécurité; '**mar·gin·al** □ marginal (-aux *m/pl.*); en marge.

mar·grave ['mɑːgreiv] margrave *m*;

mar·gra·vine ['~grəviːn] margrave *f*, margravine *f*.

Ma·ri·a [mə'raiə]: F *Black* ~ panier *m* à salade (= *voiture cellulaire*).

mar·i·gold ♀ ['mærigould] souci *m*.

mar·i·jua·na [mɑːri'hwɑːnə] bang(h) *m*.

ma·rine [mə'riːn] **1.** marin; de mer; de (la) marine; **2.** soldat *m* de l'infanterie de marine; marine *f* (*a. peint.*); *tell that to the* ~*s!* allez conter ça ailleurs!; **mar·i·ner** *usu.* ♐ ['mærinə] marin *m*.

mar·i·o·nette [mæriə'net] marionnette *f*.

mar·i·tal □ [mə'raitl] marital (-aux *m/pl.*); matrimonial (-aux *m/pl.*); ~ *status* état *m* familial.

mar·i·time ['mæritaim] maritime; naval (-als *m/pl.*); ~ *affairs pl.* affaires *f/pl.* maritimes.

mar·jo·ram ♀ ['mɑːdʒərəm] origan *m*, marjolaine *f*.

mark¹ [mɑːk] *monnaie*: mark *m*.

mark² [~] **1.** marque *f*; but *m*; signe *m*; *école*: note *f*; *école*: point *m* (*a. ponctuation*); ✗ ligne *f* de départ; croix *f* (*au lieu de signature*); ✝ cote *f* (*d'une valeur*); marque *f* (*d'un produit*); *vét.* marque *f*; *a man of* ~ un homme *m* marquant; *fig. up to the* ~ à la hauteur; dans son assiette (*santé*); *hit the* ~ frapper juste; *make one's* ~ se faire une réputation; *miss the* ~ manquer le but; *we are not far from the* ~ *in saying that* nous ne sommes pas loin de compte en disant que; **2.** *v/t.* (*a.* ~ *out*) tracer; estampiller (*des marchandises*); marquer (*[les points de] un jeu*); ✝ marquer; chiffrer; mettre le prix à; piquer (*les cartes*); coter (*un devoir*); indiquer; témoigner (*son approbation etc.*); guetter; observer; ~ *down* baisser de prix; repérer (*le gibier, un point*); ~ *off* séparer; mesurer (*une distance*); ~ *out* délimiter, tracer; borner (*un champ*); jalonner; ✗ ~ *time* marquer le pas; **marked** [mɑːkt], **mark·ed·ly** *adv.* ['mɑːkidli] marqué; *fig.* sensible; accusé (*accent*); '**mark·er** *billard*: marqueur *m*; pointeur *m*.

mar·ket ['mɑːkit] **1.** marché *m*; place *f* du marché; halle *f*, ~*s f/pl.*; débouché *m* (pour, *for*); *Bourse*: cours *m/pl.*; *be in the* ~ être au marché; être acheteur; *come into the* ~ être mis

marketable

en vente; *condition of the* ~ le marché; ~ *gardener* maraîcher (-ère *f*) *m*; *Am. sl. play the* ~ spéculer (à *la Bourse*); 2. *v/t.* lancer (*qch.*) sur le marché; trouver des débouchés pour (*qch.*); *v/i.* faire son marché *ou* ses emplettes; **'mar·ket·a·ble** □ vendable; marchand (*valeur etc.*); **mar·ket·eer** [~'tiə] *see black* 1; **'mar·ket·ing** achat *m ou* vente *f* au marché; **'mar·ket-val·ue** valeur *f* marchande; cours *m*.

mark·ing ['mɑːkiŋ] marquage *m*; *usu.* -s *pl.* marque *f*, tache *f*; rayure *f*; **'~-ink** encre *f* à marquer.

marks·man ['mɑːksmən] bon tireur *m*; **'marks·man·ship** adresse *f* au tir.

marl [mɑːl] 1. *géol.* caillasse *f*; ✗ marne *f*; 2. ✗ marner.

mar·ma·lade ['mɑːməleid] confiture *f* d'oranges.

mar·mo·re·al □ *poét.* [mɑː'mɔːriəl] marmoréen(ne *f*).

mar·mot *zo.* ['mɑːmət] marmotte *f*.

ma·roon¹ [mə'ruːn] marron pourpré *inv.*; châtain.

ma·roon² [~] 1. nègre *m* marron, négresse *f* marronne; 2. abandonner (*q.*) sur une île déserte.

mar·plot ['mɑːplɔt] brouille-tout *m/inv.* [(quise *f*.)]

mar·quee [mɑː'kiː] (tente-)mar-

mar·quess [~'kwis], *usu.* **mar·quis** ['mɑːkwis] marquis *m*.

mar·que·try ['mɑːkitri] marqueterie *f*.

mar·riage ['mærid͡ʒ] mariage *m*; *fig.* union *f*; *civil* ~ mariage *m* civil; *by* ~ par alliance; *related by* ~ allié de près; *take in* ~ épouser (*q.*); prendre (*q.*) en mariage; ~ *guidance* guidance *f* de mariage; ~ *counsellor* raccommodeur *m* de ménages; **'mar·riage·a·ble** nubile; à marier; d'âge à se marier; ~ *person* parti *m*.

mar·riage...: ~**-lines** *pl.* certificat *m* de mariage; **'~-'mar·ket**: *in the* ~ mariable; **'~-'por·tion** dot *f* (*de la femme*).

mar·ried ['mærid] marié (*personne*); conjugal (-aux *m/pl.*) (*vie*); ~ *couple* ménage *m*.

mar·row ['mærou] moelle *f* (*a. fig.*); *fig.* essence *f*; ♀ *vegetable* ~ courge *f* à la moelle; **'~-bone** os *m* à moelle; ~s *pl. co.* genoux *m/pl.*; **'mar·row·y** plein de moelle (*a. fig.*).

mar·ry ['mæri] *v/t.* marier (*q.* à *q.*, *s.o. to s.o.*); se marier avec, épouser (*q.*); *v/i.* se marier (à, *to*).

marsh [mɑːʃ] 1. marais *m*, marécage *m*; 2. des marais; ~**-fever** paludisme *m*, fièvre *f* paludéenne; ~ *gas* gaz *m* des marais.

mar·shal ['mɑːʃəl] 1. maréchal *m*; ✗ général *m*; maître *m* des cérémonies; *Am.* chef *m* de (la) police (*d'un comté*); 2. placer en ordre; ranger (*les troupes*); ⛟ classer, trier (*des wagons*); **'mar·shal·ship** maréchalat *m*.

marsh·i·ness ['mɑːʃinis] état *m* marécageux (*du terrain*); **marsh mal·low** ♀ guimauve *f*, althée *f*; bonbon *m* à la guimauve; **marsh mar·i·gold** souci *m* d'eau; **'marsh·y** marécageux (-euse *f*).

mar·su·pi·al *zo.* [mɑː'sjuːpiəl] marsupial (-aux *m/pl.*) (*a. su./m*).

mart [mɑːt] marché *m*; salle *f* de vente; centre *m* de commerce.

mar·ten *zo.* ['mɑːtin] mart(r)e *f*.

mar·tial □ ['mɑːʃəl] martial (-aux *m/pl.*); guerrier (-ère *f*); ~ *law* loi *f* martiale; *state of* ~ *law* état *m* de siège; ~ *music* musique *f* militaire.

mar·tin¹ [mɑːtin] martinet *m*.

Mar·tin² [~]: *St.* ~'s *summer* été *m* de la Saint-Martin.

mar·ti·net [mɑːti'net] F exploiteur *m*; F gendarme *m*; garde-chiourme (*pl.* gardes-chiourme) *m*.

Mar·tin·mas ['mɑːtinməs] la Saint-Martin (*le 11 novembre*).

mar·tyr ['mɑːtə] 1. martyr(e *f*) *m*; 2. martyriser; **'mar·tyr·dom** martyre *m*; **'mar·tyr·ize** martyriser.

mar·vel ['mɑːvəl] 1. merveille *f*; 2. ~ *at* s'émerveiller de; s'étonner de.

mar·vel·(l)ous □ ['mɑːviləs] merveilleux (-euse *f*), étonnant; **'mar·vel·(l)ous·ness** merveilleux *m*.

Marx·ism ['mɑːksizm] marxisme *m*.

mas·cot ['mæskət] mascotte *f*; porte-bonheur *m/inv.*

mas·cu·line ['mɑːskjulin] 1. □ masculin; mâle; 2. *gramm.* masculin *m*.

mash [mæʃ] 1. mélange *m*; pâte *f*; brassage: fardeau *m*; ✗ chevaux: mâche *f*; *chiens, volaille*: pâtée *f*; 2. écraser; brasser; démêler (*le moût*); F faire infuser (*le thé*); ~ed *potatoes pl.* purée *f* (de pommes de terre); *sl. be* ~ed *on* en avoir un béguin pour (*q.*); **'mash·er** broyeur

m; *pommes de terre*: presse-purée *m*/*inv*.; *sl.* dandy *m*; gommeux *m*; '**mash(·ing)-tub** cuve-matière (*pl.* cuves-matière) *f*; ✍ barbotière *f*.
mask [mɑːsk] **1.** masque *m*; *renard*: face *f*; *see masque*; **2.** masquer; *fig.* cacher, déguiser; **masked** masqué; caché; ~ *ball* bal *m* masqué; '**mask·er** *personne*: masque *m*.
ma·son ['meisn] maçon *m*; franc-maçon (*pl.* francs-maçons) *m*; **ma·son·ic** [məˈsɔnik] des francs-maçons; '**ma·son·ry** maçonnerie *f*.
masque [mɑːsk] † masque *m*; **mas·quer·ade** [mæskəˈreid] **1.** mascarade *f*; bal *m* masqué; F déguisement *m*; **2.** *fig.* se déguiser (en, *as*).
mass[1] *eccl.* [mæs] messe *f*; *High* ♀ grand-messe *f*; *Low* ♀ messe *f* basse.
mass[2] [~] **1.** masse *f*, amas *m*; ~ *meeting* réunion *f* en masse; ~ *production* fabrication *f* en série; **2.** (se) masser.
mas·sa·cre ['mæsəkə] **1.** massacre *m*; **2.** massacrer.
mas·sage ['mæsɑːʒ] **1.** massage *m*; **2.** masser (*le corps*); malaxer (*les muscles*).
mas·seur [mæˈsəː] masseur *m*; **mas·seuse** [~ˈsəːz] masseuse *f*.
mas·sive □ ['mæsiv] massif (-ive *f*); énorme; solide; '**mas·sive·ness** massiveté *f*; aspect *m* massif.
mas·sy ['mæsi] massif (-ive *f*); solide; lourd.
mast[1] ⚓ [mɑːst] **1.** mât *m*; *radio*: pylône *m*; **2.** mâter.
mast[2] [~] faines *f*/*pl*.; glands *m*/*pl*.
mas·ter[1] ['mɑːstə] **1.** maître *m* (*a. art, propriété, navire de commerce, a. peint., a. fig.*); patron *m* (*d'employés, d'un navire de commerce*); *école*: instituteur *m*; *lycée*: professeur *m*; *univ.* (di)recteur *m*; *titre*: monsieur *m*; ♀ *of Arts* maître *m* ès arts, agrégé *m* des lettres; ♀ *of Ceremonies* maître *m* des cérémonies; *be one's own* ~ ne dépendre que de soi; **2.** maître; de maître; *fig.* magistral (-aux *m*/*pl*.), supérieur, dominant; **3.** dompter, maîtriser; régir (*une maison etc.*).
mas·ter[2] ⚓ [~] à mât(s); *three-*~ trois-mâts *m*/*inv*.
mas·ter-at-arms ⚓ ['mɑːstərətˈɑːmz] capitaine *m* d'armes; '**mas·ter-'build·er** entrepreneur *m* de bâtiments; **mas·ter·ful** □ ['~ful] impérieux (-euse *f*); autoritaire; '**mas·ter-key** passe-partout *m*/*inv*.; '**mas·ter·less** sans maître; indiscipliné; '**mas·ter·li·ness** domination *f*, autorité *f*; caractère *m* magistral; '**mas·ter·ly** magistral (-aux *m*/*pl*.), de maître.
mas·ter...: '~**-piece** chef-d'œuvre (*pl.* chefs-d'œuvre) *m*; '~**-ship** maîtrise *f* (de over, *of*); autorité *f* (sur, *over*); poste *m* de professeur *ou* de maître; '~**-stroke** coup *m* de maître; '**mas·ter·y** maîtrise *f* (de over, *of*); domination *f* (sur over, *of*); dessus *m*; connaissance *f* approfondie (*d'une langue etc.*).
mas·tic ['mæstik] mastic *m*; ♣ lentisque *m*.
mas·ti·cate ['mæstikeit] mastiquer; **mas·ti·ca·tion** mastication *f*; **mas·ti·ca·to·ry** ['~təri] masticateur (-trice *f*).
mas·tiff ['mæstif] mâtin *m*; dogue *m* anglais.
mat[1] [mæt] **1.** *paille*: natte *f*; *laine etc.*: tapis *m*; **2.** (s')emmêler (*cheveux*); *v*/*t*. natter.
mat[2] ⊕ [~] mat; mati.
mat[3] ⊕ *sl.* [~] matrice *f*.
match[1] [mætʃ] allumette *f*; *min.* canette *f*; mèche *f*.
match[2] [~] **1.** égal(e *f*) *m*, pareil(le *f*) *m*; *couleurs*: assortiment *m*; mariage *m*, alliance *f*; *sp.* partie *f*, match (*pl.* matchs, matches) *m*; *personne*: parti *m*; *be a* ~ *for* pouvoir le disputer à (*q.*); *meet one's* ~ trouver à qui parler; trouver son homme; **2.** *v*/*t.* égaler (*q.*); rivaliser avec (*q.*); assortir (*des couleurs*); apparier (*des gants*); unir (*q.*) (à, *with*); *sp.* matcher (*des adversaires*); ⊕ bouveter (*des planches*); ~ *s.o. against* opposer *q.* à (*q.*); *well* ~ed bien assorti; *v*/*i.* s'assortir, s'harmoniser; ~ *with* aller avec; *to* ~ à l'avenant; assorti.
match-box ['mætʃbɔks] boîte *f* à *ou* d'allumettes.
match·less □ ['mætʃlis] incomparable; sans pareil; '**match-mak·er** marieur (-euse *f*) *m*.
match·wood ['mætʃwud] bois *m* d'allumettes; *fig.* miettes *f*/*pl*.
mate[1] [meit] faire échec et mat (*échecs*); mater.
mate[2] [~] **1.** camarade *mf*; compagnon *m*, compagne *f*; *oiseau*: mâle *m*, femelle *f*; *personne*: époux *m*,

mateless

épouse f; école: condisciple m, camarade mf; ⚓ second maître m; marine marchande: officier m; **2.** (s')accoupler; (s')unir (personne); '**mate·less** seul, sans compagnon.
ma·te·ri·al □ [mə'tiəriəl] **1.** matériel(le f); grossier (-ère f); essentiel(le f) (pour, to); pertinent (fait); sensible (service); **2.** matière f; étoffe f, tissu m; matériaux m/pl. (a. fig.); ⚔ matériel m; ~s pl. fournitures f/pl.; working ~ matière f première de base; writing ~s pl. de quoi écrire; **ma·te·ri·al·ism** matérialisme m; **ma·te·ri·al·ist** matérialiste mf; **ma·te·ri·al'is·tic** (~ally) matérialiste (matérielle f) (plaisirs); **ma·te·ri·al·i·ty** [~ri'æliti] matérialité f; ⚖ pertinence f; **ma·te·ri·al·i·za·tion** [~riəlai'zeiʃn] matérialisation f; projet etc.: aboutissement m; **ma'te·ri·al·ize** (se) matérialiser; v/i. F se réaliser; aboutir (projet etc.).
ma·ter·nal □ [mə'tə:nl] maternel (-le f); de mère; d'une mère; **ma'ter·ni·ty** [~niti] maternité f; (a. ~ hospital) maternité f; ~ dress robe f pour futures mamans.
math·e·mat·i·cal □ [mæθi'mætikl] mathématique; **math·e·ma·ti·cian** [~mə'tiʃn] mathématicien(ne f) m; **math·e·mat·ics** [~'mætiks] usu. sg. mathématiques f/pl.
mat·in ['mætin] **1.** poét. matinal (-aux m/pl.), de grand matin; **2.** eccl. ~s pl. matines f/pl.; poét. a. ~s pl. chant m des oiseaux au point du jour.
mat·i·née ['mætinei] matinée f.
ma·tri·cide ['meitrisaid] matricide m; personne: matricide mf.
ma·tric·u·late [mə'trikjuleit] v/t. immatriculer; v/i. prendre ses inscriptions; **ma·tric·u'la·tion** inscription f.
mat·ri·mo·ni·al □ [mætri'mounjəl] matrimonial (-aux m/pl.); conjugal (-aux m/pl.); **mat·ri·mo·ny** ['mætriməni] mariage m; vie f conjugale.
ma·trix ['meitriks] anat., géol. matrice f; ⊕ (a. ['mætriks]) matrice f, moule m.
ma·tron ['meitrən] matrone f; mère f de famille; institution: intendante f; hôpital: infirmière f en chef; '**ma·tron·ly** matronal (-aux m/pl.); de matrone; domestique; fig. brave.
mat·ter ['mætə] **1.** matière f; substance f; sujet m; chose f, affaire f;

904

⚕ matière f purulente; typ. copie f; printed ~ imprimés m/pl.; in the ~ of quant à; what's the ~? qu'est-ce qu'il y a?; what's the ~ with you? qu'est-ce que vous avez?; no ~ n'importe; cela ne fait rien; no ~ who qui que ce soit; as a ~ of course comme de raison; for that ~ quant à cela; d'ailleurs; ~ of fact question f de(s) fait(s); as a ~ of fact en effet; à vrai dire; ~ in hand chose f en question; **2.** avoir de l'importance; importer (à, to); it does not ~ n'importe; cela ne fait rien; '~-of-'course de raison, naturel(le f); '~-of-'fact pratique; prosaïque.
mat·ting ['mætiŋ] natte f, -s f/pl.; paillassons m/pl.
mat·tock ['mætək] hoyau m; pioche f.
mat·tress ['mætris] matelas m.
ma·ture [mə'tjuə] **1.** □ mûr; d'âge mûr; ✝ échu (traite etc.); **2.** mûrir; affiner (vin, fromage); ✝ échoir; **ma'tu·ri·ty** maturité f; ✝ échéance f.
mat·u·ti·nal □ [mætju'tainl] ma(tu)tinal (-aux m/pl.); du matin.
maud·lin □ ['mɔ:dlin] larmoyant, pleurard f (souv. état d'ivresse).
maul [mɔ:l] meurtrir, malmener; usu. ~ about tirer de ci de là.
maul·stick ['mɔ:lstik] see mahlstick.
maun·der ['mɔ:ndə] radoter, divaguer; flâner; se trimbaler.
Maun·dy Thurs·day ['mɔ:ndi-'θə:zdi] jeudi m saint.
mau·so·le·um [mɔ:sə'li:əm] mausolée m.
mauve [mouv] **1.** mauve m; **2.** mauve.
mav·er·ick Am. ['mævərik] bouvillon m errant sans marque de propriétaire; pol. indépendant(e f) m.
maw [mɔ:] caillette f (de ruminant); jabot m (d'oiseau); gueule f (de lion); co. panse f.
mawk·ish □ ['mɔ:kiʃ] insipide; sentimental (-aux m/pl.); '**mawk·ish·ness** fadeur f; fausse sentimentalité f.
maw·worm ['mɔ:wə:m] ver m intestinal, ascaride m.
max·il·lar·y ['mæk'siləri] maxillaire.
max·im ['mæksim] maxime f, dicton m; **max·i·mum** ['~əm] **1.** pl. usu. **-ma** [~mə] maximum (pl. a. **-ma**) **2.** maximum; limite; ~ wages salaire m maximum.

May¹ [mei] 1. mai m; ♀ ♣ aubépine f; 2. go ~ing fêter le premier mai.

may² [~] [irr.] v/aux. (défectif) je peux etc.; il se peut que.

may·be ['meibi:] peut-être.

May-day ['meidei] le premier mai.

may·or [mɛə] maire m; 'may·or·al de maire, du maire; 'may·or·al·ty mairie f; (temps m d')exercice m des fonctions de maire; 'may·or·ess femme f du maire; mairesse f.

may·pole ['meipoul] mai m.

maze [meiz] 1. labyrinthe m, dédale m; fig. enchevêtrement m; be in a ~ ne savoir où donner de la tête; 2. embarrasser, désorienter; be ~d être désorienté; 'ma·zy labyrinthique; sinueux (-euse f); fig. compliqué.

Mc Coy Am. sl. [məˈkɔi]: the real ~ authentique.

me [mi:, mi] accusatif: me; datif: moi.

mead¹ [mi:d] hydromel m.

mead² [~] poét. see meadow.

mead·ow ['medou] pré m, prairie f; '~-ˌsaf·fron ♣ safran m des prés; 'mead·ow·y de prairie; herbu; herbeux (-euse f).

mea·ger, mea·gre □ ['mi:gə] maigre (a. fig.); peu copieux (-euse f); fig. pauvre; 'mea·ger·ness, 'mea·gre·ness maigreur f; pauvreté f.

meal¹ [mi:l] repas m.

meal² [~] farine f d'avoine, d'orge etc.; meal·ies ['~iz] usu. pl. maïs m.

meal-time ['mi:ltaim] heure f du repas.

meal·y ['mi:li] farineux (-euse f); ~-mouthed doucereux (-euse f), patelin.

mean¹ □ [mi:n] misérable; mesquin, bas(se f), méprisable; avare; pauvre.

mean² [~] 1. moyen(ne f); in the ~ time see ~time; 2. milieu m; moyen terme m; ⚸ moyenne f; ~s pl. moyens m/pl., ressources f/pl.; ~s sg. voie f, moyen m, -s m/pl. (de faire qch.); a ~s of (gér.) ou to (inf.) un moyen (de inf.); by all (manner of) ~s par tous les moyens; mais certainement!; by no (manner of) ~s en aucune façon; by this ~s sg. par ce moyen; ainsi; by ~s of au moyen de.

mean³ [~] [irr.] avoir l'intention (de inf., to inf.); se proposer (de inf., to inf.); vouloir; vouloir dire; entendre (par, by); destiner (pour, for); ~ well (ill) vouloir du bien (mal) (à, by).

me·an·der [miˈændə] 1. méandre m, repli m; sinuosité f; 2. serpenter.

mean·ing ['mi:niŋ] 1. □ significatif (-ive f); d'intelligence (sourire); well-~ bien intentionné; 2. sens m, acception f; astr. signification f; 'mean·ing·less dénué de sens; qui ne signifie rien.

mean·ness ['mi:nnis] médiocrité f, pauvreté f, bassesse f; avarice f; see mean¹.

meant [ment] prét. et p.p. de mean³.

mean·time ['mi:ntaim], **mean·while** ['mi:nwail] en attendant, dans l'intervalle.

mea·sle F ['mi:zl] être atteint de rougeole; 'mea·sled vét. ladre; 'mea·sles pl. ⚕ rougeole f; vét. ladrerie f; German ~ rubéole f; 'mea·sly rougeoleux (-euse f); vét. ladre; sl. misérable.

meas·ur·a·ble □ ['meʒərəbl] me(n)surable.

meas·ure ['meʒə] 1. mesure f (a. ♪, a. fig.); fig. limite f; ~ of capacity mesure f de capacité; beyond ~ outre mesure; in some ~ jusqu'à un certain point; in a great ~ en grande partie; made to ~ fait sur mesure; take s.o.'s ~ prendre les mesures de q.; fig. prendre la mesure de q. 2. mesurer (pour, for); métrer (un mur); faire l'arpentage de (un terrain); Am. ~ up to s.th. se montrer à la hauteur de qch.; 'meas·ure·less □ infini, illimité; 'meas·ure·ment mesurage m; mesure f; tour m (de tête, de hanches); ⚓ tonnage m.

meas·ur·ing ['meʒəriŋ] de mesure; d'arpentage.

meat [mi:t] viande f; †, prov. nourriture f; fig. moelle f; butcher's ~ grosse viande f; fresh-killed ~ viande f fraîche, preserved ~ viande f de conserve; green ~ fourrages m/pl. verts; roast ~ viande f rôtie, rôti m; ~-fly mouche f à viande; ~ tea thé m de viande; bouillon m; '~-safe garde-manger m/inv.; 'meat·y charnu; fig. étoffé.

mec·ca·no [meˈkɑ:nou] jeu m mécanique (pour enfants).

me·chan·ic [miˈkænik] artisan m, ouvrier m; ⊕ mécanicien m; me-

mechanical

'chan·i·cal □ mécanique; *fig.* machinal (-aux *m/pl.*), automatique; ~ *engineering* construction *f* mécanique; me'chan·i·cal·ness caractère *m* machinal; mech·a·ni·cian [mekə-'niʃn] mécanicien *m*; me·chan·ics [mi'kæniks] *usu. sg.* mécanique *f*.
mech·a·nism ['mekənizm] mécanisme *m*; *biol., pol.* machinisme *m*; mech·a·nize ['~naiz] mécaniser (*a.* ⚔); ⚔ motoriser.
med·al ['medl] médaille *f*; décoration *f*; 'med·al(l)ed medaillé; décoré; me·dal·lion [mi'dæljən] médaillon *m*; med·al·(l)ist ['medlist] médailliste *mf*; *graveur*: médailleur *m*; medall(e)*f m*.
med·dle ['medl] (*with, in*) se mêler (de); s'immiscer (dans); toucher (à); 'med·dler officieux (-euse *f*) *m*; intrigant(e *f*) *m*; touche-à-tout *m/inv.*; med·dle·some ['~səm] □ officieux (-euse *f*), intrigant; qui touche à tout; 'med·dle·some·ness tendance *f* à se mêler des affaires d'autrui.
me·di·ae·val [medi'i:vəl] *see* medieval.
me·di·al □ ['mi:djəl], 'me·di·an 1. médial (-als, -aux *m/pl.*); médian; 2. médiale *f*, médiane *f*.
me·di·ate 1. □ ['mi:diit] intermédiaire; 2. ['~eit] s'interposer, agir en médiateur; me·di·a·tion médiation *f*; me·di·a·tor ['~tə] médiateur (-trice *f*) *m* (*a. école*); me·di·a·to·ri·al [~ə'tɔ:riəl], me·di·a·to·ry ['~təri] médiateur (-trice *f*); me·di·a·trix ['~eitriks] médiatrice *f*.
med·i·cal □ ['medikəl] médical (-aux *m/pl.*); de médecine; ~ *board* conseil *m* de santé; ~ *certificate* attestation *f* de médicin; ~ *evidence* témoignage *m* des médecins; ~ *jurisprudence* médecine *f* légale; ~ *man* médecin *m*; ~ *officer* médecin *m* militaire; ~ *specialist* spécialiste *mf*; ~ *student* étudiant *m* en médecine; ♀ *Superintendent* médecin *m* en chef; me'dic·a·ment médicament *m*.
med·i·cate ['medikeit] médicamenter; traiter; rendre médicamenteux (*du vin*); med·i'ca·tion médication *f*; emploi *m* de medicaments; med·i·ca·tive ['medikətiv] médicateur (-trice *f*).
me·dic·i·nal □ [me'disinl] médicinal (-aux *m/pl.*) (*bains etc.*); médicamenteux (-euse *f*) (*vin etc.*); med·i·cine ['medsin] *art, profession, médicament*: médecine *f*; médicament *m*, remède *m*; F drogue *f*; ~-*chest* (coffret *m* de) pharmacie *f*.
me·di·e·val □ [medi'i:vəl] médiéval (-aux *m/pl.*); du Moyen Âge; me·di·'e·val·ism médiévisme *m*; culture *f* médiévale; me·di'e·val·ist médiéviste *mf*.
me·di·o·cre ['mi:dioukə] médiocre; me·di·oc·ri·ty [~'ɔkriti] médiocrité *f*.
med·i·tate ['mediteit] *v/i.* méditer (sur, [*up*]on); se recueillir; *v/t.* méditer (qch.); de faire qch., *doing s.th.*); projeter; avoir l'intention (de faire qch., *doing s.th.*); med·i'ta·tion méditation *f*; recueillement *m*; (profondes) pensées *f/pl.*; med·i·ta·tive □ ['~tətiv] méditatif (-ive *f*).
me·di·um ['mi:diəm] 1. *pl.* -di·a [~djə], -di·ums milieu *m*; ambiance *f* (*sociale*); intermédiaire *m*; moyen *m*; *phys.* milieu *m*, véhicule *m*; ⚔ agent *m*; *biol.* bouillon *m*; *spiritisme*: médium *m*; *élément*: milieu *m*; 2. moyen(ne *f*); ~-*'sized* de grandeur *ou* de taille moyenne.
med·lar ⚘ ['medlə] nèfle *f*; *arbre*: néflier *m*.
med·ley ['medli] mélange *m*; *couleurs etc.*: bigarrure *f*; *péj.* idées *etc.*: bariolage *m*; ♪ pot-pourri (*pl.* pots-pourris) *m*.
me·dul·la [me'dʌlə] *épinière*: moelle *f*; med·ul·lar·y médullaire.
meed *poét.* [mi:d] récompense *f*.
meek □ [mi:k] doux (douce *f*); humble; soumis; 'meek·ness humilité *f*; soumission *f*.
meer·schaum ['miəʃəm] (pipe *f* en) écume *f* de mer.
meet¹ [mi:t] † convenable; séant.
meet² [~] 1. (*irr.*) *v/t.* rencontrer, aller à la rencontre de; faire la connaissance de; fréquenter; croiser (*dans la rue*); aller chercher (*q. à la gare*); se conformer à (*des opinions*); satisfaire à, répondre à (*des désirs, des besoins*); faire face à (*des demandes, des besoins, la mort*); trouver (*la mort*); faire honneur à (*ses engagements*); prévenir (*une objection*); subvenir à (*des frais*); *rivières*: confluer avec; *fig.* ~ *s.o. half-way* faire la moitié des avances;

come (go, run) to ~ s.o. venir (aller, courir) à la rencontre de q.; they are well met ils sont bien assortis; ils font la paire; v/i. se rencontrer; se voir; se réunir (*société, gens*); se joindre; confluer (*rivières*); ~ with rencontrer, éprouver (*des difficultés*); essuyer (*un refus*); faire (*des pertes*); trouver (*un accueil*); être victime de (*un accident*); make both ends ~ joindre les deux bouts, arriver à boucler son budget; 2. *sp.* réunion *f*; assemblée *f* de chasseurs.

meet·ing ['mi:tiŋ] rencontre *f*; réunion *f*; assemblée *f*; *rivières*: confluent *m*; *pol.*, *sp.* meeting *m*; '~-**place** rendez-vous *m*; lieu *m* de réunion.

meg·a·fog ['megəfɔg] très fort signal *m* de brume; **meg·a·lo·ma·ni·a** ['~lou'meinjə] *&* mégalomanie *f*; **meg·a·phone** ['~foun] porte-voix *m/inv.*; *sp.* mégaphone *m*; **meg·a·ton** ['~tʌn] mégatonne *f*.

me·grim ['mi:grim] migraine *f*; ~s *pl.* vapeurs *f/pl.*; spleen *m*.

mel·an·chol·ic [melən'kɔlik] mélancolique; **mel·an·chol·y** ['~kəli] 1. mélancolie *f*; tristesse *f*; 2. mélancolique; triste.

mê·lée ['melei] mêlée *f*; bagarre *f*.

mel·io·rate ['mi:ljəreit] (s')améliorer.

mel·lif·lu·ent [me'lifluənt], *usu.* **mel·lif·lu·ous** mielleux (-euse *f*); mellifluë (*éloquence*).

mel·low ['melou] 1. □ mûr (*a. esprit, caractère*); moelleux (-euse *f*); doux (douce *f*) (*ton, lumière, vin*); velouté (*vin*); *fig.* doux (douce *f*); tendre (*couleur*); débonnaire (*personne*); *sl.* un peu gris *ou* ivre; 2. (faire) mûrir; (s')adoucir (*personne*); v/i. prendre de la patine; '**mel·low·ness** *fruit, sol*: maturité *f*; *vin, voix*: moelleux *m*; *caractère*: douceur *f*.

me·lo·di·ous □ [mi'loudjəs] mélodieux (-euse *f*), harmonieux (-euse *f*); **me·lo·di·ous·ness** mélodie *f*; **mel·o·dist** ['melədist] mélodiste *mf*; '**mel·o·dize** rendre mélodieux (-euse *f*); mettre en musique; v/i. chanter; faire des mélodies; **mel·o·dra·ma** ['~drɑ:mə] mélodrame *m*; '**mel·o·dy** mélodie *f*, chant *m*, air *m*.

mel·on ♀ ['melən] melon *m*; *water-*~ melon *m* d'eau; pastèque *f*.

melt [melt] fondre; *fig.* (se) dissoudre; v/t. attendrir (*le cœur*); v/i.: ~ *away* fondre complètement; *fig.* se dissiper; ~ *down* fondre; ~ *into tears* fondre en larmes.

melt·ing □ ['meltiŋ] fondant; *fig.* attendri (*voix*); '~-**point** point *m* de fusion; '~-**pot** creuset *m*; be in the ~ tout remettre en question.

mem·ber ['membə] membre *m* (*a. gramm.*); organe *m*; ⊕ pièce *f*; député *m*; membre *m* de la Chambre des Communes; make s.o. a ~ élire q. membre (de, *of*); '**mem·ber·ship** qualité *f* de membre; nombre *m* des membres; ~ *fee* cotisation *f*.

mem·brane ['membrein] membrane *f*; enveloppe *f* (*d'un organe*); **mem'bra·nous**, **mem'bra·ne·ous** [~jəs] membraneux (-euse *f*).

me·men·to [mi'mentou] souvenir *m*, mémento *m*.

mem·oir ['memwɑ:] mémoire *m*; notice *f* biographique; ~s *pl.* mémoires *m/pl.*; mémorial *m*; autobiographie *f*.

mem·o·ra·ble □ ['memərəbl] mémorable.

mem·o·ran·dum [memə'rændəm] mémorandum *m* (*a. pol.*); acte *m* (*de société*); *pol.* note *f* (*diplomatique*).

me·mo·ri·al [mi'mɔ:riəl] 1. mémoratif (-ive *f*); commémoratif (-ive *f*) (*monument*); 2. monument *m* (*commémoratif*); pétition *f*; **me'mo·ri·al·ist** pétitionnaire *mf*; auteur *m* de mémoires; **me'mo·ri·al·ize** commémorer; pétitionner.

mem·o·rize ['meməraiz] apprendre par cœur.

mem·o·ry ['meməri] mémoire *f*; souvenir *m*; *commit to* ~ apprendre par cœur; se mettre dans la mémoire; *beyond the* ~ *of man* de temps immémorial; *within the* ~ *of man* de mémoire d'homme; *in* ~ *of* à la mémoire de; en souvenir de.

men [men] (*pl. de* man) hommes *m/pl.*; l'homme *m*, le genre *m* humain, l'humanité *f*; *sp.* ~*'s doubles pl.* double *m* messieurs.

men·ace ['menəs] 1. menacer; 2. *poét.* menace *f*.

me·nag·er·ie [mi'nædʒəri] ménagerie *f*.

mend

mend [mend] **1.** v/t. raccommoder (*un vêtement*); réparer (*un outil, une machine*); rectifier, corriger; hâter (*le pas*); ~ *the fire* arranger le feu; ~ *one's ways* changer de conduite, se corriger; v/i. se corriger; s'améliorer; **2.** raccommodage m; amélioration f; *on the* ~ en voie de guérison, en train de se remettre.
men·da·cious □ [men'deiʃəs] menteur (-euse f), mensonger (-ère f).
men·dac·i·ty [~'dæsiti] penchant m au mensonge; fausseté f.
mend·er ['mendə] raccommodeur (-euse f) m; *invisible* ~ stoppeur (-euse f) m.
men·di·can·cy ['mendikənsi] mendicité f; **'men·di·cant** mendiant (a. su./m); **men'dic·i·ty** [~siti] mendicité f.
men·folk F ['menfouk] hommes m/pl. (*de la famille*).
men·hir ['menhiə] menhir m.
me·ni·al usu. péj. ['mi:njəl] **1.** □ servile, bas(se f); **2.** domestique mf; laquais m.
men·in·gi·tis 💊 [menin'dʒaitis] méningite f.
men·ses ['mensi:z] pl. menstrues f/pl., époques f/pl.; *see menstruation*;
men·stru·al [~'struəl] menstruel(le f); **men·stru·a·tion** menstruation f; règles f/pl., époques f/pl.
men·su·ra·tion [mensjuə'reiʃn] mesurage m; ⚭ mensuration f.
men·tal □ ['mentl] mental (-aux m/pl.); de l'esprit; ~ *arithmetic* calcul m de tête; ~ *institution* asile m d'aliénés, maison f de santé; ~*ly ill* aliéné; **men·tal·i·ty** [~'tæliti] mentalité f; esprit m. [thol m.\
men·thol pharm. ['menθɔl] men-
men·tion ['menʃn] **1.** mention f; allusion f; **2.** mentionner, faire allusion à, citer; *don't* ~ *it!* je vous en prie!; il n'y a pas de quoi!; *not to* ~ sans parler de; sans compter; **'men·tion·a·ble** digne de mention; dont on peut parler.
men·tor ['mentɔ:] mentor m, guide m.
men·u ['menju:] menu m; carte f.
me·phit·ic [me'fitik] méphitique; **me·phi·tis** [~'faitis] méphitisme m.
mer·can·tile ['mə:kəntail] mercantile, marchand; commercial (-aux m/pl.), de commerce; commerçant.
mer·ce·nar·y ['mə:sinəri] **1.** □ mercenaire, intéressé; **2.** ⚔ mercenaire m.
mer·cer ['mə:sə] marchand(e f) m de soieries; † mercier (-ère f) m; **'mer·cer·ize** merceriser; **'mer·cer·y** (commerce m des) soieries f/pl.; † mercerie f.
mer·chan·dise ['mə:tʃəndaiz] **1.** marchandise f, -s f/pl.; **2.** Am. commercer.
mer·chant ['mə:tʃənt] **1.** négociant m; commerçant m; Am. marchand(e f) m; boutiquier (-ère f) m; **2.** marchand; de ou du commerce; *law* ~ droit m commercial; **'mer·chant·a·ble** vendable; négociable; **'mer·chant·man** navire m marchand ou de commerce.
mer·ci·ful □ ['mə:siful] miséricordieux (-euse f) (pour, to), clément (envers, to); **'mer·ci·ful·ness** miséricorde f; clémence f; pitié f.
mer·ci·less □ ['mə:silis] impitoyable, sans pitié; **'mer·ci·less·ness** caractère m impitoyable; manque m de pitié.
mer·cu·ri·al [mə:'kjuəriəl] astr. de Mercure; 🜍 mercuriel(le f); fig. vif (vive f), inconstant, changeant.
Mer·cu·ry ['mə:kjuri] astr. Mercure; fig. messager m; 🜍 ♀ mercure m.
mer·cy ['mə:si] miséricorde f; clémence f; pitié f; *be at s.o.'s* ~ être à la merci de q.; *at the* ~ *of the waves* au gré des flots; *it is a* ~ *that* c'est un bonheur que; *for* ~'s *sake* par pitié; poét., co. *have* ~ (up)on avoir pitié de; ~ *killing* euthanasie f.
mere □ [miə] simple, seul, pur; ~(*st*) *nonsense* extravagance f pure et simple; ~ *words* vaines paroles f/pl.; rien que des mots; ~*ly* simplement; tout bonnement.
mer·e·tri·cious □ [meri'triʃəs] de courtisane; fig. factice; d'un éclat criard.
merge [mə:dʒ] (*in*) v/t. fondre (dans); ⚭ amalgamer (avec); v/i. se fondre, se perdre (dans); s'amalgamer; **'merg·er** fusion f.
me·rid·i·an [mə'ridiən] **1.** méridien(ne f); fig. culminant, le plus haut; **2.** géog. méridien m; fig. point m culminant, apogée m; **me'rid·i·o·nal** □ [~iənl] méridional (-aux m/pl.); du midi.

me·ringue [mə'ræŋ] meringue f.
mer·it ['merit] 1. mérite m; valeur f; usu. ⚖ ~s pl. bien-fondé m; le pour et le contre (de qch.); on the ~s of the case (juger qch.) au fond; on its (own) ~s selon ses mérites; make a ~ of se faire un mérite de; 2. fig. mériter; **mer·i·to·ri·ous** □ [~'tɔ:riəs] méritoire; méritant (personne).
mer·maid ['mə:meid] sirène f.
mer·ri·ment ['merimənt] gaieté f, réjouissance f.
mer·ry □ ['meri] joyeux (-euse f), gai; jovial (-als, -aux m/pl.); se réjouir; se divertir; **~ an·drew** paillasse m, bouffon m; '**~-go-round** carrousel m; chevaux m/pl. de bois; '**~-mak·ing** réjouissances f/pl., fête f; '**~-thought** lunette f (d'une volaille).
mes·en·ter·y anat. ['mesəntəri] mésentère m.
mesh [meʃ] 1. maille f; fig. usu. ~es pl. réseau m; ⊕ be in ~ être en prise (avec, with); fig. (s')engrener; **meshed** [~t] à ... mailles; '**mesh-work** réseau m; treillis m.
mes·mer·ism ['mezmərizm] mesmérisme m, hypnotisme m; '**mes·mer·ize** hypnotiser; magnétiser.
mess¹ [mes] 1. désordre m; gâchis m, fouillis m; saleté f; F a fine ~ of things du joli, une belle équipée, un chef-d'œuvre; make a ~ of gâcher, bousiller; 2. v/t. a. ~ up gâcher, galvauder, abîmer; salir; v/i. F ~ about patauger (dans la boue); gaspiller son temps.
mess² [~] 1. † plat m, mets m; ✕, ⚓ officiers: mess m, table f; ✕ hommes: ordinaire m, ⚓ plat m; 2. manger à la même table.
mes·sage ['mesidʒ] message m; commission f.
mes·sen·ger ['mesindʒə] messager (-ère f) m; ~ boy hôtel: chasseur m, télégraphes: facteur m.
Mes·sieurs, usu. **Messrs.** ['mesəz] ♔ Messieurs m/pl.; maison f.
mess-room ['mesrum] ⚓ salle f de mess; ⚓ carré m (des officiers); '**mess-tin** ✕ gamelle f, ⚓ quart m.
met [met] prét. et p.p. de meet² 1.
met·a·bol·ic [metə'bɔlik] métabolique; **me·tab·o·lism** physiol. [me'tæbəlizm] métabolisme m.
met·age ['mi:tidʒ] mesurage m.
met·al ['metl] 1. métal m; ⊕ empierrement m; route: cailloutis m, pierraille f; ᠖ F ~s pl. rails m/pl.; 2. empierrer, caillouter; **me·tal·lic** [mi'tælik] (~ally) métallique; métallin; de métal; **met·al·lif·er·ous** [metə'lifərəs] métallifère; **met·al·line** ['metəlain] métallin; '**met·al·lize** métalliser; vulcaniser (le caoutchouc); **met·al·log·ra·phy** [~'lɔgrəfi] métallographie f; **met·al·lur·gic**, **met·al·lur·gi·cal** □ [~'lə:dʒik(l)] métallurgique; '**met·al·lur·gy** métallurgie f.
met·a·mor·phose [metə'mɔ:fouz] métamorphoser, transformer (en, [in]to); **met·a·mor·pho·sis** [~fəsis], pl. -ses [~si:z] métamorphose f.
met·a·phor ['metəfə] métaphore f; image f; **met·a·phor·ic**, usu. **met·a·phor·i·cal** □ [~'fɔrik(l)] métaphorique.
met·a·phys·ic [metə'fizik] 1. (usu. **met·a·phys·i·cal** □) métaphysique; 2. ~s souv. sg. métaphysique f; ontologie f.
mete [mi:t] litt. mesurer; (usu. ~ out) assigner; décerner, distribuer.
me·te·or ['mi:tjə] météore m (a. fig.); **me·te·or·ic** [mi:ti'ɔrik] météorique; fig. rapide; **me·te·or·ite** ['mi:tjərait] météorite mf; aérolithe m; **me·te·or·o·log·i·cal** □ [mi:tjərə'lɔdʒikl] météorologique, aérologique; **me·te·or·ol·o·gist** [~'rɔlədʒist] météorologiste mf, -logue mf; **me·te·or·ol·o·gy** météorologie f, aérologie f.
me·ter ['mi:tə] (a. gas ~) compteur m; jaugeur m.
me·thinks [mi'θiŋks] (prét. methought) il me semble.
meth·od ['meθəd] méthode f; système m; manière f; procédé m (pour for, of); **me·thod·ic**, **me·thod·i·cal** □ [mi'θɔdik(l)] méthodique; **Meth·od·ism** eccl. ['meθədizm] méthodisme m; '**Meth·od·ist** péj. qui a le souci exagéré de la méthode; eccl. 2 méthodiste mf; '**meth·od·ize** ordonner, régler.
meth·yl 🜇 ['meθil] méthyle m; **meth·yl·at·ed spir·it** ['meθileitid 'spirit] alcool m à brûler.
me·tic·u·lous □ [mi'tikjuləs] méticuleux (-euse f).
me·tre ['mi:tə] mètre m, mesure f; mètre m (39,37 inches).
met·ric ['metrik] (~ally) métrique;

metrical 910

'met·ri·cal □ métrique; en vers; 'met·rics sg. métrique f.
me·trop·o·lis [mi'trɔpəlis] métropole f; met·ro·pol·i·tan [metrə'pɔlitən] 1. métropolitain; ⚄ *Railway* chemin m de fer métropolitain; 2. métropolitain m, archevêque m.
met·tle ['metl] *personne*: ardeur f, courage m, feu m; tempérament m, caractère m; *cheval*: fougue f; *be on one's ~* se piquer d'honneur; faire de son mieux; *put s.o. on his ~* piquer q. d'honneur; stimuler le zèle de q.; *horse of ~* cheval m fougueux; 'met·tled, met·tle·some ['~səm] fougueux (-euse f) (*cheval*); ardent (*personne*).
mew¹ *poét.* [mju:] mouette f.
mew² [~] 1. miaulement m; 2. miauler.
mew³ [~] 1. mue f, cage f (*pour les faucons*); 2. v/i. se cloîtrer; v/t. (*usu. ~ up*) renfermer.
mewl [mju:l] vagir, piailler; F miauler.
mews [mju:z] *sg.*, † *pl.* écuries f/pl.; *Londres*: impasse f, ruelle f.
Mex·i·can ['meksikən] 1. mexicain; 2. Mexicain(e f) m.
mi·aow [mi'au] 1. miaulement m, miaou m; 2. miauler.
mi·as·ma [mi'æzmə], *pl.* -ma·ta [~mətə], -mas miasme m; mi'as·mal □ miasmatique.
mi·aul [mi'ɔ:l] miauler.
mi·ca *min.* ['maikə] mica m; mi·ca·ce·ous [~'keifəs] micacé.
mice [mais] *pl. de* mouse 1.
Mich·ael·mas ['miklməs] la Saint-Michel f (*le 29 septembre*).
micro... [maikro] micro-.
mi·crobe ['maikroub] microbe m; mi'cro·bi·al [~iəl] microbien(ne f).
mi·crom·e·ter [mai'krɔmitə] micromètre m; mi·cro·phone ['maikrəfoun] microphone m; F micro m; mi·cro·scope ['~skoup] microscope m; mi·cro·scop·ic, mi·cro·scop·i·cal □ [~s'kɔpik(l)] microscopique; au microscope (*examen*); F minuscule, très petit.
mid [mid] *see* middle 2; mi-; *poét. see* amid; *~-'air: in ~* entre ciel et terre; '~-course: *in ~* en pleine carrière; '~-day 1. midi m; 2. de midi, méridien(ne f).
mid·den ['midn] (tas m de) fumier m.

mid·dle ['midl] 1. milieu m, centre m; *fig.* taille f, ceinture f; ✝ *~s pl.* qualité f moyenne; 2. ordinaire; bon(ne f); du milieu, central (-aux m/pl.); moyen(ne f), intermédiaire; ⚄ *Ages pl.* Moyen Âge m; *~ class*(es *pl.*) classe f moyenne; bourgeoisie f; '*~*-'aged F entre deux âges; '*~*-'class bourgeois; '*~*-man F entremetteur m; ✝ intermédiaire m; '*~*-most central (-aux m/pl.); le plus au milieu; '*~*-sized de grandeur *ou* taille moyenne; '*~*-weight *box.* poids m moyen.
mid·dling ['midliŋ] 1. *adj.* médiocre; passable, assez bon(ne f); moyen(ne f); ✝ de qualité moyenne; 2. *adv.* (*a. ~ly*) passablement, assez bien; 3. *su.* ✝ *~s pl.* marchandises f/pl. de qualité moyenne.
mid·dy F ['midi] *see* midshipman.
midge [midʒ] moucheron m; midg·et ['~it] nain(e f) m; nabot(e f) m.
mid·land ['midlənd] 1. entouré de terre; intérieur (*mer*); 2. the ⚄s *pl.* les Midlands m/pl.; 'mid·most central (-aux m/pl.); le plus près du milieu; 'mid·night 1. minuit m; 2. de minuit; mid·riff ['~rif] diaphragme m; 'mid·ship·man ⚓ aspirant m; *Am.* enseigne m; 'mid·ships ⚓ par le travers; midst [midst] 1. *su.* milieu m; *in the ~ of* au milieu de; parmi; *in our ~* au milieu de nous, parmi nous; 2. *prp. poét. see* amidst; 'mid·sum·mer milieu m de l'été; solstice m d'été; ⚄ *Day* la Saint-Jean f; *~ holidays pl.* vacances f/pl. d'été; 'mid·way 1. *su. Am.* allée f centrale (*d'une exposition*); 2. *adj.* du milieu, central (-aux m/pl.), intermédiaire; 3. *adv.* à mi-chemin; 'mid·wife sage-femme (*pl.* sages-femmes) f; mid·wife·ry ['midwifri] obstétrique f; 'mid·win·ter milieu m de l'hiver; solstice m d'hiver.
mien *poét.* [mi:n] mine f, air m.
miff F [mif] boutade f; accès m d'humeur.
might [mait] 1. puissance f, force f, -s f/pl.; *with ~ and main* de toutes mes (*etc.*) forces; 2. *prét. de* may²; might·i·ness ['~inis] puissance f, force f, grandeur f; 'might·y (□ †) 1. *adj.* puissant, fort; vaste;

mi·grant ['maigrənt] **1.** see *migratory*; **2.** (*ou* ~ *bird*) migrateur (-trice *f*) *m*.

mi·grate [mai'greit] émigrer; passer; **mi'gra·tion** migration *f*, émigration *f*; **mi·gra·to·ry** ['~grətəri] migrateur (-trice *f*) (*personne*, *a*. *oiseau*); nomade (*personne*); de passage (*oiseau*).

mike *sl.* [maik] microphone *m*, F micro *m*.

Mil·an·ese [milə'ni:z] **1.** milanais; **2.** Milanais(e *f*) *m*.

milch [miltʃ] à lait, laitière (*vache*).

mild ☐ [maild] doux (douce *f*); tempéré (*climat*); peu sévère; peu rigoureux (-euse *f*); bénin (-igne *f*); *to put it ~ly* pour m'exprimer avec modération.

mil·dew ['mildju:] **1.** *pain etc.*: chancissure *f*; *froment etc.*: rouille *f*; *vignes etc.*: mildiou *m*; moisissure *f*; **2.** chancir (*le pain*); rouiller, moisir (*la plante etc.*); piquer (*le papier etc.*).

mild·ness ['maildnis] douceur *f*; *maladie*: bénignité *f*.

mile [mail] mille *m* (anglais) (1609,33 *m*).

mil(e)·age ['mailidʒ] distance *f* ou vitesse *f* en milles; *fig.* parcours *m*.

mile·stone ['mailstoun] borne *f* milliaire *ou* kilométrique.

mil·foil ♀ ['milfɔil] mille-feuille *f*.

mil·i·tan·cy ['militənsi] esprit *m* militant; *pol.* activisme *m*; **'mil·i·tant** ☐ militant; activiste; **mil·i·tar·i·ness** ['militərinis] caractère *m* militaire; **mil·i·ta·rism** ['~rizəm] militarisme *m*; **'mil·i·tar·y 1.** ☐ militaire; de guerre; de soldat; *~ college* école *f* militaire; ♀ *Government* gouvernement *m* militaire; *~ map* carte *f* d'état-major; *of ~ age* en âge de servir; **2.** *les militaires m/pl.*; *l'armée f*; **mil·i·tate** ['~teit]: *~ in favo(u)r of* (*against*) militer en faveur de (contre); **mi·li·tia** [mi'liʃə] milice *f*; garde *f* nationale.

milk [milk] **1.** lait *m*; *powdered (whole) ~* lait *m* en poudre (non écrémé); **2.** traire; *fig.* dépouiller; ⚡, *a. tél.* capter; **'milk-and-'wa·ter** F insipide, fade; **'milk·er** *personne*: trayeur (-euse *f*) *m*; *vache*: laitière *f*; *machine*: trayeuse *f*; **milk·i·ness** ['~inis] lactescence *f*; couleur *f* laiteuse; *fig.* douceur *f*.

milk...: **'~·maid** laitière *f*, crémière *f*; *trayeuse f*; **'~·man** laitier *m*, crémier *m*; **'~-'shake** shake *m* (*mélange de lait, crème glacée et sirop battus ensemble*); **'~·sop** F poule *f* mouillée; peureux (-euse *f*) *m*; **'milk·y** laiteux (-euse *f*), lactescent; *fig.* blanchâtre; *astr.* ♀ *Way* Voie *f* lactée.

mill¹ [mil] **1.** moulin *m*; usine *f*; fabrique *f*; filature *f*; *sl.* combat *m* à coups de poings; **2.** *v/t.* moudre; ⊕ fraiser; créneler (*la monnaie*); fouler (*un drap*); mousser (*une crème*); broyer (*le minerai*); *sl.* rouer de coups; F *v/i.* fourmiller.

mill² *Am.* [~] millième *m* (*de dollar*).

mill·board ['milbɔ:d] carton-pâte (*pl.* cartons-pâtes) *m*; carton *m* épais; **'mill-dam** barrage *m* de moulin.

mil·le·nar·i·an [mili'nɛəriən], **mil·len·ni·al** [mi'leniəl] millénaire; **mil·le·nar·y** ['~əri] millénaire (*a. su./m*); **mil'len·ni·um** [~iəm] *eccl.* millénium *m*; mille ans *m/pl*.

mil·e·pede *zo.* ['milipi:d] mille-pieds *m/inv.*; mille-pattes *m/inv.*

mill·er ['milə] meunier *m*; ⊕ fraiseur *m*; *machine*: fraiseuse *f*.

mil·les·i·mal [mi'lesiməl] millième (*a. su./m/f*).

mil·let ♀ ['milit] millet *m*.

mill-hand ['milhænd] ouvrier (-ère *f*) *m* d'usine.

mil·li·ard ['miljɑ:d] milliard *m*.

mil·li·gram ['miligræm] milligramme *m*.

mil·li·me·tre ['milimi:tə] millimètre *m*.

mil·li·ner ['milinə] modiste *f*; **'mil·li·ner·y** (articles *m/pl.* de) modes *f/pl.*

mill·ing ['miliŋ] meunerie *f*; moulage *m*; broyage *m*; foulage *m*; ⊕ *~ cutter* fraise *f*, fraiseuse *f*; *~ plant* moulin *m*; laminerie *f*; *~ machine* machine *f* à fraiser; *~ product* produit *m* de moulin.

mil·lion ['miljən] million *m*; **mil·lion·aire** [~'nɛə] millionnaire *mf*; **mil·lionth** ['miljənθ] millionième (*a. su./m*).

mill...: **'~·pond** réservoir *m* de moulin; **'~·race** bief *m* de moulin; **'~·stone** meule *f*; F *see through a ~*

millwright

voir à travers les murs; '~·**wright** constructeur *m* de moulins.
milt[1] [milt] laitance *f* (*des poissons*).
milt[2] [~] rate *f*. [laité.\]
milt·er *icht.* ['miltə] poisson *m*¦
mime [maim] **1.** mime *m*; **2.** mimer.
mim·e·o·graph ['mimiəgra:f] autocopiste *m*.
mim·ic ['mimik] **1.** mimique; imitateur (-trice *f*); **2.** mime *m*; imitateur (-trice *f*) *m*; **3.** imiter; contrefaire; F singer (*q.*); '**mim·ic·ry** mimique *f*, imitation *f*; *zo.* mimétisme *m*.
min·a·to·ry ['minətəri] menaçant.
mince [mins] **1.** *v/t.* hacher; *he does not ~ matters* il ne mâche pas ses mots; *~ one's words* minauder, parler du bout des lèvres; *~d meat* hachis *m*; *v/i.* marcher *etc.* d'un air affecté; **2.** hachis *m*; '~·**meat** compôte *f* de raisins secs, de pommes, d'amandes *etc.*; *make ~ of* F réduire (*q.*) en chair à pâté; ~ **pie** petite tarte *f* au mincemeat; '**minc·er** hachoir *m*.
minc·ing □ ['minsiŋ] affecté, minaudier (-ère *f*); '~·**ma·chine** hachoir *m*.
mind [maind] **1.** esprit *m*, âme *f*; pensée *f*, idée *f*, avis *m*; mémoire *f*, souvenir *m*; raison *f*; *to my ~* à mon avis, selon moi, à ce que je pense; *~'s eye* idée *f*, imagination *f*; *out of one's ~* hors de son bon sens; insensé; *time out of ~* de temps immémorial; *change one's ~* changer d'avis; se raviser; *bear s.th. in ~* se rappeler qch.; tenir compte de qch.; *have (half) a ~ to* avoir (bonne) envie de; *have s.th. on one's ~* avoir qch. sur sa conscience; *have in ~* avoir (*qch.*) en vue; *(not) know one's own ~* (ne pas) savoir ce qu'on veut; *make up one's ~* se décider, prendre son parti; *put s.o. in ~ of* rappeler (*qch. ou q.*) à q.; **2.** faire attention à; s'occuper de; ne pas manquer de (*inf.*); prendre garde à (*qch.*); soigner (*un enfant*), garder (*un chien etc.*); *~!* attention!; *never ~!* n'importe!; ne vous inquiétez pas!; *~ the step!* attention à la marche!; *I don't ~* (*it*) cela m'est égal; peu (m')importe; *do you ~ smoking?* la fumée ne vous gêne pas?; *would you ~ taking off your hat?* voudriez-vous bien ôter votre chapeau?; *~ your own business!* mêlez-vous de ce qui vous regarde!; '**mind·ed** disposé, enclin; à l'esprit...; '**mind·er** surveillant(e *f*) *m*; gardeur (-euse *f*) *m* (*d'animaux*); '**mind·ful** □ (*of*) attentif (-ive *f*) (à); soigneux (-euse *f*) (de); '**mind·ful·ness** attention *f* (à, *of*); soin *m* (de, *of*); '**mind·less** □ sans esprit; insouciant (-e *f*), indifférent (à, *of*); oublieux (-euse *f*) (de, *of*).
mine[1] [main] **1.** le mien, la mienne, les miens, les miennes; à moi; **2.** les miens *m/pl.*
mine[2] [~] **1.** ⚒, *a.* ⚔ mine *f*; *fig.* trésor *m*, bureau *m*; **2.** *v/i.* fouiller (sous) la terre; miner, saper; ⚒ exploiter (*le charbon*); creuser; ⚔ miner, saper; ⚓ miner, semer des mines dans; '~·**lay·er** ⚓, ⚔ poseur *m ou* mouilleur *m* de mines; '**min·er** mineur *m* (*a.* ⚔).
min·er·al ['minərəl] **1.** mineral *m*, ~*s pl.* eaux *f/pl.* minérales; F boissons *f/pl.* gazeuses; **2.** minéral (-aux *m/pl.*); ~ *jelly* vaseline *f*; '**min·er·al·ize** minéraliser; **min·er·al·o·gist** [~'rælədʒist] minéralogiste *m*; **min·er·al·o·gy** minéralogie *f*.
mine·sweep·er ⚓ ['mainswi:pə] dragueur *m* de mines.
min·gle ['miŋgl] (se) mêler (avec, à *with*); (se) mélanger (avec, *with*).
min·i·a·ture ['minjətʃə] **1.** miniature *f*; **2.** en miniature, en raccourci; petit modèle; minuscule; *~ camera* appareil *m* de petit format; *~ grand piano m* à queue écourtée; *~ rifle shooting* tir *m* au fusil de petit calibre.
min·i·kin ['minikin] **1.** mignon(ne *f*); affecté; **2.** homuncule *m*.
min·im ['minim] ♩ blanche *f*; *mesure:* goutte *f*; F bout *m* d'homme; '**min·i·mize** réduire au minimum; *fig.* mettre au minimum l'importance de (*qch.*); **min·i·mum** ['~məm] **1.** *pl.* **-ma** [~mə] minimum (*pl.* **-s, -ma**) *m*; **2.** minimum (*qqfois* -ma *f*).
min·ing ['mainiŋ] **1.** minier (-ère *f*); de mine(s); ⚓ de mine; ⚒, ⚓ de mouilleur de mines; **2.** exploitation *f* des mines, travaux *m/pl.* de mines; ⚔ sape *f*; ⚓ pose *f* de mines.
min·ion ['minjən] favori(te *f*) *m*; *typ.* mignonne *f*; F *~ of the law* sbire *m*.

mini·skirt ['miniskəːt] mini-jupe *f*.
min·is·ter ['ministə] 1. ministre *m* (*a. pol.*, *a. eccl.*); *eccl.* pasteur *m* (*protestant*); 2. *v*/*t*. † fournir; *v*/*i*. ~ to soigner (*q.*); subvenir aux besoins de (*q.*); aider à (*qch.*); **min·is·te·ri·al** [␣'tiəriəl] accessoire; *pol.* ministériel(le *f*); exécutif (-ive *f*); gouvernemental (-aux *m*/*pl.*); *eccl.* sacerdotal (-aux *m*/*pl.*); **min·is'te·ri·al·ist** ministériel *m*.
min·is·trant ['ministrənt] 1. qui subvient à (*q.*); 2. *eccl.* officiant *m*; **min·is'tra·tion** service *m*; ministère *m*; *eccl.* saint ministère *m*, sacerdoce *m*; '**min·is·try** ministère *m*; *pol. a.* gouvernement *m*.
min·i·ver ['minivə] petit-gris (*pl.* petits-gris) *m* (*a. fourrure*).
mink *zo.* [miŋk] vison *m*.
min·now *icht.* ['minou] vairon *m*.
mi·nor ['mainə] 1. petit, mineur; peu important; d'importance secondaire; ♪ mineur; A ~ la *m* mineur; ~ *third* tierce *f* mineure; ~ *key* mineur *m*; 2. mineur(e *f*) *m*; le plus jeune (*de deux frères*); *phls.* mineure *f*, petit terme *m*; *Am. univ.* sujet *m* (d'étude) secondaire; **mi·nor·i·ty** [mai'nɔriti] minorité *f* (*a. ₺*); [église *f* abbatiale.\
min·ster ['minstə] cathédrale *f*;/
min·strel ['minstrəl] ménestrel *m*; F musicien *m*; ~*s pl.* (troupe *f* de) chanteurs *m*/*pl.* déguisés en nègres; **min·strel·sy** ['␣si] chants *m*/*pl.* ou art *m* des ménestrels.
mint[1] ♀ [mint] menthe *f*; ~ *sauce* vinaigrette *f* à la menthe.
mint[2] [␣] 1. Hôtel *m* de la Monnaie; source *f*; *a* ~ *of money* une somme *f* fabuleuse; 2. (à l'état) neuf (neuve *f*) (*volume etc.*); *fig.* intrinsèque; 3. monnayer; battre monnaie; '**mint·age** monnayage *m*; fabrication *f*; espèces *f*/*pl.* monnayées; empreinte *f*.
min·u·et ♪ [minju'et] menuet *m*.
mi·nus ['mainəs] 1. *prp.* moins; F sans; 2. *adj.* négatif (-ive *f*).
min·ute[1] ['minit] 1. minute *f*; *fig.* moment *m*; instant *m*; projet *m*; note *f*; ~*s pl.* procès-verbal (*pl.* procès-verbaux) *m*); ~*-hand* grande aiguille *f*; 2. faire la minute de (*un contrat*); prendre note de; dresser le procès-verbal de.
mi·nute[2] □ [mai'njuːt] tout petit; minuscule; détaillé; ~*ly* dans ses moindres détails; **mi'nute·ness** petitesse *f*; exactitude *f* minutieuse.
mi·nu·ti·a [mai'njuːʃiə], *pl.* **-ti·ae** [␣ʃiiː] petits détails *m*/*pl.*
minx [miŋks] friponne *f*, coquine *f*.
mir·a·cle ['mirəkl] miracle *m*; F prodige *m*; *to a* ~ à merveille; **mi·rac·u·lous** □ [mi'rækjuləs] miraculeux (-euse *f*); F merveilleux (-euse *f*); **mi'rac·u·lous·ness** miraculeux *m*.
mi·rage ['miraːʒ] mirage *m*.
mire ['maiə] 1. boue *f*, fange *f*; bourbier *m*; vase *f* (*de fleuve*); 2. be ~*d* s'embourber; F s'avilir.
mir·ror ['mirə] 1. miroir *m*, glace *f*; 2. refléter (*a. fig.*).
mirth [məːθ] gaieté *f*; hilarité *f*; **mirth·ful** □ ['␣ful] gai, joyeux (-euse *f*); '**mirth·less** □ triste.
mir·y ['maiəri] bourbeux (-euse *f*), fangeux (-euse *f*); vaseux (-euse *f*).
mis... [mis] mé-, més-, mal-, mauvais ...; faux (fausse *f*).
mis·ad·ven·ture ['misəd'ventʃə] mésaventure *f*, contretemps *m*; ₺ accident *m*. [liance *f*.\
mis·al·li·ance [misə'laiəns] mésal-/
mis·an·thrope ['mizənθroup] misanthrope *m*; **mis·an·throp·ic**, **mis·an·throp·i·cal** □ [␣'θrɔpik(l)] misanthrope (*personne*), misanthropique (*humeur*); **mis·an·thro·pist** [mi'zænθrəpist] misanthrope *m*; **mis'an·thro·py** misanthropie *f*.
mis·ap·pli·ca·tion ['misæpli'keiʃn] mauvaise application *f*; mauvais usage *m*; détournement *m* (*de fonds*); **mis·ap·ply** ['␣ə'plai] mal appliquer; détourner (*des fonds*).
mis·ap·pre·hend ['misæpri'hend] mal comprendre; '**mis·ap·pre·'hen·sion** malentendu *m*, méprise *f*.
mis·ap·pro·pri·ate ['misə'prouprieit] détourner, distraire (*des fonds*); '**mis·ap·pro·pri·a·tion** détournement *m*, distraction *f* (*de fonds*).
mis·be·come ['misbi'kʌm] messeoir à (*q.*), mal convenir à (*q.*); '**mis·be'com·ing** malséant.
mis·be·got(·ten) ['misbi'gɔt(n)] illégitime, bâtard; F misérable.
mis·be·have ['misbi'heiv] se conduire mal; '**mis·be'hav·io(u)r** [␣jə] mauvaise conduite *f*, inconduite *f*.
mis·be·lief ['misbi'liːf] fausse

misbelieve 914

croyance f; opinion f erronée; **mis‑be·lieve** ['ˌ~'liːv] être infidèle; **'mis·be'liev·er** infidèle mf.
mis·cal·cu·late ['misˈkælkjuleit] v/t. mal calculer; v/i. se tromper (sur, *about*); **'mis·cal·cu'la·tion** faux calcul m; mécompte m.
mis·car·riage [misˈkærɪdʒ] *lettre*: perte f; avortement m; ⚖ fausse couche f; ~ *of justice* erreur f judiciaire; **mis'car·ry** avorter; échouer; s'égarer (*lettre*); ⚖ faire une fausse couche.
mis·cel·la·ne·ous □ [misiˈleinjəs] mélangé, varié, divers; **mis·cel'la·ne·ous·ness** variété f, diversité f.
mis·cel·la·ny [miˈseləni] mélange m; collection f d'objets variés; *miscellanies pl.* mélanges m/pl.
mis·chance [misˈtʃɑːns] malchance f; malheur m, accident m.
mis·chief ['mistʃif] mal m, dommage m, dégât m; F discorde f, trouble m; malice f; bêtises f/pl. (*d'un enfant*); *personne*: fripon(ne f) m what etc. the ~ ...? que etc. diantre ...?; **'~-mak·er** brandon m de discorde.
mis·chie·vous □ ['mistʃivəs] méchant, espiègle, malin (-igne f) (*personne*); mauvais, nuisible; **'mis·chie·vous·ness** méchanceté f; espièglerie f, malice f; caractère m nuisible (*de qch.*).
mis·con·ceive [ˈmiskənˈsiːv] mal concevoir; mal comprendre; **mis·con'cep·tion** ['~ˈsepʃn] idée f fausse; malentendu m.
mis·con·duct 1. ['misˈkɔndəkt] mauvaise conduite f (*d'une personne*); mauvaise gestion f ou administration f (*d'une affaire*); **2.** ['~ˈkɔnˈdʌkt] mal diriger ou gérer; ~ *o.s.* se conduire mal.
mis·con·struc·tion [ˈmiskənˈstrʌkʃn] fausse interprétation f; **mis·con·strue** ['~ˈstruː] mal interpréter.
mis·count ['misˈkaunt] **1.** mal compter; se tromper; **2.** faux calcul m; erreur f d'addition.
mis·cre·ant ['miskriənt] scélérat (*a. su./m*); misérable (*a. su./mf*).
mis·date ['misˈdeit] **1.** erreur f de date; **2.** mal dater.
mis·deal ['misˈdiːl] *cartes* **1.** [*irr.* (*deal*)] faire maldonne; **2.** maldonne f.

mis·deed ['misˈdiːd] méfait m.
mis·de·mean·ant ⚖ [ˈmisdiˈmiːnənt] délinquant(e f) m; **mis·de·'mean·o(u)r** ⚖ [~nə] délit m correctionnel.
mis·di·rect ['misdiˈrekt] mal diriger; mal adresser (*une lettre*); **'mis·di'rec·tion** renseignement m erroné; fausse adresse f.
mis·do·ing ['misˈduːiŋ] méfait m.
mis·doubt ['misˈdaut] se douter de (*qch.*, *q.*); soupçonner.
mi·ser ['maizə] avare mf.
mis·er·a·ble □ ['mizərəbl] malheureux (-euse f); triste; misérable; déplorable; **'mis·er·a·ble·ness** état m malheureux ou misérable.
mi·ser·ly ['maizəli] avare; sordide.
mis·er·y ['mizəri] souffrance f; misère f, détresse f.
mis·fea·sance ⚖ ['misˈfiːzəns] infraction f à la loi; abus m d'autorité.
mis·fire ['misˈfaiə] **1.** *fusil*: raté m; *mot.* raté m d'allumage; **2.** rater (*a. mot.*).
mis·fit ['misˈfit] vêtement m ou soulier m manqué; F inapte mf.
mis·for·tune [misˈfɔːtʃn] malheur m, infortune f, calamité f.
mis·give [misˈgiv] [*irr.* (*give*)] avoir des inquiétudes; *my heart misgave me* j'avais de mauvais pressentiments; **mis'giv·ing** pressentiment m, doute m, crainte f.
mis·gov·ern ['misˈgʌvən] mal gouverner; **'mis'gov·ern·ment** mauvais gouvernement m; mauvaise administration f.
mis·guide ['misˈgaid] mal guider ou conseiller.
mis·han·dle ['misˈhændl] malmener, maltraiter (*q.*); traiter mal (*un sujet*).
mis·hap ['mishæp] mésaventure f; *mot.* panne f.
mish·mash ['miʃmæʃ] fatras m.
mis·in·form ['misinˈfɔːm] mal renseigner; **'mis·in·for'ma·tion** faux renseignement m, -s m/pl.
mis·in·ter·pret ['misinˈtəːprit] mal interpréter; mal comprendre; **'mis·in·ter·pre'ta·tion** fausse interprétation f.
mis·judge ['misˈdʒʌdʒ] mal juger; se tromper sur; **'mis'judg(e)·ment** jugement m erroné.
mis·lay [misˈlei] [*irr.* (*lay*)] égarer.
mis·lead [misˈliːd] [*irr.* (*lead*)]

misunderstand

tromper, induire en erreur; fourvoyer.

mis·man·age ['mis'mænidʒ] mal administrer; mal conduire; 'mis-'man·age·ment mauvaise administration *f ou* gestion *f*.

mis·no·mer ['mis'noumə] faux nom *m*; erreur *f* de nom.

mi·sog·y·nist [mai'sɔdʒinist] misogyne *m*; **mi'sog·y·ny** misogynie *f*.

mis·place ['mis'pleis] déplacer (*qch.*); mal placer (*sa confiance*); '**mis'place·ment** déplacement *m*.

mis·print 1. [mis'print] imprimer incorrectement; **2.** ['mis'print] faute *f* d'impression.

mis·pri·sion ₺ [mis'priʒn] non-révélation *f* (*d'un crime*); négligence *f* (coupable).

mis·pro·nounce ['misprə'nauns] mal prononcer; **mis·pro·nun·ci·a·tion** ['‿prənʌnsi'eiʃn] mauvaise prononciation *f*.

mis·quo·ta·tion ['miskwou'teiʃn] citation *f* inexacte; fausse citation *f*; '**mis'quote** citer inexactement.

mis·read ['mis'ri:d] [*irr.* (*read*)] mal lire *ou* interpréter.

mis·rep·re·sent ['misrepri'zent] mal représenter; dénaturer (*les faits*); '**mis·rep·re·sen'ta·tion** faux rapport *m*; ₺ fausse déclaration *f*; ₺ réticence *f*.

mis·rule ['mis'ru:l] **1.** confusion *f*, désordre *m*; mauvaise administration *f*; **2.** mal gouverner.

miss[1] [mis] mademoiselle (*pl.* mesdemoiselles) *f*; *co.* demoiselle *f*; adolescente *f*.

miss[2] [‿] **1.** coup *m* manqué, perdu *ou* raté; **2.** *v/t.* manquer; F rater (*le but, une occasion, le train*); ne pas trouver; ne pas saisir; se tromper de (*chemin*); ne pas avoir; sauter; remarquer *ou* regretter l'absence de; (*gér.*) faillir (*inf.*); ∼ one's footing poser le pied à faux; ∼ one's hold lâcher prise; ne pas saisir; *v/i.* manquer le coup; frapper à vide.

mis·sal *eccl.* ['misəl] missel *m*.

mis·shap·en ['mis'ʃeipən] difforme, contrefait; déformé (*chapeau etc.*).

mis·sile ['misail] projectile *m*; ballistic ∼ engin *m* balistique.

miss·ing ['misiŋ] absent, perdu; *surt.* ⚔ disparu; be ∼ manquer; être égaré *ou* perdu.

mis·sion ['miʃn] mission *f* (*a. eccl., a. fig.*); '**mis·sion·ar·y 1.** missionnaire *m*; **2.** missionnaire; de missionnaires; des missions.

mis·sis F ['misiz] femme *f*, dame *f*.

mis·sive ['misiv] lettre *f*, missive *f*.

mis·spell ['mis'spel] [*irr.* (*spell*)] mal épeler *ou* écrire (*un mot*).

mis·spend ['mis'spend] [*irr.* (*spend*)] mal employer (*son temps, son argent*).

mis·state ['mis'steit] exposer incorrectement; altérer (*des faits*); '**mis·'state·ment** exposé *m* inexact; erreur *f* de fait.

mis·sus F ['misəz] femme *f*, dame *f*.

miss·y F ['misi] mademoiselle (*pl.* mesdemoiselles) *f*.

mist [mist] **1.** brume *f*; buée *f* (*sur une glace*); *fig.* in a ∼ désorienté, perdu; **2.** (se) couvrir de buée (*glace*); *v/i.* disparaître sous la brume.

mis·tak·a·ble [mis'teikəbl] sujet(te *f*) à méprise; facile à confondre; **mis·take** [‿'teik] **1.** [*irr.* (*take*)] *v/t.* se tromper de; se méprendre sur; mal comprendre; confondre (avec, for); be ∼n se tromper; *v/i.* se tromper; **2.** erreur *f*, méprise *f*, faute *f*; by ∼ par méprise; and no ∼ décidément; **mis'tak·en** □ erroné; mal compris; ∼ *identity* erreur *f* sur la personne.

mis·ter ['mistə] (*abr.* **Mr.**) monsieur (*pl.* messieurs) *m*.

mis·time ['mis'taim] mal calculer; faire (*qch.*) mal à propos; '**mis·'timed** inopportun.

mist·i·ness ['mistinis] état *m* brumeux; brouillard *m*; obscurité *f* (*a. fig.*).

mis·tle·toe ♃ ['misltou] gui *m*.

mis·trans·late ['mistræns'leit] mal traduire; '**mis·trans'la·tion** traduction *f* inexacte; contresens *m*.

mis·tress ['mistris] maîtresse *f*; patronne *f*; *lycée*: professeur *m*; *école primaire*: institutrice *f*; (*abr.* **Mrs.** ['misiz]) madame (*pl.* mesdames) *f*.

mis·trust ['mis'trʌst] **1.** se méfier de; **2.** méfiance *f*, défiance *f* (de *in*, *of*); '**mis'trust·ful** □ [‿ful] méfiant, soupçonneux (-euse *f*) (à l'endroit de, *of*).

mist·y □ ['misti] brumeux (-euse *f*); *fig.* vague, confus.

mis·un·der·stand ['misʌndə'stænd] [*irr.* (*stand*)] mal comprendre *ou*

interpréter; **'mis·un·der'stand-ing** malentendu *m*; mésentente *f*.
mis·use 1. ['mis'ju:z] faire mauvais emploi *ou* usage de; maltraiter; **2.** ['~'ju:s] abus *m*; mauvais emploi *m ou* usage *m*.
mite¹ *zo.* [mait] mite *f*; acarien *m*.
mite² [~] denier *m*, obole *f*; *personne*: mioche *mf*; petit(e *f*) *m*; *a ~ of a child* un(e *f*) enfant haut(e *f*) comme ma botte.
mit·i·gate ['mitigeit] adoucir, atténuer (*a. fig.*); **mit·i·ga·tion** adoucissement *m*, atténuation *f*.
mi·tre, mi·ter ['maitə] **1.** *eccl.* mitre *f*; ⊕ onglet *m*; **2.** *eccl.* mitrer; ⊕ tailler ou assembler à onglet; **'~-wheel** ⊕ roue *f* dentée conique.
mit·ten ['mitn] mitaine *f*; F *get the ~* recevoir son congé.
mix [miks] (se) mêler (à, avec *with*); (se) mélanger; (s')allier (*couleurs*); *v/i.*: *~ in society* fréquenter la société; *~ed* mêlé, mélangé, mixte; confus (*a. fig.*); *~ed bathing* bains *m/pl.* mixtes; *~ed marriage* mariage *m* mixte; *~ed mathematics* mathématiques *f/pl.* appliquées; *~ed pickles pl.* variantes *f/pl.*; pickles *m/pl.* assortis; *~ up* mêler; confondre; embrouiller; *~ed up with* mêlé à, engagé dans (*une affaire*); *~ed with* accointé avec; impliqué dans; **'mix·er** brasseur *m*; garçon *m* de bar (*qui prépare des cocktails*), F barman *m*; *cuis.* mixe(u)r *m*; *radio*: opérateur *m* des sons, *machine*: mélangeur *m* des sons; *be a good (bad) ~* (ne pas) savoir s'adapter à son entourage; **mix·ture** ['~tʃə] mélange *m* (*a. fig.*), *pharm.* mixtion *f*, mixture *f*; **'mix-'up** confusion *f*, embrouillement *m*.
miz·(z)en ♺ ['mizn] artimon *m*; *attr.* d'artimon; de fougue (*perroquet*).
miz·zle ['mizl] bruiner, crachiner.
mne·mon·ic [ni'mɔnik] **1.** (*~ally*) mnémonique; **2.** *~s pl.* mnémonique *f*, mnémotechnie *f*.
moan [moun] **1.** gémissement *m*; **2.** gémir; se lamenter.
moat [mout] fossé *m*; douve *f*; **'moat·ed** entouré d'un fossé.
mob [mɔb] **1.** foule *f*, ameutement *m*; populace *f*; **2.** *v/t.* assiéger; *v/i.* s'attrouper; **'mob·bish** de la populace; canaille; tumultueux (-euse *f*).

mob-cap ['mɔbkæp] petite coiffe *f*; cornette *f*; F charlotte *f*.
mo·bile ['moubail] mobile (*a.* ⚔); changeant; *~ police* (policiers *m/pl.* de la) brigade *f* mobile; *télév. ~ unit* motard *m*; **mo·bil·i·ty** [mo'biliti] mobilité *f*; **mo·bi·li·za·tion** [moubilai'zeiʃn] mobilisation *f*; **'mo·bi-lize** ⚔ mobiliser.
mob-law ['mɔblɔ:] loi *f* de la populace; loi *f* de Lynch.
mob·oc·ra·cy [mɔ'bɔkrəsi] F voyoucratie *f*.
moc·ca·sin ['mɔkəsin] mocassin *m*.
mock [mɔk] **1.** dérision *f*; (sujet *m* de) moquerie *f*; **2.** faux (fausse *f*); contrefait; d'imitation; *~ fight* simulacre *m* de combat; **3.** *v/t.* imiter, singer; tromper; *v/i.* se moquer (de, *at*); **'mock·er** moqueur (-euse *f*) *m*; **'mock·er·y** raillerie *f*; (sujet *m* de) moquerie *f*; objet *m* de risée; simulacre *m*; **'mock-he'ro·ic** héroï-comique; burlesque.
mock·ing ['mɔkiŋ] **1.** raillerie *f*, moquerie *f*; **2.** □ moqueur (-euse *f*); **'~-bird** *orn.* moqueur *m*.
mock...: **'~-king** roi *m* pour rire; **'~-'tur·tle soup** potage *m* (à la) fausse tortue; **'~-up** ⊕ maquette *f*.
mod·al □ ['moudl] modal (-aux *m/pl.*); *tts* conditionnel(le *f*); **mo-dal·i·ty** [mou'dæliti] modalité *f*.
mode [moud] méthode *f*, manière *f*, façon *f*, mode *m* (*a.* ♪, *gramm., phls.*); mode *f* (= *coutume*).
mod·el ['mɔdl] **1.** modèle *m* (*a. fig.*); maquette *f*; figurine *f* (*de cire*); *personne*: mannequin *m*, modèle *mf*; *attr.* modèle; *act as a ~* servir de modèle; **2.** modeler (sur *after*, [*up*]*on*) (*a. fig.*); **mod·el·(l)er** ['mɔdlə] modeleur (-euse *f*) *m*.
mod·er·ate 1. □ ['mɔdərit] modéré; raisonnable; moyen(ne *f*); médiocre; **2.** ['~reit] (se) modérer; *v/t.* tempérer; **mod·er·ate·ness** ['~ritnis] modération *f*; *prix*: modicité *f*; médiocrité *f*; **mod·er·a·tion** [~'reiʃn] modération *f*, mesure *f*; *langage*: sobriété *f*; *in ~* modérément; frugalement; *univ.* ⚭s *pl.* premier examen *m* pour le B.A. (*Oxford*); **'mod·er-a·tor** assembleur, jury, *etc.*; président *m*; *univ.* examinateur *m* (*Oxford*); *phys.* modérateur *m*.
mod·ern ['mɔdən] **1.** moderne; **2.** *the ~s pl.* les modernes *m/pl.*;

'mod·ern·ism modernité *f*; goût *m* du moderne; *eccl.* modernisme *m*; *gramm.* néologisme *m*; mo·der·ni·ty [mɔ'də:niti] modernité *f*; 'mod·ern·ize moderniser.

mod·est □ ['mɔdist] modeste; sans prétentions; honnête, chaste; 'mod·es·ty modestie *f*; modération *f*; simplicité *f*; honnêteté *f*.

mod·i·cum ['mɔdikəm] faible quantité *f*.

mod·i·fi·a·ble ['mɔdifaiəbl] modifiable; mod·i·fi·ca·tion [~fi'keiʃn] modification *f*; atténuation *f*; mod·i·fy ['~fai] modifier (*a. gramm.*); apporter des modifications à; atténuer.

mod·u·late ['mɔdjuleit] moduler (*v/i. a.* ♪); ajuster; mod·u·la·tion modulation *f*; 'mod·u·la·tor modulateur (-trice *f*) *m*; ~ *of tonality cin.* modulateur *m* de tonalité.

mod·ule ['mɔdju:l] module *m*; *lunar* ~ module *m* lunaire.

mo·hair ['mouhɛə] mohair *m*.

Mo·ham·med·an [mo'hæmidən] 1. Mahométa(e *f*) *m*; 2. mahométan.

moi·e·ty ['mɔiəti] moitié *f*; part *f*.

moil [mɔil] peiner.

moire [mwɑ:] moire *f*; ~ *crêpe* crêpe *m* ondé.

moi·ré ['mwɑ:rei] moiré (*a. su./m*).

moist [mɔist] humide; moite; mois·ten ['mɔisn] (se) mouiller, (s')humecter; 'moist·ness, mois·ture ['~tʃə] humidité *f*; *peau:* moiteur *f*.

moke *sl.* [mouk] âne *m*; bourrique *f*.

mo·lar ['moulə] (*ou* ~ *tooth*) molaire *f*.

mold [mould] *see* mould *etc.*

mo·las·ses [mə'læsiz] mélasse *f*.

mole[1] *zo.* [moul] taupe *f*.

mole[2] [~] grain *m* de beauté; nævus (*pl.* -vi) *m*.

mole[3] [~] mole *m*; brise-lames *m/inv.*

mo·lec·u·lar [mo'lekjulə] moléculaire (*f*); mol·e·cule *phys.* ['mɔlikju:l] molécule *f*.

mole·hill ['moulhil] taupinière *f*; 'mole·skin (peau *f* de) taupe *f*; ✝ velours *m* de coton.

mo·lest [mo'lest] rudoyer; ⚖︎ molester; mo·les·ta·tion [moules'teiʃn] molestation *f*; voies *f/pl.* de fait.

moll F [mɔl] catin *f*.

mol·li·fy ['mɔlifai] adoucir; apaiser.

mol·lusc *zo.* ['mɔləsk] mollusque *m*; mol·lus·cous [mɔ'lʌskəs] de(s) mollusque(s); *fig.* mollasse.

mol·ly·cod·dle ['mɔlikɔdl] 1. douillet *m*; petit chéri *m* à sa maman; 2. dorloter.

mol·ten ['moultən] en fusion; fondu.

mo·ment ['moumənt] moment *m*; instant *m*; *see* momentum; *at* (*ou for*) *the* ~ pour le moment; en ce moment; *of* ~ important; 'mo·men·tar·y □ momentané, passager (-ère *f*); 'mo·ment·ly *adv.* d'un moment à l'autre; momentanément; mo·men·tous □ [~'mentəs] important; grave; mo'men·tum *phys.* [~təm] force *f* vive; vitesse *f* acquise. [chisme *m.*]

mon·a·chism ['mɔnəkizm] mona-]

mon·arch ['mɔnək] monarque *m*; mo·nar·chic, mo·nar·chi·cal □ [mɔ'nɑ:kik(l)] monarchique; mon·arch·y ['mɔnəki] monarchie *f*.

mon·as·ter·y ['mɔnəstri] monastère *m*; mo·nas·tic, mo·nas·ti·cal □ [mɔ'næstik(l)] monastique; monacal (-aux *m/pl.*).

Mon·day ['mʌndi] lundi *m*.

mon·e·tar·y ['mʌnitəri] monétaire.

mon·ey ['mʌni] argent *m*; monnaie *f*; *ready* ~ argent *m* comptant; F *out of* ~ à sec; *keep s.o. out of his* ~ frustrer q. de son argent; *make* ~ faire de l'argent; '~-box caisse *f*, cassette *f*; '~-chang·er changeur *m*, cambiste *m*; mon·eyed ['mʌnid] riche; qui a de l'argent.

mon·ey...: '~-grub·ber grippe-sou (*pl.* grippe-sou[s]) *m*; '~-of·fice caisse *f*; '~-or·der mandat-poste (*pl.* mandats-poste) *m*; '~'s-worth: *get one's* ~ en avoir pour son argent.

mon·ger ['mʌngə] marchand(e *f*) *m* (de).

Mon·gol ['mɔŋgɔl], Mon·go·lian [~'gouljən] 1. mongol; mongolique; ✶ idiot; 2. Mongol(e *f*) *m*.

mon·grel ['mʌŋgrəl] 1. métis(se *f*) *m*; bâtard(e *f*) *m*; 2. métis(se *f*).

mo·ni·tion [mo'niʃn] avertissement *m*; mon·i·tor ['mɔnitə] moniteur (-trice *f*) *m*; ⚓ monitor *m*; *radio:* contrôleur *m* d'enregistrement; 'mon·i·tor·ing monitoring *m*; service *m* d'écoute; 'mon·i·to·ry d'avertissement, d'admonition; monitoire.

monk

monk [mʌŋk] moine *m*, religieux *m*; **'monk·er·y** *usu. péj.* moinerie *f*.
mon·key ['mʌŋki] **1.** singe *m*; *fig.* polisson *m*, espiègle *mf*; ⊕ mouton *m*; *sl. monnaie*: cinq cents livres *f/pl.* ou *Am.* dollars *m/pl.*; *sl.* ~'s allowance plus de coups que de pain; F *put s.o.'s* ~ *up* mettre q. en colère; *Am. sl.* ~ *business* affaire *f* peu loyale; procédé *m* irrégulier; fumisterie *f*; **2.** F faire des tours de singe; ~ *about with* tripoter (*qch.*); **'~-en·gine** ⊕ (*sorte de*) sonnette *f* (à mouton); **'~-puz·zle** araucaria *m*; **'~-wrench** ⊕ clé *f* anglaise; *Am. sl. throw a* ~ *in s.th.* saboter une affaire.
monk·hood ['mʌŋkhud] monachisme *m*; moinerie *f*; **'monk·ish** *usu. péj.* de moine, monacal (-aux *m/pl.*).
mono- [mɔnɔ] mon(o)-; **mon·o·cle** ['mɔnɔkl] monocle *m*; **mo'noc·u·lar** [~kjulə] monoculaire *m*; **mo'nog·a·my** [~gəmi] monogamie *f*; **mon·o·gram** ['mɔnəgræm] monogramme *m*; **mon·o·graph** ['~graːf] monographie *f*; **mon·o·lith** ['mɔnoliθ] monolithe *m*; **mon·o·logue** ['mɔnələɡ] monologue *m*; **mon·o·ma·ni·a** ['mɔnə'meinjə] monomanie *f*; **mon·o'ma·ni·ac** [~niæk] monomane *mf*; **mon·o·plane** ✈ ['mɔnəplein] monoplan *m*; **mo'nop·o·list** [mə'nɔpəlist] accapareur (-euse *f*) *m*; **mo'nop·o·lize** [~laiz] monopoliser; *fig.* s'emparer de; **mo'nop·o·ly** monopole *m* (de, *of*); **mon·o·syl·lab·ic** ['mɔnəsi-'læbik] (~*ally*) monosyllabe, monosyllabique; **mon·o·syl·la·ble** ['~ləbl] monosyllabe *m*; **mon·o·the·ism** ['mɔnoθi:izm] monothéisme *m*; **mon·o·tone** ['mɔnətoun] **1.** débit *m* monotone; *in* ~ d'une voix uniforme *ou* monotone; **2.** chanter sur le même ton; **mo'not·o·nous** □ [mə'nɔtənəs] monotone; *fig.* fastidieux (-euse *f*); **mo'not·o·ny** [~təni] monotonie *f*; **mon·o·type** *typ.* ['mɔnətaip] monotype *m*.
mon·soon [mɔn'suːn] mousson *f*.
mon·ster ['mɔnstə] **1.** monstre *m* (*a. fig.*); monstruosité *f*; avorton *m*; F géant(e *f*) *m*; **2.** F monstre; colossal (-aux *m/pl.*).
mon·strance *eccl.* ['mɔnstrəns] ostensoir *m*.

mon·stros·i·ty [mɔns'trɔsiti] monstruosité *f*; **'mon·strous** □ monstrueux (-euse *f*); colossal (-aux *m/pl.*). [montage *m*.]
mon·tage *cin., phot.* [mɔn'tɑːʒ]
month [mʌnθ] mois *m*; **'month·ly 1.** mensuel(le *f*); ~ *season ticket* (carte *f* d')abonnement *m* (*valable pour un mois*); **2.** revue *f* mensuelle.
mon·u·ment ['mɔnjumənt] monument *m*; pierre *f* tombale; **mon·u·men·tal** □ [~'mentl] monumental (-aux *m/pl.*); F colossal (-aux *m/pl.*), prodigieux (-euse *f*).
moo [muː] **1.** meuglement *m*, beuglement *m*; **2.** meugler, beugler.
mooch F [muːtʃ]: *v/i.* ~ *about* flâner; ~ *along* traîner.
mood[1] *gramm., a.* ♪ [muːd] mode *m*.
mood[2] [~] humeur *f*, disposition *f*.
mood·i·ness ['muːdinis] morosité *f*; humeur *f* changeante; **'mood·y** □ maussade; mal luné.
moon [muːn] **1.** lune *f*; *poét.* mois *m*; F *once in a blue* ~ tous les trente-six du mois; **2.** (*usu.* ~ *about*) F muser; **'moon·less** sans lune; **'moon·light** clair *m* de lune; clarté *f* de la lune; **'moon·lit** éclairé par la lune.
moon...: **'~-shine** clair *m* de lune; F baliverne *f/pl.*; alcool *m* de contrebande; **'~-shin·er** *Am.* F contrebandier *m* de boissons alcooliques; bouilleur *m* de contrebande; **'~-struck** halluciné; F hébété; **moon·y** □ de *ou* dans la lune; F rêveur (-euse *f*); vague.
Moor[1] [muə] Maure *m*, Mauresque *f*.
moor[2] [~] lande *f*, bruyère *f*; † *ou prov.* terrain *m* marécageux.
moor[3] ♣ [~] (s')amarrer; **moor·age** ['muərɪdʒ] amarrage *m*, mouillage *m*.
moor-game ['muəgeim] lagopède *m* rouge d'Écosse.
moor·ing-mast ['muərɪŋmɑːst] mât *m* d'amarrage.
moor·ings ♣ ['muərɪŋz] *pl.* amarres *f/pl.*; corps-morts *m/pl.*
Moor·ish ['muərɪʃ] mauresque.
moose *zo.* [muːs] (*a.* ~-*deer*) élan *m*, orignal *m*.
moot [muːt] **1.** *hist.* assemblée *f* du peuple; **2.** ~ *case* (*ou point*) point *m* litigieux; **3.** soulever (*une question*).
mop [mɔp] **1.** balai *m* à franges;

cheveux: tignasse *f*; **2.** essuyer, (*a.* ~*up*) éponger (*de l'eau*); engloutir (*les bénéfices*); ⚓ F nettoyer; *sl.* aplatir (*q.*).
mope [moup] **1.** *fig.* cafardeux (-euse *f*) *m*; ~*s pl.* idées *f/pl.* noires; F cafard *m*; **2.** *v/i.* voir tout en noir, s'ennuyer; *v/t.* ~ *o.s.*, be ~*d* languir; '**mop·ing** □, '**mop·ish** □ morose, mélancolique, triste.
mo·raine *géol.* [mɔ'rein] moraine *f*.
mor·al ['mɔrəl] **1.** □ moral (-aux *m/pl.*); conforme aux bonnes mœurs; **2.** morale *f*; moralité *f* (*d'un conte*); ~*s pl.* mœurs *f/pl.*; conduite *f*; **mo·rale** [mɔ'rɑːl] *usu.* ⚔ moral *m*; **mor·al·ist** ['mɔrəlist] moraliste *mf*; **mo·ral·i·ty** [mə'ræliti] moralité *f*; sens *m* moral; probité *f*; bonnes mœurs *f/pl.*; *péj.* sermon *m*; *théâ. hist.* moralité *f*; **mor·al·ize** ['mɔrəlaiz] *v/i.* faire la morale (sur, [*up*]on); *v/t.* moraliser (*q.*); indiquer la morale de.
mo·rass [mɔ'ræs] marais *m*, marécage *m*; *fig.* bourbier *m*.
mor·bid □ ['mɔːbid] morbide; malsain; **mor·bid·i·ty**, '**mor·bid·ness** morbidité *f*; état *m* maladif.
mor·dant ['mɔːdənt] **1.** mordant; **2.** mordant *m*.
more [mɔː] **1.** *adj.* plus (de); **2.** *adv.* plus, davantage; *once* ~ encore une fois; *de nouveau*; *two* ~ deux de plus; *so much* (*ou all*) *the* ~ d'autant plus; à plus forte raison; *no* ~ ne ... plus; ~ *and* ~ de plus en plus; **3.** *su.* plus *m*.
mo·rel ♧ [mɔ'rel] morelle *f*.
more·o·ver [mɔː'ouvə] d'ailleurs, du reste.
Mo·resque [mɔ'resk] **1.** mauresque; **2.** Mauresque *f*; arabesque *f*.
mor·ga·nat·ic [mɔːɡə'nætik] (~*ally*) morganatique.
morgue [mɔːɡ] morgue *f*; dépôt *m* mortuaire.
mor·i·bund ['mɔribʌnd] moribond.
Mor·mon ['mɔːmən] mormon(e *f*) *m*.
morn *poét.* [mɔːn] matin *m*.
morn·ing ['mɔːniŋ] **1.** matin *m*; matinée *f*; *in the* ~ le matin; du matin; *tomorrow* ~ demain matin; **2.** du matin; matinal (-aux *m/pl.*); ~ *coat* jaquette *f*; ~ *dress* tenue *f* de ville; *femmes*: négligé *m*; ~ *performance* matinée *f*.

Mo·roc·can [mə'rɔkən] marocain.
mo·roc·co [mə'rɔkou] (*ou* ~ *leather*) maroquin *m*.
mo·ron ['mɔːrɔn] faible *mf* d'esprit; F idiot(e *f*) *m*.
mo·rose □ [mə'rous] morose, chagrin; **mo'rose·ness** morosité *f*.
mor·phi·a ['mɔːfjə], **mor·phine** ['mɔːfiːn] morphine *f*.
mor·row ['mɔrou] *usu. poét.* lendemain *m*; *good* ~*!* bonjour!
mor·sel ['mɔːsəl] (petit) morceau *m*; *terre*: lopin *m*.
mor·tal ['mɔːtl] **1.** *adj.* □ mortel(le *f*); *fig.* funeste, fatal (-s *m/pl.*); à outrance (*combat*); **2.** *adv.* F très; **3.** *su.* mortel(le *f*) *m*, être *m* humain; **mor·tal·i·ty** [mɔː'tæliti] mortalité *f*; les mortels *m/pl.*
mor·tar ['mɔːtə] mortier *m* (*a.* ⚔); enduit *m*.
mort·gage ['mɔːɡidʒ] **1.** hypothèque *f*; (*a.* ~-*deed*) contrat *m* hypothécaire; **2.** hypothéquer; **mort·ga·gee** [~ɡə'dʒiː] créancier *m* hypothécaire; **mort·ga·gor** [~'dʒɔː] débiteur *m* hypothécaire.
mor·tice ['mɔːtis] *see* mortise.
mor·ti·cian *Am.* [mɔː'tiʃn] entrepreneur *m* de pompes funèbres.
mor·ti·fi·ca·tion [mɔːtifi'keiʃn] ✠ mortification *f*; gangrène *f*; déconvenue *f*, mortification *f*; humiliation *f*; **mor·ti·fy** ['~fai] *v/t.* mortifier; humilier; ✠ gangrener; *v/i.* se gangrener.
mor·tise ⊕ ['mɔːtis] **1.** mortaise *f*; serrure *f* encastrée; **2.** mortaiser.
mort·main ⚖ ['mɔːtmein] mainmorte *f*.
mor·tu·ar·y ['mɔːtjuəri] **1.** mortuaire; **2.** dépôt *m* mortuaire; morgue *f*.
mo·sa·ic[1] [mə'zeiik] mosaïque *f*.
Mo·sa·ic[2] [~] mosaïque, de Moïse.
mo·selle [mə'zel] vin *m* de Moselle, moselle *m*.
Mos·lem ['mɔzlem] musulman (*a. su.*); mahométan (*a. su.*).
mosque [mɔsk] mosquée *f*.
mos·qui·to *zo.* [məs'kiːtou], *pl.* -**toes** [~touz] moustique *m*.
moss [mɔs] ♧ mousse *f*; tourbière *f*; '**moss·y** moussu.
most [moust] **1.** *adj.* □ le plus de; la plupart de; *for the* ~ *part* pour la plupart; **2.** *adv.* le plus; surtout; très, fort, bien; **3.** *su.* le plus; la plu-

mostly

part d'entre eux (elles); *at (the)* ~ tout au plus; *make the* ~ *of* tirer le meilleur parti possible de; faire valoir.

most·ly ['moustli] pour la plupart; le plus souvent.

mote [mout] atome *m* de poussière; *bibl.* paille *f*.

mo·tel ['moutel] motel *m*.

mo·tet ♪ [mou'tet] motet *m*.

moth [mɔθ] mite *f*, teigne *f* des draps; papillon *m* de nuit; '~·**eat·en** rongé des mites.

moth·er ['mʌðə] 1. mère *f*; 2. servir de mère à; *fig.* dorloter; **moth·er·hood** ['~hud] maternité *f*; '**moth·er-in-law** belle-mère (*pl.* belles-mères) *f*; '**moth·er·less** sans mère; '**moth·er·li·ness** affection *f* maternelle; '**moth·er·ly** maternel(le *f*).

moth·er...: ~ *of pearl* nacre *f*; '~**-of-pearl** en *ou* de nacre; '~**-ship** *Brit.* ravitailleur *m*; navire-atelier (*pl.* navires-ateliers) *m*); '~**·tongue** langue *f* maternelle.

moth·y ['mɔθi] mité.

mo·tif [mou'ti:f] motif *m*.

mo·tion ['mouʃn] 1. mouvement *m*, marche *f* (*a.* ⊕); signe *m*; *parl.* proposition *f*, motion *f*; ⚓ selle *f*; *parl. bring forward (agree upon) a* ~ présenter (adopter) une motion; *set in* ~ mettre en train; 2. *v/t.* faire signe à (*q.*) (*de inf., to inf.*); *v/i.* faire un signe *ou* geste; '**motion·less** immobile; '**mo·tion-pic·ture** *Am.* film *m*; ~*s pl.* films *m/pl.*; projection *f* animée; *attr.* ciné...

mo·ti·vate ['moutiveit] motiver; **mo·ti·va·tion** motivation *f*.

mo·tive ['moutiv] 1. moteur (-trice *f*); 2. motif *m*; mobile *m*; 3. motiver; '**mo·tive·less** immotivé.

mo·tiv·i·ty [mo'tiviti] motilité *f*.

mot·ley ['mɔtli] bariolé; bigarré.

mo·tor ['moutə] 1. moteur *m*; mécanisme *m*; ~ *car*; 2. moteur (-trice *f*); à *ou* par moteur; d'automobile; ~ *ambulance* auto-ambulance *f*; *Am.* ~ *court see* ~ *park*; ~ *goggles pl.* lunettes *f/pl.* d'automobiliste; ~ *mechanic (ou fitter)* mécanicien *m* automobiliste; ~ *park Am. usu.* stationnement *m*; garage *m* pour autos; ~ *school* auto-école *f*; 3. *v/i.* voyager *ou* aller en auto; *v/t.* conduire (*q.*) en auto; ~ **bi·cy·cle** motocyclette *f*; '~**'boat** canot *m* automobile; vedette *f* à moteur; '~**-'bus** autobus *m*; ~ **cab** autotaxi *m*; '~**·cade** *Am.* ['~keid] défilé *m* d'automobiles; '~**·car** auto(mobile) *f*; voiture *f*; ~ **cy·cle** motocyclette *f*; ~ **cy·clist** motocycliste *mf*; **mo·to·ri·al** [mo-'tɔ:riəl] moteur (-trice *f*); **mo·tor·ing** ['moutəriŋ] automobilisme *m*; tourisme *m* en auto; '**mo·tor·ist** automobiliste *mf*; **mo·tor·i·za·tion** [~rai'zeiʃn] motorisation *f*; '**mo·tor·ize** motoriser; '**mo·tor-launch** vedette *f*; bateau *m* automobile; '**mo·tor·less** sans moteur.

mo·tor...: '~**-'lor·ry** (auto-)camion *m*; '~**-man** *Am.* wattman (*pl.* -men) *m*; '~**-plough** charrue *f* automobile; '~**-pool** autos *f/pl.* communes; '~**-road** autostrade *f*; '~**-truck** *Am.* (auto-)camion *m*; '~**·way** autoroute *f*.

mot·tled ['mɔtld] marbré; pommelé; madré (*bois, savon*).

mot·to ['mɔtou], *pl.* **-toes** ['~touz] devise *f*; 🛡 mot *m*.

mo(u)ld[1] [mould] terre *f* végétale; terreau *m*.

mo(u)ld[2] [~] 1. moule *m* (*a. fig.*); *typ.* matrice *f*; *cuis.* crème *f* renversée; ⚠ moulure *f*; 2. mouler, façonner (sur, *up]on*); pétrir (*le pain*).

mo(u)ld·er[1] ['mouldə] mouleur *m*; façonneur *m*.

mo(u)ld·er[2] [~] s'effriter; (*a.* ~ *away*) tomber en poussière.

mo(u)ld·i·ness ['mouldinis] (état *m*) moisi *m*.

mo(u)ld·ing ['mouldiŋ] moulage *m*; moulure *f*; F formation *f*; ⚠ *square* ~ baguette *f*; *plain* ~ bandeau *m*; *grooved* ~ moulure *f* à gorge; *attr.* de mouleur; à mouleur *etc.*

mo(u)ld·y ['mouldi] moisi; chanci (*pain, confiture*).

moult [moult] 1. mue *f*; 2. *v/i.* muer; *vt/i. fig.* perdre (ses cheveux).

mound [maund] tertre *m*; monceau *m*, tas *m*.

mount [maunt] 1. montagne *f*; *poét., a. géog.* mont *m*; (carton *m* de) montage *m*; monture *f* (= *cheval*); ⊕ *machine*: armement *m*; 2. *v/i.* monter; monter à cheval, se mettre en selle; s'élever (à, *to*); (*usu.* ~ *up*)

augmenter; *v/t.* monter sur (*un banc, un cheval*); monter, gravir (*une colline etc.*); ✂ affûter (*une pièce*); ⊕ installer; entoiler, coller (*un tableau*); monter (*un bijou*); *théâ.* mettre à la scène; *see guard 1*.
moun·tain ['mauntin] 1. montagne *f*; 2. des montagnes; montagneux (-euse *f*); **moun·tain·eer** [ˌ.'niə] montagnard(e *f*) *m*; alpiniste *mf*; **moun·tain'eer·ing 1.** alpinisme *m*; 2. alpin; '**moun·tain·ous** montagneux (-euse *f*); **mountain rail·way** chemin *m* de fer de montagne; **moun·tain sick·ness** mal *m* des montagnes.
moun·te·bank ['mauntibæŋk] saltimbanque *m*; *fig.* charlatan *m*.
mount·ing ⊕ ['mauntiŋ] montage *m*; entoilage *m*.
mourn [mɔ:n] (se) lamenter; *v/i.* porter le deuil; *v/t.* (*ou* ~ *for, over*) pleurer (*q.*), déplorer (*qch.*); '**mourn·er** affligé(e *f*) *m*; '**mourn·ful** □ ['ˌful] lugubre; mélancolique; '**mourn·ful·ness** aspect *m* lugubre; air *m* désolé; tristesse *f*.
mourn·ing ['mɔ:niŋ] 1. □ de deuil; en deuil; qui pleure; 2. deuil *m*, affliction *f*; 'ˌ·bor·der, 'ˌ·edge bordure *f* noire; 'ˌ·pa·per papier *m* deuil.
mouse 1. [maus] (*pl. mice*) souris *f*; 2. [mauz] chasser les souris.
mous·tache [məs'tɑ:ʃ] moustache *f*, -s *f/pl.*
mous·y ['mausi] gris souris; de souris; discret (-ète *f*), timide (*personne*); *péj.* peu distingué.
mouth [mauθ] 1. *pl.* **mouths** [mauðz] bouche *f*; *chien, four, sac:* gueule *f*; *fleuve, clarinette:* embouchure *f*; *bouteille:* goulot *m*; *port, tunnel, trou:* entrée *f*; *entonnoir:* pavillon *m*; *fig.* grimace *f*; 2. [mauð] *vt/i.* déclamer (des phrases); *v/i.* faire des grimaces; **mouthed** [mauðd] embouché (*cheval*); *clean-ˌ* au langage honnête; **mouth·ful** ['ˌful] bouchée *f*; F mot *m* long d'une aune.
mouth...: 'ˌ·or·gan harmonica *m*; 'ˌ·piece ♪ bec *m*, embouchure *f*; *porte-voix:* embout *m*; *fig.* porte-parole *m/inv.*; 'ˌ·wash (eau *f*) dentifrice *m*.
move [mu:v] 1. *v/t.* déplacer (*qch.*); bouger (*qch.*); remuer (*la tête etc.*); émouvoir (*q.*); toucher (*q.*); exciter (*la pitié*); faire changer d'avis à (*q.*); proposer (*une motion*); mouvoir; ~ *on* faire circuler; *v/i.* se déplacer, se mouvoir; circuler; faire un mouvement, bouger; s'avancer; déménager; marcher (*échecs*); ~ *for s.th.* demander qch.; ~ *in* entrer; emménager; ~ *on* avancer, continuer son chemin; 2. mouvement *m*; déménagement *m*; *échecs:* coup *m*; *fig.* démarche *f*, pas *m*; *on the* ~ en marche; F *get a* ~ *on* se dépêcher, se presser; *make a* ~ faire un mouvement (*vers qch.*); F partir, prendre congé; **mov(e)·a·ble** ['mu:vəbl] 1. mobile; 2. ~s *pl.* mobilier *m*; biens *m/pl.* mobiliers; '**mov(e)·a·ble·ness** mobilité *f*; '**move·ment** mouvement *m* (*a.* ♪); geste *m*; ⊕ mécanisme *m*; ✻ selle *f*; '**mov·er** moteur *m*; mobile *m*; inspirateur (-trice *f*) *m*; auteur *m*.
mov·ie F ['mu:vi] 1. de ciné(ma); de vues; 2. ~s *pl.* ciné(ma) *m*; films *m/pl.*
mov·ing □ ['mu:viŋ] en mouvement; en marche; mobile; moteur (-trice *f*); *fig.* émouvant; ~-*band production* travail *m* à la chaîne; ~ *pictures pl. see motion-pictures*; ~ *staircase* escalier *m* roulant.
mow[1] [mau] meule *f* (*de foin*); tas *m* (*de blé*) (*en grange*).
mow[2] [mou] [*irr.*] faucher; '**mow·er** faucheur (-euse *f*) *m*; tondeuse *f* (*de gazon*); '**mow·ing** fauchage *m*; *gazon:* tondaison *f*; fauchée *f*; '**mow·ing-ma·chine** faucheuse *f*; *gazon:* tondeuse *f*; **mown** *p.p.* de *mow*[2].
much [mʌtʃ] 1. *adj.* beaucoup de, bien du (*etc.*); 2. *adv.* beaucoup, bien, fort; *as* ~ *more* (*ou again*) encore autant; *as* ~ *as autant que; not so* ~ *as* ne ... pas (au)tant que; ne ... pas même; *nothing* ~ peu de chose; F *pas fameux;* ~ *less* moins encore; bien moins; ~ *as I would like* pour autant que je désire *ou* veuille; *I thought as* ~ je m'y attendais; *make* ~ *of* faire grand cas de; *I am not* ~ *of a dancer* F je ne suis pas fameux comme danseur; '**much·ness** F grandeur *f*; *much of a* ~ c'est bonnet blanc et blanc bonnet.
mu·ci·lage ['mju:silidʒ] mucilage *m*; *surt. Am.* colle *f*, gomme *f*;

mucilaginous

mu·ci·lag·i·nous [~'lædʒinəs] mucilagineux (-euse *f*).
muck *sl.* [mʌk] **1.** fange *f*; fumier *m*; saletés *f/pl.* (*a. fig.*); **2.** souiller; (*usu.* ~ *up*) F gâcher; '**muck·er** *sl.* culbute *f*; *come* (*ou go*) *a* ~ faire la culbute; **muck-rake** ['~reik] râteau *m* à fumier; racloir *m* à boue; '**muck·rake** *Am.* déterrer des scandales; '**muck·rak·er** *Am.* déterreur *m* de scandales; '**muck·y** sale, crotté.
mu·cous ⚕ ['mju:kəs] muqueux (-euse *f*); ~ *membrane* ⚕ muqueuse *f*.
mu·cus [~] mucus *m*, glaire *f*.
mud [mʌd] boue *f*, bourbe *f*; *fleuve*: vase *f*; '**mud·di·ness** saleté *f*; *liquide*: turbidité *f*; **mud·dle** ['mʌdl] **1.** *v/t.* brouiller; emmêler; (*a.* ~ *up*, *together*) embrouiller; *v/i.* s'embrouiller; F lambiner; **2.** confusion *f*, embrouillement *m*; F pagaille *f*; *get into a* ~ s'embrouiller; '**mud·dle-head·ed** à l'esprit confus; brouillon(ne *f*); '**mud·dy 1.** □ boueux (-euse *f*); fangeux (-euse *f*); vaseux (-euse *f*) (*fleuve*); trouble (*liquide*); brouillé (*teint*); **2.** crotter; troubler; (em)brouiller (*l'esprit*).
mud...:'~-**guard** garde-boue *m/inv.*; pare-boue *m/inv.*; '~-**lark** F gamin *m* des rues; '~-**sling·ing** F médisance *f*; calomnies *f/pl.*
muff[1] [mʌf] **1.** F empoté *m*; *sl.* andouille *f*; *sp.* coup *m* raté; **2.** F rater, manquer.
muff[2] [~] manchon *m*; **muf·fe·tee** [mʌfi'ti:] miton *m*.
muf·fin ['mʌfin] *petit pain mollet qui se mange beurré à l'heure du thé*; **muf·fin·eer** [~'niə] saupoudroir *m*.
muf·fle ['mʌfl] **1.** ⊕ moufle *m*; **2.** (*souv.* ~ *up*) (s')emmitoufler; amortir (*un son*); assourdir (*les avirons*, *un tambour*); *tapis*: étouffer (*le bruit*); '**muf·fler** cache-nez *m/inv.*; F moufle *f*; ♪ étouffoir *m*; *mot.* pot *m* d'échappement, silencieux *m*.
muf·ti ['mʌfti] costume *m* de ville; *in* ~ en civil.
mug [mʌg] **1.** chope *f*, pot *m*; *sl.* binette *f* (= *visage*); *sl.* nigaud *m*, dupe *f*; **2.** ~ *at* (*ou up*) potasser (*un sujet*, *a subject*).
mug·gy ['mʌgi] chaud et humide, lourd.

mug·wump *Am. iro.* ['mʌgwʌmp] personnage *m* important, gros bonnet *m*; *pol.* indépendant *m*; *sl.* rouspéteur *m*.
mu·lat·to [mju'lætou] mulâtre(sse *f*) *m*.
mul·ber·ry ['mʌlbəri] mûre *f*; *arbre:* mûrier *m*.
mulct [mʌlkt] **1.** amende *f*; **2.** frapper d'une amende; imposer une amende (de, *in*); priver (de, *of*).
mule [mju:l] mulet *m*, mule *f*; métis(se *f*) *m*; (*a.* ~-*jenny*) mule-jenny *f*; **mu·le·teer** [~li'tiə] muletier *m*; '**mule-track** piste *f* muletière. [têtu, entêté.)
mul·ish □ ['mju:liʃ] de mulet; *fig.*)
mull[1] ✝ [mʌl] mousseline *f*.
mull[2] F [~] **1.** F bousiller; rater; *Am.* ~ *over* ruminer; **2.** gâchis *m*; *make a* ~ *of* gâcher, F bousiller.
mulled [mʌld] chaud (et) épicé (*bière*, *vin*).
mul·le(i)n ♀ ['mʌlin] molène *f*.
mul·let *icht.* ['mʌlit] muge *m*; *grey* ~ mulet *m*; *red* ~ rouget *m*.
mul·li·gan *Am.* F ['mʌligən] ratatouille *f*; **mul·li·ga·taw·ny** [mʌligə'tɔ:ni] potage *m* au curry.
mul·li·grubs F ['mʌligrʌbz] *pl.* cafard *m*; colique *f*.
mul·lion 🛆 ['mʌljən] meneau *m*; '**mul·lioned** à meneau(x).
mul·ti·far·i·ous □ [mʌlti'fɛəriəs] varié; multiple; **mul·ti·form** ['~fɔ:m] multiforme; **mul·ti·lat·er·al** □ [~'lætərəl] multilatéral (-aux *m/pl.*); complexe; **mul·ti·mil·lion·aire** ['~miljə'nɛə] milliardaire *mf*; **mul·ti·ple** ['~tipl] **1.** multiple; ~ *firm* maison *f* à succursales multiples; ~ *shop* succursale *f*; ≠ ~ *switchboard* commutateur *m* (multiple); **2.** multiple *m*; **mul·ti·plex** ['~pleks] multiplex; **mul·ti·pli·cand** ₳ [~'kænd] multiplicande *m*; **mul·ti·pli·ca·tion** multiplication *f*; *compound* (*simple*) ~ multiplication *f* de nombres complexes (de chiffres); ~ *table* table *f* de multiplication; **mul·ti·plic·i·ty** [~'plisiti] multiplicité *f*; **mul·ti·pli·er** ['~plaiə] multiplicateur *m*; **mul·ti·ply** ['~plai] (se) multiplier; **mul·ti·tude** ['~tju:d] multitude *f*; foule *f*; multiplicité *f*; **mul·ti·tu·di·nous** [~'dinəs] □ innombrable; de toutes sortes.

mum¹ [mʌm] **1.** silencieux (-euse f); **2.** chut!; **3.** mimer.
mum² F [~] maman f.
mum·ble ['mʌmbl] v/t. marmotter; v/i. manger ses mots.
mum·mer péj. ['mʌmə] cabotin(e f) m; '**mum·mer·y** péj. momerie f; † pantomime f.
mum·mied ['mʌmid] momifié.
mum·mi·fi·ca·tion [mʌmifi'keiʃn] momification f; **mum·mi·fy** ['~fai] momifier.
mum·my¹ ['mʌmi] momie f; F beat to a ~ battre (q.) comme plâtre.
mum·my² F [~] maman f.
mump [mʌmp] mendier; '**mump·ish** maussade; **mumps** [mʌmps] sg. ⚕ oreillons m/pl.; parotidite f épidémique.
munch [mʌntʃ] mâcher, mâchonner.
mun·dane □ ['mʌndein] mondain; terrestre.
mu·nic·i·pal □ [mju:'nisipl] municipal (-aux m/pl.); de (la) ville; interne (droit); **mu·nic·i·pal·i·ty** [~'pæliti] municipalité f; administration f municipale; **mu'nic·i·pal·ize** [~pəlaiz] municipaliser.
mu·nif·i·cence [mju:'nifisns] munificence f; **mu'nif·i·cent** □ munificent, généreux (-euse f).
mu·ni·ments ['mju:nimənts] pl. titres m/pl.; chartes f/pl.
mu·ni·tion [mju:'niʃn] **1.** de munitions de guerre; **2.** ~s pl. munitions f/pl.; armements m/pl.
mu·ral ['mjuərəl] **1.** mural (-aux m/pl.); **2.** peinture f murale.
mur·der ['mə:də] **1.** assassinat m, meurtre m; **2.** assassiner; fig. massacrer; écorcher; '**mur·der·er** assassin m, meurtrier m; '**mur·der·ess** assassine f, meurtrière f; '**mur·der·ous** meurtrier (-ère f); fig. sanguinaire.
mure [mjuə] (usu. ~ up) murer.
mu·ri·at·ic ac·id ⚗ [mjuəri'ætik'æsid] acide m chlorhydrique.
murk·y □ ['mə:ki] ténébreux (-euse f); obscur.
mur·mur ['mə:mə] **1.** murmure m (a. ⚕); bruissement m; **2.** murmurer (contre at, against); bruire (ruisseau); '**mur·mur·ous** □ murmurant.
mur·rain ['mʌrin] † peste f; vét. épizootie f.

mus·ca·dine ['mʌskədin], **mus·cat** ['~kət], **mus·ca·tel** [~'tel] muscat m.
mus·cle ['mʌsl] **1.** muscle m; **2.** Am. sl. ~ in s'immiscer dans (usu. dans la spécialité d'un escroc); **mus·cu·lar** ['mʌskjulə] musculaire; musculeux (-euse f), musclé (personne).
Muse¹ [mju:z] Muse f.
muse² [~] méditer (sur, [up]on); '**mus·er** rêveur (-euse f) m; rêvasseur (-euse f) m.
mu·se·um [mju:'ziəm] musée m.
mush surt. Am. [mʌʃ] bouillie f de farine de maïs; fig. sottises f/pl.
mush·room ['mʌʃrum] **1.** champignon m; fig. parvenu(e f) m; **2.** de champignons, à champignons, à tête de champignon; fig. parvenu; champignon inv. (ville); **3.** F (s')aplatir (balle de fusil, cigarette, etc.); v/i. faire champignon; se répandre (flammes etc.).
mu·sic ['mju:zik] musique f, harmonie f (a. fig.); se mettre en musique; F face the ~ affronter la tempête; '**mu·si·cal 1.** □ musical (-aux m/pl.); musicien(ne f) (personne); fig. harmonieux (-euse f); ~ box boîte f à musique; ~ clock horloge f etc. à carillon; ~ instrument instrument m de musique; **2.** (ou ~ comedy) comédie f musicale.
mu·sic...: '**~-book** cahier m de musique; '**~-box** boîte f à musique; '**~-hall** music-hall m.
mu·si·cian [mju:'ziʃn] musicien(ne f) m.
mu·sic...: '**~-pa·per** papier m à ou de musique; '**~-stand** pupitre m à musique; '**~-stool** tabouret m de piano.
musk [mʌsk] musc m (a. ⚥); (a. ~-deer) zo. porte-musc m/inv.
mus·ket ['mʌskit] mousquet m; **mus·ket·eer** hist. [~'tiə] mousquetaire m; '**mus·ket·ry** ⚔ mousqueterie f; tir m; mousquets m/pl.
musk·y ['mʌski] musqué, de musc.
Mus·lim ['mʌzlim] see Moslem.
mus·lin ✻ ['mʌzlin] mousseline f.
mus·quash ['mʌskwɔʃ] zo. rat m musqué; † castor m du Canada.
muss surt. Am. F [mʌs] **1.** désordre m; **2.** déranger; fig. confondre.
mus·sel ['mʌsl] moule f.
Mus·sul·man ['mʌslmən] musulman (a. su.).
must¹ [mʌst; məst] **1.** v/aux. (dé-

must 924

fectif): I ~ (*inf.*) je dois *etc.*, il faut que je (*sbj.*), il est nécessaire que je (*sbj.*); I ~ not (*inf.*) il ne faut pas que je (*sbj.*); 2. impératif *m*; nécessité *f* absolue.

must² [~] moût *m*, vin *m* doux.

must³ [~] moisi *m*; moisissure *f*.

mus·tache Am. [məs'tæʃ] see **moustache**.

mus·tard ['mʌstəd] moutarde *f*.

mus·ter ['mʌstə] 1. ⚔ revue *f*; ⚓ appel *m*; rassemblement *m*; inspection *f*; ⚔ (*usu.* ~-*roll*) contrôles *m/pl.*; *fig.* assemblée *f*, réunion *f*; *pass* ~ être passable, passer; 2. *v/t.* ⚔ passer en revue; ⚓ faire l'appel de; (*fig. usu.* ~ *up*) rassembler; ~ *in* compter; *v/i.* se rassembler.

mus·ti·ness ['mʌstinis] goût *m* ou odeur *f* de moisi; moisi *m*; relent *m*; **'mus·ty** de moisi; *be* ~ sentir le renfermé.

mu·ta·bil·i·ty [mjuːtə'biliti] mutabilité *f*; inconstance *f*; **'mu·ta·ble** □ muable, variable; **mu'ta·tion** mutation *f* (*a. gramm.*).

mute [mjuːt] 1. □ muet(te *f*); 2. muet(te *f*) *m*; *théâ.* personnage *m* muet; ♪ sourdine *f*; *gramm.* consonne *f* sourde; 3. *surt.* ♪ assourdir.

mu·ti·late ['mjuːtileit] mutiler (*a. fig.*); **mu·ti'la·tion** mutilation *f*.

mu·ti·neer [mjuːti'niə] révolté *m*; **'mu·ti·nous** □ rebelle, mutin; **'mu·ti·ny** 1. révolte *f*; 2. se révolter.

mutt *sl.* [mʌt] nigaud *m*.

mut·ter ['mʌtə] 1. murmure *m*; 2. marmotter; murmurer (contre, against).

mut·ton ['mʌtn] mouton *m*; *leg of* ~ gigot *m*; '~-'**chop** côtelette *f* de mouton.

mu·tu·al □ ['mjuːtjuəl] mutuel(le *f*), réciproque; commun; ~ *insurance* coassurance *f*; **mu·tu·al-**

i·ty [~'æliti] mutualité *f*, réciprocité *f*.

muz·zle ['mʌzl] 1. *animal:* museau *m*; *chien:* muselière *f*; *arme à feu:* bouche *f*; 2. museler (*a. fig.*); '~-**load·er** ⚔ pièce *f* se chargeant par la bouche.

muz·zy □ ['mʌzi] estompé; confus (*idées*); brumeux (-euse *f*) (*temps*).

my [mai; *a.* mi] mon, ma, mes.

my·ope 𝒮 ['maioup] myope *mf*; **my·op·ic** [~'ɔpik] (~*ally*) (de) myope; **my·o·pi·a** [~'oupjə], **my·o·py** ['~əpi] myopie *f*.

myr·i·ad ['miriəd] 1. myriade *f*; 2. innombrable.

myr·mi·don [məˈmidən] myrmidon *m*; F assassin *m* à gages; ~*s pl. of the law* sbires *m/pl.*

myrrh ♀ [məː] myrrhe *f*.

myr·tle ♀ ['məːtl] myrte *m*.

my·self [mai'self] moi-même; *réfléchi:* me, *accentué:* moi.

mys·te·ri·ous □ [mis'tiəriəs] mystérieux (-euse *f*); *fig. a.* incompréhensible; **mys'te·ri·ous·ness** mystère *m*; caractère *m* mystérieux.

mys·ter·y ['mistəri] mystère *m* (*a. eccl.*); *hist.* (*a.* ~-*play*) mystère *m*; *Am.* (*ou* ~ *story*) roman *m* policier; *mysteries pl.* arcanes *m/pl.*; '~-**ship** piège *m* à sous-marin(s).

mys·tic ['mistik] 1. (*a.* '**mys·ti·cal** □) mystique; ésotérique (*rite*); occulte; 2. *eccl.* mystique *mf*; initié(e *f*) *m*; **mys·ti·cism** ['~sizm] mysticisme *m*; **mys·ti·fi·ca·tion** [~fi'keiʃn] mystification *f*; embrouillement *m*; **mys·ti·fy** ['~fai] mystifier; désorienter; *fig.* intriguer.

myth [miθ] mythe *m*; **myth·ic**, **myth·i·cal** □ ['~ik(l)] mythique.

myth·o·log·ic, **myth·o·log·i·cal** □ [miθə'lɔdʒik(l)] mythologique; **my·thol·o·gy** [~'θɔlədʒi] mythologie *f*.

N

N, n [en] N *m*, n *m*.
nab *sl.* [næb] saisir, arrêter.
na·bob ['neibɔb] nabab *m*; *fig.* richard *m*.
na·celle ₰ [nə'sel] nacelle *f*.
na·cre ['neikə] nacre *f*; **na·cre·ous** ['ˌkriəs] nacré.
na·dir ['neidiə] *astr.* nadir *m*; *fig.* stade *m* le plus bas.
nag¹ F [næg] petit cheval *m*, bidet *m*.
nag² [ˌ] *v/i.* chamailler; criailler (contre, *at*); *v/t.* harceler (*q.*).
nail [neil] **1.** doigt, orteil: ongle *m*; ⊕ clou *m*; ˌ-scissors *pl.* ciseaux *m/pl.* à ongles; ˌ varnish vernis *m* à ongles; *fig.* hit the ˌ on the head frapper juste; **2.** clouer (*a.* les yeux sur *q.*); clouter (*la porte, les chaussures*); *fig.* attraper; ˌ down clouer; *fig.* ˌ s.o. down to ne pas laisser à *q.* le moyen d'échapper à (*qch.*); ˌ to the counter démontrer la fausseté de; **'nail·er** cloutier *m*; *sl.* bon type *m*; passé maître *m* (en, *at*); **'nail·er·y** clouterie *f*; **'nail·ing 1.** clou(t)age *m*; **2.** *sl.* (*souv.* ˌ good) épatant.
na·ive □ [nɑː'iːv], **na·ïve** □ [neiv] naïf (-ïve *f*); ingénu; **na·ïve·té** [nɑː'iːvtei], **na·ive·ty** ['neivti] naïveté *f*.
na·ked □ ['neikid] nu; sans vêtements; dénudé (*pays etc.*); dépouillé (*arbre*); *fig.* découvert; *poét.* sans protection; **'na·ked·ness** nudité *f*; F pauvreté *f*.
nam·by-pam·by ['næmbi'pæmbi] **1.** maniéré; fade; **2.** F pouille *f* mouillée.
name [neim] **1.** nom *m*; *navire:* devise *f*; *fig.* réputation *f*; of (ou F by) the ˌ of du nom de, nommé; Christian ˌ prénom *m*; call s.o. ˌs injurier *q.*; know s.o. by ˌ connaître *q.* de nom; **2.** nommer; désigner par son nom; dénommer; citer; fixer (*un jour*); **'name-day** fête *f*; **'name·less** □ sans nom; inconnu; anonyme; *fig.* indicible; **'name·ly** (*abr. viz.*) c'est-à-dire; **'name-plate** plaque *f*; écusson *m*; **'name·sake** homonyme *m*.
nan·keen [næn'kiːn] nankin *m*; ˌs *pl.* pantalon *m* de nankin.
nan·ny ['næni] nounou *f*; bonne *f* (d'enfant); **'ˌ-goat** chèvre *f*, bique *f*.
nap¹ [næp] velours etc.: poil *m*.
nap² [ˌ] **1.** petit somme *m*; **2.** sommeiller; catch s.o. ˌping surprendre la vigilance de *q.*; surprendre *q.* en faute.
nap³ [ˌ] *cartes:* go ˌ jouer son va-tout.
nape [neip] (*usu.* ˌ of the neck) nuque *f*.
naph·tha ₰ ['næfθə] naphte *m*.
nap·kin ['næpkin] (*souv.* table-ˌ) serviette *f*; (*a.* baby's ˌ) couche *f*; **'ˌ-ring** rond *m* de serviette.
na·poo(h) *sl.* [nɑː'puː] épuisé; inutile; mort; fini; *sl.* fichu.
nar·co·sis ₰ [nɑː'kousis] narcose *f*.
nar·cot·ic [nɑː'kɔtik] **1.** (ˌally) narcotique; **2.** stupéfiant *m*; narcotique *m*; **nar·co·tize** ['nɑːkətaiz] narcotiser.
nard [nɑːd] nard *m*.
nar·rate [næ'reit] raconter; **nar·'ra·tion** narration *f*; récit *m*; **nar·ra·tive** ['ˌrətiv] **1.** □ narratif (-ive *f*); **2.** récit *m*; **nar·ra·tor** [ˌ'reitə] narrateur (-trice *f*) *m*.
nar·row ['nærou] **1.** □ étroit; encaissé (*vallon*); borné (*esprit*); faible (*majorité*); *see* escape; **2.** ˌs *pl.* passe *f* étroite; *port:* goulet *m*; **3.** *v/t.* resserrer; rétrécir; restreindre; limiter; *v/i.* devenir plus étroit; se resserrer; se rétrécir; **'ˌ-chested** à poitrine étroite; **'ˌ-gauge** ₰ à voie étroite; **'ˌ-mind·ed** □ borné; **'nar·row·ness** étroitesse *f* (*a. fig.*); petitesse *f*; limitation *f*.
nar·whal *zo.* ['nɑːwəl] narwal(*pl.* -s) *m*.
na·sal ['neizl] **1.** □ nasal (-aux *m/pl.*); nasillard (*accent*); **2.** *gramm.* nasale *f*; **na·sal·i·ty** [ˌ'zæliti] nasalité *f*; **na·sal·ize** ['ˌzəlaiz] nasaliser; *v/i.* parler du nez; nasiller.
nas·cent ['næsnt] naissant.
nas·ti·ness ['nɑːstinis] goût *m* ou odeur *f* désagréable; méchanceté *f* (d'une personne); *fig.* saleté *f*; **'nas·ty** □ désagréable; dégoûtant; sale; méchant, désagréable (*personne*); *fig.* malpropre.
na·tal ['neitl] natal (-als *m/pl.*); **na·tal·i·ty** [nə'tæliti] natalité *f*.

natation

na·ta·tion [nei'teiʃn] natation *f*.
na·tion ['neiʃn] nation *f*, peuple *m*.
na·tion·al ['næʃənl] **1.** □ national (-aux *m/pl.*); de l'État; ~ *grid* caisse *f* nationale de l'énergie; **2.** national (-e *f*) *m*; **'na·tion·al·ism** nationalisme *m*; **'na·tion·al·ist** nationaliste *mf*; **na·tion·al·i·ty** [næʃə'næliti] nationalité *f*; caractère *m ou* esprit *m* national; **na·tion·al·ize** ['næʃnəlaiz] nationaliser; naturaliser; ~*d undertakings* entreprises *f/pl.* nationalisées.
na·tion-wide ['neiʃnwaid] répandu par tout le pays; *souv.* général (-aux *m/pl.*).
na·tive ['neitiv] **1.** □ indigène, originaire (de, *to*) (*personne, plante*); naturel(le *f*), inné (*qualité*); de naissance, natal (-als *m/pl.*) (*lieu*); à l'état natif (*métaux*); ~ *language* langue *f* maternelle; **2.** natif (-ive *f*) *m*; indigène *mf*; *a* ~ *of Ireland* Irlandais *m* de naissance.
na·tiv·i·ty [nə'tiviti] nativité *f*; horoscope *m*.
na·tron 🜹 ['neitrən] natron *m*.
nat·ty □ ['næti] coquet(te *f*); pimpant; bien ménagé.
nat·u·ral ['nætʃrəl] **1.** □ naturel(le *f*); de la nature; inné, natif (-ive *f*); illégitime, naturel(le *f*) (*enfant*); ~ *history* histoire *f* naturelle; ♪ ~ *note* note *f* naturelle; ~ *philosopher* physicien *m*; ~ *philosophy* physique *f*; ~ *science* sciences *f/pl.* naturelles; **2.** idiot(e *f*) *m*; ♪ bécarre *m*; **'nat·u·ral·ism** naturalisme *m*; *arts*: naturisme *mf*; **'nat·u·ral·ist** naturaliste *mf*; naturiste *mf*; **nat·u·ral·i·za·tion** [~lai'zeiʃn] naturalisation *f*; **'nat·u·ral·ize** naturaliser; ♀, *zo.* acclimater; **'nat·u·ral·ness** naturel *m*.
na·ture ['neitʃə] nature *f*; caractère *m*, essence *f*; naturel *m*, tempérament *m*; espèce *f*, genre *m*; **'na·tured** au cœur ...; de caractère ...
naught [nɔ:t] rien *m*, néant *m*; *bring to* ~ faire échouer; *come to* ~ échouer, n'aboutir à rien; *set at* ~ ne tenir aucun compte de; **naugh·ti·ness** ['~tinis] mauvaise tenue *f*; désobéissance *f*; **'naugh·ty** □ méchant, vilain.
nau·se·a ['nɔ:sia] nausée *f*; mal *m* de mer; *fig.* dégoût *m*; **nau·se·ate** ['~sieit] *v/i.* avoir la nausée (de, *at*);

v/t. dégoûter; donner des nausées à (*q.*); **nau·seous** □ ['~siəs] dégoûtant.
nau·ti·cal □ ['nɔ:tikl] nautique, marin; de marine; ~ *mile* mille *m* marin.
na·val ['neivəl] naval (-als *m/pl.*); de marine; ~ *base* port *m* de guerre; *base f* navale; ~ *staff* officiers *m/pl.* de l'état-major; **'na·val·ly** au point de vue naval.
nave[1] △ [neiv] nef *f*, vaisseau *m*.
nave[2] [~] *roue*: moyeu *m*.
na·vel ['neivəl] nombril *m*; *fig.* centre *m*; **'~-string** cordon *m* ombilical.
nav·i·ga·ble □ ['nævigəbl] navigable; ~ *balloon* ballon *m* dirigeable.
nav·i·gate ['~geit] *v/i.* naviguer; *v/t.* naviguer sur (*la mer*); gouverner (*un navire*); **nav·i·ga·tion** navigation *f*; *ballon, navire*: conduite *f*; **'nav·i·ga·tor** navigateur *m*.
nav·vy ['nævi] terrassier *m*; (*a. steam-*~) pioscheuse *f*.
na·vy ['neivi] marine *f* de guerre; marine *f* de l'État; **'~-blue** bleu *m* marine *inv*.
nay [nei] **1.** † *ou prov.* non; pour mieux dire; **2.** non *m*; refus *m*.
Naz·a·rene [næzə'ri:n] Nazaréen (-ne *f*) *m*.
naze [neiz] cap *m*, promontoire *m*.
neap [ni:p] (*a.* ~-*tide*) marée *f* de morte-eau; **'neaped** ⚓: *be* ~ être amorti.
Ne·a·pol·i·tan [niə'politən] **1.** napolitain; **2.** Napolitain(e *f*) *m*.
near [niə] **1.** *adj.* proche; voisin; à peu près juste; intime (*ami*); (le plus) court (*chemin*); chiche (*personne*); serré (*traduction*); *mot.* gauche (*côté*), montoir (*cheval*); *have* (*ou be*) *a* ~ *escape* l'échapper belle; ~ *at hand* tout près; ~ *beer* bière *f* faible; ~ *horse* cheval *m* de gauche (*Am.* de droite); ~ *silk* soie *f* végétale; **2.** *adv.* près, proche; **3.** *prp.* (*a.* ~ *to*) (au)près de; **4.** *v/t.* (s')approcher de; **near·by** ['~bai] tout près (de), tout proche (de); **'near·ly** (de) près; presque; à peu près; près de; **'near·ness** proximité *f*; fidélité *f*; parcimonie *f*; **'near-'sight·ed** myope.
neat[1] □ [ni:t] bien rangé *ou* tenu; soigné; élégant; pur, sans eau, sec

(sèche f) (boisson); net(te) f) (écriture).

neat² † [~] bête f bovine; '~'s-foot de pied de bœuf; '~'s-leath·er cuir m de vache; '~'s-tongue langue f de bœuf.

neat·ness ['ni:tnis] bon ordre m; simplicité f; bon goût m; adresse f.

neb·u·la astr. ['nebjulə], pl. -lae ['~li:] nébuleuse f; **'neb·u·lar** nébulaire; **neb·u·los·i·ty** [~'lɔsiti] nébulosité f; **'neb·u·lous** nébuleux (-euse f) (a. fig.).

nec·es·sar·y □ ['nesisəri] 1. nécessaire, indispensable (à, for); inévitable (résultat); 2. nécessaire m; usu. necessaries pl. nécessités f/pl.; **ne·ces·si·tate** [ni'sesiteit] nécessiter (qch.); rendre (qch.) nécessaire; **ne'ces·si·tous** nécessiteux (-euse f); **ne'ces·si·ty** nécessité f; obligation f; besoin m; usu. necessities pl. nécessaire m; nécessités f/pl.; of ~ de toute nécessité.

neck [nek] 1. cou m; cuis. collier m (de bœuf), collet m (de mouton); bouteille: goulot m; robe: encolure f; ~ of land langue f de terre; ~ and ~ à égalité; F ~ and crop tout entier; à cou perdu; F ~ or nothing à cou perdu; (jouer) le tout pour le tout; sl. get it in the ~ en prendre pour son compte; 2. Am. sl. (se) caresser; v/t. peloter; '~·band col m; encolure f; **neck·er·chief** ['nekətʃif] foulard m; **neck·lace** ['~lis] collier m; **neck·let** ['~lit] see necklace; tour m de cou (en fourrure); **'neck·tie** cravate f.

ne·crol·o·gy [ne'krɔlədʒi] nécrologe m (d'une église etc.); nécrologie f.

nec·ro·man·cy ['nekromænsi] nécromancie f.

nec·tar ['nektə] nectar m.

née [nei]: Mrs. X, ~ Y Mme X, née Y.

need [ni:d] 1. besoin m, nécessité f (de of, for); adversité f; indigence f; one's own ~s pl. son (propre) compte m; if ~ be au besoin; le cas échéant; be (ou stand) in ~ of avoir besoin de; 2. avoir besoin de; réclamer, demander (qch.); être obligé de; **need·ful** ['~ful] 1. □ nécessaire; 2. F nécessaire m, souv. argent m nécessaire; **'need·i·ness** indigence f, besoin f.

nee·dle ['ni:dl] 1. aiguille f; 2. surt. Am. irriter, agacer; F ajouter de l'alcool à, renforcer (une consommation); '~-case étui m à aiguilles; '~-craft couture f; '~-gun fusil m à aiguille; '~-mak·ing aiguillerie f.

need·less □ ['ni:dlis] inutile; **'need·less·ness** inutilité f.

nee·dle...: '~-tel·e·graph télégraphe m à cadran; '~-wom·an couturière f; '~-work travail (pl. -aux) m à l'aiguille.

needs [ni:dz] adv. de nécessité; I must ~ (inf.) force m'est de (inf.); **'need·y** □ nécessiteux (-euse f).

ne'er [nɛə] = never.

ne·far·i·ous □ [ni'fɛəriəs] infâme, scélérat.

ne·gate [ni'geit] nier; **ne·ga·tion** négation f; **neg·a·tive** ['negətiv] 1. □ négatif (-ive f); 2. négative f; gramm. négation f; phot. négatif m, cliché m; answer in the ~ répondre par la négative; 3. rejeter, s'opposer à; nier; annuler; neutraliser.

neg·lect [ni'glekt] 1. manque m de soin; mauvais entretien m; négligence f; 2. négliger; manquer de soins pour; laisser échapper (une occasion); **neg'lect·ful** □ [~ful] négligent; insoucieux (-euse f) (de, of).

neg·li·gence ['neglidʒəns] incurie f; négligence f; **'neg·li·gent** □ négligent; ~ of insoucieux (-euse f) de; ~ attire tenue f négligée.

neg·li·gi·ble ['neglidʒəbl] négligeable.

ne·go·ti·a·bil·i·ty [nigouʃiə'biliti] négociabilité f, commercialité f; **ne'go·ti·a·ble** □ négociable, commerciale; franchissable (montagne); praticable (chemin); not ~ cheque chèque m barré; **ne'go·ti·ate** [~eit] v/t. négocier (affaire, effet, traité); prendre (un virage); franchir (une montagne); fig. surmonter; v/i. traiter (avec q. de ou pour, with s.o. for); **ne·go·ti·a·tion** effets m, traite: négociation f; pourparlers m/pl.; fig. franchissement m; under ~ en négociation; **ne'go·ti·a·tor** négociateur (-trice f) m.

ne·gress ['ni:gris] négresse f; **ne·gro** ['ni:grou], pl. **-groes** [~z] nègre m; **ne·groid** ['ni:grɔid] négroïde.

ne·gus ['ni:gəs] vin m chaud et épicé.

neigh [nei] 1. hennissement m; 2. hennir.

neighbo(u)r

neigh·bo(u)r ['neibə] 1. voisin(e *f*) *m*; *bibl.* prochain *m*; 2. être le voisin de (*personne*); avoisiner (*terrain*); **'neigh·bo(u)r·hood** voisinage *m*; **'neigh·bo(u)r·ing** avoisinant, voisin, proche; **'neigh·bo(u)r·ly** de bon voisinage; obligeant.

nei·ther ['naiðə] 1. *adj. ou pron.* ni l'un(e) ni l'autre; aucun(e *f*); 2. *adv.* ~ ... nor ... ni ... ni ...; *not* ... ~ (ne ... pas) ... ne ... pas non plus.

ne·ol·o·gism [ni'ɔlədʒizm] néologisme *m*.

ne·on 🞋 ['ni:ən] néon *m*; ~ *lamp* lampe *f* au néon.

ne·o·phyte ['ni(:)oufait] néophyte *mf*; *fig.* débutant(e *f*) *m*.

neph·ew ['nevju(:)] neveu *m*.

nep·o·tism ['nepətizm] népotisme *m*.

nerve [nə:v] 1. nerf *m*; ♀, ⚠ nervure *f*; *fig.* courage *m*, sang-froid *m*; *fig.* vigueur *f*; F audace *f*, aplomb *m*; 2. fortifier; donner du courage à (*q.*); ~ *o.s.* s'armer de courage (pour, *to*); **'nerved** ♀ nervé; **'nerve·less** □ inerte, sans force; **'nerve-'rack·ing** énervant.

nerv·ine 🞋 ['nə:vain] nervin (*a. su./m*).

nerv·ous □ ['nə:vəs] timide, peureux (-euse *f*); inquiet (-ète *f*); excitable; *anat.* nerveux (-euse *f*) des nerfs; **'nerv·ous·ness** timidité *f*; état *m* nerveux.

nerv·y *sl.* ['nə:vi] irritable; énervé; nerveux (-euse *f*), saccadé (*mouvement*).

nes·ci·ence ['nesiəns] ignorance *f*; **'nes·ci·ent** ignorant.

ness [nes] promontoire *m*, cap *m*.

nest [nest] 1. nid *m* (*a. fig.*); nichée *f* (*d'oiseaux*); *fig.* série *f*; 2. (se) nicher; **'nest·ed** niché; emboîté (*caisses etc.*); **'nest-egg** nichet *m*; argent *m* mis de côté; gentille petite somme *f*; **nes·tle** ['nesl] *v/i.* se nicher; *fig.* se blottir; se serrer (contre, [*up*] *to*); *v/t.* serrer; **nest·ling** ['neslin] oisillon *m*.

net[1] [net] 1. filet *m* (*a. fig.*); *tex.* tulle *m*; mousseline *f*; 2. prendre (*qch.*) au filet.

net[2] [~] 1. net(te *f*); sans déduction; 2. rapporter *ou* toucher net.

neth·er ['neðə] inférieur *m*; **'~·most** le plus profond, le plus bas.

net·ting ['netiŋ] pêche *f* au filet; pose *f* de filets; *tex.* tulle *m*; *fig.* réseau *m*.

net·tle ['netl] 1. ♀ ortie *f*; 2. † fustiger avec des orties; *fig.* piquer, irriter; **'~-rash** 🞋 urticaire *f*.

net·work ['netwə:k] réseau *m* (*a. fig.*); ouvrage *m* en filet; *national* ~ réseau *m* national.

neu·ral·gia [njuə'rældʒə] névralgie *f*; *facial* ~ tic *m* douloureux; **neu·ras·the·ni·a** [njuərəs'θi:njə] 🞋 neurasthénie *f*; **neu·ras·then·ic** [~'θenik] neurasthénique (*a. su/m*); **neu·ri·tis** 🞋 [njuə'raitis] névrite *f*; **neu·rol·o·gy** 🞋 [~'rɔlədʒi] neurologie *f*, névrologie *f*; **neu·ro·path·ic** [~ro'pæθik] 1. névropathique; 2. névropathe *mf*; **neu·ro·sis** 🞋 [~'rousis] névrose *f*; **neu·rot·ic** 🞋 [~'rɔtik] névrosé (*a. su./mf*).

neu·ter ['nju:tə] 1. neutre; 2. animal *m* châtré; abeille *f* etc. asexuée; *gramm.* neutre *m*.

neu·tral ['nju:trəl] 1. □ neutre (*a.* 🞋); indéterminé, moyen(ne *f*); 2. neutre *m*; **neu·tral·i·ty** [nju(:)-'træliti] neutralité *f*; **neu·tral·i·za·tion** [nju:trəlai'zei∫n] neutralisation *f* (*a.* 🞋); **'neu·tral·ize** neutraliser (*a.* 🞋); rendre inutile *ou* inoffensif (-ive *f*).

neu·tron *phys.* ['nju:trɔn] neutron *m*.

né·vé *géol.* ['nevei] névé *m*.

nev·er ['nevə] ne ... jamais; jamais (de la vie); ~ *so* quelque (*adj.*) que (*sbj.*); **'~·'more** (ne ...) plus jamais; (ne ...) jamais plus; **~·the·less** [~ðə'les] néanmoins, quand même, pourtant.

new [nju:] nouveau (-el *devant une voyelle ou un h muet*); -elle *f*; -eaux *m/pl.*); neuf (neuve *f*); frais (fraîche *f*); **'new·com·er** nouveau venu *m*; nouvel arrivé *m*; **new·fan·gled** ['~fæŋgld] *péj.* d'une modernité outrée; **'new·ly** récemment, nouvellement; **'new·ness** nouveauté *f*; état *m* neuf; inexpérience *f*.

news *pl. ou sg.* [nju:z] nouvelle *f*, *-s f/pl.*; *what's the* ~? quelles nouvelles?; F quoi de neuf?; F *he is much in the* ~ il défraye la chronique; **'~-a·gen·cy** agence *f* d'informations; **'~-a·gent** marchand *m* de journaux; **'~·boy** vendeur *m* de journaux; **butch·er** 🚃 *Am.* vendeur *m* ambulant de journaux; ~ **flash** *radio*: flash *m*; '~-**mon·ger** débiteur (-euse *f*) *m* de nouvelles; '~-**pa·per** journal *m*; *attr*. de journaux; '~-**print** papier *m* de journal; '~-**reel** film *m* d'actualité; actualités *f/pl*.; '~-**room** salle *f* des journaux;*journ.* *Am.* salle *f* de rédaction; '~-**stall**, *Am.* '~-**stand** étalage *m* de marchand de journaux; *France*: kiosque *m* (à journaux); '~-**ven·dor** vendeur *m* de journaux; **news·y** ['nju:zi] F plein de nouvelles.

newt *zo.* [nju:t] triton *m*, F lézard *m* d'eau.

new-year, *usu.* **New year** ['nju:'jə:] nouvel an *m*; nouvelle année *f*; ~'s day le jour de l'an; ~'s eve la Saint-Sylvestre *f*; ~'s gift étrennes *f/pl*.

next [nekst] **1.** *adj*. prochain; voisin; le plus proche; suivant; ~ but one le deuxième; ~-door voisin; ~ door maison *f* d'à côté; *fig*. ~ door to approchant de; the ~ of kin la famille; ₺ le(s) parent(s) le(s) plus proche(s); ~ to contigu(ë *f*) à *ou* avec; à côté de; ~ to nothing ne ... presque rien; what ~? et ensuite?; F par exemple!; **2.** *adv*. ensuite, après.

nib [nib] **1.** bec *m* (de plume); **2.** mettre une plume à (*un porteplume*).

nib·ble ['nibl] *v/t*. grignoter (*qch*.); mordiller; *mouton*: brouter; *v/i.* ~ at grignoter (*qch*.); mordre à (*a. fig.*); *fig*. être attiré par.

nice □ [nais] aimable, gentil(le *f*), sympathique (*naturel*); délicat (*question, oreille*); juste, sensible (*oreille, œil*); fin, subtil (*distinction*); joli (*repas, montre, etc.*); difficile (pour, *about*); scrupuleux (-euse *f*) (quant à, *about*); ~ and warm bien (au) chaud; '**nice·ness** gentillesse *f*, amabilité *f*; délicatesse *f*; finesse *f*; justesse *f*; subtilité *f*; **nice·ty** ['~iti] exactitude *f*; délicatesse *f* exagérée; méticulosité *f*; to a ~ à merveille; exactement; stand upon niceties faire des façons.

niche [nitʃ] niche *f*.

Nick[1] [nik]: F Old ~ le diable *m*.

nick[2] [~] **1.** entaille *f*; fente *f*; in the (very) ~ of time juste à temps; à pic; **2.** entailler; *sl*. choper.

nick·el ['nikl] **1.** *min*. nickel *m* (*Am. a.* pièce de 5 cents); *Am.* ~-in-the-slot *machine* distributeur *m* automatique; **2.** nickeler.

nick·el·o·de·on *Am.* [nikl'oudiən] pick-up *m/inv*. à sous.

nick-nack ['niknæk] *see* knickknack.

nick·name ['nikneim] **1.** surnom *m*; sobriquet *m*; **2.** surnommer; donner un sobriquet à.

nic·o·tine ['nikəti:n] nicotine *f*.

nid-nod ['nidnɔd] dodeliner (de) la tête.

niece [ni:s] nièce *f*.

niffed F [nift] offensé.

nif·ty *Am.* ['nifti] **1.** élégant; pimpant; **2.** remarque *f* bien à propos.

nig·gard ['nigəd] **1.** grippe-sou *m*; pingre *m*, avare *mf*; **2.** avare, parcimonieux (-euse *f*); '**nig·gard·li·ness** pingrerie *f*; parcimonie *f*; '**nig·gard·ly** *adj*. (*a. adv.*) chiche (-ment); mesquin(ement).

nig·ger F *usu. péj*. ['nigə] nègre *m*, négresse *f*; *Am. sl.* that's the ~ in the woodpile il y a anguille sous roche!

nig·gle ['nigl] vétiller; '**nig·gling** insignifiant; fignolé (*travail*); tatillon(ne *f*) (*personne*).

nigh † *prov*. [nai] *see* near 1, 2, 3.

night [nait] nuit *f*, soir *m*; obscurité *f*; by ~ de nuit; in the ~ (pendant) la nuit; at ~ la nuit; ~ out soir *m* de sortie; make a ~ of it faire la noce toute la nuit; '~**·cap** bonnet *m* de nuit; *fig*. grog *m* (avant de se coucher); '~**-club** boîte *f* de nuit; '~**-dress** chemise *f* de nuit (*de femme*); '~**-fall** tombée *f* de la nuit; '~**-gown** *see* night-dress; **night·in·gale** *orn.* ['~iŋgeil] rossignol *m*; '**night·ly** de nuit, nocturne; (de) tous les soirs.

night...: '~**·mare** cauchemar *m*; '~**-school** classe *f* du soir; '~**·shade** ♀ morelle *f* noire; deadly ~ belladone *f*; '~**-shirt** chemise *f* de nuit (*d'homme*); '~**·spot** *Am.* F boîte *f* de nuit.

ni·hil·ism ['naiilizm] nihilisme *m*; '**ni·hil·ist** nihiliste *mf*.

nil [nil] rien *m*; *sp*. zéro *m*; ~ return état *m* néant.

nim·ble □ ['nimbl] agile, leste; délié (*esprit*); '**nim·ble·ness** agilité *f*; vivacité *f* (*d'esprit*).

nim·bus ['nimbəs], *pl*. **-bi** [~bai], **-bus·es** nimbe *m*, auréole *f*; *météor*. nimbus *m*.

nim·i·ny-pim·i·ny ['nimini'pimini] maniéré; mignard.

nincompoop

nin·com·poop F ['ninkəmpu:p] nigaud m, benêt m, niais m.
nine [nain] 1. neuf; ~ *days' wonder* merveille f d'un jour; 2. neuf m; '~**fold** nonuple, neuf fois; '~**pins** pl. quilles f/pl.; **nine·teen** ['~'ti:n] dix-neuf (a. su./m); **'nine'teenth** [~θ] dix-neuvième; **nine·tieth** ['~tiiθ] quatre-vingt-dixième (a. su./m); **'nine·ty** quatre-vingt-dix.
nin·ny F ['nini] niais(e f) m.
ninth [nainθ] 1. neuvième; 2. neuvième m; ♪ neuvième f; **'ninth·ly** en neuvième lieu.
nip[1] [nip] 1. pincement m; morsure f; ♀ coup m de gelée; 2. pincer; piquer, mordre (*froid*); brûler (*gelée*); ~ *in the bud* tuer dans l'œuf; faire avorter (*un complot*).
nip[2] [~] 1. goutte f, doigt m (*d'alcool*); 2. boire la ou une goutte.
nip[3] sl. [~] chiper, choper, refaire.
nip·per ['nipə] F gamin m, gosse m; *homard etc.*: pince f; (*a pair of*) ~**s** pl. (une) pince f; (des) tenailles f/pl.
nip·ple ['nipl] mamelon m; bout m de sein; ⊕ raccord m.
nip·py F ['nipi] 1. vif (vive f); 2. serveuse f.
Ni·sei *Am.* ['ni:sei] (*a. pl.*) japonais m (né aux É.-U.).
nit [nit] œuf m de pou.
ni·tre, ni·ter ♠ ['naitə] nitre m, salpêtre m.
ni·tric ac·id ♠ ['naitrik'æsid] acide m azotique ou nitrique.
ni·tro·gen ♠ ['naitridʒən] azote m; **ni·trog·e·nous** [~'trɔdʒinəs] azoté.
ni·trous ♠ ['naitrəs] azoteux(-euse f).
nix [niks] ondin m; **nix·ie** ['~i] ondine f.
no [nou] 1. *adj.* aucun, pas de; *in* ~ *time* en un clin d'œil; ~ *man's land* zone f neutre; ~ *one* personne (... ne); 2. *adv.* peu; non; *avec comp.*: pas (plus); 3. non m/inv.; **noes** [nouz] pl. les non m/pl.; voix f/pl. contre.
nob[1] sl. [nɔb] caboche f (= *tête*); ⊕ bouton m. [rupins m/pl.\
nob[2] sl. [~] aristo m; *the* ~**s** pl. les)
nob·ble sl. ['nɔbl] écloper (*un cheval*); soudoyer (q.); pincer (*un criminel*); filouter (*de l'argent*).
nob·by sl. ['nɔbi] élégant, chic.
no·bil·i·ar·y [nou'biliəri] nobiliaire.
no·bil·i·ty [nou'biliti] noblesse f (a. *fig.*).

no·ble ['noubl] 1. □ noble (*a. sentiment, métal, joyau*); sublime; grand (*vin, âme, etc.*); admirable; 2. noble mf, aristocrate mf; '~**man** noble m, gentilhomme (pl. gentilshommes) m; '~-'**mind·ed** à l'âme noble; généreux (-euse f); '**no·ble·ness** noblesse f (a. *fig.*); '**no·ble·wom·an** noble f, aristocrate f.
no·bod·y ['noubədi] 1. personne, aucun (... ne); 2. zéro m, nullité f.
nock [nɔk] (en)coche f.
noc·tur·nal [nɔk'tə:nl] nocturne.
nod [nɔd] 1. v/i. faire signe que oui; incliner la tête; dodeliner de la tête; somnoler; *fig.* danser; *have a* ~*ding acquaintance* se connaître vaguement; ~ *off* somnoler; v/t. incliner (*la tête*); ~ *s.o. out* fai re sortir q. d'un signe de la tête; 2. signe m de (la) tête; penchement m de tête (*au sommeil*).
no·dle F ['nɔdl] caboche f (= *tête*).
nod·dy F ['nɔdi] niais(e f) m.
node [noud] nœud m (a. ♀, a. *astr.*); ⚕ nodosité f.
nod·u·lar ['nɔdjulə] nodulaire.
nod·ule ['nɔdju:l] nodule m.
nog [nɔg] cheville f de bois; **nog·gin** ['~in] (petit) pot m (*en étain etc.*); **nog·ging** ⚠ ['~iŋ] hourdage m.
no·how F ['nouhau] en aucune façon.
noil [nɔil] *tex.* blousse f.
noise [nɔiz] 1. bruit m, tapage m, fracas m, vacarme m; son m; *surt. Am.* F *big* ~ gros bonnet m; 2. ~ *abroad* ébruiter; crier sur les toits.
noise·less □ ['~lis] sans bruit; silencieux (-euse f); '**noise·less·ness** silence m, absence f de bruit.
nois·i·ness ['nɔizinis] caractère m bruyant; tintamarre m.
noi·some ['nɔisəm] fétide, infect; *fig.* désagréable; '**noi·some·ness** fétidité f, puanteur f.
nois·y □ ['nɔizi] bruyant, tapageur (-euse f); turbulent (*enfant*).
no·mad ['nɔməd] nomade mf; **no·mad·ic** [nɔ'mædik] (~*ally*) nomade; **no·mad·ize** ['nɔmədaiz] v/t. nomadiser; v/i. vivre en nomade(s).
no·men·cla·ture [nou'menklətʃə] nomenclature f; recueil m de noms propres.
nom·i·nal □ ['nɔminl] nominal (-aux m/pl.); fictif (-ive f) (*prix, valeur*); ✕ nominatif (-ive f); ~ *va-*

lue valeur *f* fictive *ou* nominale; **nom·i·nate** ['ˏneit] nommer, désigner; proposer; **nom·i·na·tion** nomination *f*; présentation *f* (*d'un candidat*); **in** ~ nommé; proposé; **nom·i·na·tive** *gramm.* ['ˏnətiv] (*a.* ~ *case*) nominatif *m*, cas *m* sujet; **nom·i·na·tor** ['ˏneitə] présentateur *m*; **nom·i·nee** [ˏ'ni:] candidat *m* désigné *ou* choisi.

non... [nɔn] non-; in-; sans ...
non-ac·cept·ance ['nɔnək'septəns] non-acceptation *f*.
non·age ['nounidʒ] minorité *f*.
non·a·ge·nar·i·an [nounədʒi'nɛəriən] nonagénaire (*a. su./mf*).
non-ag·gres·sion ['nɔnə'greʃn]: ~ *pact* pacte *m* de non-agression.
non-al·co·hol·ic ['nɔnælkə'hɔlik] sans alcool; non alcoolique.
non-ap·pear·ance ᵗᵗ ['nɔnə'piərəns] non-comparution *f*; *souv.* défaut *m*.
non-at·tend·ance ᵗᵗ ['nɔnə'tendəns] absence *f*.
nonce [nɔns]: *for the* ~ pour l'occasion.
non·cha·lance ['nɔnʃələns] nonchalance *f*, indifférence *f*; **'non·cha·lant** □ nonchalant, indifférent.
non-com·mis·sioned ['nɔnkə'miʃənd] sans brevet; ⚔ ~ *officer* sous-officier *m* gradé.
non-com·mit·tal ['nɔnkə'mitl] diplomatique; qui n'engage à rien.
non-com·pli·ance ['nɔnkəm'plaiəns] refus *m* d'obéissance (à, *with*).
non com·pos men·tis ᵗᵗ [nɔn 'kɔmpɔs 'mentis] aliéné, fou (fol *devant une voyelle ou un h muet*; folle *f*).
non-con·duc·tor ∮ ['nɔnkən'dʌktə] inconducteur *m*; *phys.* non-conducteur *m*.
non-con·form·ist ['nɔnkən'fɔ:mist] non-conformiste *mf*; dissident(e *f*) *m*; **non-con'form·i·ty** non-conformisme *m* (*a. eccl.*). [sable.]
non-creas·ing ['nɔn'kri:siŋ] infroissable.
non-de·nom·i·na·tion·al ['nɔndinɔmi'neiʃnl] laïque (*école*).
non·de·script ['nɔndiskript] **1.** inclassable; **2.** *fig.* personne *f* ou chose *f* indéfinissable.
none [nʌn] **1.** aucun; pas de; **2.** aucunement; ~ *the less* cependant, pourtant, quand même.
non-en·ti·ty [nɔ'nentiti] personne *f* insignifiante; *fig.* non-valeur *f*; nullité *f*.
non-es·sen·tial ['nɔni'senʃəl] **1.** non essentiel(le *f*); **2.** accessoire *m*.
non-ex·ist·ence ['nɔnig'zistəns] non-être *m*.
non-fic·tion ['nɔn'fikʃn] ouvrages *m/pl.* autres que les romans.
non-in·ter·ven·tion ['nɔnintə(:)'venʃn] non-intervention *f*.
non-lad·der·ing ['nɔn'lædəriŋ] indémaillable. [inobservance *f*.]
non-ob·serv·ance ['nɔnəb'zə:vəns]
non·pa·reil ['nɔnpərel] **1.** nonpareil(le *f*); **2.** personne *f* ou chose *f* sans pareille; *typ.* nonpareille *f*.
non-par·ty *pol.* ['nɔn'pɑ:ti] non partisan; impartial (-aux *m/pl.*).
non-pay·ment ['nɔn'peimənt] non-paiement *m*; défaut *m* de paiement.
non-per·form·ance ᵗᵗ ['nɔnpə'fɔ:məns] non-exécution *f*.
non·plus ['nɔn'plʌs] **1.** embarras *m*, perplexité *f*; *at a* ~ à quia; **2.** confondre, réduire à quia; ~*sed* désemparé; interdit.
non-pro·lif·er·a·tion ['nɔnprəulifə'reiʃən] non-dissémination *f* (*des armes nucléaires*).
non-res·i·dent ['nɔn'rezidənt] externe; forain; non-résident (*a. su./mf*).
non·sense ['nɔnsəns] absurdité *f*; bêtise *f*, -s *f/pl.*; **non·sen·si·cal** □ [ˏ'sensikl] absurde; bête.
non-skid ['nɔn'skid] antidérapant.
non-smok·er ['nɔn'smoukə] non-fumeur *m*.
non-stop ['nɔn'stɔp] ⚒, ⚒ direct; sans arrêt; ⚒ sans escale.
non-such ['nʌnsʌtʃ] personne *f* ou chose *f* sans pareille.
non-suit ᵗᵗ ['nɔn'sju:t] débouté *m*, rejet *m* de la demande.
non-un·ion [nɔn'ju:njən] non-syndiqué (*ouvrier*).
noo·dle¹ ['nu:dl] F niais(e *f*) *m*.
noo·dle² [ˏ] *usu.* ~s *pl.* nouilles *f/pl.*
nook [nuk] (re)coin *m*.
noon [nu:n] **1.** (*a.* '~·**day**, '~·**tide**) midi *m*; **2.** de midi.
noose [nu:s] **1.** nœud *m* coulant; corde *f* (de potence); *fig.* piège *m*; **2.** prendre au lacet; attraper au [lasso.]
nope *Am.* F [noup] non!
nor [nɔ:] *précédé de neither:* ni; *début de la phrase:* ne ... pas non plus; ~ *do I* (ni) moi non plus.

norm [nɔːm] norme *f*; règle *f*; **'nor‑mal** □ 1. normal (-aux *m/pl.*) (*a.* ⊿); ⊿ perpendiculaire; ~ **school** école *f* normale; 2. condition *f* normale; ⊿ normale *f*, perpendiculaire *f*; **'nor·mal·ize** rendre normal; régulariser.

Nor·man ['nɔːmən] 1. normand; 2. Normand(e *f*) *m*.

north [nɔːθ] 1. *su.* nord *m*; 2. *adj.* du nord; septentrional (-aux *m/pl.*); **'~-'east** 1. nord-est *m*; 2. (*a.* '~-'**east·ern**) du nord-est; **north·er·ly** ['~ðəli] du *ou* au nord; **north·ern** ['~ən] du nord; septentrional (-aux *m/pl.*); **'north·ern·er** habitant(e *f*) *m* du nord; *Am.* ⚵ nordiste *mf*; **'north·ern·most** plus au nord; **north·ing** ⚓ ['~θiŋ] *astr.* mouvement *m* vers le nord; **north·ward** ['~wəd] 1. *adj.* au *ou* du nord; 2. *adv.* (*a.* **north·wards** ['~dz]) vers le nord. **north...**: **'~-'west** 1. nord-ouest *m*; ⚓ *a.* norois *m*; 2. (*a.* '~-'**west·ern**, '~-'**west·er·ly**) (du) nord-ouest *inv.*

Nor·we·gian [nɔːˈwiːdʒən] 1. norvégien(ne *f*); 2. Norvégien(ne *f*) *m*.

nose [nouz] 1. nez *m* (*a.* = flair); odorat *m*; outil: bec *m*; tuyau: ajutage *m*; ⚔ balle: pointe *f*; ⚓ torpille: cône *m* de choc; 2. *v/t.* (*a.* ~ out) sentir, flairer; ~ one's way s'avancer avec précautions; *v/i.* chercher (qch., *after* [*ou* for] *s.th.*); ~ *ahead of* aller un peu en avant de (*qch.*); **'~·bag** musette *f*; **'~·band** muserolle *f*; **nosed** au nez ...

nose...: **'~·dive** ✈ (vol *m*) piqué *m*; **'~·gay** bouquet *m* de fleurs; **'~·heav·y** ✈ lourd de l'avant.

nos·ing ⚙ ['nouziŋ] arête *f* (de moulure); *marche d'escalier*: nez *m*.

nos·tal·gi·a [nɔsˈtældʒiə] nostalgie *f*; **nos·tal·gic** [~dʒik] nostalgique.

nos·tril ['nɔstril] narine *f*; *cheval*, *bœuf*: naseau *m*.

nos·trum ['nɔstrəm] panacée *f*; remède *m* de charlatan.

nos·y ['nouzi] parfumé; *péj.* curieux (-euse *f*); F fouinard, indiscret (-ète *f*); ⚵ *Parker* indiscret *m*; F fouinard *m*.

not [nɔt] (ne) pas, (ne) point.

no·ta·bil·i·ty [noutəˈbiliti] notabilité *f*; caractère *m* notable (*d'un événement*); *see* notable 2; **no·ta·ble** ['noutəbl] 1. □ notable, insigne, considérable; sensible; perceptible (*quantité*); éminent (*personne*); 2. *personne*: notable *m*, notabilité *f*; **'no·ta·bly** 1. remarquablement; 2. notamment.

no·tar·i·al □ [nouˈtɛəriəl] de notaire; notarié (*document*); notarial (-aux *m/pl.*) (*sceau*); **no·ta·ry** ['noutəri] (*a.* ~ *public*) notaire *m*.

no·ta·tion [noˈteiʃn] *surt.* ⚿, *a.* ♪ notation *f*.

notch [nɔtʃ] 1. encoche *f*; ⊕ cran *m*; *Am.* défilé *m*, gorge *f*; 2. entailler, encocher; denteler (*une roue*).

note [nout] 1. note *f* (*a.* ✠, ♪, *pol.*); F ton *m* (*de la voix*); ♪ son *m*; ♪ *piano*: touche *f*; marque *f*, signe *m*; *pol.* mémorandum *m*; ✠ billet *m*, lettre *f*; *banque*: billet *m*; *texte*: annotation *f*; renom *m*; *take* ~*s of* prendre des notes de; 2. noter, constater, remarquer; relever (*une erreur*); faire attention à; (*a.* ~ *down*) inscrire, prendre note de; **'~·book** carnet *m*; *sténographie*: bloc-notes (*pl.* blocs-notes) *m*; **'not·ed** distingué, éminent (*personne*); célèbre (par, *for*), connu (pour, *for*) (*chose*); ~*ly* surtout; nettement; **'note·pa·per** papier *m* à lettres; **'note·wor·thy** remarquable; digne d'attention.

noth·ing ['nʌθiŋ] 1. rien (de *adj.*) (*su./m*); ⚵ zéro *m*; néant *m*; *fig.* bagatelle *f*; *for* ~ gratis; *good for* ~ bon à rien, inutile; *bring to* ~ faire échouer; *come to* ~ ne pas aboutir; *make* ~ *of* ne faire aucun cas de; *I can make* ~ *of it* je n'y comprends rien; 2. *adv.* aucunement; pas du tout; **'noth·ing·ness** néant *m*; *fig.* nullité *f*.

no·tice ['noutis] 1. avis *m*; avertissement *m*; convocation *f* (*d'une réunion*); ✠ délai *m*; *bourse*: terme *m*; affiche *f*; écriteau *m*; annonce *f*, *journ.* notice *f*; revue *f* (*d'un ouvrage*); *fig.* attention *f*; congé *m* (*d'un ouvrage*); *at short* ~ à bref délai; *give* ~ *of departure* annoncer son départ; *give* ~ *that* prévenir que; *give s.o. a week's* ~ donner ses huit jours à q.; *take* ~ *of* faire attention à; *without* ~ sans avis préalable; 2. remarquer, observer; s'apercevoir de *ou* que; prendre garde à; faire le compte rendu de (*un ouvrage*); faire attention à; **'no·tice·a·ble** □ sensible, perceptible; digne d'attention; '**no-tice-board** écriteau m; porte-affiches m/inv.; panneau m indicateur.

no·ti·fi·a·ble ['noutifaiəbl] dont la déclaration est obligatoire (*maladie*); **no·ti·fi·ca·tion** [ˌ~fi'keiʃn] avis m; avertissement f; annonce f; déclaration f; notification f.

no·ti·fy ['noutifai] annoncer; avertir; déclarer; aviser, notifier.

no·tion ['nouʃn] notion f, idée f; pensée f; *fig.* caprice m; *Am.* ~s *pl.* petites inventions f/pl. bon marché; (*petits*) articles m/pl. ingénieux; '**no·tion·al** □ spéculatif (-ive f) (*connaissances etc.*); imaginaire; *surt. Am.* F capricieux (-euse f); fantasque.

no·to·ri·e·ty [noutə'raiəti] notoriété f; *personne*: notabilité f; **no·to·ri·ous** □ [nou'tɔːriəs] notoire, (re-)connu; *péj.* d'une triste notoriété; fameux (-euse f).

not·with·stand·ing [nɔtwiθ'stændiŋ] 1. *prp.* malgré, en dépit de; 2. *adv.* pourtant; tout de même; 3. *cj.* ~ *that* quoique (*sbj.*), bien que (*sbj.*).

nought *surt.* ⚥ [nɔːt] zéro m; F rien m. [substantif m.]

noun *gramm.* [naun] nom m,⌋

nour·ish ['nʌriʃ] nourrir (*a. fig.*); alimenter; '**nour·ish·ing** nourrissant, nutritif (-ive f); '**nour·ish·ment** nourriture f; alimentation f.

nov·el ['nɔvl] 1. nouveau (-el *devant une voyelle ou un h muet*; -elle f), original (-aux m/pl.); 2. roman m; *short* ~ = **nov·el·ette** [nɔvə'let] nouvelle f; '**nov·el·ist** romancier (-ère f) m; **nov·el·ty** ['nɔvlti] nouveauté f (*a.* ✞).

No·vem·ber [no'vembə] novembre m.

nov·ice ['nɔvis] novice mf (*a. eccl.*); débutant(e f) m.

no·vi·ci·ate, **no·vi·ti·ate** [no'viʃiit] noviciat m (*a. eccl.*); apprentissage m.

now [nau] 1. *adv.* maintenant; en ce moment; tout de suite; *avec vbe. passé*: alors, à ce moment-là; *just* ~ tout à l'heure; *before* ~ déjà; jusqu'ici; ~ *and again* de temps à autre; ~ *and then* de temps en temps; 2. *cj.* (*a.* ~ *that*) maintenant que; or; 3. *su.* présent m

now·a·day ['nauədei]d'aujourd'hui; **now·a·days** [ˌ~z] de nos jours.

no·way(s) F ['nouwei(z)] en aucune façon.

no·where ['nouweə] nulle part.

no·wise ['nouwaiz] *see* noway(s).

nox·ious □ ['nɔkʃəs] nuisible.

noz·zle ['nɔzl] ⊕ ajutage m; jet m.

nub [nʌb] (petit) morceau m; *Am.* F essentiel m (*d'une affaire*).

nu·cle·ar ['njuːkliə] nucléaire; ~ *disintegration* désintégration f nucléaire; ~ *physics* physique f nucléaire; ~ *pile* pile f nucléaire; ~ *reactor* bouilleur m atomique; ~ *research* recherches f/pl. nucléaires; **nu·cle·on** *phys.* ['~kliən] nucléon m; **nu·cle·us** ['~kliəs], *pl.* **-i** [ˌ~ai] noyau m.

nude [njuːd] 1. nu; 2. figure f nue; *peint.* nu m; nudité f; *study from the* ~ nu m.

nudge F [nʌdʒ] 1. pousser (*q.*) du coude; 2. coup m de coude.

nud·ism ['njuːdizm] nudisme m; '**nud·ist** nudiste mf; '**nu·di·ty** nudité f; figure f nue.

nu·ga·to·ry ['njuːgətəri] futile, sans valeur; inefficace.

nug·get ['nʌgit] pépite f (*d'or*).

nui·sance ['njuːsns] dommage m; *fig. personne*: peste f, gêneur (-euse f) m; *chose*: ennui m; *what a* ~! quel ennui!; F quelle scie!; *commit no* ~! défense de déposer des immondices!; défense d'uriner; *make o.s.* (*ou be*) *a* ~ être assommant.

null [nʌl] ⚖, *a. fig.* nul(le f); *fig.* inefficace, insignifiant; ~ *and void* nul et sans effet; **nul·li·fi·ca·tion** annulation f, infirmation f; **nul·li·fy** ['ˌ~ifai] annuler; nullifier; infirmer; '**nul·li·ty** nullité f, invalidité f; *fig.* homme m nul, non-valeur f.

numb [nʌm] 1. engourdi (par, *with*); transi; 2. engourdir (*a. fig.*).

num·ber ['nʌmbə] 1. ⚥, *gramm.*, *personnes*: nombre m; chiffre m (*écrit*); numéro m (*de maison, auto, journal, programme, etc.*); *poét.* ~s *pl.* vers m/pl.; ♪ accords m/pl.; 2. compter; numéroter; ~ *among*, ~ *in*, ~ *with* (se) compter parmi; '**num·ber·less** sans nombre; innombrable; '**num·ber-plate** mot. plaque f matricule.

numb·ness ['nʌmnis] engourdissement *m*; *fig.* torpeur *f*.
nu·mer·a·ble ['nju:mərəbl] (dé-)nombrable; **'nu·mer·al 1.** numéral (-aux *m/pl.*); **2.** nombre *m*, chiffre *m*; nom *m* de nombre; ~s *pl.* numéraux *m/pl.*; **nu·mer·a·tion** numération *f*; **'nu·mer·a·tor** ⚤ numérateur *m* (*d'une fraction*).
nu·mer·i·cal □ [nju'merikl] numérique.
nu·mer·ous □ ['nju:mərəs] nombreux (-euse *f*); *vers:* cadencé; **'nu·mer·ous·ness** (grand) nombre *m*; abondance *f*.
nu·mis·mat·ic [nju:miz'mætik] (~ally) numismatique; **nu·mis'mat·ics** *usu. sg.* numismatique *f*; **nu·mis·ma·tist** [nju(:)'mizmətist] numismat(ist)e *m*.
num·skull F ['nʌmskʌl] nigaud(e *f*) *m*; idiot(e *f*) *m*.
nun [nʌn] religieuse *f*; *orn.* mésange *f* bleue, *a.* pigeon *m* nonnain.
nun·ci·a·ture *eccl.* ['nʌnʃiətʃə] nonciature *f*; **nun·ci·o** *eccl.* ['~ʃiou] nonce *m*.
nun·ner·y ['nʌnəri] couvent *m* (de religieuses).
nup·tial ['nʌpʃəl] **1.** nuptial (-aux *m/pl.*); **2.** ~s *pl.* noces *f/pl.*
nurse [nə:s] **1.** (*souv.* wet-~) nourrice *f*; bonne *f* d'enfants; garde-malade *f* (*pl.* gardes-malades *f*); *hôpital:* infirmière *f*; *at* ~ en nourrice; *put s.o. out to* ~ mettre q. en nourrice; **2.** allaiter (*un bébé*); soigner (*malade, plante, popularité, rhume*); entretenir (*un espoir, un sentiment*); mijoter (*un projet*); cultiver (*des électeurs, une relation, etc.*); **'~-maid** bonne *f* d'enfants.
nurs·er·y ['nə:sri] chambre *f* des enfants; garderie *f*; ✿ pépinière *f* (*a. fig.*); ~ *school* maternelle *f*; ~ *gov·ern·ess* gouvernante *f* (pour jeunes enfants); **'~-man** pépiniériste *m*; ~ *rhyme* chanson *f* de nourrice; poésie *f* enfantine.
nurs·ing ['nə:siŋ] allaitement *m*; soins *m/pl.*; profession *f* de garde-malade; ~ *home* clinique *f*; ~ *bot·tle* biberon *m*.
nurs·ling ['nə:sliŋ] nourrisson *m*.
nur·ture ['nə:tʃə] **1.** nourriture *f*; aliments *m/pl.*; soins *m/pl.*, éducation *f*; **2.** nourrir (de, on) (*a. fig.*); élever; instruire.
nut [nʌt] **1.** noix *f*; ⊕ écrou *m*; *sl.* problème *m* ou personne *f* difficile; *sl.* boule *f* (= *tête*); ♪ *violon:* sillet *m*, *archet:* hausse *f*; *sl.* insensé(e *f*) *m*; ~s *pl. charbon:* gailletin *m*; **2.** *sl.* ~s toqué; *sl. that is* ~s *to* (*ou* for) *him* c'est un plaisir pour lui; *be* ~s *on* raffoler de; *sl. drive s.o.* ~s affoler q.; *go* ~s être toqué, déménager; **3.**: *go* ~*ting* aller aux noisettes.
nu·ta·tion [nju:'teiʃn] nutation *f*.
nut·crack·er ['nʌtkrækə] *usu.* (*a pair of*) ~s *pl.* (des) casse-noisettes *m/inv.*; **'nut-gall** noix *f* de galle; **nut·meg** ['~meg] (noix *f* de) muscade *f*.
nu·tri·ent ['nju:triənt] **1.** nourrissant, nutritif (-ive *f*); **2.** substance *f* nutritive; **'nu·tri·ment** nourriture *f*; aliments *m/pl.* nourrissants.
nu·tri·tion [nju:'triʃn] nutrition *f*; **nu'tri·tion·al val·ue** *see* nutritiousness; **nu'tri·tious** □ nourrissant, nutritif (-ive *f*); **nu'tri·tious·ness** nutritivité *f*, valeur *f* nutritive.
nu·tri·tive □ ['nju:tritiv] *see* nutritious.
nut·shell ['nʌtʃel] coquille *f* de noix; *in a* ~ en peu de mots; **nut·ty** ['nʌti] abondant en noix *ou* en noisettes; ayant un goût de noisette; plein de saveur (*conte*); *sl.* entiché (de, on), timbré, un peu fou (fol *devant une voyelle ou un h muet*) (folle *f*).
nuz·zle ['nʌzl] (contre, *against*) fouiller avec le groin (*cochon etc.*); fourrer son nez; *personne:* se blottir, se serrer.
ny·lon ['nailɔn] *tex.* nylon *m*; ~s *pl.* bas *m/pl.* nylon.
nymph [nimf] nymphe *f*.

O

O, o [ou] O *m*, o *m*.
o [ou] **1.** ♀ (= nought) zéro *m*; **2.** *int.* O, ô, oh; ~ for ...! que ne donnerais-je pas pour ...!
oaf [ouf] idiot(e *f*) *m*; lourdaud(e *f*) *m*; **'oaf·ish** lourdaud.
oak [ouk] **1.** ♀ chêne *m*; *univ.* F porte *f* extérieure; *see* sport 2; **2.** de ou en chêne; **'~-ap·ple**, **'~-gall** noix *f* de galle; **'oak·en** † de *ou* en chêne; **oak·let** ['~lit], **'oak·ling** chêneau *m*.
oa·kum ['oukəm] étoupe *f*.
oar [ɔː] **1.** aviron *m*, rame *f*; *fig.* rameur (-euse *f*) *m*; *fig.* put one's ~ in intervenir, s'en mêler; F rest on one's ~s dormir sur ses lauriers; **2.** *v/i.* ramer; *v/t.* faire avancer à la rame; **oared** [ɔːd] à rames, **oars·man** ['ɔːzmən] rameur *m*; **'oars·wom·an** rameuse *f*.
o·a·sis [o'eisis], *pl.* **-ses** [~siːz] oasis *f* (*a. fig.*).
oast [oust] séchoir *m* (à houblon).
oat [out] *usu.* ~s *pl.* avoine *f*; F *fig.* feel one's ~s se sentir gaillard; *Am. a.* se donner des airs; *sow one's wild* ~s faire des fredaines.
oath [ouθ], *pl.* **oaths** [ouðz] serment *m*; *péj.* juron *m*, gros mot *m*; *administer* (*ou tender*) *an* ~ *to* faire prêter serment à, assermenter (*q.*); *bind s.o. by* ~ lier par serment; *on* ~ sous (la foi du) serment; *put s.o. on his* ~ assermenter q.; *take an* ~ prêter serment (*sur, on*); jurer (*sur, on*; *de inf., to inf.*).
oat·meal ['outmiːl] farine *f* d'avoine.
ob·du·ra·cy ['ɔbdjurəsi] opiniâtreté *f*; inflexibilité *f*; **ob·du·rate** □ ['~rit] obstiné; inflexible.
o·be·di·ence [o'biːdjəns] obéissance *f*; *eccl.* obédience *f*; ✝ *in* ~ *to* conformément à; **o'be·di·ent** □ obéissant.
o·bei·sance [o'beisns] hommage *m*; † révérence *f*; *do* (*ou make ou pay*) ~ (à, *to*) rendre hommage; prêter obéissance (*au roi etc.*).
ob·e·lisk ['ɔbilisk] obélisque *m*; *typ.* croix *f*, obèle *m*.
o·bese □ [o'biːs] obèse; **o'bese·ness**, **o'bes·i·ty** obésité *f*.

o·bey [o'bei] *v/t.* obéir à (*q., un ordre*); *v/i.* obéir.
ob·fus·cate ['ɔbfʌskeit] *fig.* obscurcir; F griser.
o·bit·u·ar·y [o'bitjuəri] **1.** registre *m* des morts; nécrologe *m*; **2.** nécrologique; *journ.* ~ *column* nécrologie *f*.
ob·ject 1. ['ɔbdʒikt] objet *m* (*a. fig.*); chose *f*; *fig.* but *m*; *gramm.* complément *m*, régime *m*; *salary no* ~ les appointements importent peu; **2.** [əb'dʒekt] *v/t.* objecter (qch. à q., *s.th. to s.o.*); *v/i.* protester (contre, *to*); ~ *to* (*gér.*) s'opposer à (*inf.*); se refuser à (*inf.*); désapprouver (*inf.*); **~-glass** *opt.* ['ɔbdʒiktglɑːs] objectif *m*.
ob·jec·tion [əb'dʒekʃn] objection *f*; *fig.* aversion *f*; *there is no* ~ (*to it*) il n'y a aucun inconvénient; **ob'jec·tion·a·ble** □ répréhensible; désagréable; choquant.
ob·jec·tive [ɔb'dʒektiv] **1.** □ objectif (-ive *f*); **2.** objectif *m* (*a.* ✂, *opt.*); but *m*; *gramm.* régime *m*; **ob'jec·tive·ness**, **ob·jec'tiv·i·ty** objectivité *f*.
ob·ject...: **'~-lens** *opt.* objectif *m*; **'~-less** □ sans but, sans objet; **'~-les·son** leçon *f* de choses; *fig.* exemple *m*.
ob·jec·tor [əb'dʒektə] réclameur *m*; contradicteur *m*; *see conscientious*.
ob·jur·gate ['ɔbdʒəːgeit] accabler (*q.*) de reproches; **ob·jur'ga·tion** réprimande *f*; **ob'jur·ga·to·ry** [~gətəri] objurgatoire.
ob·late □ ['ɔbleit] **1.** ⚚ aplati (aux pôles); **2.** *eccl.* oblat(e *f*) *m*; **'ob·late·ness** ⚚ aplatissement *m*.
ob·la·tion *eccl.* [o'bleiʃn] oblation *f*.
ob·li·ga·tion [ɔbli'geiʃn] obligation *f* (*a.* ✝); devoir *m*; ✝ engagement *m*, dette *f* de reconnaissance; *be under* (*an*) ~ *to s.o.* avoir des obligations envers q.; devoir de la reconnaissance à q.; *be under* ~ *to* (*inf.*) être dans l'obligation de (*inf.*), être tenu de (*inf.*); **ob·lig·a·to·ry** ['~gətəri] obligatoire (à q., *on s.o.*); de rigueur.
o·blige [ə'blaidʒ] *v/t.* obliger (*a.* ⚖); astreindre; rendre service à (*q.*); ~ *the company with a song* avoir l'amabilité de chanter; *much* ~d bien reconnaissant; *v/i.* F ~ *with a song*

obligee

etc. avoir l'amabilité de chanter *etc.*; please ~ with an early reply prière de bien vouloir répondre sous peu; **ob·li·gee** [ɔbli'dʒi:] ♐ obligatoire *m*, créancier *m*; F obligé(e *f*) *m*; **o·blig·ing** □ [ə'blaidʒiŋ] obligeant, serviable, complaisant; **o'blig·ing·ness** obligeance *f*, complaisance *f*; **ob·li·gor** ♐ [ɔbli'gɔ:] obligé(e *f*) *m*.

ob·lique □ [ə'bli:k] ♐, ♐, ♐, ♐, ♐, *anat.*, *astr.*, *gramm.* oblique; indirect (*discours*, a. *fig.*); de biais (*regard*); **ob'lique·ness**, **ob·liq·ui·ty** [ˌkwiti] obliquité *f*.

ob·lit·er·ate [o'blitəreit] effacer, faire disparaître; *fig.* passer l'éponge sur; ♐, *anat.*, *poste*: oblitérer; **ob·lit·er'a·tion** effaçage *m*; rature *f*; ♐, *anat.*, *timbre*: oblitération *f*.

ob·liv·i·on [o'bliviən] oubli *m*; *pol.* amnistie *f*; **ob'liv·i·ous** □ oublieux (-euse *f*); be ~ of oublier complètement; F ignorer tout a fait.

ob·long ['ɔblɔŋ] 1. oblong(ue *f*); 2. rectangle *m*.

ob·lo·quy ['ɔbləkwi] blâme *m*, calomnie *f*; opprobre *m*, honte *f*.

ob·nox·ious □ [əb'nɔkʃəs] odieux (-euse *f*); désagréable; détesté (par, to); **ob'nox·ious·ness** caractère *m* odieux.

o·boe ♪ ['oubou] hautbois *m*; *personne*: hautboïste *mf*.

ob·scene □ [əb'si:n] obscène; *fig.* répugnant; **ob'scen·i·ty** [ˌiti] obscénité *f*; *langage*: grossièreté *f*.

ob·scur·ant [əb'skjuərənt] obscurantiste *mf*; **ob·scu·ra·tion** [ˌskjuə'reiʃn] obscurcissement *m*; *astr.* obscuration *f*, éclipse *f*; **ob·scure** [əb'skjuə] 1. □ obscur (*a. fig.*); sombre; 2. *v/t.* obscurcir (*a. fig.*); masquer (*la lumière*); *fig.* éclipser; **ob'scu·ri·ty** obscurité *f* (*a. fig.*).

ob·se·quies ['ɔbsikwiz] *pl.* obsèques *f/pl.*, funérailles *f/pl.*

ob·se·qui·ous □ [əb'si:kwiəs] obséquieux (-euse *f*); **ob'se·qui·ous·ness** obséquiosité *f*, servilité *f*.

ob·serv·a·ble □ [əb'zə:vəbl] visible; sensible; remarquable; **ob'serv·ance** *eccl.*, *dimanche*, *loi*, *ordre*: observance *f*; *pratique f*; **ob'serv·ant** □ observateur (-trice *f*) (de, of); attentif (-ive *f*) (à, of); **ob·ser·va·tion** [ɔbzə'veiʃn] observation *f*; surveillance *f*; remarque *f*; *attr.*

d'observation; ☒ ~ *car* wagon *m* d'observation; **ob·serv·a·to·ry** [əb'zɔ:vətri] observatoire *m*; **ob'serve** *v/t.* observer (*a. fig.*); regarder; remarquer, apercevoir; dire; *v/i.* ~ *on* commenter (*qch.*); **ob'serv·er** observateur (-trice *f*) *m*.

ob·sess [əb'ses] obséder; ~ed by (*ou* with) obsédé par, hanté par; en proie à; **ob'ses·sion** obsession *f*.

ob·so·les·cence [ɔbsə'lesns] vieillissement *m*; *biol.* atrophie *f*; **ob·so'les·cent** qui tombe en désuétude; *biol.* atrophié.

ob·so·lete ['ɔbsəli:t] désuet (-ète *f*); hors d'usage; démodé; *zo.* obsolète.

ob·sta·cle ['ɔbstəkl] obstacle *m*.

ob·ste·tri·cian ♐ [ɔbste'triʃn] accoucheur *m*; **ob'stet·rics** [ˌriks] *usu. sg.* obstétrique *f*.

ob·sti·na·cy ['ɔbstinəsi] obstination *f*, opiniâtreté *f*; ♐ persistance *f*; **ob·sti·nate** □ [ˌnit] obstiné (*a.* ♐), opiniâtre; acharné; rebelle (*fièvre*).

ob·strep·er·ous □ [əb'strepərəs] bruyant; rebelle, indiscipliné.

ob·struct [əb'strʌkt] *v/t.* obstruer (*a.* ♐); encombrer; gêner; empêcher; **ob'struc·tion** ⊕ engorgement *m*; ♐, *parl.* obstruction *f*; obstacle *m*, *fig.* empêchement *m*; encombrement *m*; **ob'struc·tive** □ ♐ obstructif (-ive *f*); d'obstruction; be ~ *of* gêner.

ob·tain [əb'tein] *v/t.* obtenir, se procurer; gagner; *v/i.* régner, exister; **ob'tain·a·ble** procurable; trouvable; **ob'tain·ment** obtention *f*.

ob·trude [əb'tru:d] (s')imposer (on, à); **ob'tru·sion** importunité *f*, intrusion *f*; **ob'tru·sive** □ [ˌsiv] importun; indiscret (-ète *f*).

ob·tu·rate ['ɔbtjuəreit] boucher, obturer; **'ob·tu·ra·tor** obturateur *m*.

ob·tuse □ [əb'tju:s] ♐, angle, esprit, pointe: obtus; *fig.* émoussé, sourd; *fig.* stupide; **ob'tuse·ness** manque *m* de pointe; *fig.* stupidité *f*.

ob·verse ['ɔbvə:s] obvers *m*; *médaille*, *monnaie*: face *f*; *fig.* opposé *m*.

ob·vi·ate ['ɔbvieit] *fig.* obvier à, éviter; prévenir.

ob·vi·ous □ ['ɔbviəs] évident, manifeste, clair; *fig.* voyant; **'ob·vi·ous·ness** évidence *f*.

oc·ca·sion [ə'keiʒn] 1. occasion *f*, cause *f*; sujet *m*; besoin *m*; fois *f*;

~s pl. affaires f/pl.; on ~ de temps à autre; on several ~s à plusieurs reprises; on all ~s en toute occasion; on the ~ of à l'occasion de; have no ~ for n'avoir aucun sujet de; 2. occasionner, donner lieu à; oc'ca·sion·al □ ... de temps en temps; épars; ~ furniture meuble m volant.

oc·ci·dent poét. ['ɔksidənt] occident m, ouest m; oc·ci·den·tal □ [~'dentl] occidental (-aux m/pl.); de l'ouest.

oc·cult □ [ɔ'kʌlt] occulte, secret (-ète f); oc·cul'ta·tion astr. occultation f; oc·cult·ism ['ɔkəltizm] occultisme m; 'oc·cult·ist occultiste mf; oc·cult·ness [ɔ'kʌltnis] caractère m occulte.

oc·cu·pan·cy ['ɔkjupənsi] occupation f, habitation f (de, of); emploi: possession f; 'oc·cu·pant terre: occupant(e f) m; maison: locataire mf; emploi: titulaire mf; oc·cu'pa·tion occupation f (a. ⚔); emploi m, métier m, profession f; be in ~ of occuper; employed in an ~ employé; oc·cu'pa·tion·al de métier; professionnel(le f); ⚕ ~ therapy thérapie f rééducative; oc·cu·pi·er ['~paiə] see occupant; oc·cu·py ['~pai] occuper (q., qch., a. ⚔ une ville); habiter (une maison); remplir (l'espace, le temps, un emploi); occuper (la place, le temps); passer (le temps); ⚔ s'emparer de (un point stratégique), garnir (une place de guerre); donner du travail à; ~ o.s. (ou be occupied) with (ou in) être occupé à, s'occuper à.

oc·cur [ə'kə:] avoir lieu; arriver; se produire; se trouver; venir à l'esprit (à q. to s.o.); oc'cur·rence [ə'kʌrəns] événement m; occurrence f; min. venue f.

o·cean ['ouʃn] océan m; mer f; F ~s pl. of un tas m de; o·ce·an·ic [ouʃi'ænik] océanique; de l'océan.

o·chre min. ['oukə] ocre f.

o'clock [ə'klɔk]: five ~ cinq heures.

oc·ta·gon ['ɔktəgən] octogone m; oc·tag·o·nal [ɔk'tægənl] octogonal (-aux m/pl.).

oc·tane ♎︎ ['ɔktein] octane m.

oc·tave ♪ ['ɔktiv] octave f; oc·ta·vo [~'teivou] in-octavo inv. (a. su./m).

Oc·to·ber [ɔk'toubə] octobre m.

oc·to·ge·nar·i·an ['ɔktoudʒi'nɛəriən] octogénaire (a. su./mf).

oc·to·pus zo. ['ɔktəpəs] poulpe m; surt. pieuvre f (a. fig.).

oc·u·lar □ ['ɔkjulə] oculaire, des yeux, de l'œil; ~ demonstration f oculaire; ~ly oculairement, des yeux; 'oc·u·list oculiste m.

odd □ [ɔd] impair (nombre); dépareillé; déparié (de deux); qui ne vont pas ensemble; fig. quelconque; 40 ~ une quarantaine; quelque quarante ...; 12 pounds ~ 12 livres et quelques shillings; there is still some ~ money il reste encore quelque argent (de surplus); at ~ times par-ci par-là; be ~ man rester en surnombre; see a. odds; Odd·fel·lows ['ɔdfelouz] pl. une société de secours mutuels; 'odd·i·ty singularité f, bizarrerie f, F original(e f) m; 'odd·ments pl. restes m/pl.; ✝ fins f/pl. de série; fonds m/pl. de boutique; odds [ɔdz] pl., a. sg. chances f/pl.; avantage m; différence f; courses: cote f; Am. a. faveurs f/pl.; at ~ brouillé, en désaccord; ~ and ends bribes f/pl. et morceaux m/pl.; petits bouts m/pl; nourriture: restes m/pl.; sp. give s.o. ~ concéder des points à q.; what's the ~? qu'est-ce que ça fait?

ode [oud] ode f.

o·di·ous □ ['oudiəs] odieux (-euse f); détestable; répugnant; o·di·um ['oudiəm] détestation f; réprobation f; haine f.

o·dom·e·ter mot. [o'dɔmitə] odomètre m; compteur m enregistreur.

o·don·tol·o·gy ⚕ [ɔdɔn'tɔlədʒi] odontologie f.

o·dor·if·er·ous □ [oudə'rifərəs], 'o·dor·ous □ odorant; parfumé; péj. puant.

o·do(u)r ['oudə] parfum m; odeur f (a. fig.); fig. faveur f; 'o·do(u)r·less sans odeur, inodore.

œconom... see econom...

œc·u·men·i·cal eccl. □ [i:kju:'menikl] œcuménique; F universel(le f).

œ·de·ma ⚕ [i:'di:mə] œdème m.

o'er [ɔə] see over.

œ·soph·a·gus anat. [i:'sɔfəgəs] œsophage m.

of [ɔv; əv] prp. possession, dépendance: de (mon père); origine: de (bonne famille); cause: de (joie, faim, etc.); qualité, quantité, action, distance:

off

de; *lieu de bataille, etc.*: de; *titre de nobilité*: de; *matière*: de, en (*soie, or, etc.*); *titre universitaire*: en (*philosophie, droit, etc.*), ès (*lettres, sciences*); parmi, (d')entre (*un groupe*); *après certains verbes comme* priver, ôter, *etc.*: de; *génitif de description*: *a man ~ honour* un homme d'honneur; *the city ~ London* la cité de Londres; *génitif subjectif*: *the love ~ a mother* l'amour d'une mère; *génitif objectif*: *the love ~ God* l'amour de Dieu; *a hatred ~ cruelty* une haine de la cruauté; *article partitif*: *a glass ~ wine* un verre de vin; *pour of après verbe ou adjectif voir le verbe simple ou l'adjectif*; *die ~ cancer* mourir de cancer; *enough ~* assez de; *loved ~ all* aimé de tous; *north ~ Paris* au nord de Paris; *Duke ~ Kent* Duc de Kent; *get rid ~* se débarasser de; *cheat s.o. ~ s.th.* frustrer q. de qch.; *rob s.o. ~ s.th.* voler qch. à q.; *think ~* penser à; *fig.* juger de; *be afraid (ashamed) ~* avoir peur (honte) de; *desirous (proud) ~* désireux (fier) de; *it is very kind ~ you* c'est très aimable à vous; *the best ~ my friends* le meilleur de mes amis; *~ late* récemment; *~ old* de jadis; *the 2nd ~ May* le 2 mai; *it smells ~ roses* cela sent les roses; *the remedy ~ remedies* le remède par excellence; *this world ~ ours* ce monde terrestre; *he ~ all men* lui entre tous; F *an evening ~* le congé.

off [ɔːf; ɔf] **1.** *adv. usu. avec verbe, voir le verbe simple*; ⚓ au large; *3 miles ~* à 3 milles de distance; *5 months ~* à 5 mois d'ici *ou* de là; *~ and on* par intervalles; *be ~* partir, s'en aller; *fig.* être fermé (*gaz etc.*); être coupé (*allumage etc.*); être épuisé (*plat*); être abandonné (*jeu*); être avancé (*viande etc.*); ne plus pondre (*poule*); *be ~ with* en avoir fini avec (*q.*); *have one's shoes ~* avoir ôté ses souliers; *be well (badly) ~* être dans l'aisance (dans la gêne *ou* misère, mal loti); **2.** *prp. usu.* de; *après certains verbes comme* prendre, ôter, emprunter, *etc.*: à; *distance*: éloigné de, écarté de; dégoûté de (*la nourriture*); ⚓ au large de; *a street ~ the Strand* une rue aboutissant au Strand; **3.** *adj.* de dehors; extérieur; droit (*Am.* gauche); *cheval*: de sous-verge; côté hors montoir (*cheval*); latéral (-aux *m/pl.*) (*rue*); subsidiaire (*importance*); *~ chance* chance *f* douteuse; possibilité *f*; † *~-black* presque noir; *~ horse* sous-verge *m*; bricolier *m*; **4.** *su. cricket*: to the *~* en avant à droite; **5.** *int.* filez!; allez-vous-en!

of·fal ['ɔfəl] déchets *m/pl.*, rebut *m*; *~s pl.* boucherie: déchets *m/pl.* d'abattage; abats *m/pl.*

off-cast ['ɔfkaːst] † rebut *m*.

off-du·ty hours ['ɔːfdjuːtiˈauəz] *pl.* loisirs *m/pl.*, (heures *f/pl.* de) liberté *f*, congé *m*.

of·fence [əˈfens] offense *f*, faute *f*; sujet *m* de déplaisir; ⚖ crime *m*, délit *m*; *minor ~* contravention *f*; *no ~!* pardonnez-moi!; je ne veux offenser personne!; *give ~* offenser, froisser, blesser (*q.*, *to s.o.*); *take ~* se froisser (de, *at*).

of·fend [əˈfend] *v/t.* offenser, froisser, blesser; *v/i.* pécher (contre, *against*); violer (la loi, *against the law*); déplaire; **of·fend·er** délinquant(e *f*) *m*; coupable *m/f*; offenseur *m*; pécheur (-eresse *f*) *m*; *first ~* délinquant(e *f*) *m* primaire.

of·fense [əˈfens] *Am. see* offence.

of·fen·sive [əˈfensiv] **1.** □ offensif (-ive *f*); choquant, offensant, désagréable; **2.** offensive *f*.

of·fer ['ɔfə] **1.** offre *f*; demande *f* (*en mariage*); *on ~* en vente; **2.** *v/t.* offrir (*qch.*, *prix*, †, *occasion*, *etc.*); présenter (*spectacle*, *difficulté*, *excuses*); inviter (*un combat*); faire (*opposition*, *résistance*, *insulte*); avancer (*une opinion*); adresser (*des prières*); essayer (de, *to*); *~ violence* faire violence (à, *to*); *v/i.* s'offrir, se présenter; **'of·fer·ing** action, chose: offre *f*; *eccl.* offrande *f*.

of·fer·to·ry *eccl.* ['ɔfətəri] oblation *f*; *argent*: (montant *m* de la) quête *f*.

off-hand F ['ɔːfˈhænd] sans préparation; à première vue; cavalièrement; brusque(ment); improvisé; sans gêne.

of·fice ['ɔfis] service *m*; office *m* (*a. eccl.*); emploi *m*, charge *f*, fonctions *f/pl.*; dignité *f*; bureau *m*; ♀ ministère *m*; portefeuille *m*; *~s pl.* communs *m/pl.* et dépendances *f/pl.*; F lieux *m/pl.* d'aisances; *in ~* au pouvoir (*gouvernement*, *parti*); *Insurance ♀* compagnie *f* d'assurance(s);

omelet(te)

sl. give s.o. the ~ avertir q.; F passer la consigne à q.; ~ *appliances pl.* articles *m/pl.* de bureau.

of·fi·cer ['ɔfisə] fonctionnaire *m;* officier *m* (*a.* ⚔); **'of·fi·cered** (by) commandé (par); sous le commandement (de).

of·fi·cial □ [ə'fiʃl] **1.** officiel(le *f*); titulaire; de service; *see* officinal; ~ *agency* agence *f;* ~ *poste:* ~ *business* en franchise; service *m* de l'État; ~ *channel* filière *f*, voie *f* hiérarchique; ~ *clerk* employé *m;* fonctionnaire *m;* ~ *hours pl.* heures *f/pl.* de bureau; **2.** fonctionnaire *m;* employé *m;* **of·fi·cial·dom, of·fi·cial·ism** [~ʃəlizm] bureaucratie *f,* fonctionnarisme *m.*

of·fi·ci·ate [ə'fiʃieit] officier; *fig. a.* exercer les fonctions d'hôte.

of·fic·i·nal ☤ [ɔfi'sainl] officinal (-aux *m/pl.*).

of·fi·cious □ [ə'fiʃəs] trop zélé; officieux (-euse *f*); empressé.

off·ing ⚓ ['ɔfiŋ] large *m,* pleine mer *f;* *in the* ~ au large, *fig.* en perspective; **'off·ish** F distant, réservé.

off...: '~**-peak:** ~ *hours pl.* heures *f/pl.* creuses; '~**-print** tirage *m* à part; '~**-scour·ings** *pl.,* '~**-scum** rebut *m;* *fig.* lie *f;* '~**-set 1.** compensation *f;* ⚠ saillie *f;* ⚠ retrait *m* (*d'un mur*); ⊕ *tuyau:* double coude *m;* *piston:* rebord *m;* *typ.* maculage *m;* *phot.* offset *m;* *see* off-shoot; set-off; **2.** compenser; '~**-shoot** rejeton *m;* F ramification *f;* '~**-side** *sp.* hors jeu; '~**-spring** descendants *m/pl.;* progéniture *f;* *fig.* produit *m;* '~**-time** temps *m* (de) libre; loisirs *m/pl.*

of·ten ['ɔːfn], †, *poét. ou mots composés* **oft** [ɔːft] souvent, fréquemment.

o·gee ⚠ ['oudʒiː] doucine *f,* cimaise *f.*

o·gi·val [ou'dʒaivəl] ogival (-aux *m/pl.*); en ogive; **o·give** ['oudʒaiv] ⚠ ogive *f.*

o·gle ['ougl] lancer des œillades (à).

o·gre ['ougə] ogre *m;* **'o·gress** ogresse *f.*

oh [ou] O!, ô!

oil [ɔil] **1.** huile *f;* *sens restreint:* pétrole *m;* F *souv.* ~*s pl. see* ~-*colo(u)r;* ~ *dash-pot* frein *m* à huile; ~ (*level*) *gauge* jauge *f* de niveau d'huile; **2.** graisser (*a. fig.*); ~ *up* (s')encrasser; '~**-cloth** toile *f* cirée; linoléum *m* imprimé; '~**-col·o(u)r** couleur *f* à l'huile; '**oil·er** *personne:* graisseur *m;* *chose:* burette *f* de graissage; '**oil·i·ness** état *m* ou aspect *m* graisseux; onctuosité *f* (*a. fig.*); '**oil-paint·ing** peinture *f* à l'huile; '**oil·skin** toile *f* cirée *ou* huilée; ~*s pl.* ciré *m;* cirage *m;* '**oil·y** □ huileux (-euse *f*); graisseux (-euse *f*); gras(se *f*) (*a. voix*); *fig.* onctueux (-euse *f*), mielleux (-euse *f*).

oint·ment ['ɔintmənt] onguent *m,* pommade *f.*

O.K., o·kay, o·keh ['ou'kei] **1.** parfait!; d'accord!; *écrit:* vu et approuvé; **2.** approuver; contresigner (*un ordre*).

old [ould] vieux (vieil *devant une voyelle ou un h muet*); vieille *f;* vieux *m/pl.*) (*a.* = expérimenté, rebattu, du temps ancien); ancien(ne *f*) (*devant su.* = *qui n'est plus en fonctions*); du temps ancien, de jadis; F *ce cher ...,* ce bon vieux ...; *of* ~ d'autrefois, de jadis; *depuis longtemps; in times of* ~ jadis, autrefois; *a friend of* ~ un vieux camarade; ~ *age* vieillesse *f;* *an* ~ *boy* un ancien élève; *surt. Am.* ♀ *Glory* la bannière étoilée; F *my* ~ *man* mon homme; F *my* ~ *woman* ma femme; '**old·en** † *ou poét.* (de) jadis; vieux (vieil *devant une voyelle ou un h muet;* vieille *f;* vieux *m/pl.*); '**old-'fash·ioned** démodé; à l'ancienne mode; '**old·ish** vieillot(te *f*); '**old-'maid·ish** de vieille fille; **old·ster** ['~stə] F vieillard(e *f*) *m.*

o·le·ag·i·nous [ouli'ædʒinəs] oléagineux (-euse *f*), huileux (-euse *f*).

o·le·o·graph ['ouliogrɑːf] oléographie *f.*

ol·fac·to·ry *anat.* [ɔl'fæktəri] olfactif (-ive *f*).

ol·i·gar·chy ['ɔligɑːki] oligarchie *f.*

o·li·o ['ouliou] F pot-pourri (*pl.* pots-pourris) *m.*

ol·ive ['ɔliv] **1.** ♀ olive *f;* *a. see* ~-*tree;* **2.** olive *adj./inv.;* '~-**branch** (rameau *m* d')olivier *m* (*a. fig.*); '~-**tree** olivier *m.*

O·lym·pi·ad [o'limpiæd] olympiade *f.*

O·lym·pi·an [o'limpiən] olympien (-ne *f*); de l'Olympe; **O'lym·pic** *games pl.* jeux *m/pl.* Olympiques.

om·e·let(te) ['ɔmlit] omelette *f.*

omen 940

o·men ['oumən] présage *m*, augure *m*; **om·i·nous** □ ['ɔminəs] de mauvais augure.

o·mis·si·ble [o'misibl] négligeable; **o'mis·sion** omission *f*; négligence *f*; *fig.* oubli *m*; *eccl.* sin of ~ péché *m* ou faute *f* d'omission.

o·mit [o'mit] omettre (*qch.*; de, *to*); oublier (de, *to*); passer sous silence.

om·ni·bus ['ɔmnibəs] **1.** autobus *m*; **2.** embrassant (*des choses*) diverses; 🚂 ~ *train* train *m* omnibus.

om·nip·o·tence[ɔm'nipətəns] toute-puissance *f*; **om'nip·o·tent** tout-puissant (toute-puissante *f*).

om·ni·pres·ence ['ɔmni'prezəns] omniprésence *f*; **'om·ni'pres·ent** □ omniprésent.

om·nis·cience [ɔm'nisiəns] *eccl.* omniscience *f*; **om'nis·cient** □ omniscient.

om·niv·o·rous [ɔm'nivərəs] omnivore; *fig.* insatiable.

on [ɔn] **1.** *prp. usu.* sur; à (*la Bourse, cheval, l'arrivée de, pied, l'occasion de*); en (*vacances, route, perce, vente*); après; avec (*une pension, un salaire de*); de (*ce côté-ci*); pour; dans (*le train*); sous (*peine de*); *direction:* vers; ~ *the shore* sur le rivage; ~ *shore* à terre; ~ *the death of* à la mort de; ~ *examination* après considération; ~ *both sides* des deux côtés; ~ *all sides* de tous côtés; ~ *business* pour affaires; *be* ~ *a committee* faire partie d'un comité; ~ *Friday* vendredi; ~ *Fridays* le(s) vendredi(s); ~ *the 5th of April* le 5 avril; ~ *the left (right)* à gauche (droite); *surt. Am. get* ~ *a train* monter en voiture; *turn one's back* ~ montrer le dos à (*q.*); ~ *these conditions* dans ces conditions; ~ *the model of* à l'imitation de; ~ *hearing it* lorsque je (*etc.*) l'entendis; *pour on* après *verbe, voir le verbe simple*; **2.** *adv.* (en) avant; *souv. ne se traduit pas* (*p.ex.* put ~ mettre) *ou s'exprime tout autrement* (*p.ex. théâ.* be ~ être en scène; *have one's shoes* ~ être chaussé *etc.*) *ou se traduit par l'idée verbale de* continuer (*qch.*; à *inf.*); *and so* ~ et ainsi de suite; ~ *and* ~ sans fin; ~ *to* sur, à; *from that day* ~ dès ce jour, à partir de ce jour; *be* ~ se trouver sur (*qch.*); faire partie de; se passer; être ouvert (*robinet, électricité*); *théâ.* être en scène; *sl. be a bit* ~ être quelque peu pompette (= *ivre*); F *what's* ~? qu'est-ce qui arrive?; *théâ.* qu'est-ce qui se joue?; **3.** *int.* en avant!, allez(-y)!

once [wʌns] **1.** *adv.* une (seule) fois; autrefois; jadis; *at* ~ tout de suite; sur-le-champ; à l'instant; *all at* ~ tout d'un coup, soudain; ~ *again* encore une fois, une fois de plus; ~ *for all* une fois pour toutes; *for* ~ pour une fois; ~ *in a while* (une fois) de temps en temps; *this* ~ cette fois-ci; ~ *more* une fois de plus, encore une fois; *contes etc.*: ~ *upon a time there was* ... il était une fois; **2.** *cj.* (*a.* ~ *that*) dès que; pour peu que.

once-o·ver *Am.* F ['wʌnsouvə]: *give s.o. a* ~ jeter un coup *m* d'œil rapide sur q.

one [wʌn] **1.** un(e *f*); unique, seul; seul et même; celui *m* (celle *f*; ceux *m/pl.*); *pron. sujet indéfini:* on; *his* ~ *care* son seul souci; ~ *day* un jour; ~ *of these days* un de ces jours; ~ *Mr. Miller* un certain M. Miller, un nommé M.; *see any*~, *every*~, *no* 1; *give* ~'s *view* donner son avis; *a large dog and a little* ~ un grand chien et un petit; *for* ~ *thing* entre autres raisons, en premier lieu; ~ (une *f*) *m*; ~ (*o'clock*) une heure; *the little* ~s les petit(e)s; ~ *another* l'un(e) l'autre, les un(e)s les autres; *at* ~ d'accord; ~ *by* ~, ~ *after another* un(e) à un(e), l'un(e) après l'autre; *it is all* ~ (*to me*) cela m'est égal; *I for* ~ ... quant à moi, je ...; je ...; '~-'*horse* à un cheval; *fig. sl.* insignifiant; '**one·ness** unité *f*; identité *f*; accord *m*.

on·er·ous □ ['ɔnərəs] onéreux (-euse *f*); pénible.

one...: ~'*self* soi-même; *réfléchi:* se, *accentué:* soi; *by* ~ tout seul; '~-'**sid·ed** □ inégal (-aux *m/pl.*), injuste; asymétrique (*forme*); '~-'**time** ancien(ne *f*); '~-**way** ~ *street* (rue *f* à) sens *m* unique; ~ *fare* (prix *m* du) billet *m* simple.

on·fall ['ɔnfɔ:l] assaut *m*.

on-go·ings ['ɔngouiŋz] *pl.* F manège *m*.

on·ion ['ʌnjən] oignon *m*.

on·look·er ['ɔnlukə] spectateur (-trice *f*) *m*.

on·ly ['ounli] **1.** *adj.* seul, unique; **2.** *adv.* seulement, ne ... que; rien que; ~ *yesterday* pas plus tard

qu'hier; ~ just à peine; tout juste; ~ think! imaginez un peu!; 3. cj. mais; ~ that si ce n'est ou était que.
on·rush ['ɔnrʌʃ] ruée f.
on·set ['ɔnset], **on·slaught** ['ɔnslɔ:t] assaut m; attaque f (a. fig.); fig. at the onset de prime abord.
o·nus ['ounəs] (pas de pl.) fig. responsabilité f, charge f.
on·ward ['ɔnwəd] 1. adj. en avant, progressif (-ive f); 2. adv. (a. **on·wards** ['~z]) en avant; plus loin.
oo·dles F ['u:dlz] pl. un tas m (de, of).
oof sl. [u:f] galette f (= argent).
ooze [u:z] 1. vase f; boue f; ⊕ jus(ée f) m; 2. suinter (a. ~ out) dégoutter; ~ away s'écouler, disparaître; Am. sl. ~ out (se dé)filer.
oo·zy □ ['u:zi] vaseux (-euse f); suintant.
o·pac·i·ty [o'pæsiti] opacité f; fig. intelligence: lourdeur f.
o·pal min. ['oupəl] opale f; **o·pal·es·cent** [~'lesnt] opalescent.
o·paque □ [ou'peik] opaque; fig. obtus, peu intelligent.
o·pen ['oupən] 1. adj. □ usu. ouvert; plein (air, campagne, mer); grand (air); débouché (bouteille); courant (compte); non barré (chèque); nu (feu); public (-ique f) (jugement); haut (mer); défait (paquet); béant (plaie); discutable (question); déclaré (rival); manifeste (sentiment); franc(he f); doux (douce f) (temps); découvert (voiture); ~ to accessible à; exposé à; ~ to conviction accessible à la conviction; in the ~ air en plein air, au grand air; ⚔ ~-cast, ~-cut à ciel ouvert (exploitation); in ~ court en plein tribunal; sp. ~ race omnium m; Am. ~ shop atelier m etc. qui admet les ouvriers non-syndiqués; ~ work ouvrage m ajouré; leave o.s. ~ to s'exposer à; 2. su. bring into the ~ exposer au grand jour; 3. v/t. usu. ouvrir; inaugurer; écarter; révéler, exposer; commencer, entamer; ~ up ouvrir; v/i. s'ouvrir; s'épanouir; s'étendre (vue); commencer; ~ into donner dans, communiquer avec; ~ on to donner sur, ouvrir sur; '**o·pen·er** ['oupnə] personne: ouvreur (-euse f) m; '**open-'hand·ed** libéral (-aux m/pl.); '**o·pen·ing** 1. ouverture f; inauguration f; commencement m, début

m; trou m; éclaircie f (dans les nuages); mur, forêt: percée f; clairière f (dans un bois); 2. d'ouverture, inaugural (-aux m/pl.); '**o·pen-'mind·ed** fig. impartial (-aux m/pl.); qui a l'esprit large; '**o·pen-'mouthed** bouche f bée; **o·pen·ness** ['oupnnis] aspect m découvert, situation f exposée; fig. franchise f.
op·er·a ['ɔpərə] opéra m; '~-**cloak** sortie f de bal; '~-**danc·er** danseur (-euse f) m d'opéra; ballerine f; '~-**glass(es** pl.) jumelle f, -s f/pl.; '~-**hat** (chapeau m) claque m; '~-**house** opéra m.
op·er·ate ['ɔpəreit] v/t. opérer, effectuer (a. ✝, ⚔, ✗); ✝ exploiter; Am. actionner; faire manœuvrer (une machine); gérer, diriger (une entreprise); v/i. ✗ opérer (q., on s.o.); Am. fonctionner; ✝ faire des opérations, spéculer; entrer en vigueur, jouer; be operating fonctionner; **op·er·a·ic** [~'rætik] d'opéra; ~ singer chanteur (-euse f) m dramatique d'opéra; **op·er·at·ing** ['ɔpəreitiŋ] qui opère; ✗ opérateur (chirurgien); d'exploitation; d'opération; ~ expenses pl. dépenses f/pl. courantes; ~ instructions pl. indications f/pl. du mode d'emploi; ✗ ~ room (ou theatre, theater) salle f d'opération; **op·er·a·tion** fonctionnement m, action f (a., ⚔, ✗); ✝ opération f; be in ~ fonctionner, jouer; come into ~ entrer en vigueur; ✗ d'opération); d'exploitation; **op·er·a·tive** ['~rətiv] 1. □ actif (-ive f), opératif (-ive f); pratique; fig. essentiel(le f); ✗ opératoire; 2. ouvrier (-ère f) m; **op·er·a·tor** ['~reitə] opérateur (-trice f) m (a. ⊕); ✗ opérateur m (a. cin., a. ✝); ✝ téléphoniste mf; ✝ joueur m; ouvrier (-ère f) m; Am. mot. conducteur m.
op·er·et·ta [ɔpə'retə] opérette f.
oph·thal·mi·a ✗ [ɔf'θælmiə] ophtalmie f; **oph'thal·mic** ophtalmique; ~ hospital hôpital m ophtalmologique.
o·pi·ate pharm. 1. ['oupiit] opiat m, opiacé m, narcotique m; 2. ['~ieit] opiacer (un médicament).
o·pine [o'pain] v/t. être d'avis (que); v/i. opiner; **op·in·ion** [ə'pinjən] opinion f, avis m; ✗ consultation f; the (public) ~ l'opinion f (publique);

opinionated

counsel's ~ avis *m* motivé; *be of* ~ estimer, être d'avis (*que, that*); *in my* ~ à mon avis; **o·pin·ion·at·ed** [~eitid] opiniâtre; imbu de ses opinions.

o·pi·um *pharm.* ['oupjəm] opium *m*.

o·pos·sum *surt. Am.* [ə'pɔsəm] opossum *m*; sarigue *f, a. m.*

op·po·nent [ə'pounənt] 1. adversaire *mf*; 2. opposé; *anat.* opposant.

op·por·tune □ ['ɔpətjuːn] opportun, commode; à propos; **'op·por·tun·ism** opportunisme *m*; **'op·por·tun·ist** opportuniste *mf*; **op·por·'tu·ni·ty** occasion *f* (favorable) (pour *inf.* of *gér.*, *to inf.*); facilités *f/pl.* (de, *for*).

op·pose [ə'pouz] opposer (*deux choses*); s'opposer à (*q., qch.*); résister à (*q., qch.*); parler contre (*une proposition*); **op'posed** opposé, contraire, hostile; *be* ~ *to* être le rebours de; aller au contraire de; **op·po·site** ['ɔpəzit] 1. *adj.* □ (*to*) opposé (à); en face (de); vis-à-vis (de); contraire (à); ~ *number* correspondant *m* en grade, F similaire *m*; 2. *prp.* en face de, vis-à-vis de; 3. *adv.* en face, vis-à-vis; 4. *su.* opposé *m*; contre-pied *m*; **op·po·si·tion** opposition *f* (*a. parl., a. astr.*); résistance *f*; camp *m* adverse; ✝ concurrence *f*.

op·press [ə'pres] opprimer; *fig. a.* accabler, oppresser; **op·pres·sion** [ə'preʃn] oppression *f*; *fig.* accablement *m*; ✞ abus *m* d'autorité; **op·'pres·sive** □ [~siv] oppressif (-ive *f*), tyrannique; *fig.* lourd (*temps*); **op·pres·sive·ness** caractère *m* oppressif; *fig. temps*: lourdeur *f*; **op·'pres·sor** oppresseur *m*.

op·pro·bri·ous □ [ə'proubriəs] outrageant, injurieux (-euse *f*); **op·'pro·bri·um** [~briəm] opprobre *m*.

opt [ɔpt] opter (pour, *for*); entre, *between*).

op·tic ['ɔptik] optique, de l'œil; de vision; (*ou* **'op·ti·cal** □) optique; **op·ti·cian** [ɔp'tiʃn] opticien *m*; **'optics** *sg.* optique *f*.

op·ti·mism ['ɔptimizm] optimisme *m*; **'op·ti·mist** optimiste *mf*; **op·ti·'mis·tic** (~ally) optimiste; ~ally avec optimisme.

op·tion ['ɔpʃn] choix *m*, option *f*; faculté *f*; ✝ (marché *m* à) prime *f*; ~ *right* option *f*; **'op·tion·al** □ facultatif (-ive *f*).

op·u·lence ['ɔpjuləns] opulence *f*, richesse *f*; **'op·u·lent** □ opulent, très riche.

or [ɔː] ou; *either ...* ~ ou ... ou; soit ... soit; ~ *else* ou bien; sinon.

or·a·cle ['ɔrəkl] oracle *m*; F *work the* ~ arriver à ses fins; faire agir certaines influences; **or·ac·u·lar** [ɔ'rækjulə] (en style) d'oracle; *fig.* équivoque, obscur.

o·ral □ ['ɔːrəl] oral (-aux *m/pl.*); buccal (-aux *m/pl.*).

or·ange ['ɔrindʒ] 1. orange *f*; *arbre*: oranger *m*; *couleur*: orange *m*; orangé *m*; 2. orangé; orange *adj./inv.*; **or·ange·ade** ['~eid] orangeade *f*; **or·ange·ry** ['~əri] orangerie *f*.

o·rate *co.* [ɔː'reit] pérorer; **o·ra·tion** allocution *f*, discours *m*; *co., péj.* harangue *f*; **or·a·tor** ['ɔrətə] orateur *m*; **or·a·tor·i·cal** □ [ɔrə'tɔrikl] oratoire; ampoulé (*discours*); phraseur (-euse *f*) (*personne*); **or·a·to·ri·o** ♪ [~'tɔːriou] oratorio *m*; **or·a·to·ry** ['ɔrətəri] éloquence *f*; art *m* oratoire.

orb [ɔːb] orbe *m*; globe *m*; *poét.* astre *m*; **orbed** [ɔːbd] *usu.* orbé ['ɔːbid] rond, sphérique; **or·bic·u·lar** □ [ɔː'bikjulə], **or·bic·u·late** [~lit] orbiculaire, sphérique; **or·bit** ['ɔːbit] *anat., a. astr.* orbite *f*; *put* (*go*) *into* ~ (se) placer sur son orbite.

or·chard ['ɔːtʃəd] verger *m*; **'or·chard·ing** fructiculture *f*; *Am.* terrains *m/pl.* aménagés en vergers.

or·ches·tra ♪ ['ɔːkistrə] orchestre *m*; ~ *pit théâ.* fosse *f* d'orchestre; **or·ches·tral** [ɔː'kestrl] orchestral (-aux *m/pl.*); **or·ches·trate** ♪ ['ɔːkistreit] orchestrer, instrumenter.

or·chid ♀ ['ɔːkid] orchidée *f*.

or·dain [ɔː'dein] ordonner (*a. un diacre*); conférer les ordres à (*un prêtre*); fixer, destiner; prescrire.

or·deal [ɔː'diːl] épreuve *f*; *hist.* jugement *m* de Dieu, ordalie *f*.

or·der ['ɔːdə] 1. ordre *m* (*a. moines, chevalerie, fig.,* ✝, △, ✗ [*de bataille*], ⚓ [*tactique*]); ✝ commande *f*; ordonnance *f* (*de paiement*); *parl.* rappel *m* à l'ordre; *admin.* arrêt(é) *m*; ✗, ⚓ consigne *f*; *poste*: mandat *m*; ⊕ état *m* de fonctionnement; instruction *f*; suite *f*, succession *f*; classe *f* (*sociale*); *by* ~ par ordre;

~ of the day ordre *m* du jour (*a. fig.*); take (holy) ~s prendre les ordres; in ~ dans les règles; put in ~ mettre en règle; in ~ to (*inf.*) pour (*inf.*), afin de (*inf.*); in ~ that pour que (*sbj.*), afin que (*sbj.*); *a. see* in ~ to; on the ~s of sur les ordres de; ✝ be on ~ être commandé; make to ~ faire sur commande; faire sur mesure (*un habit*); *parl.* rise to ~ se lever pour demander le rappel à l'ordre; *parl.* standing ~s *pl.* ordres *m/pl.* permanents; ✝, *pol.* règlement *m*, -s *m/pl.*; to (the) ~ of ✝ à l'ordre de (*q.*); 2. (ar)ranger; ordonner; régler; ⚔ prescrire; ✝ commander; ⚔ ~ arms! reposez armes!; ~ about faire marcher (*q.*); ~ s.o. down (up) ordonner à q. de descendre (monter); '**or·der·er** ordonnateur (-trice *f*) *m*; '**or·der·li·ness** bon ordre *m*; discipline *f*; bonne conduite *f*; '**or·der·ly 1.** méthodique; réglé (*vie etc.*); discipliné (*foule etc.*); ⚔ officer officier *m* de service *ou* de semaine, ~ room salle *f* de rapport; **2.** ⚔ planton *m*; (*medical*) ~ infirmier *m*; '**or·der·pad** ✝ carnet *m* de commande.

or·di·nal ['ɔːdinl] ordinal (-aux *m/pl.*) (*a. su./m*).

or·di·nance ['ɔːdinəns] ordonnance *f*, décret *m*, règlement *m*; *eccl.* rite *m*.

or·di·nar·y ['ɔːdnri] **1.** □ ordinaire; coutumier (-ère *f*); *péj.* quelconque; ✝ ~ debts *pl.* dettes *f/pl.* compte; ⚓ ~ seaman matelot *m* de troisième classe; *see* share 1; **2.** *eccl.* ordinaire *m*; table *f* d'hôte; *Am.* auberge *f*; commun *m*; in ~ ordinaire; ⚓ en réserve (*navire*).

or·di·nate ⚐ ['ɔːdnit] ordonnée *f*. **or·di·na·tion** [ɔːdi'neiʃn] *eccl.* ordination *f*; arrangement *m*.

ord·nance ⚔, ⚓ ['ɔːdnəns] artillerie *f*; ⚔ service *m* du matériel; ~ map carte *f* d'état-major; ~ survey service *m* cartographique.

or·dure ['ɔːdjuə] ordure *f*; immondice *f*.

ore [ɔː] minerai *m*; *poét.* métal *m*.

or·gan ['ɔːgən] ♪ orgue *m* (*f/pl.* -s); organe *m* (*ouïe, vue, etc.*, *admin.*, *a.* = *journal*); bulletin *m*, porte-parole *m/inv.*; '~-**grind·er** joueur *m* d'orgue de Barbarie; **or·gan·ic** [ɔːˈɡænik] (~ally) organique; organisé (*êtres, croissance*); '**or·gan·ism** ['ɔːɡənizm] organisme *m*; '**or·gan·ist** organiste *mf*; **or·gan·i·za·tion** [ˌɔːɡənaiˈzeiʃn] organisation *f*; *pol.* organisme *m*; œuvre *f* (*de charité*); '**or·gan·ize** organiser; arranger; ~d constitué; *biol.*, *pol.* organisé; '**or·gan·iz·er** organisateur (-trice *f*) *m*.

or·gy ['ɔːdʒi] orgie *f* (*a. fig.*); *fig.* profusion *f*.

o·ri·el ⚐ ['ɔːriəl] fenêtre *f* en saillie.

o·ri·ent ['ɔːriənt] **1.** oriental (-aux *m/pl.*); de l'Orient; **2.** orient *m* (*a.* = *éclat d'une perle*); *Am.* Asie *f*; **3.** [',ent] orienter; **o·ri·en·tal** [,'entl] **1.** □ oriental (-aux *m/pl.*); d'Orient; **2.** Oriental(e *f*) *m*; indigène *mf* de l'Orient; **o·ri·en·tate** ['ɔːrienteit] orienter; **o·ri·en·ta·tion** orientation *f*.

or·i·fice ['ɔrifis] orifice *m*, ouverture *f*.

or·i·gin ['ɔridʒin] origine *f*, génèse *f*; provenance *f*.

o·rig·i·nal [əˈridʒənl] **1.** □ originaire; premier (-ère *f*); original (-aux *m/pl.*) (*livre, style, idée, etc.*); inédit; *see* share; ~ capital capital *m* d'apport; ~ sin péché *m* original; **2.** original *m*; *personne*: original(e *f*) *m*; **o·rig·i·nal·i·ty** [,'næliti] originalité *f*.

o·rig·i·nate [əˈridʒineit] *v/t.* faire naître, donner naissance à, être l'auteur de; *v/i.* (*from*, *in*) tirer son origine, dériver (de); avoir son origine (dans); **o·rig·i·na·tion** source *f*, origine *f*; naissance *f*; invention *f*; création *f*; **o·rig·i·na·tive** □ créateur (-trice *f*); **o·rig·i·na·tor** auteur *m*; initiateur (-trice *f*) *m*.

o·ri·ole *orn.* ['ɔːrioul] loriot *m*.

or·mo·lu ['ɔːmoluː] or *m* moulu; similor *m*.

or·na·ment 1. ['ɔːnəmənt] ornement *m* (*a. fig.*); parure *f*; **2.** [',ment] orner, parer; agrémenter (*une robe*); **or·na'men·tal** □ ornemental (-aux *m/pl.*); d'ornement; d'agrément.

or·nate □ [ɔːˈneit] orné; *fig.* fleuri.

or·ni·tho·log·i·cal □ [ˌɔːniθəˈlɔdʒikl] ornithologique; **or·ni·thol·o·gist** [,'θɔlədʒist] ornithologue *mf*, -logiste *mf*; **or·ni'thol·o·gy** ornithologie *f*.

orography

o·rog·ra·phy [ɔ'rɔgrəfi] orographie f.
o·ro·tund ['ɔrotʌnd] sonore.
or·phan ['ɔ:fən] 1. orphelin(e f) m; 2. (a. 'orphaned) orphelin(e f); or·phan·age ['⁓idʒ], 'or·phan·a·sy·lum orphelinat m.
or·rer·y ['ɔrəri] planétaire m.
or·tho·dox □ ['ɔ:θədɔks] orthodoxe; fig. classique; bien pensant (personne); 'or·tho·dox·y orthodoxie f.
or·tho·graph·ic, or·tho·graph·i·cal □ [ɔ:θə'græfik(l)] orthographique, d'orthographe; or·thog·ra·phy [ɔ:'θɔgrəfi] orthographe f; ⚔ coupe f perpendiculaire.
or·tho·pae·dic [ɔ:θo'pi:dik] (⁓ally) orthopédique; or·tho'pae·dist orthopédiste mf; 'or·tho·pae·dy orthopédie f.
Os·car ['ɔskə] surt. cin. Am. oscar m; p.ext. récompense f.
os·cil·late ['ɔsileit] osciller (a. fig.); fig. hésiter, balancer; mot. oscillating axle essieu m orientable; os·cil'la·tion oscillation f; os·cil·la·to·ry ['⁓lətəri] oscillatoire.
os·cu·late co. ['ɔskjuleit] s'embrasser.
o·sier ♣ ['ouʒə] osier m.
os·prey ['ɔspri] orn. orfraie f; ✝ aigrette f.
os·se·ous ['ɔsiəs] osseux (-euse f); os·si·fi·ca·tion [ɔsifi'keiʃn] ossification f; os·si·fy ['⁓fai] (s')ossifier; os·su·ar·y ['ɔsjuəri] ossuaire m.
os·ten·si·ble □ [ɔs'tensəbl] prétendu.
os·ten·ta·tion [ɔsten'teiʃn] ostentation f; faste m; parade f; os·ten'ta·tious □ fastueux (-euse f); plein d'ostentation.
os·te·ol·o·gy anat. [ɔsti'ɔlədʒi] ostéologie f.
ost·ler ['ɔslə] valet m d'écurie.
os·tra·cism ['ɔstrəsizm] ostracisme m; os·tra·cize ['⁓saiz] bannir; ostraciser (a. fig.).
os·trich ['ɔstritʃ] autruche f.
oth·er ['ʌðə] autre (than, from que); the ⁓ day l'autre jour, récemment; the ⁓ morning l'autre matin; every ⁓ day tous les deux jours; each ⁓ l'un(e) l'autre, les un(e)s les autres; somebody or ⁓ je ne sais qui; péj. quelque individu; '⁓·wise autrement.

944

o·ti·ose □ ['ouʃious] superflu; oiseux (-euse f); o·ti·os·i·ty [ouʃi'ɔsiti] superfluité f.
ot·ter zo. ['ɔtə] loutre f (a. peau).
Ot·to·man ['ɔtəmən] 1. ottoman, turc (turque f); 2. Ottoman(e f) m; ♀ divan m, ottomane f.
ought¹ [ɔ:t] see aught.
ought² [⁓] v/aux. (défectif): I ⁓ to (inf.) je dois ou devrais (inf.); you ⁓ to have done it vous auriez dû le faire.
ounce¹ [auns] once f (28,35 g); by the ⁓ à l'once; au poids.
ounce² zo. [⁓] once f; léopard m des neiges.
our ['auə] notre, nos; ours ['auəz] le (la) nôtre, les nôtres; à nous; a ... of ⁓ un(e) de nos ...; our'self nous-même; réfléchi: nous (a. accentué); our'selves nous-mêmes; réfléchi: nous (a. accentué).
oust [aust] évincer; supplanter; déloger (d'un poste).
out [aut] 1. adv. (au, en) dehors; au clair, découvert, sorti; éteint; au bout, à la fin; be ⁓ être sorti; sortir; se tromper; être bas(se f) (marée); être démodé (vêtement); faire la grève, être en grève (ouvrier); être épanoui ou en fleur; être paru (livre); être éventé (secret); avoir fait son entrée dans le monde (jeune fille); être luxé (épaule etc.); être sur pied (troupes); être achevé ou à bout (patience, mois, etc.); pol. n'être plus⁓ au pouvoir; être connu ou publié (nouvelle etc.); sp. être hors jeu ou éliminé ou knock-out; avoir perdu connaissance; sl. be ⁓ for s.th. être à la recherche de qch.; be ⁓ to (inf.) avoir entrepris de (inf.); avoir pour but de (inf.); be ⁓ with être fâché avec; hear s.th. ⁓ entendre qch. jusqu'au bout; ⁓ and⁓ complètement; ⁓-and-⁓ achevé, convaincu; ⁓ and about (de nouveau) sur pied; levé; ⁓ and away de beaucoup; see elbow; come ⁓ théâ. débuter; débuter, faire son entrée dans le monde (jeune fille); have it ⁓ with vider une querelle avec (q.), s'expliquer avec (q.); voyage ⁓ aller m; way ⁓ sortie f; her Sunday ⁓ son dimanche de sortie; ⁓ upon him! fi de lui!; ⁓ with him! à la porte!; 2. su. typ. bourdon m; Am. F excuse f; parl. the ⁓s pl.

l'opposition f; **3.** adj. aller (match); exceptionel(le f) (taille); hors série; **4.** prp. ~ of hors de, au ou en dehors de; par (la fenêtre); choix: parmi, d'entre; démuni de; drink ~ of boire dans (un verre), à (la bouteille); 3 ~ of 10 3 sur 10; ~ of respect par respect; see date² 1; laugh 2; money; **5.** v/t. F rendre ivre mort; box. mettre knock-out.

out...: ~-and-'out·er sl. outrancier (-ère f) m; intransigeant(e f) m; chef-d'œuvre (pl. chefs-d'œuvre) m; ~'bal·ance l'emporter sur; ~'bid [irr. (bid)] renchérir sur; '~·board hors bord; extérieur; ~'brave braver; surpasser (q.) en bravoure; '~·break éruption f; début m; '~·build·ing bâtiment m extérieur; '~·burst explosion f, éruption f; '~·cast expulsé(e f) (a. su.); fig. réprouvé(e f) (a. su.); ~'class sp. surclasser; '~·col·lege externe (étudiant[e]); '~·come issue f, conséquence f; '~·crop ⚒, géol. affleurement m; fig. épidémie f; '~·cry cri m; clameur f; ~'dat·ed vieilli, démodé; ~'dis·tance dépasser, distancer; ~'do [irr. (do)] surpasser; '~·door adj., '~·doors adv. au dehors; en plein air; au grand air.

out·er ['autə] extérieur; externe; '~·most le plus en dehors; extrême.

out...: ~'face dévisager (q.); faire baisser les yeux à (q.); '~·fall égout: déversoir m; rivière: embouchure f; '~·fit équipement m; trousse f; ⚔ armement m; habits: trousseau m; Am. équipe f d'ouvriers; ⚒ F compagnie f, bataillon m; '~·fit·ter fournisseur (-euse f) m; marchand m de confections; ~'flank ⚔ déborder; '~·flow gaz, eau, etc.: dépense f; égout: décharge f; ~'go **1.** [irr. (go)] surpasser, dépasser; **2.** ['~] dépenses f/pl.; ~'go·ing **1.** sortant; **2.** sortie f; dépenses f/pl.; ~'grow [irr. (grow)] devenir plus grand que (q.); devenir trop grand pour (qch.); fig. se défaire de; '~·growth excroissance f; conséquence f naturelle; '~·house dépendance f; appentis m; Am. water m extérieur.

out·ing ['autiŋ] promenade f; partie f de plaisir; excursion f, sortie f.

out...: ~'land·ish baroque, bizarre; barbare (langue); retiré (endroit); ~'last survivre à; '~·law **1.** hors-la-loi m/inv.; proscrit(e f) m; **2.** proscrire; '~·law·ry proscription f; '~·lay dépenses f/pl.; frais m/pl.; '~·let sortie f, départ m; issue f; tuyau, a. ✝ débouché m; fig. issue f, déversoir m; '~·line **1.** silhouette f; profil m; tracé m; roman, pièce de théâ.: canevas m; **2.** silhouetter; ébaucher; esquisser; ~d dessiné, profilé (sur, against); ~'live survivre à; '~·look guet m; vue f; perspective f (a. fig.); pol. horizon m; '~·ly·ing éloigné, écarté; ⚓ qui déborde (appareil); ~·ma'nœu·vre l'emporter sur (q.) en tactique; F déjouer; ~'march devancer; ~·'mod·ed démodé; ~'most le plus en dehors; extrême; '~·num·ber surpasser en nombre; '~·of-'door(s) see outdoor(s); '~·of-'work pay indemnité f de chômage; ~'pace distancer; gagner de vitesse; ~·pa·tient malade mf qui va consulter à la clinique; '~·post poste m avancé; ~'pour·ing épanchement m (a. fig.); '~·put rendement m; mine: production f; ⊕ débit m.

out·rage ['autreidʒ] **1.** atteinte f; outrage m (à on, against); attentat m (à, on); fig. indignité f; **2.** outrager, faire outrage à; violenter (une femme); fig. aller à l'encontre de; out'ra·geous □ immodéré; outrageux (-euse f); atroce.

out...: ~'reach tendre la main plus loin que; fig. prendre l'avance sur; '~·re·lief secours m/pl. à domicile; ~'ride [irr. (ride)] dépasser ou devancer à cheval; ⚓ étaler (une tempête); '~·rid·er piqueur m; F avant-coureur m; '~·rig·ger ⚓ prao: balancier m; outrigger m; espar m en saillie; '~·right **1.** adj. ['autrait] à forfait; franc(he f); **2.** adv. [aut'rait] complètement; à forfait; sur le coup; carrément; ~'ri·val surpasser; l'emporter sur (q.); ~'run [irr. (run)] dépasser (le but etc.); distancer (un concurrent); fig. l'emporter sur; '~·run·ner see outrider; ~'sail ⚓ dépasser (un navire); '~·set commencement m, début m; ~'shine [irr. (shine)] éclipser; surpasser en éclat; '~·side **1.** su. extérieur m, de-

outsider

hors *m*; *autobus*: impériale *f*; *fig.* maximum *m*; *at the* ~ tout au plus; 2. *adj.* extérieur; du dehors; de l'impériale (*d'un autobus*); du bout (*d'une place ou chaise*); maximum (*prix*); *foot.*: ~ **right** (**left**) ailier *m* droit (gauche); 3. *adv.* (en) dehors; à l'extérieur; ~ **of** = 4. *prp.* en dehors de; à l'extérieur de; hors de; '~'**sid·er** F étranger (-ère *f*) *m*; profane *mf*; ~'**sit** [*irr.* (**sit**)] rester plus longtemps que; '~·**size** † taille *f* exceptionnelle; '~·**skirts** *pl. ville*: faubourgs *m/pl.*, banlieue *f*; *forêt*: lisière *f*; abords *m/pl.*; ~'**smart** *Am.* F surpasser en finesse; déjouer; †~'**spo·ken** □ carré, franc(he *f*); ~'**stand·ing** saillant, marquant, *fig.* éminent; en suspens (*affaire*); † dû (due *f*); échu (*intérêt*); ~'**stay** rester plus longtemps que; ~ *one's welcome* lasser l'amabilité de ses hôtes; ~'**step** *fig.* outrepasser; ~'**stretch** étendre, déployer; ~'**strip** dépasser, gagner de vitesse; *fig.* surpasser; '~·**turn** rendement *m* net; ~'**val·ue** surpasser en valeur; ~'**vote** obtenir une majorité sur; mettre (*q.*) en minorité; '~·**vot·er** électeur (-trice *f*) *m* qui ne réside pas dans la circonscription.

out·ward ['autwəd] 1. *adj.* en dehors; extérieur, de dehors; d'aller (*billet*); ✢ pour l'étranger; 2. *adv.* (*usu.* **out·wards** ['~dz]) au dehors; vers l'extérieur; '**out·ward·ness** extériorité *f*; *fig.* objectivité *f*.

out...: ~'**wear** [*irr.* (**wear**)] user complètement; durer plus longtemps que; se défaire de (*une habitude etc.*); ~'**weigh** dépasser en poids; *fig.* l'emporter sur; ~'**wit** déjouer les menées de; '~·**work** ⚔ ouvrage *m* avancé; ⊕ travail (*pl.* -aux) *m* fait à domicile; '~·**work·er** ouvrier (-ère *f*) *m* à domicile.

ou·zel *orn.* ['u:zl] merle *m*.

o·val ['ouvl] 1. (en) ovale; 2. ovale *m*.

o·va·ry ['ouvəri] *anat.*, *a.* ♀ ovaire *m*.

o·va·tion [ou'veiʃn] ovation *f*.

ov·en ['ʌvn] four *m*; ⊕ étuve *f*.

o·ver ['ouvə] 1. *adv.* par-dessus (*qch.*); en plus; fini, achevé; à la renverse; *avec adj. ou adv.*: trop; *avec verbe*: sur-, trop; *avec su.*: excès *m* de; ~ *and above* en outre; (*all*) ~ *again* d'un bout à l'autre; de nouveau; ~ *against* vis-à-vis de; *all* ~ partout; ~ *and* ~ (*again*) maintes et maintes fois; à plusieurs reprises; *fifty times* ~ cinquante fois de suite; *make* ~ transférer; *Am.* refaçonner; *read* ~ lire (*qch.*) en entier; parcourir; 2. *prp.* sur, (par-)dessus; au-dessus de; au-delà de; *all* ~ *the town* partout dans la ville, dans toute la ville; ~ *night* pendant la nuit; ~ *a glass of wine* en prenant un verre de vin; ~ *the way* en face.

over...: '~·**act** exagérer; '~·**all** tablier *m* blouse; *école*: blouse *f*; sarrau (*pl.* -s, -x) *m*; ~s *pl.* salopette *f* (*a. d'enfant*); F bleus *m/pl.*; ~'**arch** former un arc au-dessus de (*qch.*); ~'**awe** intimider; ~'**bal·ance** 1. excédent *m*; 2. (se) renverser; *v/t.* peser plus que; *v/i.* perdre l'équilibre (*personne*); ~'**bear** [*irr.* (**bear**)] l'emporter sur; ~'**bear·ing** □ arrogant; ~'**bid** [*irr.* (**bid**)] enchérir sur; '~·**blown** trop épanoui; ~·**board** ✢ par-dessus bord; à la mer (*homme*); '~·**brim** déborder; '~·**build** [*irr.* (**build**)] trop construire dans (*une localité*); ~'**burden** surcharger (de, *with*); '~·**cast** 1. [*irr.* (**cast**)] obscurcir; ~ *a seam* faire un surjet; 2. obscurci, couvert; ~ *seam* surjet *m*; ~·**charge** 1. ['ouvə'tʃɑːdʒ] surcharger; survendre (*des marchandises*); faire payer (*qch.*) trop cher à (*q.*); 2. ['ouvətʃɑːdʒ] surcharge *f*; prix *m* surfait; ~'**cloud** (se) couvrir de nuages; (s')assombrir; '~·**coat** pardessus *m*; ~'**come** [*irr.* (**come**)] vaincre; maîtriser; ~·'**con·fi·dent** □ trop confiant; suffisant; ~·'**crowd** trop remplir; ~'**do** [*irr.* (**do**)] outrer; charger (*un rôle*); *fig.* exagérer; *cuis.* trop cuire; ~·**done** [ouvə'dʌn] outré, excessif (-ive *f*); F éreinté; exagéré; ['ouvə'dʌn] trop cuit; '~·**draft** † découvert *m*; ~'**draw** [*irr.* (**draw**)] charger, exagérer; † mettre (*un compte*) à découvert; '~·**dress** faire trop de toilette; (s)habiller avec trop de recherche; '~·**drink** [*irr.* (**drink**)]: ~ *o.s.* se soûler; '~·**drive** *mot.* surmultiplication *f*; ~'**due** en retard (*a.* ⛟); † arriéré, échu; '~·**eat** [*irr.* (**eat**)]: ~ *o.s.* trop

overtrump

manger; '∼·es·ti·mate surestimer; '∼·ex'pose *phot.* surexposer; '∼-ex'po·sure *phot.* surexposition *f*; '∼'fa'tigue 1. surmener; 2. surmenage *m*; '∼'feed [*irr.* (feed)] *v/t.* suralimenter; *v/i.* trop manger; ∼flow 1. [ouvə'flou] [*irr.* (flow)] *v/t.* déborder de; inonder; *v/i.* déborder; 2. ['ouvəflou] débordement *m*; inondation *f*; trop-plein *m*; '∼freight surcharge *f*; '∼'ground (qui voyage) par voie de terre; '∼grow [*irr.* (grow)] (re)couvrir; envahir; '∼growth surcroissance *f*; couverture *f* (*de ronces etc.*); ∼hang 1. ['ouvə'hæn] [*irr.*(hang)] surplomber; faire saillie (au-dessus de qch., *s.th.*); 2. ['ouvəhæn] saillie *f*; ∼'haul examiner en détail; réparer; ∼head 1. [ouvə'hed] *adv.* en haut; works ∼! attention, travaux (en haut)!; 2. ['ouvəhed] *adj.* ✝ général (-aux *m/pl.*)(*frais, dépenses, etc.*); ∼railway ⊕ pont *m* roulant; 🚋 chemin *m* de fer aérien; ⊕ ∼ wire câble *m* aérien; 3. *su.* ✝ ∼s *pl.* frais *m/pl.* généraux; ∼'hear [*irr.* (hear)] surprendre (*q., une conversation*); '∼'heat ⊕ surchauffer; ⊕ ∼ o.s. s'échauffer; '∼house *radio:* extérieur (*antenne*); ∼'is·sue faire une surémission de (*billets de banque*); ∼'joy ravir; ∼land 1. ['ouvəlænd] *adj.* qui voyage par voie de terre; 2. [ouvə'lænd] *adv.* par voie de terre; ∼lap *v/t.* recouvrir (partiellement); dépasser; faire double emploi avec; *v/i.* (se) chevaucher; ∼lay 1. [ouvə'lei] [*irr.* (lay)] (re)couvrir (de, *with*); ⊕ mettre des hausses sur; 2. ['ouvəlei]: ∼ *mattress* matelas *m*; couvre-lit *m*; '∼'leaf au verso; ∼load 1. ['ouvəloud] surcharge *f*; 2. [ouvə'loud] surcharger; ∼look avoir vue sur; dominer; surveiller (*un travail*); *fig.* oublier; négliger; fermer les yeux sur; laisser passer; '∼lord suzerain *m*; ∼'manned ayant trop de personnel; '∼·man·tel étagère *f* de cheminée; ∼'mas·ter subjuguer; ∼'much (par) trop; '∼'pay [*irr.* (pay)] trop payer; surpayer; ∼'peopled surpeuplé (*q.*); ∼'plus surplus *m*; ∼'pow·er maîtriser; *fig.* accabler; '∼'pres·sure suppression *f*; surmenage *m* (*de l'esprit*); '∼'print *phot.* trop pousser; '∼'rate surestimer; ∼'reach dépasser; ∼ o.s. être victime de sa propre fourberie; ∼'ride [*irr.* (ride)] outrepasser (*un ordre*); fouler aux pieds (*des droits*); surmener (*un cheval*); avoir plus d'importance que; ∼'rid·ing primordial (-aux *m/pl.*); ∼'rule ⚖ annuler; rejeter; décider contre; ∼'run [*irr.* (run)] envahir; dépasser (*les bornes*); surmener (*une machine*); *typ.* reporter à la ligne *ou* page suivante; '∼'sea 1. d'outremer; 2. (*a.* '∼'seas) par-delà les mers; '∼'see [*irr.* (see)] surveiller; '∼·se·er surveillant(e *f*) *m*; ⊕ chef *m* d'atelier; ∼ *of the poor* directeur *m* du Bureau de bienfaisance; ∼'set [*irr.* (set)] *v/t.* renverser; *fig.* bouleverser; *v/i.* se renverser; '∼·sew [*irr.* (sew)] surjeter; ∼'shad·ow ombrager; éclipser (*q.*); '∼'shoe galoche *f*; '∼'shoot [*irr.* (shoot)] dépasser; dépeupler (*une chasse*); ∼ o.s. aller trop loin; '∼'shot à augets (*roue*), '∼'sight oubli *m*; surveillance *f*; '∼·sim·pli·fi'ca·tion simplisme *m*; '∼'sleep [*irr.* (sleep)] (*a.* ∼ *o.s.*) dormir trop longtemps; '∼'sleeve fausse manche *f*; '∼'spill excédent *m* (*surt.* de la population); ∼'spread [*irr.* (spread)] couvrir (de, *with*); inonder (*qch.*); s'étendre sur; '∼'state exagérer; '∼'step outrepasser; '∼'stock constituer un cheptel trop important pour (*une ferme*); ✝ encombrer (*le marché*); ∼'strain 1. ['ouvə'strein] surtendre; *fig.* surmener; 2. ['ouvəstrein] tension *f* excessive; *fig.* surmenage *m*; ∼'strung ['ouvə'strʌn] surexcité; ['ouvəstrʌn] oblique (*piano*); '∼·sub'scribe ✝ surpasser (*une émission*); '∼·sup'ply provision *f* excessive; excès *m*.

o·vert ['ouvə:t] patent, évident.

over...: ∼'take [*irr.* (take)] dépasser (*qch.*); doubler (*une auto*); rattraper (*q.*); *fig.* arriver à, surprendre (*q.*); '∼'tax pressurer (*le peuple*); *fig.* trop exiger de (*q.*); surmener; ∼'throw 1. [ouvə'θrou] [*irr.* (throw)] renverser (*a. fig.*); vaincre; 2. ['ouvəθrou] renversement *m*; défaite *f* (*a. fig., a.* ⚔); '∼'time heures *f/pl.* supplémentaires; '∼'tire surmener; '∼'top dépasser en hauteur; ∼'train (s')épuiser par un entraînement trop sévère; '∼·**trump** surcouper.

o·ver·ture ['ouvətjuə] ouverture *f* (*a. ♪*); offre *f*.

over...: **~·turn 1.** ['ouvətə:n] renversement *m*; **2.** [ouvə'tə:n] (se) renverser; *mot.* (faire) capoter; ⚓ (faire) chavirer; **'~·'val·ue** faire trop de cas de; ✝ surestimer; **~·'ween·ing** outrecuidant; **~·weight 1.** ['ouvəweit] *poids, bagages, etc.:* excédent *m*; **2.** ['ouvə'weit] surcharger (*a.* with); **~·'whelm** accabler (*a. fig.*); submerger; combler; **~·'whelm·ing** □ accablant; écrasant; **'~·'wise** □ prétentieux (-euse *f*); **~·work 1.** ['ouvəwə:k] travail (*pl.* -aux) *m* en plus; ['ouvə'wə:k] *fig.* surmenage *m*; **2.** [~] [*irr.* (work)] (se) surmener; **'~·'wrought** surmené; excédé de fatigue *etc.*; surexcité.

o·vi·form ['ouvifɔ:m] ovoïde, oviforme; **o·vip·a·rous** *biol.* [ou'vipərəs] ovipare.

owe [ou] devoir (*de l'argent, de l'obéissance, etc.*); *sp.* rendre (*des points*); ~ s.o. a grudge en vouloir à q.

ow·ing ['ouiŋ] dû (due *f*); ~ to par suite de; à cause de; be ~ to (pro-) venir de.

owl *orn.* [aul] hibou (*pl.* -x) *m*; chouette *f*; **owl·et** ['aulit] jeune hibou *m*; **'owl·ish** □ de hibou.

own [oun] **1.** propre; à moi (toi *etc.*); le mien (tien *etc.*); my ~ self moi-même; ~ brother to frère germain de (q.); **2.** my ~ le mien (la mienne *etc.*); *a house of one's* ~ une maison à soi; come into one's ~ entrer en possession de son bien; F get one's ~ back se venger, prendre sa revanche (sur, on); hold one's ~ tenir ferme; maintenir sa position; F on one's ~ (tout) seul; **3.** posséder; avoir; (*a.* ~ to) reconnaître; avouer; convenir de; F ~ up (to) faire l'aveu (de); avouer (*avoir fait qch.*).

own·er ['ounə] propriétaire *mf*; '**~·'driv·er** conducteur *m* propriétaire; '**~·'pi·lot** pilote *m* propriétaire; '**own·er·ship** (droit *m* de) propriété *f*; possession *f*.

ox [ɔks], *pl.* **ox·en** ['~ən] bœuf *m*.

ox·al·ic ac·id ⚗ [ɔk'sælik'æsid] acide *m* oxalique.

Ox·ford shoes ['ɔksfəd'ʃu:z] *pl.* souliers *m/pl.* de ville.

ox·ide ⚗ ['ɔksaid] oxyde *m*; **ox·i·dize** ['ɔksidaiz] (s')oxyder; *v/t.* *métall.* calciner.

Ox·o·ni·an [ɔk'sounjən] **1.** oxonien (-ne *f*); **2.** membre *m* de l'Université d'Oxford.

ox·y·gen ⚗ ['ɔksidʒən] oxygène *m*; **ox·y·gen·ate** [ɔk'sidʒineit] oxygéner, oxyder.

o·yer ½½ ['ɔiə] audition *f*.

oys·ter ['ɔistə] huître *f*; *attr.* à huîtres, d'huître(s); '**~·bed** huîtrière *f*.

o·zone ⚗ ['ouzoun] ozone *m*.

P

P, p [pi:] P *m*, p *m*; mind one's Ps and Qs se surveiller; faire bien attention.

pa F [pɑ:] papa *m*.

pab·u·lum ['pæbjuləm] nourriture *f*.

pace [peis] **1.** pas *m* (*a.* mesure); vitesse *f*; allure *f*; *équitation:* amble *m*; keep ~ with marcher de pair avec; put s.o. through his ~s mettre q. à l'épreuve; *sp.* set the ~ donner l'allure; **2.** *v/t.* mesurer (*qch.*) au pas; arpenter; *sp.* entraîner (*q.*); *v/i.* marcher à pas mesurés; aller au pas; aller à l'amble (*cheval*); '**pace-mak·er** *sp.* entraîneur *m*; meneur *m* de train; '**pac·er** cheval *m* ambleur; see **pace-maker**.

pach·y·derm *zo.* ['pækidə:m] pachyderme *m*.

pa·cif·ic [pə'sifik] (~ally) pacifique; paisible; ♀ Ocean l'océan *m* Pacifique, le Pacifique *m*; **pac·i·fi·ca·tion** [pæsifi'keiʃn] apaisement *m*; pacification *f*.

pac·i·fi·er ['pæsifaiə] pacificateur (-trice *f*) *m*; *Am.* sucette *f*; '**pac·i·fism** pacifisme *m*; '**pac·i·fist** pacifiste *mf*.

pac·i·fy ['pæsifai] pacifier (*la foule, un pays*); calmer, apaiser.

pack [pæk] **1.** paquet *m*; ballot *m*; bande *f*; ⚔ paquetage *m*; *cartes:* jeu *m*, paquet *m*; ⚕ enveloppement *m*; *sp. rugby:* pack *m*; a ~ of nonsense un tas *m* de sottises; ~ animal bête *f* de somme; *Am.* ~ train convoi *m* de bêtes de somme; **2.** *v/t.* tasser; remplir, bourrer; (*souv.* ~

up) emballer, empaqueter, envelopper (*a.* 𝒳); (*a.* ~ *off*) envoyer (au lit, promener, *etc.*); F faire (*une malle*); conserver en boîtes (*la viande etc.*); *fig.* serrer, combler; ⊕ garnir (*le piston, le gland*); *v/i.* (*usu.* ~ *up*) faire sa malle; plier bagage; s'attrouper (*personne*); se tasser; ~ *s.o. off, send s.o.* ~*ing* envoyer q. à la balançoire; 'pack-age empaquetage *m*, emballage *m*; *surt. Am.* paquet *m*, colis *m*; ⚔ ~ *deal* transactions *f/pl.* multiples; 'pack·er emballeur *m*; *Am.* fabricant *m* de conserves en boîtes; **pack·et** ['~it] paquet *m*; colis *m*; (*a.* ~-*boat*) paquebot *m*; 'pack-horse cheval *m* de bât (*a. fig.*), sommier *m*.

pack·ing ['pækiŋ] emballage *m*; *viande etc.*: conservation *f*; tassement *m*; matière *f* pour emballage; ⊕ garniture *f*; *attr.* d'emballage; '~-box presse-étoupe *m/inv.*; '~-house *Am. usu.* fabrique *f* de conserves.

'pack·thread ['pækθred] fil *m* d'emballage; ficelle *f*.

pact [pækt] pacte *m*, contrat *m*.

pad¹ *sl.* [pæd] (*a.* ~ *it*) aller à pied, trimarder.

pad² [~] 1. bourrelet *m*, coussinet *m*; ouate, encreur, *etc.*: tampon *m*; bloc *m*; bloc-notes (*pl.* blocs-notes) *m*; lapin *etc.*: patte *f*; doigt *etc.*: pulpe *f*; *sp.* jambière *f*; 2. rembourrer; ouater; *fig.* ~ *out* délayer; ajouter du remplissage à; ~*ded cell* cellule *f* matelassée; 'pad·ding remplissage *m* (*a. fig.*); rembourrage *m*; ouate *f*; bourre *f*.

pad·dle ['pædl] 1. aube *f*, palette *f*; *tortue etc.*: nageoire *f*; pagaie *f*; ⚓ roue *f* à aubes; 2. pagayer; *fig.* barboter; patauger; *Am.* F fesser; '~-box ⚓ caisse *f* de roue; '~-steam·er ⚓ vapeur *m* à aubes; '~-wheel roue *f* à aubes.

pad·dock ['pædək] enclos *m* (*pour chevaux*); *sp.* paddock *m*, pesage *m*.

pad·dy¹ ['pædi] paddy *m* (= *riz non décortiqué*).

pad·dy² [~] colère *f*.

pad·lock ['pædlɔk] cadenas *m*.

pa·gan ['peigən] païen(ne *f*) (*a. su.*); 'pa·gan·ism paganisme *m*.

page¹ [peidʒ] 1. page *m* (d'un roi *etc.*); (*a.* ~-*boy*) hôtel: chasseur *m*, groom *m*; *Am.* huissier *m*; 2. *Am.* envoyer chercher (*q.*) par un chasseur.

page² [~] 1. *livre*: page *f*; 2. numéroter; paginer; *typ.* mettre en pages.

pag·eant ['pædʒənt] spectacle *m* historique; fête *f*; (*a.* 'pag·eant·ry) pompe *f*; spectacle *m* pompeux.

pag·i·nate ['pædʒineit] *see* page² 2; **pag·i·na·tion** pagination *f*; numérotage *m* (*des pages*).

paid [peid] *prét. et p.p. de* pay 2.

pail [peil] seau *m*.

pail·lasse ['pæl'jæs] paillasse *f*.

pain [pein] 1. douleur *f*, souffrance *f*, peine *f* (*morale*); douleur *f* (*physique*); ~*s pl.* douleurs *f/pl.*; *fig.* peine *f*; soins *m/pl.*; (*up*)*on* ~ *of* sous peine de; *be in* ~ souffrir; *at* ~*s* (*of gér., to inf.*), *take* ~*s* (*to inf.*) prendre *ou* se donner de la peine (pour *inf.*); 2. faire souffrir (*q.*); faire de la peine à (*q.*); **pain·ful** □ ['~ful] douloureux (-euse *f*); *fig.* pénible; 'pain·kill·er anodin *m*; 'pain·less □ sans douleur *m*; 'pains-tak·ing 1. □ assidu; appliqué (*élève*); soigné (*travail*); 2. application *f*; assiduité *f*.

paint [peint] 1. peinture *f*; couleur *f*; *visage*: fard *m*; *wet* ~! attention à la peinture!; 2. peindre; (se) farder; *v/t.* peinturer; 𝒳, *co.* badigeonner; † *fig.* dépeindre; ~ *out* effacer (au moyen d'une couche de peinture); *v/i.* faire de la peinture; '~-brush pinceau *m*.

paint·er¹ ['peintə] (artiste-)peintre *m*; *a.* peintre *m* en bâtiments.

paint·er² ⚓ ['peintə] amarre *f*.

paint·ing ['peintiŋ] peinture *f*; tableau *m*; 'paint·ress femme *f* peintre; 'paint·y de peinture.

pair [pɛə] 1. paire *f*; *a* ~ *of scissors* une paire *f* de ciseaux; *a carriage and* ~ une voiture *f* à deux chevaux; *go up three* ~ *of stairs* monter trois étages; *three* ~ *front* au troisième sur la rue; 2. (s')apparier; *v/i.* faire la paire (avec, *with*); (*a.* ~ *off*) s'en aller deux par deux.

pa·ja·mas *pl. usu. Am.* [pə'dʒɑ:məz] *see* pyjamas.

pal *sl.* [pæl] 1. camarade *mf*; *sl.* copain *m*, copine *f*; 2. ~ *up* se lier d'amitié (avec, *with*).

pal·ace ['pælis] palais *m*.

pal·at·a·ble □ ['pælətəbl] agréable

palatableness 950

(au palais); ˈpal·at·a·ble·ness goût *m* agréable; caractère *m* agréable.
pal·a·tal ⚥ [ˈpælətl] 1. palatal (-aux *m/pl.*); 2. *gramm.* palatale *f*.
pal·ate [ˈpælit] palais *m* (*a. fig.*); soft ~ voile *m* du palais.
pa·la·tial □ [pəˈleiʃəl] grandiose.
pa·lat·i·nate [pəˈlætinit] palatinat *m*; the ♀ le Palatinat *m*.
pal·a·tine [ˈpælətain] palatin; Count ♀ comte *m* palatin.
pa·lav·er [pəˈlɑːvə] 1. palabre *f*, conférence *f*; *sl.* flagornerie *f*, *sl.* chichis *m/pl.*; 2. palabrer.
pale[1] [peil] 1. □ pâle (*a. couleur*), blême; ~ *blue* bleu pâle; ~ *ale* bière *f* blonde, pale-ale *m*; 2. *v/t.* (faire) pâlir; *v/i.* pâlir, blêmir.
pale[2] [~] pieu *m*; *fig.* limites *f/pl.*
pale·ness [ˈpeilnis] pâleur *f*.
Pal·es·tin·i·an [pælesˈtiniən] palestinien(ne *f*).
pal·ette *peint.* [ˈpælit] palette *f*; ˈ~ knife couteau *m* à palette.
pal·frey [ˈpɔːlfri] palefroi *m*.
pal·ing [ˈpeiliŋ] clôture *f* à claire-voie; palissade *f*.
pal·i·sade [pæliˈseid] 1. palissade *f*; 2. palissader.
pall[1] [pɔːl] 1. *eccl.* poêle *m*; *fig.* manteau *m*, voile *m*; 2. couvrir d'un poêle.
pall[2] [~] s'affadir; devenir insipide (pour q., [up]on s.o.).
pal·la·di·um ⚗, *myth.* [pəˈleidiəm] palladium *m*.
pal·let[1] [ˈpælit] paillasse *f*; grabat *m*.
pal·let[2] ⊕ [~] cliquet *m*; *horloge etc.*: palette *f*.
pal·liasse [pælˈjæs] paillasse *f*.
pal·li·ate [ˈpælieit] pallier; atténuer; pal·li·a·tion palliation *f*; atténuation *f*; pal·li·a·tive [ˈpæliətiv] 1. palliatif (-ive *f*); lénitif (-ive *f*); 2. palliatif *m*; lénitif *m*; anodin *m*.
pal·lid □ [ˈpælid] décoloré, blafard (*lumière*), blême (*visage*); ˈpal·lid·ness, pal·lor [ˈpælə] pâleur *f*.
palm [pɑːm] 1. *main*: paume *f*; *ancre*: oreille *f*; *bois de cerf*: empaumure *f*; ♀ *arbre*: palmier *m*; *branche*: palme *f*; *eccl.* rameau *m*; 2. empalmer; cacher dans la main; ~ *off on s.o.* F refiler (*qch.*) à q.; pal·mar [ˈpælmə] palmaire *f*; pal·mate [ˈpælmit], pal·mat·ed [ˈ~meitid] palmé; pal·mer [ˈpɑːmə] pèlerin *m*; palm·is·try [ˈ~istri] chiromancie *f*; ˈpalm-oil huile *f* de palme; *co. use* ~ *on s.o.* graisser la patte à q.; ˈpalm-tree palmier *m*; ˈpalm·y F heureux (-euse *f*), florissant.
pal·pa·bil·i·ty [pælpəˈbiliti] palpabilité *f*; *fig.* évidence *f*; ˈpal·pa·ble □ palpable; *fig.* évident, manifeste; ˈpal·pa·ble·ness *see* palpability.
pal·pi·tate [ˈpælpiteit] palpiter; pal·pi·ta·tion palpitation *f*.
pal·sied [ˈpɔːlzid] paralysé, paralytique.
pal·sy [ˈpɔːlzi] 1. paralysie *f*; *fig.* évanouissement *m*; 2. paralyser.
pal·ter [ˈpɔːltə] (*with*) biaiser (avec); transiger (avec, sur).
pal·tri·ness [ˈpɔːltrinis] mesquinerie *f*; ˈpal·try □ mesquin, misérable.
pam·per [ˈpæmpə] choyer, dorloter.
pam·phlet [ˈpæmflit] brochure *f*; opuscule *m*; *péj.* pamphlet *m*; pam·phlet·eer [~ˈtiə] auteur *m* de brochures; *péj.* pamphlétaire *m*.
pan [pæn] 1. casserole *f*; *balance*: plateau *m*; 2. *Am.* F *v/t.* décrier, rabaisser; ~ *out* laver (*le gravier*); *v/i.* ~ *out* réussir.
pan... [~] pan-.
pan·a·ce·a [pænəˈsiə] panacée *f*; remède *m* universel.
pan·cake [ˈpænkeik] crêpe *f*; ✈ ~ landing descente *f* à plat.
pan·de·mo·ni·um *fig.* [pændiˈmouniəm] bruit *m* infernal.
pan·der [ˈpændə] 1. se prêter à (*un vice*); servir de proxénète à (*q.*); 2. entremetteur (-euse *f*) *m*.
pane [pein] vitre *f*, carreau *m*; ⊕ pan *m*.
pan·e·gyr·ic [pæniˈdʒirik] panégyrique *m*; pan·e·gyr·ist panégyriste *m*.
pan·el [ˈpænl] 1. △ entre-deux *m/inv.*; panneau *m*; *porte*: placard *m*; *plafond*: caisson *m*; panneau *m* (*de lambris, de robe*); tableau *m* (⚖ *du jury, a. mot. de manœuvre*); ⚖ *le jury m*; *peint.* panneau *m*; vantail (*pl.* -aux) *m*; 2. diviser en *ou* recouvrir de panneaux; lambrisser (*un paroi*); ˈ~-doc·tor médecin *m* des assurances sociales; ˈpan·el·ist membre *m* d'un jury; ˈpan·el·(l)ing, *a.* ˈpan·el·work lambris(sage *m*) *m/pl*.
pang [pæŋ] angoisse *f* subite; dou-

leur *f*; *fig.* blessure *f*, tournements *m*/*pl*.
pan·han·dle ['pænhændl] **1.** *Am.* langue de terre d'un État, encaissée entre deux autres États; **2.** *Am.* F mendigoter; **'pan·han·dler** *Am.* F mendigot *m*.
pan·ic ['pænik] **1.** de panique; **2.** panique *f*; affolement *m*; **3.** (s')affoler; remplir *ou* être pris de panique; **'pan·ick·y** F sujet à *ou* dicté par la panique; alarmiste; **'pan·ic-mon·ger** semeur (-euse *f*) *m* de panique.
pan·nier ['pæniə] panier *m*.
pan·ni·kin ['pænikin] écuelle *f ou* gobelet *m* en fer blanc.
pan·o·ply ['pænəpli] *fig.* panoplie *f*.
pan·o·ra·ma [pænə'rɑːmə] panorama *m*; **pan·o·ram·ic** [~'ræmik] (~ally) panoramique.
pan·sy ['pænzi] ♀ pensée *f*; *sl.* homme *m* efféminé.
pant [pænt] haleter; panteler; chercher à reprendre haleine; palpiter (*cœur*); *fig.* ~ for (*ou* after) soupirer après; ~ out dire (*qch.*) en haletant.
Pan·ta·loon [pæntə'luːn] Pantalon *m*; ~s *pl.* pantalon *m* (*see* pants).
pan·tech·ni·con [pæn'teknikən] garde-meuble *m*; (*a.* ~ van) voiture *f* de déménagement.
pan·the·ism ['pænθiizm] panthéisme *m*; **pan·the'is·tic** (~ally) panthéiste.
pan·ther *zo.* ['pænθə] panthère *f*.
pant·ies *Am.* ['pæntiz] *pl.*: (*a pair of*) ~ (une) culotte *f* collante (*de femme*).
pan·tile ['pæntail] tuile *f* flamande, panne *f*.
pan·to·mime ['pæntəmaim] pantomime *f*; spectacle *m* traditionnel de Noël, fondé sur un conte de fée; **pan·to·mim·ic** [~'mimik] (~ally) pantomimique; de féerie.
pan·try ['pæntri] garde-manger *m*/*inv.*; dépense *f*; (*souv.* butler's *ou* housemaid's ~) office *f*.
pants *surt. Am.* F [pænts] *pl.*: (*a pair of*) ~ (un) pantalon *m*; (un) caleçon *m*.
pap [pæp] bouillie *f*.
pa·pa [pə'pɑː] papa *m*.
pa·pa·cy ['peipəsi] papauté *f*.
pa·pal □ ['peipəl] papal (-aux *m*/*pl*.); du Pape.
pa·per ['peipə] **1.** papier *m*; (*ou* news~) journal *m*; carte *f* (*d'épingles etc.*); document *m*; (*ou* wall~) tenture *f*, papier *m* peint; étude *f*, mémoire *m*; *école:* composition *f*, épreuve *f*; ✝ papier *m* négociable; billets *m*/*pl*. de banque; papiers-valeurs *m*/*pl*.; ~s *pl.* papiers *m*/*pl*.; journaux *m*/*pl*.; *pol.*, *a.* 🐕 documents *m*/*pl*.; communiqués *m*/*pl*.; read a ~ on faire une conférence sur; **2.** de papier; papetier (-ère *f*); à papier; ~ war guerre *f* de plume; **3.** tapisser; *sl. théâ.* remplir de billets de faveur; **'~back** livre *m* broché; **'~bag** sac *m* de *ou* en papier; **'~chase** rallye-paper *m*; **'~clip** agrafe *f*, pince *f*; **'~cred·it** ✝ dettes *f*/*pl*. compte; **'~fast·en·er** attache *f* métallique; **'~hang·er** colleur *m* de papiers peints; **'~hang·ings** *pl.* papier *m* peint, papiers *m*/*pl*. peints; **'~mill** papeterie *f*; **'~'stain·er** imprimeur *m* de papiers peints; **'~weight** presse-papiers *m*/*inv.*; **pa·per·y** ['~ri] semblable au papier; tout mince.
pa·pier mâ·ché [pæpjei'mɑːʃei] carton-pâte (*pl.* cartons-pâtes) *m*.
pa·pil·la *anat.* [pə'pilə], *pl.* -lae [~liː] *f*.
pa·pist ['peipist] papiste *mf*; **pa·pis·tic, pa·pis·ti·cal** □ [pə'pistik(l)] *péj.* papiste; **pa·pis·try** ['peipistri] *péj.* papisme *m*.
pap·py ['pæpi] pâteux (-euse *f*); *fig.* flasque.
pa·py·rus [pə'paiərəs], *pl.* -ri [~rai] papyrus *m*.
par [pɑː] égalité *f*; pair *m* (*a.* ✝); above, (below) ~ au-dessus (au-dessous) du pair; at ~ au pair, à (la) parité; be on a ~ with être l'égal *ou* au niveau de; put on a ~ with mettre au même niveau que; ne faire aucune distinction entre.
par·a·ble ['pærəbl] parabole *f*.
pa·rab·o·la ⚲ [pə'ræbələ] parabole *f*; **par·a·bol·ic, par·a·bol·i·cal** □ [pærə'bɔlik(l)] parabolique (*a.* ⚲).
par·a·chute ['pærəʃuːt] parachute *m*; ~ jump saut *m* en parachute; parachutage *m*; **'par·a·chut·ist** parachutiste *mf*.
pa·rade [pə'reid] **1.** parade *m*; *fig.* étalage *m*; ✖ défilé *m*; ✖ exercice *m*; ✖ (*ou* ~ground) place *f* d'armes; esplanade *f*; défilé *m* (*de mannequins*); make a ~ of faire parade

paradigm

de; 2. v/t. faire parade de; ⚔ faire défiler; faire l'inspection de; v/i. défiler; parader (pour, for).
par·a·digm gramm. ['pærədaim] paradigme m.
par·a·dise ['pærədais] paradis m.
par·a·dis·i·ac [pærə'disiæk], **par·a·di·si·a·cal** □ [pærədi'saiəkəl] paradisiaque.
par·a·dox ['pærədɔks] paradoxe m; **par·a'dox·i·cal** □ paradoxal (-aux m/pl.).
par·af·fin ⚗ ['pærəfin] paraffine f; F pétrole m (lampant).
par·a·gon ['pærəgən] parangon m; modèle m (a. fig.).
par·a·graph ['pærəgra:f] paragraphe m; alinéa m; journal: entrefilet m; typ. † pied m de mouche.
par·a·keet orn. ['pærəki:t] perruche f.
par·al·lel ['pærəlel] 1. parallèle (à to, with); fig. pareil(le f), semblable; analogue; ~ bars pl. barres f/pl. parallèles; 2. ligne, a. tranchée: parallèle f; géog. parallèle m; fig. parallèle m, comparaison f, pareil(le f) m; cas m analogue; ⚡ connect (ou join) in ~ coupler en parallèle; have no ~ être sans pareil(le f); without ~ incomparable, sans égal (-aux m/pl.); 3. égaler (qch.); être égal (ou pareil) à (qch.); mettre (deux choses) en parallèle; ⚡ synchroniser; **par·al·lel·ism** parallélisme m; **par·al'lel·o·gram** Å [~əgræm] parallélogramme m.
par·a·lyse ['pærəlaiz] paralyser (a. fig.); fig. transir; **pa·ral·y·sis** 𝔐 [pə'rælisis] paralysie f; **par·a·lyt·ic** [pærə'litik] 1. (~ally) paralytique; 2. paralytique mf.
par·a·mil·i·tar·y ['pærə'militəri] paramilitaire.
par·a·mount ['pærəmaunt] 1. souverain, éminent; suprême (importance); be ~ (to) l'emporter (sur); 2. suzerain (de) m; **'par·a·mount·cy** suzeraineté f; primauté f.
par·a·mour ['pærəmuə] amant(e f) m; maîtresse f.
par·a·pet ['pærəpit] ⚔ parapet m; pont: garde-corps m/inv.
par·a·pher·na·li·a [pærəfə'neiljə] pl. F affaires f/pl., bataclan m; attirail m, appareil m.
par·a·phrase ['pærəfreiz] 1. paraphrase f; 2. paraphraser, résumer.
par·a·site ['pærəsait] parasite m; fig. écornifleur (-euse f) m; **par·a·sit·ic, par·a·sit·i·cal** □ [~'sitik(l)] parasite (de, on).
par·a·sol [pærə'sɔl] ombrelle f.
par·a·troop·er ⚔ ['pærətru:pə] parachutiste m; **par·a·troops** ['~tru:ps] pl. les parachutistes m/pl.
par·a·ty·phoid ⓕ ['pærə'taifɔid] paratyphoïde f.
par·boil ['pa:bɔil] faire bouillir à demi; fig. étourdir (la viande).
par·buck·le ⚓ ['pa:bʌkl] 1. trévire f; 2. trévirer.
par·cel ['pa:sl] 1. paquet m, colis m; † lot m, envoi m; péj. tas m; parcelle f (de terrain); ~s office bureau m de(s) messageries; 2. empaqueter; emballer; (usu. ~ out) parceler, lotir, morceler (un terrain); ~ post service m des colis postaux.
parch [pa:tʃ] (se des)sécher; v/t. rôtir, griller; ~ing heat chaleur f brûlante.
parch·ment ['pa:tʃmənt] parchemin m.
par·don ['pa:dn] 1. pardon m; ⚖ grâce f; eccl. indulgence f; 2. pardonner (qch. à q., s.o. s.th.); ⚖ faire grâce à; gracier; **'par·don·a·ble** □ pardonnable; graciable; **'par·don·er** hist. vendeur m d'indulgences.
pare [pɛə] rogner (les ongles etc.); peler (une pomme etc.); éplucher; (a. ~ away, ~ down) fig. rogner.
par·ent ['pɛərənt] père m, mère f; fig. mère f, source f; ~s pl. parents m/pl., les père et mère; **'par·ent·age** naissance f, parentage m; extraction f; **pa·ren·tal** □ [pə'rentl] paternel(le f).
pa·ren·the·sis [pə'renθisis], pl. -ses [~si:z] parenthèse f (a. typ.); fig. intervalle m; **pa'ren·the·size** mettre entre parenthèses (a. typ.); intercaler; **par·en·thet·ic, par·en·thet·i·cal** □ [pærən'θetik(l)] entre parenthèses.
par·ent·less ['pɛərəntlis] orphelin, sans mère ni père.
par·get ['pa:dʒit] recouvrir (un mur) d'une couche de plâtre; crépir.
pa·ri·ah ['pɛəriə] paria m, réprouvé (-e f) m.
pa·ri·e·tal [pə'raiitl] pariétal (-aux m/pl.); anat. ~ bone pariétal m.
par·ing ['pɛəriŋ] rognage m; épluchage m; ~s pl. rognures f/pl.; pe-

lures f/pl.; métal: cisaille f; ~-knife ⊕ rognoir m; souliers etc.: tranchet m.
par·ish ['pærɪʃ] 1. paroisse f; (*a. civil* ~) commune f; *go on the* ~ tomber à la charge de la commune; 2. paroissial (-aux m/pl.); municipal (-aux m/pl.); ~ *clerk* clerc m de paroisse; ~ *council* conseil m municipal; ~ *register* registre m paroissial; **pa·rish·ion·er** [pə'rɪʃənə] paroissien(ne f) m; habitant(e f) m de la commune.
Pa·ri·sian [pə'rɪzjən] 1. parisien (-ne f); de Paris; 2. Parisien(ne f) m. [(*a. Bourse*).]
par·i·ty ['pærɪtɪ] égalité f; parité f)
park [pɑːk] 1. parc m (*a.* ⚔); *chasse:* réserve f; *château:* dépendances f/pl.; *mot.* (parc m de) stationnement m; 2. v/t. enfermer dans un parc; ⚔ mettre en parc; *mot.* parquer, garer; v/i. *mot.* stationner; **'park·ing** *mot.* parcage m; *attr.* de stationnement, d'autos; ~ *brake* frein m à main; ~ *light* feu m de position; ~ *meter* Am. compteur m de stationnement; ~ *place* parc m ou endroit m de stationnement m; ~ *ticket* Am. *parcage*: contravention f.
par·ka ['pɑːkə] anorak m.
par·lance ['pɑːləns] langage m, parler m.
par·ley ['pɑːlɪ] 1. conférence f; ⚔ pourparlers m/pl.; 2. v/i. entrer en pourparlers, parlementer; entamer des négociations; v/t. *co.* parler.
par·lia·ment ['pɑːləmənt] parlement m; Chambres f/pl. (*en France*); **par·lia·men·tar·i·an** [~men'tɛərɪən] parlementaire (*a. su./mf*); **par·lia·men·ta·ry** □ [~'mentərɪ] parlementaire; législatif (-ive f); 🚂 ~ *train* train m omnibus.
par·lo(u)r ['pɑːlə] petit salon m; *couvent:* parloir m; Am. salon m (*de coiffure etc.*), cabinet m (*de dentiste etc.*); Am. ~ *car* 🚂 wagon-salon m (*pl.* wagons-salons) m; '~-*maid* bonne f.
Par·me·san cheese [pɑːmɪ'zæn-'tʃiːz] parmesan m.
pa·ro·chi·al □ [pə'roʊkjəl] *eccl.* paroissial (-aux m/pl.), de la paroisse; communal (-aux m/pl.); *fig.* de clocher, borné; ~ *politics* pl. politique f de clocher.

par·o·dist ['pærədɪst] parodiste mf; pasticheur (-euse f) m; **'par·o·dy** 1. parodie f, pastiche m; *fig.* travestissement m; 2. parodier, pasticher; *fig.* travestir.
pa·role [pə'roʊl] 1. ⚔ parole f (d'honneur); *put on* ~ *see* 3; 2. ⚖ *surt.* *adj.* verbal (-aux m/pl.); 3. ⚖ *surt.* Am. libérer sur parole ou conditionnellement.
par·ox·ysm ['pærəksɪzm] paroxysme m; F crise f; accès m (*de fureur*).
par·quet ['pɑːkeɪ] parquet(age) m; Am. *théâ.* orchestre m; **par·quet·ed** ['~kɪtɪd] parqueté, en parquetage; **'par·quet·ry** parquetage m, parqueterie f.
par·ri·cid·al [pærɪ'saɪdl] parricide; **'par·ri·cide** parricide m; *personne:* parricide mf.
par·rot ['pærət] 1. *orn.* perroquet m; 2. répéter ou parler comme un perroquet.
par·ry *sp.* ['pærɪ] 1. parade f; 2. parer (*a. fig.*).
parse *gramm.* [pɑːz] faire l'analyse de.
par·si·mo·ni·ous □ [pɑːsɪ'moʊnjəs] parcimonieux (-euse f); *péj.* pingre; **par·si·mo·ni·ous·ness**, **par·si·mo·ny** ['pɑːsɪmənɪ] parcimonie f; *péj.* pingrerie f.
pars·ley ♀ ['pɑːslɪ] persil m.
pars·nip ♀ ['pɑːsnɪp] panais m.
par·son ['pɑːsn] curé m (*catholique*); pasteur m (*protestant*); F ~'s *nose* croupion m; **'par·son·age** presbytère m; cure f.
part [pɑːt] 1. *su.* partie f (*a. gramm., a.* ♩), (de, of); part f (à, in); *théâ., fig.* rôle m; *fig.* comédie f; *publication:* fascicule m, livraison f; ⊕ pièce f, organe m, élément m; parti m; ⚓ ~s *pl.* (*usu.* private ou privy ~s *pl.*) parties f/pl.; parages m/pl., pays m/pl., endroit m; facultés f/pl.; *gramm.* ~s *pl.* of speech parties f/pl. du discours; ~ *and parcel of* partie f intégrante de; *a man of* ~s homme m bien doué; *have neither* ~ *nor lot in* n'avoir aucune part dans; *in foreign* ~s à l'étranger *take s.o.'s* ~ prendre parti pour q.; *take* ~ *in s.th.* participer à qch., prendre part à qch.; *take in good* (*bad*) ~ prendre en bonne (mauvaise) part; *for my* (*own*) ~ pour ma part, pour ce qui est de moi, quant à moi; *for the*

partake

most ~ pour la plupart; in ~ en partie; partiellement; do one's ~ faire son devoir; on the ~ of de la part de; on my ~ de ma part; 2. *adv.* en partie, mi-, moitié ...; 3. *v/t.* séparer (en deux); fendre; ~ one's hair se faire une raie; ~ company se séparer (de, *with*), *fig.* n'être plus d'accord (avec, *with*); *v/i.* se diviser; se quitter; se rompre; se séparer (de, *from*); ~ with céder (*qch.*); se départir de; ⚖ aliéner; *fig.* dépenser (*de l'argent*).

par·take [pɑːˈteɪk] [*irr.* (take)] participer, prendre part (à *in*, *of*); ~ of prendre (*un repas*); partager (*le repas*) (de, *with*), goûter (*un mets*); *fig.* tenir de; *eccl.* s'approcher de (*les sacrements*); **par'tak·er** participant(e *f*) *m* (à, *in*); partageant(e *f*) *m* (de, *in*). [terre *m.*]

par·terre ⚜, *théâ.* [pɑːˈtɛə] par-

par·tial □ [ˈpɑːʃl] partiel(le *f*), en partie; partial (-aux *m/pl.*) (*personne*); be ~ to avoir un faible pour; **par·ti·al·i·ty** [pɑːʃiˈæliti] partialité *f* (pour, envers *for*, *to*); prédilection *f* (pour, *for*); injustice *f*.

par·tic·i·pant [pɑːˈtɪsɪpənt] participant(e *f*) *m* (à, *in*); **par'tic·i·pate** [~peɪt] participer, prendre part (à, *in*); **par·tic·i·pa·tion** participation *f* (à, *in*); **par·ti'cip·i·al** □ *gramm.* [~'sɪpɪəl] participial (-aux *m/pl.*); **par·ti·ci·ple** *gramm.* [ˈpɑːtsɪpl] participe *m*.

par·ti·cle [ˈpɑːtɪkl] particule *f* (*a. gramm.*); *métal.* paillette *f*; *fig.* ombre *f*, trace *f*, grain *m*; *nobiliary* ~ particule *f* nobiliaire.

par·ti-col·oured [ˈpɑːtɪkʌləd] miparti; bigarré.

par·tic·u·lar [pəˈtɪkjʊlə] 1. □ particulier (-ère *f*); spécial (-aux *m/pl.*); détaillé; méticuleux (-euse *f*); pointilleux (-euse *f*); exigeant (sur *about*, *as to*); délicat (sur *on*, *about*); ~ly en particulier; 2. détail *m*, particularité *f*; ~s *pl.* détails *m/pl.*; plus amples renseignements *m/pl.*; in ~ en particulier; **par·tic·u·lar·i·ty** [~'lærɪti] particularité *f*; méticulosité *f*; minutie *f*; **par'tic·u·lar·ize** [~ləraɪz] particulariser; entrer dans les détails.

part·ing [ˈpɑːtɪŋ] séparation *f*; départ *m*; rupture *f*; *cheveux*: raie *f*; ~ of the ways *surt. fig.* carrefour *m*.

par·ti·san[1] *hist.* [ˈpɑːtɪzn] pertuisane *f*.

par·ti·san[2] [pɑːtɪˈzæn] 1. partisan *m* (*a.* ⚔); 2. de parti; sectaire; **par·ti·ˈsan·ship** esprit *m* de parti; partialité *f*.

par·ti·tion [pɑːˈtɪʃn] 1. partage *m*; *terre*: morcellement *m*; cloison(nage *m*) *f*; ~ wall paroi *f*, cloison *f*; mur *m* de refend; 2. morceler; démembrer; cloisonner (*une pièce*).

par·ti·tive *gramm.* [ˈpɑːtɪtɪv] □ partitif (-ive *f*) (*a. su./m*).

part·ly [ˈpɑːtlɪ] en partie, partiellement.

part·ner [ˈpɑːtnə] 1. associé(e *f*) *m* (*a.* ✝); *sp.* partenaire *mf*; danseur (-euse *f*) *m*, cavalier *m*, dame *f*; 2. s'associer à, être associé à; *sp.* être le partenaire de; *danse*: mener (*une dame*); be ~ed by s.o. avoir q. pour associé *etc.*; **ˈpart·ner·ship** association *f* (*a.* ✝); ✝ société *f*; limited ~ société *f* en commandite; enter into ~ with s'associer avec.

part...: ˈ~-own·er copropriétaire *mf*; ˈ~-pay·ment versement *m* à compte; acompte *m*.

par·tridge *orn.* [ˈpɑːtrɪdʒ] perdrix *f*.

part...: ~-song chant *m* à plusieurs voix *ou* parties; ~-time chômage *m* partiel; *attr.* pour une partie de la journée *ou* de la semaine; ~ school école *f* du soir; ~ worker employé(e *f*) *m* à l'heure; travailleur (-euse *f*) *m* pour une partie de la journée *etc.*

par·ty [ˈpɑːtɪ] partie *f* (*de plaisir*, *a.* ⚖); ⚖ personne *f*; *pol.* parti *m*; soirée *f*, réception *f*; bande *f*, groupe *m*; équipe *f*; ⚔ détachement *m*; *fig.* complice *mf*; F individu *m*, monsieur *m*, dame *f*; be a ~ to prendre part à; ~ boss chef *m* de parti; ~ line *téléph.* poste *m* groupé; *Am. parl.* directive *f* du parti; follow the ~ line *parl.* observer (à la lettre) les directives de son parti; ~ liner *Am. péj.* politicien *m* qui observe à la lettre les directives de son parti; ~ meeting (*ou* rally) rassemblement *m* politique (*organisé par un parti*); ~ status qualité *f* de membre d'un parti politique; ~ ticket *Am.* liste *f* des candidats (*d'un parti politique*); ~-wall mur *m* mitoyen.

par·ve·nu [ˈpɑːvənjuː] parvenu *m*; nouveau riche *m*.

pas·chal ['pɑːskəl] pascal (-als, -aux m/pl.); de Pâques *ou* Pâque.

pass [pɑːs] **1.** *su. géog.* col *m*, défilé *m*; ⚓, *sp.*, escrime, *prestidigitation*: passe *f*; *univ.* mention *f* passable: diplôme *m* sans spécialisation; *théâ.* (*usu.* free ~) billet *m* de faveur; 🚃 carte *f* de circulation; coupe-file *m*/*inv.*; **2.** *v*/*i.* passer (de ... à *ou* en, *from* ... *to*); s'écouler, passer (*temps*); disparaître; avoir lieu, arriver; avoir cours (*monnaie*); être voté (*loi etc.*); être reçu (à *un examen*); escrime, *a.* foot. faire une passe; *cartes*: passer (parole); être approuvé (*action*); *bring to* ~ amener, faire arriver; *come to* ~ avoir lieu, arriver; ~ *as* passer pour; ~ *away* disparaître; trépasser (= *mourir*); ~ *by* passer, défiler (devant); ~ *by the name of* G. être connu sous le nom de G.; ~ *for* passer pour; ~ *into* entrer dans; devenir; ~ *into law* passer en loi; ~ *off* disparaître; (se) passer; *surt. Am.* passer pour (un) blanc (*nègre à peau blanche*); ~ *on* continuer sa route; passer (à, to); F trépasser; ~ *out* sortir; *sl.* s'évanouir; ~ *through* s.th. passer par qch. (a. fig.); *fig.* traverser (*une crise*); ~ *under* s.o.'s *control* être soumis au contrôle *ou* à la direction de q.; **3.** *v*/*t.* passer devant *ou* près de; dépasser; croiser; ne pas s'arrêter à; franchir (*le seuil*, *la frontière*); outrepasser (*les bornes*); surpasser (q.); rattraper (q.); *sp.* devancer; refiler (*de la fausse monnaie*); passer (qch. en revue, le temps, l'été, sa main entre qch., d'un endroit à un autre); laisser passer (q.); transmettre, faire circuler; subir (*une épreuve*) avec succès; réussir à, être reçu à (*un examen*); recevoir (*un candidat*); approuver (*une facture etc.*); voter (*une loi*); prononcer (*un jugement*); ~ *one's hand over* passer sa main sur; *the bill has not yet* ~ed *the house* le projet (de loi) n'a pas encore été adopté *ou* voté; ~ *one's opinion upon* dire *ou* émettre son opinion sur; ✝ ~ *to account* porter en compte; ~ *water* uriner, F faire de l'eau; ~ *one's word* donner sa parole; ~ *by* (*ou over*) *s.th.* franchir qch.; passer sur qch. (*a. fig.*); ~ *off as* faire passer pour; ~ *on* transmettre, (faire) passer; ~ *round*

faire circuler; ~ *a rope round s.th.* passer une corde autour de qch.; ~ *s.th. through s.th.* passer qch. à travers qch.; ~ *s.th. up* donner qch., monter qch.; ~ *s.o. up* négliger q.; *surt. Am.* ~ *up* négliger; refuser; **'pass·a·ble** traversable; praticable (*chemin*); passable, assez bon; ayant cours (*monnaie*); **'pass·a·bly** passablement, assez; F plutôt.

pas·sage ['pæsidʒ] passage *m* (*a. d'un texte*); ruelle *f*, passage *m*; couloir *m*, corridor *m*; ⊕ conduit *m*; adoption *f* (*d'un projet de loi*); ♪ trait *m*; ~s *pl. texte*: morceaux *m*/*pl.*; *fig.* relations *f*/*pl.* intimes; ~ *of* (*ou at*) *arms* passe *f* d'armes; échange de mots vifs; *bird of* ~ oiseau *m* passager; **'~-boat** paquebot *m*; **'~-mon·ey** prix *m* du passage *ou* de la traversée; **'~way** passage *m*, ruelle *f*; *Am.* couloir *m*, corridor *m*.

pass...: **'~-book** ✝ carnet *m* de banque; *mot.* carnet *m* de passage en douane; **'~-check** *théâ.* contremarque *f*.

pas·sen·ger ['pæsindʒə] ⚓, 🚃 passager (-ère *f*) *m*; voyageur (-euse *f*) *m*; 🚌 *coach* wagon *m* à voyageurs; **'~ train** train *m* de voyageurs *ou* de grande vitesse.

passe-par·tout ['pæspɑːˈtuː] (clef *f*) passe-partout *m*/*inv.*; *phot.* bande *f* gommée.

pass·er-by ['pɑːsəˈbai], *pl.* **pass·ers-by** passant(e *f*) *m*.

pass·ing ['pɑːsiŋ] **1.** passage *m*; *oiseaux*: passe *f*; *mot.* doublement *m*; *loi*: adoption *f*; *fig.* mort *f*, trépas *m*; *in* ~ en passant; **2.** passant; passager (-ère *f*); éphémère; **'~-bell** glas *m*; **'pass·ing·ly** en passant; fugitivement.

pas·sion ['pæʃn] passion *f*, amour *m*; colère *f*; crise *f* (*de larmes*); ♀ Passion *f*; *be in a* ~ être furieux (-euse *f*); ♀⃟ *in* ~ dans la chaleur du moment; ♀ *Week* semaine *f* de la Passion; semaine *f* sainte; **pas·sion·ate** ☐ ['~ʃənit] passionné; véhément; **'pas·sion·ate·ness** passion *f*, ardeur *f*; véhémence *f*; **'pas·sion-flow·er** ♀ fleur *f* de la Passion, passiflore *f*; **'pas·sion·less** ☐ impassible; sans passion; **'pas·sion-play** mystère *m* de la Passion.

pas·sive ☐ ['pæsiv] **1.** passif (-ive *f*);

passiveness 956

~ *voice* = 2. *gramm.* passif *m*; **'pas·sive·ness, pas·siv·i·ty** [~-'siviti] passivité *f*, inertie *f*.
pass-key ['pɑ:ski:] (clef *f*) passe-partout *m/inv.*
Pass·o·ver ['pɑ:souvə] Pâque *f*; ♀ agneau *m* pascal.
pass·port ['pɑ:spɔ:t] passeport *m*.
pass·word ⚔ ['pɑ:swə:d] mot *m* de passe.
past [pɑ:st] 1. *adj.* passé (*a. gramm.*); ancien(ne *f*); de jadis; *fig.* ~ *master* expert *m* (dans, *at*), maître *m* passé (en, *at*; dans l'art de *inf.*, *at ger.*); *for some time* ~ depuis quelque temps; 2. *adv. see verbe simple; rush* ~ passer en courant; 3. *prp.* au-delà de; plus de; *half* ~ *two* deux heures et demie; *be* ~ *comprehension* être hors de toute compréhension; ~ *cure* inguérissable; ~ *endurance* insupportable; ~ *hope* perdu sans retour; 4. *su.* passé *m*.
paste [peist] 1. pâte *f* (*a. cuis.*); colle *f*; faux brillants *m/pl.*; 2. coller; *sl.* battre; '~**board** planche *f* à pâte; carton *m*; *sl.* carte *f*; *attr.* de *ou* en carton.
pas·tel ['pæstəl] ♀ pastel *m*, guède *f*; *peint.* (crayon *m*) pastel *m*; **'pastel·(l)ist** pastelliste *mf*.
pas·tern *vét.* ['pæstə:n] paturon *m*; '~**-joint** boulet *m*.
pas·teur·ize ['pæstəraiz] pasteuriser; stériliser.
pas·tille [pæs'ti:l] pastille *f*.
pas·time ['pɑ:staim] passe-temps *m/inv.*; distraction *f*.
pas·tor ['pɑ:stə] pasteur *m*, ministre *m*; *Am.* prêtre *m*; **'pas·to·ral** 1. □ pastoral (-aux *m/pl.*); ~ *staff* bâton *m* pastoral; crosse *f*; 2. poème *m* pastoral; *peint.* scène *f* pastorale; *poésie, a.* ♪ pastourelle *f*; *eccl.* lettre *f* pastorale.
pas·try ['peistri] pâtisserie *f*; pâte *f* (*non cuite*); '~-**cook** pâtissier (-ère *f*) *m*.
pas·tur·age ['pɑ:stjuridʒ] pâturage *m*, pacage *m*.
pas·ture ['pɑ:stʃə] 1. (lieu *m* de) pâture *f*; pré *m*; pâturage *m*; ~ *ground* lieu *m* de pâturage; 2. *v/t.* (faire) paître; *v/i.* paître.
past·y 1. ['peisti] pâteux (-euse *f*); *fig.* terreux (-euse *f*) (*visage*); 2. ['pæsti] pâté *m* (*sans terrine*).
pat [pæt] 1. coup *m* léger; petite tape

f; caresse *f*; *beurre:* rondelle *f*; 2. tap(ot)er; caresser; 3. apte; à propos (*a. adv.*); prêt.
patch [pætʃ] 1. pièce *f*; *mot.* boudin d'air: pastille *f*, *pneu:* guêtre *f*; *couleur:* tache *f*, *fig.* pâté *m*; *légumes:* carré *m*; *terre:* parcelle *f*; ~ *pocket cost.* poche *f* appliquée; 2. rapiécer, raccommoder; poser une pastille à; mettre une pièce à (*un pneu*); ~ *up* rapetasser; ~ *rafistoler; fig.* arranger, ajuster; **'patch·er** raccommoder (-euse *f*) *m*; *fig.* rapetasseur (-euse *f*) *m*.
patch·ou·li ['pætʃuli] patchouli *m*.
patch·work ['pætʃwə:k] rapiéçage *m*; **'patch·y** inégal (-aux *m/pl.*) (*a. fig.*).
pate *sl.* [peit] tête *f*, caboche *f*.
pat·en *eccl.* ['pætən] patène *f*.
pat·ent 1. ['peitnt] ☜, *Am.* 'pætnt] manifeste, patent; *letters* ~ ['pætnt] *pl.* lettres *f/pl.* patentes; ~ *article* article *m* breveté; ~ *fastener* bouton-pression (*pl.* boutons-pression) *m*; attache *f* à fermoir; ~ *fuel* boulets *m/pl.*, briquettes *f/pl.*; ~ *leather* cuir *m* verni; ~ *leather shoes* souliers *m/pl.* vernis; 2. ['pætnt] brevet *m* d'invention; lettres *f/pl.* patentes; ☜ ~ *pending* brevet *m* pendant; ~ *agent* agent *m* en brevets; ~ *office* bureau *m* des brevets; 3. [~] faire breveter; **pat·ent·ee** [peitən'ti:] breveté *m*; concessionnaire *m* du brevet.
pa·ter·nal [pə'tə:nl] paternel(le *f*); **pa·ter·ni·ty** paternité *f*; *fig. a.* origine *f*.
path [pɑ:θ], *pl.* **paths** [pɑ:ðz] chemin *m*; sentier *m*; *jardin:* allée *f*; *fig.* route *f*; *sp.* piste *f*.
pa·thet·ic [pə'θetik] (~*ally*) pathétique; attendrissant.
path·less ['pɑ:θlis] sans chemin frayé.
path·o·log·i·cal □ [pæθə'lɔdʒikl] pathologique; **pa·thol·o·gy** [pə-'θɔlədʒi] pathologie *f*.
pa·thos ['peiθɔs] pathétique *m*.
path·way ['pɑ:θwei] sentier *m*; *rue:* trottoir *m*.
path·y ⚬ *Am. co., a. péj.* ['pæθi] système *m* de traitement.
pa·tience ['peiʃns] patience *f*; *cartes:* réussite *f*, -s *f/pl.*; *be out of* ~ (*ou have no* ~) être à bout de patience avec(~); **'pa·tient** 1. □

paying

patient, endurant; *be* ~ *of* avoir de la patience avec; *fig.* savoir supporter (*qch.*); **2.** malade *mf*.
pa·ti·o *Am.* ['pætiou] patio *m*.
pa·tri·arch ['peitriɑːk] patriarche *m*; **pa·tri'ar·chal** □ patriarcal (-aux *m/pl.*).
pa·tri·cian [pə'triʃn] patricien(ne *f*) *m* (*a. su.*).
pat·ri·mo·ny ['pætriməni] patrimoine *m*; *eccl.* biens-fonds *m/pl.*
pa·tri·ot ['pætriət] patriote *mf*; **pa·tri·ot·eer** *Am. sl.* [~'tiə] faux patriote *m*; **pa·tri·ot·ic** [~'ɔtik] (~*ally*) patriotique (*discours etc.*); patriote (*personne*); **pa·tri·ot·ism** ['~ətizm] patriotisme *m*.
pa·trol ✕ [pə'troul] **1.** patrouille *f*; ronde *f*; *police:* secteur *m*; *Am.* ~ *wagon* voiture *f* de police; F panier *m* à salade; **2.** *v/t.* faire la patrouille dans; *v/i.* patrouiller; ~**·man** *Am.* ['~mæn] patrouilleur *m*; agent *m* de police.
pa·tron ['peitrən] protecteur *m*; *eccl.* patron(ne *f*) *m*; ✝ client(e *f*) *m*; *charité:* patron *m*; **pa·tron·age** ['pætrənidʒ] protection *f*; patronage *m*; clientèle *f*; *eccl.* droit *m* de présentation; *péj.* air *m* protecteur; **pa·tron·ess** ['peitrənis] protectrice *f*; *charité:* patronnesse *f*; **pa·tron·ize** ['pætrənaiz] protéger; patronner; ✝ accorder sa clientèle à; *péj.* traiter d'un air protecteur; '**pa·tron·iz·er** protecteur (-trice *f*) *m*; client(e *f*) *m*.
pat·ten ['pætn] socque *m*.
pat·ter ['pætə] **1.** *v/i.* sonner par petits coups; crépiter (*pluie etc.*); caqueter; *v/t.* bredouiller; parler tant bien que mal; **2.** petit bruit *m*; fouettement *m*; boniment *m*.
pat·tern ['pætən] **1.** modèle *m*, exemple *m* (*a. fig.*); type *m*; dessin *m*; patron *m* (*en papier*); échantillon *m*; *by* ~ *post* échantillon sans valeur; *télév.* test ~ mire *f*; **2.** modeler (sur *after*, on); '~-**mak·er** ⊕ modeleur *m* (-euse *f* *m*.
pat·ty ['pæti] petit pâté *m*; bouchée *f* à la reine.
pau·ci·ty ['pɔːsiti] disette *f*, manque *m*.
Paul·ine ['pɔːlain] paulinien(ne *f*).
paunch [pɔːntʃ] panse *f*, ventre *m*; '**paunch·y** pansu.
pau·per ['pɔːpə] **1.** indigent(e *f*) *m*; pauvre(sse *f*) *m*; **2.** assisté, pauvre; '**pau·per·ism** paupérisme *m*; '**pau·per·ize** réduire à l'indigence.
pause [pɔːz] **1.** pause *f*, arrêt *m*; hésitation *f*; ♩ point *m* d'orgue; **2.** faire une pause; hésiter; s'arrêter (sur, [*up*]on).
pave [peiv] paver; *fig.* préparer; '**pave·ment** pavé *m*; dallage *m*; trottoir *m*.
pa·vil·ion [pə'viljən] pavillon *m*.
pav·ing-stone ['peiviŋstoun] pavé *m*; pierre *f* à paver.
pav·io(u)r ['peivjə] paveur *m*; dalleur *m*; carreleur *m*.
paw [pɔː] **1.** patte *f* (*sl. a.* = main); **2.** donner des coups de patte à; piaffer (*cheval*); F tripoter.
pawn[1] [pɔːn] *échecs:* pion *m*; *fig.* jouet *m*.
pawn[2] [~] **1.** gage *m*; *in* (*ou at*) ~ en gage; **2.** mettre en gage, engager; '~-**brok·er** prêteur (-euse *f*) *m* sur gage(s); **pawn·ee** [~'niː] créancier (-ère *f*) *m* sur gage; '**pawn·er** emprunteur (-euse *f*) *m* sur gage; '**pawn·shop** maison *f* de prêt; '**pawn-tick·et** reconnaissance *f* (de prêt sur gage).
pay [pei] **1.** salaire *m*; gages *m/pl.*; traitement *m*; ✕, ⚓ solde *f*; **2.** [*irr.*] *v/t.* payer; régler (*un compte*); acquitter (*des droits*); présenter (*ses respects* à *q.*); faire (*honneur* à *q.*, *une visite* à *q.*); ~-*as-you-earn Am.* retenue *f* des impôts à la source; ~ *attention* (*ou heed*) *to* faire attention à; tenir compte de; ~ *away* dépenser; ⚓ laisser filer (*un câble*); ~ *down* payer comptant; ~ *in* donner (*qch.*) à l'encaissement; ~ *off* régler (*qch.*); rembourser (*un créancier*); congédier (*un employé*); ~ *out* payer, débourser; F se venger de (*q.*); ⚓ (laisser) filer; ~ *up* se libérer de (*dettes*); rembourser intégralement; *v/i.* payer; rapporter; F payer (*qch.*); rémunérer (*q.*, *qch.*); *fig.* expier; '**pay·a·ble** payable (*a.* ✝); acquittable; ⚒ exploitable; '**pay-day** jour *m* de paye; **pay-dirt** *Am.* alluvion *f* exploitable; *fig.* source *f* d'argent; **pay·ee** ✝ [~'iː] preneur (-euse *f*) *m*; porteur *m* (*d'un effet*); '**pay-en·ve·lope** sachet *m* de paie; '**pay·er** payant(e *f*) *m*; ✝ tiré *m*, accepteur *m*; '**pay·ing** payant; profitable; rémunérateur (-trice *f*);

pay-load

avantageux (-euse f); **'pay-load** charge f payante; ⚡ poids m utile; **'pay·mas·ter** trésorier m (a. ⚔. ⚓ commissaire m; **'pay·ment** paiement m, versement m; rémunération f; *additional* ~ supplément m; *on* ~ *of* moyennant paiement de.

pay...: **'~-off** règlement m; remboursement m; *Am.* F comble m; F bakchich m; **'~-of·fice** caisse f, guichet m; **'~-pack·et** sachet m de paie; **'~-roll** feuille f de paie; ~ **sta·tion** *Am.* téléphone m public.

pea ⚡ [pi:] (petit) pois m; *attr.* de pois; *aux petits pois*.

peace [pi:s] paix f; tranquillité f; ordre m; traité m de paix; the (King's) ~ l'ordre m public; *at* ~ en paix, paisible; *break the* ~ troubler l'ordre public; *keep the* ~ veiller à *ou* ne pas troubler l'ordre public; **'peace·able** □ pacifique; en paix; paisible; **'peace-break·er** violateur (-trice f) m de l'ordre public; **'peace·ful** □ ['~ful] paisible, tranquille; pacifique; **'peace·mak·er** conciliateur (-trice f) m; **'peace-of·fi·cer** agent m de la sûreté.

peach[1] ⚡ [pi:tʃ] pêche f; *arbre:* pêcher m; F vrai bijou m.

peach[2] *sl.* [~]: ~ (*up*)*on* moucharder, dénoncer.

pea-chick ['pi:tʃik] paonneau m.

peach·y ['pi:tʃi] velouté (*peau etc.*); *couleur:* fleur de pêcher *adj./inv.*; *sl.* épatant; délicieux (-euse f).

pea·cock ['pi:kɔk] paon m; **'pea·fowl** paon (ne f) m; **'pea·hen** paonne f.

pea-jack·et ⚓ ['pi:dʒækit] vareuse f.

peak [pi:k] 1. pic m, cime f, sommet m; *casquette:* visière f; *attr.* de pic; de pointe; *maximum;* ~ *load* charge f maximum; ~ *power* débit m maximum; ~ *season* haute saison f; 2. F dépérir; tomber en langueur; **peaked** [pi:kt] en pointe; ~ *cap* casquette f à visière; **'peak·y** F pâlot, malingre; hâve.

peal [pi:l] 1. carillon m; *tonnerre:* grondement m; retentissement m; ~ *of laughter* éclat m de rire; 2. *v/t.* sonner à toute volée; carillonner; *v/i.* carillonner; retentir; gronder (*tonnerre*).

pea·nut ['pi:nʌt] ⚡ arachide f, 🌱 cacahouette f; *fig.* gnognote f; *Am. sl.* ~ *politics* politicailleries f/pl.

pear ⚡ [pɛə] poire f; *arbre:* poirier m.

pearl [pə:l] 1. perle f (a. fig.); *typ.* parisienne f; *attr.* de perles; 2. perler; **'pearl·y** perlé, nacré.

pear-tree ['pɛətri:] poirier m.

peas·ant ['pezənt] 1. paysan(ne f) m; 2. campagnard; **'peas·ant·ry** paysannerie f; paysannat m.

pea-shoot·er ['pi:ʃu:tə] petite sarbacane f de poche.

pea-soup ['pi:'su:p] potage m aux pois, potage m St.-Germain; **'pea-'soup·y** jaune et épais (*brouillard*).

peat [pi:t] tourbe f; **'~-moss** tourbière f.

peb·ble ['pebl] caillou (*pl.* -x) m; *plage:* galet m; agate f; **'peb·bly** caillouteux (-euse f); à galets (*plage*).

pec·ca·ble ['pekəbl] peccable; **pec·cant** ⚕ ['pekənt] peccant.

peck[1] [pek] (*approx.*) boisseau m (9,087 litres); *fig.* grande quantité f; *a* ~ *of* beaucoup de.

peck[2] [~] picoter (*qch., at s.th.*); picorer; ~ *at* chipoter (*un plat*); ~ *at one's food* manger son repas du bout des dents; **'peck·er** *sl.* courage m; nez m; **'peck·ish** F: *be* ~ avoir faim.

pec·to·ral ['pektərəl] pectoral (-aux m/pl.) (a. su./m).

pec·u·late ['pekjuleit] détourner des fonds; **pec·u·la·tion** détournement m de fonds; péculat m; **'pec·u·la·tor** dilapidateur m des deniers publics.

pe·cu·liar □ [pi'kju:ljə] bizarre, singulier (-ère f); étrange; particulier (-ère f); **pe·cu·li·ar·i·ty** [~li'æriti] particularité f; trait m distinctif; singularité f.

pe·cu·ni·ar·y [pi'kju:njəri] pécuniaire; d'argent.

ped·a·gog·ic, **ped·a·gog·i·cal** □ [pedə'gɔdʒik(l)] pédagogique; **ped·a'gog·ics** *usu. sg.* pédagogie f.

ped·a·gogue ['~gɔg] pédagogue m; **ped·a·go·gy** ['~gi] pédagogie f.

ped·al ['pedl] 1. pédale f; 2. du pied; 3. *cycl.* pédaler; ♪ mettre la pédale.

ped·ant ['pedənt] pédant(e f) m; **pe·dan·tic** [pi'dæntik] (~*ally*) pédant(esque); **ped·ant·ry** ['pedəntri] pédantisme m.

ped·dle ['pedl] *v/t.* colporter; *v/i.*

faire le colportage; '**ped·dling** colportage *m*; '**ped·dler** *Am. see pedlar.*
ped·es·tal ['pedistl] piédestal *m* (*a. fig.*); socle *m*.
pe·des·tri·an [pi'destriən] 1. pédestre; à pied; prosaïque; 2. piéton *m*; voyageur (-euse *f*) *m* à pied.
ped·i·cure ['pedikjuə] chirurgie *f* pédicure; *personne*: pédicure *mf*.
ped·i·gree ['pedigri:] 1. arbre *m* généalogique; généalogie *f*; 2. (*a.* **ped·i·greed** ['~d]) de race, de bonne souche.
ped·i·ment △ ['pedimənt] fronton *m*.
ped·lar ['pedlə] colporteur *m*; '**ped·lar·y** colportage *m*; marchandise *f* de balle.
pe·dom·e·ter [pi'dɔmitə] compte-pas *m/inv*.
peek [pi:k] 1. jeter un coup d'œil furtif (sur, *at*); 2. coup *m* d'œil rapide *ou* furtif; **peek·a·boo** *Am.* ['pi:kəbu:] 1. en dentelle; 2. *Am.* cache-cache *m*.
peel [pi:l] 1. pelure *f*; peau *f*; *citron*: zeste *m*; 2. (*a. ~ off*) *v/t.* peler; se dépouiller de (*les vêtements*); *v/i.* peler; s'écailler; *sl.* se déshabiller.
peel·er *sl.* ['pi:lə] agent *m* de police; F flic *m*.
peel·ing ['pi:liŋ] épluchure *f*; *action*: épluchage *m*; (*a. ~ off*) écaillement *m*.
peep[1] *orn.* [pi:p] 1. pépiement *m*; 2. pépier.
peep[2] [~] 1. coup *m* d'œil rapide *ou* furtif; point *m* (*du jour*); 2. regarder à la dérobée; jeter un coup *m* d'œil rapide (sur, *at*); *fig.* (*a. ~ out*) percer; se laisser entrevoir; '**peep·er** curieux (-euse *f*) *m*; indiscret (-ète *f*) *m*; *sl.* œil; '**peep-hole** judas *m*; '**peep-show** optique *f*.
peer[1] [piə] risquer un coup d'œil; ~ *at* scruter du regard; ~ *into s.o.'s face* dévisager q.
peer[2] [~] pair *m*; '**peer·age** pairie *f*; pairs *m/pl.*; '**peer·ess** pairesse *f*; '**peer·less** □ sans pair; sans pareil(le *f*).
peeved F [pi:vd] irrité.
pee·vish □ ['pi:viʃ] irritable; maussade; '**pee·vish·ness** mauvaise humeur *f*; humeur *f* maussade.

peg [peg] 1. cheville *f* (*a.* ♪); fiche *f*; *toupie*: pointe *f*; *whisky*: doigt *m*; (*a. clothes-~*) vêtements: patère *f*; pince *f*; *fig.* take s.o. down a ~ or two remettre q. à sa place; *be a ~ round ~ in a square hole* ne pas être dans son emploi; 2. cheviller; (*a. ~ out*) piqueter (*une concession*); stabiliser, maintenir (*le prix, les gages, etc.*); F ~ *away* (*a. ~ along*) travailler ferme (à, *at*); *sl.* ~ *out* *sl.* casser sa pipe (= *mourir*).
peg-top ['pegtɔp] toupie *f*.
peign·oir ['peinwɑ:] peignoir *m*.
pe·jo·ra·tive ['pi:dʒərətiv] péjoratif (-ive *f*).
pelf *péj.* [pelf] richesses *f/pl*.
pel·i·can *orn.* ['pelikən] pélican *m*.
pe·lisse [pe'li:s] pelisse *f*.
pel·let ['pelit] boulette *f*; *pharm.* pilule *f*; grain *m* de plomb.
pel·li·cle ['pelikl] pellicule *f*; membrane *f*.
pell-mell ['pel'mel] 1. pêle-mêle; en désordre; 2. confusion *f*.
pel·lu·cid [pe'lju:sid] transparent; clair.
pelt[1] † [pelt] fourrure *f*, peau *f*.
pelt[2] [~] 1. *v/t.* (*a. ~ at*) lancer (une volée de pierres) à; *v/i.* tomber à verse; F courir à toutes jambes; 2. grêle *f*.
pelt·ry ['peltri] peaux *f/pl.*; pelleterie *f*.
pel·vis *anat.* ['pelvis] bassin *m*.
pen[1] [pen] 1. plume *f*; 2. écrire; composer.
pen[2] [~] 1. enclos *m*; 2. [*irr.*] parquer; (*usu.* ~ *up, ~ in*) renfermer.
pe·nal □ ['pi:nl] pénal (-aux *m/pl.*) (*loi, code*); qui entraîne une pénalité; ~ *servitude* travaux *m/pl.* forcés; **pe·nal·ize** ['~nəlaiz] sanctionner (*qch.*) d'une peine; *sp.* pénaliser; *fig.* punir; **pen·al·ty** ['penlti] peine *f*; pénalité *f* (*a. sp.*); *foot.* ~ *area* surface *f* de réparation; ~ *kick penalty m; under ~ of* sous peine de.
pen·ance ['penəns] pénitence *f*.
pen...: '*~-and-*'*ink draw·ing* dessin *m* à la plume; '*~-case* plumier *m*.
pence [pens] *pl. de penny*.
pen·cil ['pensl] 1. crayon *m*; *sl.* pinceau *m*; *opt.* faisceau *m*; 2. marquer (*ou* dessiner) au crayon; crayonner (*une lettre*); se faire (*les sourcils*) au crayon; '**pen·cil(l)ed** écrit *ou* tracé au crayon; *opt.* en

pencil-sharpener

faisceau lumineux; **'pen·cil-sharpen·er** taille-crayon *m/inv.*
pend·ant ['pendənt] *collier:* pendentif *m; lustre:* pendeloque *f; tableau:* pendant *m;* ⚓ *drapeau:* flamme *f;* △ cul-de-lampe (*pl.* culs-de-lampe) *m.*
pend·ent [~] pendant; retombant.
pend·ing ['pendiŋ] **1.** *adj.* ⚖ pendant; en instance; **2.** *prp.* pendant; en attendant.
pen·du·lous ['pendjuləs] pendant; oscillant; **pen·du·lum** ['~ləm] pendule *m,* balancier *m.*
pen·e·tra·bil·i·ty [penitrə'biliti] pénétrabilité *f;* **pen·e·tra·ble** □ ['~trəbl] pénétrable; **pen·e·tra·li·a** F [peni'treiliə] *pl.* sanctuaire *m;* **pen·e·trate** ['~treit] *v/t.* percer; pénétrer (de, with) (*a. fig., un secret etc.*); *v/i.* pénétrer (jusqu'à to, *as far as*); **pen·e·tra·tion** pénétration *f* (*a. fig.* = perspicacité); **'pen·e·tra·tive** □ pénétrant; perçant (*a. fig.*); ~ **effect** effet *m* marqué.
pen-feath·er ['penfeðə] penne *f.*
pen·guin *orn.* ['peŋgwin] pingouin *m;* manchot *m.*
pen·hold·er ['penhouldə] porteplume *m/inv.*
pen·i·cil·lin *pharm.* [peni'silin] pénicilline *f.*
pen·in·su·la [pi'ninsjulə] presqu'île *f;* péninsule *f;* **pen'in·su·lar** péninsulaire.
pen·i·tence ['penitəns] pénitence *f;* contrition *f;* **'pen·i·tent 1.** □ pénitent, contrit; **2.** pénitent(e *f*) *m;* **pen·i·ten·tial** □ [~'tenʃl] pénitentiel(le *f*); de pénitent; **pen·i·ten·tia·ry** [~'tenʃəri] maison *f* de correction; *Am.* prison *f;* eccl. (ou ~ *priest*) pénitencier *m.*
pen·man ['penmən] écrivain *m;* auteur *m;* **'pen·man·ship** art *m* d'écrire; calligraphie *f.*
pen-name ['penneim] nom *m* de plume; *journ.* nom *m* de guerre.
pen·nant ['penənt] ⚓ flamme *f; surt. Am.* fanion *m* (*usu. de championnat, sp.*).
pen·ni·less □ ['penilis] sans ressources; sans le sou
pen·non ['penən] ✕ flamme *f,* banderole *f; sp.* fanion *m.*
pen·ny ['peni], *pl. valeur:* **pence** [pens], *pl. pièces:* **pen·nies** penny *m* ($^1/_{12}$ *shilling*); gros sou *m; Am.* cent

m, F sou *m;* **'~-a-'lin·er** journaliste *m* à deux sous la ligne; écrivaillon *m;* **'~-'dread·ful** roman *m* à deux sous; feuilleton *m* à gros effets; **'~-in-the-'slot automatique;** ~ **machine** distributeur *m* automatique; **'~-'wise** lésineur (-euse *f*); **~-worth** ['penəθ] valeur *f* de deux sous; *fig.* miette *f;* **a ~ of** *tobacco* deux sous de tabac.
pen·sion 1. ['penʃn] pension *f;* retraite *f* de vieillesse; ✕ (solde *f* de) retraite *f;* ['pɑ̃ːŋsiɔ̃ːŋ] pension *f* de famille; **2.** ['penʃn] *usu.* ~ **off** mettre (*q.*) à la retraite; pensionner (*q.*); **pen·sion·ar·y** ['penʃənəri] **'pen·sion·er** titulaire *mf* d'une pension; pensionnaire *mf* (*de l'État*); ✕ retraité *m;* invalide *m;* **be s.o.'s ~** *péj.* être à la solde de *q.*
pen·sive □ ['pensiv] pensif (-ive *f*); songeur (-euse *f*); rêveur (-euse *f*); **'pen·sive·ness** air *m* pensif.
pent [pent] *prét. et p.p.* de pen² 2; **~-up** contenu, refoulé (*colère etc.*).
pen·ta·gon ['pentəgən] pentagone *m; Am.* the ♀ Ministère *m* de la Défense Nationale (à *Washington*); **pen·tag·o·nal** [~'tægənl] pentagonal (-aux *m/pl.*), pentagone.
pen·tath·lon *sp.* [pen'tæθlən] pentathlon *m.*
Pen·te·cost ['pentikɔst] la Pentecôte *f;* **pen·te·cos·tal** de la Pentecôte.
pent·house ['penthaus] appentis *m;* auvent *m; Am.* appartement *m* (*construit sur le toit d'un bâtiment élevé*).
pe·num·bra [pi'nʌmbrə] pénombre *f.*
pe·nu·ri·ous □ [pi'njuəriəs] pauvre; mesquin; parcimonieux (-euse *f*); **pe'nu·ri·ous·ness** avarice *f;* mesquinerie *f.*
pen·u·ry ['penjuri] pénurie *f;* indigence *f;* manque *m* (de, of).
pen-wip·er ['penwaipə] essuie-plume *m.*
pe·o·ny ♀ ['piəni] pivoine *f.*
peo·ple ['piːpl] **1.** *sg.* peuple *m;* nation *f; pl. coll.* peuple *m,* habitants *m/pl.; pol.* citoyens *m/pl.;* les gens *m/pl.;* on; ~ *pl.* say on dit; *English* ~ *pl.* des *ou* les Anglais *m/pl.; many* ~ *pl.* beaucoup de monde; F *my* ~ *pl.* mes parents *m/pl.;* ma famille *f;* the ~ *pl.* le

grand public m, le peuple m; *pol.* ~'s republic république f populaire; 2. peupler (de, *with*).
pep *Am. sl.* [pep] 1. vigueur f, vitalité f; entrain m; 2. ~ up ragaillardir (*q.*); donner de l'entrain à (*qch.*).
pep·per ['pepə] 1. poivre m; 2. poivrer; F cribler; '~**-box** poivrière f; '~**·mint** ♀ menthe f poivrée; (*a.* ~ *lozenge*) pastille f de menthe; '**pep·per·y** □ poivré; *fig.* irascible.
pep·tic ['peptik] gastrique, digestif (-ive f).
per [pəː] par; suivant; d'après; par l'entremise de; ~ *cent* pour cent (%).
per·ad·ven·ture [pərəd'ventʃə] 1. peut-être; par hasard; 2. doute m; *beyond* (*ou without*) ~ à n'en pas douter.
per·am·bu·late [pə'ræmbjuleit] se promener dans (*qch.*); parcourir (*qch.*); **per·am·bu·la·tion** promenade f; inspection f; **per·am·bu·la·tor** ['præmbjuleitə] voiture f d'enfant.
per·ceive [pə'siːv] (a)percevoir; s'apercevoir de; voir; comprendre.
per·cent·age [pə'sentidʒ] pourcentage m; proportion f; guelte f; tantième m, -s m/pl.
per·cep·ti·ble □ [pə'septəbl] perceptible; sensible; **per'cep·tion** perception f; sensibilité f; **per'cep·tive** □ perceptif (-ive f); **per'cep·tive·ness**, **per·cep'tiv·i·ty** perceptivité f.
perch[1] *icht.* [pəːtʃ] perche f.
perch[2] [~] 1. perche f (= *5,029 m*); *oiseau*: perchoir m; F *fig.* trône m; *carrosse*: flèche f; 2. (se) percher, (se) jucher; ~*ed fig.* perché; '**perch·er** *orn.* percheur m.
per·cip·i·ent [pə'sipiənt] 1. percepteur (-trice f); conscient; 2. sujet m télépathique.
per·co·late ['pəːkəleit] *v/t.* passer (*le café*); *v/i.* s'infiltrer; filtrer (*café*); '**per·co·la·tor** filtre m.
per·cus·sion [pəː'kʌʃn] choc m; percussion f (*a.* ⚕); ~ *cap* capsule f de fulminate; ♪ ~ *instruments pl.* instruments *m/pl.* de *ou* à percussion; **per·cus·sive** [pəː'kʌsiv] percutant.
per·di·tion [pəː'diʃn] perte f, ruine f.
per·du(e) ⚔ [pəː'djuː] caché.
per·e·gri·nate ['perigrineit] voyager, pérégriner; **per·e·gri'na·tion** voyage m, pérégrination f.
per·emp·to·ri·ness [pə'remtərinis] intransigeance f; ton m *ou* caractère m absolu; **per'emp·to·ry** □ péremptoire; décisif (-ive f); absolu; tranchant (*ton*).
per·en·ni·al [pə'renjəl] 1. □ éternel (-le f); ♀ vivace, persistant; 2. ♀ plante f vivace.
per·fect ['pəːfikt] 1. □ parfait; achevé (*ouvrage*); complet (-ète f); ♪ juste; 2. *gramm.* (*ou* ~ *tense*) parfait m; 3. [pə'fekt] (par)achever; rendre parfait, parfaire; **per·fect·i·bil·i·ty** [~i'biliti] perfectibilité f; **per'fect·i·ble** [~təbl] perfectible; **per'fec·tion** perfection f, *a.* **per·fect·ness** ['pəːfiktnis] achèvement m, accomplissement m; perfectionnement m; *fig. be the* ~ *of ...* être ... même.
per·fid·i·ous □ [pə'fidiəs] perfide; traître(sse f); **per'fid·i·ous·ness**, **per·fi·dy** ['pəːfidi] perfidie f, traîtrise f.
per·fo·rate ['pəːfəreit] *v/t.* perforer, percer; *v/i.* pénétrer (dans, *into*). **per·fo'ra·tion** perforation f (*d. coll.*); percement m; (petit) trou m; '**per·fo·ra·tor** perforateur m; ⚒ perforatrice f.
per·force [pəː'fɔːs] forcément.
per·form [pə'fɔːm] *v/t.* accomplir; célébrer (*un rite*); s'acquitter de (*un devoir*); exécuter (*un mouvement*, *a.* ♪ *un morceau*); ♪, *théâ.* jouer; *théâ.* représenter; *v/i.* jouer; ♪ ~ *on* jouer de; **per'form·ance** exécution f; exploit m; *théâ.* représentation f; *sp.*, *mot.* performance f; *cin.* séance f; ⊕ fonctionnement m, marche f; **per'form·er** artiste *mf*; *théâ.* acteur (-trice f) m; ♪ exécutant(e f) m; **per'form·ing** savant (*animal*).
per·fume 1. ['pəːfjuːm] parfum m; odeur f; 2. [pə'fjuːm] parfumer; **per'fum·er** parfumeur (-euse f) m; **per'fum·er·y** parfumerie f; parfums *m/pl.*
per·func·to·ry □ [pə'fʌŋktəri] superficiel(le f); peu zélé; négligent.
per·haps [pə'hæps; præps] peut-être.
per·i·car·di·um *anat.* [peri'kɑːdjəm] péricarde m.
per·i·gee *astr.* ['peridʒiː] périgée m.
per·il ['peril] 1. péril m; danger m;

perilous

at my ~ à mes risques et périls;
2. mettre en péril; **'per·il·ous** □ périlleux (-euse *f*).

pe·ri·od ['pɪərɪəd] période *f*; durée *f*; délai *m*; époque *f*, âge *m*; *école*: leçon *f*; *rhétorique*: période *f*; *gramm*. point *m*; ⚻ ~s *pl*. règles *f/pl.*; *a girl of the* ~ une jeune fille moderne; ~ *furniture* mobilier *m* de style; **per·i·od·ic** [ˌ~'ɒdɪk] périodique; **pe·ri·od·i·cal 1.** □ périodique; **2.** (publication *f*) périodique *m*.

per·i·pa·tet·ic [perɪpə'tetɪk] (~*ally*) F ambulant.

pe·riph·er·y [pə'rɪfəri] pourtour *m*.

pe·riph·ra·sis [pə'rɪfrəsɪs], *pl*. **-ses** [ˌ~siː]; périphrase *f*; circonlocution *f*; **per·i·phras·tic** [perɪ'fræstɪk] (~*ally*) périphrastique.

per·i·scope ⚓, ⚔ ['perɪskoʊp] périscope *m*.

per·ish ['perɪʃ] (faire) périr *ou* mourir; (se) détériorer; *be* ~*ed with* mourir de (*froid etc.*); **'per·ish·a·ble 1.** □ périssable; *fig*. éphémère; **2.** ~s *pl*. marchandises *f/pl*. périssables; **'per·ish·ing** □ transitoire; destructif (-ive *f*); F sacré.

per·i·style ['perɪstaɪl] péristyle *m*.

per·i·to·ne·um *anat*. [perɪtou'niːəm] péritoine *m*.

per·i·wig ['perɪwɪɡ] perruque *f*.

per·i·win·kle ['perɪwɪŋkl] **1.** ♀ pervenche *f*; **2.** *zo*. bigorneau *m*.

per·jure ['pɜːdʒə]: ~ *o.s.* se parjurer; **'per·jured** parjure; **'per·jur·er** parjure *mf*; **'per·ju·ry** parjure *m*; ⚖ faux témoignage *m*.

perk F [pɜːk] **1.** (*usu.* ~ *up*) *v/i*. se ranimer; redresser la tête; *v/t*. redresser; requinquer (*q*.); **2.** *see* ~*y*; **perk·i·ness** ['ˌ~ɪnɪs] air *m* alerte *ou* éveillé.

perks F [pɜːks] *pl. see perquisites*.

perk·y □ ['pɜːkɪ] alerte, éveillé; désinvolte.

perm F [pɜːm] (ondulation *f*) permanente *f*, indéfrisable *f*; *have a* ~ se faire faire une permanente.

per·ma·nence ['pɜːmənəns] permanence *f*; stabilité *f*; **'per·ma·nen·cy** *see* permanence; emploi *m* permanent; **'per·ma·nent** □ permanent; fixe; inamovible (*place*); ~ *wave* ondulation *f* permanente; ⚙ ~ *way* voie *f* ferrée.

per·me·a·bil·i·ty [pɜːmɪə'bɪlɪtɪ] perméabilité *f*; **'per·me·a·ble** □ perméable; **per·me·ate** ['ˌ~mɪeɪt] *v/t*. filtrer à travers; *v/i*. pénétrer; s'infiltrer (dans *into*, *among*).

permed F [pɜːmd] ondulé; *have one's hair* ~ se faire faire une permanente.

per·mis·si·ble □ [pə'mɪsəbl] permis, tolérable; **per·mis·sion** [ˌ~'mɪʃn] permission *f*; autorisation *f*; **per·mis·sive** □ [ˌ~'mɪsɪv] qui permet; facultatif (-ive *f*); permis.

per·mit 1. [pə'mɪt] (*a*. ~ *of*) permettre; souffrir; *weather* ~*ting* si le temps s'y prête; **2.** ['pɜːmɪt] autorisation *f*, permis *m*; ♰ passavant *m*.

per·ni·cious □ [pɜː'nɪʃəs] pernicieux (-euse *f*); délétère.

per·nick·et·y F [pə'nɪkɪtɪ] pointilleux (-euse *f*); difficile.

per·o·ra·tion [perə'reɪʃn] péroraison *f*.

per·ox·ide ⚗ [pə'rɒksaɪd] peroxyde *m*; ~ *of hydrogen* eau *f* oxygénée.

per·pen·dic·u·lar [pɜːpən'dɪkjʊlə] **1.** □ vertical (-aux *m/pl.*); perpendiculaire (*a*. ⚠ *style*); **2.** perpendiculaire *m*; aplomb *m*; fil *m* à plomb.

per·pe·trate ['pɜːpɪtreɪt] perpétrer; commettre (F *a. un jeu de mots etc*.); **per·pe·tra·tion** perpétration *f*; péché *m*; **'per·pe·tra·tor** auteur *m*.

per·pet·u·al □ [pə'petjʊəl] perpétuel(le *f*), éternel(le *f*); F sans fin; **per'pet·u·ate** [ˌ~eɪt] perpétuer; **per·pet·u·a·tion** perpétuation *f*; préservation *f*; **per·pe·tu·i·ty** [pɜːpɪ'tjuːɪtɪ] perpétuité *f*; rente *f* perpétuelle; *in* ~ à perpétuité.

per·plex [pə'pleks] embarrasser; troubler l'esprit de; **per'plexed** □ perplexe, confus; **per'plex·i·ty** perplexité *f*; embarras *m*; confusion *f*.

per·qui·sites ['pɜːkwɪzɪts] *pl*. petits profits *m/pl.*; *sl*. gratte *f*.

per·se·cute ['pɜːsɪkjuːt] persécuter; *fig*. tourmenter; **per·se'cu·tion** persécution *f*; ~ *mania* délire *m* de (la) persécution; **per·se·cu·tor** ['ˌ~tə] persécuteur (-trice *f*) *m*.

per·se·ver·ance [pɜːsɪ'vɪərəns] persévérance *f*; constance *f*; **per·se·vere** [ˌ~'vɪə] persévérer (dans *in*, *with*; à *inf*., *in gér*.); **per·se'ver·ing** □ assidu (à, *in*), constant (dans, *in*).

Per·sian ['pɜːʃn] **1.** persan; de Perse; **2.** *ling*. persan *m*; Persan(e *f*) *m*.

per·sist [pə'sist] persister, s'obstiner (dans, *in*; à *inf.*, *in gér.*); **per·sist·ence, per·sist·en·cy** [pə'sistəns(i)] persistance *f*; obstination *f*; **per'sist·ent** □ persistant; continu.

per·son ['pə:sn] personne *f*; individu *m*; *théâ*. personnage *m*; *a* ~ quelqu'un(e); *no* ~ personne ... ne; *in* ~ en (propre) personne; **'per·son·a·ble** bien de sa personne; beau (bel *devant une voyelle ou un h muet*; belle *f*); **'per·son·age** personnage *m* (*a. théâ.*); personnalité *f*; **'per·son·al 1.** □ personnel(le *f*) (*a. gramm.*); individuel(le *f*); particulier (-ère *f*); *be* ~ faire des personnalités; ⚖ ~ *property* (*ou* estate) *see personalty*; **2.** ~*s pl. Am.* F *journ.* chronique *f* mondaine; échos *m*/*pl.*; **per·son·al·i·ty** [ˌ~'næliti] personnalité *f*; caractère *m* propre; **per·son·al·ty** ⚖ ['ˌ~snlti] biens *m*/*pl.* meubles; fortune *f* mobilière; **per·son·ate** ['ˌ~səneit] se faire passer pour; *théâ*. jouer; **per·son'a·tion** usurpation *f* de nom *etc.*; *théâ*. représentation *f*; **per·son·i·fi·ca·tion** [ˌ~sɔnifi'keiʃn] personnification *f*; **per·son·i·fy** [ˌ~'sɔnifai] personnifier; **per·son·nel** [ˌ~sə'nel] personnel *m*.

per·spec·tive [pə'spektiv] **1.** □ perspectif (-ive *f*), en perspective; **2.** perspective *f*.

per·spi·ca·cious □ [pə:spi'keiʃəs] perspicace; **per·spi·cac·i·ty** [ˌ~'kæsiti] perspicacité *f*; **per·spi·cu·i·ty** [ˌ~'kjuiti] clarté *f*, netteté *f*; **per·spic·u·ous** [pə'spikjuəs] □ clair, lucide.

per·spi·ra·tion [pə:spə'reiʃn] transpiration *f*; sueur *f*; **per·spire** [pəs'paiə] transpirer; suer.

per·suade [pə'sweid] persuader (de, *of*; que, *that*; à q. de *inf. s.o. into gér.*, *s.o. to inf.*); convaincre; **per'suad·er** *sl.* éperon *m*; arrosage *m* (= *paiement illicite*).

per·sua·sion [pə'sweiʒən] persuasion *f*; religion *f*; F race *f*.

per·sua·sive □ [pə'sweisiv] persuasif (-ive *f*); persuadant; **per'sua·sive·ness** (force *f* de) persuasion *f*.

pert □ [pə:t] effronté; mutin; *Am.* gaillard.

per·tain [pə:'tein] (*to*) appartenir (à); avoir rapport (à); être le propre (de).

per·ti·na·cious □ [pə:ti'neiʃəs] obstiné, entêté; **per·ti·nac·i·ty** [ˌ~'næsiti] obstination *f*; opiniâtreté *f* (à, *in*).

per·ti·nence, per·ti·nen·cy ['pə:tinəns(i)] pertinence *f*; justesse *f*, à-propos *m*; **'per·ti·nent** □ pertinent, juste, à propos; ~ *to* ayant rapport à.

pert·ness ['pə:tnis] effronterie *f*.

per·turb [pə'tə:b] troubler; agiter; **per·tur·ba·tion** [pə:tə:'beiʃn] trouble *m*; agitation *f*; inquiétude *f*.

pe·ruke † [pə'ru:k] perruque *f*.

pe·rus·al [pə'ru:zl] lecture *f*; examen *m*; **pe·ruse** [pə'ru:z] lire attentivement; *fig.* examiner

Pe·ru·vi·an [pə'ru:viən] **1.** péruvien (-ne *f*); ♀ ~ *bark* quinquina *m*; **2.** Péruvien(ne *f*) *m*.

per·vade [pə:'veid] s'infiltrer dans; *fig.* animer; **per'va·sion** [ˌ~ʒn] infiltration *f*, pénétration *f*; **per'va·sive** [ˌ~siv] pénétrant.

per·verse □ [pə'və:s] pervers; méchant; revêche; contrariant; entêté dans le mal; ⚖ rebelle; **per'verse·ness** *see perversity*; **per'ver·sion** perversion *f*; *fig.* travestissement *m*; **per'ver·si·ty** perversité *f*; esprit *m* contraire; caractère *m* revêche; ⚖ dépravation *f*; **per'ver·sive** malsain, dépravant.

per·vert 1. [pə'və:t] pervertir; dépraver; fausser; détourner; **2.** ['pə:və:t] apostat *m*; ⚖ perverti(e *f*) *m*; (*a. sexual* ~) inverti(e *f*) *m*; **per'vert·er** pervertisseur (-euse *f*) *m*.

per·vi·ous ['pə:viəs] perméable (à, *to*); *fig.* accessible (à, *to*).

pes·ky □ *surt. Am.* F ['peski] maudit, sacré.

pes·si·mism ['pesimizm] pessimisme *m*; **'pes·si·mist** pessimiste *mf*; **pes·si'mis·tic** (~*ally*) pessimiste.

pest [pest] *fig.* fléau *m*; peste *f*; **'pes·ter** importuner; tourmenter; *fig.* infester.

pes·tif·er·ous □ [pes'tifərəs] pestifère; nuisible; **pes·ti·lence** ['pestiləns] peste *f*; **'pes·ti·lent** *co.* assommant; **pes·ti·len·tial** □ [ˌ~'lenʃl] pestilentiel(le *f*); contagieux (-euse *f*); infecte.

pes·tle ['pesl] pilon *m*.

pet¹ [pet] accès *m* de mauvaise humeur; *in a* ~ de mauvaise humeur.

pet

pet² [~] **1.** animal *m* favori; *fig.* enfant *mf* gâté(e), benjamin(e *f*) *m*; **2.** favori(te *f*); de prédilection; ~ *dog* chien *m* favori *ou* de salon; ~ *name* diminutif *m*; ~ *subject* dada *m*; *co.* it is my ~ aversion il est mon cauchemar; **3.** choyer; *Am.* F **petting party** réunion *f* intime (*entre jeunes gens des deux sexes*).

pet·al ❦ ['petl] pétale *m*.

pe·tard [pi'tɑːd] † pétard *m* (*a. pyrotechnie*).

pe·ter F ['piːtə]: ~ *out* s'épuiser; disparaître; *mot.* s'arrêter.

pe·ti·tion [pi'tiʃn] **1.** pétition *f*; supplique *f*; requête *f*; *eccl.* prière *f*; ⚖ ~ *in bankruptcy* demande *f* d'ouverture de la faillite; ~ *for divorce* demande *f* en divorce; **2.** adresser une pétition *etc.* à; réclamer (qch. à q., s.o. for s.th.); **pe'ti·tion·er** solliciteur (-euse *f*) *m*; ⚖ requérant(e *f*) *m*.

pet·rel *orn.* ['petrəl] pétrel *m*; *stormy* ~ oiseau *m* des tempêtes; *fig.* émissaire *m* de discorde.

pet·ri·fac·tion [petri'fækʃn] pétrifaction *f*.

pet·ri·fy ['petrifai] (se) pétrifier.

pet·rol *mot.* ['petrəl] essence *f*; *Brit.* ~ *engine* moteur *m* à essence; ~ *station* poste *m* d'essence; ~ *tank* réservoir *m* à essence.

pe·tro·le·um [pi'trouljəm] pétrole *m*, huile *f* minérale *ou* de roche; ~ *jelly* vaseline *f*.

pe·trol·o·gy [pe'trɔlədʒi] pétrologie *f*.

pet·ti·coat ['petikout] jupon *m* (*a. fig.*), jupe *f* de dessous; *attr. fig.* de cotillons.

pet·ti·fog·ger ['petifɔgə] avocassier *m*; chicanier *m*; **'pet·ti·fog·ging** chicanier (-ère *f*).

pet·ti·ness ['petinis] mesquinerie *f*, petitesse *f*.

pet·tish □ ['petiʃ] irritable; de mauvaise humeur; **'pet·tish·ness** irritabilité *f*; mauvaise humeur *f*.

pet·ty □ ['peti] insignifiant, petit; mesquin; ♰ ~ *cash* petite caisse *f*; ⚓ ~ *officer* contremaître *m*; ⚖ ~ *sessions* *pl.* session *f* de juges de paix.

pet·u·lance ['petjuləns] *see* pettishness; **pet·u·lant** ['~lənt] *see* pettish.

pew [pjuː] banc *m* d'église; *sl.* siège *m*, place *f*.

pe·wit *orn.* ['piːwit] vanneau *m* (huppé).

pew·ter ['pjuːtə] **1.** étain *m*, potin *m*; **2.** d'étain; **'pew·ter·er** potier *m* d'étain.

pha·e·ton ['feitn] phaéton *m*; *mot. Am.* torpédo *f*.

pha·lanx ['fælæŋks] phalange *f*.

phan·tasm ['fæntæzm] chimère *f*; ⚕ phantasme *m*; **phan·tas·ma·go·ri·a** [ˌ~məˈgɔːriə] fantasmagorie *f*.

phan·tom ['fæntəm] **1.** fantôme *m*, spectre *m*; **2.** fantôme.

Phar·i·sa·ic, Phar·i·sa·i·cal □ [færiˈseiik(l)] pharisaïque.

Phar·i·see ['færisiː] pharisien *m* (*a. fig.*).

phar·ma·ceu·ti·cal □ [fɑːməˈsjuːtikl] pharmaceutique; **phar·ma·cist** ['fɑːməsist] pharmacien(ne *f*) *m*; **phar·ma·col·o·gy** [ˌ~ˈkɔlədʒi] pharmacologie *f*; **'phar·ma·cy** pharmacie *f*.

phar·ynx *anat.* ['færiŋks] pharynx *m*.

phase [feiz] phase *f*.

pheas·ant *orn.* ['feznt] faisan([d]e *f*) *m*; **'pheas·ant·ry** faisanderie *f*.

phe·nom·e·nal □ [fiˈnɔminl] phénoménal (-aux *m/pl.*); *fig.* prodigieux (-euse *f*); **phe·nom·e·non** [ˌ~nən], *pl.* **-na** [ˌ~nə] phénomène *m* (*a. fig.*); *fig. personne*: prodige *m*.

phew [fjuː] pouf!; pouah! (*dégoût*).

phi·al ['faiəl] flacon *m*, fiole *f*.

Phi Be·ta Kap·pa *Am.* ['fai 'biːtə 'kæpə] *la plus ancienne association d'étudiants universitaires.*

phi·lan·der [fiˈlændə] flirter.

phil·an·throp·ic [filənˈθrɔpik] (~ally) philanthropique; philanthrope (*personne*); **phi·lan·thro·pist** [fiˈlænθrəpist] philanthrope *mf*; **phi'lan·thro·py** philanthropie *f*.

phi·lat·e·list [fiˈlætəlist] philatéliste *mf*; **phi'lat·e·ly** philatélie *f*.

phi·lip·pic [fiˈlipik] philippique *f*.

Phi·lis·tine ['filistain] philistin *m* (*a. fig.*).

phil·o·log·i·cal □ [filəˈlɔdʒikl] philologique; **phi·lol·o·gist** [fiˈlɔlədʒist] philologue *mf*; **phi'lol·o·gy** philologie *f*.

phi·los·o·pher [fiˈlɔsəfə] philosophe *mf*; ~'s *stone* pierre *f* philosophale; **phil·o·soph·ic, phil·o·soph·i·cal** □ [filəˈsɔfik(l)] philosophique; **phi·los·o·phize** [fiˈlɔsəfaiz] philoso-

pher; phi·los·o·phy philosophie *f*; ~ *of life* conception *f* de la vie.
phil·tre, phil·ter ['filtə] philtre *m*.
phiz F *co.* [fiz] visage *m*, F binette *f*.
phle·bi·tis ✠ [fli'baitis] phlébite *f*.
phlegm [flem] flegme *m* (*a.* ✠), calme *m*; **phleg·mat·ic** [fleg'mætik] (~**ally**) flegmatique.
Phoe·ni·cian [fi'niʃən] 1. phénicien(ne *f*) *m*; 2. *ling.* phénicien *m*; Phénicien(ne *f*) *m*.
ph(o)e·nix ['fi:niks] phénix *m*.
phone F [foun] *see telephone*.
pho·net·ic [fo'netik] 1. (~**ally**) phonétique; ~ *spelling* écriture *f* phonétique; 2. ~*s pl.* phonétique *f*; **pho·ne·ti·cian** [founi'tiʃn] phonéticien *m*.
pho·no·graph ['founəgra:f] phonographe *m*; **pho·no·graph·ic** [~'græfik] (~**ally**) phonographique.
pho·nol·o·gy [fo'nɔlədʒi] phonologie *f*.
pho·n(e)y ['founi] 1. *Am. sl.* escroc *m*; 2. *Am.* F faux (fausse *f*); factice; en toc; ~ *flash* renseignement *m* inexact; nouvelle *f* inexacte; ~ *war* drôle de guerre.
phos·phate ✠ ['fɔsfeit] phosphate *m*.
phos·pho·resce [fɔsfə'res] être phosphorescent; **phos·pho'res·cent** phosphorescent; **phos·phor·ic** ✠ [~'fɔrik] phosphorique; **phos·pho·rous** ✠ ['~fərəs] phosphoreux (-euse *f*); **phos·pho·rus** ✠ ['~rəs] phosphore *m*.
pho·to F ['foutou] *see* ~*graph*; ~*e·lec·tric cell* cellule *f* photoélectrique; ~*en·grav·ing* [~in'greiviŋ] photogravure *f* industrielle; '~*fin·ish* décision *f* par photo, photo *f* à l'arrivée; '~*flash* flash *m* (*pl.* flashes) *m* (à ampoule); '~*gram·me·try* [~'græmitri] photogrammétrie *f*.
pho·to·graph ['foutəgra:f] 1. photographie *f*; 2. photographier; prendre une photographie de; **pho·tog·ra·pher** [fə'tɔgrəfə] photographe *m*; **pho·to·graph·ic** [foutə'græfik] (~**ally**) photographique; **pho·tog·ra·phy** [fə'tɔgrəfi] photographie *f*; prise *f* de vues.
pho·to·gra·vure [foutəgrə'vjuə] photogravure *f*, héliogravure *f*.
pho·tom·e·ter [fo'tɔmitə] photomètre *m*; **pho·to·play** ['foutəplei]

film *m* dramatique; **pho·to·stat** ['foutostæt], **pho·to·stat·ic** [~'stætik]: ~ *copy* photocopie *f*; **pho·to·te·leg·ra·phy** [foutəti'legrəfi] téléphotographie *f*; **pho·to·type** ['~taip] phototype *m*.
phrase [freiz] 1. locution *f*; tour *m* de phrase; expression *f*; *gramm.* membre *m* de phrase; ♪ phrase *f*, période *f*; 2. exprimer (*une pensée*), rédiger; ♪ phraser; '~*mon·ger* phraseur (-euse *f*) *m*; **phra·se·ol·o·gy** [~zi'ɔlədʒi] phraséologie *f*.
phre·net·ic [fri'netik] (~**ally**) affolé; frénétique.
phre·nol·o·gy [fri'nɔlədʒi] phrénologie *f*.
phthis·i·cal ['θaisikl] phtisique; **phthi·sis** ['~sis] phtisie *f*.
phut *sl.* [fʌt]: *go* ~ claquer.
phys·ic ['fizik] 1. médecine *f*; F drogues *f*/*pl.*; ~*s sg.* physique *f*; 2. *sl.* médicamenter (*q.*); **'phys·i·cal** □ physique; corporel(le *f*); matériel(le *f*); ~ *condition* état *m* physique; ~ *culture* culture *f* physique; ~ *test* visite *f* médicale; **phy·si·cian** [fi'ziʃn] médecin *m*; **phys·i·cist** ['~sist] physicien(ne *f*) *m*.
phys·i·og·no·my [fizi'ɔnəmi] physionomie *f*; **phys·i·og·ra·phy** [~'ɔgrəfi] physiographie *f*, géographie *f* physique; **phys·i·ol·o·gy** [~'ɔlədʒi] physiologie *f*.
phy·sique [fi'zi:k] physique *m*.
pi·an·ist ['pjænist] ♪ 'piənist] pianiste *mf*.
pi·a·no¹ ♪ ['pja:nou] *adv.* piano.
pi·an·o² ['pjænou] ♪ 'pja:nou] piano *m*; *cottage* ~ petit droit *m*; *grand* ~ piano *m* à queue.
pi·an·o·for·te [pjænoˈfɔ:ti] *see* piano².
pi·az·za [piˈædzə] place *f*; *Am.* véranda *f*.
pi·broch ['pi:brɔk] pibroch *m* (= *air de cornemuse*).
pic·a·roon [pikə'ru:n] corsaire *m*.
pic·a·yune *Am.* [pikə'ju:n] 1. *usu. fig.* sou *m*; bagatelle *f*; 2. mesquin.
pic·ca·nin·ny *co.* ['pikənini] 1. négrillon(ne *f*) *m*; *Am.* F mioche *mf*; 2. enfantin.
pick [pik] 1. pic *m*, pioche *f*; ⚒ rivelaine *f*; (*ou tooth*~) cure-dent *m*; élite *f*, choix *m*; 2. *v*/*t*. piocher (*la terre*); se curer (*les dents*); ronger (*un os*); plumer (*la volaille*); cueillir

pick-a-back

(*une fleur, un fruit*); trier (*du minerai*); effilocher (*des chiffons*); éplucher (*de la laine*); Am. jouer de (*le banjo*); crocheter (*la serrure*); choisir; F (*a.* ~ *at*) pignocher (*sa nourriture*); ~ *one's way* marcher avec précaution; ~ *pockets* voler à la tire; ~ *a quarrel with* chercher querelle à; *see bone 1; crow 1;* ~ *out* choisir; enlever; trouver; reconnaître; *peint.* échampir; *v/i.* picoter, picorer (*oiseau*); F manger du bout des dents; *surt. Am.* F ~ *at* (*ou on*) chercher noise à (*q.*); critiquer; ~ *up v/t.* prendre; ramasser, relever; (re)trouver; apprendre; aller chercher (*q.*); repérer (*un avion*); faire la connaissance de (*q.*); capter (∉ *le courant*; *un message*); *radio:* avoir (*un poste*); *v/i.* se rétablir; *mot.* reprendre; ~**a-back** ['~əbæk] sur le dos; '~**axe** pioche *f*; **picked** choisi, de choix; '**pick-er** cueilleur (-euse *f*) *m etc.*; ⊕ machine *f* à éplucher.

pick-et ['pikit] **1.** piquet *m* (*a.* ⚔, *a.* de *grève*); **2.** *v/t.* mettre (*un cheval*) au(x) piquet(s); palissader; ⚔ détacher en grand-garde; ⊕ installer des piquets de grève; *v/i.* être gréviste en faction.

pick-ing ['pikiŋ] piochage *m etc.* (see *pick*); choix *m*; ~*s pl.* restes *m/pl.*, *fig. sl.* gratte *f*.

pick-le ['pikl] **1.** marinade *f*; saumure *f*; conserve *f* au vinaigre; F enfant *mf* terrible; F pétrin *m*; *see mix;* **2.** mariner, conserver; ~*d herring* hareng *m* salé.

pick...: '~**lock** crochet *m*; *personne:* crocheteur *m* de serrures; '~**me-up** F cordial *m*; remontant *m*; '~**pock-et** voleur (-euse *f*) *m* à la tire; '~**up** ramassement *m*; chose *f* ramassée; *phonographe:* pick-up *m/inv.;* ✝ (*ou* ~ *in prices*) hausse *f*; *Am. radio, télév.* pick-up *m/inv.;* ~ *dinner* repas *m* fait de restes.

pic-nic ['piknik] **1.** pique-nique *m*; partie *f* de plaisir; dînette *f* sur l'herbe; **2.** faire un pique-nique; dîner sur l'herbe.

pic-to-ri-al [pik'tɔ:riəl] **1.** □ en images; pittoresque; illustré; **2.** périodique *m ou* journal *m* illustré.

pic-ture ['piktʃə] **1.** tableau *m*; image *f*; peinture *f*; gravure *f*; portrait *m*; ~*s pl.* cinéma *m*; films *m/pl.; attr.* d'images; du cinéma;

966

~-*palace* cinéma *m*; ~ (*post*)*card* carte *f* postale illustrée; ~ *puzzle* rébus *m*; **2.** dépeindre; représenter; se figurer (*qch.*); s'imaginer (*qch.*); '~-**book** album *m*; livre *m* d'images; '~-**go-er** *Brit.* habitué(e *f*) *m* du cinéma.

pic·tur·esque □ [piktʃə'resk] pittoresque.

pidg·in Eng·lish ['pidʒin'iŋgliʃ] jargon *m* commercial anglo-chinois; *fig.* F petit nègre *m*.

pie[1] [pai] *viande etc.:* pâté *m*; *fruits:* tourte *f*; *typ.* pâte *f*, pâté *m*; *see finger 1.*

pie[2] *orn.* [~] pie *f*; '~-**bald** pie; *fig.* bigarré.

piece [pi:s] **1.** pièce *f* (*a.* théâ., échecs, monnaie, ✝); fragment *m*; morceau *m* (*a.* ♪); partie *f*; ~ *of advice* conseil *m*; ~ *of jewellery* bijou (*pl.* -x) *m*; ~ *of news* nouvelle *f*; *by the* ~ à la pièce *f*; *in* ~*s* en morceaux; *of a* ~ uniforme; *all of a* ~ tout d'une pièce; *break* (*ou go*) *to* ~*s* se désagréger; tomber en lambeaux (*robe etc.*); *give s.o. a* ~ *of one's mind* parler carrément à q.; *take to* ~*s* défaire; ⊕ démonter; **2.** raccommoder, rapiécer; ~ *out* rallonger; augmenter; ~ *together* joindre, unir; coordonner; ~ *up* raccommoder; '~-**goods** *pl.* marchandises *f/pl.* à la pièce; '~-**meal** pièce à pièce, peu à peu; '~-**work** travail (*pl.* -aux) *m* à la tâche.

pied [paid] mi-parti; bigarré.

pie-plant *Am.* ['paiplɑ:nt] rhubarbe *f*.

pier [piə] jetée *f*, digue *f*; quai *m*; △ pilastre *m*; pilier *m*; '**pier·age** ✝ droits *m/pl.* de jetée.

pierce [piəs] *v/t.* percer (*a. fig.*); transpercer (*le cœur*); *v/i.* percer; *fig.* pénétrer; '**pierc·er** ⊕ perçoir *m*, poinçon *m*; '**pierc·ing** □ pénétrant (*a. fig.*).

pier-glass ['piəglɑ:s] trumeau *m*.

pi·e·tism ['paiətizm] piétisme *m*.

pi·e·ty ['paiəti] piété *f*.

pif·fle *sl.* ['pifl] **1.** balivernes *f/pl.*; futilités *f/pl.;* **2.** dire des sottises.

pig [pig] **1.** porc *m*, cochon *m*; *métall.* gueuse *f* (*de fonte*); saumon *m* (*de plomb*); *buy a* ~ *in a poke* acheter chat en poche; **2.** cochonner; F vivre comme dans une étable.

pi-geon ['pidʒin]; *zo.* pigeon *m*; F

pigeon *m*, dupe *f*; *sl.* affaire *f*; '~-hole 1. case *f*; 2. caser (*des papiers*); *admin.* classer; F faire rester dans les cartons; 'pi·geon·ry colombier *m*.
pig·ger·y ['pigəri] porcherie *f*.
pig·gish □ ['pigiʃ] malpropre; entêté.
pig·head·ed ['pig'hedid] obstiné, têtu. [gueuse.)
pig·i·ron ['pigaiən] fonte *f* en)
pig·ment ['pigmənt] pigment *m*, colorant *m*.
pig·my *see* **pygmy**.
pig...: '~-nut gland *m* de terre; '~-skin peau *f* de porc; ~-sty ['~stai] porcherie *f*; *fig.* taudis *m*; '~-tail queue *f* (*de cheveux*); '~-wash pâtée *f* pour les porcs.
pike [paik] ⚔ pique *f*; *géog.* pic *m*; *icht.* brochet *m*; '**pik·er** *Am. sl.* boursicoteur *m*; lâcheur *m*; '**pike-staff**: *as plain as a* ~ clair comme le jour.
pil·chard *icht.* ['piltʃəd] sardine *f*.
pile¹ [pail] 1. tas *m*; ⚔ armes: faisceau *m*; △ masse *f*; édifice *m*; *fig.* fortune *f*; ⚡ pile *f* de Volta; *phys.* (*ou atomic* ~) pile *f* atomique; 2. *v/i.* (*a.* ~ *up*) s'entasser, s'amonceler; *v/t.* (*a.* ~ *up*) entasser, empiler; amasser (*une fortune*); ⚔ ~ *arms* former les faisceaux; *fig.* ~ *it on* exagérer.
pile² [~] pieu *m*.
pile³ [~] *tex.* poil *m*.
pile-driv·er ⊕ ['paildraivə] sonnette *f*; '**pile-dwell·ing** habitation *f* lacustre *ou* sur pilotis.
piles *&* [pailz] *pl.* hémorroïdes *f/pl.*
pil·fer ['pilfə] *v/t.* chiper; *v/i.* faire de petits vols.
pil·grim ['pilgrim] pèlerin(e *f*) *m*; ⚰ Père *m* pèlerin; '**pil·grim·age** pèlerinage *m*.
pill [pil] pilule *f*.
pil·lage ['pilidʒ] 1. pillage *m*; 2. piller, saccager.
pil·lar ['pilə] pilier *m*, colonne *f*; '~-box boîte *f* aux lettres; borne *f* postale; **pil·lared** ['~ləd] à piliers, à colonnes; en pilier *etc.*
pil·lion ['piljən] coussinet *m* de cheval; *mot.* siège *m* arrière; *ride* ~ monter derrière.
pil·lo·ry ['pilari] 1. pilori *m*; *in the* ~ au pilori; 2. mettre au pilori; *fig.* exposer au ridicule.

pil·low ['pilou] 1. oreiller *m*; coussin *m*; ⊕ coussinet *m*; 2. reposer sa tête (sur, *on*); '~-case, ✝ '~-slip taie *f* d'oreiller.
pi·lot ['pailət] 1. pilote *m* (*a.* ⚓, ✈); *fig.* guide *m*; ~ *instructor* professeur *m* de pilotage; ⚓ *Officer* sous-lieutenant *m* aviateur; ~ *pupil* élève *mf* pilote; ~ *plant* installation *f* d'essai; 2. piloter; conduire; '**pi·lot·age** (frais *m/pl.*) de pilotage *m*; '**pi·lot-bal·loon** ballon *m* d'essai.
pil·ule ['pilju:l] petite pilule *f*.
pi·men·to [pi'mentou] piment *m*.
pimp [pimp] 1. entremetteur (-euse *f*) *m*; 2. exercer le métier de proxénète.
pim·ple ['pimpl] bouton *m*, bourgeon *m*; '**pim·pled**, '**pim·ply** boutonneux (-euse *f*); pustuleux (-euse *f*).
pin [pin] 1. épingle *f*; ⊕ goupille *f*, cheville *f*; *jeu:* quille *f*; clou *m*; *cuis.* rouleau *m* (à *pâte*); *Am.* insigne *m* (*d'une association estudiantine etc.*); ~*s pl. sl.* quilles *f/pl.* (= *jambes*); 2. épingler; attacher avec des épingles; clouer; *sl. fig.* obliger (*q.*) à reconnaître les faits; (*souv.* ~ *down*) obliger (à, *to*); ~ *one's hopes on* mettre toutes ses espérances dans.
pin·a·fore ['pinəfɔ:] tablier *m*.
pin·cers ['pinsəz] *pl.:* (*a pair of*) ~ (une) pince *f*, (des) tenailles *f/pl.*
pinch [pintʃ] 1. pinçade *f*; *tabac:* prise *f*; *sel etc.:* pincée *f*; *fig.* morsure *f*; *fig.* besoin *m*; 2. *v/t.* pincer; gêner; *sl.* chiper (=*voler*); arrêter (*q.*); *v/i.* (*se res*)serrer; faire des petites économies; se priver; **pinched** étroit; gêné; *fig.* hâve.
pinch·beck ['pintʃbek] 1. ⊕ chrysocale *m*, similor *m*; *fig.* trompe-l'œil *m/inv.*; 2. d'occasion.
pinch-hit *Am.* ['pintʃhit] suppléer, remplacer (*q.*, *for s.o.*).
pin-cush·ion ['pinkuʃin] pelote *f* à aiguilles.
pine¹ ♣ [pain] pin *m*; bois *m* de pin.
pine² [~] languir (après, pour *for*); ~ *away* dépérir; mourir de langueur.
pine...: '~-ap·ple ♣ ananas *m*; '~-cone pomme *f* de pin.
pin·er·y ['painəri] serre *f* à ananas; (*a.* '**pine-wood**) pineraie *f*.

pin-feath·er ['pinfeðə] plume *f* naissante.

pin·fold ['pinfould] parc *m* (à *moutons etc.*); fourrière *f*.

ping [piŋ] cingler, fouetter.

ping-pong ['piŋpɔŋ] ping-pong *m*.

pin·ion ['pinjən] 1. aileron *m*; *poét*. aile *f*; (*a.* ~-*feather*) penne *f*; ⊕ pignon *m*; 2. rogner les ailes à; *fig.* lier les bras à.

pink¹ [piŋk] 1. ♀ œillet *m*; *couleur*: rose *m*; *chasse*: rouge *m*; *fig.* modèle *m*; comble *m*; *sl. in the* ~ *florissant, en parfaite santé*; 2. *v/t.* teindre en rose; *v/i.* rougir.

pink² [~] toucher; denteler les bords de (*une robe*); *fig.* orner.

pink³ *mot.* [~] cliqueter.

pink·ish ['piŋkiʃ] rosâtre.

pin-mon·ey ['pinmʌni] argent *m* de poche (*d'une femme ou jeune fille*).

pin·nace ⊕ ['pinis] grand canot *m*, pinasse *f*.

pin·na·cle ['pinəkl] ⚠ pinacle *m*; *montagne*: cime *f*; *fig.* faîte *m*, apogée *m*.

pin·nate ♀ ['pinit] penné.

pi·noc(h)·le *Am.* ['pi:nʌkl] (*sorte de*) belote *f*.

pin...: '~·prick piqûre *f* d'épingle; '~·stripe *tex.* filet *m*.

pint [paint] pinte *f* (*0,57, Am. 0,47 litre*).

pin·tle ⊕ ['pintl] pivot *m* central; *mot.* cheville *f* ouvrière.

pin·to *Am.* ['pintou] 1. *pl.* -tos cheval *m* pie; 2. pie.

pin-up (girl) ['pinʌp('gə:l)] pin-up *f*/*inv.*; beauté *f*.

pi·o·neer [paiə'niə] 1. ⚔, *fig.* pionnier *m*; *fig.* défricheur (-euse *f*) *m*; 2. frayer (le chemin).

pi·ous □ ['paiəs] pieux (-euse *f*); pie (*œuvre*).

pip¹ [pip] *vét.* pépie *f*; *sl.* have the ~ avoir le cafard.

pip² [~] *fruit*: pépin *m*; *carte, dé, etc.*: point *m*; ⚔ *grades*: étoile *f*.

pip³ *sl.* [~] *v/t.* refuser (*un candidat*); vaincre; *v/i.* ~ *out* mourir.

pipe [paip] 1. tuyau *m* (*a. gaz*); tube *m* (*a. anat.*); pipe *f* (*tabac, a. mesure de vin: 572,4 litres*); ♪ chalumeau *m*; *oiseau*: chant *m*; 2. canaliser; amener *etc.* par un pipe-line; jouer (*un air*); lisérer (*une robe etc.*); ⊕ siffler, donner un coup de sifflet; F ~ *one's eye(s)* pleurnicher; '~·clay 1. terre *f* de pipe; blanc *m* de terre à pipe; 2. astiquer au blanc de terre à pipe; '~·lay·er poseur *m* de tuyaux; *Am. pol.* intrigant *m*; '~·line pipe-line *m*; '**pip·er** joueur *m* de chalumeau *etc.*; F *pay the* ~ payer les violons.

pip·ing ['paipiŋ] 1. sifflant; heureux (-euse *f*) (*époque*); ~ *hot* tout chaud; 2. canalisation *f*; tuyauterie *f*; *oiseaux*: gazouillement *m*; *robe*: liséré *m*; *cost.* passepoil *m*.

pip·it *orn.* ['pipit] pipit *m*.

pip·kin ['pipkin] poêlon *m*.

pip·pin ♀ ['pipin] reinette *f*; *sl.* it's a ~ il est remarquable.

pi·quan·cy ['pi:kənsi] (goût *m*) piquant *m*.

pi·quant □ ['pi:kənt] piquant.

pique [pi:k] 1. pique *f*, ressentiment *m*; 2. piquer; exciter (*la curiosité*); ~ *o.s. upon* se piquer de.

pi·ra·cy ['paiərəsi] piraterie *f*; contrefaçon *f* (*d'un livre*); plagiat *m*; **pi·rate** ['~rit] 1. *homme ou navire*: pirate *m*; contrefacteur *m*; plagiaire *m*; *wireless* (*ou radio*) ~, ~ *listener* auditeur (-trice *f*) *m* illicite; 2. pirater; contrefaire; plagier; **pi·rat·i·cal** □ [pai'rætikl] de pirate *etc.*

pis·ci·cul·ture ['pisikʌltʃə] pisciculture *f*.

pish [piʃ] bah!; pouah!

piss V [pis] 1. pisse *f*, urine *f*; 2. pisser, uriner.

pis·til ♀ ['pistil] pistil *m*.

pis·tol ['pistl] pistolet *m*; '~·whip *Am.* F frapper d'un pistolet.

pis·ton ⊕ ['pistən] piston *m*; *pompe*: sabot *m*; '~·rod tige *f* de piston; '~·stroke coup *m* de *ou* course *f* du piston.

pit [pit] 1. fosse *f*, trou *m*; *anat.* creux *m*; *théâ.* parterre *m*; *Am.* bourse *f* de commerce, parquet *m*; *mot.* fosse *f*; mine *f* (*de charbon*); *petite vérole*: cicatrice *f*; piège *m* (à *animaux*); 2. piquer, trouer; marquer; ♪ ensiler; ~ *against* mettre (*q.*) aux prises avec; ~*ted with smallpox* marqué de la petite vérole.

pit-(a-)pat ['pit(ə)'pæt] tic-tac.

pitch¹ [pitʃ] 1. poix *f*; brai *m*; 2. enduire de brai; ⊕ calfater.

pitch² [~] 1. lancement *m*; ♪ son: hauteur *f*; *instrument*: diapason *m*;

⊕ pas m; scie: angle m des dents; ⚓ tangage m; ✝ marché: place f, camelot: place f habituelle; cricket: terrain m; fig. degré m; ~ and toss jeu m de pile ou face; 2. v/t. lancer; mettre; paver (la chaussée); charger (le foin etc.); dresser (une tente); établir (un camp); poser (une échelle); ♪ ~ higher (lower) hausser (baisser) (le ton); ♪ jouer dans une clef donnée; fig. arrêter, déterminer; ~ed battle bataille f rangée; ~ one's hope too high viser trop haut; v/i. ⚒ camper; tomber; ⚓ tanguer; ~ upon arrêter son choix sur; F ~ into taper sur; dire son fait à.

pitch·er[1] ['pitʃə] lanceur m (de la balle).

pitch·er[2] [~] cruche f; broc m.

pitch·fork ['pitʃfɔːk] 1. fourche f à foin etc.; ♪ diapason m; 2. lancer avec la fourche; fig. bombarder (q. dans un poste, s.o. into a job).

pitch-pine ♧ ['pitʃpain] faux sapin m.

pitch·y ['pitʃi] poisseux (-euse f); noir comme poix.

pit-coal ⚒ ['pitkoul] houille f.

pit·e·ous □ ['pitiəs] pitoyable, piteux (-euse f).

pit·fall ['pitfɔːl] trappe f; piège m.

pith [piθ] moelle f (a. fig.); orange: peau f blanche; sève f, ardeur f.

pit-head ⚒ ['pithed] carreau m.

pith·i·ness ['piθinis] concision f; **'pith·less** □ mou (mol devant une voyelle ou un h muet); molle f).

pith·y □ ['piθi] moelleux (-euse f); concis.

pit·i·a·ble □ ['pitiəbl] pitoyable.

pit·i·ful □ ['pitiful] compatissant; pitoyable; lamentable (a. péj.).

pit·i·less □ ['pitilis] impitoyable.

pit·man ['pitmən] mineur m; houilleur m.

pit-props ⚒ ['pitprɔps] pl. bois m de soutènement.

pit·tance ['pitəns] maigre salaire m; gages m/pl. dérisoires; ✝ aumône f.

pi·tu·i·tar·y anat. [pi'tjuːitəri] pituitaire.

pit·wood ⚒ ['pitwud] bois m de mine.

pit·y ['piti] 1. pitié f, compassion f (de on, for); for ~'s sake! par pitié!; de grâce!; it is a ~ c'est dommage; it is a thousand pities c'est mille fois ou bien dommage; 2. plaindre; avoir pitié de; I ~ him il me fait pitié.

piv·ot ['pivət] 1. ⊕, ✕ pivot m; ⊕ tourillon m; fig. axe m, pivot m; 2. v/i. pivoter (sur, [up]on); v/t. faire pivoter; **'piv·o·tal** pivotal (-aux pl.); à pivot.

pix·i·lat·ed Am. ['piksəleitid] loufoque; dingo inv.

pla·ca·bil·i·ty [pleikə'biliti] douceur f; **'pla·ca·ble** doux (douce f); facile à apaiser.

plac·ard ['plækɑːd] 1. écriteau m, affiche f; 2. afficher; couvrir (qch.) d'affiches.

pla·cate [plə'keit] apaiser, calmer.

place [pleis] 1. lieu m, endroit m, localité f; station f; place f; rang m; emploi m, poste m, situation f; ~ of delivery destination f; ~ of employment usu. travail (pl. -aux) m, emploi m, bureau m etc.; give ~ to faire place à (qch.); in ~ en place; in ~ of au lieu de; in his ~ à sa place; in the first ~ d'abord; out of ~ déplacé; 2. placer (a. de l'argent); (re)mettre; ✕ mettre en faction (la sentinelle); ✝ passer (une commande), mettre en vente; faire accepter (un article à un éditeur etc.); ~ a child under s.o.'s care mettre un enfant sous la garde de q.; '~-name nom m de lieu.

plac·id □ ['plæsid] calme; serein; **pla'cid·i·ty** calme m, tranquillité f.

plack·et ['plækit] fente f (de jupe).

pla·gi·a·rism ['pleidʒiərizm] plagiat m; **'pla·gi·a·rist** plagiaire m; démarqueur m; **'pla·gi·a·rize** plagier.

plague [pleig] 1. peste f; fléau m; 2. tourmenter, harceler; '~-spot usu. fig. foyer m d'infection.

pla·guy F ['pleigi] assommant; adv. rudement.

plaice icht. [pleis] plie f.

plaid [plæd] tex. tartan m; plaid m (écossais).

plain [plein] 1. adj. □ évident, clair; simple; tricot: endroit inv.; lisse; carré, franc(he f); sans beauté; cuis. au naturel, bourgeois; in ~ English en bon anglais; ~ fare cuisine f bourgeoise; ~ knitting tricot m à l'endroit; ~ sewing couture f simple; 2. adv. clairement; carrément; 3. su. plaine f; surt. Am. attr. des champs; '~-clothes man

plain dealing 970

agent *m* en civil; agent *m* de la sûreté; ~ **deal·ing** 1. franchise *f*, loyauté *f*; 2. franc(he *f*) et loyal(e *f*); '**plain·ness** simplicité *f*; franchise *f*; clarté *f*; netteté *f*; manque *m* de beauté.

plaint¹ [pleint] 1. plainte *f*; **plain·tiff** ['~if] demandeur (-eresse *f*) *m*; '**plain·tive** ☐ plaintif (-ive *f*).

plait [plæt] 1. *chevaux*: tresse *f*, natte *f*; *see pleat* 1; 2. tresser; *see pleat* 2.

plan [plæn] 1. plan *m*; projet *m*, dessein *m*; levé *m* (*d'un terrain*); 2. tracer le plan de; *fig.* projeter, se proposer (qch., *s.th.*; de *inf.*, *to inf.*); méditer; ~ed economy économie *f* planifiée, ~ning board conseil *m* de planification.

plane¹ [plein] 1. uni; plat; égal (-aux *m/pl.*); 2. ⚓ plan *m*; ✈ plan *m*, aile *f*; *fig.* niveau *m*; F avion *m*; ⊕ rabot *m*; *elevating (depressing)* ~ ✈ gouvernail *m* d'altitude (de profondeur); 3. planer, dresser; aplanir, raboter; ✈ voyager en avion; planer.

plane² ♀ [~] (*a.* ~-*tree*) platane *m*.

plan·et *astr.* ['plænit] planète *f*.

plane-ta·ble *surv.* ['pleinteibl] planchette *f*.

plan·e·tar·i·um [plæni'tɛəriəm] planétaire *m*; **plan·e·tar·y** ['~təri] planétaire; terrestre; *fig.* errant.

pla·nim·e·try ⚓ [plæ'nimitri] planimétrie *f*.

plan·ish ⊕ ['plæniʃ] aplanir; polir.

plank [plæŋk] 1. planche *f*; madrier *m*; *Am. parl.* point *m* d'un programme électoral; 2. planchéier; couvrir de planches; *sl.*, *Am.* F *down (out)* payer, allonger (*l'argent*); ~ *bed* lit *m* de camp; couchette *f* en bois; '**plank·ing** planchéiage *m*; revêtement *m*.

plant [plɑːnt] 1. plante *f*; pose *f*; installation *f*; machines *f/pl.*; *sl.* coup *m* monté, escroquerie *f*; *Am. sl. a.* cachette *f*; 2. planter (*a.* ✍, *a. fig.*); implanter (*une idée*) (dans l'esprit de q., *into s.o.'s. mind*); loger; poser; enterrer (*des légumes*); F appliquer (*un coup de poing*); *sl.* monter (*un coup*) (contre, *on*); ~ *o.s.* se planter (devant, *in front of*).

plan·tain¹ ♀ ['plæntin] plantain *m*.

plan·tain² ♀ [~] banane *f* (des Antilles).

plan·ta·tion [plæn'teiʃn] plantation *f*; bosquet *m*; **plant·er** ['plɑːntə] planteur *m*; '**plant-louse** puceron *m*, aphis *m*.

plaque [plɑːk] plaque *f*.

plash¹ [plæʃ] 1. clapotis *m*; flac *m*; flaque *f* d'eau; 2. flac!; floc!; 3. *v/t.* plonger en faisant flac; *v/i.* clapoter; faire flac.

plash² [~] entrelacer (*les branches d'une haie*).

plash·y ['plæʃi] bourbeux (-euse *f*); couvert de flaques d'eau.

plasm, plas·ma *biol.* ['plæzm(ə)] (proto)plasma *m*.

plas·ter ['plɑːstə] 1. *pharm.* emplâtre *m*; sparadrap *m*; ⊕ plâtre *m*; enduit *m*; (*usu.* ~ *of Paris*) plâtre *m* de moulage; ~ *cast* moulage *m* au plâtre; 2. ✚ mettre un emplâtre sur; plâtrer; enduire; *fig.* recouvrir (de, *with*); '**plas·ter·er** plâtrier *m*.

plas·tic ['plæstik] 1. (~*ally*) plastique; (*synthetic*) ~ *material* = 2. (matière *f*) plastique *m*; **plas·ti·cine** ['~tisiːn] plasticité *f*; **plas·tic·i·ty** ['~tisiti] plasticité *f*.

plas·tron ['plæstrən] plastron *m*.

plat [plæt] *see plait*; *plot*¹.

plate [pleit] 1. *usu.* plaque *f* (*a. mot.*, *photo*, *radio*, *a. de porte*); *métal*: lame *f*; *typ.* cliché *m*; *livre*: planche *f*, gravure *f*; assiette *f*; *course*: coupe *f*; (*a.* ~ *iron*) tôle *f*; *Am. baseball*: point *m* de départ du batteur; limite *f* du batteur; (*a. dental.* ~) dentier *m*; *radio*: anode *f*; ⊕ *machine*: plateau *m*; 2. plaquer; métalliser; ✂ blinder; ⚓ border en acier *etc.*

pla·teau *géog.* ['plætou] plateau *m*.

plate-bas·ket ['pleitbɑːskit] ramasse-couverts *m/inv.*; **plate·ful** ['~ful] assiettée *f*.

plate...: ~-**glass** glace *f* de vitrage; '~-**hold·er** *phot.* châssis *m*; '~-**lay·er** ⚒ poseur *m* de rails; ouvrier *m* de la voie.

plat·en ['plætn] *typ.* platine *f*; *machine* à *écrire*: cylindre *m*.

plat·er ['pleitə] ⊕ plaqueur *m*; *sp.* cheval *m* à réclamer.

plat·form ['plætfɔːm] terrasse *f*; estrade *f*; *géog.* plate-forme (*pl.* plates-formes) *f*; ⚒ quai *m*, trottoir *m*; *Am. surt.* plate-forme (*pl.* plates-formes) *f* de wagon; *pol.* programme *m* (*Am. souv.* électoral).

plat·i·num *min.* ['plætinəm] platine *m*. [tude *f*.]
plat·i·tude *fig.* ['plætitju:d] plati-
pla·toon ⚔ [plə'tu:n] section *f*.
plat·ter ['plætə] écuelle *f*.
plau·dit ['plɔ:dit] *usu.* ~s *pl.* applaudissements *m/pl*.
plau·si·bil·i·ty [plɔ:zə'biliti] plausibilité *f*; vraisemblance *f*.
plau·si·ble □ ['plɔ:zəbl] plausible; vraisemblable; spécieux (-euse *f*).
play [plei] **1.** jeu *m* (*a.* ⊕, lumière, *amusement*); *théâ.* pièce *f*; spectacle *m*; ⊕ liberté *f*; ⊕ fonctionnement *m*; *fair* (*foul*) ~ jeu *m* loyal (déloyal); ~ *on words* jeu *m* de mots; calembour *m*; *bring into* ~ mettre en jeu *ou* en œuvre; *make great* ~ *with* attacher beaucoup d'importance à; souligner; **2.** *v/i.* jouer (*a. fig.*); s'amuser; folâtrer; ⊕ fonctionner librement, jouer; ~ *fast and loose with* jouer double jeu avec; *sp.* ~ *at football* (*at cards*) jouer au football (aux cartes); ~ *for time* temporiser; *théâ.* ~ *to the gallery* jouer pour la galerie; ~ *up* jouer de son mieux; F ~ *up to* flatter; ~ *upon* abuser de; agir sur; *v/t. sp.* jouer à; ♪ jouer de (*un instrument*); *théâ.* jouer (*un rôle*); *fig.* se conduire en; ~ *the deuce with* ruiner; faire un mal du diable à; ~ *off fig.* opposer (q. à q., *s.o. against s.o.*); ~*ed out* à bout de forces; épuisé; F ~ *up* chahuter (*q.*); '~**·bill** affiche *f* de théâtre; '~**·book** *théâ.* recueil *m* de pièces; '~**·boy** viveur *m*; '**play·er** joueur (-euse *f*) *m*; acteur (-trice *f*) *m*; ♪ exécutant(e *f*) *m*; *sp.* équipier *m*; '**play·er-pi·an·o** piano *m* mécanique; '**play·fel·low** camarade *mf* de jeu; **play·ful** □ ['~ful] badin, enjoué; '**play·ful·ness** badinage *m*; enjouement *m*.
play...: '~**·go·er** amateur (-trice *f*) *m* du théâtre; '~**·ground** terrain *m* de jeu(x); cour *f* de récréation; '~**·house** théâtre *m*; *Am.* maison *f* de poupée.
play·ing...: '~**·card** carte *f* (à jouer); '~**·field** terrain *m* de jeu(x) *ou* de sports.
play...: '~**·mate** *see playfellow*; '~**·off** match *m* décisif (*après match nul*); '~**·thing** jouet *m*; '~**·wright** auteur *m* dramatique; '~**·writ·er** auteur *m* de pièces.

plea [pli:] ⚖ défense *f*; excuse *f*, prétexte *m*; F prière *f*; *make a* ~ alléguer; *on the* ~ *of* (*ou that*) sous prétexte de *ou* que.
plead [pli:d] *v/i.* plaider (pour, en faveur de *for*) (*q., qch.*); ~ *for mercy* demander grâce; *see guilty*; *v/t.* plaider; alléguer, invoquer (*une excuse*); prétexter (*qch.*); '**plead·a·ble** plaidable; invocable; '**plead·er** ⚖ avocat *m*; défenseur *m*; '**plead·ing** ⚖ plaidoirie *f*; *fig.* intercession *f*; *special* ~ F argument *m* spécieux; ~*s pl.* dossier *m*; débats *m/pl*.
pleas·ant □ ['pleznt] agréable, charmant, doux (douce *f*); affable; '**pleas·ant·ness** charme *m*; affabilité *f*; '**pleas·ant·ry** plaisanterie *f*; gaieté *f*.
please [pli:z] *v/i.* plaire; être agréable; *if you* ~ s'il vous plaît; je vous en prie; ~ *come in!* veuillez entrer; *v/t.* plaire à, faire plaisir à; ~ *o.s.* agir à sa guise; *be* ~*d to do s.th.* faire qch. avec plaisir; *be* ~*d with* être (très) content de; '**pleased** content, satisfait.
pleas·ing □ ['pli:ziŋ] agréable; doux (douce *f*).
pleas·ur·a·ble □ ['pleʒərəbl] agréable.
pleas·ure ['pleʒə] **1.** plaisir *m*; volonté *f*; *attr.* d'agrément; ~ *boat* bateau *m* de plaisance; *at* ~ à volonté; *give s.o.* ~ faire plaisir à q.; *take* (*a*) ~ éprouver du plaisir (à *inf., in gér.*) prendre (du) plaisir (à qch. *in s.th.*); **2.** *v/i.* prendre plaisir (à *inf., in gér.*); *v/t.* † faire plaisir à; '~**·ground** jardin *m ou* parc *m* d'agrément.
pleat [pli:t] **1.** pli *m*; *unpressed* ~*s pl.* plis *m/pl.* non repassés; **2.** plisser.
ple·be·ian [pli'bi:ən] **1.** du peuple; plébéien(ne *f*); **2.** plébéien(ne *f*) *m*.
pleb·i·scite ['plebisit] plébiscite *m*.
pledge [pledʒ] **1.** gage *m*, nantissement *m*; promesse *f*, vœu *m*; toast *m*; *put in* ~ engager; *take out of* ~ dégager; **2.** engager, mettre en gage; porter un toast à (*q.*); *he* ~*d himself* il promit, il engagea sa parole; **pledg'ee** gagiste *m*; '**pledg·er** gageur *m*.
Ple·i·ad *ou pl.* **Ple·ia·des** ['plaiəd (-i:z)] Pléiade *f*.

ple·na·ry ['pli:nəri] complet (-ète f), entier (-ère f); plénier (-ère f).
plen·i·po·ten·ti·ar·y [plenipə'tenʃəri] plénipotentiaire (a. su./m).
plen·i·tude ['plenitju:d] plénitude f.
plen·te·ous □ poét. ['plentjəs] abondant; riche (en, in); **'plen·te·ous·ness** abondance f.
plen·ti·ful □ ['plentiful] abondant.
plen·ty ['plenti] 1. abondance f; ~ of beaucoup de; en abondance; assez de; horn of ~ corne f d'abondance; 2. F beaucoup de; Am. F très.
ple·o·nasm ['pli:ənæzm] pléonasme m.
pleth·o·ra ['pleθərə] pléthore f; fig. surabondance f; **ple·thor·ic** [ple-'θɔrik] (~ally) pléthorique.
pleu·ri·sy ⚕ ['pluərisi] pleurésie f.
pli·a·bil·i·ty [plaiə'biliti] souplesse f.
pli·a·ble □ ['plaiəbl] pliant; souple (a. fig.); fig. docile.
pli·an·cy ['plaiənsi] souplesse f.
pli·ant □ ['plaiənt] see pliable.
pli·ers ['plaiəz] pl.: (a pair of) ~ (une) pince f, (des) tenailles f/pl.
plight[1] [plait] 1. engager (sa foi, sa parole); 2. poét. engagement m.
plight[2] [~] condition f, état m.
plinth △ [plinθ] socle m.
plod [plɔd] (a. ~ along, on) marcher lourdement ou péniblement; **'plod·ding** □ persévérant; lourd, pesant (pas).
plop [plɔp] 1. flac (a. su./m); 2. faire flac; tomber en faisant flac ou pouf.
plot[1] [plɔt] (parcelle f ou lot m de) terrain m.
plot[2] [~] 1. complot m, conspiration f; action f, intrigue f, roman etc.: plan m; 2. v/t. (a. ~ down) tracer; relever, dresser le plan de (un terrain, un diagramme, etc.); péj. combiner, comploter; v/i. comploter, conspirer; **'plot·ter** traceur m; conspirateur (-trice f) m.
plough [plau] 1. charrue f; ⊕ guimbarde f; astr. the ♃ le Chariot; univ. sl. retoquage m; 2. labourer; creuser (un sillon); fig. sillonner; univ. sl. be ~ed être refusé ou collé; **'~-man** laboureur m; **'~-share** soc m de charrue; **'~-tail** mancheron m de charrue.
plov·er ['plʌvə] orn. pluvier m; a. cuis. F vanneau m.
plow surt. Am. [plau] see plough.

pluck [plʌk] 1. arrachage m; poulet etc.: plumage m; guitare: pincement m; F courage m, cran m; 2. arracher; plumer (un poulet etc., a. fig.); épiler (les sourcils); détacher (de, from); pincer (la guitare); univ. sl. refuser, recaler; ~ at tirer; ~ up courage s'armer de courage.
pluck·y □ ['plʌki] courageux (-euse f); F crâne.
plug [plʌg] 1. tampon m (⚕ d'ouate); bouchon m; ⚡ fiche f; ⚡ prise f; tabac: chique f; W.-C.: chasse f d'eau; W.-C.: chaînette f; bouche f d'incendie; radio Am. publicité f; réclame f; Am. vieux cheval m; ⚡ socket douille f; prise f; 2. v/t. boucher; tamponner; plomber (une dent); sl. flanquer un coup à; Am. F faire de la publicité en faveur de; ⚡ ~ in brancher; v/i. sl. ~ away turbiner (= travailler dur); **'plug-'ug·ly** Am. sl. pugiliste m; voyou m.
plum [plʌm] prune f; † raisin m sec; fig. morceau m de choix; fig. la meilleure situation f; ⚡ £ 100000.
plum·age ['plu:midʒ] plumage m.
plumb [plʌm] 1. d'aplomb; vertical (-aux m/pl.); 2. plomb m; ⚓ sonde f; aplomb m; 3. v/t. sonder (la mer); plomber (la canalisation); vérifier l'aplomb de; fig. sonder; F installer les tuyaux dans (une maison); v/i. F être plombier; **plum·ba·go** [~'beigou] plombagine f; **plumb·er** [~mə] plombier m; **plum·bic** ['~mbik] 🝛 plombique; **plumb·ing** ['~miŋ] plomberie f; tuyauterie f; **'plumb-line** ⊕ fil m à plomb; ⚓ ligne f de sonde; **'plumb-rule** niveau m vertical.
plume [plu:m] 1. panache m; poét. plume f; 2. orner (qch.) de plumes; ~ itself se lisser les plumes (oiseau); ~ o.s. on se glorifier de.
plum·met ['plʌmit] plomb m; ⚓ sonde f.
plum·my F ['plʌmi] délicieux (-euse f); excellent.
plu·mose ♀, zo. ['plu:mous] plumeux (-euse f).
plump[1] [plʌmp] 1. rebondi, dodu, grassouillet(te f); 2. rendre ou devenir dodu; engraisser.
plump[2] [~] 1. v/i. tomber lourdement; v/t. flanquer; parl. donner

tous ses votes (à, for); **2.** *su.* plouf *m*; **3.** F *adv.* plouf; avec un floc; carrément; **4.** F *adj.* □ catégorique.

plump·er ['plʌmpə] *sl.* gros mensonge *m*; *parl.* vote *m* donné à un seul candidat; électeur *m* qui donne tous ses votes à un seul candidat.

plump·ness ['plʌmpnis] rondeur *f* (*a.* F *d'une réponse*), embonpoint *m*.

plum-pud·ding ['plʌm'pudiŋ] plum-pudding *m*.

plum·y ['plu:mi] plumeux (-euse *f*); empanaché (*casque*).

plun·der ['plʌndə] **1.** pillage *m* (*d'une ville*); butin *m*; **2.** piller, dépouiller; **'plun·der·er** pillard *m*; pilleur *m*.

plunge [plʌndʒ] **1.** plongeon *m*; *cheval etc.*: course *f* précipitée; F risque *m*; F *make* (*ou take*) *the* ~ sauter le pas; **2.** *v/t.* plonger, immerger (dans, *in[to]*); *v/i.* plonger, s'enfoncer (dans, *into*); ruer (*cheval*); ⚓ tanguer; risquer de grosses sommes (*à la Bourse*).

plung·er ['plʌndʒə] plongeur *m*; *sl.* risque-tout *m/inv.*

plunk [plʌŋk] *v/t.* pincer (*la guitare etc.*); *v/i.* tomber raide; *Am.* F lancer, tirer (*sur*, *at*).

plu·per·fect *gramm.* ['plu:'pə:fikt] plus-que-parfait *m*.

plu·ral *gramm.* ['pluərəl] (*a.* ~ *number*) pluriel *m*; *in the* ~ au pluriel; **plu·ral·i·ty** [~'ræliti] pluralité *f*; cumul *m*; ~ *of wives* polygamie *f*.

plus [plʌs] **1.** *prp.* plus; **2.** *adj.* positif (-ive *f*); **3.** *su.* plus *m*; ~**-fours** F ['~'fɔ:z] *pl.* culotte *f* de golf.

plush [plʌʃ] peluche *f*.

plush·y ['plʌʃi] pelucheux (-euse *f*).

plu·toc·ra·cy [plu:'tɔkrəsi] ploutocratie *f*; **plu·to·crat** ['~təkræt] ploutocrate *m*.

plu·to·ni·um ⚛ [plu:'touniəm] plutonium *m*.

plu·vi·al ['plu:viəl], **'plu·vi·ous** pluvial (-aux *m/pl.*); **plu·vi·om·e·ter** [~'ɔmitə] pluviomètre *m*.

ply [plai] **1.** pli *m* (*a. fig.*); *three-*~ *laine f* trois fils; *bois*: contre-plaqué *m* à trois épaisseurs; **2.** *v/t.* manier vigoureusement; exercer (*un métier*); faire courir (*l'aiguille*); presser (*q. de questions*); ~ *with drink* faire boire (*q.*) sans arrêt; *v/i.* faire le service; ~ *for hire* prendre des voyageurs.

ply-wood ['plaiwud] contre-plaqué *m*.

pneu·mat·ic [nju'mætik] **1.** (~*ally*) pneumatique; ~ *hammer* frappeur *m* pneumatique; ~ *post* tube *m* pneumatique; ~ *tire* = **2.** pneu *m*.

pneu·mo·ni·a ⚕ [nju'mounjə] pneumonie *f*.

poach¹ [poutʃ] braconner.

poach² [~] (*a.* ~ *up*) labourer (*la terre*).

poach³ [~]: ~*ed eggs* œufs *m/pl.* pochés.

poach·er ['poutʃə] braconnier *m*.

po·chette [po'ʃet] pochette *f*.

pock ⚕ [pɔk] pustule *f*.

pock·et ['pɔkit] **1.** poche *f* (*a. géol.*); *laine, houblon, a. géol. minerai*: sac *m*; ✈ trou *m* d'air; **2.** mettre dans sa poche (*a. orgueil*); *péj.* chiper, refouler (*la colère*); avaler (*un affront*); *Am. pol.* ne pas signer, mettre un veto à (*une loi*); **3.** de poche; ~ *lighter* briquet *m*; ~ *lamp* torche *f*; '~**·book** livre *m* de poche; *surt. Am.* porte-billets *m/inv.*

pod [pɔd] **1.** ♀ cosse *f*; *pois*: écale *f*; *sl.* ventre *m*. **2.** *v/t.* écosser, écaler; *v/i.* former des cosses.

po·dag·ra ⚕ [pɔ'dægrə] podagre *f*, goutte *f*.

podg·y F ['pɔdʒi] boulot(te *f*); rondelet(te *f*).

po·di·um ['poudiəm] podium *m*.

po·em ['pouim] poème *m*.

po·e·sy ['pouizi] poésie *f*.

po·et ['pouit] poète *m*; **po·et·as·ter** [~'tæstə] rimailleur *m*; **'po·et·ess** femme *f* poète, poétesse *f*; **po·et·ic**, **po·et·i·cal** □ [pou'etik(l)] poétique; **po'et·ics** *sg.* art *m* poétique; **po·et·ize** ['~itaiz] *v/i.* faire des vers; *v/t.* poétiser; **'po·et·ry** poésie *f*; vers *m/pl.*

poign·an·cy ['pɔinənsi] piquant *m*; âpreté *f*; *fig.* violence *f*; acuité *f*; **'poign·ant** □ piquant, âpre; *fig.* vif (vive *f*).

point [pɔint] **1.** point *m* (*a.* ♈, ♓, *astr.*, *sp.*, *typ.*, *cartes, dés*); détail *m* (*a. fig.*); question *f* (*a. gramm.*); ⊕, *couteau, barbe, géog.* pointe *f*; extrémité *f*; aire *f* (*de vent*); *plume à écrire*: bec *m*; piquant *m* (*d'une plaisanterie*); *gramm.* point *m* (*de ponctuation*); ♈ (*a. decimal* ~) virgule *f*; *phys. thermomètre*: division *f*; *chien*: arrêt *m*; ⚡ contact *m*; ⚡ prise

point-blank

f de courant; ⚓ quart *m*; *fig.* cas *m* (*de conscience*), point *m* (*d'honneur*); *fig.* caractère *m*; *see* ~-*lace*; 🚂 ~s *pl.* aiguillage *m*; ~s *pl. chasse*: cors *m/pl.* (*cerf*); ~ of view point *m* de vue; the ~ is that ce dont il s'agit c'est que; there is no ~ in (*gér.*) il est inutile de (*inf.*); make a ~ faire ressortir un argument; make a ~ of ne pas manquer de (*inf.*); tenir à; make the ~ that faire remarquer que; stretch a ~ faire une concession; in ~ of sous le rapport de; in ~ of fact au ou en fait; off (*ou* beyond) the ~ hors de propos; differ on many ~s ne pas être d'accord sur bien des détails; be on the ~ of (*gér.*) être sur le point de (*inf.*); win on ~s gagner aux points; to the ~ à propos, bien dit; stick to the ~ ne pas s'écarter de la question; **2.** *v/t.* marquer de points; aiguiser; *opt.* braquer (*une jumelle etc.*); △ jointoyer; (*souv.* ~ out) indiquer; inculquer (*la morale*); ~ at braquer (*une arme*) sur; *v/i. chasse*: tomber en arrêt; ~ at montrer du doigt; ~ to faire ressortir; marquer (*l'heure*); signaler; '~-'**blank 1.** *adj.* direct; net(te *f*) (*refus*); de but en blanc (*question*); **2.** *adv.* à bout portant; *fig.* carrément; ~ shot coup *m* de feu à bout portant; '~-'**du·ty** service *m* à poste fixe; policeman on ~ agent-vigie (*pl.* agents-vigies) *m*; '**point·ed** □ pointu, à pointe; *fig.* mordant, peu voilé; '**point·ed·ness** mordant *m*; caractère *m* peu voilé; '**point·er** aiguille *f*, index *m*; baguette *f*; *chasse*: chien *m* d'arrêt; F tuyau *m*; '**point·'lace** guipure *f*; '**point·less** émoussé; *fig.* sans sel; *fig.* inutile; '**points·man** 🚂 aiguilleur *m*; '**point-to-'point race** course *f* au clocher.

poise [pɔiz] **1.** équilibre *m*, aplomb *m*; port *m* (*du corps etc.*); **2.** *v/t.* équilibrer, balancer; tenir (*la tête etc.*); *v/i.* (*a.* be ~d) être en équilibre.

poi·son ['pɔizn] **1.** poison *m*; **2.** empoisonner; *fig.* corrompre; '**poi·son·er** empoisonneur (-euse *f*) *m*; '**poi·son·ous** □ toxique; vénimeux (-euse *f*) (*animal*); vénéneux (-euse *f*) (*plante*); *fig.* pernicieux (-euse *f*); F empoisonnant.

poke [pouk] **1.** poussée *f*; coup *m* de coude; **2.** *v/t.* pousser du coude *etc.*; (*a.* ~ up) attiser (*le feu*); fourrer (*a. fig.* son nez); passer, avancer (*la tête*); ~ fun at se moquer de; *v/i.* (*a.* ~ about) fouiller; fourrer (dans, in[to]).

pok·er[1] ['poukə] tisonnier *m*.

po·ker[2] [~] *cartes*: poker *m*; *fig.* ~-face visage *m* impassible.

pok·er-work ['poukəwə:k] pyrogravure *f*.

pok·y ['pouki] misérable; mesquin.

po·lar ['poulə] polaire; du pôle; ~ bear ours *m* blanc; **po·lar·i·ty** *phys.* [po'læriti] polarité *f*; **po·lar·i·za·tion** *phys.* [poulərai'zeiʃn] polarisation *f*; '**po·lar·ize** *phys.* (se) polariser.

Pole[1] [poul] Polonais(e *f*) *m*.

pole[2] [~] *géog., astr., fig.* pôle *m*; ⚡ électrode *f*.

pole[3] [~] **1.** perche *f* (*a. sp.*); mât *m*; hampe *f* (*de drapeau*); *voiture*: timon *m*; *mesure*: perche *f* (5,029 *m*); **2.** pousser *ou* conduire à la perche; '~-**ax(e)** ⚔ hache *f* d'armes; ⚓ hache *f* d'abordage; assommoir *m*; '~-**cat** *zo.* putois *m*; *Am.* putois *m* d'Amérique; '~-**jump**, '~-**vault** saut *m* à la perche.

po·lem·ic [po'lemik] **1.** (*a.* **po'lem·i·cal** □) polémique; **2.** polémique *f*; **po'lem·ics** *sg.* polémique *f*.

pole-star ['poulsta:] (étoile *f*) polaire *f*; *fig.* point *m* de mire.

po·lice [pə'li:s] **1.** police *f*; two ~ deux agents *m/pl.* (de police); ~ dossier casier *m* judiciaire; **2.** policer; **po'lice·man** agent *m* de police; gardien *m* de la paix; **po'lice-of·fice** préfecture *f* de police; **po'lice-sta·tion** poste *m* de police; **po·'lice-sur·veil·lance** surveillance *f* de police; **po'lice-trap** zone *f* de contrôle de vitesse.

pol·i·cy[1] ['pɔlisi] politique *f*; diplomatique *f*.

pol·i·cy[2] [~] police *f*; *Am.* loterie *f* clandestine.

po·li·o(·my·e·li·tis) ['pɔliou(maiə'laitis)] poliomyélite *f*.

Pol·ish[1] ['pouliʃ] polonais.

pol·ish[2] ['pɔliʃ] **1.** poli *m*; brillant *m*; *fig.* vernis *m*; floor ~ encaustique *f*; boot ~ cirage *m*; **2.** *v/t.* polir (*a. fig.*); brunir (*le métal*); cirer; F ~ off expédier; ~ up polir; *v/i.* prendre bien le poli, la cire *etc.*; '**pol·ish·ing 1.** polissage *m*; cirage *m*; **2.** à polir.

po·lite □ [pəˈlait] poli, courtois, civil; cultivé; **poˈlite·ness** politesse *f*.
pol·i·tic □ [ˈpɔlitik] politique; adroit; *body* ~ corps *m* politique; **po·lit·i·cal** □ [pəˈlitikl] politique; **pol·i·ti·cian** [pɔliˈtiʃn] homme *m* politique; *péj.* politicien *m*; **pol·i·tics** [ˈpɔlitiks] *pl., souv. sg.* politique *f*.
pol·i·ty [ˈpɔliti] administration *f* politique; état *m*; régime *m*.
pol·ka-dot *Am. tex.* [ˈpɔlkəˈdɔt] pois *m*.
poll[1] [poul] 1. *prov. ou co.* tête *f*; sommet *m*, haut *m*; vote *m* (par bulletins); scrutin *m*; *go to the* ~s se prendre part au vote; se rendre aux urnes; 2. *v/t.* † tondre; étêter (*un arbre*); réunir (*tant de voix*); *v/i.* voter (pour, *for*).
poll[2] [pɔl] perroquet *m*; *npr.* Tacquot *m*.
pol·lard [ˈpɔləd] arbre *m* étêté; animal *m* sans cornes; *farine:* repasse *f*.
poll-book [ˈpoulbuk] liste *f* électorale.
pol·len ⚕ [ˈpɔlin] pollen *m*.
poll·ing...: '~-**booth** bureau *m* de scrutin; isoloir *m*; '~-**dis·trict** section *f* de vote; '~-**place**, '~-**sta·tion** poste *m* (de section de vote).
poll-tax [ˈpoultæks] capitation *f*.
pol·lute [pəˈluːt] polluer; souiller; corrompre (*a. fig.*); profaner; **polˈlu·tion** pollution *f*; profanation *f*.
po·lo·ny [pəˈlouni] cervelas *m*.
pol·troon [pɔlˈtruːn] poltron *m*; **polˈtroon·er·y** poltronnerie *f*.
po·lyg·a·my [pɔˈligəmi] polygamie *f*; **pol·y·glot** [ˈpɔliglɔt] polyglotte (*a. su./mf*); **pol·y·gon** [ˈ~gən] polygone *m*; **po·lyg·o·nal** [pɔˈligənl] polygonal (-aux *m/pl.*); **pol·y·phon·ic** ♪ [~ˈfɔnik] polyphonique; **pol·yp** *zo.* [ˈ~ip], **pol·y·pus** ⚕ [ˈ~pəs], *pl.* **-pi** [~pai] polype *m*; **pol·y·syl·lab·ic** [ˈpɔlisiˈlæbik] polysyllab(iqu)e; **pol·y·syl·la·ble** [ˈ~siləbl] polysyllabe *m*; **pol·y·tech·nic** [~ˈteknik] 1. polytechnique; 2. école *f* des arts et métiers; **pol·y·the·ism** [ˈ~θiizm] polythéisme *m*.
po·made [pəˈmɑːd], **po·ma·tum** [pəˈmeitəm] pommade *f*.
pome·gran·ate ⚕ [ˈpɔmgrænit] grenade *f*; *arbre:* grenadier *m*.
Pom·er·a·nian [pɔməˈreinjən] poméranien(ne *f*); ~ (*dog*) loulou *m* de Poméranie.
pom·mel [ˈpʌml] 1. épée, selle: pommeau *m*; 2. bourrer (*q.*) de coups.
pomp [pɔmp] pompe *f*, apparat *m*.
pom-pom [ˈpɔmpɔm] canon-revolver (*pl.* canons-revolvers) *m*.
pom·pos·i·ty [pɔmˈpɔsiti] emphase *f*, suffisance *f*; **ˈpomp·ous** □ pompeux (-euse *f*); suffisant (*personne*).
pond [pɔnd] étang *m*; mare *f*; réservoir *m*; **ˈpond·age** accumulation *f* de l'eau; capacité *f*.
pon·der [ˈpɔndə] méditer (sur *on, over*); **pon·der·a·bil·i·ty** [~rəˈbiliti] pondérabilité *f*; **ˈpon·der·a·ble** pondérable; **pon·der·os·i·ty** [~ˈrɔsiti] lourdeur *f* (*a.* de style); *fig.* importance *f*; **ˈpon·der·ous** □ lourd; massif (-ive *f*); laborieux (-euse *f*); *fig.* important; **ˈpon·der·ous·ness** see ponderosity.
pone *Am.* [poun] pain *m* de maïs.
pon·iard [ˈpɔnjəd] 1. poignard *m*; 2. poignarder.
pon·tiff [ˈpɔntif] pontife *m*; prélat *m*; **pon·tif·i·cal** □ pontifical (-aux *m/pl.*); épiscopal (-aux *m/pl.*); **pon·tif·i·cate** 1. [~kit] pontificat *m*; 2. [~keit] pontifier.
pon·toon ⚓ [pɔnˈtuːn] ponton *m*; **ponˈtoon-bridge** pont *m* de bateaux.
po·ny [ˈpouni] poney *m*; F *fig.* baudet *m*; *Am.* F traduction *f*; *sl.* 25 livres sterling; *Am.* F petit verre *m* d'alcool; *Am. attr.* petit; '~-**en·gine** 🚂 locomotive *f* de manœuvre.
pooch *Am. sl.* [puːtʃ] cabot *m*, chien *m*.
poo·dle [ˈpuːdl] caniche *mf*.
pooh [puː] bah!; peuh!
pooh-pooh [puːˈpuː] ridiculiser; faire peu de cas de. [(fontaine *f*.)]
pool[1] [puːl] flaque *f* d'eau; mare *f*;}
pool[2] [~] 1. cagnotte *f*; poule *f* (*a. billard*); concours *m* de pronostics; (*sorte de*) jeu *m* de billard; † syndicat *m*; fonds *m/pl.* communs; *Am.* ~ *room* salle *f* de billard; 2. mettre en commun; † mettre en syndicat.
poop ⚓ [puːp] 1. poupe *f*; dunette *f*; 2. balayer la poupe; embarquer par l'arrière; *Am.* ~ed exténué.
poor □ [puə] *usu.* pauvre; malheureux (-euse *f*); médiocre; de piètre qualité; maigre (*sol*); ~ *me!* pauvre de moi!; *make but a* ~ *shift* s'accom-

poor-box

moder mal de (*qch.*); *a ~ dinner* un mauvais dîner; *~ health* santé *f* débile; '*~*-**box** tronc *m* pour les pauvres; '*~*-**house** asile *m* de pauvres; '*~*-**law** assistance *f* judiciaire; '**poor·ly 1.** *adj. prédicatif* souffrant; **2.** *adv.* pauvrement; '**poor·ness** pauvreté *f*, insuffisance *f*; infériorité *f*; '**poor-rate** taxe *f* des pauvres; '**poor-'spir·it·ed** pusillanime.

pop[1] [pɔp] **1.** bruit *m* sec; F boisson *f* pétillante; limonade *f* gazeuse; **2.** *v/t.* crever; faire sauter; F mettre en gage; *Am.* faire éclater (*le maïs*); F fourrer vite; F *~ the question* faire la demande en mariage; *v/i.* éclater, sauter; crever; *~ in* entrer pour un instant (*chez q.*); *~ up* se lever vivement; apparaître; **3.** inattendu; **4.** crac!; pan!

pop[2] F [~] concert *m* populaire; chanson *f* populaire.

pop[3] *Am.* F [~] papa *m*.

pop·corn *usu. Am.* ['pɔpkɔ:n] maïs *m* grillé et éclaté.

pope [poup] pape *m*; Saint-Père *m*; **pope·dom** ['~dəm] papauté *f*; **pop·er·y** *péj.* ['~əri] papisme *m*.

pop-eyed ['pɔpaid] aux yeux en boules de loto.

pop·gun ['pɔpgʌn] pétoire *f*.

pop·in·jay *fig.* ['pɔpindʒei] fat *m*.

pop·ish □ *péj.* ['poupiʃ] papiste.

pop·lar ♀ ['pɔplə] peuplier *m*.

pop·lin *tex.* ['pɔplin] popeline *f*.

pop·pet ['pɔpit] ⚓ colombier *m*; ⊕ poupée *f*; *see* puppet.

pop·py ♀ ['pɔpi] pavot *m*; '*~*-**cock** *Am.* F fadaises *f/pl.*, bêtises *f/pl.*

pop·u·lace ['pɔpjuləs] peuple *m*; *péj.* populace *f*.

pop·u·lar □ ['pɔpjulə] populaire; du peuple; goûté du public; ✝ à la portée de tous; **pop·u·lar·i·ty** [~-'læriti] popularité *f*; **pop·u·lar·ize** ['~ləraiz] populariser, vulgariser; rendre populaire; '**pop·u·lar·ly** populairement; communément.

pop·u·late ['pɔpjuleit] peupler; **pop·u·la·tion** population *f*.

pop·u·lous □ ['pɔpjuləs] très peuplé; '**pop·u·lous·ness** densité *f* de (la) population.

por·ce·lain ['pɔ:slin] porcelaine *f*.

porch [pɔ:tʃ] porche *m*; portique *m*; *Am.* véranda *f*.

por·cu·pine *zo.* ['pɔ:kjupain] porc-épic (*pl.* porcs-épics) *m*.

pore[1] [pɔ:] pore *m*.

pore[2] [~] être plongé (dans *over, on*), méditer (*qch. over, on s.th.*).

pork [pɔ:k] porc *m*; *Am.* F *~ barrel* fonds *m/pl.* publics; trésor *m* public; '**pork·er** goret *m*; porc *m*; '**pork·y 1.** F gras(se *f*), obèse; **2.** *Am.* F *see* porcupine.

por·nog·ra·phy [pɔ:'nɔgrəfi] pornographie *f*.

po·ros·i·ty [pɔ:'rɔsiti], **po·rous·ness** ['pɔ:rəsnis] porosité *f*.

po·rous □ ['pɔ:rəs] poreux (-euse *f*).

por·phy·ry *min.* ['pɔ:firi] porphyre *m*.

por·poise *zo.* ['pɔ:pəs] marsouin *m*; phocène *f*.

por·ridge ['pɔridʒ] bouillie *f* d'avoine; **por·rin·ger** ['pɔrindʒə] écuelle *f*.

port[1] [pɔ:t] port *m*; *~ of call* port *m* d'escale; *~ of destination* port *m* de destination; *~ of transhipment* port *m* de transbordement.

port[2] ⚓ [~] sabord *m*.

port[3] [~] **1.** ✗ présenter (*les armes*); **2.** maintien *m*, port *m*.

port[4] ⚓ [~] **1.** côté *m* bâbord; **2.** *v/t.* mettre à bâbord; *v/i.* venir sur bâbord.

port[5] [~] porto *m*.

port·a·ble ['pɔ:təbl] portatif (-ive *f*); mobile; *~ gramophone* (*typewriter, radio*) phonographe *m* (machine *f* à écrire, poste *m*) transportable; *~ railway* chemin *m* de fer à voie démontable.

por·tage ['pɔ:tidʒ] portage *m*; *see* porterage.

por·tal ['pɔ:tl] portail *m*; portique *m*; *fig.* (porte *f* d')entrée *f*; '**por·tal-to-'por·tal pay** paye *f* pour le temps d'aller de la porte (*de l'usine etc.*) à son travail et retour.

port·cul·lis ✗ *hist.* [pɔ:t'kʌlis] herse *f*.

por·tend [pɔ:'tend] présager.

por·tent ['pɔ:tent] présage *m* de malheur; prodige *m*; **por'ten·tous** □ sinistre; de mauvais augure; prodigieux (-euse *f*); *co.* lugubre.

por·ter[1] ['pɔ:tə] concierge *m*.

por·ter[2] [~] portefaix *m*; hôtel: garçon *m*; 🚇 porteur *m*; bière *f* brune; **por·ter·age** ['~ridʒ] (prix *m* de) transport *m*; factage *m*; '**por·ter-house** taverne *f*; *Am. ~ steak* aloyau *m*, châteaubriant *m*.

port·fire ['pɔːtfaiə] boutefeu *m*; étoupille *f*.

port·fo·li·o [pɔːt'fouljou] serviette *f*; chemise *f* (*de carton*); portefeuille *m* (*d'un ministre*).

port-hole ⚓ ['pɔːthoul] sabord *m*.

por·ti·co △ ['pɔːtikou] portique *m*.

por·tion ['pɔːʃn] 1. part *f*, partie *f*; portion *f*, *viande*: ration *f*; *gâteau*: quartier *m*; *terre*: lot *m*; *mariage*: dot *m*; *fig.* sort *m*; 2. partager, répartir; doter; **'por·tion·less** sans dot.

port·li·ness ['pɔːtlinis] prestance *f*; embonpoint *m*; **'port·ly** majestueux (-euse *f*); corpulent.

port·man·teau [pɔːt'mæntou] valise *f*; *gramm.* ~ word mot *m* fantaisiste (*fait de mots télescopés*).

por·trait ['pɔːtrit] portrait *m*; **'por·trait·ist** portraitiste *mf*; **por·trai·ture** ['~tʃə] portrait *m*; l'art *m* du portrait; *fig.* description *f*.

por·tray [pɔː'trei] (dé)peindre; décrire; **por'tray·al** peinture *f*, représentation *f*.

Por·tu·guese [pɔːtju'giːz] 1. portugais; 2. *ling.* portugais *m*; Portugais (-e *f*) *m*.

pose [pouz] 1. pose *f*; 2. *v/i.* se poser; se faire passer (pour, *as*); *v/t.* poser (*une question*); énoncer; **'pos·er** question *f* embarrassante; F colle *f*.

posh *sl.* [pɔʃ] chic *inv.* en genre, chouette.

po·si·tion [pə'ziʃn] position *f* (*a. fig.*, ⚔, *posture*); situation *f*; place *f*; emploi *m*; état *m*; *fig.* attitude *f*; *fig.* point *m* de vue; ⚓ lieu *m*, point *m*; ⚓ poste *m*; ⚓ *light* feu *m* de position; *be in a* ~ *to do* être à même de faire.

pos·i·tive ['pɔzətiv] 1. □ positif (-ive *f*); formel(le *f*); vrai; sûr, certain, convaincu; ⚡, ⚛, *phls.*, *phys.*, *phot.* positif (-ive *f*); 2. positif *m*; **'pos·i·tive·ness** certitude *f*; ton *m* décisif.

pos·se ['pɔsi] troupe *f*, foule *f*; ~ *co·mi·ta·tus* [~ kɔmi'teitəs] détachement *m* de police.

pos·sess [pə'zes] avoir, posséder (*fig. de*, *with*); *fig.* pénétrer (*de*, *with*); ~*ed* possédé; *be* ~*ed of* posséder; ~ *o.s. of* s'emparer de (*qch.*); **pos'ses·sion** [pə'zeʃn] possession *f* (*a. fig.*); jouissance *f* (*de*, *of*); colonie *f*; *in* ~ *of* en possession de; **pos'ses·sive** *gramm.* [pə'zesiv] 1. □ possessif (-ive *f*); ~ *case* (cas *m*) possessif *m*; 2. possessif *m*; **pos'ses·sor** possesseur *m*; **pos'ses·so·ry** possessoire.

pos·set ['pɔsit] posset *m*.

pos·si·bil·i·ty [pɔsə'biliti] possibilité *f*; **'pos·si·ble** 1. possible; 2. *sp.* maximum *m*; **'pos·si·bly** peut-être; *if I* ~ *can* s'il y a moyen; *how can I* ~ *do it?* comment pourrais-je le faire?; *I cannot* ~ *do it* il m'est impossible de le faire.

pos·sum F ['pɔsəm] *see* opossum.

post[1] [poust] 1. poteau *m*; pieu *m*; 2. (*usu.* ~ *up*) afficher, placarder.

post[2] [~] 1. ⚔ sentinelle *etc.*: poste *m*, garnison *f*; † station *f* (de commerce); situation *f*, poste *m*; † malle-poste (*pl.* malles-poste) *f*; *poste*: courrier *m*, poste *f*; papier *m* écu; ⚔ *at one's* ~ à son poste; *by (the)* ~ par la poste; ⚔ *last* ~ sonnerie *f* aux morts; retraite *f*; *Am.* ~ *exchange* magasin *m*, cantine *f*; 2. *v/t.* ⚔ poster, mettre en faction (*une sentinelle*); ⚓ nommer (*q. capitaine*); † (*souv.* ~ *up*) mettre au courant (*le grand-livre*); mettre à la poste; envoyer par la poste; F (*souv.* ~ *up ou keep s.o.* ~*ed*) mettre (*q.*) au courant, documenter (*q.*); *well* ~*ed* bien renseigné; † *an entry* passer écriture d'un article; *v/i.* F aller un train de poste.

post·age ['poustidʒ] port *m*, affranchissement *m*; ... ~ ... pour frais d'envoi; ~ *due* surtaxe *f* postale; ~ *stamp* timbre-poste (*pl.* timbres-poste) *m*.

post·al □ ['poustəl] postal (-aux *m/pl.*); *Am.* ~ (*card*) carte *f* postale; ~ *cheque* chèque *m* postal; ~ *order* mandat-poste (*pl.* mandats-poste) *m*, mandat *m* postal; ♀ *Union* Union *f* postale.

post·card ['poustkɑːd] carte *f* postale.

post·date ['poust'deit] postdater.

post·er ['poustə] affiche *f*; placard *m*.

pos·te·ri·or F [pɔs'tiəriə] 1. □ postérieur (à, *to*); derrière; 2. (*a.* ~*s pl.*) postérieur *m*, derrière *m*.

pos·ter·i·ty [pɔs'teriti] postérité *f*.

pos·tern ['poustəːn] porte *f* de derrière.

post-free ['poust'friː] franco *inv.*

post-graduate

post·grad·u·ate ['poust'grædjuit] 1. postscolaire; 2. candidat *m* à un diplôme supérieur (*doctorat etc.*).

post-haste ['poust'heist] en toute hâte.

post·hu·mous □ ['pɔstjuməs] posthume.

pos·til·(l)ion [pəs'tiljən] postillon *m*.

post...: '~·man facteur *m*; '~·mark 1. cachet *m* de la poste; timbre *m* (d'oblitération); 2. timbrer; '~·mas·ter receveur *m* des postes; ♀ *General* ministre *m* des Postes et Télécommunications.

post·me·rid·i·an ['poustmə'ridiən] de l'après-midi, du soir; **post-mor·tem** ['~'mɔːtəm] 1. après décès; 2. (*a.* ~ *examination*) autopsie *f*; **post-o·bit** [~'ɔbit] exécutoire après le décès d'un tiers.

post...: '~-of·fice, *surt.* ~ of·fice bureau *m* de poste; *Am.* (*sorte de*) jeu *m* avec embrassades; *general* ~ bureau *m* central; ~ *box* boîte *f* postale; ~ *clerk* employé(e *f*) *m* des postes; ~ *counter* (*ou window*) guichet *m*; ~ *order* mandat *m* postal; ~ *savings-bank* caisse *f* d'épargne postale; '~-paid franco inv., affranchi.

post·pone [poust'poun] ajourner, remettre, renvoyer à plus tard; **post'pone·ment** ajournement *m*; remise *f* à plus tard.

post·pran·di·al □ *co.* [poust'prændiəl] après dîner, après le repas.

post·script ['pousskript] post-scriptum *m*/*inv.* (*abbr.* P.-S.); postface *f* (*d'un livre*).

pos·tu·lant ['pɔstjulənt] postulant (-e *f*) *m*; **pos·tu·late** 1. ['~lit] postulat *m*; 2. ['~leit] postuler (*a. v/i.*); poser (*qch.*) en postulant; **pos·tu'la·tion** sollicitation *f*; *phls.* supposition *f*, postulat *m*.

pos·ture ['pɔstʃə] 1. posture *f*, *corps*: attitude *f*; position *f*; 2. *v/t.* poser; *v/i.* prendre une pose; se poser en.

post-war ['poust'wɔː] d'après-guerre.

po·sy¹ ['pouzi] devise *f*.
po·sy² [~] poche *f* (de fleurs).

pot [pɔt] 1. pot *m*; marmite *f*; *sp.* coupe *f*; F *a* ~ *of money* des tas *m/pl.* d'argent; 2. *v/t.* mettre en pot (*cuis. a. des plantes*); blouser (*au billard*); abattre (*du gibier*); *v/i.*: ~ *at* lâcher un coup de fusil à (*q.*); tirer sur.

po·ta·ble ['poutəbl] potable, buvable.

pot·ash 🜂 ['pɔtæʃ] potasse *f*.

po·tas·si·um 🜂 [pə'tæsiəm] potassium *m*.

po·ta·tion [pou'teiʃn] gorgée *f*; (*usu. pl.* ~s) libation *f*.

po·ta·to [pə'teitou], *pl.* **po'ta·toes** [~z] pomme *f* de terre; ~ *bug* doryphore *m*.

pot...: '~-bel·ly panse *f*; '~-boil·er littérature *f* alimentaire; besognes *f/pl.* alimentaires; écrivain *m etc.* qui travaille pour faire bouillir sa marmite; '~-boy garçon *m* de cabaret.

po·ten·cy ['poutənsi] puissance *f*; force *f*; '**po·tent** □ puissant; fort; **po·ten·tate** ['~teit] potentat *m*; **po·ten·tial** [pə'tenʃl] 1. latent, virtuel (-le *f*); potentiel(le *f*) (*a. phys.*); 2. *gramm.* (*a.* ~ *mood*) potentiel *m*; *phys.* (*souv.* ~ *function*) fonction *f* potentielle; *p.ext.* rendement *m* maximum; **po·ten·ti·al·i·ty** [~ʃi'æliti] potentialité *f*; potentiel *m* (*militaire etc.*); *fig.* promesse *f*.

poth·er ['pɔðə] 1. nuage *m* de fumée *etc.*; confusion *f*; tumulte *m*; 2. (se) tourmenter; *v/i.* faire des histoires (à propos de, *about*).

pot...: '~-herb herbe *f* potagère; '~-hole *mot.* nid-de-poule (*pl.* nids-de-poule) *m*; *géol.* marmite *f* torrentielle; '~-hook crémaillère *f*; ~s *pl.* bâtons *m/pl.*; '~-house cabaret *m*, taverne *f*.

po·tion ['pouʃn] potion *f*; ⚕ dose *f*.

pot-luck ['pɔt'lʌk]: *take* ~ *with s.o.* manger chez q. à la fortune du pot.

pot·ter¹ ['pɔtə] s'amuser (à, *at*); s'occuper en amateur (de, *at*); flâner.

pot·ter² [~] potier *m*; ~'s *wheel* tour *m* de potier; disque *m*; '**pot·ter·y** poterie *f*.

pot·ty *sl.* ['pɔti] insignifiant; simple; toqué.

pouch [pautʃ] 1. petit sac *m*; bourse *f*; *yeux*: poche *f*; blague *f*; *zo.* poche *f* ventrale; *singe*: abajoue *f*; 2. *v/t.* empocher; faire bouffer (*une robe*); avaler (*un poisson*); *v/i.* bouffer; **pouched** à poche; à abajoue.

poul·ter·er ['poultərə] marchand *m* de volaille.

poul·tice ⚕ ['poultis] cataplasme *m*.

poul·try ['poultri] volaille *f*.

pounce¹ [pauns] **1.** (poudre *f* de) sandaraque *f*; ponce *f*; **2.** polir à la ponce; poncer (*a. un dessin*).

pounce² [~] **1.** *oiseau*: serre *f*; saut *m*; **2.** *v/t.* (*ou* ~ *upon*) *oiseau*: s'abattre sur (*sa proie*); *v/i.*: *fig.* ~ [up]on se jeter sur.

pound¹ [paund] livre *f* (*abr. lb.*) (*453,6 g*); ~ (*sterling*) livre *f* (sterling) (*abr.* £) (*20 shillings*).

pound² [~] **1.** parc *m* (à moutons *etc.*); fourrière *f*; **2.** mettre en fourrière.

pound³ [~] *v/t.* broyer, piler; bourrer de coups de poing; ⚔ pilonner; *sl. Bourse*: faire baisser (*les prix*); *v/i.*: ~ *along* avancer d'un pas lourd; ~ *away* frapper *ou* cogner dur (sur, at).

pound·age ['paundidʒ] remise *f ou* taux *m* de tant par livre.

pound·er ['paundə] de ... livres.

pour [pɔː] *v/t.* (*a.* ~ *out*) verser; ~ *out* répandre; décharger (*son cœur*); *v/i.* tomber à verse (*pluie*); sortir à flots *ou* en foule.

pout [paut] **1.** moue *f*; **2.** (*a.* ~ *the lips*) faire la moue; bouder.

pov·er·ty ['pɔvəti] pauvreté *f*; pénurie *f*.

pow·der ['paudə] **1.** poudre *f*; **2.** pulvériser; poudrer (*le visage*); saupoudrer (de, with); '~-**box** boîte *f* à poudre; '~-**puff** houpette *f* (à poudre); '**pow·der·y** poudreux (-euse *f*); friable.

pow·er ['pauə] pouvoir *m* (*a.* ⚖, *pol. exécutif etc.*); puissance *f* (*a.* ⊕, ⚔, *pol.* = *pays, influence*); vigueur *f*; ⚡ énergie *f* (*électrique*); *aimant*: force *f*; *admin.* autorité *f*; ⚖ mandat *m*; F quantité *f*, foule *f*; *be in* ~ être au pouvoir; ~ *economy* économie *f* d'énergie; *Western* ~s *pl. pol.* puissances *f/pl.* occidentales; '~-**cur·rent** courant m à haute intensité; **pow·er·ful** ['~ful] □ puissant, fort; '**pow·er·house** centrale *f* électrique; '**pow·er·less** impuissant; inefficace; '**pow·er line** ligne *f* à haute tension; '**pow·er-plant** groupe *m* générateur; '**pow·er-sta·tion** centrale *f* électrique; *long-distance* ~ centrale *f* interurbaine.

pow-wow ['pau'wau] sorcier *m* guérisseur; *Am.* F conférence *f* (politique); palabre *f*.

pox V [pɔks] syphilis *f*.

pra(a)m ⚓ [prɑːm] prame *f*.

prac·ti·ca·bil·i·ty [præktikə'biliti] praticabilité *f*; '**prac·ti·ca·ble** □ praticable; faisable; '**prac·ti·cal** □ pratique; appliqué (*science*); quasi; ~ *joke* mystification *f*; mauvais tour *m*; brimade *f*; attrape *f*; ~ *chemistry* chimie *f* appliquée; **prac·ti·cal·i·ty** [~'kæliti] caractère *m* pratique; esprit *m* pratique; **prac·ti·cal·ly** ['~kli] pratiquement; en pratique; presque.

prac·tice ['præktis] **1.** pratique *f*; exercice *m* (*d'un métier*); habitude *f*, coutume *f*, usage *m*; *sp.* entraînement *m*; clientèle *f*; *usu.* ~*s pl.* menées *f/pl.*, intrigue *f*; *be out of* ~ avoir perdu l'habitude; *put into* ~ mettre en pratique *ou* en action; **2.** *Am.* see **practise**.

prac·tise [~] *v/t.* mettre en pratique *ou* en action; pratiquer; exercer (*une profession*); s'exercer (*au piano etc.*, sur *la flûte*); entraîner (*q.*); *v/i.* exercer (*médecin*); *sp.*, ♪ s'exercer; répéter; ~ [up]on exploiter (*q.*), abuser de (*la faiblesse de q.*); '**prac·tised** expérimenté; versé (dans *at*, *in*).

prac·ti·tion·er [præk'tiʃnə] praticien *m*; *qqfois* médecin *m*; *general* ~ médecin *m* ordinaire, médecin *m* de médecine générale.

prag·mat·ic [præg'mætik] (~*ally*) pragmatique; (*souv.* **prag'mat·i·cal**) suffisant; dogmatique.

prai·rie *Am.* ['preəri] prairie *f*; savane *f*; *Am.* ~ *schooner* voiture *f* couverte (*des pionniers*).

praise [preiz] **1.** éloge *m*; louange *f*; **2.** louer, faire l'éloge de; F vanter.

praise·wor·thi·ness ['preizwəːðinis] caractère *m* estimable; mérite *m*; '**praise·wor·thy** □ digne d'éloges; méritoire.

pra·line ['prɑːliːn] praline *f*.

pram F [præm] *see* **perambulator**.

prance [prɑːns] piaffer (*cheval*); se pavaner (*personne*); *fig.* trépigner (de, with).

pran·di·al □ ['prændiəl] *co.* de *ou* du dîner; de table.

prang ⚔ *Brit. sl.* [præŋ] raid *m* sévère.

prank [præŋk] **1.** escapade *f*; tour *m*; **2.** (*a.* ~ *up*) parer (de, with).

prate [preit] **1.** riens *m/pl.*; jaserie *f*; **2.** dire des riens; jaser; '**prat·er**

prating

babillard(e f) m; **'prat·ing 1.** □ babillard, jaseur (-euse f); **2.** jaserie f.

prat·tle ['prætl] see prate.

prawn zo. [prɔːn] crevette f rouge.

pray [prei] v/i. prier (q., to s.o.; de inf., to inf.; pour q., for s.o.); ~ for s.th. prier Dieu qu'il (nous) accorde qch.; ~ je vous en prie, veuillez (inf.); ~ for s.o.'s soul prier pour l'âme de q.; v/t. prier, implorer; demander.

pray·er ['prɛə] prière f, oraison f; demande f; souv. ~s pl. dévotions f/pl.; Lord's ♀ oraison f dominicale; pater m; Book of Common ♀ rituel m de l'Église anglicane; '~-book livre m de prières; **pray·er·ful** □ ['~ful] pieux (-euse f).

pre... [priː; pri] pré-; avant; antérieur à.

preach [priːtʃ] prêcher; **'preach·er** prédicateur (-trice f) m; **'preach·ing** prédication f, sermon m; **'preach·ment** péj. sermon m.

pre·am·ble [priːˈæmbl] préambule m.

preb·end eccl. ['prebənd] prébende f; **'preb·en·dar·y** prébendier m, chanoine m.

pre·car·i·ous □ [priˈkɛəriəs] précaire, incertain; **preˈcar·i·ous·ness** incertitude f; situation f précaire.

pre·cau·tion [priˈkɔːʃn] précaution f; **preˈcau·tion·ar·y** de précaution; d'avertissement.

pre·cede [priːˈsiːd] (faire) précéder; préfacer; fig. avoir le pas sur; **preˈced·ence, preˈced·en·cy** [~dəns(i)] priorité f; préséance f; **prec·e·dent** ['presidənt] précédent m (a. ⚖).

pre·cen·tor eccl. [priːˈsentə] premier chantre m; maître m de chapelle.

pre·cept ['priːsept] précepte m; règle f; ⚖ mandat m; **pre·cep·tor** [priˈseptə] précepteur m; **preˈcep·tress** [~tris] préceptrice f.

pre·cinct ['priːsiŋkt] enceinte f, enclos m; surt. Am. circonscription f électorale; Am. poste m de police d'une circonscription; a. ~s pl. pourtour m.

pre·cious ['preʃəs] **1.** adj. □ précieux (-euse f); F a. iro. fameux (-euse f); **2.** F adv. particulièrement, joliment; **'pre·cious·ness** haute valeur f.

prec·i·pice ['presipis] précipice m; **prec·ip·i·tance, prec·ip·i·tan·cy** [priˈsipitəns(i)] précipitation f; empressement m; **preˈcip·i·tate 1.** [~teit] v/t. précipiter (a. ⚗); accélérer; météor. condenser; v/i. se précipiter; **2.** [~tit] □ précipité (⚗ a. su./m); fait à la hâte; irréfléchi; **preˈcip·i·ta·tion** [~ˈteiʃn] précipitation f (a. ⚗); **preˈcip·i·tous** □ à pic; escarpé; abrupt.

pré·cis ['preisiː], pl. **-cis** [~siːz] précis m, résumé m, abrégé m.

pre·cise □ [priˈsais] exact, précis; méticuleux (-euse f); ~ly! précisément!; **preˈcise·ness** précision f; méticulosité f.

pre·ci·sion [priˈsiʒn] précision f; attr. de précision.

pre·clude [priˈkluːd] prévenir, empêcher; ~ s.o. from (gér.) mettre q. dans l'impossibilité de (inf.).

pre·co·cious □ [priˈkouʃəs] précoce; **preˈco·cious·ness, pre·coc·i·ty** [priˈkɔsiti] précocité f.

pre·con·ceive ['priːkənˈsiːv] préconcevoir; ~d préconçu (idée).

pre·con·cep·tion ['priːkənˈsepʃn] préconception f; préjugé m.

pre·con·cert·ed ['priːkənˈsəːtid] convenu ou arrangé d'avance.

pre·con·di·tion ['priːkənˈdiʃn] condition f préliminaire.

pre-cool ⊕ ['priːˈkuːl] préréfrigérer.

pre·cur·sor [priːˈkəːsə] précurseur m, avant-coureur m; **preˈcur·so·ry** précurseur; préliminaire.

pre·date ['priːˈdeit] antidater; venir avant.

pred·a·to·ry ['predətəri] rapace; de proie (bête).

pre·de·cease ['priːdiˈsiːs] mourir avant (q.).

pre·de·ces·sor ['priːdisesə] prédécesseur m.

pre·des·ti·nate [priˈdestineit] prédestiner; **pre·des·ti·na·tion** eccl. prédestination f; **preˈdes·tined** prédestiné.

pre·de·ter·mine ['priːdiˈtəːmin] déterminer d'avance; eccl. préordonner.

pred·i·ca·ble ['predikəbl] prédicable.

pre·dic·a·ment [priˈdikəmənt] phls. catégorie f; fig. situation f difficile.

pred·i·cate 1. ['predikeit] affirmer; **2.** ['~kit] gramm. attribut m; phls. prédicat m; **pred·i·ca·tion** assertion f; **pred·i·ca·tive** [priˈdikətiv]

□ affirmatif (-ive *f*); *gramm.* prédicatif (-ive *f*).
pre·dict [pri'dikt] prédire; **pre·dic·tion** [ˌ'dikʃn] prédiction *f*.
pre·di·lec·tion [priːdiˈlekʃn] prédilection *f* (pour, *for*).
pre·dis·pose ['priːdisˈpouz] prédisposer (à, *to*); **pre·dis·po·si·tion** [ˈˌdispəˈziʃn] prédisposition *f* (à, *to*).
pre·dom·i·nance [priˈdɔminəns] prédominance *f*; ascendant *m* (sur, *over*); **preˈdom·i·nant** □ prédominant; **preˈdom·i·nate** [ˌneit] prédominer; l'emporter par le nombre *etc.* (sur, *over*).
pre-em·i·nence [priːˈeminəns] prééminence *f*; primat *m*; **pre-ˈem·i·nent** □ prééminent; remarquable (par, *in*).
pre-emp·tion [priːˈempʃn] (droit *m* de) préemption *f*.
preen [priːn] lisser (*les plumes*).
pre-en·gage ['priːinˈgeidʒ] retenir *ou* engager d'avance; **'pre-enˈgage·ment** engagement *m* préalable.
pre-ex·ist ['priːigˈzist] préexister; **'pre-exˈist·ence** préexistence *f*; **'pre-exˈist·ent** préexistant.
pre·fab ['priːˈfæb] 1. préfabriqué; 2. maison *f* préfabriquée; **'preˈfab·ri·cate** [ˌrikeit] préfabriquer.
pref·ace ['prefis] 1. préface *f*; avant-propos *m/inv.*; 2. préfacer; préluder à. [liminaire.)
pref·a·to·ry □ ['prefətəri] préˌ
pre·fect ['priːfekt] préfet *m*; *école*: élève *mf* surveillant(e *f*).
pre·fer [priˈfəː] préférer (à, *to*), aimer mieux (que *sbj.*, *to inf.*); nommer (*q. à un emploi*); déposer (*une plainte*); intenter (*une action*); émettre (*une prétention*); *see* share 1; **pref·er·a·ble** □ ['prefərəbl] préférable (à, *to*); **'pref·er·a·bly** de préférence (à, *to*); préférablement; **'pref·er·ence** préférence *f* (pour, *for*); (*surt.* ✝) droit *m* de priorité; *douane*: tarif *m* de préférence; *see* share 1; **pref·er·en·tial** □ [ˌ'renʃl] préférentiel(le *f*); de préférence; **prefˈer·en·tial·ly** de préférence; **pre·fer·ment** [priˈfəːmənt] avancement *m*; promotion *f*.
pre·fix 1. ['priːfiks] préfixe *m*; titre *m*; 2. [priːˈfiks] mettre comme introduction; *gramm.* préfixer.

preg·nan·cy ['pregnənsi] grossesse *f*; *animal:* gestation *f*; *fig.* grande portée *f*; fécondité *f*; **'preg·nant** □ ✶ enceinte (*femme*); gravide (*animal*); *fig.* gros(se *f*), fertile (en, *with*).
pre-heat ⊕ ['priːˈhiːt] réchauffer d'avance.
pre·hen·sile [priːˈhensail] préhensile.
pre·his·tor·ic ['priːhisˈtɔrik] préhistorique.
pre-ig·ni·tion *mot.* ['priːigˈniʃn] auto-allumage *m*; allumage *m* prématuré.
pre·judge ['priːˈdʒʌdʒ] préjuger.
prej·u·dice ['predʒudis] 1. préjugé *m*, prévention *f*; préjudice *m*, dommage *m*; *without* ~ to réservation faite de (2. prévenir, prédisposer; porter préjudice à; ~d prévenu; à préjugés.
prej·u·di·cial □ [predʒuˈdiʃl] préjudiciable, nuisible (à, *to*).
prel·a·cy ['preləsi] épiscopat *m*; prélats *m/pl.*
prel·ate ['prelit] prélat *m*.
pre·lec·tion [priːˈlekʃn] conférence *f*; **preˈlec·tor** conférencier *m*; *univ.* maître *m* de conférences.
pre·lim·i·nar·y [priˈliminəri] 1. □ préliminaire; préalable; 2. prélude *m*; preliminaries *pl.* préliminaires *m/pl.*
prel·ude ['preljuːd] 1. prélude *m* (*a.* ♪); 2. *v/i.* ♪ préluder; *v/t.* précéder; préluder à.
pre·ma·ture [preməˈtjuə] *fig.* prématuré; ✈ *delivery* accouchement *m* avant terme; **pre·maˈture·ness**, **pre·maˈtu·ri·ty** [ˌriti] *fig.* prématurité *f*.
pre·med·i·tate [priːˈmediteit] préméditer; **preˈmed·iˈta·tion** préméditation *f*.
pre·mi·er ['premjə] 1. premier (-ère *f*); 2. premier ministre *m*; président *m* du conseil; *Am.* ministre *m* des Affaires étrangères; **'pre·mi·erˈship** fonctions *f/pl.* de premier ministre; *Am.* Ministère *m* des Affaires étrangères.
pre·mise 1. ['premis] prémisse *f*; ~s *pl.* local *m*; immeuble *m*; ⚖ intitulé *m*; *licensed* ~s *pl.* débit *m* de boissons; *on the* ~s sur les lieux; dans l'établissement; 2. [priˈmaiz] poser en prémisse; faire remarquer.
pre·mi·um ['priːmjəm] prix *m*; prime *f* (*a.* ✝); indemnité *f*; *au dé-*

premonition

but d'un bail: droit *m*; † agio *m*; *at a* ~ *à prime*.

pre·mo·ni·tion [priːməˈniʃn] prémonition *f*; pressentiment *m*; **pre·mon·i·to·ry** □ [priˈmɔnitəri] prémonitoire; précurseur.

pre·na·tal [ˈpriːˈneitl] prénatal (-als, -aux *m/pl.*).

pre·oc·cu·pan·cy [priːˈɔkjupənsi] *fig.* absorption *f* (par, *in*); **pre·oc·cu·pa·tion** [priːɔkjuˈpeiʃn] préoccupation *f*; absorption *f* (par, *with*); souci *m*; préjugé *m*; **pre·oc·cu·pied** [ˌˈɔkjupaid] préoccupé; absorbé; **pre'oc·cu·py** [ˌpai] préoccuper, absorber; occuper par avance.

pre·or·dain [ˈpriːɔːˈdein] régler d'avance; préordonner.

prep F [prep] *see* preparation; *preparatory school*.

prep·a·ra·tion [prepəˈreiʃn] préparation *f*; préparatifs *m/pl.*; *école*: étude *f* (du soir); **pre·par·a·tive** [priˈpærətiv] *usu.* ~s *pl.* préparatifs *m/pl.*; **pre'par·a·to·ry** [ˌtəri] **1.** □ préparatoire; ~ *school* école *f* préparatoire; **2.** *adv.* ~ *to* préalablement à.

pre·pare [priˈpɛə] *v/t.* préparer; dresser; confectionner (*un mets*); *v/i.* se préparer, s'apprêter (à, *for*; à *inf.*, *to inf.*); **pre'pared** □ préparé; sur le qui-vive; ~ *for* prêt à (*qch.*) *ou* pour (*inf.*).

pre·pay [ˈpriːˈpei] (*irr.* (*pay*)) payer d'avance; affranchir (*une lettre*); **'pre'pay·ment** paiement *m* d'avance; *lettre*: affranchissement *m*.

pre·pense □ [priˈpens] prémédité; *with malice* ~ avec intention criminelle.

pre·pon·der·ance [priˈpɔndərəns] prépondérance *f*; **pre'pon·der·ant** □ prépondérant; **pre'pon·der·ate** [ˌreit] peser davantage; *fig.* l'emporter (sur, *over*).

prep·o·si·tion *gramm.* [prepəˈziʃn] préposition *f*; **prep·o·si·tion·al** □ prépositionnel(le *f*).

pre·pos·sess [priːpəˈzes] imprégner, pénétrer (*l'esprit*) (de, *with*); prévenir (*q.*) (en faveur de, *in favour of*; contre, *against*); **pre·pos'sess·ing** □ prévenant; agréable; **pre·pos'ses·sion** [ˌˈzeʃn] prévention *f*, préjugé *m*.

pre·pos·ter·ous [priˈpɔstərəs] absurde; déraisonnable; contraire au bon sens.

pre·puce *anat.* [ˈpriːpjuːs] prépuce *m*.

pre·req·ui·site [ˈpriːˈrekwizit] nécessité *f* préalable; condition *f* préalable.

pre·rog·a·tive [priˈrɔgətiv] prérogative *f*; privilège *m*.

pres·age [ˈpresidʒ] **1.** présage *m*; pressentiment *m*; **2.** présager, annoncer; prédire.

pres·by·ter [ˈprezbitə] prêtre *m*; ancien *m*; **Pres·by·te·ri·an** [ˌˈtiəriən] **1.** presbytérien(ne *f*); **2.** Presbytérien(ne *f*) *m*; **pres·by·ter·y** [ˈˌtəri] ⚠ sanctuaire *m*; *eccl.* presbytère *m*, consistoire *m*.

pre·sci·ence [ˈpresiəns] prescience *f*, prévision *f*; **'pre·sci·ent** prescient, prévoyant.

pre·scribe [prisˈkraib] *v/t.* prescrire, ordonner (*a.* ⚕); *v/i.*: ~ *for* prescrire à, ordonner à (*q.*); ⚕ indiquer un traitement pour (*q.*); ⚖ (*ou* ~ *to*) prescrire, acquérir (*un droit*) par prescription.

pre·script [ˈpriːskript] prescription *f*, précepte *m*; **pre·scrip·tion** [prisˈkripʃn] prescription *f* (*a.* ⚖); ordre *m*; ⚕ ordonnance *f*; ⚖ coutume *f*; droit *m* consacré par l'usage; **pre'scrip·tive** □ consacré par l'usage; ordonnateur (-trice *f*).

pres·ence [ˈprezns] présence *f*; mine *f*, air *m*, maintien *m*; *in the* ~ *of* en présence de (*q.*); ~ *of mind* présence *f* d'esprit; **'~·cham·ber** salle *f* d'audience.

pres·ent[1] [ˈpreznt] **1.** □ présent; actuel(le *f*); courant (*année etc.*); ~ *record holder* recordman *m* de l'heure; *gramm.* ~ *tense* (temps *m*) présent *m*; ~ *value* valeur *f* actuelle; ~! présent!; **2.** présent *m* (*a. gramm.*); temps *m* présent; † *by the* ~, ⚖ *by these* ~s par la présente; *at* ~ à présent, actuellement; *for the* ~ pour le moment.

pre·sent[2] [priˈzent] présenter (*a.* qch. à *q.*, *s.o.* with *s.th.*); ˈdonner offrir; faire cadeau de (*qch.*); ~ *o.s.* se présenter; s'offrir; ~ *one's compliments to s.o.* présenter ses compliments à q.

pres·ent[3] [ˈpreznt] cadeau *m*; *make s.o. a* ~ *of s.th.* faire cadeau de qch. à q.

pre·sent·a·ble [pri'zentəbl] présentable; portable (*robe etc.*).
pres·en·ta·tion [prezən'teiʃn] présentation *f*; ✝ remise *f*; *théâ.* (re)présentation *f*; souvenir *m*; ~ *copy* spécimen *m* gratuit; exemplaire *m* offert à titre d'hommage.
pres·ent-day ['prezntdei] d'aujourd'hui, actuel(le *f*).
pre·sen·ti·ment [pri'zentimənt] pressentiment *m*.
pres·ent·ly ['prezntli] bientôt; tout à l'heure; F actuellement.
pre·sent·ment [pri'zentmənt] *see presentation*; ⚖ déclaration *f* émanant du jury; *théâ.* représentation *f*.
pres·er·va·tion [prezə'veiʃn] conservation *f*; préservation *f* (*de, from*); maintien *m*; ~ *of natural beauty* préservation *f* des beautés de la nature; *in good* ~ en bon état de conservation *f*; **pre·ser·va·tive** [pri'zə:vətiv] **1.** préservateur (-trice *f*); **2.** préservatif *m*; antiseptique *m*.
pre·serve [pri'zə:v] **1.** préserver, garantir (de, *from*); conserver; mettre en conserve; maintenir; garder (*le silence, la chasse*); ⚜ naturaliser; élever (*du gibier*) dans une réserve; **2.** chasse *f* gardée; réserve *f*; *poisson*: vivier *m*; confiture *f*; **pre'serv·er** préservateur (-trice *f*) *m*; sauveur *m*; propriétaire *m* d'une chasse gardée *ou* d'un vivier; conservateur (-trice *f*) *m*; agent *m* de conservation.
pre·side [pri'zaid] présider (qch., à qch. *over s.th.*); occuper le fauteuil présidentiel; ~ *over an assembly* présider une assemblée.
pres·i·den·cy ['prezidənsi] présidence *f*; *école:* directorat *m*, rectorat *m*; **'pres·i·dent** président (*f*) *m*; *école:* (di)recteur *m*; ✝ *Am.* directeur *m* général; **pres·i·den·tial** [~'denʃl] présidentiel(le *f*).
press [pres] **1.** pression *f* (*sur qch.*); presse *f* (*hydraulique, à copier, de journaux,* *fig. des affaires, a. typ.*); *typ.* imprimerie *f*; **2.** *v/t.* presser; appuyer sur; serrer (*a.* ✂); donner un coup de fer à (*une robe etc.*); *fig.* poursuivre (*un avantage*); forcer à accepter; réclamer (*une dette, une réponse*); imposer (*une opinion*); ~ *the button* appuyer sur le bouton; ~ *the point that* insister sur le fait que; *be* ~*ed for time* être très pressé *ou* à court de temps; *v/i.* se serrer, se presser; ~ *for* insister pour obtenir *ou* pour que (*sbj.*); ~ *on* presser le pas, forcer le pas, se dépêcher; ~ (*up*)*on* peser à (*q.*); ~ **a·gen·cy** agence *f* d'informations; ~ **a·gent** agent *m* de publicité; ~ **but·ton** bouton *m* à pression; *gant:* bouton *m* fermoir; ~ **cor·rec·tor** *typ.* correcteur *m* (-trice *f*); ~ **cut·ting** coupure *f* de journal; **'press·er** presse *f* (*à viande*); pressoir *m* (*aux raisins*); presseur (-euse *f*) *m* (*personne*); **'press·ing** □ pressant; urgent, pressé; **'press·man** ⊕ presseur *m*; journaliste *m*; **'press-mark** bibliothèque: numéro *m* de classement; **pres·sure** ['preʃə] pression *f* (*a. fig.*); ⚡, ⚔ tension *f*; **pres·sure-cook·er** marmite *f* à pression; **'pres·sure-gauge** ⊕ manomètre *m*; **pres·sur·ize** ['~raiz] ✈ pressuriser; **'press-work** *typ.* impression *f*.
pres·ti·dig·i·ta·tion ['prestididʒi'teiʃn] prestidigitation *f*.
pres·tige [pres'ti:ʒ] prestige *m*; crédit *m*.
pre·sum·a·ble □ [pri'zju:məbl] présumable (de la part de q., *of s.o.*); **pre'sum·a·bly** [~li] probablement; **pre'sume** *v/t.* présumer, supporter; *v/i.* présumer; prendre des libertés; se permettre (de, *to*); prendre la liberté (de, *to*); ~ (*up*)*on* abuser de; se prévaloir de; **pre'sum·ed·ly** [~idli] probablement; **pre'sum·ing** □ présomptueux (-euse *f*); indiscret (-ète *f*).
pre·sump·tion [pri'zʌmpʃn] présomption *f*; arrogance *f*; préjugé *m*; *qqfois* conclusion *f*; **pre'sump·tive** □ par présomption; *heir* ~ héritier *m* présomptif; **pre'sump·tu·ous** □ [~tjuəs] présomptueux (-euse *f*), outrecuidant.
pre·sup·pose [pri:sə'pouz] présupposer; **pre·sup·po·si·tion** [pri:-sʌpə'ziʃn] présupposition *f*.
pre·tence, *Am.* **pre·tense** [pri'tens] (faux) semblant *m*; prétexte *m*; prétention *f* (à, *to*); *false* ~ fraude *f*; faux semblant *m*.
pre·tend [pri'tend] feindre, simuler; prétendre (*inf., to inf.*; à qch., *to s.th.*); faire semblant (de *inf., to*

pretended

inf.); pre'tend·ed □ feint, faux (fausse *f*); soi-disant (*personne*); prétendu; pre'tend·er simulateur (-trice *f*) *m*; prétendant *m* (*au trône*).

pre·ten·sion [pri'tenʃn] prétention *f*; droit *m*, titre *m*.

pre·ten·tious [pri'tenʃəs] prétentieux (-euse *f*); pre'ten·tious·ness prétention *f*.

pret·er·it(e) *gramm.* ['pretərit] prétérit *m*, passé *m*.

pre·ter·mis·sion [pri:tə'miʃn] omission *f*; interruption *f*.

pre·ter·mit [pri:tə'mit] omettre; interrompre; négliger (de *inf.*).

pre·ter·nat·u·ral □ [pri:tə'nætʃrəl] surnaturel(le *f*).

pre·text ['pri:tekst] prétexte *m*, excuse *f*.

pret·ti·ness ['pritinis] gentillesse *f* (*a. style*).

pret·ty ['priti] 1. *adj.* □ joli, beau (bel *devant une voyelle ou un h muet*; belle *f*); gentil(le *f*); *my ~l* ma mignonne!; 2. *adv.* assez, passablement; *~ near* à peu près; *~ close to perfect* presque parfait; *~ much the same thing* à peu près la même chose; *a ~ large number* un assez grand nombre.

pre·vail [pri'veil] prédominer; régner; prévaloir (sur, *over*, contre, *against*); l'emporter (sur *over*, *against*); *~ (up)on s.o. to* (*inf.*) amener *ou* déterminer q. à (*inf.*); pre'vail·ing □ courant; en vogue; dominant.

prev·a·lence ['prevələns] prédominance *f*; généralité *f*; fréquence *f*; 'prev·a·lent □ (pré)dominant; répandu, général (-aux *m/pl.*).

pre·var·i·cate [pri'værikeit] équivoquer; mentir; pre·var·i'ca·tion équivoques *f/pl.*; mensonge *m*; pre'var·i·ca·tor barguigneur (-euse *f*) *m*; menteur (-euse *f*) *m*.

pre·vent [pri'vent] empêcher (de, *from*); mettre obstacle à (*qch.*); prévenir (*un malheur etc.*); pre'vent·a·ble évitable; pre'vent·a·tive [*,*-tətiv] *see* preventive; pre'vent·er empêcheur (-euse *f*) *m*; ⚓ faux étai *m*; pre'ven·tion empêchement *m*; protection *f* (contre, *of*); pre·'ven·tive 1. □ préventif (-ive *f*); *~ custody* détention *f* préventive; *~ detention* emprisonnement *m* à titre préventif; 2. empêchement *m*; médicament *m* préventif; mesure *f* préventive (contre, *of*).

pre·view ['pri:vju:] exhibition *f* préalable; *cin.* avant-première *f*.

pre·vi·ous □ ['pri:viəs] antérieur, antécédent (à, *to*); préalable; F trop pressé; *~ conviction* condamnation *f* antérieure; *~ to a.* avant; *~ly* auparavant; préalablement.

pre·vi·sion [pri:'viʒn] prévision *f*.

pre·vo·ca·tion·al train·ing [pri:vo'keiʃnl'treiniŋ] enseignement *m* professionnel.

pre·war ['pri:'wɔ:] d'avant-guerre.

prey [prei] 1. proie *f*; *beast* (*bird*) *of ~* bête *f* (oiseau *m*) de proie; 2.: *~ (up)on* faire sa proie de; piller, ravager; *fig.* ronger.

price [prais] 1. prix *m*; *course*: cote *f*; *bourse*: cours *m*; *at any ~* coûte que coûte; 2. mettre un prix à; estimer, évaluer; demander le prix de; 'price·less inestimable; *sl.* impayable.

prick [prik] 1. piqûre *f*; *fig.* picoterie *f*; *conscience*: remords *m*; 2. *v/t.* piquer; crever (*une ampoule*); ⚓ pointer (*une carte*); (*a. ~ out*) tracer un dessin en le piquant; ⚔ *~ out* repiquer; *~ up one's ears* dresser l'oreille; *v/i.* picoter; fourmiller (*membre*); *~ up* se dresser; 'prick·er poinçon *m*, pointe *f*; prick·le ['*~*l] piquant *m*, épine *f*; 'prick·ly épineux (-euse *f*); ✻ *~ heat* bouton *m* de chaleur; ✻ *~ pear* figuier *m* ou figue *f* de Barbarie.

pride [praid] 1. orgueil *m*; *péj.* vanité *f*; faste *m*; *saison etc.*: apogée *m*; *~ of place* priorité *f*; *take ~ in* être fier (fière *f*) de; 2.: *~ o.s.* se piquer, se faire gloire, tirer vanité (de, *[up]on*).

pri·er ['praiə] curieux (-euse *f*) *m*.

priest [pri:st] prêtre *m*; '*~·craft péj.* cléricalisme *m*; intrigues *f/pl.* sacerdotales; 'priest·ess prêtresse *f*; priest·hood ['*~*hud] le clergé *m*; sacerdoce *m*; 'priest·ly sacerdotal (-aux *m/pl.*).

prig [prig] 1. poseur *m* à la vertu; *sl.* chipeur (-euse *f*) *m*; 2. *sl.* chiper; 'prig·gish □ suffisant; collet monté *adj./inv.*

prim □ [prim] guindé, compassé; collet monté *adj./inv.* (*personne*).

pri·ma·cy ['praiməsi] primauté *f*;

eccl. primatie *f*; **pri·ma·ri·ly** [ˈ⁓rili] principalement; **ˈpri·ma·ry** ☐ principal (-aux *m/pl.*); primitif (-ive *f*); premier (-ère *f*) (*a. importance*); ⚔, ✈, *astr.*, couleur, *école*: primaire; *Am.* ⁓ (*meeting*) élection *f* primaire directe; *see* share; **ˈpri·mate** *eccl.* [ˈ⁓mit] primat *m*.

prime [praim] **1.** ☐ premier (-ère*f*); de premier ordre; principal (-aux *m/pl.*); de surchoix (*viande*); ✝ ⁓ cost prix *m* coûtant, prix *m* d'achat; ⚜ *Minister* président *m* du Conseil; premier ministre *m*; ⁓ *number* nombre *m* premier; **2.** *fig.* perfection *f*; fleur *f* de l'âge; choix *m*; premiers jours *m/pl.*; *eccl.* prime *f*; **3.** *v/t.* amorcer (*une arme*, *un obus*, *une pompe*); *peint.* apprêter; *fig.* faire la leçon à; abreuver (*q. d'alcool*); *v/i.* ⊕ primer.

prim·er¹ [ˈpraimə] premier cours *m* ou livre *m* de lecture; premiers éléments *m/pl.*; *typ.* [ˈprimə]: *great* ⁓ gros romain *m*; corps 16; *long* ⁓ philosophie *f*; corps 10.

prim·er² [ˈpraimə] amorceur *m*; apprêteur *m*; *peint.* couche *f* d'impression.

pri·me·val [praiˈmiːvəl] primordial (-aux *m/pl.*).

prim·ing [ˈpraimiŋ] *peint.* apprêtage *m*; couche *f* d'impression; ⚔ amorce *f*; amorçage *m*.

prim·i·tive [ˈprimitiv] **1.** ☐ primitif (-ive *f*), primaire; rude, grossier (-ère *f*); **2.** *gramm.* mot *m* primitif; *peint.* primitif *m*; **ˈprim·i·tive·ness** caractère *m* primitif; *peuple*: rudesse *f*.

prim·ness [ˈprimnis] air *m* collet monté; *chambre etc.*: ordre *m* parfait.

pri·mo·gen·i·ture [praimoˈdʒenitʃə] primogéniture *f*; droit *m* d'aînesse.

pri·mor·di·al ☐ [praiˈmɔːdiəl] primordial (-aux *m/pl.*).

prim·rose ♀ [ˈprimrouz] primevère *f* (à grandes fleurs); *fig.* ⁓ *path* chemin *m* de velours.

prince [prins] prince *m*; **ˈprince-like** princier (-ère *f*); **ˈprince·ly** princier (-ère *f*); royal (-aux *m/pl.*) (*a. fig.*); *fig.* magnifique; **prin·cess** [prinˈses; *devant npr.* ˈprinses] princesse *f*.

prin·ci·pal [ˈprinsəpəl] **1.** ☐ principal (-aux *m/pl.*); en chef; premier (-ère *f*); *gramm.* ⁓ *parts pl.* temps *m/pl.* principaux (*du verbe.*); **2.** directeur *m*; chef *m*; patron *m*; ✝ employeur *m*; ⚖ *crime*: auteur *m*; ✝ capital *m*; *univ.* recteur *m*; **prin·ci·pal·i·ty** [prinsiˈpæliti] principauté *f*.

prin·ci·ple [ˈprinsəpl] principe *m* (*a.* 🝪); *in* ⁓ en principe; *on* ⁓ par principe; *on a* ⁓ d'après un principe.

prink F [priŋk] (s')attifer.

print [print] **1.** empreinte *f* (*digitale*); impression *f*; moule *m*; trace *f*; gravure *f*, estampe *f*; *typ.* matière *f* imprimée; caractères *m/pl.*; *phot.* copie *f*, épreuve *f*; ⊕ dessin; *usu. Am.* journal *m*; feuille *f* imprimée; ✝ *tex.* indienne *f*, cotonnade *f*; *out of* ⁓ épuisé; *in cold* ⁓ à la lecture, par écrit; *please* ⁓ écrire en lettres d'imprimerie; **2.** *v/t.* imprimer; marquer d'une empreinte; *phot.* tirer une épreuve de; *fig.* ⁓ *o.s.* se graver (dans, on); ⁓ed *form* imprimé *m*; ⁓ed *matter* imprimés *m/pl.*; *v/i.* être à l'impression; **ˈprint·er** imprimeur *m*; ouvrier *m* typographe; ⁓'s *devil* apprenti *m* imprimeur; ⁓'s *flower* fleuron *m*; ⁓'s *ink* encre *f* d'impression.

print·ing [ˈprintiŋ] impression *f*; *art*: imprimerie *f*; *phot.* tirage *m*; *attr.* à imprimer; d'impression; **ˈ⁓-frame** châssis *m* (*positif*); **ˈ⁓-ink** noir *m* d'imprimerie; **ˈ⁓-of·fice** imprimerie *f*; **ˈ⁓-pa·per** *phot.* papier *m* photographique; papier *m* sensible; **ˈ⁓-press** presse *f* d'imprimerie.

pri·or [ˈpraiə] **1.** *adj.* préalable; antérieur (à, to); **2.** *adv.*: ⁓ *to* antérieurement à; **3.** *su. eccl.* prieur *m*; **ˈpri·or·ess** *eccl.* prieure *f*; **pri·or·i·ty** [ˈ⁓riti] priorité *f* (sur, over); antériorité *f*; *see* share; **ˈpri·o·ry** *eccl.* [ˈ⁓əri] prieuré *m*.

prism [prizm] prisme *m*; ⁓ *binoculars pl.* jumelles *f/pl.* à prismes; **pris·mat·ic** [prizˈmætik] (⁓*ally*) prismatique.

pris·on [ˈprizn] **1.** prison *f*; **2.** *poét.* emprisonner; **ˈpris·on·er** prisonnier (-ère *f*) *m*; ⚖ accusé(e *f*) *m*; prévenu(e *f*) *m*; détenu(e *f*) *m*; *fig.* be a ⁓ to être cloué à; take s.o. ⁓

prissy

faire q. prisonnier (-ère f); ~'s bars (ou base) (jeu m de) barres f/pl.
pris·sy Am. F ['prisi] chichiteux (-euse f).
pris·tine ['pristain] premier (-ère f), primitif (-ive f).
pri·va·cy ['praivəsi] intimité f; secret m; in the ~ of retiré dans.
pri·vate ['praivit] 1. □ privé; particulier (-ère f); personnel(le f); secret (-ète f); réservé; retiré (endroit); ~ company société f en nom collectif; ~ gentleman rentier m; parl. ~ member simple député m; ~ theatricals comédie f de salon; ~ view exposition: avant-première f; ~ sale vente f à l'amiable; 2. ✕ (ou ~ soldier) simple soldat m; ~s pl. (usu. ~ parts pl.) parties f/pl. sexuelles; in ~ en séance privée; sans témoins; dans l'intimité; en famille.
pri·va·teer ⚓ [praivi'tiə] vaisseau, a. personne: corsaire m; **pri·va'teer·ing** course f; attr. de course.
pri·va·tion [prai'veiʃn] privation f (a. fig.).
pri·va·tive □ ['privətiv] négatif (-ive f); gramm. privatif (-ive f).
priv·et ♣ ['privit] troène m.
priv·i·lege ['privilidʒ] 1. privilège m, prérogative f; 2. privilégier (q.), accorder le privilège à (q.) (de inf., to inf.); ~d privilégié.
priv·i·ty ['priviti] obligation f; lien m de droit.
priv·y ['privi] 1. □: ~ to instruit de; ⚖ intéressé dans, trempé dans; ♀ Council Conseil m privé; ♀ Councillor conseiller m privé; ~ parts pl. parties f/pl. sexuelles; ~ purse cassette f du roi; ♀ Seal petit Sceau m; Lord ♀ Seal Garde m du petit Sceau; 2. ⚖ partie f intéressée; complice mf; F lieux m/pl. d'aisance.
prize¹ [praiz] 1. prix m; loterie: lot m; ⚓ prise f, capture f; first ~ loterie: le gros lot; 2. couronné; médaillé; de prix; ⚓ de prise; ~ competition concours m pour un prix; 3. estimer, priser; ⚓ capturer.
prize² [~] 1. (a. ~ open) forcer avec un levier; 2. force f de levier.
prize...: '~-**fight·er** boxeur m professionnel; '~-**list** palmarès m; '~-**man**, '~-**win·ner** lauréat(e f) m; gagnant(e f) m du prix.
pro [prou] pour; see con³.

prob·a·bil·i·ty [prɔbə'biliti] probabilité f; **'prob·a·ble** □ probable.
pro·bate ⚖ ['proubit] homologation f (d'un testament).
pro·ba·tion [prə'beiʃn] épreuve f, stage m; eccl. probation f; ⚖ liberté f surveillée; on ~ en stage; ⚖ en liberté sous surveillance; **pro'ba·tion·ar·y**: ⚖ ~ period période f de liberté surveillée; **pro'ba·tion·er** stagiaire mf; eccl. novice mf; ⚖ condamné(e f) m mis(e f) en liberté sous surveillance.
pro·ba·tive ['proubətiv] probant, probatoire.
probe ⚕ [proub] 1. sonde f, poinçon m; surt. Am. parl., pol. enquête f; 2. (a. ~ into) sonder; '~-**scis·sors** pl. (sorte de) ciseaux m/pl. de chirurgie, ciseaux m/pl. boutonnés.
pro·bi·ty ['prɔbiti] probité f.
prob·lem ['prɔbləm] problème m (a. ♟); question f; ~ play pièce f à thèse; **prob·lem·at·ic**, **prob·lem·at·i·cal** □ [~'blimætik(l)] problématique; fig. douteux (-euse f).
pro·bos·cis zo. [prə'bɔsis] trompe f.
pro·ce·du·ral [prə'si:dʒərəl] de procédure; **pro'ce·dure** [~dʒə] procédure f; procédé m.
pro·ceed [prə'si:d] continuer son chemin; aller (a. fig.); marcher (a. fig.); continuer (qch., with s.th.); agir; se mettre (à inf., to inf.); se poursuivre; ⚖ poursuivre (q., against s.o.); univ. prendre le grade de; ~ from sortir de; ~ on one's journey poursuivre sa route; **pro'ceed·ing** procédé m; façon f d'agir; ~s pl. ⚖ procès m, poursuites f/pl. judiciaires; société: transactions f/pl., débats m/pl.; cérémonie f, séance f; ⚖ take ~s against intenter un procès à; **pro·ceeds** ['prousi:dz] pl. produit m, montant m (de, from); net ~ produit m net.
pro·cess¹ [prə'ses] aller en procession.
proc·ess² ['prouses] 1. processus m (a. anat.); procédé m; progrès m, marche f, cours m; méthode f; ⚖, a. anat. procès m; ⚗ réaction f, mode m (humide, sec); ♣ proéminence f; in ~ en voie, en train; in ~ of construction en voie ou cours de construction; in the ~ of au cours

proficiency

de; **2.** ⊕ faire subir une opération à; apprêter; ~ **into** transformer en; **pro·'cess·ing** ⊕ traitement *m* (*d'une matière première*).
pro·ces·sion [prə'seʃn] cortège *m*; défilé *m*; procession *f*.
pro·claim [prə'kleim] proclamer; déclarer (*a. la guerre*); publier (*les bans*); faire annoncer; *fig.* crier.
proc·la·ma·tion [prɔklə'meiʃn] proclamation *f*; déclaration *f*; publication *f*.
pro·cliv·i·ty [prə'kliviti] penchant (à, *to*).
pro·cras·ti·nate [prou'kræstineit] remettre (qch.) à plus tard; temporiser; **pro·cras·ti·'na·tion** remise *f* à plus tard; temporisation *f*.
pro·cre·ate ['proukrieit] engendrer; **pro·cre·'a·tion** procréation *f*; **'pro·cre·a·tive** procréateur (-trice *f*).
proc·tor ['prɔktə] ⚓ procureur *m* (*devant une cour*); *univ.* censeur *m*; *sl.* ~**'s** (*bull*)dog appariteur *m* du censeur; **'proc·tor·ize** *univ.* réprimander; infliger une amende à.
pro·cum·bent [prou'kʌmbənt] couché sur le ventre; ♀ rampant.
pro·cur·a·ble [prə'kjuərəbl] procurable.
proc·u·'ra·tion [prɔkju'reiʃn] procuration *f*; ✝ commandement *m*; **by** ~ en vertu d'un commandement; **'proc·u·ra·tor** fondé *m* de pouvoir; procureur *m*.
pro·cure [prə'kjuə] *v/t.* obtenir; procurer (qch. à q. *s.o. s.th., s.th. for s.o.*); *v/i.* faire le métier de proxénète; **pro·'cure·ment** obtention *f*; proxénétisme *m*; **pro·'cur·er** acquéreur (-euse *f*) *m*; entremetteur *m*; **pro·'cur·ess** entremetteuse *f*, procureuse *f*.
prod [prɔd] **1.** coup *m* de coude *etc.*; *fig.* aiguillon *m*; **2.** pousser (*du bout d'un bâton etc.*); *fig.* aiguillonner.
prod·i·gal ☐ ['prɔdigəl] **1.** prodigue (de, *of*); *the* ♀ *Son* l'enfant prodigue; **2.** prodigue *mf*; **prod·i·gal·i·ty** [~'gæliti] prodigalité *f*.
pro·di·gious ☐ [prə'didʒəs] prodigieux (-euse *f*); **prod·i·gy** ['prɔdidʒi] prodige *m*; *fig.* merveille *f*; (*souv. infant* ~) enfant *m* prodige.
prod·uce[1] ['prɔdju:s] *champ:* rendement *m*; produit *m*; *coll.* denrées *f/pl.*, produits *m/pl.*
pro·duce[2] [prə'dju:s] produire;

créer; ⚓, *théâ.* représenter; ✈ engendrer (*du courant*); causer, provoquer; ⊕ fabriquer; *théâ.* mettre en scène; ᚨ prolonger; *cin.* éditer, diriger; **pro·'duc·er** producteur (-trice *f*) *m*; *théâ.* metteur *m* en scène; *cin.* directeur *m* de productions; *surt. Am.* tenancier *m* d'un théâtre; **gas-**~ gazogène *m*; **pro·'duc·i·ble** productible; **pro·'duc·ing** producteur (-trice *f*); productif (-ive *f*).
prod·uct ['prɔdəkt] produit *m* (*a.* ᚨ), résultat *m*; **pro·duc·tion** [prə'dʌkʃn] production *f* (*a. d'un livre*); *théâ.* mise *f* en scène; ⚓, *théâ.* représentation *f*; ⊕ fabrication *f*, fabrique *f*; produit *m*, **-s** *m/pl.*; ᚨ prolongement *m*; *be in good* ~ être fabriqué en grand nombre; ⊕ *flow* ~ travail (*pl.* -aux) *m* à la chaîne; **pro·'duc·tive** ☐ productif (-ive *f*), générateur (-trice *f*) (de, *of*); fécond (*sol*); en rapport (*capital, arbre, usine, etc.*); **pro·'duc·tive·ness**, **pro·duc·tiv·i·ty** [prɔdʌk'tiviti] productivité *f*.
prof *Am.* F [prɔf] professeur *m*, F prof *m*.
prof·a·'na·tion [prɔfə'neiʃn] profanation *f*; **pro·fane** [prə'fein] **1.** ☐ profane; impie; blasphématoire; non initié; **2.** profaner; polluer; *fig.* violer; **pro·fan·i·ty** [prə-'fæniti] impiété *f*; blasphème *m*, **-s** *m/pl.*
pro·fess [prə'fes] déclarer; professer (*la foi, école: un sujet*); faire profession de; exercer (*un métier*); prétendre; ~ *to be s.th.* passer pour qch.; **pro·'fessed** ☐ prétendu; soi-disant; *fig.* déclaré; *eccl.* profès (-esse *f*); **pro·'fess·ed·ly** [~idli] de son propre aveu.
pro·fes·sion [prə'feʃn] profession *f*, métier *m*; déclaration *f*; **pro·'fes·sion·al 1.** ☐ professionnel(le *f*); expert; du *ou* de métier; *the* ~ *classes* les membres *m/pl.* des professions libérales; **2.** expert *m* sp. professionnel(le *f*) *m*; **pro·'fes·sion·al·ism** [~əlizm] professionnalisme *m*.
pro·fes·sor [prə'fesə] professeur *m*; **pro·'fes·sor·ship** professorat *m*; chaire *f*.
prof·fer ['prɔfə] **1.** offrir; **2.** offre *f*.
pro·fi·cien·cy [prə'fiʃənsi] compé-

proficient

tence *f*, capacité *f* (en, *in*); **pro'ficient 1.** □ compétent; versé (dans *in, at*); **2.** expert *m* (en, *in*).

pro·file ['proufail] profil *m* (*a.* △); silhouette *f*; △ coupe *f* perpendiculaire.

prof·it ['prɔfit] **1.** profit *m*; avantage *m*; ✝ *souv.* ~*s pl.* bénéfice *m*; *excess* ~ bénéfices *m/pl.* extraordinaires; **2.** *v/t.* profiter à (*q.*); *v/i.*: ~ *by* profiter de; mettre (*qch.*) à profit; **'prof·it·a·ble** □ profitable; avantageux (-euse *f*); rémunérateur (-trice *f*); **'prof·it·a·ble·ness** nature *f* avantageuse; profit *m*, avantage *m*; **prof·it·eer** [ˌ~'tiə] **1.** faire des bénéfices excessifs; **2.** profiteur (-euse *f*) *m*, mercanti *m* (*surt. de guerre*); **prof·it'eer·ing** mercantilisme *m*; **'prof·it·less** □ sans profit; **prof·it-shar·ing** ['~ʃɛəriŋ] participation *f* aux bénéfices.

prof·li·ga·cy ['prɔfligəsi] débauche *f*; prodigalité *f*; **prof·li·gate** ['~git] **1.** débauché, libertin; prodigue; **2.** débauché(e *f*) *m*, libertin(e *f*) *m*.

pro·found □ [prə'faund] profond (*a. fig.*); (*a.* absolu; **pro·foundness, pro·fun·di·ty** [ˌ~'fʌnditi] profondeur *f* (*a. fig.*).

pro·fuse □ [prə'fju:s] prodigue (de *in, of*); abondant, excessif (-ive *f*); **pro'fuse·ness, pro·fu·sion** [ˌ~'fju:ʒn] profusion *f*, abondance *f*.

prog *sl.* [prɔg] boustifaille *f*.

pro·gen·i·tor [prou'dʒenitə] aïeul *m*, ancêtre *m*; **pro·gen·i·tress** aïeule *f*; **prog·e·ny** ['prɔdʒini] progéniture *f*; descendants *m/pl.*; *fig.* conséquence *f*.

prog·no·sis ✶ [prɔg'nousis], *pl.* **-ses** [ˌ~si:z] pronostic *m*; *science:* prognose *f*.

prog·nos·tic [prəg'nɔstik] **1.** pronostique; *be* ~ *of* prédire (*qch.*); **2.** pronostique *m*; symptôme *m*; **prog'nos·ti·cate** [ˌ~keit] pronostiquer; prédire; **prog·nos·ti·ca·tion** pronostication *f*.

pro·gram(me) ['prougræm] programme *m* (*a.* traitement de l'information); **'pro·gram·mer** *radio:* programmateur *m*; *traitement de l'information personne:* programmeur *m, machine:* programmateur *m*; **'pro·gram·ming** *radio, traitement de l'information:* programmation *f*.

prog·ress[1] ['prougres] progrès *m*; avancement *m*; marche *f* (*a.* ✗); étapes *f/pl.* successives; *in* ~ en cours (d'exécution).

pro·gress[2] [prə'gres] s'avancer; faire des progrès; **pro'gres·sion** [ˌ~ʃn] progression *f* (*a.* ♙); ♩ marche *f*; **pro'gress·ist** *pol.* progressiste (*a. su./mf*); **pro'gres·sive** □ progressif (-ive *f*); du progrès; *pol.* progressiste (*a. su./mf*).

pro·hib·it [prə'hibit] défendre, interdire (*qch., s.th.*; à q. de *inf., s.o. from* gér.); empêcher (q. de *inf., s.o. from* gér.); **pro·hi·bi·tion** [proui'biʃn] prohibition *f*, défense *f*; *Am.* régime *m* sec; **pro·hi'bi·tionist** prohibitionniste *mf*; *surt. Am.* partisan *m* du régime sec; **pro·hibi·tive** □ [prə'hibitiv], **pro'hib·i·to·ry** □ [ˌ~təri] prohibitif (-ive *f*); *prohibitive duty* droits *m/pl.* prohibitifs.

proj·ect[1] ['prɔdʒekt] projet *m*.

pro·ject[2] [prə'dʒekt] *v/t.* projeter (*a.* ♙); lancer; avancer; ~ *o.s. into* se transporter dans; *v/i.* faire saillie; **pro·jec·tile** [prə'dʒektail] projectile (*a. su./m*); **pro'jec·tion** ♙, *cin., lumière, cartes:* projection *f*; lancement *m*; △ (partie *f* qui fait) saillie *f*; *fig.* image *f*; prolongement *m*; **pro'jec·tor** projecteur (-euse *f*) *m*; ✝ fondateur (-trice *f*) *m*; *opt.* projecteur *m*, appareil *m* de projection.

pro·le·tar·i·an [proule'tɛəriən] prolétaire (*a. su./mf*); prolétarien(ne *f*); **pro·le'tar·i·at(e)** [ˌ~riət] prolétariat *m*.

pro·lif·ic ['prɔlifik] (ˌ~ally) prolifique; fécond (en *of, in*).

pro·lix □ ['prouliks] prolixe, diffus; **pro'lix·i·ty** prolixité *f*.

pro·logue, *Am. a.* **pro·log** ['proulɔg] prologue *m* (de, *to*).

pro·long [prə'lɔŋ] prolonger; ✝ proroger; ♩ allonger (*un coup d'archet*); **pro·lon·ga·tion** [proulɔŋ'geiʃn] prolongation *f*, prolongement *m*.

prom·e·nade [prɔmi'nɑ:d] **1.** promenade *f*; esplanade *f*; *théâ.* promenoir *m*; **2.** *v/i.* se promener (dans, *in*); parader; *v/t.* promener (*q.*).

prom·i·nence ['prɔminəns] éminence *f*; importance *f*; protubé rance *f*, saillie *f*; relief *m*; '**prom·i·nent** □ éminent; remarquable; saillant, prononcé.

prom·is·cu·i·ty [prɔmis'kju:iti] promiscuité *f*; **pro·mis·cu·ous** □ [prə'miskjuəs] mêlé, confus; mixte; sans distinction de sexe; F dévergondé.

prom·ise ['prɔmis] **1.** promesse *f*; *fig.* espérance *f*; *of great* ~ plein de promesses, d'un grand avenir; **2.** *v/t.* promettre; *fig.* annoncer, laisser prévoir; F *I* ~ *you* je vous le promets; *v/i.* promettre; s'annoncer (*bien, mal*); '**prom·is·ing** □ plein de promesses, encourageant; **prom·is·so·ry** ['~səri] promissoire; ✝ ~ *note* billet *m* à ordre.

prom·on·to·ry ✠, *géog.* ['prɔməntri] promontoire *m*.

pro·mote [prə'mout] promouvoir (*q.*); nommer (*q.*); *surt. Am. école:* faire passer; *parl.* prendre l'initiative de (*un projet de loi*); ✝ fonder, lancer (*une compagnie*); *surt. Am.* faire de la réclame pour (*un produit*); **pro'mot·er** instigateur (-trice *f*) *m*; ✝ fondateur *m*; monteur *m* (*d'affaires*); **pro'mo·tion** avancement *m*, promotion *f*; ✝ stimulation *f* de la vente.

prompt [prɔmpt] **1.** □ prompt; rapide; immédiat; **2.** promptement; **3.** inciter, pousser (à, to); suggérer (*qch. à q., s.o. to s.th.*); inspirer (*un sentiment*), donner (*une idée*); *théâ.* souffler; **4.** ✝ délai *m* de paiement; '~-**box** *théâ.* trou *m* du souffleur; '**prompt·er** instigateur (-trice *f*) *m*; *théâ.* souffleur (-euse *f*) *m*; **prompt·i·tude** ['~itju:d],'**prompt·ness** promptitude *f*, empressement *m*.

pro·mul·gate ['prɔməlgeit] promulguer (*une loi*); répandre; **pro·mul'ga·tion** *loi:* promulgation *f*; *idee:* dissémination *f*; proclamation *f*.

prone □ [proun] couché sur le ventre; en pente (*terrain*); escarpé; *fig.* ~ to porté à; prédisposé à; '**prone·ness** disposition *f* (à, to).

prong [prɔŋ] fourchon *m*, *fourche:* dent *f*; pointe *f*; *Am. rivière:* embranchement *m*; **pronged** à fourchons, à dents.

pro·nom·i·nal □ *gramm.* [prə'nɔminl] pronominal (-aux *m/pl.*).

pro·noun *gramm.* ['prounaun] pronom *m*.

pro·nounce [prə'nauns] *v/t.* déclarer; prononcer, articuler; *v/i.* prononcer (sur, on); se déclarer (pour, *in favour of*); **pro'nounced** □ prononcé; marqué; **pro'nounc·ed·ly** [~idli] de façon prononcée; **pro'nounce·ment** déclaration *f*.

pro·nounc·ing [prə'naunsiŋ] qui indique la prononciation.

pron·to *Am.* F ['prɔntou] sur-le-champ. [prononciation *f*.\]

pro·nun·ci·a·tion [prənʌnsi'eiʃn]⟩

proof [pru:f] **1.** preuve *f* (*a. fig.*, *a.* 🍷 *alcool*); *typ.*, *phot.* épreuve *f*; *a. see test 1*; confirmation *f*; *in* ~ *of* pour *ou* en preuve de; **2.** résistant (à *against*, to); à l'abri (de, *against*); '~-**read·er** *typ.* correcteur (-trice *f*) *m*; '~-**sheet** *typ.* épreuve *f*; '~-**spir·it** 🍷 trois-six *m*.

prop [prɔp] **1.** appui *m* (*a. fig.*); *théâ.* accessoire *m*; *Am. sl.* épingle *f* de cravate; **2.** (*ou* ~ up) appuyer, soutenir.

prop·a·gan·da [prɔpə'gændə] propagande *f*; **prop·a'gan·dist** propagandiste *mf*; **prop·a·gate** ['prɔpəgeit] (se) propager (*a. fig.*); *fig.* (se) répandre; **prop·a'ga·tion** propagation *f*; dissémination *f*; '**prop·a·ga·tor** propagateur (-trice *f*) *m*; semeur (-euse *f*) *m*.

pro·pel [prə'pel] pousser en avant; mouvoir (*une machine*); **pro'pel·lant** propulseur *m*; **pro'pel·lent** propulseur (*a. su./m*); propulsif (-ive *f*); **pro'pel·ler** propulseur *m*; ⚓, ✈ hélice *f*; ~-*shaft* ⚓ arbre *m* porte-hélice; ✈ arbre *m* à cardan; *mot.* arbre *m* de transmission; **pro'pel·ling** moteur (-trice *f*); ~ *pencil* porte-mine *m/inv*.

pro·pen·si·ty [prə'pensiti] penchant *m*, tendance *f* (à, vers to, for).

prop·er □ ['prɔpə] propre; (*souv. après le su.*) proprement dit; particulier (-ère *f*) (à, to); juste, vrai; convenable (à, *for*); comme il faut; F parfait, dans toute l'acception du mot; ~ *name* nom *m* propre; '**prop·er·ty** (droit *m* de) propriété *f* (*a.* ♘, *a. fig.*); biens *m/pl*.; immeuble *m*, -s *m/pl*.; *fig. a.* qualité *f*; *théâ.* accessoire *m*; *théâ.* **properties** *pl. a.* réserve *f* de décors *etc.*; '**prop·er·ty tax** impôt *m* foncier.

proph·e·cy ['prɔfisi] prophétie *f*; **proph·e·sy** ['˷sai] *vt/i.* prophétiser; *v/t. a.* prédire.
proph·et ['prɔfit] prophète *m*; **'proph·et·ess** prophétesse *f*; **pro·phet·ic, pro·phet·i·cal** □ [prɔ'fetik(l)] prophétique.
pro·phy·lac·tic [prɔfi'læktik] (˷ally) prophylactique (*a. su./m*).
pro·pin·qui·ty [prə'piŋkwiti] proximité *f*; voisinage *m*; parenté *f*.
pro·pi·ti·ate [prə'piʃieit] apaiser; rendre favorable; **pro·pi·ti·a·tion** apaisement *m*; propitiation *f*; expiation *f*; **pro·pi·ti·a·tor** [˷tə] propitiateur (-trice *f*) *m*; **pro·pi·ti·a·to·ry** □ [˷ʃiətəri] propitiatoire; expiatoire.
pro·pi·tious □ [prə'piʃəs] propice, favorable; **pro·pi·tious·ness** nature *f* propice *ou* favorable (*a. fig.*).
pro·por·tion [prə'pɔːʃn] **1.** partie *f*; part *f*; portion *f*; proportion *f* (*a.* △, Å, ⚕); ⚖ proportionnalité *f*; ˷s *pl.* dimensions *f/pl.*, proportions *f/pl.*; **2.** proportionner (à, to); ⊕ déterminer les dimensions de; coter (*un dessin*); **pro·por·tion·al 1.** □ proportionnel(le *f*); en proportion (de, to); *see proportionate*; **2.** Å proportionnelle *f*; **pro·por·tion·ate** □ [˷ʃit] proportionné (à, to).
pro·pos·al [prə'pouzəl] proposition *f*, offre *f*; demande *f* en mariage; projet *m*; **pro'pose** *v/t.* proposer; suggérer; porter (*un toast*); ˷ s.o.'s health boire à la santé de q., porter un toast à q.; ˷ to o.s. se proposer; *v/i.* faire la demande en mariage; demander sa main (à, to); **pro'pos·er** proposeur (-euse *f*) *m*; **pro·po·si·tion** [prɔpə'ziʃn] proposition *f* (*a. phls.*, Å); *sl.* affaire *f*.
pro·pound [prə'paund] (pro)poser (*une question etc.*); exposer (*un programme*).
pro·pri·e·tar·y [prə'praiətəri] **1.** de propriété, de propriétaire; privé; possédant (*classe etc.*); ˷ *article* spécialité *f*; **2.** (droit *m* de) propriété; **pro'pri·e·tor** propriétaire *mf*; patron(ne *f*) *m*; **pro'pri·e·tress** propriétaire *f*; patronne *f*; **pro'pri·e·ty** propriété *f*, justesse *f*; bienséance *f*; *the proprieties pl.* les convenances *f/pl.*, la décence *f*.
pro·pul·sion ⊕ [prə'pʌlʃn] propulsion *f*; **pro'pul·sive** [˷siv] propulsif (-ive *f*); de propulsion.
pro·rate *Am.* [prou'reit] évaluer au pro rata.
pro·ro·ga·tion *parl.* [prourə'geiʃn] prorogation *f*; **pro·rogue** *parl.* [prə'roug] proroger.
pro·sa·ic [prou'zeiik] (˷ally) *fig.* prosaïque (= *banal*).
pro·scribe [pro'skraib] proscrire.
pro·scrip·tion [pros'kripʃn] proscription *f*; interdiction *f*.
prose [prouz] **1.** prose *f*; **2.** en prose; **3.** *v/t.* mettre en prose; *v/i.* F tenir des discours ennuyeux.
pros·e·cute ['prɔsikjuːt] poursuivre (*a. en justice*); ⚖ intenter (*une action*); exercer (*un métier*); effectuer (*un voyage*); **pros·e·cu·tion** continuation *f*; exercice *m*; ⚖ poursuites *f/pl.* (judiciaires); accusation *f*; *in ˷ of* conformément à; ⚖ *the* ⚖ le Ministère public; *witness for the ˷* témoin *m* à charge; **'pros·e·cu·tor** ⚖ plaignant *m*; poursuivant *m*; *public ˷* Ministère *m* public; procureur *m*.
pros·e·lyte *eccl.* ['prɔsilait] prosélyte *mf*; **pros·e·lyt·ism** ['˷litizm] prosélytisme *m*; **'pros·e·lyt·ize** *vt/i.* convertir; *v/i.* faire des prosélytes.
pros·er ['prouzə] conteur *m* ennuyeux; F raseur *m*.
pros·o·dy ['prɔsədi] prosodie *f*, métrique *f*.
pros·pect 1. ['prɔspekt] vue *f*; perspective *f* (*a. fig.*); paysage *m*; ˷s espérances *f/pl.*, avenir *m*; ✝ *Am.* client *m* possible; ⚒ prélèvement *m* d'essai; *have in ˷* avoir (*qch.*) en vue; *hold out a ˷ of* offrir des espérances de (*qch.*); **2.** [prəs'pekt] ⚒ prospecter; *˷ for* chercher; **pro'spec·tive** □ à venir; futur; *˷ buyer* client *m* éventuel; **pro'spec·tor** ⚒ chercheur *m* (d'or); **pro'spec·tus** [˷təs] prospectus *m*.
pros·per ['prɔspə] (faire) réussir; *v/t.* prospérer; **pros·per·i·ty** [prɔs'periti] prospérité *f*; **pros·per·ous** □ ['˷pərəs] prospère, florissant; *fig.* propice; favorable (*vent etc.*).
pros·ti·tute ['prɔstitjuːt] **1.** prostituée *f*; *sl.* poule *f*; **2.** prostituer (*a. fig.*); **pros·ti·tu·tion** prostitution *f* (*a. fig.*).
pros·trate 1. ['prɔstreit] prosterné, étendu; ⚕ prostré; *fig.* accablé,

abattu; **2.** [prɔs'treit] ✠ abattre; *fig.* ~ *o.s.* se prosterner (*devant, before*); **pros'tra·tion** prosternation *f*; ✠ prostration *f*; *fig.* abattement *m*.

pros·y □ *fig.* ['prouzi] prosaïque; verbeux (-euse *f*) (*personne*); ennuyeux (-euse *f*).

pro·tag·o·nist *théâ.*, *a. fig.* [prou'tægənist] protagoniste *m*.

pro·tect [prə'tekt] protéger (contre, *from*); abriter (de, *from*); ✝ faire provision pour; **pro'tec·tion** protection *f*; défense *f*; sauvegarde *f*; patronage *m*; abri *m*; **pro'tec·tion·ist** protectionniste (*a. su.*/*mf*); **pro'tec·tive** protecteur (-trice *f*); de sûreté; ~ *custody* détention *f* préventive; ~ *duty* droit *m* protecteur; **pro'tec·tor** protecteur *m* (*a.* ⊕); *fig.* patron *m*; -~ protège- *m*; **pro'tec·tor·ate** [ˌtərit] protectorat *m*; **pro'tec·to·ry** asile *m* des enfants abandonnés; **pro'tec·tress** protectrice *f*; *fig.* patronne *f*.

pro·te·in ♋ ['proutiːn] protéine *f*.

pro·test 1. ['proutest] protestation *f*; ✝ protêt *m*; *in* ~ *against* pour protester contre; *enter* (*ou make*) *a* ~ élever des protestations, faire une protestation; **2.** [prə'test] *v/t.* protester (*a.* ✝); *Am.* protester contre; *v/i.* protester, réclamer (contre, *against*).

Prot·es·tant ['prɔtistənt] protestant (*a. su.*); **'Prot·es·tant·ism** protestantisme *m*.

prot·es·ta·tion [proutes'teiʃn] protestation *f*; **pro·test·er** [prə'testə] protestateur (-trice *f*) *m*; protestataire *mf*; ✝ débiteur *m* qui a fait protester un effet.

pro·to·col ['proutəkɔl] **1.** protocole *m*; **2.** dresser un protocole.

pro·ton *phys.* ['prouton] proton *m*.

pro·to·plasm *biol.* ['proutəplæzm] protoplasme *m*, protoplasma *m*.

pro·to·type ['proutətaip] prototype *m*, archétype *m*.

pro·tract [prə'trækt] prolonger; traîner (*qch.*) en longueur; *surv.* relever (*un terrain*); **pro'trac·tion** prolongation *f*; *surv.* relevé *m*; **pro'trac·tor** ⚚ rapporteur *m*.

pro·trude [prə'truːd] *v/t.* faire sortir; *v/i.* faire saillie, s'avancer; **pro'tru·sion** [ˌʒn] saillie *f*; protubérance *f*.

pro·tu·ber·ance [prə'tjuːbərəns] protubérance *f*; **pro'tu·ber·ant** protubérant.

proud □ [praud] fier (fière *f*) (de of, *to*); orgueilleux (-euse *f*); ✗ fongueux (-euse *f*) (*chair*).

prov·a·ble □ ['pruːvəbl] démontrable, prouvable; **prove** [pruːv] *v/t.* prouver, démontrer; vérifier (*un calcul*); ⊕ éprouver (*a. fig.*), essayer; *v/i.* se montrer, être, se trouver; ~ *true* (*false*) se révéler comme étant vrai (faux).

prov·e·nance ['prɔvinəns] origine *f*, provenance *f*.

prov·en·der ['prɔvində] bêtes: fourrage *m*, provende *f*; F, *a. co.* nourriture *f*.

prov·erb ['prɔvəb] proverbe *m*; *be a* ~ être proverbial (-aux *m*/*pl.*); *péj.* être d'une triste notoriété; *he is a* ~ *for generosity* sa générosité est passée en proverbe; **pro·ver·bi·al** □ [prə'vəːbiəl] proverbial (-aux *m*/*pl.*).

pro·vide [prə'vaid] *v/t.* pourvoir, fournir, munir (*q.*) (de, *with*); fournir (*qch.* à *q.*, *s.o. with s.th.*); stipuler (*que, that*); ~*d school* école *f* communale; *v/i.* venir en aide (à *q.*, *for s.o.*); ~ *against* parer à; se pourvoir contre; ~ *for* pourvoir aux besoins de; prévoir; ✝ faire provision pour; ~*d that* pourvu que (*sbj.*); à condition que (*ind. ou sbj.*).

prov·i·dence ['prɔvidəns] prévoyance *f*; prudence *f*; providence *f* (*divine*); épargne *f*; **'prov·i·dent** □ prévoyant; économe, frugal (-aux *m*/*pl.*); ~ *society* société *f* de prévoyance; **prov·i·den·tial** □ [ˌ-'denʃl] providentiel(le *f*); F heureux (-euse *f*).

pro·vid·er [prə'vaidə] pourvoyeur (-euse *f*) *m*; fournisseur (-euse *f*) *m*.

prov·ince ['prɔvins] province *f*; ✠, *a. fig.* juridiction *f*, ressort *m*, compétence *f*.

pro·vin·cial [prə'vinʃl] **1.** provincial (-aux *m*/*pl.*); de province; **2.** provincial(e *f*) *m*; *péj.* rustre *m*; **pro'vin·cial·ism** provincialisme *m* (*souv.* = *locution provinciale*); esprit *m* de clocher.

pro·vi·sion [prə'viʒn] **1.** disposition *f*; fourniture *f*; ✝ réserve *f*, provision *f*; *fig.* stipulation *f*, clause *f*; ~*s pl.* comestibles *m*/*pl.*, vivres *m*/*pl.*; *make* ~ *for* pourvoir aux be-

provisional

soins de; prévoir; pourvoir à; ~ *merchant* marchand *m* de comestibles; 2. approvisionner, ravitailler; **pro'vi·sion·al** □ provisoire.

pro·vi·so [prə'vaizou] condition *f*; *with the* ~ *that* à condition que; **pro'vi·so·ry** [~zəri] conditionnel (-le *f*); provisoire (*gouvernement etc.*).

prov·o·ca·tion [prɔvə'keiʃn] provocation *f*; **pro·voc·a·tive** [prə'vɔkətiv] **1.** provocateur (-trice *f*); provocant; **2.** stimulant *m*.

pro·voke [prə'vouk] provoquer, inciter (à, to); exaspérer, irriter; faire naître, exciter; **pro'vok·ing** □ exaspérant, irritant, agaçant.

prov·ost ['prɔvəst] prévôt *m*; *écos.* maire *m*; *univ.* principal *m*; ⚔ [prə'vou]: ~ *marshal* grand prévôt *m*.

prow ⚓ [prau] proue *f*.

prow·ess ['prauis] prouesse *f*, vaillance *f*; exploit *m*, -s *m/pl.*

prowl [praul] **1.** *v/i.* rôder (en quête de proie); *v/t.* rôder; **2.** action *f* de rôder; *fig.* be on the ~ rôder; *Am.* ~ *car police:* voiture *f* de patrouille.

prox·i·mate □ ['prɔksimit] proche, prochain, immédiat; approximatif (-ive *f*); **prox'im·i·ty** proximité *f*; *in the* ~ *of* à proximité de; **prox·i·mo** † ['~mou] (du mois) prochain.

prox·y ['prɔksi] procuration *f*; mandat *m*, pourvoir *m*; *personne*: mandataire *mf*, fondé *m* de pouvoir(s); délégué(e *f*) *m*; *by* ~ par procuration.

prude [pruːd] prude *f*; F bégueule *f*.

pru·dence ['pruːdəns] prudence *f*, sagesse *f*; **'pru·dent** □ prudent, sage, judicieux (-euse *f*); **pru·den·tial** □ [pru'denʃl] prudent; dicté par la prudence.

prud·er·y ['pruːdəri] pruderie *f*; F pudibonderie *f*; **'prud·ish** □ prude; F pudibond.

prune[1] [pruːn] pruneau *m*.

prune[2] [~] émonder (*un arbre*); tailler (*un rosier etc.*); (*a.* ~ *away, off*) élaguer (*a. fig.*).

prun·ing...: '~**hook** émondoir *m*; '~**knife** serpette *f*.

pru·ri·ence, pru·ri·en·cy ['pruəriəns(i)] lasciveté *f*; curiosité *f* (de, *after*); **'pru·ri·ent** □ lascif (-ive *f*).

Prus·sian ['prʌʃn] **1.** prussien(ne *f*); ~ *blue* bleu *m* de Prusse; **2.** Prussien (-ne *f*) *m*.

prus·sic ac·id 🧪 ['prʌsik'æsid] acide *m* prussique.

pry[1] [prai] fureter; fouiller; ~ *into* chercher à pénétrer (*qch.*); F fourrer le nez dans; **'pry·ing** □ curieux (-euse *f*).

pry[2] [~] **1.**: ~ *open* forcer la serrure de; forcer avec un levier; ~ *up* soulever à l'aide d'un levier; **2.** levier *m*.

psalm [sɑːm] psaume *m*; **'psalm·ist** psalmiste *m*; **psal·mo·dy** ['sælmədi] psalmodie *f*.

Psal·ter ['sɔːltə] psautier *m*.

pseu·do... [psjuːdou] pseud(o)-; faux (fausse *f*); **pseu·do·nym** ['~dənim] pseudonyme *m*; **pseu·don·y·mous** □ [~'dɔniməs] pseudonyme.

pshaw [pʃɔː] peuh!; allons donc!

pso·ri·a·sis 🩺 [psɔ'raiəsis] psoriasis *m*.

psy·chi·a·trist [sai'kaiətrist] psychiatre *m*; **psy'chi·a·try** psychiatrie *f*.

psy·chic ['saikik] **1.** (*ou* **'psy·chi·cal** □) psychique; **2.** ~*s sg.* métapsychique *f*; métapsychisme *m*.

psy·cho·a·nal·y·sis [saikouə'næləsis] psychanalyse *f*; **psy·cho·an·a·lyst** [~'ænəlist] psychanalyste *m*.

psy·cho·log·i·cal □ [saikə'lɔdʒikl] psychologique; **psy·chol·o·gist** [sai'kɔlədʒist] psychologue *m*; **psy'chol·o·gy** psychologie *f*.

psy·cho·sis [sai'kousis] psychose *f*.

pto·maine 🧪 ['toumein] ptomaïne *f*.

pub F [pʌb] cabaret *m*; *sl.* bistrot *m*.

pu·ber·ty ['pjuːbəti] puberté *f*.

pu·bes·cence [pjuː'besns] puberté *f*; ♀ pubescence *f*; **pu'bes·cent** pubère; ♀ pubescent; velu.

pub·lic ['pʌblik] **1.** public (-ique *f*); ~ *address system* (batterie *f* de) haut-parleurs *m/pl.*; ~ *enemy* ennemi *m* universel *ou* F public; ♀ *Health* hygiène *f*; santé *f* publique; ~ *house* cabaret *m*; *sl.* bistrot *m*; ~ *law* droit *m* public; ~ *library* bibliothèque *f* municipale *ou* communale; ~ *man* homme *m* public *ou* très en vue; ~ *spirit* civisme *m*, patriotisme *m*; *see school, utility, works*; **2.** *sg. a. pl.* (grand) public *m*; F cabaret *m*; *sl.* bistrot *m*; *in* ~ en public, publiquement; **pub·li·can** ['~kən] aubergiste *m*; débitant *m* de

boissons; *hist.* publicain *m*; **pub·li·'ca·tion** publication *f*; apparition *f* (*d'un livre*); *loi:* promulgation *f*; ouvrage *m* (publié); *monthly* ~ revue *f etc.* mensuelle; **pub·li·cist** ['⁓sist] publiciste *m*; journaliste *m*; **pub-'lic·i·ty** [⁓siti] publicité *f*; réclame *f*; propagande *f*; service *m* de presse; ~ *agent* agent *m* de publicité; **pub·li·cize** ['⁓saiz] faire connaître au public; **'pub·lic-'pri·vate** mixte (*économie*); **'pub·lic-'spir·it·ed** □ dévoué au bien public, soucieux (-euse *f*) du bien public.
pub·lish ['pʌbliʃ] *usu.* publier; éditer; promulguer (*une loi*); révéler, répandre; **'pub·lish·er** éditeur *m*; libraire-éditeur (*pl.* libraires-éditeurs) *m*; *Am.* propriétaire *m* d'un journal; **'pub·lish·ing** publication *f*; mise *f* en vente; *attr.* d'édition; ~ *house* maison *f* d'édition.
puck [pʌk] puck *m*; lutin *m*; *hockey sur glace:* palet *m* en caoutchouc.
puck·er ['pʌkə] **1.** godet *m*, faux pli *m*; *visage:* ride *f*; F embarras *m*; **2.** *v/t.* froncer; faire goder; rider (*le visage*); *v/i.* (*a.* ~ *up*) se crisper; froncer, goder, grigner; se contracter. [cieux (-euse *f*).]
puck·ish □ ['pʌkiʃ] de lutin; mali-)
pud·ding ['pudiŋ] pudding *m*, pouding *m*; *black* ~ boudin *m*; *white* ~ boudin *m* blanc.
pud·dle ['pʌdl] **1.** flaque *f* (d'eau); ⊕ braye *f* (d'argile); **2.** *v/t.* ⊕ corroyer (*l'argile, le fer*); puddler (*le fer*); damer (*la terre*); *v/i.* barboter; **'pud·dler** ⊕ brasseur *m* mécanique; *personne:* puddleur *m*; **'pud·dling-fur·nace** ⊕ four *m* à puddler. ['pu·dent pudique.\
pu·den·cy ['pju:dənsi] pudicité *f*;)
pudg·y F ['pʌdʒi] boulot(te *f*).
pu·er·ile □ ['pjuərail] puéril; *péj. a.* enfantin; **pu·er·il·i·ty** [⁓'riliti] puérilité *f*.
puff [pʌf] **1.** *air, respiration:* souffle *m*; *vapeur:* échappement *m* soudain; *fumée, tabac:* bouffée *f*; *robe:* bouillon *m*, *manche:* bouffant *m*; houppe(tte) *f* (*à poudre*); *fig.* gâteau (*m*) feuilleté *m*; tourtelet *m*; réclame *f*; F haleine *f*; **2.** *v/t.* lancer, émettre (*une bouffée de fumée etc.*); (*a.* ~ *out, up*) gonfler (*les joues etc.*); faire balloner (*une manche*); (*a.* ~ *at*) tirer sur (*une pipe*), fumer; (*a.* ~ *up*) vanter; ~ *up* augmenter (*le prix*); ~*ed eyes* yeux *m/pl.* gonflés; ~*ed sleeve* manche *f* bouffante; *v/i.* souffler, lancer des bouffées (*de fumée*); ~ *out* bouffer (*jupe*); **'puff·er** ⊕ renchérisseur *m*, allumeur *m*; ⊕ réclamiste *m*; **'puff·er·y** art *m* du puffisme; réclame *f* tapageuse; **puff·i·ness** ['⁓inis] boursouflure *f*; **'puff·ing** ⊕ puffisme *m*; réclame *f* tapageuse; **'puff-'paste** pâte *f* feuilletée; **'puff·y** qui souffle par bouffées (*vent*); à l'haleine courte; gonflé; boursouflé; bouffant (*manche*).
pug[1] [pʌg] (*ou* ~ *-dog*) carlin *m*; petit dogue *m*. [pétrir (*l'argile*).\
pug[2] ⊕ [~] corroyer (*a. un bassin*);)
pu·gil·ism ['pju:dʒilizm] pugilat *m*, boxe *f*; **'pu·gil·ist** pugiliste *m*, boxeur *m*.
pug·na·cious [pʌg'neiʃəs] batailleur (-euse *f*); querelleur (-euse *f*); **pug·nac·i·ty** [⁓'næsiti] caractère *m* batailleur *ou* querelleur; attitude *f* batailleuse *ou* querelleuse.
pug-nose ['pʌgnouz] nez *m* troussé.
puis·ne ✠ ['pju:ni] subalterne (*juge*).
puke *sl.* [pju:k] dégobiller (= *vomir*).
pule [pju:l] piauler, pleurer.
pull [pul] **1.** (effort *m* de) traction *f*; tirage *m*; force *f* d'attraction (*d'un aimant*); *fig.* attrait *m*; *golf:* coup *m* tiré; *rame:* coup *m* d'aviron; *typ.* première épreuve *f*; F gorgée *f* (*de bière etc.*); *sl.* avantage *m*, *sl.* piston *m*; *sl.* ~ *at the bottle* coup *m* à même la bouteille; ~-*fastener* fermeture *f* éclair; **2.** *v/t.* tirer (*a. typ.*, *a. sp. un cheval*), traîner; cueillir (*un fruit*); *fig.* attirer; ⚓ manier (*un aviron*); ⚓ ramer; ⚓ souquer; ~ *the trigger* presser la détente; F ~ *one's weight* y mettre du sien; ~ *down* faire descendre; baisser; démolir; ~ *in* retenir (*un cheval*); ~ *off* arracher; ôter; remporter (*un prix*); ~ *through* tirer (*q.*) d'affaire; ~ *up* (re)monter; relever; arracher (*une plante*); arrêter (*un cheval, une voiture, etc.*); *fig.* réprimander; *v/i.* tirer (sur, *at*); *mot.* peiner; ⚓ ramer; 🚂 ~ *out* sortir de la gare; partir; ~ *through* se tirer d'affaire; ~ *up* s'arrêter.
pul·let ['pulit] poulette *f*; *fattened* ~ poularde *f*.
pul·ley ⊕ ['puli] poulie *f*; *set of* ~*s pl.* palan *m*, moufle *f*.

Pull·man car 🚃 ['pulmən'ka:] voiture *f* Pullman; *Am.* wagon-salon (*pl.* wagons-salons) *m*.

pull...: '~-o·ver pull-over *m*, F pull *m*; '~-'up arrêt *m*; auberge *f* (*etc. pour automobilistes*).

pul·mo·nar·y ⚕ ['pʌlmənəri] pulmonaire, des poumons; poitrinaire (*personne*).

pulp [pʌlp] **1.** *dents etc.*: pulpe *f*; *fruits*: chair *f*; ⊕ pâte *f* à papier; *Am.* (*a.* ~ *magazine*) revue *f etc.* à bon marché; **2.** réduire en pulpe *ou* pâte; mettre (*des livres*) au pilon.

pul·pit ['pulpit] chaire *f*.

pulp·y □ ['pʌlpi] pulpeux (-euse *f*), charnu; F flasque.

pul·sate [pʌl'seit] palpiter; vibrer; battre (*cœur*); **pul·sa·tile** ♪ ['~sətail] de percussion; **pul'sa·tion** pulsation *f*; battement *m*.

pulse[1] [pʌls] **1.** pouls *m*; battement *m*; **2.** palpiter; vibrer; battre.

pulse[2] [~] légumineuses *f/pl.*

pul·ver·i·za·tion [pʌlvərai'zeiʃn] pulvérisation *f*; **'pul·ver·ize** *v/t.* pulvériser; réduire en poudre; *fig.* démolir; atomiser; *v/i.* tomber en poussière; se vaporiser; **'pul·ver·iz·er** pulvérisateur *m*; vaporisateur *m*.

pum·ice ['pʌmis] (*a.* ~-*stone*) (pierre *f*) ponce *f*.

pum·mel ['pʌml] bourrer de coups de poings.

pump[1] [pʌmp] **1.** pompe *f*; *attr.* de pompe; **2.** *v/t.* pomper de l'eau; refouler (dans, *into*); F sonder (*q.*), faire parler (*q.*); *sl.* épuiser; *v/i.* pomper.

pump[2] [~] escarpin *m*; soulier *m* de bal.

pump·kin ♀ ['pʌmpkin] citrouille *f*; potiron *m*.

pump-room ['pʌmprum] *station thermale*: buvette *f*; Pavillon *m*.

pun [pʌn] **1.** jeu *m* de mots, calembour *m*; **2.** faire des jeux de mots *etc.*

Punch[1] [pʌntʃ] polichinelle *m*; guignol *m*; ~ *and Judy* ['dʒu:di] *show* guignol *m*.

punch[2] ⊕ [~] **1.** pointeau *m*; chasse-clou *m*; perçoir *m*; poinçon *m* (*a.* 🚃); emporte-pièce *m/inv.*; **2.** percer; poinçonner; découper; estamper.

punch[3] F [~] **1.** coup *m* de poing; F force *f*; **2.** donner un coup de poing à; cogner sur; *Am.* conduire *ou* garder (*des bœufs*).

punch[4] [~] *boisson*: punch *m*.

punch[5] F [~] *cheval*, *homme*: trapu *m*; *sl.* *pull no* ~*es* parler carrément; ne faire de quartier à personne.

punch·er ['pʌntʃə] poinçonneur *m*; perceur *m*; estampeur *m*; *outil*: poinçonneuse *f*; découpeuse *f*; pugiliste *m*; *Am.* cowboy *m*; **'punch(·ing)-ball** *boxe*: punching-ball *m*.

punc·til·i·o [pʌŋk'tiliou] point *m* d'étiquette; *see* punctiliousness.

punc·til·i·ous [pʌŋk'tiliəs] méticuleux (-euse *f*), pointilleux (-euse *f*); très soucieux (-euse *f*) du protocole; **punc'til·i·ous·ness** souci *m* du protocole; formalisme *m*; scrupule *m* des détails.

punc·tu·al □ ['pʌŋktjuəl] exact; **punc·tu·al·i·ty** [~'æliti] exactitude *f*, ponctualité *f*.

punc·tu·ate ['pʌŋktjueit] ponctuer (*a. fig.*); **punc·tu·a·tion** ponctuation *f*.

punc·ture ['pʌŋktʃə] **1.** crevaison *f*; ⚕ ponction *f*; *mot. etc.* piqûre *f* de clou, crevaison *f*; **2.** *v/t.* ⚕ ponctionner; *mot.* crever (*a. v/i.*).

pun·dit ['pʌndit] pandit *m*; F pontife *m*.

pun·gen·cy ['pʌndʒənsi] goût *m* piquant; odeur *f* piquante; *fig.* aigreur *f*; mordant *m*; saveur *f*; **'pun·gent** aigu (-uë *f*); poignant (*chagrin*); âcre (*odeur*); mordant (*paroles etc.*).

pu·ni·ness ['pju:ninis] chétiveté *f*.

pun·ish ['pʌniʃ] punir, châtier; F *fig.* taper dur sur (*q.*); ne pas épargner; **'pun·ish·a·ble** □ punissable; 🕸 délictueux (-euse *f*); **'pun·ish·er** punisseur (-euse *f*) *m*; **'pun·ish·ment** punition *f*; châtiment *m*.

pu·ni·tive ['pju:nitiv] punitif (-ive *f*), répressif (-ive *f*).

punk *Am.* [pʌŋk] **1.** amadou *m*; *fig.* sottises *f/pl.*; **2.** mauvais, sans valeur.

pun·ster ['pʌnstə] faiseur *m* de calembours.

punt[1] ⚓ [pʌnt] **1.** bateau *m* plat (*conduit à la perche*); bachot *m*; **2.** conduire à la perche; transporter dans un bateau plat.

punt[2] [~] *turf*: parier; *cartes*: ponter.

pu·ny □ ['pju:ni] menu; mesquin; chétif (-ive f).

pup [pʌp] 1. see puppy; 2. zo. mettre bas (des petits).

pu·pil ['pju:pl] anat. pupille f (a. ₜₜ mf); élève mf, écolier (-ère f) m; **pu·pil·(l)age** ['~pilidʒ] état m d'élève; ₜₜ minorité f.

pup·pet ['pʌpit] marionnette f; fig. pantin m; '~-show théâtre m ou spectacle m de marionnettes.

pup·py ['pʌpi] jeune chien(ne f) m; fig. freluquet m.

pur·blind ['pə:blaind] presque aveugle; fig. obtus.

pur·chase ['pə:tʃəs] 1. achat m; emplette f; acquisition f; ⊕ force f mécanique; ⊕ prise f; ₜₜ loyer m; fig. (point m d')appui m; make ~s faire des emplettes; at twenty years' ~ moyennant vingt années de loyer; his life is not worth an hour's ~ on ne lui donne(rait) pas une heure à vivre; ✝ permit ordre m d'achat; 2. acheter, acquérir (a. fig.); ♎ lever à l'aide du cabestan; '**pur·chas·er** acheteur (-euse f) m; ✝ preneur (-euse f) m.

pure □ [pjuə] pur; '~-**bred** Am. de race pure; '**pure·ness** pureté f.

pur·ga·tion usu. fig. [pə:'geiʃn] purgation f (a. ₌ₛ); **pur·ga·tive** ₌ₛ ['~gətiv] purgatif (-ive f) (a. su./m); '**pur·ga·to·ry** eccl. purgatoire m (a. fig.).

purge [pə:dʒ] 1. ₌ₛ purgatif m; purgation f; pol. épuration f; 2. fig. nettoyer; épurer; purger (de of, from) (a. ₜₜ); ₜₜ faire amende honorable pour; pol. épurer, purger.

pu·ri·fi·ca·tion [pjuərifi'keiʃn] purification f; épuration f; **pu·ri·fi·er** ['~faiə] épurateur m (de gaz etc.); personne: purificateur (-trice f) m; **pu·ri·fy** ['~fai] purifier; ⊕, a. fig. épurer.

Pu·ri·tan ['pjuəritən] puritain(e f) (a. su.); **pu·ri·tan·ic** [~'tænik] (~ally) (de) puritain; **Pu·ri·tan·ism** ['~tənizm] puritanisme m.

pu·ri·ty ['pjuəriti] pureté f (a. fig.).

purl[1] [pə:l] cannetille f (à broder); picot m (de dentelle); (a. ~ stitch) maille f à l'envers.

purl[2] [~] 1. ruisseau: (doux) murmure m; 2. murmurer.

purl·er F ['pə:lə] chute f la tête la première; sl. billet m de parterre.

pur·lieus ['pə:lju:z] pl. bornes f/pl.; alentours m/pl.

pur·loin [pə:'lɔin] détourner; voler; **pur'loin·er** détourneur m; voleur (-euse f) m; fig. plagiaire m.

pur·ple ['pə:pl] 1. violet(te f); 2. pourpre f; violet m; 3. (s')empourprer.

pur·port ['pə:pət] 1. sens m, signification f; portée f (d'un mot); 2. avoir la prétention (de inf., to inf.); ✝ indiquer, vouloir dire.

pur·pose ['pə:pəs] 1. dessein m; but m, intention f; fin f; résolution f; for the ~ of pour; dans le but de; on ~ exprès, de propos délibéré; to the ~ à propos; to no ~ en vain, inutilement; novel with a ~ roman m à thèse; strenght of ~ détermination f; résolution f; 2. avoir l'intention (de inf., gér. ou to inf.), se proposer (qch., s.th.; de inf., gér. ou to inf.); **pur·pose·ful** □ ['~ful] réfléchi; tenace, avisé (personne); '**pur·pose·less** □ inutile, sans but; '**pur·pose·ly** adv. à dessein; exprès.

purr [pə:] 1. ronronner (chat, moteur); 2. ronron m.

purse [pə:s] 1. bourse f, porte-monnaie m/inv.; fig. bourse f; sp. prix m (d'argent); public ~ Trésor m; finances f/pl. de l'État; 2. (souv. ~ up) pincer (les lèvres); plisser (le front); froncer (les sourcils); ~-**proud** orgueilleux (-euse f) de sa fortune; '**purs·er** ♎ commissaire m; '**purse-strings** pl.: hold the ~ tenir les cordons de la bourse.

pur·si·ness ['pə:sinis] peine f à respirer; essoufflement m.

purs·lane ♧ ['pə:slin] pourpier m.

pur·su·ance [pə'sju:əns] poursuite f; in ~ of par suite de, en vertu de, conformément à; **pur'su·ant** □: ~ to conformément à, par suite de.

pur·sue [pə'sju:] v/t. poursuivre; fig. rechercher (le plaisir); fig. courir après; suivre (le chemin, une ligne de conduite, une profession, etc.); v/i. suivre, continuer; ~ after poursuivre; **pur'su·er** poursuivant(e f) m; **pur·suit** [~'sju:t] poursuite f; recherche f (de, of); occupation f; usu. ~s pl. travaux m/pl.; carrière f; qqfois passe-temps m/inv.; ~ plane chasseur m.

pur·sy[1] ['pə:si] à l'haleine courte; gros(se f), corpulent.

pur·sy² [~] pincé (*bouche, lèvres*); riche; orgueilleux (-euse *f*) de sa fortune. [lent.]

pu·ru·lent □ ⚕ ['pjuərulənt] puru-

pur·vey [pə:'vei] *v/t.* fournir (*des provisions*); *v/i.* être (le) fournisseur (de, *for*); **pur'vey·ance** fourniture *f* de provisions; approvisionnement *m*; **pur'vey·or** fournisseur (-euse *f*) *m* (*surt. de provisions*).

pur·view ['pə:vju:] portée *f*, limites *f/pl.*; ⚖ statut: corps *m*. [boue *f*.]

pus ⚕ [pʌs] pus *m*; sanie *f*; abcès:

push [puʃ] **1.** poussée *f*, impulsion *f*; coup *m*; effort *m*; ⚔ attaque *f* en masse; F énergie *f*; F hardiesse *f*; last ~ effort *m* suprême; *sl.* get the ~ se faire dégommer (= *recevoir son congé*); give s.o. the ~ flanquer q. à la porte; donner son congé à q.; **2.** *v/t.* pousser; bousculer; appuyer sur (*un bouton*); enfoncer (*dans, in[to]*); pousser la vente de; importuner; (*a. ~ through*) faire accepter; faire passer (à travers, *through*); revendiquer (*un droit*); (*a. ~ ahead ou forward ou on*) (faire) avancer ou pousser (en avant); ~ *s.th.* (up)on *s.o.* imposer qch. à q.; ~ one's way se frayer un chemin (à travers, *through*); ~ed pressé; à court (d'argent, *for money*); fort embarrassé; *v/i.* avancer; pousser; ~ on se presser, se hâter; se remettre en route; ~ off ⚓ pousser au large; F *fig.* se mettre en route; '~-ball *sp.* (sorte de) jeu m de ballon; '~-bike bicyclette *f*; '~-but·ton ⚡ bouton *m* à pression; poussoir *m*; 'push·er personne *f* qui pousse; arriviste *mf*; avion *m* à hélice propulsive; 🚂 *Am.* locomotive *f* de renfort; **push·ful** □ ['~ful], 'push·ing □ débrouillard, entreprenant; *péj.* ambitieux (-euse *f*), trop accostant; 'push-'off ⚓ poussée *f* au large; *fig.* impulsion *f*; '~·o·ver *surt. Am.* chose *f* facile à obtenir; tâche *f* facile à faire; victoire *f* facile; personne *f* crédule.

pu·sil·la·nim·i·ty [pju:silə'nimiti] pusillanimité *f*; **pu·sil·lan·i·mous** □ ['~'lænimǝs] pusillanime.

puss(·y) ['pus(i)] minet(te *f*) *m*; *fig.* coquine *f*; *fig.* chipie *f*; *Am. sl.* visage *m*; ♣ bouleau: chaton *m*; '**puss·y-foot** *Am.* F **1.** personne *f* furtive; fin Normand *m*; **2.** F aller furtivement; ne pas se compromettre.

pus·tule ⚕ ['pʌstju:l] pustule *f*.

put [put] [*irr.*] **1.** *v/t.* mettre, poser (*a. une question*), placer; présenter (à, *to*); lancer (*un cheval*) (sur, *at*); exposer (*une condition, la situation, etc.*); exprimer; parler; estimer (à, *at*); ~ it s'exprimer; ~ about faire circuler, répandre; ⚓ virer de bord; F mettre (q.) en émoi, inquiéter; déranger; ~ across réussir dans (*une entreprise*); ~ away serrer; remiser (*son auto*); écarter; mettre de côté, *fig.* tuer; ~ back remettre; retarder (*une horloge, l'arrivée, etc.*); ~ by mettre de côté; mettre en réserve; ~ down (dé)poser; noter; supprimer; mettre fin à; fermer (*le parapluie*); juger; attribuer (à, *to*); inscrire (q. pour, *s.o. for*); débarquer (*les voyageurs*); ~ forth émettre; avancer; publier (*un livre etc.*); déployer, exercer; pousser (*des feuilles etc.*); ~ forward avancer (*l'heure, la montre, une opinion, etc.*); émettre; faire valoir (*une proposition, une théorie, etc.*); ~ *o.s.* forward se mettre en avant; s'imposer; se donner (pour, *as*); ~ in introduire dans; mettre, insérer dans (*un journal*); placer (*un mot*); ⚘ planter; présenter (*un document, un témoin*; *a.* q. à un *examen*); ⚖ installer (*un huissier*); F faire (*des heures de travail*), passer (*le temps*); ~ off enlever, ôter, retirer (*un vêtement, le chapeau*); remettre (*un rendez-vous, l'heure, une tâche*); ajourner; renvoyer (q.); déconcerter, dérouter (q.); décourager (q.) (de, *from*); ~ on mettre (*a. la lumière, la vapeur, des vêtements*); prendre (*un air, du poids, de la vitesse*); gagner (*du poids*); ✢ augmenter (*le prix*); ajouter à; allumer (*le gaz etc.*); avancer (*la pendule*); *théâ.* monter (*une pièce*); confier (*une tâche* (à q., *to s.o.*); *école:* demander à (*un élève*) (de, *to*); 🚂 mettre en service; ajouter (*des voitures à un train*); *mot.* serrer (*le frein*); *sp.* miser (*un pari*); *sp.* ~ on (*a score of*) thirty marquer trente points; F ~ the screw on *s.o.* forcer la main à q.; *he is* ~*ting it on* il fait l'important; il fait du chiqué; *fig.* ~ it on thick exagérer; flatter grossièrement; ~ on airs se donner des airs; ~ *s.o.* on (*gér.*) mettre q. à (*inf.*); ~ *out* mettre dehors; tendre (*la main*); étendre (*les bras*); tirer (*la langue*); sortir (*la tête*); mettre à l'eau (*un canot*); placer (*de l'argent*) (à intérêt, *to interest*); émettre (*un document etc.*); publier (*une revue etc.*); crever (*l'œil à q.*, *s.o.'s eye*); éteindre (*le feu, le gaz, etc.*); lancer (*une histoire*); *fig.* déconcerter; *fig.* contrarier; *fig.* gêner; ~ *s.o. out* expulser q., chasser q. (*de, of*); ~ *out of action* mettre hors de combat; ⊕ détraquer; (*ou* faire réussir; ~ *s.th. over on s.o.* faire accepter qch. à q.; ~ *through* téléph. mettre en communication (avec, to); F mener à bien; ~ *to* attacher; atteler (*un cheval*); ~ *s.o. to it* donner du mal à q.; contraindre q. (à, to); ~ *to death* mettre (*q.*) à mort; exécuter (*q.*); ~ *to the rack* (*ou* torture) mettre (*q.*) à la question *ou* torture; ~ *up* construire; ériger; installer; lever (*la fenêtre, une glace de wagon*); accrocher (*un tableau*); ouvrir (*le parapluie, a. qqfois la fenêtre*); augmenter, hausser (*le prix*); (faire) lever (*du gibier*); mettre (*en vente, aux enchères*); regainer (*l'épée*); relever (*les cheveux, le col*); afficher (*un avis*), coller (*une affiche*); poser (*du rideau*); fournir (*de l'argent*); faire, offrir (*une prière, une résistance*); proposer (*un candidat*); faire un paquet de (*sandwiches etc.*); loger (*q.*), donner à coucher à (*q.*); ✝ présenter (en, *in*) ; *sp.* F faire courir; *jeu*: se caver de; ~ *s.o. up to* mettre q. au courant de; inciter q. à; ~ *upon* en imposer à; ~ *it upon* laisser (à *q.*) le soin de; 2. *v/i.* ⚓ ~ *in* entrer dans; faire escale dans (*un port*); ⚓ ~ *off* (*ou out ou to sea*) démarrer, pousser au large, quitter la côte *etc.*; ~ *up at* loger à *ou* chez (*q.*); descendre à *ou* chez (*q.*); ~ *up for* poser sa candidature à; ~ *up with* s'arranger de; tolérer; se résigner à; F ~ *upon* exploiter (*q.*); abuser de (*q.*); *be* ~ *upon* s'en laisser imposer.

pu·ta·tive ['pjuːtətiv] putatif (-ive *f*).
put·lock, put·log ⊕ ['pʌtlɔk, '~lɔg] boulin *m*.
pu·tre·fac·tion [pjuːtrɪ'fækʃn] putréfaction *f*; **pu·tre'fac·tive** putréfactif (-ive *f*); putride; de putréfaction.

pu·tre·fy ['pjuːtrɪfaɪ] *v/i.* se putréfier; pourrir; ✱ suppurer; *v/t.* putréfier, pourrir.
pu·tres·cence [pjuː'tresns] putrescence *f*; **pu'tres·cent** putrescent; en putréfaction.
pu·trid □ ['pjuːtrɪd] putride; en putréfaction; infect; *sl.* moche; **pu'trid·i·ty** pourriture *f*.
put·tee ['pʌti] bande *f* molletière.
put·ty ['pʌti] 1. (*a. glaziers'* ~) mastic *m* (à vitres); (*a. plasterers'* ~) pâte *f* de chaux; (*a. jewellers'* ~) potée *f* (d'étain); 2. mastiquer.
put-up job ['pʊtʌp'dʒɔb] coup *m* monté; affaire *f* machinée à l'avance.
puz·zle ['pʌzl] 1. énigme *m*; problème *m*; devinette *f*; *picture* ~ rébus *m*; 2. *v/t.* intriguer; embarrasser; ~ *out* débrouiller; déchiffrer; *v/i.* (*souv.* ~ *one's brains*) se creuser la tête (pour comprendre qch., *over s.th.*); '~-**head·ed** confus; '~-**lock** serrure *f* à combinaisons; cadenas *m* à secret; '**puz·zler** question *f* embarrassante; F colle *f*.
pyg·m(a)e·an [pɪɡ'miːən] pygméen (-ne *f*); **pyg·my** ['pɪɡmɪ] pygmée *m*; *attr.* pygméen(ne *f*).
py·ja·mas [pə'dʒɑːməz] *pl.* pyjama *m*.
py·lo·rus *anat.* [paɪ'lɔːrəs] pylore *m*.
py·or·rh(o)e·a [paɪə'rɪə] pyorrhée *f*.
pyr·a·mid ['pɪrəmɪd] pyramide *f*; **py·ram·i·dal** □ [pɪ'ræmɪdl] pyramidal (-aux *m/pl.*).
pyre ['paɪə] bûcher *m* (funéraire).
py·ret·ic [paɪ'retɪk] pyrétique.
pyro... ['paɪrəʊ] pyro(-); **py·rog·ra·phy** [paɪ'rɔɡrəfɪ] pyrogravure *f*; '**py·ro'scope** pyroscope *m*; **py·ro·tech·nic, py·ro·tech·ni·cal** [paɪrəʊ'teknɪk(l)] pyrotechnique; **py·ro'tech·nics** *pl.* pyrotechnique *f*; **py·ro'tech·nist** pyrotechnicien *m*; artificier *m*.
Pyr·rhic vic·to·ry ['pɪrɪk'vɪktərɪ] victoire *f* à la Pyrrhus.
Py·thag·o·re·an [paɪθæɡə'riːən] 1. pythagoricien(ne *f*); de Pythagore; 2. pythagoricien *m*.
Pyth·i·an ['pɪθɪən] pythien(ne *f*).
py·thon ['paɪθən] python *m*.
pyx [pɪks] 1. *eccl.* ciboire *m*; 2. boîte *f* des monnaies destinées au contrôle; *trial of the* ~ essai *m* des monnaies.

Q

Q, q [kjuː] Q *m*, q *m*.
Q-boat ⚓ ['kjuːbout] piège *m* à sous-marins.
quack[1] [kwæk] **1.** coin-coin *m*; **2.** crier, faire coin-coin.
quack[2] [~] **1.** charlatan *m*; † guérisseur *m*; **2.** de charlatan; **3.** F faire le charlatan; ~ *up* vanter; rafistoler (*qch. d'usagé*); **quack·er·y** ['~əri] charlatanisme *m*; hâblerie *f*.
quad [kwɔd] *see quadrangle*; *quadrat*.
quad·ra·ge·nar·i·an [kwɔdrədʒi'nɛəriən] quadragénaire (*a. su./m/f*).
quad·ran·gle ['kwɔdræŋgl] ⚔ quadrilatère *m*; *école etc.*: cour *f*.
quad·rant ['kwɔdrənt] ⚓, ⊕ secteur *m*; ⚔ quart *m* de cercle.
quad·rat *typ.* ['kwɔdrit] cadrat *m*; **quad·rat·ic** ⚔ [kwə'drætik] **1.** du second degré; **2.** (*a.* ~ *equation*) équation *f* du second degré; **quad·ra·ture** ['kwɔdrətʃə] quadrature *f*.
quad·ren·ni·al □ [kwɔ'drenjəl] quadriennal (-aux *m/pl.*); qui a lieu tous les quatre ans.
quad·ri·lat·er·al ⚔ [kwɔdri'lætərəl] **1.** quadrilatéral (-aux *m/pl.*); **2.** quadrilatère *m*.
qua·drille [kwə'dril] quadrille *m*.
quad·ri·par·tite [kwɔdri'pɑːtait] quadripartite.
quad·ru·ped ['kwɔdruped] **1.** quadrupède *m*; **2.** (*a.* **quad·ru·pe·dal** [kwɔ'druːpidl]) quadrupède; **quad·ru·ple** ['kwɔdrupl] **1.** □ quadruple; (*a.* ~ *to ou of*) au quadruple de; **2.** quadruple *m*; **3.** (se) quadrupler; **quad·ru·pli·cate** [kwɔ'druːplikit] **1.** quadruplé, quadruple; **2.** quatre exemplaires *m/pl.*; **3.** [~keit] quadrupler.
quaff *poét.* [kwɑːf] boire à plein verre; ~ *off* vider d'un trait.
quág [kwæg] *see* ~*mire*; **'quag·gy** marécageux (-euse *f*); **quag·mire** ['~maiə] marécage *m*; fondrière *f*; *fig.* embarras *m*.
quail[1] *orn.* [kweil] caille *f*.
quail[2] [~] fléchir, faiblir (devant, *before*).
quaint □ [kweint] bizarre; singulier (-ère *f*); pittoresque; **'quaintness** bizarrerie *f*; pittoresque *m*.

quake [kweik] trembler (de, *with*; pour, *for*); frémir (de, *with*).
Quak·er ['kweikə] quaker *m*; **'Quaker·ism** quakerisme *m*.
qual·i·fi·ca·tion [kwɔlifi'keiʃn] titre *m* (à un emploi, *for a post*); aptitude *f*, capacité *f*; réserve *f*; **qual·i·fied** ['~faid] qui a les qualités requises *ou* titres requis; diplômé; compétent; autorisé; restreint, modéré; sous condition; **qual·i·fy** ['~fai] *v/t.* qualifier (*a. gramm.*) (de, *as*); rendre apte à; modifier; apporter des réserves à; couper (*une boisson*); *v/i.* se qualifier (pour, *for*), acquérir les titres requis *ou* connaissances requises; être reçu; ~*ing examination* examen *m* pour certificat d'aptitude; examen *m* d'entrée; **qual·i·ta·tive** □ ['~tətiv] qualitatif (-ive *f*); **'qual·i·ty** *usu.* qualité *f*; valeur *f*; pouvoir *m*; caractère *m*; *son:* timbre *m*.
qualm [kwɔːm] nausée *f*; scrupule *m*, remords *m*; pressentiment *m* de malheur; hésitation *f*; **'qualm·ish** □ sujet(te *f*) aux nausées; mal à l'aise.   [*m*; impasse *f*.]
quan·da·ry ['kwɔndəri] embarras]
quan·ti·ta·tive □ ['kwɔntitətiv] quantitatif (-ive *f*); **'quan·ti·ty** quantité *f* (*a.* ♪, ⚔, *prosodie*); somme *f*; *bill of quantities* devis *m*; ⚔ *unknown* ~ inconnue *f* (*a. fig.*).
quan·tum ['kwɔntəm], *pl.* -ta [~tə] quantum *m*; part *f*; *phys.* ~ *theory* théorie *f* des quanta.
quar·an·tine ['kwɔrəntiːn] **1.** quarantaine *f*; *place in* ~ = **2.** mettre en quarantaine.
quar·rel ['kwɔrəl] **1.** querelle *f*, dispute *f*; **2.** se quereller, se disputer (avec, *with*; à propos de *about*, *over*); *fig.* se plaindre (de, *with*); **quar·rel·some** ['~səm] □ querelleur (-euse *f*), batailleur (-euse *f*).
quar·ry[1] ['kwɔri] **1.** carrière *f*; *fig.* mine *f*; **2.** *v/t.* extraire (*des pierres*) de la carrière; creuser une carrière dans; *v/i.* exploiter une carrière; *fig.* puiser (qch., *for s.th.*).
quar·ry[2] [~] *chasse:* proie *f*.
quar·ry·man ['kwɔrimən], *a.* **quar·ri·er** ['~iə] carrier *m*.

quart [kwɔ:t] quart *m* (*de gallon, = approx. 1 litre*); *escrime*: [kɑ:t] quarte *f*.

quar·tan ⚕ ['kwɔ:tn] (*fièvre f*) quarte.

quar·ter ['kwɔ:tə] **1.** quart *m* (*a. cercle, heure, pomme, siècle, etc.*); terme *m* de loyer; région *f*, partie *f*; *ciel*: coin *m*; *Am.* quart *m* de dollar (*25 cents*); ⌀, *cuis.*, *lune*, *ville*: quartier *m*; ⚓ hanche *f*; ⚓ quart *m* de brasse; ⚓ (quart *m* d')aire *f* de vent; côté *m*, direction *f*; *orange*: tranche *f*; *mesure*: quart *m* (de livre), quarter *m* (*2,909 hl*); ⚔, *a. fig*: cantonnement *m*, quartier *m*; *fig.* milieu *m*; ~s *pl.* appartements *m/pl.*; résidence *f*; ⚔ quartier *m*, -s *m/pl.*; logement *m*; *in this* ~ ici, de ce côté-ci; *from all* ~*s* de toutes parts, de tous côtés; *free* ~*s* droit *m* au logement; **2.** diviser en quatre; équarrir (*un bœuf*); *hist.* écarteler (*un condamné, a.* ⌀); ⚔ cantonner; *be* ~*ed* (*up*)*on* (*ou at*) loger chez; '~**-day** jour *m* du terme; '~**-deck** ⚓ plage *f* arrière; *coll.* officiers *m/pl.*; '**quar·ter·ly 1.** trimestriel(le *f*); **2.** publication *f* trimestrielle; '**quar·ter·mas·ter** ⚔ intendant *m* militaire; ⚓ second maître *m*;

quar·tern ['~ən] quart *m* (de pinte); (*a.* ~ *loaf*) pain *m* de quatre livres.

quar·tet(te) ♪ [kwɔ:'tet] quatuor *m*.

quar·to ['kwɔ:tou] in-quarto *m/inv.* (*a. adj.*).

quartz *min.* [kwɔ:ts] quarts *m*.

quash [kwɔʃ] ✠ casser, annuler; *fig.* étouffer.

qua·si ['kwɑ:zi] quasi-, presque.

qua·ter·na·ry ♃, ♆, *géol.* [kwə-'tə:nəri] quaternaire.

qua·ver ['kweivə] **1.** tremblement *m*; ♪ croche *f*; ♪ trille *m*; **2.** chevroter, (*a.* ~ *out*) trembloter (*voix*); ♪ faire des trilles; '**qua·ver·y** tremblotant.

quay [ki:] quai *m*; **quay·age** ['~idʒ] droit *m*, -s *m/pl.* de quai; quais *m/pl.*

quea·si·ness ['kwi:zinis] malaise *f*; nausées *f/pl.*; scrupules *m/pl.* de conscience; '**quea·sy** □ sujet(te *f*) à des nausées; délicat (*estomac*); scrupuleux (-euse *f*); dégoûtant (*mets*); *I feel* ~ j'ai mal au cœur; F j'ai le cœur fade.

queen [kwi:n] **1.** reine *f*; ~ *bee* reine *f*, abeille *f* mère; ~'s *metal* métal *m* blanc; ~'s-*ware* faïence *f* crème; **2.** *échecs*: *v/t.* damer; *v/i.* aller à dame; ~ *it* faire la reine; '**queen·like**, '**queen·ly** de reine, digne d'une reine; majestueux (-euse *f*).

queer [kwiə] **1.** bizarre; singulier (-ère *f*); étrange; suspect; F tout patraque (*malade*); **2.** *Am. sl.* homosexuel *m*; **3.** *vb.*: *sl.* ~ *the pitch for* contrecarrer (*q.*); faire échouer les projets de (*q.*).

quell *poét.* [kwel] apaiser; étouffer.

quench [kwentʃ] *fig.* apaiser (*la soif etc.*); étouffer, réprimer (*un désir, a.* ⌀); éteindre; '**quench·er** F boisson *f*, consommation *f*; '**quench·less** □ inextinguible; inassouvissable.

que·rist ['kwiərist] questionneur (-euse *f*) *m*.

quern [kwə:n] moulin *m* à bras.

quer·u·lous □ ['kwerələs] plaintif (-ive *f*); grognon(ne *f*).

que·ry ['kwiəri] **1.** reste à savoir (*si, if*); **2.** question *f*; *typ.* point *m* d'interrogation; **3.** *v/t.* mettre *ou* révoquer en doute; *v/i.* s'informer (*si, whether*).

quest [kwest] **1.** recherche *f*; *chasse*: quête *f*; *in* ~ *of* à la recherche de; en quête de; **2.** rechercher; *chasse*: quêter.

ques·tion ['kwestʃn] **1.** question *f*; (mise *f* en) doute *m*; affaire *f*; sujet *m*; † supplice *m*; *parl.* ~! au fait!; *beyond* (*all*) ~ sans aucun doute; incontestable(ment); *in* ~ en question, dont il s'agit; *en doute*; *come into* ~ arriver sur le tapis; *call in* ~ révoquer en doute; *beg the* ~ faire une pétition de principe, supposer vrai ce qui est en question; *the* ~ *is whether* il s'agit de savoir si; *that is out of the* ~ c'est impossible; *there is no* ~ il n'est pas question (de qch., *of s.th.*; que *sbj.*, *of ger.*); **2.** interroger; révoquer en doute; '**ques·tion·a·ble** □ contestable, discutable; *péj.* équivoque; '**ques·tion·a·ble·ness** caractère *m* douteux *ou* équivoque (*de, of*); '**ques·tion·naire** [kwestiə-'nɛə] questionnaire *m*; '**ques·tion·er** interrogateur (-trice *f*) *m*.

queue [kju:] **1.** queue *f* (*de personnes, de voitures, de cheveux, etc.*);

quibble

2. (*usu.* ~ *up*) prendre la file (*voitures*); faire la queue; ~ *on* s'attacher à la queue.
quib·ble ['kwibl] 1. chicane *f* (de mots); argutie *f*; † calembour *m*; 2. *fig.* chicaner (sur les mots); '**quib·bler** chicaneur (-euse *f*) *m*; ergoteur (-euse *f*) *m*.
quick [kwik] 1. vif (vive *f*) (*a. esprit, haie, œil*); fin (*oreille etc.*); † vivant; rapide, prompt; éveillé (*enfant, esprit, a. ♪*); ~ *to prompt* à; ⚔ ~ *march* pas *m* cadencé *ou* accéléré; ~ *step* pas *m* rapide *ou* pressé; *double* ~ *step* pas *m* gymnastique; 2. vif *m*, chair *f* vive; *the* ~ les vivants *m*/*pl*.; *to the* ~ jusqu'au vif; *fig.* au vif, au cœur; jusqu'à la moelle des os; *cut s.o. to the* ~ piquer q. au vif; 3. *see* ~*ly*; '~**-change ac·tor** acteur *m* à transformations rapides; '**quick·en** *v*/*t*. (r)animer; accélérer (*a. ✱*); presser; *v*/*i*. s'animer, se ranimer; devenir plus rapide; '**quick-fir·ing** ⚔ à tir rapide; **quick·ie** ['~i] court métrage *m* de pauvre qualité; '**quick·lime** chaux *f* vive; '**quick·ly** vite; vivement; rapidement; '**quick·match** mèche *f* d'artilleur; '**quick-mo·tion pic·ture** *cin.* accéléré *m*; '**quick·ness** vitesse *f*, rapidité *f*, vivacité *f*, promptitude *f* (*d'esprit*); finesse *f* (*d'oreille*); acuité *f* (*de vision*).
quick...: '~**sand** sable *m* mouvant; lise *f*; '~**set** ♣ aubépine *etc.*; bouture *f*; (*a.* ~ *hedge*) haie *f* vive; '~-'**sight·ed** aux yeux vifs; perspicace; '~-'**sil·ver** *min.* vif-argent *m* (*a. fig.*), mercure *m*; '~-'**wit·ted** éveillé; à l'esprit prompt; adroit.
quid[1] [kwid] *tabac:* chique *f*.
quid[2] *sl.* [~] livre *f* (sterling).
quid·di·ty ['kwiditi] *phls.* quiddité *f*, essence *f*; F chicane *f*.
quid·nunc F ['kwidnʌŋk] nouvelliste *mf*; curieux (-euse *f*) *m*.
quid pro quo ['kwid prou 'kwou] pareille *f*, équivalent *m*, compensation *f*.
qui·es·cence [kwai'esns] repos *m*; tranquillité *f*; **qui'es·cent** ☐ en repos; tranquille (*a. fig.*).
qui·et ['kwaiət] 1. ☐ tranquille, calme; silencieux (-euse *f*); paisible; discret (-ète *f*) (*couleur etc.*); simple; voilé; 2. repos *m*; tranquillité *f*; calme *m*; F *on the* ~ en douce; 3. (s')apaiser; '**qui·et·en**: ~ *down* (s')apaiser; '**qui·et·ism** *eccl.* quiétisme *m*; '**qui·et·ist** quiétiste *mf*; '**qui·et·ness**, **qui·e·tude** ['~tju:d] tranquillité *f*, calme *m*; *fig.* sobriété *f*.
qui·e·tus F [kwai'i:təs] coup *m* de grâce.
quill [kwil] 1. *orn.* tuyau *m* (de plume); *porc-épic:* piquant *m*; (*a.* ~-*feather*) penne *f*; (*a.* ~ *pen*) plume *f* d'oie; 2. tuyauter, rucher; '~-**driv·er** F gratte-papier *m*/*inv.*; '**quill·ing** tuyautage *m*; ruche *f*; **quill pen** plume *f* d'oie (*pour écrire*).
quilt [kwilt] 1. édredon *m* piqué; 2. piquer; ouater (*une robe*); '**quilt·ing** piquage *m*; piqué *m*.
quince ♣ [kwins] coing *m*; *arbre:* cognassier *m*.
qui·nine *pharm.* [kwi'ni:n; *Am.* 'kwainain] quinine *f*; ~ *wine* quinquina *m*.
quin·qua·ge·nar·i·an [kwiŋkwədʒi'nɛəriən] quinquagénaire (*a. su.*/*mf*).
quin·quen·ni·al ☐ [kwiŋ'kwenjəl] quinquennal (*aux m*/*pl.*).
quins F [kwinz] *pl.* quintuplés *m*/*pl.*
quin·sy ✱ ['kwinzi] esquinancie *f*.
quin·tal ['kwintl] quintal *m* (métrique).
quint·es·sence [kwin'tesns] quintessence *f*; F moelle *f* (*d'un livre*).
quin·tu·ple ['kwintjupl] 1. quintuple (*a. su.*/*m*); 2. *vt*/*i.* quintupler; **quin·tu·plets** ['~plits] *pl.* quintuplés *m*/*pl.*
quip [kwip] mot *m* piquant; bon mot *m*; sarcasme *m*; raillerie *f*.
quire ['kwaiə] main *f* (*de papier*); *in* ~*s* en feuilles.
quirk [kwə:k] sarcasme *m*; bon mot *m*; repartie *f*; équivoque *f*; △ gorge *f*.
quis·ling *pol.* F ['kwizliŋ] collaborateur *m*.
quit [kwit] 1. *v*/*t.* quitter; lâcher (*la prise*); déménager; *Am.* cesser; † récompenser; † ~ *o.s.* se comporter; *v*/*i. usu. Am.* démissionner; céder; 2. quitte, libéré; débarrassé (de, *of*).
quite [kwait] tout à fait; entièrement; parfaitement; véritable (hero); ~ *a hero* un véritable *ou* vrai héros; F ~ *a pas mal de*; ~ (*so*)! (*ou that*!)

parfaitement!; ~ *the go* le dernier cri; le grand chic.
quits [kwits] quitte (*with*, avec); *we'll cry* ~ nous voilà quittes.
quit·tance ['kwitəns] acquit *m*; quittance *f*. [(-euse *f*) *m*.)
quit·ter *Am.* F ['kwitə] lâcheur]
quiv·er[1] ['kwivə] **1.** tremblement *m*; frémissement *m*; frisson *m*; *paupière*: battement *m*; *cœur*: palpitation *f*; **2.** trembl(ot)er; tressaillir, frémir.
quiv·er[2] [~] carquois *m*.
quix·ot·ic [kwik'sɔtik] (~*ally*) de Don Quichotte; visionnaire; par trop chevaleresque.
quiz [kwiz] **1.** plaisanterie *f*, farce *f*; attrape *f*; *souv. Am.* F colle *f*, examen *m* oral; **2.** railler; lorgner; *souv. Am.* examiner; poser des colles à; **'quiz·zi·cal** □ railleur (-euse *f*), moqueur (-euse *f*); risible.
quod *sl.* [kwɔd] boîte *f*, bloc *m* (= *prison*).

quoin [kɔin] pierre *f* d'angle; ⊕, *a. typ.* coin *m*.
quoit [kɔit] (*a. jeu*: ~*s sg.*) palet *m*.
quon·dam ['kwɔndæm] d'autrefois.
quo·rum *parl.* ['kwɔ:rəm] quorum *m*; nombre *m* suffisant; *be a* ~ être en nombre.
quo·ta ['kwoutə] quote-part *f*; contingent *m*.
quo·ta·tion [kwou'teiʃn] citation *f*; *typ.* cadrat *m* creux; ✝ cours *m*, prix *m*; *familiar* ~*s pl.* citations *f/pl.* très connues; **quo'ta·tion-marks** *pl.* guillemets *m/pl.*
quote [kwout] *v/t.* citer; *typ.* guillemeter; *à la Bourse*: coter (à, *at*); ✝ faire un prix (pour, *for*; à, *to*); *v/i.* citer; faire un prix (pour, *for*; à, *to*).
quoth † [kwouθ]: ~ *I* dis-je; ~ *he* dit-il.
quo·tid·i·an [kwɔ'tidiən] quotidien(ne *f*); de tous les jours; banal (-als *m/pl.*).
quo·tient ⚡ ['kwouʃənt] quotient *m*.

R

R, r [ɑ:] R *m*, r *m*.
rab·bet ⊕ ['ræbit] **1.** feuillure *f*, rainure *f*; **2.** faire une feuillure *ou* rainure à.
rab·bi ['ræbai] rabbin *m*; *titre*: rabbi *m*.
rab·bit ['ræbit] lapin *m*; *Welsh* ~ toast *m* au fromage fondu.
rab·ble ['ræbl] cohue *f*; *the* ~ la canaille *f*; '~**-rous·er** agitateur *m*.
rab·id □ ['ræbid] féroce, acharné; *fig.* à outrance; *vét.* enragé (*chien etc.*); '**rab·id·ness** violence *f*; rage *f*.
ra·bies *vét.* ['reibi:z] rage *f*, hydrophobie *f*.
ra(c)·coon *zo.* [rə'ku:n] raton *m* laveur.
race[1] [reis] race *f*; lignée *f*; sang *m*.
race[2] [~] course *f* (*a. fig.*); *soleil*: cours *m*; *courant*: ras *m*; *fig.* carrière *f*; ~ *against the clock* course *f* contre la montre; ~*s pl.* course *f*, -s *f/pl.* (*de bateaux, de chevaux*); **2.** lutter de vitesse (avec, *with*); courir à toute vitesse; ⊕ s'emballer; battre la fièvre (*pouls*); *v/t.* ⊕ emballer à vide (*le moteur*); '~**-course** champ *m* de courses;

piste *f*; '~**-crew** course à l'aviron: équipe *f* de canot.
race-ha·tred ['reis'heitrid] racisme *m*.
race-horse ['reishɔ:s] cheval *m* de course.
rac·er ['reisə] coureur (-euse *f*) *m*; cheval *m* de course; *mot.* coureur *m*; yacht *m* *ou* bicyclette *f etc.* de course.
ra·cial ['reiʃl] de (la) race; **ra·cial·ism** ['~ʃəlizm] racisme *m*.
rac·i·ness ['reisinis] verve *f*, piquant *m*; *vin etc.*: goût *m* de terroir.
rac·ing ['reisiŋ] courses *f/pl.*; *attr.* de course(s), de piste; ~ (*bi*)*cyclist* coureur *m* routier, ~ *motorist* coureur *m*, racer *m*; ~ *car* automobile *f* de course.
rack[1] [ræk] **1.** *écurie, armes, etc.*: râtelier *m*; portemanteau *m*; ♪ classeur *m* (à musique); ⊕ crémaillère *f*; ☠ *bomb* ~ lance-bombes *m/inv.*; 🚂 *luggage* ~ porte-bagages *m/inv.*; filet *m* (à bagages); **2.** *hist.* faire subir le supplice du chevalet à; *fig.* tourmenter, torturer; extorquer (*un loyer*); pressu-

rack 1002

rer (*un locataire*); étirer (*les peaux*); épuiser (*le sol*); détraquer (*une machine*); ~ one's brains se creuser la cervelle.

rack² [~] **1.** légers nuages *m/pl.* traînants; cumulus *m*; **2.** se traîner (*nuages*).

rack³ [~]: go to ~ and ruin tomber en ruine; se délabrer (*maison*).

rack⁴ [~] (*a.* ~ off) soutirer (*le vin etc.*).

rack·et¹ ['rækit] tennis etc.: raquette *f*; jeu; ~s souv. sg. la raquette *f*.

rack·et² [~] **1.** vacarme *m*, tapage *m*; *fig.* épreuve *f*; *fig.* dépenses *f/pl.*; gaieté *f*; F spécialité *f*; entreprise *f* (*de gangster*); chantage *m*; **2.** faire du tapage; *sl.* faire la noce; **rack·et·eer** *surt. Am. sl.* [~'tiə] gangster *m*; combinard *m*; bandit *m*; **rack·et·eer·ing** *surt. Am.* banditisme *m* au chantage; **'rack·et·y** tapageur (-euse *f*); *fig.* noceur (-euse *f*).

rack-rail·way ['ræk'reilwei] chemin *m* de fer à crémaillère.

rack-rent ['rækrent] **1.** loyer *m* exorbitant; **2.** imposer un loyer exorbitant à (*q.*).

rac·y □ ['reisi] qui sent le terroir (*vin*); vif (vive *f*), piquant (*personne*); *fig.* plein de verve; *fig.* savoureux (-euse *f*) (*histoire*); be ~ of the soil sentir le terroir.

rad *pol.* F [ræd] radical *m*.

ra·dar ['reidɑː] radar *m*; ~ set (appareil *m* de) radar *m*.

rad·dle ['rædl] **1.** ocre *f* rouge; **2.** marquer à l'ocre; *fig.* farder.

ra·di·al □ ['reidjəl] ⊕, *a. anat.* radial (-aux *m/pl.*); centrifuge (*force*); ⚕ du radium; ~ engine moteur *m* en étoile.

ra·di·ance, ra·di·an·cy ['reidjəns(i)] rayonnement *m*; splendeur *f*; **'ra·di·ant** □ rayonnant (*a. fig.*); radieux (-euse *f*) (*a. fig.*).

ra·di·ate 1. ['reidieit] *v/i.* rayonner; émettre des rayons; *v/t.* émettre; répandre; **2.** ['~iit] *zo. etc.* radié, rayonné; **ra·di·a·tion** rayonnement *m*; *radium etc.*: radiation *f*; **ra·di·a·tor** radiateur *m* (*a. mot.*); ~ mascot bouchon *m* enjoliveur.

rad·i·cal ['rædikəl] **1.** □ radical (-aux *m/pl.*) (*a. pol.*); fondamental (-aux *m/pl.*); ⚕ ~ sign (signe *m*) radical *m*; **2.** ⚕, ⚕, *gramm.* radical *m*; *pol.* radical(e *f*) *m*; **'rad·i·cal·ism** radicalisme *m*.

ra·di·o ['reidiou] **1.** radio *f*, télégraphie *f* sans fil, T.S.F. *f*; ⚕ radiographie *f*; ⚕ radiologie *f*; (*a.* ~-telegram) radio *m*; ~ drama (*ou* play) pièce *f* radiophonique; ~ engineer ingénieur *m* radio; ~ fan sans-filiste *mf*; ~ set poste *m* (récepteur); ~ studio studio *m* d'émission; auditorium *m*; **2.** envoyer (*qch.*) par la radio; radiotélégraphier; ⚕ radiographier; traiter au radium; '~-'ac·tive radioactif (-ive *f*); rayonnant (*matière*); '~-ac·tiv·i·ty radio-activité *f*; **ra·di·o·gram** ['~græm] radiogramme *m*; radiographie *f*; *a. abr. de* **'ra·di·o·'gram·o·phone** radiophono *m*; **ra·di·o·graph** ['~grɑːf] **1.** radiographie *f*, radiogramme *m*; **2.** radiographier; **'ra·di·o·lo·ca·tion** radiorepérage *m*; **ra·di·ol·o·gy** *phys.* [reidi'ɔlədʒi] radiologie *f*; **ra·di·os·co·py** [~'ɔskəpi] radioscopie *f*; **'ra·di·o·'tel·e·gram** radiotélégramme *m*; **'ra·di·o·'tel·e·scope** radiotélescope *m*; **'ra·di·o·'ther·a·py** ⚕ radiothérapie *f*.

rad·ish ♀ ['rædiʃ] radis *m*.

ra·di·um ['reidjəm] radium *m*.

ra·di·us ['reidjəs], *pl.* **·di·i** ['~diai] ⚕, ♀, *mot.*, *a. fig.* rayon *m*; *anat.* radius *m*; ⊕ *grue*: portée *f*; *fig. a.* circonscription *f*.

raff·ish ['ræfiʃ] bravache; canaille (*air*).

raf·fle ['ræfl] **1.** *v/t.* mettre en tombola; *v/i.* prendre part à une tombola; prendre un billet (pour, for); **2.** tombola *f*, loterie *f*.

raft [rɑːft] **1.** radeau *m*; **2.** transporter *etc.* sur un radeau; **'raft·er** (*a.* **rafts·man** ['~smən]) flotteur *m*; △ chevron *m*.

rag¹ [ræg] chiffon *m*; lambeau *m*; *journ. péj.* feuille *f* de chou; ~s *pl.* haillons *m/pl.*, guenilles *f/pl.*

rag² *min.* [~] calcaire *m* oolithique.

rag³ *sl.* [~] **1.** *v/t.* chahuter; brimer; *v/i.* faire du chahut, chahuter; **2.** brimade *f*; chahut *m*.

rag·a·muf·fin ['rægəmʌfin] gueux *m*; gamin *m* des rues; **'rag-bag** sac *m* aux chiffons; **'rag-book** livre *m* d'images sur toile.

rage [reidʒ] **1.** rage *f*, fureur *f* (*a.*

du vent), emportement *m*; manie *f* (*de, for*); *it is all the ~* cela fait fureur, c'est le grand chic; 2. être furieux (-euse *f*) (*personne*); faire rage (*vent*); *fig.* tempêter (contre, *against*); sévir (*peste*).

rag-fair ['rægfɛə] marché *m* aux vieux habits; F marché *m* aux puces.

rag·ged □ ['rægid] déguenillé, en haillons (*personne*); en lambeaux, ébréché (*rocher*); désordonné (✗ *feu*); déchiqueté (*contour*).

rag·man ['rægmən] chiffonnier *m*.

ra·gout ['rægu:] ragoût *m*.

rag…: '~·**tag** canaille *f*; '~·**time** ♪ musique *f* de jazz (nègre).

raid [reid] 1. descente *f* (*inattendue*), ✗, ⚔ raid *m*; *police:* rafle *f*; *bandits:* razzia *f*; 2. *v/i.* faire une descente *ou* une rafle *etc.*; *v/t. a.* marauder, razzier.

rail[1] [reil] 1. barre(au *m*) *f*; *chaise:* bâton *m*; *charrette:* ridelle *f*; (*a. ~s pl.*) palissade *f* (*en bois*), grille *f* (*en fer*); 🚂 rail *m*; F chemin *m* de fer, train *m*; ⚓ lisse *f*; ✝ *~s pl.* les chemins *m/pl.* de fer; *get* (*ou run*) *off the ~s* dérailler (*a. fig.*); 2. (*a. ~ in ou off*) entourer d'une grille, griller, palissader; envoyer *ou* transporter par (le) chemin de fer.

rail[2] [~] crier, se répandre en invectives (contre *at, against*).

rail[3] *orn.* [~] râle *m*.

rail·er ['reilə] criailleur (-euse *f*) *m*; mauvaise langue *f*.

rail·ing ['reiliŋ] (*a. ~s pl.*) palissade *f* (*en bois*), grille *f* (*en fer*).

rail·ler·y ['reiləri] raillerie *f*.

rail-mo·tor ['reil'moutə] autorail *m*.

rail·road ['reilroud] 1. *surt. Am.*, (*anglais* = **rail·way** ['reilwei]) chemin *m* de fer; 2. *v/t. pol. Am.* faire voter avec vitesse; *Am. sl.* emprisonner après un jugement précipité.

rail·way·man ['reilweimən] employé *m* de chemin de fer, cheminot *m*.

rai·ment *poét.* ['reimənt] habillement *m*, vêtement *m*, *-s m/pl.*

rain [rein] 1. pluie *f*; 2. pleuvoir; '~·**bow** arc-en-ciel (*pl.* arcs-en-ciel) *m*; '~·**coat** imperméable *m*; '~·**fall** averse *f*; chute *f* de pluie; pluviosité *f*; *~***gauge** ['~geidʒ] pluviomètre *m*; **rain·i·ness** ['~inis] pluviosité *f*; temps *m* pluvieux;

'**rain-lack·ing** dépourvu de pluie, sans pluie; sec (sèche *f*); '**rain-proof** imperméable (*a. su./m*); '**rain·y** □ pluvieux (-euse *f*); de pluie.

raise [reiz] (*souv. ~ up*) dresser, mettre debout; *fig.* exciter (*la foule, le peuple*); relever (*courage, navire, store, tarif*); lever (*armée, bras, camp, gibier, impôt, siège, verre, yeux, etc.*); (re)hausser (*le prix*); bâtir; élever (*bétail, édifice, famille, prix, q., voix, etc.*); ériger (*une statue*); cultiver (*des plantes*); produire (*un sourire, de la vapeur, etc.*); faire naître (*une espérance*); soulever (*objection, peuple, poids, question*); mettre sur pied (*une armée*); se procurer, emprunter (*de l'argent*); évoquer (*un esprit, le souvenir*); ressusciter (*un mort*); pousser (*un cri*); augmenter (*le salaire*); revendiquer (*des droits*); '**rais·er** souleveur *m*; éleveur *m*.

rai·sin ['reizn] raisin *m* sec.

ra·ja(h) ['rɑ:dʒə] rajah *m*.

rake[1] [reik] 1. râteau *m*; (*a. fire-~*) fourgon *m*; 2. *v/t.* (*usu. ~ together*) râteler, ratisser; gratter (*la surface*); *fig.* fouiller (*a. ~ up ou over*) revenir sur; ✗, ⚓ enfiler; *fig.* dominer, embrasser du regard; *~ off* (*ou away*) enlever au râteau; *v/i.* scruter, fouiller (pour trouver qch., *for s.th.*); '*~-off Am. sl.* gratte *f*, ristourne *f*.

rake[2] ⚓ [~] 1. inclinaison *f*; 2. *v/i.* être incliné; *v/t.* incliner vers l'arrière.

rake[3] [~] roué *m*, noceur *m*.

rak·ish[1] ⚓ *etc.* ['reikiʃ] élancé; en pente. [bravache (*air*).]

rak·ish[2] □ [~] libertin, dissolu; *fig.*

ral·ly[1] ['ræli] 1. ralliement *m*; réunion *f*; *sp. fig.* retour *m* d'énergie; reprise *f* des forces *ou* ✗ en main; ✝ reprise *f*; *tennis:* échange *m* de balles; 2. *v/i.* se rallier; se reprendre; se grouper; *v/t.* rassembler, réunir; ranimer.

ral·ly[2] [~] se gausser de (*q.*); railler (*q.*) (de, on).

ram [ræm] 1. ✗, *zo., astr.* bélier *m*; ⊕ piston *m* plongeur; ⚓ éperon *m*; 2. battre, tasser (*le sol*); heurter; *mot.* tamponner (*une voiture*); ⚓ éperonner; *~ up* boucher (*un trou*); bourrer.

ram·ble ['ræmbl] 1. promenade f, F balade f; 2. errer à l'aventure; faire une excursion à pied; fig. parler sans suite; '**ram·bler** excursionniste mf; promeneur m; fig. radoteur m; ♃ rosier m grimpant; '**ram·bling** 1. □ vagabond; fig. décousu, sans suite; ♃ grimpant, rampant; fig. tortueux (-euse f); 2. vagabondage m; excursions f/pl. à pied; fig. radotages m/pl.

ram·i·fi·ca·tion [ræmifi'keiʃn] ramification f; **ram·i·fy** ['↙fai] (se) ramifier.

ram·mer ⊕ ['ræmə] pilon m.

ramp[1] sl. [ræmp] supercherie f.

ramp[2] [↙] 1. rampe f; pont m élévateur; 2. v/t. construire (qch.) en rampe; v/i. ⚠ ramper; fig. rager; **ram'page** co. 1. rager, tempêter; se conduire comme un fou furieux; 2.: be on the ~ en avoir après tout le monde; '**ramp·an·cy** violence f; exubérance f; fig. extension f; '**ramp·ant** □ violent; exubérant; fig. effréné; ⌀, a. ⚠ rampant.

ram·part ['ræmpɑːt] rempart m.

ram·rod ['ræmrɔd] fusil: baguette f; straight as a ~ droit comme un i.

ram·shack·le ['ræmʃækl] délabré.

ran [ræn] prét. de run 1, 2.

ranch [rɑːntʃ, surt. Am. ræntʃ] ferme f ou prairie f d'élevage; ranch m.

ran·cid □ ['rænsid] rance, ranci; **ran'cid·i·ty**, '**ran·cid·ness** rancidité f.

ran·cor·ous □ ['ræŋkərəs] rancunier (-ère f).

ran·co(u)r ['ræŋkə] rancune f, ressentiment m.

ran·dom ['rændəm] 1.: at ~ au hasard; à l'aveuglette; 2. fait au hasard; de passage; ~ shot coup m tiré au hasard; coup m perdu.

rang [ræŋ] prét. de ring[2].

range [reindʒ] 1. rangée f; chaîne f (de montagnes); ✝ assortiment m; série f; étendue f, portée f (a. d'une arme à feu); direction f; champ m libre; sp. distance f; Am. prairie f; fourneau m (de cuisine); (a. shooting-~) champ m de tir; fig. libre essor m; fig. variété f; take the ~ estimer ou régler le tir; 2. v/t. aligner, ranger; disposer; parcourir (une région); braquer (un télescope); ⚓ longer (la côte); v/i. errer, courir; s'étendre (a. fig.); varier; ⚔ régler le tir; ~ along longer; ~ over parcourir; canon: avoir une portée (de six milles), over six miles); '~-find·er télémètre m; '**rang·er** † vagabond(e f) m; grand maître m des parcs royaux; Indes: garde-général (pl. gardes-généraux) m adjoint; ⚘s pl. gendarmes m/pl. à cheval; ⚔ Am. soldats m/pl. de commando spécial.

rank[1] [ræŋk] 1. rang m (social, ⚔ a. fig.); ligne f; classe f; ⚔, ⚓ grade m; stationnement m (pour taxis); the ~s pl. (ou file) (les hommes m/pl. de) troupe f; fig. le commun m des hommes; join the ~s devenir soldat; entrer dans les rangs; rise from the ~s de simple soldat passer officier, sortir du rang; 2. v/t. ranger, compter, classer (avec, with); v/i. se ranger, être classé (avec, with; parmi, among); compter (parmi, among); occuper un rang (supérieur à, above); ~ next to occuper le premier rang après; ~ as avoir qualité de; compter pour.

rank[2] □ [↙] luxuriant; exubérant (plante); riche, gras(se f) (sol, terrain); rance, fort, fétide; fig. péj. complet (-ète f), pur, parfait.

rank·er ⚔ ['ræŋkə] simple soldat m; officier m sorti des rangs.

ran·kle fig. ['ræŋkl] rester sur le cœur (de q., with s.o.).

rank·ness ['ræŋknis] luxuriance f; odeur f etc. forte; fig. grossièreté f.

ran·sack ['rænsæk] fouiller (dans), saccager.

ran·som ['rænsəm] 1. rançon f; rachat m (eccl., a. d'un captif); 2. mettre à rançon, rançonner; racheter.

rant [rænt] 1. rodomontades f/pl.; 2. déclamer avec extravagance; F tempêter; '**rant·er** déclamateur (-trice f); énergumène mf.

ra·nun·cu·lus ♃ [rə'nʌŋkjuləs], pl. **-lus·es**, **-li** [↙lai] renoncule f.

rap[1] [ræp] 1. petit coup m (sec); 2. frapper (à, at); fig. ~ s.o.'s fingers (ou knuckles) donner sur les doigts à q.; F remettre q. à sa place; ~ out lâcher; dire (qch.) d'un ton sec.

rap[2] fig. [↙] sou m, liard m; not care a ~ s'en ficher.

ra·pa·cious □ [rə'peiʃəs] rapace; **ra·pac·i·ty** [rə'pæsiti] rapacité f.

rape¹ [reip] **1.** rapt *m*; enlèvement *m*; ⚖ viol *m*; **2.** ravir; ⚖ violer.

rape² ♀ [~] colza *m*; navette *f*; '**~-oil** huile *f* de colza *ou* de navette; '**~-seed** graine *f* de colza.

rap·id ['ræpid] **1.** □ rapide; ~ *fire* feu *m* continu *ou* accéléré; **2.** ~s *pl.* rapide *m*; **ra·pid·i·ty** [rə'piditi] rapidité *f*.

ra·pi·er ['reipjə] *escrime:* rapière *f*.

rap·ine *poét.* ['ræpain] rapine *f*.

rap·proche·ment *pol.* [ræ'prɔʃmɑ̃:ŋ] rapprochement *m*.

rapt *fig.* [ræpt] ravi, extasié (par *by, with*); absorbé (dans, *in*); profond.

rap·to·ri·al *zo.* [ræp'tɔ:riəl] de proie.

rap·ture ['ræptʃə] (*a.* ~s *pl.*) extase *m*, ravissement *m*; *in* ~s ravi, enchanté; *go into* ~s s'extasier (sur, *over*); '**rap·tur·ous** □ d'extase, de ravissement; enthousiaste.

rare □ [rɛə] rare (*a. phys. etc., a. fig.*); F fameux (-euse *f*), riche; *surt. Am.* saignant (*bifteck*).

rare·bit ['rɛəbit]: *Welsh* ~ toast *m* au fromage fondu.

rar·e·fac·tion *phys.* [rɛəri'fækʃn] raréfaction *f*; **rar·e·fy** ['~fai] *v/t.* raréfier; affiner (*le goût*); subtiliser (*une idée*); *v/i.* se raréfier; '**rare·ness**, '**rar·i·ty** rareté *f*; F excellence *f*.

ras·cal ['rɑ:skəl] coquin(e *f*) *m* (*a. fig.*); fripon *m*; gredin *m*; **ras·cal·i·ty** [~'kæliti] coquinerie *f*, gredinerie *f*; **ras·cal·ly** *adj. a. adv.* ['~kəli] de coquin; méchant; retors; ignoble.

rase † [reiz] raser (*une ville etc.*).

rash¹ □ [ræʃ] irréfléchi, inconsidéré; téméraire; impétueux (-euse *f*).

rash² 𝒮 [~] éruption *f*.

rash·er ['ræʃə] tranche *f* de lard.

rash·ness ['ræʃnis] témérité *f*; étourderie *f*.

rasp [rɑ:sp] **1.** râpe *f*; grincement *m*; **2.** *v/t.* râper; racler (*le gosier, une surface, etc.*); *v/i.* grincer, crisser.

rasp·ber·ry ♀ ['rɑ:zbəri] framboise *f*; *sl. get the* ~ se faire rabrouer.

rasp·er ['rɑ:spə] râpeur (-euse *f*) *m*; râpe *f*.

rasp·ing ['rɑ:spiŋ] râpage *m*; grincement *m*; ~s *pl.* râpure *f*, -s *f/pl.*

rat [ræt] **1.** *zo.* rat *m*; *pol.* renégat *m*, transfuge *m*; *sl.* jaune *m*, faux frère *m*; *smell a* ~ soupçonner anguille sous roche; **2.** attraper des rats; *pol.* tourner casaque; *sl.* faire le jaune; F ~ *on* trahir (*q.*), vendre (*q.*).

rat·a·bil·i·ty [reitə'biliti] caractère *m* imposable; '**rat·a·ble** □ évaluable; imposable.

ratch ⊕ [rætʃ] encliquetage *m* à dents; *horloge:* cliquet *m*.

ratch·et ⊕ ['rætʃit] encliquetage *m* à dents; cliquet *m*; '**~-wheel** roue *f* à cliquet.

rate¹ [reit] **1.** quantité *f* proportionnelle; taux *m*; raison *f*, degré *m*; tarif *m*, cours *m*; droit *m*; prix *m*; impôt *m* local; taxe *f* municipale; *fig.* évaluation *f*; vitesse *f*, allure *f*, train *m*; † classe *f*, rang *m*; *at the* ~ *of* au taux de, à raison de; sur le pied de; *mot.* à la vitesse de; ✦ *at a cheap* ~ à un prix *ou* taux réduit; *at any* ~ de toute façon, en tout cas; ✦ à n'importe quel prix; ~ *of exchange* cours *m* du change; ~ *of interest* taux *m* d'intérêt; ~ *of taxation* taux *m* de l'imposition; ~ *of wages* taux *m* du salaire; **2.** *v/t.* estimer; *Am.* mériter; considérer; classer (*a.* ⚓); taxer (à raison de, *at*); *v/i.* être classé.

rate² [~] *v/t.* semoncer (de *for, about*); *v/i.* gronder, crier (contre, *at*).

rate-pay·er ['reitpeiə] contribuable *mf*.

rath·er ['rɑ:ðə] plutôt; quelque *ou* un peu; assez; pour mieux dire; F ~! bien sûr!, pour sûr!; *I had (ou would)* ~ (*inf.*) j'aime mieux (*inf.*); *I* ~ *expected it* je m'en doutais, je m'y attendais.

rat·i·fi·ca·tion [rætifi'keiʃn] ratification *f*; **rat·i·fy** ['~fai] ratifier, approuver.

rat·ing¹ ['reitiŋ] évaluation *f*; répartition *f* des impôts locaux; ⚓ classe *f* (*d'un homme*); ⚓ classement *m* (*d'un navire*); ⚓ matelot *m*.

rat·ing² [~] semonce *f*.

ra·tio ['reiʃiou] raison *f*, rapport *m*.

ra·tion ['ræʃn] **1.** ration *f*; ~ *card* carte *f* alimentaire; (*a.* ~ *ticket*) tickets *m/pl.* (*de pain etc.*); *off the* ~ *see* ~-*free*; **2.** rationner; mettre (*q.*) à la ration.

ra·tion·al □ ['ræʃnəl] raisonnable; doué de raison; raisonné; 𝒜 rationnel(le *f*) (*a. croyance*); **ra·tion·al·ism** ['~nəlizm] rationalisme *m*; '**ra·tion·al·ist** rationaliste (*a.*

rationality

su./*mf*); **ra·tion·al·i·ty** [ˌ‿'næliti] rationalité *f*; faculté *f* de raisonner; **ra·tion·al·i·za·tion** [',‿lai'zeiʃn] rationalisation *f* (*a.* ✝); **'ra·tion·al·ize** rationaliser; organiser de façon rationnelle.

ra·tion-free ['ræʃnfri:] sans tickets, en vente libre. [rats *f*.)

rats·bane ✝ ['rætsbein] mort-aux-)

rat-tat ['ræt'tæt] toc-toc *m*.

rat·ten ⊕ ['rætn] *v/t.* saboter; *v/i.* saboter l'outillage *ou* le matériel; **'rat·ten·ing** sabotage *m*.

rat·tle ['rætl] **1.** bruit *m*; fusillade: crépitement *m*; *machine à écrire*: tapotis *m*; crécelle *f*; *enfant*: hochet *m*; *fig.* caquetage *m*; ⚕ râle *m*; ⚕ pl. *serpent*: sonnettes *f/pl.*; **2.** *v/i.* branler; crépiter; cliqueter; faire du bruit; ⚕ râler; *v/t.* faire sonner; faire cliqueter; agiter; F consterner; ‿ off (*ou* out) expédier; réciter rapidement; **'‿-brained**, **'‿-pat·ed** écervelé, étourdi; **'rat·tler** ⚓ klaxon *m* d'alarme; F coup *m* dur; *sl.* personne *f ou* chose *f* épatante; *Am. sl.* tramway *m*; *Am. sl.* tacot *m*; *Am.* F = **'rat·tle·snake** serpent *m* à sonnettes; **'rat·tle·trap 1.** délabré; **2.** guimbarde *f*, tapecul *m*.

rat·tling ['rætliŋ] **1.** □ bruyant; crépitant; F vif (vive *f*); **2.** *adv.* rudement; *at a* ‿ *pace* au grand trot, très rapidement.

rat·ty ['ræti] infesté de rats; en queue de rat (*natte*); *sl.* grincheux (-euse *f*); fâché.

rau·cous □ ['rɔ:kəs] rauque.

rav·age ['rævidʒ] **1.** ravage *m*, -s *m/pl.*, dévastation *f*; **2.** *v/t.* ravager, dévaster; *v/i.* faire des ravages.

rave [reiv] être en délire; *fig.* pester (contre, *at*); s'extasier (sur *about*, *of*).

rav·el ['rævl] *v/t.* embrouiller; (*a.* ‿ *out*) effilocher; *v/i.* s'embrouiller, s'enchevêtrer; (*a.* ‿ *out*) s'effilocher.

rav·en¹ ['reivn] (grand) corbeau *m*.

rav·en² ['rævn] **1.** *see* ravin; **2.** faire des ravages; chercher sa proie; être affamé (de, *for*); **'rav·en·ous** □ vorace; affamé; **'rav·en·ous·ness** voracité *f*; faim *f* de loup.

rav·in ['rævin] rapine *f*; butin *m*.

ra·vine [rə'vi:n] ravin *m*.

rav·ings *pl.* ['reiviŋz] délires *m/pl.*; paroles *f/pl.* incohérentes.

rav·ish ['ræviʃ] violer (*une femme*); *fig.* enchanter, ravir; ✝ enlever de force, ravir; **'rav·ish·er** ravisseur *m*; **'rav·ish·ing** □ ravissant; **'rav·ish·ment** rapt *m*; enlèvement *m*; viol *m* (*d'une femme*); *fig.* ravissement *m*.

raw □ [rɔ:] cru (= *pas cuit*; *a.* couleur, peau, histoire); brut, premier (-ère *f*); vert (*cuir*); inexpérimenté (*personne*); âpre (*temps*); vif (vive *f*) (*plaie*); ‿ material matériaux *m/pl.* bruts; matières *f/pl.* premières, F *he got a* ‿ *deal* on le traita avec peu de générosité; **2.** vif *m*; endroit *m* sensible; **'‿-boned** décharné; efflanqué (*cheval*); **'raw·ness** crudité *f*; écorchure *f*; *temps*: âpreté *f*; *fig.* inexpérience *f*.

ray¹ *icht.* [rei] raie *f*.

ray² [‿] **1.** ⚘, *phys.*, *zo.*, *etc.* rayon *m*; *fig.* lueur *f* (*d'espoir*); ⚕ ‿ *treatment* radiothérapie *f*; **2.** (*v/t.* faire) rayonner; **'‿-less** sans rayons.

ray·on *tex.* ['reiɔn] rayonne *f*, soie *f* artificielle.

raze [reiz] (*a.* ‿ *to the ground*) raser; △ receper (*un mur*); *fig.* effacer.

ra·zor ['reizə] rasoir *m*; **'‿-blade** lame *f* de rasoir; *be on the* ‿*'s edge* être sur la corde raide; **'‿-strop** cuir *m* à rasoir.

razz *Am. sl.* [ræz] **1.** ridicule *m*; **2.** taquiner, se moquer de, se payer la tête de.

raz·zi·a ['ræziə] *police*: razzia *f*.

raz·zle-daz·zle *sl.* ['ræzldæzl] bombe *f*, noce *f*; ivresse *f*; *usu. Am. sl.* fatras *m*.

re [ri:] ⚖ (en l')affaire; ✝ relativement à; *en-tête d'une lettre*: objet ...

re... [‿] re-, r-, ré-; de nouveau; à nouveau.

reach [ri:tʃ] **1.** extension *f* (*de la main*), *box.* allonge *f*; portée *f*; étendue *f* (*a. fig.*); partie *f* droite (*d'un fleuve*) entre deux coudes; *beyond* ‿, *out of* ‿ hors de portée; *within easy* ‿ à proximité (de, *of*); tout près; à peu de distance; **2.** *v/i.* (*a.* ‿ *out*) tendre la main (pour, *for*); s'étendre ([jusqu']là, *to*); (*a.* ‿ *to*) atteindre; *v/t.* arriver à, parvenir à; (*souv.* ‿ *out*) (é)tendre; atteindre.

reach-me-down F ['ri:tʃmi'daun] costume *m* de confection, F décrochez-moi-ça *m/inv.*

re·act [ri'ækt] réagir (sur, *upon*; contre, *against*); réactionner (*prix*).

re·ac·tion [ri'ækʃn] réaction *f* (*a.* ⚗, ⚙, *physiol., pol.*); contrecoup *m*; **re'ac·tion·ar·y** *surt. pol.* **1.** réactionnaire; **2.** (*a.* **re'ac·tion·ist**) réactionnaire *mf*.

re·ac·tive ☐ [ri'æktiv] réactif (-ive *f*); de réaction (*a. pol.*); *phys.* réacteur *m*; ⚡ bobine *f* de réactance.

read 1. [ri:d] (*irr.*) *v/t.* lire (*un livre, un thermomètre, etc.*); (*a.* ~ **up**) étudier; déchiffrer; *fig.* interpréter; ~ **off** lire sans efforts; ~ **out** lire à haute voix; donner lecture (de); ~ **to** faire la lecture à (*q.*); *v/i.* lire; être conçu; marquer (*thermomètre*); ~ **for** préparer (*un examen*); ~ **like** faire l'effet de; ~ **well** se laisser lire; **2.** [red] *prét. et p.p.* de 1; **3.** [red] *adj.* instruit (en, *in*); versé (dans, *in*).

read·a·ble ☐ ['ri:dəbl] lisible.

read·er ['ri:də] lecteur (-trice *f*) *m* (*a. eccl.*); *typ.* correcteur *m* d'épreuves; lecteur *m* de manuscrits; *univ.* maître *m* de conférences, chargé(e *f*) *m* de cours; livre *m* de lecture; **'read·er·ship** *journal etc.*: (nombre *m* de) lecteurs *m/pl.*; *univ.* maîtrise *f* de conférences; charge *f* de cours.

read·i·ly ['redili] *adv.* volontiers, avec empressement; **'read·i·ness** alacrité *f*, empressement *m*; bonne volonté *f*; facilité *f*; ~ **of mind** (*ou* **wit**) vivacité *f* d'esprit.

read·ing ['ri:diŋ] **1.** lecture *f* (*a. d'un instrument de précision*); compteur *m*: relevé *m*; observation *f*; cote *f*; hauteur *f* (*barométrique*); interprétation *f*; leçon *f*, variante *f*; *parl.* second ~ prise *f* en considération; **2.** de lecture.

re·ad·just ['ri:ə'dʒʌst] rajuster; remettre à point (*un instrument*); **'re·ad'just·ment** rajustement *m*, rectification *f*; ⚡ régulation *f*.

re·ad·mis·sion ['ri:əd'miʃn] réadmission *f*.

re·ad·mit ['ri:əd'mit] réadmettre; réintégrer; **'re·ad'mit·tance** réadmission *f*.

read·y ['redi] **1.** *adj.* ☐ prêt (à *inf., to inf.*); sous la main; disposé, sur le point (de *inf., to inf.*); facile; prompt (à, *with*); ⚡ comptant (*argent*); ⚡ paré; ~ *reckoner* barème *m* (de comptes); ⚔ ~ *for action* prêt au combat; ~ *for use* prêt à l'usage; *make* (*ou get*) ~ (se) préparer; (s')apprêter; **2.** *adv.* tout, toute; *readier* plus promptement; *readiest* le plus promptement; **3.** *su.: at the* ~ paré à faire feu; **'~-made** tout fait; de confection (*vêtement*); **'~-to-'wear** prêt à porter.

re·af·firm ['ri:ə'fə:m] réaffirmer.

re·a·gent ⚗ [ri'eidʒənt] réactif *m*.

re·al ☐ [riəl] vrai; véritable; réel (-le *f*); ~ *property* (*ou* *estate*) propriété *f* immobilière; biens-fonds *m/pl.*; **'re·al·ism** réalisme *m*; **re·al'is·tic** (~*ally*) réaliste; ~*ally* avec réalisme; **re·al·i·ty** [ri'æliti] réalité *f*; réel *m*; *fig.* vérité *f*, réalisme *m*; **re·al·iz·a·ble** ☐ ['riəlaizəbl] réalisable; imaginable; **re·al·i·za·tion** réalisation *f* (*projet, a.* ⚡ *placement*); *fig.* perception *f*; idée *f*; ⚡ conversion *f* en espèces; **'re·al·ize** réaliser (*un projet, a.* ⚡ *un placement*); concevoir nettement, bien comprendre; se rendre compte de; rapporter (*un prix*); ⚡ convertir en espèces; gagner (*une fortune*); **'re·al·ly** vraiment, en effet; à vrai dire; réellement.

realm [relm] royaume *m*; *fig.* domaine *m*; *peer of the* ~ pair *m* du Royaume.

re·al·tor *Am.* ['riəltə] agent *m* immobilier; courtier *m* en immeubles; **'re·al·ty** ⚖ biens *m/pl.* immobiliers.

ream¹ [ri:m] *papier:* rame *f*; *papier à lettres:* ramette *f*.

ream² ⊕ [~] fraiser (*un trou*); (*usu.* ~ *out*) aléser; **'ream·er** alésoir *m*.

re·an·i·mate [ri'ænimeit] ranimer; **re·an·i·ma·tion** retour *m* à la vie; *fig.* reprise *f* (*des affaires*).

reap [ri:p] moissonner (*le blé, un champ*); (re)cueillir (*un fruit, a. fig.*); *fig.* récolter; **'reap·er** moissonneuse *f*; *personne:* moissonneur (-euse *f*) *m*; **'reap·ing** moisson *f*; **'reap·ing-hook** faucille *f*.

re·ap·pear ['ri:ə'piə] reparaître; **'re·ap'pear·ance** réapparition *f*; *théâ.* rentrée *f*.

re·ap·pli·ca·tion ['ri:æpli'keiʃn] nouvelle application *f*.

re·ap·point ['ri:ə'point] réintégrer (dans ses fonctions); renommer.

rear¹ [riə] *v/t.* élever; ériger; dresser; ⚘ cultiver; *v/i.* se dresser; se cabrer (*cheval*).

rear

rear² [⁓] **1.** arrière *m* (*a.* ✕), derrière *m*; queue *f*; dernier rang *m*; ✕ arrière-garde *f*; **bring up the ⁓** venir en queue, ✕ fermer la marche; *at the ⁓ of, in (the) ⁓ of* derrière, en queue de; **2.** (d')arrière; de derrière; dernier (-ère *f*); *mot.* **⁓-vision** (*ou* **⁓-view**) **mirror** rétroviseur *m*; *mot.* **⁓-wheel drive** traction *f* arrière; '**⁓-'ad·mi·ral** ♣ contre-amiral *m*; '**⁓-guard** ✕ arrière-garde *f*; '**⁓-lamp** *mot.* feu *m* arrière.

re·arm ['ri:'ɑːm] réarmer; '**re·'ar·ma·ment** [⁓məmənt] réarmement *m*. [*f*), de queue.\

rear·most ['riəmoust] dernier (-ère\

re·ar·range ['ri:ə'reindʒ] rarranger; remettre en ordre.

rear·ward ['riəwəd] **1.** *adj.* à l'arrière; en arrière; **2.** *adv.* (*a.* '**rear·wards** [⁓z]) à *ou* vers l'arrière; (par) derrière.

re·as·cend ['ri:ə'send] remonter.

rea·son ['riːzn] **1.** raison *f*, cause *f*; motif *m*; bon sens *m*; **by ⁓ of** à cause de, en raison de; **for this ⁓** pour cette raison; **listen to ⁓** entendre raison; **it stands to ⁓ that** il est de toute évidence que; **2.** *v/i.* raisonner (*sur, about*); **⁓ whether** discuter pour savoir si; *v/t.* (*a.* **⁓ out**) arguer, déduire; **⁓ away** prouver le contraire de (*qch.*) par le raisonnement; **⁓ s.o. into** (*out of*) **doing s.th.** amener à (dissuader q. de) faire qch.; **⁓ed** raisonné, logique; '**rea·son·a·ble** ☐ raisonnable (*a. fig.*); équitable; juste; bien fondé; '**rea·son·a·bly** raisonnablement; '**rea·son·er** raisonneur (-euse *f*) *m*; '**rea·son·ing** raisonnement *m*; dialectique *f*; *attr.* doué de raison.

re·as·sem·ble ['ri:ə'sembl] (se) rassembler; remonter (*une machine*).

re·as·sert ['ri:ə'səːt] réaffirmer; insister.

re·as·sur·ance ['ri:ə'ʃuərəns] action *f* de rassurer; nouvelle affirmation *f*; **give s.o. a ⁓ about** rassurer q. sur; † réassurer; **re·as·sure** ['⁓'ʃuə] tranquilliser (*sur, about*); † réassurer.

re·bap·tize ['ri:bæp'taiz] rebaptiser.

re·bate¹ ['riːbeit] rabais *m*, escompte *m*; remboursement *m*.

re·bate² ⊕ ['ræbit] **1.** feuillure *f*; **2.** faire une feuillure à; assembler (*deux planches*) à feuillure.

re·bel ['rebl] **1.** rebelle *mf*, insurgé(e *f*) *m*, révolté(e *f*) *m*; **2.** insurgé; fig. (*a.* **re·bel·lious** [ri'beljəs]) rebelle; **3.** [ri'bel] se révolter, se soulever (*contre, against*); **re'bel·lion** [⁓jən] rébellion *f*, révolte *f*.

re·birth ['riː'bəːθ] renaissance *f*.

re·bound [ri'baund] **1.** rebondir; **2.** rebondissement *m*; *balle etc.*: ricochet *m*; *fig.* moment *m* de détente.

re·buff [ri'bʌf] **1.** échec *m*; refus *m*; **2.** repousser, rebuter.

re·build [riː'bild] [*irr.* (**build**)] rebâtir, reconstruire.

re·buke [ri'bjuːk] **1.** réprimande *f*, blâme *m*; **2.** réprimander; reprocher (qch. à q., *s.o. for s.th.*).

re·bus ['riːbəs] rébus *m*.

re·but [ri'bʌt] réfuter; repousser; **re'but·tal** réfutation *f*.

re·cal·ci·trant [ri'kælsitrənt] récalcitrant, rebelle.

re·call [ri'kɔːl] **1.** rappel *m*; révocation *f*; *théâ.* **give a ⁓** rappeler (*un acteur*); **beyond** (*ou* **past**) **⁓** irrémédiable; irrévocable; **2.** rappeler (*un ambassadeur etc.*; *fig.* qch. à q., *s.th. to s.o.*['s mind]); se rappeler, se souvenir de; revoir; retirer (*une parole*), rétracter, revenir sur (*une promesse*); ⅞ annuler; révoquer (*un décret,* † *un ordre*); **⁓ that** se rappeler que; **until ⁓ed** jusqu'à nouvel ordre.

re·cant [ri'kænt] (se) rétracter; abjurer; **re·can·ta·tion** [riːkæn'teiʃn] rétractation *f*, abjuration *f*.

re·ca·pit·u·late [riːkə'pitjuleit] récapituler, résumer; '**re·ca·pit·u·la·tion** récapitulation *f*; résumé *m*.

re·cap·ture ['riː'kæptʃə] **1.** reprise *f*; **2.** reprendre; *fig.* revivre (*le passé*).

re·cast ['riː'kɑːst] **1.** [*irr.* (**cast**)] ⊕ refondre; remanier (*un roman etc.*); reconstruire; refaire le calcul de; *théâ.* faire une nouvelle distribution des rôles de; **2.** refonte *f*; nouveau calcul *m etc.*

re·cede [ri'siːd] s'éloigner, reculer (de, *from*); fuir (*front*); ✕ se retirer (de, *from*); *fig.* **⁓ from** abandonner (*une opinion*).

re·ceipt [ri'siːt] **1.** réception *f*; reçu *m*; accusé *m* de réception; † récépissé *m*, quittance *f*; † recette *f* (*a. cuis.*); **2.** acquitter.

re·ceiv·a·ble [ri'siːvəbl] recevable; † à recevoir; **re'ceive** *v/t. usu.*

recevoir; accepter; accueillir; essuyer (*un refus*), subir (*une défaite*); toucher (*un salaire*); *radio:* capter; ⚖ receler (*des objets volés*); ⚖ être condamné à; *v/i.* recevoir; **re'ceived** reçu; admis; ✝ *sur facture:* pour acquit; **re'ceiv·er** personne *f* qui reçoit; *lettre:* destinataire *mf*; *tél.*, *téléph.* récepteur *m*; *radio:* poste *m* (récepteur); ✝ réceptionnaire *m*; (*a. ~ of stolen goods*) receleur (-euse *f*) *m*; ⚖ (*official ~*) administrateur *m* judiciaire, (*en France*) syndic *m* de faillite; ⚗, *phys.* récipient *m*, ballon *m*; *téléph. lift the ~* décrocher; **re'ceiv·ing 1.** ⚖ recel *m*; **2.** récepteur (-trice *f*); *~ set* poste *m* récepteur.

re·cen·cy ['ri:snsi] caractère *m* récent.

re·cen·sion [ri'senʃn] révision *f*; texte *m* révisé.

re·cent □ ['ri:snt] récent; de fraîche date; nouveau (-el *devant une voyelle ou un h muet*; -elle *f*; -eaux *m/pl.*); **'re·cent·ly** récemment, dernièrement; **'re·cent·ness** caractère *m* récent.

re·cep·ta·cle [ri'septəkl] récipient *m*; ⚘ (*a. floral ~*) réceptacle *m* (*a. fig.*).

re·cep·tion [ri'sepʃn] réception *f* (*a. radio*); accueil *m*; acceptation *f* (*d'une théorie*); **re'cep·tion·ist** réceptionniste *mf*; **re'cep·tion-room** salle *f* de réception, salon *m*.

re·cep·tive □ [ri'septiv] réceptif (-ive *f*); sensible (à, *of*); **re·cep'tiv·i·ty** réceptivité *f*.

re·cess [ri'ses] vacances *f/pl.* (*a.* ⚖, *a. parl.*); *Am. école:* récréation *f*; recoin *m*; enfoncement *m*; niche *f*; embrasure *f*; *~es pl. fig.* replis *m/pl.*

re·ces·sion [ri'seʃn] retraite *f*, recul *m*; ✝ récession *f*; **re'ces·sion·al 1.** *eccl.* de sortie; *parl.* pendant les vacances; **2.** *eccl.* (*a. ~ hymn*) hymne *m* de sortie du clergé.

re·chris·ten ['ri:'krisn] rebaptiser.

rec·i·pe ['resipi] *cuis.* recette *f* (*a. fig.*); ☤ ordonnance *f*; *pharm.* formule *f*.

re·cip·i·ent [ri'sipiənt] personne *f* qui reçoit; destinataire *mf*; ⚗ récipient *m*.

re·cip·ro·cal [ri'siprəkəl] **1.** □ réciproque (*a. gramm.*, *phls.*, *a.* ⚖ *inverse* (*fonction, raison*); mutuel(le *f*); **2.** ⚖ réciproque *f*, inverse *m*; **re'cip·ro·cate** [~keit] *v/i.* retourner le compliment; ⊕ avoir un mouvement alternatif; *v/t.* échanger; répondre à; **re·cip·ro·'ca·tion** (action *f* de payer de) retour *m*; ⊕ va-et-vient *m/inv.*; **rec·i·proc·i·ty** [resi'prɔsiti] réciprocité *f*.

re·cit·al [ri'saitl] récit *m*, narration *f*; ⚖ exposé *m* (*des faits*); ♪ récital (*pl.* -s) *m*; audition *f*; **rec·i·ta·tion** [resi'teiʃn] récitation *f*; **rec·i·ta·tive** ♪ [~tə'ti:v] récitatif *m*; **re·cite** [ri'sait] réciter (*un poème*); déclamer; énumérer; ⚖ exposer (*les faits*); **re'cit·er** récitateur (-trice *f*) *m*; livre *m* de récitations.

reck·less □ ['rekləs] téméraire; *~ of* insouciant de; **'reck·less·ness** témérité *f*, imprudence *f*; insouciance *f*.

reck·on ['rekn] *v/t.* compter (parmi *among*, *with*); calculer; juger, estimer; considérer (comme *for*, *as*); *~ up* calculer, additionner; *v/i.* compter (sur, [*up*]*on*), calculer; *~ with* faire rendre compte à; compter avec (*q.*, *a. des difficultés etc.*); **'reck·on·er** calculateur (-trice *f*) *m*; barème *m*; **'reck·on·ing** compte *m*, calcul *m*; estimation *f*; ✝ règlement *m*; note *f*; addition *f*; *fig. be out in* (*ou of*) *one's ~* s'être trompé dans son calcul; être loin de compte.

re·claim [ri'kleim] *fig.* tirer (de, *from*); corriger (*q.*), réformer (*q.*); civiliser; ramener (à, *to*); défricher, rendre cultivable, gagner sur l'eau (*du terrain*); assécher (*un marais*); ⊕ récupérer (*l'huile etc.*); **re'claim·a·ble** corrigible (*personne*); amendable (*terrain*); asséchable (*marais*); ⊕ récupérable.

rec·la·ma·tion [reklə'meiʃn] réforme *f*; défrichement *m*, mise *f* en valeur; récupération *f*; réclamation *f*.

re·cline [ri'klain] *v/t.* reposer; coucher; *v/i.* être couché; se reposer; *~ upon* s'étendre sur; *fig.* être appuyé sur; **re'clin·ing chair** confortable *m*; fauteuil *m*.

re·cluse [ri'klu:s] **1.** retiré du monde; reclus; **2.** reclus(e *f*) *m*; anachorète *m*; solitaire *mf*.

rec·og·ni·tion [rekəg'niʃn] recon-

recognizable

naissance *f*; **rec·og·niz·a·ble** □ ['ˌnaizəbl] reconnaissable; **re·cog·ni·zance** ⚖ [ri'kɔgnizəns] caution *f* personnelle; engagement *m*; **rec·og·nize** ['rekəgnaiz] reconnaître (*a. fig.*) (à, *by*); saluer (*dans la rue*).

re·coil [ri'kɔil] 1. se détendre; reculer (devant, *from*) (*personne, arme à feu*); *fig.* rejaillir (sur, *on*); 2. rebondissement *m*; détente *f*; ⚔ recul *m*; mouvement *m* de dégout.

re·coin [ri'kɔin] refrapper.

rec·ol·lect 1. [rekə'lekt] se souvenir de; se rappeler (*qch.*); 2. ['rekə'lekt] réunir de nouveau; **rec·ol·lec·tion** [rekə'lekʃn] souvenir *m*, mémoire *f*; *fig.* recueillement *m* (*de l'âme*).

re·com·mence ['riːkə'mens] recommencer.

rec·om·mend [rekə'mend] recommander; **rec·om'mend·a·ble** recommandable; **rec·om·men·da·tion** recommandation *f*; **rec·om'mend·a·to·ry** [ˌətəri] de recommandation.

re·com·mis·sion ['riːkə'miʃn] réarmer (*un navire*); réintégrer dans les cadres (*un officier*).

re·com·mit ['riːkə'mit] *parl.* renvoyer à une commission; commettre de nouveau; ~ *to prison* renvoyer en prison.

rec·om·pense ['rekəmpens] 1. récompense *f* (de, *for*); compensation *f* (de, pour *for*); dédommagement *m* (de, *for*); 2. récompenser (q. de qch., *s.o. for s.th.*); réparer (*un mal*); dédommager (q. de qch., *s.o. for s.th.*).

re·com·pose ['riːkəm'pouz] rarranger; calmer de nouveau; ♪ recomposer; ~ *o.s. to* se disposer de nouveau à.

rec·on·cil·a·ble ['rekənsailəbl] conciliable, accordable (avec, *with*); **'rec·on·cile** réconcilier (avec *with, to*); faire accorder; faire accepter (qch. à q., *s.o. to s.th.*); ajuster (*une querelle*); ~ *o.s. to* se résigner à; **'rec·on·cil·er** réconciliateur (-trice *f*) *m*; **rec·on·cil·i·a·tion** [ˌsiliˈeiʃn] réconciliation *f*; conciliation *f* (*d'opinions contraires*).

rec·on·dite □ *fig.* [ri'kɔndait] abstrus; obscur.

re·con·di·tion ['riːkən'diʃn] rénover, remettre à neuf.

re·con·nais·sance ⚔ [ri'kɔnisəns] reconnaissance *f*.

re·con·noi·ter, re·con·noi·tre ⚔ [rekə'nɔitə] *v/t.* reconnaître; *v/i.* faire une reconnaissance.

re·con·quer ['riːˈkɔŋkə] reconquérir; **'re'con·quest** ⚔ [ˌkwest] reprise *f*.

re·con·sid·er ['riːkən'sidə] examiner de nouveau; revoir; revenir sur (*une décision*); **'re·con·sid·er'a·tion** examen *m* de nouveau; révision *f*.

re·con·sti·tute ['riːˈkɔnstitjuːt] reconstituer; **'re·con·sti'tu·tion** reconstitution *f*.

re·con·struct ['riːkəns'trʌkt] reconstruire; reconstituer (*un crime*); **re·con'struc·tion** reconstruction *f*; *crime*: reconstitution *f*.

re·con·ver·sion † ['riːkən'vəːʃn] reconversion *f* (*en industries de paix*); **'re·con'vert** reconvertir; transformer.

rec·ord 1. ['rekɔːd] mémoire *m*; ⚖ enregistrement *m*; ⚖ feuille *f* d'audience; ⚖ procès-verbal *m* de témoignage; minute *f*; note *f*; dossier *m*; (*a. police-*~) casier *m* judiciaire; registre *m*; monument *m*; ♪ disque *m*, *a.* enregistrement *m*; *sp. etc.* record *m*; ~ *holder* recordman (*pl.* -men) *m*, recordwoman (*pl.* -men) *f*; ~ *time* temps *m* record; *it is left (ou stands) on* ~ *that* il est rapporté que; *place on* ~ prendre acte de; consigner par écrit; *beat (ou break) the* ~ battre le record; *set up (ou establish) a* ~ établir un record; ♀ *Office les Archives f/pl.; surt. Am. off the* ~ non officiel(le *f*); confidentiel(le *f*); *on the* ~ authentique; 2. [ri'kɔːd] enregistrer; consigner par écrit; rapporter, relater; ~*ing apparatus* appareil *m* enregistreur; (*a. tape-*~*er*) magnétophone *m*; **re'cord·er** personne *f* qui enregistre; ⚖ (*sorte de*) juge *m* municipal (= avocat chargé de remplir certaines fonctions de juge); appareil *m* enregistreur; ♪ flûte *f* à bec.

re·count[1] [riːˈkaunt] raconter.

re·count[2] ['riːˈkaunt] recompter.

re·coup [ri'kuːp] (se) dédommager; indemniser; ⚖ défalquer.

re·course [ri'kɔːs] recours *m*; expédient *m*; *have* ~ *to* avoir recours à, recourir à.

re·cov·er[1] [ri'kʌvə] *v/t.* retrouver,

redecorate

recouvrer (*a. la santé*); regagner; rentrer en possession de; reprendre (*haleine*); rattraper (*de l'argent, le temps perdu*); obtenir; ⊕ récupérer; be ~ed être remis (*malade*) v/i. guérir; (*a.* ~ *o.s.*) se remettre; ⚖ se faire dédommager (*par q.*).
re·cov·er[2] ['riː'kʌvə] recouvrir; regarnir (*un fauteuil*).
re·cov·er·a·ble [riˈkʌvərəbl] recouvrable, récupérable; guérissable (*personne*); **reˈcov·er·y** recouvrement *m*; ⊕ récupération *f*; rétablissement *m* (*a. fig.*), guérison *f*; ✝ reprise *f*; redressement *m* (*économique*); ⚖ obtention *f* (*de dommages-intérêts*).
rec·re·an·cy ['rekriənsi] lâcheté *f*; apostasie *f*; **ˈrec·re·ant 1.** ☐ lâche, infidèle, apostat; **2.** lâche *m*; renégat *m*.
re-cre·ate[1] ['riːkriˈeit] recréer.
rec·re·ate[2] ['rekrieit] v/t. divertir; v/i. (*a.* ~ *o.s.*) se divertir; **rec·reˈa·tion** récréation *f*, divertissement *m*; délassement *m*; ~ *ground* terrain de jeux; *école:* cour *f* de récréation; **ˈrec·re·a·tive** divertissant, récréatif (-ive *f*).
re·crim·i·nate [riˈkrimineit] récriminer; **re·crim·iˈna·tion** récrimination *f*.
re·cru·desce [riːkruːˈdes] s'enflammer de nouveau (*plaie*); reprendre (*maladie, a. fig.*); **re·cruˈdes·cence** recrudescence *f* (*a. fig.*).
re·cruit [riˈkruːt] **1.** recrue *f* (*a. fig.*); **2.** v/t. ⚔ recruter (*a. pol.*); ⚔ *hist.* racoler (*des hommes pour l'armée*); *fig.* apporter *ou* faire des recrues; *fig.* restaurer (*la santé*); v/i. faire des recrues; se remettre (*malade*); **reˈcruit·ment** recrutement *m*; racolage *m*; *santé:* rétablissement *m*.
rec·tan·gle ['rektæŋgl] rectangle *m*; **recˈtan·gu·lar** ☐ [~gjulə] rectangulaire.
rec·ti·fi·a·ble ['rektifaiəbl] rectifiable; **rec·ti·fi·ca·tion** [~fiˈkeiʃn] rectification *f* (🜔, 🝛, 🜍); 🜚 redressement *m*; **ˈrec·ti·fi·er** [~faiə] rectificateur (-trice *f*) *m*; 🜚 rectificateur *m*; *radio:* redresseur *m*; **ˈrec·ti·fy** [~fai] rectifier (*a.* 🜔, 🜛); corriger (*a.* 🜔); 🜚, *radio:* redresser; **rec·ti·lin·e·al** [rektiˈlinjəl], **rec·tiˈlin·e·ar** ☐ [~njə] rectiligne; **rec·ti·tude** ['~tjuːd] rectitude *f*; *caractère:* droiture *f*.
rec·tor ['rektə] curé *m*; *univ.* recteur *m*; *écoss.* directeur *m* (*d'une école*); **ˈrec·tor·ate** ['~rit], **ˈrec·tor·ship** rectorat *m*; **ˈrec·to·ry** presbytère *m*; cure *f*.
rec·tum *anat.* ['rektəm] rectum *m*.
re·cum·bent ☐ [riˈkʌmbənt] couché, étendu.
re·cu·per·ate [riˈkjuːpəreit] v/i. se remettre, se rétablir; v/t. ⊕ récupérer; **re·cu·perˈa·tion** rétablissement *m*; ⊕ récupération *f*; *power of* ~ = **reˈcu·per·a·tive power** [~rətiv 'pauə] pouvoir *m* de rétablissement.
re·cur [riˈkəː] revenir (*à la mémoire, sur un sujet*); se renouveler; se reproduire (*a.* 🝛); ~ *to s.o.'s mind* revenir à la mémoire de q.; 🝛 ~*ring decimal fraction f* décimale périodique; **re·cur·rence** [riˈkʌrəns] renouvellement *m*, réapparition *f*; 🝫 récidive *f*; ~ *to* retour *m* à; **reˈcur·rent** ☐ périodique (*a.* 🝫 *fièvre*); *anat.* récurrent.
re·curve [riːˈkəːv] (se) recourber.
re·cu·sant ['rekjuzənt] **1.** réfractaire (à, *against*); dissident; **2.** réfractaire *m/f*; *eccl.* récusant(e *f*) *m*.
red [red] **1.** rouge (*a. pol.*); roux (rousse *f*) (*cheveux, feuille*); ⚥ *Cross* Croix-Rouge *f*; ♀ ~ *currant* groseille *f* rouge; *zo.* ~ *deer* cerf *m* commun; ⊕ ~ *heat* chaude *f* rouge; ~ *herring* hareng *m* saur; *fig. draw* ~ *herrings* brouiller la piste; *min.* ~ *lead* minium *m*; ~ *man see* redskin; *sl. paint the town* ~ faire la nouba, faire la bringue; **2.** rouge *m* (*a. pol. mf*); *billard:* bille *f* rouge; *surt. Am.* F sou *m* (de bronze); *see* ~ voir rouge; *Am.* F *be in the* ~ avoir débit en banque; F *in the* ~ en déficit.
re·dact [riˈdækt] rédiger, mettre au point; **reˈdac·tion** rédaction *f*; mise *f* au point; révision *f*.
red·breast ['redbrest] (*souv. robin* ~) *see* robin; **ˈred·cap** 🛤 *Am.* porteur *m*; *Angl.* soldat *m* de la police militaire; **red·den** ['redn] vt/i. rougir; v/i. roussir (*feuille*); rougeoyer (*ciel*); **ˈred·dish** rougeâtre; roussâtre; **red·dle** ['~l] ocre *f* rouge.
re·dec·o·rate ['riːˈdekəreit] peindre (et tapisser) à nouveau (*une chambre*

redecoration   1012

etc.); **'re·dec·o'ra·tion** nouvelle décoration *f*; nouveau décor *m*.

re·deem [ri'di:m] racheter (*eccl., obligation, défaut, esclave, temps, etc.*); amortir (*une dette*); purger (*une hypothèque*); dégager, retirer (*une montre etc.*); honorer (*une traite*); libérer (*un esclave*); tenir (*une promesse*); F réparer (*le temps perdu*); *fig.* arracher (à, *from*); **re'deem·a·ble ✝** rachetable, amortissable; **Re'deem·er** Rédempteur *m*, Sauveur *m*.

re·de·liv·er [ri:di'livə] remettre de nouveau (*une lettre*); répéter.

re·demp·tion [ri'dempʃn] *eccl.* rédemption *f*; *crime, esclave, etc.*, *a.* ✝: rachat *m*; ✝ amortissement *m*; dégagement *m*; purge *f*; **re'demp·tive** rédempteur (-trice *f*).

re·de·ploy·ment ['ri:di'plɔimənt] nouveau déploiement *m*; démobilisation *f*.

red-hand·ed ['red'hændid]: *take s.o.* ~ prendre q. en flagrant délit *ou* sur le fait.

red-hot ['red'hɔt] (chauffé au) rouge; *fig.* ardent.

red·in·te·grate [re'dintigreit] rétablir (*qch.*) dans son intégrité; réintégrer (q.) dans ses possessions; **red·in·te'gra·tion** rétablissement *m* intégral; réintégration *f*.

re·di·rect ['ri:di'rekt] faire suivre, adresser de nouveau (*une lettre etc.*).

re·dis·cov·er ['ri:dis'kʌvə] retrouver; redécouvrir.

re·dis·trib·ute [ri:dis'tribju:t] redistribuer; répartir de nouveau.

red-let·ter day ['redletə'dei] jour *m* de fête; *fig.* jour *m* de bonheur.

red-light dis·trict *Am.* ['redlait'distrikt] quartier *m* réservé *ou* malfamé.

red·ness ['rednis] rougeur *f*; *cheveux, feuille*: rousseur *f*.

re·do ['ri:'du:] (*irr.* (*do*)) refaire.

red·o·lence ['redoləns] odeur *f*; parfum *m*; **'red·o·lent** parfumé; qui a une forte odeur (de, *of*); *fig.* be ~ of sentir (*qch.*).

re·dou·ble [ri'dʌbl] redoubler.

re·doubt ⚔ [ri'daut] réduit *m*, redoute *f*; **re'doubt·a·ble** *poét.* redoutable.

re·dound [ri'daund]: ~ *to* contribuer à; résulter (*de qch.*) pour; ~ (*up*)*on* rejaillir sur.

re·draft ['ri:'drɑ:ft] **1.** nouvelle rédaction *f*; ✝ retraite *f*; **2.** (*ou* **re·draw** ['ri:'drɔ:]) (*irr.* (*draw*)) rédiger; ✝ faire retraite (sur, *on*).

re·dress [ri'dres] **1.** redressement *m*; remède *m*; réforme *f*; réparation *f* (*a* ⚖); **2.** redresser; réparer; rétablir (*l'équilibre*).

red...: **'~·skin** Peau-Rouge (*pl.* Peaux-Rouges) *m*; **'~·start** *orn.* rouge-queue (*pl.* rouges-queues) *m*; ~ **tape** ['~'teip], **~·tap·ism** ['~'teipizm] bureaucratie *f*, F paperasserie *f*; **'~·'tap·ist** bureaucrate *m*; paperassier (-ère *f*) *m*.

re·duce [ri'dju:s] *fig.* réduire (*a.* ⚕, ♏, ✖, ⚔ *une ville*) (en, *to*); ⚕, *a. fig.* ramener (à, *to*); abaisser (⚡, *la tension, la température*); (ra)baisser, diminuer (*le prix*); affaiblir (*a. phot.*; *q.v.*); ⚡ casser; amincir (*une planche*); ralentir (*la marche*); atténuer (*un contraste*); *fig.* ~ *to* ériger en; ~ *to writing* coucher *ou* consigner par écrit; **re'duc·i·ble** réductible (à, *to*); **re·duc·tion** [ri'dʌkʃn] réduction *f* (*a.* ✝, ✖ *une ville*, ♏); diminution *f*; ✖ rétrogradation *f* (*d'un sous-officier*); cassation *f*; ✝ rabais *m*; ✝ remise *f* (sur, *on*); baisse *f* (*de température*); rapetissement *m* (*d'un dessin etc.*); *phot.* atténuation *f*; ⚖ relaxation *f*.

re·dun·dance, re·dun·dan·cy [ri'dʌndəns(i)] surplus *m*; surabondance *f*; **re'dun·dant** □ superflu; surabondant; *poét.* redondant.

re·du·pli·cate [ri'dju:plikeit] redoubler; répéter; **re·du·pli'ca·tion** redoublement *m*.

re·dye ['ri:'dai] (faire) reteindre.

re·ech·o [ri:'ekou] *v/t.* répéter; *v/i.* résonner.

reed [ri:d] roseau *m*; *poét.* chalumeau *m*; ♪ hautbois *etc.*: anche *f*.

re·ed·it ['ri:'edit] rééditer.

re·ed·u·ca·tion ['ri:edju:'keiʃn] rééducation *f*.

reed·y ['ri:di] couvert de *ou* abondant en roseaux; grinçant (*voix*); nasillard (*timbre*).

reef¹ [ri:f] récif *m* (*de corail etc.*).

reef² ⚓ [~] **1.** ris *m*; ~*-knot* nœud *m* plat; **2.** prendre un ris dans (*la voile*); rentrer (*le beaupré etc.*).

reef·er¹ ['ri:fə] veste *f* quartier-maître, caban *m*.

reef·er² *Am. sl.* [~] cigarette *f* à marijuana.

reek [ri:k] **1.** odeur *f* forte; atmosphère *f* fétide; *écoss.* vapeur *f*; fumée *f*; **2.** exhaler une mauvaise odeur *ou* des vapeurs; *fig.* puer (qch., *of s.th.*); *écoss.* fumer; **'reek·y** enfumé.

reel [ri:l] **1.** *tex.*, *papier*, *cin.* a. *film* ~: bobine *f*; *tél.* moulinet *m* (*a. canne à pêche*); *phot.*, *a.* ⊕ rouleau *m*; *cin.* bande *f*; titubation *f*, chancellement *m*; *danse:* branle *m* écossais; **2.** *v/t.* bobiner; dévider; ~ *in* remonter; ~ *off* dévider; *fig.* réciter d'un trait; *v/i.* tournoyer; chanceler; tituber.

re·e·lect ['ri:i'lekt] réélire.

re·el·i·gi·ble ['ri:'elidʒəbl] rééligible.

re·en·act ['ri:i'nækt] remettre en vigueur; *théâ.* reproduire.

re·en·gage ['ri:in'geidʒ] ⚔ rengager; réintégrer (*un employé*); rengrener (*une roue dentée*); *mot.* ~ *the clutch* rembrayer.

re·en·list ⚔ ['ri:in'list] (se) rengager.

re·en·ter ['ri:'entə] *v/t.* rentrer dans; † inscrire de nouveau; *v/i.* rentrer; se présenter de nouveau (*à un examen*); **'re-'ent·er·ing, re-en·trant** ['ri:'entrənt] rentrant.

re·es·tab·lish ['ri:is'tæbliʃ] rétablir; **'re-es'tab·lish·ment** rétablissement *m*.

reeve ⚓ [ri:v] [*irr.*] passer (*un cordage dans une poulie*).

re·ex·am·i·na·tion ['ri:igzæmi'neiʃn] nouvel examen *m ou* ⚖ interrogatoire *m*; **'re-ex'am·ine** [~min] examiner *ou* ⚖ interroger de nouveau.

re·ex·change ['ri:iks'tʃeindʒ] nouvel échange *m*; † rechange *m*; † retraite *f*.

re·fec·tion [ri'fekʃn] rafraîchissement *m*; **re'fec·to·ry** [~təri] réfectoire *m*.

re·fer [ri'fə:] *v/t.* rapporter; rattacher (*a. une plante à sa famille*); soumettre (*à un tribunal*); s'en référer (à q. de qch., *s.th.* to *s.o.*); renvoyer (q. à q., *s.o.* to *s.o.*); *fig.* attribuer; *école:* ajourner (*un candidat*); † refuser d'honorer (*un chèque*); *v/i.* (to) se rapporter (à); se reporter (à) (*un document*); se référer (à) (*une autorité*); faire allusion (à), faire mention (de); reparler (de);

ref'er·a·ble: ~ *to* attribuable à; qui relève de; **ref·er·ee** [refə'ri:] **1.** répondant *m*; *sp.* arbitre *m*; ⚖ arbitre *m* expert; **2.** *sp.* arbitrer; **ref·er·ence** ['refrəns] renvoi *m*, référence *f* (*à une autorité*); rapport *m*; mention *f*, allusion *f*; ⚖ compétence *f*; *cartographie:* point *m* coté, (*a. foot-note* ~) appel *m* de note; *typ.* (*ou* ~ *mark*) renvoi *m*; *accompagnant une demande d'emploi:* référence *f*; *in* (*ou with*) ~ *to* comme suite à, me (*etc.*) référant à; *terms pl. of* ~ mandat *m*, compétence *f*; *work of* ~, ⚓ *book* ouvrage *m* à consulter; ~ *library* bibliothèque *f* de consultation sur place; ~ *number* cote *f*; † numéro *m* de commande; ~ *point* point *m* de repère; *make* ~ *to* signaler, faire mention de.

ref·er·en·dum [refə'rendəm] (*a. people's ou national* ~) référendum *m*, plébiscite *m*.

re·fill ['ri:'fil] **1.** objet *m* de remplacement; pile *f ou* feuilles *f/pl. ou* mine *f* de rechange; **2.** *v/t.* remplir (de nouveau); *v/i. mot.* faire le plein.

re·fine [ri'fain] *v/t. fig.* épurer; raffiner; *v/i.* se raffiner (*a.* ⊕, *a. fig.*); ~ (*up*)*on* renchérir sur; **re'fine·ment** (*r*)affinage *m*; *fig.* cruauté, goût, pensée: raffinement *m*; **re'fin·er** raffineur *m* (*a. fig.*); ⊕ affineur *m*; **re'fin·er·y** ⊕ (r)affinerie *f*; *fer:* finerie *f*.

re·fit ['ri:'fit] **1.** *v/t.* ⚓ radouber; réarmer; ⊕ rajuster; remonter (*une usine*); *v/i.* réparer ses avaries; réarmer; **2.** (*a.* '**re'fit·ment**) ⚓ radoub *m*, réparation *f*; réarmement *m*; ⊕ rajustement *m*; remontage *m*.

re·flect [ri'flekt] *v/t.* réfléchir, refléter; renvoyer; *fig.* être le reflet de; *v/i.* ~ (*up*)*on* réfléchir sur *ou* à; méditer sur; *fig.* faire du tort à; *fig.* critiquer; **re'flec·tion** réflexion *f* (*a. fig.*); reflet *m* (*a. fig.*), image *f*; pensée *f*; blâme *m* (de, on); **re'flec·tive** ☐ réfléchissant; de réflexion; réfléchi (*esprit, personne*); **re'flec·tor** réflecteur *m*; *cycl. rear* ~ catadioptre *m*.

re·flex ['ri:fleks] **1.** reflété; réfléchi (*a.* ♀); *physiol.* réflexe; *fig.* indirect; **2.** reflet *m*; *physiol.* réflexe *m*.

re·flex·ive ☐ [ri'fleksiv] réfléchi (*a. gramm.*).

re·flu·ent ['refluənt] qui reflue.

re·flux ['ri:flʌks] reflux *m*; jusant *m* (*marée*).
re·for·est·a·tion ['ri:fɔris'teiʃn] reboisement *m*.
re·form¹ [ri'fɔ:m] **1.** réforme *f*; **2.** (se) réformer, corriger; apporter des réformes à.
re·form² ['ri:'fɔ:m] (se) reformer.
ref·or·ma·tion [refə'meiʃn] réformation *f*; réforme *f* (*a. eccl.* ♀); **re·form·a·to·ry** [ri'fɔ:mətəri] **1.** de réforme; de correction; **2.** maison *f* de correction; **re'formed** réformé (*a. eccl.*); **re'form·er** réformateur (-trice *f*) *m*; **re'form·ist** réformiste.
re·found [ri:'faund] refondre.
re·fract [ri'frækt] réfracter, briser (*un rayon de lumière*); ~ing telescope lunette *f* d'approche; **re'frac·tion** réfraction *f*; **re'frac·tive** *opt.* réfractif (-ive *f*); à réfraction; **re'frac·tor** *opt.* milieu *m* ou dispositif *m* réfringent; **re'frac·to·ri·ness** indocilité *f*; ⚕ fièvre *etc.*: opiniâtreté *f*; ⚕ nature *f* réfractaire; **re'frac·to·ry 1.** ☐ réfractaire (*a.* ⚕, ⊕ à l'épreuve du feu); indocile, récalcitrant; ⊕ rebelle (*minerai*); ⚕ opiniâtre (*fièvre etc.*); **2.** ⊕ substance *f* réfractaire.
re·frain¹ [ri'frein] *v/t.* † refréner (*ses passions*); *v/i.* se retenir, s'abstenir (de, *from*).
re·frain² [~] refrain *m*.
re·fran·gi·ble *phys.* [ri'frændʒəbl] réfrangible.
re·fresh [ri'freʃ] (se) rafraîchir; (se) reposer; ranimer; **re'fresh·er** F rafraîchissement *m*; ⚖ honoraires *m/pl.* supplémentaires; **re'fresh·ment** rafraîchissement *m* (*a. cuis.*); délassement *m*; ~ room buffet *m*.
re·frig·er·ant [ri'fridʒərənt] ⚕, ⊕ réfrigérant (*a. su./m*); **re'frig·er·ate** [~reit] (se) réfrigérer; *v/t. a.* frigorifier; **re'frig·er·at·ing** réfrigérant, frigorifique; **re·frig·er'a·tion** réfrigération *f*, frigorification *f*; **re'frig·er·a·tor** réfrigérateur *m*, glacière *f*, chambre *f* frigorifique; ~ van wagon *m* frigorifique.
re·fu·el *mot.* [ri:'fjuəl] faire le plein (d'essence).
ref·uge ['refju:dʒ] refuge *m*, abri *m*; (lieu *m* d')asile *m*; *alp.* refuge *m*; take ~ in se réfugier dans (*a. fig.*); **ref·u·gee** [~'dʒi:] réfugié(e *f*) *m*.

re·ful·gence [ri'fʌldʒəns] splendeur *f*; **re'ful·gent** ☐ resplendissant.
re·fund [ri:'fʌnd] rembourser.
re·fur·bish ['ri:'fə:biʃ] remettre à neuf. [neuf.]
re·fur·nish ['ri:'fə:niʃ] meubler de]
re·fus·al [ri'fju:zl] refus *m*; droit *m* de refuser.
re·fuse¹ [ri'fju:z] refuser; *sp.* refuser de sauter (*cheval*); repousser, rejeter.
ref·use² ['refju:s] **1.** de rebut; à ordures; de décharge; ⊕ ~ water eaux *f/pl.* vannes; **2.** rebut *m*; déchets *m/pl.*; ordures *f/pl.* (*a. fig.*).
ref·u·ta·ble ☐ ['refjutəbl] réfutable; **ref·u'ta·tion** réfutation *f*; **re·fute** [ri'fju:t] réfuter.
re·gain [ri'gein] regagner, reprendre.
re·gal ☐ ['ri:gəl] royal (-aux *m/pl.*).
re·gale [ri'geil] *v/t.* régaler (de, *with*); *v/i.* se régaler (de on, *with*).
re·ga·li·a [ri'geiljə] *pl.* insignes *m/pl.*; joyaux *m/pl.* de la Couronne.
re·gard [ri'gɑ:d] **1.** † regard *m*; égard *m*; attention *f*; estime *f*; respect *m*; have ~ to tenir compte de; avoir égard à, faire attention à; with ~ to quant à; pour ce qui concerne; with kind ~s avec les sincères amitiés (de, *from*); **2.** regarder (comme, *as*); prendre garde à; concerner; *as* ~s en ce qui concerne; **re'gard·ful** ☐ [~ful] plein d'égards (pour q., *of s.o.*); attentif (-ive *f*) (à, *of*), soigneux (-euse *f*) (de, *of*); **re'gard·ing** à l'égard de; quant à, en ce qui concerne; **re'gard·less** ☐ inattentif (-ive *f*) (à, *of*); peu soigneux (-euse *f*) (de, *of*); ~ of sans regarder à.
re·gat·ta [ri'gætə] régate *f*, -s *f/pl.*
re·ge·late ['ri:dʒəleit] se regeler.
re·gen·cy ['ri:dʒənsi] régence *f*.
re·gen·er·ate 1. [ri'dʒenəreit] (se) régénérer; **2.** [~rit] régénéré; **re·gen·er'a·tion** régénération *f* (*a. fig.*); *fig.* amélioration *f*; ⊕ huile: épuration *f*; **re'gen·er·a·tive** [~rətiv] régénérateur (-trice *f*).
re·gent ['ri:dʒənt] **1.** régent; **2.** régent(e *f*) *m*; *Am.* membre *m* du conseil d'administration; **'re·gent·ship** régence *f*.
reg·i·cide ['redʒisaid] régicide *mf*; *crime:* régicide *m*.

reg·i·men ['redʒimen] ⚔, *gramm.*, *etc.* régime *m*.
reg·i·ment ⚔ 1. ['redʒimənt] régiment *m*; *fig.* légion *f*; 2. ['⁓ment] enrégimenter; organiser; **reg·i-'men·tal** ⚔ de *ou* du régiment; **reg·i'men·tal·ly** [⁓təli] par régiment; **reg·i'men·tals** ⚔ [⁓tlz] *pl.* (grand) uniforme *m*; **reg·i·men'ta·tion** enrégimentation *f*.
re·gion ['riːdʒən] région *f*; *fig.* domaine *m*; **'re·gion·al** □ régional (-aux *m/pl.*); *radio:* (*a.* ⁓ *station*) poste *m* régional.
reg·is·ter ['redʒistə] 1. registre *m* (*a.* ♪, ♫, ⊕ *fourneau*); matricule *f*; liste *f* (*électorale*); ⊕ cheminée: rideau *m*; ⚓ lettre *f* de mer; ♪ voix: étendue *f*; compteur *m* (*kilométrique*); ⁓ *office* bureau *m* d'enregistrement *ou* de l'état civil *ou* de placement; ⚓ *net* ⁓ *ton* tonne *f* de jauge nette; 2. *v/t.* enregistrer (*a. bagages*, *a. Am. émotion*); inscrire; immatriculer (*une auto*, *un étudiant*); *thermomètre:* marquer (*les degrés*); ✉ déposer (*une marque*), recommander (*une lettre etc.*); *typ.* mettre en registre; *v/i.* ⊕ coïncider exactement; *typ.* être en registre; s'inscrire (*personne*); **'reg·is·tered** enregistré, inscrit, immatriculé; recommandé (*lettre etc.*); ⁓ *design* modèle *m* déposé; ✉ ⁓ *share* (*ou Am. stock*) action *f* nominative.
reg·is·trar [redʒis'trɑː] teneur *m* des registres; officier *m* de l'état civil; ⚖ greffier *m*; *univ.* secrétaire *m*; *get married before the* ⁓ se marier civilement; **reg·is·tra·tion** [⁓'treiʃn] enregistrement *m*, inscription *f*; *auto etc.:* immatriculation *f*; marque: dépôt *m*; ⁓ *fee* droit *m* d'inscription; *lettre etc.:* taxe *f* de recommandation; **'reg·is·try** enregistrement *m*; *admin.* greffe *m*; (*a.* ⁓ *office*) bureau *m* d'enregistrement *ou* de l'état civil *ou* de placement; *servants'* ⁓ agence *f* de placement.
reg·nant ['regnənt] régnant.
re·gress ['riːgres] retour *m* en arrière; *fig.* déclin *m*; **re·gres·sion** [ri'greʃn] rétrogression *f*; *biol.* régression *f*; **re·gres·sive** □ [ri'gresiv] régressif (-ive *f*).
re·gret [ri'gret] 1. regret *m* (de *at*, *for*); 2. regretter (de *inf.*, *gér.* ou to

inf.); **re'gret·ful** □ [⁓ful] plein de regrets; ⁓*ly* avec *ou* à regret; **re'gret·ta·ble** □ regrettable; à regretter.
reg·u·lar ['regjulə] 1. □ régulier (-ère *f*) (*a.* ⚔, *eccl.*, *etc.*); habituel (-le *f*); ordinaire, normal (-aux *m/pl.*); réglé; réglementaire, dans les règles; 2. *eccl.* régulier *m*, religieux *m*; ⚔ soldat *m* de carrière; **reg·u·lar·i·ty** [⁓'læriti] régularité *f*.
reg·u·late ['regjuleit] régler (*a.* ⊕, *a. fig.*); diriger; ⊕ ajuster; **'reg·u·lat·ing** ⊕ régulateur (-trice *f*); réglant; **reg·u'la·tion** 1. règlement *m*; ⊕ réglage *m*; ✝ direction *f*; 2. réglementaire; d'ordonnance (*revolver*); **'reg·u·la·tive** □ régulateur (-trice *f*); **'reg·u·la·tor** régulateur (-trice *f*) *m*; ⊕ régulateur *m*; ⊕ ⁓ *lever* registre *m*.
re·gur·gi·tate [ri'gəːdʒiteit] *v/t.* régurgiter, regorger; *v/i.* refluer, regorger.
re·ha·bil·i·tate [riːə'biliteit] réhabiliter; **re·ha·bil·i'ta·tion** réhabilitation *f*; *finances:* assainissement *m*.
re·hash *fig.* ['riː'hæʃ] réchauffer.
re·hears·al [ri'həːsl] récit *m* détaillé; ♪, *théâ.* répétition *f*; **re·hearse** [ri'həːs] énumérer; raconter (tout au long); ♪, *théâ.* répéter.
reign [rein] 1. règne *m* (*a. fig.*); *in the* ⁓ *of* sous le règne de; 2. régner (sur, *over*) (*a. fig.*).
re·im·burse [riːim'bəːs] rembourser (*a.* ✝) (q. de qch., s.o. [for] s.th.); **re·im'burse·ment** remboursement *m*.
rein [rein] 1. rêne *f*; guide *m*; *fig.* *give* ⁓ *to* lâcher la bride à; 2.: ⁓ *in ou up ou back* retenir.
rein·deer *zo.* ['reindiə] renne *m*.
re·in·force [riːin'fɔːs] 1. renforcer; affermir (*la santé*); ⊕ ⁓*d concrete* béton *m* armé; 2. ⊕ armature *f*; *canon:* renfort *m*; **re·in'force·ments** ⚔ *pl.* renfort *m*, -s *m/pl.*
re·in·sert [riːin'səːt] réinsérer; remettre en place.
re·in·stall ['riːin'stɔːl] réinstaller; **'re·in'stal(l)·ment** réinstallation *f*.
re·in·state ['riːin'steit] réintégrer (*dans ses fonctions*); rétablir; **'re·in-'state·ment** réintégration *f*; rétablissement *m*.
re·in·sur·ance ['riːin'ʃuərəns] réas-

reinsure

surance *f*; contre-assurance *f*; **re·in·sure** ['ˌ~ˈʃuə] réassurer.
re·in·vest ['riːinˈvest] investir *etc.* de nouveau (*see* invest).
re·is·sue ['riːˈisjuː; *surt. Am.* 'riːˈiʃuː] 1. rééditer (*un livre*); † émettre de nouveau; 2. nouvelle édition *f* ou † émission *f*.
re·it·er·ate [riːˈitəreit] réitérer, répéter; **re·it·er·a·tion** réitération *f*, répétition *f*.
re·ject [riˈdʒekt] rejeter; refuser; repousser; ⊕ mettre au rebut; **re·ˈjec·tion** rejet *m*; refus *m*; repoussement *m*; ~s *pl.* rebuts *m/pl.*, pièces *f/pl.* de rebut; **re·ˈjec·tor cir·cuit** *radio:* filtre *m*.
re·joice [riˈdʒɔis] *v/t.* réjouir (*q.*); ~d heureux (-euse *f*) (de *at, by*); *v/i.* se réjouir (de *at, in*); **re·ˈjoic·ing** 1. □ réjouissant; plein de joie (*personne*); 2. (*souv.* ~s *pl.*) réjouissances *f/pl.*, fête *f*. [réunir (à *to, with*).]
re·join[1] ['riːˈdʒɔin] (se) rejoindre,
re·join[2] [riˈdʒɔin] répliquer; **re·ˈjoin·der** ⚖ réplique *f*; repartie *f*.
re·ju·ve·nate [riˈdʒuːvineit] *vt/i.* rajeunir; **re·ju·ve·nes·cence** [~ˈnesns] rajeunissement *m*.
re·kin·dle ['riːˈkindl] (se) rallumer.
re·lapse [riˈlæps] 1. ✳, *a. fig.* rechute *f*; 2. retomber; ✳ faire une rechute.
re·late [riˈleit] *v/t.* (ra)conter; rattacher (à *to, with*); *v/i.* se rapporter, avoir rapport (à *to*); **re·ˈlat·ed** ayant rapport (à, *to*); apparenté (à, *to*) (*personne*); allié (à, *to*); **re·ˈlat·er** conteur (-euse *f*) *m*, narrateur (-trice *f*) *m*.
re·la·tion [riˈleiʃn] récit *m*, relation *f*; rapport *m* (à *to, with*); parent(*e f*) *m*; in ~ to par rapport à; **re·ˈla·tion·ship** rapport *m* (entre, *between*); parenté *f*.
rel·a·tive ['relətiv] 1. □ relatif (-ive *f*) (*a.* gramm.); qui se rapporte (à, *to*); 2. *adv.*: ~ to au sujet de; 3. *su. gramm.* pronom *m* relatif; **rel·a·ˈtiv·i·ty** relativité *f*.
re·lax [riˈlæks] *v/t.* relâcher; détendre; desserrer (*une étreinte*); mitiger (*un jugement etc.*); ✳ enflammer (*la gorge*); ✳ relâcher (*le ventre*); *v/i.* se relâcher; se détendre; diminuer; se délasser; **re·lax·a·tion** relâchement *m*; détente *f*, repos *m*, délassement *m*; mitigation *f*.

1016

re·lay[1] [riˈlei] 1. relais *m* (*a.* ⚡); ⚡ contacteur *m*; relève *f* (*d'ouvriers*); radiodiffusion *f* relayée; sp. ~-race course *f* de ou à relais; 2. *radio:* relayer; ~ed by (ou from) en relais de.
re·lay[2] ['riːˈlei] poser de nouveau; remettre.
re·lease [riˈliːs] 1. délivrance *f*; *fig.* libération *f*; élargissement *m*; † mise *f* en vente; † acquit *m*; *cin.* (*souv.* first ~) mise *f* en circulation; ⚖ relaxation *f* (*d'un prisonnier*); ⚖ cession *f* (*de terres*); ⊕ mise *f* en marche; ⊕ dégagement *m*; *phot.* déclencheur *m*; 2. relâcher; libérer (de *from*); renoncer à (*un droit*); faire la remise de (*une dette*); céder (*des terres*) † mettre en vente; *cin.* mettre en circulation; émettre, dégager (*la fumée etc.*); ⊕, *phot.* déclencher; ⊕ décliquer; ⊕ mettre en marche.
rel·e·gate ['religeit] reléguer (à, *to*); renvoyer (à, *to*); bannir (*q.*); **rel·e·ˈga·tion** relégation *f*; mise *f* à l'écart; renvoi *m* (sp. à la division inférieure).
re·lent [riˈlent] s'adoucir; se laisser attendrir; **re·ˈlent·less** □ implacable; impitoyable.
rel·e·vance, rel·e·van·cy ['relivəns(i)] pertinence *f*; applicabilité (à, *to*); rapport *m* (avec, *to*); **'rel·e·vant** (à, *to*) pertinent; applicable; qui se rapporte.
re·li·a·bil·i·ty [rilaiəˈbiliti] sûreté *f*; véracité *f*; **re·ˈli·a·ble** □ sûr; digne de foi (*source*) ou de confiance (*personne*).
re·li·ance [riˈlaiəns] confiance *f*; place ~ on se fier à; **re·ˈli·ant**: be ~ on compter sur; se fier à.
rel·ic ['relik] relique *f* (*a. eccl.*); *fig.* vestige *m*; ~s *pl.* restes *m/pl.*; **rel·ict** † ['~kt] veuve *f*.
re·lief [riˈliːf] soulagement *m*; décharge *f*; *détresse:* allégement *m*; ⚔ endroit: délivrance *f*; garde *etc.:* relève *f*; ⚖ *tort:* réparation *f*, redressement *m*; secours *m* (*a.* aux pauvres), aide *f*; △ relief *m*; *fig.* agrément *m*; *fig.* détente *f*; ⊕ dégagement *m*; be on ~ être un pauvre assisté; poor ~ secours *m* aux pauvres; ~ work secours *m* aux sinistrés; ~ works *pl.* travaux *m/pl.* publics organisés pour aider les chômeurs;

re·lieve [ri'li:v] soulager (*a.* ⚠ *une poutre*); alléger (*la détresse*); secourir, aider (*les pauvres etc.*); ⚔ dégager (*un endroit, a.* ⊕); ⚔ relever (*les troupes etc.*); *peint. etc.* mettre en relief, donner du relief à; *fig.* faire ressortir; *cost.* agrémenter (de *with, by*); débarrasser (de, *of*); *fig.* tranquilliser (*l'esprit*), dissiper (*l'ennui*); F ~ *nature* faire ses besoins.

re·lie·vo [ri'li:vou] relief *m*.

re·li·gion [ri'lidʒən] religion *f*.

re·li·gious □ [ri'lidʒəs] religieux (-euse *f*) (*a. fig., a. eccl.*); dévot; pieux (-euse *f*); de piété; **re'ligious·ness** piété *f*; F *fig.* religiosité *f*.

re·lin·quish [ri'liŋkwiʃ] renoncer à (*une idée, un projet, etc.*); abandonner; ⚖ délaisser; lâcher (*qch.*); **re'lin·quish·ment** abandon *m* (de, *of*); renonciation *f* (à, *of*).

rel·i·quar·y ['relikwəri] reliquaire *m*.

rel·ish ['reliʃ] 1. goût *m*, saveur *f*; *fig.* attrait *m*; *cuis. piment*: soupçon *m*, pointe *f*; assaisonnement *m*; with ~ très volontiers; 2. *v/t.* relever le goût de; savourer, goûter; *fig.* trouver du plaisir à, avoir le goût de; *did you ~ your dinner?* votre dîner vous a-t-il plu?; *v/i.* sentir (qch., *of s.th.*), avoir un léger goût (de, *of*).

re·luc·tance [ri'lʌktəns] répugnance *f* (à *inf., to inf.*); *phys.* reluctance *f*; **re'luc·tant** □ qui résiste; fait *ou* donné à contrecœur; be ~ *to* (*inf.*) être peu disposé à (*inf.*), hésiter à (*inf.*).

re·ly [ri'lai]: ~ (*up*)*on* compter sur, s'en rapporter à.

re·main [ri'mein] 1. rester; demeurer; persister; 2. ~*s pl.* restes *m/pl.*; vestiges *m/pl.*; **re'main·der** reste *m*, restant *m*; *livres*: solde *m* d'édition; ⚖ réversion *f* (sur, *to*).

re·mand [ri'mɑ:nd] 1. ⚖ renvoyer (*un prévenu*) à une autre audience; 2.: on ~ renvoyé à une autre audience; *prisoner on* ~ préventionnaire *mf*.

re·mark [ri'mɑ:k] 1. remarque *f*; observation *f*; 2. *v/t.* remarquer, observer; faire la remarque (que, *that*); *v/i.* (sur, [*up*]*on*) faire des remarques; commenter; **re'mark·a·ble** □ remarquable (par, *for*); frappant; singulier (-ère *f*); **re'mark·a·ble·ness** ce qu'il y a de remarquable (dans, *of*); mérite *m*.

re·mar·ry ['ri:'mæri] *v/t.* se remarier à (*q.*); remarier (*des divorcés*); *v/i.* se remarier.

re·me·di·a·ble □ [ri'mi:djəbl] réparable; remédiable; **re·me·di·al** □ [ri'mi:djəl] réparateur (-trice *f*); ⚕ curatif (-ive *f*).

rem·e·dy ['remidi] 1. remède *m*; ⚖ réparation *f*; 2. porter remède à, remédier.

re·mem·ber [ri'membə] se rappeler (qch.), se souvenir de (qch.); ne pas oublier (*a. = donner qch. à* [*q.*]); ~ *me to him!* dites-lui bien des choses de ma part!; rappelez-moi à son bon souvenir!; **re'mem·brance** souvenir *m*, mémoire *f*; *give my kind* ~*s to him!* dites-lui bien des choses de ma part!

re·mind [ri'maind] rappeler (qch. à q., *s.o. of s.th.*); ~ *o.s. that* se rappeler que; **re'mind·er** mémento *m*; ✝ rappel *m* de compte.

rem·i·nis·cence [remi'nisns] réminiscence *f*; souvenir *m*; **rem·i'nis·cent** □ qui se souvient (de, *of*); *be* ~ *of* rappeler, faire penser à (*qch.*).

re·miss □ [ri'mis] négligent, insouciant; nonchalant; **re'mis·si·ble** [~əbl] rémissible; **re·mis·sion** [~'miʃn] dette, peine: remise *f*; ⚕, *eccl.* rémission *f*; *eccl.* pardon *m*; relâchement *m*; **re'miss·ness** négligence *f*.

re·mit [ri'mit] *v/t.* remettre (*une dette, une peine*, ✝, *a. eccl.*); *eccl.* pardonner; relâcher; ⚖ renvoyer; *v/i.* diminuer d'intensité; *please* ~ prière de nous couvrir; **re'mit·tance** ✝ remise *f*; ✝ envoi *m* de fonds; **re'mit·tee** destinataire *mf*; **re'mit·tent** ⚕ rémittent; **re'mit·ter** ✝ remetteur (-euse *f*) *m*; envoyeur (-euse *f*) *m* (de fonds).

rem·nant ['remnənt] reste *m*, restant *m*; ✝ coupon *m* (d'étoffe); ~*s pl.* soldes *m/pl.*

re·mod·el ['ri:'mɔdl] remodeler; remanier; ⊕ transformer.

re·mon·strance [ri'mɔnstrəns] remontrance *f*; **re'mon·strant** 1. de remontrance; qui proteste (*personne*); 2. remontreur (-euse *f*) *m*; **re'mon·strate** [~streit] faire des représentations (à q., with s.o.; au sujet de, [up]on); protester (que, that).

re·morse [ri'mɔːs] remords *m* (pour, for; de, at); **re'morse·ful** □ [~ful] plein de remords; **re'morse·less** □ sans remords; impitoyable.

re·mote □ [ri'mout] écarté; éloigné; reculé; lointain; *fig.* vague; ~ **con·trol** ⊕ **1.** commande *f* à distance; **2.** ⚡ télécommandé; **re'mote·ness** éloignement *m*; degré *m* éloigné; *fig.* faible degré (*de ressemblance*).

re·mount 1. [riː'maunt] *v/t.* remonter (*a.* ⚔); *v/i.* remonter (*a.* à cheval); **2.** ⚔ ['riːmaunt] (cheval *m* de) remonte *f*; *army* ~s *pl.* chevaux *m/pl.* de troupe.

re·mov·a·ble [ri'muːvəbl] détachable; extirpable (*mal*); transportable; révocable; **re'mov·al** [~vəl] *tache etc.*: enlèvement *m*; *mot. pneu*: démontage *m*; ⚔ *pansement*: levée *f*; déplacement *m*; transport *m*; *fonctionnaire*: révocation *f*; *abus, mal*: suppression *f*; déménagement *m*; ~ *expenses* frais *m/pl.* de déplacement; ~ *service* entreprise *f* de déménagements; ~ *van* voiture *f* de déménagement; **re·move** [~'muːv] **1.** *v/t.* enlever, ôter; écarter; chasser; déplacer; éloigner; révoquer (*un fonctionnaire*); assassiner; supprimer; ~ *furniture* déménager; *v/i.* se déplacer; déménager; **2.** distance *f*; degré *m*; *école anglaise*: classe *f* intermédiaire; *école*: passage *m* à une classe supérieure; **re'mov·er** déménageur *m*; dissolvant *m*.

re·mu·ner·ate [ri'mjuːnəreit] rémunérer (de, for); **re·mu·ner'a·tion** rémunération *f*; **re'mu·ner·a·tive** □ [~rətiv] rémunérateur (-trice *f*).

ren·ais·sance [rə'neisəns] Renaissance *f*.

re·nal *anat.* ['riːnl] des reins, rénal (-aux *m/pl.*).

re·nas·cence [ri'næsns] retour *m* à la vie; Renaissance *f*; **re'nas·cent** renaissant.

rend [rend] [*irr.*] déchirer; *fig. a.* fendre.

ren·der ['rendə] rendre (*a. compte, forteresse, grâce, hommage, service,* ♪ *phrase, a.* = *faire devenir*); faire (*honneur*); traduire (en, into); ✝ remettre (un compte à q., *s.o. an account*); △ enduire (de, with); ♪ interpréter (*un morceau*); *cuis.* clarifier, fondre; **'ren·der·ing** ⚔ reddition *f*; ♪ interprétation *f*; traduction *f*; *cuis.* clarification *f*, fonte *f*; △ enduit *m*.

ren·dez·vous ['rɔndivuː] rendez-vous *m*.

ren·di·tion [ren'diʃn] ⚔ reddition *f*; *Am.* interprétation *f*; traduction *f*.

ren·e·gade ['renigeid] renégat(e *f*) *m*.

re·new [ri'njuː] renouveler; **re'new·al** [~əl] renouvellement *m*; remplacement *m*.

ren·net ['renit] présure *f*; *pomme*: reinette *f*.

re·nounce [ri'nauns] *v/t.* renoncer à, abandonner; répudier; *v/i. cartes*: renoncer.

ren·o·vate ['renoveit] renouveler; remettre à neuf; **ren·o'va·tion** renouvellement *m*; rénovation *f*; **'ren·o·va·tor** rénovateur (-trice *f*) *m*.

re·nown [ri'naun] renom(mée *f*) *m*; **re'nowned** (for) renommé (pour), célèbre (par).

rent¹ [rent] **1.** *prét. et p.p. de* rend; **2.** déchirure *f*; *terrain*: fissure *f*.

rent² [~] **1.** loyer *m*; location *f*; **2.** louer; affermer (*une terre*); **'rent·a·ble** qui peut se louer; affermable (*terre*); **'rent·al** (montant *m* du) loyer *m*; *Am.* location *f* (*d'une auto etc.*); ~ *value* valeur *f* locative; **'rent-charge** servitude *f* de rente (*à faire à un tiers*); **'rent·er** locataire *mf*; *cin.* distributeur *m*; **'rent-'free 1.** *adj.* exempt de loyer; **2.** *adv.* sans payer de loyer.

re·nun·ci·a·tion [rinʌnsi'eiʃn] (*of*) renoncement *m* (à); reniement *m* (de); ✝ répudiation *f* (de).

re·o·pen ['riː'oupn] *v/t.* rouvrir; recommencer; *v/i.* se rouvrir (*plaie*); rentrer (*école*); *théâ.* rouvrir.

re·or·ga·ni·za·tion ['riːɔːgənai'zeiʃn] réorganisation *f*; ✝ assainissement *m* (*d'une maison etc.*); **re'or·gan·ize** (se) réorganiser; ✝ assainir.

rep ✝ [rep] reps *m*.

re·pack ['riː'pæk] refaire (*une valise*); remballer.

re·paint ['riː'peint] repeindre.

re·pair¹ [ri'pεə] **1.** réparation *f*; rétablissement *m* (*d'une maison etc.*); ⚓ radoub *m*; ~s *pl.* réparations *f/pl.*; réfection *f* (*d'une route*); ~

shop atelier *m* de réparations; *in (good)* ~ en bon état; *out of* ~ en mauvais état; 2. réparer (*a. fig.*); raccommoder (*un vêtement*); remettre en état (*une machine*); ⚓ radouber; rétablir (*la santé*).

re·pair² [~] se rendre (à, *to*).

rep·a·ra·ble ['repərəbl] réparable; rep·a·ra·tion réparation *f* (*a. pol., a. fig.*); *pol.* make ~s réparer.

re·par·tee [repɑː'tiː] repartie *f*, réplique *f* spirituelle.

re·par·ti·tion [riːpɑː'tiʃn] répartition *f*; nouveau partage *m*.

re·pass ['riː'pɑːs] *v/i.* passer de nouveau; repasser; *v/i.* repasser (devant); *parl.* voter de nouveau.

re·past [ri'pɑːst] repas *m*.

re·pa·tri·ate 1. [riː'pætrieit] rapatrier; 2. [~iit] rapatrié(e *f*) *m*; 're·pa·tri·a·tion rapatriement *m*.

re·pay [riː'pei] (*irr.* (*pay*)) rembourser; récompenser; rendre (*de l'argent*); *fig.* se venger de; s'acquitter (de qch., *s.th.*; envers q., *s.o.*); *fig.* payer (de, *with*); re'pay·a·ble remboursable; re'pay·ment remboursement *m*; récompense *f*.

re·peal [ri'piːl] 1. abrogation *f*; ⚖ annulation *f*; 2. abroger; révoquer; annuler.

re·peat [ri'piːt] 1. *v/t.* répéter; réitérer; recommencer; ✝ ~ *an order* renouveler une commande (de qch., *for s.th.*); *v/i.* (*a.* ~ *o.s.*) se répéter; revenir (*nourriture*); être à répétition (*montre, fusil*); 2. ♪ reprise *f*; renvoi *m*; ✝ (*souv.* ~ *order*) commande *f* renouvelée; re'peat·ed □ réitéré; re'peat·er redisseur (-euse *f*); ⚖ fraction *f* périodique; montre *f ou* fusil *m* à répétition; *tél.* répétiteur *m*.

re·pel [ri'pel] repousser (*a. fig.*); rebuter; inspirer de la répulsion à; re'pel·lent répulsif (-ive *f*).

re·pent [ri'pent] (*a.* ~ *of*) se repentir de.

re·pent·ance [ri'pentəns] repentir *m*; re'pent·ant repenti.

re·peo·ple ['riː'piːpl] repeupler.

re·per·cus·sion [riːpəː'kʌʃn] répercussion *f* (*a. fig.*); contrecoup *m*.

rep·er·to·ry ♪, *théâ., a. fig.* ['repətəri] répertoire *m*.

rep·e·ti·tion [repi'tiʃn] répétition *f*; recommencement *m*; *tél.* collationnement *m*; ♪ reprise *f*; ✝ ~ *order* commande *f* renouvelée.

re·pine [ri'pain] se chagriner, se plaindre (de, *at*); re'pin·ing □ mécontent; chagrin.

re·place [riː'pleis] replacer, remettre en place; remplacer (par, *by*); *téléph.* raccrocher (*le récepteur*); re'place·ment remise *f* en place; remplacement *m*; ⊕ pièce *f* de rechange.

re·plant ['riː'plɑːnt] replanter.

re·plen·ish [ri'pleniʃ] remplir; se réapprovisionner (de, en *with*); re'plen·ish·ment remplissage *m*; ravitaillement *m*.

re·plete [ri'pliːt] rempli, plein (de, *with*); re'ple·tion réplétion *f*; *eat to* ~ manger jusqu'à satiété.

rep·li·ca ['replikə] *peint. etc.* réplique *f*, double *m* (*a. fig.*); *fig.* copie *f*.

rep·li·ca·tion [repli'keiʃn] ⚖ réplique *f*; repartie *f*; *fig.* copie *f*; répercussion *f*.

re·ply [ri'plai] 1. (à, *to*) répondre; répliquer (*a.* ⚖); 2. réponse *f*; ⚖ réplique *f*; ~ *postcard* carte *f* postale avec réponse payée.

re·port [ri'pɔːt] 1. rapport *m* (sur, *on*); *journ.* reportage *m*; *école, a. météor.* bulletin *m*; *fig.* nouvelle *f*; rumeur *f*; *arme à feu:* détonation *f*; *fusil:* coup *m*; réputation *f*; 2. *v/t.* rapporter (*a. parl.*); faire un rapport sur; faire le compte rendu de; dire; signaler; *v/i. journ.* faire des reportages; faire un rapport (sur, [*up*]on); (*a.* ~ *o.s.*) se présenter (à, devant *to*); *gramm.* ~*ed speech* discours *m ou* style *m* indirect; re'port·er journaliste *m*, reporter *m*.

re·pose [ri'pouz] 1. repos *m*; sommeil *m*; calme *m*; 2. *v/t.* reposer (q., *sa tête, etc.*); ~ *trust etc. in* mettre sa confiance *etc.* en; *v/i.* se reposer; dormir; se délasser; *fig.* reposer (sur, [*up*]on); re·pos·i·to·ry [ri'pɔzitəri] dépôt *m*, entrepôt *m*; dépositaire *mf* (*personne*); *fig.* répertoire *m*.

re·pos·sess ['riːpə'zes]: ~ *o.s. of* reprendre possession de (*qch.*).

rep·re·hend [repri'hend] blâmer, réprimander; rep·re'hen·si·ble □ répréhensible; rep·re'hen·sion réprimande *f*.

rep·re·sent [repri'zent] représenter (*a.* ✝, *a. théâ.* une pièce); *théâ.* jouer (*un personnage*); symboliser; signaler (qch. à q., s.th. to s.o.); **rep·re·sen'ta·tion** représentation *f* (*a.* ✝, ⚖, *pol., fig., théâ.* pièce); *théâ.* interprétation *f*; *psych.* (*d'un rôle*) *coll.* représentants *m/pl.*; *fig.* ~s *pl.* remontrance *f* courtoise; **rep·re-'sent·a·tive** □ [~tətiv] **1.** représentatif (-ive *f*); *parl. a.* par députés; typique; *be* ~ *of* représenter (qch.); ~ *of* représentant (qch.); **2.** représentant(e *f*) *m*; *pol.* député *m*; *parl. Am. House of* ~s Chambre *f* des Représentants.

re·press [ri'pres] réprimer; retenir; étouffer; *psych.* refouler; **re·pres·sion** [ri'preʃn] (*a. psych. conscious* ~) répression *f*; *psych. a. unconscious* ~) refoulement *m*; **re'pres·sive** □ répressif (-ive *f*), réprimant.

re·prieve [ri'priːv] **1.** surséance *f* (à, from); ⚖ commutation *f* de la peine capitale; **2.** accorder un délai à; ⚖ accorder une commutation de la peine capitale à (*q.*).

rep·ri·mand ['reprimɑːnd] **1.** réprimande *f*; ⚖ blâme *m*; **2.** réprimander; ⚖ blâmer publiquement.

re·print ['riːˈprint] **1.** réimprimer; **2.** nouveau tirage *m*; réimpression *f*.

re·pris·als [ri'praizls] *pl.* représailles *f/pl.*

re·proach [ri'proutʃ] **1.** reproche *m*, blâme *m*; **2.** reprocher (qch. à q., s.o. with s.th.); faire des reproches (à q. au sujet de qch., s.o. with s.th.); **re'proach·ful** □ [~ful] réprobateur (-trice *f*).

rep·ro·bate ['reprobeit] **1.** vil, bas(se *f*); **2.** *eccl.* réprouvé(e *f*) *m*; F vaurien *m*; **3.** réprouver; **rep·ro-'ba·tion** réprobation *f*.

re·pro·duce [riːprə'djuːs] (se) reproduire; (se) multiplier; **re·pro·duc·tion** [~'dʌkʃn] reproduction *f* (*a. physiol., cin.,* ✝); copie *f*, imitation *f*; **re·pro'duc·tive** □ reproducteur (-trice *f*).

re·proof [ri'pruːf] reproche *m*, blâme *m*; réprimande *f*.

re·prov·al [ri'pruːvl] reproche *m*, blâme *m*; **re·prove** [~'pruːv] condamner; réprimander, reprendre.

rep·tile ['reptail] **1.** reptile *m* (*a. fig.*); *fig. a.* chien *m* couchant; **2.** rampant.

re·pub·lic [ri'pʌblik] république *f*; **re'pub·li·can** républicain (*a. su./m/f*); **re'pub·li·can·ism** républicanisme *m*.

re·pub·li·ca·tion ['riːpʌbli'keiʃn] nouvelle publication *f*, *livre*: nouvelle édition *f*. (*une loi*); rééditer.

re·pub·lish ['riːˈpʌbliʃ] republier

re·pu·di·ate [ri'pjuːdieit] répudier (*femme, dette, doctrine, etc.*); **re·pu·di'a·tion** répudiation *f*; *dette:* reniement *m*.

re·pug·nance [ri'pʌgnəns] répugnance *f*, antipathie *f* (pour to, against); **re'pug·nant** □ répugnant (à, to); incompatible (avec to, with); contraire (à to, with).

re·pulse [ri'pʌls] **1.** échec *m*; défaite *f*; rebuffade *f*; **2.** repousser (*a. fig.*); **re'pul·sion** *phys., a. fig.* répulsion *f*; *fig. a.* aversion *f*; **re'pul·sive** □ *phys., a. fig.* répulsif (-ive *f*); *fig.* froid, distant (*personne*).

re·pur·chase ['riːˈpɜːtʃəs] **1.** rachat *m*; ⚖ réméré *m*; **2.** racheter.

rep·u·ta·ble □ ['repjutəbl] honorable (*personne, a. emploi*); estimé; **rep·u·ta·tion** [~'teiʃn] réputation *f*, renom *m*; **re·pute** [ri'pjuːt] **1.** réputation *f*; *by* ~ de réputation; **2.** tenir pour; *be* ~*d to be* (*or as*) passer pour; *be well* (*ill*) ~*d* avoir une belle (mauvaise) réputation; **re'put·ed** réputé; supposé; ⚖ putatif (-ive *f*); **re'put·ed·ly** suivant l'opinion commune.

re·quest [ri'kwest] **1.** demande *f* (*a.* ✝); requête *f*; recherche *f*; *at s.o.'s* ~ à *ou* sur la demande de q.; *by* ~ sur demande; facultatif (-ive *f*) (*arrêt*); *in* (*great*) ~ (très) recherché, demandé; ~ *stop* arrêt *m* facultatif; (*musical*) ~ *programme* disques *m/pl. etc. ou* programme *m* des auditeurs; **2.** demander (qch. à q., s.th. of s.o.; à q. de *inf., s.o. to inf.*); prier (q. de *inf., s.o. to inf.*).

re·qui·em ['rekwiem] requiem *m/inv.*, messe *f* pour les morts.

re·quire [ri'kwaiə] exiger (qch. de q., s.th. of s.o.); réclamer (qch. à q., s.th. of s.o.); avoir besoin de (qch.); ~ (*of*) *s.o. to* (*inf.*) *a.* vouloir que q. (*sbj.*); **re'quired** exigé; voulu; **re'quire·ment** demande *f*; *fig.* exigence *f*; condition *f* requise.

req·ui·site ['rekwizit] **1.** requis (pour, to); nécessaire (à, to); voulu; **2.** condition f requise (pour, for); chose f nécessaire; *toilet* ~s *pl.* accessoires *m/pl.* de toilette; **req·ui·si·tion 1.** demande f; ⚔ réquisition f; **2.** avoir recours à; ⚔ réquisitionner; mettre (qch.) en réquisition; faire des réquisitions dans (un endroit).

re·quit·al [ri'kwaitl] récompense f; revanche f; **re'quite** [~kwait] récompenser; ~ *s.o.'s love* répondre à l'amour de q.

re-read ['ri:'ri:d] [irr. (read)] relire.

re·sale ['ri:'seil] revente f.

re·scind [ri'sind] abroger (une loi); rétracter (un arrêt); annuler (un contrat, une décision, un vote, etc.); casser (un jugement).

re·scis·sion [ri'siʒn] rescision f, abrogation f etc.

re·script ['ri:skript] rescrit m; transcription f.

res·cue ['reskju:] **1.** délivrance f (🕰 illégale); *to the* ~! au secours!; **2.** délivrer (🕰 de force); sauver; porter secours à; **'res·cu·er** libérateur (-trice f) m; secoureur (-euse f) m; ⚓ *naufrage*: sauveteur m.

re·search [ri'sɔ:tʃ] recherche f (de *for, after*); recherches *f/pl.* (savantes); ~ *establishment* institut m de recherches (scientifiques etc.); *marketing (motivation)* ~ étude f du marché (de motivation); **re·'search·er** investigateur (-trice f) m.

re·seat ['ri:'si:t] (faire) rasseoir; remettre un fond à (une chaise); ⊕ roder le siège de.

re·se·da [ri'si:də] réséda m.

re·sell ['ri:'sel] [irr. (sell)] revendre; **'re'sell·er** revendeur (-euse f) m.

re·sem·blance [ri'zembləns] ressemblance f (à, *to*; entre, *between*); **re'sem·ble** [~bl] ressembler à.

re·sent [ri'zent] s'offenser de; être froissé de; **re'sent·ful** ☐ [~ful] rancunier (-ère f); plein de ressentiment; froissé, irrité (de, *of*); **re'sent·ment** ressentiment m, rancune f.

res·er·va·tion [rezə'veiʃn] 🕰 réservation f; *Am.* terrain m réservé, réserves *f/pl.* indiennes; *fig. a.* *places*: réserve f; *Am.* place f retenue.

re·serve [ri'zə:v] **1.** *usu.* réserve f; terrain m réservé; restriction f; ~ *price* prix m minimum; *in* ~ en réserve; *with certain* ~s avec quelques réserves; **2.** réserver; retenir (*une chambre, une place*, etc.); mettre (qch.) en réserve; **re'served** ☐ renfermé, réservé; *fig.* froid; ~ *seat* place f réservée.

re·serv·ist ⚔ [ri'sə:vist] réserviste m.

res·er·voir ['rezəvwa:] réservoir m (a. fig.); (bassin m de) retenue f.

re·set ['ri:'set] [irr. (set)] remettre en place; ⊕ raffûter (un outil); *typ.* recomposer.

re·set·tle ['ri:'setl] (se) réinstaller; (se) rasseoir; se reposer (vin); **'re·'set·tle·ment** nouvelle colonisation f; *vin* etc.: nouveau dépôt m.

re·ship ['ri:'ʃip] rembarquer; remonter (l'hélice etc.).

re·shuf·fle ['ri:'ʃʌfl] **1.** rebattre (des *cartes*); *fig.* remanier; **2.** nouveau battement m; *fig.* remaniement m.

re·side [ri'zaid] résider (à, *at*; dans, *in*) (a. fig.); demeurer; **res·i·dence** ['rezidəns] résidence f; demeure f; séjour m; maison f; habitation f; ~ *permit* permis m ou carte f de séjour; **'res·i·dent 1.** résidant, qui réside; à demeure (maître d'école etc.); en résidence; ⚕ ~ *physician* interne m; **2.** habitant(e f) m; (ministre) résident m; **res·i·den·tial** [~'denʃl] d'habitation; résidentiel(le f).

re·sid·u·al [ri'zidjuəl] résiduel(le f); **re'sid·u·ar·y** résiduaire; qui reste; 🕰 ~ *legatee* légataire m universel; **res·i·due** ['rezidju:] 🕰, ⚗ résidu m; reste m, -s *m/pl.*; 🕰 reliquat m; **re·sid·u·um** [ri'zidjuəm] *surt.* ⚗ résidu m; reste m.

re·sign [ri'zain] v/t. résigner; donner sa démission de (son emploi); abandonner; ~ *o.s. to* se résigner à; s'abandonner à; v/i. démissionner; **res·ig·na·tion** [rezig'neiʃn] démission f; abandon m; résignation f (à, *to*); **re·signed** ☐ [ri'zaind] résigné.

re·sil·i·ence [ri'ziliəns] ⊕ résilience f; *personne, a. peau*: élasticité f; rebondissement m; **re'sil·i·ent** rebondissant, élastique; *fig.* plein de ressort.

res·in ['rezin] **1.** résine *f*; colophane *f*; **2.** résiner; **'res·in·ous** résineux (-euse *f*).

re·sist [ri'zist] *v/t.* résister à (*qch.*, *q.*); s'opposer à; repousser; *v/i.* résister; **re'sist·ance** résistance *f* (*a. phys.*, ⚡); **re'sist·ant** résistant; **re'sis·tor** ⚡ résistance *f*, rhéostat *m*.

re·sole [ˈriːˈsoul] ressemeler.

re·sol·u·ble ['riːzɔljubl] qu'on peut résoudre; résoluble (*problème*); 🜚 décomposable.

res·o·lute □ ['rezəluːt] résolu; ferme; **'res·o·lute·ness** résolution *f*.

res·o·lu·tion [rezəˈluːʃn] 🜚, ♣, ♩, *parl.*, *phys.*, *fig.* résolution *f*; détermination *f*; *fig. a.* fermeté *f*.

re·solv·a·ble [riˈzɔlvəbl] résoluble; réductible.

re·solve [ri'zɔlv] **1.** *v/t.* 🜚, ♩, ⚗, *admin.*, *fig.* résoudre; ⊕ décomposer; *personne*: se résoudre à (*qch.*); *fig.* dissiper (*un doute*); *parl.* *the House* ~*s itself into a committee* la Chambre se constitue en commission; *v/i.* (*a.* ~ *o.s.*) se résoudre; ~ (*up*)*on* se résoudre à; **2.** résolution *f*; **re'solved** □ résolu, décidé.

res·o·nance ['reznəns] résonance *f*; **'res·o·nant** □ résonnant; sonore (*voix*).

re·sorp·tion *physiol.* [ri'sɔːpʃn] résorption *f*.

re·sort [ri'zɔːt] **1.** recours *m*; ressource *f*; affluence *f*; lieu *m* de séjour; *health* ~ station *f* thermale; *seaside* ~ plage *f*; station *f* balnéaire; *summer* ~ station *f* d'été; *in the last* ~ en dernier ressort; en fin de compte; **2.**: ~ *to* avoir recours à; fréquenter (*un lieu*); se rendre à (*un endroit*).

re·sound [ri'zaund] (faire) résonner, retentir (*de*, *with*).

re·source [ri'sɔːs] ressource *f*; expédient *m*; distraction *f*; **re'source·ful** □ [~ful] fertile en ressources; F débrouillard.

re·spect [ris'pekt] **1.** rapport *m* (à, *to*; de, *of*); égard *m*; respect *m* (pour, *for*); considération *f* (pour, envers *for*); ~*s* *pl.* hommages *m*/*pl.*; *with* ~ *to* quant à; en *ou* pour ce qui concerne; *out of* ~ *for* pour respect de; ✝ *au compte de*; *pay one's* ~*s to* présenter ses hommages à, rendre ses respects à (*q.*); **2.** *v/t.* respecter honorer; avoir égard à; concerner, avoir rapport à; **re·spect·a'bil·i·ty** respectabilité *f*; ✝ *a.* solidité *f*; **re'spect·a·ble** □ respectable; convenable; honorable; passable; ✝ solide; **re'spect·ful** □ [~ful] respectueux (-euse *f*) (envers, pour *to*[*wards*]); *Yours* ~*ly* je vous prie d'agréer mes salutations très respectueuses; **re'spect·ful·ness** respect *m*; **re'spect·ing** en ce qui concerne; touchant; quant à; **re'spec·tive** □ respectif (-ive *f*); *we went to our* ~ *places* nous sommes allés chacun à notre place.

res·pi·ra·tion [respəˈreiʃn] respiration *f*.

res·pi·ra·tor ['respəreitə] respirateur *m* (*a.* ⚔); ⚔ masque *m* à gaz; **re·spir·a·to·ry** [ris'paiərətəri] respiratoire.

re·spire [ris'paiə] respirer.

res·pite [ris'pait] **1.** ⚖ sursis *m*, délai *m*; répit *m*; **2.** accorder un sursis à; remettre.

re·splend·ence, **re·splend·en·cy** [ris'plendəns(i)] splendeur *f*, éclat *m* (*a. fig.*); **re'splend·ent** □ resplendissant.

re·spond [ris'pɔnd] répondre (*a. fig.*); *eccl.* réciter les répons; ~ *to* obéir à; être sensible à; **re'spond·ent 1.** ⚖ défendeur (-eresse *f*); ~ *to* sensible à, qui réagit à; **2.** ⚖ défendeur (-eresse *f*) *m*; *cour de cassation*: intimé(e *f*) *m*.

re·sponse [ris'pɔns] réponse *f* (*a. fig.*), réplique *f*; *eccl.* répons *m*.

re·spon·si·bil·i·ty [rispɔnsəˈbiliti] responsabilité *f* (de for, of); ✝ solidité *f*; **re'spon·si·ble** □ responsable (de, for; envers, to); chargé (de, for); capable; qui comporte des responsabilités (*poste*); sérieux (-euse *f*) (*personne*); *be* ~ *for* être maître de; être comptable de; être coupable de; **re'spon·sive** □ sensible (à, to); impressionnable; *be* ~ *to* répondre à, obéir à.

rest[1] [rest] **1.** repos *m* (*a. fig.*); sommeil *m*; *fig.* mort *f*; ♩ silence *m*; abri *m*; support *m*; *at* ~ en repos; *set at* ~ calmer; régler; **2.** *v/i.* se reposer; avoir *ou* prendre du repos; s'appuyer (sur, on); *fig.* ~ (*up*)*on* reposer sur; peser sur (*q.*) (*responsabilité*); ~ *with s.o.* *fig.* dépendre de

(*q.*); *v/t.* (faire) reposer; appuyer; déposer (*un fardeau*).
rest² [~] **1.** reste *m*, restant *m*; *les autres m/pl.*; ✝ (fonds *m* de) réserve *f*; *for the* ~ quant au reste; **2.** rester, demeurer; ~ *assured* être assuré (*que, that*).
re·state·ment ['riː'steɪtmənt] révision *f* (*d'un texte*); nouvel énoncé *m*.
res·tau·rant ['restərɔ̃ː] restaurant *m*.
rest-cure ✱ ['restkjuə] cure *f* de repos.
rest·ing-place ['restɪŋpleɪs] abri *m*; (lieu *m* de) repos *m*; *last* ~ dernière demeure *f*.
rest·i·tu·tion [restɪ'tjuːʃn] restitution *f*; réintégration *f* (*du domicile conjugal*); *make* ~ *of* restituer qch.
res·tive ☐ ['restɪv] nerveux (-euse *f*); rétif (-ive *f*) (*cheval*, F *personne*); **'res·tive·ness** humeur *f* rétive *ou* inquiète; nervosité *f*.
rest·less ['restlɪs] sans repos; agité; inquiet (-ète *f*); **'rest·less·ness** agitation *f*; turbulence *f*; mouvement *m* incessant; nervosité *f*.
re·stock ['riː'stɔk] ✝ réapprovisionner (en, *with*); repeupler (*un étang*).
res·to·ra·tion [restɔ'reɪʃn] restitution *f*; restauration *f* (*d'un bâtiment, a. pol.*); réintégration *f* (*dans une fonction, to a post*); **re·stor·a·tive** ☐ [rɪ'stɔrətɪv] fortifiant (*a. su./m*); cordial (-aux *m/pl.*) (*a. su./m*).
re·store [rɪ'stɔː] restituer, rendre; restaurer; réintégrer; rétablir; ramener (à la vie, *to life*); ~ *s.th. to its place* remettre qch. en place; ~ *s.o. to liberty* rendre q. à la liberté; mettre q. en liberté; ~ *to health* rétablir la santé de q.; **re'stor·er** restaurateur (-trice *f*) *m*; *meubles*: rénovateur *m*; *hair* ~ régénérateur *m* des cheveux.
re·strain [rɪs'treɪn] retenir, empêcher (de, *from*); refréner; contenir; **re'strained** tempéré; contenu (*colère*); sobre; **re'strain·ed·ly** [~ɪdlɪ] avec retenue *ou* contrainte; **re'straint** contrainte *f* (*a. fig.*); frein *m*; *fig.* réserve *f*; sobriété *f*; internement *m* (*d'un aliéné*).
re·strict [rɪs'trɪkt] restreindre, réduire; **re'stric·tion** restriction *f*; réduction *f* (*de of, on*); **re'stric·tive** ☐ restrictif (-ive *f*).

re·sult [rɪ'zʌlt] **1.** résultat *m*; aboutissement *m*; **2.** résulter, provenir (de, *from*); ~ *in* mener à, produire; avoir pour résultat; **re'sult·ant 1.** résultant; **2.** ⚛, *phys.* (force *f*) résultante *f*.
ré·su·mé ['reɪzjuːmeɪ] résumé *m*.
re·sume [rɪ'zjuːm] reprendre, regagner; se remettre à; **re·sump·tion** [rɪ'zʌmpʃn] reprise *f*.
re·sur·gence [rɪ'sɜːdʒəns] résurrection *f*; **re'sur·gent** qui resurgit.
res·ur·rect [rezə'rekt] *vt/i.* ressusciter; **res·ur'rec·tion** résurrection *f*; **res·ur'rec·tion·ist**, *a.* **res·ur'rec·tion man** déterreur *m* de cadavres.
re·sus·ci·tate [rɪ'sʌsɪteɪt] *vt/i.* ressusciter; *v/t.* rappeler à la vie; *v/i.* revenir à la vie; **re·sus·ci'ta·tion** ressuscitation *f*.
re·tail ['riːteɪl] **1.** *su.* (vente *f* au) détail *m*; *by* ~ au détail; ~ *price* prix *m* de détail; **2.** *adj.* au détail; de détail; **3.** *adv.* au détail; **4.** [riː'teɪl] (se) vendre au détail; (se) détailler; *v/t. fig.* colporter (*des nouvelles*); *be* ~*ed* se vendre au détail (à, *at*); **re'tail·er** marchand(e *f*) *m* au détail; *fig.* colporteur *m*.
re·tain [rɪ'teɪn] retenir (*un avocat, qch., fig. a. dans son souvenir*); maintenir (*en position*); conserver (*qch., coutume, faculté, etc.*); engager (*un domestique etc.*); **re'tain·er** *hist.* serviteur *m*, suivant *m*; (*usu. retaining fee*) avance *f*; honoraires *m/pl.* (*versés à un avocat pour retenir ses services*); *old* ~ vieux serviteur *m*.
re·take ['riː'teɪk] [*irr.* (take)] reprendre; *cin.* tourner à nouveau.
re·tal·i·ate [rɪ'tælɪeɪt] *v/t.* user de représailles (envers, *on*); retourner (*une accusation*) (contre, *upon*); *v/i.* rendre la pareille (à, *on*); **re·tal·i'a·tion** représailles *f/pl.*; **re'tal·i·a·to·ry** [~ɪətərɪ] de représailles.
re·tard [rɪ'tɑːd] *v/t.* retarder; *v/i.* tarder (*personne*); retarder (*chose*); *mot.* ~*ed ignition* retard *m* à l'allumage; ~*ed child* enfant *m* arriéré; **re·tar·da·tion** [riːtɑː'deɪʃn] retard(ement) *m*; *phys.* retardation *f*; ♪ *mesure:* ralentissement *m*.
retch ✱ [riːtʃ] avoir des haut-le-cœur.

re·tell ['riː'tel] [*irr.* (*tell*)] répéter; raconter de nouveau.

re·ten·tion [ri'tenʃn] conservation *f*; maintien *m*; ✂, *a.* psych. rétention *f*; **re'ten·tive** □ gardeur (-euse *f*) (de, *of*); fidèle, tenace (*mémoire*); *anat.* rétentif (-ive *f*); contentif (-ive *f*) (*bandage*).

re·think ['riː'θiŋk] [*irr.* (*think*)] réfléchir encore sur; repenser à.

ret·i·cence ['retisəns] réticence *f*; *fig.* réserve *f*; **'ret·i·cent** taciturne; réservé; peu communicatif (-ive *f*).

re·tic·u·late □ [ri'tikjulit], **re·tic·u·lat·ed** □ [_leitid] réticulé; rétiforme; **ret·i·cule** ['retikjuːl] réticule *m* (*a. opt.*); sac *m* à main.

ret·i·na *anat.* ['retinə] rétine *f*.

ret·i·nue ['retinjuː] suite *f* (*d'un noble*).

re·tire [ri'taiə] *v/t.* mettre à la retraite; ✝ retirer (*un effet*); *v/i.* se retirer (dans, *to*); s'éloigner; se coucher; se démettre; prendre sa retraite; ✂ se replier; *sp.* se retirer (de, *from*); **re'tired** □ retiré (*endroit, vie*); retraité; mis à la retraite; ~ *pay* pension *f* de retraite; **re'tire·ment** retraite *f* (*a.* ✂); ✝ retrait *m* (*d'un effet*); ✂ repliement *m*; *sp.* abandon *m* (de la partie); **re'tir·ing** □ sortant; réservé; farouche; ~ *pension* pension *f* de retraite.

re·tort [ri'tɔːt] **1.** réplique *f*; riposte *f*; 🝪 cornue *f*; **2.** *vt./i.* répliquer, riposter; relancer (à, [*up*]*on*).

re·touch ['riː'tʌtʃ] retoucher (*a. phot.*).

re·trace [ri'treis] retracer (*un dessin*); remonter à l'origine de; *fig.* ~ *one's steps* revenir sur ses pas.

re·tract [ri'trækt] (se) rétracter; *vt/i.* rentrer; ⊕ (se) contracter; ✈ escamoter, rentrer; **re'tract·a·ble** *zo.* rétractile; ✈ rentrant, escamotable; **re·trac'ta·tion**, **re'trac·tion** retrait *m*; rétractation *f* (*a.* ✂); *gramm.* recul *m*.

re·trans·late ['riː'trænsleit] retraduire; **'re·trans'la·tion** nouvelle traduction *f*.

re·trans·mit ['riː'trænz'mit] *télév., a. radio*: retransmettre.

re·treat [ri'triːt] **1.** retraite *f* (*a.* ✂, *a. fig.*); *glacier*: recul *m*; *fig.* asile *m*; repaire *m* (*de brigands*); **2.** *v/t.* ramener; *v/i.* se retirer, s'éloigner; ✂ battre en retraite; *box. etc.* rompre.

re·trench [ri'trentʃ] *v/t.* restreindre; réformer; supprimer (*un mot etc.*); ✂ retrancher; *v/i.* faire des économies; restreindre sa dépense; **re'trench·ment** réduction *f*; économies *f/pl.*; suppression *f*; ✂ retranchement *m*.

re·tri·al ✂ ['riː'traiəl] procédure *f* de révision.

ret·ri·bu·tion [retri'bjuːʃn] châtiment *m*; **re·trib·u·tive** □ [ri'tribjutiv] vengeur (-eresse *f*).

re·triev·a·ble [ri'triːvəbl] recouvrable (*argent*); réparable (*erreur etc.*).

re·trieve [ri'triːv] recouvrer; retrouver; rétablir; arracher (à, *from*); réparer; *chasse*: rapporter; **re'triev·er** *chasse*: chien *m* rapporteur; *race*: retriever *m*.

retro- [retrou] rétro...; ~'**ac·tive** rétroactif (-ive *f*); ~'**cede** reculer; ~'**ces·sion** recul *m*; mouvement *m* rétrograde; ~**gra'da·tion** *astr.* rétrogradation *f*; *biol.* régression *f*; '~**grade 1.** rétrograder (*a. fig.*); *fig. a.* dégénérer.

ret·ro·gres·sion [retrou'greʃn] rétrogression *f*; *fig.* dégénérescence *f*; **ret·ro·spect** ['~spekt] coup *m* d'œil rétrospectif; *consider in* ~ jeter un coup d'œil rétrospectif sur; **ret·ro·spec·tion** examen *m* rétrospectif; **ret·ro·spec·tive** □ rétrospectif (-ive *f*) (*vue etc.*); vers l'arrière; ✂ à effet rétrospectif (*loi*).

re·try ✂ ['riː'trai] juger à nouveau (*q., un procès*).

re·turn [ri'təːn] **1.** retour *m* (*a.* ⚡, ✉, *marchandises*, △ *mur*); recrudescence *f* (*a.* ✉); ✦ circuit *m* de retour; *parl.* élection *f*; ✝ (*souv.* ~*s pl.*) recettes *f/pl.*; rendement *m*, profit *m*; remboursement *m* (*d'un capital*); déclaration *f* (*de revenu*); *Banque*: situation *f*; rapport *m*, relevé *m* (*officiel*); *balle, son, etc.*: renvoi *m*; ⊕ rappel *m*; ✝ ~*s pl.* rendus *m/pl.*; restitution *f*; *fig.* récompense *f*; *fig.* échangé *m*; ~*s pl.* relevé *m*; statistique *f*; *attr.* de retour; *many happy* ~*s of the day* mes meilleurs vœux pour votre anniversaire, joyeux anniversaire; *in* ~ en retour; en échange (de, *for*); *by* ~ (*of post*) par retour de courrier; ~ *match* match *m* retour; ~ *ticket* billet

m d'aller et retour; *pay a ~ visit* rendre une visite (à *q.*); **2.** *v/i.* revenir; rentrer; retourner; *fig.* *~ to* revenir à (*un sujet etc.*); retomber dans (*une habitude*); *v/t.* rendre; renvoyer (*accusation, balle, lumière*); adresser (*des remerciements*); *fig.* répliquer, répondre; ✝ rapporter (*un bénéfice, a. admin.*); faire une déclaration de (*revenu*); ⚖ déclarer (*q. coupable*), rendre, prononcer (*un verdict*); *parl.* élire; *cartes:* rejouer; **re'turn·a·ble** restituable; **re'turn·er** personne *f* qui revient *ou* qui rend; **re·turn·ing of·fi·cer** directeur *m* du scrutin; *deputy ~* scrutateur *m*.
re·un·ion ['riː'juːnjən] réunion *f*; assemblée *f*; **re·u·nite** ['riːjuː'naɪt] (se) réunir; (se) réconcilier.
rev *mot.* F [rev] **1.** tour *m*; **2.** (*a. ~ up*) (faire) s'emballer.
re·val·or·i·za·tion [riːvælərai'zeiʃn] revalorisation *f*; **re'val·or·ize** [~aiz] revaloriser; **re·val·u·a·tion** [~vælju'eiʃn] réévaluation *f*; réestimation *f*; **re'val·ue** [~'væljuː] réévaluer; réestimer.
re·vamp ⊕ ['riː'væmp] remplacer l'empeigne de (*un soulier*); *Am.* rafraîchir, renflouer.
re·veal [ri'viːl] révéler, découvrir; faire connaître *ou* voir; dévoiler (*un mystère*); **re'veal·ing** révélateur (*-trice f*).
re·veil·le ✠ [ri'væli] réveil *m*.
rev·el ['revl] **1.** réjouissances *f/pl.*; divertissement *m*, *-s m/pl.*; *péj.* orgie *f*; **2.** se divertir; faire bombance; se délecter (à, *in*).
rev·e·la·tion [revi'leiʃn] révélation *f*; *bibl.* ♀ *l'Apocalypse f*.
rev·el·(l)er ['revlə] noceur (*-euse f*) *m*; joyeux convive *m*; **'rev·el·ry** divertissements *m/pl.*; *péj.* orgie *f*.
re·venge [ri'vendʒ] **1.** vengeance *f*; *jeux:* revanche *f*; **2.** *v/i.* se venger (de *qch.*, sur *q.* on) *v/t.* venger (*q., qch.*); *~ o.s.* (*ou be ~d*) on se venger de (*qch.*) *ou* sur (*q.*); **re'venge·ful** □ [~ful] vindicatif (*-ive f*); vengeur (*-eresse f*); **re'venge·ful·ness** esprit *m* de vengeance; caractère *m* vindicatif; **re'veng·er** vengeur (*-eresse f*) *m*.
rev·e·nue ['revinjuː] (*a. ~s pl.*) revenu *m*; rapport *m*; rentes *f/pl.*; *~ board* (*ou office*) (bureau *m* de) perception *f*; *~ cutter* cotre *m* de la douane; *~ officer* employé *m* de la douane; *~ stamp* timbre *m* fiscal.
re·ver·ber·ate [ri'vəːbəreit] *v/t.* renvoyer (*un son*); réfléchir (*la lumière etc.*); *v/i.* résonner (*son*); réverbérer (*chaleur, lumière*); **re·ver·ber'a·tion** renvoi *m*; réverbération *f*; **re'ver·ber·a·tor** réflecteur *m*; **re'ver·ber·a·to·ry fur·nace** *métall.* [~ətəri] four *m* à réverbère.
re·vere [ri'viə] vénérer; **rev·er·ence** ['revərəns] **1.** vénération *f*; révérence *f*; respect *m* (religieux); F *Your* ♀ monsieur l'abbé; *co. saving your ~* sauf révérence; **2.** révérer; **'rev·er·end** [~rənd] vénérable; *eccl.* révérend; *Right* ♀ très révérend. **2.** *the Right ~ X* le révérend *m* X.
rev·er·ent □ ['revərənt], **rev·er·en·tial** □ [~'renʃl] révérenciel(le *f*); plein de vénération.
rev·er·ie ['revəri] rêverie *f*.
re·ver·sal [ri'vəːsəl] renversement *m* (*a.* ⊕, *a. opt.*); revirement *m* (*d'une opinion*); ⚖ réforme *f*, annulation *f*; ⊕ *~ of stroke* changement *m* de course; **re'verse** [~'vəːs] **1.** contraire *m*, inverse *m*; ✕, *a. fig.* revers *m*; *mot.* (*a. ~ gear*) marche *f* arrière; *feuillet:* verso *m*; *in ~* en ordre inverse: en marche arrière; ✕ à revers; **2.** □ contraire, inverse; *side tissu:* envers *m*; **3.** renverser (*a.* ✕); invertir (*un ordre, a. phot.*); *cost.* retourner; ⚖ réformer, révoquer; *mot. a. v/i.* faire (marche arrière); **re'vers·i·ble** réversible (*procès*); *phot.* inversible; à deux endroits (*tissu*); à double face (*manteau*); **re'vers·ing** ⊕ de renvoi.
re·ver·sion [ri'vəːʃn] ⚖ retour *m* (*a. fig.*), réversion *f* (*a. biol.*); substitution *f*; survivance *f*; *phot.* inversion *f*; *in ~* grevé d'une réversion); réversible (*rente*); **re'ver·sion·ar·y** ⚖ de réversion; réversible; **re'ver·sion·er** ⚖ détenteur (*-trice f*) *m* d'un droit de réversion *ou* substitution.
re·vert [ri'vəːt] (*to*) revenir (à (*a.* ⚖, *biol., fig.*); *a. biens:* faire retour (à *q.*).
rev·er·y *see reverie*.
re·vet·ment ⊕ [ri'vetmənt] revêtement *m*.
re·view [ri'vjuː] **1.** ⚖ révision *f*; ✕,

reviewer

⚓, *périodique*, *fig.*: revue *f*; examen *m*; compte rendu *m*; *year under* ~ année *f* de rapport; 2. *v/t.* 🕳 réviser; ✗, ⚓, *fig.* passer en revue; *fig.* revoir, examiner; faire le compte rendu de; *v/i.* faire de la critique littéraire *etc.*; re'view·er critique *m* (littéraire); ~'s *copy* exemplaire *m* de service de presse.
re·vile [ri'vail] injurier (*q.*).
re·vis·al [ri'vaizl] révision *f*.
re·vise [ri'vaiz] 1. revoir, relire (*un livre etc.*); corriger (*des épreuves*); réviser (*une loi*); 2. *typ.* épreuve *f* de révision; seconde *f*; re'vis·er réviseur *m*; *typ.* correcteur *m*.
re·vi·sion [ri'viʒn] révision *f*.
re·vis·it ['riː'vizit] visiter de nouveau.
re·vi·so·ry [ri'vaizəri] de révision.
re·vi·tal·ize ['riː'vaitəlaiz] revivifier.
re·viv·al [ri'vaivl] 🕳 retour *m* des forces, retour *m* à la vie; reprise *f* des sens; *théâ.* a. ✝ reprise *f*; *fig.* renaissance *f*; renouveau *m*; re·vive [~'vaiv] *v/t.* ressusciter; rappeler à la vie; ranimer; réveiller; renouveler; *v/i.* reprendre connaissance; se ranimer; ✝ *etc.* reprendre; re'viv·er ressusciteur *m*; personne *f* qui ranime; F verre *m* (*de cognac etc.*); re·viv·i·fy [~'vivifai] revivifier.
rev·o·ca·ble □ ['revəkəbl] révocable; rev·o·ca·tion [~'keiʃn] révocation *f*; abrogation *f*.
re·voke [ri'vouk] *v/t.* révoquer; retirer; *v/i. cartes:* renoncer à faux.
re·volt [ri'voult] 1. révolte *f*. 2. *v/i.* se révolter (*a. fig.*), se soulever (*contre against, from*); *v/t. fig.* dégoûter, indigner (*q.*).
rev·o·lu·tion [revə'luːʃn] ⊕, *pol.*, *astr.*, *fig.* révolution *f*; ⊕ tour *m*; rotation *f*; ~*s per minute* tours *m/pl.* à la minute; rev·o'lu·tion·ar·y 1. révolutionnaire; 2. (*a.* rev·o'lu·tion·ist) révolutionnaire *mf*; rev·o'lu·tion·ize révolutionner.
re·volve [ri'vɔlv] *v/i.* tourner (*sur, on*); autour de, *round*); revenir (*saisons*); *v/t.* faire tourner; *fig.* ruminer, retourner; re'volv·er revolver *m*; re'volv·ing tournant; ~ *stage* scène *f* tournante; ~ *door* porte *f* tournante *ou* pivotante; ~ *pencil* porte-mine *m/inv.*
re·vue *théâ.* [ri'vjuː] revue *f*.

1026

re·vul·sion [ri'vʌlʃn] *fig.* revirement *m* (*des sentiments*); nausée *f*; 🕳 révulsion *f*; re'vul·sive □ 🕳 révulsif (-ive *f*) (*a. su./m*).
re·ward [ri'wɔːd] 1. récompense *f*; 2. récompenser, rémunérer (*de*, *for*); *fig.* payer (qch., *for* s.th.).
re·word ['riː'wəːd] rédiger à nouveau.
re·write ['riː'rait] [*irr.* (*write*)] récrire; remanier, recomposer.
rhap·so·dist ['ræpsədist] rhapsodiste *m*; 'rhap·so·dize s'extasier (sur, *over*); 'rhap·so·dy rhapsodie *f*; *fig.* transports *m/pl.*
rhe·o·stat ⚡ ['riːostæt] rhéostat *m*.
rhet·o·ric ['retərik] rhétorique *f* (*a. péj.*); éloquence *f*; rhe·tor·i·cal □ [ri'tɔrikl] de rhétorique; *péj.* ampoulé; rhet·o·ri·cian [retə'riʃn] rhétoricien *m*; *hist.*, *a. péj.* rhéteur *m*.
rheu·mat·ic 🕳 [ruː'mætik] (~*ally*) rhumatismal (-aux *m/pl.*); rhumatisant (*a. su./m*) (*personne*); rheu'mat·ics F *pl.*, rheu·ma·tism 🕳 ['ruːmətizm] rhumatisme *m*.
rhi·no¹ *sl.* ['rainou] galette *f* (= argent).
rhi·no² [~], rhi·noc·er·os *zo.* [rai'nɔsərəs] rhinocéros *m*.
rhomb, rhom·bus 🔷 ['rɔm(bəs)], *pl.* -bus·es, -bi [~bai] losange *m*, † rhombe *m*.
rhu·barb ♣ ['ruːbɑːb] rhubarbe *f*.
rhumb ⚓ [rʌm] rhumb *m*.
rhyme [raim] 1. rime *f* (à, *to*); poésie *f*, vers *m/pl.*; *without* ~ *or reason* sans rime ni raison; 2. (faire) rimer (avec, *with*); 'rhyme·less □ sans rime; 'rhym·er, rhyme·ster ['~stə] versificateur *m*; *péj.* rimailleur *m*.
rhythm [riðm] rythme *m*; 'rhyth·mic, 'rhyth·mi·cal □ rythmique, cadencé.
Ri·al·to *Am.* [ri'æltou] quartier *m* des théâtres (*de Broadway*).
rib [rib] 1. côte *f*; ⚓, 🔺 nervure *f*; *parapluie:* baleine *f*; 2. garnir de côtes *ou* de nervures; *Am. sl.* taquiner (*q.*).
rib·ald ['ribəld] 1. paillard; licencieux (-euse *f*); 2. paillard(e *f*) *m*; homme *m* éhonté; 'rib·ald·ry paillardises *f/pl.*; propos *m/pl.* grossiers.
rib·and ⊕ ['ribənd] ruban *m*.

ribbed [ribd] ⚓ à nervures (*a. plafond*); *tex.* à côtes.

rib·bon ['ribən] ruban *m* (*a. décoration, machine à écrire*, ⊕ *etc.*); *ordre*: cordon *m*; bande *f*; ~s *pl.* lambeaux *m/pl.*; *sl.* guides *f/pl.*; ~ **building** *ou* **development** alignement *m* de maisons en bordure de route; ⊕ ~**work** travail (*pl.* -aux) *m* à la chaîne; '**rib·boned** orné de rubans; *zo.* rubané.

rice [rais] riz *m*; *ground* ~ farine *f* de riz.

rich □ [ritʃ] riche (en, in) (*personne, terre, couleur, style, a. fig.*); fertile, gras(se *f*); somptueux (-euse *f*); de luxe; superbe; corsé (*vin*); ample, plein (*voix etc.*); F impayable, épatant; ~ *in meaning* significatif (-ive *f*); *gramm.* ayant beaucoup d'acceptions; ~ *milk* lait *m* non écrémé; **rich·es** ['~iz] *pl.* richesses *f/pl.*; '**rich·ness** richesse *f*; abondance *f*; luxe *m*; *couleur*: éclat *m*; *voix*: ampleur *f*.

rick¹ ✗ [rik] 1. meule *f* (*de foin*); 2. mettre en meule(s).

rick² [~] *see* **wrick**.

rick·ets 𝒮 ['rikits] *sg. ou pl.* rachitisme *m*; '**rick·et·y** rachitique; F branlant, bancal (*m/pl.* -als), chancelant.

rid [rid] [*irr.*] débarrasser (de, of); *get* ~ *of* se débarrasser de; ♃ éliminer; '**rid·dance** débarras *m*; *he is a good* ~ bon débarras!

rid·den ['ridn] *p.p. de* **ride** 2; *gang-*~ infesté de gangsters; *family-*~ tyrannisé par sa famille.

rid·dle¹ ['ridl] 1. énigme *f* (*a. fig.*), devinette *f*; *find the clef de*; *v/i.* parler par énigmes; ~ *me* donnez-moi le mot de (*cette énigme*).

rid·dle² [~] 1. crible *m*, claie *f*; 2. cribler (*a. fig.*) (de, with); passer au crible.

rid·dling ['ridliŋ] énigmatique.

ride [raid] 1. promenade *f*; voyage *m*; course *f*; *autobus etc.*: trajet *m*; 2. [*irr.*] *v/i.* se promener, aller (*à cheval, en auto, à bicyclette*); voyager; chevaucher; *fig.* voguer; remonter; ⚓ ~ *at anchor* être mouillé; ~ *for a fall* aller en casse-cou; *fig.* courir à un échec, aller au-devant de la défaite; *v/t.* monter (*un cheval etc.*); aller à (*une bicyclette etc.*); parcourir (*le pays*) (à cheval); diriger (*son cheval*); opprimer; voguer sur (*les vagues*); ~ (*on*) *a bicycle* aller à bicyclette; ⚓ ~ *out* étaler (*une tempête*); *fig.* surmonter (*une crise*); '**rid·er** cavalier (-ère *f*) *m*; *course*: jockey *m*; *cirque*: écuyer (-ère *f*) *m*; clause *f* additionnelle; annexe *f*; ♃ exercice *m* d'application (*d'un théorème*); ⊕ cavalier *m*.

ridge [ridʒ] 1. *montagne*: arête *f*, crête *f*; faîte *m* (*a.* ⚒); *sable*: ride *f*; *rochers*: banc *m*; *coteaux*: chaîne *f*; ✗ billon *m*, butte *f*; 2. *v/t.* ⚒ enfaîter; ✗ disposer en billons; sillonner; *v/i.* former des crêtes; se rider.

rid·i·cule ['ridikju:l] 1. moquerie *f*, raillerie *f*; dérision *f*; ridicule *m*; 2. se moquer de; ridiculiser; **ri·'dic·u·lous** □ [~juləs] ridicule; **ri·'dic·u·lous·ness** ridicule *m*.

rid·ing ['raidiŋ] 1. équitation *f*; 2. d'équitation; de cavalier (-ère *f*); '~-**breech·es** *pl.* culotte *f* de cheval; '~-**hab·it** *cost.* amazone *f*.

rife □ [raif] abondant (en, with); nombreux (-euse *f*); *be* ~ régner, abonder (en, with).

riff-raff ['rifræf] canaille *f*.

ri·fle¹ ['raifl] piller.

ri·fle² [~] 1. fusil *m* (*rayé*); rayure *f* (*d'un fusil*); ✗ ~s *pl.* fusiliers *m/pl.*; 2. rayer (*un fusil*); '~**man** ✗ fusilier *m*; chasseur *m* à pied.

ri·fling ⊕ ['raifliŋ] rayage *m*; *coll.* rayure *f*, -s *f/pl.*

rift [rift] fente *f*, fissure *f*; *fig.* fêlure *f*.

rig¹ F [rig] 1. farce *f*; coup *m* monté; 2. travailler (*le marché*); tripoter sur; truquer.

rig² [~] 1. ⚓ gréement *m*; F *fig.* équipement *m*; F toilette *f*; *Am.* F attelage *m*; 2. (*a.* ~ *out ou up*) gréer; F *fig.* accoutrer; ~ *up* monter; '**rig·ger** ⚓ gréeur *m*; ✈ monteur-régleur (*pl.* monteurs-régleurs) *m*; '**rig·ging** ⚓ gréage *m*; ✈ gréement *m*.

right [rait] 1. □ droit (*a. = contraire de gauche*); bon(ne *f*); honnête, correct, exact, juste; bien placé; ♃ ~ *angle* angle *m* droit; *be* ~ avoir raison; être à l'heure (*montre*); convenir (à, for); *be* ~ *to* (*inf.*) avoir raison de (*inf.*); bien faire de (*inf.*); être fondé à (*inf.*); *all* ~! entendu! parfait!; très bien!; allez-y!; c'est

right-angled 1028

bon!; *be on the* ~ *side of 40* avoir moins de 40 ans; *put (ou set)* ~ ajuster; réparer; corriger; désabuser (*q.*); réconcilier (avec, *with*); **2.** *adv.* droit; tout ...; bien; fort, très; correctement; à droite; *dans un titre*: très; F *send to the* ~-*about* envoyer promener (*q.*); ~ *away* tout de suite; sur-le-champ; ~ *in the middle* au beau milieu; ~ *on* tout droit; **3.** *su.* droit *m*, titre *m*; bien *m*; justice *f*; côté *m* droit, droite *f* (*a. pol.*); *box.* coup *m* du droit; *in* ~ *of his mother* du chef de sa mère; *in his (ou her) own* ~ de son propre chef; *en propre*; *the* ~*s pl. of a story* la vraie histoire; *by* ~(*s*) en toute justice; *by* ~ *of par droit de*; à titre de; à cause de; *set (ou put) to* ~*s* mettre en ordre; arranger; *on (ou to) the* ~ à droite; **4.** *v/t.* redresser (*qch., un tort*); rendre justice à; corriger; ⊕ (*v/i.*) se redresser; ~-**an·gled** ⚓ ['~æŋgld] à angle droit; rectangle (*triangle*); **right·eous** □ ['~ʃəs] juste (*a. = justifié*); vertueux (-euse *f*); '**right·eous·ness** droiture *f*, vertu *f*; **right·ful** □ ['~ful] légitime; équitable (*conduite*); '**right-'hand·ed** droitier (-ère *f*) (*personne*); ⊕ conçu pour la main droite; à droite (*vis etc.*); '**right-'mind·ed** bien pensant; '**right·ness** droiture *f*; décision *etc.*: justesse *f*.

rig·id □ ['rɪdʒɪd] raide, rigide; *fig.* strict, sévère; **ri'gid·i·ty** raideur *f*, rigidité *f*; *fig.* sévérité *f*; intransigeance *f*.

rig·ma·role ['rɪgmərəʊl] discours *m* sans suite; F litanie *f*.

rig·or ⚓ ['raɪgɔː]; frissons *m/pl.*; ~ **mor·tis** [,~'mɔːtɪs] rigidité *f* cadavérique; **rig·or·ous** □ ['rɪgərəs] rigoureux (-euse *f*).

rig·o(u)r ['rɪgə] rigueur *f*, sévérité *f*; *fig.* austérité *f*; *preuve*: exactitude *f*; ~*s pl. a.* âpreté *f* du temps.

rile F [raɪl] agacer, exaspérer.

rill [rɪl] petit ruisseau *m*.

rim [rɪm] bord *m*; *lunettes*: monture *f*; *roue*: jante *f*.

rime[1] [raɪm] rime *f*.

rime[2] *poét.* [~] givre *m*, gelée *f* blanche; '**rim·y** couvert de givre; givré.

rind [raɪnd] écorce *f*, peau *f* (*a. d'un fruit*); *fromage*: croûte *f*; *lard*: couenne *f*.

ring[1] [rɪŋ] **1.** anneau *m*; bague *f*; rond *m* (*de serviette*); ⊕ segment *m*; *personnes*: groupe *m*, cercle *m*; ✝ cartel *m*; *cirque*: arène *f*; *box.* ring *m*; *lune*: auréole *f*; **2.** boucler (*un taureau*); baguer (*un pigeon*); (*usu.* ~ *in ou round ou about*) entourer, encercler.

ring[2] [~] **1.** son(nerie *f*) *m*; tintement *m*; coup *m* de sonnette; F coup *m* de téléphone; **2.** [*irr.*] *v/i.* sonner; tinter (*a. oreilles*); (*souv.* ~ *out*) résonner, retentir (de, *with*); ~ *again* sonner de nouveau; *téléph.* ~ *off* raccrocher; *the bell is* ~*ing* on sonne; *v/t.* (faire) sonner; ~ *the bell* agiter la sonnette; sonner; *fig.* réussir le coup; ~ *up* sonner pour faire lever (*qch.*); *téléph.* donner un coup de téléphone à (*q.*); '**ring·er** sonneur *m*; '**ring·ing** □ qui résonne, retentissant; '**ring·lead·er** □ meneur *m*; chef *m* de bande; **ring·let** ['~lɪt] *cheveux*: boucle *f*; '**ring·worm** ⚓ teigne *f* tonsurante.

rink [rɪŋk] patinoire *f*; skating *m*.

rinse [rɪns] **1.** (*souv.* ~ *out*) rincer; **2.** = '**rins·ing** rinçage *m*; ~*s pl.* rinçure *f*, -s *f/pl.*

ri·ot ['raɪət] **1.** émeute *f*, F bagarre *f*; *fig.* orgie *f*; *run* ~ pulluler; se déchaîner; **2.** provoquer une émeute; s'ameuter; faire du vacarme; *fig.* se livrer sans frein (à, *in*); '**ri·ot·er** émeutier *m*; séditieux *m*; *fig.* noceur *m*; '**ri·ot·ous** □ tumultueux (-euse *f*); séditieux (-euse *f*); tapageur (-euse *f*) (*personne*); dissolu (*vie*).

rip[1] [rɪp] **1.** déchirure *f*; fente *f*; ⚓ *cord* corde *f* de déchirure (*d'un ballon*), tirette *f* (*d'un parachute*); **2.** *v/t.* déchirer; fendre; ~ *up* découdre; déchirer; *v/i.* se déchirer; se fendre; *mot.* F filer.

rip[2] F [~] mauvais garnement *m*; *personne*: gaillard *m*.

ripe □ [raɪp] mûr; fait (*fromage*); '**rip·en** *vt/i.* mûrir; '**ripe·ness** maturité *f*.

ri·poste [rɪ'pəʊst] **1.** *escrime*: riposte *f* (*a. fig.*); **2.** riposter.

rip·per ['rɪpə] fendoir *m* (*pour ardoises*); burin *m* à défoncer; scie *f* à refendre; *sl.* type *m* épatant; chose *f* épatante; '**rip·ping** □ *sl.* fameux (-euse *f*), épatant.

rip·ple ['rɪpl] **1.** ride *f*; *cheveux*: on-

robustness

dulation *f*; *ruisseau*: gazouillement *m*; murmure *m*; **2.** (se) rider; *v/i.* onduler; murmurer.
rise [raiz] **1.** *eau, route*: montée *f*; côte *f*; rampe *f*; *terrain*: éminence *f*; ascension *f*; hausse *f* (*a.* ✝, ♪); *soleil, théâ. rideau*: lever *m*; *eaux*: crue *f*; ⚓ flèche *f*; *prix etc.*: augmentation *f*; *emploi, rang*: avancement *m*; *fleuve, a. fig.*: source *f*; *give* ~ *to* engendrer; provoquer; *take (one's)* ~ prendre sa source, avoir son origine (dans, *in*); **2.** [*irr.*] se lever (*gibier, personne, soleil, etc.*); se dresser (*cheval, montagne, monument*); se relever (*personne*); s'élever (*bâtiment, terrain*); monter (*mer, terrain, à la surface*, à *un rang*); lever (*pain*); se révolter, se soulever (contre, *against*); ressusciter (*des morts*); *parl.* s'ajourner; ✝ être à la hausse (*a. baromètre*); ⚔ sortir (*du rang*); prendre sa source (dans, *in*; à, *at*); ~ *to the occasion* se montrer à la hauteur de la situation; ~ *to the bait* monter à la mouche; mordre; **ris·en** ['rizn] *p.p.* de *rise* 2; '**ris·er** △ contremarche *f*; *early* ~ personne *f* matinale.
ris·i·bil·i·ty [rizi'biliti] faculté *f* de rire; '**ris·i·ble** ☐ risible, dérisoire; † rieur (-euse *f*) (*personne*).
ris·ing ['raiziŋ] **1.** lever *m*; *chasse*: envol *m*; *prix, baromètre*: hausse *f*; *eaux*: crue *f*; soulèvement *m*, ameutement *m*; résurrection *f*; **2.** d'avenir; nouveau (-el *devant une voyelle ou un h muet*; -elle *f*; -eaux *m/pl.*); ~ *ground* élévation *f* de terrain.
risk [risk] **1.** risque *m* (*a.* ✝), péril *m*; *at the* ~ *of* (*gér.*) au risque de (*inf.*); *run a* (*ou the*) ~ courir un *ou* le risque; **2.** risquer; '**risk·y** ☐ hasardeux (-euse *f*), scabreux (-euse *f*).
ris·sole *cuis.* ['risoul] rissole *f*.
rite [rait] rite *m*; **rit·u·al** ['ritjuəl] **1.** ☐ rituel(le *f*); **2.** rites *m/pl.*; *livre*: rituel *m*.
ri·val ['raivl] **1.** rival(e *f*) *m*; émule *mf*; concurrent(e *f*) *m*; **2.** rival(e *f*; -aux *f*); ✝ concurrent; **3.** *vt/i.* rivaliser (avec); *v/i.* être l'émule de; '**ri·val·ry** rivalité *f*; concurrence *f*; émulation *f*.
rive [raiv] [*irr.*] (se) fendre.
riv·en ['rivn] *p.p* de *rive*.
riv·er ['rivə] fleuve *m*; rivière *f*; *fig.* flot *m*; '~**-horse** hippopotame *m*; '~**-side** rive *f*; bord *m* de l'eau; *attr.* situé au bord de la rivière.
riv·et ['rivit] **1.** ⊕ rivet *m*; **2.** rive(te)r; *fig.* fixer, river (à, *to*; sur, [*up*]*on*); '**riv·et·ing** à river.
riv·u·let ['rivjulit] ruisseau *m*.
roach *icht.* [routʃ] gardon *m*.
road [roud] route *f*; rue *f*; chemin *m* (*a. fig.*); voie *f* (*a. fig.*); *Am. see railroad* 1; *by* ~ par route; en auto (*personne*); ⚓ *usu.* ~ *pl.* (*a.* '~**stead**) rade *f*; ~ *hog mot.* chauffard *m*; '~**-mend·er** cantonnier *m*; '~**-race** course *f* sur route; '~**sense** *surt. mot.* sens *m* pratique de la conduite sur route; **road·ster** ['~stə] cheval *m* de fatigue; *mot. etc.* voiture *f* *ou* bicyclette *f* de route; '**road·way** chaussée *f*; voie *f*.
roam [roum] *v/i.* errer, rôder; *v/t.* parcourir; '**roam·er** vagabond *m*; nomade *m*.
roan [roun] **1.** rouan(ne *f*); **2.** (cheval *m*) rouan *m*; vache *f* rouanne; ⊕ basane *f*.
roar [rɔː] **1.** *vt/i.* hurler, vociférer; *v/i.* rugir; mugir (*mer, taureau*); tonner, gronder; ronfler (*auto, feu*); *v/t.* beugler (*un refrain*); **2.** hurlement *m*; rugissement *m*; éclat *m* (*de rires*); mugissement *m*; grondement *m*; **roar·ing** ['~riŋ] **1.** *see roar* 2; **2.** ☐ rugissant; mugissant; grondant; ✝ gros(se *f*); F superbe.
roast [roust] **1.** *v/t.* (faire) rôtir; *sl.* passer un savon à (*q.*); *v/i.* rôtir; *vt/i.* griller; **2.** rôti; ~ *beef* rôti *m* de bœuf, rosbif *m*; ~ *meat* viande *f* rôtie; *see rule* 2; '**roast·er** *personne*: rôtisseur (-euse *f*) *m*; *cuis.* rôtissoire *f*; volaille *f* à rôtir; '**roast·ing-jack** tournebroche *m*.
rob [rɔb] voler; '**rob·ber** voleur (-euse *f*) *m*; '**rob·ber·y** vol *m*.
robe [roub] **1.** robe *f* (*d'office, de cérémonie*, ⚖); vêtement *m*; maillot *m* anglais (*pour bébés*); ~*s pl.* robe *f*, -*s f/pl.*; *gentlemen of the* ~ *gens m/pl.* de robe; **2.** *v/t.* revêtir (*q.*) d'une robe (*ou univ.* de sa toge); *fig.* recouvrir; *v/i.* revêtir sa robe *ou* toge.
rob·in *orn.* ['rɔbin] rouge-gorge *m* (*pl.* rouges-gorges) *m*.
ro·bot ['roubɔt] automate *m*; *attr.* automatique.
ro·bust ☐ [rə'bʌst] robuste; vigoureux (-euse *f*) *m*; **ro'bust·ness** nature

rock 1030

f ou caractère *m* robuste; vigueur *f*.

rock[1] [rɔk] rocher *m*; roc *m*; roche *f*; *Am.* pierre *f*, diamant *m*; *get down to ~ bottom* être au plus bas; toucher le fin fond; *~-crystal* cristal *m* de roche; *~-salt* sel *m* gemme.

rock[2] [~] *v/t.* bercer; basculer; *v/i.* osciller; *vt/i.* balancer.

rock-bot·tom F ['rɔk'bɔtəm] le plus bas (*prix*).

rock·er ['rɔkə] *berceau etc.*: bascule *f*; *see rocking-chair*; *sl.* *be off one's ~* être un peu toqué.

rock·er·y ['rɔkəri] jardin *m* de rocaille.

rock·et[1] ['rɔkit] fusée *f*; *~ plane* avion-fusée (*pl.* avions-fusées) *m*; *~ propulsion* propulsion *f* par fusée.

rock·et[2] ♀ [~] roquette *f*.

rock·et·pow·ered ['rɔkitpauəd] propulsé par réaction.

rock...: '*~-fall* éboulement *m* de rocher; '*~-gar·den* jardin *m* de rocaille.

rock·ing... ['rɔkiŋ]: '*~-chair* rocking-chair *m*; '*~-horse* cheval *m* à bascule.

rock·y ['rɔki] rocailleux (-euse *f*); rocheux (-euse *f*); de roche.

ro·co·co [rə'koukou] rococo *inv.* (*a. su./m*).

rod [rɔd] verge *f*; baguette *f*; *rideau, escalier*: tringle *f*; ⊕ tige *f*; *surv.* mire *f*; *mesure*: perche *f* (5$^{1}/_{2}$ yards); *Am. sl.* revolver *m*, pistolet *m*; *Black* ♀ Huissier *m* de la Verge noire (*haut fonctionnaire de la Chambre des Lords et de l'Ordre de la Jarretière*).

rode [roud] *prét. de ride 2*.

ro·dent ['roudənt] rongeur *m*.

ro·de·o *Am.* ['rou'deiou) rassemblement *m* du bétail; concours *m* d'équitation (*des cowboys*).

rod·o·mon·tade [rɔdəmɔn'teid] rodomontade *f*.

roe[1] [rou] (*a. hard ~*) œufs *m/pl.* (*de poisson*); *soft ~* laite *f*, laitance *f*.

roe[2] [~] chevreuil *m*, chevrette *f*; '*~-buck* chevreuil *m* (mâle).

ro·ga·tion *eccl.* [rou'geiʃn] Rogation *f*; ♀ *Sunday* dimanche *m* des Rogations.

rogue [roug] fripon(ne *f*) *m*; coquin (-e *f*) *m*; *éléphant*: solitaire *m*; *~s' gallery* musée *m ou* album *m* de portraits *ou* photos de criminels;

'**ro·guer·y** fourberie *f*; coquinerie *f*; '**ro·guish** □ coquin; fripon(ne *f*) (*a. fig.*).

roist·er ['rɔistə] faire du tapage; '**roist·er·er** tapageur (-euse *f*) *m*; fêtard(e *f*) *m*.

role *théâ.* [roul] rôle *m* (*a. fig.*).

roll [roul] 1. ⊕, *tex.*, *étoffe, papier, tabac*: rouleau *m*; ⊕ *a.* cylindre *m*; ✞ *étoffe*: pièce *f*; *Am. billets*: liasse *f*; *typ., phot.* bobine *f*; *admin.* contrôle *m*; *beurre*: coquille *f*; petit pain *m*; *tambour, tonnerre*: roulement *m*; ♃ (*coup m de*) roulis *m*; 2. *v/t.* rouler; cylindrer; ⊕ laminer; *~ out* rouler (au rouleau); *~ up* (en)rouler; ⊕ *~ed gold* doublé *m*; *v/i.* rouler; couler (*larmes*); gronder (*tonnerre*); ♃ rouler, avoir du roulis; *~ up* s'enrouler; F arriver; '*~-call* appel *m* (nominal) (*a.* ✕); '**roll·er** rouleau *m*; cylindre *m*; *tex., papier*: calandre *f*; ✚ (*usu. ~ bandage*) bande *f* roulée; ♃ lame *f* de houle; *Am. ~ coaster* montagnes *f/pl.* russes; *~ towel* essuie-mains *m/inv.* à rouleau; '*~-skate* 1. patiner sur roulettes; 2. patin *m* à roulettes; '**roll·film** *phot.* pellicule *f* en bobine.

rol·lick ['rɔlik] faire la bombe; rigoler; '**rol·lick·ing** joyeux (-euse *f*); rigoleur (-euse *f*).

roll·ing ['rouliŋ] 1. roulant; ♃ houleux (-euse *f*); ondulé; ⊕ de laminage; 2. roulement *m*; ⊕ laminage *m*; ⊕ *~ mill* usine *f* de laminage; laminoir *m*; *typ.* *~ press* presse *f* à cylindres; '*~-stock* ⛌ matériel *m* roulant.

roll-top desk ['roultɔp'desk] bureau *m* américain *ou* à cylindre.

ro·ly-po·ly ['rouli'pouli] 1. pouding *m* en rouleau aux confitures; 2. F boulot(te *f*).

Ro·man ['roumən] 1. romain; 2. Romain(e *f*) *m*; *typ.* (*usu.* ♀) (caractère *m*) romain *m*.

ro·mance [rə'mæns] 1. ✞ roman *m*; conte *m* bleu; *fig.* fable *f*; ♩ romance *f*; *fig.* affaire *f*, amour *m*; romanesque *m*; *ling.* ♀ roman *m*, langue *f* romane; 2. *fig.* inventer à plaisir; 3. *ling.* ♀ roman; **ro'manc·er** ✞ romancier (-ère *f*) *m*; brodeur (-euse *f*) *m*; menteur (-euse *f*) *m*.

Ro·man·esque [roumə'nesk] roman (*a. su./m*).

Ro·man·ic [rou'mænik] romain;

ling. roman; *surt.* ~ *peoples pl.* Romains *m/pl.*
ro·man·tic [rə'mæntik] **1.** (~*ally*) romantique; **2.** (*usu.* **ro'man·ti·cist** [~tisist]) romantique *mf*; **ro'man·ti·cism** romantisme *m*; idées *f/pl.* romanesques.
Rom·ish *usu. péj.* ['roumiʃ] catholique.
romp [rɔmp] **1.** gambades *f/pl.*; enfant *mf* turbulent(e *f*); gamine *f*; **2.** s'ébattre; F ~ *home* gagner haut la main; '**romp·ers** *pl.* barboteuse *f* (*pour enfants*).
rönt·gen·ize ['rɔntgənaiz] radiographier.
rönt·gen·o·gram [rɔnt'genəgræm] radiogramme *m*; **rönt·gen·og·ra·phy** [~gə'nɔgrəfi] radiographie *f*; **rönt·gen·ol·o·gist** [~'ɔlədʒist] radiographe *m*; **rönt·gen'ol·o·gy** [~dʒi] radiologie *f*; **rönt·gen'os·co·py** [~skəpi] radioscopie *f*.
rood [ru:d] crucifix *m*; *mesure*: quart *m* d'arpent (*10,117 ares*); '~-**screen** ⚠ jubé *m*.
roof [ru:f] **1.** toit(ure *f*) *m*; voûte *f*; ~ *of the mouth* (dôme *m* du) palais *m*; **2.** (*souv.* ~ *in over*) recouvrir d'un toit; '**roof·ing** toiture *f*; pose *f* de la toiture; *attr.* de toits; ~ *felt* carton-pierre (*pl.* cartons-pierres) *m*.
rook[1] [ruk] **1.** *orn.* freux *m*; *fig.* escroc *m*; **2.** refaire (*q.*); filouter (son argent à *q.*, *s.o. of his money*).
rook[2] [~] *échecs*: tour *f*.
rook·er·y ['rukəri] colonie *f* de freux; *fig.* colonie *f*, rookerie *f*.
rook·ie *sl.* ['ruki] ⚔ recrue *f*, bleu *m*; *fig.* débutant *m*.
room [rum] pièce *f*; salle *f*; (*a.* bed-~) chambre *f*; place *f*, espace *m*; *fig.* lieu *m*; ~s *pl.* appartement *m*; *in my* ~ à ma place; *make* ~ faire place (à, *for*); **-roomed** [rumd] de ... pièces; '**room·er** *surt. Am.* sous-locataire *mf*; '**room·ing-house** *surt. Am.* hôtel *m* garni, maison *f* meublée; '**room-mate** compagnon *m* (compagne *f*) de chambre; '**room·y** ☐ spacieux (-euse *f*); ample.
roor·back *Am.* ['ru:ræk] fausse nouvelle *f* (*répandue pour nuire à un parti politique*).
roost [ru:st] **1.** juchoir *m*, perchoir *m*; *see rule 2*; **2.** se percher pour la nuit; '**roost·er** coq *m*.
root[1] [ru:t] **1.** racine *f* (*a.* ♠, *anat.*, *ling.*); *fig.* source *f*; ♪ base *f*; *take* ~, *strike* ~ prendre racine; ~ *idea* idée *f* fondamentale; **2.** (s')enraciner; ~ *out* arracher; *fig.* extirper; '**root·ed** enraciné (*a. fig.*); *fig.* (*a.* ~ *in*) fondé sur.
root[2] [~] *v/t.* fouiller; (*a.* ~ *up*) trouver en fouillant; *fig.* ~ *out*, ~ *up* dénicher; *v/i.* fouiller avec le groin; *Am. sl.* ~ *for* appuyer; encourager par des cris; '**root·er** *Am. sl.* spectateur *m* etc. qui encourage par des cris; fanatique *mf* (de, *for*).
root·let ['ru:tlit] petite racine *f*.
rope [roup] **1.** corde *f* (*a. à pendre un criminel*); cordage *m*; câble *m* (*métallique*); *perles*: grand collier *m*; *sonnette*: cordon *m*; *Am. sl.* cigare *m* bon marché; *alp.* on the ~ en cordée; *alp.* ~ *team* cordée *f*; F *be at the end of one's* ~ être à *ou* au bout de ses ressources; *know the* ~s connaître son affaire; **2.** *v/t.* corder; (*usu.* ~ *in ou off ou out*) entourer de cordes; *Am.* prendre au lasso; *alp.* encorder; ~ *down* immobiliser au moyen d'une corde; *v/i.* devenir graisseux (-euse *f*); '~-**danc·er** funambule *mf*; '~-**lad·der** échelle *f* de corde; '~-**mak·er** cordier *m*; '**rop·er·y** corderie *f*; '**rope-walk** corderie *f*.
rop·i·ness ['roupinis] viscosité *f*; graisse *f*; '**rop·y** visqueux (-euse *f*); gras(se *f*), graisseux (-euse *f*).
ro·sa·ry ['rouzəri] *eccl.* rosaire *m*; chapelet *m*; ✿ roseraie *f*.
rose[1] [rouz] ✿ rose *f*; *couleur*: rose *m* (*a. adj.*); rosette *f* (*chapeau etc.*); △, ✿, *fenêtre*: rosace *f*; *arrosoir*: pomme *f*.
rose[2] [~] *prét. de rise 2.*
ro·se·ate ['rouziit] rosé.
rose·mar·y ['rouzməri] ✿ romarin *m*
ro·se·ry ['rouzəri] roseraie *f*.
ro·sette [rou'zet] rosette *f*; *ruban*: chou (*pl.* -x) *m*.
ros·in ['rɔzin] **1.** colophane *f*; **2.** frotter de colophane.
ros·ter ⚔ ['rɔstə] tableau *m* de service; liste *f*.
ros·trum ['rɔstrəm] tribune *f*.
ros·y ☐ ['rouzi] (de) rose; vermeil (-le *f*) (*teint*).
rot [rɔt] **1.** pourriture *f*; ✚ carie *f*; *fig.* démoralisation *f*; *sl.* blague *f*; **2.** *v/t.* (faire) pourrir; *sl.* railler, blaguer (*q.*); gâcher (*un projet*); *v/i.* (se) pourrir; se décomposer.

ro·ta·ry ['routəri] rotatoire, rotatif (-ive f); de rotation; ⊕ ~ *press* rotative f; ⚡ ~ *switch* commutateur m rotatif; **ro·tate** [rou'teit] (faire) tourner; (faire) basculer; v/t. alterner (*les cultures*); **ro'ta·tion** rotation f; basculage m; fig. succession f tour à tour; fig. roulement m; ✗ ~ *of crops* assolement m; **ro·ta·to·ry** ['‿tətəri] see rotary; ~ *door* (*ou gate*) porte f tournante; ~ *stage* plateau m tournant.

rote [rout] routine f; *by* ~ par cœur, mécaniquement.

ro·tor ['routə] ⊕, ⚡, ✈ hélicoptère: rotor m.

rot·ten □ ['rɔtn] pourri (*a.* fig.); gâté; 🦷 carié; sl. moche, sale, mauvais; **'rot·ten·ness** (état m de) pourriture f.

rot·ter sl. ['rɔtə] sale type m.

ro·tund □ [rou'tʌnd] rond, arrondi; ampoulé (*style*); **ro'tun·da** △ [‿də] rotonde f; **ro'tun·di·ty** rondeur f; *style:* grandiloquence f.

rou·ble ['ru:bl] rouble m.

rouge [ru:ʒ] **1.** rouge m, fard m; **2.** (se) farder; mettre du rouge.

rough [rʌf] **1.** □ rude (*chemin, parler, peau, surface, vin, voix*); rêche, rugueux (-euse f) (*peau, surface, voix*); grossier (-ère f); dépoli (*verre*); inégal (-aux m/pl.) (*terrain*); brutal (-aux m/pl.), violent; fruste (*conduite, style*); agité (*mer*); âpre (*vin*); ⊕ approximatif (-ive f); ~ *-and-ready* exécuté grossièrement; fig. de fortune; fig. primitif (-ive f); sans façon (*personne*); *cut up* ~ réagir avec violence; **2.** état m brut; terrain m accidenté; *golf:* herbe f longue; *personne:* voyou m; **3.** ébouriffer; (faire) aciérer les fers (*d'un cheval*); ~ *it* vivre à la dure; **'rough·age** détritus m/pl.; **'rough·cast 1.** ⊕ pièce f brute de fonderie; **2.** △ crépi; ⊕ brut de fonte; **3.** ⊕ crépir (*un mur*); fig. ébaucher (*un plan*); **'rough·en** rendre *ou* devenir rude *etc.*

rough...: ~**-hewn** ['‿'hju:n] taillé à coups de hache; dégrossi; fig. ébauché; ~ *house* sl. chahut m; '~**house** v/i. chahuter; v/t. malmener; '~**-neck** *Am. sl.* canaille f, voyou m; **'rough·ness** rudesse f, rugosité f; grossièreté f; **'rough·rid·er** dresseur m de chevaux; F casse-cou m/inv.; ✗ hist. cavalier m d'un corps irrégulier; **'rough-shod:** *ride* ~ *over* fouler (*q.*) aux pieds; traiter cavalièrement.

Rou·ma·ni·a(n) see Rumania(n).

round [raund] **1.** □ rond (*a.* fig.); circulaire; plein; gros(se f) (*juron etc.*); voûté (*épaules*); ~ *game* jeu m en commun; ~ *hand* (*écriture f*) ronde f; ~ *trip* aller m et retour m; **2.** *adv.* (tout) autour; (*souv.* about) à l'entour; *all* ~ tout autour; tout à l'entour; fig. dans l'ensemble, sans exception; *all the year* ~ (pendant) toute l'année; *10 inches* ~ dix pouces de tour; **3.** *prp.* (*souv.* about) autour de; vers (*trois heures*); environ; *go* ~ *the shops* faire le tour des magasins; **4.** *su.* cercle m, rond m (*a.* ⚛); *cartes, tennis, voyage, etc.:* tour m; *bière, facteur, médecin:* tournée f; ✗ ronde f (*d'un officier*); *sp.* circuit m; *box.* round m; fig. train m; ✗ fusillade, fig. applaudissements: salve f; ✗ *munitions:* cartouche f; ♩ canon m; *100* ~*s* cent cartouches, **5.** (s')arrondir; contourner (*une colline, un obstacle*); ⚓ doubler (*un cap*); ~ *off* arrondir; fig. achever; F ~ *on* dénoncer (*q.*); ~ *up* rassembler; rafler (*des voleurs*).

round·a·bout ['raundəbaut] **1.** indirect, détourné; ~ *system* (*of traffic*) sens m giratoire; **2.** détour m; clôture f circulaire; carrousel m; *mot.* F sens m gyro.

roun·del ['raundl] rondeau m; ♩ ronde f; **roun·de·lay** ['‿dilei] chanson f à refrain; *danse:* ronde f.

round·ers ['raundəz] *pl.* balle f au camp; **'round·head** *hist.* tête f ronde; **'round·ish** presque rond; **'round·ness** rondeur f; **rounds·man** † ['‿zmən] livreur m; **'round-ta·ble con·fer·ence** réunion f paritaire; **'round-up** rassemblement m; rafle f (*de voleurs etc.*).

roup *vét.* [ru:p] diphtérie f des poules.

rouse [rauz] v/t. (*a.* ~ *up*) (r)éveiller; faire lever (*le gibier*); susciter; mettre en colère; remuer; v/i. se réveiller; (*a.* ~ *o.s.*) se secouer; **'rous·ing** qui excite; enlevant (*discours*); chaleureux (-euse f) (*applaudissements*).

roust·a·bout *Am.* ['raustə'baut] débardeur *m*; manœuvre *m*.
rout[1] [raut] bande *f*; ⚖ attroupement *m*; *a. see* riot 1; † soirée *f*.
rout[2] [~] 1. ⚔ déroute *f*; débandade *f*; *put to* ~ = 2. mettre en déroute.
rout[3] [~] *see* root[2].
route [ru:t] ⚔ route *f* (*a.* ⚒); itinéraire *m*; '~-**march** marche *f* d'entraînement.
rou·tine [ru:'ti:n] 1. routine *f*; ⚒, ⚓ emploi du temps; *fig.* train-train *m* (journalier); 2. courant; ordinaire.
rove [rouv] *v/i.* rôder; vagabonder, errer; *v/t.* parcourir; '**rov·er** coureur *m*, vagabond *m*; éclaireur *m*.
row[1] [rou] rang *m* (*a. théâ.*), rangée *f*; file *f* (*de voitures*); ligne *f* (*de maisons etc.*); *Am. a hard* ~ *to hoe* une tâche *f* difficile.
row[2] [~] 1. ramer; faire du canotage; 2. promenade *f* en canot.
row[3] F [rau] 1. vacarme *m*, tapage *m*; chahut *m*; dispute *f*, rixe *f*; F réprimande *f*; *what's the* ~? qu'est-ce qui se passe?; 2. *v/t.* semoncer (*q.*); *v/i.* se quereller (avec, *with*).
row·an ♣ ['rauən] sorbier *m* commun.
row-boat ['roubout] bateau *m* à rames, canot *m*.
row·dy ['raudi] 1. chahuteur *m*; voyou *m*; 2. tapageur (-euse *f*).
row·el ['rauəl] 1. molette *f* (*d'éperon*); 2. éperonner.
row·er ['rouə] rameur (-euse *f*) *m*.
row·ing-boat ['rouiŋbout] *see* row-boat.
row·lock ⚓ ['rɔlək] tolet *m*, dame *f*.
roy·al ['rɔiəl] 1. ☐ royal (-aux *m/pl.*); *fig.* princier (-ère *f*); 2. ⚓ cacatois *m*; (*a.* ~ *stag*) cerf *m* à douze andouillers; F *the* ~*s pl.* la famille *f* royale; '**roy·al·ism** royalisme *m*; '**roy·al·ist** royaliste (*a. su./mf*); '**roy·al·ty** royauté *f*; personnage *m* royal; *royalties pl.* droits *m/pl.* d'auteur; redevance *f* (*à un inventeur*).
rub [rʌb] 1. frottement *m*; friction *f*; coup *m* de torchon; F *there is the* ~ c'est là le diable; 2. *v/t.* frotter; frictionner; ~ *down* frictionner; ⊕ adoucir; panser (*un cheval*); ~ *in* frictionner (*q. à qch.*); F *don't* ~ *it in!* n'insiste(z) pas!; ~ *off* enlever par le frottement; ~ *out* effacer; ~ *up*
astiquer; faire reluire; rafraîchir sa mémoire de; *v/i.* (*personne:* se) frotter (contre *against*, on); *fig.* ~ *along* (*ou on ou through*) se débrouiller.
rub-a-dub ['rʌbədʌb] tambour: rataplan *m*.
rub·ber ['rʌbə] caoutchouc *m*; gomme *f* à effacer; *personne:* frotteur (-euse *f*) *m*; ⊕ frottoir *m*; torchon *m*; ⊕ (*a.* ~ *file*) carreau *m*; *cartes:* robre *m*; *Am.* ~*s pl.* caoutchoucs *m/pl.*; *attr.* de *ou* en caoutchouc; à gomme (*arbre*); *Am. sl.* ~ *check* chèque *m* sans provision; ~ *solution* dissolution *f* de caoutchouc; '~-**neck** *Am. sl.* 1. badaud(e *f*) *m*; touriste *mf*; 2. badauder; ~ *stamp* timbre *m* (en) caoutchouc; tampon *m*; *fig. Am.* F fonctionnaire *m* qui exécute aveuglément les ordres de ses supérieurs.
rub·bish ['rʌbiʃ] immondices *f/pl.*, détritus *m/pl.*; ⊕ rebuts *m/pl.*; *fig.* fatras *m*; *fig.* camelote *f*; *fig.* bêtises *f/pl.*; '**rub·bish·y** sans valeur; de camelote.
rub·ble ['rʌbl] moellons *m/pl.* (bruts); (*a.* ~-*work*) moellonage *m*.
rube *Am. sl.* [ru:b] croquant *m*; nigaud *m*.
ru·be·fa·cient ⚕ [ru:bi'feiʃjənt] rubéfiant (*a. su./m*).
ru·bi·cund ['ru:bikənd] rubicond, rougeaud.
ru·bric *typ., eccl.* ['ru:brik] rubrique *f*; **ru·bri·cate** ['~keit] rubriquer.
ru·by ['ru:bi] 1. *min.* rubis *m*; couleur *f* de rubis; *typ.* corps *m* $5^{1}/_{2}$; 2. rouge, vermeil(le *f*).
ruck [rʌk] *courses:* the ~ les coureurs *m/pl.*; *fig.* le commun *m* (du peuple); *cost.* fronçure *f*.
ruck(·le) ['rʌk(l)] (se) froisser; *v/i.* se rider; goder.
ruck·sack ['ruksæk] sac *m* à dos.
ruc·tion *sl.* ['rʌkʃn] bagarre *f*, scène *f*.
rud·der ⚓, *a.* ✈ ['rʌdə] gouvernail *m*.
rud·di·ness ['rʌdinis] rougeur *f*; coloration *f* du teint; **rud·dle** ['rʌdl] 1. ocre *f* rouge; 2. frotter d'ocre rouge; marquer *ou* passer (*qch.*) à l'ocre rouge; '**rud·dy** rouge; rougeâtre; coloré (*teint*); *sl.* sacré.
rude ☐ [ru:d] primitif (-ive *f*) (*dessin, outil, peuple, temps, etc.*); gros-

rudiment 1034

sier (-ère *f*) (*langage, méthode, outil, personne*); rudimentaire; fruste (*style etc.*); *fig.* violent; mal élevé, impoli (*personne*); ⊕ brut (*minerai*); robuste (*santé*).

ru·di·ment *biol.* ['ru:dimənt] rudiment *m* (de, of) (*a. fig.*); ~s *pl. a.* éléments *m/pl.*; **ru·di·men·ta·ry** [~'mentəri] rudimentaire.

rue[1] ♀ [ru:] rue *f*.

rue[2] [~] se repentir de, regretter amèrement.

rue·ful □ ['ru:ful] triste, lugubre; '**rue·ful·ness** tristesse *f*; air *m* triste *ou* lugubre; ton *m* triste.

ruff[1] [rʌf] fraise *f*, collerette *f*; *orn., zo.* collier *m*, cravate *f*; *orn.* pigeon *m* à cravate; *orn.* paon *m* de mer.

ruff[2] [~] *whist*: 1. coupe *f*; 2. couper (avec un atout).

ruf·fi·an ['rʌfjən] bandit *m*, apache *m*; F *enfant*: polisson *m*; '**ruf·fi·an·ly** de bandit, de brute; brutal (-aux *m/pl.*).

ruf·fle ['rʌfl] 1. manchette *f* en dentelle; rides *f/pl.* (*sur l'eau*); *fig.* ennui *m*, agitation *f*; ~ *collar* fraise *f*; 2. *v/t.* ébouriffer; agiter; hérisser (*les plumes*); irriter, froisser (*q.*); *cost.* rucher; plisser; froisser (*une robe*); *v/i.* s'ébouriffer, s'agiter; se hérisser (*oiseau*).

rug [rʌg] couverture *f*; (*a. floor* ~) carpette *f*; descente *f* de lit.

Rug·by (**foot·ball**) ['rʌgbi ('futbɔ:l)] le rugby *m*.

rug·ged □ ['rʌgid] raboteux (-euse *f*) (*terrain, style*); rugueux (-euse *f*); rude (*traits, tempérament*); '**rug·ged·ness** nature *f* raboteuse; rudesse *f*.

ru·in ['ru:in] 1. ruine *f*; *usu.* ~s *pl.* ruine *f*, ~s *f/pl.*; *lay in* ~s détruire de fond en comble; 2. ruiner; abîmer; gâcher; séduire (*une femme*); **ru·in·a·tion** F ruine *f*, perte *f*; '**ru·in·ous** □ délabré, en ruines; *fig.* ruineux (-euse *f*) (*dépenses etc.*).

rule [ru:l] 1. règle *f* (*a. eccl.*); règlement *m*; (*a. standing* ~) règle *f* fixe; empire *m*, autorité *f*; ⚖ ordonnance *f*, décision *f*; ⊕ mètre *m*; *typ.* filet *m*; *as a* ~ en règle générale; ⚖ ~(s) *of court* directive *f* de procédure; décision *f* du tribunal; *mot.* ~ *of the road* code *m* de la route; ⚓ règles *f/pl.* de route; ♃ ~ *of three* règle *f* de trois; ~ *of thumb* méthode *f* empirique; procédé *m* mécanique; *make it a* ~ se faire une règle (de *inf.*, *to inf.*); *work to* ~ faire la grève du règlement; 2. *v/t.* gouverner; (*a.* ~ *over*) régner sur; commander à; ⚖ décider, déclarer; régler (*du papier*); tracer à la règle (*une ligne*); ~ *the roost* (*ou roast*) être le maître; ~ *out* rayer; éliminer; *v/i.* régner; † rester, se pratiquer (*prix*); '**rul·er** souverain(e *f*) *m*; règle *f*, mètre *m*; '**rul·ing** 1. *surt.* ⚖ ordonnance *f*, décision *f*; 2. † ~ *price* prix *m* du jour.

rum[1] [rʌm] rhum *m*; *Am.* spiritueux *m*.

rum[2] *sl.* [~] □ bizarre.

Ru·ma·ni·an [ru:'meinjən] 1. roumain; 2. *ling.* roumain *m*; Roumain(e *f*) *m*.

rum·ble[1] ['rʌmbl] 1. roulement *m*; *tonnerre*: grondement *m*; grouillement *m*; *surt. mot.* siège *m* de derrière; (*Am.* ~-*seat*) spider *m*; *Am.* F bagarre *f* entre deux bandes d'adolescents; 2. rouler; gronder (*tonnerre*); grouiller (*ventre*).

rum·ble[2] *sl.* [~] pénétrer les intentions de (*q.*) *ou* le secret de (*qch.*).

ru·mi·nant ['ru:minənt] ruminant (*a. su./m*); **ru·mi·nate** ['~neit] ruminer (*a. fig.*); *fig. a.* méditer; **ru·mi·na·tion** rumination *f*; méditation *f*.

rum·mage ['rʌmidʒ] 1. fouille *f*, recherches *f/pl.*; † (*usu.* ~ *goods pl.*) choses *f/pl.* de rebut; ~ *sale* vente *f* d'objets usagés; 2. *v/t.* (far)fouiller; *v/i.* fouiller (pour trouver, *for*). [*Rhin.*]

rum·mer ['rʌmə] verre *m* à vin du]

rum·my[1] *sl.* □ ['rʌmi] bizarre.

rum·my[2] [~] sorte *f* de jeu de cartes.

ru·mo(u)r ['ru:mə] 1. rumeur *f*, bruit *m*; 2. répandre (*une nouvelle*); *it is* ~*ed* on fait le bruit court que; '~-**mon·ger** colporteur *m* de faux bruits.

rump *anat.* [rʌmp] croupe *f*, *orn.* croupion *m* (*a.* F *co.* d'un homme); *cuis.* culotte *f* (*de bœuf*).

rum·ple ['rʌmpl] *v/t.* froisser, chiffonner; *fig.* contrarier, vexer.

rump·steak ['rʌmpsteik] romsteck *m*.

rum·pus F ['rʌmpəs] chahut *m*; fracas *m*.

rum-run·ner *Am.* ['rʌmrʌnə] contrebandier *m* de spiritueux.

run [rʌn] **1.** [*irr.*] *v/i.* courir (*personne, animal, bruit, sp.*, ⚓, *fig., etc.*); *mot.* aller, rouler, marcher (*a.* ⊕); ⚓ faire route; ⚓ faire la traversée; 🚇 faire le service (entre Londres et la côte, *between London and the coast*); ⊕ fonctionner, être en marche; ⊕ tourner (*roue*); remonter les rivières (*saumon*); (s'en)fuir, se sauver; s'écouler (*temps*); couler (*rivière, plume*, ⊕ *pièce, a. couleur au lavage*); s'étendre (*encre, tache*); ♂ suppurer (*ulcère*); *théâ.* tenir l'affiche, se jouer; se démailler (*bas*); *journ. Am.* paraître (*annonce*); ~ *across* s.o. rencontrer q. par hasard; ~ *after* courir après; ~ *away* s'enfuir; *fig.* enlever (q., *with* s.o.); ~ *down* descendre en courant; s'arrêter (*montre etc.*); *fig.* décliner; ~ *dry* se dessécher, s'épuiser; F ~ *for* courir après; *parl.* se porter candidat à *ou* pour; ~ *high* être gros(se *f*) (*mer*); s'échauffer (*sentiments*); *that* ~*s in the blood* (*ou family*) cela tient de famille; ~ *into* tomber dans; entrer en collision avec; rencontrer (q.) par hasard; s'élever à; ~ *low* s'abaisser; ~ *mad* perdre la tête; ~ *off* (s'en)fuir; ~ *on* continuer sa course; s'écouler (*temps*); suivre son cours; continuer à parler; ~ *out* sortir en courant; couler; s'épuiser; *I have* ~ *out of tobacco* je n'ai plus de tabac; ~ *over* parcourir; passer en revue; écraser (*q.*); ~ *short of* venir à bout de (*qch.*); ~ *through* traverser (en courant); parcourir du regard; dissiper (*une fortune*); ~ *to* se monter à, s'élever à; être de l'ordre de; F durer; F être suffisant pour (*inf.*); ~ *up* monter en courant; accourir; s'élever (*somme*); ~ *up to* s'élever à; ~ (*up*)*on* se ruer sur; rencontrer par hasard; ~ *with* ruisseler de; **2.** [*irr.*] *v/t.* courir (*une distance, une course*); mettre au galop (*un cheval*); *équit.* faire courir; chasser (*un renard*); diriger (*un navire, un train*) (*sur, to*); assurer le service de (*un navire, un autobus*); ⊕ faire fonctionner; ⊕ couler, jeter (*du métal*); *fig.* entretenir (*une auto*); avoir (*une auto, la fièvre*); diriger (*affaire, ferme, hôtel, magasin, théâtre, etc.*); tenir (*hôtel, magasin, ménage*); éditer (*un journal etc.*); exploiter (*une usine*); (faire) passer; tracer (*une ligne*); ♱ vendre; F appuyer (*un candidat*); ~ *the blockade* forcer le blocus; ~ *down* renverser (*q.*); *mot.* écraser (*q.*); ⚓ couler; *fig.* dénigrer, éreinter; F attraper, dépister; *be* ~ *down* être à plat; être épuisé; ~ *errands* faire des courses *ou* commissions; ~ *s.o. hard* presser q.; ~ *in mot. etc.* roder; F arrêter (*un criminel*), conduire au poste (de police); *mot.* s'emboutir contre; ~ *off* faire écouler (*un liquide*); réciter tout d'une haleine; faire (*qch.*) en moins de rien *ou* à la hâte; ~ *out* chasser; filer (*une corde*); ~ *over* passer sur le corps à, écraser (*q.*); parcourir (*un texte*), ~ *s.o. through* transpercer q.; ~ *up* hisser (*un pavillon*); faire monter (*le prix*); bâtir à la va-vite (*un bâtiment*); confectionner à la hâte (*une robe*); laisser grossir (*un compte*); laisser monter (*une dette*); **3.** action *f* de courir; course *f*; *mot.* tour *m*, promenade *f*; ⚓ traversée *f*, parcours *m*; 🚇 trajet *m*; ⊕ marche *f*; *fig.* cours *m*, marche *f*; suite *f*; *théâ.* durée *f*; ♩ roulade *f*; ruée *f*, descente *f* (*sur*, [*up*]*on*); *Am.* petit ruisseau *m*; *surt. Am.* bas de dames: échelle *f*; ♱ catégorie *f*; *cartes*: séquence *f*; *fig.* libre accès *m*; élan *m*; *the common* ~ le commun, l'ordinaire; *théâ. a* ~ *of 50 nights* 50 représentations *f*; ~ (*up*)*on a bank* descente *f* sur une banque; *be in the* ~(*ning*) avoir des chances (d'arriver); *in the long* ~ à la longue, en fin de compte; *in the short* ~ ne songeant qu'au présent; *on the* ~ sans le temps de s'asseoir; en fuite.

run...: ~·**a·bout** *mot.* ['rʌnəbaut] voiturette *f*; (*a.* ~ *car*) petite auto *f*; ~·**a·way** ['rʌnəwei] fugitif (-ive *f*) *m*; cheval *m* emballé.

rune [ru:n] rune *f*.

rung[1] [rʌŋ] *p.p.* de *ring*[2] 2.

rung[2] [~] échelon *m*; *échelle*: traverse *f*.

run·ic ['ru:nik] runique.

run-in F ['rʌn'in] querelle *f*, altercation *f*.

run·let ['rʌnlit], **run·nel** ['rʌnl] ruisseau *m*; rigole *f*.

run·ner ['rʌnə] coureur (-euse *f*) *m*; ⚔ courrier *m*; *traîneau*: patin *m*; *lit, tiroir, etc.*: coulisseau *m*; ♀ coulant *m*; ♀ traînée *f* (*du fraisier*); *courses*: partant *m*; ⊕ poulie *f* fixe; ⊕ roue *f* mobile; chariot *m* *ou* galet *m* de roulement; *métall.* jet *m* (de coulée); **~-up** *sp.* ['~ər'ʌp] bon second *m*; deuxième *m*.

run·ning ['rʌniŋ] **1.** courant; *two days ~* deux jours de suite; ⚔ *~ fight* combat *m* de retraite; ⚔ *~ fire* feu *m* roulant *ou* continu; *~ hand* écriture *f* cursive; *sp. ~ start* départ *m* lancé; *~ stitch* point *m* devant; **2.** course *f*, **-s** *f/pl.*; **'~-board** *mot.*, 🚃 marchepied *m*; 🚃 tablier *m*.

runt [rʌnt] *zo.* bœuf *m ou* vache *f* de petite race; *fig.* nain *m*.

run·way ['rʌnwei] ✈ piste *f* d'envol; *chasse*: coulée *f*; ⊕ chemin *m* de roulement.

ru·pee [ru:'pi:] roupie *f*.

rup·ture ['rʌptʃə] **1.** rupture *f*; ⚕ *a.* hernie *f*; **2.** (se) rompre; *be ~d* avoir une hernie.

ru·ral [_] ['ruərəl] rural (-aux *m/pl.*); champêtre; des champs; **'ru·ral·ize** *v/t.* rendre rural; *v/i.* vivre à la campagne.

rush¹ ♀ [rʌʃ] jonc *m*.

rush² [~] **1.** course *f* précipitée; élan *m*, bond *m*; hâte *f*; bouffée *f* (*d'air*); ⚔ bond *m*; ✝ demande *f* considérable; torrent *m* (*d'eau*); *~ hours pl.* heures *f/pl.* d'affluence; ✝ coup *m* de feu; *~ order* commande *f* urgente. **2.** *v/i.* se précipiter, s'élancer (sur, *at*); se jeter; *~ into extremes* se porter aux dernières extrémités; *~ into print* publier à la légère; F *~ to conclusions* conclure trop hâtivement; *v/t.* pousser *etc.* violemment; chasser; faire faire au galop; ⚔ prendre d'assaut; *fig.* envahir; dépêcher (*un travail*); exécuter à la hâte *ou* d'urgence; *sl.* faire payer (*qch.* à *q.*); *parl. ~ through* faire passer à la hâte; **'rush·ing** □ tumultueux (-euse *f*).

rush·y ['rʌʃi] plein de joncs; fait de jonc.

rusk [rʌsk] biscotte *f*.

rus·set ['rʌsit] **1.** roussâtre; **2.** couleur *f* roussâtre; † drap *m* de bure.

Rus·sia leath·er ['rʌʃə'leðə] cuir *m* de Russie; **'Rus·sian 1.** russe; **2.** *ling.* russe *m*; Russe *mf*.

rust [rʌst] **1.** rouille *f*; **2.** (se) rouiller (*a. fig.*).

rus·tic ['rʌstik] **1.** (*~ally*) rustique; agreste; paysan(ne *f*); **2.** paysan(ne *f*) *m*, campagnard(e *f*) *m*; rustaud(e *f*) *m*; **rus·ti·cate** ['~keit] *v/t. univ.* renvoyer pendant un temps; *v/i.* habiter la campagne; **rus·ti·ca·tion** vie *f* à la campagne; *univ.* renvoi *m* temporaire; **rus·tic·i·ty** [~'tisiti] rusticité *f*.

rus·tle ['rʌsl] **1.** (faire) bruire, froufrouter; *v/t. a.* froisser; *Am.* ramasser, réunir; voler (*du bétail*); **2.** bruissement *m*; frou-frou *m*; froissement *m*.

rust...: **'~·less** sans rouille; ✝ inoxydable; **'~·proof**, **'~-re·sist·ant** antirouille; inoxydable; **'rust·y** rouillé (*a. fig.*); couleur de rouille; rouilleux (-euse *f*).

rut¹ *zo.* [rʌt] **1.** rut *m*; **2.** être en rut.

rut² [~] ornière *f* (*a. fig.*); *fig. a.* routine *f*.

ruth·less □ ['ru:θlis] impitoyable; brutal (-aux *m/pl.*) (*acte, vérité*); **'ruth·less·ness** nature *f ou* caractère *m* impitoyable.

rut·ted ['rʌtid] coupé d'ornières (*chemin*).

rut·ting *zo.* ['rʌtiŋ] du rut; en rut; *~ season* saison *f* du rut.

rut·ty ['rʌti] coupé d'ornières (*chemin*).

rye [rai] ♀ seigle *m*; *Am.* sorte de whisky.

S

S, s [es] S *m*, s *m*.
sab·bath ['sæbəθ] *bibl.* sabbat *m*; *eccl.* dimanche *m*.
sab·bat·ic, sab·bat·i·cal □ [sə-'bætik(l)] sabbatique; *univ.* sabbatical year année *f* de congé.
sa·ble ['seibl] 1. *zo.* zibeline *f* (*a.* fourrure); noir *m*; ⌀ sable *m*; 2. noir; *poét.* de deuil.
sab·o·tage ['sæbətɑːʒ] 1. sabotage *m*; 2. saboter (*a. fig.*).
sa·bre ['seibə] 1. sabre *m*; 2. sabrer; **sa·bre·tache** ⚔ ['sæbətæʃ] sabretache *f*.
sac·cha·rin(e) ⚗ ['sækərin] saccharine *f*; **sac·cha·rine** ['⁓rain] saccharin.
sac·er·do·tal □ [sæsə'doutl] sacerdotal (-aux *m/pl.*); de prêtre.
sack[1] [sæk] 1. sac *m*; (*a.* ⁓ *coat*) vareuse *f* de sport, pardessus *m* sac; F get the ⁓ recevoir son congé; give s.o. the ⁓ donner son congé à q.; 2. mettre en sac; F congédier (*q.*), mettre (*q.*) à pied.
sack[2] [⁓] 1. sac *m*, pillage *m*; 2. (*a. put to* ⁓) mettre à sac *ou* au pillage.
sack·cloth ['sækklɔθ], **'sack·ing** toile *f* à sacs; *sackcloth and ashes* le sac et la cendre; **sack·ful** ['⁓ful] plein sac *m*, sachée *f*.
sac·ra·ment *eccl.* ['sækrəmənt] sacrement *m*; **sac·ra·men·tal** □ [⁓'mentl] sacramentel(le *f*).
sa·cred □ ['seikrid] sacré; saint (*histoire*); religieux (-euse *f*) (*musique etc.*); **'sa·cred·ness** caractère *m* sacré; *serment:* inviolabilité *f*.
sac·ri·fice ['sækrifais] 1. sacrifice *m*; † *at a* ⁓ à perte; 2. sacrifier; † *a. vendre à perte*; **'sac·ri·fic·er** sacrificateur (-trice *f*) *m*.
sac·ri·fi·cial [sækri'fiʃl] sacrificatoire; † *a perte* (*vente*).
sac·ri·lege ['sækrilidʒ] sacrilège *m*; **sac·ri·le·gious** □ [⁓'lidʒəs] sacrilège.
sac·rist ['seikrist], **sac·ris·tan** *eccl.* ['sækristən] sacristain *m*.
sac·ris·ty *eccl.* ['sækristi] sacristie *f*.
sad □ [sæd] triste; déplorable; malheureux (-euse *f*); cruel(le *f*); fâcheux (-euse *f*); terne (*couleur*).

sad·den ['sædn] (s')affliger; *v/t.* attrister.
sad·dle ['sædl] 1. selle *f*; 2. (*a.* ⁓ *up*) seller; *fig.* charger (*q.* de qch. *s.o. with s.th., s.th. on s.o.*); F encombrer (de, with); '⁓-**backed** ensellé (*cheval*); '⁓-**bag** sacoche *f* de selle; '⁓-**cloth** tapis *m* de selle; housse *f* de cheval; **'sad·dler** sellier *m*; *Am.* cheval *m* de selle; **'sad·dler·y** sellerie *f*.
sad·ism ['sædizm] sadisme *m*.
sad·ness ['sædnis] tristesse *f*, mélancolie *f*.
sa·fa·ri [sə'fɑːri] expédition *f* de chasse.
safe [seif] 1. □ en sûreté (contre, from), à l'abri (de, from); sûr; sans risque; hors de danger; ⁓ *and sound* sain et sauf; *be on the* ⁓ *side* être de bon côté; 2. coffre-fort (*pl.* coffres-forts) *m*; ♣ caisse *f* du bord; *cuis.* garde-manger *m/inv.*; ⁓ *deposit* dépôt *m* en coffre-fort; '⁓-**blow·er** *Am.* crocheteur *m* de coffres-forts; ⁓ **con·duct** sauf-conduit *m*; '⁓-**guard** 1. sauvegarde *f*; 2. sauvegarder, protéger; ⁓*ing duty* tarif *m* de sauvegarde; **'safe·ness** sûreté *f*; sécurité *f*.
safe·ty ['seifti] 1. sûreté *f*; sécurité *f*; 2. de sûreté; ⁓ *island* refuge *m*; ⁓ **cur·tain** *théâ.* rideau *m* métallique; '⁓-**lock** serrure *f* de sûreté; '⁓-**pin** épingle *f* de nourrice; ⁓ **ra·zor** rasoir *m* de sûreté.
saf·fron ['sæfrən] 1. safran *m* (*a. couleur*); 2. safran *inv.*
sag [sæg] 1. fléchir (*a.* ✝); s'affaisser; ⊕ pencher d'un côté; se relâcher (*corde*); pendre; 2. affaissement *m* (*a.* ⊕); ♣ dérive *f*; ✝ baisse *f*.
sa·ga ['sɑːgə] saga *f*.
sa·ga·cious □ [sə'geiʃəs] sagace, avisé, rusé.
sa·gac·i·ty [sə'gæsiti] sagacité *f*.
sage[1] [seidʒ] 1. □ sage, prudent; 2. sage *m*.
sage[2] ♀ [⁓] sauge *f*.
sa·go ['seigou] sagou *m*.
said [sed] *prét. et p.p. de say 1*.
sail [seil] 1. voile *f*; *coll.* toile *f*; promenade *f* à voile; 10 ⁓ dix navires *m/pl.*; 2. *v/i.* naviguer;

sail-boat

faire route; partir; *fig.* planer, voler; *v/t.* naviguer sur; conduire (*un vaisseau*); '∼-boat canot *m* à voiles; '∼-cloth toile *f* à voile, canevas *m*; 'sail·er *bateau*: voilier *m*; 'sail·ing-ship, 'sail·ing-vessel voilier *m*; navire *m* à voiles; 'sail·or marin *m*; matelot *m*; *cost.* ∼ *blouse* marinière *f*; ∼'s *knot* nœud *m* régate; *be a good* (*bad*) ∼ (ne pas) avoir le pied marin; 'sail-plane planeur *m*.

sain-foin ♀ ['seinfɔin] sainfoin *m*; F éparcette *f*.

saint [seint; *devant npr.* sənt] 1. saint(e *f*) *m*; *the* ∼s *pl.* les fidèles *m/pl.* trépassés; 2. *v/t.* canoniser; *v/i.* F ∼ (*it*) faire le saint; 'saint·ed saint; 'saint·li·ness sainteté *f*; 'saint·ly *adj.* (de) saint.

sake [seik]: *for the* ∼ *of* à cause de; pour l'amour de; dans l'intérêt de; *for my* ∼ pour moi, pour me faire plaisir; *for God's* ∼ pour l'amour de Dieu.

sal ♁ [sæl] sel *m*; ∼ *ammoniac* sel *m* ammoniac; ∼ *volatile* sels *m/pl.* (volatils).

sal·a·ble ['seiləbl] vendable.

sa·la·cious □ [sə'leiʃəs] lubrique.

sal·ad ['sæləd] salade *f*.

sal·a·man·der ['sæləmændə] *zo.* salamandre *f*; *cuis.* couvercle *m* à braiser.

sa·la·me, sa·la·mi [sə'lɑːmi] salami *m*.

sal·a·ried ['sælərid] rétribué; aux appointements (*personne*); 'sal·a·ry 1. traitement *m*, appointements *m/pl.*; 2. payer des appointements à; 'sal·a·ry-earn·er salarié(e *f*) *m*.

sale [seil] vente *f* (♱ de réclame); (*a. public* ∼) vente *f* aux enchères; *for* (*ou on*) ∼ à vendre; *private* ∼ vente *f* à l'amiable; 'sale·a·ble vendable; de vente facile.

sale...: '∼-note bordereau *m* de vente; '∼-room salle *f* de(s) vente(s).

sales... [seilz]: '∼-man vendeur *m*; '∼-girl, '∼-wom·an vendeuse *f*; ∼ *talk Am.* boniment *m*.

sa·li·ence ['seiliəns] projection *f*; saillie *f*; 'sa·li·ent □ saillant (*a. fig.*); en saillie; *fig.* frappant.

sa·line 1. ['seilain] salin (*a.* ♳), salé; 2. [sə'lain] salin *m*; ♳ sel *m* purgatif.

sa·li·va [sə'laivə] salive *f*; sal·i·var·y ['sælivəri] salivaire; sal·i·'va·tion salivation *f*.

sal·low¹ ♀ ['sælou] saule *m*.

sal·low² [∼] jaunâtre, olivâtre; 'sal·low·ness *teint*: ton *m* jaunâtre.

sal·ly ['sæli] 1. ⚔ sortie *f*; effort, esprit, *etc.*: saillie *f*; 2. ⚔ (*a.* ∼ *out*) faire une sortie; ∼ *forth* (*ou out*) se mettre en route; '∼-port ⚔ poterne *f* (de sortie).

sal·ma·gun·di [sælmə'gʌndi] salmigondis *m*; *fig.* méli-mélo (*pl.* mélismélos) *m*.

salm·on ['sæmən] 1. saumon *m* (*a. couleur*); 2. saumon *inv.*

sa·loon [sə'luːn] salon *m* (*a. de paquebot*); salle *f*; première classe *f* (*en bateau*); *Am.* cabaret *m*; sa·'loon-car 🚂 wagon-salon (*pl.* wagons-salons) *m*; *mot.* (voiture *f* à) conduite *f* intérieure, limousine *f*.

salt [sɔːlt] sel *m* (*a. fig.*); *fig.* piquant *m*; *old* ∼ loup *m* de mer (= *vieux matelot*); *above* (*below*) *the* ∼ au haut (bas) bout de la table; 2. salé (*a. fig.*); salin; salifère; 3. saler; *sl.* ∼ *away* mettre de côté, économiser.

sal·ta·tion [sæl'teiʃn] saltation *f*; *biol.* mutation *f*.

salt...: '∼-cel·lar salière *f*; 'salt·ed F immunisé; *fig.* endurci; 'salt·er saleur (-euse *f*) *m*; saunier *m*; fabricant *m* de sel; 'salt·ness salure *f*, salinité *f*; salt·pe·tre ['∼piːtə] salpêtre *m*, nitre *m*; 'salt-works saunerie *f*, saline *f*; 'salt·y salé (*a. fig.*); de sel.

sa·lu·bri·ous □ [sə'luːbriəs] salubre, sain; sa·'lu·bri·ty salubrité *f*; sal·u·tar·i·ness ['sæljutərinis] caractère *m* salutaire; 'sal·u·tar·y □ salutaire (à, *to*).

sal·u·ta·tion [sælju'teiʃn] salutation *f*; sa·lu·ta·to·ry [səl'juːtətəri] de salutation; de bienvenue; sa·lute [sə'luːt] 1. salut(ation *f*) *m*; *co.* baiser *m*; ⚔, ⚓ salut *m*; 2. saluer (*a.* ⚔, ⚓).

sal·vage ['sælvidʒ] 1. (indemnité *f* de) sauvetage *m*; objets *m/pl.* sauvés; 2. récupérer; ⚓ effectuer le sauvetage de.

sal·va·tion [sæl'veiʃn] salut *m* (*a. fig.*); ♀ *Army* Armée *f* du Salut; sal·'va·tion·ist salutiste *mf*.

salve¹ [sælv] sauver; effectuer le sauvetage de.

salve² [sɑːv] 1. *usu. fig.* baume *m*; 2. *usu. fig.* adoucir; calmer.
sal·ver ['sælvə] plateau *m*.
sal·vo ['sælvou], *pl.* -voes ['~vouz] ⚔ salve *f* (*a. fig.*); ⚔ ~ *release* bombardement *m* en traînée; lâchage *m* par salves; **sal·vor** ⚓ ['~və] sauveteur *m*.
Sa·mar·i·tan [sə'mæritn] 1. samaritain; 2. Samaritain(e *f*) *m*.
sam·ba ['sæmbə] samba *f*.
same [seim]: *the* ~ le (la) même; *les mêmes pl.*; *all the* ~ tout de même; *it is all the* ~ *to me* ça m'est égal; *cela ne me fait rien*; **'same·ness** identité *f* (avec, *with*); ressemblance *f* (à, *with*); monotonie *f*.
samp *Am.* [sæmp] gruau *m* de maïs.
sam·ple ['sɑːmpl] 1. *surt.* ✝ échantillon *m*; *sang, minerai, etc.*: prélèvement *m*; 2. échantillonner; *fig.* essayer, goûter; **'sam·pler** modèle *m* de broderie.
san·a·tive ['sænətiv] guérisseur (-euse *f*); **san·a·to·ri·um** [~'tɔːriəm] sanatorium *m*; *école:* infirmerie *f*; **san·a·to·ry** ['~təri] guérisseur (-euse *f*), curatif (-ive *f*).
sanc·ti·fi·ca·tion [sæŋktifi'keiʃn] sanctification *f*; **sanc·ti·fy** ['~fai] sanctifier; consacrer; **sanc·ti·mo·ni·ous** □ [~'mounjəs] bigot(te *f*), papelard; **sanc·tion** ['sæŋkʃn] 1. sanction *f*; autorisation *f*; 2. sanctionner; *fig.* approuver; **sanc·ti·ty** ['~titi] sainteté *f*; caractère *m* sacré; **sanc·tu·ar·y** ['~tjuəri] sanctuaire *m*; asile *m*; **sanc·tum** ['~təm] sanctuaire *m*; *fig.* F turne *f*.
sand [sænd] 1. sable *m*; *Am. sl.* cran *m*, étoffe *f*; *fig. rope of* ~ de vagues liens *m/pl.*; 2. sabler; répandre du sable sur.
san·dal¹ ['sændl] sandale *f*. [-s) *m*.]
san·dal² [~] (*ou* ~**-wood**) santal (*pl.*)
sand...: '~**bag** ⚔ sac *m* à terre; *porte, fenêtre:* boudin *m*; '~**blast** ⊕ jet *m* de sable; *appareil:* sableuse *f*; '~**glass** sablier *m*; horloge *f* de sable; '~**shoes** espadrilles *f/pl.*
sand·wich ['sænwidʒ] 1. sandwich *m*; 2. (*a.* ~ *in*) serrer; '~**man** homme-sandwich (*pl.* hommes-sandwichs) *m*.
sand·y ['sændi] sabl(onn)eux (-euse *f*); sablé (*allée etc.*); blond roux (*cheveux*) *inv.*

sane [sein] sain d'esprit; sensé; sain (*jugement*).
San·for·ize *Am.* ['sænfəraiz] rendre irrétrécissable.
sang [sæŋ] *prét. de sing.*
san·gui·nary □ ['sæŋgwinəri] sanguinaire; altéré de sang; **san·guine** ['~gwin] sanguin; confiant, optimiste; d'un rouge sanguin; **san·guin·e·ous** [~'niəs] de sang; *see sanguine.*
san·i·tar·i·an [sæni'tɛəriən] hygiéniste (*a. su.*); **san·i·tar·y** □ ['~təri] hygiénique (*a.* ⊕); sanitaire (*a.* ⚔, ⚓); ~ *towel, Am.* ~ *napkin* serviette *f* hygiénique.
san·i·ta·tion [sæni'teiʃn] hygiène *f*; système *m* sanitaire; salubrité *f* publique; **'san·i·ty** santé *f*· d'esprit; jugement *m* sain; bon sens *m*; modération *f*.
sank [sæŋk] *prét. de sink 1.*
San·skrit ['sænskrit] sanscrit *m*.
San·ta Claus [sæntə'klɔːz] Père *m ou* bonhomme *m* Noël.
sap¹ [sæp] ♃ sève *f* (*a. fig.*); *sl.* niais *m*.
sap² [~] 1. ⚔ sape *f*; F piocheur (-euse *f*) *m*; *sl.* boulot *m*; 2. *v/i.* saper; *sl.* piocher, bûcher; *v/t.* saper; miner (*a. fig.*).
sap·id ['sæpid] savoureux (-euse *f*); **sa·pid·i·ty** [sə'piditi] sapidité *f*.
sa·pi·ence ['seipjəns] *usu. iro.* sagesse *f*; **'sa·pi·ent** *usu. iro.* □ savant, sage.
sap·less ['sæplis] sans sève; sans vigueur (*personne*).
sap·ling ['sæpliŋ] jeune arbre *m*; *fig.* jeune homme *m*.
sap·o·na·ceous [sæpo'neiʃəs] saponacé; *fig.* onctueux (-euse *f*).
sap·per ⚔ ['sæpə] sapeur *m*.
sap·phire *min.* ['sæfaiə] saphir *m*.
sap·pi·ness ['sæpinis] abondance *f* de sève.
sap·py ['sæpi] plein de sève (*a. fig.*); vert (*arbre*); *sl.* nigaud.
Sar·a·cen ['særəsn] Sarrasin(e *f*) *m*.
sar·casm ['sɑːkæzm] ironie *f*; sarcasme *m*; **sar·cas·tic, sar·cas·ti·cal** □ sarcastique, mordant.
sar·coph·a·gus [sɑː'kɔfəgəs], *pl.* -gi [~dʒai] sarcophage *m*.
sar·dine *icht.* [sɑː'diːn] sardine *f*.
Sar·din·i·an [sɑː'dinjən] 1. sarde; 2. *ling.* sarde *m*; Sarde *mf*.

sar·don·ic [sɑː'dɔnik] (~ally) sardonique (*rire*); ⚹ sardonien(ne *f*).

sar·to·ri·al [sɑː'tɔːriəl] de tailleur; vestimentaire.

sash¹ [sæʃ] châssis *m* (*de fenêtre à guillotine*).

sash² [~] ceinture *f*; ⚔ *a.* écharpe *f*.

sa·shay *Am.* F [sæ'ʃei] marcher d'un pas vif; danser.

sash-win·dow fenêtre *f* à guillotine.

sas·sy *Am.* ['sæsi] *see* saucy.

sat [sæt] *prét. et p.p. de* sit.

Sa·tan ['seitən] Satan *m*.

sa·tan·ic [sə'tænik] (~ally) satanique, diabolique.

satch·el ['sætʃl] sacoche *f*; *école:* carton *m*.

sate [seit] *see* satiate.

sa·teen [sæ'tiːn] satinette *f*.

sat·el·lite ['sætəlait] satellite *m* (*a. fig.*); (*a.* ~ *town*) ville *f* satellite.

sa·ti·ate ['seiʃieit] rassasier (de, with); **sa·ti·a·tion** rassasiement *m*; satiété *f*; **sa·ti·e·ty** [sə'taiəti] satiété *f*.

sat·in ['sætin] *tex.* satin *m*; **sat·i·net** ['sætinet], *usu.* **sat·i·nette** [~'net] satinette *f*; *soie:* satinade *f*.

sat·ire ['sætaiə] satire *f* (contre, [up]on); **sa·tir·ic, sa·tir·i·cal** □ [sə'tirik(l)] satirique, ironique; **sat·i·rist** ['sætərist] satirique *m*; **'sat·i·rize** satiriser.

sat·is·fac·tion [sætis'fækʃn] satisfaction *f*, contentement *m* (de at, with); acquittement *m*, paiement *m*; *promesse:* exécution *f*; réparation *f* (*d'une offense*).

sat·is·fac·to·ri·ness [sætis'fæktərinis] caractère *m* satisfaisant; **sat·is·'fac·to·ry** □ satisfaisant; *eccl.* expiatoire.

sat·is·fied □ ['sætisfaid] satisfait, content (de, with; que, that); **sat·is·fy** ['~fai] satisfaire; contenter; payer, liquider (*une dette*); exécuter (*une promesse*); remplir (*une condition*); éclaircir (*un doute*).

sa·trap ['sætrəp] satrape *m*.

sat·u·rate ⚗, *a. fig.* ['sætʃəreit] saturer (de, with); **sat·u·ra·tion** saturation *f*; imprégnation *f*.

Sat·ur·day ['sætədi] samedi *m*.

sat·ur·nine ['sætənain] taciturne, sombre.

sat·yr ['sætə] satyre *m*.

sauce [sɔːs] 1. sauce *f*; *fig.* assaisonnement *m*; F impertinence *f*; 2. assaisonner; F dire des impertinences à (*q.*); '~**-boat** saucière *f*; '~**-pan** casserole *f*; '**sauc·er** soucoupe *f*.

sau·ci·ness F ['sɔːsinis] impertinence *f*; chic *m* (*d'un chapeau*).

sau·cy □ F ['sɔːsi] gamin; effronté, impertinent; chic *inv.* en genre, coquet(te *f*).

saun·ter ['sɔːntə] 1. flânerie *f*; promenade *f* (faite à loisir); 2. flâner; se balader; '**saun·ter·er** flâneur (-euse *f*) *m*.

sau·ri·an *zo.* ['sɔːriən] saurien *m*.

sau·sage ['sɔsidʒ] saucisse *f*; saucisson *m*.

sav·age ['sævidʒ] 1. □ sauvage; féroce; brutal (-aux *m/pl.*) (*coup*); F furieux (-euse *f*); 2. sauvage *mf*; *fig.* barbare *mf*; 3. attaquer, mordre (*chien*); '**sav·age·ness**, '**sav·age·ry** sauvagerie *f*, barbarie *f*; férocité *f*.

sa·van·na(h) [sə'vænə] savane *f*.

save [seiv] 1. *v/t.* sauver; économiser, épargner; gagner (*du temps*); mettre de côté; garder; éviter; *v/i.* faire des économies, économiser; 2. *prp.* excepté, sauf; 3. *cj.* ~ that excepté que, hormis que; ~ for sauf; si ce n'était ...

sav·e·loy ['sævilɔi] cervelas *m*.

sav·er ['seivə] libérateur (-trice *f*) *m*; sauveteur *m*; ⊕ économiseur *m*; personne *f* économe.

sav·ing ['seiviŋ] 1. □ économique, économe (*personne*); ⚖ ~ *clause* clause *f* de sauvegarde; réservation *f*; 2. épargne *f*; salut *m*; sauvetage *m*; ~s *pl.* économies *f/pl.*

sav·ings... ['seiviŋz]: '~**-bank** caisse *f* d'épargne; '~**-de·pos·it** dépôt *m* à la caisse d'épargne.

sav·io(u)r ['seivjə] sauveur *m*; *eccl.* the ♀ le Sauveur *m*.

sa·vor·y ♀ ['seivəri] sarriette *f*.

sa·vo(u)r ['seivə] 1. saveur *f*; goût *m* (*a. fig.*); *fig.* trace *f*; 2. *v/i. fig.* ~ *of* sentir (*qch.*), tenir de (*qch.*); *v/t. fig.* savourer; **sa·vo(u)r·i·ness** ['~rinis] saveur *f*, succulence *f*; '**sa·vo(u)r·less** fade, insipide; sans saveur; '**sa·vo(u)r·y** □ savoureux (-euse *f*), succulent, appétissant; piquant, salé.

sa·voy [sə'vɔi] chou *m* frisé *ou* de Milan.

sav·vy *sl.* ['sævi] 1. jugeote *f*; 2. comprendre.

saw¹ [sɔ:] *prét. de* see.
saw² [~] adage *m*; dicton *m*.
saw³ [~] 1. scie *f*; 2. [*irr.*] scier; '~·dust sciure *f*; '~-horse chevalet *m* de scieur; '~·mill scierie *f*; **sawn** [sɔ:n] *p.p. de* saw³ 2; **saw·yer** ['~jə] scieur *m* (de long).
Sax·on ['sæksn] 1. saxon(ne *f*); 2. *ling.* saxon *m*; Saxon(ne *f*) *m*.
sax·o·phone ♪ ['sæksəfoun] saxophone *m*.
say [sei] 1. [*irr.*] dire; avouer; affirmer; réciter; ~ no refuser; ~ grace dire le bénédicité; ~ mass dire la messe; *that is to* ~ c'est-à-dire; *do you* ~ *so?* vous croyez?, vous trouvez?; *you don't* ~ *so!* pas possible!, vraiment!; *I* ~! dites donc!; pas possible!; *he is said to be rich* on dit qu'il est riche; on le dit riche; *no sooner said than done* sitôt dit, sitôt fait; 2. dire *m*, mot *m*, parole *f*; *it is my* ~ *now* maintenant à moi la parole; *let him have his* ~ laissez-le parler; F *have a (no)* ~ *in s.th.* (ne pas) avoir voix au chapitre; '**say·ing** dicton *m*, proverbe *m*; dit *m*; récitation *f*; *it goes without* ~ cela va sans dire.
scab [skæb] plaie: croûte *f*; *vét. etc.* gale *f*; *sl.* jaune *m*; *sl.* sale type *m*.
scab·bard ['skæbəd] épée: fourreau *m*; *poignard:* gaine *f*.
scab·by □ ['skæbi] croûteux (-euse *f*); galeux (-euse *f*); ⊕ dartreux (-euse *f*); *sl.* méprisable.
sca·bies ♀ ['skeibii:z] gale *f*.
sca·bi·ous ♀ ['skeibiəs] scabieuse *f*.
sca·brous ['skeibrəs] rugueux (-euse *f*); scabreux (-euse *f*) (*conte etc.*).
scaf·fold ['skæfəld] ⚖ échafaud *m*; △ échafaudage *m*; '**scaf·fold·ing** échafaudage *m*; ~ *pole* écoperche *f*.
scald [skɔ:ld] 1. échaudure *f*; 2. (*a.* ~ *out*) échauder; faire chauffer (*le lait*) sans qu'il entre en ébullition.
scale¹ [skeil] 1. ♀, peau, poisson, reptile; *a. de fer:* écaille *f*; ⊕, ⚕ dartre *f*; ⊕, ⚕ *dents:* tartre *m*; 2. *v/t.* écailler; ⊕, ⚕ piquer; ⊕ détarter (*a. dents*); ⊕ entartrer (= *incruster*); *v/i.* s'écailler; s'exfolier (*arbre*); se déplâtrer (*mur etc.*); ⚕ se desquamer; ⊕ (*souv.* ~ *off*) s'entartrer.
scale² [~] 1. plat(eau) *m*; *(a pair of)* ~s *pl.* (une) balance *f*; *astr.* Balance *f*; 2. peser.
scale³ [~] 1. échelle *f*; ♪, ✝ gamme *f*; ✝ tarif *m*; *fig.* étendue *f*, envergure *f*; *on a large (small)* ~ en grand (petit); ~ *model* maquette *f*; *on a national* ~ à l'échelon national; 2. escalader (*un mur etc.*); tracer (*q.*) à l'échelle; ~ *up (down)* augmenter (réduire) (*les gages etc.*) à l'échelle.
scaled [skeild] écaillé; écailleux (-euse *f*).
scale·less ['skeillis] sans écailles.
scal·ing-lad·der ['skeiliŋlædə] ⚔ ✝ échelle *f* d'escalade.
scal·lion ♀ ['skæljən] ciboule *f*.
scal·lop ['skɔləp] 1. *zo.* pétoncle *m*; *cuis.* coquille *f*; *cost.* feston *m*; dentelure *f*; 2. découper, denteler; festonner; faire cuire en coquille(s).
scalp [skælp] 1. épicrâne *m*; cuir *m* chevelu; *Peaux-Rouges:* scalpe *m*; 2. scalper; ⚕ ruginer.
scal·pel ['skælpəl] scalpel *m*.
scal·y [skeili] écailleux (-euse *f*); squameux (-euse *f*); *sl.* mesquin.
scamp [skæmp] 1. vaurien *m*; enfant: coquin *m*; 2. bâcler; '**scamp·er** 1. courir allégrement; ~ *off* détaler; 2. *fig.* course *f* folâtre *ou* rapide.
scan [skæn] *v/t.* scander (*des vers*); examiner, scruter; *v/i.* se scander.
scan·dal ['skændl] scandale *m*; honte *f*; médisance *f*; ⚖ diffamation *f*; '**scan·dal·ize** scandaliser; *be* ~*d at (ou by)* être scandalisé de *ou* scandalisé par; '**scan·dal·mon·ger** médisant(e *f*) *m*; cancanier (-ère *f*) *m*; '**scan·dal·ous** □ scandaleux (-euse *f*), infâme; honteux (-euse *f*); diffamatoire; '**scan·dal·ous·ness** infamie *f*; caractère *m* scandaleux *etc.*
Scan·di·na·vi·an [skændi'neivjən] 1. scandinave; 2. Scandinave *mf*.
scant [skænt] rare, insuffisant.
scant·i·ness ['skæntinis] rareté *f*, insuffisance *f*.
scant·ling ['skæntliŋ] volige *f*; bois *m* équarri; échantillon *m* (*de construction*); équarrissage *m*; *fig.* très petite quantité *f*.
scant·y □ ['skænti] rare, insuffisant, peu abondant; maigre.
scape·goat ['skeipgout] souffre-douleur *m/inv*.
scape·grace ['skeipgreis] polisson *m*; petit(e) écervelé(e) *m(f)*.
scap·u·lar ['skæpjulə] 1. *anat.* scapulaire; 2. *eccl.* scapulaire *m*.

scar

scar¹ [skɑ:] **1.** cicatrice *f* (*a.* ♀, *a. fig.*); balafre *f* (*le long de la figure*); **2.** *v/t.* balafrer; *v/i.* se cicatriser.
scar² [~] rocher *m* escarpé.
scar·ab *zo.* ['skærəb] scarabée *m*.
scarce [skɛəs] rare; peu abondant; F *make o.s.* ~ s'éclipser, déguerpir; '**scarce·ly** à peine; (ne) guère; '**scar·ci·ty** rareté *f*; manque *m*, disette *f* (de, *of*).
scare [skɛə] **1.** effrayer; faire peur à (*q.*); épouvanter; ~*d* épouvanté, apeuré; *be* ~*d to death* avoir une peur bleue; **2.** panique *f*; '~·**crow** épouvantail *m* (*a. fig.*); '~·**head** *journ. Am.* manchette *f* sensationnelle; '~·**mon·ger** alarmiste *mf*; *sl.* paniquard *m*.
scarf¹ [skɑ:f] ✂, *a. femme:* écharpe *f*; *homme:* cache-nez *m*/*inv.*; *soie:* foulard *m*; *eccl.* étole *f*; † cravate *f*.
scarf² ⊕ [~] **1.** assemblage *m* à mi-bois; enture *f*; *métal:* chanfrein *m* de soudure; **2.** ⊕ enter; ⊕ amorcer.
scarf...: '~·**pin** épingle *f* de cravate; '~·**skin** épiderme *m*.
scar·i·fi·ca·tion [skɛərifi'keiʃn] ✱ scarification *f*; **scar·i·fy** ['~fai] scarifier (*a.* ⚘); *fig.* éreinter (*un auteur*).   [scarlatine *f*.)
scar·la·ti·na [skɑ:lə'ti:nə] (fièvre *f*)
scar·let ['skɑ:lit] écarlate (*a. su./f*); ~ *fever* (fièvre *f*) scarlatine *f*; ♀ ~ *runner* haricot *m* d'Espagne.
scarp [skɑ:p] **1.** escarper; ~*ed* à pic; **2.** escarpement *m*; versant *m* abrupt.
scarred [skɑ:d] balafré; portant des cicatrices.
scarves [skɑ:vz] *pl.* de *scarf*¹.
scar·y F ['skɛəri] timide; épouvantable.
scathe [skeið]: *without* ~ indemne; '**scath·ing** *fig.* mordant, cinglant, caustique.
scat·ter ['skætə] (se) disperser, (s')éparpiller; (se) répandre; *v/t.* dissiper; ~*ed* à. épars, clairsemé; '~·**brain** écervelé(e *f*) *m*, étourdi(e *f*) *m*.
scav·enge ['skævindʒ] balayer, nettoyer; '**scav·en·ger** éboueur *m*, balayeur *m* (des rues); '**scav·eng·ing** balayage *m* (des rues); ébouage *m*.
sce·nar·i·o *cin., théâ.* [si'nɑ:riou] scénario *m*; '~·**writ·er**, *a.* **sce·nar·ist** ['si:nərist] scénariste *m*.

scene [si:n] scène *f* (*a. théâ.*); *fig. a.* théâtre *m*, lieu *m*; vue *f*, paysage *m*; spectacle *m*; *see* ~*ry*; ~*s pl.* coulisse *f*, *-s f*/*pl.*; '~·**paint·er** peintre *m* de ou en décors; **scen·er·y** ['~əri] décors *m*/*pl.*, (mise *f* en) scène *f*; paysage *m*, vue *f*.
sce·nic, sce·ni·cal ['si:nik(l)] scénique; théâtral (-aux *m*/*pl.*) (*a. fig.*); *scenic railway* montagnes *f*/*pl.* russes.
scent [sent] **1.** parfum *m*; odeur *f* (agréable); *chasse:* vent *m*; voie *f*, piste *f*; *chien:* flair *m*, nez *m*; **2.** parfumer, embaumer; *chasse:* (souv. ~ *out*) flairer (*a. fig.*), sentir; '**scent·ed** parfumé (de, *with*); odorant; '**scent·less** inodore, sans odeur; *chasse:* sans fumet.
scep·tic ['skeptik] sceptique *mf*; '**scep·ti·cal** □ sceptique; *be* ~ *about* douter de; **scep·ti·cism** ['~sizm] scepticisme *m*.
scep·tre ['septə] sceptre *m*.
sched·ule ['ʃedju:l; *Am.* 'skedju:l] **1.** inventaire *m*; cahier *m*; liste *f*; *impôts:* cédule *f*; ⚖ annexe *f*; *surt. Am.* horaire *m*; *surt. Am.* plan *m*; *on* ~ à l'heure; *fig.* selon les prévisions; **2.** inscrire sur l'inventaire *etc.*; ⚖ ajouter comme annexe; *Am.* dresser un plan de; *Am.* marquer sur l'horaire; *be* ~*d for* devoir arriver *ou* partir *etc.* à.
scheme [ski:m] **1.** plan *m*, projet *m*; arrangement *m*; *péj.* intrigue *f*; **2.** *v/t.* projeter; *v/i. péj.* intriguer (pour, *to*); comploter; combiner (de, *to*); '**schem·er** faiseur (-euse *f*) *m* de projets; *péj.* intrigant(e *f*) *m*.
schism ['sizm] schisme *m*; *fig.* division *f*; **schis·mat·ic** [siz'mætik] **1.** (*a.* **schis'mat·i·cal** □) schismatique; **2.** schismatique *mf*.
schist *min.* [ʃist] schiste *m*.
schol·ar ['skɔlə] élève *mf*; écolier (-ère *f*) *m*; érudit(e *f*) *m*; *univ.* boursier (-ère *f*) *m*; *he is an apt* ~ il apprend vite; '**schol·ar·ly** *adj.* savant; érudit; '**schol·ar·ship** érudition *f*, science *f*; *souv.* humanisme *m*; *univ.* bourse *f* (d'études).
scho·las·tic [skɔ'læstik] (~*ally*) scolaire; *fig.* pédant; *phls.* scolastique (*a. su./m.*).
school¹ [sku:l] *see* shoal¹.
school² [~] **1.** école *f* (*a. fig. de pensée etc.*); académie *f*; *at* ~ à l'école;

grammar ~ lycée *m*, collège *m*; *high* ~ *Angl*. lycée *m* (*souv*. de jeunes filles); *Am. et écoss*. collège *m*, école *f* secondaire; *primary* ~ école *f* primaire; *public* ~ *Angl*. grande école *f* d'enseignement secondaire; *Am. et écoss*. école *f* communale; *secondary modern* ~ collège *m* moderne; *technical* ~ école *f* des arts et métiers; *see a*. board-~; *put to* ~ envoyer à l'école; **2.** instruire; habituer; discipliner; '~**boy** écolier *m*, élève *m*; '~**fel·low**, '~**mate** camarade *mf* de classe; '~**girl** élève *f*, écolière *f*; '**school·ing** instruction *f*, éducation *f*.

school...: '~**man** scolastique *m*; *Am*. professeur *m*; '~**mas·ter** *école primaire*: instituteur *m*; *lycée, collège*: professeur *m*; '~**mis·tress** institutrice *f*; professeur *m*; '~**room** (salle *f* de) classe *f*.

schoon·er ['sku:nə] schooner *m*; goélette *f*; *Am*. chope *f*, verre *m* de bière.

sci·at·i·ca ⚕ [saɪˈætɪkə] sciatique *f*.

sci·ence ['saɪəns] science *f*, -s *f/pl*. (*a*. † = *savoir*); '~**fic·tion** science-fiction *f*.

sci·en·tif·ic [saɪənˈtɪfɪk] (~*ally*) scientifique; *box*. qui possède la science du combat; ~ *man* homme *m* de science.

sci·en·tist ['saɪəntɪst] homme *m* de science; scientifique *mf*; ♀ *Am*. Scientiste *m* (chrétien).

scin·til·late ['sɪntɪleɪt] scintiller, étinceler; **scin·til'la·tion** scintillement *m*.

sci·on ['saɪən] ♣ scion *m*; *fig*. rejeton *m*, descendant *m*.

scis·sion ['sɪʒn] cisaillage *m*; *fig*. scission *f*, division *f*; **scis·sors** ['sɪzəz] *pl*.: (*a pair of*) ~ (des) ciseaux *m/pl*.; '**scis·sor-tooth** *zo*. dent *f* carnassière.

scle·ro·sis ⚕ [sklɪəˈrəʊsɪs] sclérose *f*.

scoff [skɒf] **1.** sarcasme *m*; **2.** se moquer; ~ *at s.o*. railler qu.; '**scoff·er** moqueur (-euse *f*) *m*, gausseur (-euse *f*) *m*.

scold [skəʊld] **1.** mégère *f*; **2.** gronder, crier (contre, *at*); '**scold·ing** réprimande *f*, semence *f*.

scol·lop ['skɒləp] *see* scallop.

sconce[1] F [skɒns] tête *f*, jugeote *f*.

sconce[2] [~] bougeoir *m*; bobèche *f*; applique *f*; flambeau *m* (*de piano*).

sconce[3] *univ*. [~] mettre à l'amende.

scon(e) *cuis*. [skɒn] galette *f* au lait.

scoop [sku:p] **1.** pelle *f* à main; ⚓ épuisette *f*; ⊕, 🚂 cuiller *f*; ⚙ curette *f*; *sl*. rafle *f*, coup *m*; *sl*. (primeur *f* d'une) nouvelle *f* sensationnelle; **2.** (*usu*. ~ *out*) écoper (*l'eau*); excaver; évider; *sl*. publier une nouvelle à sensation avant (*un autre journal etc*.); *sl*. ~ *a large profit* faire une belle rafle.

scoot·er ['sku:tə] *enfants*: trottinette *f*, patinette *f*; *mot*. scooter *m*; motoscooter *m*.

scope [skəʊp] étendue *f*, portée *f*; liberté *f*, jeu *m*; espace *m*; but *m*; *have free* ~ avoir toute liberté (pour, *to*).

scorch [skɔːtʃ] *v/t*. roussir, brûler; *v/i*. F *mot*. brûler le pavé; '**scorch·er** F journée *f* torride; *mot*. chauffard *m*; *cycl*. cycliste *m* casse-cou.

score [skɔː] **1.** (en)coche *f*; *peau*: éraflure *f*; (trait *m* de) repère *m*; vingtaine *f*; points *m/pl*., total *m*; *foot*. score *m*; *fig*. sujet *m*, point *m*, raison *f*; ♪ partition *f*; *sl*. aubaine *f*, coup *m* de fortune; *three* ~ soixante; *run up a* ~ contracter une dette; *on the* ~ *of* pour cause de; à titre de; *what's the* ~? où en est le jeu?; *get the* ~ faire le nombre de points voulu; **2.** *v/t*. entailler; (*a*. ~ *up*) inscrire, enregistrer; *sp*. compter, marquer (*les points*); gagner (*une partie, a*. *fig*.); remporter (*un succès*); ♪ noter (*un air*), orchestrer, arranger; souligner (*une erreur, un passage*); *Am*. F réprimander (*q*.), laver la tête à (*q*.); ~ *out* rayer; *v/i*. gagner; *sp*., *a*. *cartes*: faire *ou* marquer des points; *foot*. enregistrer un but; *sl*. remporter un succès; *sl*. ~ *off s.o*. faire pièce à qu.; '**scor·er** *sp*. marqueur (-euse *f*) *m* (*foot*. d'un but).

sco·ri·a ['skɔːrɪə], *pl*. -**ri·ae** ['~rɪiː] scorie *f*.

scorn [skɔːn] **1.** mépris *m*, dédain *m*; **2.** mépriser, dédaigner; '**scorn·er** contempteur (-trice *f*) *m*; **scorn·ful** □ ['~fʊl] méprisant.

scor·pi·on *zo*. ['skɔːpjən] scorpion *m*.

Scot[1] [skɒt] Écossais(e *f*) *m*; *hist*. Scot *m*.

scot[2] [~] *hist*. écot *m*; compte *m*; ~ *and lot taxes f/pl*. communales.

Scotch[1] [skɒtʃ] **1.** écossais; **2.** *ling*.

scotch

écossais *m*; F whisky *m*; the ~ *pl.* les Écossais *m/pl.*

scotch² [~] 1. entaille *f*; *sp.* ligne *f* de limite; 2. mettre hors de combat *ou* hors d'état de nuire.

scotch³ [~] 1. cale *f*; taquet *m* d'arrêt; 2. caler (*une roue*); *fig.* faire casser.

Scotch·man ['skɔtʃmən] Écossais *m*.

scot-free ['skɔt'fri:] indemne.

Scots *ecoss.* [skɔts], **'Scots·man** see *Scotch(man)*.

Scot·tish ['skɔtiʃ] écossais.

scoun·drel ['skaundrəl] scélérat *m*; vaurien *m*; **'scoun·drel·ly** *adj.* scélérat, vil.

scour¹ ['skauə] nettoyer; frotter; curer (*un fossé, un port*); décaper (*une surface métallique*).

scour² [~] *v/i.* ~ about battre la campagne; *v/t.* parcourir; écumer (*les mers*).

scourge [skə:dʒ] 1. fléau *m* (*a. fig.*); *eccl.* discipline *f*; 2. fouetter; *fig.* affliger.

scout¹ [skaut] 1. éclaireur *m*, avant-coureur *m*; ⚔ reconnaissance *f*; ⚓ vedette *f*, croiseur *m*, éclaireur *m*; ✈ avion *m* de reconnaissance; *univ.* garçon *m* de service; Boy ⚥s *pl.* (boys-)scouts *m/pl.*; ⚔ ~ party reconnaissance *f*; 2. aller en reconnaissance.

scout² [~] repousser avec mépris.

scow ⚓ [skau] chaland *m*; (*a. ferry-*~) toue *f*.

scowl [skaul] 1. air *m* renfrogné; 2. se renfrogner, F regarder noir.

scrab·ble ['skræbl] jouer des pieds et des mains; chercher à quatre pattes (*qch., for s.th.*); gratter çà et là.

scrag [skræg] 1. *fig.* personne *f ou* bête *f* décharnée; ~(-end) (*of mutton*) collet *m* (de mouton); 2. *sl.* garrotter; **scrag·gi·ness** ['~inis] maigreur *f*; **'scrag·gy** ☐ maigre, décharné.

scram *Am. sl.* [skræm] fiche-moi le camp!

scram·ble ['skræmbl] 1. monter *etc.* à quatre pattes; se bousculer (pour avoir qch., *for s.th.*); jouer des pieds et des mains (*a. fig.*); ~d eggs *pl.* œufs *m/pl.* brouillés; 2. marche *f etc.* difficile; lutte *f*, mêlée *f*.

scrap [skræp] 1. petit morceau *m*; bout *m*; *terrain*: parcelle *f* (*a. fig.*); *journal*: coupure *f*; *pain, étoffe*: bribe *f*; ⊕ déchets *m/pl.*; *sl.* rixe *f*, querelle *f*; *box.* match (*pl.* match[e]s) *m*; ~s *pl.* restes *m/pl.*; débris *m/pl.*; *péj.* ~ of paper chiffon *m* de papier; 2. mettre au rebut; mettre hors service; *fig.* mettre au rancart; '~-book album *m* (de découpures).

scrape [skreip] 1. coup *m* de grattoir; grincement *m*; *fig.* mince couche *f*; F embarras *m*, mauvais pas *m*; 2. *v/t.* gratter, racler; écorcher (*la peau*); décrotter (*les souliers*); ~ together (*ou* up) amasser peu à peu; ~ acquaintance with faire connaissance casuellement avec (*q.*); *v/i.* gratter; s'érafler; grincer (*violon*); **'scrap·er** grattoir *m*, racloir *m*; *souliers*: décrottoir *m*; *personne*: racleur *m*; **'scrap·ing** raclage *m*; ~s *pl.* raclures *f/pl.*; grattures *f/pl.*; bribes *f/pl.*, restes *m/pl.*; *fig.* sous *m/pl.* amassés un à un.

scrap…: '~-heap (tas *m* de) ferraille *f*; '~-i·ron ferraille *f*; débris *m/pl.* de fer; **'scrap·py** ☐ hétérogène; *fig.* décousu.

scratch [skrætʃ] 1. coup *m* d'ongle *ou* de griffe; égratignure *f*; grattement *m*; *surface polie*: rayure *f*; *sp.* zéro *m*; *sp.* scratch *m*; *plume etc.*: grincement *m*; come up to the ~ se mettre en ligne; *fig.* se montrer à la hauteur de l'occasion; 2. improvisé; *sp.* mixte, sans homogénéité (*équipe*); *parl.* par surprise; 3. *v/t.* gratter, égratigner; donner un coup de griffe à; *sp.* scratcher; *sp.* décommander; ~ out rayer, biffer; gratter; *v/i.* gratter; grincer; *sp.* déclarer forfait; griffer (*chat*); **'scratch·y** qui gratte; grinçant; inégal (-aux *m/pl.*), peu assuré; *see scratch* 2.

scrawl [skrɔ:l] 1. griffonner; 2. (*a.* **'scrawl·ing**) griffonnage *m*.

scraw·ny *Am.* F ['skrɔ:ni] décharné.

scream [skri:m] 1. cri *m* perçant; F he is a ~ il est tordant; 2. (*souv.* ~ out) pousser un cri perçant *ou* d'angoisse; **'scream·ing** ☐ perçant; sifflant; criard (*personne, a. couleur*); F tordant; à mourir de rire; **'scream·y** F aigu(ë *f*); criard.

scree [skri:] éboulis *m*, pierraille *f*.

screech [skri:tʃ] *see scream*; '~-owl *orn.* chouette *f* (des clochers).

screed [skri:d] longue liste *f*; longue lettre *f*; jérémiade *f*.

screen [skri:n] 1. ⚔, *phot.*, *cin.*, *radar*, *a. meuble*: écran *m* (*a. draught-~*) paravent *m*; scrible *m*; sas *m*; *mot.* rideaux *m/pl.* de côté; *fig.* rideau *m*; *on the ~ à l'écran*; *~ advertising* publicité *f* à l'écran; *phot.* focussing *~* verre *m* dépoli; *cin. ~ record* film *m* de reportage; *mot. ~ wiper* essuie-glace *m*; 2. abriter, protéger; ⚔ dérober (à, *from*); voiler (*le soleil etc.*); cacher; *cin.* mettre à l'écran; passer au crible; tamiser; *fig.* couvrir (*q.*).

screw [skru:] 1. vis *f*; tour *m* de vis; *tabac*, *papier*, *bonbons*: cornet *m*; *fig.* rigueur *f*; *sl.* paie *f*, salaire *m*, appointements *m/pl.*; ⚓ hélice *f*; F avare *m*; F he has a *~ loose* il est timbré *ou sl.* maboul; 2. *v/t.* visser; *fig.* tordre; *fig.* opprimer; *fig.* rappeler (*tout son courage*); *v/i.* tourner; *~ round* tordre (le cou, one's head); *~ up* visser; tortiller; plisser (*les yeux*); pincer (*les lèvres*); *~ up one's face* faire une grimace; '*~·ball Am. sl.* type *m* excentrique *ou* dingo; '*~·driv·er* tournevis *m*; '*~·jack* cric *m* (*menuisier*: à vis); viole *f*; '*~·pro'pel·ler* hélice *f*; '*~·steam·er* navire *m* à hélice.

scrib·ble ['skribl] 1. griffonnage *m*; écriture *f* illisible; 2. *v/t.* griffonner; *~ over* rendre illisible (*au moyen du griffonnage*); *v/i.* F écrivailler; '**scrib·bler** griffonneur (-euse *f*) *m*; F écrivailleur (-euse *f*) *m*, gratte-papier *m/inv.*

scribe [skraib] *bibl. ou co.* scribe *m*; *péj.* plumitif *m*; ⊕ pointe *f* à tracer.

scrim·mage ['skrimidʒ] mêlée *f* (*a. sp.*); escarmouche *f*.

scrimp [skrimp] 1. *v/t.* être parcimonieux (-euse *f*) de, ménager (-ère *f*) outre mesure; *v/i.* lésiner sur tout; économiser outre mesure; 2. chiche (*personne*); (*a.* '**scrimp·y**) insuffisant.

scrip † [skrip] titres *m/pl.*; certificat *m ou* titre *m* provisoire.

script [skript] écriture *f*; manuscrit *m*; *cin.* scénario *m*; *~s pl. école etc.*: copies *f/pl.* d'examen.

Scrip·tur·al ['skriptʃərəl] scriptural (-aux *m/pl.*); biblique; **Scrip·ture** ['~tʃə] Écriture *f* sainte.

scrof·u·la ⚕ ['skrɔfjulə] scrofule *f*, strume *f*; '**scrof·u·lous** □ scrofuleux (-euse *f*), strumeux (-euse *f*).

scroll [skroul] *papier*: rouleau *m*; banderole *f* à inscription; *écriture*: arabesque *f*; △ spirale *f*; volute *f* (*a. violon*). [*m.*\
scro·tum *anat.* ['skroutəm] scrotum\]
scrounge [skraundʒ] chiper; écornifler (*un repas etc.*); ⚔ *sl.* récupérer.
scrub[1] [skrʌb] broussailles *f/pl.*; arbuste *m* rabougri; F personne *f* rabougrie.
scrub[2] [~] 1. nettoyer; récurer; 2. *sp. Am.* équipe *f* numéro deux.
scrub·bing-brush ['skrʌbiŋbrʌʃ] brosse *f* en chiendent *ou* de cuisine.
scrub·by ['skrʌbi] rabougri; insignifiant; couvert de broussailles.
scruff of the neck ['skrʌfəvðə'nek] peau *f* de la nuque *ou* du cou.
scrum·mage ['skrʌmidʒ] mêlée *f* (*a. sp.*); escarmouche *f*.
scrump·tious *sl.* ['skrʌmpʃəs] exquis, épatant, délicieux (-euse *f*).
scrunch [skrʌntʃ] *v/t.* croquer; *v/i.* craquer.
scru·ple [skru:pl] 1. scrupule *m* (*20 grains = 1,296 g*) (*a. = conscience*); *have ~s to* (*inf.*) ne pas hésiter à (*inf.*); 2. avoir des scrupules (à *inf.*, *to inf.*); **scru·pu·lous** □ ['~juləs] scrupuleux (-euse *f*) (sur *about*, *over*); *a.* méticuleux (-euse *f*) (*travail etc.*).

scru·ti·neer [skru:ti'niə] scrutateur *m*; '**scru·ti·nize** scruter; pointer (*des suffrages etc.*); '**scru·ti·ny** examen *m* minutieux *ou* attentif *ou* rigoureux; *suffrages*: vérification *f*.
scud [skʌd] 1. fuite *f*, course *f* rapide; *nuages*: diablotins *m/pl.*; rafale *f*; embrun *m*; 2. courir, fuir; ⚓ fuir devant le temps.
scuff [skʌf] *v/t.* effleurer; érafler; user; *~ up* soulever; *v/i.* traîner les pieds; s'érafler (*cuir*).
scuf·fle ['skʌfl] 1. rixe *f*, mêlée *f*; bagarre *f*; 2. se bousculer; traîner les pieds.
scull ⚓ [skʌl] 1. aviron *m* de couple; godille *f*; 2. ramer en couple; godiller.
scul·ler·y ['skʌləri] arrière-cuisine *f*; *~-maid* laveuse *f* de vaisselle.
sculp·tor ['skʌlptə] sculpteur *m*.
sculp·ture ['skʌlptʃə] 1. sculpture *f*; 2. sculpter; orner de sculptures; '**sculp·tur·ing** sculpture *f*, sculptage *m*.

scum [skʌm] écume *f*; ⊕ scories *f/pl.*; *fig.* lie *f*, rebut *m*.

scup·per ⚓ ['skʌpə] dalot *m*.

scurf [skə:f] pellicules *f/pl.* (*du cuir chevelu*); ⊕ instruction *f*; **'scurf·y** □ pelliculeux (-euse *f*); ⚕ ~ affection dartre *f*.

scur·ril·i·ty [skʌ'riliti] goujaterie *f*; grossièreté *f*; *action*, *personne*: bassesse *f*; **'scur·ril·ous** grossier (-ère *f*); bas(se *f*); ignoble.

scur·ry ['skʌri] **1.** *v/i.* se hâter; aller à pas précipités; ~ *through s.th.* expédier qch.; **2.** débandade *f*; bousculade *f*.

scur·vy[1] ⚕ ['skə:vi] scorbut *m*.

scur·vy[2] [~] vil(ain), bas(se *f*).

scut [skʌt] lapin, lièvre, *etc*.: couette *f*.

scutch·eon ['skʌtʃn] *see* escutcheon.

scut·tle[1] ['skʌtl] seau *m* à charbon.

scut·tle[2] [~] **1.** écoutillon *m*; hublot *m*; *mot.* bouclier *m* avant; *Am.* toit *etc.*: trappe *f*; **2.** saborder (*un navire*).

scut·tle[3] [~] **1.** fuite *f*; *pol.* F lâchage *m*; **2.** décamper, filer; débouler; *pol.* F lâcher.

scythe 🖉 [saið] **1.** faux *f*; **2.** faucher.

sea [si:] mer *f*; *fig.* océan *m*; lame *f*, houle *f*; *at* ~ en mer; *fig.* dérouté; *go to* ~ se faire marin; *see* put 2; **'~-board** littoral *m*; rivage *m*; ~ **cap·tain** capitaine *m* de la marine; **'~-far·ing** de mer; ~ *man* marin *m*; **'~-food** *Am. a.* ~*s pl.* fruits *m/pl.* de mer (= *coquillages, crustacés et poissons*); **'~-go·ing** de haute mer; de long cours; maritime (*commerce*).

seal[1] *zo.* [si:l] phoque *m*.

seal[2] [~] **1.** bouteille, distinction, *a.* lettre: cachet *m*; *document*, sceau *m*; plomb *m*; ⊕ joint *m* étanche; *great* (*ou broad*) ~ grand sceau *m*; **2.** cacheter; sceller; (*a.* ~ *up*) fermer; *fig.* décider; *fig.* fixer; *fig.* ~ *off* boucher, fermer; ~ *up* fermer hermétiquement; ~ (*with lead*) plomber.

seal·er ⊕ ['si:lə] pince *f* à plomber.

sea-lev·el ['si:levl] niveau *m* de la mer.

seal·ing ['si:liŋ] scellage *m*; cachetage *m*; plombage *m*; fermeture *f*.

seal·ing-wax ['si:liŋwæks] cire *f* à cacheter.

seal·skin ['si:lskin] peau *f* de phoque; ✝ phoque *f*.

seam [si:m] **1.** couture *f* (*a. métall.*); ⊕ joint *m*; *géol.* couche *f*, veine *f*; *fig. visage*: ride *f*; *fig. burst at the* ~s craquer, crever; **2.** faire une couture à; ⊕ agrafer; couturer (*un visage*).

sea·man ['si:mən] marin *m*, matelot *m*; **'sea·man·ship** manœuvre *f*.

sea-mew ['si:mju:] mouette *f*, goéland *m*.

seam·less □ ['si:mlis] sans couture; ⊕ sans soudure.

seam·stress ['semstris] (ouvrière *f*) couturière *f*.

seam·y ['si:mi] qui montre les coutures; *fig.* ~ *side* dessous *m/pl.*, mauvais côté *m*.

sea...: **'~-piece** *peint.* marine *f*; **'~-plane** hydravion *m*; **'~-port** port *m* de mer.

sear [siə] dessécher (*a. fig.*); faner (*les feuilles*); ⚕ cautériser; *fig.* endurcir.

search [sə:tʃ] **1.** recherche *f* (*de*, *for*); *admin.* visite *f*; *police*: perquisition *f*; fouille *f*; *in* ~ *of* à la recherche de; **2.** *v/t.* chercher dans (*qch.*); fouiller dans; visiter; ⚖ faire une perquisition dans; ⚕ sonder; *fig.* scruter; ~ *out* dénicher; découvrir; *v/i.* faire des recherches; ~ *for* chercher (*qch.*); ~ *into* rechercher; **'search·er** (re)chercheur (-euse *f*) *m*; douanier *m*; perquisiteur *m*; ⚕ sonde *f*; **'search·ing** □ minutieux (-euse *f*); pénétrant (*regard*, *vent*); **'search·light** projection *f* électrique; ⚓ *etc.* projecteur *m*; **'search-war·rant** ⚖ ordre *m* de perquisition.

sea...: **~·scape** ['si:skeip] *see* sea-piece; **'~-'ser·pent** serpent *m* de mer; **'~-shore** rivage *m*; côte *f*; plage *f*; **'~-sick**: *be* ~ avoir le mal de mer; **'~-sick·ness** mal *m* de mer; **'~·side** bord *m* de la mer; ~ *resort* plage *f*; bains *m/pl.* de mer; *go to the* ~ aller au bord de la mer.

sea·son ['si:zn] **1.** saison *f*; période *f*, temps *m*; époque *f*; *vét.* rut *m*; F abonnement *m*; *height of the* ~ (pleine) saison *f*; *in* (*good ou due*) ~ en temps voulu; *cherries are in* ~ c'est la saison des cerises; *out of* ~ hors de saison; ne pas (*être*) de saison; *for a* ~ pendant un *ou* quelque temps; *with the compliments of the* ~ meilleurs souhaits de nouvel an *etc.*; **2.** *v/t.* mûrir; dessécher (*le bois*); assaisonner (*a. fig.*), relever (*de*, *with*);

fig. acclimater; *fig.* tempérer; v/i. se sécher (*bois*); mûrir; **sea·son·a·ble** □ de (la) saison; opportun; 'sea·son·a·ble·ness opportunité *f*; **sea·son·al** □ ['si:znl] des saisons; ✝, ⚓ saisonnier (-ère *f*); embauché pour les travaux de saison (*ouvrier*); 'sea·son·ing dessèchement *m*; *cuis.* assaisonnement *m*, condiment *m*; 'sea·son-'tick·et carte *f* d'abonnement.

seat [si:t] **1.** siège *m* (*a.* ⚓, ⊕); *théâ.*, *autobus*: place *f*; chaise *f*; banc *m*; (*a. country* ~) château *m*; *pantalon*: fond *m*; assiette *f* (*à cheval*); *a. pilot's* ~) baquet *m*; ~ *of war* théâtre *m* de la guerre; **2.** (faire) asseoir; établir (*sur un trône etc.*); placer; fournir de chaises; poser; ✍ caler; ⊕ faire reposer sur son siège; ~ *o.s.* s'asseoir; *be* ~*ed* être assis; avoir son siège (dans, *in*); 'seat·ed assis; -seat·er *surt. mot.*, ⚓: *two-*~ voiture *f* à deux places, appareil *m* biplace.

sea-ur·chin *zo.* ['si:ˌə:tʃin] oursin *m*; **sea·ward** ['~wəd] **1.** *adj.* qui porte au large; du large (*brise*); **2.** *adv.* (*a.* **sea·wards** ['~z]) vers le large *ou* la mer.

sea...: '~·weed ♣ algue *f*; varech *m*; '~·wor·thy navigable; qui tient la mer.

se·ba·ceous ♣ [si'beiʃəs] sébacé.

se·cant ⅄ ['si:kənt] **1.** sécant; **2.** sécante *f*.

séc·a·teur ✄ ['sekətə:] *usu.* (*a pair of*) ~*s pl.* (un) sécateur *m*.

se·cede [si'si:d] se séparer, faire scission (de, *from*); se'ced·er séparatiste *mf*; *eccl.* dissident(e *f*) *m*.

se·ces·sion [si'seʃn] scission *f*; sécession *f*; *eccl.* dissidence *f*; se-'ces·sion·ist sécessioniste *mf*.

se·clude [si'klu:d] tenir éloigné; se'clu·sion [~ʒn] solitude *f*, isolement *m*.

sec·ond ['sekənd] **1.** □ second; deuxième; autre; *he is* ~ *to none* il ne le cède à personne (pour, *in*); *on* ~ *thoughts* toute réflexion faite; *the* ~ *of May* le deux Mai; *Charles the* ♀ Charles Deux; **2.** *temps*: seconde *f*; le (la) second(e *f*) *m ou* deuxième *mf*; *box.* second *m*; *duel*: témoin *m*; ✝ ~*s pl.* articles *m/pl.* de deuxième qualité; ✝ ~ *of exchange* seconde *f* de change; **3.** seconder; appuyer (*des débats*, *des troupes*); ⚔ [si'kɔnd] mettre (*un officier*) en disponibilité; détacher; **sec·ond·ar·i·ness** ['sekəndərinis] caractère *m* secondaire *ou* peu important; **'sec·ond·ar·y** □ secondaire; auxiliaire; peu *ou* moins important; *see school*[2] 1; 'sec·ond-'best numéro deux; deuxième; F *come off* ~ être battu; 'sec·ond·er *parl.* deuxième parrain *m*; *be the* ~ *of a motion* appuyer une proposition; **sec·ond-hand** ['sekəndˈhænd] d'occasion; ~ *bookseller* bouquiniste *mf*; ~ *bookshop* librairie *f* d'occasion; **2.** ['sekəndhænd] aiguille *f* des secondes; trotteuse *f*; 'sec·ond·ly en second lieu; deuxièmement; 'sec·ond·rate inférieur (-e *f*); de qualité inférieure; ✝ ~ *quality* seconde qualité *f*.

se·cre·cy ['si:krisi] discrétion *f*; secret *m*; **se·cret** ['~krit] **1.** □ secret (-ète *f*); caché; retiré, isolé; discret (-ète *f*); **2.** secret *m*; *in* ~ en secret; *be in the* ~ être du *ou* dans le secret.

sec·re·tar·i·at(e) [sekri'tɛəriət] secrétariat *m*.

sec·re·tar·y ['sekrətri] secrétaire *mf*; dactylo *f*; ♀ *of State* ministre *m*; *Am.* ministre *m* des Affaires étrangères; **'sec·re·tar·y·ship** secrétariat *m*; fonction *f* de secrétaire; *pol.* ministère *m*.

se·crete [si'kri:t] cacher; ♃ recéler; *physiol.* sécréter; **se'cre·tion** *physiol.* sécrétion *f*; ♃ recel *m*; **se'cre·tive** *fig.* réservé, F cachottier (-ère *f*).

sect [sekt] secte *f*; **sec·tar·i·an** [~'tɛəriən] sectaire (*a. su./m*).

sec·tion ['sekʃn] section *f* (*a.* ⚓, ⅄, ⚔, *typ.*, *zo.*); ⚔ groupe *m* de combat; *microscope etc.*: lame *f* mince; △ coupe *f*, profil *m*; *typ.* paragraphe *m*, alinéa *m*; division *f*; tranche *f* (*a. d'oranges*); 🚆 secteur *m*, *Am.* compartiment *m*; *Am. ville*: quartier *m*; **'sec·tion·al** □ de classe *ou* parti; en profil, en coupe; ⊕ démontable; ⊕ sectionnel(le *f*); **'sec·tion-mark** paragraphe *m*.

sec·tor ['sektə] ⚔, ⅄, ⊕, *admin.*, *astr.*, *cin.* secteur *m*; ⅄ compas *m* de proportion.

sec·u·lar □ ['sekjulə] séculier (-ère *f*); laïque; très ancien(ne *f*); **sec·u·lar·i·ty** [~'læriti] mondanité *f*;

secularize 1048

laïcité f; clergé: sécularité f; **'sec·u·lar·ize** séculariser; laïciser (*une école*); désaffecter (*une église*).

se·cure [si'kjuə] **1.** □ sûr; assuré; en sûreté; à l'abri (de *against, from*); ferme; **2.** mettre en sûreté *ou* à l'abri (de *from, against*); assurer, fixer, retenir; se procurer; s'emparer de; garantir (*une dette*); nantir (*un prêteur*); ⚔ fortifier.

se·cu·ri·ty [si'kjuəriti] sécurité f; sûreté f; solidité f; caution f, garantie f; **securities** pl. titres m/pl., valeurs f/pl.; **public securities** pl. fonds m/pl. d'État.

se·dan [si'dæn] (voiture f à) conduite intérieure, limousine f; (*a.* ~ **chair**) chaise f à porteur.

se·date □ [si'deit] (re)posé; calme; **se'date·ness** calme m; manière f posée. [(*a. su./m.*).]

sed·a·tive *usu.* ⚕ ['sedətiv] calmant]

sed·en·tar·i·ness ['sednterinis] sédentarité f; vie f sédentaire; **'sed·en·tar·y** □ sédentaire (*emploi, oiseau, troupes, vie*); assis.

sedge [sedʒ] ♃ carex m; F joncs m/pl.

sed·i·ment ['sedimənt] sédiment m; *vin:* lie f; ⚕ résidu m; *géol.* atterrissement m; **sed·i·men·ta·ry** *géol.* [~'mentəri] sédimentaire.

se·di·tion [si'diʃn] sédition f; **se'di·tious** □ [~ʃəs] séditieux (-euse f).

se·duce [si'djuːs] séduire; **se'duc·er** séducteur (-trice f) m; **se·duc·tion** [~'dʌkʃn] séduction f; **se'duc·tive** □ séduisant.

sed·u·lous □ ['sedjuləs] assidu.

see¹ [siː] [*irr.*] *v/i.* voir; *fig.* comprendre; *I* ~ je comprends; ~ **about** s'occuper de (*qch.*); ~ **through** pénétrer les intentions de (*q.*), pénétrer (*qch.*); ~ **to** s'occuper de; veiller à; *v/t.* voir; s'assurer (que, *that*); visiter; accompagner; remarquer; consulter (*le médecin*); comprendre; ~ *s.th.* **done** veiller à ce que qch. soit faite *ou* ne fasse; **go to** ~ *s.o.* aller voir q.; rendre visite à q.; ~ *s.o.* **home** accompagner q. chez lui; ~ **off** reconduire, conduire (*un hôte, une visite à la gare etc.*); ~ **out** accompagner (*q.*) jusqu'à la porte; mener (*qch.*) à bonne fin; ~ **through** assister jusqu'au bout à (*qch.*); soutenir (*q.*) jusqu'au bout; **live to** ~ vivre assez longtemps pour voir.

see² [~] évêché m; archevêché m; *Holy* ⚲ Saint-Siège m.

seed [siːd] **1.** grain(e f) m; *coll., a. fig.* semence f; † lignée f; **go** (*ou* **run**) **to** ~ s'affricher (*terrain*); monter en graine (*plante*); *fig.* se décatir; **2.** *v/t.* semer; enlever la graine de (*un fruit*); sp. trier (*les joueurs*); ~**ed players** têtes f/pl. de série; *v/i.* venir à graine; monter en graine; s'égrener; **'~·bed** *see* **seed-plot**; **seed·i·ness** ['~inis] état m râpé *ou* misérable; F (état m de) malaise f; **'seed·ling** ♃ (jeune) plant m; **'seed-plot** ♃ germoir m; **seeds·man** ['~zmən] grainetier m; **'seed·y** râpé, usé; F indisposé, souffrant.

see·ing ['siːiŋ] **1.** *su.* vue f, vision f; *worth* ~ qui vaut la peine d'être vu; **2.** *cj.:* ~ *that* puisque, étant donné que.

seek [siːk] [*irr.*] (*a.* ~ **after, for**) (re)chercher; poursuivre; **be to** ~ *fig.* être peu clair; **'seek·er** chercheur (-euse f) m.

seem [siːm] sembler; paraître; **'seem·ing 1.** □ apparent; soi-disant; **2.** apparence f; **'seem·li·ness** bienséance f, décence f; beauté f; **'seem·ly** convenable; agréable à voir.

seen [siːn] *p.p.* de **see¹**.

seep [siːp] (s'in)filtrer; suinter; **'seep·age** suintement m, infiltration f.

seer ['siːə] voyant(e f) m, prophète m.

see-saw ['siːˈsɔː] **1.** bascule f; balançoire f; **2.** basculer; *fig.* balancer (*personne*).

seethe [siːð] bouillonner; s'agiter (*a. fig.*); *fig.* grouiller (de, *with*).

seg·ment ['segmənt] ♃ *etc.* segment m; *orange:* tranche f.

seg·re·gate ['segrigeit] (se) séparer.

seine [sein] *filet:* seine f.

sei·sin ♅ ['siːzin] saisine f.

seis·mo·graph ['saizməɡrɑːf] sismographe m.

seize [siːz] *v/t.* saisir (*a.* = *comprendre*); s'emparer de; ⚓ amarrer (*des cordages*), velter (*un espar*); ♅, *admin.* confisquer; *v/i.* ⊕ gripper; (se) caler; ~ **upon** saisir (*a. fig.*); **'seiz·ing** saisie f; empoignement m; ⊕ grippage m; ⚓ amarrage m; **sei·zure** ['~ʒə] saisie f (*a.* ♅); ⚕ (attaque f d')apoplexie f.

sel·dom *adv.* ['seldəm] peu souvent, rarement.
se·lect [si'lekt] **1.** choisir; sélectionner; trier; **2.** choisi; d'élite; très fermé (*cercle*); **se'lec·tion** choix *m*; ♀, *zo.* sélection *f*; ♪ sélection *f* (sur, from; emprunté à q., from s.o.); morceaux *m/pl.* choisis (de, from); **se'lec·tive** □ de sélection; *radio:* sélecteur (-trice *f*); sélectif (-ive *f*); **se·lec·tiv·i·ty** [ˌ~'tiviti] *radio:* sélectivité *f*; **se'lect·man** *Am.* membre *m* du conseil municipal (*Nouvelle-Angleterre*); **se'lec·tor** *radio:* sélecteur *m*.
self [self] **1.** *pron.* même; ☦ *ou* F *see myself;* **2.** *adj.* automatique; de même; non mélangé; ♀ de couleur uniforme; **3.** *su.* (*pl.* selves [selvz]) personnalité *f*; moi *m*; *my poor ~* ma pauvre (petite) personne *f*; '~-a'base·ment humiliation *f* de soi-même; '~-'act·ing automatique; '~-'cen·tred, *Am.* '~-'cen·tered égocentrique; '~-com'mand maîtrise *f* de soi; sang-froid *m*; '~-con'ceit suffisance *f*, vanité *f*; '~-con'ceit·ed suffisant, vaniteux (-euse *f*); '~-'con·fi·dence confiance *f* en soi; '~-'con·scious gêné; contraint; **~-con'tained** [ˌ~kən'teind] indépendant; réservé (*personne*); *~ country* pays *m* qui se suffit à lui-même; *~ flat* appartement *m* indépendant; '~-con'trol maîtrise *f* de soi; possession *f* de soi-même; '~-de'fence défense *f* personnelle; *in ~* en légitime défense; '~-de'ni·al abnégation *f* (de soi); '~-de·ter·mi'na·tion libre disposition *f* de soi-même; '~-'ev·i·dent évident en soi; '~-'feed·er ⊕ fourneau *m etc.* à alimentation automatique; '~-'in·ter·est intérêt *m* personnel; 'self·ish □ égoïste, intéressé; 'self·ish·ness égoïsme *m*.
self...: '~-'made: *~ man* fils *m* de ses œuvres; parvenu *m*; '~-pos'ses·sion aplomb *m*, sang-froid *m*; '~-pre·ser'va·tion conservation *f* de soi-même; '~-pro'pelled autopropulsé; '~-re'gard respect *m* de soi; '~-re'li·ance indépendance *f*; '~-re'li·ant indépendant; '~-'right·eous pharisaïque; '~-'same *poét.* identique; '~-'seek·ing intéressé, égoïste; '~-'serv·ice res·tau·rant restaurant *m* libre-service; '~-'start·er *mot.* (auto)démarreur *m*; '~-suf'fi·cien·cy indépendance *f*; suffisance *f*; '~-'will obstination *f*, opiniâtreté *f*; '~-'willed obstiné, opiniâtre.
sell [sel] [*irr.*] **1.** *v/t.* vendre (*a. fig.*); F tromper; *Am.* F convaincre, persuader; F *~ (out)* vendre tout son stock de (*qch.*); ☦ *~ off* solder; liquider; *~ up* vendre (*q.*); *v/i.* se vendre; être en vente; ☦ *~ off* (*ou out*) liquider; tout vendre; **2.** F déception *f*; *sl.* blague *f*; **'sell·er** vendeur (-euse *f*) *m*; ☦ *good etc. ~* article *m* de bonne *etc.* vente; *best ~* livre *m* à (gros) succès, best-seller *m*.
selt·zer ['seltsə] (*a. ~ water*) eau *f* de Seltz.
sel·vage, sel·vedge ['selvidʒ] *tex.* lisière *f*; *géol.* salbande *f*.
se·man·tics [si'mæntiks] *sg.* sémantique *f*.
sem·a·phore ['seməfɔ:] **1.** sémaphore *m*; signal *m* à bras; **2.** transmettre par sémaphore *ou* par signaux à bras.
sem·blance ['sembləns] semblant *m*, apparence *f*.
sem·i... [semi] semi-; demi-; à moitié; mi-; '~-breve ♪ ronde *f*; '~-cir·cle demi-cercle *m*; '~-co·lon point-virgule (*pl.* points-virgules) *m*; '~-'fi·nal *sp.* demi-finale *f*; '~-man·u'fac·tured semi-ouvré.
sem·i·nal ['si:minl] séminal (-aux *m/pl.*); *fig.* embryonnaire.
sem·i·nar ['semina:] *univ.* séminaire *m*.
sem·i·nar·y ['seminəri] *fig.* pensionnat *m* (*de jeunes filles*); *eccl.* séminaire *m*.
sem·i·of·fi·cial ['semiə'fiʃl] officieux (-euse *f*), semi-officiel(le *f*).
sem·i·qua·ver ♪ ['semikweivə] double croche *f*.
Sem·ite ['si:mait] Sémite *mf*; **Se·mit·ic** [si'mitik] sémitique.
sem·i·tone ♪ ['semitoun] demi-ton *m*, semi-ton *m*. [voyelle *f*.\
sem·i·vow·el ['semi'vauəl] semi-/
sem·o·li·na [semə'li:nə] semoule *f*.
sem·pi·ter·nal □ *poét.* [sempi'tə:nl] éternel(le *f*).
semp·stress ['sempstris] (ouvrière *f*) couturière *f*.
sen·ate ['senit] sénat *m*; *univ.* conseil *m* de l'université.

sen·a·tor ['senətə] sénateur *m*; **sen·a·to·ri·al** □ [∼'tɔ:riəl] sénatorial (-aux *m/pl.*).

send [send] [*irr.*] *v/t.* envoyer; expédier; diriger (*un coup, une balle*); remettre (*de l'argent*); rendre (*fou etc.*); ∼ *s.o.* (*gér.*) faire q. (*inf.*); see pack 2; ∼ forth envoyer (dehors); répandre; émettre; lancer; & pousser; ∼ in faire (r)entrer; envoyer; ∼ *in one's name* se faire annoncer; ∼ off expédier; faire partir; envoyer; ∼ up faire monter (*a. fig.*); ∼ word to *s.o.* envoyer un mot à q.; *v/i.*: ∼ for faire venir, envoyer chercher; **'send·er** envoyeur (-euse *f*) *m*; *lettre, télégramme:* expéditeur(-trice *f*) *m*; *tél.* transmetteur *m*; **'send·'off** fête *f* d'adieu; *sl.* recommandation *f*, début *m*.

se·nile ['si:nail] sénile; **se·nil·i·ty** [si'niliti] sénilité *f*.

sen·ior ['si:njə] **1.** aîné; plus âgé (que, to); supérieur (à, to); premier (-ère *f*) (*commis etc.*); ✝ ∼ *partner* associé *m* principal; **2.** aîné(e *f*) *m*; le (la) plus ancien(ne *f*) *m*; supérieur(e *f*) *m*; *Am. univ.* étudiant(e *f*) *m* de quatrième année; *he is my ∼ by a year, he is a year my ∼* il est mon aîné d'un an; **sen·ior·i·ty** [si:ni'ɔriti] priorité *f* d'âge; *grade:* ancienneté *f*.

sen·sa·tion [sen'seiʃn] sensation *f* (*a. fig. = effet sensationnel*); sentiment *m*, impression *f*; **sen·sa·tion·al** □ sensationnel(le *f*); à sensation (*roman etc.*); **sen·sa·tion·al·ism** recherche *f* du sensationnel.

sense [sens] **1.** sens *m*; sentiment *m*; sensation *f*; intelligence *f*; signification *f*; *common* (*ou good*) ∼ sens *m* commun; bon sens *m*; *in one's ∼s* sain d'esprit; *be out of one's ∼s* avoir perdu le sens *ou* la tête; *bring s.o. to his ∼s* ramener q. à la raison; *make ∼* être compréhensible; *make ∼ of* arriver à comprendre; *talk ∼* parler raison; **2.** sentir; *Am.* comprendre.

sense·less □ ['senslis] insensé, déraisonnable, stupide; sans connaissance, inanimé; **'sense·less·ness** stupidité *f*, absurdité *f*; insensibilité *f*.

sen·si·bil·i·ty [sensi'biliti] sensibilité *f* (à, to); conscience *f* (de to, of); ∼ *to light* sensibilité *f* à la lumière.

sen·si·ble □ ['sensəbl] sensible, perceptible; appréciable; conscient (de, of); susceptible, sensé, *fig.* pratique; *be ∼ of* se rendre compte de (*qch.*); avoir conscience de (*qch.*); **'sen·si·ble·ness** bon sens *m*; intelligence *f*; raison *f*.

sen·si·tive □ ['sensitiv] sensible (à, to); susceptible; ombrageux (-euse *f*) (à l'endroit de, with regard to); ✝ instable (*marché*); *phot.* sensible (*papier*), impressionnable (*plaque*); **'sen·si·tive·ness**, **sen·si·tiv·i·ty** [∼'tiviti] sensibilité *f* (à, to).

sen·si·tize *phot.* ['sensitaiz] rendre sensible.

sen·so·ri·al [sen'sɔ:riəl], **sen·so·ry** ['∼səri] sensoriel(le *f*); des sens.

sen·su·al □ ['sensjuəl] sensuel(le *f*); **'sen·su·al·ism** sensualité *f*; *phls.* sensualisme *m*; **'sen·su·al·ist** sensualiste *mf*; voluptueux (-euse *f*); **sen·su·al·i·ty** [∼'æliti] sensualité *f*.

sen·su·ous □ ['sensjuəs] qui provient des sens; voluptueux (-euse *f*).

sent [sent] *prét. et p.p. de* send.

sen·tence ['sentəns] **1.** ⚖ jugement *m*; condamnation *f*; peine *f*; *gramm.* phrase *f*; *serve one's ∼* subir sa peine; *see* life; **2.** condamner (à, to).

sen·ten·tious [sen'tenʃəs] □ sentencieux (-euse *f*); **sen'ten·tious·ness** caractère *m ou* ton *m* sentencieux.

sen·tient ['senʃnt] sensible.

sen·ti·ment ['sentimənt] sentiment *m*; opinion *f*; sentimentalité *f*; *toast m*; *see ∼ality*; **sen·ti·men·tal** □ [∼'mentl] sentimental (-aux *m/pl.*); ∼ *value* valeur *f* affective; **sen·ti·men·tal·i·ty** [∼'tæliti] sentimentalité *f*; sensiblerie *f*.

sen·ti·nel ['sentinl] **sen·try** ['sentri] ⚔ sentinelle *f*; factionnaire *m*. **sen·try...**: **'∼-box** guérite *f*; **'∼-go** faction *f*.

se·pal ♀ ['si:pəl] sépale *m*.

sep·a·ra·bil·i·ty [sepərə'biliti] séparabilité *f*; **'sep·a·ra·ble** □ séparable; **sep·a·rate 1.** □ ['seprit] séparé, détaché; indépendant; particulier (-ère *f*); ∼ *property* biens *m/pl.* réservés; **2.** ['∼reit] (se) séparer; (se) détacher; (se) désunir; *v/t.*: ∼ *o.s. from* se séparer de; rompre

avec; **sep·a'ra·tion** séparation *f* (d'avec q., *from* s.o.); *opt. etc.* écart *m*; **sep·a·ra·tist** ['˴ərətist] *pol., a. eccl.* séparatiste *mf*; **sep·a·ra·tor** ['˴reitə] séparateur *m*; classeur *m*; (*a. cream-*˵) écrémeuse *f*.
se·pi·a *icht., a. peint.* ['si:pjə] sépia *f*.
se·poy ['si:pɔi] cipaye *m* (= *soldat de l'Inde anglaise*).
sep·sis ⚕ ['sepsis] septicémie *f*; putréfaction *f*.
Sep·tem·ber [sep'tembə] septembre *m*.
sep·ten·ni·al □ [sep'tenjəl] septennal (-aux *m/pl.*); ˵ly tous les sept ans.
sep·tic ⚕ ['septik] septique.
sep·tu·a·ge·nar·i·an ['septjuedʒi-'nɛəriən] septuagénaire (*a. su.*).
se·pul·chral □ [si'pʌlkrəl] sépulcral (-aux *m/pl.*); **sep·ul·chre** *poét.* ['sepəlkə] **1.** sépulcre *m*, tombeau *m*; **2.** ensevelir; servir de tombe(au) à; **sep·ul·ture** ['sepəltʃə] sépulture *f*.
se·quel ['si:kwəl] suite *f*; *fig. a.* conséquence *f*; *in the* ˵ par la suite.
se·quence ['si:kwəns] suite *f*; succession *f*; ordre *m*; ♪, *cartes, cin.:* séquence *f*; *cin.* F scène *f*; *gramm.* ˵ *of tenses* concordance *f* des temps; **'se·quent** conséquent consécutif (-ive *f*) (à [up]on, to); qui suit.
se·ques·ter ⚖ [si'kwestə] *see* sequestrate; ˵ o.s. se retirer (de, *from*); ˵ed retiré, isolé; ⚖ en séquestre.
se·ques·trate ⚖ [si'kwestreit] séquestrer (*des biens*), mettre en séquestre; confisquer; **se·ques·tra·tion** [si:kwes'treiʃn] retraite *f*; confiscation *f*; ⚖ séquestration *f*; **'se·ques·tra·tor** ⚖ séquestre *m*.
se·quoi·a ♣ [si'kwɔiə] séquoia *m*.
se·ragl·io [se'rɑ:liou] sérail *m*.
ser·aph ['serəf], *pl. a.* **-a·phim** ['˴fim] séraphin *m*; **se·raph·ic** [se'ræfik] (˵ally) séraphique.
Serb [sə:b], **Ser·bi·an** ['˴jən] **1.** serbe; **2.** *ling.* serbe *m*; Serbe *mf*.
sere *poét.* [siə] flétri, desséché.
ser·e·nade [seri'neid] **1.** ♪ sérénade *f*; **2.** donner une sérénade à.
se·rene □ [si'ri:n] serein, calme, paisible; *titre:* ♕ sérénissime; *Your* ♕ *Highness* votre Altesse *f* sérénissime; **se·ren·i·ty** [si'reniti] sérénité *f* (*a. titre*); calme *m*.

serf [sə:f] serf (serve *f*) *m*; **'serf·age**, **'serf·dom** servage *m*.
serge [sə:dʒ] serge *f*; *cotton* ˵ sergé *m*.
ser·geant ✕ ['sɑ:dʒnt] sergent *m*; (*a. police* ˵) brigadier *m*; '˵-**'ma·jor** ✕ adjudant *m*.
se·ri·al □ ['siəriəl] **1.** de série; en série; de reproduction en feuilleton (*droit*); ˵ly en série, par série; en feuilleton; **2.** roman-feuilleton (*pl.* romans-feuilletons) *m*.
se·ries ['siəri:z] *sg., a. pl.* série *f*, suite *f* (*a.* ℞); ⚡ connect (*ou* join) *in* ˵ grouper en série; ˵ connexion montage *m* en série.
se·ri·ous □ ['siəriəs] sérieux (-euse *f*) (= grave; *réfléchi*; *sincère*; *gros, etc.*); *be* ˵ ne pas plaisanter; **'se·ri·ous·ness** gravité *f*; sérieux *m*.
ser·jeant *hist.* ['sɑ:dʒnt] (*a.* ˵ *at law*) avocat *m* (supérieur); *Common* ♀ magistrat *m* de la corporation de Londres; *parl.* ♀-*at-arms* commandant *m* militaire du Parlement.
ser·mon ['sə:mən] sermon *m* (*a. fig.*); *catholique:* prône *m*, *protestant:* prêche *m*, **'ser·mon·ize** *v/i.* prêcher; *v/t.* chapitrer; faire la morale à.
se·rol·o·gy ⚕ [siə'rɔlədʒi] sérologie *f*.
se·rous ['siərəs] séreux (-euse *f*).
ser·pent ['sə:pənt] serpent *m*; **ser·pen·tine** ['˴ain] **1.** serpentin; serpentant; tortueux (-euse *f*); **2.** *min.* serpentine *f*.
ser·rate ['serit], **ser·rat·ed** [se-'reitid] dentelé; denté (en scie); **ser'ra·tion** dent(el)ure *f*; *anat.* engrenure *f*.
ser·ried ['serid] serré.
se·rum ['siərəm] sérum *m*.
serv·ant ['sə:vənt] serviteur *m*; domestique *mf*; employé(e *f*) *m*; (*a.* ˵-*girl ou* ˵-*maid*) servante *f*, bonne *f*; *see* civil; ˵s *pl.* domestiques *m/pl.*; personnel *m*; ˵s' hall office *m*; salle *f* commune des domestiques.
serve [sə:v] **1.** *v/t.* servir (*a.* ✕, ✝, *eccl., tennis,* [*a.* ˵ *up*] *un mets*); être utile à; contenter; 🚂, *compagnie de gaz, etc.:* desservir, traiter (*q.*) (*bien ou mal*); subir, purger (*une peine*); ⚖ ˵ *a writ on* s.o., ˵ s.o. *with a writ* délivrer une assignation à *q.*; (*it*) ˵s *him right* cela lui apprendra; *see*

server 1052

sentence *1*; ~ *out* distribuer (*qch.*); F faire payer (qch. à q., s.o. s.th.); *v*/*i*. servir (à, *for*; de, *as*); ✗ servir dans l'armée; ✗ faire la guerre (*sous, under*); être favorable (*temps*); ~ *at table* servir à table; ~ *on a jury* être du jury; **2.** *tennis*: service *m*; '**server** *tennis*: serveur (-euse *f*) *m*; *eccl*. acolyte *m*.

serv·ice ['sə:vis] **1.** service *m* (*a*. ✗, 🚲, *domestique, mets, tennis, a. fig.*); *eau, électricité, gaz*: distribution *f*; entretien *m*; *mot.* entretien *m* et dépannage *m*; *fonctionnaire*: emploi *m*; disposition *f*; (*a. divine* ~) office *m*, *protestantisme*: service *m*, culte *m*; ⚓ *cordage*: fourrure *f*; ⚖ délivrance *f*, signification *f*; 🎁 *etc.* parcours *m*, ligne *f*; *fig.* utilité *f*; garniture *f* (*de toilette*); *the* (*army*) ~*s pl.* l'armée *f*; *public* ~*s pl.* services *m/pl.* publics; ✗ *Army* ♀ *Corps* service *m* de l'Intendance, F *le Train m*; *see civil*; *be at s.o.'s* ~ être à la disposition de q.; **2.** entretenir et réparer (*les automobiles etc.*); soigner l'entretien de; '**serv·ice·a·ble** □ utile, pratique; durable, avantageux (-euse *f*); en état de fonctionner; utilisable; serviable; '**serv·ice·a·ble·ness** utilité *f*; état *m* satisfaisant; solidité *f*.

serv·ice...: '~**-ball** *tennis*: balle *f* de service; '~**-line** *tennis*: ligne *f* de service *ou* fond; ~ **pipe** ⊕ branchement *m*; ~ **sta·tion** station-service (*pl.* stations-service) *f*; '~**-tree** ♀ cormier *m*.

ser·vile □ ['sə:vail] servile (*a. fig.*); d'esclave; bas(se *f*) (*personne*); vil; **ser·vil·i·ty** [~'viliti] servilité *f* (*a. d'une personne*); bassesse *f*; *copie*: exactitude *f* trop étroite.

ser·vi·tude ['sə:vitju:d] servitude *f* (*a.* ⚖); asservissement *m*, esclavage *m*; *see penal*.

ses·a·me ♀, *a. fig.* ['sesəmi] sésame *m*.

ses·qui·pe·da·li·an ['seskwipi'deiljən] sesquipédale *f*; *fig.* ampoulé, pédant (*personne*).

ses·sion ['seʃn] session *f* (*a.* ⚖); séance *f*; *univ.* année *f* universitaire; '**ses·sion·al** de (la) session; annuel(le *f*).

set [set] **1.** [*irr.*] *v*/*t.* mettre (*a. le couvert*), poser (*a. un problème, une question*), placer; imposer (*une tâche*); régler (*la montre, a.* ⊕); mettre (*le réveille-matin*) (sur, *for*); dresser (*un piège*); donner (*un exemple*); fixer (*un jour, la mode*); 🌱 planter; lancer (*un chien*) (contre *at, on*); ajuster; ⊕ redresser (*une lime*); affiler (*un outil*); affûter (*une scie*); monter (*une pierre précieuse*; *théâ. le décor*); déployer (*la voile*); mettre en plis (*les cheveux*); 🎵 remettre; ~ *s.o. laughing* provoquer les rires de q., faire rire q.; ~ *the fashion* lancer la mode; fixer *ou* mener la mode; ~ *sail* faire voile, prendre la mer; ~ *one's teeth* serrer les dents; ~ *against* animer *ou* prévenir contre; *see apart*; ~ *aside* mettre de côté; *fig.* rejeter, laisser de côté; écarter; ⚖ casser; ~ *at defiance* défier (*q.*); ~ *at ease* mettre à son aise; ~ *at liberty* mettre en liberté; ~ *at rest* calmer; décider (*une question*); ~ *store by* attacher grand prix à; ~ *down* (dé)poser; consigner par écrit; attribuer (à, *to*); prendre (*q.*) (pour, *for*); ~ *forth* énoncer; exposer; formuler; ~ *off* compenser (*par, against*); faire ressortir, rehausser; faire partir (*une fusée*); ~ *on* inciter à attaquer; acharner (contre, *on*); lancer (contre, *on*); mettre (à *inf., to inf.*); ~ *out* arranger, disposer; étaler; équiper (*q.*); orner (*q.*); mettre dehors; ~ *up* monter; dresser; fixer; relever; organiser, fonder; monter (*un magasin*); occasionner; afficher (*des prétentions*); mettre en avant; pousser (*une clameur*); rétablir (*la santé*); *typ.* ~ *up in type* composer; **2.** [*irr.*] *v*/*i.* se coucher (*soleil, etc.*); (se) prendre; se figer (*gelée etc.*); prendre racine (*plante*); tomber (*robe etc.*); devenir fixe; 🎁 se nouer (*a. fruit*); souffler (*vent*); porter (*marée*); *chasse*: tomber en arrêt; ~ *about* se mettre à (*qch.*); attaquer (*q.*); ~ *forth* partir; ~ *forward* se mettre en route; ~ *in* commencer; ~ *off* se mettre en route; partir; ~ *out* se mettre en route; faire voile; partir; commencer à descendre (*marée*); ~ *to* se mettre au travail; F en venir aux coups; ~ *up* se poser (en, *as*); s'établir (*qch.*, *as s.th.*); ~ *up for* poser pour; se donner des airs de; ~ (*up*)*on* attaquer; † se mettre à; **3.** fixe; résolu; pris; noué, immobile, assigné; prescrit; ~ (up)on déterminé à; résolu à; ~ with orné de; ~ fair (au) beau (fixe) (*baromètre*); hard ~ fort embarrassé; *peint. etc.* ~ piece pièce *f* montée; *théâ.* ferme *f*; ~ speech discours *m* étudié; **4.** ensemble *m*; collection *f*; série *f* (*a.* ✝); garniture *f* (*de boutons etc.*; *a. de toilette etc.*); *porcelaine*, *linge*: service *m*; *lingerie*, *pierres précieuses*: parure *f*; *casseroles etc.*: batterie *f*; *échecs*, *outils, etc.*: jeu *m*; coterie *f*, monde *m*, bande *f*; groupe *m* (*a.* ✝); *scie*: voie *f*; *cheveux*: mise *f* en plis; *radio*: poste *m*; ✍ plaçon *m*; *tennis*: set *m*; ⚓ *voiles*: orientation *f*; *poét. soleil*: coucher *m*; *fig.* attaque *f*; *théâ.* décor *m* (monté); (*a.* scene) mise *f* en scène; ~ of teeth denture *f*; ~ of false teeth dentier *m*.

set·back ['setbæk] *fig.* échec *m*; ✝ recul *m*; mur *m* en retrait; **'set-'down** humiliation *f*; **'set-'off** contraste *m*; ✝ compensation *f*; ⚖ reconvention *f*; △ saillie *f*; *voyage*: départ *m*.

set·tee [se'ti:] canapé *m*.

set·ter ['setə] *typ.* compositeur *m*; poseur *m*; monteur *m* etc.; *see set 1*; *chasse*: chien *m* d'arrêt, setter *m*.

set·ting ['setiŋ] mise *f* (*a.* en musique, *to* music); *a. scie*: en voie; *cheveux*: en plis); arrangement *m* (*a.* ♪); ♪ ton *m*; *astr.* coucher *m*; monture *f* (*d'une pierre précieuse*); *spécimen*: montage *m*; *fig.* encadrement *m*; *théâ.* mise *f* en scène; *typ.* composition *f*; ⊕ calage *m*; ⊕ installation *f*; ⊕ *outil*: aiguisage *m*; *ciment*, *gelée*: prise *f*; ☠ *os brisé*: recollement *m*; *fracture*: réduction *f*; '~-**lo·tion** *cheveux*: fixatif *m*.

set·tle ['setl] **1.** banc *m* à dossier; **2.** *v/t.* fixer; établir; installer; calmer (*un enfant*); régler (*un compte*); arranger (*une dispute*, ⚖ *un procès*); résoudre (*une question*); décider; ⚖ assigner (à, *on*); clarifier (*un liquide*); coloniser (*un pays*); *v/i.* (*souv.* ~ down) s'établir (*p.ex. à Paris*); se calmer (*enfant*, *passion*); (*a.* ~ *o.s.*) s'installer; se poser (*oiseau*); se tasser (*maison*, *sol*); ⚓ s'enfoncer; se remettre au beau (*temps*); (*a.* ~ up) s'acquitter (envers, *with*); se clarifier (*liquide*); se rasseoir (*vin*); se décider (pour, *on*); se ranger (*conduite*, *personne*); se mettre (à, *to*); *it is settling for a frost* le temps est à la gelée.

set·tled ['setld] sûr (*a. temps*); ⚓ établi (*temps*, *brise*); enraciné (*idée etc.*); rangé (*personne*); ✝ réglé; ✝ ~! pour acquit.

set·tle·ment ['setlmənt] établissement *m*; installation *f*; *sol etc.*: tassement *m*; arrangement *m*; *problème*: solution *f*; colonie *f*; ⚖ constitution *f* de rente (en faveur de, *on*); ⚖ contrat *m*; *fig.* accord *m*; ✝ règlement *m*; liquidation *f*; ✝ *for* ~ à terme.

set·tler ['setlə] colon *m*; F coup *m* décisif.

set·tling ['setliŋ] établissement *m* etc.; *see settle 2*; ✝ règlement *m*.

set...: '~-**to** dispute *f*; lutte *f*; prise *f* de bec; '~-'**up** organisation *f*; *Am. sl.* affaire *f* bricolée (*surt. match de boxe*).

sev·en ['sevn] sept (*a. su./m*); '**sev-en·fold 1.** *adj.* septuple; **2.** *adv.* sept fois autant; **sev·en·teen(th)** ['~-'ti:n(θ)] dix-sept(ième) (*a. su./m*); **sev·enth** ['~θ] **1.** □ septième; **2.** septième *m*, *f*; **sev·en·ti·eth** ['~tiiθ] soixante-dixième (*a. su./m*); '**sev·en·ty** soixante-dix (*a. su./m*).

sev·er ['sevə] (se) séparer, rompre; *v/t.* couper; désunir.

sev·er·al □ ['sevrəl] plusieurs; quelques; divers; séparé, différent; individuel(le *f*) (*surt.* ⚖); ⚖ joint and ~ solidaire; '**sev·er·al·ly** séparément; chacun à soi.

sev·er·ance ['sevərəns] séparation *f*; disjonction *f* (*a.* ⚖).

se·vere □ [si'viə] sévère (*beauté*, *personne*, *regard*, *style*, *etc.*); vif (vive *f*) (*douleur*), grave (*blessure*, *maladie*); intense, violent; rigoureux (-euse *f*) (*personne*, *sentence*, *climat*, *hiver*, *temps*, *etc.*); dur; **se·ver·i·ty** [~'veriti] sévérité *f*; violence *f*; gravité *f*; rigueur *f*.

sew [sou] [*irr.*] coudre; brocher (*un livre*); ~ *up* coudre; faire un point à (*une robe etc.*).

sew·age ['sju:idʒ] eaux *f/pl.* d'égouts; ~ *farm* champs *m/pl.* d'épandage.

sew·er[1] ['souə] couseur (-euse *f*) *m*; *livres*: brocheur (-euse *f*) *m*.

sew·er[2] ['sjuə] égout *m*; '**sew·er·age** système *m* d'égouts.

sew·ing ['souiŋ] couture *f*; *livres*:

sewn 1054

brochage m; ouvrage m à l'aiguille; attr. à coudre.
sewn [soun] p.p. de sew.
sex [seks] sexe m; attr. sexuel(le f); ~ appeal sex-appeal m; attrait m; ~ education enseignement m de la biologie humaine.
sex·a·ge·nar·i·an [seksədʒi'nɛəriən] sexagénaire (a. su.); **sex·en·ni·al** □ [sek'senjəl] sexennal (-aux m/pl.); **sex·tant** ['sekstənt] sextant m.
sex·ton ['sekstən] sacristain m; F fossoyeur m; F sonneur m (du glas).
sex·tu·ple ['sekstjupl] sextuple (a. su./m).
sex·u·al □ ['seksjuəl] sexuel(le f); ~ desire désir m sexuel; ~ intercourse rapports m/pl. sexuels, commerce m charnel; **sex·u·al·i·ty** [~'æliti] sexualité f.
shab·bi·ness ['ʃæbinis] état m râpé; pauvreté f; mesquinerie f; '**shab·by** □ râpé, usé; pauvre, fig. mesquin, vilain; fig. parcimonieux (-euse f).
shack surt. Am. [ʃæk] cabane f.
shack·le ['ʃækl] **1.** fer m (fig. usu. ~s pl.), entraves f/pl., contrainte f; ⚓ maillon m (de chaîne); ⊕ maillon m de liaison; **2.** entraver (a. fig.); ⊕ manilller; ⚓ étalinguer (une an-)
shad icht. [ʃæd] alose f. [cre).)
shade [ʃeid] **1.** ombre f; fig. obscurité f; lampe: abat-jour m/inv.; yeux: garde-vue m/inv.; couleur, opinion: nuance f; teinte f; Am. fenêtre: store m; fig. soupçon m, nuance f; **2.** v/t. ombrager, obscurcir (a. fig.); fig. assombrir; voiler, masquer (la lumière); abriter (de, from); tex. etc. nuancer; peint. ombrer; dessin etc.: hachurer; ~ one's eyes with mettre (qch.) en abat-jour (sur les yeux); ~ away (ou off) estomper; v/i. (ou ~ off) se fondre (en, qqfois dans into).
shad·i·ness ['ʃeidinis] ombre f, ombrage m; F aspect m louche; réputation f louche.
shad·ow ['ʃædou] **1.** ombre f (a. fig.); peint., phot. noir m; see shade; police: filateur (-trice f) m; ~-boxing assaut m d'entraînement; fig. mauvaise foi f; **2.** ombrager; tex. chiner; police: filer (q.); (usu. ~ forth, out) faire pressentir, symboliser; '**shad·ow·y** ombragé; obscur, ténébreux (-euse f); indécis, faible.

shad·y ['ʃeidi] ombragé, à l'ombre; frais (fraîche f); F louche; F be on the ~ side of forty avoir dépassé la quarantaine.
shaft [ʃɑːft] flèche f (a. fig.); manche m; lance: hampe f; poét. lumière: trait m; ⊕ arbre m; voitures: brancard m; ⚒ puits m.
shag [ʃæg] **1.** † peluche f; tabac m fort coupé fin; broussaille f; † poil m touffu; **2.** ébouriffer (les cheveux).
shag·gy ['ʃægi] ébouriffé (cheveux); touffu (barbe); en broussailles (sourcils); ♘ poilu. [chagrin m.)
sha·green [ʃə'griːn] (peau f de))
Shah [ʃɑː] s(c)hah m.
shake [ʃeik] **1.** [irr.] v/t. secouer; agiter; ébranler; fig. bouleverser, fig. effrayer; ~ down faire tomber (qch.) en secouant; tasser (qch.) en le secouant; Am. sl. ~ s.o. down for faire cracher (une somme) à q.; ~ hands serrer la main (à, with); ~ up secouer (a. F fig.); agiter; v/i. trembler (de, with; devant, at); chanceler; branler (tête); ♪ faire des trilles; ~ down s'habituer (à, [in]to); s'installer; **2.** secousse f; tremblement m (Am. de terre); ♪ trille m; hochement m (de tête); F rien m de temps; ~ of the hand see ~-hands; F no great ~s bien médiocre, bien peu de chose; '~-**down** lit m improvisé; Am. sl. extorsion f; ⚓ ~ cruise voyage m d'essai; '~-**hands** serrement m ou poignée f de main; '**shak·en 1.** p.p. de shake 1; **2.** secoué, ébranlé; '**shak·er** secoueur (-euse f) m; ⊕ secoueur m, shaker m; eccl. ♀ Trembleur (-euse f) m.
shake-up Am. F ['ʃeik'ʌp] remaniement m; chose f improvisée.
shak·i·ness ['ʃeikinis] manque m de solidité; tremblement m; voix: chevrotement m; '**shak·y** □ peu solide; chancelant; tremblant; fig. véreux (-euse f) (cas, compagnie, etc.).
shall [ʃæl] [irr.] v/aux. (défectif) usité pour former le fut.; qqfois je veux etc., je dois etc.; promesse, menace: se traduit par le fut.
shal·lot ♀ [ʃə'lɔt] échalote f.
shal·low ['ʃæloʊ] **1.** peu profond; fig. superficiel(le f); **2.** bas-fond m; **3.** v/t. rendre ou v/i. devenir moins profond; '**shal·low·ness** peu m de profondeur; fig. superficialité f.

shalt † [ʃælt] 2ᵉ personne du sg. de shall.

sham [ʃæm] **1.** faux (fausse f), simulé; feint; **2.** feinte f, sl. chiqué m; *personne:* imposteur m; **3.** v/t. feindre, simuler; faire; v/i. faire semblant; jouer une comédie; ~ ill faire le malade.

sham·ble ['ʃæmbl] aller à pas traînants.

sham·bles ['ʃæmblz] sg. abattoir m; fig. scène f de carnage.

sham·bling □ ['ʃæmbliŋ] traînant.

shame [ʃeim] **1.** honte f; (for) ~! quelle honte!; vous n'avez pas honte!; cry ~ upon se récrier contre; put to ~ faire honte à; **2.** faire honte à; humilier; couvrir de honte.

shame·faced □ ['ʃeimfeist] honteux (-euse f); embarrassé; **'shame-faced·ness** embarras m; timidité f.

shame·ful □ ['ʃeimful] honteux (-euse f); Am. sl. as m (= expert); **'shame·ful·ness** honte f, indignité f.

shame·less □ ['ʃeimlis] sans honte, éhonté; **'shame·less·ness** effronterie f; immodestie f.

sham·my ['ʃæmi] (peau f de) chamois m.

sham·poo [ʃæm'pu:] **1.** (se) dégraisser (les cheveux); v/t. faire un shampooing à (q.); frictionner (q.); **2.** a. = **sham'poo·ing** shampooing m; dry ~ friction f.

sham·rock ['ʃæmrɔk] ♣ trèfle m d'Irlande (a. emblème national irlandais).

shang·hai ♃ sl. [ʃæŋ'hai] embarquer un homme pour l'engager après l'avoir enivré.

shank [ʃæŋk] tige f; ♃ verge f (d'ancre); queue f (de bouton); cuis. jarret m (de bœuf); manche m (de gigot de mouton); jambe f; ride ♀s's mare (ou pony) prendre le train onze; **shanked:** short-~ aux jambes courtes (personne).

shan't [ʃɑ:nt] = shall not.

shan·ty ['ʃænti] cabane f, hutte f.

shape [ʃeip] **1.** forme f; cost. coupe f; personne: taille f; cuis. moule m; crème f; in bad ~ en mauvais état; **2.** v/t. façonner, former; tailler; ajuster (à, to); ~ one's course ♃ faire (une) route; fig. se diriger (vers, for); v/i. se développer; promettre; **shaped** façonné; en forme de; **'shape·less** informe; difforme;
'shape·li·ness beauté f de forme; **'shape·ly** bien fait; beau (bel devant une voyelle ou un h muet); belle f; beaux m/pl.).

share [ʃɛə] **1.** part f, portion f; contribution f; ✞ action f, titre m, valeur f; charrue: soc m; ✞ original (ou ordinary ou primary) ~ action f ordinaire; ✞ preference (ou preferred ou priority) ~ action f privilégiée; have a ~ in avoir part à; go ~s partager (qch. avec q., in s.th. with s.o.); ~ and ~ alike en partageant également; **2.** v/t. partager (entre, among[st]; avec, with); avoir part à (qch.); v/i. prendre part (à, in), participer (à, in); **'~·crop·per** Am. métayer (-ère f) m; **'~·hold·er** ✞ actionnaire mf; **'shar·er** participant(e f) m.

shark [ʃɑ:k] **1.** icht. requin m; fig. a. escroc m; Am. sl. as m (= expert); **2.** v/i. écornifler.

sharp [ʃɑ:p] **1.** adj. □ tranchant (couteau etc.); aigu(ë f) (pointe); vif (vive f) (froid); fig. éveillé; fig. rusé; aigre (fruit); violent (douleur); vert (vin, réprimande); perçant (cri, œil); pénétrant (regard); fin (oreille, esprit); net(te f) (profil); piquant (goût, sauce); saillant (angle); raide (pente); prononcé (courbe); fort (averse, gelée); péj. peu honnête; ♪ dièse; ♪ C ~ do m dièse; **2.** adv. ♪ trop haut, en diésant; ♪ ponctuellement; look ~! dépêchez-vous!; faites vite!; **3.** su. ♪ dièse m; F escroc m; ♃ fin aiguille f; **'sharp·en** aiguiser (a. fig. l'appétit); tailler (un crayon); accentuer (un trait, un contraste); ♪ diéser; **'sharp·en·er** fusil m (à aiguiser); taille-crayon m/inv.; **'sharp·er** escroc m; cartes: tricheur (-euse f) m; **'sharp·ness** tranchant m; pointe f; acuité f; violence f; acidité f; fig. rigueur f.

sharp...: **'~·'set** en grand appétit, affamé; be ~ on avoir un vif désir de; **'~·shoot·er** tirailleur m; **'~·'sight·ed** à la vue perçante; fig. perspicace; **'~·'wit·ted** fin.

shat·ter ['ʃætə] (se) fracasser; (se) briser (en éclats); v/t. détraquer (les nerfs, la santé); briser (les espérances).

shave [ʃeiv] **1.** [irr.] v/t. raser; planer (le bois); friser, effleurer; fig. rogner; v/i. se raser; ~ through se faufiler

shaven 1056

entre (*les voitures etc.*); 2. coup *m* à fleur de peau; *give s.o. a* ~ faire la barbe à q.; *have a* ~ se (faire) raser; *by a* ~ d'un iota; tout juste; *to have a close (ou narrow)* ~ l'échapper belle; '**shav·en** rasé; *a* ~ *head* une tête *f* rasée; '**shav·er** barbier *m*; rasoir *m* électrique; F *young* ~ gamin *m*.
Sha·vi·an ['ʃeivjən] de G.B. Shaw; à la G.B. Shaw.
shav·ing ['ʃeiviŋ] 1. action *f* de (se) raser; ~s *pl.* bois: copeaux *m/pl.*; *métal*: rognures *f/pl.*; 2. à barbe; '~-**brush** blaireau *m*; '~-**mug** plat *m* à barbe.
shawl [ʃɔːl] châle *m*; fichu *m*.
shawm ♪ [ʃɔːm] chalumeau *m*.
she [ʃiː] 1. elle (*a. accentué*); 2. femelle *f*; femme *f*; **she-** femelle *f* (*d'un animal*).
sheaf [ʃiːf] (*pl.* **sheaves**) blé: gerbe *f*; *papiers*: liasse *f*.
shear [ʃiə] 1. (*irr.*) tondre; couper; *métall*. cisailler (*une tôle*); *fig.* dépouiller; 2. (*a pair of*) ~s *pl.* (des) cisailles *f/pl.*; '**shear·ing** coupage *m*; *moutons*: tonte *f*; *drap*: tondage *m*; ~s *pl.* tontes *f/pl.* (*de laine*).
sheath [ʃiːθ] gaine *f* (*a.* ⚚, *a. anat.*); *épée*: fourreau *m*; *phot.* châssis *m*; **sheathe** [ʃiːð] mettre au fourreau; rengainer; ⊕, *a. fig.* revêtir, recouvrir (*de*, **with**); '**sheath·ing** ⊕ revêtement *m*; enveloppe *f*; chemise *f*; *câble*: gaine *f*.
sheave ⊕ [ʃiːv] rouet *m*; plateau *m* d'excentrique.
sheaves [ʃiːvz] *pl. de* **sheaf**.
she·bang *Am. sl.* [ʃəˈbæŋ] hutte *f*; cabaret *m*, bar *m*; carriole *f*; *the whole* ~ tout le bazar.
she-bear ['ʃiːbɛə] ourse *f*.
shed¹ [ʃed] (*irr.*) perdre (*ses feuilles, ses dents*); verser (*des larmes, du sang*); répandre (*du sang, de la lumière, a. fig.*); F ~ *light on* jeter le jour dans.
shed² [~] hangar *m*; ⚓ tente *f* à marchandises.
shed·der ['ʃedə] personne *f* qui répand (*qch.*).
sheen [ʃiːn] *étoffe etc.*: brillant *m*; reflet *m*; chatoiement *m*; '**sheen·y** luisant, brillant.
sheep [ʃiːp] mouton *m*; brebis *f* (*a. fig.*); *coll.* moutons *m/pl.*; *fig.* ~'s *eyes pl.* yeux *m/pl.* doux; '~-**cot** *see* *sheep-fold*; '~-**dog** chien *m* de berger; '~-**fold** parc *m* à moutons; '**sheep·ish** □ timide; penaud; '**sheep·ish·ness** timidité *f*; air *m* penaud.
sheep...: '~-**man** *Am.* éleveur *m* de moutons; '~-**run** *see* *sheep-walk*; '~-**skin** peau *f* de mouton; (*a.* ~ *leather*) basane *f*; '~-**walk** pâturage *m* pour moutons.
sheer¹ [ʃiə] 1. *adj.* pur, vrai, véritable; à pic (*a. adv.*), escarpé, abrupt; 2. *adv.* tout à fait; abruptement; à plomb.
sheer² [~] 1. ⚓ embarder; ~ *off* ⚓ prendre le large; *fig.* s'écarter, s'éloigner; 2. ⚓ embardée *f*.
sheet [ʃiːt] 1. *métal, papier, verre, etc.*: feuille *f*; *eau etc.*: nappe *f*; *neige*: couche *f*; *lit*: drap *m*; ⚓ écoute *f*; ~ *copper* (*iron*) cuivre *m* (fer *m*) en feuilles; ~ *glass* verre *m* à vitres; ~ *steel* tôle *f* d'acier; 2. couvrir d'un drap; *fig.* recouvrir; '~-**an·chor** ⚓ ancre *f* de veille (*fig.* de salut); '**sheet·ing** *tex*, toile *f* pour draps; ⊕ tôles *f/pl.*; '**sheet-light·ning** éclairs *m/pl.* en nappe ou de chaleur.
sheik(h) [ʃeik] cheik *m*.
shelf [ʃelf] (*pl.* **shelves**) rayon *m*; planche *f*; *four, a. géog.*: plateau *m*; rebord *m*; écueil *m*; banc *m* de sable; *fig. on the* ~ en rancart; en passe de devenir vieille fille; *fig. get on the* ~ coiffer sainte Catherine (*femme*).
shell [ʃel] 1. coquille *f* (*vide*); œuf: coque *f*; *huîtres*: écaille *f*; *homard etc.*: carapace *f*; *pois*: cosse *f*; ⊕ paroi *f*; *métall*. manteau *m*; ⚔ obus *m*; classe *f* intermédiaire; cercueil *m*; *maison*: carcasse *f*; 2. écaler; écosser; ⚔ bombarder; ~ *out* débourser; payer (*la note etc.*).
shel·lac [ʃəˈlæk] gomme *f* laque.
shell-cra·ter ['ʃelkreitə] cratère *m*, entonnoir *m*; **shelled** [ʃeld] à coquille *etc.*
shell...: '~-**fire** tir *m* à obus; '~-**fish** coquillage *m*; crustacé *m*; '~-**proof** à l'épreuve des obus; blindé; '~-**work** coquillages *m/pl.*
shel·ter ['ʃeltə] 1. abri *m*; asile *m*; *fig.* protection *f*; *in the (ou under)* ~ *of* à l'abri de; 2. *v/t.* abriter; donner asile à; *v/i.* (*a.* ~ *o.s.*) s'abriter; '**shel·ter·less** sans abri *etc.*

shelve¹ [ʃelv] garnir de rayons; mettre sur un rayon; *fig.* remettre, ajourner; *fig.* mettre au rancart, remiser (*q.*); F classer (*une question*).
shelve² [~] aller en pente douce.
shelves [ʃelvz] *pl. de* shelf.
shelv·ing ['ʃelviŋ] 1. rayons *m/pl.*; 2. en pente. [mystification *f.*\
she·nan·i·gan *Am.* F [ʃi'nænigən]]
shep·herd ['ʃepəd] 1. berger *m*; 2. garder (*des moutons*); '**shep·herd·ess** bergère *f.*
sher·bet ['ʃə:bət] sorbet *m* (= *sorte de boisson à demi glacée*); (*a. ~-pow-der*) limonade *f* (sèche).
sher·iff ['ʃerif] *Angl.* chérif *m* (= *préfet*); *Am.* chef *m* de la police.
sher·ry ['ʃeri] vin *m* de Xérès, cherry *m.*
shew † [ʃou] *see* show 1.
shib·bo·leth *fig.* ['ʃibəleθ] doctrine *f*; mot *m* d'ordre.
shield [ʃi:ld] 1. bouclier *m*; *fig.* défense *f*; 🛡 écu *m*; 2. protéger (contre *from*, *against*); '**shield·less** sans bouclier; *fig.* sans défense.
shift [ʃift] 1. changement *m*; moyen *m*; expédient *m*; échappatoire *f*; ⊕ équipe *f*; ⊕ journée *f* (de travail); † chemise *f* (*de femme*); make ~ s'arranger (pour *inf.*, to *inf.*; avec, with); trouver moyen (de, to); make ~ without se passer de; make ~ to live arriver à vivre; 2. *v/t.* changer (de place *etc.*); ⚓ changer (*une voile*); déplacer (*a.* ⚓ *la cargaison*); *v/i.* Am. mot. changer de vitesse; changer de place; bouger, se déplacer; changer (*scène*); tourner (*vent*); ⚓ se désarrimer (*cargaison*); F (*a. ~ for o.s.*) se débrouiller; '**shift·ing** ☐ qui se déplace; mobile; ~ sands *pl.* sables *m/pl.* mouvants; '**shift·less** ☐ sans ressources; peu débrouillard; *fig.* futile; '**shift·y** ☐ sournois, peu franc(he *f*); fuyant (*yeux*); louche; † peu solide.
shil·ling ['ʃiliŋ] shilling *m*; take the King's ~ s'engager; *fig.* cut s.o. off with a ~ déshériter q.
shil·ly-shal·ly ['ʃiliʃæli] 1. barguignage *m*; 2. barguigner.
shim·mer ['ʃimə] miroiter, chatoyer.
shim·my¹ *Am. sl.* ['ʃimi] *danse*: shimmy *m.*
shim·my² F [~] chemise *f* (de femme).

shin [ʃin] 1. (*ou ~-bone*) tibia *m*; 2.: ~ up grimper à.
shin·dy F ['ʃindi] chahut *m*, tapage *m.*
shine [ʃain] 1. éclat *m*; brillant *m*; F take the ~ out of s.o. éclipser q.; *Am. sl.* take a ~ to s'enticher de; 2. [*irr.*] *v/i.* briller (*a. fig.*); (re)luire; ~ on éclairer; *v/t.* (*a.* ~ up) polir; cirer.
shin·er *sl.* ['ʃainə] pièce *f* d'or; œil *m* poché.
shin·gle¹ ['ʃiŋgl] 1. △ bardeau *m*; *cheveux*: coupe *f* à la garçonne; *Am.* petite enseigne *f*; 2. couvrir de bardeaux; couper à la garçonne.
shin·gle² [~] galets *m/pl.*; plage *f* à galets.
shin·gles ✱ ['ʃiŋglz] *pl.* zona *m*, F ceinture *f.*
shin·gly ['ʃiŋgli] couvert de galets.
shin·y ☐ ['ʃaini] brillant, luisant.
ship [ʃip] 1. (*usu. f*) navire *m*; vaisseau *m*; ~'s company équipage *m*; 2. *v/t.* embarquer; ✝ (*souv.* ~ off) mettre à bord, expédier; ⚓ mettre en place, monter; ⚓ rentrer (*les avirons*); recruter (*des marins*); ~ a sea embarquer un coup de mer; *v/i.* s'embarquer; armer (sur, on [*board*]) (*marin*); '~·**board**: ⚓ on ~ à bord; '~·**build·er** constructeur *m* de navires; '~·**build·ing** construction *f* navale; '~·**ca·nal** canal *m* maritime; '~·'**chan·dler** fournisseur *m* de navires; '~·'**chan·dler·y** fournitures *f/pl.* de navires; '**ship·ment** embarquement *m*, mise *f* à bord; envoi *m* par mer; chargement *m* (= *choses embarquées*); '**ship·own·er** armateur *m*; '**ship·per** affréteur *m*; expéditeur *m*; '**ship·ping** 1. embarquement *m*; navires *m/pl.*; marine *f* marchande; 2. d'embarquement; maritime; de navigation; d'expédition.
ship...: '~·**shape** bien tenu (*a. fig.*); en bon ordre; '~·**wreck** 1. naufrage *m*; 2. *v/t.* faire naufrager; *v/i.* (*a. be* ~ed) faire naufrage; '~·**wrecked** naufragé; '~·**wright** charpentier *m* de navires; '~·**yard** chantier *m* de constructions navales.
shire ['ʃaiə; *mots composés* ʃiə] comté *m*; ~ horse cheval *m* de gros trait.
shirk [ʃə:k] *v/t.* se dérober à, négliger, esquiver; *v/i.* négliger son devoir; '**shirk·er** carotteur (-euse *f*) *m.*
shirt [ʃə:t] chemise *f* (d'homme, *a.*

shirting

⊕); (a. ~-blouse) chemisier m; Am. sl. keep one's ~ on ne pas se fâcher ou s'emballer; '**shirt·ing** ✝ shirting m (toile pour chemises); '**shirt-sleeve** 1. manche f de chemise; 2. en bras de chemise; fig. sans cérémonie; surt. Am. ~ diplomacy diplomatie f franche et honnête; '**shirt·y** sl. irritable.

shiv·er[1] ['ʃivə] 1. fragment m; break to ~s = 2. (se) briser en éclats.

shiv·er[2] [~] 1. frisson m; F the ~s pl. la tremblote f; it gives me the ~s ça me donne le frisson, ça me fait trembler; 2. frissonner; grelotter; have a ~ing fit être pris de frissons; '**shiv·er·y** tremblant; fiévreux (-euse f).

shoal[1] [ʃoul] 1. poissons: banc m voyageur; fig. multitude f; 2. se réunir en ou aller par bancs.

shoal[2] [~] 1. haut-fond (pl. hauts-fonds) m; 2. diminuer de fond; 3. (a. '**shoal·y**) plein de hauts-fonds.

shock[1] ⚔ [ʃɔk] moyette f.

shock[2] [~] 1. choc m (a. ⚕, ⊕, ⚔); ⚔ assaut m; secousse f (a. ⚡); coup m; mot. road ~s pl. cahots m/pl.; 2. fig. choquer, scandaliser; bouleverser; offenser; ~ed at choqué de; scandalisé par.

shock[3] [~]: ~ of hair tignasse f.

shock-ab·sorb·er mot. ['ʃɔkəbsɔːbə] amortisseur m (de chocs); pare-chocs m/inv.

shock·er sl. ['ʃɔkə] (qqfois shilling ~) roman m à gros effets.

shock·ing □ ['ʃɔkiŋ] choquant; affreux (-euse f); abominable.

shock-treat·ment ['ʃɔk'triːtmnt] traitement m (de) choc.

shod [ʃɔd] prét. et p.p. de shoe 2.

shod·dy ['ʃɔdi] 1. tex. drap m de laine d'effilochage; fig. camelote f; pacotille f; 2. d'effilochage; de camelote; de pacotille; surt. Am. ~ aristocracy parvenus m/pl.

shoe [ʃuː] 1. soulier m; cheval: fer m; ⊕ sabot m; traîneau, piston: patin m; 2. [irr.] chausser; ferrer; garnir d'un patin etc.; '**~-black** cireur m; '**~-black·ing** cirage m ou crème f pour chaussures; '**~-horn** chausse-pied m; corne f; '**~-lace** lacet m; '**~-mak·er** cordonnier m; '**~-string** Am. lacet m; surt. Am. F minces capitaux m/pl.

shone [ʃɔn] prét. et p.p. de shine 2.
shoo [ʃuː] chasser (des oiseaux).
shook [ʃuk] prét. de shake 1.

shoot [ʃuːt] 1. rivière: rapide m; ✗ rejeton m, pousse f; partie f de chasse; chasse f gardée; ⚔ (concours m de) tir m; tex. duite f; ⚔ couloir m; 2. [irr.] v/t. tirer (une arme à feu, les manchettes); fusiller; tuer; chasser (le gibier); fig. passer rapidement sous (un pont); darder (des rayons, fig. un regard); décharger; (a. ~ out) & pousser; pousser (le verrou); phot. prendre un instantané de; tourner (un film); sp. marquer (un but); sp. shooter; mot. brûler (les feux); franchir (un rapide); v/i. tirer (sur, at); viser; fig. se précipiter, s'élancer; élancer (douleur); (a. ~ forth) pousser; ~ ahead aller rapidement en avant; ~ ahead of devancer (q.) rapidement.

shoot·er ['ʃuːtə] tireur (-euse f) m; sp. marqueur m de but.

shoot·ing ['ʃuːtiŋ] 1. tir m; chasse f; fusillade f; ~-ground (ou ~-range) champ m de tir; go ~ aller à la chasse; ~ of a film prise f de vue; tournage m; 2. lancinant (douleur); ~ star étoile f filante; '**~-box** pavillon m de chasse; muette f; '**~-brake** canadienne f.

shop [ʃɔp] 1. boutique f; magasin m; bureau m (de tabac); F métier m, affaires f/pl.; talk ~ parler boutique; 2. (usu. F go ~ping) faire des achats; '**~-keep·er** boutiquier (-ère f) m; marchand(e f) m; '**~-lift·er** voleur (-euse f) m à l'étalage; '**~-man** commis m de magasin; ⊕ homme m d'atelier; '**shop·ping** achats m/pl.; emplettes f/pl.; ~ centre quartier m commerçant; Christmas ~ emplettes f/pl. de Noël; '**shop·py** F qui sent la boutique; à l'esprit boutiquier.

shop...: '**~-soiled** ✝ défraîchi; '**~-stew·ard** délégué m (syndical) d'atelier; '**~-walk·er** chef m de rayon; inspecteur (-trice f) m; '**~-win·dow** vitrine f; devanture f.

shore[1] [ʃɔː] rivage m, bord m; côte f; ✈ terre f, on ~ à terre.

shore[2] [~] 1. étai m, appui m; 2.: ~ up étayer; buter.

shorn [ʃɔːn] p.p. de shear 1; fig. ~ of dépouillé de (qch.).

short [ʃɔːt] **1.** *adj.* court; de petite taille; bref (brève *f*); insuffisant; *fig.* brusque, cassant; *cuis.* croquant; aigre (*métal*); revêche (*fer*); *see* circuit; ~ *waves pl.* petites ondes *f*/*pl*.; *radio:* ondes *f*/*pl.* courtes; *by a* ~ *head turf:* de justesse; *fig.* tout juste; *nothing* ~ *of* ni plus ni moins; *come* (*ou fall*) ~ *of* rester au-dessous de (*qch.*); manquer à; ne pas être à la hauteur de (*q.*); ne pas atteindre; *fall* (*ou run*) ~ manquer; s'épuiser (*provisions*); *go* ~ *of* se priver de; **2.** *adv.* court; brusquement; ~ *of* sauf; à moins de; ~ *of London* à quelque distance de Londres; ~ *of lying* à moins de mentir; *cut* ~ couper la parole à (*q.*); *stop* ~ *of* s'arrêter au seuil de; ne pas aller jusqu'à; **3.** *su. gramm.* voyelle *f* brève; *cin.* court métrage *m*; ≠ court-circuit (*pl.* courts-circuits) *m*); F ~*s pl.* culotte *f* de sport; short *m*; *in* ~ bref, en un' mot; **4.** *v/t. see* ~-circuit; '**short·age** manque *m*, insuffisance *f*; disette *f*; *admin.* crise *f*; ✝ déficit *m*.

short...: '~-**cake** sablé *m*; '~-'**cir·cuit** ≠ court-circuiter; ~-'**com·ing** défaut *m*, imperfection *f*; manque *m*; ~ *cut* chemin *m* de traverse, raccourci *m*; '~-'**dat·ed** ✝ à courte échéance; '**short·en** *v/t.* raccourcir; abréger; *v/i.* (se) raccourcir; se resserrer; diminuer; '**short·en·ing** raccourcissement *m*; abrégement *m*; *cuis.* matière *f* grasse.

short...: '~-**fall** déficit *m*; '~-**hand** sténographie *f*; ~ *writer* sténographe *mf*; '~-'**hand·ed** à court personnel; '~-'**lived** qui vit peu de temps; passager (-ère *f*), éphémère; '**short·ly** *adv.* brièvement; bientôt; brusquement; '**short·ness** brièveté *f*; *taille:* petitesse *f*; brusquerie *f*; manque *m*.

short...: '~-'**run** de courte durée; '~-'**sight·ed** myope; *fig.* imprévoyant; '~-'**tem·pered** irascible; vif (vive *f*); '~-**term** ✝ à court terme; '~-**wave** *radio:* sur ondes courtes; '~-'**wind·ed** à l'haleine courte.

shot¹ [ʃɔt] **1.** *prét. et p.p. de shoot 2;* **2.** chatoyant (*soie*).

shot² [~] coup *m* (*a. fig., a. sp.*); *revolver:* coup *m* de feu; (*usu.* ~ *pl.*) plomb *m*; F tireur (-euse *f*) *m*; chasseur *m*; *sp.* shot *m*; *phot.* prise *f* de vue; *cin.* plan *m*; ✷ piqûre *f*; *sl. alcool:* goutte *f*; *fig.* essai *m*; *have a* ~ *at* essayer (*qch.*); F *not by a long* ~ tant s'en faut; pas à beaucoup près; *within* (*out of*) ~ à (hors de) portée; F *like a* ~ comme un trait; avec empressement; F *fig. big* ~ grosse légume *f* (= *personnage important*); *make a bad* ~ rater son coup; *fig.* deviner faux; '~-**gun** fusil *m* de chasse; F ~ *marriage* mariage *m* forcé; '~-**proof** à l'épreuve des balles.

shot·ten her·ring ['ʃɔtn'heriŋ] hareng *m* guais.

should [ʃud] *prét. de shall* (*a. usité pour former le cond.*).

shoul·der ['ʃouldə] **1.** épaule *f*; ⊕ épaulement *m*; *give s.o. the cold* ~ battre froid à *q.*; tourner le dos à *q.*; *put one's* ~ *to the wheel* se mettre à l'œuvre; donner un coup d'épaule; *rub* ~*s with* s'associer avec, côtoyer; ~ *to* ~ côte à côte; **2.** pousser avec *ou* de l'épaule; mettre sur l'épaule; *fig.* endosser; ✕ porter (*l'arme*); '~-**blade** *anat.* omoplate *f*; '~-**knot** nœud *m* d'épaule (*a.* ✕); '~-**strap** bretelle *f*; *dames, a.* ✕: patte *f* d'épaule; ✕ uniforme *m*: attente *f*.

shout [ʃaut] **1.** cri *m*; clameur *f*; *rire:* éclat *m*; *sl. boisson:* tournée *f*; **2.** *v/i.* pousser des cris, crier; hurler (*de douleur*); *v/t.* ~ *down* huer (*q.*).

shove [ʃʌv] **1.** poussée *f*, coup *m* d'épaule; **2.** pousser; bousculer; fourrer (qch. dans qch., s.th. *in*[*to*] *s.th.*).

shov·el ['ʃʌvl] **1.** pelle *f*; **2.** pelleter; '~-**board** jeu *m* de galets.

show [ʃou] **1.** [*irr.*] *v/t.* montrer, faire voir; manifester; faire (*miséricorde à q.*); témoigner (de); laisser paraître; indiquer; représenter; *cin.* présenter; prouver; exposer (*des peintures, des raisons, etc.*); ~ *forth* proclamer; ~ *in* introduire; faire entrer; ~ *off* faire valoir *ou* ressortir; faire parade de; ~ *out* reconduire; ~ *up* faire monter; révéler; faire ressortir; démasquer; *v/i.* (*a.* ~ *up ou forth*) ressortir, se détacher; se montrer, se laisser voir; se parader; se donner des airs; *sl.* faire de l'épate; **2.** spectacle *m*; étalage *m*; exposition *f*; concours *m*; *mot.* salon *m*; parade *f*, ostentation *f*;

show-card

semblant *m*; *sl.* affaire *f*; ~ *of hands* vote *m* à mains levées; *dumb* ~ pantomime *f*; jeu *m* muet; *on* ~ exposé; *sl.* run the ~ diriger l'affaire; être le manitou de l'affaire; '~-card pancarte *f*; étiquette *f*; '~-case montre *f*, vitrine *f*; '~-down *cartes*: étalement *m* de son jeu; *fig.* mise *f* au jour de ses projets *etc.*; come to a ~ en venir au fait et au prendre.

show·er ['ʃauə] 1. averse *f*; ondée *f*; *grêle*, *neige*: giboulée *f*; *fig.* volée *f*, pluie *f*; 2. *v/t.* verser; *fig.* accabler (de, with), combler (de, with); *v/i.* pleuvoir; '~-bath ['~baːθ] baindouche (*pl.* bains-douches) *m*; douche *f*; 'show·er·y de giboulées (pluvieux (-euse *f*).

show·i·ness ['ʃouinis] prétention *f*; ostentation *f*; 'show·man montreur *m* de curiosités; forain *m*; F passé maître *m* pour la mise en scène; 'show·man·ship art *m* de la mise *f* en scène; shown [ʃoun] *p.p. de* show 1; 'show-room salon *m* d'exposition; 'show-win·dow surt. Am. vitrine *f*, étalage *m*; devanture *f*; 'show·y □ fastueux (-euse *f*); prétentieux (-euse *f*); voyant.

shrank [ʃræŋk] *prét. de* shrink.

shrap·nel ✕ ['ʃræpnl] shrapnel *m*.

shred [ʃred] 1. brin *m*; lambeau *m*; petit morceau *m*, *fig.* parcelle *f*, grain *m*; 2. [*irr.*] déchirer en lambeaux *ou* en morceaux.

shrew [ʃruː] *zo.* (*a.* ~*-mouse*) musaraigne *f*; *personne*: mégère *f*, femme *f* criarde.

shrewd □ [ʃruːd] pénétrant, sagace; fin; *have a* ~ *idea* être porté à croire (que, that); 'shrewd·ness perspicacité *f*; pénétration *f*.

shrew·ish □ ['ʃruːiʃ] acariâtre.

shriek [ʃriːk] 1. cri *m* perçant; éclat *m* (*de rire*); 2. pousser un cri aigu.

shriev·al·ty ['ʃriːvəlti] fonctions *f/pl.* de shérif.

shrill [ʃril] 1. □ aigu(ë *f*), perçant; 2. *v/i.* pousser un son aigu; *v/t.* (*a.* ~ *out*) chanter *ou* crier (*qch.*) d'une voix aiguë.

shrimp [ʃrimp] *zo.* crevette *f*; *fig.* petit bout de *m* d'homme.

shrine [ʃrain] châsse *f*; reliquaire *m*; tombeau *m* (de saint[e]).

shrink [ʃriŋk] [*irr.*] *v/i.* se contracter; se rétrécir (*tissu*); se rapetisser;

(*a.* ~ *back*) reculer (devant qch., *from s.th.*; à *inf.*, *from gér.*); *v/t.* contracter (*un métal*); (faire) rétrécir (*un tissu*); ~ *with age* se tasser; 'shrink·age rétrécissement *m*; contraction *f* (*a. cin.*); *fig.* diminution *f*.

shriv·el ['ʃrivl] (*a.* ~ *up*) (se) ratatiner; *fig.* (se) dessécher.

shroud¹ [ʃraud] 1. linceul *m*; *fig.* voile *m*; ⊕ blindage *m*; ⊕ bandage *m*; 2. ensevelir; *fig.* envelopper.

shroud² ⊕ [~] hauban *m*

Shrove-tide ['ʃrouvtaid] jours *m/pl.* gras; **Shrove Tues·day** mardi *m* gras.

shrub [ʃrʌb] arbrisseau *m*; arbuste *m*; **shrub·ber·y** ['~əri] bosquet *m*; plantation *f* d'arbustes; 'shrub·by ressemblant à un arbuste.

shrug [ʃrʌg] 1. hausser (les épaules); 2. haussement *m* d'épaules.

shrunk [ʃrʌŋk] *p.p. de* shrink; 'shrunk·en *adj.* contracté; rétréci, ratatiné (*figure etc.*).

shud·der ['ʃʌdə] 1. frissonner, frémir (de, with); 2. frisson *m*, frémissement *m*.

shuf·fle ['ʃʌfl] 1. *v/t.* traîner (*les pieds*); brouiller; battre (*les cartes*); ~ *away* faire disparaître (*qch.*); ~ *off* se débarrasser de; rejeter (*qch.*) (sur upon, on, to); ôter (*qch.*) à la hâte; *v/i.* traîner les pieds; avancer en traînant les pieds; *fig.* équivoquer, tergiverser; ~ *through* faire un travail tant bien que mal; 2. pas *m/pl.* traînants; marche *f* traînante; *cartes*: battement *m*; *fig.* équivocation *f*; faux-fuyant *m*; 'shuf·fler personne *f* qui bat les cartes; *fig.* tergiversateur (-trice *f*) *m*; 'shuf·fling □ traînant (*pas*); *fig.* équivoque; *fig.* tergiversateur (-trice *f*).

shun [ʃʌn] fuir, éviter.

shunt [ʃʌnt] 1. ⛟ garage *m*; ⛟ changement *m* de voie; ∮ shunt *m*; 2. *v/t.* ⛟ manœuvrer, garer; *fig.* détourner; ∮ shunter; ~ *with care* défense de tamponner!; *v/i.* ⛟ se garer; *fig.* s'esquiver; 'shunt·er gareur *m*; *sl.* pousseur (-euse *f*) *m*; 'shunt·ing yard ⛟ chantier *m* de voies de garage et de triage.

shut [ʃʌt] [*irr.*] *v/t.* fermer; ~ *one's eyes to* fermer les yeux sur; se refuser à; ~ *down* fermer (*une usine*); couper (*la vapeur*); arrêter (*le*

moteur); ~ **in** enfermer; entourer (*de*, *by*); se pincer (*le doigt*) dans; ~ **into** enfermer dans; ~ **out** exclure; ~ **up** enfermer; F faire taire (*q.*); ~ **up shop** *sl.* fermer boutique; *v/i.* (se) fermer; F ~ **up!** taisez-vous!, *sl.* la ferme!; '~-**down** fermeture *f*, chômage *m*; ~'**out** *sp. Am.* victoire *f* écrasante; '**shut·ter** volet *m*; *phot.* obturateur *m*; *instantaneous* ~ obturateur *m* instantané.
shut·tle ['ʃʌtl] 1. *tex.*, *a.* 🚂 navette *f*; ~ **train** train *m* qui fait la navette; 2. faire la navette; '~**cock** volant *m*.
shy[1] [ʃai] 1. □ timide; farouche (*animal*); ombrageux (-euse *f*) (*cheval*); be (F *fight*) ~ **of** (*gér.*) hésiter à (*inf.*); *sl.* **I'm** ~ **ten pounds** il me manque dix livres; je suis en perte de dix livres; 2. prendre ombrage (*de*, *at*) (*a. fig.*); faire un écart.
shy[2] F [~] 1. lancer (une pierre); 2. jet *m*; tentative *f* (pour faire qch., *at s.th.*); **have a** ~ **at** s'essayer à.
shy·ness ['ʃainis] timidité *f*.
shy·ster *sl.*, *surt. Am.* ['ʃaistə] homme *m* d'affaires véreux; avocassier *m*.
Si·a·mese [saiə'miːz] 1. siamois; 2. *ling.* siamois *m*; Siamois(e *f*) *m*.
Si·be·ri·an [sai'biəriən] 1. sibérien(ne *f*) (de Sibérie); 2. Sibérien(ne *f*) *m*.
sib·i·lant ['sibilənt] 1. □ sifflant; sibilant; 2. *gramm.* sifflante *f*.
sib·yl·line [si'bilain] sybillin.
Si·cil·ian [si'siljən] 1. sicilien(ne *f*); 2. Sicilien(ne *f*) *m*.
sick [sik] malade (de *of*, *with*); *fig.* las(se *f*), dégoûté (de, *of*); **be** ~ vomir; **feel** ~ avoir mal au cœur; **go** ~ se faire porter malade; '~**bed** lit *m* de malade; '~**cer·tif·i·cate** attestation *f* de médecin; '**sick·en** *v/i.* tomber malade; languir (*plante*); *fig.* se lasser (de qch., *of s.th.*); ~ **at** être écœuré à la vue de *ou* de voir; *v/t.* rendre malade; dégoûter; '**sick-fund** caisse *f* de maladie; '~-**in·sur·ance** assurance-maladie *f*.
sick·le ['sikl] faucille *f*.
sick-leave ['sikliːv] congé *m* de maladie; '**sick·li·ness** mauvaise santé *f*, état *m* maladif; pâleur *f*; odeur *etc.*: caractère *m* écœurant; *climat*: insalubrité *f*; '**sick·ly** maladif (-ive *f*); étiolé (*plante*); pâle, fade; écœurant (*odeur etc.*); malsain, insalubre (*climat*); '**sick·ness** maladie *f*; mal *m*; nausées *f/pl.*
side [said] 1. *usu.* côté *m*; flanc *m*; pente *f*; bord *m*; *sp.* camp *m*, équipe *f*; *pol. etc.* parti *m*; ~ **by** ~ côte à côte, ⚓ bord à bord; *fig.* en plus (de, *with*); ~ **by** ~ **with** à côté de; *at* (*ou by*) s.o.'s ~ à côté de q.; *Am.* **on the** ~ par-dessus le marché; 2. latéral (-aux *m/pl.*), de côté; secondaire; 3. prendre parti (pour, *with*); se ranger du côté (de, *with*); '~-**arms** *pl.* ⚔ armes *f/pl.* blanches; '~**board** buffet *m*; *Am. sl.* ~**s** *pl.* favoris *m/pl.*; '~**car** *mot.* side-car *m*; '**sid·ed**: **four-**~ à quatre faces.
side...: '~**face** profil *m*; *attr.* de profil; '~**light** fenêtre *f* latérale; *mot.* feu *m* de côté; *fig.* aperçu *m* indirect; '~**line** 🚂 voie *f* secondaire; *fig.* occupation *f* secondaire; '~**long** 1. *adv.* de côté, obliquement; 2. *adj.* de côté, en coulisse (*a. fig.*); '~**path** sentier *m* de côté; chemin *m* de traverse.
si·de·re·al *astr.* [sai'diəriəl] sidéral (-aux *m/pl.*).
side...: '~**sad·dle** selle *f* de dame; '~**slip** ✈ glisser sur l'aile; *mot.*, *a. cycl.* déraper; '~**split·ting** homérique (*rire*), F désopilant; '~**step** 1. pas *m* de côté; 2. *v/i.* faire un pas de côté; *v/t. fig.* éviter; '~**stroke** nage *f* sur le côté; '~**track** 1. 🚂 voie *f* secondaire *ou* de service; 2. garer (*un train*); aiguiller (*un train*) sur une voie de service; *souv. Am. fig.* détourner; '~**walk** *surt. Am.* trottoir *m*; **side·ward** ['~wəd] 1. *adj.* latéral (-aux *m/pl.*), de côté; 2. *adv.* (*a.* **side·wards** ['~z], '**side·ways** ['~weiz], '**side·wise**) de côté.
sid·ing 🚂 ['saidiŋ] voie *f* de garage *ou* de service; embranchement *m*.
si·dle ['saidl] s'avancer *etc.* de guingois *ou* de côté.
siege [siːdʒ] siège *m*; **lay** ~ **to** assiéger.
sieve [siv] crible *m*; tamis *m*.
sift [sift] *v/t.* passer au crible *ou* au tamis; *fig.* examiner en détail; ~ **out** *fig.* démêler; *v/i. fig.* filtrer; '**sift·er** cribleur (-euse *f*) *m*; tamiseur (-euse *f*) *m*; crible *m*; tamis *m*.
sigh [sai] 1. soupir *m*; 2. soupirer (pour, *for*) après, *after*).
sight [sait] 1. vue *f*; *fig.* spectacle *m*; portée *f* de la vue; visée *f*; bouton

sighted   1062

m de mire, guidon *m* (*d'une arme à feu*); ✝ vue *f*; F beaucoup; *a ~ of* énormément de; *a ~ too big* de beaucoup trop grand; *~s pl.* monuments *m/pl.*, curiosités *f/pl.* (*d'une ville*); beautés *f/pl.* naturelles; *second ~* seconde vue *f*; voyance *f*; *at* (*ou on*) *~* à vue (a. ✝, *a.* ♪); du premier coup; *by ~* de vue; *catch ~ of* apercevoir, entrevoir; *lose ~ of* perdre de vue; *out of ~* caché aux regards, hors de vue; *take ~* viser; *within ~* en vue, à portée de la vue; 2. *v/t.* apercevoir; viser; pointer (*une arme à feu*); ✝ voir (*un effet*); *v/i.* viser; 'sight·ed à la vue; qui voit; 'sight·ing-line ligne *f* de visée; 'sight·less aveugle; 'sight·li·ness beauté *f*, grâce *f*, charme *m*; 'sight·ly charmant, avenant.

sight...: '~·see·ing visite *f* (de la ville); tourisme *m*; '~·se·er excursionniste *mf*; curieux (-euse *f*) *m*; '~·sing·ing ♪ chant *m* à vue.

sign [sain] 1. signe *m*; réclame *f*; *auberge etc.*: enseigne *f*; *fig.* trace *f*; indice *m*; *~ manual* signature *f*; *seing m; in* (*ou as a*) *~ of* en signe de; 2. *v/i.* signer; faire signe; *v/t.* signer; *~ on v/t.* embaucher, engager; *v/i.* s'embaucher.

sig·nal ['signl] 1. signal *m*; signe *m*; ⚔ *Brit. ~s pl.* sapeurs-télégraphistes *m/pl.*; *téléph. busy ~* signal *m* de ligne occupée; 2. □ insigne; remarquable; 3. *vt/i.* signaler; *v/t.* donner un signal à; '~·box cabine *f* à signaux *ou* d'aiguillage; **sig·nal·ize** ['~nəlaiz] signaler, marquer; *see signal 3.*

sig·na·to·ry ['signətəri] signataire (*a. su./mf*); *~ powers pl. to an agreement* pays *m/pl. ou* puissances *f/pl.* signataires d'une convention *ou* d'un accord.

sig·na·ture ['signitʃə] ✝, *typ.* signature *f*; *admin.* visa *m*; ♪ armature *f*, armure *f*; *~ tune radio:* indicatif *m* musical.

sign·board ['sainbɔ:d] *boutique etc.*: enseigne *f*; écriteau *m* indicateur; '**sign·er** signataire *mf*.

sig·net ['signit] sceau *m*, cachet *m*; '~·ring chevalière *f*; ✝ anneau *m* à cachet.

sig·nif·i·cance, **sig·nif·i·can·cy** [sig'nifikəns(i)] signification *f*; importance *f*; **sig'nif·i·cant** □ significatif (-ive *f*); *~ of* qui accuse *ou* trahit; **sig·ni·fi·ca·tion** signification *f*, sens *m*; **sig'nif·i·ca·tive** [~kətiv] significatif (-ive *f*) (de, *of*).

sig·ni·fy ['signifai] *v/t.* signifier; être (le) signe de; faire connaître; vouloir dire; *v/i.* importer; *it does not ~* cela ne fait rien.

sign...: '~·**paint·er** peintre *m* d'enseignes; '~·**post** poteau *m* indicateur.

si·lence ['sailəns] 1. silence *m*; *~!* silence!, taisez-vous!; 2. faire taire; réduire au silence; '**si·lenc·er** ⊕ amortisseur *m* de son; *mot.* pot *m* d'échappement.

si·lent □ ['sailənt] silencieux (-euse *f*); muet(te *f*) (*a. lettre*); *fig.* taciturne; *~ film* film *m* muet; *surt. Am.* ✝ *~ partner* commanditaire *m*.

sil·hou·ette [silu'et] 1. silhouette *f*; 2.: *be ~d against* se silhouetter contre.

sil·i·cate 🝜 ['silikit] silicate *m*; **sil·i·cat·ed** ['~keitid] silicat(is)é; **si·li·ceous** [si'liʃəs] siliceux (-euse *f*); boueux (-euse *f*) (*sources*).

silk [silk] 1. soie *f*; *p.ext.* fil *m* de soie, rayonne *f*; ⚖ conseiller *m* du roi; 2. de soie; en soie; à soie; '**silk·en** de *ou* en soie; soyeux (-euse *f*); *fig.* mielleux (-euse *f*); *see silky*; '**silk·i·ness** nature *f* soyeuse; *fig. voix:* moelleux *m*; '**silk-'stock·ing** *Am.* distingué; '**silk·worm** ver *m* à soie; '**silk·y** □ soyeux (-euse *f*); *fig. péj.* mielleux (-euse *f*).

sill [sil] seuil *m*; rebord *m* (de fenêtre).

sil·li·ness ['silinis] sottise *f*.

sil·ly □ ['sili] sot(te *f*), niais; stupide; *journ. ~ season* l'époque *f* où la politique chôme.

si·lo ['sailou] silo *m*.

silt [silt] 1. vase *f*, limon *m*; 2. (*usu. ~ up*) *v/t.* envaser, ensabler; *v/i.* s'ensabler.

sil·ver ['silvə] 1. argent *m*; argenterie *f*; pièce *f ou* pièces *f/pl.* d'argent; 2. d'argent, en argent; *fig.* argenté; 3. (*ou* ⊕ *~-plate*) argenter (*a. fig.*); étamer (*un miroir*); '**sil·ver·y** argenté (*a. zo.*, *a.* ☾); d'argent; argentin (*ton, rire, voix*).

sim·i·lar □ ['similə] pareil(le *f*), semblable; 🝜 *qqfois* similaire; **sim·i·lar·i·ty** [~'læriti] ressemblance *f*; similitude *f* (*a.* 🝜).

sim·i·le ['simili] comparaison *f*, image *f*.

si·mil·i·tude [si'militju:d] similitude *f*, ressemblance *f*; allégorie *f*.

sim·mer ['simə] *v/i.* frémir; mijoter (*a. fig.*); *fig.* fermenter, être près d'éclater; *v/t.* faire mijoter.

Si·mon ['saimən] Simon *m*; F *the real ~ Pure* l'objet *m* authentique; la véritable personne *f*; F *simple ~* nicodème *m*.

si·moom [si'mu:m] simoun *m*.

sim·per ['simpə] 1. sourire *m* minaudier; 2. minauder; faire des grimaces.

sim·ple □ ['simpl] simple; naïf (-ïve *f*); crédule; '*~*-'**heart·ed**, '*~*-'**mind·ed** simple, naïf (-ïve *f*), ingénu; **sim·ple·ton** ['*~*tən] nigaud(e *f*) *m*.

sim·plic·i·ty [sim'plisiti] candeur *f*; naïveté *f*; simplicité *f*; **sim·pli·fi·ca·tion** [*~*fi'keiʃn] simplification *f*; **sim·pli·fy** ['*~*fai] simplifier.

sim·ply ['simpli] *adv.* simplement *etc.*; *see simple*; absolument; uniquement.

sim·u·late ['simjuleit] simuler, feindre; se faire passer pour; **sim·u·'la·tion** simulation *f*, feinte *f*.

si·mul·ta·ne·i·ty [siməltə'niəti] simultanéité *f*.

si·mul·ta·ne·ous □ [siməl'teinjəs] simultané; qui arrive en même temps (*que*, *with*); **si·mul·ta·ne·ous·ness** simultanéité *f*.

sin [sin] 1. péché *m*; 2. pécher; *fig. ~ against* blesser (*qch.*).

since [sins] 1. *prp.* depuis; 2. *adv.* depuis; *long ~* depuis *ou* il y a longtemps; *how long ~*? il y a combien de cela?; *a short time ~* il y a peu de temps; 3. *cj.* depuis que; puisque; que.

sin·cere □ [sin'siə] sincère; franc(he *f*); *yours ~ly* votre tout(e) dévoué(e *f*); cordialement à vous; **sin·cer·i·ty** [*~*'seriti] sincérité *f*, bonne foi *f*.

sine ⚕ [sain] sinus *m*.

si·ne·cure ['sainikjuə] sinécure *f*.

sin·ew ['sinju:] tendon *m*; *cuis.* croquant *m*; *fig. usu. ~s pl.* nerf *m*, force *f*; '**sin·ew·y** musclé, nerveux (-euse *f*); *cuis.* tendineux (-euse *f*).

sin·ful □ ['sinful] pécheur (-eresse *f*); coupable; F scandaleux (-euse *f*); '**sin·ful·ness** culpabilité *f*; péché *m*.

sing [siŋ] [*irr.*] *v/t.* chanter (*fig.* = raconter, célébrer); célébrer; *v/i.* chanter (*bouilloire*); siffler (*vent etc.*); tinter, bourdonner (*oreilles*); F *~ out* crier; F *~ small* déchanter; se dégonfler, filer doux; *~ another song* (*ou tune*) chanter une autre chanson; F changer de ton.

singe [sindʒ] brûler légèrement; roussir (*le drap*); *coiffeur*: brûler (*la pointe des cheveux*).

sing·er ['siŋə] chanteur (-euse *f*) *m*; *eccl.*, *a. poét.* chantre *m*; cantatrice *f* (*de profession*).

sing·ing ['siŋiŋ] chant *m*; *~-bird* oiseau *m* chanteur.

sin·gle ['siŋgl] 1. □ seul; simple; unique; individuel(le *f*); célibataire, pas marié; ✝ *~ bill* billet *m* à ordre; *~ combat* combat *m* singulier; *bookkeeping by ~ entry* comptabilité *f* en partie simple; *in ~ file* en file indienne; 2. (*a. ~ game*) *tennis*: (partie *f*) simple *m*; 3. (*usu. ~ out*) choisir; distinguer; '*~*-'**breast·ed** droit (*veston etc.*); '*~*-'**en·gined** ✈ à un moteur; '*~*-'**hand·ed** sans aide, seul; '*~*-'**heart·ed** , '*~*-'**mind·ed** □ sincère, loyal (-aux *m/pl.*), honnête; '*~*-'**line** à voie unique; '**sin·gle·ness** sincérité *f*, honnêteté *f*; célibat *m*; unicité *f*; '**sin·gle-seat·er** ✈, *mot.* monoplace *m*; '**sin·gle·stick** canne *f*; **sin·glet** ✝ ['*~*it] gilet *m* de corps; *sp.* maillot *m* fin; **sin·gle·ton** ['*~*tən] *cartes*: singleton *m*; '**sin·gle-'track** à une voie, à voie unique.

sing·song ['siŋsɔŋ] chant *m* monotone; *fig.* concert *m* improvisé.

sin·gu·lar ['siŋgjulə] 1. □ seul; singulier (-ère *f*) (*a. gramm.*); remarquable, rare; bizarre; 2. *gramm.* (*a. ~ number*) singulier *m*; **sin·gu·lar·i·ty** [*~*'læriti] singularité *f*.

Sin·ha·lese [sinhə'li:z] 1. cingalais; 2. *ling.* cingalais *m*; Cingalais(e *f*) *m*.

sin·is·ter □ ['sinistə] sinistre; menaçant; ⊘ sénestre.

sink [siŋk] 1. [*irr.*] *v/i.* ⚓ sombrer, couler; descendre; s'enfoncer (*dans*, *into*); tomber (*dans*, *into*); se tasser (*édifice*); se renverser (*dans un fauteuil*); succomber, se plier (*sous beneath*, *under*); baisser; se serrer (*cœur*); *v/t.* enfoncer; baisser; ⚓ couler, faire sombrer; ✕ mouiller; creuser, foncer (*un puits*); amortir

sinker

(*une dette*); placer (*de l'argent*); renoncer provisoirement à (*un nom*); supprimer (*une objection*); 2. évier *m* (*de cuisine*); †, *a. fig.* cloaque *m*; '**sink·er** ⚒ fonceur *m* de puits, puisatier *m*; ligne de pêche: plomb *m*; '**sink·ing** foncement *m*; ⚓ naufrage *m*, torpillage *m*; tassement *m*; *fig.* défaillance *f*; ✻ affaiblissement *m*; ~ *fund* caisse *f* d'amortissement.

sin·less ['sinlis] sans péché, pur.

sin·ner ['sinə] pécheur (-eresse *f*) *m*.

Sinn Fein ['ʃin'fein] (= *nous-mêmes*) *mouvement nationaliste irlandais*.

Sino... [sino] sino...

sin·u·os·i·ty [sinju'ɔsiti] sinuosité *f*; *route*: lacet *m*; '**sin·u·ous** ☐ sinueux (-euse *f*), tortueux (-euse *f*), onduleux (-euse *f*); agile (*personne*).

si·nus *anat.* ['sainəs] sinus *m*; **si·nus·i·tis** ✻ [~'saitis] sinusite *f*.

sip [sip] 1. petite gorgée *f*, F goutte *f*; 2. boire à petits coups, siroter.

si·phon ['saifən] 1. siphon *m* (à eau de seltz); 2. *v/t.* siphonner; *v/i.* se transvaser.

sir [sə:] monsieur (*pl.* messieurs) *m*; ♀ *titre de chevalerie, suivi du prénom*: Sir.

sire ['saiə] 1. *poét.* père *m*; *titre donné à un souverain*: sire *m*; *zo.* père *m*, *souv.* étalon *m*; 2. *zo.* engendrer.

si·ren ['saiərin] sirène *f* (*a.* = *trompe d'alarme*).

sir·loin ['sə:lɔin] aloyau *m*.

sis·kin *orn.* ['siskin] tarin *m*.

sis·sy *Am.* ['sisi] mollasson *m*.

sis·ter ['sistə] sœur *f* (*a. eccl.*); *eccl.* religieuse *f*; (*a.* ward-~) infirmière *f* en chef; ~ *of charity* (*ou* mercy) sœur *f* de Charité; '**sis·ter·hood** ['~hud] communauté *f* religieuse; '**sis·ter-in-law** belle-sœur (*pl.* belles-sœurs) *f*; '**sis·ter·ly** de sœur.

sit [sit] [*irr.*] *v/i.* s'asseoir; être assis; siéger (*assemblée*); couver (*poule*); se présenter (à, *for*); poser (pour, *for*); ~ *down* s'asseoir; *fig.* ~ (*up*)*on s.o.* remettre q. à sa place; *sl.* moucher q.; ~ *up* veiller tard, se coucher tard; se redresser (*sur sa chaise*); F make *s.o.* ~ *up* étonner q.; *v/t.* asseoir; ~ *a horse well* se tenir bien à cheval; ~ *s.th.* out rester jusqu'à la fin de qch.; ~ *s.o.* out rester jusqu'après le départ de q.; '~-down strike grève *f* sur le tas.

site [sait] 1. emplacement *m*; site *m*; terrain *m* à bâtir; 2. situer, placer.

sit·ter ['sitə] personne *f* assise; personne *f* qui pose; *poule*: couveuse *f*; *Am. see* baby-sitter; *sl.* affaire *f* sûre.

sit·ting ['sitiŋ] séance *f*; ✝✝ session *f*; '~-room petit salon *m*.

sit·u·at·ed ['sitjueitid] situé; *thus* ~ dans cette situation; ainsi situé;

sit·u·a·tion situation *f*, position *f*; emploi *m*, place *f*.

six [siks] *six* (*a. su./m*); be at ~es and sevens être sens dessus dessous; manquer d'ensemble; two and ~ deux shillings *m/pl.* et six pence *m/pl.*; '~-**fold** 1. *adj.* sextuple; 2. *adv.* six fois autant; **six·teen** ['~'ti:n] seize (*a. su./m*); '**six'teenth** [~θ] seizième (*a. su./m*); **sixth** [~θ] sixième (*a. su./m*); '**sixth·ly** sixièmement; **six·ti·eth** ['~tiiθ] soixantième (*a. su./m*); '**six·ty** soixante (*a. su./m*).

size¹ [saiz] 1. grandeur *f*; grosseur *f*; *personne*: taille *f*; *papier etc.*: format *m*; *souliers etc.*: pointure *f*; *chemise*: encolure *f*; numéro *m*; 2. classer par grosseur *etc.*; ~ *s.o.* up juger q., prendre la mesure de q.; *large-*~*d* de grande taille.

size² [~] 1. colle *f*; *tex.* empois *m*; 2. apprêter, (en)coller; *tex.* parer.

siz(e)·a·ble ☐ ['saizəbl] assez grand; d'une belle taille.

siz·zle ['sizl] grésillement *m*; *radio:* friture *f*.

skate¹ [skeit] *icht.* raie *f*.

skate² [~] 1. patin *m*; (*ou* roller-~) patin *m* à roulettes; 2. patiner (*a.* sur roulettes); '**skat·er** patineur (-euse *f*) *m*; '**skat·ing-rink** skating *m*; patinoire *f*.

ske·dad·dle F [ski'dædl] se sauver; décamper, filer. [*m*.]

skee·sicks *Am.* F ['ski:ziks] vaurien]

skein [skein] *laine etc.*: écheveau *m*.

skel·e·ton ['skelitn] 1. squelette *m*, *homme, bâtiment, etc.*: ossature *f*; charpente *f*; carcasse *f* (*a.* d'un *parapluie*); *roman etc.*: esquisse *f*; ✕ personnel *m* réduit; ✕ cadre *m*; 2. réduit; esquissé; ⊕ à claire-voie, à jour; ✕ -*cadre*; ~ *key* passe-partout *m/inv.*; *sl.* rossignol *m* (*de cambrioleur*); ~ *map* carte *f* muette.

skep·tic *Am.* ['skeptik] *see* sceptic.
sketch [sketʃ] **1.** esquisse *f*, croquis *m*; *théâ.* sketch *m*, saynète *f*; *fig.* aperçu *m*, plan *m*; **2.** esquisser; faire un *ou* des croquis de; **'sketch·y** □ imprécis; rudimentaire.
skew [skju:] (de) biais.
skew·er ['skuə] **1.** brochette *f*; **2.** brocheter.
ski [ʃi:] **1.** *pl.* **ski(s)** ski *m*; *attr.* de ski; à ski; ~ **platform** plate-forme (*pl.* **plates-formes**) *f*; tremplin *m*; **2.** faire du ski.
skid [skid] **1.** sabot *m ou* patin *m* d'enrayage; ⚙ patin *m*; *mot.* dérapage *m*, embardée *f*; **2.** *v/t.* ensaboter, enrayer; mettre sur traîneau; *v/i.* déraper, glisser; *mot.* faire une embardée; ⚙ glisser sur l'aile.
skid·doo *Am. sl.* [ski'du:] filer.
ski·er ['ʃi:ə] skieur (-euse *f*) *m*.
skiff ⚓ [skif] esquif *m*; youyou *m* (*de bateau de commerce*); *canotage:* skiff *m*.
ski·ing ['ʃi:iŋ] ski *m*; **'ski-jump** tremplin *m* de ski; (*a.* **'ski-jump·ing**) saut *m* à skis; **'ski-lift** (re)monte-pente *m*.
skil(l)·ful □ ['skilful] adroit, habile; **'skil(l)·ful·ness, skill** [skil] adresse *f*, habileté *f*.
skilled [skild] habile; spécialisé (*ouvrier etc.*); expérimenté (en *at*, in).
skim [skim] **1.** *v/t.* (souv. ~ **off**) écumer; dégraisser (*la soupe*); écrémer (*le lait*); *fig.* effleurer (*la surface*); ~ **through** feuilleter, parcourir rapidement; *v/i.* glisser (sur, *over*); **2.:** ~ **milk** lait *m* écrémé; **'skim·mer** écumoire *f*; écrémoir *m*.
skimp [skimp] ménager outre mesure; lésiner (qch. à q., *s.o. in s.th.*); lésiner sur tout; F bâcler (*un ouvrage*); **'skimp·y** □ maigre, insuffisant; chiche, parcimonieux (-euse *f*) (*personne*).
skin [skin] **1.** peau *f* (*a. d'un animal, d'orange*); cuir *m*; pelure *f* (*de banane*); café, lait, raisin: pellicule *f*; saucisson: robe *f*; outre *f* (à vin); ⚓ navire: coque *f*, voile: chemise *f*; ⊕ fonte: croûte *f*; *by* (*on with*) *the* ~ *of one's teeth* tout juste; à peine; *Am.* F *have got s.o. under one's* ~ ne pouvoir oublier *ou* se débarrasser de q.; **2.** *v/t.* écorcher; peler;

éplucher (*un fruit*); *sl.* tondre (*q.*), dépouiller (*q.*) (*au jeu*); *keep one's eyes* ~*ned* avoir l'œil américain; F ~ *off* enlever (*les bas etc.*); *v/i.* (*a.* ~ *over*) se recouvrir de peau; **'~-'deep** à fleur de peau, peu profond; **'~-flint** grippe-sou (*pl.* grippe-sou[s]) *m*; **'~-graft·ing** ⚕ greffe *f* épidermique; **'skin·ner** écorcheur *m*; pelletier *m*; **'skin·ny** décharné, maigre; efflanqué (*cheval*); F chiche, avare.
skip [skip] **1.** saut *m*; gambade *f*; ⚒ benne *f*; **2.** *v/i.* sauter, gambader; *v/t.* (*a.* ~ *over*) sauter (*qch.*); **'~-jack** poussah *m*; *zo.* scarabée *m* à ressort.
skip·per[1] ['skipə] sauteur (-euse *f*) *m*.
skip·per[2] [~] patron *m*, capitaine *m*; *sp.* chef *m* d'équipe.
skip·ping-rope ['skipiŋroup] corde *f* à sauter.
skir·mish ⚔ ['skə:miʃ] **1.** escarmouche *f*; **2.** escarmoucher; tirailler (contre, *with*); **'skir·mish·er** tirailleur *m*.
skirt [skə:t] **1.** *cost.* jupe *f*; pardessus *etc.*: pans *m/pl.*; souv. ~ *pl.* bord *m*; forêt: lisière *f*; **2.** *v/t.* border; *vt/i.* (*a.* ~ *along*) longer, contourner, côtoyer; **'skirt·ing-board** ⊕ plinthe *f*; bas *m* de lambris.
skit[1] F [skit] *usu.* ~*s pl.* tas *m/pl.*
skit[2] [~] pièce *f* satirique; satire *f* (de, *on*); **'skit·tish** □ ombrageux (-euse *f*) (*cheval*); volage, capricieux (-euse *f*) (*personne*).
skit·tle ['skitl] quille *f*; *play* (*at*) ~*s* jouer aux quilles; **'~-al·ley** jeu *m* de quilles.
skiv·vy F *péj.* ['skivi] bonniche *f* (= *bonne à tout faire*).
skul·dug·ger·y *Am.* F [skʌl'dʌɡəri] fourberie *f*, ruse *f*.
skulk [skʌlk] se tenir caché; se cacher; rôder furtivement; **'skulk·er** carotteur (-euse *f*) *m*.
skull [skʌl] crâne *m*.
skunk [skʌŋk] *zo.* mouffette *f*; fourrure: skunks *m*; F mufle *m*; ladre *m*.
sky [skai] *souv.* **skies** *pl.* ciel (*pl.* cieux, ciels) *m*; **'~-'blue** bleu ciel *adj./inv.* (*a.* su./m/inv.); **'~-lark 1.** *orn.* alouette *f* des champs; **2.** rigoler; **'~-light** jour *m* d'en haut; lucarne *f*; **'~-line** ligne *f* d'horizon; profil *m*

sky-rocket

(de l'horizon); ~ *advertising* publicité *f* dessinée en silhouette sur le ciel; '~-**rock·et** *Am.* F augmenter rapidement; monter en flèche (*prix*); '~-**scrap·er** gratte-ciel *m*/ *inv.*; **sky·ward(s)** ['~wəd(z)] vers le ciel; '**sky·writ·ing** ✈ publicité *f* aérienne.

slab [slæb] *pierre:* dalle *f*; *ardoise:* table *f*; *métal, marbre, etc.:* plaque *f*; *chocolat:* tablette *f*; ⊕ *bois:* dosse *f*.

slack [slæk] 1. lâche; faible (*a.* ♱); négligent (*personne*); ♱ *a.* peu vif (vive *f*); ⚓ ~ *water*, ~ *tide* mer *f* étale; 2. ⚓ *cable etc.:* mou *m*; ⊕ accalmie *f*; ⊕ jeu *m*; ~s *pl.* pantalon *m*; 3. *see* ~**en**; *see* slake; F flémarder; '**slack·en** (se) relâcher; (se) ralentir; diminuer (de); *v/t.* détendre; ⊕ donner du jeu à; *v/i.* devenir négligent; prendre du mou (*cordage, câble*); ~ s'alanguir; '**slack·er** F paresseux (-euse *f*), F flémard(e *f*) *m*; ⚔ tireur *m* au flanc; '**slack·ness** relâchement *m*; négligence *f*; lenteur *f*; paresse *f*; ♱ stagnation *f*.

slag [slæg] scories *f/pl.*; '**slag·gy** scoriacé.

slain [slein] *p.p. de* slay.

slake [sleik] étancher (*la soif*); éteindre (*le chaux*).

slam [slæm] 1. *porte:* claquement *m*; *bridge:* chelem *m*; 2. *v/t.* (faire) claquer; fermer avec violence; *v/i.* claquer.

slan·der ['slɑːndə] 1. calomnie *f*; 2. calomnier, diffamer; '**slan·der·er** calomniateur (-trice *f*) *m*; ⚖ diffamateur (-trice *f*) *m*; '**slan·der·ous** □ calomnieux (-euse *f*); ⚖ diffamatoire.

slang [slæŋ] 1. argot *m*; 2. F réprimander vivement; injurier; '**slang·y** □ argotique (-ère *f*); argotique.

slant [slɑːnt] 1. pente *f*, inclinaison *f*; biais *m*; *Am.* F point *m* de vue; 2. *v/t.* incliner; *v/i.* (s')incliner, être en pente; être oblique; '**slant·ing** □ *adj.*, '**slant·wise** *adv.* en biais, de biais; oblique(ment *adv.*).

slap [slæp] 1. coup *m*, tape *f*, claquement *m* (*d'un piston*); ~ *in the face* gifle *f*; *fig.* affront *m*; 2. claquer; gifler; donner une tape à; 3. pan!; '~-**bang** de but en blanc; '~-**dash** sans soin; à la six-quatre-deux; '~-**jack** *Am.* crêpe *f*; '~-**stick**

théâ. batte *f* (d'Arlequin); ~ *comedy* pièce *f etc.* burlesque; arlequinades *f/pl.*; '~-**up** F fameux (-euse *f*), de premier ordre.

slash [slæʃ] 1. balafre *f*; entaille *f*; *cost.* taillade *f*; 2. *v/t.* balafrer; taillader; cingler (*a. fig.*); F éreinter (*un livre etc.*); *cost.* faire des taillades dans; F réduire (*le prix etc.*); *v/i.* frapper à droite et à gauche; cingler; '**slash·ing** □ cinglant (*a. fig.*); *fig. a.* mordant; *sl.* épatant.

slat [slæt] 1. *jalousie:* lame(lle) *f*; *lit:* traverse *f*; 2. battre, frapper sur.

slate [sleit] 1. ardoise *f*; *surt. Am.* liste *f* provisoire des candidats; 2. couvrir d'ardoises *ou* en ardoise; F tancer; F éreinter; *be* ~*d for* être un candidat sérieux à (*un poste*); '~-'**pen·cil** crayon *m* d'ardoise; '**slat·er** couvreur *m* (en ardoises).

slat·tern ['slætə:n] 1. souillon *f*; 2. (*a.* '**slat·tern·ly**) mal soigné (*femme*).

slat·y □ ['sleiti] ardoiseux (-euse *f*), schisteux (-euse *f*); ardoisé (*couleur*).

slaugh·ter ['slɔːtə] 1. *bêtes:* abattage *m*; *gibier:* abattis *m*; *fig.* massacre *m*, carnage *m*; 2. abattre; massacrer; '**slaugh·ter·er** abatteur *m*; *fig.* tueur *m*; '**slaugh·ter-house** abattoir *m*; '**slaugh·ter·ous** □ *poét.* meurtrier (-ère *f*).

Slav [slɑːv] 1. slave; 2. Slave *mf*.

slave [sleiv] 1. esclave *mf*; *attr.* d'esclaves, des esclaves; 2. travailler comme un nègre; peiner.

slav·er¹ ['sleivə] négrier *m*; *personne:* marchand *m* d'esclaves.

slav·er² ['slævə] 1. bave *f*, salive *f*; 2. baver (sur, *over*).

slav·er·y ['sleivəri] esclavage *m*; *fig.* asservissement *m*.

slav·ey *sl.* ['slævi] bonniche *f*.

Slav·ic ['slɑːvik] 1. slave; 2. *ling.* slave *m*.

slav·ish □ ['sleiviʃ] servile, d'esclave; '**slav·ish·ness** servilité *f*.

slaw *Am.* [slɔː] salade *f* de choux.

slay *poét.* [slei] (*irr.*) tuer, mettre à mort; assassiner; '**slay·er** meurtrier (-ère *f*) *m*; tueur (-euse *f*) *m*; assassin *m*.

sled [sled] *see* sledge¹.

sledge¹ [sledʒ] 1. traîneau *m*; 2. *v/t.* transporter en traîneau; *v/i.* aller en traîneau.

sledge² [~] (*a.* ~-*hammer*) marteau *m* de forgeron; masse *f* (*de pierres*).
sleek [sli:k] **1.** □ lisse; luisant; *fig.* doucereux (-euse *f*), mielleux(-euse *f*); **2.** lisser; planer; **'sleek·ness** luisant *m*; *fig.* douceur *f*, onctuosité *f*.
sleep [sli:p] **1.** [*irr.*] *v*/*i.* dormir (*a. toupie*); coucher; ~ (*up*)*on* (*ou over*) *it* remettre cela jusqu'au lendemain; consulter son chevet; *v*/*t.* coucher (*q.*); ~ *the hours away* passer les heures en dormant; ~ *off* faire passer (*une migraine*) en dormant; **2.** sommeil *m*; **'sleep·er** dormeur (-euse *f*) *m*; 🚃 wagon-lit (*pl.* wagons-lits) *m*; couchette *f*; *be a light* ~ avoir le sommeil léger; **'sleep·i·ness** assoupissement *m*.
sleep·ing ['sli:piŋ]: ♀ *Beauty* Belle *f* au bois dormant; ⚥ ~ *partner* commanditaire *m*; '~-**bag** sac *m* de couchage; '~-**car**, '~-**car·riage** 🚃 wagon-lit (*pl.* wagons-lits) *m*; '~-**draught** narcotique *m*, somnifère *m*; '~-**sick·ness** maladie *f* du sommeil.
sleep·less □ ['sli:plis] sans sommeil; *fig.* inlassable; **'sleep·less·ness** insomnie *f*.
sleep·walk·er ['sli:pwɔ:kə] somnambule *mf*.
sleep·y □ ['sli:pi] somnolent; *fig.* endormi; blet(te *f*) (*fruit*); *be* ~ avoir sommeil; ~ *sickness* encéphalite *f* léthargique; '~-**head** F *fig.* endormi(e *f*) *m*.
sleet [sli:t] **1.** neige *f* à moitié fondue; **2.**: *it is* ~*ing* la pluie tourne à la neige; **'sleet·y** de pluie et de neige, de grésil.
sleeve [sli:v] **1.** manche *f*; ⊕ fourreau *m*; *attr.* à manches; de manchette; ⊕ de manchon, à manchon; *have something up one's* ~ avoir qch. en réserve, avoir qch. dans son sac; *laugh up* (*ou in*) *one's* ~ rire sous cape; **2.** mettre des manches à; **sleeved** à manches; **'sleeve·less** sans manches; **'sleeve-link** bouton *m* de manchette.
sleigh [slei] **1.** traîneau *m*; **2.** *v*/*t.* transporter en traîneau; *v*/*i.* aller en traîneau.
sleight [slait] (*usu.* ~ *of hand*) adresse *f*; prestidigitation *f*.
slen·der □ ['slendə] mince, ténu, svelte (*personne*); faible (*espoir*); maigre; modeste, exigu(ë *f*); **'slen·der·ness** minceur *f*; sveltesse *f*; faiblesse *f*; exiguïté *f*.
slept [slept] *prét. et p.p. de sleep* **1**.
sleuth [slu:θ] (*a.* ~-*hound*) limier *m*; F détective *m*.
slew¹ [slu:] *prét. de slay*.
slew² [~] (*a.* ~ *round*) (faire) pivoter.
slice [slais] **1.** tranche *f*; tartine *f* (*de beurre etc.*); *fig.* part *f*; *cuis.* truelle *f* (*à poisson*); ~ *of luck* coup *m* de veine; **2.** découper en tranches; (*a.* ~ *off*) trancher, couper; *tennis:* choper; *golf:* faire dévier la balle à droite.
slick F [slik] **1.** *adj.* (*a. adv.*) habile (-ment *adv.*), adroit(ement *adv.*); **2.** (*a.* ~ *paper*) *Am. sl.* magazine *m* de luxe.
slick·er *Am.* ['slikə] F escroc *m* (adroit); imperméable *m*.
slid [slid] *prét. et p.p. de slide* **1**.
slide [slaid] **1.** [*irr.*] *v*/*i.* glisser (dans, *into*), couler; faire des glissades (*personne*); *let things* ~ laisser tout aller à vau-l'eau; *v*/*t.* faire glisser; **2.** glissade *f*, coulisse *f*; *cheveux:* barrette *f*; *phot.* châssis *m*; ⊕ glissoir *m*; projection *f*; **'slid·er** glisseur (-euse *f*) *m*; ⊕ coulisseau *m*; **'slide-rule** règle *f* à calcul.
slid·ing ['slaidiŋ] **1.** glissement *m*; **2.** glissant, coulant; *mot.* ~ *roof* toit *m* décapotable; ~ *rule* règle *f* à calcul; ~ *scale* échelle *f* mobile; ~ *seat* mot. siège *m* amovible; *canot:* banc *m* à glissières; ~ *table* table *f* à rallonges.
slight [slait] **1.** □ léger (-ère *f*); mince; frêle; svelte; peu important; insignifiant **2.** affront *m*; manque *m* d'égards (pour, *on*); **3.** manquer d'égards pour; faire un affront à; **'slight·ing** □ de mépris; dédaigneux (-euse *f*); **'slight·ness** légèreté *f*; minceur *f*; insignifiance *f*.
slim [slim] **1.** □ svelte, mince, élancé; *sl.* mince, léger (-ère *f*); **2.** (s')amincir; *v*/*i.* suivre un régime amaigrissant; ~*ming line* ligne *f* qui amincit.
slime [slaim] limon *m*, vase *f*; *limace:* bave *f*; *liquide:* bitume *m*.
slim·i·ness ['slaiminis] état *m* vaseux *ou* boueux; *fig.* obséquiosité *f*.
slim·ness ['slimnis] sveltesse *f*.

slimy

slim·y □ ['slaimi] vaseux (-euse *f*), boueux (-euse *f*); *fig.* obséquieux (-euse *f*).

sling [sliŋ] 1. fronde *f*; *barriques*: élingue *f*; suspenseur *m* (*de câble*); ⚕ écharpe *f*; 2. [*irr.*] lancer (avec une fronde); élinguer (*un fardeau*); F ~ over jeter sur; ~ up hisser.

slink [sliŋk] [*irr.*]: ~ in (out) entrer (sortir) furtivement; ~ away *a.* s'éclipser.

slip [slip] 1. [*irr.*] *v/i.* glisser; couler (*nœud*); F aller (vite); (*souv.* ~ away) s'esquiver, *fig.* s'écouler; se tromper; *v/t.* glisser, couler; filer (*un câble*); s'échapper de; se dégager de; ~ in *v/t.* introduire; *v/i.* se faufiler, entrer discrètement; ~ into se glisser dans; ~ on enfiler, passer (*une robe etc.*); ~ off enlever, ôter (*une robe etc.*); 2. glissade *f*; erreur *f*; écart *m* de conduite; faux pas *m*; *oreiller*: taie *f*; *chien*: laisse *f*; *géol.* éboulement *m*; (*a.* ~ of paper) feuille *f*, fiche *f*; ⚘ bouture *f*; *fig.* rejeton *m*; *cost.* combinaison *f*; fond *m* de robe; ⚓ cale *f*; chantier *m*; ~s *pl.* *sp.* slip *m*; caleçon *m* de bain; *théa.* coulisses *f/pl.*; F *a* ~ *of a girl* une jeune fille *f* fluette; ~ of the pen lapsus *m* calami; ~ of the tongue lapsus *m* linguae, faux pas *m*; give s.o. the ~ se dérober à q., planter q. là; '~-knot nœud *m* coulant; '~-on robe *f etc.* à enfiler; 'slip·per pantoufle *f*; ⊕ patin *m*; 'slip·per·y □ glissant; *fig.* matois; slip-shod ['~ʃɔd] en savates; *fig.* négligé, bâclé; slip-slop ['~'slɔp] bouillons *m/pl.*; lavasse *f*; *fig.* sensiblerie *f*; slipt *prét. et p.p. de slip 1*; 'slip-up F gaffe *f*; contretemps *m*; fiasco *m*.

slit [slit] 1. fente *f*; ajour *m*; *boîte aux lettres*: guichet *m*; incision *f*; 2. [*irr.*] (se) fendre; *v/t.* éventrer: faire une incision dans.

slith·er F ['sliðə] *v/i.* glisser; *v/t.* traîner (*les pieds etc.*).

sliv·er ['slivə] 1. tranche *f*; *bois*: éclat *m*; *tex.* ruban *m*; 2. *v/t.* couper en tranches; établir les rubans de; *v/i.* éclater.

slob·ber ['slɔbə] 1. bave *f*; boue *f*; *fig.* sentimentalité *f* excessive; 2. baver; *fig.* s'attendrir (sur, over); 'slob·ber·y baveux (-euse *f*); négligé.

sloe ♀ [slou] prunelle *f*; *arbre*: prunellier *m*.

slog F [slɔg] 1. cogner; travailler avec acharnement; 2. coup *m* violent; corvée *f*, *sl.* boulot *m*.

slo·gan ['slougən] *écoss.* cri *m* de guerre (*a. fig.*); *pol.* mot *m* d'ordre; ⚔ devise *f*; slogan *m*; **slo·gan·eer·ing** *Am.* F [slougə'niəriŋ] emploi *m* des mots d'ordre *ou* des cris de guerre.

sloop ⚓ [slu:p] sloop *m*; *marine*: aviso *m*.

slop[1] [slɔp] 1. gâchis *m*; ~s *pl.* lavasse *f*; eaux *f/pl.* ménagères; 2. (*a.* ~ over) *v/t.* répandre; *v/i.* déborder; *fig.* faire de la sensiblerie.

slop[2] [~] blouse *f*; *vêtements m/pl.* de confection; hardes *f/pl.*; ⚓ frusques *f/pl.*

slop-ba·sin ['slɔpbeisn] bol *m* à rinçures (de thé).

slope [sloup] 1. pente *f*, inclinaison *f*; talus *m*; *montagne*: versant *m*; 2. *v/t.* couper en pente; taluter; ⊕ biseauter; ⚔ ~ *arms!* l'arme sur l'épaule droite!; *v/i.* être en pente; incliner; aller en pente; *sl.* ~ off décamper, filer; 'slop·ing □ en pente, incliné.

slop-pail ['slɔppeil] seau *m* de ménage; seau *m* de toilette; 'slop·py □ fangeux (-euse *f*); encore mouillé; *cost.* mal ajusté, trop large; mou (mol *devant une voyelle ou un h muet*; molle *f*) (*personne*); *fig.* par trop sentimental (-aux *m/pl.*).

slop-shop ['slɔpʃɔp] magasin *m* de confections.

slosh [slɔʃ] flanquer un coup à.

slot [slɔt] *chasse*: erres *f/pl.*; fente *f* (*d'un distributeur*); ⊕ entaille *f*.

sloth [slouθ] paresse *f*; *zo.* paresseux *m*; **sloth·ful** ['~ful] paresseux (-euse *f*); indolent.

slot-ma·chine ['slɔtməʃi:n] chocolat, cigarettes: distributeur *m* automatique; *jeu de hasard*: appareil *m* à jetons.

slouch [slautʃ] 1. *v/i.* manquer de tenue; traîner en marchant; (*a.* ~ about) rôder; *v/t.* rabattre le bord de (*un chapeau*); ~ed rabattu; mollasse (*allure*); aux épaules arrondies (*personne*); 2. démarche *f ou* allure *f* mollasse; fainéant *m*; ~ hat chapeau *m* rabattu.

slough[1] [slau] bourbier *m* (*a. fig.*).

slough² [slʌf] **1.** zo. dépouille f; ⚕ escarre f; plaie: croûte f; **2.** v/i. se dépouiller; ⚕ se couvrir d'une escarre; ⚕ se détacher (croûte); v/t. jeter; fig. (a. ~ off) se dépouiller de.

slough·y ['slaui] bourbeux (-euse f).

Slo·vak ['slouvæk] **1.** ling. slovaque m; Slovaque mf; **2.** (ou **Slo'va·ki·an** [~iən]) slovaque.

slov·en ['slʌvn] souillon f; bousilleur (-euse f) m; **'slov·en·li·ness** négligence f; **'slov·en·ly** mal soigné, malpropre; négligent; débraillé (style, tenue); déhanché (allure).

slow [slou] **1.** □ lent (à of, to); en retard (pendule); lourd (esprit); 🚂 omnibus; petit (vitesse); ennuyeux (-euse f) (spectacle etc.); sp. qui ne rend pas; be ~ to (inf.) être lent à (inf.); my watch is ten minutes ~ ma montre retarde de dix minutes; **2.** adv. lentement; **3.** (souv. ~ down, up, off) v/t. ralentir; v/i. ralentir; diminuer de vitesse; **'~-coach** F lambin(e f) m; **'~-match** corde f à feu; **'~-'mo·tion pic·ture** film m tourné au ralenti; **'slow·ness** lenteur f; montre: retard m; **slow-worm** zo. orvet m.

sludge [slʌdʒ] fange f; ⊕ boue f; ⚔ schlamm m.

slue [sluː] (a. ~ round) (faire) pivoter.

slug¹ [slʌg] lingot m (a. typ.); linotype: ligne-bloc (pl. lignes-blocs) f.

slug² zo. [~] limace f.

slug·gard ['slʌgəd] paresseux (-euse f) m; fainéant(e f) m; **'slug·gish** □ paresseux (-euse f).

sluice [sluːs] **1.** écluse f; **2.** v/t. vanner; (a. ~ out) laisser échapper; laver à grande eau; v/i. ~ out couler à flots; **'~-gate** porte f d'écluse; vanne f; **'~-way** à vannes.

slum [slʌm] bas quartier m.

slum·ber ['slʌmbə] **1.** a. ~s pl. sommeil m; **2.** sommeiller, dormir; **slum·brous** ['~brəs], **slum·ber·ous** ['~bərəs] assoupi, somnolent.

slump [slʌmp] à la Bourse: **1.** baisse f soudaine; marasme m; F crise f; **2.** baisser tout à coup; s'effondrer.

slung [slʌŋ] prét. et p.p. de sling 2.

slunk [slʌŋk] prét. et p.p. de slink.

slur [sləː] **1.** tache f; fig. affront m, insulte f; mauvaise articulation f; ♩ liaison f; **2.** v/t. (a. ~ over) glisser sur; ♩ lier (deux notes); couler (un passage); bredouiller; v/i. s'estomper.

slush [slʌʃ] neige f à demi fondue; fange f; F lavasse f; F sensiblerie f; **'slush·y** détrempé par la neige; boueux (-euse f); F fadasse.

slut [slʌt] souillon f; F co. coquine f; **'slut·tish** malpropre.

sly □ [slai] sournois, rusé, matois; on the ~ en cachette; **'~-boots** sournois(e f) m; espiègle mf; **'sly·ness** sournoiserie f, finesse f; espièglerie f.

smack¹ [smæk] **1.** léger goût m; soupçon m (a. fig.); fig. grain m; **2.:** ~ of avoir un goût de; sentir (qch.) (a. fig.).

smack² [~] **1.** main: claque f; fouet: claquement m; F gros baiser m; essai m; **2.** v/i. claquer; v/t. faire claquer (a. un baiser); frapper, taper (avec, with); **3.** int. paf!, vlan!

smack³ ⚓ [~] bateau m de pêche.

smack·er Am. sl. ['smækə] dollar m.

small [smɔːl] **1.** usu. petit; de petite taille; faible (pouls, ressources); peu important; menu (bétail, gibier, plomb); court (durée etc.); léger (-ère f) (progrès); maigre (récolte); fluet(te f) (voix); bas(se f) (carte); une demi-mesure f de (alcool); une demi-tasse f de (café); make s.o. feel ~ humilier q., ravaler q.; ~ fry le menu fretin m; les gosses m/pl.; ~ game menu gibier m; ~ holder petit propriétaire m; ~ holding petite propriété f; in the ~ hours pl. fort avant dans la nuit; surt. Am. F fig. ~ potatoes bien peu de chose, insignifiant; ✝ ~ wares pl. mercerie f; **2.** partie f mince; charbon: menu m; jambe: bas m; anat. ~ of the back creux m des reins; **'~-arms** pl. armes f/pl. portatives; **'small·ish** assez petit; **'small·ness** petitesse f; mesquinerie f; **'small-pox** ⚕ pl. petite vérole f; **small talk** banalités f/pl.; menus propos m/pl.

smalt ⊕ [smɔːlt] smalt m; émail (pl. -aux) m de cobalt.

smarm·y F ['smɑːmi] mielleux (-euse f), flagorneur (-euse f).

smart [smɑːt] **1.** □ vif (vive f) (allure, attaque, etc.) (à inf., in gér.); cuisant (douleur etc.); vert (réprimande); ⚔ chaud (affaire); habile, adroit; intelligent; éveillé, dé-

smarten 1070

brouillard; *péj.* malin (-igne *f*); bien entretenu, soigné; chic *inv. en genre*, élégant, coquet(te *f*); *Am.* ~ *aleck* finaud *m*; *un je sais tout m*; **2.** douleur *f* cuisante; **3.** cuire; souffrir (*personne*); *you shall* ~ *for it* il vous en cuira; '**smart·en** *v/t.* donner du chic à; *v/i.* prendre du chic; se faire beau; '**smart-mon·ey** pension *f* pour blessure; † forfait *m*; '**smart·ness** finesse *f*; intelligence *f*; élégance *f*, chic *m*; *esprit*: vivacité *f*.

smash [smæʃ] **1.** *v/t.* briser (en morceaux), (*souv.* ~ *up*) casser; *fig.* détruire; écraser (*a. tennis*); ~ *against* (*ou on*) heurter contre; *v/i.* se briser (*contre against, on*); éclater en morceaux; *fig.* échouer; ⚓ F (*a.* ~ *up*) faire faillite; **2.** mise *f* en morceaux; fracas *m*; collision *f*; 🚗 désastre *m*; † débâcle *f*, faillite *f*; *tennis*: smash *m*; *all to* ~ en miettes; '**~-and-'grab raid** vol *m* après bris de devanture; '**smash·er** *sl.* coup *m* écrasant; critique *f* mordante; '**smash-up** destruction *f* complète; collision *f*; † faillite *f*.

smat·ter·er ['smætərə] demi-savant *m*; '**smat·ter·ing** légère connaissance *f*.

smear [smiə] **1.** salir (de, *with*); barbouiller (de, *with*) (*a. une page écrite*); enduire (de graisse, *with grease*); **2.** tache *f*, macule *f*; 🩸 frottis *m* (*de sang*).

smell [smel] **1.** senteur *f*, parfum *m*; (*a. sense of* ~) odorat *m*; [*irr.*] *v/i.* sentir (*qch., of s.th.*); avoir un parfum; *v/t.* sentir, flairer; (*a.* ~ *at*) sentir (*une fleur*). [*smell* 2.]

smelt[1] [smelt] *prét. et p.p. de*⌐

smelt[2] *icht.* [~] éperlan *m*.

smelt[3] [~] fondre; extraire par fusion; '**smelt·er** ⊕ fondeur *m*; métallurgiste *m*; '**smelt·ing-'fur·nace** fourneau *m* de fusion *ou* de fonte.

smile [smail] **1.** sourire *m*; **2.** sourire (à *at, on*).

smirch *poét.* [sməːtʃ] tacher; *fig.* souiller.

smirk [sməːk] **1.** minauder, mignarder; **2.** sourire *m* affecté; minauderie *f*.

smite [smait] [*irr.*] *poét. ou co.* frapper; abattre; ~ *upon* frapper sur; *fig.* frapper (*p.ex. l'oreille*).

smith [smiθ] forgeron *m*.

smith·er·eens F ['smiðə'riːnz] *pl.* miettes *f/pl.*; morceaux *m/pl.*; *smash to* ~ briser en mille morceaux.

smith·y ['smiði] forge *f*.

smit·ten ['smitn] **1.** *p.p. de* smite; **2.** frappé, pris (de, *with*); *fig.* épris, amoureux (-euse *f*) (de, *with*).

smock [smɔk] **1.** orner de smocks (= *fronces*); **2.** (*ou* ~-**frock**) blouse *f*, sarrau *m*.

smog [smɔg] brouillard *m* enfumé.

smoke [smouk] **1.** fumée *f*; F action *f* de fumer; F cigare *m*, cigarette *f*; ~-*consumer* (appareil *m*) fumivore *m*; *have a* ~ fumer; **2.** *v/i.* fumer; *v/t.* fumer (*du jambon, du tabac*); enfumer (*une plante*); noircir de fumée (*le plafond etc.*); ⚔ enfumer; '**~-dried** fumé; '**~-hel·met** casque *m* à fumée; '**smoke·less** □ sans fumée; fumivore (*foyer*); '**smok·er** fumeur (-euse *f*) *m*; *see smoking-compartment*; '**smoke-screen** ⚔ rideau *m* de fumée; brume *f* artificielle; '**smoke·stack** 🚂, *a.* ⚓ cheminée *f*.

smok·ing ['smoukiŋ] **1.** émission *f* de fumée; *jambon*: fumage *m*; *no* ~! défense *f* de fumer; **2.** fumant; '**~-com·part·ment** 🚂 compartiment *m* de fumeurs, F fumeur *m*; '**~-con·cert** concert *m* où il est permis de fumer; '**~-room** fumoir *m*.

smok·y □ ['smouki] fumeux (-euse *f*); plein de fumée; noirci par la fumée.

smol·der *Am.* ['smouldə] *see smoulder.*

smooth [smuːð] **1.** □ lisse; uni; poli; calme (*mer*); doux (douce *f*); *fig.* doucereux (-euse *f*); *Am.* F chic *inv. en genre*; **2.** (*souv.* ~ *out, down*) lisser; (*a.* ~ *over, away*) aplanir (*le bois*; *fig. une difficulté*); *fig.* calmer; adoucir (*une courbe*); ~ *down* (se) calmer, (s')apaiser; '**smooth·ing 1.** lissage *m*; aplanissement *m*; **2.** à repasser; '**smooth·ness** égalité *f*; douceur *f* (*fig.* feinte); calme *m*.

smote [smout] *prét. de* smite.

smoth·er ['smʌðə] **1.** fumée *f* épaisse; nuage *m* épais de poussière; **2.** (*a.* ~ *up*) étouffer (*a. fig.*); *fig.* couvrir.

smoul·der ['smouldə] brûler lentement; *fig.* couver.
smudge [smʌdʒ] **1.** *v/t.* souiller; barbouiller, maculer; *v/i.* baver (*plume*); s'estomper (*silhouette*); **2.** tache *f*; *encre*: pâté *m*; **'smudg·y** □ taché; barbouillé; estompé (*silhouette*); illisible.
smug [smʌg] suffisant, satisfait de soi-même; glabre (*visage*).
smug·gle ['smʌgl] *v/t.* (faire) passer (qch.) en contrebande; *v/i.* faire la contrebande; **'smug·gler** contrebandier *m*; fraudeur *m*; **'smug·gling** contrebande *f*.
smut [smʌt] **1.** noir *m*; flocon *m* ou tache *f* de suie; ⚚ *céréales*: charbon *m*; *coll.* saletés *f/pl.*; **2.** noircir, salir; *v/i.* ⚚ être atteint du charbon.
smutch [smʌtʃ] **1.** tacher; souiller; **2.** tache *f*.
smut·ty □ ['smʌti] noirci; sale; *fig.* malpropre; ⚚ piqué.
snack [snæk] casse-croûte *m/inv.*; F go ~s partager (qch. avec q., *in* s.th. *with* s.o.); **'~-bar** bar *m*, casse-croûte *m/inv.*
snaf·fle[1] ['snæfl] (*a.* ~-*bit*) filet *m*.
snaf·fle[2] *Angl. sl.* [~] chiper (= voler).
sna·fu *Am. sl.* ⚔ [snæ'fu:] **1.** en désarroi; en pagaille; **2.** pagaille *f*.
snag [snæg] *arbre, dent*: chicot *m*; saillie *f*, protubérance *f*; *fig.* obstacle *m*; F cheveu *m*, pépin *m*; *bas, robe*: accroc *m*; *Am.* chicot *m* submergé; souche *f* au ras d'eau; **snag·ged** ['~id], **'snag·gy** épineux (-euse *f*); semé d'obstacles submergés.
snail *zo.* [sneil] limaçon *m*; escargot *m* (comestible).
snake *zo.* [sneik] serpent *m*; **'~-weed** ⚚ bistorte *f*.
snak·y □ ['sneiki] de serpent; infesté de serpents; *fig.* perfide; *fig.* serpentant (*chemin*).
snap [snæp] **1.** coup *m* de dents *ou* de ciseaux *ou* de froid; coup *m* sec, claquement *m*; *fig.* énergie *f*, entrain *m*; *collier, valise*: fermoir *m*; *gant*: fermoir *m* pression; rupture *f* soudaine; *cartes*: (*sorte de*) jeu enfantin; *phot.* instantané *m*; *cuis.* croquet *m* au gingembre; *cold* ~ froid *m* soudain; **2.** *v/i.* happer, tâcher de saisir (q., qch. *at* s.o., *at* s.th.); claquer (*dents, fouet, etc.*); se casser (avec un bruit sec); *fig.* ~ *at* saisir (*une occasion*); F ~ *at* s.o. parler à q. d'un ton sec; *Am.* F ~ *into* (*ou out of*) *it* secouez-vous!; grouillez-vous!; *v/t.* happer; saisir d'un coup de dents; faire claquer; casser, rompre; *phot.* prendre un instantané de, F prendre; F ~ *one's fingers at* narguer (q.); se moquer de; ~ *out* dire d'un ton sec; ~ *up* saisir (*a. fig.*); happer; enlever (vite); **3.** crac!; **'~-drag·on** ⚚ gueule-de-loup (*pl.* gueules-de-loup) *f*; *a.* jeu qui consiste à happer des raisins secs dans du cognac flambant; **'~-fas·ten·er** *gant, robe*: fermoir (pression) *m*; **'snap·per** personne *f* hargneuse; **'snap·pish** □ hargneux (-euse *f*); irritable; **'snap·pish·ness** humeur *f* hargneuse; irritabilité *f*; mauvaise humeur *f*; **'snap·py** *see* snappish; F vif (vive *f*); F *make it* ~! dépêchez-vous!, *sl.* grouillez-vous!; **'snap·shot 1.** coup *m* lâché sans viser; *phot.* instantané *m*; **2.** prendre un instantané de.
snare [snɛə] **1.** piège *m*; lacet *m*; **2.** prendre au lacet *ou* au piège (*a. fig.*); attraper; **'snar·er** tendeur *m* de lacets.
snarl [snɑːl] **1.** *v/i.* grogner, gronder; *tex.* vriller; *Am.* s'emmêler; *v/t.* emmêler; **2.** grognement *m*, grondement *m*; *tex.* vrillage *m*; *Am.* enchevêtrement *m*.
snatch [snætʃ] **1.** mouvement *m* pour saisir; morceau *m*; courte période *f*; *by* ~*es* par boutades; par courts intervalles; **2.** saisir; se saisir de; empoigner; ~ *at* tâcher de saisir; arracher (qch. à q., s.th. *from* s.o.); ~ *up* saisir.
sneak [sniːk] **1.** *v/i.* se glisser furtivement (dans, *in*[*to*]; hors de, *out of*); *école*: moucharder (q., *on* s.o.); *v/t.* F chiper; **2.** pied *m* plat; *école*: mouchard *m*; **'sneak·ers** *pl.* F espadrilles *f/pl.*; **'sneak·ing** □ furtif (-ive *f*); servile; dissimulé, inavoué.
sneer [sniə] **1.** ricanement *m*, rire *m* moqueur; sarcasme *m*; **2.** ricaner; se moquer (de, *at*); dénigrer (qch., *at* s.th.); **'sneer·er** moqueur (-euse *f*) *m*; **'sneer·ing** □ ricaneur (-euse *f*); sarcastique.
sneeze [sniːz] **1.** éternuer; **2.** éternuement *m*.

snib [snib] *porte*: loquet *m*; arrêt *m* de sûreté.

snick·er ['snikə] *see snigger*; hennir (*cheval*).

sniff [snif] **1.** *v/i.* renifler (sur, *at*); flairer (qch., [*at*] s.th.); *v/t.* renifler; humer; flairer; **2.** reniflement *m*; '**sniff·y** F malodorant; dédaigneux (-euse *f*); de mauvaise humeur.

snig·ger ['snigə] rire sous cape (de, *at*); ricaner tout bas.

snip [snip] **1.** coup *m* de ciseaux; petit bout *m*; petite entaille *f*; *sl.* certitude *f*; **2.** couper; détacher (*d'un coup de ciseaux*); poinçonner (*un billet*).

snipe [snaip] **1.** *orn.* bécassine *f*; *coll.* bécassines *f/pl.*; **2.** ✕ tirailler contre; '**snip·er** ✕ canardeur *m*.

snip·pets ['snipits] *pl.* bouts *m/pl.*; *livre*: extraits *m/pl.*; '**snip·py** F fragmentaire; hargneux (-euse *f*).

snitch *sl.* [snitʃ]: ~ on s.o. dénoncer q.

sniv·el ['snivl] avoir le nez qui coule; *fig.* pleurnicher; '**sniv·el·(l)ing** qui coule; morveux (-euse *f*) (*personne*); *fig.* pleurnicheur (-euse *f*).

snob [snɔb] snob *m*, parvenu(e *f*) *m*, poseur (-euse *f*) *m*; '**snob·ber·y** snobisme *m*, morgue *f*; '**snob·bish** □ poseur (-euse *f*); snob *adj./inv.*

snoop *Am. sl.* [snu:p] **1.** *fig.* ~ on épier (*q.*); **2.** inquisiteur (-euse *f*) *m*; personne *f* indiscrète *ou* curieuse.

snoot·y *Am.* F ['snu:ti] arrogant; suffisant.

snooze F [snu:z] **1.** petit somme *m*; **2.** sommeiller; faire un petit somme.

snore [snɔ:] **1.** ronflement *m*; **2.** ronfler.

snort [snɔ:t] **1.** reniflement *m* (*a. fig.* de dégoût); ⊕ ronflement *m*; *cheval*: ébrouement *m*; **2.** renifler; s'ébrouer (*cheval*); F grogner (*une réponse*).

snot *sl.* [snɔt] morve *f*; '**snot·ty** *sl.* morveux (-euse *f*); *fig.* maussade.

snout [snaut] museau *m*; *porc*: groin *m*.

snow [snou] **1.** neige *f*; *sl.* cocaïne *f*; **2.** *v/i.* neiger; *v/t.* saupoudrer (de, *with*); *surt. Am.* be ~ under être accablé (de, *with*); ~ed in (*ou* up) pris *ou* bloqué par la neige; '~**ball 1.** boule *f* de neige; **2.** lancer des boules de neige; *fig.* faire boule de neige; '~**drift** amas *m* de neige, congère *f*; '~**drop** ♀ perce-neige *f/inv.*; '~**gog·gles** *pl.* (a *pair of*) ~ (des) lunettes *f/pl.* d'alpiniste; '~**plough**, *Am.* '~**plow** chasse-neige *m/inv.*; '~**snow·y** □ neigeux (-euse *f*), de neige.

snub [snʌb] **1.** remettre (*q.*) à sa place; rembarrer; **2.** rebuffade *f*; mortification *f*; '**snub·ber** mot. amortisseur *m* à courroie; '**snub-nose** nez *m* retroussé; '**snub-nosed** (au nez) camus.

snuff [snʌf] **1.** *chandelle*: mouchure *f*; tabac *m* (à priser); F give s.o. ~ laver la tête à q.; **2.** (*a. take ~*) priser; moucher; '~**box** tabatière *f*; '**snuff·er** priseur (-euse *f*) *m*; (*a pair of*) ~s *pl.* (des) mouchettes *f/pl.*; **snuf·fle** ['~l] renifler; nasiller; ~ at flairer (*qch.*); '**snuff·y** au linge tacheté de tabac; au nez barbouillé de tabac; F *fig.* peu soigné.

snug □ [snʌg] confortable; bien au chaud; gentil(le *f*); ♪ paré; '**snug·ger·y** petite pièce *f* confortable; petit fumoir *m*; *sl.* turne *f*; **snug·gle** ['~l] (se) serrer; *v/i.* se pelotonner (contre *up to*, *into*); ~ down se blottir (dans, *in*).

so [sou] ainsi; par conséquent; si, tellement; donc; *I hope ~* je l'espère bien; *are you tired?* ~ *I am* êtes-vous fatigué?; je le suis en effet; *you are tired, ~ am I* vous êtes fatigué, (et) moi aussi; *a mile or* ~ un mille à peu près; ~ *as to* pour *ou* afin de (*inf.*), pour *ou* afin que (*sbj.*); de sorte que (*sbj.*); de façon à (*inf.*); ~ *far* jusqu'ici; ~ *far as I know* autant que je sache.

soak [souk] **1.** *v/t.* tremper (dans, *in*); imbiber (de, *in*); F faire payer; ~ *up* (*ou in*) absorber; *v/i.* tremper, s'imbiber (dans, *into*); F boire comme une éponge; **2.** trempé *f*; F bain *m*; F ivrogne *m*, biberon(ne *f*) *m*; F tombée *f*, *pluie*: arrosage *m*.

so-and-so ['souənsou] machin *m*, chose *m*; Mr. ♀ Monsieur *m* un tel.

soap [soup] **1.** savon *m*; *Am.* ~ opera mélodrame *m* radiodiffusé; soft ~ savon *m* vert; *sl.* flagornerie *f*; **2.** savonner; '~**boil·er** chaudière *f* à savon; *personne*: savonnier (-ère *f*) *m*; '~**box** caisse *f* à savon; ~ orator orateur *m* de carrefour; '~**dish** plateau *m* à savon; '~**suds** *pl.*, *a. sg.* eau *f* de savon; '**soap·y** □

savonneux (-euse *f*); qui sent le savon.

soar [sɔː] prendre son essor; s'élever (*a. fig.*); ⚓ faire du vol à voile; **'soar·ing 1.** qui s'élève; plané (*vol*); **2.** essor *m*; hausse *f*; vol *m* plané.

sob [sɔb] **1.** sanglot *m*; **2.** sangloter.

so·ber ['soubə] **1.** □ sobre, modéré; grave; sérieux (-euse *f*); pas ivre; **2.** (*souv.* ~ *down*) (se) dégriser; **'so·ber·ness, so·bri·e·ty** [sou-'braiəti] sobriété *f*; sérieux *m*.

sob-stuff *Am.* F ['sɔbstʌf] sensiblerie *f*.

so-called ['sou'kɔːld] prétendu, ce qu'on est convenu d'appeler.

soc·cer *sp.* ['sɔkə] football *m* association.

so·cia·bil·i·ty [souʃə'biliti] sociabilité *f*; **'so·cia·ble** □ **1.** sociable; *zo.* sociétaire; **2.** *véhicule*: sociable *m*; *meuble*: causeuse *f*; *Am.* soirée *f* amicale.

so·cial ['souʃl] **1.** □ social (-aux *m/pl.*); ~ *activities pl.* mondanités *f/pl.*; ~ *insurance* assurance *f* ou prévoyance *f* sociale; ~ *insurance stamp* timbre *m* de sécurité sociale; ~ *science* science *f* sociale; ~ *services pl.* institutions *f/pl.* sociales; **2.** F soirée *f*; réunion *f*; **'so·cial·ism** socialisme *m*; **'so·cial·ist** socialiste (*a. su./mf*); **so·cial·is·tic** F ['sou-ʃəlait] mondain(e *f*) *m*; **'so·cial·ize** rendre social; réunir en société; *pol.* socialiser.

so·ci·e·ty [sə'saiəti] société *f*; association *f*; beau monde *m*.

so·ci·o·log·i·cal [sousiə'lɔdʒikl] sociologique; **so·ci·ol·o·gist** [~'ɔlədʒist] sociologue *m*; **so·ci·ol·o·gy** sociologie *f*.

sock[1] [sɔk] chaussette *f*; semelle *f*

sock[2] *sl.* [~] **1.** coup *m*, beigne *f*; *give s.o.* ~(s *pl.*) = **2.** flanquer une beigne à (*q.*).

sock·dol·a·ger *Am. sl.* [sɔk'dɔlədʒə] coup *m* violent, gnon *m*; argument *m* décisif.

sock·er F ['sɔkə] *see* soccer.

sock·et ['sɔkit] emboîture *f* (*a. os*); douille *f* (*a. ⚡*); œil: orbite *f*; *dent*: alvéole *m*; ⊕ godet *m*; ⚡ socle *m*; cavité *f*; *chandelle*: bobèche *f*.

so·cle ['sɔkl] socle *m*.

sod [sɔd] **1.** gazon *m*; motte *f*; *poét.* terre *f*; **2.** gazonner.

so·da ⚗ ['soudə] soude *f*; '~-**foun·tain** siphon *m*; *Am.* bar *m*, débit *m* (*de boissons non alcoolisées*).

sod·den ['sɔdn] détrempé; pâteux (-euse *f*) (*pain etc.*); (trop longtemps) bouilli; *fig.* abruti (*par la boisson*).

so·di·um ⚗ ['soudjəm] sodium *m*; *attr.* de soude.

so·ev·er [sou'evə] que ce soi(en)t.

so·fa ['soufə] canapé *m*.

sof·fit △ ['sɔfit] soffite *m*; cintre *m*.

soft [sɔft] **1.** □ mou (mol *devant une consonne ou un h muet*; molle *f*); doux (douce *f*); tendre; flasque; F facile; F nigaud; F ~ *drink* boisson *f* non alcoolisée; F *a* ~ *thing* une bonne affaire *f*; *see soap*; **2.** *adv.* doucement; sans bruit; **3.** F nigaud(e *f*) *m*; **soft·en** ['sɔfn] (s')amollir; (s')adoucir (*a. couleurs, a.* ⊕ *acier*); (s')attendrir; (se) radoucir (*ton, voix, etc.*); *v/t.* atténuer (*des couleurs, la lumière, a. phot. les contours*); **'soft·ness** ['sɔftnis] douceur *f* (*a. fig.*) *caractère*: mollesse *f*; F niaiserie *f*; **'soft·y** F nigaud(e *f*) *m*, niais(e *f*) *m*.

sog·gy ['sɔgi] détrempé; lourd (*temps*); pâteux (-euse *f*).

soil[1] [sɔil] sol *m*, terre *f*; terroir *m*.

soil[2] [~] **1.** souillure *f*; tache *f*; **2.** (se) salir; *v/t.* souiller; '~-**pipe** descente *f* (*de W.-C.*).

so·journ ['sɔdʒəːn] **1.** séjour *m*; **2.** séjourner; **'so·journ·er** personne *f* de passage; hôte(sse *f*) *m*.

sol·ace ['sɔləs] **1.** consolation *f*; **2.** consoler.

so·lar ['soulə] solaire.

sold [sould] *prét. et p.p.* de *sell*.

sol·der ⊕ ['sɔldə] **1.** soudure *f*; **2.** (res)souder; **sol·der·ing-i·ron** ['~riŋaiən] fer *m* à souder.

sol·dier ['souldʒə] **1.** soldat *m*; **2.** (*a. go* ~*ing*) faire le métier de soldat; **'sol·dier·like, 'sol·dier·ly** de soldat; militaire; **sol·dier·ship** ['~ʃip] aptitude *f* militaire; **'sol·dier·y** militaires *m/pl.*; *péj.* soldatesque *f*.

sole[1] □ [soul] seul, unique; ~ *agent* agent *m* exclusif.

sole[2] [~] **1.** semelle *f*; *pied*: plante *f*; **2.** ressemeler.

sole[3] *icht.* [~] sole *f*.

sol·e·cism ['sɔlisizm] solécisme *m*; faute *f* de grammaire.

sol·emn □ ['sɔləm] solennel(le *f*);

solemnity 1074

sérieux (-euse *f*); grave; **so·lem·ni·ty** [sə'lemniti] solennité *f* (*a. = fête*); gravité *f*; **sol·em·ni·za·tion** [sɔləmnai'zeiʃn] célébration *f*, solennisation *f*; **'sol·em·nize** célébrer (*un mariage*); solenniser (*une fête*); rendre grave.

so·lic·it [sə'lisit] solliciter (qch. de q. *s.o. for s.th.*, *s.th. from s.o.*); *prostituée*: raccrocher (*un homme*); **so·lic·i·ta·tion** sollicitation *f*; *votes*: brigue *f*; *prostituée*: racolage *m*; **so·'lic·i·tor** ⚖ avoué *m*, *Brit.* solicitor *m*; *Am.* ✝ placier *m*; ♀ General conseiller *m* juridique de la Couronne; **so·'lic·it·ous** ☐ préoccupé (de, *about*); soucieux (-euse *f*) (de, *of*; de *inf.*, *to inf.*); be ~ about s'inquiéter de; be ~ for avoir (*qch.*) à cœur; **so·'lic·i·tude** [~tjuːd] sollicitude *f*; souci *m*.

sol·id ['sɔlid] 1. ☐ solide (*a. fig.*, ⚖ *angle*); plein (*acajou, mur, pneu, volume*); vif (vive *f*) (*pierre*); massif (-ive *f*) (*argent*); épais(se *f*); de volume (*mesures*); ⊕ solidaire (de, *with*); *fig.* bon(ne *f*); ininterrompu; *fig.* unanime; *surt. Am.* F make o.s. ~ with être bien avec, se mettre sur un bon pied avec; a ~ hour une bonne heure, une pleine heure; ⚖ ~ geometry géométrie *f* dans l'espace; ~ leather cuir *m* à semelles; ~ rubber caoutchouc *m* plein; 2. solide *m*; **sol·i·dar·i·ty** [~'dæriti] solidarité *f*; **so·'lid·i·fy** [~fai] (se) solidifier; *v/i.* se figer; **so·'lid·i·ty** solidité *f*; ⚖ solidarité *f*.

so·lil·o·quize [sə'liləkwaiz] se parler à soi-même; faire un soliloque; **so·'lil·o·quy** soliloque *m*, monologue *m*.

sol·i·taire [sɔli'tɛə] *diamant, a. jeu*: solitaire *m*; *cartes*: jeu *m* de patience; **sol·i·tar·y** ☐ ['~təri] solitaire, isolé; retiré; ~ *confinement* prison *f* cellulaire; **sol·i·tude** ['~tjuːd] solitude *f*.

so·lo ['soulou] ♪ solo *m*; *cartes*: whist *m* de Gand; ✈ vol *m* solo; **'so·lo·ist** ♪ soliste *mf*.

sol·stice ['sɔlstis] solstice *m*.

sol·u·bil·i·ty [sɔlju'biliti] solubilité *f*; *problème*: résolubilité *f*; **sol·u·ble** ['sɔljubl] soluble; résoluble.

so·lu·tion [sə'luːʃn] solution *f* (*a.* ⚖, 🜚, ♣); ⊕ (dis)solution *f*.

solv·a·ble ['sɔlvəbl] soluble; ⚖ *a.* résoluble; **solve** [sɔlv] résoudre; **sol·ven·cy** ['~vənsi] solvabilité *f*; **'sol·vent 1.** dissolvant; ✝ solvable; 2. (dis)solvant *m*.

som·ber, **som·bre** ☐ ['sɔmbə] sombre; morne.

some [sʌm, səm] **1.** *pron. indéf.* certains; quelques-uns, quelques-unes; un peu, en; *I need* ~ j'en ai besoin; **2.** *adj.* quelque, quelconque; un certain, une certaine; du, de la, des, quelques; ~ *bread* du pain; ~ *few* quelques-uns, quelques-unes; ~ *20 miles* une vingtaine de milles; *in* ~ *degree, to* ~ *extent* quelque peu; jusqu'à un certain point; *that was* ~ *meal!* c'était un chouette repas!; **3.** *adv.* quelque, environ; *sl.* pas mal; *he was annoyed* ~ il n'était pas mal fâché; **'~·bod·y**, **~·one** quelqu'un; **'~·how** de façon *ou* d'autre; ~ *or other* d'une manière *ou* d'une autre.

som·er·sault ['sʌməsɔːlt], **som·er·set** ['~set] *gymn.* saut *m* périlleux; culbute *f*; cabriole *f*; *turn* ~s faire le saut périlleux; faire des cabrioles.

some...: **~·thing** ['sʌmθiŋ] quelque chose (*a. su./m*); *adv.* quelque peu; *that is* ~ c'est déjà quelque chose; ~ *like* en forme de; F un vrai ...; **'~·time 1.** *adv.* autrefois; jadis; **2.** *adj.* ancien(ne *f*) (*devant su.*); **~·times** ['~z] parfois, quelquefois; **'~·what** quelque chose, un peu; assez; **'~·where** quelque part.

som·nam·bu·lism [sɔm'næmbjulizm] somnambulisme *m*, noctambulisme *m*; **som'nam·bu·list** somnambule *mf*, noctambule *mf*.

som·nif·er·ous ☐ [sɔm'nifərəs] somnifère, endormant.

som·no·lence ['sɔmnoləns] somnolence *f*, assoupissement *m*; **'som·no·lent** somnolent, assoupi.

son [sʌn] fils *m*.

so·nant *gramm.* ['sounənt] (consonne *f*) sonore.

so·na·ta ♪ [sə'nɑːtə] sonate *f*.

song [sɔŋ] chant *m*; chanson *f*; *eccl.* cantique *m*; F *for a mere* (*ou an old*) ~ pour une bagatelle, pour rien; **'~·bird** oiseau *m* chanteur; **'~·book** recueil *m* de chansons; **'~·hit** succès *m*; **'song·ster** oiseau *m* chanteur; chanteur *m*; **'song·stress** chanteuse *f*.

sound

son·ic bar·ri·er ['sɔnik 'bæriə] mur *m* du son.
son-in-law ['sʌninlɔ:], *pl.* **sons-in-law** gendre *m*.
son·net ['sɔnit] sonnet *m*.
son·ny F ['sʌni] (mon) petit *m*.
so·no·rous □ [sə'nɔ:rəs] sonore; **so'no·rous·ness** sonorité *f*.
soon [su:n] bientôt; tôt; vite; de bonne heure; *as* (*ou* so) ~ *as* dès que, aussitôt que; '**soon·er** plus tôt; plutôt; *no* ~ ... *than* à peine... que; *no* ~ *said than done* sitôt dit, sitôt fait.
soot [sut] 1. suie *f*; 2. couvrir de suie; calaminer (*les bougies*).
sooth [su:θ]: † *in* ~ en vérité, vraiment; ~ *to say* à vrai dire; **soothe** [su:ð] calmer, apaiser; **sooth·say·er** ['su:θseiə] devin(eresse *f*) *m*.
soot·y □ ['suti] couvert de suie; (noir) de suie; fuligineux (-euse *f*).
sop [sɔp] 1. morceau *m* (*de pain etc.*) trempé; *fig.* don *m* propitiatoire; 2. tremper; ~ *up* éponger.
soph·ism ['sɔfizm] sophisme *m*.
soph·ist ['sɔfist] sophiste *m*; **so·phis·tic**, **so·phis·ti·cal** □ [sə'fistik(l)] sophist(iqu)e; captieux (-euse *f*) (*argument*); **so'phis·ti·cate** [ˌkeit] sophistiquer; falsifier; **so'phis·ti·cat·ed** sophistiqué, falsifié; blasé; aux goûts compliqués; **soph·ist·ry** ['sɔfistri] sophistique *f*; sophistication *f*; sophismes *m/pl.*
soph·o·more *Am.* ['sɔfəmɔ:] étudiant(e *f*) *m* de seconde année.
so·po·rif·ic [soupə'rifik] (~*ally*) soporifique (*a. su./m*), somnifère (*a. su./m*).
sop·ping ['sɔpiŋ] (*a.* ~ *wet*) trempé; trempé jusqu'aux os (*personne*); '**sop·py** détrempé; *fig.* mou (mol devant une voyelle ou un h muet; molle *f*); F fadasse.
so·pran·o ♩ [sə'pra:nou] soprano *m*.
sor·cer·er ['sɔ:sərə] sorcier *m*; '**sor·cer·ess** sorcière *f*; '**sor·cer·y** sorcellerie *f*.
sor·did □ ['sɔ:did] sordide (*souv. fig. = sale, vil*); ⚕ infect; '**sor·did·ness** sordidité *f*; saleté *f*; bassesse *f*.
sore [sɔ:] 1. □ douloureux (-euse *f*); irrité, enflammé; ulcéré; *fig.* cruel(le *f*); chagriné (*personne*), *Am.* fâché; ~ *throat* mal *m* de gorge; 2. plaie *f* (*a. fig.*); écorchure *f*; ulcère *m*; '**sore·head** *Am.* F *fig.*

rouspéteur *m*; '**sore·ly** *adv.* gravement, vivement; '**sore·ness** sensibilité *f*; *fig.* chagrin *m*.
so·ror·i·ty [sə'rɔriti] communauté *f* religieuse; *univ. Am.* cercle *m* d'étudiantes.
sor·rel¹ ['sɔrəl] 1. saure, alezan (*cheval*); 2. alezan *m*.
sor·rel² ♣ [~] oseille *f*.
sor·row ['sɔrou] 1. douleur *f*, tristesse *f*, chagrin *m*; 2. s'attrister; être affligé; **sor·row·ful** □ ['~ful] triste, attristé; pénible.
sor·ry □ ['sɔri] désolé, fâché, peiné (*de to, at*); *fig.* misérable, pauvre; (*I am*) (*so*) ~! pardon!; *I am* ~ *for you* je vous plains; *we are* ~ *to say* nous regrettons d'avoir à dire...
sort [sɔ:t] 1. sorte *f*, genre *m*, espèce *f*; classe *f*; façon *f*; *people of all* ~*s* des gens de toutes sortes; *something of the* ~, *that* ~ *of thing* quelque chose de pareil(le *f*); *in some* ~ *I like it*, F *I* ~ *of like it* jusqu'à un certain point je l'aime; *out of* ~*s* indisposé; de mauvaise humeur; F *he is a good* ~ c'est un brave type; (*a*) ~ *of peace* une paix telle quelle; 2. trier, assortir; ✝ classifier, classer, lotir; ~ *out* séparer (de, d'avec *from*).
sor·tie ⚔ ['sɔ:ti:] sortie *f*.
sot [sɔt] ivrogne(sse *f*) *m*; *sl.* soûlard(e *f*) *m*; '**sot·tish** □ ['sɔtiʃ] d'ivrogne; abruti par l'alcool.
sough [sau] 1. murmure *m*, susurrement *m*; 2. murmurer, susurrer.
sought [sɔ:t] *prét. et p.p. de* **seek**; '~**-aft·er** recherché.
soul [soul] âme *f*; F *the* ~ *of* le premier mobile (*d'une entreprise*); '**soul·less** □ sans âme; (*a.* '**soul-de·stroy·ing**) abrutissant.
sound¹ □ [saund] sain; en bon état; bon(ne *f*); *fig.*, *a.* ⚕ solide; droit; profond (*sommeil*); ✝ bon(ne *f*); ⚖ valable, légal (-aux *m/pl.*).
sound² [~] 1. son *m*, bruit *m*; *phys.* acoustique *f*; ~-*effects pl.* bruitage *m*; ~-*film* film *m* sonore; ~-*broadcasting* radio *f*; *cin.* ~-*track* piste *f* sonore; ~-*wave* onde *f* sonore; 2. *v/i.* (ré)sonner; retentir; paraître; avoir le son de; *v/t.* sonner; faire retentir; prononcer (*les R etc.*); chanter (*des louanges*); ⚕ ausculter (*la poitrine*); ⚔ ~ *the retreat* sonner la retraite.
sound³ [~] *géog.* détroit *m*; bras *m*

sound 1076

de mer; *icht.* vessie *f* natatoire; *géog.* the ♀ le Sund *m.*
sound⁴ [~] 1. ⚕ sonde *f*; 2. ⚕ sonder (*a. fig., a.* ⚓); ~ s.o. out sonder q. (relativement à, *about*).
sound...: '~**box** *grammophone:* diaphragme *m*; ♪ caisse *f* de résonance; '~**de·tect·or** appareil *m* d'écoute.
sound·ing ⚓ ['saundiŋ] sondage *m*; ~*s pl.* sondes *f/pl.*, fonds *m/pl.*
sound(·ing)-board ['saund(iŋ)bɔ:d] *chaire etc.*: abat-voix *m/inv.*; ♪ *orgue:* tamis *m*; *piano:* table *f* d'harmonie.
sound·less □ ['saundlis] muet(te *f*).
sound·ness ['saundnis] bon état *m*; solidité *f* (*a. fig.*).
sound-proof ['saundpru:f], **sound-tight** ['~tait] insonore.
soup¹ [su:p] potage *m*; soupe *f*.
soup² *Am. sl.* [~] 1. cheval-vapeur (*pl.* chevaux-vapeur) *m*; 2.: ~ up doper; *mot.* ~ed up *engine* moteur *m* comprimé.
sour ['sauə] 1. □ aigre, acide; vert (*fruit*); *fig.* revêche; aigre; acariâtre; 2. *v/t.* aigrir (*a. fig.*); *v/i.* surir; (s')aigrir (*a. fig.*).
source [sɔ:s] source *f*; *fig.* origine *f*.
sour-dough *Am.* ['sauədou] vétéran *m* (*des régions d'Alaska*).
sour·ish □ ['sauəriʃ] aigrelet(te *f*); '**sour·ness** aigreur *f* (*a. fig.*); *fig.* humeur *f* revêche.
souse [saus] 1. *v/t.* plonger; tremper (d'eau, *with water*); *cuis.* faire mariner; *v/i.* mariner; faire un plongeon; ~d *sl.* ivre, F gris, parti; 2. immersion *f*; plongeon *m*; trempée *f*; *cuis.* marinade *f*; *Am.* ivrogne *mf*; 3. plouf!, floc!
south [sauθ] 1. *su.* sud *m*; midi *m*; 2. *adj.* du sud; méridional (-aux *m/pl.*); 3. *adv.* au sud, vers le sud.
south-east ['sauθ'i:st] 1. sud-est *m*; 2. (*a.* **south-'east·ern**) du sud-est.
south·er·ly ['sʌðəli], **south·ern** ['~ən] (du) sud; du midi; méridional (-aux *m/pl.*); '**south·ern·er** habitant(e *f*) *m* du sud; *Am.* ♀ sudiste *mf*.
south·ern·most ['sʌðənmoust] le plus au sud.
south·ing ['sauðiŋ] ⚓ chemin *m* sud; *astr.* passage *m* au méridien.
south-paw *Am.* ['sauθpɔ:] *baseball:* gaucher *m*.
south·ward ['sauθwəd] 1. *adj.* au

ou du sud; 2. *adv.* (*a.* **south·wards** ['~dz]) vers le sud.
south...: '~-'**west** 1. *su.* sud-ouest *m*; 2. *adv.* vers le sud-ouest; 3. *adj.* (*a.* ~-'**west·er·ly**, ~-'**west·ern**) (du) sud-ouest; '~-'**west·er** (vent *m* du) sud-ouest *m*; ⚓ suroît *m* (= *chapeau imperméable*).
sou·ve·nir ['su:vəniə] souvenir *m*, mémento *m*.
sov·er·eign ['sɔvrin] 1. □ souverain (*a. fig.*), suprême; 2. souverain(e *f*) *m*; monarque *m*; *monnaie anglaise:* souverain *m* (= *pièce de 20 shillings*); '**sov·er·eign·ty** souveraineté *f*.
so·vi·et ['souviət] Soviet *m*; *attr.* soviétique.
sow¹ [sau] *zo.* truie *f*; ⊕ gueuse *f* des mères; (*a.* ~-**channel**) mère-gueuse (*pl.* mères-gueuses) *f*.
sow² [sou] [*irr.*] semer (*de, with*); ensemencer (*la terre*) (en blé, *with wheat*); '**sow·er** semeur (-euse *f*) *m* (*a. fig.*); **sown** [soun] *p.p.* de *sow*².
sox [sɔks] *pl. see* **sock**¹.
so·ya ♀ ['sɔiə] (*a.* ~ **bean**) soya *m*.
spa [spɑ:] source *f* minérale; ville *f* d'eau.
space [speis] 1. espace *m*, *typ. f*; intervalle *m* (*a. temps*); étendue *f*, surface *f*; F place *f*; ~-**rocket** fusée *f* interplanétaire; ~-**ship** astronef *m*; 2. (*a.* ~ **out**) espacer (*a. typ.*); échelonner (*des troupes, des versements*).
spa·cious □ ['speiʃəs] spacieux (-euse *f*), vaste; ample.
spade [speid] 1. bêche *f*; *call a* ~ *a* ~ appeler les choses par leur nom; *usu.* ~*s pl. cartes:* pique *m*; 2. bêcher; ~-**work** travaux *m/pl.* à la bêche *ou fig.* préliminaires.
span¹ [spæn] 1. *main:* empan *m*; court espace *m* de temps; ⚓ portée *f*, largeur *f*; *bras, ailes, a.* ✈ envergure *f*; *Am.* paire *f*; 2. franchir, enjamber; *fig.* embrasser; mesurer à l'empan.
span² [~] *prét.* de *spin* 1.
span·gle ['spæŋgl] 1. paillette *f*; 2. pailleter (de, *with*); *fig.* parsemer (de, *with*).
Span·iard ['spænjəd] Espagnol(e *f*) *m*.
span·iel ['spænjəl] épagneul *m*.
Span·ish ['spæniʃ] 1. espagnol; d'Espagne; 2. *ling.* espagnol *m*; *the* ~ *pl.* les Espagnols *m/pl.*

spank F [spæŋk] **1.** v/t. fesser; v/i. ~ *along* aller bon train; **2.** claque f sur le derrière; **'spank·er** ⚓ brigantine f; **'spank·ing 1.** □ qui va bon train; vigoureux (-euse f); F de premier ordre; sl. épatant; **2.** F fessée f.

span·ner ⊕ ['spænə] clef f (à écrous); fig. *throw a ~ in the works* mettre des bâtons dans les roues.

spar¹ [spɑ:] ⚓ espar m; ✈ longeron m.

spar² [~] faire mine de vouloir boxer (q., *at* s.o.); boxer amicalement; se battre (*coqs*); fig. argumenter (avec, *with*); box. *~ring partner* sparringpartner m, partenaire m d'entraînement.

spar³ min. [~] spath m.

spare [spɛə] **1.** □ frugal (-aux m/pl.); maigre; sec (sèche f) (*personne*); disponible, de reste; de réserve, de rechange, de secours; *~ hours* (heures f/pl. de) loisir m; *~ room* chambre f d'ami; *~ time* temps m disponible; **2.** ⊕ pièce f de rechange; **3.** v/t. épargner, ménager; se passer de; prêter, donner; faire grâce à (q.); respecter; *enough and to ~* plus qu'il n'en faut (de, *of*); v/i. épargner, faire des économies; **'spare·ness** minceur f; maigreur f; frugalité f; **spare·rib** cuis. ['~rib] côte f de porc.

spar·ing □ ['spɛəriŋ] ménager (-ère f) (de *in*, *of*); économe; frugal (-aux m/pl.); limité (*emploi*); **'spar·ing·ness** épargne f; frugalité f.

spark¹ [spɑ:k] **1.** étincelle f (a. fig.); F ⚓s radiotélégraphiste m; **2.** v/i. émettre des étincelles; cracher (*dynamo*); v/t. faire éclater avec une étincelle électrique.

spark² [~] élégant m; beau cavalier m; joyeux compagnon m.

spark(·ing)-plug mot. ['spɑ:k(iŋ)-plʌg] bougie f.

spar·kle ['spɑ:kl] **1.** étincelle f; éclat m; fig. vivacité f d'esprit; **2.** étinceler, scintiller, chatoyer (*bijou*); pétiller (*esprit, feu, yeux, vin*); *sparkling wine* vin m mousseux; **spark·let** ['~lit] petite étincelle f; *eau de seltz*: sparklet m.

spar·row orn. ['spærou] moineau m, passereau m; **'~-hawk** orn. épervier m.

sparse □ [spɑ:s] épars, clairsemé.

spasm ✱ ['spæzm] spasme m; fig. accès m; **spas·mod·ic, spas·mod·i·cal** □ [~'mɔdik(l)] spasmodique; involontaire; fig. par saccades.

spat¹ [spæt] huîtres: frai m.

spat² [~] guêtre f de ville.

spat³ [~] prét. et p.p. de spit² 2.

spatch·cock ['spætʃkɔk] cuis. faire cuire à la crapaudine; fig. faire une intervention dans (*une dépêche*) (à la dernière minute).

spate [speit] crue f; fig. déluge m.

spa·tial □ ['speiʃl] spatial (-aux m/pl.).

spat·ter ['spætə] éclabousser (de, *with*); **spat·ter·dash** † ['~dæʃ] guêtre f.

spat·u·la ['spætjulə] spatule f; cuis. gâche f.

spav·in vét. ['spævin] éparvin m.

spawn [spɔ:n] **1.** frai m, œufs m/pl.; fig. usu. péj. progéniture f; **2.** v/i. frayer; péj. se multiplier; naître (de, *from*); v/t. péj. donner naissance à; **'spawn·er** poisson m qui fraye; **'spawn·ing** (acte m ou époque f du) frai m.

speak [spi:k] (*irr.*) v/i. parler (a. fig. = *retentir*); faire un discours; ♪ sonner; téléph. *Brown ~ing!* ici Brown!; *~ out* parler à haute voix; parler franchement; *~ to* parler à ou avec; *~ up* parler plus fort ou haut; *~ up!* (parlez) plus fort!; *that ~s well for him* cela est tout à son honneur; *~ well for* faire honneur à; v/t. dire (*qch.*); parler (*une langue*): exprimer; faire (*un éloge*); témoigner de; **'~-eas·y** Am. sl. bar m clandestin; **'speak·er** parleur (-euse f) m; interlocuteur (-trice f) m; orateur m; radio: haut-parleur m; parl. Président m.

speak·ing ['spi:kiŋ] parlant (a. fig. *portrait*); expressif (-ive f); *be on ~ terms with* se connaître assez pour se parler; **'~-trum·pet** porte-voix m/inv.

spear [spiə] **1.** lance f; *chasse:* épieu m; javelot m; fig. *~ side* côté m paternel ou mâle; **2.** frapper ou tuer d'un coup de lance (*ou une bête:* d'épieu); **'~-head** pointe f de lance; fig. pointe f.

spec ✝ sl. [spek] spéculation f.

spe·cial ['speʃl] **1.** □ spécial (-aux m/pl.); particulier (-ère f); *journ.*

specialist 1078

~ correspondent envoyé(e f) m spécial(e); **2.** (ou ~ constable) agent m de police suppléant (= citoyen assermenté); (ou ~ edition) édition f spéciale; (ou ~ train) train m spécial; Am. magasin: ordre m exprès; Am. plat m du jour; restaurant: spécialité f de la maison; **spe·cial·ist** ['~ʃəlist] spécialiste mf; **spe·ci·al·i·ty** [speʃi'æliti] spécialité f (a. ✞); particularité f, caractéristique f; **spe·cial·ize** ['speʃəlaiz] v/t. particulariser; désigner ou adapter à un but spécial; v/i. se spécialiser (dans, in); biol. se différencier; **spe·cial·ty** ['~ʃlti] see speciality; ⚖ contrat m formel sous seing privé.
spe·cie ['spi:ʃi:] monnaie f métallique; espèces f/pl. (sonnantes).
spe·cies ['spi:ʃi:z] sg. ou. pl. espèce f (a. eccl.); genre m, sorte f.
spe·cif·ic [spi'sifik] **1.** (~ally) spécifique; précis; phys. ~ gravity pesanteur f spécifique; ⚖ ~ performance contrat: exécution f intégrale; **2.** ⚕ spécifique m (contre, for).
spec·i·fi·ca·tion [spesifi'keiʃn] spécification f; 🏠 cahier m des charges; ⚖ description f (de brevet); **spec·i·fy** ['~fai] spécifier, déterminer; préciser.
spec·i·men ['spesimin] exemple m, spécimen m; échantillon m.
spe·cious ☐ ['spi:ʃəs] spécieux (-euse f); trompeur (-euse f); **'spe·cious·ness** spéciosité f; apparence f trompeuse.
speck [spek] **1.** graine f; point m; tache f; fig. brin m; **2.** moucheter, tacheter; **speck·le** ['~kl] **1.** moucheture f; see speck 1; **2.** see speck 2.
specs F [speks] pl. lunettes f/pl.
spec·ta·cle ['spektəkl] spectacle m; (a pair of) ~s pl. (des) lunettes f/pl.; **'spec·ta·cled** qui porte des lunettes; à lunettes.
spec·tac·u·lar ☐ [spek'tækjulə] **1.** spectaculaire; impressionnant; **2.** Am. F revue f à grand spectacle.
spec·ta·tor [spek'teitə] spectateur (-trice f) m.
spec·tral ☐ ['spektrəl] spectral (-aux m/pl.) (a. opt.); **spec·ter**, Brit. **spec·tre** ['~tə] fantôme m, spectre m; **spec·trum** opt. ['~trəm] spectre m.
spec·u·late ['spekjuleit] spéculer (a. ✞), méditer (sur, [up]on); ✞ a. jouer; **spe·cu·la·tion** spéculation f (a. ✞), méditation f (sur, [up]on); entreprise f spéculative; **spec·u·la·tive** ☐ ['~lətiv] spéculatif (-ive f) (a. ✞); contemplatif (-ive f); théorique; **'spec·u·la·tor** penseur m; ✞ spéculateur m; ✞ agioteur m.
spec·u·lum ['spekjuləm] ⚕ spéculum m; opt. miroir m.
sped [sped] prét. et p.p. de speed 2.
speech [spi:tʃ] parole f, -s f/pl.; langue f; discours m; '~-day école: distribution f des prix; **speech·i·fy** péj. ['~ifai] pérorer, sl. laïusser; **'speech·less** ☐ muet(te f).
speed [spi:d] **1.** vitesse f (a. ⊕, mot., etc.); marche f; hâte f; ~ control réglage m de la vitesse; good ~! bonne chance!; **2.** [irr.] v/i. se hâter, se presser; aller etc. vite; † a. poét. réussir; no ~ing! vitesse f limitée; v/t. hâter, accélérer; ✞ expédier, souhaiter le bon voyage à; ~ up accélérer; mot. mettre en vitesse; '~-boat hors-bord m/inv.; '~-cop motard m; **'speed·i·ness** rapidité f; promptitude f; **speed lim·it** vitesse f maxima; vitesse f limitée; **'speed-mer·chant** sl. chauffard m; **speed·om·e·ter** mot. [spi'dɔmitə] compteur m, indicateur m de vitesse; **'speed·way** Am. autostrade f; Am. sp. (piste f d')autodrome m; **'speed·well** ♣ véronique f; **'speed·y** ☐ rapide, prompt.
spell¹ [spel] temps m, période f; ⊕ tour m (de travail).
spell² [~] **1.** charme m, incantation f; **2.** [irr.] épeler (de vive voix), écrire, orthographier; fig. signifier; ~ out lire péniblement; épeler; **'~-bind·er** Am. beau diseur m; **'~-bound** fig. fasciné, charmé; **'spell·er**: he is a bad ~ il ne sait pas l'orthographe.
spell·ing ['speliŋ] épellation f; orthographe f; '~-bee surt. Am. concours m d'orthographe; '~-book syllabaire m.
spelt¹ [spelt] prét. et p.p. de spell².
spelt² ♣ épeautre m.
spel·ter ['speltə] zinc m.
spen·cer ['spensə] cost. spencer m.
spend [spend] [irr.] v/t. dépenser (de l'argent) (en, à, pour on), péj. dissiper (pour, on); employer, passer (le temps), péj. perdre; épuiser (des forces); ~ o.s. s'épuiser; v/i. dépen-

ser de l'argent; **'spend·er** personne f qui dépense; *péj.* dépensier (-ère f) m.

spend·thrift ['spendθrift] dépensier (-ère f) m (*a. attr.*).

spent [spent] **1.** *prét. et p.p. de* spend; **2.** épuisé (*personne, a.* 🜂 *acide*); mort (*balle*), vide (*cartouche*); écoulé (*jour*); apaisé (*orage*).

sperm *physiol.* [spə:m] semence f (*des mâles*); **sper·ma·ce·ti** [⁓ə'seti] spermacéti m; blanc m de baleine; **sper·ma·to·zo·on** *biol.* [⁓əto-'zouən], *pl.* **-zo·a** [⁓'zouə] spermatozoïde m.

spew *sl.* [spju:] *vt/i.* vomir.

sphere [sfiə] sphère f (*a. fig. d'activité, d'influence, etc.*); *fig.* domaine m; *fig.* milieu m; **spher·i·cal** ['sferikl] sphérique, en forme de sphère.

sphinc·ter *anat.* ['sfiŋktə] sphincter m, orbiculaire m.

spice [spais] **1.** épice f; *fig.* soupçon m, grain m, nuance f; **2.** épicer (*a. fig.*); **spic·er·y** ['⁓əri] épices f/pl.

spic·i·ness ['spaisinis] goût m épicé; *fig.* piquant m.

spick and span ['spikən'spæn] propre comme un sou neuf; tiré à quatre épingles (*personne*).

spic·y □ ['spaisi] épicé (*a. fig.*); aromatique; *fig.* piquant.

spi·der *zo.* ['spaidə] araignée f; ⁓'s web toile f d'araignée.

spiel *Am. sl.* [spi:l] discours m, allocution f; *sl.* laïus m.

spiff·y *sl.* ['spifi] élégant; pimpant.

spig·ot ['spigət] *tonneau:* fausset m; *robinet:* clef f.

spike [spaik] **1.** pointe f; *fil barbelé:* piquant m; clou m à large tête; ♀ blé: épi m; ♀ (*a.* ⁓-lavender) spic m; **2.** clouer; ⚔ enclouer (*un canon*); F *fig.* damer le pion à (*q.*); armer de pointes; **spike·nard** ['⁓na:d] nard m (indien); **'spik·y** □ à pointe(s) aiguë(s); armé de pointes.

spill [spil] **1.** [*irr.*] *v/t.* répandre (*a. le sang*); renverser; F désarçonner (*un cavalier*); *Am.* dire; *v/i.* se répandre; s'écouler; **2.** F culbute f, chute f (*de cheval etc.*).

spill·way ['spilwei] passe-déversoir (*pl.* passes-déversoirs) f.

spilt [spilt] *prét. et p.p. de* spill **1**;

cry over ⁓ milk lamenter ce qu'on ne pourrait changer.

spin [spin] **1.** [*irr.*] *v/t.* filer; faire tourner (*a. une toupie*); *fig.* raconter (*une histoire*); ⊕ centrifuger (*le métal*); *v/i.* tourner; (*a.* ⁓ round) tournoyer; ⚔ faire la vrille; ⁓ along filer; ⁓ (a)round se retourner vivement (*personne*); send s.o. ⁓ning faire chanceler q.; **2.** tournoiement m, ⚔ vrille f; *cricket:* effet m; F go for a ⁓ se balader en auto.

spin·ach ♀ ['spinidʒ] épinard m; *cuis.* épinards m/pl.

spi·nal ['spainl] vertébral (-aux m/pl.); ⁓ *column* colonne f vertébrale; ⁓ *cord* (*ou marrow*) moelle f épinière; ⁓ *curvature* déviation f de la colonne vertébrale.

spin·dle ['spindl] fuseau m; ⊕ arbre m; **'spin·dly** long(ue f) et grêle.

spin·drift ['spindrift] *courant:* embruns m/pl.

spine [spain] épine f; *homme:* épine f dorsale; *géog.* arête f; *livre:* dos m; **'spine·less** sans épines; *fig.* mou (mol *devant une voyelle ou un h muet*; molle f).

spin·ner ['spinə] fileur (-euse f) m; machine f ou métier m à filer.

spin·ning...: ⁓-**jen·ny** ⊕ ['spiniŋ-'dʒeni] machine f à filer; '⁓-**mill** filature f; '⁓-**wheel** rouet m.

spin·ster ['spinstə] fille f (non mariée); *p.ext.* vieille fille f; *admin.* célibataire f.

spin·y ['spaini] épineux (-euse f); ♀ spinifère.

spi·ra·cle ['spaiərəkl] évent m.

spi·rae·a ♀ [spai'riə] spirée f.

spi·ral ['spaiərəl] **1.** □ spiral (-aux m/pl.); spiralé; en spirale; spiroïdal (-aux m/pl.) (*mouvement*); en boudin (*ressort*); *zo.* cochléaire; **2.** spirale f, hélice f; tour m ou ⚔ montée f etc. en spirale; *fig. prix:* montée f en flèche; **3.** former une spirale; monter *ou* descendre en spirale.

spire ['spaiə] *église, arbre:* flèche f.

spir·it ['spirit] **1.** esprit m, âme f; *fig.* élan m, entrain m, ardeur f; courage m; alcool m; 🜂 *hist.* esprit m; *mot.* essence f; ⁓s *pl.* spiritueux m/pl.; liqueurs f/pl. fortes; *pharm.* alcoolat m; ⁓ *of wine* esprit m de vin; *in* (*high*) ⁓s en train; *in low* ⁓s abattu; accablé; tout triste; *in verve*; **2.:** ⁓ *away* (*ou off*) enlever,

spirited faire disparaître; F escamoter; ~ *up* encourager.

spir·i·ted □ ['spiritid] animé, vif (vive *f*); plein d'entrain; fougueux (-euse *f*); *low-*~ abattu; **'spir·it·ed·ness** ardeur *f*, feu *m*; *cheval:* fougue *f*.

spir·it·ism ['spiritizm] *métapsychisme:* spiritisme *m*; **'spir·it·ist** spirite *mf* (*a. adj.*).

spir·it·less □ ['spiritlis] abattu; inanimé; sans vie (*a. fig.*); mou (mol *devant une voyelle ou un h muet;* molle *f*).

spir·it·u·al ['spiritjuəl] **1.** □ spirituel(le *f*); immatériel(le *f*); **2.** chant *m* religieux (*des nègres aux É.-U.*); **'spir·it·u·al·ism** *phls.* spiritualisme *m*; *métapsychisme:* spiritisme *m*; **spir·it·u·al·i·ty** [⸺'æliti] spiritualité *f*; **spir·it·u·al·ize** ['⸺əlaiz] spiritualiser.

spir·it·u·ous ['spiritjuəs] spiritueux (-euse *f*), alcoolique.

spirt [spəːt] **1.** *v/t.* faire jaillir; *v/i.* jaillir, gicler; *see* spurt 1; **2.** (re)jaillissement *m*; jet *m*; *see* spurt 2.

spit[1] [spit] **1.** *cuis.* broche *f*; *géog.* langue *f* de sable, pointe *f* de terre; **2.** embrocher (*a. fig.*).

spit[2] [~] **1.** crachat *m*; salive *f*; F *be the very* ~ *of s.o.* être q. tout craché; **2.** [*irr.*] *v/i.* cracher (*a. chat, plume*); (*a.* ~ *with rain*) crachiner; ~ *at* (*ou upon*) cracher sur; *v/t.* (*a.* ~ *out*) cracher.

spit[3] [~] profondeur *f* de fer de bêche; bêche *f* pleine.

spite [spait] **1.** dépit *m*, pique *f*; rancune *f*; *in* ~ *of* malgré; **2.** contrarier, vexer; **spite·ful** □ ['⸺ful] rancunier (-ère *f*); méchant; **'spite·ful·ness** rancune *f*; méchanceté *f*.

spit·fire ['spitfaiə] rageur (-euse *f*) *m*.

spit·tle ['spitl] salive *f*, crachat *m*.

spit·toon [spi'tuːn] crachoir *m*.

spiv *sl.* [spiv] parasite *m*; profiteur *m*.

splash [splæʃ] **1.** éclaboussement *m*; éclaboussure *f*; *vague:* clapotement *m*; *sl.* esbroufe *f*; F *make a* ~ faire sensation; **2.** *v/t.* éclabousser (*de, with*); tacher (*de, with*); *v/i.* jaillir, clapoter, barboter; cracher (*robinet*); **'⸺board** garde-boue *m/inv.*; *métall.* parapluie *m*; plongeur *m* (*de tête de bielle*); **'splash-leath·er** pare-boue *m/inv.*; **'splash·y** □ bourbeux (-euse *f*); barbouillé (*dessin etc.*).

splay [splei] **1.** évasement *m*; **2.** évasé; tourné en dehors (*pied*); **3.** *v/t.* évaser; ⊕ chanfreiner; tourner en dehors; *v/i.* s'évaser.

splay-foot ['spleifut] pied *m* plat.

spleen [spliːn] *anat.* rate *f*; *fig.* spleen *m*, humeur *f* noire; **spleen·ful** ['⸺ful], **'spleen·y** atrabilaire; de mauvaise humeur.

splen·did □ ['splendid], **splen·dif·er·ous** [⸺'difərəs] splendide, magnifique; F épatant; **splen·do(u)r** ['⸺də] splendeur *f*; éclat *m*.

sple·net·ic [spli'netik] **1.** (*a.* **-**'net·i·cal** [⸺kl]) splénique (*a.* ⚕), atrabilaire; **2.** hypocondriaque *mf*.

splice [splais] **1.** ligature *f*; ⊕ enture *f* (*cricket:* du manche de la batte); **2.** ⊕ enter; *cin.* réparer; épisser; *sl.* marier.

splint ⚕ [splint] **1.** éclisse *f*; **2.** éclisser.

splin·ter ['splintə] **1.** éclat *m*; *os:* esquille *f*; **2.** *v/t.* briser; *v/i.* voler en éclats; se fendre; **'⸺-bone** *anat.* péroné *m*; **'splin·ter·less** se brisant sans éclats (*verre*).

split [split] **1.** fente *f*, fissure *f*; *fig.* scission *f*; F *do the* ~s faire le grand écart; **2.** fendu; **3.** [*irr.*] *v/t.* fendre; déchirer; partager; couper en deux; ~ *hairs* couper un cheveu en quatre; ~ *one's sides with laughing* se tordre de rire; ~ *up* fractionner; *v/i.* se fendre; éclater; *fig.* se diviser; *sl.* ~ *on* dénoncer (*q.*); F cafarder; **'split·ting** qui (se) fend; F fou (fol *devant une voyelle ou un h muet;* folle *f*), affreux (-euse *f*).

splotch [splɔtʃ] tache *f*.

splurge [spləːdʒ] *Am.* épate *f*; esbroufe *f*; grosse averse *f*.

splut·ter ['splʌtə] *see* sputter; *v/i.* bredouiller; cracher; ⚡ bafouiller (*moteur*).

spoil [spɔil] **1.** *souv.* ~s *pl.* butin *m* (*a. fig.*); *fig.* profit *m*; *surt. Am. pol.* ~s *system* octroi *m* des places à ses adhérents (*en arrivant au pouvoir*); **2.** [*irr.*] *v/t.* gâter (*a. un enfant*); piller; dépouiller (*de, of*); abîmer; couper (*l'appétit*); *v/i.* se gâter; s'altérer; ~ *for a fight* brûler du désir de se battre; **'spoil·er** spoliateur (-trice *f*) *m*; gâcheur (-euse *f*)

sprain

m; **spoils·man** *Am. pol.* ['⁓zmən] chacal (*pl.* -s) *m*; '**spoil·sport** trouble-fête *mf*/*inv.*
spoilt [spɔilt] *prét. et p.p. de* spoil 2.
spoke¹ [spouk] *prét. de* speak.
spoke² [⁓] rayon *m*; *échelle:* échelon *m*; bâton *m* (*a. fig.*); ⚓ poignée *f*.
spo·ken ['spoukən] *p.p. de* speak.
spokes·man ['spouksmən] porte-parole *m*/*inv.*; orateur *m*.
spo·li·a·tion [spouli'eiʃn] spoliation *f*, dépouillement *m*; pillage *m*.
spon·dee ['spɔndiː] spondée *m*.
sponge [spʌndʒ] 1. éponge *f*; *cuis.* pâte *f* molle; *throw up the* ⁓ *box.* jeter l'éponge; *fig.* abandonner (la partie); 2. *v/t.* nettoyer *ou* laver avec une éponge; ⁓ *up* éponger; *v/i.* vivre aux crochets (de q., *on* s.o.); F écornifler; '⁓·**cake** gâteau *m* de Savoie; baba *m* (*au rhum etc.*); '**spong·er** *fig.* écornifleur (-euse *f*) *m*; parasite *m*.
spon·gi·ness ['spʌndʒinis] spongiosité *f*; '**spon·gy** spongieux (-euse *f*).
spon·sor ['spɔnsə] 1. garant *m*, caution *f*; *eccl., club:* parrain *m*, marraine *f*; *be a* ⁓ *to radio:* offrir (*un programme*); 2. être le garant de; prendre en charge; *radio:* offrir (*un programme*); financer; **spon·sor·ship** ['⁓ʃip] parrainage *m*.
spon·ta·ne·i·ty [spɔntəˈniːiti] spontanéité *f*; **spon·ta·ne·ous** [⁓'teinjəs] spontané; volontaire; automatique; ⚔ qui pousse à l'état sauvage; ⁓ *combustion* inflammation *f* spontanée; auto-allumage *m*.
spoof *sl.* [spuːf] 1. attraper; 2. attrape *f*.
spook F [spuːk] revenant *m*.
spool [spuːl] 1. bobine *f*; 2. bobiner.
spoon [spuːn] 1. cuiller *f*, cuillère *f*; F amoureux *m* d'une sentimentalité exagérée; *golf:* spoon *m*; *sl. be* ⁓ *s on* avoir un béguin pour (*q.*); 2. manger *ou* ramasser *ou* servir *etc.* avec une cuiller; *sl.* faire le galant auprès de (*q.*); '⁓·**drift** embrun *m*; '**spoon·er·ism** contrepèterie *f*; '**spoon-feed** *fig.* mâcher la besogne à; **spoon·ful** ['⁓ful] cuillerée *f*; '**spoon-meat** aliment *m* liquide; '**spoon·y** □ F amoureux (-euse *f*) (de, *on*).
spo·rad·ic [spəˈrædik] (⁓*ally*) *fig.* isolé, rare; ⚕, *zo.* sporadique.
spore ⚘ [spɔː] spore *f*.
sport [spɔːt] 1. sport *m*; jeu *m*; divertissement *m*; *fig.* jouet *m*; *fig.* moquerie *f*; ⚕, *biol.* type *m* anormal; *sl.* (*a. good* ⁓) chic type *m*; 2. *v/i.* jouer; se divertir; ⚕, *biol.* produire une variété anormale; *v/t.* F porter; étaler; *univ. sl.* ⁓ *one's oak* défendre sa porte; s'enfermer à double porte; '**sport·ing** □ de sport; sportif (-ive *f*); amateur de la chasse; '**spor·tive** □ folâtre, badin, enjoué; **sports-ground** ['⁓sgraund] terrain *m* de jeux; stade *m*; **sports·man** ['⁓smən] amateur *m* du sport, sportsman (*pl.* sportsmen) *m*; sportif *m*; chasseur *m*; '**sports·man·like** sportsman; digne d'un sportsman; '**sports-wear** costume *m* de sport; '**sports·wom·an** femme *f* amateur du sport *ou* de la chasse *etc.*; sportive *f*.
spot [spɔt] 1. tache *f*; *cravate, étoffe:* pois *m*; endroit *m*, lieu *m*; *figure:* bouton *m*; *sl. vin:* goutte *f*, petit verre *m*; *Am. radio:* spot *m*; *Am.* F *ten* ⁓ billet *m* de dix dollars; ✝ ⁓*s pl.* marchandises *f/pl.* payées comptant; F *a* ⁓ *of* un peu de; *on the* ⁓ sur place; *adv.* immédiatement; *be on the* ⁓ être là; arriver sur les lieux; 2. ✝ (au comptant; (du) disponible; 3. *v/t.* tacher; tacheter, moucheter; F apercevoir; F repérer; F reconnaître; *v/i.* se tacher; F commencer à pleuvoir; '**spot·less** □ sans tache; immaculé; pur; '**spot·less·ness** netteté *f*; propreté *f*; pureté *f*; '**spot·light** *théâ.* projecteur *m*, spot *m*; *mot.* projecteur *m* orientable; *fig. in the* ⁓ en vedette; *sous les feux de la rampe*; '**spot·ted** tacheté, moucheté; *tex.* à pois; *zo.* taché; ⚕ ⁓ *fever* méningite *f* cérébro-spinale; '**spot·ter** ✈ avion *m* de réglage de tir; *personne:* observateur *m*; *Am.* détective *m* privé; *Am.* ⚓ inspecteur *m* en civil; **spot·ti·ness** ['⁓inis] caractère *m* tacheté *ou* boutonneux; '**spot·ty** moucheté; couvert de boutons (*figure*).
spouse [spauz] époux (-ouse *f*) *m*.
spout [spaut] 1. *théière etc.:* bec *m*; *arrosoir:* goulot *m*; *pompe:* jet *m*; ⚙ tuyau *m* de décharge; ⚙ gargouille *f*; gouttière *f*; 2. (faire) jaillir; *v/t.* F déclamer.
sprain [sprein] 1. entorse *f*, foulure

sprang

f; **2.** se fouler (la cheville, *one's ankle*).

sprang [spræŋ] *prét. de* spring 2.

sprat *icht.* [spræt] sprat *m*.

sprawl [sprɔːl] *v/i.* s'étendre, s'étaler (*a. fig.*); ♀ traîner, ramper; *v/t.* étendre (*les jambes*).

spray[1] [sprei] brin *m*, brindille *f*; *fleurs*: branche *f*.

spray[2] [~] **1.** poussière *f* d'eau; écume *f*, embrun *m*; jet *m*; *see* ~*et*. **2.** vaporiser (*un liquide*); arroser; passer (*un arbre*) au vaporisateur; 'spray·er vaporisateur *m*; foam ~ extincteur *m* à mousse.

spread [spred] **1.** [*irr.*] *v/t.* (*a.* ~ out) étendre; tendre (*le filet*); répandre (*un bruit, une nouvelle, une terreur*); propager (*une maladie*); tartiner (*une tranche de pain*); faire circuler, faire connaître; ~ *the table* mettre le couvert; *v/i.* s'étendre, s'étaler; **2.** *prét. et p.p. de* 1; ⌧ ~ *eagle* aigle *f* éployée; **3.** étendue *f*; *ailes*: envergure *f*; diffusion *f*, propagation *f*; *Am.* dessus *m* de lit; *sandwich etc.*: pâte *f*; *sl.* régal *m*, festin *m*; '~-ea·gle F grandiloquent; chauviniste; 'spread·er étaleur (-euse *f*) *m*; semeur (-euse *f*) *m*; 'spread·ing étendu; rameux (-euse *f*) (*arbre*).

spree F [spriː] bombe *f*, noce *f*; bringue *f*; *go on the* ~ faire la bringue *etc*.

sprig [sprig] **1.** brin *m*, brindille *f*; petite branche *f*; *fig.* rejeton *m*; ⊕ clou *m* (*de vitrier*); pointe *f* (de Paris); **2.**: ~ *on* (*ou down*) cheviller, ~ged à ramages (*tissu*).

spright·li·ness ['spraitlinis] vivacité *f*, sémillance *f*; 'spright·ly éveillé; vif (vive *f*).

spring [spriŋ] **1.** saut *m*, bond *m*; ressort *m*; *auto*: suspension *f*; source *f* (*a. fig.*); *fig.* origine *f*; *saison*: printemps *m*; **2.** [*irr.*] *v/t.* faire sauter; faire jouer (*un piège*); suspendre (*l'auto*); munir de ressorts; franchir; (faire) lever (*le gibier*); proposer *ou* présenter (*un projet etc.*) à l'improviste, faire (*une surprise*) (à q., [up]on s.o.); ⌘ ~ *a leak* faire une voie d'eau; *v/i.* sauter, bondir; jaillir; sourdre (de, *from*); ♀ pousser; *fig.* sortir, descendre (de, *from*); ~ *up* sauter en l'air; ♀ pousser; se lever; se former (*idée*); ~ *into existence* naître, (ap)paraître; '~-'bal·ance balance *f ou* peson *m* à ressort; '~-board tremplin *m*; '~-bolt ⊕ verrou *m* à ressort; *serrure*: pêne *m* coulant.

springe [sprindʒ] *oiseaux*: lacet *m*; *lapins*: collet *m*.

spring-gun ['spriŋgʌn] piège *m* à fusil; 'spring·i·ness élasticité *f*; ressort *m*.

spring...: '~-mat·tress sommier *m* élastique; '~-tide grande marée *f*; *poét.* printemps *m*; '~-time printemps *m*; 'spring·y ☐ élastique; flexible; *fig.* moelleux (-euse *f*).

sprin·kle ['spriŋkl] *v/t.* (with, de) répandre; arroser; *eccl.* asperger; saupoudrer; *fig.* semer; *v/i.* tomber en pluie fine; 'sprin·kler arrosoir *m*; extincteur *m* (*d'incendie*); *eccl.* goupillon *m*; 'sprin·kling aspersion *f*; légère couche *f*; *fig. a* ~ *of* quelques bribes *f/pl.* de (*une science etc.*).

sprint [sprint] **1.** *sp.* course *f* de vitesse, sprint *m*; **2.** de vitesse; **3.** faire une course de vitesse, sprinter; 'sprint·er *sp.* coureur (-euse *f*) *m* de vitesse; sprinter *m*.

sprit ⌘ [sprit] livarde *f*.

sprite [sprait] lutin *m*, farfadet *m*; esprit *m*.

sprock·et-wheel ⊕ ['sprɔkitwiːl] pignon *m* de chaîne.

sprout [spraut] **1.** (laisser) pousser; **2.** ♀ pousse *f*; bourgeon *m*; *Brussels* ~*s pl.* choux *m/pl.* de Bruxelles.

spruce[1] ☐ [spruːs] soigné; pimpant.

spruce[2] ♀ [~] (*a.* ~ *fir*) sapin *m*, épinette *f*.

sprung [sprʌŋ] *p.p. de* spring 2.

spry [sprai] vif (vive *f*), éveillé.

spud [spʌd] sarcloir *m*; *sl.* patate *f* (= *pomme de terre*); F personne *f* trapue.

spume *poét.* [spjuːm] écume *f*; 'spu·mous, 'spum·y ☐ écumeux (-euse *f*).

spun [spʌn] *prét. et p.p. de* spin 1.

spunk [spʌŋk] amadou *m*; *fig.* courage *m*; *Am.* irritation *f*.

spur [spəː] **1.** éperon *m* (*a.* géog., ♀, †, ⌘); *coq, seigle*: ergot *m*; *fig.* aiguillon *m*; *act on the* ~ *of the moment* agir sous l'inspiration du moment; *put* (*ou set*) ~*s to* éperonner, donner de l'éperon à (*un cheval*); *fig.* stimuler; *win one's* ~*s* F

faire ses preuves; *hist.* gagner ses éperons; ⊕ ~*-gear* engrenage *m* droit; **2.** *v/t.* (*a.* ~ *on*) éperonner; *fig.* aiguillonner, pousser; *v/i. poét.* aller au galop, piquer des deux.

spurge ♀ [spə:dʒ] euphorbe *f*.

spu·ri·ous □ ['spjuəriəs] faux (fausse *f*); '**spu·ri·ous·ness** fausseté *f*.

spurn [spə:n] repousser du pied; rejeter *ou* traiter avec mépris.

spurred [spə:d] éperonné; ergoté (*seigle, a. orn.*); ♀ calcarifère.

spurt [spə:t] **1.** (re)jaillir; *sp.* démarrer, faire un emballage; *see spirt* 1; **2.** effort *m* soudain; *sp.* effort *m* de vitesse, emballage *m*, rush *m*; *see spirt* 2.

sput·ter ['spʌtə] **1.** bredouillement *m*; *bois, feu*: pétillement *m*; **2.** *v/i.* bredouiller (*a.* qch. à q., s.th. *at* s.o.); cracher (*plume*); *v/t.* (*a.* ~ *out*) débiter en bredouillant.

spy [spai] **1.** espion(ne *f*) *m*; F mouchard *m*; **2.** *v/i.* espionner; *v/t.* apercevoir; ~ *out* explorer (*un terrain*); ~ (*up*)on s.o. épier, guetter q.; '~*-glass* lunette *f* d'approche; '~*-hole porte:* judas *m*; *rideau etc.:* trou *m*.

squab [skwɔb] boulot(te *f*) *m*; courtaud(e *f*) *m*; *orn.* pigeonneau *m* sans plumes; *Am. sl.* jeune fille: typesse *f*; *mot.* coussin *m*; ottomane *f*; pouf *m* (*a. adv.*).

squab·ble ['skwɔbl] **1.** querelle *f*, dispute *f*; prise *f* de bec; chamaille *f*; **2.** se chamailler (avec, *with*); '**squab·bler** chamaillard *m*; querelleur (-euse *f*) *m*.

squad [skwɔd] escouade *f*; peloton *m*; *police:* brigade *f*; *Am. sp.* équipe *f*; **squad·ron** ['~rən] ✕ escadron *m*; ✈ escadrille *f*; ⚓ escadre *f*.

squal·id □ ['skwɔlid] sordide, crasseux (-euse *f*).

squall[1] [skwɔ:l] **1.** cri *m* rauque; **2.** *vt/i.* brailler, crier.

squall[2] ⚓ [~] grain *m*, coup *m* de vent; '**squall·y** ⚓ à grains, à rafales (*temps*); orageux (-euse *f*).

squa·lor ['skwɔlə] misère *f*; caractère *m* sordide.

squa·mous ['skweiməs] squameux (-euse *f*).

squan·der ['skwɔndə] gaspiller; '~'**ma·ni·a** prodigalité *f*.

square [skwɛə] **1.** □ carré; *fig.*

honnête; en bon ordre; solide (*repas etc.*); catégorique (*refus*); ⊕ plat; ~ *measure* mesure *f* de surface; ~ *mile* mille *m* carré; ⚠ *take a* ~ *root* extraire la racine carrée; ⚓ ~ *sail* voile *f* carrée; *Am.* F ~ *shooter* homme *m* loyal *ou* qui agit loyalement; ~ *with* (*ou to*) d'équerre avec; **2.** carré *m* (*a.* ⚔, ✕); carreau *m*; *échiquier etc.*: case *f*; *surv.* équerre *f*; place *f*; *Am.* bloc *m* de maisons; *silk* ~ foulard *m*; **3.** *v/t.* carrer; équarrir (*le bois, un bloc de marbre*); *fig.* accorder (avec, *with*); mettre en croix (*les vergues*); ✝ régler, balancer; *sl.* graisser la patte à (*q.*); F arranger; *v/i.* se carrer, se raccorder; *fig.* cadrer (avec, *with*); s'accorder (avec, *with*); '~-'**built** bâti en carré; aux épaules carrées (*personne*); '~-'**rigged** ⚓ gréé en carré; '~-**toes** *sg.* F pédant *m*; rigoriste *m* de l'ancienne mode.

squash [skwɔʃ] **1.** écrasement *m*; F cohue *f*, presse *f*; *sp.* jeu *m* de balle au mur; *lemon* ~ citronnade *f*; **2.** (s')écraser; *fig.* (se) serrer.

squat [skwɔt] **1.** accroupi; trapu; **2.** s'accroupir, se tapir; s'approprier une maison; '**squat·ter** *surt. Am. et Australie:* squatter *m*.

squaw [skwɔ:] femme *f* peau-rouge.

squawk [skwɔ:k] **1.** pousser des cris rauques; **2.** cri *m* rauque.

squeak [skwi:k] **1.** *v/i.* pousser des cris aigus; grincer; F *v/t.* crier d'une voix aiguë; **2.** cri *m* aigu; grincement *m*; '**squeak·y** □ criard, aigu(ë *f*).

squeal [skwi:l] pousser des cris aigus; F ~ *on s.o.* dénoncer q.; *see squeak* 1.

squeam·ish □ ['skwi:miʃ] sujet(te *f*) aux nausées; délicat, difficile, dégoûté; '**squeam·ish·ness** disposition *f* aux nausées; délicatesse *f*.

squee·gee ['skwi:'dʒi:] rabot *m* en caoutchouc; *phot.* raclette *f*.

squeez·a·ble ['skwi:zəbl] compressible, comprimable.

squeeze [skwi:z] **1.** *v/t.* serrer; presser; exercer une pression sur; *fig.* extorquer (à, *from*); ~ *into* faire entrer (de force); ~ *out* exprimer; *v/i.:* ~ *into* s'introduire dans; ~ *together* (*ou up*) se serrer; **2.** étreinte *f*, compression *f*; *main:* serrement *m*; F exaction *f*; '**squeez·er** ma-

squelch 1084

chine f à compression; presse-
-citron m/inv.; F extorqueur m.
squelch F [skweltʃ] v/t. aplatir; ré-
primer; v/i. gicler; gargouiller.
squib [skwib] pétard m; fig. brocard
m.
squid zo. [skwid] calmar m.
squif·fy sl. ['skwifi] gris, pompette.
squill ♀ [skwil] scille f.
squint [skwint] 1. loucher; 2. stra-
bisme m; regard m louche; F coup
m d'œil.
squire ['skwaiə] 1. propriétaire m
terrien; seigneur m du village; Am.
juge m de paix; hist. écuyer m; co.
cavalier m servant; 2. escorter (une
dame).
squir(e)·arch·y ['skwaiərɑːki] corps
m des propriétaires fonciers; tyran-
nie f terrienne.
squirm F [skwəːm] se tortiller; fig.
se crisper (sous un reproche, under
a rebuke).
squir·rel zo. ['skwirəl] écureuil m;
(a. ~fur) petit-gris (pl. petits-gris)
m.
squirt [skwəːt] 1. seringue f; jet m
(d'eau etc.); F petit fat m; 2. (faire)
jaillir; v/i. gicler.
squish F [skwiʃ] giclement m.
stab [stæb] 1. coup m de poignard
ou de couteau; 2. v/t. poignarder
v/i. porter un coup de poignard
etc. (à, at).
sta·bil·i·ty [stə'biliti] stabilité f
(a. ⚓); fermeté f, constance f.
sta·bi·li·za·tion [steibilai'zeiʃn]
stabilisation f (a. ⚓).
sta·bi·lize ['steibilaiz] stabiliser;
'sta·bi·liz·er ⚓ plan m fixe hori-
zontal; ⚓ stabilisateur m.
sta·ble¹ □ ['steibl] stable; solide,
fixe; ferme, constant.
sta·ble² [~] 1. écurie f; 2. v/t. mettre
à ou dans une écurie; v/i. loger.
sta·bling ['steiblin] logement m à
l'écurie; coll. écuries f/pl.
stack [stæk] 1. ⚒ foin etc.: meule f;
tas m, pile f; cheminée: souche f; ⚔
faisceau m; ⚙ cheminée f; ~s pl.
magasin m de livres; F ~s pl. un tas
m; 2. mettre en meule; fig. entasser;
⚔ mettre en faisceaux.
sta·di·um sp. ['steidiəm], pl. **-di·a**
['~diə] stade m.
staff [stɑːf] 1. bâton m; mât m; ♩
(pl. **staves** [steivz]) portée f; ⚔ état-
major (pl. états-majors) m; ✝ per-

sonnel m (école, univ.: enseignant);
2. fournir de personnel.
stag [stæg] 1. zo. cerf m; F homme m
non accompagné d'une dame; ✝
loup m; 2. ✝ acheter pour revendre
à prime.
stage [steidʒ] 1. estrade f; échafau-
dage m; théâ. scène f; fig. théâtre
m; période f; étape f; phase f; (a.
landing-~) débarcadère m; go on the
~ se faire acteur (-trice f); fare ~
autobus etc.: section f itinéraire;
2. mettre sur la scène; monter; '~-
'**box** loge f d'avant-scène; '**~-coach**
diligence f; **~ di·rec·tion** indication
f scénique; **~ fright** trac m; **~ man-
ag·er** régisseur m; '**stag·er**: old ~
vieux routier m; '**stag·e·y** see stagy.
stag·ger ['stægə] 1. v/i. chanceler,
tituber; fig. hésiter; v/t. faire chan-
celer; ⊕ disposer en quinconce;
étager; fig. échelonner; F con-
fondre; 2. chancellement m; allure f
chancelante; ⊕ disposition f en
quinconce; fig. échelonnement m;
~s pl. vét. mouton: lourd vertige m;
cheval: vertigo m; F vertige m.
stag·nan·cy ['stægnənsi] stagnation
f; '**stag·nant** □ stagnant (a. ✝);
✝ en stagnation; dormant; **stag-
nate** ['~neit] être ou devenir stag-
nant; croupir (eau); **stag·na·tion**
stagnation f; ✝ a. marasme m.
stag-par·ty F ['stægpɑːti] réunion f
d'hommes.
stag·y □ ['steidʒi] théâtral (-aux
m/pl.).
staid □ [steid] posé, sérieux (-euse
f); '**staid·ness** caractère m ou air
m posé ou sérieux.
stain [stein] 1. tache f (a. fig.); ⊕
couleur f (pour bois); 2. v/t. tacher
(a. fig.); ⊕ teindre, mettre en cou-
leur; v/i. se tacher; se teindre; ~ed
glass verre m de couleur; ~ed
glass (window) vitrail (pl. -aux) m;
'**stain·less** □ sans tache; immaculé;
⊕ inoxydable (acier); inrouillable.
stair [stɛə] marche f, degré m; ~s
pl. escalier m; flight of ~s pl. (volée f
d')escalier m; '**~-car·pet** tapis m
d'escalier; '**~-case** (cage f d')escalier
m; moving ~ escalier m roulant, esca-
lator m; '**~-rod** tringle f d'escalier;
Am. '**~-way** see staircase.
stake [steik] 1. pieu m; poteau m; jeu:
enjeu m; jeu m (a. fig.); bûcher m
(d'un martyr); ~s pl. turf: prix m/pl.;

surt. *Am. pull up* ~ partir, ficher le camp; *be at* ~ être en jeu; *place one's* ~ *on* parier sur; **2.** garnir de *ou* soutenir avec des pieux; mettre en jeu; jouer, parier; hasarder; ~ *out* (*ou off*) jalonner.

stale[1] □ [steil] **1.** vieux (vieil *devant une voyelle ou un h muet*; vieille *f*; vieux *m*/*pl*.); rassis (*pain etc.*); éventé (*bière etc.*); défraîchi (*article, nouvelle*); vicié (*air*); de renfermé (*odeur*); rance; usé, rebattu (*plaisanterie etc.*); **2.** *v/i.* s'éventer (*bière*); perdre son intérêt.

stale[2] [~] **1.** uriner (*cheval etc.*); **2.** urine *f*.

stale·mate ['steil'meit] **1.** *échecs:* pat *m*; *fig.* impasse *f*; **2.** faire pat (*q.*).

stalk[1] [stɔːk] tige *f*; *chou:* trognon *m*; *verre:* pied *m*.

stalk[2] [~] **1.** *v/i.* marcher à grandes enjambées; se pavaner; chasser sans chiens; *v/t.* traquer *(gibier)*; **2.** chasse *f* à l'affût; **'stalk·er** chasseur *m* à l'affût; **'stalk·ing-horse** *fig.* masque *m*, prétexte *m*.

stall [stɔːl] **1.** *cheval:* stalle *f*; *bœuf:* case *f*; *porc:* loge *f*; *marché:* étalage *m*; *théâ.* fauteuil *m* d'orchestre; *eccl.* stalle *f*; **2.** *v/t.* mettre à l'étable *ou* à l'écurie; ⊕ mettre en perte de vitesse; *mot.* caler; *v/i. mot.* (se) caler; ⚔ s'engager; **'~-feed·ing** nourrissage *m* à l'étable.

stal·lion ['stæljən] étalon *m*.

stal·wart ['stɔːlwət] **1.** □ robuste, vigoureux (-euse *f*); *fig.* ferme; **2.** *pol.* tenant *m*; partisan *m*.

sta·men ♀ ['steimen] étamine *f*;
stam·i·na ['stæminə] vigueur *f*, résistance *f*.

stam·mer ['stæmə] **1.** bégayer, balbutier; **2.** bégaiement *m*; **'stammer·er** bègue *mf*.

stamp [stæmp] **1.** battement *m* (*a.* bruit *m*) de pied; ⊕ estampeuse *f*; ⊕ emboutisseuse *f*; empreinte *f* (*a. fig.*); *fig.* trempe *f*; timbre (-poste) *m*; coin *m*; ♃ estampille *f*; *see date-*~; **2.** *v/t.* frapper (du pied, one's foot); estamper; ♃ estampiller; ♃ contrôler; marquer (*a. fig.*); timbrer (*un document*); affranchir (*une lettre*); ~ *on the memory* (se) graver dans la mémoire, imprimer sur l'esprit; ~ *out* étouffer; ⊕ découper à la presse; *v/i.* frapper du pied; piétiner; **'~-al·bum** album *m* de timbres-poste; **'~-du·ty** droit *m* de timbre.

stam·pede [stæmˈpiːd] **1.** panique *f*; débandade *f*; ruée *f*; **2.** *v/t.* mettre en fuite; *v/i.* fuir en désordre; se précipiter (vers, sur *for, towards*).

stamp·er ['stæmpə] estampeuse *f*; *personne:* timbreur (-euse *f*), estampeur (-euse *f*) *m*, frappeur (-euse *f*) *m* de monnaie; **'stamp(·ing)-mill** *métall.* (moulin *m* à) bocard(s *pl.*) *m*.

stanch [stɑːntʃ] **1.** étancher (*le sang*); **2.** *adj. see staunch 1*; **stan·chion** ['stɑːnʃn] étançon *m*; colonnette *f* de soutien.

stand [stænd] **1.** [*irr.*] *v/i.* se tenir (debout); être; se trouver; rester; se maintenir; se porter candidat; (*usu.* ~ *still*) s'arrêter; se lever; ~ *against* s'adosser à; résister à, combattre; ~ *aside* se tenir à l'écart; s'écarter; *fig.* se désister (*en faveur de q.*); ~ *at* être à; marquer (*les degrés*); ~ *back* se tenir en arrière (se) reculer; être écarté (de, *from*); ~ *by* se tenir prêt; ⚔ se tenir paré; ✕ se tenir consigné; se tenir à côté de; *fig.* soutenir; *fig.* rester fidèle à; *radio:* ne pas quitter l'écoute; ~ *for* tenir lieu de; se présenter comme candidat à; soutenir; vouloir dire; représenter; F supporter, tolérer; ⚔ en courir (vers, à to); ~ *in with* s'associer à; ~ *off* se tenir éloigné *ou* à l'écart; s'éloigner; ⊕ chômer; ⚔ courir au large; avoir le cap au large; ~ *off!* tenez-vous à distance!; ~ *on* se tenir sur (*a. fig.*); insister sur; ~ *out* être en *ou* faire saillie, avancer; *fig.* se détacher (sur, *against*); se profiler (sur, *against*); se tenir à l'écart; résister (à, *against*); tenir bon (contre, *against*); insister (sur, *for*); ⚔ se tenir au large; courir au large; ~ *over* rester en suspens; se pencher sur; *Am.* F ~ *pat* tenir ferme, ne pas en démordre; ~ *to* ne pas démordre de, en tenir pour; s'en tenir à; ⚔ avoir le cap au large; *see reason 1*; ✕ ~ *to!* aux armes!; ~ *up* se lever; se dresser; ~ *up for* soutenir, prendre le parti de; ~ *up to* résister à; ~ *upon* se tenir sur (*a. fig.*); insister sur; **2.** [*irr.*] *v/t.* poser, mettre; supporter; endurer; soutenir (*un combat, un choc*, ✕ *le feu*); *see ground*[2] *1*; F ~ *s.o. a dinner* payer un dîner à q.; ~

standard 1086

treat régaler; 3. position *f*, place *f*; station(nement *m*) *f*; estrade *f*, tribune *f*; étalage *m*; socle *m*, dessous *m*; *surt. Am.* barre *f* des témoins; arrêt *m*; (*a.* wash-⁓) lavabo *m*; *fig.* résistance *f*; *composés*: -⁓ porte- *m*; umbrella-⁓ porte-parapluies *m/inv.*; ⚔ of arms armement *m* (*d'un soldat*); make a (*ou* one's) ⁓ against s'opposer résolument à.

stand·ard ['stændəd] 1. ⚔ étendard *m*; ⚓ pavillon *m* (*a.* ♘); *mesure*: étalon *m*, type *m*; ♆ échantillon *m*; modèle *m*, norme *f*; niveau *m* (*a. école*, *fig.*); qualité *f*; degré *m* (d'excellence); hauteur *f*; or, argent, *a.* 📈; titre *m*; *école primaire*: classe *f*; ⊕ pied *m*; 🌱 arbre *m* de plein vent; above ⁓ au-dessus de la moyenne; ⁓ lamp torchère *f*, lampadaire *m*; the ⁓ is high le niveau est élevé; ⁓ of living niveau *m* de vie; ⁓ of value prix *m* régulateur; 2. standard *adj./inv.*; -étalon; type; classique; normal (-aux *m/pl.*); courant; ⁓ **gauge** 🚂 ['⁓geidʒ] voie *f* normale; **stan·ard·i·za·tion** ['⁓ai'zeiʃn] étalonnage *m*; unification *f*; ⊕, *cin.* standardisation *f*; 📈 titrage *m*; **'stand·ard·ize** étalonner, unifier; normaliser; ⊕, *cin.* standardiser; 📈 titrer.

stand-by ['stændbai] expédient *m*; réserve *f*.

stand-ee *Am.* F [stæn'di:] spectateur (-trice *f*) *m* debout.

stand-er-by ['stændə'bai], *pl.* 'stand·ers-'by spectateur (-trice *f*) *m*; assistant(e *f*) *m*, témoin *m*.

stand-in *cin.* ['stænd'in] doublure *f*.

stand·ing ['stændiŋ] 1. □ debout *inv.*; dormant (*eau*); permanent; ordinaire; fixe; ⁓ jump saut *m* à pieds joints; *parl.* ⁓ orders *pl.* règlement *m*, -s *m/pl.*; 2. position *f*; rang *m*; importance *f*; durée *f*; date *f*; of long ⁓ d'ancienne date; '⁓-**room** place *f*, -s *f/pl.* debout.

stand...: '⁓-**off** *Am.* raideur *f*, réserve *f*, morgue *f*; '⁓-**off·ish** distant; raide; ⁓**'pat·ter** *Am. pol.* immobiliste *m*; '⁓-**pipe** réservoir *m* cylindrique; '⁓-**point** point *m* de vue; '⁓-**still** arrêt *m*; be at a ⁓ n'avancer plus; come to a ⁓ s'arrêter; '⁓-**up**: ⁓ *collar* col *m* droit; ⁓ fight bataille *f* rangée; combat *m* en règle.

stank [stæŋk] *prét. de* stink 2.
stan·nic 📈 ['stænik] stannique.
stan·za ['stænzə] strophe *f*, stance *f*.
sta·ple¹ ['steipl] 1. matière *f* première; *fig.* fond *m*; produit *m* principal; marché *m* aux laines; 2. principal (-aux *m/pl.*).
sta·ple² [⁓] crampon *m*, crampillon *m*; clou *m* à deux pointes; *serrure*: gâche *f*.

star [sta:] 1. étoile *f* (*a. fig.*); astre *m*; *théâ.* vedette *f*; *Am.* ⁓s and Stripes *pl.* bannière *f* étoilée; 2. étoiler; marquer d'un astérisque; *théâ.* figurer en vedette, tenir le premier rôle; ⁓ (*it*) briller; *théâ.* figurer en vedette de la semaine *etc.*

star·board ⚓ ['sta:bəd] 1. tribord *m*; 2. *v/t.* mettre la barre à tribord; *v/i.* venir sur tribord.

starch [sta:tʃ] 1. amidon *m*; *pâte*: empois *m*; *fig.* raideur *f*; 2. empesé; *fig.* ⁓ed guindé, raide; '**starch·i·ness** manières *f/pl.* empesées, raideur *f*; '**starch·y** □ 1. féculent; *fig.* guindé; 2. (*ou* ⁓ food) féculent *m*.

stare [stɛə] 1. regard *m* fixe; 2. regarder fixement (qch., *at* s.th.); ouvrir de grands yeux; ⁓ s.o. out dévisager q.; **'star·ing** □ ['⁓riŋ] fixe (*regard*); effrayé; criard.

stark [sta:k] raide; *poét.* fort; ⁓ naked tout nu; nu comme un ver.

star·ling¹ *orn.* ['sta:liŋ] étourneau *m*.

star·ling² [⁓] brise-glace *m/inv.*
star·lit ['sta:lit] étoilé.
star·ring *théâ.* ['sta:riŋ]présentant... (en vedette). [brillant.]
star·ry ['sta:ri] étoilé (,); *fig.*)
star-span·gled ['sta:spæŋgld] constellé d'étoiles; *Am. Star-Spangled Banner* bannière *f* étoilée.

start [sta:t] 1. départ *m* (*a. sp.*); commencement *m*; *sp.* envolée *f*; *sp.* avance *f*; *fig.* sursaut *m*, tressaillement *m*; *fig.* give s.o. a ⁓ donner de l'avance à q.; laisser q. partir le premier; 2. *v/i.* partir, se mettre en route; commencer (*a.* qch., *on* s.th.; *a.* à *inf.*, *on* gér.); *mot.* démarrer; 🚂 prendre son vol; *fig.* tressaillir, (sur)sauter (de, *with*; à *at*, *with*); faire un écart brusque (*cheval*); jaillir (de, *from*) (*larmes*); ⁓ up se lever brusquement; *v/t.* faire partir (*a. le gibier*); mettre (*une machine*)

start·er ['stɑ:tə] auteur *m*; *sp.* starter *m*; *sp.* partant *m* (= *concurrent*); *mot. etc.* démarreur *m*; *fig.* lanceur (-euse *f*) *m*.

start·ing ['stɑ:tiŋ] départ *m*; commencement *m etc.*; *mot.* ~ *handle* mise *f* en marche; *mot.* ~ *switch* bouton *m* de démarrage; '~-point point *m* de départ; 🚇 tête *f* de ligne.

star·tle ['stɑ:tl] effrayer; 'star·tler F chose *f* sensationnelle; 'star·tling ☐ effrayant; étonnant.

star·va·tion [stɑ:'veiʃn] faim *f*; 🍽 inanition *f*; *attr.* de famine; **starve** [stɑ:v] (faire) mourir de faim; *fig. v/t.* priver (de, *of*); **starve·ling** ['ˌlɪŋ] affamé(e *f*) (*a. su./mf*); famélique (*a. su./mf*); *a.* de famine.

state [steit] **1.** état *m*, condition *f*; pompe *f*, apparat *m*; *pol. usu.* ♀ État *m*; *hist.* ♀s *pl.* états *m/pl.*, ordres *m/pl.*; ~ *of life* rang *m*; *in* ~ en grand apparat *ou* gala; *lie in* ~ être exposé solennellement (*mort*); F *be in a* ~ être très agité; **2.** d'État, d'apparat; *see department; Am.* ♀ *house* palais *m* du gouvernement; **3.** énoncer, déclarer, affirmer; poser (*un problème*); fixer (*une date etc.*); ✝ spécifier (*un compte*); '**state·less** sans patrie; '**state·li·ness** majesté *f*; grandeur *f*; '**state·ly** majestueux (-euse *f*); imposant, noble; '**state·ment** déclaration *f*; exposition *f*, énoncé *m*; affirmation *f*; ✝ bilan *m*; '**state-room** salle *f* de réception; ⚓ cabine *f* de luxe; '**state·side:** *Am.* F *go* ~ rentrer.

states·man ['steitsmən] homme *m* d'État; '**states·man·like** d'homme d'État; F magistral (-aux *m/pl.*); '**states·man·ship** science *f* du gouvernement; politique *f*.

State(s)' rights *Am.* ['steit(s)raits] droits *m/pl.* fondamentaux des États fédérés.

stat·ic ['stætik] statique; '**stat·ics** *pl. ou sg. phys.* statique *f*; *pl. radio:* parasites *m/pl.*

sta·tion ['steiʃn] **1.** position *f*, place *f*; poste *m* (*a.* ⚔, ⚓, *radio*); sauvetage *etc.*: station *f*; ⚇, *zo.* habitat *m*; 🚇 gare *f*; *métro:* station *f*; rang *m*, situation *f* sociale; **2.** placer; poster; '**sta·tion·ar·y** ☐ immobile; stationnaire; fixe; ~ *engine* moteur *m* fixe; '**sta·tion·er** papetier *m*; ♀*s' Hall* Hôtel *m* de la Corporation des libraires (*à Londres*); '**sta·tion·er·y** papeterie *f*; '**sta·tion-mas·ter** 🚇 chef *m* de gare; **sta·tion wag·on** *Am. mot.* canadienne *f*.

sta·tis·ti·cal ☐ [stə'tistikl] statistique; **stat·is·ti·cian** [stætis'tiʃn] statisticien(ne *f*) *m*; **sta·tis·tics** [stə'tistiks] *pl.*, *comme science sg.* statistique *f*.

stat·u·ar·y ['stætjuəri] **1.** statuaire; **2.** statuaire *f*, art *m* statuaire; *personne:* statuaire *mf*; *coll.* statues *f/pl.*; **stat·ue** ['ˌtju:] statue *f*; **stat·u·esque** ☐ [ˌtju'esk] plastique; sculptural (-aux *m/pl.*); **stat·u·ette** [ˌtju'et] statuette *f*.

stat·ure ['stætʃə] taille *f*; stature *f*.

sta·tus ['steitəs] statut *m* légal; situation *f*; état *m* (*a.* ⚔); rang *m*.

stat·ute ['stætju:t] loi *f*, ordonnance *f*; ~ *pl.* statuts *m/pl.*; ~ *law* droit *m* écrit; '~-**book** code *m* des lois, '**stat·u·to·ry** ☐ ['stætjutəri] établi par la loi; statuaire.

staunch [stɔ:ntʃ] **1.** ☐ ferme; sûr, dévoué; étanche (*navire*); **2.** étancher.

stave [steiv] **1.** douve *f*; bâton *m*; strophe *f*; ♪ mesure *f*; **2.** [*irr.*] (*usu.* ~ *in*) défoncer, enfoncer; ~ *off* prévenir, parer à.

staves [steivz] *pl. de* **staff 1.**

stay [stei] **1.** ⚓ mât: accore *m*, étai *m*; hauban *m*; *fig.* soutien *m*; séjour *m*; ⚖ suspension *f*; ⚖ sursis *m*; (*a pair of*) ~*s pl.* (un) corset *m*; **2.** *v/t.* arrêter; remettre; étayer; ~ *one's stomach* tromper la faim; *v/i.* rester, demeurer; se tenir; séjourner; *sp.* soutenir l'allure; ~ *away* s'absenter; ~ *for* attendre; ~ *in* rester à *ou* garder la maison; ~ *put* rester en place; *sl.* ne plus changer; ~ *up* veiller; rester debout; ~*ing power* fond *m*, résistance *f*; '~-**at-home** casanier (-ère *f*) *m*; '**stay·er** *sp. personne:* stayer *m*; cheval *m* de longue haleine.

stead [sted] place *f*; *in his* ~ à sa

steadfast 1088

place; *stand s.o. in good* ~ être fort utile à q.
stead·fast □ ['stedfəst] ferme, stable; solide; inébranlable; constant; **'stead·fast·ness** fermeté *f*, constance *f*.
stead·i·ness ['stedinis] persévérance *f*; ✝ stabilité *f*; *a. see* steadfastness.
stead·y ['stedi] 1. □ ferme; solide (*a.* ✝); constant; soutenu; sûr; régulier (-ère *f*); *walk a* ~ *2 miles* aller deux bons milles; 2. *v/t.* (r)affermir; assurer; calmer; stabiliser; *v/i.* se raffermir; reprendre son aplomb *ou* équilibre; 3. *Am.* F ami(e *f*) *m* attitré(e *f*).
steak [steik] tranche *f*; bifteck *m*; *fillet* ~ tournedos *m*.
steal [sti:l] 1. [*irr.*] *v/t.* voler, dérober; (*a.* ~ *away*) séduire (le cœur de q., *s.o.'s heart*); ~ *a glance* jeter un coup d'œil furtif (à, *at*); ~ *a march on* devancer q.; *v/i.* marcher à pas furtifs; ~ *into* se faufiler dans; 2. *Am.* filouterie *f*; transaction *f* malhonnête.
stealth [stelθ]: *by* ~ à la dérobée; furtivement; **'stealth·i·ness** caractère *m* furtif; **'stealth·y** □ furtif (-ive *f*).
steam [sti:m] 1. vapeur *f*; buée *f*; *let off* ~ ⊕ lâcher la vapeur; *fig.* donner libre cours à ses sentiments; dépenser son superflu d'énergie; 2. de *ou* à vapeur; 3. *v/i.* fumer; jeter de la vapeur; *v/t.* cuire à la vapeur; vaporiser (*du drap*); **'~-boil·er** chaudière *f* à vapeur; **steamed** couvert de buée (*fenêtre*); **'steam-en·gine** machine *f* à vapeur; **'steam·er** ⚓ vapeur *m*; *cuis.* marmite *f* à l'étuvée; **'steam-i-ness** climat; humidité *f*; **'steam-roll·er** rouleau *m* compresseur; **steam tug** ⚓ remorqueur *m* à vapeur; **'steam·y** □ couvert de buée (*fenêtre*); humide (*climat etc.*).
ste·a·rin ⚗ ['stiərin] stéarine *f*.
steed *poét.* [sti:d] destrier *m*.
steel [sti:l] 1. acier *m*; *poét.* épée *f*; *cuis.* affiloir *m*; 2. d'acier; ~*works usu. sg.* aciérie *f*; ~ *engraving* gravure *f* sur acier; aciérer; ~ *o.s.* s'endurcir; **'~-clad** revêtu d'acier; **'steel·y** *usu. fig.* d'acier; **'steel·yard** romaine *f*.
steep¹ [sti:p] 1. raide, escarpé; F

fort, raide; incroyable; 2. *poét.* escarpement *m*.
steep² [~] 1. trempage *m*; mouillage *m*; 2. baigner, tremper; *fig.* ~ *o.s.* se noyer (dans, *in*).
steep·en *fig.* ['sti:pən] *vt/i.* augmenter.
stee·ple ['sti:pl] clocher *m*; **'~-chase** steeple(-chase) *m*.
steep·ness ['sti:pnis] raideur *f*; pente *f* rapide.
steer¹ [stiə] jeune bœuf *m*, bouvillon *m*; *Am.* bœuf *m*.
steer² [~] diriger, conduire; **'steer·a·ble** dirigeable.
steer·age ⚓ ['stiəridʒ] † manœuvre *f* de la barre; entrepont *m*; troisième classe *f*; **'~-way** ⚓: *have good* ~ sentir la barre.
steer·ing... ['stiəriŋ]: **'~-arm** *mot.* levier *m* d'attaque de (la) direction; **'~-wheel** ⚓ roue *f* du gouvernail; *mot.* volant *m*.
steers·man ⚓ ['stiəzmən] timonier *m*.
stein [stain] chope *f*, pot *m*.
stel·lar ['stelə] stellaire.
stem¹ [stem] 1. *plante, fleur:* tige *f*; *fruit:* queue *f*; *arbre:* souche *f*, tronc *m*; *bananes:* régime *m*; *verre:* pied *m*; *pipe:* tuyau *m*; *mot:* radical *m*; 2. *v/t.* enlever les queues de; égrapper (*des raisins*); *v/i. Am.* être issu (de, *from*).
stem² [~] 1. ⚓ avant *m*; *poét.* proue *f*; 2. *v/t.* contenir, refouler; arrêter; résister à; *v/i. ski:* se ralentir en faisant un angle aigu; ~(*ming*) *turn* stemmbogen *m*.
stench [stentʃ] odeur *f* infecte, puanteur *f*.
sten·cil ['stensl] 1. patron *m*; *machine à écrire* cliché *m*; 2. peindre *etc.* au patron; polycopier.
ste·nog·ra·pher [ste'nɔgrəfə] sténographe *mf*; **sten·o·graph·ic** [stenə'græfik] (~*ally*) sténographique; **ste·nog·ra·phy** [ste'nɔgrəfi] sténographie *f*.
step [step] 1. pas *m* (*a. fig.*); marche *f* (*a. autel*); échelon *m*; *auto etc.:* marchepied *m*; *maison:* seuil *m*; démarche *f*, mesure *f*; (*a pair ou set of*) ~*s pl.*, (*a*) ~-*ladder* (une) échelle *f* double, (un) escabeau *m*; *in* ~ *with* au pas avec; 2. *v/i.* faire un pas; marcher; ~ *in!* entrez!; ~ *on it! sl.* dépêchez-vous!; dégrouillez-vous!;

stilly

~ out sortir; allonger le pas; v/t. (a. ~ off, out) mesurer (une distance) au pas; ~ up rehausser le niveau de; ⚡ survolter.

step² [~] mots composés: beau- (belle- f); '~-fa·ther beau-père (pl. beaux-pères) m.

steppe [step] steppe f.

step·ping-stone ['stepiŋstoun] pierre f de gué (dans une rivière); fig. marchepied m; tremplin m.

ster·e·o typ. ['stiəriou] cliché m.

stereo- [stiəriə]: **~·phon·ic sound** ['stiəriə'fɔniksaund] stéréophonie f; **~·scope** ['~skoup] stéréoscope m; '**~·type** 1. cliché m; 2. stéréotyper.

ster·ile ['sterail] stérile; ♀ acarpe; **ste·ril·i·ty** [~'riliti] stérilité f; **ster·i·lize** ['~rilaiz] stériliser.

ster·ling ['stə:liŋ] de bon aloi (a. fig.); ✝ sterling; a pound ~ une livre sterling.

stern¹ □ [stə:n] sévère, dur; austère.

stern² ⚓ [~] arrière m; derrière m.

stern·ness ['stə:nnis] sévérité f, dureté f; austérité f.

stern-post ⚓ ['stə:npoust] étambot m.

ster·num anat. ['stə:nəm] sternum m.

steth·o·scope 𝒮 ['steθəskoup] stéthoscope m.

ste·ve·dore ⚓ ['sti:vidɔ:] arrimeur m; entrepreneur m d'arrimage.

stew [stju:] 1. v/t. fricasser, mettre en ragoût; faire une compote de (fruit); ~ed fruit compote f; v/i. mijoter; cuire à la casserole; 2. ragoût m; F émoi m.

stew·ard ['stjuəd] économe m; maison: maître m d'hôtel; ⚓ garçon m, steward m; sp., a. bal: commissaire m; '**stew·ard·ess** ✈ hôtesse f de l'air; ⚓ stewardess f.

stew...: '**~-pan**, '**~-pot** casserole f; cocotte f.

stick¹ [stik] 1. bâton m (a. cire à cacheter); canne f; baguette f; vigne: échalas m; balai: manche m; ✖ manche m à balai; ✖ bombes: chapelet m; sp. crosse f; fig. F type m; ~s pl. du menu bois m; 2. ⚡ ramer; mettre des tuteurs à.

stick² [~] [irr.] v/i. se piquer; tenir (à, to); se coller; se coincer (porte); hésiter (devant, at); ~ at nothing n'être retenu par rien; ~ out faire saillie; F persister; F s'obstiner à (à demander qch., for s.th.); ~ up se dresser; F résister (à, to); fig. ~ to persévérer dans; rester fidèle à; F ~ up for s.o. prendre la défense de q.; v/t. piquer; attacher; fixer; coller; percer; ramer (des pois); sl. supporter (q.); ~ up afficher; sl. attaquer à main armée; '**stick·er** couteau m; colleur m; Am. affiche f; '**stick·i·ness** viscosité f; '**stick·ing-plas·ter** sparadrap m; taffetas m anglais; '**stick-in-the-mud** F mal dégourdi; routinier (-ère f) m.

stick·le ['stikl] (se) disputer; '**stick·le·back** icht. épinoche f; '**stick·ler** rigoriste mf (à l'égard de, for).

stick-up ['stikʌp] F (a. ~ collar) col m droit; Am. sl. bandit m.

stick·y □ ['stiki] collant; fig. pâteux (-euse f); sl. difficile; peu accommodant.

stiff □ [stif] 1. raide, rigide; guindé, gêné; ferme; fort (boisson, vent); difficile; 2. sl. cadavre m; Am. sl. nigaud m, bêta (-asse f) m; '**stiff·en** v/t. raidir (a. 𝒮); renforcer; empeser (un plastron); lier (une sauce); corser (une boisson); v/i. (se) raidir; devenir ferme; '**stiff·en·er** renfort m; F verre m qui ravigote; '**stiff-necked** fig. intraitable, obstiné.

sti·fle¹ vét. ['staifl] (affection f du) grasset m.

sti·fle² [~] étouffer (a. fig.).

stig·ma ['stigmə] stigmate m; fig. a. flétrissure f; '**stig·ma·tize** marquer de stigmates; fig. stigmatiser.

stile [stail] échalier m, échalis m; ⊕ porte etc.: montant m.

sti·let·to [sti'letou] stylet m; couture: poinçon m.

still¹ [stil] 1. adj. tranquille; silencieux (-euse f); calme; ~ wine vin m non mousseux; 2. su. cin. photographie f; 3. adv. encore; 4. cj. cependant, pourtant; encore; 5. (se) calmer; v/t. tranquilliser, apaiser.

still² [~] alambic m; appareil m de distillation.

still...: '**~-born** mort-né(e f); '**~-hunt** Am. traquer d'affût; '**~-hunt·ing** Am. chasse f d'affût; ~ **life** nature f morte; '**still·ness** calme m; silence m.

still-room ['stilrum] 🏠 office f.

still·y poét. ['stili] adj. calme, tranquille; **stil·ly** [~] adv. silencieusement.

stilt

stilt [stilt] échasse *f*; **'stilt·ed** *fig.* guindé, tendu.

stim·u·lant ['stimjulənt] **1.** ⚕ stimulant; **2.** ⚔ surexcitant *m*; stimulant *m*; **stim·u·late** ['↲leit] stimuler (*a.* ⚕); *fig. a.* encourager (à *inf.*, to *inf.*); **stim·u·la·tion** stimulation *f*; **stim·u·la·tive** ['↲lətiv] stimulateur (-trice *f*); **stim·u·lus** ['↲ləs], *pl.* -li ['↲lai] stimulant *m*, F aiguillon *m* (de, to); ⚘ stimule *m*; *physiol.* stimulus *m*.

sting [stiŋ] **1.** *insecte:* aiguillon *m*; piqûre *f*; ⚘ dard *m*; *fig.* pointe *f*, mordant *m*; **2.** [*irr.*] *v/t.* piquer (*fig.* au vif); *v/i.* cuire; *sl.* be stung for s.th. payer qch. à un prix exorbitant; **'sting·er** F coup *m* raide *ou* douloureux; **stin·gi·ness** ['stindʒinis] mesquinerie *f*, ladrerie *f*; **sting·(ing)-net·tle** ⚘ ['stiŋ(iŋ)netl] ortie *f* brûlante; **stin·gy** □ ['stindʒi] mesquin, chiche.

stink [stiŋk] **1.** puanteur *f*; **2.** [*irr.*] *v/i.* puer (qch., *of* s.th.); *fig.* ~ of trahir, accuser; *v/t.* enfumer (*un renard*); *fig.* sentir (*qch.*).

stint [stint] **1.** restriction *f*, besogne *f* assignée; travail *m* exigé; **2.** imposer des restrictions à; priver (*q.*), être privé de (*qch.*).

sti·pend ['staipend] traitement *m* (*surt. eccl.*); **sti'pen·di·ar·y** [↲ʒəri] **1.** appointé; **2.** *Angl.* juge *m* d'un tribunal de simple police.

stip·ple *peint.* ['stipl] pointiller.

stip·u·late ['stipjuleit] (*a.* ~ *for*) stipuler; convenir (de, for); **stip·u'la·tion** ⚖ stipulation *f*; condition *f*.

stir¹ [stəː] **1.** remuement *m*; mouvement *m* (*a. fig.*); *fig.* vie *f*; agitation *f*; **2.** *v/t.* remuer; tourner; agiter; *fig.* exciter; ~ *up* exciter; pousser; susciter; *v/i.* remuer, bouger.

stir² *sl.* [↲] prison *f*.

stir·rup ['stirəp] étrier *m*.

stitch [stitʃ] **1.** point *m*, piqûre *f*; ⚔ suture *f*; ⚔ point *m* de côté; he has not a dry ~ on him il est complètement trempé; **2.** coudre; piquer (*le cuir, deux étoffes*); brocher (*un livre*); ⚔ suturer.

stoat *zo.* [stout] hermine *f* (d'été).

stock [stɔk] **1.** *arbre:* tronc *m*; souche *f*; *outil:* manche *m*; *fusil:* fût *m*; *fig.* race *f*, famille *f*; ⚘ (*a.* ~*-gilly-flower*) matthiole *f*, giroflée *f* des jardins; ⚔ col *m* droit; provision *f*; † marchandises *f/pl.*, stock *m*; † *a.* ~*s pl.* fonds *m/pl.*, valeurs *f/pl.*, *fig.* actions *f/pl.*; (*a. live* ~) bétail *m*, bestiaux *m/pl.*; (*a. dead* ~) matériel *m*; *cost.* cravate *f*; *eccl.* plastron *m* en soie noire; *cuis.* consommé *m*, bouillon *m*; ~*s pl. a. hist.* pilori *m*; ⚓ chantier *m*; ~ *building* † stockage *m*; approvisionnement *m*; ~ *in hand* marchandises *f/pl.* en magasin; 🚂 *rolling* ~ matériel *m* roulant; *take* ~ *of* † dresser l'inventaire de; *fig.* scruter, examiner attentivement; **2.** courant; de série; classique; consacré; *théâ.* ~ *company* troupe *f* à demeure; ~ *play* pièce *f* de ou du répertoire; **3.** *v/t.* (*a.* ~ *up*) approvisionner, fournir (de, with); † avoir en magasin, tenir; *v/i.* se monter (en, with), s'approvisionner (de, with).

stock·ade [stɔ'keid] **1.** palissade *f*; *Am.* prison *f*; **2.** palissader.

stock...: '~**-book** livre *m* de magasin; '~**-breed·er** éleveur *m*; '~**brok·er** agent *m* de change; courtier *m* de bourse; ~ **ex·change** bourse *f* (des valeurs); '~**-hold·er** actionnaire *mf*; porteur *m* de titres.

stock·i·net ['stɔkinet] tricot *m*.

stock·ing ['stɔkiŋ] bas *m*; '~**-loom** métier *m* à bas.

stock·ist † ['stɔkist] stockiste *m*.

stock...: '~**-job·ber** marchand *m* de titres; '~**-job·bing** courtage *m*; *péj.* agiotage *m*; '~**-pile** *vt/i.* stocker; amonceler; '~**-pot** pot-au-feu *m/inv.*; '~**-'still** (complètement) immobile; sans bouger; '~**-tak·ing** inventaire *m*; ~ *sale* solde *m* avant *ou* après inventaire; **'stock·y** trapu; ragot (*a. cheval*).

stodge *sl.* [stɔdʒ] se bourrer (*de nourriture*); **'stodg·y** □ lourd; qui bourre.

sto·gy, **sto·gie** *Am.* ['stougi] cigare *m* long et fort (à bouts coupés).

sto·ic ['stouik] stoïcien(ne *f*) (*a. su.*); stoïque; **'sto·i·cal** □ *fig.* stoïque.

stoke [stouk] charger; chauffer; **'stok·er** chauffeur *m*; chargeur *m*.

stole¹ [stoul] *cost.* écharpe *f*; étole *f* (*a. eccl.*). [*steal 1.*]

stole² [↲] *prét.*, **'sto·len** *p.p. de*

stol·id □ ['stɔlid] impassible, lourd, lent; flegmatique; **sto·lid·i·ty** [↲'liditi] flegme *m*; impassibilité *f*.

stom·ach ['stʌmək] **1.** estomac m; fig. appétit m; goût m (de, for); euphémisme: ventre m; **2.** fig. supporter, tolérer; digérer; '**stom·ach·er** cost. hist. pièce f d'estomac; **sto·mach·ic** [stoˈmækik] (~ally) stomachique (a. su./m); stomacal (-aux m/pl.).

stomp Am. [stɔmp] marcher à pas bruyants.

stone [stoun] **1.** pierre f; fruit: noyau m; a. mesure: 6,348 kg; ✗ calcul m; **2.** de ou en pierre; de ou en grès; **3.** lapider; ôter les noyaux de (un fruit); '~-'**blind** complètement aveugle; '~-'**coal** anthracite m; '~-'**dead** raide mort; '~-'**deaf** complètement sourd; '~-**fruit** fruit m à noyau; '~-**ma·son** maçon m; '~-**pit** carrière f de pierre; '~-'**wall·ing** jeu m prudent; pol. obstructionnisme m; '~**ware** (poterie f de) grès m.

ston·i·ness ['stouninis] nature f pierreuse; fig. dureté f.

ston·y ['stouni] pierreux (-euse f); de pierre (a. fig.); fig. dur; F ~-**broke** à sec, sans le sou, fauché.

stood [stud] prét. et p.p. de stand 1, 2.

stooge Am. sl. [stuːdʒ] théâ. nègre m; fig. souffre-douleur mf/inv.

stool [stuːl] tabouret m; (a. three-legged ~) escabeau m; ✗ selle f; ♀ plante f mère; ♀ talle f; '~-**pi·geon** surt. Am. sl. mouchard m.

stoop [stuːp] **1.** v/i. se pencher, se baisser; fig. s'abaisser, descendre ([jusqu'] là, to); être voûté; v/t. incliner (la tête); **2.** penchement m en avant; dos m voûté; Am. véranda f; Am. terrasse f surélevée.

stop [stɔp] **1.** v/t. (a. ~ up) boucher; arrêter; bloquer (un chèque; a. box., foot.); retenir (les gages); plomber (une dent); étancher (le sang); mot. stopper; interrompre (la circulation); fermer, barrer (la route etc.); couper (l'électricité, la respiration); suspendre (le paiement, une procédure, ✗ les permissions); cesser; mettre fin à, supprimer; parer à (un coup); empêcher; ♪ presser (une corde), flûter; boucher (des trous); gramm. ponctuer; v/i. s'arrêter; cesser; rester, demeurer; attendre; descendre (à, at) (un hôtel); **2.** arrêt m (a. ⊕); halte f; interruption f; ⊕ butoir m; ⊕ crochet m; porte: butée f; machine à écrire: margeur m; ♪ jeu m, orgue: registre m, clarinette: clé f, violon etc.: barré m; guitare: touche f; gramm. (a. full ~) point m; ling. occlusive f; '~-**cock** ⊕ robinet m d'arrêt; '~-**gap** bouche-trou m; '~-**off**, '~-**o·ver** surt. Am. court séjour m, courte visite f, étape f; faculté f d'arrêt; '**stop·page** obstruction f (a. ✗); arrêt m; gages: retenue f; paiements etc.: suspension f; travail: chômage m; travail: interruption f; ⊕ à-coup m; ⚡ ~ of current coupure f du courant; '**stop·per 1.** bouchon m; ⊕ taquet m; ⚓ bosse f; **2.** boucher; ⚓ bosser; '**stop·ping** dent: plombage m; bouchon m; a. see stoppage; '**stop·ping train** 🚆 train m omnibus; '**stop-press news** pl. informations f/pl. de dernière heure; '**stop-watch** sp. montre f à arrêt.

stor·age ['stɔːridʒ] emmagasinage m; entrepôts m/pl.; frais m/pl. d'entrepôt; ~ *battery* accumulateur m, F accu m.

store [stɔː] **1.** (fig. bonne) provision f; fig. a. ~s pl. abondance f; a. ~s pl. magasin m; fig. fonds m (de connaissances); fig. prix m; Am. boutique f; ~s pl. entrepôt m; ✗, ⚓ magasin m; vivres m/pl.; *in* ~ en réserve; *be in* ~ *for* attendre (q.); *have in* ~ *for* ménager (qch.) à; *set great* ~ *by* faire grand cas de; **2.** (a. ~ *up*) amasser; emmagasiner; mettre en dépôt (des meubles); approvisionner (de, with); garnir (la mémoire); '~-**house** magasin m, entrepôt m; fig. mine f; ✗ manutention f; '~-**keep·er** garde-magasin (pl. gardes-magasin[s]) m; Am. boutiquier (-ère f) m, marchand(e f) m; '~-**room** office f, maison: dépense f; ⚓ magasin m; ⊕ halle f de dépôt.

sto·rey(ed) see story²; storied².

sto·ried¹ ['stɔːrid] historié; † célébré dans la légende ou histoire.

sto·ried² [~]: *four-*~ à quatre étages.

stork [stɔːk] cigogne f.

storm [stɔːm] **1.** orage m; tempête f (a. fig.); ✗ assaut m; fig. pluie f; *take by* ~ emporter (a. fig.), prendre d'assaut; **2.** v/i. se déchaîner; fig. tempêter; s'emporter (contre, at); v/t. ✗ livrer l'assaut à; prendre d'assaut; '**storm·y** □ tempétueux (-euse f); orageux (-euse f), d'orage.

sto·ry¹ ['stɔːri] histoire *f*, récit *m*; conte *m* (*a*. F = *mensonge*); pièce *f*, roman: intrigue *f*; anecdote *f*; short ⁓ nouvelle *f*.

sto·ry² [⁓] étage *m*.

sto·ry-tell·er ['stɔːritelə] conteur (-euse) *m*; F menteur (-euse) *f*) *m*.

stout [staut] **1.** □ gros(se *f*); fort, vigoureux (-euse *f*); résolu, intrépide; solide; **2.** bière *f* brune forte; '⁓·'heart·ed vaillant; '**stout·ness** embonpoint *m*, corpulence *f*; *sp.* persévérance *f*.

stove [stouv] **1.** poêle *m*; ⊕ four *m*; ✔ serre *f* chaude; **2.** ⊕ étuver (*a. des vêtements*); ✔ élever en serre chaude; **3.** *prét. et p.p. de stave* 2; '⁓·pipe tuyau *m* de poêle; *Am.* F cylindre *m*, chapeau *m* haut de forme.

stow [stou] ranger, serrer; ⚓ arrimer; '**stow·age** magasinage *m*; ⚓ (frais *m/pl.* d')arrimage *m*; '**stow·a·way** ⚓ passager *m* clandestin.

stra·bis·mus [strə'bisməs] strabisme *m*.

strad·dle ['strædl] *v/t.* se mettre à califourchon sur; enfourcher; ✕ être à cheval sur; écarter (*les jambes*); *v/i.* écarter les jambes; marcher *ou* se tenir les jambes écartées; *Am.* éviter de se compromettre.

strafe [strɑːf] ✕ bombarder; F marmiter.

strag·gle ['strægl] marcher sans ordre; ✕ rester en arrière, traîner (*a*. ♀); *fig.* s'éparpiller; '**strag·gler** celui (celle *f*) *m* qui reste en arrière; ✕ traînard *m*; ⚓ retardataire *m*; '**strag·gling** □ épars, éparpillé.

straight [streit] **1.** *adj.* droit (*a. fig.*); d'aplomb; en ordre; *fig.* honnête; *Am.* sec (sèche *f*) (*whisky etc.*); *Am. pol.* bon teint, vrai; *put* ⁓ (r)ajuster; arranger, remettre de l'ordre dans; **2.** *su. the* ⁓ *turf:* la ligne droite; **3.** *adv.* droit; directement; '**straight·en** redresser; ranger; ⁓ *out* mettre en ordre; arranger; **straight·for·ward** □ [⁓'fɔːwəd] franc(he *f*); honnête; loyal (-aux *m/pl.*).

strain¹ [strein] **1.** ⊕ tension *f* (*de, on*); effort *m*, fatigue *f*; ⊕ déformation *f*; *fig.* ton *m*, *discours:* sens *m*; *esprit:* surmenage *m*; ♂ entorse *f*; ♪ *usu.* ⁓*s pl.* accents *m/pl.*; *musique:* sons *m/pl.*; *put a great* ⁓ *on* beaucoup exiger de; mettre à l'épreuve; **2.** *v/t.* tendre; *fig.* forcer (*a.* ⊕), pousser trop loin; ⊕ déformer; ⊕ filtrer; *fig.* fatiguer; serrer; ♂ fouler, forcer; *cuis.* égoutter; *v/i.* faire un (grand) effort; peiner; tirer (sur, *at*); ⊕ déformer; ⁓ *after s.th.* faire tous ses efforts pour atteindre qch.

strain² [⁓] qualité *f* (héritée); tendance *f*; race *f*, lignée *f*.

strain·er ['streinə] collet monté *inv.*; *cuis.* passoire *f*; tamis *m*; filtre *m*; (*a. tea-*⁓) passe-thé *m/inv.*

strait [streit] **1.** (*noms propres, géog.* ⁓*s pl.*) détroit *m*; ⁓*s pl.* embarras *m*, gêne *f*; **2.**: ⁓ *jacket* (*ou waistcoat*) camisole *f* de force; '**strait·en** rétrécir; † resserrer; ⁓*ed* pauvre; *in* ⁓*ed circumstances* dans la gêne; **strait-laced** ['⁓leist] collet monté *inv.*; prude; '**strait·ness** rigueur *f*; gêne *f*, besoin *m*; † étroitesse *f*.

strand¹ [strænd] **1.** plage *f*, rive *f*; **2.** *v/t.* jeter à la côte; *fig.* laisser (*q.*) en plan; ⁓*ed* échoué; *fig.* à bout de ressources; *fig.* abandonné; *mot.* resté en panne; *v/i.* (s')échouer.

strand² [⁓] toron *m*, *cordage:* brin *m*; *tissu, a. fig.:* fil *m*; *cheveux:* tresse *f*.

strange □ [streindʒ] étrange; singulier (-ère *f*); curieux (-euse *f*); inconnu; † étranger (-ère *f*); '**strange·ness** singularité *f*; étrangeté *f*; '**stran·ger** inconnu(e *f*) *m*; étranger (-ère *f*) *m* (à, *to*); ⚥ tiers *m*.

stran·gle ['stræŋgl] étrangler (*a. la presse*); *fig.* étouffer; '⁓·hold *fig.* étau *m*; *have a* ⁓ *on s.o.* tenir *q.* par la gorge.

stran·gu·late ♂ ['stræŋgjuleit] étrangler; **stran·gu·'la·tion** étranglement *m* (*a.* ♂).

strap [stræp] **1.** courroie *f*; *cuir, toile:* bande *f*; *soulier:* barrette *f*; ⊕ *frein:* bande *f*; bride *f*; *soutien-gorge:* bretelle *f*; **2.** attacher *ou* lier avec une courroie; boucler (*une malle*); ♂ mettre des bandelettes à, maintenir au moyen de bandages; bander; '⁓·hang·er F voyageur (-euse *f*) *m* debout (*dans l'autobus etc.*); '**strap·ping 1.** robuste, bien découplé; **2.** ♂ emplâtre *m* adhésif.

strat·a·gem ['strætidʒəm] ruse *f* (de guerre), stratagème *m*.

stra·te·gic [strə'tiːdʒik] (⁓*ally*) stratégique; **strat·e·gist** ['strætidʒist]

stratégiste *m*; stratège *m*; **'strat·e·gy** stratégie *f*.
strat·i·fy ['strætifai] (se) stratifier.
stra·to·cruis·er ['strætoukru:zə] avion *m* stratosphérique.
strat·o·sphere *phys.* ['strætousfiə] stratosphère *f*.
stra·tum ['streitəm], *pl.* **-ta** ['⁓tə] *géol.* strate *f*; couche *f* (*a. fig.*); *fig.* étage *m*, rang *m* social.
straw [strɔ:] **1.** paille *f*; chalumeau *m*; *fig.* brin *m* d'herbe; *fig.* indication *f*; (*usu.* ⁓ *hat*) chapeau *m* de paille; F *I don't care a* ⁓ je m'en fiche; *the last* ⁓ le comble *m*; **2.** de paille; paille *adj./inv.* (*couleur*); *Am. pol.* ⁓ *vote* vote *m* d'essai; '⁓**·ber·ry** fraise *f*; *plante*: fraisier *m*; '⁓**·car** surt. Am. tramway *m*; '⁓**·walk·er** péripatéticienne *f*.
stray [strei] **1.** s'égarer, s'écarter (de, *from*); errer (*a. fig.*); *fig.* sortir (d'un sujet, *from a subject*); **2.** (*a.* ⁓*ed*) égaré (*a. fig.*), errant; **3.** bête *f* perdue *ou* 🐾 épave *f*; enfant *m* abandonné; ⁓*s* *pl.* *radio*: parasites *m/pl.*; crachements *m/pl.*; '**stray·er** égaré(e *f*) *m*.
streak [stri:k] **1.** raie *f*, bande *f*; *fig.* trace *f*; *aube*: lueur *f*; **2.** rayer (de, *with*); '**streak·y** □ rayé, bariolé; en raies *ou* bandes; *tex.* vergé; entrelardé (*lard etc.*).
stream [stri:m] **1.** cours *m* d'eau, ruisseau *m*; courant *m*; torrent *m* (*a. fig.*); **2.** *v/i.* ruisseler, couler à flots (*a. yeux*); flotter (au vent) (*cheveux, drapeau, etc.*); ⁓ *in* (*out*) entrer (sortir) à flots; *v/t.* verser à flots; laisser couler; ⚓ mouiller; '**stream·er** banderole *f*; *papier*: serpentin *m*; *journ.* manchette *f*; *météor.* ⁓*s* *pl.* lumière *f* polaire; '**stream·let** ['⁓lit] petit ruisseau *m*, ru *m*.
stream·line ['stri:mlain] **1.** fil *m* de l'eau; courant *m* naturel; *carrosserie*: ligne *f* aérodynamique; **2.** (*a. stream-lined*) profilé, caréné, fuselé; **3.** *v/t.* caréner (*une auto etc.*); *fig.* rénover, alléger.
street [stri:t] rue *f*; *the man in the* ⁓ l'homme *m* moyen; F *not in the same* ⁓ ne pas de taille avec; '⁓**·car** surt. Am. tramway *m*; '⁓**·walk·er** péripatéticienne *f*.
strength [streŋθ] force *f* (*a. fig.*); solidité *f*; *fig.* fermeté *f*; ⊕ résistance *f*; ✕, ⚓ effectif *m*, -s *m/pl.*; contrôles *m/pl.*; *on the* ⁓ *of* sur la foi de, s'appuyant sur; de par; '**strength·en** *v/t.* affermir, renforcer; fortifier (*la santé*); *v/i.* s'affermir *etc.*; (re)prendre des forces.
stren·u·ous □ ['strenjuəs] énergique, actif (-ive *f*); ardu (*travail*); tendu (*effort*); acharné (*lutte etc.*); '**stren·u·ous·ness** ardeur *f*; acharnement *m*.
stress [stres] **1.** force *f*; insistance *f*; *circonstances*: pression *f*; *gramm.* accent *m*; appui *m* de la voix (sur, *on*); violence *f* (*du temps*); ⊕ tension *f*, effort *m*; *lay* ⁓ (*up*)*on* insister sur, attacher de l'importance à; **2.** insister sur, appuyer sur; ⊕ faire travailler, fatiguer.
stretch [stretʃ] **1.** *v/t.* (*usu.* ⁓ *out*) tendre (*a. la main*); étendre; allonger; prolonger; déployer (*les ailes*); *fig.* exagérer; ⁓ *a point* faire une exception (en faveur de, *for*); ⁓ *words* forcer le sens des mots; *v/i.* (*souv.* ⁓ *out*) s'étendre; s'élargir; prêter (*étoffe*); *fig.* aller, suffire; **2.** étendue *f*; extension *f*; élasticité *f*; ⊕ tension *f*, effort *m*; *sl. do a* ⁓ faire de la prison; *at a* ⁓ (tout) d'un trait; sans arrêt; *on the* ⁓ tendu; '**stretch·er** ⊕ tendeur *m* (*a. pour chaussures*); brancard *m* (*pour malades*); *tente*: traverse *f*; ⚠ panneresse *f*.
strew [stru:] [*irr.*] répandre, semer (de, *with*); **strewn** [stru:n] *p.p. de* **strew**.
stri·ate ['straiit], **stri·at·ed** [strai-] ['eitid] strié.
strick·en ['strikən] frappé, *fig.* accablé (de, *with*); (*well*) ⁓ *in years* chargé d'années.
strict [strikt] sévère, rigoureux (-euse *f*); précis, exact; ⁓*ly speaking* à proprement parler; '**strict·ness** rigueur *f*; exactitude *f*; **stric·ture** ['⁓tʃə] 𝒮 rétrécissement *m*; *intestin*: étranglement *m*; *usu.* ⁓*s* *pl.* critique *f* (sur, *on*).
strid·den ['stridn] *p.p. de* **stride 1.**
stride [straid] **1.** [*irr.*] *v/t.* enjamber; se tenir à califourchon sur; enfourcher (*un cheval*); *v/i.* marcher à grands pas; **2.** (*grand*) pas *m*; enjambée *f*; *get into one's* ⁓ prendre son allure normale; être lancé.
stri·dent □ ['straidnt] strident; ⁓*ly* stridemment.

strife

strife *poét.* [straif] conflit *m*, lutte *f*.
strike [straik] **1.** coup *m*; grève *f*; *Am.* F *fig.* rencontre *f*; coup *m* de veine; *Am.* baseball: coup *m* (du batteur); be on ~ être en *ou* faire grève; go on ~ se mettre en grève; F débrayer; **2.** [*irr.*] *v/t.* frapper (a. *une médaille*, ♩, *a. fig.*) (de, with); heurter, cogner; porter (*un coup*); ♺ rentrer (*le pavillon*); amener (*la voile*), plier (*une tente*), lever (*le camp*); former (*une commission*); faire (*le marché*); allumer (*une allumette*); faire jaillir (*une étincelle*); prendre (*une attitude, la moyenne, la racine*); ♩ toucher de (*la harpe*); sonner (*l'heure*); bouturer (*une plante*); ♺ donner sur (*les écueils*); *fig.* faire une impression sur; impressionner; rencontrer; découvrir, tomber sur; *fig.* paraître; ~ *a balance* établir une balance; dresser le bilan; ~ *oil* rencontrer le pétrole, *fig.* avoir du succès, trouver le filon; ~ *work* se mettre en grève; ~ *off* abattre; rayer; ~ *out* rayer; ouvrir (*une route*); ~ *up* commencer à jouer *ou* à chanter; lier (*une connaissance*); *v/i.* porter un coup, frapper (à, *at*); ♺ (*ou* [*the*] *bottom*) toucher le fond; ♺, ✕ rentrer son pavillon; ⊕ se mettre en grève, F débrayer; sonner (l'heure); prendre feu (*allumette*); ~ *home* frapper juste; porter coup; ~ *in* s'enfoncer; intervenir (*personne*); ~ *into* pénétrer dans; ♩ ~ *up* commencer à jouer *ou* à chanter; ~ *upon the ear* frapper l'oreille; '**~-break·er** briseur *m* de grève, F jaune *m*; '**strik·er** frappeur (-euse *f*) *m*; *pendule:* marteau *m*; *fusée:* rugueux *m*; *arme à feu:* percuteur *m*; ⊕ gréviste *m/f*.
strik·ing □ ['straikiŋ] à sonnerie; *fig.* frappant; saillant; impressionnant.
string [striŋ] **1.** ficelle *f* (a. *fig.*); corde *f* (a. ♩, *arc*, *raquette*); cordon *m*; ♀ fibre *f*, filament *m*; *eccl., a. oignons, outils:* chapelet *m*; *fig.* condition *f*; *Am.* F prise *f*; *fig.* lisière *f*; *fig.* procession *f*, série *f*; F ♞ ligature *f*; ~ *of horses* écurie *f*; ~ *of pearls* collier *m*; ♩ ~ *s pl.* instruments *m/pl.* à cordes; have two ~s to one's bow avoir deux cordes à son arc, avoir un pied dans deux chaussures; *pull the* ~*s* tirer les ficelles, tenir les fils; **2.** [*irr.*] bander (*un arc*); ficeler (*un paquet*); *fig.* (a. ~ *up*) tendre (*les nerfs*); enfiler (*des perles, a. fig.*); corder (*une raquette*); monter (*un violon*), monter les cordes de (*un piano*); *fig.* accrocher des guirlandes de (*lampes etc.*); effiler (*des haricots*); *Am. sl.* faire marcher (*q.*); ~ *s.o. up* pendre q. haut et court; ~ *band* ♩ orchestre *m* à cordes; '**~-bean** mange-tout *m/inv.*; **stringed** ♩ à cordes.
strin·gen·cy ['strindʒənsi] rigueur *f*; puissance *f*, force *f*; ♥ resserrement *m*; '**strin·gent** □ rigoureux (-euse *f*), strict; convaincant; ♥ serré (*argent*); tendu (*marché*).
string·y ['striŋi] filandreux (-euse *f*); visqueux (-euse *f*) (*liquide*).
strip [strip] **1.** *v/t.* dépouiller (de, of) (a. ⚡, *a. fig.*); ⚡, *a. fig.* dénuder (de, of); *fig.* dégarnir (*une maison*); ⊕ démonter (*une machine*), *métall.* démouler; ♺ déshabiller, dégréer; (a. ~ off) ôter, enlever; *v/i.* F se déshabiller; *sl.* se mettre à poil; **2.** bande(lette) *f*.
stripe [straip] **1.** *couleur:* raie *f*; *pantalon:* bande *f*; ✕ galon *m*; (a. *long-service* ~) chevron *m*; **2.** rayer.
strip·ling ['stripliŋ] adolescent *m*, tout jeune homme *m*.
strive [straiv] [*irr.*] s'efforcer (de, to; d'obtenir qch. *after s.th.*, for s.th.); tâcher (de, to); lutter (contre, against); **striv·en** ['strivn] *p.p.* de strive.
strode [stroud] *prét.* de stride 1.
stroke [strouk] **1.** *usu.* coup *m*; ✱ congestion *f* cérébrale, apoplexie *f*; ⊕ *piston:* course *f*; *peint.* coup *m* de pinceau; *fig.* retouche *f*; trait *m* (de plume, *a. fig.*); coup *m* (d'horloge); *canotage:* nage *f*, personne: chef *m* de nage; *nage:* brassée *f*; ~ *of genius* trait *m* de génie; ~ *of luck* coup *m* de bonheur; **2.** caresser; être chef de nage de (*un canot*); ~ 32 nager à 32 coups par minute.
stroll [stroul] **1.** *v/i.* flâner; se promener à l'aventure; F se balader; *v/t.* se promener dans (*les rues*); **2.** petit tour *m*; flânerie *f*; F balade *f*. '**stroll·er**, '**stroll·ing ac·tor** comédien(ne *f*) *m* ambulant(e *f*).
strong □ [strɔŋ] *usu.* fort (a.

stuffy

gramm.), solide; ferme (*a.* ✝ *marché*); vif (vive *f*) (*souvenir*); bon(ne *f*) (*mémoire*); robuste (*foi, santé*); ardent (*partisan*); sérieux (-euse *f*) (*candidat*); énergique (*mesure*); accusé (*trait*); *cartes*: long(ue *f*) (*couleur*); *see language*; feel ~(ly) *about* attacher une grande importance à; F *go it* ~ dépasser les bornes; F *going* ~ vigoureux (-euse *f*); solide; *30* ~ au nombre de 30; '~-**box** coffre-fort (*pl.* coffres-forts) *m*; '~-**hold** forteresse *f*; *fig.* citadelle *f*; '~-'**mind·ed** à l'esprit décidé; '~-**room** chambre *f* blindée; cave *f* forte.

strop [strɔp] **1.** cuir *m* (à *rasoir*); ⚓ estrope *f*; **2.** repasser (*un rasoir*) sur le cuir.

stro·phe ['stroufi] strophe *f*.

strove [strouv] *prét. de* strive.

struck [strʌk] *prét. et p.p. de* strike 2.

struc·tur·al □ ['strʌktʃərəl] de structure, structural (-aux *m/pl.*); ⊕ de construction; **struc·ture** ['~tʃə] structure *f*; édifice *m* (*a. fig.*); *péj.* bâtisse *f*.

strug·gle ['strʌgl] **1.** lutter (contre, *against*; avec, *with*); se débattre; faire de grands efforts (pour, *to*); **2.** lutte *f* (*a. fig.*); combat *m*; '**strug·gler** lutteur *m*.

strum [strʌm] tapoter (*du piano*); gratter (*de la guitare etc.*); *fig.* pianoter.

strum·pet *poét.*, F ['strʌmpit] prostituée *f*; catin *f*.

strung [strʌŋ] *prét. et p.p. de* string 2.

strut [strʌt] **1.** *v/i.* se pavaner; *v/t.* ⊕ entretoiser; contreficher; **2.** démarche *f* fière; ⊕ entretoise *f*; arc-boutant (*pl.* arcs-boutants) *m*; ⚔ pilier *m*, traverse *f*; '**strut·ting-piece** ⊕ entretoise *f*, lierne *f*.

strych·nine 🝞 ['strikni:n] strychnine *f*.

stub [stʌb] **1.** *arbre*: souche *f*; *cigarette*: bout *m*; *Am. chèque*: souche *f*, talon *m*; **2.** (*usu.* ~ *up*) arracher; essoucher (*un champ*); cogner (*le pied*); ~ *out* éteindre (*une cigarette*) en l' écrasant par le bout.

stub·ble ['stʌbl] chaume *m*.

stub·bly ['stʌbli] couvert de chaume; court et raide (*barbe, cheveux*).

stub·born □ ['stʌbən] obstiné,

opiniâtre, entêté; rebelle, réfractaire; ingrat (*sol, terre*); '**stub·born·ness** opiniâtreté *f*, entêtement *m*.

stub·by ['stʌbi] trapu (*personne*); tronqué (*arbre etc.*).

stuc·co ['stʌkou] **1.** stuc *m*; **2.** stuquer; recouvrir de stuc(age).

stuck [stʌk] *prét. et p.p. de* stick²; *Am.* F ~ *on* amoureux (-euse *f*) de (*q.*); F '~-'**up** hautain; prétentieux (-euse *f*).

stud¹ [stʌd] **1.** clou *m* à grosse tête; clou *m* (*sur une robe, a. d'un passage clouté*); chemise *etc.*: bouton *m*; *foot.* crampon *m*; ⚠ poteau *m*; **2.** clouter; orner (de, *with*); *fig.* parsemer (de, *with*).

stud² [~] écurie *f*; (*a.* ~ *farm*) haras *m*; '~-**book** livre *m* d'origines, studbook *m*; '~-**horse** étalon *m*.

stud·ding ⚠ ['stʌdiŋ] lattage *m*; lattis *m*.

stu·dent ['stju:dənt] étudiant(e *f*) *m*; boursier (-ère *f*) *m*; amateur *m* de livres; investigateur (-trice *f*) *m*; '**stu·dent·ship** bourse *f* d'études.

stud·ied □ ['stʌdid] instruit (*personne*) (dans, *in*); étudié, recherché (*toilette etc.*); voulu, prémédité (*geste, insulte, etc.*).

stu·di·o ['stju:diou] atelier *m*; *radio*: studio *m*.

stu·di·ous □ ['stju:djəs] appliqué, studieux (-euse *f*); attentif (-ive *f*) (à qch., *of s.th.*; à *inf., of gér.*, *to inf.*); soigneux (-euse *f*) (de *inf.*, *to inf.*); '**stu·di·ous·ness** amour *m* de l'étude; *fig.* attention *f*, zèle *m* (à *inf.*, *in gér.*).

stud·y ['stʌdi] **1.** étude *f* (*a.* ♪, *a.* peint.); cabinet *m* de travail; bureau *m*; soins *m/pl.*; *fig.* rêverie *f*; **2.** *v/t.* préparer (un examen, *for an examination*); étudier; *v/t.* étudier; observer; s'occuper de (*a. fig.*).

stuff [stʌf] **1.** matière *f*, substance *f*; étoffe *f* (*a. fig.*), tissu *m*; *péj.* camelote *f*; *fig.* F sottises *f/pl.*; **2.** *v/t.* bourrer (de, *with*); remplir (de, *with*); fourrer (dans, *into*); gaver; *cuis.* farcir; ~ *up* boucher; *Am. sl.* ~*ed shirt* collet *m* monté; *v/i.* manger avec excès; *fig. sl.* se les caler; '**stuff·ing** (rem)bourrage *m*; *oie etc.*: gavage *m*; *cuis.* farce *f*, farcissure *f*; matelassure *f* (*de crin*); ⊕ étoupe *f*; '**stuff·y** □ mal aéré, qui sent le renfermé; F collet

stultification   1096

monté *adj./inv.*; sans goût; F *Am.* fâché.

stul·ti·fi·ca·tion [stʌltifiˈkeiʃn] action *f* de rendre sans effet (*un décret etc.*) *ou* ridicule (*q.*); **stul·ti·fy** [ˈ˷fai] infirmer, rendre nul *ou* vain *ou* sans effet; rendre ridicule.

stum·ble [ˈstʌmbl] **1.** trébuchement *m*, faux pas *m*; *cheval*: bronchade *f*; **2.** trébucher; faire un faux pas; broncher (*cheval*); se heurter (contre, *against*); hésiter (*en parlant*); **ˈstum·bling-block** *fig.* pierre *f* d'achoppement.

stump [stʌmp] **1.** tronçon *m*, souche *f*; *crayon*, *cigare*: bout *m*; *dessin*: estompe *f*; *dent*: chicot *m*; *cricket*: piquet *m*; moignon *m* (*d'un membre coupé*); F propagande *f* electorale; F ˷s *pl.* quilles *f/pl.* (= *jambes*); **2.** *v/t.* *cricket*: mettre hors jeu en abattant le guichet avec la balle tenue à la main; F coller, embarrasser; *Am.* F défier; *sl.* ˷ up cracher (= *payer*); ˷ the country faire une tournée électorale; ˷ed for embarrassé pour; *v/i.* clopiner; 'ˈ˷·or·a·tor orateur *m* de carrefour; harangueur *m*; **ˈstump·y** □ écourté; trapu (*personne*).

stun [stʌn] étourdir; *fig.* abasourdir.

stung [stʌŋ] *prét. et p.p. de* sting 2.

stunk [stʌŋk] *prét. et p.p. de* stink 2.

stun·ner F [ˈstʌnə] type *m* épatant, chose *f* épatante; **ˈstun·ning** □ F épatant, étourdissant.

stunt¹ [stʌnt] **1.** tour *m* de force; F coup *m* d'épate; F nouvelle *f* sensationnelle; ✈ acrobaties *f/pl.* aériennes, vol *m* de virtuosité; **2.** faire des acrobaties.

stunt² [˷] rabougrir; empêcher de croître; **ˈstunt·ed** rabougri; noué (*esprit*).

stupe ❡ [stjuːp] **1.** compresse *f* (*pour fomentation*); **2.** fomenter.

stu·pe·fac·tion [stjuːpiˈfækʃn] stupéfaction *f*; ahurissement *m*.

stu·pe·fy [ˈstjuːpifai] *fig.* hébéter (*par la douleur*, *by grief*); stupéfier, abasourdir.

stu·pen·dous □ [stjuːˈpendəs] prodigieux (-euse *f*).

stu·pid □ [ˈstjuːpid] stupide, sot(te *f*); F bête; insupportable; **stu·pid·i·ty** [stjuːˈpiditi] stupidité *f*; lourdeur *f* d'esprit; sottise *f*, bêtise *f*.

stu·por [ˈstjuːpə] stupeur *f*.

stur·di·ness [ˈstəːdinis] vigueur *f*; résolution *f*; **ˈstur·dy** vigoureux (-euse *f*); robuste; hardi.

stur·geon *icht.* [ˈstəːdʒən] esturgeon *m*.

stut·ter [ˈstʌtə] **1.** bégayer; **2.** bégaiement *m*.

sty¹ [stai] étable *f* (à porcs); porcherie *f*.

sty² [˷] œil: orgelet *m*.

style [stail] **1.** style *m* (*pour écrire*, *pour graver*, △, ♀, *cadran*, *peint.*, *a.* = *manière*); façon *f*, manière *f*; ✳ *cost.* mode *f*; ton *m*, chic *m*; titre *m*; élégance *f*; ✝ raison *f* sociale; in ˷ grand train; in the ˷ of dans le style *ou* goût de; ✝ under the ˷ of sous la raison de; **2.** appeler, dénommer; qualifier (*q.*) de.

styl·ish □ [ˈstailiʃ] élégant; chic *inv.* en genre; à la mode; **ˈstyl·ish·ness** élégance *f*, chic *m*.

styl·ist [ˈstailist] styliste *mf*.

sty·lo [ˈstailou], **sty·lo·graph** [ˈstailəgraːf], *a.* **sty·lo·graph·ic pen** [˷ˈgræfikpen] stylographe *m*, F stylo *m*.

styp·tic [ˈstiptik] styptique (*a. su./m*), astringent (*a. su./m*).

sua·sion □ [ˈsweiʒn] persuasion *f*.

suave □ [sweiv] suave; affable; doux (douce *f*) (*vin*); *péj.* doucereux (-euse *f*); **suav·i·ty** [ˈswæviti] suavité *f*; douceur *f*; *péj.* politesse *f* mielleuse.

sub F [sʌb] *abr. de* subordinate 2; subscription; substitute 2; submarine.

sub...: *usu.* sous-; *qqfois* sub-; presque.

sub·ac·id [ˈsʌbˈæsid] aigrelet(te *f*); *fig.* aigre-doux (-douce *f*).

sub·al·tern [ˈsʌbltən] **1.** subalterne (*a. su./m*); **2.** ✕ (sous-)lieutenant *m*.

sub·com·mit·tee [ˈsʌbkəmiti] sous-comité *m*; sous-commission *f*.

sub·con·scious □ [ˈsʌbˈkɔnʃəs] subconscient (*psych. a. su./m*); ˷ly inconsciemment.

sub·con·tract [sʌbˈkɔntrækt] sous-traité *m*.

sub·cu·ta·ne·ous □ [ˈsʌbkjuːˈteinjəs] sous-cutané; ❡ ˷ *injection* injection *f* sous-cutanée.

sub·dean [ˈsʌbˈdiːn] sous-doyen *m*.

sub·di·vide [ˈsʌbdiˈvaid] (se) subdiviser.

sub·di·vi·sion ['sʌbdiviʒn] subdivision *f*; sectionnement *m*; sous-division *f*; *biol.* sous-classe *f*; ⚓ section *f*.
sub·due [səb'dju:] subjuguer; dompter; maîtriser; réprimer; adoucir; baisser (*la lumière*).
sub·head(·ing) ['sʌbhed(iŋ)] sous-titre *m*.
sub·ja·cent [sʌb'dʒeisənt] sous-jacent, subjacent.
sub·ject ['sʌbdʒikt] **1.** *adj.* assujetti, soumis; sujet(te *f*), exposé; porté (à, to); *fig.* ~ to passible de (*droit, courtage*); sous réserve de (*une ratification*); sauf; ~ to a fee (*ou* duty) sujet(te *f*) à une taxe *ou* à un droit; **2.** *adv.*: ~ to sous (la) réserve de; ~ to change without notice sauf modifications sans avis préalable; **3.** *su.* sujet(te *f*) *m* (*d'un roi etc.*); ♂, ♀, *gramm., conversation, peint.* tableau: sujet *m*; (*a.* ~-*matter*) livre etc.: sujet *m*, thème *m*; question *f*; ⚕ malade *m*; matière *f*; *lettre*: contenu *m*; *peint. paysage*: motif *m*; *contrat réel, méditation*: objet *m*; **4.** *v/t.* [səb'dʒekt] assujettir, subjuguer; ~ to soumettre à (*un examen etc.*); exposer à (*un danger etc.*); **sub'jec·tion** sujétion *f*, asservissement *m*; **sub·jec·tive** ☐ [sʌb-'dʒektiv] subjectif (-ive *f*).
sub·join ['sʌb'dʒɔin] adjoindre, ajouter.
sub·ju·gate ['sʌbdʒugeit] subjuguer; **sub·ju'ga·tion** subjugation *f*, assujettissement *m*.
sub·junc·tive *gramm.* [səb'dʒʌŋktiv] (*a.* ~ mood) subjonctif *m*; in the ~ au subjonctif.
sub·lease ['sʌb'li:s], **sub·let** ['~'let] [*irr.* (let)] donner *ou* prendre en sous-location *ou* à sous-ferme; sous-louer.
sub·li·mate ⚗ **1.** ['sʌblimit] sublimé *m*; **2.** ['~meit] sublimer; **sub·li'ma·tion** sublimation *f* (*a. psych.*); **sub·lime** [sə'blaim] **1.** ☐ sublime; **2.**: the ~ le sublime *m*; **3.** ⚗ (se) sublimer; *v/t. fig.* idéaliser; **sub'lim·i·ty** [sə'blimiti] sublimité *f*.
sub·ma·chine gun ['sʌbmə'ʃi:n'gʌn] mitraillette *f*.
sub·ma·rine ['sʌbməri:n] sous-marin (*a.* ⚓ *su./m*).
sub·merge [səb'mə:dʒ] *v/t.* submerger; noyer, inonder; *v/i.* plonger; **sub·mers·i·bil·i·ty** [səbmə:sə-'biliti] caractère *m* submersible; **sub'mer·sion** submersion *f*, plongée *f*.
sub·mis·sion [səb'miʃn] soumission *f* (*a. fig.*), résignation *f* (à, to); ⚖ plaidoirie *f*; thèse *f*; **sub·mis·sive** ☐ [~'misiv] soumis (*air etc.*); docile (*personne*).
sub·mit [sʌb'mit] *v/t.* soumettre; présenter; poser en thèse (que, that); *v/i.* (*a.* ~ o.s.) se soumettre (à, to); *fig.* se résigner (à, to); s'astreindre (à la discipline, to discipline).
sub·or·di·nate 1. ☐ [sə'bɔ:dnit] subordonné; inférieur; secondaire; *gramm.* ~ clause proposition *f* subordonnée; **2.** [~] subalterne *mf*, subordonné(e *f*) *m*; **3.** [~'bɔ:dineit] subordonner (à, to); **sub·or·di'na·tion** subordination *f* (à, to); soumission *f* (à, to).
sub·orn ⚖ [sʌ'bɔ:n] suborner, séduire; **sub·or'na·tion** subornation *f*, corruption *f*.
sub·p(o)e·na ⚖ [səb'pi:nə] **1.** assignation *f*; **2.** assigner, faire une assignation à.
sub·scribe [səb'skraib] *v/t.* souscrire (*un nom, une obligation, etc.*); pour une somme, *a* sum); *v/i.* souscrire (à, to, for); pour une somme, *for a* sum; *a.* à une opinion, *to an opinion*); s'abonner (à, to) (*un journal*); **sub'scrib·er** signataire *mf* (de, to); *fig.* adhérent(e *f*) *m*; souscripteur *m*, cotisant *m*; *journal, a. téléph.* abonné(e *f*) *m*.
sub·scrip·tion [səb'skripʃn] souscription *f*; *fig.* adhésion *f*; *société, club, etc.*: cotisation *f*; *journal*: abonnement *m*.
sub·se·quence ['sʌbsikwəns] conséquence *f*; postériorité *f*; '**sub·se·quent** ☐ conséquent, ultérieur; postérieur, consécutif (-ive *f*) (à, to); ~*ly* plus tard; postérieurement (à, to); par la suite.
sub·serve [səb'sə:v] favoriser, aider à; **sub'ser·vi·ence** [~viəns] soumission *f*; utilité *f*; servilité *f*; **sub'ser·vi·ent** ☐ servile, obséquieux (-euse *f*); utile; subordonné.
sub·side [səb'said] baisser; s'affaisser, se tasser (*sol, maison*); s'apaiser, tomber (*orage, fièvre, etc.*); F se taire; ~ into se changer en; **sub-**

subsidiary

sid·i·ary [~'sidʒəri] **1.** □ subsidiaire (à, to), auxiliaire; ~ *company* filiale *f*; **2.** filiale *f*; **sub·si·dize** ['sʌbsidaiz] subventionner; primer (*une industrie*); fournir des subsides à; **'sub·si·dy** subvention *f*; *industrie*: prime *f*.

sub·sist [səb'sist] *v/i*. subsister; persister; vivre (de *on, by*); *v/t*. entretenir; **sub'sist·ence** existence *f*; subsistance *f*; ~ *money* acompte *m*.

sub·soil ['sʌbsɔil] sous-sol *m*.

sub·stance ['sʌbstəns] substance *f* (*a. eccl., a. fig.*), matière *f*; *fig.* essentiel *m*, fond *m*; corps *m*, solidité *f*; fortune *f*, biens *m/pl*.

sub·stan·tial □ [səb'stænʃl] substantiel(le *f*), réel(le *f*); solide; riche; considérable (*somme, prix, etc.*); **sub·stan·ti·al·i·ty** [~ʃi'æliti] solidité *f*; *phls*. substantialité *f*.

sub·stan·ti·ate [səb'stænʃieit] justifier, établir, prouver.

sub·stan·ti·val □ *gramm*. [sʌbstən'taivl] substantival (-aux *m/pl.*); **'sub·stan·tive 1.** □ réel(le *f*), autonome, indépendant; positif (-ive *f*) (*droit*); formel(le *f*) (*résolution*); *gramm*. substantival (-aux *m/pl.*); **2.** *gramm*. substantif *m*, nom *m*.

sub·sti·tute ['sʌbstitjuːt] **1.** *v/t*. substituer (à, for); remplacer (par, by); *v/i*.~ *for s.o.* remplacer q., suppléer q.; **2.** *personne*: remplaçant(e *f*) *m* (*a. sp.*), suppléant(e *f*) *m*; *nourriture etc.*: succédané *m*, factice *m*; **sub·sti'tu·tion** substitution *f*, remplacement *m*; ⚖ subrogation *f*; créance *f*; novation *f*.

sub·stra·tum ['sʌb'strɑːtəm], *pl*. **-ta** ['~tə] couche *f* inférieure; souscouche *f*; *phls*. substrat(um) *m*; *fig*. fond *m*.

sub·struc·ture ['sʌbstrʌktʃə] édifice: fondement *m*; *route, pont roulant*: infrastructure *f*.

sub·ten·ant ['sʌb'tenənt] sous-locataire *mf*.

sub·ter·fuge ['sʌbtəfjuːdʒ] subterfuge *m*.

sub·ter·ra·ne·an □ [sʌbtə'reinjən] souterrain.

sub·til·ize ['sʌtilaiz] *v/t*. subtiliser; raffiner (*son style*), *péj*. alambiquer; *v/i*. subtiliser, raffiner.

sub·ti·tle ['sʌbtaitl] *livre, cin.*: sous-titre *m*.

sub·tle □ ['sʌtl] subtil, fin; raffiné, rusé, astucieux (-euse *f*); **'sub·tle·ty** subtilité *f*; finesse *f*; ruse *f*.

sub·tract [səb'trækt] soustraire; **sub'trac·tion** soustraction *f*.

sub·urb ['sʌbəːb] faubourg *m*; *in the* ~s dans la *ou* en banlieue; **sub·ur·ban** [sə'bəːbən] de banlieue (*a. péj.*); suburbain; **Sub·ur·bi·a** F [sə'bəːbiə] la banlieue.

sub·ven·tion [səb'venʃn] subvention *f*; *industrie*: prime *f*; octroi *m* d'une subvention.

sub·ver·sion [sʌb'vəːʃn] subversion *f*; **sub'ver·sive** [~siv] subversif (-ve *f*) (de, of).   [vertir.)

sub·vert [sʌb'vəːt] renverser, sub-⌋

sub·way ['sʌbwei] (passage *m ou* couloir *m*) souterrain *m*; *Am.* métro *m*; chemin *m* de fer souterrain.

suc·ceed [sək'siːd] *v/t*. succéder (à q., à qch., [to] *s.o., s.th.*); suivre; *v/i*. réussir; arriver, aboutir; ~ *to* prendre la succession *ou* la suite de; hériter (de) (*biens etc.*); *he* ~s *in* (*gér.*) il réussit *ou* parvient à (*inf.*).

suc·cess [sək'ses] succès *m*, réussite *f*; (bonne) chance *f*; *he was a great* ~ il a eu un grand succès; **suc'cess·ful** □ [~ful] heureux (-euse *f*), réussi; couronné de succès; *be* ~ réussir; avoir du succès; **suc·ces·sion** [~'seʃn] succession *f*, suite *f*; *récoltes*: rotation *f*; héritage *m*; lignée *f*, descendants *m/pl.*; ~ *to the throne* avènement *m*; *in* ~ successivement, tour à tour; ~ *duty* droits *m/pl*. de succession; **suc'ces·sive** [~siv] □ successif (-ive *f*), consécutif (-ive *f*); **suc'ces·sor** successeur *m* (de of, to); ~ *to the throne* successeur *m* à la couronne.

suc·cinct □ [sək'siŋkt] succint, concis.

suc·co·ry ♀ ['sʌkəri] chicorée *f*.

suc·co·tash *Am*. ['sʌkətæʃ] purée *f* de maïs et de fèves.

suc·co(u)r ['sʌkə] **1.** secours *m*, aide *f*; ✕ renforts *m/pl.*; **2.** secourir; aider, venir en aide à, venir à l'aide de; ✕ renforcer.

suc·cu·lence ['sʌkjuləns] succulence *f*; **'suc·cu·lent** □ succulent (*a. fig.*).

suc·cumb [sə'kʌm] succomber, céder.

such [sʌtʃ] **1.** *adj*. tel(le *f*); pareil(le *f*); semblable; ~ *a man* un tel homme; *see another*; *there is no ~ thing* cela n'existe pas; *no ~ thing! il n'en est rien!*; *~ as* tel que; *~ and ~ tel* et tel; F *~ a naughty dog* un chien si méchant; *~ is life* c'est la vie; 2. *pron.* tel(le *f*); ceux (celles *f/pl.*) *m/pl.*; 'such·like de ce genre, de la sorte.

suck [sʌk] 1. (*v/t. a. ~ out*) sucer; 2. action *f* de sucer; *pompe*: succion *f*; *give ~* donner la tétée *ou* le sein; 'suck·er suceur (-euse *f*) *m*; ⊕ *pompe*: piston *m*; ♃ *arbre*: surgeon *m*, *plante*: rejeton *m*; *Am*. blanc-bec (*pl*. blancs-becs) *m*; niais *m*; 'suck·ing à la mamelle (*enfant*); qui tette (*animal*); *~ pig* cochon *m* de lait; suck·le ['ʌ] allaiter, nourrir; donner le sein à; 'suck·ling allaitement *m*; nourrisson *m*.

suc·tion ['sʌkʃn] 1. succion *f*; aspiration *f*; 2. aspirant, d'aspiration; à succion; *~-cleaner* (*ou* sweeper) aspirateur *m*.

sud·den □ ['sʌdn] soudain, brusque; *on a ~, (all) of a ~* soudain, tout à coup; 'sud·den·ness soudaineté *f*; brusquerie *f*.

su·dor·if·ic [sju:də'rifik] sudorifique (*a. su./m*).

suds [sʌdz] *pl*. eau *f* de savon; lessive *f*; 'suds·y *Am*. plein *ou* couvert d'eau de savon.

sue [sju:] *v/t*. poursuivre; (*usu. ~ out*) obtenir à la suite d'une requête; *v/i*. solliciter (de q., *to s.o.*); qch., *for s.th.*); demander (qch., *for s.th.*).

suède [sweid] (peau *f* de) suède *m*; *chaussures*: daim *m*.

su·et ['sjuit] graisse *f* de rognon *ou* de bœuf; 'su·et·y graisseux (-euse *f*).

suf·fer ['sʌfə] *v/i*. souffrir (de, *from*); être affligé (de, *from*); *v/t*. souffrir, éprouver; subir (*une peine, une défaite, une dépréciation*); ressentir (*une douleur*); tolérer, supporter; 'suf·fer·ance tolérance *f*; *on ~* par tolérance; 'suf·fer·er victime *f*; ✠ malade *mf*; 'suf·fer·ing souffrance *f*.

suf·fice [sə'fais] *v/i*. suffire (à, *to*); *v/t*. suffire à.

suf·fi·cien·cy [sə'fiʃnsi] suffisance *f*; quantité *f* suffisante; *a ~ of money* l'aisance *f*; suf'fi·cient □ assez de; suffisant; *I am not ~ of a naturalist* je ne suis pas assez naturaliste.

suf·fix *gramm*. ['sʌfiks] 1. suffixer; 2. suffixe *m*.

suf·fo·cate ['sʌfəkeit] *vt/i*. étouffer, suffoquer; suf·fo'ca·tion suffocation *f*; étouffement *m*; 'suf·fo·ca·tive □ qui suffoque; suffocant.

suf·fra·gan *eccl*. ['sʌfrəgən] évêque suffragant *m*; 'suf·frage suffrage *m*; (*droit m de*) vote *m*; voix *f*; suf·fra·gette [ʌə'dʒet] suffragette *f*; suf·fra·gist ['ʌdʒist] partisan *m* du droit de vote (*surt*. des femmes).

suf·fuse [sə'fju:z] inonder; se répandre sur; suf'fu·sion [ʌʒn] épanchement *m*; rougeur *f*; ✠ suffusion *f*.

sug·ar ['ʃugə] 1. sucre *m*; 2. sucrer; saupoudrer (*un gâteau*) de sucre; *~-ba·sin*, *Am. ~-bowl* sucrier *m*; *~-cane* canne *f* à sucre; *~-coat* revêtir de sucre; *~-loaf* pain *m* de sucre; *~-plum* dragée *f*, bonbon *m*; 'sug·ar·y sucré (*a. fig.*); *fig*. mielleux (-euse *f*).

sug·gest [sə'dʒest] suggérer (*a*. ✠, *a. psych.*); proposer; inspirer; évoquer, donner l'idée de *ou* que; insinuer; sug'ges·tion suggestion *f*; conseil *m*; *fig*. trace *f*, nuance *f*. sug·ges·tive □ [sə'dʒestiv] suggestif (-ive *f*); évocateur (-trice *f*); *péj*. grivois; *be ~ of* évoquer qch.; sug'ges·tive·ness caractère *m* suggestif.

su·i·cid·al □ [sjui'saidl] de suicide; *~ maniac* suicidomane *mf*; su·i·cide ['ʌsaid] 1. suicide *m*; *personne*: suicidé(e *f*) *m*; 2. *Am*. se suicider.

suit [sju:t] 1. requête *f*; demande *f*; (*a. ~ of clothes*) *homme*: complet *m*; *femme*: ensemble *m*; *cartes*: couleur *f*; ⚖ procès *m*; *fig. follow ~* en faire autant; 2. *v/t*. adapter, accommoder (à *to, with*); convenir à, aller à; être l'affaire de; être fait pour; être apte à; accommoder (q.); *~ed* fait (pour *to, for*); satisfait; *be ~ed* avoir trouvé (qch.) qui convient; être satisfait; *v/i*. aller, convenir; suit·a'bil·i·ty convenance *f*; accord *m*; aptitude *f* (à, *for*); 'suit·a·ble □ convenable, qui convient; bon, adapté (à *to, for*); 'suit·a·ble·ness *see* suitability; 'suit·case mallette *f*, valise *f*; suite [swi:t] *prince*, *a.* ♪: suite *f*; *pièces*: appartement *m*; ameublement *m*;

ensemble m; salon: mobilier m; bedroom ~ chambre f à coucher; **suit-ing** ✝ ['sju:tɪŋ] tissu m ou étoffe f pour complets; '**suit·or** soupirant m; ⚖ plaideur (-euse f) m.

sulk [sʌlk] 1. (a. be in the ~s) bouder, faire la mine; 2. ~s pl. (ou '**sulk-i·ness**) bouderie f; '**sulk·y 1.** □ boudeur (-euse f), maussade; 2. sp. sulky m.

sul·lage ['sʌlɪdʒ] eaux f/pl. d'égout; limon m; ⊕ scories f/pl.

sul·len □ ['sʌlən] maussade, morose (personne); morne, lugubre (chose); obstiné (silence); rétif (-ive f).

sul·phate ⚗ ['sʌlfeit] sulfate m; **sul·phide** ⚗ [~faid] sulfure m; **sul·phon·a·mide** [~'fɔnəmaid] sulfamide m.

sul·phur ⚗ ['sʌlfə] 1. soufre m; 2. soufrer; **sul·phu·re·ous** [sʌl-'fjuəriəs] sulfureux (-euse f); **sul·phu·ret·ted hy·dro·gen** ['~fjuretid 'haidridʒən] hydrogène m sulfuré, sulfure m d'hydrogène; **sul·phu·ric** [~'fjuərik] sulfurique, F vitriolique); ~ acid acide m sulfurique; '**sul·phu·rize** ⊕ sulfurer (un métal); soufrer (la laine).

sul·tan ['sʌltən] sultan m; **sul·tan·a** [sʌl'tɑ:nə]; [səl'tɑ:nə] sultane f; (a. ~ raisin) raisin m sec.

sul·tri·ness ['sʌltrinis] lourdeur f.

sul·try □ ['sʌltri] étouffant, lourd; fig. chaud; fig. épicé.

sum [sʌm] 1. somme f, total m; fig. fond m, essence f; F problème m; F ~s pl. calcul m; 2. (usu. ~ up) additionner, faire la somme de; fig. résumer, récapituler.

sum·ma·rize ['sʌməraiz] résumer; '**sum·ma·ry 1.** □ sommaire (a. ⚖); succinct; en peu de mots; récapitulatif (-ive f); 2. résumé m, sommaire m; récapitulation f.

sum·mer¹ ['sʌmə] 1. été m; ~-house pavillon m, kiosque m de jardin; ~ resort station f estivale; 2. vt/i. estiver; v/i. a. passer l'été.

sum·mer² △ [~] poutre f de plancher; poitrail m; linteau m de baie.

sum·mer·like ['sʌməlaik], '**sum·mer·ly**, '**sum·mer·y** d'été; estival (-aux m/pl.).

sum·mit ['sʌmit] sommet m (a. pol.), faîte m (a. fig.); cime f; fig. comble m; ~ conference conférence f au sommet.

sum·mon ['sʌmən] appeler; convoquer; sommer (⚖ de comparaître); fig. (usu. ~ up) faire appel à; '**sum·mon·er** convocateur m; ✝ huissier m; **sum·mons** ['~z] appel m; ⚖ citation f, assignation f; ✝ convocation f; ⚔ ~ to surrender sommation f.

sump mot. [sʌmp] (fond m de) carter m.

sump·ter ['sʌmptə] (usu. ~-horse, ~-mule) cheval m ou mulet m de somme.

sump·tu·ar·y ['sʌmptjuəri] somptuaire.

sump·tu·ous □ ['sʌmptjuəs] somptueux (-euse f), fastueux (-euse f); '**sump·tu·ous·ness** faste m; richesse f; somptuosité f.

sun [sʌn] 1. soleil m; 2. du ou au ou de soleil, par le soleil; 3. v/t. exposer au soleil; ~ o.s. se chauffer au soleil; prendre le soleil; **~·beam** ['sʌnbi:m] rayon m de soleil.

sun·burn ['sʌnbə:n] hâle m; ⚕ coup m de soleil; '**sun·burnt** basané; brûlé par le soleil.

sun·dae Am. ['sʌnd(e)i] glace f aux fruits.

Sun·day ['sʌndi] dimanche m.

sun·der poét. ['sʌndə] (se) séparer; v/t. fendre en deux.

sun·di·al ['sʌndaiəl] cadran m solaire, gnomon m.

sun·down ['sʌndaun] coucher m du soleil; Am. occident m; Am. chapeau m à larges bords.

sun·dry ['sʌndri] 1. divers; 2. sundries pl. surt. ✝ articles m/pl. divers; frais m/pl. divers.

sung [sʌŋ] ✝ prét. et p.p. de sing.

sun...: '~-glass·es pl. (a. a pair of ~) (des) lunettes f/pl. fumées ou solaires; '~-'hel·met casque m colonial.

sunk [sʌŋk] p.p., a. prét. de sink 1.

sunk·en ['sʌŋkən] sombré; fig. creux (creuse f) (joues, yeux); ⊕ enterré.

sun-lamp cin. ['sʌnlæmp] grand réflecteur m.

sun·lit ['sʌnlit] ensoleillé; éclairé par le soleil.

sun·ni·ness ['sʌninis] caractère m ensoleillé; fig. gaieté f; '**sun·ny** □ ensoleillé; fig. rayonnant; fig. heureux (-euse f).

sun...: '~·rise lever m du soleil; '~·room solarium m; '~·set coucher m du soleil; '~·shade ombrelle f; ⊕,

a. mot. pare-soleil m/inv.; '~-shine (lumière f du) soleil m; mot. ~ roof toit m découvrable ou ouvrant; '~-shin·y ensoleillé, de soleil; '~-spot astr. tache f solaire; '~-stroke ⚕ coup m de soleil; insolation f; '~-up lever m du soleil.

sup [sʌp] v/i. souper (de off, on); v/t. donner à souper à (q.).

su·per[1] ['sju:pə] 1. théâ., a. cin. F figurant(e f) m; 2. F mesure: carré; † surfin.

su·per-[2] [~] super-; plus que; sus-.

su·per...: ~a'bound surabonder (de, in, with); foisonner (de in, with); ~a'bun·dant □ surabondant; ~ly surabondamment; '~'add surajouter; ~an·nu·ate [~'rænjueit] mettre à la retraite; fig. mettre au rancart; ~d suranné; démodé; en retraite (personne); ~an·nu'a·tion mise f en retraite; ~ fund caisse f des retraites.

su·perb □ [sju:'pə:b] superbe, magnifique.

su·per·car·go ⚓ ['sju:pəkɑ:gou] subrécargue m; 'su·per'charg·er mot. (sur)compresseur m; su·per·cil·i·ous □ [~'siliəs] hautain, dédaigneux (-euse f); su·per'cil·i·ous·ness hauteur f; arrogance f; su·per·'dread·nought super-dreadnought m (= grand cuirassé); su·per·er·o·ga·tion [~ˌrerou'geiʃn] surérogation f; su·per·e·rog·a·to·ry □ [~'re'rogətəri] surérogatoire; su·per·fi·cial □ [~'fiʃl] superficiel(le f); su·per·fi·ci·al·i·ty [~fiʃi'æliti] superficialité f; su·per·fi·ci·es [~'fiʃi:z] superficie f; 'su·per'fine superfin; † surfin; fig. raffiné; su·per·flu·i·ty [~'flu(:)iti] superfluité f; embarras m (de, of); su·per·flu·ous □ [sju'pə:fluəs] superflu; su·per'heat ⊕ surchauffer; su·per·het ['~'het] radio: superhétérodyne m.

su·per...: ~·hu·man □ [~'hju:mən] surhumain; ~·in·duce ['~rin'dju:s] surajouter (à, [up]on); superposer (sur, [up]on); ~·in'tend [~prin'tend] surveiller, diriger; présider à; ~·in·'tend·ence direction f, surveillance f; ~·in'tend·ent 1. surveillant(e f) m; directeur (-trice f) m; 2. surveillant.

su·pe·ri·or [sju:'piəriə] 1. □ supérieur (à, to); fig. arrogant, de supériorité; fig. au-dessus (de, to); 2. supérieur(e f) m (a. eccl.); (Lady) ♀ mère f abbesse; su·pe·ri·or·i·ty [~'ɔriti] supériorité f.

su·per·la·tive [sju:'pə:lətiv] 1. □ suprême; F a. gramm. superlatif (-ive f); 2. gramm. (a. ~ degree) superlatif m; 'su·per·man surhomme m; 'su·per·mar·ket supermarché m; 'su·per'nat·u·ral □ surnaturel (-le f); su·per·nu·mer·a·ry [~'nju:mərəri] 1. surnuméraire (a. su./m); 2. théâ. figurant(e f) m; 'su·per'pose superposer (à, [up]on); 'su·per'posed pow·er sta·tion ⚡ station f centrale superposée; 'su·per·po'si·tion superposition f; géol. disposition f en couches; stratification f; 'su·per'scribe mettre une inscription sur; mettre l'adresse sur; su·per'scrip·tion inscription f; adresse f; su·per·sede [~'si:d] remplacer; fig. démonter; fig. supplanter; su·per'ses·sion remplacement m; évincement m; su·per·son·ic phys. [~'sɔnik] ultrasonore; supersonique; su·per·sti·tion [~'stiʃn] superstition f; su·per·sti·tious □ [~ʃəs] superstitieux (-euse f); su·per·struc·ture ['~strʌktʃə] superstructure f; su·per·vene [~'vi:n] survenir; arriver (à la suite de, [up]on); su·per·ven·tion [~'venʃn] survenance f, survenue f; su·per·vise ['~vaiz] surveiller, diriger; su·per·vi·sion [~'viʒn] surveillance f; direction f; su·per·vi·sor ['~vaizə] surveillant(e f) m; directeur (-trice f) m.

su·pine 1. gramm. ['sju:pain] supin m; 2. □ [~'pain] couché ou étendu sur le dos; fig. indolent; mou (mol devant une voyelle ou un h muet); molle f); nonchalant; su·'pine·ness indolence f, mollesse f, inertie f.

sup·per ['sʌpə] souper m; the (Lord's) ♀ la Cène f.

sup·plant [sə'plɑ:nt] supplanter; remplacer; évincer (q.); F dégommer.

sup·ple ['sʌpl] 1. □ souple; complaisant; 2. assouplir.

sup·ple·ment 1. ['sʌplimənt] supplément m; annexe f, appendice m; 2. ['~ment] ajouter à, compléter; sup·ple·men·tal □, sup·ple·men·ta·ry supplémentaire (de, to); ad-

suppleness

ditionnel(le *f*) (à, *to*); ✝ ~ *order* commande *f* renouvelle; *take a* ~ *ticket* prendre un billet supplémentaire.

sup·ple·ness ['sʌplnɪs] souplesse *f* (*a. fig.*); *fig.* complaisance *f*.

sup·pli·ant ['sʌplɪənt] **1.** □ suppliant; de supplication; **2.** suppliant(e *f*) *m*.

sup·pli·cate ['sʌplɪkeɪt] supplier (pour obtenir, *for*; de *inf.*, *to inf.*); prier avec instance; **sup·pli'ca·tion** supplication *f*; supplique *f*; **sup·pli·ca·to·ry** ['˷kətərɪ] supplicatoire, de supplication.

sup·pli·er [sə'plaɪə] fournisseur (-euse *f*) *m* (*a.* ✝); pourvoyeur (-euse *f*) *m*.

sup·ply [sə'plaɪ] **1.** fournir, approvisionner, munir (de, *with*); combler (*une lacune*); réparer (*une omission*); remplir; répondre à (*un besoin*); remplacer (*q.*); **2.** fourniture *f*; approvisionnement *m*; ravitaillement *m* (*a. en munitions*); provision *f*; service *m* de (*gaz etc.*); ✝ offre *f*; *usu.* **supplies** *pl.* ✝ fournitures *f/pl.*; *parl.* budget *m*; crédits *m/pl.*; ⚔ vivres *m/pl.*; approvisionnements *m/pl.*; ravitaillement *m* en munitions; *be in short* ~ manquer; *on* ~ par intérim; ~ *teacher* (professeur *mf*) suppléant(e *f*) *m*; *parl.* *Committee of* ⚜ commission *f* du budget.

sup·port [sə'pɔːt] **1.** appui *m*, soutien *m* (*a.* ⊕, *a. fig.*); ⊕ soutènement *m*; maintien *m*, entretien *m*; ressources *f/pl.*; ⚔ (troupes *f/pl.* de) soutien *m*; **2.** appuyer (*a. fig.*); supporter (*a. parl. une motion*, *a. théâ. un rôle*); maintenir; entretenir; subvenir aux besoins de (*une famille*); venir à l'appui de (*une opinion etc.*); tolérer (*une injure*); entourer (*un président etc.*); ✝ donner la réplique à (*le premier rôle*); seconder; *cin.* ~*ing programme* film *m* ou -s *m/pl.* d'importance secondaire; **sup'port·a·ble** □ tolérable, supportable; soutenable (*opinion*); **sup'port·er** adhérent(e *f*) *m*; partisan (-e *f*) *m*; ⚔ supporter *m*; défenseur *m* (*d'une opinion*); ⊘ support *m*; *appareil:* soutien *m*.

sup·pose [sə'pouz] supposer, s'imaginer; croire; *he is* ~*d to* (*inf.*) il est censé (*inf.*); ~ (*that*), *supposing* (*that*) admettons que (*sbj.*), supposé que (*sbj.*); F ~ *we do so* eh bien! et puis après?; *he is rich*, *I* ~ je suppose qu'il est riche.

sup·posed □ [sə'pouzd] supposé, prétendu; soi-disant; **sup'pos·ed·ly** [˷ɪdlɪ] probablement.

sup·po·si·tion [sʌpə'zɪʃn] supposition *f*; hypothèse *f*; **sup·pos·i·ti·tious** □ [səpɒzɪ'tɪʃəs] faux (fausse *f*), supposé; **sup'pos·i·to·ry** ⚕ [˷tərɪ] suppositoire *m*.

sup·press [sə'pres] supprimer; réprimer; **sup·pres·sion** [sə'preʃn] suppression *f*; répression *f*; étouffement *m*; **sup·pres·sive** □ [sə'presɪv] suppressif (-ive *f*), répressif (-ive *f*); **sup'pres·sor** personne *f* qui supprime *ou* réprime; *radio:* grille *f* de freinage; *télév.* antiparasite *m*.

sup·pu·rate ['sʌpjʊəreɪt] suppurer; **sup·pu'ra·tion** suppuration *f*.

su·prem·a·cy [sjʊ'preməsɪ] suprématie *f* (*sur*, *over*); **su·preme** □ [sjʊ'priːm] suprême (*a. poét. heure*); souverain.

sur·charge 1. [səː'tʃɑːdʒ] surcharger (de, *with*; *a. un timbre-poste*); surtaxer; **2.** ['˷] surcharge *f* (*a. timbre-poste*); charge *f* excessive; *lettre:* surtaxe *f*.

surd ₳ [səːd] **1.** incommensurable; irrationnel(le *f*); **2.** quantité *f* incommensurable; racine *f* irrationnelle.

sure □ [ʃʊə] sûr, certain; *to be* ~!, F ~ *enough*!, *Am.* ~! vraiment!, en effet!, bien sûr; *Am.* F ~ *fire* infaillible; absolument sûr; *I'm* ~ *I don't know* je ne sais vraiment pas; *he is* ~ *to return* il reviendra sûrement *ou* à coup sûr; *make* ~ s'assurer (de, *of*); prendre les dispositions nécessaires (pour *inf.*, *to inf.*); *be* ~ *to write* ne manquez pas d'écrire; '**sure·ly** assurément; certainement; '**sure·ness** sûreté *f*; certitude *f*; '**sure·ty** caution *f*, garant(e *f*) *m*; ✝ garantie *f*.

surf [səːf] ressac *m*; brisants *m/pl.*

sur·face ['səːfɪs] **1.** surface *f*; *fig.* dehors *m*; ✈ *supporting* (*ou lifting*) ~ aile *f* voilure; ✈ *control* ~ gouverne *f*; **2.** *v/i.* revenir en *ou* faire surface; '~·**man** 🚂 cheminot *m*.

sur·feit ['səːfɪt] **1.** excès *m*, surabon-

suspensory

dance *f*; *fig.* dégoût *m*; 2. (se) gorger (de on, with) (*a. fig.*).

surf·rid·ing ['sə:fraidiŋ] *sp.* planking *m*; sport *m* de l'aquaplane.

surge [sə:dʒ] 1. houle *f*; vague *f* (*a. ⚡ de courant*); lame *f* de fond; 2. se soulever; être *ou* devenir houleux; *fig.* se répandre en flots.

sur·geon ['sə:dʒən] chirurgien(ne *f*) *m*; ⚓, ✕ médecin *m* (militaire); **sur·ger·y** ['sə:dʒəri] chirurgie *f*; médecine *f* opératoire; *endroit:* cabinet *m* de consultation; dispensaire *m*.

sur·gi·cal □ ['sə:dʒikl] chirurgical (-aux *m/pl.*), de chirurgie.

sur·li·ness ['sə:linis] maussaderie *f*; caractère *m* hargneux; air *m* bourru; **'sur·ly** □ maussade; hargneux (-euse *f*); bourru.

sur·mise 1. ['sə:maiz] conjecture *f*, supposition *f*; 2. [~'maiz] conjecturer; soupçonner.

sur·mount [sə:'maunt] surmonter (*a. fig.*); *fig.* triompher de (*qch.*); ~ed by (*ou* with) surmonté *ou* couronné de; **sur'mount·a·ble** surmontable.

sur·name ['sə:neim] 1. nom *m* (de famille); 2. donner un nom de famille à; ~d surnommé.

sur·pass *fig.* [sə:'pɑ:s] surpasser; dépasser; **sur'pass·ing** □ sans égal (-aux *m/pl.*); prééminent.

sur·plice *eccl.* ['sə:pləs] surplis *m*.

sur·plus ['sə:pləs] 1. surplus *m*, excédent *m*; 2. d'excédent; surplus de; **'sur·plus·age** *see* surplus 1; surabondance *f*; ⚖ redondance *f*.

sur·prise [sə'praiz] 1. surprise *f*; étonnement *m*; ✕ coup *m* de main; take by ~ prendre au dépourvu, surprendre; 2. à l'improviste; 3. étonner; surprendre (*a.* ✕); **sur'pris·ing** □ étonnant, surprenant.

sur·re·al·ism [sə'riəlizm] *art:* surréalisme *m*; **sur're·al·ist** surréaliste (*a. su./mf*).

sur·ren·der [sə'rendə] 1. ✕ reddition *f*; abandon *m*; 2. *v/t.* abandonner (*a. fig.*); ✕ rendre; *v/i.* (*a.* ~ o.s.) se rendre.

sur·rep·ti·tious □ [sʌrəp'tiʃəs] clandestin, subreptice.

sur·ro·gate ['sʌrəgit] suppléant(e *f*) *m*; ⚖, *eccl.* subrogé(e *f*) *m*.

sur·round [sə'raund] entourer (*a.* ✕); cerner; investir (*une ville*); **sur'round·ing** 1. environnant, d'alentour; 2. ~s *pl.* environnement *m*; milieu *m*; entourage *m*.

sur·tax ['sə:tæks] surtaxe *f*.

sur·veil·lance [sə:'veiləns] surveillance *f*.

sur·vey 1. [sə:'vei] contempler, promener ses regards sur; examiner attentivement; *surv.* arpenter (*un terrain*); faire le levé du plan de; 2. ['sə:vei] vue *f* générale, aperçu *m*; étude *f* (*de la situation*); inspection *f*, visite *f*; *surv. terrain:* arpentage *m*; levé *m* (des plans); **sur'vey·or** arpenteur *m*, géomètre *m* expert; *admin.* inspecteur (-trice *f*) *m*; contrôleur (-euse *f*) *m*.

sur·viv·al [sə'vaivl] survivance *f*; restant *m*; ⚖ survie *f*; **sur·vive** [~'vaiv] *v/t.* survivre à; *v/i.* survivre; demeurer en vie; subsister; **sur'vi·vor** survivant(e *f*) *m*.

sus·cep·ti·bil·i·ty [səseptə'biliti] prédisposition *f* (à, to), susceptibilité *f*; *souv.* susceptibilités *pl.* sensibilité *f*; **sus'cep·ti·ble** □, **sus·'cep·tive** sensible, prédisposé (à of, to); be ~ of se prêter à (*qch.*); être susceptible de.

sus·pect 1. [səs'pekt] soupçonner; avoir idée (que, that); se douter de (*qch.*); 2. ['sʌspekt] suspect(e *f*) *m*; 3. [~] (*a.* ~ed) suspect.

sus·pend [səs'pend] pendre; suspendre (*fonctionnaire, jugement, paiements, poursuite, travail, etc.*); cesser; ✕ mettre (*un officier*) en non-activité; *parl.* exclure temporairement; ⚖ surseoir à (*un jugement*); *sp.* exécuter (*un joueur*), mettre (*un jockey*) à pied; ~ed suspendu; interrompu; ~ed animation syncope *f*; *fig.* suspens *m*; **sus'pend·er** suspensoir *m*; *surt. Am.* ~s *pl.* bretelles *f/pl.*; jarretelles *f/pl.*; fixe-chaussettes *m/inv.*

sus·pense [səs'pens] suspens *m*; incertitude *f*; in ~ pendant(e *f*); † ~ account compte *m* d'ordre; **sus·pen·sion** [~'penʃn] suspension *f*; ⚖ *jugement:* surséance *f*; *parl.* député: exclusion *f* temporaire; *sp.* exécution *f*; mise *f* à pied (*d'un jockey*); ~bridge pont *m* suspendu; ~ railway chemin *m* de fer suspendu; **sus'pen·sive** □ suspensif (-ive *f*); **sus·pen·so·ry** [~'pensəri] 1. suspensif (-ive *f*); 2. *anat.* sus-

penseur *m*; ⚕ ~ *bandage* suspensoir *m*.
sus·pi·cion [səsˈpiʃn] soupçon *m* (*a. fig.*); *fig. sourire:* ébauche *f*.
sus·pi·cious □ [səsˈpiʃəs] suspect; équivoque; louche; méfiant; **sus-ˈpi·ciuos·ness** caractère *m* suspect *etc.*; méfiance *f*.
sus·tain [səsˈtein] *usu.* soutenir (*a. fig.*); entretenir (*la vie*); appuyer (*des témoignages*); essuyer (*une perte*); **susˈtain·a·ble** soutenable; **susˈtained** soutenu, nourri (*a. fig.*); continu.
sus·te·nance [ˈsʌstinəns] sustentation *f*; subsistance *f*; nourriture *f*.
sut·ler ⚔ [ˈsʌtlə] cantinier (-ère *f*) *m*; *sl.* mercanti *m*.
su·ture [ˈsjuːtʃə] 1. ⚕, ⚚, *anat.* suture *f*; 2. suturer.
su·ze·rain [ˈsuːzərein] suzerain *m*; ˈ**su·ze·rain·ty** suzeraineté *f*.
swab [swɔb] 1. torchon *m*; ⚓ faubert *m*; ⚚ tampon *m* d'ouate; ⚚ prélèvement *m* (dans, *of*); *sl.* andouille *f*; *sl.* ⚓ marin *m* d'eau douce; 2. (*a.* ~ *down*) nettoyer; ⚓ fauberter.
swad·dle. [ˈswɔdl] 1. emmailloter (de, *with*); *swaddling clothes pl.* maillot *m*; F *fig.* langes *m/pl.*; 2. lange *m*; bande *f*.
swag·ger [ˈswægə] 1. crâner, se pavaner, se donner des airs; fanfaronner; 2. F ultra-chic *inv. en genre*; élégant; 3. air *m* avantageux; rodomontades *f/pl.*; ˈ~-**cane** ⚔ jonc *m* d'officier; jonc *m* de tenue de sortie.
swain [swein] † berger *m*; *poét., a. co.* soupirant *m*.
swal·low¹ *orn.* [ˈswɔlou] hirondelle *f*.
swal·low² [~] 1. gosier *m*; gorgée *f*; 2. *v/t.* avaler (*a. fig. une histoire, un affront*); gober (*une huître, a. fig.* [*qqfois* ~ *up*] *une histoire*); *fig.* ravaler (*ses paroles*); mettre dans sa poche (*son orgueil*); *v/i.* avaler.
swam [swæm] *prét. de* swim 1.
swamp [swɔmp] 1. marais *m*, marécage *m*; 2. inonder (*a. fig.*); ⚓ remplir d'eau, submerger; *fig.* déborder (de, *with*); écraser; ˈ**swamp·y** marécageux (-euse *f*).
swan [swɔn] cygne *m*.
swank *sl.* [swæŋk] 1. prétention *f*, épate *f*; 2. prétentieux (-euse *f*); snob *adj./inv.*; 3. crâner, faire de l'épate.

swan-neck [ˈswɔnnek] ⊕ cou *m* de cygne; ⚓ *gui:* aiguillot *m*; **swanner·y** [ˈ~əri] endroit *m* où on élève des cygnes; ˈ**swan-song** chant *m* du cygne (*a. fig.*).
swap F [swɔp] troquer, échanger.
sward [swɔːd] gazon *m*; pelouse *f*.
swarm¹ [swɔːm] 1. *sauterelles:* vol *m*; *fig.* foule *f*, troupe *f*; 2. essaimer; *fig.* fourmiller (de, *with*).
swarm² [~] (*usu.* ~ *up*) escalader; monter à.
swarth·i·ness [ˈswɔːθinis] teint *m* basané; ˈ**swarth·y** □ basané, noiraud, brun.
swash [swɔʃ] 1. *v/i.* clapoter; *v/t.* clapoter contre; faire jaillir; 2. clapotis *m*, *vagues:* clapotage *m*; ~-**buck·ler** [ˈ~bʌklə] rodomont *m*, fanfaron *m*.
swas·ti·ka [ˈswɔstikə] svastika *m*; croix *f* gammée.
swat [swɔt] 1. frapper; écraser (*une mouche*); 2. coup *m*.
swath ✍ [swɔːθ] andain *m*, fauchée *f*.
swathe [sweið] 1. bandage *m*, bande *f*; *see* swath; 2. emmailloter, envelopper; rouler.
sway [swei] 1. balancement *m*; oscillation *f*; *mot.* roulis *m*; empire *m*, domination *f*; 2. *v/t.* balancer; influencer; gouverner; *v/i.* osciller, se balancer; *fig.* incliner, pencher.
swear [swɛə] 1. [*irr.*] *v/i.* jurer (qch., by s.th.); prêter serment; sacrer, blasphémer; ~ *to* attester (*qch.*) sous serment; ~ *at* maudire; *fig.* ~ *by* se fier à; *v/t.* jurer (de, *to*); faire (*un serment*); faire jurer (*q.*); ~ *s.o.* prêter serment à *q.*; *be sworn* (*in*) prêter serment à; 2. F (*a.* ~-*word*) juron *m*.
sweat [swet] 1. sueur *f*, transpiration *f*; ⊕ ressuage *m*; *sl.* corvée *f*; ⚔ F vieux ~ vieux troupier *m*; *by the* ~ *of one's brow* à la sueur de son front; 2. [*irr.*] *v/i.* suer, transpirer; *v/t.* (faire) suer; ⚚ faire transpirer; exploiter (*un ouvrier*); ⊕ souder (*un câble*) à l'étain; ˈ**sweat·ed** fait à la sueur des ouvriers (-ères *f*); ˈ**sweat·er** chandail *m*; tricot *m*; F *pull m*; ˈ**sweat·y** en sueur; imprégné de sueur; d'une chaleur humide.
Swede [swiːd] Suédois(e *f*) *m*; ✍ ♀

navet *m* de Suède, chou-navet (*pl.* choux-navets) *m*.

Swedish ['swi:diʃ] 1. suédois; 2. *ling.* suédois *m*; the ~ *pl.* les Suédois *m/pl*.

sweep [swi:p] 1. [*irr.*] *v/t.* balayer (*une pièce, a. fig. une robe, les mers, etc.*); *fig.* parcourir; *fig.* (*souv. avec adv.*) entraîner; ramoner (*la cheminée*); *fig.* effleurer (*les cordes d'une harpe*); ⚔ enfiler; *fig.* embrasser du regard; tracer (*une courbe*); *v/i.* s'étaler, s'étendre; *fig.* (*usu. avec adv.*) avancer rapidement; envahir, parcourir; entrer *etc.* d'un air majestueux; ~ for *mines* draguer des mines; ~ in entrer vivement ou majestueusement; 2. coup *m* de balai *ou* de pinceau *ou* de faux; geste *m* large; mouvement *m* circulaire; courbe *f*; ligne *f* ininterrompue; *fig.* mouvement *m* majestueux; ♪ *harpe*: effleurement *m*; *mot.* virage *m*; *fleuve*: course *f* rapide; *maison*: allée *f*; *télév.* balayage *m*; étendue *f*, envergure *f*; ⚔ *etc.* portée *f* (*a. fig.*); ⊕ zone *f* de jeu; *formes d'un navire*: courbure *f*; *colline*: versant *m*; ramoneur *m* (*de cheminées*); *embarcation etc.*: aviron *m* de queue; *pompe etc.*: balancier *m*; F sweepstake *m*; make a clean ~ faire table rase (de, of); *jeu*: faire rafle; *fig.* at one ~ d'un seul coup; '**sweep·er** balayeur *m* (*de rues*); *machine*: balayeuse *f*; '**sweep·ing** 1. □ rapide; entier (-ère *f*); par trop absolu (*affirmation*); allongé, élancé (*lignes*); 2. ~s *pl.* ordures *f/pl.*, balayures *f/pl.*; **sweep·stake** ['~steik] sweepstake *m*, poule *f*.

sweet [swi:t] 1. □ doux (douce *f*); sucré; mélodieux (-euse *f*); gentil(le *f*) (*personne*); odorant; agréable; sain (*haleine, sol, etc.*); ~ oil huile *f* douce; *souv.* huile *f* d'olive; ♣ ~ pea pois *m* de senteur; ♣ ~-william œillet *m* de poète; have a ~ tooth aimer les douceurs; 2. chérie *f*; bonbon *m*; *cuis.* entremets *m* (sucré); ~s *pl.* confiseries *f/pl.*; friandises *f/pl.*; *fig.* délices *f/pl.*; '**~·bread** ris *m* de veau *ou* qqfois d'agneau; '**sweet·en** sucrer; adoucir (*a. fig.*); assainir (*l'air, le sol, etc.*); '**sweet·heart** bien-aimé(e *f*) *m*; chéri(e *f*) *m*; '**sweet·ish** assez doux (douce *f*); '**sweet·meat** bonbon *m*; ~s *pl.* confiserie *f*, sucreries *f/pl.*; '**sweet·ness** douceur *f* (*a. fig.*); *fig.* gentillesse *f*; *air etc.*: fraîcheur *f*; '**sweet·shop** confiserie *f*.

swell [swel] 1. [*irr.*] *v/i.* se gonfler (*a. voiles*); s'enfler (*a. fig.* jusqu'à devenir qch., into s.th.); grossir; se soulever (*mer*); *fig.* augmenter; *v/t.* gonfler, enfler; augmenter; 2. F élégant, chic *inv.* en genre; *sl.* bath; 3. bosse *f*; *terrain*: ondulation *f*; gonflement *m*; ♪ *orgue*: soufflet *m*, crescendo *m* (et diminuendo *m*); ⊕ houle *f*, F élégant(e *f*) *m*; the ~s *pl.* le gratin *m*; '**swell·ing** 1. enflure *f*; tumeur *f*; gonflement *m*; *vagues*: soulèvement *m*; *mot. etc.* hernie *f*; 2. □ qui s'enfle *ou* se gonfle; enflé, gonflé; boursouflé (*style*). [nage.]

swel·ter ['sweltə] étouffer; être en]

swept [swept] *prét. et p.p. de* sweep 1.

swerve [swə:v] *v/i.* faire un écart; *mot.* faire une embardée; dévier; *foot.* crocheter; *v/t.* faire écarter; *mot.* faire faire une embardée; faire dévier (*la balle*).

swift [swift] 1. □ rapide; prompt; 2. *orn.* martinet *m*; '**swift·ness** vitesse *f*; promptitude *f*.

swig F [swig] 1. gorgée *f*; grand coup *m*; 2. boire à grands coups; lamper.

swill [swil] 1. lavage *m* à grande eau; pâtée *f* pour les porcs; F *péj.* rinçure *f*, mauvaise boisson *f*; 2. *v/t.* laver à grande eau; *v/i.* avaler; boire comme une éponge.

swim [swim] 1. [*irr.*] *v/i.* nager; être inondé (de, with); my head ~s la tête me tourne; *v/t.* traverser à la nage (*une distance etc.*) à la nage; faire nager (*un cheval*); 2. action *f* de nager; be in the ~ être à la page; être lancé.

swim·ming ['swimiŋ] 1. nage *f*; natation *f*; 2. □ de natation; ~ly F à merveille; '**~·pool** piscine *f*.

swin·dle ['swindl] 1. *v/t.* escroquer (qch. à q., s.o. out of s.th.); *v/i.* faire de l'escroquerie; 2. escroquerie *f*, filouterie *f*; '**swin·dler** escroc *m*, filou *m*; *sl.* floueur (-euse *f*) *m*.

swine *poét., zo., fig. péj.* [swain], *pl.* **swine** cochon *m*; *sl.* salaud *m*; '**swine·herd** porcher *m*.

swing

swing [swiŋ] **1.** [*irr.*] *v/i.* se balancer, osciller, tournoyer, pivoter; ⚓ éviter (*sur l'ancre*); être pendu; ⚔ faire une conversion (vers, *to*); ~ *along* avancer en scandant le pas; ~ *into motion* se mettre en mouvement; ~ *to* se refermer (*porte*); *v/t.* (faire) balancer, faire osciller; faire pivoter; pendre; brandir; **2.** balancement *m*; coup *m* balancé; va-et-vient *m*/*inv.*; balançoire *f* (*d'enfant*); mouvement *m* rythmé; ⚓ évitage *m*; *fig.* entrain *m*, marche *f*; ♪, *a.* box. swing *m*; *in full* ~ en pleine marche; ~ **bridge** pont *m* tournant; ~ **door** porte *f* battante, porte *f* à bascule.
swinge·ing □ F ['swindʒiŋ] énorme; écrasant.
swing·ing □ F ['swiŋiŋ] balançant, oscillant, à bascule; *fig.* cadencé; *fig.* entraînant; ⚔ ~ *temperature* température *f* variable.
swin·gle ⊕ ['swiŋgl] **1.** teiller, écanguer (*le lin, le chanvre*); **2.** écang *m*; '~**tree** palonnier *m*.
swin·ish □ ['swainiʃ] de cochon; bestial (-aux *m*/*pl.*).
swipe [swaip] **1.** frapper à toute volée; F donner une taloche à; *Am. sl.* chiper; **2.** F taloche *f*; ~*s pl.* petite bière *f*, bibine *f*.
swirl [swə:l] **1.** (faire) tournoyer *ou* tourbillonner; **2.** remous *m*; tourbillon(nement) *m*.
swish [swiʃ] **1.** *v/i.* bruire; siffler; *v/t.* fouetter; faire siffler; **2.** bruissement *m*; sifflement *m*; frou(-)frou *m*; **3.** F chic *inv.* en genre, élégant.
Swiss [swis] **1.** suisse; **2.** Suisse(*f*) *m*; *the* ~ *pl.* les Suisses *m*/*pl.*
switch [switʃ] **1.** badine *f*; houssine *f* (*a. de cavalier*); 🚆 aiguille *f*; ⚡ interrupteur *m*, commutateur *m*; *cheveux*: postiche *f*; **2.** cingler; housser; 🚆 aiguiller (*a. fig.*); manœuvrer (*un train*); ⚡ (*souv.* ~ *over*) commuter (*le courant*); ⚡ ~ *on* (*off*) allumer (éteindre); '~**back** montagnes *f*/*pl.* russes; '~**board** ⚡ panneau *m ou* tableau *m* de distribution; *telephone* ~ standard *m* téléphonique; '~**box** caisson *m* d'interrupteur, boîte *f* de distribution; '~**le·ver** levier *m* d'aiguille.
swiv·el ⊕ ['swivl] émerillon *m*; pivot *m*; *attr.* tournant, pivotant; à pivot.

---

swol·len ['swouln] *p.p. de* swell 1.
swoon [swu:n] **1.** évanouissement *m*; ⚕ syncope *f*; **2.** s'évanouir.
swoop [swu:p] **1.** (*usu.* ~ *down*) s'abattre, foncer (sur, [*up*]*on*); **2.** descente *f* rapide; attaque *f* inattendue.
swop F [swɔp] troquer.
sword [sɔ:d] épée *f*; *cavalry* ~ sabre *m* de cavalerie; '~**cane** canne *f* à épée; '~**knot** dragonne *f*.
swords·man ['sɔ:dzmən] épéiste *m*, escrimeur *m*, F lame *f*; '**swords·man·ship** escrime *f*.
swore [swɔ:] *prét. de* swear 1.
sworn [swɔ:n] *p.p. de* swear 1; ⚖ juré, assermenté.
swot *sl.* [swɔt] **1.** travail *m* intense, *sl.* turbin *m*; *personne*: bûcheur (-euse *f*) *m*; **2.** bûcher, piocher, potasser.
swum [swʌm] *p.p. de* swim 1.
swung [swʌŋ] *prét. et p.p. de* swing 1.
syb·a·rite ['sibərait] sybarite (*a. su.*/*mf*).
syc·o·phant ['sikəfənt] sycophante *m*; flagorneur (-euse *f*) *m*; adulateur (-trice *f*) *m*; **syc·o·phan·tic** [sikə'fæntik] (~*ally*) adulateur (-trice *f*); ~*ally* bassement.
syl·lab·ic [si'læbik] (~*ally*) syllabique; **syl·la·ble** ['siləbl] syllabe *f*.
syl·la·bus ['siləbəs] cours, études: programme *m*; *eccl.* syllabus *m*.
syl·lo·gism *phls.* ['silədʒizm] syllogisme *m*.
sylph [silf] sylphe *m*; sylphide *f* (*a. fig.*).
sym·bi·o·sis *biol.* [simbi'ousis] symbiose *f*.
sym·bol ['simbəl] symbole *m* (*a.* ℟); signe *m*; attribut *m*; **sym·bol·ic, sym·bol·i·cal** □ [~'bɔlik(l)] symbolique; **sym·bol·ism** ['~bəlizm] symbolisme *m*; '**sym·bol·ize** symboliser.
sym·met·ri·cal □ [si'metrikl] symétrique; **sym·me·try** ['simitri] symétrie *f*.
sym·pa·thet·ic [simpə'θetik] (~*ally*) sympathique (*a. nerf, encre*); de sympathie; compatissant; bien disposé; ~ *strike* grève *f* de solidarité; **sym·pa·thize** ['~θaiz] sympathiser (avec, *with*); compatir (à, *with*); s'associer (à, *with*); **sym·pa·thy** ['~θi] sympathie *f*; compassion *f*;

tablet

in ~ par solidarité (*grève*); par contrecoup (*hausse de prix*).
sym·phon·ic ♪ [sim'fɔnik] symphonique; **sym·pho·ny** ♪ ['simfəni] symphonie *f*.
symp·tom ['simptəm] symptôme *m*; indice *m*; **symp·to·mat·ic** [ˌ~'mætik] (ˌ~ally) symptomatique; qui est un symptôme (de, *of*); be ~ of caractériser (*qch*.).
syn·a·gogue ['sinəgɔg] synagogue *f*.
syn·chro·mesh gear *mot*. ['siŋkrəmeʃ'giə] boîte *f* de vitesses synchronisée.
syn·chro·nism ['siŋkrənizm] synchronisme *m*; ⚡ in ~ en phase; *télév.* irregular ~ drapeau *m*; **'syn·chro·nize** *v/i*. marquer la même heure; arriver simultanément; *v/t*. synchroniser (*a. cin*.); ⚡ coupler en phase; *cin*. repérer; **'syn·chro·nous** □ synchrone; ⚡ en phase.
syn·co·pate ['siŋkəpeit] syncoper; **syn·co·pe** ⚕, ♪, *a. gramm*. ['~pi] syncope *f*.
syn·dic ['sindik] syndic *m*; **syn·di·cate 1.** ['~kit] syndicat *m*; conseil *m* de syndics; 2. ['~keit] (se) syndiquer; **'syn·di·cat·ed** publié simultanément dans plusieurs journaux.
syn·od *eccl*. ['sinəd] synode *m*, concile *m*; **syn·od·al** ['~dl], **syn·od·ic, syn·od·i·cal** □ *eccl*. [si'nɔdik(l)] synodal (-aux *m/pl*.).
syn·o·nym ['sinənim] synonyme *m*;
syn·on·y·mous □ [si'nɔniməs] synonyme (de, *with*).
syn·op·sis [si'nɔpsis], *pl*. -ses [ˌ~si:z] résumé *m*, abrégé *m*; tableau *m* synoptique; *bibl*. synopse *f*; *école*: aide-mémoire *m/inv*.
syn·op·tic, syn·op·ti·cal □ [si'nɔptik(l)] synoptique.
syn·tac·tic, syn·tac·ti·cal □ *gramm*. [sin'tæktik(l)] syntaxique; **syn·tax** *gramm*. ['sintæks] syntaxe *f*.
syn·the·sis ['sinθisis], *pl*. -ses [ˌ~si:z] synthèse *f*; **syn·the·size** ⊕ ['~saiz] synthétiser; faire la synthèse de.
syn·thet·ic, syn·thet·i·cal □ [sin'θetik(l)] synthétique; de synthèse.
syn·to·nize ['sintənaiz] *radio*: syntoniser, accorder; **syn·to·ny** ['~ni] syntonie *f*, accord *m*.
syph·i·lis ✠ ['sifilis] syphilis *f*.
syph·i·lit·ic ✠ [sifi'litik] syphilitique.
sy·phon ['saifən] *see* siphon.
Syr·i·an [siriən] **1.** syrien(ne *f*); **2.** Syrien(ne *f*) *m*.
sy·rin·ga ♀ [si'riŋgə] seringa(t) *m*; jasmin *m* en arbre.
sy·ringe [si'rindʒ] **1.** seringue *f*; **2.** seringuer; ✠ laver avec une seringue.
syr·up ['sirəp] sirop *m*.
sys·tem ['sistim] système *m*; *pol*. régime *m*; méthode *f*; **sys·tem·at·ic** [ˌ~'mætik] (ˌ~ally) systématique, méthodique.

T

T, t [ti:] T *m*, t *m*; F to a *T* à merveille.
tab [tæb] patte *f*; étiquette *f*; *cordon de soulier*: ferret *m*; *manteau etc*.: attache *f*; *fichier*: touche *f*; ✕ patte *f* du collet; *Am*. couler le ~ payer (la note); F keep ~(s) on ne pas perdre (*q*.) de vue.
tab·ard *hist*. ['tæbəd] tabar(d) *m*.
tab·by ['tæbi] **1.** soie *f* moirée; (*usu*. ~ cat) chat *m* tigré; F chatte *f*; F vieille chipie *f*; **2.** *tex*. de *ou* en tabis; rayé.
tab·er·nac·le ['tæbənækl] tabernacle *m*; *Am*. temple *m*.
ta·ble ['teibl] **1.** table *f* (*a. fig*. = bonne chère; *a*. ♀); ⊕ plaque *f*; ⊕ banc *m* (*d'une machine à percer*); *occasional* ~ guéridon *m*; nest of ~s table *f* gigogne; ~ of contents table *f* des matières; turn the ~s renverser les rôles; reprendre l'avantage (sur, *on*); **2.** mettre sur la table; *p.ext. parl*. saisir la Chambre de (*un projet de loi*); *Am*. ajourner (*usu. un projet de loi*); '~-**cloth** nappe *f*; '~-**lin·en** linge *m* de table; '~-**nap·kin** serviette *f*; '~-**spoon** cuiller (cuillère) *f* à bouche *ou* à soupe.
tab·let ['tæblit] tablette *f* (*de chocolat*, △, *pharm., pour écrire, etc*.); plaque *f*; *savon*: pain *m*; *pharm*. comprimé *m*.

table tennis

table...: ~ **ten·nis** ping-pong *m*; '~-**top** dessus *m* de table.
tab·loid ['tæbloid] *pharm.* comprimé *m*; pastille *f*; petit journal *m* qui vise à la sensation.
ta·boo [tə'buː] **1.** tabou; F interdit; **2.** tabou *m*; **3.** tabouer; F interdire.
tab·u·lar □ ['tæbjulə] tabulaire; disposé en lamelles; **tab·u·late** ['~leit] disposer en forme de tables *ou* tableaux; classifier.
tac·it □ ['tæsit] tacite; **tac·i·turn** □ ['~təːn] taciturne; **tac·i'tur·ni·ty** taciturnité *f*.
tack [tæk] **1.** petit clou *m*; pointe *f*; (*a. tin* ~) semence *f*; *couture:* point *m* de bâti; ⚓ bord(ée *f*) *m* (en louvoyant); *fig.* voie *f*; tactique *f*; *on the wrong* ~ sur la mauvaise voie; fourvoyé; **2.** *v/t.* clouer; faufiler (*un vêtement*); *fig.* attacher, annexer (à *to, on*); *v/i.* ⚓ louvoyer; virer (*a. fig.*).
tack·le ['tækl] **1.** appareil *m*, ustensiles *m/pl.*; ⚓ apparaux *m/pl.*, palan *m*; ⊕ appareil *m* de levage; *sp.* arrêt *m*; **2.** saisir à bras-le-corps; essayer, entreprendre; *sp.* plaquer.
tack·y ['tæki] collant; *Am.* F minable.
tact [tækt] tact *m*, savoir-faire *m/inv.*;
tact·ful □ ['~ful] (plein) de tact.
tac·ti·cal □ ⚔ ['tæktikl] tactique; **tac·ti·cian** [~'tiʃn] tacticien *m*; **tac·tics** *pl. ou sg.* ['~iks] tactique *f*.
tac·tile ['tæktail] tactile.
tact·less □ ['tæktlis] dépourvu de tact.
tad·pole *zo.* ['tædpoul] têtard *m*.
taf·fe·ta ['tæfitə] taffetas *m*.
taf·fy ['tæfi] caramel *m* au beurre; *Am.* F flagornerie *f*.
tag [tæg] **1.** morceau *m* qui pend, bout *m*; étiquette *f*, attache *f*; ferret *m*; *fig.* cliché *m*; **2.** ferrer; *fig.* attacher (à *on, to*); *Am.* attacher une fiche à.
tag-rag ['tægræg]: ~ *(and bobtail)* canaille *f*.
tail [teil] **1.** queue *f* (*a. de jupe, a. fig. d'une classe, etc.*); F *chemise:* pan *m*; (*usu.* ~*s pl.*) monnaie: pile *f*; *page:* pied *m*; *charrue:* manche *f*; *voiture:* arrière *m*; ✈ empennage *m*; adhérents *m/pl.* (*d'un parti*); F ~*s pl.* habit *m* à queue; *fig.* ~*s up* en train; de bonne humeur; ✈ ~ *unit* empennage *m*; **2.** *v/t.* mettre une queue à; *fig.* être *ou* se mettre à la queue de; couper la queue à (*un animal*); enlever les queues de (*les groseilles etc.*); *Am.* F filer (*q.*); *v/i.* suivre de près; ~ *off* s'espacer; s'allonger; s'éteindre (*voix*); '~-**board** layon *m*; '~-'**coat** habit *m* à queue; '**tailed** à queue; *zo.* caudifère; '**tail·less** sans queue; '**tail·light** *mot.* feu *m* arrière *ou* rouge.
tai·lor ['teilə] **1.** tailleur *m*; **2.** *v/t.* faire (*un complet etc.*); habiller (*q.*); *well* ~*ed* bien habillé (*personne*); '~-**made 1.** tailleur (*vêtement*); **2.** (*a.* ~ *suit*) tailleur *m*.
tail...: '~-**piece** *typ.* cul-de-lampe (*pl.* culs-de-lampe) *m*; vignette *f*; ~ **plane** ✈ plan *m* fixe; ~ **skid** ✈ béquille *f*.
taint [teint] **1.** tache *f*; infection *f*, corruption *f*; trace *f*; tare *f* héréditaire; **2.** *v/t.* infecter; (se) corrompre; (se) gâter.
take [teik] **1.** [*irr.*] *v/t.* prendre (*a. livraison, maladie, nourriture, poison, repas, temps; a. bien ou mal*); saisir; s'emparer de; emprunter (à, *from*); conduire, (em)mener (à, *to*); louer (*une maison, une voiture*); faire (*phot., promenade, repas, vœu, voyage, etc.*); produire (*un effet*); tirer (*une épreuve*); passer (*un examen*); tourner (*un film*); acheter régulièrement (*un journal*); franchir (*un obstacle*); profiter de, saisir (*une occasion*); attraper (*un poisson etc.*); remporter (*le prix*); F comprendre; F tenir, prendre (pour, *for*); *the devil* ~ *it!* que le diable l'emporte!; *I* ~ *it that* je suppose que; ~ *air* se faire connaître; se répandre (*nouvelle*); ~ *the air* prendre l'air; ✈ s'envoler, prendre son vol; ~ (*a deep*) *breath* respirer (profondément); ~ *comfort* se consoler; ~ *compassion* avoir compassion *ou* pitié (de, *on*); ~ *counsel* prendre conseil (de, *with*); ~ *a drive* faire une promenade (en auto); ~ *fire* prendre feu; ~ *in hand* entreprendre; ~ *a hedge* franchir une haie; ~ *hold of* s'emparer de, saisir; ~ *an oath* prêter serment; ~ *offence* se froisser (de, *at*); ~ *pity on* prendre pitié de; ~ *place* avoir lieu; se passer; ~ *rest* se donner du repos; ~ *a rest* se reposer; ⚔ faire

talus

la pause; ~ *a seat* s'asseoir; ~ *ship* (s')embarquer; ~ *a view of* envisager (*qch.*), avoir une opinion de; ~ *a walk* faire une promenade; ~ *my word for it* croyez-m'en; ~ *s.o. about* faire visiter (*qch.*) à q.; ~ *down* démonter (*une machine etc.*); descendre (*qch.*); avaler; prendre note de, écrire; ~ *for* prendre pour; ~ *from* prendre, enlever à; ~ *in* faire entrer (*q.*); acheter régulièrement (*un journal*); recevoir (*un locataire etc.*); recueillir (*un réfugié etc.*); accepter (*un travail*); comprendre; F tromper; F rouler; ~ *in sail* diminuer de voile(s); ~ *off* enlever; quitter (*ses vêtements*); emmener (*q.*); rabattre (*sur un prix*); supprimer (*un train*); F imiter, singer; ~ *on* entreprendre; accepter; engager; prendre; ~ *out* sortir (*qch.*); arracher (*une dent*); ôter (*une tache*); faire sortir (*q.*), emmener (*un enfant*) en promenade; retirer (*ses bagages*); contracter (*une assurance*); obtenir (*un brevet*); F ~ *it out of* se venger de (*q.*); épuiser (*q.*); ~ *to pieces* démonter (*une machine*); défaire; *fig.* démolir; ~ *up* relever (*a. un défi*); ramasser; prendre (*les armes*); embrasser (*une carrière*); ✝ honorer (*un effet*), lever (*une prime*); occuper (*une place*); fixer (*sa résidence*); *cost.* raccourcir; 🚢 embarquer; absorber (*de l'eau, le temps*); adopter (*une idée*); faire (*une promenade, un saut, un prisonnier*); ~ *upon o.s.* prendre sur soi (*de, to*); *see consideration; decision; effect 1; exercise 1; heart; liberty; note 1; notice 1; rise 1;* **2.** [*irr.*] *v/i.* prendre; réussir; avoir du succès; *phot.* he ~s well il est photogénique; il fait un bel effet sur une photographie; ~ *after* tenir de; ressembler à; ~ *from* diminuer (*qch.*); ~ *off* prendre son élan *ou* son essor; ✈ s'envoler; décoller; F ~ *on* laisser éclater son chagrin; avoir du succès *ou* de la vogue; F ~ *up with* s'embaucher chez; ~ *over* prendre le pouvoir; assumer la responsabilité; ~ *to* s'adonner à; prendre goût à; prendre (*la fuite*); prendre (*q.*) en amitié; ~ *to* (*gér.*) se mettre à (*inf.*); ~ *up with* se lier d'amitié avec; s'associer à; *that won't* ~ *with me* ça ne prend pas avec moi; **3.** action *f* de prendre; prise *f*; *cin.* prise *f* de vues.

take...: '~-'home pay gages *m/pl.* nets; salaire *m* net; '~-'in F attrape *f*; leurre *m*; 'taken *p.p.* de *take* 1, 2; *be* ~ être pris; *be* ~ *with* être épris de; *be* ~ *ill* tomber malade; F *be* ~ *in* se laisser attraper; *be* ~ *up with* être occupé de, être tout à; 'take-'off caricature *f*; élan *m*; ✈ décollage *m*; 'tak·er preneur (-euse *f*) *m*; *pari:* tenant *m*.

tak·ing ['teikiŋ] **1.** □ F attrayant, charmant; **2.** prise *f*; ✝ état *m* nerveux; ✝ ~s *pl.* recettes *f/pl.*

talc *min.* [tælk] talc *m*.

tale [teil] conte *m*, récit *m*, histoire *f*; *tell* ~s (*out of school*) rapporter; trahir un secret; '~-bear·er ['~bɛərə] rapporteur (-euse *f*) *m*; mauvaise langue *f*.

tal·ent ['tælənt] talent *m*; aptitude *f*; don *m*; 'tal·ent·ed doué; de talent.

ta·les ⚖ ['teili:z] *sg.* jurés *m/pl.* suppléants.

tal·is·man ['tælizmən] talisman *m*.

talk [tɔ:k] **1.** conversation *f*; causerie *f*; discours *m*; bruit *m*; bavardage *m*; **2.** parler (*de of, about*); causer (*avec, to*); bavarder; 'talk·a·tive □ ['~ətiv] bavard; causeur (-euse *f*); **talk·ee-talk·ee** ['tɔ:ki'tɔ:ki] pur bavardage *m*; ✝ jargon *m* petit-nègre; 'talk·er causeur (-euse *f*) *m*, parleur (-euse *f*) *m*; **talk·ie** ['~i] film *m* parlant *ou* parlé; 'talk·ing conversation *f*; bavardage *m*; **talking-to** F ['~tu:] semonce *f*.

tall [tɔ:l] grand, de haute taille; haut, élevé (*bâtiment etc.*); *sl.* ~ *order* grosse affaire *f*; demande *f* exagérée; *sl.* ~ *story, Am. a.* ~ *tale* histoire *f* dure à avaler; F craque *f*; 'tall·boy commode *f*; 'tall·ness grandeur *f*; hauteur *f*, grande taille *f*.

tal·low ['tælou] suif *m*; 'tal·low·y suiffeux (-euse *f*); *fig.* terreux (-euse *f*) (*teint etc.*).

tal·ly ['tæli] **1.** taille *f*; pointage *m* (*de, of*); étiquette *f* (*plantes etc.*); contre-partie *f*; **2.** s'accorder (*avec, with*).

tal·ly-ho ['tæli'hou] *chasse:* **1.** taïaut!; **2.** taïaut *m*; **3.** crier taïaut.

tal·on *orn.* ['tælən] serre *f*; griffe *f*.

ta·lus[1] ['teiləs] talus *m* (*a. géol.*).

ta·lus² *anat.* [~] astragale *m*.
tam·a·ble ['teimǝbl] apprivoisable.
tam·a·rind ☘ ['tæmǝrind] (fruit *m* du) tamarinier *m*.
tam·bour ['tæmbuǝ] 1. *usu.* tambour *m*; ♪ grosse caisse *f*; 2. broder au tambour; **tam·bou·rine** [~bǝ'ri:n] tambour *m* de basque; *sans grelots*: tambourin *m*.
tame [teim] 1. ☐ apprivoisé; domestique; soumis, dompté (*personne*); fade, insipide (*style*); 2. apprivoiser; domestiquer; dompter; **'tame·ness** docilité *f*, soumission *f*; fadeur *m*; **'tam·er** dompteur (-euse *f*) *m*; apprivoiseur (-euse *f*) *m*.
Tam·ma·ny *Am.* ['tæmǝni] parti *m* démocrate de New York.
tam-o'-shan·ter [tæmǝ'ʃæntǝ] béret *m* écossais.
tamp [tæmp] ⚒ bourrer; ⊕ refouler, damer.
tam·per ['tæmpǝ]: ~ *with* toucher à; se mêler à; falsifier (*un registre*); suborner (*un témoin*); altérer (*un document*).
tam·pon ⚕ ['tæmpǝn] tampon *m*.
tan [tæn] 1. tan *m*; couleur *f* du tan; (*a. sun* ~) brunissage *m*; 2. tanné; tan *adj./inv.*; jaune (*soulier*); 3. *v/t.* tanner; *fig.* bronzer (*le teint*); rosser (*q.*).
tan·dem ['tændem] tandem *m*; ⚡ ~ *connexion* accouplement *m* en série; *drive* ~ conduire en tandem; *cycl.* ~ se promener en tandem.
tang¹ [tæŋ] soie *f* (*d'un ciseau, couteau, etc.*); *fig.* goût *m* vif; épice *etc.*: montant *m*; *air marin*: salure *f*.
tang² [~] 1. son *m* aigu; tintement *m*; 2. (faire) retentir; rendre un son aigu.
tan·gent ⚡ ['tændʒǝnt] tangente *f*; *go* (*ou fly*) *off at a* ~ changer brusquement de sujet, s'échapper par la tangente; **tan·gen·tial** ☐ ⚡ [~'dʒenʃl] tangentiel(le *f*); de tangence (*point*).
tan·gi·bil·i·ty [tændʒi'biliti] tangibilité *f*, réalité *f*; **tan·gi·ble** ☐ ['tændʒǝbl] tangible, palpable; *fig.* réel(le *f*).
tan·gle ['tæŋgl] 1. enchevêtrement *m*; nœud *m*; *fig.* embarras *m*; 2. (s')embrouiller, emmêler.
tan·go ['tæŋgou] tango *m* (*danse*).
tank [tæŋk] 1. réservoir *m* (*a.* ⊕);

phot. cuve *f*; ⚔ char *m* d'assaut; ~ *car* (*ou truck*) camion-citerne (*pl.* camions-citernes) *m*; ⚒ wagon-citerne (*pl.* wagons-citernes) *m*; 2. faire le plein d'essence; *Am. sl.* s'alcooliser; **'tank·age** capacité *f* d'un réservoir.
tank·ard ['tæŋkǝd] pot *m* (*surt. de ou à bière*); *en étain*: chope *f*.
tank·er ⚓ ['tæŋkǝ] pétrolier *m*.
tan·ner¹ ['tænǝ] tanneur *m*.
tan·ner² *sl.* [~] (pièce *f* de) six pence.
tan·ner·y ['tænǝri] tannerie *f*.
tan·nic ac·id ⚗ ['tænik'æsid] acide *m* tannique.
tan·nin ⚗ ['tænin] tan(n)in *m*.
tan·ta·lize ['tæntǝlaiz] tourmenter.
tan·ta·mount ['tæntǝmaunt] équivalent (à, *to*).
tan·trum F ['tæntrǝm] accès *m* de colère.
tap¹ [tæp] 1. tape *f*, petit coup *m*; 2. taper, toucher, frapper doucement.
tap² [~] 1. *fût*: fausset *m*; *eau*: robinet *m*; F boisson *f*, *usu.* bière *f*; ⊕ taraud *m*; F *see* ~*room*; *on* ~ en perce; 2. percer; mettre en perce; ⚡ ~ *the wire(s)* faire une prise sur un fil télégraphique; *téléph.* capter un message télégraphique.
tap-dance ['tæpdɑ:ns] danse *f* à claquettes.
tape [teip] ruban *m*; *sp.* bande *f* d'arrivée; *tél.* bande *f* du récepteur; *fig. red* ~ bureaucratie *f*, paperasserie *f*; **'~-meas·ure** mètre *m* à ruban; centimètre *m*; **'~-re·cord·er** magnétophone *m*; **'~-re·cord·ing** enregistrement *m* sur magnétophone.
ta·per [teipǝ] 1. bougie *f* filée; *eccl.* cierge *m*; ⊕ cône *m*; 2. *adj.* effilé; ⊕ conique; 3. *v/i.* s'effiler, diminuer; ~*ing see* ~ 2; *v/t.* effiler; tailler en pointe.
tap·es·tried ['tæpistrid] tendu de tapisseries; tapissé; **'tap·es·try** tapisserie *f*.
tape·worm ['teipwǝ:m] ver *m* solitaire.
tap·pet ⊕ ['tæpit] came *f*; taquet *m*.
tap·room ['tæprum] buvette *f*, estaminet *m*.
tap-root ☘ ['tæpru:t] pivot *m*.
taps *Am.* ⚔ [tæps] *pl.* extinction *f* des feux.

tap·ster ['tæpstə] cabaretier *m*; garçon *m* de cabaret.
tar [taː] 1. goudron *m*; F *Jack* ♀ mathurin *m*; 2. goudronner.
ta·ran·tu·la *zo.* [təˈræntjulə] tarentule *f*.
tar-board ['taːbɔːd] carton *m* bitumé.
tar·di·ness ['taːdinis] lenteur *f*; *Am.* retard *m*; **'tar·dy** □ lent; peu empressé; tardif (-ive *f*); *Am.* en retard.
tare¹ ♀ [tɛə] (*usu.* ~*s pl.*) vesce *f*.
tare² ✝ [~] 1. tare *f*; 2. tarer.
tar·get ['taːgit] cible *f*; objectif *m* (*a. fig.*); *fig.* butte *f*; † petit bouclier *m*; ~ *practice* tir *m* à la cible.
tar·iff ['tærif] tarif *m* (*souv.* douanier).
tarn [taːn] laquet *m*.
tar·nish ['taːniʃ] 1. *v/t.* ⊕ ternir (*a. fig.*); *v/i.* se ternir; se dédorer (*dorure*); 2. ternissure *f*.
tar·pau·lin [taːˈpɔːlin] ⊕ toile *f* goudronnée; bâche *f*; ♆ prélart *m*.
tar·ry¹ *poét.* ['tæri] tarder; attendre; rester.
tar·ry² ['taːri] goudronneux (-euse *f*).
tart [taːt] 1. □ âpre, aigre; *fig.* mordant; 2. tourte *f*; tarte *f*; *sl.* poule *f* (= *prostituée*).
tar·tan ['taːtən] tartan *m*; ♆ tartane *f*; ~ *plaid* plaid *m* en tartan.
Tar·tar¹ ['taːtə] Tartare *m*; *fig.* homme *m* intraitable; *femme:* mégère *f*; *catch a* ~ trouver son maître.
tar·tar² ⚕ [~] tartre *m* (*a. dent*).
task [taːsk] 1. tâche *f*; besogne *f*, ouvrage *m*; *école:* devoir *m*; *take to* ~ réprimander (*pour avoir fait, for having done*); 2. assigner une tâche à; ⚓ mettre à l'épreuve (*les bordages etc.*); ~ *force* ⚔ *Am.* détachement *m* spécial des forces de terre, de l'air et de mer; **'~·mas·ter** surveillant *m*; chef *m* de corvée; *fig.* tyran *m*.
tas·sel ['tæsl] 1. gland *m*, houppe *f*; 2. garnir de glands *etc.*
taste [teist] 1. goût *m* (*de of, for*); *fig. a.* prédilection *f* (*pour, for*); *to* ~ à volonté, selon son goût; *season to* ~ goûtez et rectifiez l'assaisonnement; 2. *v/t.* goûter (*a. fig.*); déguster; *v/i.* sentir (*qch., of s.th.*); avoir un goût (*de, of*); **taste·ful** □ ['~ful] de bon goût; élégant; de goût (*personne*).
taste·less □ ['teistlis] sans goût, insipide, fade; **'taste·less·ness** insipidité *f*; manque *m* de goût.
tas·ter ['teistə] dégustateur (-trice *f*) *m* (*de thé, vins, etc.*).
tast·y □ F ['teisti] savoureux (-euse *f*).
tat¹ [tæt] *see tit*¹.
tat² [~] *couture:* faire de la frivolité.
ta-ta ['tæˈtaː] *enf., a. co.* au revoir!
tat·ter ['tætə] lambeau *m*, loque *f*; **tat·ter·de·mal·ion** [~dəˈmeiljən] loqueteux (-euse *f*) *m*; **tat·tered** ['~əd] en lambeaux; déguenillé (*personne*).
tat·tle ['tætl] 1. bavarder, babiller; *péj.* cancaner; 2. bavardage *m*; *péj.* cancans *m/pl.*; **'tat·tler** bavard(e *f*) *m*; *péj.* cancanier (-ère *f*).
tat·too¹ [təˈtuː] 1. ⚔ retraite *f* du soir; *fig. beat the devil's* ~ tambouriner (*sur la table*); 2. *fig.* tambouriner.
tat·too² [~] 1. *v/t.* tatouer; 2. tatouage *m*.
taught [tɔːt] *prét. et p.p. de teach*.
taunt [tɔːnt] 1. reproche *m*; brocard *m*; sarcasme *m*; 2. accabler de sarcasmes; reprocher (*qch.* à *q., s.o. with s.th.*); **'taunt·ing** □ de sarcasme, sarcastique.
taut ⚓ [tɔːt] raide, tendu; étarque (*voile*); **'taut·en** (se) raidir; (s')étarquer (*voile*). [*ret m.*\
tav·ern ['tævən] taverne *f*, caba-⌋
taw¹ ⊕ [tɔː] mégir.
taw² [~] grosse bille *f* de verre.
taw·dri·ness ['tɔːdrinis] clinquant *m*, faux brillant *m*; **'taw·dry** □ d'un mauvais goût; voyant.
taw·ny ['tɔːni] fauve; basané (*teint*).
tax [tæks] 1. impôt *m* (*sur, on*), contribution *f*; droit *m*, taxe *f* (*sur, on*); *fig.* charge *f* (*à, on*), fardeau *m*; ~ *evasion* fraude *f* fiscale; 2. taxer; frapper d'un impôt; *fig.* mettre à l'épreuve; ⚖ taxer (*les dépens, q. de qch., a. fig.*); reprocher (*qch.* à *q., s.o. with s.th.*); ~ *s.o. with s.th. a.* accuser *q.* de *qch.*; **'tax·a·ble** □ imposable; **tax'a·tion** imposition *f*; prélèvement *m* fiscal; impôts *m/pl.*; *surt.* ⚖ taxation *f*; **'tax-col·lec·tor** percepteur *m* des contributions (*directes*); receveur *m*; **'tax-'free** exempt d'impôts.

tax·i F ['tæksi] **1.** (*ou* ~-*cab*) taxi *m*; **2.** aller en taxi; ✈ rouler sur le sol; hydroplaner; '~-**danc·er**, '~-**girl** *Am.* entraîneuse *f*; '~-**driv·er** chauffeur *m* de taxi; '~-**me·ter** taximètre *m*; '~-**rank** station *f* de taxis.

tax·pay·er ['tækspeiə] contribuable *mf*.

tea [ti:] thé *m*; goûter *m*, five-o'clock *m*; high (*ou* meat) ~ repas *m* à la fourchette; '~-**cad·dy** *see* caddy.

teach [ti:tʃ] [*irr.*] enseigner; apprendre (qch. à q., s.o. s.th.; à *inf.*, to *inf.*); '**teach·a·ble** □ enseignable; à l'intelligence ouverte (*personne*); '**teach·er** instituteur (-trice *f*) *m*; maître(sse *f*) *m*; professeur *mf*; '**teach·er-'train·ing col·lege** école *f* normale; '**teach·ing** *école*: enseignement *m*; *phls. etc.* doctrine *f*.

tea...: '~-**co·sy** couvre-théière *m*; '~-**cup** tasse *f* à thé; *fig.* storm in a ~ tempête *f* dans un verre d'eau; '~-**gown** déshabillé *m*, robe *f* d'intérieur.

teak ♀ [ti:k] (bois *m* de) te(c)k *m*.

team [ti:m] attelage *m*; *surt. sp.* équipe *f*; '~-'**spir·it** esprit *m* d'équipe; **team·ster** ['~stə] conducteur *m* (*d'attelage*); charretier *m*; '**team-work** ⊕, *sp.* travail *m* d'équipe; jeu *m* d'ensemble; *fig.* collaboration *f*.

tea·pot ['ti:pɔt] théière *f*.

tear¹ [tɛə] **1.** [*irr.*] *v/t.* déchirer; arracher (*les cheveux*); *v/i.* se déchirer; F *avec adv. ou prp.* aller *etc.* à toute vitesse; **2.** déchirure *f*; *see* wear 2.

tear² [tiə] larme *f*.

tear·ful □ ['tiəful] larmoyant, en pleurs. [gène.)

tear-gas ['tiə'gæs] gaz *m* lacrymo-)

tear·ing ['tɛəriŋ] *fig.* rapide; déchirant. [sec (*œil*).)

tear·less □ ['tiəlis] sans larmes,)

tear-off cal·en·dar ['tɛərɔf 'kælində] éphéméride *f*.

tease [ti:z] **1.** démêler (*de la laine*); carder (*la laine etc.*); effil(och)er (*un tissu*); *fig.* taquiner; **2.** taquin(e *f*) *m*; **tea·sel** ['~l] ♀ cardère *f*; ⊕ carde *f*; '**teas·er** F *fig.* colle *f* (= *problème difficile*).

teat [ti:t] bout *m* de sein; mamelon *m*; *vache*: tette *f*; *biberon*: tétine *f*; ⊕ *vis*: téton *m*.

tea-urn ['ti:ə:n] fontaine *f* à thé.

tech·nic ['teknik] (*a.* ~**s** *pl. ou sg.*) *see* technique; '**tech·ni·cal** □ technique; ⚔ spécial (-aux *m/pl.*); ⚖ de procédure; professionnel(le *f*); ~ hitch incident *m* technique; **tech·ni·cal·i·ty** [~'kæliti] détail *m ou* terme *m* technique; considération *f* d'ordre technique; **tech·ni·cian** [tek'niʃn] technicien *m*.

tech·ni·col·or ['teknikʌlə] **1.** en couleurs; **2.** film *m* en couleurs; *cin.* technicolor *m*.

tech·nique [tek'ni:k] technique *f*; mécanique *f*.

tech·nol·o·gy [tek'nɔlədʒi] technologie *f*; school of ~ école *f* de technologie, école *f* technique.

tech·y ['tetʃi] *see* testy.

ted·der ['tedə] faneuse *f*; *personne*: faneur (-euse *f*) *m*.

te·di·ous □ ['ti:djəs] ennuyeux (-euse *f*); fatigant; assommant; '**te·di·ous·ness** ennui *m*; manque *m* d'intérêt.

te·di·um ['ti:diəm] ennui *m*.

tee [ti:] **1.** *sp. curling*: but *m*; *golf*: dé *m*, tee *m*; **2.** : ~ off jouer sa balle; placer la balle sur le dé.

teem [ti:m] (with) abonder (en), fourmiller (de).

teen-ag·er ['ti:neidʒə] adolescent(e *f*) *m* (*entre 13 et 19 ans*).

teens [ti:nz] *pl.* années *f/pl.* entre 13 et 19 ans; adolescence *f*; in one's ~ n'ayant pas encore vingt ans.

tee·ny F ['ti:ni] tout petit, minuscule.

tee·ter F ['ti:tə] se balancer; chanceler.

teeth [ti:θ] *pl.* de tooth.

teethe [ti:ð] faire ses dents; '**teeth·ing** ['~iŋ] dentition *f*.

tee·to·tal [ti:'toutl] antialcoolique; qui ne prend pas de boissons alcooliques; **tee'to·tal·(l)er** néphaliste *mf*; abstinent(e *f*) *m*.

tee·to·tum ['ti:tou'tʌm] toton *m*.

tel·e·course *Am.* ['telikɔ:s] cours *m* (de leçons) télévisé.

tel·e·gram ['teligræm] télégramme *m*, dépêche *f*.

tel·e·graph ['teligrɑ:f] **1.** télégraphe *m*; ⚓ transmetteur *m* d'ordres; **2.** télégraphique; de télégramme; **3.** télégraphier, envoyer un télégramme; **tel·e·graph·ic** [~'græfik] (~*ally*) télégraphique (*a. style*); **te·leg·ra·phist** [ti'legrəfist] télégraphiste *mf*; **te'leg·ra·phy** télégraphie *f*.

tel·e·phone ['telifoun] **1.** téléphone *m*; ~ *girl* téléphoniste *f*; ~ *line* ligne *f* téléphonique; *at the* ~ au téléphone; *by* ~ par téléphone; *on the* ~ téléphoniquement; par téléphone; *be on the* ~ avoir le téléphone; être à l'appareil; **2.** téléphoner (à q., [*to*] s.o.); **tel·e·phon·ic** [~'fɔnik] (~*ally*) téléphonique; **te·leph·o·nist** [ti'lefənist] téléphoniste *mf*; standardiste *f*; **te'leph·o·ny** téléphonie *f*.

tel·e·pho·to *phot.* ['teli'foutou] téléphotographie *f*; ~ *lens* téléobjectif *m*. [teur *m.*]

tel·e·print·er ['teliprintə]télescrip-⌐

tel·e·scope ['teliskoup] **1.** *opt.* télescope *m*; lunette *f*; **2.** (se) télescoper; **tel·e·scop·ic** [~'kɔpik] télescopique; à coulisse (*échelle etc.*); ~ *sight* lunette *f* de visée.

tel·e·type ['teli'taip] télétype *m*; *postes*: télex *m*.

tel·e·view·er ['telivju:ə] téléspectateur (-trice *f*) *m*.

tel·e·vise ['telivaiz] téléviser; **tel·e·vi·sion** [~'viʒn] télévision *f*; ~ *set* appareil *m* de télévision; ~ *channel* chaîne *f* de télévision.

tell [tel] [*irr.*] *v/t.* dire; raconter; apprendre; exprimer; savoir; reconnaître (à, *by*); compter; annoncer; ~ *s.o. to do s.th.* dire *ou* ordonner à q. de faire qch.; *I have been told that* on m'a dit que; j'ai appris que; *fig.* ~ *a story en dire long*; ~ *off* désigner (pour qch., *for s.th.*); F dire son fait à (*q.*); rembarrer (*q.*); *Am. sl.* ~ *the world* faire savoir partout; publier à son de trompe; produire son effet; porter; ~ *of* (*ou about*) annoncer, révéler, accuser; ~ *on* se faire sentir à, influer sur; peser sur; *sl.* cafarder; dénoncer (*q.*); **'tell·er** raconteur (-euse *f*) *m*; *parl. etc.* scrutateur *m*; *banque*: caissier *m*; **'tell·ing** □ efficace; impressionnant; qui porte; **tell·tale** ['~teil] **1.** indicateur (-trice *f*); révélateur (-trice *f*); *fig.* qui en dit long; **2.** rapporteur (-euse *f*) *m*; *école*: cafard(e *f*) *m*; ⊕ indicateur *m*; ~ *clock* horloge *f* enregistreuse.

tel·pher ['telfə] ⊕ de téléphérage; ~ *line* téléphérique *m*; ligne *f* de téléphérage.

te·mer·i·ty [ti'meriti] témérité *f*, audace *f*.

tem·per ['tempə] **1.** tempérer; modérer; *fig.* retenir; ♪ accorder par tempérament; broyer (*les couleurs, le mortier, l'encre, etc.*); donner la trempe à (*l'acier*); adoucir (*le métal*); **2.** ⊕ trempe *f*; *métall.* coefficient *m* de dureté; humeur *f*; colère *f*; caractère *m*, tempérament *m*; *lose one's* ~ se mettre en colère; perdre son sang-froid; s'emporter; **tem·per·a·ment** ['~rəmənt] tempérament *m* (*a.* ♪); humeur *f*; **tem·per·a·men·tal** □ [~'mentl] du tempérament; capricieux (-euse *f*) (*personne*); **'tem·per·ance 1.** tempérance *f*, modération *f*; antialcoolisme *m*; **2.** antialcoolique (*hôtel*); **tem·per·ate** □ ['~rit] tempéré (*climat, a.* ♪); sobre (*personne*); modéré; **tem·per·a·ture** ['tempritʃə] température *f*; ~ *chart* feuille *f* de température; **tem·pered** ['tempəd]: *bad-*~ de mauvaise humeur.

tem·pest ['tempist] tempête *f*, tourmente *f*; **tem·pes·tu·ous** □ [~'pestjuəs] de tempête; fougueux (-euse *f*), turbulent (*personne, humeur*); orageux (-euse *f*) (*réunion etc.*).

Tem·plar ['templə] *hist.* templier *m*; *univ.* étudiant(e *f*) *m* en droit du *Temple* (à *Londres*).

tem·ple[1] ['templ] temple *m*; 2 *deux écoles de droit* (= *Inns of Court*) à *Londres*.

tem·ple[2] *anat.* [~] tempe *f*.

tem·po·ral □ ['tempərəl] temporel (-le *f*); **tem·po·ral·i·ties** [~'rælitiz] *pl.* possessions *f/pl.* ou revenus *m/pl.* ecclésiastiques; **tem·po·rar·i·ness** ['~pərərinis] caractère *m* temporaire ou provisoire; **tem·po·rar·y** □ temporaire, provisoire; momentané; passager (-ère *f*); ~ *bridge* pont *m* provisoire; ~*-work* situation *f* intérimaire; **'tem·po·rize** temporiser; ~ *with* transiger provisoirement avec (*q.*).

tempt [tempt] tenter; induire (q. à *inf., s.o. to inf.*); **temp'ta·tion** tentation *f*; **'tempt·er** tentateur *m*; **'tempt·ing** □ tentant; séduisant, attrayant; **'tempt·ress** tentatrice *f*.

ten

ten [ten] dix (*a. su./m*).
ten·a·ble ['tenəbl] tenable; *fig.* soutenable.
te·na·cious □ [ti'neiʃəs] tenace; attaché (à, *of*); obstiné, opiniâtre; **te·nac·i·ty** [ti'næsiti] ténacité *f*; sûreté *f* (*de la mémoire*); attachement *m* (à, *of*); obstination *f*.
ten·an·cy ['tenənsi] location *f*.
ten·ant ['tenənt] **1.** locataire *mf*; *fig.* habitant(e *f*) *m*; pensionnaire *mf*; ⁓ **right** droits *m/pl.* du tenancier; **2.** habiter comme locataire; occuper; **'ten·ant·ry** locataires *m/pl.*; fermiers *m/pl.*
tench *icht.* [tenʃ] tanche *f*.
tend¹ [tend] **1.** tendre, se diriger (vers, *towards*); tourner; *fig.* pencher (vers, *towards*), tirer (sur, *to*); tendre (à, *to*); être susceptible (de *inf.*, *to inf.*); être enclin (à, *to*); ⁓ *from* s'écarter de.
tend² [⁓] soigner (*un malade*); garder (*les bêtes*); surveiller (*une machine etc.*); *Am.* tenir (*une boutique*); **'tend·ance** † soin *m*; serviteurs *m/pl.*
tend·en·cy ['tendənsi] tendance *f*, disposition *f*, penchant *m* (à, *to*).
ten·den·tious [⁓'denʃəs] tendancielle *f*), tendancieux (-euse *f*); à tendance (*livre*).
ten·der¹ □ ['tendə] *usu.* tendre; sensible (*au toucher*); délicat (*sujet*); affectueux (-euse *f*) (*lettre*); jeune; soigneux (-euse *f*) (de, *of*); *of* ⁓ *years* en bas âge.
ten·der² [⁓] **1.** offre *f* (*de paiement etc.*); *contrat*: soumission *f*; *legal* ⁓ cours *m* légal; **2.** offrir; ⁓ soumissionner ([pour], *for*); présenter.
ten·der³ [⁓] gardien *m*; 🚂, ⚓ tender *m*; ⚓ bateau *m* annexe; *bar-*⁓ garçon *m* de comptoir.
ten·der·foot *Am.* F ['tendəfut] nouveau débarqué *m*; cow-boy *m* d'opérette; **ten·der·loin** ['⁓lɔin] *surt. Am.* filet *m*; *Am.* quartier *m* malfamé; **'ten·der·ness** tendresse *f*; sensibilité *f*; *fig.* douceur *f*; *cuis.* tendreté *f*.
ten·don *anat.* ['tendən] tendon *m*.
ten·dril ♀ ['tendril] vrille *f*.
ten·e·ment ['tenimənt] † habitation *f*; appartement *m*; ⚖ fonds *m* de terre; tenure *f*; ⁓ *house* maison *f* de rapport.
ten·et ['ti:net] doctrine *f*, principe *m*.
ten·fold ['tenfould] **1.** *adj.* décuple; **2.** *adv.* dix fois (autant).
ten·nis ['tenis] tennis *m*; '⁓-**court** terrain *m* de tennis, court *m*.
ten·on ⊕ ['tenən] tenon *m*; '⁓-**saw** ⊕ scie *f* à tenon.
ten·or ['tenə] cours *m*, progrès *m*; teneur *f*; sens *m* général; ♪ ténor *m*.
tense¹ *gramm.* [tens] temps *m*.
tense² □ [⁓] tendu (*a. fig.*); raide; **'tense·ness** tension *f* (*a. fig.*); **ten·sile** ['tensail] extensible; de tension, de traction; ⁓ *strength* résistance *f* à la tension; **ten·sion** ['⁓ʃn] tension *f*; ⚡ *high* ⁓ circuit *m* de haute tension; ⁓ *test* essai *m* de traction.
tent¹ [tent] tente *f*.
tent² ⚕ [⁓] mèche *f*.
ten·ta·cle *zo.* ['tentəkl] tentacule *m*; cirr(r)e *m*.
ten·ta·tive ['tentətiv] **1.** □ expérimental (-aux *m/pl.*); sujet(te *f*) à révision; hésitant; ⁓*ly* à titre d'essai; **2.** tentative *f*, essai *m*.
ten·ter *tex.* ['tentə] élargisseur *m*; '⁓-**hook** crochet *m*; *fig. be on* ⁓*s* être sur des charbons ardents.
tenth [tenθ] **1.** dixième; **2.** dixième *m*, ♪ *f*; *eccl.* dîme *f*; **'tenth·ly** en dixième lieu.
tent-peg ['tentpeg] piquet *m* de tente.
ten·u·i·ty [te'nju:iti] *usu.* ténuité *f*; finesse *f*; faiblesse *f*; **ten·u·ous** □ ['tenjuəs] ténu; effilé; mince; grêle (*voix*); raréfié (*gaz*).
ten·ure ['tenjuə] tenure *f*; (période *f* de) jouissance *f*; *office etc.*: occupation *f*.
tep·id □ ['tepid] tiède; dégourdi (*eau*); **te'pid·i·ty**, **'tep·id·ness** tiédeur *f*.
ter·cen·te·nar·y [tə:sen'ti:nəri], **ter·cen·ten·ni·al** [⁓'tenjəl] tricentenaire (*a. su./m*).
ter·gi·ver·sa·tion [tə:dʒivə:'seiʃn] tergiversation *f*.
term [tə:m] **1.** temps *m*, durée *f*, limite *f*; terme *m* (*a.* ⚘, *phls.*, *ling.*); *ling. a.* mot *m*, expression *f*; ⚖ session *f*; *univ.*, *école*: trimestre *m*; ✝ échéance *f*; délai *m* (*de congé*, *du droit d'auteur*, *de paiement*, *etc.*); *beginning of* ⁓ rentrée *f*, ⁓*s pl.* conditions *f/pl.*, termes *m/pl.*; prix *m/pl.*; relations *f/pl.*, rapports *m/pl.*; ⚘ énoncé *m* (*d'un problème*); *in* ⁓*s of* en fonction

textual

de; *be on good* (*bad*) ~s être bien (mal) (avec, *with*); *come to* (*ou make*) ~s *with* s'arranger, prendre un arrangement avec; ⚔ partiser; **2.** appeler, nommer; qualifier (de qch., *s.th.*).

ter·ma·gant ['tə:məgənt] **1.** □ revêche, acariâtre; **2.** mégère *f*; dragon *m* (= *femme*).

ter·mi·na·ble □ ['tə:minəbl] terminable; résiliable (*contrat*); **'ter·mi·nal 1.** □ extrême; dernier (-ère *f*); final; *école:* trimestriel(le *f*); terminal (-aux *m/pl.*); ~ly par trimestre; **2.** bout *m*; ⚡ borne *f*; *gramm.* terminaison *f*; 🚂 *Am.* terminus *m*; **ter·mi·nate** ['~neit] (se) terminer; finir; **ter·mi·na·tion** fin *f*, conclusion *f*; terminaison *f* (*a. gramm.*); ⚖ extinction *f*.

ter·mi·nol·o·gy [tə:mi'nɔlədʒi] terminologie *f*.

ter·mi·nus ['tə:minəs], *pl.* -ni [~nai] terminus *m*, tête *f* de ligne (*a.* 🚂).

ter·mite *zo.* ['tə:mait] termite *m*.

tern *orn.* [tə:n] sterne *f*, hirondelle *f* de mer.

ter·na·ry ['tə:nəri] ternaire.

ter·race ['terəs] terrasse *f*; rangée *f* de maisons; **'ter·raced** en terrasse; en rangée (*maisons*).

ter·rain ['terein] terrain *m*.

ter·rene □ [te'ri:n] terreux (-euse *f*); terrestre. (tre.)

ter·res·tri·al □ [ti'restriəl] terres-)

ter·ri·ble □ ['terəbl] terrible; affreux (-euse *f*); **'ter·ri·ble·ness** horreur *f*.

ter·ri·er *zo.* ['teriə] terrier *m*.

ter·rif·ic [tə'rifik] (~ally) épouvantable; terrible; colossal (-aux *m/pl.*); **ter·ri·fy** ['terifai] *v/t.* épouvanter, terrifier.

ter·ri·to·ri·al [teri'tɔ:riəl] **1.** □ territorial (-aux *m/pl.*); terrien(ne *f*), foncier (-ère *f*); ~ *waters* eaux *f/pl.* territoriales; ⚔ ♀ *Army* (*ou* F *Force*) territoriale *f*; **2.** ⚔ territorial (-aux *m/pl.*); ♀ territoire *m* des É.-U.

ter·ri·to·ry ['~təri] territoire *m*; *Am.* ♀ territoire *m* des É.-U.

ter·ror ['terə] terreur *f* (*a. fig.*), effroi *m*, épouvante *f*; **'ter·ror·ism** terrorisme *m*; **'ter·ror·ist** terroriste *mf*; **'ter·ror·ize** terroriser.

terse □ [tə:s] concis; net(te *f*); **'terse·ness** concision *f*.

ter·tian 🩺 ['tə:ʃn] (fièvre *f*) tierce; **ter·ti·ar·y** ['~ʃəri] tertiaire.

tes·sel·lat·ed ['tesileitid] en mosaïque (*pavé*).

test [test] **1.** épreuve *f*, essai *m* (*a.* 🧪); *psych.*, ⊕ test *m*; 🧪 réactif *m* (de, *for*); examen *m*; *fig.* épreuve *f*, critérium *m*; *put to the* ~ mettre à l'épreuve *ou* l'essai; **2.** *v/t.* éprouver, mettre à l'épreuve; examiner; essayer; *v/i.* 🧪 faire la réaction (de, *for*).

tes·ta·ceous *zo.* [tes'teiʃəs] testacé.

tes·ta·ment *bibl.*, †, ⚖ ['testəmənt] testament *m*; **tes·ta·men·ta·ry** [~'mentəri] testamentaire.

tes·ta·tor [tes'teitə] testateur *m*.

tes·ta·trix [tes'teitriks] testatrice *f*.

test-case ['testkeis] cas *m* qui fait jurisprudence.

tes·ter[1] † ['testə] ciel *m* (de lit).

tes·ter[2] [~] essayeur (-euse *f*) *m*; vérificateur (-trice *f*) *m*; *outil:* vérificateur *m*.

tes·ti·cle *anat.* ['testikl] testicule *m*.

tes·ti·fi·er ['testifaiə] témoin *m* (de, *to*); **tes·ti·fy** ['~fai] *v/t.* témoigner (*a. fig.*); déposer; *v/i.* attester (qch., *to s.th.*), témoigner (de, *to*).

tes·ti·mo·ni·al [testi'mounjəl] certificat *m*, attestation *f*; recommandation *f*; témoignage *m* d'estime; **tes·ti·mo·ny** ['~məni] témoignage *m* (de, *to*); ⚖ *témoin:* déposition *f*.

tes·ti·ness ['testinis] irritabilité *f*.

test...: '~**-pa·per** 🧪 papier *m* réactif; *école:* composition *f*, épreuve *f*; '~**-pi·lot** ✈ pilote *m* d'essai; '~**print** *phot.* épreuve *f* témoin; '~**tube** 🧪 éprouvette *f*.

tes·ty □ ['testi], **tetch·y** □ ['tetʃi] irascible, irritable; bilieux (-euse *f*).

teth·er ['teðə] **1.** attache *f*, longe *f*; *fig.* ressources *f/pl.*; **2.** mettre au piquet, attacher.

tet·ra·gon ⚛ ['tetrəgən] quadrilatère *m*; **te·trag·o·nal** [~'trægənl] tétragone.

tet·ter 🩺 ['tetə] dartre *f*.

Teu·ton ['tju:tən] Teuton(ne *f*) *m*; **Teu·ton·ic** [~'tɔnik] teuton(ne *f*), teutonique; ~ *Order* l'ordre *m* Teutonique.

text [tekst] texte *m*; *fig.* sujet *m*; *typ.* ~ *hand* grosse (écriture) *f*; '~-**book** manuel *m*, livre *m* de classe.

tex·tile ['tekstail] **1.** textile; **2.** ~s *pl.* tissus *m/pl.*; textiles *m/pl.*

tex·tu·al □ ['tekstjuəl] textuel(le *f*).

tex·ture ['tekstʃə] texture *f* (*a. fig.*); tissu *m*; *bois, peau*: grain *m*.

than [ðæn; ðən] *après comp.* que; *devant nombres*: de.

thank [θæŋk] **1.** remercier (de *inf.*, *for gér.*); ~ you merci; *I will* ~ *you for* je vous saurais bien gré de (*me donner etc.*); *iro.* ~ *you for nothing* merci de rien; **2.** ~s *pl.* remerciements *m/pl.*; ~s *to* grâce à; **thank·ful** □ ['~ful] reconnaissant; '**thank·less** □ ingrat; **thanks·giv·ing** [~s'givin] action *f* de grâce(s); *surt.* Am. ☿ (*Day*) le jour *m* d'action de grâces (*le dernier jeudi de novembre*); '**thank·wor·thy** † digne de reconnaissance.

that [ðæt] **1.** *cj.* [*usu.* ðət] que; **2.** *pron. dém.* (*pl.* those) celui-là (*pl.* ceux-là), celle-là (*pl.* celles-là); celui (*pl.* ceux), celle (*pl.* celles); cela, F ça; ce; *so* ~'*s* ~! et voilà!; *and ... at* ~ et encore ..., et ... par-dessus le marché; *with* ~ là-dessus; **3.** *pron. rel.* [*a.* ðət] qui, que; lequel, laquelle, lesquels, lesquelles; **4.** *adj.* ce (cet *cet une voyelle ou un h muet*; *pl.* ces), cette (*pl.* ces); ce (cet, cette, *pl.* ces) ...-là; **5.** *adv.* F (aus)si; ~ *far* si loin.

thatch [θætʃ] **1.** chaume *m*; **2.** couvrir de chaume.

thaw [θɔ:] **1.** dégel *m*; **2.** *v/i.* fondre (*neige etc.*); *v/t.* décongeler (*de la viande*); *mot.* dégeler (*le radiateur*).

the [ði:; *devant une voyelle* ði, *devant une consonne* ðə] **1.** *art.* le, la, les; **2.** *adv.* ~ *richer he is* ~ *more arrogant he seems* plus il est riche, plus il semble arrogant.

the·a·tre, Am. **the·a·ter** ['θiətə] théâtre *m* (*a. fig.*); **the·at·ric, the·at·ri·cal** □ [θi'ætrik(l)] théâtral (-aux *m/pl.*) (*a. fig.*); spectaculaire; d'acteur(s); **the·at·ri·cals** [~klz] *pl.* (*usu. amateur* ~) spectacle *m* d'amateurs, comédie *f* de société.

thee *bibl.*, *poét.* [ði:] *accusatif*: te; *datif*: toi.

theft [θeft] vol *m*.

their [ðɛə] leur, leurs; **theirs** [~z] le (la) leur, les leurs; à eux, à elles.

the·ism ['θi:izm] théisme *m*.

them [ðem; ðəm] *accusatif*: les; *datif*: leur; à eux, à elles.

theme [θi:m] thème *m* (*a. ♪, a. gramm.*); sujet *m*; *gramm.* radical (-aux *pl.*) *m*; *école*: dissertation *f*, Am. thème *m*; ~ **song** leitmotiv (*pl.* -ve) *m*.

them·selves [ðəm'selvz] eux-mêmes, elles-mêmes; *réfléchi* se.

then [ðen] **1.** *adv.* alors; en ce temps-là; puis; ensuite; aussi; d'ailleurs; *every now and* ~ de temps en temps; *de temps à autre*; *there and* ~ sur-le-champ; *now* ~ allons, voyons; **2.** *cj.* donc, alors, en ce cas; **3.** *adj.* de ce temps-là, d'alors.

thence *poét.* [ðens] par conséquent; *temps*: dès lors; '~**forth** *poét.* depuis ce temps-là; dès lors; à partir de ce jour.

the·oc·ra·cy [θi'ɔkrəsi] théocratie *f*; **the·o·crat·ic** [θiə'krætik] (~*ally*) théocratique.

the·o·lo·gi·an [θiə'loudʒjən] théologien *m*; **the·o·log·i·cal** [~'lɔdʒikl] théologique; **the·ol·o·gy** [θi'ɔlədʒi] théologie *f*.

the·o·rem ['θiərəm] théorème *m*; **the·o·ret·ic, the·o·ret·i·cal** □ [~'retik(l)] théorique; '**the·o·rist** théoricien(ne *f*) *m*; théoriste *mf*; '**the·o·rize** théoriser; '**the·o·ry** théorie *f*.

the·os·o·phy [θi'ɔsəfi] théosophie *f*.

ther·a·peu·tics [θerə'pju:tiks] *usu. sg.* thérapeutique *f*; '**ther·a·py** thérapie *f*; *see occupational*; '~**fore** donc, par conséquent; '**ther·a·pist** thérapeute *mf*; *mental* ~ psycho-thérapeute *m*.

there [ðɛə] **1.** *adv.* là; y; là-bas; F ce, cette, ces, cettes ...-là; *the man* ~ cet homme-là; ~ *is*, ~ *are* il y a; ~'s *a good fellow!* vous serez bien gentil!; ~ *you are!* vous voilà!; ça y est!; **2.** *int.* voilà!

there...: '~**a·bout(s)** près de là, par là; à peu près; ~'**aft·er** après cela, ensuite; '~**by** par là, de cette façon; '~**fore** donc, par conséquent; aussi (*avec inversion*); ~'**in** là-dedans; à cet égard, en cela; ~'**of** en; de cela; '~**up·on** là-dessus; ~'**with** avec cela.

ther·mal □ ['θə:məl] thermal (-aux *m/pl.*); *phys. a.* thermique, calorifique; ~ *value* pouvoir *m* calorifique; **ther·mic** ['~mik] (~*ally*) thermique; **therm·i·on·ic** [~mi'ɔnik]: ~ *valve radio*: lampe *f* thermoïonique.

ther·mo·e·lec·tric cou·ple *phys.* ['θə:moi'lektrik 'kʌpl] élément *m* thermo-électrique; **ther·mom·e·ter** [θə'mɔmitə] thermomètre *m*;

ther·mo·met·ric, ther·mo·met·ri·cal □ [θəːməˈmetrik(l)] thermométrique; **ther·mo·nu·cle·ar** phys. [ˈ~ˈnjuːkliə] thermonucléaire; **ther·mo·pile** phys. [ˈ~mopail] thermopile f; **Ther·mos** [ˈ~mɔs] (ou ~ flask, ~ bottle) bouteille f Thermos; **ther·mo·stat** [ˈ~mɔstæt] thermostat m.

the·sau·rus [θiːˈsɔːrəs], pl. **-ri** [~rai] thésaurus m; trésor m.

these [ðiːz] pl. de **this 1, 2**; ~ three years depuis trois ans; in ~ days à notre époque.

the·sis [ˈθiːsis], pl. **-ses** [~siːz] thèse f, dissertation f.

they [ðei] ils, accentué: eux; elles (a. accentué); a. on; ~ who ceux ou celles qui.

thick [θik] **1.** □ usu. épais(se f) (brouillard, liquide, etc.); dense (brouillard, foule); abondant, dru (cheveux); trouble (eau, vin); crème (potage); empâté (voix); serré (foule); profond (ténèbres); F (souv. as ~ as thieves) très lié, intime; ~ with très lié avec; sl. that's a bit ~! ça c'est un peu fort!; **2.** partie f épaisse; gras m; fort m; in the ~ of au plus fort de; au beau milieu de; **'thick·en** v/t. épaissir; cuis. lier; v/i. s'épaissir; se lier; se compliquer; s'échauffer; **thick·et** [ˈ~it] fourré m, bosquet m; **'thick·head·ed** lourdaud; obtus; **'thick·ness** épaisseur f (a. ⊕); grosseur f; abondance f; état m trouble; empâtement m; ✞ couche f; **'thick-'set** ⚜ dru; épais(se f); trapu (personne); **'thick-'skinned** fig. peu sensible.

thief [θiːf], pl. **thieves** [θiːvz] voleur (-euse f) m; F moucheron m (de chandelle); **thieve** [θiːv] voler; **thiev·er·y** [ˈ~vəri] vol(erie f) m.

thiev·ish □ [ˈθiːviʃ] voleur (-euse f); **'thiev·ish·ness** habitude f du vol; penchant m au vol.

thigh [θai] cuisse f.

thill [θil] limon m, brancard m.

thim·ble [ˈθimbl] dé m; ⊕ bague f; ⚓ cosse f; **thim·ble·ful** [ˈ~ful] plein un dé (de, of); **thim·ble·rig** [ˈ~rig] F v t/i. frauder.

thin [θin] **1.** □ usu. mince; peu épais (-se f); maigre; pauvre (sol etc.); clair (liquide, tissu); grêle (voix); ténu, rare, clairsemé; sans corps (vin); fig. peu convaincant; théâ. a ~ house un auditoire peu nombreux; **2.** v/t. amincir; diminuer (a. ~ out) éclaircir; cuis. délayer; v/i. s'amincir, maigrir; s'éclaircir.

thine bibl., poét. [ðain] le tien, la tienne, les tiens, les tiennes; à toi.

thing [θin] chose f, objet m, affaire f; être m (= personne); ~s pl. effets m/pl.; vêtements f/pl.; affaires f/pl.; choses f/pl.; F be the ~ être l'usage ou correct ou ce qu'il faut; F know a ~ or two être malin (-igne f); en savoir plus d'un(e); above all ~s avant tout; ~s are going better les affaires vont mieux.

thing·um·(a·)bob F [ˈθiŋəm(i)bɔb], **thing·um·my** F [ˈ~əmi] chose m; truc m.

think [θiŋk] [irr.] v/i. penser; réfléchir (sur about, over); compter (inf., to inf.); s'attendre (à inf., to inf.); ~ of penser à, envisager; penser (bien, mal) de; considérer; ~ of (gér.) penser à (inf.); v/t. croire, penser; s'imaginer; juger, trouver; tenir pour; ~ much etc. of avoir une bonne etc. opinion de; ~ out imaginer (qch.); arriver à la solution de (qch.); ~ s.th. over réfléchir sur qch.; **'think·a·ble** concevable; **'think·er** penseur (-euse f) m; **'think·ing** pensant; qui pense.

thin·ness [ˈθinnis] minceur f; peu m d'épaisseur; légèreté f; maigreur f.

third [θəːd] **1.** troisième; date, roi: trois; surt. Am. F ~ degree passage m à tabac; troisième degré m; **2.** tiers m; troisième mf; ♪ tierce f; **'third·ly** en troisième lieu.

thirst [θəːst] **1.** soif f (a. fig.); **2.** avoir soif (de for, after); **'thirst·y** □ altéré (de, for) (a. fig.); desséché (sol); F it is ~ work cela vous sèche le gosier.

thir·teen [ˈθəːˈtiːn] treize; **'thir·'teenth** [~θ] treizième; **'thir·ti·eth** [ˈ~tiiθ] trentième; **'thir·ty** trente.

this [ðis] **1.** pron. dém. (pl. these) celui-ci (pl. ceux-ci), celle-ci (pl. celles-ci); celui (pl. ceux), celle (pl. celles); ceci; ce; **2.** adj. dém. (pl. these) ce (cet devant une voyelle ou un h muet) m. pl. ces), cette (pl. ces); ce (cet, cette, pl. ces) ...-ci; in this country chez nous; ~ day week aujourd'hui en huit; **3.** adv. F comme ceci; ~ big grand comme ça.

this·tle ⚜ [ˈθisl] chardon m.

thith·er poét. [ˈðiðə] là; y.

thole ⚓ [θoul] (a. ~-*pin*) tolet *m*.

thong [θɔŋ] lanière *f* (*souv. de fouet*).

tho·rax *anat., zo.* ['θɔːræks] thorax *m*.

thorn ♀ [θɔːn] épine *f*; '**thorn·y** épineux (-euse *f*) (a. *fig.*); ♀ spinifère.

thor·ough □ ['θʌrə] complet (-ète *f*); profond; minutieux (-euse *f*); parfait; vrai; achevé (*coquin*); ~**ly** a. tout à fait; '~-'**bass** ♩ basse *f* continue; '~-**bred 1.** pur sang *inv.*; de race; **2.** cheval *m* pur sang; chien *m etc.* de race; '~-**fare** voie *f* de communication; passage *m*; '~-**go·ing** achevé; consciencieux (-euse *f*); '**thor·ough·ness** perfection *f*; sincérité *f*; '**thor·ough-paced** achevé; parfait; enragé.

those [ðouz] **1.** *pl. de that*; *are* ~ *your parents?* sont-ce là vos parents?; **2.** *adj.* ces (...-là).

thou *bibl., poét.* [ðau] tu, *accentué*: toi.

though [ðou] quoique, bien que (*sbj.*); F (*usu. à la fin de la phrase*) pourtant, cependant; *int.* vraiment!; *as* ~ comme si.

thought [θɔːt] **1.** *prét. et p.p. de* **think**; **2.** pensée *f*; idée *f*; souci *m*; intention *f*; *give* ~ *to* penser à; *on second* ~*s* réflexion faite; *take* ~ *for* songer à.

thought·ful □ ['θɔːtful] pensif (-ive *f*); rêveur (-euse *f*); réfléchi; soucieux (-euse *f*) (de, *of*); prévenant (pour, *of*); '**thought·ful·ness** méditation *f*; prévenance *f*, égards *m/pl.*; souci *m*.

thought·less □ ['θɔːtlis] étourdi, irréfléchi, négligent (de, *of*); '**thought·less·ness** irréflexion *f*; inattention *f*; insouciance *f*; négligence *f*.

thought-read·ing ['θɔːtriːdiŋ] lecture *f* de pensée.

thou·sand ['θauzənd] **1.** mille; *dates a.* mil; **2.** mille *m/inv.*; millier *m*; **thou·sandth** ['~zənθ] millième (*a. su./m*).

thrall *poét.* [θrɔːl] esclave *m* (de *of*, to); *a.* = **thral(l)·dom** ['θrɔːldəm] esclavage *m*; asservissement *m* (a. *fig.*).

thrash [θræʃ] *v/t.* battre; rosser; *sl.* vaincre; ~ *out* débattre; *v/i.* battre, clapoter; ⊕ vibrer; ⚓ se frayer un chemin; *qqfois* bourlinguer; *see* **thresh**; '**thrash·ing** battage *m*; rossée *f*; F défaite *f*; *see* **threshing**.

thread [θred] **1.** fil *m* (a. *fig.*); filament *m*; ⊕ *vis*: filet *m*; **2.** enfiler; *fig.* s'insinuer, se faufiler; ⊕ fileter; '~**bare** râpé; *fig.* usé; '**thread·y** fibreux (-euse *f*); plein de fils; ténu (*voix*).

threat [θret] menace *f*; '**threat·en** *vt/i.* menacer (de qch., [*with*] s.th.).

three [θriː] trois (*a. su./m*); '~-'**col·o(u)r** trichrome; '~**fold** triple; ~**pence** ['θrepəns] pièce *f* de trois pence; '~**pen·ny** coûtant trois pence; *fig.* mesquin; ~**phase cur·rent** ⚡ ['θriːfeizˈkʌrənt] courant *m* triphasé; '~**score** soixante; '~-'**valve re·ceiv·er** *radio*: poste *m* à trois lampes.

thresh [θreʃ] battre (*le blé*); *see* **thrash**; *fig.* ~ *out* discuter (*une question*) à fond.

thresh·ing ['θreʃiŋ] battage *m*; '~**floor** aire *f*; '~**ma·chine** batteuse *f*, machine *f* à battre.

thresh·old ['θreʃhould] seuil *m*.

threw [θruː] *prét. de* **throw** 1.

thrice † [θrais] trois fois.

thrift(·**i**·**ness**) ['θrift(inis)] économie *f*, épargne *f*; ♀ statice *m*; '**thrift·less** □ prodigue; imprévoyant; '**thrift·y** □ économe, ménager (-ère *f*); *poét., a. Am.* florissant.

thrill [θril] **1.** (*v/t.* faire) frissonner, frémir (de, *with*); *v/t. fig.* troubler; émotionner; **2.** frisson *m*; vive émotion *f*; '**thrill·er** F roman *m* sensationnel; pièce *f* à gros effets; '**thrill·ing** saisissant, émouvant; sensationnel(le *f*).

thrive [θraiv] [*irr.*] se développer; réussir; *fig.* prospérer; **thriv·en** ['θrivn] *p.p. de* **thrive**; **thriv·ing** □ ['θraiviŋ] vigoureux (-euse *f*); florissant.

throat [θrout] gorge *f* (a. *géog.*); ⚓ *ancre*: collet *m*; ⊕ *rabot*: lumière *f*; *fourneau*: gueulard *m*; *clear one's* ~ s'éclaircir la gorge; '**throat·y** □ guttural (-aux *m/pl.*).

throb [θrɔb] **1.** battre (*cœur etc.*); lanciner (*doigt*); **2.** battement *m*, pulsation *f*; ⊕ vrombissement *m*.

throe [θrou] convulsion *f*; ~*s pl.* douleurs *f/pl.*; affres *f/pl.*; *fig.* tourments *m/pl*.

throm·bo·sis [θrɔm'bousis] thrombose *f*.

throne [θroun] 1. trône *m*; 2. *v/t.* mettre sur le trône; *v/i.* trôner.

throng [θrɔŋ] 1. foule *f*; cohue *f*; presse *f*; 2. *v/i.* se presser, affluer; *v/t.* encombrer; presser.

throt·tle ['θrɔtl] 1. étrangler (*a.* ⊕ *le moteur etc.*); ⊕ mettre (*une machine*) au ralenti; 2. = '~-valve soupape *f* de réglage; étrangleur *m*.

through [θru:] à travers; au travers de; au moyen de, par; à cause de; pendant (*un temps*); ~'out 1. *prp.* d'un bout à l'autre de; dans tout; pendant tout (*un temps*); 2. *adv.* partout; d'un bout à l'autre.

throve [θrouv] *prét.* de *thrive*.

throw [θrou] 1. (*irr.*) *v/t. usu.* jeter (*a. fig.*); lancer; projeter (*de l'eau, une image, etc.*); désarçonner (*un cavalier*); *tex.* jeter, tordre (*la soie*); tournasser (*un pot*); envoyer (*un baiser*); rejeter (*une faute*); *zo.* mettre bas (*des petits*); *Am.* F terrasser (*un adversaire*); ~ *away* (re)jeter; gaspiller; ne pas profiter de; ~ *in* jeter dedans; ajouter; placer (*un mot*); ~ *off* jeter; ôter (*un vêtement*); se défaire de; se dépouiller de; *fig.* dépister; ~ *out* jeter dehors; émettre; *fig.* faire ressortir; *fig.* lancer (*une insinuation etc.*); *surt. parl.* rejeter; ⊕ désaccoupler; ~ *over* abandonner; ⊕ renverser (*un levier*); ~ *up* jeter en l'air; lever; abandonner (*un poste*); vomir; construire à la hâte; ~ *up the cards* donner gagné à q.; *see sponge 1*; *v/i. zo.* mettre bas des petits; jeter les dés; ~ *off fig.* débuter; ~ *up* vomir; 2. jet *m*; coup *m*; coup *m* de dé; ⊕ déviation *f*, écart *m*; '~-'**back** *surt. biol.* régression *f*; **thrown** [θroun] *p.p.* de *throw 1*; '**throw-'off** *chasse:* lancé *m*; *p.ext.* mise *f* en train.

thru *Am.* [θru:] *see through*.

thrum¹ [θrʌm] *tex.* penne *f*, -s *f/pl.*; bout *m*, -s *m/pl.*; ♣ ~s *pl.* lardage *m*.

thrum² [~] (*a.* ~ *on*) tapoter (*le piano*); pincer de (*la guitare*).

thrush¹ *orn.* [θrʌʃ] grive *f*.

thrush² [~] ❀ aphtes *m/pl.*; *vét.* teigne *f*.

thrust [θrʌst] 1. poussée *f* (*a.* ⊕); ⚔, *a. fig.* assaut *m*; *escrime:* botte *f*; coup *m* de pointe (*d'épée*); 2. (*irr.*) *v/t.* pousser; *v/i.* porter un coup (à, *at*); ~ *o.s. into* s'enfoncer dans; ~ *out* mettre dehors, chasser; tirer (*sa langue*); ~ *s.th. upon s.o.* forcer q. à accepter qch.; imposer qch. à q.; ~ *o.s. upon* s'imposer à.

thud [θʌd] 1. résonner sourdement; tomber *etc.* avec un bruit sourd; 2. bruit *m* sourd; son *m* mat.

thug [θʌg] thug *m*; *fig.* bandit *m*.

thumb [θʌm] 1. pouce *m*; *Tom* ♀ le petit Poucet *m*; 2. feuilleter (*un livre*); manier; *Am.* ~ *one's nose* faire un pied de nez (à q., *to s.o.*); '~-**print** marque *f* de pouce; '~-**screw** *torture:* poucettes *f/pl.*; ⊕ vis *f* ailée; '~-**stall** poucier *m*; doigtier *m* pour pouce, F pouce *m*; '~-**tack** *Am.* punaise *f*.

thump [θʌmp] 1. coup *m* de poing; bruit *m* sourd; 2. *v/t.* cogner (sur, *on*), donner un coup de poing à; *v/i.* sonner sourdement; battre fort (*cœur*); '**thump·er** *sl.* chose *f* énorme; *sl.* mensonge *m*; '**thump·ing** *sl.* colossal (-aux *m/pl.*).

thun·der [θʌndə] 1. tonnerre *m* (*a. fig.*); F *steal s.o.'s* ~ anticiper q.; 2. tonner; '~-**bolt** foudre *f* (*poét. a. m*); '~-**clap** coup *m* de tonnerre ou *fig.* de foudre; '~-**cloud** nuage *m* orageux; '~-**head** partie *f* supérieure d'un cumulus; *fig.* menace *f*; '**thun·der·ing** *sl.* 1. *adj.* colossal (-aux *m/pl.*), formidable; 2. *adv.* joliment, rudement; '**thun·der·ous** □ orageux (-euse *f*); *fig.* menaçant; à tout rompre; de tonnerre (*bruit etc.*); '**thun·der·storm** orage *m*; '**thun·der·struck** foudroyé, abasourdi; '**thun·der·y** orageux (-euse *f*).

Thurs·day ['θə:zdi] jeudi *m*.

thus [ðʌs] ainsi; de cette manière; donc.

thwack [θwæk] *see whack*.

thwart [θwɔ:t] 1. contrarier; frustrer, déjouer; 2. ♣ banc *m* de nage.

thy *bibl., poét.* [ðai] ton, ta, tes.

thyme ❀ [taim] thym *m*.

thy·roid *anat.* ['θairoid] 1. thyroïde *f*; ~ *extract* extrait *m* thyroïde; ~ *gland* = 2. glande *f* thyroïde.

thy·self *bibl., poét.* [ðai'self] toi-même; *réfléchi:* te.

ti·a·ra [ti'a:rə] tiare *f*.

tib·i·a *anat.* ['tibiə], *pl.* **-ae** [~i:] tibia *m*.

tic 1120

tic ✇ [tik] tic *m*.
tick¹ *zo*. [tik] tique *f*.
tick² [~] toile *f* à matelas.
tick³ F [~]: on ~ à crédit.
tick⁴ [~] **1.** tic-tac *m/inv.*; F instant *m*, moment *m*; marque *f*; *to the* ~ à l'heure sonnante; **2.** *v/i.* faire tic-tac; battre; *mot.* ~ *over* tourner au ralenti; *v/t.* pointer, faire une marque à; ~ *off* pointer; vérifier; *sl.* rembarrer (*q.*).
tick·et ['tikit] **1.** 🚂, *théâ., loterie*: billet *m*; *métro, consigne, place réservée, etc.*: ticket *m*; coupon *m*; (*a. price-*~) étiquette *f*; bon *m* (*de soupe*); *mot. Am.* F contravention *f*; *parl.* liste *f* des candidats; F programme *m*; F *the* ~ ce qu'il faut, correct; ~ *of leave* (bulletin *m* de) libération *f* conditionnelle; *on* ~ *of leave* libéré conditionnellement; **2.** étiqueter, marquer; '~-**col·lec·tor** 🚂 contrôleur *m* des billets; '~-**in·spec·tor** *autobus*: contrôleur *m*; '~ **of·fice**, '~ **win·dow** *surt. Am.* guichet *m*; '~-**punch** poinçon *m* de contrôleur.
tick·ing ['tikiŋ] toile *f* à matelas.
tick·le ['tikl] chatouiller; *fig.* amuser; flatter; **tick·ler** (*ou* ~ *coil*) *radio*: bobine *f* de réaction; '**tick·lish** □ chatouilleux (-euse *f*); délicat; *fig.* susceptible (*personne*).
tid·al □ ['taidl] de marée; à marée; ~ *wave* raz *m* de marée; flot *m* de la marée; *fig.* vague *f*.
tide [taid] **1.** marée *f*; *fig.* vague *f*; ⚓ flot *m*; *low* (*high*) ~ marée *f* basse (haute); *fig.* fortune *f*, † saison *f*, temps *m*; *turn of the* ~ étale *m*; *fig.* tournure *f* (*des affaires*); **2.** porter (par la marée); *fig.* ~ *over* venir à bout de; se tirer (d'embarras).
ti·di·ness ['taidinis] (bon) ordre *m*; propreté *f*; *habillement*: bonne tenue *f*.
ti·dings *pl. ou sg.* ['taidiŋz] nouvelle *f*, -s *f/pl.*
ti·dy ['taidi] **1.** bien rangé; bien tenu, *fig.* passable, F joli; **2.** voile *m* (*sur un fauteuil etc.*); récipient *m* (*pour peignures*); corbeille *f* (*à ordures*); **3.** (*a.* ~ *up*) ranger; mettre de l'ordre dans, arranger (*une chambre etc.*).
tie [tai] **1.** lien *m* (*a. fig.*); attache *f*; (*a. neck-*~) cravate *f*; nœud *m*; ♪ liaison *f*; ⚠ chaîne *f*, ancre *f*; *fig.*

entrave *f*; *soulier*: cordon *m*; *sp.* match *m* à égalité, partie *f* nulle; *sp.* match *m* de championnat; *parl.* nombre *m* égal de suffrages; **2.** *v/t.* lier; nouer (*la cravate*); ficeler; ⚠ chaîner; *v/i. sp.* être à égalité; ~ *down fig.* assujettir (*à une condition etc., to*); asservir (*q.*) (à, *to*); ~ *up* attacher; ficeler; ⚓ amarrer; *fig.* immobiliser; F marier; *Am.* gêner.
tier [tiə] rangée *f*; étage *m*; *théâ.* balcon *m*.
tierce [tiəs] *escrime, cartes*: tierce *f*.
tie-up ['tai∧p] cordon *m*; association *f*; impasse *f*; *surt. Am.* grève *f*; *Am.* arrêt *m* (*de la circulation etc.*).
tiff F [tif] **1.** petite querelle *f*; boutade *f*; **2.** bouder.
tif·fin ['tifin] *anglo-indien*: déjeuner *m* (de midi).
ti·ger ['taigə] tigre *m*; *fig.* as *m*; *fig.* homme *m* féroce; *Am.* F three cheers and a ~! trois hourras et encore un hourra!; '**ti·ger·ish** □ *fig.* cruel(le *f*); féroce, de tigre.
tight □ [tait] serré; tendu, raide; collant, étroit, juste (*vêtements*); bien fermé, imperméable; resserré, rare (*argent*); F ivre, gris; F *fig.* it was a ~ *place* (*ou squeeze*) on tenait tout juste; *hold* ~ tenir serré; *in a* ~ *corner* en mauvaise passe; '**tight·en** *v/t.* (res)serrer (*sa ceinture, une vis*); retendre (*une courroie*); tendre, remonter (*un ressort*); *v/i.* se (res)serrer; se bander (*ressort*); '~-'**fist·ed** F dur à la détente; '~-'**laced** serré dans son corset; *fig.* collet monté *inv.*, prude; '**tight·ness** tension *f*; raideur *f*; étroitesse *f*; '**tight-rope** corde *f* tendue; **tights** [~s] *pl. théâ.* maillot *m*; '**tight·wad** *Am. sl.* grippe-sou *m*; pingre *m*.
ti·gress ['taigris] tigresse *f*.
tile [tail] **1.** *toit*: tuile *f*; *plancher*: carreau *m*; *sl.* chapeau *m*; **2.** couvrir de tuiles; carreler; '~-**lay·er**, '**til·er** couvreur *m*; carreleur *m*.
till¹ [til] tiroir-caisse (*pl.* tiroirs-caisses) *m*; caisse *f*.
till² [~] **1.** *prp.* jusqu'(à); **2.** *cj.* jusqu'à ce que (*sbj.*).
till³ ⚘ [~] labourer; cultiver; '**till·age** labour(age) *m*; (agri)culture *f*; terre *f* en labour.
till·er ⚓ ['tilə] barre *f* franche.

tilt¹ [tilt] bâche *f*, banne *f*; ⚓ tendelet *m*.

tilt² [~] 1. pente *f*, inclinaison *f*; † tournoi *m*; † coup *m* de lance; *fig.* coup *m* de patte, attaque *f*; *full* ~ tête baissée; *on the* ~ incliné, penché; 2. *v/t.* pencher, incliner; *v/i.* pencher, s'incliner; courir une lance (contre, *at*); *fig.* donner un coup de patte (à, *at*); ~ *against* attaquer; ~ *up* basculer; **'tilt·ing** incliné, penché; à bascule.

tilth *poét.* [til(θ)] *see* tillage.

tim·ber [ˈtimbə] 1. bois *m* (d'œuvre, de charpente, de construction); piece of ~ poutre *f*; ⚓ couple *m*; *Am. fig.* qualité *f*; 2. boiser; ~ed en bois; boisé (*terrain*); '~-line limite *f* de la végétation arborescente; '~-work charpente *f*; construction *f* en bois; '~-yard chantier *m*.

time [taim] 1. temps *m*; fois *f*; heure *f*; moment *m*; saison *f*; époque *f*; terme *m*; *gymn. etc.*: pas *m*; ♩ mesure *f*, tempo *m*; ~, *gentlemen, please!* on ferme!; ~ *and again* à maintes reprises; *at* ~s de temps en temps; *parfois; at a* (*ou at the same*) ~ à la fois; *at the same* ~ en même temps; *before* (*one's*) ~ en avance; prématurément; *behind* (*one's*) ~ en retard; *behind the* ~s arriéré; *by that* ~ à l'heure qu'il était; à ce moment-là; alors; *for the* ~ *being* pour le moment; provisoirement; actuellement; *have a good* ~ s'amuser (bien); *in* ~ à temps, à l'heure; *in good* ~ de bonne heure; *see mean²* 1; *on* ~ à temps, à l'heure; *out of* ~ mal à propos; à contretemps (*a.* ♩); *beat* (*the*) ~ battre la mesure; *see keep* 2; 2. *v/t.* faire (*qch.*) à propos; fixer l'heure de; choisir le moment de; régler (sur, *by*); *sp.* chronométrer; calculer la durée de; (*a.* take *the* ~ *of*) mesurer le temps de; *the train is* ~d *to leave at* 7 le train doit partir à 7 heures; *v/i.* faire coïncider (avec *with*, *to*); '~-**bar·gain** † marché *m* à terme; ~ **bomb** bombe *f* à retardement; '~-**ex·po·sure** *phot.* pose *f*; '~-**hon·o**(**u**)**red** séculaire, vénérable; '~-**keep·er** chronomètre *m*, *surt.* montre *f*; *see* timer; ~ **lag** retard *m*; '~-'**lim·it** limite *f* de temps; délai *m*; durée *f*; **'time·ly** opportun, à propos; **'time·piece** pendule *f*; montre *f*; **'tim·er** chronométreur *m*.

time...: ~-**serv·er** [ˈtaimsəːvə] opportuniste *mf*; '~-**sheet** feuille *f* de présence; semainier *m*; '~-'**sig·nal** *surt. radio*: signal *m* horaire; '~-**ta·ble** horaire *m*; 🚂 indicateur *m*; *école*: emploi *m* du temps.

tim·id □ [ˈtimid] timide, peureux (-euse *f*); **ti·mid·i·ty** [tiˈmiditi] timidité *f*.

tim·ing [ˈtaimiŋ] ⊕ *mot.* réglage *m*; *sp.* chronométrage *m*; *fig.* choix *m* du moment.

tim·or·ous □ [ˈtimərəs] *see* timid.

tin [tin] 1. étain *m*; fer-blanc (*pl.* fers-blancs) *m*; boîte *f* (*de conserves*); bidon *m* (*à essence*); *sl.* galette *f* (=*argent*); 2. en *ou* d'étain; en fer-blanc; de plomb (*soldat*); *en péj.* en toc; 3. étamer; mettre en boîtes; ~ned *meat* viande *f* de conserve; F ~ned *music* musique *f* enregistrée.

tinc·ture [ˈtiŋktʃə] 1. teinte *f*; ⌀, *pharm.*, *a. fig.* teinture *f*; 2. teindre, colorer.

tin·der [ˈtində] amadou *m*.

tine [tain] dent *f*; fourchon *m*; *zo.* cor *m*, branche *f*.

tin·foil [ˈtinfɔil] feuille *f* d'étain; papier *m* (d')étain.

ting F [tiŋ] *see* tinkle.

tinge [tindʒ] 1. teinte *f*; nuance *f* (*a. fig.*); 2. teinter (*a. fig.*), colorer (de, *with*); *be* ~d *with* avoir une teinte de.

tin·gle [ˈtiŋgl] tinter; picoter; cuire; *fig.* avoir grande envie (de *inf.*, *to inf.*).

tink·er [ˈtiŋkə] 1. chaudronnier *m*; 2. *v/t.* rafistoler; *v/i.* bricoler (dans, *about*); ~ *at* rafistoler; ~ *up* faire des réparations de fortune; ~ *with* retaper.

tin·kle [ˈtiŋkl] 1. (faire) tinter; 2. tintement *m*; F coup *m* de téléphone.

tin·man [ˈtinmən] étameur *m*; ferblantier *m*; **'tin·ny** métallique (*son*); **'tin-o·pen·er** ouvre-boîtes *m/inv.*; **'tin·plate** fer-blanc (*pl.* fers-blancs) *m*; ferblanterie *f*.

tin·sel [ˈtinsl] 1. lamé *m*, paillettes *f/pl.*; clinquant *m* (*a. fig.*); *fig. a.* faux éclat *m*; 2. de paillettes; *fig.* de clinquant, faux (fausse *f*);

tinsmith

3. garnir de paillettes; clinquanter; *fig.* donner un faux éclat à.

tin·smith ['tinsmiθ] *see* tinman.

tint [tint] **1.** teinte *f*, nuance *f*; *peint.* ton *m*; **2.** teinter, colorer; ~ed *paper* papier *m* teinté.

tin-tack ['tintæk] broquette *f*; ~s *pl.* semence *f*.

tin·tin·nab·u·la·tion ['tintinæbju-'leiʃn] tintement *m*.

tin·ware ['tinwɛə] ferblanterie *f*.

ti·ny □ ['taini] tout petit.

tip [tip] **1.** pointe *f*; *cigarette*: bout *m*; extrémité *f*; F pourboire *m*; F tuyau *m*; pente *f*; F coup *m* léger; *give s.th. a* ~ faire pencher qch.; **2.** *v/t.* mettre un bout à; ferrer, embouter (*une canne*); *fig.* dorer; F donner un pourboire à (*q.*); F (*a.* ~ *off*) tuyauter, avertir (*q.*); ~ *over* renverser; *v/i.* se renverser; '~-**cart** tombereau *m* à bascule; '~·**cat** bâtonnet *m* (*sorte de jeu d'enfants*); '~-**off** tuyau *m*.

tip·pet ['tipit] pèlerine *f*; écharpe *f* en fourrure.

tip·ple ['tipl] **1.** se livrer à la boisson; F lever le coude; **2.** boisson *f*; '**tip·pler** ivrogne *m*; buveur (-euse *f*) *m*.

tip·si·ness ['tipsinis] ivresse *f*.

tip·staff ['tipstɑ:f] huissier *m*.

tip·ster ['tipstə] tuyauteur *m*.

tip·sy ['tipsi] gris, ivre; F pompette.

tip·toe ['tiptou]: *on* ~ sur la pointe des pieds.

tip·top F ['tip'tɔp] **1.** le plus haut point *m*; **2.** de premier ordre; extra; F chic.

tip-up seat ['tipʌp'si:t] strapontin *m*.

ti·rade [tai'reid] tirade *f*, diatribe *f*.

tire¹ ['taiə] pneu(matique) *m*.

tire² [~] (se) lasser, ennuyer (de of, with).

tired □ ['taiəd] fatigué (*fig.* de, of); '**tired·ness** lassitude *f*, fatigue *f*.

tire·less □ ['taiəlis] infatigable.

tire·some □ ['taiəsəm] ennuyeux (-euse *f*); F exaspérant.

tire-valve ['taiəvælv] valve *f* de pneumatique.

ti·ro ['taiərou] novice *mf*.

tis·sue ['tisju:] tissu *m*; étoffe *f*; '~-**pa·per** papier *m* de soie; ✝ papier *m* pelure.

tit¹ [tit]: ~ *for tat* à bon chat bon rat; un prêté pour un rendu.

tit² *Am.* [~] *see* teat.

tit³ *orn.* [~] mésange *f*.

Ti·tan ['taitən] Titan *m*; '**Ti·tan·ess** femme *f* titanesque; **ti·ta·nic** [~'tænik] (~*ally*) titanique, titanesque; géant.

tit·bit ['titbit] friandise *f*.

tithe [taið] **1.** dîme *f*; *usu. fig.* dixième *m*; **2.** payer la dîme sur; dîmer sur.

tit·il·late ['titileit] chatouiller; **tit·il·la·tion** chatouillement *m*.

tit·i·vate F ['titiveit] (se) faire beau (belle *f*).

ti·tle ['taitl] **1.** titre *m*; nom *m*; ⚖ droit *m* (à, to); **2.** intituler (*un livre*); titrer (*un film*); '~-**deed** ⚖ titre *m* de propriété; acte *m*; '~-**hold·er** *surt. sp. record, coupe*: détenteur (-trice *f*) *m*; *championnat*: tenant(e *f*) *m*.

tit·mouse *orn.* ['titmaus], *pl.* -**mice** [~mais] mésange *f*.

ti·trate 🝊 ['taitreit] titrer, doser; **ti'tra·tion** dosage *m*; analyse *f* volumétrique.

tit·ter ['titə] **1.** avoir un petit rire étouffé; **2.** rire *m* étouffé.

tit·tle ['titl] point *m*; *fig.* la moindre partie; *to a* ~ trait pour trait; '~-**tat·tle 1.** cancans *m/pl.*; bavardage *m*; **2.** cancaner; bavarder.

tit·tup ['titəp] F aller au petit galop.

tit·u·lar □ ['titjulə] titulaire; nominal (-aux *m/pl.*).

to [tu:; tu; tə] **1.** *prp. usu.* à; *airection*: à; vers (*Paris, la maison*); en (*France*); chez (*moi, ma tante*); *sentiment*: envers, pour (*q.*); *distance*: jusqu'à; *parenté, hérédité*: de; *pour indiquer le datif*: à; ~ *my father* à mon père; ~ *me accentué*: à moi, *inaccentué*: me; *it happened* ~ *me* cela m'arriva; ~ *the United States* aux États-Unis; ~ *Japan* au Japon; *I bet 10* ~ *1* je parie 10 contre 1; *the train* (*road*) ~ *London* le train (la route) de Londres; *a quarter* (*ten*) ~ *six* six heures moins le quart (dix); *alive* ~ sensible à (*qch.*); *cousin* ~ cousin(e *f*) de; *heir* ~ héritier (-ère *f*) de; *secretary* ~ secrétaire de; *here's* ~ *you!* à votre santé!, F à la vôtre!; **2.** *adv.* [tu:]: ~ *and fro* de long en large; *go* ~ *and fro* aller et venir; *come* ~ revenir à soi; *pull the door* ~ fermer la porte; **3.** *pour indiquer l'inf.*: ~ *take* prendre; *I am going* ~ (*inf.*) je vais (*inf.*); *souvent*

tomorrow

on supprime l'inf.: *I worked hard, I had ~ (sc. work hard)* je travaillais dûr, il le fallut bien; *avec inf.*, remplaçant une proposition subordonnée: *I weep ~ think of it* quand j'y pense, je pleure.

toad *zo.* [toud] crapaud *m*; '**~-stool** champignon *m* vénéneux.

toad·y ['toudi] **1.** sycophante *m*, flagorneur (-euse *f*) *m*; **2.** lécher les bottes à (*q.*); flagorner (*q.*); '**toad·y·ism** flagornerie *f*.

toast [toust] **1.** toast *m* (*a. fig.*); pain *m* grillé; **2.** griller, rôtir; *fig.* chauffer; *fig.* porter un toast à.

to·bac·co [tə'bækou] tabac *m*; **to-'bac·co·nist** [~kənist] marchand *m* de tabac.

to·bog·gan [tə'bɔgən] **1.** toboggan *m*; luge *f* (suisse); **2.** faire du toboggan.

to·by ['toubi] (*ou ~ jug*) pot *m* à bière (de fantaisie); *~ collar* collerette *f* plissée.

to·co *sl.* ['toukou] châtiment *m* corporel; raclée *f*.

toc·sin ['tɔksin] tocsin *m*.

to·day [tə'dei] aujourd'hui.

tod·dle ['tɔdl] **1.** marcher à petits pas; trottiner; F *~ off* se trotter; **2.** F pas *m/pl.* chancelants (*d'un petit enfant*); F balade *f*; '**tod·dler** tout(e) petit(e) enfant *m*(*f*).

tod·dy ['tɔdi] grog *m* chaud.

to-do F [tə'du:] affaire *f*; scène *f*; façons *f/pl.*

toe [tou] **1.** *anat.* doigt *m* de pied; orteil *m*; *chaussettes:* bout *m*; **2.** botter (*a. sp.*); mettre un bout à (*un soulier*); *~ the line* s'aligner; *fig. ~ the (party) line* obéir (aux ordres de son parti); s'aligner (avec son parti).

-toed [toud]: *three ~* à trois orteils.

toff *sl.* [tɔf] rupin(e *f*) *m*; dandy *m*.

tof·fee, tof·fy ['tɔfi] caramel *m* au beurre.

to·geth·er [tə'geðə] ensemble; en même temps; *~ with* avec; *all ~* tous ensemble.

tog·ger·y F ['tɔgəri] nippes *f/pl.*, frusques *f/pl.*

tog·gle ['tɔgl] **1.** ⚓ cabillot *m*; ⊕ clef *f*; **2.** ⚓ fixer avec *ou* munir d'un cabillot.

togs *sl.* [tɔgz] *pl.* nippes *f/pl.*, frusques *f/pl.*

toil [tɔil] **1.** travail (*pl.* -aux) *m*, peine *f*; **2.** travailler (dur); '**toil·er** travailleur (-euse *f*) *m*.

toi·let ['tɔilit] toilette *f*; ⚕ détersion *f*; F *les cabinets m/pl.*; *make one's ~* faire sa toilette; '**~-pa·per** papier *m* hygiénique; '**~-set** garniture *f* de toilette; '**~-ta·ble** table *f* de toilette.

toils [tɔilz] *pl.* filet *m*, lacs *m*, *a. m/pl.* (*a. fig.*).

toil·some □ ['tɔilsəm] fatigant.

toil-worn ['tɔilwɔ:n] usé par le travail; marqué par la fatigue (*visage*).

to·ken ['toukən] signe *m*, marque *f*; jeton *m*; bon *m* (*de livres*); *~ money* monnaie *f* fiduciaire; *in ~ of* en signe *ou* témoignage de.

told [tould] *prét. et p.p.* de *tell*; *all ~* tout compris; tout compte fait.

tol·er·a·ble □ ['tɔlərəbl] supportable, tolérable; assez bon(ne *f*); '**tol·er·ance** tolérance *f* (*a.* ⚙, ⊕); '**tol·er·ant** □ tolérant (à l'égard de, *of*); **tol·er·ate** ['~reit] tolérer, supporter; **tol·er·a·tion** tolérance *f*.

toll¹ [toul] droit *m* de passage; *marché:* droit *m* de place; *téléph.* (*a. ~-call*) conversation *f* interurbaine; *~ of the road* la mortalité *f* sur routes; *take ~ of* faire payer le droit de passage à; *fig.* retrancher une bonne partie de; *~-bar, ~-gate* barrière *f* (de péage).

toll² [~] **1.** tintement *m*; *souv.* glas *m*; **2.** tinter; sonner (*souv.* le glas).

tom [tɔm] mâle *m* (*animal*); *~ cat* matou *m*.

tom·a·hawk ['tɔməhɔ:k] **1.** hache *f* de guerre, tomahawk *m*; **2.** assommer; frapper avec un tomahawk.

to·ma·to ♀ [tə'mɑːtou; *Am.* tə-'meitou], *pl.* **-toes** [~touz] tomate *f*.

tomb [tu:m] tombe(au *m*) *f*; *~stone* pierre *f* tombale.

tom·boy ['tɔmbɔi] fillette *f* d'allures garçonnières; garçon *m* manqué.

tome [toum] tome *m*, livre *m*.

tom·fool ['tɔm'fu:l] **1.** niais *m*; *attr.* insensé/stupide; **2.** faire *ou* dire des sottises; **tom'fool·er·y** niaiserie *f*, *-s f/pl.*

tom·my *sl.* ['tɔmi] simple soldat *m anglais*; mangeaille *f*; *~-gun* mitraillette *f*; *~ rot* bêtises *f/pl.*

to·mor·row [tə'mɔrou] demain; *~ week* de demain en huit.

tom-tom ['tɔmtɔm] tam-tam *m*.
ton [tʌn] tonne *f*; F ~s *pl.* tas *m/pl.*
to·nal·i·ty ♪, *a.* peint. [to'næliti] tonalité *f*.
tone [toun] **1.** ton *m* (*a.* ling., ♪, peint., *fig.*); son *m*; accent *m*; voix *f*; *fig.* atmosphère *f*; ♂ tonicité *f*; *out of* ~ désaccordé; **2.** *v/t.* teinter; ♪ accorder; *peint.* adoucir les tons de; *phot.* virer; *v/i.* s'harmoniser (avec, *with*); *phot.* virer; ~ *down* s'adoucir.
tongs [tɔŋz] *pl.*: (*a pair of*) ~ (des) pincettes *f/pl.*; ⊕ (des) tenailles *f/pl.*
tongue [tʌŋ] *usu.* langue *f* (*a. fig.*, ling.); *soulier, bois, hautbois*: languette *f*; *cloche*: battant *m*; *give* ~ donner de la voix, aboyer (*chien*); *hold one's* ~ se taire; *speak with one's* ~ *in one's cheek* parler ironiquement; blaguer; **'tongue·less** sans langue; *fig.* muet(te *f*); **tongue-tied** qui a la langue liée; *fig.* interdit; muet(te *f*).
ton·ic ['tɔnik] **1.** (~*ally*) ♪, ♂, *gramm.* tonique; ♪ ~ *chord* accord *m* naturel; **2.** ♪ tonique *f*; ♂ tonique *m*, réconfortant *m*.
to·night [tə'nait] ce soir; cette nuit.
ton·ing so·lu·tion *phot.* ['touniŋ sə'lu:ʃn] (bain *m* de) virage *m*.
ton·nage ♣ ['tʌnidʒ] tonnage *m*, jauge *f*; *hist.* droit *m* de tonnage.
-ton·ner ♣ ['tʌnə]: *four-hundred* ~ vaisseau *m* de quatre cent tonneaux.
ton·sil *anat.* ['tɔnsl] amygdale *f*; **ton·sil·li·tis** [~si'laitis] amygdalite *f*, inflammation *f* des amygdales.
ton·sure ['tɔnʃə] **1.** tonsure *f*; **2.** tonsurer.
ton·y *Am. sl.* ['touni] chic, élégant.
too [tu:] (par) trop; aussi; d'ailleurs.
took [tuk] *prét.* de *take* 1.
tool [tu:l] **1.** outil *m*; ustensile *m*; instrument *m* (*a. fig.*); **2.** ciseler (*le cuir, un livre*); bretteler (*une pierre*); ⊕ travailler; **'~-bag**, **'~-kit** sac *m* à outils; *mot.* sacoche *f*.
toot [tu:t] **1.** sonner; *mot.* (*a.* ~ *the horn*) corner; klaxonner **2.** cornement *m*; coup *m* de klaxon.
tooth [tu:θ] (*pl.* teeth) dent *f*; '~-**ache** mal *m* de dents; '~-**brush** brosse *f* à dents; **toothed** [~θt] à ... dents; aux dents ...; ⊕ denté; **tooth·ing** ⊕ scie: taille *f* des dents; *roue*: dents *f/pl.*; **'tooth·less** ⌷

sans dents; **'tooth-paste** (pâte *f*) dentifrice *m*; **'tooth·pick** cure-dent *m*.
tooth·some ⌷ ['tu:θsəm] savoureux (-euse *f*); **'tooth·some·ness** succulence *f*; goût *m* agréable.
too·tle ['tu:tl] flûter; *mot.* corner; F ~ *along* aller son petit bonhomme de chemin.
top¹ [tɔp] **1.** sommet *m*, cime *f*; tête: haut *m*; *arbre, toit*: faîte *m*; *maison*: toit *m*; *page*: tête *f*; *eau, terre*: surface *f*; *cheminée, table, soulier*: dessus *m*; *table*: haut bout *m*; *bas, botte*: revers *m*; *boîte*: couvercle *m*; *autobus etc.*: impériale *f*; *fig.* chef *m*, tête *f* (*de rang*); *fig.* comble *m*; *mot. Am.* capote *f*; ♣ hune *f*; *at the* ~ (*of*) au sommet (de), en haut (de); *at the* ~ *of one's speed* à toutes jambes, à toute vitesse; *at the* ~ *of one's voice* à pleine gorge, (*crier*) de toutes ses forces; *on* ~ sur le dessus; en haut; *on* ~ *of* sur, en haut de; et aussi, immédiatement après; **2.** supérieur; d'en haut; *the* ~ *floor* le plus haut étage; *sl.* ~ *dog* coq *m*, vainqueur *m*; **3.** surmonter, couronner; dépasser, surpasser; atteindre le sommet de; être à la tête de (*une classe, une liste, etc.*); ♂ écimer (*un arbre*); pincer (*l'extrémité d'une plante*); *golf*: topper; F ~ *up*, ~ *off* remplir.
top² [~] toupie *f*.
to·paz *min.* ['toupæz] topaze *f*.
top-boots ['tɔp'bu:ts] *pl.* bottes *f/pl.* à revers.
to·pee ['toupi] casque *m* colonial.
top·er ['toupə] ivrogne *m*.
top...: **'~·flight** F le plus important; **~·gal·lant** ♣ ['~'gælənt]; ♣ tə-'gælənt] **1.** de perroquet; **2.** (*ou* ~ *sail*) voile *f* de perroquet; **'~·hat** *chapeau*: haut-de-forme (*pl.* hauts-de-forme) *m*; **'~·heav·y** trop lourd du haut; ♣ jaloux (-se *f*); **'~·hole** *sl.* excellent, épatant.
top·ic ['tɔpik] sujet *m*, thème *m*; question *f*; matière *f*; **'top·i·cal** ⌷ topique, local (-aux *m/pl.*) (*a.* ♂); d'actualité.
top...: **'~·knot** petit chignon *m*; *orn.* huppe *f*; **'~·mast** ♣ mât *m* de hune; **'~·most** le plus haut *ou* élevé; **'~·notch** F le plus important.
to·pog·ra·pher [tə'pɔgrəfə] topo-

top·per sl. ['tɔpə] type m épatant; see tophat; **'top·ping** F excellent, chouette, chic.

top·ple ['tɔpl] (usu. ~ over ou down) (faire) écrouler, dégringoler.

top·sail ⚓ ['tɔpsl] hunier m.

top·sy-tur·vy □ ['tɔpsi'tə:vi] sens dessus dessous; en désarroi.

tor [tɔː] pic m, massif m de roche.

torch [tɔːtʃ] torche f, flambeau m; electric ~ lampe f électrique de poche; torche f électrique; ~ battery pile f; '~-light lumière f de(s) torches; ~ procession défilé m aux flambeaux.

tore [tɔː] prét. de tear[1] 1.

tor·ment 1. ['tɔːmənt] tourment m, torture f, supplice m; **2.** [tɔːˈment] tourmenter, torturer; harceler; fig. taquiner; **tor'men·tor** tourmenteur (-euse f) m; harceleur (-euse f) m.

torn [tɔːn] p.p. de tear[1] 1.

tor·na·do [tɔːˈneidou], pl. -does [~douz] tornade f; ouragan m (a. fig.).

tor·pe·do [tɔːˈpiːdou], pl. -does [~douz] **1.** ⚓, ⚔, icht. torpille f; Am. sl. homme m de main; **2.** ⚓ torpiller (a. fig. un projet); **~-boat** ⚓ torpilleur m.

tor·pid □ ['tɔːpid] inerte, engourdi (a. fig.), torpide; fig. lent, léthargique; **tor'pid·i·ty**, **'tor·pid·ness**, **tor·por** ['tɔːpə] engourdissement m, torpeur f; fig. léthargie f.

torque ⊕ [tɔːk] moment m de torsion.

tor·rent ['tɔrənt] torrent m (a. fig.); fig. déluge m; in ~s à torrents; **tor·ren·tial** □ [tɔˈrenʃl] torrentiel(le f).

tor·rid ['tɔrid] torride.

tor·sion ['tɔːʃn] torsion f; **'tor·sion·al** de torsion.

tort ⚖ [tɔːt] acte m dommageable; préjudice m.

tor·toise zo. ['tɔːtəs] tortue f; **~-shell** [~təʃel] écaille f (de tortue).

tor·tu·os·i·ty [tɔːtjuˈɔsiti] tortuosité f; **'tor·tu·ous** □ tortueux (-euse f); sinueux (-euse f); tortu (esprit); ⚕ gauche (courbe).

tor·ture ['tɔːtʃə] **1.** torture f, question f; supplice m; **2.** mettre (q.) à la question; torturer; **'tor·tur·er** bourreau m; harceleur m.

To·ry ['tɔːri] tory m (membre du parti conservateur anglais) (a. adj.); **'To·ry·ism** torysme m.

tosh sl. [tɔʃ] bêtises f/pl.

toss [tɔs] **1.** jet m, coup m; mouvement m (de tête) dédaigneux; équit. chute f de cheval; (a. ~up) coup m de pile ou face; it is a ~up les chances sont égales; win the ~ gagner (à pile ou face); **2.** v/t. agiter, (a. ~ about) secouer; démonter (un cavalier); ~ aside jeter de côté; lancer; faner (le foin); cuis. sauter; (a. ~ up) lancer en l'air; (up) a coin jouer à pile ou face; hocher (la tête); ~ off (ou down) avaler d'un trait (du vin etc.); ⚓ ~ the oars mâter les avirons; v/i. s'agiter; tanguer (navire); être ballotté; ~ (up) choisir à pile ou face (qch., for s.th.).

tot[1] F [tɔt] tout(e) petit(e) enfant mf; petit verre m.

tot[2] F [~] **1.** addition f; **2.**: ~ up v/t. additionner; v/i. s'élever (à, to).

to·tal ['toutl] **1.** □ total (-aux m/pl.); entier (-ère f); complet (-ète f); **2.** total m, montant m; grand total m global; **3.** v/t. additionner; v/i. s'élever (à, up to); **to·tal·i·tar·i·an** [toutæliˈtɛəriən] totalitaire; **to·tal·i'tar·i·an·ism** totalitarisme m; **to'tal·i·ty** totalité f; **to·tal·i·za·tor** ['~təlaizeitə] totalisateur m; **to·tal·ize** ['~aiz] totaliser, additionner.

tote Am. [tout] (trans)porter.

tot·ter ['tɔtə] chanceler (a. fig.); tituber (ivrogne); **'tot·ter·ing** □, **'tot·ter·y** chancelant; titubant (ivrogne).

touch [tʌtʃ] **1.** v/t. toucher (de, with); émouvoir; effleurer (une surface, ♪ les cordes de la harpe); trinquer (des verres); toucher à (= déranger); fig. atteindre; F taper (de, for); rehausser (un dessin); ~ one's hat saluer (q., to s.o.); porter la main à son chapeau; F a bit (ou a little) ~ed un peu toqué; sl. ~ s.o. for a pound taper q. d'une livre; ~ off ébaucher; faire partir (une mine); ~ up rafraîchir; repolir; phot. faire des retouches à; v/i. se toucher;

touch-and-go

être en contact; ⚓ ~ *at* toucher à; faire escale à; ~ *on* toucher (*qch.*) (= *traiter, mentionner*); 2. toucher *m* (♪, *a. sens*); contact *m*; attouchement *m*; léger coup *m*; *cuis., maladie, etc.*: soupçon *m*; *peint.* (coup *m* de) pinceau *m*; *sp., peint.* touche *f*; *dactylographe*: frappe *f*; *fig.* nuance *f*, pointe *f*; ~ *of bronchitis* pointe *f* de bronchite; *get in(to)* ~ (*avec, with*) se mettre en communication, prendre contact; '~-and-'go 1. affaire *f* hasardeuse; *it is* ~ ça reste en balance; 2. très incertain; hasardeux (-euse *f*); '~-hole *canon*: lumière *f*; 'touch·i·ness susceptibilité *f*; 'touch·ing 1. □ touchant, émouvant; 2. *prp.* touchant, concernant; 'touch-line *foot.* ligne *f* de touche; 'touch-stone pierre *f* de touche (*a. fig.*); 'touch·y □ susceptible; *see testy.*

tough [tʌf] 1. dur, résistant; *fig.* fort; rude; inflexible (*personne*); *Am.* dur; brutal (-aux *m/pl.*); de bandit; 2. *surt. Am.* apache *m*, bandit *m*; 'tough·en *vt/i.* durcir; (s')endurcir (*personne*); 'tough·ness dureté *f*; résistance *f* (à la fatigue); *fig.* difficulté *f*.

tour [tuə] 1. tour *m*; excursion *f*, tournée *f*; 2. faire le tour de; voyager; visiter en touriste; 'tour·ing en tournée; de touristes; *mot.* ~ *car* voiture *f* de tourisme; 'tour·ist touriste *mf*; voyageur (-euse *f*) *m*; ~ *agency* (*ou* office *ou* bureau) bureau *m* de tourisme; ~ *industry* tourisme *m*; ~ *season* la saison *f*; ~ *ticket* billet *m* circulaire.

tour·na·ment ['tuənəmənt], **tour·ney** ['~ni] tournoi *m*.

tou·sle ['tauzl] houspiller; chiffonner (*une femme, une robe*); ébouriffer (*les cheveux*).

tout [taut] 1. pisteur *m*, racoleur *m*; (*a. racing* ~) tout *m*; 2.: ~ *for* pister, racoler; *Am.* solliciter.

tow[1] ⚓ [tou] 1. (câble *m* de) remorque *f*; *take in* ~ prendre à la remorque; 2. remorquer; haler (*un chaland*).

tow[2] [~] étoupe *f* (blanche).

tow·age ⚓ ['touidʒ] remorquage *m*; *chaland*: halage *m*.

to·ward(s) [tə'wɔːd(z)] vers, du côté de; *sentiment*: pour, envers.

tow·el ['tauəl] 1. serviette *f*; essuie-mains *m/inv.*; 2. frotter avec une serviette; *sl.* donner une raclée à (*q.*); '~-horse, '~-rack porte-serviettes *m/inv.*

tow·er ['tauə] 1. tour *f*; ⊕ pylône *m*; *église*: clocher *m*; *fig. a* ~ *of strength* un puissant appui; 2. (*a.* ~ *over*) dominer; monter très haut; 'tow·ered surmonté *ou* flanqué d'une tour *ou* de tours; 'tow·er·ing □ très élevé, qui domine; *fig.* violent, sans bornes.

tow(·ing)... ['touiŋ]: '~-line (câble *m* de) remorque *f*; '~-path chemin *m ou* banquette *f* de halage.

town [taun] 1. ville *f*; cité *f*; *county* ~ chef-lieu (*pl.* chefs-lieux) *m*; 2. municipal (-aux *m/pl.*); de la ville; à la ville; ~ *clerk* secrétaire *m* de mairie; ~ *council* conseil *m* municipal; ~ *hall* hôtel *m* de ville; mairie *f*; *surt. Am.* (*Nouvelle-Angleterre*): ~ *meeting* réunion *f* des électeurs de la ville; '~-'plan·ning urbanisation *f*; '~·scape ['~skeip] panorama *m* de la ville.

towns·folk ['taunzfouk] *pl.*, '**towns-peo·ple** *pl.* citadins *m/pl.*; bourgeois *m/pl.*; concitoyens *m/pl.*

town·ship ['taunʃip] commune *f*.

towns·man ['taunzmən] citadin *m*; bourgeois *m* (*a. univ.*); (*ou fellow* ~) concitoyen *m*.

tow-rope ⚓ ['touroup] (câble *m* de) remorque *f*; *chaland*: corde *f* de halage.

tox·ic, tox·i·cal □ ['tɔksik(l)] toxique; intoxicant; '**tox·in** toxine *f*.

toy [tɔi] 1. jouet *m*; F joujou(x *pl.*) *m*; *attr.* d'enfant; de jouets; tout petit; pour rire; 2. jouer, s'amuser (*avec, with*); *fig.* faire (*qch.*) en amateur; '~-book livre *m* d'images; '~-box boîte *f* à joujoux; '~-shop magasin *m* de jouets.

trace[1] [treis] 1. trace *f*; vestige *m* (*a. fig.*); *fig.* ombre *f*; 2. tracer (*a. un plan*); calquer (*un dessin*); *fig.* esquisser; suivre la piste de; suivre à la trace; recouvrir; retrouver les vestiges de; suivre (*un chemin*); ~ *back* faire remonter (à, *to*); ~ *out* tracer; esquisser; *surv.* faire le tracé de; ~ *to* (faire) remonter à.

trace[2] [~] trait *m*; ~-*horse* cheval *m* de renfort.

trace·a·ble □ ['treisəbl] que l'on peut tracer *ou* décalquer; facile à

train

suivre; **'trac·er:** *radio-active* ~ traceur *m* radio-actif; ~ *bullet* balle *f* traçante; **'trac·er·y** ⚠ réseau *m*; tympan *m* (*de fenêtre gothique*).

tra·che·a ☤ [trəˈkiːə] trachée-artère (*pl.* trachées-artères) *f*.

trac·ing [ˈtreisiŋ] tracé *m*; traçage *m*; calquage *m*; calque *m*; **'~-pa·per** papier *m* à calquer.

track [træk] **1.** trace *f*; piste *f* (*a. sp.*, *chasse*, ⊕), voie *f* (*a.* 🚂, *chasse*); sentier *m*; chemin *m* (*a.* ⊕); *tracteur:* chenille *f*; *Am.* 🚂 rail *m*; *surt. Am.* ~*-athletics pl.* la course, le saut, et le lancement du poids; **2.** *v/t.* suivre à la trace *ou* à la piste; traquer (*un malfaiteur*); ~ *down* (*ou out*) dépister; retrouver les traces de; *v/i.* être en alignement; **'track·er** *usu. chasse:* traqueur *m*; **'track·less** sans traces; sans chemin; ⊕ sans rails, sans voie.

tract[1] [trækt] étendue *f*; région *f*; *anat.* appareil *m*.

tract[2] [~] brochure *f*.

trac·ta·bil·i·ty [træktəˈbiliti], **'trac·ta·ble·ness** docilité *f*; humeur *f* traitable; **'trac·ta·ble** ☐ docile, traitable.

trac·tion [ˈtrækʃn] traction *f*; ~-*engine* machine *f* routière; remorqueur *m*; **'trac·tive** tractif (-ive *f*); de traction; **'trac·tor** ⊕ tracteur *m*; *caterpillar* ~ autochenille *f*.

trade [treid] **1.** commerce *m*; affaires *f/pl.*; métier *m*, emploi *m*; état *m*; *Am.* marché *m*, vente *f* en reprise; ~ *cycle* cycle *m* économique; *Board of* ♀ Ministère *m* du Commerce; *free* ~ libre échange *m*; **2.** *v/i.* faire des affaires (avec, *with*); faire le commerce (de, *in*), trafiquer (en, *in*); *surt. Am.* ~ *in* échanger (contre, *for*); donner (*une vieille voiture*) en reprise; *v/t.* échanger (contre, *for*); **'~-fair** ♱ Foire *f*; ~ **mark** marque *f* de fabrique; *souv.* marque *f* déposée; ~ **name** raison *f* de commerce; nom *m* commercial, appellation *f* (*d'un article*); ~ **price** prix *m* marchand; **'trad·er** commerçant(e *f*) *m*, négociant(e *f*) *m*; marchand(e *f*) *m*; **'trade school** école *f* industrielle; **'trades·man** marchand *m*; fournisseur *m*; *prov.* artisan *m*; **'trades·peo·ple** *pl.* commerçants *m/pl.*

trade(s)...: ~ **un·ion** syndicat *m* ouvrier; ~**'un·ion·ism** syndicalisme *m*; mouvement *m* syndical; ~**'un·ion·ist 1.** syndiqué(e *f*) *m*; **2.** syndical (-aux *m/pl.*).

trade wind ⚓ [treid wind] (vent *m*) alizé *m*.

trad·ing [ˈtreidiŋ] de commerce; commercial (-aux *m/pl.*); commerçant (*ville*).

tra·di·tion [trəˈdiʃn] tradition *f* (*a.* ⛪); **tra·di·tion·al** ☐, **tra·di·tion·ar·y** ☐ traditionnel(le *f*); de tradition.

traf·fic [ˈtræfik] **1.** commerce *m*, trafic *m* (de, *in*) (*a. péj.*); *rue:* circulation *f*; ~ *census* recensement *m* de la circulation; ~ *jam* embouteillage *m*; ~ *lights pl.* feux *m/pl.* (de circulation); ~ *sign* poteau *m* de signalisation; **2.** *v/i.* trafiquer; faire le commerce (de, *in*); *v/t. usu. péj.* trafiquer de; ~ *away* vendre; **traf·fi·ca·tor** *mot.* [ˈtræfikeitə] flèche *f* mobile; **'traf·fick·er** trafiquant *m* (de, en *in*) (*a. péj.*).

tra·ge·di·an [trəˈdʒiːdjən] (auteur *m*) tragique *m*; *théâ.* tragédien(ne *f*) *m*; **trag·e·dy** [ˈtrædʒidi] tragédie *f* (*a. fig.*); *fig.* drame *m*.

trag·ic, **trag·i·cal** ☐ [ˈtrædʒik(l)] tragique (*a. fig.*).

trag·i·com·e·dy [ˈtrædʒiˈkɔmidi] tragi-comédie *f*; **'trag·i'com·ic** (~*ally*) tragi-comique.

trail [treil] **1.** *fig.* traînée *f*; sillon *m*; queue *f*; *chasse:* voie *f*, piste *f*; sentier *m*; **2.** *v/t.* traîner; *chasse:* suivre à la piste, traquer (*a. un criminel*) F suivre; *v/i.* traîner; se traîner (*personne*); ♀ grimper; ramper; ~ **blaz·er** *Am.* pionnier *m*; précurseur *m*; **'trail·er** ♀ plante *f* grimpante *ou* rampante; *chasse:* traqueur *m*; *véhicule:* remorque *f*; baladeuse *f*; *mot. Am.* roulotte *f*; *cin.* film-annonce *m*.

train [trein] **1.** suite *f*, cortège *m*; train *m* (*a.* 🚂); *animaux, bateaux, wagons:* file *f*; *poudre:* traînée *f*; *cost.* queue *f*; *fig.* chain *f*; ✕ rame *f* (*de bennes, a. du Métro*); *by* ~ par le train; *in* ~ en train; *set in* ~ mettre en train; ~ *journey* voyage *m* en *ou* par chemin de fer; **2.** *v/t.* former; dresser (*un animal*); élever (*un enfant*); diriger (*une plante*); *sp.* entraîner; braquer (*une arme à feu*); *v/i.* s'exercer; *sp.* s'entraîner; F ~

train-accident 1128

(it) voyager en *ou* par chemin de fer; '~-ac·ci·dent, '~-dis·as·ter accident *m* de chemin de fer; train'ee apprenti *m*; *box.* poulain *m*; 'train·er dresseur *m* (*d'animaux*); *sp.* entraîneur *m*; 'train-'fer·ry bac *m* transbordeur.

train·ing ['treiniŋ] éducation *f*; ✗ dressage *m* (*a. d'animaux*); *sp.* entraînement *m*; ~ of horses manège *m*; *physical* ~ éducation *f* physique; *go into light* ~ effectuer un léger entraînement; '~-col·lege école *f* normale; '~-ship navire-école (*pl.* navires-écoles) *m*. [leine.\
train-oil ['treinɔil] huile *f* de ba-⌡
trait [treit] trait *m* (*de caractère etc.*).
trai·tor ['treitə] traître *m*; 'trai·tor·ous □ traître(sse *f*).
trai·tress ['treitris] traîtresse *f*.
tra·jec·to·ry *phys.* ['trædʒiktəri] trajectoire *f*.
tram [træm] *see* ~-car, ~way; '~-car (voiture *f* de) tramway *m*.
tram·mel ['træml] 1. ⚓ tramail *m*; *fig.* ~s *pl.* entraves *f/pl.*; 2. entraver, empêtrer (*with*).
tramp [træmp] 1. promenade *f* à pied; pas *m* lourd, bruit *m* des pas; *personne:* vagabond *m*, chemineau *m*; ⚓ (*souv. ocean* ~) cargo *m* sans ligne régulière; F *on the* ~ sur le trimard; *be on the* ~ courir les routes; 2. *v/i.* marcher lourdement; voyager à pied; *v/t.* battre (*le pavé*); courir (*le pays*); **tram·ple** ['~l] piétiner, fouler (*qch.*) aux pieds.
tram·way ['træmwei] (voie *f* de) tramway *m*.
trance [trɑːns] transe *f*; extase *f*.
tran·quil □ ['træŋkwil] tranquille, calme; tran'quil·(l)i·ty tranquillité *f*, calme *m*; tran·quil·(l)i·za·tion [~lai'zeiʃn] apaisement *m*; 'tran·quil·(l)ize calmer, apaiser; 'tran·quil·(l)iz·er ⚕ tranquillisant *m*.

trans·act [træn'zækt] négocier; ~ *business* faire des affaires; trans'ac·tion conduite *f*; opération *f*; affaire *f*; ~s *pl. péj.* commerce *m*; comptes-rendus *m/pl.*(*des séances*); trans'ac·tor négociateur (-trice *f*) *m*.
trans·al·pine ['trænz'ælpain] transalpin.
trans·at·lan·tic ['trænzət'læntik] transatlantique.

tran·scend [træn'send] outrepasser; dépasser; surpasser (*q.*); tran'scend·ence, tran'scend·en·cy [~dəns(i)] transcendance *f* (*a. phls.*); tran'scend·ent □ transcendant; *a.* = **tran·scen·den·tal** □ [~'dentl] ⚕ transcendant; *phls.* transcendantal (-aux *m/pl.*); F vague.
tran·scribe [træns'kraib] transcrire (*a.* ♪); traduire (*des notes sténographiques*); *radio:* enregistrer.
tran·script ['trænskript] copie *f*, transcription *f*; traduction *f* (*de notes sténographiques*); **tran'scrip·tion** transcription *f* (*a.* ♪); *radio:* enregistrement *m*; *see a.* transcript.
tran·sept △ ['trænsept] transept *m*.
trans·fer 1. [træns'fəː] *v/t.* transférer; transporter; ✞✞ transmettre, céder; (dé)calquer (*un dessin, une image*); *banque:* virer (*une somme*); *comptabilité:* contre-passer, ristourner; ⚓ déclasser; ⚒ changer de train *etc.*; 2. ['trænsfə] transport *m*; ✞✞ transmission *f*, acte *m* de cession; ✞ transfert *m*; déclassement *m* (⚓ de voyageurs); ⚓ mutation *f* (*de biens*); *banque:* virement *m*; ristourne *f*; décalque *m*; ~-picture décalcomanie *f*; ✞ ~ ticket transfert *m*; *Am.* billet *m* de correspondance; trans'fer·a·ble transmissible; ✞✞ cessible; trans·fer·ee ✞✞, ✞ [~fəː'riː] cessionnaire *mf*; trans·fer·ence ['~fərəns] transfèrement *m*; *psych.* transfert *m* affectif; 'trans·fer·or ✞✞ cédant(e *f*) *m*.
trans·fig·u·ra·tion [trænsfigjuə'reiʃn] transfiguration *f*; trans·fig·ure [~'figə] transfigurer.
trans·fix [træns'fiks] transpercer; *fig.* ~ed cloué au sol (par, *with*).
trans·form [træns'fɔːm] transformer, convertir (en, *into*); trans·for·ma·tion [~fə'meiʃn] transformation *f*; conversion *f*; *fig.* métamorphose *f*; faux toupet *m*; trans'form·er ⚡ [~'fɔːmə] transformateur *m*.
trans·fuse [træns'fjuːz] transfuser (*a.* ⚕ *du sang*); ⚕ faire une transfusion de sang à (*un malade*); *fig.* pénétrer (de, *with*); *fig.* inspirer (qch. à q., *s.o. with s.th.*); trans'fu·sion [~ʒn] transfusion *f* (*surt.* ⚕ *de sang*).

trans·gress [træns'gres] *v/t.* trans-

transverse

gresser, violer, enfreindre; v/i. pécher; **trans·gres·sion** [~'greʃn] transgression f; péché m, faute f; **trans·gres·sor** [~'gresə] transgresseur m; pécheur (-eresse f) m.
tran·ship(·ment) [træn'ʃip(mənt)] see transship(ment).
tran·sience, tran·sien·cy ['trænziəns(i)] caractère m passager; courte durée f.
tran·sient ['trænziənt] **1.** passager (-ère f), transitoire; éphémère; momentané; ♪ de transition; **2.** Am. voyageur m ou client m de passage; ~ camp camp m de passage; '**transient·ness** caractère m passager; courte durée f.
tran·sis·tor (set) [træn'sistə (set)] transistor m.
trans·it ['trænsit] passage m.
tran·si·tion [træn'siʒn] transition f; passage m; **tran·si·tion·al** □ de transition; transitionnel(le f).
tran·si·tive □ gramm. ['trænsitiv] transitif (-ive f).
tran·si·to·ri·ness ['trænsitərinis] caractère m transitoire ou passager; courte durée f; '**tran·si·to·ry** □ transitoire, passager (-ère f); de courte durée.
trans·lat·a·ble [træns'leitəbl] traduisible; **trans·late** [~'leit] traduire (un livre etc.); déchiffrer; fig. prendre pour; convertir (en, into); transférer (un évêque); **trans'la·tion** traduction f; déchiffrement m; école: version f; eccl. translation f; **trans'la·tor** traducteur (-trice f) m.
trans·lu·cence, trans·lu·cen·cy [trænz'lu:sns(i)] translucidité f; **trans'lu·cent** translucide; fig. clair.
trans·ma·rine [trænzmə'ri:n] d'outre-mer.
trans·mi·grant ['trænzmigrənt] émigrant m de passage; **trans·mi·grate** ['trænzmaigreit] transmigrer (a. fig.); **trans·mi'gra·tion** transmigration f (a. des âmes); fig. métempsycose f.
trans·mis·si·ble [trænz'misəbl] transmissible; **trans·mis·sion** [~'miʃn] transmission f (a. ⊕, biol., phys., radio); radio a. émission f.
trans·mit [trænz'mit] transmettre (a. biol., phys., radio); ⚡ transporter (la force); radio a. émettre; communiquer (un mouvement); **trans'mit·ter** celui (celle f) m qui transmet; tél. transmetteur m; radio: (poste m) émetteur m; **trans'mit·ting** transmetteur (-trice f); radio: émetteur (-trice f); d'émission; ~ station poste m émetteur.
trans·mog·ri·fy F [trænz'mɔgrifai] transformer (en, into).
trans·mut·a·ble □ [trænz'mju:təbl] transmu(t)able (en, into); **trans·mu'ta·tion** transmutation f; ♃ mutation f; **trans·mute** [~'mju:t] transformer, convertir (en, into).
trans·o·ce·an·ic ['trænzouʃi'ænik] transocéanien(ne f).
tran·som ⊕ ['trænsəm] traverse f; meneau m horizontal; surt. Am. vasistas m.
trans·par·en·cy [træns'pɛərənsi] transparence f; limpidité f; phot. diapositif m; **trans'par·ent** □ transparent; limpide; fig. évident.
trans·pi·ra·tion [trænspi'reiʃn] transpiration f (a. fig.); **trans·pire** [~'paiə] transpirer (a. fig.); V se passer.
trans·plant [træns'pla:nt] transplanter; **trans·plan'ta·tion** transplantation f.
trans·port 1. [træns'pɔ:t] transporter (a. fig.); fig. enlever; **2.** ['trænspɔ:t] transport m (a. fig.); coll. ✕ charrois m/pl.; road ~ transport m routier; ~ undertaking (ou firm) entreprise f de transport; Minister of ♀ ministre m des transports; in ~s transporté (de joie, de colère); **trans'port·a·ble** transportable; **trans·por'ta·tion** transport m; déportation f (d'un criminel); 🚂 Am. billet m.
trans·pose [træns'pouz] transposer (a. ♪); **trans·po·si·tion** [~pə'ziʃn] transposition f; ⚗ permutation f.
trans·ship ⚓, 🚂 [træns'ʃip] v/t. transborder; v/i. changer de vaisseau; **trans'ship·ment** transbordement m.
tran·sub·stan·ti·ate [trænsəb'stænʃieit] transsubstantier; '**tran·sub·stan·ti'a·tion** transsubstantiation f.
tran·sude physiol. [træn'sju:d] vt/i. transsuder.
trans·ver·sal [trænz'və:sl] **1.** □ transversal (-aux m/pl.); **2.** ⚕ transversale f; anat. transversal m; **trans·verse** ['~və:s] transversal (-aux m/pl.); en travers; ~ section

trap

section *f* transversale; ⊕ ~ strength résistance *f* à la flexion.

trap[1] [træp] **1.** piège *m* (*a. fig.*); trappe *f* (*a. théâ.*, *a. de colombier*); *sp.* ball-trap *m* (*pour pigeons artificiels*); boîte *f* de lancement (*pour pigeons vivants*); ⊕ collecteur *m* (*d'eau etc.*); see ~door; F carriole *f*; **2.** prendre au piège (*a. fig.*); *foot.* bloquer; ⊕ mettre un collecteur dans.

trap[2] *min.* [~] trapp *m*.

trap·door *théâ.* ['træpdɔ:] trappe *f*; abattant *m*.

trapes F [treips] se balader (dans).

tra·peze [trə'pi:z] *cirque*: trapèze *m*; **tra·pe·zi·um** ⚠ [~ziəm] trapèze *m*; **trap·e·zoid** ⚠ ['træpizɔid] quadrilatère *m* irrégulier.

trap·per ['træpə] piégeur *m*; *Am.* trappeur *m*.

trap·pings ['træpiŋz] *pl.* *cheval*: harnachement *m*; caparaçon *m*; *fig.* apparat *m*.

trap·py F ['træpi] plein de traquenards.

traps F [træps] *pl.* effets *m/pl.* (personnels).

trash [træʃ] déchets *m/pl.*; rebut *m*; camelote *f*; *fig.* sottises *f/pl.*; vauriens *m/pl.*; '**trash·y** ☐ sans valeur, de rebut, de camelote.

trav·ail † ['træveil] **1.** labeur *m*, peine *f*; enfantement *m*; travail (-aux *pl.*) *m* (*d'enfant*); **2.** peiner (*ou be in* ~) être en travail.

trav·el ['trævl] **1.** *v/i.* voyager; faire des voyages; ✝ être commis voyageur; ✝ représenter une maison de commerce; *fig.* se propager, se répandre; ⊕ se déplacer; F aller à toute vitesse; *v/t.* parcourir; faire (*une distance*); **2.** voyage *m*, -s *m/pl.*; ⊕ parcours *m*; '**trav·el(l)ed** qui a beaucoup voyagé; '**trav·el·(l)er** voyageur (-euse *f*) *m*; ✝ commis *m* voyageur; ⊕ grue *f* roulante; pont *m* roulant; ~'s cheque chèque *m* de voyage; '**trav·el·(l)ing** voyageur (-euse *f*); ambulant; de voyage; ⊕ roulant.

trav·e·log(ue) *Am.* ['trævəloug] conférence *f* avec projections décrivant un voyage.

trav·erse ['trævə:s] **1.** traversée *f* (*a. alp.*); passage *m* à travers; ✕, *alp.* traverse *f*; ⚖ dénégation *f*; ✕ pare-éclats *m/inv.*; ⊕ chariot de tour: translation *f* latérale; **2.** *v/t.* traverser (*a. fig.*), passer à travers; *fig.* passer en revue; *fig.* contrarier; ⚖ nier; ✕ pointer en direction (*un canon*); *v/i.* *alp.* prendre une traverse.

trav·es·ty ['trævisti] **1.** parodie *f*; *fig. péj.* travestissement *m*; **2.** parodier; travestir.

trawl ⚓ [trɔ:l] **1.** chalut *m*; câble *m* balayeur; **2.** pêcher au chalut; '**trawl·er** *personne, a. bateau*: chalutier *m*.

tray [trei] plateau *m*; cuvette *f*; *malle, caisse*: compartiment *m*.

treach·er·ous ☐ ['tretʃərəs] traître (-sse *f*) (*a. fig.*); déloyal (-aux *m/pl.*); perfide; '**treach·er·ous·ness**, '**treach·er·y** perfidie *f*, trahison *f*; caractère *m* dangereux (*de la glace*).

trea·cle ['tri:kl] mélasse *f*.

tread ⚓ [tred] **1.** [*irr.*] *v/i.* marcher, aller, avancer (sur, [up]on); *v/t.* marcher sur; fouler; † danser; *coq*: côcher; ~ water nager debout; **2.** pas *m*; bruit *m* des pas; *coq*: accouplement *m*; *escalier*: marche *f*; *soulier, roue*: semelle *f*; **trea·dle** ['~l] **1.** pédale *f*; **2.** pédaler; '**tread·mill** † moulin *m* de discipline; *fig.* besogne *f* ingrate.

trea·son ['tri:zn] trahison *f*; '**trea·son·a·ble** ☐ traître(sse *f*); de trahison.

treas·ure ['treʒə] **1.** trésor *m*; ~s of the soil richesses *f/pl.* du (sous-)sol; ⚖ ~ trove trésor *m*; **2.** priser; (*usu.* ~ up) conserver précieusement; '**treas·ur·er** trésorier (-ère *f*) *m*; économe *m*.

treas·ur·y ['treʒəri] trésorerie *f*; caisse *f* centrale; Trésor *m* public; *Am.* ♀ Department ministère *m* des Finances; *parl.* ♀ Bench banc *m* ministériel; ~ bill billet *m* du Trésor; ~ bond bon *m* du Trésor; ~ note coupure *f* émise par le Trésor.

treat [tri:t] **1.** *v/t.* traiter; régaler (*q.*); payer à voir à; *v/i.* traiter (de, of; avec q. pour avoir qch., with s.o. for s.th.); **2.** régal (s *pl.*) *m*, festin *m*, plaisir *m*; F it is my ~ c'est moi qui régale, c'est ma tournée; *see stand 2*; '**treat·er** négociateur (-trice *f*) *m*; celui (celle *f*) *m* qui paye à boire; **trea·tise** ['~iz] traité *m*; '**treat·ment** traitement *m*;

'trea·ty traité m; convention f; contrat m; *be in* ~ *with* être en pourparlers avec; ~ *port* port m ouvert au commerce étranger.

tre·ble ['trebl] **1.** □ triple; ♪ de soprano; **2.** triple m; ♪ dessus m; *personne, voix*: soprano m; **3.** *adv.* trois fois autant; **4.** *vt/i.* tripler.

tree [tri:] **1.** arbre m; *souliers*: embauchoir m; poutre f; *see family 2*; F *up a* ~ dans le pétrin; **2.** (forcer à) se réfugier dans un arbre; F réduire à quia.

tre·foil ♀, ⚘ ['trefɔil] trèfle m.

trek [trek] *Afrique du Sud*: **1.** voyager en chariot (à bœufs); F faire route; **2.** (étape f d'un) voyage m en chariot.

trel·lis ['trelis] **1.** treillis m; ⚘ treille f; **2.** treillisser (*une fenêtre*); ⚘ échalasser (*une vigne*).

trem·ble ['trembl] **1.** trembler (*devant, at; de, with*); **2.** trembl(ot)ement m.

tre·men·dous □ [tri'mendəs] épouvantable, terrible; F énorme, immense.

trem·or ['tremə] tremblement m, frémissement m.

trem·u·lous □ ['tremjuləs] trembl(ot)ant; frémissant; **'trem·u·lous·ness** tremblotement m; timidité f.

trench [trentʃ] **1.** tranchée f (*a.* ✕); fossé m; ~ *warfare* guerre f de tranchées; **2.** *v/t.* creuser une tranchée *ou* un fossé dans; ⚘ défoncer (*un terrain*); planter (*le céleri*) dans une rigole; *v/i.* ✕ creuser des tranchées; empiéter (sur, *[up]on*); *fig.* friser; **'trench·ant** □ tranchant (*surt. fig.*); *fig.* incisif (-ive f); **trench coat** (manteau m) imperméable m.

trench·er ['trentʃə] tranchoir m; *fig.* table m; ~ *cap* toque f universitaire.

trench...: '~-**jack·et** blouson m; '~-**plough,** *Am.* '~-**plow 1.** rigoleuse f; **2.** rigoler.

trend [trend] **1.** direction f; *fig.* cours m; *fig.* marche f, tendance f; **2.** tendre, se diriger (vers, *to* [-*wards*]).

tre·pan [tri'pæn] **1.** ⚕ trépan m; **2.** ⚘, *a.* ⊕ trépaner.

trep·i·da·tion [trepi'deiʃn] trépidation f; émoi m.

tres·pass ['trespəs] **1.** transgression f; délit m; ⚖ violation f (*des droits*

de q.); *eccl.* offense f; F empiétement m (sur, *[up]on*); abus m (de, *[up]on*); **2.** violer *ou* enfreindre les droits; empiéter sans autorisation sur la propriété de q.; ~ *against* violer, enfreindre (*les droits etc.*); *fig.* ~ (*up*)*on* empiéter sur, abuser de; **'tres·pass·er** violateur m des droits d'autrui; intrus(e f) m; ~*s will be prosecuted* défense d'entrer sous peine d'amende.

tress [tres] tresse f, boucle f (*de cheveux*).

tres·tle ['tresl] tréteau m, chevalet m; ~-*bridge* pont m de chevalets; ponton m à chevalets.

trey [trei] *cartes, a. dés*: trois m.

tri·ad ['traiəd] triade f; *phls.*, *eccl.* unité f composée de trois personnes; ♪ accord m en tierce; ♔ élément m trivalent.

tri·al ['traiəl] essai m, épreuve f (de, *of*); *fig.* adversité f, épreuve f; ⚖ procès m, cause f, jugement m; *sp.* ~ *match* match m de sélection; *on* ~ à l'essai; en jugement; *prisoner on* ~ prévenu(e f) m; ~ *of strength* essai m de force; *bring to* ~ mettre en jugement; *give s.th. a* ~ faire l'essai de qch.; *send s.o. for* ~ renvoyer q. en jugement; ~ **trip** 🚢, ✈ voyage m d'essai.

tri·an·gle ['traiæŋgl] triangle m (*a.* ♪); **tri·an·gu·lar** □ [⸺'æŋgjulə] triangulaire; en triangle; **tri·an·gu·late** *surv.* [⸺leit] trianguler.

trib·al □ ['traibl] de tribu; qui appartient à la tribu; tribal; **tribe** [traib] tribu f (*a. zo.*); ♀, *zo.* classe f, genre m; *péj.* clan m; **tribes·man** ['⸺zmən] membre m d'une *ou* de la tribu.

tri·bu·nal [trai'bju:nl] tribunal (-aux *pl.*) m; cour f (de justice); **trib·une** ['tribju:n] tribun m; tribune f (*d'orateur*).

trib·u·tar·y ['tribjutəri] **1.** □ tributaire; **2.** tributaire m (*a. géog.*); *géog.* affluent m; **trib·ute** ['⸺bju:t] tribut m; *fig.* hommage m; (*a. floral* ~) couronne f.

tri·car ['traikɑ:] tricar m.

trice [trais]: *in a* ~ en un clin d'œil.

tri·chi·na *zo.* [tri'kainə], *pl.* -**nae** [⸺ni:] trichine f.

trick [trik] **1.** tour m; tour m d'adresse; ruse f; truc m; espièglerie f; habitude f; *cartes*: levée f; ~ *film*

tricker 1132

film *m* à truquages; **2.** duper, attraper; ~ *into* (*gér.*) amener par ruse à (*inf.*); ~ *s.o. out of s.th.* escroquer qch. à q.; *fig.* ~ *out* (*ou* *up*) attifer (de *in*, *with*); '**trick·er, trick·ster** ['~stə] escroc *m*, fourbe *m*; '**trick·er·y** fourberie *f*, tromperie *f*; '**trick·ish** trompeur (-euse *f*), fourbe; compliqué.

trick·le ['trikl] **1.** couler goutte à goutte; suinter; F *fig.* se répandre peu à peu; passer un à un; **2.** filet *m* (d'eau); quelques gouttes *f/pl.*; petits groupes *m/pl.* (*d'hommes etc.*).

trick·si·ness ['triksinis] humeur *f* capricieuse; espièglerie *f*; '**trick·sy** □ capricieux (-euse *f*); espiègle; ≡ '**trick·y** □ astucieux (-euse *f*); F délicat, compliqué.

tri·col·o(u)r ['trikələ] **1.** tricolore; **2.** drapeau *m* tricolore.

tri·cy·cle ['traisikl] tricycle *m*.

tri·dent ['traidənt] trident *m* (*a.* ⚓).

tri·en·ni·al □ [trai'enjəl] trisannuel (-le *f*); triennal (-aux *m/pl.*), qui dure trois ans.

tri·er ['traiə] juge *m*; F celui (celle *f*) *m* qui ne se laisse pas décourager.

tri·fle ['traifl] **1.** bagatelle *f*; *fig.* un tout petit peu *m*; *cuis.* charlotte *f* russe; **2.** *v/i.* jouer, badiner (avec, *with*); *v/t.* ~ *away* gaspiller (*son argent*); '**tri·fler** personne *f* frivole, amuseur (-euse *f*).

tri·fling ['traifliŋ] **1.** manque *m* de sérieux; badinage *m*; futilités *f/pl.*; **2.** □ insignifiant; léger (-ère *f*); '**tri·fling·ness** insignifiance *f*.

trig[1] [trig] **1.** caler; enrayer; **2.** cale *f*, sabot *m* d'enrayage.

trig[2] [~] soigné; net(te *f*).

trig·ger ['trigə] poussoir *m* à ressort; *arme à feu:* détente *f*; *phot.* déclencheur *m*.

trig·o·no·met·ric, trig·o·no·met·ri·cal □ ⚹ [trigənə'metrik(l)] trigonométrique; **trig·o·nom·e·try** [~'ɔmitri] trigonométrie *f*.

tri·lat·er·al □ ⚹ ['trai'lætərəl] trilatéral (-aux *m/pl.*).

tril·by ['trilbi] chapeau *m* mou.

tri·lin·gual □ ['trai'liŋgwəl] trilingue.

trill [tril] **1.** trille *m*; *oiseau:* chant *m* perlé; R *m* roulé; **2.** *v/t.* triller; rouler (*les R*); *v/i.* faire des trilles; perler son chant (*oiseau*).

tril·lion ['triljən] trillion *m*; *Am.* billion *m*.

trim [trim] **1.** □ en bon ordre; soigné; coquet(te *f*); bien tourné; ⚓ bien voilé; étarqué (*voile*); **2.** bon ordre *m*; parfait état *m*; ⚓ assiette *f*, arrimage *m*; *voiles:* orientation *f*; ⚒ équilibrage *m*; *cheveux:* coupe *f*; *just a* ~! simplement rafraîchir!; **3.** *v/t.* mettre en ordre; arranger (*a. une lampe*); (*a.* ~ *up*) rafraîchir (*la barbe, les cheveux*); *cost.* garnir (de, *with*); tailler, tondre (*une haie etc.*); orner (de, *with*); F plumer (*q.*); *cuis.* parer (*la viande*); ⚓ redresser (*un navire*), orienter (*les voiles*); *v/i. fig.* tergiverser, nager entre deux eaux; '**trim·mer** garnisseur (-euse *f*) *m*; ⊕ *personne:* pareur (-euse *f*) *m*; ⊕ machine *f* à trancher; ⚓ arrimeur *m*; *pol.* opportuniste *m*; *coal-*~ soutier *m*; '**trim·ming** ornement *m*; taille *f*; *usu.* ~*s pl.* passementerie *f*; *cuis.* garniture *f*; ⊕ rognures *f/pl.*; '**trim·ness** air *m* soigné *ou* coquet, élégance *f*.

tri·mo·tor ['traimoutə] trimoteur *m*; '**tri·mo·tored** trimoteur.

Trin·i·ty ['triniti] Trinité *f*.

trin·ket ['triŋkit] petit bijou *m*, colifichet *m*; bibelot *m*; ~*s pl.* affiquets *m/pl.*, *péj.* camelote *f*.

tri·o ♪ ['tri:ou] trio *m*.

trip [trip] **1.** excursion *f*, voyage *m* d'agrément; randonnée *f*; *fig.* faux pas *m*; croc-en-jambe (*pl.* crocs-en-jambe) *m*; ⊕ déclic *m*; déclenche *f*; ⊕ ~ *dog* (*ou* *pin*) déclic *m*; **2.** *v/i.* trébucher; faire un faux pas (*a. fig.*); ~ *along* aller d'un pas léger; *catch s.o.* ~*ping* prendre *q.* en défaut; *v/t.* (*usu.* ~ *up*) donner un croc-en-jambe à; faire trébucher (*q.*); surprendre (*un témoin etc.*) en contradiction.

tri·par·tite □ ['trai'pɑ:tait] tripartite; triple; trilatéral (-aux *m/pl.*).

tripe [traip] *cuis.* tripe *f*, -s *f/pl.*; *sl.* bêtises *f/pl.*, fatras *m*.

tri·phase ⚡ ['trai'feiz] triphasé (*courant*).

tri·ple □ ['tripl] triple.

tri·plet ['triplit] trio *m*; *prosodie:* tercet *m*; ⚹, ♪ triplet *m*; ♪ triolet *m*.

tri·plex ['tripleks] se brisant sans éclats (*verre*), triplex (*nom déposé*).

trip·li·cate 1. ['triplikit] triplé;

triple (*a. su./m*); **2.** ['~keit] tripler; rédiger en triple exemplaire.

tri·pod ['traipɔd] trépied *m*; pied *m* (à trois branches).

tri·pos ['traipɔs] examen *m* supérieur (*pour honours à Cambridge*).

trip·per F ['tripə] excursionniste *mf*; '**trip·ping 1.** □ léger (-ère *f*) (*pas*), leste; **2.** pas *m* léger; faux pas *m*; ⊕ déclenchement *m*.

tri·sect [trai'sekt] diviser *ou* couper en trois.

tris·yl·lab·ic [traisi'læbik] (~*ally*) trisyllab(iqu)e; **tri·syl·la·ble** ['~siləbl] trisyllabe *m*.

trite □ [trait] banal (-als *ou* -aux *m/pl*.); rebattu.

trit·u·rate ['tritjureit] triturer.

tri·umph ['traiəmf] **1.** triomphe *m* (*a. fig.*) (sur, *over*); **2.** triompher (*a. fig.*) (de, *over*); **tri·um·phal** [~'ʌmfəl] de triomphe, triomphal (-aux *m/pl*.); ~ *arch* arc *m* de triomphe; ~ *procession* cortège *m* triomphal; **tri'um·phant** □ triomphant.

tri·une ['traiju:n] d'une unité triple.

triv·et ['trivit] trépied *m* (*pour bouilloire etc.*); F *as right as a* ~ en excellente santé; en parfait état.

triv·i·al □ ['triviəl] insignifiant, sans importance; frivole (*personne*); banal (-als *ou* -aux *m/pl*.); † de tous les jours; **triv·i·al·i·ty** [~'æliti] insignifiance *f*; banalité *f*.

tro·chee ['trouki:] trochée *m*.

trod [trɔd] *prét.*, **trod·den** ['~n] *p.p. de* tread 1.

trog·lo·dyte ['trɔglədait] troglodyte *m*.

Tro·jan ['troudʒn] **1.** de Troie; troyen(ne *f*) *m*; **2.** Troyen(ne *f*) *m*; F *like a* ~ en vaillant homme; (*travailler*) comme un nègre.

troll [troul] pêcher à la cuiller.

trol·l(e)y ['trɔli] **1.** 🛒 chariot *m* à bagages; fardier *m*; diable *m*; ⊕ moufle *mf*; chariot *m* (*de pont roulant*); 𝒴 trolley *m*; (*a. dinner* ~) serveuse *f*; *Am.* (*a.* ~ *car*) tramway *m* à trolley; **2.** charrier; '~**bus** trolleybus *m*.

trol·lop *péj.* ['trɔləp] **1.** souillon *f*; traînée *f*; **2.** rôder; traîner la savate. [bone *m*.]

trom·bone ♪ [trɔm'boun] trombone

troop [tru:p] **1.** troupe *f*, bande *f*; foule *f*; peloton *m* (*de cavalerie*); **2.** s'assembler; ~ *along* avancer en foule; ~ *away*, ~ *off* partir en bande; ✕ ~*ing the colo(u)r(s)* parade *f* du drapeau; '~·**car·ri·er** ✈ avion *m* de transport; ⚓ transport *m*; '**troop·er** cavalier *m*; soldat *m ou* F cheval *m* de cavalerie; ⚓ transport *m*; *péj. old* ~ soudard *m*; '**troop-horse** cheval *m* de cavalerie.

trope [troup] trope *m*.

tro·phy ['troufi] trophée *m*; *sp. a.* coupe *f*.

trop·ic ['trɔpik] **1.** tropique *m*; **2.** *a.* '**trop·i·cal** □ tropique; tropical (-aux *m/pl*.).

trot [trɔt] **1.** trot *m*; F petit(e) enfant *m*(*f*); *Am. sl. école:* traduction *f* juxtalinéaire; **2.** (faire) trotter; F ~ *out* sortir; présenter.

trot·ter ['trɔtə] trotteur (-euse *f*) *m*; ~*s pl.* pieds *m/pl*. de cochon; F *co.* pieds *m/pl*.

trou·ble ['trʌbl] **1.** trouble *m* (*a.* 𝒮, ⊕); peine *f*; chagrin *m*; ennui *m*; inquiétude *f*; ⊕ conflits *m/pl*.; difficultés *f/pl*.; *be in* ~ avoir des ennuis; avoir des soucis (d'argent); *look for* ~ se préparer des ennuis; *make* ~ semer la discorde; *take* (*the*) ~ se donner de la peine (de, *to*); se déranger (pour, *to*); **2.** *v/t.* affliger, chagriner (de, *with*); inquiéter; déranger; ennuyer; donner de la peine à; *may I* ~ *you for the salt?* voudriez-vous bien me passer le sel?; *v/i.* F se déranger; '~·**man**, '~·**shoot·er** *Am.* F dépanneur *m*; **trou·ble·some** □ ['~səm] ennuyeux (-euse *f*); gênant.

trough [trɔf] auge *f*; (*a. drinking* ~) abreuvoir *m*; pétrin *m* (*pour le pain*); caniveau *m*; 🛠 cuve(tte) *f*; ⚕, *phys., a. fig.* creux *m*; *météor.* dépression *f*.

trounce F [trauns] rosser (*q.*).

troupe [tru:p] *théâ. etc.:* troupe *f*.

trou·sered ['trauzəd] portant un pantalon; '**trou·ser·ing** étoffe *f* pour pantalon(s); **trou·sers** ['~z] *pl.* (*a pair of* ~ un) pantalon *m*; '**trou·ser-stretch·er** tendeur *m* (de pantalon).

trous·seau ['tru:sou] trousseau *m*.

trout *icht.* [traut] truite *f*.

tro·ver ⚖ ['trouvə] appropriation *f* (*d'une chose perdue*); *action of* ~ action *f* en restitution.

trow·el ['trauəl] truelle *f*; ⚘ déplantoir *m*.

troy (**weight**) [trɔi(weit)] poids *m* troy (*pour peser de l'or etc.*).

tru·an·cy ['tru:ənsi] absence *f* de l'école sans permission; **'tru·ant** **1.** absent; *fig.* vagabond; **2.** absent *m*; *fig.* vagabond *m*; *play* ~ faire l'école buissonnière; *fig.* vagabonder.

truce [tru:s] trêve *f* (*a. fig.*) (de, to); *political* ~ trêve *f* (*des partis*).

truck[1] [trʌk] fardier *m*; chariot *m* (à bagages); camion *m*; 🚂 wagon *m* (à marchandises); (*a.* bogie-~) boggie *m*; ⚓ ~s *pl.* roues *f/pl.* (*d'un affût*).

truck[2] [~] **1.** *vt/i.* troquer; *v/i.* ~ *in* faire le commerce de, trafiquer en; **2.** troc *m*, échange *m*; (*usu.* ~ *system*) paiement *m* des ouvriers en nature; *fig.* relations *f/pl.*; *péj.* camelote *f*; *Am.* légumes *m/pl.*; *attr.* maraîcher (-ère *f*).

truck·le[1] ['trʌkl] s'abaisser, ramper (devant, to).

truck·le[2] [~] poulie *f*; † *meuble*: roulette *f*; ~*-bed* grabat *m*, lit *m* de fortune.

truck·man ['trʌkmən] camionneur *m*.

truc·u·lence, truc·u·len·cy ['trʌkjuləns(i)] férocité *f*; **'truc·u·lent** □ féroce, farouche, brutal (-aux *m/pl.*).

trudge [trʌdʒ] marcher lourdement ou péniblement.

true [tru:] (*adv.* truly) vrai; véritable; sincère, fidèle, honnête; exact; d'aplomb, juste; *be* ~ *of* en être de même pour; *it is* ~ il est vrai (que, that); c'est vrai; *come* ~ se réaliser; ~ *to life* (*ou nature*) tout à fait naturel; pris sur le vif; vécu (*roman*); *prove* ~ se vérifier; se réaliser; **'~'blue** *fig.* loyal (-aux *m/pl.*), fidèle; **'~-bred** pur sang *inv.*; de bonne race; **'~-love** bien-aimé(e *f*) *m*; **'true·ness** vérité *f*; sincérité *f*; justesse *f*.

truf·fle ♀ ['trʌfl] truffe *f*.

tru·ism ['tru:izm] truisme *m*, axiome *m*.

tru·ly ['tru:li] vraiment, véritablement, justement, sincèrement, loyalement; *yours* ~ agréez, Monsieur (Madame), l'expression de mes sentiments les plus distingués.

trump [trʌmp] **1.** *cartes*: atout *m*; F brave garçon (fille *f*) *m*; **2.** *v/i.* jouer atout; *v/t.* couper (*une carte*); ~ *up* forger, inventer; **trump·er·y** ['~əri] friperie *f*, camelote *f*; farce *f*; *attr.* de camelote; ridicule.

trum·pet ['trʌmpit] **1.** trompette *f* (*a.* ♫, ✗, orgues); ✗ *personne*: trompette *m*; ⚕ cornet *m* acoustique; *see* ear-~, speaking-~; **2.** *v/i.* sonner de la trompette; barrir (*éléphant*); *v/t. fig.* (*a.* ~ *forth*) proclamer, publier à son de trompe; **'trum·pet·er** ♪, *orn.* trompette *m*.

trun·cate ['trʌŋkeit] tronquer; **trun·ca·tion** troncature *f*.

trun·cheon ['trʌnʃn] bâton *m* (*d'un agent de police*); casse-tête *m/inv.*, matraque *f*.

trun·dle ['trʌndl] **1.** roulette *f* (*pour meubles*); **2.** (faire) rouler; *v/t.* passer.

trunk [trʌŋk] tronc *m* (*d'arbre*, *a.* *de corps*); torse *f*; *éléphant*: trompe *f*; malle *f*; *Am.* ~*s pl.* caleçon *m* de bain; slip *m*; *téléph.* ~*s, please!* l'inter, s.v.p.; *see* ~*-line*; **'~-call** *téléph.* communication *f* interurbaine; **'~-ex·change** *téléph.* (service *m*) interurbain *m*; **'~-line** 🚂 grande ligne *f*; *téléph.* ligne *f* interurbaine.

trun·nion ⊕ ['trʌnjən] tourillon *m*.

truss [trʌs] **1.** botte *f*; *fleurs*: touffe *f*; ⚕ bandage *m* herniaire; △ armature *f*, ferme *f*, cintre *f*; **2.** mettre en bottes; lier; trousser (*une poule*); △ renforcer; **'~-bridge** ⊕ pont *m* à poutres en treillis métallique.

trust [trʌst] **1.** confiance *f* (en, in); espérance *f*, espoir *m*; charge *f*, responsabilité *f*; ♱ crédit *m*; ⚖ fidéicommis *m*; ♱ trust *m*, syndicat *m*; ~ *company* institution *f* de gestion; trust-company *f*; *in* ~ par fidéicommis; en dépôt; *on* ~ en dépôt; ♱ à crédit; *position of* ~ poste *m* de confiance; **2.** *v/t.* se fier à; mettre sa confiance en; confier (qch. à q. s.o. with s.th., s.th. to s.o.); ♱ F faire crédit à (de qch., with s.th.); *fig.* espérer (que, that); ~ *s.o. to do s.th.* se fier à q. pour qu'il fasse qch.; *v/i.* se fier (à in, to); se confier (en in, to).

trus·tee [trʌs'ti:] dépositaire *m*, consignataire *m*; ♱, admin. administrateur *m*; ⚖ fidéicommissaire *m*, fiduciaire *m*; curateur (-trice *f*) *m*; ~ *securities pl.* (*ou stock*) valeurs *f/pl.* de tout repos;

trus'tee·ship fidéicommis *m*; curatelle *f*, administration *f*; *pol.* tutelle *f*.
trust·ful □ ['trʌstful], **'trust·ing** □ confiant.
trust·wor·thi·ness ['trʌstwə:ðinis] loyauté *f*, fidélité *f*; crédibilité *f* (*d'une nouvelle*); **'trust·wor·thy** digne de confiance, loyal (-aux *m/pl.*); digne de foi.
truth [tru:θ, *pl.* ~ðz] vérité *f*; véracité *f*; **home ~s** *pl.* vérités *f/pl.* bien senties; **~ to life** fidélité *f*, exactitude *f*.
truth·ful □ ['tru:θful] vrai; véridique; fidèle; **'truth·ful·ness** véracité *f*, fidélité *f*.
try [trai] **1.** *v/t.* essayer (de, to); tâcher (de, to); fatiguer (*les yeux*); *fig.* vexer; *Am.* plaider (*une cause*); éprouver, mettre à l'épreuve; ⊕ vérifier; *cuis.* goûter (*un mets*); **~ on** essayer (*une robe etc.*); **~ one's hand at** s'essayer à; *v/i.* faire un effort; essayer; **~ for** tâcher d'obtenir (*qch.*); se porter candidat pour; **F ~ and read!** essayez de lire!; **2.** essai *m* (*a.* rugby); tentative *f*; **have a ~** essayer; faire un effort; **'try·ing** □ difficile, vexant, ennuyeux (-euse *f*); **'try-on** ballon *m* d'essai; tentative *f* de déception, F de bluff; **'try-out** essai *m* à fond; *sp.* (jeu d')essai *m*; **try-sail** ⚓ ['traisl] voile *f* goélette.
tryst *écoss.* [traist] **1.** rendez-vous *m*; **2.** donner rendez-vous à (*q.*).
Tsar [zɑ:] tsar *m*, czar *m*.
T-square ['ti:skwɛə] équerre *f* en T.
tub [tʌb] **1.** cuve *f*, baquet *m*; tonneau *m*; (*a.* bath-~) tub *m*; F bain *m*; ⚒ benne *f*; F *co.* coque *f*, baille *f*; F *co.* ventre *m*, panse *f*; **2.** *v/t.* encaisser (*une plante*); ⚒ boiser (*un puits*); donner un tub à; *v/i.* prendre un tub; s'exercer dans un canot d'entraînement; **'tub·by** rond comme un tonneau.
tube [tju:b] tube *m* (*a. radio*), tuyau *m*; *mot.* chambre *f* à air; F métro *m*, chemin *m* de fer souterrain (*à Londres*).
tu·ber ♀ ['tju:bə] tubercule *m*; truffe *f*; **tu·ber·cle** *anat.*, *zo.*, *a.* ⚕ ['tju:bə:kl] tubercule *m*; **tu·ber·cu·lo·sis** ⚕ [tjubə:kju'lousis] tuberculose *f*; **tu·ber·cu·lous** ⚕ tuberculeux (-euse *f*); **tu·ber·ous** ♀ ['tju:bərəs] tubéreux (-euse *f*).
tub·ing ['tju:biŋ] tuyautage *m*; tuyau *m* en caoutchouc.
tu·bu·lar □ ['tju:bjulə] tubulaire.
tuck [tʌk] **1.** petit pli *m*, rempli *m*; *sl.* mangeaille *f*; **2.** remplier, serrer; (avec *adv. ou prp.*) mettre; **~ up** relever, retrousser; border (*q.*) (*dans son lit.*).
tuck·er ['tʌkə] **1.** *sl.* (*Australie*) mangeaille *f*; **2.** *Am.* F fatiguer, lasser.
Tues·day ['tju:zdi] mardi *m*; **Shrove ~** mardi *m* gras.
tu·fa *min.* ['tju:fə], **tuff** [tʌf] tuf *m* calcaire ou volcanique.
tuft [tʌft] *herbe, cheveux, plumes:* touffe *f*; *oiseau, laine:* houppe *f*; *brosse:* loquet *m*; *cheveux:* toupet *m*; **'~-hunt·er** sycophante *m*; **'tuft·y** □ touffu.
tug [tʌg] **1.** secousse *f*; saccade *f*; ⚓ remorqueur *m*; *fig.* effort *m*; *sp.* **~ of war** lutte *f* à la corde (de traction); *fig.* course *f* au poteau; **2.** tirer (sur, *at*); ⚓ remorquer; *fig.* se mettre en peine.
tu·i·tion [tju'iʃn] instruction *f*.
tu·lip ♀ ['tju:lip] tulipe *f*.
tulle [tju:l] tulle *m*.
tum·ble ['tʌmbl] **1.** *v/i.* tomber; faire la culbute; *v/t.* bouleverser, déranger, chiffonner; **2.** chute *f*; culbute *f*; désordre *m*; **'~-down** en ruines, délabré; croulant; **'tum·bler** acrobate *mf*, jongleur *m*; *orn.* culbutant *m*; verre *m* sans pied; ⊕ gorge *f*, *serrure:* arrêt *m*; *arme à feu:* noix *f* (*de platine*).
tum·brel ['tʌmbrəl], **tum·bril** ['~bril] tombereau *m*.
tu·mid □ ['tju:mid] enflé, gonflé; *zo.* protubérant; *fig.* boursouflé; **tu'mid·i·ty** enflure *f* (*a. fig.*).
tum·my F ['tʌmi] estomac *m*, ventre *m*; bedaine *f*.
tu·mo(u)r ⚕ ['tju:mə] tumeur *f*.
tu·mult ['tju:mʌlt] tumulte *m* (*a. fig.*); *fracas m*; *fig.* trouble *m*, émoi *m*; **tu·mul·tu·ous** □ [tju'mʌltjuəs] tumultueux (-euse *f*); orageux (-euse *f*).
tun [tʌn] **1.** tonneau *m*, fût *m*; cuve *f* (*de fermentation*); **2.** mettre en tonneaux.
tu·na *icht.* ['tju:nə] thon *m*.
tune [tju:n] ♪ air *m*; harmonie *f*;

tuneful

accord *m*; *fig.* ton *m*; *fig.* humeur *f*; in ~ d'accord; *fig.* en bon accord (avec, *with*); out of ~ désaccordé, faux (fausse *f*); *fig.* en désaccord (avec, *with*); F to the ~ of £ *100* pour la somme de 100 livres; à la cadence de 100 livres; *fig.* change one's ~ changer de ton; **2.** accorder; *fig.* incliner; ~ in *radio*: accorder (sur, to); capter (un poste, *to a station*); ~ out *radio*: éliminer; ~ up ♪ *v/i.* s'accorder; *v/t. fig. mot., a.* ⊕ mettre au point; *fig.* (se) tonifier; *v/t.* ♪ accorder; **tune·ful** □ ['~ful] mélodieux (-euse *f*), harmonieux (-euse *f*); '**tune·less** □ discordant; '**tun·er** ♪ accordeur *m*; *radio*: syntonisateur *m*.

tung·sten ⚒ ['tʌŋstən] tungstène *m*.

tu·nic *cost.*, ⚔, *anat.*, *eccl.*, *a.* ♀ ['tjuːnik] tunique *f*.

tun·ing...: '**~-coil** *radio*: bobine *f* syntonisatrice; self *f* d'accord; '**~-fork** ♪ diapason *m*.

tun·nel ['tʌnl] **1.** tunnel *m* (*a.* 🚇); ⚒ galerie *f* à flanc de coteau; **2.** percer un tunnel (à travers, dans, *sous*).

tun·ny *icht.* ['tʌni] thon *m*.

tun·y F ['tjuːni] mélodieux (-euse *f*).

tur·ban ['təːbən] turban *m*.

tur·bid □ ['təːbid] trouble (*a. fig.*); bourbeux (-euse *f*); confus; '**tur·bid·ness** état *m* trouble; turbidité *f*.

tur·bine ⊕ ['təːbain] turbine *f*; '**~-pow·ered** à turbines.

tur·bo-prop ['təːbou'prɔp] à turbopropulseur (*avion*).

tur·bot *icht.* ['təːbət] turbot *m*.

tur·bu·lence ['təːbjuləns] turbulence *f*; tumulte *m*; indiscipline *f*; '**tur·bu·lent** □ turbulent; orageux (-euse *f*); à remous (*vent*); insubordonné.

tu·reen [tə'riːn] soupière *f*; saucière *f*.

turf [təːf] **1.** gazon *m*; pelouse *f*; tourbe *f*; turf *m*, courses *f/pl.* de chevaux; **2.** gazonner; *sl.* ~ out flanquer (*q.*) dehors; **turf·ite** ['~ait] turfiste *m*; '**turf·y** gazonné, couvert de gazon; tourbeux (-euse *f*); F du turf.

tur·gid □ ['təːdʒid] enflé, gonflé; *fig.* boursouflé; **tur'gid·i·ty** enflure *f* (*a. fig.*).

Turk [təːk] Turc (Turque *f*) *m*; *fig.* tyran *m*; homme *m* indiscipliné.

1136

tur·key ['təːki]: ♀ *carpet* tapis *m* d'Orient *ou* de Turquie; *orn.* dindon *m*, dinde *f*; *cuis.* dindonneau *m*; *théâ.*, *cin. Am. sl.* navet *m*; *pl.* talk ~ ne pas ménager ses mots.

Turk·ish ['təːkiʃ] turc (turque *f*), de Turquie; ~ *bath* bain *m* turc; ~ *delight* rahat-lokoum *m*; ~ *towel* serviette-éponge (*pl.* serviettes-éponges) *f*.

tur·moil ['təːmɔil] trouble *m*, agitation *f*, tumulte *m*.

turn [təːn] **1.** *v/t.* tourner; faire tourner; retourner; rendre; changer, transformer (en, *into*); traduire (en anglais, *into English*); diriger; ⊕ tourner, façonner au tour; *fig.* tourner (*une phrase*, *des vers*, *etc.*); F he has ~ed (*ou* is ~ed [of]) *50* il a passé la cinquantaine; il a 50 ans passés; ~ colo(u)r pâlir *ou* rougir; changer de couleur; ~ *a corner* tourner un coin; ~ *the enemy's flanks* tourner le flanc de l'ennemi; he can ~ *his hand to anything* c'est un homme à toute main; F ~ *tail* prendre la fuite; ~ *s.o.'s argument against himself* rétorquer un argument contre q.; ~ *aside* détourner; écarter; ~ *away* détourner; *théâ.* refuser; ~ *down* rabattre; retourner (*une carte*); corner (*une page*); baisser (*le gaz etc.*); faire (*la couverture d'un lit*), ouvrir (*le lit*); F refuser (*une invitation etc.*); ~ *in* tourner en dedans; replier (*le bord*); F quitter (*un emploi*); renvoyer; 🚇 garer (*des wagons*); fermer (*l'eau*, *le gaz*); ~ *off* (*on*) fermer, (*ouvrir*) (*un robinet*); ~ *out* faire sortir; mettre dehors; vider (*les poches etc.*); nettoyer à fond; fabriquer, produire (*des marchandises*); éteindre, couper (*le gaz*); ~ *over* renverser; feuilleter, tourner (*les pages*); *fig.* transférer, remettre; ✍ retourner (*le sol*); ✝ faire; ~ *over a new leaf* revenir de ses erreurs; ~ *up* retourner (*a. des cartes*, *a.* ✍); relever (*un col*, *un pantalon*); retrousser (*les manches*); donner (*tout le gaz etc.*); remonter (*une mèche*); chercher, trouver (*dans le dictionnaire etc.*); F ~ *one's nose at* faire le dédaigneux devant; renifler sur; **2.** *v/i.* tourner; se (re)tourner; se diriger; se transformer (en, *into*); changer (*marée*, *temps*); tourner (*au froid etc.*); se faire, devenir (*chrétien, soldat, etc.*); se colorer en (*rouge etc.*); prendre une teinte (*bleue etc.*); (*a.* ~ *sour*) tourner (*lait*); ~ *about* se (re)tourner; ✕ faire demi-tour; ~ *away* se détourner (*de, from*); ~ *back* rebrousser chemin; regarder en arrière; faire demi-tour; ~ *in* se tourner en dedans; F se coucher; *his toes* ~ *in* il a les pieds tournés en dedans; ~ *off* prendre (*à gauche, à droite*); bifurquer; faire le coin avec; ~ *on* se retourner contre, attaquer; *see* ~ *upon*; ~ *out* sortir; se tourner en dehors (*pieds*); se mettre en grève; tourner (*mal, bien*); aboutir; devenir; se passer; arriver; se trouver; se mettre (*à la pluie, au beau, etc.*); (~ *up*) se lever, sortir du lit; ✕ sortir; ~ *over* se (re)tourner; *mot. etc.* capoter; se renverser; ~ *round* tourner; tournoyer; ~ *to* se mettre à; tourner à; devenir; F ~ *to* (*adv.*) se mettre au travail; ~ *up* se relever, se retrousser (*nez*); arriver, se présenter; ~ *upon* rouler sur (*a. fig.*); attaquer; **3.** *su.* tour *m* (*de corde, de jeu, de roue*); *théâ.*; *a.* = *promenade*, *a.* = *disposition d'esprit*); *roue*: révolution *f*; changement *m* de direction, *mot.* virage *m*, ♆ giration *f*; *chemin*: tournant *m*; *typ.* caractère *m* retourné; fin *f* (*du mois*); allure *f*, tournure *f* (*des affaires*); disposition *f* (*pour, for*); *théâ.* numéro *m*; *fig.* choc *m*, coup *m*; crise *f*; *fig.* service *m*; *fig.* but *m*; *at every* ~ à tout propos, à tout moment; *by* (*ou in* ~*s*) à tour de rôle, tour à tour; *in my* ~ à mon tour; *it is my* ~ c'est à moi (*de, to*); *take a* ~ faire un tour; *take a* ~ *at s.th.* faire qch. à son tour; *take one's* ~ prendre son tour; *take* ~*s* alterner (pour *inf. at, in* gér.); *to a* ~ à point; *a friendly* ~ un service m d'ami; *does it serve your* ~? est-ce que cela fera votre affaire?; '~·a·bout demi-tour *m*; '~·buck·le ⊕ lanterne *f* de serrage; '~·coat renégat *m*; apostat(e *f*) *m*; '~·down col·lar col *m* rabattu; 'turn·er tourneur *m*; 'turn·er·y travail (*pl.* -aux) *m* au tour, tournage *m*; articles *m/pl.* tournés; atelier *m* de tourneur.

turn·ing ['tə:niŋ] action *f* de tourner; giration *f*; changement *m* de direction; *mot.* virage *m*; tournant *m* (*du chemin*); retournage *m* (*d'un vêtement*); *typ.* blocage *m*; ⊕ tournage *m*; '~-**lathe** ⊕ tour *m*; '~-**point** *fig.* moment *m* critique, point *m* décisif.

tur·nip ♀ ['tə:nip] navet *m*.

turn·key ['tə:nki:] porte-clefs *m/inv.*; geôlier *m*; *admin.* fontainier *m*; '**turn-out** tenue *f*, uniforme *m*; équipage *m*; assemblée *f*; grève *f*; ✝ production *f*, produits *m/pl.*; 🚂 aiguillage *m*; voie *f* de garage; changement *m* de voie; '**turn·o·ver** chausson *m* (*aux pommes etc.*); ✝ chiffre *m* d'affaires; ~ *tax* impôt *m* sur le chiffre d'affaires; '**turn·pike** (route *f* à) barrière *f* de péage; tourniquet *m* d'entrée; '**turn·screw** tournevis *m*; '**turn·spit** tournebroche *m*; '**turn·stile** tourniquet *m* (d'entrée); '**turn·ta·ble** 🚂 plaque *f* tournante; *phonographe*: tourne-disque *m*, plateau *m*; '**turn-'up 1.** pliant (*lit*); à bords relevés; **2.** *pantalon*: revers *m*; F rixe *f*, bagarre *f*; F affaire *f* de chance.

tur·pen·tine 🜹 ['tə:pəntain] térébenthine *f*.

tur·pi·tude ['tə:pitju:d] turpitude *f*.

tur·quoise *min.* ['tə:kwɑ:z] turquoise *f*.

tur·ret ['tʌrit] tourelle *f* (*a.* ✕, ♆, ⊕); *a.* revolver *m*; ⊕ ~ *lathe* tour *m* à revolver; '**tur·ret·ed** surmonté ou garni de tourelles; *zo.* turriculé (*conque*).

tur·tle[1] *zo.* ['tə:tl] tortue *f* de mer; *turn* ~ chavirer; *canot, mot.*: capoter.

tur·tle[2] *orn.* [~] (*usu.* ~-*dove*) tourterelle *f*, tourtereau *m*.

Tus·can ['tʌskən] **1.** toscan *f*; **2.** *ling.* toscan *m*; Toscan(e *f*) *m*.

tusk [tʌsk] *éléphant*: défense *f*; ~*s pl. sanglier*: broches *f/pl.*

tus·sle ['tʌsl] **1.** mêlée *f*, lutte *f*; *fig.* passe *f* d'armes; **2.** lutter.

tus·sock ['tʌsək] touffe *f* d'herbe.

tut [tʌt] allons donc!

tu·te·lage ['tju:tilidʒ] tutelle *f*.

tu·te·lar·y ['tju:tiləri] tutélaire.

tu·tor ['tju:tə] (*a. private* ~) précepteur (-trice *f*) *m*; *école, univ.* directeur (-trice *f*) *m* d'études; *univ. a.* répétiteur (-trice *f*) *m*; *Am. univ.* chargé *m* de cours; ⚖ tuteur (-trice *f*) *m*; **2.** instruire; donner

tutorial 1138

des leçons particulières à; diriger les études de; **tu·to·ri·al** [tju-'tɔːriəl] 1. d'instruction; de répétiteur *etc.*; 2. cours *m* individuel; travaux *m/pl.* pratiques; **tu·tor·ship** ['tjuːtəʃip] emploi *m* de répétiteur *etc.*; *private* ~ préceptorat *m*.

tux·e·do *Am.* [tʌk'siːdou] smoking *m*.

twad·dle ['twɔdl] 1. fadaises *f/pl.*, sottises *f/pl.*; 2. dire des sottises.

twang [twæŋ] 1. bruit *m* sec; (*usu. nasal* ~) accent *m* nasillard; 2. (faire) résonner; nasiller (*personne*).

tweak [twiːk] pincer.

tweed [twiːd] cheviote *f* écossaise; tweed *m* (= *étoffe de laine*).

'tween [twiːn] *see* between.

tween·y ['twiːni] (*a.* ~ *maid*) *see* between-maid.

tweez·ers ['twiːzəz] *pl.*: (*a pair of*) ~ (une) petite pince *f*; (des) pinces *f/pl.* à épiler.

twelfth [twelfθ] douzième (*a. su./mf; a.* △ *su./m*); ♀-cake galette *f* des Rois; '♀-night veille *f* des Rois.

twelve [twelv] douze (*a. su./m*); ~ *o'clock* midi *m*; minuit *m*; ~**·fold** ['~fould] douze fois autant.

twen·ti·eth ['twentiiθ] vingtième (*a. su./mf; a.* △ *su./m*).

twen·ty ['twenti] vingt (*a. su./m*); ~**·fold** ['~fould] 1. *adj.* vingtuple; 2. *adv.* vingt fois autant.

twerp *sl.* [twəːp] cruche *f* (= *imbécile*).

twice [twais] deux fois; ~ *as much* deux fois autant; ~ *as many books* deux fois plus de livres.

twid·dle ['twidl] 1. jouer (avec); *v/t.* tripoter (*qch.*); 2. enjolivure *f*; ornement *m*.

twig¹ [twig] brindille *f*; *hydroscopie:* baguette *f* (*de coudrier*).

twig² *sl.* [~] observer (*q.*); comprendre, saisir (*qch.*).

twi·light ['twailait] 1. crépuscule *m* (*a. fig.*); 2. crépusculaire, du crépuscule; ⚕ ~ *sleep* demi-sommeil *m* provoqué.

twin [twin] 1. jumeau (-elle *f*); jumelé; géminé; 2. jumeau (-elle *f*) *m*; ~**·en·gined** *&* ['~endʒind] bimoteur; '~**·jet** biréacteur *m*.

twine [twain] 1. ficelle *f*; fil *m* retors; *fig.* sinuosité *f*, repli *m*; 2. *v/t.* tordre, tortiller; entrelacer (*les doigts etc.*); *fig.* entourer (de, *with*); (en)rouler (autour de *about*, *round*); *v/i.* (*a.* ~ *o.s.*) se tordre, se tortiller, s'enrouler; serpenter.

twinge [twindʒ] élancement *m*; légère atteinte *f*; *fig.* remords *m* (*de conscience*).

twin·kle ['twiŋkl] 1. scintiller, étinceler; pétiller (*feu, a. fig.* de, *with*); 2. (*a.* '**twin·kling**) scintillement *m*, clignotement *m*; *in a* ~ (*ou the twinkling of an eye*) en un clin d'œil.

twirl [twəːl] 1. tournoiement *m*; *moustache:* tortillement *m*; pirouette *f*; *fumée:* volute *f*; enjolivure *f*; 2. (faire) tourn(oy)er; '**twirl·ing-stick** *cuis.* agitateur *m*.

twist [twist] 1. (*fil m*) retors *m*; torsion *f*; *chemin:* coude *m*; *soie:* tordage *m*; *cheveux:* torsade *f*; *tabac:* carotte *f*, rouleau *m*; *papier:* papillote *f*, contorsion *f* (*du visage*); *sp.* tour *m* de poignet; *mot. cornet:* spire *f*; *fig.* déformation *f*, tournure *f*, prédisposition *f* (*de l'esprit*); *fig.* repli *m* (*du serpent*); F appétit *m*; 2. *v/t.* tordre (*a. le visage, le bras, etc.*), tortiller; *tex.* retordre; torquer (*le tabac*); entortiller; enrouler; dénaturer, fausser; donner de l'effet à (*une balle*); *v/i.* se tordre, se tortiller; *fig.* tourner, serpenter; '**twist·er** tordeur (-euse *f*) *m*; *tex.* retordeur (-euse *f*) *m*; *sp.* balle *f* qui a de l'effet; *sl.* ficelle *f* (= *ricaneur*); *Am.* tornade *f*, ouragan *m*.

twit [twit]: ~ *s.o. with s.th.* railler q. de qch.; reprocher qch. à q.

twitch [twitʃ] 1. *v/t.* tirer brusquement; *v/i.* se crisper, se contracter (de, *with*); 2. saccade *f*, coup *m* sec; contraction *f*, tic *m* (*de visage*); *see* twinge; *vét.* serre-nez *m/inv.*

twit·ter ['twitə] 1. gazouiller; 2. gazouillement *m*; *be in a* ~ être agité *ou* en émoi.

two [tuː] deux (*a. su./m*); *in* ~ en deux; *fig. put* ~ *and* ~ *together* tirer ses conclusions; raisonner juste; *Am.* F ~**·bit** sans importance, infime; bon marché; *in* ~s deux à deux; par deux; '~**·edged** à deux tranchants (*a. fig.*); '~**·fold** double; '~**·hand·ed** à deux mains; ambidextre; qui se joue à deux; '~**·job man** F cumulard *m*; ~**·pence** ['tʌpəns] deux pence *m*; ~**·pen·ny** ['tʌpni] à *ou* de deux pence; *fig.*

de quatre sous; '~-**phase** ⚡ biphasé, diphasé; '~-'**pin plug** ⚡ fiche *f* à deux broches; '~-**ply** à deux brins (*cordage*); à deux épaisseurs (*contre-plaqué*); '~-'**seat·er** *mot.* voiture *f* à deux places; '~-'**step** two-step *m* (*danse*); '~-'**sto·rey** à deux étages; '~-'**stroke** *mot.* à deux temps; '~-'**valve re·ceiv·er** *radio*: poste *m* à deux lampes; '~-**way** ⊕ à deux voies; ⚡ ~ *adapter* bouchon *m* de raccord.

ty·coon *Am.* F [tai'ku:n] chef *m* de l'industrie; baron *m* de l'industrie.

tyke [taik] vilain chien *m*; rustre *m*.

tym·pa·num *anat., a.* △ ['timpənəm], *pl.* **-na** [~nə] tympan *m*.

type [taip] **1.** type *m*; genre *m*; modèle *m*; *typ.* caractère *m*, type *m*, *coll.* caractères *m/pl.*; *typ. in* ~ composé; ~ *area* surface *f* imprimée; *true to* ~ conforme au type ancestral; *typ. set in* ~ composer; **2.** = ~*write*; '~-**found·er** fondeur *m* typographie; '~-**script** manuscrit *m* dactylographié; '~-**set·ter** *typ.* compositeur *m*; '~-**write** [*irr.* (write)] écrire à la machine; F taper (à la machine); '~-**writ·er** machine *f* à écrire; † dactylographe *mf*, F dactylo *mf*; ~ *ribbon* ruban *m* encreur.

ty·phoid ⚕ ['taifɔid] **1.** typhoïde; ~ *fever* = **2.** (fièvre *f*) typhoïde *f*.

ty·phoon *météor.* [tai'fu:n] typhon *m*.

ty·phus ⚕ ['taifəs] typhus *m*.

typ·i·cal □ ['tipikl] typique; caractéristique (de, of); *it's* ~ *of him* c'est bien lui; **typ·i·fy** ['~fai] être caractéristique de; être le type de (*l'officier militaire*); symboliser;

typ·ist ['taipist] dactylographe *mf*, F dactylo *mf*; *shorthand* ~ sténodactylographe *mf*, F sténodactylo *mf*.

ty·pog·ra·pher [tai'pɔgrəfə] typographe *m*, F typo *m*; **ty·po·graph·ic, ty·po·graph·i·cal** □ [~pə'græfik(l)] typographique; **ty·pog·ra·phy** [~'pɔgrəfi] typographie *f*.

ty·ran·nic, ty·ran·ni·cal □ [ti'rænik(l)] tyrannique; **ty'ran·ni·cide** [~said] *personne*: tyrannicide *mf*; *crime*: tyrannicide *m*; **tyr·an·nize** ['tirənaiz] faire le tyran; ~ *over* tyranniser (*q.*); '**tyr·an·nous** □ tyrannique; *fig.* violent; '**tyr·an·ny** tyrannie *f*.

ty·rant ['taiərənt] tyran *m* (*a. orn.*).

tyre [taiə] *see* tire¹.

ty·ro ['taiərou] *see* tiro.

Tyr·o·lese [tirə'li:z] **1.** tyrolien(ne *f*); **2.** Tyrolien(ne *f*) *m*.

Tzar [zɑ:] *see* Tsar.

U

U, u [ju:] U *m*, u *m*.

u·biq·ui·tous □ [ju'bikwitəs] qui se trouve *ou* que l'on rencontre partout; **u'biq·ui·ty** ubiquité *f*.

ud·der ['ʌdə] mamelle *f*.

ugh [uh; ə:h] brrr!

ug·li·fy F ['ʌglifai] enlaidir.

ug·li·ness ['ʌglinis] laideur *f*.

ug·ly □ ['ʌgli] laid; vilain (*blessure, aspect, etc.*); mauvais (*temps*).

U·krain·i·an [ju:'kreinjən] **1.** ukrainien(ne *f*); **2.** Ukrainien(ne *f*) *m*.

u·ku·le·le ♪ [ju:kə'leili] ukulélé *m*.

ul·cer ⚕ ['ʌlsə] ulcère *m*; **ul·cer·ate** ['~reit] (s')ulcérer; **ul·cer·a·tion** ulcération *f*; '**ul·cer·ous** ulcéreux (-euse *f*).

ul·lage ⚓ ['ʌlidʒ] coulage *m*; *douanes*: manquant *m*.

ul·na *anat.* ['ʌlnə], *pl.* ~**nae** [~ni:] cubitus *m*.

ul·ster ['ʌlstə] *manteau*: ulster *m*.

ul·te·ri·or □ [ʌl'tiəriə] ultérieur; *fig.* caché, secret (-ète *f*); ~ *motive* arrière-pensée *f*; motif *m* secret.

ul·ti·mate □ ['ʌltimit] final (-als *m/pl.*); dernier (-ère *f*); fondamental (-aux *m/pl.*); *phys.* ~ *stress* résistance *f* de rupture; ~*ly* en fin de compte, à la fin.

ul·ti·ma·tum [ʌlti'meitəm], *pl. a.* ~**ta** [~tə] ultimatum *m*. (dernier.)

ul·ti·mo ✝ ['ʌltimou] du mois;)

ultra- [ʌltrə] ultra-; extrêmement; '~-'**fash·ion·a·ble** ultra-chic; ~-**ma'rine 1.** d'outre-mer; **2.** 🐟, *peint.* (bleu *m* d')outremer *m/inv.*; ~-**mon'tane** *eccl., pol.* [~'mɔntein] ultramontain (*e f*) (*a. su.*); '~-'**red** infrarouge; '~-'**short wave** onde *f* ultracourte; '~-'**vi·o·let** ultraviolet(te *f*).

ul·u·late ['juːljuleit] ululer; hurler.
um·bel ♀ ['ʌmbl] ombelle f.
um·ber min., peint. ['ʌmbə] terre f d'ombre; couleur: ombre f.
um·bil·i·cal ☐ [ʌm'bilikl]; ♂ [~'laikl] ombilical (-aux m/pl.); ~ cord cordon m ombilical.
um·brage ['ʌmbridʒ] ressentiment m; ombrage m (a. poét.); **um·bra·geous** ☐ [~'breidʒəs] ombragé; ombrageux (-euse f) (a. fig.).
um·brel·la [ʌm'brelə] parapluie m; pol. compromis m; ⚔ protection f; ~-stand porte-parapluies m/inv.
um·pire ['ʌmpaiə] 1. arbitre m; 2. v/t. arbitrer; v/i. servir d'arbitre.
ump·teen ['ʌmtiːn], **'ump·ty** F je ne sais combien.
un- [ʌn] non; in-; dé(s)-; ne ... pas; peu; sans.
un·a·bashed ['ʌnə'bæʃt] sans se déconcerter; aucunement ébranlé.
un·a·ble [ʌn'eibl] incapable (de, to); impuissant (à, to).
un·a·bridged ['ʌnə'bridʒd] non abrégé; intégral (-aux m/pl.).
un·ac·cent·ed ['ʌnæk'sentid] inaccentué; gramm. atone.
un·ac·cept·a·ble ['ʌnək'septəbl] inacceptable.
un·ac·com·mo·dat·ing ['ʌnə'kɔmədeitiŋ] peu commode; peu accommodant (personne).
un·ac·count·a·ble ☐ ['ʌnə'kauntəbl] inexplicable; bizarre.
un·ac·cus·tomed ['ʌnə'kʌstəmd] inaccoutumé (à, to) (a. personne); peu habitué (à, to) (personne).
un·ac·knowl·edged ['ʌnək'nɔlidʒd] non avoué; demeuré sans réponse (lettre).
un·ac·quaint·ed ['ʌnə'kweintid]: be ~ with ne pas connaître (q.); ignorer (qch.).
un·a·dorned ['ʌnədɔːnd] sans ornements, naturel(le f); fig. sans fard.
un·a·dul·ter·at·ed ☐ ['ʌnə'dʌltəreitid] pur, sans mélange.
un·ad·vis·a·ble ☐ ['ʌnəd'vaizəbl] imprudent; peu sage; **'un·ad·'vised** ☐ [adv. ~zidli] imprudent; sans prendre conseil.
un·af·fect·ed ☐ ['ʌnə'fektid] qui n'est pas atteint; fig. sincère; sans affectation ou pose.
un·aid·ed ['ʌn'eidid] sans aide; (tout) seul; inassisté (pauvre); nu (œil).

un·al·loyed ['ʌnə'lɔid] sans alliage; fig. pur, sans mélange.
un·al·ter·a·ble ☐ [ʌn'ɔːltərəbl] invariable, immuable.
un·am·big·u·ous ☐ ['ʌnæm'bigjuəs] non équivoque; sans ambiguïté.
un·am·bi·tious ☐ ['ʌnæm'biʃəs] sans prétention; sans ambition (personne).
un·a·me·na·ble ['ʌnə'miːnəbl] rebelle, réfractaire (à, to).
un·a·mi·a·ble ☐ [ʌn'eimjəbl] peu aimable.
u·na·nim·i·ty [juːnə'nimiti] unanimité f; **u·nan·i·mous** ☐ [ju'nænimǝs] unanime.
un·an·swer·a·ble [ʌn'ɑːnsərəbl] sans réplique; incontestable.
un·ap·palled ['ʌnə'pɔːld] peu effrayé. [sans appel.]
un·ap·peal·a·ble ᵼᵼ ['ʌnə'piːləbl]
un·ap·peas·a·ble ☐ ['ʌnə'piːzəbl] insatiable; implacable.
un·ap·proach·a·ble ☐ ['ʌnə'proutʃəbl] inaccessible; inabordable (a. personne); fig. incomparable.
un·ap·pro·pri·at·ed ['ʌnə'prouprieitid] disponible; libre.
un·apt ☐ ['ʌn'æpt] peu juste; mal approprié; inapte (à, for), peu disposé (à inf., to inf.); be ~ to (inf.) avoir beaucoup de mal à (inf.).
un·a·shamed ☐ ['ʌnə'ʃeimd]; adv. ~midli] sans honte ou pudeur.
un·asked ['ʌn'ɑːskt] non invité; spontané(ment adv.).
un·as·sail·a·ble ☐ ['ʌnə'seiləbl] inattaquable; irréfutable.
un·as·sist·ed ☐ ['ʌnə'sistid] tout seul, sans aide.
un·as·sum·ing ['ʌnə'sjuːmiŋ] sans prétentions; modeste.
un·at·tached ['ʌnə'tætʃt] non attaché; indépendant (de, to); univ. qui ne dépend d'aucun collège; ⚔ en disponibilité; isolé; ᵼᵼ sans propriétaire.
un·at·tain·a·ble ☐ ['ʌnə'teinəbl] inaccessible (de, by).
un·at·tend·ed ['ʌnə'tendid] seul; sans escorte; dépourvu (de, by); (usu. ~ to) négligé.
un·at·trac·tive ☐ ['ʌnə'træktiv] peu attrayant; peu sympathique (personne).
un·au·thor·ized ['ʌn'ɔːθəraizd] sans autorisation; illicite; admin. sans mandat.

un·a·vail·a·ble ['ʌnə'veiləbl] non disponible; inutilisable; **'un·a'vail·ing** □ vain; inutile.

un·a·void·a·ble □ ['ʌnə'vɔidəbl] inévitable.

un·a·ware ['ʌnə'wɛə] ignorant; *be* ~ ignorer (qch., *of s.th.*; que, *that*); **'un·a'wares** au dépourvu; sans s'en rendre compte.

un·backed ['ʌn'bækt] *fig.* sans appui; non endossé (*a.* ✝); *turf:* sur lequel personne n'a parié.

un·bal·ance ['ʌn'bæləns] défaut *m* d'équilibrage; balourd *m*; **'un'bal·anced** mal équilibré (*a. fig.*); ⊕ non compensé; ✝ non soldé; *phys.* en équilibre instable.

un·bap·tized ['ʌnbæp'taizd] non baptisé.

un·bar ['ʌn'bɑ:] débarrer, *fig.* ouvrir; dessaisir (*un sabord*).

un·bear·a·ble □ [ʌn'bɛərəbl] insupportable, intolérable.

un·beat·en ['ʌn'bi:tn] invaincu; non frayé (*chemin*).

un·be·com·ing □ ['ʌnbi'kʌmiŋ] peu seyant (*robe*); peu convenable; déplacé (chez *q. of, to, for*).

un·be·friend·ed ['ʌnbi'frendid] sans amis; délaissé.

un·be·known ['ʌnbi'noun] **1.** *adj.* inconnu (de, *to*); **2.** *adv.* à l'insu (de *q., to s.o.*).

un·be·lief ['ʌnbi'li:f] incrédulité *f*; *eccl.* incroyance *f*; **un·be'liev·a·ble** □ incroyable; **'un·be'liev·er** incrédule (*e f*) *m*; *eccl.* incroyant(e *f*) *m*; **'un·be'liev·ing** □ incrédule.

un·be·loved ['ʌnbi'lʌvd] peu aimé.

un·bend ['ʌn'bend] [*irr.* (*bend*)] *v/t.* détendre (*a. fig.*); redresser (*q., a.* ⊕); *v/i.* se détendre; *fig.* se déraidir; se détordre (*ressort*); se redresser; se déplier (*jambe*); **'un'bend·ing** □ inflexible; *fig. a.* raide.

un·bi·as(s)ed □ ['ʌn'baiəst] *fig.* impartial (-aux *m/pl.*), sans parti pris.

un·bid, un·bid·den ['ʌn'bid(n)] non invité; spontané.

un·bind ['ʌn'baind] [*irr.* (*bind*)] dénouer (*les cheveux*); délier (*a. fig.*).

un·bleached *tex.* ['ʌn'bli:tʃt] écru.

un·blem·ished [ʌn'blemiʃt] sans tache (*a. fig.*).

un·blush·ing □ [ʌn'blʌʃiŋ] qui ne rougit pas; sans vergogne.

un·bolt ['ʌn'boult] déverrouiller; dévisser (*un rail etc.*); **'un'bolt·ed** déverrouillé; ⊕ déboulonné; dévissé (*rail*); non bluté (*farine*).

un·born ['ʌn'bɔ:n] à naître; qui n'est pas encore né; *fig.* futur.

un·bos·om [ʌn'buzm] révéler; ~ *o.s.* ouvrir son cœur (à *q., to s.o.*).

un·bound ['ʌn'baund] délié; dénoué (*cheveux*); broché (*livre*).

un·bound·ed □ [ʌn'baundid] sans bornes; illimité; démesuré (*ambition etc.*).

un·brace ['ʌn'breis] défaire; détendre (*les nerfs*); énerver (*q.*).

un·break·a·ble ['ʌn'breikəbl] incassable.

un·bri·dled ['ʌn'braidld] débridé (*a. fig.*); sans bride; *fig.* déchaîné.

un·bro·ken ['ʌn'broukn] intact; non brisé; inviolé; imbattu (*record*); non dressé (*cheval*); *fig.* insoumis.

un·buck·le ['ʌn'bʌkl] déboucler.

un·bur·den ['ʌn'bə:dn] décharger; *fig.* alléger; ~ *o.s.* (*ou one's heart*) se délester (*le cœur*).

un·bur·ied ['ʌn'berid] déterré; sans sépulture.

un·busi·ness·like ['ʌn'biznislaik] peu commerçant; *fig.* irrégulier (-ère *f*).

un·but·ton ['ʌn'bʌtn] déboutonner.

un·called [ʌn'kɔ:ld] non appelé (*a.* ✝); **un'called-for** injustifié; déplacé (*remarque*); spontané.

un·can·ny □ [ʌn'kæni] sinistre; mystérieux (-euse *f*).

un·cared-for ['ʌn'kɛədfɔ:] mal *ou* peu soigné; abandonné; négligé (*air*).

un·ceas·ing □ [ʌn'si:siŋ] incessant; continu; soutenu.

un·cer·e·mo·ni·ous □ ['ʌnseri'mounjəs] peu cérémonieux (-euse *f*); sans gêne (*personne*).

un·cer·tain □ [ʌn'sə:tn] incertain; douteux (-euse *f*); irrésolu; peu sûr; *be* ~ ne pas savoir au juste (si, *whether*); **un'cer·tain·ty** incertitude *f*.

un·chain ['ʌn'tʃein] déchaîner; *fig.* donner libre cours à.

un·chal·lenge·a·ble ['ʌn'tʃælindʒəbl] incontestable; **'un'chal·lenged** incontesté.

un·change·a·ble □ [ʌn'tʃeindʒəbl], **un'chang·ing** □ immuable, invariable; éternel(le *f*).

un·char·i·ta·ble □ [ʌn'tʃæritəbl] peu charitable.

un·chaste □ ['ʌn'tʃeist] impudique; **un·chas·ti·ty** ['ʌn'tʃæstiti] impudicité *f*; infidélité *f* (*d'une femme*).

un·checked ['ʌn'tʃekt] libre(ment *adv.*); ✝ non vérifié.

un·chris·tian □ ['ʌn'kristjən] peu chrétien(ne *f*); païen(ne *f*).

un·civ·il □ ['ʌn'sivl] impoli; **'un·'civ·i·lized** [‿vilaizd] barbare, incivilisé.

un·claimed ['ʌn'kleimd] non réclamé; épave (*chien etc.*); de rebut (*lettre*).

un·clasp ['ʌn'klɑ:sp] défaire, dégrafer; (se) desserrer (*poing*); laisser échapper.

un·cle ['ʌŋkl] oncle *m*; *sl.* at my ‿'s chez ma tante, au clou.

un·clean □ ['ʌn'kli:n] sale; *fig.*, *eccl.* immonde, impur.

un·clench ['ʌn'klentʃ] (se) desserrer.

un·cloak ['ʌn'klouk] ôter le manteau de; *fig.* dévoiler.

un·close ['ʌn'klouz] (s')ouvrir.

un·clothe ['ʌn'klouð] (se) déshabiller. [nuage; clair (*a. fig.*).]

un·cloud·ed ['ʌn'klaudid] sans]

un·coil ['ʌn'kɔil] (se) dérouler.

un·col·lect·ed ['ʌnkə'lektid] non recueilli; *fig.* confus.

un·col·o(u)red ['ʌn'kʌləd] non coloré; incolore; *fig.* non influencé.

un·come·ly ['ʌn'kʌmli] peu gracieux (-euse *f*).

un·com·fort·a·ble □ [ʌn'kʌmfətəbl] peu confortable; désagréable; peu à son aise (*personne*).

un·com·mon □ [ʌn'kɔmən] (*a.* F *adv.*) peu commun; singulier (-ère *f*); rare.

un·com·mu·ni·ca·tive ['ʌnkə'mju:nikeitiv] réservé, taciturne; peu communicatif (-ive *f*).

un·com·plain·ing □ ['ʌnkəm'pleiniŋ] patient; sans plainte; **'un·com·'plain·ing·ness** patience *f*, résignation *f*.

un·com·pro·mis·ing □ ['ʌn'kɔmprəmaiziŋ] intransigeant; sans compromis; *fig.* raide; absolu.

un·con·cern ['ʌnkən'sə:n] indifférence *f*; insouciance *f*; **un·con·'cerned** □ [*adv.* ‿idli] insouciant; indifférent (à, *about*); étranger (-ère *f*) (à *with*, *in*).

un·con·di·tion·al □ ['ʌnkən'diʃnl] absolu; sans réserve.

un·con·fined □ ['ʌnkən'faind] illimité, sans bornes; libre.

un·con·firmed ['ʌnkən'fə:md] non confirmé *ou* avéré; *eccl.* qui n'a pas reçu la confirmation.

un·con·gen·ial ['ʌnkən'dʒi:njəl] peu agréable; peu favorable; peu sympathique (*personne*).

un·con·nect·ed □ ['ʌnkə'nektid] sans lien *ou* rapport; décousu (*idées*).

un·con·quer·a·ble □ [ʌn'kɔŋkərəbl] invincible; *fig.* insurmontable.

un·con·sci·en·tious □ ['ʌnkɔnʃi'enʃəs] peu consciencieux (-euse *f*).

un·con·scion·a·ble □ [ʌn'kɔnʃənəbl] peu scrupuleux (-euse *f*); déraisonnable (*a. fig.*); exorbitant.

un·con·scious □ [ʌn'kɔnʃəs] **1.** inconscient; sans connaissance (= *évanoui*); be ‿ of ne pas avoir conscience de; **2.** *psych.* the ‿ l'inconscient *m*; **un'con·scious·ness** inconscience *f*; évanouissement *m*.

un·con·sid·ered ['ʌnkən'sidəd] irréfléchi, inconsidéré; sans valeur.

un·con·sti·tu·tion·al □ ['ʌnkɔnsti'tju:ʃənl] in-, anticonstitutionnel(le *f*).

un·con·strained □ ['ʌnkən'streind] sans contrainte; aisé.

un·con·test·ed □ ['ʌnkən'testid] incontesté; *pol.* qui n'est pas disputé.

un·con·tra·dict·ed ['ʌnkɔntrə'diktid] non contredit.

un·con·trol·la·ble □ [ʌnkən'trouləbl] ingouvernable; irrésistible; absolu.

un·con·ven·tion·al □ ['ʌnkən'venʃnl] qui va à l'encontre des conventions; original (-aux *m/pl.*).

un·con·vert·ed ['ʌnkən'və:tid] inconverti (*a. eccl.*); ✝ *a.* non converti.

un·con·vinced ['ʌnkən'vinst] sceptique (à l'égard de, *of*).

un·cork ['ʌn'kɔ:k] déboucher.

un·cor·rupt·ed □ ['ʌnkə'rʌptid] intègre; incorrompu.

un·count·a·ble ['ʌn'kauntəbl] incomptable.

un·cou·ple ['ʌn'kʌpl] découpler.

un·couth □ [ʌn'ku:θ] grossier (-ère *f*), rude; gauche, agreste.

un·cov·er [ʌn'kʌvə] découvrir (✗, *a.* une partie du corps); démasquer.

un·crit·i·cal □ ['ʌn'kritikl] sans discernement; peu difficile.

un·crowned ['ʌn'kraund] non couronné; découronné.

un·crush·a·ble *tex.* [ʌn'krʌʃəbl] infroissable.

unc·tion ['ʌŋkʃn] onction *f* (*a. fig.*); *poét.* onguent *m*; *eccl.* extrême ~ extrême-onction *f*; **unc·tu·ous** □ ['ʌŋktjuəs] onctueux (-euse *f*) (*a. fig.*); graisseux (-euse *f*) *péj.* patelin.

un·cul·ti·vat·ed ['ʌn'kʌltiveitid] inculte; en friche (*terre*); *fig.* sans culture; ⚥ à l'état sauvage.

un·cured [ʌn'kjuəd] ⚕ non guéri; *cuis.* frais (*hareng*).

un·curl ['ʌn'kɔːl] (se) défriser (*cheveux*); (se) dérouler.

un·cut ['ʌn'kʌt] intact; sur pied (*blé etc.*); non coupé (*haie, livre*); non rogné (*livre*).

un·dam·aged ['ʌn'dæmidʒd] en bon état.

un·damped ['ʌn'dæmpt] sec (sèche *f*); *fig.* non découragé.

un·dat·ed ['ʌn'deitid] sans date.

un·daunt·ed □ [ʌn'dɔːntid] intrépide; non intimidé.

un·de·ceive [ʌndi'siːv] désabuser (de, *of*); dessiller les yeux à (*q.*).

un·de·cid·ed □ ['ʌndi'saidid] indécis.

un·de·ci·pher·a·ble ['ʌndi'saifərəbl] indéchiffrable.

un·de·fend·ed ['ʌndi'fendid] sans protection.

un·de·filed ['ʌndi'faild] sans tache, pur.

un·de·fined □ ['ʌndi'faind]; *adv.* ~nidli] non défini; vague.

un·de·mon·stra·tive □ ['ʌndi'mɔnstrətiv] réservé.

un·de·ni·a·ble □ ['ʌndi'naiəbl] incontestable; qu'on ne peut nier.

un·de·nom·i·na·tion·al □ ['ʌndinɔmi'neiʃənl] non confessionnel(le *f*); laïque (*école*).

un·der ['ʌndə] **1.** *adv.* (au-)dessous; en *ou* dans la soumission; **2.** *prp.* sous; au-dessous de; *from* ~ de sous; de dessous; ~ *sentence of* condamné à; **3.** *mots composés*: trop peu; insuffisamment; inférieur; sous-; '~'**bid** [*irr.* (*bid*)] demander moins cher que; '~'**bred** mal élevé; qui n'a pas de race (*cheval*); '~**brush** broussailles *f/pl.*; sous-bois *m*; '~**car·riage**, '~**cart** ✈ train *m* d'atterrissage; '~**cloth·ing** linge *m* de corps; lingerie *f* (*pour dames*); '~**cur·rent** courant *m* de fond *ou* sous-marin; *fig.* fond *m*; '~'**cut** [*irr.* (*cut*)] vendre moins cher que; '~-**de·vel·oped** sous-développé; '~**dog** perdant *m*; *fig.* the ~(*s pl.*) les opprimés *m/pl.*; '~'**done** pas assez cuit; saignant (*viande*); '~'**dress** (s')habiller trop simplement; '~'**es·ti·mate** sous-estimer; '~**-ex·pose** sous-exposer; '~'**fed** mal nourri; '~'**feed·ing** sous-alimentation *f*; '~-**felt** assise *f* de feutre; '~'**foot** sous les pieds; ~'**go** [*irr.* (*go*)] subir; supporter; ~'**grad·u·ate** *univ.* étudiant(e *f*) *m*; '~**ground 1.** souterrain; sous terre; ~ *engineering* construction *f* souterraine; ~ *movement* mouvement *m* clandestin; ⚔ résistance *f*; ~ *water* eaux *f/pl.* souterraines; ~ *railway* = **2.** Métro *m*; chemin *m* de fer souterrain; '~**growth** broussailles *f/pl.*; '~**hand** clandestin; sournois (*a. personne*); ~ *service tennis:* service *m* par en dessous; '~'**hung** ⚕ prognathe; coulissant (*porte*); ~**lay 1.** [ʌndə'lei] [*irr.* (*lay*)]: ~ *s.th. with s.th.* mettre qch. sous qch. **2.** ['ʌndəlei] assise *f* de feutre; *géol.* inclinaison *f*; '~'**let** [*irr.* (*let*)] sous-louer; louer à trop bas prix; ⚓ sous-fréter; ~'**lie** [*irr.* (*lie*)] être en dessous *ou* au-dessous *ou* fig. à la base de; ~**line 1.** [ʌndə'lain] souligner; **2.** ['ʌndəlain] légende *f* (*d'une illustration*).

un·der·ling ['ʌndəliŋ] subordonné (-e *f*) *m*; sous-ordre *m*; **un·der·manned** ['~'mænd] à court de personnel *ou* ⚓ d'équipage; **un·der'mine** miner, saper (*a. fig.*). '**un·der·most 1.** *adj.* le (la) plus bas(se *f*); le plus en dessous; **2.** *adv.* en dessous; **un·der·neath** [~'niːθ] **1.** *prp.* au-dessous de, sous; **2.** *adv.* au-dessous; par-dessous.

under...: '~'**nour·ished** mal nourri; '~**pass** *Am.* passage *m* souterrain; '~'**pay** [*irr.* (*pay*)] rétribuer mal; ~'**pin** ⊕ étayer (*un mur*); *fig.* soutenir; '~'**pin·ning** ⊕ étayage *m*; étais *m/pl.*; soutènement *m*; '~**plot** intrigue *f* secondaire; '~'**print** *phot.* tirer (*une épreuve*) trop claire; '~-'**priv·i·leged** déshérité (*a. su.*); ~'**rate** sous-estimer; mésestimer; ~'**score** souligner; '~-'**sec·re·tar·y**

undersell

sous-secrétaire *mf*; '~'sell † [*irr.* (*sell*)] vendre moins cher que (*q.*); vendre (*qch.*) au-dessous de sa valeur; '~shot en dessous, à aubes (*roue*); '~signed soussigné(e *f*) *m*; '~'sized trop petit; rabougri; ~'slung *mot.* à châssis surbaissé; ~'staffed à court de personnel; ~'stand [*irr.* (*stand*)] comprendre (*a. fig.*); s'entendre à; se rendre compte de; *gramm.* sous-entendre; *fig. a.* écouter bien; *make o.s. understood* se faire comprendre; *it is understood that* il est (bien) entendu que; *that is understood* cela va sans dire; *an understood thing* chose *f* convenue; ~'stand·a·ble compréhensible; ~'stand·ing **1.** entendement *m*, compréhension *f*; entente *f*, accord *m*; *on the* ~ *that* à condition que; **2.** intelligent; '~'state rester au-dessous de la vérité; amoindrir (*les faits*); '~'state·ment affirmation *f* qui reste au-dessous de la vérité; amoindrissement *m* (*des faits*).

under...: '~strap·per *see underling*; '~stud·y *théâ.* **1.** doublure *f*; **2.** doubler; ~'take [*irr.* (*take*)] entreprendre; se charger de; ~ *that* F promettre que; '~'tak·er entrepreneur *m* de pompes funèbres; ~·tak·ing [ʌndəˈteikiŋ] entreprise *f* (*a.* †); promesse *f*; '~'tak·ing [ˈʌndəteikiŋ] entreprise *f* de pompes funèbres; '~'ten·ant sous-locataire *mf*; '~tone *fig.* fond *m*; *in an* ~ à demi-voix, à voix basse; '~'val·ue sous-estimer; mésestimer; '~·wear linge *m* de corps; lingerie *f* (*pour dames*); '~'weight manque *m* de poids; '~wood broussailles *f/pl.*; sous-bois *m*; '~'world *les* enfers *m/pl.*; *les* bas-fonds *m/pl.* de la société; '~write † [*irr.* (*write*)] souscrire (*une émission, un risque*); garantir; '~'writ·er assureur *m*; membre *m* d'un syndicat de garantie.

un·de·served □ [ˈʌndiˈzəːvd]; *adv.* ~vidli] immérité; injuste; '**un·de·'serv·ing** peu méritoire; sans mérite (*personne*).

un·de·signed □ [ˈʌndiˈzaind]; *adv.* ~nidli] imprévu; involontaire.

un·de·sir·a·ble □ [ˈʌndiˈzaiərəbl] peu désirable; indésirable (*a. su./mf*).

un·de·terred [ˈʌndiˈtəːd] aucunement découragé.

un·de·vel·oped [ˈʌndiˈveləpt] non développé; inexploité (*terrain*).

un·de·vi·a·ting □ [ʌnˈdiːvieitiŋ] constant; droit.

un·di·gest·ed [ˈʌndiˈdʒestid] mal digéré.

un·dig·ni·fied □ [ʌnˈdignifaid] qui manque de dignité; peu digne.

un·dis·cerned □ [ˈʌndiˈsəːnd] inaperçu; '**un·dis·'cern·ing** sans discernement.

un·dis·charged [ˈʌndisˈtʃɑːdʒd] inaccompli (*tâche etc.*); inacquitté (*dette*); non réhabilité (*failli*).

un·dis·ci·plined [ʌnˈdisiplind] indiscipliné.

un·dis·crim·i·nat·ing □ [ˈʌndisˈkrimineitiŋ] sans discernement.

un·dis·guised □ [ˈʌndisˈgaizd] non déguisé; franc(he *f*).

un·dis·posed [ˈʌndisˈpouzd] peu disposé (*à, to*); (*usu.* ~*of*) qui reste; † non vendu.

un·dis·put·ed □ [ˈʌndisˈpjuːtid] incontesté.

un·dis·turbed □ [ˈʌndisˈtəːbd] tranquille; calme; non dérangé.

un·di·vid·ed □ [ˈʌndiˈvaidid] individé; non partagé; tout.

un·do [ʌnˈduː] [*irr.* (*do*)] défaire (= *ouvrir*); dénouer; annuler; réparer (*un mal*); † ruiner; † tuer; '**un·'do·ing** action *f* de défaire *etc.*; ruine *f*, perte *f*; **un·done** [ʌnˈdʌn] défait *etc.*; inachevé; non accompli; *he is* ~ c'en est fait de lui; *come* ~ se défaire.

un·doubt·ed □ [ʌnˈdautid] indubitable; incontestable.

un·dreamt-of [ʌnˈdremtɔv] inattendu; inimaginé.

un·dress [ˈʌnˈdres] **1.** (se) déshabiller *ou* dévêtir; **2.** déshabillé *m*, négligé *m*; ⚔ petite tenue *f*; '**un·'dressed** déshabillé; en déshabillé; brut (*pierre*); inapprêté (*cuir etc.*); non pansé (*blessure*); *cuis.* non garni *ou* habillé.

un·due [ʌnˈdjuː] (*adv.* **unduly**) inexigible; † non échu; injuste; exagéré; illégitime.

un·du·late [ˈʌndjuleit] *vt/i.* onduler; *v/i.* ondoyer; '**un·du·lat·ing** □ ondulé; vallonné (*terrain*); ondoyant (*blé*); **un·du·la·tion** ondulation *f*; pli *m* de terrain; **un·du·la-**

unfermented

to·ry ['‿lətəri] ondulatoire; ondulé.

un·dy·ing □ [ʌn'daiiŋ] immortel(le f); éternel(le f).

un·earned ['ʌn'ə:nd] immérité; ~ *income* rente f, -s f/pl.

un·earth ['ʌn'ə:θ] déterrer; *chasse:* faire sortir de son trou; *fig.* découvrir, F dénicher; **un'earth·ly** sublime; surnaturel(le f); F abominable.

un·eas·i·ness [ʌn'i:zinis] gêne f; inquiétude f; **un'eas·y** □ gêné; mal à l'aise; inquiet (-ète f) (au sujet de, *about*).

un·eat·a·ble ['ʌn'i:təbl] immangeable.

un·e·co·nom·ic, un·e·co·nom·i·cal □ ['ʌni:kə'nɔmik(l)] non économique; non rémunérateur (-trice f) (*travail etc.*).

un·ed·u·cat·ed ['ʌn'edjukeitid] sans éducation; ignorant; vulgaire (*langage*).

un·em·bar·rassed ['ʌnim'bærəst] peu gêné, désinvolte.

un·e·mo·tion·al □ ['ʌni'mouʃnl] peu émotif (-ive f); peu impressionnable.

un·em·ployed ['ʌnim'plɔid] **1.** désœuvré, inoccupé; sans travail; ⚒ en non-activité; ✝ inemployé; **2.:** *the* ~ *pl.* les chômeurs m/pl.; *Welfare Work for the* ♀ *assistance* f sociale contre le chômage; **'un·em'ploy·ment** chômage m; manque m de travail; ~ *benefit* secours m de chômage; allocation f de chômage.

un·end·ing □ ['ʌn'endiŋ] sans fin; interminable; éternel(le f).

un·en·dur·a·ble ['ʌnin'djuərəbl] insupportable.

un·en·gaged ['ʌnin'geidʒd] libre; disponible; non fiancé.

un-English ['ʌn'iŋgliʃ] peu anglais.

un·en·light·ened *fig.* ['ʌnin'laitnd] non éclairé.

un·en·ter·pris·ing ['ʌn'entəpraiziŋ] peu entreprenant.

un·en·vi·a·ble □ ['ʌn'enviəbl] peu enviable.

un·e·qual □ ['ʌn'i:kwəl] inégal (-aux m/pl.); irrégulier (-ère f); ~ *to* au-dessous de; *be* ~ *to* (*inf.*) ne pas être de taille à (*inf.*); **'un'e·qual(l)ed** sans égal (-aux m/pl.); sans pareil(le f).

un·e·qui·vo·cal □ ['ʌni'kwivəkl] clair; franc(he f); sans équivoque.

un·err·ing □ ['ʌn'ə:riŋ] infaillible.

un·es·sen·tial □ ['ʌni'senʃl] non essentiel(le f); accessoire.

un·e·ven □ ['ʌn'i:vn] inégal (-aux m/pl.) (a. humeur, souffle); accidenté (*terrain*); raboteux (-euse f) (*chemin*); rugueux (-euse f); impair (*nombre*); irrégulier (-ère f).

un·e·vent·ful □ ['ʌni'ventful] calme; sans incidents.

un·ex·am·pled ['ʌnig'zɑ:mpld] unique; sans pareil(le f).

un·ex·cep·tion·a·ble □ ['ʌnik'sepʃənəbl] irréprochable; irrécusable (*témoignage*).

un·ex·pect·ed □ ['ʌniks'pektid] imprévu; inattendu.

un·ex·plored ['ʌniks'plɔ:d] encore inconnu; ⚓ insondé.

un·ex·posed *phot.* ['ʌniks'pouzd] vierge.

un·ex·pressed ['ʌniks'prest] inexprimé; sousentendu (*a. gramm.*).

un·fad·ing □ [ʌn'feidiŋ] bon teint *inv.*; *fig.* impérissable.

un·fail·ing □ [ʌn'feiliŋ] sûr, infaillible; qui ne se dément jamais; inépuisable.

un·fair □ ['ʌn'fɛə] inéquitable; injuste, partial (-aux m/pl.) (*personne*); déloyal (-aux m/pl.) (*jeu etc.*); **'un'fair·ness** injustice f; partialité f; déloyauté f.

un·faith·ful □ ['ʌn'feiθful] infidèle; inexact; déloyal (-aux m/pl.) (envers, *to*); **'un'faith·ful·ness** infidélité f.

un·fal·ter·ing □ [ʌn'fɔ:ltəriŋ] ferme; assuré.

un·fa·mil·iar ['ʌnfə'miljə] étranger (-ère f); peu connu *ou* familier (-ère f).

un·fash·ion·a·ble □ ['ʌn'fæʃnəbl] démodé.

un·fas·ten ['ʌn'fɑ:sn] délier; détacher; ouvrir; défaire.

un·fath·om·a·ble □ [ʌn'fæðəməbl] insondable.

un·fa·vo(u)r·a·ble □ ['ʌn'feivərəbl] défavorable.

un·feel·ing □ [ʌn'fi:liŋ] insensible.

un·feigned □ [ʌn'feind; *adv.* ‿nidli] sincère, réel(le f), vrai.

un·felt ['ʌn'felt] insensible.

un·fer·ment·ed ['ʌnfə:'mentid] non fermenté.

unfetter

un·fet·ter ['ʌn'fetə] désenchaîner; briser les fers de; *fig.* affranchir.
un·fil·i·al ☐ ['ʌn'filjəl] indigne d'un fils.
un·fin·ished ['ʌn'finiʃt] inachevé; imparfait; ⊕ brut.
un·fit 1. ☐ ['ʌn'fit] peu propre, qui ne convient pas (à *inf.*, to *inf.*; à qch., for *s.th.*); inapte (à, for); 2. [ʌn'fit] rendre inapte *ou* impropre (à, for); 'un'fit·ness inaptitude *f*; mauvaise santé *f*; un'fit·ted (to, for) impropre (à); incapable (de); indigne (de).
un·fix ['ʌn'fiks] (se) détacher, défaire; 'un'fixed mobile; instable (*personne*); flottant; *phot.* non fixé.
un·flag·ging ☐ [ʌn'flægiŋ] infatigable; soutenu (*intérêt*).
un·flat·ter·ing ☐ ['ʌn'flætəriŋ] peu flatteur (-euse *f*) (pour, to).
un·fledged ['ʌn'fledʒd] sans plumes; *fig.* sans expérience.
un·flinch·ing ☐ [ʌn'flintʃiŋ] ferme, qui ne bronche pas; stoïque; impassible.
un·fold ['ʌn'fould] (se) déployer; (se) dérouler; *v/t.* [ˌ'fould] révéler; développer.
un·forced ☐ ['ʌn'fɔ:st; *adv.* ˌsidli] libre; volontaire; naturel(le *f*).
un·fore·seen ['ʌnfɔ:'si:n] imprévu, inattendu; [inoubliable.\
un·for·get·ta·ble ☐ ['ʌnfə'getəbl]]
un·for·giv·a·ble [ʌnfə'givəbl] impardonnable; 'un·for'giv·ing implacable; rancunier (-ère *f*).
un·for·got·ten ['ʌnfə'gɔtn] inoublié.
un·for·ti·fied ['ʌn'fɔ:tifaid] sans défenses; ouvert (*ville etc.*).
un·for·tu·nate [ʌn'fɔ:tʃənit] 1. ☐ malheureux (-euse *f*) (*a. su.*); défavorable; ˌly malheureusement, par malheur.
un·found·ed ['ʌn'faundid] sans fondement; gratuit; non fondé.
un·fre·quent·ed ['ʌnfri'kwentid] peu fréquenté.
un·friend·ly ['ʌn'frendli] inamical (-aux *m/pl.*); hostile.
un·fruit·ful ☐ ['ʌn'fru:tful] infécond (*arbre*); improductif (-ive *f*).
un·ful·filled ['ʌnful'fild] inaccompli; inassouvi (*désir*); inexaucé (*vœu*).
un·furl [ʌn'fə:l] (se) déferler (*voile, drapeau*); (se) dérouler; (se) déplier.

un·fur·nished ['ʌn'fə:niʃt] dégarni; dépourvu (de, with); non meublé (*appartement etc.*).
un·gain·li·ness [ʌn'geinlinis] gaucherie *f*; air *m* gauche; un'gain·ly gauche; dégingandé (*marche*).
un·gear ⊕ ['ʌn'giə] débrayer.
un·gen·er·ous ☐ ['ʌn'dʒenərəs] peu généreux (-euse *f*); ingrat (*sol*).
un·gen·tle ☐ ['ʌn'dʒentl] rude, dur.
un·gen·tle·man·ly [ʌn'dʒentlmənli] mal élevé; impoli.
un·glazed ['ʌn'gleizd] sans vitres; non glacé (*papier*).
un·gloved ['ʌn'glʌvd] déganté.
un·god·li·ness [ʌn'gɔdlinis] impiété *f*; un'god·ly ☐ impie; F abominable.
un·gov·ern·a·ble ☐ [ʌn'gʌvənəbl] irrésistible; effréné; ingouvernable (*enfant, pays*); 'un'gov·erned effréné; sans gouvernement (*pays, peuple*); désordonné.
un·grace·ful ☐ ['ʌn'greisful] gauche; disgracieux (-euse *f*).
un·gra·cious ☐ ['ʌn'greiʃəs] désagréable; peu aimable (*personne*); peu cordial (-aux *m/pl.*) (*accueil etc.*).
un·grate·ful ☐ [ʌn'greitful] ingrat, peu reconnaissant.
un·ground·ed ['ʌn'graundid] sans fondement; ⚡ non (relié) à la terre.
un·grudg·ing ☐ ['ʌn'grʌdʒiŋ] accordé de bon cœur; généreux (-euse *f*).
un·gual *anat.* ['ʌŋgwəl] unguéal (-aux *m/pl.*); ongulé.
un·guard·ed ☐ ['ʌn'gɑ:did] non gardé; sans garde; sans défense (*ville*); ⊕ sans dispositif protecteur; *fig.* imprudent.
un·guent ['ʌŋgwənt] onguent *m*.
un·guid·ed ☐ ['ʌn'gaidid] sans guide.
un·gu·late ['ʌŋgjuleit] (*ou* ˌ *animal*) ongulé *m*.
un·hal·lowed [ʌn'hæloud] profane; imbéni; *fig.* impie.
un·ham·pered ['ʌn'hæmpəd] libre.
un·hand·some ☐ [ʌn'hænsəm] laid (*action*); vilain.
un·hand·y ☐ ['ʌn'hændi] incommode; maladroit, gauche (*personne*).
un·hap·pi·ness [ʌn'hæpinis] chagrin *m*; inopportunité *f*; un'hap·py

☐ triste, malheureux (-euse *f*); *fig.* peu heureux (-euse *f*).
un·harmed ['ʌn'hɑːmd] sain et sauf (-ve *f*).
un·har·ness ['ʌn'hɑːnis] dételer.
un·health·y ☐ [ʌn'helθi] malsain (*a. fig.*); maladif (-ive *f*) (*personne*).
un·heard ['ʌn'həːd] non entendu; ~-of [ʌn'həːdɔv] inouï; inconnu.
un·heed·ed ['ʌn'hiːdid] négligé; inaperçu.
un·hes·i·tat·ing ☐ [ʌn'heziteitiŋ] ferme, résolu; prompt.
un·hinge [ʌn'hindʒ] enlever (*une porte*) de ses gonds; *fig.* déranger, détraquer.
un·his·tor·i·cal ☐ ['ʌnhis'tɔrikl] contraire à l'histoire; légendaire.
un·ho·ly [ʌn'houli] profane; impie (*personne*); F invraisemblable.
un·hon·o(u)red ['ʌn'ɔnəd] qui n'est pas honoré; dédaigné; ✝ impayé (*chèque etc.*).
un·hook ['ʌn'huk] (se) décrocher; (se) dégrafer.
un·hoped-for [ʌn'houptfɔː] inespéré; inattendu; un'hope·ful [~ful] peu optimiste; désespérant.
un·horse ['ʌn'hɔːs] désarçonner; dételer (*une voiture*).
un·house ['ʌn'hauz] déloger; laisser sans abri.
un·hurt ['ʌn'həːt] intact; sans blessure (*personne*); indemne.
u·ni·corn ['juːnikɔːn] licorne *f*.
u·ni·fi·ca·tion [juːnifi'keiʃn] unification *f*.
u·ni·form ['juːnifɔːm] 1. ☐ uniforme; constant; ~ *price* prix *m* unique; 2. uniforme *m*; ⚔ *a.* habit *m* d'ordonnance; 3. vêtir d'un uniforme; ~*d* en uniforme; u·ni'form·i·ty uniformité *f*; régularité *f*; *eccl.* conformisme *m*.
u·ni·fy ['juːnifai] unifier.
u·ni·lat·er·al ['juːni'lætərəl] unilatéral (-aux *m/pl.*).
un·im·ag·i·na·ble ☐ [ʌni'mædʒinəbl] inconcevable; 'un·im'ag·i·na·tive ☐ [~nətiv] prosaïque.
un·im·paired ['ʌnim'pɛəd] intact; non diminué; non affaibli.
un·im·peach·a·ble ☐ [ʌnim'piːtʃəbl] inattaquable; irréprochable (*conduite*).
un·im·por·tant ☐ ['ʌnim'pɔːtənt] sans importance; insignifiant.

un·im·proved ['ʌnim'pruːvd] non amélioré; ✍, *fig.* inculte.
un·in·flu·enced ['ʌn'influənst] libre de toute prévention; non influencé.
un·in·formed ['ʌnin'fɔːmd] ignorant; non averti.
un·in·hab·it·a·ble ['ʌnin'hæbitəbl] inhabitable; 'un·in'hab·it·ed inhabité; désert.
un·in·jured ['ʌn'indʒəd] intact; sain et sauf (-ve *f*) (*personne*); indemne.
un·in·struct·ed ['ʌnin'strʌktid] ignorant; sans instruction.
un·in·tel·li·gi·bil·i·ty ['ʌnintelidʒə'biliti] inintelligibilité *f*; 'un·in-'tel·li·gi·ble inintelligible.
un·in·ten·tion·al ☐ ['ʌnin'tenʃənl] involontaire; non voulu.
un·in·ter·est·ing ☐ ['ʌn'intristiŋ] sans intérêt; peu intéressant.
un·in·ter·rupt·ed ☐ ['ʌnintə-'rʌptid] ininterrompu; ~ *working-hours* heures *f/pl.* de travail d'affilée.
un·in·vit·ed ['ʌnin'vaitid] sans être invité; intrus; 'un·in'vit·ing ☐ peu attrayant.
un·ion ['juːnjən] union *f* (*a.* ⊕, *pol. etc.*); réunion *f*; *pol.* syndicat *m*; association *f*; asile *m* des pauvres; *fig.* concorde *f*; ⚕ soudure *f*; ⊕ raccord *m*; ♀ *Jack* pavillon *m* britannique; ~ *suit Am.* combinaison *f*; 'un·ion·ism *pol. etc.* unionisme *m*; syndicalisme *m*; 'un·ion·ist *pol. etc.* unioniste *mf*; syndiqué(e *f*) *m*; syndicaliste *mf*.
u·nique [juː'niːk] 1. ☐ unique; seul en son genre; 2. chose *f* unique.
u·ni·son ♩, *a. fig.* ['juːnizn] unisson *m*; *in* ~ à l'unisson (de, *with*); *fig.* de concert (avec, *with*).
u·nit ['juːnit] unité *f* (*a.* ⚔, Ⓐ, ✝, *mesure*); élément *m*; ⊕ bloc *m*; U·ni·tar·i·an [juːni'tɛəriən] 1. unita(i)rien(ne *f*) *m*; unitaire *mf*; 2. = u·ni·tar·y ['~təri] unitaire; u·nite [juː'nait] (s')unir; (se)réunir; (se) joindre (à, *with*); 2*d Kingdom* Royaume-Uni *m*; 2*d Nations Organisation* Organisation *f* des Nations Unies; 2*d States pl.* États-Unis *m/pl.* (d'Amérique); u·ni·ty ['~niti] unité *f*.
u·ni·ver·sal ☐ [juːni'vəːsəl] universel(le *f*); ~ *legatee* légataire *m* universel; ⊕ ~ *joint* joint *m* brisé

universality 1148

ou de cardan; ~ *language* langue *f* universelle; ⚥ *Postal Union* Union *f* Postale Universelle; ~ *suffrage* suffrage *m* universel; **u·ni·ver·sal·i·ty** [ˌ~'sæliti] universalité *f*; **u·ni·verse** ['~vəːs] univers *m*; **u·ni·ver·si·ty** [ˌ~'vəːsiti] université *f*.

un·just □ ['ʌn'dʒʌst] injuste (avec, envers, pour *to*); **un·jus·ti·fi·a·ble** □ ['ʌn'dʒʌstifaiəbl] injustifiable; inexcusable.

un·kempt ['ʌn'kempt] mal peigné; *fig.* mal *ou* peu soigné; mal tenu.

un·kind □ [ʌn'kaind] dur, cruel (-le *f*); peu aimable.

un·knot ['ʌn'nɔt] dénouer.

un·know·ing □ ['ʌn'nouiŋ] ignorant; inconscient (de, *of*); **un·known** 1. inconnu (de, à *to*); *adv.* ~ *to me* à mon insu; 2. inconnu *m*; *personne:* inconnu(e *f*) *m*; ⚥ inconnue *f*.

un·lace ['ʌn'leis] délacer, défaire.

un·lade ['ʌn'leid] [*irr.* (*lade*)] décharger (*a.* ⚓); *fig.* délester.

un·la·dy·like ['ʌn'leidilaik] peu distingué; vulgaire.

un·laid ['ʌn'leid] détordu (*câble*); non posé (*tapis*); non mis (*couvert, table*).

un·la·ment·ed [ʌnlə'mentid] non (regretté.)

un·latch ['ʌn'lætʃ] lever le loquet de; ouvrir.

un·law·ful □ ['ʌn'lɔːful] illégal (-aux *m/pl.*); contraire à la loi; illicite; *p.ext.* illégitime.

un·learn ['ʌn'ləːn] désapprendre; '**un·learn·ed** □ [ˌ~id] ignorant; illettré; peu versé (dans, *in*).

un·leash ['ʌn'liːʃ] découpler, lâcher; *fig.* déchaîner; détacher.

un·leav·ened ['ʌn'levnd] sans levain, azyme.

un·less [ən'les] 1. *cj.* à moins que (*sbj.*); à moins de (*inf.*); si ... ne ... pas; 2. *prp.* sauf, excepté.

un·let·tered ['ʌn'letəd] illettré.

un·li·censed ['ʌn'laisənst] non autorisé; sans brevet.

un·like □ ['ʌn'laik] différent (de *q.*, [*to*] *s.o.*); dissemblable; à la différence de; **un'like·li·hood** improbabilité *f*; **un'like·ly** invraisemblable, improbable.

un·lim·it·ed [ʌn'limitid] illimité; sans bornes (*a. fig.*).

un·link ['ʌn'liŋk] défaire, détacher; ~ *hands* se lâcher.

un·load ['ʌn'loud] décharger (*un bateau, une voiture, une cargaison; a. une arme à feu; a. phot.*); ⚓ se décharger de; *fig.* ~ *one's heart* épancher son cœur, se soulager.

un·lock ['ʌn'lɔk] ouvrir; tourner la clef dans; débloquer (*une roue*); *mot.* déverrouiller (*la direction*).

un·looked-for [ʌn'luktfɔː] imprévu; inattendu.

un·loose(n) ['ʌn'luːs(n)] lâcher; défaire.

un·lov·a·ble ['ʌn'lʌvəbl] peu aimable *ou* sympathique; '**un'love·ly** sans charme; laid; '**un'lov·ing** □ froid; peu affectueux (-euse *f*).

un·luck·y □ [ʌn'lʌki] malheureux (-euse *f*).

un·make ['ʌn'meik] [*irr.* (*make*)] défaire (*qch.*, *une œuvre*); perdre (*q.*), causer la ruine de (*q.*).

un·man ['ʌn'mæn] amollir (*une nation*); attendrir; *fig.* décourager.

un·man·age·a·ble □ [ʌn'mænidʒəbl] intraitable; indocile; difficile à manier; difficile à diriger (*entreprise*).

un·man·ly ['ʌn'mænli] efféminé; indigne d'un homme.

un·man·ner·ly [ʌn'mænəli] sans savoir-vivre; impoli, mal élevé.

un·mar·ried ['ʌn'mærid] célibataire; non marié.

un·mask ['ʌn'mɑːsk] (se) démasquer; *v/t. fig.* dévoiler.

un·matched ['ʌn'mætʃt] incomparable; désassorti.

un·mean·ing □ [ʌn'miːniŋ] vide de sens; **un·meant** ['ʌn'ment] involontaire; fait sans intention.

un·meas·ured [ʌn'meʒəd] non mesuré; *fig.* infini.

un·men·tion·a·ble [ʌn'menʃnəbl] 1. dont il ne faut pas parler; qu'il ne faut pas prononcer; 2. F *the* ~*s pl.* le pantalon *m*.

un·mer·ci·ful □ [ʌn'məːsiful] impitoyable.

un·mer·it·ed ['ʌn'meritid] immérité.

un·mind·ful □ [ʌn'maindful] négligent (*personne*); ~ *of* oublieux (-euse *f*) de; sans penser à.

un·mis·tak·a·ble □ ['ʌnmis'teikəbl] clair; qui ne prête à aucune erreur; facilement reconnaissable.

un·mit·i·gat·ed [ʌn'mitigeitid] non mitigé; *fig.* parfait; véritable.

un·mo·lest·ed ['ʌnmo'lestid] sans être molesté; sans empêchement.

un·moor ['ʌn'muə] dé(sa)marrer; désaffourcher.

un·mort·gaged ['ʌn'mɔ:gidʒd] libre d'hypothèques.

un·mount·ed ['ʌn'mauntid] non monté; non serti (*pierre précieuse*); non encadré (*photo etc.*); ⚔ à pied.

un·moved □ ['ʌn'mu:vd] toujours en place; *fig.* impassible.

un·mu·si·cal □ ['ʌn'mju:zikl] peu mélodieux (-euse *f*); peu musical (-aux *m/pl.*); qui n'aime pas la musique (*personne*).

un·muz·zle ['ʌn'mʌzl] démuseler (*a. fig.*); ~d *a.* sans muselière.

un·named ['ʌn'neimd] anonyme.

un·nat·u·ral □ [ʌn'nætʃrl] non naturel(le *f*); anormal (-aux *m/pl.*); forcé; dénaturé (*père etc.*).

un·nec·es·sar·y □ [ʌn'nesisəri] superflu.

un·neigh·bo(u)r·ly ['ʌn'neibəli] de mauvais voisin; peu obligeant.

un·nerve ['ʌn'nə:v] effrayer; faire perdre son courage (*etc.*) à (*q.*).

un·no·ticed ['ʌn'noutist] inaperçu.

un·num·bered ['ʌn'nʌmbəd] non numéroté; *poét.* innombrable.

un·ob·jec·tion·a·ble □ [ʌnəb'dʒekʃnəbl] irréprochable.

un·ob·serv·ant □ [ʌnəb'zə:vənt] peu observateur (-trice *f*); be ~ of ne pas faire attention à; faire peu de cas de; **'un·ob'served** □ inaperçu, inobservé.

un·ob·tru·sive □ [ʌnəb'tru:siv] modeste; discret (-ète *f*).

un·oc·cu·pied ['ʌn'ɔkjupaid] inoccupé; oisif (-ive *f*); inhabité; libre.

un·of·fend·ing ['ʌnə'fendiŋ] innocent.

un·of·fi·cial □ ['ʌnə'fiʃl] officieux (-euse *f*); non confirmé.

un·op·posed ['ʌnə'pouzd] sans opposition; *pol.* unique (*candidat*).

un·os·ten·ta·tious □ ['ʌnɔstən'teiʃəs] simple; modeste; sans faste.

un·pack ['ʌn'pæk] déballer; défaire (*v/i.* sa valise *etc.*).

un·paid ['ʌn'peid] impayé; sans traitement; † non acquitté; non affranchi (*lettre*).

un·pal·at·a·ble [ʌn'pælətəbl] désagréable (*au goût, a. fig.*).

un·par·al·leled [ʌn'pærəleld] incomparable; sans égal (-aux *m/pl.*); sans précédent.

un·par·don·a·ble □ [ʌn'pɑ:dnəbl] impardonnable.

un·par·lia·men·ta·ry □ ['ʌnpɑ:lə'mentəri] antiparlementaire; F grossier (-ère *f*).

un·pa·tri·ot·ic ['ʌnpætri'ɔtik] (~ally) peu patriotique; peu patriote (*personne*).

un·paved ['ʌn'peivd] non pavé.

un·peo·ple ['ʌn'pi:pl] dépeupler.

un·per·ceived □ ['ʌnpə'si:vd] inaperçu; non ressenti.

un·per·formed ['ʌnpə'fɔ:md] inexécuté (*a. ♪*); ♪, *théâ.* non joué.

un·phil·o·soph·i·cal □ ['ʌnfilə'sɔfikl] peu philosophique.

un·picked ['ʌn'pikt] non trié; non cueilli (*fruit*).

un·pin ['ʌn'pin] enlever les épingles de; défaire; ⊕ dégoupiller.

un·pit·ied ['ʌn'pitid] sans être plaint; que personne ne plaint.

un·placed ['ʌn'pleist] sans place; *turf:* non placé; non classé.

un·pleas·ant □ [ʌn'pleznt] désagréable; fâcheux (-euse *f*); **un'pleas·ant·ness** caractère *m* désagréable; *fig.* ennui *m*.

un·plumbed ['ʌn'plʌmd] insondé.

un·po·et·ic, un·po·et·i·cal □ ['ʌnpou'etik(l)] peu poétique.

un·pol·ished ['ʌn'pɔliʃt] non poli; non verni; *fig.* fruste.

un·pol·lut·ed ['ʌnpə'lu:tid] impollué; pur.

un·pop·u·lar □ ['ʌn'pɔpjulə] impopulaire; mal vu; **un·pop·u·lar·i·ty** ['~'læriti] impopularité *f*.

un·prac·ti·cal □ ['ʌn'præktikl] impraticable; peu pratique (*personne*); **'un'prac·ticed, 'un'prac·tised** [~tist] (*in*) inexercé (à, dans); peu versé (dans).

un·prec·e·dent·ed □ [ʌn'presidəntid] sans précédent; inouï.

un·prej·u·diced □ ['ʌn'predʒudist] sans préjugé; impartial (-aux *m/pl.*).

un·pre·med·i·tat·ed □ ['ʌnpri'mediteitid] impromptu; spontané; ⚖ non prémédité.

un·pre·pared □ ['ʌnpri'pɛəd; *adv.* ~ridli] non préparé; au dépourvu; improvisé (*discours*).

un·pre·pos·sess·ing ['ʌnpri:pə'zesiŋ] peu engageant.

unpresentable 1150

un·pre·sent·a·ble ['ʌnpri'zentəbl] peu présentable.
un·pre·tend·ing □ ['ʌnpri'tendiŋ], **un·pre'ten·tious** □ sans prétention.
un·prin·ci·pled ['ʌn'prinsəpld] sans principes; improbe.
un·pro·duc·tive □ ['ʌnprə'dʌktiv] improductif (-ive f); stérile; ✝ dormant (capital); be ~ of ne pas produire (qch.).
un·pro·fes·sion·al □ ['ʌnprə'feʃənl] contraire aux usages du métier; sp. amateur.
un·prof·it·a·ble □ [ʌn'prɔfitəbl] improfitable; inutile; ingrat; **un·'prof·it·a·ble·ness** inutilité f.
un·prom·is·ing □ ['ʌn'prɔmisiŋ] qui promet peu; qui s'annonce mal (temps).
un·pro·nounce·a·ble □ ['ʌnprə'naunsəbl] imprononçable.
un·pro·pi·tious □ ['ʌnprə'piʃəs] impropice; peu favorable (à, to).
un·pro·tect·ed □ ['ʌnprə'tektid] sans défense; ⊕ exposé.
un·proved ['ʌn'pruːvd] non prouvé.
un·pro·vid·ed ['ʌnprə'vaidid] non fourni; dépourvu (de, with); **un·pro'vid·ed-for** imprévu; non prévu; (laissé) sans ressources (personne).
un·pro·voked □ ['ʌnprə'voukt] non provoqué; gratuit.
un·pub·lished ['ʌn'pʌbliʃt] non publié; inédit.
un·punc·tual □ ['ʌn'pʌŋktjuəl] inexact; en retard; **un·punc·tu·al·i·ty** ['~æliti] inexactitude f.
un·pun·ished ['ʌn'pʌniʃt] impuni; go ~ rester impuni; échapper à la punition (personne).
un·qual·i·fied □ [ʌn'kwɔlifaid] incompétent; sans diplôme; fig. absolu, sans réserve; F achevé, fieffé (menteur etc.).
un·quench·a·ble □ [ʌn'kwentʃəbl] inextinguible; fig. inassouvissable.
un·ques·tion·a·ble □ [ʌn'kwestʃənəbl] incontestable; indiscutable; **un·'ques·tioned** incontesté; indiscuté; **un·'ques·tion·ing** □ fig. aveugle.
un·quote ['ʌn'kwout] fermer les guillemets; **un·'quot·ed** Bourse: non coté.
un·rav·el [ʌn'rævl] (s')effiler; (se) défaire; (s')éclaircir; v/t. dénouer (une intrigue).
un·read ['ʌn'red] non lu; illettré (personne); **un·read·a·ble** ['ʌn'riːdəbl] illisible.
un·read·i·ness ['ʌn'redinis] manque m de préparation ou promptitude; **'un·'read·y** □: be ~ ne pas être prêt ou prompt, être peu disposé (à qch., for s.th.; à inf., to inf.); attr. hésitant.
un·real □ ['ʌn'riəl] irréel(le f); **un·re·al·is·tic** ['ʌnriə'listik] peu réaliste; peu pratique.
un·rea·son ['ʌn'riːzn] déraison f; **un·'rea·son·a·ble** □ déraisonnable; exorbitant; indu; a. exigeant (personne).
un·re·claimed ['ʌnri'kleimd] non réformé; indéfriché (terrain).
un·rec·og·niz·a·ble □ ['ʌn'rekəgnaizəbl] méconnaissable; **'un·'rec·og·nized** non reconnu; méconnu (génie etc.). [réconcilié.]
un·rec·on·ciled ['ʌn'rekənsaild] ir-]
un·re·cord·ed ['ʌnri'kɔːdid] non enregistré (a. ♩).
un·re·deemed □ ['ʌnri'diːmd] non racheté ou récompensé (par, by); inaccompli (promesse); ✝ non remboursé ou amorti.
un·re·dressed ['ʌnri'drest] non redressé.
un·reel ['ʌn'riːl] (se) découler.
un·re·fined ['ʌnri'faind] non raffiné; brut; fig. grossier (-ère f); fruste.
un·re·formed ['ʌnri'fɔːmd] non réformé; qui ne s'est pas corrigé.
un·re·gard·ed ['ʌnri'gɑːdid] négligé; **'un·re'gard·ful** [~ful] (of) négligent (de); peu soigneux (-euse f) (de); inattentif (-ive f) (à).
un·reg·is·tered ['ʌn'redʒistəd] non enregistré, non inscrit; non déposé (marque); non recommandé (lettre).
un·re·gret·ted ['ʌnri'gretid] (mourir) sans laisser de regrets.
un·re·lat·ed ['ʌnri'leitid] sans rapport (avec, to); non apparenté (personne).
un·re·lent·ing □ ['ʌnri'lentiŋ] implacable; acharné.
un·re·li·a·ble ['ʌnri'laiəbl] sur lequel on ne peut pas compter.
un·re·lieved □ ['ʌnri'liːvd] non soulagé; sans secours; monotone.
un·re·mit·ting □ ['ʌnri'mitiŋ] ininterrompu; soutenu.

un·re·mu·ner·a·tive □ ['ʌnri'mju:-nərətiv] peu rémunérateur (-trice *f*).
un·re·pealed ['ʌnri'pi:ld] irrévoqué; encore en vigueur; non abrogé.
un·re·pent·ed ['ʌnri'pentid] non regretté.
un·re·quit·ed □ ['ʌnri'kwaitid] non récompensé; non partagé (*sentiment*).
un·re·sent·ed ['ʌnri'zentid] dont on ne se froisse pas.
un·re·served □ ['ʌnri'zə:vd]; *adv.* ~vidli] sans réserve; franc(he *f*); entier (-ère *f*); non réservé (*place*).
un·re·sist·ing □ ['ʌnri'zistiŋ] docile; qui ne résiste pas; mou (mol *devant une voyelle ou un h muet*; molle *f*); souple.
un·re·spon·sive ['ʌnris'pɔnsiv] froid; peu sensible (à, *to*).
un·rest ['ʌn'rest] inquiétude *f*; malaise *m*; *pol.* agitation *f*; *pol. etc.* mécontentement *m*.
un·re·strained □ ['ʌnris'treind] non restreint; effréné; immodéré.
un·re·strict·ed □ ['ʌnris'triktid] absolu; sans restriction.
un·re·vealed ['ʌnri'vi:ld] non divulgué; caché.
un·re·ward·ed ['ʌnri'wɔ:did] sans récompense; non récompensé.
un·rhymed ['ʌn'raimd] sans rime(s); ~ verse vers *m/pl.* blancs.
un·rid·dle ['ʌn'ridl] résoudre.
un·rig ⚓ ['ʌn'rig] dégréer; dégarnir.
un·right·eous □ ['ʌn'raitʃəs] impie; injuste.
un·rip ['ʌn'rip] découdre; ouvrir en déchirant.
un·ripe ['ʌn'raip] vert; *fig.* pas encore mûr.
un·ri·val(l)ed ['ʌn'raivəld] sans pareil(le *f*); incomparable.
un·roll ['ʌn'roul] (se) dérouler.
un·rope *alp.* ['ʌn'roup] détacher la corde.
un·ruf·fled ['ʌn'rʌfld] calme (*personne, mer*); serein (*a. personne*).
un·ruled ['ʌn'ru:ld] non gouverné; *fig.* sans frein; sans lignes (*papier*).
un·rul·y [ʌn'ru:li] indiscipliné, mutin; *fig.* déréglé; fougueux (-euse *f*) (*cheval*).
un·sad·dle ['ʌn'sædl] desseller (*un cheval*); désarçonner (*un cavalier*).
un·safe □ ['ʌn'seif] dangereux (-euse *f*); ✝ véreux (-euse *f*).

un·said ['ʌn'sed] non prononcé; *leave* ~ passer sous silence.
un·sal(e)·a·ble ['ʌn'seiləbl] invendable.
un·sanc·tioned ['ʌn'sæŋkʃnd] non autorisé; non ratifié.
un·san·i·tar·y ['ʌn'sænitəri] non hygiénique; insalubre.
un·sat·is·fac·to·ry □ ['ʌnsætis-'fæktəri], **un·sat·is·fy·ing** □ [~-faiiŋ] peu satisfaisant; défectueux (-euse *f*).
un·sa·vo(u)r·y □ ['ʌn'seivəri] désagréable; *fig.* répugnant; vilain.
un·say ['ʌn'sei] [*irr.* (*say*)] rétracter, se dédire de.
un·scathed ['ʌn'skeiðd] indemne; sans dommage *ou* blessure.
un·schooled ['ʌn'sku:ld] illettré; spontané; peu habitué (à, *to*).
un·sci·en·tif·ic ['ʌnsaiən'tifik] (~ally) peu *ou* non scientifique.
un·screw ['ʌn'skru:] (se) dévisser.
un·scru·pu·lous □ [ʌn'skru:pjuləs] sans scrupules.
un·seal ['ʌn'si:l] décacheter (*une lettre*); *fig.* dessiller (les yeux à q., *s.o.'s eyes*).
un·search·a·ble □ [ʌn'sə:tʃəbl] inscrutable.
un·sea·son·a·ble □ [ʌn'si:znəbl] hors de saison; *fig.* inopportun; ~ *weather* temps *m* qui n'est pas de saison; **'un'sea·soned** vert (*bois*); *cuis.* non assaisonné; *fig.* non acclimaté.
un·seat ['ʌn'si:t] désarçonner (*un cavalier*); *parl.* faire perdre son siège à; invalider; **'un'seat·ed** sans chaise; *parl.* non réélu.
un·sea·wor·thy ⚓ ['ʌn'si:wə:ði] incapable de tenir la mer; ⚓ innavigable.
un·seem·li·ness [ʌn'si:mlinis] inconvenance *f*; **un'seem·ly** *adj.* inconvenant; peu convenable.
un·seen ['ʌn'si:n] 1. inaperçu, invisible; 2. *l'*autre monde *m*; *le* surnaturel *m*; *école:* (*a.* ~ *translation*) version *f* à livre ouvert.
un·self·ish □ ['ʌn'selfiʃ] sans égoïsme; désintéressé; dévoué.
un·sen·ti·men·tal ['ʌnsenti'mentl] peu sentimental (-aux *m/pl.*).
un·serv·ice·a·ble □ ['ʌn'sə:visəbl] inutilisable; peu pratique.
un·set·tle ['ʌn'setl] déranger; troubler le repos de (*q.*); ébranler (*les*

unsettled 1152

convictions); **'un·set·tled** dérangé; troublé (*pays etc.*); variable (*temps*); incertain; inquiet (-ète *f*) (*esprit*); ✝ non réglé, impayé; indécis (*question, esprit*); sans domicile fixe; non colonisé (*pays*).

un·shack·le ['ʌn'ʃækl] ôter les fers à; ⚓ détalinguer (*l'ancre*).

un·shak·en ['ʌn'ʃeikn] ferme; constant.

un·shape·ly ['ʌn'ʃeipli] difforme; informe.

un·shav·en ['ʌn'ʃeivn] non rasé.

un·sheathe ['ʌn'ʃi:ð] dégainer.

un·ship ['ʌn'ʃip] décharger (*a.* F *fig.*).

un·shod ['ʌn'ʃɔd] nu-pieds *adj./inv.*; sans fers, déferré (*cheval*).

un·shorn ['ʌn'ʃɔ:n] non tondu; *poét.* non coupé, non rasé.

un·shrink·a·ble *tex.* ['ʌn'ʃriŋkəbl] irrétrécissable; **'un'shrink·ing** □ qui ne bronche pas.

un·sight·ed ['ʌn'saitid] inaperçu; sans hausse (*arme à feu*); **un'sight·ly** laid.

un·signed ['ʌn'saind] sans signature.

un·sized ['ʌn'saizd] sans colle (*papier*).

un·skil(l)·ful □ ['ʌn'skilful] inhabile (à *at, in*); **'un'skilled** inexpérimenté (à, *in*); ~ *work* main-d'œuvre *f* (*pl.* mains-d'œuvre) *f* non spécialisée; ~ *worker* manœuvre *m*.

un·skimmed ['ʌn'skimd] non écrémé.

un·so·cia·ble [ʌn'souʃəbl] farouche; sauvage; **un'so·cial** [~ʃl] insocial (-aux *m/pl.*); *a.* see *unsociable*.

un·sold ['ʌn'sould] invendu.

un·sol·dier·ly ['ʌn'souldʒəli] *adj.* peu militaire.

un·so·lic·it·ed ['ʌnsə'lisitid] spontané; non sollicité.

un·solv·a·ble ['ʌn'sɔlvəbl] insoluble; **'un'solved** non résolu.

un·so·phis·ti·cat·ed ['ʌnsə'fistikeitid] pur; non adultéré; candide, ingénu (*personne*).

un·sought ['ʌn'sɔ:t] **1.** *adj.* non (re)cherché; **2.** *adv.* spontanément.

un·sound □ ['ʌn'saund] peu solide; véreux (-euse *f*); malsain (*personne*); taré (*cheval*); gâté (*pomme etc.*); défectueux (-euse *f*); faux (fausse *f*) (*opinion, doctrine, etc.*); *of* ~ *mind* non sain d'esprit.

un·spar·ing □ ['ʌn'spɛəriŋ] libéral (-aux *m/pl.*); prodigue (de *of, in*); impitoyable (pour q., *of* s.o.).

un·speak·a·ble □ [ʌn'spi:kəbl] indicible; inexprimable; F *fig.* ignoble.

un·spec·i·fied ['ʌn'spesifaid] non spécifié.

un·spent ['ʌn'spent] non dépensé; *fig.* inépuisé.

un·spo·ken ['ʌn'spoukn] non dit; (*a.* **'un'spo·ken-of**) dont on ne fait pas mention.

un·sports·man·like ['ʌn'spɔ:tsmənlaik] indigne d'un sportsman; peu loyal (-aux *m/pl.*).

un·spot·ted ['ʌn'spɔtid] non taché; *fig.* sans tache.

un·sta·ble □ ['ʌn'steibl] instable; peu sûr; inconstant; ✝ peu solide.

un·stamped ['ʌn'stæmpt] non estampé (*papier*); sans timbre, non affranchi (*lettre*).

un·stead·y □ ['ʌn'stedi] peu stable; peu solide; irrésolu; chancelant (*pas*); mal assuré (*voix*); *fig.* déréglé (*personne*); irrégulier (-ère *f*).

un·stint·ed [ʌn'stintid] abondant; à discrétion.

un·stitch ['ʌn'stitʃ] découdre.

un·stop ['ʌn'stɔp] déboucher.

un·strained ['ʌn'streind] non filtré (*liquide*); non tendu (*corde etc.*); *fig.* non forcé, naturel(le *f*).

un·stressed ['ʌn'strest] inaccentué; *gramm.* atone.

un·string ['ʌn'striŋ] [*irr.* (*string*)] déficeler; détraquer (*les nerfs*); dé(sen)filer (*des perles etc.*).

un·stud·ied ['ʌn'stʌdid] naturel(le *f*); ignorant (de, *in*).

un·sub·mis·sive □ ['ʌnsəb'misiv] insoumis, indocile.

un·sub·stan·tial □ ['ʌnsəb'stænʃl] insubstantiel(le *f*); immatériel(le *f*); sans substance; chimérique.

un·suc·cess·ful □ ['ʌnsək'sesful] non réussi; qui n'a pas réussi (*personne*); *pol.* non élu.

un·suit·a·ble □ ['ʌn'sju:təbl] impropre (à *for, to*); déplacé; mal assorti (*mariage*); peu fait (pour *for, to*) (*personne*); **'un'suit·ed** (*for, to*) mal adapté (à); peu fait (pour) (*personne*).

un·sul·lied ['ʌn'sʌlid] immaculé.

un·sure ['ʌn'ʃuə] peu sûr; peu solide.

un·sus·pect·ed ['ʌnsəs'pektid] insoupçonné (de, *by*); non suspect; **'un·sus'pect·ing** qui ne se doute de rien; sans soupçons; sans défiance.

un·sus·pi·cious □ ['ʌnsəs'piʃəs] qui ne suscite pas de soupçons; *be ~ of* ne pas se douter de.

un·swerv·ing □ ['ʌn'swəːviŋ] constant.

un·sworn ['ʌn'swɔːn] qui n'a pas prêté serment.

un·taint·ed □ ['ʌn'teintid] pur, non corrompu (*a. fig.*); *fig.* sans tache (*réputation*).

un·tam(e)·a·ble ['ʌn'teiməbl] inapprivoisable; *fig.* indomptable; **'un'tamed** inapprivoisé; *fig.* indompté.

un·tar·nished ['ʌn'tɑːniʃt] non terni (*a. fig.*); sans tache.

un·tast·ed ['ʌn'teistid] non goûté.

un·taught ['ʌn'tɔːt] illettré (*personne*); naturel(le *f*); *fig.* non enseigné.

un·taxed ['ʌn'tækst] exempt(é) d'impôts *ou* de taxes.

un·teach·a·ble ['ʌn'tiːtʃəbl] incapable d'apprendre (*personne*); non enseignable (*chose*).

un·tem·pered ['ʌn'tempəd] ⊕ détrempé; *fig.* non adouci (de, *with*).

un·ten·a·ble ['ʌn'tenəbl] intenable (*position*); insoutenable (*opinion etc.*).

un·ten·ant·ed ['ʌn'tenəntid] inoccupé; vide; sans locataire.

un·thank·ful □ ['ʌn'θæŋkful] ingrat.

un·think·a·ble [ʌn'θiŋkəbl] inconcevable; **un'think·ing** □ irréfléchi; étourdi.

un·thought ['ʌn'θɔːt], **un'thought-of** oublié; imprévu (*événement*).

un·thread ['ʌn'θred] dé(sen)filer; *fig.* trouver la sortie de.

un·thrift·y □ ['ʌn'θrifti] dépensier (-ère *f*); malvenant (*arbre*).

un·ti·dy □ [ʌn'taidi] en désordre; négligé; mal peigné (*cheveux*).

un·tie ['ʌn'tai] dénouer; délier (*q., qch., un nœud*).

un·til [ən'til] **1.** *prp.* jusqu'à; **2.** *cj.* jusqu'à ce que; jusqu'au moment où.

un·tilled ['ʌn'tild] inculte; en friche.

un·time·ly [ʌn'taimli] prématuré; inopportun; mal à propos.

un·tir·ing □ [ʌn'taiəriŋ] infatigable.

un·to ['ʌntu] *see* to **1**.

un·told ['ʌn'tould] non raconté (*incident etc.*); non computé; *fig.* immense.

un·touched ['ʌn'tʌtʃt] non manié; *fig.* intact; *fig.* indifférent; *phot.* non retouché.

un·trained ['ʌn'treind] inexpérimenté; inexpert; non dressé (*chien etc.*); non formé.

un·trans·fer·a·ble ['ʌntræns'fəːrəbl] intransférable; strictement personnel(le *f*) (*billet*); ⚖ inaliénable.

un·trans·lat·a·ble ['ʌntræns'leitəbl] intraduisible.

un·trav·el(l)ed ['ʌn'trævld] inexploré; qui n'a jamais voyagé (*personne*).

un·tried ['ʌn'traid] inessayé; jamais mis à l'épreuve; ⚖ pas encore jugé (*cause*); pas encore passé en jugement (*détenu*).

un·trimmed ['ʌn'trimd] non arrangé; non taillé (*haie*); ⊕, *a. cuis.* non paré; sans garniture (*robe etc.*).

un·trod·den ['ʌn'trɔdn] non frayé; inexploré.

un·trou·bled ['ʌn'trʌbld] non troublé; calme.

un·true □ ['ʌn'truː] faux (fausse *f*); infidèle (*personne*).

un·trust·wor·thy □ ['ʌn'trʌstwəːði] douteux (-euse *f*); faux (fausse *f*).

un·truth ['ʌn'truːθ] fausseté *f*; mensonge *m*.

un·tu·tored ['ʌn'tjuːtəd] illettré; naturel(le *f*).

un·twine ['ʌn'twain], **un·twist** ['ʌn'twist] (se) détordre, détortiller.

un·used ['ʌn'juːzd] inutilisé; neuf (neuve *f*); ['ʌn'juːst] peu habitué (à, *to*); **un·u·su·al** □ [ʌn'juːʒuəl] extraordinaire; peu commun.

un·ut·ter·a·ble □ [ʌn'ʌtərəbl] indicible; imprononçable (*mot*).

un·val·ued ['ʌn'væljuːd] non *ou* peu estimé (*personne*).

un·var·ied [ʌn'vɛərid] peu varié; uniforme.

un·var·nished ['ʌn'vɑːniʃt] non verni; *fig.* simple.

un·var·y·ing □ [ʌn'vɛəriiŋ] invariable.

un·veil ['ʌn'veil] (se) dévoiler.

un·versed ['ʌn'vəːst] ignorant (de, *in*); peu versé (dans, *in*).

un·voiced ['ʌn'vɔist] non exprimé; *gramm.* sourd (*consonne etc.*), muet(te *f*).

un·vouched [ʌn'vautʃt], *usu.* **un-vouched-for** [ʌn'vautʃtfɔː] non garanti.

un·want·ed [ʌn'wɔntid] non voulu; superflu.

un·war·i·ness [ʌn'wɛərinis] imprudence *f*.

un·war·rant·a·ble □ [ʌn'wɔrəntəbl] inexcusable; **un'war·rant·ed** injustifié; sans garantie.

un·war·y □ [ʌn'wɛəri] imprudent.

un·wa·tered [ʌn'wɔːtəd] sans eau; non arrosé (*jardin*); non dilué (*capital*). [tant; inébranlable.)

un·wa·ver·ing [ʌn'weivəriŋ] cons-)

un·wea·ry·ing □ [ʌn'wiəriiŋ] infatigable.

un·wel·come [ʌn'welkəm] importun; *fig.* fâcheux (-euse *f*).

un·well [ʌn'wel] indisposé.

un·whole·some [ʌn'houlsəm] malsain (*a. fig.*); insalubre.

un·wield·y □ [ʌn'wiːldi] peu maniable; encombrant (*colis*).

un·will·ing □ ['ʌn'wiliŋ] rétif (-ive *f*); fait *etc.* à contre-cœur; be ~ to (*inf.*) ne pas vouloir (*inf.*); be ~ for s.th. to be done ne pas vouloir que qch. soit faite.

un·wind [ʌn'waind] [*irr.* (wind)] (se) dérouler; ⚓ *vt/i.* déviter.

un·wis·dom ['ʌn'wizdəm] imprudence *f*; stupidité *f*; **un·wise** □ ['ʌn'waiz] imprudent; peu sage.

un·wished [ʌn'wiʃt], *usu.* **un-wished-for** [ʌn'wiʃtfɔː] peu désiré.

un·wit·ting □ [ʌn'witiŋ] inconscient.

un·wom·an·ly [ʌn'wumənli] peu digne d'une femme.

un·wont·ed □ [ʌn'wountid] inaccoutumé (à *inf.*, to *inf.*); insolite.

un·work·a·ble [ʌn'wəːkəbl] impraticable; ⚓ immaniable; ⊕ rebelle; inexploitable.

un·wor·thy [ʌn'wəːði] indigne.

un·wound·ed [ʌn'wuːndid] non blessé; sans blessure.

un·wrap [ʌn'ræp] enlever l'enveloppe de; défaire (*un paquet*).

un·wrin·kle [ʌn'riŋkl] (se) dérider.

un·writ·ten [ʌn'ritn] non écrit; coutumier (-ère *f*), oral (-aux *m/pl.*) (*droit*); blanc(he *f*) (*page*).

un·wrought [ʌn'rɔːt] non travaillé; brut.

un·yield·ing □ [ʌn'jiːldiŋ] qui ne cède pas; ferme.

un·yoke [ʌn'jouk] dételer; découpler.

up [ʌp] **1.** *adv.* vers le haut; en montant; haut; en haut; en dessus; en l'air; debout; levé (*a. soleil etc.*); fini (*temps*); fermé (*fenêtre etc.*); ouvert (*fenêtre à guillotine, stores, etc.*); *Am. baseball*: à la batte; *sl.* be ~ hard ~ être fauché (= être à court d'argent); be ~ against a task être aux prises avec une tâche; ~ to jusque, jusqu'à; see date² 1; be ~ to s.th. être à la hauteur de qch.; être capable de qch.; être occupé à faire qch.; it is ~ to me to (*inf.*) c'est à moi de (*inf.*); see mark² 1; what are you ~ to there? qu'est-ce que vous faites *ou* mijotez?; *sl.* what's ~? qu'est-ce qu'il y a ?; qu'est-ce qui se passe?; ~ with au niveau de; it's all ~ with him c'en est fait de lui; *sl.* il est fichu; **2.** *int.* en haut!; **3.** *prp.* au haut de; sans *ou* vers le haut de; ~ the hill en montant *ou* en haut de la colline; **4.** *adj.* ~ train train *m* en direction de la capitale; F train *m* de retour; **5.** *su.*: *Am.* on the ~ and ~ sincère; loyal (-aux *m/pl.*); ~s *pl.* and downs *pl.* ondulations *f/pl.*; *fig.* vicissitudes *f/pl.* (*de la vie*); **6.** F *v/i.* se lever; *v/t.* (*a.* ~ with) lever.

up-and-com·ing *Am.* F ['ʌp-ənd-'kʌmiŋ] ambitieux (-euse *f*); qui promet; qui a de l'avenir.

up·braid [ʌp'breid] reprocher (qch. à q., s.o. with ou for s.th.).

up·bring·ing ['ʌpbriŋiŋ] éducation *f*.

up·cast ['ʌpkɑːst] relèvement *m*; ⚒ (*a.* ~ shaft) puits *m* de retour.

up-coun·try 1. ['ʌp'kʌntri] *adj.* de l'intérieur du pays; **2.** *adv.* [ʌp-'kʌntri] à l'intérieur du pays.

up-cur·rent ⚡ ['ʌpkʌrənt] courant *m* d'air ascendant.

up-grade ['ʌpgreid] montée *f*; on the ~ *fig.* en bonne voie; ✝ à la hausse.

up·heav·al [ʌp'hiːvl] *géol.* soulèvement *m*; *fig.* bouleversement *m*, agitation *f*.

up·hill ['ʌp'hil] montant; *fig.* ardu.

up·hold [ʌp'hould] [*irr.* (hold)] soutenir, maintenir; **up'hold·er** partisan(e *f*) *m*.

up·hol·ster [ʌp'houlstə] tapisser, couvrir (*un meuble*) (de in, with); garnir (*une pièce*); **up'hol·ster·er**

tapissier m; **up·hol·ster·y** tapisserie f d'ameublement; *meuble*: capitonnage m; *mot.* garniture f; *métier*: tapisserie f.

up·keep ['ʌpkiːp] (frais m/pl. d')entretien m.

up·land ['ʌplənd] **1.** *usu.* ∼s *pl.* hautes terres f/pl.; **2.** des montagnes.

up·lift 1. [ʌp'lift] soulever; élever (*a. fig.*); **2.** ['ʌplift] élévation f (*a. fig.*); *géol.* soulèvement m; ✝ reprise f.

up·on [ə'pɔn] *see* **on**.

up·per ['ʌpə] **1.** plus haut; supérieur; *the* ∼ *ten (thousand)* la haute société f; **2.** *usu.* ∼s *pl.* empeignes f/pl.; *bottes*: tiges f/pl.; '∼·**cut** *box.* uppercut m; '∼·**most** le plus haut; principal.

up·pish □ ['ʌpiʃ] arrogant.

up·pi·ty *Am.* F ['ʌpiti] suffisant; arrogant.

up·raise [ʌp'reiz] (sou)lever, élever.

up·rear [ʌp'riə] dresser.

up·right 1. □ ['ʌp'rait] vertical (-aux m/pl.); droit (*a. fig.*); debout; *fig.* ['ʌprait] juste, intègre; **2.** [∼] montant m; piano m droit; *out of* ∼ hors d'aplomb.

up·ris·ing [ʌp'raiziŋ] lever m; insurrection f.

up·roar ['ʌprɔː] *fig.* tapage m, vacarme m; tumulte m; **up'roar·i·ous** □ tumultueux (-euse f); tapageur (-euse f). [racher.)

up·root [ʌp'ruːt] déraciner (*a.*)

up·set [ʌp'set] **1.** [*irr.* (**set**)] renverser; bouleverser (*a. fig.*); déranger; *fig.* mettre (*q.*) en émoi; ✱ indisposer, déranger; ⊕ refouler; **2.**: ∼ *price* mise f à prix, prix m de départ; **3.** renversement m; bouleversement m; désordre m.

up·shot ['ʌpʃɔt] résultat m, dénouement m; *in the* ∼ à la fin.

up·side *adv.* ['ʌpsaid]: ∼ *down* sens dessus dessous; à l'envers; *fig.* en désordre; *turn* ∼ *down* renverser; *fig.* bouleverser.

up·stage F ['ʌp'steidʒ] orgueilleux (-euse f), arrogant.

up·stairs ['ʌp'stɛəz] **1.** *adv.* en haut; jusqu'en haut; **2.** *adj.* d'en haut.

up·start ['ʌpstɑːt] **1.** parvenu(e f) m; **2.** se lever brusquement.

up·state *Am.* ['ʌp'steit] région f éloignée; *surt.* État m de New-York.

up·stream ['ʌp'striːm] **1.** *adv.* en amont; en remontant le courant; **2.** *adj.* d'amont.

up·stroke ['ʌpstrouk] *écriture*: délié m.

up·surge ['ʌpsəːdʒ] soulèvement m; accès m (*de colère etc.*); poussée f.

up·swing ['ʌp'swiŋ] essor m; montée f.

up·take ['ʌpteik] entendement m; F *be slow (quick) in (ou on) the* ∼ avoir la compréhension difficile (facile), saisir mal (vite).

up·throw ['ʌpθrou] rejet m en haut.

up·town ['ʌp'taun] **1.** *adv. Am.* dans le quartier résidentiel de la ville; **2.** *adj.* du quartier bourgeois.

up·turn [ʌp'təːn] **1.** lever; retourner; **2.** *Am.* reprise f des affaires.

up·ward ['ʌpwəd] **1.** *adj.* montant; vers le haut; **2.** *adv.* (*ou* **up·wards** ['∼z]) de bas en haut; vers le haut; en dessus, au-dessus; ∼ *of* plus de.

u·ra·ni·um 🜨 [juə'reinjəm] uranium m.

ur·ban ['əːbən] urbain; **ur·bane** □ [əː'bein] courtois, poli; **ur·ban·i·ty** [əː'bæniti] urbanité f; courtoisie f; politesse f; **ur·ban·i·za·tion** [əːbənai'zeiʃn] aménagement m des agglomérations urbaines; '**ur·ban·ize** urbaniser.

ur·chin ['əːtʃin] gamin m; gosse mf.

urge [əːdʒ] **1.** pousser (*q.* à *inf.*, *s.o. to inf.*; *qch.*); (*souv.* ∼ *on*) encourager; hâter; *fig.* insister sur; mettre en avant; recommander (*qch.* à *q.*, *s.th. on s.o.*); **2.** impulsion f; forte envie f; **ur·gen·cy** ['∼ənsi] urgence f; besoin m pressant; '**ur·gent** □ urgent, pressant; *be* ∼ *with s.o. to (inf.)* insister pour que *q.* (*sbj.*).

u·ric 🜨 ['juərik] urique.

u·ri·nal ['juərinl] urinoir m; ✱ urinal m; '**u·ri·nar·y** urinaire; **u·ri·nate** ['∼neit] uriner; **u·rine** ['∼rin] urine f.

urn [əːn] urne f; (*usu.* tea-∼) samovar m.

us [ʌs; əs] *accusatif, datif*: nous.

us·a·ble ['juːzəbl] utilisable.

us·age ['juːzidʒ] usage m (✝ de commerce); coutume f; emploi m; traitement m.

us·ance ✝ ['juːzəns] usance f; *bill at* ∼ effet m à usance.

use 1. [juːs] emploi m (*a.* ✱); usage

used   1156

m; *fig.*, *a.* ⛪ jouissance *f*; coutume *f*, habitude *f*; utilité *f*; service *m*; *be of* ~ être utile (à *for*, *to*); *it is (of) no* ~ (*gér.*, *to inf.*) il est inutile (que *sbj.*); inutile (de *inf.*); *have no* ~ *for* ne savoir que faire de (*qch.*); F ne pas pouvoir voir (*q.*); *put s.th. to* ~ profiter de qch.; faire bon (mauvais) usage de qch.; **2.** [juː] employer; se servir de; ~ *up* user, épuiser; *I* ~*d* [ˈjuːs(t)] *to do* je faisais; j'avais l'habitude de faire; **used** [ˈjuːst] habitué (à, *to*); [ˈjuːzd] usé, usagé; usité; *a. sale* (*linge*); ~ *car* auto *f* d'occasion; **useful** □ [ˈjuːsful] utile (*a.* ⊕); pratique; ~ *capacity*, ~ *efficiency* rendement *m* ou effet *m* utile; ~ *load* charge *f* utile; ˈ**useˑless** □ inutile; inefficace; vain; **userˑ** [ˈjuːzə] usager (-ère *f*) *m*.

ushˑer [ˈʌʃə] **1.** huissier *m*; introducteur *m*; ⛪ audiencier *m*; *péj.* sousmaître *m*; maître *m* d'étude; **2.** (*usu.* ~ *in*) faire entrer, introduire; **usherˑette** *cin.* [~ˈret] ouvreuse *f*.

uˑsuˑal □ [ˈjuːʒuəl] ordinaire; habituel(le *f*); ~ *in* (the) *trade* d'usage dans le métier.

uˑsuˑfruct ⛪ [ˈjuːsjufrʌkt] usufruit *m*; **uˑsuˑfrucˑtuˑarˑy** [~ˈjuəri] **1.** usufruitier (-ère *f*) *m*; **2.** *adj.* usufructuaire (*droit*).

uˑsuˑrer [ˈjuːʒərə] usurier *m*; **uˑsuˑriˑous** □ [juːˈzjuəriəs] usuraire; usurier (-ère *f*) (*personne*).

uˑsurp [juːˈzəːp] *vt/i.* usurper (sur *from*, *on*); *v/t.* voler (à, *from*); **uˑsurˈpaˑtion** usurpation *f*; **uˈsurpˑing** □ usurpateur (-trice *f*).

uˑsuˑry [ˈjuːʒuri] usure *f*.

uˑtenˑsil [juːˈtensl] ustensil *m*; outil *m*; ~*s pl.* articles *m/pl.*, ustensiles *m/pl.*

uˑterˑine [ˈjuːtərain] utérin; ~ *brother* frère *m* utérin *ou* de mère; **uˑterˑus** *anat.* [ˈ~rəs], *pl.* **uˑterˑi** [ˈ~tərai] utérus *m*, matrice *f*.

uˑtilˑiˑtarˑiˑan [juːtiliˈtɛəriən] utilitaire (*a. su./mf*); **uˈtilˑiˑty 1.** utilité *f*; *public* ~ (entreprise *f* de) service *m*; **2.** à toutes fins (*chariot etc.*).

uˑtiˑliˑzaˑtion [juːtilaiˈzeiʃn] utilisation *f*; exploitation *f*; emploi *m*; ˈ**uˑtiˑlize** utiliser, se servir de; tirer parti de, profiter de.

utˑmost [ˈʌtmoust] **1.** extrême; **2.** dernier degré *m*.

Uˑtoˑpiˑan [juːˈtoupjən] **1.** d'utopie; **2.** utopiste *mf*; idéaliste *mf*.

uˑtriˑcle *biol.* [ˈjuːtrikl] utricule *m*.

utˑter [ˈʌtə] **1.** □ *fig.* absolu; extrême; complet (-ète *f*); **2.** dire, exprimer; pousser (*un gémissement etc.*); émettre (*de la monnaie*); ˈ**utˑterˑance** expression *f*; émission *f*; prononciation *f*; ~*s pl.* propos *m/pl.*; *give* ~ *to* exprimer; ˈ**utˑterˑer** diseur (-euse *f*) *m*; débiteur (-euse *f*) *m* (*de nouvelles etc.*); émetteur *m* (*de monnaie*); ˈ**utˑterˑmost** [ˈ~moust] extrême; dernier (~ère *f*).

uˑvuˑla *anat.* [ˈjuːvjulə] luette *f*; uvule *f*; **uˑvuˑlar** [~] uvulaire; ~ *R* R *m* vélaire.

V

V, v [viː] V *m*, v *m*.

vaˑcanˑcy [ˈveikənsi] vide *m*; vacance *f*, poste *m* vacant; espace *m* vide; *gaze into* ~ regarder dans l'espace; **vaˑcant** □ [ˈ~kənt] vacant, libre; hébété (*air*); inoccupé (*esprit*).

vaˑcate [vəˈkeit] quitter (*un emploi*, *un hôtel*, *un siège*, *etc.*); évacuer (*un appartement*); laisser libre; *v/i.* *Am. sl.* ficher le camp; **vaˑˈcaˑtion 1.** *école*, *a. Am.*: vacances *f/pl.*; ⛪ vacations *f/pl.*; **2.** *surt. Am.* prendre des *ou* être en vacances; **vaˈcaˑtionˑist** *Am.* vacancier *m*; estivant(e *f*) *m*.

vacˑciˑnate [ˈvæksineit] vacciner; **vacˑciˑnaˑtion** vaccination *f*; ˈ**vacˑciˑnaˑtor** vaccinateur *m*; **vacˑcine** [ˈ~siːn] **1.** vaccinal (-aux *m/pl.*); ~ *matter* = **2.** vaccin *m*.

vacˑilˑlate [ˈvæsileit] vaciller; hésiter; **vacˑilˑlaˑtion** vacillation *f*; hésitation *f*.

vaˑcuˑiˑty [væˈkjuiti] vacuité *f*; vide *m* (*a. fig.*); **vacˑuˑous** □ [ˈ~kjuəs] vide; *fig. usu.* bête; **vacˑuˑum** [ˈ~əm] *phys.* **1.** vide *m*, vacuum *m*; ~ *brake* frein *m* à vide; ~ *cleaner* aspirateur *m*; ~ *flask*, ~ *bottle* (bouteille *f*) Thermos *f*; ~ *tube*

vaporous

tube *m* à vide; *radio*: audion *m*; 2. F nettoyer à l'aspirateur.
va·de·me·cum ['veidi'mi:kəm] vade-mecum *m*/*inv.*
vag·a·bond ['vægəbɔnd] 1. vagabond, errant; 2. chemineau *m*; vagabond(e *f*) *m*; F vaurien *m*; **vag·a·bond·age** ['~bɔndidʒ] vagabondage *m*.
va·gar·y ['veigəri] caprice *m*; fantaisie *f*.
va·gran·cy ['veigrənsi] vie *f* de vagabond; ⚖ vagabondage *m*; **'vagrant** 1. errant, vagabond (*a. fig.*); 2. *see* vagabond 2.
vague □ [veig] vague; imprécis, estompé; indécis; *be* ~ ne rien préciser (*personne*).
vain □ [vein] vain; fier (-ère *f*) (*de*, *of*); inutile; mensonger (-ère *f*); vaniteux (-euse *f*); *in* ~ en vain; *do s.th. in* ~ avoir beau faire qch.; ~**glo·ri·ous** □ [~'glɔ:riəs] vaniteux (-euse *f*); ~**'glo·ry** vaine gloire *f*.
val·ance ['væləns] frange *f ou* tour *m* de lit.
vale [veil] *poét.*, *a.* dans les noms propres: vallée *f*, vallon *m*.
val·e·dic·tion [væli'dikʃn] adieu *m*, -x *m*/*pl.*; **val·e'dic·to·ry** [~təri] 1. d'adieu; 2. discours *m* d'adieu.
va·lence ⚗ ['veiləns] valence *f*.
val·en·tine ['væləntain] carte *f* de la Saint-valentin (envoyée à la Saint-valentin) (*le 18 février*); *fig. personne*: valentin(e *f*) *m*, amour *m*.
va·le·ri·an ♃ [vəˈliəriən] valériane *f*.
val·et ['vælit] 1. valet *m* de chambre; 2. servir (*q.*) comme valet de chambre; remettre (*un costume*) en état.
val·e·tu·di·nar·i·an [ˌvælitjuːdiˈnɛəriən] valétudinaire (*a. su.*/*mf*).
val·iant □ ['væljənt] vaillant.
val·id □ ['vælid] valable, valide; bon (pour, *for*); irréfutable; **val·i·date** ['~deit] rendre valable, valider; **va·lid·i·ty** [vəˈliditi] validité *f*; justesse *f* (*d'un argument*).
val·ley ['væli] vallée *f*; vallon *m*; △ cornière *f*.
val·or·i·za·tion [vælɔraiˈzeiʃn] valorisation *f*; **'val·or·ize** valoriser.
val·or·ous □ *poét.* ['vælərəs] vaillant.
val·o(u)r *poét.* ['vælə] vaillance *f*.
val·u·a·ble ['væljuəbl] 1. □ précieux (-euse *f*); 2. ~s *pl.* objets *m*/*pl.* de valeur.

val·u·a·tion [vælju'eiʃn] évaluation *f*; valeur *f* estimée; inventaire *m*; **'val·u·a·tor** estimateur *m*.
val·ue ['vælju:] 1. valeur *f*; prix *m* (*a. fig.*); ✝ *get good* ~ (*for one's money*) en avoir pour son argent; 2. évaluer; estimer; priser (*a. fig.*); **'val·ue·less** sans valeur.
valve [vælv] soupape *f*; *mot. pneu*: valve *f*; *anat.* valvule *f*; *radio*: lampe *f*; *radio*: ~ *amplifier*, *amplifying* ~ lampe *f* amplificatrice; ~ *set* poste *m* à lampes.
va·moose *Am. sl.* [vəˈmuːs] filer; ficher le camp; décamper.
vamp¹ [væmp] 1. *souliers*: empeigne *f*; ♪ accompagnement *m* improvisé; 2. *v*/*t.* remonter (*un soulier*); mettre une empeigne à; *v*/*i.* ♪ improviser; tapoter au piano.
vamp² F [~] 1. vamp *f*; femme *f* fatale; flirteuse *f*; 2. *v*/*t.* ensorceler; enjôler; *v*/*i.* flirter.
vam·pire ['væmpaiə] vampire *m*.
van¹ [væn] fourgon *m* (de déménagement *etc.*); ⛌ wagon *m*; fourgon *m* à bagages.
van² ⚔ *ou fig.* [~] avant-garde *f*.
Van·dal ['vændl] 1. vandale *m*; 2. (*a.* **Van·dal·ic** [~ˈdælik]) vandalique; **van·dal·ism** ['~dəlizm] vandalisme *m*.
van·dyke [væn'daik] barbe *f* à la Van Dyck; pointe *f* (*de col à la Van Dyck*); *attr.* ♀ à la Van Dyck.
vane [vein] (*a. weather-*~, *wind-*~) girouette *f*; ⊕ ailette *f*; *radio*: lamette *f*; *surv.* viseur *m* (*de compas*).
van·guard ⚔ ['vænɡɑːd] (tête *f* d')avant-garde *f*.
va·nil·la ♃ [vəˈnilə] vanille *f*.
van·ish ['væniʃ] disparaître; s'évanouir.
van·i·ty ['væniti] vanité *f*; orgueil *m*; ~ *bag* sac(oche *f*) *m* de dame; ~ *case* pochette-poudrier *f*.
van·quish *poét.* ['væŋkwiʃ] vaincre; triompher de.
van·tage ['vɑːntidʒ] *tennis*: avantage *m*; '~-**ground** position *f* avantageuse. [(*conversation*).)
vap·id □ ['væpid] insipide; fade)
va·po(u)r·ize ['veipəraiz] (se) vaporiser; (se) pulvériser; **'va·po(u)r·iz·er** ⊕ vaporisateur *m* (*a.* ⚕).
va·por·ous □ ['veipərəs] vaporeux (-euse *f*) (*a. fig.*); *fig. a.* vague, nuageux (-euse *f*).

va·po(u)r ['veipə] 1. vapeur f (a. fig.); ~ bath bain m de vapeur; 2. s'évaporer; fig. débiter des fadaises; 'va·po(u)r·y see vaporous.

var·i·a·bil·i·ty [vɛəriə'biliti] variabilité f, inconstance f; 'var·i·a·ble □ variable, inconstant; 'var·i·ance variation f; divergence f; discorde f; be at ~ être en désaccord; avoir un différend; set at ~ mettre en désaccord; 'var·i·ant 1. différent (de, from); 2. variante f; var·i'a·tion variation f (a. ♪); changement m; différence f, écart m; ⊕ ~ of load fluctuation f de charge.

var·i·cose ⚕ ['værikous] variqueux (-euse f); ~ vein varice f.

var·ied □ ['vɛərid] varié, divers; **var·i·e·gate** ['ˌrigeit] varier; barioler; 'var·i·e·gat·ed varié, bariolé, bigarré; ♀ etc. panaché; var·i·e·'ga·tion diversité f de couleurs; ♀ panachure f; va·ri·e·ty [və'raiəti] diversité f; variété f (a. biol.); ♀ assortiment m; théâ. F music-hall m; ~ show attractions f/pl.; (spectacle m de) music-hall m; ~ theatre théâtre m de variétés.

va·ri·o·la ⚕ [və'raiələ] variole f.

var·i·ous □ ['vɛəriəs] varié, divers; différent; plusieurs.

var·mint ['vɑːmint] sl. petit polisson m; chasse: renard m; vermine f.

var·nish ['vɑːniʃ] 1. vernis m (a. fig.); vernissage m; 2. vernir; vernisser; fig. farder, glisser sur.

var·si·ty F ['vɑːsiti] université f.

var·y ['vɛəri] v/t. (faire) varier; diversifier; ♪ varier (un air); v/i. varier, changer; être variable; s'écarter (de, from).

vas·cu·lar ♀, anat. ['væskjulə] vasculaire.

vase [vɑːz] vase m.

vas·sal ['væsl] vassal (-aux m/pl.) (a. su.); 'vas·sal·age vassalité f, vasselage m; fig. sujétion f.

vast □ [vɑːst] vaste, immense; 'vast·ness immensité f; vaste étendue f.

vat [væt] 1. cuve f; (petit) cuveau m; bain m; 2. mettre en cuve; encuver.

vat·ted ['vætid] mis en cuve (vin etc.); en fût (vin).

vault¹ [vɔːlt] 1. voûte f (a. fig.); banque: souterrain m; cave f (à vin); tombeau m (de famille etc.); 2. (se) voûter.

vault² [~] 1. v/i. sauter; v/t. (ou ~ over) sauter (qch.); 2. saut m.

vault·ing △ ['vɔːltiŋ] (construction f de) voûtes f/pl.

vault·ing-horse ['vɔːltiŋhɔːs] gymn. cheval m de bois.

vaunt poét. [vɔːnt] 1. (se) vanter (de); 2. vanterie f; 'vaunt·ing □ vantard. [de veau.)

veal [viːl] veau m; roast ~ rôti m]

ve·dette ⚔ [vi'det] vedette f.

veer [viə] 1. (faire) virer; v/i. tourner; 2. (a. ~ round) changement m de direction.

veg·e·ta·ble ['vedʒitəbl] 1. végétal (-aux m/pl.); 2. légume m; ♀ végétal (pl. -aux) m; **veg·e·tar·i·an** [ˌ'tɛəriən] végétarien(ne f) (a. su.); **veg·e·tate** ['ˌteit] végéter; **veg·e·'ta·tion** végétation f; **veg·e·ta·tive** □ ['ˌtətiv] végétatif (-ive f).

ve·he·mence ['viːiməns] véhémence f; impétuosité f; 've·he·ment □ véhément; passionné; violent.

ve·hi·cle ['viːikl] voiture f; véhicule m (a. fig., pharm., peint.); pharm. excipient m; **ve·hic·u·lar** [vi'hikjulə] des voitures; véhiculaire (a. langue).

veil [veil] 1. voile m (a. fig.); phot. voile m faible; 2. (se) voiler (a. fig.); v/t. fig. a. cacher; 'veil·ing action f de voiler; phot. voile m faible; voile m, -s m/pl. (a. ✝).

vein [vein] veine f (a. fig.) (de inf., for gér.); ♀ nervure f (a. d'aile); in the same ~ dans le même esprit; **veined** veiné; ♀ nervuré; 'vein·ing veinage m; veines f/pl.; ♀ nervures f/pl.

vel·le·i·ty [ve'liːiti] velléité f.

vel·lum ['veləm] vélin m; ~ paper papier m vélin.

ve·loc·i·ty [vi'lɔsiti] vitesse f.

vel·vet ['velvit] 1. velours m; bois de cerf: peau f velue; F fig. on ~ sur le velours; 2. de velours; velouté; **vel·vet·een** [ˌ'tiːn] velours m de coton; ~s pl. pantalon m en velours de chasse; 'vel·vet·y velouté.

ve·nal ['viːnl] vénal (-aux m/pl.); mercenaire; **ve·nal·i·ty** [viː'næliti] vénalité f.

vend [vend] vendre; 'vend·er, 'vend·or vendeur (-euse f) m; marchand(e f) m; 'vend·i·ble vendable; 'vend·ing ma·chine distributeur m (automatique).

ve·neer [vi'niə] **1.** (bois *m* de) placage *m*; F vernis *m*, masque *m*; **2.** plaquer; *fig.* cacher (*qch.*) sous un vernis.

ven·er·a·ble □ ['venərəbl] vénérable; **ven·er·ate** ['⁀reit] vénérer; **ven·er·a·tion** vénération *f*; **'ven·er·a·tor** vénérateur (-trice *f*) *m*.

ve·ne·re·al [vi'niəriəl] vénérien(ne *f*); ⁀ *disease* maladie *f* vénérienne.

Ve·ne·tian [vi'ni:ʃn] **1.** de Venise; vénitien(ne *f*); ⁀ *blind* jalousie *f*; **2.** Vénitien(ne *f*) *m*.

venge·ance ['vendʒəns] vengeance *f*; F *with a* (*ou* for) ⁀ pas d'erreur!; pour de bon!; furieusement.

venge·ful □ ['vendʒful] vengeur (-eresse *f*).

ve·ni·al □ ['vi:njəl] pardonnable; véniel(le *f*) (*péché*).

ven·i·son ['venzn] venaison *f*.

ven·om ['venəm] venin *m* (*souv. fig.*); **'ven·om·ous** □ venimeux (-euse *f*) (*animal, a. fig.*); vénéneux (-euse *f*) (*plante*).

ve·nous ['vi:nəs] veineux (-euse *f*).

vent [vent] **1.** trou *m*, orifice *m*, passage *m*; soupirail (-aux *pl.*) *m*; *orn., icht.* ouverture *f* anale; *give* ⁀ *to* donner libre cours à (*sa colère etc.*); *find* ⁀ s'échapper (en, *in*); **2.** *fig.* décharger, épancher (sur, *on*).

ven·ti·late ['ventileit] ventiler; aérer; *fig.* faire connaître, agiter (*une question*); **ven·ti·la·tion** aération *f*; ventilation *f*, aérage *m* (*a.* ⚒); *fig.* mise *f* en discussion publique; **'ven·ti·la·tor** ventilateur *m*; soupirail (-aux *pl.*) *m*; *porte, fenêtre*: vasistas *m*.

vent·peg ['ventpeg] fausset *m*.

ven·tral ⚕, *zo.* ['ventrəl] ventral (-aux *m/pl.*).

ven·tri·cle *anat.* ['ventrikl] ventricule *m*.

ven·tril·o·quist [ven'trilǝkwist] ventriloque *mf*; **ven·tril·o·quize** [⁀kwaiz] faire de la ventriloquie.

ven·ture ['ventʃə] **1.** risque *m*; aventure *f*; entreprise *f*; ✝ opération *f*, affaire *f*; *at a* ⁀ au hasard; **2.** *v/t.* risquer, hasarder; *v/i.*: ⁀ *to* (*inf.*) se risquer à (*inf.*), oser (*inf.*); *I* ⁀ *to say* je me permets de dire; ⁀ (*up*)*on* s'aventurer dans (*un endroit*); **ven·ture·some** □ ['⁀səm], **'ven·tur·ous** □ risqué, hasardeux (-euse *f*); aventureux (-euse *f*) (*personne*).

ven·ue ['venju:] ⚖ lieu *m* du jugement; *fig.* scène *f*; F rendez-vous *m*.

ve·ra·cious □ [və'reiʃəs] véridique; **ve·rac·i·ty** [⁀'ræsiti] véracité *f*.

verb *gramm.* [və:b] verbe *m*; **'ver·bal** □ verbal (-aux *m/pl.*); de mots; littéral (-aux *m/pl.*); (*ou* **ver·ba·tim** [⁀'beitim]) mot pour mot; **ver·bi·age** ['⁀biidʒ] verbiage *m*; **ver·bose** □ [⁀'bous] verbeux (-euse *f*), prolixe; **ver·bos·i·ty** [⁀'bɔsiti] verbosité *f*, prolixité *f*.

ver·dan·cy ['və:dənsi] verdure *f*; F *fig.* inexpérience *f*; **'ver·dant** □ vert; F *fig.* inexpérimenté.

ver·dict ['və:dikt] ⚖ verdict *m* (*du jury*); *fig.* jugement *m* (sur, *on*); *bring in* (*ou return*) *a* ⁀ (*of guilty etc.*) rendre un verdict (de culpabilité *etc.*).

ver·di·gris ['və:digris] vert-de-gris *m*.

ver·dure ['və:dʒə] verdure *f*.

verge¹ [və:dʒ] *eccl.* verge *f*.

verge² [⁀] **1.** *usu. fig.* bord *m*; seuil *m*; *on the* ⁀ au seuil (de, *of*); à deux doigts (de, *of*); sur le point (de *inf.*, *of gér.*); **2.** baisser; approcher (de, *towards*); ⁀ (*up*)*on* côtoyer (*qch.*); friser; être voisin de, toucher à.

ver·i·fi·a·ble ['verifaiəbl] vérifiable; facile à vérifier; **ver·i·fi·ca·tion** [⁀fi'keiʃn] vérification *f*, contrôle *m*; ⚖ confirmation *f*; **ver·i·fy** ['⁀fai] prouver; confirmer; contrôler, vérifier; **ver·i·si·mil·i·tude** [⁀si'militju:d] vraisemblance *f*; **'ver·i·ta·ble** □ véritable; **'ver·i·ty** vérité *f*.

ver·juice *usu. fig.* ['və:dʒu:s] verjus *m*.

ver·mi·cel·li [və:mi'seli] vermicelle *m*; **ver·mi·cide** *pharm.* ['⁀said] vermicide *m*; **ver·mic·u·lar** [⁀'mikjulə] vermiculaire; vermoulu; **ver·mi·form** ['⁀fɔ:m] vermiforme; **ver·mi·fuge** *pharm.* ['⁀fju:dʒ] vermifuge *m*.

ver·mil·ion [və'miljən] **1.** vermillon *m*; **2.** vermeil(le *f*); (de) vermillon *adj.inv*.

ver·min ['və:min] vermine *f* (*a. fig.*); *chasse*: bêtes *f/pl.* puantes; '⁀-'**kill·er** *personne*: preneur *m* de vermine; insecticide *m*; mort-aux-rats *f*; **'ver·min·ous** couvert de vermine; ⚕ vermineux (-euse *f*).

ver·m(o)uth ['və:məθ] vermouth *m*.

ver·nac·u·lar □ [və'nækjulə] **1.** in-

vernal 1160

ver·nal ['və:nl] printanier (-ère *f*);
♃, *astr.* vernal (-aux *m/pl.*).

ver·ni·er ['və:njə] ⚙, *surv.* vernier
m; ⊕ ~ cal(l)iper jauge *f* micrométrique.

ver·sa·tile □ ['və:sətail] aux talents
variés; souple; ♃, *zo.* versatile.
ver·sa·til·i·ty [~'tiliti] souplesse *f*;
♃, *zo.* versatilité *f*; adaptation *f*.

verse [və:s] vers *m*; strophe *f*; *coll.*
vers *m/pl.*, poésie *f*; ♪ *motet*: solo
m; versed versé (en, dans in).

ver·si·fi·ca·tion [və:sifi'keiʃn] versification *f*; métrique *f* (*d'un
auteur*); ver·si·fy ['~fai] *vt/i.*
versifier; *v/t.* mettre (*qch.*) en vers;
v/i. faire des vers. [tion *f*.\
ver·sion ['və:ʃn] version *f*; traduc-/
ver·sus *surt.* ['və:səs] contre.

vert F *eccl.* [və:t] se convertir.

ver·te·bra *anat.* ['və:tibrə], *pl.*
-brae [~bri:] vertèbre *f*; ver·te·bral ['~brəl] vertébral (-aux *m/pl.*);
ver·te·brate ['~brit] 1. vertébré;
~ *animal* = 2. vertébré *m*.

ver·tex ['və:teks], *pl. usu.* -ti·ces
[~tisi:z] sommet *m*; *astr.* zénith *m*;
'ver·ti·cal 1. □ vertical (-aux
m/pl.); à pic (*falaise*); ⚭ ~ *angles*
angles *m/pl.* opposés par le sommet;
2. verticale *f*; *astr.* vertical *m*.

ver·tig·i·nous □ [və:'tidʒinəs] vertigineux (-euse *f*); ver·ti·go ['~tigou] vertige *m*.

verve [vɛəv] verve *f*.

ver·y ['veri] 1. *adv.* très; fort; bien;
the ~ best tout ce qu'il y a de mieux;
2. *adj.* vrai, véritable, ... même;
the ~ same le (la *etc.*) ... même(s
pl.); *in the ~ act* sur le fait; *to the ~
bone* jusqu'aux os; jusqu'à l'os
même; *the ~ thing* ce qu'il faut;
the ~ thought la seule pensée; *the ~
stones* les pierres mêmes; *the
veriest baby* (même) le plus petit
enfant; *the veriest rascal* le plus
parfait coquin.

ves·i·ca·to·ry ['vesikeitəri] vésicatoire (*a. su./m*); ves·i·cle ['~kl]
vésicule *f*; *géol.* vacuole *f*.

ves·pers *eccl.* ['vespəz] *pl.* vêpres
f/pl.

ves·sel ['vesl] vaisseau *m* (*a.* ♃, *anat.*,
fig.); ⚓ *a.* navire *m*, bâtiment *m*.

vest [vest] 1. gilet *m*; ✝ gilet *m* de
dessous; *sp.* maillot *m*; 2. *v/t. usu.
fig.* revêtir, investir (de, with); assigner (qch. à q., s.th. in s.o.); *v/i.*
être dévolu (à q., *in* s.o.); ~*ed rights*
pl. droits *m/pl.* acquis.

ves·ta ['vestə] (*a.* ~ *match*, *wax* ~)
allumette-bougie *f* (*pl.* allumettes-bougies) *f*; *astr.* ♀ vesta *f*.

ves·tal ['vestl] 1. de(s) vestale(s);
2. vestale *f*.

ves·ti·bule ['vestibju:l] vestibule *m*
(*a. anat.*); salle *f* des pas perdus; 🚃
surt. Am. soufflet *m* (*entre deux
wagons*); ~ *train* train *m* à soufflets.

ves·tige ['vestidʒ] vestige *m*, trace *f*;
ves'tig·i·al à l'état rudimentaire.

vest·ment ['vestmənt] vêtement *m*
(*a. eccl.*). [dimensions.\
vest-pock·et ['vest'pɔkit] de petites/
ves·try ['vestri] *eccl.* sacristie *f*;
(réunion *f* du) conseil *m* d'administration de la paroisse; salle *f* de
patronage; '~·man marguillier *m*.

ves·ture *poét.* ['vestʃə] 1. vêtement
m; 2. revêtir.

vet [vet] 1. vétérinaire *m*; *Am.* ancien
combattant *m*; 2. traiter (*un
animal*); *fig.* examiner médicalement; revoir, corriger; *fig.* mettre
au point.

vetch ♃ [vetʃ] vesce *f*.

vet·er·an ['vetərən] 1. expérimenté,
ancien(ne *f*); de(s) vétéran(s);
vieux (vieil *devant une voyelle ou
un h muet*; vieille *f*); 2. vétéran *m*;
ancien *m*; ancien combattant *m*.

vet·er·i·nar·y ['vetərinəri] 1. vétérinaire; ~ *surgeon* = 2. vétérinaire *m*.

ve·to ['vi:tou] 1. *pl.* -toes [~touz]
veto *m*; *put a* (*ou* one's) ~ (*up*)*on* =
2. mettre son veto à.

vex [veks] vexer (*a.* ⚖); fâcher,
contrarier; vex'a·tion vexation *f*,
tourment *m*; désagrément *m*; dépit
m; vex'a·tious □ ennuyeux (-euse
f); fâcheux (-euse *f*); ⚖ vexatoire;
'vexed □ fâché, vexé (de qch., *at
s.th.*; contre q., *with* s.o.); ~ *question* question *f* très débattue; 'vex·ing □ agaçant; ennuyeux (-euse *f*).

vi·a ['vaiə] par; *poste*: voie.

vi·a·ble *biol.* ['vaiəbl] viable.

vi·a·duct ['vaiədʌkt] viaduc *m*.

vi·al ['vaiəl] fiole *f*.

vi·ands *poét.* ['vaiəndz] *pl.* aliments
m/pl.

vi·at·i·cum *eccl.* [vaiˈætikəm] viatique *m*.
vi·brant [ˈvaibrənt] vibrant; *fig.* palpitant (de, *with*).
vi·brate [vaiˈbreit] (faire) vibrer *ou* osciller; **viˈbra·tion** vibration *f*; **vi·bra·to·ry** [ˈ˵brətəri] vibratoire.
vi·car *eccl.* [ˈvikə] curé *m*; ˷ **general** vicaire *m* général; **ˈvic·ar·age** presbytère *m*; cure *f*; **vi·car·i·ous** ☐ [vaiˈkɛəriəs] délégué; fait *ou* souffert pour *ou* par un autre.
vice[1] [vais] vice *m*; *fig.* défaut *m*.
vice[2] ⊕ [˷] étau *m*.
vice[3] 1. [ˈvaisi] *prp.* à la place de; 2. [vais] *adj.* vice-; sous-; **ˈ˷-ˈad·mi·ral** vice-amiral *m*; **ˈ˷-ˈchair·man** vice-président(e *f*) *m*; **ˈ˷-ˈchan·cel·lor** vice-chancelier *m*; *univ.* recteur *m*; **ˈ˷-ˈcon·sul** vice-consul *m*; **˷-ge·rent** [ˈ˵ˈdʒerənt] représentant *m*; **ˈ˷-ˈpres·i·dent** vice-président(e *f*) *m*; **ˈ˷-ˈre·gal** de *ou* du vice-roi; **˷-reine** [ˈ˵ˈrein] vice-reine *f*; **˷-roy** [ˈ˵rɔi] vice-roi *m*.
vi·ce ver·sa [ˈvaisiˈvə:sə] vice versa, réciproquement.
vic·i·nage [ˈvisinidʒ], **viˈcin·i·ty** environs *m/pl.* (de, *of*); proximité *f* (de *to*, *with*); *in the* ˷ *of 40* environ 40.
vi·cious ☐ [ˈviʃəs] vicieux (-euse *f*); dépravé (*a.* personne); *fig.* méchant (*a.* cheval); *phls.* ˷ *circle* cercle *m* vicieux; *argument m* circulaire.
vi·cis·si·tude [viˈsisitju:d] *usu.* ˷s *pl.* vicissitudes *f/pl.*
vic·tim [ˈviktim] victime *f*; **ˈvic·tim·ize** prendre comme victime; ✕, *pol.* exercer des représailles contre; *fig.* duper.
vic·tor [ˈviktə] vainqueur *m*; **Vic·to·ri·an** *hist.* [vikˈtɔ:riən] victorien (-ne *f*) (*a. su.*); **vic·to·ri·ous** ☐ victorieux (-euse *f*); de victoire; **vic·to·ry** [ˈ˵təri] victoire *f*.
vict·ual [ˈvitl] 1. (s')approvisionner; ✕, ⚓ (se) ravitailler; *v/i.* bâfrer (= *manger*); 2. *usu.* ˷s *pl.* provisions *f/pl..*; vivres *m/pl.*; **vict·ual·(l)er** [ˈvitlə] fournisseur *m* de vivres; *licensed* ˷ débitant *m* de boissons.
vi·de [ˈvaidi] voir.
vi·de·li·cet [viˈdi:liset] (*abr. viz.*) à savoir; c'est-à-dire.

vid·e·o [ˈvidiou] *radio*: 1. de télévision; 2. *Am.* réception *f* de l'image.
vie [vai] le disputer (à, *with*); rivaliser (avec, *with*).
Vi·en·nese [vieˈni:z] 1. viennois; 2. Viennois(e *f*) *m*.
view [vju:] 1. vue *f*, coup *m* d'œil; regard *m*; scène *f*; perspective *f*; aperçu *m*; *fig.* intention *f*; *fig.* idée *f*, opinion *f*, avis *m*; *fig.* ˷ *champ m*; *at first* ˷ à première vue; *in* ˷ en vue, sous les regards; *in* ˷ *of* en vue de; *fig.* en raison *ou* considération de; étant donné; *in my* ˷ à mon avis; *on* ˷ exposé; ouvert au public; *on the long* ˷ à la longue, envisageant les choses de loin; *out of* ˷ hors de vue; caché aux regards; *with a* ˷ *to* (*gér.*), *with the* ˷ *of* (*gér.*) dans le but de (*inf.*), en vue de (*inf.*); dans l'intention de (*inf.*); *have in* ˷ avoir en vue; *keep in* ˷ ne pas perdre de vue; 2. regarder (*a. télév.*); contempler; voir; apercevoir; *fig.* envisager; **ˈview·er** (*télév.* télé)spectateur (-trice *f*) *m*; **ˈview-find·er** *phot.* viseur *m*; **ˈview·point** point *m* de vue; belvédère *m* (*dans le paysage*); **ˈview·y** ☐ F visionnaire.
vig·il [ˈvidʒil] veille *f*; *eccl.* vigile *f*; **ˈvig·i·lance** vigilance *f*; ˷ *committee Am.* comité *m* de surveillance (des mœurs *ou* de l'ordre); **ˈvig·i·lant** ☐ vigilant, éveillé; **vig·i·lan·te** *Am.* [˵ˈlænti] membre *m* du comité de surveillance.
vi·gnette [viˈnjet] 1. *typ.* vignette *f*; **ˈphot.** cache *m* dégradé; 2. *phot.* dégrader (*un portrait etc.*).
vig·or·ous ☐ [ˈvigərəs] vigoureux (-euse *f*), robuste; *phot.* à contrastes; corsé (*couleur*); **ˈvig·o(u)r** vigueur *f* (*a. fig.*); énergie *f*; ♪ brio *m*.
vile ☐ [vail] vil; infâme; F sale.
vil·i·fi·ca·tion [vilifiˈkeiʃn] dénigrement *m*, détraction *f*; **ˈvil·i·fy** [ˈ˵fai] diffamer, dénigrer; médire de (*q.*).
vil·la [ˈvilə] villa *f*, maison *f* de campagne.
vil·lage [ˈvilidʒ] village *m*; **ˈvil·lag·er** villageois(e *f*) *m*.
vil·lain [ˈvilən] scélérat *m*; bandit *m*; misérable *m*; F *a. co.* coquin(e *f*) *m*; **ˈvil·lain·ous** ☐ infâme, vil;

villainy 1162

scélérat; F sale; **'vil·lain·y** infamie f; vilenie f.
vil·lein hist. ['vilin] vilain m; serf m.
vim F [vim] énergie f, vigueur f.
vin·di·cate ['vindikeit] défendre (contre, from); justifier; revendiquer (ses droits); **vin·di·ca·tion** défense f; revendication f; **vin·di·ca·to·ry** □ ['ˏ˜keitəri] vindicatif (-ive f); vengeur (-eresse f).
vin·dic·tive □ [vin'diktiv] vindicatif (-ive f); a. rancunier (-ère f) (personne).
vine ♣ [vain] vigne f; houblon etc.: sarment m; Am. plante f grimpante; **'˜-dres·ser** vigneron(ne f) m; **vin·e·gar** ['vinigə] 1. vinaigre m; 2. vinaigrer; **'vine-grow·er** viticulteur m; vigneron(ne f) m; **'vine-grow·ing** viticulture f; attr. vignoble; **'vine-louse** phylloxéra m; **vine·yard** ['vinjəd] vigne f; clos m de vigne; vignoble m.
vi·nous ['vainəs] vineux (-euse f); F ivrogne.
vin·tage ['vintidʒ] vendange f; cru m; fig. modèle m; ˜ year grande année f; **'vin·tag·er** vendangeur (-euse f) m.
vi·o·la¹ ♪ [vi'oulə] alto m.
vi·o·la² ♣ ['vaiələ] pensée f.
vi·o·la·ble □ ['vaiələbl] qui peut être violé.
vi·o·late ['vaiəleit] violer (un serment, une femme); outrager (une femme); profaner (une église); **vi·o·'la·tion** violation f; viol m (d'une femme); profanation f; **'vi·o·la·tor** violateur (-trice f) m.
vi·o·lence ['vaiələns] violence f; do (ou offer) ˜ to faire violence à; **'vi·o·lent** □ violent; vif (vive f); criard (couleur).
vi·o·let ['vaiəlit] 1. ♣ violette f; couleur: violet m; 2. violet(te f).
vi·o·lin ♪ [vaiə'lin] violon m; **'vi·o·lin·ist** violoniste mf.
vi·o·lon·cel·list ♪ [vaiələn'tʃelist] violoncelliste mf; **vi·o·lon'cel·lo** [ˏ˜lou] violoncelle m.
vi·per zo. ['vaipə] vipère f (a. fig.); ⌀ guivre f; **vi·per·ine** ['˜rain], **vi·per·ous** □ ['˜rəs] usu. fig. vipérin.
vi·ra·go [vi'rɑːgou] vrai gendarme m; mégère f.
vir·gin ['vəːdʒin] 1. vierge f;

2. vierge (a. ⊕, a. fig.); = **'vir·gin·al** □ virginal (-aux m/pl.); vierge; **Vir·gin·ia** [və'dʒinjə] (ou ˜ tobacco) tabac m de Virginie, virginie f; ˜ creeper vigne f vierge; **vir·gin·i·ty** [və'dʒiniti] virginité f.
vir·ile ['virail] viril, mâle; **vi·ril·i·ty** [vi'riliti] virilité f.
vir·tu [vəː'tuː] goût m des objets d'art; article of ˜ objet m d'art; **vir·tu·al** □ ['˜tjuəl] de fait; véritable; ⊕ virtuel(le f); **vir·tue** ['˜tjuː] vertu f; fig. qualité f; avantage m; efficacité f; propriété f; in (ou by) ˜ of en raison ou vertu de; **vir·tu·os·i·ty** [ˏ˜tjuˈɔsiti] ♪ etc. virtuosité f; **vir·tu·o·so** [ˏ˜'ouzou] surt. ♪ virtuose mf; amateur m des arts; amateur m de curiosités etc.; **'vir·tu·ous** □ vertueux (-euse f).
vir·u·lence ['virulans] virulence f; fig. venin m; **'vir·u·lent** □ virulent (a. fig.); fig. a. venimeux (-euse f).
vi·rus ⚕ ['vaiərəs] virus m; fig. poison m.
vi·sa ['viːzə] see visé.
vis·age poét. ['vizidʒ] visage m.
vis·cer·a ['visərə] pl. viscères m/pl.
vis·cid □ ['visid] see viscous.
vis·cose ⚗ ['viskous] viscose f; ˜ silk soie f artificielle; **vis·cos·i·ty** [ˏ˜'kɔsiti] viscosité f.
vis·count ['vaikaunt] vicomte m; **'vis·count·ess** vicomtesse f.
vis·cous □ ['viskəs] visqueux (-euse f); gluant; pâteux (-euse f).
vi·sé ['viːzei] 1. visa m; 2. apposer un visa à (un passeport); viser.
vis·i·bil·i·ty [vizi'biliti] visibilité f; good ˜ vue f dégagée; **vis·i·ble** □ ['vizəbl] visible; fig. évident; be ˜ se montrer (chose); être visible (personne).
vi·sion ['viʒn] vision f, vue f; fig. pénétration f; imagination f; fantôme m, apparition f.
vi·sion·ar·y ['viʒnəri] chimérique; rêveur (-euse f) (personne) (a. su./mf); visionnaire f (a. su./mf).
vis·it ['vizit] 1. v/t. faire (une) visite à, rendre visite à; aller voir; visiter (un endroit); † passer chez; fig. causer avec; ˜ s.th. on faire retomber qch. sur (q.); v/i. faire

des visites; *Am.* F causer (avec, *with*); **2.** visite *f*; **'vis·it·ant** visiteur (-euse *f*) *m*; apparition *f*; *orn.* oiseau *m* de passage; **vis·it-'a·tion** visite *f*; tournée *f* d'inspection); *fig.* affliction *f*; calamité *f*; apparition *f*; **vis·it·a·to·ri·al** [⁓təˈtɔːriəl] de visite; d'inspection; **'vis·it·ing** en visite; de visite; ⁓ *card* carte *f* de visite; **'vis·i·tor** visiteur (-euse *f*) *m* (de, *to*); *hôtel*: client(e *f*) *m*; *admin.* inspecteur *m*; *they have* ⁓s ils ont du monde; ⁓s' *book* livre *m ou* registre *m* des voyageurs.

vi·sor [ˈvaizə] visière *f* (*de casque, Am. de casquette*); *mot.* pare-soleil *m/inv.*

vis·ta [ˈvistə] perspective *f* (*a. fig.*); *forêt*: éclaircie *f*.

vis·u·al □ [ˈvizjuəl] visuel(le *f*); *anat.* optique; **'vis·u·al·ize** se représenter (*qch.*), se faire une image de (*qch.*).

vi·tal □ [ˈvaitl] **1.** vital (-aux *m/pl.*); essentiel(le *f*); mortel(le *f*) (*blessure*); ⁓ *parts pl.* = **2.** ⁓s *pl.* organes *m/pl.* vitaux; **vi·tal·i·ty** [⁓ˈtæliti] vitalité *f*; vie *f*, vigueur *f*; **vi·tal·ize** [ˈ⁓təlaiz] vivifier, animer.

vi·ta·min [ˈvitəmin], **vi·ta·mine** [ˈ⁓miːn] vitamine *f*; **vi·ta·minized** [ˈ⁓minaizd] enrichi de vitamines.

vi·ti·ate [ˈviʃieit] vicier (*a.* ⚖); corrompre; gâter.

vit·i·cul·ture [ˈvitikʌltʃə] viticulture *f*.

vit·re·ous □ [ˈvitriəs] vitreux (-euse *f*); ⚡, *a. anat.* vitré.

vit·ri·fac·tion [vitriˈfækʃn] vitrification *f*; **vit·ri·fy** [ˈ⁓fai] (se) vitrifier.

vit·ri·ol ⚗ [ˈvitriəl] vitriol *m*.

vi·tu·per·ate [viˈtjuːpəreit] injurier; outrager, insulter, vilipender; **vi·tu·per·a·tion** injures *f/pl.*; invectives *f/pl.*; **vi·tu·per·a·tive** □ [⁓reitiv] injurieux (-euse *f*); mal embouché.

Vi·tus [ˈvaitəs]: 🞅 *St.* ⁓'*s dance* chorée *f*; danse *f* de Saint-Guy.

vi·va (**vo·ce**) [ˈvaivə (ˈvousi)] **1.** *adv.* de vive voix; **2.** *adj.* oral (-aux *m/pl.*); **3.** *su.* oral *m*.

vi·va·cious □ [viˈveiʃəs] animé, enjoué; vif (vive *f*); **vi·vac·i·ty** [⁓ˈvæsiti] vivacité *f*; verve *f*; enjouement *m*.

viv·id □ [ˈvivid] vif (vive *f*); éclatant, frappant; **'viv·id·ness** éclat *m*.

viv·i·fy [ˈvivifai] (s')animer; **vi·vip·a·rous** □ [⁓ˈvipərəs] vivipare; **viv·i·sec·tion** [⁓ˈsekʃn] vivisection *f*.

vix·en [ˈviksn] renarde *f*; F mégère *f*.

vi·zor [ˈvaizə] *see visor.*

vo·cab·u·lar·y [vəˈkæbjuləri] vocabulaire *m*; glossaire *m*.

vo·cal □ [ˈvoukl] vocal (-aux *m/pl.*) (♪, *son, prière*); sonore, bruyant; doué de voix; *gramm.* voisé; sonore; *anat.* ⁓ *c(h)ords pl.* cordes *ou* bandes *f/pl.* vocales; ⁓ *part* partie *f* chantée; **'vo·cal·ist** chanteur *m*; cantatrice *f*; **'vo·cal·ize** *v/t.* chanter; *gramm.* voiser, sonoriser; *v/i.* vocaliser; F chanter; **'vo·cal·ly** *adv.* à l'aide du chant; oralement.

vo·ca·tion [vouˈkeiʃn] vocation *f* (*a. au sacerdoce etc.*); profession *f*, métier *m*; **vo·ca·tion·al** □ professionnel(le *f*); ⁓ *guidance* orientation *f* professionnelle.

voc·a·tive *gramm.* [ˈvɔkətiv] (*a.* ⁓ *case*) vocatif *m*.

vo·cif·er·ate [vouˈsifəreit] *vt/i.* vociférer, crier (contre, *against*); **vo·cif·er·a·tion** (*a.* ⁓s *pl.*) vociférations *f/pl.*; cri *m*, -s *m/pl.*; **vo·cif·er·ous** □ vociférant, bruyant.

vogue [voug] vogue *f*, mode *f*.

voice [vɔis] **1.** voix *f*; *gramm. active* ⁓ actif *m*; *passive* ⁓ passif *m*; *in* (*good*) ⁓ en voix; *give* ⁓ *to* exprimer (*qch.*); **2.** exprimer, énoncer; *gramm.* voiser, sonoriser; ♪ harmoniser; **voiced** *gramm.* voisé, sonore; *low-*⁓ à voix basse; **'voice·less** □ *surt. gramm.* sans voix, sourd.

void [vɔid] **1.** vide; ⚖ nul(le *f*); ⁓ *of* dépourvu *ou* libre de, sans; **2.** vide *m*; **3.** ⚖ annuler, résilier; **'void·ness** vide *m*; ⚖ nullité *f*.

vol·a·tile ⚗ [ˈvɔlətail] volatil; *fig.* gai; *fig.* volage; **vol·a·til·i·ty** [⁓ˈtiliti] ⚗ volatilité *f*; *fig.* inconstance *f*; **'vol·a·til·ize** (se) volatiliser.

vol·can·ic [vɔlˈkænik] (⁓*ally*) volcanique (*a. fig.*); **vol·ca·no** [⁓ˈkeinou], *pl.* **-noes** [⁓nouz] volcan *m*.

vo·li·tion [vou'liʃn] volonté *f*, volition *f*; *on one's own* ~ de son propre gré.

vol·ley ['vɔli] **1.** volée *f*, salve *f* (*a. fig.*); *pierres, coups*: grêle *f*; *tennis*: volée *f*; **2.** *v/t.* lancer une volée *ou* grêle de; (*usu.* ~ *out*) lâcher une bordée de; reprendre (*la balle*) de volée; *v/i.* partir ensemble (*canons*); *fig.* tonner; **'vol·ley-ball** *sp.* volley-ball *m*.

vol·plane ✈ ['vɔl'plein] **1.** vol *m* plané; **2.** planer; descendre en vol plané.

volt ⚡ [voult] volt *m*; **'volt·age** ⚡ voltage *m*, tension *f*; **vol·ta·ic** ⚡ [vɔl'teiik] voltaïque.

volte-face *fig.* ['vɔlt'fɑ:s] volte-face *f/inv.*; changement *m* d'opinion.

volt·me·ter ⚡ ['voultmi:tə] voltmètre *m*.

vol·u·bil·i·ty [vɔlju'biliti] volubilité *f*; **vol·u·ble** □ ['~bl] facile; grand parleur; coulant.

vol·ume ['vɔljum] livre *m*; volume *m* (*a. phys., voix, fig., etc.*); *fig. a.* ampleur *f*; ~ *of sound radio*: volume *m*; ~ *control*, ~ *regulator* volume-contrôle *m*; **vo·lu·mi·nous** □ [və'lju:minəs] volumineux (-euse *f*).

vol·un·tar·y □ ['vɔləntəri] **1.** volontaire (*a. physiol.*); spontané; **2.** ♩ prélude *m*; improvisation *f*; **vol·un·teer** [~'tiə] **1.** volontaire *m*; *attr.* de volontaires; **2.** *v/i.* s'offrir; ⚔ s'engager comme volontaire; *v/t.* offrir spontanément.

vo·lup·tu·ar·y [və'lʌptjuəri] voluptueux (-euse *f*) *m*; **vo'lup·tu·ous** □ sensuel(le *f*); voluptueux (-euse *f*); **vo'lup·tu·ous·ness** sensualité *f*.

vo·lute △ [və'lju:t] volute *f*; **vo'lut·ed** volute(e) *f*; à volutes.

vom·it ['vɔmit] **1.** *vt/i.* vomir (*a. fig.*); *v/t.* rendre; **2.** vomissement *m*; matières *f/pl.* vomies.

voo·doo ['vu:du:] **1.** vaudou *f*; **2.** envoûter.

vo·ra·cious □ [və'reiʃəs] vorace, dévorant; **vo'ra·cious·ness**, **vo·rac·i·ty** [vɔ'ræsiti] voracité *f*.

vor·tex ['vɔ:teks], *pl. usu.* **-ti·ces** [~tisi:z] tourbillon (*a. fig.*).

vo·ta·ry ['voutəri] dévot(e *f*) *m* (à, *of*); adorateur (-trice *f*) *m* (de, *of*); *fig.* suppôt *m* (de, *of*).

vote [vout] **1.** vote *m*; scrutin *m*; voix *f*; droit *m* de vote(r), suffrage *m*; *parl.* crédit *m*; résolution *f*; ~ *of* (*no*) *confidence* vote *m* de confiance (défiance); *cast a* ~ donner sa voix *ou* son vote; *put to the* ~ procéder au scrutin; mettre (*qch.*) aux voix; *take a* ~ procéder au scrutin; **2.** *v/t.* voter; F déclarer; *v/i.* voter; donner sa voix (pour, *for*); F être d'avis (de *inf.*, *for* gér.); être en faveur (de *qch.* *for s.th.*); F ~ *that* proposer que; **'vot·er** votant(e *f*) *m*; électeur (-trice *f*) *m*.

voting ['voutiŋ] vote *m*, scrutin *m*; **~-booth** ['voutiŋbu:ð] bureau *m* de scrutin; **'~-box** urne *f* de scrutin; **'~-pa·per** bulletin *m* de vote; **'~-pow·er** droit *m* de vote.

vo·tive ['voutiv] votif (-ive *f*).

vouch [vautʃ] *v/t.* garantir, affirmer; *v/i.* répondre (de, *for*); ~ *that* affirmer que; **'vouch·er** pièce *f* justificative; ✝ bon *m*; ✝ fiche *f*; *théâ. etc.* contremarque *f*; *personne*: garant(e *f*) *m*; **vouch'safe** *v/t.* accorder; *v/i.*: ~ *to* (*inf.*) daigner (*inf.*).

vow [vau] **1.** vœu *m*; serment *m*; **2.** *v/t.* vouer, jurer.

vow·el ['vauəl] voyelle *f*.

voy·age ['vɔidʒ] **1.** voyage *m* (sur mer); ✈ *Am.* par air); traversée *f*; **2.** *v/i.* voyager (sur *ou* par mer); *v/t.* parcourir (*la mer*).

vul·can·ite ['vʌlkənait] vulcanite *f*, caoutchouc *m* vulcanisé; **vul·can·i'za·tion** ⊕ vulcanisation *f*; **'vul·can·ize** ⊕ (se) vulcaniser.

vul·gar ['vʌlgə] **1.** □ du peuple; vulgaire (*a. péj.*); commun; ~ *tongue* langue *f* vulgaire; **2.** *the* ~ le vulgaire *m*; le commun *m* des hommes; **'vul·gar·ism** vulgarisme *m*; (*usu.* **vul·gar·i·ty** [~'gæriti]) vulgarité *f*, trivialité *f*; **'vul·gar·ize** vulgariser.

vul·ner·a·bil·i·ty [vʌlnərə'biliti] vulnérabilité *f*; **'vul·ner·a·ble** □ vulnérable; ~ *spot fig.* défaut *m* dans la cuirasse; **'vul·ner·ar·y** vulnéraire (*a. su./m*).

vul·pine ['vʌlpain] de renard; qui a rapport au renard; *fig.* rusé.

vul·ture *orn.* ['vʌltʃə] vautour *m*; **vul·tur·ine** ['~tʃurain] de(s) vautour(s).

vy·ing ['vaiiŋ] **1.** *p.pr. de* vie; **2.** rivalité *f*.

W

W, w ['dʌblju:] W *m*, w *m*.
wab·ble ['wɔbl] *see* wobble.
wack·y *Am. sl.* ['wæki] fou (fol *devant une voyelle ou un h muet;* folle *f*); toqué.
wad [wɔd] **1.** *ouate etc.:* tampon *m*, pelote *f*; ⚔ cartouche *etc.:* bourre *f*; *surt. Am.* F *billets de banque:* liasse *f*; **2.** ouater; cotonner; bourrer *(une arme à feu); Am.* rouler en liasse; **'wad·ding** ouate *f*; bourre *f*; ouatage *m*.
wad·dle ['wɔdl] se dandiner.
wade [weid] *v/i.* marcher dans l'eau; *fig.* (s')avancer péniblement; *v/t.* (faire) passer à gué; **'wad·er** (oiseau *m*) échassier *m*; ~s *pl.* grandes bottes *f/pl.* imperméables.
wa·fer [weifə] **1.** gaufrette *f*; pain *m* à cacheter; *eccl. consecrated* ~ hostie *f*; **2.** apposer un cachet à.
waf·fle ['wɔfl] gaufre *f* (américaine).
waft [wɑːft] **1.** *v/t.* porter; faire avancer; *v/i.* flotter dans l'air; **2.** souffle *m*.
wag[1] [wæg] **1.** agiter, remuer *(le bras, la queue, etc.)* ~ *one's tongue* jacasser; **2.** agitation *f*; hochement *m (de la tête)*.
wag[2] [~] moqueur (-euse *f*) *m*; blagueur *m*; *sl. play* ~ faire l'école buissonnière.
wage [weidʒ] **1.**: ~ *war* faire la guerre (à *on, against*); **2.** *usu.* **wag·es** [~iz] *pl.* gages *m/pl.*; paye *f*; salaire *m*; **wage-earn·er** ['~ɔːnə] salarié(e *f*) *m*; soutien *m* de famille; **'wage-sheet**, **'wag·es-sheet** feuille *f* des salaires.
wa·ger *poét.* ['weidʒə] **1.** pari *m*, gageure *f*; **2.** parier, gager (sur, *on*).
wag·ger·y ['wægəri] facétie *f*, -s *f/pl.*, plaisanterie *f*; **'wag·gish** □ plaisant, espiègle; blagueur (-euse *f*).
wag·gle F ['wægl] *see* wag[1] 1; **'wag·gly** F qui branle; serpentant.
wag·(g)on ['wægən] charrette *f*; camion *m*; ⚔ fourgon *m*; 🚃 wagon *m* (découvert); *Am.* F *be (go) on the* ~ s'abstenir de boissons alcoolisées; **'wag·(g)on·er** roulier *m*; camionneur *m*; **wag·(g)on·ette** [~'net] wagonnette *f*.

wag·tail *orn.* ['wægteil] bergeronnette *f*.
waif [weif] 🏛, *a. fig.* épave *f*; ~*s and strays* enfants *m/pl.* abandonnés; épaves *f/pl.*
wail [weil] **1.** plainte *f*; gémissement *m*; **2.** *v/t.* lamenter sur, pleurer; *v/i.* gémir, se lamenter.
wain *poét.* [wein] *see* wag(g)on; *astr. Charles's* ♀, *the* ♀ le Chariot *m*.
wain·scot ['weinskət] **1.** lambris *m*; *salle:* boiserie *f*; **2.** lambrisser, boiser (de, *with*).
wain-wright ['weinrait] charron *m*.
waist [weist] taille *f*, ceinture *f*; ⚓ embelle *f*; **'~-belt** ceinturon *m*; **~-coat** ['weiskout] gilet *m*; **'~-deep** jusqu'à la ceinture.
wait [weit] **1.** *v/i.* attendre; *(souv.* ~ *at table)* servir; F ~ *about* faire le pied de grue; ~ *for* attendre *(qch., q.)*; ~ *(up)on* servir *(q.)*; être aux ordres de *(q.)*; être la conséquence de *(qch.)*; *keep s.o.* ~*ing* faire attendre q.; ~ *and see* attendre voir; ~ *in line* faire la queue; *v/t.* attendre; différer *(un repas)*; jusqu'à l'arrivée de q., *for s.o.*); **2.** attente *f*; ~*s pl.* chanteurs *m/pl.* de noëls; *have a long* ~ devoir attendre longtemps; *be in* ~ être à l'affût (de, *for*); **'wait·er** restaurant: garçon *m*; *fig.* plateau *m*.
wait·ing ['weitiŋ] attente *f*; service *m*; *in* ~ de service; **'~-maid** femme *f* de chambre; **'~-room** salle *f* d'attente; antichambre *f*.
wait·ress ['weitris] fille *f* de service; ~! mademoiselle!
waive [weiv] ne pas insister sur, 🏛 renoncer à; **'waiv·er** 🏛 abandon *m*.
wake[1] [weik] ⚓ sillage *m* (*a. fig.*); *fig.* suite *f*; 🐎 remous *m* d'air.
wake[2] [~] **1.** [*irr.*] *v/i.* veiller; *(fig.* ~ *up)* se réveiller, s'éveiller; *v/t.* réveiller; ~ *a corpse* veiller un mort; **2.** veillée *f* de corps; fête *f* annuelle; **wake·ful** □ ['~ful] éveillé; sans sommeil; **'wak·en** (se) réveiller; (s')éveiller *(a. fig.)*.
wale [weil] marque *f*; ⊕ *drap:* côté *f*; *palplanches:* moise *f*; ⚓ plat-bord (*pl.* plats-bords) *m*.
walk [wɔːk] **1.** *v/i.* marcher, se promener; aller à pied; cheminer; aller

walker

au pas (*cheval*); revenir (*spectre*); ~ *about* se promener, circuler; *sl.* ~ *into* se heurter à (*qch.*); *Am.* ~ *out* se mettre en grève; F ~ *out on* laisser *ou* planter là (*q.*); *v/t.* faire marcher; courir (*les rues*); faire (*une distance*); conduire *ou* mettre un cheval au pas; ~ *the hospitals* faire les hôpitaux; assister aux leçons cliniques; ✗ ~ *the rounds* faire sa faction; ~ *s.o. off* emmener q.; 2. marche *f*; promenade *f*; tour (née *f*) *m*; allée *f*, avenue *f*; démarche *f*; pas *m*; ~ *of life position f* sociale; métier *m*; '**walk·er** marcheur (-euse *f*) *m*; piéton *m*; *sp.* amateur *m* du footing; be a good ~ être bon marcheur; '**walk·er-'on** *sl.* figurant(e *f*) *m*.

walk·ie-talk·ie ✗ ['wɔːkiˈtɔːki] appareil *m* d'émission et réception radiophonique.

walk·ing ['wɔːkiŋ] 1. marche *f*; promenade *f* à pied; *sp.* footing *m*; 2. ambulant; de marche; *Am.* F ~ *papers pl.* congé *m*; ~ *tour* excursion *f* à pied; '~-**stick** canne *f*.

walk...: '~-**out** *Am.* grève *f*; '~-**o·ver** *sp.* walk-over *m*; *fig.* victoire *f* facile; '~-**up** *Am.* sans ascenseur (*appartement*).

wall [wɔːl] 1. mur *m*; muraille *f*; (*a.* side~) paroi *f* (*a.* ⊕); *give s.o. the* ~ donner à q. le haut du pavé; *fig. go to the* ~ être ruiné *ou* mis à l'écart; 2. entourer de murs; murer; *fig.* emmurer; ~ *up* murer.

wal·la·by *zo.* ['wɔləbi] petit kangourou *m*, wallaby *m*.

wal·let ['wɔlit] portefeuille *m*; sac *m*, sacoche *f*.

wall...: '~-**eye** *vét.* œil *m* vairon; '~-**flow·er** ♀ giroflée *f* (jaune); *fig. be a* ~ faire tapisserie; '~-**fruit** fruit *m* d'espalier; '~-**map** carte *f* murale.

Wal·loon [wɔˈluːn] 1. wallon(ne *f*); 2. *ling.* wallon *m*; Wallon(ne *f*) *m*.

wal·lop F ['wɔləp] 1. rosser (*q.*), tanner le cuir à (*q.*); 2. gros coup *m*; *sl.* bière *f*; '**wal·lop·ing** F énorme.

wal·low ['wɔlou] 1. se vautrer; *fig.* se plonger (dans, *in*), nager (dans, *in*); 2. fange *f*; *chasse*: souille *f*; *have a* ~ se vautrer.

wall...: '~-**pa·per** papier *m* peint *ou* à tapisser; '~-**sock·et** ⚡ prise *f* de courant.

wal·nut ♀ ['wɔːlnʌt] noix *f*; *arbre*: noyer *m*; (bois *m* de) noyer *m*.

wal·rus *zo.* ['wɔːlrəs] morse *m*.

waltz [wɔːls] 1. valse *f*; 2. valser.

wan □ [wɔn] blême, pâle; blafard.

wand [wɔnd] baguette *f*; bâton *m* (*de commandement*); verge *f* (*d'huissier*).

wan·der ['wɔndə] errer; (*a.* ~ *about*) se promener au hasard, aller à l'aventure; *fig.* s'écarter (de, *from*); *fig.* divaguer (*personne*); '**wan·der·er** vagabond(e *f*) *m*; '**wan·der·ing** 1. □ errant; vagabond (*a. fig.*); *fig.* distrait; 2. vagabondage *m*; ✗ délire *m*; *fig.* rêverie *f*.

wane [wein] 1. décroître (*lune*); *fig.* s'affaiblir; 2. déclin *m*; *on the* ~ sur *ou* à son déclin.

wan·gle *sl.* ['wæŋgl] employer le système D; carotter (*qch.*); '**wan·gler** carotteur (-euse *f*) *m*.

wan·ness ['wɔnnis] pâleur *f*.

want [wɔnt] 1. manque *m*, défaut *m* (de, *of*); besoin *m*; gêne *f*; *for* ~ *of* faute de; *Am.* ~ *ad* demande *f* d'emploi (*dans les petites annonces*); 2. *v/i. be* ~*ing* faire défaut, manquer (*chose*); *be* ~*ing* manquer (de, *in*) (*personne*); *be* ~*ing to* ne pas être à la hauteur de (*une tâche etc.*); *he does not* ~ *for talent* les talents ne lui font pas défaut; *v/t.* vouloir, désirer; manquer de; avoir besoin de; falloir; *it* ~*s five minutes of eight o'clock* il est huit heures moins cinq; *it* ~*s two days to* il y a encore deux jours à; *he* ~*s energy* il manque d'énergie; *you* ~ *to be careful* il faut faire attention; ~ *s.o. to* (*inf.*) vouloir que q. (*sbj.*); ~*ed* recherché (par la police).

wan·ton ['wɔntən] 1. □ impudique; licencieux (-euse *f*); folâtre; *poét.* luxuriant; gratuit; 2. voluptueux (-euse *f*) *m*; femme *f* impudique; 3. folâtrer; '**wan·ton·ness** libertinage *m*; gaieté *f* de cœur.

war [wɔː] 1. guerre *f*; *attr.* de guerre; guerrier (-ère *f*); ~ *of nerves* guerre *f* des nerfs; *at* ~ en guerre (avec, contre *with*); *make* ~ faire la guerre (à, contre [*up*]*on*); 2. *poét.* lutter; mener une campagne; *fig.* faire la guerre (à, *against*).

war·ble ['wɔːbl] 1. *vt/i.* chanter (en gazouillant); *v/i.* gazouiller; 2. gazouillement *m*; *ruisseau*: murmure *m*; '**war·bler** oiseau *m* chanteur; fauvette *f*.

war-blind·ed ['wɔ:blaindid] aveugle de guerre.

ward [wɔ:d] **1.** garde f; † tutelle f; *personne*: pupille mf; *escrime*: garde f, parade f; quartier m (*d'une prison*); salle f (*d'hôpital*); *admin.* arrondissement m; circonscription f électorale; ~s pl. dents f/pl., bouterolles f/pl. (*d'une clef*); *casual* ~ asile m de nuit; *in* ~ en tutelle; sous la tutelle (de, to); *Am.* F *pol.* ~ heeler politicien m à la manque; **2.** faire entrer (*à l'hôpital etc.*); ~ off écarter; **'ward·en** directeur (-trice f) m; recteur m; **'ward·er** gardien m de prison; **'ward·robe** garde-robe f; *meuble*: armoire f; ~ *dealer* marchand(e f) m de toilette; ~ *trunk* malle-armoire (*pl.* malles-armoires) f; **'ward·room** ⚓ carré m des officiers; **'ward·ship** tutelle f.

ware [wɛə] marchandise f; ustensiles m/pl.

ware·house 1. ['wɛəhaus] entrepôt m; magasin m; **2.** ['~hauz] emmagasiner; *douane*: entreposer; **~·man** ['~hausmən] emmagasineur m; *douane*: entreposeur m; garçon m de magasin; *Italian* ~ épicier m.

war...: **'~·fare** la guerre f; **'~·grave** sépulture f militaire; **'~·head** *torpille etc.*: cône m (de charge).

war·i·ness ['wɛərinis] circonspection f; prudence f; défiance f.

war...: **'~·like** guerrier (-ère f); martial (-aux m/pl.); **'~·loan** emprunt m de guerre.

warm [wɔ:m] **1.** □ chaud (*a. fig.*); *fig.* chaleureux (-euse f), vif (vive f); F riche; *be* ~ avoir chaud (*personne*); être chaud (*chose*); **2.** F action f de (se) chauffer; **3.** *v/t.* chauffer; *fig.* (r)échauffer; *sl.* flanquer une tripotée à; ~ *up* (ré)chauffer; *v/i.* (*a.* ~ *up*) s'échauffer, se (ré)chauffer; s'animer; ~ *to* se sentir attiré vers (*q.*); **'warm·ing** *sl.* rossée f.

war-mon·ger ['wɔ:mʌŋgə] belliciste m; **'war-mon·ger·ing**, **'war-mon·ger·y** propagande f de guerre.

warmth [wɔ:mθ] chaleur f.

warn [wɔ:n] avertir (de of, against); prévenir (ou ~ off) détourner; conseiller (de *inf.*, to *inf.*); alerter; **'warn·ing** avertissement m; avis m; *turf*: exécution f; congé m (*d'un employé etc.*); alerte f; *take* ~ *from* profiter de l'exemple de; tirer une leçon de.

warp [wɔ:p] **1.** *tex.* chaîne f; *tapisserie*: lisse f; ⚓ amarre f; voilure f (*d'une planche*); *fig.* perversion f; **2.** *v/i.* se voiler (*bois*); ⚓ (*usu.* ~ *out*) déhaler; *v/t.* (faire) voiler, déverser (*du bois etc.*); ⚰ gauchir (*les ailes*); *tex.* ourdir (*une étoffe*), empeigner (*un métier*); ⚓ haler, touer; *fig.* fausser (*les sens*); pervertir (*l'esprit*).

war-paint ['wɔ:peint] peinture f de guerre (*des Peaux-Rouges*); F *fig.* grande tenue f; gros maquillage m.

warp·ing ⚰ ['wɔ:piŋ] gauchissement m des ailes.

war...: **'~·plane** avion m de guerre; **'~·prof·it·eer** mercanti m de guerre.

war·rant ['wɔrənt] **1.** garantie f; *fig.* garant m; justification f; ⚖ mandat m; pouvoir m; ⚔ feuille f (de route); ⚔ ordonnance f (de paiement); † warrant m; ~ (*of apprehension*) mandat m d'amener; ~ *of arrest* mandat m d'arrêt; **2.** garantir (*a.* †); certifier; attester; répondre de (*qch.*); justifier; **'war·rant·a·ble** □ légitime; justifiable; que l'on peut garantir; *chasse*: courable; **'war·rant·ed** garanti; **war·ran·tee** ⚖ [~'ti:] receveur (-euse f) m d'une garantie; **'war·rant-of·fi·cer** ⚓ premier maître m; ⚔ sous-officier m breveté; **war·ran·tor** ⚖ ['~tɔ:] répondant m; **'war·ran·ty** garantie f; autorisation f.

war·ren ['wɔrin] garenne f, lapinière f.

war·ri·or ['wɔriə] guerrier m; *the Unknown* ~ le Soldat inconnu.

war·ship ['wɔ:ʃip] vaisseau m de guerre.

wart [wɔ:t] verrue f; ♀ excroissance f; **'wart·y** verruqueux (-euse f).

war...: **'~·time** temps m de guerre.

war·y □ ['wɛəri] circonspect, prudent; défiant; précautionneux (-euse f).

was [wɔz; wəz] *prét. de* be; *he* ~ *to have come* il devait venir.

wash [wɔʃ] **1.** *v/t.* laver; blanchir (*le linge*); *fig.* baigner; ~*ed out* délavé; décoloré; F flapi; ~ *up* faire la vaisselle; ⚓ rejeter sur le rivage; *sl.* ~*ed up* fini, fichu; *v/i.* se laver; ~ *against the cliff* baigner la falaise; ⚓ ~ *over* balayer (*le pont*); **2.** lessive

washable

f, blanchissage *m*; toilette *f*; remous *m*; ⚓ sillage *m*; ✈ souffle *m* (*de l'hélice*); *peint.* lavis *m*; (*a.* colo(u)r ~), badigeon *m*; *péj.* lavasse *f*; ☢, *pharm., vét.* lotion *f*; 'wash·a·ble lavable; 'wash-ba·sin cuvette *f*, lavabo *m*; 'wash-cloth torchon *m*.

wash·er ['wɔʃə] laveur (-euse *f*) *m*; *machine:* laveuse *f*; ⊕ cylindre *m* à laver; '~-wom·an blanchisseuse *f*.

wash·i·ness F ['wɔʃinis] fadeur *f*, insipidité *f*.

wash·ing ['wɔʃiŋ] 1. lavage *m*; ablution *f*; lessive *f*, blanchissage *m*; ⊕ lavée *f* (*de laine, de minerai*); ~s *pl.* produits *m/pl.* de lavage; ⊕ chantier *m* de lavage; 2. de lessive; ~ *machine* machine *f* à laver; ~ *powder* lessive *f*; '~-silk soie *f* lavable; '~-up (lavage *m* de la) vaisselle *f*; ~ *basin* cuvette *f*.

wash...: '~-out *sl.* fiasco *m*; '~-rag *surt. Am.* lavette *f*, gant *m* de toilette; '~-stand lavabo *m*; 'wash·y délavé (*couleur*); *fig.* fade, insipide.

wasp [wɔsp] guêpe *f*; 'wasp·ish □ méchant (*a. fig.*); acerbe; acariâtre (*femme*).

wast·age ['weistidʒ] déperdition *f*, perte *f*; gaspillage *m*; *coll.* déchets *m/pl.*

waste [weist] 1. désert, inculte; perdu (*temps*); ⊕ de rebut; *lay* ~ dévaster, ravager; ~ *paper* vieux papiers *m/pl.*; papier *m* de rebut; ~ *steam* vapeur *f* perdue; ~ *water* eaux *f/pl.* ménagères; ⊕ eaux-vannes *f/pl.*; 2. perte *f*; gaspillage *m*; rebut *m*; déchet *m*; région *f* inculte; *go* (*ou run*) *to* ~ se perdre, se dissiper; s'affricher (*terrain*); 3. *v/t.* user, consumer; gaspiller; perdre (*son temps*); *v/i.* se perdre, s'user; maigrir (*malade*); 'waste·ful □ ['~ful] gaspilleur (-euse *f*); prodigue; inutile; ruineux (-euse *f*); 'waste-pa·per bas·ket corbeille *f* à papier; 'waste-pipe trop-plein *m*; baignoire: écoulement *m*; 'wast·er gaspilleur (-euse *f*) *m*; *see* wastrel.

wast·rel ['weistrəl] vaurien *m*; mauvais sujet *m*.

watch [wɔtʃ] 1. garde *f*; † veille *f*; † *personne:* garde *m*; ⚓ quart *m*; montre *f*; *be on the* ~ *for* épier, guetter; être à l'affût de; ♀ *Committee* comité *m* municipal qui veille au maintien de l'ordre; 2. *v/i.* veiller (sur, over); ~ *for* attendre (*q., qch.*); guetter (*q.*); *v/t.* veiller sur, regarder; assister à; guetter (*l'occasion*); '~-boat ⚓ (bateau *m*) patrouilleur *m*; '~-brace·let montre-bracelet (*pl.* montres-bracelets) *f*; '~-case boîte *f* de montre; '~-dog chien *m* de garde; 'watch·er veilleur (-euse *f*) *m*; observateur (-trice *f*) *m*; watch·ful □ ['~ful] vigilant, attentif (-ive *f*).

watch...: '~-mak·er horloger *m*; '~-man gardien *m*; veilleur *m* (de nuit); '~-tow·er tour *f* de guet; '~-word *etc.* mot *m* d'ordre.

wa·ter ['wɔ:tə] 1. eau *f*; ~ *supply* (provision *f* d')eau *f*; service *m* des eaux; *high* (*low*) ~ marée *f* haute (basse); *by* ~ en bateau, par eau; *drink* (*ou take*) *the* ~s prendre les eaux; *of the first* ~ de première eau (*diamant*); *fig.* de premier ordre; F *be in hot* ~ être dans le pétrin; avoir des ennuis; F *be in low* ~ être dans la gêne; 2. *v/t.* arroser (*terre, route, plante, région*); abreuver (*les bêtes*); *fig.* atténuer, affaiblir; (*souv.* ~ *down*) mouiller, diluer; ⊕ alimenter en eau (*une machine*); *tex.* moirer; *v/i.* pleurer (*yeux*); faire provision d'eau; s'abreuver (*bêtes*); ⊕, ⚓, *mot.* faire de l'eau; *make s.o.'s mouth* ~ faire venir l'eau à la bouche de *q.*; '~-blis·ter ☢ cloque *f*; '~-borne flottant; transporté par voie d'eau; '~-cart arroseuse *f* (*dans les rues*); '~-clos·et (*usu.* écrit W.C.) cabinets *m/pl.*, F *waters* *m/pl.*; '~-col·o(u)r aquarelle *f*; couleur *f* à l'eau; '~-cooled refroidi à eau; '~-cool·ing refroidissement *m* à eau; '~-course cours *m* d'eau; conduit *m*; conduite *f* d'eau; '~-cress ♀ cresson *m* (de fontaine); '~-fall chute *f* d'eau; '~-fowl gibier *m*, *coll.* -s *m/pl.* d'eau; '~-front *surt. Am.* quai *m*, bord *m* de l'eau; '~-gauge ⊕ hydromètre *m*; (indicateur *m* de) niveau *m* d'eau; '~-hose tuyau *m* d'arrosage; *qqfois* manche *f* à eau; 'wa·ter·i·ness aquosité *f*; ☢ sérosité *f*; *fig.* fadeur *f*.

wa·ter·ing ['wɔ:təriŋ] arrosage *m*; irrigation *f*; abreuvage *m* (*des bêtes*); '~-can, '~-pot arrosoir *m*; '~-place

abreuvoir m; ville f d'eau; plage f, bains m/pl. de mer.
wa·ter...: '**~-jack·et** ⊕ chemise f d'eau; '**~-lev·el** niveau m d'eau (a. ⊕); '**~-lil·y** ⚘ nénuphar m; '**~-logged** imbibé d'eau; ⚓ plein d'eau; '**~·man** batelier m, marinier m; '**~·mark** niveau m des eaux; ⚓ laisse f; *papier*: filigrane m; '**~·part·ing** ligne f de partage des eaux; '**~-pipe** conduite f d'eau; '**~·plane** hydravion m; '**~-po·lo** water-polo m; '**~-pow·er** force f ou énergie f hydraulique; ~ **station** centrale f hydraulique; '**~·proof 1.** imperméable (a. su./m); **2.** rendre imperméable; caoutchouter; '**~-re·pel·lent wool** laine f cirée; '**~-shed** see water-parting; p.ext. bassin m; **~'side 1.** riverain; **2.** bord m de l'eau; '**~-spout** descente f d'eau; gouttière f; météor. trombe f; '**~-tap** robinet m; '**~·tight** étanche; fig. sans échappatoire; '**~-wave 1.** cheveux: mise f en plis; **2.** mettre (les cheveux) en plis; '**~-way** voie f d'eau; ⚓ gouttière f; '**~·works** usu. sg. usine f de distribution d'eau; '**wa·ter·y** aqueux (-euse f); larmoyant (yeux); fig. noyé ou plein d'eau; fig. peu épais.
watt ∉ [wɔt] watt m. [(-se f).]
wat·tle ['wɔtl] **1.** clayonnage m; claie f; dindon: caroncule f; **2.** clayonner; tresser (l'osier).
waul [wɔːl] miauler.
wave [weiv] **1.** vague f (a. fig.); phys. onde f; cheveux: ondulation f; geste m, signe m (de la main); **2.** v/t. agiter; brandir; onduler (les cheveux); faire signe de (la main); ~ **s.o. aside** écarter q. d'un geste; v/i. s'agiter; flotter; onduler; faire signe (à q., to s.o.); '**~-length** ∉ radio: longueur f d'onde; '**~-me·ter** ondemètre m.
wa·ver ['weivə] hésiter; vaciller (a. fig.); ⚔ etc. fléchir.
wave...: '**~-range** radio: gamme f de longueur f d'onde; '**~-trap** radio: ondemètre m d'absorption.
wav·y ['weivi] onduleux (-euse f); ondulé; tremblé (ligne).
wax¹ [wæks] **1.** cire f; oreilles: cérumen m; ~ **candle** bougie f de cire; eccl. cierge m; ~ **doll** poupée f de cire; **2.** cirer; mettre (le cuir) en cire; empoisser (le fil).

wax² [~] croître (lune); co. devant adj.: devenir.
wax·en ['wæksn] de ou en cire; fig. a. cireux (-euse f); '**wax·work** figure f de cire; ~**s** pl., ~ **show** figures f/pl. de cire; '**wax·y** □ cireux (-euse f).
way [wei] **1.** chemin m, route f, voie f; direction f, côté m; façon f, manière f; genre m; moyen m; marche f; progrès m; état m; habitude f; idée f, guise f; ~ **in** entrée f; ~ **out** sortie f; admin. ~**s and means** voies f/pl. et moyens m/pl.; parl. Committee of ⚐s and Means Commission f du Budget; **right of** ~ ⚖ servitude f ou droit m de passage; surt. mot. priorité f de passage; **this** ~ par ici; **in some** (ou **a**) ~ en quelque sorte; **in no** ~ ne ... aucunement ou d'aucune façon; **go a great** (ou **some**) ~ **towards** (gér.), **go a long** (ou **some**) ~ **to** (inf.) contribuer de beaucoup ou quelque peu à (inf.); **by the** ~ en passant, à propos; **by** ~ **of** par la voie de; en guise de, à titre de; **by** ~ **of excuse** en guise d'excuse; **on the** (ou **one's**) ~ en route (pour, to); chemin faisant; **out of the** ~ écarté, isolé; fig. peu ordinaire; **under** ~ en marche (a. ⚓); **give** ~ céder, lâcher pied; faire place; **have one's** ~ agir à sa guise; **if I had my** ~ si on me laissait faire; **have a** ~ **with** se faire bien voir de (q.); **lead the** ~ marcher en tête; montrer le chemin; see make 1; **pay one's** ~ joindre les deux bouts; se suffire; see one's ~ **to** juger possible de; trouver moyen de; Am. ~ **station** petite gare f; Am. ~ **train** train m omnibus; **2.** adv. Am. loin; là-bas; '**~-bill** feuille f de route; lettre f de voiture; '**~·far·er** voyageur (-euse f) m; '**~·lay** [irr. (lay)] guetter (au passage); '**~-leave** droit m de passage ou de survol; '**~·side 1.** bord m de la route; **by the** ~ au bord de la route; **2.** au bord de la route, en bordure de route.
way·ward □ ['weiwəd] capricieux (-euse f); entêté, rebelle; '**way·ward·ness** entêtement m; caractère m difficile.
we [wiː; wi] nous (a. accentué).
weak □ [wiːk] faible; léger (-ère f) (thé); '**weak·en** (s')affaiblir; '**weak·ling** personne f faible; '**weak·ly 1.** adj. faible; **2.** adv. faiblement; sans

weak-minded

résolution; **'weak-'mind·ed** faible d'esprit; qui manque de résolution; **'weak·ness** faiblesse *f*.

weal¹ [wi:l] 1. bien(-être) *m*.

weal² [~] marque *f*.

wealth [welθ] richesse *f*, -s *f/pl.*; *fig.* abondance *f*; **'wealth·y** ☐ riche, opulent.

wean [wi:n] sevrer (*un enfant*); *fig.* détourner (*q.*) (de *from, of*).

weap·on ['wepən] arme *f*; **'weap·on·less** sans armes, désarmé.

wear [wɛə] [*irr.*] 1. *v/t.* porter (*un vêtement etc.*); (*a.* ~ *away, down, off, out*) user, effacer; épuiser, lasser (*la patience*); *v/i.* faire bon usage; se conserver (*bien etc.*) (*personne*); ~ *away* s'user; s'effacer; passer; ~ *off* disparaître (*a. fig.*), s'effacer; ~ *on* s'écouler (*temps*); s'avancer; ~ *out* s'user; s'épuiser; 2. usage *m*; mode *f*; vêtements *m/pl.*; fatigue *f*; (*a.* ~ *and tear*) usure *f*; *gentlemen's* ~ vêtements *m/pl.* pour hommes; *for hard* ~ d'un bon usage; *be the* ~ être à la mode *ou* de mise; *the worse for* ~ usé; *there is plenty of* ~ *in it yet* il est encore portable; **'wear·a·ble** portable (*vêtement*).

wea·ri·ness ['wiərinis] fatigue *f*; lassitude *f*; *fig.* dégoût *m*.

wea·ri·some ☐ ['wiərisəm] ennuyeux (-euse *f*); *fig.* ingrat, F assommant; **'wea·ri·some·ness** ennui *m*.

wea·ry ['wiəri] 1. ☐ las(se *f*), fatigué (de, *with*); *fig.* dégoûté (de, *of*); fatigant, fastidieux (-euse *f*); 2. (se) lasser, fatiguer.

wea·sel *zo.* ['wi:zl] belette *f*.

weath·er ['weðə] 1. temps *m*; *see permit* 1; 2. météorologique; ⚓ du côté du vent, au vent; 3. *v/t.* altérer (par les intempéries); ⚓ passer au vent de; doubler (*un cap*); (*a.* ~ *out*) étaler (*une tempête etc.*), *fig.* survivre à; ~*ed* altéré par le temps *ou* les intempéries; *v/i.* s'altérer; prendre la patine (*cuivre etc.*); ~*beaten* battu par les tempêtes; basané (*figure etc.*); **'~-board** fenêtre: reverseau *m*; toit etc.: planche *f* à recouvrement; **'~-board·ing** planches *f/pl.* à recouvrement; **'~-bound** retenu par le mauvais temps; **'~-bu·reau** bureau *m* météorologique; **'~-chart** carte *f* météorologique; **'~-cock** girouette *f*; **'~-fore·cast** bulletin *m* météorologique; prévisions *f/pl.* du temps; **'~-proof**, **'~-tight** imperméable; étanche; **'~-sta·tion** station *f* météorologique; **'~-strip** bourrelet *m* étanche; *mot.* gouttière *f* d'étanchéité; **'~-vane** girouette *f*; **'~-worn** rongé par les intempéries.

weave [wi:v] 1. [*irr.*] tisser (*a. fig.*) tramer; 2. armure *f*; tissage *m*; **'weav·er** tisserand(e *f*) *m*; **'weav·ing** tissage *m*; entrelacement *m*; *route*: zigzags *m/pl.*; *attr.* à tisser.

wea·zen ['wi:zn] ratatiné, desséché.

web [web] tissu *m* (*a. fig.*); toile *f* (d'araignée); *orn.* plume: lame *f*; *pattes*: palmure *f*; ⊕ rouleau *m* (d'étoffe, de papier); **webbed** palmé, membrané; **'web·bing** (toile *f* à) sangles *f/pl.*; **'web-foot·ed** palmipède, aux pieds palmés.

wed [wed] *v/t.* épouser, se marier avec (*q.*); marier (*un couple*); *fig.* unir (à *to, with*); *v/i.* se marier; **'wed·ded** conjugal (-aux *m/pl.*); marié; **'wed·ding** 1. mariage *m*; noce *f*, -s *f/pl.*; 2. de noce(s); de mariage; nuptial (-aux *m/pl.*); ~ *ring* alliance *f*.

wedge [wedʒ] 1. coin *m*; *fig. the thin end of the* ~ le premier pas, un pied de pris; 2. coincer; (*a.* ~ *in*) enclaver, insérer; **'~-shaped** en forme de coin; cunéiforme (*caractères, os*).

wed·lock ['wedlɔk] mariage *m*.

Wednes·day ['wenzdi] mercredi *m*.

wee *écoss.*, F [wi:] (tout) petit.

weed [wi:d] 1. mauvaise herbe *f*; F tabac *m*; F personne *f* étique; 2. sarcler; (*a.* ~ *up, out*) arracher les mauvaises herbes; *fig.* éliminer; **'weed·er** sarcleur (-euse *f*) *m*; *outil*: sarcloir *m*; extirpateur *m*.

weeds [wi:dz] *pl.* (*usu. widow's* ~) (vêtements *m/pl.* de) deuil *m*.

weed·y ['wi:di] plein de mauvaises herbes; F *fig.* étique; maigre.

week [wi:k] semaine *f*; *short working* ~ semaine *f* courte; *by the* ~ à la semaine; *this day* ~ d'aujourd'hui en huit; **'~-day** jour *m* de semaine; jour *m* ouvrable; **'~-end 1.** fin *f* de semaine; week-end *m*; ~ *ticket* billet *m* valable du samedi au lundi; 2. passer le week-end; **'~-'end·er** touriste *mf* de fin de semaine;

'week·ly 1. hebdomadaire; **2.** (a. ~ paper) hebdomadaire m.
weep [wi:p] [irr.] pleurer (de joie etc., for; qch. for, over s.th.); verser des larmes; **'weep·er** pleureur (-euse f) m; ~s pl. manchettes f/pl. de deuil; **'weep·ing 1.** qui pleure; humide; ⚓ ~ willow saule m pleureur; **2.** larmes f/pl., pleurs m/pl.
wee·vil ['wi:vil] charançon m (du blé etc.).
weft [weft] tex. trame f; fig. traînée f (d'un nuage etc.).
weigh [wei] **1.** v/t. peser (a. fig. le pour et le contre); fig. (a. ~ up) jauger; ⚓ ~ anchor lever l'ancre; ~ down peser plus que; ~ed down surchargé, accablé (de, with); v/i. peser (a. fig.); fig. avoir du poids (pour, with); ~ (up)on peser (lourd) sur; **2.** ⚓ get under ~ (ou way) se mettre en route; **'weigh·a·ble** pesable; **'weigh·bridge** (pont m à) bascule f; **'weigh·er** peseur (-euse f) m; **'weigh·ing-ma·chine** bascule f; appareil m de pesage.
weight [weit] **1.** poids m; pesanteur f, lourdeur f; force f (d'un coup); fig. importance f; fig. carry great ~ avoir beaucoup d'influence; avoir de l'autorité; sp. putting the ~ lancement m du poids; **2.** alourdir; attacher un poids à; fig. affecter d'un coefficient; **'weight·i·ness** pesanteur f; fig. importance f; **'weight·y** □ pesant, lourd; grave; sérieux (-euse f).
weir [wiə] barrage m; étang: déversoir m.
weird [wiəd] étrange; mystérieux (-euse f); F singulier (-ère f).
wel·come ['welkəm] **1.** □ bienvenu; agréable; you are ~ to (inf.) libre à vous de (inf.); you are ~ to it c'est à votre service; iro. grand bien vous fasse!; (you are) ~! soyez le bienvenu; il n'y a pas de quoi!; **2.** bienvenue f; **3.** souhaiter la bienvenue à; accueillir (a. fig.).
weld ⊕ [weld] **1.** (se) souder; (se) corroyer (acier); ~ into fondre en; **2.** (a. ~ing seam) (joint m de) soudure f; **'weld·ing** ⊕ soudage m, soudure f; attr. soudant; à souder.
wel·fare ['welfɛə] bien-être m; ~ centre dispensaire m; ~ work assistance f sociale; ~ worker assistant (-e f) m social(e).

well[1] [wel] **1.** puits m; fig. source f; ⊕ haut fourneau: creuset m; (a. ink-~) encrier m; ascenseur: cage f; hôtel: cour f; **2.** jaillir, sourdre.
well[2] [~] **1.** adv. bien; see as 1; ~ off aisé, riche; bien fourni (de, for); be ~ past fifty avoir largement dépassé la cinquantaine; beat s.o. ~ battre q. à plate couture; **2.** adj. préd. en bonne santé; bon; bien; I am not ~ je ne me porte pas bien; all's well tout va bien; **3.** int. eh bien!; F ça alors!; **'~-ad'vised** sage; bien avisé (personne); **'~-'be·ing** bien-être m; **'~-'born** de bonne famille; bien né; **'~-'bred** bien élevé; **'~-dis'posed** bien disposé (envers, to[wards]); **'~-'fa·vo(u)red** beau (bel devant une voyelle ou un h muet; belle f); de bonne mine; **'~-in'formed** bien renseigné.
Wel·ling·tons ['weliŋtənz] pl. bottes f/pl. en caoutchouc.
well...: '~-in'ten·tioned bien intentionné; **'~-'judged** bien calculé; judicieux (-euse f); **'~-'knit** bien bâti; solide; ~ made de coupe soignée (habit); bien découplé; **'~-'man·nered** bien élevé; **'~-'nigh** presque; ~ timed opportun; bien calculé; ~-to-do ['weltə'du:] aisé; prospère; ~ turned fig. bien tourné; **'~-'wish·er** ami(e f) m sincère, partisan m; **'~-'worn** usé; fig. rebattu.
Welsh[1] [welʃ] **1.** gallois; **2.** ling. gallois m; the ~ les Gallois m/pl.
welsh[2] [~] turf: décamper avec les enjeux des parieurs; **'welsh·er** bookmaker m marron; p.ext. escroc m.
Welsh...: '~·man Gallois m; **'~·wom·an** Galloise f.
welt [welt] **1.** ⊕ semelle: trépointe f; chaussette, gant: bordure f; couvre-joint m; **2.** mettre des trépointes à (des souliers); border; F rosser; ~ed à trépointes (soulier).
wel·ter ['weltə] **1.** se rouler, se vautrer; fig. ~ in nager dans (son sang etc.); **2.** désordre m; **'~-weight** box. poids m mi-moyen.
wen ⚕ [wen] kyste m sébacé; F goitre m.
wench [wentʃ] jeune fille f ou femme f.
wend [wend]: ~ one's way (vers, to) diriger ses pas; se diriger.

went 1172

went [went] *prét.* de *go* 1.
wept [wept] *prét. et p.p.* de *weep.*
were [wəː; wə] *prét. pl. et sbj. prét.* de *be.*
west [west] 1. *su.* ouest *m*; 2. *adj.* de l'ouest; occidental (-aux *m/pl.*); 3. *adv.* à *ou* vers l'ouest; *sl.* go ~ casser sa pipe (= *mourir*).
west·er·ly ['westəli] de *ou* à l'ouest; **west·ern** ['westən] 1. de l'ouest; occidental (-aux *m/pl.*); 2. *see* westerner; *Am.* ♀ film *m ou* roman *m* de cowboys; western *m*; **'west·ern·er** occidental(e *f*) *m*; habitant(e *f*) *m* de l'ouest; **'west·ern·most** le plus à l'ouest.
west·ing ⚓ ['westiŋ] route *f* vers l'ouest; départ *m* pour l'ouest.
west·ward ['westwəd] 1. *adj.* à *ou* de l'ouest; 2. *adv.* (*a.* **west·wards** ['~dz]) vers l'ouest.
wet [wet] 1. mouillé; humide; *Am.* qui permet la vente de l'alcool; *see* blanket 1; ⊕ ~ process voie *f* humide; ~ steam vapeur *f* mouillée; ~ through trempé (jusqu'aux os); F with a ~ finger à souhait; 2. pluie *f*; humidité *f*; 3. [*irr.*] mouiller; tremper; F pleuvoir; F arroser (*une affaire*); ~ through tremper (jusqu'aux os).
wet·back *Am. sl.* ['wetbæk] immigrant *m* mexicain illégal.
weth·er ['weðə] bélier *m* châtré.
wet-nurse ['wetnəːs] nourrice *f*.
whack F [wæk] 1. battre; 2. coup *m*; claque *f*; (grand) morceau *m*; have (*ou* take) *a* ~ at (*ger.*) essayer de (*inf.*); **'whack·er** F chose *f ou* personne *f* énorme; gros mensonge *m*; **'whack·ing** F 1. rossée *f*, fessée *f*; 2. colossal (-aux *m/pl.*).
whale [weil] baleine *f*; F *a* ~ *of a castle* un château magnifique; F *a* ~ *at* un as à; **'~·bone** baleine *f*; **'~·fish·er**, **'~·man**, *usu.* **'whal·er** baleinier *m*; **'whale-oil** huile *f* de baleine.
whal·ing ['weiliŋ] pêche *f* à la baleine.
whang F [wæŋ] 1. coup *m* retentissant; 2. retentir.
wharf [wɔːf] 1. (*pl. a.* **wharves** [wɔːvz]) quai *m*; entrepôt *m* (*pour marchandises*); 2. débarquer; déposer sur le quai; **wharf·age** ['~idʒ] débarquement *m*; mise *f* en entrepôt; quayage *m*; **wharf·in·ger** ['~indʒə] propriétaire *m* d'un quai.

what [wɔt] 1. *pron. interr.* que, quoi; qu'est-ce qui; qu'est-ce que; ~ *about* ...? et ...?; ~ *about* (*gér.*)? que pensez-vous de (*inf.*)?; ~ *for*? pourquoi donc?; ~ *of it*? et alors?; ~ *if* ...? et si ...?; ~ *though* ...? qu'importe que (*sbj.*)?; F ~-d'ye-call-him (-her, -it, -'em), ~'s-his-name (-her-name, -its-name), *Am.* ~-is-it machin *m*, chose *mf*; ~ *next*? et ensuite?, *iro.* par exemple!; et quoi encore?; 2. *pron. rel.* ce qui, ce que; know ~'s ~ en savoir long; savoir le monde; *and* ~ *not* et ainsi de suite; ~ *with* ... ~ *with* ... entre ... et ...; 3. *adj. interr.* quel, quelle, quels, quelles; ~ *time is it*? quelle heure est-il?; ~ *a blessing*! quel bonheur!; ~ *impudence*! quelle audace!, F quel toupet!; (*of*) ~ *use is it*? à quoi sert-il (de, *inf.*; to *inf.*)?; 4. *adj. rel.* que, qui; ~ *money I had* l'argent dont je disposais; **'what-not** étagère *f*; **what(·so)·ev·er** *pron.* tout ce qui, tout ce que, quoi qui (*sbj.*), quoi que (*sbj.*); 2. *adj.* quelque ... qui *ou* que (*sbj.*); aucun; quelconque.
wheat ♀ [wiːt] blé *m*; **'wheat·en** de blé, de froment.
whee·dle ['wiːdl] cajoler; ~ *s.o. into* (*gér.*) amener q. à (*inf.*) à force de cajoleries; ~ *money out of s.o.* soutirer de l'argent à q.
wheel [wiːl] 1. roue *f*; (*a.* steering-~) volant *m*; *Am.* F bicyclette *f*; ⊕ (*a.* grinding-~) meule *f*; *see* potter²; ⚓ barre *f*; ⚔ conversion *f*; 2. *v/t.* rouler, tourner; promener *v/i.* tourn(oy)er; se retourner (*personne*); ⚔ faire une conversion; *Am.* aller à bicyclette; **'~·bar·row** brouette *f*; **'~·base** ⊕ empattement *m*; ~ *chair* fauteuil *m* roulant; **'wheeled** à roues; roulant; **'wheel·er** cheval *m* de derrière; **'wheel·man** F cycliste *m*; **'wheel-spi·der** ⊕ croisillon *m* (de roue); **'wheel·wright** charron *m*.
wheeze [wiːz] 1. *v/i.* siffler; respirer péniblement; corner (*cheval*); *v/t.* F seriner (*un air*); 2. sifflement *m*, respiration *f* asthmatique; *cheval*: cornage *m*; *théâ. sl.* trouvaille *f*; *sl.* truc *m*; **'wheez·y** □ asthmatique; cornard (*cheval*).
whelp [welp] 1. *see* puppy; petit *m* (*d'un fauve*); 2. mettre bas.

when [wen] 1. *adv.* quand?; 2. *cj.* quand, lorsque; et alors; (*le jour*) où; (*un jour*) que.

whence [wens] d'où.

when(·so)·ev·er [wen(so)'evə] chaque fois que, toutes les fois que; quand.

where [weə] 1. *adv.* où?; 2. *cj.* (là) où; ~·a·bout ['weərə'baut] 1. où (donc); 2. (*usu.* '~·a·bouts [~s]): the ~ of le lieu *m* où (*q.*, *qch.*) se trouve; ~'as puisque, vu que, attendu que; tandis que, alors que; ₺₺ considérant que; ~'at sur *ou* à *ou* de quoi; ~'by par où; par quoi; par lequel (*etc.*); '~'fore 1. *adv.* pourquoi?; 2. *cj.* c'est pourquoi; ~'in en quoi, où; dans lequel (*etc.*); ~'of dont, de quoi; duquel *etc.*; ~'on où; sur quoi; sur lequel (*etc.*); ~'so'ev·er partout où; ~·up'on sur quoi; sur lequel (*etc.*); **wher'ev·er** partout où; **where·with·al** 1. [weəwi'ðɔ:l] 1. avec quoi; avec lequel (*etc.*); 2. F ['~] nécessaire *m*; moyens *m*/*pl.*; fonds *m*/*pl.*

wher·ry ['weri] bachot *m*; esquif *m*.

whet [wet] 1. aiguiser, affiler; *fig.* stimuler; 2. affilage *m*; *fig.* stimulation *f*; F stimulant *m*; petit verre *m*.

wheth·er ['weðə] si; ~ ... or no que ... (*sbj.*) ou non.

whet·stone ['wetstoun] pierre *f* à aiguiser. [fichtre!]

whew [hwu:] ouf!; *int. par surprise:*⎬

whey [wei] petit lait *m*.

which [witʃ] 1. *pron. interr.* lequel, laquelle, lesquels, lesquelles; 2. *pron. rel.* qui, que; *all* ~ toutes choses qui *ou* que; *in (by)* ~ en (par) quoi; 3. *adj. interr.* quel, quelle, quels, quelles; 4. *adj. rel.* lequel, laquelle, lesquels, lesquelles; ~'ev·er 1. *pron. rel.* celui qui, celui que; n'importe lequel (*etc.*); 2. *adj.* le ... que, n'importe quel (*etc.*); quelque ... que (*sbj.*).

whiff [wif] 1. air, fumée, vent: bouffée *f*; petit cigare *m*; ⚓ skiff *m*; 2. émettre des bouffées (*v*/*t.* de fumée etc.).

whif·fle·tree ⊕ ['wifltri:] palonnier *m*.

Whig *hist. Brit.* [wig] 1. whig *m* (*membre d'un parti libéral*); 2. des whigs; whig (*parti*); **'Whig·gism** whiggisme *m*.

while [wail] 1. temps *m*; espace *m*; *for a* ~ pendant quelque temps; F *be worth* ~ valoir la peine; 2. (*usu.* ~ *away*) faire passer, tuer (*le temps*); 3. (*a.* **whilst** [wailst]) pendant que, tandis que, en (*gér.*).

whim [wim] caprice *m*; lubie *f*; ⊕ triqueballe *m*.

whim·per ['wimpə] 1. *v*/*i.* pleurnicher; pousser des petits cris plaintifs (*chien*); *v*/*t.* dire (*qch.*) en pleurnichant; 2. pleurnicherie *f*; plainte *f*; petit cri *m* plaintif.

whim·si·cal □ ['wimzikl] bizarre; capricieux (-euse *f*) (*personne*); fantasque; **whim·si·cal·i·ty** [~'kæliti], **whim·si·cal·ness** ['~klnis] bizarrerie *f*; caractère *m* fantasque.

whim·s(e)y ['wimzi] caprice *m*; boutade *f*.

whin ♀ [win] ajonc *m*.

whine [wain] 1. *v*/*i.* se plaindre; gémir; *v*/*t.* dire (*qch.*) d'un ton dolent; 2. plainte *f*; cri *m* dolent.

whin·ny ['wini] hennir.

whip [wip] 1. *v*/*t.* fouetter (*q.*, *qch.*, *de la crème*); *fig.* corriger; *fig.* pluie: cingler (*le visage etc.*); *fig. surt. Am.* vaincre; battre (*des œufs*); *cost.* surjeter; ⚓ surlier (*un cordage*); *avec adv. ou prp.:* mouvoir (*qch.*) vivement *ou* brusquement; ~ *away* chasser à coups de fouet; enlever vivement (à, *from*); *parl.* ~ *in* appeler; ~ *off* chasser; enlever (*qch.*) vivement; ~ *on* faire avancer à coups de fouet; *cost.* attacher à points roulés; ~ *up* stimuler; saisir vivement; *parl.* faire passer un appel urgent à (*q.*); *v*/*i.* fouetter; ~ *round* se retourner vivement; 2. fouet *m*; cocher *m*; *parl.* chef *m* de file; *parl.* appel *m* aux membres du parti; '~·**cord** mèche *f* de fouet; corde *f* à fouet; '~-**hand** main *f* droite (*du cocher*); *have the* ~ *of* avoir la haute main sur (*q.*).

whip·per ['wipə] fouetteur (-euse *f*) *m*; '~-**in** *chasse:* piqueur *m*; *parl.* chef *m* de file; '~-**snap·per** freluquet *m*; moucheron *m*.

whip·pet *zo.* ['wipit] lévrier de course: whippet *m*; ⚔ char *m* léger.

whip·ping ['wipiŋ] fouettage *m*; fouettement *m*; fouettée *f*; '~-**boy** F tête *f* de Turc; '~-**top** *jouet m*: sabot *m*.

whip-saw 1174

whip-saw ⊕ ['wipsɔː] scie *f* à chantourner, scie *f* de long.

whirl [wəːl] 1. (faire) tournoyer; *v/i.* tourbillonner; 2. tourbillon(nement) *m*; **whirl·i·gig** ['ːigig] tourniquet *m*; manège *m* de chevaux de bois; *fig.* tourbillon *m* (*d'eau*); '**whirl·pool** tourbillon *m*; gouffre *m*; **whirl·wind** ['ːwind] trombe *f*, tourbillon *m* (*de vent*).

whir(r) [wəː] 1. tourner en ronronnant; vrombir; siffler; 2. bruissement *m* (*des ailes*); ronflement *m*; vrombissement *m*; sifflement *m*.

whisk [wisk] 1. époussette *f*; verge(tte) *f*; *cuis.* fouet *m*; 2. *v/t.* épousseter; agiter; *cuis.* fouetter, battre; ~ *away* enlever d'un geste rapide; *v/i.* aller comme un trait *ou* à toute vitesse; '**whisk·er** *zo.* moustache *f*; *usu.* (*a pair of*) ~*s pl.* (des) favoris *m/pl.*

whis·k(e)y ['wiski] whisky *m*.

whis·per ['wispə] 1. *vt/i.* chuchoter; *v/i.* parler bas; murmurer; susurrer; 2. chuchotement *m*; *fig.* bruit *m*; '**whis·per·er** chuchoteur (-euse *f*) *m*.

whist[1] [wist] chut!

whist[2] [ː] *jeu de cartes*: whist *m*.

whis·tle ['wisl] 1. siffler; 2. sifflement *m*; sifflet *m*; F gorge *f*; '~**-stop** *Am.* petite station *f*.

whit[1] *poét.* [wit] brin *m*; *not a* ~ ne … aucunement.

Whit[2] [ː] de la Pentecôte.

white [wait] 1. blanc(he *f*); blême, pâle; F pur, innocent; *Am.* loyal (-aux *m/pl.*); ⚔ ~ *arms pl.* armes *f/pl.* blanches; ~ *bronze* métal *m* blanc; ~ *coffee* café *m* crème *ou* au lait; ~ *heat* chaude *f ou* chaleur *f* blanche; ~ *lead* blanc *m* de plomb; ~ *lie* mensonge *m* innocent; ✝ ~ *sale* exposition *f* de blanc; ~ *war* guerre *f* économique; *Am.* ~ *way* rue *f* commerçante éclairée à giorno; 2. blanc *m*; couleur *f* blanche; *typ.* ligne *f* de blanc; '~**·bait** *icht.* blanchaille *f*; ~ *book pol.* livre *m* blanc; '**white-col·lar** *Am.* d'employé de bureau; '~**-'hot** chauffé à blanc; '~**-liv·ered** pusillanime; '**whit·en** *v/t.* blanchir (*a. fig.*); blanchir à la chaux; étamer (*du métal*); *v/i.* blanchir; pâlir (*personne*); '**whit·en·er** blanchisseur *m*; '**white·ness** blancheur *f*; pâleur *f*; '**whit·en·ing** blanchiment *m*; *cheveux*: blanchissement *m*; *métal*: étamage *m*.

white…: '~**·smith** ferblantier *m*; serrurier *m*; '~**·wash** 1. blanc *m* de chaux; badigeon *m* blanc; 2. blanchir à la chaux; *fig.* blanchir; '~**·wash·er** badigeonneur *m*; *fig.* apologiste *m*.

with·er *poét.* ['wiðə] où.

whit·ing ['waitiŋ] blanc *m* d'Espagne; *icht.* merlan *m*.

whit·ish ['waitiʃ] blanchâtre.

whit·low ✤ ['witlou] panaris *m*.

Whit·sun ['witsn] de la Pentecôte; ~**·day** ['wit'sʌndi] dimanche *m* de la Pentecôte; ~**·tide** ['witsntaid] (fête *f* de) la Pentecôte *f*.

whit·tle ['witl] amenuiser; *fig.* ~ *away* (*ou down*) rogner, réduire petit à petit. [brun; *fig.* terne.)

whit·y-brown ['waiti'braun] gris-)

whiz(z) [wiz] 1. siffler; ~ *past* passer à toute vitesse; 2. sifflement *m*.

who [huː] 1. *pron. interr.* qui (est-ce qui); quelle personne; lequel, laquelle, lesquels, lesquelles; *Who's Who* le Bottin mondain (=*annuaire des notabilités*); 2. *pron. rel.* [*a.* hu] qui; lequel, laquelle, lesquels, lesquelles; celui (celle, ceux *pl.*) qui.

whoa [wou] ho!

who-dun-(n)it *sl.* [huː'dʌnit] roman *m ou* film *m* policier.

who·ev·er [huː'evə] celui qui; quiconque; qui que (*sbj.*).

whole [houl] 1. □ entier (-ère *f*); complet (-ète *f*); tout (tous *m/pl.*); *Am.* F *made out of* ~ *cloth* inventé de toutes pièces; *Am. sl. go the* ~ *hog* aller jusqu'au bout; *pol.* ~*-hogger* jusqu'au-boutiste *m*; ~ *milk* lait *m* entier; 2. tout *m*, ensemble *m*; *the* ~ *of London* le tout Londres; (*up*)*on the* ~ à tout prendre; *somme toute*; '~**-'bound** relié pleine peau; '~**-'heart·ed** □ sincère, qui vient du cœur; '~**-'length** (*a.* ~ *portrait*) portrait *m* en pied; '~**-meal** complet (-ète *f*) (*pain*); '~**·sale** 1. (*usu.* ~ *trade*) (vente *f* en) gros *m*; 2. en gros; de gros; F *fig.* en masse; '~**-sal·er** grossiste *mf*; **whole·some** □ ['~səm] sain, salubre; '**whole-time** de toute la journée; pour toute la semaine.

whol·ly ['houlli] *adv.* tout à fait, complètement; intégralement.

whom [hu:m; hum] *accusatif de* who.

whoop [hu:p] 1. houp *m/inv.*; cri *m*; ♪ quinte *f*; 2. pousser des houp *ou* cris; *Am. sl.* ~ *it up* for faire de la réclame pour, louer jusqu'aux astres; **whoop·ee** *Am.* F ['wupi:] bombe *f*, noce *f*; *make* ~ faire la bombe; faire du chahut; **whoop·ing-cough** ♪ ['hu:piŋkɔf] coqueluche *f*.

whop *sl.* [wɔp] rosser; battre; **'whop·per** *sl.* personne *f ou* chose *f* énorme; *surt.* gros mensonge *m*; **'whop·ping** *sl.* colossal (-aux *m/pl.*), énorme.

whore V [hɔ:] prostituée *f*, putain *f*.

whorl [wə:l] ⊕ *fuseau*: volant *m*; ♀ verticille *m*; *zo.* volute *f*.

whor·tle·ber·ry ♀ ['wə:tlberi] airelle *f*; *red* ~ airelle *f* rouge.

whose [hu:z] *génitif de* who; **who·so·ev·er** [hu:sou'evə] celui qui; quiconque; qui que (*sbj.*).

why [wai] 1. pourquoi?; pour quelle raison?; ~ *so?* pourquoi cela?; 2. tiens!; eh bien; vraiment.

wick [wik] mèche *f*.

wick·ed □ ['wikid] mauvais, méchant; *co.* fripon(ne *f*); **'wick·ed·ness** méchanceté *f*.

wick·er ['wikə] *en ou* d'osier; ~ *basket* panier *m* d'osier; ~ *chair* fauteuil *m* en osier; ~ *furniture* meubles *m/pl.* en osier; **'~-work** 1. vannerie *f*; 2. *see* wicker.

wick·et ['wikit] guichet *m* (*a.* cricket); barrière *f* (d'un jardin).

wide [waid] 1. *adj.* (*a.* □) large; étendu, ample, vaste; répandu (*influence*); grand (*différence etc.*); loin (*de*, *of*); *cricket*: écarté; *3 feet* ~ large de 3 pieds; 2. *adv.* loin; à de grands intervalles; largement;~-*awake* tout éveillé; '~-**an·gle** *phot.*: ~ *lense* (objectif *m*) grand angulaire *m*;~-**a·wake** F 1. ['waidə'weik] averti, malin (-igne *f*); 2. ['waidə-weik] chapeau *m* (en feutre) à larges bords; **wid·en** ['waidn] (s')élargir; (s')agrandir; **'wide·ness** largeur *f*; **'wide-'o·pen** grand ouvert; écarté (*jambes*); *Am. sl.* qui manque de discipline *ou* fermeté; **'wide·spread** répandu.

wid·ow ['widou] veuve *f*; **'wid·owed** veuf (veuve *f*); *fig.* privé (de, of); **'wid·ow·er** veuf *m*; **wid·ow·hood** ['~hud] veuvage *m*.

width [widθ] largeur *f*; ampleur *f*.

wield *poét.* [wi:ld] manier (*l'épée*, *la plume*); tenir (*le sceptre*); *fig.* exercer (*le contrôle etc.*).

wife [waif] (*pl.* wives) femme *f*; épouse *f*; **'wife·ly** d'épouse.

wig¹ [wig] perruque *f*; postiche *m*; *attr.* à perruque; de perruques.

wig² F [~] 1. (*ou* 'wig·ging) verte semonce *f*; 2. laver la tête à (*q.*).

wig·gle ['wigl] agiter, remuer.

wight [wait] personne *f*, individu *m*.

wig·wam ['wigwæm] wigwam *m*.

wild [waild] 1. □ sauvage; *p.ext.* insensé, fou (*fol devant une voyelle ou un h muet*; folle *f*); orageux (-euse *f*); effaré (*air*, *yeux*); *run* ~ courir en liberté; vagabonder; se dissiper; ♀ retourner à l'état sauvage; s'étendre de tous côtés; ~ *talk* propos *m/pl.* en l'air; *fig.* ~ *for* (*ou* about) passionné pour (*qch.*); 2. (*ou* ~s *pl.*) *see* wilderness; **'wild·cat** 1. *zo.* chat *m* sauvage; *Am.* entreprise *f* risquée; *surt. Am.* (*ou* 'wild·cat·ting) forage *m* dans un champ (*de pétrole*) non encore exploré; 2. *fig.* risqué; hors horaire (*train*); illégal (-aux *m/pl.*) (*grève*); **wil·der·ness** ['wildənis] désert *m*; pays *m* inculte; **wild·fire** ['waildfaiə]: *like* ~ comme l'éclair; **'wild-goose chase** *fig.* poursuite *f* vaine; **'wild·ing** ♀ plante *f* sauvage; **'wild·ness** état *m* sauvage; férocité *f*; folie *f*; air *m* égaré.

wile [wail] 1. artifice *m*; *usu.* ~s *pl.* ruses *f/pl.*; 2. séduire; ~ *away see* while 2.

wil·ful □ ['wilful] obstiné, entêté.

wil·i·ness ['wailinis] astuce *f*.

will [wil] 1. volonté *f*; gré *m*; testament *m*; *at* ~ à volonté; *at one's own free* ~ selon son bon plaisir; *with a* ~ de bon cœur; 2. [*irr.*] *v/aux.* (*défectif*) *usité pour former le fut.*; *he* ~ *come* il viendra; il viendra avec plaisir; il veut bien venir; *I* ~ *do it* je le ferai; je veux bien le faire; 3. *prét. et. p.p.* **willed** *v/t.* † Dieu, souverain: vouloir, ordonner (*qch.*); ⚖ léguer; **willed** disposé (à *inf.*, *to inf.*); *strong-*~ de forte volonté.

will·ing □ ['wiliŋ] de bonne vo-

willingness 1176

lonté; bien disposé, prêt (à, *to*); *I am ~ to believe* je veux bien croire; *~ly adv.* volontiers; de bon cœur;
'will·ing·ness bonne volonté *f*; empressement *m*; complaisance *f*.
will-o'-the-wisp ['wiləðwisp] feu *m* follet.
wil·low ['wilou] ♀ saule *m*; F *cricket*: batte *f*; ⊕ effilocheuse *f*; **'~-herb** ♀ épilobe *m* à épi, F osier *m* fleuri; **'wil·low·y** couvert *ou* bordé de saules; *fig.* svelte, souple, élancé.
wil·ly-nil·ly ['wili'nili] bon gré mal gré.
wilt[1] † [wilt] *2me personne du sg. de* will 2.
wilt[2] [~] (se) flétrir; *v/i.* se faner; *fig.* languir; *sl.* se dégonfler.
Wil·ton car·pet ['wiltn'kɑ:pit] tapis *m* Wilton (= *tapis de haute laine*).
wily □ ['waili] astucieux (-euse *f*), rusé.
wim·ple ['wimpl] guimpe *f* (*de religieuse*).
win [win] **1.** [*irr.*] *v/t.* gagner; remporter (*un prix, une victoire*); acquérir; ⚔ récupérer; amener (*q.*) (à *inf.*, *to inf.*); *~ s.o. over* attirer *q.* à son parti; convertir *q.*; *v/i.* gagner; remporter la victoire; *~ through* parvenir (à, *to*); **2.** *sp.* victoire *f*.
wince [wins] **1.** faire une grimace de douleur; sourciller; **2.** crispation *f*.
winch [wintʃ] manivelle *f*; treuil *m* (de hissage).
wind[1] [wind, *poét. a.* waind] **1.** vent *m* (*a.* ⚕); *fig.* haleine *f*, souffle *m*; ♪ *instruments m/pl.* à vent; *be in the ~* se préparer; *have a long ~* avoir du souffle; *fig. throw to the ~s* abandonner; F *raise the ~* se procurer de l'argent; *sl. get the ~ up* avoir la frousse; *it's an ill ~ that blows nobody good* à quelque chose malheur est bon; **2.** *chasse*: flairer (*le gibier*); faire perdre le souffle à (*q.*); essouffler; *be ~ed* être à bout de souffle; ♪ [waind] sonner du cor.
wind[2] [waind] [*irr.*] *v/t.* tourner; enrouler; *~ up* enrouler; remonter (*un horloge, un ressort etc.*); *fig.* terminer, finir; ✝ liquider; clôturer (*un compte*); *v/i.* tourner; (*a. ~ o.s., ~ one's way*) serpenter; *fig. ~ up* se terminer, s'achever.
wind... [wind]: **'~·bag** *péj.* moulin *m* à paroles; **'~·bound** ♆ retardé par le vent; retenu par le vent; **'~·cheat·er** *cost.* anorak *m*; **'~·fall** fruit *m* abattu par le vent; *fig.* aubaine *f*; **'~·gauge** indicateur *m* de pression du vent; **'wind·i·ness** temps *m* venteux; F verbosité *f*; *sl.* frousse *f*.
wind·ing ['waindiŋ] **1.** mouvement *m ou* cours *m* sinueux; replis *m/pl.*; *tex.* bobinage *m*; ⚡ enroulement *m*; ⊕ gauchissement *m*; **2.** □ sinueux (-euse *f*); qui serpente; *~ staircase* (*ou stairs pl.*) escalier *m* tournant; **'~-sheet** linceul *m*; **'~-up** remontage *m*; *fig.* fin *f*; ✝ liquidation *f*.
wind·in·stru·ment ['windinstrumənt] instrument *m* à vent.
wind-jam·mer ['windʤæmə] ♆ *sl.* voilier *m*.
wind·lass ['windləs] ⊕ treuil *m*; ♆ guindeau *m*.
wind·mill ['windmil] moulin *m* à vent; *~ plane* autogire *m*.
win·dow ['windou] fenêtre *f*; ✝ vitrine *f*, devanture *f*; *mot. etc.* glace *f*; *théâ. etc.* guichet *m*; *~ display* étalage *m*; *~ goods* articles *m/pl.* en devanture; *go ~-shopping* faire du lèche-vitrines; **'~-dress·ing** art *m* de l'étalage; arrangement *m* de la vitrine; *fig.* façade *f*, camouflage *m*, trompe-l'œil *m/inv.*, décor *m* de théâtre; **'win·dowed** à fenêtre(s).
win·dow...: *~ en·ve·lope* enveloppe *f* à fenêtre; **'~-frame** châssis *m* de fenêtre; **'~-shade** *Am.* store *m*; **'~-shut·ter** volet *m*; **'~-sill** rebord *m* de fenêtre.
wind... [wind]: **'~·pipe** *anat.* trachée-artère (*pl.* trachées-artères) *f*; **'~-screen**, *Am.* **'~-shield** pare-brise *m/inv.*; *~ wiper* essuie-glace *m*; **'~-tun·nel** ✈ tunnel *m* aérodynamique.
wind·ward ['windwəd] **1.** au vent; **2.** côté *m* au vent.
wind·y □ ['windi] venteux (-euse *f*) (*a.* ⚕); exposé au vent; *fig.* vain; *sl.* qui a le trac.
wine [wain] vin *m*; **'~-grow·er** viticulteur *m*; vigneron *m*; **'~-mer·chant** négociant *m* en vins; **'~-press** pressoir *m*; **'~-vault** cave *f*, caveau *m*.
wing [wiŋ] **1.** aile *f* (*a. fig.*, ⚔, ♆, △, ✈, *mot.*, *sp.*); vol *m*, essor *m*; F

withdraw

co. bras *m*; *foot. personne*: ailier *m*; *porte*: battant *m*; ⊕ oreille *f* (*d'un écrou*); ~s *pl.* coulisse *f*; *take* ~ s'envoler; prendre son vol; *be on the* ~ voler; *fig.* partir; **2.** *v/t.* empenner; voler; blesser à l'aile *ou fig.* au bras; *v/i.* voler; '**~-case,** '**~-sheath** *zo.* élytre *m*; '**~-chair** fauteuil *m* à oreillettes; **winged** [~d] ailé; blessé à l'aile *ou fig.* au bras; ~ *word* parole *f* ailée.

wink [wiŋk] **1.** clignement *m* d'œil; clin *m* d'œil; F *not get a* ~ *of sleep* ne pas fermer l'œil de toute la nuit; F *tip s.o. the* ~ faire signe de l'œil à q., prévenir q.; **2.** *v/i.* cligner les yeux; clignoter (*lumière*); *v/t.* cligner de (*l'œil*); signifier (*qch.*) par un clin d'œil; ~ *at* cligner de l'œil à (*q.*); fermer les yeux sur (*qch.*).

win·ner ['winə] gagnant(e *f*) *m*; *sp.* vainqueur *m* (=*homme ou femme*).

win·ning ['winiŋ] **1.** ☐ gagnant; *fig.* engageant; **2.**: ~s *pl.* gains *m/pl.* (*au jeu etc.*); '**~-post** *sp.* poteau *m* d'arrivée.

win·now ['winou] vanner (*le grain*); *fig.* examiner minutieusement.

win·ter ['wintə] **1.** hiver *m*; ~ *sports pl.* sports *m/pl.* d'hiver; **2.** hiverner.

win·try ['wintri] d'hiver; *fig.* glacial (-als *m/pl.*).

wipe [waip] **1.** essuyer; nettoyer; ~ *off* essuyer, enlever; liquider (*une dette*); ~ *out* essuyer; *fig.* effacer; exterminer; **2.** coup *m* de torchon *etc.*; F taloche *f* (= *coup*); '**wip·er** essuyeur (-euse *f*) *m*; torchon *m*.

wire ['waiə] **1.** fil *m* (de fer); *Am.* F dépêche *f*; *attr.* en de fil de fer; **2.** *v/t.* munir d'un fil métallique; ⚡ équiper (*une maison*); (*a. v/i.*) *tél.* télégraphier; '**~-drawn** tréfilé (*métal*); trait (*or etc.*); '**~-gauge** ⊕ jauge *f* pour fils métalliques; '**~-haired** à poil dur (*chien*); '**wire·less 1.** ☐ sans fil; de T.S.F., de radio; *on the* ~ à la radio; ~ *control* radioguidage *m*; ~ (*message ou telegram*) radiogramme *m*; ~ (*telegraphy*) radiotélégraphie *f*; téléphonie *f* sans fil; (*air*) ~ *operator* sans-filiste *mf*; opérateur *m* de T.S.F.; ~ *pirate radio*: auditeur *m* illicite; (*set*) poste *m* (de radio); ~ *station* poste *m* émetteur; **2.** radiotélégraphier; '**wire·net·ting** treillis *m* métallique; grillage *m*; '**wire-pull-er** *fig.* intrigant(e *f*) *m*; '**wire-wove** vergé (*papier*).

wir·ing ['waiəriŋ] grillage *m* métallique; ⚡ câblage *m*; pose *f* des fils; *radio*: montage *m*; ⚡ croisillonnage *m*; ⚡ ~ *diagram* plan *m* de pose; '**wir·y** ☐ raide (*cheveux*); sec (sèche *f*) et nerveux (-euse *f*) (*personne*).

wis·dom ['wizdəm] sagesse *f*; ~ *tooth* dent *f* de sagesse.

wise[1] ☐ [waiz] sage; prudent; ~ *crack Am.* F bon mot *m*, saillie *f*; *Am. sl.* ~ *guy* finaud *m*, monsieur *m* je-sais-tout; *Am.* *put s.o.* ~ mettre q. à la page; avertir q. (de *to, on*).

wise[2] † [~] façon *f*; guise *f*.

wise·a·cre ['waizeikə] prétendu sage *m*; pédant(e *f*) *m*; '**wise-crack** *Am.* F faire de l'esprit.

wish [wiʃ] **1.** vouloir, désirer; souhaiter; ~ *s.o. joy* féliciter q. (de, *of*); ~ *for* désirer, vouloir, souhaiter (*qch.*); ~ *s.o. well* (*ill*) vouloir du bien (mal) à q.; **2.** vœu *m*, souhait *m*; désir *m*; *good* ~*es pl.* souhaits *m/pl.*, meilleurs vœux *m/pl.*; '**wish·ful** ☐ ['~ful] désireux (-euse *f*) (de *of, to*); '**wish(·ing)-bone** *volaille*: lunette *f*.

wish-wash F ['wiʃwɔʃ] lavasse *f*; '**wish·y-wash·y** F fade, insipide.

wisp [wisp] bouchon *m* (de paille); mèche *f* folle (*de cheveux*).

wist·ful ☐ ['wistful] pensif (-ive *f*); d'envie; désenchanté.

wit [wit] **1.** (*a.* ~s *pl.*) esprit *m*; ~s *pl.* raison *f*, intelligence *f*; *personne*: homme *m ou* femme *f* d'esprit; *be at one's* ~*'s end* ne plus savoir que faire; *have one's* ~s *about one* avoir toute sa présence d'esprit; *live by one's* ~s vivre d'expédients *ou* d'industrie; *be out of one's* ~s avoir perdu la raison; **2.**: *to* ~ à savoir; c'est-à-dire.

witch [witʃ] sorcière *f*; *fig.* jeune charmeuse *f*; '**~-craft,** '**witch·er·y** sorcellerie *f*; *fig.* magie *f*; '**witch-hunt** *pol. Am. fig.* chasse *f* aux sorcières.

with [wið] avec; de; à; par; malgré; *sl.* ~ *it* dans le vent; *it is just so* ~ *me* il en va de même pour moi.

with·al † [wi'ðɔ:l] **1.** *adv.* aussi, de plus; **2.** *prp.* avec *etc.*

with·draw [wið'drɔ:] [*irr.* (*draw*)] (se) retirer (de, *from*); **with'draw-**

withdrawal

al retraite *f*; rappel *m*; ✗ repli(ement) *m*; retrait *m* (*d'argent*).
withe [wið] brin *m ou* branche *f* d'osier.
with·er ['wiðə] (*souv*. ~ *up, away*) (se) flétrir; (se) dessécher; *v/i*. dépérir (*personne*); '**with·er·ing** □ *fig*. foudroyant, écrasant.
with·ers ['wiðəz] *pl*. garrot *m*.
with·hold [wið'hould] [*irr*. (*hold*)] retenir, empêcher (q. *de inf., s.o. from gér*.); cacher, refuser (à q., *from q*.); **with'in** *poét*. **1.** *adv*. à l'intérieur, au dedans; à la maison; *from* ~ de l'intérieur; **2.** *prp*. à l'intérieur de, en dedans de; ~ *doors* à la maison; ~ *10 minutes* en moins de dix minutes; ~ *a mile* à moins d'un mille (de, *of*); dans un rayon d'un mille; ~ *call* (*ou hearing*) à (la) portée de la voix *ou* d'oreille; ~ *sight* en vue; **with'out 1.** *adv. poét*. à l'extérieur, au dehors; *from* ~ de l'extérieur, du dehors; **2.** *prp*. sans; *poét*. en dehors de; **with'stand** [*irr*. (*stand*)] résister à; supporter.
with·y ['wiði] *see* **withe**.
wit·less □ ['witlis] sot(te *f*); faible d'esprit; sans intelligence.
wit·ling *péj*. ['witliŋ] petit *ou iro*. bel esprit *m*.
wit·ness ['witnis] **1.** témoignage *m*; *personne*: témoin *m*; *bear* ~ témoigner, porter témoignage (*de to, of*); *in* ~ en témoignage de; **2.** *v/t*. être témoin de; assister à; attester (*un acte etc*.); témoigner de; *v/i*. témoigner; ~ *for* (*against*) témoigner en faveur de (contre); '~-**box**, *Am*. ~ **stand** barre *f* des témoins.
wit·ted ['witid] *quick*-~ à l'esprit vif; **wit·ti·cism** ['~tisizm] trait *m* d'esprit, bon mot *m*; '**wit·ti·ness** esprit *m*; '**wit·ting·ly** à dessein; en connaissance de cause; '**wit·ty** □ spirituel(le *f*).
wives [waivz] *pl. de* **wife**.
wiz *Am. sl*. [wiz], **wiz·ard** ['~əd] **1.** sorcier *m*, magicien *m*; **2.** *fig. sl*. magnifique.
wiz·en(·ed) ['wizn(d)] ratatiné; parcheminé (*visage etc*.).
wo(a) [wou] ho!
woad ♀, ⊕ [woud] guède *f*.
wob·ble ['wɔbl] ballotter; trembler; chevroter (*voix*); ⊕ branler; *mot*. *wheel that* ~*s* roue *f* dévoyée.

woe *poét. ou co*. [wou] chagrin *m*; malheur *m*; ~ *is me!* pauvre de moi!; '~-**be·gone** triste, désolé; **woe·ful** □ *poét. ou co*. ['~ful] triste, affligé; de malheur; '**woe·ful·ness** tristesse *f*; malheur *m*.
woke [wouk] *prét. et p.p. de* **wake**[2] **1**.
wold [would] plaine *f* vallonnée.
wolf [wulf] **1.** (*pl*. **wolves**) *zo*. loup *m*; *sl*. coureur *m* de cotillons, tombeur *m* de femmes; *cry* ~ crier au loup; **2.** F dévorer; '**wolf·ish** □ de loup; F *fig*. rapace.
wolf·ram *min*. ['wulfrəm] wolfram *m*; tungstène *m*.
wolves [wulvz] *pl. de* **wolf 1**.
wom·an ['wumən] (*pl*. **women**) femme *f*; *young* ~ jeune femme *f ou* fille *f*; ~'*s* (*ou* **women's**) *rights pl*. droits *m/pl*. de la femme; *attr*. femme ...; *de femme*(*s*); ~ *doctor* femme *f* médecin; ~ *student* étudiante *f*; '~-**hat·er** misogyne *m*; **wom·an·hood** ['~hud] état *m* de femme; *coll*. les femmes *f/pl*.; *reach* ~ devenir femme; '**wom·an·ish** □ féminin; efféminé (*homme*); '**wom·an·kind** les femmes *f/pl*.; '**wom·an·like 1.** *adj*. de femme; **2.** *adv*. en femme; '**wom·an·ly** féminin.
womb [wu:m] *anat*. matrice *f*; *fig*. sein *m*.
wom·en ['wimin] *pl. de* **woman**; *votes pl. for* ~ suffrage *m* féminin; ~'*s rights pl*. droits *m/pl*. de la femme; ~'*s team* équipe *f* féminine; ~'*s single tennis*: simple *m* dames; **wom·en·folk** ['~fouk] *pl*., '**wom·en·kind** les femmes *f/pl*. (*surt. d'une famille*).
won [wʌn] *prét. et p.p. de* **win 1**.
won·der ['wʌndə] **1.** merveille *f*, prodige *m*; étonnement *m*; **2.** s'étonner, s'émerveiller (de, *at*); se demander (si *whether, if*); **won·der·ful** □ ['~ful] merveilleux (-euse *f*), étonnant; admirable; '**won·der·ing 1.** □ émerveillé, étonné; **2.** étonnement *m*; '**won·der-struck** émerveillé; '**won·der-work·er** faiseur (-euse *f*) *m* de prodiges.
won·drous □ *poét*. ['wʌndrəs] merveilleux (-euse *f*), étonnant.
won·ky *sl*. ['wɔŋki] patraque (= *branlant*).
won't [wount] = **will not**.
wont [wount] **1.** *préd*. habitué; *be* ~ *to* (*inf*.) avoir l'habitude de (*inf*.);

2. coutume *f*, habitude *f*; **'wont·ed** accoutumé.

woo [wu:] faire la cour à; courtiser (*a. fig.*); solliciter (de *inf.*, to *inf.*).

wood [wud] bois *m*; fût *m*, tonneau *m*; ♪ bois *m/pl.*; *sp.* ~s *pl.* boules *f/pl.*; F touch ~! touchez du bois!; **2.** *attr. souv.* des bois; **~·bine**, *a.* **~-bind** ♀ ['~bain(d)] chèvrefeuille *m* des bois; *Am.* vigne *f* vierge; **'~·carv·ing** sculpture *f* sur bois; **'~·cock** *orn.* (*pl. usu.* ~) bécasse *f*; **'~·craft** connaissance *f* de la chasse à courre *ou* de la forêt; **'~·cut** gravure *f* sur bois; **'~·cut·ter** bûcheron *m*; graveur *m* sur bois; **'wood·ed** boisé; **'wood·en** en bois; de bois (*a. fig.*); *fig.* raide; **'wood-en·grav·er** graveur *m* sur bois; **'wood-en·grav·ing** gravure *f* sur bois (=*objet et art*); **'wood·i·ness** caractère *m* ligneux.

wood...: **'~·land 1.** bois *m*, pays *m* boisé; **2.** sylvestre; des bois; **'~·lark** *orn.* alouette *f* des bois; **'~·louse** *zo.* cloporte *m*; **'~·man** garde *m* forestier; † trappeur *m*; **'~·peck·er** *orn.* pic *m*; **'~·pile** tas *m* de bois; **'~·pulp** pâte *f* de bois; **'~·ruff** ♀ aspérule *f* odorante; **'~·shav·ings** *pl.* copeaux *m/pl.* de bois; **'~·shed** bûcher *m*; **~·wind** ♪ ['~wind] (*ou* ~ *instruments pl.*) bois *m/pl.*; **'~·work** (*surt.* △) boiserie *f*, charpente *f*; menuiserie *f*; travail (-aux) *m* du bois; **'~·work·ing ma·chine** machine *f* à bois; **'wood·y** boisé; couvert des bois; sylvestre; ♀ ligneux (-euse *f*); *fig.* sourd, mat; **'wood·yard** chantier *m* (de bois à brûler).

woo·er ['wu:ə] prétendant *m*.

woof [wu:f] *see* weft.

wool [wul] laine *f* (*fig. co.* = *cheveux crépus*); dyed in the ~ teint en laine; *fig.* convaincu; pur sang *adj./inv.*; **'~·gath·er·ing 1.** F rêvasserie *f*; go ~ avoir l'esprit absent, être distrait; **2.** distrait; **'wool·(l)en 1.** de laine; **2.:** ~s *pl.* laines *f/pl.*; draps *m/pl.*; tissus *m/pl.* de laine; **'wool·(l)y 1.** laineux (-euse *f*); de laine; cotonneux (-euse *f*) (*fruit*); *peint.* flou; *fig.* mou (mol *devant une voyelle ou un h muet*, molle *f*); *fig.* imprécis (*idée*); **2.** woollies *pl.* (vêtements *m/pl.* en) tricot *m*; lainages *m/pl.*

wool...: **'~·sack** *parl.* siège *m* du *ou* dignité *f* de Lord Chancellor; **'~·sta·pler** négociant *m* en laine; **'~·work** tapisserie *f*.

Wop *Am. sl.* [wɔp] immigrant(e *f*) *m* italien(ne); Italien(ne *f*) *m*.

word [wə:d] **1.** *usu.* mot *m*; parole *f* (*a. fig.*); ordre *m*; ✗ mot *m* d'ordre; ~s *pl.* paroles *f/pl.*; *fig.* termes *m/pl.*; *opéra:* livret *m*; *chanson:* paroles *f/pl.*; by ~ of mouth de vive voix; eat one's ~s se rétracter; have ~s se disputer (avec, with); leave ~ that faire dire que; send (bring) s.o. ~ of s.th. faire (venir) dire qch. à q.; be as good as one's ~ tenir sa parole; take s.o. at his ~ prendre q. au mot; **2.** rédiger; formuler par écrit; ~ed as follows ainsi conçu; **'~·book** vocabulaire *m*, lexique *m*; **'word·i·ness** verbosité *f*; **'word·ing** rédaction *f*; langage *m*, termes *m/pl.*; **'word-'per·fect** *théâ.* qui connaît parfaitement son rôle (*école:* sa leçon); **'word-split·ting** ergotage *m*.

word·y □ ['wə:di] verbeux (-euse *f*), diffus.

wore [wɔ:] *prét.* de wear 1.

work [wə:k] **1.** travail *m*; tâche *f*, besogne *f*; ouvrage *m* (*a. littérature, couture, etc.*); emploi *m*; œuvre *f*; ⊕ ~s *usu. sg.* usine *f*, atelier *m*; *horloge:* mouvement *m*; *public* ~s *pl.* travaux *m/pl.* publics; ~ of art œuvre *f* d'art; ~s *pl.* of Keats l'œuvre *m* de Keats; at ~ au travail; en marche; *fig.* en jeu; be in ~ avoir du travail; be out of ~ chômer, être sans travail; make sad ~ of s'acquitter peu brillamment de; make short ~ of expédier (*qch.*); put s.o. out of ~ priver q. de travail; set to ~ se mettre au travail; set s.o. to ~ faire travailler q.; ~s council comité *m* de directeurs et de délégués syndicaux; **2.** [*irr.*] *v/i.* travailler; fonctionner; aller (*machine*); *fig.* réussir; se crisper (*bouche*); ~ at travailler (à); ~ out sortir peu à peu; s'élever (à, *at*); aboutir; *v/t.* faire travailler; faire fonctionner *ou* marcher (*une machine*); diriger (*un projet*); opérer, amener; broder (*un dessin etc.*); ouvrer (*du métal*); façonner (*du bois*); faire (*un calcul*); résoudre (*un problème*); exploiter (*une mine*); ~ mischief semer le mal *ou* la discorde; ~ off se dégager de; cuver

workable

(*sa colère*); ✝ écouler (*un stock*); ~ one's *way* se frayer un chemin; ~ *out* mener à bien; élaborer, développer; résoudre; ~ *up* développer; se faire (*une clientèle*); exciter, émouvoir; élaborer (*une idée, un sujet*); *phot.* retoucher; préparer.

work·a·ble □ ['wə:kəbl] réalisable (*projet*); ouvrable (*bois etc.*); exploitable (*mine*); '**work·a·day** de tous les jours; *fig.* prosaïque; '**work·day** jour *m* ouvrable; '**work·er** travailleur (-euse *f*) *m*; ouvrier (-ère *f*) *m*; ~s *pl.* classes *f/pl.* laborieuses; ouvriers *m/pl.*; *social* ~ assistante *f* sociale; '**work·house** hospice *m*, asile *m* des pauvres; *Am.* maison *f* de correction; '**work·ing 1.** fonctionnement *m*; manœuvre *f*; exploitation *f*; **2.** qui travaille; qui fonctionne; de travail; *in* ~ *order* en état de service; ~ *association* (*ou co-operation*) groupe *m* de travailleurs; ✝ ~ *capital* capital *m* d'exploitation; ~ *committee* (*ou party*) commission *f* d'enquête; ~ *condition* état *m* de fonctionnement; ~ *day* jour *m* ouvrable; journée *f*; ~ *expenses pl.* frais *m/pl.* généraux; ~ *process* mode *m* d'opération; ~ *student* étudiant *m* qui travaille pour gagner sa vie.

work·man ['wə:kmən] ouvrier *m*, artisan *m*; '~**·like** bien travaillé, bien fait; compétent; '**work·man·ship** exécution *f*; fini *m*; construction *f*; travail (*pl.* -aux) *m*.

work...: ~**·out** *Am.* F ['wə:kaut] *usu. sp.* entraînement *m* (préliminaire); '~**·shop** atelier *m*; ~ *place* établi *m*; '~**·shy 1.** qui renâcle à la besogne; paresseux (-euse *f*); **2.** fainéant *m*; '~**·wom·an** ouvrière *f*.

world [wə:ld] monde *m*; *fig. a* ~ *of* beaucoup de; *in the* ~ au monde; *what in the* ~? que diable?; *bring* (*come*) *into the* ~ mettre (venir) au monde; *be for all the* ~ *like* avoir exactement l'air de (*qch., inf.*); *a* ~ *too wide* de beaucoup trop large; *think the* ~ *of* avoir une très haute opinion de; *man of the* ~ homme *m* qui connaît la vie; mondain *m*; *champion of the* ~ champion *m* du monde; ~*'s championship* championnat *m* du monde; ~*'s record* record *m* mondial; ~ *record holder* recordman *m* du monde; *Am.* ~('s) *series baseball:* matches *m/pl.* entre les champions de deux ligues professionnelles; '**world·li·ness** mondanité *f*; '**world·ling** mondain(e *f*) *m*.

world·ly ['wə:ldli] du monde, de ce monde; mondain; ~ *candeur f*; naïveté *f*; ~ *wisdom* sagesse *f* du siècle; '~**·wise** qui connaît la vie.

world...: ~**·pow·er** *pol.* puissance *f* mondiale; '~**·wide** universel(le *f*); mondial (-aux *m/pl.*).

worm [wə:m] **1.** ver *m* (*a. fig.*); ⊕ *alambic:* serpentin *m*; vis *f* sans fin; ⊕ spirale *f*; **2.** ~ *a secret out of s.o.* tirer un secret de q.; ~ *o.s.* se glisser; *fig.* s'insinuer (*dans, into*); '~**·drive** ⊕ transmission *f* par vis sans fin; '~**·eat·en** rongé des vers; vermoulu (*bois*); '~**·gear** ⊕ engrenage *m* à vis sans fin; (*ou* '~**·wheel**) ⊕ roue *f* hélicoïdale; '~**·wood** armoise *f* amère; *fig. be* ~ *to* n'être qu'absinthe pour (*q.*); '**worm·y** plein de vers.

worn [wɔ:n] *p.p. de wear 1*; '~**·'out** usé; râpé (*vêtement*); épuisé (*personne*).

wor·ri·ment F ['wʌrimənt] souci *m*; **wor·rit** V ['wʌrit] (se) tourmenter, (se) tracasser; '**wor·ry 1.** *fig.* (se) tourmenter, (se) tracasser, (s')inquiéter; *v/t.* harceler, piller (*des moutons*); **2.** ennui *m*, souci *m*, tracasserie *f*.

worse [wə:s] **1.** *adj.* pire; plus mauvais; ✠ plus malade; *adv.* pis; plus mal; (*all*) *the* ~ *adv.* encore pis; *adj.* (encore) pire; ~ *luck!* tant pis!; *he is none the* ~ *for it* il ne s'en trouve pas plus mal; **2.** quelque chose *m* de pire; *le pire*; *from bad to* ~ de mal en pis; '**wors·en** empirer; (s')aggraver.

wor·ship ['wə:ʃip] **1.** culte *m*, adoration *f*; *your* ℧ monsieur le maire *ou* juge; *place of* ~ église *f*; *religion protestante:* temple *m*; **2.** adorer; **wor·ship·ful** □ ['~ful] *titre:* honorable; '**wor·ship·(p)er** adorateur (-trice *f*) *m*; *eccl.* fidèle *mf*.

worst [wə:st] **1.** *adj.* (*le*) pire; (*le*) plus mauvais; **2.** *adv.* (*le*) pis, (*le*) plus mal; **3.** *su. le pire m*; *at* (*the*) ~ au pire; *en tout cas*; *do your* ~! faites du pis que vous pourrez!; *get the* ~ *of it* avoir le dessous; *if the* ~

comes to the ~ en mettant les choses au pis; **4.** *v/t.* vaincre, battre.

wor·sted ['wustid] laine *f* peignée; *(a.* ~ *yarn)* laine *f* à tricoter; tissu *m* de laine peignée; ~ *stockings pl.* bas *m/pl.* en laine peignée.

wort[1] ♧ [wə:t] plante *f*, herbe *f*.

wort[2] [~] moût *m (de bière)*.

worth [wə:θ] **1.** valant; *he is* ~ *a million £* il est riche d'un million de livres; ~ *reading* qui mérite d'être lu; **2.** valeur *f*; **wor·thi·ness** ['~ðinis] mérite *m*; **worth·less** □ ['~θlis] sans valeur, de nulle valeur; **'worth-'while** F *be* ~ valoir la peine; **wor·thy** □ ['wə:ði] **1.** digne *(de, of)*; de mérite; **2.** personnage *m* (éminent).

would [wud] *prét. de will* 2 *(a. usité pour former le cond.)*.

would-be F ['wudbi:] prétendu; soi-disant; affecté; ~ *buyer* acheteur *m* éventuel; personne *f* qui voudrait acheter; ~ *painter* personne *f* qui cherche à se faire peintre; ~ *poet* poète *m* à la manque; ~ *wit* prétendu bel esprit *m*; ~ *worker* personne *f* qui voudrait avoir du travail.

wouldn't ['wudnt] = *would not*.

wound[1] [wu:nd] **1.** blessure *f (a. fig.)*; plaie *f*; **2.** blesser *(a. fig.)*.

wound[2] [waund] *prét. et p.p. de wind*[2].

wove [wouv] *prét.*, **wo·ven** ['~vn] *p.p. de weave* 1.

wow *Am.* [wau] *théâ. sl.* grand succès *m*; *p.ext.* chose *f* épatante.

wrack[1] ♧ [ræk] varech *m*.

wrack[2] [~] *see rack*[3].

wraith [reiθ] apparition *f*.

wran·gle ['ræŋgl] **1.** se chamailler, se disputer, se quereller; **2.** dispute *f*, querelle *f*, chamaille(rie) *f*.

wrap [ræp] **1.** *v/t. (souv.* ~ *up)* envelopper (de, *in*) *(a. fig.); fig. be* ~*ped up in* être plongé dans; *v/i.* ~ *up* s'envelopper (dans, *in*); **2.** couverture *f*; *p.ext.* pardessus *m*, châle *m*; manteau *m*; **'wrap·per** couverture *f*; *documents*: chemise *f*; papier *m* d'emballage; *cigare*: robe *f*; *cost.* robe *f* de chambre; *(ou postal* ~*)* bande *f*; **'wrap·ping** enveloppe (-ment *f*) *f*; *(a.* ~ *paper)* papier *m* d'emballage.

wrath *poét. ou co.* [rɔ:θ] colère *f*; courroux *m*; **wrath·ful** □ ['~ful] courroucé; irrité.

wreak [ri:k] assouvir *(sa haine, sa colère, sa vengeance)* (sur, [*up*]on).

wreath [ri:θ], *pl.* **wreaths** [~ðz] *fleurs*: couronne *f*, guirlande *f*; *(a. artificial* ~*)* couronne *f* de perles; spirale *f*, volute *f (de fumée); écoss.* amoncellement *m (de neige);* **wreathe** [ri:ð] [*irr.*] *v/t.* couronner; enguirlander; tresser *(des fleurs etc.); v/i.* tourbillonner; s'enrouler.

wreck [rek] **1.** ⚓ naufrage *m (a. fig.); fig.* ruine *f*; navire *m* naufragé; **2.** causer le naufrage de; faire dérailler *(un train); fig.* faire échouer; ⚓ *be* ~*ed* faire naufrage; **'wreck·age** épaves *f/pl.* éparses; *fig.* naufrage *m*; **wrecked** naufragé; *fig.* ruiné; **'wreck·er** pilleur *m* d'épaves; 🚂 dérailleur *m* (de trains); *fig.* saboteur *m*; 🚂 *Am.* train *m* de secours; *mot. Am.* dépanneur *m*; **'wreck·ing** pillage *m* d'épaves; *Am.* ~ *company* entreprise *f* de démolitions; *mot.* ~ *service* (service de) dépannage *m*.

wren *orn.* [ren] roitelet *m*.

wrench [rentʃ] **1.** tordre; arracher (violemment) (à, *from*); forcer *(l'épaule, le sens);* ~ *open* forcer *(un couvercle etc.);* ~ *out* arracher; **2.** mouvement *m* ou effort *m* de torsion; effort *m* violent; *fig.* déchirement *m* de cœur; *fig.* violente douleur *f*; ⊕ clef *f* à écrous.

wrest [rest] arracher (à, *from*); fausser *(le sens);* **wres·tle** ['resl] **1.** *v/i.* lutter; *v/t.* lutter avec *ou* contre; **2.** *(ou* **'wres·tling**) lutte *f*; **'wrestler** lutteur *m*.

wretch [retʃ] malheureux (-euse *f*) *m*; infortuné(e *f*) *m*; scélérat(e *f*) *m*; *co.* fripon(ne *f*) *m*; type *m*; *poor* ~ pauvre diable *m*.

wretch·ed □ ['retʃid] misérable; malheureux (-euse *f*); lamentable; F diable de ..., sacré; **'wretch·edness** malheur *m*; misère *f*.

wrick [rik] **1.** fouler *(une cheville);* ~ *one's neck* se donner le torticolis; **2.** 𝕊 effort *m*; ~ *in the neck* torticolis *m*.

wrig·gle ['rigl] (se) tortiller, (s')agiter, (se) remuer; ~ *out of* se tirer de.

wright [rait] *mots composés*: ouvrier *m*, artisan *m*.

wring [riŋ] [*irr.*] **1.** tordre *(les mains, le linge, le cou à une volaille);* étrein-

wringer

dre (*la main de q.*); déchirer (*le cœur*); ~ *s.th. from s.o.* arracher qch. à q.; ~*ing wet* mouillé à tordre; trempé jusqu'aux os (*personne*); **2.** torsion *f*; '**wring·er**, '**wring·ing-ma·chine** essoreuse *f*.

wrin·kle[1] ['riŋkl] **1.** *figure, eau:* ride *f*; *robe:* pli *m*; rugosité *f*; **2.** (se) rider; (se) froisser.

wrin·kle[2] F [~] tuyau *m*; bonne idée *f*; ruse *f*.

wrist [rist] poignet *m*; ~ *watch* montre-bracelet (*pl.* montres-bracelets) *f*; '**wrist·band** poignet *m*, manchette *f*; (*ou* **wrist·let** ['ristlit]) bracelet *m*; *sp.* bracelet *m* de force; ~*s pl.* menottes *f/pl.*; ~ *watch see wrist watch*.

writ [rit] mandat *m*, ordonnance *f*; acte *m* judiciaire; assignation *f*; *Holy* ⚥ Écriture *f* sainte; ~ *for an election* ordonnance *f* de procéder à une élection; ⚖ ~ *of attachment* ordre *m* de saisie; ~ *of execution* exécutoire *m*.

write [rait] [*irr.*] *v/t.* écrire; rédiger (*un article*); ~ *down* coucher par écrit; noter; inscrire (*un nom*); ~ *off* écrire (*une lettre etc.*) d'un trait; † défalquer (*une dette*), réduire (*un capital*); ~ *out* transcrire; écrire en toutes lettres; remplir (*un chèque*); ~ *up* rédiger; écrire; *fig.* prôner; ajouter à; mettre au courant; *v/i.* écrire; être écrivain; ~ *for* faire venir, commander; ~ *off to* écrire à (*q.*); F *nothing to* ~ *home about* rien d'étonnant; '~-**off** annulation *f* par écrit.

writ·er ['raitə] écrivain *m*; auteur *m*; femme *f* écrivain *ou* auteur; *écoss.* ~ *to the signet* notaire *m*; ~*'s cramp* (*ou palsy*) crampe *f* des écrivains.

write-up *Am.* F ['rait'ʌp] éloge *m* exagéré; compte *m* rendu.

writhe [raið] se tordre; se crisper.

writ·ing ['raitiŋ] écriture *f*; écrit *m*; ouvrage *m* littéraire; art *m* d'écrire; métier *m* d'écrivain; *attr.* d'écriture; à écrire; *in* ~ par écrit; '~-**block** bloc-correspondance (*pl.* blocs-correspondance) *m*, bloc-notes (*pl.* blocs-notes) *m*; '~-**case** nécessaire *m* (de bureau); '~-**pa·per** papier *m* à écrire.

writ·ten ['ritn] **1.** *p.p.* de *write*; **2.** (fait par) écrit.

wrong [rɔŋ] **1.** □ mauvais; faux (fausse *f*); inexact; erroné; *be* ~ être faux; être mal (de *inf.*, to *inf.*); ne pas être à l'heure (*montre*); avoir tort (*personne*); *go* ~ se tromper (*a.* de chemin); *fig.* tomber dans le vice; ⊕ se détraquer; *there is something* ~ il y a quelque chose qui ne va pas *ou* qui cloche; F *what's* ~ *with him?* qu'est-ce qu'il a?; *on the* ~ *side of sixty* qui a dépassé la soixantaine; **2.** mal *m*; tort *m*; ⚖ dommage *m*; *be in the* ~ avoir tort, être dans son tort; *put s.o. in the* ~ mettre q. dans son tort; **3.** faire tort à; être injuste envers; '~'**do·er** méchant *m*; ⚖ délinquant(e *f*) *m*; '~'**do·ing** mal *m*; méfaits *m/pl.*; ⚖ infraction *f* à la loi; **wrong·ful** □ ['~ful] injuste; injustifié; préjudiciable; illégal (-aux *m/pl.*); '**wrong-'head·ed** (qui a l'esprit) pervers; '**wrong·ness** erreur *f*; inexactitude *f*; mal *m*.

wrote [rout] *prét.* de *write*.

wroth *poét.* [rouθ] courroucé.

wrought [rɔ:t] *prét. et p.p.* de *work* 2; ~ *goods* produits *m/pl.* ouvrés; articles *m/pl.* apprêtés; ⊕ ~ *iron* fer *m* forgé *ou* ouvré.

wrung [rʌŋ] *prét. et p.p.* de *wring* 1.

wry □ [rai] tordu; de travers; *pull a* ~ *face* faire la grimace.

X

X, x [eks] X *m*, x *m*; ⚥, *a. fig.* X X *m* (= *l'inconnue*).

X-ray ['eks'rei] **1.**: ~*s pl.* rayons *m/pl.* X; **2.** radiologique; **3.** radiographier.

xy·log·ra·pher [zai'lɔgrəfə] xylographe *m* (= *graveur sur bois*); **xy·lo·graph·ic**, **xy·lo·graph·i·cal** [~lə'græfik(l)] xylographique; **xy·log·ra·phy** [~'lɔ-grəfi] xylographie *f* (= *gravure sur bois*).

xy·lo·phone ♪ ['zailəfoun] xylophone *m*

Y

Y, y [wai] Y *m*, y *m*.

yacht ⚓ [jɔt] **1.** yacht *m*; **2.** faire du yachting; **'yacht·er, yachts·man** ['ˌsmən] yachtman (*pl.* yachtmen) *m*; **'yacht·ing** yachting *m*; *attr.* en yacht; de yachtman.

ya·hoo [jəˈhuː] F brute *f*; *Am. sl.* petzouille *m*.

yam ♀ [jæm] igname *f*.

yank[1] [jæŋk] **1.** *v/t.* tirer (d'un coup sec); arracher; *v/i.* se mouvoir brusquement; **2.** coup *m* sec; secousse *f*.

Yank[2] *sl.* [ˌ] see Yankee.

Yan·kee F [ˈjæŋki] Yankee *m*; Américain(e *f*) *m* (*des É.-U.*); ~ **Doodle** chanson populaire *des É.-U.*

yap [jæp] **1.** japper; F criailler; **2.** jappement *m*; *sl.* gueule *f*; *sl.* fadaises *f/pl.*; *sl.* rustre *m*.

yard[1] [jɑːd] *mesure*: yard *m* (= 0,914 m); ⚓ vergue *f*; ✝ ~ **goods** *pl.* étoffes *f/pl.*, nouveautés *f/pl.*; mercerie *f*.

yard[2] [ˌ] cour *f*; chantier *m* (*de travail*); dépôt *m* (*de charbon, a.* 🚂); (*ou railway* ~) gare *f* de triage.

yard...: 'ˌ-arm ⚓ bout *m* de vergue; **'ˌ-man** manœuvre *m* de chantier; garçon *m* d'écurie; 🚂 gareur *m* de trains; **'ˌ-stick** yard *m*; *fig.* étalon *m*; *fig.* aune *f*.

yarn [jɑːn] **1.** *tex.* fil(é) *m*; ⚓ fil *m* de caret; *spin a* ~ débiter une histoire *ou* des histoires. [achillée *f*.\]

yar·row ♀ [ˈjærou] mille-feuille *f*,\]

yaw [jɔː] ⚓ faire des embardées; ✈ faire un mouvement de lacet.

yawl ⚓ [jɔːl] yole *f*.

yawn [jɔːn] **1.** bâiller; **2.** bâillement *m*.

ye † *ou poét. ou co.* [jiː] vous.

yea † *ou prov.* [jei] **1.** oui; voire; **2.** oui *m*.

year [jəː] an *m*; année *f*; ~ *of grace* an(née) *f* de grâce; *he bears his* ~*s well* il porte bien son âge; **year·ling** [ˈjəːliŋ] animal *m* d'un an; **'year·ly** **1.** *adj.* annuel(le *f*); **2.** *adv.* tous les ans; une fois par an.

yearn [jəːn] languir (pour, *for*); après, *after*); brûler (de *inf.*, *to inf.*); **'yearn·ing** **1.** envie *f* (de, *for*); désir *m* ardent; **2.** ☐ ardent; plein d'envie.

yeast [jiːst] levure *f*; levain *m* (*a. fig.*); **'yeast·y** ☐ de levure; écumant (*mer etc.*); *fig.* enflé (*style*); emphatique (*personne*).

yegg(**·man**) *Am. sl.* [ˈjeg(mən)] cambrioleur *m*.

yell [jel] **1.** *vt/i.* hurler; *v/i.* crier à tue-tête; **2.** hurlement *m*; cri aigu.

yel·low [ˈjelou] **1.** jaune; F lâche, poltron(ne *f*); F sensationel(le *f*), à sensation, à effet; ⊕ ~ **brass** cuivre *m* jaune, laiton *m*; *Am.* ~ **dog** roquet *m*; *fig.* sale type *m*; *attr.* contraire aux règlements syndicaux; ~ **fever**, F ~ *Jack* fièvre *f* jaune; ~ **jaundice** jaunisse *f*, ictère *m*; ~ **press** presse *f* sensationelle, journaux *m/pl.* à sensation; **2.** jaune *m*; **3.** *vt/i.* jaunir; ~*ed* jauni; **'ˌ-back** livre *m* broché; roman *m* bon marché; **'ˌ-(h)am·mer** *orn.* bruant *m* jaune; **'yel·low·ish** jaunâtre.

yelp [jelp] **1.** jappement *m*; **2.** japper.

yen *Am. sl.* [jen] désir *m* (ardent).

yeo·man [ˈjoumən] yeoman (*pl.* yeomen) *m*, franc tenancier *m*; petit propriétaire *m*; ⚓ *Am.* sous-officier *m* aux écritures; ⚔ ~ *of the guard* soldat *m* de la Garde du corps; **'yeo·man·ry** francs tenanciers *m/pl.*; ⚔ garde *f* montée.

yep *Am.* F [jep] oui.

yes [jes] **1.** oui; **2.** oui *m*; ~**-man** *sl.* [ˈˌmæn] flagorneur *m*; béni-oui-oui *m*.

yes·ter·day [ˈjestədi] hier (*a. su./m.*); **'yes·ter·year** l'an *m* dernier.

yet [jet] **1.** *adv.* encore; jusqu'ici; jusque-là; déjà; malgré tout; *as* ~ jusqu'à présent; *not* ~ pas encore; **2.** *cj.* (et) cependant; tout de même.

yew ♀ [juː] if *m*; *attr.* en bois d'if.

yield [jiːld] **1.** *v/t.* rendre; donner; produire; céder (*un terrain, une ville, etc.*); rapporter (*a.* ✝ *un profit*); *v/i. surt.* ⚓ rendre; céder (à *to, beneath*); se rendre (*personne*); **2.** rapport *m*; rendement *m*; production *m*; fléchissement *m*; **'yield·ing** ☐ peu résistant; mou (mol *devant une voyelle ou un h muet*; molle *f*); *fig.* accommodant (*personne*).

yip *Am.* F [jip] aboyer; rouspéter.

yo·del, yo·dle ['joudl] 1. ioulement *m*; tyrolienne *f*; 2. iouler; chanter à la tyrolienne.

yo-ho [jou'hou] oh, hisse!

yoicks! [jɔiks] taïaut!

yoke [jouk] 1. joug *m* (*a. fig.*); couple *f* (*de bœufs*); palanche *f* (*pour seaux*); *cost.* empiècement *m*; 2. accoupler; atteler; *fig.* unir (à, to); '~-**fel·low** compagnon (compagne *f*) *m* de travail; F époux (-ouse *f*) *m*.

yo·kel F ['joukl] rustre *m*.

yolk [jouk] jaune *m* (d'œuf); suint *m* (*de laines*).

yon † *ou poét.* [jɔn], **yon·der** *poét.* ['.·də] 1. *adj.* ce (cette *f*, ces *pl.*) -là; 2. *adv.* là-bas.

yore [jɔː]: of ~ (d')autrefois.

you [juː] 1. tu; *accentué et datif*: toi; *accusatif*: te; *a.* on; 2. vous.

young [jʌŋ] 1. jeune; petit (*animal*); fils; *fig.* peu avancé (*nuit etc.*); 2. jeunesse *f*, jeunes gens *m/pl.*; with ~ pleine *f* (*animal*); '**young·ish** assez jeune; **young·ster** F ['jʌŋstə] jeune homme *m*; petit(e *f*) *m*.

your [jɔː, jə] 1. ton, ta, tes; 2. votre, vos; **yours** 1. le tien, la tienne, les tiens, les tiennes; à toi; 2. le (la) vôtre, les vôtres; à vous; **your'self** toi-même; *réfléchi*: te, *accentué*: toi; **your'selves** *pl.* ['.·selvz] vous-mêmes; *réfléchi*: vous (*a. accentué*).

youth [juːθ] jeunesse *f*; *coll.* jeunes gens *m/pl.*; (*pl.* **youths** [juːðz]) jeune homme *m*, adolescent *m*; ~ *hostel* auberge *f* de la jeunesse; **youth·ful** ['.·ful] jeune; de jeunesse; '**youth·ful·ness** (air *m* de) jeunesse *f*.

Yu·go·slav ['juːgouslɑːv] 1. yougoslave; 2. *ling.* yougoslave *m*; Yougoslave *mf*.

Yule *poét.* [juːl] Noël *usu. f*; ~ *log* bûche *f* de Noël.

Z

Z, z [zed; *Am.* ziː] Z *m*, z *m*.

zeal [ziːl] zèle *m*; **zeal·ot** ['zelət] zélateur (-trice *f*) *m* (*a. eccl.*) (de, for); '**zeal·ot·ry** fanatisme *m*; *eccl.* zélotisme *m*; '**zeal·ous** □ zélé; zélateur (-trice *f*) (de, for); plein de zèle (pour, for); fanatique.

ze·bra *zo.* ['ziːbrə] zèbre *m*; ~ *crossing* passage *m* clouté.

ze·bu *zo.* ['ziːbuː] zébu *m*, bœuf *m* à bosse. [apogée *m*.]

ze·nith ['zeniθ] zénith *m*;

zeph·yr ['zefə] zéphyr *m*; ✝ laine *f* zéphire; *sp.* maillot *m*.

ze·ro ['ziərou] zéro *m* (*a. fig.*); *attr.* nul(le *f*); ⚔ ~ *point* point *m* zéro, origine *f*; ~ **hour** ⚔ heure *f* H.

zest [zest] 1. † zeste *m*; saveur *f*, goût *m*; enthousiasme *m* (pour, for); élan *m*; verve *f*; ~ *for life* entrain *m*; 2. épicer.

zig·zag ['zigzæg] 1. zigzag *m*; 2. en zigzag; en lacets; 3. zigzaguer, faire des zigzags.

zinc [ziŋk] 1. *min.* zinc *m*; 2. zinguer.

Zi·on ['zaiən] Sion *m*; '**zi·on·ism** sionisme *m*; '**zi·on·ist** sioniste (*a. su./mf*).

zip [zip] 1. sifflement *m*; F énergie *f*, allant *m*, vigueur *f*; (*a.* ~-*fastener*) fermeture *f* éclair *inv. ou* à glissière; 2. siffler; fermer; '**zip·per** F. fermeture *f* éclair *inv. ou* à glissière; 2. fermer (avec une fermeture éclair); '**zip·py** F plein d'allant, vif (vive *f*); dynamique.

zith·er ♪ ['ziθə] cithare *f*.

zo·di·ac *astr.* ['zoudiæk] zodiaque *m*; **zo·di·a·cal** [zou'daiəkl] zodiacal (-aux *m/pl.*).

zon·al □ ['zounl] zonal (-aux *m/pl.*); **zone** [zoun] zone *f*; ⚕ couche *f* (*annuelle*); *fig.* ceinture *f*.

zoo F [zuː] zoo *m* (= *jardin zoologique*).

zo·o·log·i·cal □ [zouə'lɔdʒikl] zoologique; ~ *gar·den*(s *pl.*) [zu-'lɔdʒikl'gɑːdn(z)] jardin *m* zoologique, F zoo *m*; **zo·ol·o·gist** [zou-'ɔlədʒist] zoologiste *m*; **zo·ol·o·gy** zoologie *f*.

zoom ⚔ *sl.* [zuːm] 1. monter en chandelle; 2. (montée *f* en) chandelle *f*.

zoot suit *Am.* ['zuːt 'sjuːt] complet *m* zazou.

Zu·lu ['zuːluː] zoulou *m*; femme *f* zoulou.

zy·mot·ic *biol.* [zai'mɔtik] zymotique.

Proper names with pronunciation and explanation

Noms propres avec leur prononciation et notes explicatives

A

Ab·er·deen [æbə'di:n] *ville d'Écosse.*

Ab·(o)u·kir [æbu:'kiə] *Aboukir (ville de la basse Égypte; victoire navale de Nelson sur Napoléon).*

A·bra·ham ['eibrəhæm] *Abraham m.*

Ab·ys·sin·i·a [æbi'sinjə] *l'Abyssinie f (ancien nom d'Éthiopie).*

A·chil·les [ə'kili:z] *Achille m (héros grec).*

Ad·am ['ædəm] *Adam m.*

Ad·di·son ['ædisn] *auteur anglais.*

Ad·e·laide ['ædəleid] *Adélaïde f;* ['⌣⌣lid] *Adélaïde (ville d'Australie).*

A·den ['eidn] *ville et port d'Arabie.*

Ad·i·ron·dacks [ædi'rɔndæks] *région montagneuse de l'État de New York (É.-U.).*

Ad·olf ['ædɔlf], **A·dol·phus** [ə'dɔlfəs] *Adolphe m.*

A·dri·at·ic (Sea) [eidri'ætik('si:)] *mer f Adriatique.*

Ae·sop ['i:sɔp] *Ésope m (fabuliste grec).*

Af·ghan·i·stan [æf'gænistæn] *l'Afghanistan m.*

Af·ri·ca ['æfrikə] *l'Afrique f.*

Ag·a·tha ['ægəθə] *Agathe f.*

Ag·in·court ['ædʒinkɔ:t] *Azincourt m.*

Al·a·bam·a [ælə'bɑ:mə; *Am.* ælə-'bæmə] *État des É.-U.*

A·las·ka [ə'læskə] *État des É.-U.*

Al·ba·ni·a [æl'beinjə] *l'Albanie f.*

Al·ba·ny ['ɔ:lbəni] *capitale de l'État de New York (É.-U).*

Al·bert ['ælbət] *Albert m.*

Al·ber·ta [æl'bə:tə] *province du Canada.*

Al·bi·on *poét.* ['ælbjən] *Albion f, la Grande-Bretagne f.*

Al·der·ney ['ɔ:ldəni] *Aurigny f (île Anglo-Normande).*

Al·ex·an·der [ælig'zɑ:ndə] *Alexandre m.*

Al·ex·an·dra [ælig'zɑ:ndrə] *Alexandra f.*

Al·fred ['ælfrid] *Alfred m.*

Al·ge·ri·a [æl'dʒiəriə] *l'Algérie f.*

Al·ger·non ['ældʒənən] *prénom masculin.*

Al·giers [æl'dʒiəz] *Alger m.*

Al·ice ['ælis] *Alice f.*

Al·le·ghe·ny ['æligeini] *chaîne de montagnes des É.-U.; rivière des É.-U.*

Al·len ['ælin] *Alain m.*

A·me·lia [ə'mi:ljə] *Amélie f.*

A·mer·i·ca [ə'merikə] *l'Amérique f.*

A·my ['eimi] *Aimée f.*

An·des ['ændi:z] *pl. la Cordillère f des Andes f/pl.*

An·dor·ra [æn'dɔrə] *Andorre f.*

An·drew ['ændru:] *André m.*

An·gle·sey ['æŋglsi] *comté du Pays de Galles.*

An·nap·o·lis [ə'næpəlis] *capitale du Maryland (É.-U.), école navale.*

Ann(e) [æn] *Anne f.*

An·tho·ny ['æntəni] *Antoine m.*

An·til·les [æn'tili:z] *pl. les Antilles f/pl. (archipel entre l'Amérique du Nord et l'Amérique du Sud).*

An·to·ni·a [æn'tounjə] *Antoinette f.*

An·to·ny ['æntəni] *Antoine m.*

Ap·en·nines ['æpinainz] *pl. les Apennins m/pl.*

Ap·pa·lach·i·ans [æpə'leitʃiənz] *pl. les Appalaches m/pl.*

Ar·chi·bald ['ɑ:tʃibəld] *Archambaud m.*

Ar·chi·me·des [ɑ:ki'mi:di:z] Archimède *m* (*savant grec*).

Ar·den ['ɑ:dn] *nom de famille anglais*.

Ar·gen·ti·na [ɑ:dʒən'ti:nə], **the Ar·gen·tine** [ði'ɑ:dʒəntain] l'Argentine *f*.

Ar·gyll(**·shire**) [ɑ:'gail(ʃiə)] *comté d'Écosse*.

Ar·is·tot·le ['æristɔtl] Aristote *m* (*philosophe grec*).

Ar·i·zo·na [æri'zounə] *État des É.-U.*

Ar·kan·sas ['ɑ:kənsɔ:] *État des É.-U.*; *fleuve des É.-U.*

Ar·ling·ton ['ɑ:liŋtən] *cimetière national des É.-U. près de Washington*.

Ar·thur ['ɑ:θə] Arthur *m*; King ~ le roi Arthur (*ou* Artus).

As·cot ['æskət] *ville et champ de courses d'Angleterre*.

A·sia ['eiʃə] l'Asie *f*; ~ Minor l'Asie *f* Mineure.

Ath·ens ['æθinz] Athènes *f*.

At·kins ['ætkinz]: Tommy ~ *sobriquet du soldat britannique*.

At·lan·tic [ət'læntik] (l'océan *m*) Atlantique *m*.

Auck·land ['ɔ:klənd] *ville et port de la Nouvelle-Zélande*.

Au·gus·tus [ɔ:'gʌstəs] Auguste *m*.

Aus·ten ['ɔ:stin] *femme écrivain anglaise*.

Aus·tin [~] *capitale du Texas* (*É.-U.*).

Aus·tra·lia [ɔ:s'treiljə] l'Australie *f*.

Aus·tri·a ['ɔ:striə] l'Autriche *f*.

A·von ['eivən] *rivière d'Angleterre*.

Ax·min·ster ['æksminstə] *ville d'Angleterre*.

Ayr [ɛə] *ville d'Écosse*; *a*. **Ayr·shire** ['~ʃiə] *comté d'Écosse*.

A·zores [ə'zɔ:z] *pl*. les Açores *f/pl*.

B

Bac·chus *myth*. ['bækəs] Bacchus *m* (*dieu grec du vin*).

Ba·con ['beikən] *homme d'État et philosophe anglais*.

Ba·den-Pow·ell ['beidn'pouel] *fondateur du scoutisme*.

Ba·ha·mas [bə'hɑ:məz] *pl*. les Bahamas *f/pl*. (*archipel de l'Atlantique*).

Bald·win ['bɔ:ldwin] Baudouin *m*.

Bal·mor·al [bæl'mɔrəl] *château royal en Écosse*.

Bal·ti·more ['bɔ:ltimɔ:] *ville et port des É.-U.*

Bar·thol·o·mew [bɑ:'θɔləmju:] Barthélemy *m*.

Bath [bɑ:θ] *station thermale d'Angleterre*.

Ba·ton Rouge ['bætn'ru:ʒ] *capitale de la Louisiane* (*É.-U.*).

Bea·cons·field ['bi:kənzfi:ld] *titre de noblesse de Disraeli*.

Beck·y ['beki] *diminutif de Rebecca*.

Bed·ford ['bedfəd] *ville d'Angleterre*; *a*. **Bed·ford·shire** ['~ʃiə] *comté d'Angleterre*.

Bel·fast ['belfɑ:st] *capitale de l'Irlande du Nord*.

Bel·gium ['beldʒəm] la Belgique *f*.

Bel·grade [bel'greid] *capitale de la Yougoslavie*.

Bel·gra·vi·a [bel'greivjə] *quartier résidentiel de Londres*.

Ben [ben] *diminutif de Benjamin*.

Ben·e·dict ['benidikt; 'benit] Benoît *m*.

Ben·gal [beŋ'gɔ:l] le Bengale *m*.

Ben·ja·min ['bendʒəmin] Benjamin *m*.

Ben Ne·vis [ben'ni:vis] *point culminant de la Grande-Bretagne*.

Berke·ley ['bɑ:kli] *philosophe irlandais*.

Berk·shire ['bɑ:kʃiə] *comté d'Angleterre*; ~ **Hills** ['bə:kʃiə'hilz] *pl*. *chaîne de montagnes du Massachusetts* (*É.-U.*).

Ber·lin [bə:'lin] Berlin.

Ber·mu·das [bə:'mju:dəz] *pl*. les Bermudes *f/pl*. (*archipel de l'Atlantique*).

Ber·nard ['bə:nəd] Bernard *m*.

Bern(**e**) [bə:n] Berne.

Ber·tha ['bə:θə] Berthe *f*.

Ber·trand ['bə:trənd] Bertram *m*.

Bess, **Bes·sy** ['bes(i)], **Bet·s**(**e**)**y** ['betsi], **Bet·ty** ['beti] Babette *f*.

Bill, **Bil·ly** ['bil(i)] *diminutif de William*.

Bir·ken·head ['bə:kənhed] *port et ville industrielle d'Angleterre*.

Bir·ming·ham ['bə:miŋəm] *ville industrielle d'Angleterre*; ['~hæm] *ville des É.-U.*

Blooms·bur·y ['blu:mzbri] *quartier d'artistes de Londres*.

Bob [bɔb] *diminutif de Robert*.

Boi·se ['bɔisi] *capitale de l'Idaho* (*É.-U*).

Bol·eyn ['bulin]: Anne ~ Anne

Boleyn (*femme de Henri VIII d'Angleterre*).
Bo·liv·i·a [bə'liviə] la Bolivie *f.*
Bom·bay [bɔm'bei] *ville et port de l'Inde.*
Bonn [bɔn] *capitale de la République fédérale d'Allemagne.*
Bos·ton ['bɔstən] *capitale du Massachusetts (É.-U.).*
Bourne·mouth ['bɔ:nməθ] *station balnéaire d'Angleterre.*
Brad·ford ['brædfəd] *ville industrielle d'Angleterre.*
Bra·zil [brə'zil] le Brésil *m.*
Breck·nock(·shire) ['breknɔk(ʃiə)] *comté du Pays de Galles.*
Bridg·et ['bridʒit] Brigitte *f.*
Brigh·ton ['braitn] *station balnéaire d'Angleterre.*
Bris·tol ['bristl] *ville et port d'Angleterre.*
Bri·tan·ni·a *poét.* [bri'tænjə] la Grande-Bretagne *f.*
Brit·ta·ny ['britəni] la Bretagne *f.*
Brit·ten ['britn] *compositeur anglais.*
Broad·way ['brɔ:dwei] *rue principale de New York (É.-U.).*
Brook·lyn ['bruklin] *quartier de New York (É.-U.).*
Brus·sels ['brʌslz] Bruxelles.
Bu·cha·rest ['bju:kərest] Bucarest.
Buck [bʌk] *femme écrivain américaine.*
Buck·ing·ham ['bʌkiŋəm] *comté d'Angleterre;* ~ *Palace palais des rois de Grande-Bretagne;* **Buck·ing·ham·shire** ['bʌkiŋəmʃiə] *see* Buckingham.
Bu·da·pest ['bju:də'pest] *capitale de la Hongrie.*
Bud·dha ['budə] Bouddha.
Bul·gar·i·a [bʌl'gɛəriə] la Bulgarie *f.*
Bul·wer ['bulwə] *auteur anglais.*
Bur·ma ['bə:mə] la Birmanie *f.*
Burns [bə:nz] *poète écossais.*
By·ron ['baiərən] *poète anglais.*

C

Cae·sar ['si:zə] (Jules) César *m* (*général et dictateur romain*).
Cai·ro ['kaiərou] Le Caire *m.*
Cal·cut·ta [kæl'kʌtə] *capitale de l'État de Bengale-Occidental.*
Cal·i·for·nia [kæli'fɔ:njə] la Californie *f* (*État des É.-U.*).
Cam·bridge ['keimbridʒ] *ville universitaire anglaise; ville des É.-U. (Massachusetts), siège de l'université Harvard; a.* **Cam·bridge·shire** ['~ʃiə] *comté d'Angleterre.*
Can·a·da ['kænədə] le Canada *m.*
Can·ter·bur·y ['kæntəbəri] Cantorbéry *f* (*ville d'Angleterre*).
Car·diff ['kɑ:dif] *capitale du Pays de Galles.*
Car·di·gan(·shire) ['kɑ:digən(ʃiə)] *comté du Pays de Galles.*
Car·lyle [kɑ:'lail] *auteur anglais.*
Car·mar·then(·shire) [kə'mɑ:ðən(-ʃiə)] *comté du Pays de Galles.*
Car·nar·von(·shire) [kə'nɑ:vən(-ʃiə)] *comté du Pays de Galles.*
Car·neg·ie [kɑ:'negi] *industriel américain.*
Car·o·li·na [kærə'lainə]: (*North* ~, *South* ~) la Caroline *f* (du Nord, du Sud) (*États des É.-U.*).
Car·o·line ['kærəlain] Caroline *f.*
Car·pa·thi·ans [kɑ:'peiθjənz] *pl.* les Karpates *f/pl.*
Car·rie ['kæri] *diminutif de Caroline.*
Cath·e·rine ['kæθərin] Catherine *f.*
Cau·ca·sus ['kɔ:kəsəs] Caucase *m.*
Cec·il ['sesl; 'sisl] *prénom masculin.*
Ce·cil·i·a [si'siljə], **Cec·i·ly** ['sisili] Cécile *f.*
Cey·lon [si'lɔn] Ceylan *m.*
Cham·ber·lain ['tʃeimbəlin] *nom de plusieurs hommes d'État britanniques.*
Chan·nel ['tʃænl]: *the English* ~ la Manche *f.*
Char·ing Cross ['tʃæriŋ'krɔs] *carrefour de Londres.*
Charles [tʃɑ:lz] Charles *m.*
Charles·ton ['tʃɑ:lstən] *capitale de la Virginie Occidentale (É.-U.).*
Char·lotte ['ʃɑ:lət] Charlotte *f.*
Chat·ham ['tʃætəm] *ville et port d'Angleterre.*
Chau·cer ['tʃɔ:sə] *poète anglais.*
Chel·sea ['tʃelsi] *quartier de Londres.*
Chesh·ire ['tʃeʃə] *comté d'Angleterre.*
Ches·ter·field ['tʃestəfi:ld] *ville industrielle d'Angleterre.*
Chev·i·ot Hills ['tʃeviət'hilz] *pl.* chaîne de montagnes qui sépare l'Écosse de l'Angleterre.
Chi·ca·go [ʃi'kɑ:gou; *Am. souv.* ʃi'kɔ:gou] *ville des États de la Prairie (É.-U.).*
Chil·e, **Chil·i** ['tʃili] le Chili *m.*
Chi·na ['tʃainə] la Chine *f.*

Chris·ti·na [kris'ti:nə] Christine f.
Chris·to·pher ['kristəfə] Christophe m.
Chrys·ler ['kraislə] industriel américain.
Church·ill ['tʃə:tʃil] homme d'État britannique.
Cin·cin·nat·i [sinsi'næti] ville des É.-U.
Cis·sie ['sisi] diminutif de Cecilia.
Clar·a ['klɛərə], **Clare** [klɛə] Claire f.
Clar·en·don ['klærəndən] nom de plusieurs hommes d'État britanniques.
Cle·o·pa·tra [kliə'pɑ:trə] Cléopâtre f (reine d'Égypte).
Cleve·land ['kli:vlənd] ville industrielle et port des É.-U.
Clive [klaiv] général qui fonda la puissance britannique dans l'Inde.
Clyde [klaid] fleuve d'Écosse.
Cole·ridge ['koulridʒ] poète anglais.
Co·lom·bi·a [kə'lɔmbiə] la Colombie f.
Col·o·ra·do [kɔlə'rɑ:dou] État des É.-U.; nom de deux fleuves des É.-U.
Co·lum·bi·a [kə'lʌmbiə] fleuve des É.-U.; district fédéral des É.-U. (capitale Washington); capitale de la Caroline du Sud (É.-U.).
Con·cord ['kɔŋkəd] capitale du New Hampshire (É.-U.).
Con·naught ['kɔnɔ:t] province de la République d'Irlande.
Con·nect·i·cut [kə'netikət] fleuve des É.-U.; État des É.-U.
Con·stance ['kɔnstəns] Constance mf.
Coo·per ['ku:pə] auteur américain.
Co·pen·ha·gen [koupn'heign] Copenhague.
Cor·dil·le·ras [kɔ:di'ljɛərəz] pl. see Andes.
Cor·ne·lia [kɔ:'ni:ljə] Cornélie f.
Corn·wall ['kɔ:nwəl] la Cornouailles f (comté d'Angleterre).
Cos·ta Ri·ca ['kɔstə'ri:kə] le Costa Rica m.
Cov·ent Gar·den ['kɔvənt'gɑ:dn] l'opéra de Londres.
Cov·en·try ['kɔvəntri] ville industrielle d'Angleterre.
Crete [kri:t] la Crète f.
Cri·me·a [krai'miə] la Crimée f.
Crom·well ['krɔmwəl] homme d'État anglais.
Croy·don ['krɔidn] ancien aéroport de Londres.

Cu·ba ['kju:bə] (île f de) Cuba m.
Cum·ber·land ['kʌmbələnd] comté d'Angleterre.
Cu·pid myth. ['kju:pid] Cupidon m (dieu romain de l'Amour).
Cy·prus ['saiprəs] Chypre f.
Czech·o·Slo·va·ki·a ['tʃekouslou-'vækiə] la Tchécoslovaquie f.

D

Da·ko·ta [də'koutə]: (North ~, South ~) le Dakota m (du Nord, du Sud) (États des É.-U.).
Dan·iel ['dænjəl] Daniel m.
Dan·ube ['dænju:b] le Danube m.
Dar·da·nelles [dɑ:də'nelz] pl. les Dardanelles f/pl.
Dar·jee·ling [dɑ:'dʒi:liŋ] ville de l'Inde.
Dart·moor ['dɑ:tmuə] massif cristallin d'Angleterre; prison.
Dar·win ['dɑ:win] naturaliste anglais.
Da·vid ['deivid] David m.
Dee [di:] fleuve d'Angleterre et d'Écosse.
De·foe [də'fou] auteur anglais.
Del·a·ware ['deləwɛə] fleuve des É.-U.; État des É.-U.
Den·bigh(·shire) ['denbi(ʃiə)] comté du Pays de Galles.
Den·mark ['denmɑ:k] le Danemark m.
Der·by(·shire) ['dɑ:bi(ʃiə)] comté d'Angleterre.
Den·ver ['denvə] capitale du Colorado (É.-U.).
Des Moines [də'mɔin] capitale de l'Iowa (É.-U.).
De·troit [də'trɔit] ville industrielle des É.-U.
De Va·le·ra [dəvə'liərə] homme d'État irlandais.
Dev·on(·shire) ['devn(ʃiə)] comté d'Angleterre.
Dew·ey ['dju:i] philosophe américain.
Di·an·a [dai'ænə] Diane f (déesse romaine de la chasse, a. prénom féminin).
Dick [dik] diminutif de Richard.
Dick·ens ['dikinz] auteur anglais.
Dick·in·son ['dikinsn] femme poète américaine.
Dis·rae·li [diz'reili] homme d'État britannique (see Beaconsfield).
Dol·ly ['dɔli] diminutif de Dorothy.

Do·min·i·can Re·pub·lic [dəˈminikən riˈpʌblik] *la* République *f* Dominicaine.
Don·ald [ˈdɔnld] *prénom masculin.*
Don Quix·ote [dɔnˈkwiksət] Don Quichotte *m.*
Dor·o·the·a [dɔrəˈθiə], **Dor·o·thy** [ˈdɔrəθi] Dorothée *f.*
Dor·set(·shire) [ˈdɔːsit(ʃiə)] *comté d'Angleterre.*
Doug·las [ˈdʌɡləs] *puissante famille écossaise.*
Do·ver [ˈdouvə] Douvres *(port d'Angleterre, sur la Manche)*; *capitale du Delaware (É.-U.).*
Down·ing Street [ˈdauniŋˈstriːt] *rue de Londres, résidence officielle du premier ministre.*
Drei·ser [ˈdraisə] *auteur américain.*
Dry·den [ˈdraidn] *poète anglais.*
Dub·lin [ˈdʌblin] *capitale de la République d'Irlande.*
Dun·kirk [dʌnˈkəːk] Dunkerque *m.*
Dur·ham [ˈdʌrəm] *comté d'Angleterre.*

E

Ec·ua·dor [ekwəˈdɔː] Équateur *m.*
Ed·die [ˈedi] *diminutif de Edmund, Edward.*
E·den [ˈiːdn] Eden *m*, le paradis terrestre.
Ed·in·burgh [ˈedinbərə] Édimbourg.
Ed·i·son [ˈedisn] *inventeur américain.*
Ed·mund [ˈedmənd] Edmond *m.*
Ed·ward [ˈedwəd] Édouard *m.*
E·gypt [ˈiːdʒipt] l'Égypte *f.*
Ei·leen [ˈailiːn] *prénom féminin.*
Ei·re [ˈɛərə] *ancien nom de la République d'Irlande.*
Ei·sen·how·er [ˈaizənhauə] *général et 34ᵉ président des É.-U.*
El·ea·nor [ˈelinə] Éléonore *f.*
E·li·as [iˈlaiəs] Élie *m.*
El·i·nor [ˈelinə] Éléonore *f.*
El·i·ot [ˈeljət] *femme écrivain anglaise; poète anglais, né aux É.-U.*
E·liz·a·beth [iˈlizəbəθ] Élisabeth *f.*
El·lis Is·land [ˈelisˈailənd] *ile de la baie de New York (É.-U.).*
El Sal·va·dor [elˈsælvədɔː] El Salvador *m.*
Em·er·son [ˈeməsn] *philosophe et poète américain.*
Em·i·ly [ˈemili] Émilie *f.*
Eng·land [ˈiŋɡlənd] l'Angleterre *f.*

E·noch [ˈiːnɔk] Énoch *m.*
Ep·som [ˈepsəm] *ville d'Angleterre, célèbre course de chevaux.*
E·rie [ˈiəri]: Lake ~ le lac *m* Érié *(un des cinq grands lacs de l'Amérique du Nord).*
Er·nest [ˈəːnist] Ernest *m.*
Es·sex [ˈesiks] *comté d'Angleterre.*
Eth·el [ˈeθl] *prénom féminin.*
E·thi·o·pi·a [iːθiˈoupjə] l'Éthiopie *f.*
E·ton [ˈiːtn] *collège et ville d'Angleterre.*
Eu·clid [ˈjuːklid] Euclide *(mathématicien grec).*
Eu·gene [ˈjuːdʒiːn] Eugène *m*; **Eu·ge·ni·a** [juːˈdʒiːniə] Eugénie *f.*
Eu·phra·tes [juːˈfreitiːz] l'Euphrate *m.*
Eu·rope [ˈjuərəp] l'Europe *f.*
Eus·tace [ˈjuːstəs] Eustache *m.*
Ev·ans [ˈevənz] *nom de famille anglais et gallois.*
Eve [iːv] Ève *f.*
Ev·e·lyn [ˈiːvlin] Éveline *f.*

F

Falk·land Is·lands [ˈfɔːklændˈailəndz] *pl. les* îles *f/pl.* Falkland *(archipel de l'Atlantique).*
Faulk·ner [ˈfɔːknə] *auteur américain.*
Fawkes [fɔːks] *nom de famille anglais; chef de la Conspiration des Poudres (1605).*
Fe·li·ci·a [fiˈlisiə] *prénom féminin.*
Fe·lix [ˈfiːliks] Félix *m.*
Fin·land [ˈfinlənd] la Finlande *f.*
Flan·ders [ˈflɑːndəz] la Flandre *f.*
Flint·shire [ˈflintʃiə] *comté du Pays de Galles.*
Flor·ence [ˈflɔrəns] Florence *f (prénom).*
Flor·i·da [ˈflɔridə] la Floride *f (État des É.-U.).*
Flush·ing [ˈflʌʃiŋ] Flessingue.
Folke·stone [ˈfoukstən] *ville et port d'Angleterre sur la Manche.*
Ford [fɔːd] *industriel américain.*
France [frɑːns] la France *f.*
Fran·ces [ˈfrɑːnsis] Françoise *f.*
Fran·cis [~] François *m.*
Frank·fort [ˈfræŋkfət] *capitale du Kentucky (É.-U.).*
Frank·lin [ˈfræŋklin] *homme d'État et auteur américain.*
Fred(·dy) [ˈfred(i)] *diminutif de Alfred, Frederic(k).*

Fred·er·ic(k) ['fredrik] Frédéric *m*.
Ful·ton ['fultən] *inventeur américain*.

G

Gains·bor·ough ['geinzbərə] *peintre anglais*.
Gals·wor·thy ['gælzwəːði] *auteur anglais*.
Gan·ges ['gændʒiːz] *le Gange m*.
Gaul [gɔːl] la Gaule *f*.
Ge·ne·va [dʒi'niːvə] Genève.
Geof·frey ['dʒefri] Geoffroi *m*.
George [dʒɔːdʒ] Georges *m*.
Geor·gia ['dʒɔːdʒiə] *la Georgie f (État des É.-U.)*.
Ger·ald ['dʒerəld] Gérard *m*.
Ger·al·dine ['dʒerəldiːn] *prénom féminin*.
Ger·ma·ny ['dʒəːməni] l'Allemagne *f*.
Gersh·win ['gəːʃwin] *compositeur américain*.
Ger·trude ['gəːtruːd] Gertrude *f*.
Get·tys·burg ['getizbəːg] *ville des É.-U*.
Gi·bral·tar [dʒi'brɔːltə] Gibraltar *m*.
Giles [dʒailz] Gilles *m*.
Gill [gil] Julie *f*.
Glad·stone ['glædstən] *homme d'État britannique*.
Gla·mor·gan(·shire) [glə'mɔːgən(-ʃiə)] *comté du Pays de Galles*.
Glas·gow ['glaːsgou] *ville et port d'Écosse*.
Glouces·ter ['glɔstə] *ville d'Angleterre*; *a*. **Glouces·ter·shire** ['∼ʃiə] *comté d'Angleterre*.
Gold·smith ['gouldsmiθ] *auteur anglais*.
Gor·don ['gɔːdn] *nom de famille anglais*.
Go·tham ['gɔtəm] *village d'Angleterre*.
Gra·ham ['greiəm] *nom de famille et prénom masculin anglais*.
Grand Can·yon [grænd'kænjən] *nom des gorges du Colorado (É.-U.)*.
Great Brit·ain ['greit'britən] la Grande-Bretagne *f*.
Great Di·vide ['greitdi'vaid] *les montagnes Rocheuses (É.-U.)*.
Greece [griːs] la Grèce *f*.
Greene [griːn] *auteur anglais*.
Green·land ['griːnlənd] *le Groenland m*.
Green·wich ['grinidʒ] *faubourg de Londres*; ∼ *Village quartier d'artistes de New York*.
Greg·o·ry ['gregəri] Grégoire *m*.
Gros·ve·nor ['grouvnə] *place et rue de Londres*.
Gua·te·ma·la [gwæti'maːlə] *le Guatemala m*.
Guern·sey ['gəːnzi] Guernesey *f (île Anglo-Normande)*.
Gui·a·na [gi'aːnə] la Guyane *f*.
Guin·ea ['gini] la Guinée *f*.
Guin·ness ['ginis; gi'nes] *nom de famille, surt. irlandais*.
Guy [gai] Gui *m*, Guy *m*.
Gwen·do·len, Gwen·do·lyn ['gwendəlin] *prénom féminin*.

H

Hai·ti ['heiti] la Haïti *f*.
Hague [heig]: the ∼ La Haye.
Hal·i·fax ['hælifæks] *ville du Canada et d'Angleterre*.
Ham·il·ton ['hæmiltən] *nom de famille anglais*.
Hamp·shire ['hæmpʃiə] *comté d'Angleterre*.
Hamp·stead ['hæmpstid] *faubourg de Londres*.
Han·o·ver ['hænəvə] Hanovre *m (ancien royaume)*.
Har·ri·et ['hæriət] Henriette *f*.
Har·ris·burg ['hærisbəːg] *capitale de la Pennsylvanie (É.-U.)*.
Har·row ['hærou] *collège et ville d'Angleterre*.
Har·ry ['hæri] *diminutif de Henry*.
Har·vard U·ni·ver·si·ty ['haːvəd juːni'vəːsiti] *université américaine*.
Har·wich ['hæridʒ] *ville et port d'Angleterre*.
Has·tings ['heistiŋz] *ville d'Angleterre*; *homme d'État, gouverneur de l'Inde anglaise*.
Ha·wai·i [haː'waii] *pl.* les Hawaii *f/pl. (archipel de la Polynésie, État des É.-U.)*.
Heb·ri·des ['hebridiːz] *pl.* les Hébrides *f/pl. (îles d'Écosse)*.
Hel·en ['helin] Hélène *f*.
Hel·sin·ki ['helsiŋki] *capitale de la Finlande*.
Hem·ing·way ['hemiŋwei] *auteur américain*.
Hen·ley ['henli] *ville d'Angleterre sur la Tamise*; *régates célèbres*.
Hen·ry ['henri] Henri *m*.
Her·cu·les ['həːkjuliːz] Hercule *m*.

Her·e·ford(·shire) ['herifəd(ʃiə)] comté d'Angleterre.
Hert·ford(·shire) ['hɑ:fəd(ʃiə)] comté d'Angleterre.
Hil·a·ry ['hiləri] Hilaire f.
Hi·ma·la·ya [himə'leiə] l'Himalaya m.
Hin·du·stan [hindu'stæn] l'Hindoustan m.
Ho·garth ['hougɑ:θ] peintre anglais.
Hol·born ['houbən] quartier de Londres.
Hol·land ['hɔlənd] la Hollande f.
Hol·ly·wood ['hɔliwud] centre de l'industrie cinématographique américaine.
Ho·mer ['houmə] Homère m (poète grec).
Hon·du·ras [hɔn'djuərəs] le Honduras m.
Ho·no·lu·lu [hɔnə'lu:lu] capitale des Hawaii (É.-U.).
Hoo·ver ['hu:və] 31ᵉ président des É.-U.
Hud·son ['hʌdsn] fleuve des É.-U., avec New York à l'embouchure; vaste golfe au nord de l'Amérique.
Hugh [hju:] Hugues m.
Hull [hʌl] ville et port d'Angleterre.
Hume [hju:m] philosophe anglais.
Hun·ga·ry ['hʌŋgəri] la Hongrie f.
Hun·ting·don(·shire) ['hʌntiŋdən (-ʃiə)] comté d'Angleterre.
Hu·ron ['hjuərən]: Lake ~ le lac m Huron (un des cinq grands lacs de l'Amérique du Nord).
Hux·ley ['hʌksli] naturaliste anglais; zoologiste anglais; auteur anglais.
Hyde Park ['haid'pɑ:k] parc de Londres.

I

Ice·land ['aislənd] l'Islande f.
I·da·ho ['aidəhou] État des É.-U.
I·dle·wild ['aidlwaild] ancien nom de Kennedy Airport.
Il·li·nois [ili'nɔi(z)] rivière des É.-U.; État des É.-U.
In·di·a ['indjə] l'Inde f.
In·di·an·a [indi'ænə] État des É.-U.
In·di·an Ocean ['indjən'ouʃən] océan m Indien.
In·dies ['indiz] pl.: the (East, West) ~ les Indes f/pl. (orientales, occidentales).
In·dus ['indəs] l'Indus m.
I·o·wa ['aiouə] État des É.-U.

I·rak, I·raq [i'rɑ:k] l'Irak m, l'Iraq m.
I·ran [iə'rɑ:n] l'Iran m.
Ire·land ['aiələnd] l'Irlande f.
I·re·ne [ai'ri:ni; 'airi:n] Irène f.
Ir·ving ['ə:viŋ] auteur américain.
I·saac ['aizək] Isaac m.
Is·a·bel ['izəbəl] Isabelle f.
Is·ra·el ['izreiəl] l'Israël m.
It·a·ly ['itəli] l'Italie f.

J

Jack [dʒæk] Jean(not) m (see Jack¹ au dictionnaire).
Ja·mai·ca [dʒə'meikə] la Jamaïque f.
James [dʒeimz] Jacques m.
Jane [dʒein] Jeanne f.
Ja·net ['dʒænit] Jeanette f.
Ja·pan [dʒə'pæn] le Japon m.
Jean [dʒi:n] Jeanne f.
Jef·fer·son ['dʒefəsn] 3ᵉ président des É.-U., auteur de la Déclaration d'Indépendance; ~ City capitale du Missouri (É.-U.).
Jen·ny ['dʒeni] Jeanneton f, Jeannette f.
Jer·e·my ['dʒerimi] Jérémie m.
Jer·sey ['dʒə:zi] île Anglo-Normande; ~ City ville des É.-U.
Je·ru·sa·lem [dʒə'ru:sələm] Jérusalem.
Je·sus (Christ) ['dʒi:zəs ('kraist)] Jésus(-Christ) m.
Jill [dʒil] Julie f; Jack and ~ Jeannot et Colette.
Jim(·my) ['dʒim(i)] diminutif de James.
Joan [dʒoun] Jeanne f.
Joe [dʒou] diminutif de Joseph.
John [dʒɔn] Jean m; ~ Lackland Jean sans Terre (roi d'Angleterre).
John·ny ['dʒɔni] Jeannot m.
John·son ['dʒɔnsn] 36ᵉ président des É.-U.; auteur anglais.
Jo·nah ['dʒounə] Jonas m.
Jon·a·than ['dʒɔnəθən] Jonathas m.
Jor·dan ['dʒɔ:dn] la Jordanie f.
Jo·seph ['dʒouzif] Joseph m.
Josh·u·a ['dʒɔʃwə] Josué m.
Ju·go·sla·vi·a ['ju:gou'slɑ:viə] la Yougoslavie f.
Jul·ia ['dʒu:ljə], **Ju·li·et** ['~t] Julie(tte) f.
Jul·ius ['dʒu:ljəs] Jules m.
Ju·neau ['dʒu:nou] capitale de l'Alaska (É.-U.).

K

Kan·sas ['kænzəs] *rivière des É.-U.; État des É.-U.*

Kash·mir [kæʃ'miə] *le Cachemire m (ancien État de l'Inde).*

Kate [keit] *diminutif de Catherine, Katharine, Katherine, Kathleen.*

Kath·a·rine, Kath·er·ine ['kæθərin] *Catherine f.*

Kath·leen ['kæθli:n] *Catherine f.*

Keats [ki:ts] *poète anglais.*

Ken·ne·dy ['kenidi] *35ᵉ président des É.-U.;* Cape ~ *cap de la côte de Floride (lancement d'engins téléguidés et de satellites artificiels);* ~ *airport aéroport international de New York.*

Ken·sing·ton ['kenziŋtən] *quartier de Londres.*

Kent [kent] *comté d'Angleterre.*

Ken·tuck·y [ken'tʌki] *rivière des É.-U.; État des É.-U.*

Ken·ya ['ki:njə; 'kenjə] *État de l'Afrique de l'Est.*

Kip·ling ['kipliŋ] *poète anglais.*

Kit·ty ['kiti] *diminutif de Catherine.*

Klon·dike ['klɔndaik] *rivière et région du Canada.*

Krem·lin ['kremlin] *le Kremlin m.*

Ku·wait [ku'weit] *Koweït m.*

L

Lab·ra·dor ['læbrədɔ:] *péninsule de l'Amérique du Nord.*

Lan·ca·shire ['læŋkəʃiə] *comté d'Angleterre.*

Lan·cas·ter ['læŋkəstə] Lancastre *f (ville d'Angleterre; ville des É.-U.); see* Lancashire.

Lau·rence, Law·rence ['lɔ:rəns] Laurent *m.*

Leb·a·non ['lebənən] *le Liban m.*

Leeds [li:dz] *ville industrielle d'Angleterre.*

Leg·horn ['leg'hɔ:n] *Livourne.*

Leices·ter ['lestə] *ville d'Angleterre; a.* **Leices·ter·shire** ['~ʃiə] *comté d'Angleterre.*

Leigh [li:; lai] *ville industrielle d'Angleterre; nom de famille anglais.*

Leon·ard ['lenəd] Léonard *m.*

Les·lie ['lezli] *prénom masculin.*

Lew·is ['lu:is] Louis *m; auteur américain; poète anglais.*

Lil·i·an ['liliən] *prénom féminin.*

Lin·coln ['liŋkən] *16ᵉ président des É.-U.; capitale du Nébraska (É.-U.); ville d'Angleterre; a.* **Lin·coln·shire** ['~ʃiə] *comté d'Angleterre.*

Li·o·nel ['laiənl] *prénom masculin.*

Lis·bon ['lizbən] Lisbonne.

Lit·tle Rock ['litl'rɔk] *capitale de l'Arkansas (É.-U.).*

Liv·er·pool ['livəpu:l] *ville industrielle et port d'Angleterre.*

Liz·zie ['lizi] Lisette *f.*

Lloyd [lɔid] *prénom masculin.*

Lon·don ['lʌndən] Londres.

Long·fel·low ['lɔŋfelou] *poète américain.*

Los An·ge·les [lɔs'ændʒili:z; *Am. a.* 'æŋgələs] *ville et port des É.-U.*

Lou·i·sa [lu:'i:zə] Louise *f.*

Lou·i·si·an·a [lu:i:zi'ænə] la Louisiane *f (État des É.-U.).*

Lu·cia ['lu:siə] Lucie *f.*

Lu·cius ['lu:siəs] Lucien *m.*

Lu·cy ['lu:si] Lucie *f.*

Luke [lu:k] Luc *m.*

Lux·em·b(o)urg ['lʌksəmbə:g] Luxembourg *m.*

Lyd·i·a ['lidiə] Lydie *f.*

M

Mab [mæb] *reine des fées.*

Ma·bel ['meibl] *prénom féminin.*

Ma·cau·lay [mə'kɔ:li] *historien et homme politique anglais; femme écrivain anglaise.*

Mac·Don·ald [mək'dɔnld] *homme d'État britannique.*

Mac·ken·zie [mə'kenzi] *fleuve du Canada.*

Ma·dei·ra [mə'diərə] Madère *f.*

Madge [mædʒ] Margot *f.*

Mad·i·son ['mædisn] *4ᵉ président des É.-U.; capitale du Wisconsin (É.-U.).*

Ma·dras [mə'drɑ:s] *ville et port de l'Inde.*

Ma·drid [mə'drid] *capitale de l'Espagne.*

Mag·da·len ['mægdəlin] Madeleine *f.*

Mag·gie ['mægi] Margot *f.*

Ma·hom·et [mə'hɔmit] Mahomet *m.*

Maine [mein] *État des É.-U.*

Ma·lay·sia [mə'leiʒə]: the Federation of ~ la Fédération *f* de Malaisie.

Mal·ta ['mɔ:ltə] Malte *f.*

Man·ches·ter ['mæntʃistə] *ville industrielle d'Angleterre.*

Man·hat·tan [mæn'hætn] *île et quartier de New York (É.-U.).*

Man·i·to·ba [mæni'toubə] *province du Canada.*

Mar·ga·ret ['mɑːgərit] Marguerite *f.*

Mark [mɑːk] Marc *m.*

Marl·bor·ough ['mɔːlbərə] *général anglais.*

Mar·tha ['mɑːθə] Marthe *f.*

Mar·y ['mɛəri] Marie *f.*

Mar·y·land ['mɛərilænd; *Am.* 'merilənd] *État des É.-U.*

Mas·sa·chu·setts [mæsə'tʃuːsets] *État des É.-U.*

Ma(t)·thew ['mæθjuː] Mat(t)hieu *m.*

Maud [mɔːd] Mathilde *f.*

Maugham [mɔːm] *auteur anglais.*

Mau·rice ['mɔris] Maurice *m.*

May [mei] Mariette *f*, Manon *f.*

Mel·bourne ['melbən] *ville et port d'Australie.*

Mel·ville ['melvil] *auteur américain.*

Mer·e·dith ['merədiθ] *auteur anglais.*

Mer·i·on·eth(·shire) [meri'ɔniθ (-ʃiə)] *comté du Pays de Galles.*

Mex·i·co ['meksikou] le Mexique *m.*

Mi·am·i [mai'æmi] *station balnéaire de la Floride (É.-U.).*

Mi·chael ['maikl] Michel *m.*

Mich·i·gan ['miʃigən] *État des É.-U.*; *Lake ~* le lac *m* Michigan (*un des cinq grands lacs de l'Amérique du Nord*).

Mid·dle·sex ['midlseks] *comté d'Angleterre.*

Mid·west ['mid'west] *les États m/pl. de la Prairie (É.-U.).*

Mil·dred ['mildrid] *prénom féminin.*

Mil·li·cent ['milisnt] *prénom féminin.*

Mil·ton ['miltən] *poète anglais.*

Mil·wau·kee [mil'wɔːkiː] *ville des É.-U.*

Min·ne·ap·o·lis [mini'æpəlis] *ville des É.-U.*

Min·ne·so·ta [mini'soutə] *État des É.-U.*

Mis·sis·sip·pi [misi'sipi] *État des É.-U.*; *fleuve des É.-U.*

Mis·sou·ri [mi'suəri; *Am.* mi'zuəri] *rivière des É.-U.*; *État des É.-U.*

Mo·ham·med [mou'hæmed] Mohammed *m*; *islam:* Mahomet *m.*

Moll [mɔl] Mariette *f*, Manon *f.*

Mo·na·co ['mɔnəkou] Monaco *m.*

Mon·mouth(·shire) ['mʌnməθ(ʃiə)] *comté d'Angleterre.*

Mon·roe [mən'rou] 5ᵉ *président des É.-U.*

Mon·tan·a [mɔn'tænə] *État des É.-U.*

Mont·gom·er·y [mənt'gʌməri] *maréchal britannique;* a. **Mont'gom·er·y·shire** [~ʃiə] *comté du Pays de Galles.*

Mont·re·al [mɔntri'ɔːl] Montréal *m (ville du Canada).*

Mo·roc·co [mə'rɔkou] le Maroc *m.*

Mos·cow ['mɔskou] Moscou.

Mur·ray ['mʌri] *fleuve d'Australie.*

N

Nan·cy ['nænsi] Nanette *f*, Annette *f.*

Na·tal [nə'tæl] le Natal *m.*

Ne·bras·ka [ni'bræskə] *État des É.-U.*

Nell, Nel·ly ['nel(i)] *diminutif de Eleanor, Helen.*

Nel·son ['nelsn] *amiral britannique.*

Ne·pal [ni'pɔːl] le Népal *m.*

Neth·er·lands ['neðələndz] *pl. les Pays-Bas m/pl.*

Ne·vad·a [ne'vɑːdə] *État des É.-U.*

New Bruns·wick [njuː'brʌnzwik] *province du Canada.*

New·cas·tle ['njuːkɑːsl] *ville et port d'Angleterre.*

New Del·hi ['njuː'deli] *capitale de l'Inde.*

New Eng·land ['njuː'iŋglənd] la Nouvelle-Angleterre *f (États des É.-U.).*

New·found·land [njuː'faundlənd; *surt.* ⚓ njuː'fənd'lænd] Terre-Neuve *f (province du Canada).*

New Hamp·shire [njuː'hæmpʃiə] *État des É.-U.*

New Jer·sey [njuː'dʒəːzi] *État des É.-U.*

New Mex·i·co [njuː'meksikou] le Nouveau-Mexique *m (État des É.-U.).*

New Or·le·ans [njuː'ɔːliənz] la Nouvelle-Orléans *f (ville des É.-U.).*

New·ton ['njuːtn] *physicien et philosophe anglais.*

New York ['njuː'jɔːk] New York *f (ville des É.-U.);* New York *m (État des É.-U.).*

New Zea·land [njuː'ziːlənd] la Nouvelle-Zélande *f.*

Ni·ag·a·ra [nai'ægərə] le Niagara *m (rivière de l'Amérique du Nord, unissant les lacs Erie et Ontario).*

Nich·o·las ['nikələs] Nicolas *m.*

Ni·ger ['naidʒə] le Niger m.
Ni·ge·ri·a [nai'dʒiəriə] État de l'Afrique occidentale.
Nile [nail] le Nil m.
Nor·folk ['nɔ:fək] comté d'Angleterre; ville et port des É.-U.
North·amp·ton [nɔ:'θæmptən] ville d'Angleterre; a. **North'amp·ton·shire** [ˌʃiə] comté d'Angleterre.
North Sea ['nɔ:θ'si:] mer f du Nord.
North·um·ber·land [nɔ:'θʌmbələnd] comté d'Angleterre.
Nor·way ['nɔ:wei] la Norvège f.
Not·ting·ham ['nɔtiŋəm] ville d'Angleterre; a. **Not·ting·ham·shire** [ˈˌʃiə] comté d'Angleterre.
No·va Sco·tia ['nouvə'skouʃə] la Nouvelle-Écosse f (province du Canada).

O

Oak Ridge ['ouk'ridʒ] ville des É.-U.; centre de recherches nucléaires.
O·ce·an·i·a [ouʃi'einiə] l'Océanie f.
O·hi·o [ou'haiou] rivière des É.-U.; État des É.-U.
O·kla·ho·ma [ouklə'houmə] État des É.-U.; ~ City capitale de l'Oklahoma (É.-U.).
Ol·i·ver ['ɔlivə] Olivier m.
O·liv·i·a [o'liviə] Olivia f, Olivie f.
O·ma·ha ['ouməha:] ville des É.-U.
O'Neill [ou'ni:l] auteur américain.
On·ta·ri·o [ɔn'tɛəriou] province du Canada; Lake ~ le lac m Ontario (un des cinq grands lacs de l'Amérique du Nord).
'r·ange ['ɔrindʒ] l'Orange f (fleuve de l'Afrique australe).
Or·e·gon ['ɔrigən] État des É.-U.
Ork·ney Is·lands ['ɔ:kni'ailəndz] pl. les Orcades f/pl. (comté d'Écosse).
Os·borne ['ɔzbən] auteur anglais.
Os·lo ['ɔzlou] capitale de la Norvège.
Ost·end [ɔs'tend] Ostende f.
Ot·ta·wa ['ɔtəwə] capitale du Canada.
Ouse [u:z] nom de deux rivières d'Angleterre.
Ox·ford ['ɔksfəd] ville universitaire d'Angleterre; a. **Ox·ford·shire** [ˈˌʃiə] comté d'Angleterre.
O·zark Moun·tains ['ouza:k'mauntinz] pl. les Ozark m/pl. (massif des É.-U.).

P

Pa·cif·ic [pə'sifik] (océan m) Pacifique m.
Pad·dy ['pædi] diminutif de Patrick; sobriquet de l'Irlandais.
Pak·i·stan [pɑ:kis'tɑ:n] le Pakistan m.
Pall Mall ['pel'mel] rue des Londres.
Palm Beach ['pɑ:m'bi:tʃ] station balnéaire de la Floride (É.-U.).
Pan·a·ma [pænə'mɑ:] le Panama m.
Par·a·guay ['pærəgwai] le Paraguay m.
Par·is ['pæris] Paris m.
Pa·tri·cia [pə'triʃə] prénom féminin.
Pat·rick ['pætrik] Patrice m, Patrick m (patron de l'Irlande).
Paul [pɔ:l] Paul m.
Pau·line [pɔ:'li:n; 'ˌ] Pauline f.
Pearl Har·bor ['pə:l'hɑ:bə] port des îles Hawaii.
Peg(·gy) ['peg(i)] Margot f.
Pem·broke(·shire) ['pembruk(ʃiə)] comté du Pays de Galles.
Penn·syl·va·nia [pensil'veinjə] la Pennsylvanie f (État des É.-U.).
Per·cy ['pə:si] prénom masculin.
Pe·ru [pə'ru:] le Pérou m.
Pe·ter ['pi:tə] Pierre m.
Phil·a·del·phi·a [filə'delfjə] Philadelphie f (ville des É.-U.).
Phil·ip ['filip] Philippe m.
Phil·ip·pines ['filipi:nz] pl. archipel de la mer de Chine.
Phoe·nix ['fi:niks] capitale de l'Arizona (É.-U.).
Pic·ca·dil·ly [pikə'dili] rue de Londres.
Pitts·burgh ['pitsbə:g] ville des É.-U.
Pla·to ['pleitou] Platon m (philosophe grec).
Plym·outh ['pliməθ] ville et port d'Angleterre; ville des É.-U.
Poe [pou] auteur américain.
Po·land ['poulənd] la Pologne f.
Poll [pɔl] Mariette f, Manon f.
Port·land ['pɔ:tlənd] ville et port des É.-U. (Maine); ville des É.-U. (Oregon).
Ports·mouth ['pɔ:tsməθ] ville et port d'Angleterre.
Por·tu·gal ['pɔ:tugəl] le Portugal m.
Po·to·mac [pə'toumæk] fleuve des É.-U.

Prague [prɑːg] *capitale de la Tchécoslovaquie.*
Pul·itz·er ['pulitsə] *journaliste américain.*
Pun·jab [pʌn'dʒɑːb] *le Pendjab m.*
Pur·cell ['pəːsl] *compositeur anglais.*

Q

Que·bec [kwi'bek] *Québec m (ville et province du Canada).*
Queens [kwiːnz] *quartier de New York.*

R

Ra·chel ['reitʃəl] *Rachel f.*
Rad·nor(·shire) ['rædnə(ʃiə)] *comté du Pays de Galles.*
Ra·leigh ['rɔːli; 'rɑːli; 'ræli] *navigateur anglais; capitale de la Caroline du Nord (É.-U.).*
Ralph [reif; rælf] *Raoul m.*
Ra·wal·pin·di [rɔː'lpindi] *capitale du Pakistan.*
Ray·mond ['reimənd] *Raymond m.*
Read·ing ['rediŋ] *ville industrielle d'Angleterre; ville des É.-U.*
Re·bec·ca [ri'bekə] *Rébecca f.*
Reg·i·nald ['redʒinld] *Renaud m.*
Rey·kja·vik ['reikjəviːk] *capitale de l'Islande.*
Rhine [rain] *le Rhin m.*
Rhode Is·land [roud'ailənd] *État des É.-U.*
Rhodes [roudz] *Rhodes f.*
Rho·de·sia [rou'diːziə] *la Rhodésie f.*
Rich·ard ['ritʃəd] *Richard m;* ~ *the Lionhearted* Richard Cœur de Lion.
Rich·mond ['ritʃmənd] *capitale de la Virginie (É.-U.); district de New York; faubourg de Londres.*
Rob·ert ['rɔbət] *Robert m.*
Rob·in ['rɔbin] *diminutif de Robert.*
Rock·e·fel·ler ['rɔkifelə] *industriel américain.*
Rock·y Moun·tains ['rɔki'mauntinz] *pl. les* (montagnes *f/pl.*) Rocheuses *f/pl.*
Rog·er ['rɔdʒə] *Roger m.*
Rome [roum] *capitale de l'Italie.*
Roo·se·velt [*Am.* 'rouzəvelt; *angl. usu.* 'ruːsvelt] *nom de deux présidents des É.-U.*
Rud·yard ['rʌdjəd] *prénom masculin.*
Rug·by ['rʌgbi] *collège et ville d'Angleterre.*
Ru·ma·ni·a [ruː'meinjə] *la Roumanie f.*

Rus·sia ['rʌʃə] *la Russie f.*
Rut·land(·shire) ['rʌtlənd(ʃiə)] *comté d'Angleterre.*

S

Sac·ra·men·to [sækrə'mentou] *capitale de la Californie (É.-U.).*
Salis·bur·y ['sɔːlzbəri] *ville d'Angleterre.*
Sal·ly ['sæli] *diminutif de Sarah.*
Salt Lake Cit·y ['sɔːlt'leik'siti] *capitale de l'Utah (É.-U.).*
Sam [sæm] *diminutif de Samuel; Uncle* ~ *les États-Unis; sobriquet de l'Américain.*
Sam·u·el ['sæmjuəl] *Samuel m.*
San Fran·cis·co [sænfrən'siskou] *ville et port des É.-U.*
San Ma·ri·no [sænmə'riːnou] *Saint-Marin m.*
Sar·ah ['sɛərə] *Sarah f.*
Sas·katch·e·wan [səs'kætʃiwən] *rivière et province du Canada.*
Sau·di A·ra·bi·a [sɑ'udiə'reibjə] *l'Arabie f Saoudite.*
Say·ers ['seiəz] *femme écrivain anglaise.*
Scan·di·na·vi·a [skændi'neivjə] *la Scandinavie f.*
Sche·nec·ta·dy [ski'nektədi] *ville des É.-U.*
Scot·land ['skɔtlənd] *l'Écosse f;* ~ *Yard siège de la police londonienne.*
Se·at·tle [si'ætl] *ville et port des É.-U.*
Sev·ern ['sevəːn] *fleuve d'Angleterre.*
Shake·speare ['ʃeikspiə] *poète anglais.*
Shaw [ʃɔː] *auteur anglo-irlandais.*
Shef·field ['ʃefiːld] *ville industrielle d'Angleterre.*
Shel·ley ['ʃeli] *poète anglais.*
Sher·lock ['ʃəːlɔk] *prénom masculin.*
Shet·land Is·lands ['ʃetlənd'ailəndz] *pl. les îles f/pl.* (de) Shetland *(comté d'Écosse).*
Shrop·shire ['ʃrɔpʃiə] *comté d'Angleterre.*
Sib·yl ['sibil] *Sibylle f.*
Sid·ney ['sidni] *prénom masculin.*
Sin·clair ['siŋklɛə] *auteur américain.*
Sin·ga·pore [siŋgə'pɔː] *Singapour f.*
Sing-Sing ['siŋsiŋ] *prison de l'État de New York (É.-U.).*

Snow·don ['snoudn] *montagne du Pays de Galles.*
So·fia ['soufjə] *capitale de la Bulgarie.*
Sol·o·mon ['sɔləmən] *Salomon m.*
Som·er·set(·shire) ['sʌməsit(ʃiə)] *comté d'Angleterre.*
So·phi·a [so'faiə], **So·phy** ['soufi] *Sophie f.*
Sou·dan [su:'dæn] *see Sudan.*
South·amp·ton [sau'θæmtən] *ville et port d'Angleterre.*
South·wark ['sʌðək; 'sauθwək] *quartier de Londres.*
Spain [spein] *l'Espagne f.*
Staf·ford(·shire) ['stæfəd(ʃiə)] *comté d'Angleterre.*
Ste·phen, Ste·ven ['sti:vn] *Stéphan m.*
Ste·ven·son ['sti:vnsn] *auteur anglais.*
St. Law·rence [snt'lɔ:rəns] *le Saint-Laurent m.*
St. Lou·is [snt'lu:is] *ville des É.-U.*
Stock·holm ['stɔkhoum] *capitale de la Suède.*
Strat·ford on A·von ['strætfədɔn'eivən] *patrie de Shakespeare.*
Stu·art ['stjuət] *famille royale d'Écosse et d'Angleterre.*
Su·dan [su(:)'dɑ:n] *le Soudan m.*
Sue [sju:] *Suzanne f.*
Su·ez [su:'iz] *Suez m.*
Suf·folk ['sʌfək] *comté d'Angleterre.*
Su·pe·ri·or [sju:'piəriə]: *Lake ~ le lac m Supérieur (un des cinq grands lacs de l'Amérique du Nord).*
Sur·rey ['sʌri] *comté d'Angleterre.*
Su·san ['su:zn] *Suzanne f.*
Sus·que·han·na [sʌskwə'hænə] *fleuve des É.-U.*
Sus·sex ['sʌsiks] *comté d'Angleterre.*
Swan·sea ['swɔnzi] *ville et port du Pays de Galles.*
Swe·den ['swi:dn] *la Suède f.*
Swift [swift] *auteur irlandais.*
Swit·zer·land ['switsələnd] *la Suisse f.*
Syd·ney ['sidni] *capitale de la Nouvelle-Galles du Sud (Australie).*
Syr·i·a ['siriə] *la Syrie f.*

T

Tal·la·has·see [tælə'hæsi] *capitale de la Floride (É.-U.).*
Tan·gier [tæn'dʒiə] *Tanger f.*
Tay·lor ['teilə] *auteur anglais.*

Ted(·dy) ['ted(i)] *diminutif de Edward, Edmund, Theodore.*
Ten·nes·see [tene'si:] *rivière des É.-U.; État des É.-U.*
Ten·ny·son ['tenisn] *poète anglais.*
Tex·as ['teksəs] *État des É.-U.*
Thack·er·ay ['θækəri] *auteur anglais.*
Thames [temz] *la Tamise f.*
The·o·bald ['θiəbɔ:ld] *Thibault m.*
The·o·dore ['θiədɔ:] *Théodore m.*
The·re·sa [ti'ri:zə] *Thérèse f.*
Thom·as ['tɔməs] *Thomas m.*
Tho·reau ['θɔ:rou] *philosophe américain.*
Ti·gris ['taigris] *le Tigre m.*
Tim [tim] *diminutif de Timothy.*
Tim·o·thy ['timəθi] *Timothée m.*
Ti·ra·na [ti'rɑ:nə] *capitale de l'Albanie.*
To·bi·as [tə'baiəs] *Tobie m.*
To·by ['toubi] *diminutif de Tobias.*
Tom(·my) ['tɔm(i)] *diminutif de Thomas.*
To·pe·ka [to'pi:kə] *capitale du Kansas (É.-U.).*
To·ron·to [tə'rɔntou] *ville du Canada.*
Tow·er ['tauə]: *the ~ of London la Tour de Londres.*
Tra·fal·gar [trə'fælgə] *cap de la côte d'Espagne.*
Trent [trent] *rivière d'Angleterre.*
Trol·lope ['trɔləp] *auteur anglais.*
Tru·man ['tru:mən] *33ᵉ président des É.-U.*
Tu·dor ['tju:də] *famille royale anglaise.*
Tu·ni·si·a [tju:'niziə] *la Tunisie f.*
Tur·key ['tə:ki] *la Turquie f.*
Twain [twein] *auteur américain.*

U

Ul·ster ['ʌlstə] *l'Ulster m (province d'Irlande).*
U·nit·ed Ar·ab Re·pub·lic [ju:-'naitid'ærəbri'pʌblik] *République f arabe unie.*
U·nit·ed States of A·mer·i·ca [ju:'naitid'steitsəvə'merikə] *les États-Unis m/pl. d'Amérique.*
U·ru·guay ['urugwai] *l'Uruguay m.*
U·tah ['ju:tɑ:] *État des É.-U.*

V

Val·en·tine ['væləntain] *Valentin m; Valentine f.*

Van·cou·ver [væn'ku:və] *ville et port du Canada.*
Vat·i·can ['vætikən] *le Vatican m.*
Vaux·hall ['vɔks'hɔ:l] *district de Londres.*
Ven·e·zue·la [vene'zweilə] *le Venezuela m.*
Ver·mont [və:'mɔnt] *État des É.-U.*
Vic·to·ri·a [vik'tɔ:riə] *Victoire f.*
Vi·en·na [vi'enə] *Vienne f.*
Vir·gin·ia [və'dʒinjə] *la Virginie f (État des É.-U.).*
Vi·tus ['vaitəs] *Guy m, Gui m.*
Viv·i·an ['viviən] *Vivien m; Vivienne f.*

W

Wales [weilz] *le Pays m de Galles.*
Wal·lace ['wɔləs] *auteur anglais; auteur américain.*
Wall Street ['wɔ:lstri:t] *rue de New York; siège de la Bourse.*
Wal·ter ['wɔ:ltə] *Gauthier m.*
War·saw ['wɔ:sɔ:] *Varsovie.*
War·wick(·shire) ['wɔrik(ʃiə)] *comté d'Angleterre.*
Wash·ing·ton ['wɔʃiŋtən] *1er président des É.-U.; État des É.-U.; capitale et siège du gouvernement des É.-U.*
Wa·ter·loo [wɔ:tə'lu:] *commune de Belgique.*
Watt [wɔt] *inventeur anglais.*
Wedg·wood ['wedʒwud] *céramiste anglais.*
Wel·ling·ton ['weliŋtən] *général et homme d'État anglais; capitale de la Nouvelle-Zélande.*
Wells [welz] *auteur anglais.*
West·min·ster ['westminstə] *quartier de Londres, siège du parlement britannique.*
West·mor·land ['westmələnd] *comté d'Angleterre.*
West Vir·gin·ia ['westvə'dʒinjə] *la Virginie Occidentale f (État des É.-U.).*
White·hall ['wait'hɔ:l] *rue de Londres, quartier des Ministères.*
White House ['wait'haus] *la Maison-Blanche f (résidence du président des É.-U. à Washington).*
Wight [wait]: *Isle of ~ île anglaise de la Manche.*
Wilde [waild] *poète anglais.*
Will [wil], **Wil·liam** ['wiljəm] *Guillaume m.*
Wil·son ['wilsn] *homme politique britannique; 28ᵉ président des É.-U.*
Wilt·shire ['wiltʃiə] *comté d'Angleterre.*
Wim·ble·don ['wimbldən] *faubourg de Londres (championnat international de tennis).*
Win·ni·peg ['winipeg] *ville du Canada.*
Win·ston ['winstən] *prénom masculin.*
Wis·con·sin [wis'kɔnsin] *rivière des É.-U.; État des É.-U.*
Wolfe [wulf] *auteur américain.*
Wol·sey ['wulzi] *cardinal et homme d'État anglais.*
Woolf [wulf] *femme écrivain anglaise.*
Worces·ter ['wustə] *ville industrielle d'Angleterre et des É.-U.; a.* **Worces·ter·shire** ['~ʃiə] *comté d'Angleterre.*
Words·worth ['wə:dzwə(:)θ] *poète anglais.*
Wren [ren] *architecte anglais.*
Wyc·lif(fe) ['wiklif] *réformateur religieux anglais.*
Wy·o·ming [wai'oumiŋ] *État des É.-U.*

Y

Yale U·ni·ver·si·ty ['jeilju:ni'və:siti] *université américaine.*
Yeats [jeits] *poète irlandais.*
Yel·low·stone ['jeloustoun] *rivière des É.-U.; parc national.*
Yem·en ['jemən] *le Yémen m.*
York [jɔ:k] *ville d'Angleterre; a.* **York·shire** ['~ʃiə] *comté d'Angleterre.*
Yo·sem·i·te [jou'semiti] *parc national des É.-U.*
Yu·go·sla·vi·a ['ju:gou'sla:viə] *la Yougoslavie f.*

Z

Zach·a·ri·ah [zækə'raiə], **Zach·a·ry** ['zækəri] *Zacharie m.*
Zam·be·zi [zæm'bi:zi] *le Zambèze m.*

Common British and American Abbreviations

Abréviations usuelles, britanniques et américaines

A

a. *acre* acre *f*.

A.A. *anti-aircraft* A.A., antiaérien; *Brit. Automobile Association* Automobile Club *m*.

A.A.A. *Brit. Amateur Athletic Association* Association *f* d'athlétisme amateur; *Am. American Automobile Association* Automobile Club *m* américaine.

A.B. *able-bodied seaman* matelot *m* (de deuxième classe); *see* B.A.

A.B.C. *American Broadcasting Company* radiodiffusion-télévision *f* américaine.

a/c *account (current)* C.C., compte *m* (courant).

A.C. *alternating current* C.A., courant *m* alternatif.

acc(t). *account* compte *m*, note *f*.

A.D. *Anno Domini (latin = in the year of our Lord)* après J.-C., en l'an du Seigneur *ou* de grâce.

A.D.A. *Brit. Atom Development Administration* Commission *f* pour le développement de l'énergie atomique.

Adm. *Admiral* amiral *m*; *admiralty* amirauté *f*.

advt. *advertisement* annonce *f*.

AEC *Atomic Energy Commission* CEA, Commission *f* de l'énergie atomique.

A.E.F. *American Expeditionary Forces* corps *m* expéditionnaire américain.

AFL-CIO *American Federation of Labor & Congress of Industrial Organizations* (*fédération américaine du travail*).

Ala. *Alabama* (*État des É.-U.*)

Alas. *Alaska* (*État des É.-U.*).

Am. *America* Amérique *f*; *American* américain.

a.m. *ante meridiem (latin = before noon)* avant midi.

A.M. *see* M.A.

A/P *account purchase* achat *m* porté sur un compte courant.

A.P. *Associated Press* (*agence d'informations américaine*).

A.P.O. *Am. Army Post Office* poste *f* aux armées.

A.R.C. *American Red Cross* Croix-Rouge *f* américaine.

Ariz. *Arizona* (*État des É.-U.*).

Ark. *Arkansas* (*État des É.-U.*).

A.R.P. *air-raid precautions* D.A., défense *f* aérienne.

A/S *account sales* compte *m* de vente.

ASA *American Standards Association* association *f* américaine de normalisation.

av. *average* moyenne *f*; *avaries f/pl*.

avdp. *avoirdupois* poids *m* du commerce.

A.W.O.L. *Am. absent without leave* absent sans permission.

B

b. *born* né(e *f*).

B.A. *Bachelor of Arts* (*approx.*) L. ès L., licencié(e *f*) *m* ès lettres.

B.A.O.R. *British Army of the Rhine* armée *f* britannique du Rhin.

Bart. *Baronet* Baronet *m* (*titre de noblesse*).

B.B.C. *British Broadcasting Corporation* radiodiffusion-télévision *f* britannique.

bbl. *barrel* tonneau *m*.

B.C. *before Christ* av. J.-C., avant Jésus-Christ.

B.D. *Bachelor of Divinity* (*approx.*) licencié(e *f*) *m* en théologie.

B.E. *Bachelor of Education* (*approx.*) licencié(e *f*) *m* en pédagogie;

Bachelor of Engineering (*approx.*) ingénieur *m* diplômé.

B/E *Bill of Exchange* lettre *f* de change.

B.E.A. *British European Airways* (*compagnie aérienne britannique*).

Beds. *Bedfordshire* (*comté d'Angleterre*).

Benelux ['beneˈlʌks] *Belgium, Netherlands, Luxemburg* Bénélux *m*, Belgique-Nederland-Luxembourg.

Berks. *Berkshire* (*comté d'Angleterre*).

b/f *brought forward* à reporter; report *m*.

B.F.A. *British Football Association* association *f* britannique du football.

bl. *barrel* tonneau *m*.

B.L. *Bachelor of Law* (*approx.*) bachelier (-ère *f*) *m* en droit.

B/L *bill of lading* connaissement *m* (maritime).

bls. *bales* balles *f/pl.*, *ballots* *m/pl.*; *barrels* tonneaux *m/pl.*

B.M. *Bachelor of Medicine* (*approx.*) bachelier (-ère *f*) *m* en médecine.

B.M.A. *British Medical Association* association *f* médicale britannique.

B.O.A.C. *British Overseas Airways Corporation* (*compagnie aérienne britannique*).

bot. *bought* acheté; *bottle* bouteille *f*.

B.O.T. *Brit*. *Board of Trade* Ministère *m* du Commerce.

B.R. *British Railways* (*réseau national du chemin de fer britannique*).

B/R *bills receivable* effets *m/pl.* à recevoir.

Br(it). *Britain* la Grande-Bretagne *f*; *British* britannique.

Bros. *brothers* frères *m/pl.* (*dans un nom de société*).

B/S *bill of sale* acte *m* (*ou* contrat *m*) de vente; *Am*. facture *f*; bulletin *m* de livraison.

B.Sc. *Bachelor of Science* (*approx.*) L. ès Sc., licencié(e *f*) *m* ès sciences naturelles.

B.Sc.Econ. *Bachelor of Economic Science* (*approx.*) licencié(e *f*) *m* en économie politique.

bsh., bu. *bushel* boisseau *m*.

Bucks. *Buckinghamshire* (*comté d'Angleterre*).

B.U.P. *British United Press* (*agence d'informations britannique*).

bus(h). *bushel(s)* boîsseau(x *pl.*) *m*.

C

c. *cent(s)* cent(s *pl.*) *m*; *circa* environ; *cubic* cubique, au cube.

C. *thermomètre:* Celsius, centigrade C, Celsius, cgr, centigrade.

C.A. *Brit*. *chartered accountant* expert *m* comptable.

C/A *current account* C.C., compte *m* courant.

c.a.d. *cash against documents* paiement *m* contre documents.

Cal(if). *California* (*État des É.-U.*).

Cambs. *Cambridgeshire* (*comté d'Angleterre*).

Can. *Canada* Canada *m*; *Canadian* canadien.

Capt. *Captain* capitaine *m*.

C.B. (*a.* C/B) *cash book* livre *m* de caisse; *Companion of the Bath* Compagnon *m* de l'ordre du Bain; *Confinement to barracks* consigné au quartier.

C.B.C. *Canadian Broadcasting Corporation* radiodiffusion-télévision *f* canadienne.

C.C. *Brit*. *County Council* Conseil *m* de Comté; *continuous current* C.C., courant *m* continu.

C.E. *Church of England* Église *f* Anglicane; *Civil Engineer* ingénieur *m* civil.

CET *Central European Time* H.E.C., heure *f* de l'Europe Centrale.

cf. *confer* Cf., conférez.

ch. *chain* (*approx.*) double décamètre *m*; *chapter* chapitre *m*.

Ches. *Cheshire* (*comté d'Angleterre*).

CIA *Am*. *Central Intelligence Agency* S.C.E., service *m* contre-espionnage.

C.I.D. *Brit*. *Criminal Investigation Department* (*police judiciaire*).

c.i.f. *cost, insurance, freight* C.A.F., coût, assurance, fret.

C. in C., CINC *Commander-in-Chief* commandant *m* en chef.

cl. *class* classe *f*.

Co. *Company* compagnie *f*, société *f*; *county* comté *m*.

C.O. *Commanding Officer* officier *m* commandant.

c/o *care of* aux bons soins de, chez.

C.O.D. *cash* (*Am. a. collect*) *on delivery* RB, (envoi *m*) contre remboursement.

Col. *Colorado* (*État des É.-U.*); *Colonel* Col., colonel *m*.

Colo. *Colorado (État des É.-U.).*
Conn. *Connecticut (État des É.-U.).*
Cons. *Conservative* conservateur *m.*
Corn. *Cornwall (comté d'Angleterre).*
Corp. *Corporal* caporal *m.*
cp. *compare* comparer.
C.P. *Canadian Press (agence d'informations canadienne).*
C.P.A. *Am. Certified Public Accountant* expert *m* comptable.
ct(s). *cent(s)* cent(s *pl.*) *m.*
cu(b). *cubic* cubique, au cube.
Cum(b). *Cumberland (comté d'Angleterre).*
c.w.o. *cash with order* payable à la commande.
cwt. *hundredweight* quintal *m.*

D

d. *penny, pence (pièce de monnaie britannique); died* m., mort.
D.A. *deposit account* compte *m* de dépôts.
D.A.R. *Am. Daughters of the American Revolution* Filles *f/pl.* de la révolution américaine *(union patriotique féminine).*
D.B. *Day Book* (livre *m*) journal *m.*
D.C. *direct current* courant *m* continu; *District of Columbia (district fédéral des É.-U., capitale Washington).*
D.C.L. *Doctor of Civil Law* Docteur *m* en droit civil.
d-d *damned* s..., sacré ...!
D.D. *Doctor of Divinity* Docteur *m* en théologie.
DDT *dichloro-diphenyl-trichloroethane* D.D.T., dichlorodiphényltrichloréthane *m (insecticide).*
Del. *Delaware (État des É.-U.).*
dept. *department* dép., département *m.*
dft. *draft* traite *f.*
disc. *discount* escompte *m.*
div. *dividend* div., dividende *m.*
do. *ditto* do., dito.
doc. *document* document *m.*
Dors. *Dorsetshire (comté d'Angleterre).*
doz. *dozen(s)* Dzne, douzaine(s *pl.*) *f.*
d/p *documents against payment* documents *m/pl.* contre paiement.
dpt. *department* dép., département *m.*
dr. *dra(ch)m (poids);* *drawer* tireur *m.*

Dr. *Doctor* D^r., docteur *m; debtor* débiteur *m.*
d.s., d/s *days after sight* traite: jours *m/pl.* de vue.
Dur(h). *Durhamshire (comté d'Angleterre).*
dwt. *pennyweight (poids).*
dz. *dozen(s)* Dzne, douzaine(s *pl.*) *f.*

E

E. *east* E., est *m; eastern* (de l')est; *English* anglais.
E. & O.E. *errors and omissions excepted* S.E. ou O., sauf erreur ou omission.
E.C. *East Central (district postal de Londres).*
ECE *Economic Commission for Europe* CEE, Commission *f* économique pour l'Europe.
ECOSOC *Economic and Social Council* CES, Conseil *m* Économique et Social.
ECSC *European Coal and Steel Community* CECA, Communauté *f* européenne du charbon et de l'acier.
Ed., ed. *edition* édition *f; editor* éditeur *m.*
EE., E./E. *errors excepted* sauf erreur.
EEC *European Economic Community* CEE, Communauté *f* économique européenne.
EFTA *European Free Trade Association* AELE, Association *f* européenne de libre échange.
e.g. *exempli gratia (latin = for instance)* p.ex., par exemple.
EMA *European Monetary Agreement* A.M.E., Accord *m* monétaire européen.
Enc. *enclosure(s)* pièce(s *pl.*) *f* jointe(s).
Eng(l). *England* l'Angleterre *f; English* anglais.
EPU *European Payments Union* UEP, Union *f* européenne de paiements.
Esq. *Esquire* Monsieur *m (titre de politesse).*
Ess. *Essex (comté d'Angleterre).*
etc., &c. *et cetera, and so on* etc., et cætera, et ainsi de suite.
EUCOM *Am. European Command* commandement *m* des troupes en Europe.

EURATOM *European Atomic Energy Community* EURATOM, Communauté *f* européenne de l'énergie atomique.

exam. *examination* examen *m*.

excl. *exclusive, excluding* non compris.

ex div. *ex dividend* ex D., ex-dividende.

ex int. *ex interest* sans intérêt.

F

f. *farthing (see dictionnaire); fathom* brasse *f*; *feminine* f., féminin; *foot (feet)* pied(s *pl.*) *m*; *following* suivant.

F. *thermomètre*: Fahrenheit F, Fahrenheit; *Fellow* agrégé(e *f*) *m*, membre *m* (*d'une société savante*).

F.A. *Football Association* Association *f* du football.

f.a.a. *free of all average* franc de toute avarie.

Fahr. *thermomètre*: Fahrenheit F, Fahrenheit.

FAO *Food and Agriculture Organization* OAA, Organisation *f* pour l'alimentation et l'agriculture.

f.a.s. *free alongside ship* F.A.S., franco à quai.

FBI *Federation of British Industries* fédération *f* des industries britanniques; *Federal Bureau of Investigation* (*service du département de la Justice des É.-U. qui est à la charge de la police fédérale*).

F.C.C. *Am. Federal Communications Commission* Comité *m* fédéral des communications.

Fla. *Florida* (*État des É.-U.*).

fm. *fathom* brasse *f*.

F.O. *Foreign Office* Ministère *m* britannique des Affaires étrangères.

f.o.b. *free on board* F.A.B., franco à bord.

fo(l). *folio* folio *m*, feuillet *m*.

f.o.q. *free on quay* F.O.Q., franco à quai.

f.o.r. *free on rail* F.O.R., franco sur rail.

f.o.t. *free on truck* F.O.T., franco en wagon.

f.o.w. *free on waggon* F.O.W., franco en wagon.

F.P. *fire-plug* bouche *f* d'incendie.

Fr. *France* la France *f*; *French* français.

ft. *foot (feet)* pied(s *pl.*) *m*.

FTC *Am. Federal Trade Commission* commission *f* du commerce fédéral.

fur. *furlong* (*mesure*).

G

g. *gauge* mesure-étalon *f*; 🚆 écartement *m*; *gramme* gr., gramme *m*; *guinea* guinée *f* (*unité monétaire anglaise*); *grain* grain *m* (*poids*).

Ga. *Georgia* (*État des É.-U.*).

G.A. *General Agent* agent *m* d'affaires; *General Assembly* assemblée *f* générale.

gal. *gallon* gallon *m*.

GATT *General Agreement on Tariffs and Trade* Accord *m* Général sur les Tarifs Douaniers et le Commerce. [Bretagne *f*.\]

G.B. *Great Britain* la Grande-⌋

G.B.S. *George Bernard Shaw*.

G.C.B. (*Knight*) *Grand Cross of the Bath* (Chevalier *m*) Grand-croix *f* de l'ordre du Bain.

GDR *German Democratic Republic* RDA, République *f* démocratique allemande.

gen. *generally* généralement.

Gen. *General* Gal, général *m*.

GFR *German Federal Republic* RFA, République *f* fédérale d'Allemagne.

gi. *gill* gill *m*.

G.I. *government issue* fourni par le gouvernement; *fig.* le soldat amé-⌉

gl. *gill* gill *m*. [ricain.⌋

G.L.C. *Greater London Council* (*conseil municipal de Londres*).

Glos. *Gloucestershire* (*comté d'Angleterre*).

G.M.T. *Greenwich mean time* T.U., temps universel.

gns. *guineas* guinées *f*/*pl.* (*unité monétaire anglaise*).

G.O.P. *Am. Grand Old Party* (*le parti républicain*).

G.P. *general practitioner* médecin *m* de médecine générale.

G.P.O. *General Post Office* bureau *m* central des postes.

gr. *grain* grain *m* (*poids*); *gross* brut; grosse *f*.

gr.wt. *gross weight* poids *m* brut.

gs. *guineas* guinées *f*/*pl.* (*unité monétaire anglaise*).

Gt.Br. *Great Britain* la Grande-Bretagne *f*.

guar. *guaranteed* avec garantie.

1201

H

h. *hour(s)* h., heure(s *pl.*) *f.*
Hants. *Hampshire* (*comté d'Angleterre*).
H.B.M. *His (Her) Britannic Majesty* Sa Majesté *f* britannique.
H.C. *House of Commons* Chambre *f* des Communes.
H.C.J. *Brit. High Court of Justice* Haute Cour *f* de Justice.
H.E. *high explosive* haut explosif; *His Excellency* Son Excellence *f.*
Heref. *Herefordshire* (*comté d'Angleterre*).
Herts. *Hertfordshire* (*comté d'Angleterre*).
hf. *half* demi.
hhd. *hogshead* fût *m.*
H.I. *Hawaiian Islands* les Hawaii *f/pl.* (*État des É.-U.*).
H.L. *House of Lords* Chambre *f* des Lords.
H.M. *His (Her) Majesty* S.M., Sa Majesté *f.*
H.M.S. *His (Her) Majesty's Service* service *m* de Sa Majesté (*marque des administrations nationales, surt. pour la franchise postale*); *His (Her) Majesty's Ship* le navire *m* de guerre ...
H.O. *Home Office* Ministère *m* britannique de l'Intérieur.
Hon. *Honorary* honoraire; *Honourable* l'honorable (*titre de politesse ou de noblesse*).
H.P., h.p. *horse-power* ch, c.v., cheval-vapeur *m*; *high pressure* haute pression *f*; *hire purchase* vente *f* à tempérament.
H.Q., Hq. *Headquarters* quartier *m* général, état-major *m.*
H.R. *Am. House of Representatives* Chambre *f* des Représentants.
H.R.H. *His (Her) Royal Highness* S.A.R., Son Altesse *f* Royale.
hrs. *hours* heures *f/pl.*
H.T., h.t. *high tension* haute tension *f.*
Hunts. *Huntingdonshire* (*comté d'Angleterre*).

I

I. *Island, Isle* île *f*; *Idaho* (*État des É.-U.*).
Ia. *Iowa* (*État des É.-U.*).
IAAF *International Amateur Athletic Federation* FIAA, Fédération *f* internationale d'athlétisme amateur.
IATA *International Air Transport Association* Association *f* internationale des transports aériens.
I.B. *Invoice Book* livre *m* des achats.
ib(id). *ibidem* (*latin = in the same place*) ibid., ibidem.
ICAO *International Civil Aviation Organization* OACI, Organisation *f* de l'aviation civile internationale.
ICFTU *International Confederation of Free Trade Unions* CISL, Confédération *f* internationale des syndicats libres.
ICPO *International Criminal Police Organization* OIPC, INTERPOL, Organisation *f* internationale de police criminelle.
ICRC *International Committee of the Red Cross* CICR, Comité *m* international de la Croix-Rouge.
id. *idem* (*latin = the same author ou word*) id., idem.
I.D. *Intelligence Department* service *m* des renseignements.
Id(a). *Idaho* (*État des É.-U.*).
i.e. *id est* (*latin = that is to say*) c.-à-d., c'est-à-dire.
IFT *International Federation of Translators* FIT, Fédération *f* internationale des traducteurs.
I.H.P., i.h.p. *indicated horse-power* chevaux *m/pl.* indiqués.
Ill. *Illinois* (*État des É.-U.*).
ILO *International Labo(u)r Organization* OIT, Organisation *f* internationale du travail.
IMF *International Monetary Fund* FMI, Fonds *m* monétaire international.
in. *inch(es)* pouce(s *pl.*) *m.*
Inc. *Incorporated* associés *m/pl.* (*après un nom de société*), *Am.* S.A., société *f* anonyme; *inclosure* pièce *f* jointe.
incl. *inclusive, including* inclusivement; y compris; ... compris.
incog. *incognito* incognito.
Ind. *Indiana* (*État des É.-U.*).
I.N.S. *International News Service* agence *f* d'informations internationale.
inst. *instant* c^t, courant, de ce mois.
IOC *International Olympic Committee* CIO, Comité *m* international olympique.

I.O.U. *I owe you* reconnaissance *f* de dette.

IPA *International Phonetic Association* API, Association *f* phonétique internationale.

I.Q. *intelligence quotient* quotient *m* intellectuel.

Ir. *Ireland* l'Irlande *f*; *Irish* irlandais.

IRC *International Red Cross* CRI, Croix-Rouge *f* internationale.

IRO *International Refugee Organization* OIR, Organisation *f* internationale pour les refugiés.

ISO *International Organization for Standardization* OIN, Organisation *f* internationale de normalisation.

ITO *International Trade Organization* OIC, Organisation *f* internationale du commerce.

IUS *International Union of Students* UIE, Union *f* internationale des étudiants.

IUSY *International Union of Socialist Youth* UIJS, Union *f* internationale de la jeunesse socialiste.

IVS *International Voluntary Service* SCI, Service *m* civil international.

I.W.W. *Industrial Workers of the World* Confédération *f* mondiale des ouvriers industriels.

IYHF *International Youth Hostel Federation* FIAJ, Fédération *f* internationale des auberges de la jeunesse.

J

J. *judge* juge *m*; *justice* justice *f*; juge *m*.

J.C. *Jesus Christ* J.-C., Jésus-Christ.

J.P. *Justice of the Peace* juge *m* de paix.

Jr. *junior* (*latin = the younger*) cadet; fils; jeune.

Jun(r). *junior* (*latin = the younger*) cadet; fils.

K

Kan(s). *Kansas* (État des É.-U.).

K.C. *Knight Commander* Chevalier *m* Commandeur; *Brit.* King's Counsel conseiller *m* du Roi (approx. avocat général).

K.C.B. *Knight Commander of the Bath* Chevalier *m* Commandeur de l'ordre du Bain.

kg. *kilogramme* kg, kilogramme *m*.

K.K.K. *Ku Klux Klan* (association secrète de l'Amérique du Nord hostile aux Noirs).

km. *kilometre* km, kilomètre *m*.

k.o., KO *knock(ed) out* K.-O., knock-out.

k.v. *kilovolt* kV, kilovolt *m*.

k.w. *kilowatt* kW, kilowatt *m*.

Ky. *Kentucky* (État des É.-U.).

L

l. *left* gauche; *line* ligne *f*; vers *m*; *link* (*mesure*); *litre* l, litre *m*.

£ *pound sterling* livre *f* sterling (unité monétaire britannique).

La. *Louisiana* (État des É.-U.).

Lancs. *Lancashire* (comté d'Angleterre).

lat. *latitude* lat., latitude *f*.

lb. *pound* livre *f* (*poids*).

L.C. *letter of credit* lettre *f* de crédit.

l.c. *loco citato* (*latin = at the place cited*) loc. cit., loco citato.

L.C.J. *Lord Chief Justice* président *m* du Tribunal du Banc de la Reine.

Leics. *Leicestershire* (comté d'Angleterre).

Lincs. *Lincolnshire* (comté d'Angleterre).

ll. *lines* v.v., vers *m/pl.*, ll., lignes *f/pl*.

LL.D. *legum doctor* (*latin = Doctor of Laws*) Docteur *m* en Droit.

loc.cit. *loco citato* (*latin = at the place cited*) loc. cit., loco citato.

L of N *League of Nations* SDN, Société *f* des Nations.

lon(g). *longitude* longitude *f*.

l.p. *low pressure* BP, basse pression *f*.

L.P. *Labour Party* Parti *m* Travailliste.

LP *long-playing record, long-player* (disque *m*) microsillon *m*.

L.S.S. *Life Saving Service* service *m* américain de sauvetage.

Lt. *Lieutenant* Lt, Lieut., lieutenant *m*.

L.T., l.t. *low tension* BT, basse tension *f*.

Lt.-Col. *Lieutenant-Colonel* Lt-Col., lieutenant-colonel *m*.

Ltd. *limited* à responsabilité limitée (après un nom de société).

Lt.-Gen. *Lieutenant-General* général *m* de corps d'armée.

M

m *minim (mesure).*
m. *masculin* m., masculin; *metre* m, mètre *m*; *mile* mille *m*; *minute* mn, minute *f.*
M.A. *Master of Arts* Maître *m* ès Arts; diplômé(e *f*) *m* d'études supérieures.
Maj. *Major* commandant *m.*
Maj.-Gen. *Major-General* général *m* de brigade.
Mass. *Massachusetts (État des É.-U.).*
M.C. *Master of Ceremonies* maître *m* des cérémonies; *Am. Member of Congress* membre *m* du Congrès.
MCH *Maternal and Child Health* PMI, Protection *f* maternelle et infantile.
M.D. *medicinae doctor (latin = Doctor of Medicine)* Docteur *m* en Médecine.
Md. *Maryland (État des É.-U.).*
Me. *Maine (État des É.-U.).*
mg. *milligramme* mg, milligramme *m.*
mi. *mile* mille *m.*
Mich. *Michigan (État des É.-U.).*
Min. *minute* mn, minute *f.*
Minn. *Minnesota (État des É.-U.).*
Miss. *Mississippi (État des É.-U.).*
mm. *millimetre* mm, millimètre *m.*
Mo. *Missouri (État des É.-U.).*
M.O. *money order* mandat-poste *m.*
Mont. *Montana (État des É.-U.).*
MP, M.P. *Member of Parliament* membre *m* de la Chambre des Communes; *Military Police* P.M., police *f* militaire.
m.p.h. *miles per hour* milles *m/pl.* à l'heure *(vitesse horaire).*
Mr. *Mister* M., Monsieur *m.*
Mrs. *Mistress* Mme, Madame *f.*
MS. *manuscript* ms, manuscrit *m.*
M.S. *motorship* M/S, navire *m* à moteur Diesel.
MSA *Mutual Security Agency* organisation *f* américaine de sécurité mutuelle.
MSS *manuscripts* mss, manuscrits *m/pl.*
mt. *megaton* mégatonne *f.*
Mt. *Mount* mont *m.*
Mx. *Middlesex (comté d'Angleterre).*

N

N. *north* N., nord *m*; *northern* (du) nord.
N.A.A.F.I. *Navy, Army and Air Force Institutes (cantines organisées à l'intention des troupes britanniques).*
NATO *North Atlantic Treaty Organization* OTAN, Organisation *f* du traité de l'Atlantique Nord.
N.B.C. *National Broadcasting Corporation (radiodiffusion-télévision américaine).*
N.C. *North Carolina (État des É.-U.).*
N.C.B. *Brit. National Coal Board* Office *m* national du charbon.
n.d. *no date* s.d., sans date.
N.D(ak). *North Dakota (État des É.-U.).*
N.E. *northeast* N.E., nord-est *m*; *northeastern* (du) nord-est.
Neb(r). *Nebraska (État des É.-U.).*
Nev. *Nevada (État des É.-U.).*
N.F., n/f. *no funds* défaut *m* de provision.
N.H. *New Hampshire (État des É.-U.).*
N.J. *New Jersey (État des É.-U.).*
N.M(ex). *New Mexico (État des É.-U.).*
No. *numero* Nº, nº, numéro *m*; *number* nombre *m*; *north* N., nord *m.*
Norf. *Norfolk (comté d'Angleterre).*
Northants. *Northamptonshire (comté d'Angleterre).*
Northumb. *Northumberland (comté d'Angleterre).*
Notts. *Nottinghamshire (comté d'Angleterre).*
n.p. or d. *no place or date* s.l.n.d., sans lieu ni date.
N.S.P.C.A. *Brit. National Society for the Prevention of Cruelty to animals* S.P.A., Société *f* protectrice des animaux.
Nt.wt. *net weight* poids *m* net.
N.U.M. *Brit. National Union of Mineworkers* Syndicat *m* national des mineurs.
N.W. *northwest* N.O., N.W., nord-ouest; *northwestern* (du) nord-ouest.
N.Y. *New York (État des É.-U.).*
N.Y.C. *New York City* ville *f* de New York.
N.Z. *New Zealand* la Nouvelle-Zélande *f.*

O

O. Ohio (*État des É.-U.*); order ordre *m*.
o/a on account P.C., Pour-compte.
ob. obiit (*latin = died*) décédé.
OECD *Organization for Economic Co-operation and Development* OCED, Organisation *f* de coopération économique et de développement.
OEEC *Organization for European Economic Cooperation* OECE, Organisation *f* européenne de coopération économique.
O.H. on hand en magasin.
O.H.M.S. *On His (Her) Majesty's Service* (pour le) service *m* de Sa Majesté (*marque des administrations nationales, surt. pour la franchise postale*).
O.K. (*peut-être de*) *all correct* très bien, d'accord.
Okla. Oklahoma (*État des É.-U.*).
o.r. owner's risk aux risques et périls du propriétaire.
Ore(g). Oregon (*État des É.-U.*).
Oxon. Oxfordshire (*comté d'Angleterre*).
oz. ounce(s) once(s *pl.*) *f*.

P

p. pole, perch perche *f*.
p.a. per annum (*latin = yearly*) par an.
Pa. Pennsylvania (*État des É.-U.*).
P.A.A. Pan American Airways (*compagnie aérienne américaine*).
par. paragraph paragraphe *m*, alinéa *m*.
P.A.Y.E. *Brit.* pay as you earn impôt *m* retenu à la source.
P.C. post-card carte *f* postale; police constable gardien *m* de la paix, policeman *m*.
p.c. per cent P.C., pour-cent.
p/c price current P.C., prix *m* courant.
P.D. Police Department police *f*; *a.* **p.d.** per diem (*latin = by the day*) par jour.
P.E.N. *usu.* PEN Club Poets, Playwrights, Editors, Essayists and Novelists Union *f* internationale PEN (*fédération internationale d'écrivains*).
Penn(a). Pennsylvania (*État des É.-U.*).
Per pro(c). per procurationem (*latin = by proxy*) par procuration.
P.f.c. *Am.* private first class caporal *m*.
Ph.D. Philosophiae Doctor (*latin = Doctor of Philosophy*) Docteur *m* en Philosophie.
pk. peck (*mesure*).
P./L. profit and loss profits et pertes.
p.m. post meridiem (*latin = after noon*) de l'après-midi.
P.O. Post Office bureau *m* de poste; postal order mandat-poste *m*.
P.O.B. Post Office Box boîte *f* postale.
p.o.d. pay on delivery contre remboursement.
P.O.O. Post Office Order mandat poste *m*.
P.O.S.B. Post Office Savings Bank caisse *f* d'épargne postale.
P.O.W. Prisoner of War P.G., prisonnier *m* de guerre.
p.p. per procurationem (*latin = by proxy*) par procuration.
Prof. Professor professeur *m*.
prox. proximo (*latin = next month*) du mois prochain.
P.S. postscript P.-S., post-scriptum *m*; Passenger Steamer paquebot *m*.
pt. pint pinte *f*.
P.T.A. Parent-Teacher Association Association *f* professeurs-parents.
Pte. Private soldat *m* de 1ère *ou* de 2ème classe.
P.T.O., p.t.o. please turn ove. T.S.V.P., tournez, s'il vous plaît.
Pvt. Private soltat *m* de 1ère *ou* de 2ème classe.
P.W. Prisoner of War P.G., prisonnier *m* de guerre.
PX Post Exchange (*cantines de l'armée américaine*).

Q

q. query question *f*.
Q.C. *Brit.* Queen's Counsel conseiller *m* de la Reine (*approx. avocat général*).
qr. quarter quarter *m*.
qt. quart (*approx.*) litre *m*.
qu. query question *f*.
quot. quotation cours *m*.
qy. query question *f*.

R

R. *River* rivière *f*; fl., fleuve *m*; *Road* r., rue *f*; *thermomètre*: Réaumur R, Réaumur.

r. *right* dr., droit, à droite.

R.A. *Royal Academy* Académie *f* royale.

RADWAR *Am. radiological warfare* guerre *f* atomique.

R.A.F. *Royal Air Force* armée *f* de l'air britannique.

R.C. *Red Cross* C.R., Croix-Rouge *f*.

rd. *rod (mesure).*

Rd. *Road* r., rue *f*.

recd. *received* reçu.

ref(c). *(In) reference (to)* faisant suite à; mention *f*.

regd. *registered* déposé; *poste*: recommandé.

reg.tn. *register(ed) tonnage* tonnage *m* enregistré.

ret. *retired* retraité, à la retraite.

Rev. *Reverend* Révd., Révérend.

R.I. *Rhode Island* (État des É.-U.).

R.L.O. *Brit. Returned Letter Office* retour *m* à l'envoyeur.

R.N. *Royal Navy* Marine *f* britannique.

R.P. *reply paid* R.P., réponse *f* payée.

r.p.m. *revolutions per minute* t.p.m., tours *m/pl*. par minute.

R.R. *Am. Railroad* ch.d.f., chemin *m* de fer.

R.S. *Brit. Royal Society* Société *f* royale.

Rt. Hon. *Right Honourable* le très honorable.

Rutl. *Rutlandshire (comté d'Angleterre).*

Ry. *Brit. Railway* Ch.d.f., chemin *m* de fer.

S

S. *South* S., sud *m*; *Southern* (du) sud.

s. *second* s, seconde *f*; *shilling* shilling *m*.

S.A. *South Africa* l'Afrique *f* du Sud; *South America* l'Amérique *f* du Sud; *Salvation Army* Armée *f* du Salut.

SACEUR *Supreme Allied Commander Europe* Commandant *m* Suprême des Forces Alliées en Europe.

SACLANT *Supreme Allied Commander Atlantic* Commandant *m* Suprême des Forces Alliées de l'Atlantique.

Salop. *Shropshire (comté d'Angleterre).*

Sask. *Saskatchewan (province du Canada).*

S.B. *Sales Book* livre *m* de(s) vente(s).

S.C. *South Carolina* (État des É.-U.); *Security Council* Conseil *m* de Sécurité.

S.D(ak). *South Dakota* (État des É.-U.).

S.E. *Southeast* S.E., sud-est *m*; *southeastern* (du) sud-est; *Stock Exchange* Bourse *f*.

SEATO *South East Asia (Collective Defense) Treaty Organisation* O.T.A.S.E., Organisation *f* du traité de (défense collective pour) l'Asie du Sud-Est.

sec. *second* s, seconde *f*.

SG *Secretary General* SG, Secrétaire *m* général. [aîné, père.]

sen(r). *senior (latin = the elder)*

S(er)gt. *Sergeant* Sgt, sergent *m*.

sh. *shilling* shilling *m*.

SHAPE *Supreme Headquarters Allied Powers Europe* Quartiers *m/pl*. Généraux des Forces Alliées en Europe.

S.M. *Sergeant-Major* Sergent-major *m*.

S.N. *shipping note* note *f* d'expédition.

Soc. *society* société *f*, association *f*.

Som(s). *Somersetshire (comté d'Angleterre).*

SOS S.O.S. *(signal de détresse).*

sov. *sovereign* souverain *m* (*pièce de monnaie britannique*).

sp.gr. *specific gravity* gravité *f* spécifique.

S.P.Q.R. *small profits, quick returns* à petits bénéfices, vente rapide.

Sq. *Square* place *f*.

sq. *square* ... carré. [père.]

Sr. *senior (latin = the elder)* aîné,

S.S. *steamship* S/S, navire *m* à vapeur.

st. *stone (poids).*

St. *Saint* St(e *f*), saint(e *f*); *Street* r., rue *f*; *Station* gare *f*.

Staffs. *Staffordshire (comté d'Angleterre).*

S.T.D. *Brit. subscriber trunk dialling service m* automatique interurbain.

St. Ex. *Stock Exchange* Bourse *f*.

stg. *sterling* sterling *m* (*unité monétaire britannique*).

sub. *substitute* succédané *m*.

Suff. *Suffolk (comté d'Angleterre).*
suppl. *supplement* supplément *m.*
Suss. *Sussex (comté d'Angleterre).*
S.W. *southwest* S.-O., sud-ouest; *southwestern* (du) sud-ouest.
Sy. *Surrey (comté d'Angleterre).*

T

t. *ton* tonne *f.*
TB *tuberculosis* TB, tuberculose *f.*
TC *Trusteeship Council of the United Nations* Conseil *m* de tutelle des Nations Unies.
T.D. *Treasury Department* Ministère *m* américain des Finances.
Tenn. *Tennessee (État des É.-U.).*
Tex. *Texas (État des É.-U.).*
tgm. *telegram* télégramme *m.*
T.G.W.U. *Brit. Transport General Workers' Union* Confédération *f* des employés d'entreprises de transport.
T.M.O. *telegraph money order* mandat *m* télégraphique.
TNT *trinitrotoluene* trinitrotoluène *m.*
T.O. *Telegraph (Telephone) Office* bureau *m* télégraphique (téléphonique).
t.o. *turn-over* chiffre *m* d'affaires.
T.P.O. *Travelling Post Office* poste *f* ambulante.
T.U. *Trade(s) Union(s)* syndicat(s *pl.*) *m* ouvrier(s).
T.U.C. *Brit. Trade(s) Union Congress (approx.)* C.G.T., Confédération *f* générale du travail.
TV. *television* T.V., télévision *f.*
T.V.A. *Tennessee Valley Authority (organisation pour l'exploitation de la vallée de la rivière Tennessee).*
T.W.A. *Trans World Airlines (compagnie aérienne américaine).*

U

U.H.F. *ultra-high frequency* UHF, ultra haute fréquence *f.*
U.K. *United Kingdom* Royaume-Uni *m.*
ult. *ultimo (latin = last day of the month)* dernier, du mois dernier.
UMW *Am. United Mine Workers* Syndicat *m* des mineurs.
U.N. *United Nations* O.N.U., Organisation *f* des Nations Unies.
UNESCO *United Nations Educational, Scientific, and Cultural Organization* UNESCO, Organisation *f* des Nations Unies pour l'Éducation, la Science et la Culture.
UNICEF *United Nations International Children's Emergency Fund* FISE, Fonds *m* International de Secours aux Enfants.
UPI *United Press International (agence d'informations américaine).*
U.S.(A.) *United States (of America)* É.-U., États-Unis *m/pl.* (d'Amérique).
USAF(E) *United States Air Force (Europe)* armée *f* de l'air des É.-U. (en Europe).
U.S.S.R. *Union of Socialist Soviet Republics* U.R.S.S., Union *f* des Républiques Socialistes Soviétiques.
Ut. *Utah (État des É.-U.).*

V

v. *verse* v., vers *m*, verset *m*; *versus (latin = against)* contre; *vide (latin = see)* v., voir, voyez.
V *volt* V, volt *m.*
Va. *Virginia (État des É.-U.).*
V.D. *venereal disease* M.V., maladie *f* vénérienne.
VHF *very high frequency* OTC, onde *f* très courte.
V.I.P. *very important person* personnage *m* important.
Vis. *viscount(ess)* vicomte(sse *f*) *m.*
viz. *videlicet (latin = namely)* à savoir; c.-à-d., c'est-à-dire.
vol. *volume* t., tome *m*, vol., volume *m.*
vols. *volumes* tomes *m/pl.*, volumes *m/pl.*
V.S. *veterinary surgeon* vétérinaire *m.*
Vt. *Vermont (État des É.-U.).*
V.T.O.(L.) *vertical take-off (and landing) (aircraft)* A.D.A.V., avion *m* à décollage et atterrissage vertical.
v.v. *vice versa (latin = conversely)* vice versa, réciproquement.

W

W *watt* W, watt *m.*
W. *west* O., W., ouest *m*; *western* (de l')ouest.
War. *Warwickshire (comté d'Angleterre).*

Wash. *Washington (État des É.-U.).*
W.C. *West Central (district postal de Londres)*; *water-closet* W.-C., water-closet *m*.
WCC *World Council of Churches* COE, Conseil *m* œcuménique des églises.
WFPA *World Federation for the Protection of Animals* FMPA, Fédération *f* mondiale pour la protection des animaux.
WFTU *World Federation of Trade Unions* F.S.M., Fédération *f* syndicale mondiale.
WHO *World Health Organization* OMS, Organisation *f* mondiale de la Santé.
W.I. *West Indies* Indes *f/pl.* occidentales.
Wilts. *Wiltshire (comté d'Angleterre).*
Wis. *Wisconsin (État des É.-U.).*
W/L., w.l. *wave length* longueur *f* d'onde.
W.O.M.A.N. *World Organization of Mothers of All Nations* Organisation *f* mondiale des mères de famille.
Worcs. *Worcestershire (comté d'Angleterre)*
W.S.R. *World Students' Relief* service *m* international de secours aux étudiants.
W/T *wireless telegraphy (telephony)* T.S.F., Télégraphie *f* (Téléphonie *f*) sans Fil.
wt. *weight* poids *m*.
W.Va. *West Virginia (État des É.-U.).*
Wyo. *Wyoming (État des É.-U.).*

X

x.-d. *ex dividend* ex D., ex-dividende.
Xmas *Christmas* Noël *f*.
Xt. *Christ* le Christ, Jésus-Christ *m*.

Y

yd. *yard(s)* yard(s *pl.*) *m*.
YMCA *Young Men's Christian Association* UCJG, Union *f* chrétienne de jeunes gens.
Yorks. *Yorkshire (comté d'Angleterre).*
YWCA *Young Women's Christian Association* Union *f* chrétienne féminine.

Numerals

Nombres

Cardinal Numbers — Nombres cardinaux

- **0** nought, zero, cipher *zéro*
- **1** one *un, une*
- **2** two *deux*
- **3** three *trois*
- **4** four *quatre*
- **5** five *cinq*
- **6** six *six*
- **7** seven *sept*
- **8** eight *huit*
- **9** nine *neuf*
- **10** ten *dix*
- **11** eleven *onze*
- **12** twelve *douze*
- **13** thirteen *treize*
- **14** fourteen *quatorze*
- **15** fifteen *quinze*
- **16** sixteen *seize*
- **17** seventeen *dix-sept*
- **18** eighteen *dix-huit*
- **19** nineteen *dix-neuf*
- **20** twenty *vingt*
- **21** twenty-one *vingt et un*
- **22** twenty-two *vingt-deux*
- **30** thirty *trente*
- **40** forty *quarante*
- **50** fifty *cinquante*
- **60** sixty *soixante*
- **70** seventy *soixante-dix*
- **71** seventy-one *soixante et onze*
- **72** seventy-two *soixante-douze*
- **80** eighty *quatre-vingts*
- **81** eighty-one *quatre-vingt-un*
- **90** ninety *quatre-vingt-dix*
- **91** ninety-one *quatre-vingt-onze*
- **100** a *ou* one hundred *cent*
- **101** one hundred and one *cent un*
- **200** two hundred *deux cents*
- **211** two hundred and eleven *deux cent onze*
- **1000** a *ou* one thousand *mille*
- **1001** one thousand and one *mille un*
- **1100** eleven hundred *onze cents*
- **1967** nineteen hundred and sixty-seven *dix-neuf cent soixante-sept*
- **2000** two thousand *deux mille*
- **1 000 000** a *ou* one million *un million*
- **2 000 000** two million *deux millions*
- **1 000 000 000** a *ou* one milliard, *Am.* one billion *un milliard*

Ordinal Numbers — Nombres ordinaux

- **1.** first *le premier, la première*
- **2.** second *le ou la deuxième, le second, la seconde*
- **3.** third *troisième*
- **4.** fourth *quatrième*
- **5.** fifth *cinquième*
- **6.** sixth *sixième*
- **7.** seventh *septième*
- **8.** eighth *huitième*
- **9.** ninth *neuvième*
- **10.** tenth *dixième*
- **11.** eleventh *onzième*
- **12.** twelfth *douzième*
- **13.** thirteenth *treizième*
- **14.** fourteenth *quatorzième*
- **15.** fifteenth *quinzième*
- **16.** sixteenth *seizième*
- **17.** seventeenth *dix-septième*
- **18.** eighteenth *dix-huitième*
- **19.** nineteenth *dix-neuvième*
- **20.** twentieth *vingtième*
- **21.** twenty-first *vingt et unième*
- **22.** twenty-second *vingt-deuxième*
- **30.** thirtieth *trentième*
- **31.** thirty-first *trente et unième*
- **40.** fortieth *quarantième*
- **41.** forty-first *quarante et unième*
- **50.** fiftieth *cinquantième*
- **51.** fifty-first *cinquante et unième*
- **60.** sixtieth *soixantième*
- **61.** sixty-first *soixante et unième*
- **70.** seventieth *soixante-dixième*
- **71.** seventy-first *soixante et onzième*

- **72.** seventy-second *soixante-douzième*
- **80.** eightieth *quatre-vingtième*
- **81.** eighty-first *quatre-vingt-unième*
- **90.** ninetieth *quatre-vingt-dixième*
- **91.** ninety-first *quatre-vingt-onzième*
- **100.** (one) hundredth *centième*
- **101.** hundred and first *cent unième*
- **200.** two hundredth *deux centième*
- **1000.** (one) thousandth *millième*

Fractions — Fractions

$1/2$ one half (*un*) *demi*; (the) half *la moitié*
$1 1/2$ one and a half *un et demi*
$1/3$ one third *un tiers*
$2/3$ two thirds *deux tiers*
$1/4$ one quarter *un quart*
$3/4$ three quarters (*les*) *trois quarts*
$1/5$ one fifth *un cinquième*
$5/8$ five eighths (*les*) *cinq huitièmes*
$9/10$ nine tenths (*les*) *neuf dixièmes*
0.45 point four five *zéro, virgule, quarante-cinq*
17.38 seventeen point three eight *dix-sept, virgule, trente-huit*

British and American weights and measures

Mesures britanniques et américaines

Linear Measures — Mesures de longueur

1 inch (in.)
= 2,54 cm
1 foot (ft.)
= 12 inches = 30,48 cm
1 yard (yd.)
= 3 feet = 91,44 cm
1 link (l.)
= 7.92 inches = 20,12 cm

1 rod (rd.), pole *ou* **perch (p.)**
= 25 links = 5,03 m
1 chain (ch.)
= 4 rods = 20,12 m
1 furlong (fur.)
= 10 chains = 201,17 m
1 (statute) mile (mi.)
= 8 furlongs = 1609,34 m

Nautical Measures — Mesures nautiques

1 fathom (fm.)
= 6 feet = 1,83 m
1 cable's length
= 100 fathoms = 183 m

Am. 120 fathoms
= 219 m
1 nautical mile (n.m.)
= 10 cables' length = 1852 m

Square Measures — Mesures de surface

1 square inch (sq. in.)
= 6,45 cm^2
1 sqare foot (sq. ft.)
= 144 square inches
= 929,03 cm^2
1 square yard (sq. yd.)
= 9 square feet = 0,836 m^2

1 square rod (sq. rd.)
= 30.25 square yards = 25,29 m^2
1 rood (ro.)
= 40 square rods = 10,12 ares
1 acre (a.)
= 4 rods = 40,47 ares
1 square mile (sq. mi.)
= 640 acres = 2,59 km^2

Cubic Measures — Mesures de volume

1 cubic inch (cu. in.)
= 16,387 cm^3
1 cubic foot (cu. ft.)
= 1728 cubic inches
= 0,028 m^3

1 cubic yard (cu. yd.)
= 27 cubic feet = 0,765 m^3
1 register ton (reg. tn.)
= 100 cubic feet
= 2,832 m^3

British Measures of Capacity — Mesures de capacité britanniques

1 gill (gi., gl.)
= 0,142 l
1 pint (pt.)
= 4 gills = 0,568 l

1 quart (qt.)
= 2 pints = 1,136 l
1 gallon (gal.)
= 4 quarts = 4,546 l

1 peck (pk.)
   = 2 gallons = 9,092 l
1 bushel (bu., bsh.)
   = 4 pecks = 36,36 l

1 quarter (qr.)
   = 8 bushels = 290,94 l
1 barrel (bbl., bl.)
   = 36 gallons = 1,636 hl

U.S. Measures of Capacity — Mesures de capacité américaines

1 dry pint
   = 0,550 l
1 dry quart
   = 2 dry pints = 1,1 l
1 peck
   = 8 dry quarts = 8,81 l
1 bushel
   = 4 pecks = 35,24 l
1 liquid gill
   = 0,118 l

1 liquid pint
   = 4 liquid gills = 0,473 l
1 liquid quart
   = 2 liquid pints = 0,946 l
1 gallon
   = 4 liquid quarts = 3,785 l
1 barrel
   = 31.50 gallons = 119 l
1 barrel petroleum
   = 42 gallons = 158,97 l

Apothecaries' Fluid Measures — Mesures pharmaceutiques

1 minim (min., m.)
   = 0,0006 dl
1 fluid drachm, *Am.* dram (dr. fl.)
   = 60 minims = 0,0355 dl

1 fluid ounce (oz. fl.)
   = 8 fluid drachms = 0,284 dl
1 pint (pt.)
   Brit. = 20 fluid ounces = 0,586 l
   Am. = 16 fluid ounces = 0,473 l

Avoirdupois Weight — Poids (système avoirdupois)

1 grain (gr.)
   = 0,0684 g
1 drachm, *Am.* dram (dr. av.)
   = 27.34 grains = 1,77 g
1 ounce (oz. av.)
   = 16 drachms = 28,35 g
1 pound (lb. av.)
   = 16 ounces = 0,453 kg
1 stone (st.)
   = 14 pounds = 6,35 kg
1 quarter (qr.)

Brit. = 28 pounds = 12,70 kg
Am. = 25 pounds = 11,34 kg
1 hundredweight (cwt.)
   Brit. = 112 pounds = 50,80 kg
   Am. = 100 pounds = 45,36 kg
1 long ton (tn. l.)
   Brit. = 20 hundredweights
   = 1016 kg
1 short ton (tn. sh.)
   Am. = 20 hundredweights
   = 907,18 kg

Troy and Apothecaries' Weight — Poids (système troy) et poids pharmaceutiques

1 grain (gr.)
   = 0,0684 g
1 scruple (s. ap.)
   = 20 grains = 1,296 g
1 pennyweight (dwt.)
   = 24 grains = 1,555 g

1 drachm, *Am.* dram (dr. t., dr. ap.)
   = 3 scruples = 3,888 g
1 ounce (oz. ap.)
   = 8 drachms = 31,104 g
1 pound (lb. t., lb. ap.)
   = 12 ounces = 0,373 kg

Conjugations of English verbs

Conjugaisons des verbes anglais

a) Conjugaison régulière faible

L'actif du présent de l'indicatif a la forme de l'infinitif. La 3e personne du singulier se termine par ...**s**. Après une consonne sonore, cet **s** se sonorise; p.ex. *he sends* [sendz]; après une consonne sourde, il est sourd; p.ex. *he paints* [peints]; après une sifflante, suivie d'un **e** muet ou non, elle se termine par ...**es**, prononcé [iz]; p.ex. *he catches* ['kætʃiz], *wishes* ['wiʃiz], *passes* ['pɑ:siz], *judges* ['dʒʌdʒiz], *rises* ['raiziz]. Les verbes terminés par ...**o** précédé d'une consonne la forment en ...**es**, prononcé [z]; p.ex. *he goes* [gouz].

Le prétérit et le participe passé se forment en ajoutant ...**ed** ou, après **e**, ...**d** seulement, à l'infinitif; p.ex. *fetched* [fetʃt], mais *agreed* [ə'gri:d], *judged* [dʒʌdʒd]. La terminaison ...**ed** se prononce [d] après un radical sonore; p.ex. *arrived* [ə'raivd], *judged* [dʒʌdʒd]. Ajoutée à la fin d'un radical sourd, elle se prononce [t]; p.ex. *liked* [laikt]. Après les verbes se terminant par ...**d**, ...**de**, ...**t** et ...**te** cet ...**ed** se prononce [id]; p.ex. *mended* ['mendid], *glided* ['glaidid], *painted* ['peintid], *hated* ['heitid].

La terminaison du participe présent et du gérondif se rend par ...**ing**. Les verbes terminés par ...**ie** les forment en ...**ying**; p.ex. *lie* [lai]: *lying* ['laiiŋ].

Les verbes terminés par ...**y** précédé d'une consonne transforment cet **y** en **i** et prennent les terminaisons ...**es**, ...**ed**; devant ...**ing**, **y** reste inchangé; p.ex. *try* [trai]: *he tries* [traiz], *he tried* [traid], mais *trying* ['traiiŋ].

Un **e** muet à la fin d'un verbe tombe devant ...**ed** ou ...**ing**; p.ex. *loved* [lʌvd], *loving* ['lʌviŋ]. Des cas exceptionnels sont *dyeing* ['daiiŋ] de *dye* [dai] et *shoeing* ['ʃu:iŋ] de *shoe* [ʃu:]. Pour des raisons phonétiques *singe* [sindʒ] a *singeing* ['sindʒiŋ] comme participe présent.

Les verbes terminés par une consonne simple précédée d'une seule voyelle accentuée, ou les verbes terminés par **r** simple, précédée d'une seule voyelle longue, redoublent leur consonne finale devant les terminaisons ...**ed** et ...**ing**; p.ex.

to lob [lɔb]	*lobbed* [lɔbd]	*lobbing* ['lɔbiŋ]
to wed [wed]	*wedded* ['wedid]	*wedding* ['wediŋ]
to beg [beg]	*begged* [begd]	*begging* ['begiŋ]
to step [step]	*stepped* [stept]	*stepping* ['stepiŋ]
to quit [kwit]	*quitted* ['kwitid]	*quitting* ['kwitiŋ]
to compel [kəm'pel]	*compelled* [kəm'peld]	*compelling* [kəm'peliŋ]
to bar [bɑ:]	*barred* [bɑ:d]	*barring* ['bɑ:riŋ]
to stir [stə:]	*stirred* [stə:d]	*stirring* ['stə:riŋ]

Dans les verbes terminés par ...l ou ...p, précédé d'une seule voyelle simple, inaccentuée, le redoublement se fait si l'on écrit le mot à l'anglaise, et ne se fait pas généralement si on l'écrit à l'américaine:

to travel ['trævl]   travelled ['trævld]   travelling ['trævliŋ]
to worship ['wə:ʃip] worshipped ['wə:ʃipt] worshipping ['wə:ʃipiŋ]

Les verbes terminés par ...c transforment ce c en ck devant ...ed et ...ing; p.ex. to traffic ['træfik] trafficked ['træfikt] trafficking ['træfikiŋ].

Le subjonctif présent a la même forme que l'indicatif, à l'exception de la 3e personne du singulier qui ne prend pas d's. Au prétérit il correspond à l'indicatif.

Les temps composés se forment à l'aide de l'auxiliaire to have, plus le participe passé.

Le passif se forme à l'aide de l'auxiliaire to be, plus le participe passé.

b) Liste des verbes forts et des verbes faibles irréguliers

La première forme en caractère gras indique le présent (*present*); après le premier tiret, on trouve le passé simple (*preterite*), après le deuxième tiret, le participe passé (*past participle*).

abide - abode - abode
arise - arose - arisen
awake - awoke - awoke, awaked
be (am, is, are) - was (were) - been
bear - bore - borne *porté*, born *né*
beat - beat - beaten, beat
become - became - become
beget - begot - begotten
begin - began - begun
belay - belayed, belaid - belayed, belaid
bend - bent - bent
bereave - bereaved, bereft - bereaved, bereft
beseech - besought - besought
bestead - besteaded - bested, bestead
bestrew - bestrewed - bestrewed, bestrewn
bestride - bestrode - bestridden
bet - bet, betted - bet, betted
bid - bade, bid - bidden, bid
bind - bound - bound
bite - bit - bitten
bleed - bled - bled
blow - blew - blown
break - broke - broken
breed - bred - bred
bring - brought - brought
build - built - built
burn - burnt, burned - burnt, burned
burst - burst - burst
buy - bought - bought

can - could
cast - cast - cast
catch - caught - caught
chide - chid - chid, chidden
choose - chose - chosen
cleave - clove, cleft - cloven, cleft
cling - clung - clung
clothe - clothed, *poét.* clad - clothed, *poét.* clad
come - came - come
cost - cost - cost
creep - crept - crept
cut - cut - cut

dare - dared, durst - dared
deal - dealt - dealt
dig - dug - dug
do - did - done
draw - drew - drawn
dream - dreamt, dreamed - dreamt, dreamed
drink - drank - drunk
drive - drove - driven
dwell - dwelt - dwelt

eat - ate - eaten
fall - fell - fallen
feed - fed - fed
feel - felt - felt
fight - fought - fought
find - found - found
flee - fled - fled
fling - flung - flung
fly - flew - flown
forbear - forbore - forborne
forbid - forbad(e) - forbidden
forget - forgot - forgotten
forgive - forgave - forgiven
forsake - forsook - forsaken
freeze - froze - frozen

geld - gelded, gelt - gelded, gelt
get - got - got
gild - gilded, gilt - gilded, gilt
gird - girded, girt - girded, girt
give - gave - given
go - went - gone
grave - graved - graved, graven
grind - ground - ground
grow - grew - grown

hang - hung, hanged - hung, hanged
have (has) - had - had
hear - heard - heard
heave - heaved, ♧ hove - heaved, ♧ hove
hew - hewed - hewed, hewn
hide - hid - hidden, hid
hit - hit - hit
hold - held - held
hurt - hurt - hurt

keep - kept - kept
kneel - knelt, kneeled - knelt, kneeled
knit - knitted, knit - knitted, knit
know - knew - known

lade - laded - laded, laden
lay - laid - laid
lead - led - led
lean - leaned, leant - leaned, leant
leap - leaped, leapt - leaped, leapt
learn - learned, learnt - learned, learnt
leave - left - left
lend - lent - lent

let - let - let
lie - lay - lain
light - lighted, lit - lighted, lit
lose - lost - lost

make - made - made
may - might
mean - meant - meant
meet - met - met
mow - mowed - mowed, mown
must - must

ought

pay - paid - paid
pen - penned, pent - penned, pent
put - put - put

read - read - read
rend - rent - rent
rid - ridded, rid - rid, ridded
ride - rode - ridden
ring - rang - rung
rise - rose - risen
rive - rived - riven
run - ran - run

saw - sawed - sawn, sawed
say - said - said
see - saw - seen
seek - sought - sought
sell - sold - sold
send - sent - sent
set - set - set
sew - sewed - sewed, sewn
shake - shook - shaken
shall - should
shave - shaved - shaved, shaven
shear - sheared - shorn
shed - shed - shed
shine - shone - shone
shoe - shod - shod
shoot - shot - shot
show - showed - shown
shred - shredded - shredded, shred
shrink - shrank - shrunk
shut - shut - shut
sing - sang - sung
sink - sank - sunk
sit - sat - sat
slay - slew - slain
sleep - slept - slept
slide - slid - slid

sling - slung - slung
slink - slunk - slunk
slit - slit - slit
smell - smelt, smelled - smelt, smelled
smite - smote - smitten
sow - sowed - sown, sowed
speak - spoke - spoken
speed - sped, ⊕ speeded - sped, ⊕ speeded
spell - spelt, spelled - spelt, spelled
spend - spent - spent
spill - spilt, spilled - spilt, spilled
spin - spun, span - spun
spit - spat - spat
split - split - split
spoil - spoiled, spoilt - spoiled, spoilt
spread - spread - spread
spring - sprang - sprung
stand - stood - stood
stave - staved, stove - staved, stove
steal - stole - stolen
stick - stuck - stuck
sting - stung - stung
stink - stunk, stank - stunk
strew - strewed - (have) strewed, (be) strewn
stride - strode - stridden
strike - struck - struck

string - strung - strung
strive - strove - striven
swear - swore - sworn
sweep - swept - swept
swell - swelled - swollen
swim - swam - swum
swing - swung - swung

take - took - taken
teach - taught - taught
tear - tore - torn
tell - told - told
think - thought - thought
thrive - throve - thriven
throw - threw - thrown
thrust - thrust - thrust
tread - trod - trodden

wake - woke, waked - waked, woke(n)
wear - wore - worn
weave - wove - woven
weep - wept - wept
wet - wetted, wet - wetted, wet
will - would
win - won - won
wind - wound - wound
work - worked, *surt.* ⊕ wrought - worked, *surt.* ⊕ wrought
wring - wrung - wrung
write - wrote - written